Plath

DSGVO/BDSG Kommentar

DSGVO/BDSG

Kommentar zu DSGVO, BDSG
und den Datenschutzbestimmungen
von TMG und TKG

herausgegeben von

Dr. Kai-Uwe Plath, LL.M.
Rechtsanwalt, Hamburg

bearbeitet von

Thomas Becker, LL.M. Eur.
Rechtsanwalt, Köln

Dr. Niclas Krohm
Rechtsanwalt, Berlin

Patrick von Braunmühl
Rechtsanwalt, Berlin

Dr. Michael Kuhnke
Fachanwalt für Arbeitsrecht, Hamburg

Dr. Axel Freiherr von dem Bussche, LL.M.
Fachanwalt für IT-Recht, Hamburg

Dr. Kai-Uwe Plath, LL.M.
Rechtsanwalt, Hamburg

Dr. Jan-Michael Grages
Rechtsanwalt, Hamburg

Prof. Dr. Jan Dirk Roggenkamp
Hochschule für Wirtschaft und Recht, Berlin

Nils Hullen, LL.M.
Berlin

Dr. Lutz Schreiber
Fachanwalt für IT-Recht, Hamburg

Valerian Jenny
Rechtsanwalt, Frankfurt a. M.

Dr. Katrin Stamer
Fachanwältin für Arbeitsrecht, Hamburg

Dr. Wulf Kamlah
Rechtsanwalt, Frankfurt a. M.

Jörn Wittmann
Berlin

3. Auflage 2018

ottoschmidt

Zitierempfehlung:
Bearbeiter in Plath, DSGVO/BDSG, 3. Aufl. 2018, Art. …/§ … Rz. …

*Bibliografische Information
der Deutschen Nationalbibliothek*

Die Deutsche Nationalbibliothek verzeichnet diese Publikation in der Deutschen Nationalbibliografie; detaillierte bibliografische Daten sind im Internet über http://dnb.d-nb.de abrufbar.

Verlag Dr. Otto Schmidt KG
Gustav-Heinemann-Ufer 58, 50968 Köln
Tel. 02 21/9 37 38-01, Fax 02 21/9 37 38-9 43
info@otto-schmidt.de
www.otto-schmidt.de

ISBN 978-3-504-56075-1

© 2018 by Verlag Dr. Otto Schmidt KG, Köln

Das Werk einschließlich aller seiner Teile ist urheberrechtlich geschützt. Jede Verwertung, die nicht ausdrücklich vom Urheberrechtsgesetz zugelassen ist, bedarf der vorherigen Zustimmung des Verlags. Das gilt insbesondere für Vervielfältigungen, Bearbeitungen, Übersetzungen, Mikroverfilmungen und die Einspeicherung und Verarbeitung in elektronischen Systemen.

Das verwendete Papier ist aus chlorfrei gebleichten Rohstoffen hergestellt, holz- und säurefrei, alterungsbeständig und umweltfreundlich.

Einbandgestaltung: Lichtenford, Mettmann
Satz: Schäper, Bonn
Druck und Verarbeitung: Kösel, Krugzell
Printed in Germany

Vorwort

Evolution oder Revolution? Jahrhundertreform oder schon bei Erlass veraltet? Überfällige Eindämmung der Machenschaften sozialer Netzwerke oder Innovationsbremse für die Wirtschaft? Dies sind einige der großen Fragen, die seit der Verabschiedung der DSGVO mit großer Vehemenz diskutiert worden sind. Spätestens seit dem 25. Mai 2018 sind jedoch auch sehr viel konkretere Fragen in den Fokus gerückt: Was genau ist jetzt zu tun? Und was kostet es, wenn ich es nicht schaffe?

Die Aufsichtsbehörden bemühen sich nach Kräften, Handreichungen zu geben über Positionspapiere und sonstige Veröffentlichungen. Anwälte, IT-Experten und sonstige Dienstleister übertreffen sich mit Checklisten, die „DSGVO-Compliance in zehn Schritten" versprechen. Und der Markt entwickelt seine eigene Dynamik, abzulesen an den unzähligen E-Mails mit der Bitte um „Aktualisierung Ihrer Einwilligung" oder dem reflexartigen Ruf nach einer Vereinbarung zur Auftragsverarbeitung, wann immer personenbezogene Daten ausgetauscht werden.

All dies zeigt: Die Verunsicherung ist enorm. Der Verordnungsgeber muss sich dies zu großen Teilen ankreiden lassen, nicht zuletzt mit Blick auf unzähligen Öffnungsklauseln der DSGVO, die zweifellos ein Defizit dieses Regelwerks darstellen. Auf die Spitze getrieben wurde die Verunsicherung am 19. April 2018, als sich der Verordnungsgeber nur wenige Tage vor Inkrafttreten der DSGVO genötigt sah, eine „Berichtigung" der DSGVO zu erlassen. Diese Berichtigung diente wahrlich nicht nur der Beseitigung offensichtlicher Schreibfehler, sondern enthält auch materielle Änderungen von weitreichender Bedeutung, wie etwa hinsichtlich der Frage, ob sich die Eröffnung der Klagemöglichkeit unter der DSGVO nach dem „Aufenthaltsort" oder, so die korrigierte Fassung, nach dem „Wohnsitz" der betroffenen Person richtet. Die vorliegende Kommentierung berücksichtigt bereits diese berichtigte Sprachfassung der DSGVO.

Weiterhin zeigt sich schon jetzt, dass viele der Regelungen einfach nicht zu Ende gedacht worden sind. Ist es wirklich gewollt, dass das Überreichen einer Visitenkarte und die Übernahme der Kontaktdaten in eine Adressdatenbank dazu führt, dass ein seitenlanger Hinweis zur Datenerhebung zu übermitteln ist? Ist es wirklich gewollt, dass die Entbindung der KMUs von der Pflicht zum Führen eines Verarbeitungsverzeichnisses praktisch leer läuft, weil nahezu sämtliche dieser Unternehmen regelmäßig personenbezogene Daten verarbeiten? Und müssen Jugendliche unter 16 Jahren jetzt wirklich ihre Eltern um Erlaubnis bitten, wenn sie an einem Gewinnspiel ihres Fußballvereins teilnehmen wollen?

Es gibt Bereiche der DSGVO, in denen der Verordnungstext eindeutig ist. Man kann die gesetzgeberische Entscheidung für oder gegen die jeweiligen Verbote bzw. Erlaubnisnormen kritisieren, aber die Regelungen sind in der Welt und zu beachten. Die Mehrzahl der Regelungen sieht indes Interessenabwägungen vor bzw. orientiert sich am Maßstab der Erforderlichkeit. Dies ist nicht zu kritisieren, sondern schlicht der Notwendigkeit geschuldet, die DSGVO so flexibel auszugestalten, dass sie trotz des rasanten technischen Fortschritts weiterhin sinnvoll angewendet werden kann.

Auf eben diese Bereiche der wertungsbedürftigen Normen haben die Autorinnen und Autoren dieses Werkes ihr besonderes Augenmerk gerichtet. Der Kommentar richtet sich vor allem an Praktiker, die in der täglichen Arbeit gefordert sind, konkrete Maßnahmen umzusetzen und die damit verbundenen Risiken zu bewerten. Vor diesem Hintergrund sind die Autorinnen und Autoren dieses Werkes angetreten, typische Fallgruppen aufzuzeigen und dafür vor allem pragmatische Lösungswege zu entwickeln. Die Pflicht der Unternehmen, die Anforderungen des neuen Datenschutzrechts-Regimes europarechtlich autonom auszulegen, war bei der Kommentierung von DSGVO und neuem BDSG Herausforderung und Chance zugleich: Ziel war es, die Lebenswirklichkeiten datenschutzrechtlich realistisch zu interpretieren, ohne in vorauseilendem Gehorsam stets die restriktivste Auslegung zu wählen. Auch weil sich eine gerichtliche Spruchpraxis erst im Laufe der Anwendung des neuen Regimes entwickeln muss, wird auf bisweilen konservativere Einschätzungen – insbesondere der Aufsichtsbehörden – hingewiesen, um dem Rechtsanwender gangbare Argumentationslinien aufzuzeigen und eine informierte Risikoabschätzung zu ermöglichen.

Das Werk enthält neben der Kommentierung der DSGVO auch eine Kommentierung des neuen BDSG. Besonderer Wert wurde auf die Verzahnung der Kommentierungen gelegt. Denn ohne Rückgriff auf die DSGVO ist das neue BDSG kaum nachvollziehbar. Ein besonderer Fokus liegt in diesem Bereich auf der Frage der Europarechtskonformität der Regelungen des BDSG und des Vorrangverhältnisses zwischen den jeweiligen Normen. Denn der Praktiker steht vor der Herausforderung, dass er mitunter mit sich überschneidenden oder gar widersprüchlichen Regelungen konfrontiert wird, ohne dass auf den ersten Blick ersichtlich ist, welches Regime für ihn einschlägig ist.

Weiterhin enthält das Werk die aus den Vorauflagen bereits bekannte Kommentierung der bereichsspezifischen Datenschutznormen des TMG sowie des TKG. Ausschlaggebend für die Entscheidung zur Beibehaltung dieser Kommentierungen war, dass die anstehende EU-ePrivacy-VO bekanntlich noch nicht verabschiedet worden ist. Die Kommentierung will dabei Antworten auf die Frage geben, wie das damit entstandene Vakuum zu füllen ist. Dabei wird Norm für Norm herausgearbeitet, inwieweit sich der Anwendungsbereich der genannten Regelungen durch die DSGVO verändert hat, insbesondere mit Blick auf die europarechtskonforme Auslegung der ePrivacy-RL.

Die EU-ePrivacy-VO wird zweifellos einen neuen Schwerpunkt der 4. Auflage dieses Kommentars bilden, die in Anbetracht der Schnelllebigkeit der Entwicklungen in diesem Bereich nicht lange auf sich warten lassen soll.

Ein großer Dank gilt den Autorinnen und Autoren dieses Kommentars, die es in Zeiten extremer Arbeitsbelastung auf sich genommen haben, die vorliegende Kommentierung zu erstellen. Ein ebensolcher Dank gilt auch dem Verlag Dr. Otto Schmidt mit seinen Mitarbeiterinnen und Mitarbeitern für das Vertrauen in das Autorenteam und den Herausgeber sowie das äußerst professionelle Handling des Projekts.

Wie immer freuen wir uns über Anregungen, Fragen, aber natürlich auch Kritik, die Sie gern dem Verlag unter lektorat@otto-schmidt.de übermitteln können.

Hamburg, Juni 2018   Kai-Uwe Plath

Inhaltsverzeichnis

			Seite
Vorwort			V
Abkürzungsverzeichnis			XIII
Literaturverzeichnis			XXIII

Erläuterungen DSGVO

		Art.	
Kapitel I:	Allgemeine Bestimmungen	1–4	1
Kapitel II:	Grundsätze	5–11	58
Kapitel III:	Rechte der betroffenen Person		
Abschnitt 1:	Transparenz und Modalitäten	12	154
Abschnitt 2:	Informationspflicht und Recht auf Auskunft zu personenbezogenen Daten	13–15	168
Abschnitt 3:	Berichtigung und Löschung	16–20	201
Abschnitt 4:	Widerspruchsrecht und automatisierte Entscheidungsfindung im Einzelfall	21–22	238
Abschnitt 5:	Beschränkungen	23	256
Kapitel IV:	Verantwortlicher und Auftragsverarbeiter		
Abschnitt 1:	Allgemeine Pflichten	24–31	262
Abschnitt 2:	Sicherheit personenbezogener Daten	32–34	337
Abschnitt 3:	Datenschutz-Folgenabschätzung und vorherige Konsultation	35–36	357
Abschnitt 4:	Datenschutzbeauftragter	37–39	381
Abschnitt 5:	Verhaltensregeln und Zertifizierung	40–43	432
Kapitel V:	Übermittlung personenbezogener Daten an Drittländer oder an internationale Organisationen	44–50	461
Kapitel VI:	Unabhängige Aufsichtsbehörden		
Abschnitt 1:	Unabhängigkeit	51–54	536
Abschnitt 2:	Zuständigkeit, Aufgaben und Befugnisse	55–59	548

		Art.	Seite
Kapitel VII:	Zusammenarbeit und Kohärenz		
Abschnitt 1:	Zusammenarbeit	60–62	574
Abschnitt 2:	Kohärenz	63–67	589
Abschnitt 3:	Europäischer Datenschutz-ausschuss	68–76	605
Kapitel VIII:	Rechtsbehelfe, Haftung und Sanktionen	77–84	617
Kapitel IX:	Vorschriften für besondere Verarbeitungssituationen	85–91	679
Kapitel X:	Delegierte Rechtsakte und Durchführungsrechtsakte	92–93	715
Kapitel XI:	Schlussbestimmungen	94–99	722

Erläuterungen BDSG

		§§	
Teil 1:	Gemeinsame Bestimmungen		
Kapitel 1:	Anwendungsbereich und Begriffsbestimmungen	1–2	735
Kapitel 2:	Rechtsgrundlagen der Verarbeitung personenbezogener Daten ..	3–4	761
Kapitel 3:	Datenschutzbeauftragte öffentlicher Stellen	5–7	794
Kapitel 4:	Die oder der Bundesbeauftragte für den Datenschutz und die Informationsfreiheit	8–16	813
Kapitel 5:	Vertretung im Europäischen Datenschutzausschuss, zentrale Anlaufstelle, Zusammenarbeit der Aufsichtsbehörden des Bundes und der Länder in Angelegenheiten der Europäischen Union	17–19	853
Kapitel 6:	Rechtsbehelfe	20–21	867

		§§	Seite
Teil 2:	Durchführungsbestimmungen für Verarbeitungen zu Zwecken gemäß Artikel 2 der Verordnung (EU) 2016/679		
Kapitel 1:	Rechtsgrundlagen der Verarbeitung personenbezogener Daten		
Abschnitt 1:	Verarbeitung besonderer Kategorien personenbezogener Daten und Verarbeitung zu anderen Zwecken	22–25	872
Abschnitt 2:	Besondere Verarbeitungssituationen	26–31	890
Kapitel 2:	Rechte der betroffen Person	32–37	1036
Kapitel 3:	Pflichten der Verantwortlichen und Auftragsverarbeiter	38–39	1065
Kapitel 4:	Aufsichtsbehörde für die Datenverarbeitung durch nichtöffentliche Stellen	40	1071
Kapitel 5:	Sanktionen	41–43	1083
Kapitel 6:	Rechtsbehelfe	44	1098
Teil 3:	Bestimmungen für Verarbeitungen zu Zwecken gemäß Artikel 1 Absatz 1 der Richtlinie (EU) 2016/680		
Kapitel 1:	Anwendungsbereich, Begriffsbestimmungen und allgemeine Grundsätze für die Verarbeitung personenbezogener Daten	45–47	1099
Kapitel 2:	Rechtsgrundlagen der Verarbeitung personenbezogener Daten	48–54	1118
Kapitel 3:	Rechte der betroffenen Person	55–61	1129
Kapitel 4:	Pflichten der Verantwortlichen und Auftragsverarbeiter	62–77	1159
Kapitel 5:	Datenübermittlungen an Drittstaaten und an internationale Organisationen	78–81	1202
Kapitel 6:	Zusammenarbeit der Aufsichtsbehörden	82	1215
Kapitel 7:	Haftung und Sanktionen	83–84	1216

		§§	Seite
Teil 4:	Besondere Bestimmungen für Verarbeitungen im Rahmen von nicht in die Anwendungsbereiche der Verordnung (EU) 2016/679 und der Richtlinie (EU) 2016/680 fallenden Tätigkeiten	85	1221

Erläuterungen TMG (Auszug)

Einleitung			1227
Abschnitt 4:	Datenschutz	11–15a	1230

Erläuterungen TKG (Auszug)

Teil 7:	Fernmeldegeheimnis, Datenschutz, Öffentliche Sicherheit		
Abschnitt 1:	Fernmeldegeheimnis	88–90	1311
Abschnitt 2:	Datenschutz	91–107	1329
Abschnitt 3:	Öffentliche Sicherheit	108–115	1415

Stichwortverzeichnis	1435

Abkürzungsverzeichnis

a.A.	andere/r Ansicht
AA	Arbeitsrecht aktiv (Zeitschrift)
abgedr.	abgedruckt
ABl.	Amtsblatt
abl.	ablehnend
Abs.	Absatz
Abschn.	Abschnitt
a.E.	am Ende
AE	Arbeitsrechtliche Entscheidungen (Zeitschrift)
AentG	Arbeitnehmer-Entsendegesetz
AEUV	Vertrag über die Arbeitsweise der Europäischen Union
a.F.	alte Fassung
AG	Amtsgericht, Aktiengesellschaft, auch: Die Aktiengesellschaft (Zeitschrift)
AGB	Allgemeine Geschäftsbedingungen
AGG	Allgemeines Gleichbehandlungsgesetz
AiB	Arbeitsrecht im Betrieb (Zeitschrift)
AktG	Aktiengesetz
Alt.	Alternative
Anh.	Anhang
Anm.	Anmerkung
AnwBl	Anwaltsblatt
AnwZert	Anwalt Zertifikat (Informationsdienst von juris und der Deutschen AnwaltAkademie zum Selbststudium für Rechtsanwälte)
AO	Abgabenordnung
AöR	Archiv des öffentlichen Rechts (Zeitschrift)
ArbG	Arbeitsgericht
ArbGG	Arbeitsgerichtsgesetz
ArbR	Arbeitsrecht Aktuell (Zeitschrift)
ArbRB	Der Arbeits-Rechts-Berater (Zeitschrift)
ArbZG	Arbeitszeitgesetz
Art.	Artikel/n/s
ASiG	Arbeitssicherheitsgesetz
ASOG Berlin	Allgemeines Gesetz über die öffentliche Sicherheit und Ordnung in Berlin
AuA	Arbeit und Arbeitsrecht (Zeitschrift)
Aufl.	Auflage
AuR	Arbeit und Recht (Zeitschrift)

Abkürzungsverzeichnis

BAG	Bundesarbeitsgericht
BArchG	Bundesarchivgesetz
BayLDA	Bayerisches Landesamt für Datenschutzaufsicht
BayVbl	Bayerische Verwaltungsblätter
BayVGH	Bayerischer Verwaltungsgerichtshof
BB	Betriebs-Berater (Zeitschrift)
BBankG	Gesetz über die Deutsche Bundesbank
BBG	Bundesbeamtengesetz
BBiG	Berufsbildungsgesetz
BCR	Binding Corporate Rules
BDSG	Bundesdatenschutzgesetz in der Fassung der Bekanntmachung des Gesetzes zur Anpassung des Datenschutzrechts an die Verordnung (EU) 2016/679 und zur Umsetzung der Richtlinie (EU) 2016/680 (Datenschutz-Anpassungs- und Umsetzungsgesetz EU), BGBl. I S. 2097 v. 5.7.2017 – in Geltung ab 25.5.2018
BDSG-alt	Bundesdatenschutzgesetz in der Fassung der Bekanntmachung vom 14. Januar 2003, das zuletzt durch Artikel 7 des Gesetzes vom 30. Juni 2017 geändert worden ist – in Geltung bis 25.5.2018
BeamtStG	Beamtenstatusgesetz
BeckOK	Beck'scher Online-Kommentar
BeckRS	Beck-Rechtsprechung
Beschl.	Beschluss
BetrVG	Betriebsverfassungsgesetz
BewachVO	Verordnung über das Bewachungsgewerbe
BfDI	Bundesbeauftragte/r für den Datenschutz und die Informationsfreiheit
BGB	Bürgerliches Gesetzbuch
BGBl.	Bundesgesetzblatt
BGH	Bundesgerichtshof
BKADV	Verordnung über die Art der Daten, die nach den §§ 8 und 9 des Bundeskriminalamtgesetzes gespeichert werden dürfen
BKAG	Bundeskriminalamtgesetz
BMI	Bundesministerium des Innern
BMinG	Gesetz über die Rechtsverhältnisse der Mitglieder der Bundesregierung
BMV	Bundesministerium für Verkehr, Bau und Stadtentwicklung
BND	Bundesnachrichtendienst
BNetzA	Bundesnetzagentur
BNotO	Bundesnotarordnung
BORA	Berufsordnung der Rechtsanwälte

BOStB	Berufsordnung der Steuerberater
BPersVG	Bundespersonalvertretungsgesetz
BPolG	Gesetz über die Bundespolizei
BRAK	Bundesrechtsanwaltskammer
BRAO	Bundesrechtsanwaltsordnung
BR-Drucks.	Bundesratsdrucksache
BRRG	Beamtenrechtsrahmengesetz
BSG	Bundessozialgericht
BSI	Bundesamt für Sicherheit in der Informationstechnik
BSIG	Gesetz über das Bundesamt für Sicherheit in der Informationstechnik
bspw.	beispielsweise
BstatG	Bundesstatistikgesetz
BT-Drucks.	Bundestagsdrucksache
Buchst.	Buchstabe
BVerfG	Bundesverfassungsgericht
BVerfGE	Sammlung der Entscheidungen des BVerfG
BVerfSchG	Bundesverfassungsschutzgesetz
BVerwG	Bundesverwaltungsgericht
BWV	Bundeswehrverwaltung (Zeitschrift)
BZRG	Bundeszentralregistergesetz
bzw.	beziehungsweise
CaS	Causa Sport (Zeitschrift)
CCZ	Corporate Compliance Zeitschrift
CIPL	Centre for Information Policy Leadership
CR	Computer und Recht (Zeitschrift)
CuA	Computer und Arbeit (Zeitschrift)
DAkkS	Deutsche Akkreditierungsstelle
DAR	Deutsches Autorecht (Zeitschrift)
DB	Der Betrieb (Zeitschrift)
Dbr	der betriebsrat (Zeitschrift)
DDV	Deutscher Dialogmarketing Verband e.V.
dergl.	Dergleichen
DGRI	Deutsche Gesellschaft für Recht und Informatik e.V.
d.h.	das heißt
Diss.	Dissertation
DIVSI	Deutsches Institut für Vertrauen und Sicherheit im Internet
DNotZ	Deutsche Notar-Zeitschrift
DÖV	Die öffentliche Verwaltung (Zeitschrift)
DRiG	Deutsches Richtergesetz

Abkürzungsverzeichnis

DRiZ	Deutsche Richterzeitung
DSAnpUG-EU	Datenschutz-Anpassungs- und -umsetzungsgesetz EU
DSB	Datenschutzbeauftragter, Datenschutzberater (Zeitschrift)
DSG	Datenschutzgesetz (z.B. der Bundesländer)
DSG-EKD	Kirchengesetz über den Datenschutz in der Evangelischen Kirche in Deutschland
DSGVO	Datenschutz-Grundverordnung (Verordnung (EU) 2016/679 des Europäischen Parlaments und des Rates vom 27. April 2016 zum Schutz natürlicher Personen bei der Verarbeitung personenbezogener Daten, zum freien Datenverkehr und zur Aufhebung der Richtlinie 95/46/EG)
DSGVO-E	Entwurfsfassung der Datenschutz-Grundverordnung
DSK	Datenschutzkonferenz (die unabhängigen Datenschutzbehörden des Bundes und der Länder)
DSRL	EG-Datenschutzrichtlinie (Richtlinie 95/46/EG)
DStR	Deutsches Steuerrecht (Zeitschrift)
DuD	Datenschutz und Datensicherheit (Zeitschrift)
DVBl.	Deutsches Verwaltungsblatt
DWG	Gesetz über die Rundfunkanstalt des Bundesrechts
EDSA	Europäischer Datenschutzausschuss
EFTA	Europäische Freihandelsassoziation
EFZG	Entgeltfortzahlungsgesetz
eG	eingetragene Genossenschaft
EG	Einführungsgesetz; Europäische Gemeinschaften; Erwägungsgrund
EG-Datenschutzrichtlinie	Richtlinie 95/46/EG des Europäischen Parlaments und des Rates v. 24.10.1995 zum Schutz natürlicher Personen bei der Verarbeitung personenbezogener Daten und zum freien Datenverkehr
EGGVG	Einführungsgesetz zum Gerichtsverfassungsgesetz
EGV	Vertrag zur Gründung der Europäischen Gemeinschaft
EMRK	Europäische Konvention zum Schutz der Menschenrechte und Grundfreiheiten
EnWG	Energiewirtschaftsgesetz
ePrivacy-Richtlinie	Richtlinie 2002/58/EG des Europäischen Parlaments und des Rates v. 12.7.2002 über die Verarbeitung personenbezogener Daten und den Schutz der Privatsphäre in der elektronischen Kommunikation (Datenschutzrichtlinie für elektronische Kommunikation)
EStG	Einkommensteuergesetz
etc.	et cetera
EU	Europäische Union

EuGH	Gerichtshof der Europäischen Union
EuGRZ	Europäische GRUNDRECHTE-Zeitschrift
EuGVVO	Verordnung (EU) Nr. 1215/2012 über die gerichtliche Zuständigkeit und die Anerkennung und Vollstreckung von Entscheidungen in Zivil- und Handelssachen
EuR	Europarecht (Zeitschrift)
EuZBL	Gesetz über die Zusammenarbeit von Bund und Ländern in Angelegenheiten der Europäischen Union
EuZW	Europäische Zeitschrift für Wirtschaftsrecht
e.V.	eingetragener Verein
evtl.	eventuell
EWR	Europäischer Wirtschaftsraum
f., ff.	folgende, fortfolgende
FGO	Finanzgerichtsordnung
Fn.	Fußnote
FS	Festschrift
FSF	Freiwillige Selbstkontrolle Fernsehen
FSK	Freiwillige Selbstkontrolle der Filmwirtschaft GmbH
FSM	Freiwillige Selbstkontrolle Multimedia
GBO	Grundbuchordnung
GbR	Gesellschaft bürgerlichen Rechts
GDPR	General Data Protection Regulation
gem.	gemäß
GenDG	Gendiagnostikgesetz
GewO	Gewerbeordnung
GG	Grundgesetz
ggf.	gegebenenfalls
GGO	Gemeinsame Geschäftsordnung der Bundesministerien
ggü.	gegenüber
GIW	Geoinformationswissenschaft
GmbHG	Gesetz betreffend die Gesellschaften mit beschränkter Haftung
GRCh	Charta der Grundrechte der Europäischen Union
GRUR	Zeitschrift der Deutschen Vereinigung für Gewerblichen Rechtsschutz und Urheberrecht
GVG	Gerichtsverfassungsgesetz
GwG	Geldwäschegesetz
GWR	Gesellschafts- und Wirtschaftsrecht (Zeitschrift)
Halbs.	Halbsatz
HBÜ	Haager Übereinkommen über die Beweisaufnahme im Ausland in Zivil- und Handelssachen vom 18.3.1970

HDSG	Hessisches Datenschutzgesetz
HGB	Handelsgesetzbuch
h.M.	herrschende Meinung
Hrsg.	Herausgeber
i.d.F.	in der Fassung
i.d.R.	in der Regel
i.E.	im Ergebnis
IETF	Internet Engineering Task Force
IFG	Informationsfreiheitsgesetz
i.H.v.	in Höhe von
inkl.	Inklusive
insb.	Insbesondere
i.S.d.	im Sinne der/des
i.S.e.	im Sinne einer/s
i.S.v.	im Sinne von
ITRB	Der IT-Rechts-Berater (Zeitschrift)
i.V.m.	in Verbindung mit
i.W.	im Weiteren
IWG	Informationsweiterverwendungsgesetz
JI-Richtlinie/ JI-RL	Richtlinie (EU) 2016/680 des Europäischen Parlamentes und des Rates vom 27. April 2016 zum Schutz natürlicher Personen bei der Verarbeitung personenbezogener Daten durch die zuständigen Behörden zum Zwecke der Verhütung, Ermittlung, Aufdeckung oder Verfolgung von Straftaten oder der Strafvollstreckung sowie zum freien Datenverkehr und zur Aufhebung des Rahmenbeschlusses 2008/977/JI des Rates (= Polizei-RL)
jurisPR	Juris Praxisreport
JuS	Juristische Schulung (Zeitschrift)
JZ	Juristenzeitung (Zeitschrift)
K&R	Kommunikation und Recht (Zeitschrift)
KAGH	Kirchlicher Arbeitsgerichtshof
Kap.	Kapitel
KDO	Anordnung über den kirchlichen Datenschutz
KfW	Kreditanstalt für Wiederaufbau
KG	Kammergericht, Kommanditgesellschaft
KJ	Kritische Justiz (Zeitschrift)
KMU	kleine und mittlere Unternehmen
KOM	Dokument der EU-Kommission
KrW-/AbfG	Kreislaufwirtschafts- und Abfallgesetz

KUG/KunstUrhG	Gesetz betreffend das Urheberrecht an Werken der bildenden Künste und der Photographie
KWG	Kreditwesengesetz
LAG	Landesarbeitsgericht
LDI NRW	Landesbeauftragte/r für Datenschutz und Informationsfreiheit NRW
LDSG	Landesdatenschutzgesetz
LfD	Landesbeauftragter für Datenschutz
LG	Landgericht
lit.	litera
LKRZ	Zeitschrift für Landes- und Kommunalrecht Hessen
LKV	Landes- und Kommunalverwaltung (Zeitschrift)
LMK	Kommentierte BGH-Rechtsprechung Lindenmaier-Möhring (Zeitschrift)
LSG	Landessozialgericht
LT-Drucks.	Landtagsdrucksache
MAD	Militärischer Abschirmdienst
MDR	Monatsschrift für Deutsches Recht
MedR	Medizinrecht (Zeitschrift)
MiLoG	Mindestlohngesetz
Mio.	Million/en
Mitt.	Mitteilung
MittBayNot	Mitteilungen des Bayerischen Notarvereins, der Notarkasse und der Landesnotarkammer Bayern (Zeitschrift)
MMR	MultiMedia und Recht (Zeitschrift)
Mrd.	Milliarde/n
MRRG	Melderechtsrahmengesetz
MuSchG	Mutterschutzgesetz
m.w.N.	mit weiteren Nachweisen
Nds. SOG	Niedersächsisches Gesetz über die öffentliche Sicherheit und Ordnung
n.F.	neue Fassung
NJOZ	Neue Juristische Online Zeitschrift
NJW	Neue Juristische Wochenschrift
Nr.	Nummer
NStZ	Neue Zeitschrift für Strafrecht
NVwZ	Neue Zeitschrift für Verwaltungsrecht
NWVBl	Nordrhein-Westfälische Verwaltungsblätter
NZA	Neue Zeitschrift für Arbeitsrecht
NZM	Neue Zeitschrift für Miet- und Wohnungsrecht
NZS	Neue Zeitschrift für Sozialrecht

Abkürzungsverzeichnis

o.g.	oben genannt/e/en/er
OLG	Oberlandesgericht
OVG	Oberverwaltungsgericht
OWiG	Ordnungswidrigkeitengesetz
PachtkreditG	Pachtkreditgesetz
PAngV	Preisangabenverordnung
PatG	Patentgesetz
PAuswG	Personalausweisgesetz
PBCR	Processor Binding Corporate Rules
PersR	Der Personalrat (Zeitschrift)
PinG	Privacy in Germany (Zeitschrift)
Polizei-RL	Richtlinie (EU) 2016/680 des Europäischen Parlamentes und des Rates vom 27. April 2016 zum Schutz natürlicher Personen bei der Verarbeitung personenbezogener Daten durch die zuständigen Behörden zum Zwecke der Verhütung, Ermittlung, Aufdeckung oder Verfolgung von Straftaten oder der Strafvollstreckung sowie zum freien Datenverkehr und zur Aufhebung des Rahmenbeschlusses 2008/977/JI des Rates (= JI-Richtlinie)
PostG	Postgesetz
RAW	Recht Automobil Wirtschaft (Zeitschrift)
RdA	Recht der Arbeit (Zeitschrift)
RDG	Rechtsdienstleistungsgesetz
RDV	Recht der Datenverarbeitung (Zeitschrift)
RefE	Referentenentwurf
RegE	Regierungsentwurf
RL	Richtlinie
Rs.	Rechtssache
Rspr.	Rechtsprechung
RStV	Rundfunkstaatsvertrag
Rz.	Randzahl
s.	siehe
S.	Seite
s.a.	siehe auch
SEC	Securities and Exchange Commission
SGB	Sozialgesetzbuch
SigG	Signaturgesetz
Slg.	Sammlung
s.o.	siehe oben
SOG	Gesetz über die öffentliche Sicherheit und Ordnung

sog.	sogenannte/r/s
SprAuG	Sprecherausschussgesetz
SRIW	Selbstregulierung Informationswirtschaft e.V.
StBerG	Steuerberatungsgesetz
StGB	Strafgesetzbuch
StPO	Strafprozessordnung
str.	streitig
st. Rspr.	ständige Rechtsprechung
StUG	Stasiunterlagengesetz
StVG	Straßenverkehrsgesetz
StVollstrO	Strafvollstreckungsordnung
s.u.	siehe unten
TB	Tätigkeitsbericht
TDDSG	Teledienstedatenschutzgesetz
TDSV	Telekommunikationsdienstunternehmen – Datenschutzverordnung
TKG	Telekommunikationsgesetz
TMG	Telemediengesetz
TVG	Tarifvertragsgesetz
u.a.	und andere/unter anderem
u.Ä.	und Ähnliches
UIG	Umweltinformationsgesetz
UKlaG	Unterlassungsklagengesetz
ULD	Unabhängiges Landeszentrum für Datenschutz Schleswig-Holstein
UmwG	Umwandlungsgesetz
Unterabs.	Unterabsatz
UrhG	Urheberrechtsgesetz
Urt.	Urteil
USK	Unterhaltungssoftware Selbstkontrolle
u.U.	unter Umständen
UWG	Gesetz gegen den unlauteren Wettbewerb
v.	vom
v.a.	vor allem
VAG	Versicherungsaufsichtsgesetz
Var.	Variante
VersG	Versammlungsgesetz
VersR	Versicherungsrecht (Zeitschrift)
VG	Verwaltungsgericht
VGH	Verwaltungsgerichtshof/Verfassungsgerichthof

vgl.		vergleiche
VO		Verordnung
VoIP		Voice over IP
VR		Verwaltungsrundschau (Zeitschrift)
VuR		Verbraucher und Recht (Zeitschrift)
VwGO		Verwaltungsgerichtsordnung
VwVfG		Verwaltungsverfahrensgesetz
VwVG		Verwaltungsvollstreckungsgesetz
Wistra		Zeitschrift für Wirtschafts- und Steuerstrafrecht
WM		Wertpapier-Mitteilungen (Zeitschrift für Wirtschafts- und Bankrecht)
WP		Working Paper
WpHG		Wertpapierhandelsgesetz
WPO		Wirtschaftsprüferordnung
WRP		Wettbewerb in Recht und Praxis (Zeitschrift)
WRV		Weimarer Reichsverfassung
z.B.		zum Beispiel
ZBR		Zeitschrift für Beamtenrecht
ZD		Zeitschrift für Datenschutz
ZEV		Zeitschrift für Erbrecht und Vermögensnachfolge
ZFdG		Zollfahndungsdienstgesetz
ZfIR		Zeitschrift für Immobilienrecht
zfm		Zeitschrift für das Forderungsmanagement
ZfPR		Zeitschrift für Personalvertretungsrecht
ZG		Zeitschrift für Gesetzgebung
ZGR		Zeitschrift für Unternehmens- und Gesellschaftsrecht
Ziff.		Ziffer
ZInsO		Zeitschrift für das gesamte Insolvenzrecht
ZIP		Zeitschrift für Wirtschaftsrecht
ZKG		Zahlungskontengesetz
ZMR		Zeitschrift für Miet- und Raumrecht
ZPO		Zivilprozessordnung
ZRP		Zeitschrift für Rechtspolitik
z.T.		zum Teil
ZUM		Zeitschrift für Urheber- und Medienrecht
zust.		zustimmend
ZWH		Zeitschrift für Wirtschaftsstrafrecht und Haftung im Unternehmen
zzgl.		zuzüglich

Literaturverzeichnis

Albrecht/Jotzo   Das neue Datenschutzrecht in der EU, 2017
Arndt/Fetzer/Scherer/   TKG, Kommentar, 2. Aufl. 2015
  Graulich (Hrsg.)
Auernhammer (hrsg. v.   Datenschutz-Grundverordnung, Bundesdaten-
  Eßer/Kramer/v. Lewinski)   schutzgesetz und Nebengesetze, 5. Aufl. 2017

Beck'scher Online-   hrsg. v. *Wolff/Brink* (zitiert: BeckOK Daten-
  Kommentar zum   schutzR/Bearbeiter)
  Datenschutzrecht
Beck'scher TKG-Kommentar   hrsg. v. *Geppert/Schütz*, 4. Aufl. 2013
Bergmann/Möhrle/Herb   Datenschutzrecht Kommentar, Loseblatt
Besgen/Prinz (Hrsg.)   Arbeiten 4.0 – Arbeitsrecht und Datenschutz in der digitalisierten Arbeitswelt, 4. Aufl. 2018
Bohnert/Krenberger/Krumm   OWiG, Kommentar, 4. Aufl. 2016
von dem Bussche/Voigt   Konzerndatenschutz, 2014

Calliess/Ruffert   EUV/AEUV, Kommentar, 5. Aufl. 2016

Däubler/Kittner/Klebe/   BetrVG, Kommentar, 16. Aufl. 2018
  Wedde (Hrsg.)
Däubler/Klebe/Wedde/   Bundesdatenschutzgesetz Kompaktkommentar,
  Weichert   5. Aufl. 2016

Ehmann/Helfrich   EG-Datenschutzrichtlinie, 1999
Ehmann/Selmayr   Datenschutz-Grundverordnung, Kommentar, 2017
Erbs/Kohlhaas   Strafrechtliche Nebengesetze, Loseblatt
Erfurter Kommentar zum   hrsg. v. *Müller-Glöge/Preis/Schmidt*, 18. Aufl.
  Arbeitsrecht   2018 (zitiert: ErfK/*Bearbeiter*)

Feiler/Forgó   EU – DSGVO, Kurzkommentar, 2016
Fitting/Engels/Schmidt/   Betriebsverfassungsgesetz, Handkommentar,
  Trebinger/Linsenmaier   29. Aufl. 2018 (zitiert: Fitting/*Bearbeiter*)
Forgó/Helfrich/Schneider   Betrieblicher Datenschutz, 2. Aufl. 2017
  (Hrsg.)

Gierschmann/Saeugling   Systematischer Praxiskommentar Datenschutz-
  (Hrsg.)   recht, 2014
Gierschmann/Schlender/   Kommentar Datenschutz-Grundverordnung,
  Stentzel/Veil (Hrsg.)   2017

Literaturverzeichnis

Göhler	Ordnungswidrigkeitengesetz, 17. Aufl. 2017
Gola	Datenschutz-Grundverordnung, Kommentar, 2017
Gola/Schomerus	BDSG, Kommentar, 12. Aufl. 2015
von der Groeben/Schwarze/ Hatje (Hrsg.)	Europäisches Unionsrecht, 7. Aufl. 2015
Hanten/Görke/Ketessidis	Outsourcing im Finanzsektor, 2011
Härting	Datenschutz-Grundverordnung, 2016
Hauschka/Moosmayer/Lösler	Corporate Compliance, 3. Aufl. 2016
Heckmann (Hrsg.)	juris PraxisKommentar Internetrecht, 5. Aufl. 2017
Helfrich	Kreditscoring und Scorewertbildung der SCHUFA, 2010
Henssler/Willemsen/Kalb	Arbeitsrecht Kommentar, 8. Aufl. 2018 (zitiert: HWK/*Bearbeiter*)
Heun (Hrsg.)	Handbuch Telekommunikationsrecht, 2. Aufl. 2007
Hoeren/Sieber/Holznagel (Hrsg.)	Handbuch Multimedia-Recht – Rechtsfragen des elektronischen Geschäftsverkehrs, Loseblatt
Koreng/Lachenmann	Formularhandbuch Datenschutzrecht, 2. Aufl. 2018
Kühling/Buchner	Datenschutz-Grundverordnung, Kommentar, 2016
Kühling/Martini et al.	Die Datenschutz-Grundverordnung und das nationale Recht, 2016
Kühling/Seidel/Sivridis	Datenschutzrecht, 3. Aufl. 2015
Laue/Nink/Kremer	Das neue Datenschutzrecht in der betrieblichen Praxis, 2016
Leupold/Glossner (Hrsg.)	Münchener Anwaltshandbuch IT-Recht, 3. Aufl. 2013
Maunz/Dürig	Grundgesetz, Loseblatt
Moos (Hrsg.)	Datenschutz- und Datennutzungsverträge, 2. Aufl. 2018
Müller-Gugenberger (Hrsg.)	Wirtschaftsstrafrecht, 6. Aufl. 2015
Niemann/Paul (Hrsg.)	Praxishandbuch Rechtsfragen des Cloud Computing, 2014

Paal/Pauly	Datenschutz-Grundverordnung/Bundesdatenschutzgesetz, 2. Aufl. 2018
Palandt	Bürgerliches Gesetzbuch, Kommentar, 77. Aufl. 2018
Piltz	BDSG, Praxiskommentar für die Wirtschaft, 2017
Renz/Hense (Hrsg.)	Organisation der Wertpapier-Compliance-Funktion, 2012
Richardi	Betriebsverfassungsgesetz, Kommentar, 16. Aufl. 2018
Roßnagel	Handbuch Datenschutzrecht, 2003
Roßnagel	Recht der Multimedia-Dienste, Loseblatt
Roßnagel	Europäische Datenschutz-Grundverordnung, 2017
Säcker (Hrsg.)	Telekommunikationsgesetz, 3. Aufl. 2013
Schaffland/Wiltfang	DSGVO und BDSG, Kommentar, Loseblatt (nun hrsg. v. *Schaffland/Holthaus/Schaffland*)
Schantz/Wolff	Das neue Datenschutzrecht, 2017
Scheurle/Mayen	TKG, Kommentar, 3. Aufl. 2018
Scholz	Datenschutz beim Internet-Einkauf. Gefährdungen – Anforderungen – Gestaltungen, Diss. 2003
Schönke/Schröder	StGB, Kommentar, 29. Aufl. 2014
Simitis (Hrsg.)	Bundesdatenschutzgesetz, 8. Aufl. 2014
Spindler/Schuster	Recht der elektronischen Medien, Kommentar, 3. Aufl. 2015
Sydow (Hrsg.)	Europäische Datenschutzgrundverordnung, 2017
Taeger/Gabel (Hrsg.)	Kommentar zum BDSG und zu den Datenschutzvorschriften des TKG und TMG, 2. Aufl. 2013
Thüsing	Beschäftigtendatenschutz und Compliance, 2. Aufl. 2014
Voigt/von dem Bussche	General Data Protection Regulation - A Practical Guide, 2017
Wächter	Datenschutz im Unternehmen, 5. Aufl. 2017
Willemsen/Hohenstatt/ Schweibert/Seibt	Umstrukturierung und Übertragung von Unternehmen, 5. Aufl. 2016
Wolff/Brink	Datenschutzrecht in Bund und Ländern, 2013
Wybitul	EU-Datenschutz-Grundverordnung, 2017
Wybitul/Schultze-Melling	Handbuch – Datenschutz im Unternehmen, 2. Aufl. 2014

Verordnung (EU) 2016/679
des Europäischen Parlaments und des Rates vom 27.4.2016 zum Schutz natürlicher Personen bei der Verarbeitung personenbezogener Daten, zum freien Datenverkehr und zur Aufhebung der Richtlinie 95/46/EG (Datenschutz-Grundverordnung)

vom 4.5.2016 (ABl. Nr. L 119, S. 1)

Kapitel I
Allgemeine Bestimmungen

Artikel 1 Gegenstand und Ziele

(1) Diese Verordnung enthält Vorschriften zum Schutz natürlicher Personen bei der Verarbeitung personenbezogener Daten und zum freien Verkehr solcher Daten.

(2) Diese Verordnung schützt die Grundrechte und Grundfreiheiten natürlicher Personen und insbesondere deren Recht auf Schutz personenbezogener Daten.

(3) Der freie Verkehr personenbezogener Daten in der Union darf aus Gründen des Schutzes natürlicher Personen bei der Verarbeitung personenbezogener Daten weder eingeschränkt noch verboten werden.

I. Einführung 1	IV. Grenzen des Schutzes der DSGVO: Freier Datenverkehr in der Union (Abs. 3) 6
II. Gegenstand der DSGVO: Schutz natürlicher Personen (Abs. 1) . . 3	
III. Schutzgut der DSGVO: Grundrechte und Grundfreiheiten (Abs. 2) 4	

Schrifttum: *Albrecht*, Das neue EU-Datenschutzrecht – von der Richtlinie zur Verordnung. Überblick und Hintergründe zum finalen Text für die Datenschutz-Grundverordnung der EU nach der Einigung im Trilog, CR 2016, 88; *Eckhardt/Kramer/Mester*, Auswirkungen der geplanten EU-DSGVO auf den deutschen Datenschutz, DuD 37 (2013), 623; *Ehmann*, Der weitere Weg zur Datenschutzgrundverordnung. Näher am Erfolg, als viele glauben?, ZD 2015, 6; *Gierschmann*, Was „bringt" deutschen Unternehmen die DS-GVO? Mehr Pflichten, aber die Rechtsunsicherheit bleibt, ZD 2016, 51; *Härting*, Datenschutz-Grundverordnung. Anwendungsbereich, Verbotsprinzip, Einwilligung, ITRB 2016, 36; *Hopp/Svanberg*, Making the General Data Protection Regulation work, PinG 2015, 203; *Jaspers*, Die EU-Datenschutz-Grundverordnung, DuD 36 (2012), 571; *Lauber-Röns-*

Art. 1 DSGVO | Gegenstand und Ziele

berg/Hartlaub: Personenbildnisse im Spannungsfeld zwischen Äußerungs- und Datenschutzrecht, NJW 2017, 1057; *Leucker*, Die zehn Märchen der Datenschutzreform, PinG 2015, 195; *Mester*, EU-Datenschutzgrundverordnung. Die europaweite Regelung des Datenschutzes noch 2015?, DuD 39 (2015), 194; *Peifer*, Auswirkungen der EU-Datenschutz-Grundverordnung auf öffentliche Stellen, Gewerbearchiv 2014, 142; *Roßnagel/Nebel/Richter*, Was bleibt vom Europäischen Datenschutzrecht? Überlegungen zum Ratsentwurf der DSG-VO, ZD 2015, 455; *Stentzel*, Das Grundrecht auf ...? Auf der Suche nach dem Schutzgut des Datenschutzes in der Europäischen Union, PinG 2015, 185; *Tinnefeld*, Meinungsfreiheit durch Datenschutz. Voraussetzung einer zivilen Rechtskultur, ZD 2015, 22; *Veil*, DSG-VO: Risikobasierter Ansatz statt rigides Verbotsprinzip. Eine erste Bestandsaufnahme, ZD 2015, 347; *Wagner*, Der Entwurf einer Datenschutz-Grundverordnung der Europäischen Kommission, DuD 36 (2012a), 676; *Wagner*, Grenzen des europäischen Datenschutzrechts. Zum geplanten Datenschutzrechtsrahmen der EU, DuD 2012, 303.

I. Einführung

1 Die DSGVO soll nach dem politischen Willen der europäischen Legislative durch „moderne" und „harmonisierte" Datenschutzbestimmungen Europa „für **das digitale Zeitalter** rüsten"[1]. Neben **wirtschaftlichen Erwägungen**, die etwa zu der Schaffung eines „Level Playing Field" für europäische und außereuropäische Unternehmen geführt haben, und dem **Harmonisierungsgedanken**, der u.a. zu der Einführung einheitlicher Anlaufstellen durch das „One Stop Shop"-Prinzip geführt hat, basiert die Novelle des europäischen Datenschutzrechts vor allem auf **grundrechtlichen Erwägungen**. Dementsprechend stellt Art. 1 bei der Festlegung der **Gegenstände und Ziele** der DSGVO den Schutz natürlicher Personen und deren Recht auf Schutz personenbezogener Daten in den Vordergrund. Damit ist die gesamte Verordnung im Lichte dieser Grundsätze zu lesen und zu interpretieren. Als weiteres Ziel verfolgt die DSGVO ausweislich des Art. 1 Abs. 3 den **freien Verkehr** dieser Daten.

2 Das **Verfahren zum Erlass** der DSGVO zog sich über viele Jahre hin. Das Ergebnis entspricht einer Kompromisslösung zwischen den Interessen der Befürworter eines weitreichenden Datenschutzes, der Interessenvertreter der Wirtschaft und politischen Zugeständnissen sowohl zwischen den Mitgliedstaaten als auch gegenüber Drittstaaten, insbesondere den USA. Im historischen Kontext folgt aus den Erwägungsgründen, dass die DSGVO insgesamt die – so bezeichneten – „**Verfehlungen der EG-Datenschutzrichtlinie**" beseitigen sollte. Weiter heißt es in den Erwägungsgründen mit Blick auf den Zustand vor Erlass der DSGVO, dass der „Datenschutz in der Union unterschiedlich gehandhabt wird, Rechtsunsicherheit besteht oder in der Öffentlichkeit die Meinung weit verbreitet ist, dass erhebliche Risiken für den Schutz natürlicher Personen bestehen" (vgl. Erwägungsgrund 9). Diese vermeintlichen Missstände erklären sich „aus

---

[1] Europäische Kommission, Pressemitteilung v. 15.6.2015.

den Unterschieden bei der Umsetzung und Anwendung der Richtlinie 95/46/ EG" und sollen mit der einheitlich geltenden DSGVO beseitigt werden (vgl. Erwägungsgrund 9).
Die maßgeblichen Erwägungsgründe finden sich in den Erwägungsgründen 1–16.

II. Gegenstand der DSGVO: Schutz natürlicher Personen (Abs. 1)

Art. 1 Abs. 1 bestimmt **Gegenstand und Ziele** der DSGVO. Danach dient die Verordnung dem **Schutz natürlicher Personen** bei der **Verarbeitung** von **personenbezogenen Daten**.

Während diese Begriffe der „Verarbeitung" und der „personenbezogenen Daten" in Art. 4 (Begriffsbestimmungen) näher definiert werden, fehlt es an einer Definition des **Begriffs der „natürlichen Person"**. Aus Erwägungsgrund 14 folgt insoweit allerdings ausdrücklich, dass die Formulierung des Art. 1 Abs. 1 wörtlich zu verstehen und entsprechend eng auszulegen ist. Denn dort heißt es, dass die DSGVO „nicht für die Verarbeitung personenbezogener Daten **juristischer Personen** und insbesondere als juristische Person gegründeter Unternehmen, einschließlich Name, Rechtsform oder Kontaktdaten der juristischen Person" gilt. Die in dem Erwägungsgrund 14 gewählte Formulierung ist insoweit unpräzise, als dass der Begriff der „personenbezogenen Daten" schon nach dessen Definition nur Daten über „natürliche Personen" umfasst. „Personenbezogene Daten" einer juristischen Person kann es danach – kraft Definition – nicht geben. Wenn in der Verordnung der zentrale Begriff der **„betroffenen Person"** verwendet wird, meint dies damit stets also nur eine „natürliche Person", auf die sich das jeweilige Datum bezieht (s. Art. 4 Abs. 1). Auf den ersten Blick verwirrend erscheint schließlich der Umstand, dass eine „natürliche Person" nach der Definition des Art. 4 Nr. 18 auch ein **„Unternehmen"** i.S.d. DSGVO darstellen kann. Dies ändert jedoch nichts daran, dass der Schutz der DSGVO auf den Schutz natürlicher Personen beschränkt ist. Die Definition des Art. 4 Nr. 18 betrifft einen anderen Regelungsbereich. Wegen der Einzelheiten sei auf die Kommentierung zu Art. 4 verwiesen. Ungeachtet des Umstandes, dass die DSGVO damit keine Unternehmen schützt, kann die Verwendung von Daten über ein Unternehmen durchaus datenschutzrechtliche Relevanz haben, nämlich dann, wenn die Daten auf eine natürliche Person **„durchschlagen"**. Firmiert etwa eine als Partnerschaftsgesellschaft gegründete Rechtsanwaltskanzlei unter den Familiennamen der Gründungspartner, so kann die Verarbeitung dieser Daten datenschutzrechtliche Bedeutung haben, wohlgemerkt allerdings nicht für die Partnerschaftsgesellschaft als Unternehmen, sondern für die Gründungspartner als betroffene (natürliche) Personen.

III. Schutzgut der DSGVO: Grundrechte und Grundfreiheiten (Abs. 2)

4 Aus Art. 1 Abs. 2 folgt, dass die DSGVO die Grundrechte und Grundfreiheiten natürlicher Personen im Allgemeinen schützt und insbesondere deren Recht auf Schutz ihrer personenbezogenen Daten. Nach Erwägungsgrund 1, der **Art. 8 Abs. 1 GRCh und Art. 16 Abs. 1 AEUV** in Bezug nimmt, ist der „Schutz natürlicher Personen bei der Verarbeitung ihrer personenbezogenen Daten" dabei selbst ein **Grundrecht**.

Dieser Schutz gilt für sämtliche natürlichen Personen, und zwar „**ungeachtet ihrer Staatsangehörigkeit oder ihres Aufenthaltsorts**" (vgl. Erwägungsgrund 14). Der Schutz der DSGVO ist damit keineswegs etwa nur auf EU-Bürger beschränkt, was in der Praxis bisweilen übersehen wird. Gleichwohl greift die Formulierung insoweit etwas zu weit, als dass der räumliche Anwendungsbereich der DSGVO in bestimmten Konstellationen sehr wohl an den Aufenthaltsort der betroffenen Person anknüpft. Wegen der Einzelheiten sei auf die Kommentierung zu Art. 3 Abs. 2 DSGVO verwiesen. Aus der „insbesondere" -Formulierung wird deutlich, dass die DSGVO zwar vor allem dem Schutz personenbezogener Daten dient, aber eben nicht ausschließlich. So wird der Verantwortliche z.B. nach Art. 25 Abs. 1 verpflichtet, die „Risiken für die **Rechte und Freiheiten natürlicher Personen**" zu wahren, womit eine Verpflichtung statuiert wird, die über den reinen Schutz personenbezogener Daten hinaus geht. Allerdings ist auch zu berücksichtigen, dass zunächst freilich der Anwendungsbereich der DSGVO eröffnet sein muss, der eine Verarbeitung personenbezogener Daten erfordert.

5 Aus der Formulierung des Art. 1 („enthält Vorschriften") geht nicht unmittelbar hervor, ob es sich bei der Regelung des Art. 1 Abs. 2 um einen Programmsatz, das legislative Ziel, die faktische Voraussetzung für deren Umsetzung oder eine echte, tatbestandsähnliche Anforderung handelt. Tatsächlich wird hier aber bereits deutlich, dass es sich bei den Schutzgütern der DSGVO nicht um absolute Schutzrechte, sondern um **abwägungsfähige und -bedürftige Rechtspositionen** handelt. Dies folgt nicht zuletzt aus Erwägungsgrund 4, wo klar postuliert ist, dass das Recht auf Schutz der personenbezogenen Daten „**kein uneingeschränktes Recht**" darstellt.

IV. Grenzen des Schutzes der DSGVO: Freier Datenverkehr in der Union (Abs. 3)

6 Art. 1 Abs. 3 ordnet an, dass **der freie Verkehr personenbezogener Daten in der Union „weder eingeschränkt noch verboten werden"** darf. Die Regelung kann nur im Verhältnis zu Art. 1 Abs. 2 zu lesen sein, denn für sich genommen enthält sie ein leeres Versprechen: Die DSGVO schränkt den freien Verkehr von Daten in der Union durchaus massiv ein, und zwar durch diverse Auflagen und

minutiöse Rechtmäßigkeitsvoraussetzungen. Art. 6, der die Rechtmäßigkeit der Verarbeitung regelt, folgt gar dem **Verbotsprinzip**[2], wonach die Verarbeitung personenbezogener Daten ohne Einwilligung oder sonstigen Erlaubnistatbestand grundsätzlich unzulässig ist (**Verbot mit Erlaubnisvorbehalt**). In Zusammenhang mit Art. 1 Abs. 2 kann Art. 1 Abs. 3 also nur dahingehend verstanden werden, dass die Verwirklichung des Grundrechtsschutzes kein vorbehaltloses Totalverbot des freien Datenverkehrs nach sich ziehen darf und auch keine übermäßige Einschränkung, sondern die gegenläufigen Interessen in einen **angemessenen Ausgleich** zu bringen sind. Vor allem aber zielt die Norm darauf ab, dass der **innereuropäische Verkehr** personenbezogener Daten über die Landesgrenzen der Mitgliedstaaten hinweg genauso möglich sein muss, wie der Verkehr solcher Daten innerhalb eines Mitgliedstaats[3].

Artikel 2 Sachlicher Anwendungsbereich

(1) Diese Verordnung gilt für die ganz oder teilweise automatisierte Verarbeitung personenbezogener Daten sowie für die nichtautomatisierte Verarbeitung personenbezogener Daten, die in einem Dateisystem gespeichert sind oder gespeichert werden sollen.

(2) Diese Verordnung findet keine Anwendung auf die Verarbeitung personenbezogener Daten

a) im Rahmen einer Tätigkeit, die nicht in den Anwendungsbereich des Unionsrechts fällt,

b) durch die Mitgliedstaaten im Rahmen von Tätigkeiten, die in den Anwendungsbereich von Titel V Kapitel 2 EUV fallen,

c) durch natürliche Personen zur Ausübung ausschließlich persönlicher oder familiärer Tätigkeiten,

d) durch die zuständigen Behörden zum Zwecke der Verhütung, Ermittlung, Aufdeckung oder Verfolgung von Straftaten oder der Strafvollstreckung, einschließlich des Schutzes vor und der Abwehr von Gefahren für die öffentliche Sicherheit.

(3) Für die Verarbeitung personenbezogener Daten durch die Organe, Einrichtungen, Ämter und Agenturen der Union gilt die Verordnung (EG) Nr. 45/2001. Die Verordnung (EG) Nr. 45/2001 und sonstige Rechtsakte der Union, die diese Verarbeitung personenbezogener Daten regeln, werden im Einklang mit Artikel 98 an die Grundsätze und Vorschriften der vorliegenden Verordnung angepasst.

---

2 So zutreffend *Härting*, ITRB 2016, 36; differenzierend zum „risikobasierten Ansatz" *Veil*, ZD 2015, 347.
3 Paal/Pauly/*Ernst*, Art. 1 DSGVO Rz. 14.

(4) Die vorliegende Verordnung lässt die Anwendung der Richtlinie 2000/31/ EG und speziell die Vorschriften der Artikel 12 bis 15 dieser Richtlinie zur Verantwortlichkeit der Vermittler unberührt.

I. Einführung 1	b) Verarbeitung durch die Mitgliedstaaten im Bereich der gemeinsamen Außen- und Sicherheitspolitik (Buchst. b) . 20
II. Anwendbarkeitsvoraussetzungen 5	
1. Verarbeitung personenbezogener Daten (Abs. 1) 5	
2. Automatisierte Verarbeitung (Abs. 1, Alt. 1) 6	c) Verarbeitung durch natürliche Personen zu persönlichen oder familiären Zwecken (Buchst. c) 21
a) Begriff der automatisierten Verarbeitung 6	aa) Gegenstand der „Haushaltsausnahme" 21
b) Videoüberwachung als automatisierte Verarbeitung 8	bb) Anwendungsfälle der „Haushaltsausnahme" .. 22
c) Teil-automatisierte Verarbeitung 9	cc) Keine Anwendbarkeit der „Haushaltsausnahme" auf Diensteanbieter 28
d) Dauer der automatisierten Verarbeitung 10	
e) Fortwirkung der automatisierten Verarbeitung auf nachfolgende Verarbeitungen 11	d) Verarbeitung zur Verhütung, Ermittlung, Aufdeckung oder Verfolgung von Straftaten (Buchst. d) 29
3. Nicht-automatisierte Verarbeitung mit Dateibezug (Abs. 1, Alt. 2) 12	6. Verarbeitung durch die Organe, Einrichtungen, Ämter und Agenturen der Union (Abs. 3) 30
4. Sonderregelungen für das Beschäftigtenverhältnis 16	7. Unberührtheit der Richtlinie über den elektronischen Geschäftsverkehr (Abs. 4) 31
5. Ausnahmetatbestände (Abs. 2) . 17	
a) Verarbeitung außerhalb des Unionsrechts (Buchst. a) 18	8. Vorrang der ePrivacy Richtlinie . 32

Schrifttum: *Gola/Lepperhoff,* Reichweite des Haushalts- und Familienprivilegs bei der Datenverarbeitung – Aufnahme und Umfang der Ausnahmeregelung in der DS-GVO, ZD 2016, 9; *Klar,* Private Videoüberwachung unter Miterfassung des öffentlichen Raums, NJW 2015, 463; *Lauber-Rönsberg/Hartlaub,* Personenbildnisse im Spannungsfeld zwischen Äußerungs- und Datenschutzrecht, NJW 2017, 1057; *Schantz,* Die Datenschutz-Grundverordnung – Beginn einer neuen Zeitrechnung im Datenschutzrecht, NJW 2016, 1841.

I. Einführung

1 Die Regelung des Art. 2 definiert den **sachlichen Anwendungsbereich** der DSGVO. Damit die DSGVO zur Anwendung kommt, muss zusätzlich der **räumliche** Anwendungsbereich gegeben sein, dessen Anforderungen sich nach Art. 3 richten.

Die DSGVO trifft keine Unterscheidung hinsichtlich des **persönlichen Anwendungsbereichs**, d.h. sie findet grundsätzlich – vorbehaltlich der in Art. 2 Abs. 2 vorgesehenen Ausnahmen – auf jede datenverarbeitende natürliche oder juristische Person Anwendung, ohne dass etwa nach „öffentlichen" oder „nicht-öffentlichen Stellen" differenziert würde. Auch ist z.B. nicht relevant, welche Rechtsform die juristische Person innehat. Dass die DSGVO auch auf die **Datenverarbeitung durch natürliche Personen** Anwendung findet, folgt aus dem Umkehrschluss zu Art. 2 Abs. 2 Buchst. c, der die Datenverarbeitung natürlicher Personen nur unter bestimmten Voraussetzungen von dem Anwendungsbereich der DSGVO ausnimmt.

2

Die maßgeblichen **Erwägungsgründe** finden sich in den Erwägungsgründen 17–18. Die Parallelnorm zum Anwendungsbereich des **BDSG** findet sich in § 1 BDSG. Eine Sonderregelung für den Anwendungsbereich des BDSG im Bereich des **Beschäftigtendatenschutzes** findet sich in § 26 Abs. 7 BDSG.

3

Für die Eröffnung des sachlichen Anwendungsbereichs müssen folgende **Voraussetzungen** kumulativ erfüllt sein:

4

(i) Verarbeitung personenbezogener Daten (Art. 2 Abs. 1);
(ii) Verarbeitung entweder in „automatisierter" Form oder, wenn es an der Automatisierung fehlt, Verarbeitung mit „Dateibezug" (Art. 2 Abs. 1),
(iii) kein Ausschlussgrund (Art. 2 Abs. 2);
(iv) keine Anwendbarkeit vorrangiger Regelungen (Art. 2 Abs. 3 und 4).

II. Anwendbarkeitsvoraussetzungen

1. Verarbeitung personenbezogener Daten (Abs. 1)

Erforderlich ist zunächst eine Verarbeitung personenbezogener Daten. Der Begriff der **personenbezogenen Daten** ist in Art. 4 Nr. 1 definiert (s. dort), der Begriff der **Verarbeitung** in Art. 4 Nr. 2 (s. dort). Die Verarbeitung umfasst danach, anders als noch im BDSG-alt, auch die „Erhebung" und sonstige „Nutzung" personenbezogener Daten, so dass mit der Verwendung lediglich des Begriffs der „Verarbeitung" in Art. 2 keine Beschränkung des Anwendungsbereichs verbunden ist. Erfasst von dem Begriff der „Verarbeitung" ist nach dem ausdrücklichen Wortlaut des Art. 4 Nr. 2 vielmehr „jeder" Vorgang im Zusammenhang mit personenbezogenen Daten. Es gibt damit also insbesondere **keine de minimis Ausnahme**, wonach etwa unkritische oder geringfügige Verarbeitungen per se vom Anwendungsbereich der DSGVO ausgenommen wären.

5

2. Automatisierte Verarbeitung (Abs. 1, Alt. 1)

a) Begriff der automatisierten Verarbeitung

6 Auch wenn eine Verarbeitung personenbezogener Daten vorliegt, führt dies jedoch nicht unmittelbar zur Anwendbarkeit der DSGVO. Erforderlich ist vielmehr entweder (i) eine „ganz oder teilweise **automatisierte Verarbeitung** personenbezogener Daten" oder (ii) die „**nichtautomatisierte Verarbeitung** personenbezogener Daten, die in einem **Dateisystem** gespeichert sind oder gespeichert werden sollen".

7 Den Hauptanwendungsfall zur Eröffnung des Anwendungsbereichs der DSGVO bildet die „**automatisierte**" Verarbeitung. Diese ist typischerweise beim Einsatz von Datenverarbeitungsanlagen gegeben. In der DSGVO werden keine konkreten Definitionen oder Beispiele der „automatisierten" Verarbeitung genannt. Hintergrund dieses Ansatzes ist, dass der Schutz natürlicher Personen gemäß Erwägungsgrund 15 „**technologieneutral**" sein „und nicht von den verwendeten Techniken abhängen" soll. Dies ist zu begrüßen, denn auf diese Weise bleibt es möglich, auch zukünftige technologische Entwicklungen zu erfassen. Als Konsequenz ist die Norm tendenziell weit auszulegen[1]. Es ist also davon auszugehen, dass von dem Begriff sämtliche rechnergestützte Verarbeitungen personenbezogener Daten erfasst sind[2]. Hervorzuheben ist, dass der sog. Dateibezug nur im Bereich der nichtautomatisierten Verarbeitung gefordert wird. Damit ist die DSGVO im Falle der automatisierten Verarbeitung stets anwendbar, auch wenn die in einem Rechner gespeicherten Daten keiner bestimmten Ordnung oder Systematik folgen.

b) Videoüberwachung als automatisierte Verarbeitung

8 Zum Bereich der automatisierten Verarbeitung zählt auch die **Videoüberwachung**. Dies hat der EuGH – allerdings noch in einer Entscheidung zur EG-Datenschutzrichtlinie – ausdrücklich festgestellt[3]. In dem Urteil wurde konkret entschieden, dass eine Überwachung mittels einer Videoaufzeichnung von Personen auf einer kontinuierlichen Speichervorrichtung, der Festplatte, eine automatisierte Verarbeitung personenbezogener Daten darstellt. Offen gelassen hat der EuGH die – in jenem Fall nicht relevante – Frage, ob auch solche Kameras erfasst sind, die ohne Zwischenspeicherung nur ein Live-Bild übertragen. In der Literatur wird dies teilweise verneint[4].

---

1 Kühling/Buchner/*Raab*, Art. 2 DSGVO Rz. 15.
2 Ehmann/Selmayr/*Zerdick*, Art. 2 DSGVO Rz. 3.
3 EuGH v. 11.12.2014 – C-212/13 (Rynea/ÚYad pro ochranu osobních údajo), EuZW 2015, 234 = CR 2015, 100 m. Anm. *Bretthauer* = ITRB 2015, 108.
4 Verneinend Kühling/Buchner/*Raab*, Art. 2 DSGVO Rz. 15.

c) Teil-automatisierte Verarbeitung

Nach dem Wortlaut der Norm ist der Anwendungsbereich der DSGVO auch bereits bei einer „**teilweise**" automatisierten Verarbeitung gegeben. Allerdings hat diese Formulierung wohl lediglich eine klarstellende Wirkung, denn auch bei der teilweise automatisierten Verarbeitung liegt zumindest in Teilen immer noch eine automatisierte Verarbeitung vor. Zu denken ist etwa an **manuelle Zwischenschritte**, die mithin nicht dazu führen, dass der Verarbeitungsvorgang von dem Anwendungsbereich der DSGVO ausgenommen wäre. Eine lediglich teilweise automatisierte Datenverarbeitung liegt etwa vor, wenn ein Mensch die zu verarbeitenden Daten in ein IT-System eingibt.

9

d) Dauer der automatisierten Verarbeitung

Die **Dauer der Verarbeitung** ist irrelevant[5]. Zur Eröffnung des Anwendungsbereichs ist es also nicht erforderlich, dass die Daten längerfristig in einem IT-System verarbeitet werden. Schon die flüchtige Zwischenspeicherung führt zur Anwendbarkeit der DSGVO.

10

e) Fortwirkung der automatisierten Verarbeitung auf nachfolgende Verarbeitungen

Von großer praktischer Bedeutung ist die Frage, **wann die automatisierte Verarbeitung endet**. Konkret geht es um den Fall, dass eine Person z.B. Einsicht in eine Datenbank nimmt, in der personenbezogene Daten gespeichert sind. Fraglos stellt die Speicherung der Daten in der Datenbank eine automatisierte Verarbeitung dar. Fraglich ist allerdings, ob diese automatisierte Verarbeitung gewissermaßen **fortwirkt**, wenn die Person die eingesehenen Daten weiter verwendet, z.B. indem sie diese anschließend als Notiz auf einem Notizblock vermerkt. Die handschriftliche Notiz als solche fiele nicht in den Anwendungsbereich der DSGVO, da sie weder automatisiert erfolgt noch der erforderliche Dateibezug gegeben wäre. Allerdings könnte mit Blick auf den Normzweck eingewandt werden, dass bei der dargestellten Konstellation eine Schutzlücke entsteht, da es demjenigen, der Einsicht in die Daten genommen hat, z.B. möglich wäre, diese ohne weitere Anforderungen in ein unsicheres Drittland wie etwa die USA zu verbringen. Nach der **hier vertretenen Ansicht** ist diese Schutzlücke allerdings zu akzeptieren, da der Verordnungsgeber die bewusste Entscheidung dafür getroffen hat, nur ganz bestimmte Formen der Verarbeitung den Vorgaben der DSGVO zu unterwerfen. Und im Übrigen würde der Anwendungsbereich der DSGVO freilich wieder eröffnet werden, wenn die Daten später erneut in ein weiteres IT-System eingepflegt würden.

11

---

5 Gola/*Gola*, Art. 2 DSGVO Rz. 5.

3. Nicht-automatisierte Verarbeitung mit Dateibezug (Abs. 1, Alt. 2)

12 Bei der „off-line" oder „**manuellen**" Datenverarbeitung ist der Anwendungsbereich der DSGVO – wie schon unter dem BDSG-alt – nur dann eröffnet, wenn ein sog. **Dateibezug** vorliegt. Die nicht-automatisierte Datenverarbeitung fällt unter die DSGVO also nur dann, wenn die Daten in einem Dateisystem gespeichert sind oder gespeichert werden sollen[6].

13 Der Begriff der „**Dateisysteme**" meint Sammlungen personenbezogener Daten, die gleichartig aufgebaut und nach bestimmten Merkmalen zugänglich sind und ausgewertet werden können. Die Sortierung nach z.B. Namen, Gruppenmerkmalen oder Datumsangaben genügt hierfür. Damit sind z.B. typischerweise Personal- oder Krankenakten i.d.R. vom Anwendungsbereich der DSGVO erfasst[7].

14 Trotz der in den Erwägungsgründen hinterlegten Forderung nach einem „technologieneutralen" Ansatz bleibt es damit dabei, dass Daten ohne „Dateibezug" weiterhin vom Anwendungsbereich der DSGVO ausgenommen sind. Damit fallen z.B. lose **Zettelsammlungen oder Post-it Notizen** nicht in den Anwendungsbereich der DSGVO, wohl aber strukturierte Datensammlungen wie etwa im Fall von chronologisch sortierten Aktenordnern.

15 Die Formulierung „**gespeichert werden sollen**" ist nach einer in der Literatur vertretenen Ansicht weit zu verstehen. Sie erfordere nicht etwa ein zielgerichtetes Verhalten, sondern es genüge bereits die Aussicht, dass die Daten in ein Dateisystem aufgenommen werden können, auch wenn dies von Bedingungen abhängt (z.B. von einer Entscheidung des Personalchefs)[8]. Nach der hier vertretenen Ansicht ist eine solche Auslegung nicht mehr vom Wortlaut der Norm gestützt. Denn die Norm spricht nicht etwa davon, dass die Daten ggf. in ein Dateisystem überführt werden „könnten", sondern davon, dass sie dort gespeichert werden „sollen", also dass eine entsprechende Absicht bestehen muss.

4. Sonderregelungen für das Beschäftigtenverhältnis

16 Die DSGVO enthält keine Sonderregelung für den Bereich der **Beschäftigungsverhältnisse**, wie sie sich ehemals in § 32 Abs. 2 BDSG-alt fand. Für die betroffene Person mag diese Einschränkung zu einer schwer nachvollziehbaren **Reduktion des Schutzniveaus** führen. Denn wenn es z.B. für einen Arbeitnehmer darum geht, dass seine Daten nicht ohne Einwilligung oder gesetzliche Ermächtigung für Zwecke außerhalb des Arbeitsverhältnisses verwendet werden, macht es aus seiner Sicht wenig Unterschied, ob diese Daten in einem chronologisch

---

6 Gola/*Gola*, Art. 2 DSGVO Rz. 8; Kühling/Buchner/*Raab*, Art. 2 DSGVO Rz. 18.
7 Paal/Pauly/*Ernst*, Art. 2 DSGVO Rz. 9.
8 Paal/Pauly/*Ernst*, Art. 2 DSGVO Rz. 10.

sortierten Aktenordner enthalten sind, dann wäre die DSGVO anwendbar, oder in einem unsortierten Papierstapel, was zur Unanwendbarkeit der DSGVO führen würde. Allerdings findet sich nunmehr eine entsprechende Regelung in § 26 Abs. 7 BDSG. Danach sind die besonderen Regelungen über den Beschäftigtendatenschutz auch dann anzuwenden, wenn personenbezogene **Daten von Beschäftigten** verarbeitet werden, **ohne dass sie in einem Dateisystem gespeichert sind** oder gespeichert werden sollen. Zu beachten ist allerdings, dass diese Regelung auf Fälle beschränkt ist, in denen das BDSG Anwendung findet.

5. Ausnahmetatbestände (Abs. 2)

Auch wenn die Voraussetzungen des Art. 2 Abs. 1 erfüllt sind, findet die DSGVO auf eine Verarbeitung personenbezogener Daten gleichwohl **keine Anwendung**, wenn einer der Ausnahmetatbestände des Art. 2 Abs. 2 greift. 17

a) Verarbeitung außerhalb des Unionsrechts (Buchst. a)

Die DSGVO findet keine Anwendung auf eine Verarbeitung personenbezogener Daten im Rahmen einer Tätigkeit, die **nicht dem Unionsrecht unterliegt** (Art. 2 Abs. 2 Buchst. a). Die Norm hat mangels Gesetzgebungskompetenz des Verordnungsgebers für Bereiche außerhalb des Unionsrechts in erster Linie eine klarstellende Funktion[9]. 18

Der Umfang der Zuständigkeiten der EU ist im **Vertrag von Lissabon** festgelegt, der drei Arten von Zuständigkeiten unterscheidet, und zwar die ausschließlichen Zuständigkeiten, die geteilten Zuständigkeiten und die unterstützenden Zuständigkeiten, bei denen die EU Maßnahmen zur Unterstützung oder Ergänzung der Politik der Mitgliedstaaten erlässt. Die Bereiche, auf die sich diese drei Arten von Zuständigkeiten erstrecken, sind in den Art. 3, 4 und 6 AEUV aufgeführt. Für die Wirtschaftspraxis ergeben sich daraus regelmäßig weder relevante Einschränkungen noch relevante Freiräume. Denn u.a. fallen in den Anwendungsbereich des Unionsrechts der „Binnenmarkt" (Art. 4 Abs. 2 Buchst. a AEUV), die „Sozialpolitik" (Art. 4 Abs. 2 Buchst. b AEUV), der „wirtschaftliche, soziale und territoriale Zusammenhalt" (Art. 4 Abs. 2 Buchst. c AEUV), der „Verbraucherschutz" (Art. 4 Abs. 2 Buchst. f AEUV) sowie etwa die Bereiche „Gesundheit", „Industrie", „Kultur", „Tourismus" und „Bildung" (Art. 6 AEUV). 19

b) Verarbeitung durch die Mitgliedstaaten im Bereich der gemeinsamen Außen- und Sicherheitspolitik (Buchst. b)

Die DSGVO findet gemäß Art. 2 Abs. 2 Buchst. b darüber hinaus keine Anwendung auf eine Datenverarbeitung durch die Mitgliedstaaten im Rahmen von Tä- 20

---

9 *Albrecht*, CR 2016, 88 (90).

tigkeiten, die in den Anwendungsbereich von Titel V, Kapitel 2 des Vertrags über die Europäische Union (EUV) fallen. Dort geregelt ist die „**gemeinsame Außen- und Sicherheitspolitik**".

c) Verarbeitung durch natürliche Personen zu persönlichen oder familiären Zwecken (Buchst. c)
aa) Gegenstand der „Haushaltsausnahme"

21 Die für die privatwirtschaftliche Praxis wohl relevanteste Ausnahme findet sich in Art. 2 Abs. 2 Buchst. c. Nach dieser sog. „**Haushaltsausnahme**" findet die DSGVO dann keine Anwendung, wenn die Verarbeitung durch eine natürliche Person zur Ausübung ausschließlich persönlicher oder familiärer Tätigkeiten erfolgt. Dabei verzichtet die DSGVO auf eine konkrete Definition und Abgrenzung der Begriffe „persönlich" und „familiär". Die einschränkende Formulierung „ohne jede Gewinnerzielungsabsicht", wie sie noch in den Vorversionen der Entwürfe der DSGVO vorgesehen war, konnte sich im Trilog nicht durchsetzen, womit der Ausnahme ein insoweit breiterer Anwendungsbereich verbleibt.

bb) Anwendungsfälle der „Haushaltsausnahme"

22 Damit folgt die DSGVO einem bereits aus dem BDSG-alt bekannten Konzept. Auch der Anwendungsbereich des BDSG-alt war ausgeschlossen, soweit die Verwendung der personenbezogenen Daten ausschließlich für persönliche oder familiäre Tätigkeiten erfolgte (vgl. § 1 Abs. 2 Nr. 3 BDSG-alt). Als typische **Beispiele** nennt die DSGVO im Erwägungsgrund 18 „das Führen eines Schriftverkehrs oder von Anschriftenverzeichnissen oder die Nutzung sozialer Netze und Online-Tätigkeiten im Rahmen solcher Tätigkeiten". Dies umfasst z.B. private **Adressbücher, Sammlungen von Urlaubsfotos und Tagebücher**[10]. Mitunter begegnet man in der Praxis der Annahme, dass aufgrund dieser Haushaltsausnahme jede „private" E-Mail vom Anwendungsbereich der DSGVO ausgenommen sei. Dies ist freilich ein Missverständnis. Denn ganz im Gegenteil unterliegt z.B. die Einsichtnahme in die private E-Mail-Korrespondenz eines Arbeitnehmers durch seinen Arbeitgeber engen datenschutzrechtlichen Restriktionen.

23 Diese Haushaltsausnahme soll ausweislich des Erwägungsgrunds 18 auch dann gelten, wenn die Korrespondenz über soziale Netzwerke geführt wird. Der reine Umstand, dass die in **sozialen Netzwerken** eingestellten Informationen ggf. einer größeren Anzahl von Nutzern zugänglich sind, führt also nicht automatisch zur Anwendbarkeit der DSGVO. Jedoch greift die Haushaltsausnahme nicht mehr bei der Veröffentlichung von Informationen an einen unbestimmten Per-

---

10 Zur Frage des Verhältnisses des deutschen KUG zur DSGVO s. *Lauber-Rönsberg/Hartlaub*, NJW 2017, 1057 (1060).

sonenkreis, also wenn die Daten gewissermaßen jedermann zur Verfügung gestellt werden. Dies hat der EuGH in der Sache *Lindquist* noch zum alten Recht entschieden[11]. Es sind keine Anzeichen erkennbar, dass der Verordnungsgeber unter der DSGVO von dieser Rechtsprechung abweichen wollte[12]. Gleichzeitig stellt Erwägungsgrund 18 klar, dass der **Betreiber des sozialen Netzwerks**, der diese private Art von Kommunikation durch die Bereitstellung der „Instrumente" ermöglicht, in Abgrenzung zum Nutzer des Sozialen Netzwerks nicht vom Ausnahmetatbestand umfasst werden soll. Ebenfalls kann sich der Anbieter eines Datenspeicherdienstes (Host-Provider) nicht auf die Haushaltsausnahme berufen (s. unten Rz. 28)[13].

Ebenfalls ist der Betrieb einer **Überwachungskamera** an einem Privatgrundstück keine Betätigung, die ausschließlich zu persönlichen oder familiären Tätigkeiten vorgenommen wird, wenn diese dabei auch den öffentlichen Raum erfasst[14]. Dies hat der EuGH ausdrücklich entschieden. Soweit sich eine Videoüberwachung auch nur teilweise auf den öffentlichen Raum erstreckt und dadurch auf einen Bereich außerhalb der privaten Sphäre desjenigen gerichtet ist, der die Daten auf diese Weise verarbeitet, kann sie nicht als eine ausschließlich „persönliche oder familiäre" Tätigkeit angesehen werden[15]. Die gleiche Abgrenzungsproblematik besteht bei dem Einsatz von Auto- Cockpit- Kameras zur Aufzeichnung des Straßenverkehrs[16] oder von mit Kameras gerüsteten Drohnen[17]. 24

Smart- Home Anwendungen fallen im Verhältnis der Hausbewohner untereinander nicht in den Anwendungsbereich der DSGVO. Etwas anderes gilt indes für die Anbieter entsprechender Services, soweit diese personenbezogene Daten der Hausbewohner verarbeiten (s. unten Rz. 28)[18]. 25

Eine **ehrenamtliche Tätigkeit** dient i.d.R. nicht persönlichen Zwecken, sondern der Erfüllung der Aufgabe derjenigen Stelle, die die ehrenamtliche Tätigkeit vergibt[19]. Die Abgrenzung ist in solchen Fällen allerdings fließend. 26

Im Gesetzgebungsprozess lange umstritten war die Beibehaltung des Wortes „**ausschließlich**" (engl. „purely") dahingehend, dass die Ausnahme nur dann 27

---

11 EuGH v. 6.11.2003 – ECLI:EU: C: 2003: 596, EuZW 2004, 245 – *Lindquist*.
12 *Schantz*, NJW 2016, 1841 (1843); *Lauber-Rönsberg/Hartlaub*, NJW 2017, 1057 (1060).
13 Ehmann/Selmayr/*Zerdick*, Art. 2 DSGVO Rz. 11.
14 Ehmann/Selmayr/*Zerdick* Art. 2 DSGVO Rz. 11.
15 EuGH v. 11.12.2014 – C-212/13 (Rynea/ÚYad pro ochranu osobních údajo), EuZW 2015, 234 (236) = CR 2015, 100 m. Anm. *Bretthauer* = ITRB 2015, 108 = NJW 2015, 463 (465) m. Anm. *Klar*.
16 EuGH v. 11.12.2014 – C-213/13 (Rynea/ÚYad pro ochranu osobních údajo), EuZW 2015, 234 (236) = CR 2015, 100 m. Anm. *Bretthauer* = ITRB 2015, 108 = NJW 2015, 463 (465) m. Anm. *Klar*.
17 Gola/*Gola*, Art. 2 DSGVO Rz. 15.
18 Auernhammer/*von Lewinski*, Art. 2 DSGVO Rz. 11.
19 Gola/*Gola*, Art. 2 DSGVO Rz. 16.

gelten soll, wenn die Tätigkeit „ausschließlich" den privaten oder familiären Zwecken dienen soll. Dass diese Formulierung im verabschiedeten Text der DSGVO beibehalten worden ist, führt nun dazu, dass sich der Verwender nicht darauf berufen kann, personenbezogene Daten Dritter „auch" für eigene Zwecke zu verwenden und gewissermaßen nur „nebenbei" zu kommerzialisieren. Eine solche Verwendung unterfällt damit der DSGVO. Grenzfälle mag es insbesondere im Bereich von Social-Media Aktivitäten geben.

cc) Keine Anwendbarkeit der „Haushaltsausnahme" auf Diensteanbieter

28 In Erwägungsgrund 18 wird klargestellt, dass die Haushaltsausnahme die datenschutzrechtliche Verantwortung derjenigen Unternehmen unberührt lässt, die „die **Instrumente für die Verarbeitung** personenbezogener Daten für solche persönlichen oder familiären Tätigkeiten bereitstellen". Dies bezieht sich insbesondere auf Anbieter von Online-Plattformen und Technologien zur Speicherung und/oder Verbreitung von Daten und Informationen. Wenn also ein Nutzer über eine Social-Media Plattform z.B. Bilder und Informationen einstellt, die er nur im Familienkreis zugänglich macht, so unterfällt diese Tätigkeit des Nutzers nicht der DSGVO. Gleichwohl ist der Betreiber der Social-Media Plattform, der die Daten hostet, selbstverständlich an die DSGVO gebunden.

d) Verarbeitung zur Verhütung, Ermittlung, Aufdeckung oder Verfolgung von Straftaten (Buchst. d)

29 Die DSGVO findet schließlich keine Anwendung auf eine Datenverarbeitung zur Verhütung, Aufdeckung, Untersuchung oder Verfolgung von **Straftaten** oder zur Vollstreckung strafrechtlicher Sanktionen durch die zuständigen Behörden. Zu beachten ist, dass diese Ausnahme auf die Tätigkeit durch die **Behörden** beschränkt ist. Eine Tätigkeit durch „private" Verantwortliche fällt durchaus auch dann in den Bereich der DSGVO, wenn sie den vorgenannten Zwecken im Bereich der Straftaten dient. Ganz im Gegenteil gelten insoweit dann u.U. die strengen Voraussetzungen des Art. 10.

6. Verarbeitung durch die Organe, Einrichtungen, Ämter und Agenturen der Union (Abs. 3)

30 Für die Verarbeitung personenbezogener Daten durch die Organe, Einrichtungen, Ämter und Agenturen der Union gilt die **Verordnung (EG) Nr. 45/2001**. Die Verordnung (EG) Nr. 45/2001 und sonstige Rechtsakte der Union, die diese Verarbeitung personenbezogener Daten regeln, werden im Einklang mit Art. 98 an die Grundsätze und Vorschriften der DSGVO angepasst.

7. Unberührtheit der Richtlinie über den elektronischen Geschäftsverkehr (Abs. 4)

In Art. 2 Abs. 4 ist geregelt, dass die DSGVO die Anwendung der **Richtlinie über den elektronischen Geschäftsverkehr** 2000/31/EG („E-Commerce-Richtlinie") unberührt lässt. Speziell erwähnt sind die Vorschriften der Art. 12–15 der RL 2000/31, welche die Verantwortlichkeit von Anbietern von Vermittlungsdiensten regeln. Dort ist u.a. vorgesehen, dass der Dienstanbieter grundsätzlich nicht für die reine Durchleitung von Informationen haftet (Art. 12 E-Commerce-Richtlinie), ebenso nicht für das „Caching", also die automatische, zeitlich begrenzte Zwischenspeicherung von Daten (Art. 13 E-Commerce-Richtlinie). Weiter ist geregelt, dass der Host-Provider bestimmte Haftungsprivilegien genießt (Art. 14 E-Commerce-Richtlinie) und keine allgemeine Überwachungspflicht besteht (Art. 15 E-Commerce-Richtlinie). Diese Aktivitäten sollen also, selbst wenn sie im räumlichen Anwendungsbereich der DSGVO stattfinden, von der Anwendbarkeit der DSGVO ausgenommen sein.

31

8. Vorrang der ePrivacy Richtlinie

Über die vorstehenden Ausnahmen hinaus gelten vorrangig die Regelungen der **Richtlinie 2002/58/EG** über den Datenschutz in der elektronischen Kommunikation – der sog. **ePrivacy Richtlinie** – als *lex specialis*, soweit die Voraussetzungen des Art. 95 gegeben sind[20]. Wegen der Einzelheiten sei auf die Kommentierung zu Art. 95 DSGVO verwiesen. Besondere Relevanz hat diese Regelung im Bereich des **E-Mail-Marketings**. Denn die Regelungen des § 7 UWG, die bestimmte Beschränkungen der E-Mail-Werbung ohne Opt-in vorsehen, beruhen auf Art. 13 der ePrivacy Richtlinie. Dies spricht dafür, dass die einschränkenden Regelungen des § 7 UWG nicht durch die DSGVO verdrängt werden. Konkret würde dies also bedeuten, dass eine bestimmte E-Mail-Werbung zwar ggf. nach der DSGVO zulässig sein mag (vgl. Erwägungsgrund 47), die Versendung der E-Mail aber gleichwohl an dem fehlenden Opt-in scheitert, da die Anforderungen des § 7 UWG unberührt bleiben. Es ist bereits diskutiert worden, ob sich der Verordnungsgeber über diese Konsequenz im Klaren war, als er die Vorrangregelung des Art. 95 geschaffen hat. Jedenfalls aber dürfte diese Streitfrage geklärt werden, sobald die ePrivacy-Verordnung erlassen worden ist.

32

---

20 *Albrecht*, CR 2016, 88 (90).

Artikel 3 Räumlicher Anwendungsbereich

(1) Diese Verordnung findet Anwendung auf die Verarbeitung personenbezogener Daten, soweit diese im Rahmen der Tätigkeiten einer Niederlassung eines Verantwortlichen oder eines Auftragsverarbeiters in der Union erfolgt, unabhängig davon, ob die Verarbeitung in der Union stattfindet.

(2) Diese Verordnung findet Anwendung auf die Verarbeitung personenbezogener Daten von betroffenen Personen, die sich in der Union befinden, durch einen nicht in der Union niedergelassenen Verantwortlichen oder Auftragsverarbeiter, wenn die Datenverarbeitung im Zusammenhang damit steht

a) betroffenen Personen in der Union Waren oder Dienstleistungen anzubieten, unabhängig davon, ob von diesen betroffenen Personen eine Zahlung zu leisten ist;

b) das Verhalten betroffener Personen zu beobachten, soweit ihr Verhalten in der Union erfolgt.

(3) Diese Verordnung findet Anwendung auf die Verarbeitung personenbezogener Daten durch einen nicht in der Union niedergelassenen Verantwortlichen an einem Ort, der aufgrund Völkerrechts dem Recht eines Mitgliedstaats unterliegt.

I. Einführung 1	4. Anwendbarkeit der DSGVO nur bei Verfolgung bestimmter Zwecke 16
II. Verarbeitung durch EU-Niederlassungen (Abs. 1) 5	a) Angebot von Waren und Dienstleistungen 18
1. Verarbeitung personenbezogener Daten 5	aa) Waren und Dienstleistungen 18
2. Verarbeitung im Rahmen der Tätigkeit einer EU-Niederlassung 6	bb) Anbieten 19
3. Begriff der Niederlassung 7	cc) Indikator für das Vorliegen eines Angebots 20
4. Datenverarbeitung durch die Niederlassung selbst 9	dd) Vertragsschluss und zielgerichtetes Angebot . . 23
III. Verarbeitung durch Nicht-EU-Niederlassungen (Abs. 2) 11	ee) Angebote kostenloser Leistungen 24
1. Zweck der Norm: Level Playing Field 11	b) Verhaltensbeobachtung 25
2. Adressat der Norm: Nicht-EU-Niederlassungen 12	aa) Verhaltensbeobachtung durch Nicht-EU-Niederlassungen 25
3. Verarbeitung von Daten von Personen, die sich in der EU befinden 13	bb) Verhaltensbeobachtung von Personen in der EU . 28
	IV. Verarbeitung in diplomatischen oder konsularischen Vertretungen eines Mitgliedstaats (Abs. 3) 29

Schrifttum: *Albrecht*, Das neue EU-Datenschutzrecht – von der Richtlinie zur Verordnung, CR 2016, 88; *Caspar*, The CJEU Google Spain decision, DuD 39 (2015), 589; *Daten-*

schutzkonferenz (DSK), Kurzpapier Nr. 7 v. 26.7.2017, „Markortprinzip: Regelungen für außereuropäische Unternehmen"; *Klar*, Räumliche Anwendbarkeit des (europäischen) Datenschutzrechts. Ein Vergleich am Beispiel von Satelliten, Luft und Panoramastraßenaufnahmen, ZD 2013, 109; *Piltz*, Der räumliche Anwendungsbereich europäischen Datenschutzrechts, K&R 2013, 292; *Spiecker gen. Döhmann*, Die Durchsetzung datenschutzrechtlicher Mindestanforderungen bei Facebook und anderen sozialen Netzwerken, K&R 2012, 717; *Wieczorek*, Der räumliche Anwendungsbereich der EU-Datenschutz-Grundverordnung, DuD 37 (2013), 644.

I. Einführung

Art. 3 regelt die verschiedenen Tatbestände, die den **räumlichen Anwendungsbereich** der DSGVO eröffnen. Zusätzlich muss der **sachliche** Anwendungsbereich gemäß Art. 2 eröffnet sein. 1

Die **rechtspolitische Zielsetzung** des Art. 3 liegt erklärtermaßen in der Errichtung eines einheitlichen Datenschutzregimes innerhalb der EU. Während unter den Vorgaben der EG-Datenschutzrichtlinie innereuropäische Abgrenzungen zwischen den nationalen Rechtsordnungen der Mitgliedstaaten im Vordergrund standen, besteht nun im Grundsatz – jedenfalls in der Theorie – ein einheitliches datenschutzrechtliches Regelungswerk für sämtliche Sachverhalte mit EU-Bezug. 2

Darüber hinaus ist nunmehr auch explizit geregelt, unter welchen Voraussetzungen **in Drittstaaten niedergelassene Unternehmen** dem Recht der DSGVO unterworfen sein können. In dem vor Erlass der DSGVO ergangenen Google-Spain-Urteil des EuGH[1] wurde deutlich, dass Unternehmen aus Drittstaaten u.U. auch dann europäisches Datenschutzrecht beachten müssen, wenn die eigentliche Datenverarbeitung nicht in der EU stattfindet, das Unternehmen aber gleichwohl in der EU eine Niederlassung hat. Diese Linie findet in der DSGVO ihre Fortsetzung[2]. Unternehmen mit Sitz außerhalb der EU haben die Regeln der DSGVO zumindest dann zu befolgen, wenn sie Daten von in der EU befindlichen Personen verarbeiten, um Waren oder Dienstleistungen in der EU anzubieten oder das Verhalten dieser Personen zu beobachten. 3

Die Norm bestimmt somit insgesamt **drei Anwendungsfälle** für die Eröffnung des räumlichen Anwendungsbereichs der DSGVO. Sie findet Anwendung: 4
- auf bestimmte Verarbeitungen durch **EU-Niederlassungen**, und zwar nach dem ausdrücklichen Wortlaut der Norm unabhängig davon, wo die Verarbeitung erfolgt und welche Personengruppen betroffen sind;
- auf bestimmte Verarbeitungen durch **Nicht-EU-Niederlassungen**, wobei in diesem Fall Personen betroffen sein müssen, die sich in der **Union „befinden";**

---
1 EuGH v. 13.5.2014 – C-131/12, ITRB 2014, 150 = CR 2014, 460 – *Google Spain*.
2 *Beyvers/Herbrich*, ZD 2014, 558 (562).

- im Falle einer Datenverarbeitung **in diplomatischen oder konsularischen Vertretungen** eines Mitgliedstaats.

Die maßgeblichen Erwägungsgründe finden sich in den Erwägungsgründen 22–25.

II. Verarbeitung durch EU-Niederlassungen (Abs. 1)

1. Verarbeitung personenbezogener Daten

5 Der Anwendungsbereich der DSGVO ist nach der ersten Alternative (Art. 3 Abs. 1) eröffnet, wenn die Datenverarbeitung „im Rahmen der Tätigkeiten" einer **Niederlassung in der Union** stattfindet, **unabhängig davon, ob die Verarbeitung selbst auch in der Union stattfindet**. Der Tatbestand erfordert zunächst eine „Verarbeitung" von „personenbezogenen Daten". Diese Begriffe sind in Art. 4 definiert (s. dort). Fehlt es schon an der Datenverarbeitung, so findet die DSGVO selbstverständlich keine Anwendung.

2. Verarbeitung im Rahmen der Tätigkeit einer EU-Niederlassung

6 Die Norm erfordert weiter eine Verarbeitung „im Rahmen der Tätigkeiten einer Niederlassung" in der Union. Maßgeblich ist nach dieser Norm also nicht, wo die Verarbeitung erfolgt, sondern vielmehr, ob das verarbeitende Unternehmen **in der EU niedergelassen ist**, sei es als Hauptsitz oder nur im Rahmen einer Niederlassung. In der Norm ist klargestellt, dass der Ort der Niederlassung auch dann ausreichend ist, wenn die eigentliche Verarbeitung selbst nicht in der Union erfolgt, z.B. weil die Niederlassung ihren Server außerhalb der EU betreibt. Anwendung findet die Norm sowohl auf die Niederlassung eines **Verantwortlichen**, als auch auf die Niederlassung eines **Auftragsverarbeiters**.

3. Begriff der Niederlassung

7 Die maßgeblichen Fragen zur Prüfung der Eröffnung des Anwendungsbereichs der DSGVO auf Grundlage dieser Variante lauten, (1.) wie das **Merkmal der „Niederlassung"** zu verstehen ist, und (2.) ob die „**Tätigkeit der Niederlassung**" selbst datenverarbeitend sein muss, oder ob bereits eine Hilfstätigkeit zur wirtschaftlichen Verwertung der Daten oder sogar schlichte Präsenz in einem Mitgliedstaat ausreicht.

8 Die erste Frage beantwortet sich nach der Auslegung des Begriffs der **Niederlassung**. Dieser Begriff ist nicht unmittelbar in der DSGVO definiert. Leider ist der Begriff in der deutschen Fassung der DSGVO auch schlecht gewählt, da er z.B. durch das HGB bereits „belegt" ist (vgl. § 13 HGB). Passender ist der in der eng-

lischen Fassung gewählte Begriff des „establishments". Konkret geht es nämlich darum, ob der Verantwortliche eine „Einrichtung" in der EU unterhält. Dies folgt nicht zuletzt auch aus Erwägungsgrund 22. Danach setzt eine Niederlassung die „effektive und tatsächliche Ausübung einer Tätigkeit durch eine **feste Einrichtung**" voraus. Die **Rechtsform** einer solchen Einrichtung, gleich, ob es sich um eine Zweigstelle oder eine Tochtergesellschaft mit eigener Rechtspersönlichkeit handelt, ist dabei nach Erwägungsgrund 22 nicht ausschlaggebend. Diese Formulierung deckt sich inhaltlich mit derjenigen der EG-Datenschutzrichtlinie[3], so dass zur Definition des Begriffs der Niederlassung auf die entsprechende Judikatur zurückgegriffen werden kann. Kurz vor Verabschiedung der DSGVO entschied der EuGH insoweit im Fall „Weltimmo"[4], dass bereits eine **minimale Präsenz** in Form eines Vertreters, eines Bankkontos und eines Postfaches im Sinne der EG-Datenschutzrichtlinie eine effektive und tatsächliche Tätigkeitsausübung darstellen kann. Ob sich diese Rechtsprechung unter der DSGVO fortsetzen wird, bleibt abzuwarten. Denn letztlich führt sie dazu, dass das Anknüpfungsmerkmal weitestgehend sinnentleert würde, wenn bereits kleinste Kontaktpunkte ausreichen, um eine „Niederlassung" im Sinne der Vorschrift zu begründen. Überzeugender erscheint es daher, darauf abzustellen, ob im Rahmen der Einrichtung tatsächlich auch eine (menschliche) „Tätigkeit" ausgeübt wird, wie es Erwägungsgrund 22 verlangt. Daher dürfte die reine Verwendung eines Computers oder Servers wohl noch keine Niederlassung begründen, soweit nicht weitere Elemente hinzutreten, nämlich die „Bedienung" des entsprechenden Rechners durch eine Person vor Ort[5]. Des Weiteren genügt eine lediglich **vorübergehend installierte Einrichtung** dem Merkmal der festen Einrichtung nicht; somit stellen mobile Geschäftsstätten oder Messestände nach der hier vertretenen Ansicht keine feste Einrichtung dar[6]. Anhand dieses Maßstabes kommt es auch nicht darauf an, ob die Niederlassung im streng juristischen Sinne einen „**Sitz**" in der Union hat. Maßgeblich ist indes, dass sich jedenfalls die feste „**Einrichtung**" in der Union befindet, wenngleich auch die eigentliche Datenverarbeitung außerhalb der Union erfolgen kann.

4. Datenverarbeitung durch die Niederlassung selbst

Allerdings bleibt es auch bei Vorliegen einer Niederlassung in der EU bei der weiteren Frage, ob diese Niederlassung selbst „**datenverarbeitend**" tätig werden muss, um den territorialen Anwendungsbereich der DSGVO zu eröffnen. Relevant wird dies z.B. in dem Fall, dass ein US-Unternehmen eine Niederlassung in der EU unterhält, diese Niederlassung jedoch keine Berührungspunkte zu dem

---

3 Dort ebenfalls Erwägungsgrund 22.
4 EuGH v. 1.10.2015 – C-230/14, ITRB 2016, 2 = CR 2016, 109 – *Weltimmo*.
5 Ähnlich Ehmann/Selmayr/*Zerdick*, Art. 3 DSGVO Rz. 8.
6 Kühling/Buchner/*Klar*, Art. 3 DSGVO Rz. 45.

Art. 3 DSGVO | Räumlicher Anwendungsbereich

Vorgang der Datenverarbeitung aufweist. Das vor Erlass der DSGVO ergangene Google-Spain-Urteil[7] legte insoweit das entsprechende Tatbestandsmerkmal der EG-Datenschutzrichtlinie, wonach „Tätigkeiten einer Niederlassung" in der EU gefordert waren, explizit dahingehend aus, dass diese Tätigkeit **nicht datenverarbeitend sein musste**. Ausreichend sei bereits, dass die Tätigkeit der Niederlassung die Verarbeitung durch den Mutterkonzern **wirtschaftlich fördert**, etwa durch den Anzeigenvertrieb. Durch Auslagerung der Verarbeitung, etwa durch den Betrieb der Server außerhalb der EU[8], konnte das Unternehmen dem europäischen Datenschutzrecht also bereits vor Erlass der DSGVO nicht „entfliehen"[9]. Die deutsche Judikatur blieb in der insoweit besonders relevanten Frage der Anwendung deutschen Datenschutzrechts auf die Aktivität von Facebook bis zuletzt gespalten[10]. Das OVG Schleswig lehnte die Anwendbarkeit ab[11], während das KG sie bejahte[12]. Diesbezüglich könnten die vom BVerwG formulierten Vorlagefragen an den EuGH für mehr Rechtssicherheit sorgen[13].

10 Der EuGH hat seine Linie zur Anwendbarkeit des nationalen bzw. europäischen Datenschutzrechtes auf ausländische Unternehmen mit Niederlassung in der EU also schon vor Inkrafttreten der DSGVO deutlich gemacht und insoweit eine sehr weitreichende Anwendbarkeit des europäischen Rechts bejaht. Es ist damit zu rechnen, dass sich diese Rechtsprechung unter der DSGVO fortsetzen und somit eine **sehr niedrige Schwelle** für die Anwendbarkeit der DSGVO nach Art. 3 Abs. 1 angelegt werden wird. Dies wird insbesondere durch den Umstand verdeutlicht, dass nach dem Wortlaut der DSGVO noch nicht einmal eine Datenverarbeitung in der Union erforderlich ist. Andererseits dürfte es für die Begründung des Anwendungsbereichs der DSGVO selbst nach diesem niedrigen Maßstab nicht ausreichen, wenn die in der Union tätige Niederlassung überhaupt keinen Einfluss auf die Datenverarbeitung durch eine ausländische Muttergesellschaft hat bzw. an dieser in keiner Weise beteiligt ist und davon auch nicht profitiert.

III. Verarbeitung durch Nicht-EU-Niederlassungen (Abs. 2)

1. Zweck der Norm: Level Playing Field

11 Art. 3 Abs. 2 eröffnet den Anwendungsbereich der DSGVO für bestimmte Verarbeitungen durch Nicht-EU-Niederlassungen. Bei der Regelung des Art. 3

---

7 EuGH v. 13.5.2014 – C-131/12, ITRB 2014, 150 = CR 2014, 460 – *Google Spain*.
8 *Piltz*, K&R 2013, 292 (293).
9 *Caspar*, DuD 39 (2015), 589 (589).
10 *Beyvers/Herbrich*, ZD 2014, 558 (559).
11 OVG Schleswig v. 22.4.2013 – 4 MB 11/13, CR 2013, 536.
12 KG v. 24.1.2014 – 5 U 42/12, ITRB 2014, 154 = CR 2014, 319.
13 BVerwG v. 25.2.2016 – 1 C 28.14, CR 2016, 729 = ITRB 2016, 151 = ZD 2016, 199.

Abs. 2 handelt es sich um die **wichtigste Neuerung** gegenüber den bestehenden Regelungen des BDSG: Sie erweitert das Territorialitätsprinzip des Art. 3 Abs. 1 um das sog. „**Targeting**"[14]: Anknüpfungspunkt ist hier die Verarbeitung der Daten von Personen, „die sich in der Union befinden". Der europäische Gesetzgeber erstreckt den Anwendungsbereich des europäischen Datenschutzrechts mit dieser **Einführung des Marktortprinzips** auf datenschutzrechtlich relevante Geschäftsaktivitäten von Unternehmen, die keine Niederlassungen in der EU besitzen und damit an sich außerhalb des territorialen Anwendungsbereichs nach Art. 3 Abs. 1 liegen würden.

Zweck der Norm ist zum einen der sog. **Belastungsausgleich** in Bezug auf datenschutzrechtliche Vorgaben zugunsten europäischer Unternehmen im Verhältnis zu nicht-europäischen Unternehmen. Für außer- und innereuropäische Unternehmen soll ein „**Level Playing Field**"[15] im EU-Markt geschaffen werden. Zum anderen soll nach Erwägungsgrund 23 sichergestellt werden, dass in der EU befindliche Personen auch gegenüber nicht-europäischen Unternehmen geschützt sind. Dieses Ziel wird freilich nur bedingt erreicht, da der Anwendungsbereich des Art. 3 Abs. 2 auf die nachfolgend näher dargestellten Tätigkeiten beschränkt ist.

2. Adressat der Norm: Nicht-EU-Niederlassungen

Adressat des Art. 3 Abs. 2 sind ausschließlich die „nicht in der Union niedergelassenen Verantwortlichen oder Auftragsverarbeiter". Damit bildet der Abs. 2 gewissermaßen das Gegenstück zu Abs. 1, wenngleich auch die Abgrenzung nicht randscharf erfolgt, da in Abs. 2 lediglich auf den reinen Ort der Niederlassung und den „Zusammenhang" der Datenverarbeitung abgestellt wird, und nicht etwa auf die „Tätigkeit" der Niederlassung, die nach Abs. 1 relevant ist. Die Eröffnung des territorialen Anwendungsbereichs nach dieser Norm erfordert keine physischen Betriebs- und Organisationsstrukturen innerhalb der EU[16].

12

3. Verarbeitung von Daten von Personen, die sich in der EU befinden

Die Anwendbarkeit der DSGVO nach dieser Norm wird über den Aufenthaltsort der Personen bestimmt, deren Daten verarbeitet werden. In den Entwurfsfassungen der DSGVO wurde zunächst noch auf die „in der Union **ansässigen** Personen" abgestellt. In der verabschiedeten Fassung findet sich stattdessen

13

---

14 *Klar*, ZD 2013, 109 (112).
15 European Commission: Stronger data protection rules for Europe (15.6.2015).
16 Datenschutzkonferenz (DSK), Kurzpapier Nr. 7 v. 26.7.2017, „Markortprinzip: Regelungen für außereuropäische Unternehmen", S. 1.

nunmehr eine Bezugnahme auf die Personen, die sich „in der Union befinden" (im Englischen: „data subjects who are in the Union"). Dem mag man entnehmen, dass es nicht darum geht, wo eine Person ihren registrierten Wohnsitz hat, sondern vielmehr um ihren **tatsächlichen physischen Aufenthaltsort**. Dies zeigt auch die Abgrenzung zu Art. 79, wo als Anknüpfungspunkt auf den „gewöhnlichen" Aufenthaltsort abgestellt wird, wobei damit ausweislich der im April 2018 korrigierten Sprachfassung des Erwägungsgrundes 145 der Wohnort der betroffenen Person gemeint ist.

14 Unklar bleibt dabei allerdings, auf welchen konkreten **Zeitpunkt** des Aufenthalts in der Union abzustellen ist. Vertreten wird dazu, dass der Zeitpunkt der Verarbeitung maßgeblich sei[17]. Für diese Auslegung spricht auch der Wortlaut der Norm. Allerdings wäre bei strenger Anlegung dieser Sichtweise z.B. ein EU-Bürger, der sich auf eine Auslandsreise begibt, jedenfalls für den Zeitraum einer solchen Reise nicht mehr durch die DSGVO geschützt, da er jedenfalls für diesen Moment nicht in der EU „befindlich" ist. Dies kann nicht gemeint gewesen sein. Eine sachgerechte Auslegung mag darin liegen, zunächst auf den Zeitpunkt der „Erhebung" der Daten abzustellen und die Anwendbarkeit der DSGVO dann fortwirken zu lassen. So muss z.B. ein EU-Bürger, dessen Daten durch ein nicht-europäisches Unternehmen gespeichert werden, auch dann noch geschützt sein, wenn er sich auf einer (kurzfristigen) Auslandsreise befindet. In Grenzfällen dürfte eine wertende Betrachtung anzulegen sein.

15 Festzuhalten ist aber jedenfalls, dass die Norm des Art. 3 Abs. 2 – anders als noch in den Verhandlungen vorgesehen – nicht an die **Staatsangehörigkeit** der betroffenen Personen anknüpft. Bürger aus Drittstaaten, die sich in der Union „befinden", sind genauso geschützt wie dort befindliche EU-Bürger.

4. Anwendbarkeit der DSGVO nur bei Verfolgung bestimmter Zwecke

16 Der Aufenthaltsort der betroffenen Person ist allerdings nicht allein ausreichend, um den persönlichen Anwendungsbereich der DSGVO zu begründen. Erforderlich ist vielmehr zudem, dass die Datenverarbeitung bestimmten Zwecken dient. Einschlägige **Zwecke** sind sowohl das **Angebot** von Waren oder Dienstleistungen an solche Personen als auch die **Beobachtung** ihres Verhaltens. Im Umkehrschluss bedeutet dies allerdings auch, dass die Verarbeitung personenbezogener Daten durch ein nicht-europäisches Unternehmen dann nicht unter den Anwendungsbereich des Art. 3 Abs. 2 fällt, wenn diese Verarbeitung zu **anderen Zwecken** erfolgt, soweit dieses Unternehmen nicht eine Niederlassung nach Art. 3 Abs. 1 unterhält.

---

17 *Albrecht*, CR 2016, 88 (90).

Ob sich somit ein nicht-europäisches Unternehmen, das Daten von in der EU 17
befindlichen Personen verarbeitet, an die Vorgaben der DSGVO zu halten hat,
hängt im Anwendungsbereich des Art. 3 Abs. 2 also entscheidend von dem
Zweck der Datenverarbeitung ab. Die Frage wird wichtig vor allem in Bezug
auf digitale Dienstleistungen, Fernabsatz und soziale Netzwerke, die sich an EU-
Bürger richten[18].

a) Angebot von Waren und Dienstleistungen
aa) Waren und Dienstleistungen

Nach Art. 3 Abs. 2 Buchst. a ist ein Angebot von Waren oder Dienstleistungen 18
erforderlich. Aus dem europäischen Primär- und Sekundärrecht ergeben sich
Auslegungshilfen für die Begriffe **Waren** (Art. 28 Abs. 2 AEUV) und **Dienstleistung** (Art. 57 AEUV, Richtlinie 2006/123/EG). Die DSGVO selbst hält keine eigene Definition bereit. Der Verordnungsgeber wird von einer gewissen Eindeutigkeit der Begriffe ausgegangen sein. Insbesondere kann davon ausgegangen werden, dass keine zu enge Auslegung gewählt werden darf. So darf z.B. der Begriff der „Dienstleistungen" nicht auf Leistungen i.S.d. § 611 BGB reduziert werden, sondern umfasst zweifellos auch Werk- und sonstige Leistungen. Ein Grenzfall dürfte das Angebot von **Gewinnspielen** darstellen, die zur Lead-Generierung verwendet werden. Auch wenn hier keine Dienstleistung im engeren Sinne erbracht wird, dürfte nach Sinn und Zweck der Norm auch ein solches Angebot den Anwendungsbereich der DSGVO eröffnen.

bb) Anbieten

Ein zentrales Problem für die Praxis ist die Auslegung der Formulierung „**an-** 19
zubieten". Insbesondere fragt sich, ob es schon ausreicht, dass eine Webseite durch entsprechende sprachliche Gestaltung und/oder Domainendung auf den europäischen Markt abzielt[19]. Die deutschen Datenschutzbehörden haben insoweit bereits eingeräumt, dass das Vorliegen dieses Tatbestandsmerkmals „anhand von **Hilfsfaktoren und Indizien**" bestimmt werden muss[20].

cc) Indikator für das Vorliegen eines Angebots

Erwägungsgrund 23 gibt insoweit erste Auslegungshilfen. Danach ist zu prüfen, 20
ob der Anbieter „**offensichtlich beabsichtigt**, betroffenen Personen in einem oder mehreren Mitgliedstaaten der Union Dienstleistungen anzubieten". Erforderlich ist also eine sehr zielgerichtete Handlung („beabsichtigt").

---

18 *Wieczorek*, DuD 37 (2013), 644 (647).
19 *Piltz*, K&R 2013, 292 (297).
20 Datenschutzkonferenz (DSK), Kurzpapier Nr. 7 v. 26.7.2017, „Markortprinzip: Regelungen für außereuropäische Unternehmen", S. 1.

21 Nicht ausreichend dafür ist nach Erwägungsgrund 23 „die bloße **Zugänglichkeit der Website** des Verantwortlichen". Der reine Umstand, dass eine in einem Drittstaat betriebene und auf den lokalen Markt ausgerichtete Website über das Internet auch in der Union abrufbar ist, führt also noch nicht zur Anwendbarkeit der DSGVO. Ebenso reicht die Angabe „einer **E-Mail-Adresse oder anderer Kontaktdaten**" nicht aus. Dies kann allerdings anders zu bewerten sein, wenn Kontaktdaten angegeben werden, aus denen sich eine Ausrichtung auf die EU ergibt, z.B. durch Angabe einer Adresse eines Tochterunternehmens des Verantwortlichen mit Sitz in der EU. Nicht ausreichend ist nach den Erwägungsgründen weiterhin die Verwendung „einer **Sprache**, die in dem Drittland, in dem der für die Verarbeitung Verantwortliche niedergelassen ist, allgemein gebräuchlich ist". Typischerweise gilt dies etwa für die Verwendung der englischen Sprache auf Webseiten US-amerikanischer Anbieter. Dieser Umstand allein führt noch nicht zur Anwendung der DSGVO. Andererseits stellt aber „die Verwendung einer Sprache oder Währung, die in einem oder mehreren Mitgliedstaaten gebräuchlich ist, in Verbindung mit der Möglichkeit, Waren und Dienstleistungen in dieser anderen Sprache zu bestellen" einen Anhaltspunkt für die Anwendbarkeit der DSGVO dar. Erfasst sind damit insbesondere die Fälle, in denen z.B. ein US-amerikanischer Social Media Anbieter seine Website z.B. in deutscher Sprache ausgestaltet, womit er zu erkennen gibt, dass er seine Angebote auch an deutsche bzw. österreichische Nutzer ausrichtet. Gleiches gilt für „die Erwähnung von Kunden oder Nutzern, die sich in der Union befinden", in den Website-Texten oder sonstigen Werbematerialien des Anbieters. Richtet der US-Anbieter sein Angebot z.B. an alle „Freizeit-Kicker in Deutschland", so ist dieses erkennbar auf den EU-Markt ausgerichtet. Ebenfalls liegt ein entsprechendes Angebot vor, wenn den Kunden die Möglichkeit eröffnet wird, in Euro oder einer anderen EU-Landeswährung ohne Umstände bezahlen zu können[21]. Weiterhin können nach zutreffender Ansicht der deutschen Datenschutzbehörden beispielsweise „**Flaggen-Icons**", landesspezifische „**Top Level Domains**" oder **geographische Referenzen** zu den mitgliedstaatlichen Märkten als Kriterien herangezogen werden[22].

22 Wie die deutschen Datenschutzbehörden zutreffend festgestellt haben, lassen Haftungsausschlüsse (sog. **Disclaimer**) auf der Website der verantwortlichen Unternehmen, die beispielsweise die Anwendbarkeit der DSGVO beschränken oder ausschließen, nicht zwingend auf die Nichtanwendbarkeit der DSGVO schließen[23]. Denn freilich kann die Geltung der DSGVO nicht vertraglich abbedungen werden, wenn deren Anwendungsbereich erst einmal eröffnet ist. Allerdings mögen sie als Indiz dafür verstanden werden, dass der Anbieter eben gerade nicht beabsichtigt, seine Leistungen im Anwendungsbereich der DSGVO anzubieten.

---

21 Auernhammer/*von Lewinsiki*, Art. 3 DSGVO Rz. 15; Gola/*Piltz*, Art. 3 DSGVO Rz. 28.
22 Datenschutzkonferenz (DSK), Kurzpapier Nr. 7 v. 26.7.2017, „Markortprinzip: Regelungen für außereuropäische Unternehmen", S. 2.
23 Datenschutzkonferenz (DSK), Kurzpapier Nr. 7 v. 26.7.2017, „Markortprinzip: Regelungen für außereuropäische Unternehmen", S. 1.

dd) Vertragsschluss ohne zielgerichtetes Angebot

Nicht klar geregelt ist, ob die DSGVO auch dann zur Anwendung kommt, wenn es zwar an einem auf die EU ausgerichteten Angebot fehlt, es letztlich aber gleichwohl zum **Vertragsschluss** mit einer in der Union befindlichen Person kommt. Denkbar wäre insoweit der Fall, dass eine Website nur auf den US-amerikanischen Markt abzielt, ein deutscher Nutzer diese Seite jedoch ausfindig macht und dort Leistungen abruft. Zwar fehlt es bei diesem Beispiel im strengen Sinne an der offensichtlichen Absicht des Angebots von Leistungen an solche Nutzer. Allerdings muss die DSGVO insoweit nach der hier vertretenen Ansicht erst recht zur Anwendung kommen, wenn sich der Verantwortliche – auch ohne gezielt ausgerichtetes Angebot – letztlich sogar zum Vertragsschluss mit einer in der Union befindlichen Person entscheidet.

23

ee) Angebote kostenloser Leistungen

Die lange geführte Debatte darüber, ob auch **kostenlose oder werbefinanzierte Angebote** unter die Norm fallen[24], erledigte sich durch die Formulierung „unabhängig davon, ob von diesen betroffenen Personen eine Zahlung zu leisten ist", die im Trilog Eingang in den Normtext gefunden hat. Danach fallen neben allen entgeltlichen auch alle unentgeltlichen und/oder drittfinanzierten Angebote von Waren oder Dienstleistungen unter den Anwendungsbereich der Norm. Ferner muss berücksichtigt werden, dass in vielen Fällen Dienstleistungen oder Waren mit personenbezogenen Daten der betroffenen Personen „bezahlt" werden. Die Daten stellen in diesen Fällen die „Gegenleistung" für das Recht auf Inanspruchnahme bestimmter Services dar. Demnach stellt der Nutzer seine Daten dem Wirtschaftsunternehmen zur Verfügung, um dessen Leistungsangebot nutzen zu können. Die Daten werden dann beispielsweise vom Unternehmen für Werbezwecke genutzt. Auf diese Weise werden die diversen geldfreien Internetdienstleistungen umfasst, z.B. bei sozialen Netzwerken und Anbietern elektronischer Email-Dienste[25]. Nachdem die Norm nun aber keine Entgeltlichkeit mehr verlangt, fallen auch solche Angebote in den Anwendungsbereich der DSGVO, ohne dass es auf die Frage ankäme, ob die Daten als „Währung" zu betrachten sind.

24

b) Verhaltensbeobachtung

aa) Verhaltensbeobachtung durch Nicht-EU-Niederlassungen

Alternativ findet die DSGVO auch dann auf die Tätigkeit von Nicht-EU-Niederlassungen Anwendung, wenn diese eine sog. „Verhaltensbeobachtung" vornehmen. Zu diesem Kriterium finden sich in Erwägungsgrund 24 bestimmte Anhalts-

25

---

24 Vgl. nur *Wieczorek*, DuD 37 (2013), 644 (648).
25 Ehmann/Selmayr/*Zerdick*, Art. 3 DSGVO Rz. 17.

punkte dafür, was der Verordnungsgeber bei dem Erlass dieser Norm im Sinn hatte. Ob eine Verarbeitungstätigkeit der Beobachtung des Verhaltens von betroffenen Personen gilt, soll nach Erwägungsgrund 24 daran festgemacht werden, ob ihre **Internetaktivitäten nachvollzogen** werden. Ebenfalls mit umfasst ist nach Erwägungsgrund 24 die mögliche nachfolgende Verwendung von Techniken zur Verarbeitung personenbezogener Daten, durch die von einer natürlichen Person ein **Profil erstellt** wird, das insbesondere die Grundlage für sie betreffende Entscheidungen bildet oder anhand dessen ihre persönlichen Vorlieben, Verhaltensweisen oder Gepflogenheiten analysiert oder vorausgesagt werden sollen.

26 Erkennbar zielt dieses Kriterium auf den Bereich der Online-Werbung ab, wo Targeting-basierte **Produktempfehlungen** für Nutzer generiert werden. Man wird diesen Erwägungsgrund allerdings nicht so verstehen können, dass die Beobachtung von Internetaktivitäten einer Person nur dann dem Anwendungsbereich der DSGVO unterfällt, wenn anschließend tatsächlich die genannten Profilingmaßnahmen durchgeführt werden. Die deutschen Datenschutzbehörden haben sich ebenfalls bereits entsprechend positioniert[26]. Schon die reine Beobachtung des Verhaltens des Betroffenen im Internet reicht aus, um den Anwendungsbereich zu begründen. Ein Verbot des „Profiling" selbst liegt darin nicht. Allerdings ist insoweit Art. 22 zu beachten, der das Verbot der automatisierten Einzelfallentscheidung regelt. Als weitere Beispiele gelten nach zutreffender Einschätzung der deutschen Datenschutzbehörden der Einsatz von „Tracking-Cookies" oder „Browser Fingerprints"[27], freilich allerdings nur insoweit, als es dabei tatsächlich zu einer Verarbeitung personenbezogener Daten kommt, was – abhängig von der eingesetzten Technologie – nicht zwingend der Fall sein muss.

27 **Umstritten** ist, ob die Vorschrift ausschließlich nur auf **Internetsachverhalte** abzielt. Zwar folgt dies nicht unmittelbar aus dem Wortlaut der Norm, die jede Form der Verhaltensbeobachtung erfasst. Jedoch folgt aus dem Erwägungsgrund 24, dass der Verordnungsgeber mit dieser Norm konkret auf die Verhaltensbeobachtung gerade (nur) im Internet abzielen wollte. Folglich kann das Beobachten von betroffenen Personen mittels Satellitenaufnahmen wie z.B. Google Earth nicht unter den Tatbestand Art. 3 Abs. 2 Buchst. b fallen[28]. Des Weiteren wäre damit zweifelhaft, ob interne Systeme zur Überwachung von Mitarbeitern erfasst werden. Folgt man der hier vertretenen Ansicht, dass die Norm ausweislich des Erwägungsgrunds 24 allein die „Internetaktivität" erfassen soll, so lässt sich die Verhaltensbeobachtung innerhalb rein unternehmensinterner Netzwerke nicht ohne weiteres unter die Vorschrift fassen[29].

---

26 Datenschutzkonferenz (DSK), Kurzpapier Nr. 7 v. 26.7.2017, „Markortprinzip: Regelungen für außereuropäische Unternehmen", S. 2.
27 Datenschutzkonferenz (DSK), Kurzpapier Nr. 7 v. 26.7.2017, „Markortprinzip: Regelungen für außereuropäische Unternehmen", S. 2.
28 Kühling/Buchner/*Klar*, Art. 3 DSGVO Rz. 92.
29 Kühling/Buchner/*Klar*, Art. 3 DSGVO Rz. 93.

bb) Verhaltensbeobachtung von Personen in der EU

Hinsichtlich der Verhaltensbeobachtung nach Art. 3 Abs. 2 Buchst. b ist schließlich zu beachten, dass der Anwendungsbereich nach dieser Variante nur eröffnet ist, wenn das **Verhalten der beobachteten Person in der Union** erfolgt. Maßgeblich ist also nicht, von wo aus das beobachtende Unternehmen seine Tätigkeit ausübt, sondern wo das Verhalten der betroffenen Person erfolgt. Bei einer Beobachtung des Surfverhaltens einer Person im Internet wäre also relevant, ob sich der Rechner, von dem aus sich die Person im Internet bewegt, in der EU befindet. Auf die Nationalität der Person kommt es wiederum nicht an.

28

IV. Verarbeitung in diplomatischen oder konsularischen Vertretungen eines Mitgliedstaats (Abs. 3)

Nach der dritten Variante, der Regelung des Art. 3 Abs. 3, findet die DSGVO Anwendung, wenn die Datenverarbeitung an einem Ort stattfindet, an dem „nach internationalem Recht" mitgliedstaatliches Recht anwendbar ist. Davon sind nach Erwägungsgrund 25 insbesondere die „diplomatischen oder konsularischen Vertretungen eines Mitgliedstaats" erfasst.

29

Artikel 4 Begriffsbestimmungen

Im Sinne dieser Verordnung bezeichnet der Ausdruck

1. „personenbezogene Daten" alle Informationen, die sich auf eine identifizierte oder identifizierbare natürliche Person (im Folgenden „betroffene Person") beziehen; als identifizierbar wird eine natürliche Person angesehen, die direkt oder indirekt, insbesondere mittels Zuordnung zu einer Kennung wie einem Namen, zu einer Kennnummer, zu Standortdaten, zu einer Online-Kennung oder zu einem oder mehreren besonderen Merkmalen, die Ausdruck der physischen, physiologischen, genetischen, psychischen, wirtschaftlichen, kulturellen oder sozialen Identität dieser natürlichen Person sind, identifiziert werden kann;

2. „Verarbeitung" jeden mit oder ohne Hilfe automatisierter Verfahren ausgeführten Vorgang oder jede solche Vorgangsreihe im Zusammenhang mit personenbezogenen Daten wie das Erheben, das Erfassen, die Organisation, das Ordnen, die Speicherung, die Anpassung oder Veränderung, das Auslesen, das Abfragen, die Verwendung, die Offenlegung durch Übermittlung, Verbreitung oder eine andere Form der Bereitstellung, den Abgleich oder die Verknüpfung, die Einschränkung, das Löschen oder die Vernichtung;

3. „Einschränkung der Verarbeitung" die Markierung gespeicherter personenbezogener Daten mit dem Ziel, ihre künftige Verarbeitung einzuschränken;
4. „Profiling" jede Art der automatisierten Verarbeitung personenbezogener Daten, die darin besteht, dass diese personenbezogenen Daten verwendet werden, um bestimmte persönliche Aspekte, die sich auf eine natürliche Person beziehen, zu bewerten, insbesondere um Aspekte bezüglich Arbeitsleistung, wirtschaftliche Lage, Gesundheit, persönliche Vorlieben, Interessen, Zuverlässigkeit, Verhalten, Aufenthaltsort oder Ortswechsel dieser natürlichen Person zu analysieren oder vorherzusagen;
5. „Pseudonymisierung" die Verarbeitung personenbezogener Daten in einer Weise, dass die personenbezogenen Daten ohne Hinzuziehung zusätzlicher Informationen nicht mehr einer spezifischen betroffenen Person zugeordnet werden können, sofern diese zusätzlichen Informationen gesondert aufbewahrt werden und technischen und organisatorischen Maßnahmen unterliegen, die gewährleisten, dass die personenbezogenen Daten nicht einer identifizierten oder identifizierbaren natürlichen Person zugewiesen werden;
6. „Dateisystem" jede strukturierte Sammlung personenbezogener Daten, die nach bestimmten Kriterien zugänglich sind, unabhängig davon, ob diese Sammlung zentral, dezentral oder nach funktionalen oder geografischen Gesichtspunkten geordnet geführt wird;
7. „Verantwortlicher" die natürliche oder juristische Person, Behörde, Einrichtung oder andere Stelle, die allein oder gemeinsam mit anderen über die Zwecke und Mittel der Verarbeitung von personenbezogenen Daten entscheidet; sind die Zwecke und Mittel dieser Verarbeitung durch das Unionsrecht oder das Recht der Mitgliedstaaten vorgegeben, so kann der Verantwortliche beziehungsweise können die bestimmten Kriterien seiner Benennung nach dem Unionsrecht oder dem Recht der Mitgliedstaaten vorgesehen werden;
8. „Auftragsverarbeiter" eine natürliche oder juristische Person, Behörde, Einrichtung oder andere Stelle, die personenbezogene Daten im Auftrag des Verantwortlichen verarbeitet;
9. „Empfänger" eine natürliche oder juristische Person, Behörde, Einrichtung oder andere Stelle, der personenbezogene Daten offengelegt werden, unabhängig davon, ob es sich bei ihr um einen Dritten handelt oder nicht. Behörden, die im Rahmen eines bestimmten Untersuchungsauftrags nach dem Unionsrecht oder dem Recht der Mitgliedstaaten möglicherweise personenbezogene Daten erhalten, gelten jedoch nicht als Empfänger; die Verarbeitung dieser Daten durch die genannten Behörden erfolgt im Einklang mit den geltenden Datenschutzvorschriften gemäß den Zwecken der Verarbeitung;

10. „Dritter" eine natürliche oder juristische Person, Behörde, Einrichtung oder andere Stelle, außer der betroffenen Person, dem Verantwortlichen, dem Auftragsverarbeiter und den Personen, die unter der unmittelbaren Verantwortung des Verantwortlichen oder des Auftragsverarbeiters befugt sind, die personenbezogenen Daten zu verarbeiten;
11. „Einwilligung" der betroffenen Person jede freiwillig für den bestimmten Fall, in informierter Weise und unmissverständlich abgegebene Willensbekundung in Form einer Erklärung oder einer sonstigen eindeutigen bestätigenden Handlung, mit der die betroffene Person zu verstehen gibt, dass sie mit der Verarbeitung der sie betreffenden personenbezogenen Daten einverstanden ist;
12. „Verletzung des Schutzes personenbezogener Daten" eine Verletzung der Sicherheit, die, ob unbeabsichtigt oder unrechtmäßig, zur Vernichtung, zum Verlust, zur Veränderung, oder zur unbefugten Offenlegung von beziehungsweise zum unbefugten Zugang zu personenbezogenen Daten führt, die übermittelt, gespeichert oder auf sonstige Weise verarbeitet wurden;
13. „genetische Daten" personenbezogene Daten zu den ererbten oder erworbenen genetischen Eigenschaften einer natürlichen Person, die eindeutige Informationen über die Physiologie oder die Gesundheit dieser natürlichen Person liefern und insbesondere aus der Analyse einer biologischen Probe der betreffenden natürlichen Person gewonnen wurden;
14. „biometrische Daten" mit speziellen technischen Verfahren gewonnene personenbezogene Daten zu den physischen, physiologischen oder verhaltenstypischen Merkmalen einer natürlichen Person, die die eindeutige Identifizierung dieser natürlichen Person ermöglichen oder bestätigen, wie Gesichtsbilder oder daktyloskopische Daten;
15. „Gesundheitsdaten" personenbezogene Daten, die sich auf die körperliche oder geistige Gesundheit einer natürlichen Person, einschließlich der Erbringung von Gesundheitsdienstleistungen, beziehen und aus denen Informationen über deren Gesundheitszustand hervorgehen;
16. „Hauptniederlassung"
    a) im Falle eines Verantwortlichen mit Niederlassungen in mehr als einem Mitgliedstaat den Ort seiner Hauptverwaltung in der Union, es sei denn, die Entscheidungen hinsichtlich der Zwecke und Mittel der Verarbeitung personenbezogener Daten werden in einer anderen Niederlassung des Verantwortlichen in der Union getroffen und diese Niederlassung ist befugt, diese Entscheidungen umsetzen zu lassen; in diesem Fall gilt die Niederlassung, die derartige Entscheidungen trifft, als Hauptniederlassung;
    b) im Falle eines Auftragsverarbeiters mit Niederlassungen in mehr als einem Mitgliedstaat den Ort seiner Hauptverwaltung in der Union

oder, sofern der Auftragsverarbeiter keine Hauptverwaltung in der Union hat, die Niederlassung des Auftragsverarbeiters in der Union, in der die Verarbeitungstätigkeiten im Rahmen der Tätigkeiten einer Niederlassung eines Auftragsverarbeiters hauptsächlich stattfinden, soweit der Auftragsverarbeiter spezifischen Pflichten aus dieser Verordnung unterliegt;

17. „Vertreter" eine in der Union niedergelassene natürliche oder juristische Person, die von dem Verantwortlichen oder Auftragsverarbeiter schriftlich gemäß Artikel 27 bestellt wurde und den Verantwortlichen oder Auftragsverarbeiter in Bezug auf die ihnen jeweils nach dieser Verordnung obliegenden Pflichten vertritt;

18. „Unternehmen" eine natürliche oder juristische Person, die eine wirtschaftliche Tätigkeit ausübt, unabhängig von ihrer Rechtsform, einschließlich Personengesellschaften oder Vereinigungen, die regelmäßig einer wirtschaftlichen Tätigkeit nachgehen;

19. „Unternehmensgruppe" eine Gruppe, die aus einem herrschenden Unternehmen und den von diesem abhängigen Unternehmen besteht;

20. „verbindliche interne Datenschutzvorschriften" Maßnahmen zum Schutz personenbezogener Daten, zu deren Einhaltung sich ein im Hoheitsgebiet eines Mitgliedstaats niedergelassener Verantwortlicher oder Auftragsverarbeiter verpflichtet im Hinblick auf Datenübermittlungen oder eine Kategorie von Datenübermittlungen personenbezogener Daten an einen Verantwortlichen oder Auftragsverarbeiter derselben Unternehmensgruppe oder derselben Gruppe von Unternehmen, die eine gemeinsame Wirtschaftstätigkeit ausüben, in einem oder mehreren Drittländern;

21. „Aufsichtsbehörde" eine von einem Mitgliedstaat gemäß Artikel 51 eingerichtete unabhängige staatliche Stelle;

22. „betroffene Aufsichtsbehörde" eine Aufsichtsbehörde, die von der Verarbeitung personenbezogener Daten betroffen ist, weil

    a) der Verantwortliche oder der Auftragsverarbeiter im Hoheitsgebiet des Mitgliedstaats dieser Aufsichtsbehörde niedergelassen ist,

    b) diese Verarbeitung erhebliche Auswirkungen auf betroffene Personen mit Wohnsitz im Mitgliedstaat dieser Aufsichtsbehörde hat oder haben kann oder

    c) eine Beschwerde bei dieser Aufsichtsbehörde eingereicht wurde;

23. „grenzüberschreitende Verarbeitung" entweder

    a) eine Verarbeitung personenbezogener Daten, die im Rahmen der Tätigkeiten von Niederlassungen eines Verantwortlichen oder eines Auftragsverarbeiters in der Union in mehr als einem Mitgliedstaat erfolgt, wenn der Verantwortliche oder Auftragsverarbeiter in mehr als einem Mitgliedstaat niedergelassen ist, oder

b) eine Verarbeitung personenbezogener Daten, die im Rahmen der Tätigkeiten einer einzelnen Niederlassung eines Verantwortlichen oder eines Auftragsverarbeiters in der Union erfolgt, die jedoch erhebliche Auswirkungen auf betroffene Personen in mehr als einem Mitgliedstaat hat oder haben kann;

24. „maßgeblicher und begründeter Einspruch" einen Einspruch gegen einen Beschlussentwurf im Hinblick darauf, ob ein Verstoß gegen diese Verordnung vorliegt oder ob beabsichtigte Maßnahmen gegen den Verantwortlichen oder den Auftragsverarbeiter im Einklang mit dieser Verordnung steht, wobei aus diesem Einspruch die Tragweite der Risiken klar hervorgeht, die von dem Beschlussentwurf in Bezug auf die Grundrechte und Grundfreiheiten der betroffenen Personen und gegebenenfalls den freien Verkehr personenbezogener Daten in der Union ausgehen;

25. „Dienst der Informationsgesellschaft" eine Dienstleistung im Sinne des Artikels 1 Nummer 1 Buchstabe b der Richtlinie (EU) 2015/1535 des Europäischen Parlaments und des Rates[1];

26. „internationale Organisation" eine völkerrechtliche Organisation und ihre nachgeordneten Stellen oder jede sonstige Einrichtung, die durch eine zwischen zwei oder mehr Ländern geschlossene Übereinkunft oder auf der Grundlage einer solchen Übereinkunft geschaffen wurde.

I. Einführung 1	XIII. Verletzung des Schutzes personenbezogener Daten (Nr. 12) 42
II. Personenbezogene Daten (Nr. 1) 3	XIV. Genetische Daten (Nr. 13) .. 47
III. Verarbeitung (Nr. 2) 9	XV. Biometrische Daten (Nr. 14) 50
IV. Einschränkung der Verarbeitung (Nr. 3) 11	XVI. Gesundheitsdaten (Nr. 15) .. 54
V. Profiling (Nr. 4) 15	XVII. Hauptniederlassung (Nr. 16) 59
VI. Pseudonymisierung (Nr. 5) . 17	1. Niederlassung 60
1. Pseudonymisierung 17	2. Hauptniederlassung 61
2. Anonymisierung 21	XVIII. Vertreter (Nr. 17) 67
VII. Dateisystem (Nr. 6) 23	XIX. Unternehmen (Nr. 18) 70
VIII. Verantwortlicher (Nr. 7) ... 27	XX. Unternehmensgruppe (Nr. 19) 75
IX. Auftragsverarbeiter (Nr. 8) . 32	1. Herrschendes Unternehmen . 76
X. Empfänger (Nr. 9) 34	2. Sonstiges 79
XI. Dritter (Nr. 10) 36	XXI. Verbindliche interne Datenschutzvorschriften (Nr. 20) . 82
XII. Einwilligung (Nr. 11) 39	

---

[1] Richtlinie (EU) 2015/1535 des Europäischen Parlaments und des Rates v. 9.9.2015 über ein Informationsverfahren auf dem Gebiet der technischen Vorschriften und der Vorschriften für die Dienste der Informationsgesellschaft (ABl. L 241 v. 17.9.2015, S. 1).

Art. 4 DSGVO | Begriffsbestimmungen

XXII. Aufsichtsbehörde (Nr. 21)	86	XXIV. Grenzüberschreitende Verarbeitung (Nr. 23)	93
XXIII. Betroffene Aufsichtsbehörde (Nr. 22)	87	XXV. Maßgeblicher und begründeter Einspruch (Nr. 24)	97
1. Niederlassung des Verantwortlichen oder Auftragsverarbeiters (Buchst. a)	88	XXVI. Dienst der Informationsgesellschaft (Nr. 25)	100
2. Erhebliche Auswirkungen auf betroffene Personen (Buchst. b)	89	XXVII. Internationale Organisation (Nr. 26)	103
3. Einreichung einer Beschwerde (Buchst. c)	92		

Schrifttum: *Albrecht*, Das neue EU-Datenschutzrecht – von der Richtlinie zur Verordnung, CR 2016, 88; *Artikel 29-Datenschutzgruppe*, Stellungnahme 4/2007 zum Begriff „personenbezogene Daten"; *Artikel 29-Datenschutzgruppe*, Stellungnahme 8/2010 zum anwendbaren Recht; *Bergt*, Die Bestimmbarkeit als Grundproblem des Datenschutzrechts – Überblick über den Theorienstreit und Lösungsvorschlag, ZD 2015, 366; *Dovas*, Joint Controllership – Möglichkeiten oder Risiken der Datennutzung? Regelung der gemeinsamen datenschutzrechtlichen Verantwortlichkeit in der DS-GVO, ZD 2016, 512; *Hardenberg*, Genetische Gesundheitsdaten in der Individualisierten Medizin – Hinreichender Persönlichkeitsschutz oder rechtlicher Regelungsbedarf?, ZD 2014, 115; *Knoke*, EuGH: Dynamische IP-Adressen sind personenbezogene Daten, Datenschutzvorschriften sind unionsrechtswidrig, ZD-Aktuell 2016, 05206; *Schröder/Haxwell*, Stellungnahme des Wissenschaftlichen Dienstes des Deutschen Bundestages (Ausarbeitung: Die Verletzungen Datenschutzrechtlicher Bestimmungen durch sog. Fanpages und Social-Plugins) zum Arbeitspapier des ULD in der Fassung v. 7.10.2011; *Weichert*, Der Schutz genetischer Informationen, DuD 2002, 133; *Ziebarth*, Google als Geheimnishüter? Verantwortlichkeit der Suchmaschinenbetreiber nach dem EuGH-Urteil, ZD 2014, 394.

I. Einführung

1 Art. 4 stellt die **zentrale Definitionsnorm** der DSGVO dar und legt die jeweilige Bedeutung für die wesentlichen Begriffe der DSGVO fest. Art. 4 ist zwar **nicht abschließend**, enthält jedoch die wichtigsten Definitionen. In Art. 51 („Aufsichtsbehörde") und Art. 68 („Ausschuss") sowie im Rahmen des Art. 5 zur Festlegung der fundamentalen Grundsätze für die Verarbeitung personenbezogener Daten (z.B. „Rechtmäßigkeit", „Zweckbindung", „Transparenz", „Verhältnismäßigkeit" und „Rechenschaft"; s. Kommentierung zu Art. 5 DSGVO Rz. 1 ff.) finden sich weitere Legaldefinitionen. Darüber hinaus enthält § 2 BDSG auf nationalstaatlicher Ebene weitere Definitionen, insbesondere zur Bestimmung der öffentlichen Verwaltung (vgl. Kommentierung zu § 2 BDSG).

2 Eine Reihe der in der DSGVO verwendeten Begriffe weisen noch **Anleihen zur EG-Datenschutzrichtlinie** auf. Allerdings weichen auch einzelne Bestimmungen vom Wortlaut der EG-Datenschutzrichtlinie ab, so dass dort im Vergleich

zur bisherigen Rechtslage abweichende Interpretationen möglich sind. Darüber hinaus wurde der Katalog der Definitionen erheblich erweitert, so dass es eine ganze Reihe neuer Definitionen gibt. Damit spiegelt der Definitionenkatalog die Komplexität der DSGVO wider: Kam die EG-Datenschutzrichtlinie noch mit einem Katalog von acht Definitionen aus, sind es bei der DSGVO nunmehr 26.

II. Personenbezogene Daten (Nr. 1)

Gemäß Art. 4 Nr. 1 sind unter „personenbezogenen Daten" alle Informationen zu verstehen, die sich auf eine **identifizierte oder identifizierbare natürliche Person**, sog. „Betroffene", beziehen. 3

Die DSGVO schützt **ausschließlich natürliche Personen**. Eine Ausdehnung des Persönlichkeitsschutzes auf Unternehmen, wie er in manchen Jurisdiktionen der Europäischen Union existiert (z.B. in Italien, Österreich oder Luxemburg[2]), ist durch die DSGVO nicht vorgesehen. Die DSGVO hindert die Mitgliedstaaten aber auch nicht daran, (weiterhin) einen solchen Unternehmenspersönlichkeitsschutz vorzusehen. 4

Die DSGVO gilt nicht für die Verarbeitung personenbezogener Daten Verstorbener, da das Recht eines Betroffenen auf informationelle Selbstbestimmung mit dessen Tod endet. Das steht zwar nicht ausdrücklich Verordnungstext. Erwägungsgrund 27 weist allerdings darauf hin. Darüber ist es den Mitgliedstaaten unbenommen, abweichend hierzu Vorschriften für die Verarbeitung der personenbezogenen Daten Verstorbener vorsehen zu können. 5

Für die Frage, ob ein Datum **personenbezogen** ist, kommt es darauf an, ob eine natürliche Person anhand der Daten bereits identifiziert ist oder identifiziert werden kann. In der EG-Datenschutzrichtlinie wie auch in § 3 Abs. 1 BDSG-alt war seinerzeit noch von einer „bestimmten oder bestimmbaren Person" die Rede. Dennoch wird man im Rahmen der Interpretation der Nr. 1 auf die Auslegung zu EG-Datenschutzrichtlinie und BDSG zurückgreifen können. „Identifizierte oder identifizierbare" wurde nämlich erst im Rahmen der offiziellen deutschen Übersetzung anstelle von „bestimmte oder bestimmbare" aufgenommen. Offenbar hat man diese Übersetzung für treffender gehalten. Dass damit eine inhaltliche Änderung einhergehen sollte, ist nicht erkennbar; nicht zuletzt, weil der englische Text, der inhaltlich der Regelung der EG-Datenschutzrichtlinie entspricht, an selber Stelle unverändert geblieben ist. 6

Wie schon in der EG-Datenschutzrichtlinie gilt eine natürliche Person damit als „identifizierbar" (bzw. „bestimmbar"), **wenn sie direkt oder indirekt**, insbesondere mittels Zuordnung zu einer Kennung wie einem Namen, zu einer Kenn- 7

---

[2] Vgl. hierzu Artikel 29-Datenschutzgruppe, Stellungnahme 4/2007 zum Begriff „personenbezogene Daten", S. 28.

Art. 4 DSGVO | Begriffsbestimmungen

nummer, zu Standortdaten, zu einer Online-Kennung oder zu einem oder mehreren besonderen Merkmalen, die Ausdruck der physischen, physiologischen, psychischen, wirtschaftlichen, kulturellen oder sozialen Identität dieser natürlichen Person sind, **identifiziert werden kann**. Ergänzend ist in der DSGVO nun noch das Merkmal der „genetischen" Identität hinzugekommen, ohne der Definition an sich jedoch eine abweichende Bedeutung beizumessen.

8   Gemäß Erwägungsgrund 26 ist es dabei unerheblich, ob der das Datum Verarbeitende selbst in der Lage ist, den Personenbezug zu dem verarbeiteten Datum herzustellen. Für die Identifizierbarkeit ist es ausreichend, wenn ein Dritter unter Berücksichtigung von Kosten, zeitlichem Aufwand, verfügbarer Technologie und technologischer Entwicklung hierzu in der Lage ist. Damit ist der Begriff der Identifizierbarkeit **weit auszulegen**, wie es unter Berücksichtigung der einschlägigen Rechtsprechung des EuGH schon im Rahmen der EG-Datenschutzrichtlinie der Fall gewesen ist[3].

III. Verarbeitung (Nr. 2)

9   Als **„Verarbeitung"** definiert die DSGVO jeden mit oder ohne Hilfe automatisierter Verfahren ausgeführten Vorgang oder jede solche Vorgangsreihe im Zusammenhang mit personenbezogenen Daten. Als **nicht abschließende Beispiele** nennt die Definition dabei das Erheben, Erfassen, die Organisation, das Ordnen, die Speicherung, die Anpassung, die Veränderung, das Auslesen, das Abfragen, die Verwendung, die Offenlegung durch Übermittlung, Verbreitung oder eine andere Form der Bereitstellung, den Abgleich oder die Verknüpfung, die Einschränkung, das Löschen sowie die Vernichtung von personenbezogenen Daten. Damit macht die Definition deutlich, dass **jeglicher Vorgang**, der unmittelbar oder mittelbar auf die personenbezogenen Daten einwirkt sowie jede Form der Behandlung von personenbezogenen Daten eine „Verarbeitung" im Sinne der DSGVO ist. Damit stellt auch die „Einschränkung der Verarbeitung" nach Art. 4 Nr. 3 lediglich einen Unterfall des hier definierten Verarbeitungsbegriffs dar.

10 Unter dem alten BDSG war noch unterschieden worden zwischen „Erheben", „Verarbeiten" und „Nutzen". Die DSGVO führt nunmehr sämtlichen Umgang mit personenbezogenen Daten unter dem einheitlichen Begriff der „Verarbeitung" wieder zusammen, wie dies auch schon unter der EG-Datenschutzricht-

---

3 Vgl. hierzu die Entscheidung des EuGH zum Vorabentscheidungsverfahren Breyer, in dem der EuGH entschieden hat, dass IP-Adressen als personenbezogene Daten gelten, wenn der Verantwortliche die rechtliche Möglichkeit hat, weitere zur Identifizierung notwendige Daten zu erlangen, EuGH v. 19.10.2016 – C-582/14, ITRB 2016, 267 = CR 2016, 791; s. hierzu auch die nachfolgende Entscheidung des BGH v. 16.5.2017 – VI ZR 135/13, MDR 2017, 942 = ITRB 2017, 204 = CR 2017, 662 sowie *Knoke*, ZD-Aktuell 2016, 05206.

linie fast wortgleich der Fall gewesen ist. Eine Abgrenzung der einzelnen Begrifflichkeiten ist daher, anders als noch im Rahmen des alten BDSG, nicht mehr erforderlich.

IV. Einschränkung der Verarbeitung (Nr. 3)

Nach Art. 4 Nr. 3 handelt es sich bei einer „Einschränkung der Verarbeitung" um eine **Markierung gespeicherter personenbezogener Daten mit dem Ziel, die künftige Verarbeitung einzuschränken.** Das entspricht im Wesentlichen der bisherigen Definition des „Sperrens" gespeicherter personenbezogener Daten nach dem alten BDSG (§ 3 Abs. 4 Satz 2 Nr. 4 BDSG-alt). Auf welche Art und Weise die Einschränkung zu erfolgen hat, bleibt offen. Unter dem alten BDSG war es erforderlich, dass die durch die Kennzeichnung erfolgte Verarbeitungs- und Nutzungsbeschränkung in der Weise tatsächlich wirkt, dass alle denkbaren Formen der Verwendung effektiv ausgeschlossen werden[4]. Dabei ist es das Regelungsziel, die Daten zukünftig nicht mehr oder nur eingeschränkt zu nutzen, sofern kein gesetzlicher Erlaubnistatbestand oder eine Einwilligung vorliegt[5]. 11

Die Markierung kann sowohl textlich, also im Wege einer „Anweisung", als auch technisch erfolgen, wobei es bei der jeweiligen Form der Markierung insbesondere auch darauf ankommt, ob die Daten automatisiert verarbeitet werden[6]. In automatisierten Dateisystemen sollte die Einschränkung der Verarbeitung grundsätzlich durch technische Mittel so erfolgen, dass die personenbezogenen Daten in keiner Weise weiterverarbeitet werden und nicht verändert werden können[7]. 12

Im Falle einer nicht automatisierten Datenverarbeitung ist es in der Regel nicht ausreichend, beispielsweise Karteikarten mit einem Stempelaufdruck „gesperrt" bzw. „eingeschränkte Verarbeitung" zu versehen, da weiterhin eine (unberechtigte) Nutzung durch Kenntnisnahme der Daten unproblematisch möglich wäre. Vielmehr müssen die Daten in einem solchen Fall von den Karteikarten entfernt und auf einem anderen Datenträger gespeichert werden, welcher den Sachbearbeitern nicht zugänglich ist[8]. Bspw. kann der Datenträger dann mit einem Sperrvermerk gekennzeichnet und in einem separaten Schrank gespeichert werden[9]. Auch kann im Bereich der Videoüberwachung über das sog. „Black-Box-Verfahren" eine Sperrung bewirkt werden, in dem nur ein bestimmter Personen- 13

---

4 Simitis/*Dammann*, § 3 BDSG Rz. 166.
5 *Schaffland*/*Wiltfang*, § 3 BDSG Rz. 73a.
6 Taeger/Gabel/*Buchner*, § 3 BDSG Rz. 39.
7 Erwägungsgrund 67.
8 Simitis/*Dammann*, § 3 BDSG Rz. 166; a.A. Bergmann/*Möhrle*/*Herb*, § 3 BDSG Rz. 110.
9 Gola/*Schomerus*, § 3 BDSG Rz. 39.

Art. 4 DSGVO | Begriffsbestimmungen

kreis Zugang zu den gespeicherten Daten erhält und dies auch nur bei Vorliegen klar definierter Zugriffsfälle.

14 In jedem Fall muss auf die Tatsache, dass die Verarbeitung der personenbezogenen Daten beschränkt wurde, in dem jeweiligen (Speicher-)System unmissverständlich hingewiesen werden[10]. Die Tatbestände, nach denen eine solche Kennzeichnung gespeicherter personenbezogener Daten erfolgen muss, sind in Art. 18 aufgeführt. Entsprechende Mitteilungspflichten finden sich in Art. 19 sowie in Art. 13 Abs. 2 Buchst. b, Art. 14 Abs. 2 Buchst. c sowie in Art. 15 Abs. 1 Buchst. e.

V. Profiling (Nr. 4)

15 Nach Art. 4 Nr. 4 ist **„Profiling"** jede Art der automatisierten Verarbeitung personenbezogener Daten, die darin besteht, dass diese Daten dazu verwendet werden, um bestimmte persönliche Aspekte, die sich auf eine natürliche Person beziehen, zu bewerten. Dies gilt insbesondere für eine Verarbeitung mit dem Ziel der Analyse und Vorhersage von Arbeitsleistung, wirtschaftlicher Lage, Gesundheit, persönlicher Vorlieben, Interessen, Zuverlässigkeit, Verhalten, Aufenthaltsort oder Ortswechsel dieser natürlichen Person. Zu diesen Formen der automatisierten Verarbeitung zählen insbesondere **„Scoring- und Ratingverfahren"** (vgl. Kommentierung zu Art. 22 DSGVO Rz. 2 f.).

16 Relevant wird die Definition insbesondere im Rahmen der Regelungen zur automatisierten Entscheidung im Einzelfall, Art. 22, in der das „Profiling" ausdrücklich als ein Unterfall der dort genannten automatisierten Verarbeitung genannt wird. Vgl. hierzu Kommentierung zu Art. 22 DSGVO Rz. 2 f.

VI. Pseudonymisierung (Nr. 5)

1. Pseudonymisierung

17 Art. 4 Nr. 5 definiert „Pseudonymisierung" als die Verarbeitung personenbezogener Daten in einer Weise, dass die personenbezogenen Daten **ohne Hinzuziehung zusätzlicher Informationen** nicht mehr einer spezifischen betroffenen Person zugeordnet werden können, sofern diese zusätzlichen Informationen gesondert aufbewahrt werden und technischen und organisatorischen Maßnahmen unterliegen, die gewährleisten, dass die personenbezogenen Daten nicht einer identifizierten oder identifizierbaren natürlichen Person zugewiesen werden.

18 Danach handelt es sich bei der Pseudonymisierung um einen Verarbeitungsvorgang, an dessen Ende die ursprünglich personenbezogenen Daten ihrer indivi-

---

10 Erwägungsgrund 67.

dualisierenden Merkmale beraubt sind, so dass sie allein ohne weitere Informationen eine Identifizierung des ursprünglich Betroffenen nicht mehr ermöglichen. Die Pseudonymisierung soll damit vor allem etwaige Verarbeitungsrisiken für die betroffenen Personen senken und die Verantwortlichen und Auftragsverarbeiter bei der Einhaltung ihrer Datenschutzpflichten unterstützen[11].

Im Gegensatz zur „**Anonymisierung**", die grundsätzlich zu einer endgültigen Entkleidung personenbezogener Daten von identifizierenden Merkmalen führt (vgl. Kommentierung zu Art. 4 DSGVO Rz. 21), werden bei einer Pseudonymisierung die den Betroffenen individualisierenden Informationen gesondert aufbewahrt und gegen Zugriff durch Dritte geschützt, um in einem späteren Verarbeitungsvorgang den Personenbezug zu den übrigen Daten wieder herstellen zu können. Damit eine Zuordnung der zusätzlichen Informationen mit den übrigen Daten möglich bleibt, wird regelmäßig eine Zuordnungsregel definiert, die eine **Re-Identifizierung** ermöglicht. 19

Solange eine Zuordnung grundsätzlich möglich ist, geht die DSGVO offenbar von einem **Personenbezug** aus, und zwar unabhängig davon, ob der Einzelne, der pseudonymisierte Daten verarbeitet, selbst diesen Personenbezug wieder herstellen kann. Damit vertritt die DSGVO die **objektive Theorie** des Personenbezugs, die unter dem alten BDSG noch umstritten war[12]. 20

2. Anonymisierung

Anders als noch im alten BDSG ist in der DSGVO die „Anonymisierung" als Gegenstück zur Pseudonymisierung **nicht legaldefiniert**. Stattdessen erklären die Erwägungsgründe, dass anonymisierte personenbezogene Daten solche Informationen sind, die sich nicht auf eine identifizierte oder identifizierbare natürliche Person beziehen, oder personenbezogene Daten, die in einer Weise anonymisiert worden sind, dass die betroffene Person nicht oder nicht mehr identifiziert werden kann. Letztlich kommt es also auf die Frage der Möglichkeit einer Identifizierung zur Bestimmung des Personenbezugs an, um festzustellen, ob „anonyme", also „nicht-personenbezogene" Daten vorliegen. Um festzustellen, ob Mittel existieren, mit denen ein Personenbezug hergestellt werden kann, sollen dabei alle objektiven Faktoren, wie die Kosten der Identifizierung und der dafür erforderliche Zeitaufwand, sowie die zum Zeitpunkt der Verarbeitung verfügbaren Technologien und technologischen Entwicklungen Berücksichtigung finden[13]. Das bedeutet, dass ein ursprünglich anonymes Datum in Anbetracht der fortschreitenden technologischen Entwicklungen zukünftig ggf. wieder als personenbeziehbar und damit als personenbezogen eingestuft werden kann, 21

---

11 Vgl. Erwägungsgrund 26.
12 Vgl. etwa Taeger/Gabel/*Buchner*, § 3 BDSG Rz. 13 sowie *Bergt*, ZD 2015, 366 ff.
13 Vgl. Erwägungsgrund 26.

wenn beispielsweise durch neuartige Entwicklungen eine „De-Anonymisierung" ermöglicht wird.

22 Da anonymisierte Daten von vornherein **nicht den Grundsätzen des Datenschutzes der DSGVO unterfallen**[14], dürfte eine Legaldefinition in der Tat entbehrlich sein.

VII. Dateisystem (Nr. 6)

23 „Dateisystem" ist nach Art. 4 Nr. 6 jede strukturierte Sammlung personenbezogener Daten, die nach bestimmten Kriterien zugänglich sind, unabhängig davon, ob diese Sammlung zentral, dezentral oder nach funktionalen oder geografischen Gesichtspunkten geordnet geführt wird.

24 Begriffsbestimmende Merkmale sind danach **„strukturierte Sammlung"** und **„nach bestimmten Kriterien zugänglich"**, was im Wesentlichen den Merkmalen der „nicht automatisierten Datei" des § 3 Abs. 2 Satz 2 BDSG-alt („Sammlung" mit „gleichartigem Aufbau" und „nach einem bestimmten personenbezogenen Merkmal zugänglich") entspricht. Danach liegt eine strukturierte Sammlung vor, wenn eine Mehrheit von Elementen zielstrebig zusammengetragen wurde, und diese Elemente in einem gewissen inneren Zusammenhang zueinander stehen[15]. Ein **innerer Zusammenhang** besteht bspw., wenn Daten sich inhaltlich auf einen gemeinsamen Bereich (z.B. Arbeitnehmer) beziehen oder einem bestimmten Zweck (z.B. der Zugangskontrolle) dienen[16].

25 Nach bestimmten Kriterien zugänglich ist diese Sammlung dann, wenn sie hinsichtlich einzelner bestimmter Merkmale **sortiert bzw. sortierbar** ist und ausgewertet werden kann[17]. Das ist der Fall, wenn anhand eines Merkmals (z.B. Beruf, Name, Kundennummer oder Aktenzeichen) eine Teilmenge von personenbezogenen Daten einer bestimmten Person oder mehrerer Personen gefunden werden kann[18]. Die Voraussetzung ist regelmäßig erfüllt, wenn ein äußerer Zusammenhang bzw. eine einheitliche Ordnung gegeben ist[19]. Gängige Beispiele dafür sind die alphabetische Ordnung von Namen oder die steigende Ordnung von Kundennummern.

26 Nicht nach bestimmten Kriterien zugänglich sind demgegenüber unaufbereitete Datensammlungen, z.B. die Videoaufnahme einer größeren Menschenmenge[20]. Hier ist eine systematische Durchsuchung der – ansonsten unzweifelhaft gege-

---

14 S. hierzu Erwägungsgrund 26.
15 Vgl. Simitis/*Dammann*, § 3 BDSG Rz. 86.
16 Vgl. Simitis/*Dammann*, § 3 BDSG Rz. 86.
17 *Gola/Schomerus*, § 3 BDSG Rz. 17f.
18 Vgl. Simitis/*Dammann*, § 3 BDSG Rz. 90.
19 Vgl. Simitis/*Dammann*, § 3 BDSG Rz. 86, 89; Taeger/Gabel/*Buchner*, § 3 BDSG Rz. 24.
20 Vgl. Simitis/*Dammann*, § 3 BDSG Rz. 99.

benen – „Datensammlung" nach bestimmten Kriterien nicht möglich[21]. Ebenfalls nicht erfasst sind unsortierte Listen auf Papier, z.b. nicht aufbereitete Teilnehmerlisten sowie Fotostapel ohne Textanmerkungen oder ein einzelner Fragebogen[22].

VIII. Verantwortlicher (Nr. 7)

Als „Verantwortlichen" definiert Art. 4 Nr. 7 jede natürliche oder juristische Person, Behörde, Einrichtung oder andere Stelle, die allein oder gemeinsam mit anderen **über die Zwecke und Mittel der Verarbeitung** von personenbezogenen Daten **entscheidet**. Die Definition ist wortidentisch mit der Begriffsbestimmung des „für die Verarbeitung Verantwortlichen" unter der EG-Datenschutzrichtlinie. 27

Obwohl die Definition der „verantwortlichen Stelle" des § 3 Abs. 7 BDSG-alt vom Wortlaut her enger ist als die entsprechenden Definitionen der EG-Datenschutzrichtlinie und der DSGVO, können die für das BDSG entwickelten Kriterien hier gleichwohl Anwendung finden. Denn schon unter dem alten BDSG wurde im Wege richtlinienkonformer Auslegung von einer verantwortlichen Stelle gesprochen, wenn diese die Kontrolle über die Verarbeitung innehatte, also über die Vorgänge an sich entscheiden konnte. Die richtlinienkonforme Auslegung führte auch dazu, dass schon unter dem BDSG eine gemeinsame Verantwortung mehrerer Stellen, wie dies nun durch die DSGVO ausdrücklich hervorgehoben wird, möglich war. 28

Bei einer Datenverarbeitung durch **nicht-öffentliche Stellen** ist die **juristische Einheit** datenschutzrechtlich verantwortlich, also die juristische Person, nicht aber eine einzelne Abteilung oder unselbständige Zweigstelle eines Unternehmens[23]. Abzustellen ist dementsprechend nur auf die rechtliche Selbständigkeit, nicht jedoch auf die wirtschaftliche Einheit. Wie schon das alte BDSG kennt auch die DSGVO **grundsätzlich kein Konzernprivileg**[24]. Damit kann jede juristisch selbständige Konzerntochter verantwortliche Stelle sein[25]. 29

Ausschlaggebend ist, wer im konkreten Fall in Bezug auf die in Frage stehende Verwendung die **Verfügungs- oder Entscheidungsgewalt** über die Daten hat[26]. 30

---

21 Taeger/Gabel/*Buchner*, § 3 BDSG Rz. 24.
22 Vgl. *Gola/Schomerus* § 3 BDSG Rz. 20; vgl. *Simitis/Dammann*, § 3 BDSG Rz. 90; *Bergmann/Möhrle/Herb*, § 3 BDSG Rz. 39; differenzierend *Schaffland/Wiltfang*, § 3 BDSG Rz. 4.
23 Taeger/Gabel/*Buchner*, § 3 BDSG Rz. 53; *Schaffland/Wiltfang*, § 3 BDSG Rz. 86.
24 S. hierzu aber auch Art. 6 DSGVO Rz. 77.
25 Taeger/Gabel/*Buchner*, § 3 BDSG Rz. 53.
26 *Schröder/Hawxwell*, Stellungnahme des Wissenschaftlichen Dienstes des Deutschen Bundestages (Ausarbeitung: Die Verletzungen Datenschutzrechtlicher Bestimmungen

Sofern die **Kontrolle** über die Daten in der Hand mehrerer Stellen liegt, also alle Stellen über Zweck und Mittel der Datenverarbeitung gemeinsam entscheiden oder an der Entscheidung beteiligt sind, ist eine gemeinsame Verantwortung gegeben. Besondere Praxisrelevanz entwickelt diese Thematik im Rahmen grenzüberschreitender Sachverhalte, wenn es nämlich um die Frage geht, ob die Tätigkeit einer im EU-Ausland ansässigen Niederlassung der Muttergesellschaft zuzurechnen ist. Handelt die Niederlassung insoweit weisungsfrei, so hat sie sich (nur) an ihr lokales Datenschutzrecht zu halten. Handelt sie hingegen unter Kontrolle der in Deutschland ansässigen Muttergesellschaft, so richtet sich der Vorgang u.U. (auch) nach deutschem Datenschutzrecht. Bei Suchmaschinenanbietern oder sozialen Netzwerken ist die Betreiberin als verantwortliche Stelle haftbar[27]. Nationale Konzerntöchter, die lediglich im Bereich des Marketing tätig sind und keinen Einfluss auf die Verarbeitungsvorgänge haben, sind zwar nach der *Google-Spain* Entscheidung als Niederlassung anzusehen, aber nicht als verantwortliche Stelle. Die Betreiber von Suchmaschinen sind des Weiteren für die Suchergebnisanzeigen ihrer Dienste verantwortlich. Nach dem EuGH verfügen die Suchmaschinenbetreiber wie z.B. Google über die Zwecke und Mittel der Verarbeitung und müssen unabhängig von der Rechtmäßigkeit der Ursprungsinformation für ihre Suchergebnisanzeigen einstehen[28].

31 Bei einer Datenverarbeitung durch **öffentliche Stellen** ist der Rechtsträger (Bund, Land, Gemeinde) nicht selbst verantwortliche Stelle[29]. Vielmehr sind die in § 2 BDSG genannten Behörden des Bundes und der Länder für die Datenverarbeitung verantwortlich[30].

IX. Auftragsverarbeiter (Nr. 8)

32 „Auftragsverarbeiter" nach Art. 4 Nr. 8 sind alle natürlichen und juristischen Personen, Behörden, Einrichtungen oder andere Stellen, die personenbezogene Daten **im Auftrag des Verantwortlichen** verarbeiten. Entscheidendes Kriterium der „Auftragsverarbeitung" ist demnach, ob eine Verarbeitung „im Auftrag" eines Verantwortlichen erfolgt. Im Auftrag erfolgt eine Verarbeitung durch einen Auftragsverarbeiter dann, wenn dieser bei einer Verarbeitung involviert ist, selbst aber nicht über Zwecke und Mittel der Verarbeitung entscheidet. Sofern

---

durch sog. Fanpages und Social-Plugins) zum Arbeitspapier des ULD in der Fassung v. 7.10.2011, S. 8 f.; vgl. Artikel 29-Datenschutzgruppe, Stellungnahme 8/2010 zum anwendbaren Recht, S. 11, 14, 18.
[27] So im Ergebnis LG Hamburg v. 10.7.2015 – 324 O 17/15, CR 2016, 121; LG Berlin v. 21.8.2014 – 27 O 293/14, ITRB 2015, 57 = CR 2015, 124.
[28] EuGH v. 13.5.2014 – C-131/12, GRUR 2014, 895 (897) – *Google Spain*; Ziebarth, ZD 2014, 394 (397).
[29] Taeger/Gabel/*Buchner*, § 3 BDSG Rz. 54.
[30] Taeger/Gabel/*Buchner*, § 3 BDSG Rz. 54.

diese durch den Verantwortlichen bestimmt werden, ist der für den Verantwortlichen Handelnde damit „Auftragsverarbeiter" im Sinne der Nr. 8. Handelt der „Auftragsverarbeiter" dabei auch im eigenen Interesse (zu eigenen Zwecken), ist er insoweit selbst verantwortliche Stelle. Abzugrenzen ist die Handlung im Rahmen der Auftragsverarbeitung von der **gemeinsamen Verantwortlichkeit**, wenn also in Bezug auf eine Verarbeitung Mittel und Zwecke durch zwei Verantwortliche gemeinsam bestimmt werden[31].

Auf das im Rahmen des alten BDSG noch vornehmlich zur Bestimmung einer Auftragsverarbeitung genutzte Merkmal der **„Funktionsübertragung"** kommt es damit nicht mehr an. Unter dem alten BDSG kam es seinerzeit noch darauf an, ob dem Auftragnehmer nicht nur die Verarbeitung von Daten, sondern darüber hinaus auch die der Verarbeitung zugrunde liegende Aufgabe bzw. Funktion übertragen wurde. Mit der DSGVO ist diese Unterscheidung nunmehr **obsolet** geworden[32]. 33

X. Empfänger (Nr. 9)

Nach Art. 4 Nr. 9 ist „Empfänger" eine **natürliche oder juristische Person, Behörde, Einrichtung oder andere Stelle, der personenbezogene Daten offengelegt werden**. Dies gilt unabhängig davon, ob es sich bei ihr um einen Dritten handelt oder nicht. Die „Empfänger"-Eigenschaft ist damit zunächst rein tatsächlich zu bestimmen, so dass auch Auftragsverarbeiter, die von einem Verantwortlichen personenbezogene Daten übermittelt bekommen, im Sinne der Definition „Dritte" sind. Keine „Empfänger" sind hingegen solche Stellen, die Teil desselben Verantwortlichen sind, der die Daten offenlegt; z.B. unselbständige Niederlassungen oder Funktionseinheiten einer Behörde, z.B. Dezernate. 34

Ebenfalls keine „Empfänger" sind gemäß der Definition Behörden, die im Rahmen eines bestimmten Untersuchungsauftrags nach dem Unionsrecht oder dem Recht der Mitgliedstaaten möglicherweise personenbezogene Daten erhalten. Gemäß Erwägungsgrund 31 sind damit insbesondere Steuer- und Zollbehörden, Finanzermittlungsstellen, unabhängige Verwaltungsbehörden oder Finanzmarktbehörden, die für die Regulierung und Aufsicht von Wertpapiermärkten zuständig sind, angesprochen, wenn diese personenbezogene Daten erhalten, die für die Durchführung – gemäß dem Unionsrecht oder dem Recht der Mitgliedstaaten – eines einzelnen Untersuchungsauftrags im Interesse der Allgemeinheit erforderlich sind. Die Definition stellt jedoch klar, dass gleichwohl die Verarbeitung dieser Daten durch die genannten Behörden stets im Einklang mit den geltenden Datenschutzvorschriften gemäß den Zwecken der Verarbeitung erfolgen 35

---

31 Vgl. hierzu die Kommentierung zu Art. 26 DSGVO sowie *Dovas*, ZD 2016, 512 (516).
32 Vgl. auch *Härting*, Datenschutz-Grundverordnung, Rz. 579 sowie *Dovas*, ZD 2016, 512 (516).

Art. 4 DSGVO | Begriffsbestimmungen

muss. Die fehlende Empfänger-Eigenschaft entbindet die Behörden also nicht von den sonstigen Vorgaben des Datenschutzrechts. Relevant wird die Empfänger-Eigenschaft insbesondere zur Bestimmung etwaiger Informations- und Mitteilungspflichten, z.B. nach Art. 13, 14, 15 oder 19.

XI. Dritter (Nr. 10)

36 Nach Art. 4 Nr. 10 ist „Dritter" eine **natürliche** oder **juristische Person, Behörde, Einrichtung** oder **andere Stelle, außer** der **betroffenen Person,** dem **Verantwortlichen,** dem **Auftragsverarbeiter** und den Personen, die unter der unmittelbaren Verantwortung des Verantwortlichen oder des Auftragsverarbeiters befugt sind, die personenbezogenen Daten zu verarbeiten.

37 Wie schon im BDSG-alt grenzt sich „Dritter" damit auch im Rahmen der DSGVO vornehmlich **negativ** vom Verantwortlichen, dem Betroffenen und Auftragsverarbeitern ab. Anders als noch im BDSG ist nunmehr jeder Auftragsverarbeiter, und zwar unabhängig vom Ort der Verarbeitung, kein Dritter im Sinne der DSGVO. Nach dem BDSG galt dies allein für solche Auftragsverarbeiter, die in einem Mitgliedstaat der Europäischen Union oder einem Vertragsstaat des Abkommens über den Europäischen Wirtschaftsraum personenbezogene Daten im Auftrag verarbeiten (§ 3 Abs. 8 Satz 3 BDSG-alt). Diese territoriale Beschränkung ist nunmehr entfallen, so dass jeder Auftragsverarbeiter, sofern er im Rahmen seines Auftrages tätig wird (s. Kommentierung zu Art. 4 DSGVO Rz. 32), kein Dritter im Sinne der Definition ist. Infolgedessen ist das „Privileg der Auftragsverarbeitung" nicht mehr auf Verarbeiter aus dem Gebiet der Europäischen Union und der EFTA-Vertragsstaaten beschränkt (zum „Privileg der Auftragsverarbeitung" unter der DSGVO s. Kommentierung zu Art. 28 DSGVO Rz. 3 ff.).

38 Nicht Dritte sind ebenfalls diejenigen, die als Unterauftragnehmer des Verantwortlichen oder eines Auftragsverarbeiters befugt sind, personenbezogene Daten zu verarbeiten.

XII. Einwilligung (Nr. 11)

39 Eine **zentrale Definition** der DSGVO ist die der „Einwilligung" nach Art. 4 Nr. 11, der im Rahmen des Gesetzgebungsverfahrens große Aufmerksamkeit zukam, als das Konzept einer auf Einwilligung basierenden Datenschutzgesetzgebung kontrovers diskutiert wurde. Letztlich ist die Einwilligung aber ein entscheidender Grundpfeiler des Datenschutzes geblieben, die neben sonstigen Alternativen weiterhin eine Datenverarbeitung rechtfertigen kann[33].

---

33 Vgl. hierzu *Albrecht*, CR 2016, 88 ff.

Nach Art. 4 Nr. 11 ist eine „Einwilligung" jede freiwillig für den bestimmten Fall, in informierter Weise und unmissverständlich abgegebene Willensbekundung in Form einer Erklärung oder einer sonstigen eindeutigen bestätigenden Handlung, mit der die betroffene Person zu verstehen gibt, dass sie mit der Verarbeitung der sie betreffenden personenbezogenen Daten einverstanden ist. 40

Wesentliche Merkmale der Einwilligung sind damit **„freiwillig"**, **„für den bestimmten Fall"**, **„in informierter Weise"** sowie **„unmissverständlich abgegebene Willensbekundung"**. Die zwischenzeitlich von EU-Kommission und Europäischem Parlament aufgestellte Forderung, eine Einwilligung müsse immer (also nicht nur bei sensiblen Daten) „explizit" erfolgen, konnte sich nicht durchsetzen[34]. Als Kompromiss hat man sich jedoch verständigt, dass die Willensbekundung in Form einer Erklärung oder einer sonstigen **eindeutigen bestätigenden Handlung** erfolgen muss. Damit ist Schweigen oder ein (vor)angekreuztes Kästchen für eine Einwilligung nicht ausreichend[35]. Zu den einzelnen Merkmalen der Definition s. Kommentierung zu Art. 7 DSGVO Rz. 3 ff. 41

XIII. Verletzung des Schutzes personenbezogener Daten (Nr. 12)

Art. 4 Nr. 12 definiert die **„Verletzung des Schutzes personenbezogener Daten"** als eine Verletzung der Sicherheit, die, ob unbeabsichtigt oder unrechtmäßig, zur Vernichtung, zum Verlust, zur Veränderung, oder zur unbefugten Offenlegung von bzw. zum unbefugten Zugang zu personenbezogenen Daten führt, die übermittelt, gespeichert oder auf sonstige Weise verarbeitet wurden. 42

Eine **Verletzung der Sicherheit** ist jeder Vorgang, der die technischen und organisatorischen Maßnahmen zum Schutz personenbezogener Daten unbeabsichtigt oder unrechtmäßig kompromittiert, indem er trotz dieser Maßnahmen zu Vernichtung, Verlust, Veränderung oder Offenlegung der Daten führt. Das kann sowohl durch einen technischen (z.B. durch technische Fehler hervorgerufene Veröffentlichung personenbezogener Daten oder versehentliche Deaktivierung von software- oder hardwarebasierten Sicherheitssystemen) als auch durch einen tatsächlichen Zwischenfall (z.B. durch unbefugtes Eindringen in einen geschützten Bereich, Liegenlassen eines Datenträgers in der Öffentlichkeit oder Brand in einem Serverraum) geschehen[36]. 43

Damit eine Verletzung des Schutzes personenbezogener Daten vorliegt, müssen gemäß Definition die betroffenen Daten **personenbezogen** (s. Rz. 3) und zuvor – auf welche Weise auch immer – **verarbeitet** (s. Rz. 9) worden sein, was neben dem (in diesem Zusammenhang klassischen) Fall einer Speicherung, insbesondere auch eine Übermittlung umfasst. 44

---

34 Vgl. hierzu *Albrecht*, CR 2016, 88 ff.
35 S. hierzu auch Erwägungsgrund 32.
36 Vgl. Art. 32 Abs. 1 Buchst. c.

45 Kommt es als Folge der Verletzung des Schutzes zu einer Offenlegung oder zum Zugang zu personenbezogenen Daten, ist die Definition gleichwohl nur erfüllt, wenn dies **unbefugt** erfolgt ist. Demgegenüber stellt jegliche Vernichtung, Verlust oder Veränderung von personenbezogenen Daten aufgrund der Verletzung der Sicherheit ohne Weiteres eine Verletzung des Schutzes i.S.d. Art. 4 Nr. 12 dar. Offenbar sieht die DSGVO die Notwendigkeit einer Anwendung der mit der Verletzung des Schutzes personenbezogener Daten einhergehenden Rechtsfolgen (vgl. Kommentierung zu Art. 33 DSGVO Rz. 1 ff.) im Fall ihrer Offenlegung nur, wenn diese unbefugt erfolgt. Soweit die Integrität der Daten berührt ist, kommt es auf die Befugnis nicht (mehr) an.

46 Art. 70 Abs. 1 Buchst. g sieht vor, dass der Datenschutzausschuss zukünftig Leitlinien, Empfehlungen und bewährte Verfahren zur Feststellung von Verletzungen des Schutzes personenbezogener Daten bereitstellt.

XIV. Genetische Daten (Nr. 13)

47 Nach Art. 4 Nr. 13 sind „**genetische Daten**" alle personenbezogenen Daten zu den ererbten oder erworbenen genetischen Eigenschaften einer natürlichen Person, die eindeutige Informationen über die Physiologie oder die Gesundheit dieser natürlichen Person liefern und insbesondere aus der Analyse einer biologischen Probe der betreffenden natürlichen Person gewonnen wurden. Genetische Daten i.S.d. Art. 4 Nr. 13 müssen zunächst **personenbezogene Daten** (s. Rz. 3 ff.) sein. Die Definition erfasst daher keine Daten, die ursprünglich zu wissenschaftlichen Forschungszwecken personenbezogen gewonnen, zwischenzeitlich aber anonymisiert worden sind[37].

48 Die Daten müssen sich auf **erebte oder erworbene genetische Eigenschaften** einer natürlichen Person beziehen, die eindeutige Informationen über die Physiologie oder die Gesundheit liefern. Unter diese Erbinformationen fallen neben ererbten bzw. vorgeburtlich erworbenen Eigenschaften, die u.a. Abstammungsbestimmungen oder Gendiagnostikmaßnahmen ermöglichen, **auch im Laufe des Lebens erworbene genetische Veränderungen** (z.B. durch Strahlung hervorgerufene Änderungen)[38]. Die Definition der DSGVO ist damit weiter als die des Gendiagnostikgesetzes (GenDG), das sich auf ererbte, bis zur Befruchtung oder vor Geburt erworbene Erbinformationen beschränkt. Genetische Daten können nicht nur Informationen über eine bestimmte Person enthalten, sondern machen diese aufgrund ihrer Einmaligkeit ggf. auch erst bestimmbar („genetischer Fingerabdruck")[39].

---

37 *Hardenberg*, ZD 2014, 115 (117) m.w.N.
38 Vgl. Spickhoff/*Fenger*, Medizinrecht, GenDG, § 3 Rz. 1 und 4; vgl. Erwägungsgrund 71, der den engeren Begriff der „genetischen Anlagen" verwendet; a.A. wohl BeckOK DatenschutzR/*Schild*, § 3 BDSG Rz. 12.
39 Vgl. BeckOK DatenschutzR/*Schild*, § 3 BDSG Rz. 12 m.w.N.

Schließlich sind nur solche personenbezogenen Daten genetische Daten, aus denen Rückschlüsse auf den Gesundheitszustand des Betroffenen oder Aufschluss über dessen Physiologie, also über physikalische und biochemische Vorgänge im menschlichen Körper (insbesondere auf molekularer Ebene), gewonnen werden können. Anhand physiologischer Informationen lassen sich u.a. Vorhersagen über das Verhalten von Stoffwechsel oder Fortpflanzung treffen. **Analysen biologischer Proben** können bspw. Chromosomen-, Desoxyribonukleinsäure (DNS)- oder Ribonukleinsäure (RNS)-Analysen oder die Analyse von Elementen sein, durch die gleichwertige Informationen erlangt werden können[40]. 49

XV. Biometrische Daten (Nr. 14)

Nach Art. 4 Nr. 14 sind „biometrische Daten" **mit speziellen technischen Verfahren gewonnene** personenbezogene Daten zu den physischen, physiologischen oder verhaltenstypischen Merkmalen einer natürlichen Person, die die **eindeutige Identifizierung** dieser natürlichen Person **ermöglichen oder bestätigen**. Dazu gehören Gesichtsbilder oder daktyloskopische Daten. 50

Wie auch bei genetischen Daten muss es sich bei den Informationen zunächst um **personenbezogene Daten** handeln (s. Rz. 3 ff.). Des Weiteren müssen die Daten Informationen über physische, d.h. **körperliche** (z.B. Gesichtsform, Fingerabdruck, Augennetzhaut, Stimme, Handgeometrie, Venenstruktur)[41], **physiologische** (s. Rz. 55 ff.) oder **verhaltenstypische Merkmale** einer Person enthalten. Zu Letzterem zählen u.a. Unterschrift, Tastenanschlag, charakteristische Gangart oder Sprechweise[42]. 51

Gesichtsbilder und daktyloskopische Daten (d.h. Fingerabdruckdaten), die Art. 4 Nr. 14 beispielhaft nennt, stellen Informationen über körperliche Merkmale dar, die eine eindeutige Identifizierung einer Person ermöglichen oder bestätigen. Bspw. enthalten biometrische Reisepässe oder Personalausweise solche Daten (sowohl Gesichtsbild-, als auch Fingerabdruckdaten) und können bereits seit einiger Zeit zur computergestützten eindeutigen Identifizierung bzw. Authentifizierung genutzt werden. 52

In diesem Zusammenhang ist jedoch zu beachten, dass u.a. Lichtbilder nur dann von der Definition von „biometrischen Daten" erfasst sind, wenn sie mit speziellen technischen Mitteln verarbeitet werden[43]. Dadurch sollen Lichtbilder nicht per se den besonderen Regelungen biometrischer Daten unterworfen werden, 53

---

40 Erwägungsgrund 34; zu weiteren Einzelheiten s. Spickhoff/*Fenger*, Medizinrecht, GenDG, § 3 Rz. 2; *Weichert*, DuD 2002, 133.
41 BeckOK DatenschutzR/*Schild*, § 3 BDSG Rz. 10.
42 BeckOK DatenschutzR/*Schild*, § 3 BDSG Rz. 10.
43 Vgl. Erwägungsgrund 51.

sondern nur dann, wenn sie genutzt werden, um aus ihnen physische, physiologische oder verhaltenstypische Merkmale zu gewinnen oder diese zu analysieren.

XVI. Gesundheitsdaten (Nr. 15)

54 Als „Gesundheitsdaten" gelten personenbezogene Daten, die sich auf die **körperliche oder geistige Gesundheit** einer natürlichen Person, einschließlich der Erbringung von Gesundheitsdienstleistungen, beziehen und aus denen **Informationen über deren Gesundheitszustand** hervorgehen.

55 Nach Erwägungsgrund 35 zählen zu den Gesundheitsdaten Informationen etwa über

- Krankheiten,
- Behinderungen,
- Krankheitsrisiken,
- Vorerkrankungen,
- klinische Behandlungen oder
- den physiologischen oder biomedizinischen Zustand der betroffenen Person.

Dies gilt unabhängig von der Herkunft der Daten, ob sie nun von einem Arzt oder sonstigem Angehörigen eines Gesundheitsberufes, einem Krankenhaus, einem Medizinprodukt oder einem In-Vitro-Diagnostikum stammen.

56 Darüber hinaus unterfallen dem Begriff der „Gesundheitsdaten" nach Erwägungsgrund 35 auch solche Informationen, die von der Prüfung oder Untersuchung eines Körperteils oder einer körpereigenen Substanz, auch aus genetischen Daten und biologischen Proben, abgeleitet wurden. Gesundheitsdaten können daher gleichzeitig auch genetische Daten und/oder biometrische Daten sein (vgl. Rz. 47 ff., 51 ff.).

57 Des Weiteren gehören zu den Gesundheitsdaten Informationen über eine natürliche Person, die im Zuge der Anmeldung für sowie der Erbringung von unionsweiten Gesundheitsdienstleistungen[44] für die Person erhoben werden[45], vorausgesetzt, dass sich diese Informationen auf den Gesundheitszustand beziehen (z.B. wenn im Rahmen der Anmeldung Anamnesedaten abgefragt werden). Daneben können auch Nummern, Symbole oder Kennzeichen, die einer Person zugeteilt wurden, um sie für gesundheitliche Zwecke eindeutig zu identifizieren,

---

44 Dies meint Gesundheitsdienstleistungen i.S.d. Richtlinie 2011/24/EU des Europäischen Parlaments und des Rates v. 9.3.2011 über die Ausübung der Patientenrechte in der grenzüberschreitenden Gesundheitsversorgung (vgl. Erwägungsgrund 35).
45 Vgl. Erwägungsgrund 35.

den Gesundheitsdaten unterfallen[46], sofern aus diesen Merkmalen Informationen über den Gesundheitszustand einer Person hervorgehen.

Nach alledem zählen sämtliche Informationen über Erkrankungen und den sonstigen **früheren, gegenwärtigen und künftigen körperlichen oder geistigen Gesundheitszustand einer Person**[47], d.h. auch Informationen über Ablauf und Inhalt einer medizinischen Behandlung (einschließlich Angaben über eingenommene Medikamente) und die Feststellung, dass eine bestimmte Person inzwischen genesen oder schon immer völlig gesund gewesen ist[48], zu den Gesundheitsdaten. Dies gilt auch für die Information über einen Arztbesuch, jedoch nicht für die Zugehörigkeit zu einer bestimmten Krankenkasse[49]. 58

XVII. Hauptniederlassung (Nr. 16)

Art. 4 Nr. 16 definiert den Begriff der „**Hauptniederlassung**" im Hinblick auf Verantwortliche und Auftragsverarbeiter, die in mehr als einem Mitgliedstaat eine Niederlassung unterhalten. Er ist für die Bestimmung maßgeblich, welche Aufsichtsbehörde unter mehreren betroffenen Aufsichtsbehörden, d.h. bei grenzüberschreitenden Sachverhalten, als **federführende Aufsichtsbehörde** nach Art. 56 zuständig ist. 59

1. Niederlassung

Obwohl der Begriff der „**Niederlassung**" durch die DSGVO nicht ausdrücklich definiert ist, wird der Begriff an mehreren Stellen der DSGVO verwendet, wie dies auch schon in der EG-Datenschutzrichtlinie und dem BDSG-alt der Fall gewesen ist. Nach Erwägungsgrund 19 setzt eine Niederlassung die „effektive und tatsächliche Ausübung einer Tätigkeit durch eine feste Einrichtung" voraus, ohne Rücksicht auf die Rechtsform (zur Definition der „Niederlassung" s. Kommentierung zu Art. 3 DSGVO Rz. 7 ff.). 60

2. Hauptniederlassung

Bei Niederlassungen in mehreren Mitgliedstaaten ist die Hauptniederlassung der **Ort der Hauptverwaltung** in der Union. Abweichend davon gilt im Falle eines Verantwortlichen jedoch eine **andere Niederlassung** als Hauptniederlassung, wenn in dieser die **Entscheidungen über Zweck und Mittel der Daten-** 61

---

46 Vgl. Erwägungsgrund 35.
47 Vgl. Erwägungsgrund 35.
48 Simitis/*Dammann*, § 3 BDSG Rz. 260 m.w.N. (zum BDSG).
49 Vgl. Simitis/*Dammann*, § 3 BDSG Rz. 263 ff.; Bergmann/*Möhrle*/*Herb*, § 3 BDSG Rz. 171.

verarbeitung getroffen werden und sie befugt ist, diese Entscheidungen umsetzen zu lassen.

62 Sofern ein **Auftragsverarbeiter keine Hauptverwaltung** in der Union hat, ist diejenige Niederlassung maßgeblich, in der die Verarbeitungstätigkeiten hauptsächlich stattfinden, soweit der Auftragsverarbeiter spezifischen Pflichten aus dieser DSGVO unterliegt (zum räumlichen Anwendungsbereich der DSGVO s. Kommentierung zu Art. 3 DSGVO Rz. 1 ff.).

63 Zur Auswahl der richtigen Niederlassung als Hauptniederlassung kann auf Erwägungsgrund 36 der DSGVO zurückgegriffen werden. Danach soll die Bestimmung der Hauptniederlassung von **objektiven Kriterien** abhängig gemacht werden. Als ein solches Kriterium wird die tatsächliche Ausübung von Managementtätigkeiten durch eine feste Einrichtung angeführt, in deren Rahmen Grundsatzentscheidungen zur Festlegung der Zwecke und Mittel der Verarbeitung getroffen werden.

64 Somit ist der Ort der Hauptverwaltung eines Verantwortlichen **nur ein Indiz** für die Ausübung der aus Sicht des Datenschutzes maßgeblichen Tätigkeiten. Tatsächlich kommt es im Ergebnis auf diejenige Niederlassung an, die die Kontrolle über die Verarbeitung innehat[50]. Daher ist auch der **Ort der Verarbeitung** insoweit **nicht ausschlaggebend**[51].

65 Die „Befugnis", datenschutzrelevante Entscheidungen umsetzen zu lassen, setzt demnach voraus, dass eine Niederlassung, die nicht Ort der Hauptverwaltung ist, für alle Niederlassungen bindende Entscheidungen trifft, deren Umsetzung sie notfalls auch durchsetzen kann. Sinn und Zweck dieser Zuordnung ist es also, sicherzustellen, dass die federführende Aufsichtsbehörde einen aus Sicht des Datenschutzes **kompetenten Ansprechpartner** hat, der rechtlich und tatsächlich in der Lage ist, etwaige aufsichtsbehördliche Anordnungen oder Empfehlungen innerhalb des gesamten Unternehmens umzusetzen.

66 Bei einer Verarbeitung durch eine **Unternehmensgruppe** gilt die **Hauptniederlassung des herrschenden Unternehmens** (zur Definition des „herrschenden Unternehmens" bzw. der „Unternehmensgruppe" s. Rz. 75 ff.) als Hauptniederlassung, es sei denn, die Zwecke und Mittel der Verarbeitung werden von einem anderen Unternehmen festgelegt[52].

XVIII. Vertreter (Nr. 17)

67 Die DSGVO definiert den Begriff des „Vertreters" als „eine in der Union niedergelassene **natürliche oder juristische Person**, die von dem Verantwortlichen oder Auftragsverarbeiter schriftlich gemäß Art. 27 bestellt wurde und den Ver-

---

50 Vgl. hierzu Erwägungsgrund 37.
51 S. Erwägungsgrund 36.
52 S. Erwägungsgrund 36.

antwortlichen oder Auftragsverarbeiter in Bezug auf die ihnen jeweils nach dieser Verordnung obliegenden Pflichten vertritt" (zum Begriff der „juristischen Person" s. Rz. 71).

Wie bislang schon nach der EG-Datenschutzrichtlinie soll der Vertreter im Namen des Verantwortlichen oder Auftragsverarbeiters tätig werden und den Aufsichtsbehörden als Anlaufstelle dienen[53], da der Verantwortliche bzw. Auftragsverarbeiter über keine eigene Niederlassung in der Union verfügt. Der Vertreter muss nicht selbst Verantwortlicher i.S.d. Datenschutzrechts, sondern lediglich mit der Wahrnehmung der Interessen des im Drittland ansässigen Verantwortlichen oder Auftragsverarbeiters betraut sein (zur Erforderlichkeit der Bestellung eines Vertreters nach Art. 27 und deren Einzelheiten s. die dortige Kommentierung). 68

Obwohl Art. 4 Nr. 17 lediglich festlegt, dass der Vertreter (irgendwo) in der Union niedergelassen ist, schreibt Art. 27 Abs. 3 als **weitergehende Voraussetzung** vor, dass der Vertreter „in einem der Mitgliedstaaten niedergelassen sein [muss], in denen die betroffenen Personen, deren personenbezogene Daten im Zusammenhang mit den ihnen angebotenen Waren oder Dienstleistungen verarbeitet werden oder deren Verhalten beobachtet wird, sich befinden." Tatsächlich muss der Vertreter demnach **in einem Mitgliedstaat niedergelassen sein, in dem sich die von der Verarbeitung betroffenen Personen befinden** (vgl. Kommentierung zu Art. 27 DSGVO Rz. 5). 69

XIX. Unternehmen (Nr. 18)

Nach Art. 4 Nr. 18 ist „Unternehmen" eine natürliche oder juristische Person, die eine **wirtschaftliche Tätigkeit** ausübt, unabhängig von ihrer Rechtsform, einschließlich **Personengesellschaften oder Vereinigungen**, die **regelmäßig einer wirtschaftlichen Tätigkeit** nachgehen. Die DSGVO führt damit einen **weiten Unternehmensbegriff** ein. 70

Vom Wortsinn her eher überraschend, werden auch natürliche Personen als „Unternehmen" definiert, sofern sie die weitere Voraussetzung der wirtschaftlichen Tätigkeit erfüllen. Zudem ist der Begriff der „juristischen Person" abweichend vom deutschrechtlichen Verständnis **unabhängig von der gewählten Rechtsform** zu verstehen, so dass auch Personengesellschaften und Vereinigungen als juristische Personen erfasst werden. 71

Natürliche oder juristische Personen gelten jedoch nur insoweit als „Unternehmen" im Sinne der DSGVO, soweit sie eine wirtschaftliche Tätigkeit ausüben, also geschäftlich tätig werden. Damit sind sämtliche Personen ausgenommen, die ausschließlich zu persönlichen oder familiären Zwecken tätig werden, bei denen eine Verarbeitung von personenbezogenen Daten somit ohne Bezug zu einer be- 72

---

53 Art. 27 Abs. 4, Erwägungsgrund 80.

ruflichen oder wirtschaftlichen Tätigkeit stattfindet[54]. Ebenfalls keine wirtschaftlichen Tätigkeiten stellen ausschließlich gemeinnützige Tätigkeiten dar.

73 Die im Hinblick auf Personengesellschaften oder Vereinigungen vermeintlich einschränkende Voraussetzung der „**Regelmäßigkeit**" der Ausübung einer Wirtschaftstätigkeit beruht offenbar auf einem redaktionellen Versehen, so dass dem Wort „regelmäßig" keine Bedeutung beizumessen sein dürfte. Im Rahmen des Gesetzgebungsverfahrens wurde die Definition von „Unternehmen" umgestellt und begrifflich leicht verändert, wobei jedoch offenbar übersehen wurde, das Wort „regelmäßig" entsprechend zu berücksichtigen[55]. Da es sich bei Personengesellschaften und Vereinigungen nach der Definition auch um juristische Personen handelt, wäre es widersprüchlich, nur im Rahmen der Konkretisierung (insbesondere) eine regelmäßige wirtschaftliche Tätigkeit zu verlangen.

74 In Art. 83 wird in der deutschen Fassung der DSGVO auch der Begriff „Unternehmen" verwendet, ohne allerdings damit auf diese Definition des Art. 4 Nr. 18 zu verweisen. Stattdessen ist dort gemäß Erwägungsgrund 150 der Verweis auf das „Unternehmen" im Sinne der Art. 101 und 102 AEUV zu verstehen, d.h. es gilt dort der weite, kartellrechtliche Unternehmensbegriff[56].

XX. Unternehmensgruppe (Nr. 19)

75 Die DSGVO definiert den Begriff der „Unternehmensgruppe" als eine Gruppe, die aus einem **herrschenden Unternehmen** und den von diesem **abhängigen Unternehmen** besteht.

1. Herrschendes Unternehmen

76 Nach Erwägungsgrund 37 soll herrschendes Unternehmen sein, welches „zum Beispiel aufgrund der Eigentumsverhältnisse, der finanziellen Beteiligung oder der für das Unternehmen geltenden Vorschriften oder der Befugnis, Datenschutzvorschriften umsetzen zu lassen, einen **beherrschenden Einfluss** auf die übrigen Unternehmen ausüben kann". Diese Kriterien finden sich nahezu wortgleich in Art. 3 der Europäischen Betriebsrat-Richtlinie (RL 2009/38/EG)[57] wie-

---

54 Vgl. Erwägungsgrund 18.
55 Vgl. Vorschlag der Kommission v. 25.1.2012, KOM(2012) 11 endgültig, 2012/0011 (COD), Art. 4 Abs. 15.
56 Vgl. hierzu Kommentierung zu Art. 83 DSGVO Rz. 23.
57 Richtlinie 2009/38/EG des Europäischen Parlaments und des Rates v. 6.5.2009 über die Einsetzung eines Europäischen Betriebsrats oder die Schaffung eines Verfahrens zur Unterrichtung und Anhörung der Arbeitnehmer in gemeinschaftsweit operierenden Unternehmen und Unternehmensgruppen; umgesetzt in § 6 Europäische Betriebsräte-Gesetz (EBRG).

der, so dass diese Bestimmung mangels entgegenstehender Gründe und im Hinblick auf die Einheitlichkeit der (europäischen) Rechtsordnung zur Auslegung des Begriffs des „beherrschenden Einflusses" herangezogen werden kann. Danach ist die **bloße Möglichkeit** zur Ausübung eines beherrschenden Einflusses ausreichend („kann"). Es ist daher nicht zwingend erforderlich, dass der Einfluss auch tatsächlich ausgeübt wird[58].

Art. 3 Abs. 2 der Europäischen Betriebsrat-Richtlinie enthält eine **widerlegliche Vermutungsregel**, nach der die Fähigkeit, einen beherrschenden Einfluss auszuüben, bis zum Beweis des Gegenteils als gegeben gilt, wenn ein Unternehmen in Bezug auf ein anderes Unternehmen direkt oder indirekt 77

- die Mehrheit des gezeichneten Kapitals dieses Unternehmens besitzt;
- über die Mehrheit der mit den Anteilen am anderen Unternehmen verbundenen Stimmrechte verfügt; oder
- mehr als die Hälfte der Mitglieder des Verwaltungs-, Leitungs- oder Aufsichtsorgans des anderen Unternehmens bestellen kann.

Vergleichbar mit der Formulierung einer Beherrschungsmöglichkeit aufgrund **„für das Unternehmen geltenden Vorschriften"** der DSGVO, ist in Art. 3 Abs. 1 der Europäischen Betriebsrat-Richtlinie von „sonstigen Bestimmungen, die die Tätigkeit des Unternehmens regeln" die Rede. Es kommt insoweit maßgeblich darauf an, ob das herrschende Unternehmen über die Mittel verfügt, im abhängigen Unternehmen seinen Willen durchzusetzen[59]. 78

2. Sonstiges

Jedes Unternehmen, auf das das herrschende Unternehmen herrschenden Einfluss ausübt, ist „**abhängiges Unternehmen**" i.S.d. Art. 4 Nr. 19[60]. Dies kann auch ein Gemeinschaftsunternehmen, ein „Joint Venture", sein, solange der eine Gesellschafter einen beherrschenden Einfluss auf das Gemeinschaftsunternehmen ohne den anderen Gesellschafter ausüben kann[61]. Herrschende wie abhängige Unternehmen können jede Rechtsform haben und auch eine natürliche Person kann ein herrschendes Unternehmen sein (s. Rz. 70)[62]. 79

Bereits **zwei Unternehmen** (und nicht erst mindestens drei Unternehmen) dürften als „**Gruppe**" i.S.d. Definition anzusehen sein, da letztlich keine Gründe ersichtlich sind, es zwei Unternehmen zu verwehren, miteinander verbindliche interne Datenschutzvorschriften (Art. 4 Nr. 20) zu vereinbaren. Dieses Instrument 80

---

58 Vgl. Düwell/*Blanke*/*Kunz*, Betriebsverfassungsgesetz, § 6 EBRG Rz. 4 m.w.N.
59 Vgl. Düwell/*Blanke*/*Kunz*, Betriebsverfassungsgesetz, § 6 EBRG Rz. 7.
60 Vgl. Art. 3 Abs. 1 der Europäischen Betriebsrat-Richtlinie.
61 Vgl. Düwell/*Blanke*/*Kunz*, Betriebsverfassungsgesetz, § 6 EBRG Rz. 7.
62 Vgl. Düwell/*Blanke*/*Kunz*, Betriebsverfassungsgesetz, § 6 EBRG Rz. 9.

kann in bestimmten Konstellationen auch gegenüber anderen Instrumenten, wie insbesondere Standarddatenschutzklauseln, vorteilhafter bzw. geeigneter sein, da es einen größeren Gestaltungsspielraum eröffnet und ggf. besser auf die individuellen Bedürfnisse der „Gruppe" angepasst werden. Auch die Ernennung eines gemeinsamen Datenschutzbeauftragten (Art. 37 Abs. 2) kann für nur zwei Unternehmen sinnvoll und zielführend sein. Für eine Unternehmensgruppe ist daher ausreichend, dass sie aus einem herrschenden und einem abhängigen Unternehmen besteht.

81 Eine Unternehmensgruppe ist nicht mit einer „Gruppe von Unternehmen, die eine gemeinsame Wirtschaftstätigkeit ausüben" gleichzusetzen. Letztgenannter Begriff wird von der DSGVO in verschiedenen Zusammenhängen, u.a. im Zusammenhang mit verbindlichen internen Datenschutzvorschriften i.S.d. Art. 4 Nr. 20 (Binding Corporate Rules; s. Rz. 82 ff.), verwendet. Auch wenn die Begriffe in der DSGVO ohnehin zumeist gemeinsam genannt werden, gibt es Unterschiede. Nur eine Unternehmensgruppe darf einen gemeinsamen Datenschutzbeauftragten benennen (Art. 37 Abs. 2), während diese Ausnahme einer Gruppe von Unternehmen verwehrt ist. Zudem wird das Vorliegen einer Unternehmensgruppe bei Bestimmung einer Hauptniederlassung i.S.d. Art. 4 Nr. 16 relevant (s. Rz. 59 ff.).

XXI. Verbindliche interne Datenschutzvorschriften (Nr. 20)

82 „**Verbindliche interne Datenschutzvorschriften**" i.S.d. Art. 4 Nr. 20 stellen Maßnahmen zum Schutz personenbezogener Daten dar, zu deren Einhaltung sich ein in der Union niedergelassener Verantwortlicher oder Auftragsverarbeiter im Hinblick auf Datenübermittlungen oder eine Kategorie von Datenübermittlungen personenbezogener Daten an einen Verantwortlichen oder Auftragsverarbeiter derselben Unternehmensgruppe oder derselben Gruppe von Unternehmen, die eine gemeinsame Wirtschaftstätigkeit ausüben, in einem oder mehreren Drittländern verpflichtet. Sie betreffen Datenübermittlungen in Drittländer und treten unter der DSGVO (Art. 47) die Nachfolge für das bisherige Instrument der „verbindlichen Unternehmensregelungen" nach § 4c Abs. 2 Satz 1 BDSG-alt, auch als „**Binding Corporate Rules**" bekannt (vgl. hierzu die Kommentierung zu Art. 47 DSGVO Rz. 1 ff.), an. Während der Begriff der „Binding Corporate Rules" im Vergleich zur EG-Datenschutzrichtlinie in der englischen Fassung der DSGVO keine begriffliche Änderung erfahren hat, findet sich in der deutschen Fassung ohne ersichtlichen Grund nunmehr eine abweichende Formulierung.

83 Zum Begriff der **Unternehmensgruppe i.S.d. Nr. 19** s. die dortige Kommentierung, Rz. 75 ff.

84 Obwohl der Begriff einer „**Gruppe von Unternehmen, die eine gemeinsame Wirtschaftstätigkeit ausüben**" in der DSGVO mehrfach verwendet wird, de-

finiert sie ihn nicht. Zunächst sind bereits **zwei Unternehmen** eine Gruppe i.S.d. Definition (s. Rz. 80). Eine gemeinsame Wirtschaftstätigkeit liegt vor, wenn die betreffenden Unternehmen die gleiche Tätigkeit in Zusammenarbeit ausüben. Eine solche Wirtschaftstätigkeit wäre bspw. der Vertrieb einer bestimmten Ware oder Dienstleistung, sei es arbeitsteilig oder in unterschiedlichen Regionen. Erwägungsgrund 48 spricht insoweit (wohl nicht abschließend) von einer Gruppe von „Einrichtungen", die einer zentralen Stelle zugeordnet sind, wobei diese Gruppe ein berechtigtes Interesse haben kann, personenbezogene Daten innerhalb der Gruppe für interne Verwaltungszwecke, einschließlich der Verarbeitung von Kunden- und Beschäftigtendaten, zu übermitteln.

Zu beachten ist, dass nach Art. 4 Nr. 18 auch natürliche Personen, die eine wirtschaftliche Tätigkeit ausüben (vgl. die dortige Kommentierung), ebenfalls „Unternehmen" i.S.d. der DSGVO und folglich Teil einer Unternehmensgruppe oder einer Gruppe von Unternehmen sein können (s. Rz. 75 ff. und Rz. 81). 85

XXII. Aufsichtsbehörde (Nr. 21)

Die DSGVO definiert die „**Aufsichtsbehörde**" als eine von einem Mitgliedstaat gemäß Art. 51 eingerichtete **unabhängige staatliche Stelle**. Hervorzuheben ist, dass die staatliche Stelle nach dem Wortlaut der Definition nicht allein aufgrund ihrer Errichtung zur „Aufsichtsbehörde" wird, sondern dass hierzu ebenfalls deren Unabhängigkeit sichergestellt sein müsste. Dies würde jedoch bedeuten, dass eine nach Art. 51 eingerichtete Stelle ihren Status als Aufsichtsbehörde ohne Unabhängigkeit (Art. 52) niemals erlangen bzw. nachträglich verlieren würde, wodurch auch die ihr unter der DSGVO erwachsenden Befugnisse entfallen würden. Das kann jedoch offensichtlich so nicht gemeint sein. Es ist daher davon auszugehen, dass das Wort „unabhängige" im Rahmen der Definition der „Aufsichtsbehörde" keine Bedeutung entfaltet, sondern allein im Rahmen der Prüfung, ob die Aufsichtsbehörde unabhängig agiert, relevant wird (zu den einzelnen Voraussetzungen der Errichtung s. Kommentierung zu Art. 51 DSGVO). 86

XXIII. Betroffene Aufsichtsbehörde (Nr. 22)

Eine Aufsichtsbehörde i.S.d. Art. 4 Nr. 21 ist eine „**betroffene Aufsichtsbehörde**", wenn sie von der Verarbeitung personenbezogener Daten „betroffen" ist, da sich in ihrem Zuständigkeitsgebiet eine **Niederlassung des Verantwortlichen bzw. des Auftragsverarbeiters** befindet, die Verarbeitung erhebliche Auswirkungen auf **betroffene Personen mit Wohnsitz** im Mitgliedstaat dieser Aufsichtsbehörde hat oder haben könnte oder eine **Beschwerde** bei ihr eingereicht worden ist. 87

1. Niederlassung des Verantwortlichen oder Auftragsverarbeiters (Buchst. a)

88 Die erste Alternative, dass eine Aufsichtsbehörde zu einer „betroffenen Aufsichtsbehörde" wird, knüpft an die Niederlassung an. Befindet sich diese im Hoheitsgebiet der Aufsichtsbehörde, ist diese Aufsichtsbehörde betroffen. Zum Begriff der **Niederlassung** s. Rz. 59 ff. Ausnahmsweise ist im Falle einer Auftragsverarbeitung die Aufsichtsbehörde des **Auftragsverarbeiters**, die schon nach Nr. 22 Buchst. a eigentlich betroffen wäre, weil der Auftragsverarbeiter im Hoheitsgebiet des Mitgliedstaats dieser Aufsichtsbehörde niedergelassen ist, gleichwohl nicht betroffen, wenn sich ein etwaiger Beschlussentwurf der federführenden Aufsichtsbehörde ausschließlich auf den Verantwortlichen und nicht auch auf den Auftragsverarbeiter bezieht[63].

2. Erhebliche Auswirkungen auf betroffene Personen (Buchst. b)

89 Die zweite Alternative knüpft an den Wohnsitz eines Betroffenen im Mitgliedstaat der Aufsichtsbehörde an. Danach wird eine Aufsichtsbehörde „betroffen", wenn eine Verarbeitung erhebliche Auswirkungen auf betroffene Personen mit Wohnsitz im Mitgliedstaat der Aufsichtsbehörde hat oder haben kann.

90 Der Begriff des **Wohnsitzes** ist durch die DSGVO allerdings nicht definiert. Richtigerweise kann damit jedoch nur der **Hauptwohnsitz** der betroffenen Person gemeint sein. Anderenfalls wären unter Umständen hinsichtlich einer betroffenen Person mehrere Aufsichtsbehörden einschlägig, sofern diese Person gleichzeitig mehrere Wohnsitze inne hätte (vgl. § 7 Abs. 2 BGB).

91 Wann die Auswirkungen einer Verarbeitung „erheblich" sind, lässt die DSGVO offen. Stattdessen ist der Datenschutzausschuss nach Art. 70 dazu berufen, Leitlinien zu den Kriterien zu entwickeln, die bei der Feststellung erheblicher Auswirkungen der Verarbeitung auf betroffene Personen in mehr als einem Mitgliedstaat zu berücksichtigen sind[64]. Die Entwicklung derartiger Leitlinien sowie einer Rechtsprechungspraxis zur Auslegung dieser Voraussetzung bleibt daher abzuwarten.

3. Einreichung einer Beschwerde (Buchst. c)

92 Nach Buchst. c soll eine Aufsichtsbehörde auch dann betroffen sein, wenn eine betroffene Person in dem betreffenden Mitgliedstaat eine Beschwerde (hinsichtlich der Verarbeitung) bei dieser Behörde eingereicht hat. Damit erweitert

---

63 S. Erwägungsgrund 36.
64 Vgl. hierzu Erwägungsgrund 124.

Buchst. c die „Betroffenheit" auch auf solche Aufsichtsbehörden, in denen der Betroffene, der eine Beschwerde einreicht, keinen Wohnsitz hat[65]; anderenfalls wäre bereits Buchst. b einschlägig. Anders als bei der zweiten Alternative der Nr. 22 ist **nicht maßgeblich, ob die Verarbeitung (erhebliche) Auswirkungen** auf die betroffene Person hat oder haben kann.

XXIV. Grenzüberschreitende Verarbeitung (Nr. 23)

Nach der DSGVO handelt es sich bei einer „grenzüberschreitenden Verarbeitung" i.S.d. Art. 4 Nr. 23 um **eine Verarbeitung**, die innerhalb **verschiedener Niederlassungen** eines Verantwortlichen oder Auftragsverarbeiters in mehr als einem Mitgliedstaat oder in einer **einzelnen Niederlassung erfolgt, jedoch erhebliche Auswirkungen auf betroffene Personen in mehr als einem Mitgliedstaat** hat oder haben kann. Die Definition ist im Rahmen der Zusammenarbeit verschiedener von einer Verarbeitung betroffener Aufsichtsbehörden nach den Art. 56, 60 relevant. 93

Nach Art. 4 Nr. 23 kommt es für das Vorliegen einer grenzüberschreitenden Verarbeitung nicht allein auf eine Übermittlung von Daten von einem Mitgliedstaat in einen anderen an. Die Definition stellt alternativ darauf ab, ob sich die Verarbeitung auf betroffene Personen aus mehreren Mitgliedstaaten und damit grenzüberschreitend **auswirkt**. Letztlich geht es also um die **grenzüberschreitende Relevanz** der Verarbeitung[66], nicht allein um die Übermittlung. 94

Unter Berücksichtigung von Art. 56 Abs. 1, in der von Hauptniederlassung oder einziger Niederlassung die Rede ist, reicht es im Falle der ersten Alternative der Nr. 23 aus, wenn der grenzüberschreitende Bezug sich daraus ergibt, dass Verantwortlicher und Auftragsverarbeiter in unterschiedlichen Mitgliedstaaten im Rahmen der Verarbeitung tätig sind. Da eine Verarbeitung unter Einsatz eines Auftragsverarbeiters als einheitlicher Verarbeitungsvorgang und damit als **eine Verarbeitung** anzusehen sein dürfte, handelt es sich bereits dann um eine grenzüberschreitende Verarbeitung, wenn Daten im Rahmen der Verarbeitung aus einer Niederlassung des Verantwortlichen in einem Mitgliedstaat an die Niederlassung des Auftragsverarbeiters in einem anderen Mitgliedstaat übermittelt werden. 95

Hinsichtlich der Auslegung des Begriffs der „**erheblichen Auswirkungen**" aus der zweiten Alternative der Nr. 23 s. Rz. 91. 96

---

65 Wie dies auch ausdrücklich von Erwägungsgrund 124 gefordert wird.
66 Vgl. Erwägungsgrund 138, der sich auf Art. 56 bezieht, für den die Definition nach Nr. 23 maßgeblich ist, sowie Erwägungsgrund 5.

XXV. Maßgeblicher und begründeter Einspruch (Nr. 24)

97 Die Definition nach Art. 4 Nr. 24 ist im Rahmen der Vorschriften über die Zusammenarbeit betroffener Aufsichtsbehörden mehrerer Mitgliedstaaten nach den Art. 60 ff. von Bedeutung. Im Rahmen dieser Zusammenarbeit hat die gemäß Art. 56 Abs. 1 zuständige federführende Aufsichtsbehörde den anderen betroffenen Aufsichtsbehörden laut Art. 60 Abs. 3 einen **Beschlussentwurf** im Hinblick darauf, ob ein Verstoß gegen die DSGVO vorliegt oder die beabsichtigte Maßnahme gegen den Verantwortlichen oder den Auftragsverarbeiter im Einklang mit der DSGVO steht, vorzulegen. Gegen diesen Entwurf können die anderen betroffenen Aufsichtsbehörden Einspruch einlegen. Handelt es sich bei diesem Einspruch um einen „**maßgeblichen und begründeten Einspruch**" und schließt sich die federführende Aufsichtsbehörde dem Einspruch nicht an oder ist der Ansicht, dass dieser nicht maßgeblich **oder** nicht begründet ist, so leitet sie das Kohärenzverfahren nach Art. 63 ein (Art. 60 Abs. 4).

98 Gemäß der Definition ist ein Einspruch immer dann maßgeblich und begründet, wenn aus dem Einspruch die **Tragweite der Risiken** klar hervorgeht, die von dem Beschlussentwurf in Bezug auf die Grundrechte und Grundfreiheiten der betroffenen Personen und ggf. den freien Verkehr personenbezogener Daten in der Union ausgehen.

99 Der Einspruch muss also begründet sein und die Tragweite der genannten Risiken klar hervorheben. Wann die Tragweite der Risiken allerdings „klar" aus dem Einspruch hervorgeht, ist in der Definition nicht näher beschrieben. Hierfür sieht die DSGVO vor, dass der Datenschutzausschuss **Leitlinien** entwickelt, die bei der Feststellung zu berücksichtigen sein werden, was einen maßgeblichen und begründeten Einspruch darstellt[67].

XXVI. Dienst der Informationsgesellschaft (Nr. 25)

100 In Art. 4 Nr. 25 verweist die DSGVO zum Begriff „Dienst der Informationsgesellschaft" auf die Definition der Dienstleistung i.S.d. Art. 1 Nr. 1 Buchst. b der Informationsverfahrensrichtlinie (RL (EU) 2015/1535)[68].

101 Danach ist eine Dienstleistung der Informationsgesellschaft jede in der Regel gegen Entgelt elektronisch im Fernabsatz und auf individuellen Abruf eines Empfängers erbrachte Dienstleistung. Dies setzt nach der weiteren Definition voraus, dass die Dienstleistung

---

67 Vgl. Art. 70 i.V.m. Erwägungsgrund 124.
68 Richtlinie (EU) 2015/1535 des Europäischen Parlaments und des Rates v. 9.9.2015 über ein Informationsverfahren auf dem Gebiet der technischen Vorschriften und der Vorschriften für die Dienste der Informationsgesellschaft.

- ohne gleichzeitige physische Anwesenheit der Vertragsparteien erbracht wird;
- mittels Geräten für die elektronische Verarbeitung (einschließlich digitaler Kompression) und Speicherung von Daten am Ausgangspunkt gesendet und am Endpunkt empfangen wird und die vollständig über Draht, über Funk, auf optischem oder anderem elektromagnetischem Wege gesendet, weitergeleitet und empfangen wird; und
- durch die Übertragung von Daten auf individuelle Anforderung erbracht wird.

In Anhang I der Richtlinie sind zahlreiche Beispiele aufgeführt, bei denen es sich um **keine Dienstleistungen** im obigen Sinne handelt, wobei insbesondere folgende Beispiele hervorzuheben sind:
- Dienste, die nicht über elektronische Verarbeitungs- und Speicherungssysteme erbracht werden (z.B. Sprachtelefonie, Telefaxdienste oder über Sprachtelefon oder Telefax erbrachte Dienste) sowie
- Dienste, die im Wege einer Übertragung von Daten ohne individuellen Abruf gleichzeitig für eine unbegrenzte Zahl von einzelnen Empfängern erbracht werden (z.B. Fernsehdienste einschließlich zeitversetztem Video-Abruf).

Relevant ist die Definition insbesondere für die **Einwilligung von Kindern** im Rahmen der Nutzung von Diensten der Informationsgesellschaft (Art. 8) und zwar wohl am ehesten bei der **Nutzung von sozialen Netzwerken im Internet**[69]. 102

XXVII. Internationale Organisation (Nr. 26)

Die DSGVO definiert den Begriff der „**internationalen Organisation**" als „eine völkerrechtliche Organisation und ihre nachgeordneten Stellen oder jede sonstige Einrichtung, die durch eine zwischen zwei oder mehr Ländern geschlossene Übereinkunft oder auf der Grundlage einer solchen Übereinkunft geschaffen wurde". Darunter fallen **staatliche** internationale Organisationen (IGOs) wie die Vereinten Nationen (UN) und die Welthandelsorganisation (WTO), aber auch die Europäische Union. 103

Nicht von der Definition nach Art. 4 Nr. 26 erfasst sind demgegenüber **nichtstaatliche** internationale Organisationen, sog. „internationale Nichtregierungsorganisationen (INGOs)". Beispiele für solche Organisationen sind Amnesty International, Greenpeace oder Human Rights Watch. 104

---

69 Vgl. Erwägungsgrund 38.

Kapitel II
Grundsätze

Artikel 5 Grundsätze für die Verarbeitung personenbezogener Daten

(1) Personenbezogene Daten müssen

a) auf rechtmäßige Weise, nach Treu und Glauben und in einer für die betroffene Person nachvollziehbaren Weise verarbeitet werden („Rechtmäßigkeit, Verarbeitung nach Treu und Glauben, Transparenz");

b) für festgelegte, eindeutige und legitime Zwecke erhoben werden und dürfen nicht in einer mit diesen Zwecken nicht zu vereinbarenden Weise weiterverarbeitet werden; eine Weiterverarbeitung für im öffentlichen Interesse liegende Archivzwecke, für wissenschaftliche oder historische Forschungszwecke oder für statistische Zwecke gilt gemäß Artikel 89 Absatz 1 nicht als unvereinbar mit den ursprünglichen Zwecken („Zweckbindung");

c) dem Zweck angemessen und erheblich sowie auf das für die Zwecke der Verarbeitung notwendige Maß beschränkt sein („Datenminimierung");

d) sachlich richtig und erforderlichenfalls auf dem neuesten Stand sein; es sind alle angemessenen Maßnahmen zu treffen, damit personenbezogene Daten, die im Hinblick auf die Zwecke ihrer Verarbeitung unrichtig sind, unverzüglich gelöscht oder berichtigt werden („Richtigkeit");

e) in einer Form gespeichert werden, die die Identifizierung der betroffenen Personen nur so lange ermöglicht, wie es für die Zwecke, für die sie verarbeitet werden, erforderlich ist; personenbezogene Daten dürfen länger gespeichert werden, soweit die personenbezogenen Daten vorbehaltlich der Durchführung geeigneter technischer und organisatorischer Maßnahmen, die von dieser Verordnung zum Schutz der Rechte und Freiheiten der betroffenen Person gefordert werden, ausschließlich für im öffentlichen Interesse liegende Archivzwecke oder für wissenschaftliche und historische Forschungszwecke oder für statistische Zwecke gemäß Artikel 89 Absatz 1 verarbeitet werden („Speicherbegrenzung");

f) in einer Weise verarbeitet werden, die eine angemessene Sicherheit der personenbezogenen Daten gewährleistet, einschließlich Schutz vor unbefugter oder unrechtmäßiger Verarbeitung und vor unbeabsichtigtem Verlust, unbeabsichtigter Zerstörung oder unbeabsichtigter Schädigung durch geeignete technische und organisatorische Maßnahmen („Integrität und Vertraulichkeit");

(2) Der Verantwortliche ist für die Einhaltung des Absatzes 1 verantwortlich und muss dessen Einhaltung nachweisen können („Rechenschaftspflicht").

Grundsätze für die Verarbeitung personenbezogener Daten | Art. 5 DSGVO

I. Einführung 1	V. „Richtigkeit" (Buchst. d) 12
II. „Rechtmäßigkeit, Verarbeitung nach Treu und Glauben, Transparenz" (Buchst. a) 3	VI. „Speicherbegrenzung" (Buchst. e) 14
III. „Zweckbindung" (Buchst. b) . . 6	VII. „Integrität und Vertraulichkeit" (Buchst. f) 19
IV. „Datenminimierung" (Buchst. c) 10	VIII. „Rechenschaftspflicht" (Abs. 2) 22

Schrifttum: *Albrecht*, Das neue EU-Datenschutzrecht – von der Richtlinie zur Verordnung, CR 2016, 88; *Bechtolf/Vogt*, Datenschutz im Blockchain – Eine Frage der Technik, ZD 2018, 66; *Braun*, Datenschutz im Smart Office, ZD 2018, 71; *Culik/Döpke*, Zweckbindungsgrundsatz gegen unkontrollierten Einsatz von Big Data-Anwendungen, ZD 2017, 226; *Gierschmann*, Was „bringt" deutschen Unternehmen die DSGVO? – Mehr Pflichten, aber die Rechtsunsicherheit bleibt, ZD 2016, 51; *Gossen/Schramm*, Das Verarbeitungsverzeichnis der DS-GVO, ZD 2017, 7; *Monreal*, Weiterverarbeitung nach einer Zweckänderung in der DS-GVO, ZD 2016, 507; *Ströbel/Böhm/Breunig/Wybitul*, Beschäftigtendatenschutz und Compliance: Compliance- Kontrollen und interne Ermittlungen nach der EU-Datenschutz-Grundverordnung und dem neuen Bundesdatenschutzgesetz, CCZ 2018, 14; *Veil*, Accountability – Wie weit reicht die Rechenschaftspflicht der DS-GVO?, ZD 2018, 9.

I. Einführung

Art. 5 stellt die fundamentalen Grundsätze für die Verarbeitung personenbezogener Daten unter der DSGVO auf und etabliert diese Prinzipien im Sinne von **Legaldefinitionen**. Die Norm basiert auf Art. 8 GRCh und entspricht weitgehend dem bisherigen Art. 6 EG-Datenschutzrichtlinie, ergänzt um den zwar bereits gelebten, aber nunmehr ausdrücklich normierten Grundsatz der Transparenz sowie insbesondere die neu eingeführte Rechenschaftspflicht („Accountability"). 1

Insgesamt fällt die Norm durch unscharfe Formulierungen auf, was unweigerlich zu Auslegungsfragen bei der Rechtsanwendung führen wird. Gleichzeitig ermöglicht sie durch ihre **generalklauselartige Ausgestaltung** gewisse Flexibilität. Eine **Konkretisierung** der Grundsätze findet sich in den weiteren Bestimmungen der DSGVO. Insofern ist zu erwarten, dass die Rechtsprechung die Grundsätze des Art. 5 zur Auslegung der Spezialnormen der DSGVO heranziehen wird. Ungeachtet dessen sind die Grundsätze allerdings auch selbst verbindlich und durchsetzbar[1]. Die **maßgeblichen Erwägungsgründe** finden sich in den Erwägungsgründen 39 und 57. 2

---

1 *Albrecht*, CR 2016, 88 (91).

Art. 5 DSGVO | Grundsätze für die Verarbeitung personenbezogener Daten

II. „Rechtmäßigkeit, Verarbeitung nach Treu und Glauben, Transparenz" (Buchst. a)

3 Personenbezogene Daten müssen nach Art. 5 Abs. 1 Buchst. a auf „rechtmäßige Weise", „nach dem Grundsatz von Treu und Glauben" und in einer „nachvollziehbaren Weise" verarbeitet werden. Das Erfordernis der **Rechtmäßigkeit** der Verarbeitung entspricht Art. 8 GRCh, wonach jede Verarbeitung einen Eingriff in die geschützte Privatsphäre darstellt und somit einer Rechtfertigung bedarf[2]. Nach dem Grundkonzept der DSGVO ist eine Verarbeitung immer dann rechtmäßig, wenn sie entweder durch eine wirksame **Einwilligung** des Betroffenen oder eine andere **Rechtsgrundlage** gedeckt ist (Art. 6 Abs. 1). Rechtsgrundlagen können sich aus der DSGVO selbst (Art. 6 Abs. 1) oder aus Unions- oder Mitgliedstaatsrecht (Art. 6 Abs. 2 und 3) sowie aus delegierten Rechtsakten (Art. 6 Abs. 5) ergeben. Der Grundsatz der Rechtmäßigkeit gilt für alle Verantwortlichen, also nicht etwa nur für den öffentlichen Bereich[3].

4 In der deutschen Fassung der Norm wird der Begriff **Treu und Glauben** bewusst als allgemeiner und in seiner Bedeutung in Deutschland einigermaßen gefestigter Rechtsbegriff verwendet. Die englische Sprachfassung spricht hier von „**Fairness**". Ein Rückgriff auf den im deutschen BGB bereits bestimmten Begriff von Treu und Glauben ist indes nicht zulässig[4]. Ein solches Vorgehen widerspräche dem Umstand, dass die DSGVO wie das Unionsrecht insgesamt eine eigenständige Rechtsordnung darstellt und daher europarechtskonform auszulegen ist. Der Begriff von Treu und Glauben muss daher inhaltlich autonom nach europarechtlichen Grundsätzen ausgelegt werden[5]. Ungeachtet der Diskussion um die Herleitung des Auslegungsmaßstabs stellt sich für die Praxis allerdings die Frage, in welchen Fällen der Verarbeitung der Grundsatz von Treu und Glauben bzw. der „Fairness" tatsächlich verletzt ist. Nach der hier vertretenen Ansicht kann eine solche Verletzung **nur in absoluten Ausnahmefällen** angenommen werden. Wenn nämlich eine Erlaubnisnorm z.B. das Merkmal der „Erforderlichkeit" einer Verarbeitung etabliert, so scheitert eine exzessive Verarbeitung schon an diesem Tatbestandsmerkmal, also der Rechtmäßigkeit, ohne dass es eines Rückgriffs auf den Grundsatz von Treu und Glauben bedürfte. Ist aber das Merkmal der „Erforderlichkeit" erfüllt, sind kaum Fälle denkbar, in denen die Verarbeitung gleichwohl gegen Treu und Glauben verstößt.

5 Die Wendung auf „nachvollziehbare Weise" formuliert das **Transparenzgebot**. Gemeint ist damit nicht, dass der Betroffene über jedes Detail der Verarbeitung seiner Daten im Voraus aufgeklärt werden muss. Im Zweifel wird der Betroffene

---

[2] Von der Groeben/Schwarze/Hatje/*Brühann*, Art. 16 AEUV Rz. 101.
[3] Gola/*Pötters*, Art. 5 DSGVO Rz. 7.
[4] Paal/Pauly/*Frenzel*, Art. 5 DSGVO Rz. 19 f.; Kühling/Buchner/*Herbst*, Art. 5 DSGVO Rz. 13.
[5] Auernhammer/*Kramer*, Art. 5 DSGVO Rz. 8–10.

kein Interesse an einer zu kleinteiligen Beschreibung z.B. technischer Verarbeitungsvorgänge haben. Somit ist das Transparenzgebot dahingehend zu verstehen, dass dem Betroffenen ein **grundsätzliches Verständnis** darüber vermittelt werden soll, wie, durch wen und für welche Zwecke seine Daten verarbeitet werden. Dem Grundsatz der Transparenz liegt der Gedanke zugrunde, dass ein effektiver Datenschutz ohne hinreichende Transparenz ins Leere laufen würde, weil dem Betroffen eventuelle Rechtsverstöße nicht bekannt würden und er seine Rechte nicht geltend machen könnte[6]. Nur wenn der Betroffene Kenntnis von der Verarbeitung seiner personenbezogenen Daten hat, ist er in die Lage, Berichtigungs-, Löschungs-, oder ggf. Schadensersatzansprüche geltend zu machen[7]. Seine Konkretisierung findet dieser Grundsatz in Art. 12 (Transparente Information, Kommunikation und Modalitäten für die Ausübung der Rechte der betroffenen Person), der wiederum auf die Art. 13, 14 und 15–22 sowie Art. 34 verweist. Zu den Einzelheiten sei auf die Kommentierung zu Art. 12 DSGVO verwiesen.

III. „Zweckbindung" (Buchst. b)

Nach Art. 5 Abs. 1 Buchst. b ist bereits die Erhebung personenbezogener Daten nur für „festgelegte, eindeutige und legitime Zwecke" gestattet. Der Zweck kann Ziel, Grund und Wesen der Verarbeitung sein[8]. Nach der hier vertretenen Ansicht können bei der Erhebung auch **mehrere Zwecke** festgelegt werden. Dies folgt nicht zuletzt aus der Verwendung des Plurals („Zwecke"). Erforderlich ist freilich, dass die Mitteilungspflichten des Art. 13 Abs. 1 Buchst. c erfüllt werden, wo im Übrigen auch auf (verschiedene) „Zwecke", und eben nicht nur einen einzigen „Zweck" abgestellt wird. Die (anschließende) Verarbeitung „in einer mit diesen Zwecken nicht zu vereinbarenden Weise" ist untersagt („**Zweckbindung**")[9]. Art. 12 Abs. 1 präzisiert dieses Gebot dahingehend, dass diese Zwecke und alle weiteren nach der DSGVO zu erteilenden Informationen und Mitteilungen dem Betroffenen „in präziser, transparenter, verständlicher und leicht zugänglicher Form in einer klaren und einfachen Sprache" kommuniziert werden müssen. Zielsetzung ist eine Laienverständlichkeit, die komplexe Sachverhalte zugänglich und, wie von den Creative Commons Lizenzen bekannt, auch unter Zuhilfenahme von grafischen Darstellungen „human readable" macht. Aus Sicht der Praxis ist die in der DSGVO angelegte Tendenz zu vereinfachten oder gar umgangssprachlichen Aufklärungen zu begrüßen. Allerdings stellt diese Forderung des Verordnungsgebers den Rechtsanwender regelmäßig vor ein Di-

6

---

6 Gola/*Pötters*, Art. 5 DSGVO Rz. 11.
7 Gola/*Pötters*, Art. 5 DSGVO Rz. 11.
8 Paal/Pauly/*Frenzel*, Art. 5 DSGVO Rz. 23.
9 Generell zur Zweckbindung *Monreal*, ZD 2016, 507; zu den Auswirkungen des Zweckbindungsgrundsatzes auf Big Data Anwendungen s. *Culik/Döpke*, ZD 2017, 226.

lemma. Denn einerseits ist er gehalten, die Sachverhalte möglichst einfach, also verkürzt, darzustellen. Andererseits verpflichtet ihn der Grundsatz der Transparenz gerade dazu, z.B. bei der Gestaltung datenschutzrechtlicher Einwilligungserklärungen sehr kleinteilig und detailliert zu beschreiben, wie mit den personenbezogenen Daten der betroffenen Person verfahren wird. Wenn die Rechtsprechung insoweit nämlich z.B. fordert, dass jedes werbende Unternehmen („Sponsor") und jeder Werbezweck konkret aufgelistet wird, so führt dies letztlich gerade nicht zur Transparenz, sondern dazu, dass der Nutzer mit Informationen überversorgt wird, die er kaum noch wahrnehmen kann. Ein möglicher Ausweg aus diesem Dilemma, den man in der Praxis zunehmend beobachten kann, ist die Verbindung detaillierter Rechtstexte z.B. in den Privacy Policies mit schlagwortartigen Einleitungssätzen, die den Sachverhalt in verkürzter Form in umgangssprachlicher Weise zusammenfassen.

7   Die Datenverarbeitung zu anderen, über die ursprünglichen hinausgehenden Zwecken bleibt unter gewissen Voraussetzungen möglich (**Zweckänderung**). Dies folgt nicht direkt aus Art. 5, jedoch aus Art. 6 Abs. 4. Nach dieser Norm hat der Verantwortliche selbständig „festzustellen, ob die Verarbeitung zu einem anderen Zweck mit demjenigen, zu dem die personenbezogenen Daten ursprünglich erhoben wurden, vereinbar ist". Diese Regelung unterstellt, dass eine Zweckänderung **grundsätzlich möglich** ist, allerdings unter der Einschränkung der „Vereinbarkeit" des ursprünglichen mit dem neuen Zweck. Die Prüfung der Frage der „Vereinbarkeit" richtet sich nach den in Art. 6 Abs. 4 aufgestellten Kriterien, die ausweislich des Wortlauts der Norm nicht abschließend gelten. Zu den Einzelheiten sei auf die Kommentierung zu Art. 6 DSGVO verwiesen[10].

8   Aus dem Erfordernis der Vereinbarkeit folgt weiterhin im Umkehrschluss, dass ein **gesonderter Rechtmäßigkeitsgrund** (nur dann) vorliegen muss, wenn der neue Zweck der Verarbeitung mit dem ursprünglichen **unvereinbar** ist. Was zunächst nach einer starken Restriktion klingt, bedeutet im Ergebnis allerdings, dass eine Zweckänderung selbst dann zulässig sein kann, wenn der ursprüngliche und der neue Zweck nicht miteinander vereinbar sind. Erforderlich ist in diesem Fall nach Art. 6 Abs. 4 allerdings eine neue Rechtsgrundlage, während die weitere Verarbeitung bei miteinander zu vereinbarenden Zwecken fortwirkend noch auf die ursprüngliche, für die Ersterhebung dienende Rechtsgrundlage gestützt werden kann. Diese Fortwirkung gilt vor allem dann, wenn bereits bei der Erhebung mehrere Zwecke festgelegt werden, von denen jedenfalls einer weiterhin verfolgt wird. Die Frage, ob eine Zweckänderung eine Pflicht zur **Unterrichtung** nach sich zieht, ist in Art. 13 und 14 geregelt.

9   Für „im öffentlichen Interesse liegende **Archivzwecke**, für wissenschaftliche oder historische **Forschungszwecke** oder für **statistische Zwecke**" verweist die Norm schließlich auf Art. 89 Abs. 1 und erklärt diese Zwecke pauschal als für mit den

---

10 Ähnlich Gola/*Pötters*, Art. 5 DSGVO Rz. 18.

ursprünglichen Zwecken vereinbar. Allerdings bleiben weiterhin die Anforderungen des Art. 89 zu beachten (s. dort). Art. 5 Abs. 1 Buchst. b regelt insoweit lediglich, dass eine solche Nutzung nicht bereits an der Zweckbindung scheitert.

IV. „Datenminimierung" (Buchst. c)

Art. 5 Abs. 1 Buchst. c etabliert die Maxime, dass die Datenverarbeitung ihrem Zweck angemessen und erheblich sowie auf das für die Zwecke der Verarbeitung notwendige Maß beschränkt sein muss, also den Grundsatz der „**Datenminimierung**". Dies meint die Beschränkung der Verarbeitung einschließlich der Erhebung von Daten auf einen Umfang, der zur jeweiligen Zweckerfüllung **erforderlich** ist und das **notwendige Minimum** in diesem Sinne darstellt. Es handelt sich damit im Grundsatz also nicht um eine Verpflichtung auf das **absolute Minimum**, sondern auf eine verhältnismäßige Handhabung der Datenmengen **mit Augenmaß**. Dies folgt nicht zuletzt aus Erwägungsgrund 39, wo es heißt: „Personenbezogene Daten sollten nur verarbeitet werden dürfen, wenn der Zweck der Verarbeitung nicht in zumutbarer Weise durch andere Mittel erreicht werden kann". Das Gebot der Datenminimierung verlangt allerdings nicht nur eine Beschränkung der Anzahl der verarbeiteten Daten auf das erforderliche Maß. Vielmehr ist auch die Anzahl der Verarbeitungsvorgänge auf das erforderliche Maß zu beschränken. Damit sind z.B. mehrfache Auswertungen derselben Daten, die die gleichen Informationen enthalten, rechtswidrig, wenn nicht die erneute Auswertung durch einen neuen Zweck gerechtfertigt ist[11]. 10

Eine generelle **Subsidiarität** der Verarbeitung personenbezogener Daten gegenüber anderen Mitteln zur jeweiligen Zweckerreichung konnte sich im Trilog nicht durchsetzen. Dadurch wird deutlich, dass nach der gesetzgeberischen Intention personenbezogene Daten selbst dann erhoben und verarbeitet werden dürfen, wenn auch andere Mittel zur Verfügung gestanden hätten, um den beabsichtigen Zweck zu erreichen. Erforderlich bleibt aber, die Verarbeitung der Daten in diesen Fällen auf das angemessene Mindestmaß zu beschränken. Aus Erwägungsgrund 39 geht hervor, dass insbesondere die **Speicherfrist** für personenbezogene Daten auf das unbedingt erforderliche Mindestmaß beschränkt bleiben muss. 11

V. „Richtigkeit" (Buchst. d)

Nach Art. 5 Abs. 1 Buchst. d sind Daten „**sachlich richtig und erforderlichenfalls auf dem neuesten Stand**" zu halten. Der deutsche Text spricht somit von einem Gebot der **Richtigkeit** der Daten. Andere Sprachversionen beziehen sich stattdessen auf Genauigkeit (im Englischen „accuracy") der Daten. 12

---

11 Gola/*Pötters*, Art. 5 DSGVO Rz. 22.

Art. 5 DSGVO | Grundsätze für die Verarbeitung personenbezogener Daten

13   Zu diesem Zweck sollen alle „**angemessenen Maßnahmen**" getroffen werden, damit „unrichtige" personenbezogene Daten gelöscht oder berichtigt werden. Erwägungsgrund 39 spricht insoweit davon, dass „**alle vertretbaren Schritte**" zu unternehmen sind, unzutreffende oder unvollständige personenbezogene Daten zu korrigieren oder zu löschen. Eine Konkretisierung findet dieser Grundsatz in Art. 17 („Recht auf Vergessenwerden"). Die Begrenzung auf die Vornahme „angemessener Maßnahmen" bzw. „vertretbarer Schritte" ist zu begrüßen vor dem Hintergrund, dass ein Gebot übermäßiger und fortwährender Kontrolle der möglichen Unrichtigkeit von Daten zu einem erhöhten Verarbeitungsaufwand führen würde, der in Anbetracht des Gebots der „Datenminimierung" gerade nicht gewollt sein kann. Auch die erst im Rahmen des Trilogs aufgenommene Einschränkung, dass die Daten nur „erforderlichenfalls" auf dem neuesten Stand zu halten sind, trägt den potentiell weitreichenden Folgen einer uneingeschränkten Verpflichtung Rechnung, die ansonsten in eine uferlose Nachforschungspflicht ausarten würde. Freilich bleibt im Einzelfall zu prüfen, ob Daten, die sich nicht auf dem „neuesten Stand" befinden, nicht auch „sachlich unrichtig" sind, denn für letztere Datenkategorie gilt die Beschränkung dem Wortlaut der Norm nach nicht.

VI. „Speicherbegrenzung" (Buchst. e)

14   Die Norm des Art. 5 Abs. 1 Buchst. e enthält Regelungen zu drei Sachverhalten rund um die Speicherung personenbezogener Daten. Zunächst ist geregelt, dass die Daten in einer „Form" zu speichern sind, durch die eine **Identifizierung** des jeweiligen Betroffenen ermöglicht wird. Des Weiteren wird die **zulässige Höchstdauer der Speicherung** durch die Zweckerfüllung begrenzt. Schließlich wird bezüglich dieser Höchstdauer eine **Ausnahme** für den Fall normiert, dass die Daten „ausschließlich für im öffentlichen Interesse liegende Archivzwecke oder für wissenschaftliche und historische Forschungszwecke oder für statistische Zwecke gemäß Art. 89 Abs. 1" verarbeitet werden.

15   Die Pflicht, Datensätze identifizierbar zu halten, schränkt Erwägungsgrund 57 insoweit ein, als ein Verantwortlicher nicht verpflichtet werden soll, „zur bloßen Einhaltung einer Vorschrift dieser Verordnung zusätzliche Daten einzuholen, um die betroffene Person zu identifizieren". Gleichzeitig soll der Verantwortliche „sich nicht weigern", von der Person zur Geltendmachung ihrer Rechte „beigebrachte" Informationen „entgegenzunehmen". Einzelheiten für den Fall, dass die Bestimmung einer von der Verarbeitung betroffenen Person **nicht erforderlich oder möglich** ist, regelt Art. 11 (s. dort).

16   Für die **Höchstdauer der Speicherung** gilt der Grundsatz, dass die Daten nur solange gespeichert werden dürfen, wie es für die **Realisierung der Zwecke** der Datenverarbeitung erforderlich ist. Zu beachten ist insoweit, dass nach Art. 5 Abs. 1 Buchst. b (s. dort) eine Zweckänderung grundsätzlich möglich bleibt. Vor diesem Hintergrund hat der Verantwortliche die Möglichkeit, soweit dies im

Rahmen der Zweckänderung gestattet ist, die Speicherdauer durch Festlegung eines neuen Zweckes „zu verlängern", wenn der ursprüngliche Speicherungszweck bereits vollständig erfüllt ist. So sind etwa Kundendaten eines Online-Händlers – vorbehaltlich gesetzlicher Aufbewahrungs- und Archivierungspflichten – an sich zu löschen, sobald die Gewährleistungsfrist einschließlich eines angemessenen zeitlichen Puffers abgelaufen ist. Werden die Daten allerdings zulässigerweise auch zu Werbezwecken und der Kundenpflege insgesamt verwendet, so ist eine entsprechend längere Speicherung möglich.

Abweichend von vorstehendem Grundsatz dürfen personenbezogene Daten auch bei Erreichung des eigentlichen Zwecks zu bestimmten weiteren Zwecken länger gespeichert werden. Konkret nennt die Norm insoweit „ausschließlich für im öffentlichen Interesse liegende Archivzwecke oder für wissenschaftliche und historische Forschungszwecke oder für statistische Zwecke gemäß Art. 89 Abs. 1". Auch bei Verfolgung dieser konkreten Zwecke dürfen die Daten allerdings nur dann länger gespeichert werden, sofern dies im Einklang mit Art. 89 (s. dort) steht, und die Notwendigkeit der Speicherung **regelmäßig überprüft** wird. 17

Nach Erwägungsgrund 39 sind **Fristen für Löschung und Überprüfung** vorzusehen, ohne dass diese Fristen konkret genannt worden sind. Im Ergebnis werden diese Fristen von den Umständen des Einzelfalles abhängen. Ungeachtet dessen muss es möglich sein, typisierte **Regelprüffristen** für wiederkehrende Vorgänge anzuwenden, da es gerade Unternehmen, die in großem Umfang Daten verarbeiten (wie etwa Auskunfteien), nicht zuzumuten ist, jeden einzelnen Fall gesondert zu bewerten. Für die Praxis folgt daraus die Verpflichtung zur Etablierung eines **Löschkonzepts**, unter dem die Verarbeitungsvorgänge eines Unternehmens darzustellen und mit Löschfristen zu versehen sind. 18

VII. „Integrität und Vertraulichkeit" (Buchst. f)

Der erst durch den Trilog auf Initiative des EU-Parlaments hinzugefügte Art. 5 Abs. 1 Buchst. f soll die „Integrität und Vertraulichkeit" von Daten sicherstellen. Dabei stimmt die Wortwahl mit derjenigen des BVerfG überein, mit der das Gericht das „**IT-Grundrecht**" definiert hat, nämlich als „Grundrecht auf Gewährleistung der Vertraulichkeit und Integrität informationstechnischer Systeme"[12]. Die Norm fordert die Gewährleistung einer „angemessene[n] Sicherheit" von Daten vor unautorisiertem Zugriff und vor Verlust oder „Zerstörung" durch „**geeignete technische und organisatorische Maßnahmen**". 19

Darin liegt scheinbar zunächst nur die Forderung, im Sinne der **verkehrsüblichen Sorgfalt** im Umgang mit Daten, die entsprechenden Zugänge angemessen 20

---

12 BVerfG v. 27.2.2008 – 1 BvR 370/07, 1 BvR 595/07, CR 2008, 306 = ITRB 2008, 75 = NJW 2008, 822.

zu sichern, Übertragungen ggf. zu verschlüsseln, und unabhängige Sicherungskopien anzufertigen und sukzessive zu aktualisieren. Die Formulierung stellt aber tatsächlich ein Spannungsverhältnis mit allen vorangestellten Grundsätzen auf: So müsste ein Unternehmen, um dem Schutz vor „zufälligem" Untergang der Daten gerecht zu werden, etwa weitreichende und automatisierte Sicherungskopien anfertigen. Dadurch läuft es allerdings unmittelbar Gefahr, die Grundsätze der maximalen Speicherdauer und Zweckbindung jedenfalls dann zu unterlaufen, wenn solche Sicherungskopien nicht als „Archivzweck" die zulässige Speicherdauer verlängern würden (s. oben Rz. 14ff.).

21 Andererseits ließe sich vertreten, dass eine Maßnahme, die durch Buchst. f gefordert wird, ohnehin einen **legitimen Zweck im Sinne der Verordnung** darstellt, und somit die restriktiveren Grundsätze aus Buchst. a-e einschränkt. Diese Interpretation scheint auch deswegen vernünftig, weil ein wirtschaftlich praktikabler Umgang mit Daten unter gleichzeitiger Beachtung aller restriktiven Grundsätze aus Art. 5 kaum möglich erscheint. Letztendlich müssen sich die Grundsätze gegenseitig einschränken und ausgleichen, um im Einzelfall zu einer rechtmäßigen Praxis zu führen.

VIII. „Rechenschaftspflicht" (Abs. 2)

22 Art. 5 Abs. 2 normiert eine sog. „**Rechenschaftspflicht**". Der Verantwortliche ist für die Einhaltung des Art. 5 Abs. 1 verantwortlich und muss dessen Einhaltung nachweisen können. Ziel der Regelung ist es, die Unternehmen und sonstige Verantwortliche stärker in die Pflicht zu nehmen. Inwieweit die in Art. 5 Abs. 2 geregelte Pflicht jedoch über die an sich selbstverständliche Pflicht hinausreicht, eine Verarbeitung personenbezogener Daten nur im Einklang mit der DSGVO vorzunehmen, bleibt unklar[13].

23 Auffällig ist jedenfalls die nunmehr in Art. 5 Abs. 2 explizit geregelte **Nachweispflicht** des Verantwortlichen. Diese gilt insbesondere etwa in Bezug auf den Nachweis der Abgabe einer Einwilligung durch den Betroffenen (vgl. Art. 7 Abs. 1, der diese Nachweispflicht explizit normiert). Die Nachweispflicht betrifft aber freilich nicht allein die Einwilligung, sondern letzlichen jeden Verarbeitungsvorgang. So müssen z.B. Arbeitgeber bei der Durchführung von Compliance-Maßnahmen und internen Ermittlungen die vollständige Rechtmäßigkeit von Compliance-Kontrollen nachweisen können. Andernfalls kann z.B. eine Kündigung aus Compliance-Gründen daran scheitern, dass die belastenden Erkenntnisse nicht datenschutzkonform ermittelt wurden[14]. Weiterhin wird die Nachweispflicht auch noch einmal in Art. 24 Abs. 1 ausdrücklich hervorgehoben, der

---

13 Ähnlich auch *Gierschmann*, ZD 2016, 51 (52).
14 Generell zu Compliance-Kontrollen nach der DSGVO: *Ströbel/Böhm/Breunig/Wybitul*, CCZ 2018, 14.

die grundsätzliche Verantwortung des Verantwortlichen normiert. Weiterhin ist der Auftragsverarbeiter nach Art. 28 Abs. 3 Buchst. h im Rahmen der Beauftragung darauf zu verpflichten, „dem Verantwortlichen alle erforderlichen Informationen zum Nachweis der Einhaltung der in diesem Artikel niedergelegten Pflichten zur Verfügung" zu stellen. Hinsichtlich der Frage, wie dieser Nachweis zu erbringen ist, ergeben sich gewisse Anhaltspunkte aus Art. 35 Abs. 7 Buchst. d, der die Datenschutz-Folgenabschätzung regelt. Hier wird der Verantwortliche dazu verpflichtet, u.a. „Garantien, Sicherheitsvorkehrungen und Verfahren" einzuführen, „durch die der Schutz personenbezogener Daten sichergestellt und der Nachweis dafür erbracht wird, dass diese Verordnung eingehalten wird". Daraus mag man folgern, dass z.B. dokumentierte Verfahren dazu beitragen können, der Nachweispflicht unter der DSGVO zu genügen. In die gleiche Richtung weist Erwägungsgrund 78, wo es heißt: „Um die Einhaltung dieser Verordnung nachweisen zu können, sollte der Verantwortliche **interne Strategien festlegen und Maßnahmen ergreifen**, die insbesondere den Grundsätzen des Datenschutzes durch Technik (data protection by design) und durch datenschutzfreundliche Voreinstellungen (data protection by default) Genüge tun." Nach Erwägungsgrund 82 kann auch die Führung eines **Verarbeitungsverzeichnisses** zum Nachweis beitragen[15]. Für die Unternehmenspraxis folgt daraus die Empfehlung, ein solches Verarbeitungsverzeichnis auch dann zu führen, wenn die Ausnahme des Art. 30 Abs. 5 greift, wonach Unternehmen mit weniger als 250 Mitarbeitern von der Führung eines Verarbeitungsverzeichnisses befreit sind.

Bedeutung hat die Nachweispflicht vor allem für die Frage der **Haftung** des Verantwortlichen sowie des Auftragsverarbeiters. Dazu sieht Art. 82 Abs. 3 vor, dass der Verantwortliche bzw. der Auftragsverarbeiter von der Haftung nur dann befreit wird, „wenn er nachweist, dass er in keinerlei Hinsicht für den Umstand, durch den der Schaden eingetreten ist, verantwortlich ist." Wegen der Einzelheiten sei auf die Kommentierung zu Art. 82 verwiesen. 24

Artikel 6 Rechtmäßigkeit der Verarbeitung

(1) Die Verarbeitung ist nur rechtmäßig, wenn mindestens eine der nachstehenden Bedingungen erfüllt ist:

a) Die betroffene Person hat ihre Einwilligung zu der Verarbeitung der sie betreffenden personenbezogenen Daten für einen oder mehrere bestimmte Zwecke gegeben;

b) die Verarbeitung ist für die Erfüllung eines Vertrags, dessen Vertragspartei die betroffene Person ist, oder zur Durchführung vorvertraglicher Maßnahmen erforderlich, die auf Anfrage der betroffenen Person erfolgen;

---

15 Näher zu den Verarbeitungsverzeichnissen *Gossen/Schramm*, ZD 2017, 7.

Art. 6 DSGVO | Rechtmäßigkeit der Verarbeitung

c) die Verarbeitung ist zur Erfüllung einer rechtlichen Verpflichtung erforderlich, der der Verantwortliche unterliegt;

d) die Verarbeitung ist erforderlich, um lebenswichtige Interessen der betroffenen Person oder einer anderen natürlichen Person zu schützen;

e) die Verarbeitung ist für die Wahrnehmung einer Aufgabe erforderlich, die im öffentlichen Interesse liegt oder in Ausübung öffentlicher Gewalt erfolgt, die dem Verantwortlichen übertragen wurde;

f) die Verarbeitung ist zur Wahrung der berechtigten Interessen des Verantwortlichen oder eines Dritten erforderlich, sofern nicht die Interessen oder Grundrechte und Grundfreiheiten der betroffenen Person, die den Schutz personenbezogener Daten erfordern, überwiegen, insbesondere dann, wenn es sich bei der betroffenen Person um ein Kind handelt.

Unterabsatz 1 Buchstabe f gilt nicht für die von Behörden in Erfüllung ihrer Aufgaben vorgenommene Verarbeitung.

(2) Die Mitgliedstaaten können spezifischere Bestimmungen zur Anpassung der Anwendung der Vorschriften dieser Verordnung in Bezug auf die Verarbeitung zur Erfüllung von Absatz 1 Buchstaben c und e beibehalten oder einführen, indem sie spezifische Anforderungen für die Verarbeitung sowie sonstige Maßnahmen präziser bestimmen, um eine rechtmäßig und nach Treu und Glauben erfolgende Verarbeitung zu gewährleisten, einschließlich für andere besondere Verarbeitungssituationen gemäß Kapitel IX.

(3) Die Rechtsgrundlage für die Verarbeitungen gemäß Absatz 1 Buchstaben c und e wird festgelegt durch

a) Unionsrecht oder

b) das Recht der Mitgliedstaaten, dem der Verantwortliche unterliegt.

Der Zweck der Verarbeitung muss in dieser Rechtsgrundlage festgelegt oder hinsichtlich der Verarbeitung gemäß Absatz 1 Buchstabe e für die Erfüllung einer Aufgabe erforderlich sein, die im öffentlichen Interesse liegt oder in Ausübung öffentlicher Gewalt erfolgt, die dem Verantwortlichen übertragen wurde. Diese Rechtsgrundlage kann spezifische Bestimmungen zur Anpassung der Anwendung der Vorschriften dieser Verordnung enthalten, unter anderem Bestimmungen darüber, welche allgemeinen Bedingungen für die Regelung der Rechtmäßigkeit der Verarbeitung durch den Verantwortlichen gelten, welche Arten von Daten verarbeitet werden, welche Personen betroffen sind, an welche Einrichtungen und für welche Zwecke die personenbezogenen Daten offengelegt werden dürfen, welcher Zweckbindung sie unterliegen, wie lange sie gespeichert werden dürfen und welche Verarbeitungsvorgänge und -verfahren angewandt werden dürfen, einschließlich Maßnahmen zur Gewährleistung einer rechtmäßig und nach Treu und Glauben erfolgenden Verarbeitung, wie solche für sonstige besondere Verarbeitungssituationen gemäß Kapitel IX. Das Unionsrecht oder das Recht der Mitgliedstaaten müssen ein im öffentlichen Interesse liegendes Ziel verfolgen und in einem angemessenen Verhältnis zu dem verfolgten legitimen Zweck stehen.

(4) Beruht die Verarbeitung zu einem anderen Zweck als zu demjenigen, zu dem die personenbezogenen Daten erhoben wurden, nicht auf der Einwilligung der betroffenen Person oder auf einer Rechtsvorschrift der Union oder der Mitgliedstaaten, die in einer demokratischen Gesellschaft eine notwendige und verhältnismäßige Maßnahme zum Schutz der in Artikel 23 Absatz 1 genannten Ziele darstellt, so berücksichtigt der Verantwortliche – um festzustellen, ob die Verarbeitung zu einem anderen Zweck mit demjenigen, zu dem die personenbezogenen Daten ursprünglich erhoben wurden, vereinbar ist – unter anderem

a) jede Verbindung zwischen den Zwecken, für die die personenbezogenen Daten erhoben wurden, und den Zwecken der beabsichtigten Weiterverarbeitung,

b) den Zusammenhang, in dem die personenbezogenen Daten erhoben wurden, insbesondere hinsichtlich des Verhältnisses zwischen den betroffenen Personen und dem Verantwortlichen,

c) die Art der personenbezogenen Daten, insbesondere ob besondere Kategorien personenbezogener Daten gemäß Artikel 9 verarbeitet werden oder ob personenbezogene Daten über strafrechtliche Verurteilungen und Straftaten gemäß Artikel 10 verarbeitet werden,

d) die möglichen Folgen der beabsichtigten Weiterverarbeitung für die betroffenen Personen,

e) das Vorhandensein geeigneter Garantien, wozu Verschlüsselung oder Pseudonymisierung gehören kann.

I. Einführung 1	c) Betroffene Person als Vertragspartei 13
II. Voraussetzungen der Rechtmäßigkeit (Abs. 1) 4	d) Merkmal der Erforderlichkeit 16
1. Grundlagen 4	aa) Grundsatz 18
a) Alternativverhältnis zwischen den Erlaubnistatbeständen . . 5	bb) Absolute Unmöglichkeit der Erreichung des Zwecks 19
b) Rückgriff auf die gesetzlichen Erlaubnistatbestände bei verweigerter oder widerrufener Einwilligung 6	cc) Relative Unmöglichkeit der Erreichung des Zwecks 20
2. Einwilligung (Buchst. a) 8	dd) Förderlichkeit zur Erreichung des Zwecks 21
3. Vertragliche Verpflichtung (Buchst. b) 10	ee) Pseudonymisierung und Anonymisierung 22
a) Erlaubnistatbestand der Vertragserfüllung 10	ff) Auftragsverarbeitung . . . 22a
b) Begriffsdefinition: „Vertrag" und „Erfüllung" 11	e) Typische Fallkonstellationen . 23
	aa) Verträge über den Erwerb von Waren und Dienstleistungen 24

bb)	Bank- und Versicherungsverträge	28	
cc)	Arbeitsverträge	29	
dd)	Mietverträge	30	
ee)	Behandlungsverträge (Arzt, Krankenhaus)	31	
ff)	Verträge über Mitgliedschaften	32	
gg)	Übermittlung an Subunternehmer des Verantwortlichen und sonstige Dritte	33	
hh)	Weitergehende Verarbeitung von Vertragsdaten (Profilbildung, Big Data, Data Mining)	35	

4. Rechtliche Verpflichtung (Buchst. c) 37
5. Schutz lebenswichtiger Interessen (Buchst. d) 40
6. Öffentliches Interesse oder hoheitliche Gewalt (Buchst. e) . . 44
7. Wahrung berechtigter Interessen (Buchst. f) 47
   a) Erlaubnistatbestand der Interessenwahrung 47
   b) Prüfungsschema 48
   c) Inhaber berechtigter Interessen („Eigen"- und „Drittinteressen") 49
   d) Weite des Tatbestands der Interessenwahrung 51
   e) Anforderungen an die „berechtigten Interessen" . . . 52
   f) Anforderungen an die „Erforderlichkeit" 56
   g) Typische Fallkonstellationen . 58
      aa) Big Data 58
      bb) Werbung 68

    cc) Betrugsprävention, Risikomanagement 86
    dd) Datenverarbeitung im Konzern 89
    ee) Compliance Untersuchungen 90
    ff) Inkasso/Forderungsmanagement 99
    gg) Beweissicherung 104
    hh) Warnung, Aufklärung . . 105
    ii) Unternehmenstransaktionen (M&A) 107

III. Ermächtigung der Mitgliedstaaten zum Erlass spezifischer Bestimmungen (Abs. 2) 124
IV. Anforderungen an spezifische Bestimmungen (Abs. 3) 127
V. Rechtmäßigkeit einer Zweckänderung (Abs. 4) 130
1. Kontext der Norm 130
2. Verarbeitung auf Basis allgemeiner Erlaubnisnormen bei fehlender Vereinbarkeit 133
3. Prüfungsschema zur Zweckänderung 134
4. Kriterien für die „Vereinbarkeit" der Zwecke 135
   a) „Verbindung" zwischen den Zwecken 136
   b) „Zusammenhang" der Datenerhebung 137
   c) „Art" der von der Weiterverarbeitung erfassten Daten . . 140
   d) „Folgen" der Weiterverarbeitung 142
   e) „Garantien" 143
   f) „Interessenabwägung" 144

Schrifttum: *Abel/Djagani*, Weitergabe von Kreditnehmerdaten bei Forderungskauf und Inkasso, ZD 2017, 114; *Albrecht*, Das neue EU-Datenschutzrecht – von der Richtlinie zur Verordnung, CR 2016, 88; *Artikel 29-Datenschutzgruppe*, Guidelines on consent under Regulation 2016/679, 10. April 2018 (WP259); *Becker/Schwab*, Big Data im Gesundheitswesen – Datenschutzrechtliche Zulässigkeit und Lösungsansätze, ZD 2015, 151; *Culik/Döpke*, Zweckbindungsgrundsatz gegen unkontrollierten Einsatz von Big Data-Anwendungen, ZD 2017, 226; *Datenschutzkonferenz* (DSK), Kurzpapier Nr. 3: Verarbeitung personenbezogener Daten für Werbung, Stand: 29.6.2017; *Deutscher Dialogmarketing Verband e.V.*,

Best Practice Guide, Europäische Datenschutz-Grundverordnung, Auswirkungen auf das Dialogmarketing, 2016; DDV, Best Practice Guide, Europäische Datenschutzgrundverordnung Auswirkung auf das Dialogmarketing, 2. Aufl., Sep. 2017; *Dzida*, Big Data und Arbeitsrecht, NZA 2017, 541; *Dzida/Kröpelin*, Sonderkündigungsschutz des Datenschutzbeauftragten bei Umstrukturierung und Personalabbau, BB 2010, 1026; *Eichenhofer*, Vom Zweckbindungsgrundsatz zur Interessenabwägung, PinG 2017, 4; *Gierschmann*, Was „bringt" deutschen Unternehmen die DSGVO? – Mehr Pflichten, aber die Rechtsunsicherheit bleibt, ZD 2016, 51; *Gierschmann*, Gestaltungsmöglichkeiten bei Verwendung von personenbezogenen Daten in der Werbung, MMR 2018, 7; *Göpfert/Meyer*, Datenschutz bei Unternehmenskauf: Due Diligence und Betriebsübergang, NZA 2011, 486; *Hermann/Zeidler*, Arbeitnehmer und interne Untersuchungen – ein Balanceakt, NZA 2017, 1499; *Hoeren/Kaufmann*, Gutachten „Inkassounternehmen und die EU-Datenschutzgrundverordnung: Eine grundrechtliche Einordnung", 2013; *Hornung/Hofmann*, Die Auswirkung der europäischen Datenschutzreform auf die Markt- und Meinungsforschung, ZD-Beil. 2017, 1; *Krügel*, Der Einsatz von Angriffserkennungssystemen im Unternehmen, MMR 2017, 795; *Lewinski/Pohl*, Auskunfteien nach der europäischen Datenschutzreform, ZD 2018, 17; *Plath*, Bund Deutscher Inkasso-Unternehmen e.V. (BDIU), White Paper zu den Anforderungen der DSGVO an die Tätigkeit von Inkassodienstleistern, 2017; *Sander/Schumacher/Kühne*, Weitergabe von Arbeitnehmerdaten in Unternehmenstransaktionen, ZD 2017, 105; *Schneider*, Schließt Art. 9 DS-GVO die Zulässigkeit der Verarbeitung bei Big Data aus?, ZD 2017, 303; *Schwenke*, Zulässigkeit der Nutzung von Smartcams und biometrischen Daten nach der DSGVO, NJW 2018, 823; *Teichmann/Kiessling*, Datenschutz bei Umwandlungen, ZGR 2001, 33; *Thode*, Kundendaten beim Unternehmenskauf – tatsächlich ein Datenschutzproblem?, PinG 2016, 26; *Voigt*, Konzerninterner Datentransfer, CR 2017, 7; *Wehmeyer*, Datenschutz-Grundverordnung und Unternehmenstransaktionen – was gilt zukünftig für den Umgang mit Kundendaten?, PinG 2016, 215; *Ziegenhorn*, Die materielle Rechtmäßigkeit von Datenverarbeitung nach der EU-Datenschutz-Grundverordnung, zfm 2016, 3; *Ziegenhorn/Gaub*, Die EU-Datenschutz-Grundverordnung – Eine erste Analyse für den Bereich der Inkassodienstleistungen, PinG 2016, 3.

I. Einführung

Die Regelung des Art. 6 definiert die **Rechtmäßigkeitsvoraussetzungen** für die Verarbeitung personenbezogener Daten. Neben Art. 5, der die Grundsätze für Verarbeitung personenbezogener Daten aufstellt, ist die Norm von zentraler Bedeutung für die Frage der Zulässigkeit der Verarbeitung personenbezogener Daten und das Konstrukt der DSGVO insgesamt.

1

Schon die Formulierung der Überschrift verdeutlicht die Grundkonzeption des europäischen Datenschutzregimes unter der DSGVO. Es handelt sich – wie schon bislang im Geltungsbereich der EG-Datenschutzrichtlinie – um ein **generelles Verbot der Datenverarbeitung mit Erlaubnisvorbehalt:** Die Rechtmäßigkeit eines jeden Verarbeitungsvorgangs muss begründet und festgestellt werden. Dafür stellt Art. 6 die grundlegenden Weichen. Die Norm weist große inhaltliche Ähnlichkeit mit Art. 7 EG-Datenschutzrichtlinie auf, der die „Grundsätze in Bezug auf die Zulässigkeit der Verarbeitung von Daten" regelte. Inso-

2

weit können Abweichungen in der Formulierung Hinweise auf gesetzgeberische Intentionen und entsprechende Auslegungstendenzen geben.

Die maßgeblichen **Erwägungsgründe** finden sich in den Erwägungsgründen 44–48.

3   Die Norm ist wie folgt aufgebaut:
   – Art. 6 Abs. 1 normiert die einzelnen Rechtmäßigkeitsvoraussetzungen, die sich wiederum unterteilen in die Einwilligung (Buchst. a) und die weiteren gesetzlichen Erlaubnistatbestände (Buchst. b–f);
   – Art. 6 Abs. 2 regelt die Ermächtigung der Mitgliedstaaten zum Erlass spezifischer Bestimmungen, die bestimmte Normen der DSGVO konkretisieren können;
   – Art. 6 Abs. 3 regelt die Anforderungen an die auf Grundlage des Art. 6 Abs. 2 erlassenen Rechtsgrundlagen zur Konkretisierung der DSGVO;
   – Art. 6 Abs. 4 regelt die Rechtmäßigkeit der Zweckänderung.

II. Voraussetzungen der Rechtmäßigkeit (Abs. 1)

1. Grundlagen

4   Nach Art. 6 Abs. 1 ist die Verarbeitung personenbezogener Daten **nur dann rechtmäßig**, wenn „mindestens eine" der in Art. 6 genannten Voraussetzungen gegeben ist. An erster Stelle nennt die DSGVO die **Einwilligung** (Buchst. a). Als **weitere gesetzliche Rechtmäßigkeitsgründe** stehen vertragliche (Buchst. b) und rechtliche Verpflichtungen (Buchst. c), lebenswichtige Interessen des Betroffenen (Buchst. d) und das öffentliche Interesse (Buchst. e) sowie ergänzend die Verarbeitung zur Wahrung allgemein berechtigter Interessen (Buchst. f) zur Verfügung.

a) Alternativverhältnis zwischen den Erlaubnistatbeständen

5   Durch den Hinweis darauf, dass „mindestens eine" der Voraussetzungen gegeben sein muss, wird deutlich, dass die Tatbestände auch **nebeneinander zur Anwendung** kommen können[1].

b) Rückgriff auf die gesetzlichen Erlaubnistatbestände bei verweigerter oder widerrufener Einwilligung

6   Schon im Geltungsbereich des BDSG-alt war seit jeher umstritten, ob ein Rückgriff auf die gesetzlichen Erlaubnistatbestände im Falle einer verweigerten Einwilligung bzw. im Fall des Widerrufs einer erteilten Einwilligung noch möglich ist. In der Praxis wird diese Frage vor allem dann relevant, wenn es darum geht,

---

1 Ebenso Kühling/Buchner/*Petri*, Art. 6 DSGVO Rz. 13; Sydow/*Reimer*, Art. 6 DSGVO Rz. 8.

ob **vorsorglich** eine Einwilligung des Betroffenen eingeholt werden sollte, z.B. wenn Unsicherheit über das Vorliegen eines weiteren Erlaubnistatbestands besteht[2]. Die Artikel 29-Datenschutzgruppe hat die Auffassung publiziert, ein solcher Wechsel von der Einwilligung auf die gesetzlichen Erlaubnistatbestände sei „unfair" und daher nicht zulässig[3]. Nach der hier vertretenen Ansicht ist in Anbetracht der gewählten Formulierung des Art. 6 Abs. 1 („mindestens eine") jedoch davon auszugehen, dass der – auch gescheiterte – Versuch, eine Einwilligung einzuholen, den Verantwortlichen nicht daran hindert, die vorgesehene Datenverarbeitung **alternativ** auf die gesetzlichen Erlaubnistatbestände zu stützen. Dies folgt nicht zuletzt auch aus Art. 17 Abs. 1 Buchst. b, der anordnet, dass Daten trotz eines Widerrufs der erteilten Einwilligung nicht zu löschen sind, wenn eine „anderweitige Rechtsgrundlage für die Verarbeitung" vorliegt. Zu den Einzelheiten sei auf die Kommentierung zu Art. 17 DSGVO zu verweisen. Ungeachtet dessen überzeugt die Argumentation der Artikel 29-Datenschutzgruppe schon deshalb nicht, weil sie die mögliche „Täuschung" des Betroffenen in den Vordergrund stellt. Es sei „unfair", diesem gegenüber zu kommunizieren, dass der Verantwortliche auf eine Einwilligung setze, während tatsächlich eine sonstige Erlaubnisnorm zur Anwendung gebracht werde. Indes kann dieses Argument nicht überzeugen, da es lediglich die spezifische Frage der Transparenz betrifft, nicht aber die – zu bejahende – Frage, ob mehrere Erlaubnistatbestände nebeneinander zur Anwendung gebracht werden können.

Diskutiert wird in diesem Zusammenhang, ob die betroffene Person in Fällen einer vorsorglichen Einwilligung transparent darüber **informiert** werden muss, dass auch im Falle eines Widerrufs oder einer Verweigerung der Einwilligung eine Verarbeitung auf gesetzlicher Grundlage nicht ausgeschlossen ist[4]. In diese Richtung zeigt auch die Stellungnahme der Artikel 29-Datenschutzgruppe, dort aber mit dem zu weitreichenden Ergebnis, dass der Wechsel auf eine andere Rechtsgrundlage per se unzulässig sei. Nach der hier vertretenen Ansicht ist eine solche Information aus praktischen Gründen durchaus zu empfehlen, schon um Missverständnisse zu vermeiden. Gesetzlich zwingend ist dies indes nicht, denn die Informationspflichten der DSGVO sind klar definiert, und es findet sich keine ausdrückliche Regelung, die eine solche Information verlangen würde. Unberührt bleiben freilich die generellen Informationspflichten der DSGVO, die an eine Verarbeitung auf Basis der gesetzlichen Erlaubnisnormen anknüpfen. Weiterhin unberührt bleibt die Verpflichtung des Verantwortlichen, die Zwecke der Verarbeitung vorab festzulegen. Insofern ist für die Praxis mit Blick auf die vorstehend diskutierte Situation zu empfehlen, den möglichen Rückgriff auf den gesetzlichen Erlaubnistatbestand direkt bei der Festlegung der Zwecke

7

---

2 Vgl. Ehmann/Selmayr/*Heberlein*, Art. 6 DSGVO Rz. 5.
3 Artikel 29-Datenschutzgruppe, Guidelines on consent under Regulation 2016/679, 10. April 2018 (WP259).
4 So etwa Gola/*Schulz*, Art. 6 DSGVO Rz. 12.

mit zu verankern. Auf diese Weise könnte nach der hier vertretenen Ansicht den Bedenken Rechnung getragen werden, die seitens der Artikel 29-Datenschutzgruppe vorgebracht worden sind.

2. Einwilligung (Buchst. a)

8   Nach Art. 6 Abs. 1 ist es weiterhin – d.h. wie auch unter dem Regime des BDSG-alt – möglich, die Verarbeitung auf eine Einwilligung des Betroffenen zu stützen. Explizite Voraussetzung für die Wirksamkeit der Einwilligung ist die **Zweckbindung** (vgl. dazu Art. 5 Buchst. b); sie erfordert eine „genaue" Festlegung der Zwecke der Datenverarbeitung in dem Einwilligungstext, wobei auch **mehrere Zwecke** benannt werden können. Dies folgt ausdrücklich aus Erwägungsgrund 32: „Die Einwilligung sollte sich auf alle zu demselben Zweck oder denselben Zwecken vorgenommenen Verarbeitungsvorgänge beziehen. Wenn die Verarbeitung mehreren Zwecken dient, sollte für alle diese Verarbeitungszwecke eine Einwilligung gegeben werden."

9   Die weiteren formellen und materiellen **Anforderungen** an eine wirksame Einwilligung sind in Art. 7 („Bedingungen für die Einwilligung") geregelt. Liegt eine wirksame Einwilligung vor, ist kein Rückgriff auf die weiteren Erlaubnistatbestände erforderlich, bleibt aber möglich (s. oben Rz. 6). Zu den Einzelheiten sei auf die Kommentierung zu Art. 7 verwiesen.

3. Vertragliche Verpflichtung (Buchst. b)

a) Erlaubnistatbestand der Vertragserfüllung

10   Nach Art. 6 Abs. 1 Buchst. b kann ein „**Vertrag**" mit der betroffenen Person Rechtsgrundlage für die Datenverarbeitung sein, wenn die Verarbeitung zu dessen „**Erfüllung** […] **erforderlich**" ist. Art. 6 Abs. 1 Buchst. b ist, von einer geringfügigen Satzumstellung abgesehen, mit Art. 7 Buchst. b der EG-Datenschutzrichtlinie inhaltlich identisch.

b) Begriffsdefinition: „Vertrag" und „Erfüllung"

11   Die Formulierung „zur Erfüllung eines Vertrages" darf dabei nicht im rechtstechnischen Sinne zu eng verstanden werden: „**Vertrag**" kann zunächst jedes Schuldverhältnis sein. Neben der „**Erfüllung**" im engeren Sinne sind die Vorbereitung und Anbahnung des Vertrages, dessen Durchführung sowie auch dessen Abwicklung insbesondere zur Erfüllung von Gewährleistungspflichten oder sekundären Leistungspflichten erfasst[5]. Relevant ist diese weite Auslegung u.a.

---

5 Kühling/Buchner/*Petri*, Art. 6 DSGVO Rz. 34.

für die Frage der **Löschfristen**. So sind Vertragsdaten nicht unmittelbar mit der Beendigung eines Vertrages zu löschen, sondern dürfen auch über dessen Ende hinaus gespeichert werden, etwa zur Geltendmachung von Gewährleistungsansprüchen (zu den Einzelheiten s. Kommentierung zu Art. 17 DSGVO).

Auch **vorvertragliche Maßnahmen** können eine Verarbeitung legitimieren, allerdings nur, wenn sie „auf Anfrage der betroffenen Person erfolgen"[6]. Auch der Begriff „**auf Anfrage**" ist weit zu verstehen und nicht etwa auf eine hinreichend bestimmte Willenserklärung i.S.d. § 145 BGB zu reduzieren. Erwägungsgrund 44 nennt insoweit auch den „geplanten Abschluss" einer Vertragsbeziehung als Tatbestand, der unter diese Norm fällt. Typischer Anwendungsfall einer nach diesem Tatbestand zulässigen vorvertraglichen Maßnahme ist etwa die Übermittlung personenbezogener Daten, der sog. Anfragedaten, an eine Auskunftei zum Zwecke der **Bonitätsprüfung**[7]. 12

c) Betroffene Person als Vertragspartei

Partei des Vertrages muss die betroffene Person sein. Eine Verarbeitung nach diesem Erlaubnistatbestand kann also nicht auf einen Vertrag zwischen dem Verantwortlichen und einem Drittunternehmen gestützt werden, solange die betroffene Person nicht **Vertragspartei** dieses Vertrages ist. Dies wird in der Praxis mitunter übersehen, wenn z.B. in einem Vertrag zwischen zwei Unternehmen etwa Kontaktdaten der jeweiligen Ansprechpartner benannt werden. Die Verarbeitung solcher Daten kann nicht auf den Erlaubnistatbestand der Vertragserfüllung gestützt werden, eben weil diese Ansprechpartner nicht selbst Vertragspartei sein. In solchen Fällen ist dann regelmäßig auf die Interessenswahrung (Art. 6 Abs. 1 Buchst. f) abzustellen. 13

Allerdings verlangt die Norm ihrem Wortlaut nach nicht, dass der **Verantwortliche selbst Vertragspartei** ist[8]. Insofern ist es grundsätzlich denkbar, dass die Verarbeitung durch einen Verantwortlichen auf diese Norm gestützt werden kann, wenn diese Maßnahme zur Durchführung eines Vertrages zwischen der betroffenen Person und einem Dritten erforderlich ist. Zu denken wäre etwa an einen Rückversicherer, der den Abschluss eines Vertrages zwischen der Versicherung und dem Versicherungsnehmer erst ermöglicht und dazu Zugriff auf die Antragsdaten des Versicherungsnehmers benötigt. Ein weiteres Beispiel wäre ein Logistikunternehmen, das von einem Versandhändler eingeschaltet wird, um dem Online-Kunden die bestellte Ware auszuliefern. 14

Soweit der Verantwortliche nicht selbst an dem Vertrag beteiligt ist, wird teilweise vertreten, dass der Vertragspartner ihn zumindest in die Vertragsanbah- 15

---

6 Vgl. Ehmann/Selmayr/*Heberlein*, Art. 6 DSGVO Rz. 14.
7 Ebenso Auernhammer/*Kramer*, Art. 6 DSGVO Rz. 13; restriktiver Kühling/Buchner/*Petri*, Art. 6 DSGVO Rz. 48; Ehmann/Selmayr/*Heberlein*, Art. 6 DSGVO Rz. 14.
8 Vgl. Auernhammer/*Kramer*, Art. 6 DSGVO Rz. 13.

nung oder -durchführung **eingeschaltet** haben müsse, damit die Verarbeitung auf diesen Erlaubnistatbestand der Vertragserfüllung gestützt werden könne[9]. Eine solche Forderung geht über den klaren Wortlaut der Norm hinaus. Eine solche „Einschaltung" des datenverarbeitenden Unternehmens – z.B. als Handelsvertreter – ist nach der hier vertretenen Ansicht nicht notwendig. Allerdings ist es weiterhin zutreffend, dass der nicht am Vertrag beteiligte Verantwortliche nur dann zur Verarbeitung der betroffenen Person berechtigt ist, wenn auch das Tatbestandsmerkmal der „Erforderlichkeit" gegeben ist.

d) Merkmal der Erforderlichkeit

16   Liegt ein Vertrag i.S.d. Art. 6 Abs. 1 Buchst. b vor, so muss die Verarbeitung zur Durchführung des Vertrages bzw. der Vertragsanbahnung **objektiv erforderlich** sein, damit der Erlaubnistatbestand zur Anwendung kommen kann. Ist dies der Fall, ist eine **weitere Interessenabwägung entbehrlich**. Maßstab ist dabei grundsätzlich die Zweckbestimmung des konkreten Schuldverhältnisses im Einzelfall.

17   Wann genau von einer Erforderlichkeit der Verarbeitung gesprochen werden kann, geht aus dem Wortlaut der Norm nicht eindeutig hervor. Der Begriff der „Erforderlichkeit" ist in der DSGVO nicht weiter definiert. Allerdings geben die Erwägungsgründe insoweit gewisse Anhaltspunkte. In Erwägungsgrund 39 heißt es: „Personenbezogene Daten sollten nur verarbeitet werden dürfen, wenn der Zweck der Verarbeitung nicht in zumutbarer Weise durch andere Mittel erreicht werden kann".

aa) Grundsatz

18   Der zitierte Verweis auf das Kriterium der „Zumutbarkeit" in Erwägungsgrund 39 zeigt, dass für die Feststellung der Erforderlichkeit keine übermäßig strengen Maßstäbe angesetzt werden dürfen. Erforderlich ist die Verarbeitung vielmehr bereits dann, wenn **kein milderes, wirtschaftlich gleich effizientes Mittel** zur Verfügung steht, den entsprechenden Zweck mit gleicher Sicherheit zu verwirklichen. Wenngleich über diesen Grundsatz weitgehend Konsens bestehen dürfte, stellt sich die Frage der konkreten Umsetzung in der Praxis. Dabei mag nachfolgende Kategorisierung hilfreich sein, um die verschiedenen Fallkonstellationen und Auslegungsvarianten voneinander abzugrenzen.

bb) Absolute Unmöglichkeit der Erreichung des Zwecks

19   Eindeutig ist, dass die Erforderlichkeit jedenfalls immer dann vorliegt, wenn die Erreichung des Geschäftszwecks ohne die angestrebte Datenverwendung **abso-**

---

9 Sydow/*Reimer*, Art. 6 DSGVO Rz. 18; Auernhammer/*Kramer*, Art. 6 DSGVO Rz. 13.

lut unmöglich ist. So ist es z.b. unmöglich, einen Kunden mit Ware zu beliefern, wenn der Verantwortliche nicht auch die Adressdaten der betroffenen Person kennt und diese für die Zwecke der Belieferung verwenden darf. Gleiches gilt selbstverständlich, soweit der Verantwortliche rechtlich dazu verpflichtet ist, bestimmte Daten zu verwenden, z.b. im Rahmen nachvertraglicher gesetzlicher Archivierungspflichten.

cc) Relative Unmöglichkeit der Erreichung des Zwecks

Eine absolute Unmöglichkeit der Zweckerreichung wird jedoch nicht in jeder Konstellation gegeben sein. Schaltet bspw. ein Versandhandelsunternehmer einen Logistikdienstleister ein und übermittelt diesem die Adressdaten des Kunden, um die Belieferung des Kunden durchführen zu können, so müsste ein solcher Vorgang an dem Maßstab der absoluten Unmöglichkeit scheitern. Denn als milderes Mittel stünde es dem Versandhandelsunternehmen theoretisch frei, eine eigene Versandflotte aufzubauen und die Belieferung selbst durchzuführen. Ein derart strenger Maßstab würde jedoch weder den Interessen des Verantwortlichen noch den Interessen der betroffenen Personen gerecht werden, die letztlich die daraus resultierenden erhöhten Kosten zu tragen hätten. Vor diesem Hintergrund muss eine Verarbeitung auch dann als erforderlich angesehen werden, wenn die Erreichung des Geschäftszwecks andernfalls **relativ unmöglich** wäre. Dies ist insbesondere dann der Fall, wenn die Alternative zum konkreten Datenumgang wirtschaftlich nicht durchführbar oder aus sonstigen Gründen für den Verantwortlichen unzumutbar ist. Verwiesen sei insoweit erneut auf Erwägungsgrund 39, wo das **Kriterium der „Zumutbarkeit"** klar verankert worden ist. 20

dd) Förderlichkeit zur Erreichung des Zwecks

Fraglich ist schließlich, ob eine Verarbeitung auch dann als erforderlich anzusehen ist, wenn sie zwar nicht unumgänglich ist, jedoch für die Erreichung des Geschäftszwecks als förderlich angesehen werden kann. Sicherlich zu weitgehend, da vom Wortlaut der Norm nicht mehr gedeckt, wäre die Auslegung, dass jede Maßnahme zulässig ist, die im weitesten Sinne der Durchführung des Vertrages förderlich ist. Der Maßstab des reinen „nice to have" ist damit nicht ausreichend, um dem Grundsatz der Erforderlichkeit zu genügen. Ist die Verarbeitung der Daten hingegen insoweit sinnvoll bzw. förderlich, als damit weitere Kosten vermieden werden, die Prozesse beschleunigt werden oder in sonstiger Form Effizienzgewinne erzielt werden, so dürfte das Kriterium der Erforderlichkeit einer solchen Maßnahme i.d.R. zu bejahen sein. Insbesondere gilt dies, wenn zwar ein milderes Mittel zur Verfügung steht, also das Rechtsgeschäft auch ohne die konkrete Verwendung der Daten durchgeführt werden könnte, die Wahl eines solchen Mittels jedoch mit Nachteilen für den Verantwortlichen und/oder die betroffenen Personen verbunden wäre. Gerade wenn die Verwendung der Daten 21 auch im Interesse der betroffenen Person geschieht, bspw. um einen besseren Service oder eine schnellere Abwicklung zu ermöglichen, wäre es nicht einzusehen, weshalb eine solche Maßnahme an dem Erforderlichkeitsgrundsatz scheitern sollte.

ee) Pseudonymisierung und Anonymisierung

22 Fraglich ist, ob die Erforderlichkeit einer Verarbeitung dann abzulehnen ist, wenn diese auch auf der Grundlage von anonymisierten oder pseudonymisierten Daten erfolgen kann. In der Tat wird man davon ausgehen können, dass eine Pseudonymisierung von Daten die Eingriffsintensität senkt. Damit stellt eine Verarbeitung in pseudonymisierter Form stets ein milderes Mittel dar. Allerdings führt dieser Umstand nicht automatisch dazu, dass stets auch auf ein solches Mittel zurückgegriffen werden müsste. Denn maßgeblich bleibt, ob der beabsichtigte Zweck auf diese Weise mit gleicher Sicherheit erreicht werden kann. Ist dies nicht der Fall, gerade wenn es z.B. auf den Klarnamen der betroffenen Person ankommt, besteht kein Zwang zur Pseudonymisierung, um dem Erforderlichkeitsgrundsatz zu genügen.

ff) Auftragsverarbeitung

22a Denkbar wäre es, die Auftragsverarbeitung als per se milderes Mittel zu betrachten. Dies würde dazu führen, dass jede Einschaltung eines Dritten an dem Kriterium der Erforderlichkeit scheitern müsste, wenn die Einschaltung nicht im Wege einer Auftragsverarbeitung ausgestaltet würde, so denn die Tätigkeit des Dritten einer Auftragsverarbeitung zugänglich ist. Nach der hier vertretenen Ansicht greift eine solche Auslegung daher zu weit. Vielmehr sind die Erlaubnistatbestände des Art. 6 und die Auftragsverarbeitung nach Art. 28 als echte Alternativen zu betrachten. Insbesondere stellt die Auftragsverarbeitung schon deshalb nicht das per se mildere Mittel dar, weil sie unter der DSGVO privilegiert ist und die Einschaltung des Auftragsverarbeiters keine Interessenabwägung erfordert.

e) Typische Fallkonstellationen

23 Aus den dargestellten Kriterien folgt, dass sich keine pauschale Antwort auf die Frage geben lässt, welche Daten im Rahmen eines Vertrages in welchem Umfang verwendet werden dürfen. Dies hängt von der Gestaltung des Schuldverhältnisses im Einzelfall, vom Parteiwillen und den äußeren Umständen ab. Die folgenden Fallgruppen stellen damit keine abschließende Aufzählung aller erlaubten Verarbeitungen dar, sondern zeigen typische Konstellationen auf und sollen als Leitfaden dienen:

aa) Verträge über den Erwerb von Waren und Dienstleistungen

Bei Kaufverträgen und sonstigen Verträgen über den Erwerb von Waren und Dienstleistungen richtet sich die Erforderlichkeit der Datenverarbeitung – wie bei allen anderen Verträgen auch – nach dem Vertragszweck im **Einzelfall** sowie den konkreten Umständen des Vertragsschlusses. 24

Grundsätzlich wird man davon ausgehen dürfen, dass eine Verarbeitung der sog. **„Basisdaten"** oder **„Stammdaten"** (Name, Anschrift, Kontodaten usw.) jedenfalls erforderlich und damit zulässig ist. Denn i.d.R. lässt sich ein Vertrag mit der betroffenen Person nur in Kenntnis dieser Daten durchführen. Jedoch gilt noch nicht einmal dies unbeschränkt. Denn z.b. bei Bargeschäften des täglichen Lebens wird üblicherweise noch nicht einmal eine Verarbeitung dieser an sich unkritischen Daten im engeren Sinne erforderlich sein. 25

Abhängig vom Einzelfall kann zusätzlich die Verarbeitung von **weiteren Daten** z.b. über den Familienstand, die Einkommens- bzw. Vermögensverhältnisse, Sicherheiten, Zahlungseingänge, Mahnungen und Rechnungen gerechtfertigt sein. So kann z.b. die Verarbeitung des Geburtsdatums, zumindest des Geburtsjahrs, zur Verifizierung der Geschäftsfähigkeit bzw. eines Mindestalters oder zur Unterscheidung mehrerer gleichnamiger Kunden zulässig sein. 26

Bei finanzierten Kaufverträgen oder Ratenkaufverträgen ist darüber hinaus auch die Verarbeitung von **Bonitätsdaten** des Käufers zulässig, z.b. wenn dies einer Entscheidung über den Vertragsschluss dient und der Erforderlichkeitsgrundsatz gewahrt bleibt. Sollen weitere Daten erhoben werden, die nicht zwingend für die Durchführung des Vertrages erforderlich sind, bedarf es eines Rückgriffs auf den Tatbestand der Interessenwahrung (Art. 6 Abs. 1 Buchst. f). 27

bb) Bank- und Versicherungsverträge

Auch im Rahmen von Bank- und Versicherungsverträgen ist nur die Verarbeitung solcher Daten zulässig, die für den konkreten Vertrag von Bedeutung und für dessen Durchführung erforderlich sind. Auch hier kommt es erneut auf den Einzelfall an. So sind bspw. Daten über den gesundheitlichen Zustand des Betroffenen im Rahmen von Lebens- und Krankenversicherungen, jedoch nicht unbedingt im Rahmen von Hausratsversicherungen von Interesse. Eine Übermittlung der Daten an einen Rückversicherer ist häufig ebenfalls noch von dem Vertragszweck gedeckt und zur Durchführung des Vertrages erforderlich. Allerdings bleibt hier ansonsten ein Rückgriff auf die Interessenabwägung nach Art. 6 Abs. 1 Buchst. f. denkbar. Bei Bank- und Kreditverträgen ist jedenfalls die Verarbeitung von Daten über die Bonität des Kreditnehmers und über Sicherheiten sowie von Daten über eventuelle Bürgen zulässig. 28

Art. 6 DSGVO | Rechtmäßigkeit der Verarbeitung

cc) Arbeitsverträge

29 Die Verarbeitung personenbezogener Daten im Rahmen von Arbeitsverträgen ist in § 26 BDSG speziell geregelt. Allerdings gilt diese Norm nur für die Verarbeitung im Rahmen des konkreten Beschäftigungsverhältnisses. Für Daten, die über das konkrete Beschäftigungsverhältnis hinaus anfallen, gilt dagegen weiterhin Art. 6 Abs. 1 Buchst. b (zum Verhältnis zwischen § 26 BDSG und Art. 6 Abs. 1 Buchst. b s. die Kommentierung zu § 26 BDSG). Beispiele hierfür sind die Möglichkeit eines Arbeitnehmers zum Einkauf zu Vorzugspreisen, das Einrichten eines Privatkontos beim arbeitgebenden Kreditinstitut ebenso wie der Abschluss privater Versicherungs- oder Behandlungsverträge. Der Grund hierfür ist, dass eine solche Datenverarbeitung gerade nicht im konkreten Arbeitsverhältnis, sondern in einem getrennt zu behandelnden Vertrag zwischen den Parteien erfolgt. Es bleibt also bei dem Grundsatz, dass für die Bewertung der Zulässigkeit der Datenverarbeitung immer das Schuldverhältnis im Einzelfall maßgeblich ist.

dd) Mietverträge

30 Zulässig ist im Rahmen von Mietverträgen insbesondere die Verarbeitung aller Daten, die zur eindeutigen Identifizierung des Mieters notwendig sind, sowie von Daten über dessen Bonität. Gleiches gilt für Angaben über Familienverhältnisse (zumindest die Anzahl der Familienmitglieder) und Haustierhaltung. Die Übermittlung von Daten an eine Immobilienverwaltung oder einen Hausmeister ist vom Vertragszweck umfasst und damit nach Art. 6 Abs. 1 Buchst. b zulässig.

ee) Behandlungsverträge (Arzt, Krankenhaus)

31 Bereits das Bestehen eines Behandlungsvertrags stellt ein personenbezogenes Datum dar, soweit der Patient identifizierbar ist. Darüber hinaus sind die Daten, die im Rahmen von Arzt- oder Krankenhausverträgen anfallen, in der Regel als „Gesundheitsdaten" i.S.d. Art. 4 Nr. 15 zu qualifizieren. Bei der Verarbeitung solcher Daten (z.B. Befunddaten) muss deshalb insbesondere Art. 9 beachtet werden, der spezielle Anforderungen an die Verarbeitung sensibler Daten aufstellt.

ff) Verträge über Mitgliedschaften

32 Maßstab für die Zulässigkeit einer Verarbeitung von Daten in Vereinen oder Parteien ist der in der Satzung festgelegte Vereinszweck. Je nach Satzung kann die Veröffentlichung und Übermittlung von Daten im Rahmen von Mitgliederlisten zulässig sein. Gleiches gilt für die Veröffentlichung in Vereinszeitungen und anderen Mitteilungsforen wie „Schwarzen Brettern". So ist bspw. die Veröffentlichung von Turniersiegern in Sportvereinen regelmäßig vom Vertragszweck umfasst. Unter bestimmten Umständen kann das Interesse des Verant-

wortlichen an der Verwendung der Mitgliedsdaten einer betroffenen Person auch nach der Beendigung ihrer Mitgliedschaft fortbestehen.

gg) Übermittlung an Subunternehmer des Verantwortlichen und sonstige Dritte

Die Übermittlung der im Rahmen des Vertragsverhältnisses erhobenen Daten an Dritte ist insbesondere dann zur Vertragsdurchführung erforderlich und damit zulässig, wenn der Vertrag gerade darauf gerichtet ist, dass auch Dritte einbezogen werden. Dies kann bspw. bei **Lieferungsketten** der Fall sein, also immer dann, wenn mehrere Beteiligte zur Durchführung des Vertrages eingeschaltet werden müssen. 33

Besondere Beachtung erfordert dabei die Übermittlung von **Bonitätsdaten**. Dient sie dem konkreten Vertragszweck, wird sie zur Vertragsdurchführung erforderlich und damit zulässig sein. Eine pauschale Übermittlung von Daten über die Kreditwürdigkeit an Auskunfteien wie die SCHUFA ist jedoch vom konkreten Vertragszweck nicht mehr gedeckt, so dass eine Zulässigkeit sich nicht bereits aus Art. 6 Abs. 1 Buchst. b ergibt. Gleichwohl bleibt eine Übermittlung nach Art. 6 Abs. 1 Buchst. f im Rahmen der Interessenabwägung möglich (zu den Einzelheiten s. dort). 34

hh) Weitergehende Verarbeitung von Vertragsdaten (Profilbildung, Big Data, Data Mining)

Mit dem Begriff „Big Data" werden große Mengen an Daten bezeichnet, die u.a. aus Bereichen wie Internet und Mobilfunk, Finanzindustrie, Energiewirtschaft, Gesundheitswesen und Verkehr und aus Quellen wie intelligenten Agenten, sozialen Medien, Kredit- und Kundenkarten, Smart-Metering-Systemen, Assistenzgeräten, Überwachungskameras sowie Flug- und Fahrzeugen stammen und die mit speziellen Lösungen gespeichert, verarbeitet und ausgewertet werden[10]. Eine solche Auswertung ist in der Regel nicht mehr vom Vertragszweck im engeren Sinne umfasst. Daher scheidet eine Rechtfertigung entsprechender Maßnahmen über den Erlaubnistatbestand der Vertragsdurchführung nach Art. 6 Abs. 1 Buchst. b – von Sonderkonstellationen abgesehen – aus. Über den konkreten Vertragszweck hinaus kann sich die Zulässigkeit dieser Vorgehensweise jedoch nach Art. 6 Abs. 1 Buchst. f aus der Interessenabwägung ergeben (zu den Einzelheiten s. dort), zumal der Kunde u.U. sogar ein Interesse daran haben kann, zielgerichtete Angebote zu erhalten (vgl. hierzu auch Rz. 68 ff.). 35

Werden mehrere Verträge zwischen denselben Parteien geschlossen, so ist eine Verwendung der Daten aus dem einen Schuldverhältnis im Rahmen des ande- 36

---

10 Springer Gabler Verlag (Hrsg.), Gabler Wirtschaftslexikon, Stichwort: Big Data, online im Internet: http://wirtschaftslexikon.gabler.de/Archiv/-2046774198/big-data-v5.html.

4. Rechtliche Verpflichtung (Buchst. c)

37 Unterliegt der Verantwortliche einer „rechtlichen Verpflichtung", Entwurfsfassungen der DSGVO sprachen hier noch von einer „gesetzlichen" Verpflichtung, kann diese gemäß Art. 6 Abs. 1 Buchst. c zur Rechtfertigung eines Verarbeitungsvorganges herangezogen werden. Die Norm entspricht Art. 7 Buchst. c EG-Datenschutzrichtlinie. Nach Art. 6 Abs. 2 und 3 kommen dafür insbesondere die dort genannten unionsrechtlichen bzw. einzelstaatlichen Rechtsgrundlagen in Betracht (s. Rz. 124 ff.). Erwägungsgrund 45 stellt insoweit klar, dass „nicht für jede einzelne Verarbeitung ein spezifisches Gesetz verlangt" wird. Vielmehr kann ein (einziges) Gesetz als Grundlage für mehrere Verarbeitungsvorgänge ausreichend sein.

38 Zu den typischen rechtlichen Verpflichtungen zählen Aufzeichnungs-, Aufbewahrungs- und Archivierungspflichten im Handels-, Gewerbe-, Steuer- und Sozialrecht[11]. Zu beachten ist dabei das **Spannungsverhältnis im Bereich der Löschpflichten**. Während personenbezogene Daten an sich zu löschen sind, sobald der Verarbeitungszweck erfüllt ist, führen die gesetzlichen Aufbewahrungs- und Archivierungspflichten dazu, dass der Verantwortliche gerade nicht zur Löschung verpflichtet ist, sondern ganz im Gegenteil gar nicht berechtigt wäre, eine Lösung vorzunehmen (zu den Einzelheiten s. Art. 17 DSGVO).

39 In Deutschland finden sich vielfältige Regelungen des Bundes- und Landesrechts, die eine Verpflichtung nach Art. 6 Abs. 1 Buchst. c begründen. Dazu gehören z.B. die Auskunftspflichten von **Telekommunikationsanbietern** gegenüber Sicherheitsbehörden nach §§ 110 ff. TKG[12]. Ebenso gehören dazu Regelungen des **Arbeitsrechts** (§§ 34, 88 BBiG) sowie Regelungen aus dem **Gewerbe- und Handwerksrecht** (§§ 11, 11a, 14 GewO).

5. Schutz lebenswichtiger Interessen (Buchst. d)

40 Art. 6 Abs. 1 Buchst. d normiert den Schutz **lebenswichtiger Interessen** der betroffenen Person oder einer anderen natürlichen Person als weitere Rechtsgrundlage für eine Datenverarbeitung, wenn diese zur Erreichung dieser Zwecke „erforderlich" ist. Die Regelung entspricht Art. 7 Buchst. d der EG-Datenschutzrichtlinie.

---

11 Kühling/Buchner/*Petri*, Art. 6 DSGVO Rz. 99.
12 Kühling/Buchner/*Petri*, Art. 6 DSGVO Rz. 98.

Die Formulierung „**lebenswichtig**" indiziert, dass die Verarbeitung dem Schutz höchstpersönlicher Rechtsgüter dienen muss[13]. 41

Der Erlaubnistatbestand ist weiterhin nur dann erfüllt, wenn die Verarbeitung zur Abwehr der Gefahr objektiv **erforderlich** ist[14]. Die **Erforderlichkeit** der Verarbeitung soll nach Erwägungsgrund 46 nur dann gegeben sein, wenn die Verarbeitung „**offensichtlich nicht auf eine andere Rechtsgrundlage gestützt werden kann**". Demgemäß handelt es sich um eine subsidiäre Rechtsgrundlage. 42

Typischerweise erfasst die Norm damit Fälle einer konkreten Gefährdungslage, bei der die betroffene Person nicht mehr einwilligen kann oder bei der sie nicht erreichbar ist[15]. Als konkrete Beispiele nennt Erwägungsgrund 46 die Verarbeitung zu **humanitären Zwecken**, etwa bei **Epidemien** und **Naturkatastrophen**. 43

6. Öffentliches Interesse oder hoheitliche Gewalt (Buchst. e)

Auch die Verarbeitung zur Wahrnehmung einer Aufgabe im öffentlichen Interesse oder in Ausübung öffentlicher Gewalt kann nach Art. 6 Abs. 1 Buchst. e Rechtsgrundlage für die Datenverarbeitung sein. **Adressaten** der Norm sind nur diejenigen Verantwortlichen, denen die **Aufgabe „übertragen wurde"**. Es kann sich also nicht etwa jede beliebige Stelle auf diesen Tatbestand berufen. Auffallend ist insoweit die Veränderung im Vergleich zu Art. 7 Buchst. e EG-Datenschutzrichtlinie. Dort galt noch die Tatbestandsalternative, wonach sich die Verarbeitung auch darauf stützen konnte, dass jedenfalls dem Empfänger der Daten eine entsprechende Aufgabe übertragen worden war. Dies ist nach dem neuen Wortlaut der DSGVO nicht mehr möglich. 44

Erfasst von dem persönlichen Anwendungsbereich sind gleichwohl nicht nur Verarbeitungen durch die Behörden und andere unter das öffentliche Recht fallende juristische und natürliche Personen, sondern **auch Verarbeitungen durch nicht-öffentliche natürliche oder juristische Personen**, denen eine eigenverantwortliche Datenverarbeitung für diese Zwecke aufgegeben worden ist, z.B. für die öffentliche Gesundheit, die soziale Sicherheit und die Leistungsverwaltung für die Gesundheitsfürsorge[16]. Dies folgt ausdrücklich aus Erwägungsgrund 45. Nicht berechtigt werden hingegen private Unternehmen, deren Geschäftsgegenstand zwar im öffentlichen Interesse liegen mag, wie z.B. bei Infrastrukturbetreibern, die aber letztlich allein eigene Erwerbsinteressen verfolgen[17]. 45

---

13 Paal/Pauly/*Frenzel*, Art. 6 DSGVO Rz. 20.
14 Paal/Pauly/*Frenzel*, Art. 6 DSGVO Rz. 20; Auernhammer/*Kramer*, Art. 6 DSGVO Rz. 23.
15 Auernhammer/*Kramer*, Art. 6 DSGVO Rz. 23.
16 Ehmann/Selmayr/*Heberlein*, Art. 6 DSGVO Rz. 19.
17 Auernhammer/*Kramer*, Art. 6 DSGVO Rz. 24.

46 Weiterhin kommen – wie auch bei Art. 6 Abs. 1 Buchst. c – unionsrechtliche bzw. einzelstaatliche Rechtsgrundlagen i.S.d. Art. 6 Abs. 2 und 3 als Rechtsgrundlagen für die Begründung eines öffentlichen Interesses bzw. der Ausübung öffentlicher Gewalt in Betracht (s. dort).

7. Wahrung berechtigter Interessen (Buchst. f)
a) Erlaubnistatbestand der Interessenwahrung

47 Art. 6 Abs. 1 Buchst. f normiert einen – für die Praxis höchst relevanten – **Auffangtatbestand** zur Legitimation der Datenverarbeitung. Danach ist die Verarbeitung rechtmäßig, wenn sie **erforderlich** ist für die Wahrung „**berechtigter Interessen**" des Verantwortlichen oder eines Dritten. Allerdings führt die Verfolgung berechtigter Interessen noch nicht automatisch zur Rechtmäßigkeit der Verarbeitung. Vielmehr gilt die Einschränkung, dass die verfolgten Interessen bei einer Abwägung gegenüber den „Grundrechten und Grundfreiheiten" der betroffenen Person „**überwiegen**". Letzterem Erfordernis soll bei der Verarbeitung personenbezogener Daten von **Kindern** besondere Bedeutung zukommen.

b) Prüfungsschema

48 Damit ergibt sich folgendes Prüfschema:
  (i) Feststellung des „Interesses" bzw. des „Zwecks", der mit der Datenverarbeitung von dem Verantwortlichen verfolgt wird.
  (ii) Feststellung, ob der Verantwortliche damit ein „berechtigtes" Interesse verfolgt, entweder sein eigenes oder das eines Dritten.
  (iii) Erforderlichkeit der Verarbeitung zur Wahrung der verfolgten Interessen entweder des Verantwortlichen selbst oder des Dritten.
  (iv) Feststellung der ggf. gegenläufigen Interessen, Grundrechte und Grundfreiheiten der betroffenen Person, deren Daten verarbeitet werden.
  (v) Feststellung, ob die Interessen der betroffenen Person gegenüber den berechtigten Interessen des Verantwortlichen oder des Dritten überwiegen.

c) Inhaber berechtigter Interessen („Eigen"- und „Drittinteressen")

49 Nach dem Wortlaut der Norm muss die Verarbeitung zur Wahrung der berechtigten Interessen „**des Verantwortlichen**" oder „**eines Dritten**" erforderlich sein. Der Verantwortliche muss mit der Verarbeitung also nicht zwingend seine eigenen Interessen verfolgen. Unter dem BDSG-alt war diese Frage zunächst noch lange Zeit umstritten. Im Jahr 2013 hat der BGH dann allerdings dazu entschieden, dass Drittinteressen auch bereits unter dem BDSG durchaus Berücksichtigung finden konnten und zwar aufgrund von Art. 7 EG-Datenschutzrichtlinie, der – abweichend vom Wortlaut des BDSG-alt – auch die Interessen von

Dritten, die als Empfänger der Daten in Betracht kommen, mit umfasste[18]. Der BGH urteilte im konkreten Fall, dass bei einer GPS-Überwachung nicht nur die berechtigten Interessen des überwachenden Detektivs zu berücksichtigen sind, sondern auch die Interessen seines Auftraggebers in die Abwägung mit einfließen müssen. Diese Linie ist nunmehr unter der DSGVO fortgesetzt worden.

Erwägungsgrund 47 illustriert insoweit, dass nach dieser Norm drei mögliche Konstellationen denkbar sind. Abgestellt werden kann auf: 50

(i) die berechtigten Interessen des Verantwortlichen selbst; etwa auf die Interessen eines Unternehmens, das eine Compliance-Untersuchung durchführt,

(ii) die berechtigten Interessen eines weiteren Verantwortlichen, an den die Daten weitergegeben werden dürfen; etwa die Interessen einer Auskunftei, welche die Daten von Wirtschaftsunternehmen erhält und diese als weitere Verantwortliche verarbeitet,

(iii) die berechtigten Interessen eines Dritten, der also nicht selbst Verantwortlicher sein muss; etwa im Falle der Datenverarbeitung durch Anwälte, Steuerberater oder Wirtschaftsprüfer im Interesse ihrer Mandanten oder im Fall der Verarbeitung durch eine Auskunftei, die sich insoweit auch auf die Interessen ihrer Kunden stützen kann.

Insbesondere können fremde Interessen dann geltend gemacht werden, wenn der Verantwortliche gerade mit der Wahrung fremder Interessen betraut ist. Dies kann bspw. bei Anwälten, Steuerberatern und Wirtschaftsprüfern der Fall sein. Ebenso können z.B. Konzerninteressen berücksichtigt werden.

d) Weite des Tatbestands der Interessenwahrung

Die Heranziehung „berechtigter Interessen" als Grundlage einer Erlaubnis ist bereits im Geltungsbereich der EG-Datenschutzrichtlinie bzw. des BDSG kritisiert worden mit Blick auf die **Konturlosigkeit** dieses Merkmals. Im Rahmen der Verhandlungen der DSGVO sind zunächst diverse Vorschläge unterbreitet worden, die darauf abzielten, dieses Merkmal zu konkretisieren oder gar in einen abschließenden Katalog zu fassen[19]. Im Ergebnis ist allerdings zu begrüßen, dass es insoweit zu keiner Einschränkung gekommen ist, denn die Frage, ob eine Verarbeitung zulässig ist, muss am Ende auf Ebene der Interessenabwägung getroffen werden. Ein abschließender Katalog von Maßnahmen, die überhaupt erst den Anwendungsbereich der Norm eröffnen, hätte hingegen zu einem zu starren und vor allem statischen Korsett geführt, welches die Zukunftstauglichkeit der DSGVO unnötig beschränkt hätte. Der Verantwortliche, der sich auf diesen tendenziell sehr weiten Erlaubnistatbestand beruft, ist daher umso mehr 51

---

18 BGH v. 4.6.2013 – 1 StR 32/13, ZD 2013, 502 (507).
19 Zur Entwicklungsgeschichte der Norm vgl. *Albrecht*, CR 2016, 88 (92).

verpflichtet, die Interessen für und gegen eine Verarbeitung sogfältig abzuwägen, obwohl er sich in seinem eigenen Interesse an sich in aller Regel zugunsten einer Verarbeitung entscheiden würde[20].

e) Anforderungen an die „berechtigten Interessen"

52 Der Begriff der „berechtigten Interessen" ist in der DSGVO **nicht definiert**.

53 **Anhaltspunkte** dafür, wie dieser Begriff zu verstehen ist, gibt Erwägungsgrund 47. Einerseits heißt es dort, dass ein berechtigtes Interesse bspw. vorliegen könnte, „wenn eine maßgebliche und angemessene Beziehung zwischen der betroffenen Person und dem Verantwortlichen besteht, z.B. wenn die betroffene Person ein Kunde des Verantwortlichen ist oder in seinen Diensten steht". Dieser Satz suggeriert, dass das Verhältnis zwischen der betroffenen Person und dem Verantwortlichen nicht erst auf Ebene der Interessenabwägung berücksichtigt wird, sondern bereits bei der Vorfrage, ob überhaupt ein berechtigtes Interesse vorliegt. Man könnte diese Aussage also dahingehend deuten, dass es schon gar kein berechtigtes Interesse des Verantwortlichen an einer Datenverarbeitung geben kann, wenn nicht eine gewisse Nähe bzw. Beziehung zwischen dem Verantwortlichen und der betroffenen Person besteht. Allerdings findet sich in Erwägungsgrund 47 eine weitere Formulierung, die zeigt, dass es dem Verordnungsgeber bei diesem Erwägungsgrund nicht darum ging, den tendenziell sehr weiten Begriff der „berechtigten Interessen" zu beschränken, sondern darum, Anhaltspunkte für die vorzunehmende Interessenabwägung zu schaffen. Denn konkret heißt es dort: „Insbesondere dann, wenn personenbezogene Daten in Situationen verarbeitet werden, in denen eine betroffene Person vernünftigerweise nicht mit einer weiteren Verarbeitung rechnen muss, könnten die Interessen und Grundrechte der betroffenen Person das Interesse des Verantwortlichen überwiegen".

54 Im Ergebnis kann daher, wie bereits unter dem BDSG, **jedes von der Rechtsordnung anerkannte Interesse** als „berechtigtes Interesse" herangezogen werden. Diese Auslegung entspricht nicht nur der Gesetzgebungshistorie, da die DSGVO die bereits aus der E-Commerce Richtlinie bekannte Formulierung übernommen hat, sondern auch dem klaren Wortlaut der Norm.

55 Dies bedeutet für die **Prüfung in der Praxis**, dass die berechtigten Interessen zunächst allein in Bezug auf die Interessen des Verantwortlichen zu ermitteln sind. D.h. sie können z.B. selbst dann vorliegen, wenn die betroffene Person nicht mit der Verarbeitung rechnen muss. Erst auf der zweiten Ebene der Interessenabwägung ist dann zu prüfen, ob dieses Interesse des Verantwortlichen überwiegt, woran es nach dem zitierten Erwägungsgrund 47 z.B. fehlen kann, wenn die betroffene Person nicht mit der weiteren Verarbeitung rechnen muss.

---

20 Auernhammer/*Kramer*, Art. 6 DSGVO Rz. 27; Paal/Pauly/*Frenzel*, Art. 6 DSGVO Rz. 27.

f) Anforderungen an die „Erforderlichkeit"

Erforderlich ist die Verarbeitung, wenn kein milderes, wirtschaftlich gleich effizientes Mittel zur Verfügung steht, den entsprechenden Zweck mit gleicher Sicherheit zu verwirklichen (s. dazu bereits oben unter Rz. 16 ff.). Die Bewertung hängt maßgeblich von den Umständen des Einzelfalles ab[21]. Für den Betroffenen streiten bei der Abwägung nach dem Wortlaut der Norm dessen Interessen, Grundrechte und Grundfreiheiten. Damit sind – im deutschen Rechtsraum – insbesondere das **Recht auf informationelle Selbstbestimmung** aus Art. 2 Abs. 1 i.V.m. Art. 1 Abs. 1 GG sowie das Grundrecht auf Achtung des Privat- und Familienlebens aus **Art. 8 EMRK** bzw. **Art. 7 GrCh** zu beachten. 56

Aus Erwägungsgrund 47 ergibt sich, dass folgende Kriterien für die Abwägung heranzuziehen sind: 57

(i) „die **vernünftigen Erwartungen** der betroffenen Person", wobei aus der Bezugnahme auf die „vernünftigen" Erwartungen folgt, dass ein verobjektivierter Maßstab anzulegen ist;

(ii) das „Verhältnis" der betroffenen Person zu dem Verantwortlichen, z.B. wenn die Person ein „Kunde" des Verantwortlichen ist oder in dessen „Diensten" steht; d.h. je enger die Beziehung zwischen Verantwortlichem und der betroffenen Person ist, desto eher wird es möglich sein, die Verarbeitung auf diesen Tatbestand zu stützen;

(iii) die „Absehbarkeit" einer möglichen Datenverarbeitung für die betroffene Person; hier spielen Aspekte wie Branchenübungen eine Rolle; weiterhin kann durch eine transparente Kommunikation die „Absehbarkeit" beeinflusst werden;

(iv) die Stärke bzw. Bedeutung des berechtigten Interesses, wobei die explizit genannten Zwecke der Betrugsprävention, der Direktwerbung sowie des konzerninternen Datentransfers als besonders starke Interessen gelten dürften in Anbetracht der ausdrücklichen Erwähnung in Erwägungsgrund 47 bzw. 48.

g) Typische Fallkonstellationen

aa) Big Data

Einen typischen Anwendungsfall des Art. 6 Abs. 1 Buchst. f bilden Datenverarbeitungen im Bereich der **„Big Data" Anwendungen** (zum Begriff s. oben Rz. 35 f.)[22]. Mit Blick auf die rechtliche Bewertung solcher Datenverarbeitungen verbietet sich eine generalisierende Betrachtung, und es wäre wünschenswert gewesen, dass der Verordnungsgeber insoweit klarer Stellung bezogen hätte. Statt- 58

---

21 Zu angemessenen IT-Sicherheitsmaßnahmen s. *Krügel*, MMR 2017, 795.
22 Zum Begriff „Big Data" s. u.a. auch *Culik/Döpke*, ZD 2017, 226 (227).

dessen richtet sich die Bewertung dieses ebenso relevanten wie kritischen Geschäftsfelds nunmehr nach den Maßstäben der allgemeinen Interessenabwägung, die naturgemäß – jedenfalls bis einschlägige Gerichtsentscheidungen vorliegen – zu dem für die Praxis höchst unbefriedigendem Ergebnis führt, dass sich kaum verlässliche Prognosen zur Zulässigkeit einzelner Anwendungsfälle geben lassen.

59 Erforderlich ist zunächst, dass der Verantwortliche mit der Anwendung ein **berechtigtes Interesse** verfolgt. Dieses Tatbestandsmerkmal wird in aller Regel erfüllt sein. Denn Big Data Anwendungen dienen dazu, den jeweiligen Unternehmen Erkenntnisse zu vermitteln, um deren Geschäftsprozesse zu optimieren, sei es im Bereich der Betrugsprävention, zur Optimierung der Werbeansprache von Kunden, zur Aussteuerung von Inkassomaßnahmen oder zu sonstigen legitimen Zwecken[23].

60 Weiterhin muss die Big Data Anwendung zur Erreichung dieser Zwecke auch **erforderlich** sein. Es darf also kein milderes Mittel bestehen, mit dem der angestrebte Zweck mit gleicher Sicherheit erreicht werden kann. Auch dieses Merkmal wird in der Regel erfüllt sein, denn der Nutzen von Big Data Anwendungen liegt gerade darin, dass das jeweilige Unternehmen Erkenntnisse gewinnt, die nur über die Verknüpfung großer Datenmengen zu erzielen sind.

61 Damit richtet sich die Zulässigkeit der Big Data Anwendungen im Ergebnis danach, ob man im Rahmen der **Interessenabwägung** zu der Feststellung gelangt, dass die Interessen der betroffenen Personen an dem Ausschluss der Verarbeitung ihrer Daten überwiegen. Im Ergebnis ist dies eine rein weltanschauliche Entscheidung, die sich danach richtet, ob die jeweils zuständige Behörde bzw. das letztlich zuständige Gericht derartige Anwendungen als fortschrittlich und dem digitalen Zeitalter immanent betrachtet, oder ob der Schutz der betroffenen Personen und die Sorge vor einer Totalüberwachung in den Vordergrund gerückt wird. Die DSGVO beantwortet diese Frage nicht, jedenfalls nicht abschließend.

62 Gleichwohl lassen sich aus der DSGVO gewisse Leitplanken herausarbeiten, die für die Bewertung von Relevanz sind. Zunächst ist festzuhalten, dass das „**Profiling**" (Art. 4 Nr. 4) nach der DSGVO keinesfalls verboten ist. Ein Verbot setzt erst im Bereich der automatisierten Einzelfallentscheidungen ein. Insoweit hat die betroffene Person nach Art. 22 Abs. 1 das Recht, nicht einer ausschließlich auf einer automatisierten Verarbeitung – einschließlich Profiling – beruhenden Entscheidung unterworfen zu werden, die ihr gegenüber rechtliche Wirkung entfaltet oder sie in ähnlicher Weise erheblich beeinträchtigt. Fehlt es an einer solchen Wirkung, z.B. weil nur interne Scores ohne Außenwirkung gebildet wer-

---

23 Zu Big Data Anwendungen im Bereich des Arbeitsrechts vgl. *Dzida*, NZA 2017, 541; zu Big Data Anwendungen im Gesundheitswesen, noch zum BDSG-alt, *Becker/Schwab*, ZD 2015, 151.

den, so scheitert die Big Data Anwendung jedenfalls nicht bereits an dem Verbot des Art. 22 Abs. 1 (zu den Einzelheiten s. die Kommentierung zu Art. 22 DSGVO).

Gleichzeitig ist aber auch zu berücksichtigen, dass die DSGVO das **Profiling grundsätzlich als kritische Maßnahme** betrachtet, zu deren Rechtfertigung grundsätzlich hohe Anforderungen zu erfüllen sind. So führt z.b. die systematische und umfassende Bewertung persönlicher Aspekte natürlicher Personen, die sich auf automatisierte Verarbeitung einschließlich Profiling gründet und die ihrerseits als Grundlage für Entscheidungen dient, die Rechtswirkung gegenüber natürlichen Personen entfalten oder diese in ähnlich erheblicher Weise beeinträchtigen dazu, dass der Verantwortliche eine **Datenschutz-Folgenabschätzung** vorzunehmen hat (Art. 35 Abs. 3 Buchst. a). Auch hier ist dann wieder anhand des konkreten Einzelfalles zu prüfen, ob die Big Data Anwendung zu entsprechenden Beeinträchtigungen der betroffenen Person führt (zu den Einzelheiten s. die Kommentierung zu Art. 35 DSGVO). 63

Weiterhin stellt sich bei der Bewertung von Big Data Anwendungen die Frage, ob die Durchführung entsprechender Verarbeitungen zu einer rechtfertigungsbedürftigen **Zweckänderung** führt[24]. Keine Zweckänderung dürfte in denjenigen Fällen vorliegen, in denen die Durchführung der Big Data Anwendung bereits bei der Erhebung der jeweiligen Daten wirksam als alleiniger oder zusätzlicher Verarbeitungszweck festgelegt worden ist. Häufig wird dies aber gerade nicht der Fall sein. In diesen Fällen richtet sich die Zulässigkeit der Zweckänderung sodann nach dem sog. Kompatibilitätstest, also der Frage, ob der neue Zweck – die Verarbeitung im Rahmen der Big Data Anwendung – mit dem alten Zweck – z.B. der Durchführung eines Vertrages – „vereinbar" ist (Art. 6 Abs. 4)[25]. 64

Auch diese Frage nach der **Vereinbarkeit der Zwecke** lässt sich nicht pauschal beantworten[26]. So wird beispielsweise eine Verarbeitung von Kundendaten im Rahmen von Big Data Anwendungen zu Werbezwecken eher mit dem ursprünglichen Zweck der Verarbeitung zur Vertragserfüllung zu vereinbaren sein, also eine Verarbeitung eben dieser Daten zu gänzlich losgelösten Zwecken, die in keiner Relation zu dem ursprünglichen Vertrag zwischen dem Verantwortlichen und seinen Kunden stehen. 65

---

24 Ausführlich dazu *Culik/Döpke*, ZD 2017, 226.
25 Zur – dort verneinten – Frage, ob Big Data Anwendungen unter den Begriff der statistischen Zwecke und damit unter die Ausnahme nach Art. 5 Abs. 1 Buchst. b fallen, s. *Culik/Döpke*, ZD 2017, 226 (230).
26 So auch *Culik/Döpke*, ZD 2017, 226 (230): „Ob hierdurch Big Data-Technologien im Alltag eher gefördert oder beschränkt werden, kann wegen der Unbestimmtheit der Kompatibilitätsfaktoren und der Vielfalt der Big Data-Anwendungen nicht abschließend beurteilt werden."

66 Relevant für die Beurteilung ist weiterhin die **Art der verarbeiteten Daten**[27]. Werden die Daten im Rahmen der Big Data Anwendung z.B. **anonymisiert**, so ist die DSGVO insoweit nicht mehr anwendbar, so dass der Verarbeitung insoweit keine Beschränkungen entgegenstehen. Werden die Daten **pseudonymisiert**, bleibt die DSGVO zwar anwendbar. Jedoch begründet die Pseudonymisierung ein starkes Indiz dafür, dass die Interessen der betroffenen Personen an dem Ausschluss der Verarbeitung hinter den Interessen des Verantwortlichen zurückstehen müssen. Werden besondere Datenkategorien i.S.d. Art. 9 verarbeitet, ist die Verarbeitung nur innerhalb der engen Grenzen des Art. 9 möglich[28].

67 Zu beachten sind zudem die **Auskunfts- und Informationspflichten** des Verantwortlichen insbesondere nach den Art. 13 und 14 DSGVO, die im Bereich der Big Data Anwendungen aufgrund der großen Datenmengen und damit der Vielzahl der betroffenen Personen eine deutliche Herausforderung begründen (zu den Einzelheiten s. die Kommentierungen zu Art. 13 und 14). Schließlich ist im Einzelfall zu prüfen, ob den betroffenen Personen ein **Widerspruchsrecht** nach Art. 21 Abs. 1 zusteht, soweit die Big Data Anwendung – was der Regelfall sein wird – auf die Interessenwahrnehmung nach Art. 6 Abs. 1 Buchst. f gestützt wird (zu den Einzelheiten s. die Kommentierung zu Art. 21 DSGVO). Greift ein solches Widerspruchsrecht ein, stellt dies die Praxis vor erhebliche Herausforderungen, da die IT-Systeme derart konfiguriert werden müssen, dass sie eine Umsetzung des Widerspruchs technisch ermöglichen.

bb) Werbung

68 Eine Verarbeitung personenbezogener Daten zu Werbezwecken und insbesondere zu Zwecken des Dialogmarketings kann grundsätzlich auf drei unterschiedliche Erlaubnistatbestände gestützt werden. In erster Linie zählt dazu die **Einwilligung** der betroffenen Person, die z.B. über Gewinnspiele im Internet eingeholt werden kann (zu den Einzelheiten s. die Kommentierung zu Art. 7 DSGVO). Daneben kommen die **Interessenabwägung** nach Art. 6 Abs. 1 Buchst. f sowie schließlich die **Zweckänderung** nach Art. 6 Abs. 4 in Betracht[29].

69 Im Rahmen der Interessenabwägung erlaubt die DSGVO die Verarbeitung von personenbezogenen Daten, wenn das Interesse der betroffenen Person am Schutz ihrer Daten gegenüber dem Interesse des werbenden Unternehmens an der Verarbeitung der Daten zu Werbezwecken nicht überwiegt. Die DSGVO

---

27 Ausführlich dazu Hoeren/Sieber/Holznagel/*Hackenberg*, Teil 16.7 Big Data, Rz. 12.
28 Ausführlich dazu sowie auch zu der Frage einer möglichen „Infektionswirkung", also der Auswirkung der Verarbeitung von Daten nach Art. 9 auf weitere Daten vgl. *Schneider*, ZD 2017, 303 (306).
29 DDV, Best Practice Guide, S. 5; ausführlich zu den Auswirkungen der DSGVO auf die Markt- und Meinungsforschung s. *Hornung/Hofmann*, ZD-Beil. 2017, 1.

stellt in Erwägungsgrund 47 ausdrücklich klar, dass die Durchführung von **Dialogmarketingmaßnahmen als berechtigtes Interesse** betrachtet werden kann. Nichts anderes kann für alle sonstigen Werbemaßnahmen gelten. Zum Ausgleich sieht die DSGVO in Art. 21 Abs. 2 für das Dialogmarketing ein bedingungsloses Widerspruchsrecht der betroffenen Person vor. Das Widerspruchsrecht gilt auch für das der Dialogmarketingmaßnahme vorgeschaltete bzw. damit in Verbindung stehende Profiling (Art. 21 Abs. 2 letzter Halbs.).

Anhand dieser Neuregelungen steht außer Frage, dass die DSGVO – anders als noch das BDSG-alt – kein grundsätzliches Verbot der Verwendung personenbezogener Daten für Werbezwecke enthält. Die Durchführung von Werbemaßnahmen bedarf in datenschutzrechtlicher Hinsicht damit **keiner Einwilligung** der betroffenen Person, soweit die Grenzen der gesetzlichen Erlaubnistatbestände nicht überschritten werden. Soweit sich also aus der Interessenabwägung ergibt, dass die Anforderungen des Art. 6 Abs. 1 Buchst. f erfüllt sind, ist der Verantwortliche nicht mehr auf eine Einwilligung der betroffenen Person angewiesen. Unberührt bleiben indes die Anforderungen des UWG, wonach z.B. die E-Mail Werbung regelmäßig ein Opt-in erfordert (zum Vorrang der ePrivacy Richtlinie s. die Kommentierung zur Art. 2 DSGVO Rz. 32). 70

Im Rahmen der Abwägung der Interessen sind die oben dargestellten **Kriterien** zu berücksichtigen (Rz. 58). Relevant sind also die „vernünftigen Erwartungen" der betroffenen Person, das „Verhältnis" der betroffenen Person zu dem Verantwortlichen, die „Absehbarkeit" einer möglichen Datenverarbeitung für die betroffene Person sowie die die Stärke bzw. Bedeutung des berechtigten Interesses des Verantwortlichen (vgl. Erwägungsgrund 47). 71

Mit Blick insbesondere auf das Kriterium der Erwartbarkeit kann davon ausgegangen werden, dass die betroffenen Personen bei geschäftlichen Kontakten zu dem werbetreibenden Unternehmen in der Regel mit einer Verwendung ihrer Daten zu Werbezwecken rechnen müssen[30]. Erst recht gilt dies mit Blick auf die Erwartungshaltung der betroffenen Personen, wenn in den Datenschutzinformationen bzw. der Privacy Policy des werbetreibenden Unternehmens transparent auf die Verarbeitung der Daten für Werbezwecke hingewiesen wird[31]. Die ausdrückliche Hervorhebung der Direktwerbung in Erwägungsgrund 47 kann darüber hinaus als Hinweis des Verordnungsgebers dahingehend verstanden werden, dass die Direktwerbung nicht nur ein „berechtigtes Interesse" darstellt, denn dies versteht sich von selbst, sondern dass die Direktwerbung im Rahmen der Interessenabwägung im Sinne einer gesetzlichen Vermutung grundsätzlich zulässig ist, solange der Maßstab der Erforderlichkeit eingehalten 72

---

30 DDV, Best Practice Guide, S. 7; DSK, Kurzpapier Nr. 3: Verarbeitung personenbezogener Daten für Werbung, S. 1.

31 DDV, Best Practice Guide, S. 7; DSK, Kurzpapier Nr. 3: Verarbeitung personenbezogener Daten für Werbung, S. 1.

wird. Ebenfalls ist auch der Einsatz von Smartcams für biometrische Analysen zu Werbezwecken nicht generell unzulässig. Smartcams können auf Grundlage berechtigter Interessen genutzt werden, jedenfalls dann, wenn die dabei erstellten Aufnahmen anonymisiert ausgewertet und sofort gelöscht werden und dabei eine Umgehung des technischen Schutzes ausgeschlossen ist[32].

73 Im Ergebnis bedeutet dies, dass die **Direktwerbung grundsätzlich zulässig** ist, soweit die betroffene Person als Adressatin die Verwendung ihrer Daten zu Werbezwecken erwarten konnte (Erwägungsgrund 47). Dabei ist – insbesondere aufgrund des durch das Widerspruchsrecht vermittelten Schutzes (Opt-out Lösung) – ein **weiter Maßstab** anzulegen.

74 Gleichwohl folgt aus Erwägungsgrund 47 keine Blanko-Freistellung jeder Form von Werbemaßnahmen. Bei der Bewertung der Frage, ob eine Werbemaßnahme von dem Tatbestand des Art. 6 Abs. 1 Buchst. f erfasst ist, kommt es vielmehr auf die konkrete Ausgestaltung der jeweiligen Maßnahme an.

75 Werden etwa allein Adressdaten oder öffentlich zugängliche Daten verwendet, also tendenziell **unkritische Daten**, so steht die DSGVO der Verarbeitung dieser Daten für Werbezwecke i.d.R. nicht entgegen[33]. Dies gilt allemal, wenn das werbende Unternehmen die Daten selbst bei der betroffenen Person erhoben hat und diese über ihre Absicht der Verwendung der Daten zu Werbezwecken transparent informiert hat.

76 Hinsichtlich einer **Übermittlung** personenbezogener Daten zu Werbezwecken an Dritte, also insbesondere für den **Adresshandel**, gilt Folgendes: In Art. 6 Abs. 1 Buchst. f wird ausdrücklich geregelt, dass auch Interessen von Dritten bei der Abwägung Berücksichtigung finden können. Dies ist in verschiedenen Konstellationen relevant. Z.B. kann die Übermittlung von Kundendaten an einen werbetreibenden Dritten im Rahmen des Adresshandels auf diesen Tatbestand gestützt werden[34]. Ebenso sind Konstellationen erfasst, in denen ein Werbetreibender die Daten nicht selbst verarbeitet, sondern sich dazu Dritter bedient. Damit ist es also grundsätzlich möglich, solange der Erforderlichkeitsgrundsatz gewahrt bleibt, z.B. Daten weiterer Konzernunternehmen, öffentlich zugängliche Daten wie auch Daten von Adresshändlern für Werbezwecke zu verarbeiten[35]. Ein überwiegendes Interesse der betroffenen Person kann in solchen Fällen allerdings anzunehmen sein, wenn **besonders umfangreiche oder sensible Datensätze** an Dritte übermittelt werden. Allerdings kann auch eine solche Übermittlung wiederum zulässig sein, wenn die Daten beispielsweise durch eine Pseudonymisierung der Daten besonders geschützt sind[36].

---

32 *Schwenke*, NJW 2018, 823 (827).
33 Gola/*Schulz*, Art. 6 DSGVO Rz. 182.
34 DDV, Best Practice Guide, S. 8.
35 DDV, Best Practice Guide, S. 8.
36 DDV, Best Practice Guide, S. 7.

Ähnliche Fragestellungen ergeben sich bei dem Austausch personenbezogener 77
Daten **innerhalb eines Konzerns**, etwa bei dem Aufbau einer konzernweiten Datenbank, die zu Werbezwecken genutzt werden soll. Die DSGVO enthält kein „echtes" Konzernprivileg. Der Datenaustausch zwischen Konzerngesellschaften ist mithin nicht schon deshalb zulässig, weil es sich bei den involvierten Gesellschaften um verbundene Unternehmen handelt. Jede Gesellschaft ist weiterhin datenschutzrechtlich als separate Einheit zu betrachten. Um **konzernübergreifende Datenbanken** (etwa Customer Relationship Management-Systeme) zu unterhalten, ist wiederum eine Interessenabwägung vorzunehmen. Allerdings ist insoweit zu beachten, dass die DSGVO das berechtigte Interesse am konzerninternen Datenaustausch für interne Verwaltungszwecke ausdrücklich anerkannt hat (Erwägungsgrund 48). Zwar ließe sich diskutieren, ob Werbemaßnahmen unter den Begriff der „Verwaltungszwecke" gefasst werden können. Nach der hier vertretenen Ansicht ist dies aber durchaus der Fall. Denn bei den genannten Datenbanken geht es vornehmlich um die Verwaltung dieser Daten, wohingegen die anschließende Werbemaßnahme bzw. die Profilbildung zu diesem Zweck an den allgemeinen Kriterien der Interessensabwägung zu messen ist. Daraus folgt, dass bei einer konzerninternen Übermittlung die berechtigten Interessen der Unternehmen in der Regel höher und die schutzwürdigen Interessen der betroffenen Personen niedriger zu bewerten sind als beim Datentransfer zwischen konzernfremden Unternehmen. Die Unterhaltung konzernweiter CRM-Systeme ist damit nach der hier vertretenen Ansicht grundsätzlich möglich[37].

Seine **Grenze** findet dieses Recht der werbetreibenden Unternehmen allerdings 78
dort, wo die schutzwürdigen Interessen der betroffenen Person im Einzelfall überwiegen. Die deutschen Datenschutzbehörden haben den Standpunkt eingenommen, dass **eingriffsintensivere Maßnahmen** im Rahmen des Dialogmarketings, wie etwa die **Profilbildung**, eher dafür sprechen würden, dass ein Interesse der betroffenen Person am Ausschluss der Datenverarbeitung überwiegt[38]. Zuzustimmen ist dieser Ansicht insoweit, als eine Profilbildung tendenziell höhere Anforderungen an die Interessenabwägung stellt als etwa die bloße Verwendung einer E-Mail-Adresse zur Versendung eines einmaligen Newsletters. Allerdings heißt dies keinesfalls, dass die Bildung von Werbescores und sonstigen Profilen stets unzulässig wäre. Ganz im Gegenteil führt die Interessenabwägung i.d.R. zur Zulässigkeit der Profilbildung, soweit die in Erwägungsgrund 47 genannten Anforderungen gewahrt bleiben. Wird die betroffene Person also z.B. vorab über die beabsichtigte Profilbildung informiert, so sprechen sowohl die Kriterien der „vernünftigen Erwartungen" als auch der „Absehbarkeit" für die Zulässigkeit der Maßnahme. Wird die Profilbildung darüber hinaus noch durch das Unternehmen durgeführt, welches in direkter Kundenbeziehung zu der betroffenen Person steht, so spricht auch das „Verhältnis" der betroffenen

---

37 DDV, Best Practice Guide, S. 20.
38 DSK, Kurzpapier Nr. 3: Verarbeitung personenbezogener Daten für Werbung, S. 2.

Art. 6 DSGVO | Rechtmäßigkeit der Verarbeitung

Person zu dem Verantwortlichen für die Zulässigkeit. Allerdings ist auch zu berücksichtigen, dass eine Profilbildung tendenziell schwerer zu rechtfertigen ist, wenn weder eine enge Beziehung zwischen dem Verantwortlichen und der betroffenen Person besteht, noch eine transparente Aufklärung erfolgt ist. In solchen Konstellationen wird schließlich maßgeblich sein, ob der Verantwortliche etwa durch eine Pseudonymisierung geeignete Garantien für den Schutz der Rechte der betroffenen Person implementiert.

79 Eine weitere – in diesem Fall starre – Grenze ist erreicht, wenn **besondere Arten von Daten** (Art. 9) oder Daten über **strafrechtliche Verurteilungen oder Straftaten** (Art. 10) betroffen sind. Eine Verarbeitung solcher Daten ist für Zwecke des Dialogmarketings grundsätzlich ausgeschlossen, soweit keine Einwilligung der betroffenen Person vorliegt. Weiterhin ist die besondere Schutzbedürftigkeit von Kindern unter 16 Jahren besonders zu berücksichtigen. Dies gilt, in abgeschwächter Form, auch für Jugendliche zwischen 16 und 18 Jahren[39].

80 Neben der datenschutzrechtlichen Zulässigkeit der Werbemaßnahme muss diese freilich auch in sonstiger Weise dem anwendbaren Recht entsprechen. Im deutschen Recht ist insoweit insbesondere die Regelung des § 7 UWG relevant, die besondere Anforderungen an die lauterkeitsrechtliche Zulässigkeit der Werbung per E-Mail, Telefon und Telefax stellt. Vor diesem Hintergrund liegt in datenschutzrechtlicher Hinsicht die Wertung nahe, dass ein Verstoß gegen § 7 UWG auch in datenschutzrechtlicher Hinsicht zur Unzulässigkeit der Werbemaßnahme führt, soweit diese auf den Tatbestand der Interessenwahrung gestützt werden soll. Denn es kann kaum argumentiert werden, dass es den nach Erwägungsgrund 47 erforderlichen „vernünftigen Erwartungen" der betroffenen Person entspricht, dass ihre Daten zu Zwecken verarbeitet werden, die nicht mit der Rechtsordnung im Einklang stehen[40]. Zum Vorrang der ePrivacy Richtlinie und damit der Fortgeltung des § 7 UWG nach Erlass der DSGVO s. oben Rz. 71 sowie die Kommentierung zur Art. 2 DSGVO Rz. 32.

81 Alternativ zur vorstehend dargestellten Interessenabwägung kann die Verarbeitung personenbezogener Daten zu Werbezwecken ggf. auch auf eine **Zweckänderung** gestützt werden. Dazu ist es erforderlich, dass die Daten ursprünglich zwar nicht zu Zwecken der Werbung erhoben wurden, die Zwecke der ursprünglichen Erhebung jedoch mit der anschließenden Werbemaßnahme vereinbar sind (Art. 5 Abs. 1 Buchst. b und Art. 6 Abs. 4). In einer solchen Konstellation bedarf es keiner gesonderten Rechtsgrundlage für die weitere Verarbeitung (vgl. Erwägungsgrund 50)[41].

82 Seitens der Werbeindustrie wird vertreten, dass der Tatbestand der Zweckänderung im Dialogmarketing nur eine sehr **eingeschränkte Bedeutung** habe. Zur Be-

---

39 DDV, Best Practice Guide, S. 7.
40 DSK, Kurzpapier Nr. 3: Verarbeitung personenbezogener Daten für Werbung, S. 2.
41 DDV, Best Practice Guide, S. 16.

gründung wird angeführt, dass im kommerziellen Umfeld Daten stets auch zu Werbezwecken erhoben würden. Spätere Zweckänderungen seien daher regelmäßig nicht erforderlich und die Zweckänderungsklausel finde deshalb keine Anwendung[42]. Diese Einschätzung überzeugt in Fällen, in denen die Verwendung von Kundendaten für Werbezwecke regelmäßig zum Geschäftsmodell des jeweiligen Unternehmens gehört, etwa wenn ein Versandhändler Daten seiner Kunden zum Zwecke der Vertragserfüllung erhebt und diese anschließend zur Bewerbung dieser Kunden verwendet. Allerdings dürfte die Annahme, im kommerziellen Umfeld sei stets und von Beginn an eine Werbenutzung beabsichtigt, zu weit reichen. Häufig fassen Unternehmen erst lange Zeit nach der Ersterhebung bestimmter Daten den Entschluss, diese für Werbezwecke zu verwenden. Und vielfach wird es auch schlicht daran fehlen, dass die Werbenutzung im Rahmen der Erhebung der Daten als Zweck festgelegt worden ist. In diesen Fällen kann der Tatbestand der Zweckänderung durchaus einschlägig und auch hilfreich sein.

Ob eine Zweckänderung in solchen Fällen zulässig ist, richtet sich nach den in Art. 6 Abs. 4 Buchst. a–e aufgestellten **Kriterien** („Verbindung" zwischen den Zwecken, „Zusammenhang" der Datenerhebung, „Art" der Daten, „Folgen" der Weiterverarbeitung und „Garantien"). Insoweit ist erneut zu berücksichtigen, dass die Durchführung von Dialogmarketingmaßnahmen in Erwägungsgrund 47 ausdrücklich als berechtigtes Interesse anerkannt worden ist. Dies spricht dafür, dass der Verordnungsgeber die Werbung grundsätzlich ermöglichen wollte. Vor diesem Hintergrund ist regelmäßig anzunehmen, dass eine Zweckänderung jedenfalls in den Fällen zulässig ist, in denen die Werbemaßnahme ansonsten auf den Tatbestand der Interessenwahrung nach Art. 6 Abs. 1 Buchst. f gestützt werden könnte. 83

Werden personenbezogene Daten verarbeitet, um Direktwerbung zu betreiben, so hat die betroffene Person das Recht, **jederzeit Widerspruch** gegen die Verarbeitung sie betreffender personenbezogener Daten zum Zwecke derartiger Werbung einzulegen; dies gilt auch für das Profiling, soweit es mit solcher Direktwerbung in Verbindung steht (Art. 21 Abs. 2). Die DSGVO postuliert damit im Grundsatz ein **Opt-Out-Prinzip** für die Verarbeitung von Daten zu Zwecken des Dialogmarketings[43]. Die betroffene Person muss spätestens zum Zeitpunkt der ersten Kommunikation ausdrücklich auf das Widerspruchsrecht hingewiesen werden, Art. 21 Abs. 4. Der Hinweis hat verständlich und getrennt von anderen Informationen zu erfolgen. 84

Soweit zum Zeitpunkt des Empfangs eines Widerspruchs bereits weitere Werbemaßnahmen veranlasst worden sind, ist deren Durchführung nur dann zulässig, wenn die Maßnahme mit zumutbarem Aufwand nicht mehr gestoppt werden kann. In solchen Fällen sollte der Empfänger in der Antwort auf das Widerspruchsschreiben allerdings entsprechend informiert werden[44]. 85

---

42 DDV, Best Practice Guide, S. 16.
43 DDV, Best Practice Guide, S. 17.
44 DDV, Best Practice Guide, S. 17.

Art. 6 DSGVO | Rechtmäßigkeit der Verarbeitung

cc) Betrugsprävention, Risikomanagement

86 Es besteht ein **äußerst gewichtiges Interesse der Wirtschaft** an der Verwendung von Daten zu Zwecken des Risikomanagements und zur Bekämpfung von Korruption und Wirtschaftskriminalität. Demgegenüber kann die Schutzwürdigkeit der betroffenen Person in aller Regel nicht überwiegen. Dies folgt nicht zuletzt aus dem Umstand, dass die Betrugsprävention in Erwägungsgrund 47 ausdrücklich als besonders schützenswertes berechtigtes Interesse anerkannt worden ist, wenn es dort heißt, dass die Verarbeitung personenbezogener Daten im für die Verhinderung von Betrug unbedingt erforderlichen Umfang ebenfalls ein berechtigtes Interesse des jeweiligen Verantwortlichen darstellt.

87 Unter diese Fallgruppe fallen bspw. Maßnahmen wie die Einrichtung von unternehmens- oder **konzerninternen Warndateien** zur Vorbeugung von Geldwäsche und Betrug. Ebenso fällt darunter die Übermittlung entsprechender Daten an **Branchenwarndienste**, z.B. im Bank-, Versicherungs- oder Spielbankgeschäft. Die Verantwortlichen haben ein gemeinsames Interesse an der Bekämpfung bereichsspezifischer Risiken. Kreditinstitute sind zur Einrichtung eines entsprechenden Sicherheitssystems sogar qua Gesetz verpflichtet; die Datenverwendung zu diesen Zwecken richtet sich in Deutschland nach §§ 25a, 25c KWG. Bei sorgfältiger Ausgestaltung wird in solchen Fällen auch die Begründung von „**Information-Sharing**" Systemen innerhalb eines Konzernverbunds zulässig sein, ebenso wie die Begründung einer zentralen Stelle innerhalb eines Konzerns mit besonderer Expertise (z.B. im Rahmen einer Compliance-Abteilung oder der Unterhaltung einer Whistle-Blowing-Hotline). Auch und gerade die Tätigkeit von **Auskunfteien** ist grundsätzlich nach diesem Tatbestand zu legitimieren. Auch wenn deren Geschäftstätigkeit eine Verarbeitung weitreichender Datensätze gewissermaßen „auf Vorrat" darstellt, ist eine solche Verarbeitung aufgrund der hohen volkswirtschaftlichen Relevanz des Auskunftswesens grundsätzlich gerechtfertigt[45].

88 Zu beachten ist stets allerdings der **Erforderlichkeitsgrundsatz**. Dies hat der Verordnungsgeber in Erwägungsgrund 47 nochmals ausdrücklich unterstrichen, wenn es dort heißt, dass die Verarbeitung zu Zwecken der Betrugsprävention auf den „unbedingt erforderlichen Umfang" zu beschränken sei.

dd) Datenverarbeitung im Konzern

89 Aus Erwägungsgrund 48 geht weiter hervor, dass Teile einer Unternehmensgruppe ein berechtigtes Interesse daran haben können, personenbezogene Daten **innerhalb der Unternehmensgruppe** für interne Verwaltungszwecke, einschließlich der Verarbeitung personenbezogener Daten von Kunden und Beschäftigten, zu übermitteln[46]. Der Begriff der „**Verwaltungszwecke**" ist hier weit

---

45 Gola/*Schulz*, Art. 6 DSGVO Rz. 133.
46 Kühling/Buchner/*Petri*, Art. 6 DSGVO Rz. 168.

zu verstehen[47]. Im Ergebnis folgt daraus, dass ein Datenaustausch im Konzern damit grundsätzlich möglich sein sollte, und zwar ohne dass es dazu einer Auftragsverarbeitung bedarf[48]. Zu denken wäre etwa an zentralisierte HR-Abteilungen oder Compliance-Abteilungen, die in einem Konzernunternehmen errichtet werden und die entsprechenden Aufgaben für die weiteren Konzernunternehmen wahrnehmen. Auch eine Verarbeitung personenbezogener Daten für **Compliance-Zwecke** kann auf diese Norm gestützt werden[49]. So folgt aus Erwägungsgrund 50, dass der Hinweis des Verantwortlichen auf mögliche Straftaten und die Übermittlung der maßgeblichen personenbezogenen Daten an eine zuständige Behörde ein berechtigtes Interesse darstellen. Erst recht müssen daher vorbereitende interne Compliance-Untersuchungen möglich sein.

ee) Compliance Untersuchungen

Unternehmen entscheiden sich aus verschiedenen Gründen zur Durchführung von internen **Compliance Untersuchungen**. Teilweise erfolgen die Untersuchungen zur Erfüllung der generellen Pflicht der Geschäftsleitung, rechtswidriges Verhalten – etwa im Bereich der Korruption – innerhalb des Unternehmens durch entsprechende organisatorische Vorkehrungen zu unterbinden und etwaige Verstöße aufzuklären[50]. Teilweise erfolgen die Untersuchungen auf externen Druck, wie insbesondere im Falle von Aktionärsklagen oder der Einleitung von Verfahren durch die Staatsanwaltschaft, die Börsenaufsicht oder US-Behörden, die regelmäßig eine umfassende Mitwirkung der betroffenen Unternehmen an der Aufklärung einfordern. Und nicht zuletzt spielen häufig auch PR-Aspekte eine Rolle, wenn in den Medien die „lückenlose Aufklärung" eines publik gemachten Vorfalls verlangt wird. 90

Die Zulässigkeit einer solchen Compliance Untersuchung ist im Rahmen der **Interessenabwägung nach Art. 6 Abs. 1 Buchst. f** zu beurteilen. Es bestehen grundsätzlich keine Zweifel daran, dass Unternehmen bei der Durchführung von Compliance Untersuchungen „berechtigte Interessen" verfolgen[51]. Weiterhin muss die Untersuchung zur Durchführung des angestrebten Zwecks allerdings auch „erforderlich" sein. Im Grundsatz steht insoweit außer Frage, dass es zur Durchführung einer Compliance Untersuchung erforderlich ist, personenbezogene Daten zu verwenden, wenn es z.B. darum geht, die Korrespondenz zwischen bestimmten Personen auszuwerten. Allerdings ist insofern eine Einzelfallprüfung vorzunehmen, da stets danach zu fragen ist, ob z.B. der Kreis der 91

---

47 Ausführlich dazu Gola/*Schulz*, Art. 6 DSGVO Rz. 85 ff.
48 Ausführlich zum konzerninternen Datentransfer s. *Voigt*, CR 2017, 7.
49 Offen gelassen bei *Gierschmann*, ZD 2016, 51 (54).
50 S. zur Frage welche Grundsätze in den einzelnen Phasen der internen Untersuchung beachtet werden sollten *Hermann/Zeidler*, NZA 2017, 1499.
51 So auch *Schwenke*, NJW 2018, 823 (826).

von der Untersuchung erfassten Personen richtig gezogen ist bzw. der beabsichtigte Zweck mit gleicher Sicherheit auch auf andere Weise erzielt werden kann. Weiterhin ist dann jeder einzelne Verwendungsschritt (Speicherung, Auswertung[52], Mitarbeiterbefragung[53], Übermittlung[54], etc.) einer gesonderten Erforderlichkeitsprüfung zu unterziehen[55].

92 Vielfach wird im Rahmen von Compliance Untersuchungen – insbesondere im Zusammenhang mit Gerichtsverfahren in den USA – eine „**Legal Hold Notice**" ausgesprochen, also die Anweisung, die gewöhnlichen Löschroutinen auszusetzen und keine relevanten Dokumente zu löschen oder zu vernichten. Hinzuweisen ist insoweit zunächst auf den Umstand, dass die weitere Speicherung personenbezogener Daten durchaus datenschutzrechtliche Relevanz hat, was offenbar in den USA nicht ohne weiteres so gesehen wird. Darauf weist die Artikel 29-Datenschutzgruppe in ihrer Stellungnahme zum pre-trial-discovery[56] zutreffend hin, wenn es dort – damals noch mit Blick auf die EG-Datenschutzrichtlinie – heißt: „In den Vereinigten Staaten wird zwar die Speicherung personenbezogener Daten für einen Rechtsstreit nicht als Verarbeitung angesehen, nach der Richtlinie 95/46/EG stellt aber jede Aufbewahrung, Konservierung oder Archivierung von Daten für derartige Zwecke eine Verarbeitung dar. Die Aufbewahrung von Daten für einen künftigen Rechtsstreit ist lediglich gemäß Art. 7 Buchstaben c oder f der Richtlinie 95/46/EG möglich." Die Eingriffsintensität solcher Maßnahmen ist jedoch vergleichsweise gering. Der reine Umstand, dass Daten weiterhin gespeichert bleiben, führt noch nicht unmittelbar dazu, dass die Daten auch darüber hinaus verwendet, also insbesondere eingesehen werden. Gleichzeitig muss sich eine solche Maßnahme an dem in der DSGVO verankerten Grundsatz der Datensparsamkeit messen lassen. Zu vermeiden ist es, Daten weiterhin vorrätig zu halten, die für die Untersuchung evident keine Bedeutung haben. Im Zweifel ist den Unternehmen insoweit aber ein eher weiter Ermessensspielraum zu gewähren, da sich zu Beginn einer Untersuchung häufig noch nicht abschließend bewerten lässt, welche konkreten Dokumente eines Tages relevant sein können, zumal wenn bei einem zu eng gesteckten Rahmen der Anordnung eine unwiderrufliche Löschung droht.

---

52 Zur Verwendung von Sicherungskopien eines E-Mail-Postfachs im vielbeachteten Fall „Mappus" s. VGH Mannheim, ZD 2014, 579.
53 S. konkret zur Frage der Zulässigkeit der Mitarbeiterbefragung *Spehl/Momsen/Grützner*, CCZ 2014, 170; *Süße/Eckstein*, Newsdienst Compliance 2014, 71009.
54 Vgl. etwa zur Frage, ob Daten auf freiwilliger Basis an ermittelnde Behörden übermittelt werden dürfen oder eine solche Übermittlung an der Erforderlichkeit scheitert *Kopp/Pfisterer*, CCZ 2015, 98 (103).
55 S. dazu die Bewertung verschiedener Fallgruppen bei *Spehl/Momsen/Grützner*, CCZ 2014, 2.
56 Artikel 29-Datenschutzgruppe, Arbeitsunterlage 1/2009 über Offenlegungspflichten im Rahmen der vorprozessualen Beweiserhebung bei grenzübergreifenden zivilrechtlichen Verfahren (pre-trial discovery) v. 11.2.2009.

Für die grundsätzliche Zulässigkeit der **Aussetzung einer Löschroutine** hat sich für den Fall der pre-trial discoveries auch die Artikel 29-Datenschutzgruppe ausgesprochen. Wörtlich heißt es dazu in der Stellungnahme der Datenschutzgruppe[57]: „Wenn jedoch die personenbezogenen Daten rechtserheblich sind und in einem konkreten oder unmittelbar bevorstehenden Verfahren verwendet werden sollen, sollten sie bis zum Verfahrensabschluss und bis zum Ende der Berufungsfrist aufbewahrt werden. Die Vernichtung von Beweismitteln kann einschneidende verfahrensrechtliche und andere Sanktionen nach sich ziehen." Und weiter: „Es kann sich als notwendig erweisen, Informationen, einschließlich personenbezogener Daten, präventiv oder für ein Gerichtsverfahren („litigation hold") aufzubewahren. De facto bedeutet dies, dass das Unternehmen Dokumente, die für bereits anhängige oder noch zu erwartende Klagen relevant sein können, vorübergehend aus seinem Dokumentenverwaltungssystem, das die Aufbewahrung oder Vernichtung von Dokumenten regelt, herausnimmt."

93

Eine vergleichbare Thematik ergibt sich, wenn große Datenmengen für die Zwecke der **Auswertung** auf gesonderten Servern gespeichert werden sollen, die häufig von technischen Dienstleistern betrieben werden. Bei einem solchen Vorgang kommt es zu einer Duplizierung der Datensätze und somit zu der Frage, ob diese dem Grundsatz der Erforderlichkeit genügt. Auch insoweit bestehen aber keine grundsätzlichen Bedenken gegen die Fertigung entsprechender Kopien, da i.d.R. nur auf diesem Wege eine strukturierte Untersuchung ohne Störung des Betriebsablaufs des Unternehmens durchgeführt werden kann. Auch insoweit gilt aber, dass sorgsam abzuwägen ist, welche konkreten Datensätze übernommen werden. Betrifft die Untersuchung z.B. nur Vorgänge aus einem bestimmten Zeitraum, so sollten die Datensätze so gewählt werden, dass sie – soweit technisch möglich – auch nur Daten, etwa E-Mails, aus dem relevanten Zeitraum enthalten.

94

Diskutiert wird weiterhin, in welchem Rahmen die Unternehmen berechtigt sind, Dritte – also insbesondere Anwaltskanzleien – mit der Durchführung der Untersuchung zu betrauen. Denn die Einschaltung z.B. einer Anwaltskanzlei führt rechtstechnisch zu einer „**Übermittlung**" personenbezogener Daten an die Kanzlei, welche sich wiederum an dem Grundsatz der Erforderlichkeit messen lassen muss. Bei formalistischer Betrachtung könnte eingewandt werden, dass die Einschaltung einer Kanzlei nicht erforderlich sei, da Unternehmen die Untersuchung ebenso gut intern durchführen können. In der Praxis stellt die Einschaltung von Kanzleien allerdings den Regelfall dar und lässt sich auch anhand der datenschutzrechtlichen Grundsätze gut begründen. Denn im Ergebnis führt die Einschaltung einer Kanzlei eher zu einer geringeren Belastung für die betroffenen Mitarbeiter eines Unternehmens, da deren Daten nicht etwa durch deren

95

---

57 Artikel 29-Datenschutzgruppe, Arbeitsunterlage 1/2009 über Offenlegungspflichten im Rahmen der vorprozessualen Beweiserhebung bei grenzübergreifenden zivilrechtlichen Verfahren (pre-trial discovery) v. 11.2.2009.

Kollegen oder Vorgesetzte gesichtet werden, sondern durch eine externe Kanzlei, die zudem dem anwaltlichen Berufsgeheimnis unterliegt. Hinzu kommt, dass auf Compliance Untersuchungen spezialisierte Kanzleien über spezifische Erfahrungen und Ressourcen verfügen, die in den Unternehmen oftmals nicht vorhanden sind.

96 Im Rahmen von Compliance Untersuchungen ist es unvermeidbar, dass zunächst Daten gespeichert und gesichtet werden, die sich später als nicht relevant herausstellen. Denn naturgemäß muss ein zumindest potentiell relevantes Dokument zunächst geprüft werden, bevor ermessen werden kann, welche Relevanz es für die Untersuchung hat. Um diesem Problem zu begegnen, arbeitet man in der Praxis – zumindest im Rahmen größerer Untersuchungen – mit **Suchbegriffen**. Die Suchbegriffe werden speziell auf den Gegenstand der Untersuchung zugeschnitten und bilden somit einen ersten **Filter**, um den Umfang der untersuchten Dokumente im Rahmen eines automatisierten Verfahrens angemessen zu begrenzen. In einem weiteren Schritt werden die auf Basis der Suchbegriffe als potentiell relevant identifizierten Dokumente gesichtet, i.d.R. durch Anwälte der eingeschalteten Kanzlei. In diesem Schritt werden weitere Dokumente aussortiert, die keinen Bezug zum Untersuchungsgegenstand haben. So mag es z.B. vorkommen, dass der Begriff „Geschenk" als Suchbegriff verwendet wird für eine Untersuchung hinsichtlich möglicher Bestechungsversuche. Wenn sich nun aber z.B. Mitarbeiter des Unternehmens per E-Mail über ein Abschiedsgeschenk für ihren Kollegen ausgetaucht haben, so würde diese Korrespondenz anhand des Suchbegriffs als potentiell relevant angezeigt werden. Im Rahmen der Sichtung der entsprechenden Dokumente würden diese dann von der weiteren Untersuchung ausgenommen werden.

97 Der vorstehend beschriebene Ansatz der „Filterung" hat sich in der Praxis als „best-practice" Ansatz etabliert und entspricht auch den von der Artikel 29-Datenschutzgruppe etablierten Vorgaben, die sich wie folgt zu dieser Thematik positioniert hat[58]: „Die für die Verarbeitung Verantwortlichen, die an einem Rechtsstreit beteiligt sind, sind verpflichtet, geeignete Vorkehrungen zu treffen (im Hinblick auf die Sensibilität der betreffenden Daten sowie auf alternative Informationsquellen), um die Offenlegung personenbezogener Daten auf die Daten zu beschränken, die für die zur Verhandlung anstehenden Fragen objektiv erheblich sind. Dieses **„Filtern" erfolgt in mehreren Phasen:** zunächst wird festgestellt, welche Informationen für den Rechtsstreit relevant sind, dann wird geprüft, inwieweit diese Informationen personenbezogene Daten enthalten. Sind personenbezogene Daten betroffen, muss der für die Verarbeitung Verantwortliche abwägen, ob es erforderlich ist, dass die personenbezogenen Daten vollständig verarbeitet werden, oder ob sie beispielsweise in einer stärker anonymi-

---

58 Artikel 29-Datenschutzgruppe, Arbeitsunterlage 1/2009 über Offenlegungspflichten im Rahmen der vorprozessualen Beweiserhebung bei grenzübergreifenden zivilrechtlichen Verfahren (pre-trial discovery) v. 11.2.2009.

sierten oder überarbeiteten Form vorgelegt werden können. Wenn die Identität der betroffenen Person für den Streitgegenstand nicht relevant ist, besteht keine Notwendigkeit, eine solche Information in erster Instanz bereitzustellen. Diese kann allerdings in einer späteren Phase vom Gericht angefordert werden, was zu einer weiteren „Filterung" führen kann. In den meisten Fällen wird es ausreichen, die personenbezogenen Daten pseudonymisiert, d.h. mit anderen Identifikatoren als dem Namen der betroffenen Person, zu übermitteln."

Ein absolutes Verbot, auch **private Korrespondenz** mit in die Untersuchung einzubeziehen, kennt die DSGVO nicht. Allerdings sind insoweit an die Verhältnismäßigkeit der Maßnahmen besonders hohe Anforderungen zu stellen, denn in aller Regel wird die Untersuchung privater E-Mails und sonstiger Korrespondenz für die Durchführung der Untersuchung nicht erforderlich sein. Insofern ist im Einzelfall zu prüfen, ob als „privat" gekennzeichnete E-Mails oder E-Mails aus bestimmten „Privatordnern" von Beginn an von dem Umfang der Untersuchung ausgenommen werden können. Soweit dies technisch nicht möglich ist, sollte jedenfalls ab dem Moment, in dem eine E-Mail als „privat" identifiziert worden ist, von der weiteren Auswertung abgesehen werden. 98

ff) Inkasso/Forderungsmanagement

Der Schwerpunkt der Tätigkeit der Inkassodienstleister liegt in der Erbringung von **Inkassodienstleistungen**. Die Inkassodienstleistung ist in § 2 Abs. 2 des Rechtsdienstleistungsgesetzes (RDG) definiert und betrifft im Kern den Forderungseinzug, der einer strengen gesetzlichen Regulierung unterliegt und nur von registrierten und besonders qualifizierten Personen erbracht werden darf. Die Tätigkeit eines Inkassodienstleisters reicht insoweit vom vorgerichtlichen Inkasso über die Durchführung des gerichtlichen Mahnverfahrens bis zur Durchführung von Vollstreckungen im Zwangsvollstreckungsverfahren. 99

Die Inkassodienstleister verfolgen damit **von der Rechtsordnung anerkannte und schützenswerte Interessen**. Dem gegenüber stehen die **Interessen der Schuldner** an einer transparenten und auf das erforderliche Maß beschränkten Nutzung ihrer personenbezogenen Daten. Diese Interessen der Schuldner sind dabei häufig gleichlaufend mit dem Interesse an einem wirksamen Forderungsmanagement, da so objektiv unnötige Schritte in der Datenverarbeitung verhindert und der Umfang der Verarbeitung personenbezogener Daten auf das erforderliche Maß reduziert werden kann[59].

Soweit der Inkassodienstleister Maßnahmen innerhalb einer konkreten Mandatsbeziehung zu einem konkreten Mandanten vornimmt, namentlich zur **Durchsetzung der Forderungen** des Mandanten gegenüber dem Schuldner, kann sich der Inkassodienstleister zur Rechtfertigung seiner Inkassomaßnahmen 100

---

[59] Zu der Frage, unter welchen Voraussetzungen die DSGVO Daten an Rechtsdienstleister und Forderungskäufer weiterzugeben zulässt s. *Abel/Djagani*, ZD 2017, 114.

auf den Erlaubnistatbestand der „Vertragserfüllung" stützen[60]. Darüber hinaus und daneben bleibt stets ein Rückgriff auf den Erlaubnistatbestand der Interessenabwägung möglich. Dieser kann z.b. notwendig sein, wenn gesetzlich entstandene Primärforderungen vom Inkassodienstleister eingezogen werden sollen, also kein Vertragsverhältnis mit dem Schuldner zugrunde liegt[61].

101 Neben der Durchsetzung der Forderung des Mandanten dienen die erhobenen Daten gleichzeitig einem weiteren, eng verzahnten Zweck – dem **Forderungsmanagement** des Inkassodienstleisters. Die Effektivität der Inkassodienstleistung hängt dabei entscheidend davon ab, dass die Dienstleister im Rahmen des Forderungsmanagements ein breites Spektrum an Services anbieten und durchführen können. Dazu gehören nicht nur Adressermittlungen, Bonitätsprüfungen und Außendiensteinsätze, sondern auch der Einsatz von analytisch-statistischen Verfahren, mit denen aus Erfahrungswerten der Vergangenheit Voraussagen für ein mögliches zukünftiges Verhalten gewonnen werden. Ziel des Forderungsmanagements ist es, Forderungsausfälle der Gläubiger so gering wie möglich zu halten, die notwendige Liquidität der Wirtschaftsunternehmen zu wahren und den erstattungspflichtigen Schuldner so wenig wie möglich mit weiteren Kosten zu belasten. Von diesem Zweck umfasst sind auch die datenbasierte Analyse und Optimierung der Prozesse im Inkassounternehmen[62]. Insbesondere geht es beim Forderungsmanagement um die effiziente Aussteuerung der Maßnahmen, u.U. auch auf Grundlage von errechneten Wahrscheinlichkeitswerten. Nicht zielführende Vollstreckungs- bzw. Vorbereitungsmaßnahmen sollen im Interesse aller Beteiligten vermieden werden.

102 Die Inkassodienstleister verfolgen in aller Regel also zwei (zunächst) **nebeneinanderlaufende Zwecke** bei der Datenverarbeitung. Die DSGVO ermöglicht dies: sie spricht immer wieder von der Verarbeitung für legitime „Zwecke" (Plural) und erkennt die Verfolgung paralleler Zwecke an, vgl. etwa Art. 5 Abs. 1 Buchst. b oder Art. 6 Abs. 1 Buchst. a.

103 Bei einer wirtschaftlichen Betrachtung wird zwar auch beim Forderungsmanagement letztlich immer noch derselbe Zweck verfolgt wie bei der ursprünglichen Erhebung und Verwendung zur Durchsetzung, nämlich die Geltendmachung offener Forderungen. Bei genauer rechtlicher Analyse kann man dagegen auch von einer **graduellen Zweckänderung** ausgehen, denn das Inkassounternehmen verfolgt nun nicht mehr nur den (abgeleiteten) Zweck der Durchsetzung einer ganz spezifischen Forderung, sondern nutzt die Daten auch, um die Prozesse und Daten mandantenübergreifend bzw. für den ursprünglichen Mandanten

---

60 *Hoeren/Kaufmann*, Gutachten „Inkassounternehmen und die EU-Datenschutzgrundverordnung: Eine grundrechtliche Einordnung", 2013, S. 14f.
61 *Plath*, BDIU White Paper, S. 7.
62 Ausführlich zur Wahrung des Zweckbindungsgrundsatzes s. *Ziegenhorn/Gaub*, PinG 2016, 3.

über die Fälligkeit der spezifischen Forderung hinaus zu optimieren. So kann z.b. vermieden werden, dass aussichtslose Maßnahmen ausgesteuert werden, die weder Inkassounternehmen noch Mandant oder Schuldner dienen. Eine Zweckänderung führt indes keineswegs unmittelbar zur Rechtswidrigkeit der Maßnahme. Vielmehr gilt dies nur dann, wenn die Daten in einer mit den ursprünglichen Zwecken nicht zu vereinbarenden Weise weiterverarbeitet werden (Art. 5 Abs. 1 Buchst. b). Und insoweit ist davon auszugehen, dass die Verarbeitung der Daten für die Prozessanalyse und -optimierung beim Forderungsmanagement eine mit dem Ursprungszweck „zu vereinbarende" – also zulässige – **Zweckänderung** darstellt[63]. Soweit das Forderungsmanagement **Profiling-Maßnahmen** mit umfasst und dabei zur Generierung sog. automatisierter Entscheidungen genutzt wird, gelten die Sonderregelungen des Art. 22 (weiterführend s. die Kommentierung zu Art. 22 DSGVO)[64].

gg) Beweissicherung

Ein berechtigtes Interesse des Verantwortlichen besteht auch in der Verwendung von Daten zu Nach- oder Beweiszwecken. So ist – noch zum BDSG-alt – bspw. entschieden worden, dass ein Unternehmen ein berechtigtes Interesse an der Aufbewahrung erteilter Einwilligungen in Werbeanrufe auch nach deren Widerruf haben kann, um zu einem späteren Zeitpunkt die Einhaltung der gesetzlichen Einwilligungsvorschriften nachweisen zu können[65].

104

hh) Warnung, Aufklärung

Ein berechtigtes Interesse des Verantwortlichen kann weiterhin auch in der Aufklärung oder Warnung der Öffentlichkeit liegen. Gerade dann, wenn der eigene Geschäftszweck des Verantwortlichen darin besteht, eine **Plattform** für **warnende oder aufklärende Meinungsäußerungen** zu bieten, überwiegt regelmäßig sein Interesse an der Verarbeitung personenbezogener Daten gegenüber den Interessen der betroffenen Personen. Dies hat das OLG Hamburg – noch unter dem BDSG-alt – mit Blick auf den Betreiber eines Internetforums entschieden, dem das Gericht ein eigenes Interesse an der Verbreitung der Warnung eines Plattformnutzers vor bestimmten Nahrungsergänzungsmitteln zugebilligt hat[66].

105

Ähnlich gelagert sind die Fälle der Datenverwendung zu Zwecken eines **Produktrückrufs**. Das Interesse des Verantwortlichen, Daten für eine Rückrufaktion zu verwenden, wird regelmäßig gegenüber den Interessen der betroffenen

106

---

63 *Plath*, BDIU White Paper, S. 11.
64 *Plath*, BDIU White Paper, S. 13.
65 LG Hamburg v. 23.12.2008 – 312 O 362/08, VuR 2009, 279.
66 OLG Hamburg v. 2.8.2011 – 7 U 134/10, CR 2012, 188 = ITRB 2011, 276 = ZD 2011, 138 (140).

Personen überwiegen, zumal solche Aktionen auch zu dessen eigener Sicherheit erfolgen. Ein Beispiel hierfür ist die Übermittlung von Autokäuferdaten durch den Händler an den Hersteller.

ii) Unternehmenstransaktionen (M&A)

107 Relevant wird das Thema Datenschutz insbesondere bei sämtlichen Formen von Unternehmensverkäufen, -zusammenschlüssen und -abspaltungen. Denkbar sind aber Konstellationen, bei denen die zu erwerbenden Daten ein zentrales „Asset" im Rahmen der Transaktion darstellen, wo es also vornehmlich darum geht, z.B. bestimmte Datensätze zu erwerben. Aus datenschutzrechtlicher Sicht können die Auswirkungen der Frage, welche **Struktur für die Durchführung der Transaktion** gewählt wird, gravierend sein. Denn während sich beim Share Deal allein der Rechtsträger der veräußerten Gesellschaft ändert, betrifft der Asset Deal unmittelbar des Verhältnis zwischen dem Unternehmen und einer Reihe von betroffenen Personen, namentlich Kunden, Arbeitnehmern und sonstigen Dritten, deren Vertragsbeziehungen auf den Erwerber übertragen werden sollen[67]. Bei der Verschmelzung nach dem UmwG findet schließlich eine Gesamtrechtsnachfolge auf den übernehmenden Rechtsträger statt, die wiederum anders zu bewerten ist.

108 Die ersten datenschutzrechtlichen Implikationen ergeben sich regelmäßig im Rahmen der **Due Diligence-Prüfung**. Im Rahmen dieser Prüfung stellt der Verkäufer den potentiellen Erwerbern wirtschaftliche, technische und juristische Informationen über das zu verkaufende Unternehmen, die Zielgesellschaft, zur Verfügung. Die Bereitstellung dieser Informationen erfolgt in der Regel im Rahmen von **Datenräumen**. Diese werden entweder „physisch" eingerichtet oder „virtuell". Zugriff auf die bereitgestellten Unterlagen erhalten neben den Kaufinteressenten selbst in der Regel auch deren Berater, insbesondere Investmentbanken, Wirtschaftsprüfer und Anwälte. Auf der Grundlage der bereitgestellten Informationen fertigen die Berater der Kaufinteressenten in der Regel einen entsprechenden Bericht, den **Due Diligence Report**.

109 Soweit die im Rahmen der Due Diligence offengelegten Informationen personenbezogene Daten i.S.d. Art. 4 Nr. 1 enthalten, ist die **DSGVO anwendbar**. Dies gilt jedenfalls dann, wenn die Daten in elektronische („virtuelle") Datenräume eingestellt werden, da die Verarbeitung der Daten in diesen Fällen „automatisiert" erfolgt (Art. 2 Abs. 1). Darüber hinaus findet die DSGVO auch bei der Verwendung sog. „physischer Datenräume" Anwendung, soweit ein sog. „Dateisystem" vorliegt, was im Rahmen von strukturiert aufgebauten Datenräumen in der Regel der Fall sein wird (Art. 2 Abs. 1). Diskutiert wird mitunter unter M&A Beratern, ob es einer gesetzlichen Erlaubnis unter der DSGVO auch

---

[67] S. zu den rechtlichen Voraussetzungen der Weitergabe von Arbeitnehmerdaten bei Unternehmensverkäufen *Sander/Schumacher/Kühne*, ZD 2017, 105.

dann bedarf, wenn die Daten lediglich in „geschwärzter" Form offengelegt werden. Rechtlich führt dies zu einer **Pseudonymisierung**, bei der die DSGVO anwendbar bleibt. Im Ergebnis bedarf es daher einer gesetzlichen Erlaubnis auch dann, wenn die Daten lediglich „geschwärzt" offengelegt werden. Ungeachtet dessen ist eine Offenlegung derart pseudonymisierter Daten im Rahmen einer Due Diligence allerdings **in aller Regel zulässig**, denn die Eingriffsintensität ist äußerst gering.

Als Grundlage für die Offenlegung der Daten kommt der Tatbestand der Interessenwahrnehmung nach Art. 6 Abs. 1 Buchst. f in Betracht. Bei der rechtlichen Bewertung ist nach der Struktur der Transaktion zu differenzieren. 110

Im Rahmen des **Asset Deals** ist das erste Tatbestandsmerkmal des Art. 6 Abs. 1 Buchst. f grundsätzlich gegeben, denn die Verkäuferin verfolgt mit der Offenlegung der Daten **berechtigte Interessen**[68]. Weiterhin muss die Offenlegung der jeweiligen personenbezogenen Daten für die Wahrung dieser berechtigten Interessen auch **erforderlich** sein. Da sich die Due Diligence-Prüfungen im Rahmen von Unternehmenstransaktion bereits seit langem als Marktstandard etabliert haben, wird man allgemein davon ausgehen können, dass die Offenlegung jedenfalls bestimmter Informationen in der Tat zwingend geboten ist, um die Transaktion überhaupt durchführen zu können[69]. Allerdings kann die **Reichweite** dieses Rechts zur Offenlegung jeweils nur im Einzelfall anhand der jeweils konkreten Fallkonstellation beurteilt werden[70]. Es kann somit nicht davon ausgegangen werden, dass die Offenlegung jeglicher Informationen, die im Rahmen einer „Request List"[71] angefordert werden, stets erforderlich wäre[72]. Vielmehr ist insoweit jeweils auf den konkreten **Einzelfall** abzustellen. Insbesondere ist der Erforderlichkeitsgrundsatz auch hinsichtlich des Kreises der Informationsempfänger zu berücksichtigen, der in der Regel auf einen begrenzten Kreis von Entscheidungsträgern und Beratern (Rechtsanwälte, Wirtschaftsprüfer, Finance Berater, etc.) zu begrenzen ist[73]. 111

Beim **Share Deal** ist zu beachten, dass als Verkäuferin nicht der Verantwortliche selbst handelt, also nicht die Zielgesellschaft, sondern diejenige natürliche oder juristische Personen, welche die Anteile an der Zielgesellschaft hält, also die Anteilseignerin – beispielsweise die Konzernmutter. Die für die Due Diligence maßgeblichen Daten, wie z.B. Mitarbeiter- und Kundendaten, dürften aber in aller Regel nicht von der Anteilseignerin, sondern von der Zielgesellschaft generiert worden sein, d.h. nur diese ist insoweit Verantwortliche i.S.d. Art. 4 Nr. 7. 112

---

68 So noch zum BDSG-alt *Braun/Wybitul*, BB 2008, 782 (784).
69 Ähnlich noch zum BDSG-alt *Braun/Wybitul*, BB 2008, 782 (785).
70 Ähnlich noch zum BDSG-alt *Göpfert/Meyer*, NZA 2011, 486 (488).
71 Zur Begrifflichkeit vgl. *Hanke/Socher*, NJW 2010, 829.
72 So noch zum BDSG-alt *Braun/Wybitul*, BB 2008, 782 (785).
73 Ähnlich noch zum BDSG-alt *Braun/Wybitul*, BB 2008, 782 (785).

Art. 6 DSGVO | Rechtmäßigkeit der Verarbeitung

Wenn nun aber die Zielgesellschaft als Verantwortliche Daten z.b. ihrer Mitarbeiter oder Kunden gegenüber dem Kaufinteressenten offenlegt, stellte sich unter dem BDSG-alt ehemals noch die Frage, ob die Zielgesellschaft **„zur Erfüllung eigener Geschäftszwecke"** handelt, wie es die Regelung des damals einschlägigen § 28 Abs. 1 Satz 1 Nr. 2 BDSG-alt verlangte. Auf diese Frage kommt es unter der DSGVO indes nicht mehr an, denn nach Art. 6 Abs. 1 Buchst. f muss der Verantwortliche keine eigenen Interessen verfolgen, sondern kann sich ausdrücklich auch auf die **Interessen eines Dritten**, hier des zu veräußernden Unternehmens, stützen.

113 Für eine Offenlegung personenbezogener Daten im Rahmen einer **Umwandlung** nach dem UmwG gelten die vorstehenden Ausführungen zum Share Deal entsprechend. Allerdings gilt dies nur, soweit die Due Diligence-Phase betroffen ist. Bei der anschließenden Durchführung solcher Transaktionen nach Abschluss des Verschmelzungs- bzw. Spaltungs- und Übernahmevertrages gelten Besonderheiten.

114 Fraglich ist, ob die Verwendung personenbezogener Daten im Rahmen einer M&A Transaktion zu einer **Zweckänderung** i.S.d. Art. 6 Abs. 4 führt. Eindeutig ist dies nicht, da z.B. Beschäftigtendaten auch bei Offenlegung gegenüber einem potentiellen Erwerber immer noch im weiteren Sinne für die Zwecke des Beschäftigtenverhältnisses genutzt werden. Gleichwohl spricht einiges dafür, dass bei der Verwendung für die Zwecke einer Transaktion ein neuer Zweck verfolgt wird. Nimmt man dies an, so fordert Art. 6 Abs. 4 die „Vereinbarkeit" des alten mit dem neuen Zweck. Bei Wahrung der vorstehend dargestellten Anforderungen an die Offenlegung personenbezogener Daten ist diese Vereinbarkeit indes stets gegeben. Praktische Auswirkungen ergeben sich jedoch bei den Informationspflichten.

115 Im Rahmen von Due Diligence-Prüfungen hat sich in den letzten Jahren die Bereitstellung sog. **„virtueller Datenräume"** zunehmend durchgesetzt, die von professionellen Dienstleistern betrieben werden. In datenschutzrechtlicher Sicht stellt sich die Frage, ob die Dokumente dem Dienstleister im Einklang mit der DSGVO zur Verfügung gestellt werden dürfen. Im Anwendungsbereich des Art. 6 Abs. 1 Buchst. f ist die damit einhergehende Verarbeitung der Daten durch den Dienstleister nur gestattet, wenn dessen Einschaltung als „erforderlich" i.S.d. der Norm angesehen werden kann. Dies lässt sich mit guten Argumenten vertreten. Denn die Verkäufer werden gerade bei größeren Bieterverfahren in der Regel nicht über das Know-how und die erforderliche Technik zum Aufbau und Betrieb eines professionellen virtuellen Datenraums verfügen. Der rechtlich sicherere und damit für die Praxis auch zu empfehlende Weg liegt aber zweifellos in dem Abschluss eines Auftragsverarbeitungsvertrages im Einklang mit den Vorgaben des Art. 28.

116 Fraglich ist, ob die betroffenen Personen von der Offenlegung ihrer personenbezogenen Daten für die Zwecke der Due Diligence zu **unterrichten** sind. Art. 13

regelt den Fall, dass die personenbezogenen Daten direkt bei der betroffenen Person erhoben worden sind. Nach Art. 13 Abs. 1 knüpft die Benachrichtigungspflicht des Verantwortlichen grundsätzlich an den „Zeitpunkt der Erhebung" der Daten an. Vor diesem Hintergrund löst die Verwendung der Daten für die Zwecke der Due Diligence in der Regel keine Benachrichtigungspflicht aus, soweit die Verwendung durch die Verkäuferin in Rede steht[74]. Allerdings findet sich in Art. 13 Abs. 3 eine weitere Benachrichtigungspflicht, die eingreift, wenn der Verantwortliche beabsichtigt, die personenbezogenen Daten für einen anderen Zweck weiterzuverarbeiten als den, für den die personenbezogenen Daten erhoben wurden. Geht man davon aus, dass die Weiterverarbeitung der Daten für die Zwecke der Due Diligence bzw. des Unternehmenskaufs tatsächlich zu einer Zweckänderung führt (s. dazu oben Rz. 115), so löst die Verwendung der personenbezogenen Daten für diese geänderten Zwecke eine Benachrichtigungspflicht des Verantwortlichen aus. Art. 14 regelt den weiteren Fall, dass die personenbezogenen Daten nicht bei der betroffenen Person erhoben worden sind. Diese Pflicht trifft grundsätzlich den **Erwerber** bzw. den Kaufinteressenten, dem die Daten im Rahmen der Due Diligence übermittelt werden. Der Empfänger der Daten hat die betroffene Person innerhalb einer angemessenen Frist nach Erlangung der personenbezogenen Daten, längstens jedoch innerhalb eines Monats zu informieren (Art. 14 Abs. 3 Buchst. a). Die Informationspflicht des Empfängers entfällt jedoch, wenn die betroffene Person bereits über die Informationen verfügt (Art. 14 Abs. 5 Buchst. a). Insofern bietet es sich also an, dass der Verkäufer die betroffenen Personen im Rahmen seiner Benachrichtigung nach Art. 13 direkt über all die Umstände informiert, über die sie ansonsten vom Erwerber informiert werden müssten.

Die vorstehenden Ausführungen befassten sich mit der Offenlegung von Informationen in der Due Diligence bzw. Verhandlungsphase von Unternehmenstransaktionen. Für den Fall, dass eine Unternehmenstransaktion anschließend tatsächlich zum Abschluss gebracht wird, stellt sich regelmäßig die Frage, ob im Zuge der **Durchführung der Transaktion** bislang nicht offengelegte personenbezogene Daten übermittelt und vom Erwerber genutzt werden dürfen[75]. Typischerweise steht dabei die Nutzung von Kundendaten im Fokus. 117

Ein **Share Deal** hat regelmäßig keine Auswirkungen auf die Beziehung des im Wege der Anteilsübertragung veräußerten Unternehmens zu seinen Kunden oder sonstigen Betroffenen[76]. Zwar ändern sich im Zuge des Anteilserwerbs die Mehrheitsverhältnisse an der Zielgesellschaft. Jedoch bleibt die Rechtsbeziehung zwischen der Zielgesellschaft und ihren Kunden davon unberührt. 118

---

74 So noch zum BDSG-alt auch *Göpfert/Meyer*, NZA 2011, 486 (489).
75 Zur weitergehenden Frage, wie sich eine Unternehmenstransaktion auf die Stellung des betrieblichen Datenschutzbeauftragten auswirkt, vgl. noch zum BDSG *Dzida/Kröpelin*, BB 2010, 1026.
76 So noch zum BDSG-alt *Göpfert/Meyer*, NZA 2011, 486 (490).

119 Problematischer stellt sich allerdings die Datenübertragung im Rahmen von **Asset Deals** dar. Kennzeichnend für den Asset Deal ist, dass materielle und immaterielle Vermögenswerte eines Unternehmens auf ein anderes Unternehmen übertragen werden. Soweit im Zuge einer solchen Transaktion personenbezogene Daten verkauft und übertragen werden sollen, z.B. in Form von Kundenlisten, führt dies in datenschutzrechtlicher Hinsicht zu einer „Verarbeitung" von Daten i.S.d. Art. 4 Nr. 2. Eine bereits existierende Einwilligung der Kunden wird in solchen Fällen nur selten vorliegen, gerade wenn eine Vielzahl von Kunden betroffen ist. Insofern rückt für die Praxis erneut die Frage in den Vordergrund, ob die Kundendaten auf Grundlage einer **gesetzlichen Ermächtigung** übermittelt werden können.

120 Mit Blick auf den Tatbestand der Vertragsdurchführung i.S.d. Art. 6 Abs. 1 Buchst. b ließe sich argumentieren, dass auch die Übertragung der Kundendaten der betroffenen Personen von der Verkäuferin auf den Erwerber zur Beendigung bzw. Durchführung, nämlich Übertragung, der bestehenden Vertragsbeziehung mit der Verkäuferin erforderlich sei. Naheliegender erscheint es allerdings, die Übermittlung von Kundendaten im Rahmen des Vollzugs eines Asset Deals auf die Erlaubnisnorm des **Art. 6 Abs. 1 Buchst. f** zu stützen, also die **Wahrung der berechtigten Interessen** des Verantwortlichen. Ein berechtigtes Interesse an der Übermittlung der Kundendaten an den Erwerber ist erkennbar gegeben. Die Kundendaten stellen häufig ein zentrales Asset im Rahmen derartiger Transaktionen dar. Die Frage ist daher lediglich, ob der Übermittlung **überwiegende Interessen** der betroffenen Personen gegenüberstehen. In diesem Kontext hat eine Entscheidung des Bayerischen Landesamts für Datenschutz (BayLDA) zum BDSG-alt noch vor Inkrafttreten der DSGVO für Aufsehen gesorgt[77]. Das BayLDA hatte im Rahmen der Durchführung eines Asset Deals die Übermittlung von Kundendaten vom Veräußerer an den Erwerber für unzulässig erachtet und mit einem Bußgeld belegt. Die Übermittlung von lediglich Listendaten (Namen und Postanschriften) sei hiernach unproblematisch gewesen wegen des damals unter dem BDSG-alt noch geltenden „Listenprivilegs". Daten wie Telefonnummern, Email- Adressen, Konto- und/oder Kreditkartendaten und Kaufhistorien dürften hingegen nur übermittelt werden, wenn die betreffenden Kunden in die Übermittlung solcher Daten eingewilligt hätten. Alternativ sei es nach Ansicht des BayLDA ausreichend, die betroffenen Personen vor der Übermittlung auf die geplante Übermittlung hinzuweisen, verbunden mit einem Widerspruchsrecht (Opt-out). Nur soweit die betroffenen Personen von diesem Widerspruchsrecht keinen Gebrauch machen, sei die Übermittlung zulässig. Dem BayLDA ist nach der hier vertretenen Ansicht nicht zu folgen[78]. Gleichwohl steht zu befürchten, dass die Aufsichtsbehörden diese Linie auch nach Inkraft-

---

77 Pressemitteilung des BayLDA v. 30.7.2015.
78 So im Ergebnis auch im Ergebnis *Thode*, PinG 2016, 26 (29); *Wehmeyer*, PinG 2016, 215 (216).

treten der DSGVO weiter aufrechterhalten werden, so dass die Unternehmen abzuwägen haben, ob sie das Risiko eines behördlichen Verfahrens in Kauf nehmen oder vorsorglich den „Opt-out"-Ansatz verfolgen.

Die Entscheidung des BayLDA ist zu eng, da sie letztlich auf das Erfordernis einer Einwilligung hinausläuft, wenn auch im Gewande eines „Opt-out"[79]. Die Behörde verkennt dabei, dass nach **Art. 6 Abs. 1 Buchst. f** eine Interessenabwägung vorzunehmen ist, die nicht per se zum Ergebnis führen kann, dass eine Übermittlung niemals zulässig wäre. Vielmehr wird man nach der konkreten Natur der Vertragsbeziehung zu differenzieren haben. Bei **Individualverträgen** mit nur wenigen Kunden wird man eher fordern müssen, dass die Kunden vor der Übermittlung ihrer Daten um eine Einwilligung gebeten werden oder ihnen jedenfalls die oben dargestellt Opt-out Variante mit Widerspruchsmöglichkeit angeboten wird. Bei **Verträgen im Massenverkehr** wird die Interessenabwägung hingegen eher für eine Lösung sprechen, bei der die Daten zum Zwecke der Vertragsübertragung oder auch des Datenabgleichs an den Erwerber des Unternehmens übermittelt werden dürfen. Dies gilt jedenfalls für solche Daten, die für die Übertragung der Vertragsbeziehung erforderlich sind. Allerdings ist dabei streng darauf zu achten, dass die übermittelten Daten nicht zweckentfremdet genutzt werden können. Insbesondere hat der Erwerber die Daten unverzüglich zu löschen, sobald ein Kunde erklärt hat, den Wechsel zu dem neuen Vertragspartner nicht mitmachen zu wollen. 121

Bei dem Vollzug von Unternehmenstransaktionen nach dem UmwG kommt es nach der hier vertretenen Ansicht zu **keiner Übermittlung** von Kundendaten an Dritte[80]. 122

Einen Sonderfall der Unternehmenstransaktionen stellt der Verkauf von **Kanzleien bzw. Praxen** z.B. durch Anwälte, Steuerberater oder Ärzte dar[81]. Bei solchen Transaktionen liegt regelmäßig ein besonderer Fokus auf der Überlassung des Mandanten- bzw. Patientenstammes der Verkäuferin. **Patientendaten** betreffen, soweit sie „Gesundheitsdaten" (Art. 4 Nr. 15) enthalten, „besondere Kategorien personenbezogener Daten" i.S.d. Art. 9 Abs. 1. Die Verarbeitung solcher Daten ist nach Art. 9 Abs. 1 grundsätzlich verboten. In Art. 9 Abs. 2 finden sich sodann Ausnahmetatbestände, unter denen eine Verarbeitung dennoch zulässig ist. Hierunter fällt u.a. die Verarbeitung für Zwecke der Gesundheitsvorsorge (Art. 9 Abs. 2 Buchst. h). Ein Rückgriff auf die allgemeine Erlaubnisnorm des Art. 6 ist jedoch ausgeschlossen. Zudem verletzt der Verkauf von Arztpraxen durch die Übermittlung der Patientendaten ohne Einwilligung der betroffenen Personen nach der Rechtsprechung des BGH das informationelle Selbstbestim- 123

---

79 So auch im Ergebnis *Thode*, PinG 2016, 26 (29); *Wehmeyer*, PinG 2016, 215 (216).
80 Zum Meinungsstand vgl. noch zum BDSG die Nachweise bei *Teichmann/Kiessling*, ZGR 2001, 33 (40).
81 S. dazu grundlegend *Teichmann/Kiessling*, ZGR 2001, 33 (62 ff.).

mungsrecht des Patienten und die ärztliche Schweigepflicht und ist daher wegen eines Verstoßes gegen ein gesetzliches Verbot (Art. 2 Abs. 1 GG, § 203 StGB) gemäß § 134 BGB nichtig[82]. **Mandantendaten** betreffen dagegen keine „besonderen Kategorien personenbezogener Daten" i.S.d. Art. 9 Abs. 1. Die Übermittlung solcher Daten ist daher grundsätzlich nach der allgemeinen Erlaubnisnorm des Art. 6 Abs. 1 Satz 1 Buchst. f zu bewerten. Aufgrund der besonderen Sensibilität dieser Daten wird die Interessenabwägung in solchen Fällen jedoch regelmäßig zugunsten der betroffenen Personen ausfallen, so dass das Einholen einer Einwilligung in der Praxis anzuraten ist. Nach der Rechtsprechung des BGH ist ein Kaufvertrag auch im Bereich der Steuerberatungspraxen als nichtig anzusehen, soweit die Pflicht zur Übertragung der Mandantenakten nicht auf solche Mandanten beschränkt ist, die ihre Zustimmung zu der Übertragung erteilt haben[83]. Zu beachten ist, dass sich der BGH insoweit allerdings nicht auf das BDSG-alt gestützt hat, sondern vornehmlich auf den Verbotstatbestand des § 203 StGB.

III. Ermächtigung der Mitgliedstaaten zum Erlass spezifischer Bestimmungen (Abs. 2)

124 In Bezug auf Art. 6 Abs. 1 Buchst. c (Erfüllung einer rechtlichen Verpflichtung) und Art. 6 Abs. 1 Buchst. e (Wahrnehmung von Aufgaben im öffentlichen Interesse oder in Ausübung hoheitlicher Gewalt) räumt der erst im Trilog hinzugefügte Art. 6 Abs. 2 den Mitgliedstaaten einen Spielraum ein, „**spezifischere Bestimmungen zur Anpassung der Anwendung**" festzulegen. Die Mitgliedstaaten haben das Recht, „spezifische Anforderungen" beizubehalten oder einzuführen, welche die Vorschriften der DSGVO „präziser bestimmen". Auch erfasst von der Ermächtigung sind „besondere Verarbeitungssituationen" gemäß Kapitel IX der DSGVO, in welchem besondere Vorschriften für die Beachtung von Grundrechten wie der Informationsfreiheit sowie für den Beschäftigungskontext geregelt sind.

125 Aus der Verwendung des Begriffs „können" wird deutlich, dass keine Pflicht der Mitgliedstaaten besteht, spezifische Regelungen zu erlassen. Insofern stellt Erwägungsgrund 45 klar, dass gerade nicht „für jede einzelne Verarbeitung ein spezifisches Gesetz" erforderlich ist. Aus der Wahl der Formulierung „präziser bestimmen" wird weiterhin deutlich, dass sich die nationalen Regelungen im Rahmen der Vorgaben der DSGVO bewegen müssen, also nicht darüber hinausgehen dürfen.

126 Hinzuweisen ist darauf, dass die Norm ausdrücklich auch die „Beibehaltung" bereits bei Inkrafttreten der DSGVO bestehender Normen zulässt. Die nationalen Gesetzgeber werden insoweit also zu prüfen haben, ob und inwieweit die derzeit bestehenden Normen den Anforderungen des Art. 6 Abs. 2 genügen, die in Art. 6 Abs. 3 näher konkretisiert werden.

---

82 BGH v. 11.12.1991 – VIII ZR 4/91, MDR 1992, 226 = CR 1992, 266 = NJW 1992, 737.
83 BGH v. 22.5.1996 – VIII ZR 194/95, MDR 1996, 778 = NJW 1996, 2087.

IV. Anforderungen an spezifische Bestimmungen (Abs. 3)

Art. 6 Abs. 3 regelt die Anforderungen an die Rechtsgrundlagen, mit denen die Präzisierungen nach Art. 6 Abs. 2 vorgenommen werden können. Diese können sich nicht nur aus den Rechtsvorschriften der Mitgliedstaaten ergeben (Buchst. b), sondern auch direkt aus dem Unionsrecht (Buchst. a). 127

Inhaltlich muss die Rechtsgrundlage den Zweck der Verarbeitung festlegen oder wenigstens „für die Erfüllung einer Aufgabe erforderlich" sein. Die Rechtsgrundlage muss klar und präzise und ihre Anwendung vorhersehbar sein[84]. Überdies müssen diese Normen freilich im Einklang mit höherem Recht stehen[85]. Im Weiteren legt Art. 6 Abs. 3 den Regelungsrahmen für diese Rechtsvorschriften fest: sie dürfen u.a. **allgemeine Bedingungen** darüber enthalten, welche **Arten** von Daten" verarbeitet werden dürfen, „welche **Personen** betroffen" sind sowie über die **Weitergabe** und **Zweckbindung** der Datenverarbeitung. 128

Grundlegende Voraussetzung für den Erlass einer jeden Rechtsgrundlage nach Art. 6 Abs. 1 Buchst. e – nicht aber nach Art. 6 Abs. 1 Buchst. c – ist, dass die jeweiligen Rechtsvorschriften für die Erfüllung einer Aufgabe erforderlich sind, „die im öffentlichen Interesse liegt oder in Ausübung öffentlicher Gewalt erfolgt". Beispiele für eine solche Regelung bilden etwa das **Kreditwesengesetz** oder **Geldwäschegesetz**. Ersteres dient u.a. der im öffentlichen Interesse liegenden Betrugsprävention. So folgt z.B. aus § 18 KWG die Pflicht des Kreditinstituts, sich vor Gewährung bestimmter Kredite die wirtschaftlichen Verhältnisse des Kreditnehmers offenlegen zu lassen. Letzteres dient laut offizieller Bezeichnung des Gesetzes dem „Aufspüren von Gewinnen aus schweren Straftaten". Es verpflichtet die Adressaten des Gesetzes z.B. zur „Identifizierung des Vertragspartners" (§ 3 Abs. 1 Nr. 1 GWG) sowie zur „kontinuierlichen Überwachung der Geschäftsbeziehung" (§ 3 Abs. 1 Nr. 4 GWG) und regelt in den §§ 10–15 GWG die Rechte und Pflichten hinsichtlich der Verwendung der insoweit zu verarbeitenden personenbezogenen und sonstigen Daten. 129

V. Rechtmäßigkeit einer Zweckänderung (Abs. 4)

1. Kontext der Norm

Art. 6 Abs. 4 normiert die **Anforderungen an eine Zweckänderung**. Die Regelung ist im **Zusammenhang** mit Art. 5 zu lesen. Nach Art. 5 Abs. 1 Buchst. b ist die Erhebung personenbezogener Daten nur für „festgelegte, eindeutige und legitime" Zwecke gestattet (zu möglichen Beschränkungen der dort geregelten Rechte und Pflichten s. die Kommentierung zu Art. 23 DSGVO). Diese Zwecke 130

---

84 Ehmann/Selmayr/*Heberlein*, Art. 6 DSGVO Rz. 34.
85 Kühling/Buchner/*Petri*, Art. 6 DSGVO Rz. 197.

hat der Verantwortliche der betroffenen Person zum Zeitpunkt der Erhebung der Daten mitzuteilen (Art. 13 Abs. 1 Buchst. c, zu den Einzelheiten s. dort, s. auch Art. 14 Abs. 1 Buchst. c für den Fall, dass die Erhebung nicht bei der betroffenen Person erfolgt). Die Weiterverarbeitung „in einer mit diesen Zwecken nicht zu vereinbarenden Weise" ist nach Art. 5 untersagt („Zweckbindung"). Im Umkehrschluss bedeutet dies: sind die Zwecke „vereinbar", so ist die sog. „Weiterverarbeitung" nach Art. 6 Abs. 4 zulässig[86]. Die Verarbeitung zu einem anderen Zweck ist also (nur) dann unzulässig, wenn die Zwecke gerade nicht „vereinbar" sind.

131 Diese „**Vereinbarkeit**" der Zwecke ist nach Art. 6 Abs. 4 dann wiederum **nicht erforderlich**, wenn der Betroffene entweder eine **Einwilligung** zu der Zweckänderung erteilt hat oder diese Zweckänderung auf der Grundlage „einer **Rechtsvorschrift** der Union oder der Mitgliedstaaten" beruht.

132 Fehlt es an solchen Erlaubnistatbeständen, so hat der Verantwortliche anhand der in Art. 6 Abs. 4 Buchst. a-e genannten **Kriterien** zu prüfen, ob die Vereinbarkeit des neuen mit dem ursprünglichen Zweck gegeben ist. Dabei postuliert die DSGVO strengere Anforderungen als sie noch unter dem BDSG-alt galten. Denn während unter dem BDSG-alt eine gesonderte Rechtsgrundlage für die zweckentfremdete Verarbeitung erforderlich war, konnte eine solche – soweit die Voraussetzungen der Zweckänderung vorlagen – ungeachtet dessen vorgenommen werden, ob die jeweiligen Zwecke miteinander „vereinbar" waren[87].

2. Verarbeitung auf Basis allgemeiner Erlaubnisnormen bei fehlender Vereinbarkeit

133 Sind die Anforderungen an eine wirksame Zweckänderung erfüllt, so bedarf es **keiner weiteren Rechtfertigung** der Maßnahme. Die Zulässigkeit der Verarbeitung zu dem neuen Zweck folgt aus dem Zusammenspiel der Erlaubnisnorm, welche die Verarbeitung zu dem ursprünglichen Zweck legitimiert, i.V.m. Art. 6 Abs. 4, der die Zulässigkeit der Weiterverarbeitung zu dem neuen Zweck regelt.

Fraglich ist allerdings, ob ein Rückgriff auf die gesetzlichen Erlaubnistatbestände auch dann möglich ist, wenn die Anforderungen des Art. 6 Abs. 4 nicht vorliegen, weil es an einer „Vereinbarkeit" der Zwecke fehlt. Hierzu sieht nun Art. 6 Abs. 4 Satz 1 vor, dass in solchen Fällen ein **Rückgriff auf die gesetzlichen Erlaubnistatbestände**, insbesondere der DSGVO, möglich bleibt („Beruht die Verarbeitung zu einem anderen Zweck ... auf einer Rechtsvorschrift der Union"). Insbesondere bleibt es daher möglich, ursprünglich im Rahmen eines Vertragsverhältnisses zur Vertragsdurchführung verarbeitete Daten im Rahmen der Inte-

---

[86] Zum Zweckbindungsgrundsatz s. *Eichenhofer*, PinG 2017, 4.
[87] *Ziegenhorn*, zfm 2016, 3 (6).

ressenabwägung nach Art. 6 Abs. 1 Buchst. f für andere Zwecke zu verarbeiten, selbst wenn es an der „Vereinbarkeit" der Zwecke fehlen sollte[88].

3. Prüfungsschema zur Zweckänderung

Damit ergibt sich folgendes Prüfungsschema: 134

(i) Feststellung des ursprünglichen Zwecks bzw. der ursprünglichen Zwecke (Art. 5 Abs. 1 Buchst. b).

(ii) Feststellung, ob überhaupt eine rechtfertigungsbedürftige Zweckänderung vorliegt; dies ist nicht der Fall, wenn der vermeintlich weitere Zweck bereits bei der Erhebung der Daten angegeben worden ist und/oder noch unter den ursprünglichen Zweck zu fassen ist.

(iii) Bei Vorliegen einer rechtfertigungsbedürftigen Zweckänderung: Feststellung, ob die neuen Zwecke mit den alten Zwecken „vereinbar" sind; bei Vereinbarkeit der Zwecke bleibt die Verarbeitung weiterhin zulässig, ohne dass es dazu noch einmal einer gesonderten gesetzlichen Erlaubnisnorm bedürfte[89].

(iv) Bei Feststellung, dass die neuen Zwecke mit den alten Zwecken nicht „vereinbar" sind: Prüfung, ob eine Einwilligung vorliegt und ein anderer gesetzlicher Erlaubnistatbestand eingreift.

4. Kriterien für die „Vereinbarkeit" der Zwecke

Aus Art. 6 Abs. 4 Buchst. a-e ergeben sich die Kriterien, anhand derer die „Vereinbarkeit" der Zwecke festgestellt werden soll. In der Praxis hat sich dazu der Begriff des sog. „**Kompatibilitätstests**" etabliert. 135

a) „Verbindung" zwischen den Zwecken

Nach Art. 6 Abs. 4 Buchst. a gehört dazu zunächst die **Verbindung** zwischen den Zwecken. Maßgeblich ist dabei der tatsächliche Zusammenhang zwischen diesen Zwecken[90]. So mag z.B. im Falle eines Warenkaufs im Internet eine anschließende Werbemaßnahme für ähnliche Produkte eine tendenziell enge Verbindung zu dem Kauf aufweisen und somit im Rahmen der Zweckänderung zulässig sein, wenn man nicht schon davon ausgeht, dass darin wegen der Voraussehbarkeit einer solchen Maßnahme schon gar keine Zweckänderung begründet 136

---

88 Auernhammer/*Kramer*, Art. 6 DSGVO Rz. 49; Paal/Pauly/*Frenzel*, Art. 6 DSGVO Rz. 46; DDV, Best Practice Guide, S. 16.
89 So auch *Ziegenhorn*, zfm 2016, 3 (6).
90 Ehmann/Selmayr/*Heberlein*, Art. 6 DSGVO Rz. 47.

liegt. Die Abgrenzung kann in der Praxis allerdings schwierig sein. In der Literatur findet man insoweit etwa das Beispiel einer Videoüberwachungsanlage, die für Sicherheitszwecke eingerichtet ist, dann aber zur Überwachung des Arbeitsverhaltens von Beschäftigten verwendet wird. In solchen Fällen sei von einer eher losen Verbindung auszugehen[91]. Nach der hier vertretenen Ansicht wäre eine solche Betrachtung zu eng. Zwar ist in dem genannten Beispiel davon auszugehen, dass tatsächlich eine Zweckänderung vorliegt, wenn der Verantwortliche nicht schon bei der Installation der Anlage den weiteren Zweck der Überwachung von Beschäftigten hinterlegt hat. Allerdings sind die beiden Zwecke insoweit eher eng miteinander verknüpft, als eine Videoüberwachungsanlage nun einmal dazu dient, das Verhalten von Personen zu beobachten. Maßgeblich ist mithin in erster Linie der Lebenssachverhalt aus Sicht der betroffenen Person.

b) „Zusammenhang" der Datenerhebung

137 Nach Art. 6 Abs. 4 Buchst. b kommt es zudem auf den **Zusammenhang** an, in dem die personenbezogenen Daten erhoben wurden. Erwägungsgrund 50 konkretisiert das Merkmal des „Zusammenhangs" dahingehend, dass „insbesondere die **vernünftigen Erwartungen** der betroffenen Person, die auf ihrer Beziehung zu dem Verantwortlichen beruhen, in Bezug auf die weitere Verwendung dieser Daten" zu prüfen sei.

138 Relevant ist also vor allem die **verobjektivierte Erwartungshaltung** der betroffenen Person. Diese ergibt sich in erster Linie aus dem Verhältnis zwischen Verantwortlichem und betroffener Person (Arbeitsverhältnis, Kundenbeziehung, Patientenbeziehung, etc.). Darüber hinaus kann diese Erwartungshaltung aber auch gesteuert werden. Macht der Verantwortliche bei Erhebung der Daten, z.B. bereits bei Vertragsschluss, deutlich, dass die Daten des Betroffenen keinesfalls für Zwecke außerhalb der Vertragsbeziehung genutzt werden, so ist die Weiterverarbeitung zu einem anderen Zweck in aller Regel als inkompatibel anzusehen[92]. Hat der Verantwortliche hingegen bereits bei Erhebung umfassend und transparent auf mögliche Weiterverarbeitungen hingewiesen, spricht dies für die Möglichkeit der Weiterverarbeitung, solange nicht im Rahmen der Informationserteilung vollkommen überraschende oder sonst wie sachfremde Zwecke angegeben werden[93].

139 Da nach der hier vertretenen Ansicht auf die verobjektivierte Erwartungshaltung abzustellen ist, kann es im Ergebnis nicht darauf ankommen, ob die betroffene Person – z.B. im Prozess – einwendet, sie hätte aus ihrer **rein subjektiven Sicht** nicht mit einer Weiterverarbeitung gerechnet. Vielmehr ist es entscheidend, ob die Weiterverarbeitung aus der Perspektive eines objektiven Dritten generell als

---

91 Ehmann/Selmayr/*Heberlein*, Art. 6 DSGVO Rz. 47.
92 Kühling/Buchner/*Petri*, Art. 6 DSGVO Rz. 188.
93 Gola/*Schulz*, Art. 6 DSGVO Rz. 181.

erwartbar angesehen werden kann[94]. Werden Daten z.b. im Rahmen eines Arbeitsverhältnisses erhoben, so bestünde zu einer anschließenden Werbemaßnahme gegenüber dem Arbeitnehmer eher kein enger Zusammenhang, wohl aber zu einer Compliance-Untersuchung am Arbeitsplatz des Betroffenen. Besonders schutzwürdig sind die vernünftigen Erwartungen der betroffenen Person, wenn der Verantwortliche besonderes Vertrauen in Anspruch nimmt oder gar einer beruflichen Geheimhaltungspflicht unterliegt, wie es z.b. bei Rechtsanwälten, Wirtschaftsprüfern, Steuerberatern oder Ärzten der Fall ist[95].

c) „Art" der von der Weiterverarbeitung erfassten Daten

Nach Art. 6 Abs. 4 Buchst. c ist weiter die **Art** der personenbezogenen Daten relevant. Bei besonderen Kategorien personenbezogener Daten gemäß Art. 9 oder Daten über strafrechtliche Verurteilungen und Straftaten gemäß Art. 10 dürften sehr hohe Anforderungen an eine Zweckänderung zu stellen sein, wobei eine solche eben gerade nicht gänzlich ausgeschlossen ist. Darüber hinaus sind aber auch weitere Daten im Rahmen der Bewertung als besonders schutzwürdig einzustufen. Dies gilt z.b. für Daten über Kinder[96]. 140

Aus Art. 6 Abs. 4 Buchst. c folgt im Umkehrschluss, dass Daten, deren Verarbeitung generell nicht mit erhöhten Risiken verbunden ist, grundsätzlich weiterverarbeitet werden können. Werden etwa im Bereich der Werbung allein Adressdaten oder öffentlich zugängliche Daten verwendet bzw. übermittelt, steht Art. 6 Abs. 4 Buchst. c der Weiterverarbeitung grundsätzlich nicht entgegen[97]. 141

d) „Folgen" der Weiterverarbeitung

Nach Art. 6 Abs. 4 Buchst. d sind darüber hinaus die möglichen **Folgen** der beabsichtigten Weiterverarbeitung für die betroffenen Personen zu berücksichtigen. Einzubeziehen sind sowohl positive als auch denkbare negative Folgen[98]. 142

e) „Garantien"

Nach Art. 6 Abs. 4 Buchst. e ist schließlich das Vorhandensein angemessener Garantien zu berücksichtigen. Dazu kann eine dem Stand der Technik entsprechende **Verschlüsselung** ebenso gehören wie eine **Pseudonymisierung**. Gerade eine Pseudonymisierung dürfte in aller Regel dazu führen, dass die Weiterverarbeitung zulässig ist, denn infolge einer Pseudonymisierung sind die Eingriffe 143

---

94 Gola/*Schulz*, Art. 6 DSGVO Rz. 181.
95 Vgl. Erwägungsgrund 50.
96 Kühling/Buchner/*Petri*, Art. 6 DSGVO Rz. 189.
97 Gola/*Schulz*, Art. 6 DSGVO Rz. 182.
98 Gola/*Schulz*, Art. 6 DSGVO Rz. 183.

in die Rechte der betroffenen Personen grundsätzlich auf ein Mindestmaß reduziert. Allerdings ist auch zu berücksichtigen, dass nicht per se eine Pseudonymisierung gefordert werden kann. Denn vielfach würde eine Pseudonymisierung dazu führen, dass der beabsichtigte Zweck der Weiterverarbeitung nicht mehr erreicht werden könnte.

f) „Interessenabwägung"

144 In Ansehung der obigen Kriterien zeigt sich, dass sich das Recht zur Zweckänderung nicht im engeren Sinne danach richtet, ob im umgangssprachlichen Sinne eine „Vereinbarkeit" der Zwecke vorliegt. Denn ob Daten z.B. verschlüsselt werden, sagt nichts darüber aus, wie zwei unterschiedliche Zwecke zueinander stehen. Vielmehr geht aus dem Katalog hervor, dass im Ergebnis eine umfangreiche **Interessenabwägung** vorzunehmen ist, um die Berechtigung zur Zweckänderung im Rahmen des **Kompatibilitätstests** beurteilen zu können[99].

145 Nach der hier vertretenen Ansicht beurteilt sich die Kompatibilität nach **objektiven Kriterien**, also nicht nach der subjektiven Erwartungshaltung der betroffenen Person[100].

Artikel 7 Bedingungen für die Einwilligung

(1) Beruht die Verarbeitung auf einer Einwilligung, muss der Verantwortliche nachweisen können, dass die betroffene Person in die Verarbeitung ihrer personenbezogenen Daten eingewilligt hat.

(2) Erfolgt die Einwilligung der betroffenen Person durch eine schriftliche Erklärung, die noch andere Sachverhalte betrifft, so muss das Ersuchen um Einwilligung in verständlicher und leicht zugänglicher Form in einer klaren und einfachen Sprache so erfolgen, dass es von den anderen Sachverhalten klar zu unterscheiden ist. Teile der Erklärung sind dann nicht verbindlich, wenn sie einen Verstoß gegen diese Verordnung darstellen.

(3) Die betroffene Person hat das Recht, ihre Einwilligung jederzeit zu widerrufen. Durch den Widerruf der Einwilligung wird die Rechtmäßigkeit der aufgrund der Einwilligung bis zum Widerruf erfolgten Verarbeitung nicht berührt. Die betroffene Person wird vor Abgabe der Einwilligung hiervon in Kenntnis gesetzt. Der Widerruf der Einwilligung muss so einfach wie die Erteilung der Einwilligung sein.

(4) Bei der Beurteilung, ob die Einwilligung freiwillig erteilt wurde, muss dem Umstand in größtmöglichem Umfang Rechnung getragen werden, ob

---

99 *Albrecht*, CR 2016, 88 (92).
100 Offen gelassen bei *Gierschmann*, ZD 2016, 51 (54).

unter anderem die Erfüllung eines Vertrags, einschließlich der Erbringung einer Dienstleistung, von der Einwilligung zu einer Verarbeitung von personenbezogenen Daten abhängig ist, die für die Erfüllung des Vertrags nicht erforderlich sind.

I. Einführung	1	IV. Widerruf (Abs. 3)	14
1. Kontext der Norm	1	1. Ausdrückliche Normierung des Widerrufsrechts	14
2. Prüfungsschema	3	2. Wirkung: ex nunc	15
3. Fortgeltung von Alteinwilligungen	4	3. Informationspflicht des Verantwortlichen	16
4. Grundsatz: Formfreiheit der Einwilligungserklärung	7	4. Formanforderungen an die Erklärung des Widerrufs	17
II. Nachweispflicht (Abs. 1)	8	V. Zwang, Koppelung (Abs. 4)	18
III. Trennungs- und Transparenzgebot (Abs. 2)	10	1. Koppelungsverbot als Fall des unbilligen Zwanges	18
1. Allgemeiner Anwendungsbereich des Trennungs- und Transparenzgebots	10	2. Koppelungsverbot nur bei Monopolisten	19
2. Anwendungsbereich des Trennungs- und Transparenzgebots im Online-Bereich	11	3. Kein Koppelungsverbot bei Datenübermittlung als Vertragsinhalt	21
3. „Unterscheidbarkeit" der Erklärung von anderen Sachverhalten	12	4. Fehlende Möglichkeit zur Abgabe gesonderter Einwilligungen als Fall des unbilligen Zwanges	22
4. Rechtsfolge der Verletzung des Trennungs- und Transparenzgebots	13		

Schrifttum: *Albrecht*, Das neue EU-Datenschutzrecht – von der Richtlinie zur Verordnung, CR 2016, 88; *Engeler*, Das überschätze Kopplungsverbot, ZD 2018, 55; *Gierschmann*, Was „bringt" deutschen Unternehmen die DSGVO? – Mehr Pflichten, aber die Rechtsunsicherheit bleibt, ZD 2016, 51; *Golland*, Das Kopplungsverbot in der Datenschutz-Grundverordnung, MMR 2018, 130; *Krohm/Müller-Peltzer*, Auswirkungen des Kopplungsverbots auf die Praxistauglichkeit der Einwilligung, ZD 2017, 551.

I. Einführung

1. Kontext der Norm

Art. 7 bestimmt, unter welchen Voraussetzungen eine **Einwilligung** eine rechtswirksame Grundlage für eine rechtmäßige Verarbeitung personenbezogener Daten darstellt. Die Regelung ist im Zusammenhang mit Art. 6 Abs. 1 Buchst. a zu lesen, aus dem sich ergibt, dass die Verarbeitung personenbezogener Daten auf eine Einwilligung gestützt werden kann. Liegt eine wirksame Einwilligung vor, bedarf es keines Rückgriffs auf die gesetzlichen Erlaubnistatbestände. Die Einwilligung selbst bildet in diesen Fällen die Rechtsgrundlage für die Verarbeitung.

1

Art. 7 DSGVO | Bedingungen für die Einwilligung

Der Begriff der Einwilligung ist in Art. 4 Nr. 11 definiert. Danach ist eine Einwilligung „jede freiwillig für den bestimmten Fall, in informierter Weise und unmissverständlich abgegebene Willensbekundung in Form einer Erklärung oder einer sonstigen eindeutigen bestätigenden Handlung, mit der die betroffene Person zu verstehen gibt, dass sie mit der Verarbeitung der sie betreffenden personenbezogenen Daten einverstanden ist". Art. 7 normiert sodann weitere Anforderungen an die Wirksamkeit der Einwilligung. Regelungstechnisch unglücklich ist insoweit, dass Teile der Anforderungen an die Einwilligung damit in der Definition des Art. 4 Nr. 11 geregelt sind, während sich weitere – z.T. überlappende – Anforderungen in Art. 7 finden.

2 Die maßgeblichen Erwägungsgründe finden sich in Erwägungsgründen 32, 42 und 43 sowie in Erwägungsgrund 171, der die Frage der Fortgeltung bereits vor Inkrafttreten der DSGVO bestehender Einwilligungen anspricht.

2. Prüfungsschema

3 Soweit eine Verarbeitung auf eine Einwilligung gestützt werden soll, richtet sich die Prüfung nach folgendem Schema:
- Vorliegen einer unmissverständlichen Erklärung oder sonstigen eindeutigen bestätigenden Handlung der betroffenen Person (Art. 4 Nr. 11),
- Abgabe der Erklärung in Kenntnis der Sachlage auf Seiten der betroffenen Person („in informierter Weise") (Art. 4 Nr. 11),
- Abgabe der Erklärung ohne Zwang („freiwillig") (Art. 4 Nr. 11), insbesondere ohne rechtswidrige Koppelung (Art. 7 Abs. 4),
- Abgabe der Erklärung für den „bestimmten Fall" (Art. 4 Nr. 11),
- Nachweisbarkeit der Einwilligung (Art. 7 Abs. 1),
- bei kombinierten Erklärungen z.B. in AGB, Unterscheidbarkeit der Erklärung vom übrigen Text (Art. 7 Abs. 2), und
- kein Widerruf der Einwilligung (Art. 7 Abs. 3).

Sonderregelungen gelten für die Einwilligung eines Kindes (s. Art. 8).

3. Fortgeltung von Alteinwilligungen

4 Erwägungsgrund 171 regelt einen gewissen **„Bestandsschutz" für Alteinwilligungen**, also Einwilligungen, die noch vor dem Inkrafttreten der DSGVO erhoben worden sind. Allerdings gilt dies nur dann, wenn „die Art der bereits erteilten Einwilligung den Bedingungen dieser Verordnung entspricht" (im Englischen: „is in line with the conditions of this Regulation"). Fraglich ist damit, ob sämtliche Voraussetzungen der DSGVO an eine wirksame Einwilligung im Detail eingehalten werden müssen, um die Fortgeltung der Alteinwilligungen zu

begründen. Nach dem Wortlaut des Erwägungsgrundes sowie dem Regelungskontext ist diese Schlussfolgerung nicht zwingend. In diesem Fall hätte es nämlich keiner Erwähnung der Alteinwilligungen in den Erwägungsgründen bedurft, denn es versteht sich von selbst, dass eine Einwilligung, die sämtlichen Vorgaben der DSGVO genügt, selbstverständlich auch weiterhin Gültigkeit hat. Vor diesem Hintergrund ist nach der hier vertretenen Ansicht davon auszugehen, dass die Einwilligung lediglich hinsichtlich der grundlegenden Prinzipien den Vorgaben der DSGVO zu entsprechen hat. Diese finden sich in der Definition des Begriffs der Einwilligung in Art. 4 Nr. 11 und erfordern die „Freiwilligkeit", „Bestimmtheit", „Informiertheit" und „Unmissverständlichkeit" der Erklärung.

Eine Alteinwilligung, die etwa im Rahmen eines **Opt-outs** eingeholt worden ist, dürfte in Anbetracht dieser Grundsätze eher nicht den Anforderungen der DSGVO entsprechen, da es an einer „eindeutigen bestätigenden Handlung" fehlt, wie sie in Art. 4 Nr. 11 verlangt wird. Weiterhin sind insbesondere das „Kopplungsverbot" nach Art. 7 Abs. 4 sowie die Altersgrenze von 16 Jahren (soweit im nationalen Recht nichts anderes bestimmt wird) zu beachten[1]. 5

Hingegen ist davon auszugehen, dass es die Wirksamkeit einer Alteinwilligung unberührt lässt, wenn nicht sämtliche der neuen **Informationspflichten** der DSGVO eingehalten worden sind[2]. Die Informationspflichten nach Art. 13 DSGVO stellen somit keine „Bedingungen" im Sinne des Erwägungsgrunds 171 dar. Diese Auslegung ist bereits seitens der deutschen Datenschutzbehörden bestätigt worden[3]. Im Ergebnis lässt sich damit folgende „**Faustregel**" aufstellen: eine Einwilligung, die noch unter dem BDSG-alt wirksam eingeholt worden ist, behält auch weiterhin ihre Wirksamkeit. Die weitergehenden Pflichten, die den Verantwortlichen unter der DSGVO treffen, stellen keine „Bedingungen" der Einwilligung dar: sie müssen also nicht zwingend erfüllt sein, um eine Fortgeltung der Alteinwilligungen zu begründen. 6

4. Grundsatz: Formfreiheit der Einwilligungserklärung

Art. 7 Abs. 2 definiert bestimmte Anforderungen an die Einwilligung für den Fall, dass die Einwilligung durch „schriftliche" Erklärung erfolgt. Da dieses Gebot nach dem Wortlaut der Norm nur dann zur Anwendung kommt, wenn die 7

---

1 Beschluss der Aufsichtsbehörden für den Datenschutz im nicht-öffentlichen Bereich (Düsseldorfer Kreis) am 13/14.9.2016: Fortgeltung bisher erteilter Einwilligungen unter der DSGVO.
2 Gola/*Schulz*, Art. 7 DSGVO Rz. 59.
3 Beschluss der Aufsichtsbehörden für den Datenschutz im nicht-öffentlichen Bereich (Düsseldorfer Kreis) am 13/14.9.2016: Fortgeltung bisher erteilter Einwilligungen unter der DSGVO; Bayerisches Landesamt für Datenschutzaufsicht, DSGVO: Das BayLDA auf dem Weg zur Umsetzung der Verordnung, IX. Einwilligung nach der DSGVO, S. 2.

Erklärung „schriftlich" erfolgt, muss man davon ausgehen, dass die Einwilligung im Umkehrschluss auch in sonstiger Form erteilt werden kann, also grundsätzlich **formlos möglich** ist. Sie kann also mündlich, in Textform, schriftlich oder in jeder sonstigen Form erfolgen. Dies wird in Erwägungsgrund 32 ausdrücklich klargestellt, der insoweit von einer „schriftlichen Erklärung, die auch elektronisch erfolgen kann, oder einer mündlichen Erklärung" spricht.

II. Nachweispflicht (Abs. 1)

8   Art. 7 Abs. 1 legt dem Verantwortlichen die Beweislast bezüglich des Vorliegens einer wirksamen Einwilligung auf. Diese wird insbesondere in dem Fall relevant, dass ein Betroffener behauptet, keine Einwilligung abgegeben zu haben (z.B. weil sich ein Dritter seines E-Mail-Accounts bedient habe), oder dass diese nicht rechtmäßig sei. Diese Regelung konkretisiert noch einmal die bereits in Art. 5 Abs. 2 normierte Rechenschaftspflicht, wonach der Verantwortliche den **Nachweis** zu erbringen hat, dass jeder Datenverarbeitungsvorgang unter seiner Kontrolle rechtmäßig erfolgt ist. Im Einzelnen laufen diese Vorgaben auf eine **Dokumentationspflicht** für den gesamten Verarbeitungsvorgang und die Einholung der entsprechenden Einwilligung hinaus. Für Einzelheiten s. die Kommentierung zu Art. 5 DSGVO.

9   Praktisch relevant wird diese Frage der Beweislast vor allem im Online-Bereich. Hier kommt es vor, dass betroffene Personen das Vorliegen einer Einwilligung mit dem Argument bestreiten, ein Dritter habe die Einwilligung unter unberechtigter Verwendung der E-Mail-Adresse des Betroffenen erteilt. Um in solchen Fällen den erforderlichen Nachweis einer Einwilligung erbringen zu können, hat sich insoweit das **Double-Opt-In**-Verfahren als Industriestandard etabliert, bei dem nach Abgabe der Einwilligungserklärung eine zweite, separate Bestätigung durch Anklicken eines per Mail versandten, personalisierten Hyperlinks abzugeben ist. Es ist davon auszugehen, dass dieses Verfahren auch im Geltungsbereich der DSGVO beibehalten werden kann[4].

III. Trennungs- und Transparenzgebot (Abs. 2)

1. Allgemeiner Anwendungsbereich des Trennungs- und Transparenzgebots

10   Art. 7 Abs. 2 definiert **weitere Voraussetzungen** für den Fall, dass die Einwilligung (i) durch „**schriftliche**" Erklärung erfolgt und (ii) „noch **andere Sachver-**

---

4 Vgl. Gola/*Schulz*, Art. 7 DSGVO Rz. 63; Ehmann/Selmayr/*Heckmann/Paschke*, Art. 7 DSGVO Rz. 21.

halte betrifft". Der typische Anwendungsfall dieser Norm betrifft die Situation, dass Einwilligungserklärungen in Allgemeinen Geschäftsbedingungen „versteckt" werden sollen. Für diesen Fall gilt nach Art. 7 Abs. 2 ein sog. Trennungs- und Transparenzgebot.

2. Anwendungsbereich des Trennungs- und Transparenzgebots im Online-Bereich

Entscheidend für die Anwendbarkeit dieses Trennungsprinzips im Online-Bereich ist, ob der Normtext den Begriff „schriftlich" so eng fasst wie § 126 BGB, oder ob von der Formulierung auch die **Textform** i.S.d. § 126a BGB erfasst ist. Hauptanwendungsfall in der digitalen Wirtschaft ist die Einwilligungserklärung in Textform, d.h. durch das **Häkchensetzen** auf einem Online-Formular. Es würde dem Schutzgedanken der Norm widersprechen, wenn in solchen Fällen keine Trennung der Sachverhalte erforderlich wäre. Eine strenge Auslegung nach § 126 BGB würde den Anwendungsbereich der Norm zu weit einschränken und verbietet sich auch schon aufgrund des Grundsatzes der autonomen europarechtlichen Auslegung der DSGVO. Somit ist die Norm dahingehend auszulegen, dass das Gebot auch im Online-Bereich gilt, also wenn Erklärungen in Textform eingeholt werden[5]. Das Gebot gilt hingegen nicht, wenn Einwilligungen mündlich, also z.B. am **Telefon**, eingeholt werden.

11

3. „Unterscheidbarkeit" der Erklärung von anderen Sachverhalten

Voraussetzung für die Rechtmäßigkeit der Einwilligung ist in Fällen „schriftlicher" Erklärungen die „**Unterscheidbarkeit**" von anderen Sachverhalten. Die Regelung des ehemaligen § 28 Abs. 3a BDSG-alt verlangte insoweit, dass die kombinierte Einwilligung in „drucktechnisch deutlicher Gestaltung besonders hervorzuheben" ist. Demgegenüber stellt die DSGVO nicht in erster Linie auf die grafische Gestaltung, also z.B. im Sinne der Verwendung von Großbuchstaben oder einer Umrandung des Textes, ab, sondern auf eine „klare und einfache Sprache" und eine „leicht zugängliche Form". Zu empfehlen ist für die Praxis insoweit insbesondere die ausdrückliche Verwendung des Wortes „Einwilligung" als sprachliches Element, aber auch – wie unter dem BDSG-alt – eine grafische Hervorhebung. Vor allem ist aber zu empfehlen, bereits im Rahmen des „**Häkchentexts**" auf die Einwilligung zu verweisen. Neben dem Hinweis, dass der Erklärende die AGB des Anbieters akzeptiert, sollte bereits an dieser Stelle aufgeführt werden, dass diese auch eine datenschutzrechtliche (Werbe-)Einwilligung enthalten.

12

---

5 So auch Ehmann/Selmayr/*Heckmann/Paschke*, Art. 7 DSGVO Rz. 29.

Art. 7 DSGVO | Bedingungen für die Einwilligung

4. Rechtsfolge der Verletzung des Trennungs- und Transparenzgebots

13 Als **Rechtsfolge** eines Verstoßes gegen dieses Trennungsgebot ordnet Art. 7 Abs. 2 Satz 2 die Unwirksamkeit lediglich der Einwilligung an. Im Umkehrschluss bleiben die übrigen Vertragsbedingungen also grundsätzlich unberührt. Im Ergebnis zeigt sich damit, dass es durchaus möglich bleibt, die datenschutzrechtliche Einwilligung mit Allgemeinen Geschäftsbedingungen oder sonstigen Regelungen zu verbinden, solange eine ausreichende Kennzeichnung vorgenommen wird (Art. 7 Abs. 2) und kein Zwang bestand (Art. 7 Abs. 4).

IV. Widerruf (Abs. 3)

1. Ausdrückliche Normierung des Widerrufsrechts

14 Weder in der EG-Datenschutzrichtlinie noch im BDSG-alt fanden sich Regelungen zum **Widerruf** einer Einwilligung. Allerdings war diese Möglichkeit des Widerrufs grundsätzlich anerkannt, wenn auch mit gewissen Einschränkungen. Art. 7 Abs. 3 regelt die Möglichkeit des Widerrufs nun explizit.

2. Wirkung: ex nunc

15 Dabei ist das Recht des Betroffenen, die von ihm erklärte Einwilligung zu widerrufen, nicht als Recht zur Anfechtung zu verstehen, sondern als Recht, die Einwilligung **ex nunc** zu beseitigen und **zukünftige** Datenverarbeitung auf dieser Grundlage zu verhindern. Art. 7 Abs. 3 Satz 2 ordnet insoweit ausdrücklich an, dass durch „den Widerruf der Einwilligung [...] die Rechtmäßigkeit der aufgrund der Einwilligung bis zum Widerruf erfolgten Verarbeitung nicht berührt" wird. Ebenfalls unberührt bleibt das Recht, die Verarbeitung auf Basis einer gesetzlichen Erlaubnisnorm fortzusetzen, so deren Voraussetzungen vorliegen. Dies folgt nicht zuletzt aus Art. 17 Abs. 1 Buchst. b, wonach die bei einem Widerruf der Einwilligung an sich vorgesehene Löschungspflicht dann nicht eintritt, wenn eine „anderweitige Rechtsgrundlage" für die Verarbeitung vorliegt.

3. Informationspflicht des Verantwortlichen

16 Sprachlich missglückt ordnet Art. 7 Abs. 3 Satz 3 an, dass die betroffene Person vor Abgabe der Einwilligung „hiervon" – gemeint ist das Widerrufsrecht – in Kenntnis gesetzt „wird". Gemeint ist ganz offenbar, dass eine Pflicht des Verantwortlichen besteht, den Betroffenen vor Abgabe der Einwilligung über sein Widerrufsrecht aufzuklären. Nicht geregelt ist, wie es sich auswirkt, wenn der Ver-

antwortliche dieser Pflicht nicht nachkommt. Die Überschrift des Art. 7, wonach die Norm „Bedingungen" für die Einwilligung normiert, spricht dafür, dass ein Versäumnis der Aufklärung zur Unwirksamkeit der Einwilligung führt. Andererseits ist in Art. 7 Abs. 2 für den dort geregelten Fall verbundener Erklärungen ausdrücklich vorgesehen, dass ein Verstoß gegen die Regelungen des Art. 7 Abs. 2 zur „Unverbindlichkeit" der Einwilligung führt. Das Fehlen einer entsprechenden Rechtsfolgenregelung in Art. 7 Abs. 3 könnte darauf hindeuten, dass der fehlende Hinweis auf das Widerrufsrecht die Wirksamkeit der Einwilligung unberührt lässt[6].

4. Formanforderungen an die Erklärung des Widerrufs

Schließlich muss nach Art. 7 Abs. 3 Satz 4 der „Widerruf der Einwilligung [...] so einfach wie die Erteilung der Einwilligung sein". Dies bedeutet, dass damit offenbar kein fester Mindeststandard etabliert wird, sondern ein gewissermaßen „fließender" Maßstab. Ist die Einwilligung z.b. in Schriftform eingeholt worden, muss es nach dem Wortlaut der Regelung möglich sein, den Widerruf ebenfalls an eine schriftliche Erklärung zu knüpfen, so dass z.B. ein mündlicher Widerruf in solchen Fällen nicht ausreichen würde[7].

17

V. Zwang, Koppelung (Abs. 4)

1. Koppelungsverbot als Fall des unbilligen Zwanges

Nach Art. 4 Nr. 11 ist eine Einwilligung nur dann wirksam, wenn sie ohne „Zwang" abgegeben worden ist, also „freiwillig" (zu den Einzelheiten sei auf die Kommentierung zu Art. 4 Nr. 11 DSGVO verwiesen). Art. 7 Abs. 4 regelt insoweit den spezifischen Unterfall, dass die Erfüllung eines Vertrages an die Abgabe einer datenschutzrechtlichen Einwilligung gekoppelt wird. Der Begriff der „Erfüllung" ist hier nicht im engeren Sinne zu verstehen. Praxisrelevant sind vor allem die Fälle, in denen der Verantwortliche schon den „Abschluss" des Vertrages an die Erteilung der Einwilligung koppelt. Der typische Anwendungsfall dürfte ein Online-Bestellformular darstellen, welches den Abschluss des Bestellprozesses unmöglich macht, solange der Kunde keine Werbeeinwilligung erteilt.

18

---

6 A.A. Auernhammer/*Kramer*, Art. 7 DSGVO Rz. 20.
7 Ebenso Paal/Pauly/*Frenzel*, Art. 7 DSGVO Rz. 17; a.a. Sydow/*Ingold*, Art. 7 DSGVO Rz. 47.

2. Koppelungsverbot nur bei Monopolisten

19 Fraglich ist, ob mit dieser Regelung ein „**absolutes Koppelungsverbot**" statuiert worden ist, also ein per se Verbot, das für jeden Vertragsschluss gilt, also nicht etwa nur für Verträge mit „Monopolisten"[8]. In der Tat spricht Erwägungsgrund 43 exakt für diese Auslegung, wenn es dort heißt, dass die Einwilligung nicht als ohne Zwang erteilt gilt, „wenn die Erfüllung eines Vertrags, einschließlich der Erbringung einer Dienstleistung, von der Einwilligung abhängig ist, obwohl diese Einwilligung für die Erfüllung nicht erforderlich ist". Dieser Satz lässt in seiner Pauschalität keine Einschränkung dahingehend zu, dass das Koppelungsverbot z.b. nur im Falle einer Monopolstellung des Anbieters gelten könnte[9]. Allerdings spricht der Wortlaut des Art. 7 Abs. 4 eine andere Sprache. Denn dort wird die Koppelung nicht per se verboten, sondern darauf abgestellt, dass dem Umstand einer möglichen Koppelung „in größtmöglichem Umfang Rechnung getragen werden" müsse. Dies lässt Raum für die Interpretation, dass es für die Frage des Zwanges in der Tat auf eine wertende Betrachtung dahingehend ankommt, wie sehr die betroffene Person auf die Inanspruchnahme der Leistung angewiesen ist. Nach der hier vertretenen Ansicht sprechen die besseren Argumente für diese **einschränkende Auslegung**. Denn wenn der Kunde zwischen verschiedenen Anbietern einer Leistung auswählen kann, und sich dann für denjenigen Anbieter entscheidet, der den Vertragsschluss davon abhängig macht, dass der Kunde z.B. auch eine Werbeeinwilligung abgibt, fehlt es gerade nicht an der insoweit maßgeblichen „Freiwilligkeit" der Erklärung. Denn dem Kunden hätte es frei gestanden, diese Erklärung nicht abzugeben, ohne Nachteile zu erleiden, da er sich an einen anderen gleichwertigen Anbieter hätten wenden können[10].

20 Gestützt wird diese Auslegung durch eine weitere Passage des Erwägungsgrunds 43, wonach es vor allem darauf ankommt, ob „zwischen der betroffenen Person und dem Verantwortlichen **ein klares Ungleichgewicht** besteht". Auch aus diesem Erwägungsgrund folgt, dass die Maßstäbe für das Vorliegen eines unbilligen Zwanges, der das Koppelungsverbot erst auslöst, nicht zu niedrigschwellig angesetzt werden dürfen. Bei einer auf dem Markt frei verfügbaren Leistung besteht kein „Ungleichgewicht" zwischen Kunde und Anbieter. Zwar mag der Kunde insoweit einem Großkonzern gegenüberstehen. Dies ist für die vorliegende Bewertung jedoch nicht relevant, da auch der Konzern keinen Zwang auf den Einzelnen ausüben kann, wenn dem Kunden vergleichbare Alternativen zur Verfügung stehen. Im Ergebnis muss es somit möglich sein, die Erbringung der Leistung an die Erklärung einer Einwilligung zu koppeln, soweit die entspre-

---

8 In diese Richtung *Gierschmann*, ZD 2016, 51 (54).
9 So auch Gola/*Schulz*, Art. 7 DSGVO Rz. 24.
10 Ebenso Paal/Pauly/*Frenzel*, Art. 7 DSGVO Rz. 21.

chende Leistung zu vergleichbaren Konditionen von Dritten bezogen werden kann[11].

3. Kein Koppelungsverbot bei Datenübermittlung als Vertragsinhalt

Das Koppelungsverbot greift nach der hier vertretenen Ansicht weiterhin dann nicht ein, wenn die Einwilligung nicht an den Vertragsschluss „gekoppelt" wird, sondern den **eigentlichen Vertragsinhalt** darstellt. Wird also eine Leistung angeboten, für die der Nutzer keine Vergütung in Geld schuldet, sondern dazu aufgefordert wird, die Leistung mit seinen Daten „zu bezahlen", so scheitert ein solches Angebot nicht an der Regelung des Art. 7 Abs. 4. Voraussetzung ist in solchen Fällen allerdings, dass die vertraglich geforderte Gegenleistung des Nutzers im Rahmen des Vertragsschlusses deutlich herausgestellt werden muss[12]. Auch Einwilligungen, die im Rahmen von **Gewinnspielen** eingeholt werden, unterfallen nach der hier vertretenen Ansicht i.d.R. nicht dem Kopplungsverbot[13]. 21

4. Fehlende Möglichkeit zur Abgabe gesonderter Einwilligungen als Fall des unbilligen Zwanges

Ein weiterer Fall des Zwanges soll nach Erwägungsgrund 43 gegeben sein, wenn bei „verschiedenen Verarbeitungsvorgängen von personenbezogenen Daten nicht gesondert eine Einwilligung erteilt werden kann, obwohl dies im Einzelfall angebracht ist". Da die Einwilligung ohnehin freiwillig zu erfolgen hat, ist kaum erkennbar, welcher Anwendungsbereich hier angesprochen sein soll. Wenn ein Nutzer z.B. vorsorglich um seine Einwilligung zur Durchführung einer Identitätsprüfung gebeten und diese daran gekoppelt wird, dass er zudem auch eine Werbeeinwilligung erteilt, so steht es ihm frei, beide Einwilligungen abzulehnen, soweit keine nach obigen Ausführungen unzulässige Koppelung an den Vertragsschluss vorliegt. Ein darüber hinausgehendes Schutzbedürfnis der betroffenen Person ist kaum erkennbar. Gleichwohl ist für die Praxis zu empfehlen, hier keine unnötigen Einfallstore aufzumachen und insofern gesonderte Erklärungen für jeden Verarbeitungsvorgang aufzunehmen. 22

---

11 Anders aber *Albrecht*, CR 2016, 88 (91), der davon ausgeht, dass die Einwilligung in der Regel nicht frei erfolgen kann, wenn sie zur Bedingung für die Ausführung eines Vertrages gemacht wird, obwohl sie hierfür nicht notwendig ist. Ähnlich *Gierschmann*, ZD 2016, 51 (54).
12 Vgl. Paal/Pauly/*Frenzel*, Art. 7 DSGVO Rz. 21; Bayerisches Landesamt für Datenschutzaufsicht, DSGVO: Das BayLDA auf dem Weg zur Umsetzung der Verordnung, XII. Verarbeitung personenbezogener Daten für Werbung, S. 2; Gola/*Schulz*, Art. 7 DSGVO Rz. 27.
13 Gola/*Schulz*, Art. 7 DSGVO Rz. 28.

Artikel 8 Bedingungen für die Einwilligung eines Kindes in Bezug auf Dienste der Informationsgesellschaft

(1) Gilt Artikel 6 Absatz 1 Buchstabe a bei einem Angebot von Diensten der Informationsgesellschaft, das einem Kind direkt gemacht wird, so ist die Verarbeitung der personenbezogenen Daten des Kindes rechtmäßig, wenn das Kind das sechzehnte Lebensjahr vollendet hat. Hat das Kind noch nicht das sechzehnte Lebensjahr vollendet, so ist diese Verarbeitung nur rechtmäßig, sofern und soweit diese Einwilligung durch den Träger der elterlichen Verantwortung für das Kind oder mit dessen Zustimmung erteilt wird.

Die Mitgliedstaaten können durch Rechtsvorschriften zu diesen Zwecken eine niedrigere Altersgrenze vorsehen, die jedoch nicht unter dem vollendeten dreizehnten Lebensjahr liegen darf.

(2) Der Verantwortliche unternimmt unter Berücksichtigung der verfügbaren Technik angemessene Anstrengungen, um sich in solchen Fällen zu vergewissern, dass die Einwilligung durch den Träger der elterlichen Verantwortung für das Kind oder mit dessen Zustimmung erteilt wurde.

(3) Absatz 1 lässt das allgemeine Vertragsrecht der Mitgliedstaaten, wie etwa die Vorschriften zur Gültigkeit, zum Zustandekommen oder zu den Rechtsfolgen eines Vertrags in Bezug auf ein Kind, unberührt.

I. Einführung 1	5. Zustimmung der gesetzlichen Vertreter 9
II. Anforderungen an die Einwilligung eines Kindes (Abs. 1) . . 4	III. Prüfpflicht des Verantwortlichen (Abs. 2) 10
1. Altersgrenze 4	1. Prüfpflicht 10
2. Einwilligung gegenüber einem Diensteanbieter im elektronischen Fernabsatz 5	2. Umfang der Prüfpflicht 11
	3. Rechtsfolge einer Verletzung der Prüfpflicht 12
3. Altersgrenze außerhalb des Anwendungsbereichs des Art. 8 . 7	IV. Vertragsschluss eines Kindes (Abs. 3) 13
4. Öffnungsklausel 8	

I. Einführung

1 In Art. 8 sind die Bedingungen für die Einwilligung eines Kindes geregelt. Insoweit gelten also Sonderregelungen über die allgemeinen Anforderungen an die Einwilligung nach Art. 7 hinaus. Die Norm regelt in Art. 8 Abs. 1 die **Voraussetzungen** an die wirksame Einwilligung eines Kindes, allerdings nur für einen ganz spezifischen Fall, nämlich „bei einem Angebot von Diensten der Informationsgesellschaft, das einem Kind direkt gemacht wird". Weiter trifft Art. 8 Abs. 1 eine Regelung dazu, bis zu welchem Alter eine Person als Kind gilt. Schließlich

regelt Art. 8 Abs. 1 die Möglichkeit der Mitgliedstaaten, im **nationalen Recht** eine abweichende Altersschwelle festzulegen. Art. 8 Abs. 2 legt dem Verantwortlichen eine **Prüfpflicht** hinsichtlich der Einhaltung der vorstehenden Anforderungen auf. Art. 8 Abs. 3 stellt klar, dass **nationales allgemeines Vertragsrecht** unberührt bleibt.

Art. 8 ist damit anwendbar, wenn folgende Voraussetzungen vorliegen: 2
- die Verarbeitung soll auf Grundlage einer Einwilligung erfolgen; d.h. wenn die Verarbeitung auf die gesetzlichen Erlaubnistatbestände gestützt werden kann, gelten insoweit keine Sonderregelungen und es bedarf keines Rückgriffs auf Art. 8;
- die Einwilligung soll durch bzw. im Namen eines Kindes erteilt werden;
- die Einwilligung soll gegenüber dem Anbieter eines Dienstes der Informationsgesellschaft, d.h. im elektronischen Fernabsatz, erfolgen;
- das Angebot des Anbieters eines Dienstes der Informationsgesellschaft richtet sich direkt an das Kind.

Liegen die obigen Voraussetzungen vor, kommt es dann weiter darauf an, **wie** 3 **alt das Kind** ist. Hat das Kind das 16. Lebensjahr vollendet, so kann es selbständig einwilligen. Hat es das 16. Lebensjahr allerdings noch nicht vollendet, so ist die Einwilligung nach Art. 8 nur dann wirksam, wenn entweder eine Zustimmung der gesetzlichen Vertreter zu der Einwilligung des Kindes vorliegt oder die gesetzlichen Vertreter diese direkt für das Kind erteilen. Zu beachten ist die Möglichkeit, abweichende nationale Regelungen zur Altersgrenze zu erlassen (Art. 8 Abs. 1).

II. Anforderungen an die Einwilligung eines Kindes (Abs. 1)

1. Altersgrenze

Art. 8 Abs. 1 trägt dem in Erwägungsgrund 38 zum Ausdruck kommenden Gedanken Rechnung, dass die personenbezogenen Daten von Kindern „besonderen Schutz" verdienen. Die Norm ordnet dazu an, dass **die Einwilligung eines Kindes bis zum vollendeten 16. Lebensjahr** in die Verarbeitung seiner personenbezogenen Daten unter den Vorbehalt der Zustimmung seiner gesetzlichen Vertreter („Träger der elterlichen Verantwortung") gestellt wird. Dies heißt, dass die Einwilligungserklärung eines Kindes, welches vorstehende Altersgrenze nicht erreicht hat, im Anwendungsbereich des Art. 8 – dazu sogleich – grundsätzlich unwirksam ist, soweit und solange keine Zustimmung oder ein Fall des Art. 8 Abs. 3 vorliegt. 4

2. Einwilligung gegenüber einem Diensteanbieter im elektronischen Fernabsatz

5   Zu beachten ist, dass der Anwendungsbereich des Art. 8 auf solche Einwilligungen beschränkt ist, die gegenüber einem Anbieter eines „Dienstes der Informationsgesellschaft" erteilt werden. Gemeint ist damit gemäß Art. 4 Nr. 25 jede Dienstleistung i.S.d. Art. 1 Nr. 1 Buchst. b der Richtlinie (EU) 2015/1535 des Europäischen Parlaments und des Rates, mithin „jede in der Regel gegen Entgelt **elektronisch im Fernabsatz** und auf individuellen Abruf eines Empfängers erbrachte Dienstleistung". Somit beschränkt sich der Anwendungsbereich des Art. 8 auf den elektronischen Fernabsatz. Eine Liste der Dienste, welche **nicht unter diese Definition** fallen, findet sich in Anhang I zur Richtlinie (EU) 2015/1535. An dem Merkmal „Fernabsatz" fehlt es danach z.B. bei der „Buchung eines Flugtickets über ein Computernetz, wenn sie in einem Reisebüro in Anwesenheit des Kunden vorgenommen wird" oder bei der „Konsultation eines elektronischen Katalogs in einem Geschäft in Anwesenheit des Kunden". An dem Merkmal „elektronisch" fehlt es z.B. beim „Direktmarketing per Telefon/Telefax", und an dem „individuellen Abruf" fehlt es bei „Fernsehdiensten" und „Hörfunkdiensten".

6   Zudem ist der Anwendungsbereich des Art. 8 auf Fälle beschränkt, in denen sich das Angebot des Online-Anbieters „**direkt**" an das Kind wendet. Aus Erwägungsgrund 38 wird deutlich, welche Fälle der Verordnungsgeber bei dem Erlass dieser Regelung im Auge hatte, wenn es dort heißt: „Ein solcher besonderer Schutz sollte insbesondere die Verwendung personenbezogener Daten von Kindern für Werbezwecke oder für die Erstellung von Persönlichkeits- oder Nutzerprofilen und die Erhebung von personenbezogenen Daten von Kindern bei der Nutzung von Diensten, die Kindern direkt angeboten werden, betreffen." Nimmt also z.B. ein 15-jähriges Kind im Internet im Anwendungsbereich der Richtlinie z.B. an einem von einem Versandhändler veranstalteten Gewinnspiel teil und willigt dort in die Verwendung seiner personenbezogenen Daten zu Werbezwecken ein, ist diese Erklärung unwirksam, wenn es an einer Zustimmung seiner Eltern fehlt.

3. Altersgrenze außerhalb des Anwendungsbereichs des Art. 8

7   Im Umkehrschluss folgt aus dem eingeschränkten Anwendungsbereich des Art. 8 aber auch, dass die Regelung auf andere Sachverhalte außerhalb des Fernabsatzes keine Anwendung findet. Beispielhaft ist in Erwägungsgrund 38 insoweit aufgeführt, dass „im Zusammenhang mit Präventions- oder Beratungsdiensten, die unmittelbar einem Kind angeboten werden" keine Zustimmung der Eltern erforderlich ist. Insbesondere in Fällen von Konflikten mit den Eltern wäre die Verwendung solcher Dienste erheblich erschwert, wenn eine Einwil-

ligung oder Zustimmung durch die Erziehungsberechtigten erforderlich wäre[1]. Fraglich bleibt aber, welche Altersgrenze in solchen Fällen gilt, also wenn die Einwilligung nicht gegenüber einem Anbieter eines „**Dienstes der Informationsgesellschaft**" erteilt werden soll, also z.B. im Rahmen einer Sport- oder Schulveranstaltung. Diese Sachverhalte fallen nicht unter den Anwendungsbereich des elektronischen Fernabsatzes, sind aber gleichwohl alltäglich und dennoch in der DSGVO weiterhin ungeregelt.

4. Öffnungsklausel

Von der in Art. 8 Abs. 1 vorgesehenen **Untergrenze der Vollendung des 16. Lebensjahres** dürfen die Mitgliedstaaten im nationalen Recht bis auf ein **absolutes Minimum der Vollendung des 13. Lebensjahres** abweichen. Dieser Kompromiss ist sehr zu bedauern, da es den Unternehmen die Chance nimmt, sich an einem unionsweit geltenden Regime zu orientieren. Der deutsche Gesetzgeber hat von dieser Möglichkeit im BDSG keinen Gebrauch gemacht.

5. Zustimmung der gesetzlichen Vertreter

Handelt es sich bei dem Betroffenen um ein Kind i.S.d. Art. 8 bzw. der einschlägigen Norm des nationalen Rechts, so kann die Einwilligung nach Art. 8 Abs. 1 auf zwei Arten bewirkt werden. Entweder die gesetzlichen Vertreter erteilen die Einwilligung selbst für das Kind oder das Kind erteilt die Einwilligung mit Zustimmung der gesetzlichen Vertreter. Die **genauen Voraussetzungen** dieser Zustimmung regelt die Norm unglücklicherweise nicht. Insbesondere finden sich keine Regelungen zu der Form oder dem nötigen Inhalt der Zustimmung. So ist z.B. unklar, ob eine Zustimmung im Voraus, im Nachhinein oder nur gleichzeitig und z.B. auch ganz allgemein für eine unbekannte Anzahl von Sachverhalten erteilt werden kann. Nach der hier vertretenen Ansicht ist die Zustimmungserklärung mangels abweichender Vorgaben in der DSGVO an **keine Formvorgaben** geknüpft.

Sofern sich ergibt, dass eine Zustimmung des gesetzlichen Vertreters erforderlich ist, stellt das sog. **Double-Opt-in-Verfahren** einen praktikablen Weg dar, um diese Zustimmung zu bewirken. Hiernach wird das Kind aufgefordert, die E-Mail-Adresse der Erziehungsberechtigten anzugeben, die mittels Bestätigung der erklärten Einwilligung Zustimmung gewähren bzw. eine eigene Einwilligung an Stelle des Kindes erklären können[2].

---

1 Auernhammer/*Greve*, Art. 8 DSGVO Rz. 12.
2 Auernhammer/*Greve*, Art. 8 DSGVO Rz. 15; Gola/*Schulz*, Art. 8 DSGVO Rz. 21.

III. Prüfpflicht des Verantwortlichen (Abs. 2)

1. Prüfpflicht

10 Für die Einhaltung der Vorgaben des Art. 8 Abs. 1, nämlich die Zustimmung oder Einwilligung durch die gesetzlichen Vertreter, erlegt Art. 8 Abs. 2 dem Verantwortlichen eine **Prüfpflicht** auf. Der Verantwortliche hat „unter Berücksichtigung der verfügbaren Technik angemessene Anstrengungen" zu unternehmen, um nachzuprüfen, ob die Zustimmung erteilt wurde bzw. ob es sich bei den Einwilligenden tatsächlich um die gesetzlichen Vertreter des Kindes handelte.

2. Umfang der Prüfpflicht

11 In dem von der Norm erfassten Online-Bereich dürfte es in Anbetracht des durch Art. 8 etablierten Maßstabes („**angemessene Anstrengungen**") im Grundsatz überzogen sein, wenn von den Eltern stets etwa ein schriftlicher Nachweis gefordert werden würde. Nach der hier vertretenen Ansicht dürfte es vielmehr ausreichend sein, wenn der Diensteanbieter z.B. über eine Abfragemaske eine Erklärung des einwilligenden Kindes einholt, wonach es das Vorliegen der Zustimmung seiner gesetzlichen Vertreter bestätigt. Darüber hinausgehende Maßnahmen, wie etwa der Zwang, den Betroffenen seine Ausweisdaten preisgeben zu lassen, sind i.d.R. nicht „angemessen" und kollidieren gleichzeitig mit dem Grundsatz der Datensparsamkeit[3]. Allerdings wird sich die „Angemessenheit" insoweit am Ende auch nach der Natur der jeweiligen Leistung richten. An eine bloße Werbeeinwilligung dürften geringere Anforderungen zu stellen sein als z.B. an eine Einwilligung zur Nutzung von Daten in Kontaktbörsen. So verlangt Amazon derzeit etwa, dass der Nutzer zur Freischaltung eines Films mit der FSK-Freigabe „ab 18" eine komplexe Altersverifikation zu durchlaufen hat.

Weiterhin hat der u.a. für das Wettbewerbsrecht zuständige I. Zivilsenat des BGH[4] mit Blick auf das deutsche Recht entschieden, dass es den **jugendschutzrechtlichen Anforderungen** nicht genügt, wenn pornographische Internet-Angebote den Nutzern nach der Eingabe einer Personal- oder Reisepassnummer zugänglich gemacht werden. Auch wenn zusätzlich eine Kontobewegung erforderlich ist oder eine Postleitzahl abgefragt wird, genügt ein solches System den gesetzlichen Anforderungen laut BGH nicht. Inwieweit diese Rechtsprechung auf den Bereich der DSGVO übertragen werden kann, bleibt abzuwarten.

---

3 Auch Auernhammer/*Greve*, Art. 8 DSGVO Rz. 15; Kühling/Buchner/*Buchner*/*Kühling*, Art. 8 DSGVO Rz. 26.
4 BGH v. 18.10.2007 – I ZR 102/05, MDR 2008, 699 = CR 2008, 386 – *ueber18.de*.

3. Rechtsfolge einer Verletzung der Prüfpflicht

Da es nach Art. 8 Abs. 2 ausreicht, wenn der Diensteanbieter lediglich „angemessene Anstrengungen" zur Verifikation der Zustimmung unternimmt, stellt sich die Frage, was gilt, wenn sich – trotz entsprechender Anstrengungen – herausstellt, dass der Anbieter zu einer Fehleinschätzung gelangt oder gar getäuscht worden ist. Nach der hier vertretenen Ansicht ergibt die Regelung des Art. 8 Abs. 2 nur dann Sinn, wenn die Einwilligung jedenfalls solange **als wirksam erteilt gilt**, bis der Diensteanbieter positive Kenntnis von der fehlenden Zustimmung erlangt oder diese Kenntnis bei „angemessener Anstrengung" nachträglich erlangen müsste. Stellt sich dann heraus, dass es an der erforderlichen Zustimmung fehlte, kann die weitere Verarbeitung nicht mehr auf die fingierte Einwilligung gestützt werden[5]. Dies ergibt sich schon aus dem Rechtsgedanken des Art. 7 Abs. 3, wonach eine Einwilligung jederzeit frei widerruflich ist.

12

IV. Vertragsschluss eines Kindes (Abs. 3)

Gemäß Art. 8 Abs. 3 lassen die Regelungen bezüglich der Einwilligung eines Kindes nach Art. 8 Abs. 1 „das allgemeine Vertragsrecht der Mitgliedstaaten" unberührt.

13

Fraglich ist insoweit, unter welchen Voraussetzungen eine Person als „Kind" i.S.d. Norm anzusehen ist. In der von der Kommission vorgelegten Entwurfsfassung der DSGVO fand sich noch eine **Definition des Begriffs eines „Kindes"**. Als Kind galt danach jede Person unter 18 Lebensjahren. In der verabschiedeten Fassung der DSGVO fehlt es an einer entsprechenden Definition. Die Regelung des Art. 8 Abs. 1 betrifft lediglich den spezifischen Fall der Erklärung der Einwilligung einer Person, die noch nicht das 16. Lebensjahr vollendet hat. Damit kann davon ausgegangen werden, dass eine solche Person jedenfalls als „Kind" i.S.d. DSGVO zu betrachten ist. Ob Gleiches allerdings auch für ältere Personen im Alter von z.B. 18 oder 21 Jahren gilt, bleibt offen. Stattdessen verweist Art. 8 Abs. 3 nun zur Klärung der Rechts- und Vertragsfähigkeit, und somit der rechtlichen Verbindlichkeit der Willenserklärungen eines Kindes, auf das jeweilige **nationale Recht**.

Der Anwendungsbereich des Art. 8 Abs. 3 ist auf das „allgemeine Vertragsrecht" der Mitgliedstaaten beschränkt. Aus dem Zusammenspiel mit Art. 8 Abs. 1, der die Anforderungen an eine „Einwilligung" regelt, zeigt sich, dass die Regelung des Art. 8 Abs. 3 gerade nicht den Fall einer Einwilligung regeln soll. Zwar ist die Rechtsnatur einer datenschutzrechtlichen Einwilligung seit jeher umstritten. Jedoch muss man insoweit Art. 8 Abs. 1 als abschließende Regelung verstehen.

14

---

5 So auch Auernhammer/*Greve*, Art. 8 DSGVO Rz. 16; Kühling/Buchner/*Buchner/Kühling*, Art. 8 DSGVO Rz. 27.

Im Ergebnis kann dies dazu führen, dass es z.b. an der Wirksamkeit der datenschutzrechtlichen Einwilligung eines Kindes fehlt, da die Voraussetzungen des Art. 8 Abs. 1 nicht eingehalten worden sind, und gleichzeitig kann der mit demselben „Click" geschlossene Vertrag gleichwohl im Übrigen wirksam sein, nämlich wenn die Regelungen der Mitgliedstaaten dies so vorsehen.

Artikel 9 Verarbeitung besonderer Kategorien personenbezogener Daten

(1) Die Verarbeitung personenbezogener Daten, aus denen die rassische und ethnische Herkunft, politische Meinungen, religiöse oder weltanschauliche Überzeugungen oder die Gewerkschaftszugehörigkeit hervorgehen, sowie die Verarbeitung von genetischen Daten, biometrischen Daten zur eindeutigen Identifizierung einer natürlichen Person, Gesundheitsdaten oder Daten zum Sexualleben oder der sexuellen Orientierung einer natürlichen Person ist untersagt.

(2) Absatz 1 gilt nicht in folgenden Fällen:

a) Die betroffene Person hat in die Verarbeitung der genannten personenbezogenen Daten für einen oder mehrere festgelegte Zwecke ausdrücklich eingewilligt, es sei denn, nach Unionsrecht oder dem Recht der Mitgliedstaaten kann das Verbot nach Absatz 1 durch die Einwilligung der betroffenen Person nicht aufgehoben werden,

b) die Verarbeitung ist erforderlich, damit der Verantwortliche oder die betroffene Person die ihm bzw. ihr aus dem Arbeitsrecht und dem Recht der sozialen Sicherheit und des Sozialschutzes erwachsenden Rechte ausüben und seinen bzw. ihren diesbezüglichen Pflichten nachkommen kann, soweit dies nach Unionsrecht oder dem Recht der Mitgliedstaaten oder einer Kollektivvereinbarung nach dem Recht der Mitgliedstaaten, das geeignete Garantien für die Grundrechte und die Interessen der betroffenen Person vorsieht, zulässig ist,

c) die Verarbeitung ist zum Schutz lebenswichtiger Interessen der betroffenen Person oder einer anderen natürlichen Person erforderlich und die betroffene Person ist aus körperlichen oder rechtlichen Gründen außerstande, ihre Einwilligung zu geben,

d) die Verarbeitung erfolgt auf der Grundlage geeigneter Garantien durch eine politisch, weltanschaulich, religiös oder gewerkschaftlich ausgerichtete Stiftung, Vereinigung oder sonstige Organisation ohne Gewinnerzielungsabsicht im Rahmen ihrer rechtmäßigen Tätigkeiten und unter der Voraussetzung, dass sich die Verarbeitung ausschließlich auf die Mitglieder oder ehemalige Mitglieder der Organisation oder auf Personen, die im Zusammenhang mit deren Tätigkeitszweck regelmäßige Kontakte mit ihr unterhalten, bezieht und die personenbezogenen Daten nicht ohne Einwilligung der betroffenen Personen nach außen offengelegt werden,

e) die Verarbeitung bezieht sich auf personenbezogene Daten, die die betroffene Person offensichtlich öffentlich gemacht hat,

f) die Verarbeitung ist zur Geltendmachung, Ausübung oder Verteidigung von Rechtsansprüchen oder bei Handlungen der Gerichte im Rahmen ihrer justiziellen Tätigkeit erforderlich,

g) die Verarbeitung ist auf der Grundlage des Unionsrechts oder des Rechts eines Mitgliedstaats, das in angemessenem Verhältnis zu dem verfolgten Ziel steht, den Wesensgehalt des Rechts auf Datenschutz wahrt und angemessene und spezifische Maßnahmen zur Wahrung der Grundrechte und Interessen der betroffenen Person vorsieht, aus Gründen eines erheblichen öffentlichen Interesses erforderlich,

h) die Verarbeitung ist für Zwecke der Gesundheitsvorsorge oder der Arbeitsmedizin, für die Beurteilung der Arbeitsfähigkeit des Beschäftigten, für die medizinische Diagnostik, die Versorgung oder Behandlung im Gesundheits- oder Sozialbereich oder für die Verwaltung von Systemen und Diensten im Gesundheits- oder Sozialbereich auf der Grundlage des Unionsrechts oder des Rechts eines Mitgliedstaats oder aufgrund eines Vertrags mit einem Angehörigen eines Gesundheitsberufs und vorbehaltlich der in Absatz 3 genannten Bedingungen und Garantien erforderlich,

i) die Verarbeitung ist aus Gründen des öffentlichen Interesses im Bereich der öffentlichen Gesundheit, wie dem Schutz vor schwerwiegenden grenzüberschreitenden Gesundheitsgefahren oder zur Gewährleistung hoher Qualitäts- und Sicherheitsstandards bei der Gesundheitsversorgung und bei Arzneimitteln und Medizinprodukten, auf der Grundlage des Unionsrechts oder des Rechts eines Mitgliedstaats, das angemessene und spezifische Maßnahmen zur Wahrung der Rechte und Freiheiten der betroffenen Person, insbesondere des Berufsgeheimnisses, vorsieht, erforderlich, oder

j) die Verarbeitung ist auf der Grundlage des Unionsrechts oder des Rechts eines Mitgliedstaats, das in angemessenem Verhältnis zu dem verfolgten Ziel steht, den Wesensgehalt des Rechts auf Datenschutz wahrt und angemessene und spezifische Maßnahmen zur Wahrung der Grundrechte und Interessen der betroffenen Person vorsieht, für im öffentlichen Interesse liegende Archivzwecke, für wissenschaftliche oder historische Forschungszwecke oder für statistische Zwecke gemäß Artikel 89 Absatz 1 erforderlich.

(3) Die in Absatz 1 genannten personenbezogenen Daten dürfen zu den in Absatz 2 Buchstabe h genannten Zwecken verarbeitet werden, wenn diese Daten von Fachpersonal oder unter dessen Verantwortung verarbeitet werden und dieses Fachpersonal nach dem Unionsrecht oder dem Recht eines Mitgliedstaats oder den Vorschriften nationaler zuständiger Stellen dem Berufsgeheimnis unterliegt, oder wenn die Verarbeitung durch eine andere Per-

Art. 9 DSGVO | Verarbeitung besonderer Kategorien personenbezogener Daten

son erfolgt, die ebenfalls nach dem Unionsrecht oder dem Recht eines Mitgliedstaats oder den Vorschriften nationaler zuständiger Stellen einer Geheimhaltungspflicht unterliegt.

(4) Die Mitgliedstaaten können zusätzliche Bedingungen, einschließlich Beschränkungen, einführen oder aufrechterhalten, soweit die Verarbeitung von genetischen, biometrischen oder Gesundheitsdaten betroffen ist.

I. Einführung 1	3. Schutz lebenswichtiger Interessen (Abs. 2 Buchst. c) 16
II. Grundsatz: Verbot der Verarbeitung „besonderer Kategorien personenbezogener Daten" (Abs. 1) 3	4. Datenverwendung durch Organisationen ohne Gewinnerzielungsabsicht (Abs. 2 Buchst. d) 17
1. Definition der besonderen Kategorien personenbezogener Daten 4	5. Offenkundig öffentliche Daten (Abs. 2 Buchst. e) 19
a) Rassische und ethnische Herkunft . . . .'. 5	6. Durchsetzung von Ansprüchen (Abs. 2 Buchst. f) 20
b) Politische Meinungen, religiöse oder weltanschauliche Überzeugungen oder die Gewerkschaftszugehörigkeit . 6	7. Unions- und mitgliedstaatsrechtliche Ausnahmen (Abs. 2 Buchst. g) 22
c) Genetische und biometrische Daten 7	8. Gesundheitsversorgung (Abs. 2 Buchst. h) 23
d) Gesundheitsdaten 9	9. Öffentliche Gesundheitsbelange (Abs. 2 Buchst. i) 25
e) Sexualleben oder sexuelle Orientierung 10	10. Wissenschaftliche/historische Forschungszwecke (Abs. 2 Buchst. j) 28
2. Grundsatz: Verbot der Verarbeitung 11	IV. Verarbeitung durch Geheimnisträger (Abs. 3) 29
III. Ausnahmen vom Verbot (Abs. 2) 12	V. Vorbehalt für genetische, biometrische oder Gesundheitsdaten (Abs. 4) 30
1. Ausdrückliche Einwilligung (Abs. 2 Buchst. a) 13	
2. Arbeitsrecht/Sozialschutz (Abs. 2 Buchst. b) 15	

Schrifttum: *Albrecht*, Das neue EU-Datenschutzrecht – von der Richtlinie zur Verordnung – Überblick und Hintergründe zum finalen Text für die Datenschutz-Grundverordnung der EU nach der Einigung im Trilog, CR 2016, 88; *Schneider*, Schließt Art. 9 DSGVO die Zulässigkeit der Verarbeitung bei Big Data aus?, ZD 2017, 303.

I. Einführung

1   Art. 9 regelt die Verarbeitung „besonderer Kategorien von personenbezogenen Daten". Mit **besonderen Datenkategorien** sind personenbezogene Daten gemeint, „die ihrem Wesen nach hinsichtlich der Grundrechte und Grundfreiheiten besonders sensibel sind". Diese Daten „verdienen einen besonderen Schutz,

da im Zusammenhang mit ihrer Verarbeitung erhebliche Risiken für die Grundrechte und Grundfreiheiten auftreten können" (Erwägungsgrund 51). Unter dem BDSG-alt wurden die besonderen Kategorien von personenbezogenen Daten noch unter der Bezeichnung „besondere Arten personenbezogener Daten" geführt. In der Praxis wird aber weiterhin häufig noch der griffigere Begriff der „sensiblen Daten" verwendet[1].

Vorbild für die Entstehung des Art. 9 war Art. 8 EG-Datenschutzrichtlinie. Art. 9 enthält zwar einige inhaltliche Änderungen im Vergleich zu Art. 8 EG-Datenschutzrichtlinie, dennoch ist der Aufbau der Norm weitgehend unverändert geblieben. Die Norm enthält in Art. 9 Abs. 1 ein grundsätzliches Verarbeitungsverbot für sensible Daten. Das Verbot wird dann in den folgenden Absätzen durch zahlreiche Ausnahmen entschärft. Zudem enthält Art. 9 Abs. 4 eine Öffnungsklausel, wonach die Mitgliedstaaten spezifische Regelungen im Bereich von „genetischen, biometrischen oder Gesundheitsdaten" einführen oder aufrechterhalten können.

Die maßgeblichen Erwägungsgründe finden sich in den Erwägungsgründen 51–56.

II. Grundsatz: Verbot der Verarbeitung „besonderer Kategorien personenbezogener Daten" (Abs. 1)

Die Norm zählt in Art. 9 Abs. 1 die Kategorien von sensiblen Daten auf und stellt diese Daten unter ein **grundsätzliches Verarbeitungsverbot**. Die Sinnhaftigkeit, grundsätzlich bestimmte Daten als besonders sensibel einzustufen und deren Nutzung unter besonders strenge Regelungen zu stellen, wurde schon unter Geltung der EG-Datenschutzrichtlinie bezweifelt, weil sich eine besondere Sensibilität von Daten immer erst aus der konkreten Verwendungsabsicht ergibt. Dieser Einwand ist auch in der DSGVO weiterhin nicht berücksichtigt worden. Gleichwohl ist ihm aber bei der Auslegung der wertungsbedürftigen Begriffe im Rahmen der Ausnahmen des Art. 9 Abs. 2 Rechnung zu tragen.

1. Definition der besonderen Kategorien personenbezogener Daten

Die Aufzählung von besonderen Datenkategorien in Art. 9 Abs. 1 wurde im Vergleich zu Art. 8 EG-Datenschutzrichtlinie und ihrer Umsetzung in § 3 Abs. 9 BDSG-alt leicht verändert. Wirklich neu in der Aufzählung sind nur die „genetischen und biometrischen Daten". Die Aufzählung der besonderen Datenkategorien ist **abschließend**.

---
1 Vgl. z.B. bei *Albrecht*, CR 2016, 88 (97).

Art. 9 DSGVO | Verarbeitung besonderer Kategorien personenbezogener Daten

Zu beachten ist, dass nach dem Wortlaut der Regelung nicht nur die genannten Kategorien selbst von dem Verbot des Art. 9 erfasst sind, sondern hinsichtlich der ersten Gruppe von Daten („rassische und ethnische Herkunft, politische Meinungen, religiöse oder weltanschauliche Überzeugungen oder die Gewerkschaftszugehörigkeit") auch bzw. gerade nur solche Daten, aus denen die vorgenannten Merkmale **„hervorgehen"**. Diese Wortwahl wird in ersten Stellungnahmen dahingehend verstanden, dass das Verbot des Art. 9 Abs. 1 hinsichtlich der Daten dieses ersten „Blocks" auch und selbst die Ausgangsdaten betreffe, mittels derer die gelisteten Merkmale durch Verarbeitung und ggf. durch Interpretation entstehen. Das Verarbeitungsverbot beträfe nach dieser Lesart also auch das sog. „Ausgangsmaterial" der Daten und entsprechende Verarbeitungsvorgänge[2]. Als Beispiel wird der Fall genannt, dass sich mittels der Daten aus Bewegungen (Fahrzeug mit Connected Drive, Carsharing, Navigation, Fahrkarten, Bestellungen usw.) Rückschlüsse z.b. auf die politische Meinung, auf die religiöse oder weltanschauliche Überzeugung vornehmen ließen, so etwa aus Bestellung oder Nutzung von Services zu entsprechenden Einrichtungen (etwa die Fahrt zu einer Kirche oder die Bestellung eines Medikaments)[3]. Ob der Verordnungsgeber tatsächlich eine entsprechende Ausweitung des Tatbestands bzw. eine Unterscheidung zwischen den zwei „Blöcken" sensibler Daten beabsichtigt hat, ist nicht eindeutig zu bestimmen. Ein Blick auf die englische Sprachfassung, in der die Formulierung „revealing" verwendet wird, indiziert, dass es dem Verordnungsgeber nicht zwingend darum gegangen sein muss, zwischen sog. „Ausgangsdaten" und den daraus folgenden sensiblen Daten zu unterscheiden. Nach der hier vertretenen Ansicht ist auch mit Blick auf Sinn und Zweck der Regelung eine **einschränkende Auslegung** des Art. 9 Abs. 1 angezeigt. Denn anderenfalls würden in weitem Umfang auch ganz gewöhnliche Vorgänge des täglichen Lebens von dem Verbot erfasst sein, wie etwa schon der Kauf einer Tageszeitung, deren Ausrichtung als Hinweis auf eine „politische Meinung" verstanden werden könnte. Doch selbst bei einer einschränkenden Auslegung ist für die Praxis anzuraten, das Verbot des Art. 9 stets im Blick zu behalten. Die Erfahrung zeigt, dass die Verantwortlichen in ihrer eigenen Wahrnehmung nur sehr selten mit sensiblen Daten in Berührung kommen, während tatsächlich z.B. die Verarbeitung von Gesundheitsdaten im Rahmen von Krankschreibungen an der Tagesordnung ist.

a) Rassische und ethnische Herkunft

5   Angaben über die **rassische oder ethnische Herkunft** sind alle Angaben, welche den Betroffenen als Angehörigen einer bestimmten Volksgruppe, Rasse, Hautfarbe oder Minderheit qualifizieren. Nicht dazu gehören wertfreie Äußerungen, wie die Qualifizierung als Asylant, die Staatsangehörigkeit oder die Zuordnung zu einer bestimmten sozialen Schicht.

---

2 *Schneider*, ZD 2017, 303 (303).
3 *Schneider*, ZD 2017, 303 (306).

b) Politische Meinungen, religiöse oder weltanschauliche Überzeugungen oder die Gewerkschaftszugehörigkeit

Zu den Angaben über **politische Meinungen, Gewerkschaftszugehörigkeit und religiöse oder philosophische Überzeugungen** gehören bspw. Angaben über Mitgliedschaften in entsprechenden Institutionen, wozu auch Sekten zählen. Ebenfalls umfasst werden Angaben über entsprechende **Verhaltensweisen** wie der Kirchgang (zu den Grenzen s. oben Rz. 4). Hinsichtlich personenbezogener Daten, die im Zusammenhang mit der Abführung der **Kirchensteuer** stehen, existieren steuerrechtliche Sondervorschriften.

Zwar wurde der noch im alten Recht verwandte Begriff der „philosophischen Überzeugungen" in „weltanschauliche Überzeugungen" geändert. Die Änderung ist aber lediglich sprachlicher Natur. Der Begriff der weltanschaulichen Überzeugungen lehnt sich an die Begrifflichkeiten der Grundrechtecharta an und soll den besonderen grundrechtlichen Bezug dieser Kategorie von Daten zu Art. 10 Abs. 1 GRCh verdeutlichen.

c) Genetische und biometrische Daten

Eine echte Erweiterung in der Auflistung der „besonderen Datenkategorien" gegenüber der Rechtslage vor Inkrafttreten der DSGVO stellt die Aufnahme der genetischen und biometrischen Daten dar[4]. Die DSGVO enthält für beide Begriffe Legaldefinitionen. Genetische Daten sind nach Art. 4 Nr. 13 „personenbezogene Daten zu den ererbten oder erworbenen genetischen Eigenschaften einer natürlichen Person, die eindeutige Informationen über die Physiologie oder die Gesundheit dieser natürlichen Person liefern und insbesondere aus der Analyse einer biologischen Probe der betreffenden natürlichen Person gewonnen wurden". Die Verarbeitung von DNA-Analysen fällt z.B. zunächst einmal unter das Verbot des Art. 9 Abs. 1.

Die biometrischen Daten sind in Art. 4 Nr. 14 definiert. Danach sind dies „mit speziellen technischen Verfahren gewonnene personenbezogene Daten zu den physischen, physiologischen oder verhaltenstypischen Merkmalen einer natürlichen Person, die die eindeutige Identifizierung dieser natürlichen Person ermöglichen oder bestätigen, wie Gesichtsbilder oder daktyloskopische Daten". In Erwägungsgrund 51 stellt der Verordnungsgeber klar, dass die Verarbeitung von **Lichtbildern** nicht systematisch von der Definition des Begriffs „biometrische Daten" erfasst wird. Nur wenn die Verarbeitung der Lichtbilder mit technischen Mitteln erfolgt, die eine eindeutige Identifizierung ermöglichen, liegen sensible Daten vor. Eine solche technische Maßnahme liegt z.B. in dem Abgleich eines Lichtbildes mit einer Gesichtserkennungssoftware. Somit dürften nicht nur Gesichtserkennungsprogramme in sozialen Netzwerken unter die Kategorie biometrischer Daten fallen, sondern auch sämtliche moderne Identifizierungs-

---

4 *Albrecht*, CR 2016, 88 (97).

Art. 9 DSGVO | Verarbeitung besonderer Kategorien personenbezogener Daten

verfahren wie Fingerabdruckerkennung, Stimmerkennung, Venenmustererkennung oder Handschriftanalyse. Im Gegenzug fallen gewöhnliche Fotos eines Menschen nicht per se unter den Begriff der biometrischen Daten, und zwar auch dann nicht, wenn die Abbildung der Person mit deren Namen verknüpft ist, solange die Verbindung zwischen Name und Abbildung nicht „mit speziellen technischen Mitteln" gewonnen worden ist. Ab welchem Grad der Identifizierung der Person das Merkmal der „Eindeutigkeit" gegeben ist, bleibt unklar und wird von der Rechtsprechung zu klären sein.

d) Gesundheitsdaten

9   Gesundheitsdaten werden in der DSGVO in Art. 4 Nr. 15 legal definiert. Angaben über die **Gesundheit** sind alle Angaben, welche den körperlichen oder geistigen Zustand einer Person betreffen. Zu beachten ist, dass auch Informationen über bestimmte Begebenheiten, welche besonders sensible Daten betreffen, durch die Verknüpfung mit weiteren Daten bei der Qualifizierung als sensible Daten von Bedeutung sein können. Damit sind bspw. auch Angaben über einen **Arztbesuch** Angaben über den Gesundheitszustand, nicht jedoch die Zugehörigkeit zu einer bestimmten **Krankenkasse**.

e) Sexualleben oder sexuelle Orientierung

10 Zu den Angaben über das **Sexualleben** gehören alle Angaben, welche sich hierauf beziehen, wie bspw. die Verwendung von **Verhütungsmitteln** oder der Konsum bestimmter **Videos**.

2. Grundsatz: Verbot der Verarbeitung

11 Soweit „besondere Kategorien" personenbezogener Daten vorliegen, ist deren Verarbeitung grundsätzlich verboten. Das Verbreitungsverbot umfasst gemäß der Legaldefinition des Art. 4 Nr. 2 sämtliche der dort genannten Verarbeitungsformen.

III. Ausnahmen vom Verbot (Abs. 2)

12 Art. 9 Abs. 2 mildert das scharfe Verbot des Art. 9 Abs. 1 ab, indem zahlreiche Ausnahmetatbestände genannt werden, nach denen eine Verarbeitung „besonderer Kategorien" personenbezogener Daten im Einzelfall erlaubt ist. Zu beachten ist allerdings, dass der Katalog der Erlaubnisnormen hinter dem für sonstige Daten geltenden Katalog des Art. 6 zurückbleibt. Insbesondere fehlt es an einer Generalklausel nach Vorbild des Art. 6 Abs. 1 Buchst. f (Interessenwahrung). Dies ist zu bedauern, da Art. 9 Abs. 2 zwar eine ganze Reihe von Erlaubnissen

schafft, sich diese jedoch jeweils auf relativ spezifische Situationen beziehen und damit ein unnötig starres Korsett vorgeben.

1. Ausdrückliche Einwilligung (Abs. 2 Buchst. a)

Das Verbot des Art. 9 Abs. 1 gilt nicht im Fall einer ausdrücklichen Einwilligung 13 der betroffenen Person. Der Begriff der Einwilligung ist in Art. 4 Nr. 11 definiert. Die weiteren Bedingungen einer Einwilligung regelt Art. 7. Nach dem Wortlaut der Norm ist eine „ausdrückliche" Einwilligung erforderlich. Der Verordnungsgeber stellt an eine Einwilligung für den Bereich der sensiblen Daten damit offenbar höhere Ansprüche als an eine sonstige Einwilligung nach Art. 7. Konkludente Einwilligungen sind somit im Bereich des Art. 9 ausgeschlossen, wobei die Unterschiede zu den Anforderungen an die Einwilligung außerhalb der sensiblen Daten marginal sein dürfte, da nach Art. 4 Nr. 11 ohnehin eine „unmissverständlich abgegebene Willensbekundung" erforderlich ist. Die **Ausdrücklichkeit** der Einwilligung soll den Betroffenen auf die besondere Sensibilität der Datenkategorien aufmerksam machen. „Ausdrücklich" i.S.d. Norm bedeutet, dass der betroffenen Person unter konkreter Nennung der Datenkategorie verdeutlicht werden muss, dass die entsprechenden Daten von der Einwilligung erfasst sind. Nicht erforderlich ist hingegen ein allzu formalistischer und wortlautgetreuer Verweis darauf, dass es sich dabei im technischen Sinne um „besondere Kategorien personenbezogener Daten i.S.d. Art. 9 Abs. 1" handelt. Zusätzlich ist erforderlich, dass in der Einwilligung ein oder mehrere Zwecke der Verarbeitung festgelegt werden, auf die sich die Einwilligung bezieht.

Art. 9 Abs. 2 Buchst. a sieht eine Rückausnahme vor. Trotz einer ausdrücklichen 14 Einwilligung der betroffenen Person kann das Verarbeitungsverbot des Art. 9 Abs. 1 eingreifen, wenn eine unionsrechtliche oder eine mitgliedstaatliche Rechtsvorschrift existiert, die die Einwilligungsmöglichkeit der betroffenen Person ausschließt.

2. Arbeitsrecht/Sozialschutz (Abs. 2 Buchst. b)

Die Ausnahmen für das Arbeitsrecht, die soziale Sicherheit und den Sozialschutz 15 sind in Art. 9 Abs. 2 Buchst. b geregelt. Eine Verarbeitung von besonderen Kategorien personenbezogener Daten in diesen Bereichen ist auch ohne Einwilligung zulässig, wenn (i) dies für die Wahrnehmung der genannten Rechte bzw. Erfüllung der entsprechenden Pflichten „erforderlich" und (ii) dies nach dem Unionsrecht oder dem Recht des Mitgliedstaats oder in einer Kollektivvereinbarung „zulässig" ist. Die Regelung muss geeignete Garantien für den Umgang mit den besonderen Kategorien personenbezogener Daten enthalten, d.h. selbst wenn eine entsprechende unionsrechtliche oder nationale Regelung existiert, ist weiter zu prüfen, ob diese dem vorgenannten Maßstab des Art. 9 Abs. 2 Buchst. b genügt.

3. Schutz lebenswichtiger Interessen (Abs. 2 Buchst. c)

16 Die Verwendung sensibler Daten ist nach Art. 9 Abs. 2 Buchst. c zulässig, wenn sie zum **Schutz lebenswichtiger Interessen des Betroffenen oder eines Dritten** notwendig ist. Darunter fallen alle existenziellen Interessen und Bedürfnisse des Betroffenen, insbesondere der Schutz von Leib und Leben. Voraussetzung ist jedoch, dass der Betroffene aus physischen (z.b. Ohnmacht, mangelnde Einsichtsfähigkeit, Unerreichbarkeit, Rausch) oder rechtlichen (z.b. Geschäftsunfähigkeit, Minderjährigkeit) Gründen **nicht selbst einwilligen kann**. Diese Ausnahme betrifft also Fälle, in denen davon ausgegangen werden kann, dass der Betroffene eingewilligt hätte, wenn er dazu in der Lage gewesen wäre. Zu beachten ist, dass im Falle einer **gesetzlichen Vertretung** zunächst die Einwilligung des Vertreters einzuholen ist. Allerdings soll sich der Verantwortliche über die Verweigerung einer solchen Einwilligung hinwegsetzen können, wenn der Vertreter dadurch lebenswichtige Interessen des Betroffenen verletzt und der Verantwortliche nach eigener Prüfung zu dem Ergebnis kommt, dass die Voraussetzungen von Art. 9 Abs. 2 Buchst. c erfüllt sind. Als **lebenswichtige** Interessen werden neben der **Unversehrtheit von Leib und Leben** auch die **personelle und religiöse Identität** angesehen.

4. Datenverwendung durch Organisationen ohne Gewinnerzielungsabsicht (Abs. 2 Buchst. d)

17 Art. 9 Abs. 2 Buchst. d privilegiert die Erhebung, Verarbeitung und Nutzung von sensiblen Daten durch politisch, philosophisch, religiös oder gewerkschaftlich ausgerichtete **Organisationen, sofern sie keinen Erwerbszweck verfolgen**. Diese Aufzählung ist abschließend. Auf die Rechtsform oder den Aufbau der Organisation kommt es nicht an. Organisationen, die einen Erwerbszweck verfolgen, können sich bei der Verwendung sensibler Daten auch dann nicht auf Art. 9 Abs. 2 Buchst. d berufen, wenn sie einen der oben genannten Zwecke verfolgen oder einer entsprechenden Organisation nahestehen. Daher fallen bspw. kirchliche oder politische Verlage aus dem Anwendungsbereich der Norm raus, eine Datenverwendung ist dann nur unter den allgemeinen Voraussetzungen des Art. 9 möglich. Der Ausnahmetatbestand ist gemäß Art. 9 Abs. 2 Buchst. d auf die Verwendung der sensiblen Daten von **Mitgliedern** oder solcher **Personen** beschränkt, die **regelmäßig Kontakt** mit der Organisation haben, da nur in diesen Fällen von einer eingeschränkten Schutzbedürftigkeit der Betroffenen ausgegangen werden kann. Nahestehende Personen sind bspw. ernsthafte Interessenten, Spender, Förderer, u.U. auch nahe Familienmitglieder. Darüber hinaus muss die Datenverwendung für die Tätigkeit der Organisation erforderlich sein, die Daten müssen also in Beziehung zur Aufgabe der Organisation stehen.

18 Art. 9 Abs. 2 Buchst. d verbietet eine Übermittlung von sensiblen Daten an außerhalb der Organisation stehende Dritte ohne eine Einwilligung des Betroffe-

nen. Der Wortlaut von Art. 9 Abs. 2 Buchst. d spricht zwar nicht von einer „ausdrücklichen" Einwilligung, dennoch ist eine solche erforderlich, denn in die Verarbeitung von sensiblen Daten kann nur „ausdrücklich" eingewilligt werden (vgl. Rz. 13). Auch die Erwägungsgründe der DSGVO gehen insoweit von einer ausdrücklichen Einwilligung bei der Verarbeitung von sensiblen Daten im Rahmen rechtmäßiger Tätigkeiten bestimmter Vereinigungen oder Stiftungen aus (vgl. Erwägungsgrund 51). Eine Rückausnahme für die Übermittlung an außenstehende Dritte, wie sie noch in § 28 Abs. 9 Satz 4 BDSG-alt vorgesehen war, gibt es in der DSGVO nicht mehr.

5. Offenkundig öffentliche Daten (Abs. 2 Buchst. e)

Eine Einwilligung in die Verwendung sensibler Daten ist gemäß Art. 9 Abs. 2 Buchst. e auch dann entbehrlich, wenn der Betroffene die verwendeten Daten **offenkundig veröffentlicht** hat. Die Veröffentlichung der Daten muss also auf eine freie Willensentscheidung des Betroffenen zurückzuführen sein, da der Betroffene dann als nicht schutzwürdig angesehen werden kann. Dies ist bei Pressemeldungen Dritter über den Betroffenen oder anderen durch Dritte erfolgten Veröffentlichungen im Zweifel nicht der Fall. Dagegen wird regelmäßig in der Annahme eines öffentlichen Amtes, in der eigenständigen Veröffentlichung von Texten und Bildern oder in der Aufnahme in erkennbar öffentlich zugängliche Listen, Internetseiten (v.a. soziale Netzwerke), Foren, Manifeste, Verzeichnisse usw. eine offenkundige Veröffentlichung zu sehen sein.

6. Durchsetzung von Ansprüchen (Abs. 2 Buchst. f)

Nach Art. 9 Abs. 2 Buchst. f ist die Verwendung sensibler Daten ohne Einwilligung zulässig, wenn sie zur **Geltendmachung, Ausübung oder Verteidigung rechtlicher Ansprüche** i.S.d. § 194 Abs. 1 BGB erforderlich ist und kein Grund zur Annahme besteht, dass schutzwürdige Interessen des Betroffenen überwiegen. Die Erforderlichkeit sowie das Überwiegen der schutzwürdigen Betroffeneninteressen muss im Rahmen einer Interessenabwägung geprüft werden.

Die Ausnahme des Art. 9 Abs. 2 Buchst. f greift nicht nur für die **gerichtliche** Geltendmachung, Ausübung oder Verteidigung von Rechtsansprüchen ein. Aus Erwägungsgrund 52 geht hervor, dass dieser Ausnahmetatbestand nicht auf die Durchsetzung von Rechtsansprüchen vor Gericht beschränkt ist. Vielmehr ist auch die Geltendmachung z.B. in „einem Verwaltungsverfahren oder einem außergerichtlichen Verfahren" mit erfasst. Darüber hinaus können sensible Daten auch von den Gerichten verarbeitet werden, wenn es für Handlungen in ihrer „justiziellen Tätigkeit" erforderlich ist. Damit sind die Aufnahme von sensiblen Daten in Gerichtsakten, das Weiterleiten von sensiblen Daten an andere gericht-

Art. 9 DSGVO | Verarbeitung besonderer Kategorien personenbezogener Daten

liche Stellen und vergleichbare Handlungen von der Ausnahme des Art. 9 Abs. 2 Buchst. f gedeckt.

7. Unions- und mitgliedstaatsrechtliche Ausnahmen (Abs. 2 Buchst. g)

22 Art. 9 Abs. 2 Buchst. g gestattet es dem europäischen und nationalen Gesetzgeber, weitere Ausnahmeregelungen aus Gründen eines „erheblichen öffentlichen Interesses" zu erlassen. Eine solche Ausnahmeregelung muss angemessen sein und Garantien für die betroffenen Personen enthalten.

8. Gesundheitsversorgung (Abs. 2 Buchst. h)

23 Regelungen im Unionsrecht oder des Rechts eines Mitgliedstaats können nach Art. 9 Abs. 2 Buchst. h Ausnahmen für die Verarbeitung von besonderen Kategorien von personenbezogenen Daten vorsehen für Zwecke der Gesundheitsvorsorge oder der Arbeitsmedizin sowie für weitere in dieser Norm aufgeführte Bereiche.

24 Erfolgt die Datenverarbeitung aufgrund eines Vertrags mit einem Angehörigen eines Gesundheitsberufs, müssen die Voraussetzungen und Garantien des Art. 9 Abs. 3 erfüllt (Rz. 29) sein.

9. Öffentliche Gesundheitsbelange (Abs. 2 Buchst. i)

25 Die Verarbeitung von besonderen Kategorien von personenbezogenen Daten ist aus Gründen des öffentlichen Interesses im Bereich der öffentlichen Gesundheit, wie dem Schutz vor schwerwiegenden grenzüberschreitenden Gesundheitsgefahren oder zur Gewährleistung hoher Qualitäts- und Sicherheitsstandards bei der Gesundheitsversorgung und bei Arzneimitteln und Medizinprodukten, zulässig, soweit die Verarbeitung auf einer Grundlage des Unionsrechts oder des Rechts eines Mitgliedstaats beruht. Die Rechtsgrundlage muss mit entsprechenden Garantien zum Schutz der betroffenen Person ausgestattet sein.

26 Der Begriff „öffentliche Gesundheit" ist im Sinne der Verordnung (EG) Nr. 1338/2008[5] auszulegen[6]. Art. 3 d) jener Verordnung definiert die „öffentliche Gesundheit" als „alle Elemente im Zusammenhang mit der Gesundheit, nämlich den

---

5 Verordnung (EG) Nr. 1338/2008 des Europäischen Parlaments und des Rates v. 16.12. 2008 zu Gemeinschaftsstatistiken über öffentliche Gesundheit und über Gesundheitsschutz und Sicherheit am Arbeitsplatz.
6 Erwägungsgrund 54.

Gesundheitszustand einschließlich Morbidität und Behinderung, die sich auf diesen Gesundheitszustand auswirkenden Determinanten, den Bedarf an Gesundheitsversorgung, die der Gesundheitsversorgung zugewiesenen Mittel, die Bereitstellung von und den allgemeinen Zugang zu Gesundheitsversorgungsleistungen sowie die entsprechenden Ausgaben und die Finanzierung und schließlich die Ursachen der Mortalität".

Ausweislich der Erwägungsgründe darf eine Verarbeitung aus „öffentlichen Gesundheitsbelangen nicht dazu führen, dass Dritte, u.a. Arbeitgeber, Versicherungs- und Finanzunternehmen, Daten zu anderen als in Art. 9 Abs. 2 Buchst. i genannten Zwecken verarbeiten"[7]. 27

10. Wissenschaftliche/historische Forschungszwecke (Abs. 2 Buchst. j)

Die besonderen Kategorien von personenbezogenen Daten dürfen schließlich auch für im öffentlichen Interesse liegende Archivzwecke, für wissenschaftliche oder historische Forschungszwecke oder für statistische Zwecke gemäß Art. 89 Abs. 1 verarbeitet werden. Voraussetzung ist eine entsprechende Rechtsgrundlage im Unionsrecht oder im Recht des jeweiligen Mitgliedstaates, die die nötigen Garantien nach Art. 89 Abs. 1 erfüllt. 28

IV. Verarbeitung durch Geheimnisträger (Abs. 3)

Die unter den Voraussetzungen des Art. 9 Abs. 2 Buchst. h (Gesundheitsvorsorge, Arbeitsmedizin, Beurteilung der Arbeitsfähigkeit des Beschäftigten, medizinische Diagnostik, Versorgung oder Behandlung im Gesundheits- oder Sozialbereich, etc.) verarbeiteten Daten dürfen ferner nur von Personen **verarbeitet** werden, die der **ärztlichen Schweigepflicht** unterliegen. Damit muss auch das medizinische Verwaltungspersonal den ärztlichen Geheimhaltungspflichten, insbesondere **§ 203 Abs. 1 Nr. 1 StGB**, unterworfen werden. Art. 9 Abs. 3 erweitert die Schweigepflicht des § 203 Abs. 1 und 3 StGB auf weitere Berufsgruppen, die im Gesundheitsbereich unterstützend tätig sind. Dies sind zum einen Berufe, die bei der Heilung oder Linderung von Krankheiten behilflich sind, insbesondere medizinische Therapeuten, Heilpraktiker, Krankengymnasten u.ä., sowie Berufe, die an der Herstellung und dem Vertrieb von Hilfsmitteln beteiligt sind, z.B. Pharmazeuten, orthopädische und zahntechnische Werkstätten, Arznei- und Naturheilmittelhersteller sowie Optiker. Auch Angehörige dieser Berufe dürfen medizinische Daten nur unter den Voraussetzungen verarbeiten, unter denen auch Personen, die der Schweigepflicht nach § 203 Abs. 1 und 3 StGB unterworfen sind, eine Verarbeitung vornehmen dürften. 29

---

7 Erwägungsgrund 54.

V. Vorbehalt für genetische, biometrische oder Gesundheitsdaten (Abs. 4)

30   Art. 9 Abs. 4 gibt den Mitgliedstaaten die Möglichkeit, für die Verarbeitung von genetischen Daten, biometrischen Daten oder Gesundheitsdaten weitere Bedingungen und Einschränkungen aufrechtzuerhalten oder einzuführen. Somit können die Mitgliedstaaten strengere Anforderungen an den Umgang mit den entsprechenden besonderen Kategorien von personenbezogenen Daten stellen. Die Erwägungsgründe stellen allerdings klar, dass solche abweichenden Regelungen nicht den Datenverkehr innerhalb der Union beeinträchtigen dürfen, falls die betreffenden Regelungen für die grenzüberschreitende Verarbeitung solcher Daten gelten sollen[8].

Artikel 10 Verarbeitung von personenbezogenen Daten über strafrechtliche Verurteilungen und Straftaten

Die Verarbeitung personenbezogener Daten über strafrechtliche Verurteilungen und Straftaten oder damit zusammenhängende Sicherungsmaßregeln aufgrund von Artikel 6 Absatz 1 darf nur unter behördlicher Aufsicht vorgenommen werden oder wenn dies nach dem Unionsrecht oder dem Recht der Mitgliedstaaten, das geeignete Garantien für die Rechte und Freiheiten der betroffenen Personen vorsieht, zulässig ist. Ein umfassendes Register der strafrechtlichen Verurteilungen darf nur unter behördlicher Aufsicht geführt werden.

I. Einführung 1	III. Anforderungen an die Verarbeitung 8
II. Daten über strafrechtliche Verurteilungen und Straftaten . 2	1. Systematik 8
1. Begriff der Straftat und der strafrechtlichen Verurteilung ... 2	2. Behördenvorbehalt 9
2. Abgrenzung zu Verarbeitung sonstiger Daten mit strafrechtlichem Bezug 5	3. Sonderregelung für bestimmte Behörden 10
3. Persönlicher Anwendungsbereich 7	4. Öffnungsklauseln 11

Schrifttum: *Wybitul*, EU: Datenschutzgrundverordnung verabschiedet – die wichtigsten Folgen für die Praxis auf einen Blick, ZD-Aktuell 2016, 04185.

---

8 Vgl. Erwägungsgrund 53.

Daten über Straftaten | **Art. 10 DSGVO**

I. Einführung

Art. 10 etabliert ein gesondertes Regime für die Verarbeitung von Daten über 1
strafrechtliche Verurteilungen und **Straftaten** und damit zusammenhängende Sicherungsmaßregeln. Ursprünglich sollten solche Daten als „besondere Kategorie von personenbezogenen Daten" eingestuft und in Art. 9 geregelt werden. Im Zuge der Trilog Verhandlungen wurden die „Strafdaten" dann aber aus dem Katalog des Art. 9 Abs. 1 herausgenommen und in Art. 10 selbständig geregelt. Somit sind personenbezogene Daten über Straftaten nicht als „besondere Kategorie von personenbezogenen Daten" zu qualifizieren. Eine Verarbeitung dieser Daten richtet sich somit ausschließlich nach den Bestimmungen des Art. 10 i.V.m. Art. 6. Im Vergleich zu Art. 9 enthält die Norm einen abweichenden Schutzmechanismus. Auffällig ist vor allem, dass Art. 10 keine inhaltlichen Vorgaben für die Verarbeitung der betreffenden Strafdaten etabliert. Vielmehr stellt die Norm die Verarbeitung dieser Daten unter einen grundsätzlichen Behördenvorbehalt (näher dazu s. Rz. 9). Der maßgebliche Erwägungsgrund findet sich in Erwägungsgrund 19.

II. Daten über strafrechtliche Verurteilungen und Straftaten

1. Begriff der Straftat und der strafrechtlichen Verurteilung

Der Begriff der Straftat ist spezifisch unionsrechtlich zu interpretieren[1]. Eine 2
Straftat zeichnet sich dadurch aus, dass die Rechtsordnung an sie einen verbindlichen Vorwurf knüpft (sog. Primärsanktion), der in einem besonderen Verfahren ausgesprochen und in der Regel mit einer Sanktion (sog. Sekundärsanktion) verknüpft wird[2]. Straftaten umfassen vor diesem Hintergrund auch die **Ordnungswidrigkeiten** des deutschen Rechts[3].

Eine „**strafrechtliche Verurteilung**" liegt vor, wenn jemand wegen einer Straftat 3
(zum Begriff s. oben Rz. 2) verurteilt worden ist. Hierunter ist vor allem die spezifisch hoheitliche Feststellung zu verstehen, dass die betroffene Person zumindest eine bestimmte Straftat begangen hat[4]. Nicht erforderlich ist die Rechtskräftigkeit des Urteils. Art. 10 Satz 2 nennt insoweit beispielhaft ein „umfassendes Register der strafrechtlichen Verurteilungen" als typischen Anwendungsfall einer Verarbeitung i.S.d. Art. 10.

---

1 BeckOK DatenschutzR/*Bäcker*, Art. 10 DSGVO Rz. 1.
2 BeckOK DatenschutzR/*Bäcker*, Art. 10 DSGVO Rz. 1.
3 BeckOK DatenschutzR/*Bäcker*, Art. 10 DSGVO Rz. 1.
4 Kühling/Buchner/*Weichert*, Art. 10 DSGVO Rz. 7; BeckOK DatenschutzR/*Bäcker* Art. 10 DSGVO Rz. 2.

4 Nicht erforderlich ist, dass im Rahmen des Urteils auch die Schuldhaftigkeit des Handelns der betroffenen Person festgestellt worden ist. Es genügt die Feststellung der **tatbestandlichen** Verwirklichung des Straftatbestands[5]. Auch ein gerechtfertigtes Handeln fällt damit unter Art. 10[6].

2. Abgrenzung zu Verarbeitung sonstiger Daten mit strafrechtlichem Bezug

5 Unklar bleibt, ob die Vorschrift des Art. 10 auch für **vermutete bzw. noch aufzuklärende Straftaten** gilt, also Delikte, die noch nicht zu einer Verurteilung geführt haben. Der Umstand, dass neben den „strafrechtlichen Verurteilungen" auch die „Straftaten" als solche, also ohne Bezug zur „Verurteilung" aufgeführt werden, legt eine weite Auslegung nahe. Entlang dieser Linie wird z.B. vertreten, dass Daten über Maßnahmen im **strafrechtlichen Ermittlungsverfahren** unter diesen Tatbestand fielen[7]. Allerdings würde eine solche oder gar noch weitergehende Auslegung zu einer nahezu uferlosen Anwendung der Norm führen[8]. Zudem fehlt es in der Norm an dem Verweis auf die „Verhütung, Ermittlung, Aufdeckung und Verfolgung" von Straftaten, der sich aber an anderer Stelle in der DSGVO findet. Insofern sprechen die besseren Argumente für eine engere Auslegung, wonach **Vorfeldmaßnahmen** z.B. zur Verhütung, Ermittlung und Aufdeckung von Straftaten noch nicht in den Anwendungsbereich der Norm fallen[9].

6 Nicht zu den geschützten Daten über Straftaten gehören damit alle **sonstigen Daten** über Handlungen von Personen, die einen Straftatbestand verwirklicht haben. Diese Daten können zwar gleichfalls sensibel sein. Deren Verarbeitung richtet sich hingegen nach den allgemeinen Regelungen der DSGVO[10]. Beispielhaft sind etwa die durch eine **Überwachung** gewonnenen Erkenntnisse zu nennen. Die Verarbeitung solcher Daten unterfällt nicht dem besonderen Regime des Art. 10, da diese Erkenntnisse selbst noch keine hoheitliche Feststellung einer Straftat bewirken[11]. Entsprechend steht die Norm z.B. auch einer **Compliance-Untersuchung** nicht entgegen, die dazu dient, etwaige Straftaten aufzuklären[12].

---

5 BeckOK DatenschutzR/*Bäcker*, Art. 10 DSGVO Rz. 2.
6 Paal/Pauly/*Frenzel*, Art. 10 DSGVO Rz. 5.
7 BeckOK DatenschutzR/*Bäcker*, Art. 10 DSGVO Rz. 3 („extensive Auslegung der Norm ist ... geboten").
8 Ebenfalls Auernhammer/*Greve*, Art. 10 DSGVO Rz. 4.
9 Auch Kühling/Buchner/*Weichert*, Art. 10 DSGVO Rz. 6.
10 BeckOK DatenschutzR/*Bäcker*, Art. 10 DSGVO Rz. 4.
11 BeckOK DatenschutzR/*Bäcker*, Art. 10 DSGVO Rz. 5.
12 So auch *Wybitul*, ZD-Aktuell 2016, 04185.

3. Persönlicher Anwendungsbereich

Art. 10 gilt nur für die personenbezogenen Daten des Täters selbst[13]. Daten, die sich nicht auf den Straftäter, sondern auf **andere Personen** beziehen – etwa Zeugen oder Opfer von Straftaten –, unterfallen nicht der Regelung des Art. 10[14].

III. Anforderungen an die Verarbeitung

1. Systematik

Anders als Art. 9 enthält Art. 10 keine besonderen materiellen Anforderungen an die Datenverarbeitung. Ein generelles Verarbeitungsverbot, wie es Art. 9 Abs. 1 für besondere Kategorien von personenbezogenen Daten vorsieht, kennt Art. 10 also nicht. Ebenso findet sich in Art. 10 kein Ausnahmenkatalog entsprechend Art. 9 Abs. 2. Die Zulässigkeit der Verarbeitung der von Art. 10 erfassten Strafdaten richtet sich damit grundsätzlich nach dem allgemeinen Erlaubnistatbestand des Art. 6. Für eine Verarbeitung von personenbezogenen Daten über strafrechtliche Verurteilungen und Straftaten müssen jedoch nicht nur die Voraussetzungen des Art. 6 Abs. 1 vorliegen. Die Verarbeitung muss vielmehr darüber hinaus unter **behördlicher Aufsicht** erfolgen.

2. Behördenvorbehalt

Unklar ist, wie der Begriff der „behördlichen Aufsicht" zu interpretieren ist. **Teilweise wird vertreten**, dass die Verarbeitung von Strafdaten grundsätzlich überhaupt nur dann zulässig sei, wenn eine **Behörde** i.S.v. Art. 4 Nr. 7 **als Verantwortlicher** agiere. Private dürfen damit grundsätzlich nur als Auftragsverarbeiter an der Datenverarbeitung beteiligt werden[15]. Nach der **hier vertretenen Ansicht** ist diese Auslegung zu eng. Zunächst ist sie schon nicht vom Wortlaut der Norm gedeckt. Denn die Regelung des Art. 10 besagt eben nicht, dass die Verarbeitung nur durch Behörden erfolgen darf; vielmehr ist angeordnet, dass sie „unter behördlicher Aufsicht" erfolgen muss. Auch die englische Fassung der DSGVO führt zu keinem anderen Schluss. Dort heißt es, dass die Verarbeitung „under the control of official authority" zu erfolgen habe. Zwar legt die Verwendung des Begriffes „control" in der Tat einen Rückschluss auf den Begriff „controller" („Verantwortlicher") nahe. Allerdings wäre insoweit zu erwarten gewesen, dass der Verordnungsgeber eben diesen definierten Rechtsbegriff des „controllers" verwendet hätte, wenn es ihm darum gegangen wäre, bestimmte Verantwortliche

---
13 Paal/Pauly/*Frenzel*, Art. 10 DSGVO Rz. 4.
14 Paal/Pauly/*Frenzel*, Art. 10 DSGVO Rz. 4; BeckOK DatenschutzR/*Bäcker*, Art. 10 DSGVO Rz. 2.
15 So etwa BeckOK DatenschutzR/*Bäcker*, Art. 10 DSGVO Rz. 7.

von der Verarbeitung gänzlich auszuschließen. Schließlich ist in Art. 30 Abs. 5 vorgesehen, dass auch Unternehmen mit weniger als 250 Mitarbeitern ein Verarbeitungsverzeichnis zu führen haben, wenn sie „personenbezogene Daten über strafrechtliche Verurteilungen und Straftaten i.s.d. Art. 10" verarbeiten. Nach der Gegenmeinung, wonach nur Behörden solche Daten verarbeiten dürfen, wäre diese Regelung in Art. 30 sinnlos. Damit ist nach der hier vertretenen Ansicht also **auch eine Verarbeitung durch Private möglich**. Erforderlich ist es allerdings, dass die Behörde nach Weitergabe der Strafdaten an private Stellen die Aufsicht darüber und über die weitere Verwendung wirksam ausübt[16].

3. Sonderregelung für bestimmte Behörden

10 Die Verarbeitung von personenbezogenen Daten **durch die zuständigen Behörden** zum Zwecke der Verhütung, Ermittlung, Aufdeckung und der Verfolgung von Straftaten oder der Strafvollstreckung richtet sich nach der Datenschutzrichtlinie für Polizei und Justiz (Richtlinie (EU) 2016/680)[17]. Auf Verarbeitungstätigkeiten dieser Art findet die DSGVO keine Anwendung (vgl. Art. 2 Abs. 2 Buchst. d).

4. Öffnungsklauseln

11 Sowohl auf unionsrechtlicher Ebene als auch auf mitgliedstaatlicher Ebene können gesonderte **Rechtsgrundlagen** für eine zulässige Verarbeitung von Daten über Straftaten erlassen werden, vorausgesetzt die Grundlagen erfüllen die von der DSGVO vorgeschriebenen Garantien. Der letzte Satz des Art. 10 ordnet allerdings an, dass ein umfassendes **Register der strafrechtlichen Verurteilungen** immer nur unter behördlicher Aufsicht geführt werden darf. In dieser Hinsicht besteht also keine Möglichkeit, nationale Ausnahmen von dieser Regelung zu beschließen.

Artikel 11 Verarbeitung, für die eine Identifizierung der betroffenen Person nicht erforderlich ist

(1) Ist für die Zwecke, für die ein Verantwortlicher personenbezogene Daten verarbeitet, die Identifizierung der betroffenen Person durch den Verantwortlichen nicht oder nicht mehr erforderlich, so ist dieser nicht verpflichtet, zur bloßen Einhaltung dieser Verordnung zusätzliche Informationen auf-

---

16 Paal/Pauly/*Frenzel*, Art. 10 DSGVO Rz. 6; Sydow/*Kampert*, Art. 10 DSGVO Rz. 5.
17 Vgl. Erwägungsgrund 19 der DSGVO.

zubewahren, einzuholen oder zu verarbeiten, um die betroffene Person zu identifizieren.

(2) Kann der Verantwortliche in Fällen gemäß Absatz 1 des vorliegenden Artikels nachweisen, dass er nicht in der Lage ist, die betroffene Person zu identifizieren, so unterrichtet er die betroffene Person hierüber, sofern möglich. In diesen Fällen finden die Artikel 15 bis 20 keine Anwendung, es sei denn, die betroffene Person stellt zur Ausübung ihrer in diesen Artikeln niedergelegten Rechte zusätzliche Informationen bereit, die ihre Identifizierung ermöglichen.

I. Einführung	1	III. Pflichten bei Unidentifizierbarkeit der betroffenen Person (Abs. 2)	7
II. Keine Nachforschungspflicht des Verantwortlichen zur Bestimmung des Betroffenen (Abs. 1)	3	1. Grundlagen	7
1. Anwendungsbereich	3	2. Anwendungsbereich	8
2. Rechtsfolge	4	3. Rechtsfolgen	10
3. Adressatenkreis	6	4. Keine Freistellung bei Übermittlung der Daten durch die betroffene Person	13

I. Einführung

Die Vorschrift des Art. 11 regelt den Fall, dass eine betroffene Person von dem Verantwortlichen **nicht identifiziert werden muss** (Art. 11 Abs. 1) bzw. **nicht identifiziert werden kann** (Art. 11 Abs. 2). 1

Der **Zweck der Regelung** erschließt sich nicht unmittelbar aus deren Wortlaut. Allerdings ergibt sich aus dem Kontext, dass die Norm vor dem Hintergrund der grundlegenden Zielsetzung der DSGVO zu lesen ist, die **Betroffenenrechte** zu stärken. So ist der Verantwortliche nach Art. 12 Abs. 2 grundsätzlich dazu verpflichtet, dem Betroffenen die Ausübung seiner Auskunfts-, Berichtigungs-, Löschungs- und aller weiteren Rechte gemäß den Art. 15–22 zu „erleichtern". Von dieser Verpflichtung ist der Verantwortliche nach Art. 11 Abs. 2 allerdings grundsätzlich befreit, wenn er nachweisen kann, dass er nicht in der Lage ist, die betroffene Person zu identifizieren. Fehlt es also an der Möglichkeit, die betroffene Person zu identifizieren, so führt dies für den Verantwortlichen zu einer Befreiung von bestimmten Pflichten unter der DSGVO. Entsprechend zielt die Norm des Art. 11 Abs. 2 damit darauf ab, konkret zu regeln, unter welchen Voraussetzungen diese **Befreiung des Verantwortlichen** zur Anwendung kommen soll. Art. 11 Abs. 1 zielt in eine ähnliche Richtung. Hier geht es vor allem um den Grundsatz der Datensparsamkeit. Wenn der Verantwortliche bestimmte Daten nicht mehr benötigt, soll er berechtigt sein, diese zu löschen. Dies kann dann aber dazu führen, dass er dem Betroffenen bestimmte Auskünfte nicht mehr erteilen kann. Art. 11 Abs. 1 befreit den Verantwortlichen von der Pflicht, gleichwohl die für die Beauskunftung erforderlichen Daten zu speichern. 2

II. Keine Nachforschungspflicht des Verantwortlichen zur Bestimmung des Betroffenen (Abs. 1)

1. Anwendungsbereich

3   Art. 11 Abs. 1 regelt den Fall, dass zwar personenbezogene Daten verarbeitet werden, die **Identifizierung** der betroffenen Person durch den Verantwortlichen aber **nicht oder nicht mehr erforderlich** ist. Nach der Systematik der DSGVO könnte auf den ersten Blick daran gezweifelt werden, ob es diesen Fall überhaupt geben kann. Denn nach der Definition in Art. 4 Nr. 1 sind personenbezogene Daten nur solche Daten, „die sich auf eine identifizierte oder identifizierbare natürliche Person" beziehen. Insofern fehlt es streng genommen bereits an einem personenbezogenen Datum, wenn die Identifizierbarkeit der Person nicht gegeben ist. **Identifizierbar** ist und bleibt eine Person allerdings dann, wenn der Verantwortliche Mittel zur Identifizierung besitzt und damit zu rechnen ist, dass er von diesen Mitteln Gebrauch macht. Verfügt der Verantwortliche über diese Mittel, nutzt sie aber nicht, so bleiben die Daten dennoch personenbezogene Daten, obwohl sie nicht identifiziert sind, und die DSGVO bleibt anwendbar. Eben dieser Fall wird von Art. 11 erfasst[1]. Dabei ist irrelevant, ob die Identifizierbarkeit von Anfang nicht bestanden hat oder zunächst bestanden hat und später beseitigt wurde[2]. Ein **Beispiel** wäre etwa die Verarbeitung von Kundendaten für statistische oder Analysezwecke, ohne dass es dabei auf die konkrete Person ankäme. Maßgeblich für die Auswertung ist in solchen Fällen allein, welches Verhalten die Kunden an den Tag gelegt haben, nicht aber, welcher konkrete Kunde die jeweilige Handlung vorgenommen hat. In solchen Fällen ist die Identifizierung der betroffenen Person nicht (mehr) erforderlich, so dass der Anwendungsbereich des Art. 11 Abs. 1 eröffnet wäre.

2. Rechtsfolge

4   Art. 11 Abs. 1 ordnet für diesen Fall, dass die Identifizierung der betroffenen Person durch den Verantwortlichen aber nicht oder nicht mehr erforderlich ist, als **Rechtsfolge** an, dass der Verantwortliche von bestimmten Pflichten befreit wird. Konkret ist geregelt, dass ihn keine Verpflichtung trifft, „zur bloßen Einhaltung dieser Verordnung zusätzliche Informationen aufzubewahren, einzuholen oder zu verarbeiten, um die betroffene Person zu identifizieren." Ggf. dürfte er dies auch schon gar nicht, d.h. er hat nicht nur keine entsprechende Pflicht, sondern schon gar kein entsprechendes Recht, denn nach Art. 5 Abs. 1 Buchst. e dürfen die personenbezogenen Daten ohnehin nur solange „in einer Form ge-

---

1 Ehmann/Selmayr/*Klabunde*, Art. 11 DSGVO Rz. 4; BeckOK DatenschutzR/*Wolff*, Art. 11 DSGVO Rz. 11.
2 BeckOK DatenschutzR/*Wolff*, Art. 11 DSGVO Rz. 12.

speichert werden, die die Identifizierung der betroffenen Personen ermöglicht, wie es für die Zwecke, für die sie verarbeitet werden, erforderlich ist."[3] Wenn der Verantwortliche also bestimmte Daten bereits gänzlich gelöscht hat oder in einer Form speichert, die eine Identifizierung nicht (mehr) ermöglichen, so trifft ihn keine Pflicht, die Daten erneut zu beschaffen, etwa um der betroffenen Person eine Auskunft erteilen zu können.

Im Ergebnis **befreit** die Norm den Verantwortlichen damit auch von seiner 5 **Nachweispflicht**. Der Verantwortliche hat bei Erfüllung des Tatbestands des Art. 11 Abs. 1 nicht mehr nachzuweisen, wessen Daten er wann verarbeitet hat, weil ihm dies schlicht nicht möglich ist[4]. Zu beachten ist allerdings die Informationspflicht des Verantwortlichen nach Art. 11 Abs. 2 (s. Rz. 10).

3. Adressatenkreis

Adressat der Regelung ist nach dem Wortlaut des Art. 11 nur der Verantwortliche. Der **Auftragsverarbeiter** ist nicht erwähnt. Soweit aber eigene Pflichten des Auftragsverarbeiters einschlägig sind, liegt es nahe, Art. 11 zumindest analog zur Anwendung zu bringen[5]. 6

III. Pflichten bei Unidentifizierbarkeit der betroffenen Person (Abs. 2)

1. Grundlagen

Art. 11 Abs. 2 regelt den Fall, dass ein Verantwortlicher nachweislich nicht in 7 der Lage ist, die betroffene Person zu identifizieren. In diesem Fall legt Art. 11 Abs. 2 dem Verantwortlichen grundsätzlich eine **Pflicht zur Unterrichtung** des Betroffenen über diesen Umstand auf und **befreit** ihn im Gegenzug von bestimmten weiteren Pflichten unter der DSGVO, wie z.B. der Auskunftspflicht. Zweck der Unterrichtungspflicht ist es, der betroffenen Person die Entscheidung darüber zu ermöglichen, ob sie durch die Zulieferung weiterer Daten die erneute Identifizierung doch wieder ermöglicht[6].

2. Anwendungsbereich

Der Tatbestand des Art. 11 Abs. 2 bezieht sich zunächst auf Art. 11 Abs. 1 („in 8 derartigen Fällen"). Für die Anwendbarkeit des Art. 11 Abs. 2 müssen damit die

---

3 Ähnlich Paal/Pauly/*Frenzel*, Art. 11 DSGVO Rz. 9.
4 Paal/Pauly/*Frenzel*, Art. 11 DSGVO Rz. 2.
5 BeckOK DatenschutzR/*Wolff*, Art. 11 DSGVO Rz. 13.
6 Paal/Pauly/*Frenzel*, Art. 11 DSGVO Rz. 10.

Art. 11 DSGVO | Identifizierung der betroffenen Person

folgenden **Voraussetzungen** gegeben sein: (i) die Bestimmung der betroffenen Person durch den für die Verarbeitung Verantwortlichen ist nicht oder nicht mehr erforderlich (Art. 11 Abs. 1), und (ii) der Verantwortliche ist nachweislich **nicht in der Lage**, die betroffene Person **zu identifizieren**.

9 Die Freistellungen des Art. 11 Abs. 2 Satz 2 greifen damit nur dann, wenn beide Voraussetzungen gegeben sind. Es reicht also nicht aus, wenn die Identifikation lediglich nicht mehr erforderlich ist. Vielmehr darf der Verantwortliche objektiv nicht in der Lage sein, die betroffene Person zu bestimmen. Soweit der Verantwortliche über die Möglichkeit der Identifizierung verfügt, aber von dieser schlicht keinen Gebrauch macht, führt dies nicht zu der Befreiung nach Art. 11 Abs. 2. Dies wäre z.B. dann der Fall, wenn der Verantwortliche lediglich interne Maßnahmen ergreifen muss, um die betroffene Person zu identifizieren[7]. Folgerichtig greift die Norm nicht bei pseudonymisierten Daten, bei denen der Verantwortliche über den „Schlüssel" zur Identifikation der betroffenen Person verfügt[8]. Dabei bleibt es dem Verantwortlichen aber unbenommen, diesen „Schlüssel" aus der Hand zu geben mit der Konsequenz, dass Art. 11 fortan Anwendung findet[9].

3. Rechtsfolgen

10 Ist sodann der Anwendungsbereich des Art. 11 Abs. 2 eröffnet, ergeben sich zwei **Rechtsfolgen:** (i) der Verantwortliche hat den Betroffenen „hierüber" zu unterrichten, „sofern möglich", und (ii) die Art. 15–20 finden keine Anwendung, wenn nicht die betroffene Person zusätzliche Informationen bereitstellt, um ihre Identifizierung zu ermöglichen.

11 Die erste Rechtsfolge erscheint zunächst **widersinnig:** Denn hier soll der Verantwortliche eine betroffene Person darüber informieren, dass er diese Person nicht identifizieren konnte. Grundsätzlich wird die Möglichkeit, eine Person zu kontaktieren aber davon abhängen, dass diese zunächst identifiziert wurde. Diesem Umstand trägt Art. 11 Abs. 2 in der Weise Rechnung, dass die Informationspflicht nur „sofern möglich" zu erfüllen ist. Nicht möglich ist die Kontaktaufnahme z.B. dann, wenn der Verantwortliche keine Kontaktdaten zur Person besitzt oder aus sonstigen Gründen keinen Kontakt zu ihr herstellen kann[10]. Für den verbleibenden Anwendungsbereich der Norm wäre etwa ein Fall denkbar, in dem ein Verantwortlicher zwar über Kontaktdaten der betroffenen Person (etwa eine E-Mail-Adresse unter einem Pseudonym) verfügt, diese also kontak-

---

7 Auernhammer/Eßer, Art. 11 DSGVO Rz. 7; BeckOK DatenschutzR/*Wolff*, Art. 11 DSGVO Rz. 15.
8 BeckOK DatenschutzR/*Wolff*, Art. 11 DSGVO Rz. 16.
9 BeckOK DatenschutzR/*Wolff*, Art. 11 DSGVO Rz. 17.
10 BeckOK DatenschutzR/*Wolff*, Art. 11 DSGVO Rz. 25.

tieren kann, er aber nicht in der Lage ist, aus den vorhandenen Daten die Identität der Person herzuleiten[11]. Als weiteres Beispiel wird in der Literatur der Fall eines Datenpools genannt, bei dem der Verantwortliche weiß, welche Personen betroffen sind, aber nicht bestimmen kann, welche Datensätze jeweils der einzelnen Person zuzuordnen sind[12].

Sinnvollerweise gilt in den Fällen, in denen der Verantwortliche eine betroffene Person nicht identifizieren kann, als Konsequenz, dass der Verantwortliche von seinen **Pflichten nach Art. 15–20** befreit wird. Somit sind die Pflichten des Verantwortlichen, auf Verlangen des Betroffenen Auskunft zu erteilen, Daten zu löschen, zu übertragen oder zu berichtigen, nicht mehr anwendbar. Voraussetzung für diese Befreiung des Verantwortlichen von seinen Pflichten ist allerdings, dass er der betroffenen Person „sofern möglich" gemäß Art. 11 Abs. 2 die entsprechende Information erteilt hat[13]. 12

4. Keine Freistellung bei Übermittlung der Daten durch die betroffene Person

Art. 11 Abs. 2 enthält schließlich die **Gegenausnahme**, wonach die Pflichten des Verantwortlichen nach Art. 15–20 zur Wahrung der Betroffenenrechte dann wieder aufleben, wenn die betroffene Person die Bestimmung ihrer Person ermöglicht. Teilt die betroffene Person im obigen Beispiel dem Verantwortlichen also mit, dass ihr die obige E-Mail-Adresse zuzuordnen ist, so kann sie weiterhin Auskunft verlangen und die weiteren Rechte der Art. 15–20 geltend machen. 13

Nach Erwägungsgrund 57 Satz 2 soll sich der Verantwortliche **nicht weigern dürfen, zusätzliche Informationen entgegenzunehmen**, die von der betroffenen Person beigebracht werden, um ihre Rechte geltend zu machen. Dies bedeutet, dass sich der Verantwortliche etwa seinen Auskunfts- und Informationspflichten nicht dadurch entziehen kann, dass er die Entgegenahme derjenigen Informationen verweigert, die ihn in die Lage versetzen würden, diese Pflichten gegenüber der betroffenen Person zu erfüllen[14]. 14

---

11 Ebenso Auernhammer/*Eßer*, Art. 11 DSGVO Rz. 8.
12 BeckOK DatenschutzR/*Wolff*, Art. 11 DSGVO Rz. 22.
13 BeckOK DatenschutzR/*Wolff*, Art. 11 DSGVO Rz. 10.
14 Paal/Pauly/*Frenzel*, Art. 11 DSGVO Rz. 8.

Kapitel III
Rechte der betroffenen Person

Abschnitt 1
Transparenz und Modalitäten

Artikel 12 Transparente Information, Kommunikation und Modalitäten für die Ausübung der Rechte der betroffenen Person

(1) Der Verantwortliche trifft geeignete Maßnahmen, um der betroffenen Person alle Informationen gemäß den Artikeln 13 und 14 und alle Mitteilungen gemäß den Artikeln 15 bis 22 und Artikel 34, die sich auf die Verarbeitung beziehen, in präziser, transparenter, verständlicher und leicht zugänglicher Form in einer klaren und einfachen Sprache zu übermitteln; dies gilt insbesondere für Informationen, die sich speziell an Kinder richten. Die Übermittlung der Informationen erfolgt schriftlich oder in anderer Form, gegebenenfalls auch elektronisch. Falls von der betroffenen Person verlangt, kann die Information mündlich erteilt werden, sofern die Identität der betroffenen Person in anderer Form nachgewiesen wurde.

(2) Der Verantwortliche erleichtert der betroffenen Person die Ausübung ihrer Rechte gemäß den Artikeln 15 bis 22. In den in Artikel 11 Absatz 2 genannten Fällen darf sich der Verantwortliche nur dann weigern, aufgrund des Antrags der betroffenen Person auf Wahrnehmung ihrer Rechte gemäß den Artikeln 15 bis 22 tätig zu werden, wenn er glaubhaft macht, dass er nicht in der Lage ist, die betroffene Person zu identifizieren.

(3) Der Verantwortliche stellt der betroffenen Person Informationen über die auf Antrag gemäß den Artikeln 15 bis 22 ergriffenen Maßnahmen unverzüglich, in jedem Fall aber innerhalb eines Monats nach Eingang des Antrags zur Verfügung. Diese Frist kann um weitere zwei Monate verlängert werden, wenn dies unter Berücksichtigung der Komplexität und der Anzahl von Anträgen erforderlich ist. Der Verantwortliche unterrichtet die betroffene Person innerhalb eines Monats nach Eingang des Antrags über eine Fristverlängerung, zusammen mit den Gründen für die Verzögerung. Stellt die betroffene Person den Antrag elektronisch, so ist sie nach Möglichkeit auf elektronischem Weg zu unterrichten, sofern sie nichts anderes angibt.

(4) Wird der Verantwortliche auf den Antrag der betroffenen Person hin nicht tätig, so unterrichtet er die betroffene Person ohne Verzögerung, spätestens aber innerhalb eines Monats nach Eingang des Antrags über die

Gründe hierfür und über die Möglichkeit, bei einer Aufsichtsbehörde Beschwerde einzulegen oder einen gerichtlichen Rechtsbehelf einzulegen.

(5) Informationen gemäß den Artikeln 13 und 14 sowie alle Mitteilungen und Maßnahmen gemäß den Artikeln 15 bis 22 und Artikel 34 werden unentgeltlich zur Verfügung gestellt. Bei offenkundig unbegründeten oder – insbesondere im Fall von häufiger Wiederholung – exzessiven Anträgen einer betroffenen Person kann der Verantwortliche entweder

a) ein angemessenes Entgelt verlangen, bei dem die Verwaltungskosten für die Unterrichtung oder die Mitteilung oder die Durchführung der beantragten Maßnahme berücksichtigt werden, oder

b) sich weigern, aufgrund des Antrags tätig zu werden.

Der Verantwortliche hat den Nachweis für den offenkundig unbegründeten oder exzessiven Charakter des Antrags zu erbringen.

(6) Hat der Verantwortliche begründete Zweifel an der Identität der natürlichen Person, die den Antrag gemäß den Artikeln 15 bis 21 stellt, so kann er unbeschadet des Artikels 11 zusätzliche Informationen anfordern, die zur Bestätigung der Identität der betroffenen Person erforderlich sind.

(7) Die Informationen, die den betroffenen Personen gemäß den Artikeln 13 und 14 bereitzustellen sind, können in Kombination mit standardisierten Bildsymbolen bereitgestellt werden, um in leicht wahrnehmbarer, verständlicher und klar nachvollziehbarer Form einen aussagekräftigen Überblick über die beabsichtigte Verarbeitung zu vermitteln. Werden die Bildsymbole in elektronischer Form dargestellt, müssen sie maschinenlesbar sein.

(8) Der Kommission wird die Befugnis übertragen, gemäß Artikel 92 delegierte Rechtsakte zur Bestimmung der Informationen, die durch Bildsymbole darzustellen sind, und der Verfahren für die Bereitstellung standardisierter Bildsymbole zu erlassen.

I. Einführung	1	III. Die Vorschriften im Einzelnen .	10
II. Grundprinzipen der Transparenz und der Modalitäten	2		

Schrifttum: *Albrecht,* Das neue EU-Datenschutzrecht – von der Richtlinie zur Verordnung, CR 2016, 88; *Boehme-Neßler,* Das Rating von Menschen, K&R 2016, 637; *Born,* Die Verarbeitung öffentlich zugänglicher Daten nach EU-DS-GVO, Tagungsband DSRI Herbstakademie 2017, 13; *Bräutigam/Schmidt-Wudy,* Das geplante Auskunfts- und Herausgaberecht des Betroffenen nach Art. 15 der EU-Datenschutzgrundverordnung, CR 2015, 56; *Deuster,* Automatisierte Entscheidungen nach der Datenschutz-Grundverordnung, PinG 2016, 75; *Eichler,* Zulässigkeit der Tätigkeit von Auskunfteien nach der DS-GVO, RDV 2017, 10; *Föhlisch/Löwer,* Die Entwicklung des E-Commerce-Rechts seit Mitte 2016, VuR 2018, 11; *Franck,* Das System der Betroffenenrechte nach der Datenschutzgrundverordnung (DS-GVO), RDV 2016, 111; *Franck,* Datensicherheit als datenschutzrechtliche Anforderung, CR 2016, 238; *Franck,* Altverhältnisse unter DS-GVO und neuem BDSG, ZD 2017, 509;

Art. 12 DSGVO | Transparente Information, Kommunikation und Modalitäten

Gierschmann, Was „bringt" deutschen Unternehmen die DS-GVO, ZD 2016, 51; *Härting*, Big Data und Profiling nach DSGVO, ITRB 2017, 209; *Härting/Gössling/Dimov*, „Berechtigte Interessen" nach der DSGVO, ITRB 2017, 169; *Imping*, Die Herausforderungen des neuen Datenschutzrechts an die betriebliche Praxis, CR 2017, 378; *Kamlah/Walter*, Scoring – Was ist zulässig? Welche Auskunftsrechte haben die Betroffenen?, PinG 2015, 159; *Kamps/Bonanni*, Der datenschutzrechtliche Beipackzettel zum Arbeitsvertrag, ArbRB 2017, 119; *Kamps/Schneider*, Transparenz als Herausforderung: Die Informations- und Meldepflichten der DSGVO aus Unternehmenssicht, K&R 2017, 24; *Laue/Nink/Kremer*, Das neue Datenschutzrecht in der betrieblichen Praxis, 2016; *Moos/Rothkegel*, Nutzung von Scoring-Diensten im Online-Versandhandel, ZD 2016, 561; *Peifer*, Die Datenschutzgrundverordnung aus Sicht der öffentlichen Verwaltung, PinG 2016, 222; *Piltz*, Die Datenschutz-Grundverordnung, Teil 2, K&R 2016, 629; *Robrecht*, EU-Datenschutzgrundverordnung: Transparenzgewinn oder Information-Overkill, Edewecht, OlWiR 2015; *Roßnagel/Nebel/Richter*, Was bleibt vom Europäischen Datenschutzrecht?, ZD 2015, 455; *Schantz*, Die Datenschutzgrundverordnung – Beginn einer neuen Zeitrechnung im Datenschutzrecht, NJW 2016, 1841; *Schätzle*, Ein Recht auf die Fahrzeugdaten, PinG 2016, 21; *Schirmbacher*, Onlinemarketing nach der DSGVO – ein Annäherungsversuch, ITRB 2016, 274; *Taeger*, Scoring in Deutschland nach der EU-Datenschutzgrundverordnung, ZRP 2016, 72; *Taeger*, Verbot des Profiling nach Art. 22 DS-GVO und die Regulierung des Scoring ab Mai 2018, RDV 2017, 3; *Tavanti*, Datenverarbeitung zu Werbezwecken nach der Datenschutzgrundverordnung, RDV 2016, 231 und 295; *Veil*, DS-GVO: Risikobasierter Ansatz statt rigides Verbotsprinzip, ZD 2015, 347; *Walter*, Die datenschutzrechtlichen Transparenzpflichten nach der Europäischen Datenschutz-Grundverordnung, Tagungsband DSRI Herbstakademie 2016, 367; *Wurzberger*, Anforderungen an Betriebsvereinbarungen nach der DS-GVO, ZD 2017, 258; *Wybitul*, EU-Datenschutzgrundverordnung im Unternehmen, 2016.

I. Einführung

1 Mit Art. 12 wird das Kapitel 3 eröffnet, das die Rechte der betroffenen Person beinhaltet. Als eigener Abschnitt 1 innerhalb dieses Kapitels enthält er die Regelungen zur Transparenz und zu den Modalitäten, die ausweislich der in den einzelnen Absätzen des Art. 12 enthaltenen Referenzierungen gleichsam „vor die Klammer" der einzelnen Betroffenenrechte der Art. 13 ff. zu ziehen sind. Soweit die Art. 13 ff. also keine Anhaltspunkte über die Art und Weise der Rechtegewährung enthalten (wie zum Beispiel in Art. 15 Abs. 3, Art. 20 Abs. 1, Art. 21 Abs. 4 oder Art. 34 Abs. 3 Buchst. c), kann auf die allgemeinen Grundsätze des Art. 12 zurückgegriffen werden. Ähnlich wie Art. 5 für die Zulässigkeit der Datenverarbeitung Grundsätze formuliert, erfüllt diese Funktion Art. 12 für die Rechte der Betroffenen. Dies führt zur Frage, ob die richtige Erfüllung der Betroffenenrechte, insbesondere der Informationen nach Art. 13 und 14, auf die Zulässigkeit der Datenverarbeitung durchschlägt. Dies ist jedoch grds. zu verneinen. Die Zulässigkeit der Datenverarbeitung ergibt sich allein aus den allgemeinen Zulässigkeitstatbeständen, insbesondere den in Art. 6 geregelten. Die Prinzipien der Datenverarbeitung nach Art. 5 wirken sich allenfalls mittelbar auf die Zulässigkeit der Datenverarbeitung aus. Für den allgemeinen Interessenabwä-

gungstatbestand formuliert Erwägungsgrund 47 eine Art Brücke. Danach sind solche Datenverarbeitungen interessengerecht, die den vernünftigen Erwartungen der betroffenen Person entsprechen. Eine hinreichende Information über die erfolgenden Datenverarbeitungsvorgänge, die Nennung der Rechtsgrundlagen, etc. kann insoweit diese Datenverarbeitung „erwartbar" machen und damit in der Tat zulässigkeitsbegründend wirken. Umgekehrt dürfte etwa die Schlechterfüllung der ebenfalls in den Art. 13 und 14 geregelten Rechtsbelehrungspflichten jedenfalls dann keinen Einfluss auf die Zulässigkeit der Datenverarbeitung haben, wenn lediglich die in Art. 13 und 14 erforderlichen Rechtsbelehrungspflichten unzureichend erfüllt sind[1]. Ein solcher Verstoß wäre nur isoliert sanktionierbar[2]. Die Norm erfährt Einschränkungen in den Fällen, in denen die Identität nicht festgestellt werden kann (Art. 12 Abs. 2 Satz 2), bei der Verarbeitung nach Art. 89 oder bei Regelungen nach Art. 23 (s. hierzu §§ 32 ff. BDSG). Es stellt sich die Frage, ob die Betroffenenrechte abdingbar sind[3]. Eine dem § 6 BDSG vergleichbare Vorschrift fehlt. Im Ergebnis wird man differenzieren müssen. Mit Blick auf die Funktion der Art. 13 bis 15 – nämlich die Transparenz zu schaffen, die der betroffenen Person die Ausübung gerade erst ermöglicht – erscheinen die Informationspflichten und Auskunftsrechte grundsätzlich nicht abdingbar. Demgegenüber enthalten die Vorschriften des dritten Kapitels der DSGVO immer wieder Hinweise, dass die Art und Weise der Erfüllung in die Disposition der Parteien gestellt werden kann (vgl. Art. 12 Abs. 3 Satz 4). Die weitergehenden Rechte der Art. 16 ff. dagegen erscheinen im Rahmen beispielsweise eines Zivilprozesses durchaus entsprechenden Vergleichsvereinbarungen zugänglich zu sein[4].

II. Grundprinzipen der Transparenz und der Modalitäten

Art. 12 Abs. 1 enthält die **Grundprinzipien**, wie die gegenüber der betroffenen 2
Person zu erfüllenden Pflichten zu erbringen sind. Danach hat das in
- präziser
- transparenter
- verständlicher
- und leicht zugänglicher Form und
- in klarer und einfacher Sprache

---

1 Jedenfalls für Art. 14 verneinend BeckOK DatenschutzR/*Schmidt-Wudy*, Art. 14 DSGVO Rz. 19, 23 und 27.
2 A.A Kühling/Buchner/*Bäcker*, Art. 12 DSGVO Rz. 13 und 18; differenzierend BeckOK DatenschutzR/*Schmidt-Wudy*, Art. 13 DSGVO Rz. 19.
3 Dies ohne Begründung ablehnend BeckOK DatenschutzR/*Schmidt-Wudy*, Art. 13 DSGVO Rz. 33.
4 A.A. Gola/*Franck*, Art. 12 DSGVO Rz. 30.

zu erfolgen. Es fällt auf, dass die Kriterien untereinander **nicht klar voneinander abzugrenzen** und teilweise redundant sind. So lässt sich aus dem Kriterium „präzise" noch ein Maß an Genauigkeit ableiten. Aber bereits das nächste Kriterium der Transparenz hat keine eigene inhaltliche Bedeutung. Es wiederholt vielmehr die Überschrift des Abschnitts bzw. des Kapitels[5]. Konsequenterweise erwähnt der Erwägungsgrund 58 die Transparenz auch nicht als eigenes Kriterium, sondern führt dann aus, wann diese als erreicht gilt. Das Kriterium der Verständlichkeit erscheint synonym mit dem der „Klarheit und Einfachheit der Sprache"[6] (Sonderregelungen zu Form und Sprache enthalten Art. 20 Abs. 1 und Art. 34 Abs. 2). Gleichwohl erscheinen Fallkonstellationen denkbar, in denen mit (einfacher Sprache ein komplizierter Sachverhalt ausgedrückt werden muss (s. nur die nach Art. 13 Abs. 2 Buchst. f, 14 Abs. 2 Buchst. g, 15 Abs. 1 Buchst. h geregelte Informationspflicht über die „involvierte Logik" beim Profiling)[7]. Die Verständlichkeit hat daher gegenüber dem Kriterium der sprachlichen Anforderung eine inhaltliche Komponente. Ob das Kriterium „in leicht zugänglicher Form" eine inhaltliche Anforderung darstellt oder eine Modalität regelt, ist aufgrund der Satzstellung ebenso unklar. Jedenfalls lässt sich aus dem Kriterium ableiten, dass die Mitteilung oder Information (z.B. im Internet[8]) nicht versteckt erfolgen darf und damit eine Modalität z.B. bezüglich der grafischen Ausgestaltung regelt. Das gilt insbesondere für Informationen, die sich speziell an Kinder richten. Die dem Verantwortlichen damit obliegenden Pflichten stehen in einem gewissen Spannungsfeld, weshalb ihm ein gewisser Gestaltungsspielraum bei den Formulierungen einzuräumen ist[9]. Jenseits der genannten allgemeinen sprachlichen Anforderungen bestehen weitergehende Anforderungen nicht. Insbesondere ist der Verantwortliche nicht verpflichtet, adressatenbezogene Texte vorzuhalten[10]. Dies ergibt sich nicht zuletzt daraus, dass der Verantwortliche in aller Regel das kognitive Vermögen des Adressaten gar nicht kennt. Art. 12 formuliert insoweit ausschließlich gesonderte Anfor-

---

5 Von einer Tautologie sprechen daher Paal/Pauly/*Paal*, Art. 12 DSGVO Rz. 29; auf Art. 5 RL 93/13/EWG weisen Ehmann/Selmayr/*Heckmann/Paschke* hin, Art. 12 DSGVO Rz. 16.

6 Entsprechend dem Marktortprinzip sind Mitteilungen in der Sprache anzubieten, in denen das Unternehmen seine Leistungen anbietet, BeckOK DatenschutzR/*Quaas*, Art. 12 DSGVO Rz. 20.

7 Von einem Zielkonflikt sprechen daher *Kamps/Schneider*, K&R Beilage 2017, 24 (25); zum Unterschied von einfacher und leichter Sprache Ehmann/Selmayr/*Heckmann/Paschke*, Art. 12 DSGVO Rz. 17.

8 Die Grundsätze für die Auffindbarkeit von Impressumsangaben könnten übertragen werden, s. hierzu *Föhlisch/Löwer*, VuR 2018, 11 (12).

9 Von „Formulierungsgeschick" spricht BeckOK DatenschutzR/*Quaas*, Art. 12 DSGVO Rz. 1 und 13.

10 Wie hier wohl Ehmann/Selmayr/*Heckmann/Paschke*, Art. 12 DSGVO Rz. 18; a.A. offenbar BeckOK DatenschutzR/*Quaas*, Art. 12 DSGVO Rz. 12; Kühling/Buchner/*Bäcker*, Art. 12 DSGVO Rz. 11; etwas undeutlich Paal/Pauly/*Paal*, Art. 12 DSGVO Rz. 26.

derungen für an Kinder gerichtete Informationen und Mitteilungen. Maßstab für die Erfüllung der Pflichten dürfte schlussendlich sein, ob der Empfänger aufgrund der Informationen und Mitteilungen erkennen konnte, ob weitergehende Rechte geltend zu machen sind.

Für **Informationen** nach den Art. 13 und 14 bestimmt Art. 12 Abs. 1 Satz 2, dass diese **schriftlich oder in anderer Form**, ggf. auch elektronisch erfolgen (können). Damit wird für die zu erteilenden Informationen die grundsätzliche **Formfreiheit** gestattet. Sogar die mündliche Form ist denkbar, Art. 12 Abs. 1 Satz 3. Nach Erwägungsgrund 58 besteht sogar die Möglichkeit, die Informationen auf einer Website bereitzustellen[11]. Allerdings soll das nur dann gelten, wenn die Information für die Öffentlichkeit bestimmt ist. Das ist insoweit irreführend, weil die nach den Art. 13 und 14 zu erteilende Information der betroffenen Person gegenüber zu erteilen ist und nicht gegenüber der Öffentlichkeit. Der Hinweis in den Erwägungsgründen kann daher nur so verstanden werden, dass die Informationserteilung (an die betroffene Person) auch über eine Website erfolgen kann, wenn die zu erteilenden Informationen allgemeinen Charakter haben, die im Grunde jeder betroffenen Person gegenüber gleichartig ist. Aus der Möglichkeit der Information über eine Website ergibt sich wiederum, dass sich die Pflicht des Verantwortlichen auf die (transparente) Bereitstellung beschränkt; die tatsächliche Kenntnisnahme obliegt aber der betroffenen Person[12]. 3

Anders als in Erwägungsgrund 58 Satz 1 ist die betroffene Person in Erwägungsgrund 58 Satz 2 nicht genannt. Das macht insoweit Sinn, als dass selbstredend ausschließlich für die betroffene Person bestimmte Informationen nicht ins **Internet** eingestellt werden können. Umgekehrt schließt das aber nicht aus, dass an die betroffene Person zu richtende Informationen dann über eine Internetdarstellung erteilt werden können, wenn die Informationen allgemeiner Natur sind und keine personenbezogenen Daten der betroffenen Person enthalten. Das gilt insbesondere für solche Informationen, die den Verantwortlichen als solchen beschreiben, wie die Zwecke der Verarbeitung, deren Verarbeitungskriterien etc. Insbesondere scheint eine Information über solche Bestandteile öffentlich denkbar, über die nach Art. 13 Abs. 2 und 14 Abs. 2 ggf. „zusätzlich" zu informieren ist. Daraus abgeleitet erscheint es denkbar, bei der Erteilung von Informationen und Mitteilungen einen **„Medienbruch"** zuzulassen, wonach ein Teil der Informationen und Mitteilungen der betroffenen Person direkt und ein anderer Teil über das Internet erteilt wird[13]. 4

---

11 Die Verwendung von USB-Stick und CD diskutiert BeckOK DatenschutzR/*Quaas*, Art. 12 DSGVO Rz. 28.
12 BeckOK DatenschutzR/*Quaas*, Art. 12 DSGVO Rz. 25; Paal/Pauly/*Paal*, Art. 12 DSGVO Rz. 19.
13 Die praktische Handhabbarkeit der Informationserteilung bei der Datenerhebung mittels Postkarte, Videoüberwachung oder Telefon bezweifelnd bereits *Robrecht*, Transparenzgewinn oder Information-Overkill, 50 ff.; im Übrigen sehr str., a.A. Kühling/

Art. 12 DSGVO | Transparente Information, Kommunikation und Modalitäten

5   Als Beispiel für eine an die Öffentlichkeit zu richtende Information nennt der Erwägungsgrund 58 wegen der Vielzahl der Beteiligten die Werbung im Internet. Solche Verarbeitungskontexte sind aber nicht nur bei der Werbung (im Internet) denkbar, sondern bei jeder gleichartigen – eine Vielzahl von Personen betreffenden – Datenverarbeitung, wie dies im Grunde bei jedem geschäftsmäßigen Datenverarbeiter stattfindet.

6   Bei an **Kinder** gerichteten Informationen fordern Art. 12 Abs. 1 und der Erwägungsgrund 58 gleichermaßen eine kindgerechte Sprache (zur Frage der Voraussetzungen von durch Kinder erteilten Einwilligungen und wann jemand im Sinne der DSGVO ein „Kind" ist s. Art. 8).

7   Für **Mitteilungen** nach den Art. 15–22 und Art. 34 ist die Formfreiheit in Art. 12 Abs. 1 Satz 2 **nicht ausdrücklich** geregelt. Es ist jedoch kein Grund dafür ersichtlich, warum jene Mitteilungen einer bestimmten Form unterliegen sollen. Das gilt umso mehr, als dass nach Art. 12 Abs. 3 Satz 4 auch eine elektronische Unterrichtung denkbar ist. Dementsprechend kann auch im Rahmen der Mitteilungen formlos mit der betroffenen Person kommuniziert werden. Allerdings ist wegen der im Rahmen der Mitteilung allein die betroffene Person betreffenden Daten im Rahmen der Kommunikation nach den allgemeinen Grundsätzen die Vertraulichkeit und Integrität dieser Kommunikation sicherzustellen.

8   Insgesamt ist aber festzuhalten, dass mit der in der Verordnung eindeutig zu entnehmenden Tendenz, die elektronische Kommunikation zu fördern, im Umkehrschluss die Verarbeitung der **elektronischen Kommunikationsdaten** der betroffenen Person erforderlich und damit zulässig ist.

9   Die mündliche Informationserteilung kann seitens des Verantwortlichen von einer **Identitätsprüfung** abhängig gemacht werden. Allerdings dürfte das Recht und die im Grunde sogar bestehende Pflicht zur Identitätsprüfung nicht auf die mündliche Informationserteilung beschränkt, sondern auf **alle Fälle** zu erstrecken sein. Das gilt insbesondere dann, wenn über personenbezogene Daten zu informieren ist.

9a Der Verantwortliche ist in die Lage zu versetzen, die betroffene Person zweifelsfrei zu **identifizieren**, damit die Mitteilung auch an den z.B. um Auskunft ersuchenden Betroffenen ergeht und es nicht zur unbefugten Übermittlung von personenbezogenen Daten (der betroffenen Person) an eine dritte Person

---

Buchner/*Bäcker*, Art. 12 DSGVO Rz. 16 und Art. 13 DSGVO Rz. 58 und Ehmann/Selmayr/*Knyrim*, Art. 13 DSGVO Rz. 12ff., dort verneinend für den offline-Bereich, Rz. 15, scheinbar etwas offener dagegen bei Art. 14 DSGVO Rz. 11ff.; wie hier dagegen Gierschmann/Schlender/Stentzel/Veil/*Veil*, Art. 12 DSGVO Rz. 23; s. Praxishilfe VII, 1.0, 2017 der GDD zur Umsetzung der DS-GVO; *Franck*, RDV 2016, 111 (116); zum sog. Multi-layered notice Paal/Pauly/*Paal*, Art. 12 DSGVO Rz. 31; von der Zulässigkeit ausgehend offenbar auch Gola/*Franck*, Art. 12 DSGVO Rz. 21 und Art. 13 DSGVO Rz. 34; Wybitul/*Pötters/Bausewein*, Kap. III, Rz. 13.

kommt (Art. 83 Abs. 5 Buchst. a). Da in aller Regel eine Identifizierung anhand der üblichen Angaben wie Vorname, Name, Anschrift und Geburtsdatum erfolgt, obliegt es der betroffenen Person, dem Verantwortlichen diese Daten im Rahmen des Auskunftsersuchens zu übermitteln. Da hier die Initiative der Datenverarbeitung von der betroffenen Person ausgeht, stellt das Zurverfügungstellen der personenbezogenen Daten aus Sicht des Verantwortlichen keine Erhebung dar, die eine Pflicht zur Zulässigkeitsprüfung seitens des Verantwortlichen auslöst. Das ist auch deshalb sachgerecht, weil im Zeitpunkt des Auskunftsersuchens weder die betroffene Person noch der Verantwortliche weiß, welche personenbezogenen Daten zur zweifelsfreien Identifizierung tatsächlich erforderlich sind. Die Verantwortung für etwa „zu viel" zur Verfügung gestellte Daten kann – vorbehaltlich der Pflicht zur Wahrung der Zulässigkeit der weiteren Datenverarbeitung – nicht zu Lasten des Verantwortlichen gehen. Jedenfalls wäre aber eine Speicherung nach Art. 6 Abs. 1 Buchst. f wohl zulässig. Etwas anderes gilt allenfalls dann, wenn dem Verantwortlichen aufgrund der zur Verfügung gestellten Daten keine zweifelsfreie Identifizierung möglich ist und dieser die betroffene Person nach weiteren Angaben (z.B. Voranschriften, Geburtsort, weitere Vornamen, Aliasnamen, etc.) fragt. Dann stellt sich die Frage, ob diese Erhebung zulässig, insbesondere erforderlich ist. Das ist aber dann der Fall, wenn ohne diese Angaben eine zweifelsfreie Identifizierung nicht möglich ist. Ein praktisches Problem der Identifizierung besteht insbesondere dann, wenn die gespeicherten Adressen von den im Rahmen des Auskunftsersuchens angegebenen Adressen abweichen. Gerade in diesem Fall muss um weitere Angaben gebeten werden. Besonders problematisch ist das bei betroffenen Personen ohne festen Wohnsitz.

Entsprechendes gilt, wenn seitens des Verantwortlichen **Antragsformulare** vorgehalten werden. Etwaige „Pflichtfelder" dürfen nicht dazu führen, dass von deren Ausfüllung die Erteilung der Auskunft abhängig gemacht wird, wenn die Angaben zur Beauskunftung nicht erforderlich sind. Werden diese nicht vollständig ausgefüllt, bleibt der Verantwortliche zur Prüfung verpflichtet, ob nicht anhand der gemachten Angaben eine Identifizierung und Auskunftserteilung möglich ist.

9b

Umstritten ist, ob zum Zwecke der Identifizierung **Ausweiskopien** verlangt werden dürfen[14]. Das kann erforderlich sein, wenn beispielsweise die Antragsdaten nicht mit denen bei dem Verantwortlichen übereinstimmen. Auch hier stellt sich dann die Frage, welche Daten aus dem Ausweis genau zur Identifizierung erforderlich sind und ob Teile der Ausweisdaten seitens der betroffenen Person geschwärzt werden dürfen. In jedem Fall darf die Überlassung der (ungeschwärzten) Ausweiskopien nicht zur Voraussetzung für eine Auskunft gemacht werden. Die Übernahme von Daten aus den Ausweiskopien ist nur ein-

9c

---

14 Zutreffend zustimmend Gola/*Franck*, Art. 12 DSGVO Rz. 43 mit Fn. 38; einschränkend Ehmann/Selmayr/*Heckmann*/*Paschke*, Art. 12 DSGVO Rz. 30.

Art. 12 DSGVO | Transparente Information, Kommunikation und Modalitäten

geschränkt möglich[15]. In jedem Fall sollten nach erfolgter Identifizierung die Ausweiskopien vernichtet werden. Die Erstellung einer Ausweiskopie ist dabei in bestimmten Fällen gestattet[16].

9d Bei **telefonischen Auskunftsersuchen** werden i.d.R. gesteigerte Anforderungen an eine zweifelsfreie Identifizierung zu stellen sein. Ggf. sind zusätzliche Angaben zu erfragen. Bei Bestehen eines Vertragsverhältnisses können hier Kundenkennwörter oder ähnliches geeignet sein. Da die Telefonnummern Dritter aus öffentlichen Verzeichnissen entnommen werden können, stellt ein Rückruf auch nicht sicher, dass man dort die Person erreicht, zu deren Daten Auskunft erteilt werden soll. In solchen Fällen ist dann im Zweifel die betroffene Person auf den Schriftweg zu verweisen.

9e Vorstehendes wird im Grunde durch Art. 12 Abs. 2 Satz 2 und Abs. 6 bestätigt, wonach die Rechte der Art. 15–21 nicht zu gewähren sind, wenn die betroffene Person nicht identifiziert werden kann. Zum Verhältnis von Art. 11, Art. 12 Abs. 2 Satz 2 und Art. 12 Abs. 6 s. unten Rz. 12.

III. Die Vorschriften im Einzelnen

10 Art. 12 Abs. 1 definiert die **Grundsätze** für die nach den Art. 13 und 14 zu erteilenden Informationen und den Mitteilungen, die nach den Art. 15 bis 22 und 34 zu leisten sind. Auf die Mittelungen nach Art. 12 Abs. 3 und 4 dürften die Grundsätze jedoch entsprechend Anwendung finden[17]. Art. 12 definiert damit nicht die Art und Weise der Rechteausübung der Art. 15 bis 22 und 34, sondern nur die in diesem Zusammenhang von dem Verantwortlichen zu leistenden Informationen und Mitteilungen.

11 Nach Art. 12 Abs. 2 Satz 1 „**erleichtert**" der Verantwortliche der betroffenen Person die Ausübung ihrer Rechte gemäß den Art. 15–22. Da für die Art und Weise der Ausübung ihrer Rechte die betroffene Person selbst verantwortlich ist, wird man diese Vorschrift so zu verstehen haben, dass die betroffene Person bei der Ausübung ihrer Rechte nicht behindert werden darf. Das schließt eine Rechtsverteidigung durch den Verantwortlichen natürlich nicht aus. Die Informationsrechte des Betroffenen stellen keinen Selbstzweck dar. Sie dienen der Vorbereitung der Durchsetzung etwaiger datenschutzrechtlicher Ansprüche. Im Umkehrschluss bedeutet das aber auch, dass vorbehaltlich der Unterrichtung

---

15 Vgl. § 20 Personalausweisgesetz, § 18 Passgesetz; zur Funktionsweise des elektronischen Personalausweises s. die Broschüre des Bundesministeriums des Innern „Der neue Personalausweis – Informationen zur Online-Ausweisfunktion", Mai 2012.
16 Vgl. Erörterungen zwischen dem Bundesministerium des Innern, den Auskunfteien und den obersten für den Datenschutz zuständigen Aufsichtsbehörden im nicht-öffentlichen Bereich (Düsseldorfer Kreis), s. RDV 2012, 184.
17 Paal/Pauly/*Paal*, Art. 12 DSGVO Rz. 24.

nach Art. 12 Abs. 4 eine Informations- oder Mitteilungspflicht dann nicht besteht, wenn der entsprechende datenschutzrechtliche Anspruch gerade ausgeschossen ist. So ist aus Art. 17 Abs. 3 Buchst. e, Art. 18 Abs. 2 und Art. 21 Abs. 1 a.E. abzuleiten, dass in den dort genannten Fällen die Informations- und Mitteilungsrechte dementsprechend eingeschränkt sind, damit die Verfahrensrechte nicht der Ausforschung dienen. Da aber die betroffene Person ohnehin nach den Art. 13 und 14 über ihre Rechte zu informieren ist, bleibt der eigentliche Regelungsgehalt der Vorschrift gering und im Grunde auf operative Verfahrensfragen beschränkt. Aus ihm lässt sich im Grunde nur ein **allgemeines Behinderungsverbot** ableiten.

Nach Art. 12 Abs. 2 Satz 2 darf der Verantwortliche Anträge verweigern, wenn er die betroffene Person nicht **identifizieren** kann (s. schon Rz. 9 ff.). Dabei verweist der Art. 12 Abs. 2 Satz 2 auf Art. 11 Abs. 2. Während Art. 12 Abs. 2 Satz 2 ein explizites Weigerungsrecht enthält, wird in Art. 11 Abs. 2 die Information hierüber geregelt. Allerdings erscheinen die Verweise missglückt. Art. 12 Abs. 2 Satz 2 verlangt nur die Glaubhaftmachung; Art. 11 Abs. 2 erfordert den Nachweis der Nichtidentifizierbarkeit. Da sowohl in der englischen als auch in der französischen Sprachfassung das gleiche Verb genutzt wird (to demonstrate bzw. demontrer), spricht vieles für einen Übersetzungsfehler der deutschen Fassung und dafür, dass die Glaubhaftmachung ausreicht[18]. Überdies ist eine Nichtidentifizierbarkeit im engeren Sinne auch kaum nachweisbar. Art. 11 Abs. 2 verweist aber auch auf Art. 11 Abs. 1. Der Anwendungsbereich von Art. 11 ist insoweit etwas enger. In Art. 12 Abs. 2 Satz 2 dürfte es ganz generell um solche Fälle gehen, in denen die betroffene Person nicht identifizierbar ist und nicht nur um Fälle, in denen eine betroffene Person nicht *mehr* identifizierbar ist. Der Verweis von Art. 12 Abs. 2 Satz 2 über Art. 11 Abs. 2 auf Art. 11 Abs. 1 ist insoweit nicht ganz folgerichtig. Erschwerend kommt hinzu, dass Art. 12 Abs. 2 Satz 2 an Anträge nach Art. 15 bis 22 anknüpft, während der referenzierte Art. 11 Abs. 2 die Art. 21 und 22 explizit ausnimmt. Vieles spricht dafür, dass die Formulierung in Art. 12 Abs. 2 Satz 2 ungenau ist, da die Art. 21 und 22 keinen Antrag voraussetzen. Das würde aber auch bedeuten, dass es in diesen Fällen kein sich aus Art. 12 ergebendes Weigerungsrecht geben würde. Die Prüfung der Tatbestandsvoraussetzungen der Art. 21 und 22 bliebe davon jedoch unberührt[19]. Während Art. 11 Abs. 1 den Verantwortlichen von der Pflicht entbindet, personenbezogene Daten zur Identitätsfeststellung vorzuhalten, eröffnet Art. 11 Abs. 2 der betroffenen Person, diese gleichwohl (erneut) zu liefern. Diese müssen zur Identifizierung dann aber auch ausreichend sein, um das Weigerungsrecht aufzulösen. Die Befugnis, solche Daten bei der betroffenen Person zu erbitten, findet sich in Art. 12 Abs. 6[20].

---

18 A.A. Paal/Pauly/*Paal*, Art. 12 DSGVO Rz. 49.
19 S. auch Paal/Pauly/*Paal*, Art. 12 DSGVO Rz. 46, 49 und 72 ff.
20 Für einen Ermessensspielraum des Verantwortlichen bei den zur Identifizierung erhobenen Daten Ehmann/Selmayr/*Heckmann/Paschke*, Art. 12 DSGVO Rz. 27.

(s. hierzu Rz. 23). Ob aus alledem zusätzlich geschlossen werden kann, dass Mitteilungen nach den Art. 13 und 14 ohne Identitätsprüfung erfolgen müssen, erscheint insoweit zweifelhaft[21], da hierüber Rechenschaft abzulegen ist, was naturgemäß dann nicht geht, wenn der Adressat mangels Identifikation unerkannt bleibt.

13 Art. 12 Abs. 3 definiert „**Bearbeitungsfristen**". Danach ist die betroffene Person über – aufgrund der Geltendmachung von Rechten nach Art. 15 bis 22 – getroffene Maßnahmen unverzüglich, in jedem Fall aber innerhalb eines Monats nach Eingang des Antrags zu informieren. Es stellt sich bei der Vorschrift die Frage, ob der Verantwortliche die betroffene Person stets „unverzüglich" über „getroffene Maßnahmen" zu informieren hat. Solche fortlaufenden „Bearbeitungsmitteilungen" sind sicher nicht gemeint und auch nicht im Interesse der betroffenen Person. Die Vorschrift ist vielmehr so zu lesen, dass der Verantwortliche „unverzüglich" die Mitteilungen nach den Art. 15 bis 22 zu erfüllen hat, sofern ihm dies möglich und zumutbar ist; gleichzeitig wird eine grundsätzliche Höchstfrist von einem Monat definiert. Bei drohendem Ablauf der Frist muss er eine Verlängerungsmitteilung nach Satz 2 initiieren, verbunden mit der Information über die bis dahin getroffenen Maßnahmen. In der Praxis wird die Vorschrift dazu führen, dass der Verantwortliche versuchen wird, die nach Art. 15 bis 22 erforderlichen Mitteilungen innerhalb eines Monats vollständig zu erfüllen, um unnötige und operativ aufwendige Mitteilungen zu bis dahin getroffenen Maßnahmen zu vermeiden. Eine Erledigungsnachricht wird damit entbehrlich[22]. Die Formulierung „unverzüglich" legt einen Vergleich mit § 121 BGB nahe, wobei dem Verantwortlichen eine hinlängliche Prüfungs- und Recherchemöglichkeit zuzubilligen ist. Die Monatsfrist, wie aber auch die Verlängerungsfrist, haben zur Folge, dass der Eingang des Antrags von dem Verantwortlichen dokumentiert werden sollte.

14 Art. 12 Abs. 3 Satz 2 bietet die Möglichkeit der Verlängerung. Bei der **Verlängerungsfrist** kommt hinzu, dass die Verlängerungsberechtigung „unter Berücksichtigung der Komplexität und der Anzahl von Anträgen" möglich ist. Stellt man aber auf die Rechte der Art. 15 bis 22 ab, so dürften es weniger die Anträge (auf Berichtigung, Löschung, Sperrung) selbst sein, denen eine „Komplexität" innewohnt, als vielmehr der ggf. erst noch zu recherchierende zugrunde liegende Sachverhalt und eine ggf. daran anknüpfende rechtliche Würdigung. Ebenso stellt sich bei dem Kriterium der Anzahl von Anträgen die Frage, ob es nur auf die von der betroffenen Person gestellten Anträge ankommt, oder ob der Verantwortliche bei der Ermittlung der Anzahl der Anträge und die daran anknüpfende Fristverlängerung auf seinen derzeitigen Geschäftsanfall – also

---

21 So aber Ehmann/Selmayr/*Heckmann/Paschke*, Art. 12 DSGVO Rz. 22, die offenbar den Rechtsgedanken des Art. 12 Abs. 1 Satz 3 übersehen; s. auch Gola/*Franck*, Art. 12 DSGVO Rz. 23.
22 Gola/*Franck*, Art. 12 DSGVO Rz. 28.

auch auf die Anträge anderer betroffener Personen – abstellen darf. Letzteres dürfte der Fall sein, da es in diesen Fällen dem Verantwortlichen eben nicht möglich ist, der einzelnen betroffenen Person fristgerecht zu antworten[23].

Macht der Verantwortliche von einer Fristverlängerung Gebrauch, so ist die betroffene Person hierüber innerhalb eines Monats unter Nennung der Gründe für die Verzögerung zu **unterrichten**. Da aber die Verlängerungsoption nur bei bestehender Komplexität und entsprechender Anzahl der Anträge besteht, können sich nur aus diesen beiden Alternativen die entsprechenden Gründe ergeben. Die Anforderung an eine solche Mitteilung dürften daher gering sein[24]. Unbeantwortet bleibt damit die Frage, was passiert, wenn die betroffene Person die angegebenen Gründe nicht teilt und hierüber quasi ein „Zwischenstreit" entsteht. Insgesamt schafft die vermutlich gut gemeinte Vorschrift damit sehr viel Rechtsunsicherheit. 15

Die nunmehr gesetzlich niedergelegten Bearbeitungsfristen werfen die Frage auf, welche **Folgen** an deren **Verstreichenlassen** geknüpft sind. Das gilt insbesondere für den Fall, in dem auch die Verlängerungsfrist, die zwei Monate betragen darf, aus welchen Gründen auch immer auch nicht gehalten werden kann. Es dürften jedoch Verzugsfolgen nicht eingetreten sein, sofern die zulässige Verlängerung i.S.v. Art. 12 Abs. 3 hinreichend begründet wurde. Mit Blick auf etwaige Sanktionen dürfte es dann am Verschulden fehlen. 16

Schließlich soll die betroffene Person (über die Fristverlängerung) „nach Möglichkeit" **elektronisch informiert** werden, sofern sie nichts anderes angibt. Schon angesichts der Offenheit der Vorschrift erschließt sich der Sinn der Vorschrift schwer, zumal die betroffene Person durch die elektronische Übermittlung keinen spürbaren Vorteil erfährt – insbesondere dann nicht, wenn die elektronische Adresse nicht identifiziert werden kann oder keine gesicherte Verbindung besteht[25]. 17

Stark öffentlich-rechtlich geprägt ist Art. 12 Abs. 4. Danach ist die betroffene Person darüber zu informieren, wenn der Verantwortliche dem **Antrag** der betroffenen Person **nicht entspricht**. Damit knüpft die Vorschrift nur an solche Rechte an, die einen Antrag des Betroffenen voraussetzen. Daraus kann aber nicht geschlossen werden, dass die Informationspflichten nach Art. 13 und 14 immer zu erfüllen sind, weil es dort kein Leistungsverweigerungsrecht gebe[26]. Für Art. 14 ergibt sich ein solches schon aus dessen Abs. 5. Nach dem Wortlaut 18

---

23 Ebenso für ein alternatives Vorliegen der Tatbestandsvoraussetzungen auch BeckOK DatenschutzR/*Quaas*, Art. 12 DSGVO Rz. 36; ausdrücklich auch Gola/*Franck*, Art. 12 DSGVO Rz. 25; differenzierend offenbar Ehmann/Selmayr/*Heckmann*/*Paschke*, Art. 12 DSGVO Rz. 33; a.A. Kühling//Buchner/*Bäcker*, Art. 12 DSGVO Rz. 34.
24 Ehmann/Selmayr/*Heckmann*/*Paschke*, Art. 12 DSGVO Rz. 34.
25 Zum Problem auch Ehmann/Selmayr/*Heckmann*/*Paschke*, Art. 12 DSGVO Rz. 35.
26 So aber offenbar Ehmann/Selmayr/*Heckmann*/*Paschke*, Art. 12 DSGVO Rz. 36.

des Abs. 4 hat die Untätigkeitsnachricht innerhalb eines Monats zu erfolgen. Es muss aber nach dem Sinn und Zweck der Vorschrift des Art. 12 Abs. 3 auch möglich sein, innerhalb der Verlängerungsfrist – also nach insgesamt 3 Monaten – über die Nichterfüllung des Antrags zu informieren. Gerade die Verlängerungsoption soll ja die Möglichkeit eröffnen, den Antrag ggf. eingehender prüfen zu können[27]. Gleichzeitig sind die Gründe – wie etwa das Fehlen der entsprechenden Tatbestandsvoraussetzungen des beantragten Rechts bzw. das Vorliegen etwaiger Ausnahmetatbestände – hierfür anzugeben, wobei an die Darstellung keine allzu hohen Anforderungen zu stellen sind[28]. Gleichzeitig hat der Hinweis zu erfolgen, dass die Möglichkeit besteht, bei einer Aufsichtsbehörde Beschwerde einzulegen oder den Rechtsweg zu beschreiten[29] (s. hierzu auch Art. 13 DSGVO Rz. 21). Solche Rechtsbelehrungen sind im nicht-öffentlichen Bereich im Grunde systemwidrig. Der (erneute) Hinweis auf das Beschwerderecht bei der Aufsichtsbehörde beinhaltet auch unnötige Bürokratie, da darauf bereits nach den Art. 13, 14 und 15 hinzuweisen ist. An die anzugebenden Gründe sind keine allzu hohen Anforderungen zu stellen. Zumindest im nicht-öffentlichen Bereich sollte diese Vorschrift nicht dazu führen, dass sich der Verantwortliche quasi selbst belasten oder ein etwaiges Verteidigungsvorbringen vorzeitig offenbaren muss.

19 Art. 12 Abs. 5 Satz 1 regelt die **Unentgeltlichkeit** der zu erteilenden Informationen und Mitteilungen. Ausweislich der Formulierung der Vorschrift sind aber nur die Informationen und Mitteilungen selbst unentgeltlich[30]. Damit ist umgekehrt klargestellt, dass die Aufwendungen, die die betroffene Person zur Geltendmachung ihrer Rechte braucht, von ihr zu tragen sind. Der Erwägungsgrund 59 unterstreicht dies und weist noch darauf hin, dass der Verantwortliche dafür sorgen soll, dass Anträge elektronisch gestellt werden können, insbesondere wenn die personenbezogenen Daten elektronisch verarbeitet werden. Anträge sollen mithin auch per E-Mail gestellt werden können. Für Auskunftsersuchen gilt Art. 15 Abs. 3 Satz 2.

20 Allerdings kann der Verantwortliche nach Art. 12 Abs. 5 Satz 2 bei offenkundig unbegründeten oder – insbesondere im Fall von häufigen Wiederholungen – exzessiven Anträgen einer betroffenen Person ein **angemessenes Entgelt** verlangen

---

27 BeckOK DatenschutzR/*Quaas*, Art. 12 DSGVO Rz. 40; a.A. Kühling/Buchner/*Bäcker*, Art. 12 DSGVO Rz. 34.
28 Ehmann/Selmayr/*Heckmann*/*Paschke*, Art. 12 DSGVO Rz. 37.
29 Für lediglich allgemeine Angaben Paal/Pauly/*Paal*, Art. 12 DSGVO Rz. 60, a.A. offenbar Ehmann/Selmayr/*Heckmann*/*Paschke*, Art. 12 DSGVO Rz. 40, die auch die Angabe der zuständigen Stelle fordern.
30 Zur deutlichen Abweichung gegenüber der bisherigen Rechtslage bei Auskünften Paal/Pauly/*Paal*, Art. 12 DSGVO Rz. 89, die insbesondere die Unabhängigkeit vom Kriterium der wirtschaftlichen Verwertbarkeit vor dem Hintergrund bestehender Grundrechte des Verantwortlichen kritisch sehen.

oder sich weigern, aufgrund des Antrags tätig zu werden (Wahlrecht)[31]. Der praktische Anwendungsbereich der Vorschrift bleibt allerdings unklar. Dies ergibt sich schon daraus, dass die Informationspflichten gemäß Art. 13 und 14 ohne Antrag zu erfüllen sind. Ebenso dürften Erstanträge auf Auskunft nach Art. 15 in den seltensten Fällen „offensichtlich unbegründet" sein. Dies gilt umso mehr, da insbesondere das Auskunftsrecht von keinen weiteren Voraussetzungen abhängig ist. Auch Ansprüche aus den Art. 16 bis 22 sind in den seltensten Fällen offensichtlich unbegründet, wenn nicht zu Einzelfragen schon eine Überprüfung stattgefunden hat. Daher dürften eher wiederholte – gleichlautende – Anträge dazu führen, dass ein angemessenes Entgelt verlangt werden kann[32]. Geschwächt wird diese Regelung für den Verantwortlichen allerdings dadurch, dass er den **Nachweis** dafür erbringen muss, wenn er sich auf die Unzumutbarkeitsregel beziehen will. Um die Vorschrift durch eine übermäßige Nachweispflicht nicht in ihr Gegenteil zu verkehren oder zu entwerten, wird man an die Erbringung des Nachweises keine allzu hohen Anforderungen stellen dürfen. So sollte es ausreichen, wenn schlicht die Anzahl der – wiederholten – Ersuchen dokumentiert wird.

Offen bleibt allerdings, wofür das Entgelt genau verlangt werden kann. Der 21 Wortlaut spricht dafür, dass nicht nur die Unterrichtung und Mitteilungen mit einem Entgelt belegt werden können, sondern danach die „**Verwaltungskosten**" auch für die Durchführung der beantragten Maßnahme berücksichtigt werden können. Das wäre auch folgerichtig, um hinreichenden Schutz für den Verantwortlichen vor missbräuchlichen Ersuchen zu gewähren, zumal die reinen „Mitteilungskosten" vermutlich den weitaus geringeren Teil ausmachen[33].

Welche Kosten schlussendlich als Verwaltungskosten gelten können, bleibt je- 22 doch unklar. Die Begrifflichkeit des BDSG in § 34 Abs. 8 BDSG-alt, der unter Geltung des BDSG-alt die Kostenfolge regelte, war insoweit enger („direkt zurechenbaren Kosten")[34]. Die in § 34 Abs. 9 BDSG-alt enthaltene Hinweispflicht ist ebenfalls entfallen, so dass auch ohne vorherige „Warnung" nach erteilter Auskunft ein Entgelt verlangt werden kann.

Art. 12 Abs. 6 greift noch einmal die Problematik der **Identitätsprüfung** auf. 23 Dass diese Vorschrift explizit nicht auf Art. 22 verweist, ist konsequent, da Art. 22 keinen Antrag der betroffenen Person voraussetzt. Zum Verhältnis von Art. 11, Art. 12 Abs. 2 Satz 2 und Art. 12 Abs. 6 s. oben Rz. 12.

Art. 12 Abs. 6 wirft die alte Frage auf, **welche Informationen** zur Bestimmung 24 der Identität der betroffenen Person erforderlich sind (s. hierzu oben Rz. 12).

---

31 Kühling/Buchner/*Bäcker*, Art. 12 DSGVO Rz. 39.
32 Für eine Anfrage pro Quartal grds. Gola/*Franck*, Art. 12 DSGVO Rz. 34.
33 Eine Pauschalierung lassen Paal/Pauly/*Paal* zu, Art. 12 DSGVO Rz. 68; vgl. auch EuGH v. 12.12.2013 – C-486/12.
34 A.A. offenbar Gola/*Franck*, Art. 12 DSGVO Rz. 39, der auch unter der DSGVO nur die direkt zurechenbaren Kosten zubilligen will.

Man wird aber dem Verantwortlichen bei der Beurteilung seiner (begründeten) Zweifel einen gewissen Ermessensspielraum zubilligen müssen, da er es schließlich ist, der einer drohenden Übermittlung an die falsche betroffene Person begegnen muss (s. Sanktionen)[35]. Die zusätzliche Anforderung weiterer Informationen stellt dann keine unzulässige Datenerhebung dar. Die betroffene Person hat insoweit eine gewisse Mitwirkungspflicht. Jedenfalls wird die mangelnde Identifizierbarkeit einen Hauptgrund darstellen, warum der Geltendmachung von Rechten nicht nachgekommen werden kann (s. Rz. 9 und Rz. 12).

25 Art. 12 Abs. 7 ermöglicht bei der Erteilung der Informationen nach den Art. 13 und 14 die Verwendung von **standardisierten Bildsymbolen**. Wie diese ausgestaltet werden können soll die Kommission festlegen dürfen, Art. 12 Abs. 8. Sinnvollerweise sollten Experten hinzugezogen werden.

Abschnitt 2
Informationspflicht und Recht auf Auskunft zu personenbezogenen Daten

Artikel 13 Informationspflicht bei Erhebung von personenbezogenen Daten bei der betroffenen Person

(1) Werden personenbezogene Daten bei der betroffenen Person erhoben, so teilt der Verantwortliche der betroffenen Person zum Zeitpunkt der Erhebung dieser Daten Folgendes mit:

a) den Namen und die Kontaktdaten des Verantwortlichen sowie gegebenenfalls seines Vertreters;

b) gegebenenfalls die Kontaktdaten des Datenschutzbeauftragten;

c) die Zwecke, für die die personenbezogenen Daten verarbeitet werden sollen, sowie die Rechtsgrundlage für die Verarbeitung;

d) wenn die Verarbeitung auf Artikel 6 Absatz 1 Buchstabe f beruht, die berechtigten Interessen, die von dem Verantwortlichen oder einem Dritten verfolgt werden;

e) gegebenenfalls die Empfänger oder Kategorien von Empfängern der personenbezogenen Daten und

f) gegebenenfalls die Absicht des Verantwortlichen, die personenbezogenen Daten an ein Drittland oder eine internationale Organisation zu übermit-

---

35 Zur Missbrauchsgefahr auch Wybitul/*Pötters*/*Bausewein*, Kap. III, Rz. 17.

teln, sowie das Vorhandensein oder das Fehlen eines Angemessenheitsbeschlusses der Kommission oder im Falle von Übermittlungen gemäß Artikel 46 oder Artikel 47 oder Artikel 49 Absatz 1 Unterabsatz 2 einen Verweis auf die geeigneten oder angemessenen Garantien und die Möglichkeit, wie eine Kopie von ihnen zu erhalten ist, oder wo sie verfügbar sind.

(2) Zusätzlich zu den Informationen gemäß Absatz 1 stellt der Verantwortliche der betroffenen Person zum Zeitpunkt der Erhebung dieser Daten folgende weitere Informationen zur Verfügung, die notwendig sind, um eine faire und transparente Verarbeitung zu gewährleisten:

a) die Dauer, für die die personenbezogenen Daten gespeichert werden oder, falls dies nicht möglich ist, die Kriterien für die Festlegung dieser Dauer;

b) das Bestehen eines Rechts auf Auskunft seitens des Verantwortlichen über die betreffenden personenbezogenen Daten sowie auf Berichtigung oder Löschung oder auf Einschränkung der Verarbeitung oder eines Widerspruchsrechts gegen die Verarbeitung sowie des Rechts auf Datenübertragbarkeit;

c) wenn die Verarbeitung auf Artikel 6 Absatz 1 Buchstabe a oder Artikel 9 Absatz 2 Buchstabe a beruht, das Bestehen eines Rechts, die Einwilligung jederzeit zu widerrufen, ohne dass die Rechtmäßigkeit der aufgrund der Einwilligung bis zum Widerruf erfolgten Verarbeitung berührt wird;

d) das Bestehen eines Beschwerderechts bei einer Aufsichtsbehörde;

e) ob die Bereitstellung der personenbezogenen Daten gesetzlich oder vertraglich vorgeschrieben oder für einen Vertragsabschluss erforderlich ist, ob die betroffene Person verpflichtet ist, die personenbezogenen Daten bereitzustellen, und welche mögliche Folgen die Nichtbereitstellung hätte und

f) das Bestehen einer automatisierten Entscheidungsfindung einschließlich Profiling gemäß Artikel 22 Absätze 1 und 4 und – zumindest in diesen Fällen – aussagekräftige Informationen über die involvierte Logik sowie die Tragweite und die angestrebten Auswirkungen einer derartigen Verarbeitung für die betroffene Person.

(3) Beabsichtigt der Verantwortliche, die personenbezogenen Daten für einen anderen Zweck weiterzuverarbeiten als den, für den die personenbezogenen Daten erhoben wurden, so stellt er der betroffenen Person vor dieser Weiterverarbeitung Informationen über diesen anderen Zweck und alle anderen maßgeblichen Informationen gemäß Absatz 2 zur Verfügung.

(4) Die Absätze 1, 2 und 3 finden keine Anwendung, wenn und soweit die betroffene Person bereits über die Informationen verfügt.

Art. 13 DSGVO | Informationspflicht bei Erhebung bei der betroffenen Person

I. Einführung 1
II. Zwingende Informations-
bestandteile (Abs. 1) 7
III. Zusätzliche Informations-
bestandteile (Abs. 2) 16
IV. Informationspflichten bei nach-
träglicher Zweckänderung
(Abs. 3) 30
V. Ausnahmen von der Informa-
tionspflicht (Abs. 4) 31

1. Laufendes Datenverarbeitungs-
verhältnis 31a
2. Einwilligung 31b
3. Sonstige Kenntnisnahme 31c
VI. Keine Informationspflicht über
Kategorien von Daten 32
VII. Einschränkungen der Informationspflicht 33

Schrifttum: S. Art. 12 DSGVO.

I. Einführung

1 Die Art. 13 und 14 beinhalten Informationspflichten des Verantwortlichen[1]. Dabei unterscheidet die DSGVO danach, ob die Daten **bei der betroffenen Person** (Art. 13) oder ob sie **nicht bei der betroffenen Person** erhoben werden (Art. 14)[2]. In Einzelfällen kann die Abgrenzung schwierig sein[3].

2 Die Art. 13 und 14 enthalten den Rechtsgedanken der bislang in § 33 BDSG-alt niedergelegten **Benachrichtigungspflicht** (vgl. § 4 Abs. 3 BDSG-alt und § 13 TMG). Die Unterscheidung der Art. 13 und 14 erinnert etwas an die in § 33 Abs. 1 BDSG-alt zwischen dessen Satz 1 und 2 angelegte Differenzierung. Diese Differenzierung enthielt aber auch schon die EG-Datenschutzrichtlinie in deren Art. 10 und 11.

3 Von der Informationspflicht zu unterscheiden ist das Recht der betroffenen Person auf **Auskunft** (Art. 15). Während die Informationspflichten proaktiv zu erfüllen sind, besteht die Pflicht des Verantwortlichen, Auskunft zu erteilen, nur auf Antrag. Auch insoweit wird das Konzept der EG-Datenschutzrichtlinie fortgesetzt (s. dort Art. 12).

4 Das Konzept des BDSG-alt sah ein Stufenverhältnis zwischen der Benachrichtigung und der Auskunft vor. Während die Benachrichtigung zwar ohne Antrag zu erfüllen war, aber nur eine vergleichsweise geringe Initialinformation darstellte, konnte die interessierte betroffene Person dann auf Antrag weitere Infor-

---

1 Zur Kritik grundsätzlich *Robrecht*, EU-Datenschutzgrundverordnung: Transparenzgewinn oder Information-Overkill, Edewecht, OIWIR 2015.
2 Für eine Obliegenheit Gola/*Franck*, Art. 13 DSGVO Rz. 1 und 39.
3 S. hierzu Kühling/Buchner/*Bäcker*, Art. 13 DSGVO Rz. 14 unter besonderer Behandlung der Videoüberwachung; BeckOK DatenschutzR/*Schmidt-Wudy*, Art. 14 DSGVO Rz. 12 und 30 ff., dort ebenso zur Unterscheidung von offener und verdeckter Videoüberwachung.

mationen verlangen. So wurde sichergestellt, dass nicht unnötig viele Informationen an im Grunde Desinteressierte erteilt werden mussten. Die Anordnung der §§ 33 bis 35 BDSG-alt hatte dabei eine innere Logik. Erfolgte die Datenverarbeitung ohne Kenntnis der betroffenen Person, war sie zu benachrichtigen. Dann erst war sie überhaupt in der Lage, gezielt bei dem Verantwortlichen Auskunft nach § 34 BDSG-alt zu verlangen. Ohne Kenntnis über den Verantwortlichen aufgrund einer Information nach § 33 BDSG-alt hätte die betroffene Person ihr Auskunftsersuchen quasi „ins Blaue hinein" richten müssen. Bereits aus dem Wortlaut der §§ 33 und 34 BDSG-alt ergab sich, dass der Verantwortliche eine unterschiedliche Transparenztiefe zu leisten hatte. Die Vorschriften der §§ 33 bis 35 BDSG-alt standen damit in einem **Stufenverhältnis**. Wesentliche Aufgabe des § 33 BDSG-alt war es, allgemein darüber zu informieren, dass und bei wem Daten verarbeitet werden. Die betroffene Person konnte sich dann – bei Interesse – gezielt an den Verantwortlichen wenden. Nach § 34 BDSG-alt hatte die betroffene Person dann die Möglichkeit, detailliert Auskunft zu erhalten, um mit Hilfe dieser Informationen insbesondere ihre Rechte aus § 35 BDSG-alt geltend zu machen. § 33 und § 34 BDSG-alt hatten damit abgestufte Funktionen, weswegen die Anforderungen an den Inhalt der gesetzlichen Benachrichtigung nach § 33 BDSG-alt nicht überspannt und die Anforderungen nach § 34 BDSG-alt nicht in § 33 BDSG-alt hineingelesen wurden.

Die DSGVO hebt dieses Stufenverhältnis in teilweise unnötiger Weise auf und verlangt von dem Verantwortlichen die **proaktive Erteilung von Informationen**, die dann im Rahmen einer Auskunft auch noch einmal wiederholt werden müssen. Umgekehrt trägt sie dem Stufenverhältnis (noch) dadurch Rechnung, dass Grundinformationen stets (Art. 13 Abs. 1 und Art. 14 Abs. 1) und „zusätzliche" Informationen nur unter bestimmten Voraussetzungen erteilt werden müssen (Art. 13 Abs. 2, Art. 14 Abs. 2)[4]. Darüber hinaus stellt sich die Frage, ob nicht Informationen auf der Website des Verantwortlichen erteilt werden können (s. die Kommentierung zu Art. 12 DSGVO Rz. 4f.). Das liegt auch deshalb nahe, weil nach den Art. 13 und 14 keine personenbezogenen Daten, sondern nur allgemeine Informationen zu erteilen sind (zur Frage des sog. Medienbruchs Art. 12 DSGVO Rz. 4). 5

Es bleibt abzuwarten, ob sich noch andere oder zusätzliche Informationspflichten aus anderen Gesetzen ergeben (können). Art. 95 bestimmt insoweit das Verhältnis zur Richtlinie 2002/58, die durch das **TKG** umgesetzt wurde[5]. Das Schicksal des **TMG** erscheint demgegenüber derzeit fraglich[6]. 6

---

4 Ob ein solches Stufenverhältnis tatsächlich besteht, ist umstritten; zum Ganzen *Walter*, Tagungsband DSRI Herbstakademie 2016, 367.
5 Es ist allerdings fraglich, welche Teile des TKG nach Wirksamwerden der e-Privacy-Verordnung dann auch im Lichte der DSGVO beibehalten werden können.
6 Vgl. auch *Gierschmann*, ZD 2016, 51 (54); dies explizit verneinend *Laue/Nink/Kremer*, § 3 Rz. 4.

II. Zwingende Informationsbestandteile (Abs. 1)

7   Art. 13 Abs. 1 enthält die in jedem Fall seitens des Verantwortlichen (s. Art. 4 Nr. 7) mitzuteilenden Informationsbestandteile. Dies ergibt sich aus der Formulierung „... teilt ... mit: ..." Ein Ermessens- oder Abwägungsspielraum besteht insoweit nicht.

8   Die Information hat **zum Zeitpunkt der Erhebung** zu erfolgen[7]. Da diese Formulierung nicht fordert, dass die Information „vor" der Erhebung zu erfolgen hat, ist es denkbar, dass die Information auch in AGB oder sonstigen (vertraglichen) Formularen erfolgen kann, soweit sichergestellt ist, dass diese Formulare zur Kenntnis genommen werden können, sobald personenbezogene Daten erhoben werden[8]. Insbesondere im Beschäftigtenkontext wird diese praktische Handhabung offensichtlich[9]. Dadurch, dass die Informationspflicht erst zum Zeitpunkt der Erhebung ausgelöst wird, ist klargestellt, dass nach Wirksamwerden der DSGVO eine Nachinformation des Altbestandes nicht erforderlich ist[10].

9   Zu den **zwingenden Informationsbestandteilen** gehören der Name und die Kontaktdaten des Verantwortlichen sowie ggf. die seines Vertreters (Art. 13 Abs. 1 Buchst. a). Der Begriff des Vertreters meint damit nicht den gesetzlichen Vertreter, sondern den in Art. 4 Nr. 17 definierten Vertreter[11]. Der Begriff der Kontaktdaten soll sicherstellen, dass der Verantwortliche erreicht werden kann. Demnach genügt neben der exakten Firmierung die Angabe der postalischen Anschrift. Denkbar wäre noch die Angabe einer E-Mail-Adresse, um die elektronische Erreichbarkeit zur elektronischen Antragstellung zu ermöglichen (vgl. Art. 15 Abs. 3). Das kann aber auch durch die Angabe eines Links erfolgen, wenn dann auf der Seite ein elektronisches Antragsformular bereitgestellt ist.

10   Wenn ein **Datenschutzbeauftragter** bestellt ist (s. hierzu Art. 37 ff. DSGVO), sind auch dessen Kontaktdaten anzugeben (Art. 13 Abs. 1 Buchst. b). Gleichwohl bleibt fraglich, welche Kontaktdaten anzugeben sind. Die Kontaktdaten des Verantwortlichen selbst sind ja bereits angegeben. Etwaige Briefe können

---

7   Wie hier Paal/Pauly/*Paal*, Art. 13 DSGVO Rz. 12; a.A. Kühling/Buchner/*Bäcker*, Art. 13 DSGVO Rz. 56 („vor Erhebung"); zum bürokratischen Aufwand im öffentlichen Bereich *Peifer*, PinG 2016, 222 (225).
8   S. auch die insoweit identische Formulierung des bisherigen § 4 Abs. 3 BDSG-alt.
9   Vgl. Gola/*Franck*, Art. 13 DSGVO Rz. 34; Anpassungsbedarf von Betriebsvereinbarungen mit Blick auf die Betroffenenrechte sieht *Wurzberger*, ZD 2017, 258 (262); so auch *Imping*, CR 2017, 378 (384); zum „Beipackzettel im Arbeitsverhältnis" *Kamps/Bonanni*, ITRB 2017, 119; s. auch *Franck*, ZD 2017, 509 (512).
10 *Härting*, Datenschutz-Grundverordnung, Kap. III Rz. 71.
11 Paal/Pauly/*Paal*, Art. 13 DSGVO Rz. 14; nicht gemeint ist dagegen der organschaftliche Vertreter, so aber offenbar BeckOK DatenschutzR/*Schmidt-Wudy*, Art. 13 DSGVO Rz. 39 mit Verweis auf Art. 14 DSGVO Rz. 39; wie hier Gola/*Franck*, Art. 13 DSGVO Rz. 9; Ehmann/Selmayr/*Knyrim*, Art. 13 DSGVO Rz. 24.

dann „zu Händen des betrieblichen Datenschutzbeauftragten" adressiert werden. Die Bekanntgabe des Namens des betrieblichen Datenschutzbeauftragten ist jedenfalls nicht erforderlich. Sofern eine E-Mail-Adresse angegeben wird, dürfte es ausreichen, wenn diese mit „Datenschutz" oder „Datenschutzbeauftragter" angegeben ist[12]. Festzuhalten ist aber, dass sich die Ausübung von Rechten gegen den Verantwortlichen richtet und nicht gegen den betrieblichen Datenschutzbeauftragten, sodass die Angabe der E-Mail-Adresse in jedem Fall fakultativ ist[13].

Nach Art. 13 Abs. 1 Buchst. c sind die **Zwecke**, für die die personenbezogenen Daten verarbeitet werden, sowie die **Rechtsgrundlage** für die Verarbeitung anzugeben. Hinsichtlich der Beschreibung der Zwecke kann auf die in Art. 5 Abs. 1 Buchst. b und c aufgeführten Grundsätze verwiesen werden. Im Rahmen einer nach Art. 13 Abs. 1 zu erteilenden Information dürften aber Schlagworte ausreichend sein („zum Zwecke der Werbung", „zum Zwecke der Bonitätsprüfung", „zum Zwecke der Risiko- und oder Betrugsprävention")[14]. Insbesondere im Privatrechtsverkehr problematisch erscheint die Angabe der Rechtsgrundlage, auf die die (weitere) Verarbeitung gestützt werden soll. Da die DSGVO nur noch den Verarbeitungsbegriff kennt, Art. 4 Nr. 2, dürfte es ausreichend sein, wenn eine – oder ggf. mehrere – der in Art. 6 Abs. 1 genannten Rechtsgrundlagen aufgeführt werden[15]. Die Frage, ob die Datenverarbeitung dann auch tatsächlich auf die angegebene Rechtsgrundlage gestützt werden kann, ist für die Erfüllung der Pflicht nach Buchst. c unerheblich. Auch Betriebsvereinbarungen kommen als Rechtsgrundlage in Betracht[16]. 11

Nach Art. 13 Abs. 1 Buchst. d sind, wenn die Verarbeitung auf Art. 6 Abs. 1 Buchst. f beruht, die **berechtigten Interessen**, die von dem Verantwortlichen oder einem Dritten verfolgt werden, bekanntzugeben. Solche berechtigten Interessen können bspw. die Bonitätsprüfung, die Betrugsbekämpfung, die Geldwäscheprävention, das (Versicherungs-)Ausfallrisiko, Überschuldungsprävention oder aber das Werbeinteresse sowie auch die Markt- und Meinungsforschung sein[17]. Im Falle der Datenverarbeitung auf Basis des Art. 6 Abs. 1 Buchst. f dürfte sich die Beschreibung der berechtigten Interessen sehr stark an der nach Art. 13 Abs. 1 Buchst. c zu leistenden Beschreibung der Zwecke orien- 12

---

12 So auch Ehmann/Selmayr/*Knyrim*, Art. 13 DSGVO Rz. 23; a.A. Kühling/Buchner/*Bäcker*, Art. 13 DSGVO Rz. 24.
13 Für eine verpflichtende Angabe der E-Mail-Adresse Paal/Pauly/*Paal*, Art. 13 DSGVO Rz. 15; hier zu weitgehend Gola/*Franck*, Art. 13 DSGVO Rz. 10 und 28; unter Bezug auf Erwägungsgrund 23 für die Angabe der E-Mail-Adresse *Laue/Nink/Kremer* § 3 Rz. 7, wobei Erwägungsgrund 23 nicht zu den Informationspflichten gehört.
14 Vgl. Gola/*Franck*, Art. 13 DSGVO Rz. 11.
15 So auch Paal/Pauly/*Paal*, Art. 13 DSGVO Rz. 16; a.A. Kühling/Buchner/*Bäcker*, Art. 13 DSGVO Rz. 26.
16 Gola/*Franck*, Art. 13 DSGVO Rz. 12f.
17 Wie hier Gola/*Franck*, Art. 13 DSGVO Rz. 13.

tieren[18]. Das ist aber insoweit folgerichtig, als dass der (zulässige) Verarbeitungszweck gerade die berechtigten Interessen der Beteiligten beschreibt und sich umgekehrt aus den berechtigten Interessen der zulässige Verarbeitungszweck ergibt. Liegen mehrere Interessen bzw. Zwecke vor, so können sie alle genannt werden[19]. Nicht anzugeben sind dagegen die (berechtigten) Interessen der betroffenen Person[20].

13 Wie schon unter dem BDSG genügen bei der Angabe von **Kategorien von Empfängern** (Art. 13 Abs. 1 Buchst. e) übliche Branchenbezeichnungen[21]. Da Empfänger nur „gegebenenfalls" anzugeben sind und die Angabe von Empfängerkategorien ausdrücklich alternativ zugelassen ist („oder"), besteht hier ein Wahlrecht zugunsten des Verantwortlichen[22].

14 Im Falle des sog. **Drittlandverkehrs** (Art. 13 Abs. 1 Buchst. f) besteht eine Informationspflicht nur, wenn hierfür die „Absicht" besteht. Dementsprechend besteht die Informationspflicht erst dann, wenn der Drittlandverkehr unmittelbar bevorsteht oder unternehmerisch geplant ist. Erfolgt er nicht oder soll er auch nicht erfolgen, besteht eine Informationspflicht auch in Form einer Negativbestätigung nicht.

15 Wie bei Art. 13 Abs. 1 Buchst. c soll auch beim Drittlandverkehr die **Rechtsgrundlage** angegeben werden. Daher soll auch über das (Nicht-)Bestehen eines Angemessenheitsbeschlusses oder die einschlägigen Rechtsgrundlagen der Art. 42 ff. informiert werden. Da in diesen Fällen ein Blick in die DSGVO ggf. nicht ausreicht, um die entsprechende Rechtsgrundlage nachzusehen, ist hier der Verantwortliche verpflichtet, auch über etwa vorhandene Binding Corporate Rules (BCR) und die Tatsache, wo diese ggf. verfügbar sind, zu informieren. Über diese Informationsverpflichtung gegenüber der betroffenen Person sind bspw. BCR quasi öffentlich (verfügbar)[23].

III. Zusätzliche Informationsbestandteile (Abs. 2)

16 Nach Art. 13 Abs. 2 hat der Verantwortliche **zusätzliche Informationen** zu geben. Dies soll allerdings nur dann gelten, wenn diese notwendig sind, um eine

---

18 So auch Kühling/Buchner/*Bäcker*, Art. 13 DSGVO Rz. 27.
19 Gierschmann/Schlender/Stentzel/Veil/*Veil*, Art. 13 und 14 DSGVO Rz. 67.
20 Paal/Pauly/*Paal*, Art. 13 DSGVO Rz. 17.
21 Vgl. hier auch die Brancheneinteilung aus dem 19. TB der hessischen Landesregierung zur Datenschutzaufsicht im nicht-öffentlichen Bereich, LT-Drucks. 16/5892, 18.
22 A.A. Gola/*Franck*, Art. 13 DSGVO Rz. 16; Kühling/Buchner/*Bäcker*, Art. 13 DSGVO Rz. 30; ähnlich wie hier Ehmann/Selmayr/*Knyrim*, Art. 13 DSGVO Rz. 29; keine strengen Maßstäbe anlegen auch Kamps/Schneider, K&R Beilage 2017, 24 (27).
23 Das Problem erkennt auch BeckOK DatenschutzR/*Schmidt-Wudy*, Art. 13 DSGVO Rz. 54 mit Verweis auf Art. 14 DSGVO Rz. 54 ff. (explizit Rz. 56).

faire und transparente Verarbeitung zu gewährleisten. Nach Erwägungsgrund 60 dienen aber bereits die nach Art. 13 Abs. 1 zu erteilenden Informationen einer fairen und transparenten Verarbeitung[24]. Die weiteren Informationen „sollen" dagegen nur (situationsabhängig[25]) erteilt werden. Mit Blick auf die in Abs. 2 sodann aufgeführten weiteren Informationspflichten stellt sich ohnehin die Frage, inwieweit diese helfen, eine faire und transparente Verarbeitung zu gewährleisten. Das gilt insbesondere für die Rechtsbelehrungspflichten wie die in Abs. 2 Buchst. b, c oder d genannten. Diese Rechte bestehen nach der DSGVO ohnehin. Es leuchtet nicht ein, wann eine gesonderte Information hierüber notwendig sein kann, um eine faire und transparente Verarbeitung zu gewährleisten. Eher ließe sich diese Notwendigkeit allenfalls aus der Information über die Speicherdauer (s. dazu aber sogleich) oder etwa über das Vorliegen einer automatisierten Einzelentscheidung ableiten[26]. Jedenfalls sind diese Informationen nicht generell zu erteilen[27].

Das führt zu der Frage, welche Bedeutung ein etwaiges **Fehlen dieser Informationen** hat und ob die Erteilung der Information ggf. **zulässigkeitsbegründend** ist (s. auch Art. 12 DSGVO Rz. 1). In Deutschland gab es bereits eine vergleichbare Diskussion im Zusammenhang mit der in § 4 Abs. 3 BDSG-alt niedergelegten Unterrichtungspflicht bei der Direkterhebung[28]. Das ist jedoch zu verneinen[29]. Die Zulässigkeitstatbestände sind so formuliert, dass sie keine Referenzierungen auf in diesem Zusammenhang zu leistende Informationspflichten enthalten. Auch aus Art. 6 ergibt sich nichts anderes. Die in Art. 13 Abs. 2 enthaltenen Rechtsbelehrungspflichten enthalten keinen Bezug zu Datenverarbeitungsvorgängen. Überdies ist das Fehlen von entsprechenden Informationen über Art. 79 gesondert sanktionierbar[30]. Wären die Informationspflichten zulässigkeitsbegründend, wäre die gesonderte Sanktionierbarkeit überflüssig, da dann ein etwaiges Fehlen über die Unzulässigkeit der Datenverarbeitung selbst sank- 17

---

24 Mit „weiteren Informationen" meint der Erwägungsgrund 60 die in Abs. 2 genannten, nicht jedoch „unbenannte"; so aber Gola/*Franck*, Art. 13 DSGVO Rz. 27; dagegen zurecht BeckOK DatenschutzR/*Schmidt-Wudy*, Art. 13 DSGVO Rz. 38 und Art. 14 DSGVO Rz. 38.
25 So ausdrücklich *Albrecht/Jotzo*, Teil 4 Rz. 5; Ehmann/Selmayr/*Knyrim*, Art. 13 DSGVO Rz. 40; a.A. Kühling/Buchner/*Bäcker*, Art. 13 DSGVO Rz. 20.
26 Den Versuch einer Begründung unternimmt *Veil*, ZD 2015, 347; überwiegend wird jedoch vertreten, dass Abs. 1 und 2 gleichrangig nebeneinanderstehen und beide Absätze stets zu erfüllen sind; BeckOK DatenschutzR/*Schmidt-Wudy*, Art. 13 DSGVO und 14 DSGVO, jeweils Rz. 37, dort allerdings ohne nähere Begründung, aber auch Rz. 58 f.; eingehend Paal/Pauly/*Paal*, Art. 13 DSGVO Rz. 21 ff.; „fakultativ" Gola/*Franck*, Art. 13 DSGVO Rz. 5.
27 *Piltz*, K&R 2018, 629 (630); *Schantz*, NJW 2016, 1841 (1845); in Abhängigkeit vom Risiko Gierschmann/Schlender/Stentzel/Veil/*Veil*, Art. 13 und 14 DSGVO, Rz. 87 ff.
28 Hierzu Plath/*Plath*, 2. Aufl. 2016, § 4 BDSG Rz. 46 ff.
29 Differenzierend Kühling/Buchner/*Bäcker*, Art. 13 DSGVO Rz. 63 ff.
30 *Kamps/Schneider*, K&R Beilage 2017, 24 (27).

tioniert werden könnte. Die gesonderte Sanktionsmöglichkeit spricht also gegen die konstitutive Wirkung der Informationspflichten[31].

18 Nach Art. 13 Abs. 2 Buchst. a wären die **Dauer**, für die die personenbezogenen Daten gespeichert werden oder, falls dies nicht möglich ist, die Kriterien für die Festlegung der Dauer anzugeben. Dabei fällt auf, dass die DSGVO an keiner Stelle – auch nicht in Art. 17 – exakte Angaben über die Dauer einer Speicherung enthält. Während § 35 Abs. 2 Satz 2 Nr. 4 BDSG-alt für geschäftsmäßige Datenverarbeiter bspw. noch Regelprüffristen von drei bzw. vier Jahren enthielt, ist in Art. 5 Abs. 1 Buchst. e und Art. 17 im Grunde nur noch der Erforderlichkeitsgrundsatz enthalten. Damit kann in der entsprechenden Information auch nur auf diese „Erforderlichkeit" hingewiesen werden. Das ist aber auch zulässig, da diese Erforderlichkeit gleichzeitig ein Kriterium für die Festlegung der Dauer ist, wenn die exakte Angabe der Dauer der Speicherung nicht möglich ist. Zu konstatieren ist allerdings, dass damit die Informationspflicht zur reinen Bürokratie verkommt. Ist die Dauer dagegen bestimmbar, so sollte die Angabe möglichst (taggenau) erfolgen. Fristbeginn ist der Zeitpunkt der Erhebung bzw. erstmaligen Speicherung[32].

19 Nach Art. 13 Abs. 2 Buchst. b ist die betroffene Person auf ihre **Rechte nach den Art. 15 ff.** hinzuweisen. Solche Rechtsbelehrungspflichten sind dem Privatrechtsverkehr fremd. Inhaltlich dürfte es nicht erforderlich sein, die einzelnen Artikel im Wortlaut wiederzugeben. Vielmehr dürfte es ausreichend sein, wenn auf das Bestehen der entsprechenden Rechte – dem Wortlaut des Abs. 2 Buchst. b entsprechend – mittels Verweis auf die entsprechenden Artikel hingewiesen wird[33]. Beim Hinweis auf das Widerspruchsrecht gelten innerhalb der Information nach Art. 13 keine gesonderten Formvorschriften (s. aber Art. 21 Abs. 4). Nicht hinzuweisen ist auf Rechte, die von vornherein nicht in Betracht kommen[34].

20 Art. 13 Abs. 2 Buchst. c beschreibt eine Pflicht, über die **Widerrufbarkeit einer Einwilligung** zu informieren und gilt daher mithin nur, wenn die Datenverarbeitung auf einer Einwilligung basieren soll. Hier gilt das zu Buchst. b Gesagte. Diese Informationspflicht geht aber über eine reine Rechtsbelehrungspflicht noch hinaus, indem sie die Informationspflicht auch auf die eintretende Rechtsfolge erstreckt. Dass nämlich der Widerruf der Einwilligung nur ex nunc wirkt, war schon unter Geltung des BDSG-alt allgemeine Meinung[35] und wird auch in

---

31 Ebenso *Franck*, RDV 2016, 111 (116).
32 Paal/Pauly/*Paal*, Art. 13 DSGVO Rz. 25 f.
33 Gola/*Franck*, Art. 13 DSGVO Rz. 20 stellt fest, dass auf die Rechte nach Art. 17 Abs. 2 und Art. 19 Satz 2 nicht hinzuweisen ist.
34 Paal/Pauly/*Paal*, Art. 13 DSGVO Rz. 27 mit Blick auf Art. 20; Kühling/Buchner/*Bäcker*, Art. 13 DSGVO Rz. 37.
35 Plath/*Plath*, 2. Aufl. 2016, § 4a BDSG Rz. 71.

Art. 7 Abs. 3 formuliert. Warum aber diese Belehrung über die Rechtsfolge erfolgen muss und warum diese notwendig sein soll, um eine faire und transparente Verarbeitung zu gewährleisten, ist völlig unklar (s. hierzu schon Rz. 16). Es spricht damit vieles dafür, die Vorschrift so auszulegen, dass nur über die Widerrufbarkeit der Einwilligung zu informieren ist und der zweite Halbsatz der Vorschrift die Rechtsfolge aus Art. 7 Abs. 3 schlicht wiederholt[36].

Nach Art. 13 Abs. 2 Buchst. d ist über das Bestehen eines **Beschwerderechts bei einer Aufsichtsbehörde** zu informieren. Diese Vorschrift ist insoweit undeutlich, als dass sinnvollerweise die Aufsichtsbehörde angegeben werden sollte, an der der Verantwortliche seinen juristischen Sitz hat und nicht einfach „irgendeine". Die Angabe konkreter Kontaktdaten ist hingegen nicht erforderlich[37]. 21

Gänzlich missglückt ist die Informationspflicht nach Art. 13 Abs. 2 Buchst. e. So spricht die Vorschrift zunächst von einer „**Bereitstellung**" von Daten durch die betroffene Person. Im Ergebnis dürfte es um die Erhebung von Daten durch den Verantwortlichen gehen. Diese Erhebung kann, muss aber nicht gesetzlich oder vertraglich vorgeschrieben sein. Der Wortlaut der Vorschrift legt eine Informationspflicht nahe, auch wenn die Erhebung nicht vorgeschrieben ist und damit eine sog. Negativinformation zu erfolgen hat[38]. Praktische Anwendungsfälle können die Erhebung von Identitätsdaten zur Betrugs- und Geldwäschebekämpfung sein. Buchst. e erweitert damit die Informationspflichten noch einmal über die Belehrung der betroffenen Person über ihre Rechte hinaus, hin zur Belehrung der betroffenen Person über die gegenüber dem Verantwortlichen bestehenden Pflichten zur Datenerhebung. Bestehen aber solche Pflichten, dürfte die Weigerung der Bereitstellung dazu führen, dass der Verantwortliche bspw. einen beantragten Vertrag gar nicht eingehen *darf*. Welchen Sinn aber diese Information hat, erschließt sich nicht, da weder die betroffene Person noch der Verantwortliche insoweit anders reagieren können. Ähnlich stellt sich die Situation dar, wenn die Erhebung der personenbezogenen Daten für den Vertragsschluss erforderlich ist. Dann ist diese Erhebung möglicherweise nicht verpflichtend, aber immerhin zulässig nach Art. 6 Abs. 1 Buchst. b. Auch hier kann der (von der betroffenen Person) gewünschte Vertrag im Zweifel nicht geschlossen werden, wenn die entsprechenden Daten nicht zur Verfügung gestellt werden. Eine Aufklärung hierüber ist eigentlich unnötig. 22

---

36 A.A. Paal/Pauly/*Paal*, Art. 13 DSGVO Rz. 28; entgegen Kühling/Buchner/*Bäcker*, Art. 13 DSGVO Rz. 38 ist bei Widerruf der Einwilligung die Weiterverarbeitung aufgrund gesetzlicher Grundlage durchaus denkbar; das stellt nunmehr Art. 17 Abs. 1 Buchst. b ausdrücklich klar.
37 BeckOK DatenschutzR/*Schmidt-Wudy*, Art. 13 DSGVO Rz. 71 mit Verweis auf Art. 14 DSGVO Rz. 71 und Art. 15 DSGVO Rz. 71; ebenso Paal/Pauly/*Paal*, Art. 13 DSGVO Rz. 29; Gola/*Franck*, Art. 13 DSGVO Rz. 22; a.A. Kühling/Buchner/*Bäcker*, Art. 13 DSGVO Rz. 39.
38 Die Sinnhaftigkeit auch bezweifelnd Paal/Pauly/*Paal*, Art. 13 DSGVO Rz. 30.

23 Im Vergleich zu den übrigen nach Art. 13 Abs. 2 bestehenden Informationspflichten hebt sich die in Art. 13 Abs. 2 Buchst. f formulierte Pflicht deutlich ab. Diese Informationspflicht knüpft an den Art. 22 und den darin speziell geregelten „**Verarbeitungsvorgang**" an[39]. Eine Informationspflicht hierüber sah Art. 12 der EG-Datenschutzrichtlinie allerdings erst im Rahmen einer Auskunft vor.

24 Der Anwendungsbereich der Vorschrift wird jedoch dadurch undeutlich, dass Art. 22 von einer Entscheidung und nicht von einer **Entscheidungs***findung* spricht. Der Verweis auf Art. 22 bedeutet aber, dass dem Begriff der Entscheidungsfindung in Abs. 2 Buchst. f kein eigener Bedeutungsinhalt gegenüber dem Begriff der Entscheidung in Art. 22 selbst zukommt. Danach ist also in Anlehnung an den Wortlaut des Art. 22 über das Bestehen einer „auf einer automatisierten Verarbeitung beruhenden Entscheidung" einschließlich eines Profilings zu informieren.

25 Die entsprechende Informationsverpflichtung besteht aber nur, wenn in der Person des Verantwortlichen die Voraussetzungen des Art. 22 aber auch tatsächlich vorliegen – also eine automatisierte Entscheidung gegeben ist.

26 Die Informationspflicht setzt also zunächst das Bestehen einer **automatisierten Entscheidungsfindung** einschließlich des Profilings gemäß Art. 22 Abs. 1 und 4 voraus. Es ist auffällig, dass Art. 13 Abs. 2 Buchst. f nur auf die Abs. 1 und 4 in Art. 22 verweist. Das scheint dafür zu sprechen, dass nur dann eine entsprechende Informationspflicht besteht, wenn eine an sich unzulässige automatisierte Entscheidung (nach Art. 22 Abs. 1 oder 4) vorliegt. Im Falle einer – nach Art. 22 Abs. 2 und 3 zulässigen – automatisierten Entscheidung besteht damit eine Informationspflicht offenbar nicht. Entsprechendes gilt dann auch generell für zulässige automatisierte Entscheidungen, also in den Fällen, in denen dem Begehren der betroffenen Person stattgegeben wurde (Einzelheiten s. Kommentierung zu Art. 22 DSGVO). Die Informationspflicht für (zulässige) automatisiere Entscheidungen besteht durch den Verweis in Art. 13 Abs. 2 Buchst. f mithin nur in den Fällen des Art. 22 Abs. 4, also dann, wenn die Entscheidung auf besonderen Kategorien personenbezogener Daten nach Art. 9 Abs. 1 beruht.

27 Auch wenn durch die Formulierung des Art. 22 (s. Kommentierung zu Art. 22 DSGVO Rz. 2 f.) das Profiling mit der automatisierten Entscheidung gleichgesetzt ist, bleibt der Anwendungsbereich der Informationspflicht unklar. So formuliert Art. 13 Abs. 2 Buchst. f in Parenthese, dass „zumindest in diesen Fällen" aussagekräftige Informationen über die involvierte Logik sowie die Tragweite und die angestrebten Auswirkungen einer derartigen Verarbeitung für die betroffene Person zu erteilen sind. Diese Einschränkung legt nahe, dass die Informationen über die involvierte Logik etc. nur in den Fällen des dem Art. 22 unterfallenden Profilings zu erteilen sind. Für etwaige andere Fälle erscheint dies

---

[39] Die Regelungen nach § 34 Abs. 1a bis Abs. 4 BDSG-alt finden keine Entsprechung in Art. 15, Wybitul/*Pötters/Bausewein*, Kap. III Rz. 64.

dagegen weniger zwingend. Anderenfalls ergibt die Parenthese keinen Sinn[40]. Dem könnte entgegengehalten werden, dass bereits Art. 12 EG-Datenschutzrichtlinie ein Auskunftsrecht über den logischen Aufbau automatisierter Entscheidungen kannte. Allerdings handelt es sich hier um die dem Auskunftsrecht vorgelagerte Informationspflicht, welche zu einem Zeitpunkt zu erfüllen ist, zu dem sehr wahrscheinlich noch gar kein Profiling stattgefunden hat. Man wird mithin aufgrund der Formulierung der Parenthese dem Verantwortlichen einen gewissen Beurteilungsspielraum einräumen müssen, in welcher Tiefe auch in Fällen der automatisierten Entscheidung, denen kein Profiling zugrunde liegt, bei denen zwar ein Profiling vorliegt, dem aber keine automatisierte Entscheidung nachfolgt, über die involvierte Logik etc. initial zu informieren ist.

Umgekehrt ist die Vorschrift aber so zu lesen, dass die Pflicht, über die involvierte Logik sowie die Tragweite und die angestrebten Auswirkungen einer derartigen Verarbeitung für die betroffene Person zu informieren, beim Vorliegen eines dem Art. 22 unterliegenden Profilings auf jeden Fall besteht. Gleichwohl bleibt die Reichweite der Informationspflicht unklar. Der Begriff der „involvierten Logik" ist nicht definiert. Auch die Erwägungsgründe enthalten hier keine Hinweise. Es liegt daher nahe, sich an der Auslegung von Art. 12 EG-Datenschutzrichtlinie bzw. des diesen seinerzeit in deutsches Recht umsetzenden § 6a BDSG-alt (insbesondere dessen Abs. 3) zu orientieren. Das in § 6a Abs. 3 BDSG-alt verankerte Auskunftsrecht des Betroffenen basierte auf Art. 15, 12a, 3. Spiegelstrich und Erwägungsgrund 41 der EG-Datenschutzrichtlinie[41]. Danach soll sich das aus den §§ 19 bzw. 34 BDSG-alt ergebende Auskunftsrecht auf den **„logischen Aufbau der automatisierten Verarbeitung"** der Daten erstrecken. Im Anwendungsbereich des § 6a BDSG-alt wurden die §§ 19 und 34 BDSG-alt quasi erweitert. Die Anknüpfung an die §§ 19 und 34 BDSG-alt bedeutete aber auch, dass die formalen Regeln sowie die inhaltlichen Voraussetzungen und Grenzen dieser Vorschriften auch für eine Auskunft nach § 6a Abs. 3 BDSG galten (s. § 34 BDSG-alt). Dementsprechend war auch im Rahmen von § 6a Abs. 3 BDSG-alt nur über die der automatisierten Entscheidung zugrunde liegenden Datenarten und nicht über die Einzelinformationen Auskunft zu erteilen. Ebenso konnte nicht über den „Umweg" des § 6a Abs. 3 BDSG-alt Auskunft über die Gewichtung dieser Einzelinformationen verlangt werden.

28

Anhaltspunkte für die **Reichweite des Auskunftsanspruchs** ergaben sich aus Erwägungsgrund 41 der EG-Datenschutzrichtlinie. Darin hatte der Richtlinien-

28a

---

40 Kühling/Buchner/*Bäcker*, Art. 13 DSGVO Rz. 52 f. interpretieren die Parenthese offenbar genau umgekehrt; sprachlich bezieht sich die Parenthese aber auf den ersten Halbsatz der Vorschrift. Damit ist zwar gesagt, dass es auch andere als die dort genannten Fälle geben mag – wie etwa das nicht dem Art. 22 unterfallende Profiling (wie etwa das der Werbung) –, gleichzeitig wird aber damit zum Ausdruck gebracht, dass das strenge Regime der Vorschrift dort gerade nicht zwingend ist („zumindest").
41 So ausdrücklich BT-Drucks. 14/4329, S. 38.

geber insbesondere anerkannt, dass es im Bereich automatisierter Datenverarbeitungen seitens des Verantwortlichen geistiges Eigentum gibt, welches schutzwürdig ist und mit den Informationsinteressen der betroffenen Person abzuwägen ist. Das war auch bei der Neufassung der Vorschrift des § 6a Abs. 2 Nr. 2 BDSG-alt berücksichtigt worden, bei der ausweislich der Gesetzesbegründung **nicht die Funktionsweise des automatisierten Verfahrens** oder gar mathematische Formeln offenzulegen sind[42]. In richtlinienkonformer Auslegung konnte nichts anderes dann aber auch für § 6a Abs. 3 BDSG-alt gelten. Die Auskunft über den logischen Aufbau beschränkte sich damit auf die Erläuterung des Ablaufs der Datenverarbeitung. Der betroffen Person war zu erläutern, in welcher Art und Weise ihre Daten verarbeitet werden und warum das genauso geschieht. Hierzu bedurfte es keiner detaillierten technischen Erläuterung. Sofern das Programm und dessen Funktionsweise allgemein bekannt waren, konnte auch die Nennung des Programms ausreichend sein. Entscheidend war, dass die betroffene Person in die Lage versetzt wurde, eine allgemeine Vorstellung davon zu bekommen, wie die Daten verarbeitet wurden, die zu der Entscheidung geführt hatten. Erfolgte die automatisierte Entscheidung unter Anwendung von Scoreverfahren, müsste der Auskunftsanspruch nach § 6a Abs. 3 BDSG-alt nicht über die nach § 34 BDSG-alt zu gebenden allgemeinverständlichen Erläuterungen hinausgehen. Es gibt daher keine Anhaltspunkte dafür, dass bei insoweit nahezu identischem Wortlaut mit der EG-Datenschutzrichtlinie Erweiterungen vorgenommen werden sollten. Das kommt auch in Erwägungsgrund 63 zum Ausdruck, der mit Blick auf die zu schützenden Geschäftsgeheimnisse den Erwägungsgrund 41 der EG-Datenschutzrichtlinie fast wörtlich übernimmt (für das Auskunftsrecht s.a. Art. 15 Abs. 4). Mit Blick auf die Grundsätze des Art. 12 Abs. 1 erstreckt sich damit die Informationspflicht **nicht auf (mathematische) Algorithmen**[43], sondern allgemeinverständliche und in einfacher Sprache verfasste Erläuterungen zur Berechnungsgrundlage und der Methodik. Die vom Bundesgerichtshof aufgestellten Grundsätze[44] haben insoweit weiter Bestand[45] (s.a. Kommentierung zu Art. 22 DSGVO Rz. 2f.). Insbesondere ist nicht (mehr) über verarbeitete oder sog. tagesaktuelle Wahrscheinlichkeitswerte und deren Einzelheiten zu informieren. Die entsprechenden Vorschriften in den § 34

---

42 BT-Drucks. 16/10529, S. 13.
43 Verneinend auch Paal/Pauly/*Paal*, Art. 13 DSGVO Rz. 31; a.A. Kühling/Buchner/*Bäcker*, Art. 13 DSGVO Rz. 54, der allerdings ebenfalls einräumen muss, dass hier Rechte des Verantwortlichen berührt werden; der Vorschlag des „Verrauschen" bleibt undeutlich, weil er nicht erklärt wird.
44 BGH v. 28.1.2014 – VI ZR 156/13, CR 2014, 364 = MDR 2014, 412 = ITRB 2014, 100 = NJW 2014, 1235.
45 S. insoweit *Ehmann/Helfrich*, EG-Datenschutzrichtlinie, Art. 12 Rz. 48 ff. zur Vorläufervorschrift; a.A. allerdings ohne weitere Begründung *Roßnagel/Nebel/Richter*, ZD 2015, 455.

Abs. 2 und 4 BDSG-alt sind in der DSGVO nicht mehr enthalten[46]. Das schließt jedoch die Entwicklung neuer Verhaltensregeln (durch etwa einen code of conduct) nach Art. 40 nicht aus.

Ferner ist die betroffene Person über die **Tragweite** und die angestrebten **Auswirkungen** einer derartigen Verarbeitung zu informieren. Der Begriff der Tragweite ist wohl im Sinne von „Bedeutung" nach § 34 Abs. 2 und 4 BDSG-alt zu verstehen. Mit der Erläuterung der **Bedeutung** sollte der betroffenen Person die Möglichkeit gegeben werden, zu erkennen, wie der Wahrscheinlichkeitswert einzuschätzen ist. Die bloße Bekanntgabe des Wahrscheinlichkeitswerts selbst sagt hierüber nichts aus. Die betroffene Person sollte erkennen können, ob es sich bei dem Wahrscheinlichkeitswert um einen guten, mittleren oder schlechten Wahrscheinlichkeitswert handelte[47]. Das kann auch durch generalisierende Aussagen wie „überdurchschnittliches Risiko" erreicht werden. 29

Etwas irreführend ist die Formulierung der Informationspflicht über angestrebte Auswirkungen, denn ein Profiling wird nicht durchgeführt, um ein bestimmtes (negatives) Ergebnis zu erzielen. Das Ergebnis selbst ist zunächst wertneutral. Insoweit wird durch den Einsatz eines Profilings keine Auswirkung „angestrebt". Allerdings kann die Verwendung des Profilings Folgen haben, und zwar im Rahmen von Entscheidungsprozessen, wie dass passende Services angeboten, bessere Empfehlungen ausgesprochen werden können oder schnellere und unbürokratische (Kredit-)Entscheidungen getroffen werden können, ohne dass weitere Sicherheiten eingeholt werden müssen[48].

IV. Informationspflichten bei nachträglicher Zweckänderung (Abs. 3)

Art. 13 Abs. 3 sieht eine (neue) Informationspflicht vor, wenn der Verantwortliche beabsichtigt, die Daten für einen anderen Zweck weiter zu verarbeiten als den, für den die Daten erhoben wurden. Die Vorschrift **knüpft an Art. 6 Abs. 4** an. Die dort an sich zulässige Zweckänderung wird durch Art. 13 Abs. 3 quasi dadurch „sanktioniert", dass über die beabsichtigte Weiterverarbeitung *vorher* zu informieren ist. Das dürfte die Praxis vor erhebliche Probleme stellen[49]. Al- 30

---

46 Das konstatiert auch der Verbraucherzentrale Bundesverband in seinem Papier „Öffnungsklauseln ausschöpfen, nationale Spielräume nutzen", 2.5.2016, S. 4; BeckOK Datenschutz/*Schmidt-Wudy*, Art. 13 DSGVO Rz. 77 mit Verweis auf Art. 14 DSGVO Rz. 77 und Art. 15 DSGVO Rz. 76f. meinen aber offenbar, man könne zur Auslegung auf nicht mehr existente Vorschriften zurückgreifen; die Verpflichtung zur Information im Bereich der Werbung vollständig verneinend *Tavanti*, RDV 2016, 295 (300).
47 S. BT-Drucks. 16/13219, S. 9.
48 Ausführlich und im Ergebnis wie hier Gierschmann/Schlender/Stentzel/Veil/*Veil*, Art. 13 und 14 DSGVO Rz. 114ff.
49 Ähnlich Wybitul/*Pötters/Bausewein*, Kap. III Rz. 31.

Art. 13 DSGVO | Informationspflicht bei Erhebung bei der betroffenen Person

lerdings beschränkt sich die Informationspflicht neben der eigentlichen Zweckänderung auf die Erteilung der zusätzlichen Informationen nach Art. 13 Abs. 2 und beinhaltet nicht die zwingenden Informationsbestandteile des Art. 13 Abs. 1[50]. Es ist eigentlich kein Fall denkbar, warum vor allem die in Abs. 2 enthaltenen Rechtsbelehrungspflichten „maßgeblich" für Zweckänderung sein sollten. Um die grundsätzliche Zulässigkeit der nachträglichen Zweckänderung nicht völlig zu konterkarieren, wird man hinsichtlich der Art und Weise der nachträglichen Information auch hier zu dem Ergebnis kommen, dass diese Information – wie schon die initiale Information nach Abs. 2 – über eine Website möglich ist (s. Art. 12 DSGVO Rz. 4). Im Übrigen werden die Verantwortlichen gehalten sein, die von ihnen beabsichtigen Zwecke von vornherein genau festzulegen, Art. 5 Abs. 1 Buchst. b, und darüber auch sogleich zu informieren, Art. 13 Abs. 2 Buchst. c.

V. Ausnahmen von der Informationspflicht (Abs. 4)

31   Nach Art. 13 Abs. 4 ist **nicht zu informieren**, wenn die betroffene Person bereits über die Informationen verfügt. Die Vorschrift ähnelt § 33 Abs. 2 Nr. 1 BDSG-alt, der unter Geltung des BDSG diese Ausnahme von den gesetzlichen Benachrichtigungspflichten regelte. Die Informationspflicht setzt tatbestandlich voraus, dass die Verarbeitung ohne Kenntnis der betroffenen Person erfolgt. Konsequent bestimmt Abs. 4 daher, dass eine Pflicht zur Information dann nicht besteht, wenn die betroffene Person bereits über die Information verfügt. Das ist in zahlreichen Fällen denkbar. Nicht erforderlich ist dabei, dass sich der Betroffene der Kenntnisnahme noch bewusst ist.

1. Laufendes Datenverarbeitungsverhältnis

31a   Wenn die betroffene Person bereits im Rahmen eines Vertrags- oder sonstigen Verhältnisses bereits nach Art. 13 informiert wurde, muss sie nicht bei jedem weiteren Datenverarbeitungsvorgang erneut informiert werden. Vorbehaltlich Abs. 3 ist eine Information „once in a lifetime" ausreichend.

2. Einwilligung

31b   Ferner ist die Datenverarbeitung nach Art. 7 (s. aber auch § 7 Abs. 2 und 3 UWG) auf Basis einer erteilten Einwilligung zulässig. Zu den Wirksamkeitsvoraussetzungen einer Einwilligung gehört aber auch, dass der Betroffene die Reichweite der erteilten Einwilligung erkennen kann. Genügt eine Einwilligung

---

50 Hierzu auch Gola/*Franck*, Art. 13 DSGVO Rz. 5 und weitgehend Rz. 31.

diesen Anforderungen und enthält die Einwilligung alle Bestandteile des Art. 13, erscheint eine erneute Information ebenfalls nicht erforderlich.

3. Sonstige Kenntnisnahme

Schließlich kann sich eine Kenntnis über die Verarbeitung auf andere Weise aus den unterschiedlichsten Gründen ergeben. Denkbar wären hier Fälle, in denen der Verantwortliche **freiwillige Transparenz** leistet (um damit auch etwa der Informationspflicht vorzubeugen). 31c

Aber auch aus besonderen und offensichtlichen Umständen kann die betroffene Person bereits über die Informationen verfügen. So kann sich unter Umständen schon aus **etwa sonstigen gesetzlich** vorgeschriebenen **Hinweis- und Unterrichtungstexten** eine solche Kenntnis ergeben. Zu beachten ist dabei jedoch, dass – wollte man damit auch gleichzeitig die Funktion des Art. 13 erfüllen – die entsprechenden Inhalte mit erfasst werden müssten. 31d

Ganz allgemein kann sich im **Vorfeld einer Vertragsbeziehung** – unbeschadet des Art. 13 – eine entsprechende Kenntnis der betroffenen Person ergeben. Dies gilt insbesondere dann, wenn umfangreiche Eigenangaben von der betroffenen Person erfragt und erhoben werden (z.B. im Rahmen von Selbstauskünften bei Kreditinstituten, Versicherungen oder Vermietern). 31e

Schließlich kann die betroffene Person schon aufgrund einer **Auskunft nach Art. 15 Kenntnis** erhalten haben. Eine nur vermutete Kenntnis dagegen reicht nicht aus. Allerdings ist eine Information dann entbehrlich, wenn die relevanten Informationen als allgemein bekannt vorausgesetzt werden können. 31f

Große Bedeutung wird die Frage gewinnen, ob öffentlich bereitgestellte Informationen von der Informationspflicht dispensieren oder sie zumindest erfüllen (s. hierzu schon Art. 12 DSGVO Rz. 4f.). Ähnlich verhält es sich mit der Frage, ob bei der Verarbeitung von öffentlich zugänglichen Daten eine Informationspflicht besteht, da die betroffene Person in aller Regel an deren Veröffentlichung selbst mitgewirkt hat (z.B. Impressumsangaben). Hier spricht in Ansehung von Erwägungsgrund 62 vieles dafür, dass eine Informationspflicht ebenso nicht besteht[51].

VI. Keine Informationspflicht über Kategorien von Daten

Anders als bei Art. 14 Abs. 1 Buchst. d ist nicht über die Kategorien personenbezogener Daten zu informieren, die verarbeitet werden. Das ist konsequent, da die Daten von der betroffenen Person selbst erhoben wurden und sie diese insoweit auch schon kennt, Art. 13 Abs. 4. 32

---

51 Paal/Pauly/*Paal*, Art. 13 DSGVO Rz. 35.

VII. Einschränkungen der Informationspflicht

33 Die Informationspflichten können mittels der nach Art. 23 bestehenden Möglichkeit, Ausnahmen zu schaffen, eingeschränkt werden. Abweichungen sind auch nach den Art. 85 und 89 möglich.

Artikel 14 Informationspflicht, wenn die personenbezogenen Daten nicht bei der betroffenen Person erhoben wurden

(1) Werden personenbezogene Daten nicht bei der betroffenen Person erhoben, so teilt der Verantwortliche der betroffenen Person Folgendes mit:

a) den Namen und die Kontaktdaten des Verantwortlichen sowie gegebenenfalls seines Vertreters;

b) zusätzlich die Kontaktdaten des Datenschutzbeauftragten;

c) die Zwecke, für die die personenbezogenen Daten verarbeitet werden sollen, sowie die Rechtsgrundlage für die Verarbeitung;

d) die Kategorien personenbezogener Daten, die verarbeitet werden;

e) gegebenenfalls die Empfänger oder Kategorien von Empfängern der personenbezogenen Daten;

f) gegebenenfalls die Absicht des Verantwortlichen, die personenbezogenen Daten an einen Empfänger in einem Drittland oder einer internationalen Organisation zu übermitteln, sowie das Vorhandensein oder das Fehlen eines Angemessenheitsbeschlusses der Kommission oder im Falle von Übermittlungen gemäß Artikel 46 oder Artikel 47 oder Artikel 49 Absatz 1 Unterabsatz 2 einen Verweis auf die geeigneten oder angemessenen Garantien und die Möglichkeit, eine Kopie von ihnen zu erhalten, oder wo sie verfügbar sind.

(2) Zusätzlich zu den Informationen gemäß Absatz 1 stellt der Verantwortliche der betroffenen Person die folgenden Informationen zur Verfügung, die erforderlich sind, um der betroffenen Person gegenüber eine faire und transparente Verarbeitung zu gewährleisten:

a) die Dauer, für die die personenbezogenen Daten gespeichert werden oder, falls dies nicht möglich ist, die Kriterien für die Festlegung dieser Dauer;

b) wenn die Verarbeitung auf Artikel 6 Absatz 1 Buchstabe f beruht, die berechtigten Interessen, die von dem Verantwortlichen oder einem Dritten verfolgt werden;

c) das Bestehen eines Rechts auf Auskunft seitens des Verantwortlichen über die betreffenden personenbezogenen Daten sowie auf Berichtigung oder

Löschung oder auf Einschränkung der Verarbeitung und eines Widerspruchsrechts gegen die Verarbeitung sowie des Rechts auf Datenübertragbarkeit;

d) wenn die Verarbeitung auf Artikel 6 Absatz 1 Buchstabe a oder Artikel 9 Absatz 2 Buchstabe a beruht, das Bestehen eines Rechts, die Einwilligung jederzeit zu widerrufen, ohne dass die Rechtmäßigkeit der aufgrund der Einwilligung bis zum Widerruf erfolgten Verarbeitung berührt wird;

e) das Bestehen eines Beschwerderechts bei einer Aufsichtsbehörde

f) aus welcher Quelle die personenbezogenen Daten stammen und gegebenenfalls ob sie aus öffentlich zugänglichen Quellen stammen;

g) das Bestehen einer automatisierten Entscheidungsfindung einschließlich Profiling gemäß Artikel 22 Absätze 1 und 4 und – zumindest in diesen Fällen – aussagekräftige Informationen über die involvierte Logik sowie die Tragweite und die angestrebten Auswirkungen einer derartigen Verarbeitung für die betroffene Person.

(3) Der Verantwortliche erteilt die Informationen gemäß den Absätzen 1 und 2

a) unter Berücksichtigung der spezifischen Umstände der Verarbeitung der personenbezogenen Daten innerhalb einer angemessenen Frist nach Erlangung der personenbezogenen Daten, längstens jedoch innerhalb eines Monats,

b) falls die personenbezogenen Daten zur Kommunikation mit der betroffenen Person verwendet werden sollen, spätestens zum Zeitpunkt der ersten Mitteilung an sie, oder,

c) falls die Offenlegung an einen anderen Empfänger beabsichtigt ist, spätestens zum Zeitpunkt der ersten Offenlegung.

(4) Beabsichtigt der Verantwortliche die personenbezogenen Daten für einen anderen Zweck weiterzuverarbeiten als den, für den die personenbezogenen Daten erlangt wurden, so stellt er der betroffenen Person vor dieser Weitergabe Informationen über diesen anderen Zweck und alle anderen maßgeblichen Informationen gemäß Absatz 2 zur Verfügung.

(5) Die Absätze 1 bis 4 finden keine Anwendung, wenn und soweit

a) die betroffene Person bereits über die Informationen verfügt,

b) die Erteilung dieser Informationen sich als unmöglich erweist oder einen unverhältnismäßigen Aufwand erfordern würde; dies gilt insbesondere für die Verarbeitung für im öffentlichen Interesse liegende Archivzwecke, für wissenschaftliche oder historische Forschungszwecke oder für statistische Zwecke vorbehaltlich der in Artikel 89 Absatz 1 genannten Bedingungen und Garantien oder soweit die in Absatz 1 des vorliegenden Artikels genannte Pflicht voraussichtlich die Verwirklichung der Ziele dieser Verarbeitung unmöglich macht oder ernsthaft beeinträchtigt In diesen

Art. 14 DSGVO | Informationspflicht bei Erhebung aus anderen Quellen

Fällen ergreift der Verantwortliche geeignete Maßnahmen zum Schutz der Rechte und Freiheiten sowie der berechtigten Interessen der betroffenen Person, einschließlich der Bereitstellung dieser Informationen für die Öffentlichkeit,

c) die Erlangung oder Offenlegung durch Rechtsvorschriften der Union oder der Mitgliedstaaten, denen der Verantwortliche unterliegt und die geeignete Maßnahmen zum Schutz der berechtigten Interessen der betroffenen Person vorsehen, ausdrücklich geregelt ist oder

d) die personenbezogenen Daten gemäß dem Unionsrecht oder dem Recht der Mitgliedstaaten dem Berufsgeheimnis, einschließlich einer satzungsmäßigen Geheimhaltungspflicht, unterliegen und daher vertraulich behandelt werden müssen.

I. Einführung 1	V. Informationspflichten bei nachträglicher Zweckänderung (Abs. 4) 12
II. Zwingende Informationsbestandteile (Abs. 1) 2	VI. Ausnahmen von der Informationspflicht (Abs. 5) 13
III. Zusätzliche Informationsbestandteile (Abs. 2) 4	VII. Einschränkungen der Informationspflicht 21
IV. Fristen für die Informationserteilung (Abs. 3) 7	

Schrifttum: S. Art. 12 DSGVO.

I. Einführung

1 Art. 14 regelt die Informationspflichten der Verantwortlichen, wenn die Daten **nicht bei der betroffenen Person** erhoben wurden. Zu dem Verhältnis der Vorschriften s. Einführung zu Art. 13[1].

II. Zwingende Informationsbestandteile (Abs. 1)

2 Hinsichtlich der nach Art. 14 Abs. 1 zwingend zu erteilenden Informationsbestandteile kann auf die Ausführungen zu Art. 13 Abs. 1 verwiesen werden.

3 Zusätzlich ist allerdings bei Art. 14 Abs. 1 über die **Kategorien von Daten**, die verarbeitet werden, zu informieren (Buchst. d). Ausreichend sind mithin Oberbegriffe. Solche Oberbegriffe können aus allgemeinen Beschreibungen bestehen, wie die Bezeichnung der Daten als Adressdaten, Vertragsdaten oder Zahlungsverhaltensdaten (s. § 10 KWG), Kundendaten oder Beschäftigtendaten.

---

1 Das Fehlen des Grundsatzes der Direkterhebung stellt Ehmann/Selmayr/*Knyrim*, Art. 14 DSGVO Rz. 2 fest.

III. Zusätzliche Informationsbestandteile (Abs. 2)

Hinsichtlich der nach Art. 14 Abs. 2 zusätzlich zu erteilenden Informationsbestandteile kann auf die Ausführungen zu Art. 13 Abs. 2 verwiesen werden.

Auffällig ist, dass die Informationspflicht für den Fall, dass die Verarbeitung auf Art. 6 Abs. 1 Buchst. f („**Wahrnehmung berechtigter Interessen**") beruht, anders als nach Art. 13 Abs. 1 Buchst. d in Art. 14 nur einen **zusätzlichen Informationsbestandteil** darstellt, dessen Notwendigkeit der Erteilung von weiteren Voraussetzungen abhängt, Art. 14 Abs. 2 Buchst. b.

Folgerichtig ist hingegen, dass Art. 14 Abs. 2 Buchst. f anders als Art. 13 eine Informationspflicht bzgl. der **Herkunft der Daten** (Quellen) sowie für aus öffentlich zugänglichen Quellen entnommene Daten enthält, denn Art. 14 regelt ja die Informationspflicht, wenn die Daten nicht bei der betroffenen Person erhoben wurden. Konnte der betroffenen Person nicht mitgeteilt werden, woher die Daten stammen, weil verschiedene Quellen verwendet wurden, so kann die Unterrichtung allgemein gehalten werden (Erwägungsgrund 61 Satz 4)[2]. Der Begriff der Quelle ist nicht näher definiert. Wenn Daten beispielsweise dem Internet entnommen wurden, dürfte der Hinweis darauf ausreichend sein[3].

IV. Fristen für die Informationserteilung (Abs. 3)

Art. 14 Abs. 3 formuliert **Fristen für die Informationserteilung**. Das ist folgerichtig, weil im Falle der Direkterhebung die Information im Kontext der Erhebung selbst erfolgt, was bei Art. 14 gerade nicht der Fall ist. Es besteht insoweit ein Bedürfnis, den Zeitpunkt der Information gesondert zu bestimmen.

Art. 14 Abs. 3 bestimmt daher alternativ drei unterschiedliche Zeitpunkte, zu denen die Informationen zu erteilen sind.

Nach Art. 14 Abs. 3 Buchst. a bestimmt sich der Zeitpunkt der zu leistenden Information unter Berücksichtigung der spezifischen Umstände der Verarbeitung der personenbezogenen Daten anhand einer **angemessenen Frist** nach Erlangung dieser Daten, wobei diese Frist längstens einen Monat betragen soll. Da sehr undeutlich ist, was spezifische Umstände der Datenverarbeitung oder auch eine danach zu bestimmende angemessene Frist sein sollen, wird sich die Monatsfrist als Regelfall herausbilden, da auch aus Erwägungsgrund 61 nichts anderes ergibt. Das ist auch gerechtfertigt, da die Monatsfrist ohnehin nicht allzu lang bemessen ist. Sie erscheint auch bei Vorliegen spezifischer Umstände

---

2 Dagegen Kühling/Buchner/*Bäcker*, Art. 14 DSGVO Rz. 19 ff., der auch „Gegenstand" und „Mittel" fordert; zur Zulässigkeit der Verarbeitung öffentlich zugänglicher Daten *Born*, Tagungsband DSRI Herbsttagung 2017, 13.
3 *Piltz*, K&R 2016, 629 (630).

als angemessen, da es eben angemessen erscheint, Datenverarbeitungssysteme so einzurichten, dass innerhalb von monatlichen Zyklen Betroffeneninformationen erteilt werden können. Sofern nicht andere Varianten des Abs. 3 greifen, fungiert Buchst. a als Auffangtatbestand[4].

10   Wenn die Daten zur **Kommunikation mit der betroffenen Person** verwendet werden sollen, soll die Information spätestens zum Zeitpunkt der ersten Mitteilung an sie erfolgen, Art. 14 Abs. 3 Buchst. b. In der Praxis wären der betroffenen Person mithin bei der Ansprache bspw. zum Zwecke der Werbung gleichzeitig die entsprechenden Informationsbestandteile mitzuteilen, wenn das nicht schon an anderer Stelle erfolgt ist (s. auch Abs. 5).

11   Eine dritte Fristbestimmung enthält Art. 14 Abs. 3 Buchst. c, wonach die Information (erst dann) an die betroffene Person zu erteilen ist, wenn die **Weitergabe** der vorher erlangten Daten **an einen anderen Empfänger** beabsichtigt ist. Es drängt sich aber die Frage auf, ob nicht ein Zeitpunkt bestimmt werden muss, wann eben diese Absicht vorgelegen haben muss. Die Weitergabeabsicht muss hier bereits bei Erlangung der Daten bestanden haben[5]. Ein praktischer Anwendungsfall für diese Vorschrift dürfte damit vor allem bei Auskunfteien vorliegen, die schon unter Geltung des BDSG-alt in dessen § 33 Abs. 1 Satz 2 BDSG-alt an eine vergleichbare Vorschrift gebunden waren. Allerdings lässt es Abs. 3 Buchst. c – wie schon § 33 Abs. 1 Satz 2 BDSG-alt – zu, dass eine Informationserteilung erst im Zeitpunkt der ersten Offenlegung erfolgt.

Wegen der ausdrücklichen Abschichtung der verschiedenen Fristbestimmungen sind die Fristen nach Art. 14 Abs. 3 Buchst. b und c auch nicht durch die Monatsfrist in Buchst. a begrenzt.

V. Informationspflichten bei nachträglicher Zweckänderung (Abs. 4)

12   Art. 14 Abs. 4 entspricht Art. 13 Abs. 3. Insoweit kann auf die Ausführungen dort verwiesen werden. Zu beachten ist aber, dass anders als in Art. 13 in Art. 14 der Verweis auf die Verarbeitung nach Art. 6 Abs. 1 Buchst. f in Abs. 2 steht und insoweit sich die Informationspflicht bei **nachträglicher Zweckänderung** auch auf die Verarbeitung nach Art. 6 Abs. 1 Buchst. f zu erstrecken scheint. Insbesondere Branchen, die im Interesse Dritter tätig sind, müssen daher im Falle der nachträglichen Zweckänderung nicht nur über die Zweckänderung, sondern (noch einmal) über ihre eigentliche Tätigkeit und deren Rechtfertigung informieren. Allerdings leiten sich aus der Beschreibung der Zwecke unmittel-

---

4 Paal/Pauly/*Paal*, Art. 14 DSGVO Rz. 33.
5 Paal/Pauly/*Paal*, Art. 14 DSGVO Rz. 33 sprechen insoweit von subjektiven Elementen bei den Buchst. b und c.

bar die berechtigten Interessen ab, s. auch Kommentierung zu Art. 13 DSGVO Rz. 30 a.E.

VI. Ausnahmen von der Informationspflicht (Abs. 5)

Art. 14 Abs. 5 definiert Ausnahmen von der Informationspflicht[6]. Die Informationspflicht besteht dann nicht, „**wenn und soweit**" die Tatbestände der Buchst. a bis d vorliegen. Diese Formulierung regelt zum einen, ob überhaupt einer der Ausnahmetatbestände erfüllt ist, aber auch, ob sie hinsichtlich der entsprechenden Tiefe erfüllt sind. Ist insbesondere letzteres nicht der Fall, muss unter Umständen dann über den fehlenden Teil nachinformiert werden, es sei denn, es greift ein Ausnahmetatbestand.

13

Nach Art. 14 Abs. 5 Buchst. a ist nicht zu informieren, wenn die betroffene Person bereits über die Information verfügt. Die Vorschrift entspricht dem § 33 Abs. 2 Nr. 1 BDSG-alt (s. Art. 13 DSGVO Rz. 31 ff.). So kann die betroffene Person bspw. im Rahmen einer Einwilligung oder im Rahmen der Erhebung über Art. 13 ggf. i.V.m. Art. 5 Abs. 1 Buchst. b bereits über die entsprechenden Informationen verfügen. Eine Doppelinformation erscheint gerade in diesen Fällen als durchaus verzichtbar[7]. Große Bedeutung wird die Frage gewinnen, ob Darstellungen im Internet, etwa in Form von direkt abrufbaren „Datenschutzgrundsätzen", ggf. in Anlehnung an die sog. „**Jedermannverzeichnisse**" (s. auch Art. 30) geeignet sind, die betroffene Person so zu informieren, da diese bereits zur Verfügung gestellt wurden. Diese Frage wird von einer entsprechend transparenten Gestaltung – wie leichte Auffindbarkeit, ggf. auch ausdruckbar oder speicherbar – abhängig, im Ergebnis dann i.S.d. in Art. 14 Abs. 5 Buchst. b a.E. zum Ausdruck kommenden Rechtsgedankens aber wohl zu bejahen sein.

14

Die Informationspflicht entfällt nach Art. 14 Abs. 5 Buchst. b auch dann, wenn sich deren Erteilung als **unmöglich** erweist oder einen **unverhältnismäßigen Aufwand** erfordert. Das Wort „oder" macht deutlich, dass es sich hier um zwei Ausschlussgründe handelt. Fraglich ist allerdings, wann in diesem Sinne die Erteilung einer Information als unmöglich gelten soll. Die Unmöglichkeit bestimmt sich dabei subjektiv nach dem Verantwortlichen[8]. Hinsichtlich des Ausschlussgrundes des unverhältnismäßigen Aufwandes erwähnen die Verordnung und der Erwägungsgrund 62 (der Erwägungsgrund bezieht das nur auf „letzteres") die Fälle, in denen die Datenverarbeitung im öffentlichen Interesse erfolgt. Ausweislich des Wortes „insbesondere" sind danach aber auch andere Fälle denkbar. Als Anhaltspunkt für das Vorliegen dieser Ausnahme sollen dabei die Zahl der betroffenen Personen (oder wenn der Verantwortliche nicht über die

15

---

6 Mit Vergleich zum BDSG-alt *Albrecht/Jotzo*, Teil 4 Rz. 7.
7 Paal/Pauly/*Paal*, Art. 14 DSGVO Rz. 13.
8 BeckOK DatenschutzR/*Schmidt-Wudy*, Art. 14 DSGVO Rz. 98.

Kontaktdaten der betroffenen Personen verfügt)⁹, das Alter der Daten oder etwaige geeignete Garantien in Betracht gezogen werden. Geeignete Garantien können bspw. dann angenommen werden, wenn die betroffene Person bereits über wesentliche Informationen verfügt. Insbesondere das genannte Kriterium der Anzahl der betroffenen Person legt es in Abgrenzung zur allgemeinen Unmöglichkeit nahe, beim Ausschlussgrund des unverhältnismäßigen Aufwandes eher auf die „technisch-operative Unmöglichkeit" abzuzielen, während bei der eigentlichen „allgemeinen Unmöglichkeit" insbesondere rechtliche Schranken in Betracht kommen (zu Berufsgeheimnissen s. Rz. 20).

16 Gleichwohl führt das Kriterium der **Anzahl der betroffenen Personen** zu Abgrenzungsproblemen, denn es ist unklar, ab wann die Anzahl der betroffenen Personen dazu führt, dass deren Information als unverhältnismäßig gilt mit der Folge, dass diese nicht informiert werden müssen. In Verbindung mit der Erwägung, dass sonstige angemessene Garantien ebenfalls die Informationspflicht entfallen lassen, führt das zu dem Schluss, dass große Personenmengen ggf. auch öffentlich informiert werden können und dies die Pflicht einer Einzelinformation entfallen lässt. Das wird in Art. 14 Abs. 5 Buchst. b am Ende auch ausdrücklich so formuliert. Aber auch das **Alter der Daten** kann nach dem Erwägungsgrund zur Unverhältnismäßigkeit einer Information führen. Es liegt nahe, hier Parallelen zum § 33 Abs. 2 Nr. 2 BDSG-alt zu ziehen, der eine Ausnahme für die Benachrichtigung für den Fall formulierte, dass Daten nur zu Datenschutz- und Datensicherungszwecken aufbewahrt werden. In der Tat ist und war es schon immer unverhältnismäßig, bspw. längst in Logfiles bzw. Protokolldateien ausgelagerte Datenbestände zu erheben, nur um daraus zu benachrichtigen. In jedem Fall – so scheint es Abs. 5 Buchst. b a.E. zum Ausdruck zu bringen – lässt sich leichter der Einwand der Unmöglichkeit und Unverhältnismäßigkeit begründen, wenn geeignete Informationen der Öffentlichkeit bereitgestellt werden. Dann greift möglicherweise auch schon die Ausnahme von Art. 14 Abs. 5 Buchst. a.

17 Es liegt nahe, dass diese Kriterien insgesamt bezogen auf die Datenbestände Anwendung finden dürften, die im Zeitpunkt der Anwendbarkeit der DSGVO schon bestanden haben und insoweit keine „Nachinformation" nach der DSGVO zu erfolgen hat. Überdies spricht schon die Eingangsformulierung von Art. 14 Abs. 1 dafür, dass die Informationspflicht erst dann greift, wenn die betreffenden personenbezogenen Daten erst **erhoben „werden"** (s. zu Art. 13 auch Kommentierung zu Art. 13 DSGVO Rz. 2).

18 In jedem Fall gilt die Ausnahme von der Informationspflicht, wenn die Verarbeitung für im öffentlichen Interesse liegende Archivzwecke, für wissenschaftliche und historische Forschungszwecke oder für statistische Zwecke erfolgt. Die in der gesamten Verordnung fast durchgehende Privilegierung dieser Bereiche

---

9 *Kamps/Schneider*, K&R Beilage 2017, 24 (27).

steht unter dem Vorbehalt der in **Art. 89** genannten Bedingungen und Garantien oder wenn diese Information die genannten Zwecke vereitelt. In der Zielrichtung ähnelt die Vorschrift dem § 33 Abs. 2 Nr. 5 BDSG-alt.

Art. 14 Abs. 5 Buchst. c lässt die Informationspflicht für den Fall entfallen, dass die **Erlangung oder Offenlegung (...) ausdrücklich geregelt** ist. Damit ist die Verarbeitung i.S.v. Art. 6 Abs. 1 Buchst. c gemeint. Beispielhaft für eine gesetzlich angeordnete Offenlegung seien die (handels-)registerlich verpflichtenden Offenlegungen oder auch die Veröffentlichungen in Schuldnerverzeichnissen oder Insolvenzbekanntmachungen genannt. Der Begriff der Erlangung ist aber insoweit nachvollziehbar, als dass es in Art. 14, anders als in Art. 13, nicht um die (Erst-)Erhebung geht. Aber auch der Begriff der „Rechtsvorschrift" ist undeutlich. Die vergleichbaren Vorschriften in § 33 Abs. 2 Nr. 2 und § 4 BDSG-alt sprechen dagegen präziser von „Gesetz" oder „Vorschriften". Im Ergebnis dürfte das Gleiche gemeint sein. 19

Schließlich bestimmt Art. 14 Abs. 5 Buchst. d, dass die Informationspflicht entfällt, wenn die Daten einem **Berufsgeheimnis**[10], einschließlich einer satzungsmäßigen Geheimhaltungspflicht, unterliegen und daher vertraulich zu behandeln sind. Das Berufsgeheimnis war in § 1 Abs. 3 BDSG-alt schon enthalten. Auffällig ist der Begriff der satzungsmäßigen Geheimhaltungspflicht. Dazu könnten theoretisch auch gesellschaftsrechtliche Geheimhaltungspflichten gehören. Bspw. könnte ein Unternehmen in seinem Unternehmensgegenstand die von ihm verarbeiteten Daten als vertraulich erklären. Es liegt aber nahe, dass mit einer satzungsmäßigen Geheimhaltungspflicht berufsständische Satzungen gemeint sind. Die Eigenschaft des Bankgeheimnisses als satzungsmäßige Geheimhaltungspflicht wird dagegen überwiegend verneint[11]. 20

VII. Einschränkungen der Informationspflicht

Die Informationspflichten können mittels der nach Art. 23 bestehenden Öffnungsklausel oder auch nach Art. 85 Abs. 2 eingeschränkt werden. 21

Artikel 15 Auskunftsrecht der betroffenen Person

(1) Die betroffene Person hat das Recht, von dem Verantwortlichen eine Bestätigung darüber zu verlangen, ob sie betreffende personenbezogene Daten verarbeitet werden; ist dies der Fall, so hat sie ein Recht auf Auskunft über diese personenbezogenen Daten und auf folgende Informationen:

---

10 Zum Verhältnis der DSGVO zum § 203 StGB Gola/*Franck*, Art. 14 DSGVO Rz. 25.
11 BeckOK DatenschutzR/*Schmidt-Wudy*, Art. 14 DSGVO Rz. 106.

Art. 15 DSGVO | Auskunftsrecht der betroffenen Person

a) die Verarbeitungszwecke;
b) die Kategorien personenbezogener Daten, die verarbeitet werden;
c) die Empfänger oder Kategorien von Empfängern, gegenüber denen die personenbezogenen Daten offengelegt worden sind oder noch offengelegt werden, insbesondere bei Empfängern in Drittländern oder bei internationalen Organisationen;
d) falls möglich die geplante Dauer, für die die personenbezogenen Daten gespeichert werden, oder, falls dies nicht möglich ist, die Kriterien für die Festlegung dieser Dauer;
e) das Bestehen eines Rechts auf Berichtigung oder Löschung der sie betreffenden personenbezogenen Daten oder auf Einschränkung der Verarbeitung durch den Verantwortlichen oder eines Widerspruchsrechts gegen diese Verarbeitung;
f) das Bestehen eines Beschwerderechts bei einer Aufsichtsbehörde;
g) wenn die personenbezogenen Daten nicht bei der betroffenen Person erhoben werden, alle verfügbaren Informationen über die Herkunft der Daten;
h) das Bestehen einer automatisierten Entscheidungsfindung einschließlich Profiling gemäß Artikel 22 Absätze 1 und 4 und – zumindest in diesen Fällen – aussagekräftige Informationen über die involvierte Logik sowie die Tragweite und die angestrebten Auswirkungen einer derartigen Verarbeitung für die betroffene Person.

(2) Werden personenbezogene Daten an ein Drittland oder an eine internationale Organisation übermittelt, so hat die betroffene Person das Recht, über die geeigneten Garantien gemäß Artikel 46 im Zusammenhang mit der Übermittlung unterrichtet zu werden.

(3) Der Verantwortliche stellt eine Kopie der personenbezogenen Daten, die Gegenstand der Verarbeitung sind, zur Verfügung. Für alle weiteren Kopien, die die betroffene Person beantragt, kann der Verantwortliche ein angemessenes Entgelt auf der Grundlage der Verwaltungskosten verlangen. Stellt die betroffene Person den Antrag elektronisch, so sind die Informationen in einem gängigen elektronischen Format zur Verfügung zu stellen, sofern sie nichts anderes angibt.

(4) Das Recht auf Erhalt einer Kopie gemäß Absatz 3 darf die Rechte und Freiheiten anderer Personen nicht beeinträchtigen.

| I. Einführung | 1 | II. Auskunftspflichten (Abs. 1 bis Abs. 4) | 3 |

Schrifttum: S. Art. 12 DSGVO.

Auskunftsrecht der betroffenen Person | **Art. 15 DSGVO**

I. Einführung

Während die nach den Art. 13 und 14 zu erteilenden Informationen von Seiten des Verantwortlichen angestoßen werden müssen, haben die nach Art. 15 zu erteilenden Auskünfte **nur auf Verlangen** der betroffenen Person zu erfolgen. 1

Zum Verhältnis der Informationspflichten zu den Auskunftsrechten s. bereits Kommentierung zu Art. 13 DSGVO Rz. 3[1]. 2

II. Auskunftspflichten (Abs. 1 bis Abs. 4)

Art. 15 Abs. 1 formuliert **zwei** unterschiedliche Ansprüche. 3

Nach dessen 1. Alternative muss der Verantwortliche auf Verlangen der betroffenen Person (nur) eine Bestätigung darüber erteilen, ob durch ihn überhaupt Daten verarbeitet werden (sog. – ggf. negative – **Verarbeitungsbestätigung**)[2]. (Erst) wenn dies der Fall ist, hat die betroffene Person das Recht auf weitergehende Auskunft hinsichtlich der in Art. 15 Abs. 1 Buchst. a–h beschriebenen Informationsbestandteile[3]. Es stellt sich aber die Frage, ob das Auskunftsrecht der betroffenen Person tatsächlich streng dieses Stufenmodell durchlaufen muss. Es wäre unnötiger Formalismus und nicht den Prinzipen des Art. 12 entsprechend, wenn nicht die betroffene Person zumindest beide Anträge miteinander verbinden könnte. Nicht klar zu differenzierende Anträge der betroffenen Person sind im Zweifel so auszulegen, dass er gleichzeitig auch Auskunft über die weitergehenden Informationsbestandteile begehrt. Da zahlreiche Informationen bereits über Art. 13 und 14 zu erteilen sind, bietet die sog. Verarbeitungsbestätigung in Art. 15 Abs. 1 keinen wirklichen Mehrwert.

Art. 15 Abs. 1 ist so formuliert, dass zur Geltendmachung der darin geregelten Rechte ein entsprechendes **Verlangen** artikuliert werden muss. An die Form sind mit Blick auf Art. 12 keine allzu hohen Anforderungen zu stellen. Gleichwohl betont Erwägungsgrund 63, dass bei der Verarbeitung großer Mengen von Informationen über die betroffene Person der Verantwortliche verlangen kann, dass die betroffene Person **präzisiert**, auf welche Information oder welche Verarbeitungsvorgänge sich ihr Auskunftsersuchen bezieht, bevor er ihr Auskunft erteilt[4]. Dementsprechend ist es aber auch möglich, dass der Verantwortliche 4

---

1 Zur Einbettung in die Unionsrechtsordnung BeckOK DatenschutzR/*Schmidt-Wudy*, Art. 15 DSGVO Rz. 5 ff.
2 Dass es damit zur Ausübung des Rechts gar nicht auf die Betroffeneneigenschaft ankommt, stellt Gola/*Franck*, Art. 15 DSGVO Rz. 6 fest.
3 BeckOK DatenschutzR/*Schmidt-Wudy*, Art. 15 DSGVO Rz. 55 f.
4 BeckOK DatenschutzR/*Schmidt-Wudy*, Art. 15 DSGVO Rz. 47; Paal/Pauly/*Paal*, Art. 15 DSGVO Rz. 8; Ehmann/Selmayr/*Ehmann*, Art. 15 DSGVO Rz. 21; Gierschmann/Schlender/Stentzel/Veil/*Veil*, Art. 15 DSGVO Rz. 64.

Art. 15 DSGVO | Auskunftsrecht der betroffenen Person

das ggf. unpräzise formulierte Auskunftsersuchen auslegt und zunächst (Teil-) Auskünfte erteilt, um so dem mutmaßlichen Willen der betroffenen Person nachzukommen und ohne, dass sogleich Sanktionen drohen (zur Frage der Art und Weise der Kommunikation s. Rz. 18).

5 **Inhaltlich** ist nach Art. 15 Abs. 1 über die personenbezogenen Daten[5] Auskunft zu erteilen, die verarbeitet werden. Art. 15 Abs. 3 formuliert, dass damit die personenbezogenen Daten gemeint sind, die Gegenstand der Verarbeitung sind. Damit sind nur die aktuell noch vorhandenen personenbezogenen Daten gemeint[6]. Wollte man die Auskunftspflicht vergangenheitsbezogen (s. aber auch Rz. 8) auf bereits gelöschte Daten erstrecken, widerspräche dies Art. 5 Abs. 1 Buchst. e und den über Art. 15 Abs. 1 Buchst. d anzugebenden Speicherfristen. Gleichzeitig sind damit solche personenbezogenen Daten ausgeschlossen, die zwar möglicherweise vorhanden sind, jedoch nicht „Gegenstand der (produktiven) Verarbeitung" sind. Damit scheint sich die Auskunftspflicht bspw. nicht auf solche Daten zu beziehen, die lediglich zu Datenschutz- und Datensicherungszwecken aufbewahrt werden. Eine solche Ausnahme bestand schon in § 34 Abs. 7 i.V.m. § 33 Abs. 2 Satz 2 Nr. 3 BDSG-alt[7] und wird jetzt in § 34 Abs. 1 Nr. 2 Buchst. b BDSG fortgeschrieben. Werturteile sind demgegenüber keine personenbezogenen Daten[8].

6 Über die Auskunftspflicht hinsichtlich der personenbezogenen Daten, die Gegenstand der Verarbeitung sind, sind nach Art. 15 Abs. 1 dann weitere Informationen zu erteilen[9]. Danach ist zunächst über die **Verarbeitungszwecke** Auskunft zu erteilen. Diese Formulierung weicht sowohl sprachlich als auch inhaltlich von den Art. 13 Abs. 1 Buchst. c und Art. 14 Abs. 1 Buchst. c ab. Die dort genannten „Zwecke, für die die personenbezogenen Daten verarbeitet werden" dürften keinen anderen Inhalt haben als die „Verarbeitungszwecke" in Art. 15. Auffällig ist aber das Fehlen einer Verpflichtung zur Angabe der Rechtsgrundlage in Art. 15, während sie in Art. 13 und 14 noch genannt ist.

7 Die Verpflichtung zur Angabe der **Kategorien** personenbezogener Daten, die verarbeitet werden (Buchst. b) deckt sich mit der Verpflichtung in Art. 14, die in

---

5 Dies beinhaltet keinen Anspruch auf die Beauskunftung von Akten, Gierschmann/ Schlender/Stentzel/Veil/*Veil*, Art. 15 DSGVO Rz. 94 im Anschluss an die Rechtsprechung des EuGH v. 17.7.2014 – C-141/12 und C-372/12.
6 BeckOK DatenschutzR/*Schmidt-Wudy*, Art. 15 DSGVO Rz. 52; Kühling/Buchner/ *Bäcker*, Art. 15 DSGVO Rz. 9.
7 Ähnlich Gola/*Franck*, Art. 15 DSGVO Rz. 33 f.
8 Zur Eigenschaft von Scorewerten BGH v. 22.2.2011 – VI ZR 120/10, Rz. 11; OLG München v. 12.3.2014 – 15 U 2395/13, bestätigt durch Nichtannahmebeschluss des BVerfG v. 11.5.2015 – 1 BvR 1301/14; die Auskunftspflicht insoweit verneinend Gierschmann/ Schlender/Stentzel/Veil/*Veil*, Art. 15 DSGVO Rz. 97 ff.
9 Über die expliziten Informationsteile hinaus besteht keine weitergehende Erläuterungspflicht, so aber Kühling/Buchner/*Bäcker*, Art. 15 DSGVO Rz. 32.

Auskunftsrecht der betroffenen Person | **Art. 15 DSGVO**

Art. 13 allerdings fehlt (s. dazu Kommentierung zu Art. 14 DSGVO Rz. 3). Sie ist im Rahmen des Art. 15 weitestgehend sinnentleert, weil über den Art. 15 Abs. 1 Halbs. 2 bereits über die (konkreten) personenbezogenen Daten Auskunft zu erteilen ist. Allerdings verschafft die Angabe der Datenkategorien der betroffenen Person einen Überblick, welche Datenkategorien der Verantwortliche vom Grundsatz her speichert[10]. Relevanz könnte das für den Anspruch aus Art. 16 entfalten.

Die Verpflichtung zur Angabe der **Empfänger oder Empfängerkategorien** deckt sich mit Art. 13 und 14, wobei Art. 15 eine weniger generalisierende Formulierung wählt, indem dort bestimmt ist, dass insoweit Auskunft zu erteilen ist, inwieweit personenbezogene Daten offengelegt worden sind oder noch offengelegt werden. Sofern trotz der Formulierung („oder") kein Wahlrecht[11] angenommen wird, sondern die Angabe des konkreten Empfängers als verpflichtend angesehen wird, wirft das die Frage auf, wie lange Empfänger als solche zu speichern sind, damit über diese Auskunft erteilt werden kann[12]. § 34 Abs. 2 und 4 BDSG-alt bestimmten jedenfalls für erhobene bzw. übermittelte Wahrscheinlichkeitswerte sechs bzw. zwölf Monate. Ähnliche **Fristen** fehlen nunmehr. Hier wird sich unter Geltung der DSGVO eine Praxis herausbilden müssen[13]. Der Verantwortliche muss nur über seine Empfänger Auskunft erteilen, nicht aber auch über deren Empfänger[14]. 8

Daneben kann naturgemäß der Verantwortliche keine Auskunft darüber erteilen, an wen Daten noch weitergegeben werden, sondern nur an wen Daten noch weitergegeben werden „sollen". Wie bei den Art. 13 und 14 dürfte es eben um die abstrakte Benennung der Empfängerkategorien gehen, damit sich die betroffene Person ein Bild über die potenziellen Empfängerkategorien machen kann. 9

Erweitert wird die Auskunftspflicht in Art. 15 Abs. 1 Buchst. c gegenüber den Art. 13 und 14 dahingehend, dass speziell bei **Empfängern in Drittländern** oder bei internationalen Organisationen Auskunft zu erteilen ist. Diese Erweiterung ist streng genommen unnötig, da auch diese Stellen Empfänger oder Emp- 10

---

10 Vgl. auch Kühling/Buchner/*Bäcker*, Art. 15 DSGVO Rz. 14.
11 BeckOK DatenschutzR/*Schmidt-Wudy*, Art. 15 DSGVO Rz. 58 und Kühling/Buchner/ *Bäcker*, Art. 15 DSGVO Rz. 16; für ein Wahlrecht dagegen Paal/Pauly/*Paal*, Art. 15 DSGVO Rz. 26; undeutlich Gola/*Franck*, Art. 15 DSGVO Rz. 10.
12 Offengelassen auch bei Gola/*Franck*, Art. 15 DSGVO Rz. 9; Ehmann/Selmayr/*Ehmann*, Art. 15 DSGVO Rz. 6 übersieht das nach Art. 5 Abs. 1 Buchst. e personenbezogene Daten auch ohne Antrag des Betroffenen zu löschen sind; zu weitgehend Kühling/ Buchner/*Bäcker*, Art. 15 DSGVO Rz. 18 ff.
13 Eine Auskunftspflicht verneinend Gierschmann/Schlender/Stentzel/Veil/*Veil*, Art. 15 DSGVO Rz. 23 ff. (dort zur Speicherpflicht zwecks Auskunftserteilung auch Rz. 139 im Zusammenhang mit der Herkunft) und Rz. 155 (dort zur sog. Vergangenheitsauskunft).
14 BeckOK DatenschutzR/*Schmidt-Wudy*, Art. 15 DSGVO Rz. 60.

fängerkategorien nach Halbs. 1 darstellen, Art. 4 Abs. 9. Insoweit schafft die Ergänzung nur Rechtsunsicherheit dahingehend, ob umgekehrt bestimmte Empfänger eben nicht genannt werden müssen.

11 Art. 15 Abs. 1 Buchst. d enthält eine gegenüber den Art. 13 Abs. 2 und 14 Abs. 2 korrespondierende Verpflichtung dahingehend, dass – falls möglich – die geplante **Dauer**, für die die personenbezogenen Daten gespeichert werden, oder, falls dies nicht möglich ist, die Kriterien für die Festlegung dieser Dauer zu beauskunften sind. Diese Vorschrift ist in Zusammenhang mit Art. 17 zu sehen, der anders als bspw. § 35 Abs. 2 Satz 2 Nr. 4 BDSG-alt keine Regelprüffristen mehr vorsieht. Damit können nach neuer Rechtslage zunächst nur noch allgemeine Kriterien für die Festlegung dieser Dauer bekanntgegeben werden (s. hierzu auch schon die Kommentierung zu Art. 13 DSGVO Rz. 18). Diese können bspw. darin bestehen, dass man an das Bestehen eines Vertrages anknüpft. Die Dauer wiederum knüpft an die personenbezogenen Daten an, die „Gegenstand der Verarbeitung" sind. Damit ist der Zeitraum anzugeben, in dem die personenbezogenen Daten aktiv genutzt werden. Die etwa sich aus handelsrechtlichen oder steuerrechtlichen Vorschriften ergebenden Vorhaltefristen ergeben für die betroffenen Personen keinen Informationswert[15].

12 Art. 15 Abs. 1 Buchst. e und f enthalten Rechtsbelehrungspflichten wie schon Art. 13 und 14. Das Aufzählen der Katalogrechte ist ausreichend. Eine Rechtsberatung ist nicht erforderlich[16]. Allerdings fehlt hier der Hinweis auf das Recht aus Art. 20. Grund hierfür könnte sein, dass – anders als beispielsweise zur Geltendmachung des Rechts auf Löschung – die Ausübung des Rechts auf Datenübertragbarkeit nicht die (über das Auskunftsrecht) erlangte Kenntnis der verarbeiteten Daten voraussetzt[17]. Das Verhältnis von Art. 15 Abs. 1 Buchst. f zu Art. 12 Abs. 4 ist umstritten[18]. Jedenfalls sind keine Kontaktdaten der Aufsichtsbehörde anzugeben[19].

13 Art. 15 Abs. 1 Buchst. g beschränkt die Pflicht zur **Herkunftsangabe** auf die Fälle, in denen die Daten nicht bei der betroffenen Person erhoben wurden. Das erscheint folgerichtig. Damit soll sichergestellt werden, dass der Betroffene den „Weg" seiner Daten nachvollziehen kann, um dann ggf. dort weitergehende Rechte verfolgen zu können. In diesen Fällen ist über alle „verfügbaren" Informationen bezüglich der Herkunft der Daten Auskunft zu erteilen. Damit stellt sich die Frage, wann Informationen als verfügbar gelten. Da Erwägungsgrund 61 im Kontext des Art. 14 bestimmt, dass die Unterrichtung allgemein gehalten werden kann, wenn der betroffenen Person nicht mitgeteilt werden kann, woher

---

15 A.A. offenbar BeckOK DatenschutzR/*Schmidt-Wudy*, Art. 15 DSGVO Rz. 65.
16 Gola/*Franck*, Art. 15 DSGVO Rz. 14.
17 Im Ergebnis wie hier BeckOK DatenschutzR/*Schmidt-Wudy*, Art. 15 DSGVO Rz. 67.
18 S. BeckOK DatenschutzR/*Schmidt-Wudy*, Art. 15 DSGVO Rz. 69.
19 Paal/Pauly/*Paal*, Art. 15 DSGVO Rz. 29; Gola/*Franck*, Art. 15 DSGVO Rz. 13.

die Daten stammen, weil verschiedene Quellen benutzt wurden (z.B. bei Personenstammdaten), dürften auch im Rahmen des Art. 15 an die Verfügbarkeit keine allzu hohen Anforderungen zu stellen sein[20]. Dementsprechend kann bei Daten, die aus allgemein zugänglichen Quellen entnommen wurden, eine abstrakte – generalisierende – Beschreibung der Herkunft erfolgen[21]. Umgekehrt genügt als Herkunftsangabe die Nennung einer identifizierbaren natürlichen oder juristischen Person (exakte Firmierung). Daraus ergibt sich aber auch, dass eine Verpflichtung zur Speicherung nur zum Zwecke der Beauskunftung sich aus der Vorschrift nicht ableiten lassen dürfte[22].

Die nach Art. 15 Abs. 1 Buchst. h zu erteilende Auskunft entspricht der nach Art. 13 Abs. 2 Buchst. f und Art. 14 Abs. 2 Buchst. g zu erteilenden Information. Der Wortlaut ist insoweit identisch, so dass auf die dortigen Ausführungen verwiesen werden kann. Irritierend ist jedoch Erwägungsgrund 63, der anders als der Verordnungstext selbst nur noch auf die automatische Verarbeitung personenbezogener Daten abstellt und nicht auf die automatisierte Entscheidung (sfindung) nach Art. 22 Abs. 1 und 4. Auch scheint die Formulierung im Erwägungsgrund 63 es nahezulegen, dass „zumindest in den Fällen, in denen die Verarbeitung auf Profiling beruht", die entsprechende Auskunft zu erteilen ist (s. schon Kommentierung zu Art. 13 DSGVO Rz. 23 ff.). In Anbetracht des eindeutigen und sich in drei Artikeln wiederholenden Wortlauts besteht ein Anspruch nach Art. 15 Abs. 1 Buchst. h jedoch nur bei Vorliegen einer **automatisierten Entscheidung nach Art. 22** und dem Profiling, das zu einer automatisierten Entscheidung unmittelbar führt[23]. Selbst wenn man aus Erwägungsgrund 63 tatbestandlich einen allgemeinen Transparenzanspruch beim Profiling ableiten wollte, führt dies auf der Rechtsfolgenseite auch nur dazu, dass über die (involvierte) „Logik" Auskunft zu erteilen ist (Kommentierung zu Art. 13 DSGVO Rz. 23 ff.)[24]. Das schließt jedoch die Entwicklung neuer Verhaltensregeln (durch etwa einen code of conduct) nach Art. 40 hinsichtlich der Auskunftsinhalte nicht aus. Ein Anspruch auf hypothetische Scorewertberechnung besteht nicht[25]. 14

Art. 15 Abs. 2 regelt die Auskunftspflichten beim **Drittlandverkehr**. Die Zielrichtung der Vorschrift entspricht der der Art. 13 Abs. 1 Buchst. f und Art. 14 Abs. 1 Buchst. f. Allerdings wird nach Art. 15 Abs. 2 die Auskunftspflicht erst 15

---

20 Ähnlich Gola/*Franck*, Art. 15 DSGVO Rz. 15.
21 Vgl. zur alten Rechtslage AG Leipzig v. 18.7.2014 – 107 C 2154/14, CR 2015, 53 = ZD 2014, 533.
22 Vgl. zur alten Rechtslage OVG Hamburg v. 7.7.2005 – 1 Bf 172/03, RDV 2006, 73.
23 Die Auskunftspflicht deswegen für Auskunfteien verneinend Gierschmann/Schlender/Stentzel/Veil/*Veil*, Art. 15 DSGVO Rz. 149.
24 Zurückhaltend auch Ehmann/Selmayr/*Ehmann*, Art. 15 DSGVO Rz. 16; den Anspruch auf Beauskunftung der Scoreformel explizit ausschließend Kühling/Buchner/*Buchner*, Art. 22 DSGVO Rz. 35; a.A. BeckOK DatenschutzR/*Schmidt-Wudy*, Art. 15 DSGVO Rz. 76 ff. und Kühling/Buchner/*Bäcker*, Art. 15 DSGVO Rz. 27 f.
25 Gola/*Franck*, Art. 15 DSGVO Rz. 16.

ausgelöst, wenn die entsprechenden Übermittlungen auch tatsächlich erfolgen. Inhaltlich ist die Auskunft auf Bekanntgabe geeigneter Garantien gemäß Art. 46 beschränkt. Auf Art. 45 wird nicht verwiesen[26].

16 Während Art. 15 Abs. 1 und 2 die inhaltlichen Anforderungen an zu erteilende Auskünfte regeln, bestimmt Art. 15 Abs. 3 nun das **Verfahren**, nach dem solche Auskünfte zu erteilen sind[27]. Nach Art. 15 Abs. 3 Satz 1 hat der Verantwortliche eine „Kopie" der personenbezogenen Daten zur Verfügung zu stellen. Damit soll klargestellt werden, dass die Daten nicht zu übertragen sind. Ein solcher Anspruch besteht allenfalls nach Art. 20. Vielmehr darf der Verantwortliche die personenbezogenen Daten behalten, hat aber der betroffenen Person nach Art. 15 eine Abschrift dieser Daten zur Verfügung zu stellen. Eine besondere Form definiert der Begriff der Kopie nicht. Insbesondere lässt sich aus diesem Begriff nicht ableiten, dass die Datenbankstruktur zu „kopieren" ist. Dem würde schon Art. 15 Abs. 4 widersprechen. Inhaltlich beschränkt Art. 15 Abs. 3 den Inhalt der Auskunft auf die personenbezogenen Daten, die „Gegenstand der Verarbeitung" sind (s. hierzu schon Rz. 5). Die Auskunft ist nicht speziell aufzubereiten[28].

17 Nach Art. 15 Abs. 3 sind die Auskünfte grundsätzlich **kostenlos** zu erteilen. Das ergibt sich nicht ausdrücklich aus Art. 15 Abs. 3 selbst, sondern erst aus dem Umkehrschluss von Art. 15 Abs. 3 Satz 2, wonach für „alle weiteren Kopien" ein angemessenes Entgelt verlangt werden kann, sowie aus Art. 12 Abs. 5. Das wirft die Frage auf, wie oft die betroffene Person unentgeltlich Auskünfte beantragen kann und in welchen Fällen diese dann auch kostenlos zu erteilen sind. Erwägungsgrund 63 spricht hier von „angemessenen Abständen", was insoweit etwas Klarheit bringt, weil es den Gedanken von Art. 12 Abs. 5 aufgreift, wonach bei offenkundig unbegründeten oder – insbesondere im Fall von häufigen Wiederholungen – exzessiven Anträgen einer betroffenen Person ein angemessenes Entgelt verlangt werden kann (s. – auch zur Höhe der Kosten – Kommentierung zu Art. 12 DSGVO Rz. 21 f.)[29]. Der in § 34 Abs. 8 BDSG-alt existierende Jahresturnus könnte hier als Anhaltspunkt dienen[30]. Da in diesen Fällen Art. 12 Abs. 5

---

26 Einen Vergleich zu den Art. 13 und 14 zieht Gola/*Franck*, Art. 15 DSGVO Rz. 18.
27 Nach *Albrecht/Jotzo*, Teil 4 Rz. 11 regelt Abs. 3 nur die Modalitäten der Auskunft; wie hier Paal/Pauly/*Paal*, Art. 15 DSGVO Rz. 33; Gola/*Franck*, Art. 15 DSGVO Rz. 22; demgegenüber wird teilweise aus Abs. 3 ein eigener Anspruch abgeleitet, so offenbar auch BeckOK DatenschutzR/*Schmidt-Wudy*, Art. 15 DSGVO Rz. 87 ff., der dann allerdings selbst einräumen muss, dass diese Ansicht dazu führen würde, dass sich Abs. 4 nicht auf die Abs. 1 und 2 beziehen würde, Rz. 99.1, weshalb Abs. 4 auf die Abs. 1 und 2 zumindest analog anzuwenden sei, Rz. 97; offenbar auch Ehmann/Selmayr/*Ehmann*, Art. 15 DSGVO Rz. 3.
28 *Kamps/Schneider*, K&R Beilage 2017, 24 (28).
29 Nach Gierschmann/Schlender/Stentzel/Veil/*Veil*, Art. 15 DSGVO Rz. 210 können offenbar im Anwendungsbereich des Art. 15 Abs. 3 für wiederholte Kopien stets Kosten erhoben werden.
30 „Quartalsweise" meint Gola/*Franck*, Art. 15 DSGVO Rz. 27.

auch ein Weigerungsrecht formuliert, dürften als „milderes Mittel" aber auch sog. „Differenzauskünfte" zulässig sein[31].

Art. 15 Abs. 3 Satz 3 bestätigt dann den bereits in Art. 12 enthaltenen Gedanken, wonach die betroffene Person den Antrag formfrei, aber auch elektronisch stellen können soll. Die **elektronische Antragstellung** soll dann aber gleichzeitig auch die Verpflichtung auslösen, die Informationen in einem gängigen elektronischen Format zur Verfügung zu stellen[32]. Aus der Formulierung ließe sich ableiten, dass nur die nach Art. 15 Abs. 1 Buchst. a–h zu liefernden Informationsbestandteile elektronisch zu erteilen sind, nicht aber die personenbezogenen Daten selbst[33]. Demgegenüber formuliert Erwägungsgrund 63, dass der betroffenen Person nach Möglichkeit ein Fernzugang zu einem sicheren System bereitzustellen ist, der der betroffenen Person direkten Zugang zu ihren personenbezogenen Daten ermöglichen soll. Dieser Erwägungsgrund steht jedoch völlig isoliert und wird vom Verordnungstext nicht aufgegriffen. Er widerspricht auch der Logik des Art. 15 Abs. 3 und Art. 12 Abs. 5, die von einzelnen Auskunftsersuchen ausgehen, deren Häufung dann ggf. von dem Verantwortlichen bepreist werden kann. Danach besteht gerade keine Verpflichtung, der betroffenen Person (dauerhaft) Auskunft erteilen zu müssen[34]. Dementsprechend muss auch kein elektronischer Datenbankzugang zur Erteilung eben dieser Auskünfte gelegt werden[35]. Die im Verordnungstext definierte Kostenregelung würde durch eine dementsprechende Verpflichtung völlig leer laufen. Die Möglichkeit der elektronischen Beantragung (E-Mail) bleibt davon unberührt. In der durch das EU-Parlament verabschiedeten Fassung befand sich in Art. 12 Abs. 3 die Verpflichtung zur Einrichtung eines Fernzugangs noch im Entwurf des Verordnungstexts selbst. Aus dem verabschiedeten Verordnungstext wurde diese Anforderung jedoch dann später wieder gestrichen[36]. Ob ein solcher Fernzugang eingerichtet werden muss, wird jedenfalls sich an Hand einer Verhältnismäßigkeitsprüfung im Einzelfall entscheiden müssen[37]. 18

Es ist auch zu bedenken, dass eine elektronische Beauskunftung auch unter dem **Identifizierungsvorbehalt** steht[38]. Das kommt bereits in den Art. 12 Abs. 2 und 19

---

31 A.A. Gola/*Franck*, Art. 15 DSGVO Rz. 22 und Kühling/Buchner/*Bäcker*, Art. 15 DSGVO Rz. 9.
32 BeckOK DatenschutzR/*Schmidt-Wudy*, Art. 15 DSGVO Rz. 46.1 trifft dies auf die Microsoft Office-Produkte zu.
33 Zweifelnd, aber im Ergebnis bejahend auch Paal/Pauly/*Paal*, Art. 15 DSGVO Rz. 37.
34 Ähnlich auch Paal/Pauly/*Paal*, Art. 15 DSGVO Rz. 14.
35 Zur „eigentumsgrundrechtlich problematischen pauschalen Entwertung von Kundendatensätzen" BeckOK DatenschutzR/*v. Lewinski*, Art. 20 DSGVO Rz. 13.
36 S. Trilog-Synopse der DSGVO auf der Seite des Bayerischen Landesamtes für Datenschutzaufsicht, S. 267f., https://www.lda.bayern.de/de/datenschutz_eu.html.
37 *Piltz*, K&R 2016, 629 (631).
38 Paal/Pauly/*Paal*, Art. 15 DSGVO Rz. 10.

6 zum Ausdruck. Auch hier sind die Erwägungsgrunde nicht ganz synchron mit dem Verordnungstext, wenn in Erwägungsgrund 64 formuliert wird, dass der Verantwortliche alle vertretbaren Mittel zu nutzen hat, um die Identität einer Auskunft suchenden Person zu überprüfen[39]. Die Vertretbarkeit wird ihre Grenze in den Kosten zu finden haben. Vom Verantwortlichen kann nicht gefordert werden, dass er nur zum Zwecke der (elektronischen) Auskunftserteilung jedwedes (technisches) Mittel vorhalten muss. So lange also E-Mail-Adressen nicht verifiziert werden können, kann keine Verpflichtung bestehen, an diese E-Mail-Adresse personenbezogene Daten zu übermitteln. Das Problem verschärft sich, wenn Auskunftsersuchen durch andere als die betroffene Person geltend gemacht werden. Das wirft die Frage der Abtretbarkeit oder Vererblichkeit des Auskunftsanspruchs auf[40]. Jedenfalls erscheint die Bevollmächtigung eines Dritten denkbar[41]. Gleichwohl ist es dem Verantwortlichen kaum möglich, die Bevollmächtigung auf ihre Korrektheit zu überprüfen. Er wird sich dadurch schützen können, dass er die Auskunft mit befreiender Wirkung an den (vermeintlich) Vertretenen zusendet (s. auch Rz. 20).

20 Das kommt auch in Art. 15 Abs. 4 zum Ausdruck, wonach das Recht nach Abs. 3 die **Rechte und Freiheiten anderer Personen** nicht beeinträchtigen darf[42]. Diese anderen sind aber nicht nur etwaige andere betroffene Personen, sondern eben auch der Verantwortliche selbst[43]. So können bspw. von einer Personalberatung gewonnene Daten über betroffene Personen die Geschäftsgrundlage dieser darstellen, weswegen das Auskunftsrecht des betroffenen Bewerbers begrenzt sein kann. Ebenso verhält es sich mit bei dem Verantwortlichen durch einen Verarbeitungsprozess schlicht entstehende (technische) Daten. Diese sind (zumindest auch) solche des Verantwortlichen und nicht der betroffenen Person. Art. 15 Abs. 4 formuliert damit eine Verhältnismäßigkeitsgrenze[44]. Das gilt auch hinsichtlich der Art und Weise der Auskunftserteilung. So kann sich der Verantwortliche dadurch schützen, dass er eine beantragte Auskunft auch an die bekannte Anschrift der (vermeintlich) betroffenen Person senden kann. In diesen Fällen erreicht eine nicht zweifelsfrei identifizierbare Person „schlimms-

---

39 Zur Vorlage von Personalausweisen s. Gola/*Franck*, Art. 12 DSGVO Rz. 43; Gierschmann/Schlender/Stentzel/Veil/*Veil*, Art. 15 DSGVO Rz. 65 und 67 ff.
40 Verneinend BeckOK DatenschutzR/*Schmidt-Wudy*, Art. 15 DSGVO Rz. 35; für den Anspruch des Erben Gola/*Franck*, Art. 15 DSGVO Rz. 20.
41 So auch Gola/*Franck*, Art. 15 DSGVO Rz. 20.
42 Da Abs. 3 nur die Form der nach Abs. 1 und 2 zu erteilenden Auskunft regelt, erstreckt sich die Grundrechtsabwägung auch auf diese Absätze, Paal/Pauly/*Paal*, Art. 15 DSGVO Rz. 41.
43 Art. 15 bedeutet keine Offenbarungspflicht gemäß § 203 StGB, Gola/*Franck*, Art. 15 DSGVO Rz. 28.
44 Das Fehlen von Ausnahmetatbeständen beanstandend Gierschmann/Schlender/Stentzel/Veil/*Veil*, Art. 15 DSGVO Rz. 162 ff. und 215, deswegen sogar von Europarechtswidrigkeit sprechend in Rz. 34.

tenfalls" eine Auskunft, die sie nicht beantragt hat und eine Beauskunftung an einen fremden Dritten wäre vermieden[45]. Dementsprechend können auch Rückfragen mit dem Antragsteller konventionell erfolgen, wenn dies die sicherste Variante für den Austausch der in diesem Zuge übermittelten personenbezogenen Daten ist. Weitere Auskunftsverweigerungsrechte enthält Art. 12[46] und § 34 BDSG-alt.

Art. 15 Abs. 4 enthielt aber einen **redaktionellen Fehler**, der offenbar bei Durchsicht der Trilogfassung übersehen wurde. Mit dem Verweis auf Abs. 1 Buchst. b ist offenbar der Verweis auf Abs. 3 gemeint. Dies ergibt sich nicht schon aus dem Fehlen eines Abs. 1 Buchst. b, sondern aus einem Vergleich der Trilogfassung der Verordnung mit der Schlussfassung. Dieser Fehler ist nunmehr bereinigt worden[47]. 21

Abschnitt 3
Berichtigung und Löschung

Artikel 16 Recht auf Berichtigung

Die betroffene Person hat das Recht, von dem Verantwortlichen unverzüglich die Berichtigung sie betreffender unrichtiger personenbezogener Daten zu verlangen. Unter Berücksichtigung der Zwecke der Verarbeitung hat die betroffene Person das Recht, die Vervollständigung unvollständiger personenbezogener Daten – auch mittels einer ergänzenden Erklärung – zu verlangen.

I. Einführung . . . . 1 | II. Tatbestandsvoraussetzungen . . . 5

Schrifttum: S. Art. 12 DSGVO.

I. Einführung

Wie das BDSG-alt unterscheidet die DSGVO zwischen der **Berichtigung** und der **Löschung** von personenbezogenen Daten. Anders als im BDSG ist der Berichtigung von personenbezogenen Daten jedoch in der DSGVO sogar ein eige- 1

---
45 So ausdrücklich für Wirtschaftsauskunfteien Gierschmann/Schlender/Stentzel/Veil/ *Veil*, Art. 15 DSGVO Rz. 76.
46 BeckOK DatenschutzR/*Schmidt-Wudy*, Art. 15 DSGVO Rz. 49; Gola/*Franck*, Art. 15 DSGVO Rz. 30 weisen in diesem Zusammenhang auch auf § 275 BGB hin.
47 S. Ratsdokument 8088/18 v. 19.4.2018.

ner Artikel gewidmet. Daher steht Art. 16 unabhängig neben Art. 17[1]. Der Berichtigungsanspruch ist zu den Löschungsansprüchen (prozessual) auch kein Minus, sondern ein aliud.

2 Wie schon unter Geltung des BDSG-alt macht eine Berichtigung nur Sinn, wenn die entsprechenden personenbezogenen Daten an sich zulässigerweise verarbeitet werden. Ansonsten müsste deren Löschung und nicht deren Berichtigung erfolgen. Dem Berichtigungsanspruch unterliegen damit beispielsweise (zulässigerweise) verarbeitete Geburts- oder Adressdaten. So können nicht nur Hausnummern, denen lediglich ein sog. Zahlendreher zugrunde liegt, berichtigt werden, sondern die Anschrift insgesamt, wenn diese beispielsweise im Anschluss an einen Umzug unrichtig geworden ist, die Anschrift insgesamt aber zulässigerweise verarbeitet werden darf – möglicherweise sogar muss. Vom Berichtigungsanspruch erfasst sind ferner falsche Schreibweisen sowie fehlerhafte Kunden- oder Bestandsdaten; mithin jede fehlerhafte Angabe zur betroffenen Person, die jedoch zulässigerweise verarbeitet werden kann. Unrichtig können personenbezogene Daten aber auch dann sein, wenn sie zwar für sich genommen nicht falsch, jedoch insgesamt **unvollständig** sind[2] (zum Vervollständigungsanspruch Rz. 10). Die Daten müssen in Ansehung des beabsichtigten **Kontextes** richtig sein[3]. Technisch bedingte Abweichungen führen nicht per se zur Unrichtigkeit von Daten. Eine „Bagatellgrenze" gibt es nicht.

3 Art. 16 ist als Recht der betroffenen Person ausgestaltet. Um dieses Recht auszuüben, muss die betroffene Person sich entsprechend artikulieren. Zur **Form** schweigt Art. 16, so dass auf die allgemeinen Grundsätze nach Art. 12 zurückzugreifen ist.

4 Aber auch ohne konkrete Ausübung des Berichtigungsrechts ist der Verantwortliche verpflichtet, die durch ihn verarbeiteten personenbezogenen Daten korrekt zu halten. Das ergibt sich aus Art. 5 Abs. 1 Buchst. d (Einzelheiten s. dort)[4]. Beziehen sich Informationen auf einen bestimmten Zeitpunkt, werden diese Daten nicht dadurch falsch, dass sich die Verhältnisse der betroffenen Person verändert haben[5].

---

1 Ehmann/Selmayr/*Kamann/Braun*, Art. 16 DSGVO Rz. 7; Kühling/Buchner/*Herbst*, Art. 16 DSGVO Rz. 17.
2 Zu verallgemeinernden Informationen s. bereits BGH v. 28.11.1952 – I ZR 21/52, BGHZ 8, 142 („langsamer Zahler").
3 Vgl. auch OLG Düsseldorf v. 11.5.2005 – 15 U 196/04, NJW 2005, 2401; OLG Karlsruhe v. 6.9.2005 – 17 U 75/05 für eine Forderungsdokumentation; zusammenfassend für die Rechtslage des BDSG 2001 *Kamlah/Hoke*, RDV 2007, 242; einen Berichtigungsanspruch gegen eine Auskunftei wegen missverständlicher Auskunft verneinend OLG Karlsruhe v. 3.6.2014 – 12 U 24/14, ZD 2014, 474.
4 Kenntnis fordert BeckOK DatenschutzR/*Worms*, Art. 16 DSGVO Rz. 45; wie hier Gola/*Reif*, Art. 16 DSGVO Rz. 4.
5 *Albrecht/Jotzo* Teil 4 Rz. 14.

II. Tatbestandsvoraussetzungen

Art. 16 formuliert zunächst ein Recht der betroffenen Person. Auch wenn an die 5
Form des Verlangens keine allzu hohen Anforderungen zu stellen sein dürften,
wird die betroffene Person gehalten sein, die personenbezogenen Daten[6], die sie
für unzutreffend hält, genau zu bezeichnen. Jedenfalls dürften ungenaue oder
pauschale Berichtigungsverlangen dazu führen, dass der Verantwortliche seinerseits berechtigt ist, etwaige Rückfragen zu stellen, ohne sogleich in Verzug zu geraten. Dies ergibt sich aus dem in Art. 18 Abs. 1 Buchst. a a.E. und dem in Erwägungsgrund 63 a.E. im Kontext des Auskunftsrechts zum Ausdruck kommenden Rechtsgedanken.

Vom Berichtigungsanspruch daher nicht erfasst ist die auf Basis der Datenver- 6
arbeitung richtige **Informationsgewinnung**. Etwa daraus entstehende Werturteile sind ebenfalls einem Berichtigungsanspruch nicht zugänglich. Einschränkungen sind ferner nach Art. 85 Abs. 2 und Art. 89 Abs. 2 und 3 denkbar.

Zu beachten ist, dass die betroffene Person die Berichtigung unzutreffender per- 7
sonenbezogener Daten nur dann verlangen kann, wenn die Daten die betroffene
Person **selbst** betreffen. Das kann den Berichtigungsanspruch für die Fälle einschränken, in denen die personenbezogenen Daten nicht (ausschließlich) die betroffene Person betreffen. Denkbar ist das bspw. in den Fällen, in denen Daten
auch andere Personen betreffen (z.B. Beschreibung einer Beziehung zwischen
zwei oder mehreren Personen) oder aber auch den Verantwortlichen selbst (z.B.
Vorgangsdaten, s. hierzu auch die Kommentierung zu Art. 15 DSGVO Rz. 20).

Der Anspruch ist **gegen den Verantwortlichen** zu richten. Die Formulierung 8
geht dabei davon aus, dass es nur einen Verantwortlichen gibt. Nach der
DSGVO ist aber auch die Mehrheit von gemeinsamen Verantwortlichen denkbar, Art. 26. Es spricht aber vieles dafür, dass sich dann die betroffene Person an
jeden Verantwortlichen wenden kann. Wer dann tatsächlich für die Erfüllung
des Anspruches intern zuständig ist, hat sich aus dem nach Art. 26 zwischen
den Verantwortlichen zu schließenden Vertrag zu ergeben.

Der Verantwortliche hat das Berichtigungsverlangen **unverzüglich** zu erfüllen. 9
Diese Formulierung legt eine Anlehnung an § 121 BGB nahe. Dem Verantwortlichen wird jedoch eine angemessene Frist zur Prüfung des Berichtigungsverlangens zuzusprechen sein (vgl. auch Art. 18 Abs. 1 Buchst. a). Das gilt insbesondere dann, wenn zusätzliche Recherchen erforderlich sind, um das Berichtigungsverlangen und die damit zusammenhängenden Daten zu verifizieren[7].
Dies trifft vor allem Verantwortliche, die ihre Daten nicht direkt erhoben haben.

---

6 Zu unternehmensbezogenen Daten Kühling/Buchner/*Herbst*, Art. 16 DSGVO Rz. 15.
7 Für eine Frist von 2 Wochen Paal/Pauly/*Paal*, Art. 16 DSGVO Rz. 17, vgl. auch LG Wiesbaden v. 29.6.2012 – 5 O 121/12.

10 Art. 16 Satz 2 formuliert das Recht der betroffenen Person, die **Vervollständigung** unvollständiger personenbezogener Daten zu verlangen. Dabei stellt sich zunächst die Frage, inwieweit dem Satz 2 gegenüber dem Satz 1 ein eigener Regelungsgehalt zukommt. Denn eine fehlende Information wäre wohl auch schon nach Satz 1 zu ergänzen, wenn sich aus deren Fehlen die Unrichtigkeit der personenbezogenen Daten ergeben würde, sofern dies für den Verantwortlichen möglich ist. Die Möglichkeit hat ihre Grenze in dem ursprünglichen zweckgebundenen Funktionsumfang der Datenbank und der grundsätzlich verarbeiteten Datenkategorien[8]. Beispielhaft für eine Unrichtigkeit durch Fehlen der Information sei hier etwa die Information über einen zwischenzeitlichen Forderungsausgleich zu nennen, wenn die ursprünglich zulässigerweise dokumentierte offene Forderung weiterhin verarbeitet werden darf. Umgekehrt führt bspw. bei Adressangaben das Fehlen der Hausnummer nicht zwangsläufig zur Unrichtigkeit der Aussage, dass die betroffene Person in der „Goethestraße" wohnt. Das Ergänzungsverlangen macht dann Sinn, wenn sich aus dem Fehlen kontextbezogen die Unrichtigkeit ergibt[9]. Daraus ist aber auch zu entnehmen, dass ein Anspruch nur auf Ergänzung richtiger personenbezogener Daten besteht. Daher sollte die betreffende Person bei einem Ergänzungs- oder Berichtigungsverlangen Nachweise vorlegen, aus denen sich die Richtigkeit der personenbezogenen Daten ergibt (z.B. Meldebescheinigung). In jedem Fall wird man dem Verantwortlichen ein Prüfungsrecht zubilligen können.

11 Etwas undeutlich formuliert Art. 16 Satz 2 aber, dass die Vervollständigung offenbar nur „für die Zwecke, für die die Daten verarbeitet wurden" gelten soll[10]. Beispiel eines (zulässigen) Ergänzungsverlangens ist danach jedenfalls die Ergänzung der Hausnummer, wenn die (vollständige) Adresse der zuverlässigen Identifizierung der betroffenen Person bspw. als Kunde dient und damit etwa auch eine von diesem gewünschte Kontaktaufnahme sicherstellt[11].

12 Wenn aber das Verlangen (nur) mit Blick auf die ursprünglichen Zwecke zu erfüllen ist, stellt sich die Frage, ob umgekehrt das Verlangen seitens des Verantwortlichen mit der Begründung zurückgewiesen werden kann, dass die entsprechenden Ergänzungen nicht dem (ursprünglichen) Zweck entsprechen. Möglicherweise ist diese Fallkonstellation allerdings eher theoretischer Natur, denn es ist nicht recht verständlich, warum die betroffene Person von dem Vervollständigungsrecht nicht vorbehaltlos Gebrauch machen soll. In diesem Falle wären die zusätzlichen Daten möglicherweise als auf Basis von Art. 7 zulässigerweise verarbeitet anzusehen.

---

8 A.A. Gola/*Reif*, Art. 16 DSGVO Rz. 15, die ggf. eine Ergänzung von Datenfeldern fordert.
9 Vgl. auch Gierschmann/Schlender/Stentzel/Veil/*Veil*, Art. 16 DSGVO Rz. 81.
10 Vom Verwendungszusammenhang spricht Gola/*Reif*, Art. 16 DSGVO Rz. 12.
11 Einschränkend auch Paal/Pauly/*Paal*, Art. 16 DSGVO Rz. 18.

Die dann vorzunehmende Ergänzung kann schlicht durch eine **Hinzuspeicherung** der entsprechenden Information erfolgen. Ausdrücklich vorgesehen ist aber auch die Hinzufügung einer entsprechenden Erklärung. Die Wortwahl erscheint dem Äußerungsrecht entlehnt zu sein und ähnelt einer Gegendarstellung. Zu beachten ist aber, dass es bei Art. 16 um die Berichtigung unzutreffender personenbezogener Daten, nicht aber bspw. um zu korrigierende Meinungen geht (s.o. Rz. 6). Auch geht die Gegendarstellung davon aus, dass eine Äußerung nicht „zurückgeholt" werden kann. Ist aber eine Datenverarbeitung unzulässig, so sind die Daten schlicht zu löschen und ursprüngliche Datenempfänger darüber zu informieren (s. Art. 19). Der Anwendungsbereich der Hinzuspeicherung einer kompletten Erklärung bleibt zwischen dieser Löschung nebst Folgenbeseitigung und der Vervollständigung einer zulässigen, aber weil unvollständig korrekturbedürftigen, Information durch eine einfache Ergänzung eher gering. Jedenfalls wird man dem Verantwortlichen ein Wahlrecht zubilligen müssen, wenn das Ergänzungsverlangen unter Wahrung des entsprechenden Ziels mit einfacheren Mitteln zu erreichen ist. Ein darüber hinaus gehender Anspruch der betroffenen Person dürfte nicht bestehen. Insoweit kann die Vervollständigung mittels einer kompletten Erklärung nur dann verlangt werden, wenn das Berichtigungsziel nicht anders erreicht werden kann.

13

Artikel 17 Recht auf Löschung („Recht auf Vergessenwerden")

(1) Die betroffene Person hat das Recht, von dem Verantwortlichen zu verlangen, dass sie betreffende personenbezogene Daten unverzüglich gelöscht werden, und der Verantwortliche ist verpflichtet, personenbezogene Daten unverzüglich zu löschen, sofern einer der folgenden Gründe zutrifft:

a) Die personenbezogenen Daten sind für die Zwecke, für die sie erhoben oder auf sonstige Weise verarbeitet wurden, nicht mehr notwendig.

b) Die betroffene Person widerruft ihre Einwilligung, auf die sich die Verarbeitung gemäß Artikel 6 Absatz 1 Buchstabe a oder Artikel 9 Absatz 2 Buchstabe a stützte, und es fehlt an einer anderweitigen Rechtsgrundlage für die Verarbeitung.

c) Die betroffene Person legt gemäß Artikel 21 Absatz 1 Widerspruch gegen die Verarbeitung ein und es liegen keine vorrangigen berechtigten Gründe für die Verarbeitung vor, oder die betroffene Person legt gemäß Artikel 21 Absatz 2 Widerspruch gegen die Verarbeitung ein.

d) Die personenbezogenen Daten wurden unrechtmäßig verarbeitet.

e) Die Löschung der personenbezogenen Daten ist zur Erfüllung einer rechtlichen Verpflichtung nach dem Unionsrecht oder dem Recht der Mitgliedstaaten erforderlich, dem der Verantwortliche unterliegt.

f) Die personenbezogenen Daten wurden in Bezug auf angebotene Dienste der Informationsgesellschaft gemäß Artikel 8 Absatz 1 erhoben.

(2) Hat der Verantwortliche die personenbezogenen Daten öffentlich gemacht und ist er gemäß Absatz 1 zu deren Löschung verpflichtet, so trifft er unter Berücksichtigung der verfügbaren Technologie und der Implementierungskosten angemessene Maßnahmen, auch technischer Art, um für die Datenverarbeitung Verantwortliche, die die personenbezogenen Daten verarbeiten, darüber zu informieren, dass eine betroffene Person von ihnen die Löschung aller Links zu diesen personenbezogenen Daten oder von Kopien oder Replikationen dieser personenbezogenen Daten verlangt hat.

(3) Die Absätze 1 und 2 gelten nicht, soweit die Verarbeitung erforderlich ist

a) zur Ausübung des Rechts auf freie Meinungsäußerung und Information;

b) zur Erfüllung einer rechtlichen Verpflichtung, die die Verarbeitung nach dem Recht der Union oder der Mitgliedstaaten, dem der Verantwortliche unterliegt, erfordert, oder zur Wahrnehmung einer Aufgabe, die im öffentlichen Interesse liegt oder in Ausübung öffentlicher Gewalt erfolgt, die dem Verantwortlichen übertragen wurde;

c) aus Gründen des öffentlichen Interesses im Bereich der öffentlichen Gesundheit gemäß Artikel 9 Absatz 2 Buchstaben h und i sowie Artikel 9 Absatz 3;

d) für im öffentlichen Interesse liegende Archivzwecke, wissenschaftliche oder historische Forschungszwecke oder für statistische Zwecke gemäß Artikel 89 Absatz 1, soweit das in Absatz 1 genannte Recht voraussichtlich die Verwirklichung der Ziele dieser Verarbeitung unmöglich macht oder ernsthaft beeinträchtigt, oder

e) zur Geltendmachung, Ausübung oder Verteidigung von Rechtsansprüchen.

I. Einführung	1	IV. Informationspflicht nach	
II. Löschung auf Verlangen (Abs. 1)	3	Löschung (Abs. 2)	15
III. Die Löschungsgründe im Einzelnen	8	V. Ausnahmen vom Löschungsanspruch (Abs. 3)	16

Schrifttum: *Abel*, Lösch- und Sperrkonzepte nach der DSGVO, PinG 2017, 177; *Buchholtz*, Das „Recht auf Vergessen" im Internet, ZD 2105, 570; *Hennemann*, Das Recht auf Löschung gemäß Art. 17 Datenschutz-Grundverordnung, PinG 2016, 176; *Holznagel/Hartmann*, Das „Recht auf Vergessenwerden" als Reaktion auf ein grenzenloses Internet, MMR 2016, 228; *Jacobi/Jantz*; Löschpflichten nach der EU-Datenschutzgrundverordnung, ArbRB 2017, 22; *Keppeler/Berning*; Technische und rechtliche Probleme bei der Umsetzung der DS-GVO-Löschpflichten, ZD 2017, 314; s. im Übrigen Schrifttum bei Art. 12 DSGVO.

Recht auf Löschung | **Art. 17 DSGVO**

I. Einführung

Art. 17 formuliert das sog. **Recht auf Vergessenwerden**[1]. Die Schaffung eines solchen Rechtes kann als eines der zentralen Motive für das Entstehen der DSGVO überhaupt gesehen werden[2]. Zusätzliche Legitimation bekam der Gedanke, dass es im Internet(zeitalter) ein Recht auf Vergessen geben müsste, durch die Entscheidung des Europäischen Gerichtshofes in der Sache Google vs. Spain[3]. Der dort zugrunde liegende Sachverhalt, nach dem auch noch lange zurückliegende Ereignisse über entsprechende Suchmaschinen immer noch auffindbar und über das Internet damit einer Weltöffentlichkeit zugänglich sind, schien noch einmal die Notwendigkeit deutlich zu machen, diesen Bereich ausdrücklich zu regeln[4]. 1

Dabei ist der Gedanke, dass personenbezogene Daten gelöscht werden müssen, 2
nicht neu, sondern dem Datenschutzrecht seit Anfang immanent[5]. Die allgemeinen datenschutzrechtlichen Prinzipien wie Erforderlichkeit und Zweckbindung haben es immer schon impliziert, dass personenbezogene Daten nicht unbegrenzt verarbeitet werden dürfen. In sämtlichen Datenschutzgesetzen, wie aber auch in der EG-Datenschutzrichtlinie waren Vorschriften zur Löschung vorhanden[6]. Gleichwohl führte insbesondere die gleichsam „ewige" Wiederauffindbarkeit von Informationen im Netz zu einem Störgefühl des EuGH und der legislativen Organe und dem Bedürfnis, dieses Recht ausdrücklich neu zu regeln. Dass dieses Recht gleichwohl doch nicht so neu war und in der Begrifflichkeit eher zu Unsicherheiten führte, wurde im Rechtssetzungsverfahren erkannt und sorgte dann auch dafür, dass die Vorschrift nun ihre jetzige Überschrift bekam, aus der deutlich wird, dass es beim Recht auf Vergessenwerden schlicht um die datenschutzrechtliche Löschung geht. Dabei wird der Begriff der Löschung in der DSGVO nicht definiert. Dies ist insoweit konsequent, weil sich die Anforderungen an die Löschung an dem jeweils aktuellen Stand der Technik zu orientieren haben dürften. Art. 4 Nr. 2 jedenfalls dürfte zu entnehmen sein, dass ‚Löschen' nicht mit der (vollständigen) Vernichtung gleichzusetzen ist[7]. Im Ergebnis dürfte für das Löschen ausreichend, aber auch zu fordern sein, dass die entspre-

---

1 Ob das „Recht auf Vergessenwerden" als Begriff den gesamten Art. 17 oder nur dessen Abs. 2 umfasst, wird unterschiedlich diskutiert, s. *Hennemann*, PinG 2016, 176 (177).
2 Ausführlich Ehmann/Selmayr/*Kamann/Braun*, Art. 17 DSGVO Rz. 1 ff.
3 EuGH v. 13.5.2014 – C-131/12, NJW 2014, 2257; hierzu kritisch *Holznagel/Hartmann*, MMR 2016, 228.
4 Zusammenfassend *Buchholtz*, ZD 2015, 570; mit dem Hinweis, dass es ein „Recht" darauf, dass jemand etwas Bestimmtes vergisst, natürlich nicht gebe, geht es nach *Hennemann*, PinG 2016, 176 (177) eher um eine „Auffindbarkeit".
5 Auch Paal/Pauly/*Paal*, Art. 17 DSGVO Rz. 2.
6 *Gierschmann*, ZD 2016, 51; von einem Marketingtrick sprechen *Roßnagel/Nebel/Richter*, ZD 2015, 455.
7 Gola/*Nolte/Werkmeister*, Art. 17 DSGVO Rz. 8; Ehmann/Selmayr/*Kamann/Braun*, Art. 17 DSGVO Rz. 32; Gierschmann/Schlender/Stentzel/Veil/*Veil*, Art. 17 DSGVO Rz. 83.

chenden personenbezogenen Daten nicht mehr Gegenstand der (produktiven) Datenverarbeitung (s.u. Rz. 18)[8] sind und dies irreversibel sicherzustellen ist.

II. Löschung auf Verlangen (Abs. 1)

3 Der Einleitungssatz des Art. 17 Abs. 1 lässt erkennen, wie wichtig dem Normengeber dieser Regelungsbereich ist (s. soeben Einleitung Rz. 1 f.). Darin wird der Anspruch so formuliert, dass die betroffene Person das Recht hat, bei Vorliegen der in Abs. 1 aufgeführten Gründe die **unverzügliche Löschung**[9] „sie betreffender personenbezogener Daten"[10] zu verlangen und dass der Verantwortliche verpflichtet ist, die Löschung unverzüglich vorzunehmen[11].

4 Man hätte auch wie in Art. 16 etwas unaufgeregter formulieren können, dass auf ein entsprechendes Verlangen hin eine Berichtigung bzw. hier die Löschung dann unverzüglich zu erfolgen hat. Die Formulierung, wonach eine „unverzügliche" Löschung verlangt werden kann, ist vor dem Hintergrund, dass die Löschung ohnehin bei Vorliegen der entsprechenden Voraussetzungen (unverzüglich) vollzogen werden muss, im Grunde nicht nur überflüssig, sondern führt eher zur Unsicherheit, wenn nämlich die Löschung ohne die in der Verordnung formulierte Dringlichkeit verlangt wird. Dann könnte sich der Verantwortliche auf den Standpunkt stellen, die Löschung nicht sogleich vornehmen zu müssen.

5 Unklar bleibt ferner, ob die betroffene Person nicht nur das Löschungsverlangen selbst artikulieren muss, sondern auch eine der in Art. 17 Abs. 1 Buchst. a–f genannten Gründe angeben, sprich das Löschungsverlangen insoweit **konkretisieren** muss. Der Aufbau der Norm spricht eher dafür. Allerdings wird die betroffene Person in aller Regel immer auf irgendeine Weise äußern, dass sie die fortwährende Verarbeitung für unzulässig hält, so dass in jedem Fall der Verantwortliche Buchst. d zu prüfen hätte (s. dazu Rz. 12). Die Anspruchsvoraussetzungen sind von der betroffenen Person jedoch hinreichend darzulegen. Nur so kann der Verantwortliche die tatbestandlichen Voraussetzungen entsprechend überprüfen. Das gilt insbesondere für den Einwand des Zweckfortfalls und der Unrechtmäßigkeit. Eine schlichte Löschungsaufforderung oder einfaches Bestreiten reicht nicht aus[12].

---

8 So kann beispielsweise ein Löschungsanspruch wegen Zweckerreichung bestehen, während die entsprechenden Daten aber nach gesetzlichen Aufbewahrungspflichten noch vorgehalten werden müssen, s. auch Art. 17 Abs. 3 Buchst. b.
9 Zum Begriff der Verarbeitung, der auch die Löschung enthält, s. Kommentierung zu Art. 4 DSGVO Nr. 2.
10 Zu Daten Dritter Ehmann/Selmayr/*Kamann/Braun*, Art. 17 DSGVO Rz. 29 f.
11 Für eine Frist von 2 Wochen Paal/Pauly/*Paal*, Art. 17 DSGVO Rz. 31; *Hennemann*, PinG 2016, 176 (177).
12 Anders offenbar BeckOK DatenschutzR/*Worms*, Art. 17 DSGVO Rz. 27; für eine Darlegungs- und Beweislast Ehmann/Selmayr/*Kamann/Braun*, Art. 17 DSGVO Rz. 19 und zum Rechtsmissbrauch Art. 17 DSGVO Rz. 60.

Die Vorschrift ähnelt im Aufbau der des Art. 16. Auch hier wird im Einleitungssatz ganz auf das Recht der betroffenen Person abgestellt. Dessen ungeachtet ergibt sich aber aus Art. 5 Abs. 1 Buchst. e, dass der Verantwortliche bereits eine eigene Verpflichtung hat, die Dauer seiner Datenverarbeitung zu überprüfen[13]. Insoweit kann auf die Kommentierung zu Art. 5 DSGVO Rz. 14 ff. verwiesen werden. Aus der Formulierung des Eingangssatzes von Art. 17 kann also nicht geschlossen werden, dass eine Löschungsverpflichtung des für die Datenverarbeitung Verantwortlichen nur dann besteht, wenn ein entsprechendes Verlangen der betroffenen Person vorliegt. Dem entspricht auch der Erwägungsgrund 39, der einerseits den Verantwortlichen verpflichtet, **regelmäßige Überprüfungen** vorzunehmen, andererseits es diesem aber auch zubilligt, wenn dies nur in bestimmten Intervallen[14] geschieht, so wie dieses bspw. bislang nach § 35 Abs. 2 Satz 2 Nr. 4 BDSG-alt möglich und zulässig war. Insbesondere bei massenhafter Datenverarbeitung sind Regelfristen auch ausreichend, da eine Einzelfallprüfung unzumutbar erscheint[15]. Bei der Festlegung dieser Fristen steht dem Verantwortlichen ein gewisser Spielraum zu[16]. Diese Fristen spielen insbesondere bei vergangenen – abgeschlossenen – Sachverhalten eine relevante Rolle[17].

6

Hinsichtlich der übrigen tatbestandlichen Voraussetzungen des Eingangssatzes zu Art. 17 kann auf die Kommentierung zu Art. 16 DSGVO Rz. 5 ff. verwiesen werden. Die Rechte aus Art. 16 und 17 stehen nebeneinander[18].

7

III. Die Löschungsgründe im Einzelnen

In den Buchst. a–f des Art. 17 Abs. 1 werden die einzelnen Gründe aufgeführt, nach denen auf Verlangen dann eine Löschung zu erfolgen hat. Dabei fällt auf, dass Buchst. d eigentlich eine Generalklausel darstellt, zu der die übrigen genannten Fälle eigentlich nur Unterfälle darstellen. § 35 BDSG-alt formulierte auch nur die Löschungsverpflichtung bei unzulässiger Datenverarbeitung. Im

8

---

13 Paal/Pauly/*Paal*, Art. 17 DSGVO Rz. 20.
14 Kühling/Buchner/*Herbst*, Art. 17 DSGVO Rz. 20; zu Löschkonzepten *Abel*, PinG 2017, 177; *Keppeler/Berning*, ZD 2017, 314; zur Beteiligung des Betriebsrates *Jacobi/Jantz*, ITRB 2017, 22 (24); s. auch DIN 66398.
15 So ausdrücklich VG Karlsruhe v. 6.7.2017 – 10 K 7698/16, ITRB 2017, 258 = ZD 2017, 543; daher kann nicht gefordert werden, dass man vor den Regellöschungen die betroffenen Personen einzeln befragt, so aber offenbar Kühling/Buchner/*Herbst*, Art. 17 DSGVO Rz. 10, wie hier dagegen in Rz. 47.
16 VG Karlsruhe v. 6.7.2017 – 10 K 7698/16, ITRB 2017, 258 = ZD 2017, 543.
17 Zur Onlinearchiven Paal/Pauly/*Paal*, Art. 17 DSGVO Rz. 50; zur Auffindbarkeit von Suchergebnissen OLG Köln v. 31.5.2016 – 15 U 197/15, CR 2017, 575; „Google-Spain-Entscheidung" EuGH v. 13.5.2014 – C-131/12, NJW 2014, 2257; mit Beispielen von aus dem Beschäftigungsverhältnis resultierenden Fristen *Jacobi/Jantz*, ITRB 2017, 22 (24).
18 Ehmann/Selmayr/*Kamann/Braun*, Art. 17 DSGVO Rz. 13; Kühling/Buchner/*Herbst*, Art. 17 DSGVO Rz. 29.

Art. 17 DSGVO | Recht auf Löschung

Rahmen einer Inzidentprüfung waren dann darunter die Einzelnen (Un-)Zulässigkeitstatbestände zu prüfen. Diese Systematik hätte man auch bei Art. 17 beibehalten können. Es bestand aber offenbar das Bedürfnis, einzelne Tatbestände darüberhinausgehend noch einmal zu nennen.

9 Nach Art. 17 Abs. 1 Buchst. a sind (auf Verlangen) die Daten zu löschen, wenn sie für die Zwecke, für die sie erhoben oder auf sonstige Weise verarbeitet wurden, **nicht mehr „notwendig"** sind. Das ist in der deutschen Fassung der DSGVO sprachlich insoweit ungenau, weil Art. 5 Abs. 1 Buchst. e den Begriff der „Erforderlichkeit" (für die Zwecke) benutzt. Im Ergebnis dürften sich daraus aber keine Abweichungen ergeben[19]. Die „Notwendigkeit" und damit die Dauer der Speicherung orientiert sich dabei an dem ursprünglich definierten Zweck (Art. 5 Abs. 1 Buchst. b). Allerdings kann die Speicherungsdauer im Anschluss an eine zulässige Zweckänderung (hierzu Art. 6 Abs. 4) verlängert werden. Neu ist diese Erforderlichkeitsregel jedoch nicht. Sie befand sich bereits in Art. 6 Abs. 1 Buchst. e EG-Datenschutzrichtlinie sowie in § 35 Abs. 2 Satz 2 Nr. 3 BDSG-alt. Ob und wann dann dementsprechend zu löschen ist, richtet sich nach **dem individuellen Zweck** und der daran anknüpfenden Erforderlichkeit. Für die Praxis entsteht dadurch die Schwierigkeit, dass diese im Grundsatz bestehende individuelle Prüfungsanforderung statische Löschregeln ausschließt. Gleichwohl wird man Kategorisierungen zulassen müssen (s. auch Erwägungsgrund 39). So wird man beispielsweise bei der Dokumentation einer **Kundenhistorie** nicht die Erforderlichkeit hinsichtlich jedes Einzeldatums isoliert hinterfragen können, da Einzeldaten ggf. nur im Zusammenhang mit anderen Daten überhaupt erst einen Sinn ergeben können. Vielmehr wird man Datensätze einer Kundenhistorie insgesamt betrachten müssen und diese zusammen einer gemeinsamen Erforderlichkeitsprüfung unterziehen dürfen. Andererseits wird bei einem Vertragsverhältnis danach zu unterscheiden sein, ob dieses vertragsgemäß erfüllt wurde oder noch **Gewährleistungs- und/oder Verjährungsfristen** laufen. Bei Dauerschuldverhältnissen ist eine Speicherung des Kundendatensatzes sicher so lange erforderlich, wie das **Schuldverhältnis fortbesteht**. Im arbeitsrechtlichen Bereich können beispielsweise **Bewerbungsunterlagen** aufbewahrt werden, bis die sog. „AGG-Fristen" einschließlich eines „Zustellaufschlages" für Gerichtspost abgelaufen sind. Sachverhalte über Reklamationen und/oder Prozesse können so lange gespeichert bleiben, wie die entsprechenden Verfahren noch nicht abgeschlossen sind oder daraus Ansprüche erwachsen können. In keinem Fall ist der Verantwortliche verpflichtet, etwaiges für sie relevantes Material zu vernichten. Eine „Regelspeicherungsdauer" für erledigte Sachverhalte kann sich mithin an den zivilrechtlichen Verjährungsfristen orientieren. Die Erforderlichkeit der fortwährenden Speicherung zum Zwecke der Rechtsausübung dürfte speziell nach Buchst. e zu beurteilen sein (s. auch § 35 BDSG-alt).

---

19 Die englische Fassung spricht insoweit einheitlich von „necessary".

Weiterhin sind personenbezogene Daten zu löschen, wenn die betroffene Person ihre (wirksame) **Einwilligung** (ansonsten läge ein Fall von Buchst. d vor) **widerruft**, auf die sich die Verarbeitung gemäß Art. 6 Abs. 1 Buchst. a oder Art. 9 Abs. 2 Buchst. a stützte, und es an einer anderweitigen Rechtsgrundlage für die Verarbeitung der Daten fehlt, Art. 17 Abs. 1 Buchst. b. Bei dieser Vorschrift fällt auf, dass der Widerruf einer Einwilligung nicht automatisch zu einer Löschungsverpflichtung führt. Diese soll nur dann bestehen, wenn es (auch) an einer anderweitigen Rechtsgrundlage für die Verarbeitung fehlt. Damit ist durch die DSGVO die in Deutschland immer wieder diskutierte Streitfrage entschieden, ob zugunsten des Verantwortlichen nach einem Scheitern einer Einwilligung noch der Rückgriff auf einen gesetzlichen Zulässigkeitstatbestand möglich ist. Das ist nunmehr ausdrücklich zu bejahen[20]. Bemerkenswert an der Vorschrift ist aber auch, dass sie nach Widerruf gleichwohl vom Grundsatz der Löschungsverpflichtung ausgeht, obwohl Art. 7 Abs. 3 bestimmt, dass der Widerruf einer Einwilligung die Zulässigkeit einer bis dahin erfolgten Datenverarbeitung unberührt lässt. Diese Norm bestimmt richtigerweise die ex-nunc-Wirkung eines Widerrufs. Die über Art. 17 Abs. 1 Buchst. b statuierte Löschungsverpflichtung relativiert das dann aber stark (sofern eben die Datenverarbeitung nicht auf eine andere Rechtsgrundlage gestützt werden kann)[21]. An die Art und Form des Widerrufs dürften wegen Art. 7 Abs. 3 keine allzu hohen Anforderungen zu stellen sein[22]. 10

Eine Löschung kann nach Art. 17 Abs. 1 Buchst. c auch dann verlangt werden, wenn die betroffene Person gemäß Art. 21 Abs. 1 **Widerspruch** gegen die Verarbeitung personenbezogener Daten einlegt und keine „vorrangigen berechtigten Gründe" für die Verarbeitung vorliegen. Diese Formulierung ist auffällig, weil sie nicht der des Art. 21 Abs. 1 entspricht. Voraussetzung für Buchst. c ist aber zunächst ein nach den in Art. 21 Abs. 1 genannten Voraussetzungen zulässig ausgeübter Widerspruch[23]. Der gemäß Art. 21 Abs. 2 eingelegte Widerspruch ist dagegen voraussetzungslos. Die erste Tatbestandsalternative knüpft an das Widerspruchsrecht nach Art. 21 Abs. 1 an. Da aber die betroffene Person über Art. 17 Abs. 1 Buchst. a, b, d und e zahlreiche Möglichkeiten besitzt, die „allgemeine" Unzulässigkeit einer Verarbeitung zu rügen, stellt sich die Frage nach dem gesonderten Anwendungsbereich des Widerspruchsrechts nach Art. 21 Abs. 1. Die Vorschrift macht nur Sinn, wenn anders als bei den übrigen Löschungsgründen nicht die „allgemeine" Unzulässigkeit gerügt wird, sondern die Datenverarbeitung an sich zulässig ist, gleichwohl eine gesonderte Abwä- 11

---

20 Auch BeckOK DatenschutzR/*Worms*, Art. 17 DSGVO Rz. 36; Gola/*Nolte/Werkmeister*, Art. 17 DSGVO Rz. 13; Ehmann/Selmayr/*Kamann/Braun*, Art. 17 DSGVO Rz. 21; Wybitul/*Fladung*, Art. 17 DSGVO Rz. 10.
21 Daher wird bei Streitigkeiten über die Wirksamkeit einer Einwilligung teilweise empfohlen, diese in jedem Fall zusätzlich zu widerrufen, um so zu einer Löschung zu gelangen, BeckOK DatenschutzR/*Worms*, Art. 17 DSGVO Rz. 32.
22 BeckOK DatenschutzR/*Worms*, Art. 17 DSGVO Rz. 33.
23 So auch Kühling/Buchner/*Herbst*, Art. 17 DSGVO Rz. 26.

Art. 17 DSGVO | Recht auf Löschung

gung zu einer Löschung führen kann. Es müssen daher besondere Umstände in Bezug auf die betroffene Person gegeben sein, die eine andere Beurteilung ermöglichen und damit zu einem Widerspruchsrecht führen[24] (s. auch Kommentierung zu Art. 18 DSGVO und zu den Voraussetzungen im Einzelnen Art. 21 DSGVO Rz. 5). Bei der Interessenabwägung ist im Rahmen von Buchst. c zugunsten des Verantwortlichen zu würdigen, dass die hier genannten „vorrangigen berechtigten Gründe" ein Minus zu den in Art. 21 Abs. 1 genannten „zwingenden schutzwürdigen Gründen" darstellen. Eine Löschungsverpflichtung bei einem Widerspruch nach Art. 21 Abs. 1 setzt mithin neben einem entsprechenden Antrag zunächst eine in der betroffenen Person vorliegende besondere Situation voraus. (Erst) nach deren Vorliegen hat eine Interessenabwägung stattzufinden, die sich im Bereich von Art. 17 „nur" an den Kriterien der vorrangig berechtigten Gründe zu messen hat. Nicht jeder nach Art. 21 Abs. 1 ausgeübte Widerspruch löst mithin die Rechtsfolge nach Buchst. c aus.

11a Bei einem Widerspruch nach Art. 21 Abs. 2 stimmt die in Art. 17 Abs. 1 Buchst. c definierte Rechtsfolge der Löschung nicht mit der des Art. 21 Abs. 3 überein, wonach die entsprechenden personenbezogenen Daten nur nicht mehr für Zwecke der Werbung verarbeitet werden dürfen. Zur Beachtung und Bearbeitung von Werbewidersprüchen ist die fortwährende Speicherung sogar auch erforderlich. Die Löschungsanordnung in Buchst. c bei Werbewidersprüchen nach Art. 21 Abs. 2 erscheint daher überschießend und kontraproduktiv[25]. In der Praxis kann den betroffenen Personen daher die Ausübung des über die Rechtsfolge des Art. 21 Abs. 3 hinausgehenden Anspruchs aus Buchst. c nicht empfohlen werden, wenn er tatsächlich Werbung verhindern möchte. Da fehlende Rechtsbelehrungen grundsätzlich nicht die faire und transparente Verarbeitung berühren (vgl. hierzu schon Art. 13 DSGVO Rz. 17), führt eine fehlende oder fehlerhafte Unterrichtung über das Widerspruchsrecht nicht zur Unzulässigkeit der Datenverarbeitung, die ein Recht nach Art. 17 Abs. 1 Buchst. d auslöst[26].

12 Art. 17 Abs. 1 Buchst. d formuliert schlicht, dass die Löschung verlangt werden kann, wenn die Daten **unrechtmäßig verarbeitet** wurden. Im Grunde bildet diese Variante eine Art Generalklausel, wie sie auch schon in § 35 Abs. 2 Satz 2 Nr. 1 BDSG-alt enthalten war. Innerhalb dieser Norm ist das Vorliegen einer Zulässigkeitsvariante nach Art. 6 zu prüfen[27]. Maßgeblich für die Beurteilung der Rechtmäßigkeit ist der Zeitpunkt der Prüfung[28].

---

24 BeckOK DatenschutzR/*Worms*, Art. 17 DSGVO Rz. 38 ff.; Gierschmann/Schlender/Stentzel/Veil/*Veil*, Art. 17 DSGVO Rz. 105.
25 S. auch Kühling/Buchner/*Herbst*, Art. 17 DSGVO Rz. 27.
26 So aber BeckOK DatenschutzR/*Worms*, Art. 17 DSGVO Rz. 42.
27 Für eine über Art. 6 hinausgehende Prüfung Ehmann/Selmayr/*Kamann/Braun*, Art. 17 DSGVO Rz. 25.
28 Gola/Nolte/*Werkmeister*, Art. 17 DSGVO Rz. 22; Kühling/Buchner/*Herbst*, Art. 17 DSGVO Rz. 28.

Bei Art. 17 Abs. 1 Buchst. e besteht eine Verpflichtung zur **Löschung**, ohne dass die betroffene Person diese gesondert verlangen muss. Wenn nämlich eine Löschung der Daten zur **Erfüllung einer rechtlichen Verpflichtung** nach dem Recht der Union oder der Mitgliedstaaten erforderlich ist, dem der Verantwortliche unterliegt, ist bereits aufgrund dieser entsprechenden Verpflichtung zu löschen. Die Vorschrift ist insoweit eine „Öffnungsklausel", als dass das Recht der Mitgliedstaaten jederzeit (weitere) Löschungen anordnen kann[29]. Anwendungsfälle sind bereichsspezifische Regelungen[30] (z.B. § 83 WpHG) oder (Löschungs-)Vorschriften, die nicht ausschließlich datenschutzrechtlich motiviert sind.

13

Art. 17 Abs. 1 Buchst. f ergibt isoliert betrachtet keinen Sinn, da nach Art. 8 Abs. 1 erhobene Daten bei reiner Wortlautbetrachtung sofort wieder gelöscht werden müssten[31]. Wenn die Daten in Bezug auf angebotene Dienste der Informationsgesellschaft gemäß Art. 8 Abs. 1 erhoben wurden, soll nach Erwägungsgrund 65 ein Recht auf Löschung auch dann bestehen (Art. 17 Abs. 1 Buchst. f), wenn die betreffende Person im Zeitpunkt ihres Löschungsverlangens kein Kind mehr ist. Die Vorschrift dient damit insbesondere dem **Schutz von Kindern** und etwa im Kindesalter abgegebenen (wirksamen) Einwilligungen (ansonsten läge ein Fall von Buchst. d vor). Gegenüber Buchst. b entfaltet Buchst. f insoweit einen Mehrwert, da hier die Datenverarbeitung nicht auf eine andere Rechtsgrundlage gestützt werden kann[32]. Die Vorschrift gewährt damit zunächst volle Dispositivität bei Eintritt in die Volljährigkeit[33]. Da hier, anders als bei Buchst. b, die Löschung stets die Rechtsfolge darstellt, dürfte es unerheblich sein, ob das Begehren nach Buchst. f als Löschung von im Kindesalter verarbeiteten Daten oder Widerruf einer im Kindesalter erklärten Einwilligung erklärt wird[34]. In ersterem Fall wird man in dem Löschungsbegehren den dieses ermöglichenden Widerruf erblicken können[35].

14

IV. Informationspflicht nach Löschung (Abs. 2)

Für den Fall, dass der Verantwortliche die personenbezogenen Daten **öffentlich gemacht** hat, bestimmt Art. 17 Abs. 2 gesondert zu betrachtende Informations-

15

---

29 Ehmann/Selmayr/*Kamann/Braun*, Art. 17 DSGVO Rz. 19.
30 Gola/*Nolte*/*Werkmeister*, Art. 17 DSGVO Rz. 24; differenzierend BeckOK DatenschutzR/*Worms*, Art. 17 DSGVO Rz. 44-49; Kühling/Buchner/*Herbst*, Art. 17 DSGVO Rz. 30.
31 Paal/Pauly/*Paal*, Art. 17 DSGVO Rz. 28.
32 Gola/*Nolte*/*Werkmeister*, Art. 17 DSGVO Rz. 26 ff.
33 Ehmann/Selmayr/*Kamann/Braun*, Art. 17 DSGVO Rz. 27.
34 Kühling/Buchner/*Herbst*, Art. 17 DSGVO Rz. 33 f. wollen hinsichtlich des Anwendungsbereiches danach differenzieren, ob das Kind über oder unter 16 Jahre alt war.
35 Hierzu BeckOK DatenschutzR/*Worms*, Art. 17 DSGVO Rz. 50 ff.

pflichten[36]. Art. 17 Abs. 2 ist insoweit eine Spezialvorschrift[37]; die allgemeinen Mitteilungspflichten finden sich in Art. 19[38]. Sie ist zu erfüllen, wenn dem ein Verlangen nach Art. 17 Abs. 1 vorausgegangen ist[39]. Das Kriterium des Öffentlichmachens ist von dem der Offenlegung durch Übermittlung nach Art. 4 Abs. 2 zu unterscheiden. Art. 17 Abs. 2 soll den besonderen Risiken im Netz Rechnung tragen (s.auch Erwägungsgrund 66), also die Folgen von an eine Öffentlichkeit gerichteten Angeboten und die in diesem Zusammenhang stattfindende Preisgabe personenbezogener Daten an eben diese Öffentlichkeit[40] regeln. Einzelheiten sind jedoch unklar[41], da die Vorschrift des Art. 17 Abs. 2 an zahlreiche unbestimmte Rechtsbegriffe geknüpft ist[42]. So hat der Verantwortliche (nur) „unter Berücksichtigung der verfügbaren Technologie und der Implementierungskosten angemessene Maßnahmen, auch technischer Art, zu treffen ...". Art. 70 Abs. 1 Buchst. d dürfte daher eine gewisse Bedeutung bekommen. Die grundsätzliche Frage, die sich bei der Anwendung der Norm stellt, ist, ob dabei subjektiv auf den konkret Verantwortlichen oder objektiv auf einen allgemeinen Standard abzustellen ist. Letzteres würde insbesondere kleinere und mittlere Unternehmen stark treffen. Der Normzweck dürfte allerdings für einen objektiv anerkannten Standard sprechen. Das jeweils nach dem aktuellen Stand der Technik im Sinne des unbestimmten Rechtsbegriffs Verhältnismäßige dürfte zur Erfüllung der Informationspflicht erforderlich sein[43]. Die entsprechenden Geschäftsmodelle werden das zu berücksichtigen haben. Anderseits regelt Art. 17

---

36 Für eine Informationspflicht gegenüber Dritten und keiner Löschungspflicht bei Dritten auch *Roßnagel/Nebel/Richter*, ZD 2016, 455; eine Löschungspflicht explizit verneinend Ehmann/Selmayr/*Kamann/Braun*, Art. 17 DSGVO Rz. 43.
37 In Abs. 2 wird überwiegend das eigentliche „Recht auf Vergessenwerden" erblickt, BeckOK DatenschutzR/*Worms*, Art. 17 DSGVO Rz. 58 ff.; Ehmann/Selmayr/*Kamann/ Braun*, Art. 17 DSGVO Rz. 15.
38 BfDI-Info 6, April 2016, S. 14 sieht hier den Fokus auf Internetsuchmaschinen; Wybitul/*Fladung*, Art. 17 DSGVO Rz. 22; zum Verhältnis von Art. 17 Abs. 2 und Art. 19 auch *Schantz*, NJW 2016, 1841; Gola/*Nolte/Werkmeister*, Art. 17 DSGVO Rz. 35; zum Verhältnis zu Art. 19 auch Kühling/Buchner/*Herbst*, Art. 17 DSGVO Rz. 65.
39 Paal/Pauly/*Paal*, Art. 17 DSGVO Rz. 34; ebenso einen Antrag voraussetzend Gola/*Nolte/ Werkmeister*, Art. 17 DSGVO Rz. 36; *Hennemann*, PinG 2016, 176 (178); a.A. *Piltz*, K&R 2016, 629 (632 f.).
40 Zum Begriff Ehmann/Selmayr/*Kamann/Braun*, Art. 17 DSGVO Rz. 40; „Zugriff durch einen unbestimmten Personenkreis", Paal/Pauly/*Paal*, Art. 17 DSGVO Rz. 34 im Anschluss an Härting; Gola/*Nolte/Werkmeister*, Art. 17 DSGVO Rz. 34; differenzierend für soziale Netzwerke BeckOK DatenschutzR/*Worms*, Art. 17 DSGVO Rz. 71.
41 So auch Paal/Pauly/*Paal*, Art. 17 DSGVO Rz. 35 ff.; ausführlich Ehmann/Selmayr/ *Kamann/Braun*, Art. 17 DSGVO Rz. 44 ff.
42 So stellt sich auch die Frage der Reichweite der Norm, wenn auch Sonderbestimmungen wie § 203 StGB oder das Bankgeheimnis betroffenen sind, die evtl. Art. 17 Abs. 2 entgegenstehen.
43 Zutreffend ist daher der Hinweis auf das BSI, Kühling/Buchner/*Herbst*, Art. 17 DSGVO Rz. 38.

Abs. 2 nur eine Informationspflicht⁴⁴, nicht jedoch die Löschung bei den weiteren Dritten. Die Löschung dort ist dann anhand der einschlägigen Bestimmungen gesondert zu prüfen, da sich die Rechtslage in dem Verhältnis zu den weiteren Verantwortlichen durchaus anders darstellen kann. Das wirft ferner die Frage nach der geographischen Reichweite der Vorschrift auf, deren Beantwortung ungeklärt ist[45].

V. Ausnahmen vom Löschungsanspruch (Abs. 3)

Art. 17 Abs. 3 formuliert Ausnahmen vom Löschungsanspruch[46]. Nach Art. 17 Abs. 3 Buchst. a soll ein Anspruch nicht bestehen, soweit die Verarbeitung zur Ausübung des Rechts auf **freie Meinungsäußerung und Information** erforderlich ist (s. hierzu auch die Kommentierung zu Art. 85 DSGVO). Hintergrund der Norm ist, dass das Recht auf freie Meinungsäußerung und Information nur dann gewährleistet ist, wenn Informationen zur Willensbildung zur Verfügung stehen und diese nicht auf Verlangen der betroffenen Person gelöscht werden müssen[47]. Das ergibt sich nicht zuletzt aus Art. 11 GRCh[48]. 16

Da das Recht auf **Meinungsäußerung** nicht nur von der Presse beansprucht werden kann, sondern jedem als Grundrecht zur Verfügung steht, wird sich an dem Kriterium der Erforderlichkeit eine Abwägung herauszubilden haben, die die Rechte und Freiheiten der betroffenen Person, die sich auf die Löschung beruft und desjenigen, der sich auf die Meinungsfreiheit beruft, voneinander abgrenzt (vgl. schon die Formulierung in Art. 9 EG-Datenschutzrichtlinie). Art. 17 regelt insoweit nur die Löschung personenbezogener Daten, nicht aber von (gespeicherten) Meinungen. Insoweit dürften diese dem Löschungsanspruch von vornherein entzogen sein. Aber bei personenbezogenen Daten kann die Interessenabwägung dann schwierig sein, wenn der Verantwortliche erst auf Basis von personenbezogenen Daten als der einer Meinung zugrunde liegenden Tatsache zu eben dieser Meinung gelangt ist oder gelangen konnte. Auch kann die Datenverarbeitung durch den Verantwortlichen für die Meinungsbildung eines Dritten erforderlich sein[49]. Hier ist bei dem Löschungsbegehren abzuwägen, ob das 17

---

44 Kühling/Buchner/*Herbst*, Art. 17 DSGVO Rz. 61.
45 Zweifelnd auch Paal/Pauly/*Paal*, Art. 17 DSGVO Rz. 37; Gola/*Nolte/Werkmeister*, Art. 17 DSGVO Rz. 48; Kühling/Buchner/*Herbst*, Art. 17 DSGVO Rz. 54.
46 Ausführlich Gierschmann/Schlender/Stentzel/Veil/*Veil*, Art. 17 DSGVO Rz. 134 ff., der generell eine Abwägung fordert, Rz. 136.
47 Ehmann/Selmayr/*Kamann/Braun*, Art. 17 DSGVO Rz. 50; zur Eigenschaft von Scorewerten als Meinungsäußerung BGH v. 22.2.2011 – VI ZR 120/10, MDR 2011, 598 = NJW 2011, 2204; BGH v. 28.1.2014 – VI ZR 156/13, CR 2014, 364 = MDR 2014, 412 = ITRB 2014, 100 = NJW 2014, 1235; OLG Oldenburg v. 29.3.2016 – 13 U 61/15.
48 S. hierzu auch *Roßnagel/Nebel/Richter*, ZD 2016, 455; *Härting*, Datenschutz-Grundverordnung, Rz. 704.
49 *Piltz*, K&R 2016, 629 (633).

der Meinung zugrunde liegende personenbezogene Datum (noch) für die Meinungsbildung erforderlich ist[50]. Ein wesentliches Kriterium hierfür dürfte daher das Alter dieses personenbezogenen Datums sein[51]. Anwendungsbeispiele sind Online-Archive oder auch Bewertungsportale[52].

18 Art. 17 Abs. 3 Buchst. b greift die Zulässigkeitstatbestände des Art. 6 Abs. 1 Buchst. c und e, Abs. 2 und Abs. 3 auf und stellt insoweit eine Öffnungsklausel dar[53]. Danach kann eine Datenverarbeitung nicht nur (nach nationalem Recht) vorgeschrieben sein, sondern auch eine (länger währende) Verarbeitung im Sinne einer Speicherung[54]. In diesen Fällen geht die **gesetzliche Anordnung der Speicherung** einem etwaigen Löschungsersuchen der betroffenen Person vor. Art. 17 Abs. 3 Buchst. b löst damit einen Zielkonflikt und schafft Rechtssicherheit für den Verantwortlichen. Hauptanwendungsfall dürften die Aufzeichnungs- und Aufbewahrungsfristen nach Handels-, Gewerbe-, Steuer- oder Sozialrecht sein[55]. Die weitere Verarbeitung dürfte dann aber nur im Rahmen dieser (neuen) Zweckbestimmung zulässig sein, weshalb sich im Grunde im Verhältnis zum Betroffenen dies wie eine Einschränkung der Verarbeitung darstellt. Aber auch die DSGVO selbst enthält in Art. 32 Abs. 1 Buchst. c eine Bestimmung, wonach die dort geregelte Verpflichtung im Grunde nur durch adäquate Backups erfüllt werden kann.

19 Nach Art. 17 Abs. 3 Buchst. c besteht ein Löschungsanspruch auch im Bereich des im öffentlichen Interesse liegenden **Gesundheitsschutzes** nicht.

Entsprechendes gilt für die in Art. 17 Abs. 3 Buchst. d genannten Zwecke, womit die Datenverarbeitung nach Art. 89 auch im Bereich der Löschungsansprüche privilegiert wird[56]. Ob die im letzten Halbsatz genannte Einschränkung der Privilegierung tatsächlich oft greifen wird, ist fraglich, denn in aller Regel wird man erst dann zu den entsprechenden **(Forschungs-)Ergebnissen kommen**, wenn man alle personenbezogenen Daten verarbeitet hat. Erst danach kann ein Löschungsanspruch (wieder) relevant werden.

20 Schließlich soll ein Löschungsanspruch auch dann nicht bestehen, wenn die Verarbeitung der personenbezogenen Daten zur Geltendmachung, Ausübung oder Verteidigung von **Rechtsansprüchen** erforderlich ist. Eine ähnliche Vorschrift ist auch in Art. 21 Abs. 1 a.E. enthalten. Sie dient dazu, dass die Rechts-

---

50 Paal/Pauly/*Paal*, Art. 17 DSGVO Rz. 41.
51 EuGH v. 13.5.2014 – C-131/12, NJW 2014, 2257.
52 Ehmann/Selmayr/*Kamann/Braun*, Art. 17 DSGVO Rz. 51.
53 BeckOK DatenschutzR/*Worms*, Art. 17 DSGVO Rz. 83.
54 Gola/*Nolte/Werkmeister*, Art. 17 DSGVO Rz. 42 nennen das Arbeits-, Steuer-, Sozial- und das Gesellschaftsrecht; Ehmann/Selmayr/*Kamann/Braun*, Art. 17 DSGVO Rz. 53; Kühling/Buchner/*Herbst*, Art. 17 DSGVO Rz. 76.
55 Wybitul/*Fladung*, Art. 17 DSGVO Rz. 32.
56 Zu Big-Data Szenarien als statistische Zwecke *Hennemann*, PinG 2016, 176 (179).

durchsetzung, aber auch die Rechtsverteidigung nicht dadurch eingeschränkt wird, in dem die andere Seite durch Geltendmachung von Löschungsansprüchen eben gerade diese Rechtsdurchsetzung oder Rechtsverteidigung behindert. Der (Prozess-)Gegner soll nicht über Löschungsansprüche Beweismittel oder anspruchsbegründende Tatsachen vernichten können. Wie wahrscheinlich eine rechtliche Auseinandersetzung sein muss, um diesen Ausnahmetatbestand zu rechtfertigen, ist umstritten. Da ggf. nicht nur rationale Aspekte eine Rolle spielen könnten, dürften die Anforderungen an eine solche Wahrscheinlichkeit nicht zu hoch angesetzt werden[57]. Entsprechendes dürfte für den Umfang der vorgehaltenen Daten gelten, da nicht vorhersehbar ist, welche Informationen gebraucht werden[58].

Artikel 18 Recht auf Einschränkung der Verarbeitung

(1) Die betroffene Person hat das Recht, von dem Verantwortlichen die Einschränkung der Verarbeitung zu verlangen, wenn eine der folgenden Voraussetzungen gegeben ist:

a) die Richtigkeit der personenbezogenen Daten von der betroffenen Person bestritten wird, und zwar für eine Dauer, die es dem Verantwortlichen ermöglicht, die Richtigkeit der personenbezogenen Daten zu überprüfen,

b) die Verarbeitung unrechtmäßig ist und die betroffene Person die Löschung der personenbezogenen Daten ablehnt und stattdessen die Einschränkung der Nutzung der personenbezogenen Daten verlangt;

c) der Verantwortliche die personenbezogenen Daten für die Zwecke der Verarbeitung nicht länger benötigt, die betroffene Person sie jedoch zur Geltendmachung, Ausübung oder Verteidigung von Rechtsansprüchen benötigt, oder

d) die betroffene Person Widerspruch gegen die Verarbeitung gemäß Artikel 21 Absatz 1 eingelegt hat, solange noch nicht feststeht, ob die berechtigten Gründe des Verantwortlichen gegenüber denen der betroffenen Person überwiegen.

(2) Wurde die Verarbeitung gemäß Absatz 1 eingeschränkt, so dürfen diese personenbezogenen Daten – von ihrer Speicherung abgesehen – nur mit Einwilligung der betroffenen Person oder zur Geltendmachung, Ausübung oder Verteidigung von Rechtsansprüchen oder zum Schutz der Rechte einer anderen natürlichen oder juristischen Person oder aus Gründen eines wichtigen

---

57 Str. Gola/*Nolte/Werkmeister*, Art. 17 DSGVO Rz. 44f.; undeutlich Kühling/Buchner/*Herbst*, Art. 17 DSGVO Rz. 83.
58 Etwas anders Wybitul/*Fladung*, Art. 17 DSGVO Rz. 39.

öffentlichen Interesses der Union oder eines Mitgliedstaats verarbeitet werden.

(3) Eine betroffene Person, die eine Einschränkung der Verarbeitung gemäß Absatz 1 erwirkt hat, wird von dem Verantwortlichen unterrichtet, bevor die Einschränkung aufgehoben wird.

I. Einführung	1	IV. Verarbeitung trotz Einschränkung (Abs. 2)	14
II. Einschränkung der Verarbeitung auf Verlangen (Abs. 1)	2	V. Information der betroffenen Person (Abs. 3)	20
III. Die Einschränkungsgründe im Einzelnen	4		

Schrifttum: S. Art. 12 DSGVO.

I. Einführung

1 Art. 18 formuliert die Voraussetzungen für die sog. „**Einschränkung der Verarbeitung**". Die Einschränkung der Verarbeitung ist in Art. 4 Nr. 3 gesondert definiert. Dort heißt es etwas zirkelschlussartig, dass die Einschränkung der Verarbeitung die Markierung gespeicherter personenbezogener Daten mit dem Ziel bedeutet, ihre künftige Verarbeitung einzuschränken. Was unter Verarbeitung wiederum zu verstehen ist, ergibt sich aus der umfassenden Definition des Art. 4 Nr. 2. Nicht in Art. 4 definiert ist hingegen der Begriff der „Markierung" (s. hierzu die Kommentierung zu Art. 4 DSGVO). Allerdings enthält der Erwägungsgrund 67 Hinweise, wie die Einschränkung in Einzelfall vorgenommen werden kann[1]. Im Ergebnis entspricht aber die Einschränkung der Verarbeitung dem bislang aus dem BDSG-alt bekannten Begriff der Sperrung. Die (bloße) Markierung bedeutet also, dass die Daten grundsätzlich weiter gespeichert bleiben dürfen (das ist schon Abs. 2 zu entnehmen)[2]. Sie müssen aber so gekennzeichnet werden, dass sie auch technisch so ausgesteuert werden können, dass die weitere Verarbeitung unterbleibt. Methoden zur Beschränkung der Verarbeitung personenbezogener Daten könnten nach Erwägungsgrund 67 u.a. darin bestehen, dass ausgewählte personenbezogene Daten vorübergehend auf ein anderes Verarbeitungssystem übertragen werden, dass sie für Nutzer gesperrt oder dass veröffentliche Daten vorübergehend von einer Website entfernt werden[3]. In automatisierten Dateisystemen sollte die Einschränkung der Verarbeitung grundsätzlich durch technische Mittel so erfolgen, dass die personenbezogenen Daten in keiner Weise weiterverarbeitet und nicht verändert werden können. Auf die

---

1 BeckOK DatenschutzR/*Worms*, Art. 18 DSGVO Rz. 13.
2 Gola/*Gola*, Art. 18 DSGVO Rz. 1.
3 Paal/Pauly/*Paal*, Art. 18 DSGVO Rz. 14.

Tatsache, dass die Verarbeitung der personenbezogenen Daten beschränkt wurde, sollte in dem System unmissverständlich hingewiesen werden.

II. Einschränkung der Verarbeitung auf Verlangen (Abs. 1)

Der Einleitungssatz des Art. 18 Abs. 1 ist ähnlich aufgebaut wie der des Art. 17. Danach hat die betroffene Person ein Recht, die Einschränkung der Verarbeitung zu verlangen, wenn die in der Norm aufgeführten Voraussetzungen vorliegen. Die Einschränkung ist mithin (nur) auf ein entsprechend geäußertes Verlangen der betroffenen Person hin vorzunehmen. Eine besondere **Form** ist wie schon bei den Art. 16 und 17 nicht vorgeschrieben. Insoweit kann auf die Kommentierung zu Art. 16 DSGVO Rz. 5 ff. verwiesen werden. 2

Anders als Art. 16 und 17 enthält Art. 18 über Art. 5 keine Vorschrift, die ein selbständiges Tätigwerden des Verantwortlichen begründen könnte[4]. Insoweit hat der Verantwortliche die Einschränkung der Verarbeitung tatsächlich nur auf Verlangen der betroffenen Person vorzunehmen. Der Verantwortliche ist nicht in der Pflicht, etwaige Interessenlagen nach Art. 18 Abs. 1 Buchst. b oder c zu antizipieren[5]. Dieses Verlangenserfordernis zur Einschränkung bringt gleichzeitig zum Ausdruck, dass etwa dem Einschränkungsverlangen vorausgehende Löschungs- oder Berichtigungsverlangen zwischen den Beteiligten streitig sind und insoweit ein gesonderter Interessenausgleich stattfinden muss, ohne dem eigentlichen Anspruch jedoch vorzugreifen[6]. Ansonsten wären nämlich die Löschungs- und Berichtigungsverlangen „automatisch" durch den Verantwortlichen zu erfüllen. 3

III. Die Einschränkungsgründe im Einzelnen

In den Buchst. a–d des Art. 18 Abs. 1 werden die einzelnen Tatbestände aufgeführt, nach denen die betroffene Person eine Einschränkung der Verarbeitung verlangen kann. Auch wenn das Verlangen nicht an eine besondere Form gebunden ist, wird man innerhalb des Art. 18 zugunsten des Verantwortlichen annehmen können, dass die betroffene Person hinreichend deutlich machen muss, auf welchen Tatbestand sie sich im Einzelnen beruft. Bei undeutlichen Einschränkungsverlangen sind Rückfragen möglich, ohne dass der Verantwortliche in Verzug gerät (s. schon Art. 16 DSGVO Rz. 9). 4

Nach Art. 18 Abs. 1 Buchst. a hat der Verantwortliche die Verarbeitung der personenbezogenen Daten einzuschränken, wenn deren **Richtigkeit** von der betrof- 5

---

4 BeckOK DatenschutzR/*Worms*, Art. 18 DSGVO Rz. 17 ff.
5 A.A. Gola/*Gola*, Art. 18 DSGVO Rz. 2.
6 Vgl. BeckOK DatenschutzR/*Worms*, Art. 18 DSGVO Rz. 2 und 16.

fenen Person **bestritten** wird. Wie schon bei Art. 17 ergibt sich daraus, dass die betroffene Person die entsprechenden Daten dann auch möglichst genau zu bezeichnen hat, damit der Verantwortliche dann auch dort die entsprechende „Markierung" setzen kann. Bei ungenauen Einschränkungsverlangen sind dementsprechend Rückfragen möglich (s. Kommentierung zu Art. 16 DSGVO Rz. 9). Eine nicht ausreichende Darlegung kann den Anspruch scheitern lassen[7]. Missbräuchlichen Verlangen kann nach Art. 12 begegnet werden.

6   Ausweislich des Wortlauts der Vorschrift kann eine Einschränkung nur dann verlangt werden, wenn die *Richtigkeit* der personenbezogenen Daten von der betroffenen Person bestritten wird. Das Bestreiten der *Zulässigkeit* der Verarbeitung richtet sich vielmehr nach Art. 17 und führt nach dem Wortlaut nicht zur (vorübergehenden) Einschränkung der Verarbeitung. Vielmehr hat der Verantwortliche nach Art. 17 nach einer entsprechenden Prüfung unverzüglich zu löschen und nicht nur die Verarbeitung einzuschränken.

7   Allerdings stellt sich die Frage, ob der Verantwortliche auch beim **Bestreiten der Zulässigkeit** nach Art. 17 während der Zeit, in der der Verantwortliche die Zulässigkeit der Verarbeitung billigenswerterweise (s. Kommentierung zu Art. 17 DSGVO Rz. 7 und Art. 16 DSGVO Rz. 9) überprüfen darf, die entsprechenden personenbezogenen Daten ebenfalls dergestalt markieren muss, dass vorübergehend deren Verarbeitung unterbleibt. Hierfür scheint zu sprechen, dass Art. 5 Buchst. d die Richtigkeit als Datenverarbeitungsprinzip formuliert und sogar vorsieht, dass personenbezogene Daten unter Umständen auch zu löschen sind. Ähnlich wie bei § 35 Abs. 4 BDSG-alt soll offensichtlich bei mangelnder Korrekturmöglichkeit die Löschungsverpflichtung bestehen, denn an (dauerhaft) unrichtigen Daten, deren Richtigkeit sich nicht herstellen lässt, kann kein Verarbeitungsinteresse bestehen[8]. Für die hier diskutierte Frage bedeutet dies indes, dass im Wege des Erst-Recht-Schlusses die Verarbeitung der personenbezogenen Daten auch dann einzuschränken ist, wenn nicht deren Richtigkeit, sondern deren zulässige Verarbeitung bestritten wird. Das gilt zumindest in den Fällen, in denen keine rasche Klärung zu erwarten ist.

---

7 BeckOK DatenschutzR/*Worms*, Art. 18 DSGVO Rz. 36; a.A. Kühling/Buchner/*Herbst*, Art. 18 DSGVO Rz. 11.

8 Der sog. Non-liquet-Fall wird unterschiedlich definiert: so nimmt Gola/*Gola*, Art. 18 DSGVO Rz. 8 diesen bereits an, wenn sich der Anspruch noch in Klärung befindet; anders wiederum Kühling/Buchner/*Herbst*, Art. 18 DSGVO Rz. 13; nach § 35 Abs. 4 BDSG-alt lag ein non-liquet-Fall vor, wenn sich die Richtigkeit (endgültig) nicht feststellen ließ, hierzu LG Köln v. 6.4.2004 – 3 O 47/04; das bloße (nach erfolgter Übermittlung – zum Bestreiten vor Übermittlung forderungsbezogener Daten, s. § 28a Abs. 1 Satz 1 Nr. 4d BDSG-alt) Bestreiten rechtfertigt eine Sperrung (oder gar Löschung) nicht; daher rechtfertigt auch ein anhängiges Hauptsache- oder einstweiliges Verfügungsverfahren eine Sperrung nicht, da die Richtigkeit des Datums noch in einem Hauptsacheverfahren geklärt werden kann und insoweit (noch) keine endgültige Unklarheit über die Richtigkeit besteht.

Recht auf Einschränkung der Verarbeitung | Art. 18 DSGVO

Die **Dauer** der vorzunehmenden Einschränkung ist in zweierlei Hinsicht begrenzt. Die Vorschrift definiert eine Mindestdauer, und zwar so lange, bis es dem Verantwortlichen möglich ist, die Richtigkeit der personenbezogenen Daten zu überprüfen[9]. Das schließt etwaige Bearbeitungszeiten Dritter, bei denen sich der Verantwortliche ggf. erkundigen muss, mit ein. Wird aber die Überprüfbarkeit dauerhaft unmöglich, besteht nach der hier vertretenen Ansicht nicht nur die Pflicht zur Berichtigung (wie auch), sondern zur Löschung. Allerdings trägt die betroffene Person als diejenige, die sich auf den Anspruch beruft, eine gewisse Darlegungslast und darf die Aufklärung nicht unbillig vereiteln (s. auch Rz. 5)[10]. Erforderlich ist vielmehr eine qualifizierte Rüge[11]. 8

Allerdings setzt sich hier die bereits unter der Geltung des BDSG-alt diskutierte Frage fort, ob die Tatsache der eingeschränkten Verarbeitung **Dritten mitgeteilt** werden darf. Für das BDSG wurde diese Frage durch die Einführung des § 35 Abs. 4a BDSG-alt scheinbar geklärt[12]. Eine vergleichbare Vorschrift ist in Art. 18 aber nicht mehr enthalten. Auch der Abs. 2 der Vorschrift spricht nur davon, wie mit den „markierten" Daten umzugehen ist, nicht aber davon, ob ein (abstrakter) Hinweis offengelegt werden kann, der einen Hinweis auf noch vorhandene aber eben vorübergehend der Verarbeitung entzogene Daten bietet. Dementsprechend wird man Verantwortlichen, die Auskünfte erteilen und deren Empfänger – bspw. im Rahmen von auch europarechtlich vorgegebenen Kreditwürdigkeitsprüfungen – auf die Vollständigkeit und Richtigkeit der Auskünfte vertrauen (dürfen), die Möglichkeit zubilligen müssen, entsprechend abstrakt formulierte Hinweise zu geben. Ohne diesen Hinweis entstünde ansonsten der irreführende Eindruck, es lägen gar keine Daten vor. Auch würde ein Fehlen eines solchen Hinweises dazu führen, dass die Einschränkung der Datenverarbeitung (im Außenverhältnis) der Löschung gleichgestellt würde[13]. Dass dieses gewollt war, kann der Vorschrift aber nicht entnommen werden. Im Gegenteil scheint Art. 18 Abs. 2 Alt. 3 das hier gefundene Ergebnis zu stützen. Dem entspricht auch die Formulierung von Erwägungsgrund 67 a.E. 9

Art. 18 Abs. 1 Buchst. b regelt den Fall, dass beispielsweise nach Ausübung des Rechtes nach Art. 15 die betroffene Person Kenntnis von den (unrechtmäßig) verarbeiteten personenbezogenen Daten hat und zu Beweissicherungszwecken nicht (sogleich) deren Löschung, sondern (zunächst) deren eingeschränkte Verarbeitung verlangt. Allerdings trägt die betroffene Person in diesem Fall über die 10

---

9 Ehmann/Selmayr/*Kamann/Braun*, Art. 18 DSGVO Rz. 13.
10 So auch Gola/*Gola*, Art. 18 DSGVO Rz. 8, der noch explizit darauf hinweist, dass die betroffene Person nicht durch einfaches Bestreiten etwa unliebsame Informationen der weiteren Verarbeitung zunächst entziehen können soll; von „Lahmlegen" spricht Gierschmann/Schlender/Stentzel/Veil/*Veil*, Art. 18 DSGVO Rz. 63.
11 Gola/*Gola*, Art. 18 DSGVO Rz. 9.
12 BeckOK DatenschutzR/*Worms*, Art. 18 DSGVO Rz. 21.
13 Vgl. auch BeckOK DatenschutzR/*Worms*, Art. 18 DSGVO Rz. 21.

Art. 18 DSGVO | Recht auf Einschränkung der Verarbeitung

nach Art. 15 erteilte Auskunft den Beweis in den Händen, weshalb der praktische Anwendungsbereich dieser Vorschrift gering sein dürfte. Zudem muss die Unrechtmäßigkeit objektiv vorliegen. Die Unrechtmäßigkeit muss – ggf. über ein Begehren nach Art. 17 Abs. 1 Buchst. d – objektiv festgestellt worden sein. Erst dann entsteht das Recht und die Möglichkeit für die betroffene Person, eine an sich erforderliche Löschung abzulehnen und stattdessen die Einschränkung zu verlangen[14].

11 Von Art. 18 Abs. 1 Buchst. b kaum zu unterscheiden ist der Anwendungsbereich des Art. 18 Abs. 1 Buchst. c. Danach steht der betroffenen Person ein Recht auf Einschränkung der Verarbeitung zu, wenn der Verantwortliche die personenbezogenen Daten für die Zwecke der Verarbeitung nicht länger benötigt, die betroffene Person sie jedoch zur Geltendmachung, Ausübung oder Verteidigung von **Rechtsansprüchen** benötigt. Das Merkmal ‚Benötigen' wird überwiegend eng ausgelegt, um Missbrauch zu vermeiden. Wenn aber der Verantwortliche die personenbezogenen Daten für die Zwecke der Verarbeitung nicht länger benötigt, wären sie bereits nach Art. 5 Abs. 1 Buchst. e zu löschen[15]. Buchst. b ist also nur in dem Fall denkbar, dass einer aus Art. 5 Abs. 1 Buchst. e resultierenden Löschungsverpflichtung nicht nachgekommen wurde, dieses der betroffenen Person (ggf. nach Art. 15) bekannt wurde und insoweit ggf. zusammen mit Art. 17 Abs. 1 Buchst. a das Recht aus Art. 18 Abs. 1 Buchst. c ausgeübt werden soll[16]. Insoweit handelt es sich bei Art. 18 Abs. 1 Buchst. c im Grunde um einen Unterfall des Art. 18 Abs. 1 Buchst. b.

12 Da Art. 18 Abs. 1 Buchst. b und c von der Unrechtmäßigkeit der Datenverarbeitung ausgehen, stellt sich die bei Art. 18 Abs. 1 Buchst. a diskutierte Frage der Dauer der Überprüfung und der einer ggf. unterdessen bestehenden Hinweismöglichkeit nicht.

13 Nach Art. 18 Abs. 1 Buchst. d besteht zugunsten der betroffenen Person auch dann ein Recht, die Einschränkung der Datenverarbeitung zu verlangen, wenn sie gegen die Verarbeitung nach Art. 21 Abs. 1 Widerspruch eingelegt hat (für den Widerspruch nach Art. 21 Abs. 2 gilt dessen Abs. 3) und solange noch nicht feststeht, ob die berechtigten Gründe des Verantwortlichen gegenüber denen der betroffenen Person überwiegen. Da aber nach der hier vertretenen Ansicht nicht nur das Bestreiten der Richtigkeit, sondern auch das Bestreiten der Zulässigkeit dazu führt, dass eine Einschränkung der Verarbeitung verlangt werden

---

14 Ehmann/Selmayr/*Kamann/Braun*, Art. 18 DSGVO Rz. 16; a.A. Kühling/Buchner/*Herbst*, Art. 18 DSGVO Rz. 16.
15 Eine vorherige Information bei Regellöschungen nach Art. 5 Abs. 1 Buchst. e sind dort nicht vorgesehen; anders offenbar nur Kühling/Buchner/*Herbst*, Art. 18 DSGVO Rz. 17.
16 Gola/*Gola*, Art. 18 DSGVO Rz. 12, übersieht den Einleitungssatz von Art. 18, wenn er hier keinen ausdrücklichen Antrag verlangt.

kann, stellt sich die Frage des Anwendungsbereichs dieser Vorschrift. Aus welchem Grund sollte die betroffene Person ihr **Widerspruchsrecht** ausüben, wenn sie sich nicht gegen die Richtigkeit der Daten oder Zulässigkeit der Datenverarbeitung wendet. Es spricht daher vieles dafür, dass Art. 21 Abs. 1 einen Sonderfall[17] beschreiben möchte und insoweit **eingeschränkt auszulegen** ist[18], was sich nicht zuletzt auch aus der im zweiten Halbsatz formulierten gesonderten Interessenabwägung ergibt[19] (Einzelheiten s. Kommentierung zu Art. 21 DSGVO Rz. 5). Anders als Art. 18 Abs. 1 Buchst. a erwähnt Art. 18 Abs. 1 Buchst. d keine Dauer für die danach vorzunehmende Prüfung. Eine gewisse Dauer der Prüfung wird man dem Verantwortlichen aber auch hier zubilligen müssen. Dieser wird auch hier ein Interesse an einer raschen Aufklärung haben, zu der auch ergänzende Informationen der betroffenen Person gehören. Diese wird – da sie sich auf den Anspruch beruft – zumindest eine Darlegungslast haben, damit der Verantwortliche die entsprechende Prüfung und Abwägung ggf. nach Beschaffen von weiteren Informationen überhaupt erst vornehmen kann[20].

IV. Verarbeitung trotz Einschränkung (Abs. 2)

Art. 18 Abs. 2 bestimmt, dass nach einer gemäß Art. 18 Abs. 1 erfolgten Einschränkung die entsprechenden Daten – abgesehen von deren Speicherung – nur   14

– mit Einwilligung der betroffenen Person oder
– zur Geltendmachung, Ausübung oder Verteidigung von Rechtsansprüchen oder
– zum Schutz der Rechte einer anderen natürlichen oder juristischen Person oder
– aus Gründen eines wichtigen öffentlichen Interesses der Union oder eines Mitgliedstaates

verarbeitet werden.

Dass die Speicherung der Daten im Falle der Einschränkung der Verarbeitung   15
vorbehaltlos gestattet ist, versteht sich von selbst, da die betreffenden Daten ja gerade nicht gelöscht, sondern nur markiert werden müssen.

Ausweislich des Wortes „oder" stehen die verschiedenen Ausnahmealternativen   16
des Art. 18 Abs. 2 gleichrangig nebeneinander.

---

17 Von einer „persönlichen Sondersituation" sprechen Ehmann/Selmayr/*Kamann/Braun*, Art. 18 DSGVO Rz. 21.
18 Gierschmann/Schlender/Stentzel/Veil/*Veil*, Art. 18 DSGVO Rz. 79; a.A. offenbar Kühling/Buchner/*Herbst*, Art. 18 DSGVO Rz. 25.
19 Vgl. auch BeckOK DatenschutzR/*Worms*, Art. 18 DSGVO Rz. 43.
20 Für eine Begründungspflicht auch Gola/*Gola*, Art. 18 DSGVO Rz. 13.

Art. 18 DSGVO | Recht auf Einschränkung der Verarbeitung

Die erste Alternative erscheint folgerichtig. Die betroffene Person, die (vorher) die Einschränkung der Datenverarbeitung verlangt hat, soll diese (situativ) wieder aufheben können. Der praktische Anwendungsfall ist allerdings nicht zweifelsfrei zu ermitteln, denn die nach erfolgter „Markierung" immer noch gespeicherten Daten kann die betroffene Person bereits nach Art. 15 zur Kenntnis erhalten[21]. Die Offenlegung an die betroffene Person selbst kann also das Regelungsbedürfnis hier nicht begründen. Es können dagegen nur Fälle gemeint sein, in denen es die betroffene Person dem Verantwortlichen gestattet, die vorher „markierten" personenbezogenen Daten gleichwohl (anderweitig) weiterzuverarbeiten. Praktischer Anwendungsfall kann die Offenlegung sein, die die betroffene Person dann ausdrücklich gestattet. Zu denken wäre hier an die Offenlegung bspw. gegenüber einem Prozessbevollmächtigten, wobei auch die nach Art. 15 erteilte Auskunft an diesen weitergegeben werden kann.

17 Die zweite Ausnahmevariante in Art. 18 Abs. 2 korrespondiert mit Art. 17 Abs. 3 Buchst. e. Anders als in den Fällen des Art. 18 Abs. 1 Buchst. b und c geht es hier um die rechtlichen Interessen des Verantwortlichen[22]. So ist es denkbar, dass nach Art. 18 Abs. 1 (vorübergehend) die Verarbeitung personenbezogener Daten eingeschränkt werden musste. In diesen Fällen sollen aber zur Rechtsdurchsetzung bzw. Rechtsverteidigung die Daten gleichwohl verarbeitbar sein, um eben diese nicht zu behindern (s. auch Kommentierung zu Art. 21 DSGVO Rz. 8). Das Recht, die Einschränkung der Verarbeitung von Daten verlangen zu können, soll insbesondere Konstellationen erfassen, in denen eine Löschung oder Berichtigung ausscheidet.

18 Dieser Auslegung entspricht auch die dritte Variante, in der nun ausdrücklich geregelt ist, dass die Weiterverarbeitung auch zum Schutz der **Rechte einer anderen natürlichen oder juristischen Person** möglich ist. Wenn aber sogar die Weiterverarbeitung der konkreten personenbezogenen Daten (ohne Zustimmung der betroffenen Person) zulässig ist, dann muss es erst Recht zulässig sein, zum Schutz der Rechte einer anderen natürlichen oder juristischen Person diese über das Vorliegen von „markierten" personenbezogenen Daten abstrakt zu informieren (s. Rz. 9 zur bei Auskunfteien bestehenden Problematik).

19 Schließlich kann eine Weiterverarbeitung auch aus Gründen eines wichtigen öffentlichen Interesses der Union oder eines Mitgliedstaates gestattet werden. Daraus kann ein generelles Abwägungsgebot abgeleitet werden[23].

---

21 Kühling/Buchner/*Herbst*, Art. 18 DSGVO Rz. 46.
22 Kühling/Buchner/*Herbst*, Art. 18 DSGVO Rz. 37.
23 Gierschmann/Schlender/Stentzel/Veil/*Veil*, Art. 18 DSGVO Rz. 87 und 94 ff.

V. Information der betroffenen Person (Abs. 3)

Nach Art. 18 Abs. 3 ist die betroffene Person vor **Aufhebung der Einschränkung** zu informieren. Auffällig ist dabei, dass Art. 18 Abs. 3 nur auf Art. 18 Abs. 1 verweist. Das ist insoweit folgerichtig, da nach Art. 18 Abs. 2 (punktuelle) Aufhebungen auch ohne Wissen und Wollen der betroffenen Person möglich sind. 20

Innerhalb des Abs. 1 kommen aber als praktischer Anwendungsfall für den Abs. 3 auch nur Buchst. a und d in Betracht, da nach den Buchst. b und c die Daten ohnehin nur für die betroffene Person aufbewahrt werden. Da die nach Buchst. b und c aufbewahrten Daten unzulässigerweise gespeichert sind, hat eigentlich deren Löschung zu erfolgen, wenn die betroffene Person, die deren Einschränkung verlangt hat, diese nicht mehr benötigt. 21

Sinn macht daher Art. 18 Abs. 3 eigentlich nur in den Fällen des Art. 18 Abs. 1 Buchst. a und d, da in diesen beiden Fällen eine Überprüfung bzw. Wertung durch den Verantwortlichen erfolgt, über deren Ausgang die betroffene Person vorher zu unterrichten ist, um ggf. weitere Dispositionen treffen zu können. Nach einer Woche kann allerdings der Verantwortliche die Entsperrung vornehmen[24]. 22

Artikel 19 Mitteilungspflicht im Zusammenhang mit der Berichtigung oder Löschung personenbezogener Daten oder der Einschränkung der Verarbeitung

Der Verantwortliche teilt allen Empfängern, denen personenbezogenen Daten offengelegt wurden, jede Berichtigung oder Löschung der personenbezogenen Daten oder eine Einschränkung der Verarbeitung nach Artikel 16, Artikel 17 Absatz 1 und Artikel 18 mit, es sei denn, dies erweist sich als unmöglich oder ist mit einem unverhältnismäßigen Aufwand verbunden. Der Verantwortliche unterrichtet die betroffene Person über diese Empfänger, wenn die betroffene Person dies verlangt.

I. Einführung 1	III. Ausnahmen von der Mitteilungspflicht 5
II. Die Voraussetzungen im Einzelnen 3	IV. Unterrichtung der betroffenen Person 7

Schrifttum: S. Art. 12 DSGVO.

---

24 Gola/*Gola*, Art. 18 DSGVO Rz. 18.

Art. 19 DSGVO | Mitteilungspflicht

I. Einführung

1 Art. 19 knüpft an die Art. 16, 17 Abs. 1 und 18 an. Danach teilt der Verantwortliche allen Empfängern, denen personenbezogene Daten offengelegt wurden, jede Berichtigung (Art. 16) oder Löschung (Art. 17 Abs. 1) der personenbezogenen Daten mit. Voraussetzung ist also, dass es **vorangegangene Übermittlungen** an konkrete Empfänger überhaupt gab[1]. Eine ähnliche Vorschrift fand sich schon in § 20 Abs. 8 und § 35 Abs. 7 BDSG-alt. Auffällig, aber konsequent ist, dass Art. 19 nicht auf Art. 17 Abs. 2 verweist. Letztere Vorschrift ist jedoch Spezialvorschrift für die Fälle, in denen der Verantwortliche die personenbezogenen Daten öffentlich gemacht hat[2]. Zu Form und Frist enthält Art. 19 keine Aussage. Die Mitteilung dürfte aber in aller Regel auf demselben Weg erfolgen wie die Erstinformation[3].

2 Gleichzeitig soll der Verantwortliche nach Art. 19 auch allen Empfängern eine Einschränkung mitteilen. Die Mitteilungspflicht besteht daher nicht, wenn Daten ohne ein entsprechendes Verlangen der betroffenen Person nach Art. 16, 17 oder 18, etwa im Zuge der allgemeinen Datenbestandspflege, korrigiert werden. Insgesamt sollte mit Art. 19 in Ergänzung zu Art. 17 Abs. 2 der Gedanke einer „Folgenbeseitigung" transportiert werden[4]. Mit der Information werden die Empfänger (erst) in die Lage versetzt, selbständig die Löschungs- und Berichtigungspflicht zu prüfen[5]. Gleichzeitig wird der betroffenen Person über Satz 2 die Möglichkeit eröffnet, selbst in Kontakt mit den Empfängern zu treten[6].

II. Die Voraussetzungen im Einzelnen

3 Der Verantwortliche soll nach Art. 19 grundsätzlich allen **Empfängern**[7], denen personenbezogene Daten offengelegt wurden, jede Berichtigung (nach Art. 16), Löschung (nach Art. 17 Abs. 1) oder Einschränkung (nach Art. 18) mitteilen. Der Begriff des Empfängers ist in Art. 4 Nr. 9 definiert. Art. 4 Nr. 9 Satz 2 ist zu beachten. Der Begriff der Offenlegung ist in Art. 4 Nr. 2 definiert als Übermittlung, Verbreitung oder andere Form der Bereitstellung[8]. Er ist aber gleichzeitig

---

1 BfDI-Info 6, April 2016, S. 14.
2 Kühling/Buchner/*Herbst*, Art. 19 DSGVO Rz. 8.
3 Gola/*Gola*, Art. 19 DSGVO Rz. 7.
4 Ähnlich Paal/Pauly/*Paal*, Art. 19 DSGVO Rz. 3; Gierschmann/Schlender/Stentzel/Veil/*Veil*, Art. 19 DSGVO Rz. 1.
5 BeckOK DatenschutzR/*Worms*, Art. 19 DSGVO Rz. 6; Gola/*Gola*, Art. 18 DSGVO Rz. 4; Ehmann/Selmayr/*Kamann/Braun*, Art. 19 DSGVO Rz. 3.
6 BeckOK DatenschutzR/*Worms*, Art. 19 DSGVO Rz. 8.
7 Der Verweis auf Art. 30 Abs. 1 Buchst. d hilft hier nicht weiter, da dort in aller Regel nur die Kategorien von Empfängern angegeben werden, vgl. *Kamps/Schneider*, K&R Beilage 2017, 24 (29).
8 BeckOK DatenschutzR/*Worms*, Art. 19 DSGVO Rz. 15; Gola/*Gola*, Art. 19 DSGVO Rz. 5, zu Abrufverfahren Rz. 6.

abzugrenzen vom Begriff des Öffentlichmachens nach Art. 17 Abs. 2[9], der gegenüber dem Art. 19 speziellere Rechtsfolgen auslöst. Mit Art. 19 soll sichergestellt werden, dass sich nicht bei den Empfängern fehlerhafte oder unzulässige Daten und Datenbestände perpetuieren. Da die Vorschrift nicht auf den Dritten, sondern auf den Empfänger abstellt, erfährt sie eine gewisse Weite. Insbesondere umfasst der Begriff des „Empfängers" auch etwaige Auftragsverarbeiter, obwohl diese keine „Dritten" darstellen[10]. Das wirft die Frage auf, wie lange die Offenlegung an Empfänger zu speichern ist (s. hierzu schon Art. 15 DSGVO Rz. 8 und 13). Art. 19 Satz 1 setzt damit zugleich voraus, dass die Rechte nach Art. 16 und 17 Abs. 1 erfolgreich durchgesetzt wurden[11].

Daneben soll der Verantwortliche aber auch über eine Einschränkung nach Art. 18 informieren. Ob das jedoch im Sinne der betroffenen Person ist, erscheint zweifelhaft. Denn die Vorschrift führt dazu, dass über die Information gerade nicht die von der betroffenen Person verlangte Einschränkung stattfindet, sondern dass sich das **Einschränkungsverlangen** und damit auch unter Umständen die personenbezogenen Daten seinerseits **verbreitet**. In den Fällen des Art. 18 Abs. 1 Buchst. b und c ergibt sich eine Informationspflicht eigentlich schon aus Art. 19 Satz 1 i.V.m. Art. 17 Abs. 1. In den Fällen des Art. 18 Abs. 1 Buchst. a und d erscheint dagegen eine Information nicht sinnvoll, da erst noch eine Prüfung stattfindet, an deren Ende auch stehen kann, dass die personenbezogenen Daten zu Recht verarbeitet wurden. Eine zwischenzeitlich flächendeckend erteilte Information würde alle Beteiligten nur irritieren und möglicherweise eher Nachteile für die betroffene Person bedingen. 4

III. Ausnahmen von der Mitteilungspflicht

Die grundsätzlich bestehende Mitteilungspflicht entfällt jedoch, wenn sie sich als **unmöglich** erweist oder mit **unverhältnismäßigem Aufwand** verbunden ist[12]. 5

Es stellt sich die Frage, ob sie nicht bereits deshalb mit unverhältnismäßigem Aufwand verbunden ist, weil die Vorschrift auf den Empfänger abstellt. Es ist jedoch davon auszugehen, dass dem Verordnungsgeber das bewusst gewesen ist. Es müssen mithin weitere Umstände hinzutreten. Ein unverhältnismäßiger Aufwand kann sich in Abgrenzung zur gleichrangig daneben stehenden Unmöglichkeit aus technisch-operativen Aspekten ergeben. Diese können dann unter Umständen doch wieder durch die Vielzahl der Empfänger und die damit verbundene Vielzahl an Mitteilungen bedingt sein. Unmöglichkeit kann sich dagegen aus rechtlichen Gründen ergeben (zur Abgrenzung s. schon Art. 14 Abs. 5) oder 6

---

9 Zur Abgrenzung noch einmal Ehmann/Selmayr/*Kamann/Braun*, Art. 19 DSGVO Rz. 10.
10 Zur Abgrenzung vom Dritten Ehmann/Selmayr/*Kamann/Braun*, Art. 19 DSGVO Rz. 5.
11 Ehmann/Selmayr/*Kamann/Braun*, Art. 19 DSGVO Rz. 9.
12 Gierschmann/Schlender/Stentzel/Veil/*Veil*, Art. 19 DSGVO Rz. 33 ff.

wenn die Empfänger schlicht nicht mehr bekannt sind[13]. Im Ergebnis dürfte auch hier abzuwägen sein. Dabei kann insbesondere die Relevanz der ursprünglich übermittelten Information eine Rolle spielen[14]. Auch ist zu berücksichtigen, dass sich unter Umständen durch die Nachberichtigung eine ggf. negative Information zu Lasten der betroffenen Person beim Empfänger perpetuiert[15] oder gar neu auflebt[16]. Daher spricht vieles dafür, dass eine Nachberichtigung dann unterbleiben kann, wenn es sich bei der ursprünglichen Übermittlung um eine einmalige Aktion (zum Zwecke der Werbung) gehandelt hat und der Zweck beim Empfänger längst entfallen ist.

IV. Unterrichtung der betroffenen Person

7   Nach Art. 19 Satz 2 hat der Verantwortliche die betroffene Person über[17] die (nachinformierten) Empfänger (nur) zu unterrichten, **wenn die betroffene Person das verlangt**[18]. Das Verlangen selbst ist nicht weiter konkretisiert. Die betroffene Person muss sich aber entsprechend unmissverständlich äußern. Der selbständige Anwendungsbereich der Vorschrift erschließt sich erst aus dem Vergleich mit Art. 15 Abs. 1 Buchst. c. Dort ist es zur Erfüllung des Anspruchs ausreichend, „nur" über die Kategorien von Empfängern Auskunft zu erteilen. Das reicht im Anwendungsbereich des Art. 19 nicht mehr. Das führt zur Frage, ob der Verantwortliche die Empfänger vorsichtshalber vorhalten muss, nur um sie im Falle des Art. 19 dann auch beauskunften zu können. Das würde jedoch zu weit führen und das Kriterium der Unmöglichkeit weitestgehend leer laufen lassen. Sollten sie aber gleichwohl vorhanden sein, wären sie ohnehin als gespeicherte Daten bereits nach Art. 15 zu beauskunften. Insoweit ist Art. 19 Satz 2 auch systematisch falsch verortet und im Grunde überflüssig, da nicht vorhandene personenbezogene Daten weder nach Art. 15 noch nach Art. 19 zu beauskunften sind. Eine Verpflichtung zur Speicherung alleine zum Zwecke der Beauskunftung an betroffene Personen ist jedoch der Verordnung nicht zu entnehmen (vgl. Kommentierung zu Art. 15 DSGVO Rz. 13).

---

13 Vgl. Ehmann/Selmayr/*Kamann/Braun*, Art. 19 DSGVO Rz. 11 f.
14 Ehmann/Selmayr/*Kamann/Braun*, Art. 19 DSGVO Rz. 13; Kühling/Buchner/*Herbst*, Art. 19 DSGVO Rz. 9.
15 Vgl. Gola/*Gola*, Art. 19 DSGVO Rz. 11; Kühling/Buchner/*Herbst*, Art. 19 DSGVO Rz. 11.
16 Gola/*Gola*, Art. 19 DSGVO Rz. 9.
17 Während Satz 1 die Information *an* den Empfänger regelt, regelt Satz 2 die Information *über* den Empfänger, Ehmann/Selmayr/*Kamann/Braun*, Art. 19 DSGVO Rz. 5.
18 BeckOK DatenschutzR/*Worms*, Art. 19 DSGVO Rz. 17; Ehmann/Selmayr/*Kamann/Braun*, Art. 19 DSGVO Rz. 16.

Artikel 20 Recht auf Datenübertragbarkeit

(1) Die betroffene Person hat das Recht, die sie betreffenden personenbezogenen Daten, die sie einem Verantwortlichen bereitgestellt hat, in einem strukturierten, gängigen und maschinenlesbaren Format zu erhalten, und sie hat das Recht, diese Daten einem anderen Verantwortlichen ohne Behinderung durch den Verantwortlichen, dem die personenbezogenen Daten bereitgestellt wurden, zu übermitteln, sofern

a) die Verarbeitung auf einer Einwilligung gemäß Artikel 6 Absatz 1 Buchstabe a oder Artikel 9 Absatz 2 Buchstabe a oder auf einem Vertrag gemäß Artikel 6 Absatz 1 Buchstabe b beruht und

b) die Verarbeitung mithilfe automatisierter Verfahren erfolgt.

(2) Bei der Ausübung ihres Rechts auf Datenübertragbarkeit gemäß Absatz 1 hat die betroffene Person das Recht, zu erwirken, dass die personenbezogenen Daten direkt von einem Verantwortlichen einem anderen Verantwortlichen übermittelt werden, soweit dies technisch machbar ist.

(3) Die Ausübung des Rechts nach Absatz 1 des vorliegenden Artikels lässt Artikel 17 unberührt. Dieses Recht gilt nicht für eine Verarbeitung, die für die Wahrnehmung einer Aufgabe erforderlich ist, die im öffentlichen Interesse liegt oder in Ausübung öffentlicher Gewalt erfolgt, die dem Verantwortlichen übertragen wurde.

(4) Das Recht gemäß Absatz 1 darf die Rechte und Freiheiten anderer Personen nicht beeinträchtigen.

I. Einführung	1	III. Verhältnis zu anderen Normen	13
II. Voraussetzungen (Abs. 1 und 2)	5	IV. Einschränkungen (Abs. 3 und 4)	14

Schrifttum: *Artikel 29-Datenschutzgruppe*, WP 242 v. 5. April 2017; *BDIU – Bundesverband Deutscher Inkasso-Unternehmen e.V.*, Recht auf Datenübertragbarkeit nach Art. 20 Datenschutz-Grundverordnung (DS-GVO) aus Sicht der Inkassobranche, Zfm 2017, 189; *Brüggemann*, Das Recht auf Datenportabilität, K&R 2018, 1; *Hennemann*, Datenportabilität, PinG 2017, 5; *Richter*, Aus Sicht der Stiftung Datenschutz – Wie setzt man Art. 20 DSGVO am besten um?, PinG 2017, 231; *Strubel*, Anwendungsbereich des Rechts auf Datenübertragbarkeit, ZD 2017, 355; im Übrigen s. Art. 12 DSGVO.

I. Einführung

Die Vorschrift enthält einen neuen Gedanken und hat **kein Vorbild** in der EG-Datenschutzrichtlinie[1]. Im Fall der Verarbeitung personenbezogener Daten mit- 1

---

[1] Zur Abgrenzung zum Anwendungsfall der 2. Zahlungsdiensterichtlinie: Leitlinien zum Recht auf Datenübertragbarkeit der Artikel 29-Datenschutzgruppe, WP 242, S. 9 mit

hilfe automatisierter Verfahren soll die betroffene Person über die eigenen Daten dadurch eine bessere Kontrolle[2] haben, dass sie die sie betreffenden personenbezogenen Daten, die sie einem Verantwortlichen bereitgestellt hat, in einem strukturierten, gängigen, maschinenlesbaren und interoperablen Format erhalten und sie einem anderen Verantwortlichen übermitteln kann. Auf Basis einer Einwilligung oder zur Durchführung eines Vertragsverhältnisses überlassene Daten sollen von einem Anbieter auf den nächsten übertragen werden können (Erwägungsgrund 68)[3]. Diese – erkennbar auf soziale Netzwerke zugeschnittene – Vorschrift[4] ist ähnlich motiviert wie Art. 17 und soll den Datenschutz im Internet zugunsten der betroffenen Personen erhöhen. Die betroffene Person soll die Möglichkeit erhalten, ggf. später für sie unliebsam gewordene Daten im Grunde voraussetzungslos auf einen anderen Anbieter übertragen zu können, insbesondere dann, wenn der Anbieter mit den eingestellten Daten nicht so verfährt, wie es sich die betroffene Person ursprünglich vorgestellt hat. Die Regelung soll sog. Netzeffekte beseitigen helfen[5]. Allerdings geht der Anwendungsbereich der Vorschrift weit über soziale Netzwerke hinaus und erstreckt sich – das Vorliegen der tatbestandlichen Voraussetzungen unterstellt – grundsätzlich auf alle Verantwortlichen im nicht-öffentlichen Bereich[6].

2 Art. 20 ist mit seiner Zielsetzung der Herausgabe[7] von personenbezogenen Daten an die betroffene Person selbst einerseits ein **Spezialfall des Art. 15**[8]. Andererseits hat jede betroffene Person das Recht, auch Löschungsansprüche nach Art. 17 zu erheben. Diese sollen ausweislich des Art. 20 Abs. 3 Satz 1 auch unbe-

---

Fn. 15; insgesamt kritisch zu den Leitlinien der Artikel 29-Datenschutzgruppe *Strubel*, ZD 2017, 355.

2 Paal/Pauly/*Paal*, Art. 20 DSGVO Rz. 4; Gola/*Piltz*, Art. 20 DSGVO Rz. 3; Artikel 29-Datenschutzgruppe, WP 242, S. 4.
3 Darauf, dass es bei Art. 20 eigentlich nicht um ein Recht auf Datenübertragbarkeit, sondern um eines auf Datenübertragung handelt, weist *Hennemann*, PinG 2017, 5 hin.
4 *Gierschmann*, ZD 2016, 51 (54); ähnlich BfDI-Info 6, April 2016, S. 14, etwas weitergehend mit Blick auf Verträge mit Energieversorgern, Banken oder Versicherungen, ohne allerdings die Frage zu beantworten, auf welche Daten sich das dann bezieht; *Hennemann*, PinG 2017, 5.
5 Artikel 29-Datenschutzgruppe, WP 242, S. 6; BeckOK DatenschutzR/*v. Lewinski*, Art. 20 DSGVO Rz. 11; Paal/Pauly/*Paal*, Art. 20 DSGVO Rz. 6; da die Regelungen in der Richtlinie (EU) 2015/2366 (PSD II) oder der EU-Richtlinie 2014/65/EU (MiFiD II) ebenfalls marktregulierend wirken sollen, stellt sich die Frage nach dem Verhältnis zu diesen.
6 BeckOK DatenschutzR/*v. Lewinski*, Art. 20 DSGVO Rz. 24 f., der gleichzeitig darauf hinweist, dass die Vorschrift im öffentlichen Bereich kaum Anwendung findet, Rz. 19 ff. und Rz. 22 ff.; Gola/*Piltz*, Art. 20 DSGVO Rz. 6; zur Sicht der Stiftung Datenschutz *Richter*, PinG 2017, 231 unter Bezug auf die durch diese erstellte Studie.
7 Vom Herausgabeanspruch spricht *Piltz*, K&R 2016, 629 (634).
8 Von einem modifizierten Auskunftsanspruch spricht BeckOK DatenschutzR/*v. Lewinski*, Art. 20 DSGVO Rz. 7 und Rz. 49, dort auch zur Unterscheidung zu Art. 15, Rz. 113 f.; zur Ähnlichkeit Kühling/Buchner/*Herbst*, Art. 20 DSGVO Rz. 19.

rührt bleiben. Die besondere Funktion des Art. 20 ist daher eher die, mithilfe eines datenschutzrechtlichen Anspruchs quasi Wettbewerb zu schaffen[9]. Vorschriften zum Anbieterwechsel finden sich auch in § 45 TKG, § 20a EnWG oder §§ 20 ff. ZKG[10].

Die Verantwortlichen sollen dazu aufgefordert werden, interoperationale Formate zu entwickeln, welche die Datenübertragbarkeit ermöglichen. Andererseits soll das Recht der betroffenen Person, sie betreffende personenbezogene Daten zu übermitteln oder zu empfangen, für den Verantwortlichen nicht die Pflicht begründen, technisch kompatible Datenverarbeitungssysteme zu übernehmen oder beizubehalten (so etwas widersprüchlich Erwägungsgrund 68)[11]. 3

Schließlich wohnt der Vorschrift ein starkes **Dispositionsrecht** der betroffenen Person über die sie betreffenden Daten inne[12]. Allerdings begründet Art. 20 kein eigentumsartiges dingliches Recht an Daten[13]. Der betroffenen Person wird, anders als in den Art. 16, 17 und 18, quasi ein voraussetzungsloses Verfügungsrecht über „ihre" Daten zugebilligt. Dies mag im Falle der auf Basis einer Einwilligung dem Verantwortlichen überlassenen Daten noch konsistent sein, wenn aber der Verantwortliche personenbezogene Daten auf Basis von Art. 6 Abs. 1 Buchst. b verarbeitet, können naturgemäß auch billigenswerte Interessen des Verantwortlichen dem Recht aus Art. 20 entgegenstehen. Dementsprechend formuliert dann auch Erwägungsgrund 68, dass die Ausübung des Rechts nach Art. 20 Abs. 1 insbesondere nicht bedeuten soll, dass die Daten, die sich auf die betroffene Person beziehen und von ihr zur Erfüllung eines Vertrags zur Verfügung gestellt worden sind, gelöscht werden, soweit und solange diese personenbezogenen Daten für die Erfüllung des Vertrags notwendig sind[14]. Es han- 4

---

9 So ausdrücklich und zur Genese *Albrecht*, CR 2016, 88 (93); *Schantz*, NJW 2016, 1841; zwischen Datenschutz- und Wettbewerbsrecht „changierend" BeckOK DatenschutzR/ *v. Lewinski*, Art. 20 DSGVO Rz. 6, dort auch zu Abgrenzungsschwierigkeiten Rz. 14; Ehmann/Selmayr/*Kamann/Braun*, Art. 20 DSGVO Rz. 3; zur kartellrechtlichen Dimension *Hennemann*, PinG 2017, 5 (6), der kritisiert, dass hier die im Kartellrecht üblichen Schwellenwerte nicht greifen.
10 *Brüggemann*, K&R 2018, 1.
11 Paal/Pauly/*Paal*, Art. 20 DSGVO Rz. 5; für eine enge Auslegung der Pflichten des Verantwortlichen Gola/*Piltz*, Art. 20 DSGVO Rz. 25; in diesem Sinne ähnlich auch Ehmann/Selmayr/*Kamann/Braun*, Art. 20 DSGVO Rz. 27; von einem Appell spricht Kühling/Buchner/*Herbst*, Art. 20 DSGVO Rz. 21; zum Verhältnis der (fehlenden) Pflichten des Verantwortlichen und dem Behinderungsverbot *Hennemann*, PinG 2017, 5 (7).
12 Von einer Stärkung der Dispositionsbefugnis spricht BfDI-Info 6, April 2016, S. 14.
13 BeckOK DatenschutzR/*v. Lewinski*, Art. 20 DSGVO Rz. 8.
14 Ausdrücklich Gola/*Piltz*, Art. 20 DSGVO Rz. 29; Ehmann/Selmayr/*Kamann/Braun*, Art. 20 DSGVO Rz. 21; umgekehrt verlangt Art. 20 auch nicht, dass er zu einer Speicherverpflichtung des Verantwortlichen führt, Artikel 29-Datenschutzgruppe, WP 242, S. 7; BeckOK DatenschutzR/*v. Lewinski*, Art. 20 DSGVO Rz. 52.

delt sich bei Art. 20 mithin nicht um einen „Umzug" von Daten[15]. Art. 20 führt nicht zu einer Kündigung eines bestehenden Dienstleistungsverhältnisses[16].

II. Voraussetzungen (Abs. 1 und 2)

5   Nach Art. 20 Abs. 1 hat die betroffene Person zunächst das Recht, die sie betreffenden personenbezogenen Daten, die sie einem Verantwortlichen bereitgestellt hat, in einem strukturierten, gängigen und maschinenlesbaren Format zu erhalten[17]. Bereits der Einleitungssatz stellt damit klar, dass sich das Recht aus Art. 20 nur auf die personenbezogenen Daten beschränkt, die **die betroffene Person selbst „betreffen"**[18]. Es ist jedoch Datenverarbeitungen immanent, dass personenbezogene Daten in aller Regel in einem Kontext stehen und nur durch diesen Kontext eine Aussagekraft erhalten und dementsprechend Wirkung entfalten. Insbesondere in sozialen Netzwerken entsteht ein – beabsichtigtes – Beziehungsgeflecht, bei welchem es im Grunde kaum denkbar erscheint, dass es dort personenbezogene Daten gibt, die (ausschließlich) die betroffene Person selbst betreffen[19]. Damit stellt sich die Frage nach dem praktischen Anwendungsbereich der Vorschrift[20]. Der Verordnungsgeber hat das Problem offensichtlich gesehen und in Art. 20 Abs. 4 bestimmt, dass das Recht die Rechte und Freiheiten anderer Personen nicht berühren darf. Auch aus den allgemeinen Grundsätzen ist abzuleiten, dass personenbezogene Daten, die andere betreffen, nicht in der Dispositionsbefugnis desjenigen stehen können, der seine Rechte nach Art. 20 ausüben möchte[21]. Der Anwendungsbereich der Vorschrift verengt sich damit naturgemäß, was insbesondere bei (in **soziale Netzwerke** eingestellten) Bildern mit mehreren Personen relevant werden dürfte[22]. Zu eng dürfte der An-

---

15 Artikel 29-Datenschutzgruppe, WP 242, S. 8; BeckOK DatenschutzR/*v. Lewinski*, Art. 20 DSGVO Rz. 115.
16 *Brüggemann*, K&R 2018, 1 (2); *Hennemann*, PinG 2017, 5 (7).
17 „Art Herausgabeanspruch", Gola/*Piltz*, Art. 20 DSGVO Rz. 8; den Betroffenen darlegungs- und beweispflichtig halten Ehmann/Selmayr/*Kamann/Braun*, Art. 20 DSGVO Rz. 12.
18 Nach der Artikel 29-Datenschutzgruppe, WP 242, S. 10 gilt dies auch für pseudonymisierte Daten.
19 *Brüggemann*, K&R 2018, 1 (4), weist darauf hin, dass in einem privaten Adressbuch auch Daten Dritter enthalten sind, die aber im Sinne der Vorschrift portierbar sind, während dies für Daten in sozialen Netzwerken nicht gilt, da die Beziehung zumindest auch von diesen Dritten angelegt wurde.
20 Von einer eingeschränkten Bedeutung gehen offenbar auch *Roßnagel/Nebel/Richter*, ZD 2016, 455 aus.
21 So ausdrücklich Gola/*Piltz*, Art. 20 DSGVO Rz. 36; a.A. offenbar Kühling/Buchner/*Herbst*, Art. 20 DSGVO Rz. 3.
22 Das Problem von Daten mit Doppelbezug ist nach BeckOK DatenschutzR/*v. Lewinski*, Art. 20 DSGVO Rz. 32 ungeklärt; für einen weiten Anwendungsbereich Artikel 29-Datenschutzgruppe, WP 242, S. 11 und 12 f.

satz sein, den Anwendungsbereich von der Zweckbestimmung des neuen Verantwortlichen abhängig zu machen[23].

Das Recht aus Art. 20 Abs. 1 bezieht sich dabei auf die personenbezogenen Daten, die die betroffene Person einem Verantwortlichen „**bereitgestellt**" hat. Der Anwendungsbereich ist damit zumindest diesbezüglich weit, da die Formulierung „jede andere Bereitstellung" in Art. 4 Abs. 2 offenbar meint, dass jedwede davor genannte Verarbeitungsalternative eine Form der Bereitstellung sein kann (s. Kommentierung zu Art. 4 DSGVO). Allerdings geht es in Art. 4 um die Datenverarbeitung in Form der Bereitstellung durch den Verantwortlichen und nicht um die durch den Betroffenen[24]. Damit bleibt die Frage relevant, welche Daten als „bereitgestellt" gelten oder nicht. Ganz generell dürfte es um Sachverhalte gehen, die von Art. 13 umfasst sind[25]. Nach enger Auslegung sind dies im Kontext einer Vertragsbeziehung nur die zur Durchführung des Vertragsverhältnisses überlassenen **Stammdaten**[26] der betroffenen Person, vgl. Art. 20 Abs. 1 Buchst. a i.V.m. Art. 6 Abs. 1 Buchst. b, nicht aber etwa dann folgende Bestelldaten aus einem E-commerce-Prozess. Letztere sind vielmehr Daten des Verantwortlichen, die erst im Rahmen der Kundenbeziehung entstehen, nicht aber durch die betroffene Person „bereitgestellt" werden[27]. (Nur) diese Auslegung wahrt auch die wettbewerbsrechtlichen Interessen des Verantwortlichen, vgl. auch Art. 20 Abs. 4. Das uneingeschränkte Recht, die Daten auch einem anderen Verantwortlichen zur Verfügung zu stellen, muss seine Grenze in den Daten haben, an denen der zur Herausgabe verpflichtete Verantwortliche keine eigenen Rechte hat (s. auch Erwägungsgrund 4). Ausgeschlossen sind jedenfalls aus den bereitgestellten Daten „abgeleitete Daten", wie etwa Profiling-Daten[28]. 6

Zudem lässt sich aus der Tatsache, dass Art. 20 Abs. 1 Buchst. a nur auf auf Basis einer Einwilligung oder im Rahmen eines Vertrages nach Art. 6 Abs. 1 Buchst. b bereitgestellte Daten abstellt, ableiten[29], dass von dem Recht auf Da- 7

---

23 So aber offenbar Artikel 29-Datenschutzgruppe, WP 242, S. 13 f.
24 BeckOK DatenschutzR/*v. Lewinski*, Art. 20 DSGVO Rz. 38.
25 *Hennemann*, PinG 2017, 5 (6 f.).
26 BeckOK DatenschutzR/*v. Lewinski*, Art. 20 DSGVO Rz. 41, im Folgenden mit differenzierenden Beispielen.
27 A.A. Kühling/Buchner/*Herbst*, Art. 20 DSGVO Rz. 9.
28 Artikel 29-Datenschutzgruppe, WP 242, S. 12; BeckOK DatenschutzR/*v. Lewinski*, Art. 20 DSGVO Rz. 47; ähnlich Ehmann/Selmayr/*Kamann/Braun*, Art. 20 DSGVO Rz. 13; Kühling/Buchner/*Herbst*, Art. 20 DSGVO Rz. 11 („... Ergebnis der Verarbeitung (im Sinne einer Auswertung) ..."); nach *Brüggemann*, K&R 2018, 1 (2 f.) sind am Beispiel eines Fitnessarmbandes die Anmelde- und Trainingsdaten, nicht aber ein vom Anbieter daraufhin maßgeschneidertes Fitnessprogramm vom Anwendungsbereich der Vorschrift umfasst; Gierschmann/Schlender/Stentzel/Veil/*Veil*, Art. 20 DSGVO Rz. 93.
29 *Härting*, Datenschutz-Grundverordnung, Rz. 729.

tenübertragbarkeit nicht solche Fälle gemeint sind, in denen die betroffene Person ihre Daten schlicht eingibt oder hinterlässt, wie in Apps, Einstellungen an technischen Geräten oder Konten. In diesen Fällen steht die Nutzung von technischen Features im Vordergrund, nicht die eines Dienstes, bei denen der Wettbewerb im Datenschutz durch das Recht auf Datenübertragbarkeit gefördert werden soll. Bei der Nutzung von **technischen Features** hat es die betroffene Person auch in aller Regel allein in der Hand, die entsprechenden Daten ggf. wieder zu löschen[30]. Sie ist insoweit auch nach dem Sinn und Zweck nicht i.S.d. Art. 20 „schutzbedürftig" und auf einen Herausgabeanspruch angewiesen.

8 Damit die betroffene Person die personenbezogenen Daten i.S.d. Art. 20 Abs. 1 erhalten kann, muss sie der Verantwortliche auch zur Verfügung stellen. Hierfür bestimmt Art. 20 Abs. 1 eine besondere Form. Danach müssen die personenbezogenen Daten in einem strukturierten, gängigen und maschinenlesbaren Format zur Verfügung gestellt werden. Hierbei wird auf den aktuellen **Stand der Technik** abzustellen sein[31]. Da die betroffene Person die sie betreffenden Daten auch im Rahmen des Auskunftsrechts nach Art. 15 erhalten kann, wird man im Rahmen des Art. 20 ein Mehr fordern müssen, damit die Vorschrift eigene Wirkung entfalten kann. Die Artikel 29-Datenschutzruppe erwähnt die Formate XML, JSON oder CSV[32]. Welche Anforderungen im Einzelnen jedoch zu erfüllen sind, bleibt gleichwohl unklar[33].

9 Nach Erhalt der Daten hat die betroffene Person das Recht, diese Daten einem anderen Verantwortlichen ohne Behinderung durch den Verantwortlichen, dem die Daten bereitgestellt wurden, zu übermitteln. Das Recht, die erhaltenen Daten einem anderen Verantwortlichen zu übermitteln, bedeutet jedoch nicht, dass dieser andere Verantwortliche die „angebotenen" Daten einfach übernehmen muss. Hier kann er auf seine Allgemeinen Geschäftsbedingungen zurückgreifen. Eine Art Kontrahierungszwang entsteht dadurch nicht[34]. Das Recht, die zurückerlangten personenbezogenen Daten einem anderen Verantwortlichen zu übertragen bzw. schlicht zur Verfügung zu stellen, ergibt sich schon aus den allgemeinen Regeln. Art. 20 hätte es dazu nicht bedurft. Die Sinnhaftigkeit dieses Halbsatzes der Norm ergibt sich vielmehr aus dem **Behinderungsverbot** des ur-

---

30 *Gierschmann*, ZD 2016, 51 (54).
31 Von einem digitalem Auszug spricht BeckOK DatenschutzR/*v. Lewinski*, Art. 20 DSGVO Rz. 49.
32 Artikel 29-Datenschutzgruppe, WP 242, S. 21.
33 Eingehend BeckOK DatenschutzR/*v. Lewinski*, Art. 20 DSGVO Rz. 20, Rz. 53 und Rz. 68 ff., dort ebenso mit Formatbeispielen wie Gola/*Piltz*, Art. 20 DSGVO Rz. 21; auch Ehmann/Selmayr/*Kamann/Braun*, Art. 20 DSGVO Rz. 23.
34 Artikel 29-Datenschutzgruppe, WP 242, S. 7, die sogleich den „neuen" Verantwortlichen an seine Pflicht aus Art. 14 erinnern; BeckOK DatenschutzR/*v. Lewinski*, Art. 20 DSGVO Rz. 82.2; Ehmann/Selmayr/*Kamann/Braun*, Art. 20 DSGVO Rz. 25; Kühling/Buchner/*Herbst*, Art. 20 DSGVO Rz. 22.

sprünglich Verantwortlichen. Diese soll die durch Art. 20 intendierte Datenportabilität nicht durch (technische) Restriktionen unterlaufen dürfen und so den Wettbewerb verhindern[35].

Nach **Art. 20 Abs. 2** hat die betroffene Person auch das Recht, zu erwirken, dass die personenbezogenen Daten **direkt vom Verantwortlichen einem anderen Verantwortlichen** übertragen werden, soweit dies technisch machbar ist. Der Verantwortliche soll auch mit schuldbefreiender Wirkung direkt an den Dritten leisten dürfen und muss dies auch tun, wenn das von ihm verlangt wird. Allerdings steht ihm die Einrede der technischen Machbarkeit zur Verfügung. An diese Anforderung wird man keine allzu hohen Anforderungen stellen dürfen. Immerhin muss der Verantwortliche das Recht kostenlos erfüllen[36]. Ihm dürfen darüber hinaus also keine weiteren unbilligen Kosten entstehen. Allerdings ist zu berücksichtigen, dass die Daten nach Art. 20 Abs. 1 in einem gängigen Format zu präsentieren sind. Der Einwand kann also nur dann eingreifen, wenn der andere Verantwortliche entweder kein gängiges oder ein gängiges, aber anderes Format verwendet. Ebenfalls können Schwierigkeiten entstehen, wenn es keine (gängigen) Schnittstellen zwischen den Verantwortlichen gibt. Im Zweifel wird man dem Verantwortlichen zubilligen müssen, dass er die betroffene Person auf den Weg nach Abs. 1 verweist. Wie bei Abs. 1 besteht keine Pflicht des empfangenden Verantwortlichen, die Daten entsprechend anzunehmen[37]. 10

Das Recht zur Datenübertragbarkeit ist **aber nicht uneingeschränkt** gegeben. Es besteht nur, wenn die Daten auf Basis einer Einwilligung[38] verarbeitet wurden, Art. 20 Abs. 1 Buchst. a Alt. 1, oder deren Verarbeitung auf einem Vertrag beruht, Art. 20 Abs. 1 Buchst. a Alt. 2. Damit besteht das Recht auf Datenübertragbarkeit ausdrücklich nicht, wenn die Datenverarbeitung auf Basis einer anderen als den genannten Rechtsgrundlagen erfolgte[39]. Erwägungsgrund 68 stellt hierfür ausdrücklich klar, dass der autonomen Datenübertragbarkeit andere Interes- 11

---

35 Paal/Pauly/*Paal*, Art. 20 DSGVO Rz. 21; *Brüggemann*, K&R 2018, 1 (3); auf Behinderungen in der Sphäre des Betroffenen weist BeckOK DatenschutzR/*v. Lewinski*, Art. 20 DSGVO Rz. 80.1 hin; gegen eine Beratungspflicht s. ebenfalls dort, Rz. 86 f.; Gola/*Piltz*, Art. 20 DSGVO Rz. 11.
36 Für eine Verhältnismäßigkeitsprüfung *Piltz*, K&R 2016, 629 (634).
37 BeckOK DatenschutzR/*v. Lewinski*, Art. 20 DSGVO Rz. 57; Ehmann/Selmayr/*Kamann/Braun*, Art. 20 DSGVO Rz. 29.
38 Zum Problem der unwirksamen Einwilligung BeckOK DatenschutzR/*v. Lewinski*, Art. 20 DSGVO Rz. 36; in diesem Fall das Recht aus Art. 20 ausschließend Gola/*Piltz*, Art. 20 DSGVO Rz. 16; die Einwilligung kann auch die Weitergabe an Dritte umfassen, wobei es dann aber an dem Merkmal der Bereitstellung gegenüber dem Dritten fehlen dürfte, s. *Brüggemann*, K&R 2018, 1.
39 Das Recht aus Art. 20 verneinend, wenn Daten zur Geldwäscheprävention verarbeitet wurden, Artikel 29-Datenschutzgruppe, WP 242, S. 9 f., undeutlich für Beschäftigungsverhältnisse S. 10.

sen entgegenstehen können. Deswegen dürften ohnehin nur Situationen der Direkterhebung nach Art. 13 in Frage kommen[40].

12 Weiterhin muss die (auf Basis von Art. 20 Abs. 1 Buchst. a erfolgende) Datenverarbeitung auch **mithilfe automatisierter Verfahren** erfolgen, um das Recht auf Datenübertragbarkeit zu begründen. Art. 4 Abs. 2 definiert nur den Begriff der Verarbeitung. Danach kann eine Verarbeitung auch ohne automatisierte Verfahren erfolgen. Das Recht auf Datenübertragbarkeit knüpft aber daran an, dass diese mithilfe automatisierter Verfahren erfolgt. Das ist insoweit konsequent, als dass die technischen Anforderungen an die Datenübertragbarkeit nur erfüllt werden können, wenn die Datenverarbeitung ursprünglich auch mithilfe automatisierter Verfahren erfolgte. Die Verarbeitung mithilfe automatisierter Verfahren dürfte aber der Regelfall sein. Papierakten sind damit vom Anwendungsbereich ausgeschlossen[41].

III. Verhältnis zu anderen Normen

13 Da Art. 20 Abs. 1 Satz 1 formuliert, dass die betroffene Person die sie betreffenden Daten erhalten kann, lässt sich Art. 20 zumindest in dieser Tatbestandsalternative als Sonderform des Auskunftsrechts definieren. Art. 20 Abs. 3 Satz 1 betont darüber hinaus ausdrücklich, dass die Reche nach Art. 17 unberührt bleiben. Im Grunde dürfte dies aber für alle Betroffenenrechte gelten.

IV. Einschränkungen (Abs. 3 und 4)

14 Eine Einschränkung des Rechts aus Art. 20 formuliert Art. 20 Abs. 3 Satz 2. Danach besteht das Recht aus Art. 20 nicht, wenn die Verarbeitung, die für die Wahrnehmung einer Aufgabe erforderlich ist, im **öffentlichen Interesse**[42] liegt oder in Ausübung öffentlicher Gewalt erfolgt, die dem Verantwortlichen übertragen wurde. Damit fallen beispielsweise Daten, die zur Erfüllung geldwäscherechtlicher Pflichten verarbeitet werden, aus dem Anwendungsbereich des Art. 20 Abs. 1 heraus. Der Standort der Norm irritiert zunächst. Die Ausnahme dürfte sich aber auf das (gesamte) Recht aus Art. 20 beziehen und nicht nur auf Art. 20 Abs. 3 Satz 1. Seinem Wortlaut nach verweist Art. 20 Abs. 3 Satz 2 auf

---

40 BeckOK DatenschutzR/*v. Lewinski*, Art. 20 DSGVO Rz. 39, dort Auskunfteien und Datenanalyseunternehmen explizit ausschließend in Rz. 27; Paal/Pauly/*Paal*, Art. 20 DSGVO Rz. 17.
41 Artikel 29-Datenschutzgruppe, WP 242, S. 10; BeckOK DatenschutzR/*v. Lewinski*, Art. 20 DSGVO Rz. 29.
42 Behörden sind daher weitestgehend ausgenommen, BeckOK DatenschutzR/*v. Lewinski*, Art. 20 DSGVO Rz. 20; Paal/Pauly/*Paal*, Art. 20 DSGVO Rz. 24; Gola/*Piltz*, Art. 20 DSGVO Rz. 5.

die Datenverarbeitungsvorgänge, die auf Art. 6 Abs. 1 Buchst. e gestützt werden (können)[43]. In diesen Fällen hat also die betroffene Person kein Recht auf Datenübertragbarkeit. Die Vorschrift macht Sinn, weil durch eine Datenübertragung möglicherweise die Geeignetheit eingeschränkt werden könnte, gerade die öffentlich interessierende Aufgabe zu erfüllen oder schlicht der Verantwortliche nicht durch eine Datenübertragung daran gehindert werden soll, die im öffentlichen Interesse erfolgende Datenverarbeitung durchzuführen.

Schließlich stellt Art. 20 Abs. 4 die Vorschrift unter den Generalvorbehalt, dass das Recht auf Datenübertragbarkeit die **Rechte und Freiheiten anderer Personen** nicht beeinträchtigen darf (s. hierzu schon oben Rz. 5). Diese Norm formuliert eigentlich eine Selbstverständlichkeit, denn schon Erwägungsgrund 4 Satz 2 stellt fest, dass das Recht auf Schutz der personenbezogenen Daten kein uneingeschränktes Recht ist, sondern es im Hinblick auf seine gesellschaftliche Funktion gesehen und unter Wahrung des Verhältnismäßigkeitsgrundsatzes gegen andere Grundrechte abgewogen werden muss[44]. Damit sind aber nicht nur andere betroffene Personen[45] gemeint (s. zum Kontext zu anderen betroffenen Personen Kommentierung zu Art. 15 DSGVO Rz. 20), sondern auch die Verantwortlichen[46], die in ihrer Ausübung des eingerichteten und ausgeübten Gewerbebetriebs im Wettbewerb nicht unnötig belastet werden dürfen. Das Recht zur Verwertung der Erkenntnisse aus der Datenbank beispielsweise steht gemäß §§ 87a Abs. 2, 87b UrhG ausschließlich demjenigen zu, der die Investition vorgenommen hat. Für den Verantwortlichen bringt diese Prüfung allerdings Haftungsrisiken mit sich[47]. 15

Ob Art. 20 abdingbar ist, ist umstritten[48]. 16

---

43 *Hennemann*, PinG 2017, 5 (8) weist in Ansehung des Erwägungsgrund 68 auf das Fehlen des Verweises auf Art. 6 Abs. 1 Buchst. c hin.
44 S. auch BeckOK DatenschutzR/*v. Lewinski*, Art. 20 DSGVO Rz. 93, zu Betriebs- und Geschäftsgeheimnissen Rz. 99 ff.
45 BeckOK DatenschutzR/*v. Lewinski*, Art. 20 DSGVO Rz. 98; *Brüggemann*, K&R 2018, 1 (4).
46 So auch BeckOK DatenschutzR/*v. Lewinski*, Art. 20 DSGVO Rz. 102.
47 *Brüggemann*, K&R 2018, 1 (4).
48 Zweifelnd BeckOK DatenschutzR/*v. Lewinski*, Art. 20 DSGVO Rz. 109; zur Frage der Begrenzung des Anspruch aus Art. 20 bei Verträgen des Verantwortlichen mit Dritten Artikel 29-Datenschutzgruppe, WP 242, S. 14.

Abschnitt 4
Widerspruchsrecht und automatisierte Entscheidungsfindung im Einzelfall

Artikel 21 Widerspruchsrecht

(1) Die betroffene Person hat das Recht, aus Gründen, die sich aus ihrer besonderen Situation ergeben, jederzeit gegen die Verarbeitung sie betreffender personenbezogener Daten, die aufgrund von Artikel 6 Absatz 1 Buchstaben e oder f erfolgt, Widerspruch einzulegen; dies gilt auch für ein auf diese Bestimmungen gestütztes Profiling. Der Verantwortliche verarbeitet die personenbezogenen Daten nicht mehr, es sei denn, er kann zwingende schutzwürdige Gründe für die Verarbeitung nachweisen, die die Interessen, Rechte und Freiheiten der betroffenen Person überwiegen, oder die Verarbeitung dient der Geltendmachung, Ausübung oder Verteidigung von Rechtsansprüchen.

(2) Werden personenbezogene Daten verarbeitet, um Direktwerbung zu betreiben, so hat die betroffene Person das Recht, jederzeit Widerspruch gegen die Verarbeitung sie betreffender personenbezogener Daten zum Zwecke derartiger Werbung einzulegen; dies gilt auch für das Profiling, soweit es mit solcher Direktwerbung in Verbindung steht.

(3) Widerspricht die betroffene Person der Verarbeitung für Zwecke der Direktwerbung, so werden die personenbezogenen Daten nicht mehr für diese Zwecke verarbeitet.

(4) Die betroffene Person muss spätestens zum Zeitpunkt der ersten Kommunikation mit ihr ausdrücklich auf das in den Absätzen 1 und 2 genannte Recht hingewiesen werden; dieser Hinweis hat in einer verständlichen und von anderen Informationen getrennten Form zu erfolgen.

(5) Im Zusammenhang mit der Nutzung von Diensten der Informationsgesellschaft kann die betroffene Person ungeachtet der Richtlinie 2002/58/EG ihr Widerspruchsrecht mittels automatisierter Verfahren ausüben, bei denen technische Spezifikationen verwendet werden.

(6) Die betroffene Person hat das Recht, aus Gründen, die sich aus ihrer besonderen Situation ergeben, gegen die sie betreffende Verarbeitung sie betreffender personenbezogener Daten, die zu wissenschaftlichen oder historischen Forschungszwecken oder zu statistischen Zwecken gemäß Artikel 89 Absatz 1 erfolgt, Widerspruch einzulegen, es sei denn, die Verarbeitung ist zur Erfüllung einer im öffentlichen Interesse liegenden Aufgabe erforderlich.

I. Einführung 1
II. Voraussetzungen im Einzelnen (Abs. 1–3) 2
III. Hinweispflicht (Abs. 4) 11
IV. Form 14
V. Forschungs- und statistische Zwecke 16

Schrifttum: S. Art. 12 DSGVO.

I. Einführung

Innerhalb des Kapitels III, der die Rechte der betroffenen Person behandelt, enthält der Abschnitt 1 mit seinem Art. 12 gleichsam vor die Klammer gezogen die allgemeinen Hinweise zur Transparenz und den Modalitäten. Abschnitt 2 enthält das Informations- und Auskunftsrecht, Kapitel III die Rechte der betroffenen Personen zur Berichtigung und Löschung. Davon abgesetzt und zusammen mit der automatisierten Entscheidung im Einzelfall ist das Widerspruchsrecht in einem eigenen Abschnitt 4 verortet. Das macht an dieser Stelle bereits deutlich, dass es – anders als in Abschnitt 3 – nicht um fehlerhafte oder unzulässige Verarbeitungsvorgänge geht, sondern um **an sich richtige und zulässige**[1], deren Einzelheiten aber gesondert geregelt werden müssen (Art. 22) oder die besonderen Rechte der betroffenen Person definieren, nach denen eine (an sich richtige und zulässige) **Datenverarbeitung** gleichwohl ein Widerspruchrecht begründen kann (Art. 21)[2].

1

II. Voraussetzungen im Einzelnen (Abs. 1–3)

Nach Art. 21 Abs. 1 Satz 1 hat die betroffene Person das Recht, jederzeit der Verarbeitung der sie betreffenden personenbezogenen Daten[3] zu widersprechen. Allerdings besteht dieses Recht nicht voraussetzungslos[4].

2

Das Recht besteht zunächst nur, wenn die (ursprüngliche) Verarbeitung aufgrund von Art. 6 Abs. 1 Buchst. e oder f erfolgt. Für die anderen Zulässigkeitstatbestände besteht ein Widerspruchsrecht mithin nicht[5]. Der Verweis auf Art. 6 Abs. 1 Buchst. e überrascht etwas, weil immerhin die Datenverarbeitung im **öffentlichen Interesse** erfolgt[6]. Der Verweis wird aber in Erwägungsgrund 69 ausdrücklich bestätigt. Naheliegender wäre es gewesen, wenn – ähnlich wie in Art. 20 – gerade in den Fällen, in denen die Datenverarbeitung im öffentlichen Interesse erfolgt, die entsprechenden Betroffenenrechte eingeschränkt wären.

3

Daneben besteht das Widerspruchsrecht, wenn die Datenverarbeitung (ursprünglich) nach Art. 6 Abs. 1 Buchst. f erfolgte. Das ist dagegen nachvollziehbar, weil in allen anderen Fällen des Art. 6 Abs. 1 die Datenverarbeitung entweder auf Basis der Einwilligung (deren Widerruf in Art. 17 Abs. 1 Buchst. b ge-

4

---

1 Auch BfDI-Info 6, April 2016, S. 15 betont, dass es bei Art. 21 um „an sich rechtmäßige Verarbeitung personenbezogener Daten" geht; Gola/*Schulz*, Art. 21 DSGVO Rz. 1.
2 Zur Unterschiedlichkeit der in Art. 21 geregelten Widerspruchsrechte Paal/Pauly/*Martini*, Art. 21 DSGVO Rz. 16; Gola/*Schulz*, Art. 21 DSGVO Rz. 4 f.
3 Zur Problematik des Drittbezugs Ehmann/Selmayr/*Kamann/Braun*, Art. 21 DSGVO Rz. 18; Kühling/Buchner/*Herbst*, Art. 21 DSGVO Rz. 14.
4 Von einer dreistufigen Prüfung spricht BeckOK DatenschutzR/*Forgó*, Art. 21 DSGVO Rz. 7.
5 Paal/Pauly/*Martini*, Art. 21 DSGVO Rz. 22.
6 Nationale Erweiterungen sind hier denkbar, s. Paal/Pauly/*Martini*, Art. 21 DSGVO Rz. 23.

sondert geregelt ist), zur Vertragserfüllung oder zur Erfüllung wichtiger Pflichten erforderlich ist, während sie bei Art. 6 Abs. 1 Buchst. f „nur" auf Basis einer **Interessenabwägung** erfolgte.

5 Das Widerspruchsrecht besteht aber auch bei einer ursprünglich auf Art. 6 Abs. 1 Buchst. e und f gestützten Datenverarbeitung nur, wenn bei der betroffenen Person eine **besondere Situation** vorliegt. Diese besondere Situation muss über das hinausgehen, was Gegenstand der (ursprünglichen) Abwägung war, denn sonst wäre die ursprüngliche Datenverarbeitung nach Art. 6 Abs. 1 Buchst. f schon unzulässig gewesen. Voraussetzung für ein Widerspruchsrecht ist mithin eine an sich zulässige Datenverarbeitung, bei der sich aber nun (ggf. nachträglich) aus der besonderen Situation ein Widerspruchsrecht ergibt. Auch Erwägungsgrund 69 geht davon aus, dass die Daten – auch wenn sie möglicherweise zulässig verarbeitet wurden – gleichwohl einem Widerspruchsrecht unterliegen können. Aus der grundsätzlich zulässigen Datenverarbeitung ergibt sich also, dass das Kriterium der besonderen Situation eng auszulegen ist und es Umstände sein müssen, die über das hinausgehen müssen, was Gegenstand der allgemeinen Interessenwägung (gewesen) ist[7]. Die enge Auslegung des Kriteriums der besonderen Situation der betroffenen Person ergibt sich nicht zuletzt aus der Tatsache, dass das Widerspruchsrecht auch bei einer Datenverarbeitung bestehen soll, die (sogar) im öffentlichen Interesse vorgenommen wird. Einer im öffentlichen Interesse nach Art. 6 Abs. 1 Buchst. e liegenden und ggf. sogar verpflichtenden Datenverarbeitung kann und soll offenkundig nur bei Vorliegen einer sich aus einer besonderen Situation heraus ergebenden, neuen Interessenlage widersprochen werden können. Dementsprechend muss die betroffene Person den Widerspruch hinreichend konkret begründen[8]. Es muss sich danach um besondere Umstände handeln, in denen sich die betroffene Person befindet. Zu denken ist hier an solche Fälle, in denen die betroffene Person durch die Datenverarbeitung einer hohen Gefährdung ausgesetzt wäre, wie zum Beispiel wenn die betroffene Person an einem Zeugenschutzprogramm teilnimmt oder die Betroffene in einem Frauenhaus wohnt. Eine bloße Erkrankung[9] oder rein wirtschaftliche Interessen[10] reichen jedoch nicht aus

---

7 H.M.; Paal/Pauly/*Martini*, Art. 21 DSGVO Rz. 6, Rz. 12 und Rz. 30; Gola/*Schulz*, Art. 21 DSGVO Rz. 8 mit Hinweis auf die Entstehungsgeschichte; Ehmann/Selmayr/*Kamann/Braun*, Art. 21 DSGVO Rz. 10 und Rz. 19 f.; im Ergebnis auch Gierschmann/Schlender/Stentzel/Veil/*Veil*, Art. 21 DSGVO Rz. 67 ff. (76); a.A. BeckOK DatenschutzR/*Forgó*, Art. 21 DSGVO Rz. 8; *Härting/Gössling/Dimov*, ITRB 2017, 169 (170).

8 Gola/*Schulz*, Art. 21 DSGVO Rz. 9; Ehmann/Selmayr/*Kamann/Braun*, Art. 21 DSGVO Rz. 21; Kühling/Buchner/*Herbst*, Art. 21 DSGVO Rz. 15; *Franck*, RdV 2016, 111 (113); von einer Darlegungslast spricht Gierschmann/Schlender/Stentzel/Veil/*Veil*, Art. 21 DSGVO Rz. 48, vgl. auch Rz. 62.

9 OLG Frankfurt v. 13.3.2011 – 19 U 291/10, ZD 2011, 35.

10 OLG Düsseldorf v. 13.2.2015 – I-16 U 41/14; OLG Frankfurt v. 15.10.2014 – 4 U 99/14, MMR 2016, 104.

Das Widerspruchsrecht steht weiter unter der Voraussetzung, dass der Verantwortliche **keine zwingenden schutzwürdigen Gründe** für die Verarbeitung nachweisen kann, die die Interessen, Rechte und Freiheiten der betroffenen Person überwiegen, oder die Verarbeitung dient der Geltendmachung, Ausübung oder Verteidigung von Rechtsansprüchen. Die Datenverarbeitung muss also in Ansehung der besonderen Gründe umso zwingender und dringlicher sein[11]. Solche überwiegenden Interessen des Verantwortlichen können die Betrugsprävention oder die Gewährleistung von Daten- und IT-Sicherheit sein[12]. Auch die für die Kreditwirtschaft wichtige Funktion von Auskunfteien[13] kann generell einen zwingenden schutzwürdigen Grund darstellen. Die zur Erfüllung aufsichtsrechtlicher Vorschriften durchgeführten Verarbeitungsvorgänge stellen per se schutzwürdige Gründe dar. Anderenfalls verhielte sich ein Institut im Interesse des Kunden rechtswidrig. Die Erfüllung regulatorischer Anforderungen kann nicht zur Disposition der Kunden stehen. Hier hat ein Widerspruch also keine Folge. 6

Entsprechendes soll nach Art. 21 Abs. 1 Satz 1 Halbs. 2 auch für ein auf die Bestimmungen des Art. 6 Abs. 1 Buchst. e und f gestütztes **Profiling** gelten. Da sich die Zulässigkeit des Profilings aus den allgemeinen Vorschriften ableitet, gilt Vorstehendes in den Fällen des Profilings entsprechend[14]. 7

Art. 21 Abs. 1 a.E. stellt klar, dass sich die betroffene Person nicht dadurch einer **Rechtsverfolgung** entziehen können soll, dass sie durch eine Ausübung des Widerspruchsrechts die für die Rechtsverfolgung notwendige Datenverarbeitung verhindert[15]. Die Vorschrift ist mithin weit auszulegen[16]. Das gilt insbesondere für Geltendmachung von Zahlungsansprüchen, insbesondere in Inkassosituationen, Kommentierung zu Art. 17 DSGVO Rz. 20. 8

Als Rechtsfolge formuliert Art. 21 Abs. 1 etwas untechnisch, dass (erst) im Falle der zulasten des Verantwortlichen ausgehenden Interessenabwägung[17] dieser 9

---

11 Paal/Pauly/*Martini*, Art. 21 DSGVO Rz. 35 ff.; Ehmann/Selmayr/*Kamann/Braun*, Art. 21 DSGVO Rz. 22 und Rz. 35.
12 Ehmann/Selmayr/*Kamann/Braun*, Art. 21 DSGVO Rz. 23.
13 S. hierzu BT-Drucks. 18/11325, S. 101.
14 Deswegen bietet Art. 21 gerade kein (voraussetzungsloses) Opt-out beim Profiling, so aber BeckOK DatenschutzR/*Forgó*, Art. 21 DSGVO Rz. 19; ähnlich wohl Kühling/Buchner/*Herbst*, Art. 21 DSGVO Rz. 13; zutreffend dagegen Gola/*Schulz*, Art. 21 DSGVO Rz. 15.
15 BeckOK DatenschutzR/*Forgó*, Art. 21 DSGVO Rz. 14; Paal/Pauly/*Martini*, Art. 21 DSGVO Rz. 41.
16 Paal/Pauly/*Martini*, Art. 21 DSGVO Rz. 43; Gola/*Schulz*, Art. 21 DSGVO Rz. 11; Ehmann/Selmayr/*Kamann/Braun*, Art. 21 DSGVO Rz. 27 ff.; zu eng dagegen Kühling/Buchner/*Herbst*, Art. 21 DSGVO Rz. 23.
17 Gola/*Schulz*, Art. 21 DSGVO Rz. 13 weist zurecht darauf hin, dass die Rechtsfolge erst nach Prüfung sämtlicher Voraussetzungen eintritt.

die Daten „nicht mehr verarbeitet"[18]. Richtiger wäre es möglicherweise gewesen, hier auf die **Einschränkung** der Datenverarbeitung nach Art. 18 zu verweisen.

10 Gemäß Art. 21 Abs. 2 besteht ein Recht, gegen **Werbung** zu widersprechen[19]. Dieses Recht ist, anders als Art. 21 Abs. 1, an weitere Voraussetzungen nicht gebunden[20]. Ein solches Recht war in Art. 14b EG-Datenschutzrichlinie sowie in § 28 Abs. 4 BDSG-alt bereits enthalten. Allerdings wurde die Vorschrift demgegenüber insoweit erweitert, dass sie sich nun auch ausdrücklich auf ein Profiling bezieht, dass mit einer solchen Direktwerbung in Verbindung steht. Da aber die Ansprache zum Zwecke der Werbung oftmals einer (vorherigen) Profilbildung folgen dürfte, ist diese Erweiterung folgerichtig. Im Anschluss an einen Hinweis nach den Art. 13 und 14 können betroffene Personen somit direkt reagieren. Als Rechtsfolge eines solchen Widerspruchs formuliert **Art. 21 Abs. 3**, dass die personenbezogenen Daten „für diese Zwecke nicht mehr verarbeitet werden". Eine Verarbeitung für andere Zwecke bleibt – je nach Widerspruch – damit möglich[21] und ist möglicherweise wegen gesetzlicher Anforderungen sogar zwingend. Ähnlich wie in Art. 21 Abs. 1 ist diese Rechtsfolge insoweit undeutlich, als dass nicht an die Begriffe des 3. Abschnitts in Kapitel III angeknüpft wird. Vielfach wird es im Interesse des Betroffenen liegen, dass er in eine Sperrliste aufgenommen wird, um seinem Widerspruch Wirkung beizumessen. Die Führung solcher Listen wird demnach auch künftig zulässig bleiben[22].

III. Hinweispflicht (Abs. 4)

11 Art. 21 Abs. 4 formuliert die Verpflichtung des Verantwortlichen, zum Zeitpunkt der **ersten Kommunikation** auf das Widerspruchsrecht hinzuweisen (s. aber auch schon Art. 13 Abs. 2 Buchst. b und Art. 14 Abs. 2 Buchst. c). Für den sog. Werbewiderspruch fand sich das bereits in Art. 14b EG-Datenschutzrichtlinie sowie in § 28 Abs. 4 Satz 2 BDSG-alt. Da das Widerspruchsrecht die zentrale Rechtfertigung dafür ist, dass ohne Einwilligung Werbung betrieben werden kann, sollte die Information hierüber bei der Erfüllung der sich aus Art. 13 bzw. 14 ergebenden Verpflichtungen erfolgen.

12 Problematisch ist allerdings der Verweis auch auf die nach Art. 21 Abs. 1 artikulierbaren Widersprüche. Während in den Fällen nach Art. 21 Abs. 1 i.V.m Art. 6 Abs. 1 Buchst. e noch in der initialen Phase Betroffenenkontakt bestehen kann,

---

18 Hierzu auch Paal/Pauly/*Martini*, Art. 21 DSGVO Rz. 33.
19 Zum Begriff der Werbung Ehmann/Selmayr/*Kamann/Braun*, Art. 21 DSGVO Rz. 45 ff.
20 BeckOK DatenschutzR/*Forgó*, Art. 21 DSGVO Rz. 20; Paal/Pauly/*Martini*, Art. 21 DSGVO Rz. 52.
21 BeckOK DatenschutzR/*Forgó*, Art. 21 DSGVO Rz. 23; Ehmann/Selmayr/*Kamann/Braun*, Art. 21 DSGVO Rz. 36; Kühling/Buchner/*Herbst*, Art. 21 DSGVO Rz. 17.
22 Eingehend Gola/*Schulz*, Art. 21 DSGVO Rz. 21 ff.

in denen der Hinweis – gesondert – erfolgen kann, sind spätestens innerhalb des Art. 21 Abs. 1 i.V.m Art. 6 Abs. 1 Buchst. f zahlreiche Fälle denkbar, denen keine Direkterhebung zugrunde lag. Hier erfolgt die „erste Kommunikation" mit der betroffenen Person dann nicht im Rahmen einer Vertragsanbahnung oder ähnlichem, sondern unter Umständen erst mit der Ausübung der Betroffenenrechte. Im Rahmen dieser Kommunikation hat dann der entsprechende Hinweis zu erfolgen. Im Grunde handelt es sich insoweit um eine **Erweiterung der Art. 13 ff.**, da anders als bei Art. 13 Abs. 2 Buchst. b und Art. 14 Abs. 2 Buchst. c in jedem Fall auf das Widerspruchsrecht hinzuweisen ist[23].

Allerdings hat dieser Hinweis ausweislich des Art. 21 Abs. 4 a.E. in einer verständlichen und von anderen Informationen getrennten Form zu erfolgen. Diese im Bereich der Werbung bekannte Vorschrift ist dann im Rahmen der Art. 13 ff. dergestalt zu realisieren, dass sie ggf. **drucktechnisch gesondert hervorgehoben** wird[24].

IV. Form

An eine besondere Form ist der Widerspruch nach Art. 21 nicht gebunden. Willenserklärungen sind entsprechend auszulegen[25]. Irritierend ist allerdings, dass Erwägungsgrund 70 die Unentgeltlichkeit des Widerspruchs nur im Kontext des Werbewiderspruchs artikuliert. Der Widerspruch hat gegenüber dem Verantwortlichen zu erfolgen[26].

Art. 21 Abs. 5 stellt klar, dass Widersprüche[27] im Zusammenhang mit der Nutzung von Diensten in der Informationsgesellschaft (s. auch Art. 95)[28] auch mittels automatisierter Verfahren ausgeübt werden können[29]. Denkbar ist diese besondere Form in erster Linie im Anwendungsbereich der sog. Direkterheber nach Art. 13.

---

23 Vgl. auch *Gierschmann*, ZD 2016, 51 (54); eingehend zum Verhältnis zu den Art. 13 f. Kühling/Buchner/*Herbst*, Art. 21 DSGVO Rz. 35.
24 Paal/Pauly/*Martini*, Art. 21 DSGVO Rz. 71; Gola/*Schulz*, Art. 21 DSGVO Rz. 26.
25 Paal/Pauly/*Martini*, Art. 21 DSGVO Rz. 19.
26 Daher stellt ein Eintrag in die Robinsonliste keinen Widerspruch dar, Gola/*Schulz*, Art. 21 DSGVO Rz. 31; Ehmann/Selmayr/*Kamann/Braun*, Art. 21 DSGVO Rz. 29.
27 Gilt trotz der systematischen Stellung auch für Widersprüche nach Art. 21 Abs. 6, BeckOK DatenschutzR/*Forgó*, Art. 21 DSGVO Rz. 29; Paal/Pauly/*Martini*, Art. 21 DSGVO Rz. 75.
28 Paal/Pauly/*Martini*, Art. 21 DSGVO Rz. 74.
29 Beispielhaft wird stets die Do-not-track-Funktion genannt, BeckOK DatenschutzR/ *Forgó*, Art. 21 DSGVO Rz. 29; Gola/*Schulz*, Art. 21 DSGVO Rz. 32; Ehmann/Selmayr/ *Kamann/Braun*, Art. 21 DSGVO Rz. 61; Kühling/Buchner/*Herbst*, Art. 21 DSGVO Rz. 43; *Piltz*, K&R 2016, 629 (635).

V. Forschungs- und statistische Zwecke

16 Art. 21 Abs. 1 und 2 knüpfen die Existenz des Widerspruchsrechts an bestimmte vorangegangene Zulässigkeitstatbestände aus Art. 6 Abs. 1. Für die Datenverarbeitung zum Zwecke der wissenschaftlichen oder historischen Forschung (s. hierzu Erwägungsgrund 159) sowie zu statistischen Zwecken (s. hierzu Erwägungsgrund 162 Satz 3) nach Art. 89 bestand daher das Bedürfnis, das Widerspruchsrecht der betroffenen Person gesondert zu regeln. Auch hier sollte die betroffene Person ein Widerspruchsrecht haben. Wie bei Art. 21 Abs. 1 ist aber auch hier das Vorliegen einer besonderen Situation der betroffenen Person erforderlich (s. hierzu Rz. 5), welche dann gegen die Erforderlichkeit einer im öffentlichen Interesse liegenden Aufgabe abzuwägen ist[30].

Artikel 22 Automatisierte Entscheidungen im Einzelfall einschließlich Profiling

(1) Die betroffene Person hat das Recht, nicht einer ausschließlich auf einer automatisierten Verarbeitung – einschließlich Profiling – beruhenden Entscheidung unterworfen zu werden, die ihr gegenüber rechtliche Wirkung entfaltet oder sie in ähnlicher Weise erheblich beeinträchtigt.

(2) Absatz 1 gilt nicht, wenn die Entscheidung

a) für den Abschluss oder die Erfüllung eines Vertrags zwischen der betroffenen Person und dem Verantwortlichen erforderlich ist,

b) aufgrund von Rechtsvorschriften der Union oder der Mitgliedstaaten, denen der Verantwortliche unterliegt, zulässig ist und diese Rechtsvorschriften angemessene Maßnahmen zur Wahrung der Rechte und Freiheiten sowie der berechtigten Interessen der betroffenen Person enthalten oder

c) mit ausdrücklicher Einwilligung der betroffenen Person erfolgt.

(3) In den in Absatz 2 Buchstaben a und c genannten Fällen trifft der Verantwortliche angemessene Maßnahmen, um die Rechte und Freiheiten sowie die berechtigten Interessen der betroffenen Person zu wahren, wozu mindestens das Recht auf Erwirkung des Eingreifens einer Person seitens des Verantwortlichen, auf Darlegung des eigenen Standpunkts und auf Anfechtung der Entscheidung gehört.

(4) Entscheidungen nach Absatz 2 dürfen nicht auf besonderen Kategorien personenbezogener Daten nach Artikel 9 Absatz 1 beruhen, sofern nicht Artikel 9 Absatz 2 Buchstabe a oder g gilt und angemessene Maßnahmen zum Schutz der Rechte und Freiheiten sowie der berechtigten Interessen der betroffenen Person getroffen wurden.

---

30 Paal/Pauly/*Martini*, Art. 21 DSGVO Rz. 56.

I. Einführung	1	IV. Wahrung der Rechte der betroffenen Person (Abs. 3) 14
II. Voraussetzungen	4	
III. Ausnahmen vom Verbot automatisierter Einzelentscheidungen (Abs. 2)	8	

Schrifttum: S. Art. 12 DSGVO.

I. Einführung

Die Vorschrift regelt die **automatisierte Einzelentscheidung**[1]. Sie hat ihr Vorbild in Art. 15 EG-Datenschutzrichtlinie, der wiederum durch § 6a BDSG-alt umgesetzt wurde. Insoweit enthält die Vorschrift nichts grundsätzlich Neues[2]. Anknüpfungspunkt ist nicht die Zulässigkeit der Datenverarbeitung selbst, sondern allein die Zulässigkeit des darauf basierenden Entscheidungsvorgangs. Es sind aber nicht jedwede Entscheidungen betroffen. Die Entscheidungen müssen vielmehr auf der automatisierten Bewertung von Persönlichkeitsmerkmalen, wie der beruflichen Leistungsfähigkeit oder Zuverlässigkeit, beruhen. Davon zu trennen sind ferner Verarbeitungs- und Nutzungsvorgänge, bei denen beispielsweise lediglich mehrere Entscheidungsvorschläge gemacht oder Entscheidungen vorbereitet werden. Das Vorliegen einer automatisierten Verarbeitung stellt alleine noch keine automatisierte Entscheidung, sondern ggf. eine erst der Entscheidung vorausgehende Datenauswertung dar[3]. So stellt beispielsweise eine automatisierte **Vorauswahl** (z.B. automatisierter Abgleich des **Personaldatenbestandes** anhand bestimmter Suchkriterien wie etwa Alter, Ausbildung, Zusatzqualifikation u.Ä.), der eine Entscheidung erst nachfolgt, **keine** automatisierte Einzelentscheidung i.S.d. § 6a BDSG-alt dar[4]. Ebenfalls keine vollautomatisierte Entscheidung ist die **bloße Erfragung** von oder **Auswertung** nach bestimmten Merkmalen. In aller Regel entfällt dann auch das Kriterium der Ausschließlichkeit der automatisierten Verarbeitung oder der automatisierten Bewertung von Persönlichkeitsmerkmalen. 1

Das Verbot der automatisierten Einzelentscheidung gilt nur dann, wenn sie zunächst **automatisiert**, d.h. unter Einsatz von Computerprogrammen erfolgt[5] 1a

---

1 Eine gewisse „Komplexität" der automatisierten Verarbeitung fordert Gola/*Schulz*, Art. 22 DSGVO Rz. 20; BeckOK DatenschutzR/*v. Lewinski*, Art. 22 DSGVO Rz. 12.
2 BeckOK DatenschutzR/*v. Lewinski*, Art. 22 DSGVO Rz. 1; *Moos/Rothkegel*, ZD 2016, 561.
3 BGH v. 28.1.2014 – VI ZR 156/13, CR 2014, 364 = MDR 2014, 412 = ITRB 2014, 100 = NJW 2014, 1235; einen Rechtsprechungsüberblick bieten *Kamlah/Walter*, PinG 2015, 159.
4 BT-Drucks. 14/4329, S. 37.
5 D.h. Ablaufpläne und Entscheidungsbäume reichen nicht.

und die Entscheidung **ausschließlich** auf eine automatisierte Verarbeitung personenbezogener Daten gestützt wird. Im öffentlichen Bereich würden solche ausschließlich automatisierten Entscheidungen dem Rechtsstaatsprinzip widersprechen und i.d.R. auch zu ermessensfehlerhaften Entscheidungen führen. Dabei sind viele Methoden denkbar, automatisierte Entscheidungen zu generieren. So können vordefinierte und festgelegte Entscheidungsbäume ebenso zu automatisierten Einzelentscheidungen führen wie komplexe EDV-gestützte Prozesse. Auch **Scoreverfahren** können zu automatisierten Einzelentscheidungen i.S.v. Art. 22 führen, zwingend ist das jedoch nicht, insbesondere dann nicht, wenn das Scoreverfahren nicht direkt in eine Entscheidung durch den Verantwortlichen mündet[6]. Vielmehr müssen auch bei Zugrundelegung von Scoreverfahren die übrigen Voraussetzungen des Art. 22 vorliegen, damit das Verbot zur Anwendung kommt.

1b Seit Inkrafttreten der Regelung zur automatisieren Einzelentscheidung war umstritten, wie intensiv der **Einfluss eines Menschen** auf die Entscheidung (noch) sein muss, damit keine automatisierte Entscheidung vorliegt, die dann ggf. das Verbot der automatisierten Einzelentscheidung auslöst. Der deutsche Gesetzgeber hatte daher im Rahmen der sog. BDSG-Novelle I[7] mit Wirkung zum 1.4. 2010 eine Ergänzung vorgenommen. Danach lag eine ausschließlich auf eine automatisierte Verarbeitung gestützte Entscheidung insbesondere dann vor, wenn keine inhaltliche Bewertung und keine darauf gestützte Entscheidung durch eine natürliche Person stattgefunden hat. Ausweislich der Gesetzesbegründung kam es dem Gesetzgeber darauf an, dass die Beteiligung einer natürlichen Person **nicht bloß einen formalen Akt** darstellt, sondern diese auch tatsächlich die Befugnis und die Kenntnis der zugrunde liegenden Daten und des Verfahrens hat, (ggf. anders) zu entscheiden[8]. Zugrunde zu legen ist die Befugnis des zuständigen Sachbearbeiters, ggf. eigene Erfahrungen oder Kenntnisse in die Entscheidung mit einfließen zu lassen oder die Möglichkeit, den Entscheidungsprozess ggf. anzuhalten und zu eskalieren.

1c An der vorgenannten Befugnis fehlt es, wenn beispielsweise ein sog. „**cut-off**" vorgegeben ist, der im Anschluss an den automatisierten Verarbeitungsprozess eine Entscheidung vorgibt. Der „cut-off" stellt in aller Regel dann auch die Arbeitsanweisung dar, nicht anders zu entscheiden. Die eigentliche Entscheidung wird dann nur durch eine natürliche Person verkündet, wobei darauf zu achten ist, dass die Kriterien der Entscheidung auf Basis der Bewertung einzelner Persönlichkeitsmerkmale vorliegen müssen, was beispielsweise bei Auswertungen anhand bloßer Einzelinformationen nicht gegeben ist. Solche Fälle sind insbesondere im Massengeschäft denkbar. Das Vorliegen einer automatisierten

---

6 BGH v. 28.1.2014 – VI ZR 156/13, CR 2014, 364 = MDR 2014, 412 = ITRB 2014, 100 = NJW 2014, 1235.
7 BGBl. I, 2254.
8 BT-Drucks. 16/10529, S. 13.

Einzelentscheidung wird insbesondere dann relevant, wenn im Rahmen des Entscheidungsprozesses natürliche Personen gar nicht mehr in Erscheinung treten, wie beispielsweise beim Fernabsatz oder beim Online-Banking, wobei die entsprechenden Verfahren dann gleichwohl immer noch Art. 22-konform sein können, weil es an anderen Voraussetzungen eines Verbotes im Sinne der Vorschrift fehlt (s. auch Rz. 7e). Dagegen ist das Ausschließlichkeitskriterium nicht gegeben, wenn eine natürliche Person eine wie auch immer geartete Möglichkeit hat, eine Plausibilitätskontrolle durchzuführen, abweichend entscheiden oder den vollautomatisiert ermittelten Entscheidungsvorschlag zumindest eskalieren kann[9]. Die Geltung für den öffentlichen und nicht-öffentlichen Bereich gleichermaßen ist nicht unproblematisch (s. auch Rz. 1a)[10].

Anders als in Art. 15 EG-Datenschutzrichtlinie oder in § 6a BDSG-alt enthält Art. 22 aber eine Aussage zum sog. **Profiling**, welches in Art. 4 Nr. 4 definiert ist (s. Kommentierung zu Art. 4 DSGVO). Schon der Wortlaut der Vorschrift lässt erkennen, dass das Profiling dort „hineingeschoben" wurde[11]. Das führt zu Auslegungsschwierigkeiten, denn schon bislang war klar, dass automatisierte Einzelentscheidungen auch solche sein können, die auf Basis eines (vollautomatisierten) Profilings direkt zu einer automatisierten Entscheidung führten. Umgekehrt bedeutete der Einsatz von Profiling-Verfahren nicht zwingend gleichzeitig das Vorliegen einer automatisierten Einzelentscheidung[12]. Das war insbesondere in Fällen bloßer **Vorselektionen**[13] etwa auch im Vorfeld von **Werbemaßnahmen** anzunehmen, denen eine dann manuelle oder „analoge" Entscheidungsfindung nachfolgen konnte (zu den entsprechenden Abgrenzungsfragen s. Rz. 1 ff. und Rz. 6 ff.)[14]. 2

Auch Compliance-Scores (z.B. Geldwäschebekämpfungs-Scores) sind nicht erfasst, da diese nicht vorrangig dem Zweck der Bewertung persönlicher Aspekte einer natürlichen Person dienen, sondern der Umsetzung gesetzlicher Vorgaben. Keine automatisierten Einzelentscheidungen sind – wie schon nach § 6a BDSG-alt – bestimmte Vorgänge, wie etwa Abhebungen am Geldausgabeautomaten, automatisierte Genehmigungen von Kreditkartenverfügungen oder automatisiert gesteuerte Guthabenabgleiche zur Ausführung von Überweisungs-, Scheck- oder Lastschriftaufträgen. Anlässlich der Geldtransaktion selbst wird lediglich 2a

---

9 Zum Verhältnis zur Richtlinie (EU) 2016/680 und zu vollautomatisierten Steuerbescheiden Paal/Pauly/*Martini*, Art. 22 DSGVO Rz. 7.
10 BeckOK DatenschutzR/*v. Lewinski*, Art. 22 DSGVO Rz. 6.
11 Von einer „symbolischen Nennung" spricht Gola/*Schulz*, Art. 22 DSGVO Rz. 20.
12 Das Vorliegen einer Entscheidung bei Bonitätsprüfungen und Risikomesssystemen ausschließend BeckOK DatenschutzR/*v. Lewinski*, Art. 22 DSGVO Rz. 16.2.
13 Paal/Pauly/*Martini*, Art. 22 DSGVO Rz. 20; Kühling/Buchner/*Buchner*, Art. 22 DSGVO Rz. 16; hierzu auch Gola/*Schulz*, Art. 22 DSGVO Rz. 13 f.
14 Zur Abgrenzung von schlichten Verarbeitungsergebnissen Gola/*Schulz*, Art. 22 DSGVO Rz. 18 ff.; reine Wenn/Dann-Entscheidungen explizit ausschließend BeckOK DatenschutzR/*v. Lewinski*, Art. 22 DSGVO Rz. 13.

ausgeführt, was in dem zugrunde liegenden Rechtsverhältnis zwischen Kreditinstitut und Kunde bereits vereinbart wurde. Auch bloße Vorentscheidungen, wie etwa die automatisierte Vorauswahl im Vorfeld einer Personalbesetzung (automatisierter Abgleich des Personalbestandes anhand bestimmter Suchkriterien, wie etwa Alter, Ausbildung, Zusatzqualifikation u.Ä.), sind nicht erfasst. Identifikations-Verfahren, etwa mittels Finger- oder Handabdrücken, der Iris oder der Stimme, werden von der Regelung ebenfalls nicht erfasst.

2b Das deutsche Recht unterschied zumindest für bestimmte Fälle in seiner BDSG-Fassung von 2010 zwischen der automatisierten Einzelentscheidung, die in § 6a BDSG-alt geregelt wurde und der Frage, wie Wahrscheinlichkeitswerte gebildet werden dürfen (§ 28b BDSG-alt). Die Verordnung enthält keine Regelung mehr zu der Frage, unter welchen Voraussetzungen Profilbildungen erfolgen dürfen, sondern verweist ausweislich des Erwägungsgrundes 72 auf die allgemeinen Zulässigkeitsvoraussetzungen[15]. Aus deutscher Sicht tritt damit sogar eine gewisse Liberalisierung ein. Das schließt jedoch die Entwicklung neuer Verhaltensregeln (durch etwa einen code of conduct) nach Art. 40 nicht aus, die die Art und Weise wie auch die Einsatzgebiete näher beschreiben.

3 Gleichwohl bleibt offen, wie sich der Begriff des Profilings[16] in Art. 22 Abs. 1 einfügt. Das Profiling wird der automatisierten Einzelentscheidung gleichgesetzt. Damit verliert die Regelung des Profilings aber gleichzeitig an Wert, weil es tatbestandlich schlussendlich auf die (automatisierte) Entscheidung ankommt. Das Ergebnis erstaunt ein wenig, da gerade Scoring- und Ratingverfahren, die im Ergebnis dem Profiling weitestgehend ausweislich der Begriffsbestimmung in Art. 4 Nr. 4 entsprechen dürften, immer wieder Gegenstand der Diskussion waren. Damit wird die Frage relevant, ob Art. 22 Abs. 2 Buchst. b insoweit eine Öffnungsklausel darstellt, die aus deutscher Sicht den Wegfall des § 28b BDSG-alt kompensieren kann (s. dazu Rz. 9, aber auch Abs. 4)[17].

II. Voraussetzungen

4 Wie auch schon bei den übrigen Betroffenenrechten formuliert der Einleitungssatz des Art. 22 ein Recht der betroffenen Person. Allerdings wird nicht zum Ausdruck gebracht, welche Rechtsfolge die betroffene Person verlangen kann (Löschung, Einschränkung, Berichtigung etc.), sondern „nur", dass die betrof-

---

15 Kühling/Buchner/*Buchner*, Art. 22 DSGVO Rz. 4 und Rz. 11; BeckOK DatenschutzR/ *v. Lewinski*, Art. 22 DSGVO Rz. 4; *Piltz*, K&R 2016, 629 (635); zu Onlinebewertungsportalen *Boehme-Neßler*, K&R 2016, 637.
16 Mit Beispielen Ehmann/Selmayr/*Hladjk*, Art. 22 DSGVO Rz. 7; zum Scoring s. Gola/ *Schulz*, Art. 22 DSGVO Rz. 15; persönliche Merkmale von Sachverhaltsmerkmalen abgrenzend BeckOK DatenschutzR/*v. Lewinski*, Art. 22 DSGVO Rz. 11.
17 Hierzu *Taeger*, ZRP 2016, 72; Wybitul/*Fladung*, Art. 22 DSGVO Rz. 5.

fene Person das Recht hat, nicht einer automatisierten Einzelentscheidung unterworfen zu werden. Es fehlt also im Grunde die ausdrückliche Formulierung, dass die betroffene Person insoweit quasi einen **Unterlassungsanspruch** hat[18]. Dieser ist aber in die Vorschrift hineinzulesen. Ob das Recht ungeachtet dessen besteht, ob die betroffene Person einen solchen Anspruch geltend macht, ist zweifelhaft, da es anders als beim Berichtigungs- oder Löschungsanspruch an einer den Art. 5 Abs. 1 Buchst. d oder e korrespondierenden Vorschrift fehlt. Allenfalls ließe sich dies mit Art. 5 Abs. 1 Buchst. a begründen[19].

Wie bei personenbezogenen Daten, die unrichtig oder unzulässig verarbeitet werden, erfährt die betroffene Person über die Tatsache des Vorliegens einer automatisierten Entscheidung (spätestens) über die Auskunft nach Art. 15 Abs. 1 Buchst. h[20], sofern diese Informationspflicht besteht. Das bedeutet aber gleichzeitig, dass automatisierte Einzelentscheidungen nicht per se unzulässig sind, was sich aus dem Wortlaut des Art. 22 Abs. 1, aber auch aus Abs. 2 ergibt. 5

Unzulässig sind automatisierte Einzelentscheidungen nur dann, wenn sie „ausschließlich" auf einer automatisierten Verarbeitung beruhen. Das Kriterium der **Ausschließlichkeit** ist nicht neu und fand sich schon in Art. 15 EG-Datenschutzrichtlinie sowie § 6a BDSG-alt (s. auch Rz. 1a)[21]. 6

Gleichzeitig darf die (automatisierte) Einzelentscheidung **keine rechtliche Wirkung** entfalten oder die betroffene Person in ähnlicher Weise **erheblich beeinträchtigen**[22]. Auch diese Formulierung ähnelt Art. 15 EG-Datenschutzrichtlinie („… keiner für sie rechtliche Folgen nach sich ziehenden und keiner sie erheblich beeinträchtigenden Entscheidung …") und § 6a BDSG-alt. 7

Der Anwendungsbereich war danach unter anderem dann eröffnet, wenn die Entscheidung eine rechtliche Folge hatte. Die Terminologie der **rechtlichen Folge** setzte voraus, dass sich die Rechtsposition des Betroffenen in irgendeiner Weise verändert oder in ein Recht eingegriffen wird. Daraus ließ sich schließen, dass diese Tatbestandsvariante nicht einschlägig war, wenn es um Entscheidungen im Zusammenhang mit Vertragsabschlüssen ging. Hier bestand grundsätz- 7a

---

18 Ähnlich *Franck*, RdV 2016, 111 (113).
19 Die Frage, ob es sich bei Art. 22 aufgrund der systematischen Stellung um ein Betroffenenrecht oder um eine Verarbeitungsverbotsnorm handelt, ist im Einzelnen umstritten; für eine „mittelbare Verbotsnorm" Gola/*Schulz*, Art. 22 DSGVO Rz. 5, aber auch Rz. 6; für ein Verbot, das nicht von einer Geltendmachung durch den Betroffenen abhängt Paal/Pauly/*Martini*, Art. 22 DSGVO Rz. 1 und 29.
20 Der Auskunftsinhalt entspricht dabei dem des § 6a Abs. 3 BDGG-alt (und gerade nicht dem des § 34 Abs. 2 bzw. 4 BDSG-alt), *Deuster*, PinG 2016, 75 (78).
21 Den engen Anwendungsbereich stellen auch Roßnagel/Nebel/*Richter*, ZD 2016, 455 fest; zur menschlichen Entscheidungsbefugnis Gola/*Schulz*, Art. 22 DSGVO Rz. 16; Paal/Pauly/*Martini*, Art. 22 DSGVO Rz. 17.
22 Diese Wirkung für bloße Konditionenanpassungen verneinend BeckOK DatenschutzR/v. *Lewinski*, Art. 22 DSGVO Rz. 35 und Rz. 37 ff.

Art. 22 DSGVO | Automatisierte Entscheidungen im Einzelfall, Profiling

lich Vertragsfreiheit, so dass seitens der betroffenen Personen keine Rechtspositionen bestanden, in die – etwa bei einer Vertragsablehnung – eingegriffen wurde. Gleiches galt, wenn Vertragsanträge modifiziert angenommen wurden. Dagegen lag eine Veränderung von Rechtspositionen vor, wenn beispielsweise auf der Grundlage von automatisierten Entscheidungen (belastende) Verwaltungsakte ergingen[23].

7b Der Anwendungsbereich war aber auch dann eröffnet, wenn Entscheidungen die betroffenen Personen **erheblich beeinträchtigten**. Im Rahmen *dieser* Tatbestandsalternative wurde dann aber allgemein davon ausgegangen, dass die **Ablehnung von Vertragsanträgen** eine erhebliche Beeinträchtigung i.S.d. Vorschrift darstellt. Diese – wohl herrschende – Ansicht stützte sich dabei auf Erörterungen im Richtlinienverfahren. Allerdings konnte eine erhebliche Beeinträchtigung bei einer Ablehnung von Vertragsanträgen dann nicht angenommen werden, wenn der beantragte **Vertrag** keinen „erheblichen" Gegenstand hatte, er beispielsweise **nur geringe wirtschaftliche oder praktische Bedeutung** hatte. Hier differenzierte man zwischen Gegenständen der Grundversorgung wie zum Beispiel Konto, Wohnung oder Energie einerseits und des (ggf. kreditfinanzierten) Konsums andererseits[24].

7c Damit stellte sich jedoch unmittelbar die Frage, ob neben der Ablehnung eines Vertragsantrags auch die **Annahme eines Vertragsantrags unter Änderung der ursprünglich vorgeschlagenen Konditionen** die Erheblichkeitsschwelle der Beeinträchtigung erreichte. Relevant wurde dies beispielsweise im Anschluss an eine Werbung mit „ab Konditionen"[25]. Entscheidend war, aus welchen Gründen der Vertrag zwar angenommen wurde, dies jedoch zu geänderten Konditionen erfolgte. So leitete sich beispielsweise im Anschluss an die Verbraucherkreditrichtlinie[26] oder der Wohnimmobilienkreditrichtlinie[27] aus § 18a KWG und § 505a ff. BGB[28] für den Bereich der Kreditvergabe eine Pflicht zur Bonitätsprüfung ab[29]. Hintergrund für diese Regelungen war und ist eine **verantwortungsvolle Kreditvergabe**. Führt diese dazu, dass beispielsweise zusätzliche Sicherheiten eingeholt werden oder die Laufzeiten verändert werden, so können diese letztlich zum Schutz der betroffenen Personen getroffenen Maßnahmen keine erheblichen Beeinträchtigungen darstellen. Keine erhebliche Beeinträchtigung war auch die Entscheidung über die Zahlungsweise (z.B. Nachnahme oder auf

---

23 BT-Drucks. 14/4329, S. 37.
24 Vgl. auch Begriff des Massengeschäfts in § 19 AGG.
25 S. aber auch § 6 Abs. 2 PAngV.
26 Richtlinie 2008/48/EG v. 23.4.2008, ABl. EU Nr. L 133/66 v. 22.5.2008.
27 Richtlinie 2014/17/EU v. 4.2.2014, ABl. EU Nr. L 60/34 v. 28.2.2014.
28 Ehemals § 509 BGB bzw. § 18 KWG, s. Gesetz zur Umsetzung der Wohnimmobilienkreditrichtlinie.
29 So auch *Hofmann*, NJW 2010, 1782 schon zu den Vorgängervorschriften; nunmehr aber auch EuGH v. 18.12.2014 – C-449/213, ZD 2015, 175.

Rechnung), da hier dem Vertragsbegehren stattgegeben wurde oder im Falle der vorausgehenden sog. Zahlartensteuerung der Vertragsschluss nach wie vor möglich bleiben sollte[30].

Den vorgenannten Grundsätzen entsprechend waren dann auch automatisierte Entscheidungen innerhalb **laufender Vertragsbeziehungen** zu betrachten. So konnte beispielsweise bei lang laufenden Kreditbeziehungen eine Änderung der Konditionen durchaus sachlich geboten sein und stellte dann keine erhebliche Beeinträchtigung dar (z.B. Änderung eingeräumter Limite). Demgegenüber war bei einer Vertragskündigung eine erhebliche Beeinträchtigung wohl anzunehmen, auch wenn diese zu Recht erfolgte. 7d

Aus der Formulierung „... oder in ähnlicher Weise erheblich beeinträchtigt" ist nunmehr zu entnehmen, dass **stattgebende** automatisierte Einzelentscheidungen **nicht unter Art. 22 fallen**[31]. Erwägungsgrund 71 nennt als Beispiele für eine solche Beeinträchtigung die automatische Ablehnung eines Online-Kreditantrags oder Online-Einstellungsverfahren ohne jegliches menschliches Eingreifen. Insbesondere die Nennung des Beispiels des Internetkreditgeschäfts führt zu Auslegungsschwierigkeiten, denn schon bislang war umstritten, ob die Ablehnung von (Kredit-)Geschäften, insbesondere im Bereich des täglichen Bedarfs, eine erhebliche Beeinträchtigung darstellen kann[32]. Dies ist aber nur dann der Fall, wenn auch das beabsichtigte Geschäft selbst erheblich ist (s.o. Rz. 7)[33]. Insoweit ergibt sich aus Erwägungsgrund 71 nichts anderes. Zweifelhaft ist auch, ob mit dem Beispiel des Onlinekreditgeschäftes nur Verbraucherkredite im Sinne der Richtlinie 2008/48 oder tatsächlich der gesamte E-Commerce gemeint ist. Es ist aber nicht erkennbar, dass mit dieser Formulierung der gerade in Deutschland immer noch favorisierte Kauf auf Rechnung derart reglementiert werden sollte. 7e

---

30 Etwas undeutlich *Born*, ZD 2015, 66 (69); zu Zahlarten im Online-Handel und zur Frage der Zumutbarkeit, wenn die Zahlungsweise „Sofortüberweisung" als einzige Bezahlart angeboten wird, LG Frankfurt a.M. v. 24.6.2015 – 2-06 O 458/14, CR 2015, 614 m. Anm. *Conreder/Schild* = MMR 2015, 582.
31 Kühling/Buchner/*Buchner*, Art. 22 DSGVO Rz. 25; Gola/*Schulz*, Art. 22 DSGVO Rz. 22; BeckOK DatenschutzR/*v. Lewinski*, Art. 22 DSGVO Rz. 33; *Piltz*, K&R 2016, 629 (636); Gierschmann/Schlender/Stentzel/Veil/*Veil*, Art. 22 DSGVO Rz. 70; undeutlich Paal/Pauly/*Martini*, Art. 22 DSGVO Rz. 28.
32 Kritisch auch Gola/*Schulz*, Art. 22 DSGVO Rz. 25 ff.
33 Gola/*Schulz*, Art. 22 DSGVO Rz. 22 und Rz. 24; Paal/Pauly/*Martini*, Art. 22 DSGVO Rz. 23; eine „nachhaltige Störung" fordert Kühling/Buchner/*Buchner*, Art. 22 DSGVO Rz. 26, die im Falle der Direktwerbung verneint wird, was wegen des voraussetzungslosen Widerspruchsrechts aus Art. 21 Abs. 2 auch konsistent sei; zur Nichtanwendbarkeit des Art. 22 beim Werbescoring auch Gola/*Schulz*, Art. 22 DSGVO Rz. 28; BeckOK DatenschutzR/*v. Lewinski*, Art. 22 DSGVO Rz. 34 und Rz. 41; zum E-Mail-Marketing, Tracking, Targeting *Schirmbacher*, ITRB 2016, 274 (277 f.); differenzierend dagegen Ehmann/Selmayr/*Hladjk*, Art. 22 DSGVO Rz. 9; undeutlich *Härting*, ITRB 2016, 209 (211).

III. Ausnahmen vom Verbot automatisierter Einzelentscheidungen (Abs. 2)

8   Der Unterlassungsanspruch besteht nicht, wenn die automatisierte Entscheidung für den Abschluss oder die **Erfüllung eines Vertrages** zwischen der betroffenen Person und dem Verantwortlichen **erforderlich** ist, Art. 22 Abs. 2. Diese Formulierung weicht von Art. 15 EG-Datenschutzrichtlinie und § 6a BDSG-alt insoweit ab, als dass die Vorläufervorschriften des Art. 22 Abs. 2 nur darauf abstellten, dass dem Begehren der betroffenen Person stattgegeben wurde. Nunmehr soll es darauf ankommen, dass die automatisierte Einzelentscheidung erforderlich sein soll. Der Sinn dieser Formulierung erschließt sich nicht, denn es wird möglicherweise zahlreiche Fälle geben, in denen dem Wunsch der betroffenen Person nach Abschluss eines Vertrages stattgegeben wurde, die dem zugrunde liegende automatisierte Einzelentscheidung aber streng genommen gar nicht erforderlich war. Es leuchtet auch nicht ein, warum man dann der betroffenen Person einen gesonderten Anspruch verbriefen soll, der stattgebenden Entscheidung nicht unterworfen zu werden. Man wird daher entweder die Vorschrift nur dann anwenden (müssen), wenn dem Antrag gerade nicht vollständig stattgegeben (s. schon oben Rz. 7e) wurde oder hier das Kriterium der Erforderlichkeit weniger streng auslegen müssen. Geht man davon aus, dass die automatisierte Entscheidungsfindung jedenfalls immer dann erforderlich ist, wenn sie in unmittelbarem Zusammenhang mit der Entscheidungs- und Kalkulationsgrundlage für ein konkretes Geschäfts steht[34], ist die Erforderlichkeit eigentlich immer dann gegeben, wenn die zugrunde liegende Datenverarbeitung nach Art. 6 Abs. 1 Buchst. b zulässig oder interessengerecht im Sinne von Art. 6 Abs. 1 Buchst. f ist. Zugunsten des Verantwortlichen müssen auch wirtschaftliche Gründe der automatisierten Entscheidungsfindung sprechen dürfen. Immerhin kommen diese auch den betroffenen Personen zugute, wenn die allgemeinen Geschäftsprozesskosten des Verantwortlichen sinken und dies gleichzeitig dazu führt, dass im Bereich E-Commerce schnelle – positive – Entscheidungen getroffen werden können[35]. Es macht schlicht keinen Sinn, den Verantwortlichen auf einen künstlich manuellen Prozessschritt zu verweisen, wenn er dem Anliegen der betroffenen Person stattgeben möchte.

9   Ebenso zulässig sind automatisierte – beeinträchtigende – Einzelentscheidungen, wenn diese nach dem Recht der Union oder der Mitgliedstaaten zulässig sind. Dies bedeutet, dass solche Vorschriften in den Mitgliedstaaten auch erst

---

34 So Kühling/Buchner/*Buchner*, Art. 22 DSGVO Rz. 30 mit ausdrücklichem Verweis auf das Credit-Scoring; *Deuster*, PinG 2016, 75 (78), mit dem Hinweis auf Betrugsprävention; ähnlich zum Ganzen Ehmann/Selmayr/*Hladjk*, Art. 22 DSGVO Rz. 11; auch Gola/*Schulz*, Art. 22 DSGVO Rz. 30 mit dem zutreffenden Hinweis, dass über Abs. 2 die Beispielsfälle aus Erwägungsgrund 71 „wieder aus dem Anwendungsfall des Art. 22 herausgenommen werden".

35 Zur Sinnhaftigkeit auch Ehmann/Selmayr/*Hladjk*, Art. 22 DSGVO Rz. 4.

noch geschaffen werden können. Es handelt sich bei Art. 22 Abs. 2 Buchst. b mithin um eine **Öffnungsklausel**. Allerdings erstreckt sich der Anwendungsbereich der Öffnungsklausel nur auf Entscheidungen – einschließlich des Profilings – nach Art. 22 Abs. 1. Damit ist mit dieser Öffnungsklausel nicht die Befugnis des nationalen Gesetzgebers umfasst, Regelungen zur Art und Weise der Bildung von Profilen zu schaffen, wie dieses in § 28b BDSG-alt vorgesehen war[36]. Vielmehr soll ausweislich des Erwägungsgrundes 72 die **Grundlage für die Profilbildung in den allgemeinen Datenschutzgrundsätzen** liegen. In Betracht kommt hierfür insbesondere Art. 6 Abs. 1 Buchst. f. Etwaige Fragen hinsichtlich der Zulässigkeit der Verwendung von Anschriftendaten oder des Geoscoring beurteilen sich ausschließlich danach[37]. Ob noch § 15 Abs. 3 TMG[38] als Rechtsgrundlage herangezogen werden kann, ist allerdings fraglich. Der Datenschutzausschuss soll (ergänzende) Leitlinien herausbringen dürfen.

Sofern der (nationale) Gesetzgeber von seiner Rechtssetzungsbefugnis Gebrauch machen darf, müssen diese Rechtsvorschriften angemessene Maßnahmen zur Wahrung der Rechte und Freiheiten der betroffenen Person enthalten. Bereits bestehende Vorschriften müssten dementsprechend angepasst werden. Bspw. dürfte § 10 KWG dürfte erhalten bleiben. 10

Nach Erwägungsgrund 71 soll es – ggf. auf Basis zu schaffender oder im Lichte der Verordnung anzupassender nationaler Vorschriften – nationalen Aufsichtsgremien möglich bleiben, **Betrug und Steuerhinterziehung** zu überwachen. Das bedeutet aber auch, dass auf Basis automatisierter Verarbeitung, einschließlich des Profilings, betriebene Betrugspräventionssysteme dem Grunde nach für zulässig erklärt werden. Gleiches gilt für Systeme, die auf dieser Basis Auffälligkeiten im Rahmen der Steuerentrichtung erkennen lassen. Schließlich wird auch die Zulässigkeit von vollautomatisierten Systemen anerkannt, mit denen Sicherheit und Zuverlässigkeit eines von einem Verantwortlichen bereitgestellten Dienstes überwacht und gewährleistet werden. 11

Erheblich beeinträchtigende automatisierte Entscheidungen sind auch dann zulässig, wenn die betroffene Person ausdrücklich darin **eingewilligt** hat. Die danach zu erteilende Einwilligung hat sich zunächst an den Anforderungen der Art. 4 Nr. 11 und Art. 7 zu orientieren. Darüber hinaus fordert aber Art. 22 Abs. 2 Buchst. c die Ausdrücklichkeit der erteilten Einwilligung. Damit soll offenbar der erhöhten „Gefährdungslage" Rechnung getragen werden. Welche praktischen Anforderungen sich konkret aus diesem zusätzlichen Kriterium ergeben, bleibt allerdings offen, da auch nach Erwägungsgrund 32 eine eindeutige bestätigende Handlung gefordert wird. 12

---

36 Kühling/Buchner/*Buchner*, Art. 22 DSGVO Rz. 38; Paal/Pauly/*Martini*, Art. 22 DSGVO Rz. 24 und Rz. 44.
37 Das stellt auch der Verbraucherverband Bundeszentrale in seinem Papier „Kurzbewertung der europäischen Datenschutz-Grundverordnung" fest, 2.5.2016, S. 5.
38 Ebenso *Gierschmann*, ZD 2016, 51.

13 Auf die Frage, wie es zur automatisierten Entscheidung einschließlich der Profilbildung kommt, hat das Einwilligungserfordernis keinen Einfluss. Es bezieht sich nur auf die automatisierte Einzelentscheidung einschließlich der Profilbildung selbst. Für die Zulässigkeit der Willens- bzw. Profilbildung und der dabei ggf. erfolgenden Datenverarbeitung gelten laut Erwägungsgrund 72 die allgemeinen Zulässigkeitsvoraussetzungen.

IV. Wahrung der Rechte der betroffenen Person (Abs. 3)

14 Nach Art. 22 Abs. 3 trifft der Verantwortliche **geeignete Maßnahmen**, um die Rechte und Freiheiten sowie die berechtigten Interessen der betroffenen Person zu wahren. Hierzu gehören das Remonstrationsrecht und das Eingreifen einer Person seitens des Verantwortlichen in die Entscheidung[39]. Dieser Ansatz ist ebenfalls nicht grundsätzlich neu und fand sich in ähnlicher Form schon in Art. 15 EG-Datenschutzrichtlinie und in § 6a Abs. 2 BDSG-alt. Allerdings waren diese Normen so formuliert, dass die Wahrung der Betroffenenrechte dazu führte, dass sie – neben dem Fall der Stattgabe des gewünschten Begehrs – ebenfalls zu einer Ausnahme des grundsätzlich bestehenden Verbotes einer automatisierten Entscheidung führten. Art. 22 Abs. 3 knüpft aber an die Fälle nach Art. 22 Abs. 2 Buchst. a und c – also an Fälle an, bei denen eine Ausnahme vom Verbot nach Art. 22 Abs. 1 ohnehin schon nach Art. 22 Abs. 2 Buchst. a und c selbst besteht. Insoweit lässt die DSGVO einen Ausnahmetatbestand vom Verbot der automatisierten Einzelentscheidung entfallen. Gleichzeitig erschwert sie die Ausnahmen des Art. 22 Abs. 2 Buchst. a und c, indem sie sie an **zusätzliche**[40] Voraussetzungen knüpft. Auch die Erwägungsgründe sind insoweit undeutlich. Nach Erwägungsgrund 71 sollte in jedem Fall eine solche Verarbeitung nach Art. 22 mit angemessenen Garantien verbunden sein, einschließlich der spezifischen Unterrichtung der betroffenen Person[41] und des Anspruchs auf direktes Eingreifen einer Person, auf Darlegung des eigenen Standpunkts, auf Erläuterung der nach einer entsprechenden Bewertung getroffenen Entscheidung[42] so-

---

39 Gola/*Schulz*, Art. 22 DSGVO Rz. 35 weist zutreffend darauf hin, dass im öffentlichen Bereich so ggf. Ermessenserwägungen eingeführt werden können, während im nicht-öffentlichen Bereich außerhalb anerkannter Kontrahierungszwänge kein Anspruch auf Abänderung der Entscheidung besteht.

40 So auch Kühling/Buchner/*Buchner*, Art. 22 DSGVO Rz. 31; Paal/Pauly/*Martini*, Art. 22 DSGVO Rz. 39.

41 Für eine Informationspflicht nur bei ablehnender Entscheidung offenbar Gola/*Schulz*, Art. 22 DSGVO Rz. 33; zum Verhältnis zu Art. 12 Paal/Pauly/*Martini*, Art. 22 DSGVO Rz. 4 und Rz. 39.

42 Eine Verpflichtung zur Offenlegung des Algorithmus ist damit nicht verbunden, Paal/Pauly/*Martini*, Art. 22 DSGVO Rz. 36; Kühling/Buchner/*Buchner*, Art. 22 DSGVO Rz. 35.

wie des Rechts auf Anfechtung der Entscheidung[43]. Der fehlende Verweis auf Art. 22 Abs. 2 Buchst. b ist konsequent, da die nationale Regelung nach Art. 23 Abs. 2 bereits entsprechende Schutzmaßnahmen enthalten sollte[44].

Art. 22 Abs. 4 formuliert zum Schutze der betroffenen Person das grundsätzliche Verbot, dass automatisierte Einzelentscheidungen einschließlich des Profilings nicht auf Basis **besonderer Kategorien Daten** nach Art. 9 Abs. 1 erfolgen dürfen. Ausnahmen hiervon sollen nur dann gelten, wenn eine entsprechende Einwilligung vorliegt oder eine derartige Verarbeitung im öffentlichen Interesse liegt, Art. 9 Abs. 2 Buchst. a und g. Ohne dass dies im Verordnungstext ausdrücklich genannt wird, formuliert Erwägungsgrund 71, dass von einer automatisierten Einzelentscheidung einschließlich des Profilings kein Kind betroffen sein sollte. 15

Ebenfalls außerhalb des Verordnungstextes fordert Erwägungsgrund 71 im Rahmen einer nach Art. 22 stattfindenden Entscheidung, dass der betroffenen Person gegenüber eine faire und transparente Verarbeitung zu gewährleisten ist. Diese Anforderung hat aber keinen eigenen Regelungsgehalt, da sie sich im Grunde schon aus Art. 5 Abs. 1 Buchst. a ergibt. Über den Verordnungstext hinausgehend ist aber die Erwägung, wonach der für die Verarbeitung Verantwortliche geeignete **mathematische oder statistische Verfahren** für das Profiling verwenden soll[45]. Damit wird zumindest für das Profiling konkret vorgegeben, wie die automatisierte Verarbeitung, die dann zu einem Profiling(ergebnis) führt, zu erfolgen hat. Im Wortlaut erinnert die Vorschrift an § 28b Nr. 1 BDSG-alt. Aus dem Kriterium der Geeignetheit wird man ableiten müssen, dass nicht jedwede Profilbildung danach zulässig sein wird. Damit ist aber zumindest dieser Erwägungsgrund systemwidrig verortet, da er nicht nur die im Verordnungstext definierten Voraussetzungen an eine automatisierte Einzelentscheidung, sondern speziell für das Profiling gesonderte Voraussetzungen an die Profilbildung formuliert, die im Grunde nach Art. 6 Abs. 1 zu beurteilen sind. Der Wortlaut dieser sich aus dem Erwägungsgrund ergebenden Anforderung ist auch nicht synchron mit den Art. 13 Abs. 2 Buchst. f, Art. 14 Abs. 2 Buchst. g und Art. 15 Abs. 1 Buchst. h, wonach bei Vorliegen einer Entscheidung nach Art. 22 Abs. 1 und 4 über die „involvierte Logik" zu informieren ist. Man wird aber die involvierte Logik in dem dem Profiling zugrunde liegenden statistisch-mathematischen Verfahren erblicken können (s. auch Kommentierung zu Art. 15 DSGVO Rz. 14). 16

Schließlich sind nach Erwägungsgrund 71 technische und organisatorische Maßnahmen zu treffen, mit denen in geeigneter Weise insbesondere sicher- 17

---

43 Von einem dreistufigen Verfahren spricht Gola/*Schulz*, Art. 22 DSGVO Rz. 34; zum Anspruch auf Abänderung s. dort Rz. 35.
44 *Piltz*, K&R 2016, 629 (636).
45 Von einer „Neutralität von Algorithmen" spricht *Härting*, ITRB 2016, 209 (210).

gestellt wird, dass Faktoren, die zu unrichtigen personenbezogenen Daten führen, korrigiert werden und das Risiko von Fehlern minimiert wird. Die Anforderung der Richtigkeit und der Speicherbegrenzung ergibt sich schon aus Art. 5 Abs. 1 Buchst. d und e. Mit der Formulierung in Erwägungsgrund 71 wird aber nicht auf die Richtigkeit der personenbezogenen Daten abgestellt, sondern darauf, dass diese Faktoren zu unrichtigen Ergebnissen führen können. Letztlich wird aus dieser Anforderung also die Verpflichtung abgeleitet werden müssen, die Art und Weise der Profilbildung einer **regelmäßigen Überprüfung** zu unterziehen, um deren Qualität zu sichern.

Abschnitt 5
Beschränkungen

Artikel 23 Beschränkungen

(1) Durch Rechtsvorschriften der Union oder der Mitgliedstaaten, denen der Verantwortliche oder der Auftragsverarbeiter unterliegt, können die Pflichten und Rechte gemäß den Artikeln 12 bis 22 und Artikel 34 sowie Artikel 5, insofern dessen Bestimmungen den in den Artikeln 12 bis 22 vorgesehenen Rechten und Pflichten entsprechen, im Wege von Gesetzgebungsmaßnahmen beschränkt werden, sofern eine solche Beschränkung den Wesensgehalt der Grundrechte und Grundfreiheiten achtet und in einer demokratischen Gesellschaft eine notwendige und verhältnismäßige Maßnahme darstellt, die Folgendes sicherstellt:

a) die nationale Sicherheit;

b) die Landesverteidigung;

c) die öffentliche Sicherheit;

d) die Verhütung, Ermittlung, Aufdeckung oder Verfolgung von Straftaten oder die Strafvollstreckung, einschließlich des Schutzes vor und der Abwehr von Gefahren für die öffentliche Sicherheit;

e) den Schutz sonstiger wichtiger Ziele des allgemeinen öffentlichen Interesses der Union oder eines Mitgliedstaats, insbesondere eines wichtigen wirtschaftlichen oder finanziellen Interesses der Union oder eines Mitgliedstaats, etwa im Währungs-, Haushalts- und Steuerbereich sowie im Bereich der öffentlichen Gesundheit und der sozialen Sicherheit;

f) den Schutz der Unabhängigkeit der Justiz und den Schutz von Gerichtsverfahren;

g) die Verhütung, Aufdeckung, Ermittlung und Verfolgung von Verstößen gegen die berufsständischen Regeln reglementierter Berufe;

h) Kontroll-, Überwachungs- und Ordnungsfunktionen, die dauernd oder zeitweise mit der Ausübung öffentlicher Gewalt für die unter den Buchstaben a bis e und g genannten Zwecke verbunden sind;

i) den Schutz der betroffenen Person oder der Rechte und Freiheiten anderer Personen;

j) die Durchsetzung zivilrechtlicher Ansprüche.

(2) Jede Gesetzgebungsmaßnahme im Sinne des Absatzes 1 muss insbesondere gegebenenfalls spezifische Vorschriften enthalten zumindest in Bezug auf

a) die Zwecke der Verarbeitung oder die Verarbeitungskategorien,

b) die Kategorien personenbezogener Daten,

c) den Umfang der vorgenommenen Beschränkungen,

d) die Garantien gegen Missbrauch oder unrechtmäßigen Zugang oder unrechtmäßige Übermittlung;

e) die Angaben zu dem Verantwortlichen oder den Kategorien von Verantwortlichen,

f) die jeweiligen Speicherfristen sowie die geltenden Garantien unter Berücksichtigung von Art, Umfang und Zwecken der Verarbeitung oder der Verarbeitungskategorien,

g) die Risiken für die Rechte und Freiheiten der betroffenen Personen und

h) das Recht der betroffenen Personen auf Unterrichtung über die Beschränkung, sofern dies nicht dem Zweck der Beschränkung abträglich ist.

I. Beschränkungen von Rechten und Pflichten (Abs. 1) 1	4. Voraussetzungen 4
1. Überblick 1	II. Spezifische Vorschriften in Bezug auf Beschränkungen (Abs. 2) 8
2. Anwendungsbereich 2	
3. Gesetzgebungsmaßnahmen 3	

I. Beschränkungen von Rechten und Pflichten (Abs. 1)

1. Überblick

Art. 23 Abs. 1 eröffnet die Möglichkeit, durch Rechtsvorschriften der Mitgliedstaaten (oder der Union selbst) bestimmte **Rechte und Pflichten des Verantwortlichen und/oder des Auftragsverarbeiters aus der DSGVO einzuschränken**. Dies kann vor allem zur Wahrung öffentlicher, aber auch privater Interessen erfolgen. Die Regelung knüpft an Art. 13 der ehemaligen EG-Datenschutzrichtlinie[1] an und hat ihrerseits **Richtliniencharakter**, da ausdrücklich Gesetz-

---

[1] Nunmehr aufgehoben gemäß Art. 94 Abs. 1.

gebungsspielräume geschaffen werden. Der umfangreiche Katalog denkbarer Gründe für Abweichungen von den Bestimmungen der DSGVO rückt die Bestimmung zudem nah an eine Generalklausel. Die Norm kann daher zu weitreichenden **nationalen Abweichungen** führen und gefährdet damit praktisch die eigentlich angestrebte Harmonisierung des Datenschutzniveaus[2], vgl. insofern auch die spezifischen Öffnungsklauseln in Art. 85 ff. Der deutsche Gesetzgeber hat im Rahmen der §§ 32 ff. BDSG Gebrauch von den Befugnissen zur Einschränkung der Betroffenenrechte gemacht[3].

2. Anwendungsbereich

2 Grundsätzlich **einschränkbar sind im Rahmen der Öffnungsklausel die Betroffenenrechte und Transparenz- bzw. Löschpflichten** aus Art. 12–22 und Art. 34. Es können also Informations- und Benachrichtigungspflichten, Auskunftsrechte, Rechte auf Berichtigung, Löschung oder Übertragbarkeit von Daten, das Widerspruchsrecht sowie die Begrenzung von Profiling-Maßnahmen beschränkt werden. Soweit Art. 5 die Grundsätze der Datenverarbeitung regelt und sich hieraus entsprechende Rechte und Pflichten ergeben, können auch diese konsequenterweise eingeschränkt werden. Art. 23 relativiert damit jene Rechte, die eigentlich den Kern des neuen, betroffenenfreundlichen Datenschutzrechts ausmachen.

3. Gesetzgebungsmaßnahmen

3 Art. 23 selbst zeigt nicht ganz eindeutig, wie der Begriff der „**Gesetzgebungsmaßnahmen**" als Grundlage möglicher Beschränkungen zu verstehen ist. Erwägungsgrund 41 stellt klar, dass nicht nur formelle Parlamentsgesetze gemeint sind, sondern **materielle Gesetze** im weiteren Sinne, also auch z.B. Verordnungen und Satzungen[4]. Da durch die Beschränkungen im nationalen Recht das Grundrecht auf informationelle Selbstbestimmung (bei Beschränkungen, die unter Privaten wirken, ggf. mittelbar) eingeschränkt wird, ist in Deutschland praktisch ein formelles Gesetz zu fordern[5]. Dies kann indes seinerseits als Regelung ausgestaltet sein, die dem Verordnungsgeber die praktische Ausgestaltung zuweist. Aus deutscher Sicht ist mit der Rechtsprechung des BVerfG zudem zu for-

---

2 Vgl. auch Ehmann/Selmayr/*Bertermann*, Art. 23 DSGVO Rz. 2.
3 Zudem beruhen die Beschränkungen der Betroffenenrechte in §§ 27 Abs. 2 Satz 2, 29 Abs. 1, 2 BDSG auf Art. 23 Abs. 1 Buchst. i.
4 Auch eine Beschränkung über Kollektivvereinbarungen (Betriebsvereinbarungen) ist denkbar, vgl. Art. 88.
5 Vgl. Auernhammer/*Herbst*, Art. 23 DSGVO Rz. 6.

dern, dass die Gesetzgebungsmaßnahmen normenklar formuliert sind[6]. Zudem lässt der Wortlaut Auslegungsspielraum zu, ob ggf. nur solche Normen anerkannt werden, die unter Geltung der DSGVO neu erlassen werden („können beschränkt werden"). Der Zweck der Norm spricht allerdings eindeutig dafür, diesem formalen Aspekt keine Bedeutung beizumessen, sondern danach zu fragen, ob die fragliche **(Bestands-)Regelung** die inhaltlichen Anforderungen des Art. 23 (weiterhin) erfüllt. In diese Richtung deutet auch der regelungsverwandte Art. 6 Abs. 2, der in Bezug auf spezifische, über die Vorgaben der DSGVO hinausgehende Regelungen zur Verarbeitung im öffentlichen Interesse bzw. in Ausübung öffentlicher Gewalt (vgl. Art. 6 Abs. 1 Buchst. e) Vorschriften, die beibehalten werden, mit solchen gleichstellt, die eingeführt werden.

4. Voraussetzungen

Bei der Einschränkung durch spezifische Rechtsvorschriften müssen jeweils folgende **Voraussetzungen** gegeben sein: 4

- Der **Wesensgehalt der Grundrechte und Grundfreiheiten** ist zu achten; Beschränkungen müssen also mit der GRCh (vgl. dort Art. 8 und Art. 52 Abs. 1 Satz 1) und mit der EMRK in Einklang stehen. Diese Anforderung gilt indes für alle legitimen Gesetze in der EU[7].
- Die beschränkende Maßnahme muss sich jeweils als **notwendig und verhältnismäßig** in einer demokratischen Gesellschaft darstellen. Das Erfordernis der „Notwendigkeit" erscheint als geeigneter Anknüpfungspunkt, um ausufernden Abweichungen von der DSGVO ohne zwingenden Grund entgegenzuwirken. Gleichzeitig ist dieses Tatbestandsmerkmal aber naturgemäß wenig eindeutig und stark wertungsabhängig.
- Die Zielsetzung muss einem der **Zwecke aus dem spezifischen und abschließenden Katalog** von Buchst. a–j entsprechen, der indes praktisch alle wesentlichen Konstellationen aufgreift, in denen Beschränkungen sinnvoll sein könnten (s. dazu im Folgenden).

Bei den zulässigen Zwecken, zu deren Erreichung die Vorgaben in Bezug auf Transparenz und Zugang herabgesetzt werden dürfen, zählen **insbesondere die nationale und öffentliche Sicherheit** sowie die Landesverteidigung[8], Strafverfolgung und -vollstreckung (Buchst. a–d). In den von Buchst. a und b genannten Bereichen ist der Anwendungsbereich der DSGVO indes von vornherein nicht eröffnet, vgl. Art. 2 Abs. 2 Buchst. a. In Bezug auf Buchst. d geht ausweislich 5

---

6 Sydow/*Peuker*, Art. 23 DSGVO Rz. 12; BeckOK DatenschutzR/*Stender-Vorwachs*, Art. 23 DSGVO Rz. 10 mit Verweis auf BVerfG v. 15.12.1983 – 1 BvR 209/83, NJW 1984, 419.
7 S. auch Paal/Pauly/*Paal*, Art. 6 DSGVO Rz. 14 zur deklaratorischen Funktion des Tatbestandsmerkmals.
8 Dies umfasst auch die „Bündnisverteidigung", Paal/Pauly/*Paal* Art. 23 DSGVO Rz. 19.

Art. 2 Abs. 2 Buchst. d die Datenschutzrichtlinie für Polizei und Justiz[9] vor, vgl. Erwägungsgrund 19. In der Konsequenz eröffnet Art. 23 der Union und den Mitgliedstaaten vor allem die Möglichkeit, Befugnisse unter Beschränkung der Betroffenenrechte zuzugestehen, um die behördlichen Zielsetzungen außerhalb der Kernbereiche von Verteidigung, Strafverfolgung und Prävention zu erfüllen. Außerdem können die Rechte der Betroffenen gegenüber Privaten beschränkt werden, die personenbezogene Daten im Interesse hoheitlicher Stellen in den angesprochenen Kernbereichen speichern bzw. dorthin übermitteln möchten, etwa im Rahmen von Strafanzeigen[10]. Im Bereich der öffentlichen Sicherheit (Buchst. c) nennt Erwägungsgrund 73 beispielhaft den „Schutz von Menschenleben insbesondere bei Naturkatastrophen oder vom Menschen verursachten Katastrophen" als denkbare Anknüpfungspunkte für Beschränkungen gemäß Art. 23.

6   Erstaunlicherweise greift die Öffnungsklausel darüber hinaus sehr weit. Denn es reichen „sonstige **wichtige Ziele des allgemeinen öffentlichen Interesses**" (Buchst. e) und damit ggf. schlicht wirtschaftliche oder finanzielle Interessen der Union oder des jeweiligen Mitgliedstaates, um die Informationsrechte der Betroffenen zu verkürzen. Erwägungsgrund 19 nennt beispielhaft die Bekämpfung der Geldwäsche. Auch im Bereich der Steuerverwaltung könnte die Norm Bedeutung erlangen. Die weitreichende Ermächtigung in Buchst. e sollte im Zweifel eng und im Abgleich mit den explizit aufgelisteten Interessen ausgelegt werden. Hierbei kann an das Merkmal „wichtig" angeknüpft werden; jedenfalls genügt nicht jedes Ziel des öffentlichen Interesses den Anforderungen.

Daneben sind Beschränkungen zulässig, um die unabhängige Vorbereitung und den Ablauf von Gerichtsverfahren zu schützen (Buchst. f) und um die Sicherstellung der Funktionsfähigkeit reglementierter Berufe (unabhängig von einer Selbstverwaltung) zu gewährleisten (Buchst. g). Zudem kann die Durchsetzung **zivilrechtlicher Ansprüche** (Buchst. j) als Rechtfertigung dienen. Im Ergebnis sind die Mitgliedstaaten damit relativ frei in der Einführung ergänzender Regelungen, um die Betroffenenrechte im Sinne eines funktionieren Gemeinwesens einzuschränken. Buchst. h hat insofern eher klarstellende Funktion als einen eigenen Anwendungsbereich.

Auch Beschränkungen im **Interesse des Betroffenen selbst oder Dritter** (Buchst. i) sind zulässig. Eine Beschränkung im Sinne des Betroffenen ist am ehesten denkbar im Bereich der Löschvorgaben, wo dem Betroffenen manchmal damit gedient sein kann, doch noch eine Möglichkeit zu erhalten, auf Daten-

---

9 Richtlinie 2016/680 zum Schutz natürlicher Personen bei der Verarbeitung personenbezogener Daten durch die zuständigen Behörden zum Zwecke der Verhütung, Ermittlung, Aufdeckung oder Verfolgung von Straftaten oder der Strafvollstreckung sowie zum freien Datenverkehr und zur Aufhebung des Rahmenbeschlusses 2008/977/JI des Rates.
10 Vgl. Kühling/Buchner/*Bäcker*, Art. 23 DSGVO Rz. 16.

bestände zuzugreifen. Im Übrigen kann hier angeknüpft werden, wenn widerstreitende Positionen in Bezug auf Auskunft und Vertraulichkeit in einen Ausgleich gebracht werden müssen. Der offene Tatbestand sieht insbesondere kein Erfordernis vor, dass ein privates Interesse qualifiziert sein müsste; auch ein finanzielles Interesse kann angesichts der Fundierung in den grundrechtlichen Freiheiten ausreichen. Damit wird die Möglichkeit eröffnet, die für Unternehmen durchaus aufwendigen Betroffenenrechte ggf. im Interesse der Wirtschaft wieder einzuschränken[11].

Gemäß Erwägungsgrund 73 ist auch das mit Blick auf Betroffenenrechte kritische **Führen öffentlicher Register** aus Gründen des allgemeinen öffentlichen Interesses zulässig. Insbesondere zur Bereitstellung spezifischer Informationen im Zusammenhang mit dem politischen Verhalten unter ehemaligen totalitären Regimen können Löschungsansprüche der Betroffenen also ggf. verkürzt werden, vgl. zu den Anforderungen bei Archiven auch Art. 85 und Art. 89. 7

II. Spezifische Vorschriften in Bezug auf Beschränkungen (Abs. 2)

Nach Art. 23 Abs. 2 sind die gemäß Abs. 1 zulässigen Beschränkungen in bestimmter Weise auszugestalten, um das herabgesetzte Schutz- und Transparenzniveau nicht willkürlich absenken zu können. Durch den Katalog struktureller und inhaltlicher Anforderungen soll sichergestellt werden, dass der **Schutzanspruch der DSGVO nicht ausgehöhlt** oder durch pauschale Einschränkungen umgangen wird. Es müssen grundsätzlich alle neun inhaltlichen Mindestvoraussetzungen kumulativ erfüllt werden, dies allerdings unter dem Vorbehalt, dass im konkreten Fall auch relevante Angaben gemacht werden können („gegebenenfalls"). 8

So sind bei Erlass der einschränkenden Regelungen u.a. **detaillierte Vorgaben zu Verarbeitungszwecken und Garantien gegen Missbrauch sowie zu Speicherfristen** vorzusehen, soweit anwendbar. Es ist sogar die Unterrichtung des Betroffenen über die Verkürzung seiner Informationsrechte erforderlich, wenn dies mit dem Regelungsziel vereinbar sein sollte (vgl. Art. 12 Abs. 4, der indes gerade durch Art. 23 beschränkt werden kann). Im Ergebnis müssen die **Beschränkungen spezifisch ausgestaltet** werden; allgemeine Freistellungen von den Transparenzpflichten in ganzen Sektoren sind regelmäßig unzulässig. Gleichwohl gibt es eine Wechselwirkung zwischen Reichweite und Regelungsdichte, wodurch Bereichsausnahmen zumindest dann zulässig sein können, wenn sie gleichzeitig sehr detailliert ihre Voraussetzungen definieren[12]. Die Vor- 9

---

11 A.A. Kühling/Buchner/*Bäcker*, Art. 23 DSGVO Rz. 32.
12 Vgl. Kühling/Buchner/*Bäcker*, Art. 23 DSGVO Rz. 45 zu einem „Kompensationsverhältnis".

gabe an den Gesetzgeber, die Risiken für die Rechte und Freiheiten der betroffenen Personen zu adressieren, zeigt, dass auch er im Endeffekt eine dokumentierte „Datenschutzfolgenabschätzung" vornehmen muss. Dass in §§ 33 Abs. 1 Nr. 1 Buchst. a, 34 Abs. 1 Nr. 1 BDSG praktisch in die Ermächtigungsnorm mit deren weit gefassten Regelbeispielen zurückverwiesen wird, ist vor diesem Hintergrund ernüchternd, wegen des Bedürfnisses nach Flexibilität im Sinne von Generalklauseln aber auch nachvollziehbar.

10 Die Initiative des EU-Parlaments, einen dritten Absatz mit dem Regelungsinhalt einzubringen, dass die in Abs. 1 genannten Maßnahmen Private nicht dazu ermächtigen oder verpflichten dürften, Daten über das erforderliche Maß hinaus zu speichern, konnte sich im Gesetzgebungsverfahren nicht durchsetzen. Gleichwohl spielt das **Verhältnismäßigkeitsprinzip** bei der Beurteilung von Beschränkungen i.S.d. Art. 23 eine wichtige Rolle, vgl. Erwägungsgrund 73.

Kapitel IV
Verantwortlicher und Auftragsverarbeiter

Abschnitt 1
Allgemeine Pflichten

Artikel 24 Verantwortung des für die Verarbeitung Verantwortlichen

(1) Der Verantwortliche setzt unter Berücksichtigung der Art, des Umfangs, der Umstände und der Zwecke der Verarbeitung sowie der unterschiedlichen Eintrittswahrscheinlichkeit und Schwere der Risiken für die Rechte und Freiheiten natürlicher Personen geeignete technische und organisatorische Maßnahmen um, um sicherzustellen und den Nachweis dafür erbringen zu können, dass die Verarbeitung gemäß dieser Verordnung erfolgt. Diese Maßnahmen werden erforderlichenfalls überprüft und aktualisiert.

(2) Sofern dies in einem angemessenen Verhältnis zu den Verarbeitungstätigkeiten steht, müssen die Maßnahmen gemäß Absatz 1 die Anwendung geeigneter Datenschutzvorkehrungen durch den Verantwortlichen umfassen.

(3) Die Einhaltung der genehmigten Verhaltensregeln gemäß Artikel 40 oder eines genehmigten Zertifizierungsverfahrens gemäß Artikel 42 kann als Gesichtspunkt herangezogen werden, um die Erfüllung der Pflichten des Verantwortlichen nachzuweisen.

Verantwortung des für die Verarbeitung Verantwortlichen | Art. 24 DSGVO

I. Einführung 1
II. Vom Verantwortlichen durchzuführende Maßnahmen (Abs. 1) 8
1. Persönlicher Anwendungsbereich 8
2. Pflicht zur Ergreifung technischer und organisatorischer Maßnahmen 9
3. Kriterien zur Bestimmung der Geeignetheit technischer und organisatorischer Maßnahmen . 15
4. Nachweispflicht 19
5. Pflicht zur Prüfung und Aktualisierung 20
III. Vom Verantwortlichen zu treffende Datenschutzvorkehrungen (Abs. 2) 22
IV. Nachweis durch Zertifizierung und Verhaltensregeln (Abs. 3) . 24

Schrifttum: *Albrecht*, Das neue EU-Datenschutzrecht – von der Richtlinie zur Verordnung, CR 2016, 88; *Ströbel/Böhm/Breunig/Wybitul*, Beschäftigtendatenschutz und Compliance: Compliance-Kontrollen und interne Ermittlungen nach der EU-Datenschutz-Grundverordnung und dem neuen Bundesdatenschutzgesetz, CCZ 2018, 14; *Veil*, Accountability- Wie weit reicht die Rechenschaftspflicht der DS-GVO?, ZD 2018, 9.

I. Einführung

Ziel des Art. 24 ist es, die **Verwirklichung des Schutzzwecks** der DSGVO durch den Verantwortlichen sicherzustellen und zwar durch die Pflicht zur Umsetzung geeigneter „**technischer und organisatorischer Maßnahmen**". Gleichzeitig soll die Umsetzung dieser Maßnahmen dazu dienen, den **Nachweis** für die Einhaltung der Regelungen der DSGVO erbringen zu können. 1

Art. 24 ist nicht etwa als bloße „Bekräftigung" der Vorgaben der übrigen Normen zu verstehen, sondern als eigenständige Verpflichtung des Verantwortlichen. Insofern wird Art. 24 auch als „**Generalnorm der Verantwortungszuweisung**" verstanden[1]. 2

Welche konkreten Maßnahmen zu treffen sind, benennt die Norm nicht. Vielmehr ergibt sich dies aus einer umfassenden **Interessenabwägung**, die anhand der in Art. 24 Abs. 1 aufgeführten Kriterien vorzunehmen ist. Die DSGVO verfolgt damit einen **risikobasierten Ansatz** („risk-based-approach"). Daraus können sich im Einzelfall – abhängig von den jeweils involvierten Risiken – unterschiedliche Anforderungen an die Intensität und den Umfang der zu treffenden Maßnahmen ergeben. Es gilt insoweit also **kein starrer Katalog** oder verbindlicher Basisstandard. 3

Darüber hinaus ist der Verantwortliche nach Art. 24 Abs. 2 in bestimmten Fällen dazu verpflichtet, „**geeignete Datenschutzvorkehrungen**" zu treffen. Was konkret der Verordnungsgeber mit dieser Formulierung gemeint hat, bleibt un- 4

---

[1] Paal/Pauly/*Martini*, Art. 24 DSGVO Rz. 1; BeckOK DatenschutzR/*Schmidt/Brink*, Art. 24 Vorbemerkung; *Veil*, ZD 2018, 9 (11).

klar; es zeichnet sich aber ab, dass darunter die Einführung von **Unternehmensrichtlinien** zu verstehen ist.

5 Schließlich regelt Art. 24 Abs. 3, dass **genehmigte Verhaltensregeln und Zertifizierungsverfahren** für den Nachweis der Pflichterfüllung eines Verantwortlichen herangezogen werden können.

6 Die Generalnorm des Art. 24 wird durch die nachfolgenden Regelungen der DSGVO **konkretisiert**. Dies gilt insbesondere für die Regelungen des Art. 25 („Datenschutz durch Technikgestaltung und durch datenschutzfreundliche Voreinstellungen") sowie des Art. 35 („Datenschutz-Folgenabschätzung und vorherige Konsultation").

7 Die maßgeblichen Erwägungsgründe finden sich in den Erwägungsgründen 74–79.

II. Vom Verantwortlichen durchzuführende Maßnahmen (Abs. 1)

1. Persönlicher Anwendungsbereich

8 Art. 24 Abs. 1 überträgt dem Verantwortlichen die **Verantwortung und Haftung** für jedwede Verarbeitung personenbezogener Daten, die durch ihn oder in seinem Namen erfolgt (Erwägungsgrund 74 Satz 1). Verpflichtet wird insoweit nur der Verantwortliche selbst, nicht etwa die **Hersteller und Lieferanten** der zur Datenverarbeitung verwendeten IT-Systeme[2]. Für den **Auftragsverarbeiter** gilt Art. 24 Abs. 1 ebenfalls nicht unmittelbar. Der Verantwortliche darf allerdings nur mit solchen Auftragsverarbeitern zusammenarbeiten, die hinreichende Garantien dafür bieten, dass auch sie den Vorgaben des Art. 24 genügen (Art. 28 Abs. 1)[3]. Insofern entfaltet die Norm also eine gewisse Reflexwirkung.

2. Pflicht zur Ergreifung technischer und organisatorischer Maßnahmen

9 In Art. 24 Abs. 1 findet sich der **Pflichtenkatalog** für den Verantwortlichen sowie die Angabe der Faktoren, die er bei der Auswahl der Maßnahmen zur Erfüllung dieser Pflichten zu beachten hat. Konkret hat der Verantwortliche „**geeignete technische und organisatorische Maßnahmen**" zu ergreifen.

---

[2] Paal/Pauly/*Martini*, Art. 24 DSGVO Rz. 18; BeckOK DatenschutzR/*Schmidt/Brink*, Art. 24 DSGVO Rz. 8.
[3] BeckOK DatenschutzR/*Schmidt/Brink*, Art. 24 DSGVO Rz. 8.

Für den Verantwortlichen ergeben sich damit folgende **Pflichten:** 10
1. die Pflicht zur Umsetzung **geeigneter technischer und organisatorischer Maßnahmen**, die sicherstellen sollen, dass personenbezogene Daten durch ihn rechtmäßig verarbeitet werden,
2. die Pflicht, die Maßnahmen so auszugestalten, dass darüber der **Nachweis** über die Anforderungen der Vorschriften der DSGVO an eine rechtmäßige Verarbeitung erbracht werden kann, und
3. die Pflicht, diese Maßnahmen ggf. zu **überprüfen** und zu **aktualisieren**.

Die Unterscheidung zwischen technischen und organisatorischen Maßnahmen lässt sich kaum trennscharf vornehmen[4]. Dies ist allerdings auch nicht erforderlich, da die DSGVO beide Begriffe nebeneinander verwendet. 11

Technische Maßnahmen sind alle Maßnahmen, die sich in technischer Hinsicht auf den Vorgang der Verarbeitung personenbezogener Daten erstrecken. Dazu gehören insbesondere Maßnahmen wie die Pseudonymisierung, Verschlüsselung oder Passwortsicherung, aber auch technische Maßnahmen im weiteren Sinne wie z.B. bauliche Maßnahmen, die den Zutritt unbefugter Personen verhindern sollen[5]. **Organisatorische Maßnahmen** sind hingegen Maßnahmen, die sich nicht im engeren Sinne auf den technischen Prozess der Verarbeitung beziehen. Dazu gehören u.a. Mitarbeiterschulungen, die Bestellung eines Datenschutzbeauftragten, etc.[6] 12

Aus Erwägungsgrund 78 geht insoweit hervor, dass diese Maßnahmen „insbesondere den Grundsätzen des Datenschutzes durch Technik (data protection by design) und durch datenschutzfreundliche Voreinstellungen (data protection by default) Genüge tun" müssen. Insofern sei auf die entsprechenden Kommentierungen zu Art. 25 DSGVO verwiesen. Als spezifische Maßnahmen nennt Erwägungsgrund 78 die **Minimierung** von Daten, die **Pseudonymisierung** von Daten, die Herstellung von **Transparenz** sowie die Einräumung einer Möglichkeit der betroffenen Person, die Verarbeitung ihrer Daten zu **überwachen**. 13

Der **Begriff der „technischen und organisatorischen Maßnahmen"** war bereits für die EG-Datenschutzrichtlinie von zentraler Bedeutung und wurde in § 9 BDSG-alt mit einem ausführlichen Anhang normiert. Dadurch, dass der Begriff sprachlich unverändert in die DSGVO übernommen worden ist, kann die bisherige Auslegung dieses Begriffs als Richtschnur für die Auslegung der unter der DSGVO zu treffenden Maßnahmen dienen. 14

---

4 BeckOK DatenschutzR/*Schmidt/Brink*, Art. 24 DSGVO Rz. 15.
5 Ebenfalls Kühling/Buchner/*Hartung*, Art. 24 DSGVO Rz. 17; Paal/Pauly/*Martini*, Art. 24 DSGVO Rz. 21.
6 Paal/Pauly/*Martini*, Art. 24 DSGVO Rz. 22.

3. Kriterien zur Bestimmung der Geeignetheit technischer und organisatorischer Maßnahmen

15 Um festlegen zu können, welche **Maßnahmen geeignet** sind, hat der Verantwortliche nach Art. 24 Abs. 1 folgende Faktoren zu berücksichtigen:
- die **Art der Verarbeitung**, also bspw. manuelle oder automatisierte Verarbeitung bzw. das Erheben, das Erfassen, die Organisation, das Ordnen, die Speicherung, die Anpassung oder Veränderung, das Auslesen, das Abfragen, die Verwendung, die Offenlegung durch Übermittlung, Verbreitung oder andere Form der Bereitstellung, den Abgleich oder die Verknüpfung, die Einschränkung, das Löschen oder die Vernichtung von Daten (vgl. Art. 4 Nr. 2). Tendenziell wird z.B. eine Übermittlung personenbezogener Daten eine höhere Eingriffsintensität aufweisen als etwa eine Löschung von Daten;
- den **Umfang der Verarbeitung**, d.h. die Menge der Daten, die erhoben werden, sowie der Aufwand, der bei ihrer Verarbeitung betrieben wird. Es liegt auf der Hand, dass größere Datenmengen und die damit verbundenen Möglichkeiten der Verknüpfung tendenziell zu erhöhten Anforderungen an die zu treffenden Maßnahmen führen (vgl. auch Erwägungsgrund 75);
- die **Umstände der Verarbeitung**, mithin die Auftragslage und entsprechende Aufgaben- und Verantwortungsverteilung zwischen mehreren an der Verarbeitung Beteiligten, die wirtschaftliche Verwertbarkeit der Daten, und andere vertragliche oder gesetzliche Verpflichtungen;
- die **Zwecke der Verarbeitung**;
- die **Eintrittswahrscheinlichkeit** eines Risikos für die Rechte und Freiheiten einer natürlichen Person sowie
- die **Schwere der Risiken** für die Rechte und Freiheiten der Person[7].

16 Nach Erwägungsgrund 76 ist das Risiko „anhand einer **objektiven Bewertung**" zu beurteilen, die ergeben soll, „ob die Datenverarbeitung ein Risiko oder ein hohes Risiko birgt". Erwägungsgrund 75 stellt insbesondere auf Risiken ab, „die zu einem physischen, materiellen oder immateriellen Schaden führen" könnten. Insoweit sind besonders hohe Anforderungen an die zu treffenden Maßnahmen zu stellen, wenn die Möglichkeit besteht, dass „die Verarbeitung zu einer **Diskriminierung**, einem **Identitätsdiebstahl** oder -**betrug**, einem **finanziellen Verlust**, einer **Rufschädigung**, einem Verlust der **Vertraulichkeit** von dem Berufsgeheimnis unterliegenden personenbezogenen Daten, der unbefugten Aufhebung der **Pseudonymisierung** oder anderen erheblichen wirtschaftlichen oder gesellschaftlichen **Nachteilen** führen kann". Auch wenn die Aufzählung in Erwägungsgrund 75 ihrem Wortlaut nach nicht abschließend ist („insbesonde-

---

7 Ebenfalls Kühling/Buchner/*Hartung*, Art. 24 DSGVO Rz. 14; Paal/Pauly/*Martini*, Art. 24 DSGVO Rz. 32 ff.

re"), so stellt sie doch ein Indiz dafür dar, dass bei Nichtvorliegen der genannten Risiken die Verarbeitung im Grundsatz zulässig sein sollte und keine überzogenen Anforderungen an die zu treffenden Maßnahmen gestellt werden dürfen.

Weitere Aspekte, die nach Erwägungsgrund 75 zu einem erhöhten Risiko führen können, liegen vor bei einem Verlust der Möglichkeit der betroffenen Person, die Daten zu **kontrollieren**, bei der Verarbeitung **sensibler Daten**, bei der Verarbeitung von Daten „**schutzbedürftiger natürlicher Personen**, insbesondere Daten von **Kindern**", oder wenn die Verarbeitung „**eine große Menge** personenbezogener Daten und eine **große Anzahl von betroffenen Personen** betrifft". 17

Die kaum noch überschaubare **Vielzahl wertungsbedürftiger Faktoren**, die nach dem Wortlaut des Art. 24 sowie den Erwägungsgründen bei der Bestimmung der „Geeignetheit" der Maßnahmen heranzuziehen sind, stellt den Rechtsanwender in der Praxis vor ein grundlegendes Problem: Er wird auch unter Hinzuziehung von technischen und juristischen Experten kaum in der Lage sein, verlässlich zu bestimmen, welche konkrete Maßnahme noch ausreichend ist, um dem Maßstab der „Geeignetheit" zu genügen. Vor diesem Hintergrund ist dem Verantwortlichen bei der Festlegung der erforderlichen Maßnahmen ein tendenziell **weitreichender Ermessensspielraum** zuzubilligen. Eine **Richtschnur** bildet hierbei die Regelung des Art. 35 Abs. 3, der angibt, in welchen Fällen jedenfalls eine Datenschutz-Folgenabschätzung vorzunehmen ist[8]. 18

4. Nachweispflicht

Der Verantwortliche muss nicht nur **sicherstellen**, dass die Verarbeitung im Einklang mit der DSGVO erfolgt. Er muss auch in der Lage sein, „den **Nachweis** dafür zu erbringen", dass er alles zur Erreichung des Ziels Erforderliche unternommen und geeignete Maßnahmen getroffen hat. Diese Pflicht konkretisiert die DSGVO insb. in Art. 30, wonach der Verantwortliche bei Vorliegen der dortigen Voraussetzungen zur Führung eines **Verzeichnisses aller Verarbeitungstätigkeiten** verpflichtet ist[9]. Zwar sind nach Art. 30 Abs. 5 Unternehmen mit weniger als 250 Mitarbeitern grundsätzlich von der Pflicht zur Führung eines Verarbeitungsverzeichnisses befreit. Jedoch führt diese Befreiung nicht auch zu einer automatischen Entlastung von der Nachweispflicht nach Art. 24. Vor diesem Hintergrund mag es für die Praxis ratsam sein, auch bei Unterschreitung der 250-Mitarbeiter-Schwelle ein Verarbeitungsverzeichnis zu führen, um im Streitfall der Nachweispflicht genügen zu können. 19

---

8 Ähnlich Paal/Pauly/*Martini*, Art. 24 DSGVO Rz. 36.
9 BeckOK DatenschutzR/*Schmidt/Brink*, Art. 24 DSGVO Rz. 13.

5. Pflicht zur Prüfung und Aktualisierung

20 Nach Art. 24 Abs. 1 Satz 2 ist es nicht ausreichend, wenn der Verantwortliche einmalig, zu Beginn des Verarbeitungsvorgangs, die erforderlichen technischen und organisatorischen Maßnahmen einrichtet. Vielmehr verlangt die DSGVO eine **Überprüfung und Aktualisierung** dieser Maßnahmen. **Adressat** dieser Pflicht ist wiederum der Verantwortliche selbst[10].

21 Die Pflicht zur Überprüfung und Aktualisierung besteht nur „**erforderlichenfalls**", d.h. also nur dann, wenn sich Anhaltspunkte dafür ergeben, dass sich die äußeren Parameter verändert haben oder es sich herausgestellt hat, dass die ursprünglich eingeführten Maßnahmen nicht ausreichend sind[11]. Damit bestehen also nicht etwa festgeschriebene Fristen oder Intervalle, die eine Überprüfung notwendig machen würden[12].

III. Vom Verantwortlichen zu treffende Datenschutzvorkehrungen (Abs. 2)

22 Art. 24 Abs. 2 erweitert den Pflichtenkatalog des Art. 24 Abs. 1 um die Pflicht zur „**Anwendung geeigneter Datenschutzvorkehrungen**" mit der Einschränkung, dass diese in einem „angemessenen Verhältnis" zu den Verarbeitungstätigkeiten stehen müssen.

23 Eine Definition des Begriffs der „Datenschutzvorkehrungen" enthält die DSGVO nicht. Der Begriff wird in der gesamten DSGVO nur an dieser einzigen Stelle überhaupt verwandt. Offenbar meint er auch etwas anderes als die bspw. in Art. 34 Abs. 3 Buchst. a genannten „Sicherheitsvorkehrungen" (engl.: „protection measures"). Aus der Systematik und dem Wortlaut des Art. 24 Abs. 2 geht aber hervor, dass Datenschutzvorkehrungen grundsätzlich von den technischen und organisatorischen Maßnahmen des Art. 24 Abs. 1 mit „umfasst" sein müssen, also einen Unterfall dieser Maßnahmen darstellen. Vor diesem Hintergrund ist der Begriff der „Vorkehrungen" also auch nicht in erster Linie als Hinweis auf **präventiv** zu treffende Maßnahmen zu verstehen, wie es teilweise vertreten wird[13]. Unklar bleibt aber, welche spezifischen Maßnahmen damit konkret gemeint sind. Der Sinn erschließt sich vielmehr erst mit Blick auf die englische Sprachfassung: dort ist von „data protection policies", also offenbar

---

10 Paal/Pauly/*Martini*, Art. 24 DSGVO Rz. 37 mit Hinweisen zur Historie des Erlasses der DSGVO; BeckOK DatenschutzR/*Schmidt/Brink*, Art. 24 DSGVO Rz. 22.
11 Paal/Pauly/*Martini*, Art. 24 DSGVO Rz. 38; BeckOK DatenschutzR/*Schmidt/Brink*, Art. 24 DSGVO Rz. 22.
12 Kühling/Buchner/*Hartung*, Art. 24 DSGVO Rz. 19; Paal/Pauly/*Martini*, Art. 24 DSGVO Rz. 38; BeckOK DatenschutzR/*Schmidt/Brink*, Art. 24 DSGVO Rz. 22.
13 BeckOK DatenschutzR/*Schmidt/Brink*, Art. 24 DSGVO Rz. 25.

internen wie externen **Unternehmensrichtlinien**, die Rede. Datenschutzvorkehrungen trifft ein Unternehmen somit, indem es den Pflichtenkatalog aus Art. 24 Abs. 1 in konkrete Unternehmensrichtlinien umsetzt. Diese Maßnahmen können in der Praxis sehr unterschiedlich ausfallen und z.B. die strukturiere Zusammenstellung der einschlägigen datenschutzrechtlichen Verhaltensvorgaben umfassen wie auch die Umsetzung der Grundschutzkataloge des Bundesamts für Sicherheit in der Informationstechnik bzw. sonstiger Normen und Standards[14].

IV. Nachweis durch Zertifizierung und Verhaltensregeln (Abs. 3)

Schließlich ordnet Art. 24 Abs. 3 an, dass der **Nachweis** für die Erfüllung der Pflichten des Verantwortlichen durch die Einhaltung der Regeln eines genehmigten Zertifizierungsverfahrens nach Art. 42 oder durch Einhaltung „genehmigter Verhaltensregeln" nach Art. 40 erbracht werden kann. Gleichzeitig wird klargestellt, dass dies nur als ein „Gesichtspunkt" bei der Bewertung heranzuziehen ist, also nicht per se als abschließender Nachweis dient. Erwägungsgrund 77 spricht insoweit – sprachlich etwas verunglückt – von verbindlichen „**Anleitungen**" (im englischen Text „Guidance") dafür, wie Maßnahmen zur Sicherstellung der Rechtmäßigkeit der Verarbeitung durchzuführen sind. 24

Artikel 25 Datenschutz durch Technikgestaltung und durch datenschutzfreundliche Voreinstellungen

(1) Unter Berücksichtigung des Stands der Technik, der Implementierungskosten und der Art, des Umfangs, der Umstände und der Zwecke der Verarbeitung sowie der unterschiedlichen Eintrittswahrscheinlichkeit und Schwere der mit der Verarbeitung verbundenen Risiken für die Rechte und Freiheiten natürlicher Personen trifft der Verantwortliche sowohl zum Zeitpunkt der Festlegung der Mittel für die Verarbeitung als auch zum Zeitpunkt der eigentlichen Verarbeitung geeignete technische und organisatorische Maßnahmen – wie z.B. Pseudonymisierung –, die dafür ausgelegt sind, die Datenschutzgrundsätze wie etwa Datenminimierung wirksam umzusetzen und die notwendigen Garantien in die Verarbeitung aufzunehmen, um den Anforderungen dieser Verordnung zu genügen und die Rechte der betroffenen Personen zu schützen.

(2) Der Verantwortliche trifft geeignete technische und organisatorische Maßnahmen, die sicherstellen, dass durch Voreinstellung nur personenbezogene

---

14 Paal/Pauly/*Martini*, Art. 24 DSGVO Rz. 40.

Art. 25 DSGVO | Datenschutz durch Technikgestaltung

Daten, deren Verarbeitung für den jeweiligen bestimmten Verarbeitungszweck erforderlich ist, verarbeitet werden. Diese Verpflichtung gilt für die Menge der erhobenen personenbezogenen Daten, den Umfang ihrer Verarbeitung, ihre Speicherfrist und ihre Zugänglichkeit. Solche Maßnahmen müssen insbesondere sicherstellen, dass personenbezogene Daten durch Voreinstellungen nicht ohne Eingreifen der Person einer unbestimmten Zahl von natürlichen Personen zugänglich gemacht werden.

(3) Ein genehmigtes Zertifizierungsverfahren gemäß Artikel 42 kann als Faktor herangezogen werden, um die Erfüllung der in den Absätzen 1 und 2 des vorliegenden Artikels genannten Anforderungen nachzuweisen.

I. Einführung 1	III. Datenschutz „by Default"
II. Datenschutz „by Design"	(Abs. 2) 15
(Abs. 1) 6	1. Persönlicher Anwendungsbereich 15
1. Persönlicher Anwendungsbereich 6	2. Vom Verantwortlichen durch-
2. Vom Verantwortlichen durch-	zuführende Maßnahmen („by
zuführende Maßnahmen („by	Default") 16
Design") 9	3. Grenzen der Pflicht zur Verwen-
3. Vorfeldwirkung 11	dung datenschutzfreundlicher
4. Kriterien zur Bestimmung der	Voreinstellungen 23
Geeignetheit technischer und	IV. Zertifizierungsverfahren
organisatorischer Maßnahmen . 13	(Abs. 3) 24

Schrifttum: *Baumgartner/Gausling*, Datenschutz durch Technikgestaltung und datenschutzfreundliche Voreinstellungen, ZD 2017, 308; *Bechtolf/Vogt*, Technologische Hürden und konzeptionelle Chancen, ZD 2018, 66; *Domingo-Ferrer/Hansen/Hoepman/Le Métayer/Tirtea/Schiffner/Danezis*, Privacy and data protection by design – from policy to engineering. ENISA, Heraklion, 2014; *Härting*, Art. 23 Abs. 1 DSGVO (Privacy by Design): Cupcake ohne Rezept, PinG 2015, 193; *Hullen*, Anonymisierung und Pseudonymisierung in der Datenschutz-Grundverordnung, PinG 2015, 210; *Kipker*, Privacy by Default und Privacy by Design, DuD 39 (2015), 410; *Kipker/Voskamp*, Datenschutz in sozialen Netzwerken nach der Datenschutzgrundverordnung, DuD 2012, 737; *Mulligan/Bamberger*, What regulators can do to advance privacy through design, CACM 56 (2013), 20; *Peters/Kersten/Wolfenstetter* (Hrsg.): Innovativer Datenschutz, 2012; *Richter*, Datenschutz durch Technik und die Grundverordnung der EU-Kommission, DuD 36 (2012), 576; *Rost/Bock*, Privacy By Design und die Neuen Schutzziele, DuD 35 (2011), 30; *Schulz*, Privacy by Design. Datenschutz durch Technikgestaltung im nationalen und europäischen Kontext, CR 2012, 204; *Solove*, Privacy by Design: 4 Key Points, PinG 2015, 191; *Spiekermann*, The challenges of privacy by design, CACM 55 (2012), 38; *Sydow/Kring*, Die Datenschutzgrundverordnung zwischen Technikneutralität und Technikbezug – Konkurrierende Leitbilder für den europäischen Rechtsrahmen, ZD 2014, 271; *Tschersich*, Privacy by default in the European Union proposal for data protection regulation. Studies on the impact of restrictive default privacy settings on the exchange of personal information on social network sites, 2015; *Vogel*, Datenschutzrechtliche Fragen um Smart TV-Dienste, K&R 2017, 441.

I. Einführung

Die viel beachtete Regelung des Art. 25 enthält den Grundsatz: „Datenschutz durch Technikgestaltung und durch datenschutzfreundliche Voreinstellungen („**Data Protection by Design and by Default**")". Der Verantwortliche hat nach Art. 25 Abs. 1 und 2

– „**by Design**", also schon bei **Konzeptionierung**, durch „geeignete technische und organisatorische Maßnahmen" und

– „**by Default**", also durch geeignete „**Voreinstellungen**"

sicherzustellen, dass die Datenschutzgrundsätze wirksam umgesetzt werden. Dadurch soll gewährleistet werden, dass die Datenverarbeitung in gewisser Weise „automatisiert" rechtskonform abläuft[1]. Art. 25 konkretisiert die Generalklausel des Art. 24, wonach der Verantwortliche die Verantwortung für die DSGVO-konforme Verarbeitung personenbezogener Daten trägt und zur Umsetzung geeigneter technischer und organisatorischer Maßnahmen verpflichtet ist[2].

Vor allem der Grundsatz des Datenschutzes „by Design" nimmt z.T. die Pflicht einer **Folgenabschätzung** i.S.d. Art. 35 voraus. Somit ergibt sich hieraus nicht nur für Verantwortliche im engen Sinne der DSGVO, sondern bereits für **Hersteller und Entwickler** von Produkten eine datenschutzrechtliche „Vorfeldwirkung"[3]. Auf diese Weise dehnt die DSGVO ihren Wirkungsbereich bereits weit vor den Zeitpunkt der eigentlichen Verarbeitung aus[4].

Zunächst vorgesehene Regelungen aus dem ursprünglichen Verordnungsentwurf der Kommission, welche die Kommission ermächtigt hätten, technische Standards festzulegen, konnten sich im Gesetzgebungsverfahren letztendlich nicht durchsetzen. Somit enthält die DSGVO gerade **kein datenschutzrechtliches Lastenheft** und auch keine Kompetenzzuweisung für dessen Aufstellung. Nicht zuletzt aus diesem Grund geriet der Programmsatz des „Privacy by Design" schon im Vorfeld unter starke rechtliche und technische Kritik. Neben der Zirkularität der Regelung des Art. 25 wurde das Fehlen eines „Rezepts" zur Umsetzung der hochambitionierten Ziele bemängelt[5]. Auch die Wahl des Instruments einer Verordnung zur Normierung dieses Grundsatzes wurde mit Argwohn betrachtet[6]. Allerdings sah bereits Art. 17 Abs. 1 EG-Datenschutzrichtlinie bzw. § 9 BDSG-alt mit seinem ausführlichen Maßnahmenkatalog die Ergreifung technischer und organisatorischer Maßnahmen i.S.d. „Privacy by Design" und

---

1 *Richter*, DuD 36 (2012), 576.
2 Paal/Pauly/*Martini*, Art. 25 DSGVO Rz. 2.
3 *Schulz*, CR 2012, 204 (207).
4 BeckOK DatenschutzR/*Paulus*, Art. 25 DSGVO Vorbemerkung; Kühling/Buchner/*Hartung*, Art. 25 DSGVO Rz. 11; Sydow/*Mantz*, Art. 25 DSGVO Rz. 2.
5 So insgesamt *Härting*, PinG 2015, 193 (194).
6 *Schulz*, CR 2012, 204 (206).

„Default" vor, wenn auch nicht mit diesen Schlagworten versehen. Somit kann Art. 25 als **Fortführung** dieses bekannten Prinzips gesehen werden[7].

4 Darüber hinaus ist auch der Grundsatz der **Datenminimierung** als präventive Maßnahme zur Vermeidung rechtsverletzender Maßnahmen bereits in Art. 5 Abs. 1 Buchst. c enthalten (s. Kommentierung zu Art. 5 Abs. 1 Buchst. c). Die Regelung des Art. 25 stellt eine Konkretisierung dieses Grundsatzes dar[8].

5 Maßgeblich sind die Erwägungsgründe 75–79 und 108.

II. Datenschutz „by Design" (Abs. 1)

1. Persönlicher Anwendungsbereich

6 Art. 25 Abs. 1 verpflichtet wie Art. 24 nur den Verantwortlichen (Art. 4 Nr. 7).

7 Die Norm entfaltet somit keine Bindungswirkung für die **Hersteller bzw. Anbieter** von Produkten und Services, die von dem Verantwortlichen für die Datenverarbeitung genutzt werden. Insofern hat der Verordnungsgeber – trotz heftiger Kritik an der Nichteinbeziehung – darauf vertraut, dass die Verantwortlichen die Hersteller und Lieferanten über ihr Nachfrageverhalten entsprechend lenken werden[9]. Aus Erwägungsgrund 78 geht insoweit hervor, dass die Regelung ausdrücklich auch als „Ermutigung" der Hersteller von Produkten und Anbietern von Diensten zu verstehen ist, diese in der Weise auszugestalten, dass der Verantwortliche sie in datenschutzkonformer Weise nutzen kann[10]. Man erhofft sich von der Norm eine Vorfeldwirkung in der Weise, dass die Verantwortlichen praktisch gezwungen werden, nur auf solche Hersteller bzw. Anbieter zurückzugreifen, die ihnen eine Einhaltung der DSGVO ermöglichen.

8 Ebenso entfaltet Art. 25 keine direkte Wirkung für **Auftragsverarbeiter**[11].

2. Vom Verantwortlichen durchzuführende Maßnahmen

9 Nach Art. 25 Abs. 1 hat der Verantwortliche „zum Zeitpunkt der Festlegung der Mittel für die Verarbeitung" und zum Zeitpunkt der Verarbeitung selbst „angemessene **technische und organisatorische Maßnahmen**" zur wirksamen Umsetzung der „Datenschutzgrundsätze" zu treffen.

---

7 *Kipker*, DuD 39 (2015), 410.
8 Paal/Pauly/*Martini*, Art. 25 DSGVO Rz. 2.
9 Sydow/*Mantz*, Art. 25 DSGVO Rz. 17; Paal/Pauly/*Martini*, Art. 25 DSGVO Rz. 25.
10 S. zu einer frühzeitigen Einflussnahme auf die Datenverarbeitungssysteme der Smart TVs: *Vogel*, K&R 2017, 441.
11 Paal/Pauly/*Martini*, Art. 25 DSGVO Rz. 26.

Zu den Einzelheiten des Begriffs der technischen und organisatorischen Maßnahmen sei auf die Kommentierung zu Art. 24 DSGVO Rz. 9 ff. verwiesen. Als ein besonders hervorgehobenes Beispiel für die zu treffenden Maßnahmen wird die **Pseudonymisierung** genannt. Weitere Maßnahmen können z.b. eine Verschlüsselung, Zugangs- und Zutrittskontrollen und alle sonstigen technischen und organisatorischen Maßnahmen i.S.d. Art. 24 darstellen. Dazu können sämtliche Maßnahmen gehören, die eine automatisierte Umsetzung der Vorgaben der DSGVO bewirken, wie etwa im Bereich der Löschfristen, der Beachtung von Widersprüchen der betroffenen Personen gegen die weitere Verarbeitung ihrer Daten oder der Erfüllung von Auskunftspflichten[12]. 10

3. Vorfeldwirkung

Regelungstechnisch ist die Norm **missglückt**, denn es erschließt sich nur schwerlich, inwieweit sich die danach zu treffenden technischen und organisatorischen Maßnahmen von denen unterscheiden, die bereits nach Art. 24 von dem Verantwortlichen zu treffen sind[13]. Insbesondere verwirrt, dass Art. 25 z.T. abweichende, z.T. aber auch überschneidende Faktoren enthält, um die Geeignetheit bzw. Angemessenheit der Maßnahmen zu bestimmen. Der wesentliche Regelungsgehalt des Art. 25 dürfte darin liegen, dass die Maßnahmen nicht nur „zum Zeitpunkt der eigentlichen Verarbeitung" zu treffen sind, sondern bereits **„zum Zeitpunkt der Festlegung der Mittel für die Verarbeitung"**. Dieses Konzept beruht auf dem Gedanken, dass sich die Einhaltung gesetzlicher Anforderungen am besten sicherstellen lässt, wenn der Schutz personenbezogener Daten bereits in die Programmierung und Konzipierung der Datenverarbeitungsvorgänge integriert ist und bei deren Entwicklung Berücksichtigung findet[14]. 11

Zu beachten ist, dass die DSGVO bei der Festlegung der Mittel für die Datenverarbeitung streng genommen noch gar keine Anwendung findet, denn deren Anwendbarkeit setzt eine tatsächliche Verarbeitung personenbezogener Daten voraus. Der Art. 25 Abs. 1 ist somit zu verstehen, dass eine Verarbeitung, die auf unzureichend festgelegten Verarbeitungsmitteln beruht, unzulässig ist. Die Planung selbst kann als solche noch keinen Rechtsverstoß darstellen. 12

---

12 S. dazu die Beispiele bei Paal/Pauly/*Martini*, Art. 25 DSGVO Rz. 29 ff.
13 Ähnlich Paal/Pauly/*Martini*, Art. 25 DSGVO Rz. 9 („wirkt Abs. 1 wie eine überflüssige Regelung").
14 Paal/Pauly/*Martini*, Art. 25 DSGVO Rz. 10; Gola/*Nolte*/*Werkmeister*, Art. 25 DSGVO Rz. 19.

4. Kriterien zur Bestimmung der Geeignetheit technischer und organisatorischer Maßnahmen

13   Bei Auswahl und Einsatz der Maßnahmen hat der Verantwortliche nach Art. 25 Abs. 1 folgende **Kriterien** zu berücksichtigen:
- den **Stand der Technik**, also die technologischen Werkzeuge, die zur Verfügung stehen, um etwa eine angemessene Verschlüsselung und eine verlässliche Pseudonymisierung zu gewährleisten,
- die **Implementierungskosten**, also das Verhältnis zwischen wirtschaftlichem Aufwand und praktischem Mehrwert für den Schutz der Daten,
- die **Art**, den **Umfang**, die **Umstände** und die **Zwecke** der Verarbeitung (s. dazu die Kommentierung zu Art. 24 DSGVO), und
- die **Eintrittswahrscheinlichkeit und Schwere** von eventuellen Persönlichkeitsrechtsverletzungen, also eine umfassende Güter- und Interessenabwägung (s. dazu die Kommentierung zu Art. 24 DSGVO Rz. 15 ff.).

14   Ziel der Maßnahmen ist nach Art. 25 Abs. 1 die Sicherstellung der sog. „**Datenschutzgrundsätze**". Konkret benannt wird der Grundsatz der Datenminimierung. Weitere Grundsätze sind nach Art. 5 die Grundsätze der Transparenz, Zweckbindung, Integrität und Vertraulichkeit der Datenverarbeitung. Neben der „wirksamen" Umsetzung der Grundsätze soll dabei auch die „Aufnahme" der „notwendigen Garantien" (engl. „safeguards", s. dazu bei Art. 6) in den Maßnahmenkatalog gewährleistet werden. Praktisch fordert die Norm damit insgesamt, dass schon bei der Programmierung, Erstellung und Konzeptionierung von Hardwarekomponenten, datenverarbeitenden Systemen oder Prozessen jeder Art technische Vorkehrungen getroffen werden sollen, die später eine Verwirklichung der Datenschutzgrundsätze fördern oder überhaupt erst ermöglichen.

III. Datenschutz „by Default" (Abs. 2)

1. Persönlicher Anwendungsbereich

15   Art. 25 Abs. 2 verpflichtet wie Art. 24 nur den Verantwortlichen (Art. 4 Nr. 7).

2. Vom Verantwortlichen durchzuführende Maßnahmen („by Default")

16   Nach Art. 25 Abs. 2 hat der Verantwortliche durch „geeignete technische und organisatorische Maßnahmen" sicherzustellen, dass **durch Voreinstellungen** personenbezogene Daten nur verarbeitet werden, wenn dies erforderlich ist, um

den jeweiligen bestimmten Verarbeitungszweck zu erreichen[15]. In der zunächst erlassenen Fassung der DSGVO hieß es noch, dass diese Anforderung lediglich „grundsätzlich" einzuhalten sei. Nach deutscher Lesart meint der Begriff „grundsätzlich", dass es durchaus auch Ausnahmefälle geben kann, die von diesem „Grundsatz" abweichen. Durch die im April 2018 erlassenen „Berichtigungen" des Wortlauts der DSGVO ist das Wort „grundsätzlich" aus dem Verordnungstext entfernt worden. Es gilt damit der strikte Erforderlichkeitsgrundsatz ohne weitergehende Ausnahme (s. dazu Rz. 23). Zu den Einzelheiten des Begriffs der technischen und organisatorischen Maßnahmen sei auf die Kommentierung zu Art. 24 DSGVO verwiesen.

„**Voreinstellungen**" sind die Eingabeoptionen, die der Verantwortliche dem Nutzer vorgibt, bevor dieser das System zu nutzen beginnt[16]. Das System ist also so eingestellt, dass es einen bestimmten Verarbeitungsvorgang auslöst oder gerade nicht auslöst, wenn der Nutzer die Voreinstellung nicht eigenständig ändert. Keine Voreinstellungen sind hingegen solche Einstellungen, die der Nutzer selbst vorgenommen bzw. geändert hat. Der Verantwortliche ist also nicht verpflichtet, autonome Entscheidungen seiner Nutzer auf datenschutzfreundliche Grundeinstellungen zurücksetzen[17]. 17

„**Datenschutzfreundlich**" sind Voreinstellungen, wenn der Nutzer im Normalfall keine Änderungen an Einstellungen vornehmen muss, um unter den gegebenen Umständen und der Beachtung des Erforderlichkeitsgrundsatzes ein Maximum an „Privatheit" für seine Daten zu erreichen. 18

Schon bei „Auslieferung" eines Produktes oder erstmaligem Freischalten oder Zur-Verfügung-Stellen einer Leistung sind – im Rahmen der Erforderlichkeit – die „datenschutzfreundlichsten" Einstellungen und Komponenten zu verwenden. Im Wege der „**Opt-In**"-Lösung kann der Betroffene dann entscheiden, ob und inwiefern er diese Einstellungen zum Nachteil seiner Privatsphäre abändern möchte. Dadurch soll der Betroffene vor **Überrumpelung** und Ausnutzung von **Unerfahrenheit** in Bezug auf solche Produkte und Dienstleistungen geschützt werden. Als geradezu klassischer Anwendungsfall dürften Voreinstellungen bei der Einholung von Einwilligungen gelten. In Erwägungsgrund 32 wird dazu klargestellt, dass „bereits angekreuzte Kästchen oder Untätigkeit der betroffenen Person" keine wirksame Einwilligung begründen sollen. Allerdings ist mit dem Grundsatz „by Default" keine Einschränkung der Wahlfreiheit der Nutzer verbunden, d.h. die Einholung wirksamer Einwilligungen bleibt stets möglich[18]. 19

---

15 Zu den Vorgaben der DSGVO, die Unternehmen in ihre Produkte, Systeme und Anwendungen integrieren müssen s. *Baumgartner/Gausling*, ZD 2017, 308.
16 Kühling/Buchner/*Hartung*, Art. 25 DSGVO Rz. 24; Paal/Pauly/*Martini*, Art. 25 DSGVO Rz. 46c.
17 Paal/Pauly/*Martini*, Art. 25 DSGVO Rz. 46d.
18 Paal/Pauly/*Martini*, Art. 25 DSGVO Rz. 12.

20 Als weitere Maßnahmen nennt Erwägungsgrund 78 die Möglichkeit, dass
- die Verarbeitung personenbezogener Daten **minimiert** wird,
- personenbezogene Daten so schnell wie möglich **pseudonymisiert** werden,
- **Transparenz** in Bezug auf die Funktionen und die Verarbeitung personenbezogener Daten hergestellt wird,
- der betroffenen Person ermöglicht wird, die Verarbeitung personenbezogener Daten zu **überwachen**, und
- der Verantwortliche in die Lage versetzt wird, **Sicherheitsfunktionen** zu schaffen und zu verbessern.

21 Insbesondere dürfen die Voreinstellungen nach Art. 25 Abs. 2 nicht darin resultieren, dass personenbezogene Daten eines Betroffenen „**einer unbestimmten Zahl von natürlichen Personen zugänglich gemacht werden**". Damit ist nicht etwa der Schutz vor Datenlecks oder unautorisierten Datenbank-„Dumps" gemeint, sondern die intendierte Veröffentlichung von personenbezogenen Informationen an die allgemeine Öffentlichkeit.

22 Prominentester Adressat dieser Verpflichtung sind **soziale Netzwerke**[19], die für gewöhnlich eine große Einstellungsbandbreite in Bezug auf die Privatsphäre der Nutzer bereithalten. Im Fokus steht die sog „Daten-Sammelleidenschaft" moderner Big-Data-Dienstleister, deren Geschäftsmodell darauf angelegt sei, den Nutzern für ihre Dienstleistungen in reichem Umfang personenbezogene Daten abzuringen[20]. Geschützt werden sollen insb. diejenigen Internet-Nutzer, welche die technischen Implikationen der Verarbeitungsvorgänge nicht überblicken und sich deshalb nicht dazu veranlasst sehen, aus eigenem Antrieb datenschutzfreundliche Einstellungen vorzunehmen[21]. Ein typisches Beispiel stellt etwa die Tracking-Funktion eines Internet-Browsers dar, der als „default" die Funktion vorsieht, dass der Nutzer nicht „getrackt" werden möchte[22].

3. Grenzen der Pflicht zur Verwendung datenschutzfreundlicher Voreinstellungen

23 Begrenzt wird die Pflicht zur Verwendung datenschutzfreundlicher Voreinstellungen durch das Tatbestandsmerkmal der „**Erforderlichkeit**". Zulässig bleibt also die Verarbeitung derjenigen Daten, die für den bestimmten Verarbeitungszweck erforderlich ist. Dies bedeutet im Umkehrschluss, dass die Voreinstellungen in einer Weise ausgestaltet werden dürfen, die eine Verarbeitung aller zur

---

19 Dazu ausführlich *Kipker/Voskamp*, DuD 2012, 737; Peters/Kersten/Wolfenstetter/*Niemann/Scholz*, S. 109; *Spiecker gen. Döhmann*, K&R 2012, 717.
20 Paal/Pauly/*Martini*, Art. 25 DSGVO Rz. 12.
21 Sydow/*Mantz*; Art. 25 DSGVO Rz. 63; Paal/Pauly/*Martini*, Art. 25 DSGVO Rz. 12.
22 Paal/Pauly/*Martini*, Art. 25 DSGVO Rz. 13.

Zweckerfüllung erforderlichen Daten ermöglicht. Dies wiederum eröffnet einen gewissen Gestaltungsspielraum, da es dem Verantwortlichen überlassen bleibt, diese Zwecke im Rahmen der Vorgaben der DSGVO frei zu bestimmen.

IV. Zertifizierungsverfahren (Abs. 3)

Nach Art. 25 Abs. 3 kann ein genehmigtes Zertifizierungsverfahren gemäß Art. 42 als Faktor herangezogen werden, um die Erfüllung der in den Abs. 1 und 2 genannten Anforderungen nachzuweisen. 24

Artikel 26 Gemeinsam Verantwortliche

(1) Legen zwei oder mehr Verantwortliche gemeinsam die Zwecke der und die Mittel zur Verarbeitung fest, so sind sie gemeinsam Verantwortliche. Sie legen in einer Vereinbarung in transparenter Form fest, wer von ihnen welche Verpflichtung gemäß dieser Verordnung erfüllt, insbesondere was die Wahrnehmung der Rechte der betroffenen Person angeht, und wer welchen Informationspflichten gemäß den Artikeln 13 und 14 nachkommt, sofern und soweit die jeweiligen Aufgaben der Verantwortlichen nicht durch Rechtsvorschriften der Union oder der Mitgliedstaaten, denen die Verantwortlichen unterliegen, festgelegt sind. In der Vereinbarung kann eine Anlaufstelle für die betroffen Personen angegeben werden.

(2) Die Vereinbarung gemäß Absatz 1 muss die jeweiligen tatsächlichen Funktionen und Beziehungen der gemeinsam Verantwortlichen gegenüber betroffenen Personen gebührend widerspiegeln. Das wesentliche der Vereinbarung wird der betroffenen Person zur Verfügung gestellt.

(3) Ungeachtet der Einzelheiten der Vereinbarung gemäß Absatz 1 kann die betroffene Person ihre Rechte im Rahmen dieser Verordnung bei und gegenüber jedem einzelnen der Verantwortlichen geltend machen.

I. Einführung 1	4. Abgrenzung zur Auftragsverarbeitung 10
II. Innenverhältnis bei gemeinsam Verantwortlichen (Abs. 1) 2	5. Vertragliche Ausgestaltung des Innenverhältnisses 11
1. Gemeinsame Festlegung der Zwecke und der Mittel der Verarbeitung 2	III. Zurverfügungstellung der internen Vereinbarung (Abs. 2) . . . 14
2. Typische Fallgruppen der gemeinsamen Verantwortung 4	IV. Außenverhältnis bei gemeinsam Verantwortlichen (Abs. 3) 18
3. Gemeinsame Festlegung nur der Zwecke oder nur der Mittel 8	

Art. 26 DSGVO | Gemeinsam Verantwortliche

Schrifttum: *Bechtolf/Vogt*, Datenschutz in der Blockchain – Eine Frage der Technik, ZD 2018, 66; *Damman*, Erfolge und Defizite der EU-Datenschutzgrundverordnung, ZD 2016, 307; *Monreal*, „Der für die Verarbeitung Verantwortliche" – das unbekannte Wesen des deutschen Datenschutzrechts, ZD 2014, 611; *Voigt*, Konzerninterner Datentransfer, CR 2017, 428.

I. Einführung

1 Ein primäres Ziel der DSGVO liegt in der Sicherstellung „**einer klaren Zuteilung der Verantwortlichkeiten**" (vgl. Erwägungsgrund 79). Art. 26 regelt dazu den Fall, dass mehrere Verantwortliche **gemeinsam** die Zwecke und die Mittel zur Verarbeitung personenbezogener Daten festlegen. Damit wird zugleich auch deutlich, dass es nicht jeweils nur einen Verantwortlichen i.S.d. DSGVO geben kann, sondern dass diese Stellung auch mehreren Unternehmen gemeinsam zukommen kann[1]. Art. 26 Abs. 1 trifft Regelungen zum **Innenverhältnis** zwischen den gemeinsamen Verantwortlichen. Art. 26 Abs. 2 regelt eine Offenlegungspflicht der Verantwortlichen gegenüber den betroffenen Personen. Art. 26 Abs. 3 trifft Regelungen zum **Außenverhältnis** gegenüber den betroffenen Personen. Maßgeblich sind die Erwägungsgründe 79 ff. und 92.

Die im April 2018 erlassenen „Berichtigungen" des Texts der DSGVO haben dazu geführt, dass in der Überschrift der Norm nunmehr lediglich auf „Gemeinsam Verantwortliche" abgestellt wird, und nicht mehr – wie ursprünglich – auf „Gemeinsam für die Verarbeitung Verantwortliche". Inhaltlich ist damit keine Änderung der Bedeutung verbunden.

II. Innenverhältnis bei gemeinsam Verantwortlichen (Abs. 1)

1. Gemeinsame Festlegung der Zwecke und der Mittel der Verarbeitung

2 Der Anwendungsbereich der Norm ist nach Art. 26 Abs. 1 eröffnet, wenn „zwei oder mehr Verantwortliche gemeinsam die Zwecke der und die Mittel zur Verarbeitung" **festlegen**. Dann gelten sie als „gemeinsam Verantwortliche"[2].

3 Sind diese Voraussetzungen erfüllt, legen die Verantwortlichen also gemeinsam die Zwecke und die Mittel der Verarbeitung fest, so führt dies nach Art. 26 zwingend zur „gemeinsamen Verantwortlichkeit". Weder bedarf es dazu einer entsprechenden Erklärung der beteiligten Parteien, noch haben diese die Mög-

---

1 Zur Frage, ob im deutschen Recht auch bereits vor dem Inkrafttreten der DSGVO eine gemeinsame Verantwortlichkeit denkbar war, vgl. BeckOK DatenschutzR/*Spoerr*, Art. 26 DSGVO Rz. 11 (Stand: 1.2.2017).
2 So auch *Damman*, ZD 2016, 307 (312).

lichkeit, diese Rechtsfolge vertraglich abzubedingen. Maßgeblich ist also die **faktische Ausgestaltung** der Zusammenarbeit, nicht die Frage, ob die Parteien dabei auch beabsichtigt haben, eine gemeinsame Verantwortlichkeit zu begründen[3]. Gleichwohl bleibt ein gewisser Spielraum für die vertragliche Ausgestaltung, denn die Parteien können in gewissen Grenzen bewusst davon absehen, eine gemeinsame Festlegung vorzusehen, etwa indem sie deutlich machen, dass z.B. gerade keine gemeinsame Festlegung bestimmter Zwecke erfolgen soll.

2. Typische Fallgruppen der gemeinsamen Verantwortung

Erwägungsgrund 92 nennt beispielhaft für eine gemeinsame Verantwortung den Fall, dass „mehrere Verantwortliche eine gemeinsame Anwendung oder Verarbeitungsumgebung für einen gesamten Wirtschaftssektor, für ein bestimmtes Marktsegment oder für eine weit verbreitete horizontale Tätigkeit einführen möchten". 4

Weiterhin bietet das Konstrukt des Art. 26 die Möglichkeit, bestimmte **Datentransfers** zwischen mehreren Unternehmen bzw. die Errichtung von **Datenpools** zu ermöglichen. Während sich außerhalb des Konstrukts der gemeinsamen Verantwortlichkeit grundsätzlich die Frage stellt, ob die ansonsten notwendige Übermittlung personenbezogener Daten von einem Unternehmen auf ein anderes Unternehmen den Anforderungen des Art. 6 genügt, lässt sich ein solcher Transfer über die Errichtung einer gemeinsamen Verantwortung grundsätzlich ermöglichen[4]. Auf das Tatbestandsmerkmal der „Erforderlichkeit" kommt es dann insoweit nicht mehr an. Mit der Wahl eines solchen Konstrukts ist nach der hier vertretenen Ansicht auch keine Umgehung der Grundsätze der DSGVO verbunden, denn die Errichtung einer gemeinsamen Verantwortlichkeit führt dazu, dass jeden dieser Verantwortlichen auch die Verantwortung für die Einhaltung der DSGVO trifft. 5

In der Praxis relevant sind die Fallgruppen einer gemeinsamen Datenverarbeitung in Konzernen und anderen Unternehmensverbünden, insbesondere bei der Einrichtung von Shared Service Centern oder der Übernahme von Aufgaben der Konzernmutter[5]. Zur Frage, ob über das Vehikel der gemeinsamen Verantwortlichen ein **Konzernprivileg** begründet werden kann, welches den freien Austausch von Daten innerhalb einer Unternehmensgruppe ermöglicht, s. die Kommentierung zu Art. 47 DSGVO. 6

---

[3] So auch BeckOK DatenschutzR/*Spoerr*, Art. 26 DSGVO Rz. 16 (Stand: 1.2.2017) mit dem zutreffenden Hinweis, dass die im Vertrag verwendete Bezeichnung jedenfalls einen „indizielle Wirkung" haben kann.
[4] A.A. Ehmann/Selmayr/*Bertermann*, Art. 26 DSGVO Rz. 9; *Monreal*, ZD 2014, 611 (613).
[5] Kühling/Buchner/*Hartung*, Art. 26 DSGVO Rz. 18; näher zur gemeinsamen Verantwortlichkeit in Konzernverhältnissen *Voigt*, CR 2017, 428.

7 Als weiterer Anwendungsbereich wird in der Literatur die gemeinsame Kontrolle für **„neue Geschäftsmodelle in der digitalen Welt"** genannt, beispielsweise wenn Banken und FinTec-Unternehmen bei Finanz- und Zahlungsdienstleistungen zusammenarbeiten oder Telekommunikationsunternehmen Inhalte vertreiben. In all diesen Bereichen der hoch arbeitsteiligen Wertschöpfung der digitalen Wirtschaft dürfte eine gemeinsame Kontrolle nach jener Ansicht mehr und mehr das Standardinstrument sein[6]. Dem ist insoweit zuzustimmen, als die gemeinsame Verantwortlichkeit den Unternehmen der Digitalbranche erweiterte Gestaltungsmöglichkeiten bietet. Allerdings ist dieses Konzept auch mit gewissen Einschränkungen für die beteiligten Verantwortlichen verbunden, wie eben der Verpflichtung zur Offenlegung von Vertragsinhalten (Art. 26 Abs. 2) und der gemeinsamen Haftung im Außenverhältnis (Art. 26 Abs. 3). Es bleibt abzuwarten, wie stark die Unternehmen am Ende tatsächlich von diesem Instrument Gebrauch machen. Dies gilt nicht zuletzt vor dem Hintergrund der jüngst ergangenen EuGH-Entscheidung, wonach der Betreiber einer Facebook-Fanpage gemeinsam mit Facebook für die Verarbeitung personenbezogener Daten auf der Fanpage haftet[7].

7a Typischerweise stellt auch die Blockchain-Technologie eine Fallgruppe der gemeinsamen Verantwortung dar. Kennzeichnend ist, dass sich bei der Anwendung von **Blockchain-Technologien** ein Verantwortlicher i.S.d. DSGVO nicht ohne weiteres bestimmen lässt. In der dezentralen Struktur einer Blockchain kann gerade nicht auf eine konkrete Einrichtung abgestellt werden, die die alleinige Entscheidungsmacht über die Mittel und Zwecke der Verarbeitung der Daten innehat. Vielmehr trägt jeder Teilnehmer an der Blockchain zu der Verarbeitung der Daten bei, sodass es naheliegt, alle Teilnehmer als Verantwortliche in Betracht zu ziehen. Folgt man dieser Auslegung, so könnten Betroffenenrechte damit grundsätzlich gegen jeden einzelnen der gemeinsam Verantwortlichen geltend gemacht werden[8]. Weiterhin entstünde auch eine weitreichende gemeinsame Haftung (Art. 82 Abs. 4). Darüber hinaus wäre eine vertragliche Festlegung der jeweiligen Verantwortlichkeiten der Teilnehmer nach Art. 26 Abs. 1 erforderlich. All dies zeigt, dass das Konzept der Blockchain-Technologie kaum mit den Anforderungen der DSGVO in Einklang zu bringen ist. Insofern steht die Praxis vor der Aufgabe, innovative Lösungsmodelle zu entwickeln, um dem regulatorischen Umfeld bestmöglich gerecht zu werden. Und die Behörden und Gerichte sind aufgerufen, dem technologischen Fortschritt Rechnung zu tragen durch eine angemessene Auslegung der DSGVO.

---

6 BeckOK DatenschutzR/*Spoerr*, Art. 26 DSGVO Rz. 4 (Stand: 1.2.2017).
7 EuGH v. 5.6.2018 – C-210/16 – *Facebook Fanpages*.
8 *Bechtolf/Vogt*, ZD 2018, 66 (69).

3. Gemeinsame Festlegung nur der Zwecke oder nur der Mittel

Der Wortlaut des Art. 26 Abs. 1 ist insoweit eng gefasst, als er verlangt, dass Zweck „**und**" Mittel gemeinsam festgelegt werden müssten. Wenn zwei Unternehmen also gemeinsam nur die Zwecke festlegen, aber die Wahl der Mittel nur einem der beiden Verantwortlichen obliegt, so scheidet jedenfalls nach dem Wortlaut der Norm eine gemeinsame Verantwortlichkeit aus[9]. Konsequenz wäre dann, dass jedes Unternehmen für sich Verantwortlicher bleibt, jedoch die weiteren Rechte und Pflichten des Art. 26 nicht zur Anwendung gelangen. Allerdings ist in solchen Fällen zu prüfen, ob die Festlegung der Mittel tatsächlich in das Ermessen nur einer Partei gestellt ist, oder ob nicht doch eine gemeinsame Festlegung der Mittel dahingehend vorliegt, dass die insoweit verantwortliche Partei z.B. jedenfalls Abstimmungs- oder Berichtspflichten treffen. Denn nach der hier vertretenen Ansicht ist es für die Begründung einer gemeinsamen Verantwortlichkeit nicht erforderlich, dass die beteiligten Parteien jeden einzelnen Vorgang gleichberechtigt miteinander abstimmen. Vielmehr muss es zulässig bleiben, den einzelnen Beteiligten **bestimmte Kompetenzen** einzuräumen, um das Konstrukt der gemeinsamen Verantwortlichkeit praxistauglich ausgestalten zu können.

8

Diese Auslegung wird gestützt durch Art. 4 Nr. 7, wo der Gegensatz zwischen den Begriffen „**alleine oder gemeinsam**" etabliert wird. Dies zeigt, dass eine gemeinsame Festlegung schon dort beginnt, wo sie nicht eine der Parteien (gänzlich) „alleine" durchführen kann[10]. Diese Auslegung entspricht der bisherigen Sicht der Artikel 29-Datenschutzgruppe, wie sie noch zur EG-Datenschutzrichtlinie vertreten worden ist[11].

9

4. Abgrenzung zur Auftragsverarbeitung

Abzugrenzen ist die Beziehung der gemeinsamen Verantwortlichen von der Beziehung zwischen dem Verantwortlichem und seinen **Auftragsverarbeitern**. Zwar mögen auch diese die konkreten Mittel der Verarbeitung festlegen, jedoch geschieht dies nur nach den Vorgaben des Verantwortlichen, so dass Verantwortlicher und Auftragsverarbeiter gerade nicht als gemeinsame Verantwortliche gelten[12]. Die Abgrenzung kann im Einzelfall schwierig sein, liegt aber weitgehend in der Dispositionsbefugnis der Parteien, d.h. diese bestimmen durch die vertragliche Ausgestaltung ihrer Rechtsbeziehung, in welcher Funktion sie den betroffenen Personen gegenübertreten.

10

---

9 Kühling/Buchner/*Hartung*, Art. 26 DSGVO Rz. 13; Gola/*Piltz*, Art. 26 DSGVO Rz. 3.
10 BeckOK DatenschutzR/*Spoerr*, Art. 26 DSGVO Rz. 15 (Stand: 1.2.2017).
11 Stellungnahme 1/2010 v. 16.2.2010, WP 169, 22 f.; eine Übersicht zu den Stellungnahmen, die bereits durch den EDSA bestätigt wurden, ist unter https://edpb.europa.eu/sites/edpb/files/files/news/endorsement_of_wp29_documents.pdf abrufbar.
12 Ebenso Kühling/Buchner/*Hartung*, Art. 26 DSGVO Rz. 12.

5. Vertragliche Ausgestaltung des Innenverhältnisses

11 Nach Art. 26 Abs. 1 Satz 2 haben die gemeinsam Verantwortlichen das Recht und die Pflicht, im Innenverhältnis frei darüber zu entscheiden, wer von mehreren gemeinsam Verantwortlichen für die **Erfüllung der Aufgaben** unter der DSGVO verantwortlich ist[13]. Dies gilt insbesondere etwa für die **Informations- und Auskunftspflichten** gegenüber den betroffenen Personen. Darüber hinaus sind die gemeinsam Verantwortlichen nach Art. 26 Abs. 1 Satz 3 berechtigt, nur eine einzige „Anlaufstelle" für die betroffenen Personen zu benennen. Konkret bedeutet dies also etwa bei dem gemeinsamen Betrieb einer datenverarbeitenden Online-Plattform, dass nur ein Verantwortlicher als solcher benannt werden muss, solange dies im Innenverhältnis zwischen den Verantwortlichen entsprechend geregelt ist. Die Verständigung der Verantwortlichen auf eine Anlaufstelle hindert Betroffene jedoch nicht, ihre Rechte bei und gegen jeden einzelnen Verantwortlichen geltend zu machen[14].

12 Die Regelung im Innenverhältnis muss in **„transparenter" Form** erfolgen. Üblicherweise wird dies auf Basis eines Vertrages erfolgen. Art. 26 Abs. 2 und 3 sprechen insoweit von einer „**Vereinbarung**". Bei deren Gestaltung ist zu beachten, dass sie nicht nur den Interessen der Vertragsparteien zu dienen hat, sondern auch denen der betroffenen Personen. Maßstab für die Transparenz ist also, dass die Regelungen auch für Dritte verständlich sein müssen[15]. Allerdings dürfen die Anforderungen an die Transparenz nicht überspannt werden, denn neben der Wahrung der Interessen der betroffenen Personen kommt es vor allem darauf an, das Innenverhältnis der gemeinsamen Verantwortlichen juristisch sauber zu regeln. Insofern gelten auch nicht die Anforderungen des Erwägungsgrunds 58, der eine Allgemeinverständlichkeit bestimmter Informationen fordert[16]. Weitere Anforderungen an den Inhalt einer Absprache im Innenverhältnis ergeben sich aus Art. 26 Abs. 3.

13 Das **Fehlen einer solchen Vereinbarung** kann zwar zu einer Geldbuße nach Art. 83 Abs. 4 Buchst. a führen, die Vereinbarung ist nach der hier vertretenen Ansicht aber **nicht konstitutiv** für die Eigenschaft als gemeinsam Verantwortliche[17]. Denn die Frage, ob eine gemeinsame Verantwortlichkeit vorliegt, richtet sich allein nach Art. 26 Abs. 1. Auch der EuGH hat in dem in Rz. 7 genannten Urteil allein auf die faktische Frage der Festlegung der Mittel und Zwecke abgestellt und nicht etwa auf die vertraglichen Formulierungen in den Facebook-Nutzungsbedingungen[18].

---

13 Ebenso Auernhammer/*Thomale*, Art. 26 DSGVO Rz. 8; Kühling/Buchner/*Hartung*, Art. 26 DSGVO Rz. 23.
14 Paal/Pauly/*Martini*, Art. 26 DSGVO Rz. 29.
15 Gola/*Piltz*, Art. 26 DSGVO Rz. 12.
16 So auch BeckOK DatenschutzR/*Spoerr*, Art. 26 DSGVO Rz. 29 (Stand: 1.2.2017).
17 Paal/Pauly/*Martini*, Art. 26 DSGVO Rz. 22.
18 EuGH v. 5.6.2018 – C-210/16 – *Facebook-Fanpages*.

III. Zurverfügungstellung der internen Vereinbarung (Abs. 2)

Nach Art. 26 Abs. 2 muss die im Innenverhältnis zu treffende Vereinbarung „die jeweiligen tatsächlichen Funktionen und Beziehungen der gemeinsam Verantwortlichen gegenüber betroffenen Personen gebührend widerspiegeln". Dort muss also z.B. geregelt sein, welcher Verantwortliche die Daten speichert, wer welche Rolle gegenüber den Betroffenen einnimmt, etc. Die sprachlich verunglückte Formulierung „gebührend widerspiegeln" (in der englischen Fassung „duly reflect") ist wohl so zu verstehen, dass die Vereinbarung den tatsächlichen Gegebenheiten der Verarbeitung zu entsprechen hat[19].

14

Nach Art. 26 Abs. 2 Satz 3 haben die betroffenen Personen ein Recht darauf, die Vereinbarung zur Regelung des Innenverhältnisses zur Verfügung gestellt zu bekommen. Dieses Recht ist allerdings beschränkt auf das **„Wesentliche der Vereinbarung"**. Damit soll sichergestellt werden, dass die betreffenden Personen z.B. kein Recht darauf haben, auch die kommerziellen Eckdaten einer solchen Vereinbarung, also z.B. die Höhe eines Revenue-Shares, einzusehen. Für die Praxis bietet es sich an, die offenzulegenden Inhalte im Rahmen einer **separaten Vertragsanlage** zu regeln. Welche Regelungen zum „Wesentlichen" der Vereinbarung gehören, dürfte daran zu messen sein, welche Informationen die betroffenen Personen benötigen, um ihre Rechte gegenüber einem oder mehreren der gemeinsamen Verantwortlichen geltend machen zu können.

15

Die Norm enthält **kein Formerfordernis**. Damit ist es auch nicht erforderlich, den betroffenen Personen etwa eine Kopie der Originalurkunde des Vertrags auszuhändigen. Vielmehr ist es z.B. ausreichend, den betroffenen Personen die erforderlichen Angaben etwa auf der Website der beteiligten Unternehmen zur Verfügung zu stellen[20].

16

Unklar ist, ob die Vereinbarung den betroffenen Personen **unaufgefordert** zur Verfügung gestellt werden muss oder nur **auf Anfrage**. Da der Katalog der Informationspflichten nach Art. 13 keine Pflicht zur Nennung einer solchen Vereinbarung postuliert, sprechen die wohl besseren Argumente dafür, dass keine Pflicht zur unaufgeforderten Offenlegung der Vereinbarung besteht.

17

IV. Außenverhältnis bei gemeinsamen Verantwortlichen (Abs. 3)

Art. 26 Abs. 3 regelt das Außenverhältnis der gemeinsam Verantwortlichen gegenüber den betroffenen Personen. Geregelt ist, dass jede betroffene Person ihre Rechte unter der DSGVO bei und gegenüber jedem einzelnen der gemeinsamen Verantwortlichen geltend machen kann. Damit ist sichergestellt, dass sich die gemeinsam Verantwortlichen ihrer **Haftung und Verantwortung im Außenver-**

18

---

19 Vgl. Gola/*Piltz*, Art. 26 DSGVO Rz. 16.
20 So auch BeckOK DatenschutzR/*Spoerr*, Art. 26 DSGVO Rz. 35 (Stand: 1.2.2017).

hältnis nicht dadurch entziehen können, dass sie im Innenverhältnis nur eine Partei dazu verpflichten, die Pflichten der DSGVO gegenüber den betroffenen Personen zu erfüllen. Komplementiert wird die Regelung durch Art. 82 Abs. 4, wonach jeder Verantwortliche im Außenverhältnis auf den gesamten Schaden haftet. Unberührt bleibt das Recht der gemeinsam Verantwortlichen, **intern** wirkende Haftungsbeschränkungen bzw. Regressmöglichkeiten vorzusehen.

Artikel 27 Vertreter von nicht in der Union niedergelassenen Verantwortlichen oder Auftragsverarbeitern

(1) In den Fällen gemäß Artikel 3 Absatz 2 benennt der Verantwortliche oder der Auftragsverarbeiter schriftlich einen Vertreter in der Union.

(2) Diese Pflicht gilt nicht für

a) eine Verarbeitung, die gelegentlich erfolgt, nicht die umfangreiche Verarbeitung besonderer Datenkategorien im Sinne des Artikels 9 Absatz 1 oder die umfangreiche Verarbeitung von personenbezogenen Daten über strafrechtliche Verurteilungen und Straftaten im Sinne des Artikels 10 einschließt und unter Berücksichtigung der Art, der Umstände, des Umfangs und der Zwecke der Verarbeitung voraussichtlich nicht zu einem Risiko für die Rechte und Freiheiten natürlicher Personen führt, oder

b) Behörden oder öffentliche Stellen.

(3) Der Vertreter muss in einem der Mitgliedstaaten niedergelassen sein, in denen die betroffenen Personen, deren personenbezogene Daten im Zusammenhang mit den ihnen angebotenen Waren oder Dienstleistungen verarbeitet werden oder deren Verhalten beobachtet wird, sich befinden.

(4) Der Vertreter wird durch den Verantwortlichen oder den Auftragsverarbeiter beauftragt, zusätzlich zu diesem oder an seiner Stelle insbesondere für Aufsichtsbehörden und betroffene Personen bei sämtlichen Fragen im Zusammenhang mit der Verarbeitung zur Gewährleistung der Einhaltung dieser Verordnung als Anlaufstelle zu dienen.

(5) Die Benennung eines Vertreters durch den Verantwortlichen oder den Auftragsverarbeiter erfolgt unbeschadet etwaiger rechtlicher Schritte gegen den Verantwortlichen oder den Auftragsverarbeiter selbst.

I. Einführung 1	IV. Niederlassung des Vertreters in einem Mitgliedstaat (Abs. 3) .. 5
II. Anwendungsbereich (Abs. 1) .. 2	V. Aufgabe des Vertreters (Abs. 4) 6
III. Ausnahmen von der Bestellungspflicht (Abs. 2) 4	VI. Haftung und Verantwortung (Abs. 5) 7

| 1. Haftung und Verantwortung des Vertretenen .... 7 | 2. Haftung und Verantwortung des Vertreters .... 8 |

I. Einführung

Art. 27 regelt, unter welchen Voraussetzungen in Drittstaaten niedergelassene Unternehmen einen „**Vertreter**" in der Union benennen müssen. Art. 27 regelt hingegen nicht, unter welchen Voraussetzungen die Verarbeitung durch unionsfremde Verantwortliche bzw. Auftragsverarbeiter überhaupt dem Anwendungsbereich der DSGVO unterfällt. Diese Frage richtet sich nach Art. 3 Abs. 2. Zweck der Regelung ist es, eine zentrale „**Anlaufstelle**" für die Aufsichtsbehörden und betroffenen Personen bei sämtlichen Fragen im Zusammenhang mit der Verarbeitung personenbezogener Daten zu etablieren. Damit soll den Schwierigkeiten bei der Rechtsdurchsetzung gegenüber unionsfremden Unternehmen begegnet werden. Aus Erwägungsgrund 80 ergibt sich, dass der Vertreter „im Namen" des für die Verarbeitung Verantwortlichen oder des Auftragsverarbeiters tätig wird, also im Sinne einer echten **Stellvertretung**. 1

Die Regelung ist nicht dispositiv. Liegen also die Voraussetzungen des Art. 27 vor, ist zwingend ein Vertreter zu benennen[1]. „Behörden oder öffentliche Stellen" sind von dieser Pflicht zur Bestellung eines Vertreters ausgenommen. Einschlägig ist Erwägungsgrund 80.

II. Anwendungsbereich (Abs. 1)

Der Anwendungsbereich des Art. 27 ist auf Fälle mit **Drittstaatsbezug** beschränkt. Ein Vertreter ist nur dann zu benennen, wenn ein Fall des Art. 3 Abs. 2 vorliegt, der den territorialen Anwendungsbereich der DSGVO für den Fall regelt, dass die folgenden Voraussetzungen kumulativ gegeben sind: 2

- Verarbeitung personenbezogener Daten von **in der Union befindlichen betroffenen Personen**; nehmen die unionsfremden Unternehmen also eine Verarbeitung vor, von der die in der EU befindlichen Personen schon gar nicht betroffen sind, so unterliegen diese Unternehmen schon nicht dem Anwendungsbereich der DSGVO und haben folgerichtig auch keinen Vertreter zu bestellen.
- Verarbeitung dieser Daten durch einen **nicht in der Union niedergelassenen Verantwortlichen oder Auftragsverarbeiter**; Unternehmen mit Niederlassung in der Union haben also keinen Vertreter zu benennen, da sie für die betroffenen Personen direkt vor Ort „greifbar" sind;

---

1 BeckOK DatenschutzR/*Hanloser*, Art. 27 DSGVO Rz. 2 (Stand: 1.2.2017).

– Verarbeitung **zu dem Zweck** entweder dazu, betroffenen Personen in der Union Waren oder Dienstleistungen anzubieten oder dazu, das Verhalten der betroffenen Personen in der Union zu beobachten.

Unerheblich ist insoweit, ob das Angebot von Waren oder Dienstleistungen gegen Entgelt erfolgt oder nicht[2]. Hinsichtlich der weiteren Einzelheiten sei auf die Kommentierung zu Art. 3 DSGVO verwiesen.

3 Der Begriff des Vertreters ist in Art. 4 Nr. 17 definiert. Er kann sowohl eine **natürliche** als auch eine **juristische Person** sein. Weitere Voraussetzung ist, dass diese Person „**schriftlich**" bestellt worden sein muss.

Art. 27 Abs. 1 spricht davon, dass der Verantwortliche „oder" der Auftragsverarbeiter den Verantwortlichen zu benennen hat. Unklar bleibt, ob es in Fällen der Auftragsverarbeitung ausreicht, wenn **nur eines der beteiligten Unternehmen** den Vertreter benennt. Die gewählte Formulierung spricht für diese Auslegung; der Schutzgedanke dagegen. Naheliegender erscheint die Auslegung, dass tatsächlich sowohl der Verantwortliche als auch der Auftragsverarbeiter einen Vertreter zu benennen haben, wobei es möglich bleibt, dass beide denselben Vertreter benennen.

III. Ausnahmen von der Bestellungspflicht (Abs. 2)

4 Nach Art. 27 Abs. 2 Buchst. a entfällt die Pflicht zur Benennung eines Vertreters, wenn die dort genannten drei Kriterien erfüllt sind.

Genannt werden die Fälle (i) der nur gelegentlichen Verarbeitung, (ii) der gerade nicht umfangreichen Verarbeitung besonderer Datenkategorien (Art. 9 Abs. 1) oder von personenbezogenen Daten über strafrechtliche Verurteilungen und Straftaten (Art. 10), sowie (iii) der Verarbeitung, die voraussichtlich gerade nicht zu einem Risiko für die Rechte und Freiheiten natürlicher Personen führt.

Da bei der Formulierung der Norm mit doppelten Verneinungen gearbeitet worden ist, ist sie auf den ersten Blick schwer nachzuvollziehen. Im Ergebnis wird aber deutlich, dass die Anforderungen **kumulativ** zu lesen sind[3]. Oder positiv formuliert: wenn nur eines der Ausschlusskriterien erfüllt ist, kann sich der Verantwortliche nicht auf den Ausnahmetatbestand berufen. Wenn ein Unternehmen also z.B. tatsächlich nur „gelegentlich" Daten im Anwendungsbereich der Norm verarbeitet, hat es gleichwohl einen Vertreter zu benennen, wenn aus dieser gelegentlichen Verarbeitung besondere Risiken resultieren oder z.B. umfangreich sensible Daten verarbeitet werden. Nach Art. 27 Abs. 2 Buchst. b haben Behörden und öffentliche Stellen keinen Vertreter zu benennen.

---

2 Ehmann/Selmayr/*Bertermann*, Art. 27 DSGVO Rz. 4.
3 Ebenso Kühling/Buchner/*Hartung*, Art. 27 DSGVO Rz. 7.

IV. Niederlassung des Vertreters in einem Mitgliedstaat (Abs. 3)

Art. 27 Abs. 3 regelt, **wo** der Vertreter **niedergelassen** sein muss, und zwar in (nur) einem der Mitgliedstaaten, in dem sich die betroffenen Personen befinden. „Befinden" bezeichnet nicht den Wohnsitz der betroffenen Personen, sondern den Ort, an dem sie sich aufhalten, während die Daten erhoben werden[4]. Richtet also z.b. ein US-Unternehmen seine Tätigkeit auf Deutschland und Spanien aus und eröffnet damit den Anwendungsbereich des Art. 3 Abs. 2, so ist das US-Unternehmen berechtigt, entweder einen in Deutschland oder Spanien niedergelassenen Vertreter zu benennen. Unzureichend wäre es, einen Vertreter etwa in Portugal zu benennen[5]. Gleichzeitig ist es in dem Beispiel allerdings auch nicht erforderlich, sowohl in Deutschland und Spanien einen Vertreter zu benennen. Es reicht die Benennung **in nur „einem der Mitgliedstaaten"**.

5

V. Aufgabe des Vertreters (Abs. 4)

Aufgabe des Vertreters ist es, insbesondere den Aufsichtsbehörden und den betroffenen Personen als **„Anlaufstelle"** zu dienen. Der in der deutschen Fassung gewählte Begriff der „Anlaufstelle" ist missverständlich; er kann den Eindruck erwecken, bei dem Unionsvertreter handele es sich – wie es in der Literatur richtigerweise kritisiert wird – um einen bloßen „Kummerkasten" oder um einen „Empfangsboten" des Verantwortlichen bzw. Auftragsverarbeiters[6]. Aufschlussreicher ist die englische Originalfassung, die dem Vertreter die Rolle des „Adressaten" zuweist („to be addressed (...) on all issues related to processing, for the purposes of ensuring compliance with this Regulation"). Richtig ist, dass der Vertreter den Verantwortlichen bzw. Auftragsverarbeiter im Rechtssinne „vertritt". Dies folgt auch aus der Legaldefinition des Art. 4 Nr. 17[7].

6

Um dem Instrument des EU-Vertreters zur Geltung zu verhelfen, sind die betroffenen Personen auch über den Namen und die Kontaktdaten des Vertreters zu informieren (vgl. Art. 13 Abs. 1 Buchst. a und Art. 14 Abs. 1 Buchst. a). Diese Funktion als Anlaufstelle hat der Vertreter nach dem Wortlaut des Art. 27 Abs. 4 **zusätzlich** zum Verantwortlichen bzw. Auftragsverarbeiter „oder an seiner Stelle" auszuüben. Nach der hier vertretenen Ansicht ist diese „oder"-Formulierung nicht dahingehend zu verstehen, dass der Verantwortliche auswählen kann, ob der Vertreter ihn nur „zusätzlich" vertritt oder ob ihn gewissermaßen „gänzlich" bzw. „ausschließlich" vertritt mit dem Ergebnis, dass sich betroffene Personen und Behörden nicht mehr an den Verantwortlichen selbst richten dürften. D.h. der Verantwortliche bzw. Auftragsverarbeiter bleibt in jedem Fall

---

4 Paal/Pauly/*Martini*, Art. 27 DSGVO Rz. 47.
5 So auch Kühling/Buchner/*Hartung*, Art. 27 DSGVO Rz. 12.
6 BeckOK DatenschutzR/*Hanloser*, Art. 27 DSGVO Rz. 5 (Stand: 1.2.2017).
7 BeckOK DatenschutzR/*Hanloser*, Art. 27 DSGVO Rz. 6 (Stand: 1.2.2017).

selbst verantwortlich[8]. Allerdings hat die Behörde bzw. die betroffene Person die Wahl, ob sie sich an den Vertreter oder aber direkt an den Verantwortlichen bzw. Auftragsverarbeiter wendet. Dies folgt auch aus Art. 27 Abs. 5.

Flankiert wird die Regelung durch die Pflicht des Vertreters zur Zusammenarbeit mit den Aufsichtsbehörden nach Art. 31. Weiterhin ist der Vertreter zur Führung eines Verfahrensverzeichnisses nach Art. 30 Abs. 1 verpflichtet.

VI. Haftung und Verantwortung (Abs. 5)

1. Haftung und Verantwortung des Vertretenen

7   Die Benennung eines Vertreters durch den Verantwortlichen oder den Auftragsverarbeiter erfolgt nach Art. 27 Abs. 5 **unbeschadet** etwaiger rechtlicher Schritte gegen den Verantwortlichen oder den Auftragsverarbeiter selbst[9]. Verantwortliche und Auftragsverarbeiter können sich ihrer Verantwortung unter der DSGVO also nicht durch die Benennung des Vertreters entziehen[10]. Die Wahl der Formulierung „rechtlicher Schritte" ist missglückt. Die Verantwortung bleibt unabhängig davon bestehen, ob die Behörde oder die betroffene Person rechtliche Schritte, also z.B. ein Gerichtsverfahren, einleitet. Besser formuliert ist dies in Erwägungsgrund 80, wo es heißt: „Die Benennung eines solchen Vertreters berührt nicht die Verantwortung und Haftung des Verantwortlichen oder des Auftragsverarbeiters nach Maßgabe dieser Verordnung".

2. Haftung und Verantwortung des Vertreters

8   Noch nicht abschließend geklärt und in der Literatur umstritten ist, ob den Vertreter eine **eigene Haftung bzw. Verantwortung unter der DSGVO** trifft. Nach der hier vertretenen Ansicht findet sich in der DSGVO keine eindeutige Stütze der These, den Vertreter treffe eine eigene Verantwortlichkeit bzw. Haftung für die Verstöße des von ihm vertretenen Verantwortlichen bzw. Auftragsverarbeiters. Etwas anderes folgt auch nicht aus Art. 27 Abs. 4, der bestimmt, dass der Vertreter als Anlaufstelle für Aufsichtsbehörden und betroffene Personen dienen soll, um die Einhaltung der Verordnung zu gewährleisten. Diese Vorschrift nennt den Zweck der Verpflichtung zur Bestellung eines Vertreters. Sie enthält

---

[8] Ebenso Paal/Pauly/*Martini*, Art. 27 DSGVO Rz. 50.
[9] A.A. BeckOK DatenschutzR/*Hanloser*, Art. 27 DSGVO Rz. 5 (Stand: 1.2.2017): „Rechtliche Schritte sollen sich primär gegen den Unionsvertreter richten, wobei die unionsfremden Verantwortlichen oder Auftragsverarbeiter durch seine Bestellung nicht enthaftet werden, sondern neben dem Unionsvertreter selbst in Anspruch genommen werden können".
[10] Ebenso Paal/Pauly/*Martini*, Art. 27 DSGVO Rz. 54.

lediglich Vorschriften für den Beauftragungsvorgang[11]. Zu der Frage einer eventuellen Haftung des Vertreters trifft sie keine Aussage[12].

Gegen eine Haftung des Unionsvertreters für die Verstöße des Verantwortlichen bzw. Auftragsverarbeiter spricht, dass ihm in Art. 30, 31 und 58 bestimmte Pflichten auferlegt werden. Danach ist er ausdrücklich zum Führen des Verarbeitungsverzeichnisses, zur Zusammenarbeit mit den Aufsichtsbehörden im Allgemeinen und zur Auskunft im Besonderen verpflichtet wird. Dies dürfte als abschließender Pflichtenkatalog zu verstehen sein. Eine eigene Haftung trifft den Vertreter nach der hier vertretenen Ansicht nur bei einem Verstoß gegen die ihm ausdrücklich auferlegten Pflichten[13]. Er haftet hingegen nicht für die Verstöße des von ihm Vertretenen.

Artikel 28 Auftragsverarbeiter

(1) Erfolgt eine Verarbeitung im Auftrag eines Verantwortlichen, so arbeitet dieser nur mit Auftragsverarbeitern, die hinreichend Garantien dafür bieten, dass geeignete technische und organisatorische Maßnahmen so durchgeführt werden, dass die Verarbeitung im Einklang mit den Anforderungen dieser Verordnung erfolgt und den Schutz der Rechte der betroffenen Person gewährleistet.

(2) Der Auftragsverarbeiter nimmt keinen weiteren Auftragsverarbeiter ohne vorherige gesonderte oder allgemeine schriftliche Genehmigung des Verantwortlichen in Anspruch. Im Fall einer allgemeinen schriftlichen Genehmigung informiert der Auftragsverarbeiter den Verantwortlichen immer über jede beabsichtigte Änderung in Bezug auf die Hinzuziehung oder die Ersetzung anderer Auftragsverarbeiter, wodurch der Verantwortliche die Möglichkeit erhält, gegen derartige Änderungen Einspruch zu erheben.

(3) Die Verarbeitung durch einen Auftragsverarbeiter erfolgt auf der Grundlage eines Vertrags oder eines anderen Rechtsinstruments nach dem Unionsrecht oder dem Recht der Mitgliedstaaten, der bzw. das den Auftragsverarbeiter in Bezug auf den Verantwortlichen bindet und in dem Gegenstand und Dauer der Verarbeitung, Art und Zweck der Verarbeitung, die Art der personenbezogenen Daten, die Kategorien betroffener Personen und die Pflichten und Rechte des Verantwortlichen festgelegt sind. Dieser Vertrag bzw. dieses andere Rechtsinstrument sieht insbesondere vor, dass der Auftragsverarbeiter

a) die personenbezogenen Daten nur auf dokumentierte Weisung des Verantwortlichen – auch in Bezug auf die Übermittlung personenbezogener

---

11 Kühling/Buchner/*Hartung*, Art. 27 DSGVO Rz. 24.
12 Paal/Pauly/*Martini*, Art. 27 DSGVO Rz. 54.
13 Auch diskutiert bei (aber im Ergebnis abgelehnt von) BeckOK DatenschutzR/*Hanloser*, Art. 27 DSGVO Rz. 9 (Stand: 1.2.2017).

Daten an ein Drittland oder eine internationale Organisation – verarbeitet, sofern er nicht durch das Recht der Union oder der Mitgliedstaaten, dem der Auftragsverarbeiter unterliegt, hierzu verpflichtet ist; in einem solchen Fall teilt der Auftragsverarbeiter dem Verantwortlichen diese rechtlichen Anforderungen vor der Verarbeitung mit, sofern das betreffende Recht eine solche Mitteilung nicht wegen eines wichtigen öffentlichen Interesses verbietet;

b) gewährleistet, dass sich die zur Verarbeitung der personenbezogenen Daten befugten Personen zur Vertraulichkeit verpflichtet haben oder einer angemessenen gesetzlichen Verschwiegenheitspflicht unterliegen;

c) alle gemäß Artikel 32 erforderlichen Maßnahmen ergreift;

d) die in den Absätzen 2 und 4 genannten Bedingungen für die Inanspruchnahme der Dienste eines weiteren Auftragsverarbeiters einhält;

e) angesichts der Art der Verarbeitung den Verantwortlichen nach Möglichkeit mit geeigneten technischen und organisatorischen Maßnahmen dabei unterstützt, seiner Pflicht zur Beantwortung von Anträgen auf Wahrnehmung der in Kapitel III genannten Rechte der betroffenen Person nachzukommen;

f) unter Berücksichtigung der Art der Verarbeitung und der ihm zur Verfügung stehenden Informationen den Verantwortlichen bei der Einhaltung der in den Artikeln 32 bis 36 genannten Pflichten unterstützt;

g) nach Abschluss der Erbringung der Verarbeitungsleistungen alle personenbezogenen Daten nach Wahl des Verantwortlichen entweder löscht oder zurückgibt und die vorhandenen Kopien löscht, sofern nicht nach dem Unionsrecht oder dem Recht der Mitgliedstaaten eine Verpflichtung zur Speicherung der personenbezogenen Daten besteht,

h) dem Verantwortlichen alle erforderlichen Informationen zum Nachweis der Einhaltung der in diesem Artikel niedergelegten Pflichten zur Verfügung stellt und Überprüfungen – einschließlich Inspektionen –, die vom Verantwortlichen oder einem anderen von diesem beauftragten Prüfer durchgeführt werden, ermöglicht und dazu beiträgt.

Mit Blick auf Unterabsatz 1 Buchstabe h informiert der Auftragsverarbeiter den Verantwortlichen unverzüglich, falls er der Auffassung ist, dass eine Weisung gegen diese Verordnung oder gegen andere Datenschutzbestimmungen der Union oder der Mitgliedstaaten verstößt.

(4) Nimmt der Auftragsverarbeiter die Dienste eines weiteren Auftragsverarbeiters in Anspruch, um bestimmte Verarbeitungstätigkeiten im Namen des Verantwortlichen auszuführen, so werden diesem weiteren Auftragsverarbeiter im Wege eines Vertrags oder eines anderen Rechtsinstruments nach dem Unionsrecht oder dem Recht des betreffenden Mitgliedstaats dieselben Datenschutzpflichten auferlegt, die in dem Vertrag oder anderen Rechts-

instrument zwischen dem Verantwortlichen und dem Auftragsverarbeiter gemäß Absatz 3 festgelegt sind, wobei insbesondere hinreichende Garantien dafür geboten werden muss, dass die geeigneten technischen und organisatorischen Maßnahmen so durchgeführt werden, dass die Verarbeitung entsprechend den Anforderungen dieser Verordnung erfolgt. Kommt der weitere Auftragsverarbeiter seinen Datenschutzpflichten nicht nach, so haftet der erste Auftragsverarbeiter gegenüber dem Verantwortlichen für die Einhaltung der Pflichten jenes anderen Auftragsverarbeiters.

(5) Die Einhaltung genehmigter Verhaltensregeln gemäß Artikel 40 oder eines genehmigten Zertifizierungsverfahrens gemäß Artikel 42 durch einen Auftragsverarbeiter kann als Faktor herangezogen werden, um hinreichende Garantien im Sinne der Absätze 1 und 4 des vorliegenden Artikels nachzuweisen.

(6) Unbeschadet eines individuellen Vertrags zwischen dem Verantwortlichen und dem Auftragsverarbeiter kann der Vertrag oder das andere Rechtsinstrument im Sinne der Absätze 3 und 4 des vorliegenden Artikels ganz oder teilweise auf den in den Absätzen 7 und 8 des vorliegenden Artikels genannten Standardvertragsklauseln beruhen, auch wenn diese Bestandteil einer dem Verantwortlichen oder dem Auftragsverarbeiter gemäß den Artikeln 42 und 43 erteilten Zertifizierung sind.

(7) Die Kommission kann im Einklang mit dem Prüfverfahren gemäß Artikel 87 Absatz 2 Standardvertragsklauseln zur Regelung der in den Absätzen 3 und 4 des vorliegenden Artikels genannten Fragen festlegen.

(8) Eine Aufsichtsbehörde kann im Einklang mit dem Kohärenzverfahren gemäß Artikel 63 Standardvertragsklauseln zur Regelung der in den Absätzen 3 und 4 des vorliegenden Artikels genannten Fragen festlegen.

(9) Der Vertrag oder das andere Rechtsinstrument im Sinne der Absätze 3 und 4 ist schriftlich abzufassen, was auch in einem elektronischen Format erfolgen kann.

(10) Unbeschadet der Artikel 82, 83 und 84 gilt ein Auftragsverarbeiter, der unter Verstoß gegen diese Verordnung die Zwecke und Mittel der Verarbeitung bestimmt, in Bezug auf diese Verarbeitung als Verantwortlicher.

I. Einführung 1	c) Meinungsstand zur Frage der Privilegierung der Auftragsverarbeitung 5
1. Privilegierung der Auftragsverarbeitung 3	
a) Abgrenzung zwischen Auftragsverarbeitung und Übermittlung 3	d) Auftragsverarbeiter bleibt „Empfänger" personenbezogener Daten 7
b) Änderungen der DSGVO gegenüber dem BDSG-alt . . . 4	2. Weisungsgebundenheit des Auftragsverarbeiters 8

Art. 28 DSGVO | Auftragsverarbeiter

3. Generelle Pflichten des Auftragsverarbeiters 10
4. Auftragsverarbeitung im internationalen Kontext 11

II. Anforderungen an die Auswahl des Auftragsverarbeiters (Art. 28 Abs. 1) 12

III. Anforderungen an die Unterbeauftragung (Art. 28 Abs. 2) . 14
   1. Anwendungsbereich 14
   2. Formerfordernisse bezüglich Genehmigung und Unterauftrag 15
   3. Erfordernis der vorherigen Genehmigung 16
   4. Gesonderte und allgemeine Genehmigung 17
   5. Einspruchsrecht des Verantwortlichen 17a

IV. Anforderungen an den Hauptauftrag (Art. 28 Abs. 3) 19
   1. Einführung 19
   2. Anforderungen an die Regelungstiefe des Hauptvertrages . 20
   3. Mindestinhalte des Hauptvertrages 21
   4. Nicht zwingend zu regelnde Inhalte des Hauptvertrages ... 23
   5. Rechtsfolgen bei fehlender Regelung der Mindestinhalte .. 24
   6. Fortführung von Altverträgen . 25
   7. Recht zur Anpassung von Altverträgen 27a

V. Anforderungen an den Unterauftrag (Art. 28 Abs. 4) 28

VI. Nachweis der Einhaltung der Garantien der DSGVO (Art. 28 Abs. 5) 29

VII. Verwendung von Standardvertragsklauseln (Art. 28 Abs. 6, 7 und 8) 30

VIII. Schriftformerfordernis (Art. 28 Abs. 9) 31

IX. Verantwortlichkeit des Auftragsverarbeiters (Art. 28 Abs. 10) 32

X. Grenzen der Auftragsverarbeitung 33
   1. Einführung 33
   2. Auslegung nach dem BDSG-alt (Funktionsübertragung) 34
   3. Auslegung nach der DSGVO (keine Funktionsübertragung) . 37
      a) Kein Konzept der unzulässigen Funktionsübertragung unter der DSGVO 37
      b) Grenze der Auftragsverarbeitung unter der DSGVO 38
      c) Entscheidung über Zweck und Mittel der Verarbeitung als maßgebliches Kriterium . 39
      d) Nutzung der Daten zu eigenen Geschäftszwecken des Auftragsverarbeiters 42
   4. Fallgruppen 43
      a) Call Center 44
      b) Marktforschungsinstitute .. 45
      c) Direktmarketing, Letter-Shops 46
      d) IT-Outsourcing, Hosting ... 47
      e) Cloud Services 48
      f) Business-Process Outsourcing 54
      g) Lohn- und Gehaltsbuchhaltung 55
      h) Rechtsanwälte, Compliance Untersuchungen, Datenräume 56
      i) Personalvermittlung, Headhunting 57
      j) Videoüberwachung 58
   5. Entscheidungskriterien zur Wahl des Vertragskonstrukts .. 59

Schrifttum: *Artikel 29-Datenschutzgruppe*, WP 169 Stellungnahme 1/2010 zu den Begriffen „für die Verarbeitung Verantwortlicher" und „Auftragsverarbeiter" vom 16.2.2010; *Drewes/Monreal*, Grenzenlose Auftragsdatenverarbeitung, PinG 04.2014, 143; *Eckhardt*, DS-GVO: Anforderungen an die Auftragsverarbeitung als Instrument zur Einbindung Externer, CCZ 2017, 111; *Franck*, Altverhältnisse unter DS-GVO und neuem BDSG, ZD 2017, 509; *Laue/Nink/Kremer*, Das neue Datenschutzrecht in der betrieblichen Praxis, 2016; *Roßnagel/Kroschwald*, Was wird aus der Datenschutzgrundverordnung? Die Entschließung des Europäischen Parlaments über ein Verhandlungsdokument, ZD 2014, 495; *Schmidt/Freund*, Perspektiven der Auftragsdatenverarbeitung. Wegfall der Privilegierung mit der DS-GVO?, ZD 2017, 14; *Voigt*, Konzerninterner Datentransfer, CR 2017, 428.

I. Einführung

Art. 28 regelt die Auftragsverarbeitung, also den Fall, dass ein Auftragsverarbeiter Daten im Auftrag des Verantwortlichen verarbeitet (vgl. Art. 28 Abs. 1). „**Auftragsverarbeiter**" ist nach Art. 4 Nr. 8 jede „natürliche oder juristische Person, Behörde, Einrichtung oder andere Stelle, die personenbezogene Daten im Auftrag des Verantwortlichen verarbeitet". „**Verantwortlicher**" ist nach Art. 4 Abs. 7 „die natürliche oder juristische Person, Behörde, Einrichtung oder andere Stelle, die allein oder gemeinsam mit anderen über die Zwecke und Mittel der Verarbeitung von personenbezogenen Daten entscheidet". 1

Das **Konstrukt der Auftragsverarbeitung** ähnelt damit dem bereits aus § 11 BDSG-alt bekannten Konstrukt[1]. Die Verantwortung für die Einhaltung der Regelungen der DSGVO verbleibt grundsätzlich bei dem Verantwortlichen. Dieser „entscheidet" über „Zwecke und Mittel der Verarbeitung von personenbezogenen Daten". Er beauftragt den Auftragsverarbeiter als seinen „**verlängerten Arm**" und als quasi interne Stelle[2]. 2

1. Privilegierung der Auftragsverarbeitung

a) Abgrenzung zwischen Auftragsverarbeitung und Übermittlung

Bei der Einschaltung eines Dienstleisters, z.B. im Bereich des Hostings personenbezogener Daten, hat der Verantwortliche stets zu entscheiden, ob er den Weg der **Auftragsverarbeitung** wählt oder eine **Übermittlung** der Daten an den Dritten vornimmt. Wählt der Verantwortliche den Weg der Übermittlung, so agiert der Empfänger der Daten als (weiterer) Verantwortlicher. Die Übermittlung bedarf der Erlaubnis nach Art. 6 oder einem sonstigen Erlaubnistatbestand. Fraglich ist, ob eine solche Erlaubnis auch dann erforderlich ist, wenn der Verantwortliche den Dienstleister als Auftragsverarbeiter einschaltet. 3

---

1 Zur Frage, ob und unter welchen Umständen die unter dem BDSG-alt geschlossenen Altverträge unter der DSGVO unmittelbar fortgelten können, sei auf die Kommentierung unter Rz. 13 verwiesen.
2 Zu der Frage, welche Änderungen sich durch die DSGVO ergeben haben s. *Eckhardt*, CCZ 2017, 111.

b) Änderungen der DSGVO gegenüber dem BDSG-alt

4 Nach dem BDSG-alt stellte im Grundsatz jede Weitergabe von Daten an eine natürliche oder juristische Person außerhalb der verantwortlichen Stelle – also an einen Dritten – eine erlaubnispflichtige „Übermittlung" dar, die dann an den Erlaubnistatbeständen der §§ 28, 29 BDSG-alt und damit dem Grundsatz der Erforderlichkeit zu messen war. Dies galt indes nicht für eine Weitergabe an einen Auftragsdatenverarbeiter in der EU, da dieser nicht als Dritter qualifiziert wurde (vgl. § 3 Abs. 8 BDSG-alt). Dieses Konzept ist nun in der DSGVO insoweit übernommen worden, als der Auftragsverarbeiter weiterhin **nicht als Dritter** zu qualifizieren ist (vgl. die Definition des Art. 4 Nr. 10). Zu beachten ist allerdings, dass die DSGVO nicht mehr den Tatbestand der „Übermittlung" kennt; eine solche lag nach dem BDSG-alt nur dann vor, wenn die Daten an einen „Dritten" weitergegeben wurden, was bei einem Auftragsdatenverarbeiter eben nicht der Fall war. Maßgeblich unter der DSGVO ist nunmehr allein der umfassende Begriff der „Verarbeitung". Die DSGVO definiert die „Verarbeitung" in Art. 4 Nr. 2 u.a. als „Offenlegung durch Übermittlung", ohne die „Übermittlung" weiter zu beschreiben. Dem Wortlaut nach bleibt daher offen, ob eine „Übermittlung" – parallel zur Regelung im BDSG-alt – die Offenlegung gegenüber einem Dritten bedeutet. Sollte dies nicht der Fall sein, so läge auch zwischen Verantwortlichem und einem „Nichtdritten" – hier also dem Auftragsverarbeiter – eine rechtfertigungsbedürftige „Verarbeitung" vor, die über das rein „interne" Verarbeitung bei dem Verantwortlichen hinausginge.

c) Meinungsstand zur Frage der Privilegierung der Auftragsverarbeitung

5 **Zum einen wird vor diesem Hintergrund vertreten**, dass die Privilegierung der Auftragsverarbeitung nach Verabschiedung der DSGVO in der Tat insgesamt entfallen sei[3]. Nach der DSGVO stelle auch eine Offenlegung gegenüber „Nichtdritten" nun eine rechtfertigungsbedürftige „Verarbeitung" dar. Zudem wird angeführt, dass bereits vor Erlass der DSGVO die deutsche Praxis europarechtswidrig gewesen sei[4]. Dieser Ansatz wird **teilweise dahingehend eingeschränkt**, dass zwar die Auftragsverarbeitung rechtfertigungsbedürftig sei, jedoch stets durch das überwiegende berechtigte Interesse des Verantwortlichen nach Art. 6 Abs. 1 Buchst. f gerechtfertigt werde. Diesen Auffassungen ist jedoch nicht zuzustimmen. **Der vermittelnde Ansatz** mag zwar in den meisten Fällen zu befriedigenden Ergebnissen führen. Soweit es sich jedoch um die Offenlegung besonderer personenbezogener Daten i.S.d. Art. 9 handelt, wäre dieser Vorgang einer Rechtfertigung durch das berechtigte Interesse des Verantwortlichen nicht mehr zugänglich. Die strengeren Rechtfertigungsgründe des Art. 9

---

3 *Laue/Nink/Kremer*, § 5 Rz. 6; *Roßnagel/Kroschwald*, ZD 2014, 495 (497).
4 *Drewes/Monreal*, PinG 2014, 143 (147 f.).

Abs. 2 würden eine Auftragsverarbeitung in diesen Bereichen praktisch unmöglich machen[5].

Nach der hier vertretenen Ansicht setzt die „Offenlegung durch Übermittlung" stets die Übermittlung an einen Dritten voraus und **die Privilegierung der Auftragsverarbeitung bleibt auch in der DSGVO erhalten**[6]. Die DSGVO grenzt die Stellung des Verantwortlichen einerseits und des Auftragsverarbeiters andererseits strikt voneinander ab; der Auftragsverarbeiter wird klar als quasi interne Stelle behandelt und eben nicht als weiterer Verantwortlicher (vgl. Art. 28 Abs. 10). Eine solche Trennung würde keinen Sinn ergeben, wenn die Übermittlung vom Verantwortlichen an den Auftragsverarbeiter denselben Voraussetzungen unterläge wie die Übermittlung an sonstige Verantwortliche als Dritte[7]. Der Wegfall der Privilegierung wäre auch mit dem Zweck des Art. 28 nicht zu vereinbaren. Das Konstrukt der Auftragsverarbeitung dient gerade dazu, die Einschaltung von Auftragsverarbeitern ohne zusätzliche Anforderungen zu ermöglichen, wobei im Gegenzug die strengen Anforderungen des Art. 28 eingehalten werden müssen. Im Ergebnis bedeutet dies: soweit der Verantwortliche nach Art. 6 generell zur Verarbeitung berechtigt ist, kann er sich dazu auch eines Auftragsverarbeiters bedienen, solange die Vorgaben des Art. 28 eingehalten werden. Die Einschaltung des Auftragsverarbeiters erfordert damit keine weitergehende Rechtfertigung nach Art. 6, etwa im Rahmen einer Interessenabwägung oder anhand des Tatbestandsmerkmals der Erforderlichkeit.

6

d) Auftragsverarbeiter bleibt „Empfänger" personenbezogener Daten

Zu beachten ist allerdings, dass der Auftragsverarbeiter nach der DSGVO weiterhin einen „**Empfänger**" von Daten darstellt (vgl. Art. 4 Abs. 9). Insofern sind also alle Pflichten einzuhalten, die für die Weitergabe von Daten an solche „Empfänger" gelten, wie etwa die Pflicht zur Benachrichtigung der betroffenen Person nach Art. 13 Abs. 1 Buchst. e und Art. 14 Abs. 1 Buchst. e und Art. 15 Abs. 1 Buchst. c. In der Praxis führt dies also zu einer Pflicht des Verantwortlichen, den Betroffenen auch über eine Überlassung seiner personenbezogenen Daten an den Auftragsverarbeiter, also z.B. einen IT-Dienstleister, zu unterrichten, soweit die Voraussetzungen der Art. 13 bzw. 14 vorliegen. Dies ist eine deutliche Verschärfung gegenüber der Rechtslage unter dem BDSG-alt. Zu beachten ist jedoch, dass die Informationspflichten der Art. 13 und 14 nur den Verantwortlichen treffen. Der Auftragsverarbeiter ist also nicht verpflichtet, die betroffene Person über den Erhalt ihrer Daten zu informieren.

7

---

5 So auch Kühling/Buchner/*Hartung*, Art. 28 DSGVO Rz. 21; *Schmidt/Freund*, ZD 2017, 14 (15).
6 So auch Paal/Pauly/*Martini*, Art. 28 DSGVO Rz. 8a; Kühling/Buchner/*Hartung*, Art. 28 DSGVO Rz. 15; *Schmidt/Freund*, ZD 2017, 14 (16).
7 Vgl. Paal/Pauly/*Martini*, Art. 28 DSGVO Rz. 10.

2. Weisungsgebundenheit des Auftragsverarbeiters

8 Jede Verarbeitung im Auftrag darf nur auf **Weisung des Verantwortlichen** erfolgen. Dies ergibt sich aus Art. 29 und wird dort näher konkretisiert. Die Weisungsgebundenheit des Auftragsverarbeiters ist das prägende Element der Auftragsverarbeitung.

9 Entsprechend dieser Weisungsgebundenheit des Auftragsverarbeiters trifft die **Haftung** für die Verletzung der DSGVO auch in erster Linie den Verantwortlichen (vgl. Art. 82 Abs. 2 Satz 1). Allerdings kann unter bestimmten Voraussetzungen auch der Auftragsverarbeiter haften, nämlich dann, „wenn er seinen speziell den Auftragsverarbeitern auferlegten Pflichten aus dieser Verordnung nicht nachgekommen ist oder unter Nichtbeachtung der rechtmäßig erteilten Anweisungen des für die Datenverarbeitung Verantwortlichen oder gegen diese Anweisungen gehandelt hat" (vgl. Art. 82 Abs. 2 Satz 2).

3. Generelle Pflichten des Auftragsverarbeiters

10 Darüber hinaus treffen den Auftragsverarbeiter selbst bestimmte eigene **Pflichten** unter der DSGVO, insbesondere:
- Pflicht **zur Bestellung eines „Vertreters"** unter den in Art. 27 normierten Voraussetzungen
- Pflicht zur Führung eines **Verfahrensverzeichnisses** nach Art. 30 Abs. 2
- Pflicht zur **Zusammenarbeit mit der Aufsichtsbehörde** nach Art. 31
- Pflicht zur **Meldung von Datenschutzverletzungen** nach Art. 33 Abs. 2
- Pflicht zur Bestellung eines **Datenschutzbeauftragten** unter den Voraussetzungen des Art. 37
- Pflicht des Auftragsverarbeiters, den Verantwortlichen **unverzüglich zu informieren, sobald er eine Weisung für rechtswidrig hält** nach Art. 28 Abs. 3 Buchst. h. Aus dem Wortlaut ergibt sich, dass hierbei allein die subjektive Einschätzung des Auftragsverarbeiters entscheidend ist. Die Pflicht trifft ihn daher auch, wenn er eine objektiv rechtmäßige Weisung für rechtswidrig hält. Andererseits verhält er sich nicht pflichtwidrig, wenn er eine rechtswidrige Weisung nicht als solche erkennt und diese daher nicht meldet[8].
- Pflicht, den **Verantwortlichen vor jeder weiteren Unterbeauftragung zu informieren**, damit dieser ggf. sein Widerspruchsrecht gemäß Art. 28 Abs. 2 Satz 2 ausüben kann, soweit der Auftragsverarbeiter lediglich eine allgemeine Genehmigung zur Unterbeauftragung innehat und keine gesonderte Genehmigung für die entsprechende Beauftragung.

---

8 So auch Paal/Pauly/*Martini*, Art. 28 DSGVO Rz. 56.

4. Auftragsverarbeitung im internationalen Kontext

Zusätzliche Anforderungen bestehen, wenn der Auftragsverarbeiter seine Tätigkeit in einem Drittstaat ausübt. Nicht übernommen wurde in der DSGVO die ehemals noch unter dem BDSG-alt geltende Beschränkung, wonach der Auftragnehmer seine Tätigkeit in der EU bzw. dem EWR ausüben musste (vgl. § 3 Abs. 8 BDSG-alt). Grundsätzlich können Auftragsverarbeiter die Verarbeitung unter der DSGVO also auch in einem Drittstaat durchführen. Allerdings verlangt Art. 28 Abs. 1, dass der Auftraggeber nur mit solchen Auftragsverarbeitern zusammenarbeiten darf, „die hinreichend Garantien dafür bieten, dass geeignete technische und organisatorische Maßnahmen so durchgeführt werden, dass die Verarbeitung im Einklang mit den Anforderungen dieser Verordnung erfolgt und den Schutz der Rechte der betroffenen Person gewährleistet". Zu diesen Anforderungen gehören auch die Regelungen zum **Datenexport in Drittstaaten**. Insoweit sei auf die Kommentierung zu Art. 44 ff. DSGVO verwiesen.

11

II. Anforderungen an die Auswahl des Auftragsverarbeiters (Art. 28 Abs. 1)

Art. 28 Abs. 1 regelt die Anforderungen an die **Auswahl des Auftragsverarbeiters** durch den Verantwortlichen. Er darf nur solche Auftragnehmer als Auftragsverarbeiter beauftragen, „die hinreichend Garantien dafür bieten, dass geeignete technische und organisatorische Maßnahmen" im Einklang mit der DSGVO durchgeführt werden. Dies führt im Wesentlichen zu einer **Pflicht zur sorgfältigen Auswahl und Überwachung** des Auftragsverarbeiters durch den Verantwortlichen, wie sie bereits aus § 11 BDSG-alt bekannt ist. Maßstäbe für die Auswahl des Auftragsverarbeiters sind nach Erwägungsgrund 81 insbesondere **Fachwissen, Zuverlässigkeit** und **Ressourcen**. Die Pflicht zur **Überwachung** des Auftragsverarbeiters – im Anschluss an dessen Auswahl – ist in Art. 28 Abs. 1 nicht ausdrücklich geregelt, ergibt sich jedoch aus der Formulierung der Norm („arbeitet [...] nur mit"). Die Zusammenarbeit mit einem Auftragsverarbeiter ist ab dem Zeitpunkt nicht mehr zulässig, ab welchem dieser die entsprechenden Garantien nicht mehr gewährleistet[9]. De facto ist die Pflicht zur Überwachung daher auch ohne konkrete zeitliche Vorgaben als Dauerpflicht zu verstehen.

12

Die **Anforderungen an Auswahl und Überwachung** dürfen in der Praxis nicht überspannt werden. Gerade kleinere Unternehmen verfügen häufig weder über die Ressourcen noch über das technische Wissen, um einen Auftragsverarbeiter fortlaufend überwachen zu können. Wählt ein Unternehmen z.B. einen führen-

13

---

9 Vgl. Kühling/Buchner/*Hartung*, Art. 28 DSGVO Rz. 60; Paal/Pauly/*Martini*, Art. 28 DSGVO Rz. 21.

den und am Markt als zuverlässig bekannten IT-Dienstleister aus, so darf es grundsätzlich auf dessen Fachwissen und Zuverlässigkeit vertrauen, ohne dass etwa eine – vollkommen praxisfremde – Vor-Ort-Kontrolle erforderlich wäre[10]. Gesteigerte Anforderungen ergeben sich indes, soweit z.B. große Datenmengen gehostet werden sollen oder besonders sensible Daten. Ein weiteres Element im Konzept der Überwachungspflichten kann darin liegen, dass der Auftraggeber den Auftragsverarbeiter vertraglich darauf verpflichtet, etwaige Verstöße oder bereits etwaige Unregelmäßigkeiten unverzüglich zu melden, und zwar ungeachtet der Meldepflichten nach Art. 33 Abs. 2.

III. Anforderungen an die Unterbeauftragung (Art. 28 Abs. 2)

1. Anwendungsbereich

14   Art. 28 Abs. 2 regelt, unter welchen Voraussetzungen der Auftragsverarbeiter **Unteraufträge** vergeben darf. Wichtig ist insoweit die Klarstellung, dass sich Art. 28 Abs. 2 nicht auf jede Art von Unteraufträgen bezieht, sondern lediglich solche Unteraufträge erfasst, die ihrerseits eine **Unter-Auftragsverarbeitung** darstellen. Die Anforderungen des Art. 28 Abs. 2 gelten also nur dann, wenn sich der Auftragsverarbeiter eines weiteren Auftragsverarbeiters im datenschutzrechtlichen Sinne bedient.

Sie gelten indes nicht, wenn der Auftragsverarbeiter sonstige Dritte zur Leistungserbringung hinzuzieht, ohne personenbezogene Daten im (Unter-)Auftrag zu verarbeiten. Häufig stößt man dazu in der Praxis auf Klauseln, wonach als Unterauftragsverhältnisse im Sinne des Art. 28 Abs. 2 nicht solche Dienstleistungen zu verstehen sind, die der Auftragnehmer bei Dritten als **Nebenleistung** zur Unterstützung bei der Auftragsdurchführung in Anspruch nimmt. Dazu zählen nach den in der Praxis häufig gebräuchlichen Formulierungen z.B. Telekommunikationsleistungen, Wartungsdienstleistungen sowie Leistungen von Reinigungskräften, Entsorgungsunternehmen oder externen Prüfern. Die Grenzen sind insoweit fließend. Denn auch die Erbringer z.B. von Telekommunikationsleistungen mögen Zugriff auf personenbezogene Daten des Auftraggebers erhalten. Gleichwohl ist den Bedürfnissen der Wirtschaft Rechnung zu tragen, die es erfordern, dass nicht für jede Nebenleistung eine Unterbeauftragung im Einklang mit den formellen Anforderungen des Art. 28 Abs. 2 abgeschlossen werden kann. Der Auftragnehmer sollte in solchen Fällen jedoch zumindest verpflichtet werden, zur Gewährleistung des Schutzes und der Sicherheit der Daten des Auftraggebers auch bei fremd vergebenen Nebenleistungen angemessene und DSGVO-gesetzeskonforme vertragliche Vereinbarungen zu treffen sowie geeignete Kontrollmaßnahmen zu ergreifen.

---

10 Laut Gola/*Klug*, Art. 28 DSGVO Rz. 11, hat sich der Verantwortliche die Möglichkeit solcher Kontrollen jedoch vertraglich vorzubehalten.

2. Formerfordernisse bezüglich Genehmigung und Unterauftrag

Soweit aber der Anwendungsbereich des Art. 28 Abs. 2 eröffnet ist, erfordert die Einschaltung des Unter-Auftragsverarbeiters die „schriftliche Genehmigung" des Verantwortlichen. Aus Art. 28 Abs. 9 i.V.m. Art. 28 Abs. 4 ergibt sich, dass der Vertragsschluss zwischen Auftragsverarbeiter und Unterauftragnehmer selbst ebenfalls der Schriftform bedarf, wobei auch insoweit ein „**elektronisches Format**" ausreicht. Dass in Art. 28 Abs. 2 nicht auch auf das „elektronische Format" abgestellt wird, dürfte ein Redaktionsversehen sein, denn es ist nicht ersichtlich, weshalb bei der Vergabe von Unteraufträgen strengere Formerfordernisse gelten sollten als für den Vertragsschluss insgesamt[11]. Insofern kann die „Genehmigung" zur Erteilung von Unteraufträgen nach der hier vertretenen Ansicht auch elektronisch erteilt werden.

15

3. Erfordernis der vorherigen Genehmigung

Die Wahl der Formulierung „Genehmigung" darf nicht in der Weise missverstanden werden, dass die Zustimmung i.S.d. § 184 BGB nur nachträglich erteilt werden dürfte[12]. Ganz im Gegenteil ist nach dem Wortlaut des Art. 28 Abs. 2 eine „**vorherige**" Genehmigung erforderlich.

16

4. Gesonderte und allgemeine Genehmigung

Hinsichtlich der Arten der möglichen „Genehmigungen" unterscheidet Art. 28 Abs. 2 zwischen „**gesonderten**" und „**allgemeinen**" **Genehmigungen**. Daraus folgt, dass es also auch möglich ist, eine generelle Zustimmung zur Einschaltung von Unterauftragnehmern zu erteilen, ohne dass diese z.B. vorab namentlich bekannt sein müssten. Allerdings wird die „allgemeine" Zustimmung nach Satz 2 an die Pflicht gekoppelt, den Verantwortlichen vorab über jede geplante Aufnahme neuer Unterauftragnehmer bzw. das Ersetzen bestehender Unterauftragnehmer zu informieren. Damit soll dem Verantwortlichen die Möglichkeit gegeben werden, gegen derartige Änderungen „Einspruch" zu erheben.

17

5. Einspruchsrecht des Verantwortlichen

Die Wahl der Formulierung lässt offen, ob der Verantwortliche das Recht haben soll, seine allgemein erteilte Zustimmung nach eigenem Ermessen gewissermaßen zurückzuziehen oder ob die Information lediglich dem Zweck dient, dass

17a

---

11 So auch Gola/*Klug*, Art. 28 DSGVO Rz. 13; Paal/Pauly/*Martini*, Art. 28 DSGVO Rz. 62.
12 Paal/Pauly/*Martini*, Art. 28 DSGVO Rz. 60.

der Verantwortliche kontrollieren kann, ob der geplante neue Unterauftragnehmer die Voraussetzungen des Art. 28 Abs. 1 und der DSGVO insgesamt erfüllt bzw. in den Rahmen der erteilten Zustimmung fällt.

18 Nach der hier vertretenen Ansicht ist die Regelung nicht im Sinne eines Rechts zum nachträglichen Entzug der Zustimmung zu verstehen. Denn wenn sich die Vertragsparteien verbindlich darauf geeinigt haben, dass der Auftragsverarbeiter in der Vergabe von Unteraufträgen frei sein soll, so muss er auch darauf vertrauen dürfen. Seine Grenze findet dieses Recht also nur dort, wo der Auftragsverarbeiter beabsichtigt, Unterauftragnehmer zu beauftragen, die entweder nicht von der Zustimmung erfasst sind oder nicht den Anforderungen der DSGVO entsprechen, z.B. weil sie keine hinreichenden Garantien bezüglich der zu treffenden technischen und organisatorischen Maßnahmen bieten. Vor dem geschilderten Hintergrund des Einspruchsrechts ist die **Abgrenzung** zwischen „allgemeiner" und „gesonderter" Genehmigung für die Praxis sehr bedeutsam. Wo die Grenze zu ziehen ist, nennt die DSGVO nicht. Nach der hier vertretenen Ansicht reicht es für eine gesonderte Genehmigung aus, dass der Kreis der möglichen Unterauftragnehmer bei Vertragsschluss zumindest identifizierbar ist. Eine Genehmigung, die sich auf „verbundene Unternehmen" des Auftragsverarbeiters erstreckt, ist danach noch als „gesonderte" Genehmigung zu verstehen.

IV. Anforderungen an den Hauptauftrag (Art. 28 Abs. 3)

1. Einführung

19 Nach Art. 28 Abs. 3 hat der – schriftlich oder elektronisch zu schließende (Art. 28 Abs. 9) – **Vertrag zur Beauftragung des Auftragsverarbeiters** diverse Anforderungen zu erfüllen. Gleiches gilt, wenn die Beauftragung auf Grundlage „eines anderen Rechtsinstruments nach dem Unionsrecht oder dem Recht der Mitgliedstaaten" erfolgt. Ausweislich des Erwägungsgrunds 81 können der Verantwortliche und der Auftragsverarbeiter frei entscheiden, ob sie einen **individuellen Vertrag** oder **Standardvertragsklauseln** verwenden, die entweder unmittelbar von der Kommission erlassen oder aber nach dem Kohärenzverfahren von einer Aufsichtsbehörde angenommen und dann von der Kommission erlassen wurden. In der Praxis beobachtet man zunehmend den Ansatz, die Auftragsverarbeitung über Allgemeine Geschäftsbedingungen zu regeln. Die DSGVO steht dem nicht entgegen. Auch dürften die typischerweise in Auftragsverarbeitungsverträgen enthaltenen Klauseln in aller Regel mit dem deutschen AGB-Recht vereinbar sein, da sie im Wesentlichen die gesetzlichen Vorgaben der DSGVO umsetzen. Grenzen können sich bei Haftungsbegrenzungen und einseitigen Leistungsänderungsvorbehalten ergeben.

2. Anforderungen an die Regelungstiefe des Hauptvertrages

In der Stellungnahme damals noch zur EG-Datenschutzrichtlinie der Artikel 29-Datenschutzgruppe hieß es: „Der Vertrag sollte eine **angemessen ausführliche** Beschreibung der Aufgabe des Auftragsverarbeiters enthalten"[13]. Dieser Maßstab ist auch auf die Angaben im Regelungswerk nach Art. 28 Abs. 3 anzuwenden, so dass eine bloße pauschale Aufzählung nicht ausreichend sein dürfte[14].

20

3. Mindestinhalte des Hauptvertrages

Konkret sind folgende Mindestinhalte in der Beauftragung zu regeln:

21

- **Gegenstand und Dauer** der Verarbeitung: z.B. „Der Auftragnehmer verarbeitet die von diesem Vertrag erfassten personenbezogenen Daten nach Weisung des Auftraggebers für die Laufzeit dieses Vertrages als Auftragsverarbeiter gemäß § 28 DSGVO",
- **Art und Zweck** der Verarbeitung:
- Die Arten der Verarbeitung sind in Art. 4 Nr. 2 geregelt, so dass die entsprechenden Termini verwendet werden können z.B. „Erheben, Ordnen, etc.".
- Der Begriff „Zweck der Verarbeitung" wird in Art. 5 Buchst. b aufgegriffen. Dieser soll **eindeutig und rechtmäßig** sein (Erwägungsgrund 39). Aus dem Erfordernis der Eindeutigkeit ergibt sich, dass die Intention der Verarbeitung auch für Dritte klar erkennbar sein muss z.B. „Datenerhebung innerhalb eines Bewerbungsverfahrens", „Datenordnung zur Optimierung der Verwaltungsstruktur".
- Die **Art der personenbezogenen Daten**: z.B. „Kundendaten", „Mitarbeiterdaten", etc., zudem ist ggf. festzuhalten, dass besondere Kategorien personenbezogener Daten (Art. 9) oder personenbezogene Daten über strafrechtliche Verurteilungen und Straftaten (Art. 10) verarbeitet werden (vgl. Art. 6 Abs. 4 Buchst. c).
- Die **Kategorien von betroffenen Personen**: diese ergeben sich in der Regel bereits in der Art der personenbezogenen Daten, maßgeblich ist, dass eine zusammenfassbare Gruppe mit gemeinsamen Merkmalen abgegrenzt wird[15], z.B. „Kunden", „Mitarbeiter".
- Die **Pflichten und Rechte des Verantwortlichen**: gemeint ist hier keine deklaratorische Auflistung der von der DSGVO geregelten Rechte und Pflichten. Vielmehr geht es um die Festlegung der konkreten Ausgestaltung dieser Pflich-

---

13 Artikel 29-Datenschutzgruppe, Stellungnahme 1/2010, WP 169, 32.
14 So auch Kühling/Buchner/*Hartung*, Art. 28 DSGVO Rz. 65.
15 Paal/Pauly/*Martini*, Art. 28 DSGVO Rz. 33.

ten und Rechte in Form von individuellen Vereinbarungen[16], z.B. „Der Auftraggeber hat jederzeit das Recht, die Einhaltung der gesetzlichen Vorgaben durch Vor-Ort-Kontrollen zu überprüfen. Der Auftragnehmer verpflichtet sich, ihm hierzu Zutritt zu den relevanten Bereichen seines Betriebes zu gewähren".

22 Insbesondere ist zu regeln, dass der Auftragsverarbeiter
 - die personenbezogenen Daten nur auf **dokumentierte Weisung** des Verantwortlichen verarbeitet, wie in Art. 29 näher spezifiziert (Buchst. a);
 - gewährleistet, dass sich die zur Verarbeitung der personenbezogenen Daten befugten Personen zur Vertraulichkeit verpflichtet haben oder einer angemessenen **gesetzlichen Verschwiegenheitspflicht** unterliegen (Buchst. b); hinsichtlich der vertraglichen Verpflichtungen zur Vertraulichkeit ist eine Vereinbarung mit dem jeweiligen Auftragsverarbeiter ausreichend. Nicht erforderlich ist etwa eine Vereinbarung der Mitarbeiter des Auftragsverarbeiters direkt mit dem Auftraggeber.
 - alle gemäß Art. 32 erforderlichen Maßnahmen ergreift, also alle Maßnahmen zur Gewährleistung der „**Sicherheit der Verarbeitung**" (Buchst. c);
 - die Bedingungen für die **Vergabe von Unteraufträgen** einhält (Buchst. d);
 - den Verantwortlichen mit geeigneten technischen und organisatorischen Maßnahmen dabei **unterstützt**, seiner Pflicht zur **Beantwortung** von Anträgen auf Wahrnehmung der Rechte der betroffenen Person nachzukommen (Buchst. e);
 - den Verantwortlichen bei der Einhaltung der in den Art. 32–36 genannten Pflichten unterstützt (Buchst. f);
 - nach Abschluss der Erbringung der Verarbeitungsleistungen alle personenbezogenen Daten nach Wahl des Verantwortlichen entweder **zurückgibt** oder **löscht**, sofern nicht eine Verpflichtung zur Speicherung der Daten besteht (Buchst. g); die im April 2018 erlassenen „Berichtigungen" des Ursprungstexts der DSGVO sehen hierzu die wichtige Klarstellung vor, dass sich die Löschpflicht auch auf die „vorhandenen Kopien" der Daten bezieht – dieser Passus fehlte in der deutschen Ursprungsfassung der DSGVO;
 - dem Verantwortlichen alle erforderlichen Informationen zum **Nachweis** der Einhaltung seiner Pflichten zur Verfügung stellt und Überprüfungen ermöglicht (Buchst. h);
 - den Verantwortlichen unverzüglich informiert, falls er der Auffassung ist, dass eine Weisung gegen die DSGVO oder gegen andere Datenschutzbestimmungen **verstößt**.

---

16 Kühling/Buchner/*Hartung*, Art. 28 DSGVO Rz. 66; Paal/Pauly/*Martini*, Art. 28 DSGVO Rz. 34.

4. Nicht zwingend zu regelnde Inhalte des Hauptvertrages

Praxisrelevant ist hingegen auch, welche Punkte **nicht zu regeln** sind. Der Vertrag muss abgesehen vom „Gegenstand, Dauer, Art und Zweck der Verarbeitung" **keine weiteren Mittel der Verarbeitung** festlegen. Dies bedeutet, dass technische und organisatorische Abläufe der Auftragsverarbeitung grundsätzlich dem Auftragsverarbeiter überlassen sind[17]. Damit verbunden ist eine für die Praxis höchst relevante Abweichung von § 11 BDSG-alt, denn nach § 11 Abs. 2 Nr. 3 BDSG-alt hatte der Auftragsdatenverarbeitungsvertrag auch eine Festlegung der von dem Auftragsverarbeiter zu treffenden **technischen und organisatorischen Maßnahmen** zu enthalten. Das Erfordernis der Festlegung technischer und organisatorischer Maßnahmen im BDSG-alt wich bereits von der EG-Datenschutzrichtlinie ab, die ein solches Erfordernis nicht ausdrücklich vorsah. Bereits in der Stellungnahme der Artikel 29-Datenschutzgruppe zur EG-Datenschutzrichtlinie hieß es, dass „technische und organisatorische Fragen (wie z.B. die verwendete Hard- oder Software)" problemlos an den Auftragsverarbeiter delegiert werden könnten[18]. Eine mit § 11 Abs. 2 Nr. 3 BDSG-alt vergleichbare Regelung ist nicht in die DSGVO übernommen worden, so dass nicht ersichtlich ist, dass sich an dieser Einschätzung etwas geändert hätte. Gleichzeitig ist allerdings zu berücksichtigen, dass eine Festlegung dieser Maßnahmen in dem Vertrag dazu beitragen kann, dass der Verantwortliche seinen Dokumentations- und Rechenschaftspflichten unter der DSGVO nachkommen kann. Für die Praxis mag daher zumindest eine grobe Festlegung zu empfehlen sein. Zu berücksichtigen sind insoweit die Anforderungen des Art. 25 zum Datenschutz durch Technikgestaltung und zu datenschutzfreundlichen Voreinstellungen. Die Pflichten des Art. 25 treffen den Verantwortlichen. Bedient er sich jedoch zur Einhaltung dieser Verpflichtungen eines Auftragsverarbeiters, so liegt es letztlich in seiner Verantwortung, dass der Auftragsverarbeiter die erforderlichen technischen und organisatorischen Maßnahmen ergreift. 23

5. Rechtsfolgen bei fehlender Regelung der Mindestinhalte

Rechtsfolge eines Verstoßes gegen eine dieser Vorgaben ist die **Unwirksamkeit der Auftragsverarbeitung**. Der Auftragsverarbeiter ist damit – ungewollt und ggf. auch ohne es zu wissen – verantwortlicher Dritter und zwischen dem Auftraggeber und Auftragnehmer liegt eine rechtfertigungsbedürftige Verarbeitung vor (vgl. Art. 28 Abs. 10). Die Übermittlung der Daten bedarf dann der Rechtfertigung nach Art. 6 oder einem anderen Erlaubnistatbestand. Sind zumindest Gegenstand, Art, Dauer und Zweck der Datenverarbeitung in der (unwirksamen) Auftragsverarbeitungsvereinbarung geregelt und lediglich einzelne 24

---

17 Vgl. hierzu Paal/Pauly/*Martini*, Art. 28 DSGVO Rz. 35, 36.
18 Artikel 29-Datenschutzgruppe, Stellungnahme 1/2010, WP 169, 17.

Punkte nicht statuiert, so ist eine **Rechtfertigung über die allgemeinen Erlaubnisnormen** in der Regel anzunehmen, etwa im Rahmen von Art. 6 Abs. 1 Satz 1 Buchst. b, soweit die Erforderlichkeit der Einschaltung des Auftragnehmers für die Vertragserfüllung belegt werden kann.

6. Fortführung von Altverträgen

25 Mit Blick auf die für die Praxis höchst relevante Frage, ob **bestehende Auftragsdatenverarbeitungsverträge**, die unter **Geltung des BDSG-alt** abgeschlossen worden sind, unter der DSGVO weiterhin verwendet werden können, lässt sich **keine pauschale Antwort** geben. Vielmehr wird es erforderlich sein, jeden bestehenden Vertrag daraufhin zu prüfen, ob er den neuen Vorgaben der DSGVO genügt[19].

Weitgehend unverändert sind folgende Anforderungen geblieben, so dass die Altverträge in der Regel bereits entsprechende **Klauseln** vorsehen werden:
– die Mindestinhalte des Vertrages gemäß Art. 28 Abs. 3 („Gegenstand und Dauer der Verarbeitung, Art und Zweck der Verarbeitung, die Art der personenbezogenen Daten, die Kategorien betroffener Personen und die Pflichten und Rechte des Verantwortlichen"; vgl. § 11 Abs. 2 Nr. 1–3 BDSG-alt).
– die Weisungsgebundenheit der Verarbeitung im Auftrag gemäß Art. 28 Abs. 3 Buchst. a (vgl. § 11 Abs. 3 BDSG-alt)
– die Verpflichtung der zur Verarbeitung eingeschalteten Personen auf das Datengeheimnis gemäß Art. 28 Abs. 3 Buchst. b (vgl. § 5 BDSG-alt)
– die Pflicht zur Ergreifung der Sicherheitsmaßnahmen nach Art. 32 gemäß Art. 28 Abs. 3 Buchst. c (vgl. § 11 Abs. 2 Nr. 3 BDSG-alt)
– die Anforderungen an die Einschaltung von Unterauftragnehmern gemäß Art. 28 Abs. 3 Buchst. d (vgl. § 11 Abs. 2 Nr. 6 BDSG-alt)
– die Löschpflichten nach Art. 28 Abs. 3 Buchst. g (vgl. § 11 Abs. 2 Nr. 10 BDSG-alt).

26 Bezüglich folgender Bereiche fand sich **keine direkte Entsprechung** im BDSG-alt:
– Pflicht des Auftragsverarbeiters, den Verantwortlichen bei der Beantwortung von Anträgen (Art. 28 Abs. 3 Buchst. e) und bei der Einhaltung der Pflichten nach den Art. 32–36 (Art. 28 Abs. 3 Buchst. f) zu unterstützen;
– Informations- und Widerspruchsrecht des Verantwortlichen in Art. 28 Abs. 2 Satz 2 bezüglich der Vergabe von Unteraufträgen. Etwaige Genehmigungen zur Unter-Auftragsverarbeitung müssen daher überprüft werden;
– Pflicht zur Meldung rechtswidriger Weisungen (vgl. Rz. 7).

---

19 Zu der Frage, in welchem Umfang bestehende Vertragsverhältnisse und andauernde Verarbeitungsprozesse Fortbestand genießen s. *Franck*, ZD 2017, 509.

Gleichwohl finden sich Regelungen auch zu den neu eingeführten Anforderungen der DSGVO bereits in vielen der branchenüblichen Verträge, die unter dem BDSG-alt geschlossen worden sind, so dass im Ergebnis also im Einzelfall zu prüfen bleibt, ob die Anforderungen der DSGVO bereits abgebildet sind.

Allein der Umstand, dass in einem **Altvertrag** noch auf die Vorschriften des BDSG-alt Bezug genommen wird, steht der Fortgeltung eines solchen Vertrages unter der DSGVO zweifellos nicht entgegen. Nichts anderes gilt für den Umstand, dass der ehemals so bezeichnete Auftragsdatenverarbeiter nunmehr als Auftragsverarbeiter bezeichnet wird. 27

7. Recht zur Anpassung von Altverträgen

Eine andere Frage ist, ob Auftragsverarbeiter oder Auftraggeber berechtigt sind, von der jeweils anderen Partei **eine Anpassung** fortlaufender Verträge zu verlangen. Durch die DSGVO wird das Pflichtenprogramm des Auftragsverarbeiters erweitert. Zudem haftet der Auftragsverarbeiter nach neuer Rechtslage bei einer Pflichtverletzung neben dem Verantwortlichen als Gesamtschuldner (vgl. Art. 82 Abs. 2). Aufgrund dieser Änderungen kann insbesondere auf Seiten des Auftragsverarbeiters ein Bedürfnis zur Vertragsanpassung entstehen. Soweit der zugrunde liegende Vertrag nach deutschem Recht zu beurteilen ist, kann die Gesetzesänderung u.U. einen Wegfall der Geschäftsgrundlage gemäß § 313 Abs. 1 BGB darstellen. Soweit die Parteien den Vertrag bei Zugrundelegung der erweiterten Haftung nicht geschlossen hätten und ein Festhalten am Vertrag unzumutbar ist, kann daher grundsätzlich ein Anspruch auf Vertragsanpassung gemäß § 313 Abs. 1 BGB erwachsen. Dies ist jedoch jeweils anhand der Umstände des Einzelfalles zu ermitteln. So wird im Zweifel eher kein Anspruch auf Vertragsanpassung bestehen bei Verträgen, die bereits konkret in Vorbereitung auf das Inkrafttreten der DSGVO geschlossen worden sind. 27a

V. Anforderungen an den Unterauftrag (Art. 28 Abs. 4)

Art. 28 Abs. 4 regelt die Anforderungen an den Vertrag, mit dem ein Auftragsverarbeiter einen weiteren Auftragsverarbeiter, also einen Unterauftragnehmer, unterbeauftragt. Ob eine solche Unterbeauftragung überhaupt zulässig ist, richtet sich nach Art. 28 Abs. 2. Art. 28 Abs. 4 regelt im Kern, dass der Unterauftrag den **Anforderungen** zu genügen hat, die nach Art. 28 Abs. 3 **für den Hauptauftrag** gelten. Die DSGVO spricht hier davon, dass dem Unterauftragnehmer „dieselben" Pflichten des Hauptvertrages aufzuerlegen seien. Nach der hier vertretenen Ansicht ist es für die Wahrung dieser Verpflichtung ausreichend, wenn das Schutzniveau unter dem Unterauftrag dem Schutzniveau des Hauptvertrages entspricht. Es wäre praxisfern und zum Schutz der Rechte der betroffenen Personen auch nicht erforderlich, wenn der Unterauftrag eine 1 zu 1 Kopie des 28

Hauptvertrages darstellen müsste. Kommt der Unterauftragnehmer seinen Datenschutzpflichten nicht nach, so haftet der erste Auftragsverarbeiter gegenüber dem Verantwortlichen für die Einhaltung der Pflichten des Unterauftragnehmers (Satz 2). Unberührt bleibt freilich das Recht des Auftragsverarbeiters, bei dem Unterauftragnehmer Regress zu nehmen.

VI. Nachweis der Einhaltung der Garantien der DSGVO (Art. 28 Abs. 5)

29   Art. 28 Abs. 5 regelt, dass die Einhaltung **genehmigter Verhaltensregeln** (Art. 40) oder eines **genehmigten Zertifizierungsverfahrens** (Art. 42) durch den Auftragsverarbeiter als Faktor herangezogen werden kann, um hinreichende Garantien i.S.d. Abs. 1 und 2 nachzuweisen. Erforderlich ist dazu also, dass (i) solche Verhaltensregeln oder Zertifizierungsverfahren bestehen und (ii) der Auftragsverarbeiter diese einhält. Ist dies der Fall, führt dies allerdings noch nicht zwingend zum Nachweis der Einhaltung der Garantien der DSGVO, stellt jedoch einen „Faktor" für die Beurteilung dar, indem ein (starkes) Indiz zugunsten der Rechtmäßigkeit der Auftragsverarbeitung geliefert wird, welches im Einzelfall konkret widerlegt werden müsste[20].

VII. Verwendung von Standardvertragsklauseln (Art. 28 Abs. 6, 7 und 8)

30   Art. 28 sieht vor, dass die Auftragsvergabe auch auf Basis von Standardvertragsklauseln erfolgen kann (Art. 28 Abs. 6). Solche Standardvertragsklauseln können entweder durch die **Kommission** festgelegt werden oder durch eine **Aufsichtsbehörde** im Einklang mit dem Kohärenzverfahren gemäß Art. 63.

VIII. Schriftformerfordernis (Art. 28 Abs. 9)

31   Der Vertrag oder das andere Rechtsinstrument über die Beauftragung ist **schriftlich** abzufassen, was auch in einem **elektronischen Format** erfolgen kann. Das bisher geltende starre Schriftformerfordernis des § 11 BDSG-alt wird damit durch eine wesentlich praktikablere Lösung ersetzt. Damit wird es nun endlich möglich, Auftragsverarbeitungsverträge z.B. per E-Mail oder Online abzuschließen.

---

20 So auch Gola/*Klug*, Art. 28 DSGVO Rz. 6; weitergehend Paal/Pauly/*Martini*, Art. 28 DSGVO Rz. 69, welcher trotz der Formulierung „kann herangezogen werden" eine Ermessensreduktion sieht und davon ausgeht, dass die Behörden bei Einhaltung der Garantien von einer Rechtmäßigkeit auszugehen haben, wenn keine besonderen Umstände vorlägen, da die Regelung ansonsten ins Leere laufen würde.

IX. Verantwortlichkeit des Auftragsverarbeiters (Art. 28 Abs. 10)

Art. 28 Abs. 10 regelt, dass der Auftragsverarbeiter seinen (haftungs-)privilegierten Status verliert, wenn er sich zum Verantwortlichen „aufschwingt", indem er „die Zwecke und Mittel der Verarbeitung bestimmt". In diesem Fall gilt er selbst als (weiterer) Verantwortlicher. „Mittel der Verarbeitung" darf hierbei jedoch nicht zu weit verstanden werden. Die Vorschrift erfasst lediglich die Fälle, in denen der Auftragsverarbeiter über die Weisung des Verantwortlichen hinausgeht. Soweit die „Bestimmung" der Mittel lediglich die technischen oder organisatorischen Einzelheiten der Verarbeitung betrifft, ist dies dem Auftragsverarbeiter gestattet, ohne dass damit die Grenzen einer zulässigen Auftragsverarbeitung überschritten würden (näher dazu s. Art. 28 DSGVO Rz. 33 ff.)[21]. Als Beispiel für einen **Aufgabenexzess** hat die Artikel 29-Datenschutzgruppe den Fall genannt, dass ein als Auftragsverarbeiter eingeschalteter Letter-Shop Betreiber die ihm von seinem Auftraggeber überlassenen Daten weisungswidrig für die Durchführung einer Kampagne für einen anderen Kunden verwendet[22]. 32

X. Grenzen der Auftragsverarbeitung

1. Einführung

Hinsichtlich des Begriffs der Auftragsverarbeitung bietet der Art. 28 (wie bislang auch schon § 11 BDSG-alt) **keine gesetzliche Definition**. Art. 28 enthält lediglich Bestimmungen zur wirksamen Umsetzung, ohne die Kriterien der Auftragsverarbeitung selbst genauer zu spezifizieren. Insofern stellt sich weiterhin die Frage, ob letztlich jedes Vertragsverhältnis als Auftragsverarbeitung ausgestaltet werden kann oder ob insoweit **immanente Grenzen** bestehen, nämlich weil sich bestimmte Konstellationen nicht mehr mit dem Konzept der Auftragsverarbeitung vereinbaren lassen. 33

2. Auslegung nach dem BDSG-alt (Funktionsübertragung)

Nach bisheriger Auslegung unter dem BDSG-alt sollte es nach wohl vorherrschender Meinung an einer wirksamen Auftragsdatenverarbeitung fehlen, sobald eine **sog. „Funktionsübertragung"** auf den Auftragnehmer vorlag. Gemeint war damit der Fall, dass dem Auftragnehmer nicht nur die Verarbeitung von Daten übertragen wurde, sondern darüber hinaus auch die der Verarbeitung zugrunde liegende Aufgabe bzw. Funktion. Folgte man dieser Ansicht, so hatte sich die Tätigkeit des Auftragnehmers auf die Erfüllung reiner Hilfs- bzw. 34

---

21 Vgl. zum „Aufgabenexzess" Paal/Pauly/*Martini*, Art. 28 DSGVO Rz. 77.
22 Artikel 29-Datenschutzgruppe, Stellungnahme 1/2010, WP 169, 18.

Unterstützungsfunktionen beschränkt. Zum Teil wurde insoweit sogar vertreten, dass eine Auftragsdatenverarbeitung bereits dann ausscheiden sollte, wenn der Dienstleister auch nur den kleinsten inhaltlichen Bewertungs- oder Ermessensspielraum bei der Aufgabenerfüllung habe. Nach dieser Ansicht war der Anwendungsbereich der Auftragsdatenverarbeitung im Wesentlichen auf die Erbringung technischer Dienstleistungen beschränkt.

35 Trotz anderweitiger Auffassungen in weiten Teilen der Literatur ist in diesem Kommentar seit jeher vertreten worden, dass das **Konstrukt der Funktionsübertragung in dem Gesetz keine Stütze findet.** Denn solange die Einhaltung der **Weisungsbefugnisse** und sonstigen Anforderungen des § 11 BDSG-alt sichergestellt war, ließ sich unter dem BDSG-alt nach der hier vertretenen Ansicht grundsätzlich jeder Auftrag als Auftragsdatenverarbeitung ausgestalten.

36 Grenzen fand dieser Ansatz allein dort, wo sich die nach § 11 BDSG-alt notwendigen Weisungsrechte nicht mit der eigenständigen Wahrnehmung von Aufgaben durch den Auftragnehmer vereinbaren ließen. Insofern war eine wertende Einzelfallbetrachtung erforderlich, die sich danach richtete, wie viel Spielraum dem Auftragnehmer noch eingeräumt werden konnte, um dem Merkmal der Weisungsgebundenheit gerecht zu werden. Sobald der Auftragnehmer über die Verwendung der Daten eigenständig und verantwortlich entscheiden konnte, fehlte es an der erforderlichen Weisungsgebundenheit.

3. Auslegung nach der DSGVO (keine Funktionsübertragung)
a) Kein Konzept der unzulässigen Funktionsübertragung unter der DSGVO

37 Mag die Ablehnung der Konstruktion der Funktionsübertragung für das BDSG noch umstritten gewesen sein, so scheint sie jedenfalls für die DSGVO nun erst recht vorzugswürdig[23]. Zu berücksichtigen ist auch hier, dass insoweit eine unvoreingenommene Auslegung nach den Grundsätzen des Gemeinschaftsrechts vorzunehmen ist, zumal wenn schon von jeher fraglich war, ob die entsprechende Regelung bzw. Auslegung des BDSG-alt den Vorgaben der EG-Datenschutzrichtlinie entsprach (zur eigenständigen Auslegung der DSGVO nach europarechtlichen Vorgaben.

Dafür spricht zunächst, dass der **Begriff der Funktionsübertragung nicht in die DSGVO eingeführt** worden ist, und dies trotz der bekannten Diskussion um die Auslegung des § 11 BDSG-alt. Der Verordnungsgeber hat sich also offenbar bewusst dagegen entschieden, bestimmte Anwendungsfälle per se von dem Anwendungsbereich des Art. 28 auszunehmen.

Auch die Definition des „Auftragsverarbeiters" verlangt nicht mehr, als dass eine natürliche oder juristische Person, Behörde, Einrichtung oder andere Stelle

---

23 Ähnlich im Ergebnis auch Kühling/Buchner/*Hartung*, Art. 28 DSGVO Rz. 25 ff.

personenbezogene Daten „**im Auftrag** des Verantwortlichen verarbeitet" (Art. 4 Nr. 8). Erforderlich ist also lediglich ein irgendwie gearteter „Auftrag" i.S.d. Art. 28, ohne dass hier bestimmte Formen solcher Aufträge von dem Anwendungsbereich ausgenommen worden wären.

b) Grenze der Auftragsverarbeitung unter der DSGVO

Ihre **Grenze** findet die Stellung des Auftragsverarbeiters lediglich dort, wo die Schwelle zur eigenen Verantwortlichkeit überschritten ist. Dies folgt nicht zuletzt aus Art. 28 Abs. 10, wonach der Auftragsverarbeiter (nur und erst) dann als Verantwortlicher gilt, wenn er „unter Verstoß gegen diese Verordnung die Zwecke und Mittel der Verarbeitung bestimmt". Diese Abgrenzung korrespondiert mit der Definition des „Verantwortlichen" in Art. 4 Nr. 7, wonach der Verantwortliche die natürliche oder juristische Person, Behörde, Einrichtung oder andere Stelle ist, „die allein oder gemeinsam mit anderen über die Zwecke und Mittel der Verarbeitung von personenbezogenen Daten entscheidet". 38

c) Entscheidung über Zweck und Mittel der Verarbeitung als maßgebliches Kriterium

Damit steht fest: solange die **Entscheidung über Zwecke und Mittel der Verarbeitung** bei dem Verantwortlichen verbleibt, kann jeder Auftrag als Auftragsverarbeitung i.S.d. Art. 28 ausgestaltet werden, ohne dass eine solche Beauftragung an dem Konstrukt der sog. Funktionsübertragung scheitern würde. Für die Praxis bedeutet dies, dass die Parteien letztlich die **freie Wahlmöglichkeit** haben, ob sie ihre Kooperation als Auftragsverarbeitung zwischen Verantwortlichem und Auftragsverarbeiter oder als Datenübermittlung zwischen zwei jeweils Verantwortlichen ausgestalten. 39

Die **Anforderungen** an die Entscheidung über Zwecke und Mittel der Verarbeitung **dürfen nicht überspannt werden**. Denn in der Regel bedient sich der Verantwortliche eines Auftragsverarbeiters gerade deshalb, weil er eben nicht über die erforderlichen Mittel bzw. die erforderliche Sachkunde verfügt, um die geplante Verarbeitung selbst vorzunehmen. Wenn also der Auftrag z.B. vorsieht, dass etwa ein IT-Dienstleister Daten des Verantwortlichen hostet, so wäre es sinnwidrig, wenn der Verantwortliche dem Dienstleister konkret vorgeben müsste, welche konkreten IT-Systeme dieser einzusetzen hat. Ausreichend, aber auch erforderlich, sind daher **generalisierende Angaben zur Verwendung der geeigneten Mittel**. Zu der – zu verneinenden – Frage, ob die technischen und organisatorischen Maßnahmen konkret festgelegt werden müssen, sei auf die obigen Ausführungen zu Art. 28 DSGVO Rz. 23 verwiesen[24]. Die Artikel 29-Datenschutzgruppe hat insoweit – noch zur EG-Datenschutzrichtlinie – deutlich gemacht, 40

---

24 So zutreffenderweise auch Paal/Pauly/*Martini*, Art. 28 DSGVO Rz. 36.

dass es der Auftragsdatenverarbeitung nicht entgegensteht, wenn „ausschließlich" der Auftragsverarbeiter über die technischen und organisatorischen Mittel entscheidet. Die Entscheidung über technische und organisatorische Fragen könne „problemlos an Auftragsverarbeiter delegiert werden" (wie z.B. „Welche Hardware oder Software wird verwendet?")[25]. Das Recht zur Entscheidung über die Mittel impliziert damit allenfalls nur dann die Verantwortung für die Verarbeitung, wenn über wesentliche Aspekte der Mittel entschieden wird[26]. Vor diesem Hintergrund steht es der Wirksamkeit einer Auftragsverarbeitung also auch nicht entgegen – wie man es in der Praxis häufig sieht – wenn dem Auftragsverarbeiter aufgegeben wird, die Auftragsverarbeitung „nach dem aktuellen Stand der Technik" vorzunehmen. Ein andere Frage ist freilich, ob eine solche Regelung sinnvollerweise vereinbart werden sollte, da sie einerseits für den Auftragsverarbeiter die ggf. unbeabsichtigte Pflicht nach sich ziehen kann, seine Systeme fortwährend zu aktualisieren, während andererseits der Verantwortliche ggf. ein Interesse daran haben kann, die zu treffenden Maßnahmen konkreter zu spezifizieren.

41 Entsprechendes gilt für die **Festlegung der Zwecke**. Auch insoweit ist es nicht erforderlich, für jeden einzelnen Verarbeitungsschritt einen gesonderten Zweck zu bestimmen. Vielmehr sind auch in diesem Bereich generalisierende Angaben ausreichend. Allerdings sind die Grenzen hier weniger fließend als bei der Festlegung der Mittel. Wie die Artikel 29-Datenschutzgruppe bereits zutreffend herausgearbeitet hat, führt die Delegation des Rechts zur Entscheidung über die Zwecke der Verarbeitung stets zu einer Einstufung als Verantwortlicher[27].

d) Nutzung der Daten zu eigenen Geschäftszwecken des Auftragsverarbeiters

42 Im Rahmen der Auftragsverarbeitung ist der Auftragsverarbeiter grundsätzlich nicht berechtigt, die im Auftrag verarbeiteten Daten **für eigene Zwecke bzw. für die Zwecke Dritter** zu verarbeiten. Darüber hinaus hat der Auftragsverarbeiter die Rückgabe und Löschpflichten nach Beendigung des Auftrags zu beachten. Häufig liegt es aber im Interesse des Auftragsverarbeiters, jedenfalls die bei der Erfüllung des Auftrags erworbenen Kenntnisse für eigene Geschäftszwecke weiter verwenden zu dürfen. So erhalten Auftragsverarbeiter mitunter Zugriff auf große Datenmengen, die – wenn sie sinnvoll miteinander verknüpft werden – zu wertvollen Erkenntnissen z.B. über bestimmte Branchen oder das Nutzerverhalten bestimmter Kundengruppen führen können (Big Data). Werden die Daten durch den Auftragsverarbeiter vorab **anonymisiert** – s. zu den Einzelheiten die Kommentierung zu Art. 4 – so ist deren Verwendung datenschutzrechtlich grundsätzlich zulässig. Ungeachtet dessen stellte sich die Frage,

---

25 Artikel 29-Datenschutzgruppe, Stellungnahme 1/2010, WP 169, 17.
26 Artikel 29-Datenschutzgruppe, Stellungnahme 1/2010, WP 169, 17.
27 Artikel 29-Datenschutzgruppe, Stellungnahme 1/2010, WP 169, 17.

wie die Vertragsparteien mit dem Umstand umgehen, dass der Auftragsverarbeiter damit die Möglichkeit erhält, Datensätze zu kommerzialisieren, die ihm an sich nur für den Zweck anvertraut worden sind, sie im Auftrag des Verantwortlichen zu verarbeiten. Es ist daher letztlich eine kaufmännische Entscheidung der Vertragsparteien, ob sie diese Art der Nutzung in ihrem Vertrag regeln wollen und mit welchem Inhalt.

4. Fallgruppen

In der Praxis werden dazu insbesondere folgende Fallgruppen diskutiert: 43

a) Call Center

Die Verträge zur Beauftragung von Call Centern werden in der Regel als Auftragsverarbeitungsverträge ausgestaltet. Der Verantwortliche überlässt dem Call Center einen Datensatz z.B. mit Kundendaten und beauftragt das Call Center damit, die entsprechenden Telefonate im Namen des Auftraggebers zu führen. Soweit ein beauftragtes Call Center, wie in der Praxis üblich, aufgrund eines klar **vorgegebenen Gesprächsleitfadens** für den jeweiligen Auftraggeber tätig wird, liegt die erforderliche Weisungsgebundenheit vor[28]. Die Grenzen einer zulässigen Auftragsverarbeitung könnten allenfalls dann erreicht sein, wenn der Auftraggeber das Call Center nicht lediglich damit beauftragt, z.B. Outbound-Calls nach festgelegten Vorgaben zu führen, sondern ihm generell die Aufgabe der Kundengewinnung überträgt und dabei Form, Zeit und vor allem Inhalt der Neukundenansprache und des Vertragsschlusses in das freie Ermessen des Call Centers stellt. Insgesamt wird man aber davon ausgehen können, dass branchenübliche Spielräume bei der Ausgestaltung der Telefonate einer Auftragsverarbeitung nicht entgegenstehen. 44

b) Marktforschungsinstitute

Zahlreiche Unternehmen bedienen sich eines Marktforschungsinstituts, um die Zufriedenheit ihrer Kunden oder die Nachfrage nach neuen Produkten besser einschätzen zu können. Ähnlich wie bei Call Centern ist die Frage, ob das Tatbestandsmerkmal der Weisungsgebundenheit erfüllt ist, davon abhängig, inwieweit dem Marktforschungsinstitut ein **Ermessensspielraum** eingeräumt wird. Ist es anhand eines vorgegebenen Fragebogens lediglich mit der Befragung der Teilnehmer und statistischen Erfassung der Daten beauftragt, wird eine Weisungsgebundenheit regelmäßig zu bejahen sein, nicht jedoch, wenn der Inhalt der Befragung dem Institut gänzlich anheimgestellt wird. 45

---

28 Artikel 29-Datenschutzgruppe, Stellungnahme 1/2010, WP 169, 34.

c) Direktmarketing, Letter-Shops

46 Im Rahmen des Letter-Shop-Verfahrens werden die als Letter-Shop fungierenden Dienstleister damit beauftragt, die Versendung von Werbemitteilungen und sonstigen Informationen für den Auftraggeber zu übernehmen. Je nach Ausgestaltung des Auftrags kann die Aufgabe des Letter-Shops Maßnahmen wie z.B. die Frankierung, Etikettierung und Versendung der Werbemittel sowie weitere Tätigkeiten umfassen. Um diese Tätigkeiten durchführen zu können, werden dem Letter-Shop die Namen und Adressen und ggf. weitere Daten der (potentiellen) Kunden, die angeschrieben werden sollen, von dem jeweiligen Auftraggeber zur Verfügung gestellt. Solange sichergestellt ist, dass der Letter-Shop diese Daten **nur für die Erfüllung der Zwecke des Auftrags** und im Rahmen der Weisungen des Auftraggebers nutzen darf, lässt sich die Einschaltung des Letter-Shops problemlos als Auftragsverarbeitung ausgestalten[29].

d) IT-Outsourcing, Hosting

47 Wird der Betrieb von IT-Systemen im Wege des IT-Outsourcings an einen Dienstleister übertragen, kommt es erneut auf die konkrete Ausgestaltung des Auftrags an. Soweit hinsichtlich des Umgangs mit den personenbezogenen Daten des Auftraggebers dessen Weisungshoheit erhalten bleibt, lässt sich das Outsourcing grundsätzlich ohne weiteres als Auftragsverarbeitung ausgestalten. Beim klassischen IT-Outsourcing wird diese **Weisungshoheit** des Auftraggebers in aller Regel gegeben sein, denn es liegt grundsätzlich weder im Interesse des Auftraggebers noch des Auftragsverarbeiters, dass der Auftragsverarbeiter weitgehend weisungsfrei mit diesen Daten verfährt. Entsprechendes gilt für den Bereich des Application-Service-Providing (ASP) und für *Software-as-a-Service (SaaS)* Modelle[30].

e) Cloud Services

48 Während früher Daten noch auf eigenen Servern des jeweils Verantwortlichen oder eines Rechenzentrumsbetreibers gespeichert werden mussten, ist mittlerweile eine dezentrale Sicherung in einer „Datenwolke" des Cloud-Service-Providers (CSP) möglich. Das Cloud-Computing umfasst – je nach Ausgestaltung – allerdings nicht nur die Datensicherung selbst, sondern auch die Bereitstellung von Rechenleistung oder Anwendungssoftware. Somit lassen sich im Grundsatz drei verschiedene Servicemodelle unterscheiden: Die Cloud kann einerseits die eigentliche IT-Infrastruktur, d.h. virtualisierte Computerhardware-Ressourcen bereitstellen (Infrastructure as a Service, IaaS). Die Cloud kann andererseits als Nutzungszugang von Programmierungs- oder Laufzeitumgebung genutzt werden (Platform as a Service, PaaS). Die Cloud kann schließlich Zugang zu Software-Sammlungen bzw. Anwendungsprogrammen bieten (Software as a Service,

---

29 Bestätigt in Artikel 29-Datenschutzgruppe, Stellungnahme 1/2010, WP 169, 17.
30 Artikel 29-Datenschutzgruppe, Stellungnahme 1/2010, WP 169, 31.

SaaS)[31]. Die zur Verarbeitung freigegebenen Daten werden dann – je nach Ausgestaltung des Cloud Services – in privaten, öffentlichen, hybriden oder gemeinschaftlichen Clouds abgespeichert. Häufig verwendet der CSP dazu nicht nur eigene Server, sondern greift auf Kapazitäten weiterer Anbieter zurück, die er zur Erbringung seiner Services heranzieht. Der CSP behält sich hierbei in der Regel die freie Wahl seines Subunternehmers vor, hauptsächlich um größtmögliche Flexibilität und Skalierbarkeit seiner Dienstleistung gewährleisten zu können.

Sofern im Zuge des Cloud Computings nicht nur Datenverarbeitungsanlagen bereitgestellt werden, sondern der CSP selbst personenbezogene Daten verarbeitet, ist der **Anwendungsbereich der DSGVO eröffnet** verbunden mit der Frage, ob die Beziehung zu dem CSP als Auftragsverarbeitung gemäß Art. 28 ausgestaltet werden kann. Im Grundsatz unterscheiden sich die Cloud Services insoweit nicht von anderen IT-Dienstleistungen, die klassischerweise als Auftragsverarbeitung ausgestaltet werden. Insbesondere soll der CSP in der Regel gerade nicht in die Lage versetzt werden, die Daten des Auftraggebers für eigene Geschäftszwecke zu verwenden. Allerdings weicht die Dienstleistung des Cloud Computing von dem klassischen „Auftrag" insofern ab, als dass es für den Auftraggeber technisch nur schwer kontrollierbar ist, was genau mit den Daten passiert. Der Auftraggeber hat nur sehr limitierte Kontrollbefugnisse und kann weder administrativ noch operativ auf die Infrastruktur der Cloud Services zugreifen, die sich durch einen hohen Grad der Standardisierung auszeichnen. Weiterhin führt die für die Cloud Services kennzeichnende Einschaltung verschiedener Subunternehmer dazu, dass die Kontrollmöglichkeiten des Auftraggebers zumindest erschwert werden. In der Regel ist dem Auftraggeber nicht mal der Ort, an dem die Daten physisch gespeichert werden, geschweige denn die IT-Infrastruktur des Auftragsverarbeiters oder seiner Subunternehmer, bekannt.

49

In rechtlicher Hinsicht führen diese Umstände vor allem zu zwei Herausforderungen. Zunächst hat der Cloud Service-Vertrag sicherzustellen, dass die für die Auftragsverarbeitung kennzeichnenden **Weisungsbefugnisse** des Auftraggebers erhalten bleiben. Darüber hinaus müssen die Anforderungen an die **Vergabe von Unteraufträgen** gewahrt bleiben.

50

Hinsichtlich der Weisungsbefugnis ist vorstehend bereits dargestellt worden, dass die **Anforderungen** an die Entscheidung über Zwecke und Mittel der Verarbeitung **nicht überspannt werden dürfen**. Verwiesen sei nochmals auf die Stellungnahme der Artikel 29-Datenschutzgruppe, wonach es der Auftragsverarbeitung nicht entgegensteht, wenn „ausschließlich" der Auftragsverarbeiter über die technischen und organisatorischen Mittel entscheidet[32]. Insofern ist es für die Vereinbarung einer wirksamen Auftragsverarbeitung im Cloud Bereich

51

---

31 Zu den verschiedenen Servicemodellen vgl. *Mell/Grance*, The NIST Definition of Cloud Computing.
32 Artikel 29-Datenschutzgruppe, Stellungnahme 1/2010, WP 169, 17.

hinreichend, wenn sich der CSP allgemein zur Einhaltung bestimmter Schutzmaßnahmen verpflichtet, ohne dass der Auftraggeber diese im Einzelnen vorgeben müsste. Erforderlich bleibt es allerdings weiterhin, dass allein der Auftraggeber über die **Zwecke** der Verarbeitung entscheidet. Dies entspricht allerdings auch der üblichen Praxis, denn typischerweise sehen Cloud Service-Verträge gerade kein Recht des CSP vor, die gehosteten Daten über den Auftrag hinaus zu verwenden.

52 Hinsichtlich des Rechts zur Einschaltung von **Unterauftragnehmern** hat der Cloud Service-Vertrag den Anforderungen des Art. 28 Abs. 2 zu genügen. Nach dieser Norm hat der Auftraggeber die Unterbeauftragung zu „genehmigen". Hinsichtlich der Arten der möglichen „Genehmigungen" unterscheidet Art. 28 Abs. 2 zwischen „gesonderten" und „allgemeinen" Genehmigungen. Daraus folgt, dass es also auch möglich ist, eine generelle Zustimmung zur Einschaltung von Unterauftragnehmern zu erteilen, ohne dass diese z.B. vorab namentlich bekannt sein müssten. Allerdings wird die „allgemeine" Zustimmung nach Satz 2 an die Pflicht gekoppelt, den Verantwortlichen vorab über jede geplante Aufnahme neuer Unterauftragnehmer bzw. das Ersetzen bestehender Unterauftragnehmer zu informieren. Insofern haben die Cloud Service-Verträge also eine Klausel vorzusehen, die den vorstehenden Anforderungen genügt. Daraus folgt allerdings keine Pflicht des CSP, den Auftraggeber über die jeweils konkrete Einschaltung eines bereits genehmigten Subunternehmers zu informieren (zu den generellen Anforderungen an die Einschaltung von Subunternehmern s. oben Rz. 14). Denn dies ist eine Frage der technischen Ausgestaltung, die weitgehend in das Ermessen des Auftragsverarbeiters gestellt werden kann.

53 Soweit die Verarbeitung der Daten durch den CSP oder seine Subunternehmer in einem **Drittstaat** erfolgt, sind zudem die Anforderungen der Art. 44ff. zu beachten.

f) Business-Process Outsourcing

54 Bei Outsourcing ganzer Geschäftsprozesse kann das Modell der Auftragsdatenverarbeitung an seine Grenzen stoßen, wenn dem Auftragnehmer im Rahmen des Outsourcings **weitreichende Entscheidungsbefugnisse** hinsichtlich der Verarbeitung personenbezogener Daten eingeräumt werden sollen. Soweit jedoch die Weisungsbefugnisse des Auftraggebers in ausreichendem Maße erhalten bleiben, ist auch das Business-Process Outsourcing mit Art. 28 vereinbar. Dies ist jedenfalls dann der Fall, wenn der Auftragnehmer nicht eigenständig über die Verwendung der Daten entscheiden kann, sondern vertraglich sichergestellt ist, dass er diese ausschließlich innerhalb der klar umrissenen Grenzen des jeweiligen Auftrags nutzen darf. Ausreichend ist es dabei, wenn der Auftraggeber lediglich den äußeren Rahmen eines solchen Auftrags vorgibt. Er ist mithin nicht verpflichtet, dem Auftragnehmer im Detail vorzuschreiben, auf welche Weise bzw. in welcher konkreten Form er den jeweiligen Auftrag zu erfüllen hat.

g) Lohn- und Gehaltsbuchhaltung

Analog zu den Grundsätzen zum Business-Process Outsourcing lässt sich z.B. 55 auch die Durchführung der Lohn- und Gehaltsbuchhaltung sowie auch die Erstellung von Steuererklärungen im Wege der Auftragsverarbeitung auf einen externen Dienstleister übertragen[33]. Gleiches gilt für die Auslagerung der konzerninternen Personalverwaltung sowie die Einschaltung Dritter bei der Erbringung von Versicherungs- und Bankdienstleistungen, etwa der Entscheidung über die Kreditvergabe, soweit diese nach konkreten Vorgaben des auslagernden Instituts zu erfolgen hat.

Die Einstufung von Rechnungsprüfern und Steuerberatern kann allerdings je nach Kontext unterschiedlich sein. Wenn Rechnungsprüfer und Steuerberater für die breite Öffentlichkeit und Kleinbetriebe Dienstleistungen auf der Grundlage sehr allgemeiner Weisungen erbringen („Erstellen Sie meine Steuererklärung"), dann handeln sie – wie Rechtsanwälte und Notare unter ähnlichen Umständen und aus ähnlichen Gründen – als Verantwortliche. Wenn ein Rechnungsprüfer jedoch für ein Unternehmen tätig wird, z.B. um eine umfassende Buchprüfung vorzunehmen, und dabei ausführlichen **Weisungen** des fest angestellten Buchprüfers des Unternehmens unterliegt, dann ist er aufgrund der klaren Weisungen und des mithin eingeschränkten Handlungsspielraums generell als Auftragsverarbeiter einzustufen[34].

h) Rechtsanwälte, Compliance Untersuchungen, Datenräume

Auch ein Rechtsanwalt verarbeitet personenbezogene Daten seiner Mandanten, 56 z.B. wenn er diese vor Gericht vertritt. Die Rechtsgrundlage für die Nutzung der erforderlichen Informationen ist das Mandat des Klienten. Der Schwerpunkt dieses Mandats liegt jedoch nicht auf der Verarbeitung von Daten, sondern z.B. auf der Vertretung vor Gericht, für die der **Berufsstand der Anwälte** traditionellerweise eine eigene Rechtsgrundlage hat. Rechtsanwälte sind daher als unabhängige Verantwortliche anzusehen, wenn sie im Rahmen der rechtlichen Vertretung ihrer Klienten Daten verarbeiten[35]. Ein **Grenzfall** liegt indes vor, wenn die Rechtsanwälte für ihre Mandanten keine „klassische" Anwaltsleistung erbringen, sondern die Mandanten bei der Datenverarbeitung unterstützen. Soweit z.B. eine Anwaltskanzlei mit der Durchführung einer **Compliance Untersuchung** beauftragt wird, bei der große Datenmengen gespeichert und untersucht werden müssen, ist es denkbar, diese Tätigkeit als Auftragsverarbeitung auszugestalten. Gleiches gilt, wenn Anwälte ihre Mandanten bei dem Aufbau von elektronischen Datenräumen im Rahmen von M&A Transaktionen beraten. Soweit, wie üblich, zudem technische Dienstleister eingeschaltet werden, werden

---

33 Bestätigt in Artikel 29-Datenschutzgruppe, Stellungnahme 1/2010, WP 169, 17.
34 Artikel 29-Datenschutzgruppe, Stellungnahme 1/2010, WP 169, 35.
35 Artikel 29-Datenschutzgruppe, Stellungnahme 1/2010, WP 169, 35.

diese klassischerweise als Auftragsverarbeiter beauftragt. Je nach Konstellation kann diese Beauftragung direkt durch den Mandanten oder durch die federführende Anwaltskanzlei erfolgen.

i) Personalvermittlung, Headhunting

57 Einen Grenzfall stellen Leistungen im Bereich der Personalvermittlung dar. Wird der Personalvermittler von seinem Kunden damit beauftragt, in dessen Namen eine oder mehrere konkrete Stellen zu besetzen, und zwar anhand einer von dem Kunden vorgegebenen Stellenbeschreibung, so lässt sich diese Tätigkeit als Auftragsverarbeitung ausgestalten. In der Regel wird die Personalvermittlung in solchen Fällen jedoch auch auf ihre **bestehenden Datenbanken** an geeigneten Kandidaten zurückgreifen wollen. Zudem wird die Personalvermittlung ein Interesse daran haben, die im Rahmen des Auftrags neu identifizierten Kandidaten in ihre Datenbank aufzunehmen, um sie im Rahmen weiterer Aufträge u.U. an weitere Kunden vermitteln zu können. Bei dieser Konstellation agiert die Personalvermittlung sodann selbst als Verantwortliche und nicht mehr im Rahmen des Auftrags ihres Kunden. Die Zulässigkeit der Verarbeitung richtet sich dann nicht mehr nach Art. 28, sondern vornehmlich nach Art. 6[36].

j) Videoüberwachung

58 Eine Auftragsverarbeitung liegt auch dann vor, wenn der Eigentümer eines Gebäudes einen Vertrag mit einem Sicherheitsunternehmen abschließt, dem zufolge das Sicherheitsunternehmen im Auftrag des Verantwortlichen einige Kameras in verschiedenen Teilen des Gebäudes installiert. Die Entscheidung über die Zwecke der Videoüberwachung und die Art, in der die Bilder erfasst und gespeichert werden, wird ausschließlich vom Eigentümer des Gebäudes getroffen; dieser ist infolgedessen als alleiniger Verantwortlicher hinsichtlich dieser Verarbeitung zu betrachten[37]. Anders kann der Fall liegen, wenn dem Dienstleister die Aufgabe übertragen wird, die Sicherheit des Gebäudes zu schützen, und zwar nach eigenem Ermessen.

5. Entscheidungskriterien zur Wahl des Vertragskonstrukts

59 Bei der **Entscheidung über die Wahl des Konstrukts** sind in der Praxis insbesondere folgende **Kriterien** von Bedeutung:
- Die Übermittlung zwischen zwei Verantwortlichen bedarf der **Rechtfertigung**. Es muss also einer der Erlaubnistatbestände des Art. 6 oder einer ande-

---

36 S. dazu auch das entsprechende Beispiel in Artikel 29-Datenschutzgruppe, Stellungnahme 1/2010, WP 169, 23.
37 Artikel 29-Datenschutzgruppe, Stellungnahme 1/2010, WP 169, 23.

ren Erlaubnisnorm gegeben sein. Im Gegensatz dazu ist die Auftragsverarbeitung **privilegiert** (s. oben Rz. 3ff.). Soweit also z.b. Bedenken an der Erforderlichkeit bzw. Verhältnismäßigkeit der geplanten Übermittlung bestehen, sollte auf das Konstrukt der Auftragsverarbeitung zurückgegriffen werden.

- Im Rahmen der Auftragsverarbeitung ist der Auftragsverarbeiter grundsätzlich nicht berechtigt, die im Auftrag verarbeiteten Daten **für eigene Zwecke bzw. für die Zwecke Dritter** zu verarbeiten (hinsichtlich der Frage, ob eine Verwendung in anonymisierter Form zulässig ist, s. oben Rz. 42). Darüber hinaus hat der Auftragsverarbeiter die Rückgabe- und Löschpflichten nach Beendigung des Auftrags zu beachten. Soweit eine solche Verarbeitung in eigener Verantwortung des Auftragsverarbeiters aber gerade zulässig sein soll, u.U. auch über das Vertragsende hinaus, ist auf das Modell der Übermittlung zurückzugreifen.
- Zwar ist die **Haftung** des Auftragsverarbeiters unter der DSGVO gegenüber dem BDSG-alt deutlich verschärft worden. Jedoch bleibt dessen Haftung immer noch hinter derjenigen des Verantwortlichen zurück (s. z.B. Art. 82 Abs. 2 Satz 2).
- Aufgrund der diversen „Muss"-Anforderungen an die Inhalte eines wirksamen Auftragsverarbeitungsvertrages führt die Wahl dieses Konstrukts zu einer **erhöhten Komplexität**. Das Modell der Übermittlung zwischen zwei Verantwortlichen bietet insoweit weit größere Flexibilität.

Artikel 29 Verarbeitung unter der Aufsicht des Verantwortlichen oder des Auftragsverarbeiters

Der Auftragsverarbeiter und jede dem Verantwortlichen oder dem Auftragsverarbeiter unterstellte Person, die Zugang zu personenbezogenen Daten hat, dürfen diese Daten ausschließlich auf Weisung des Verantwortlichen verarbeiten, es sei denn, dass sie nach dem Unionsrecht oder dem Recht der Mitgliedstaaten zur Verarbeitung verpflichtet sind.

I. Einführung 1	5. Rechtswidrige Weisungen 11
II. Weisungsrecht 2	III. Rechtsfolgen 13
1. Adressaten des Weisungsrechts . 2	1. Recht zur Nichtbefolgung rechts-
2. Formanforderungen an das	widriger Weisungen 13
Weisungsrecht 5	2. Pflicht zur Ablehnung rechts-
3. Umfang des Weisungsrechts ... 6	widriger Weisungen 14
4. Grenzen des Weisungsrechts:	3. Ablehnung rechtmäßiger
Verarbeitungspflicht 10	Weisungen 16

| 4. Konsequenzen des Hinweises auf die Rechtswidrigkeit der Weisungen .... 17 | IV. Öffnungsklausel: Verarbeitungsrecht des Auftragnehmers .... 18 |

I. Einführung

1 Art. 29 regelt das **Weisungsrecht** des Verantwortlichen. Dieses Recht stellt ein **prägendes Element** der wirksamen Auftragsverarbeitung dar. Die Norm basiert auf Erwägungsgrund 79, der „eine klare Zuteilung der Verantwortlichkeiten" fordert. Entsprechend trifft die Haftung für die Verletzung der DSGVO auch in erster Linie den Verantwortlichen (vgl. Art. 82 Abs. 2 Satz 1). Allerdings kann unter bestimmten Voraussetzungen auch der Auftragsverarbeiter haften, nämlich dann, wenn er „seinen speziell den Auftragsverarbeitern auferlegten Pflichten aus dieser Verordnung nicht nachgekommen ist oder unter Nichtbeachtung der rechtmäßig erteilten Anweisungen des für die Datenverarbeitung Verantwortlichen oder gegen diese Anweisungen gehandelt hat" (vgl. Art. 82 Abs. 2 Satz 2). Vor diesem Hintergrund kommt dem Umfang des Weisungsrechts des Verantwortlichen für die Praxis eine besondere Bedeutung zu, da eine **Nichtbeachtung** rechtmäßiger Weisungen eine **Haftung des Auftragsverarbeiters** auslösen kann. Handelt der Auftragnehmer darüber hinaus sogar derart weisungswidrig, dass er letztlich die Zwecke und Mittel der Verarbeitung selbst bestimmt, so gilt er in Bezug auf diese Verarbeitung **selbst als Verantwortlicher** (Art. 28 Abs. 10).

II. Weisungsrecht

1. Adressaten des Weisungsrechts

2 Das Weisungsrecht des Verantwortlichen besteht **gegenüber drei Personengruppen**, nämlich (i) gegenüber den ihm unterstellten Personen, (ii) gegenüber seinen Auftragsverarbeitern sowie auch (iii) gegenüber denjenigen Personen, die diesen Auftragsverarbeitern unterstellt sind. Gegenüber der letztgenannten Personengruppe steht der Verantwortliche i.d.R. in keiner direkten vertraglichen Beziehung. In diesen Fällen wird der Verantwortliche seine Weisungsrechte „gemittelt" über seinen Vertragspartner, den Auftragsverarbeiter, ausüben. Eine direkte Weisungsbefugnis des Verantwortlichen gegenüber den Mitarbeitern seines Auftragnehmers ist hingegen abzulehnen[1]. Dies folgt nicht zuletzt aus der Formulierung des Art. 32 Abs. 4, wonach der Auftragsverarbeiter im Innerver-

---

1 Anders aber Auernhammer/*Thomale*, Art. 29 DSGVO Rz. 12, allerdings auch unter Hinweis auf das Konfliktpotential in der Praxis, welches sich bei Anlegung dieser Sichtweise zwangsläufig ergeben würde.

hältnis zu seinen Mitarbeitern die erforderlichen Schritte zu unternehmen hat, um die Durchsetzung der Weisungen des Verantwortlichen sicherzustellen.

Unklar ist, was mit dem Begriff der „**unterstellten Person**" gemeint ist. Zweifelsfrei dürften die **Mitarbeiter** des jeweiligen Unternehmens zu diesem Personenkreis gehören. Entsprechendes dürfte für sonstige Personen gelten, welche den Verantwortlichen bzw. den Auftragsverarbeiter bei der Wahrnehmung seiner Aufgaben unterstützen, also z.B. freie Mitarbeiter, Zeitarbeiter, Praktikanten sowie Dienstleister und Werkunternehmer[2]. Eine organisatorische Eingliederung in den Geschäftsbetrieb ist nicht erforderlich[3]. Dem Wortlaut der Norm ist nicht zu entnehmen, ob der Begriff der „Person" auch **juristische Personen** umfassen kann. Eine Auslegung nach Sinn und Zweck spricht für diese Auslegung, denn das Weisungsrecht des Verantwortlichen gilt auch gegenüber dem Auftragnehmer, bei dem es sich typischerweise um eine juristische Person handelt[4]. Soweit also der Verantwortliche oder Auftragnehmer einen Drittdienstleister zur Auftragserbringung hinzuzieht, gilt auch dieser als „unterstellte Person". Lückenhaft ist die Regelung dahingehend, als dort zwar der Auftragnehmer zur Beachtung der Weisungen des Verantwortlichen verpflichtet wird, nicht jedoch dessen **Unterauftragnehmer**. Auch insoweit ergibt sich aber aus Sinn und Zweck, dass die Weisungsabhängigkeit auch für etwaige Unterauftragnehmer gelten muss. Auch hier gilt dann, dass der Verantwortliche diese Unterauftragnehmer nicht direkt anweisen wird, denn insofern fehlt es an der direkten Vertragsbeziehung. Vielmehr hat der Auftragnehmer im Innenverhältnis zu seinem Unterauftragnehmer sicherzustellen, dass die Weisungen des Verantwortlichen beachtet werden.

Hinsichtlich der unterstellten Personen sind die Weisungsrechte auf diejenigen Personen beschränkt, die **Zugang** zu den personenbezogenen Daten haben. Maßgeblich ist also die **faktische Zugriffsmöglichkeit**[5]. Gleichzeitig ist diese faktische Zugriffsmöglichkeit aber auch ausreichend, um die Anwendbarkeit des Art. 29 auszulösen. Ein konkreter Verarbeitungsauftrag muss nicht bestehen[6]. Gewährt also z.B. ein Auftragnehmer einer Person, etwa einem freiberuflichen IT-Techniker, Zugang zu den von dem Auftrag erfassten personenbezogenen Daten, so ist insoweit die Regelung des Art. 29 zu beachten, ohne dass sich der Auftragnehmer z.B. darauf berufen könnte, dass in seiner Vertragsbeziehung zu der betreffenden Person kein entsprechendes Weisungsrecht verankert ist. Insoweit greift dann die flankierende Verpflichtung des Art. 32 Abs. 4, die den Auftragnehmer verpflichtet, die notwendigen Regelungen zu treffen. Darüber hinaus hat der Auftragsverarbeiter die von ihm mit der Datenverarbeitung betrauten Personen ganz konkret **auf die Vertraulichkeit zu verpflichten** (Art. 28 Abs. 3 Buchst. b). Diese

---

2 So auch Paal/Pauly/*Martini*, Art. 29 DSGVO Rz. 14.
3 BeckOK DatenschutzR/*Spoerr*, Art. 29 DSGVO Rz. 11.
4 So auch Paal/Pauly/*Martini*, Art. 29 DSGVO Rz. 14.
5 BeckOK DatenschutzR/*Spoerr*, Art. 29 DSGVO Rz. 11.
6 So auch Ehmann/Selmayr/*Bertermann*, Art. 29 DSGVO Rz. 3.

Pflicht trifft ihrem Wortlaut nach interessanterweise nur den Auftragsverarbeiter, nicht aber den Verantwortlichen. Nicht zuletzt mit Blick auf die Verpflichtungen des Art. 32 Abs. 4 ist für die Praxis allerdings auch dem Verantwortlichen anzuraten, seine Mitarbeiter entsprechend zu verpflichten[7].

2. Formanforderungen an das Weisungsrecht

5 Das Schriftformerfordernis des Art. 28 Abs. 9 gilt ausschließlich für den Abschluss des Vertrages, nicht jedoch für die Weisungen, die im Rahmen des Vertragsverhältnisses erteilt werden. Art. 29 stellt insoweit **kein Formerfordernis** hinsichtlich der Weisungen auf, die **nach Abschluss** des Auftragsverarbeitungsvertrages erteilt werden. Die Weisungen können daher z.B. mündlich oder auch per E-Mail erteilt werden, was die Handhabung in der Praxis erheblich erleichtert. Nach Art. 28 Abs. 3 Satz 2 Buchst. a sind die Weisungen allerdings zu **dokumentieren**. Bei einer per E-Mail erteilten Weisung dürfte die zu archivierende E-Mail selbst als Dokumentation genügen. Bei mündlich erteilten Weisungen empfiehlt es sich, diese nachträglich – z.B. im Rahmen eines Aktenvermerks – zu archivieren[8]. Diese Dokumentationspflicht trifft in erster Linie den Auftragsverarbeiter[9].

3. Umfang des Weisungsrechts

6 Der **Begriff der Weisung** ist nicht dahingehend zu verstehen, dass es sich zwingend um eine einseitige Anordnung handeln müsste. Vielmehr fallen unter den Begriff der Weisung alle Pflichten, die dem Auftragsverarbeiter bezüglich der Datenverarbeitung und der darauf bezogenen technischen und organisatorischen Maßnahmen auferlegt werden[10]. Anders als es der Begriff der Weisung nahelegt, sind davon nicht nur Anordnungen im Einzelfall erfasst. Vielmehr umfasst der Begriff auch sämtliche allgemeine Pflichten, die im Auftrag zwischen Verantwortlichem und Auftragsverarbeiter festgelegt worden sind, wie auch generelle Anordnungen des Verantwortlichen[11].

7 Der Umfang des Weisungsrechts ist nach dem Wortlaut des Art. 29 auf die **Vorgänge im unmittelbaren Zusammenhang mit der Verarbeitung** personenbezogener Daten beschränkt, wie sie in Art. 28 Abs. 3 Satz 1 näher bezeichnet sind. Insofern ist es unschädlich, wenn der Auftrag dem Auftragsverarbeiter im Übrigen

---

7 So auch Ehmann/Selmayr/*Bertermann*, Art. 29 DSGVO Rz. 6.
8 So auch Ehmann/Selmayr/*Bertermann*, Art. 29 DSGVO Rz. 4; im Ergebnis ähnlich ebenfalls Paal/Pauly/*Martini*, Art. 29 DSGVO Rz. 19.
9 BeckOK DatenschutzR/*Spoerr*, Art. 29 DSGVO Rz. 15.
10 BeckOK DatenschutzR/*Spoerr*, Art. 29 DSGVO Rz. 14.
11 BeckOK DatenschutzR/*Spoerr*, Art. 29 DSGVO Rz. 14.

einen weitreichenden Entscheidungsspielraum einräumt[12]. Und schon gar nicht erstreckt sich das Weisungsrecht auf Vorgänge außerhalb der Verarbeitung personenbezogener Daten[13]. Insoweit ist bei der Vertragsgestaltung darauf zu achten, dass sich die Weisungsrechte unter einem Auftragsverarbeitungsvertrag eben gerade nur auf die Verarbeitung personenbezogener Daten erstrecken, es sei denn, die Parteien wollen den Umfang des Weisungsrechts bewusst darüber hinaus erweitern.

Art. 29 – i.V.m. Art. 32 Abs. 4 – verpflichtet den Verantwortlichen und den Auftragsverarbeiter dazu, **bereits in dem Vertrag** über die Beauftragung die konkreten Weisungsbefugnisse des Auftraggebers zu regeln. Die vertraglich fixierten Weisungen bzw. Weisungsbefugnisse sind sodann, so jedenfalls die Vorstellung des Verordnungsgebers, in der Praxis zu konkretisieren. In der vertraglichen Praxis trifft man insoweit häufig auf Regelungen in den Auftragsverarbeitungsverträgen, unter denen dem Auftraggeber eine pauschale Weisungsbefugnis eingeräumt wird („Der Auftragnehmer hat die datenschutzrechtlichen Weisungen des Auftraggebers zu befolgen."). Allerdings würden derartige Klauseln dem Auftraggeber – jedenfalls bei wörtlicher Lesart – nahezu unbeschränkte Weisungsrechte gewähren, was in der Regel nicht gewollt und auch nicht praxisgerecht ist. 8

Gerade im Bereich der Cloud-Services zeichnen sich die Leistungen der Anbieter durch einen hohen Grad der Standardisierung aus, so dass insoweit nur eingeschränkte Weisungsrechte hinsichtlich der technischen Ausgestaltung der Services denkbar sind. Insofern empfiehlt sich eine Beschränkung dahingehend, dass Weisungen **nur innerhalb der vertraglich festgelegten Grenzen des Auftrags** erteilt werden dürfen und eben auf den Bereich der Datenverarbeitung im engeren Sinne beschränkt sind. Sieht der Auftrag also z.B. vor, dass die Datenverarbeitung in einem beliebigen Mitgliedstaat der EU erfolgen darf, so kann dem Auftragnehmer dieses Recht nicht nachträglich entzogen werden, indem der Auftraggeber den Auftragnehmer anweist, die Daten fortan nur noch in Deutschland zu verarbeiten. Zudem sind u.a. im Rahmen eines **„Change-Request"-Verfahrens** Regelungen für den Fall vorzusehen, dass sich die Aufgaben des Auftragsverarbeiters aufgrund der Weisungen des Verantwortlichen erweitern, z.B. weil er eine neue Sicherheitssoftware zu beschaffen hat, um den datenschutzrechtlichen Anforderungen zu genügen. In diesen Fällen mag die entsprechende Anpassung der vereinbarten Vergütung sachgerecht erscheinen. 9

4. Grenzen des Weisungsrechts: Verarbeitungspflicht

Das Weisungsrecht findet seine **Grenze** in dem Fall, dass die betreffenden Personen nach dem Recht der Union oder der Mitgliedstaaten zur Verarbeitung 10

---

12 So auch Auernhammer/*Thomale*, Art. 29 DSGVO Rz. 6; BeckOK DatenschutzR/*Spoerr*, Art. 29 DSGVO Rz. 8.
13 BeckOK DatenschutzR/*Spoerr*, Art. 29 DSGVO Rz. 9.

verpflichtet sind (vgl. Art. 29 sowie auch Art. 28 Abs. 3 Satz 2 Buchst. a und Art. 32 Abs. 4). Ordnet also das anwendbare Recht z.b. eine bestimmte **Archivierungspflicht** des Auftragsverarbeiters an, etwa aufgrund handelsrechtlicher oder steuerlicher Aufbewahrungspflichten, so ist er an eine abweichende Aufforderung des Verantwortlichen zur Löschung nicht gebunden. In einem solchen Fall hat der Auftragsverarbeiter dem Verantwortlichen diese rechtlichen Anforderungen vor der Verarbeitung **mitzuteilen**, sofern das betreffende Recht eine solche Mitteilung nicht wegen eines wichtigen öffentlichen Interesses verbietet (Art. 28 Abs. 3 Satz 2 Buchst. a). Unklar ist, wie weit diese Pflicht des Auftragnehmers reicht und wann sie beginnt. Nach dem Wortlaut der Norm hat die Mitteilung „vor der Verarbeitung" zu erfolgen. Letztlich würde dies in der Praxis dazu führen, dass der Auftragnehmer dem Verantwortlichen bereits bei Vertragsschluss eine Aufstellung aller einschlägigen Gesetze zu übermitteln hätte, die auch nur potentiell einer späteren Weisung des Verantwortlichen entgegenstehen könnten. Dies erscheint nicht sachgerecht, zumal häufig noch nicht absehbar ist, welche konkreten Weisungen der Verantwortliche zum Zuge der Durchführung des Vertrages später erteilen mag. Eine praxistaugliche Lösung könnte darin liegen, im Rahmen des Auftrags lediglich generell auf die Aufbewahrungs- und sonstigen Pflichten des Auftragnehmers Bezug zu nehmen und eine Konkretisierung spezifischer Pflichten nach dem Recht der Union oder der Mitgliedstaaten erst dann zu fordern, wenn sich der Auftragnehmer nicht in der Lage sieht, eine konkrete Weisung – z.B. zur Löschung von Daten – zu befolgen.

5. Rechtswidrige Weisungen

11 Eine weitere Grenze des Weisungsrechts kann sich daraus ergeben, dass der Verantwortliche eine **rechtswidrige Weisung** erteilt. Fraglich ist also, ob der Auftragnehmer berechtigt ist, die Umsetzung einer rechtswidrigen Weisung zu verweigern. Zu denken ist etwa an den Fall, dass der Verantwortliche den Auftragsverarbeiter anweist, Daten zweckentfremdet zu verarbeiten, also z.B. die Daten einer klinischen Patientenstudie für Werbezwecke zu verwenden (zu den Einzelheiten s. nachfolgend unter Rz. 7 ff.).

12 Eine Regelung, die den Auftragsverarbeiter in solchen Fällen ausdrücklich von seiner Pflicht zur weisungsgerechten Verarbeitung befreien würde, findet sich weder in Art. 29 noch in Art. 28. Es ist lediglich geregelt, dass der Auftragsverarbeiter verpflichtet ist, den Verantwortlichen unverzüglich darüber zu **informieren**, wenn er der Auffassung ist, die Weisung verstoße gegen die DSGVO oder andere Datenschutzbestimmungen der Union oder der Mitgliedstaaten (Art. 28 Abs. 3 Satz 2 Buchst. h). Ob diese Regelung ein Recht oder gar eine Pflicht zur Nichtbefolgung begründet, bleibt aber fraglich (s. dazu sogleich).

III. Rechtsfolgen

1. Recht zur Nichtbefolgung rechtswidriger Weisungen

Es wird in der Literatur diskutiert, ob das Schweigen der DSGVO zur Frage, ob 13
der Auftragnehmer die Umsetzung einer rechtswidrigen Weisung verweigern
darf, gegen ein Ablehnungsrecht angeführt werden könnte[14]. Einschränkend
wird erwogen, ein Ablehnungsrecht des Auftragsverarbeiters aber zumindest in
denjenigen Fällen anzunehmen, in denen ihn bei Umsetzung der rechtswidrigen
Weisung ebenfalls ein eigenes Haftungsrisiko treffen würde[15]. Diese Abgrenzung
erscheint sachgerecht und mit dem Konzept der DSGVO vereinbar. Während
der Auftraggeber grundsätzlich darauf vertrauen können muss, dass seine – ggf.
auch rechtswidrigen – Weisungen befolgt werden, ist dieses Vertrauen nicht
überwiegend schützenswert, sobald sich der rechtswidrig angewiesene Auftragnehmer selbst einem Haftungsrisiko aussetzen würde. Freilich führt dies dann
allerdings zu der weiteren Frage, unter welchen Umständen den Auftragnehmer
überhaupt eine Haftung treffen kann. Art. 82 Abs. 2 Satz 2 ordnet insoweit für
den Fall der Weisungen an, dass der Auftragnehmer nur dann haftet, wenn er
einer „rechtmäßig" erteilten Anweisung nicht nachkommt. Im Umkehrschluss
lässt sich daraus folgern, dass die Missachtung einer „unrechtmäßigen" Weisung
grundsätzlich keine Haftung auslöst. Und dies wiederum führt nach dem oben
Gesagten zu der Konsequenz, dass der Auftragnehmer – mangels nachteiliger
Konsequenzen – grundsätzlich auch rechtswidrige Weisungen zu beachten hat.
Ihre Grenze findet diese Pflicht allerdings im Bereich evident rechtswidriger
Weisungen, bei denen beide Parteien einen Rechtsbruch – der ggf. sogar einen
Straftatbestand begründen kann – sehenden Auges in Kauf nehmen oder gar
vorsätzlich bewirken würden[16].

2. Pflicht zur Ablehnung rechtswidriger Weisungen

Es stellt sich dann die weitergehende Frage, ob der Auftragsverarbeiter eine 14
rechtswidrige Weisung befolgen **darf**, oder anders formuliert, ob eine Pflicht des
Auftragsverarbeiters zur Ablehnung rechtswidriger Weisungen besteht.

In dieser Konstellation wird man differenzieren müssen, insbesondere mit Blick 15
darauf, dass dem Auftragsverarbeiter aus seiner Stellung heraus keine generelle
Pflicht obliegen sollte, sämtliche Weisungen des Verantwortlichen auf ihre datenschutzrechtliche Zulässigkeit hin zu prüfen. So ist es in dem obigen Beispiel
unter Rz. 11 denkbar, dass die Patienten – für den Auftragsverarbeiter un-

---

14 BeckOK DatenschutzR/*Spoerr*, Art. 29 DSGVO Rz. 18.
15 BeckOK DatenschutzR/*Spoerr*, Art. 29 DSGVO Rz. 18.
16 Ähnlich BeckOK DatenschutzR/*Spoerr*, Art. 29 DSGVO Rz. 20.

erkannt – ihre Einwilligung in die Verwendung ihrer Daten für Werbezwecke erteilt haben. Vor diesem Hintergrund ist der Begriff der Rechtswidrigkeit in diesem Zusammenhang einzuschränken und zwar in der Weise, dass der Auftragsverarbeiter im Grundsatz **auf die Rechtmäßigkeit der Weisungen des Verantwortlichen vertrauen** darf. Stellt sich eine solche Weisung als rechtswidrig heraus, haftet der Auftragsverarbeiter gleichwohl nicht, soweit die Rechtswidrigkeit der Weisung für ihn nicht erkennbar war. Bestehen aus Sicht des Auftragsverarbeiters hingegen **konkrete Anhaltspunkte** dafür, dass eine Weisung des Verantwortlichen dem Gesetz zuwiderlaufen könnte, so ist er verpflichtet, diesen Anhaltspunkten nachzugehen.

3. Ablehnung rechtmäßiger Weisungen

16   Verweigert der Auftragnehmer die Umsetzung einer rechtmäßig erteilten Weisung, so kann ihn die Haftung nach Art. 82 Abs. 2 Satz 2 treffen. Darüber hinaus begründet die Verweigerung regelmäßig einen Verstoß gegen den Auftragsverarbeitungsvertrag mit dem Auftraggeber. Geht die Ablehnung sogar so weit, dass der Auftragnehmer unter Verstoß gegen die Verordnung die Zwecke und Mittel der Verarbeitung bestimmt, so wird er gemäß Art. 28 Abs. 10 wie ein Verantwortlicher behandelt.

4. Konsequenzen des Hinweises auf die Rechtswidrigkeit der Weisungen

17   Nicht geregelt ist, welche **Konsequenzen** mit dem Hinweis des Auftragnehmers auf eine rechtswidrige Weisung verbunden sind. Aus dem Zweck der Norm folgt allerdings, dass der Auftraggeber verpflichtet ist, dem Hinweis nachzugehen und die Rechtmäßigkeit seiner Weisung zu überprüfen. Sollte diese tatsächlich nicht mit dem anwendbaren Recht im Einklang stehen, wird er sie in aller Regel schon aus eigenem Interesse zurückziehen und dürfte dazu auch verpflichtet sein. Ist der Auftraggeber allerdings weiterhin der Ansicht, die Weisung rechtmäßig erteilt zu haben und hält er deshalb an der Weisung fest, steht der Auftragnehmer vor einem Dilemma. Verweigert er die Durchführung, macht er sich im Zweifel gegenüber dem Auftraggeber schadensersatzpflichtig und riskiert weitere Konsequenzen wegen Vertragsbruchs. Befolgt er allerdings die Weisung des Auftraggebers, läuft er Gefahr, gegen datenschutzrechtliche oder ggf. sogar strafrechtliche Bestimmungen zu verstoßen. Es empfiehlt sich daher, im Rahmen des Auftrags einen Mechanismus aufzunehmen, der die Rechte und Pflichten der Parteien – einschließlich etwaiger Freistellungsverpflichtungen – in solchen Fällen konkretisiert. Ungeachtet dessen sind etwaige der DSGVO zuwiderlaufende Weisungen wegen Verstoßes gegen ein gesetzliches Verbot nach **§ 134 BGB** als nichtig anzusehen, so dass insoweit die Vertragsfreiheit der Parteien endet.

Gleichwohl dürfte im Falle **unterschiedlicher Rechtsauffassungen** eine Pflicht des Auftragnehmers bestehen, die Weisung zunächst einmal zu befolgen. Eine eigene Haftung im Außenverhältnis trifft den Auftragnehmer nach dem oben Gesagten in diesen Fällen nur dann, wenn nach wie vor konkrete Anhaltspunkte dafür bestehen, dass die fragliche Weisung des Verantwortlichen dem Gesetz zuwiderlaufen könnte.

IV. Öffnungsklausel: Verarbeitungsrecht des Auftragnehmers

Die Pflicht des Auftragnehmers, die vom Auftrag erfassten Daten nur nach Weisung des Auftraggebers zu verarbeiten, gilt dann nicht, wenn der Auftragnehmer „nach dem Unionsrecht oder dem Recht der Mitgliedstaaten **zur Verarbeitung verpflichtet**" ist. Der Anwendungsbereich dieser Ausnahme ist auf gesetzliche Verarbeitungspflichten beschränkt; sie umfasst nicht auch **vertragliche Pflichten** des Auftragnehmers. 18

Artikel 30 Verzeichnis von Verarbeitungstätigkeiten

(1) Jeder Verantwortliche und gegebenenfalls sein Vertreter führen ein Verzeichnis aller Verarbeitungstätigkeiten, die ihrer Zuständigkeit unterliegen. Dieses Verzeichnis enthält sämtliche folgenden Angaben:

a) den Namen und die Kontaktdaten des Verantwortlichen und gegebenenfalls des gemeinsam mit ihm Verantwortlichen, des Vertreters des Verantwortlichen sowie eines etwaigen Datenschutzbeauftragten;

b) die Zwecke der Verarbeitung;

c) eine Beschreibung der Kategorien betroffener Personen und der Kategorien personenbezogener Daten;

d) die Kategorien von Empfängern, gegenüber denen die personenbezogenen Daten offengelegt worden sind oder noch offengelegt werden, einschließlich Empfänger in Drittländern oder internationalen Organisationen;

e) gegebenenfalls Übermittlungen von personenbezogenen Daten an ein Drittland oder an eine internationale Organisation, einschließlich der Angabe des betreffenden Drittlands oder der betreffenden internationalen Organisation, sowie bei den in Artikel 49 Absatz 1 Unterabsatz 2 genannten Datenübermittlungen die Dokumentierung geeigneter Garantien;

f) wenn möglich, die vorgesehenen Fristen für die Löschung der verschiedenen Datenkategorien;

g) wenn möglich, eine allgemeine Beschreibung der technischen und organisatorischen Maßnahmen gemäß Artikel 32 Absatz 1.

(2) Jeder Auftragsverarbeiter und gegebenenfalls sein Vertreter führen ein Verzeichnis zu allen Kategorien von im Auftrag eines Verantwortlichen durchgeführten Tätigkeiten der Verarbeitung, die Folgendes enthält:

a) den Namen und die Kontaktdaten des Auftragsverarbeiters oder der Auftragsverarbeiter und jedes Verantwortlichen, in dessen Auftrag der Auftragsverarbeiter tätig ist, sowie gegebenenfalls des Vertreters des Verantwortlichen oder des Auftragsverarbeiters und eines etwaigen Datenschutzbeauftragten;

b) die Kategorien von Verarbeitungen, die im Auftrag jedes Verantwortlichen durchgeführt werden;

c) gegebenenfalls Übermittlungen von personenbezogenen Daten an ein Drittland oder an eine internationale Organisation, einschließlich der Angabe des betreffenden Drittlands oder der betreffenden internationalen Organisation, sowie bei den in Artikel 49 Absatz 1 Unterabsatz 2 genannten Datenübermittlungen die Dokumentierung geeigneter Garantien;

d) wenn möglich, eine allgemeine Beschreibung der technischen und organisatorischen Maßnahmen gemäß Artikel 32 Absatz 1.

(3) Das in den Absätzen 1 und 2 genannte Verzeichnis ist schriftlich zu führen, was auch in einem elektronischen Format erfolgen kann.

(4) Der Verantwortliche oder der Auftragsverarbeiter sowie gegebenenfalls der Vertreter des Verantwortlichen oder des Auftragsverarbeiters stellen der Aufsichtsbehörde das Verzeichnis auf Anfrage zur Verfügung.

(5) Die in den Absätzen 1 und 2 genannten Pflichten gelten nicht für Unternehmen oder Einrichtungen, die weniger als 250 Mitarbeiter beschäftigen, sofern die von ihnen vorgenommene Verarbeitung nicht ein Risiko für die Rechte und Freiheiten der betroffenen Personen birgt, die Verarbeitung nicht nur gelegentlich erfolgt oder nicht die Verarbeitung besonderer Datenkategorien gemäß Artikel 9 Absatz 1 bzw. die Verarbeitung von personenbezogenen Daten über strafrechtliche Verurteilungen und Straftaten im Sinne des Artikels 10 einschließt.

I. Einführung 1	IV. Formerfordernis (Abs. 3) 10
II. Pflichten des Verantwortlichen (Abs. 1) 5	V. Zurverfügungstellung gegenüber der Aufsichtsbehörde (Abs. 4) 11
1. Pflicht zur Führung eines Verarbeitungsverzeichnisses . . . 5	VI. Ausnahmen für KMUs (Abs. 5) 12
2. Inhalte des Verarbeitungsverzeichnisses 6	1. Privilegierung von kleinen und mittleren Unternehmen 12
3. Anforderungen an den Detaillierungsgrad des Verarbeitungsverzeichnisses 7	2. Rückausnahmen zur Privilegierung von kleinen und mittleren Unternehmen 15
III. Pflichten des Auftragsverarbeiters (Abs. 2) 9	

I. Einführung

Art. 30 regelt die Pflicht zur Führung eines „**Verzeichnisses aller Verarbeitungstätigkeiten**". Die Regelung konkretisiert die allgemeine **Rechenschaftspflicht** nach Art. 5 Abs. 2.

Nach Art. 30 Abs. 1 trifft diese Pflicht zunächst den Verantwortlichen. Nach Art. 30 Abs. 2 ist darüber hinaus auch der Auftragsverarbeiter zur Führung eines „Verzeichnisses" verpflichtet. Die Pflichten nach Art. 30 Abs. 1 und 2 treffen zudem jeweils auch den jeweiligen „Vertreter", also diejenige Person, die nach Art. 27 bei Sachverhalten mit Drittstaatsbezug zu bestellen ist, wenn die dort genannten Vorrausetzungen vorliegen. Abs. 3 regelt die Formerfordernisse. Aus Art. 30 Abs. 4 ergibt sich eine Pflicht zur Offenlegung des Verzeichnisses gegenüber den Behörden. Art. 30 Abs. 5 regelt schließlich, dass die vorstehenden Pflichten nicht für Unternehmen oder Einrichtungen gelten, die weniger als 250 Mitarbeiter beschäftigen, es sei denn, dass bestimmte Gegenausnahmen greifen.

Zweck der Regelung ist nach Erwägungsgrund 82 der „**Nachweis** der Einhaltung dieser Verordnung". Der Nachweis ist in erster Linie gegenüber den Aufsichtsbehörden zu erbringen, denen gegenüber das Verzeichnis auf Aufforderung vorzulegen ist. Dieser Regelungszweck ist bei der Auslegung des Art. 30 zu berücksichtigen. Der **Empfängerhorizont** wird also nicht in erster Linie durch die betroffenen Personen bestimmt, sondern vor allem durch die Aufsichtsbehörden, also durch Experten auf dem Gebiet des Datenschutzrechts. Daraus folgt, dass die Anforderungen an den Detailierungsgrad nicht zu überspannen sind, da eine bestimmte Sachkunde und Marktkenntnis der Behörden unterstellt werden kann. Hinzu kommt, dass es den Behörden offensteht und auch zumutbar ist, im Zweifelsfall weitere Sachverhaltsaufklärung zu betreiben. Insofern kann es nicht Sinn und Zweck der Verarbeitungsverzeichnisse sein, einen abschließenden Sachverhalt für die rechtliche Prüfung der Behörden zu liefern. Vielmehr reicht es aus, wenn den Behörden ein **fundierter Gesamtüberblick** über die Verarbeitungstätigkeiten des jeweiligen Unternehmens verschafft wird.

Für die Praxis sollten die Anforderungen des Art. 30 nicht in erster Linie als lästige Pflicht begriffen werden, sondern vor allem auch als **geeignetes Mittel**, um im Streitfall den Nachweis der Rechtmäßigkeit der Verarbeitung führen zu können.

II. Pflichten des Verantwortlichen (Abs. 1)

1. Pflicht zur Führung eines Verarbeitungsverzeichnisses

Nach Art. 30 Abs. 1 hat der Verantwortliche die Pflicht zur Führung eines „Verzeichnisses aller Verarbeitungstätigkeiten". Der Begriff des „**Verzeichnisses**" ist in der DSGVO nicht definiert. Aus Art. 30 folgt jedoch, dass es sich dabei um eine systematische Aufstellung der nach Art. 30 erforderlichen Angaben handelt in einem Detaillierungsgrad, welcher der Aufsichtsbehörde eine Überprüfung ermöglicht, ob der zur Führung des Verzeichnisses Verpflichtete seinen Pflichten nachgekommen ist[1]. Der Begriff der „**Verarbeitungstätigkeiten**" umfasst nach der Legaldefinition des Begriffs der Verarbeitung in Art. 4 Nr. 2 „jeden mit oder ohne Hilfe automatisierter Verfahren ausgeführten Vorgang oder jede solche Vorgangsreihe im Zusammenhang mit personenbezogenen Daten". Dass in Art. 30 der Zusatz „Tätigkeiten" verwendet worden ist, führt zu keiner inhaltlichen Abweichung[2]. Die Verzeichnisse sind für deutsche Unternehmen regelmäßig in **deutscher Sprache** zu führen (§ 23 Abs. 1 VwVfG)[3].

2. Inhalte des Verarbeitungsverzeichnisses

6 Dieses Verzeichnis hat folgende Informationen zu enthalten:
- den **Namen und die Kontaktdaten** des Verantwortlichen, seines Vertreters sowie des Datenschutzbeauftragten; bei mehreren Verantwortlichen sind auch der oder die weiteren gemeinsamen Verantwortlichen zu benennen.
- die **Zwecke** der Verarbeitung; also z.B. bei einem Versandhändler „zur Erfüllung der mit den Kunden geschlossenen Verträge"; die Pflicht zur Nennung des Zwecks basiert auf dem Zweckbindungsgrundsatz des Art. 5 Abs. 1 Buchst. b. Für die Praxis ist anzuraten, die Zwecksetzung sehr sorgfältig vorzunehmen, da z.B. eine zu enge Zwecksetzung die Unzulässigkeit weitergehender Verarbeitungen nach sich ziehen kann. Mit Blick auf die strengen Anforderungen an eine nachträgliche Zweckänderung (Art. 6 Abs. 4) empfiehlt es sich daher für die Praxis, von Beginn an – innerhalb der gesetzlichen Grenzen – eine möglichst weite Zwecksetzung vorzunehmen. Zulässig ist es auch, parallel mehrere Zwecke anzugeben.
- eine Beschreibung der **Kategorien von betroffenen Personen und der Kategorien personenbezogener Daten**; ausreichend ist nach der Norm die Angabe von „Kategorien", also etwa die typisierende Angabe „Kunden", „Verbraucher" oder „Beschäftigte" bzw. hinsichtlich der Datenkategorien Begriffe wie „Kundendaten (Name, Anschrift, Angaben zum Vertrag)", „Verbraucherdaten" oder „Beschäftigtendaten".
- die **Kategorien von Empfängern**, an die die personenbezogenen Daten weitergegeben worden sind oder noch weitergegeben werden (zum Begriff des Empfängers s. Art. 4 Abs. 9); hierunter fiele z.B. die Angabe, dass Daten an einen „Logistikdienstleister" weitergegeben werden, der die bestellten Waren ausliefert. Da die Norm auch die Angabe der Kategorien zukünftiger Emp-

---
1 Ähnlich BeckOK DatenschutzR/*Spoerr*, Art. 30 DSGVO Rz. 5.
2 BeckOK DatenschutzR/*Spoerr*, Art. 30 DSGVO Rz. 6.
3 So auch die Konferenz der Landesdatenschutzbeauftragten in Deutschland.

fänger verlangt, ist insoweit durch den Verantwortlichen eine Abschätzung zu treffen, welche Empfängerkategorie insoweit in Betracht kommt.
- ggf. Übermittlungen von Daten an ein **Drittland** oder an **eine internationale Organisation** sowie bei den in Art. 49 Abs. 1 genannten Datenübermittlungen die Dokumentierung geeigneter Garantien; insoweit sind also diejenigen Drittländer bzw. Organisationen anzugeben, in die die Daten übermittelt worden sind.
- wenn möglich, die vorgesehenen **Fristen für die Löschung** der verschiedenen Datenkategorien; diese Fristen ergeben sich aus Art. 17 Abs. 1, der allerdings keine starren Löschfristen vorschreibt, sondern ein flexibles Konzept etabliert orientiert an der Frage, ob die Daten für die Zweckerreichung noch benötigt werden.
- wenn möglich, eine allgemeine Beschreibung der technischen und organisatorischen **Maßnahmen gemäß Art. 32 Abs. 1**.

3. Anforderungen an den Detaillierungsgrad des Verarbeitungsverzeichnisses

Unklar bleibt, wie die Formulierung „**wenn möglich**" zu verstehen ist. Der englische Text spricht hier von „where possible", was dafür spricht, dass es tatsächlich darum gehen soll, ob die Angabe im objektiven Sinne überhaupt „möglich" ist. Allerdings sollte es z.B. mit Blick auf die technischen und organisatorischen Maßnahmen stets „möglich" sein, diese jedenfalls in allgemeiner Form zu beschreiben. Insofern dürfte das Merkmal allerdings eher im Sinne eines „soweit angemessen" zu verstehen sein[4]. U.a. die Landesbeauftragte für den Datenschutz in Niedersachen hat hierzu Erstellungshinweise veröffentlicht[5]. Auch hier wird bestätigt, dass sich Inhalt und Umfang des Verzeichnisses nach Art und Größenordnung des Verantwortlichen richten. Unter Anlegung dieser zutreffenden Auslegung muss es dann z.B. mit Blick auf die Löschfristen zulässig sein, diese **generalisierend** anzugeben, etwa dahingehend, dass Daten gelöscht werden, wenn diese für die Zweckerreichung nicht mehr benötigt werden. Denn häufig lässt sich im Voraus nicht konkret nach dem Kalender oder einer Frist bestimmen, zu welchem konkreten Datum dies der Fall sein wird. Erforderlich ist also weniger die Angabe konkreter Daten, als vielmehr die Implementierung eines

7

---

4 Ähnlich BeckOK DatenschutzR/*Spoerr*, Art. 30 DSGVO Rz. 10 („… legt jedoch nahe, dass es weniger um das „ob" als um das „wie viel" bzw. „wie genau" der Angaben geht"); leicht abweichend Paal/Pauly/*Martini*, Art. 30 DSGVO Rz. 18c („ohne unverhältnismäßigen Aufwand").
5 Landesbeauftragte für den Datenschutz in Niedersachen, Hinweise zum Verzeichnis von Verarbeitungstätigkeiten, Art. 30 DSGVO, abrufbar unter https://www.lfd.niedersachsen.de/download/120050 (Stand Mai 2018).

Löschkonzepts. Stehen diese Fristen allerdings bereits fest, sollten sie auch entsprechend angegeben werden[6]. Mit Blick auf die Darstellung der **technischen und organisatorischen** Maßnahmen folgt daraus entsprechend, dass auch diese nicht in jedem Detail aufzuführen sind, sondern lediglich in dem Umfang, der erforderlich ist, um den Aufsichtsbehörden ein hinreichendes Bild von dem allgemeinen Schutzniveau zu vermitteln[7]. Diese Annahme ist zwischenzeitlich bereits durch die Aufsichtsbehörden selbst bestätigt worden, wenn es heißt, dass die Beschreibung der Maßnahmen so konkret erfolgen soll, dass die Aufsichtsbehörden lediglich „eine **erste** Rechtmäßigkeitsüberprüfung vornehmen können"[8].

8 Zu führen ist ein Verzeichnis „**aller Verarbeitungstätigkeiten**". Der Verantwortliche kann sich also nicht darauf beschränken, etwa nur die wichtigsten Verarbeitungsschritte zu dokumentieren. Gleichwohl bleiben auch hier **generalisierende Darstellungen** zulässig. Werden Daten also z.B. zur Vertragserfüllung verwendet, muss der Verantwortliche nicht im Detail aufführen, welche Abteilungen seines Unternehmens oder gar Personen insoweit eingebunden sind, wann diese die Daten erhalten und welche konkreten Tätigkeiten diese vornehmen.

III. Pflichten des Auftragsverarbeiters (Abs. 2)

9 Nach Art. 30 Abs. 2 hat auch der Auftragsverarbeiter ein Verzeichnis zu führen. Dabei handelt es sich um eine eigenständige Pflicht des Auftragsverarbeiters; diese entfällt nicht, wenn bereits der Verantwortliche seiner Pflicht aus Art. 30 Abs. 1 nachkommt[9]. Gegenüber dem von dem Verantwortlichen zu führenden Verzeichnis gilt insoweit ein **reduzierter Umfang**. Dies erklärt sich aus der weisungsgebundenen Tätigkeit des Auftragsverarbeiters (vgl. Art. 29). Zu beachten ist allerdings, dass letztlich jeweils **gesonderte Verzeichnisse für „jeden Verantwortlichen**" zu führen sind. Zwar werden diese Verzeichnisse häufig zu weiten Teilen gleichlautend sein, etwa wenn ein IT-Dienstleister eine standardisierte IT-Infrastruktur betreibt. Indes ist jeweils genau zu prüfen, ob die generellen Angaben tatsächlich für sämtliche Aufträge gelten oder sich im Einzelfall Abweichungen ergeben. Weiterhin ist bei der Auslegung der Anforderungen unter dieser Klausel dem Umstand Rechnung zu tragen, dass etwa **Cloud-Anbieter im Massengeschäft** für eine häufig kaum überschaubare Anzahl an Verantwortlichen tätig werden. Insofern wäre es weltfremd, wenn für jeden dieser Vertragspartner ein eigenes Verzeichnis zu erstellen wäre. Vielmehr muss es zulässig

---

6 So auch Ehmann/Selmayr/*Bertermann*, Art. 30 DSGVO Rz. 9.
7 Ähnlich Paal/Pauly/*Martini*, Art. 30 DSGVO Rz. 19; enger Ehmann/Selmayr/*Bertermann*, Art. 30 DSGVO Rz. 10, der davon ausgeht, dass der Einschränkung in der Praxis keine Bedeutung zukommen werde.
8 DSK Datenschutzkonferenz, Kurzpapier Nr. 1 Verzeichnis von Verarbeitungstätigkeiten – Art. 30 DS-GVO v. 29.6.2017.
9 BeckOK DatenschutzR/*Spoerr*, Art. 30 DSGVO Rz. 11.

sein, ein standardisiertes Verzeichnis zu erstellen, welches z.B. mit Kundenlisten des Anbieters verlinkt ist[10].

IV. Formerfordernis (Abs. 3)

Nach Art. 30 Abs. 3 sind die Aufzeichnungen bzw. Verzeichnisse schriftlich zu führen. Eine Aufzeichnung in elektronischer Form ist nach dem ausdrücklichen Wortlaut der Regelung insoweit ausreichend. Die deutschen Datenschutzbehörden vertreten allerdings die Ansicht, dass sie das Format der Vorlage (schriftlich oder elektronisch) selbständig bestimmen könnten[11]. 10

V. Zurverfügungstellung gegenüber der Aufsichtsbehörde (Abs. 4)

Nach Art. 30 Abs. 4 sind sowohl der Verantwortliche als auch der Auftragsverarbeiter wie auch deren Vertreter, soweit einschlägig, verpflichtet, die jeweils von ihnen geführten Aufzeichnungen der zuständigen **Aufsichtsbehörde** zur Verfügung zu stellen. Nach Erwägungsgrund 82 soll dies die Aufsichtsbehörde dadurch in die Lage versetzen, die Einhaltung der Vorschriften der DSGVO zu kontrollieren. Die Zurverfügungstellung hat lediglich „**auf Anfrage**" der Behörde zu erfolgen, also nicht proaktiv. Zu beachten ist freilich, dass die Pflicht zur „Führung" des Verzeichnisses bereits mit Beginn der Verarbeitung einsetzt, also auch wenn noch keine Anfrage einer Behörde vorliegt. Eine Pflicht zur Offenlegung der Verzeichnisse gegenüber **Jedermann**, wie sie noch unter dem BDSG-alt vorgesehen war, enthält Art. 30 nicht. Allerdings bleiben freilich die Informations- und Auskunftsrechte der betroffenen Personen unberührt. 11

VI. Ausnahmen für KMUs (Abs. 5)

1. Privilegierung von kleinen und mittleren Unternehmen

Nach Art. 30 Abs. 5 entfallen die vorstehenden Pflichten zur Führung von Aufzeichnungen dann, wenn das betreffende Unternehmen (Art. 4 Nr. 18) bzw. die betreffende Einrichtung „**weniger als 250 Mitarbeiter**" beschäftigt. Ziel der Regelung ist es nach Erwägungsgrund 13, „der besonderen Situation der Kleinstunternehmen sowie der **kleinen und mittleren Unternehmen** Rechnung zu tragen". 12

---

10 Ähnlich im Ergebnis Ehmann/Selmayr/*Bertermann*, Art. 30 DSGVO Rz. 11; offengelassen bei BeckOK DatenschutzR/*Spoerr*, Art. 30 DSGVO Rz. 11.
11 Landesbeauftragte für den Datenschutz in Niedersachen, Hinweise zum Verzeichnis von Verarbeitungstätigkeiten, Art. 30 DSGVO, abrufbar unter https://www.lfd.niedersachsen.de/download/120050 (Stand Mai 2018).

13 Entsprechend heißt es dann auch in dem Erwägungsgrund, dass für die Definition des Begriffs „**Kleinstunternehmen sowie kleine und mittlere Unternehmen**" Art. 2 des Anhangs zur Empfehlung 2003/361/EG der Kommission maßgebend sein soll. Zwar verwendet Art. 30 Abs. 5 nicht diese Begrifflichkeit. Gleichwohl wird deutlich, dass sich die Beantwortung der Frage, wie die 250 Mitarbeiter zu berechnen sind, nach den genannten Empfehlungen der Kommission richtet[12]. Umstritten ist vor diesem Hintergrund, ob als weitere Schwellen der **Jahresumsatz** oder die **Jahresbilanzsumme** in diese Norm hineinzulesen sind. Eine solche Sichtweise widerspräche aber dem klaren Wortlaut des Art. 30 Abs. 5, so dass allein auf die Mitarbeiterzahl abzustellen ist[13].

14 Maßgeblich ist bei der Auftragsverarbeitung hinsichtlich der Aufzeichnungspflichten des Auftragsverarbeiters die Anzahl der Mitarbeiter des Auftragsverarbeiters, nicht des Verantwortlichen. Eine wechselseitige Zurechnung der Mitarbeiter des Verantwortlichen sowie des Auftragsverarbeiters erfolgt nicht.

2. Rückausnahmen zur Privilegierung von kleinen und mittleren Unternehmen

15 Als **Rückausnahmen** nennt Art. 30 Abs. 5 folgende drei Fälle:
– die Verarbeitung birgt ein **Risiko für die Rechte und Freiheiten** der betroffenen Personen;
– die Verarbeitung erfolgt nicht nur **gelegentlich**;
– die Verarbeitung schließt **besondere Datenkategorien** gemäß Art. 9 Abs. 1 bzw. Daten über **strafrechtliche Verurteilungen und Straftaten** i.S.d. Art. 10 mit ein.

16 Die Rückausnahmen sind mit einer „Oder"-Verbindung hinterlegt. Dies heißt: Liegt einer dieser Fälle vor, hat das betreffende Unternehmen auch dann Aufzeichnungen nach Art. 30 Abs. 1 bzw. 2 zu führen, wenn dort weniger als 250 Mitarbeiter beschäftigt sind[14]. Die Rückausnahmen sind durch unbestimmte und damit auslegungsbedürftige Begriffe geprägt. Um dem Ziel, kleinere und mittlere Unternehmen zu entlasten, gerecht zu werden, ist eine **enge Auslegung** dieser Rückausnahmen geboten. Da bei strenger Betrachtung jede Verarbeitung personenbezogener Daten ein potentielles Risiko für die betroffene Person darstellt, da eben ihre Persönlichkeitsrechte tangiert werden, ist bei der ersten Rückausnahme lediglich auf Verarbeitungen abzustellen, die tendenziell ein **besonde-**

---

[12] So im Ergebnis auch BeckOK DatenschutzR/*Spoerr*, Art. 30 DSGVO Rz. 15 („Einheit der europäischen Rechtsordnung").
[13] So auch Paal/Pauly/*Martini*, Art. 30 DSGVO Rz. 26.
[14] BeckOK DatenschutzR/*Spoerr*, Art. 30 DSGVO Rz. 17.

res Risiko beinhalten, wie etwa das Profiling[15]. In diese Richtung haben sich auch bereits die deutschen Aufsichtsbehörden positioniert („Scoring und Überwachungsmaßnahmen")[16]. Bei einer auf das notwendige Maß beschränkten Verarbeitung von Mitarbeiterdaten ist ein solches besonderes Risiko abzulehnen[17].

Auch der Bereich der **„gelegentlichen"** Datenverarbeitung ist nicht schon dann überschritten, wenn ein Unternehmen z.B. fortwährend Daten ihrer Mitarbeiter in digitalen Personalakten speichert[18]. Vielmehr sind von dieser Rückausnahme nur solche Fälle erfasst, die über das Maß der Datenverarbeitung hinausgehen, das üblicher- und notwendigerweise im geschäftlichen Alltag anfällt. Die Datenverarbeitung muss nach der hier vertretenen Ansicht also gerade die Haupttätigkeit des jeweiligen Unternehmens darstellen, wie es z.B. bei Host-Providern oder Adresshändlern der Fall ist[19]. Anders hingegen haben sich die Aufsichtsbehörden positioniert, die eine „regelmäßige Verarbeitung von Kunden- oder Beschäftigtendaten" ausreichen lassen wollen[20]. Auch gehen die deutschen Behörden davon aus, dass wegen der **„regelmäßigen Lohnabrechnungen"** kaum ein Unternehmen von der Pflicht zur Führung eines Verzeichnisses befreit sei; allenfalls sei dies nur dann möglich, wenn die Lohnabrechnung komplett durch einen Steuerberater übernommen würde. Diese Sichtweise überzeugt jedoch nicht, weil die beabsichtigte Entlastung kleiner und mittlerer Unternehmen sonst leer liefe, da diese selbstverständlich regelmäßig ihre Beschäftigtendaten verarbeiten (müssen). 17

Überzogen ist schließlich die dritte Rückausnahme, wonach auch kleinere und mittlere Unternehmen ein Verzeichnis zu führen haben, wenn sie **besondere Datenkategorien** gemäß Art. 9 Abs. 1 bzw. Daten über **strafrechtliche Verurteilungen und Straftaten** i.S.d. Art. 10 verarbeiten. Denn diese Schwelle ist bei der Verarbeitung von Mitarbeiterdaten in der Praxis äußerst schnell erreicht, z.B. wenn Informationen über Krankheitstage verarbeitet werden. Allerdings fällt es schwer, hier eine einschränkende Auslegung zu vertreten, da der Wortlaut der Regelung eine solche nicht zulässt. Vor diesem Hintergrund ist für die Praxis anzuraten, in Zweifelsfällen vorsorglich ein Verzeichnis gemäß Art. 30 zu führen, um etwaige Bußgelder zu vermeiden. 18

---

15 Ähnlich BeckOK DatenschutzR/*Spoerr*, Art. 30 DSGVO Rz. 20 („Die Gegenausnahme ist als solche eng auszulegen").
16 DSK Datenschutzkonferenz, Kurzpapier Nr. 1 Verzeichnis von Verarbeitungstätigkeiten – Art. 30 DS-GVO v. 29.6.2017.
17 Offen gelassen bei Ehmann/Selmayr/*Bertermann*, Art. 30 DSGVO Rz. 5.
18 A.A. BeckOK DatenschutzR/*Spoerr*, Art. 30 DSGVO Rz. 24 („Dazu gehören etwa die Verarbeitung i.R.v. Kundenmanagement, Buchhaltung und Personalmanagement.").
19 Ähnlich insoweit allerdings BeckOK DatenschutzR/*Spoerr*, Art. 30 DSGVO Rz. 24.
20 DSK Datenschutzkonferenz, Kurzpapier Nr. 1 Verzeichnis von Verarbeitungstätigkeiten – Art. 30 DS-GVO v. 29.6.2017, abrufbar z.B. unter https://www.lda.bayern.de/media/dsk_kpnr_1_verzeichnis_verarbeitungstaetigkeiten.pdf (Stand Mai 2018).

Artikel 31 Zusammenarbeit mit der Aufsichtsbehörde

Der Verantwortliche und der Auftragsverarbeiter und gegebenenfalls deren Vertreter arbeiten auf Anfrage mit der Aufsichtsbehörde bei der Erfüllung ihrer Aufgaben zusammen.

I. Einführung 1	4. Inhalt der Kooperationspflicht .. 8
II. Zusammenarbeitspflicht 2	5. Grenzen der Kooperations-
1. Normadressaten 2	pflicht 10
2. Kooperation als Rechtspflicht .. 5	6. Rechtsfolgen eines Verstoßes
3. Kooperationspflicht nur auf	gegen die Kooperationspflicht .. 11
Anfrage 6	

I. Einführung

1 Art. 31 regelt eine allgemeine Pflicht zur Kooperation mit den Aufsichtsbehörden[1]. Diese wird flankiert durch spezifische Regelungen in weiteren Normen der DSGVO, wie etwa durch die Pflicht zur Vorlage der zu führenden Verarbeitungsverzeichnisse nach Art. 30 Abs. 4.

II. Zusammenarbeitspflicht

1. Normadressaten

2 **Normadressaten** sind sowohl der Verantwortliche als auch der Auftragsverarbeiter und der etwaige Vertreter des Verantwortlichen bzw. des Auftragsverarbeiters. „Vertreter" meint hier die nach Art. 27 ggf. zu bestellenden Vertreter i.S.d. Art. 4 Nr. 17.

3 Ihnen wird die Pflicht auferlegt, mit der Aufsichtsbehörde bei der Erfüllung „ihrer" Aufgaben zusammenzuarbeiten. Gemeint sind – ungeachtet der missglückten Formulierung der Norm – die Aufgaben der Aufsichtsbehörde, nicht die des Verantwortlichen bzw. des Auftragsverarbeiters[2]. Diese Aufgaben sind in Art. 51 ff. geregelt und umfassen vor allem den Schutz der Grundrechte und Grundfreiheiten natürlicher Personen bei der Verarbeitung ihrer personenbezogenen Daten.

4 Eine **Aufsichtsbehörde** ist in der DSGVO definiert als „eine oder mehrere unabhängige Behörden, (die) für die Überwachung der Anwendung dieser Verord-

---

[1] Näher zum Grundkonzept der Norm und den verschiedenen Auslegungsvarianten BeckOK DatenschutzR/*Spoerr*, Art. 31 DSGVO.
[2] Zustimmend BeckOK DatenschutzR/*Spoerr*, Art. 31 DSGVO Rz. 8.

nung zuständig sind, damit die Grundrechte und Grundfreiheiten natürlicher Personen bei der Verarbeitung geschützt werden und der freie Verkehr personenbezogener Daten in der Union erleichtert wird" (vgl. Art. 51 Abs. 1 i.V.m. Art. 4 Nr. 21). Die Zusammenarbeitspflicht bezieht sich richtigerweise nur auf die jeweils **zuständigen Behörden**, nicht auf sämtliche Datenschutzbehörden[3].

2. Kooperation als Rechtspflicht

Ungeachtet des missglückten Wortlauts – „arbeiten ... zusammen" – regelt die Norm eine echte **Verpflichtung** der Normadressaten[4]. Konsequenz dieser Auslegung ist u.a., dass die Verletzung dieser Pflicht ein Bußgeld auslösen kann[5]. 5

3. Kooperationspflicht nur auf Anfrage

Nach dem insoweit eindeutigen Wortlaut der Norm sind die Normadressaten nach Art. 31 weder zur fortwährenden noch zur proaktiven Zusammenarbeit mit den Behörden verpflichtet. Vielmehr wird die Zusammenarbeitspflicht erst „**auf Anfrage**" der Behörde ausgelöst[6]. 6

Eine Anfrage ist dabei nur zulässig, wenn sie zur Aufgabenerfüllung erforderlich ist[7]. Dabei sind die Aufsichtsbehörden gehalten, ihre Anfragen präzise zu formulieren (s. dazu den Katalog der Befugnisse in Art. 58). Anfragen ins Blaue hinein oder zu reinen Ausforschungszwecken sind nicht zulässig[8]. Ebenso ist es den Behörden vor dem Hintergrund des **Amtsermittlungsgrundsatzes** nicht gestattet, Informationen allein zu dem Zweck einzufordern, um ihre eigene Arbeit zu erleichtern[9]. Darüber hinaus haben sich die Behörden auf solche Anfragen zu beschränken, die zu der „**Erfüllung ihrer Aufgaben**" erforderlich sind. Die Anfrage selbst stellt mangels Regelungswirkung **keinen Verwaltungsakt** dar[10]. 7

---

3 So auch BeckOK DatenschutzR/*Spoerr*, Art. 31 DSGVO Rz. 7; a.A. Paal/Pauly/*Martini*, Art. 31 DSGVO Rz. 15.
4 BeckOK DatenschutzR/*Spoerr*, Art. 31 DSGVO Rz. 9 („gewählte Modus des Indikativs"); Auernhammer/*Kieck*, Art. 31 DSGVO Rz. 2; differenzierend Paal/Pauly/*Martini*, Art. 31 DSGVO Rz. 14a („vollständige Rechtspflicht").
5 BeckOK DatenschutzR/*Spoerr*, Art. 31 DSGVO Rz. 10 mit Zweifeln an der erforderlichen Normbestimmtheit.
6 BeckOK DatenschutzR/*Spoerr*, Art. 31 DSGVO Rz. 13.
7 BeckOK DatenschutzR/*Spoerr*, Art. 31 DSGVO Rz. 12.
8 Ehmann/Selmayr/*Raum*, Art. 31 DSGVO Rz. 7; Paal/Pauly/*Martini*, Art. 31 DSGVO Rz. 30b.
9 BeckOK DatenschutzR/*Spoerr*, Art. 31 DSGVO Rz. 12; Paal/Pauly/*Martini*, Art. 31 DSGVO Rz. 19.
10 Paal/Pauly/*Martini*, Art. 31 DSGVO Rz. 24.

4. Inhalt der Kooperationspflicht

8   Art. 31 enthält keinen Katalog der konkreten Kooperationspflichten. Allein Erwägungsgrund 82 nennt als konkret zu treffende Maßnahme die Vorlage der „**entsprechenden Verzeichnisse**". Gemeint sind die nach Art. 30 zu führenden Verarbeitungsverzeichnisse (zu den Einzelheiten s. die Kommentierung zu Art. 30 DSGVO). Allerdings erschöpft sich die Zusammenarbeitspflicht nicht in der Vorlage dieser Verzeichnisse, was sich schon daraus ergibt, dass Art. 31 ansonsten neben Art. 30 keinen eigenständigen Anwendungsbereich mehr hätte. Die Norm lässt indes offen, welche weiteren Maßnahmen seitens der Normadressaten geschuldet sind.

9   Aufschluss über den Kanon der möglichen Pflichten gibt insoweit Art. 58, der die Befugnisse der Aufsichtsbehörden regelt, wie etwa das Recht zur Erteilung von Anweisungen gegenüber dem Verantwortlichen, bestimmte **Informationen bereitzustellen** (Art. 58 Abs. 1 Buchst. a). Die Kooperationspflicht besteht in diesen Fällen darin, den Maßnahmen der Behörden zu entsprechen. Beispielhaft genannt wird in der Literatur z.B. die Pflicht zur **fristgerechten Beantwortung von Anfragen** der Behörden[11]. Der darüber hinausgehende Anwendungsbereich des Art. 31 dürfte sehr gering sein. Dass aber offenbar ein eigenständiger Anwendungsbereich verbleiben soll, folgt aus der Bußgeldnorm des Art. 83 Abs. 4 Buchst. a, wonach ein Verstoß gegen Art. 31 einen eigenständigen **Bußgeldtatbestand** begründet[12]. Aufgrund der weitgehenden Unbestimmtheit der Norm ist aber jedenfalls eine einschränkende Auslegung geboten[13].

5. Grenzen der Kooperationspflicht

10 Die allgemeine Zusammenarbeitspflicht kann im Einzelfall mit der **Selbstbelastungsfreiheit** bzw. dem **Recht auf ein faires Verfahren** (Art. 47 Abs. 2 GRCh) im Konflikt stehen. Diese Grenze zur Selbstbelastung ist jedenfalls dann überschritten, wenn Auskünfte verlangt werden, durch die der Verantwortliche oder sonstige Adressat eine Zuwiderhandlung gegen die DSGVO eingestehen müsste, für welche an sich die Behörde den Nachweis zu erbringen hätte[14].

6. Rechtsfolgen eines Verstoßes gegen die Kooperationspflicht

11 Nach Art. 83 Abs. 4 Buchst. a begründet ein Verstoß gegen Art. 31 einen eigenständigen **Bußgeldtatbestand. Allerdings ist die Kooperationspflicht im Übri-

---

11 Ehmann/Selmayr/*Raum*, Art. 31 DSGVO Rz. 8.
12 Zu den weiteren Rechtsfolgen einer unterlassenen Zusammenarbeit ausführlich Paal/Pauly/*Martini*, Art. 31 DSGVO Rz. 34 ff.
13 Auernhammer/*Kieck*, Art. 31 DSGVO Rz. 10.
14 Paal/Pauly/*Martini*, Art. 31 DSGVO Rz. 31 m.w.N. zur Rechtsprechung.

gen nicht mit hoheitlichen Zwangsinstrumenten durchsetzbar[15]. Auch führen Verstöße zu keiner Präklusion. Der Verantwortliche und die weiteren Normadressaten bleiben weiterhin berechtigt, ihre Verteidigungsargumente auch später vorzubringen[16].

Abschnitt 2
Sicherheit personenbezogener Daten

Artikel 32 Sicherheit der Verarbeitung

(1) Unter Berücksichtigung des Stands der Technik, der Implementierungskosten und der Art, des Umfangs, der Umstände und der Zwecke der Verarbeitung sowie der unterschiedlichen Eintrittswahrscheinlichkeit und Schwere des Risikos für die Rechte und Freiheiten natürlicher Personen treffen der Verantwortliche und der Auftragsverarbeiter geeignete technische und organisatorische Maßnahmen, um ein dem Risiko angemessenes Schutzniveau zu gewährleisten; diese Maßnahmen schließen gegebenenfalls unter anderem Folgendes ein:

a) die Pseudonymisierung und Verschlüsselung personenbezogener Daten;

b) die Fähigkeit, die Vertraulichkeit, Integrität, Verfügbarkeit und Belastbarkeit der Systeme und Dienste im Zusammenhang mit der Verarbeitung auf Dauer sicherzustellen;

c) die Fähigkeit, die Verfügbarkeit der personenbezogenen Daten und den Zugang zu ihnen bei einem physischen oder technischen Zwischenfall rasch wiederherzustellen;

d) ein Verfahren zur regelmäßigen Überprüfung, Bewertung und Evaluierung der Wirksamkeit der technischen und organisatorischen Maßnahmen zur Gewährleistung der Sicherheit der Verarbeitung.

(2) Bei der Beurteilung des angemessenen Schutzniveaus sind insbesondere die Risiken zu berücksichtigen, die mit der Verarbeitung verbunden sind, insbesondere durch – ob unbeabsichtigt oder unrechtmäßig – Vernichtung, Verlust, Veränderung oder unbefugte Offenlegung von beziehungsweise unbefugten Zugang zu personenbezogenen Daten, die übermittelt, gespeichert oder auf andere Weise verarbeitet wurden.

(3) Die Einhaltung genehmigter Verhaltensregeln gemäß Artikel 40 oder eines genehmigten Zertifizierungsverfahrens gemäß Artikel 42 kann als Faktor herangezogen werden, um die Erfüllung der in Absatz 1 des vorliegenden Artikels genannten Anforderungen nachzuweisen.

---

15 Paal/Pauly/*Martini*, Art. 31 DSGVO Rz. 34a.
16 Paal/Pauly/*Martini*, Art. 31 DSGVO Rz. 35.

Art. 32 DSGVO | Sicherheit der Verarbeitung

(4) Der Verantwortliche und der Auftragsverarbeiter unternehmen Schritte, um sicherzustellen, dass ihnen unterstellte natürliche Personen, die Zugang zu personenbezogenen Daten haben, diese nur auf Anweisung des Verantwortlichen verarbeiten, es sei denn, sie sind nach dem Recht der Union oder der Mitgliedstaaten zur Verarbeitung verpflichtet.

I. Gewährleistung eines angemessenen Schutzniveaus (Abs. 1) ... 1	III. Zertifizierungsverfahren und Verfahrensregeln (Abs. 3) 11
II. Beurteilung des angemessenen Schutzniveaus (Abs. 2) 9	IV. Verarbeitung durch unterstellte Personen (Abs. 4) 12

Literatur: *Kraska*, Datenschutz-Zertifizierungen in der EU-Datenschutzgrundverordnung, ZD 2016, 153; *Sydow/Kring*, Die Datenschutzgrundverordnung zwischen Technikneutralität und Technikbezug – Konkurrierende Leitbilder für den europäischen Rechtsrahmen, ZD 2014, 271.

I. Gewährleistung eines angemessenen Schutzniveaus (Abs. 1)

1 Anknüpfend an Art. 17 der ehemaligen EG-Datenschutzrichtlinie[1] bzw. § 9 BDSG-alt nimmt Art. 32 Abs. 1 die Verantwortlichen und Auftragsverarbeiter in die Pflicht, die Sicherheit der Datenverarbeitung zu gewährleisten, vgl. die allgemeine Anforderung in Art. 5 Abs. 1 Buchst. f[2]. Es handelt sich damit um eine absolute Kernanforderung an die rechtskonforme Datenverarbeitung, um Datenverlust und/oder Missbrauch zu verhindern. Es soll ein **Schutzniveau hergestellt werden, das insbesondere dem Stand der Technik und dem Risiko angemessen ist**, vgl. auch Art. 35. Die im Entwurf der Kommission vorgesehenen Möglichkeiten zum Erlass delegierter Rechtsakte oder von Durchführungsbestimmungen zur näheren Ausgestaltung der Vorgaben konnten sich im Gesetzgebungsprozess nicht durchsetzen.

2 Es wird ein **relativer Ansatz** verfolgt; Aufwand und Risiko sind also gegeneinander abzuwägen[3]. Nicht zuletzt soll die wirtschaftliche Innovationsfähigkeit nicht über Gebühr mit statischen Verpflichtungen belastet werden[4]. Dies schafft einerseits Flexibilität im Einzelfall, erfordert andererseits aber auch eine eigenverantwortliche Wertung des Verantwortlichen bzw. des Auftragsverarbeiters[5].

---

1 Nunmehr aufgehoben gemäß Art. 94 Abs. 1.
2 Zu den Pflichten des Auftragsverarbeiters und den Anforderungen an die vertragliche Dokumentation s. Art. 28 Abs. 3 Buchst. c und f.
3 S. auch BeckOK DatenschutzR/*Paulus*, Art. 32 DSGVO Rz. 7.
4 Paal/Pauly/*Martini*, Art. 32 DSGVO Rz. 3.
5 Im Markt werden sich hier Modelle der Standardisierung entwickeln, vgl. das vom ULD propagierte Standard-Datenschutzmodell (SDM), https://www.datenschutzzentrum.de/sdm/.

Dem Verantwortlichen steht im Endeffekt ein Ermessen bei der Auswahl der Maßnahmen zur Gewährleistung des angemessenen Schutzniveaus zu[6]. Ggf. kann die konkrete **Angemessenheit der Sicherheitsmaßnahmen maßgeblich sein bei der Verhängung von Geldbußen** wegen Datenschutzverstößen, vgl. Art. 83 Abs. 2 Buchst. d bzw. Abs. 4 Buchst. a. In diesem Sinne kann die Unterschreitung eines adäquaten Niveaus einen eigenständigen, bußgeldbewährten Verstoß darstellen; dies ist eine wesentliche **Verschärfung gegenüber der Rechtslage unter dem BDSG-alt**. Zudem sind die Bemühungen zur Herstellung eines angemessenen Schutzniveaus bei der Bemessung einer Strafzahlung zu berücksichtigen, wenn es einen anderen konkreten Verstoß gegeben hat.

Die Gewährleistung der Sicherheit der Verarbeitung wird überwiegend als nicht per Vereinbarung bzw. Einwilligung disponibel angesehen[7]. Praktisch betrachtet würde ein solcher Verzicht auf angemessene Standards ohnehin meist daran scheitern, dass dann alle hiervon betroffenen Personen beteiligt werden müssten. Gleichwohl kann im Individualverhältnis relevant sein, dass die Parteien ein gemeinsames Verständnis des eigentlich zu niedrigen Sicherheitsstandards als angemessen haben bzw. hatten.

Angemessene Sicherheit ist durch geeignete technische und organisatorische Maßnahmen zu erreichen, bei deren Auswahl Umstände und Zwecke der Verarbeitung ebenso wie die **prognostizierte Wahrscheinlichkeit und Schwere einer möglichen Rechtsverletzung** durch Sicherheitslücken zu berücksichtigen sind. Auch die **Implementierungskosten sind ausdrücklich relevant** bei der Bestimmung des verpflichtenden Sicherheitsstandards. Gleichwohl bleibt das gesetzgeberische Ziel die Sicherstellung eines angemessenen Schutzniveaus im Sinne der Betroffenen. Mit wirtschaftlichen Argumenten können daher keine unzureichenden Schutzmaßnahmen gerechtfertigt werden. Nicht zu vernachlässigen ist, dass die Vorgabe, sich am „Stand der Technik" zu orientieren, laufende Investitionen in die Infrastruktur erforderlich machen kann. Gleichwohl müssen nur in besonders risikogeneigten Bereichen stets die letzten technischen Neuerungen direkt implementiert werden. 3

Der Ansatz der DSGVO entspricht im Wesentlichen weiter der bereits aus § 9 Satz 2 BDSG-alt bekannten Idee, einen in der konkreten Situation angemessenen Sicherheitsstandard zu gewährleisten. Insbesondere die auf Grundlage der **Anlage zu § 9 Satz 1 BDSG-alt etablierten Maßnahmenkataloge können weiter als Leitlinien dienen**, wobei die Neuregelung die Chance bietet, sich von einem reinen „Abhaken" eines Katalogs ab- und individuellen Sicherheitskonzepten zuzuwenden[8]. 4

---

6 Sydow/*Mantz*, Art. 32 DSGVO Rz. 10.
7 Vgl. Kühling/Buchner/*Jandt*, Art. 34 DSGVO Rz. 39f. mit weiteren Nachweisen.
8 Zur Berücksichtigung im Rahmen des Verfahrensverzeichnisses s. Art. 30 Abs. 1 Buchst. g und Abs. 2 Buchst. d.

5 In seiner Schutzrichtung erinnert Art. 32 stark an Art. 25. Dort sind insbesondere die Prinzipien von „Privacy by Design" bzw. „Privacy by Default" normiert[9]. Systematisch ergeben sich aus Art. 25 Pflichten u.a. bereits im Vorfeld der Datenverarbeitung (zu der Frage, ob es solche nach der Systematik der DSGVO eigentlich geben kann, s. Kommentierung zu Art. 25 DSGVO Rz. 11 f.), während Art. 32 daran anschließend die Sicherungspflichten während des Verarbeitungsvorganges regelt. Art. 32 Abs. 1 enthält insofern eine nicht abschließende und beispielhafte **Aufzählung erforderlicher Maßnahmen** bzw. Ansatzpunkte, denen der Gesetzgeber besondere Relevanz bei der Implementierung von Sicherheitsmaßnahmen beimisst. Hierzu zählt gemäß Art. 32 Abs. 1 Buchst. a neben der **technischen Verschlüsselung** auch die **inhaltliche Pseudonymisierung** (s. zu den Einzelheiten die Kommentierung zu Art. 25 DSGVO). Im Rahmen der letzten redaktionellen Korrekturen wurde durch die Einfügung des Worts „gegebenenfalls" klargestellt, dass der Einsatz der im Katalog des Abs. 1 angesprochenen (wie auch sonstiger) Sicherheitsmaßnahmen immer vom potentiellen Risiko im Einzelfall abhängt; es gibt keine Maßnahmen, die immer und jedenfalls einzusetzen sind.

6 Art. 32 Abs. 1 Buchst. b und c konkretisieren die Anforderungen an die Zuverlässigkeit der verarbeitenden Systeme dahingehend, dass diese „auf Dauer" sicherzustellen ist; der Zugang zu personenbezogenen Daten soll im Störungsfall „rasch" wiederhergestellt werden. Damit normiert die Vorschrift einen **hohen Anspruch an IT-Performance und Back-Up-Prozesse**. Wie hoch die Anforderungen sind, hängt wiederum maßgeblich von den Umständen der Verarbeitung ab. Ein Absinken unter den allgemeinen Marktstandard ist jedenfalls nur schwer zu rechtfertigen.

7 Schließlich wird in Art. 32 Abs. 1 Buchst. d die Verpflichtung normiert, das Sicherheitsniveau bzw. die Angemessenheit der Maßnahmen **regelmäßig zu verifizieren und zu evaluieren**. Bei risikogeneigten Systemen kann auch die Durchführung von Penetrationstests geboten sein, um Sicherheits- und Schutzlücken aufzudecken[10]. Da die Pflicht zur stetigen Wahrung eines angemessenen Sicherheitsniveaus besteht, können hieraus Pflichten zur Ergänzung der Sicherheitsmaßnahmen folgen; es ist aber auch eine berechtigte Absenkung auf ein angemessenes Maß denkbar. Die erforderliche Frequenz solcher Prüfungen muss mit der initialen Risikobewertung in Einklang stehen. Gleichwohl kann sich die Notwendigkeit ergeben, im Laufe der Zeit auch insofern eine Anpassung vorzunehmen.

8 Zudem folgt aus der Vorgabe zur Gewährleistung eines angemessenen Schutzniveaus die **Pflicht, Sicherheitsverletzungen wie Systemstörungen oder Angriffe von Dritten angemessen schnell erkennen zu können** – je nach Risiko-

---

[9] Vgl. zur Bewertung solcher Konzepte angesichts der technischen Dynamik Sydow/Kring, ZD 2014, 271.
[10] Sydow/*Mantz*, Art. 32 DSGVO Rz. 20.

lage ggf. sehr kurzfristig. Denn erst auf dieser Grundlage können Gegenmaßnahmen ergriffen werden. Auch Folgepflichten wie jene aus Art. 33 und 34 zur Information der Aufsichtsbehörde bzw. des Betroffenen knüpfen an das Bekanntwerden der Sicherheitsverletzung an. Es sind also bei der Überwachung der Datenverarbeitung spezifische Sorgfaltsanforderungen zu beachten. Erwägungsgrund 87 macht deutlich, dass grundsätzlich solche technischen und organisatorischen Maßnahmen gefordert sind, die eine **sofortige Feststellung** erlauben, ob es zu einem relevanten Verletzungsereignis gekommen ist. Jedenfalls bei risikogeneigten Verarbeitungen ist auch zu fordern, dass Verletzungen nicht nur auf eine Recherche hin festgestellt werden können, sondern dem Verantwortlichen bzw. dem Auftragsverarbeiter durch technische und/oder organisatorische Maßnahmen proaktiv gemeldet werden.

II. Beurteilung des angemessenen Schutzniveaus (Abs. 2)

Hinweise zur risikobasierten Auslegung des Begriffes eines „angemessenen Schutzniveaus" aus Art. 32 Abs. 1 finden sich in Art. 32 Abs. 2. Danach sind insbesondere solche Risiken zu berücksichtigen, die zu Vernichtung, Verlust oder Veränderung von Daten führen können. Ebenso kritisch ist die unbefugte Weitergabe zu bewerten. Hieraus folgt, dass **Verarbeiter insbesondere den Schutz gegen Angriffe von außen beachten müssen**, da Bedrohungen durch Viren und Hacking spezifische Gefahren der Datenvernichtung und des Datenverlusts mit sich bringen.

9

Erwägungsgrund 83 besagt mit Blick auf die relevanten Risiken für den Betroffenen, dass insbesondere zu berücksichtigen ist, ob ein Sicherheitsproblem zu einem „**physischen, materiellen oder immateriellen Schaden**" führen könnte. Erwägungsgrund 75 spezifiziert, dass Risiken bei der Verarbeitung berücksichtigt werden müssen, wenn diese z.B. potentiell zu einer Diskriminierung, einem Identitätsdiebstahl oder einem Verlust der Vertraulichkeit führen können. Zudem liegen relevante Risiken nahe, wenn sensible Daten wie genetische Daten oder Gesundheitsdaten bzw. Daten über Straftaten verarbeitet werden. Auch Daten, die Schlussfolgerungen zu persönlichen Vorlieben oder den Aufenthaltsort betreffen, lösen regelmäßig das Bedürfnis nach erhöhten Sicherheitsmaßnahmen aus. Da diese Vorgaben gleichwohl allgemein gehalten sind, ist im Endeffekt eine **umfassende Interessenabwägung** anzustellen. Erwägungsgrund 76 stellt klar, dass die **Risikoabwägung prinzipiell objektiv**, also nicht unter Berücksichtigung der subjektiven Lage im individuellen Fall, erfolgen kann und soll. In Zweifelsfällen kann bei der Risikobewertung eine **Konsultation der Aufsichtsbehörde** angezeigt sein, um die Angemessenheit der Sicherheitsmaßnahmen zu verifizieren, vgl. Art. 36. Einen Anhaltspunkt können auch die technischen Richtlinien des Bundesamts für Sicherheit in der Informationstechnik (BSI-TR) bieten.

10

III. Zertifizierungsverfahren und Verfahrensregeln (Abs. 3)

11 Nach Art. 32 Abs. 3 können genehmigte Verhaltensregeln nach Art. 40 oder ein genehmigtes Zertifizierungsverfahren gemäß Art. 42 als Faktoren herangezogen werden, um die Erfüllung der in Abs. 1 und 2 genannten Anforderungen zu belegen[11]. Die Konzepte innerhalb der DSGVO werden insofern sinnvoll verzahnt[12]. Praktisch könnten zudem in Zukunft Leitlinien des Europäischen Datenschutzausschusses (vgl. Art. 68) eine Rolle spielen, aus denen sich Kriterien bei der Risikobestimmung und der Gestaltung entsprechender Sicherheitsmaßnahmen ergeben sollen, vgl. Erwägungsgrund 77. Im Endeffekt muss allerdings vom Verantwortlichen bzw. vom Auftragsverarbeiter stets im Streitfall **nachgewiesen werden, dass die anerkannten Prozesse auch eingehalten wurden.**

IV. Verarbeitung durch unterstellte Personen (Abs. 4)

12 Gemäß Art. 32 Abs. 4 haben der Verantwortliche und der Auftragsverarbeiter schließlich sicherzustellen, dass ihnen unterstellte Personen, d.h. Angestellte oder weisungsgebundene freie Mitarbeiter, **nur auf Anweisung des Verantwortlichen Zugang zu personenbezogenen Daten** erlangen. Abweichende Verpflichtungen aufgrund unions- oder mitgliedstaatlicher Regelungen in dieser Hinsicht bleiben aber unberührt.

13 Eine **Anweisung des Auftragsverarbeiters genügt nach dem Wortlaut auch dann nicht, wenn es sich um dessen Unterwiesene handelt.** Vielmehr muss die Weisung letztlich durch den Verantwortlichen erfolgen bzw. auf ihn rückführbar sein. Vor diesem Hintergrund sollte stets erwogen werden, bereits in den Vertrag zur Begründung der Auftragsverarbeitung detaillierte Regelungen über Zugangsrechte und einen Mechanismus zur Erteilung entsprechender Einzelanweisungen aufzunehmen, um später nicht Arbeitsabläufe durch aufwendige Konsultationen des letztverantwortlichen Auftraggebers zu hemmen[13].

---

11 Vgl. zu den Zertifizierungsvorgaben *Kraska*, ZD 2016, 153.
12 Vgl. auch wiederum Art. 25 Abs. 3.
13 Ebenso Auernhammer/*Kramer*/*Meints*, Art. 32 DSGVO Rz. 54.

Artikel 33 Meldung von Verletzungen des Schutzes personenbezogener Daten an die Aufsichtsbehörde

(1) Im Falle einer Verletzung des Schutzes personenbezogener Daten meldet der Verantwortliche unverzüglich und möglichst binnen 72 Stunden, nachdem ihm die Verletzung bekannt wurde, diese der gemäß Artikel 51 zuständigen Aufsichtsbehörde, es sei denn, dass die Verletzung des Schutzes personenbezogener Daten voraussichtlich nicht zu einem Risiko für die Rechte und Freiheiten natürlicher Personen führt. Erfolgt die Meldung an die Aufsichtsbehörde nicht binnen 72 Stunden, so ist ihr eine Begründung für die Verzögerung beizufügen.

(2) Wenn dem Auftragsverarbeiter eine Verletzung des Schutzes personenbezogener Daten bekannt wird, meldet er diese dem Verantwortlichen unverzüglich.

(3) Die Meldung gemäß Absatz 1 enthält zumindest folgende Informationen:

a) eine Beschreibung der Art der Verletzung des Schutzes personenbezogener Daten, soweit möglich mit Angabe der Kategorien und der ungefähren Zahl der betroffenen Personen, der betroffenen Kategorien und der ungefähren Zahl der betroffenen personenbezogenen Datensätze;

b) den Namen und die Kontaktdaten des Datenschutzbeauftragten oder einer sonstigen Anlaufstelle für weitere Informationen;

c) eine Beschreibung der wahrscheinlichen Folgen der Verletzung des Schutzes personenbezogener Daten;

d) eine Beschreibung der von dem Verantwortlichen ergriffenen oder vorgeschlagenen Maßnahmen zur Behebung der Verletzung des Schutzes personenbezogener Daten und gegebenenfalls Maßnahmen zur Abmilderung ihrer möglichen nachteiligen Auswirkungen.

(4) Wenn und soweit die Informationen nicht zur gleichen Zeit bereitgestellt werden können, kann der Verantwortliche diese Informationen ohne unangemessene weitere Verzögerung schrittweise zur Verfügung stellen.

(5) Der Verantwortliche dokumentiert Verletzungen des Schutzes personenbezogener Daten einschließlich aller im Zusammenhang mit der Verletzung des Schutzes personenbezogener Daten stehenden Fakten, von deren Auswirkungen und der ergriffenen Abhilfemaßnahmen. Diese Dokumentation muss der Aufsichtsbehörde die Überprüfung der Einhaltung der Bestimmungen dieses Artikels ermöglichen.

I. Meldepflicht der verantwortlichen Stelle (Abs. 1) 1	2. Meldung an die zuständige Aufsichtsbehörde 2
1. Verletzung des Schutzes personenbezogener Daten 1	3. Zeitliche Vorgaben 3
	4. Ausnahmen von der Meldepflicht 6

Art. 33 DSGVO | Meldung von Verletzungen an die Aufsichtsbehörde

II. Meldepflicht des Auftrags-
verarbeiters (Abs. 2) 10
III. Inhaltliche Vorgaben an die
Meldung (Abs. 3 und 4) 13

IV. Dokumentationspflicht
(Abs. 5) 17

Schrifttum: *Gierschmann*, Was „bringt" deutschen Unternehmen die DSGVO – Mehr Pflichten, aber die Rechtsunsicherheit bleibt, ZD 2016, 51; *Veil*, DS-GVO: Risikobasierter Ansatz statt rigides Verbotsprinzip – Eine erste Bestandsaufnahme, ZD 2015, 347.

I. Meldepflicht der verantwortlichen Stelle (Abs. 1)

1. Verletzung des Schutzes personenbezogener Daten

1   Art. 33 normiert Verpflichtungen, wenn es – unabhängig von einem Verschulden des Verantwortlichen – zur „Verletzung des Schutzes personenbezogener Daten" gekommen ist. Eine entsprechende Gefährdungslage reicht also nicht aus. Art. 4 Nr. 12 definiert ein solches Ereignis als „Verletzung der Sicherheit, die, ob unbeabsichtigt oder unrechtmäßig, zur **Vernichtung, zum Verlust, zur Veränderung oder zur unbefugten Offenlegung** von beziehungsweise zum unbefugten Zugang zu personenbezogenen Daten führt, die übermittelt, gespeichert oder auf sonstige Weise verarbeitet wurden." Es geht also um sog. **„Datenpannen" und „Datenlecks"**. Entsprechend einzuordnen sind einerseits Konstellationen wie Systemabstürze und andere (ggf. durch Dritteinflüsse ausgelöste) **technische Probleme, die zu Datenverlusten oder -veränderungen geführt haben**. Andererseits können auch gezielte Angriffe wie **Hacking oder Datendiebstahl** Meldepflichten auslösen. Soweit Daten direkt bei der betroffenen Person abhandenkommen (z.B. im Rahmen von Phishing-Attacken) besteht keine Meldepflicht des Verarbeiters[1]. Die Meldepflichten wurden in der DSGVO im Vergleich zum BDSG-alt deutlich erweitert. Unabhängig neben Art. 33 stehen Meldepflichten aus anderen Regelungsbereichen wie jene bei kritischen Infrastrukturen nach § 8b Abs. 1 BSIG, die eine andere Schutzrichtung verfolgen[2].

2. Meldung an die zuständige Aufsichtsbehörde

2   Um eine angemessene Reaktion der Behörden zu gewährleisten (zur Information des Betroffenen s. Art. 34), soll der Verantwortliche die angesprochenen Ereignisse grundsätzlich **der gemäß Art. 55 zuständigen Aufsichtsbehörde melden**[3].

---

1 Wybitul/*Schreibauer*/*Spittka*, Art. 33 DSGVO Rz. 10; Kühling/Buchner/*Jandt*, Art. 33 DSGVO Rz. 8.
2 BeckOK DatenschutzR/*Brink*, Art. 33 DSGVO Rz. 18.
3 Bei grenzüberschreitenden Sachverhalten ist ggf. die federführende Aufsichtsbehörde nach Art. 56 Abs. 1, 6 anzusprechen.

Dies entspricht auch der allgemeinen Kooperationspflicht gemäß Art. 31, die insofern konkretisiert wird[4]. Ein besonderes Formerfordernis besteht dabei nicht[5]. Auf Grundlage der Informationen kann die Aufsichtsbehörde dann weitere Maßnahmen im Rahmen ihrer Befugnisse nach Art. 58 erwägen. Wesentlich ist, dass personenbezogene Daten im Verantwortungsbereich der verantwortlichen Stelle verloren gehen, verändert werden oder in die Hände Dritter gelangen. Eine Erheblichkeitsschwelle ist grundsätzlich nicht vorgesehen, insbesondere ist **keine Beschränkung auf „Risikodaten"** wie in § 42a BDSG-alt vorgesehen. Gleichwohl muss nicht jedes Ereignis gemeldet werden, vgl. Rz. 6.

3. Zeitliche Vorgaben

Die **Meldung muss unverzüglich gemacht werden**, möglichst innerhalb von 72 Stunden[6]. Hinsichtlich des Fristbeginns für die Meldung wird auf die Kenntnis des Verantwortlichen abgestellt. Während fahrlässige Unkenntnis die Frist also grundsätzlich nicht in Gang setzt, kann planmäßige Ignoranz der Kenntnis u.U. gleichstehen[7]. Eine ausdrückliche Vorgabe, wie schnell Verletzungen der Sicherheit bzw. des Schutzes personenbezogener Daten entdeckt werden müssen, beinhaltet die Norm nicht. Praktisch werden die Anforderungen sehr stark von der Risikogeneigtheit der Verarbeitung abhängen. Es ist daher zu berücksichtigen, dass ggf. hohe **Sorgfaltspflichten in Bezug auf die Fähigkeit zum Erkennen sicherheitsrelevanter Ereignisse** bestehen können, s. Kommentierung zu Art. 32 DSGVO Rz. 8. Spätestens, wenn der Verantwortliche z.B. von Angestellten, dem Auftragsverarbeiter oder Dritten auf das Ereignis hingewiesen wurde, muss es als bekannt gelten oder zumindest unmittelbare Nachforschungen zur Verifikation auslösen[8], vgl. zur Meldeplicht des Auftragsverarbeiters Art. 33 Abs. 2.

3

Da eine „unverzügliche" Meldung vorgesehen ist, die i.S.v. § 121 Abs. 1 BGB kein schuldhaftes Zögern erlaubt, sollte der **Zeithorizont von 72 Stunden nach Möglichkeit nicht ausgeschöpft** werden. Er deutet aber die Erwartungshaltung des Gesetzgebers an, dass der Verantwortliche über Mechanismen verfügen soll, die eine Meldung innerhalb dieser Frist ermöglichen. Je nach Schwere des Ereignisses kann die Regelhöchstfrist von 72 Stunden auch bereits unangemessen lang erscheinen und ein schuldhaftes Zögern durchaus nahelegen, vgl. Erwägungsgrund 87: „Bei der Feststellung, ob die Meldung unverzüglich erfolgt ist,

4

---

4 BeckOK DatenschutzR/*Brink*, Art. 33 DSGVO Rz. 2.
5 BeckOK DatenschutzR/*Brink*, Art. 33 DSGVO Rz. 31.
6 Im ursprünglichen Kommissionsentwurf war noch eine Frist von 24 Stunden vorgesehen.
7 Vgl. Auernhammer/*Schreibauer*, Art. 33 DSGVO Rz. 13; Paal/Pauly/*Martini*, Art. 33 DSGVO Rz. 19.
8 So auch Kühling/Buchner/*Jandt*, Art. 33 DSGVO Rz. 15.

sollten die Art und Schwere der Verletzung des Schutzes personenbezogener Daten sowie deren Folgen und nachteilige Auswirkungen für die betroffene Person berücksichtigt werden."

5 Soweit eine Meldung innerhalb von 72 Stunden im konkreten Fall nicht möglich ist, müssen die **Informationen schnellstmöglich und ggf. schrittweise übermittelt werden**, vgl. Art. 33 Abs. 4. Die Verzögerung über die 72-Stunden-Frist hinaus ist zu begründen. Erwägungsgrund 85 spricht insofern die „**Rechenschaftspflicht**" der verantwortlichen Stelle an, vgl. Art. 5 Abs. 2. Nicht zuletzt da die Begründung „beigefügt" werden muss, ist die Meldung im Zweifel schriftlich bzw. in Textform bei der Aufsichtsbehörde zu machen.

4. Ausnahmen von der Meldepflicht

6 Die Meldepflicht steht unter dem **Vorbehalt eines prognostizierten Risikos im Einzelfall**[9]. Es muss ausnahmsweise keine Kontaktaufnahme mit der Aufsichtsbehörde erfolgen, wenn das Ereignis voraussichtlich nicht zu einem Risiko für die Rechte und Freiheiten natürlicher Personen, also insbesondere der Betroffenen, führt[10]. Eigentlich liegt eine solche Beurteilung im Regelungszusammenhang eher fern, da eine „Verletzung der Sicherheit" (vgl. Definition in Rz. 1) unzureichende Sicherheitsmaßnahmen nach Art. 32 nahelegt, die ihrerseits bereits auf einer Risikoeinschätzung beruhen sollen; die Maßnahmen und deren Integrität sollten also erforderlich sein, um Risiken für den Betroffenen zu begegnen und Sicherheitsverletzungen müssten in der Folge risikorelevant sein[11]. Im Endeffekt soll dieser Regelungsaspekt aber eine gewisse Flexibilität schaffen, wenn **praktisch keine Beeinträchtigungen zu erwarten** sind. Dies kann beim Abfluss verschlüsselter Daten der Fall sein, wenn ein Zugriff durch Dritte verlässlich ausgeschlossen werden kann[12]. Stellt sich eine sorgfältige Risikoprognose im Nachhinein als unzutreffend heraus, macht dies das Vorgehen nicht rechtswidrig.

7 Die entsprechende **Prognoseeinschätzung muss die verantwortliche Stelle in eigener Verantwortung treffen**; sie trägt dabei das Risiko, dass die Aufsichtsbehörde die Einschätzung ggf. nach anderweitigem Bekanntwerden des Ereig-

---

9 Vgl. *Veil*, ZD 2015, 347 zum Konzept des „risikobasierten Ansatzes".
10 Die Regelung ist dabei strenger als Art. 34 Abs. 1, der eine Information des Betroffenen nur bei einem „hohen" Risiko fordert.
11 Die Artikel 29-Datenschutzgruppe nennt in ihrem Arbeitspapier „WP250: Guidelines on Personal data breach notification under Regulation 2016/679" (S. 15) z.B. die Konstellation, dass personenbezogene Daten unzulässig veröffentlicht werden, aber bereits anderweitig öffentlich zugänglich sind, sodass kein praktisch gesteigertes Risiko gegeben ist.
12 Insofern kann eine Meldepflicht ausgelöst werden, wenn später die Entschlüsselung möglich wird.

nisses nicht teilt. Die Artikel 29-Datenschutzgruppe schlägt vor, folgende Aspekte bei der Risikoanalyse systematisch zu bewerten[13]:
- Art der Verletzung (z.b. ist die Entwendung von Daten meist schwerwiegender als deren Beschädigung)
- Art der Daten (die Betroffenheit besonderer Kategorien personenbezogener Daten oder von Daten, die zur Auslösung von Transaktionen genutzt werden können (z.B. Kreditkartendaten), deutet potentiell auf ein relevantes Risiko)
- Umfang der Daten (insbesondere der Abfluss ganzer Datensätze deutet auf ein relevantes Risiko)
- Möglichkeit zur Identifikation der betroffenen Personen (wenn die Daten direkt (also ohne weitere Angabe) die Zuordnung zu einer bestimmten Person zulassen, deutet dies auf ein relevantes Risiko)
- Schwere der drohenden Konsequenzen für die betroffene Personen (Datendiebstähle aus kriminellem Antrieb deuten eher auf ein relevantes Risiko als technisch bedingte Datenverluste)
- Kategorien der betroffenen Personen (insbesondere ist zu berücksichtigen, ob die betroffene Person eigenständig zu wirksamen Gegenmaßnahmen in der Lage ist, bei Kindern ist dies regelmäßig nicht der Fall)
- Anzahl der betroffenen Personen
- Kategorie des Verantwortlichen (bei Institutionen, die eine Vertrauensposition in Anspruch nehmen (z.B. Banken, Ärzte oder Versicherungen) liegt ein relevantes Risiko näher als bei Anbietern im Werbe- oder Unterhaltungsbereich)

Angesichts der drohenden Bußgelder (vgl. Art. 83 Abs. 4 Buchst. a) bei versäumten oder verspäteten Meldungen spricht viel für ein niederschwelliges Meldeverhalten. Es ist auch zu beachten, dass nicht nur unterlassene (Teil-)Meldungen bußgeldbewährte Verstöße darstellen, sondern auch unvollständige oder nicht hinreichend dokumentierte Meldungen[14]. Wegen der Schwierigkeit, innerhalb von 72 Stunden das Verletzungsereignis bzw. die Risiken für die Betroffenen endgültig einschätzen zu können, wird häufig eine vorsorgliche Meldung und ggf. die schrittweise Nachreichung von Details angezeigt sein, vgl. Rz. 16[15]. Lediglich „alltägliche" Ereignisse müssen in diesem Sinne nicht gemeldet werden. Wenn z.B. ein System aus technischen Gründen abstürzt und dadurch bestimmte Daten verloren gehen, auf die voraussichtlich weder der Verantwortliche noch der Betroffene angewiesen sind, dürfte eine Meldung nicht erforderlich sein.

Eine Meldung wegen drohender Kenntnisnahme durch Dritte könnte bei Betonung des Risikogesichtspunkts darüber hinaus nicht als erforderlich anzusehen

8

---

13 WP250: Guidelines on Personal data breach notification under Regulation 2016/679 (S. 20ff.).
14 BeckOK DatenschutzR/*Brink*, Art. 33 DSGVO Rz. 19.
15 *Gierschmann*, ZD 2016, 51 (53).

sein, wenn das Risiko für den oder die Betroffenen i.S.d. Art. 34 Abs. 3 Buchst. a relativiert ist, wenn also Verschlüsselungsmaßnahmen einen Datenmissbrauch praktisch ausschließen. Gleichwohl spricht der mangelnde Verweis systematisch gegen ein solches Verständnis. Zudem erscheint es sinnvoll, die Aufsichtsbehörde auch dann informieren zu müssen, wenn ggf. eine Information des oder der Betroffenen entbehrlich erscheint, da die **Aufsichtsbehörde auf einen umfassenden Überblick über sicherheitsrelevante Ereignisse angewiesen** ist, um ihre Aufsichtspraxis hieran ausrichten zu können.

9   Gemäß Art. 70 Abs. 1 Buchst. g ist der Europäische Datenschutzausschuss (vgl. Art. 68) dazu berufen, **Leitlinien und Empfehlungen** zu erlassen. Hierdurch sollen verbindliche Kriterien geschaffen werden zur Feststellung relevanter Verletzungen, bei der Beurteilung der „Unverzüglichkeit" und in Bezug auf solche Umstände, unter denen der Verantwortliche (oder der Auftragsverarbeiter, s. dazu Art. 33 Abs. 2) angesichts der Risiken eine Meldung zu machen hat. Diese Vorgaben werden die Unternehmenspraxis wesentlich prägen.

II. Meldepflicht des Auftragsverarbeiters (Abs. 2)

10 Art. 33 Abs. 2 beinhaltet die **Verpflichtung für den Auftragsverarbeiter**, Verletzungen des Schutzes personenbezogener Daten unverzüglich, also wiederum ohne schuldhaftes Zögern, an den Verantwortlichen zu melden. Eine Regelfrist ist hier nicht bestimmt. Ebenso muss die Meldung nicht den gleichen inhaltlichen Anforderungen wie jene des Verantwortlichen an die Aufsichtsbehörde genügen (Art. 33 Abs. 3 nimmt nur die Meldung nach Art. 33 Abs. 1 in Bezug). Auch insofern ist ein Verstoß **bußgeldbewährt**, vgl. Art. 83 Abs. 4 Buchst. a[16]. Der Verantwortliche ist dann auf Grundlage der Meldung in der Lage, seinen Verpflichtungen gegenüber der Aufsichtsbehörde nachzukommen[17]. Da dem Verantwortlichen die Entscheidung obliegt, ob eine Meldung im Einzelfall angesichts der konkreten Risiken erforderlich ist, ist der Auftragsverarbeiter zur Meldung jedes sicherheitsrelevanten Ereignisses verpflichtet. Da ihm **kein Beurteilungsspielraum** zusteht und er keine ggf. zeitaufwendige Abwägungsentscheidung zu treffen hat, ist in der Regel eine **unmittelbare Mitteilung** an den Auftraggeber zu fordern.

11 Bezugspunkt der Pflicht zur unverzüglichen Meldung ist wiederum die Kenntnis des Auftragsverarbeiters. Auch er ist im Rahmen der obligatorischen Gewährleistung einer sicheren Verarbeitung verpflichtet, Vorkehrungen zu treffen, um **angemessen schnell Kenntnis von relevanten Ereignissen** zu erlangen, s. Kommentierung zu Art. 32 DSGVO Rz. 8.

---

16 Kritisch hierzu BeckOK DatenschutzR/*Brink*, Art. 33 DSGVO Rz. 20.
17 Der Auftragsverarbeiter ist zudem zur Unterstützung verpflichtet, s. Art. 28 Abs. 3 Buchst. f.

12 Soweit eine Meldung des Verantwortlichen an der fehlenden Mitteilung durch den Auftragsverarbeiter scheitert bzw. sich verzögert, erscheint eine Zurechnung des Fehlverhaltens des Beauftragten grundsätzlich nicht angezeigt; **beide Normadressaten sind individuell unter Art. 33 für ihren Verantwortungsbereich haftbar.** Gleichwohl kann sich der Verantwortliche nicht darauf zurückziehen, die Verarbeitung durch Auftragsverarbeiter entziehe sich seiner Kontrolle und er sei schlechthin auf Meldungen des Auftragsverarbeiters angewiesen. Vielmehr ist er **verpflichtet, sich in angemessenen Intervallen von der Sicherheit der Verarbeitung durch seinen Auftragnehmer zu überzeugen** und ggf. Sicherheitsverletzungen selbst aufzudecken, vgl. das Inspektionsrecht als obligatorischen Bestandteil eines Auftragsdatenverarbeitungsvertrags (Art. 28 Abs. 3 Buchst. h).

III. Inhaltliche Vorgaben an die Meldung (Abs. 3 und 4)

13 Die DSGVO macht Mindestvorgaben, welche Angaben in der Meldung des Verantwortlichen an die Aufsichtsbehörde enthalten sein müssen, um der Aufsichtsbehörde eine schnelle Einordnung des Sachverhalts und der noch akuten Risiken zu vermitteln[18]:

- Eine **Beschreibung des konkreten Ereignisses**, soweit möglich unter Angabe der betroffenen Personen und Datensätze (jeweils nach Kategorie und Anzahl)
- **Benennung des Datenschutzbeauftragten** oder einer anderen Kontaktperson
- Beschreibung der wahrscheinlichen **Folgen des Ereignisses**
- Beschreibung der ergriffenen oder zumindest vorgeschlagenen **Maßnahmen zur Begegnung und ggf. Behebung des Problems** sowie zur Abmilderung der Folgen des Ereignisses.

14 Erwägungsgrund 88 verdeutlicht, dass bei der Bestimmung eines **angemessenen Umfangs der Meldung** Berücksichtigung finden sollte, ob die personenbezogenen Daten durch geeignete technische Sicherheitsvorkehrungen geschützt waren, die die Wahrscheinlichkeit eines Identitätsbetrugs oder anderer Formen des Datenmissbrauchs wirksam verringern. Ist dies nicht der Fall, erhöhen sich die Anforderungen an die Meldung, da die Aufsichtsbehörde dann gefordert ist, entsprechende Maßnahmen zu ergreifen bzw. zu initiieren und hierfür auf umfassendere Informationen angewiesen ist. Auch die **Strafverfolgungsbehörden sind ggf. auf detaillierte Angaben angewiesen**, was die Anforderungen an eine hinreichende Meldung beeinflussen kann.

15 Art. 40 Abs. 2 Buchst. i stellt klar, dass Verbände und Vereinigungen im Bereich Datenschutz im Sinne der regulierten Selbstregulierung **Verhaltensregeln** auf-

---

18 Vgl. Auernhammer/*Schreibauer*, Art. 33 DSGVO Rz. 16.

stellen können, um die Anforderungen an Meldungen zu präzisieren. Auch der Europäische Datenschutzausschuss kann hierzu Empfehlungen aussprechen, s. Art. 70 Abs. 1 Buchst. g[19].

16 Soweit eine komplette Meldung (ggf. unter Nennung weiterer Details, wenn möglich und sinnvoll) nicht in einem Schritt abgegeben werden kann, eröffnet Abs. 4 die Möglichkeit bzw. die Pflicht, die **Informationen schrittweise** zur Verfügung zu stellen. Diese Befugnis sollte nicht überdehnt werden, um der Aufsichtsbehörde eine sinnvolle und schnelle Reaktion zu ermöglichen. Gleichwohl müssen die Informationsschritte nicht unverzüglich aufeinander folgen. Der Wortlaut erfordert hier lediglich, dass **keine „unangemessene weitere Verzögerung"** erfolgt.

IV. Dokumentationspflicht (Abs. 5)

17 Über die ggf. erforderliche Meldung bei der Aufsichtsbehörde hinaus soll der Verantwortliche **(alle) Verletzungen des Schutzes personenbezogener Daten dokumentieren**, vgl. zu allgemeinen Dokumentationspflichten auch Art. 30. Die mit dem sicherheitsrelevanten Ereignis zusammenhängenden Umstände, Auswirkungen und Abhilfemaßnahmen sind ebenfalls niederzulegen. Neben der Auswertung im Eigeninteresse soll dies der Aufsichtsbehörde im Nachgang ermöglichen, die **Einhaltung der Vorgaben des Art. 33 zu überprüfen**. Daneben kann die Dokumentation dazu dienen, den sorgfältigen Umgang mit personenbezogenen Daten und den damit verbundenen Risiken im Allgemeinen nachvollziehen zu können. Dies spricht dafür, dass auch die Umstände solcher Verletzungen zu dokumentieren sind, die angesichts der nachgelagerten Risikoeinschätzung doch nicht zur Meldung geführt haben[20].

18 Art. 33 enthält selbst keine Klarstellung, dass Meldungen an die Behörden grundsätzlich nicht in Straf- und vergleichbaren Verfahren gegen den Verantwortlichen (als natürliche Person) verwendet werden können. Die **rechtsstaatliche Garantie, sich nicht selbst belasten zu müssen**, ist einerseits ergänzend in die Norm hineinzulesen[21], andererseits enthalten §§ 42 Abs. 4, 43 Abs. 4 BDSG eine entsprechende Klarstellung.

---

19 Vgl. BeckOK DatenschutzR/*Brink*, Art. 33 DSGVO Rz. 12, der konstatiert, dass Art. 33 als auslegungsbedürftige Norm mit zahlreichen unbestimmten Rechtsbegriffen auf solche Konkretisierungen „geradezu angewiesen" ist.
20 Vgl. Paal/Pauly/*Martini*, Art. 33 DSGVO Rz. 56; Kühling/Buchner/*Jandt*, Art. 33 DSGVO Rz. 26.
21 So auch Auernhammer/*Schreibauer*, Art. 33 DSGVO Rz. 24; vgl. insofern die Rechtsprechung des EuGH (v. 18.10.1989 – 374/87, Rz. 35), die die Grenze zur Selbstbelastung erst verhältnismäßig spät – beim Zwang zum „Geständnis" – übertreten sieht.

Artikel 34 Benachrichtigung der von einer Verletzung des Schutzes personenbezogener Daten betroffenen Person

(1) Hat die Verletzung des Schutzes personenbezogener Daten voraussichtlich ein hohes Risiko für die persönlichen Rechte und Freiheiten natürlicher Personen zur Folge, so benachrichtigt der Verantwortliche die betroffene Person unverzüglich von der Verletzung.

(2) Die in Absatz 1 genannte Benachrichtigung der betroffenen Person beschreibt in klarer und einfacher Sprache die Art der Verletzung des Schutzes personenbezogener Daten und enthält zumindest die in Artikel 33 Absatz 3 Buchstaben b, c und d genannten Informationen und Maßnahmen.

(3) Die Benachrichtigung der betroffenen Person gemäß Absatz 1 ist nicht erforderlich, wenn eine der folgenden Bedingungen erfüllt ist:

a) der Verantwortliche geeignete technische und organisatorische Sicherheitsvorkehrungen getroffen hat und diese Vorkehrungen auf die von der Verletzung betroffenen personenbezogenen Daten angewandt wurden, insbesondere solche, durch die die personenbezogenen Daten für alle Personen, die nicht zum Zugang zu den personenbezogenen Daten befugt sind, unzugänglich gemacht werden, etwa durch Verschlüsselung;

b) der Verantwortliche durch nachfolgende Maßnahmen sichergestellt hat, dass das hohe Risiko für die Rechte und Freiheiten der betroffenen Personen gemäß Absatz 1 aller Wahrscheinlichkeit nach nicht mehr besteht;

c) dies mit einem unverhältnismäßigen Aufwand verbunden wäre. In diesem Fall hat stattdessen eine öffentliche Bekanntmachung oder eine ähnliche Maßnahme zu erfolgen, durch die die betroffenen Personen vergleichbar wirksam informiert werden.

(4) Wenn der Verantwortliche die betroffene Person nicht bereits über die Verletzung des Schutzes personenbezogener Daten benachrichtigt hat, kann die Aufsichtsbehörde unter Berücksichtigung der Wahrscheinlichkeit, mit der die Verletzung des Schutzes personenbezogener Daten zu einem hohen Risiko führt, von dem Verantwortlichen verlangen, dies nachzuholen, oder sie kann mit einem Beschluss feststellen, dass bestimmte der in Absatz 3 genannten Voraussetzungen erfüllt sind.

I. Benachrichtigungspflicht des Verantwortlichen (Abs. 1) 1	III. Entbehrlichkeit der Benachrichtigung (Abs. 3) 10
II. Inhaltliche Vorgaben an die Benachrichtigung (Abs. 2) 7	IV. Entscheidung über die Benachrichtigungspflicht durch die Aufsichtsbehörde (Abs. 4) 12

Art. 34 DSGVO | Benachrichtigung des Betroffenen bei Verletzungen

I. Benachrichtigungspflicht des Verantwortlichen (Abs. 1)

1   Art. 34 betrifft **Benachrichtigungspflichten**, wenn bestimmte sicherheitsrelevante Ereignisse zu einer „Verletzung des Schutzes personenbezogener Daten" geführt haben, zu diesem Begriff s. Kommentierung zu Art. 33 DSGVO Rz. 1 sowie die Definition in Art. 4 Nr. 12. Die Regelung ergänzt also spezifisch mit Blick auf **„Datenpannen" oder „Datenlecks"** die allgemeinen Informationspflichten gegenüber dem Betroffenen aus Art. 13 und 14.

2   Ereignisse wie **gehackte E-Mail- oder Bankkonten** können für den Betroffenen gravierende Folgen haben. Erwägungsgrund 85 spricht physische, materielle oder immaterielle Schäden an, z.B. den Verlust der Kontrolle über eigene personenbezogene Daten, Diskriminierung, Identitätsdiebstahl oder -betrug, finanzielle Verluste, unbefugte Aufhebung einer Pseudonymisierung, Rufschädigung, Verlust der Vertraulichkeit bei einem Berufsgeheimnis unterliegenden Daten oder andere **wirtschaftliche oder gesellschaftliche Nachteile.** Dies gilt vor allem, wenn der Betroffene nicht rechtzeitig und adäquat reagieren kann. Die Benachrichtigung der betroffenen Person soll ihr daher die Möglichkeit geben, die konkret zur Minderung eines Schadens erforderlichen Schritte und ggf. auch vorbeugende Maßnahmen zu ergreifen[1].

3   Vor diesem Hintergrund bestimmt Art. 34, dass der Betroffene informiert werden muss, wenn seine personenbezogenen Daten Gegenstand eines sicherheitsrelevanten Ereignisses waren. Die Regelungen unter der DSGVO verschärfen die Pflichten im Gegensatz zur früheren Rechtslage unter § 42a BDSG-alt insbesondere, da potentiell alle personenbezogenen Daten (und nicht mehr nur bestimmte Risikokategorien) relevant sind. Zudem kann nicht nur die unrechtmäßige Offenlegung an Dritte die Benachrichtigungspflicht auslösen, sondern auch interne und nicht zwingend im engeren Sinne unrechtmäßige Ereignisse (z.B. Datenverlust). Erwägungsgrund 86 macht deutlich, dass die Benachrichtigung den Betroffenen insbesondere **in die Lage versetzen soll, „die erforderlichen Vorkehrungen treffen [zu] können."**

4   Indes soll diese Pflicht gemäß Art. 34 Abs. 1 nicht immer gelten, sondern **nur, wenn „voraussichtlich ein hohes Risiko für die persönlichen Rechte und Freiheiten" als Folge des Ereignisses besteht.** Wie bei Art. 33 wird also der „risikobasierte Ansatz" verfolgt, bei dem der Verantwortliche eine Prognoseentscheidung zu treffen hat[2]. Die Artikel 29-Datenschutzgruppe schlägt vor, folgende Aspekte bei der Risikoanalyse systematisch zu bewerten[3]:

---

1 Sydow/*Sassenberg*, Art. 34 DSGVO Rz. 1.
2 Die Artikel 29-Datenschutzgruppe nennt in ihrem Arbeitspapier „WP250: Guidelines on Personal data breach notification under Regulation 2016/679" (S. 19) z.B. die Konstellation als nicht mehr risikorelevant, dass personenbezogene Daten durch Dritte entwendet wurden, der Verantwortliche dies aber unmittelbar erkannt und eine missbräuchliche Verwendung unterbunden hat.
3 WP250: Guidelines on Personal data breach notification under Regulation 2016/679 (S. 20 ff.).

- Art der Verletzung (z.b. ist die Entwendung von Daten meist schwerwiegender als deren Beschädigung)
- Art der Daten (die Betroffenheit besonderer Kategorien personenbezogener Daten oder von Daten, die zur Auslösung von Transaktionen genutzt werden können (z.b. Kreditkartendaten), deutet potentiell auf ein hohes Risiko)
- Umfang der Daten (insbesondere der Abfluss ganzer Datensätze deutet auf ein hohes Risiko)
- Möglichkeit zur Identifikation der betroffenen Person (wenn die Daten direkt (also ohne weitere Angabe) die Zuordnung zu einer bestimmten Person zulassen, deutet dies auf ein hohes Risiko)
- Schwere der drohenden Konsequenzen für die betroffene Person (Datendiebstähle aus kriminellem Antrieb deuten eher auf ein hohes Risiko als technisch bedingte Datenverluste)
- Kategorie der betroffenen Person (insbesondere ist zu berücksichtigen, ob die betroffene Person eigenständig zu wirksamen Gegenmaßnahmen in der Lage ist; bei Kindern ist dies regelmäßig nicht der Fall)
- Kategorie des Verantwortlichen (bei Institutionen, die eine Vertrauensposition in Anspruch nehmen (z.B. Banken, Ärzte oder Versicherungen) liegt ein hohes Risiko näher als bei Anbietern im Werbe- oder Unterhaltungsbereich)

Die Schwelle zur Informationspflicht liegt dabei aber höher als im Rahmen der Meldepflicht gegenüber der Aufsichtsbehörde; dort ist bei jedem Risiko Mitteilung zu machen. In der Folge könnte man argumentieren, dass selbst bei einem großen Schadensrisiko keine Meldung erforderlich ist, wenn im Gegenzug die Eintrittswahrscheinlichkeit niedrig genug eingeschätzt wird[4].

Anders als eine Aufsichtsbehörde, die sich einen Überblick über den allgemeinen Sicherheitsstandard verschaffen soll, wäre eine Information der Betroffenen in jedem auch nur potentiell risikobehafteten Fall eher kontraproduktiv, da sie wohl einen allgemeinen Vertrauensverlust befördern würde[5]. Zudem ist die Meldung an eine Aufsichtsbehörde in der Regel mit deutlich weniger Aufwand verbunden als eine Information aller Betroffenen; die Abstufung **berücksichtigt also auch die administrative Belastung** des Verantwortlichen.

Gemäß Art. 70 Abs. 1 Buchst. h soll der Europäische Datenschutzausschuss (vgl. Art. 68) **Leitlinien und Empfehlungen** bereitstellen, um zu beurteilen, wann eine Verletzung des Schutzes personenbezogener Daten voraussichtlich ein hohes Risiko für die Rechte und Freiheiten natürlicher Personen zur Folge hat.

5

---

4 Gola/*Reif*, Art. 34 DSGVO Rz. 4; a.A. Paal/Pauly/*Martini*, Art. 34 DSGVO Rz. 30.
5 Bereits in der Entwurfsfassung der Kommission war ein abgestuftes Konzept in Bezug auf die Meldung an die Aufsichtsbehörde und die Information des Betroffenen vorgesehen. Gleichwohl war dort im Grunde noch eine Benachrichtigung bei jeder Beeinträchtigung der Privatsphäre angelegt.

Art. 34 DSGVO | Benachrichtigung des Betroffenen bei Verletzungen

Diese Hilfestellungen werden praktisch eine große Rolle spielen, um die Ungewissheit in diesem Bereich zu lindern. Der Verantwortliche ist jedenfalls für seine eigene Einschätzung verantwortlich, was zu einem **Bußgeldrisiko** führt, wenn die Aufsichtsbehörde im Endeffekt anderer Ansicht ist, vgl. Art. 83 Abs. 4 Buchst. a. Erstaunlicherweise droht im Vergleich zu einem Verstoß gegen die allgemeinen Informationspflichten nach Art. 12 ff. bei einer versäumten oder verspäteten Benachrichtigung wegen konkreter Verletzungen nur der niedrigere Bußgeldrahmen des Art. 83.

6 Die Benachrichtigung soll bei einem relevanten Risiko „**unverzüglich**" erfolgen, also i.S.v. § 121 Abs. 1 BGB ohne schuldhaftes Zögern. **Je nach Ereignis kann eine besonders schnelle Benachrichtigung geboten sein**, wenn z.B. Drittzugriffe auf E-Mail- oder Bankkonten drohen. Soweit es eher um eine latente und weniger einschneidende Gefährdungslage geht, mag im Einzelfall eine längere Benachrichtigungsfrist zur Verfügung stehen. Eine Orientierung an Art. 33 Abs. 3 legt nahe, dass ein Zeitraum von 72 Stunden nur im Ausnahmefall überschritten werden darf.

Die rechtsstaatliche Garantie, sich durch eine Benachrichtigung nicht in einem Strafverfahren selbst belasten zu müssen, wird in § 42 Abs. 4 BDSG klargestellt (vgl. auch § 43 Abs. 4 BDSG für Verfahren über Ordnungswidrigkeiten).

II. Inhaltliche Vorgaben an die Benachrichtigung (Abs. 2)

7 Art. 34 Abs. 2 bestimmt, dass die Benachrichtigung „in **klarer und einfacher Sprache** die Art der Verletzung des Schutzes personenbezogener Daten" beschreiben muss, vgl. insofern auch die allgemeinen Bestimmungen zu Transparenz, Information und Kommunikation in Art. 12 Abs. 1. Entscheidend ist, dass der Betroffene verstehen kann, was passiert ist, um **einzuschätzen, welche Risiken für ihn durch das Ereignis bestehen und welche Maßnahmen er ergreifen kann**[6]. Die Nachricht muss neben der Angabe zur **Art der Verletzung** zumindest folgende Informationen enthalten, vgl. Art. 33 Abs. 3 Buchst. b, c und d:

- **Benennung des Datenschutzbeauftragten** oder einer anderen Kontaktperson
- Beschreibung der wahrscheinlichen **Folgen des Ereignisses**
- Beschreibung der ergriffenen oder zumindest vorgeschlagenen **Maßnahmen zur Begegnung und ggf. Behebung des Problems** sowie zur Abmilderung der Folgen des Ereignisses.

Eine ausdrückliche Verpflichtung, den Betroffenen per „Rechtsbelehrung" auf seine Betroffenen- und Beschwerderechte hinzuweisen, wie in Bezug auf die allgemeinen Informationspflichten in Art. 13 Abs. 2 Buchst. b und d bzw. Art. 14

---

6 Vgl. Kühling/Buchner/*Jandt*, Art. 34 DSGVO Rz. 9.

Abs. 2 Buchst. c und e vorgesehen, beinhaltet Art. 34 nicht. Dies überrascht etwas, da die Ausübung solcher Rechte in der Konstellation einer akuten Sicherheitsverletzung eigentlich besonders naheliegend erscheint. Man kann aus der Vorgabe an den Verantwortlichen in Art. 12 Abs. 2, dem Betroffenen grundsätzlich die Ausübung seiner Rechte zu erleichtern, aber durchaus ableiten, dass ein **Hinweis auf die Betroffenenrechte** der Art. 12 ff. regelmäßig geboten erscheint. Auch ein Hinweis auf die Rechtsbehelfe nach Art. 77 ff. erscheint nicht unbillig; insofern ist allerdings das Interesse des Verantwortlichen zu beachten, nicht proaktiv auf rechtliche Maßnahmen und Verfahren zu seinem Nachteil hinzuwirken.

Erwägungsgrund 88 stellt klar, dass in Bezug auf den Inhalt der Benachrichtigung die **Abstimmung mit der Aufsichtsbehörde und ggf. mit den Strafverfolgungsbehörden** gesucht werden soll, z.B. um den Betroffenen hilfreiche Informationen an die Hand zu geben. Art. 40 Abs. 2 Buchst. i regelt außerdem, dass Verbände und Vereinigungen im Bereich des Datenschutzes **Verhaltensregeln** aufstellen können, um die Anforderungen an Benachrichtigungen zu präzisieren. 8

Eine Vorgabe an die Form der Benachrichtigung beinhaltet die Norm nicht. Art. 12 Abs. 1 bestätigt vielmehr die grundsätzliche Formfreiheit (zu den Anforderungen bei der Unverhältnismäßigkeit der individuellen Benachrichtigung s. Rz. 10). Insofern erscheint in der Regel eine Information in **Schrift- oder Textform** angemessen; es kommt aber natürlich immer darauf an, welche Kontaktmöglichkeiten dem Verantwortlichen auf Grundlage seines Datenbestandes überhaupt offenstehen. Wenn z.B. nur eine Telefonnummer vorliegt, ist eine telefonische Kontaktaufnahme zu fordern. Ggf. kann dann eine Identitätsprüfung erforderlich sein, bevor konkrete Angaben übermittelt werden, vgl. die Kommentierung zu Art. 12 Abs. 1 DSGVO. Die Benachrichtigung ist für den Betroffenen in jedem Fall **unentgeltlich**, vgl. Art. 12 Abs. 5. 9

III. Entbehrlichkeit der Benachrichtigung (Abs. 3)

Unter bestimmten Voraussetzungen ist die Benachrichtigung der betroffenen Person – trotz eines hohen Risikos für deren persönliche Rechte und Freiheiten – entbehrlich. Dies gilt in folgenden Konstellationen: 10

- Der Verantwortliche hat in Bezug auf die vom sicherheitsrelevanten Ereignis betroffenen Daten **vorab geeignete Sicherheitsvorkehrungen getroffen, die einen Drittzugriff ausschließen**, z.B. durch Verschlüsselung[7]. In einem solchen Fall kann sich das Risiko für die Betroffenen also praktisch nicht verwirklichen.

---

7 In der Entwurfsfassung der Kommission war noch der Vorbehalt vorgesehen, dass die Vorkehrungen „zur Zufriedenheit der Aufsichtsbehörde" nachgewiesen werden sollten.

Art. 34 DSGVO | Benachrichtigung des Betroffenen bei Verletzungen

- Der Verantwortliche hat **durch nachträgliche Maßnahmen dafür gesorgt, dass das hohe Risiko für die Betroffenen „aller Wahrscheinlichkeit nach" nicht mehr besteht**[8]. Denkbar wäre z.b., dass entwendete Zugangsdaten durch neue Daten ersetzt sowie das Datenleck geschlossen und damit der unbefugte Zugang faktisch ausgeschlossen wurde. Der Umstand, dass das relevante Risiko nur „wahrscheinlich" ausgeschlossen wurde, begünstigt den Verantwortlichen entscheidend, setzt aber auch einen wirksamen **Anreiz, nachträgliche Maßnahmen zu ergreifen**.
- Wenn eine individuelle Benachrichtigung einen unverhältnismäßigen Aufwand bedeuten würde, ist auch eine **öffentliche Bekanntmachung** zulässig, wenn hierdurch eine wirksame Information der Betroffenen gewährleistet wird[9]. Denkbar ist insofern eine Bekanntmachung in den Medien, z.B. über Zeitungsanzeigen oder ggf. auch über die Unternehmenswebsite. Ein möglicher Anwendungsfall wären Ereignisse, die alle Kunden eines Telekommunikationsanbieters betreffen, aber keine individuelle Ansprache zur Erläuterungen spezifischer Gegenmaßnahmen erfordern. Die (negative) Öffentlichkeitswirkung mag dabei so relevant sein, dass selbst hoher Aufwand für individuelle Benachrichtigungen in Kauf genommen wird.
- Zudem sind die Ausnahmen zur Berücksichtigung überwiegender Drittinteressen auf Grundlage von Art. 23 Abs. 1 zu beachten (vgl. § 29 Abs. 1 Satz 3 BDSG zum Schutz von Geheimhaltungspflichten).

11 Das Recht zur öffentlichen Bekanntmachung gilt im Zweifel auch, **wenn eine individuelle Ansprache schlicht unmöglich ist**, weil keine Kontaktdaten (mehr) zur Verfügung stehen. Diesem Gedanken entsprechend besteht allerdings die Pflicht zur Information trotz mangelnder Kontaktdaten grundsätzlich fort, soweit ein relevantes Risiko für den Betroffenen gegeben ist.

IV. Entscheidung über die Benachrichtigungspflicht durch die Aufsichtsbehörde (Abs. 4)

12 Soweit der Verantwortliche noch keine Benachrichtigung vorgenommen hat, ist die Aufsichtsbehörde, die ihrerseits bereits über das Ereignis informiert ist, berechtigt, eine **Verpflichtung zur Benachrichtigung** im konkreten Fall auszusprechen[10]. Hierzu nimmt die Behörde eine eigene Bewertung vor, ob hohe

---

8 Wenn also nach dem üblichen bzw. vorhersehbaren Lauf der Dinge nicht mehr damit zu rechnen ist, dass sich ein Schadensereignis realisiert, Paal/Pauly/*Martini*, Art. 34 DSGVO Rz. 39.
9 Die DSGVO macht hier keine formalen oder inhaltlichen Vorgaben, was zu einem erheblichen Gestaltungsspielraum führt.
10 Zur eigenmächtigen Benachrichtigung ist die Behörde mangels ausdrücklicher Regelung nicht ermächtigt, so auch BeckOK DatenschutzR/*Brink*, Art. 34 DSGVO Rz. 44.

Risiken für die Betroffenen bestehen. Außerdem ist die Aufsichtsbehörde befugt, per **Beschluss festzustellen, ob im konkreten Fall hinreichende Maßnahmen getroffen wurden**, die eine (individuelle) Benachrichtigung gemäß Art. 34 Abs. 3 entbehrlich machen.

Abschnitt 3
Datenschutz-Folgenabschätzung und vorherige Konsultation

Artikel 35 Datenschutz-Folgenabschätzung

(1) Hat eine Form der Verarbeitung, insbesondere bei Verwendung neuer Technologien, aufgrund der Art, des Umfangs, der Umstände und der Zwecke der Verarbeitung voraussichtlich ein hohes Risiko für die Rechte und Freiheiten natürlicher Personen zur Folge, so führt der Verantwortliche vorab eine Abschätzung der Folgen der vorgesehenen Verarbeitungsvorgänge für den Schutz personenbezogener Daten durch. Für die Untersuchung mehrerer ähnlicher Verarbeitungsvorgänge mit ähnlich hohen Risiken kann eine einzige Abschätzung vorgenommen werden.

(2) Der Verantwortliche holt bei der Durchführung einer Datenschutz-Folgenabschätzung den Rat des Datenschutzbeauftragten, sofern ein solcher benannt wurde, ein.

(3) Eine Datenschutz-Folgenabschätzung gemäß Absatz 1 ist insbesondere in folgenden Fällen erforderlich:

a) systematische und umfassende Bewertung persönlicher Aspekte natürlicher Personen, die sich auf automatisierte Verarbeitung einschließlich Profiling gründet und die ihrerseits als Grundlage für Entscheidungen dient, die Rechtswirkung gegenüber natürlichen Personen entfalten oder diese in ähnlich erheblicher Weise beeinträchtigen;

b) umfangreiche Verarbeitung besonderer Kategorien von personenbezogenen Daten gemäß Artikel 9 Absatz 1 oder von personenbezogenen Daten über strafrechtliche Verurteilungen und Straftaten gemäß Artikel 10 oder

c) systematische umfangreiche Überwachung öffentlich zugänglicher Bereiche.

(4) Die Aufsichtsbehörde erstellt eine Liste der Verarbeitungsvorgänge, für die gemäß Absatz 1 eine Datenschutz-Folgenabschätzung durchzuführen ist, und veröffentlicht diese. Die Aufsichtsbehörde übermittelt diese Listen dem in Artikel 68 genannten Ausschuss.

(5) Die Aufsichtsbehörde kann des Weiteren eine Liste der Arten von Verarbeitungsvorgängen erstellen und veröffentlichen, für die keine Datenschutz-Folgenabschätzung erforderlich ist. Die Aufsichtsbehörde übermittelt diese Listen dem Ausschuss.

(6) Vor Festlegung der in den Absätzen 4 und 5 genannten Listen wendet die zuständige Aufsichtsbehörde das Kohärenzverfahren gemäß Artikel 63 an, wenn solche Listen Verarbeitungstätigkeiten umfassen, die mit dem Angebot von Waren oder Dienstleistungen für betroffene Personen oder der Beobachtung des Verhaltens dieser Personen in mehreren Mitgliedstaaten im Zusammenhang stehen oder die den freien Verkehr personenbezogener Daten innerhalb der Union erheblich beeinträchtigen könnten.

(7) Die Folgenabschätzung enthält zumindest Folgendes:

a) eine systematische Beschreibung der geplanten Verarbeitungsvorgänge und der Zwecke der Verarbeitung, gegebenenfalls einschließlich der von dem Verantwortlichen verfolgten berechtigten Interessen;

b) eine Bewertung der Notwendigkeit und Verhältnismäßigkeit der Verarbeitungsvorgänge in Bezug auf den Zweck;

c) eine Bewertung der Risiken für die Rechte und Freiheiten der betroffenen Personen gemäß Absatz 1 und

d) die zur Bewältigung der Risiken geplanten Abhilfemaßnahmen, einschließlich Garantien, Sicherheitsvorkehrungen und Verfahren, durch die der Schutz personenbezogener Daten sichergestellt und der Nachweis dafür erbracht wird, dass diese Verordnung eingehalten wird, wobei den Rechten und berechtigten Interessen der betroffenen Personen und sonstiger Betroffener Rechnung getragen wird.

(8) Die Einhaltung genehmigter Verhaltensregeln gemäß Artikel 40 durch die zuständigen Verantwortlichen oder die zuständigen Auftragsverarbeiter ist bei der Beurteilung der Auswirkungen der von diesen durchgeführten Verarbeitungsvorgänge, insbesondere für die Zwecke einer Datenschutz-Folgenabschätzung, gebührend zu berücksichtigen.

(9) Der Verantwortliche holt gegebenenfalls den Standpunkt der betroffenen Personen oder ihrer Vertreter zu der beabsichtigten Verarbeitung unbeschadet des Schutzes gewerblicher oder öffentlicher Interessen oder der Sicherheit der Verarbeitungsvorgänge ein.

(10) Falls die Verarbeitung gemäß Artikel 6 Absatz 1 Buchstabe c oder e auf einer Rechtsgrundlage im Unionsrecht oder im Recht des Mitgliedstaats, dem der Verantwortliche unterliegt, beruht und falls diese Rechtsvorschriften den konkreten Verarbeitungsvorgang oder die konkreten Verarbeitungsvorgänge regeln und bereits im Rahmen der allgemeinen Folgenabschätzung im Zusammenhang mit dem Erlass dieser Rechtsgrundlage eine Datenschutz-Folgenabschätzung erfolgte, gelten die Absätze 1 bis 7 nur, wenn es nach dem Ermessen der Mitgliedstaaten erforderlich ist, vor den betreffenden Verarbeitungstätigkeiten eine solche Folgenabschätzung durchzuführen.

(11) Erforderlichenfalls führt der Verantwortliche eine Überprüfung durch, um zu bewerten, ob die Verarbeitung gemäß der Datenschutz-Folgen-

abschätzung durchgeführt wird; dies gilt zumindest, wenn hinsichtlich des mit den Verarbeitungsvorgängen verbundenen Risikos Änderungen eingetreten sind.

I. Einführung 1	III. Inhaltliche Anforderungen (Abs. 7, 8, 9) 33
II. Durchführungsverpflichtung: Hohes Risiko (Abs. 1) 10	1. Systematische Beschreibung (Abs. 7 Buchst. a) 37
1. Indizien (Artikel 29-Datenschutzgruppe) 17	2. Bewertung der Verhältnismäßigkeit (Abs. 7 Buchst. b) ... 40
2. Regelbeispiele (Abs. 3) 20	3. Bewertung der Risiken (Abs. 7 Buchst. c) 42
a) Systematische und extensive Auswertung (Buchst. a) 21	4. Geplante Abhilfemaßnahmen (Abs. 7 Buchst. d) 43
b) Besondere Arten personenbezogener Daten (Buchst. b) . 23	5. Berücksichtigungspflichten (Abs. 8, 9) 46
c) Betreiber systematischer Überwachungstechnik (Buchst. c) 24	IV. Verfahren (Abs. 2, 9) 49
3. Listen der Aufsichtsbehörde (Abs. 4, 5, 6) 25	V. Überprüfung (Abs. 11) 56
4. Ausnahmen (Abs. 10) 32	VI. Rechtsschutz, Haftung und Sanktionen 57

Schrifttum: *Becker*, EU-Datenschutz-Grundverordnung. Anforderungen an Unternehmen und Datenschutzbeauftragte, ITRB 2016, 107; *Gierschmann*, Was „bringt" deutschen Unternehmen die DSGVO? – Mehr Pflichten, aber die Rechtsunsicherheit bleibt, ZD 2016, 51; *Kaufmann*, Meldepflichten und Datenschutz-Folgenabschätzung – Kodifizierung neuer Pflichten in der EU-Datenschutz-Grundverordnung, ZD 2012, 358; *Rath/Feuerherdt*, Datenschutz-Folgenabschätzung als Standard im Konzern: Hinweise zur Anwendung des Kriteriums „hohes Risiko" einer Datenverarbeitung und Vorschläge zur Verknüpfung mit dem Standard-Datenschutzmodell sowie den ISO-Standards 29100 und 29134, CR 2017, 500; *Veil*, DSGVO: Risikobasierter Ansatz statt rigides Verbotsprinzip – Eine erste Bestandsaufnahme, ZD 2015, 347; *Wright/Finn/Rodrigues*, A Comparative Analysis of Privacy Impact Assessment in Six Countries, Journal of Contemporary European Research 9 (1), 2013, S. 160.

I. Einführung

Ist es wahrscheinlich, dass eine geplante Datenverarbeitung zu hohen Risiken für die Rechte und Freiheiten der Betroffenen führt, schreibt Art. 35 eine vorausgehende **Datenschutz-Folgenabschätzung** für den Verantwortlichen vor. Indem schon vor Beginn von Datenverarbeitungsvorgängen die Schwere und Eintrittswahrscheinlichkeit der einschlägigen Risiken bewertet und Eindämmungsmöglichkeiten vorgesehen werden, dient sie dem Ziel, den Datenschutz und die Einhaltung der Vorgaben der Verordnung sicherzustellen (Erwägungsgründe 90 und 84). 1

Art. 35 DSGVO | Datenschutz-Folgenabschätzung

2   Art. 35 ist Ausdruck des Ziels effektiver Selbstregulierung[1] (und zugleich des Accountability-Grundsatzes)[2], weil die verantwortliche Stelle selbst diese Folgenabschätzung vornehmen muss (vgl. Rz. 11): Derjenige, der risikoreiche Datenverarbeitungen vornimmt, ist gehalten, sich mit den entgegenstehenden Interessen Betroffener auseinanderzusetzen und diese mit seinem eigenen Interesse an der Datenverarbeitung abzuwägen. Diese Auseinandersetzung und Abwägung hat vor dem Zeitpunkt der jeweiligen Datenverarbeitung zu erfolgen; es handelt sich insofern um die Einführung eines „Frühwarnmechanismus"[3]. Es bleibt jedoch gerichtlich überprüfbar, ob die Beurteilung zum jeweiligen Zeitpunkt vertretbar erfolgte[4].

3   Das dem europäischen Sekundärrecht bislang nicht bekannte[5] Instrument knüpft an die Pflichten zur Meldung und Vorabkontrolle nach den Art. 18–21 DSRL an und führt diese in der neuen Folgenabschätzung zusammen.

4   Die korrespondierende Meldepflicht des § 4d BDSG-alt (Art. 20 DSRL) betraf sämtliche Verfahren automatisierter Datenverarbeitungen, während der die Konsultationspflicht grundsätzlich auslösende Tatbestand der Verordnung deutlich enger gefasst ist (vgl. Art. 36). In der Praxis kam der Meldepflicht nach dem BDSG-alt eine geringe Bedeutung zu, weil diejenigen Stellen von ihr ausgenommen waren, die einen Beauftragten für den Datenschutz bestellt hatten. Zudem nahm § 4d Abs. 3 BDSG-alt zahlreiche weitere nicht-öffentliche Stellen aus. Der Grund für diese das Regel-Ausnahme-Verhältnis umkehrende Gesetzessystematik liegt darin, dass der Gesetzgeber des BDSG-alt von den Freiräumen der Richtlinie Gebrauch machte und regulatorisch einen anderen Ansatz verfolgte als die meisten anderen Mitgliedstaaten: Die breit angelegte Pflicht zur Bestellung von Datenschutzbeauftragten sollte die Implementierung von Datenschutzverfahren „von innen" heraus befördern, anstatt die Datenverarbeitungen in zentralen Melderegistern zu erfassen[6].

5   Nach der Verordnung werden Folgenabschätzung und Einbindung der Aufsichtsbehörde nun in einem **zweistufigen Verfahren** miteinander verzahnt[7]: Die Folgenabschätzung erfolgt nach Art. 35 Abs. 1 auf einer ersten Stufe nur intern durch den Verantwortlichen selbst. Ergibt sie ein vermutetes hohes Risiko,

---

1 Vgl. Paal/Pauly/*Martini*, Art. 35 DSGVO Rz. 6; Schaffland/Wiltfang/*Schaffland/Holthaus*, Art. 35 DSGVO Rz. 24.
2 Ehmann/Selmayr/*Baumgartner*, Art. 35 DSGVO Rz. 1.
3 Paal/Pauly/*Martini*, Art. 35 DSGVO Rz. 8.
4 Ehmann/Selmayr/*Baumgartner*, Art. 35 DSGVO Rz. 11; ausführlich Paal/Pauly/*Martini*, Art. 35 DSGVO Rz. 19f.
5 Ausführlicher zur bisherigen Bedeutung *Rath/Feuerherdt*, CR 2017, 501.
6 Vgl. die Gesetzesbegründung des Umsetzungsgesetzes: „Der Entwurf zielt auf eine möglichst weitgehende Abschaffung von Meldepflichten […]", BT-Drucks. 461/00, S. 68.
7 Kritisch zur teilweisen Abkehr von der rein stelleninternen Evaluation: *Kaufmann*, ZD 2012, 361f.

das der Verantwortliche nicht durch Maßnahmen einzudämmen vermag (vgl. Rz. 43), muss auf der zweiten Stufe nach Art. 36 Abs. 1 die Aufsichtsbehörde konsultiert werden, die nun – anders als noch bei der Meldepflicht nach § 4d BDSG-alt[8] – eine obligatorische Überprüfung und Entscheidungsfindung vorzunehmen hat.

Da dieses Verfahren tatbestandlich an ein prognostiziertes Risiko anknüpft, ist in der Praxis bei Datenverarbeitungsprozessen größeren Umfangs als Vorstufe stets eine mindestens oberflächliche Evaluation („Schwellwertanalyse"[9]) der Risiken für Rechte und Freiheiten natürlicher Personen[10] erforderlich, um festzustellen, ob eine umfangreiche Folgenabschätzung durchgeführt werden muss oder nicht. Selbst wenn sich hierfür zum jeweiligen Zeitpunkt der Beurteilung keine Notwendigkeit ergibt, bleibt der Verantwortliche gemäß Art. 24 Abs. 1 zu ordnungsgemäßem Risikomanagement zum Schutz der betroffenen Personen sowie durch die in Art. 5 Abs. 2 normierte Rechenschaftspflicht zur umfassenden Dokumentation der Pflichterfüllung verpflichtet[11] und hat insofern im Blick zu behalten, ob derartige hohe Risiken später entstehen könnten[12]. 6

Die Regelungstechnik erscheint ungewöhnlich. Sie dürfte aber der gesetzgeberischen Intention entsprechen, bereits während der Erarbeitung oder spätestens vor der Implementierung der Verfahren eine Sensibilisierung der Verantwortlichen für die Belange des Datenschutzes zu erreichen (**prozessorientierter Ansatz**), um sie noch während ihrer Entwicklung im Sinne datenschutzrechtlicher Anliegen zu beeinflussen. 7

Bezüglich der für den Art. 35 maßgeblichen Erwägungen ist insbesondere auf die Erwägungsgründe 84 und 89–93 zu verweisen. 8

In § 67 BDSG findet sich eine am Wortlaut des Art. 35 orientierte ähnliche Bestimmung als Umsetzung des – eigentlich deutlich weniger umfangreichen – Art. 27 der Richtlinie (EU) 2016/680. 9

II. Durchführungsverpflichtung: Hohes Risiko (Abs. 1)

Die Pflicht zur Folgenabschätzung wird ausgelöst, wenn die Art eines Verarbeitungsvorganges wahrscheinlich zu einem hohen Risiko für die Rechte und Freiheiten der Betroffenen führt und keine Rückausnahme gemäß Abs. 10 einschlä- 10

---

8 Vgl. zu § 4d BDSG-alt Simitis/*Petri*, § 4d BDSG Rz. 30; BeckOK DatenschutzR/*Meltzian*, § 4d BDSG Rz. 14.
9 Vgl. DSK-Kurzpapier Nr. 5, 1.
10 Eine derartige Vorprüfung wollte das Parlament normativ festlegen, Art. 32a DSGVO-E(EP).
11 DSK-Kurzpapier Nr. 5, 4.
12 Artikel 29-Datenschutzgruppe, 17/EN WP 248 rev.01, 6.

gig ist. Die Beurteilung der Wahrscheinlichkeit erfolgt mittels einer Prognose über künftige Entwicklungen anhand der zum entsprechenden Zeitpunkt vorhandenen Informationen[13]. Ob diese Prognose vertretbar getroffen wurde, ist gerichtlich überprüfbar[14].

11 Zur Durchführung verpflichtet ist der Verantwortliche, nicht jedoch ein Auftragsverarbeiter (s. auch Erwägungsgrund 84 und Rz. 50)[15]. Hiermit wird ihm die Letztverantwortlichkeit für eine ordnungsgemäße Durchführung auferlegt, jedoch keine persönliche Durchführungspflicht (vgl. auch Rz. 50)[16].

12 Erwägungsgrund 92 zeigt auf, dass es zweckmäßig sein kann, eine Datenschutz-Folgenabschätzung breiter anzulegen als lediglich auf ein konkretes Projekt bezogen. Sie kann schon nach dem Wortlaut des Art. 35 Abs. 1 Satz 2 ausdrücklich nicht nur für einzelne Datenverarbeitungen durchgeführt werden, sondern auch für mehrere Vorgänge, sofern diese sich in Bezug auf Art, Umfang, Zweck, Zusammenhang und Risiken ähneln. Keinesfalls ist eine neuerliche Durchführung erforderlich, wenn für dieselbe Art von Datenverarbeitung bereits eine Datenschutz-Folgenabschätzung erfolgt ist[17]. Insbesondere kann es ökonomisch sein, eine vielfach verwendete Verarbeitungssoftware oder Technologie übergreifend zu bewerten[18].

13 Das Erfordernis eines „hohen" statt eines „konkreten" Risikos, wie es im ursprünglichen Kommissionsentwurf noch geheißen hatte, legt ein **weites Begriffsverständnis** nahe. Gestützt wird diese Annahme durch den sehr deutlich formulierten Erwägungsgrund 89 der Verordnung, nach dem die bisherigen Voraussetzungen für eine Meldepflicht zu niedrig angesetzt gewesen seien und daher zu bürokratischen und finanziellen Hürden geführt hätten, ohne in allen Fällen zur Verbesserung des Datenschutzes beizutragen.

14 Bezugspunkt des vermuteten hohen Risikos sind „die Rechte und Freiheiten natürlicher Personen". Auf diese Weise sollen an dieser Stelle auch Personen berücksichtigt werden, bei denen die Schwelle zum Betroffensein i.S.v. Art. 4 Nr. 1 noch nicht erreicht ist, für deren Rechte aber trotzdem potentielle Risiken bestehen können. Der Artikel 29-Datenschutzgruppe zufolge sind hiermit vorrangig die Rechte auf Datenschutz und Privatsphäre gemeint, aber auch andere grundrechtliche Aspekte wie insbesondere die Meinungsfreiheit, die persönliche Freiheit und Freizügigkeit, Nichtdiskriminierung, Religions- und Gewissensfreiheit können gefährdet sein. Konkrete Beispiele für Schädigungen von Rechten liefert

---

13 Paal/Pauly/*Martini*, Art. 35 DSGVO Rz. 19 f.
14 Ehmann/Selmayr/*Baumgartner*, Art. 35 DSGVO Rz. 11, der deshalb eine proaktive Konsultation der Aufsichtsbehörde vorschlägt; Paal/Pauly/*Martini*, Art. 35 DSGVO Rz. 19 f.
15 Anders noch Art. 33 Abs. 1 DSGVO-E(EK, EP).
16 Artikel 29-Datenschutzgruppe, 17/EN WP 248 rev.01, 14.
17 Artikel 29-Datenschutzgruppe, 17/EN WP 248 rev.01, 7.
18 Artikel 29-Datenschutzgruppe, 17/EN WP 248 rev.01, 8.

Erwägungsgrund 75, der beispielsweise eine unbefugte Aufhebung einer Pseudonymisierung, eine Rufschädigung, einen Identitätsdiebstahl sowie erhebliche wirtschaftliche und gesellschaftliche Nachteile nennt. Maßgeblich für die Beurteilung der Risikohöhe sollte folglich der **Grad der drohenden Gefahr** sein.

Die umfassende tatbestandliche Risikobewertung soll gemäß Abs. 1 unter Berücksichtigung 15

- der Art (beispielsweise Erheben, Speichern, Ordnen, Abfragen, Übermitteln, Löschen von Daten, vgl. Art. 4 Nr. 2)
- des Umfangs (vgl. unter Rz. 17 (5))
- der Umstände (Verwendung von Technologie, rechtliche Rahmenbedingungen[19], Anzahl beteiligter Mitarbeiter[20]) und
- der Zwecke (Konkretheit/Weite[21])

der Verarbeitung und somit der Ursachen des Risikos (Erwägungsgrund 90) erfolgen. Betont werden als risikoerhöhende Kriterien die systematische Struktur der Datenverarbeitung, die Verwendung neuartiger Technologien[22], rechtsfolgensetzende Bewertungszwecke sowie der große Umfang von Datenverarbeitungen (Erwägungsgrund 91). Ein weiterer Indikator ist die Frage, ob die Betroffenen durch den Prozess an der Wahrnehmung ihrer Rechte, insbesondere der Eingehung rechtsgeschäftlicher Verbindungen, gehindert werden (Erwägungsgrund 91). Nach Erwägungsgrund 89 sollen zudem Datenverarbeitungsvorgänge neuer Art, die bisher nicht Gegenstand von Folgenabschätzungen waren, unter die Norm fallen.

In der Zusammenschau legen die Erwägungen eine auf das **Geschäftsmodell** bezogene Auslegung nahe. Tatbestandlich stehen nicht nur die konkreten technischen und organisatorischen Umstände des Verantwortlichen im Fokus, sondern insbesondere auch die abstrakten Risiken der technologischen Entwicklungsperspektiven für den Datenschutz. 16

1. Indizien (Artikel 29-Datenschutzgruppe)

Der Artikel 29-Datenschutzgruppe zufolge[23] sind die folgenden Datenverarbeitungsvorgänge Indizien für ein die Durchführungsverpflichtung auslösendes hohes erwartbares Risiko: 17

(1) Jegliche **Erstellung von Persönlichkeitsprofilen**, mit Hilfe derer beispielsweise im Interesse zukünftiger Arbeitgeber, Vermieter oder Kreditgeber

---

19 Schaffland/Wiltfang/*Schaffland/Holthaus*, Art. 35 DSGVO Rz. 4.
20 Schaffland/Wiltfang/*Schaffland/Holthaus*, Art. 35 DSGVO Rz. 4.
21 Schaffland/Wiltfang/*Schaffland/Holthaus*, Art. 35 DSGVO Rz. 4.
22 Dieser Zusatz wurde erst im Rahmen der Trilog-Verhandlungen aufgenommen.
23 Artikel 29-Datenschutzgruppe, 17/EN WP 248 rev.01, 9 ff.

Prognosen über die Arbeitsleistung, Wirtschaftslage, Gesundheit, Interessen oder das (Konsum-, Arbeits-)Verhalten der betroffenen Personen getroffen werden (vgl. Erwägungsgründe 71, 91).

(2) **Automatisiertes Treffen von Entscheidungen über rechtlich oder vergleichbar relevante Folgen** für Betroffene (vgl. Art. 22 und Artikel 29-Datenschutzgruppe 17/EN WP 251), welche zu Diskriminierungen oder Ausschluss führen können.

(3) **Systematische Überwachung** (zur Begrifflichkeit vgl. Kommentierung zu Art. 37 DSGVO Rz. 21 ff.), insbesondere in Situationen, in denen dem Betroffenen die Datenerhebung oder jedenfalls die dahinterstehenden Personen, Interessen und Verwendungsabsichten unbekannt oder nicht bewusst sind (beispielsweise die in Abs. 3 Buchst. c genannte Überwachung öffentlich zugänglicher Bereiche). Überwachung meint hier die Beobachtung, Aufzeichnung oder Kontrolle von Personen.

(4) Verarbeitung **sensibler oder höchstpersönlicher Daten**, insbesondere sind die in Art. 9 und 10 genannten Kategorien hiervon erfasst (z.B. politische Ansichten, Gesundheitsdaten). Aber auch andere Daten, beispielsweise mit Bezug zu Haushalt, Freizeitaktivitäten, Aufenthaltsort oder Korrespondenz/ Aufzeichnungen (oder Erfassung von deren Inhalt), sind Indiz für ein hohes Risiko (vgl. Erwägungsgrund 75). Relevant für die Risikobewertung kann es sein, ob die Daten bereits öffentlich zugänglich sind.

(5) **Datenverarbeitung von großem Umfang**, welcher sich beispielsweise aus der Zahl Betroffener, der Dauer und den Gegenständen sowie der geografischen Ausdehnung der Verarbeitungen ergeben kann (Erwägungsgrund 91).

(6) Für Betroffene nicht zu erwartende **Zusammenführungen oder Vergleiche** bestehender Datensätze, die aus unterschiedlichen Verarbeitungsvorgängen stammen, welche zu unterschiedlichen Zwecken erfolgten und/oder durch unterschiedliche Verantwortliche vorgenommen wurden.

(7) Verarbeitung von **Daten besonders schutzwürdiger Personen** (vgl. Erwägungsgrund 75), wozu aufgrund fehlender Einsichts- und Einwilligungsfähigkeit insbesondere Kinder zählen, aber aufgrund eines Machtgefälles beispielsweise auch Angestellte und aufgrund ihrer Schutzbedürftigkeit kranke oder alte Menschen sowie Asylsuchende.

(8) Gebrauch oder Anwendung **innovativer technologischer oder organisatorischer Lösungen** wie beispielsweise einer kombinierten Gesichts- und Fingerabdruckerkennung als Zutrittsschranke. Grund für die in Abs. 1 und den Erwägungsgründen 89 und 91 anklingende Risikosteigerung durch die Verwendung neuer Technologien sind deren ungewisse Folgen und Risiken.

(9) Wenn der Verarbeitungsvorgang selbst die **Betroffenen daran hindert, ein Recht auszuüben, eine Dienstleistung in Anspruch zu nehmen oder ein Vertragsverhältnis einzugehen** (Erwägungsgrund 91), indem hierdurch beispielsweise der Zugang zu solchen beschränkt oder verändert wird. Pro-

minentestes Beispiel hierfür ist die Überprüfung der Kreditwürdigkeit beispielsweise durch Banken bei der Schufa.

Je mehr Fallgruppen (Indizien) einschlägig sind, desto eher ist eine Durchführung verpflichtend; nach der „Faustformel" der Artikel 29-Datenschutzgruppe in der Regel schon bei zwei betroffenen Fallgruppen, im Einzelfall aber auch schon bei Einschlägigkeit von nur einem der aufgeführten Indizien[24]. Durch Formulierung dieser „Faustformel" senkt die Artikel 29-Datenschutzgruppe die Schwelle zur Durchführungspflicht erheblich unter das von den Regelbeispielen des Abs. 3 des Art. 35 als Grenze angedeutete Maß an Risiken: Insbesondere das erstgenannte Regelbeispiel kombiniert gleich vier, in Ansätzen sogar sechs der genannten Indizien (vgl. Rz. 21). Künftig sollte die Entscheidung über eine Durchführung(-spflicht) daher deutlich vorsichtiger getroffen werden, als frühere Kommentierungen angenommen hatten[25]. 18

Im Zweifelfall sollte daher eine Folgenabschätzung vorgenommen werden[26]. Sie verschafft dem Verantwortlichen einen Überblick über die im Unternehmen stattfindenden Datenverarbeitungsvorgänge und damit verbundenen Risiken[27]. Zugleich dokumentiert sie die unternehmerische Entscheidungsfindung über die Durchführung der jeweiligen Datenverarbeitung im Lichte der datenschutzrechtlichen Vorgaben und hilft dem Verantwortlichen, sie ggf. gegenüber der Aufsichtsbehörde zu rechtfertigen. Entscheidet sich der Verantwortliche gegen eine Durchführung, sollte er seine Erwägungen zu Nachweiszwecken dokumentieren[28]. 19

2. Regelbeispiele (Abs. 3)

Art. 35 Abs. 3 nennt schließlich (abstrakte) Beispiele für Datenverarbeitungen, mit denen regelmäßig ein solches hohes Risiko verbunden und bei denen folglich eine Datenschutz-Folgenabschätzung erforderlich ist. Nicht erforderlich ist sie nach Erwägungsgrund 91 regelmäßig für die Verarbeitung von **Patienten- und Mandantendaten** durch einzelne Ärzte und Angehörige anderer Gesundheitsberufe sowie Rechtsanwälte aufgrund mangelnden Umfangs. 20

---

24 Artikel 29-Datenschutzgruppe, 17/EN WP 248 rev.01, 11; zustimmend *Rath/Feuerherdt*, CR 2017, 501.
25 Vgl. etwa Ehmann/Selmayr/*Baumgartner*, Art. 35 DSGVO Rz. 21 zu personalisierter Online-Werbung; Gola/*Nolte*/*Werkmeister*, Art. 35 DSGVO Rz. 14.
26 Artikel 29-Datenschutzgruppe, 17/EN WP 248 rev.01, 8; *Rath/Feuerherdt*, CR 2017, 501.
27 *Rath/Feuerherdt*, CR 2017, 502.
28 Artikel 29-Datenschutzgruppe, 17/EN WP 248 rev.01, 12; DSK-Kurzpapier Nr. 5, 1; Schaffland/Wiltfang/*Schaffland*/*Holthaus*, Art. 35 DSGVO Rz. 12.

a) Systematische und extensive Auswertung (Buchst. a)

21 Die Folgenabschätzung ist verpflichtend bei systematischer und umfassender Auswertung persönlicher Aspekte natürlicher Personen durch automatisierte Verarbeitung, etwa mittels Profiling (Art. 4 Nr. 4), wenn darauf Entscheidungen mit rechtlichen oder vergleichbar beeinträchtigenden Folgen für die Betroffenen basieren. Die Formulierung ist an Art. 15 Abs. 1 der DSRL angelehnt und entspricht derjenigen in Art. 22 Abs. 1. In dem Regelbeispiel finden sich die unter 1. genannten Indizien (1)–(3) und (5) wieder und auch die Indizien (6) und (8) werden häufig gleichzeitig einschlägig sein.

22 Umfasst sind vor allem Auskunfteien (Kreditscoringanbieter), darüber hinaus aber auch jede elektronische Erstellung von Persönlichkeitsprofilen, wie etwa psychotechnische Computertests zur Bewerberauswahl. Fraglich ist, ob die Profilbildung zum Zweck von personenbasierter Werbung im Internet eine die Einzelperson derart hinreichend beeinträchtigende Entscheidung beinhaltet. Selbst wenn das Regelbeispiel aus Buchst. a diese Fälle nicht erfasst, so sind dennoch jedenfalls die oben (Rz. 17) unter Nr. (1)–(3) genannten Indizien erfüllt und regelmäßig auch Nr. (4)-(6), sodass es sich hierbei ebenfalls um eine sehr risikoträchtige Datenverarbeitung handeln dürfte.

b) Besondere Arten personenbezogener Daten (Buchst. b)

23 Die Pflicht trifft außerdem Stellen, die in großem Umfang besondere Arten personenbezogener Daten nach Art. 9 oder nach Art. 10 verarbeiten.

c) Betreiber systematischer Überwachungstechnik (Buchst. c)

24 Schließlich ist eine Folgenabschätzung erforderlich bei systematischer umfangreicher Überwachung öffentlich zugänglicher Bereiche, insbesondere bei Einsatz optoelektronischer Überwachungstechnik (Erwägungsgrund 91). Dem klaren Wortlaut nach ist der Tatbestand nicht auf die Überwachung des öffentlichen Raumes beschränkt, sondern umfasst auch Privatgelände, soweit diese der Öffentlichkeit zugänglich gemacht werden.

3. Listen der Aufsichtsbehörde (Abs. 4, 5, 6)

25 Größere **Rechtssicherheit** versprechen schließlich die Positiv- und Negativ-Listen (auch als „Whitelist" und „Blacklist" bezeichnet), die nach den Abs. 4–6 des Art. 35 von den Aufsichtsbehörden zu erstellen und an den Europäischen Datenschutzausschuss zu übermitteln sind und Aufschluss geben sollen, in welchen Fällen der Datenverarbeitung eine Folgenabschätzung erforderlich oder nicht erforderlich ist. Diese Listen können aufgrund des technischen Fortschritts nicht

abschließend sein[29]. Für ihre Erstellung und auch für gemäß Art. 70 Abs. 1 Buchst. e mögliche konkretisierende Leitlinien oder Empfehlungen des Europäischen Datenschutzausschusses[30] gibt die Artikel 29-Datenschutzgruppe bereits in einer Guideline[31] Anhaltspunkte[32].

Nicht erforderlich ist eine Durchführung im Gegenzug zur Formulierung des Abs. 1 in jedem Fall, wenn mit den Datenverarbeitungen erwartungsgemäß kein hohes Risiko verbunden ist oder bereits eine Folgenabschätzung für sehr ähnliche Verarbeitungen durchgeführt wurde (vgl. Rz. 12). Hinzu kommen die Ausnahmen nach Abs. 10 (s. Rz. 32). Die Artikel 29-Datenschutzgruppe ergänzt eine weitere Fallgruppe: Für Verarbeitungsvorgänge, die vor Inkrafttreten der DSGVO nach altem Recht durch Aufsichtsbehörden überprüft und begonnen worden sind, soll mit Abs. 11 keine nachträgliche Pflicht zur Durchführung einer Folgenabschätzung entstehen, sofern sich ihre Durchführung und somit das immanente Risiko nicht verändert haben[33]. Sobald sich aber auch nur der organisatorische oder gesellschaftliche Kontext ändert, kann auch für diese Datenverarbeitungen eine Folgenabschätzung wieder notwendig werden[34]. Umgekehrt können veränderte Umstände auch Risiken verringern und die Durchführungsverpflichtung beseitigen. 26

Im Gegensatz zu den Positivlisten (Art. 35 Abs. 4) ist die Erstellung einer Negativliste für die Aufsichtsbehörden nicht verpflichtend. Teilweise wird entsprechend bezweifelt, dass die deutschen Aufsichtsbehörden bereit sind, bestimmten Kategorien von Verarbeitungsvorgängen generell ein hohes Risiko abzusprechen[35]. 27

Betreffen die angesprochenen Verarbeitungstätigkeiten den Binnenmarkt, ist nach Abs. 6 vor Festlegung der Positiv- und Negativlisten die Einleitung des Kohärenzverfahrens (Art. 63) erforderlich. Das Kohärenzverfahren besteht aus den Vorschriften der Art. 63, 64 und 65 (vgl. Art. 66 Abs. 1); also in der Einbeziehung des Europäischen Datenschutzausschusses (dieser ersetzt nach Art. 94 Abs. 2 die Artikel 29-Datenschutzgruppe) bei Maßnahmen mit grenzüberschreitender Relevanz zu Harmonisierungszwecken. Hiermit korrespondiert dessen Pflicht zur Abgabe einer Stellungnahme gemäß Art. 64 Abs. 1 Satz 1, Satz 2 28

---

29 Ehmann/Selmayr/*Baumgartner*, Art. 35 DSGVO Rz. 27; Paal/Pauly/*Martini*, Art. 35 DSGVO Rz. 36.
30 Diese können aufgrund des nicht abschließenden Charakters (vgl. auch Paal/Pauly/ *Martini*, Art. 35 DSGVO Rz. 27) der Buchstaben d, f-k und m auch für Bestimmungen des Art. 35 bereitgestellt werden.
31 Artikel 29-Datenschutzgruppe, 17/EN WP 248 rev.01.
32 Artikel 29-Datenschutzgruppe, 17/EN WP 248 rev.01, 5.
33 Artikel 29-Datenschutzgruppe, 17/EN WP 248 rev.01, 11 f.; noch unentschieden im Hinblick auf diese Verfahrensanforderung und Erwägungsgrund 171 Gola/*Nolte*/*Werkmeister*, Art. 35 DSGVO Rz. 36.
34 Artikel 29-Datenschutzgruppe, 17/EN WP 248 rev.01, 12.
35 BeckOK DatenschutzR/*Hansen*, Art. 35 DSGVO Rz. 21.

Buchst. a, welche ihm somit beim Listenerlass ein Mitspracherecht zukommen lässt, durch welches eine europaweite Harmonisierung der Pflicht zur Durchführung einer Folgenabschätzung gefördert werden soll. Diese korrespondierende Ausschussstellungnahme ist ausdrücklich jedoch nur für die Positivliste normiert. Fraglich ist, ob sie sich auch auf die Negativliste bezieht, die von der Aufsichtsbehörde gemäß Art. 35 Abs. 5 gleichermaßen an den Ausschuss zu übermitteln ist. Hintergrund könnte die fehlende Verpflichtung der Aufsichtsbehörden zum Erlass von Negativlisten sein und/oder dass der Verordnungsgeber hier (womöglich deshalb) nicht stets einen Binnenmarktbezug annimmt. Jedoch schließt ein fehlender obligatorischer Charakter nicht aus, wenigstens für den Fall eines Erlasses den Ausschuss ebenso einzubeziehen; die mögliche Harmonisierung in Bezug auf die Negativliste ist zumindest gleichermaßen erstrebenswert. *Martini* spricht von einem redaktionellen Versehen und erstreckt die Bedeutung von Buchst. a schlechthin auf Negativlisten[36]. Allerdings kann nicht ausgeschlossen werden, dass fundierte Gründe den Verordnungsgeber zur Beschränkung der generellen Einbeziehungspflicht auf die Positivliste bewogen haben[37]. Bezüglich der Negativlisten ist die Einbeziehung des Ausschusses aufgrund von Art. 35 Abs. 6 daneben schließlich nicht ausgeschlossen; es bleibt lediglich bei Einzelfallentscheidungen.

29 Die Rechtslage bezüglich der Einbeziehung des Europäischen Datenschutzausschusses muss somit als chaotisch bezeichnet werden[38]. Art. 64 Abs. 1 Satz 1, Satz 2 Buchst. a normiert lediglich bezüglich der Positivlisten ausdrücklich eine Pflicht zur Übermittlung des Beschlussentwurfes an den Ausschuss sowie dessen korrespondierende Pflicht zur Stellungnahme. Hinzu kommt Art. 35 Abs. 6, der neben Art. 64 Abs. 1 Satz 2 Buchst. a nur bezüglich der Negativlisten einen eigenständigen Regelungsgehalt hat. Zusätzlich bestimmen Art. 35 Abs. 4 und 5 (jeweils Satz 2) eine Pflicht zur Übermittlung der Positiv- und Negativlisten an den Ausschuss.

30 Durch die Vorschriften der Abs. 4 Satz 2 und 5 Satz 2 (Pflicht zur Übermittlung der Listen an den Datenschutzausschuss) wird deutlich, dass die Übermittlung der Listen – unabhängig von der Notwendigkeit, das Kohärenzverfahren vor ihrer Festlegung durchzuführen – im Zusammenhang mit ihrer Erstellung und Veröffentlichung zu erfolgen hat. Ist das Kohärenzverfahren durchzuführen, hat eine Einbeziehung des Ausschusses zu erfolgen, *bevor* die Listen *festgelegt* („adopted") werden. Zwar könnte man annehmen, dass durch die Begriffe der *Festlegung* und *Erstellung* unterschiedliche Zeitpunkte deutlich werden sollen, indem die „Festlegung" das Erlangen von Gültigkeit[39], die „Erstellung" dagegen

---

36 Paal/Pauly/*Martini*, Art. 35 DSGVO Rz. 41.
37 Vgl. auch Kühling/Buchner/*Jandt*, Art. 35 DSGVO Rz. 30.
38 Ausführlich hierzu auch Kühling/Buchner/*Jandt*, Art. 35 DSGVO Rz. 28 ff.
39 In welcher Rechtsform die Liste Gültigkeit erlangt, ist von dem mitgliedstaatlichen Recht abhängig. Gola/Nolte/*Werkmeister*, Art. 35 DSGVO Rz. 31, schlagen bei hinrei-

das Entwurfsstadium meint. Dann wäre das Kohärenzverfahren lediglich irgendwann vor Gültigkeitserlangung durchzuführen, die Übermittlung der Entwürfe an den Ausschuss müsste jedoch sogleich erfolgen. Hiergegen spricht jedoch, dass auch die Veröffentlichung bereits in Abs. 4 und 5 genannt wird. Jedenfalls im Ergebnis erscheint es naheliegender, die Übermittlungspflichten aus Abs. 4 und 5 auf die fertigen und am Ende gültigen Listen zu beziehen und diesbezüglich keinen Zusammenhang zur Stellungnahmepflicht des Ausschusses aus Art. 64 Abs. 1 herzustellen. Vollständig losgelöst hiervon bleibt dann die Durchführung des Kohärenzverfahrens gemäß Abs. 6, Art. 63 ff. *vor* Festlegung der Listen. So stellt auch die Übermittlungspflicht im Rahmen des Kohärenzverfahrens (Art. 64 Abs. 1 Satz 2) keine unnötige Doppelung dar.

Wird durch die zuständige Aufsichtsbehörde eine Stellungnahme nach Art. 64 Abs. 1 nicht eingeholt oder einer ergangenen Stellungnahme des Ausschusses nicht gefolgt, ergeht gemäß Art. 65 Abs. 1 Buchst. c ein verbindlicher Beschluss des Ausschusses, der die Listen nach Abs. 4 und 5 ersetzt. 31

4. Ausnahmen (Abs. 10)

Der Ausnahmetatbestand des Abs. 10 befreit die Verantwortlichen von der Folgenabschätzung, wenn 32

- die Verarbeitung zur Erfüllung rechtlicher Pflichten (Art. 6 Abs. 1 Buchst. c) oder zur Wahrnehmung einer im öffentlichen Interesse liegenden Aufgabe (Art. 6 Abs. 1 Buchst. e) erforderlich ist,
- auf einer europäischen oder (für den Verantwortlichen geltenden) nationalen Rechtsgrundlage beruht,
- die den konkreten Verarbeitungsvorgang regelt und
- im Rahmen ihres Erlasses die Auswirkungen auf den Datenschutz bereits überprüft wurden[40] sowie
- der Mitgliedstaat oder die jeweilige Stelle keine hiervon abweichenden, strengeren Maßstäbe angeordnet hat.

---

chend bestimmbarem Adressatenkreis die Form einer (dann von Betroffenen anfechtbaren) Allgemeinverfügung vor, Kühling/Buchner/*Jandt*, Art. 35 DSGVO Rz. 15 spricht sich hingegen für eine Veröffentlichung in Form einer offiziellen Bundestags- oder Landtagsdrucksache aus, wie sie für den Tätigkeitsbericht nach § 38 Abs. 1 Satz 7 BDSG-alt vorgesehen war.

40 Paal/Pauly/*Martini*, Art. 35 DSGVO Rz. 69, hebt hervor, dass ein großer Unterschied zwischen einer abstrakten (mitgliedstaatlich ausgestalteten) Gesetzes- und einer konkreten Einzelfallfolgenabschätzung besteht. Ähnlich Gola/Nolte/*Werkmeister*, Art. 35 DSGVO Rz. 72.

III. Inhaltliche Anforderungen (Abs. 7, 8, 9)

33 Art. 35 Abs. 7 enthält die inhaltlichen Mindestanforderungen an die Folgenabschätzung; Absätze 8 und 9 regeln weitere Berücksichtigungspflichten. Die Durchführung einer Datenschutzfolgenabschätzung kann in eine **Vorbereitungsphase** (Abs. 7 Buchst. a – Rz. 37 ff.), eine **Bewertungsphase** (Abs. 7 Buchst. b und c – Rz. 40 ff.) sowie eine **Maßnahmephase** (Abs. 7 Buchst. d – Rz. 43 ff.) aufgeteilt werden[41].

34 Die im ursprünglichen Kommissionsentwurf vorgesehene Regelungstechnik aus sehr allgemein gefassten Vorgaben in Verbindung mit einer Ermächtigung zur näheren Präzisierung für die Kommission ist in den Trilog-Verhandlungen zugunsten differenzierterer Kriterien in Art. 35 Abs. 7 ohne korrespondierende Ermächtigung gewichen. Dennoch bleiben die Vorgaben insgesamt eher vage. Genauere Vorgaben und Maßstäbe, wie die Risiken bewertet und auf geeignete Weise adressiert werden können, werden sich in der Praxis erst herausbilden müssen. Zurückgegriffen werden könnte auf die Standards des Handbuches des britischen ICO[42], die Erfahrungen weiterer Staaten mit ähnlichen Konzeptionen[43] und vor allem die zur Datenschutzfolgenabschätzung erlassene ausführende Guideline der Artikel 29-Datenschutzgruppe[44].

35 Dem Verantwortlichen steht es frei zu entscheiden, auf welche Weise er in seiner Folgenabschätzung die Anforderungen des Art. 35 erfüllt. Es können sich je nach Branche oder Verarbeitungsvorgang unterschiedliche Bedürfnisse und ein unterschiedlicher Umfang ergeben, denen so Rechnung getragen werden kann und sollte[45]. In jedem Fall müssen die im Folgenden aufgezeigten Mindestkriterien erfüllt werden.

36 Aus verschiedenen Mitgliedstaaten stammende Muster für ein schematisches Vorgehen finden sich auf S. 21 (Annex 1) der Guideline der Artikel 29-Datenschutzgruppe zur Datenschutz-Folgenabschätzung (WP 248). Aus Deutschland wird hier das von der 92. Konferenz der unabhängigen Datenschutzbehörden des Bundes und der Länder empfohlene Standard-Datenschutzmodell[46] ge-

---

41 Vgl. auch *Rath/Feuerherdt*, CR 2017, 502; BeckOK DatenschutzR/*Hansen*, Art. 35 DSGVO Rz. 26 ff.; Kühling/Buchner/*Jandt*, Art. 35 DSGVO Rz. 33 sowie Ehmann/Selmayr/*Baumgartner*, Art. 35 DSGVO Rz. 44, welcher noch eine Berichtsphase ergänzt.
42 https://ico.org.uk/media/for-organisations/documents/1042196/trilateral-full-report.pdf.
43 Weltweite Vergleiche verschiedener Ausgestaltungen von Privacy Impact Assessments finden sich bei *Wright/Finn/Rodrigues*, Journal of Contemporary European Research 9 (1), S. 160 ff. sowie im Abschlussbericht des von der Kommission kofinanzierten Forschungsprojektes Privacy Impact Assessment Framework, abrufbar unter http://www.vub.ac.be/LSTS/pub/Dehert/507.pdf.
44 Artikel 29-Datenschutzgruppe, 17/EN WP 248 rev.01.
45 Artikel 29-Datenschutzgruppe, 17/EN WP 248 rev.01, 17.
46 Abrufbar unter https://www.bfdi.bund.de/SharedDocs/Publikationen/DasStandard-Datenschutzmodell_92.DSK_engl.pdf?__blob=publicationFile&v=2.

nannt, welches eine Methodik zur systematischen Rechtmäßigkeitsprüfung von Verarbeitungsvorgängen vorsieht.

1. Systematische Beschreibung (Abs. 7 Buchst. a)

Zunächst muss eine systematische Beschreibung der geplanten Verarbeitungsvorgänge sowie ihrer Zwecke erfolgen[47]. Hierdurch wird zugleich die Pflicht erfüllt, genau festzustellen, auf welchen Verarbeitungsvorgang bzw. welche Art sich ähnelnder Verarbeitungsvorgänge sich die jeweilige Folgenabschätzung bezieht[48]. 37

Zur **Beschreibung eines Verarbeitungsvorgangs** sind insbesondere zu nennen: 38
- die Art der Daten (Kategorie, betroffene Personengruppen)[49]
- ihr Umfang
- die Verarbeitungsumstände (Erfassungsweg[50], Speicherweise und -dauer[51], Feststellung relevanter IT-Systeme, Datenflüsse und Systemgrenzen[52])
- Rechtsgrundlagen[53]
- Zugriffsbefugnisse[54] oder -gefahren und ggf. vorhandene Übermittlungsempfänger[55]

Zudem müssen die **Zwecke der Verarbeitung** beschrieben werden. Hier sollten für die spätere Beurteilung der Verhältnismäßigkeit insbesondere berechtigte Interessen des Verantwortlichen genannt werden (Buchst. a), beispielsweise Sicherheitserfordernisse (Videoüberwachung) oder Marktforschung. 39

2. Bewertung der Verhältnismäßigkeit (Abs. 7 Buchst. b)

Gemäß Buchst. b hat sodann eine (dokumentierte) Bewertung der Notwendigkeit und Angemessenheit im Verhältnis zu den Zwecken zu erfolgen. Auch Erwägungsgrund 4 zeigt auf, dass andere Grundrechte das Recht auf Schutz per- 40

---

47 *Rath/Feuerherdt*, CR 2017, 502 sieht diesen Teil als stets durch Erstellung des Verzeichnisses gemäß Art. 30 erfüllt an.
48 DSK-Kurzpapier Nr. 5, 2.
49 Schaffland/Wiltfang/*Schaffland/Holthaus*, Art. 35 DSGVO Rz. 20.
50 Artikel 29-Datenschutzgruppe, 17/EN WP 248 rev.01, 22 (annex 2).
51 Artikel 29-Datenschutzgruppe, 17/EN WP 248 rev.01, 22 (annex 2).
52 Vgl. BayLDA Informationsblatt XVIII, 2, abrufbar unter https://www.lda.bayern.de/media/baylda_ds_gvo_18_privacy_impact_assessment.pdf.
53 DSK-Kurzpapier Nr. 5, 3.
54 Paal/Pauly/*Martini*, Art. 35 DSGVO Rz. 47.
55 Artikel 29-Datenschutzgruppe, 17/EN WP 248 rev.01, 22 (annex 2).

sonenbezogener Daten einschränken können und die gesellschaftliche Funktion im Rahmen des Verhältnismäßigkeitsprinzips maßgeblich ist. Wie bei der deutschen Verhältnismäßigkeitsprüfung sind mögliche mildere Maßnahmen zu berücksichtigen[56].

41 Relevant für die Verhältnismäßigkeitsabwägung sind nach Annex 2 des WP 248 der Artikel 29-Datenschutzgruppe insbesondere:
- die Rechtmäßigkeit der Verarbeitung (Art. 6)
- die Kriterien des Art. 5, beispielsweise:
  - Einhaltung festgelegter, eindeutiger und legitimer Zwecke (Grundsatz der Zweckbindung, Abs. 1 Buchst. b, Erwägungsgrund 50)
  - Beschränkung auf das notwendige Maß, Zweckangemessenheit (Grundsatz der Datenminimierung, Abs. 1 Buchst. c)
  - Beschränkte Speicherdauer (Abs. 1 Buchst. e)
- Maßnahmen zugunsten der Betroffenen:
  - Information der Betroffenen (Art. 12, 13, 14)
  - Auskunfts- und Übertragungsrecht (Art. 15, 20)
  - Berichtigungs- und Löschungsrechte (Art. 16, 17, 19)
  - Widerspruchs- und Einschränkungsrecht (Art. 18, 19, 21)
  - Beziehung zum Auftragsverarbeiter (Art. 28)
  - Sicherheiten bezüglich internationaler Datenübermittlungen (Kapitel V)
  - Vorherige Konsultation (Art. 36)

3. Bewertung der Risiken (Abs. 7 Buchst. c)

42 Den zentralen Bestandteil der Folgenabschätzung bildet die Bewertung der Risiken für die Rechte und Freiheiten der (potentiell, vgl. Rz. 14) Betroffenen, welche an dieser Stelle den Ausgangspunkt der Betrachtung bilden. Aber auch die finanziellen Folgen eines Verstoßes bilden in der Praxis einen relevanten Faktor[57]. Die notwendigen Schritte können etwa folgendermaßen aussehen:

(1) Auflistung der Gefahrenquellen und Risikoursachen (bspw. Drittinteressen[58] und unerlaubte Zugriffe, unerwünschte Veränderungen oder Abhandenkommen von Daten[59])

---

56 DSK-Kurzpapier Nr. 5, 3.
57 Vgl. BayLDA Informationsblatt XVIII, 1 f., abrufbar unter https://www.lda.bayern.de/media/baylda_ds-gvo_18_privacy_impact_assessment.pdf.
58 DSK-Kurzpapier Nr. 5, 3.
59 Artikel 29-Datenschutzgruppe, 17/EN WP 248 rev.01, 22 (annex 2).

(2) Ermittlung der spezifischen Eintrittswahrscheinlichkeit und Schwere[60] (ggf. grafisch in Relation gesetzt[61]), bestenfalls bezüglich jedes einzelnen Risikos[62]
(3) Einfluss bereits implementierter Abhilfemaßnahmen[63] auf die ermittelten Risiken

4. Geplante Abhilfemaßnahmen (Abs. 7 Buchst. d)

Einen weiteren zentralen Punkt der Folgenabschätzung stellt die Ermittlung von zur Risikobewältigung zu ergreifenden Abhilfemaßnahmen dar. Buchst. d nennt hier Garantien, Sicherheitsvorkehrungen und Verfahren, die unter gebührender Berücksichtigung von Betroffeneninteressen den Schutz ihrer personenbezogenen Daten sicherstellen und die Einhaltung der DSGVO nachweisen sollen. Insbesondere kommen folgende Arten von Maßnahmen in Betracht: 43
- technische (wie Verschlüsselung oder Pseudonymisierung)
- organisatorische (z.B. Anonymisierung, Zugriffsbeschränkungen, Einrichtung von Kontrollmechanismen)
  - juristische (insb. vertragliche Einigungen[64])

Ein gutes Beispiel für Abhilfemaßnahmen für mit auf Laptops gespeicherten Daten verbundene Risiken sind eine angemessene Zugriffskontrolle, eine Festplattenverschlüsselung inklusive zugriffssicherer Schlüsselverwaltung sowie die Einrichtung automatischer Backups[65]. Bei Fitnessarmbändern u.Ä. kann durch hinreichende Verschlüsselung der beispielsweise mit Apps automatisiert kommunizierten Daten die Gefahr unberechtigter und unbemerkter Drittzugriffe auf die personenbezogenen Daten weitgehend ausgeschlossen werden. 44

Zu guter Letzt sind verbleibende Restrisiken zu ermitteln und der Umgang mit diesen festzulegen[66]. 45

5. Berücksichtigungspflichten (Abs. 8, 9)

Zu berücksichtigen sind im Rahmen der Folgenabschätzung (insb. bei der Bewertung der Risiken, Abs. 7 Buchst. c) ferner ein ggf. bestehender Verhaltens- 46

---

60 Vgl. Erwägungsgrund 90 und 76, demzufolge hierbei wiederum Art, Umfang, Umstände und Zwecke der Verarbeitung relevant werden sollen.
61 Vgl. BayLDA Informationsblatt XVIII, 1, abrufbar unter https://www.lda.bayern.de/media/baylda_ds-gvo_18_privacy_impact_assessment.pdf.
62 Artikel 29-Datenschutzgruppe, 17/EN WP 248 rev.01, 22 (annex 2).
63 Artikel 29-Datenschutzgruppe, 17/EN WP 248 rev.01, 22 (annex 2).
64 BeckOK DatenschutzR/*Hansen*, Art. 35 DSGVO Rz. 31.
65 Artikel 29-Datenschutzgruppe, 17/EN WP 248 rev.01, 18.
66 DSK-Kurzpapier Nr. 5, 4.

kodex gemäß Art. 40 (Art. 35 Abs. 8) sowie der Standpunkt der Betroffenen bzw. ihrer Vertreter (etwa ein bestehendes Mitwirkungsgremium wie der Betriebsrat[67] oder ein Verbraucherverband[68]), sofern dies im Einzelfall angemessen[69] ist und weiteren Ausgleich des Spannungsverhältnisses verspricht (Art. 35 Abs. 9). Die Einholung des Betroffenenstandpunkts war in den Entwurfsverhandlungen noch als stets verpflichtend vorgesehen gewesen[70].

47 Falls Zertifizierungen i.S.v. Art. 42 oder verbindliche interne Datenschutzvorschriften i.S.v. Art. 47, 4 Nr. 20 existieren, sind auch diese zu berücksichtigen[71].

48 Hintergrund der Berücksichtigungspflichten ist das Ziel effektiver Selbstregulierung (vgl. Rz. 2): Wo selbstgesetzte Verhaltensregeln genehmigt wurden, welche die Betroffenenrisiken im konkreten Fall bereits mindern, hat sich dies in der Folgenabschätzung niederzuschlagen. Die Berücksichtigung verschiedener Positionen trägt durch eine Verbesserung der Selbsteinschätzung des Verantwortlichen in Bezug auf die Risikoträchtigkeit seiner Datenverarbeitung zur effektiven Selbstregulierung bei[72].

IV. Verfahren (Abs. 2, 9)

49 Nach dem Wortlaut des Art. 35 Abs. 1 ist die Folgenabschätzung vor Beginn der jeweiligen Datenverarbeitung(en) durchzuführen. Anzustreben ist ein möglichst früher Zeitpunkt, auch wenn einige Verarbeitungsvorgänge noch unbekannt sind[73]. Sie bleibt ohnehin ein während des Projekts fortwährender Prozess, sodass die Erforderlichkeit späterer Überarbeitungen oder Ergänzungen kein Hindernis darstellen sollte[74].

50 Wie in Rz. 11 beschrieben, kann auch eine andere Person als der Verantwortliche die Datenschutzfolgenabschätzung vornehmen. In jedem Fall muss ein Auftragsverarbeiter den Verantwortlichen gemäß Art. 28 Abs. 3 Buchst. f bei der Durchführung unterstützen, wenn die Folgenabschätzung Datenverarbeitungen betrifft, für die er zuständig ist[75]. Wo der Anstoß zur Durchführung einer vorgangsbezogenen Folgenabschätzung von einer bestimmten Abteilung innerhalb der Stelle oder dem Chief Information Security Officer (CISO) ausgeht, sollten die entsprechenden Personen auch an deren Durchführung beteiligt werden[76].

---

67 DSK-Kurzpapier Nr. 5, 2.
68 Schaffland/Wiltfang/*Schaffland/Holthaus*, Art. 35 DSGVO Rz. 29.
69 So der englische Wortlaut.
70 Paal/Pauly/*Martini*, Art. 35 DSGVO Rz. 11.
71 Artikel 29-Datenschutzgruppe, 17/EN WP 248 rev.01, 16.
72 Ähnl. Schaffland/Wiltfang/*Schaffland/Holthaus*, Art. 35 DSGVO Rz. 24.
73 Artikel 29-Datenschutzgruppe, 17/EN WP 248 rev.01, 14.
74 Artikel 29-Datenschutzgruppe, 17/EN WP 248 rev.01, 14; DSK-Kurzpapier Nr. 5, 2 (5).
75 Artikel 29-Datenschutzgruppe, 17/EN WP 248 rev.01, 15.
76 Artikel 29-Datenschutzgruppe, 17/EN WP 248 rev.01, 15.

51 Es kann sich auch anbieten, den Rat von Spezialisten bestimmter Fachbereiche zu suchen. Ein bestellter Datenschutzbeauftragter muss in jedem Fall gemäß Art. 35 Abs. 2 konsultiert und schon gemäß Art. 38 Abs. 1 einbezogen werden; seine Ratschläge und die daraufhin getroffenen Entscheidungen sollten in der Folgenabschätzung dokumentiert werden[77].

52 Ebenso sollte dokumentiert werden, aus welchen Gründen nicht gemäß Art. 35 Abs. 9 der Standpunkt von Betroffenen oder ihren Vertretern eingeholt wurde oder warum der Verantwortliche sich nicht diesem entsprechend entschieden hat[78].

53 Nach Ansicht der deutschen Aufsichtsbehörden darf die Datenverarbeitung nicht beginnen, bevor die Risikoabhilfe- bzw. -eindämmungsmaßnahmen umgesetzt worden sind[79]. Zudem soll ein Wirksamkeitstest durchzuführen sein[80]: Stellt sich heraus, dass die Maßnahmen nicht zu Verbesserungen führen, müssen andere ausgewählt werden. Im Rahmen der Dokumentationspflicht gemäß Art. 5 Abs. 2 ist neben der Folgenabschätzung auch eine solche Wirksamkeitsbestätigung vonnöten[81].

54 Die Datenschutz-Folgenabschätzung sollte regelmäßig überprüft und die Ergebnisse neu bewertet werden[82], insbesondere für den Fall von Prozessveränderungen oder sich neu ergebender oder anders zu bewertender Risiken[83]. Auch können sich Risikoabhilfemaßnahmen als unwirksam erweisen[84]. Hintergrund der fortlaufenden Überwachungsverpflichtung[85] ist neben Art. 35 auch die Pflicht des Verantwortlichen zu ordnungsgemäßem Risikomanagement zum Schutz der betroffenen Personen aus Art. 24 Abs. 1. In Betracht gezogen werden sollte zum Zwecke dieser fortlaufenden Überwachung die Einrichtung eines Datenschutz-Management-Systems[86].

55 Eine Folgenabschätzung oder – insbesondere bei geheimhaltungsbedürftigen Inhalten – relevante Ausschnitte daraus können zur Förderung des Vertrauens in die Einhaltung von Datenschutzvorschriften veröffentlicht werden[87]. Wenn eine Konsultation gemäß Art. 36 notwendig ist oder der Datenschutzbeauftragte es verlangt, muss die Folgenabschätzung der Aufsichtsbehörde übermittelt werden[88].

---

77 Artikel 29-Datenschutzgruppe, 17/EN WP 248 rev.01, 15.
78 Artikel 29-Datenschutzgruppe, 17/EN WP 248 rev.01, 15.
79 DSK-Kurzpapier Nr. 5, 4.
80 DSK-Kurzpapier Nr. 5, 4.
81 DSK-Kurzpapier Nr. 5, 4.
82 Artikel 29-Datenschutzgruppe, 17/EN WP 248 rev.01, 14; Schaffland/Wiltfang/*Schaffland/Holthaus*, Art. 35 DSGVO Rz. 26.
83 DSK-Kurzpapier Nr. 5, 2.
84 DSK-Kurzpapier Nr. 5, 4.
85 DSK-Kurzpapier Nr. 5, 2 (5).
86 DSK-Kurzpapier Nr. 5, 5.
87 Artikel 29-Datenschutzgruppe, 17/EN WP 248 rev.01, 18.
88 Artikel 29-Datenschutzgruppe, 17/EN WP 248 rev.01, 18.

V. Überprüfung (Abs. 11)

56 Es muss zudem überprüft werden, ob die Verarbeitungen gemäß den Feststellungen in der Folgenabschätzung durchgeführt werden. Dies hat „erforderlichenfalls" zu geschehen, was die DSGVO nicht näher definiert[89]. Eine Erforderlichkeit kann sich aus jeglicher Änderung der zugrundeliegenden Umstände ergeben, welche wiederum eine Auswirkung auf das ermittelte Risiko haben kann. Nach Erwägungsgrund 89 kann sogar das Verstreichen von Zeit eine hinreichende Umstandsveränderung sein.

VI. Rechtsschutz, Haftung und Sanktionen

57 Gegen jeglichen sie betreffenden Beschluss der Aufsichtsbehörde können natürliche und juristische Personen Rechtsschutz gemäß Art. 78 Abs. 1 erlangen.

58 Gemäß Art. 82 Abs. 1 und 2 haften Verantwortlicher und Auftragsverarbeiter für Schäden Betroffener. Zu Recht weisen *Nolte/Werkmeister* darauf hin, dass tatsächliche Schäden kaum durch einen Verstoß gegen Art. 35 unmittelbar eintreten, sondern vielmehr aus dem konkreten Verarbeitungsvorgang resultieren werden[90].

59 Nach Art. 83 Abs. 4 Buchst. a kann für Verstöße gegen Art. 35, wie etwa eine fehlerhafte oder Nichtdurchführung der Folgenabschätzung, ein erhebliches Bußgeld verhängt werden.

60 Wird die Folgenabschätzung fehlerhaft umgesetzt, ist dies nicht unmittelbar sanktionierbar, allerdings mittelbar über die Pflicht selbst.

Artikel 36 Vorherige Konsultation

(1) Der Verantwortliche konsultiert vor der Verarbeitung die Aufsichtsbehörde, wenn aus einer Datenschutz-Folgenabschätzung gemäß Artikel 35 hervorgeht, dass die Verarbeitung ein hohes Risiko zur Folge hätte, sofern der Verantwortliche keine Maßnahmen zur Eindämmung des Risikos trifft.

(2) Falls die Aufsichtsbehörde der Auffassung ist, dass die geplante Verarbeitung gemäß Absatz 1 nicht im Einklang mit dieser Verordnung stünde, insbesondere weil der Verantwortliche das Risiko nicht ausreichend ermittelt oder nicht ausreichend eingedämmt hat, unterbreitet sie dem Verantwortlichen und gegebenenfalls dem Auftragsverarbeiter innerhalb eines Zeitraums von bis zu acht Wochen nach Erhalt des Ersuchens um Konsultation entsprechende schriftliche Empfehlungen und kann ihre in Artikel 58 ge-

---

[89] BeckOK DatenschutzR/*Hansen*, Art. 35 DSGVO Rz. 49.
[90] Gola/*Nolte/Werkmeister*, Art. 35 DSGVO Rz. 35.

nannten Befugnisse ausüben. Diese Frist kann unter Berücksichtigung der Komplexität der geplanten Verarbeitung um sechs Wochen verlängert werden. Die Aufsichtsbehörde unterrichtet den Verantwortlichen oder gegebenenfalls den Auftragsverarbeiter über eine solche Fristverlängerung innerhalb eines Monats nach Eingang des Antrags auf Konsultation zusammen mit den Gründen für die Verzögerung. Diese Fristen können ausgesetzt werden, bis die Aufsichtsbehörde die für die Zwecke der Konsultation angeforderten Informationen erhalten hat.

(3) Der Verantwortliche stellt der Aufsichtsbehörde bei einer Konsultation gemäß Absatz 1 folgende Informationen zur Verfügung:

a) gegebenenfalls Angaben zu den jeweiligen Zuständigkeiten des Verantwortlichen, der gemeinsam Verantwortlichen und der an der Verarbeitung beteiligten Auftragsverarbeiter, insbesondere bei einer Verarbeitung innerhalb einer Gruppe von Unternehmen;

b) die Zwecke und die Mittel der beabsichtigten Verarbeitung;

c) die zum Schutz der Rechte und Freiheiten der betroffenen Personen gemäß dieser Verordnung vorgesehenen Maßnahmen und Garantien;

d) gegebenenfalls die Kontaktdaten des Datenschutzbeauftragten;

e) die Datenschutz-Folgenabschätzung gemäß Artikel 35 und

f) alle sonstigen von der Aufsichtsbehörde angeforderten Informationen.

(4) Die Mitgliedstaaten konsultieren die Aufsichtsbehörde bei der Ausarbeitung eines Vorschlags für von einem nationalen Parlament zu erlassende Gesetzgebungsmaßnahmen oder von auf solchen Gesetzgebungsmaßnahmen basierenden Regelungsmaßnahmen, die die Verarbeitung betreffen.

(5) Ungeachtet des Absatzes 1 können Verantwortliche durch das Recht der Mitgliedstaaten verpflichtet werden, bei der Verarbeitung zur Erfüllung einer im öffentlichen Interesse liegenden Aufgabe, einschließlich der Verarbeitung zu Zwecken der sozialen Sicherheit und der öffentlichen Gesundheit, die Aufsichtsbehörde zu konsultieren und deren vorherige Genehmigung einzuholen.

I. Einführung	1	2. Verpflichtete (Abs. 1, 5)	6
II. Konsultation des Verantwortlichen	4	3. Verfahren (Abs. 2, 3)	10
1. Gegenstand der Pflicht	4	III. Konsultation bei Normsetzungsverfahren (Abs. 4)	14

Schrifttum: *Schmitz/von Dall'Armi*, Datenschutz-Folgenabschätzung – verstehen und anwenden [Wichtiges Instrument zur Umsetzung von Privacy by Design], ZD 2017, 57; *Veil*, DSGVO: Risikobasierter Ansatz statt rigides Verbotsprinzip – Eine erste Bestandsaufnahme, ZD 2015, 347.

Art. 36 DSGVO | Vorherige Konsultation

I. Einführung

1 Die eingeschränkte Pflicht zur vorherigen Konsultation der Aufsichtsbehörde nur bei Vorliegen der Tatbestandsvoraussetzungen des Art. 36 Abs. 1 folgt als flexible Lösung auf die zuvor noch gemäß Art. 20 DSRL starr vorgesehene Vorabkontrolle. Die Kontrolle besonders risikoreicher Verarbeitungsprozesse korrespondiert mit der Rechenschaftspflicht des Verantwortlichen aus Art. 5 Abs. 2[1].

2 Einerseits verpflichtet Art. 36 Abs. 1 den Verantwortlichen zur Konsultation der Aufsichtsbehörde vor Beginn risikoreicher Verarbeitungstätigkeiten, andererseits werden hierzu durch Art. 36 Abs. 4 auch die Mitgliedstaaten vor Erlass datenverarbeitungsbezogener Regelungen verpflichtet. Art. 36 Abs. 5 eröffnet den Mitgliedstaaten zudem die Möglichkeit, die Konsultationspflicht zu einem Genehmigungserfordernis zu erweitern, wenn Daten im Rahmen der Erfüllung einer im öffentlichen Interesse liegenden Aufgabe verarbeitet werden. Die Norm überdacht also Konsultationspflichten verschiedener Objekte in verschiedenen Zusammenhängen.

3 Maßgebliche Erwägungsgründe für Art. 36 sind in den Erwägungsgründen 94–96 zu finden.

II. Konsultation des Verantwortlichen

1. Gegenstand der Pflicht

4 Deutet die gemäß Art. 35 durchgeführte Datenschutz-Folgenabschätzung auf ein hohes Risiko für die Rechte und Freiheiten der Betroffenen hin, so muss der Verantwortliche gemäß Art. 36 Abs. 1 die zuständige Aufsichtsbehörde vor Beginn der Datenverarbeitung **konsultieren**. Trotz des Erfordernisses vorheriger Konsultation lässt eine fehlende Zustimmung die (formelle) Rechtmäßigkeit der Verarbeitung nicht entfallen. Es handelt sich also regelungstechnisch nicht um ein Genehmigungsverfahren. Denn Art. 36 Abs. 2 stellt klar, dass es bei den allgemeinen Eingriffsbefugnissen des Art. 58 samt der Möglichkeit einer Untersagung der Verarbeitung bleibt. Dieser Verweis wäre überflüssig, handelte es sich um ein präventives Verbot mit Erlaubnisvorbehalt. Hierfür spricht auch ein Umkehrschluss zu Art. 36 Abs. 5, nach dem mitgliedstaatliches Recht neben einer Konsultations- auch eine Genehmigungspflicht für Verarbeitungen im öffentlichen Interesse mit Bezug zu sozialer Sicherung und öffentlicher Gesundheit vorsehen kann.

5 Allerdings droht den nicht-öffentlichen Verantwortlichen im Falle einer aus anderen Gründen rechtswidrigen Verarbeitung ohne vorherige Konsultation eine doppelte Sanktion: Zum einen aufgrund der Verletzung der Konsultations-

---

1 *Albrecht/Jotzo*, Teil 5 Rz. 15.

pflicht, zum anderen aufgrund der rechtswidrigen Datenverarbeitung. Angesichts der potentiell hohen Bußgelder und dem damit einhergehenden wirtschaftlichen Druck dürfte die Regelung bei komplexen Verfahren die Wirkung einer **faktischen Genehmigungspflicht** haben.

2. Verpflichtete (Abs. 1, 5)

Die Konsultationspflicht baut auf dem Ergebnis der Datenschutz-Folgenabschätzung auf. So müssen sich diejenigen Verantwortlichen an die Aufsichtsbehörden wenden, bei denen die Prüfung das **Bestehen eines hohen Risikos für die Rechte und Freiheiten der Betroffenen** ergibt. Dieses muss aus der Abwesenheit von Risikoabhilfemaßnahmen des Verantwortlichen ergeben. Letztere Voraussetzung wurde auf Betreiben des Rates im Rahmen der Trilog-Verhandlungen aufgenommen, offenbar um die Hürden des Tatbestandes zu erhöhen und den Stellen selbst die Möglichkeit zu geben, Risiken für den Datenschutz und damit die Konsultationspflicht durch geeignete Maßnahmen abzuwenden. Erwägungsgrund 94 könnte sogar dahingehend verstanden werden, dass es für das Entfallen der Konsultationspflicht ausreiche, wenn der Verantwortliche lediglich die Meinung vertritt, das Risiko könne abgewendet werden[2]. Ein derart weitreichendes Ermessen bei der Tatbestandsauslegung dürfte indes den Zwecken der Konsultationspflicht zuwiderlaufen. Das Bestehen der Pflichten aus Art. 36 ist gerichtlich voll überprüfbar. Eine seitens des Europäischen Parlamentes vorgeschlagene Ermächtigung zur Präzisierung des Tatbestandes durch den Europäischen Datenschutzausschuss wurde nicht aufgenommen. 6

Fraglich ist, ob die Konsultation auch erfolgen muss, wenn der Verantwortliche geeignete Abhilfemaßnahmen vorsieht, die jedoch lediglich noch nicht implementiert sind. Die diesbezüglich unklare Formulierung des Abs. 1 legt nahe, dass allein ein hohes Risiko notwendig ist, es für die Konsultationspflicht insofern irrelevant ist, ob der Verantwortliche das Risiko selbst ausreichend durch angemessene Abhilfemaßnahmen eindämmen kann. Wäre dies der Fall, wäre die Aufsichtsbehörde stets berufen, über geeignete Abhilfemaßnahmen zu entscheiden. Der Artikel 29-Datenschutzgruppe zufolge soll hingegen nur dann eine Konsultationspflicht bestehen, wenn es dem Verantwortlichen nicht selbst gelingt, das Risiko einzudämmen, folglich soll allein die Höhe des Restrisikos maßgebend sein[3]. 7

Eine Konsultationspflicht kann gemäß Art. 36 Abs. 5 auch auf nationalem Recht beruhen, welches diese bei Verarbeitungen zur Erfüllung einer im öffentlichen Interesse liegenden Aufgabe vorsehen und auch zu einer Genehmigungspflicht erweitern kann. 8

---

2 So auch *Schmitz/von Dall'Armi*, ZD 2017, 63.
3 Artikel 29-Datenschutzgruppe, 17/EN WP 248 rev.01, 19 f.

Art. 36 DSGVO | Vorherige Konsultation

9 Die Pflicht trifft ausschließlich den Verantwortlichen, nicht jedoch den Auftragsverarbeiter. Dieser wird allerdings in Art. 36 Abs. 2 Satz 1 und 3 als möglicher Adressat aufsichtsbehördlicher Mitteilungen erwähnt, was Erwägungsgrund 95 mit dessen Unterstützungspflicht bei der Umsetzung und Einhaltung von Vorgaben aus Folgenabschätzung und Konsultation erklärt.

3. Verfahren (Abs. 2, 3)

10 Art. 36 Abs. 2 steckt den **inhaltlichen und zeitlichen Horizont** des Konsultationsverfahrens ab. Die Aufsichtsbehörden sollen binnen acht Wochen nach der Anfrage durch den Verantwortlichen beratend tätig werden, falls sie das angezeigte Vorhaben für nicht verordnungskonform halten, insbesondere weil der Verantwortliche die Risiken nicht hinreichend identifiziert oder abgemildert hat. Die Prüfung der Aufsichtsbehörde bezieht sich also nicht allein auf die ordnungsgemäße Durchführung der Datenschutz-Folgenabschätzung[4]. Je nach Komplexität der geplanten Datenverarbeitung kann die Frist um sechs Wochen verlängert werden; in diesem Fall hat die Behörde den Verantwortlichen binnen vier Wochen nach Anfrage über die Verlängerung samt Begründung zu informieren. Bis zur Erlangung von Informationen, welche die Behörde nach Art. 36 Abs. 3 anfordert, können die Fristen suspendiert werden. Eine Bestätigung der Konformität mit den Vorgaben der DSGVO erfolgt hingegen nicht[5]. Da die Aufsichtsbehörde auch nach Verstreichenlassen der Frist tätig werden darf (Erwägungsgrund 94), kann ein Verantwortlicher dennoch nicht darauf vertrauen, dass ihm die Datenverarbeitung dauerhaft erlaubt bleibt[6].

11 Art. 36 Abs. 3 legt die **notwendigen Informationen** fest, welche der Verantwortliche der Aufsichtsbehörde im Rahmen der Konsultation zur Verfügung stellen muss. Hierzu zählen ggf. eine Übersicht der Zuständigkeiten des Verantwortlichen, der gemeinsam Verantwortlichen und der beteiligten Auftragsverarbeiter, insbesondere bei Verarbeitungen innerhalb einer Unternehmensgruppe (Buchst. a), die Zwecke und Mittel der beabsichtigten Verarbeitung (Buchst. b), die Maßnahmen und Garantien zum Schutz der Rechte und Freiheiten der Betroffenen (Buchst. c), ggf. die Kontaktdaten des Datenschutzbeauftragten (Buchst. d) sowie die Datenschutz-Folgenabschätzung nach Art. 35 (Buchst. e). Darüber hinaus muss der Verantwortliche nach einer sehr weit gefassten Generalklausel alle weiteren Informationen bereitstellen, über welche die Aufsichtsbehörde Auskunft verlangt (Buchst. f).

12 Der Verantwortliche trifft unter Berücksichtigung der Empfehlungen eine Entscheidung darüber, ob die Verarbeitungsvorgänge trotz verbleibender Restrisi-

---

4 *Schmitz/von Dall'Armi*, ZD 2017, 63.
5 *Schmitz/von Dall'Armi*, ZD 2017, 63.
6 *Schmitz/von Dall'Armi*, ZD 2017, 63.

ken durchgeführt werden und ob in diesem Fall weitere Abhilfemaßnahmen zum Einsatz kommen sollten[7].

Das Bestehen oder Nichtbestehen der Konsultationspflicht ändert nichts an der Verpflichtung des Verantwortlichen, die Folgenabschätzung durchzuführen und gemäß Art. 35 Abs. 11 aktuell zu halten.

III. Konsultation bei Normsetzungsverfahren (Abs. 4)

Nach Art. 36 Abs. 4 haben die **Mitgliedstaaten** die Aufsichtsbehörde im Rahmen von Gesetzesvorhaben und bei der Erarbeitung von Verordnungen zu konsultieren, sofern ein Bezug zur Datenverarbeitung besteht. Die Norm enthält keine näheren Vorgaben über das Verfahren, den Zeitpunkt oder die Art der Beteiligung. Insofern kann von einem weitgehenden Ermessen der mitgliedstaatlichen Stellen ausgegangen werden.

**Abschnitt 4
Datenschutzbeauftragter**

Artikel 37 Benennung eines Datenschutzbeauftragten

(1) Der Verantwortliche und der Auftragsverarbeiter benennen auf jeden Fall einen Datenschutzbeauftragten, wenn

a) die Verarbeitung von einer Behörde oder öffentlichen Stelle durchgeführt wird, mit Ausnahme von Gerichten, soweit sie im Rahmen ihrer justiziellen Tätigkeit handeln,

b) die Kerntätigkeit des Verantwortlichen oder des Auftragsverarbeiters in der Durchführung von Verarbeitungsvorgängen besteht, welche aufgrund ihrer Art, ihres Umfangs und/oder ihrer Zwecke eine umfangreiche regelmäßige und systematische Überwachung von betroffenen Personen erforderlich machen, oder

c) die Kerntätigkeit des Verantwortlichen oder des Auftragsverarbeiters in der umfangreichen Verarbeitung besonderer Kategorien von Daten gemäß Artikel 9 oder von personenbezogenen Daten über strafrechtliche Verurteilungen und Straftaten gemäß Artikel 10 besteht.

---

7 DSK-Kurzpapier Nr. 5, 5.

Art. 37 DSGVO | Benennung eines Datenschutzbeauftragten

(2) Eine Unternehmensgruppe darf einen gemeinsamen Datenschutzbeauftragten ernennen, sofern von jeder Niederlassung aus der Datenschutzbeauftragte leicht erreicht werden kann.

(3) Falls es sich bei dem Verantwortlichen oder dem Auftragsverarbeiter um eine Behörde oder öffentliche Stelle handelt, kann für mehrere solcher Behörden oder Stellen unter Berücksichtigung ihrer Organisationsstruktur und ihrer Größe ein gemeinsamer Datenschutzbeauftragter benannt werden.

(4) In anderen als den in Absatz 1 genannten Fällen können der Verantwortliche oder der Auftragsverarbeiter oder Verbände und andere Vereinigungen, die Kategorien von Verantwortlichen oder Auftragsverarbeitern vertreten, einen Datenschutzbeauftragten benennen; falls dies nach dem Recht der Union oder der Mitgliedstaaten vorgeschrieben ist, müssen sie einen solchen benennen. Der Datenschutzbeauftragte kann für derartige Verbände und andere Vereinigungen, die Verantwortliche oder Auftragsverarbeiter vertreten, handeln.

(5) Der Datenschutzbeauftragte wird auf der Grundlage seiner beruflichen Qualifikation und insbesondere des Fachwissens benannt, das er auf dem Gebiet des Datenschutzrechts und der Datenschutzpraxis besitzt, sowie auf der Grundlage seiner Fähigkeit zur Erfüllung der in Artikel 39 genannten Aufgaben.

(6) Der Datenschutzbeauftragte kann Beschäftigter des Verantwortlichen oder des Auftragsverarbeiters sein oder seine Aufgaben auf der Grundlage eines Dienstleistungsvertrags erfüllen.

(7) Der Verantwortliche oder der Auftragsverarbeiter veröffentlicht die Kontaktdaten des Datenschutzbeauftragten und teilt diese Daten der Aufsichtsbehörde mit.

I. Einführung 1
II. Pflicht zur Bestellung (Abs. 1) 6
  1. Grundsatz 6
    a) Behörden und öffentliche Stellen 9
    b) Systematische Überwachung . 13
    c) Umfangreiche Verarbeitung besonderer Daten 32
  2. Privilegierungen (Abs. 2, 3) 34
    a) Konzernprivileg (Abs. 2) 34
    b) Privilegierung öffentlicher Stellen (Abs. 3) 38
  3. Fakultative Bestellung und Öffnungsklausel (Abs. 4) 39
    a) Fakultative Bestellung 39
    b) Öffnungsklausel 40
III. Ernennungsvoraussetzungen (Abs. 5) 43
  1. Formale Voraussetzungen 43
  2. Sachliche Voraussetzungen 47
IV. Anstellungsverhältnis (Abs. 6) 57
V. Veröffentlichung der Kontaktdaten des Datenschutzbeauftragten (Abs. 7) 63
VI. Rechtsfolgen fehlerhafter oder unterlassener Bestellung 66

Schrifttum: *Abel*, Der behördliche Datenschutzbeauftragte, MMR 2002, 289; *Bittner*, Der Datenschutzbeauftragte gemäß EU-Datenschutz-Grundverordnungsentwurf, RDV 2014, 183; *Däubler*, Neue Unabhängigkeit für den betrieblichen Datenschutzbeauftragten?, DuD 2010, 20; *Eckhardt/Kramer*, EU-DSGVO – Diskussionspunkte aus der Praxis, DuD 2013, 287; *Eckhardt/Kramer/Mester*, Auswirkungen der geplanten EU-DSGVO auf den deutschen Datenschutz, DuD 2013, 623; *Franck/Reif*, Pluralistische Datenschutzkontrolle – Datenschutzbeauftragte, Stellvertreter, Hilfspersonal und mehr, ZD 2015, 405; *Gierschmann*, Was „bringt" deutschen Unternehmen die DSGVO? – Mehr Pflichten, aber die Rechtsunsicherheit bleibt, ZD 2016, 51; *Härting*, DS-GVO, 2016; *Hoeren*, Der betriebliche Datenschutzbeauftragte – Neuerungen durch die geplante DSGVO, ZD 2012, 355; *Jaspers/Reif*, Der Datenschutzbeauftragte nach der Datenschutz-Grundverordnung: Bestellpflicht, Rechtsstellung und Aufgaben, RdV 2016, 61; *Kahlert/Licht*, Die neue Rolle des Datenschutzbeauftragten nach der DSGVO – Was Unternehmen zu beachten haben, ITRB 2016, 178; *Klug*, Stand der EU-parlamentarischen Beratungen zur Rolle des Datenschutzbeauftragten – ein kommentierter Überblick, RDV 2013, 14; *Klug*, Die Position des EU-Parlaments zur zukünftigen Rolle von Datenschutzbeauftragten – ein kommentierter Überblick, RDV 2014, 90; *Kort*, Was ändert sich für Datenschutzbeauftragte, Aufsichtsbehörden und Betriebsrat mit der DS-GVO?, ZD 2017, 3; *Kremer/Garsztecki*, Die Pflicht zur Benennung eines Datenschutzbeauftragten nach der Datenschutz-Grundverordnung (DSGVO) und dem BDSG-neu, AnwZert ITR 14/2017 Anm. 3; *Kühling/Martini et al.*, Die Datenschutz-Grundverordnung und das nationale Recht, 2016; *Marschall/Müller*, Der Datenschutzbeauftragte im Unternehmen zwischen BDSG und DS-GVO – Bestellung, Rolle, Aufgaben und Anforderungen im Fokus europäischer Veränderungen, ZD 2016, 415; *Niklas/Faas*, Der Datenschutzbeauftragte nach der Datenschutz-Grundverordnung, NZA 2017, 1091; *Voigt/von dem Bussche*, The EU General Data Protection Regulation – A Practical Guide, 2017; *Wybitul/von Gierke*, Checklisten zur DSGVO – Teil 2: Pflichten und Stellung des Datenschutzbeauftragten im Unternehmen, BB 2017, 181.

I. Einführung

Zu den politisch wohl umstrittensten Punkten der Datenschutz-Grundverordnung zählte die Frage nach der Pflicht zur Bestellung **behördlicher und betrieblicher Datenschutzbeauftragter**, einem zentralen Element der Selbstregulierung im Datenschutzrecht. In Art. 37 sieht das europäische Recht nun erstmals eine entsprechende Verpflichtung vor, wenn auch für einen wesentlich kleineren Kreis als in Deutschland gemäß BDSG-alt und BDSG. Die EG-Datenschutzrichtlinie hatte die Bestellung eines Datenschutzbeauftragten noch nicht als verpflichtend vorgesehen, sondern zunächst nur Anreize für dessen Bestellung geschaffen als Ersatz für die nunmehr aufgegebene Meldepflicht (vgl. Erwägungsgrund 89) gegenüber staatlichen Aufsichtsstellen (Art. 18 Abs. 2 EG-Datenschutzrichtlinie). 1

Die Bestellpflicht nach Art. 37 Abs. 1 folgt dem risikobasierten Ansatz der DSGVO. Zwischen Kommission, Rat und Europäischem Parlament konnte als Risikokonkretisierung keine Einigung über eine Mindestanzahl entweder der Mitarbeiter der zu verpflichtenden Unternehmen oder der durch die Datenver- 2 arbeitung Betroffenen erzielt werden[1]. Die Grundverordnung stellt stattdessen auf den datenverarbeitenden **Schwerpunkt der Tätigkeit** der verantwortlichen Stelle in Verbindung mit weiteren Kriterien ab.

Kleinere Veränderungen gegenüber dem BDSG-alt gibt es auch bei den detaillierter normierten **Ernennungsvoraussetzungen (Abs. 5 – s. Rz. 43 ff.).**

3 In Bezug auf die für Art. 37 maßgeblichen Erwägungen ist auf Erwägungsgrund 97 zu verweisen. Hieraus ergibt sich, dass ein Datenschutzbeauftragter seine „Pflichten und Aufgaben in vollständiger Unabhängigkeit ausüben können" muss, auch als Beschäftigter des Verantwortlichen[2].

4 Die Bestellung behördlicher oder betrieblicher Datenschutzbeauftragter stellt ein wesentliches Element der Selbstregulierung im Datenschutzrecht dar[3]. Der betriebliche Datenschutzbeauftragte soll eine **unternehmensinterne Kontrollinstanz** sein, die den ordnungsgemäßen Umgang mit personenbezogenen Daten besser überprüfen können soll als eine externe Aufsichtsbehörde[4]. Denn letzterer fehlt regelmäßig der Zugriff auf unternehmensinterne Informationen und der Überblick über Unternehmensabläufe. Im Idealfall ist der Datenschutzbeauftragte eine unabhängige und kritische Instanz, die Konflikte mit der verantwortlichen Stelle nicht scheut. Darüber hinaus steht er im Unternehmen Betroffenen als Anlaufstelle bei etwaigen Datenschutzverstößen zur Verfügung. Freilich kann ein hauseigener Kontrolleur aber auch rasch zu einer bloßen Alibi-Kontrollinstanz „verkommen", die den Datenschutz hinter Unternehmensinteressen zurückstehen lässt[5], was jedoch seit einer Serie von prominenten Datenschutzskandalen und den darauf folgenden Novellen des BDSG-alt im Jahr 2009 immer seltener der Fall zu sein scheint. Es ist spätestens seit diesem Zeitpunkt auf Seiten der Industrie ein Umdenken erkennbar, welches von großen Firmen über die Lieferantenketten an kleinere Unternehmen weitergereicht wird: Datenschutz wird „ernst" genommen. Das hat einen signifikanten Bedeutungszuwachs auf Seiten der betrieblichen Datenschutzbeauftragten zur Folge, die, vormals weniger beachtet, nunmehr dichter an die Geschäftsleitung herangerückt sind und mit dieser zunehmend im unmittelbaren Austausch stehen.

5 Art. 37 Abs. 1 regelt zunächst diejenigen Fälle, in denen die **Benennung eines Datenschutzbeauftragten verpflichtend** ist. Art. 37 Abs. 2 sieht eine Privilegierung für **Unternehmensgruppen** vor, die sich in Art. 37 Abs. 3 für **Behörden und öffentliche Stellen** entsprechend wiederfindet. Art. 37 Abs. 4 stellt es Unternehmen, die die Voraussetzungen des Abs. 1 nicht erfüllen, sodann frei, einen

---

1 Vgl. zur Entwurfskritik etwa *Eckhardt/Kramer/Mester*, DuD 2013, 623 ff.; vgl. bspw. Ehmann/Selmayr/*Heberlein*, Art. 37 DSGVO Rz. 4 ff.
2 Dies gebot auch Erwägungsgrund 49 zur EG-Datenschutzrichtlinie.
3 Vgl. Taeger/Gabel/*Scheja*, § 4f BDSG-alt Rz. 9.
4 Schon zur alten Rechtslage *Däubler*, DuD 2010, 20.
5 So Däubler/Klebe/Wedde/Weichert/*Däubler*, § 4f BDSG-alt Rz. 1.

Datenschutzbeauftragten zu benennen, falls dies nach EU-Recht oder dem Recht der jeweiligen Mitgliedstaaten nicht bereits vorgeschrieben ist. Art. 37 Abs. 5 normiert die **Anforderungen**, die an den zu bestellenden Datenschutzbeauftragten bestehen. Art. 37 Abs. 6 beschreibt die möglichen **Arten der Anstellung** eines Datenschutzbeauftragten. Schließlich regelt Art. 37 Abs. 7 die Pflicht, die **Kontaktdaten** des Datenschutzbeauftragten zu veröffentlichen und diese der zuständigen Aufsichtsbehörde mitzuteilen.

II. Pflicht zur Bestellung (Abs. 1)

1. Grundsatz

Zur Bestellung eines Datenschutzbeauftragten verpflichtet ist nach Art. 37 Abs. 1 Buchst. a zunächst jede i.S.v. Art. 2 Abs. 1 datenverarbeitende **Behörde** oder **öffentliche Stelle** mit Ausnahme von Gerichten, soweit sie im Rahmen ihrer justiziellen Tätigkeit handeln[6]. 6

Darüber hinaus nennt Art. 37 Abs. 1 zwei weitere Tatbestände für **nicht-öffentliche Stellen**, die sowohl Verantwortliche als auch Auftragsverarbeiter sein können: 7

– Zur Bestellung eines Datenschutzbeauftragten verpflichtet sind gemäß Abs. 1 Buchst. b nicht-öffentliche Stellen, deren **Kerntätigkeit** in der Durchführung von Verarbeitungsvorgängen besteht, die aufgrund ihrer Art, ihres Umfangs und/oder ihrer Zwecke eine **umfangreiche, regelmäßige und systematische Überwachung** betroffener Personen erforderlich machen

– sowie gemäß Abs. 1 Buchst. c nicht-öffentliche Stellen, deren **Kerntätigkeit** in der umfangreichen Verarbeitung entweder **besonderer Kategorien personenbezogener Daten** gemäß Art. 9 DSGVO, oder aber **strafrechtlich relevanter personenbezogener Daten** gemäß Art. 10 DSGVO besteht.

Für alle übrigen Fälle ist die Ernennung von Datenschutzbeauftragten, wie Art. 37 Abs. 4 klarstellt, fakultativ, soweit sie nicht anderweitig rechtlich vorgeschrieben wird. Nicht-öffentliche Stellen sollten eine solche Entscheidung unter Berücksichtigung ihrer wirtschaftlichen Situation und ihrer Datenverarbeitungsprozesse treffen, gerade auch in Fällen, in denen es für die Stelle unklar ist, ob eine Pflicht zur Bestellung nach Art. 37 Abs. 1 besteht. Damit wird ein möglicher Verstoß gegen diese Vorschrift vermieden. Es ist anzuraten, den internen Entscheidungsprozess zur möglichen Bestellung eines Datenschutzbeauftragten 8

---

6 Mit dieser Ausnahme will der Gesetzgeber die Unabhängigkeit der Gerichte wahren, vgl. Erwägungsgrund. 20 DSGVO. Es sollen hier stattdessen besondere Stellen im Justizsystem des Mitgliedstaats mit der Aufsicht über die Datenverarbeitungsvorgänge betraut werden.

zu dokumentieren, um im Zweifel nachweisen zu können, dass die einschlägigen Faktoren bei der Entscheidung berücksichtigt wurden[7]. Diese Dokumentation ist Teil der allgemeinen Rechenschaftspflicht von Unternehmen unter der DSGVO (Art. 5 Abs. 2) und kann von der zuständigen Aufsichtsbehörde angefordert werden[8]. Sie sollte regelmäßig aktualisiert werden, z.B. wenn neue Tätigkeiten begonnen oder neue Dienstleistungen angeboten werden, die ggf. in die von Art. 37 Abs. 1 beschriebenen Tätigkeitsfelder fallen[9].

a) Behörden und öffentliche Stellen

9 Alle Behörden und öffentlichen Stellen, die Daten verarbeiten, haben die Pflicht, einen Datenschutzbeauftragten zu bestellen.

10 Ausgenommen von dieser Pflicht sind **Gerichte**, die im Rahmen ihrer justiziellen Tätigkeit handeln. Hier wird rechtsprechende von verwaltender gerichtlicher Tätigkeit unterschieden[10]. Zudem sollen laut Erwägungsgrund 97 **unabhängige Justizbehörden** gleichermaßen erfasst sein. Die Unabhängigkeit meint hier nicht eine staatsferne Organisation, sondern die Befugnis zu unabhängiger Entscheidung von rechtsprechendem Charakter[11], wie sie etwa Aufsichtsbehörden, Prüfstellen oder Kartellämter besitzen. Zu beachten ist diesbezüglich aber § 5 Abs. 1 BDSG, welcher diese Differenzierung im deutschen Datenschutzrecht nicht trifft.

11 Der Begriff der „Behörde oder öffentlichen Stelle" ist in der DSGVO nicht definiert und soll sich aus nationalen Regelungen ergeben[12]. Durch die Alternative der „öffentlichen Stelle" ist die deutsche Unterscheidung zwischen verwaltungsorganisations- und verwaltungsverfahrensrechtlichem (funktionalem) Behördenbegriff hier nicht entscheidend. Vielmehr kommt es darauf an, dass die „Stelle" öffentlich-rechtlich handelt[13]. Mit „Stelle" ist die rechtliche Einheit gemeint[14].

12 Die Artikel 29-Datenschutzgruppe betont, dass für Privatrechtspersonen in Ausführung öffentlicher Aufgaben zwar keine Pflicht zur Bestellung eines Datenschutzbeauftragten bestehe, dies aber „zum guten Ton" gehöre[15]. *Feiler/Forgó*

---

7 Artikel 29-Datenschutzgruppe, 16/EN WP 243 rev.01, 5.
8 Artikel 29-Datenschutzgruppe, 16/EN WP 243 rev.01, 5.
9 Artikel 29-Datenschutzgruppe, 16/EN WP 243 rev.01, 5.
10 *Niklas/Faas*, NZA 2017, 1091; Paal/Pauly/*Paal*, Art. 37 DSGVO Rz. 6; Sydow/*Helfrich*, Art. 37 DSGVO Rz. 56.
11 Paal/Pauly/*Paal*, Art. 37 DSGVO Rz. 7; Sydow/*Helfrich*, Art. 37 DSGVO Rz. 57.
12 Artikel 29-Datenschutzgruppe, 16/EN WP 243 rev.01, 6.
13 Vgl. Ehmann/Selmayr/*Heberlein*, Art. 37 DSGVO Rz. 19 mit Verweis auf Erwägungsgrund 45.
14 Es gilt der funktionale Behördenbegriff, s. zum bisherigen Datenschutzrecht *Abel*, MMR 2002, 290.
15 Artikel 29-Datenschutzgruppe, 16/EN WP 243 rev.01, 6.

wollen den Begriff an den des „öffentlichen Auftraggebers" des Art. 2 Abs. 1 Ziffer 1 Richtlinie 2014/24/EU (Vergaberichtlinie) angleichen und damit öffentliche Unternehmen ausschließen[16]. Öffentliche Unternehmen hätten damit nach Art. 37 Abs. 1 Buchst. a keine Pflicht zur Bestellung eines Datenschutzbeauftragten.

b) Systematische Überwachung

Art. 37 differenziert in Abs. 1 nicht ausdrücklich zwischen öffentlichen und nichtöffentlichen Stellen, sieht vielmehr nur für öffentliche Stellen eine grundsätzliche Benennungspflicht vor (Buchst. a). Buchst. b und c nehmen öffentliche Stellen nicht ausdrücklich von der für alle geltenden Regelung aus, sodass grundsätzlich die durch Buchst. a ausgenommenen justiziell handelnden Gerichte wiederum von einer Bestellungspflicht nach Buchst. b, c erfasst werden könnten. Faktisch kommt die Normierungstechnik jedoch einer Privilegierung nicht-öffentlicher Stellen gegenüber den grundsätzlich bestellungspflichtigen öffentlichen Stellen gleich, sodass die in Deutschland bislang übliche Differenzierung zwischen öffentlichen und nichtöffentlichen Stellen nicht als vollends „überkommen"[17] bezeichnet werden kann. 13

Die Pflicht zur Bestellung eines Datenschutzbeauftragten gemäß Art. 37 Abs. 1 Buchst. b trifft Verantwortliche und Auftragsverarbeiter, deren 14

- **Kerntätigkeiten** in der Durchführung von Verarbeitungsvorgängen bestehen,
- welche **aufgrund** ihrer **Art**, ihres **Umfangs** und/oder ihrer **Zwecke**
- eine **umfangreiche regelmäßige und systematische Überwachung** von betroffenen Personen **erforderlich** machen (s. insofern bereits Rz. 7).

Der sehr offen gefasste Tatbestand wirft zahlreiche Fragen auf[18]. Zentraler Streitpunkt dürfte die Auslegung sämtlicher Merkmale des Tatbestandes, nämlich der Begriffe der Kerntätigkeit, der Regelmäßigkeit und Systematik, der Überwachung sowie des Umfanges sein. 15

Die **Schwierigkeiten der Auslegung** lassen sich am Beispiel einer Factoringgesellschaft aufzeigen: Ob die Kerntätigkeit in der Durchführung von Verarbeitungsvorgängen besteht, beurteilt sich danach, ob man die Tätigkeit aus der Perspektive des Gläubigers (Forderungsankauf), aus der Perspektive des Schuldners (Geltendmachung von Forderungen) oder aus der internen Perspektive der Mitarbeiter (Erfassung und Verarbeitung von Zahlungsdaten) betrachtet. Unter Zugrundelegung der zuletzt genannten Perspektive stellt sich die Frage, ob diese 16

---

16 *Feiler/Forgó*, Art. 37 DSGVO Rz. 2.
17 *Kühling/Martini*, Die DSGVO und das nationale Recht, 13.
18 So auch *Niklas/Faas*, NZA 2017, 1092. Zum Verständnis des Begriffs der Kerntätigkeit s. auch *Gierschmann*, ZD 2016, 52.

Tätigkeit überhaupt eine „Überwachung" erfordert, oder ob nicht die Kenntnisnahme des Zahlungsverhaltens der Schuldner ein bloßer Nebeneffekt der Buchhaltung ist, und schließlich auch, ob das Wesen dieser Tätigkeit eine regelmäßige und systematische Überwachung erfordert, wenn die Gesellschaft teilweise nur einzelne Forderungen, teilweise aber mehrere Forderungen gegen denselben Gläubiger erwirbt. Weiterhin wäre zu klären, ab welcher Zahl der Forderungen oder Mitarbeiter oder ab welcher Höhe einer einzelnen oder der Gesamthöhe der Forderungen von einer „umfangreichen" Überwachung die Rede sein kann.

17 Auch angesichts des Drohpotentials durch hohe Bußgelder (vgl. Rz. 66) führt die Vorschrift zu einer erheblichen Rechtsunsicherheit. Im Rahmen des Trilogs wurde eine für Abs. 9 vorgesehene Ermächtigung der Kommission zur Präzisierung des Tatbestandes gestrichen. Auch der Europäische Datenschutzausschuss ist nach der Verordnung nicht zur Aufstellung von Leitlinien berufen.

18 Maßgeblich für die Auslegung sollte stets sein, wie risikobehaftet die konkrete Datenverarbeitung für den Betroffenen ist. Das Risiko ist höher, je mehr Daten erfasst werden, je sensibler sie sind, je mehr Personen darauf Zugriff haben und je länger sie gespeichert werden.

19 Für eine Bestellungspflicht gemäß Art. 37 Abs. 1 Buchst. b muss zunächst die Datenverarbeitung eine **Kerntätigkeit** der nicht-öffentlichen Stelle darstellen. Erwägungsgrund 97 liefert zum Begriff der Kerntätigkeit neben einer Wiederholung des Wortlautes der Norm lediglich den Anhaltspunkt, dass sich der Begriff auf die Haupttätigkeiten („core activities") und nicht auf Hilfstätigkeiten der Stelle bezieht. Kerntätigkeiten sind Geschäftsbereiche, die entscheidend zur Realisierung der Geschäftsstrategie des Unternehmens beitragen und nicht nur routinemäßige Verwaltungs- und Erhaltungsaufgaben darstellen[19]. Datenverarbeitungen müssen also zur Geschäftszweckerreichung des Verantwortlichen oder Auftragsverarbeiters unerlässlich, aber nicht die einzige Tätigkeit als Selbstzweck sein[20]. Abzulehnen ist demnach die teilweise vertretene Ansicht[21], maßgeblich sei die Risikohaftigkeit von unmittelbar mit der Kerntätigkeit in Zusammenhang stehenden Datenverarbeitungen, derzufolge weitere risikobehaftete Datenverarbeitungen zu anderen als den Kernzwecken aus dem Regelungsbereich fielen[22]. Vielmehr wird die Risikohaftigkeit erst relevant, wenn bereits feststeht, dass die Datenverarbeitung eine Kerntätigkeit darstellt.

20 Während z.B. Krankenhäuser und Bewachungsunternehmen ihre Aufgaben kaum effektiv erfüllen können, ohne verschiedenste Patienten- bzw. Kundendaten zu verarbeiten, ist hingegen die in jedem Unternehmen stattfindende Ver-

---

19 *Jaspers/Reif*, RDV 2016, 62.
20 Artikel 29-Datenschutzgruppe, 16/EN WP 243 rev.01, 7.
21 *Marschall/Müller*, ZD 2016, 417.
22 So auch *Niklas/Faas*, NZA 2017, 1092.

waltung von Mitarbeiterdaten, insbesondere zu Lohnzahlungszwecken, lediglich eine routinemäßige Verwaltungstätigkeit[23]. Bei ersteren hingegen ist die Datenverarbeitung gleichwohl als Kerntätigkeit anzusehen, auch wenn die Datenverarbeitung nicht den Hauptzweck der Tätigkeit von Krankenhäusern oder Bewachungsunternehmen darstellt[24]. Der Betrieb von Überwachungskameras in einem Kaufhaus wiederum ist bloße Nebentätigkeit des Kaufhausbetreibers zu Zwecken des Diebstahlschutzes.

Weiterhin müssen die Datenverarbeitungsvorgänge durch Art, Umfang oder Zweck eine umfangreiche regelmäßige und systematische **Überwachung der betroffenen Personen erforderlich machen**. Diese Formulierung – auch die englische[25] – ist missglückt. Sie suggeriert, dass die erhobenen Daten selbst (Umfang, Art, Zweck) maßgeblich dafür sind, ob die Person umfassend überwacht werden sollte; somit eine weitergehende Überwachung daraus resultieren sollte, als sie die Datenverarbeitung selbst darstellt. Das wäre ein Zirkelschluss[26], zumal die DSGVO dann zu weitergehender Datenerhebung verpflichten würde, was ihrem Ziel zuwiderliefe. Tatsächlich *zeigt* sich an den erhobenen Daten, ob die Datenverarbeitungsvorgänge der nicht-öffentlichen Stelle eine umfangreiche systematische und regelmäßige Überwachung *darstellen*, welche dann wiederum die Bestellung eines Datenschutzbeauftragten erfordern würde. In der Praxis wird die Norm allenthalben so verstanden, ohne dass man sich dabei an ihrer Formulierung stößt[27]. Eine andere Deutungsmöglichkeit wäre es, die erforderliche Überwachung mit der Pflicht zur Bestellung eines Datenschutzbeauftragten gleichzusetzen, was aber mit dem Wortlaut „Überwachung *von betroffenen Personen*" nur schwerlich vereinbar wäre. Alternativ könnte gemeint sein, dass in solchen Fällen eine umfassende Überwachung *durch* betroffene Personen möglich sein muss. Diese Deutung wiederum verhindert der englische Wortlaut („monitoring of data subjects"). 21

Alles in allem sind nach erstgenannter Verständnismöglichkeit Art, Umfang und/oder Zweck der Datenverarbeitung Kriterien für die Beurteilung des *Vorliegens* einer umfangreichen Überwachung (welche zudem systematisch und regelmäßig erfolgen muss). Alle vier auszulegenden Begriffe stehen somit in einer Wechselwirkungsbeziehung. 22

---

23 Anders aber Paal/Pauly/*Paal*, Art. 37 DSGVO Rz. 8 mit Verweis auf *Weichert*, CuA 4/2016, 8 (10); unentschieden Sydow/*Helfrich*, Art. 37 DSGVO Rz. 65f., 71, der auch bei Rechtsanwälten und Steuerberatern Probleme sieht.
24 Artikel 29-Datenschutzgruppe, 16/EN WP 243 rev.01, 7.
25 In der englischen Fassung werden mit „scope" und „large scale" wenigstens unterschiedliche Begriffe für den in der deutschen Fassung gedoppelten „Umfang" verwendet, was das Verständnis aber i.E. nicht erleichtert.
26 Auch *Hoeren*, ZD 2012, 355 (356f.) weist darauf hin, dass das Vorliegen des Tatbestandes erst nach entsprechender Prüfung beurteilt werden könne, weswegen die Vorschrift „leicht zirkulär" sei.
27 Vgl. Gola/*Klug*, Art. 37 DSGVO Rz. 9 ff.; Paal/Pauly/*Paal*, Art. 37 DSGVO Rz. 8.

23 Der Begriff der **Überwachung** („von betroffenen Personen") ist in der englischen Fassung der DSGVO derselbe, der in Art. 3 Nr. 2 Buchst. b als Beobachtung („[des] Verhalten[s] betroffener Personen [..., das] in der Union erfolgt") übersetzt wurde. Hierfür liefert Erwägungsgrund 24 weitere Erläuterungen, demzufolge als Beobachtung (oder Überwachung) eine Verarbeitungstätigkeit anzusehen ist, bei der Internetaktivitäten des Betroffenen nachvollzogen und ggf. technisch zu einem Personenprofil verarbeitet werden, das die Vorlieben, Verhaltensweisen oder Gepflogenheiten des Betroffenen darstellt. Für Genaueres sei auf die Kommentierung zu Art. 3 DSGVO Rz. 25 ff. verwiesen.

24 Die Artikel 29-Datenschutzgruppe weist darauf hin, dass der Begriff in Art. 37 in anderem Zusammenhang stehe als in Art. 3 Abs. 2 Buchst. b, indem es um die Überwachung von Personen und nicht ihres Verhaltens auf Unionsgebiet gehe, was zu einer anderen Konnotation führen könnte – weshalb sie auch möglicherweise unterschiedlich übersetzt worden sind. Außerdem sei die von Art. 37 Abs. 1 Buchst. b geforderte Überwachung nicht zwingend auf Internetaktivitäten beschränkt, sondern könne auch auf andere Weise erfolgen[28]. Jedenfalls werden Daten über eine Person erhoben, die sich zu einer gewissen Profilbildung eignen.

25 Nach dem unter Rz. 21 f. Ausgeführten sind für das Vorliegen einer Überwachung auch Umfang, Art und/oder Zweck der Datenverarbeitung maßgeblich. Je risikobehafteter in diesem Sinne die Datenverarbeitung ist, desto eher stellt sie eine Überwachung dar.

26 Die Risikoträchtigkeit der **Art** des Datenverarbeitungsvorgangs kann sich auf zwei Weisen ergeben. Zum einen kann die Verarbeitungsweise ein besonderes Risiko bergen. Das ist insbesondere der Fall, wenn die Datenverarbeitung durch neuartige Technologien erfolgt (vgl. Erwägungsgrund 89) oder aber regelmäßig Daten an Stellen außerhalb der Europäischen Union übermittelt werden[29]. Hingegen mindert eine anonymisierte Datenverarbeitung die Risiken für den Betroffenen[30]. Neben der Art des Verarbeitungsvorgangs kann auch die Art der erhobenen Daten selbst für die Beurteilung der Risikoträchtigkeit eine Rolle spielen. Je sensibler die erhobenen Daten, desto gefährlicher ist auch der Datenverarbeitungsvorgang für den Betroffenen. Diesbezüglich ist eine Orientierung an den zum allgemeinen Persönlichkeitsrecht entwickelten Fallgruppen möglich.

27 Der **Zweck** der Datenverarbeitung ist für den Betroffenen weniger risikobehaftet, je notwendiger die Datenverarbeitung für das Erbringen von Leistungen an ihn ist, welche er von der jeweiligen Stelle einfordert.

28 Für die Beurteilung des **Umfangs** einer Datenverarbeitung gibt Erwägungsgrund 91 eine Orientierung – auch wenn dieser sich grundsätzlich auf Datenschutz-

---

28 Artikel 29-Datenschutzgruppe, 16/EN WP 243 rev.01, 8.
29 Artikel 29-Datenschutzgruppe, 16/EN WP 243 rev.01, 11.
30 Gola/*Klug*, Art. 37 DSGVO Rz. 10.

Folgenabschätzungen bezieht, kann er zu einer ersten Auslegung der Begrifflichkeit der umfangreichen Verarbeitung herangezogen werden. So ist eine Datenverarbeitung umfangreich, wenn „*große Mengen personenbezogener Daten auf regionaler, nationaler oder supranationaler Ebene [verarbeitet werden], [sie] eine große Zahl von Personen betreffen [kann…], – beispielsweise aufgrund ihrer Sensibilität – wahrscheinlich ein hohes Risiko mit sich [bringt] und bei [der] entsprechend dem jeweils aktuellen Stand der Technik in großem Umfang eine neue Technologie eingesetzt wird.*". Explizit schließt Erwägungsgrund 91 einen Umfangsreichtum aus, wenn Datenverarbeitungsvorgänge „*personenbezogene Daten von Patienten oder von Mandanten [betreffen] und durch einen einzelnen Arzt, sonstigen Angehörigen eines Gesundheitsberufes oder Rechtsanwalt [erfolgen]*".

Letztere stellen nahezu die minimalstmöglichen Datenverarbeiter dar, sodass hierdurch kaum klar wird, wo die Grenze zu umfangreicher Datenverarbeitung verläuft[31]. Einzig auffällig an diesem Beispiel ist, dass bei Einzelärzten und -anwälten nur wenige Personen Zugriff auf die Patienten-/Mandantendaten haben und Verarbeitungen in der Regel nur auf Veranlassung des Betroffenen im konkreten Zusammenhang mit einer Leistungserbringung an ihn erfolgt. Deutlich wird deshalb auch hier, dass die Risiken für den Betroffenen maßgebend für die Beurteilung sein sollen, welche sich beispielsweise auch aus der Automatisierung von Verarbeitungsvorgängen sowie aus der Verwendung neuer Technologien ergeben können (so auch Erwägungsgrund 89). Die Artikel 29-Datenschutzgruppe empfiehlt, folgende Faktoren bei der Bestimmung von Umfangsreichtum zu berücksichtigen[32]: 29

- Die Anzahl betroffener Personen (entweder als genaue Zahl oder als Prozentsatz der jeweiligen Bevölkerungsgruppe),
- den Umfang der Daten und/oder die Vielfältigkeit der verschiedenen Datensätze,
- die Dauer oder Dauerhaftigkeit der Datenverarbeitungstätigkeit,
- die geografische Ausdehnung der Datenverarbeitungstätigkeit.

Diese Faktoren erfüllen ihr zufolge beispielsweise die Datenverarbeitungstätigkeiten von Krankenhäusern, Versicherungsunternehmen, Banken, Telefon- und Internetanbietern u.Ä. Auch die Untersuchung von Online-Verhalten zwecks personifizierter Werbung durch beispielsweise Suchmaschinen sowie die – in Deutschland nicht verbreitete – Registrierung von ÖPNV-Nutzung durch personifizierte Dauerkarten sind von diesem Maßstab erfasst.

Hinsichtlich der **Regelmäßigkeit und Systematik** der Überwachung (= der Datenverarbeitungsvorgänge, s. Rz. 23 f.) benennt die Artikel 29-Datenschutzgruppe diverse Auslegungsmöglichkeiten. So soll „regelmäßig" unter anderem fortlaufend 30

---

31 Artikel 29-Datenschutzgruppe, 16/EN WP 243 rev.01, 7.
32 Artikel 29-Datenschutzgruppe, 16/EN WP 243 rev.01, 8.

oder zu bestimmten Zeitabständen für eine bestimmte Periode auftretend, wiederkehrend oder zu festen Zeiten wiederholt, durchgehend oder periodisch stattfindend bedeuten. „Systematisch" soll einem System zufolge stattfindend, zuvor festgelegt, organisiert oder methodisch, als Teil eines generellen Datensammlungskonzepts stattfindend oder als Teil einer Strategie ausgeführt bedeuten[33], somit ein qualitatives Merkmal darstellen, während die Regelmäßigkeit ein zeitliches ist[34]. Zu Tätigkeiten, die eine regelmäßige und systematische Überwachung erfordern, sollen somit u.a. Telekommunikationsdienstleistungen, Profiling- und Scoring-Dienstleistungen zur Risikobewertung (bspw. Kreditwürdigkeitsprüfung), Location Tracking bspw. durch Apps, Überwachung von Fitness- und Gesundheitsdaten mittels tragbarer Geräte wie Fitnessarmbändern und vernetzte Geräte bspw. im Haushalt zählen.

31 Zusammengefasst ergibt sich folgendes Prüfungsschema für eine Bestellpflicht nach Art. 37 Abs. 1 Buchst. b:
– Stellen Datenverarbeitungen eine Kerntätigkeit der Stelle dar?
– Handelt es sich nach Umfang, Art oder Zweck um eine risikobehaftete Datenverarbeitung?
– Stellen die Datenverarbeitungsvorgänge eine umfangreiche Überwachung von Personen dar (= Ist Profilbildung möglich)?
– Werden regelmäßig und systematisch personenbezogene Daten verarbeitet?

c) Umfangreiche Verarbeitung besonderer Daten

32 Verpflichtet sind außerdem alle Verantwortlichen und Auftragsverarbeiter, deren Kerntätigkeiten in der umfangreichen Verarbeitung besonderer Kategorien personenbezogener Daten i.S.d. Art. 9[35] und 10[36] bestehen. Entgegen dem Wortlaut müssen personenbezogene Daten i.S.d. Art. 9 und 10 nicht kumulativ verarbeitet werden; es genügt, wenn eine der beiden Kategorien einschlägig ist[37].

---

33 Artikel 29-Datenschutzgruppe, 16/EN WP 243 rev.01, 8 f.
34 Sydow/*Helfrich*, Art. 37 DSGVO Rz. 83.
35 Personenbezogene Daten i.S.d. Art. 9 sind Daten, aus denen die rassische und ethnische Herkunft, politische Meinungen, religiöse oder weltanschauliche Überzeugungen oder die Gewerkschaftszugehörigkeit hervorgehen, sowie genetische Daten, biometrische Daten zur eindeutigen Identifizierung einer natürlichen Person, Gesundheitsdaten oder Daten zum Sexualleben oder der sexuellen Orientierung einer natürlichen Person.
36 Personenbezogene Daten i.S.d. Art. 10 sind Daten über strafrechtliche Verurteilungen und Straftaten oder damit zusammenhängende Sicherungsmaßregeln. Ehmann/Selmayr/*Heberlein* weisen darauf hin, dass Art. 37 Abs. 1 Buchst. c die Sicherungsmaßregeln nicht erwähnt, derartige Daten aber sinnvollerweise nicht ohne die übrigen (strafrechtlichen) verarbeitet werden können (Art. 37 DSGVO Rz. 26).
37 Vgl. Artikel 29-Datenschutzgruppe, 16/EN WP 243 rev.01, 9.

Für die Auslegung der Begriffe der Kerntätigkeiten sowie der umfangreichen Verarbeitung ist auf oben zu verweisen (s. schon unter Rz. 19 ff., 28 f.).

Zur Bestellung eines Datenschutzbeauftragten nach Art. 37 Abs. 1 Buchst. c werden v.a. Unternehmen mit datengetriebenen Geschäftsmodellen verpflichtet sein, unschwer z.B. mit genetischen Untersuchungen wie DNA-Analysen befasste Labors. Die Bestellpflicht wegen Verarbeitung strafrechtlicher Daten wird unterstützt durch Art. 32 Abs. 1 der zeitgleich erlassenen Datenschutzrichtlinie für Polizei und Justiz, welcher – in Verbindung mit dem nationalen Umsetzungsgesetz – alle behördlichen Verarbeiter von derartigen Daten (Art. 1 Abs. 1 derselben) ebenfalls zur Bestellung eines Datenschutzbeauftragten verpflichtet. 33

2. Privilegierungen (Abs. 2, 3)

a) Konzernprivileg (Abs. 2)

Art. 37 Abs. 2 sieht ein **Konzernprivileg** vor. Demnach genügt die Bestellung eines einzelnen Datenschutzbeauftragten für eine **Unternehmensgruppe**[38], sofern dieser von jeder Niederlassung einfach **erreichbar** ist. Seine Erreichbarkeit ist auch in Art. 38 Abs. 4, 39 Abs. 1 bezogen auf Mitarbeiter und Aufsichtsbehörden vorausgesetzt. Hiermit wird weniger die technische Erreichbarkeit mittels Fernkommunikation gemeint sein, wie es eine teilweise vertretene Ansicht genügen lässt[39] (und der Voraussetzung aufgrund der tatsächlichen Gegebenheiten so nahezu jeden Regelungsgehalt abspricht)[40], als vielmehr die Verbreitung der Information unter den Mitarbeitern in den einzelnen Niederlassungen, wer der Beauftragte ist und wie er erreicht werden kann[41]. Auch die Arbeitsbelastung spielt für die Beurteilung der Erreichbarkeit eine Rolle[42]. 34

Fraglich ist jedoch, ob außerdem Anforderungen an die **räumliche Nähe** zu stellen sind. Die Vertreter dieser Ansicht[43] sehen in der Regelung ein Erfordernis, dem Datenschutzbeauftragten unter zumutbarem zeitlichen und finanziellen Aufwand persönlich gegenübertreten zu können. Für den einzelnen Mitarbeiter wird hier eine Tagesreise innerhalb seiner üblichen Arbeitszeit mit erstattungs- 35

---

38 Eine Unternehmensgruppe ist nach Art. 4 Ziffer 19 DSGVO eine Gruppe, die aus einem herrschenden Unternehmen und den von diesem abhängigen Unternehmen besteht. Die Definition entspricht der des Konzerns in § 18 AktG.
39 Feiler/Forgó, Art. 37 DSGVO Rz. 9; Marschall/Müller, ZD 2016, 417; Schaffland/Wiltfang/*Schaffland/Holthaus*, Art. 37 DSGVO Rz. 16.
40 Vgl. Paal/Pauly/*Paal*, Art. 37 DSGVO Rz. 10 und gar Schaffland/Wiltfang/*Schaffland/Holthaus*, Art. 37 DSGVO Rz. 16 selbst.
41 Artikel 29-Datenschutzgruppe, 16/EN WP 243 rev.01, 10; Kühling/Buchner/*Bergt*, Art. 37 DSGVO Rz. 28.
42 Vgl. Kühling/Buchner/*Bergt*, Art. 37 DSGVO Rz. 29.
43 So Kühling/Buchner/*Bergt*, Art. 37 DSGVO Rz. 28; Niklas/Faas, NZA 2017, 1092, Paal/Pauly/*Paal*, Art. 37 DSGVO Rz. 10; wohl auch Sydow/*Helfrich*, Art. 37 DSGVO Rz. 96 f.

fähigen Verkehrsmitteln als Maximalgrenze angesehen, sofern nicht der Datenschutzbeauftragte in wenigen Tagen an dessen Arbeitsplatz zu sprechen ist. Hier spielt auch dessen Auslastung eine Rolle. *Klug* erwägt mit Verweis auf *Franck/Reif*[44] eine Kompensierung durch Hilfskräfte[45]. Die Artikel 29-Datenschutzgruppe empfiehlt unabhängig vom Sitz des Verantwortlichen oder Auftragsverarbeiters eine europäische Niederlassung des Datenschutzbeauftragten.

36 Vor Bestellung des Datenschutzbeauftragten ist auch an mögliche sprachliche (Kommunikations-)Hindernisse zu denken[46]. Der Datenschutzbeauftragte sollte unabhängig von der Konzernsprache in der **Sprache** der jeweiligen nationalen Regelungen für die Mitarbeiter kontaktierbar sein[47]. Denkbar sind hierfür auch bilinguale Hilfspersonen in der deutschen verantwortlichen Stelle, die mit den Betroffenen als „Sprachrohr" des Datenschutzbeauftragten kommunizieren können[48]. Die betroffenen Konzerne werden bei Bestellung eines Datenschutzbeauftragten für mehrere Konzerngesellschaften stets ihre sehr unterschiedlichen Ausgangssituationen zu berücksichtigen haben; es empfiehlt sich, diese im Rahmen der schriftlichen Bestellung des Konzern-Datenschutzbeauftragten einzubeziehen und erforderlichenfalls datenschutzrechtlich zu rechtfertigen.

37 Schon nach der Rechtslage des § 4f BDSG-alt konnte dieselbe Person für mehrere Unternehmen innerhalb eines Konzerns bestellt werden. Die praktische Erleichterung des Konzernprivilegs nach der DSGVO besteht darin, dass keine separate Bestellung für jede Niederlassung mehr erfolgen muss. Zudem war die Zulässigkeit derartigen Vorgehens nach alter Rechtslage nicht ausdrücklich geklärt[49].

b) Privilegierung öffentlicher Stellen (Abs. 3)

38 Privilegiert werden nach Art. 37 Abs. 3 zudem die **öffentlichen Stellen**. Demnach kann unter Berücksichtigung von Organisationsstruktur und Größe ein einziger Beauftragter für mehrere Behörden oder öffentliche Stellen bestellt werden. Da weitere Kriterien nicht genannt werden und der Maßstab von Größe und Struktur der Institution stark wertungsabhängig ist, dürfte ein weites Ermessen der Mitgliedstaaten gegeben sein. Nach dem Zweck der Regelung wird mindestens zu fordern sein, dass die jeweiligen Beauftragten faktisch in der Lage sind, ihren Zuständigkeitsbereich zu überblicken und ihre Aufgaben nach

---

44 *Franck/Reif*, ZD 2015, 405.
45 Gola/*Klug*, Art. 37 DSGVO Rz. 17; ähnlich Ehmann/Selmayr/*Heberlein*, Art. 37 DSGVO Rz. 30.
46 Artikel 29-Datenschutzgruppe, Guidelines on Data Protection Officers, 5. April 2017, S. 10; Marschall/Müller, ZD 2016, 415 (417); *Jaspers/Reif*, RDV 2016, 61 (63).
47 Vgl. Kühling/Buchner/*Bergt*, Art. 37 DSGVO Rz. 29.
48 *Niklas/Faas*, NZA 2017, 1093; Schaffland/Wiltfang/*Schaffland*/Holthaus, Art. 37 DSGVO Rz. 16.
49 *Niklas/Faas*, NZA 2017, 1093.

Art. 39 wirksam wahrzunehmen[50]. Schon § 4f Abs. 1 Satz 5 BDSG-alt sah für öffentliche Stellen im Gegensatz zu den nicht-öffentlichen Stellen ausdrücklich die Möglichkeit eines gemeinsamen Datenschutzbeauftragten für mehrere Bereiche vor, wenn auf diese Weise die Effizienz des Datenschutzes gesteigert werden konnte. Die Regelung des Art. 37 Abs. 3 zielt dagegen für die Zulässigkeit der Privilegierung vielmehr darauf ab, ob der Datenschutzbeauftragte trotz der behördenübergreifenden Konzentrierung seines Amtes in der Lage ist, seine Tätigkeit wirksam auszuüben[51]. Bei unzusammenhängenden Stellen wird kein gemeinsamer Datenschutzbeauftragter bestellt werden können[52]. In Betracht kommt aber – vergleichbar zur ehemaligen deutschen Rechtslage bzgl. nicht-öffentlicher Stellen – die Einzelbestellung derselben Person als Datenschutzbeauftragter für unterschiedliche Behörden, sofern der Datenschutzbeauftragte seinen Aufgaben allerorts vollumfänglich nachkommen kann[53].

3. Fakultative Bestellung und Öffnungsklausel (Abs. 4)

a) Fakultative Bestellung

Sollte keiner der Fälle des Art. 37 Abs. 1 Buchst. b oder c greifen, können Unternehmen, gleichwohl hierzu keine Pflicht besteht, einen Datenschutzbeauftragten fakultativ bestellen. Es sollte jedoch stets berücksichtigt werden, dass auch ein fakultativ bestellter Datenschutzbeauftragter die Regelungen der DSGVO einzuhalten und die gesetzlich vorgeschriebenen Verantwortlichkeiten dieser Position wahrzunehmen hat[54]. Zum Datenschutzbeauftragten nach dem BDSG-alt wurde hier eine gewisse Gestaltungsfreiheit vertreten[55]. Um zu vermeiden, dass lediglich mit Tätigkeiten im Rahmen des Schutzes von personenbezogenen Daten betraute Personen alle Pflichten eines Datenschutzbeauftragten nach der DSGVO erfüllen müssen, sollten solche Personen sowohl intern als auch gegenüber Betroffenem, Aufsichtsbehörde oder Dritten nicht „Datenschutzbeauftragter", sondern. z.B. „Kontaktperson"[56] oder „Berater"[57] genannt werden. Dies er-

39

---

50 A.A. Schaffland/Wiltfang/*Schaffland/Holthaus*, Art. 37 DSGVO Rz. 18.
51 Vgl. noch zum BDSG-alt Simitis/*Simitis*, § 4f BDSG Rz. 38 f.
52 *Heberlein* fordert etwa in Ehmann/Selmayr, Art. 37 DSGVO Rz. 31 identische Trägerschaft zur Vermeidung von Interessenkonflikten; Schaffland/Wiltfang/*Schaffland/Holthaus*, Art. 37 DSGVO Rz. 18 hält die Vorschrift für gegenstandslos, weil ohne ausreichenden Zusammenhang kein Anreiz zur Bestellung eines gemeinsamen Datenschutzbeauftragten bestehe.
53 Ähnlich auch Kühling/Buchner/*Bergt*, Art. 37 DSGVO Rz. 30.
54 Artikel 29-Datenschutzgruppe, 16/EN WP 243 rev.01, 5.
55 S. hierzu Plath/*von dem Bussche*, 2. Aufl. 2016, § 4f BDSG-alt Rz. 6.
56 *Voigt/von dem Bussche*, GDPR, 40; CIPL, Project Paper (2016), 2, 6, 19; Artikel 29-Datenschutzgruppe, 16/EN WP 243 rev.01, 6.
57 Artikel 29-Datenschutzgruppe, 16/EN WP 243 rev.01, 6.

laubt es gerade auch Dritten, leicht zu erkennen, ob die designierte Person offizieller Datenschutzbeauftragter gemäß der DSGVO ist oder nicht.

b) Öffnungsklausel

40 Die Öffnungsklausel des Art. 37 Abs. 4 Satz 1 Halbs. 2 gewährt den nationalen Gesetzgebern und auch der Union die Möglichkeit, zusätzlich zur Bestellung eines Datenschutzbeauftragten verpflichtende Tatbestände zu schaffen, insbesondere auch für Verbände und andere Vereinigungen (zum Begriff s. die Kommentierung zu Art. 40 DSGVO) von Verantwortlichen und Auftragsverarbeitern, für deren Datenschutzbeauftragte Art. 37 Abs. 4 eine **Handlungsbefugnis** formuliert. Welche Bedeutung diese Handlungsbefugnis hat, wird nicht ohne Weiteres klar. Es könnten dem Datenschutzbeauftragten einerseits die mit dieser Position verbundenen Rechte entweder für den Zusammenschluss als Ganzen zugewiesen werden[58]. Da die DSGVO aber nicht zwischen Verbands- und anderen Datenschutzbeauftragten differenziert, würde es sich in diesem Fall um eine überflüssige Klarstellung handeln. Andererseits könnten ihm Stellung, Aufgaben und Befugnisse auch hinsichtlich der einzelnen, selbst möglicherweise nicht zur Bestellung verpflichteten Verbandsmitglieder zugesprochen werden, was sich jedoch sehr vom Wortlaut der Vorschrift entfernt[59]. Dieser scheint eher eine Vertretungsbefugnis zu formulieren, was aber sowohl mit der Konzeption eines Datenschutzbeauftragten als auch mit dem jeweiligen nationalen Gesellschaftsrecht in Widerspruch stände.

41 Die Öffnungsklausel bezieht sich nur auf die Bestellungspflichtvoraussetzungen des Art. 37. (Mindest-)Aufgaben (vgl. Art. 39 Rz. 12), Befugnisse und Rechtsstellung des Datenschutzbeauftragten (Art. 38, 39) enthalten keine solche Öffnungsklausel und können daher nicht abweichend von der DSGVO geregelt werden[60]. Vereinheitlicht werden auf EU-Ebene somit zwar nicht die Bestellpflichtvoraussetzungen, aber jedenfalls die mindestens zu erfüllenden Aufgaben, Rechte und Stellung der Datenschutzbeauftragten. Allerdings wird insoweit diskutiert, ob Art. 37 Abs. 4 hinsichtlich der Qualifikationserfordernisse des zu Benennenden den nationalen Gesetzgebern einen Spielraum lässt[61]. Hierfür könnte die Unbestimmtheit der normierten Voraussetzungen (vgl. Rz. 47 ff.) i.V.m. der gleichzeitig eröffneten Möglichkeit zur Normierung weiterer Bestellpflichttatbestände durch Abs. 4 sprechen, sodass in diesem Rahmen auch die Beseitigung von Regelungslücken der DSGVO-Qualifikationserfordernisse möglich sein könnte[62].

---

58 So Ehmann/Selmayr/*Heberlein*, Art. 37 DSGVO Rz. 36.
59 So Kühling/Buchner/*Bergt*, Art. 37 DSGVO Rz. 31.
60 *Jaspers/Reif*, RDV 2016, 61 (62); Paal/Pauly/*Paal*, Art. 37 DSGVO Rz. 12; Sydow/*Helfrich*, Art. 37 DSGVO Rz. 110.
61 *Kühling/Martini*, Die Datenschutz-Grundverordnung und das nationale Recht, 99 f.
62 *Kühling/Martini*, Die Datenschutz-Grundverordnung und das nationale Recht, 99 f.

Angesichts des eindeutigen, auf Geheimhaltungs- und Vertraulichkeitspflichten beschränkten Wortlauts des Art. 38 Abs. 5 ist dies aber nicht überzeugend; auch der deutsche Gesetzgeber scheint dieser Ansicht zu sein, denn er hat jedenfalls die Qualifikationserfordernisse im BDSG nicht weiter ausgestaltet.

Der deutsche Gesetzgeber hat von der Öffnungsklausel mit § 38 BDSG für nichtöffentliche Stellen Gebrauch gemacht und auch für öffentliche Stellen die Bestellungspflicht mit § 5 Abs. 1 BDSG erweitert. Auch spezialgesetzlich können sich weitergehende Bestellungspflichten ergeben[63]. Die zunächst verfolgte Harmonisierung zur Bedeutung und Rolle des Datenschutzbeauftragten auf EU-Ebene konnte folglich nicht erzielt werden. Es bleibt bei der Sonderrolle Deutschlands mit der Bestellpflicht für einen Datenschutzbeauftragten als Regelfall. Gleichwohl ist auch außerhalb Deutschlands wenigstens die Tendenz erkennbar, bestimmte Personen innerhalb von zumeist größeren Unternehmen mit Aufgaben zu betreuen, die denen eines offiziellen Datenschutzbeauftragten ähneln. 42

III. Ernennungsvoraussetzungen (Abs. 5)

1. Formale Voraussetzungen

Die DSGVO sieht grundsätzlich keine expliziten formalen Kriterien zur Benennung eines Datenschutzbeauftragten vor. Insbesondere müssen unter dem BDSG-alt *bestellte* Datenschutzbeauftragte nicht neu berufen werden, sondern werden automatisch zu nach der DSGVO *benannten* Beauftragten[64]. Die begriffliche Unterscheidung soll lediglich hervorheben, dass das Institut sich von seiner vertraglichen Grundlage unterscheidet[65]. 43

Mangels einer Fristenregelung ist davon auszugehen, dass die Benennung mit Eintritt der Pflicht zur Bestellung bereits erfolgt[66], mithin ein Datenschutzbeauftragter vorhanden sein muss, sobald eine entsprechend umfangreiche datenverarbeitende Kerntätigkeit begonnen wird. 44

Das Schriftformerfordernis des § 4f Abs. 1 Satz 1 BDSG-alt fällt weg; dennoch ist die Schriftform bereits zu Dokumentations- und Beweiszwecken auch weiterhin anzuraten[67]. Zudem verpflichtet Art. 37 Abs. 7 zur Kontaktdaten-Veröffentlichung und zu ihrer Mitteilung an die Aufsichtsbehörde. 45

---

63 Bislang war dies z.B. mit § 81 Abs. 4 SGB X für Stellen im Sozialbereich der Fall, welche nun allerdings bereits der Bestellpflicht nach Art. 37 Abs. 1 Buchst. a unterfallen dürften.
64 *Kremer/Garsztecki*, AnwZert ITR 14/2017 Anm. 3 (B. IX und C.).
65 Ehmann/Selmayr/*Heberlein*, Art. 37 DSGVO Rz. 14, ausführlich zur Begrifflichkeit *Kahlert/Licht*, ITRB 2016, 179f.
66 Ehmann/Selmayr/*Heberlein*, Art. 37 DSGVO Rz. 17.
67 So auch Ehmann/Selmayr/*Heberlein*, Art. 37 DSGVO Rz. 17; *Jaspers/Reif*, RdV 2016, 63; *Marschall/Müller*, ZD 2016, 416.

46 Arbeitnehmervertretungen (Betriebs- und Personalrat) haben hinsichtlich der Bestellung eines Datenschutzbeauftragten auch unter der DSGVO keine speziellen **Mitbestimmungsrechte**. Allerdings wirkt der Betriebsrat bei Einstellung oder Versetzung von Angestellten mit. Geht mit der Bestellung eines Datenschutzbeauftragten die Anstellung oder Versetzung eines Arbeitnehmers einher, so entsteht mittelbar ein Mitbestimmungsrecht des Betriebsrats in Bezug auf die Berufung des Datenschutzbeauftragten[68]. Da der Datenschutzbeauftragte im Idealfall mit den Mitarbeitervertretungen eng zusammenarbeiten soll, kann es dienlich sein, dem Betriebsrat **freiwillig** per Betriebsvereinbarung ein Mitbestimmungsrecht bei der Bestellung eines internen Datenschutzbeauftragten einzuräumen[69]. Im Rahmen einer solchen Betriebsvereinbarung wird empfohlen, eine Regelung für den Fall eines Dissenses zu treffen[70].

2. Sachliche Voraussetzungen

47 Wichtigste sachliche Voraussetzung ist, dass nur *ein* Datenschutzbeauftragter benannt werden kann, dem aber Hilfspersonen zur Verfügung gestellt werden können[71]. Für die Frage, ob dies auch eine juristische Person sein kann, vgl. Rz. 56. Der Verantwortliche oder Auftragsverarbeiter kann sich nicht selbst zum Datenschutzbeauftragten berufen, was sich aus Art. 38 Abs. 6 und Erwägungsgrund 97 ergibt, demzufolge der Datenschutzbeauftragte ausdrücklich eine *weitere* Person ist, die den Verantwortlichen bei der Einhaltung datenschutzrechtlicher Vorschriften unterstützt[72]. Bei der Benennung eines Datenschutzbeauftragten müssen gemäß Art. 37 Abs. 5 seine berufliche Qualifikation, sein Fachwissen insbesondere im Bereich des Datenschutzes sowie seine Befähigung zur Erfüllung der Aufgaben des Art. 39 die Entscheidungsgrundlage bilden.

48 Indem auf die Befähigung zur Wahrnehmung der Aufgaben nach Art. 39 verwiesen wird, wird die Reichweite der jeweils erforderlichen Kenntnisse und Fähigkeiten in den **Handlungskontext des konkreten Unternehmens** gestellt[73]. Auch Erwägungsgrund 97 verweist ausdrücklich auf das Maß notwendiger Kenntnisse in Bezug auf die Verarbeitungsvorgänge des konkreten Verantwortlichen oder Auftragsverarbeiters. Folglich sind die an die zu benennende Person zu stellenden Anforderungen nicht in jeder verantwortlichen Stelle identisch, sondern höher, je risikobehafteter ihre datenverarbeitenden Tätigkeiten sind[74].

---

68 So auch *Kort*, ZD 2017, 6.
69 So bereits zum BDSG-alt *Gola/Schomerus*, § 4f BDSG Rz. 36; dagegen *Kort*, ZD 2017, 6 mit Verweis auf die in der DSGVO verankerte Unabhängigkeit des Datenschutzbeauftragten.
70 So bereits zum BDSG-alt Simitis/*Simitis*, § 4f BDSG Rz. 69.
71 Schaffland/Wiltfang/*Schaffland/Holthaus*, Art. 37 DSGVO Rz. 85.
72 Anders aber Schaffland/Wiltfang/*Schaffland/Holthaus*, Art. 37 DSGVO Rz. 15, 122.
73 *Niklas/Faas*, NZA 2017, 1093; *Voigt/von dem Bussche*, GDPR, 41.
74 Artikel 29-Datenschutzgruppe, 16/EN WP 243 rev.01, 11.

Benennung eines Datenschutzbeauftragten | **Art. 37 DSGVO**

Bspw. stellt die Tätigkeit innerhalb eines Kreditkartenunternehmens den Datenschutzbeauftragten oder sogar „Konzerndatenschutzbeauftragten" vor gänzlich andere Herausforderungen als das gleiche Amt in einem mittelständischen Handwerksbetrieb[75]. Entsprechend variieren auch die Anforderungen an seine Befähigung.

Für den Nachweis der erforderlichen **beruflichen Qualifikation** lassen sich der Verordnung keine konkreten und abschließenden formalen Qualifikationserfordernisse entnehmen. So setzt die Tätigkeit als Datenschutzbeauftragter nicht den Abschluss einer bestimmten Ausbildung oder den Nachweis einer bestimmten Zertifizierung voraus. Der Beauftragte muss vielmehr die fachlichen und persönlichen Fähigkeiten aufweisen, die in Bezug auf die konkrete verarbeitende Stelle erforderlich sind, um die ihm gemäß Art. 39 **obliegenden Aufgaben zu erfüllen**[76]. Hierfür wiederum sind neben dem explizit genannten Fachwissen (s. Rz. 50 ff.) insbesondere kommunikative Kompetenzen erforderlich, da Art. 39 dem Datenschutzbeauftragten umfangreiche Vermittlertätigkeiten zuweist[77]. Auch ein gewisses Durchsetzungsvermögen ist für die Anleitung des betrieblichen Datenschutzes gegenüber dem Verantwortlichen/Auftragsverarbeiter vonnöten. Zudem muss die Person die sensiblen Daten zuverlässig und vertrauensvoll handhaben, somit gewisse persönliche Eigenschaften aufweisen, die der nach § 4f Abs. 2 Satz 2 BDSG-alt erforderlichen Zuverlässigkeit nahekommen[78]. Der Artikel 29-Datenschutzgruppe zufolge nimmt die Formulierung auch die Stellung in Bezug, welche dem Datenschutzbeauftragten organisatorisch zuteil wird. Diese muss es ihm ermöglichen, seiner Hauptaufgabe – einen rechtskonformen Datenschutz in seiner Stelle zu etablieren – effektiv nachzukommen[79]. Hierfür ist es erforderlich, dass den Voraussetzungen des Art. 38 genügt wird.

49

Entscheidend für das Vorliegen ausreichender **Fachkunde** sind fundierte Kenntnisse im Datenschutzrecht einschließlich damit verwandter Rechtsmaterien (insbesondere Telekommunikationsrecht, Geheimnisschutz, Verbraucherschutz) sowie im Bereich der Technologie, um neuartige Datenverarbeitungstechnologien sachlich und in der Folge rechtlich fundiert beurteilen zu können[80]. Hinzu kommt das Erfordernis von Praxiserfahrung, welche Art. 37 Abs. 5 ausdrücklich betont.

50

---

75 Vgl. bereits zu § 4f BDSG-alt auch *Gola/Schomerus*, § 4f BDSG Rz. 20a.
76 *Feiler/Forgó* sehen das erforderliche Fachwissen im Allgemeinen als gegeben an, wenn potentielle Datenschutzbeauftragte über (i) ein abgeschlossenes Studium, (ii) eine technische Sachkenntnis sowie (iii) Sonderkenntnis im Bereich des Datenschutzrechts verfügen; vgl. *Feiler/Forgó*, Art. 37 DSGVO Rz. 13.
77 So ist er gemäß Art. 39 Abs. 1 Buchst. e Anlaufstelle für die Aufsichtsbehörde und hat Mitarbeiter und Verantwortliche bzw. Auftragsverarbeiter der ihn benennenden Stelle gemäß Buchst. a zu beraten.
78 Artikel 29-Datenschutzgruppe, 16/EN WP 243 rev.01, 12.
79 Artikel 29-Datenschutzgruppe, 16/EN WP 243 rev.01, 12.
80 Vgl. bereits zu § 4f BDSG-alt Däubler/Klebe/Wedde/Weichert/*Däubler*, § 4f BDSG Rz. 28; *Gola/Schomerus*, § 4f BDSG Rz. 20.

51 Der Datenschutzbeauftragte muss sicher beurteilen können, ob ein Datenverarbeitungsvorgang i.S.v. Art. 4 Nr. 1 und 2 vorliegt, der sachliche Anwendungsbereich der DSGVO nach Art. 2 eröffnet ist und deren Erfordernisse sowie jene des jeweils ergänzenden nationalen Datenschutzrechts gewahrt werden. Weiterhin muss er dazu befähigt sein, analysieren zu können, welche technisch-organisatorischen Datenschutzmaßnahmen für die Zulässigkeit der verschiedenen Verarbeitungsvorgänge nötig sind (Fähigkeit zum Risikomanagement, vgl. Kommentierung zu Art. 39 DSGVO Rz. 14)[81].

52 Zu diesem Zwecke sind ihm die unter Art. 38 Abs. 2 a.E. genannten erforderlichen Ressourcen zur Erhaltung seines Fachwissens zur Verfügung zu stellen (s. auch dortige Kommentierung, Art. 38 DSGVO Rz. 7). Der Artikel 29-Datenschutzgruppe zufolge ist hiermit kontinuierliches Fortbilden gemeint; die Datenschutzbeauftragten sollen aktiv zur Teilnahme an Weiterbildungsmaßnahmen jeglicher Art ermuntert werden, um ihr Wissen stetig zu steigern[82]. § 4f Abs. 3 Satz 7 BDSG-alt sah im Gegensatz zu Art. 37 Abs. 5 i.V.m. Art. 38 Abs. 2 ausdrücklich eine Teilnahme an Weiterbildungsmaßnahmen auf Kosten der verantwortlichen Stelle vor. Fraglich ist, ob Art. 38 Abs. 2 ebenfalls eine Kostenübernahme der verantwortlichen Stelle bezweckt. Wortlaut („zur Verfügung stellen") und auch Zweck der Norm, die Expertise der Datenschutzbeauftragten kontinuierlich sicherzustellen, lassen keine andere Deutung zu. Ein bloßes Werben für Weiterbildungsmaßnahmen auf eigene Kosten wäre hierfür ungenügend. Einem unerfahrenen Datenschutzbeauftragten wird man zunächst auch umfangreichere Weiterbildungsmaßnahmen zugestehen müssen[83]. Freilich sind dabei auch die Interessen der verantwortlichen Stelle zu beachten, es wird letztlich darauf hinauslaufen, ob bei vernünftiger Abwägung aller Interessen ein bestimmtes Sachmittel oder eine eingeforderte Unterstützung erforderlich sind[84]. Externe Beauftragte haben dagegen selbst für ihre Fortbildung Sorge zu tragen[85].

53 Im Ergebnis wirken die drei in Art. 37 Abs. 5 genannten Kriterien zusammen: Die berufliche Qualifikation des zu benennenden Datenschutzbeauftragten ergibt sich aus seiner Fachkunde und seiner Fähigkeit zur Erfüllung der Aufgaben des Art. 39, welche sich wiederum anhand seiner beruflichen Qualifikation in Form von Fachkunde und persönlichen Eigenschaften beurteilt.

54 Weiterhin ist es hilfreich, wenn die zum Datenschutzbeauftragten bestellte Person ausreichende Kenntnis von den Strukturen, Systemen, Tätigkeiten und Erfordernissen der verantwortlichen Stelle hat und mit den Besonderheiten der je-

---

81 Vgl. *Klug*, RDV 2014, 92; bereits zu § 4f BDSG-alt Taeger/Gabel/*Scheja*, § 4f BDSG Rz. 62 f.
82 Artikel 29-Datenschutzgruppe, 16/EN WP 243 rev.01, 14.
83 *Däubler*, DuD 2010, 22 spricht zum BDSG-alt für „ein oder zwei Wochen".
84 *Däubler*, DuD 2010, 22.
85 Vgl. bereits zum BDSG-alt Simitis/*Simitis*, § 4f BDSG Rz. 154; vgl. auch Däubler/Klebe/Wedde/Weichert/*Däubler*, § 4f BDSG Rz. 56.

weiligen Branche bzw. bei öffentlichen Stellen mit dem Verwaltungsrecht vertraut ist[86].

Die Befähigung muss bereits **zum Zeitpunkt der Bestellung** in der Person des zu Ernennenden vorhanden sein. Fraglich ist, ob abweichend hiervon eine Teilexpertise des Datenschutzbeauftragten durch Hilfspersonen ergänzt werden kann, die auf den übrigen Gebieten Fachkenntnisse besitzen. Mit Recht verweist *Bergt* darauf, dass andernfalls ein Datenschutzbeauftragter ein Studium der Informatik, Rechtswissenschaften und Kommunikations- oder Wirtschaftswissenschaften absolviert haben müsste[87], was die Erfordernisse kaum erfüllbar machte. Daher muss notwendigerweise fehlende Kompetenz in gewissem Maße durch andere Personen ausgeglichen werden können. Die Einschätzung darüber, ob obige Anforderungen erfüllt sind, obliegt der Selbstkontrolle und -regulierung der verantwortlichen Stelle sowie des Datenschutzbeauftragten[88]. Hinsichtlich der Rechtsfolgen mangelnden Fachwissens des Datenschutzbeauftragten s. Rz. 66. 55

Die DSGVO schreibt nicht explizit vor, ob natürliche oder **juristische Personen** als Datenschutzbeauftragte bestellt werden können. Die Möglichkeit, unter § 4f BDSG-alt eine juristische Person zu bestellen, war in der deutschen Rechtslandschaft seinerzeit hoch umstritten[89]. Art. 37 schließt die Bestellung juristischer Personen als externe Datenschutzbeauftragte (vgl. Rz. 45) nicht ausdrücklich aus[90]; vielmehr hält die Artikel 29-Datenschutzgruppe die Beauftragung von Vereinigungen für unstreitig möglich und möglicherweise effizienter, wenn eine klare Aufgabenverteilung mit einem Hauptverantwortlichen besteht[91]. Voraussetzung ist allerdings, dass alle für eine Vereinigung in dieser Position tätig werdenden Personen den Anforderungen der Art. 37 bis 39 genügen und umgekehrt von den dort zugesprochenen Rechten profitieren[92]. 56

IV. Anstellungsverhältnis (Abs. 6)

Art. 37 Abs. 6 eröffnet der Stelle die **Wahlmöglichkeit** zwischen einer internen und einer externen Lösung (ähnlich bereits die ehemalige Regelung in § 4f 57

---

86 Vgl. Artikel 29-Datenschutzgruppe, 16/EN WP 243 rev.01, 11.
87 Kühling/Buchner/*Bergt*, Art. 37 DSGVO Rz. 34.
88 Vgl. bereits zu § 4f BDSG-alt Taeger/Gabel/*Scheja*, § 4f BDSG Rz. 59; *Gola/Schomerus*, § 4f BDSG Rz. 20.
89 Bejahend bereits zu § 4f BDSG-alt Simitis/*Simitis*, § 4f BDSG Rz. 48; Taeger/Gabel/*Scheja*, § 4f BDSG Rz. 82; verneinend *Gola/Schomerus*, § 4f BDSG Rz. 19; Schaffland/Wiltfang/*Schaffland/Holthaus*, § 4f BDSG Rz. 45.
90 Anders aber mit Verweis auf die englische Formulierung Ehmann/Selmayr/*Heberlein*, Art. 37 DSGVO Rz. 43 f. und Schaffland/Wiltfang/*Schaffland/Holthaus*, Art. 37 DSGVO Rz. 82 f.
91 Artikel 29-Datenschutzgruppe, 16/EN WP 243 rev.01, 12.
92 Artikel 29-Datenschutzgruppe, 16/EN WP 243 rev.01, 12.

Abs. 2 Satz 3 Halbs. 1 BDSG-alt, wortgleich nun § 5 Abs. 4 BDSG). Hierbei ist der interne Datenschutzbeauftragte Beschäftigter des Verantwortlichen/Auftragsverarbeiters; der externe Datenschutzbeauftragte erfüllt seine Aufgaben auf der Grundlage eines Dienstleistungsvertrags[93]. Der interne Datenschutzbeauftragte hat den Vorteil, direkt in das Vorortgeschehen eingebunden zu sein, während externe Datenschutzbeauftragte in der Regel für eine Vielzahl von Auftraggebern tätig sind und eine hohe Expertise aufweisen. Welche Option am ehesten den Bedürfnissen des Verantwortlichen/Verarbeiters entspricht, sollte anhand der konkreten Datenverarbeitungsaktivitäten, der Größe und des Budgets der verantwortlichen Stelle bestimmt werden[94]. Wichtig zu beachten ist insbesondere, dass externe Datenschutzbeauftragte in gleichem Maße gemäß Art. 38 Abs. 1 in alle datenschutzrelevanten Vorgänge und Fragen eingebunden werden müssen wie interne Datenschutzbeauftragte.

58 Die ehemalige Einschränkung, dass öffentliche Stellen als externen Datenschutzbeauftragten nur Bedienstete aus einer anderen öffentlichen Stelle benennen können (§ 4f Abs. 2 Satz 4 BDSG-alt), ist nicht mehr gegeben.

59 Unabhängig davon, welche Wahl eine Stelle trifft, ist, wie aus Erwägungsgrund 97 ersichtlich, sicherzustellen, dass der Datenschutzbeauftragte seine Pflichten und Aufgaben in vollständiger **Unabhängigkeit** ausüben kann. Bei kleineren Unternehmen, in denen der Datenschutzbeauftragte diese Rolle zumeist als Nebenamt wahrnehmen wird, bedeutet dies auch, dass dieses Nebenamt nicht mit anderen Aufgaben des Datenschutzbeauftragten kollidieren darf (vgl. Kommentierung zu Art. 38 DSGVO Rz. 28 ff.) – der Datenschutzbeauftragte soll sich in Ausübung seiner Tätigkeit nicht selbst kontrollieren müssen[95].

60 Die DSGVO schließt die Möglichkeit, einen Datenschutzbeauftragten nur für begrenzte Zeit zu beauftragen, nicht explizit aus. Dienstleistungsverträge zwischen Verantwortlichem und externen Datenschutzbeauftragten sind regelmäßig zeitlich begrenzt. Da allerdings interne Datenschutzbeauftragte Beschäftigte sind, werden sie in aller Regel zeitlich unbegrenzt bestellt; zu den Bedingungen von Abberufung und Kündigung s. Kommentierung in Art. 38 DSGVO Rz. 15 ff. Im Einzelfall können jedoch stets Einzelabreden, wie z.B. die Befristung des Arbeitsvertrags oder der Bestellung als Datenschutzbeauftragter, getroffen werden.

61 Obwohl eine Mindestdauer von zwei bis fünf Jahren für die Ernennung eines Datenschutzbeauftragten unter dem Gesichtspunkt unabhängiger und konsistenter

---

93 Bei Bestellung mittels eines Dienstleistungsvertrags ist es im Sinne der Rechtsklarheit und um Interessenkonflikte der Teammitglieder zu vermeiden zu empfehlen, eine klare Aufgabenverteilung innerhalb eines Datenschutzbeauftragten-Teams zu haben, einen Hauptverantwortlichen zu designieren und diese Punkte auch vertraglich festzuhalten; vgl. Artikel 29-Datenschutzgruppe, 16/EN WP 243 rev.01, 12.
94 Zu den Entscheidungsgrundlagen bereits zum BDSG-alt vertiefend *von dem Bussche/Voigt*, Der Datenschutzbeauftragte, Rz. 10–12.
95 *Härting*, Datenschutz-Grundverordnung, Rz. 13.

Aufgabenwahrnehmung diskutiert wurde, setzte sich diese Auffassung nicht durch, da von anderer Seite ein Autonomieeingriff gesehen wurde[96]. Nichtsdestotrotz sind diese Gesichtspunkte bei der Benennung eines Datenschutzbeauftragten abzuwägen; im Einzelfall kann sich eine nur kurzfristige Benennung als unzulässig erweisen, weil sie den Beauftragten nicht i.s.v. Art. 37 Abs. 5 in die Lage versetzt, seine Aufgaben nach Art. 39 zu erfüllen. Die diskutierte Mindestdauer von zwei Jahren stellt hierfür einen geeigneten Orientierungswert dar.

Durch die permanent steigende Professionalisierung des Berufsbilds des Datenschutzbeauftragten kann kein Zweifel mehr daran bestehen, dass es sich auch unter der DSGVO um einen Beruf handelt, der grundrechtlichen **Schutz gemäß Art. 12 GG** genießt[97]. 62

V. Veröffentlichung der Kontaktdaten des Datenschutzbeauftragten (Abs. 7)

Art. 37 Abs. 7 beinhaltet die Pflicht zur **Veröffentlichung der Kontaktdaten** (Postalische Adresse, Telefonnummer und/oder E-Mail-Adresse) des Datenschutzbeauftragten sowie deren Mitteilung an die Aufsichtsbehörde. Ausdrücklich nicht erwähnt ist der Name des Datenschutzbeauftragten. Notwendig ist dessen Mitteilung dennoch in Bezug auf die Aufsichtsbehörde, für die der Datenschutzbeauftragte Mittelsperson ist. Ob eine Bekanntgabe an die Öffentlichkeit erfolgt, entscheiden der Datenschutzbeauftragte und der Verantwortliche[98]. 63

Welche Anforderungen an die Veröffentlichung zu stellen sind, bestimmt die DSGVO nicht. Notwendigerweise muss die Öffentlichkeit sie ohne großen Aufwand auffinden können, beispielsweise auf einer nicht zugangsbeschränkten Internetseite[99]. 64

Zweck der Bestimmung ist eine direkte Kontaktierbarkeit des Datenschutzbeauftragten von innerhalb wie außerhalb des Unternehmens, was die Vertraulichkeit des jeweiligen Anliegens wahrt und somit die Wahrnehmung der eigenen Rechte fördert[100]. Hierfür bietet sich auch das Einrichten einer Hotline oder eines Kontaktformulars auf der Website an[101]. Wünschenswert ist zudem eine interne Mitarbeiterinformation, vorzugsweise in konstanter Wiedergabeform etwa auf der Kurzwahlliste oder im Intranet[102]. 65

---

96 Ehmann/Selmayr/*Heberlein*, Art. 37 DSGVO Rz. 18.
97 So bereits zum BDSG-alt Simitis/*Simitis*, § 4f BDSG Rz. 83; LG Ulm v. 31.10.1990 – 1 S 188/90-01, CR 1991, 103.
98 Artikel 29-Datenschutzgruppe, 16/EN WP 243 rev.01, 13.
99 *Wybitul/von Gierke*, BB 2017, 184.
100 Artikel 29-Datenschutzgruppe, 16/EN WP 243 rev.01, 12.
101 Artikel 29-Datenschutzgruppe, 16/EN WP 243 rev.01, 13.
102 Artikel 29-Datenschutzgruppe, 16/EN WP 243 rev.01, 13; *Voigt/von dem Bussche*, GDPR, 38; Paal/Pauly/*Paal*, Art. 37 DSGVO Rz. 17.

VI. Rechtsfolgen fehlerhafter oder unterlassener Bestellung

66 Die **fehlerhafte oder unterlassene Bestellung** eines Datenschutzbeauftragten kann mit einem Bußgeld von bis zu 10 000 000 Euro oder, im Fall eines Unternehmens, von bis zu 2 % seines gesamten weltweit erzielten Jahresumsatzes des vorangegangenen Geschäftsjahrs geahndet werden (Art. 83 Abs. 4 Buchst. a). Die Bestellung eines Datenschutzbeauftragten, der die **erforderlichen Kompetenzen** (s. Rz. 47 ff.) **nicht aufweist**, sowie das Unterlassen einer Kontaktdatenveröffentlichung sind gleichermaßen bußgeldbewehrt.

67 Die Praxis mancher Unternehmen, durch Bestellung eines „Alibi-Datenschutzbeauftragten" nur dem äußeren Anschein nach der gesetzlichen Bestellpflicht nachzukommen (vgl. Rz. 4), erscheint vor diesem Hintergrund höchst bedenklich und mit Blick auf die Sorgfaltspflichten der Geschäftsleitung aus §§ 91, 93 AktG und § 43 GmbHG haftungsträchtig[103].

Artikel 38 Stellung des Datenschutzbeauftragten

(1) Der Verantwortliche und der Auftragsverarbeiter stellen sicher, dass der Datenschutzbeauftragte ordnungsgemäß und frühzeitig in alle mit dem Schutz personenbezogener Daten zusammenhängenden Fragen eingebunden wird.

(2) Der Verantwortliche und der Auftragsverarbeiter unterstützen den Datenschutzbeauftragten bei der Erfüllung seiner Aufgaben gemäß Artikel 39, indem sie die für die Erfüllung dieser Aufgaben erforderlichen Ressourcen und den Zugang zu personenbezogenen Daten und Verarbeitungsvorgängen sowie die zur Erhaltung seines Fachwissens erforderlichen Ressourcen zur Verfügung stellen.

(3) Der Verantwortliche und der Auftragsverarbeiter stellen sicher, dass der Datenschutzbeauftragte bei der Erfüllung seiner Aufgaben keine Anweisungen bezüglich der Ausübung dieser Aufgaben erhält. Der Datenschutzbeauftragte darf von dem Verantwortlichen oder dem Auftragsverarbeiter wegen der Erfüllung seiner Aufgaben nicht abberufen oder benachteiligt werden. Der Datenschutzbeauftragte berichtet unmittelbar der höchsten Managementebene des Verantwortlichen oder des Auftragsverarbeiters.

(4) Betroffene Personen können den Datenschutzbeauftragten zu allen mit der Verarbeitung ihrer personenbezogenen Daten und mit der Wahrnehmung ihrer Rechte gemäß dieser Verordnung im Zusammenhang stehenden Fragen zu Rate ziehen.

---

103 Vgl. bereits zum BDSG-alt Moos/*Henkel*, 1. Aufl. 2014, Teil 1 II Rz. 1.

Stellung des Datenschutzbeauftragten | **Art. 38 DSGVO**

(5) Der Datenschutzbeauftragte ist nach dem Recht der Union oder der Mitgliedstaaten bei der Erfüllung seiner Aufgaben an die Wahrung der Geheimhaltung oder der Vertraulichkeit gebunden.

(6) Der Datenschutzbeauftragte kann andere Aufgaben und Pflichten wahrnehmen. Der Verantwortliche oder der Auftragsverarbeiter stellt sicher, dass derartige Aufgaben und Pflichten nicht zu einem Interessenkonflikt führen.

I. Einführung 1	5. Benachteiligungsverbot
II. **Stellung innerhalb der Stelle**	(Abs. 3 Satz 2 Alt. 2) 26
(Abs. 1–3; 6) 3	6. Andere Aufgaben und Pflichten
1. Pflichten der beauftragenden	des Beauftragten (Abs. 6) 28
Stelle (Abs. 1–2) 3	III. **Rechte betroffener Personen**
a) Pflicht zur frühzeitigen	**(Abs. 4)** 42
Einbeziehung (Abs. 1) 4	IV. **Verschwiegenheitspflicht**
b) Unterstützungspflicht (Abs. 2) 6	**(Abs. 5)** 44
2. Weisungsfreiheit (Abs. 3 Satz 1) . 9	V. **Rechtsschutz, Haftung und**
3. Berichterstattung des Beauftragten (Abs. 3 Satz 3) 13	**Sanktionen** 49
4. Abberufung und Kündigung des Beauftragten (Abs. 3 Satz 2 Alt. 1) 15	

Schrifttum: *Bittner*, Der Datenschutzbeauftragte gemäß EU-Datenschutz-Grundverordnungsentwurf, RDV 2014, 183; *Bongers*, BB-Kommentar: „Rechtsklarheit ist nach wie vor nur durch sorgfältige Arbeitsvertragsgestaltung zu erzielen", BB 2011, 638; *Bongers/Commichau*, Der Kündigungs- und Bestellungsschutz des betrieblichen Datenschutzbeauftragten, ArbRAktuell 2010, 1; *Dzida/Kröpelin*, Kann ein Betriebsratsmitglied zugleich Datenschutzbeauftragter sein?, NZA 2011, 1018; *Eylert/Sänger*, Der Sonderkündigungsschutz im 21. Jahrhundert, RdA 2010, 24; *Gehlhaar*, Der Kündigungsschutz des betrieblichen Datenschutzbeauftragten, NZA 2010, 373; *Hoeren*, Der betriebliche Datenschutzbeauftragte – Neuerungen durch die geplante DSGVO, ZD 2012, 355; *Jaspers/Reif*, Der Datenschutzbeauftragte nach der Datenschutz-Grundverordnung: Bestellpflicht, Rechtsstellung und Aufgaben, RDV 2016, 61; *Klug*, Stand der EU-parlamentarischen Beratungen zur Rolle des Datenschutzbeauftragten – ein kommentierter Überblick, RDV 2013, 14; *Klug*, Die Position des EU-Parlaments zur zukünftigen Rolle von Datenschutzbeauftragten – ein kommentierter Überblick, RDV 2014, 90; *Kort*, Was ändert sich für Datenschutzbeauftragte, Aufsichtsbehörden und Betriebsrat mit der DS-GVO, ZD 2017, 3; *Maschmann*, Compliance versus Datenschutz, NZA-Beilage 2012, 50; *Renz/Frankenberger*, Compliance und Datenschutz – Ein Vergleich der Funktionen unter Berücksichtigung eines risikobasierten Ansatzes, ZD 2015, 158; *Wedde*, Der betriebliche Datenschutzbeauftragte, DuD 2004, 670; *Wolf*, Der Compliance-Officer – Garant, hoheitlich Beauftragter oder Berater im Unternehmensinteresse zwischen Zivil-, Straf- und Aufsichtsrecht?, BB 2011, 1353; *Wybitul/von Gierke*, Checklisten zur DSGVO – Teil 2: Pflichten und Stellung des Datenschutzbeauftragten im Unternehmen, BB 2017, 181; *Wybitul*, Was ändert sich mit dem neuen EU-Datenschutzrecht für Arbeitgeber und Betriebsräte?, ZD 2016, 203.

Art. 38 DSGVO | Stellung des Datenschutzbeauftragten

I. Einführung

1 Art. 38 befasst sich mit der **organisatorischen Stellung** des Beauftragten innerhalb der Stelle, also mit seinen rechtlichen wie tatsächlichen Beziehungen innerhalb der Unternehmens- oder Behördenstruktur. Maßgebliches Anliegen des Verordnungsgebers bei den Regelungen des Art. 38 ist das in Erwägungsgrund 97 normierte Ziel, die Unabhängigkeit des Datenschutzbeauftragten sicherzustellen und so einen effektiven Datenschutz zu gewährleisten.

2 Erkennbar lehnte sich der Verordnungsgeber in vielen Punkten an die bislang in § 4f BDSG-alt geregelte Rechtsstellung der Datenschutzbeauftragten nach dem abgelösten BDSG an. So enthält Art. 38 gleichermaßen Ausführungen zu den eine ordnungsgemäße Aufgabenerfüllung ermöglichenden Pflichten des Verantwortlichen bzw. Auftragsverarbeiters (Abs. 1, 2 und 3), zur Weisungsfreiheit (Abs. 3 Satz 1), Verschwiegenheitspflicht (Abs. 5) sowie dem Anstellungsverhältnis des Datenschutzbeauftragten (Abs. 3 Satz 3, Abs. 6) und den Kontaktierungsrechten Betroffener (Abs. 4). Die Norm regelt auch mit wenigen Worten die **Beendigung der Stellung** (Abs. 3 Satz 2). Hier dürften sich die größten Unterschiede zur bisherigen Rechtslage ergeben. Abberufung und Kündigung sind unter niedrigeren Voraussetzungen möglich, als es § 4f Abs. 3 BDSG-alt bestimmte, bzw. nur in wenigen Ausnahmefällen ausgeschlossen (dazu Rz. 15 ff.). Das Schutzniveau der Position des Beauftragten bleibt somit hinter dem des BDSG-alt zurück; dies ist durch den europäischen Gesetzgeber offensichtlich so gewollt. Im Gegensatz zur Regelung in § 4f Abs. 4a BDSG-alt enthält Art. 38 mangels einer Regelungskompetenz der Union im Bereich der Gerichtsverfahren kein Zeugnisverweigerungsrecht des Beauftragten und auch kein Beschlagnahmeverbot bezüglich seiner Unterlagen (s. insofern allerdings Rz. 48).

II. Stellung innerhalb der Stelle (Abs. 1–3; 6)

1. Pflichten der beauftragenden Stelle (Abs. 1–2)

3 Die Stelle muss den Beauftragten nach Art. 38 Abs. 2 bei der Ausführung der Aufgaben **unterstützen**. Hierfür sind ihr oder ihm die notwendigen Ressourcen zur Verfügung zu stellen. Dem Beauftragten muss Zugang zu den Daten und Datenverarbeitungen gewährt werden. Nach Art. 38 Abs. 1 trifft die Stelle eine **Einbeziehungs- und Informationspflicht** gegenüber dem Beauftragten hinsichtlich aller Angelegenheiten mit Bezug zum Datenschutz.

a) Pflicht zur frühzeitigen Einbeziehung (Abs. 1)

4 Gemäß Art. 38 Abs. 1 haben der Verantwortliche und der Auftragsverarbeiter sicherzustellen, dass der Datenschutzbeauftragte ordnungsgemäß und frühzeitig in alle mit dem Schutz personenbezogener Daten zusammenhängenden Fragen

eingebunden wird. Hiermit ist nicht gemeint, dass der Datenschutzbeauftragte erst einzubeziehen ist, wenn Fragen auf dem Gebiet des Datenschutzes aufkommen, wie es der Wortlaut andeuten könnte. In der Originalfassung ist statt von „Fragen" von „issues" die Rede. Hierdurch wird deutlich, dass der Verordnungsgeber eine grundsätzliche Einbeziehung in alle datenschutzrelevanten Vorgänge im Sinn hatte. Diese soll möglichst früh erfolgen, um eine umfassende Beratung zu ermöglichen. Der zeitliche Vorlauf muss so bemessen sein, dass der Datenschutzbeauftragte die Möglichkeit hat, eventuelle Bedenken einzubringen, und dass etwaige Korrekturen noch durchgeführt werden können; andernfalls ist das Gebot der Rechtzeitigkeit nicht gewahrt[1]. In Betracht gezogen werden sollte die Erstellung einer internen Richtlinie durch den Datenschutzbeauftragten, welche aufzeigt, in welchen Fällen er zu informieren ist[2]. Im Ergebnis darf keine Datenverarbeitung ohne Kenntnis und Kontrolle des Datenschutzbeauftragten erfolgen, selbst wenn Berufsgeheimnisse involviert sind[3].

Die Pflicht zur frühzeitigen Einbeziehung des Beauftragten nach Art. 38 Abs. 1 bezieht sich z.B. auch auf Datenschutz- Folgenabschätzungen (Art. 35 Abs. 2). Generell erleichtert eine frühzeitige Einbeziehung des Beauftragten die Compliance. Der Beauftragte sollte daher als regelmäßiger Diskussionspartner gelten und Teil der jeweiligen Arbeitsgruppen mit datenschutzrechtlichem Bezug innerhalb der Stelle sein[4]. Die Artikel 29-Datenschutzgruppe stellt daher folgende Orientierungshilfen für die Einbindung des Beauftragten innerhalb der Stelle auf[5]:

5

- Der Beauftragte sollte den Sitzungen des gehobenen und mittleren Managements regelmäßig beisitzen.
- Der Beauftragte sollte anwesend sein, wenn Entscheidungen mit (potentiellen) Auswirkungen auf den Datenschutz getroffen werden. Die relevanten Informationen müssen dem Beauftragten frühzeitig zugänglich gemacht werden, damit dieser entsprechend beratend tätig sein kann.
- Die Meinung des Beauftragten sollte stets berücksichtigt werden; im Falle der Uneinigkeit wird empfohlen, die Gründe der Nicht-Befolgung der Empfehlung des Beauftragten zu dokumentieren[6].
- Der Beauftragte muss schnellstmöglich kontaktiert werden, sollte es eine Datenschutzverletzung oder einen anderen Vorfall mit datenschutzrechtlichen Implikationen geben.

---

1 Vgl. zu § 4g BDSG-alt Taeger/Gabel/*Scheja*, § 4g BDSG Rz. 16; *Bergmann/Möhrle/Herb*, § 4g BDSG Rz. 28; Roßnagel/*Königshofen*, Handbuch Datenschutzrecht, Kap. 5.5 Rz. 26.
2 Artikel 29-Datenschutzgruppe, 16/EN WP 243 rev.01, 14.
3 Kühling/Buchner/*Bergt*, Art. 38 DSGVO Rz. 18.
4 Artikel 29-Datenschutzgruppe, 16/EN WP 243 rev.01, 13.
5 Artikel 29-Datenschutzgruppe, 16/EN WP 243 rev.01, 13-14.
6 Vgl. hierzu Rz. 12.

b) Unterstützungspflicht (Abs. 2)

6 Die gemäß Art. 38 Abs. 2 zur Erfüllung der Aufgaben des Beauftragten erforderlichen Ressourcen müssen in einem Ausmaß gewährt werden, welches **angemessen** erscheint, um die Aufgabenerfüllung des Beauftragten in Bezug auf die konkrete Stelle gewährleisten zu können[7]. Die Entscheidungskompetenz hinsichtlich der Angemessenheit der zur Verfügung zu stellenden Ressourcen steht dem Verantwortlichen bzw. Auftragsverarbeiter zu[8]. Diese umfassen u.a. einen angemessenen Arbeitsplatz, IT, finanzielle Ressourcen, Hilfspersonal[9] und insbesondere ausreichend Zeit zur Aufgabenbewältigung[10]. Besonders im Hinblick auf die Möglichkeit zur Bestellung eines Teilzeit-Beauftragten (vgl. Art. 38 Abs. 6 und Kommentierung zu Art. 37 DSGVO Rz. 60 f.), aber auch bei externen Beauftragten ist darauf zu achten, dass diese genügend Zeit haben, ihre Pflichten aus der Beauftragung zu erfüllen[11].

7 Dem Datenschutzbeauftragten muss auch ermöglicht werden, sein Fachwissen zu erhalten (genauer bei Art. 37 DSGVO Rz. 52). Die zur Erhaltung des Fachwissens erforderlichen Ressourcen sind v.a. Fachliteratur und Schulungen, bei internen Beauftragten ggf. ebenfalls Zeitressourcen und Unterstützungspersonal. In Betracht kommt in bestimmten Fällen auch eine Pflicht, Beratung durch Spezialisten zu ermöglichen.

8 Die Artikel 29-Datenschutzgruppe betont, dass die gesamte Unternehmensführung berufen ist, die Funktion des Datenschutzbeauftragten im Unternehmen aktiv zu kommunizieren und zu unterstützen sowie seine Stellung entsprechend auszugestalten (vgl. auch Art. 38 Abs. 6) und ihn insbesondere mit den relevanten verwandten Abteilungen (z.B. IT, Personalverwaltung, Recht) zu vernetzen[12].

2. Weisungsfreiheit (Abs. 3 Satz 1)

9 Nach Art. 38 Abs. 3 Satz 1 hat die Stelle sicherzustellen, dass der Beauftragte **keine Anweisungen** hinsichtlich der Ausübung seiner Aufgaben erhält. Es dürften sich keine wesentlichen Abweichungen vom Verständnis des § 4f Abs. 3 Satz 2 BDSG-alt einschließlich der spezifischen Problemstellungen ergeben. Laut Erwägungsgrund 97 ist eine **vollständige Unabhängigkeit** bei der Aufgabenausübung sicherzustellen, auch wenn der Datenschutzbeauftragte Angestellter des

---

[7] Artikel 29-Datenschutzgruppe, 16/EN WP 243 rev.01, 14; vgl. bereits zur Unterstützungspflicht in § 4f BDSG-alt Taeger/Gabel/*Scheja*, § 4f BDSG Rz. 94.
[8] So zur Unterstützungspflicht in § 4f BDSG-alt auch Taeger/Gabel/*Scheja*, § 4f BDSG Rz. 94; Simitis/*Simitis*, § 4f BDSG Rz. 143; *Gola/Schomerus*, § 4f BDSG Rz. 55.
[9] Dies gilt insbesondere bei größeren Stellen; *Feiler/Forgó*, Art. 38 DSGVO Rz. 1.
[10] *Voigt/v. d. Bussche*, GDPR, 42; *Jaspers/Reif*, RDV 2016, 65.
[11] Artikel 29-Datenschutzgruppe, 16/EN WP 243 rev.01, 14.
[12] Artikel 29-Datenschutzgruppe, 16/EN WP 243 rev.01, 14.

Verantwortlichen bzw. Auftragsverarbeiters ist. Die Unabhängigkeit des Beauftragten dient der Vorbeugung von Interessenkonflikten, da der Verantwortliche/Auftragsverarbeiter das Ziel der Datensicherheit mitunter weniger stringent verfolgen könnte[13].

Die Weisungsfreiheit ist essentielle Voraussetzung für einen kritischen Datenschutzbeauftragten. Er ist also grundsätzlich frei darin, zu entscheiden, wann, wo und wie er datenschutzrechtliche Initiativen ergreift; zu einem bestimmten Ergebnis kann er nicht gezwungen werden. Ihm darf weder eine bestimmte rechtlich vertretene Sichtweise anbefohlen noch ein bestimmter Umgang beispielsweise mit Beschwerden vorgeschrieben werden[14]. 10

Die Weisungsfreiheit darf aber nicht mit einer Freiheit von jeglicher Kontrolle gleichgesetzt werden, sondern betrifft nur die **fachliche Tätigkeit** als solche[15]. Eine **dienstliche Kontrolle** bleibt selbstverständlich weiterhin möglich, diese darf sich aber nur auf den äußeren Ablauf der Tätigkeit beziehen, also z.B. die Einhaltung von Arbeitszeiten, Arbeitsverhalten etc.[16]. Darüber hinaus tragen der Verantwortliche bzw. Auftragsverarbeiter weiterhin die Verantwortung hinsichtlich der Einhaltung der Datenschutzbestimmungen, mithin darüber, dass der Datenschutzbeauftragte seine Aufgaben korrekt durchführt[17]. Folglich besteht diesbezüglich ein **Anordnungsrecht** des Verantwortlichen bzw. Auftragsverarbeiters, sollte er Kenntnis von einer etwaigen mangelhaften Tätigkeit des Datenschutzbeauftragten erlangen[18]. Die Abgrenzung zwischen **unzulässiger Weisung** und **gerechtfertigter Anordnung** ist erkennbar problematisch[19]. **Prüfaufträge und Beratungsersuchen** seitens des Verantwortlichen oder Auftragsverarbeiters werden nicht als Anweisung im Sinne der Norm klassifiziert[20], zumal die Prüfung von Datenverarbeitungen sowie die Beratung zu den klassischen Aufgaben des Datenschutzbeauftragten gehören. Anderer, zu weitgehender Auffassung ist *Bergt*, der hierin einen unzulässigen Eingriff in die freie Prioritätensetzung und Zeiteinteilung des unabhängigen Datenschutzbeauftragten sieht[21]. Ähnlicher 11

---

13 Paal/Pauly/*Paal*, Art. 38 DSGVO Rz. 9.
14 Artikel 29-Datenschutzgruppe, 16/EN WP 243 rev.01, 15.
15 Vgl. zum BDSG-alt *Wedde*, DuD 2004, 673.
16 Kühling/Buchner/*Bergt*, Art. 38 DSGVO Rz. 26; vgl. zu § 4f BDSG-alt Taeger/Gabel/*Scheja*, § 4f BDSG Rz. 86.
17 Artikel 29-Datenschutzgruppe, 16/EN WP 243 rev.01, 15.
18 So auch BeckOK DatenschutzR/*Moos*, Art. 38 DSGVO Rz. 12; ähnl. Kühling/Buchner/*Bergt*, Art. 38 DSGVO Rz. 27; vgl. zu § 4f BDSG-alt Taeger/Gabel/*Scheja*, § 4f BDSG Rz. 86; Simitis/*Simitis*, § 4f BDSG Rz. 125.
19 So zu § 4f BDSG-alt Däubler/Klebe/Wedde/Weichert/*Däubler*, § 4f BDSG Rz. 47; Simitis/*Simitis*, § 4f BDSG Rz. 126.
20 So zu § 4f BDSG-alt Taeger/Gabel/*Scheja*, § 4f BDSG Rz. 86; Däubler/Klebe/Wedde/Weichert/*Däubler*, § 4f BDSG Rz. 46; Gola/Schomerus, § 4f BDSG Rz. 48a.
21 Kühling/Buchner/*Bergt*, Art. 38 DSGVO Rz. 27; ähnlich Ehmann/Selmayr/*Heberlein*, Art. 38 DSGVO Rz. 13.

Auffassung ist auch *Moos*, der aber eingesteht, dass eine ordnungsgemäße Aufgabenerfüllung des Datenschutzbeauftragten wenigstens eine Auseinandersetzung mit den Hinweisen erfordert[22].

12 Trotz dieser weitgehenden Weisungsfreiheit ist der Beauftragte an seine Kompetenzen und Aufgaben aus Art. 39 gebunden; ihm werden damit auch in seinem Aufgabenfeld keine Entscheidungsbefugnisse zugesprochen[23]. Insbesondere die Entscheidung über die Umsetzung seiner Empfehlungen, etwa die Einführung bestimmter Datenschutzmaßnahmen, obliegt weiterhin der verantwortlichen Stelle (s. schon Rz. 5), wenngleich die Stellung des Datenschutzbeauftragten sicherstellen soll, dass er seine ggf. abweichende Auffassung auf allen Hierarchieebenen jedem Entscheidungsträger deutlich machen könnte (s. Rz. 13).

3. Berichterstattung des Beauftragten (Abs. 3 Satz 3)

13 Nach Art. 38 Abs. 3 Satz 3 berichtet der Datenschutzbeauftragte direkt der **höchsten Managementebene**. Trotz des vom BDSG-alt etwas abweichenden Wortlauts (nach § 4f Abs. 3 Satz 1 BDSG-alt war der Beauftragte „dem Leiter der [...] Stelle unmittelbar zu unterstellen") bleibt die Rechtslage weitgehend materiellrechtlich konstant[24]. Der Datenschutzbeauftragte erhält einen direkten Zugang zu den Verantwortlichen, was einerseits seine Neutralität verdeutlichen und andererseits sicherstellen soll, dass Anfragen und Forderungen von seiner Seite nicht in der Hierarchieleiter der verantwortlichen Stelle „stecken bleiben"[25]. Die exponierte Positionierung des Beauftragten erhöht zudem seine Autorität gegenüber Mitarbeitern des Verantwortlichen bzw. Auftragsverarbeiters[26].

14 Allerdings ist nicht geregelt, ob der Beauftragte auch von jeder Routinetätigkeit zu berichten verpflichtet ist. Unter Praktikabilitätsgesichtspunkten der Konzernstrukturen sollte der Beauftragte stets in der Lage sein, der höchsten Managementebene zu berichten, jedoch nur zur Berichterstattung verpflichtet, wenn es sich um wichtige Datenschutzangelegenheiten handelt[27].

---

22 BeckOK DatenschutzR/*Moos*, Art. 38 DSGVO Rz. 11.
23 Artikel 29-Datenschutzgruppe, 16/EN WP 243 rev.01, 15.
24 So auch Schaffland/Wiltfang/*Schaffland/Holthaus*, Art. 37 DSGVO Rz. 97, Art. 38 DSGVO Rz. 25, 33; abweichend *Jaspers/Reif*, RDV 2016, 64; *Kort*, ZD 2017, 4; *Marschall/Müller*, ZD 2016, 419; BeckOK DatenschutzR/*Moos*, Art. 38 DSGVO Rz. 17; Paal/Pauly/*Paal*, Art. 38 DSGVO Rz. 11, die keine Notwendigkeit für eine direkte hierarchische Unterstellung in der Berichterstattungspflicht sehen.
25 So noch zu § 4f BDSG-alt Taeger/Gabel/*Scheja*, § 4f BDSG Rz. 84.
26 Ähnl. *Klug*, RDV 2014, 91; vgl. zu § 4f BDSG-alt Däubler/Klebe/Wedde/Weichert/*Däubler*, § 4f BDSG Rz. 43.
27 Hierzu auch CIPL, Project Paper (2016), 9.

4. Abberufung und Kündigung des Beauftragten (Abs. 3 Satz 2 Alt. 1)

Unter dem BDSG-alt war hinsichtlich des besonderen Schutzes der Datenschutzbeauftragten zwischen den Einschränkungen bei der Abberufung und den Einschränkungen bei der Kündigung des dem Arbeitsverhältnis zugrunde liegenden Schuldverhältnisses differenziert worden. Beide Rechtsverhältnisse waren nur unter der besonderen Voraussetzung des Vorliegens eines wichtigen Grundes widerruflich bzw. kündbar (§ 4f Abs. 3 Sätze 4–6 BDSG-alt). Die Grundverordnung trifft diese Unterscheidung nicht mehr so genau[28]. Stattdessen ist in Art. 38 Abs. 3 nur noch davon die Rede, der Beauftragte dürfe wegen der Erfüllung seiner Aufgaben nicht „**abberufen oder benachteiligt**" werden. Statt Abberufung verwendet die englische Sprachfassung der DSGVO den Begriff „dismissal", der regelmäßig die Kündigung im arbeitsrechtlichen Sinne bezeichnet. Durch die DSGVO fällt außerdem das bislang in § 4f Abs. 3 Satz 4 BDSG-alt vorgesehene Recht der Aufsichtsbehörde weg, bei nichtöffentlichen Stellen eine Abberufung des Datenschutzbeauftragten zu verlangen. Eine solche kann sie nur noch mittelbar über Art. 83 Abs. 4 Buchst. a erreichen, wenn sie den Datenschutzbeauftragten für unzureichend qualifiziert hält[29]. 15

In beiden Fällen dürfte jedoch ohnehin aus teleologischen Gründen bei intern bestellten Datenschutzbeauftragten ein weitgehender **Gleichlauf** des bereichsspezifischen Abberufungs- und Kündigungsschutzes anzunehmen sein. Denn beide Mechanismen erfüllen letztlich nicht primär den Zweck eines persönlichen Arbeitsplatzschutzes, sondern dienen der Wirksamkeit des Datenschutzes[30]. Geht es darum, zu verhindern, dass die Stellen sich missliebiger, weil pflichtbewusster Beauftragter im Falle intensiven Drängens auf ein datenschutzkonformes Geschäftsgebaren entledigen, so kann dies nur wirksam erreicht werden, wenn sowohl die Position des Beauftragten als auch das zugrunde liegende Rechtsverhältnis geschützt werden. Eine schuldrechtlich gekündigte, aber als (externe) Datenschutzbeauftragte weiterhin ernannte Person wäre nämlich schon aus faktischen Gründen gehindert, ihre Funktion weiterhin wahrzunehmen. 16

Der Datenschutzbeauftragte genießt Schutz vor Beeinträchtigungen seiner Position aufgrund der Erfüllung seiner Pflichten. Sie oder er darf nicht **wegen der pflichtgemäßen Aufgabenwahrnehmung** nach Art. 39 benachteiligt werden, also z.B. wegen einer kritischen Rechtmäßigkeitsprüfung von Datenverarbeitungen des Verantwortlichen bzw. Auftragsverarbeiters. Im Umkehrschluss sollte 17

---

28 So auch *Hoeren*, ZD 2012, 356 in Bezug auf einen früheren Entwurf.
29 Schaffland/Wiltfang/*Schaffland*/Holthaus, Art. 37 DSGVO Rz. 108, Art. 38 DSGVO Rz. 43.
30 Vgl. zur Differenzierung der Regelungszwecke des Arbeitsplatzschutzes und der Wirksamkeit des Datenschutzes unter der Rechtslage des BDSG: Simitis/*Simitis*, § 4f BDSG Rz. 182.

demnach davon ausgegangen werden, dass eine Abberufung und eine ordentliche wie außerordentliche Kündigung des Arbeits- oder sonst zugrunde liegenden Schuldverhältnisses **aus anderen Gründen** grundsätzlich jederzeit möglich ist, etwa wegen wirtschaftlicher oder betriebsorganisatorischer Erwägungen[31], was sowohl nach § 4f Abs. 3 Satz 4, 5 BDSG-alt nicht möglich war[32] als auch nach § 6 BDSG nicht möglich ist. Fraglich ist, ob auch – wie zur alten Rechtslage von der h.M.[33] vertreten – Kündigungsgründe in Betracht kommen, die auf dem zugrundeliegenden Arbeitsverhältnis beruhen und so unmittelbar keinen Bezug zur Tätigkeit als Datenschutzbeauftragter haben, bspw. die Unterschlagung eines größeren Geldbetrags[34]. Da im Rahmen des Art. 38 Abs. 3 Satz 2 wie beschrieben sogar rein wirtschaftliche Gründe genügen können und das nationale Kündigungsrecht unberührt bleibt (vgl. Rz. 23 f.), sollte dies unproblematisch möglich sein. In Betracht kommt daneben erst recht eine Abberufung aus fachlichen Gründen, wenn nämlich die Pflichten gerade nicht ordnungsgemäß erfüllt werden und die o.g. Anordnungen bei mangelhafter Aufgabenerfüllung (vgl. Rz. 12) keine Verbesserung bewirken. Schließlich bleibt der Verantwortliche bzw. Auftragsverarbeiter letztverantwortlich hinsichtlich der Einhaltung der Datenschutzbestimmungen.

18 Im Falle einer Abberufung ist regelmäßig von einer simultanen Unzumutbarkeit am Festhalten des Dienstverhältnisses auszugehen, wenn die **Ausübung des Datenschutzmandats die primäre Tätigkeit** des Arbeitnehmers war[35]. In einem solchen Fall ist dies als logische Konsequenz aus den schwerwiegenden Verfehlungen in Bezug auf die Haupttätigkeit als Datenschutzbeauftragter anzusehen[36]. Aufgrund des Ultima-Ratio-Charakters einer Beendigungskündigung ist eine Änderungskündigung unter Zuweisung eines neuen Tätigkeitsfelds allerdings nicht gänzlich ausgeschlossen[37]. Bei einem externen Beauftragten entfällt regelmäßig die Grundlage für das zugrunde liegende Schuldverhältnis mit der Abberufung[38], so dass dieses über § 313 Abs. 3 BGB beendet werden kann.

---

31 Anders noch die Rechtslage nach dem BDSG nach Auffassung des LAG Berlin-Brandenburg v. 28.5.2009 – 5 Sa 425/09, 5 Sa 434/09, 5 Sa 425/09, 5 Sa 434/09, MMR 2010, 61.
32 Vgl. Plath/*von dem Bussche*, 2. Aufl. 2016, § 4f BDSG Rz. 53.
33 So noch unter § 4f BDSG-alt BAG v. 23.3.2011 – 10 AZR 562/09, NZA 2011, 1037; Däubler/Klebe/Wedde/Weichert/*Däubler*, § 4f BDSG Rz. 67; Gola/Schomerus, § 4f BDSG Rz. 38; Gehlhaar, NZA 2010, 377; Dzida/Kröpelin, NZA 2011, 1020; a.A. Simitis/*Simitis*, § 4f BDSG Rz. 183; zu den wichtigen Kündigungsgründen im Allgemeinen s. Palandt/*Weidenkaff*, § 626 BGB Rz. 60 ff.
34 Ausführlich zu § 4f BDSG-alt Däubler/Klebe/Wedde/Weichert/*Däubler*, § 4f BDSG Rz. 67.
35 Im Ergebnis noch unter dem BDSG-alt auch *Bongers/Commichau*, ArbRAktuell 2010, 140.
36 So noch unter § 4f BDSG-alt auch Taeger/Gabel/*Scheja*, § 4f BDSG Rz. 46.
37 So noch unter § 4f BDSG-alt auch Taeger/Gabel/*Scheja*, § 4f BDSG Rz. 46.
38 So noch unter § 4f BDSG-alt auch Simitis/*Simitis*, § 4f BDSG Rz. 191; Taeger/Gabel/*Scheja*, § 4f BDSG Rz. 51.

19 Der Zweck der Norm erfordert überdies einen Umgehungsschutz, also die Unwirksamkeit einer Abberufung oder Kündigung, wenn andere Gründe nur vorgeschoben werden.

20 Der Datenschutzbeauftragte selbst ist dazu befugt, jederzeit sein **Amt niederzulegen**[39]. Dem werden allenfalls vertragliche Grenzen gesetzt, etwa wenn sich der Beauftragte zur Ausübung des Amtes für eine gewisse Zeit verpflichtet hat[40]. Dadurch wird er allerdings lediglich vertragsbrüchig und ggf. schadensersatzpflichtig[41], eine Erzwingbarkeit der Erfüllung der Pflicht scheidet jedoch nach deutschem Recht aufgrund der Wertung in § 613 BGB i.V.m. § 888 Abs. 3 ZPO aus[42].

21 Fraglich ist, ob der Wegfall der Bestellpflicht Auswirkungen auf das Recht zur Abberufung bzw. Kündigung hat. Nach alter Rechtslage endete in diesem Fall das Mandat. Die Regelungen der DSGVO finden allerdings in gleichem Maße Anwendung, wenn ein Datenschutzbeauftragter freiwillig bestellt wird (s. § 6 BDSG Rz. 2). Aus diesem Grund führt ein Wegfall der Bestellpflicht wohl nicht automatisch zu einem Abberufungs- oder Kündigungsrecht in Bezug auf den Datenschutzbeauftragten. Anders liegt es, wenn ein Unternehmen stillgelegt oder fusioniert wird[43]. Gemäß § 613a BGB geht in diesem Fall lediglich das Dienstverhältnis, nicht aber die Funktion als Datenschutzbeauftragter auf das übernehmende Unternehmen über, dessen Datenschutzbeauftragter dann für das Gesamtunternehmen verantwortlich wird[44]. Dies stellt regelmäßig einen fundierten betriebsorganisatorischen Grund zur Abberufung oder Kündigung dar.

22 Eine in Art. 35 Abs. 7 des Kommissionsentwurfes vorgesehene Mindestamtszeit von zwei Jahren ist nicht in die Verordnung aufgenommen worden, jedoch faktisch regelmäßig geboten (vgl. Art. 37 DSGVO Rz. 61), damit der Datenschutzbeauftragte tatsächlich in die Lage versetzt wird, seine Aufgaben nach Art. 39 ordnungsgemäß zu erfüllen, was Art. 37 Abs. 6 fordert (vgl. Art. 37 DSGVO Rz. 61).

23 Freilich lässt die Grundverordnung mangels unionsrechtlicher Regelungsbefugnis das mitgliedstaatliche Schuld- und Arbeitsrecht im Übrigen unberührt. Das Abberufungs- und Kündigungsverbot adressiert damit einerseits die Stelle, die den Beauftragten nicht wegen Pflichterfüllung des Amtes entheben darf, und

---

39 Hierzu noch unter § 4f BDSG-alt Simitis/*Simitis*, § 4f BDSG Rz. 179; Gierschmann/Saeugling/*Schmitz/Thoma*, § 4f BDSG Rz. 59.
40 Hierzu noch unter § 4f BDSG-alt Taeger/Gabel/*Scheja*, § 4f BDSG Rz. 55.
41 So noch unter § 4f BDSG-alt auch Gierschmann/Saeugling/*Schmitz/Thoma*, § 4f BDSG Rz. 59.
42 So noch unter § 4f BDSG-alt auch Däubler/Klebe/Wedde/Weichert/*Däubler*, § 4f BDSG Rz. 63.
43 Hierzu noch unter § 4f BDSG-alt BAG v. 29.9.2010 – 10 AZR 588/09, NJW 2011, 476 (477); Simitis/*Simitis*, § 4f BDSG Rz. 200; ferner *Bongers*, BB 2011, 639; ausführlich zum Wegfall der Stelle des Datenschutzbeauftragten bei Fusionen unter § 4f BDSG-alt Däubler/Klebe/Wedde/Weichert/*Däubler*, § 4f BDSG Rz. 77 f.
44 Schaffland/Wiltfang/*Schaffland/Holthaus*, Art. 37 DSGVO Rz. 119.

bindet andererseits die Mitgliedstaaten, die schuldrechtlich kein Kündigungsrecht aus gleichem Grunde vorsehen dürfen. Somit können Abberufung und Kündigung des (internen) Beauftragten auseinanderfallen, wenn etwa das mitgliedstaatliche Arbeitsrecht höhere Anforderungen an die Kündigung stellt als die Grundverordnung an die Abberufung. Der oben angesprochene Gleichlauf von Abberufungs- und Kündigungsschutz meint insofern lediglich, dass sowohl Abberufung als auch Kündigung aus dem Grunde pflichtgemäßer Aufgabenerfüllung gleichermaßen ausgeschlossen sind.

24 Tatsächlich hat der nationale Gesetzgeber mit [§ 38 Abs. 2 i.V.m.] § 6 Abs. 4 BDSG im Falle einer verpflichtenden Bestellung eines Datenschutzbeauftragten eine entsprechende Anwendung des § 626 BGB für Abberufungen bestimmt und lässt nur noch Kündigungen des Arbeitsverhältnisses aus wichtigem Grund zu, was auch im ersten Jahr nach Abberufung des Datenschutzbeauftragten gelten soll.

25 Die Regelung stellt im Zusammenspiel mit den übrigen Absätzen die Autonomie des Datenschutzbeauftragten sicher[45]. Je mehr er auf den Bestand seiner Stellung vertrauen kann, desto unabhängiger kann er das Amt des Datenschutzbeauftragten ausüben[46].

5. Benachteiligungsverbot (Abs. 3 Satz 2 Alt. 2)

26 Art. 38 Abs. 3 Satz 2 verbietet zudem jegliche **Benachteiligungen** anderer Art, die mit der ordnungsgemäßen Aufgabenwahrnehmung des Datenschutzbeauftragten im Zusammenhang stehen. Gibt der Datenschutzbeauftragte beispielsweise eine der Meinung der Entscheidungsträger widersprechende Empfehlung ab und versucht diese im Interesse des Datenschutzes durchzusetzen, darf ihm hieraus keinerlei Nachteil erwachsen. Als Beispiele nennt die Artikel 29-Datenschutzgruppe das Verwehren beruflichen Aufstiegs oder von (insbesondere geldwerten) Vorteilen, welche anderen Mitarbeitern zugestanden werden[47]. Ein Nachteil liegt ihr zufolge bereits vor, wenn derartige Maßnahmen lediglich angedeutet werden, eine tatsächliche Anwendung ist nicht notwendig.

27 Im Gegensatz zu § 4f Abs. 3 Satz 3 BDSG-alt, der jedermann die Benachteiligung des Datenschutzbeauftragten wegen seiner Tätigkeit untersagte, gilt das Verbot nunmehr ausdrücklich allein für den Verantwortlichen und den Auftragsverarbeiter. Umfasst werden sowohl direkte als auch indirekte Benachteiligungen[48]; es genügt ihre objektive Feststellbarkeit, eine vorsätzliche Begehung

---

45 Artikel 29-Datenschutzgruppe, 16/EN WP 243 rev.01, 15.
46 Artikel 29-Datenschutzgruppe, 16/EN WP 243 rev.01, 16.
47 Artikel 29-Datenschutzgruppe, 16/EN WP 243 rev.01, 15.
48 Artikel 29-Datenschutzgruppe, 16/EN WP 243 rev.01, 15.

6. Andere Aufgaben und Pflichten des Beauftragten (Abs. 6)

Art. 38 Abs. 6 Satz 1 stellt klar, dass der Beauftragte innerhalb der Betriebsorganisation nicht ausschließlich mit seinen Aufgaben aus Art. 39 befasst sein muss. Ihr oder ihm können daneben auch **weitere Aufgaben und Pflichten** zugewiesen werden (Teilzeit-Datenschutzbeauftragter), soweit diese nicht in einen **Interessenkonflikt** münden. Diese Thematik wurde bislang im Zuverlässigkeitskriterium des § 4f Abs. 2 Satz 1 BDSG-alt verortet. Die hieran geknüpften Erwägungen und Diskussionsstände können auf die neue Regelung übertragen werden.   28

Ein Interessenkonflikt ist stets gegeben, wenn dem Datenschutzbeauftragten zugleich Entscheidungskompetenzen im Bereich von Datenverarbeitungen zustehen. Es muss die Trennung zwischen Datenschutzbeauftragtem und verantwortlicher Stelle gewährleistet sein; der Datenschutzbeauftragte darf sich nicht hinsichtlich seiner eigenen, in anderer Funktion erfolgenden datenverarbeitenden Tätigkeiten selbst überwachen müssen[50]. Die Beurteilung ist stets von den konkreten Gegebenheiten im Unternehmen bzw. in der Behörde abhängig[51].   29

Ausgeschlossen ist damit die Bestellung des **Geschäftsführers**[52] oder eines anderen mit der Geschäftsleitung betrauten Angestellten[53]; ungeeignet sind auch der Leiter der EDV-Abteilung, der Personalleiter oder der Leiter der Marketingabteilung[54]. Ebenso führt eine zu starke Arbeitgebernähe zur Bejahung eines Interessenkonflikts; so etwa bei **leitenden Angestellten** sowie **Familienangehörigen des Arbeitgebers**[55].   30

Ob eine Mitgliedschaft im **Betriebs- oder Personalrat** eine Tätigkeit des Angestellten als Datenschutzbeauftragter ausschließt, war schon unter dem BDSG-alt   31

---

49 So zu § 4f BDSG-alt auch Simitis/*Simitis*, § 4f BDSG Rz. 138.
50 Kühling/Buchner/*Bergt*, Art. 38 DSGVO Rz. 40; Ehmann/Selmayr/*Heberlein*, Art. 38 DSGVO Rz. 22; BeckOK DatenschutzR/*Moos*, Art. 38 DSGVO Rz. 13, 25.
51 Artikel 29-Datenschutzgruppe, 16/EN WP 243 rev.01, 16.
52 A.A. Schaffland/Wiltfang/*Schaffland*/Holthaus, Art. 37 DSGVO Rz. 56, wenn Geschäftsführer dem Vorstand unterstellt ist.
53 Ehmann/Selmayr/*Heberlein*, Art. 38 DSGVO Rz. 22 weist darauf hin, dass das bereits durch Abs. 3 Satz 3 festgelegt wird.
54 So zu § 4f BDSG-alt Däubler/Klebe/Wedde/Weichert/*Däubler*, § 4f BDSG Rz. 31; Taeger/Gabel/*Scheja*, § 4f BDSG Rz. 72 f.
55 So zu § 4f BDSG-alt auch Däubler/Klebe/Wedde/Weichert/*Däubler*, § 4f BDSG Rz. 31.

umstritten[56]. Hinzu kommt unter Geltung der DSGVO, dass auch Betriebs- und Personalrat der Kontrolle des Datenschutzbeauftragten unterliegen[57].

32 Für eine Vereinbarkeit der Ämter wird angeführt, dass aufgrund der umfassenden allgemeinen Kontrollfunktion der §§ 80 Abs. 1 Nr. 1 BetrVG und 68 Abs. 1 Nr. 2 BPersVG der Schutz der Persönlichkeitsrechte von Arbeitnehmern und somit die Überwachung der Einhaltung von datenschutzrechtlichen Bestimmungen durch den jeweiligen Verantwortlichen bzw. Auftragsverarbeiter ohnehin originär in den Aufgabenbereich der Betriebs- und Personalräte fällt[58]. Eine Interessenkollision könnte aber mit dem Bedürfnis nach strategischen Maßnahmen entstehen. Denn Betriebs- oder Personalräte sind zwar aufgrund oben genannter Vorschriften zur Überwachung von Datenschutzregelungen verpflichtet, aber erfahrungsgemäß dennoch gelegentlich zu Konzessionen im Bereich des Datenschutzes bereit, wenn sich im Gegenzug anderweitige Interessen durchsetzen lassen; auch werden Datenschutzinteressen teilweise allein aus dem Grund vorgeschoben, um möglichst starke Verhandlungspositionen aufzubauen. Dann fehlt es jedenfalls an der nach Art. 37 Abs. 5 i.V.m. Art. 39 erforderlichen Zuverlässigkeit (vgl. Art. 37 DSGVO Rz. 49) für das Amt des Datenschutzbeauftragten[59]. Dass fortan die Konformität jeglicher Betriebs- und Personalratstätigkeit mit dem Datenschutzrecht in die Verantwortung des Datenschutzbeauftragten fällt, spricht noch stärker gegen eine Vereinbarkeit der Ämter. Erwägenswert ist der Vorschlag, den Betriebsrat selbst als Verantwortlichen zu sehen, der einen eigenen Datenschutzbeauftragten im Rahmen seines gesetzlich normierten Aufgabenbereichs bestimmen muss[60].

33 Die Gegenmeinung, die sich für eine Vereinbarkeit aussprach, ließ es nach alter Rechtslage genügen, bei mangelnder Zuverlässigkeit aufgrund einer tatsächlich unzureichenden Aufgabenwahrnehmung einen Widerruf der Bestellung zu ermöglichen[61], nach neuem Recht also hierin einen legitimen Abberufungsgrund zu sehen. Zudem führe ein pauschales Absprechen der Befähigung eines Be-

---

56 Zu § 4f BDSG-alt – Unzuverlässigkeit bejahend: HWK/*Lembke*, 7. Aufl. 2016, § 4f BDSG Rz. 5; Simitis/*Simitis*, § 4f BDSG Rz. 108; *Bergmann/Möhrle/Herb*, § 4f BDSG Rz. 105 – a.A.: *Gola/Schomerus*, § 4f BDSG Rz. 28; BAG v. 23.3.2011 – 10 AZR 562/09, CR 2011, 776 m. Anm. *Menz* = ITRB 2011, 252 = NZA 2011, 1036, Rz. 25.
57 Kühling/Buchner/*Bergt*, Art. 38 DSGVO Rz. 45; *Kort*, ZD 2017, 6; a.A. Schaffland/Wiltfang/*Schaffland/Holthaus*, Art. 37 DSGVO Rz. 90 mit Verweis auf die Unabhängigkeit des Betriebsrats vom Arbeitgeber, in dessen Lager der Datenschutzbeauftragte aber noch stehe; Kontrolle durch die Aufsichtsbehörde reiche aus.
58 So zu § 4f BDSG-alt Simitis/*Simitis*, § 4f BDSG Rz. 108.
59 So auch Kühling/Buchner/*Bergt*, Art. 38 DSGVO Rz. 46; zu § 4f BDSG-alt Simitis/*Simitis*, § 4f BDSG Rz. 108.
60 Schaffland/Wiltfang/*Schaffland/Holthaus*, Art. 37 DSGVO Rz. 90; *Wybitul/von Gierke*, BB 2017, 184.
61 BAG v. 23.3.2011 – 10 AZR 562/09, CR 2011, 776 m. Anm. *Menz* = ITRB 2011, 252 = NZA 2011, 1036, Rz. 25.

triebs- oder Personalratsmitglieds zum Amt des Datenschutzbeauftragten zu einer Benachteiligung gegenüber anderen Arbeitnehmern i.S.d. § 78 BetrVG bzw. § 107 BPersVG[62].

Wenig zu überzeugen vermag das Argument, dass aus der allgemeinen Kontrollfunktion der Betriebs- und Personalräte gemäß §§ 80 Abs. 1 Nr. 1 BetrVG und 68 Abs. 1 Nr. 2 BPersVG auf eine Exklusivität in Bezug auf das Amt des Datenschutzbeauftragten zu schließen sei. Ein solches Gebot ist den Normen nicht zu entnehmen[63]. Es ist daraus auch nicht ersichtlich, dass die Überwachungsfunktion in datenschutzrechtlicher Hinsicht nicht auf ein Mitglied des Betriebs- bzw. Personalrats durch zusätzliche Bestellung als Datenschutzbeauftragter konzentriert werden kann. Ebensowenig ist aber einem solchen Fall eine unzureichende Aufgabenerfüllung aufgrund anderweitiger Interessen immanent, sondern jeweils eine **Frage des Einzelfalls** und daher auch kein zwingender Grund für eine Benachteiligung i.S.d. § 78 BetrVG bzw. § 107 BPersVG[64]. Maxime im Rahmen der Feststellung der Unzuverlässigkeit sollte stets sein, ob die **nötige Unabhängigkeit, die das Amt als Datenschutzbeauftragter erfordert**, nicht gewährleistet werden kann[65]. Auch als Mitglied des entsprechenden Rats kann ein Datenschutzbeauftragter seine Aufgaben grundsätzlich ordnungsgemäß und zuverlässig wahrnehmen[66]. Demnach ist eine generelle Unzuverlässigkeit von Betriebs- und Personalratsmitgliedern für das Mandat als Datenschutzbeauftragter zwar abzulehnen[67], gleichwohl ist eine Doppelrolle als Betriebsrat und Datenschutzbeauftragter grundsätzlich nicht empfehlenswert, birgt diese doch erhebliches Konfliktpotential. 34

Während Mehrfach- und Doppeltätigkeiten, etwa in der **internen Revision** und zugleich als **Geschäftsführer** operativer Einheiten, wegen auftretender Interessenkonflikte vermieden werden sollten, ist dagegen eine „Zweit"-Tätigkeit als Datenschutzbeauftragter neben einer Tätigkeit in der **internen Rechtsabteilung** unschädlich und kann allein wegen der zu Tage tretenden Synergieeffekte sogar hilfreich sein[68]. 35

---

62 So zu § 4f BDSG-alt *Gola/Schomerus*, § 4f BDSG Rz. 28; Däubler/Klebe/Wedde/Weichert/*Däubler*, § 4f BDSG Rz. 32.
63 So auch *Gola/Schomerus*, § 4f BDSG-alt Rz. 28.
64 So auch BAG v. 23.3.2011 – 10 AZR 562/09, CR 2011, 776 m. Anm. *Menz* = ITRB 2011, 252 = NZA 2011, 1036, Rz. 25.
65 Vgl. zu § 4f BDSG-alt Simitis/*Simitis*, § 4f BDSG Rz. 97 f.; Taeger/Gabel/*Scheja*, § 4f BDSG Rz. 72 f.; Bergmann/Möhrle/Herb, § 4f BDSG Rz. 102.
66 So auch BAG v. 23.3.2011 – 10 AZR 562/09, CR 2011, 776 m. Anm. *Menz* = ITRB 2011, 252 = NZA 2011, 1036, Rz. 25.
67 So auch Schaffland/Wiltfang/*Schaffland*/Holthaus, Art. 37 DSGVO Rz. 60; zur alten Rechtslage BAG v. 23.3.2011 – 10 AZR 562/09, CR 2011, 776 m. Anm. *Menz* = ITRB 2011, 252 = NZA 2011, 1036, Rz. 25; *Gola/Schomerus*, § 4f BDSG-alt Rz. 28.
68 Zur bisherigen Rechtslage Hauschka/*Hauschka*/Spiekermann, § 15 Rechtsabteilung, Rz. 24; Taeger/Gabel/*Scheja*, § 4f BDSG-alt Rz. 70; deutlich kritischer hierzu wegen etwaiger bestehender Interessenkonflikte Gierschmann/Saeugling/*Schmitz*/Thoma, § 4f BDSG-alt Rz. 34.

Bezüglich des Leiters der Rechtsabteilung bestehen allerdings Bedenken, weil dieser u.U. auch dafür zuständig ist, datenschutzrechtliche Ansprüche Betroffener für das Unternehmen abzuwehren, was zu Interessenkonflikten führen würde.

36 Umstritten war auch schon nach alter Rechtslage, ob es angesichts der immer höheren Anforderungen an Compliance-Maßnahmen ratsam bzw. überhaupt rechtlich zulässig ist, die Position des betrieblichen Datenschutzbeauftragten mit der Position des **Compliance-Beauftragten** zu kombinieren oder den Datenschutzbeauftragten zumindest in der Compliance-Abteilung als Mitarbeiter einzugliedern[69]. Dies gilt insbesondere für kleine und mittelständische Unternehmen. Es ist insofern zu untersuchen, ob sich die Funktion des Datenschutzbeauftragten soweit mit der des Compliance-Beauftragten deckt, dass sie ohne inhärente Interessenkonflikte in Personalunion ausgeübt werden kann[70]. Eine Legaldefinition des Begriffs „Compliance" existiert nicht, obschon der **Begriff** unmittelbar bzw. seiner Bedeutung nach in verschiedenen Gesetzen Verwendung findet[71]. Der Begriff Compliance leitet sich aus dem Englischen von „to comply" ab und bedeutet so viel wie „einhalten" oder „befolgen". Dabei umfasst Compliance die Gesamtheit aller Maßnahmen, welche das rechtmäßige Verhalten der Stelle, der Organisation und der Mitarbeiter im Hinblick auf alle gesetzlichen Verbote gewährleisten[72].

37 Das Compliance-Management ist – ebenso wie der Datenschutzbeauftragte – Bestandteil des unternehmerischen Risikomanagements. Ein Vergleich der Stellungen und Aufgaben von Compliance-Beauftragtem und Datenschutzbeauftragtem zeigt, dass die gemeinsame **Schnittmenge beider Positionen** vornehmlich darin besteht, die Einhaltung des Datenschutzrechts zu überwachen, was gemäß Art. 39 Abs. 1 Buchst. b) ausdrückliche Aufgabe des Datenschutzbeauftragten ist[73]. Dabei dürfte die zu erwartende gute Organisationskenntnis des Compliance-Beauftragten sicher auch für die Überwachung des Datenschutzrechts hilfreich sein. Schon die **organisatorische Stellung** unterscheidet sich aber deutlich von der des Datenschutzbeauftragten: Während letzterer weisungsfrei ist (s. hierzu ausführlich Rz. 9ff.), ist der Compliance-Beauftragte zumindest in Wertpapierdienstleistungsunternehmen weisungsgebunden[74]. Gewichtiger gegen eine Personalunion spricht noch der sich aus der unterschiedlichen Aufgabenstellung

---

69 Forgó/Helfrich/Schneider/*Schröder*, Teil V Kapitel 3 Rz. 71 m.w.N.
70 Dieses unter alter Rechtslage verneinend Gierschmann/Saeugling/*Schmitz/Thoma*, § 4f BDSG-alt Rz. 32.
71 S. z.B. § 33 Abs. 1 Satz 2 Nr. 1 WpHG, § 64a Abs. 1 VAG oder § 9 Abs. 1 GwG.
72 Renz/Hense/*Fett*, Organisation der Wertpapier-Compliance-Funktion, 5 Rz. 1; s. zur genauen Begriffsbestimmung auch *Renz/Frankenberger*, ZD 2015, 158.
73 Forgó/Helfrich/Schneider/*Schröder*, Teil V Kapitel 3 Rz. 80; s. hierzu auch *Renz/Frankenberger*, ZD 2015, 160.
74 Forgó/Helfrich/Schneider/*Schröder*, Teil V Kapitel 3 Rz. 80.

ergebende **Interessenkonflikt:** Der betriebliche Datenschutzbeauftragte nimmt ausschließlich im hoheitlichen Interesse den Schutz der Persönlichkeitsrechte wahr und ist zur Ausübung dieser Aufgabe mit einer exponierten Stellung sowie einer Verschwiegenheitspflicht über Tatsachen, die ihm von den Betroffenen anvertraut werden, versehen. Der Compliance-Beauftragte hat hingegen in erster Linie die Funktion, Haftung für das Unternehmen und den Vorstand zu vermeiden und darf dabei durchaus auch Unternehmensinteressen im Auge haben[75]. Insofern bedarf er auch keiner vergleichbar unabhängigen und gesicherten Stellung[76]. Der Compliance-Beauftragte, dessen Aufgabe es ferner ist, zur Überwachung der sich für das Unternehmen ergebenden Risiken ein Kontrollsystem einzurichten, wird folglich z.B. bei Einrichtung und Nutzung von Systemen zum Datenabgleich erhebliche Haftungsrisiken gegen eine die Persönlichkeitsrechte der Betroffenen in jeder Hinsicht schützende (Nicht-)Kontrolle abzuwägen haben. Sicherlich muss sich der Compliance-Beauftragte auch bei Einführung solcher Systeme an Recht und Gesetz halten. Es dürfte aber nicht verwundern, wenn die Abwägung der widerstreitenden Interessen durch den Compliance-Beauftragten anders ausfällt als durch den Datenschutzbeauftragten[77]. Darüber hinaus ist der Interessenkonflikt absehbar, wenn ein Compliance-Beauftragter in seiner Funktion als Datenschutzbeauftragter z.B. von Arbeitnehmern über Missstände im Unternehmen informiert, zugleich aber gebeten wird, die Namen der Hinweisgeber nicht bekanntzugeben[78]. Während der Compliance-Beauftragte die Preisgabe der Namen eventuell für weitere Sachverhaltsaufklärungen bräuchte, wäre er als Datenschutzbeauftragter zur **Verschwiegenheit** verpflichtet (s. Rz. 44).

Vorgeschlagen wurden in der Literatur verschiedene **Organisationsmodelle**[79], die auf unterschiedliche Art und Weise klar definierte Schnittstellen für den Compliance-Beauftragten und den Datenschutzbeauftragten mit sich bringen sollen[80]. Zwei Modelle sahen eine Unterstellung des Datenschutzbeauftragten unter den Compliance-Beauftragten vor, entweder unbedingt oder disziplinarisch. Beides ist mit der strengen Regelung des Abs. 3 Satz 3 nicht vereinbar, welcher es nach dem Wortlaut erfordert, den Datenschutzbeauftragten direkt der obersten Managementebene zu unterstellen. Beim dritten Modell werden die Aufgaben des Datenschutz- und Compliance-Beauftragten in Personalunion wahrgenommen, wodurch einerseits Kosten eingespart werden und ein einheit- 38

---

75 Forgó/Helfrich/Schneider/*Schröder*, Teil V Kapitel 3 Rz. 82; *Wolf*, BB 2011, 1357; s. zu diesem Interessenkonflikt auch BlnDSB, Jahresbericht 2010, S. 176 ff.
76 S. hierzu auch Nipperdey/*Kortstock*, Lexikon Arbeitsrecht, Compliance-Beauftragter.
77 Forgó/Helfrich/Schneider/*Schröder*, Teil V Kapitel 3 Rz. 82.
78 Forgó/Helfrich/Schneider/*Schröder*, Teil V Kapitel 3 Rz. 82.
79 Alle vier Modelle dargestellt bei *Renz/Frankenberger*, ZD 2015, 161.
80 S. zum Ganzen *Renz/Frankenberger*, ZD 2015, 161; s. für eine datenschutzkonforme Umsetzungsmöglichkeit einer Compliance-Maßnahme anhand des Beispiels des Pre-Employment-Screenings v. d. Bussche/Voigt/*Oenning/Oenning*, Teil 5 Kapitel 1 Rz. 45 ff.

liches Compliance-Risiko-Reporting an die Geschäftsleitung erfolgt, andererseits aber durchaus Potenzial für Interessenkonflikte bei der datenschutzrechtlichen Bewertung und somit ein Haftungsrisiko für den Beauftragten besteht. Einzig unbedenklich erscheint das vierte und damit letzte Modell, demzufolge sich Compliance-Beauftragter und Datenschutzbeauftragter auf gleicher Ebene gegenüberstehen und gegenüber der Geschäftsleitung getrennte Verantwortungen haben. So ist eine gegenseitige Kontrollfunktion beider Bereiche gewährleistet, allerdings wird das Synergiepotenzial nicht ausgenutzt[81].

39 Trotz der vergleichbaren fachlichen Zuordnung ist das Spannungsfeld zwischen Compliance und Datenschutz nicht zu unterschätzen[82]. So kollidieren Compliance-Maßnahmen häufig mit den restriktiven Vorschriften über den Beschäftigtendatenschutz, welche Eingriffe, etwa im Rahmen von Kontrollen, häufig nicht zulassen. Die pauschale Berufung auf die Compliance rechtfertigt für sich allein genommen keinen dieser Eingriffe[83]. Hier sind vielmehr sehr sorgfältig und auf den Einzelfall abgestimmte Erlaubnistatbestände für die den Datenschutz beschränkenden Compliance-Maßnahmen herauszuarbeiten. Folglich ist in Bezug auf etwaige Compliance-Maßnahmen regelmäßig darauf zu achten, dass diese selbst datenschutz-„compliant" sein müssen[84].

40 Für **externe Kandidaten** kann sich ein **Interessenkonflikt** bspw. ergeben, wenn der Kandidat bereits andere verarbeitungsintensive Aufgaben für die verantwortliche Stelle übernimmt (z.B. Lohnabrechnungen)[85] oder gebeten wird, den Verantwortlichen oder Auftragsverarbeiter in datenschutzrechtlichen Fragen vor Gericht zu vertreten[86]. Offensichtlich muss bereits der Verantwortliche konfligierende Aufgabenzuteilungen vermeiden, aber es liegt in der Verantwortung des externen Beauftragten, auf mögliche Interessenkonflikte insbesondere mit nicht vom Verantwortlichen bzw. Auftragsverarbeiter vergebenen Aufgaben hinzuweisen[87].

41 Der Datenschutzbeauftragte sollte genau untersuchen, welche Positionen im konkreten Unternehmen mit dem Amt des Datenschutzbeauftragten konfligieren und ein Verzeichnis darüber erstellen; seitens des Verantwortlichen/Auftragsverarbeiters könnte eine Implementierung von Kontrollmechanismen angebracht sein[88]. Die Artikel 29-Datenschutzgruppe empfiehlt, das Erfordernis

---

81 S. hierzu auch Forgó/Helfrich/Schneider/*Schröder*, Teil V Kapitel 3 Rz. 83.
82 S. hierzu ausführlich v. d. Bussche/Voigt/*Oenning/Oenning*, Teil 5 Kapitel 1 Rz. 20 ff.
83 S. allgemein zum Konflikt zwischen Datenschutz und Compliance *Maschmann*, NZA-Beilage 2012, 50.
84 Zur bisherigen Rechtslage *Maschmann*, NZA-Beilage 2012, 58.
85 So zu § 4f BDSG-alt Simitis/*Simitis*, § 4f BDSG Rz. 110; Däubler/Klebe/Wedde/Weichert/*Däubler*, § 4f BDSG Rz. 34.
86 Artikel 29-Datenschutzgruppe, 16/EN WP 243 rev.01, 16.
87 Ehmann/Selmayr/*Heberlein*, Art. 38 DSGVO Rz. 24.
88 Artikel 29-Datenschutzgruppe, 16/EN WP 243 rev.01, 16.

bereits bei der Stellenausschreibung des Datenschutzbeauftragten präzise genug zu beschreiben und beispielweise durch eine offizielle Feststellung derzeitiger Einhaltung des Erfordernisses das Bewusstsein dafür zu schärfen[89].

III. Rechte betroffener Personen (Abs. 4)

Der Datenschutzbeauftragte fungiert zudem gemäß Art. 38 Abs. 4 als **Anlaufstelle für Betroffene** (intern und extern des Verantwortlichen bzw. Auftragsverarbeiters) von Datenschutzverletzungen[90]. Schon nach § 4f Abs. 5 Satz 2 BDSG-alt hatten Betroffene ein vergleichbares Anrufungsrecht, dessen Rahmenbedingungen übertragen werden können. Die Anrufung ist deshalb weiterhin weder form- noch fristgebunden[91]. Der Datenschutzbeauftragte ist **verpflichtet**, den Vorwürfen einer Rechtsverletzung des Betroffenen nachzugehen, auf die Einstellung von festgestellten Datenschutzverletzungen hinzuwirken sowie der höchsten Managementebene zu berichten[92]. Weiterhin ist der Betroffene über den Fortschritt seines Anliegens zu informieren[93]. Handelt es sich jedoch um einen Hinweis auf nicht in der Person des Betroffenen liegende Datenschutzrechtsverletzungen, entscheidet der Datenschutzbeauftragte nach eigenem Ermessen; bei berechtigten Anfragen hat er die Person zu beraten[94]. In der Praxis wird durch jegliche Hinweise die Arbeit des Datenschutzbeauftragten erheblich erleichtert, da er so Kenntnis von datenschutzrechtlichen Missständen innerhalb der verantwortlichen Stelle erlangt[95]. 42

Wie in Art. 37 DSGVO Rz. 65 beschrieben, muss der Datenschutzbeauftragte ohne Umweg kontaktierbar sein. Es dürfen keine Zugriffsberechtigungen zwischengeschalteter Personen geschaffen werden. Er soll für die Betroffenen das Bindeglied zum Verantwortlichen/Auftragsverarbeiter darstellen[96]. 43

IV. Verschwiegenheitspflicht (Abs. 5)

Nach Art. 38 Abs. 5 ist der Datenschutzbeauftragte hinsichtlich seiner Tätigkeit zur **Verschwiegenheit** verpflichtet. Wie die Regelung des § 4f Abs. 4a BDSG-alt bezweckt diese Pflicht insbesondere den Schutz derjenigen, die sich mit ihren 44

---

89 Artikel 29-Datenschutzgruppe, 16/EN WP 243 rev.01, 16.
90 Ausführlich zu den Voraussetzungen des Anrufungsrechts unter § 4f BDSG-alt: Simitis/*Simitis*, § 4f BDSG Rz. 155 ff.
91 So zu § 4f BDSG-alt Gierschmann/Saeugling/*Schmitz/Thoma*, § 4f BDSG Rz. 58.
92 *Jaspers/Reif*, RDV 2012, 80; Paal/Pauly/*Paal*, Art. 38 DSGVO Rz. 12.
93 *Jaspers/Reif*, RDV 2012, 82; Kühling/Buchner/*Bergt*, Art. 38 DSGVO Rz. 36.
94 Kühling/Buchner/*Bergt*, Art. 38 DSGVO Rz. 34.
95 Zu § 4f BDSG-alt Däubler/Klebe/Wedde/Weichert/*Däubler*, § 4f BDSG Rz. 62.
96 Ehmann/Selmayr/*Heberlein*, Art. 38 DSGVO Rz. 18.

Art. 38 DSGVO | Stellung des Datenschutzbeauftragten

Anliegen an den Beauftragten wenden, deren Identität ebensowenig preisgegeben werden darf wie Umstände, aus denen diese herleitbar ist[97].

45 Der Verweis auf das mitgliedstaatliche Recht stellt vor allem klar, dass sich die Rechtsfolgen einer Verletzung der Verschwiegenheit – in Deutschland namentlich eine mögliche Schadensersatzpflicht aus § 823 BGB[98] sowie eine Bestrafung nach § 203 Abs. 4 Satz 1 StGB – nach nationalem Recht richten. Auch muss die Einschränkung so verstanden werden, dass die Reichweite der Verschwiegenheitspflicht durch einzelstaatliches Recht begrenzt werden kann[99]; insbesondere durch die Möglichkeit einer Einwilligung des Betroffenen[100], wie sie auch der Bundesgesetzgeber in [§ 38 Abs. 2 i.V.m.] § 6 Abs. 5 Satz 2 BDSG erwähnt (vgl. dortige Kommentierung, § 6 BDSG Rz. 22 f.). Die Verordnung sieht aber eine grundsätzlich unbegrenzte Verschwiegenheitspflicht vor.

46 Die Verschwiegenheit **hat grundsätzlichen Vorrang**, selbst wenn die Beseitigung eines Datenschutzverstoßes die Nennung des Betroffenen erfordern würde[101]. Solange der Betroffene in die Offenbarung seiner Identität nicht eingewilligt hat[102] oder – gemäß § 34 StGB – höherrangige Interessen die Offenbarung erforderlich machen, hat die Beseitigung folglich zu unterbleiben[103]. Ein Beispiel für solch höherrangige Interessen wäre etwa der Fall, in dem der Datenschutzbeauftragte von einer bevorstehenden Katalogstraftat des § 138 StGB erfährt und die Polizei alarmiert[104]. Die Identität **Nicht-Betroffener**, die sich versehentlich an den Datenschutzbeauftragten wenden, fällt ebenfalls unter die Verschwiegenheitspflicht[105].

47 Der Verantwortliche/Auftragsverarbeiter hat im Rahmen der ihm obliegenden **Unterstützungspflicht gemäß Art. 38 Abs. 5** die nötigen Maßnahmen zu treffen, so dass dem Datenschutzbeauftragten die Einhaltung seiner Verschwiegenheitspflicht ermöglicht wird (z.B. Bereitstellung vertraulicher Real- und Telekommunikationsmöglichkeiten)[106]. Sofern Daten in den Kontrollbereich des Datenschutzbeauftragten gelangen, die einem Berufsgeheimnis unterliegen, stellt

---

97 *Klug*, RDV 2014, 92.
98 Näher zu § 4f BDSG-alt Simitis/*Simitis*, § 4f BDSG Rz. 173 für die Verletzung der Verschwiegenheitspflicht nach BDSG-alt.
99 So z.B. durch besondere Rechtfertigungsgründe wie § 34 StGB (vgl. auch Plath/*von dem Bussche*, 2. Aufl. 2016, § 4f BDSG-alt Rz. 51).
100 Ehmann/Selmayr/*Heberlein*, Art. 38 DSGVO Rz. 19.
101 S. zu § 4f BDSG-alt Simitis/*Simitis*, § 4f BDSG Rz. 172; Taeger/Gabel/*Scheja*, § 4f BDSG Rz. 91.
102 *Jaspers/Reif*, RDV 2016, 65.
103 So zu § 4f BDSG-alt auch Däubler/Klebe/Wedde/Weichert/*Däubler*, § 4f BDSG Rz. 54.
104 So zu § 4f BDSG-alt Däubler/Klebe/Wedde/Weichert/*Däubler*, § 4f BDSG Rz. 54.
105 Zu § 4f BDSG-alt Gola/*Schomerus*, § 4f BDSG Rz. 51.
106 So zu § 4f BDSG-alt Taeger/Gabel/*Scheja*, § 4f BDSG Rz. 95.

§ 203 Abs. 4 Satz 1 StGB[107] klar, dass dieses auch ihn zur Verschwiegenheit verpflichtet und stellt eine Offenbarung unter Strafe.

Ein (abgeleitetes) **Zeugnisverweigerungsrecht** wie das des § 4f Abs. 4a BDSG-alt sieht die Grundverordnung nicht vor. Es könnte dort auch gar nicht geregelt werden, da es der Europäischen Union, soweit nicht der EuGH betroffen ist, an einer Kompetenz für den Erlass von Normen im Bereich der Justiz bzw. des Prozessrechts fehlt[108]. Fraglich ist, inwieweit der Hinweis auf das mitgliedstaatliche Recht im Rahmen der Verschwiegenheitspflicht die nationalen Parlamente ermächtigt, den Beauftragten entsprechende Rechte einzuräumen. Grundsätzlich ist unstreitig, dass Verordnungen die nationalen Normgeber umfassend binden und Ausführungsakte jedenfalls dann ausgeschlossen sind, wenn sie die unmittelbare Geltung der Verordnung verbergen könnten[109]. Allerdings kann die Bindungswirkung einer Verordnung nur so weit reichen wie der Kompetenzbereich der EU. Im Übrigen fördert ein Zeugnisverweigerungsrecht das Ziel eines effektiven Datenschutzes und läuft dem Verordnungszweck damit nicht zuwider. Die Mitgliedstaaten sind somit nicht gehindert, ein Zeugnisverweigerungsrecht der Datenschutzbeauftragten zu regeln. So sieht es auch der deutsche Gesetzgeber, der in [§ 38 Abs. 2 i.V.m.] § 6 Abs. 6 BDSG ergänzend ein Zeugnisverweigerungsrecht und ein **Beschlagnahmeverbot** normiert hat. 48

V. Rechtsschutz, Haftung und Sanktionen

Gegen den Verantwortlichen sowie den Auftragsverarbeiter kann für jegliche Verstöße gegen die Pflichten aus Art. 38 gemäß Art. 58 Abs. 2 Buchst. i i.V.m. Art. 83 Abs. 4 Buchst. a durch die Aufsichtsbehörde nebst Besserungsanordnungen eine erhebliche Geldbuße verhängt werden. Gegen jegliche Anordnungen der Aufsichtsbehörde kann der Verantwortliche/Auftragsverarbeiter gemäß Art. 78 Abs. 1 den Klageweg beschreiten. § 41 BDSG ist in diesem Zusammenhang zu beachten. 49

In Bezug auf die Haftung des Datenschutzbeauftragten s. Kommentierung zu Art. 39 DSGVO Rz. 15 ff. und in Bezug auf die Verschwiegenheitspflicht Rz. 45.

---

107 Die Vorschrift wurde mit Wirkung zum 9.11.2017 teilweise neu gefasst; zuvor befand sich eine vergleichbare Regelung in Abs. 2a.
108 Dies ergibt sich aus dem Prinzip der begrenzten Einzelermächtigung (Art. 4 Abs. 1 i.V.m. Art. 5 Abs. 1 Satz 1 EUV) in Verbindung mit den (beschränkten) Kompetenzvorschriften für den Bereich der Strafjustiz (Art. 82 Abs. 2 AEUV) sowie für den Bereich der Ziviljustiz (Art. 81 Abs. 2 AEUV).
109 Vgl. statt vieler nur *Callies/Ruffert*, Art. 288 AEUV Rz. 19 f. mit Nachweisen der EuGH-Rechtsprechung.

Artikel 39 Aufgaben des Datenschutzbeauftragten

(1) Dem Datenschutzbeauftragten obliegen zumindest folgende Aufgaben:
a) Unterrichtung und Beratung des Verantwortlichen oder des Auftragsverarbeiters und der Beschäftigten, die Verarbeitungen durchführen, hinsichtlich ihrer Pflichten nach dieser Verordnung sowie nach sonstigen Datenschutzvorschriften der Union bzw. der Mitgliedstaaten;
b) Überwachung der Einhaltung dieser Verordnung, anderer Datenschutzvorschriften der Union bzw. der Mitgliedstaaten sowie der Strategien des Verantwortlichen oder des Auftragsverarbeiters für den Schutz personenbezogener Daten einschließlich der Zuweisung von Zuständigkeiten, der Sensibilisierung und Schulung der an den Verarbeitungsvorgängen beteiligten Mitarbeiter und der diesbezüglichen Überprüfungen;
c) Beratung – auf Anfrage – im Zusammenhang mit der Datenschutz-Folgenabschätzung und Überwachung ihrer Durchführung gemäß Artikel 35;
d) Zusammenarbeit mit der Aufsichtsbehörde;
e) Tätigkeit als Anlaufstelle für die Aufsichtsbehörde in mit der Verarbeitung zusammenhängenden Fragen, einschließlich der vorherigen Konsultation gemäß Artikel 36, und gegebenenfalls Beratung zu allen sonstigen Fragen.

(2) Der Datenschutzbeauftragte trägt bei der Erfüllung seiner Aufgaben dem mit den Verarbeitungsvorgängen verbundenen Risiko gebührend Rechnung, wobei er die Art, den Umfang, die Umstände und die Zwecke der Verarbeitung berücksichtigt.

I. Einführung	1	4. Kooperations- und Kontaktpflichten (Buchst. d, e)	10
II. Aufgaben des Datenschutzbeauftragten (Abs. 1)	2	5. Weitere Pflichten	12
1. Informations- und Beratungspflichten (Buchst. a)	2	III. Risikobasierter Ansatz (Abs. 2)	14
2. Überwachungspflicht (Buchst. b)	4	IV. Rechtsschutz, Haftung und Sanktionen	15
3. Pflichten in Bezug auf die Datenschutz-Folgenabschätzung (Buchst. c)	9	1. Gegenüber der Aufsichtsbehörde	15
		2. Nach mitgliedstaatlichem Recht	17

Schrifttum: *Bittner*, Der Datenschutzbeauftragte gemäß EU-Datenschutz-Grundverordnungsentwurf, RDV 2014, 183; *Hoeren*, Der betriebliche Datenschutzbeauftragte – Neuerungen durch die geplante DSGVO, ZD 2012, 355; *Jaspers/Reif*, Der Datenschutzbeauftragte nach der Datenschutz-Grundverordnung: Bestellpflicht, Rechtsstellung und Aufgaben, RDV 2016, 61; *Klug*, Stand der EU-parlamentarischen Beratungen zur Rolle des Datenschutzbeauftragten – ein kommentierter Überblick, RDV 2013, 14; *Klug*, Die Position des EU-Parlaments zur zukünftigen Rolle von Datenschutzbeauftragten – ein kommentierter Überblick, RDV 2014, 90; *Lantwin*, Risikoberuf Datenschutzbeauftragter? Die

Haftung nach der neuen DS-GVO, ZD 2017, 411; *Marschall/Müller*, Der Datenschutzbeauftragte im Unternehmen zwischen BDSG und DS-GVO – Bestellung, Rolle, Aufgaben und Anforderungen im Fokus europäischer Veränderungen, ZD 2016, 415; *Niklas/Faas*, Der Datenschutzbeauftragte nach der Datenschutz-Grundverordnung, NZA 2017, 1091; *Veil*, DSGVO: Risikobasierter Ansatz statt rigides Verbotsprinzip – Eine erste Bestandsaufnahme, ZD 2015, 347; *Wybitul/von Gierke*, Checklisten zur DSGVO – Teil 2: Pflichten und Stellung des Datenschutzbeauftragten im Unternehmen, BB 2017, 181.

I. Einführung

Art. 39 beschreibt die Aufgaben der betrieblichen und behördlichen Datenschutzbeauftragten. Diese bestehen insbesondere in **Informations-, Kooperations- und Überwachungspflichten**, nicht aber in der selbständigen Entscheidung über interne Angelegenheiten des Datenschutzes. Nach Art. 39 Abs. 2 sollen die Datenschutzbeauftragten bei der Erfüllung ihrer Aufgaben die jeweiligen Risiken der Verarbeitungsvorgänge unter Berücksichtigung von Art, Umfang, Umständen und Zwecken beachten. Die Ausgestaltung der Pflichten bzw. ihr Umfang im Einzelfall ist daher in hohem Maße abhängig von den konkreten Umständen innerhalb der jeweiligen Stelle, insbesondere von der Art der zu kontrollierenden Datenverarbeitungen. 1

II. Aufgaben des Datenschutzbeauftragten (Abs. 1)

1. Informations- und Beratungspflichten (Buchst. a)

Der Datenschutzbeauftragte hat nach Art. 39 Abs. 1 Buchst. a den Verantwortlichen oder den Auftragsverarbeiter und deren Mitarbeiter, die mit der Datenverarbeitung befasst sind, über ihre Pflichten nach der Verordnung und gemäß anderer europäischer oder nationaler Rechtsvorschriften über den Datenschutz zu **informieren** und zu **beraten**. Dass dies in einem bloß passiven Sinne des Zur-Verfügung-Stehens verstanden werden soll, ist nicht ersichtlich; vielmehr soll der Beauftragte aktiv und kontinuierlich zum aktuellen Rechtsstand[1] Auskünfte und Hilfestellungen erteilen. Die Erfüllung dieser Pflicht kann der Datenschutzbeauftragte dadurch fördern, dass er unternehmensinterne Datenschutzrichtlinien in Form von Betriebs- oder Dienstvereinbarungen entwickelt, die zur Verbesserung von Datenschutz und -sicherheit beitragen können[2]. 2

Die Sensibilisierung der Mitarbeiter für die Thematik verbleibt in der Verantwortung der benennenden Stelle, was der Datenschutzbeauftragte allerdings ge- 3

---

[1] *Wybitul/von Gierke*, BB 2017, 181.
[2] Vgl. Artikel 29-Datenschutzgruppe, 16/EN WP 243 rev.01, 14 und zu § 4g BDSG-alt Taeger/Gabel/*Scheja*, § 4g BDSG Rz. 18.

mäß Art. 39 Abs. 1 Buchst. b zu überwachen hat[3]. Nach § 4g Abs. 1 Satz 4 Nr. 2 BDSG-alt oblag diese Verantwortung dem Datenschutzbeauftragten, welchem zudem eine umfassende Pflicht proaktiver datenschutzrechtlicher Mitarbeiterschulung zukam (vgl. auch Rz. 7).

2. Überwachungspflicht (Buchst. b)

4   Mit Art. 39 Abs. 1 Buchst. b wird dem Datenschutzbeauftragten eine weitreichende **Überwachungspflicht** auferlegt. Sie oder er überwacht die Einhaltung des europäischen und nationalen Datenschutzrechts, aber auch der internen Vorgaben in Bezug auf den Datenschutz innerhalb der Stelle gemäß Art. 24 Abs. 2. Die Festlegung derartiger „Strategien" rät Erwägungsgrund 78 dem Verantwortlichen zum Zweck des Nachweises eines verordnungskonformen Datenschutzes an. Letztverantwortlich für die Pflichteneinhaltung bleibt weiterhin das verantwortliche Management selbst[4]; dem Datenschutzbeauftragten steht nach dem deutlichen Wortlaut kein eigenes internes Entscheidungsrecht über Angelegenheiten des Datenschutzes zu[5]. Es fehlt ihm die Kompetenz, dem Verantwortlichen bzw. dem Auftragsverarbeiter konkrete Handlungspflichten aufzuerlegen. Ebensowenig kann der Datenschutzbeauftragte gegen den Willen des Verantwortlichen/Auftragsverarbeiters Gesetzesverstöße selbständig beheben. Die Entscheidungskompetenz über die Vornahme und Nichtvornahme jeglicher datenschutzrechtlich relevanter Vorgänge liegt bei der verantwortlichen Stelle. Für sie besteht zwar gemäß Art. 38 Abs. 1 die Pflicht, den Datenschutzbeauftragten im Vorfeld datenschutzrelevanter Vorgänge entsprechend zu informieren und zu konsultieren, unabhängig von dessen Bewertung im Einzelfall bleibt es ihr allerdings überlassen, ob sie sich der Ansicht des Datenschutzbeauftragten anschließen oder widersetzen möchte.

5   Im Vergleich zum zuletzt geltenden § 4g Abs. 1 Satz 1 BDSG-alt, der lediglich eine Pflicht des Beauftragten zur *Hinwirkung* auf die Einhaltung der geltenden Vorschriften vorsah, scheint die Aufgabe nun deutlich umfassender zu sein. Auch künftig kann und soll der Datenschutzbeauftragte aber lediglich Hinweise geben, wie der Datenschutz besser umzusetzen bzw. wie die Rechtskonformität in Bezug auf Datenschutz und Datensicherheit herzustellen ist, und hat diese nicht eigenverantwortlich sicherzustellen. Da der Datenschutzbeauftragte auch fortan die Einhaltung der Vorschriften nicht selbst verantwortet (Rz. 4, Art. 38 DSGVO Rz. 12, 17)und folglich nur hierauf hinwirken *kann*, ändert die Neuregelung der Überwachungspflichten für den deutschen Datenschutzbeauftrag-

---

3 Kühling/Buchner/*Bergt*, Art. 39 DSGVO Rz. 5.
4 Artikel 29-Datenschutzgruppe, 16/EN WP 243 rev.01, 17; in diese Richtung auch schon *Hoeren*, ZD 2012, 357.
5 Vgl. *Klug*, RDV 2013, 16 f.

ten in ihrem Anwendungsbereich letztlich wenig, entfernt nur den nach des § 4g Abs. 1 Satz 4 Nr. 1 BDSG-alt auf Datenverarbeitungsprogramme gelegten Fokus der Hinwirkungs- bzw. Überwachungspflicht[6].

Aufgrund des in Art. 39 Abs. 2 formulierten und bereits in Rz. 1 beschriebenen risikobasierten Ansatzes ist es einzelfallabhängig, wie die Überwachung in der jeweiligen Stelle auszugestalten ist. Die Artikel 29-Datenschutzgruppe gibt als Anhaltspunkt, dass zur Überprüfung der Rechtmäßigkeit zunächst die datenverarbeitenden Tätigkeiten durch Sammlung von Informationen identifiziert werden müssen[7]. Hierfür genügt wohl ein Zugriff auf das nach Art. 30 erstellte Verzeichnis[8], dessen Erstellung der Beauftragte entgegen der Entwurfsfassung nun nicht überwachen muss[9].   6

Die Überwachungsverpflichtung umfasst nach dem Wortlaut des Art. 39 Abs. 1 Buchst. b auch die Zuständigkeitsverteilung sowie die Sensibilisierung und Schulung der beteiligten Mitarbeiter durch den Verantwortlichen/Auftragsverarbeiter sowie diesbezügliche Überprüfungsmaßnahmen. Die **Mitarbeiterschulung** war unter dem BDSG ausdrücklich dem Datenschutzbeauftragten zugewiesen. Unter Geltung der DSGVO obliegt die Information der Mitarbeiter grundsätzlich dem Verantwortlichen bzw. Auftragsverarbeiter. Andererseits verlangt Art. 39 Abs. 1 Buchst. a vom Beauftragten, dass er die an der Datenverarbeitung beteiligten Personen über ihre Pflichten aktiv informiert. Die Grenze zwischen Schulung und Information über rechtliche Grundlagen verläuft fließend. Jedenfalls dürfte es für die Stellen aus ökonomischen Gesichtspunkten auch künftig sinnvoll sein, Aufgaben der Weiterbildung an die Beauftragten zu übertragen, welche die hierfür notwendige Expertise aufweisen[10].   7

Nach wie vor ist vom Datenschutzbeauftragten bei der Verarbeitung von Personaldaten auch zu überwachen, ob etwaige **Mitbestimmungsrechte der Mitarbeitervertretungen** (Betriebs- und Personalrat) beachtet wurden, da bei Verstößen die jeweilige Datenverarbeitung unzulässig wäre[11]. Insbesondere fällt trotz Fortfall der ausdrücklichen Normierung ganz besonders auch die ordnungsgemäße Anwendung von Datenverarbeitungsprogrammen unter die Überwachungspflicht. Hierzu zählt schon das Öffnen einer Datei, welche personenbezogene Daten enthält, mittels eines Textverarbeitungsprogramms, aber genauso die Rechtmäßigkeit der Software selbst.   8

---

6 Anders aber *Niklas/Faas*, NZA 2017, 1094; vgl. auch *Marschall/Müller*, ZD 2016, 418 f.
7 Artikel 29-Datenschutzgruppe, 16/EN WP 243 rev.01, 17, vgl. auch 19.
8 Artikel 29-Datenschutzgruppe, 16/EN WP 243 rev.01, 19.
9 Paal/Pauly/*Paal*, Art. 39 DSGVO Rz. 3.
10 So auch Schaffland/Wiltfang/*Schaffland/Holthaus*, Art. 39 DSGVO Rz. 38 m.w.N.
11 Noch zur bisherigen Rechtslage Däubler/Klebe/Wedde/Weichert/*Däubler*, § 4g BDSG Rz. 7; Taeger/Gabel/*Gabel*, § 11 BDSG Rz. 8.

3. Pflichten in Bezug auf die Datenschutz-Folgenabschätzung (Buchst. c)

9   Art. 39 Abs. 1 Buchst. c stellt klar, dass die Beauftragten auch die Durchführung der **Datenschutz-Folgenabschätzungen** nach Art. 35 überwachen und diesbezüglich beraten. Auch hier begründet die Grundverordnung also keine ausführende Zuständigkeit, sondern lediglich eine Überwachungs- und Beratungspflicht. Die Vorschrift ist das Gegenstück zu Art. 35 Abs. 2, der dem Verantwortlichen aufgibt, bei der Durchführung der Folgenabschätzung den Rat des Datenschutzbeauftragten zu suchen. Hierunter fallen insbesondere die Entscheidung über die Notwendigkeit und Methodik der Durchführung einer solchen, ob dies selbstständig oder durch Spezialisten erfolgen sollte und ob es bestimmter Sicherheitsvorkehrungen zum Schutz der Betroffenen bedarf[12]. Selbstverständlich obliegt auch die Nachkontrolle über die rechtmäßige Durchführung dem Datenschutzbeauftragten[13].

4. Kooperations- und Kontaktpflichten (Buchst. d, e)

10   Nach dem Konzept der Grundverordnung erfüllen die Datenschutzbeauftragten die Funktion eines Ansprechpartners und Vermittlers gegenüber den Aufsichtsbehörden. Zum einen sollen sie, wie Art. 39 Abs. 1 Buchst. d sehr allgemein anordnet, mit den Behörden **kooperieren**. Zum anderen sollen sie nach Art. 39 Abs. 1 Buchst. e als **Anlaufstelle der Aufsichtsbehörden** fungieren, um dieser die Erfüllung ihrer Aufgaben aus Art. 57, 58 zu vereinfachen[14]. Dem Wortlaut zufolge ist es auch im Rahmen des Konsultationsverfahrens bei der Datenschutz-Folgenabschätzung nach Art. 36 der Datenschutzbeauftragte, welcher für den Verantwortlichen Ansprechpartner ist und sich ggf. mit der Behörde in allen sonstigen Fragen berät. Damit bleibt es im Grundsatz bei dem aus dem BDSG bekannten Ansatz, externe und interne Kontrolle miteinander zu verbinden[15]. Dem Beauftragten steht ein entsprechendes Ermessen zu, in welchen Fällen die Aufsichtsbehörden zur Beratung eingeschaltet werden, insbesondere auch, inwieweit ihre Konsultation mit seiner Verschwiegenheitspflicht und der arbeitsvertraglichen Treuepflicht vereinbar ist[16].

11   In der Regelung des § 4g Abs. 1 Satz 2, 3 BDSG-alt wurde eine Möglichkeit des Datenschutzbeauftragten zur Hinzuziehung der Aufsichtsbehörde zwecks Durchsetzung der eigenen, vom Verantwortlichen oder Auftragsverarbeiter missachteten Anweisungen gesehen. Da die Aufsichtsbehörde selbst die Einhaltung des

---

12 Artikel 29-Datenschutzgruppe, 16/EN WP 243 rev.01, 17.
13 Artikel 29-Datenschutzgruppe, 16/EN WP 243 rev.01, 17.
14 Artikel 29-Datenschutzgruppe, 16/EN WP 243 rev.01, 18.
15 Zum Konzept des BDSG-alt s. Simitis/*Simitis*, § 4f BDSG Rz. 13.
16 Vgl. Artikel 29-Datenschutzgruppe, 16/EN WP 243 rev.01, 18.

Datenschutzrechts zu überwachen hat, ist die Regelung insbesondere der Kooperationspflicht aus Art. 39 Abs. 1 Buchst. d, aber auch Buchst. e in derselben Weise auszulegen. Dem Datenschutzbeauftragten ist es folglich jedenfalls nicht untersagt, die Aufsichtsbehörde (kostenlos, vgl. Art. 57 Abs. 3) um ein Einschreiten zu bitten. Fraglich ist, ob ihn aufgrund der Kooperationspflicht sogar eine Pflicht zur Anrufung trifft. Dagegen spricht, dass er – wie oben ausgeführt – grundsätzlich eine Ermessensentscheidung trifft, die begrenzt ist durch seine Verschwiegenheitspflicht. Hinzu kommt eine arbeitsvertragliche Treuepflicht, die es gebietet, primär eine interne Lösung der datenschutzrechtlichen Probleme zu suchen, bevor als ultima ratio die externe Aufsichtsbehörde eingeschaltet wird[17]. Er wird durch Art. 39 Abs. 1 Buchst. d nicht ins Lager der Aufsichtsbehörde gezogen[18]. Festzustellen ist also, dass die Kooperationspflicht den Datenschutzbeauftragten nicht grundsätzlich zur Anrufung der Aufsichtsbehörde zwecks Durchsetzung rechtmäßiger Zustände verpflichtet. Falls sich intern keine Lösung finden lässt, kann sich das Ermessen des Datenschutzbeauftragten zur Anrufung der Behörde aber auf Null reduzieren, wenn er gravierende Verstöße (etwa gegen das Strafrecht) aufdeckt. Für den Fall, dass der Datenschutzbeauftragte lediglich zweifelsfrei feststellen kann, dass ein geplantes Vorhaben unzulässig ist und die verarbeitende Stelle sich dennoch zur Durchführung entschließt, folgt daraus keine Pflicht zur Einschaltung der Aufsichtsbehörde im Sinne eines „Whistleblowing"[19].

5. Weitere Pflichten

Es steht der verantwortlichen Stelle frei, weitere Aufgaben für den Datenschutzbeauftragten vorzusehen. Allerdings möchte der Verordnungsgeber den grundsätzlichen Rahmen harmonisieren[20], sodass die in Art. 39 vorgesehenen Aufgaben jedenfalls nicht beschnitten werden dürfen[21]. 12

Die Artikel 29-Datenschutzgruppe empfiehlt eine genaue Beschreibung der Aufgaben nicht nur gegenüber dem Beauftragten selbst, sondern dem gesamten Unternehmen, da der Beauftragte auf verschiedenen Ebenen einbezogen werden muss und Ansprechpartner ist[22]. Im Falle des Art. 47 Abs. 1 muss dies verpflich- 13

---

17 Zustimmend *Jaspers/Reif*, RDV 2016, 67; zu § 4g BDSG-alt *Gola/Schomerus*, § 4g BDSG Rz. 16; Taeger/Gabel/*Scheja*, § 4g BDSG Rz. 36; Däubler/Klebe/Wedde/Weichert/*Däubler*, § 4g BDSG Rz. 22; Bergmann/Möhrle/*Herb*, § 4g BDSG Rz. 21; a.A. Simitis/*Simitis*, § 4g BDSG Rz. 24.
18 Anders wohl Kühling/Buchner/*Bergt*, Art. 39 DSGVO Rz. 19.
19 So auch Schaffland/Wiltfang/*Schaffland/Holthaus*, Art. 38 DSGVO Rz. 35; anders wohl *Kort*, ZD 2017, 7.
20 *Niklas/Faas*, NZA 2017, 1091.
21 Ehmann/Selmayr/*Heberlein*, Art. 39 DSGVO Rz. 2.
22 Artikel 29-Datenschutzgruppe, 16/EN WP 243 rev.01, 18.

tend auch in derartigen verbindlichen internen Datenschutzvorschriften von Unternehmensgruppen erfolgen.

III. Risikobasierter Ansatz (Abs. 2)

14 Die Vorschrift bestimmt als generellen Maßstab, dass die Tätigkeiten des Datenschutzbeauftragten stets am Risiko der jeweiligen Datenverarbeitung orientiert sein sollten. Das betrifft zum einen Prioritätensetzung und Zeiteinteilung in seiner alltäglichen Arbeit, zum anderen die notwendige Sorgfalt und ist insbesondere auch relevant für die Beurteilung der Notwendigkeit zu ergreifender Maßnahmen[23]. Der im Vergleich zur ehemaligen Rechtslage deutlich erhöhte Rahmen möglicher Bußgelder erhöht die Verantwortung für eine angemessene Prioritätensetzung des Datenschutzbeauftragten erheblich[24].

IV. Rechtsschutz, Haftung und Sanktionen

1. Gegenüber der Aufsichtsbehörde

15 Nach dem Wortlaut von Art. 58 Abs. 2 Buchst. i i.V.m. Art. 83 Abs. 4 Buchst. a kann durch die Aufsichtsbehörde nebst Besserungsanordnungen **gegen den Verantwortlichen oder Auftragsverarbeiter** eine erhebliche Geldbuße auch für den Verstoß gegen Pflichten aus Art. 39 verhängt werden. Fraglich ist, ob hierunter auch Pflichtverletzungen des Datenschutzbeauftragten fallen, für die mittelbar der Verantwortliche/Auftragsverarbeiter haften soll; oder ob vielmehr Art. 39 eigene Pflichten des Verantwortlichen/Auftragsverarbeiters begründet. In Betracht kommt für letzteren Fall zum einen eine fehlerhafte Aufgabenzuweisung an den berufenen Datenschutzbeauftragten, zum anderen mangelnde Umsetzung der Ratschläge des Beauftragten und hierdurch selbstverantwortet unzureichender Datenschutz.

16 Gegen jegliche Anordnungen der Aufsichtsbehörde kann der Verantwortliche/Auftragsverarbeiter wiederum gemäß Art. 78 Abs. 1 den Klageweg beschreiten. § 41 BDSG ist in diesem Zusammenhang zu beachten.

2. Nach mitgliedstaatlichem Recht

17 Gemäß Art. 84 obliegt die Festlegung weiterer Sanktionen für Verstöße den Mitgliedstaaten. Insbesondere kommt eine **Haftung des Datenschutzbeauftragten** selbst in Betracht, weil die DSGVO keine Regelungen zur Haftung oder Sanktio-

---

23 Artikel 29-Datenschutzgruppe, 16/EN WP 243 rev.01, 18.
24 *Kahlert/Licht*, ITRB 2016, 181.

nierung des Beauftragten enthält. Daher ist (noch) unklar, ob eine administrative oder Unternehmenshaftung einschlägig ist[25].

Gegenüber dem Staat haftet der Datenschutzbeauftragte aufgrund von § 1 Abs. 2 Satz 1 BDSG weiterhin nach § 203 Abs. 4 Satz 1 StGB **strafrechtlich** bei Verletzungen der Verschwiegenheitsflicht[26]. Nach § 42 BDSG kann sich der Beauftragte – ausgenommen willentliche, eigenständige Verstöße – dagegen bei bloßer Amtsausübung nicht strafbar machen.

18

Sehr fraglich ist dagegen eine **Unterlassensstrafbarkeit** (aktiv haftet der Verantwortliche für den Datenschutz). Nach bisherigem Recht wurde eine straf- oder ordnungswidrigkeitenrechtliche Garantenstellung des Datenschutzbeauftragten unter Hinweis auf die bloße Hinwirkungspflicht ohne Befugnis zur Erteilung bindender Anweisungen aus § 4g Abs. 1 Satz 1 BDSG-alt – im Gegensatz zum Compliance-Beauftragten[27] – abgelehnt[28]. Wie oben ausgeführt (Rz. 4 ff.), ändert die Bezeichnung als „Überwachungspflicht" materiellrechtlich wenig, sodass die Grundsätze unverändert bleiben dürften[29]. Weiterhin kann der Datenschutzbeauftragte nicht selbständig dafür sorgen, dass der Verantwortliche bzw. Auftragsverarbeiter nicht gegen geltendes Datenschutzrecht verstößt. Wer hingegen in der Pflicht aus Abs. 1 Buchst. b eine Erweiterung des Verantwortungsbereichs sieht, dürfte sich dafür aussprechen, dass Datenschutzbeauftragte künftig als Überwachergaranten im straf- und ordnungswidrigkeitenrechtlichen Sinne bewertet werden[30]. Die Diskussion über eine Unterlassensstrafbarkeit des Datenschutzbeauftragten findet weitgehend nur im Schrifttum statt mit bisweilen alarmistischem Grundton. Praktisch sind bislang keine Fälle bekannt. Eine Strafbarkeit ist allenfalls in Ausnahmefällen bei eindeutig vorsätzlichem, eklatanten Fehlverhalten von Datenschutzbeauftragten denkbar. Andernfalls (persönliche Haftung) wäre das für einen Datenschutzbeauftragten vor dem Hintergrund des sich noch in der Entwicklung befindlichen Rechtsrahmens und der unübersichtlichen Vielzahl möglicher Versäumnisse schlicht unzumutbar.

19

Bezüglich einer **zivilrechtlichen Haftung** findet sich ein Schadensersatzanspruch Betroffener in Art. 82 Abs. 1, 2 gegen den Verantwortlichen und den Auftragsverarbeiter, aber nicht direkt gegenüber dem Datenschutzbeauftragten. Für diesen gelten deshalb die allgemeinen Regelungen. Der Datenschutzbeauftragte haftet gegenüber der ihn berufenden Stelle nur im Rahmen eines ggf. aufgrund einer eigenen Pflichtverletzung möglichen Rückgriffs, umgekehrt kann er

20

---

25 CIPL, Project Paper (2016), 21.
26 Gola/*Klug*, Art. 38 DSGVO Rz. 8.
27 BGH v. 17.7.2009 – 5 StR 394/08, CR 2009, 699 = NJW 2009, 3173 ff.
28 *Niklas/Faas*, NZA 2017, 1095.
29 So auch *Lantwin*, ZD 2017, 414; Sydow/*Helfrich*, Art. 39 DSGVO Rz. 72 (69 ff.).
30 So etwa Kühling/Buchner/*Bergt*, Art. 37 DSGVO Rz. 55; *Niklas/Faas*, NZA 2017, 1096 f.; Paal/Pauly/*Paal*, Art. 39 DSGVO Rz. 12; *Wybitul/von Gierke*, BB 2017, 182; *Wybitul*, ZD 2016, 203 (204).

Rechtsschutz (u.U. auch durch die Aufsichtsbehörde) in Anspruch nehmen, wenn seine Arbeit durch den Verantwortlichen bzw. Auftragsverarbeiter unangemessen behindert wird. Gegenüber dem Betroffenen kommt unter gewissen Voraussetzungen eine deliktische Haftung in Betracht (Art. 38 Abs. 4, 39 als Schutzgesetze i.S.v. § 823 Abs. 2 BGB)[31].

Abschnitt 5
Verhaltensregeln und Zertifizierung

Artikel 40 Verhaltensregeln

(1) Die Mitgliedstaaten, die Aufsichtsbehörden, der Ausschuss und die Kommission fördern die Ausarbeitung von Verhaltensregeln, die nach Maßgabe der Besonderheiten der einzelnen Verarbeitungsbereiche und der besonderen Bedürfnisse von Kleinstunternehmen sowie kleinen und mittleren Unternehmen zur ordnungsgemäßen Anwendung dieser Verordnung beitragen sollen.

(2) Verbände und andere Vereinigungen, die Kategorien von Verantwortlichen oder Auftragsverarbeitern vertreten, können Verhaltensregeln ausarbeiten oder ändern oder erweitern, mit denen die Anwendung dieser Verordnung beispielsweise zu dem Folgenden präzisiert wird:

a) faire und transparente Verarbeitung;

b) die berechtigten Interessen des Verantwortlichen in bestimmten Zusammenhängen;

c) Erhebung personenbezogener Daten;

d) Pseudonymisierung personenbezogener Daten;

e) Unterrichtung der Öffentlichkeit und der betroffenen Personen;

f) Ausübung der Rechte betroffener Personen;

g) Unterrichtung und Schutz von Kindern und Art und Weise, in der die Einwilligung des Trägers der elterlichen Verantwortung für das Kind einzuholen ist;

h) die Maßnahmen und Verfahren gemäß den Artikeln 24 und 25 und die Maßnahmen für die Sicherheit der Verarbeitung gemäß Artikel 32;

i) die Meldung von Verletzungen des Schutzes personenbezogener Daten an Aufsichtsbehörden und die Benachrichtigung der betroffenen Person von solchen Verletzungen des Schutzes personenbezogener Daten;

---

31 Kühling/Buchner/*Bergt*, Art. 37 DSGVO Rz. 54; *Lantwin*, ZD 2017, 412; anderer Ansicht Schaffland/Wiltfang/*Schaffland*/*Holthaus*, Art. 37 DSGVO Rz. 125f.

j) die Übermittlung personenbezogener Daten an Drittländer oder an internationale Organisationen oder

k) außergerichtliche Verfahren und sonstige Streitbeilegungsverfahren zur Beilegung von Streitigkeiten zwischen Verantwortlichen und betroffenen Personen im Zusammenhang mit der Verarbeitung, unbeschadet der Rechte betroffener Personen gemäß den Artikeln 77 und 79.

(3) Zusätzlich zur Einhaltung durch die unter diese Verordnung fallenden Verantwortlichen oder Auftragsverarbeiter können Verhaltensregeln, die gemäß Absatz 5 des vorliegenden Artikels genehmigt wurden und gemäß Absatz 9 des vorliegenden Artikels allgemeine Gültigkeit besitzen, auch von Verantwortlichen oder Auftragsverarbeitern, die gemäß Artikel 3 nicht unter diese Verordnung fallen, eingehalten werden, um geeignete Garantien im Rahmen der Übermittlung personenbezogener Daten an Drittländer oder internationale Organisationen nach Maßgabe des Artikels 46 Absatz 2 Buchstabe e zu bieten. Diese Verantwortlichen oder Auftragsverarbeiter gehen mittels vertraglicher oder sonstiger rechtlich bindender Instrumente die verbindliche und durchsetzbare Verpflichtung ein, die geeigneten Garantien anzuwenden, auch im Hinblick auf die Rechte der betroffenen Personen.

(4) Die Verhaltensregeln gemäß Absatz 2 des vorliegenden Artikels müssen Verfahren vorsehen, die es der in Artikel 41 Absatz 1 genannten Stelle ermöglichen, die obligatorische Überwachung der Einhaltung ihrer Bestimmungen durch die Verantwortlichen oder die Auftragsverarbeiter, die sich zur Anwendung der Verhaltensregeln verpflichten, vorzunehmen, unbeschadet der Aufgaben und Befugnisse der Aufsichtsbehörde, die nach Artikel 55 oder 56 zuständig ist.

(5) Verbände und andere Vereinigungen gemäß Absatz 2 des vorliegenden Artikels, die beabsichtigen, Verhaltensregeln auszuarbeiten oder bestehende Verhaltensregeln zu ändern oder zu erweitern, legen den Entwurf der Verhaltensregeln bzw. den Entwurf zu deren Änderung oder Erweiterung der Aufsichtsbehörde vor, die nach Artikel 55 zuständig ist. Die Aufsichtsbehörde gibt eine Stellungnahme darüber ab, ob der Entwurf der Verhaltensregeln bzw. der Entwurf zu deren Änderung oder Erweiterung mit dieser Verordnung vereinbar ist und genehmigt diesen Entwurf der Verhaltensregeln bzw. den Entwurf zu deren Änderung oder Erweiterung, wenn sie der Auffassung ist, dass er ausreichende geeignete Garantien bietet.

(6) Wird durch die Stellungnahme nach Absatz 5 der Entwurf der Verhaltensregeln bzw. der Entwurf zu deren Änderung oder Erweiterung genehmigt und beziehen sich die betreffenden Verhaltensregeln nicht auf Verarbeitungstätigkeiten in mehreren Mitgliedstaaten, so nimmt die Aufsichtsbehörde die Verhaltensregeln in ein Verzeichnis auf und veröffentlicht sie.

(7) Bezieht sich der Entwurf der Verhaltensregeln auf Verarbeitungstätigkeiten in mehreren Mitgliedstaaten, so legt die nach Artikel 55 zuständige Auf-

sichtsbehörde – bevor sie den Entwurf der Verhaltensregeln bzw. den Entwurf zu deren Änderung oder Erweiterung genehmigt – ihn nach dem Verfahren gemäß Artikel 63 dem Ausschuss vor, der zu der Frage Stellung nimmt, ob der Entwurf der Verhaltensregeln bzw. der Entwurf zu deren Änderung oder Erweiterung mit dieser Verordnung vereinbar ist oder – im Fall nach Absatz 3 dieses Artikels – geeignete Garantien vorsieht.

(8) Wird durch die Stellungnahme nach Absatz 7 bestätigt, dass der Entwurf der Verhaltensregeln bzw. der Entwurf zu deren Änderung oder Erweiterung mit dieser Verordnung vereinbar ist oder – im Fall nach Absatz 3 – geeignete Garantien vorsieht, so übermittelt der Ausschuss seine Stellungnahme der Kommission.

(9) Die Kommission kann im Wege von Durchführungsrechtsakten beschließen, dass die ihr gemäß Absatz 8 übermittelten genehmigten Verhaltensregeln bzw. deren genehmigte Änderung oder Erweiterung allgemeine Gültigkeit in der Union besitzen. Diese Durchführungsrechtsakte werden gemäß dem Prüfverfahren nach Artikel 93 Absatz 2 erlassen.

(10) Die Kommission trägt dafür Sorge, dass die genehmigten Verhaltensregeln, denen gemäß Absatz 9 allgemeine Gültigkeit zuerkannt wurde, in geeigneter Weise veröffentlicht werden.

(11) Der Ausschuss nimmt alle genehmigten Verhaltensregeln bzw. deren genehmigte Änderungen oder Erweiterungen in ein Register auf und veröffentlicht sie in geeigneter Weise.

I. Einführung	1	III. Rechtsfolgen	18
1. Entstehungsgeschichte	3	1. Rechtsfolgen der Genehmigung	18
2. Verhältnis zwischen Art. 40 und 42	8	2. Grundlage für die Datenübertragung in Drittstaaten	20
II. Anwendung	9	3. Berücksichtigung bei der Strafbemessung	21
1. Verhaltensregeln für einen Mitgliedstaat	12	4. Territoriale Wirkung	22
2. Verhaltensregeln für mehrere Mitgliedstaaten	15	5. Rechtsfolgen der Allgemeingültigkeitserklärung	23

Schrifttum: Auernhammer, DSGVO BDSG, 5. Aufl. 2017; *von Braunmühl*, Selbstregulierung im Datenschutz – Chancen, Grenzen, Herausforderungen, DIVSI magazin 7/2013, 11; *von Braunmühl*, Ansätze zur Ko-Regulierung in der Datenschutz-Grundverordnung, PinG 2015, 231; *Brown/Marsden*, Regulating Code (2013); *Buck-Heeb/Dieckmann*, Selbstregulierung im Privatrecht, 2010; *Christiansen*, Selbstregulierung, regulatorischer Wettbewerb und staatliche Eingriffe im Internet, MMR 2000, 123; *Ehmann/Selmayr*, DS-GVO, 2017; *Gola*, Datenschutzgrundverordnung, 2017; *Kranig/Peintinger*, Selbstregulierung im Datenschutzrecht, ZD 2014, 3; *Krings/Mammen*, Zertifizierungen und Verhaltensregeln – Bausteine eines modernen Datenschutzes für die Industrie 4.0, RDV 2015, 231; *Kühling/Buchner*, Datenschutz-Grundverordnung, 2017; *Moos*, Die Entwicklung des Datenschutzrechts im Jahr 2013, K&R 2014, 149; *Schaar*, Selbstregulierung im Datenschutz – Chancen,

Grenzen, Risiken, DIVSI magazin 7/2013, 8; *Paal/Pauly*, Datenschutz-Grundverordnung, 2017; *Schaar*, Selbstregulierung und Selbstkontrolle – Auswege aus dem Kontrolldilemma?, DuD 2003, 421; *Spindler/Thorun*, Eckpunkte einer digitalen Ordnungspolitik, 2015; *Vomhof*, Verhaltensregeln nach § 38a BDSG – Der Code of Conduct der Versicherungswirtschaft, PinG 2014, 209; *Voss/Hurrelbrink* (Hrsg.), Die digitale Öffentlichkeit, Band 2, Interview mit Prof. Dr. Wolfgang Schulz (August 2015), S. 13 ff.; *Wronka*, Anmerkungen zu den Verhaltensregeln der Deutschen Versicherungswirtschaft, RDV 2014, 93.

I. Einführung

Mit den Art. 40 ff. hat der Gesetzgeber rechtliche Rahmenbedingungen geschaffen, im Wege von anerkannten Verhaltensregeln und Zertifikaten für **bestimmte Bereiche der Verarbeitung von personenbezogenen Daten die vagen und interpretationsbedürftigen Regelungen der DSGVO zu konkretisieren** und dadurch eine **praxisgerechte Umsetzung des Gesetzes bei gleichzeitiger Schaffung von mehr Rechtssicherheit und Transparenz** zu ermöglichen. Der zuvor in Art. 27 der EG-Datenschutzrichtlinie (95/46/EG) von 1995 geregelte Ansatz zur Förderung von Verhaltensregeln (Codes of Conduct) wird dadurch deutlich weiterentwickelt. Bisher gab es auf europäischer Ebene nur **wenige Beispiele für eine erfolgreiche Anwendung von Art. 27 der Datenschutzrichtlinie**[1] bzw. der nationalen Umsetzungsgesetze[2]. In Deutschland wurden bisher lediglich der Code of Conduct der Versicherungswirtschaft[3] und der GeoBusiness Code of Conduct der GIW-Kommission und des SRIW[4] von den Aufsichtsbehörden nach § 38a anerkannt[5]. Ein wichtiger Grund für die bisherige Zurückhaltung bei der Möglichkeit, Verhaltensregeln den Aufsichtsbehörden zur Prüfung vorzulegen, lag in der vagen Ausgestaltung von Art. 27 hinsichtlich Prüfverfahren, Prüfmaßstab und Rechtsfolgen. Der neue Art. 40 ist hinsichtlich des Genehmigungsverfahrens deutlich detaillierter, auch wenn gerade auf der Rechtsfolgenseite immer noch viele Fragen offenbleiben, die im Wege der Auslegung zu klären sein werden. Nach den Erwägungsgründen 77, 81 und 98 sollen genehmigte Verhaltensregeln die Anwendung der Verordnung erleichtern, indem sie konkretisieren, welche Maßnahmen verantwortliche Stellen oder Auftragsdatenverarbeiter genau ergreifen sollten, um ihre Pflichten nach der Verordnung zu erfüllen und identifizierte Risiken bei der Datenverarbeitung einzudämmen. Nach Erwägungsgrund 99 sollen bei der Ausarbeitung auch die

1

---

1 S. *Spindler/Thorun*, 60 ff., https://sriw.de/images/pdf/Spindler_Thorun-Eckpunkte_digitale_Ordnungspolitik_final.pdf (zuletzt abgerufen am 23.4.2018).
2 S. z.B. *von Braunmühl*, PinG 2015, 231.
3 S. z.B. *Vomhof*, PinG 2014, 209; *Wronka*, RDV 2014, 93.
4 S. Pressemeldung des SRIW vom 3.8.2015, abrufbar unter: http://sriw.de/index.php/aktuelles/151-staatssekretaerin-zypries-begruesst-anerkennung-einheitlicher-datenschutzvorgaben-fuer-geodaten-durch-aufsichtsbehoerden (zuletzt abgerufen am 23.4.2018).
5 S. vertiefend Auernhammer/*Vomhof*, Art. 40 DSGVO Rz. 4.

einschlägigen interessierten Kreise konsultiert werden, also auf ‚neudeutsch' die relevanten Stakeholder. Das soll möglichst auch die Betroffenen einschließen. Da diese kaum einzeln befragt werden können, sind damit wohl die Verbraucherverbände gemeint, ggf. auch Gewerkschaften oder andere Arbeitnehmervertretungen. Deren Stellungnahmen sollen bei der Ausarbeitung der Verhaltensregeln berücksichtigt werden.

2 Der neue Art. 40 ist insgesamt eine **große Chance, die Rahmenbedingungen für eine funktionierende Ko-Regulierung im Datenschutz grundlegend zu verbessern** und die Wirkung von Ko-Regulierungsmaßnahmen der Wirtschaft über die bisherige Rolle als „amtlich bestätigte Interpretationshilfe"[6] hinaus zu stärken. Instrumente der Selbst- und Ko-Regulierung gewinnen im Zuge der Digitalisierung und der rasanten technischen Entwicklung an Bedeutung[7], weil sie die Möglichkeit bieten, Regelungsziele auf innovationsfreundliche Weise zu erreichen[8] und abstrakte gesetzliche Prinzipien im Interesse der Rechtssicherheit zu konkretisieren[9]. Gerade bei grenzüberschreitenden Datenströmen ist diese Möglichkeit von besonderer Relevanz[10]. Dieser Ansatz entspricht auch den Vorgaben der Better Regulation Guidelines der EU, die im Mai 2015 veröffentlicht wurden[11]. Die dort vorgeschlagene Reduzierung der Regulierungsdichte in Bereichen mit schnellem technologischem Wandel wurde in der Verordnung insgesamt allerdings zu wenig berücksichtigt.

1. Entstehungsgeschichte

3 Die EU-Kommission hatte in ihrem Entwurf vom Januar 2012[12] die bisherige Regelung aus der Richtlinie fast wortgleich übernommen und mit einigen Ergänzungen versehen. Ergänzt wurden im jetzigen Art. 40 Abs. 2 Buchst. a–h Beispiele, für die eine Entwicklung von Verhaltensregeln besonders wünschenswert wäre. Gegenüber den nationalen Aufsichtsbehörden blieb es bei der vagen Möglichkeit, Verhaltensregeln vorzulegen und um eine Stellungnahme zu bitten, ob diese mit der Verordnung vereinbar sind. Neu war die vorgesehene Möglichkeit der EU-Kommission, ihr vorgelegte Verhaltensregeln, die sich auf mehrere Mitgliedstaaten beziehen, durch einen Durchführungsrechtsakt im sog. Ausschussverfahren für allgemein gültig zu erklären (Art. 40 Abs. 9).

---

6 So etwa *Gola/Schomerus*, § 38a BDSG Rz. 2.
7 *Brown/Marsden*, Regulating Code, 2 ff.
8 S. Interview mit Wolfgang Schulz in: Die digitale Öffentlichkeit, Band II, S. 22 f.
9 *Schaar*, DIVSI magazin 7/2013, 10; *von Braunmühl*, DIVSI magazin 7/2013, 11; *Kranig/Peintinger*, ZD 2014, 4.
10 So auch *Christiansen*, MMR 2000, 123.
11 Better Regulation Toolbox, 168 u.a., abzurufen unter: http://ec.europa.eu/smart-regulation/guidelines/docs/br_toolbox_en.pdf.
12 http://ec.europa.eu/justice/data-protection/document/review2012/com_2012_11_en.pdf.

Verhaltensregeln | Art. 40 DSGVO

In dem im März 2014 vom EU-Parlament verabschiedeten Bericht zum Entwurf einer Datenschutz-Grundverordnung[13] fanden sich nur wenige Änderungsanträge zu Art. 38 (jetzt Art. 40). So sollte nach dessen Abs. 1 auch „die Annahme von durch eine Aufsichtsbehörde ausgearbeiteten Verhaltensregeln" gefördert werden. Im Beispielkatalog wird „die Achtung der Rechte der Verbraucher" ergänzt. Vorgeschlagen wurde auch, dass Aufsichtsbehörden „**unverzüglich**" Stellung zu ihnen vorgelegten Verhaltensregeln nehmen „**müssen**". Die Möglichkeit der Kommission, Verhaltensregeln für allgemein gültig zu erklären, wurde akzeptiert, aber eine Beteiligung des Parlaments gefordert. Entsprechende delegierte Rechtsakte sollten nach Vorstellung des Parlaments auch durchsetzbare Rechte für Betroffene enthalten.

4

Im Juni 2015 legte der Rat seine Vorschläge vor[14], die eine Reihe von Änderungen zu Art. 38 (jetzt Art. 40) beinhalteten. Ergänzt wurde ein neuer Art. 38a (jetzt Art. 41), mit dem die Kontrolle der Einhaltung von anerkannten Verhaltensregeln gestärkt werden soll. In Art. 38 Abs. 1 (jetzt Art. 40) ergänzte der Rat die Berücksichtigung der Bedürfnisse von kleinen und mittelständischen Unternehmen. Im Beispielkatalog wurden einige Punkte gestrichen und andere Beispiele, wie die Pseudonymisierung von Daten, ergänzt. Übernommen wurde der Vorschlag des Parlaments, dass Aufsichtsbehörden auf Antrag zur Vereinbarkeit von Verhaltensregeln mit der Verordnung Stellung nehmen *müssen* und nicht lediglich können.

5

Über die Stellungnahme hinaus müssen sie Verhaltensregeln *anerkennen*, wenn diese ausreichende Schutzmaßnahmen vorsehen. In den neu hinzugefügten Abs. 6 und 7 des Art. 40 wird unterschieden, ob sich Verhaltensregeln lediglich auf Datenverarbeitungsprozesse in einem Mitgliedstaat beziehen oder in mehreren. Im ersten Fall registriert und veröffentlicht die zuständige Aufsichtsbehörde die anerkannten Verhaltensregeln. Im zweiten Fall, wenn sich die Verhaltensregeln auf Datenverarbeitungsprozesse in mehreren Mitgliedstaaten beziehen, muss die zuständige Aufsichtsbehörde vor der Anerkennung den Europäischen Datenschutzausschuss im Rahmen eines Kohärenzverfahrens nach Art. 63 anhören. Der Ausschuss muss dann mit einfacher Mehrheit eine Stellungnahme abgeben, die von der vorlegenden Aufsichtsbehörde zu berücksichtigen ist. Im Falle eines positiven Votums übermittelt der Europäische Datenschutzausschuss die Verhaltensregeln an die Kommission, die nach Art. 40 Abs. 9 entscheiden kann, diese im Wege eines Durchführungsrechtsaktes für allgemein gültig zu erklären.

6

Diese Vorschläge des Rates haben sich im Trilog durchgesetzt. Die substantielle und chancenreiche Weiterentwicklung des Rechtsrahmens für die Selbst- und

7

---

13 http://www.europarl.europa.eu/sides/getDoc.do?pubRef=-%2F%2FEP%2F%2FTEXT%2BREPORT%2BA7-2013-0402 %2B0 %2BDOC%2BXML%2BV0 %2F%2FEN&language=EN.
14 http://data.consilium.europa.eu/doc/document/ST-9565-2015-INIT/en/pdf.

Ko-Regulierung ist daher letztendlich vor allem dem Rat zu verdanken. Für Unternehmen ergibt sich daraus insgesamt ein deutlich größerer Anreiz, an der Entwicklung von Verhaltensregeln mitzuwirken bzw. sich ihnen anzuschließen[15]. Neben Nachweiserleichterungen gegenüber den Aufsichtsbehörden lassen sich die mit der Datenverarbeitung verbundenen rechtlichen Risiken einschließlich der Verhängung drastischer Bußgelder (bis zu 4 % des weltweiten Umsatzes) durch anerkannte Verhaltensregeln deutlich reduzieren.

2. Verhältnis zwischen Art. 40 und 42

8   Das **Verhältnis zwischen Verhaltensregeln und Zertifizierungen nach Art. 42** ist als komplementär zu bewerten. Dabei sollten grundsätzlich beide Instrumente erwogen und ggf. auch miteinander kombiniert werden. Während Verhaltensregeln die notwendigen technischen und organisatorischen Maßnahmen für einen bestimmten Kontext, ein bestimmtes Produkt oder eine ganze Branche konkretisieren können, sind Zertifikate nach der DSGVO eher zum Nachweis rein technischer Maßnahmen für einzelne ganz konkrete Datenverarbeitungsvorgänge geeignet[16]. Eine Kombination beider Instrumente kann z.B. sinnvoll sein, um durch bestimmte Zertifikate die Einhaltung genehmigter Verhaltensregeln zu demonstrieren. In der unternehmerischen Praxis wird sich im Regelfall anbieten, die jeweils ressourcenschonendste Alternative/Kombination dieser Mittel zum Nachweis der Rechtskonformität zu wählen. So sind Zertifizierungen stets mit einer kostenverursachenden umfassenden Kontrolle der konkreten Maßnahmen vor Ort verbunden, während Verhaltensregeln auf eine kontinuierlich involvierte freiwillige Selbstkontrolle setzen, die in aller Regel eher anlassbezogen Kontrollen hinsichtlich der korrekten Implementierung der Maßnahmen durchführen wird. Gerade komplexe und verbundene Verarbeitungsvorgänge bedürfen für eine Zertifikaterteilung einer ressourcenintensiven Vorabüberprüfung. Möchte also ein Unternehmen für eine Vielzahl von Verarbeitungsvorgängen schnell und effizient in den Genuss der Erleichterung des Nachweises der Rechtskonformität kommen, bietet sich an, die für den Schutz personenbezogener Daten erforderlichen Maßnahmen in Verhaltensregeln zusammenzufassen, diese nach den Anforderungen des Art. 40 anerkennen zu lassen und eine nach Art. 41 anerkannte Stelle als freiwillige Selbstkontrolle ein-

---

15 Vgl. *Spindler/Thorun*, 39.
16 Anders Gola/*Lepperhoff*, Art. 40 DSGVO Rz. 6, unter Verweis auf die Erwägungsgründe 98 und 100, der strikt bei der Zielsetzung der Instrumente unterscheidet. So seien Verhaltensregeln darauf ausgelegt, Verantwortliche bei der Umsetzung der Normen der DSGVO zu unterstützen, während Zertifikate nach außen gerichtet Transparenz über das Datenschutzniveau schaffen sollen. Allerdings können die genannten Charakteristika je nach konkreter Ausgestaltung im Einzelfall beiden Instrumenten innewohnen, weswegen dieser Ansatz zu strikt erscheint.

zusetzen. Sollte hingegen ausschließlich oder ergänzend für einzelne Verarbeitungsvorgänge der Bedarf an Rechtssicherheit bestehen, bieten sich im Sinne eines effektiven Ressourceneinsatzes hierfür eher Zertifizierungen i.S.v. Art. 42 an.

II. Anwendung

Art. 40 Abs. 1 enthält ein Gebot für bestimmte staatliche Stellen, die Ausarbeitung von Verhaltensregeln zu fördern, um damit zur ordnungsgemäßen Anwendung der Verordnung beizutragen. Da die Verordnung unmittelbar anwendbar ist und es keiner nationalen Umsetzungsgesetze mehr bedarf, dürfte dieser aus der Richtlinie übernommene allgemeine Passus in der Praxis in erster Linie dazu dienen, die benannten Stellen zu beauftragen, zur Entwicklung von und Teilnahme an Verhaltensregeln anzuregen und bei Bedarf beratend oder vermittelnd zur Verfügung zu stehen[17]. Wichtig ist aber vor allem die Ergänzung, dass bei der Anwendung von Art. 40 die besonderen Bedürfnisse von Kleinstunternehmen sowie kleinen und mittleren Unternehmen (KMUs) zu berücksichtigen sind; was im Ergebnis dazu führt, dass die in den Verhaltensregeln aufgestellten Anforderungen und deren Umsetzung (also insb. deren Überwachung) die ressourcenseitige Leistungsfähigkeit von KMUs nicht überschreiten darf[18]. Dadurch wird klargestellt, dass Maßstab für die Bewertung der Anerkennungsfähigkeit der Verhaltensregeln nicht einzelne, mit umfassenden Ressourcen ausgestatte Datenverarbeiter sind, sondern die Anforderungen gerade in der Breite erfüllbar sein müssen.

9

Berechtigt zur Ausarbeitung, Änderung und Erweiterung von Verhaltensregeln sowie deren Vorlage bei der zuständigen Aufsichtsbehörde sind nach Art. 40 Abs. 2 und Abs. 5 **Verbände und andere Vereinigungen**, die Kategorien von für die Verarbeitung Verantwortlichen oder Auftragsverarbeitern vertreten. Gemeint sind damit insbesondere Branchen- und Berufsverbände, aber auch andere Organisationsformen, in denen sich Unternehmen, Vereine, Parteien usw. zusammenschließen[19], z.B. auch im Konzern verbundene Unternehmen[20]. Eine Mindestzahl an vertretenen Unternehmen oder eine bestimmte Branchenabdeckung ist nicht erforderlich. Ein Einzelunternehmen ist aber nicht antragsberechtigt[21]. Eine Pflicht zur Vorlage von Verhaltensregeln bei der zuständigen Aufsichtsbehörde ist mit Art. 40 Abs. 5 nicht verbunden. So ist es entsprechend bisheriger Praxis gut möglich und in bestimmten Fällen auch sinnvoll, dass Ver-

10

---

17 Gola/*Lepperhoff*, Art. 40 DSGVO Rz. 7; s. auch Paal/Pauly/*Paal*, Art. 40 DSGVO Rz. 5.
18 Auernhammer/*Vomhof*, Art. 40 DSGVO Rz. 7; Ehmann/Selmayr/*Schweinoch*, Art. 40 DSGVO Rz. 23.
19 Gola/*Lepperhoff*, Art. 40 DSGVO Rz. 8.
20 Kühling/Buchner/*Bergt*, Art. 40 DSGVO Rz. 13 m.w.N.; a.A. Auernhammer/*Vomhof*, Art. 40 DSGVO Rz. 10.
21 Paal/Pauly/*Paal*, Art. 40 DSGVO Rz. 9; Auernhammer/*Vomhof*, Art. 40 DSGVO Rz. 10.

Art. 40 DSGVO | Verhaltensregeln

bände Verhaltensregeln als reine Selbstregulierung betreiben und auf eine Stellungnahme bzw. Genehmigung durch die Aufsichtsbehörden verzichten. Diese entfalten dann allerdings auch nicht die in der Verordnung vorgesehenen Rechtswirkungen und Nachweiserleichterungen.

11 Art. 40 Abs. 2 benennt eine Reihe von Beispielen, bei denen die Anwendung der Verordnung durch Verhaltensregeln konkretisiert werden können, wie z.B. Pseudonymisierungsverfahren, Transparenzmaßnahmen und Verfahren zur Erleichterung der Ausübung subjektiver Rechte von Betroffenen. Die Aufzählung ist nicht abschließend.

1. Verhaltensregeln für einen Mitgliedstaat

12 Zuständig für die Anerkennung von Verhaltensregeln ist nach Art. 40 Abs. 5 i.V.m. Art. 55 die nationale **Aufsichtsbehörde**, in dessen Hoheitsgebiet der Antragsteller seinen Sitz hat und für das die Verhaltensregeln gelten sollen. Die Aufsichtsbehörde muss auf Antrag in einem zweistufigen Verfahren dazu **Stellung nehmen**, ob die vorgelegten Verhaltensregeln mit der Verordnung vereinbar sind und **genehmigt** diese, soweit sie „ausreichende geeignete Garantien" bieten (Art. 40 Abs. 5 Satz 2). Die Genehmigung ist gegenüber Art. 27 EG-Datenschutzrichtlinie und § 38a BDSG-alt, die lediglich eine Prüfung der Vereinbarkeit der Verhaltensregeln mit dem Gesetz vorsahen, ein Novum. Anders als in Art. 46 werden in diesem Abschnitt keine konkreten Beispiele für solche Garantien genannt. Aus dem Sinn und Zweck der Vorschrift sowie aus der Gesetzessystematik ergibt sich, dass ausreichende geeignete Garantien zum einen **angemessene Schutzmaßnahmen** zur Umsetzung der Pflichten der verantwortlichen Stelle bzw. des Auftragsdatenverarbeiters vorsehen und zum anderen eine Gewähr dafür bieten müssen, dass die entsprechenden Verhaltensregeln von den Unterzeichnern auch beachtet werden. Das bedeutet u.a., dass die Verhaltensregeln die Anwendung einzelner Vorschriften der Verordnung in der Praxis erleichtern müssen, indem diese **kontextspezifisch z.B. durch technische und organisatorische Maßnahmen konkretisiert und interpretiert** werden. Dabei müssen die Verhaltensregeln nicht alle infrage kommenden Regelungen der DSGVO für einen Sachverhalt aufgreifen; vielmehr ist ausreichend, wenn einzelne Regelungen derart spezifiziert werden, dass deren Anwendung in der Praxis erleichtert wird[22]. Das bedeutet aber auch, dass eine **reine Wiederholung der im Einzelfall einschlägigen Normen nicht ausreichend** ist[23]. Die gelegentlich durch deutsche Aufsichtsbehörden erfolgte Auslegung, dass Verhaltensregeln i.S.d. BDSG-alt über das Gesetz hinausgehende Pflichten beinhalten müssten, ist nach dem Wortlaut der DSGVO nunmehr eindeutig ausgeschlos-

---

22 Paal/Pauly/*Paal*, Art. 40 DSGVO Rz. 13.
23 Kühling/Buchner/*Bergt*, Art. 40 DSGVO Rz. 18; Gola/*Lepperhoff*, Art. 40 DSGVO Rz. 13; Paal/Pauly/*Paal*, Art. 40 DSGVO Rz. 15.

sen. Den **für eine Anerkennung der Verhaltensregeln einforderbare Maßstab bildet daher ausschließlich das Gesetz**[24]; gleichwohl ist es der vorlegenden Stelle unbenommen, über das Gesetz hinausgehende Regelungen vorzulegen[25].

Zu ausreichenden geeigneten Garantien hinsichtlich der Umsetzung der Verhaltensregeln gehört einerseits eine rechtliche Bindungswirkung, die durch eine Selbstverpflichtungserklärung von Unternehmen herbeigeführt werden kann. Weiterhin muss eine zuverlässige externe Kontrolle der Einhaltung gewährleistet werden (s. auch Art. 40 Abs. 4). Soweit eine **nach Art. 41 akkreditierte private Stelle** mit der Kontrolle der Einhaltung der Verhaltensregeln (und einer Sanktionierung im Fall eines Verstoßes) beauftragt wird, ist nach der Systematik der Art. 40 ff. von einer ausreichenden und geeigneten Garantie auszugehen. Wenn das nicht der Fall ist, müssen andere, ebenso wirksame Garantien vorgesehen werden. Obwohl die Beauftragung privater Kontrolleinrichtungen nach Art. 41 grundsätzlich freiwillig ist („kann"), müssen Verhaltensregeln nach Art. 40 Abs. 4 zwingend „Verfahren vorsehen, die es der in Art. 41 Abs. 1 genannten Stelle ermöglichen, die **obligatorische Überwachung der Einhaltung** ihrer Bestimmungen (…) vorzunehmen" (s.o.). Dies erscheint auf den ersten Blick widersprüchlich, ist aber wohl so zu verstehen, dass sowohl die externe Überwachung als auch entsprechende Verfahren zwingend sind, die Überwachung aber theoretisch auch durch eine andere als die in Art. 41 genannten Stellen durchgeführt werden kann[26]. In Betracht käme z.B. eine Überwachung durch die Aufsichtsbehörden, die sich aber erfahrungsgemäß weder in der Rolle sehen noch über entsprechende Ressourcen verfügen, neben der Einhaltung der Gesetze auch noch die Einhaltung von Verhaltensregeln zu kontrollieren. Die Beauftragung einer nach Art. 41 akkreditierten privaten Stelle dürfte daher der Regelfall sein. Eine Beteiligung bzw. Anhörung relevanter Stakeholder ist keine Genehmigungsvoraussetzung für Verhaltensregeln, wird aber in Erwägungsgrund 99 ausdrücklich als wünschenswert bezeichnet (s. Rz. 1). Die Einbeziehung interessierter Kreise bei der Erarbeitung von Verhaltensregeln ist auch eine Grundregel in den EU-Prinzipien für bessere Selbst- und Ko-Regulierung[27], die aber ebenfalls nicht rechtlich verbindlich sind. Denkbar ist, dass die Aufsichtsbehörde eine Anhörung vor der Genehmigung nachholt, falls eine solche bei der Ausarbeitung der Verhaltensregeln nicht stattgefunden hat.

---

24 Auernhammer/*Vomhof*, Art. 40 DSGVO Rz. 11, 34; Paal/Pauly/*Paal*, Art. 40 DSGVO Rz. 15.
25 So auch Kühling/Buchner/*Bergt*, Art. 40 DSGVO Rz. 16 f.; Auernhammer/*Vomhof*, Art. 40 DSGVO Rz. 11; a.A. Gola/*Lepperhoff*, Art. 40 DSGVO Rz. 13, der in der Vorschrift ein Verbot für eine Verschärfung des Gesetzes sieht.
26 Gola/*Lepperhoff*, Art. 40 DSGVO Rz. 20, Art. 41 DSGVO Rz. 4; anders Kühling/Buchner/*Bergt*, Art. 40 DSGVO Rz. 13 m.w.N., der für die Genehmigungsfähigkeit eine Stelle nach Art. 41 als obligatorisch ansieht.
27 Abzurufen unter https://ec.europa.eu/digital-agenda/sites/digital-agenda/files/CoP%20-%20Principles%20for%20better%20self-%20and%20co-regulation.pdf.

14 Die nationale Aufsichtsbehörde veröffentlicht genehmigte Verhaltensregeln für ihr Hoheitsgebiet in einem öffentlichen Verzeichnis (Art. 40 Abs. 6).

2. Verhaltensregeln für mehrere Mitgliedstaaten

15 Wenn sich Verhaltensregeln auf Datenverarbeitungen in mehreren Mitgliedstaaten der EU (d.h. mindestens zwei) beziehen[28], muss die nationale Aufsichtsbehörde diese gemäß Art. 40 Abs. 7 vor der Genehmigung dem **Europäischen Datenausschuss** vorlegen. Dieser muss dann im **Kohärenzverfahren** nach Art. 63 ff. zum Beschlussentwurf der vorlegenden Aufsichtsbehörde Stellung nehmen und sich dabei zu der Frage äußern, ob der Entwurf der vorgelegten Verhaltensregeln mit der Verordnung vereinbar ist bzw. geeignete Garantien vorsieht.

16 Gemäß Art. 64 Abs. 3 wird über diese Stellungnahmen **innerhalb einer Frist von acht Wochen mit einfacher Mehrheit entschieden**. Wenn die Stellungnahme besonders komplexe Fragen beinhaltet, kann diese Frist um weitere sechs Wochen verlängert werden. Wenn sich ein Mitglied des Ausschusses innerhalb dieser Frist nicht äußert, wird von einer Zustimmung ausgegangen. Dieses Verfahren verspricht im Vergleich zu den bisherigen langwierigen Abstimmungsprozessen mit dem Düsseldorfer Kreis eine erhebliche Beschleunigung[29] und wird die deutschen Aufsichtsbehörden unter Druck setzen, sich innerhalb der o.g. Fristen auf eine einheitliche Stellungnahme zu einigen. Die zuständige nationale Aufsichtsbehörde soll bei ihrer Entscheidung der Stellungnahme des Europäischen Datenschutzausschusses gemäß Art. 64 Abs. 7 „weitestgehend Rechnung" tragen und den Ausschuss über diese Entscheidung informieren. Weicht sie von der Stellungnahme des Ausschusses nach Art. 64 Abs. 8 insgesamt oder teilweise ab, kann der Ausschuss nach Art. 65 Abs. 1 **mit Zwei-Drittel-Mehrheit einen verbindlichen Beschluss fassen**, der für die nationale Aufsichtsbehörde verbindlich ist. Für Einzelheiten des Kohärenzverfahrens wird auf die Ausführungen zu Art. 63 ff. verwiesen. Gemäß Art. 40 Abs. 8 übermittelt der Europäische Datenschutzausschuss seine Stellungnahme an die Kommission, wenn er eine Genehmigung der Verhaltensregeln empfiehlt.

17 Die Kommission kann diese Verhaltensregeln mit einem Durchführungsrechtsakt für **allgemein gültig** erklären (Art. 40 Abs. 9). Das Verfahren richtet sich nach Art. 93 Abs. 2 i.V.m. Art. 5 und 8 der Verordnung (EU) Nr. 182/2011. Danach kann die Kommission den Durchführungsrechtsakt sofort in Kraft setzen, legt diesen aber gleichzeitig einem Ausschuss mit Vertretern der Mitgliedstaaten vor. Erhebt der Ausschuss mit Mehrheitsentscheidung ein Veto, wird ein Konsultationsverfahren eingeleitet, das im Ergebnis zu einer Änderung oder einer

---
28 Kritisch zur Unterscheidung zwischen nationalen Verhaltensregeln und Verhaltensregeln für mehrere EU-Staaten *Krings/Mammen*, RDV 2015, 235.
29 So auch *Krings/Mammen*, RDV 2015, 235.

Aufhebung des Rechtsaktes führen kann. Eine Beteiligung des Parlaments erfolgt nicht.

III. Rechtsfolgen

1. Rechtsfolgen der Genehmigung

Rechtsfolge der Genehmigung von Verhaltensregeln durch die zuständige Aufsichtsbehörde – und anderer zustimmender Behörden[30] – ist zum einen eine gewisse Selbstbindung der Verwaltung bei der Auslegung der Verordnung[31]. Im Übrigen ergeben sich weitere Rechtsfolgen aus den verschiedenen Verweisen in der Verordnung. Im Gegenzug zur Befolgung genehmigter Verhaltensregeln werden Nachweiserleichterungen im Hinblick auf angemessene technisch-organisatorische Maßnahmen und die Erfüllung weiterer Pflichten nach der DSGVO gewährt. So wird Auftragsverarbeitern z.B. die Möglichkeit gegeben, hinreichende Garantien dafür zu bieten, dass die betreffenden technischen und organisatorischen Maßnahmen so durchgeführt werden, dass die Verarbeitung im Einklang mit den Anforderungen der DSGVO erfolgt und den Schutz der Rechte der betroffenen Person gewährleistet (Art. 28 Abs. 5 i.V.m. Abs. 1 bzw. beim Einsatz von Subauftragsverarbeitern Abs. 4). Dabei *können* die Aufsichtsbehörden die Einhaltung genehmigter Verhaltensregeln bei der Beurteilung der Gesetzeskonformität von Unternehmen „als einen Faktor" berücksichtigen. 18

Verweise mit Nachweiserleichterungen finden sich u.a. in Art. 24 Abs. 3 (Verantwortung des für die Verarbeitung Verantwortlichen), Art. 28 Abs. 5 (Auftragsdatenverarbeitung), Art. 32 Abs. 3 (Sicherheit der Verarbeitung) und Art. 35 Abs. 8 (Datenschutz-Folgenabschätzung). 19

2. Grundlage für die Datenübertragung in Drittstaaten

Genehmigte Verhaltensregeln, die von der Kommission für allgemein gültig erklärt wurden, können nach Art. 40 Abs. 3 als Garantie i.S.d. Art. 46 Abs. 2 Buchst. e und damit als Grundlage für die Übertragung von Daten in Drittstaaten genutzt werden. 20

3. Berücksichtigung bei der Strafbemessung

Die zuständige Aufsichtsbehörde hat nach Art. 83 Abs. 2 Buchst. j auch bei der **Bemessung von Bußgeldern** die Einhaltung von Verhaltensregeln nach Art. 40 21

---

30 Kühling/Buchner/*Bergt*, Art. 40 DSGVO Rz. 41.
31 Kühling/Buchner/*Schweinoch*, Art. 41 DSGVO Rz. 40; *Krings/Mammen*, RDV 2015, 233.

als begünstigenden Umstand zu berücksichtigen. Dies stellt einen weiteren Anreiz für Unternehmen dar, sich Verhaltensregeln nach Art. 40 anzuschließen, weil dadurch im Falle eines Verstoßes gegen die Verordnung mit einem geringeren Bußgeld gerechnet werden kann.

4. Territoriale Wirkung

22 Die oben dargestellten rechtlichen Wirkungen beziehen sich bei genehmigten Verhaltensregeln, die das Kohärenzverfahren durchlaufen haben, grundsätzlich auf die gesamte EU. Diese rechtlichen Wirkungen sind letztlich nicht mehr als eine Interpretationshilfe („kann als ein Faktor berücksichtigt werden"), der den Aufsichtsbehörden einen weiten Ermessensspielraum lässt. Im Rahmen dieses Ermessensspielraums können abweichende nationale Regelungen, die z.B. aufgrund von Öffnungsklauseln in der Verordnung erlassen wurden, ausreichend berücksichtigt werden. Voraussetzung für die Anrufung des Europäischen Datenschutzausschusses, der nach Art. 68 eine eigene Rechtspersönlichkeit hat, ist gemäß Art. 40 Abs. 7, dass Verhaltensregeln sich auf Datenverarbeitungsvorgänge in mehreren Mitgliedstaaten beziehen. Es wäre daher widersinnig, wenn eine Entscheidung des Ausschusses im Kohärenzverfahren lediglich rechtliche Wirkungen in einem Mitgliedstaat zur Folge hätte.

5. Rechtsfolgen der Allgemeingültigkeitserklärung

23 Interessant ist die Frage, welche Rechtsfolge ein Durchführungsrechtsakt der Kommission hat, der **Verhaltensregeln für allgemein gültig erklärt** (Art. 40 Abs. 9). Weil es sich dabei um einen formalen Rechtsakt unter Beteiligung der Mitgliedstaaten handelt (s. Rz. 16), liegt die Vermutung nahe, dass damit die Begründung einer **Allgemeinverbindlichkeit** ähnlich dem deutschen Tarifrecht (§ 5 Abs. 1 TVG) gemeint ist. Sofern dies tatsächlich die gesetzgeberische Intention darstellt, würde dadurch jedoch das Grundprinzip der Selbst- und Ko-Regulierung untergraben, wonach eine Bindungswirkung für Unternehmen erst durch eine freiwillige Selbstverpflichtung entsteht. Außerdem knüpft das BVerfG an die Erklärung der Allgemeinverbindlichkeit auch bei Tarifverträgen strenge Anforderungen. Eine Übertragung dieser Möglichkeit auf den Datenschutz ist daher kritisch zu sehen[32]. Die EU-Kommission sollte vor diesem Hintergrund daher – wenn überhaupt – nur in absoluten Ausnahmefällen eine Allgemeinverbindlichkeit von Verhaltensregeln in Erwägung ziehen, z.B. wenn dies zur Eindämmung von Trittbrettfahrern im öffentlichen Interesse dringend geboten ist. Als milderes Mittel sollte die EU-Kommission Art. 40 Abs. 9 so auslegen, dass die Allgemeingültigkeit von Verhaltensregeln Unternehmen, die sich

---

[32] So im Ergebnis auch *Spindler/Thorun*, 54.

zu deren Einhaltung verpflichtet haben, eine **widerlegbare Konformitätsvermutung** mit den Artikeln der Verordnung gewährt, die durch die jeweiligen Verhaltensregeln umgesetzt werden. Diese an das Produktsicherheitsrecht (New Regulatory Framework) angelehnte Wirkung[33] ist im EU-Recht bereits erprobt und anerkannt und würde zudem eine enorme Anreizwirkung für Unternehmen entfalten, sich an der Erarbeitung von Verhaltensregeln zu beteiligen und diese umzusetzen[34]. Eine solche – über die in der Verordnung an verschiedenen Stellen ausdrücklich genannte Nachweiserleichterung („kann als ein Faktor berücksichtigt werden") hinausgehende – rechtliche Wirkung für genehmigte Verhaltenskodizes ist absolut wünschenswert, weil dadurch ein höheres Maß an Rechtssicherheit erzeugt wird.

Gegen die grundsätzlich ebenfalls mögliche Auslegung, dass die allgemeine Gültigkeit von Verhaltensregeln lediglich die Rechtsfolgen der Genehmigung (s. Rz. 18) auf die gesamte EU erstreckt, spricht zum einen die abweichende Wortwahl „allgemeine Gültigkeit" statt „EU weite Genehmigung" und darüber hinaus die hier vertretene Auffassung, dass die genannten Rechtsfolgen (Interpretationshilfe) bereits durch die Genehmigung der zuständigen Aufsichtsbehörde nach einem entsprechenden Kohärenzverfahren unionsweit gelten (s. Rz. 22). 24

Artikel 41 Überwachung der genehmigten Verhaltensregeln

(1) Unbeschadet der Aufgaben und Befugnisse der zuständigen Aufsichtsbehörde gemäß den Artikeln 57 und 58 kann die Überwachung der Einhaltung von Verhaltensregeln gemäß Artikel 40 von einer Stelle durchgeführt werden, die über das geeignete Fachwissen hinsichtlich des Gegenstands der Verhaltensregeln verfügt und die von der zuständigen Aufsichtsbehörde zu diesem Zweck akkreditiert wurde.

(2) Eine Stelle gemäß Absatz 1 kann zum Zwecke der Überwachung der Einhaltung von Verhaltensregeln akkreditiert werden, wenn sie

a) ihre Unabhängigkeit und ihr Fachwissen hinsichtlich des Gegenstands der Verhaltensregeln zur Zufriedenheit der zuständigen Aufsichtsbehörde nachgewiesen hat;

b) Verfahren festgelegt hat, die es ihr ermöglichen, zu bewerten, ob Verantwortliche und Auftragsverarbeiter die Verhaltensregeln anwenden können, die Einhaltung der Verhaltensregeln durch die Verantwortlichen und Auftragsverarbeiter zu überwachen und die Anwendung der Verhaltensregeln regelmäßig zu überprüfen;

---

33 S. *Buck-Heeb/Dieckmann*, 170.
34 *Spindler/Thorun*, 55.

c) Verfahren und Strukturen festgelegt hat, mit denen sie Beschwerden über Verletzungen der Verhaltensregeln oder über die Art und Weise, in der die Verhaltensregeln von dem Verantwortlichen oder dem Auftragsverarbeiter angewendet werden oder wurden, nachgeht und diese Verfahren und Strukturen für betroffene Personen und die Öffentlichkeit transparent macht, und

d) zur Zufriedenheit der zuständigen Aufsichtsbehörde nachgewiesen hat, dass ihre Aufgaben und Pflichten nicht zu einem Interessenkonflikt führen.

(3) Die zuständige Aufsichtsbehörde übermittelt den Entwurf der Anforderungen an die Akkreditierung einer Stelle nach Absatz 1 gemäß dem Kohärenzverfahren nach Artikel 63 an den Ausschuss.

(4) Unbeschadet der Aufgaben und Befugnisse der zuständigen Aufsichtsbehörde und der Bestimmungen des Kapitels VIII ergreift eine Stelle gemäß Absatz 1 vorbehaltlich geeigneter Garantien im Falle einer Verletzung der Verhaltensregeln durch einen Verantwortlichen oder einen Auftragsverarbeiter geeignete Maßnahmen, einschließlich eines vorläufigen oder endgültigen Ausschlusses des Verantwortlichen oder Auftragsverarbeiters von den Verhaltensregeln. Sie unterrichtet die zuständige Aufsichtsbehörde über solche Maßnahmen und deren Begründung.

(5) Die zuständige Aufsichtsbehörde widerruft die Akkreditierung einer Stelle gemäß Absatz 1, wenn die Anforderungen an ihre Akkreditierung nicht oder nicht mehr erfüllt sind oder wenn die Stelle Maßnahmen ergreift, die nicht mit dieser Verordnung vereinbar sind.

(6) Dieser Artikel gilt nicht für die Verarbeitung durch Behörden oder öffentliche Stellen.

I. Einführung . . . . 1 | II. Anwendung 3

Schrifttum: *Von Braunmühl*, Ansätze zur Ko-Regulierung in der Datenschutz-Grundverordnung, PinG 2015, 231; *Dehmel*, Umsetzungsoptionen der Ko-Regulierung im Datenschutz, Kompendium Digitale Standortpolitik (2013), 162; *Ehmann/Selmayr*, DS-GVO, 2017; *Gola*, Datenschutzgrundverordnung, 2017; *Krings/Mammen*, Zertifizierungen und Verhaltensregeln – Bausteine eines modernen Datenschutzes für die Industrie 4.0, RDV 2015, 231; *Kranig/Peintinger*, Selbstregulierung im Datenschutzrecht, ZD 2014, 3; *Kühling/Buchner*, Datenschutz-Grundverordnung, 2017.

I. Einführung

1 Der auf Vorschlag des Rates neu eingefügte Art. 41 ermöglicht es Verbänden und Unternehmen, eine **private Stelle** mit der nach Art. 40 Abs. 4 **obligatorischen**[1] Überwachung der Einhaltung von Verhaltensregeln – und nur

---

1 S. dazu auch Kühling/Buchner/*Bergt*, Art. 40 DSGVO Rz. 22, Art. 41 DSGVO Rz. 1.

dieser –[2] zu betrauen. Die Etablierung dieses bereits im Jugendmedienschutz bewährten Modells der Freiwilligen Selbstkontrolle gewährleistet zum einen eine unabhängige und zuverlässige Kontrolle, dass Verhaltensregeln in der Praxis auch tatsächlich umgesetzt werden. Gleichzeitig führt die Einrichtung privater ggf. brancheninterner Kontrollstellen dazu, dass Unternehmen, die sich freiwillig zur Einhaltung von Verhaltensregeln verpflichten, darauf vertrauen können, dass sie bei der Überprüfung keine hoheitlichen Maßnahmen der Aufsichtsbehörden befürchten müssen. Dieses Vertrauen ist ein wichtiger Anreiz für Unternehmen, sich zur Einhaltung untergesetzlicher Verhaltensregeln zu verpflichten[3].

Neben den etablierten Einrichtungen der Freiwilligen Selbstkontrolle im Bereich des Jugendmedienschutzes (FSF, FSK, FSM und USK) gibt es in Deutschland mit dem vom Branchenverband Bitkom und führenden Unternehmen der digitalen Wirtschaft gegründeten SRIW (Selbstregulierung Informationswirtschaft e.V.) auch im Bereich des Datenschutzes bereits eine solche Institution, die Unternehmen bei der Erarbeitung von Verhaltensregeln unterstützt und deren Einhaltung überwacht. Durch die in Art. 41 vorgesehene Pflicht zur Akkreditierung wird die Legitimation der freiwilligen Selbstkontrolle im Datenschutz voraussichtlich noch verbessert[4]. Vorteile der freiwilligen Selbstkontrolle sind u.a. eine Verbesserung der Marktüberwachung durch zusätzliche Ressourcen (ergänzend zu den meist eher begrenzten Kapazitäten der Aufsichtsbehörden) sowie eine Entlastung der Gerichte (durch Klärung von Fällen im Vorfeld gerichtlicher Verfahren).

II. Anwendung

Art. 41 sieht ein **Akkreditierungsverfahren** für private Kontrolleinrichtungen vor, die die Einhaltung der nach Art. 40 anerkannten Verhaltensregeln gewährleisten sollen. **Zuständig für die Akkreditierung ist nach dem eindeutigen Willen des Gesetzgebers ausschließlich die Datenschutzaufsicht** (Art. 41 Abs. 1; s. hierzu und zu den Unterschieden zum Akkreditierungsverfahren für private Zertifizierungsstellen Art. 43 DSGVO Rz. 3). **Voraussetzung für eine Akkreditierung** durch die zuständige Aufsichtsbehörde ist der Nachweis ausreichender Expertise und Unabhängigkeit in Bezug auf einen bestimmten Verhaltenskodex, der Ausschluss möglicher Interessenskonflikte, die Existenz eines angemessenen Beschwerdeverfahrens sowie die Möglichkeit, Sanktionen bei Verstößen zu verhängen. Zur Konkretisierung der in Art. 41 Abs. 2 Buchst. a bis d aufgeführten Voraussetzungen soll die zuständige Aufsichtsbehörde die Anforderungen an eine Akkreditierung im Rahmen des Kohärenzverfahrens an den

---

2 S. Ehmann/Selmayr/*Schweinoch*, Art. 41 DSGVO Rz. 2, der zutreffend darauf hinweist, dass eine über die Verhaltensregeln hinausgehende Datenschutzaufsicht nicht in die Zuständigkeit der privaten Kontrollstelle fällt.
3 So auch *Krings/Mammen*, RDV 2015, 235; *Kranig/Peintinger*, ZD 2014, 7.
4 *Von Braunmühl*, PinG 2015, 232.

Europäischen Datenschutzausschuss übermitteln, der im Regelfall innerhalb von sechs Wochen mit der Mehrheit seiner Mitglieder einen Beschluss über eine Stellungnahme fasst.

4 Nach Art. 41 Abs. 2 Buchst. a muss die private Kontrollstelle der zuständigen Aufsichtsbehörde ihre **Unabhängigkeit und ihr Fachwissen** in Bezug auf bestimmte nach Art. 40 genehmigte Verhaltensregeln nachweisen. Als Nachweis für ein **angemessenes Fachwissen** sind z.B. Ausbildungszeugnisse von Mitarbeitern geeignet, bspw. ein juristisches Staatsexamen oder eine Zertifizierung als Datenschutzbeauftragter. Notwendig erscheint hingegen nicht, dass alle mit einem speziellen Sachverhalt in Zusammenhang stehenden fachspezifischen Fragen sich stets in dem Fachwissen des Personals der Stelle widerspiegeln müssen. So dürfte bspw. bei der Überwachung von Verhaltensregeln im Gesundheitssektor keine dahingehende Ausbildung einzufordern sein. Allerdings kann ein solches fachspezifisches Wissen im Einzelfall durchaus für die wirksame Durchführung von Kontrollaktivitäten notwendig werden. Hier wäre etwa denkbar, dass man bei Bedarf im Einzelfall für diesen Zweck fachlich spezialisierte Dritte, wie etwa Beisitzer, Auditoren oder Beiräte für die Kontrolle von Verhaltensregeln vorhält[5]. Die **notwendige Unabhängigkeit** wird sowohl aus rechtlicher und personeller als auch aus finanzieller Sicht sichergestellt werden müssen[6]. Zunächst dürfen keine gesellschaftsrechtlichen, die Unabhängigkeit gefährdenden Verknüpfungen mit den zu überwachenden Unternehmen bestehen. Ein Weisungsrecht einzelner Unternehmen gegenüber einzelnen Mitarbeitern muss ausgeschlossen sein. Zudem sind die Regularien zur Finanzierung der Kontrollstelle so zu gestalten, dass sie die Einflussnahme der Geldgeber weitestgehend ausschließen. Das wird eine Mindestlaufzeit für die Bestellung einer privaten Stelle als Kontrollstelle von Verhaltensregeln und die längerfristige Verpflichtung zur Zahlung angemessener Mittel zur Unterhaltung der zur Kontrolle notwendigen Infrastruktur erfordern[7]. In Anlehnung an die Unabhängigkeit von Datenschutzbeauftragten erscheint hier eine Mindestlaufzeit von 3 Jahren sinnvoll; ergänzt durch die Verpflichtung zur Weiterzahlung angemessener Beträge durch die kontrollierten Unternehmen von mindestens einem Jahr bei Ausscheiden. So wird sichergestellt, dass die Kontrolle überwachter Stellen nicht im Wege der Lossagung von den Verhaltensregeln und der Einstellung der Zahlungen für die kontrollnotwendige Infrastruktur gefährdet werden kann. Solange die genannten Voraussetzungen erfüllt werden, ist zur Sicherstellung der Unabhängigkeit die konkrete Rechtsform der Kontrollstelle unerheblich[8]. Ein von mehreren voneinander unabhängigen Unternehmen getragener Verein, der von einem Kollegium wie einem Vorstand mit mindestens drei Personen geführt wird, dürfte

---

5 Gola/*Lepperhoff*, Art. 41 DSGVO Rz. 17.
6 Gola/*Lepperhoff*, Art. 41 DSGVO Rz. 16; Kühling/Buchner/*Bergt*, Art. 41 DSGVO Rz. 7.
7 Kühling/Buchner/*Bergt*, Art. 40 DSGVO Rz. 7.
8 Gola/*Lepperhoff*, Art. 41 DSGVO Rz. 7.

hingegen unabhängig genug sein. Es spricht aber auch nichts gegen die Rechtsform der Kapitalgesellschaft, die im Wege vertraglicher und sonstiger Maßnahmen die Einhaltung der genannten Kriterien sicherstellt.

Weitere Voraussetzung für die Akkreditierung ist nach Art. 41 Abs. 2 Buchst. b die Festlegung von Verfahren, die eine Bewertung, Überwachung und regelmäßige Überprüfung der Umsetzung von Verfahrensregeln ermöglichen. Welche Befugnisse den Einrichtungen der freiwilligen Selbstkontrolle dafür im Einzelnen eingeräumt werden sollten, hängt vom genauen Inhalt der Verhaltensregeln, dem jeweiligen Sachverhalt und von dem mit der entsprechenden Datenverarbeitung verbundenen Risiko ab[9]. Für die **Bewertung** der Umsetzung sind eine plausible Zusicherung (ggf. gestützt durch ergänzende Unterlagen) und eine entsprechende Selbstverpflichtungserklärung des jeweiligen Unternehmens im Regelfall ausreichend. Für die **Überwachung** ist ein transparentes Beschwerdeverfahren für Betroffene und ggf. auch Wettbewerber entscheidend, um Verdachtsfällen nachgehen zu können, Verstöße abzustellen oder ggf. in den Verhaltensregeln vorgesehene Sanktionen zu verhängen. Eine **Überprüfung** der Umsetzung von Verhaltensregeln kann bei Transparenzmaßnahmen von außen, z.B. durch eine Kontrolle von Websites, durchgeführt werden, bei komplexen technischen Maßnahmen aber auch eine Vorortkontrolle bis hin zu einem Audit bei den Unterzeichnern der Verhaltensregeln erfordern. Alternativ kann der Unterzeichner die Umsetzung einzelner Maßnahmen auch durch eine Zertifizierung nach Art. 42 nachweisen. In solchen Fällen kommt eine Mischung der Instrumente nach Art. 40 und 42 in Betracht[10]. Bei der konkreten Ausgestaltung ist stets zu beachten, dass Verhaltensregeln gemäß Art. 40 Abs. 1 die besonderen Bedürfnisse von Kleinstunternehmen sowie kleinen und mittleren Unternehmen (KMUs) zu berücksichtigen haben und dementsprechend auch die Überwachungs- und Überprüfungstätigkeiten keine Aufwände auslösen dürfen, die diese Marktteilnehmer von einer Teilnahme ausschließen würden (s. Art. 40 DSGVO Rz. 9). Das bedeutet, dass man nicht zwingend eine Vor-Ort-Kontrolle verlangen kann und eine Bewertung, Überwachung und Überprüfung in Form von Stichproben möglich ist[11].

Nach Art. 41 Abs. 2 Buchst. c muss die private Stelle zusätzlich ein transparentes und durch klare Verfahrensregeln strukturiertes Beschwerdeverfahren anbieten, in dessen Rahmen behaupteten Verstößen gegen die Verhaltensregeln durch deren Unterzeichner nachgegangen wird.

Gemäß Art. 41 Abs. 2 Buchst. d soll die private Stelle zudem nachweisen, dass ihre Aufgaben und Pflichten nicht zu Interessenkonflikten führen. Dafür sollte sichergestellt werden, dass Entscheidungen über die Frage, ob ein Verstoß gegen

---

9 Für einen differenzierten Ansatz auch *Dehmel*, S. 168.
10 So auch *Dehmel*, S. 172.
11 S. auch Gola/*Lepperhoff*, Art. 41 DSGVO Rz. 9, der von hinreichender Überwachung ausgeht, sobald jährlich 10 % der verpflichteten Unternehmen geprüft werden.

Verhaltensregeln vorliegt und wie dieser ggf. sanktioniert wird, nicht durch die Unterzeichner selbst, sondern durch einen unabhängigen Beschwerdeausschuss getroffen werden.

8 Auch wenn die in Art. 41 genannten Voraussetzungen für die Akkreditierung bereits hinreichend bestimmt sind, soll die zuständige Aufsichtsbehörde nach Art. 41 Abs. 3 einen Entwurf für die genauen Anforderungen (bezogen auf bestimmte Verhaltensregeln) an den Europäischen Datenschutzausschuss übermitteln, der im Kohärenzverfahren dazu Stellung nimmt bzw. entscheidet.

9 Nach Art. 41 Abs. 4 muss eine nach Abs. 2 akkreditierte Stelle die Möglichkeit haben, bei Verstößen gegen die von ihr überwachten Verhaltensregeln angemessene Maßnahmen zu ergreifen. Als Beispiel für mögliche Sanktionen wird ein vorläufiger oder endgültiger Ausschluss von Unternehmen vom Verhaltenskodex genannt. Die zuständige Aufsichtsbehörde muss über die ergriffenen Maßnahmen und ihre Begründung informiert werden.

10 Eine einmal erteilte Akkreditierung von Einrichtungen der freiwilligen Selbstkontrolle kann von der zuständigen Aufsicht widerrufen werden, wenn die Voraussetzungen nicht mehr erfüllt sind (Art. 41 Abs. 5).

Artikel 42 Zertifizierung

(1) Die Mitgliedstaaten, die Aufsichtsbehörden, der Ausschuss und die Kommission fördern insbesondere auf Unionsebene die Einführung von datenschutzspezifischen Zertifizierungsverfahren sowie von Datenschutzsiegeln und -prüfzeichen, die dazu dienen, nachzuweisen, dass diese Verordnung bei Verarbeitungsvorgängen von Verantwortlichen oder Auftragsverarbeitern eingehalten wird. Den besonderen Bedürfnissen von Kleinstunternehmen sowie kleinen und mittleren Unternehmen wird Rechnung getragen.

(2) Zusätzlich zur Einhaltung durch die unter diese Verordnung fallenden Verantwortlichen oder Auftragsverarbeiter können auch datenschutzspezifische Zertifizierungsverfahren, Siegel oder Prüfzeichen, die gemäß Absatz 5 des vorliegenden Artikels genehmigt worden sind, vorgesehen werden, um nachzuweisen, dass die Verantwortlichen oder Auftragsverarbeiter, die gemäß Artikel 3 nicht unter diese Verordnung fallen, im Rahmen der Übermittlung personenbezogener Daten an Drittländer oder internationale Organisationen nach Maßgabe von Artikel 46 Absatz 2 Buchstabe f geeignete Garantien bieten. Diese Verantwortlichen oder Auftragsverarbeiter gehen mittels vertraglicher oder sonstiger rechtlich bindender Instrumente die verbindliche und durchsetzbare Verpflichtung ein, diese geeigneten Garantien anzuwenden, auch im Hinblick auf die Rechte der betroffenen Personen.

(3) Die Zertifizierung muss freiwillig und über ein transparentes Verfahren zugänglich sein.

(4) Eine Zertifizierung gemäß diesem Artikel mindert nicht die Verantwortung des Verantwortlichen oder des Auftragsverarbeiters für die Einhaltung dieser Verordnung und berührt nicht die Aufgaben und Befugnisse der Aufsichtsbehörden, die gemäß Artikel 55 oder 56 zuständig sind.

(5) Eine Zertifizierung nach diesem Artikel wird durch die Zertifizierungsstellen nach Artikel 43 oder durch die zuständige Aufsichtsbehörde anhand der von dieser zuständigen Aufsichtsbehörde gemäß Artikel 58 Absatz 3 oder – gemäß Artikel 63 – durch den Ausschuss genehmigten Kriterien erteilt. Werden die Kriterien vom Ausschuss genehmigt, kann dies zu einer gemeinsamen Zertifizierung, dem Europäischen Datenschutzsiegel, führen.

(6) Der Verantwortliche oder der Auftragsverarbeiter, der die von ihm durchgeführte Verarbeitung dem Zertifizierungsverfahren unterwirft, stellt der Zertifizierungsstelle nach Artikel 43 oder gegebenenfalls der zuständigen Aufsichtsbehörde alle für die Durchführung des Zertifizierungsverfahrens erforderlichen Informationen zur Verfügung und gewährt ihr den in diesem Zusammenhang erforderlichen Zugang zu seinen Verarbeitungstätigkeiten.

(7) Die Zertifizierung wird einem Verantwortlichen oder einem Auftragsverarbeiter für eine Höchstdauer von drei Jahren erteilt und kann unter denselben Bedingungen verlängert werden, sofern die einschlägigen Kriterien weiterhin erfüllt werden. Die Zertifizierung wird gegebenenfalls durch die Zertifizierungsstellen nach Artikel 43 oder durch die zuständige Aufsichtsbehörde widerrufen, wenn die Kriterien für die Zertifizierung nicht oder nicht mehr erfüllt werden.

(8) Der Ausschuss nimmt alle Zertifizierungsverfahren und Datenschutzsiegel und -prüfzeichen in ein Register auf und veröffentlicht sie in geeigneter Weise.

I. Einführung	1	III. Zertifizierungsfolgen	13
II. Anwendung	6		

Schrifttum: *Von Braunmühl*, Ansätze zur Ko-Regulierung in der Datenschutz-Grundverordnung, PinG 2015, 231; *Gola*, Datenschutzgrundverordnung, 2017; *Hornung/Hartl*, Datenschutz durch Marktanreize – auch in Europa?, ZD 2014, 219; *Krings/Mammen*, Zertifizierungen und Verhaltensregeln – Bausteine eines modernen Datenschutzes für die Industrie 4.0, RDV 2015, 231; *Laue/Nink/Kremer*, Das neue Datenschutzrecht in der betrieblichen Praxis, 2016; *Spindler/Thorun*, Eckpunkte einer digitalen Ordnungspolitik, 2016.

I. Einführung

Zertifizierungsverfahren, Datenschutzsiegel und -prüfzeichen sollen die Transparenz und die Einhaltung der Datenschutzgesetze verbessern und dadurch Betroffenen ermöglichen, rasch das Datenschutzniveau von Produkten und Diens- 1

Art. 42 DSGVO | Zertifizierung

ten zu bewerten[1]. Daher sollen die Mitgliedstaaten, die Aufsichtsbehörden, der Europäische Datenschutzausschuss und die Kommission deren Einführung – insbesondere auf Unionsebene – fördern. Die Art. 42 und 43 normieren die allgemeinen **Rahmenbedingungen** für solche freiwilligen Zertifizierungsverfahren, wobei in der konkreten Ausgestaltung über die vorherige Regelung des § 9a BDSG-alt hinausgegangen wird[2]. Denn § 9a BDSG-alt brachte lediglich die Intention des Gesetzgebers zum Ausdruck, im Datenschutzrecht auf Auditverfahren setzen zu wollen[3]. Die konkrete Ausgestaltung der Verfahren sollte gemäß § 9a Satz 2 BDSG-alt spezialgesetzlich erfolgen, was jedoch nie geschehen ist[4].

2 Mit der DSGVO wird zwar ebenso wie mit § 9a BDSG-alt **kein konkretes Zertifizierungsverfahren** unmittelbar vorgeschrieben und es gilt abzuwarten, ob und in welcher Form tatsächlich wie vorgesehen weitere Konkretisierungen der Zertifizierungskriterien durch die zuständigen Aufsichtsbehörden oder den Europäischen Datenschutzausschuss genehmigt werden (Art. 42 Abs. 5, Art. 57 Abs. 1 Buchst. n, Art. 70 Abs. 1 Buchst. n) bzw. die EU-Kommission technische Standards für Zertifizierungsverfahren festlegt (Art. 43 Abs. 9). Die DSGVO lässt aber zumindest mit den Art. 42 f. Eckpunkte solcher Verfahren erkennen und schafft gewisse **Anreize** zur Durchführung von Zertifizierungen (s. Rz. 13 f.), woraus der Rechtsanwender bereits jetzt Hinweise auf den möglichen Aufwand und Nutzen von Zertifizierungen, Datenschutzsiegeln und -prüfzeichen im Sinne der DSGVO ableiten kann[5].

3 Im **Gesetzgebungsverfahren** wurden hinsichtlich der Durchführung von Zertifizierungen unterschiedliche Ansätze verfolgt. Während der erste Entwurf der Europäischen Kommission lediglich allgemeine Bezugnahmen auf Zertifizierungen enthielt und keinerlei Aussage zum rechtlichen Charakter der Zertifizierungen und der konkreten Anforderungen an die Zertifizierungsstellen traf[6], wurde sich – in Gleichlauf mit den Art. 40 f. – in der finalen Fassung für einen **ko-regulatorischen Ansatz** entschieden. In der konkreten Ausgestaltung insofern, dass nur von gewissen staatlichen Stellen genehmigte Kriterien für eine Zertifizierung nach Art. 42 herangezogen werden dürfen. Zudem dürfen solche Zertifizierungen ausschließlich von der Aufsichtsbehörde, die für den datenschutzrechtlich Verantwortlichen oder den Auftragsverarbeiter zuständig ist, oder von einer nach den Voraussetzungen des Art. 43 akkreditierten privaten Stelle durch-

---

1 Erwägungsgrund 100.
2 S. auch *Laue/Nink/Kremer*, Kap. 8 Rz. 28.
3 Zur begrifflichen Differenzierung zwischen Zertifizierung und Audit s. *Hornung/Hartl*, ZD 2015, 219 (220).
4 S. ausf. zur alten Rechtslage Plath/*Plath*, 2. Aufl. 2016, § 9a BDSG Rz. 1, 3; s. ferner Gola/*Lepperhoff*, Art. 42 DSGVO Rz. 2.
5 Ähnlich *Laue/Nink/Kremer*, Kap. 8 Rz. 28.
6 S. dazu ausführlich *Krings/Mammen*, RDV 2015, 231 (232 f.).

geführt werden. Im Gegenzug kommen den datenschutzrechtlich Verantwortlichen und Auftragsverarbeitern, die Verarbeitungsvorgänge nach diesen Vorgaben haben zertifizieren lassen, Erleichterungen des Nachweises zugute, dass die Regelungen der DSGVO eingehalten worden sind.

Insgesamt handelt es sich bei den Art. 42 f. um einen gesetzlichen Rahmen bestehend aus Mindestanforderungen an private Zertifizierungsstellen, staatlicher Genehmigungspflicht für Zertifizierungskriterien und Anreizsetzung für die Wirtschaft. Darin spiegelt sich – insbesondere in der Gesamtbetrachtung mit den Art. 40 f. und den über das Gesetz verteilten Nachweiserleichterungen bzgl. der Rechtskonformität – die in der Wissenschaft aufgekommene Forderung wieder, auch[7] im Datenschutzrecht stärker auf ko-regulatorische Ansätze als **Mittel zur Konkretisierung der notwendigerweise allgemein gehaltenen gesetzgeberischen Vorgaben** zu setzen und dadurch eine Verbesserung der regulatorischen Flexibilität und der Rechtssicherheit in einem stark innovationsgetriebenen Umfeld zu erreichen[8]. 4

Zum Verhältnis zwischen Zertifizierungen nach Art. 42 und Verhaltensregeln nach Art. 41 s. Art. 40 DSGVO Rz. 8. 5

II. Anwendung

Adressaten der Regelung sind in erster Linie die Datenschutzaufsichtsbehörden und Zertifizierungsstellen gemäß Art. 43. Die **Datenschutzaufsichtsbehörden** werden berechtigt, Kriterien für Zertifizierungen zu genehmigen (Art. 42 Abs. 5). Der **Europäische Datenschutzausschuss** wird dabei über das Kohärenzverfahren gemäß Art. 63 eingebunden, sofern die Verarbeitungstätigkeit Bezug zu mehreren Mitgliedstaaten hat[9]. Die Beurteilung über den Mehrstaatenbezug erfolgt durch die zuständige Aufsichtsbehörde[10]. Auf Basis dieser genehmigten Kriterien werden sowohl Datenschutzaufsichtsbehörden als auch **Zertifizierungsstellen gemäß Art. 43** berechtigt, Zertifizierungen zu erteilen (Art. 42 Abs. 5) und – falls die Kriterien nicht mehr vorliegen – zu widerrufen (Art. 42 Abs. 7). Bevor allerdings eine Zertifizierung durch eine Stelle gemäß Art. 43 erteilt, verlängert oder widerrufen werden darf, ist die zuständige Aufsichtsbehörde über die Gründe zu unterrichten (Art. 43 Abs. 1 Satz 1, Abs. 5). Dadurch soll sichergestellt werden, dass die Aufsichtsbehörde auch tatsächlich im Bedarfsfall insbesondere von ihren Weisungs- und Widerrufsrechten nach Art. 58 Abs. 2 Buchst. h Gebrauch machen kann. Eine Zertifizierungserteilung gänzlich ohne Beteiligung der zuständigen Aufsichtsbehörde ist damit aus- 6

---

7 Wie etwa in den Bereichen Produktsicherheit oder Jugendmedienschutz.
8 S. etwa *Spindler/Thorun*, S. 60 ff.; *von Braunmühl*, PinG 2015, 231.
9 Gola/*Lepperhoff*, Art. 42 DSGVO Rz. 24.
10 Gola/*Lepperhoff*, Art. 42 DSGVO Rz. 24.

geschlossen, was durchaus als sinnvolles Mittel zur Verbesserung der Glaubwürdigkeit entsprechender Zertifizierungen gesehen werden kann[11].

7 Als **Zertifizierungsgegenstand** werden ausschließlich Verarbeitungsvorgänge von Verantwortlichen und Auftragsverarbeitern genannt (Art. 42 Abs. 1). Das ist insofern auffällig, als dass der Markt ein Interesse daran haben dürfte, ein gesamtes Produkt und nicht lediglich gewisse Teilprozesse zertifizieren zu lassen, um sich dadurch von anderen Marktteilnehmern abheben zu können[12]. Zudem wird in den Erwägungsgründen davon gesprochen, dass u.a. eine bessere datenschutzrechtliche Einschätzungsmöglichkeit von Produkten und Dienstleistungen durch Betroffene angestrebt wird[13], was nur dann umfassend möglich ist, wenn für sämtliche Datenverarbeitungsprozesse eines Produktes der Nachweis der Rechtskonformität vorliegt. Vor dem Hintergrund, dass die Zertifizierung i.S.d. Art. 42 jedoch in erster Linie dem Nachweis dienen soll, dass die Regelungen der DSGVO eingehalten werden (s. Rz. 14), ist die Festlegung auf Verarbeitungsvorgänge nachvollziehbar. Denn Anknüpfungspunkt für einen möglichen Rechtsverstoß kann nur der jeweils betroffene Verarbeitungsvorgang sein, nicht ein gesamtes Produkt. Einem Verantwortlichen oder Auftragsverarbeiter bleibt dabei unbenommen, sämtliche in Zusammenhang mit einem Produkt stehenden Verarbeitungsvorgänge zertifizieren zu lassen[14] und dies entsprechend zu bewerben. Möglich ist aber auch, dass lediglich datenschutzrechtlich kritische Teilprozesse, für die jeweils der Nachweis der Rechtskonformität benötigt wird, zertifiziert werden. Dadurch kann einerseits – auch mit einer gewissen Außenwirkung – je nach Bedarf Rechtssicherheit geschaffen werden ohne notwendigerweise jeden einzelnen, ggf. zweifelsfrei datenschutzrechtlich unkritischen Verarbeitungsvorgang einer kostenverursachenden Zertifizierung zu unterziehen. Verantwortlichen und Auftragsverarbeitern verbleibt mit der konkreten Ausgestaltung somit die Möglichkeit, den jeweiligen Grad an Rechtssicherheit und besserer Vermarktbarkeit eines Produktes oder einer Dienstleistung selbst zu wählen[15].

8 Aus dem Umstand, dass Zertifizierungen dem Zweck dienen sollen, die Rechtskonformität mit der DSGVO nachzuweisen, ergibt sich ferner, dass das durch die DSGVO normierte Recht den **Maßstab für die Zertifizierungskriterien** bildet. Überobligatorisches kann daher von den vorbenannten Stellen im Rahmen

---

11 In diese Richtung: *Krings/Mammen*, RDV 2015, 231 (232 ff.).
12 In diese Richtung auch *Laue/Nink/Kremer*, Kap. 8 Rz. 29, mit Beispielen für bestehende Produktzertifizierungen.
13 Erwägungsgrund 100; s. auch Gola/*Lepperhoff*, Art. 42 DSGVO Rz. 9.
14 Gola/*Lepperhoff*, Art. 42 DSGVO Rz. 19.
15 Anders *Laue/Nink/Kremer*, Kap. 8 Rz. 29, die in der konkreten Ausgestaltung eher beschränkte Vermarktbarkeitsmöglichkeiten für Unternehmen sehen; kritisch noch zum Entwurf des Europäischen Parlaments *Hornung/Hartl*, ZD 2014, 219 (224), die sich für die ausdrückliche Möglichkeit der Produktzertifizierung aussprechen.

der Genehmigung von Kriterien und Standards nicht eingefordert werden[16]. Hinzu kommt, dass ausdrücklich den **besonderen Bedürfnissen von Kleinstunternehmen sowie kleinen und mittleren Unternehmen** Rechnung getragen werden soll (Art. 42 Abs. 1 Satz 2). Daraus ist wiederum abzuleiten, dass die auf Basis dieser Kriterien durchzuführenden Zertifizierungsverfahren so ressourcenschonend auszugestalten sind, dass auch die genannten Unternehmen ohne weiteres eine Zertifizierung ihrer Verarbeitungsvorgänge durchführen lassen können[17]. Entsprechende Maßstäbe gelten für technische Standards für Zertifizierungsverfahren und Datenschutzsiegel und -prüfzeichen, die ggf. zukünftig gemäß Art. 43 Abs. 9 durch die Europäische Kommission festgelegt werden.

Eine ausdrückliche Regelung, wer die zu genehmigenden Zertifizierungskriterien **ausarbeiten und vorlegen** kann, liegt – im Gegensatz zu den Bestimmungen zu Verhaltensregeln (Art. 40 Abs. 2 Satz 1, Abs. 5; Art. 40 DSGVO Rz. 10) – nicht vor. Ob diesbezüglich eine untergesetzliche Konkretisierung erfolgt, bleibt abzuwarten. Da das Gesetz aber ausdrücklich von einer Genehmigung spricht, kann wohl davon ausgegangen werden, dass auch andere Akteure als die berechtigten öffentlichen Stellen befugt sind, Kriterien auszuarbeiten und zur Genehmigung vorzulegen. Mithin sollten etwa Vertreter der Wirtschaft und einschlägige Normungsgremien entsprechend vorgehen können. 9

Zum Zwecke der **Transparenz** sind sämtliche Zertifizierungsanforderungen und -kriterien von der Aufsichtsbehörde **in geeigneter Form zu veröffentlichen** (Art. 43 Abs. 6 Satz 1) sowie sämtliche Zertifizierungsverfahren, Datenschutzsiegel und -prüfzeichen vom Europäischen Datenschutzausschuss in ein **Register** aufzunehmen und ebenfalls in geeigneter Weise zu veröffentlichen (Art. 42 Abs. 8; Art. 43 Abs. 6). 10

Unterwirft ein Verantwortlicher oder Auftragsverarbeiter einen oder mehrere seiner Verarbeitungsvorgänge einer Zertifizierung, ist er zur **Mitwirkung** verpflichtet, indem er sämtliche für die Durchführung des Zertifizierungsverfahrens erforderlichen Informationen zur Verfügung zu stellen und erforderlichen Zugang zu seinen Verarbeitungstätigkeiten zu gewähren hat (Art. 42 Abs. 6). 11

Eine Zertifizierung kann einem Verantwortlichen oder Auftragsverarbeiter für eine **Höchstdauer** von drei Jahren erteilt werden. Es besteht aber die Möglichkeit der Verlängerung, solange die einschlägigen Kriterien weiterhin erfüllt werden (Art. 42 Abs. 7). Diese Begrenzung ist vor dem Hintergrund der konstanten technologischen Weiterentwicklungen und den damit verbundenen notwendigen Anpassungen von Zertifizierungskriterien und -verfahren zu sehen, dem mit Abs. 7 Rechnung getragen werden soll[18]. 12

---

16 S. dazu auch *Laue/Nink/Kremer*, Kap. 8 Rz. 30; *Hornung/Hartl*, ZD 2014, 219 (223 f.); *Gola/Lepperhoff*, Art. 42 DSGVO Rz. 26.
17 *Laue/Nink/Kremer*, Kap. 8 Rz. 28; *Gola/Lepperhoff*, Art. 42 DSGVO Rz. 12.
18 *Krings/Mammen*, RDV 2015, 231 (233).

III. Zertifizierungsfolgen

13 Auch wenn Art. 42 Abs. 2 klarstellt, dass die Verantwortung zur Einhaltung der datenschutzrechtlichen Bestimmungen unberührt bleibt, sieht das Gesetz doch einige **Anreize** für Verantwortliche und Auftragsverarbeiter vor, die Verarbeitungen auf Basis von zertifizierten Prozessen durchführen. Diese sind **Erleichterungen des Nachweises**, dass bestimmte Anforderungen der DSGVO eingehalten wurden[19].

14 So regelt das Gesetz an mehreren Stellen, dass eine Zertifizierung als **Faktor/Gesichtspunkt zum Nachweis** der Erfüllung der Pflichten nach der DSGVO herangezogen werden kann; so etwa allgemein für den Nachweis der Pflichten des für die Verarbeitung **Verantwortlichen** (Art. 24 Abs. 3). **Auftragsverarbeitern** wird über das Mittel der Zertifizierung die Möglichkeit gegeben, hinreichende Garantien dafür zu bieten, dass die betreffenden technischen und organisatorischen Maßnahmen so durchgeführt werden, dass die Verarbeitung im Einklang mit den Anforderungen der DSGVO erfolgt und den Schutz der Rechte der betroffenen Person gewährleistet (Art. 28 Abs. 5 i.V.m. Abs. 1 bzw. beim Einsatz von Subauftragsverarbeitern Abs. 4). Zudem sind Nachweiserleichterungen für Maßnahmen zum **Datenschutz durch Technik und durch datenschutzfreundliche Voreinstellungen** (Art. 25 Abs. 3) sowie zur Sicherheit der Verarbeitung vorgesehen (Art. 32 Abs. 3). Schließlich legt Art. 42 Abs. 2 fest, dass Zertifizierungen als Nachweis für geeignete Garantien im Rahmen der Übermittlung personenbezogener Daten an **Drittländer oder internationale Organisationen** nach Maßgabe von Art. 46 Abs. 2 Buchst. f vorgesehen werden können.

15 Die **inhaltliche Reichweite der Nachweiserleichterungen** ist ausschließlich auf das in der DSGVO normierte Recht beschränkt, da die Zertifikatserteilung auf den zuvor genehmigten Kriterien beruht, deren Maßstab das in der DSGVO normierte Recht ist (Rz. 8). Soweit und sofern daher ein Mitgliedstaat von Öffnungsklauseln Gebrauch macht und national strengere Vorschriften schafft, kann ein Zertifikat i.S.v. Art. 42 insoweit keine Erleichterung beim Nachweis der Rechtskonformität sein. Im Sinne der Rechtssicherheit und der praktischen Nutzbarkeit von Zertifikaten ist daher zu hoffen, dass die Mitgliedstaaten zurückhaltend von Öffnungsklauseln zur Schaffung strengerer Vorschriften Gebrauch machen.

16 Die Zertifizierung führt zu einer faktischen **Selbstbindung der Verwaltung**[20]. Da die zuständige Aufsichtsbehörde nach Art. 43 Abs. 1 Satz 1, Abs. 5 in jedem Fall einzubinden ist (s. Rz. 6), gilt dies sowohl für Zertifizierungen, die von einer

---

19 S. zu den Anreizen auch *Hornung/Hartl*, ZD 2014, 219 (224), die darüber hinaus eine Privilegierung im Rahmen aufsichtsbehördlicher Maßnahmen sowie eine Berücksichtigung bei der Haftung gegenüber Betroffenen als denkbar erachtet hätten.
20 *Krings/Mammen*, RDV 2015, 231 (233).

zuständigen Aufsichtsbehörde selbst erteilt bzw. verlängert wurden, als auch für solche, bei denen dies durch eine private Stelle nach Art. 43 erfolgte.

Zudem hat die zuständige Aufsichtsbehörde nach Art. 83 Abs. 2 Buchst. j auch bei der **Bemessung von Bußgeldern** die Einhaltung von genehmigten Zertifizierungsverfahren nach Art. 42 als begünstigenden Umstand zu berücksichtigen (s. auch Kommentierung zu Art. 40 DSGVO Rz. 21). 17

Artikel 43 Zertifizierungsstellen

(1) Unbeschadet der Aufgaben und Befugnisse der zuständigen Aufsichtsbehörde gemäß den Artikeln 57 und 58 erteilen oder verlängern Zertifizierungsstellen, die über das geeignete Fachwissen hinsichtlich des Datenschutzes verfügen, nach Unterrichtung der Aufsichtsbehörde – damit diese erforderlichenfalls von ihren Befugnissen gemäß Artikel 58 Absatz 2 Buchstabe h Gebrauch machen kann – die Zertifizierung. Die Mitgliedstaaten stellen sicher, dass diese Zertifizierungsstellen von einer oder beiden der folgenden Stellen akkreditiert werden:

a) der gemäß Artikel 55 oder 56 zuständigen Aufsichtsbehörde;

b) der nationalen Akkreditierungsstelle, die gemäß der Verordnung (EG) Nr. 765/2008 des Europäischen Parlaments und des Rates im Einklang mit EN-ISO/IEC 17065/2012 und mit den zusätzlichen von der gemäß Artikel 55 oder 56 zuständigen Aufsichtsbehörde festgelegten Anforderungen benannt wurde.

(2) Zertifizierungsstellen nach Absatz 1 dürfen nur dann gemäß Absatz 1 akkreditiert werden, wenn sie

a) ihre Unabhängigkeit und ihr Fachwissen hinsichtlich des Gegenstands der Zertifizierung zur Zufriedenheit der zuständigen Aufsichtsbehörde nachgewiesen haben;

b) sich verpflichtet haben, die Kriterien nach Artikel 42 Absatz 5, die von der gemäß Artikel 55 oder 56 zuständigen Aufsichtsbehörde oder – gemäß Artikel 63 – von dem Ausschuss genehmigt wurden, einzuhalten;

c) Verfahren für die Erteilung, die regelmäßige Überprüfung und den Widerruf der Datenschutzzertifizierung sowie der Datenschutzsiegel und -prüfzeichen festgelegt haben;

d) Verfahren und Strukturen festgelegt haben, mit denen sie Beschwerden über Verletzungen der Zertifizierung oder die Art und Weise, in der die Zertifizierung von dem Verantwortlichen oder dem Auftragsverarbeiter umgesetzt wird oder wurde, nachgehen und diese Verfahren und Strukturen für betroffene Personen und die Öffentlichkeit transparent machen, und

e) zur Zufriedenheit der zuständigen Aufsichtsbehörde nachgewiesen haben, dass ihre Aufgaben und Pflichten nicht zu einem Interessenkonflikt führen.

(3) Die Akkreditierung von Zertifizierungsstellen nach den Absätzen 1 und 2 erfolgt anhand der Anforderungen, die von der gemäß Artikel 55 oder 56 zuständigen Aufsichtsbehörde oder – gemäß Artikel 63 – von dem Ausschuss genehmigt wurden. Im Fall einer Akkreditierung nach Absatz 1 Buchstabe b des vorliegenden Artikels ergänzen diese Anforderungen diejenigen, die in der Verordnung (EG) Nr. 765/2008 und in den technischen Vorschriften, in denen die Methoden und Verfahren der Zertifizierungsstellen beschrieben werden, vorgesehen sind.

(4) Die Zertifizierungsstellen nach Absatz 1 sind unbeschadet der Verantwortung, die der Verantwortliche oder der Auftragsverarbeiter für die Einhaltung dieser Verordnung hat, für die angemessene Bewertung, die der Zertifizierung oder dem Widerruf einer Zertifizierung zugrunde liegt, verantwortlich. Die Akkreditierung wird für eine Höchstdauer von fünf Jahren erteilt und kann unter denselben Bedingungen verlängert werden, sofern die Zertifizierungsstelle die Anforderungen dieses Artikels erfüllt.

(5) Die Zertifizierungsstellen nach Absatz 1 teilen den zuständigen Aufsichtsbehörden die Gründe für die Erteilung oder den Widerruf der beantragten Zertifizierung mit.

(6) Die Anforderungen nach Absatz 3 des vorliegenden Artikels und die Kriterien nach Artikel 42 Absatz 5 werden von der Aufsichtsbehörde in leicht zugänglicher Form veröffentlicht. Die Aufsichtsbehörden übermitteln diese Anforderungen und Kriterien auch dem Ausschuss.

(7) Unbeschadet des Kapitels VIII widerruft die zuständige Aufsichtsbehörde oder die nationale Akkreditierungsstelle die Akkreditierung einer Zertifizierungsstelle nach Absatz 1, wenn die Voraussetzungen für die Akkreditierung nicht oder nicht mehr erfüllt sind oder wenn eine Zertifizierungsstelle Maßnahmen ergreift, die nicht mit dieser Verordnung vereinbar sind.

(8) Der Kommission wird die Befugnis übertragen, gemäß Artikel 92 delegierte Rechtsakte zu erlassen, um die Anforderungen festzulegen, die für die in Artikel 42 Absatz 1 genannten datenschutzspezifischen Zertifizierungsverfahren zu berücksichtigen sind.

(9) Die Kommission kann Durchführungsrechtsakte erlassen, mit denen technische Standards für Zertifizierungsverfahren und Datenschutzsiegel und -prüfzeichen sowie Mechanismen zur Förderung und Anerkennung dieser Zertifizierungsverfahren und Datenschutzsiegel und -prüfzeichen festgelegt werden. Diese Durchführungsrechtsakte werden gemäß dem in Artikel 93 Absatz 2 genannten Prüfverfahren erlassen.

| I. Einführung . . . . 1 | II. Anwendungsvoraussetzungen . . 2 |

Zertifizierungsstellen | Art. 43 DSGVO

Schrifttum: *Hornung/Hartl*, Datenschutz durch Marktanreize – auch in Europa?, ZD 2014, 219; *Krings/Mammen*, Zertifizierungen und Verhaltensregeln – Bausteine eines modernen Datenschutzes für die Industrie 4.0, RDV 2015, 231; *Laue/Nink/Kremer*, Das neue Datenschutzrecht in der betrieblichen Praxis, 2016.

I. Einführung

Zertifizierungen i.S.v. Art. 42 können sowohl von der zuständigen Aufsichtsbehörde als auch von privaten Stellen erteilt, verlängert und widerrufen werden (ausführlich s. Kommentierung zu Art. 42 DSGVO Rz. 6). Art. 43 normiert im Wesentlichen die **Rahmenbedingungen** für die Anforderungen, die seitens des Gesetzgebers an die privaten Stellen gestellt werden. Die Norm ist vor dem Hintergrund des **ko-regulatorischen Ansatzes** der Art. 40 ff. zu sehen, wonach Konkretisierungen und Umsetzungen der DSGVO zwar auch privaten Stellen ermöglicht werden, der Gesetzgeber aber im Gegenzug dafür die Einhaltung gewisser Mindestanforderungen verlangt; insbesondere hinsichtlich der **Unabhängigkeit** und des für die Aufgabe erforderlichen **Fachwissens**. Der Nachweis über die Einhaltung erfolgt im Rahmen des in Art. 43 festgelegten **Akkreditierungsverfahrens**. Dadurch befreit der Gesetzgeber Zertifizierungen nach Art. 42, die durch private Stellen durchgeführt werden, von dem Verdacht reiner Gefälligkeitsprüfungen und schafft einen gesetzlichen Rahmen, der durchaus als geeignetes Mittel zur Vertrauensbildung gesehen werden kann[1]. 1

II. Anwendungsvoraussetzungen

Nach Art. 43 Abs. 1 ist es den Mitgliedstaaten vorbehalten, die konkrete **Zuständigkeit für die Akkreditierung** von privaten Zertifizierungsstellen zu regeln. Nach dem Gesetz ist die Kompetenzzuweisung an die zuständige Aufsichtsbehörde (Abs. 1 Buchst. a) und/oder die nationale Akkreditierungsstelle (Abs. 1 Buchst. b) möglich, die gemäß Verordnung (EG) Nr. 765/2008[2] im Einklang mit EN-ISO/IEC 17065/2012[3] und mit den zusätzlichen Anforderungen der zuständigen Aufsichtsbehörde benannt wurde. In Deutschland erfolgt die Zuständigkeitsregelung über § 39 BDSG (auf die entsprechende Kommentierung wird verwiesen). 2

---

1 *Laue/Nink/Kremer*, Kap. 8 Rz. 37; s. ferner: *Krings/Mammen*, RDV 2015, 231 (233); *Hornung/Hartl*, ZD 2014, 219 (221).
2 Verordnung (EG) Nr. 765/2008 des Europäischen Parlaments und des Rates v. 9.7.2008 über die Vorschriften für die Akkreditierung und Marktüberwachung im Zusammenhang mit der Vermarktung von Produkten und zur Aufhebung der Verordnung (EWG) Nr. 339/93 des Rates, ABl. Nr. L 218/30.
3 ISO/IEC 17065/2012 – Conformity assessment – Requirements for bodies certifying product, processes and services.

3   Mit der Möglichkeit der nationalen Gesetzgeber, die Akkreditierungsverantwortung für Zertifizierungsstellen zumindest auch den nationalen Akkreditierungsstellen gemäß Verordnung (EG) Nr. 765/2008 zuzuweisen, **unterscheiden sich das Akkreditierungsverfahren und die -anforderungen nach Art. 43 von denen der Akkreditierung von privaten Kontrollstellen nach Art. 41** für Verhaltensregeln nach Art. 40. Für Letztere ist nach dem klaren Wortlaut des Art. 41 Abs. 1 ausschließlich die Datenschutzaufsicht ohne Beteiligung anderer Stellen zuständig. Aufgrund der ausdrücklichen Nennung in Art. 43 Abs. 1 Buchst. b und der Nichtnennung in Art. 41 ist ein Redaktionsversehen auszuschließen. Der Gesetzgeber wollte somit ausdrücklich spezialgesetzlich unterschiedliche Zuständigkeiten und Anforderungen für private Kontrollstellen nach Art. 41 und private Zertifizierungsstellen nach Art. 43 aufstellen.

Die Akkreditierung einer privaten Stelle durch die zuständige Akkreditierungsstelle kann nur dann erfolgen, wenn die private Stelle insbesondere ihre **Unabhängigkeit** und ihr **Fachwissen** hinsichtlich des Gegenstands der Zertifizierung nachgewiesen (Art. 43 Abs. 2 Buchst. a) und sich verpflichtet hat, die von der zuständigen Aufsichtsbehörde oder dem Europäischen Datenschutzausschuss genehmigten Zertifizierungskriterien einzuhalten (Art. 43 Abs. 2 Buchst. b; s. Kommentierung zu Art. 42 DSGVO Rz. 2, 6). Zudem ist erforderlich, dass die private Stelle ein Verfahren sowohl für die Erteilung, die regelmäßige Überprüfung und den Widerruf der Datenschutzzertifizierung (Art. 43 Abs. 2 Buchst. c) als auch für ein wirksames und transparentes Beschwerdemanagementsystem festgelegt hat (Art. 43 Abs. 2 Buchst. d). Schließlich darf die Wahrnehmung der Aufgaben einer Zertifizierungsstelle zu keinem Interessenkonflikt führen (Art. 43 Abs. 2 Buchst. e).

4   Die in Art. 43 Abs. 2 festgelegten Anforderungen an die Zertifizierungsstellen sind dabei – ebenso wie die in Art. 42 festgelegten Anforderungen an die Zertifizierung (s. Kommentierung zu Art. 42 DSGVO Rz. 1) – als Rahmenbedingungen zu verstehen. Nach Art. 43 Abs. 3 soll eine weitere **Konkretisierung der Akkreditierungsanforderungen** durch die zuständige Aufsichtsbehörde oder den Europäischen Datenschutzausschuss erfolgen. Diese Anforderungen sind nach Genehmigung zum Zwecke der Transparenz in leicht zugänglicher Form zu veröffentlichen (Art. 43 Abs. 6 Satz 1) sowie seitens der Aufsichtsbehörden an den Europäischen Datenschutzausschuss zu übermitteln (Art. 43 Abs. 6 Satz 2).

5   Auch wenn sich die genaue Ausgestaltung der weiteren Konkretisierung der Akkreditierungsanforderungen nicht vorhersagen lässt, lassen sich jedoch aus der in Art. 43 Abs. 1 Satz 2 Buchst. b angesprochenen Norm EN-ISO/IEC 17065/2012 sowie aus anderen europäischen Initiativen Hinweise ableiten. So verlangen die „**EU Principles for Better Self- And Co-Regulation**"[4] z.B., dass ein Ver-

---

4 Abrufbar unter: https://ec.europa.eu/digital-agenda/sites/digital-agenda/files/CoP%20-%20Principles%20for%20better%20self-%20and%20co-regulation.pdf (zuletzt abgerufen am 23.4.2018).

fahren zum Umgang mit Beschwerden von Dritten die Involvierung eines unabhängigen Entscheidungsgremiums erforderlich macht.

Sobald akkreditiert, sind die privaten Stellen berechtigt, **Zertifizierungen** auf Basis der nach Art. 42 festgelegten Kriterien und Verfahren zu **erteilen** (Art. 42 Abs. 5 Satz 1; s. Kommentierung zu Art. 42 DSGVO Rz. 6), zu **verlängern** (Art. 42 Abs. 7 Satz 1) und zu **widerrufen** (Art. 42 Abs. 7 Satz 2). In jedem Fall ist die zuständige Aufsichtsbehörde über die Gründe zu unterrichten (Art. 43 Abs. 1 Satz 1, Abs. 5; s. ausführlich die Kommentierung zu Art. 42 DSGVO Rz. 6). 6

Die Akkreditierung wird für eine **Höchstdauer** von fünf Jahren erteilt und kann unter denselben Bedingungen verlängert werden, solange die Zertifizierungsstelle die Anforderungen erfüllt (Art. 43 Abs. 4 Satz 2). 7

Kapitel V
Übermittlung personenbezogener Daten an Drittländer oder an internationale Organisationen

Artikel 44 Allgemeine Grundsätze der Datenübermittlung

Jedwede Übermittlung personenbezogener Daten, die bereits verarbeitet werden oder nach ihrer Übermittlung an ein Drittland oder eine internationale Organisation verarbeitet werden sollen, ist nur zulässig, wenn der Verantwortliche und der Auftragsverarbeiter die in diesem Kapitel niedergelegten Bedingungen einhalten und auch die sonstigen Bestimmungen dieser Verordnung eingehalten werden; dies gilt auch für die etwaige Weiterübermittlung personenbezogener Daten aus dem betreffenden Drittland oder der betreffenden internationalen Organisation an ein anderes Drittland oder eine andere internationale Organisation. Alle Bestimmungen dieses Kapitels sind anzuwenden, um sicherzustellen, dass das durch diese Verordnung gewährleistete Schutzniveau für natürliche Personen nicht untergraben wird.

I. Einführung 1	III. Rechtsschutz, Haftung und
II. Einzelfragen 9	Sanktionen 14

Schrifttum: *Albrecht*, Das neue EU-Datenschutzrecht – von der Richtlinie zur Verordnung, CR 2016, 88; *Beucher/Räther/Stock*, Non-Performing Loans: datenschutzrechtliche Aspekte der Veräußerung von risikobehafteten Krediten, AG 2006, 277; *Feige*, Personaldaten(über)fluss – Konzerne als illegale Datensammler? Datenübermittlungen in Konzern- und Matrixstrukturen innerhalb Europas, ZD 2015, 116; *Jandt*, Grenzenloser Mobile Commerce, DuD 2009, 664; *Hilber*, Die datenschutzrechtliche Zulässigkeit intranet-ba-

Art. 44 DSGVO | Allgemeine Grundsätze der Datenübermittlung

sierter Datenbanken internationaler Konzerne, RDV 2005, 143; *Pohle/Ammann*, Über den Wolken ... – Chancen und Risiken des Cloud Computing, CR 2009, 273; *Schmidl*, Datenschutzrechtliche Anforderungen an inneuropäische Personaldatenübermittlungen in Matrixorganisationen, DuD 2009, 364; *Schulz/Rosenkranz*, Cloud Computing – Bedarfsorientierte Nutzung von IT-Ressourcen, ITRB 2009, 232; *Schulz*, Cloud-Computing in der öffentlichen Verwaltung, MMR 2010, 75; *Spies*, Internationaler Datenschutz: Sedona Conference veröffentlicht ihre „International Principles" zur Kommentierung, ZD-Aktuell 2012, 02701.

I. Einführung

1   Ziel der Art. 44 ff. ist die Gewährleistung des hohen unionsrechtlichen Schutzniveaus für alle innerhalb der Union verarbeiteten und zu verarbeitenden Daten auch in Bezug auf ihre Übermittlung an internationale Organisationen (Art. 4 Nr. 26) und in Staaten außerhalb des Geltungsbereichs der DSGVO. Aus diesem Grund lassen die Vorschriften auch nur minimalen Raum für rechtliche Modifizierungen der Mitgliedstaaten in Art. 49 Abs. 1 Unterabs. 1 Buchst. d i.V.m. Abs. 4 (Bestimmung der eigenen öffentlichen Interessen), Art. 49 Abs. 1 Unterabs. 1 Buchst. g (öffentliche Register) und Art. 49 Abs. 5 (Herausnahme bestimmter Datenkategorien aus den Regelungen der Art. 44 ff.)[1]. Zudem können sie gemäß Art. 85 Abs. 2 Abweichungen auch von den Vorgaben des Kap. V zugunsten von Meinungsäußerungs- und Informationsfreiheit vorsehen[2]. Darüber hinaus besteht aber an verschiedenen Stellen nationaler Einfluss durch die mitgliedstaatlichen Aufsichtsbehörden, beispielsweise im Rahmen von Art. 46 Abs. 3.

2   Art. 44 ff. sind Ausdruck zweier gegenläufiger Interessen: Einerseits gilt es zu verhindern, dass personenbezogene Daten an ausländische Stellen ohne hinreichendes Datenschutzniveau weitergegeben werden; andererseits soll mit Erwägungsgrund 101 der grenzüberschreitende Datenverkehr wegen seiner wirtschaftlichen Bedeutung und dem Ziel, die internationale Zusammenarbeit auszuweiten, nicht über das notwendige Maß hinaus beschränkt werden. Weil mit einer Übermittlung von Daten in Drittstaaten ein „Kontrollverlust" der europäischen und mitgliedstaatlichen Aufsichtsbehörden einhergeht, wird außerdem in Art. 44 Satz 1 Halbs. 2 versucht, für den Fall von Weiterübermittlungen durch den Empfänger vorgreifend die künftige Einhaltung der europäischen Vorgaben auch durch deren Empfänger zu gewährleisten (vgl. Rz. 12 f.) bzw. eine Umgehung der europäischen Vorschriften durch Weiterübermittlungen zu vermeiden.

3   Praktische Bedeutung hat die Übermittlung personenbezogener Daten ins Ausland beispielsweise aufgrund der vermehrten Nutzung von Outsourcing-Dienstleistungen[3], z.B. wenn von Tochtergesellschaften Personaldaten zur zentralen

---
1 Kühling/Buchner/*Schröder*, Art. 44 DSGVO Rz. 25.
2 Kühling/Buchner/*Schröder*, Art. 44 DSGVO Rz. 25.
3 Ausführlich zur bisherigen Rechtslage *Jandt*, DuD 2009, 664.

Datenverwaltung in einer einheitlichen Datenbank bei der ausländischen Muttergesellschaft gespeichert werden sollen[4]. Auch beim Cloud Computing[5] werden systembedingt personenbezogene Daten weltweit verteilt gespeichert und bearbeitet. Der Anwender von Cloud Computing Services hat dabei meist noch nicht einmal konkrete Kenntnis darüber, wo sich seine Daten gerade befinden[6]. Notleidende Kredite werden unter Angabe der persönlichen Daten des Kreditnehmers zur Verwertung ins Ausland verkauft[7]. Schließlich sollen Unternehmen im Rahmen US-amerikanischer Discovery-Verfahren häufig personenbezogene Daten an US-Gerichte übermitteln[8] (s. hierzu Art. 45 DSGVO Rz. 29 ff.).

Art. 44 legt den **Anwendungsbereich** des V. Kapitels fest. Einer besonderen Rechtfertigung nach den Art. 44 ff. bedürfen alle Übermittlungen von Daten, die bereits verarbeitet werden oder nach ihrer Übermittlung in ein Drittland oder an eine internationale Organisation verarbeitet werden sollen. Wie Art. 44 klarstellt, müssen auch die übrigen Vorschriften der Verordnung eingehalten werden; es bleibt also bei einem **zweistufigen Prüfungsverfahren** der Rechtmäßigkeit, wie es auch § 4b BDSG-alt vorgesehen hatte: Neben die allgemeinen Zulässigkeitsvoraussetzungen für Datenverarbeitungen (vgl. Rz. 9 zweiter Spiegelstrich) treten bei Transfers in Drittländer als zweite Stufe die zu erfüllenden Voraussetzungen der Art. 44 ff.[9] 4

Art. 44 stellt hier ein präventives Übermittlungsverbot mit Vorbehalt einer Erlaubnis durch Art. 45 ff. dar[10], deren Anforderungen neben den übrigen Anforderungen der Verordnung eingehalten werden müssen. Erlaubt werden zunächst Übermittlungen in Drittstaaten mit angemessenem Schutzniveau (Art. 45). Liegt ein solches nicht vor, können Daten dennoch übermittelt werden an Empfänger, die geeignete Garantien vorsehen (Art. 46), welche beispielsweise in nach Art. 47 genehmigten verbindlichen internen Datenschutzvorschriften bestehen können. Ergänzend zu den Art. 45 ff. kann nach Art. 48 eine Datenübermittlung aufgrund behördlicher oder gerichtlicher Anordnung auf rechtskräftige internationale Übereinkünfte gestützt werden. Ist hiernach keine Erlaubnis gegeben, kann nur noch eine Ausnahme nach Art. 49 die Datenübermittlung erlauben (vgl. zur Systematik auch Art. 49 DSGVO Rz. 2). 5

---

4 Hierzu *Schmidl*, DuD 2009, 364; *Hilber*, RDV 2005, 143 und *Feige*, ZD 2015, 116.
5 Im Überblick: *Schulz/Rosenkranz*, ITRB 2009, 232; ferner *Schulz*, MMR 2010, 78; *International Working Group on Data Protection in Telecommunications*, Arbeitspapier Cloud Computing – Fragen der Privatsphäre und des Datenschutzes, 675.44.10 (abrufbar unter https://www.datenschutz-berlin.de/pdf/publikationen/working-paper/2012/2012-WP-Sopot_Memorandum-de.pdf – zuletzt besucht: April 2018).
6 Speziell zu den datenschutzrechtlichen Problemen: *Pohle/Ammann*, CR 2009, 277.
7 Zu den datenschutzrechtlichen Fragen: *Beucher/Räther/Stock*, AG 2006, 277.
8 S. hierzu *Spies*, ZD-Aktuell 2012, 02701 sowie ausführlich v. d. Bussche/Voigt/*Spies*, Teil 5 Kapitel 2.
9 *Albrecht/Jotzo*, Teil 6 Rz. 1.
10 Paal/Pauly/*Pauly*, Vorb. Art. 44–50 DSGVO Rz. 1.

6 Diese Systematik ähnelt der bisher in Art. 25 f. EG-Datenschutzrichtlinie (DSRL) vorgesehenen. Die jetzt in Art. 49 geregelten Sonderfälle waren jedoch zuvor den „ausreichenden" (nunmehr in Art. 46 „geeigneten") Garantien systematisch vorangestellt. Die erstgenannte Rechtfertigungsmöglichkeit eines angemessenen Datenschutzniveaus im Drittstaat hatte zuvor – ebenso wie die Ausnahmezulässigkeit – die übermittelnde Stelle im Grundsatz selbst zu beurteilen[11], wohingegen nun allein Kommissionsbeschlüsse verbindlich hierüber entscheiden (vgl. Kommentierung zu Art. 45 DSGVO)[12]. Diese stellten bislang nur eine zusätzliche Möglichkeit dar. Die Entscheidung über die Zulässigkeit einer Übermittlung wegen des Vorliegens ausreichender Garantien hatte nach Art. 26 Abs. 2 DSRL (§ 4c Abs. 2 BDSG-alt) die Aufsichtsbehörde zu treffen, während nach Art. 46 nunmehr bei Bestehen geeigneter Garantien keine aufsichtsbehördliche Genehmigung von Datenübermittlungen mehr notwendig ist. Allerdings besteht für die Garantien selbst i.d.R. ein Vorabgenehmigungsverfahren. Die Verordnung legt insgesamt detailliertere Vorgaben fest, als dies noch unter Kapitel IV der EG-Datenschutzrichtlinie der Fall war. Zweck der Reformen ist es, die Anwendung der Vorschriften durch die nationalen Aufsichtsbehörden zu vereinheitlichen[13]. Die praktischen Auswirkungen der Änderungen dürften freilich gering sein, da sich die Stellen auch bislang vor allem auf diejenigen Instrumente verlassen hatten, die abstrakt – also für jede Datenübermittlung – ein angemessenes Schutzniveau sicherstellen. Gemeint sind vor allem Kommissionsentscheidungen zur Angemessenheit des Datenschutzniveaus, Standardvertragsklauseln und verbindliche Unternehmensregelungen.

7 Es bleibt festzuhalten, dass insbesondere über die Regelungen in Kapitel V das europäische Datenschutzrecht und dessen zugrundeliegende Konzeption ganz erhebliche Auswirkungen auch außerhalb der EU entfalten. Diese Form des Rechtsexports ist gewollt. Das europäische Datenschutzrecht entwickelt sich so zunehmend zu einer Art Industriestandard zumindest in den Hochtechnologieländern, zumal außerhalb der EU das Datenschutzrecht meist nur fragmentarisch und einzelfallbezogen geregelt ist, also keine gewachsene, kontinuierliche Datenschutzkonzeption dem EU-Datenschutzrecht entgegensteht. Es wird deshalb auch teilweise als „Wirtschaftspolitischer Gegenangriff", insbesondere gerichtet an die global agierenden Konzerne des Silicon Valley, kritisiert.

8 Bezüglich der für den Art. 44 maßgeblichen Erwägungen ist auf die Erwägungsgründe 101–102 zu verweisen.

---

11 §§ 4b Abs. 5, 4c Abs. 1 BDSG-alt – offener formuliert in Art. 25 Abs. 1 und 2, 26 Abs. 1.
12 An dieser Stelle sei darauf hingewiesen, dass die Regelungen des Art. 25 Abs. 1 und 2 DSRL in § 4b Abs. 2 und 3 BDSG-alt unzureichend übernommen worden waren, indem das angemessene Datenschutzniveau hier nicht auf ein Drittland, sondern eine konkrete Stelle bezogen worden war. Eine Europarechtskonformität wurde hier aber durch entsprechende Auslegung erreicht (vgl. eingehend Plath/von dem Bussche, 2. Aufl. 2016, § 4b BDSG Rz. 23 ff.).
13 Vgl. Albrecht/Jotzo, Teil 6 Rz. 3.

II. Einzelfragen

Was eine **Übermittlung** von Daten i.S.d. Vorschrift ist, bestimmt die DSGVO ebensowenig, wie es die EG-Datenschutzrichtlinie tat. Deshalb ist insbesondere die Übertragbarkeit der EuGH-Rechtsprechung auf die neue Rechtslage in zwei Punkten fraglich: 9

- Liegt eine Übermittlung in ein Drittland vor, wenn personenbezogene Daten auf einer Website veröffentlicht werden, die auf einem Server im Binnenraum der EU gehostet wird, aber Personen aus Drittländern diese abrufen (können)?

Der EuGH sah hierin keine Datenübermittlung an Drittländer, da zwischen der veröffentlichenden Person und den Abrufenden nicht unmittelbar Daten ausgetauscht werden, sondern lediglich jeweils mit dem Host-Service-Provider[14]. Der Gerichtshof begründete dies aber u.a. damit, dass bei Erlass der Richtlinie das Internet noch nicht so weit entwickelt war, dass der Gemeinschaftsgesetzgeber diesen Fall hätte erfassen wollen[15]. Dieses Argument greift in Bezug auf den Verordnungsgeber nicht; insbesondere nach diesem Urteil war die Konstellation inkl. ihrer Problematik bekannt. Leider geht der EuGH nicht ausdrücklich auf den Hinweis der niederländischen Regierung[16] ein, demzufolge ein Bewusstsein des Veröffentlichenden über die Übermittlung in einen Drittstaat nötig sein soll. Allerdings ist nicht auszuschließen, dass er diese vorangestellte Erklärung dennoch in seine Entscheidung über die Notwendigkeit eines direkten Kontakts zwischen Absender und Empfänger von Daten hat einfließen lassen. Im Ergebnis spricht vieles dafür, dass eine Übermittlung i.S.v. Kapitel V DSGVO über das bloße Zugänglichmachen hinausgeht und im Ergebnis das Urteil in gleicher Weise ergehen würde.

- Stellt die Übermittlung in einen Drittstaat eine Verarbeitung i.S.v. Art. 4 Nr. 2 („Offenlegung durch Übermittlung/Verbreitung/Bereitstellung") dar[17]?

In Bezug auf die EG-Datenschutzrichtlinie hatte der EuGH dies entschieden[18] und im Vergleich mit dem Wortlaut von Art. 2 Buchst. b DSRL ersetzt lediglich die „Offenlegung" die bisherige „Weitergabe", was keinen eindeutigen Schluss zulässt. Zwar ist nach dem oben Gesagten eine Übermittlung mehr als ein bloßes Zugänglichmachen, aber dies widerspricht keiner Subsumtion unter den Verarbeitungsbegriff. Wie schon in der EG-Datenschutzrichtlinie (Art. 2/Kapitel IV) werden in der englischen Fassung für das Wort „Übermittlung" in den Begriffsbestimmungen (Art. 4 Nr. 2: „transmission") und Kapitel V („transfer") unterschiedliche Begriffe verwendet, was bislang eine Subsumtion unter den Ver-

---

14 EuGH v. 6.11.2003 – C-101/01 Rz. 61, 70 f., CR 2004, 286 = ITRB 2004, 147.
15 EuGH v. 6.11.2003 – C-101/01 Rz. 68, CR 2004, 286 = ITRB 2004, 147.
16 EuGH v. 6.11.2003 – C-101/01 Rz. 54, CR 2004, 286 = ITRB 2004, 147.
17 Vgl. hierzu auch Paal/Pauly/*Pauly*, Vorb. Art. 44-50 DSGVO Rz. 3, 9.
18 EuGH v. 6.10.2015 – C-362/14 Rz. 45.

Art. 44 DSGVO | Allgemeine Grundsätze der Datenübermittlung

arbeitungsbegriff aber ebenfalls nicht hinderte. Für eine veränderte Rechtslage und gegen einen Verarbeitungscharakter von Übermittlungen könnte angeführt werden, dass der Wortlaut des Art. 44 davon ausgeht, übermittelte Daten könnten auch solche sein, die nicht verarbeitet werden. Andererseits würden Übermittlungen an Drittstaaten erheblich privilegiert, wenn sie nicht den Rechtmäßigkeitsanforderungen an Datenverarbeitungen entsprechen müssten. So würde auch verschleiert, auf welche sonstigen Anforderungen der Verordnung Satz 1 Halbs. 1 a.E. Bezug nimmt. Daher muss die Drittlandübermittlung weiterhin eine Verarbeitung i.S.d. Begriffsbestimmungen darstellen.

10 **Drittländer** sind alle Staaten außerhalb des Geltungsbereichs der DSGVO. Im Gegensatz zur EG-Datenschutzrichtlinie werden die EWR-Staaten Island, Norwegen und Liechtenstein auf EU-Ebene (derzeit) wie Drittländer behandelt und nicht mehr den EU-Mitgliedstaaten gleichgestellt[19] – jedenfalls solange sie nicht die Anwendung der DSGVO beschließen[20], wie es in Bezug auf die EG-Datenschutzrichtlinie die Gleichstellung auslösend geschehen war[21]. In Deutschland allerdings sollen sie ebenso wie die Schweiz gemäß § 1 Abs. 6 BDSG nicht als Drittstaaten gelten, was jedoch im Zusammenhang der Art. 44 ff. viele Fragen aufwirft – allen voran nach Regelungskompetenz und -zweck[22]. Denn der deutsche Gesetzgeber maßt sich hier eine Regelung an, die der DSGVO widerspricht. Es bleibt unklar, ob dem deutschen Gesetzgeber dies bewusst war und die Regelung deshalb nur im Anwendungsbereich des BDSG greifen soll, was die Rechtslage sehr verkomplizieren würde. Hiergegen spricht ohnehin ihr Wortlaut, welcher Bezug nimmt auf den Anwendungsbereich der DSGVO (Art. 2). Sollte dem Bundesgesetzgeber dagegen unklar gewesen sein, dass noch ein Anwendungsbeschluss der EWR-Staaten vonnöten ist, wäre zumindest die Erwähnung der Schweiz unerklärlich, die auch schon unter der EG-Datenschutzrichtlinie ein Drittstaat war (allerdings mit angemessenem Datenschutzniveau, s. Art. 45 DSGVO Rz. 16) und zu deren Gleichstellung es eines gänzlich neuen Rechtsaktes bedürfte. Das Ergehen derartiger Beschlüsse kann der deutsche Gesetzgeber nicht durch die Regelung in § 1 Abs. 6 BDSG ersetzen, zumal Drittstaatsübermittlungen einheitlich durch die DSGVO geregelte Materie sind und den Mitgliedstaaten diesbezüglich kein Regelungsspielraum eröffnet wird.

11 Erfasst von den in Rz. 5 genannten Pflichten sind nach dem ausdrücklichen Wortlaut auch des Erwägungsgrundes 101 neben den Verantwortlichen die **Auftragsverarbeiter**. Diese sind nunmehr selbst für die Rechtmäßigkeit von Drittlandübermittlungen verantwortlich. Offen ist, ob Übermittlungen des Verant-

---

19 Anders aber *Piltz*, § 1 BDSG Rz. 54 ff.
20 Der aktuelle Stand ist einsehbar unter http://www.efta.int/eea-lex/32016R0679.
21 Paal/Pauly/*Pauly*, Art. 44 DSGVO Rz. 6; Ehmann/Selmayr/*Zerdick*, Art. 44 DSGVO Rz. 10 (Fn. 21).
22 *Piltz*, § 1 BDSG Rz. 59 ff. stellt diese Problematik konsequent nur in Bezug auf die Schweiz fest.

wortlichen an Auftragsverarbeiter generell privilegiert sind (Art. 46 DSGVO Rz. 40).

Die Übermittlung ist nach Art. 44 Satz 1 Halbs. 2 ferner nur dann rechtmäßig, wenn die Bestimmungen des V. Kapitels auch für etwaige **weitere Transfers** eingehalten werden (Satz 1 Halbs. 2, Erwägungsgrund 101). Eine derartige ausdrückliche und nunmehr klarstellende Regelung existierte nach vorheriger Rechtslage nicht; nach §§ 4b Abs. 5 und 6; 4c Abs. 1 Satz 2 BDSG-alt umfasste der Verantwortungsbereich des Übermittelnden allein seine eigene Übermittlung und es bestand lediglich eine Pflicht, auf den zu bewahrenden Zweck der Datenübermittlung hinzuweisen sowie die Übermittlung zu unterlassen, sollte eine Missbrauchsgefahr erkennbar sein. Von der Vorschrift nunmehr erfasst sind Weiterübermittlungen aus dem Drittland bzw. von der internationalen Organisation in ein (weiteres) Drittland bzw. an eine (weitere) internationale Organisation. Fraglich ist, ob wie in Bezug auf Art. 25, 26 DSRL auch Weiterübermittlungen der verantwortlichen Empfänger in einem Drittland an andere Verantwortliche/Auftragsverarbeiter im selben Drittland erfasst sind[23]. Im Hinblick auf den Zweck des V. Kapitels, eine unkontrollierte Weiterverbreitung der unter dem Schutz der DSGVO stehenden Daten zu verhindern, ist dies anzunehmen.

Die praktische Bedeutung dieser Regelung ist etwas unklar. Sie wird zum einen so verstanden werden müssen, dass sie die übermittelnde Stelle adressiert und diese dazu anhält, etwa durch vertragliche Vereinbarungen dafür zu sorgen, dass der Empfänger die Daten nicht ohne Einhaltung der Vorschriften des V. Kapitels an Dritte transferiert. Zum anderen könnte sie dem Wortlaut nach auch so verstanden werden, dass eine spätere Weitergabe unter Missachtung der DSGVO die Rechtmäßigkeit der (ursprünglichen) Übermittlung berührt. Das Risiko eines vertragswidrigen Verhaltens des Datenempfängers kann dem Verantwortlichen bzw. dem Auftragsverarbeiter indes nicht aufgebürdet werden, jedenfalls sofern dieser im Zeitpunkt der Übermittlung seine Sorgfaltspflichten eingehalten und keinen Vorsatz auf die missbräuchliche Weitergabe hatte[24]. *Pauly* dagegen sieht keine Probleme bei der praktischen Umsetzung der Vorschrift; ihm zufolge haftet der DSGVO-Schutz den jeweils übermittelten Daten untrennbar an[25].

---

[23] So Ehmann/Selmayr/*Zerdick*, Art. 44 DSGVO Rz. 9, nunmehr auch Paal/Pauly/*Pauly*, Art. 44 DSGVO Rz. 13.
[24] In ähnlicher Weise fordert Kühling/Buchner/*Schröder*, Art. 44 DSGVO Rz. 24 eine Haftungsbegrenzung auf das Auswahl- oder Überwachungsverschulden.
[25] Paal/Pauly/*Pauly*, Art. 44 DSGVO Rz. 12; ähnl. Sydow/*Towfigh/Ulrich*, Art. 44 DSGVO Rz. 6.

III. Rechtsschutz, Haftung und Sanktionen

14 Gemäß Art. 82 haften Verantwortlicher und Auftragsverarbeiter für Schäden Betroffener. Ausdruck dessen ist beispielsweise auch die in Art. 28 Abs. 4 Satz 2 normierte Haftung des ersten Auftragsverarbeiters im Fall von Pflichtverletzungen seiner Unterbeauftragten.

15 Nach Art. 58 Abs. 2 Buchst. i i.V.m. Art. 83 Abs. 5 Buchst. c kann durch die Aufsichtsbehörde eine erhebliche Geldbuße verhängt werden, wenn bei Übermittlungen gegen die Vorschriften der Art. 44 ff. verstoßen wird. Hiergegen kann der Verantwortliche wiederum gemäß Art. 78 Abs. 1 den Klageweg beschreiten. § 41 BDSG ist in diesem Zusammenhang zu beachten.

Artikel 45 Datenübermittlung auf der Grundlage eines Angemessenheitsbeschlusses

(1) Eine Übermittlung personenbezogener Daten an ein Drittland oder eine internationale Organisation darf vorgenommen werden, wenn die Kommission beschlossen hat, dass das betreffende Drittland, ein Gebiet oder ein oder mehrere spezifische Sektoren in diesem Drittland oder die betreffende internationale Organisation ein angemessenes Schutzniveau bietet. Eine solche Datenübermittlung bedarf keiner besonderen Genehmigung.

(2) Bei der Prüfung der Angemessenheit des gebotenen Schutzniveaus berücksichtigt die Kommission insbesondere das Folgende:

a) die Rechtsstaatlichkeit, die Achtung der Menschenrechte und Grundfreiheiten, die in dem betreffenden Land bzw. bei der betreffenden internationalen Organisation geltenden einschlägigen Rechtsvorschriften sowohl allgemeiner als auch sektoraler Art – auch in Bezug auf öffentliche Sicherheit, Verteidigung, nationale Sicherheit und Strafrecht sowie Zugang der Behörden zu personenbezogenen Daten – sowie die Anwendung dieser Rechtsvorschriften, Datenschutzvorschriften, Berufsregeln und Sicherheitsvorschriften einschließlich der Vorschriften für die Weiterübermittlung personenbezogener Daten an ein anderes Drittland bzw. eine andere internationale Organisation, die Rechtsprechung sowie wirksame und durchsetzbare Rechte der betroffenen Person und wirksame verwaltungsrechtliche und gerichtliche Rechtsbehelfe für betroffene Personen, deren personenbezogene Daten übermittelt werden,

b) die Existenz und die wirksame Funktionsweise einer oder mehrerer unabhängiger Aufsichtsbehörden in dem betreffenden Drittland oder denen eine internationale Organisation untersteht und die für die Einhaltung und Durchsetzung der Datenschutzvorschriften, einschließlich angemessener Durchsetzungsbefugnisse, für die Unterstützung und Beratung der betroffenen Personen bei der Ausübung ihrer Rechte und für die Zusammenarbeit mit den Aufsichtsbehörden der Mitgliedstaaten zuständig sind, und

c) die von dem betreffenden Drittland bzw. der betreffenden internationalen Organisation eingegangenen internationalen Verpflichtungen oder andere Verpflichtungen, die sich aus rechtsverbindlichen Übereinkünften oder Instrumenten sowie aus der Teilnahme des Drittlands oder der internationalen Organisation an multilateralen oder regionalen Systemen insbesondere in Bezug auf den Schutz personenbezogener Daten ergeben.

(3) Nach der Beurteilung der Angemessenheit des Schutzniveaus kann die Kommission im Wege eines Durchführungsrechtsaktes beschließen, dass ein Drittland, ein Gebiet oder ein oder mehrere spezifische Sektoren in einem Drittland oder eine internationale Organisation ein angemessenes Schutzniveau im Sinne des Absatzes 2 des vorliegenden Artikels bieten. In dem Durchführungsrechtsakt ist ein Mechanismus für eine regelmäßige Überprüfung, die mindestens alle vier Jahre erfolgt, vorzusehen, bei der allen maßgeblichen Entwicklungen in dem Drittland oder bei der internationalen Organisation Rechnung getragen wird. Im Durchführungsrechtsakt werden der territoriale und der sektorale Anwendungsbereich sowie gegebenenfalls die in Absatz 2 Buchstabe b des vorliegenden Artikels genannte Aufsichtsbehörde bzw. genannten Aufsichtsbehörden angegeben. Der Durchführungsrechtsakt wird gemäß dem in Artikel 93 Absatz 2 genannten Prüfverfahren erlassen.

(4) Die Kommission überwacht fortlaufend die Entwicklungen in Drittländern und bei internationalen Organisationen, die die Wirkungsweise der nach Absatz 3 des vorliegenden Artikels erlassenen Beschlüsse und der nach Artikel 25 Absatz 6 der Richtlinie 95/46/EG erlassenen Feststellungen beeinträchtigen könnten.

(5) Die Kommission widerruft, ändert oder setzt die in Absatz 3 des vorliegenden Artikels genannten Beschlüsse im Wege von Durchführungsrechtsakten aus, soweit dies nötig ist und ohne rückwirkende Kraft, soweit entsprechende Informationen – insbesondere im Anschluss an die in Absatz 3 des vorliegenden Artikels genannte Überprüfung – dahingehend vorliegen, dass ein Drittland, ein Gebiet oder ein oder mehrere spezifischer Sektor in einem Drittland oder eine internationale Organisation kein angemessenes Schutzniveau im Sinne des Absatzes 2 des vorliegenden Artikels mehr gewährleistet. Diese Durchführungsrechtsakte werden gemäß dem Prüfverfahren nach Artikel 93 Absatz 2 erlassen.

In hinreichend begründeten Fällen äußerster Dringlichkeit erlässt die Kommission gemäß dem in Artikel 93 Absatz 3 genannten Verfahren sofort geltende Durchführungsrechtsakte.

(6) Die Kommission nimmt Beratungen mit dem betreffenden Drittland bzw. der betreffenden internationalen Organisation auf, um Abhilfe für die

Situation zu schaffen, die zu dem gemäß Absatz 5 erlassenen Beschluss geführt hat.

(7) Übermittlungen personenbezogener Daten an das betreffende Drittland, das Gebiet oder einen oder mehrere spezifische Sektoren in diesem Drittland oder an die betreffende internationale Organisation gemäß den Artikeln 46 bis 49 werden durch einen Beschluss nach Absatz 5 des vorliegenden Artikels nicht berührt.

(8) Die Kommission veröffentlicht im *Amtsblatt der Europäischen Union* und auf ihrer Website eine Liste aller Drittländer beziehungsweise Gebiete und spezifischen Sektoren in einem Drittland und aller internationalen Organisationen, für die sie durch Beschluss festgestellt hat, dass sie ein angemessenes Schutzniveau gewährleisten bzw. nicht mehr gewährleisten.

(9) Von der Kommission auf der Grundlage von Artikel 25 Absatz 6 der Richtlinie 95/46/EG erlassene Feststellungen bleiben so lange in Kraft, bis sie durch einen nach dem Prüfverfahren gemäß den Absätzen 3 oder 5 des vorliegenden Artikels erlassenen Beschluss der Kommission geändert, ersetzt oder aufgehoben werden.

I. Einführung	1	V. Übergangsregelung (Abs. 9; 4)	14
II. Angemessenheitsvoraussetzungen und Prüfungsmaßstab (Abs. 2)	4	1. Bisherige Angemessenheitsbeschlüsse	16
III. Verfahren (Abs. 3; 8)	8	2. Safe Harbor und Privacy Shield im Einzelnen	17
IV. Überprüfung und Überwachung (Abs. 3–7)	10	VI. Rechtsschutz, Haftung und Sanktionen	33

Schrifttum: *Albrecht*, Das neue EU-Datenschutzrecht – von der Richtlinie zur Verordnung, CR 2016, 88; *Blaxell/Grant*, Gegenüberstellung der europäischen und US-amerikanischen Haltung zum Datenschutz, RDV 2014, 142; *Brisch/Laue*, E-Discovery und Datenschutz, RDV 2010, 1; *Lejeune*, Datenaustausch mit den Vereinigten Staaten von Amerika – Was gilt und was nach EU-Datenschutz-GVO und für eine Freihandelszone gelten soll, CR 2013, 822; *Metz/Spittka*, Datenweitergabe im transatlantischen Rechtsraum – Konflikt oder Konsistenz? Eine Betrachtung unter Berücksichtigung der „Microsoft-Entscheidung" und der DS-GVO, ZD 2017, 361; *Neuhöfer*, Kanada – ein transatlantischer Datenschutzpartner, RDV 2013, 83; *Piltz*, Datentransfers nach Safe Harbor: Analyse der Stellungnahmen und mögliche Lösungsansätze, K&R 2016, 1; *Räther/Seitz*, Übermittlung personenbezogener Daten in Drittstaaten – Angemessenheitsklausel, Safe Harbor und die Einwilligung, MMR 2002, 425; *Rehaag/Hoffmann*, Westward Ho! Investigations by US-authorities and the transfer of personal data from Germany to the U.S.A., PinG 2015, 28; Ritchie, Safe Harbor aktuell, PinG 2013, 45; *von Rosen*, Rechtskollision durch grenzüberschreitende Sonderermittlungen, BB 2009, 280; *Seffer*, Deutscher Datenschutz und US-Zivilprozessrecht, ITRB 2002, 66; *Spies/Schröder*, Auswirkungen der elektronischen Beweiserhebung (eDiscovery) auf deutsche Unternehmen, MMR 2008, 275; *Starosta*, Transatlantische Datenübermittlung zur Terrorismusbekämpfung, DuD 2010, 236; *Zekoll/Haas*, Totale Vorbehalte gegen „Document Discovery" – keine Öffnung der Rechtshilfe für US-amerikanische Beweisaufnahmeersuchen, abrufbar unter http://www.zpoblog.de/pre-trial-discovery-document-rechtshilfe-beweisaufnahmeersuchen-haager-beweisuebereinkommen-hbue/.

I. Einführung

Art. 45 ermächtigt die Kommission, das Vorliegen eines angemessenen Datenschutzniveaus in einem Drittland, in einem Gebiet, einem oder mehreren bestimmten Sektoren oder einer internationalen Organisation festzustellen. Auch eine Beschränkung auf bestimmte Datenkategorien ist nach Verständnis der DSK denkbar[1]. In Übereinstimmung mit der Rechtsprechung des EuGH[2] wird in Erwägungsgrund 104 darunter ein Niveau verstanden, das dem europäischen Datenschutzniveau der Sache nach gleichwertig ist. Demnach ist, wie auch bisher unter Geltung der DSRL, nicht notwendig oder gefordert, dass ein identisches Datenschutzrecht gilt[3]. Ergeht ein solcher Angemessenheitsbeschluss, dürfen Daten gemäß Art. 45 Abs. 1 Satz 2 ohne besondere Genehmigung an das entsprechende Ziel übermittelt werden. 1

Das Konzept des „**Angemessenheitsbeschlusses**" entspricht im Grundsatz dem Modell des Art. 25 Abs. 6 DSRL. Der wichtigste Unterschied besteht darin, dass die Entscheidungen nach Art. 45 Abs. 1 nunmehr nicht nur für das gesamte Land, sondern auch lediglich für bestimmte Gebiete oder einzelne Sektoren getroffen werden können. Damit erhält die Kommission bspw. die Möglichkeit, einer variierenden Gesetzgebung in föderalen Staaten Rechnung zu tragen oder die Feststellungen nur für Branchen zu treffen, in denen typischerweise mit weniger sensitiven Daten operiert wird oder in denen Branchenverbände über die Einhaltung bereichsspezifischer Datenschutzvorschriften wachen. Zweck dieser Neuerung ist es auch, der sehr umfassenden rechtlichen Prüfung die Hürden zu nehmen und zu schnellerer Entscheidungsreife zu verhelfen. Geändert hat sich außerdem, dass nicht länger die Verantwortlichen selbst das Schutzniveau bewerten dürfen, sondern allein die Kommission über die Angemessenheit des Datenschutzniveaus in einem Drittland bzw. bei einer internationalen Organisation entscheiden darf, was für eine einheitliche Anwendung der Vorschriften sorgt (vgl. Art. 44 DSGVO Rz. 6). Die bisherige Regelung in § 4b Abs. 2 Satz 2 BDSG-alt hatte in missverständlicher Weise auf das Niveau bei der empfangenden Stelle abgestellt, obwohl die hierdurch umzusetzende Vorschrift des Art. 25 DSRL eindeutig das Drittland im Ganzen in Bezug nahm. Diese Widersprüchlichkeit wird durch die unmittelbare Geltung der DSGVO aufgehoben. Bisher wurde dies über wortlautwidrige Auslegung erreicht (vgl. Art. 44 DSGVO Rz. 6, 2

---

1 DSK-Kurzpapier Nr. 4, 1.
2 EuGH v. 6.10.2015 – C-362/14 Rz. 73, CR 2015, 633 m. Anm. *Härting*.
3 EuGH v. 6.10.2015 – C-362/14 Rz. 73; Paal/Pauly/*Pauly*, Art. 45 DSGVO Rz. 1b; Kühling/Buchner/*Schröder*, Art. 45 DSGVO Rz. 12; zu § 4b BDSG-alt Simitis/*Simitis*, Rz. 52, abstellend auf den „harten Kern" des Datenschutzes.

Fn. 12). Bei ihrer Entscheidung muss sich die Kommission fortan zudem an die normierten Vorgaben halten, während Art. 25 Abs. 5 DSRL Verhandlungen mit dem Drittland vorsah, um ein angemessenes Datenschutzniveau herbeizuführen. Solche sieht Art. 45 Abs. 6 nunmehr nur für den Fall vor, dass ein zunächst für angemessen befundenes Datenschutzniveau später wieder aberkannt wird (s. Rz. 12).

3   Maßgebliche Erwägungsgründe für Art. 45 sind in den Erwägungsgründen 103–107 zu finden.

II. Angemessenheitsvoraussetzungen und Prüfungsmaßstab (Abs. 2)

4   Art. 45 Abs. 2 legt drei Kriterien fest, anhand derer das Vorliegen eines angemessenen Schutzniveaus im Prüfgebiet/-sektor beurteilt werden muss:
- Rechtsstaatlichkeit, Achtung von Menschenrechten und Grundfreiheiten, Existenz und Anwendung angemessener allgemeiner und sektoraler Rechtsvorschriften insbesondere bezogen auf den Schutz personenbezogener Daten, Existenz durchsetzbarer Rechtsbehelfe Betroffener[4] – **Buchst. a** (auch Zugriffsmöglichkeiten staatlicher Stellen auf personenbezogene Daten[5] sowie eine entsprechende Jurisdiktion sind an dieser Stelle zu berücksichtigen)
- Existenz, Unabhängigkeit und angemessene Befugnisse überstellter datenschutzrechtlicher Aufsichtsbehörden – **Buchst. b** (Untersuchungs[6]- und Durchsetzungsbefugnisse, Weisungsfreiheit[7], rechtliche Beratung und Unterstützung betroffener Personen, Zusammenarbeit mit den Aufsichtsbehörden der Mitgliedstaaten)
- eingegangene internationale und andere (insb. datenschutzrechtliche) Verpflichtungen – **Buchst. c** (gemäß Erwägungsgrund 105 soll hier auch eine Teilnahme an multilateralen oder regionalen Systemen berücksichtigt werden, insb. dem Übereinkommen des Europarates vom 28.01.1981 zum Schutz des Menschen bei der automatischen Verarbeitung personenbezogener Daten sowie dem dazugehörigen Zusatzprotokoll[8])

---

4   Insbesondere muss Zugang zu den über eine Person gespeicherten Daten bestehen und diese eine Berichtigung oder Löschung bewirken können, EuGH v. 6.10.2015 – C-362/14 Rz. 95, CR 2015, 633 m. Anm. *Härting*.
5   EuGH v. 6.10.2015 – C-362/14 Rz. 91-94, CR 2015, 633 m. Anm. *Härting*; Paal/Pauly/*Pauly*, Art. 45 DSGVO Rz. 5; Kühling/Buchner/*Schröder*, Art. 45 DSGVO Rz. 16.
6   BeckOK DatenschutzR/*Kamp*, Art. 45 DSGVO Rz. 20.
7   BeckOK DatenschutzR/*Kamp*, Art. 45 DSGVO Rz. 20.
8   „Zusatzprotokoll zum Europäischen Übereinkommen zum Schutz des Menschen bei der automatischen Verarbeitung personenbezogener Daten bezüglich Kontrollstellen und grenzüberschreitendem Datenverkehr" v. 8.11.2001.

Die Aufzählung ist nicht abschließend. Es müssen zudem nicht alle Kriterien kumulativ erfüllt sein; beispielsweise deutet der Wortlaut von Art. 45 Abs. 3 Satz 3 („gegebenenfalls") an, dass eine unabhängige Aufsichtsbehörde nicht in jedem Fall gegeben sein muss[9]. 5

Da die einzelnen Elemente teilweise stark wertungsabhängig sind, ist das Schutzniveau nicht im Sinne des Vorliegens aller Voraussetzungen, sondern innerhalb einer **Gesamtabwägung unter Berücksichtigung aller Umstände**, die für Datenübermittlungen von Bedeutung sind, zu beurteilen. Dennoch wird auch künftig infolge der Rechtsprechung des EuGH und in Anbetracht der Wertungen der Grundrechte-Charta mit einem **strengen gerichtlichen Prüfungsmaßstab** zu rechnen sein[10]. In Bezug auf diese Rechtsprechung ist auch festzustellen, dass sich die materiellen Anforderungen, die der EuGH für Kommissionsentscheidungen nach Art. 25 Abs. 6 der DSRL aufgestellt hatte, in den Kriterien der Verordnung wiederfinden, namentlich die Berücksichtigung eines wirksamen gerichtlichen Rechtsschutzes[11] und der Vorschriften im Bereich der nationalen Sicherheit[12]. Damit erhalten diese Kritikpunkte des EuGH an der Kommissionsentscheidung 2000/520/EG einen stärkeren Anknüpfungspunkt in der Verordnung. 6

Sowohl hinsichtlich der Anforderungen an das Datenschutzrecht in Art. 45 Abs. 2 Buchst. a als auch an die Kontrollinstanzen in Art. 45 Abs. 2 Buchst. b ist nicht nur die **abstrakte Rechtslage**, sondern auch die **konkrete Umsetzung** zu berücksichtigen. Für Abs. 2 Buchst. a ergibt sich dies aus der Einbeziehung der **Anwendung** der Rechtsvorschriften, für Abs. 2 Buchst. b aus dem Erfordernis einer **wirksamen Funktionsweise** der Aufsichtsbehörden. In Hinblick auf eingegangene Verpflichtungen nach Buchst. c ist ebenfalls nach Erwägungsgrund 105 auch deren Umsetzung zu überprüfen. 7

III. Verfahren (Abs. 3; 8)

Die Annahme („Durchführungsrechtsakt") hat nach Art. 45 Abs. 3 Satz 4 unter Durchführung des Prüfverfahrens nach Art. 93 Abs. 2 zu erfolgen. Nach Erwägungsgrund 105 soll zudem der **Europäische Datenschutzausschuss** bei der Bewertung des angemessenen Datenschutzniveaus **eingebunden** werden. Zu diesem Zweck ist die Kommission gemäß Art. 70 Abs. 1 Buchst. s Satz 2 verpflichtet, dem Ausschuss alle notwendigen Informationen zur Verfügung zu stellen, einschließlich der Korrespondenz mit der jeweiligen Regierung. 8

In der Kommissionsentscheidung benannt werden müssen nach Art. 45 Abs. 3 Satz 3 der konkrete Anwendungsbereich sowie ggf. die zuständigen Aufsichts- 9

---

9 Vgl. eingehend Kühling/Buchner/*Schröder*, Art. 45 DSGVO Rz. 21.
10 EuGH v. 6.10.2015 – C-362/14 Rz. 78, CR 2015, 633 m. Anm. *Härting*.
11 EuGH v. 6.10.2015 – C-362/14 Rz. 89, CR 2015, 633 m. Anm. *Härting*.
12 EuGH v. 6.10.2015 – C-362/14 Rz. 86 ff., CR 2015, 633 m. Anm. *Härting*.

behörden nach Art. 45 Abs. 2 Buchst. b. Nach Art. 45 Abs. 8 veröffentlicht die Kommission im Amtsblatt der Europäischen Union sowie auf ihrer Homepage eine Liste der Staaten, Gebiete und Branchen bzw. internationalen Organisationen, für die ein angemessenes Schutzniveau festgestellt oder aberkannt wurde[13].

IV. Überprüfung und Überwachung (Abs. 3–7)

10   Nach Art. 45 Abs. 3 Satz 2 muss die Kommissionsentscheidung einen Mechanismus für eine **regelmäßige Überprüfung des Schutzniveaus** vorsehen, innerhalb dessen mindestens alle vier Jahre die Entwicklungen im Drittstaat oder der internationalen Organisation evaluiert werden.

11   Daneben soll die Kommission nach Art. 45 Abs. 4 diese Entwicklungen auch **laufend** überprüfen[14]. Hierbei hat sie Erwägungsgrund 106 zufolge alle maßgeblichen Entwicklungen im Drittland bzw. bei der internationalen Organisation in Konsultation derselben zu ermitteln und in ihre Entscheidung einzubeziehen. Gleiches gilt für Standpunkte und Feststellungen des Europäischen Parlaments und des Rates sowie „anderer einschlägiger Stellen und Quellen", wozu insb. der nach Art. 94 Abs. 2 die Artikel 29-Datenschutzgruppe ersetzende Europäische Datenschutzausschuss zählen dürfte.

12   Sollten danach Informationen zu Tage treten, nach denen ein angemessenes Schutzniveau (ggf. vorübergehend oder räumlich/sachlich begrenzt) nicht mehr gewährleistet ist, müssen die Kommissionsentscheidungen nach Art. 45 Abs. 5 ohne Rückwirkung **aufgehoben, geändert oder ausgesetzt** werden. Dabei ist das Prüfverfahren nach Art. 93 Abs. 2 bzw. in extrem eiligen Fällen das Verfahren nach Art. 93 Abs. 3 zu beachten. In diesen Fällen hat die Kommission nach Art. 45 Abs. 6 Verhandlungen mit den Drittstaaten oder den internationalen Organisationen aufzunehmen, um den Gründen für eine Beanstandung der Angemessenheitsentscheidung beispielsweise auch durch Ausgleichsmaßnahmen[15] abzuhelfen. Im Falle eines Widerrufs ist dem Drittland bzw. der Internationalen Organisation gegenüber mit Erwägungsgrund 103 eine ausführliche begründende Erklärung abzugeben. Wenngleich der Kommission durch Art. 45 keine ausdrückliche, mit Art. 25 Abs. 4 DSRL vergleichbare Kompetenz zugesprochen wird, auch „negative" Angemessenheitsbeschlüsse zu treffen[16], kommt ein Widerruf ebenso wie die Nichtexistenz eines Angemessenheitsbeschlusses faktisch einer festgestellten Nichtangemessenheit gleich.

---

13 Für Angemessenheitsbeschlüsse nach alter Rechtslage befindet sich diese Liste unter http://ec.europa.eu/justice/data-protection/international-transfers/adequacy/index_en.
14 Diese Pflicht trifft die Kommission ausdrücklich auch hinsichtlich der Entscheidungen auf Basis der DSRL (vgl. Abs. 4 und Erwägungsgrund 106).
15 Paal/Pauly/*Pauly*, Art. 45 DSGVO Rz. 31.
16 Kritisierend Ehmann/Selmayr/*Zerdick*, Art. 45 DSGVO Rz. 2.

Angemessenheitsbeschluss | **Art. 45 DSGVO**

Erwägungsgrund 106 sieht des Weiteren vor, dass die Kommission dem Europäischen Parlament, Rat sowie dem in Art. 93 genannten Ausschuss[17] über alle getroffenen Feststellungen Bericht erstattet. Gemäß Art. 45 Abs. 7 bleiben Transfers auf Rechtsgrundlage der Art. 46–49 durch Entscheidungen nach Art. 45 Abs. 5 unberührt. 13

V. Übergangsregelung (Abs. 9; 4)

Art. 45 Abs. 9 sieht eine **Übergangsregelung** für die Kommissionsentscheidungen vor, die gemäß Art. 25 Abs. 6 der DSRL getroffen wurden. Diese bleiben uneingeschränkt und ohne feste Frist in Kraft, bis sie durch eine neue Kommissionsentscheidung nach der DSGVO geändert, ersetzt oder aufgehoben werden. 14

Art. 45 Abs. 4 und Erwägungsgrund 106 sehen die fortlaufende Überwachungspflicht (s. Rz. 10) auch für nach der DSRL getroffene Angemessenheitsbeschlüsse vor. Die Kommission hat bereits beschlossen, die bislang ergangenen Entscheidungen (s.u.) insbesondere unter Berücksichtigung der im Schrems-Urteil[18] festgelegten Kriterien (s. Rz. 18 ff., Rz. 33 ff.) zu überprüfen und ggf. zu ergänzen[19]. 15

1. Bisherige Angemessenheitsbeschlüsse

Die EU-Kommission hat unter Geltung der DSRL das Datenschutzniveau der folgenden Staaten für angemessen erklärt[20]: Andorra, Argentinien, Färöer Inseln, Guernsey, Jersey, Isle of Man, Israel, Kanada[21] (soweit Empfänger dem Personal Information Protection and Electronic Documentation Act unterfallen), Neuseeland, Schweiz und Uruguay. Fälschlicherweise wird in diesem Zusammenhang auch Australien erwähnt. Für Australien wurde jedoch lediglich ein Abkommen über die Verarbeitung und den Transfer von Fluggastdatensätzen aus der EU geschlossen[22]. Zur besonderen Situation mit den USA als wichtigstem Handelspartner der EU sogleich. 16

---

17 I.S.d. VO (EU) Nr. 182/2011, zusammengesetzt aus Vertretern der Mitgliedstaaten.
18 EuGH v. 6.10.2015 – C-362/14, CR 2015, 633 m. Anm. *Härting*.
19 C (2016) 8353 (Durchführungsbeschluss).
20 Aktuelle Liste und individuelle Entscheidungen abrufbar unter http://ec.europa.eu/justice/data-protection/international-transfers/adequacy/index_en.htm (Stand Dezember 2017).
21 S. hierzu unter bisheriger Rechtslage im Detail *Neuhöfer*, RDV 2013, 83 sowie Gierschmann/Saeugling/*Thoma*, § 4b BDSG-alt Rz. 26; Kommissionsentscheidung 2006/253/EG v. 6.9.2006, ABl. L 91/49.
22 Ratsentscheidung v. 30.6.2008, ABl. L 213/47 ff. v. 8.8.2008.

2. Safe Harbor und Privacy Shield im Einzelnen

17 Für die **USA** als Empfängerstaat hat die EU-Kommission keinen Angemessenheitsbeschluss getroffen, weil der dortige datenschutzrechtliche Ansatz (lediglich sporadische und sektorale Datenschutzgesetze, Betonung der Selbstregulierung) kein für europäische Verhältnisse angemessenes Schutzniveau garantiert[23]. Deshalb hatten sich die EU-Kommission und das US-Handelsministerium auf sog. „**Safe Harbor Principles**" geeinigt[24]. Die Implementierung im Unternehmen und die Zertifizierung erfolgten durch das Unternehmen selbst, es handelte sich also um ein Modell der Selbstregulierung, Selbstverpflichtung und Selbstzertifizierung[25]. Zur Umsetzung konnten die Unternehmen wählen zwischen dem Beitritt zu einem übergreifenden Datenschutzprogramm oder der Implementierung in Form eigener Datenschutzbestimmungen in Form einer „privacy policy"[26]. Unternehmen, die diese Prinzipien umsetzten, galten als datenschutzrechtlich sicher; ihr Schutzniveau galt demnach als angemessen[27].

18 Mit dem Urteil in der **Rechtssache Maximilian Schrems ./. Data Protection Commissioner (Az. C-362/14)** erklärte der EuGH den Kommissionsbeschluss zu Safe-Harbor (2000/520) für **ungültig**[28]. Der EuGH legte im Lichte der Grundrechte-Charta einen strengen Prüfungsmaßstab an[29] und entwickelte hierfür ein formelles sowie – obiter dictum[30] – zwei materielle Kriterien, die für die Gewährleistung eines angemessenen, also nach dem EuGH im Lichte der Charta der Sache nach gleichwertigen Schutzniveaus[31] erfüllt sein müssen. Das Vorliegen der Kriterien müsse die Kommission in regelmäßigen Abständen

---

23 Zu den Hintergründen *Räther/Seitz*, MMR 2002, 427; *von Rosen*, BB 2009, 232; *Starosta*, DuD 2010, 238; *Blaxell/Grant*, RDV 2014, 142; *Rehaag/Hoffmann*, PinG 2015, 28; aus US-Sicht *Ritchie*, PinG 2013, 45; zu etwaigen Auswirkungen durch die geplante Freihandelszone zwischen EU und USA s. *Lejeune*, CR 2013, 826 ff.
24 Zusammenfassender Überblick über wesentliche Regelungen bei *Wisskirchen*, CR 2004, 862 f. und *Lejeune*, CR 2013, 755.
25 S. zu diesbezüglicher Kritik auch v. d. Bussche/Voigt/*Kamp*, Teil 4 Kapitel 4 Rz. 46 ff.
26 Noch zu § 4b BDSG-alt Gierschmann/Saeugling/*Thoma*, Rz. 28.
27 Liste des US-Handelsministeriums noch immer abrufbar unter: https://www.export.gov/safeharbor_eu (letzte Zertifizierung am 31.10.2016).
28 Der EuGH ist eigentlich nur zur Frage der Reichweite der Kontrollbefugnisse nationaler Aufsichtsbehörden angerufen worden, vgl. EuGH v. 6.10.2015 – C-362/14 Rz. 61. *Moos/Schefzig*, CR 2015, 629 sprechen daher von einer Ausweitung der Entscheidungskompetenz des EuGH.
29 EuGH v. 6.10.2015 – C-362/14 Rz. 78, CR 2015, 633 m. Anm. *Härting*.
30 Dies ergibt sich aus der Formulierung in EuGH v. 6.10.2015 – C-362/14 Rz. 97, CR 2015, 633 m. Anm. *Härting*; übereinstimmend Anm. *Bergt*, MMR 2015, 753 (760).
31 EuGH v. 6.10.2015 – C-362/14 Rz. 73 f., CR 2015, 633 m. Anm. *Härting*. In der englischen Sprachfassung ist davon die Rede, das Niveau müsse „essentially equivalent" sein.

überprüfen und dabei auch veränderte Umstände berücksichtigen[32]. In der Folge hielten die deutschen Datenschutzbeauftragten solche Datentransfers, deren Rechtfertigung auf den Safe Harbor-Prinzipien beruhten, für unrechtmäßig[33].

Als tragenden Grund für die Ungültigkeit der Kommissionsentscheidung nannte der EuGH die Nichteinhaltung einer von ihm neu entwickelten **formalen Begründungspflicht** der Kommission, die in der Angemessenheitsentscheidung anzugeben habe, durch welche Maßnahmen der Drittstaat das angemessene Schutzniveau sicherstelle[34]. Hierzu gehöre etwa auch die Feststellung über das Vorliegen von Regelungen, welche die Eingriffe in die Grundrechte der Betroffenen durch staatliche Stellen begrenzen[35]. 19

Materiell sei ein System der Selbstzertifizierung zwar nicht grundsätzlich ungeeignet, den Anforderungen der Richtlinie Rechnung zu tragen[36]. Die Zuverlässigkeit eines solchen hänge jedoch vom Bestehen **wirksamer Überwachungs- und Kontrollmechanismen** ab, die es erlauben, Verstöße zu ermitteln und zu ahnden. Die Safe-Harbor-Prinzipien bänden aber nicht die staatlichen Stellen, sondern lediglich die zertifizierten Unternehmen[37]. 20

Schließlich stellte der EuGH darauf ab, dass die Geltung der Safe-Harbor-Prinzipien durch Erfordernisse der nationalen Sicherheit, des öffentlichen Interesses oder der Durchführung von Gesetzen begrenzt werden könne[38]. Auf das Urteil zur Vorratsdatenspeicherung[39] rekurrierend stellte der EuGH zudem fest, das Grundrecht auf Achtung des Privatlebens erfordere eine **Beschränkung des staatlichen Zugriffes auf das absolut Notwendige**[40]. Diesem Erfordernis genüge eine Regelung nicht, die generell die Speicherung aller personenbezogenen Daten sämtlicher Personen, deren Daten aus der Europäischen Union in die Vereinigten Staaten übermittelt wurden, gestattet, ohne irgendeine Differenzierung, Einschränkung oder Ausnahme anhand des verfolgten Ziels vorzunehmen und ohne ein objektives Kriterium vorzusehen, das es ermöglicht, den Zugang der Behörden zu den Daten und deren spätere Nutzung auf ganz bestimmte, strikt begrenzte Zwecke zu beschränken[41]. Den Wesensgehalt des Art. 7 der 21

---

32 EuGH v. 6.10.2015 – C-362/14 Rz. 76f., CR 2015, 633 m. Anm. *Härting*. Eine Überprüfung sei jedenfalls dann geboten, wenn Anhaltspunkte vorliegen, die Zweifel an der Angemessenheit des Schutzniveaus aufkommen lassen.
33 Positionspapier der Konferenz der unabhängigen Datenschutzbehörden des Bundes und der Länder v. 21.10.2015, S. 1, online abrufbar unter https://www.datenschutz.hessen.de/tb44k09.htm.
34 EuGH v. 6.10.2015 – C-362/14 Rz. 83, 96f., CR 2015, 633 m. Anm. *Härting*.
35 EuGH v. 6.10.2015 – C-362/14 Rz. 88, CR 2015, 633 m. Anm. *Härting*.
36 EuGH v. 6.10.2015 – C-362/14 Rz. 81, CR 2015, 633 m. Anm. *Härting*.
37 EuGH v. 6.10.2015 – C-362/14 Rz. 82, CR 2015, 633 m. Anm. *Härting*.
38 EuGH v. 6.10.2015 – C-362/14 Rz. 84ff., CR 2015, 633 m. Anm. *Härting*.
39 EuGH v. 8.4.2014 – C-293/12 und C-594/12.
40 EuGH v. 6.10.2015 – C-362/14 Rz. 92, CR 2015, 633 m. Anm. *Härting*.
41 EuGH v. 6.10.2015 – C-362/14 Rz. 93, CR 2015, 633 m. Anm. *Härting*.

Art. 45 DSGVO | Angemessenheitsbeschluss

Charta verletze eine Regelung, die es den Behörden gestatte, generell auf den Inhalt elektronischer Kommunikation zuzugreifen[42]. Der Wesensgehalt des Art. 47 Abs. 1 GRCh sei verletzt, soweit gegen die staatliche Datenspeicherung keine Rechtsbehelfe vorgesehen seien[43].

22 Anfang Februar 2016 kündigten die Europäische Kommission und die Vereinigten Staaten ein neues Rahmenwerk für den Datenaustausch zwischen EU und USA an, das **EU-US Privacy Shield**[44], auch Safe Harbor 2.0 genannt, welches eine Weiterentwicklung des bisherigen Abkommens darstellt und nunmehr den Anforderungen des EuGH entsprechen soll. Die folgenden Grundzüge waren in einem am 29.2.2016 publizierten Entwurf eines Angemessenheitsbeschlusses[45] offenbar geworden: Vorgesehen waren strengere Vorgaben für amerikanische Unternehmen beim Umgang mit personenbezogenen Daten sowie eine schärfere Kontrolle durch die amerikanischen Behörden (Federal Trade Commission und Department of Commerce) in Kooperation mit den europäischen Datenschutzbehörden. In Bezug auf staatliche Datenzugriffe, insbesondere durch Geheimdienste, haben die Vereinigten Staaten in den angefügten Erklärungen verschiedene Zusagen hinsichtlich der Geheimdienstkontrolle und des Umfangs von Überwachungsprogrammen abgegeben. Dennoch existieren zahlreiche Ausnahmetatbestände, die eine Abweichung von den Prinzipien des Privacy Shield erlauben. Dazu gehören Gründe der nationalen Sicherheit, des öffentlichen Interesses oder der Strafverfolgung sowie ausdrückliche Ermächtigungen zur Datenverarbeitung in Gesetzen, Rechtsverordnungen oder Gerichtsurteilen. Für Unionsbürger werden zahlreiche, komplexe Rechtsschutzmöglichkeiten in Bezug auf private oder staatliche Verstöße gegen das Privacy Shield geschaffen, u.a. eine im Department of State angesiedelte Ombudsperson sowie eine gesetzliche Klagemöglichkeit durch den Judicial Redress Act. Die Wirksamkeit des Privacy Shield soll in einer jährlichen Evaluation durch die Kommission und das Department of Commerce unter Beteiligung der Datenschutzbehörden überprüft werden.

23 In einer **Stellungnahme**[46] kritisierte die **Artikel 29-Datenschutzgruppe** an dem Entwurf der Angemessenheitsentscheidung vor allem, dass eine Regelung zur Löschung gemäß ihrer Zweckbestimmung nicht mehr benötigter Daten fehle (Art. 5 Abs. 1 Buchst. e, vormals Art. 6 Abs. 1 Buchst. e DSRL), dass es keinen wirksamen Ausschluss der anlasslosen Massenüberwachung durch die USA gebe und dass die Unabhängigkeit und die Kompetenzen der Ombudsperson unklar blieben[47]. Eine mögliche Rechtfertigung staatlicher Überwachungsmaßnahmen soll nach Auffas-

---

42 EuGH v. 6.10.2015 – C-362/14 Rz. 94, CR 2015, 633 m. Anm. *Härting*.
43 EuGH v. 6.10.2015 – C-362/14 Rz. 95, CR 2015, 633 m. Anm. *Härting*.
44 Die Texte sind abrufbar unter http://ec.europa.eu/newsroom/just/item-detail.cfm?item_id=30375.
45 http://europa.eu/rapid/press-release_IP-16-433_de.htm.
46 Artikel 29-Datenschutzgruppe, 16/EN WP 238.
47 Artikel 29-Datenschutzgruppe, 16/EN WP 238, 57.

sung der Artikel 29-Datenschutzgruppe anhand von **vier Kriterien** bewertet werden, die sich aus der europäischen Rechtsprechung zu Grund- und Menschenrechten ergeben: Danach müsse erstens die Datenverarbeitung auf klaren, präzisen und zugänglichen Regeln beruhen; zweitens müssen die Erforderlichkeit und Angemessenheit in Bezug auf die verfolgten legitimen Zwecke dargelegt werden; drittens solle ein unabhängiger Aufsichtsmechanismus existieren; viertens müssen Individuen effektive Rechtsbehelfe zur Verfügung stehen[48].

Der Judicial Redress Act wurde kritisiert, weil er lediglich Offenlegungsansprüche gewährleiste[49]. Auch das Europäische Parlament[50] und der Europäische Datenschutzbeauftragte[51] kritisierten den Entwurf. Daraufhin wurde ein zweiter Entwurf ausgearbeitet, für den die Kommission am 12.7.2016 einen **Angemessenheitsbeschluss** erließ[52], auf den sich US-Unternehmen seit dem 1.8.2016 berufen können[53]. Die Änderungen werden aber vielerseits für unzureichend befunden[54], beispielsweise sei unklar, was für Auftragsverarbeiter gelte und wie unabhängig und befugt die Ombudsperson sei. Außerdem fehlten Regeln zu automatisierten Entscheidungen, Widerspruchsmöglichkeiten und Garantien für die Zusage, dass keine willkürliche Massenerfassung erfolge. Die Artikel 29-Datenschutzgruppe hoffte diesbezüglich auf die erste jährliche Überprüfung des Angemessenheitsbeschlusses.

Diese erfolgte am 18./19.9.2017 und wurde am 18.10.2017 publiziert. Einerseits funktioniere das Abkommen gut, andererseits könne seine Umsetzung verbessert werden[55]. Insgesamt hält die Kommission den Privacy Shield weiterhin für ein geeignetes Mittel, um ein angemessenes Datenschutzniveau für Datenübermittlungen sicherzustellen. Zukünftig sollten aber folgende Verbesserungen bewirkt werden[56]:

---

48 Artikel 29-Datenschutzgruppe, 16/EN WP 238, 11. Vgl. auch vertiefend 16/EN WP 237, 7 ff.
49 Kühling/Buchner/*Schröder*, Art. 45 DSGVO Rz. 43 m.w.N.
50 Resolution 2016/2727 (RSP) v. 26.5.2016.
51 Opinion 4/2016 v. 30.5.2016.
52 Kommissionsbeschluss v. 12.7.2016, C(2016) 4176.
53 Bis zur ersten Überprüfung am 18. und 19.9.2017 hatten sich mit mehr als 2400 US-Unternehmen bereits mehr nach dem Privacy Shield zertifizieren lassen, als innerhalb von 10 Jahren nach dem Safe-Harbor-Abkommen, s. Infografik unter http://ec.europa.eu/newsroom/just/item-detail.cfm?item_id=605619. Eine Liste ist abrufbar unter https://www.privacyshield.gov/list (bislang 2794 Zertifizierungen, Stand: 11.4.2018).
54 Artikel 29-Datenschutzgruppe Statement on the decision of the European Commission on the EU-U.S. Privacy Shield (http://ec.europa.eu/justice/data-protection/article-29/press-material/press-release/art29_press_material/2016/20160726_wp29_wp_statement_eu_us_privacy_shield_en.pdf); Kühling/Buchner/*Schröder*, Art. 45 DSGVO Rz. 46 f.; Sydow/*Towfigh/Ulrich*, Art. 44 DSGVO Rz. 16.
55 COM(2017) 611, 4, vgl. auch Pressemitteilung der Kommission v. 18.10.2017 (http://europa.eu/rapid/press-release_IP-17-3966_de.htm).
56 COM(2017) 611, 4 ff. und Pressemitteilung der Kommission v. 18.10.2017 (http://europa.eu/rapid/press-release_IP-17-3966_de.htm).

Art. 45 DSGVO | Angemessenheitsbeschluss

- Berufung auf Zertifizierung erst nach deren tatsächlichem Abschluss ermöglichen
- proaktivere Überwachung der zertifizierten Unternehmen durch das US-Handelsministerium
- verbesserte Information von EU-Bürgern über ihre Rechte und Beschwerdemöglichkeiten
- stärkere Kooperation der Aufsichtsbehörden
- verhindern, dass durch aktuelle Entwicklungen wie die Diskussion um Presidential Policy Directive sowie vakante Positionen der Datenschutzstandard beeinträchtigt wird
- schnellere Berichterstattung der US-Behörden an die Kommission bezüglich veränderter Umstände

26 Die Artikel 29-Datenschutzgruppe findet die Ergebnisse unzureichend und verlangt eine sofortige Fortsetzung der Gespräche; die übrigen Kritikpunkte[57] möchte sie spätestens in der zweiten jährlichen Überprüfung berücksichtigt wissen[58]. Beispielsweise gebe es keine Umsetzungshilfe für die Unternehmen und die von Anfang an geübte Kritik bezüglich der Anwendung auf Auftragsverarbeiter, automatisierte Entscheidungen und den Zugriff durch Geheimdienste wird größtenteils aufrechterhalten[59]. Vor allem aufgrund der letztgenannten, nach wie vor mangelhaften Umsetzung der Schrems-Urteil-Vorgabe zum anlasslosen behördlichen Zugriff auf personenbezogene Daten ist zu erwarten, dass sich in näherer Zukunft der EuGH mit dem Angemessenheitsbeschluss wird befassen müssen[60].

27 Zu beachten war bereits bisher, dass die Safe Harbor-Prinzipien auf **US-amerikanische Gerichte und Behörden als empfangende Stelle**, ungeachtet der Frage, ob sich solche überhaupt zu ihnen bekennen könnten, nur sehr begrenzt anwendbar waren, da Gerichtsverfahren und insbesondere Beweise dort grundsätzlich öffentlich zugänglich sind[61]. Auch das Privacy Shield richtet sich allein an Unternehmen, so dass es kein angemessenes Datenschutzniveau bei Behörden oder Gerichten gewährleisten kann[62]. Konsequenz daraus ist, dass hinsichtlich Behörden und Gerichten in den USA kein angemessenes Datenschutzniveau existiert[63]. Eine Datenübermittlung an diese Stellen gestützt auf Art. 45 ist somit

---

57 Artikel 29-Datenschutzgruppe, 17/EN WP 255.
58 Pressemitteilung zum Privacy Shield, Plenarsitzung November 2017 (http://ec.europa.eu/newsroom/article29/item-detail.cfm?item_id=612623).
59 Vgl. ausführlich Artikel 29-Datenschutzgruppe, 17/EN WP 255.
60 Paal/Pauly/*Pauly*, Art. 45 DSGVO Rz. 24; Kühling/Buchner/*Schröder*, Art. 45 DSGVO Rz. 47; Sydow/Towfigh/*Ulrich*, Art. 44 DSGVO Rz. 17 m.w.N.
61 *Seffer*, ITRB 2002, 67 f.
62 *Metz/Spittka*, ZD 2017, 365.
63 Vgl. *Spies/Schröder*, MMR 2008, 279; *Brisch/Laue*, RDV 2010, 6.

nicht zulässig. Die Zulässigkeit bestimmt sich somit alleinig nach Maßgabe der Art. 46-49. Insbesondere kommt die Ausnahme des Art. 49 Abs. 1 Satz 1 Buchst. e in Betracht, welche eine Datenübermittlung zu Zwecken der Anspruchsdurchsetzung oder Verteidigung insbesondere an Gerichte, aber mit Erwägungsgrund 111 im Gegensatz zum bisherigen Recht auch im Rahmen anderer Verfahren an Behörden rechtfertigen kann[64]. Denkbar wäre auch ein offizielles Rechtshilfeersuchen des Gerichts an die deutschen Behörden oder ein Rechtshilfeabkommen i.S.v. Art. 48 zwischen den Staaten oder eine Garantie i.S.v. Art. 46 Abs. 2 Buchst. a, Abs. 3 Buchst. b.

Voraussetzung für die Zulässigkeit einer Drittstaatenübermittlung ist aber weiterhin, dass sie auch den Anforderungen der Art. 5 ff. genügt. Problematisch ist diesbezüglich, dass die in Art. 5 Abs. 1 Buchst. b vorgesehene Zweckbindung der Daten bei der Übermittlung an US-amerikanische Gerichte nicht vollständig eingehalten werden kann, weil dort Gerichtsakten grundsätzlich als öffentlich zugängliche Quellen gelten und die übermittelten Daten somit für weitere Zwecke als die bei der Übermittlung ursprünglich intendierte Bestimmung verwendet werden können[65]. Außerdem ist ein tauglicher Erlaubnistatbestand i.S.d. Art. 6 Abs. 1 notwendig, wofür häufig Art. 6 Abs. 1 Satz 2 Buchst. f herangezogen werden wird[66]. 28

Relevant wird diese Problematik vor allem, wenn sich deutsche Unternehmen amerikanischen Pretrial Discovery Verfahren[67] ausgesetzt sehen oder im Rahmen von Ermittlungen gegen ein US-amerikanisches Mutter- oder Tochterunternehmen eines europäischen Tochter- oder Mutterunternehmens letzteres zur Herausgabe von dort gespeicherten Konzerndaten verpflichtet wird. Voraussetzung für eine nach europäischem Recht zulässige Übermittlung an amerikanische Behörden und Gerichte ist in jedem Fall auch ein nach amerikanischem Recht zulässiges Herausgabeverlangen[68]. Ob der zweitgenannte Fall und insbesondere die Geheimhaltung gegenüber dem Betroffenen überhaupt nach US-Recht (18 USC §§ 2703 (a), 2705 (b)) zulässig ist, beurteilen amerikanische Ge- 29

---

64 *Metz/Spittka*, ZD 2017, 366.
65 *Spies/Schröder*, MMR 2008, 279.
66 Vgl. eingehend *Metz/Spittka*, ZD 2017, 364.
67 So bezeichnet wird das im Vorfeld der Hauptverhandlung auf Beschluss des Prozessgerichts stattfindende und prinzipiell grenzenlose Beweismittelverfahren, durch welches die Aufklärung des Sachverhalts mittels Prozessvertreter der Parteien ermöglicht werden soll. Von datenschutzrechtlicher Relevanz ist dabei insbesondere, dass die jeweilige Partei sämtliche Dokumente und Informationen (sog. eDiscovery bei elektronisch gespeicherten Daten), die für die Rechtsverfolgung von Bedeutung sein können, von der Gegenseite herausverlangen kann. Konflikte im Spannungsverhältnis zwischen dieser Herausgabepflicht und der Einhaltung datenschutzrechtlicher Vorschriften liegen auf der Hand. Zum Verhältnis von Pretrial Discovery und Datenschutz: *Seffer*, ITRB 2002, 66.
68 *Metz/Spittka*, ZD 2017, 362.

richte unterschiedlich[69], weshalb der Fall am 27.2.2018 vor dem US Supreme Court verhandelt wurde[70]. Hierzu hat die EU-Kommission auch eine Stellungnahme abgegeben[71]. Allerdings hatte Microsoft am 23.10.2017 angekündigt, die Klage aufgrund einer am selben Tag publizierten bindenden Vorgabe des US-Justizministeriums[72], welche den geheimen behördlichen Datenzugriff durch Rechtfertigungspflichten und Fristen einschränkt, zurückzuziehen[73]. Auch ein Gesetzesänderungsentwurf existiere bereits[74]. Obwohl der Klage somit die Grundlage entzogen wurde, wird bislang (Stand: 11.4.2018) weiter prozessiert[75].

30 Für die Praxis, insbesondere für die Verhältnismäßigkeit einer auf Art. 6 Abs. 1 Satz 1 Buchst. f gestützten Pretrial Discovery – Übermittlung[76], wird ein abgestuftes Vorgehen empfohlen[77]: Zunächst sollten die Informationen in pseudonymisierter Form übermittelt werden; ähnlich wie bei Due Diligence Prüfungen im Rahmen von Unternehmenstransaktionen[78]. Ist die offene Übermittlung personenbezogener Daten notwendig, sollte sich das Unternehmen um die Einwilligung der Betroffenen bemühen (problematisch, wenn es sich um Arbeitnehmerdaten handelt), im Übrigen aber durch eine sorgfältige Abwägung aller Umstände des Einzelfalles die Übermittlung auf das notwendige Maß beschränken[79]. Das europäische Datenschutzrecht darf nicht durch ausländisches Recht ausgehöhlt werden[80].

31 Zudem wird seitens der Aufsichtsbehörden in der Regel verlangt, dass bilateral oder multilateral vereinbarte Rechtshilfewege eingehalten werden, insbesondere das Haager Übereinkommen über die Beweisaufnahme im Ausland in Zivil-

---

69 Vgl. zum Microsoft- und Google-Verfahren eingehend *Metz/Spittka*, ZD 2017, 362 f.
70 „United States v. Microsoft Corp.", Az. 17-2 – http://www.scotusblog.com/case-files/cases/united-states-v-microsoft-corp/.
71 https://www.supremecourt.gov/DocketPDF/17/17-2/23655/20171213123137791_17-2%20ac%20European%20Commission%20for%20filing.pdf.
72 https://www.documentcloud.org/documents/4116081-Policy-Regarding-Applications-for-Protective.html.
73 S. z.B. https://www.heise.de/newsticker/meldung/Geheimer-Datenzugriff-fuer-US-Behoerden-eingeschraenkt-Microsoft-zieht-Klage-zurueck-3869265.html m.w.N.
74 International Communications Privacy Act, s. https://www.congress.gov/bill/115th-congress/senate-bill/1671?q=%7B%22search%22%3A%5B%22International+Communications+Privacy+Act%22%5D%7D.
75 http://www.scotusblog.com/case-files/cases/united-states-v-microsoft-corp/.
76 *Metz/Spittka*, ZD 2017, 364.
77 Vgl. auch Artikel 29-Datenschutzgruppe, 00339/09/DE WP 158, 12.
78 Vgl. Simitis/*Simitis*, § 32 BDSG-alt Rz. 123.
79 Zur alten Rechtslage Taeger/Gabel/*Gabel*, § 4c BDSG-alt Rz. 11; so auch *Brisch/Laue*, RDV 2010, 7: Beschränkung auf das, was im Sinne der Vorschrift „erforderlich" sei und vorhergehende Filterung der Daten.
80 Zur Zulässigkeit von Whistleblowing-Hotlines: Artikel 29-Datenschutzgruppe, 00195/06/DE WP 117, 8.

und Handelssachen vom 18.3.1970. Problematisch ist hierbei, dass Deutschland bei Ratifizierung des HBÜ eine Erklärung zu Art. 23 HBÜ abgegeben hat, Pretrial Discovery-Ersuchen in dessen Rahmen grundsätzlich nicht erledigen zu wollen[81]. Deshalb dehnen amerikanische Gerichte die nationalen amerikanischen Pretrial Discovery – Vorschriften zum Nachteil der Parteien extraterritorial aus und beschreiten gerade gegenüber in Deutschland ansässigen Stellen nicht den Weg über das HBÜ[82]. Ein prinzipieller Anwendungsvorrang der Rechtshilfevereinbarungen gegenüber – v.a. zeitlich nachrangigen – Normen wie denen der DSGVO ist schwierig herzuleiten, wird jedoch teilweise gesehen[83]. Einzelne Erfahrungen zeigen auch, dass bei der Beschreitung des Rechtshilfeweges tendenziell relativ weit gefasste Ersuchen gestellt werden, um ein erneutes Ersuchen zu vermeiden, so dass es auch bei der Rechtshilfe zur Übermittlung vergleichsweise großer Datenmengen kommen kann; der Schutz personenbezogener Daten wird dabei oft nicht im Vordergrund stehen[84]. Ein Referentenentwurf wollte zum Ende der vergangenen 18. Wahlperiode den § 14 AusfG HBÜ reformieren und somit eine Erledigung entsprechender Rechtshilfeersuchen unter bestimmten Voraussetzungen zulassen[85]. Der Bundestagsausschuss für Recht und Verbraucherschutz zweifelte jedoch an, dass die gewünschte Wirkung eintreten würde und hatte auch datenschutzrechtliche Bedenken[86]. Dem folgte auch die Bundesregierung[87], was z.T. bedauert wird[88].

Bei der Übermittlung an die eigenen oder gegnerischen Anwälte sowie Dritte können auch die entsprechenden EU-Standardverträge mit der jeweiligen empfangenden Stelle geschlossen und so ein angemessener Datenschutz für diese Übermittlungen i.S.d. Art. 46 Abs. 2 Buchst. c, d garantiert werden[89]. 32

VI. Rechtsschutz, Haftung und Sanktionen

Der EuGH entschied in der Schrems-Entscheidung auch, dass die Angemessenheitsentscheidungen der Kommission die zuständigen Datenschutzbehörden nicht daran hindern können, sich mit einer Eingabe i.S.v. Art. 28 Abs. 4 der 33

---

81 § 14 Abs. 1 AusfG HBÜ vom 22.12.1977 mit Vorbehalt in Abs. 2 (BGBl. 1977 Teil I Nr. 92, 3105 f.).
82 Zekoll/Haas unter http://www.zpoblog.de/pre-trial-discovery-document-rechtshilfe-be weisaufnahmeersuchen-haager-beweisuebereinkommen-hbue/.
83 Artikel 29-Datenschutzgruppe, 00339/09/DE WP 158, 15 f.; Metz/Spittka, ZD 2017, 366.
84 Zu § 4c BDSG-alt Gierschmann/Saeugling/Thoma, Rz. 28.
85 http://dipbt.bundestag.de/dip21/btd/18/107/1810714.pdf.
86 http://dipbt.bundestag.de/dip21/btd/18/116/1811637.pdf.
87 http://dipbt.bundestag.de/dip21/btp/18/18225.pdf#P.22629.
88 Zekoll/Haas unter http://www.zpoblog.de/pre-trial-discovery-document-rechtshilfe-be weisaufnahmeersuchen-haager-beweisuebereinkommen-hbue/.
89 Zur bisherigen Rechtslage vgl. Spies/Schröder, MMR 2008, 279.

Richtlinie zu befassen[90]. Die Kommission könne zudem die durch Art. 8 Abs. 3 der Charta und durch Art. 28 der Richtlinie ausdrücklich zuerkannten Befugnisse weder beseitigen noch beschränken[91]. Im Rahmen einer Eingabe müssten die Datenschutzbehörden in völliger Unabhängigkeit prüfen können, ob bei der Übermittlung dieser Daten die in der Richtlinie aufgestellten Anforderungen gewahrt werden[92]. Allerdings sei allein der Gerichtshof befugt, die Ungültigkeit eines Unionsrechtsakts wie einer nach Art. 25 Abs. 6 der DSRL ergangenen Entscheidung der Kommission festzustellen, wobei die Ausschließlichkeit dieser Zuständigkeit Rechtssicherheit gewährleisten soll, indem sie die einheitliche Anwendung des Unionsrechts sicherstellt[93]. Halte die Kontrollstelle eine Rüge für unbegründet, müsse dem Betroffenen der Rechtsweg vor den nationalen Gerichten offenstehen[94]. Halte die Kontrollstelle eine Rüge dagegen für begründet, müsse ihr selbst nach Art. 28 Abs. 3 Unterabs. 1 dritter Gedankenstrich der DSRL im nationalen Recht ein Klagerecht zustehen, das es ihr ermöglicht, die Rügen vor den nationalen Gerichten geltend zu machen, damit diese ggf. um eine Vorabentscheidung über die Gültigkeit des Kommissionsbeschlusses ersuchen können[95]. In Deutschland wurde wegen der völligen Unabhängigkeit der Datenschutzbehörden jedoch kein solches Klagerecht eingeführt, obwohl der Bundesrat sich in BR-Drucks. 171/16 dafür ausgesprochen hatte[96]. Weist die Aufsichtsbehörde die Beschwerde zurück, steht dem Betroffenen gemäß Art. 78 Abs. 1 das Recht auf einen Rechtsbehelf zu.

34 Wenngleich die Kommissionsentscheidungen nach Art. 45 Abs. 3 (bzw. Art. 25 Abs. 6 der DSRL) danach eindeutig nur vom EuGH für ungültig erklärt werden können, ist die Frage, ob **nationale Datenschutzbehörden** ohne vorherige Anrufung des EuGH **einzelne Datentransfers aussetzen** dürfen, nicht zweifelsfrei beantwortet. Auf eine entsprechende Ermächtigung deutet der Verweis des Gerichtes auf den 57. Erwägungsgrund der Richtlinie, nach dem Übermittlungen in einen Drittstaat ohne angemessenes Schutzniveau zu untersagen sind[97], sowie die Betonung der Auffassung, dass die Kommissionsentscheidungen die Kompetenzen der Aufsichtsbehörden aus Art. 28 nicht beschränken könnten[98]. Zu den Kompetenzen des Art. 28 Abs. 3 Satz 1 zweiter Spiegelstrich DSRL zählte auch das vorläufige oder endgültige Verbot einer Datenverarbeitung.

---

90 EuGH v. 6.10.2015 – C-362/14 Rz. 53, CR 2015, 633 m. Anm. *Härting*.
91 EuGH v. 6.10.2015 – C-362/14 Rz. 53, CR 2015, 633 m. Anm. *Härting*.
92 EuGH v. 6.10.2015 – C-362/14 Rz. 57, CR 2015, 633 m. Anm. *Härting*.
93 EuGH v. 6.10.2015 – C-362/14 Rz. 61, CR 2015, 633 m. Anm. *Härting*.
94 EuGH v. 6.10.2015 – C-362/14 Rz. 64, CR 2015, 633 m. Anm. *Härting*.
95 EuGH v. 6.10.2015 – C-362/14 Rz. 65, CR 2015, 633 m. Anm. *Härting*.
96 Unterrichtung durch die Bundesregierung zu BR-Drucks. 171/16 (https://www.bundesrat.de/SharedDocs/drucksachen/2016/0101-0200/zu171-16(B).pdf?__blob=publicationFile&v=5).
97 EuGH v. 6.10.2015 – C-362/14 Rz. 49, CR 2015, 633 m. Anm. *Härting*.
98 EuGH v. 6.10.2015 – C-362/14 Rz. 52, CR 2015, 633 m. Anm. *Härting*.

Allerdings betont der EuGH auch die Bindungswirkung europäischer Rechts- 35
akte aus Art. 288 Abs. 4 AEUV für alle mitgliedstaatlichen Organe sowie die
Vermutung der Rechtmäßigkeit von Unionsrechtsakten[99]. Eine Ausnahme
kommt laut der Rechtsprechung in Sachen Kommission ./. Griechenland – von
welcher der EuGH erkennbar nicht abweichen wollte[100] – nur bei Rechtsakten
in Betracht, die mit einem Fehler behaftet sind, dessen Schwere so offensichtlich ist, dass er von der Gemeinschaftsordnung nicht geduldet werden kann[101].
Eine solche Ausnahme kommt angesichts der Komplexität einer Beurteilung
der Angemessenheit des Datenschutzniveaus in Drittstaaten nicht in Betracht.
Die Mitgliedstaaten könnten demnach keine Rechtsakte erlassen, mit denen
verbindlich festgestellt wird, dass das Drittland, auf das sich die Entscheidung
bezieht, kein angemessenes Schutzniveau gewährleiste[102]. Anders als eine bloß
behördeninterne Rechtmäßigkeitsprüfung einschließlich einer Klage beim
EuGH setzt aber etwa die Untersagung von Datenverarbeitungen gemäß Art. 58
Abs. 2 Buchst. f gegenüber den Stellen unzweifelhaft die Feststellung der
Rechtswidrigkeit der Kommissionsentscheidung voraus. Hierzu sind die **Kontrollstellen** gerade **nicht befugt**[103]. Weiterhin könnte die vom EuGH mit dem
Verwerfungsmonopol bezweckte Rechtssicherheit unterlaufen werden, wenn
einzelne nationale Kontrollstellen bis zur langwierigen Entscheidung des
EuGH[104] Datentransfers auf der Grundlage der Entscheidungen vorübergehend
aussetzten.

Artikel 46 Datenübermittlung vorbehaltlich geeigneter Garantien

(1) Falls kein Beschluss nach Artikel 45 Absatz 3 vorliegt, darf ein Verantwortlicher oder ein Auftragsverarbeiter personenbezogene Daten an ein Drittland oder eine internationale Organisation nur übermitteln, sofern der Verantwortliche oder der Auftragsverarbeiter geeignete Garantien vorgesehen hat und sofern den betroffenen Personen durchsetzbare Rechte und wirksame Rechtsbehelfe zur Verfügung stehen.

---

99 EuGH v. 6.10.2015 – C-362/14 Rz. 51 f., CR 2015, 633 m. Anm. *Härting.*
100 EuGH v. 6.10.2015 – C-362/14 Rz. 52 zitiert das Urteil, CR 2015, 633 m. Anm. *Härting.*
101 EuGH v. 5.10.2004 – C-475/01 Rz. 19.
102 EuGH v. 6.10.2015 – C-362/14 Rz. 52, CR 2015, 633 m. Anm. *Härting.*
103 So im Ergebnis zur alten Rechtslage auch *Piltz*, K&R 2016, 2.
104 Ungeachtet der Dauer nationaler Gerichtsverfahren bis zur Vorlage beträgt die Verfahrensdauer vor dem EuGH durchschnittlich 15 Monate, s. Pressemitteilung des Gerichtshofes der Europäischen Union v. 3.3.2015, online abrufbar unter http://curia.europa.eu/jcms/upload/docs/application/pdf/2015-03/cp150027de.pdf.

Art. 46 DSGVO | Datenübermittlung vorbehaltlich geeigneter Garantien

(2) Die in Absatz 1 genannten geeigneten Garantien können, ohne dass hierzu eine besondere Genehmigung einer Aufsichtsbehörde erforderlich wäre, bestehen in

a) einem rechtlich bindenden und durchsetzbaren Dokument zwischen den Behörden oder öffentlichen Stellen,

b) verbindlichen internen Datenschutzvorschriften gemäß Artikel 47,

c) Standarddatenschutzklauseln, die von der Kommission gemäß dem Prüfverfahren nach Artikel 93 Absatz 2 erlassen werden,

d) von einer Aufsichtsbehörde angenommenen Standarddatenschutzklauseln, die von der Kommission gemäß dem Prüfverfahren nach Artikel 93 Absatz 2 genehmigt wurden,

e) genehmigten Verhaltensregeln gemäß Artikel 40 zusammen mit rechtsverbindlichen und durchsetzbaren Verpflichtungen des Verantwortlichen oder des Auftragsverarbeiters in dem Drittland zur Anwendung der geeigneten Garantien, einschließlich in Bezug auf die Rechte der betroffenen Personen, oder

f) einem genehmigten Zertifizierungsmechanismus gemäß Artikel 42 zusammen mit rechtsverbindlichen und durchsetzbaren Verpflichtungen des Verantwortlichen oder des Auftragsverarbeiters in dem Drittland zur Anwendung der geeigneten Garantien, einschließlich in Bezug auf die Rechte der betroffenen Personen.

(3) Vorbehaltlich der Genehmigung durch die zuständige Aufsichtsbehörde können die geeigneten Garantien gemäß Absatz 1 auch insbesondere bestehen in

a) Vertragsklauseln, die zwischen dem Verantwortlichen oder dem Auftragsverarbeiter und dem Verantwortlichen, dem Auftragsverarbeiter oder dem Empfänger der personenbezogenen Daten im Drittland oder der internationalen Organisation vereinbart wurden, oder

b) Bestimmungen, die in Verwaltungsvereinbarungen zwischen Behörden oder öffentlichen Stellen aufzunehmen sind und durchsetzbare und wirksame Rechte für die betroffenen Personen einschließen.

(4) Die Aufsichtsbehörde wendet das Kohärenzverfahren nach Artikel 63 an, wenn ein Fall gemäß Absatz 3 des vorliegenden Artikels vorliegt.

(5) Von einem Mitgliedstaat oder einer Aufsichtsbehörde auf der Grundlage von Artikel 26 Absatz 2 der Richtlinie 95/46/EG erteilte Genehmigungen bleiben so lange gültig, bis sie erforderlichenfalls von dieser Aufsichtsbehörde geändert, ersetzt oder aufgehoben werden. Von der Kommission auf der Grundlage von Artikel 26 Absatz 4 der Richtlinie 95/46/EG erlassene Feststellungen bleiben so lange in Kraft, bis sie erforderlichenfalls mit einem nach Absatz 2 des vorliegenden Artikels erlassenen Beschluss der Kommission geändert, ersetzt oder aufgehoben werden.

Datenübermittlung vorbehaltlich geeigneter Garantien | **Art. 46 DSGVO**

I. Einführung 1	5. Genehmigter Zertifizierungsmechanismus gemäß Art. 42 (Buchst. f) 21
II. Grundsatz (Abs. 1) 5	
III. Genehmigungsfreie Garantien (Abs. 2) 8	IV. Genehmigungsbedürftige Garantien (Abs. 3–4) 24
1. Rechtlich bindendes, durchsetzbares Dokument (Buchst. a) ... 10	V. Übergangsregelung (Abs. 5) ... 29
2. Verbindliche interne Datenschutzvorschriften gemäß Art. 47 (Buchst. b) 13	1. Standardvertragsklausel Set I und II 34
3. Standarddatenschutzklauseln (Buchst. c; d) 14	2. Standardvertragsklauseln für Auftragsdatenverarbeitungen .. 35
	a) Allgemeines 35
4. Genehmigte Verhaltensregeln gemäß Art. 40 (Buchst. e) 17	b) Im Einzelnen 38

Schrifttum: *Ambrock/Karg*, Ausnahmetatbestände der DS-GVO als Rettungsanker des internationalen Datenverkehrs? Analyse der Neuerungen zur Angemessenheit des Datenschutzniveaus, ZD 2017, 154; *Fischer/Steidle*, Brauchen wir neue Standardvertragsklauseln für das „Global Outsourcing"?, CR 2009, 632; *Hillenbrand-Beck*, Aktuelle Fragestellungen des internationalen Datenverkehrs, RDV 2007, 231; *Kipker/Voskamp*, PRISM und staatliche Schutzpflichten – ein politisches Märchen?, RDV 2014, 84; *Lensdorf*, Auftragsdatenverarbeitung in der EU/EWR und Unterauftragsdatenverarbeitung in Drittländern, CR 2010, 735; *Moos*, Die EU-Standardvertragsklauseln für Auftragsverarbeiter 2010, CR 2010, 281; *Moos*, Die Entwicklung des Datenschutzrechts im Jahr 2010, K&R 2011, 145; *Schmitz/von Dall'Armi*, Standardvertragsklauseln – heute und morgen. Eine Alternative für den Datentransfer in Drittländer?, ZD 2016, 217; *Räther/Seitz*, Übermittlung personenbezogener Daten in Drittstaaten – Angemessenheitsklausel, Safe Harbor und die Einwilligung, MMR 2002, 425; *Rittweger/Weiße*, Unternehmensrichtlinien für den Datentransfer in Drittländer, CR 2003, 142; *Weber/Voigt*, Internationale Auftragsdatenverarbeitung, ZD 2011, 74; *Wisskirchen*, Grenzüberschreitender Transfer von Arbeitnehmerdaten, CR 2004, 862.

I. Einführung

Fehlt es an einer Angemessenheitsentscheidung nach Art. 45, kann eine Datenübermittlung in einen Drittstaat oder an eine internationale Organisation nur erfolgen, wenn der Verantwortliche oder der Auftragsverarbeiter **ausreichende Garantien** erbringt und **durchsetzbare Betroffenenrechte** aufgrund **effektiver Rechtsmittel** gewährleistet werden. Das Minus im Datenschutzniveau des Empfängerlandes kann somit durch ein Plus an eigenen Sicherheitsmaßnahmen der übermittelnden Stelle überwunden werden.   1

Nach bisheriger Rechtslage (Art. 46 Abs. 2 DSRL) musste der Verantwortliche stets selbst die erforderlichen Garantien schaffen, während diese Pflicht nun auch vom Auftragsverarbeiter wahrgenommen werden kann[1]. Bislang wurde die   2

---

1 Paal/Pauly/*Pauly*, Art. 46 DSGVO Rz. 3.

Verantwortlichkeitsübertragung faktisch durch komplizierte Unterbeauftragungen erreicht.

3   § 4c Abs. 2 BDSG-alt nannte ausdrücklich lediglich zwei Beispielkategorien für mögliche, bei Genehmigung durch die Aufsichtsbehörde ausreichende Garantien: Vertragsklauseln oder verbindliche Unternehmensregelungen. Diese Kategorisierung findet sich so nicht in Art. 46 wieder, der in erster Linie zwischen genehmigungsfreien (Abs. 2) und genehmigungsbedürftigen Garantien (Abs. 3) differenziert. Genehmigungsfrei verwendbar sollen künftig insbesondere (allerdings jeweils vorab genehmigte) verbindliche Unternehmensregelungen („verbindliche interne Datenschutzvorschriften") und Standardvertragsklauseln sein, während individualvertragliche Vereinbarungen genehmigungsbedürftig bleiben. Das Instrument der Standardvertragsklauseln war schon der dem § 4c BDSG-alt zugrundeliegenden Richtlinie 95/46/EG (DSRL) bekannt (Art. 26 Abs. 4). Die in Deutschland normierten verbindlichen Unternehmensregelungen fanden sich in der Richtlinie zwar nicht ausdrücklich erwähnt, waren aber allgemein als Anwendungsfall des Art. 26 Abs. 2 DSRL anerkannt.[2] Die DSGVO differenziert nun in Art. 47 die Voraussetzungen der verbindlichen internen Datenschutzvorschriften stärker aus und sieht mit dem Zertifizierungsmechanismus nach Art. 42 sowie den Verhaltensregeln nach Art. 40 unter Art. 46 Abs. 2 Buchst. e und f **weitere Garantien** vor, die bei verbindlicher und durchsetzbarer Verpflichtung der Stelle im Drittstaat zur Rechtfertigung von Datentransfers herangezogen werden können. Hinzu kommt für öffentliche Stellen die Variante behördlicher Vereinbarungen, welche je nach Verbindlichkeit genehmigungsfrei oder genehmigungsbedürftig sind.

4   In Bezug auf die für Art. 46 maßgeblichen Erwägungen ist auf die Erwägungsgründe 108 und 109 zu verweisen.

II. Grundsatz (Abs. 1)

5   Geeignet sind Garantien, die sicherstellen, dass die übermittelten personenbezogenen Daten bei der empfangenden Stelle in einer dem unionsrechtlichen Schutzniveau genügenden Weise gehandhabt werden (vgl. auch Erwägungsgrund 108). Trotz der anderslautenden Formulierung wird letztlich auch in Art. 46 eine Angemessenheit des Schutzniveaus bei der empfangenden Stelle vorausgesetzt, nur im Gegensatz zu Art. 45 nicht über das dort geltende Recht, sondern den datenschutzrechtlichen Standard der Empfängerstelle selbst. Diese Garantien vermögen also in rechtsdogmatischer Hinsicht kein „angemessenes Schutzniveau" i.S.d. Art. 45 zu schaffen; für die konkrete Datenübermittlung wird aber durch unterschiedliche Vereinbarungen und Regelungen sicher-

---

[2] Vgl. Simitis/*Simitis*, § 4c BDSG-alt Rz. 59 ff.

gestellt, dass ein dem unionsrechtlichen Standard genügender Schutz personenbezogener Daten erfolgt. Die „geeigneten" Garantien i.S.d. Art. 46 entsprechen also trotz des anderen Wortlauts den „ausreichenden" des § 4c Abs. 2 Satz 1 BDSG-alt.

Sehr problematisch sind allerdings bestehende Zugriffsrechte von drittstaatlichen Stellen auf die Daten der Empfänger[3]. Garantien zwischen Übermittler und Empfänger haben hierauf regelmäßig keinen Einfluss. Dennoch stellt es ein Erfordernis des europäischen Datenschutzstandards dar, dass nur aus in Art. 23 genannten Gründen von datenschutzrechtlichen Grundsätzen abgewichen wird. Auch wenn dieses Problem bereits unter der bisherigen Rechtslage bekannt war, hat sich der Verordnungsgeber seiner nicht angenommen. Trotz Fehlens einer ausdrücklichen Regelung muss es jedoch Berücksichtigung finden, um eine angemessene Garantie annehmen zu können[4]. Die möglichen Zugriffsrechte von Drittstaaten bildeten auch das Kernstück der Auseinandersetzung bei dem Datentransfer in die USA auf Grundlage der Safe Harbour Principles und brachten diese schließlich durch Urteil des EuGH zu Fall (s. Art. 45 DSGVO Rz. 21 ff., 26). Auch die Nachfolgeregelung unter dem Privacy Shield wurde und wird von der kontroversen Diskussion begleitet, in welchem Maße US-Behörden auf Grundlage von US-Recht ungehindert Zugriff auf die USA übermittelte Daten erhalten. Es ist nicht auszuschließen, dass auch der Angemessenheitsbeschluss zum Privacy Shield aus diesem Grunde einer erneuten Überprüfung durch den Europäischen Gerichtshof nicht standhalten wird (vgl. Art. 45 DSGVO Rz. 26). 6

Entscheidend für eine ausreichende Garantie ist eine Mischung aus materiellen datenschutzrechtlichen Bestimmungen und einer Kontrolle durch unabhängige Instanzen[5]. Materiellrechtlich ist für die Angemessenheit gemäß Erwägungsgrund 108 insbesondere die Einhaltung der Grundsätze aus Art. 5 Abs. 1 zu fordern, daneben werden datenschutzfreundliche Voreinstellungen sowie die Grundsätze des Datenschutzes durch Technik erwähnt. Auch hier wird wie in Abs. 1 ausdrücklich betont, dass dem Betroffenen außerdem Rechte garantiert werden müssen, die er aufgrund existierender Rechtsmittel auch effektiv durchzusetzen vermag. 7

III. Genehmigungsfreie Garantien (Abs. 2)

Art. 46 Abs. 2 listet abschließend[6] Fälle auf, in denen ohne eine besondere Genehmigung der Aufsichtsbehörde ausreichende Garantien angenommen werden können. 8

---

3 BeckOK DatenschutzR/*Lange/Filip*, Art. 46 DSGVO Rz. 15 f.
4 So auch BeckOK DatenschutzR/*Lange/Filip*, Art. 46 DSGVO Rz. 16.
5 Vgl. zu § 4c BDSG-alt Simitis/*Simitis*, Rz. 41.
6 So auch *Ambrock/Karg*, ZD 2017, 156.

9 Der Datentransfer auf Basis von Binding Corporate Rules, Verhaltensregeln und Zertifizierungen unterliegt nach dem Wortlaut des Abs. 2 zwar keiner Genehmigungspflicht für den jeweiligen einzelnen Transfer, wie sie § 4c Abs. 2 Satz 1 BDSG-alt bislang vorsah; jedoch ist eine einmalige **Genehmigung** der Regelungen durch die zuständigen Aufsichtsbehörden erforderlich. Diese hinsichtlich der Binding Corporate Rules (Buchst. b) unter § 4c BDSG-alt umstrittene Frage[7] ist in der DSGVO somit beantwortet. Bezüglich der Standardvertragsklauseln (Buchst. c und d) erfolgte zur alten Rechtslage in Deutschland eine Diskussion um eine Pflicht zur Anzeige ihrer Verwendung[8], welche nun ebenfalls obsolet ist.

1. Rechtlich bindendes, durchsetzbares Dokument (Buchst. a)

10 Findet der Datenaustausch zwischen **öffentlichen Stellen** statt, können gemäß Art. 46 Abs. 2 Buchst. a rechtlich verbindliche und durchsetzbare Abkommen die Übermittlung rechtfertigen. Fehlt es wie bei bloßen Absichtserklärungen (Memorandum of Understanding, s. auch Erwägungsgrund 108) an einer rechtlichen Verbindlichkeit, ist nach Art. 46 Abs. 3 Buchst. b die vorherige Genehmigung der zuständigen Aufsichtsbehörde einzuholen.

11 Die Dokumente müssen nicht vorab durch Kommission oder Aufsichtsbehörde genehmigt werden wie die nachfolgend genannten alternativen Garantien. Hintergrund hierfür ist ein Vertrauensvorschuss, den staatliche Stellen gegenüber privaten aufgrund ihrer Bindung an Recht und Gesetz genießen[9].

12 Fraglich ist, was unter der geforderten Durchsetzbarkeit zu verstehen ist. Einerseits könnte die Durchsetzbarkeit durch den betroffenen Einzelnen[10], andererseits durch die auf der anderen Seite stehende Behörde gemeint sein. Jedenfalls muss gemäß Art. 46 Abs. 1 sichergestellt sein, dass Betroffenen hinreichende Rechte und Rechtsbehelfe gewährt werden.

2. Verbindliche interne Datenschutzvorschriften gemäß Art. 47 (Buchst. b)

13 Die Möglichkeit, verbindliche interne Datenschutzvorschriften – sog. „Binding Corporate Rules" – als Garantie zu wählen, steht nur mehreren Unternehmen offen, die entweder zusammengeschlossen oder gemeinsam wirtschaftlich tätig sind (vgl. Art. 47 Abs. 1 Buchst. a). Ihr Vorteil ist, dass sie individuell auf die

---

7 S. Plath/*von dem Bussche*, 2. Aufl. 2016, § 4c BDSG-alt Rz. 42 m.w.N.
8 Vgl. Plath/*von dem Bussche*, 2. Aufl. 2016, § 4c BDSG-alt Rz. 29 m.w.N.
9 BeckOK DatenschutzR/*Lange/Filip*, Art. 46 DSGVO Rz. 20; Paal/Pauly/*Pauly*, Art. 46 DSGVO Rz. 15.
10 So Paal/Pauly/*Pauly*, Art. 46 DSGVO Rz. 16.

Gruppe zuzuschneiden sind und innerhalb dieser die Datenverarbeitungsstandards vereinheitlichen[11]. Derartige Binding Corporate Rules müssen gemäß Art. 47 Abs. 1 vorab genehmigt werden (vgl. eingehend die dortige Kommentierung).

3. Standarddatenschutzklauseln (Buchst. c; d)

Aus Art. 57 Abs. 1 Buchst. j ist zu schließen, dass Standarddatenschutzklauseln Standardvertragsklauseln sind, wie sie schon nach Art. 26 Abs. 4 der DSRL als Instrument zur Sicherstellung angemessener Garantien vorgesehen waren. Sie können entweder von der Kommission nach dem Ausschussverfahren des Art. 93 Abs. 2 (Buchst. c) oder von einer Aufsichtsbehörde (Buchst. d) erlassen werden; in letzterem, neu geschaffenen Fall ist aber wiederum eine Genehmigung der Kommission nach dem o.g. Verfahren des Art. 93 Abs. 2 erforderlich, wodurch der Einfluss von Kommission und Mitgliedstaaten gewahrt wird[12]. 14

Standarddatenschutzklauseln bieten keinen Gestaltungsspielraum, da ein solcher die enthaltene Garantie gefährden würde[13]. Wie Erwägungsgrund 109 klarstellt, können Standardvertragsklauseln der Kommission und der Aufsichtsbehörden jedoch durch individuelle **einzelvertragliche Klauseln ergänzt** werden, soweit diese den Standardvertragsklauseln nicht widersprechen. **Abänderungen** der Standardklauseln dagegen führen jedoch zu einer Genehmigungsbedürftigkeit nach Art. 46 Abs. 3 Buchst. a, sodass die Privilegierung nach Art. 46 Abs. 2 wegfällt. Entscheidend ist also, ob es sich um Ergänzungen oder – mit der Folge einer Genehmigungspflicht – um inhaltliche Abänderungen der Standarddatenschutzklauseln handelt. In Hinblick auf die in Erwägungsgrund 109 erwähnten und ausdrücklich willkommenen zusätzlichen Garantieschaffungen sollte für Erweiterungen von Betroffenenrechten eher Genehmigungsfreiheit zu vermuten sein[14]. Für Unternehmensgruppen bieten sich für mehr Flexibilität bei der Garantieschaffung vor allem interne Vorschriften gemäß Art. 46 Abs. 2 Buchst. b i.V.m Art. 47 an[15]. Diese müssten aber ebenso wie individuelle Vereinbarungen i.S.v. Abs. 3 zunächst selbst ein Genehmigungsverfahren durchlaufen, welches Zeit in Anspruch nimmt (vgl. Art. 47 DSGVO Rz. 6). Die Verwendung von Standarddatenschutzklauseln ist dagegen sofort ohne Aufwand[16] und sicher möglich. 15

Bereits unter der DSRL genehmigte Standardvertragsklauseln bleiben gemäß Art. 46 Abs. 5 Satz 2 bis auf Weiteres in Kraft (vgl. genauer unter Rz. 30 ff.). 16

---

11 *Albrecht/Jotzo*, Teil 6 Rz. 14.
12 *Albrecht/Jotzo*, Teil 6 Rz. 13.
13 *Albrecht/Jotzo*, Teil 6 Rz. 13.
14 Anders wohl Paal/Pauly/*Pauly*, Art. 46 DSGVO Rz. 21.
15 *Albrecht/Jotzo*, Teil 6 Rz. 14.
16 Sydow/*Towfigh/Ulrich*, Art. 46 DSGVO Rz. 10.

4. Genehmigte Verhaltensregeln gemäß Art. 40 (Buchst. e)

17 Eine geeignete Garantie sind auch genehmigte Verhaltensregeln i.S.d. Art. 40, sofern der Empfänger sich rechtsverbindlich zu ihrer Anwendung verpflichtet und eine Durchsetzbarkeit auch in Bezug auf die zu garantierenden Rechte betroffener Personen gegeben ist. Diese Codes of Conduct sind im europäischen kodifizierten Recht eine Neuheit, die bisher lediglich als US-amerikanisches datenschutzrechtliches Instrument bekannt war[17].

18 Art. 40 ermuntert Verbände und andere Vereinigungen von Verantwortlichen und Auftragsverarbeitern, selbst Verhaltensregeln zur Präzisierung der Verordnungsvorschriften zu bestimmten Aspekten aufzustellen. Soweit diese sich auf Verarbeitungstätigkeiten in mehreren Mitgliedstaaten beziehen, ist außer der Genehmigung durch die gemäß Art. 55 zuständige Aufsichtsbehörde (Art. 40 Abs. 5, 6) auch eine Stellungnahme des Ausschusses sowie ggf. eine Übermittlung an die Kommission vonnöten, welche die Verhaltensregeln mittels des Verfahrens nach Art. 93 Abs. 2 durch Durchführungsrechtsakt für allgemeingültig erklären kann (vgl. genauer dortige Kommentierung).

19 Fraglich ist daher, ob Art. 46 Abs. 2 Buchst. e unter „genehmigten" Verhaltensregeln bereits die nach Art. 40 Abs. 5 aufsichtsbehördlich genehmigten oder erst die durch die Kommission gemäß Art. 40 Abs. 9 für allgemeingültig erklärten Verhaltensregeln meint. Zwar spricht der Wortlaut (auch der englischen Fassung) für ersteres, allerdings deutet Art. 40 Abs. 3 auf das Gegenteil hin: Der Vorschrift zufolge können Verantwortliche und Auftragsverarbeiter außerhalb des Anwendungsbereichs der DSGVO – also in Drittstaaten ansässige Empfänger – sich rechtlich zur Einhaltung von Verhaltensregeln verpflichten, die sowohl aufsichtsbehördlich genehmigt als auch von der Kommission für allgemeingültig erklärt worden sind, um so geeignete Garantien i.S.v. Art. 46 Abs. 2 Buchst. e zu schaffen. Hier wird also genau genommen der umgekehrte Fall dargestellt, in dem die empfangende Stelle entsprechende Garantien vorsieht, während Abs. 2 Buchst. e sich auf die Sicherstellung von Garantien durch den übermittelnden Verantwortlichen bezieht. Da sich dieser allerdings im Anwendungsbereich der DSGVO befindet und deren Vorgaben ohnehin einhalten muss, wird er kaum Garantien für die eigene Einhaltung der Vorschriften vorsehen müssen, sondern vielmehr Garantien für den datenschutzrechtlichen Standard der empfangenden Stelle schaffen müssen. Somit regeln beide Vorschriften den identischen Fall, dass die empfangende Stelle sich zur Einhaltung europarechtlich allgemeingültiger Verhaltensregeln i.S.v. Art. 40 Abs. 9 verpflichten muss, damit eine für eine Datenübermittlung an diese Stelle geeignete Garantie i.S.v. Art. 46 Abs. 1 gegeben ist. Folglich sind „nach Art. 40 genehmigte" Verhaltensregeln i.S.v. Art. 46 Abs. 2 Buchst. e gemäß Art. 40 Abs. 3 nur solche, die auch gemäß Art. 40 Abs. 9 durch die Kommission für allgemeingültig erklärt worden sind.

---

17 Paal/Pauly/*Pauly*, Art. 46 DSGVO Rz. 32.

Somit ist eine ausreichende Garantie i.S.v. Buchst. e nur gegeben, wenn sich die empfangende Stelle rechtsverbindlich i.S.v. Art. 40 Abs. 3 Satz 2 zur Einhaltung von gemäß Art. 40 Abs. 9 durch die Kommission für allgemeingültig erklärten Verhaltensregeln verpflichtet[18]. Zusätzlich muss sichergestellt werden, dass die in Art. 46 Abs. 1 vorausgesetzten Betroffenenrechte mittels wirksamer Rechtsbehelfe durchsetzbar sind.

5. Genehmigter Zertifizierungsmechanismus gemäß Art. 42 (Buchst. f)

Die ähnlich formulierte Vorschrift des Buchst. f sieht vor, dass auch mittels eines genehmigten Zertifizierungsmechanismus i.S.v. Art. 42 eine angemessene Garantie für das Datenschutzniveau beim Übermittlungsempfänger sichergestellt werden kann, sofern deren Anwendung und die Rechte Betroffener aufgrund hinreichender Verbindlichkeit durchsetzbar sind.

Art. 42 Abs. 5 sieht eine doppelte Zertifizierung vor: Auf der ersten Stufe müssen der Zertifizierungsmechanismus bzw. die anzuwendenden Kriterien durch die Aufsichtsbehörde oder bei grenzüberschreitendem Bezug im Kohärenzverfahren durch den Ausschuss genehmigt werden. Auf zweiter Stufe muss dann diese Zertifizierung selbst durch die Aufsichtsbehörde oder eine gemäß Art. 43 akkreditierte Aufsichtsbehörde erteilt werden. Hierbei ist fraglich, ob die empfangende Stelle als Ganzes, eine Gruppe von Übermittlungen oder der einzelne Übermittlungsvorgang Gegenstand der Zertifizierung ist. Äußerst praxistauglich wäre eine Zertifizierung von Verantwortlichen bzw. Auftragsverarbeitern in Drittländern oder internationalen Organisationen selbst, um ihr Datenschutzniveau für angemessen zu erklären und Datenübermittlungen an derart zertifizierte Stellen über Art. 46 Abs. 2 Buchst. f ohne besondere Genehmigung zu ermöglichen. Jedenfalls sollten Gruppen von Verarbeitungsvorgängen des Verantwortlichen oder Auftragsverarbeiters zertifizierbar sein[19] (vgl. dazu aber Art. 42 DSGVO Rz. 7).

Vergleichbar zu Art. 40 Abs. 3 nimmt auch Art. 42 Abs. 2 umgekehrt Bezug auf nicht in den Anwendungsbereich der DSGVO fallende Verantwortliche und Auftragsverarbeiter, für die mittels einer Selbstverpflichtung zur Einhaltung der Zertifizierungsverfahren eine geeignete Garantie i.S.v. Art. 46 Abs. 2 Buchst. f geboten werden kann. Auch hier müssen die Betroffenenrechte und ihre Durchsetzbarkeit gewährleistet werden.

---

18 Anders Paal/Pauly/*Pauly*, Art. 46 DSGVO Rz. 34, welcher dies als vom grenzüberschreitenden Bezug abhängig erachtet.
19 So auch BeckOK DatenschutzR/*Eckhardt*, Art. 42 DSGVO Rz. 31.

Art. 46 DSGVO | Datenübermittlung vorbehaltlich geeigneter Garantien

IV. Genehmigungsbedürftige Garantien (Abs. 3–4)

24 Neben den genehmigungsfreien Varianten besteht die Möglichkeit, durch zu genehmigende Vertragsklauseln oder – im Fall von öffentlichen Stellen – Verwaltungsvereinbarungen Garantien zu schaffen. Wie in Rz. 5 ausgeführt, rechtfertigen derartige Bestimmungen eine Ausnahme vom grundsätzlichen Erfordernis eines angemessenen Datenschutzniveaus im Drittstaat, indem sie eine Garantie für ein angemessenes Schutzniveau bezüglich der konkret genehmigten Übermittlungen etablieren[20]. Es entsteht eine vertragliche bzw. behördliche Datenschutzzelle, die hinreichende Garantien für den Datenschutz bietet und daher die Ausnahmegenehmigung rechtfertigt.

25 Wie unter Rz. 15 dargestellt, bieten individuelle Vereinbarungen im Vergleich zu den (ohnehin nur begrenzte Bereiche abdeckenden) Standardvertragsklauseln eine hohe Flexibilität durch ihre individuelle Anpassbarkeit, zugleich ist aber das Genehmigungsverfahren langwierig und birgt Unsicherheiten für die Parteien. Derartige individuelle Klauseln müssen für sich genommen angemessene Garantien darstellen, d.h. in der Regel die auch in den Standardvertragsklauseln oder in Binding Corporate Rules festzulegenden Inhalte ausreichend abdecken[21].

26 Ein Vertrag (Art. 46 Abs. 3 Buchst. a) muss, ebenso wie Verwaltungsvereinbarungen gemäß Art. 46 Abs. 3 Buchst. b, eine gewisse Dauerhaftigkeit bzw. Verbindlichkeit aufweisen, woran es bei Vorhandensein einseitiger Gestaltungsrechte fehlt[22]. Andererseits fallen rechtlich bindende Verwaltungsvereinbarungen unter die genehmigungsfreien Garantien (Abs. 2 Buchst. a), sodass die unter Abs. 3 Buchst. b zu fordernde Verbindlichkeit geringen Grades ist und lediglich eine gewisse Konstanz gewährleisten muss.

27 Soweit Vertragsklauseln im Einzelfall genehmigt werden, ist nach Abs. 4 das Kohärenzverfahren gemäß Art. 63 durchzuführen.

28 Die Genehmigung ist ein – aufgrund der Möglichkeit des Widerspruchs der EU-Kommission oder eines anderen EU-Mitgliedstaats regelmäßig nur unter Widerrufsvorbehalt erteilter[23] – **Verwaltungsakt** (wohl auch mit Drittwirkung zu Lasten der von der Datenübermittlung Betroffenen), ihre Verweigerung kann also durch Widerspruch und Verpflichtungsklage, ihre Erteilung durch Widerspruch und Anfechtungsklage angegriffen werden[24]. Die Erteilung der Genehmigung steht im Ermessen der Behörde, wobei bei Vorliegen aller Voraussetzungen eine Ermessensreduzierung auf Null in Betracht kommt[25]. Die Geneh-

---

20 Zu § 4c BDSG-alt vgl. *Moos*, CR 2010, 281; Taeger/Gabel/*Gabel*, Rz. 15.
21 Zu § 4c BDSG-alt Gierschmann/Saeugling/*Thoma*, Rz. 46.
22 Paal/Pauly/*Pauly*, Art. 46 DSGVO Rz. 10.
23 Zu § 4c BDSG-alt Taeger/Gabel/*Gabel*, Rz. 19.
24 Zu § 4c BDSG-alt Däubler/Klebe/Wedde/Weichert/*Däubler*, Rz. 14.
25 Zu § 4c BDSG-alt Taeger/Gabel/*Gabel*, Rz. 18; *Bergmann/Möhrle/Herb*, Rz. 25; *Räther/Seitz*, MMR 2002, 521; *Rittweger/Weiße*, CR 2003, 145.

migung wird nicht pauschal, sondern jeweils nur für **einzelne konkrete Übermittlungen** oder **bestimmte Arten von Übermittlungen** (z.B. Kundendaten, Daten zum Versand, Arbeitnehmerdaten) erteilt[26]. So können regelmäßig und vielfach wiederkehrende Datenübermittlungen im Rahmen eines Genehmigungsverfahrens kategorisierend nach Art der Daten zusammengefasst werden[27].

V. Übergangsregelung (Abs. 5)

Nach Art. 46 Abs. 5 Satz 1 bleiben die **Genehmigungen einzelner Übermittlungen/Übermittlungskategorien**, die auf Basis des Art. 26 Abs. 2 der DSRL von den Mitgliedstaaten oder Aufsichtsbehörden erlassen wurden, uneingeschränkt in Kraft, bis diese geändert, ersetzt oder aufgehoben werden (vgl. zum Inhalt des Artikels auch Rz. 3). 29

Gleiches gilt für die **Standardvertragsklauseln** der Kommission nach Art. 26 Abs. 4 der DSRL, die folglich weiterverwendet werden dürfen. Obwohl auch neu erlassene Standarddatenschutzklauseln vom Prinzip her geändert oder aufgehoben werden können und ihre Verwendung deshalb theoretisch eine gewisse Unsicherheit birgt, gilt dies im Wesentlichen nur für die drei bereits unter der DSRL erlassenen Standardvertragsklauseln[28]: Ihre Änderung ist zwecks Anpassung an die neue Rechtslage naheliegend, sodass bei ihrer Verwendung trotz der Formulierung des Art. 46 Abs. 5 Satz 2 besonderes Augenmerk auf die Anforderungen des neuen europäischen Datenschutzrechts gelegt werden sollte. In Ermangelung von Alternativen ist zu empfehlen, so lange auf die bestehenden Standardvertragsklauseln zurückzugreifen, bis die Kommission diese überarbeitet, anpasst oder neu regelt, wie es auch der Gesetzeswortlaut in Abs. 5 ausdrücklich vorsieht. 30

Bislang hat die EU-Kommission drei Standardvertragsklauseln entwickelt. Es handelt sich um die „Standardvertragsklauseln für die Übermittlung personenbezogener Daten **an verantwortliche Stellen** in Drittländern" vom 15.6.2001[29] (auch: „Standardvertragsklauseln Set I") sowie einen alternativen Regelungsvorschlag vom 27.12.2004[30] (auch: „Standardvertragsklauseln Set II"). Darüber hinaus exis- 31

---

26 Zu § 4c BDSG-alt *Spindler/Schuster*, § 4c BDSG Rz. 29; *Gola/Schomerus*, § 4c BDSG Rz. 18.
27 Zu § 4c BDSG-alt Däubler/Klebe/Wedde/Weichert/*Däubler*, Rz. 15; Simitis/*Simitis*, Rz. 33; *Spindler/Schuster*, Rz. 29.
28 Ein entsprechendes Eingreifen der Kommission ist erfahrungsgemäß weniger von der Kommission zu erwarten, sondern allenfalls vom EuGH, dem derzeit die von Facebook modifiziert verwendeten Standarddatenschutzklauseln zur Entscheidung vorgelegt worden sind.
29 Kommissionsentscheidung v. 15.6.2001 (K(2001) 1539), ABl. EG Nr. L 181 v. 4.7.2001, 19.
30 Kommissionsentscheidung v. 27.12.2004 (K(2004) 5271), ABl. EG Nr. L 385 v. 29.12.2004, 74.

tieren „Standardvertragsklauseln für die Übermittlung personenbezogener Daten **an Auftragsverarbeiter** in Drittländern" vom 5.2.2010[31], die insbesondere die unter Rz. 2 erwähnten, unter Geltung der DSRL notwendigen Kettenauslagerungen durch die Erteilung von Unteraufträgen detailliert regeln[32].

32 Der **Aufbau** dieser drei „Sets" an Standardvertragsklauseln ist weitgehend identisch: Sie bestehen aus einem Mustervertragstext, in dem die gegenseitigen Rechte und Pflichten von übermittelnder und empfangender Stelle im Hinblick auf die zu übermittelnden Daten geregelt sind. Die individuellen Besonderheiten und Details der Vertragsparteien werden in zwei Anhängen aufgegriffen. Dabei ist vor allem zu beachten, dass die Parteien vorab definieren, zu welchem Zweck welche Daten übertragen werden sollen. Ändert sich später die Art der übermittelten Daten oder der Zweck der Datenübermittlung, ist die Vereinbarung dementsprechend anzupassen[33].

33 In Art. 4 Abs. 1 sehen alle drei Klauselwerke vor, dass die nationalen Aufsichtsbehörden in drei Fällen Datenübermittlungen im Rahmen ihrer Zuständigkeit verbieten bzw. aussetzen können. Spätestens dann trifft sie nämlich eine staatliche Schutzpflicht im Interesse des Grundrechts auf informationelle Selbstbestimmung der Betroffenen, die sie zum Einschreiten zwingt[34]. Einerseits ist das der Fall, wenn eine Aufsichtsbehörde festgestellt hat, dass ein Datenempfänger einzelne Standardvertragsklauseln nicht einhält (**Buchst. b**) oder eine hohe Wahrscheinlichkeit für eine derzeitige oder künftige Nichteinhaltung besteht und Betroffene schwerwiegend geschädigt werden könnten (**Buchst. c**). Andererseits existiert diese Möglichkeit im schwieriger zu verstehenden, in **Buchst. a** aufgeführten Fall, bei dem eine Übermittlung auf Vertragsbasis sich wahrscheinlich sehr nachteilig auf die Garantien auswirkt, die den Betroffenen angemessenen (Daten-)Schutz bieten sollen. Es muss hierfür feststehen, dass der Übermittlungsempfänger nach den für ihn geltenden Rechtsvorschriften solchen Anforderungen unterliegt, die ihn zwingen, vom anwendbaren Datenschutzrecht in einem Maß abzuweichen, das über die Beschränkungen des Art. 13 DSRL für eine demokratische Gesellschaft hinausgeht und dass dies sich wahrscheinlich sehr nachteilig auf die Garantien auswirkt, die das anwendbare Datenschutzrecht und die Standardvertragsklauseln bieten. Der Wortlaut deutet an, dass im

---

31 Kommissionsbeschluss v. 5.2.2010 (K(2010) 593), ABl. EU Nr. L 39 v. 12.2.2010, 5; ausführlich zur Kritik an der älteren Version v. 27.12.2001 (ABl. EG Nr. L 6 v. 10.1.2002, 52) und zu den Neuerungen im Vergleich mit der Kommissionsentscheidung v. 15.6. 2001 (K(2001) 1539), ABl. EG Nr. L 181 v. 4.7.2001, 19, insb. zur Möglichkeit der Unterbeauftragung: *Moos*, CR 2010, 281.
32 Zur Kettenauslagerung auf Grundlage der Standardvertragsklauseln v. 27.12.2001 und zu deren Reformbedarf s. *Fischer/Steidle*, CR 2009, 632; allgemeiner Überblick über die neuen Standardvertragsklauseln für Auftragsverarbeiter bei *Moos*, CR 2010, 281.
33 Hierzu *Wisskirchen*, CR 2004, 865.
34 S. zur Frage einer Schutzpflicht auch *Kipker/Voskamp*, RDV 2014, 84.

Gegensatz zu Buchst. b die Aufsichtsbehörde keine **eigene Feststellung** darüber treffen darf, ob die Standardvertragsklauseln (als „Garantie" i.S.d. europäischen Datenschutzrechts) mit der Rechtsordnung konfligieren, welcher der Übermittlungsempfänger unterliegt, sondern dies anderweitig festgestellt worden sein muss[35]. Derartige Feststellungen hat der europäische Normgeber eigentlich der Kommission zugewiesen[36]. Andererseits können Aufsichtsbehörden dem EuGH zufolge sogar Angemessenheitsentscheidungen der Kommission eigenständig prüfen und hierfür den Klageweg beschreiten, was dafür sprechen könnte, dass sie auch über nachteilige Auswirkungen der Rechtsordnung beim Empfänger selbst entscheiden können[37]. Hiernach besteht jedoch gerade keine Befugnis der Aufsichtsbehörden, über die Anwendbarkeit von Kommissionsrechtsakten verbindlich zu entscheiden; es handelt sich lediglich um eine *Prüfungs*befugnis (vgl. Art. 45 DSGVO Rz. 34f.). Sollte die Aufsichtsbehörde zu einem negativen Ergebnis kommen, muss sie dennoch die Entscheidung der Frage dem EuGH überlassen. Es sind keine Gründe ersichtlich, für Kommissionsbeschlüsse zu Standardvertragsklauseln etwas anderes gelten zu lassen als für ihre Angemessenheitsbeschlüsse[38], sodass Aufsichtsbehörden keinesfalls ein Recht zur Außerkraftsetzung von Kommissionsentscheidungen attestiert werden kann und sich hieraus kein Argument für eine eigene Entscheidungskompetenz in Bezug auf Buchst. a herleiten lässt. Vielmehr müsste die Aufsichtsbehörde dann auch beurteilen, welche demokratischen Bedürfnisse i.S.v. Art. 13 DSRL eine Beeinträchtigung der durch Standardvertragsklauseln zu gewährleistenden europäischen Datenschutzanforderungen noch rechtfertigen und welche nicht. Im Ergebnis müssten dann die Aufsichtsbehörden eine fremde Rechtsordnung an den sehr unbestimmten Erfordernissen einer demokratischen Gesellschaft messen[39], wofür ihnen aber Ressourcen und wohl auch Kompetenzen fehlen dürften[40]. Einzig für eine eigene Entscheidungsbefugnis der Aufsichtsbehörden spricht, dass gemäß Klausel 5 Buchst. b der Auftragsverarbeiterklauseln (Klausel 5 (a) Set I; II c) Set II) sogar der einzelne Empfänger, welcher noch weniger Ressourcen hierfür hat als eine Aufsichtsbehörde, eine derartige Prüfung vornehmen bzw. jedenfalls erklären muss, keinen seiner Pflichterfüllung entgegenstehenden Vorschriften zu unterliegen[41], sowie dass Buchst. a mangels eines normierten Instruments derartiger Entscheidungen durch andere Stellen (insbesondere die

---

35 Vgl. ausführlich *Schmitz/von Dall'Armi*, ZD 2016, 219f.
36 Vgl. ausführlich *Schmitz/von Dall'Armi*, ZD 2016, 219f.
37 So Bitkom e.V., Übermittlung personenbezogener Daten – Inland, EU-Länder, Drittländer, Version 1.1 (2016), 26.
38 Ausführlich *Schmitz/von Dall'Armi*, ZD 2016, 219; Sydow/*Towfigh/Ulrich*, Art. 46 DSGVO Rz. 9.
39 *Schmitz/von Dall'Armi*, ZD 2016, 221.
40 Vgl. auch *Schmitz/von Dall'Armi*, ZD 2016, 221.
41 Diese Klauseln werden bspw. von Kühling/Buchner/*Schröder*, Art. 46 DSGVO Rz. 29 sehr kritisch gesehen.

Kommission) sonst wohl niemals Anwendung finden dürfte. Dennoch verhindern die Kompetenzverteilungen eine andere Auslegung[42]. Folglich kann die Aufsichtsbehörde nicht einfach Datenübermittlungen aussetzen, weil sie den geltenden Rechtsrahmen beim Datenempfänger für ungenügend hält, obwohl genehmigte Standardvertragsklauseln verwendet werden, die diesen sicherstellen sollen. Sie ist allerdings nicht gehindert, sich diesbezüglich an die Kommission zu wenden. Zu erwähnen bleibt noch, dass es unter Geltung der DSGVO befremdlich anmutet, als Entscheidungsmaßstab (der zu definierenden anderen Stelle, wohl der Kommission) über die Konfliktlage Art. 13 der DSRL heranzuziehen. Solange die Kommission an den ergangenen Entscheidungen jedoch nichts ändert, kann nicht automatisch der (etwas ausdifferenziertere) Maßstab des Art. 23 DSGVO den ursprünglich anzulegenden des Art. 13 DSRL ersetzen.

1. Standardvertragsklausel Set I und II

34 Die Standardvertragsklauseln Set I und II finden alternativ[43] Anwendung auf Datenübermittlungen **von einem Verantwortlichen an einen anderen** zu dessen eigenen Zwecken (*Controller-to-Controller*)[44]. Das gemeinsam mit mehreren Wirtschaftsverbänden ausgearbeitete Set II gilt dabei als wirtschaftsfreundlicher, da es im Unterschied zu Set I insbesondere keine gesamtschuldnerische Haftung der übermittelnden Stelle und des Datenempfängers enthält, sondern vielmehr bestimmte Verantwortungsbereiche abgrenzt, innerhalb derer Datenexporteur und -importeur individuell haften[45]. Auf der anderen Seite wurden für diese Standardvertragsklauseln aber auch die Eingriffsbefugnisse der Datenschutzaufsichtsbehörden erweitert[46]. Zu beachten ist außerdem, dass die Standardvertragsklauseln Set II, zumindest nach Ansicht der Datenschutzaufsichtsbehörden, aufgrund fehlender Auskunftsrechte nur bedingt eine taugliche Grundlage für die Übermittlung von Arbeitnehmerdaten darstellten[47], weshalb die Set II – Bestimmungen nach vorgenannter Ansicht demnach um eine Vereinbarung er-

---

42 Anders wohl Bitkom e.V., Übermittlung personenbezogener Daten – Inland, EU-Länder, Drittländer, Version 1.1 (2016), S. 26.
43 So auch BeckOK DatenschutzR/*Lange/Filip*, Art. 46 DSGVO Rz. 36.
44 BeckOK DatenschutzR/*Lange/Filip*, Art. 46 DSGVO Rz. 35; v. d. Bussche/Voigt/*v. d. Bussche/Voigt*, Teil 4 Kapitel 3 Rz. 13.
45 Vgl. auch Gola/*Klug*, Art. 46 DSGVO Rz. 9; BeckOK DatenschutzR/*Lange/Filip*, Art. 46 DSGVO Rz. 37; Paal/Pauly/*Pauly*, Art. 46 DSGVO Rz. 26.
46 Interventionsmöglichkeit bei nationaler Ergänzung bestimmter (fast aller) DSRL-Vorschriften, gleichermaßen für die in Rz. 39 ff. genannten Standardvertragsklauseln (Kühling/Buchner/*Schröder*, Art. 46 DSGVO Rz. 27 m.w.N.); s. auch Moos/*Lang*, 1. Aufl. 2014, Teil 5 II Rz. 15.
47 v. d. Bussche/Voigt/*v. d. Bussche/Voigt*, Teil 4 Kapitel 3 Rz. 19; ähnl. BeckOK DatenschutzR/*Lange/Filip*, Art. 46 DSGVO Rz. 37 f.; Paal/Pauly/*Pauly*, Art. 46 DSGVO Rz. 24.

gänzt werden mussten, die diese Mängel behebt[48]. In Bezug auf die DSGVO haben Betroffenenrechte noch eine erhebliche Aufwertung erfahren, sodass die Aufsichtsbehörden nicht nur an dieser Forderung festhalten, sondern sie vielmehr generell stellen dürften, solange die Standardvertragsklauseln unverändert fortgelten[49].

2. Standardvertragsklauseln für Auftragsdatenverarbeitungen

a) Allgemeines

Die Standardvertragsklauseln vom 5.2.2010 finden hingegen explizit für Datenübermittlungen zum Zweck der (jetzt) **Auftragsverarbeitung in Drittstaaten** (*Controller-to-Processor*) Anwendung[50]. Sinn und Zweck der Neufassung der Standardvertragsklauseln zur (damals noch) Auftragsdatenverarbeitung war es, der rasch expandierenden Datenverarbeitungstätigkeit weltweit Rechnung zu tragen und für die Wirtschaft wichtige Aspekte zu erfassen, die in der vorherigen Version der Standardvertragsklauseln nicht erfasst waren[51]. Signifikanteste Änderung zu den bis dahin bestehenden Standardklauseln war die ausdrückliche Zulassung und Regelung der Beauftragung eines in einem Drittland niedergelassenen Unterauftragsverarbeiters durch einen in einem Drittland ansässigen Auftragsverarbeiter[52], die sog. „**Kettenauslagerung**"[53]. Eine Unterauftragsverarbeitung war zwar bereits vorher möglich. Der Datenexporteur musste jedoch die Standardvertragsklauseln selbst mit dem Unterauftragsverarbeiter abschließen, wenngleich er sich hierbei vom Datenimporteur vertreten lassen konnte. Der Datenimporteur konnte diesem Vertragsverhältnis alternativ beitreten[54] und musste jedenfalls selbst noch einen Vertrag mit dem Unterauftragsverarbeiter schließen. Eine derartige sog. „**unechte**" Unterauftragsverarbeitung ist auch

35

---

48 Vgl. Arbeitskreis „Datenschutz in Recht und Praxis", DuD 2008, 655; Däubler/Klebe/Wedde/Weichert/*Klebe*, § 4c BDSG Rz. 18a nennt als Form der Abmachung die Gesamtzusage gegenüber bereits Beschäftigten und entsprechende Klauseln in künftigen Arbeitsverträgen; v. d. Bussche/Voigt/*v. d. Bussche/Voigt*, Teil 4 Kapitel 3 Rz. 20; (eingehender) BeckOK DatenschutzR/*Lange/Filip*, Art. 46 DSGVO Rz. 38; Paal/Pauly/*Pauly*, Art. 46 DSGVO Rz. 27.
49 Vgl. BeckOK DatenschutzR/*Lange/Filip*, Art. 46 DSGVO Rz. 3.
50 Kommissionsbeschluss 2010/87/EU vom 5.2.2010, Art. 2 Abs. 2; *Moos*, K&R 2011, 147; zur Auftragsverarbeitung in Drittstaaten unter Verwendung (modifizierter) EU-Standardvertragsklauseln *Weber/Voigt*, ZD 2011, 74; zur Sub-Beauftragung in Drittstaaten vgl. *Lensdorf*, CR 2010, 735; v. d. Bussche/Voigt/*v. d. Bussche/Voigt*, Teil 4 Kapitel 3 Rz. 29 ff.; Moos/*v. d. Bussche*, § 28 Rz. 18 ff.
51 v. d. Bussche/Voigt/*v. d. Bussche/Voigt*, Teil 4 Kapitel 3 Rz. 25.
52 Klausel 11 der Standardvertragsklauseln, beigefügt in Kommissionsbeschluss 2010/87/EU vom 5.2.2010; vgl. auch *Moos*, CR 2010, 282.
53 Moos/*v. d. Bussche*, § 28 Rz. 97.
54 Moos/*v. d. Bussche*, § 28 Rz. 97 m.w.N.

weiterhin möglich, wie aus Klausel 4 Buchst. I geschlossen werden kann[55]. Sie bietet sich insbesondere an, wenn nur der Unterauftragsverarbeiter außerhalb der EU niedergelassen ist (vgl. Rz. 38)[56].

36 Aufgrund des veränderten Rechts gerade bezüglich der Auftragsverarbeitung ist sehr fraglich, inwiefern diese Standarddatenschutzklauseln – zumindest langfristig – weiterhin anwendbar sein können. Sie basieren auf der ursprünglichen Prämisse, dass stets der Verantwortliche die erforderlichen Garantien schaffen muss. Nunmehr sind aber Auftragsverarbeiter selbst bezüglich vieler einzuhaltender Vorschriften in der Pflicht und müssen auch selbst sicherstellen, dass bei Übermittlungen außerhalb der EU ausreichende Garantien bestehen (vgl. Art. 44 und 46 Abs. 1). Allerdings implementiert Art. 28 Abs. 2 den Grundsatz von Klausel 11 der Standardvertragsklauseln in das EU-Datenschutzrecht, wonach eine Unterbeauftragung stets der Genehmigung durch den Verantwortlichen bedarf. Deshalb wird die Freiheit des Auftragsverarbeiters zu Unterbeauftragungen durch Art. 28 Abs. 2 eingeschränkt, während Klausel 11 der Standardvertragsklauseln eine selbstständige, die EU-Grenzen überschreitende Unterbeauftragung unter Geltung der DSRL überhaupt erst ermöglichte. Trotz der nunmehr veränderten Rechtslage stellt die DSGVO aber grundlegend ähnliche Anforderungen an (auch grenzüberschreitende) Auftragsverarbeitungen wie sie die Standardvertragsklauseln für grenzüberschreitende Auftragsverarbeitungen sicherstellen wollen, daher sind sie trotz veränderten Rechts nicht gänzlich ungeeignet, die Erfordernisse der DSGVO an „geeignete Garantien" zu wahren[57]. Insbesondere in Anbetracht von Art. 46 Abs. 5 Satz 2 scheint der Verordnungsgeber das Niveau für gleichwertig zu halten. Auch implementieren die Standardvertragsklauseln[58] zum Teil ein Mehr an vertraglichen Vorkehrungen, als es die neue Rechtslage erfordern würde.

37 Überdies ist aber sehr streitig, ob die Standardvertragsklauseln für Datenübermittlungen an Auftragsverarbeiter in Drittländern den vom EuGH im Schrems-Urteil[59] geforderten Schutzstandard tatsächlich gewährleisten[60]. Diese Frage wird dem EuGH durch den irischen High Court vorgelegt[61]; eine Entscheidung ist abzuwarten. Möglicherweise wird die Kommission früher zu der Frage Stellung nehmen, ob die Standarddatenschutzklauseln unter der DSGVO weiterhin zu verwenden sind.

---

55 Moos/*v. d. Bussche*, § 28 Rz. 97.
56 Paal/Pauly/*Pauly*, Art. 46 DSGVO Rz. 25.
57 Gänzlich ablehnend *Roßnagel/Hofmann*, Europäische Datenschutzgrundverordnung, § 3 Rz. 270.
58 EU-Kommission, Beschluss 2010/87/EU v. 5.2.2010.
59 EuGH v. 6.10.2015 – C-362/14.
60 *Roßnagel/Hofmann*, Europäische Datenschutzgrundverordnung, § 3 Rz. 270 m.w.N; https://www.bvdnet.de/eu-standardvertragsklauseln-kommen-vor-dem-eugh/.
61 Vorlageentscheidung abrufbar unter http://www.europe-v-facebook.org/sh2/HCJ.pdf; Kurzfassung unter http://www.europe-v-facebook.org/sh2/ES.pdf.

b) Im Einzelnen

Das Klauselwerk ist nach Erwägungsgrund 17 nur anwendbar, wenn Auftrag- und Unterauftragnehmer in einem Drittland ansässig sind und Daten für einen innerhalb der EU ansässigen Auftraggeber verarbeiten. Auf den praxisrelevanten Fall, dass der in der Beauftragungskette an erster Stelle Stehende in der EU ansässig ist und einen Subauftragnehmer in einem Drittland beauftragt, sind die Standardvertragsklauseln demnach nicht unmittelbar anwendbar[62]. Hier sind weiterhin unmittelbar zwischen in der EU ansässigem Auftraggeber und Unterauftragnehmer im Drittland eigene Standarddatenschutzklauseln abzuschließen, was europäische Auftragsverarbeiter gegenüber außerhalb der EU ansässigen benachteiligt[63]. Die EU-Kommission hat den Mitgliedstaaten die Entscheidung über die Zulässigkeit einer derartigen Unterbeauftragung überlassen, mithin die Entscheidung, ob das Standardvertragsklauselwerk auch für diese Fallkonstellation „ausreichende Garantien" zu etablieren vermag[64]. Als die Standardvertragsklauseln vom 27.12.2001 noch für die Beziehung zwischen Verantwortlichem und Auftragsverarbeiter galten, verlangten die deutschen Aufsichtsbehörden, dass der im Drittstaat befindliche Subbeauftragte sowohl mit dem Erstbeauftragten einen „Standardvertrag für Auftragsdatenverarbeitung in Drittstaaten" als auch (ggf. vertreten durch den Erstbeauftragten) mit dem Verantwortlichen zusätzlich einen „Standardvertrag Set I oder Set II" abschließt. Bei den heute üblichen Hosting-, Outsourcing- und Cloud Computing Services durch Subbeauftragte in Drittländern wie den USA oder Indien bedeutet das einen für die beteiligten Unternehmen kaum noch zu bewältigenden Verwaltungsaufwand. Hier besteht dringender Handlungsbedarf. So forderte auch die Artikel 29-Datenschutzgruppe schon 2009 die Schaffung eines rechtlichen Instruments durch die EU-Kommission, um diese Fallkonstellation europaweit einheitlich zu regeln[65] und arbeitete einen 2014 publizierten Entwurf für Processor-Processor-Datenschutzklauseln[66] aus. Als Übergangslösung ist es für einen in der EU bzw. dem EWR (vgl. Art. 44 DSGVO Rz. 10) befindlichen Erstbeauftragten bisweilen ratsam, sich bereits beim Vertragsschluss vom Auftraggeber als Verantwortlichem bevollmächtigen zu lassen, um im Namen des Auftraggebers einen entsprechenden Standardvertrag mit dem im Drittstaat befindlichen Subbeauftragten abschließen zu können[67]. Ebenso ist eine Aufnahme des Subbeauftragten in den ur-

38

---

62 Zur bisherigen Rechtslage *Moos*, K&R 2011, 147; *Moos/v. d. Bussche*, § 28 Rz. 26; Taeger/Gabel/*Gabel*, § 4c BDSG-alt Rz. 26; *Lensdorf*, CR 2010, 735; s. auch Artikel 29-Datenschutzgruppe, 00070/2010/DE WP 176, 3 und Erwägungsgrund 23.
63 Kühling/Buchner/*Schröder*, Art. 46 DSGVO Rz. 31.
64 EU-Kommission, Beschluss 2010/87/EU v. 5.2.2010, Erwägungsgrund 23; *Moos*, CR 2010, 284.
65 Artikel 29-Datenschutzgruppe, 00566/09/EN WP 161, 3.
66 Artikel 29-Datenschutzgruppe, 757/14/EN WP 214.
67 Vgl. auch *Moos*, CR 2010, 285.

sprünglichen Vertrag als mögliche Lösung anerkannt[68]. Hat nur der Auftragnehmer seinen Sitz im Drittland, der Subunternehmer und der Auftraggeber jedoch jeweils innerhalb der EU, so ist nur zwischen dem Auftraggeber und dem Auftragnehmer ein EU-Standardvertrag zur Auftragsverarbeitung zu schließen. Im Verhältnis Auftragnehmer/Subunternehmer muss der Auftragnehmer jedoch die vertraglichen Verpflichtungen zur Auftragsverarbeitung entsprechend weitergeben[69].

39 Zu beachten ist, dass es sich bei den Standardvertragsklauseln[70] aus dem Jahre 2010 gerade nicht um **Processor-Processor-Klauseln** handelt und solche auch bislang nicht existieren. Die deutschen Aufsichtsbehörden vertreten den Standpunkt, dass die Standardverträge in diesem Fall nicht vereinbart werden können, weil für die Anpassung von Verträgen an eine Processor-Processor-Beziehung eine textliche Änderung erfolgen müsste, die zu einem Genehmigungserfordernis führen würde. Die Standardvertragsklauseln können folglich unmittelbar allein für den Vertrag zwischen Verantwortlichem und Auftragsverarbeiter verwendet werden. Klausel 11 Absatz 1 ermöglicht aber bei vorheriger schriftlicher Einwilligung des Verantwortlichen eine Unterbeauftragung durch schriftliche Vereinbarung allein zwischen Auftrags- und Unterauftragsverarbeiter, mittels derer dem Unterauftragsverarbeiter die Einhaltung der vom Auftragsverarbeiter gemäß der Standardvertragsklauseln einzuhaltenden Pflichten aufgegeben wird. Dies kann auch erfolgen, indem der Unterauftragsverarbeiter den Standardvertrag zwischen Verantwortlichem und Auftragsverarbeiter (= seinem Auftraggeber) mitunterzeichnet[71]. Hierbei ist es bedauerlicherweise irrelevant, ob zwischen Auftragnehmer und Subbeauftragtem bereits verbindliche Unternehmensregelungen existieren[72]. Dies ist insbesondere bei der Weitergabe von Verarbeitungsaufträgen innerhalb verbundener Unternehmen nicht nur impraktikabel und formalistisch, sondern auch nicht sachgerecht, da nicht ersichtlich ist, warum EU-Standardvertragsklauseln grundsätzlich personenbezogene Daten besser zu schützen vermögen als verbindliche Unternehmensregelungen[73]. Zumindest aus deutscher Perspektive ist deswegen fraglich, ob das bezweckte Ziel der EU-Kommission, die Auftragsverarbeitung EU-grenzüberschreitend zu ermöglichen, durch die EU-Standardvertragsklauseln zur Auftragsdatenverarbeitung tatsächlich erreicht worden ist[74].

---

68 Fußnote 1 zu Klausel 11 Abs. 1 Satz 2 der Standardvertragsklauseln, beigefügt in Kommissionsbeschluss 2010/87/EU v. 5.2.2010; *Hillenbrandt-Beck*, RDV 2007, 234.
69 Moos/*v. d. Bussche*, § 28 Rz. 25; Düsseldorfer Kreis, Beschl. v. 19./20.4.2007, 6 ff.; v. d. Bussche/Voigt/*v. d. Bussche/Voigt*, Teil 4 Kapitel 3 Rz. 31.
70 Kommissionsbeschluss v. 5.2.2010 (K(2010) 593), ABl. EU Nr. L 39 v. 12.2.2010, 5.
71 Fußnote zu Klausel 11 Abs. 1 Satz 2 (Kommissionsbeschluss 2010/87/EU v. 5.2.2010); Artikel 29-Datenschutzgruppe, 00070/2010/DE WP 176, 8.
72 *Moos*, K&R 2011, 148; Moos/*v. d. Bussche*, § 28 Rz. 99.
73 So auch *Moos*, CR 2010, 285.
74 S. hierzu ausführlich v. d. Bussche/Voigt/*v. d. Bussche/Voigt*, Teil 3 Kapitel 3 Rz. 26 f. m.w.N.

Schließlich nahm die Auftragsdatenverarbeitung gemäß §§ 11, 3 Abs. 8 BDSG- 40
alt eine Privilegierung dahingehend ein, dass Auftragsdatenverarbeiter innerhalb
des EWR im Verhältnis zur übermittelnden Stelle nicht als Dritte angesehen
wurden, weshalb eine Weitergabe personenbezogener Daten an Auftrags(daten)verarbeiter nicht gesondert gerechtfertigt werden musste. Streitig war, ob
diese Privilegierung entgegen dem Gesetzeswortlaut analog auch für Auftragsverarbeiter in Drittländern galt, wofür sich entgegen den deutschen Datenschutzaufsichtsbehörden[75] eine starke Strömung in der Literatur[76] aussprach[77].
Mit Inkrafttreten der DSGVO wird diese ausdrückliche Differenzierung zwischen Auftragsverarbeitern innerhalb des DSGVO-Geltungsbereichs und in
Drittstaaten mit Art. 4 Nr. 10 aufgehoben. In dieser Form hat sich der Mei-
nungsstreit daher erledigt. Streitig ist nun vielmehr, ob Übermittlungen an *alle*
Auftragsverarbeiter noch privilegiert sind bzw. neben Art. 28 DSGVO auch auf
erster Stufe gerechtfertigt werden müssen oder nicht[78]. In jedem Fall ist für die
Rechtfertigung auf zweiter Stufe eine Anpassung der Standardvertragsklauseln
an das veränderte Datenschutzrecht für ein besseres Zusammenspiel mit den
Anforderungen des Art. 28 dringend wünschenswert.

Artikel 47 Verbindliche interne Datenschutzvorschriften

(1) **Die zuständige Aufsichtsbehörde genehmigt gemäß dem Kohärenzverfahren nach Artikel 63 verbindliche interne Datenschutzvorschriften, sofern diese**

a) **rechtlich bindend sind, für alle betreffenden Mitglieder der Unternehmensgruppe oder einer Gruppe von Unternehmen, die eine gemeinsame Wirtschaftstätigkeit ausüben, gelten und von diesen Mitgliedern durchgesetzt werden, und dies auch für ihre Beschäftigten gilt,**

b) **den betroffenen Personen ausdrücklich durchsetzbare Rechte in Bezug auf die Verarbeitung ihrer personenbezogenen Daten übertragen und**

c) **die in Absatz 2 festgelegten Anforderungen erfüllen.**

---

75 Die Aufsichtsbehörden gingen in letzter Konsequenz jedoch nicht von einer Unzulässigkeit der Datenweitergabe an Auftragsdatenverarbeiter in Drittländern aus; vielmehr wurde von diesen eine Zulässigkeit der Datenweitergabe über § 28 Abs. 1 Satz 1 Nr. 2 BDSG-alt fingiert.
76 Vgl. Moos/*v. d. Bussche*, 1. Aufl. 2014, Teil 5 III Rz. 20 m.w.N.
77 Ausführlich zu diesem Problem v. d. Bussche/Voigt/*v. d. Bussche/Voigt*, Teil 3 Kapitel 3 Rz. 27.
78 Näher in Moos/*v. d. Bussche*, § 28 Rz. 14 f.; ausführlich für eine Privilegierung sprechend auch Kühling/Buchner/*Hartung*, Art. 28 DSGVO Rz. 15 ff.

Art. 47 DSGVO | Verbindliche interne Datenschutzvorschriften

(2) Die verbindlichen internen Datenschutzvorschriften nach Absatz 1 enthalten mindestens folgende Angaben:

a) Struktur und Kontaktdaten der Unternehmensgruppe oder Gruppe von Unternehmen, die eine gemeinsame Wirtschaftstätigkeit ausüben, und jedes ihrer Mitglieder;

b) die betreffenden Datenübermittlungen oder Reihen von Datenübermittlungen einschließlich der betreffenden Arten personenbezogener Daten, Art und Zweck der Datenverarbeitung, Art der betroffenen Personen und das betreffende Drittland beziehungsweise die betreffenden Drittländer;

c) interne und externe Rechtsverbindlichkeit der betreffenden internen Datenschutzvorschriften;

d) die Anwendung der allgemeinen Datenschutzgrundsätze, insbesondere Zweckbindung, Datenminimierung, begrenzte Speicherfristen, Datenqualität, Datenschutz durch Technikgestaltung und durch datenschutzfreundliche Voreinstellungen, Rechtsgrundlage für die Verarbeitung, Verarbeitung besonderer Kategorien von personenbezogenen Daten, Maßnahmen zur Sicherstellung der Datensicherheit und Anforderungen für die Weiterübermittlung an nicht an diese internen Datenschutzvorschriften gebundene Stellen;

e) die Rechte der betroffenen Personen in Bezug auf die Verarbeitung und die diesen offenstehenden Mittel zur Wahrnehmung dieser Rechte einschließlich des Rechts, nicht einer ausschließlich auf einer automatisierten Verarbeitung – einschließlich Profiling – beruhenden Entscheidung nach Artikel 22 unterworfen zu werden sowie des in Artikel 79 niedergelegten Rechts auf Beschwerde bei der zuständigen Aufsichtsbehörde beziehungsweise auf Einlegung eines Rechtsbehelfs bei den zuständigen Gerichten der Mitgliedstaaten und im Falle einer Verletzung der verbindlichen internen Datenschutzvorschriften Wiedergutmachung und gegebenenfalls Schadenersatz zu erhalten;

f) die von dem in einem Mitgliedstaat niedergelassenen Verantwortlichen oder Auftragsverarbeiter übernommene Haftung für etwaige Verstöße eines nicht in der Union niedergelassenen betreffenden Mitglieds der Unternehmensgruppe gegen die verbindlichen internen Datenschutzvorschriften; der Verantwortliche oder der Auftragsverarbeiter ist nur dann teilweise oder vollständig von dieser Haftung befreit, wenn er nachweist, dass der Umstand, durch den der Schaden eingetreten ist, dem betreffenden Mitglied nicht zur Last gelegt werden kann;

g) die Art und Weise, wie die betroffenen Personen über die Bestimmungen der Artikel 13 und 14 hinaus über die verbindlichen internen Datenschutzvorschriften und insbesondere über die unter den Buchstaben d, e und f dieses Absatzes genannten Aspekte informiert werden;

h) die Aufgaben jedes gemäß Artikel 37 benannten Datenschutzbeauftragten oder jeder anderen Person oder Einrichtung, die mit der Überwachung der Einhaltung der verbindlichen internen Datenschutzvorschriften in der Unternehmensgruppe oder Gruppe von Unternehmen, die eine gemeinsame Wirtschaftstätigkeit ausüben, sowie mit der Überwachung der Schulungsmaßnahmen und dem Umgang mit Beschwerden befasst ist;

i) die Beschwerdeverfahren;

j) die innerhalb der Unternehmensgruppe oder Gruppe von Unternehmen, die eine gemeinsame Wirtschaftstätigkeit ausüben, bestehenden Verfahren zur Überprüfung der Einhaltung der verbindlichen internen Datenschutzvorschriften. Derartige Verfahren beinhalten Datenschutzüberprüfungen und Verfahren zur Gewährleistung von Abhilfemaßnahmen zum Schutz der Rechte der betroffenen Person. Die Ergebnisse derartiger Überprüfungen sollten der in Buchstabe h genannten Person oder Einrichtung sowie dem Verwaltungsrat des herrschenden Unternehmens einer Unternehmensgruppe oder der Gruppe von Unternehmen, die eine gemeinsame Wirtschaftstätigkeit ausüben, mitgeteilt werden und sollten der zuständigen Aufsichtsbehörde auf Anfrage zur Verfügung gestellt werden;

k) die Verfahren für die Meldung und Erfassung von Änderungen der Vorschriften und ihre Meldung an die Aufsichtsbehörde;

l) die Verfahren für die Zusammenarbeit mit der Aufsichtsbehörde, die die Befolgung der Vorschriften durch sämtliche Mitglieder der Unternehmensgruppe oder Gruppe von Unternehmen, die eine gemeinsame Wirtschaftstätigkeit ausüben, gewährleisten, insbesondere durch Offenlegung der Ergebnisse von Überprüfungen der unter Buchstabe j genannten Maßnahmen gegenüber der Aufsichtsbehörde;

m) die Meldeverfahren zur Unterrichtung der zuständigen Aufsichtsbehörde über jegliche für ein Mitglied der Unternehmensgruppe oder Gruppe von Unternehmen, die eine gemeinsame Wirtschaftstätigkeit ausüben, in einem Drittland geltenden rechtlichen Bestimmungen, die sich nachteilig auf die Garantien auswirken könnten, die die verbindlichen internen Datenschutzvorschriften bieten, und

n) geeignete Datenschutzschulungen für Personal mit ständigem oder regelmäßigem Zugang zu personenbezogenen Daten.

(3) Die Kommission kann das Format und die Verfahren für den Informationsaustausch über verbindliche interne Datenschutzvorschriften im Sinne des vorliegenden Artikels zwischen Verantwortlichen, Auftragsverarbeitern und Aufsichtsbehörden festlegen. Diese Durchführungsrechtsakte werden gemäß dem Prüfverfahren nach Artikel 93 Absatz 2 erlassen.

Art. 47 DSGVO | Verbindliche interne Datenschutzvorschriften

I. Einführung 1
II. Genehmigungsvoraussetzungen (Abs. 1) 8
III. Inhaltliche Anforderungen (Abs. 2) 11
IV. Durchführungsrechtsakte (Abs. 3) 14
V. Übergangsklausel (Art. 46 Abs. 5 Satz 1) 15
VI. Rechtsschutz, Haftung und Sanktionen 16

Schrifttum: *Grapentin*, Datenschutz und Globalisierung – Binding Corporate Rules als Lösung?, CR 2009, 693; *Hoeren*, EU-Standardvertragsklauseln, BCR und Safe Harbor Principles – Instrumente für ein angemessenes Datenschutzniveau, RDV 2012, 271; *Schröder*, Die Haftung für Verstöße gegen Privacy Policies und Codes of Conduct nach US-amerikanischem und deutschem Recht, Diss. 2008; *Tinnefeld/Rauhofer*, Whistleblower: Verantwortungsvolle Mitarbeiter oder Denunzianten?, DuD 2008, 717; *Wisskirchen*, Grenzüberschreitender Transfer von Arbeitnehmerdaten, CR 2004, 862.

I. Einführung

1   Die Vorschrift des Art. 46 Abs. 2 Buchst. b formuliert auf EU-Rechts-Ebene erstmals ausdrücklich die Möglichkeit, ausreichende bzw. nunmehr „geeignete" Garantien (vgl. hierzu Art. 46 DSGVO Rz. 5) durch das bereits zuvor verbreitete Instrument verbindlicher interner Datenschutzvorschriften i.S.v. Art. 47 zu schaffen (allgemein als **„Binding Corporate Rules"** oder abgekürzt „BCR" begrifflich eingeführt). Art. 26 Abs. 2 Halbs. 2 DSRL erwähnte ausdrücklich lediglich den Weg über garantieschaffende Vertragsklauseln, in deren Rahmen aber (Gruppen von) Datenübermittlungen einzeln zu genehmigen waren. Ähnlich war die Systematik der deutschen Vorschrift in § 4c Abs. 2 Satz 1 Halbs. 2 BDSG-alt, welche aber zusätzlich die Möglichkeit verbindlicher Unternehmensregelungen ausdrücklich erwähnte (vgl. zur Veränderung der Rechtslage genauer bei Art. 46 DSGVO Rz. 3). Nach der DSGVO müssen im Gegensatz zur bisherigen Rechtslage gemäß Art. 47 Abs. 1 nur die verbindlichen internen Datenschutzregeln einmalig genehmigt werden – sofern mehrere europäische Niederlassungen bestehen im Wege des Kohärenzverfahrens gemäß Art. 63. Bislang war lediglich streitig, ob dies zusätzlich zur Genehmigung der einzelnen Übermittlung(en) erforderlich ist (vgl. Art. 46 DSGVO Rz. 9).

2   Das **Genehmigungsverfahren** selbst ist unkomplizierter als unter der DSRL, da aufgrund der nun einheitlich geltenden DSGVO alle Mitgliedstaaten das Instrument als Garantie anerkennen und denselben Anforderungen unterstellen. Zuvor kooperierten die betroffenen Aufsichtsbehörden (Art. 4 Nr. 22) unter der zuständigen federführenden Aufsichtsbehörde für eine gemeinsame Genehmigung miteinander bzw. erkannten in einem alternativen Verfahren („mutual recognition") z.T. gegenseitig Genehmigungen an, während nun die Genehmigung der gemäß Art. 55 f. zuständigen Aufsichtsbehörde ausreichend und für andere bindend ist. Sofern das Kohärenzverfahren durchzuführen ist, hat die fe-

derführende Aufsichtsbehörde (Art. 56)¹ allerdings den Europäischen Datenschutzausschuss (Art. 68) einzubeziehen und diesem wiederum Stellungnahmen weiterer betroffener Aufsichtsbehörden gemäß Art. 64 Abs. 4 vorzulegen, sodass die Auffassungen weiterer betroffener Aufsichtsbehörden nicht unberücksichtigt bleiben.

Art. 47 statuiert erstmals **präzise Vorgaben** zur Umsetzung von verbindlichen 3 internen Datenschutzvorschriften. Zuvor konnten in Deutschland inhaltliche Anhaltspunkte ausschließlich den Arbeitspapieren der Aufsichtsbehörden entnommen werden. Orientierung boten aber auch Materialien der Artikel 29-Datenschutzgruppe², die für alle Mitgliedstaaten unverbindliche Anforderungen an Binding Corporate Rules definierte, welche der Verordnungsgeber weitgehend übernommen hat (vgl. Rz. 11)³. Weiterhin notwendig bleibt es, die Anforderungen auf die konkrete Unternehmensstruktur zu übertragen und die Muster dementsprechend anzupassen. Die Binding Corporate Rules müssen durch die zuständige Aufsichtsbehörde genehmigt werden.

Erwägungen zu Art. 47 finden sich in Erwägungsgrund 110. Verbindliche interne Datenschutzregeln sind in Art. 4 Nr. 20 legaldefiniert als **Maßnahmen zum Schutz personenbezogener Daten**, zu deren Einhaltung sich ein im Hoheitsgebiet eines Mitgliedstaats niedergelassener Verantwortlicher oder Auftragsverarbeiter im Hinblick auf die Übermittlung personenbezogener Daten (oder Kategorien von Übermittlungen personenbezogener Daten) an einen Verantwortlichen oder Auftragsverarbeiter derselben Unternehmensgruppe (oder derselben Gruppe von Unternehmen, die eine gemeinsame Wirtschaftstätigkeit ausüben) verpflichtet. Eine Unternehmensgruppe wird wiederum in Art. 4 Nr. 20 legaldefiniert als eine Gruppe aus herrschendem und abhängigen Unternehmen (vgl. Kommentierung zu Art. 4 DSGVO). Folglich findet Art. 47 ausschließlich auf Drittstaatenübermittlungen zwischen wirtschaftlich verbundenen Unternehmen **Anwendung**. Festlegen kann die verbindlichen internen Datenschutzregeln nur ein im Anwendungsbereich der DSGVO niedergelassener Verantwortlicher oder Auftragsverarbeiter, der sich dann auch im Zuständigkeitsbereich einer Aufsichtsbehörde befindet⁴. Hinsichtlich **Auftragsverarbeitern** ist umstritten, ob wie bislang gesonderte Anforderungen an ihre verbindlichen in-

---

1 BeckOK DatenschutzR/*Lange/Filip*, Art. 47 DSGVO Rz. 16 wollen Art. 56 nur entsprechend anwenden, weil dieser Niederlassungen *desselben* Verantwortlichen/Auftragsverarbeiters betrifft, während hier aber unterschiedliche Verantwortliche an den unterschiedlichen Niederlassungen existieren.
2 Artikel 29-Datenschutzgruppe, WP 133 (Antragsformular); 1271-00/08/DE WP 153; 1271-00-01/08/DE WP 154; 1271-04-02/08/DE WP 155 Rev.04 und 00658/13/EN WP 204 rev.01.
3 BayLDA Informationsblatt XI, vormals abrufbar unter https://www.lda.bayern.de/de/datenschutz_eu.html.
4 Vgl. Ehmann/Selmayr/*Zerdick*, Art. 47 DSGVO Rz. 9.

ternen Datenschutzvorschriften zu stellen sind[5] oder aufgrund der undifferenzierten, ausdrücklichen Einbeziehung in Art. 47 Abs. 2 Buchst. f, Abs. 3 und Art. 4 Nr. 20 einheitliche Unternehmensvorschriften verwendet werden können[6].

5 Diese Binding Corporate Rules sind aufgrund ihrer höheren Flexibilität vor allem für Konzerne und andere Kooperationsformen interessant, die Wert auf eine international einheitliche Regelung des Datenschutzniveaus legen oder bei denen es regelmäßig zu zahlreichen Datentransfers zwischen den einzelnen Unternehmensteilen kommt[7]. Daten von Kunden, Mitarbeitern oder Vertragspartnern verbleiben meist nicht mehr bei dem ursprünglichen Unternehmen oder Unternehmensteil, von dem die Daten erhoben wurden, sondern werden an andere Unternehmen des Konzerns, etwa zur Einrichtung einer zentralen Kundendatenbank übermittelt oder – zunehmend – in übergreifenden technischen Strukturen, sog. „Clouds", bereitgestellt[8]. Durch die Einführung verbindlicher interner Datenschutzvorschriften fällt also das Erfordernis einer individuellen vertraglichen Ausgestaltung des Datenschutzes für jede einzelne Drittlandübermittlung innerhalb eines Konzerns weg und somit eine Vielzahl konzerninterner Vertragsschlüsse[9].

6 Neben der o.g. Aufwandsersparnis ist der größte Vorteil von BCR insbesondere gegenüber der Verwendung von Standarddatenschutzklauseln ihre individuelle Anpassbarkeit für die jeweiligen Bedürfnisse einer Branche oder eines Konzerns. Hierfür ist neben den und innerhalb der für die Genehmigung durch die Behörden nach Art. 47 Abs. 2 erforderlichen Regelungen ausreichend Raum[10]. Bei Änderungen der Konzernstrukturen müssen keine neuen Regelungen getroffen werden, sondern die neu hinzukommenden Unternehmen treten der Unternehmensrichtlinie schlichtweg bei. Jedoch geht dies zu Lasten eines mühsamen, langwierigen und kostenintensiven Genehmigungsprozesses[11]. Ein solcher entfällt bei der Verwendung von Standarddatenschutzklauseln (vgl. auch Art. 46 DSGVO Rz. 15). Eine höhere Rechtssicherheit bieten die Binding Corporate Rules besonders, wenn eine Ergänzung der Standarddatenschutzklauseln notwen-

---

5 Paal/Pauly/*Pauly*, Art. 47 DSGVO Rz. 7 f. mit Verweis auf Artikel 29-Datenschutzgruppe, WP 195, WP 195a und WP 204.
6 Für eine Differenzierung spricht sich BeckOK DatenschutzR/*Lange/Filip*, Art. 47 DSGVO Rz. 13 aus, dagegen wohl Paal/Pauly/*Pauly*, Art. 47 DSGVO Rz. 7 f., der aber in Rz. 4 zu bedenken gibt, dass eine „Gruppe von Unternehmen" einer hinreichenden Verfestigung bedarf, um für eine ausreichende Verbindlichkeit sorgen zu können, was nicht bei allen Auftragsverarbeitern der Fall sei; ähnl. wohl Kühling/Buchner/*Schröder*, Art. 47 Rz. 15.
7 Ausführlich zur bisherigen Rechtslage: *Grapentin*, CR 2009, 693 ff.
8 Zur bisherigen Rechtslage Moos/*Abel*, § 31 Rz. 1.
9 Vgl. auch Gola/*Klug*, Art. 47 DSGVO Rz. 1.
10 Zur bisherigen Rechtslage *Hoeren*, RDV 2012, 275.
11 Zur bisherigen Rechtslage *Hoeren*, RDV 2012, 275.

dig ist: Eine solche ist zwar zulässig zum Zweck einer flexibleren Gestaltung des Vertrags, jedoch besteht das Risiko, dass eine solche Ergänzung die Privilegierung entfallen lässt (s. Art. 46 DSGVO Rz. 15). Zudem sind die EU-Standardvertragsklauseln primär für den bilateralen Datentransfer entworfen; bei Konzernen, die eine multilaterale Datenübermittlung praktizieren, bieten Binding Corporate Rules einen größeren Gestaltungsspielraum. Denn die in verschiedenen Staaten ansässigen Unternehmen eines weltweit tätigen Konzerns können nach Implementierung genehmigter BCR i.S.v. Art. 47 unkomplizierter personenbezogene Daten unter Verwendung einheitlicher Unternehmensvorgaben untereinander austauschen. Allerdings gilt dies nur dann, wenn dies auch ansonsten nach den Vorschriften der DSGVO materiell-rechtlich zulässig ist, also insb. eine datenschutzrechtliche Ermächtigung für die mit dem Datenaustausch bezweckte Nutzung vorliegt (1. Stufe, vgl. Art. 44 DSGVO Rz. 4). Insofern helfen verbindliche interne Unternehmensregeln nur, ein angemessenes Datenschutzniveau beim Datenempfänger i.S.v. Art. 46 zu gewährleisten (2. Stufe)[12].

Jedoch stellt nicht nur die korrekte Formulierung – u.a. AGB-rechtlich – eine erhebliche Schwierigkeit dar, sondern verbindliche Datenschutzregelungen müssen dann auch in der Praxis „gelebt" und durch entsprechende Verfahren und Maßnahmen umgesetzt werden[13]. Ein allgemeingültiges Rezept für eine sinnvolle Herangehensweise an das „Projekt BCR" ist deswegen schwer zu formulieren; der Vorteil von verbindlichen Unternehmensregelungen liegt schließlich gerade darin, dass diese auf die Eigenheiten des jeweiligen Konzerns abgestimmt werden können. In jedem Fall sollte zunächst geprüft werden, ob BCR für die jeweilige Unternehmensgruppe als geeignetes Regelwerk in Betracht kommen. 7

II. Genehmigungsvoraussetzungen (Abs. 1)

Nach Art. 47 Abs. 1 Buchst. a müssen die Regeln **intern** rechtlich verbindlich sein und jeden Teil der Gruppe von Unternehmen oder der Unternehmensgruppe einschließlich aller Mitarbeiter erfassen; eine bestimmte Rechtsform ist jedoch nicht vorgeschrieben[14]. Interne Verbindlichkeit bedeutet, dass die einzelnen Konzernteile und Mitarbeiter durch entsprechende Weisungen zur Befolgung der jeweiligen Unternehmensregelungen verpflichtet werden[15]. Dies kann bspw. durch Androhung von Sanktionen, Schulungen, Festlegung von regel- 8

---

12 So auch BeckOK DatenschutzR/*Lange/Filip*, Art. 47 DSGVO Rz. 8; Ehmann/Selmayr/ *Zerdick*, Art. 47 DSGVO Rz. 4.
13 V. d. Bussche/Voigt/*Kamp*, Teil 4 Kapitel 5 Rz. 9.
14 In Betracht kommt etwa auch eine Satzung (vgl. zu § 4c BDSG-alt Däubler/Klebe/ Wedde/Weichert/*Klebe*, Rz. 22).
15 Zu § 4c BDSG-alt Däubler/Klebe/Wedde/Weichert/*Klebe*, Rz. 22.

9 Weiterhin ist erforderlich, dass die BCR auch **extern** einen rechtsverbindlichen Charakter haben, indem ausdrücklich durchsetzbare Rechte für die Betroffenen vorgesehen werden, Art. 47 Abs. 1 Buchst. b. Nicht ausreichend sind also bloße Wohlverhaltenserklärungen oder ein unverbindlicher „Code of Conduct"[17]. Die Einhaltung der internen Verpflichtungen muss ein Betroffener also unmittelbar und grenzüberschreitend über die zuständige Aufsichtsbehörde oder die Gerichtsbarkeit durchsetzen können, auch wenn nicht das in der EU ansässige Unternehmen gegen die Bestimmungen verstößt[18]. Diese Anforderung formuliert bereits Art. 46 Abs. 1 für jede Form von geeigneter Garantie (s. schon Art. 46 DSGVO Rz. 7). Die konkrete Ausgestaltung dieser Anforderungen hängt ab von der Unternehmensstruktur und den im jeweiligen Staat existierenden rechtlichen Möglichkeiten, in dem das zu verpflichtende Konzernunternehmen ansässig ist. Insbesondere hinsichtlich der Umsetzung der Drittbegünstigungsklausel ist eine rechtlich wirksame Durchsetzbarkeit zu gewährleisten, was sich z.B. in Deutschland (vgl. § 311 Abs. 1 BGB) sowie auch in anderen Staaten nur schwer durch einseitige Verpflichtungserklärungen oder konzerninterne Weisungen erreichen lässt[19]. Der Konzern ist somit aufgefordert, die nötigen vertraglichen Voraussetzungen zu schaffen, damit Dritten (z.B. Aufsichtsbehörden oder den Betroffenen) im Anwendungsbereich der BCR die eben erwähnten erforderlichen Rechte eingeräumt werden[20]. Die Haftung und Verantwortung für sämtliche durch den Konzern begangenen Verstöße gegen die verbindlichen Unternehmensregelungen sollte konzernweit bei der Hauptniederlassung oder einem zu benennenden, in der EU ansässigen Konzernteil konzentriert werden[21].

10 Zentrale Genehmigungsvoraussetzung ist es weiterhin, dass die im Folgenden näher beschriebenen inhaltlichen Anforderungen des Art. 47 Abs. 2 erfüllt werden, Art. 47 Abs. 1 Buchst. c (s. folgender Abschnitt).

---

16 Artikel 29-Datenschutzgruppe, WP 74, p. 10 und 16; *Spindler/Schuster*, § 4c BDSG-alt Rz. 28.
17 Noch zur alten Rechtslage *Tinnefeld/Rauhofer*, DuD 2008, 721; vgl. auch *Wisskirchen*, CR 2004, 866 – Verhaltenskodex ist nur dann taugliche Grundlage, wenn dieser den Umgang mit Daten verbindlich festlegt. Zu beachten ist, dass die Termini zum Teil nicht einheitlich verwendet werden. Daher ist mehr auf den verbindlichen Charakter des Regelungswerks zu achten als auf dessen Bezeichnung.
18 Vgl. auch Ehmann/Selmayr/*Zerdick*, Art. 47 DSGVO Rz. 12.
19 Artikel 29-Datenschutzgruppe, WP 74, p. 12; Taeger/Gabel/*Gabel*, § 4c BDSG-alt Rz. 30.
20 Zur bisherigen Rechtslage Taeger/Gabel/*Gabel*, § 4c BDSG-alt Rz. 30; *Moritz/Tinnefeld*, JurPC Web-Dok. 181/2003; ausführlich *Schröder*, DuD 2004, 462 ff. sowie *Schröder*, S. 212 ff.
21 Artikel 29-Datenschutzgruppe, WP 74, p. 19; *Spindler/Schuster*, § 4c BDSG-alt Rz. 28; s. zur Frage der Haftung auch v. d. Bussche/Voigt/*Kamp*, Teil 4 Kapitel 5 Rz. 85 ff.

III. Inhaltliche Anforderungen (Abs. 2)

Art. 47 Abs. 2 sieht eine Reihe von inhaltlichen Mindestanforderungen für die 11
Formulierung der verbindlichen internen Datenschutzvorschriften vor. Die Vorgaben orientieren sich stark an den (unverbindlichen) Empfehlungen der Artikel 29-Datenschutzgruppe zu den Grundsätzen und Bestandteilen der Binding Corporate Rules unter der DSRL[22]. Art. 70 Abs. 1 Buchst. i enthält den Auftrag an den Europäischen Datenschutzausschuss, zur **näheren inhaltlichen Konkretisierung** der Kriterien und Anforderungen an die verbindlichen internen Datenschutzvorschriften Leitlinien, Empfehlungen und Best-Practice-Beispiele zu veröffentlichen.

BCR sind stets in Zusammenschau mit dem ohnehin für die Empfängerstaaten 12
geltenden Recht zu sehen[23]. Gemäß Art. 47 Abs. 2 sind mindestens die folgenden Ausführungen notwendig, damit ein Genehmigungsantrag für verbindliche interne Datenschutzvorschriften Erfolg hat:

- Festlegung des **Geltungsbereichs (Abs. 2 Buchst. a)**: Bestimmung der Unternehmen, für die die BCR gelten, und Angabe ihrer Kontaktdaten – falls sie einem Konzern angehören, dessen Benennung inklusive Anschrift – Beschreibung der Gruppen- bzw. Konzernstrukturen (s. hierzu auch Rz. 13)

- Bestimmung und Beschreibung der den BCR unterfallenden **(Kategorien von) Datenübermittlungen (Abs. 2 Buchst. b)**: Hierzu gehört auch die Benennung der mit ihnen jeweils verfolgten Zwecke, der Art der Daten und betroffenen Personen sowie der Drittstaaten, in denen die Übermittlungsempfänger ansässig sind (s. hierzu auch Rz. 13).

- Erklärung über die interne und externe **Verbindlichkeit der BCR (Abs. 2 Buchst. c)**: Alle Mitglieder der Gruppe oder des Konzerns müssen klar zur Einhaltung der BCR verpflichtet werden. Ob nur im Genehmigungsantrag oder auch in den BCR selbst erläutert werden muss, wodurch die interne Verbindlichkeit für Gruppenmitglieder und Mitarbeiter sichergestellt wird, ist unklar; die Artikel 29-Datenschutzgruppe spricht sich für ersteres aus[24]. Dass die Art und Weise der Sicherstellung der externen Verbindlichkeit in den BCR selbst anzugeben ist, ist dagegen unstreitig, vgl. auch den übernächsten Punkt (Buchst. e).

---

[22] S. insbesondere Artikel 29-Datenschutzgruppe, 1271-00/08/DE WP 153; 1271-00-01/08/DE WP 154; 1271-04-02/08/DE WP 155 Rev.04 und 00658/13/EN WP 204 rev.01.
[23] Paal/Pauly/*Pauly*, Art. 47 DSGVO Rz. 22.
[24] Artikel 29-Datenschutzgruppe, 1271-00/08/DE WP 153, 3; so auch Paal/Pauly/*Pauly*, Art. 47 DSGVO Rz. 21; Kühling/Buchner/*Schröder*, Art. 47 DSGVO Rz. 33; dagegen zumindest für eine Erwähnung in den BCR selbst BeckOK DatenschutzR/*Lange/Filip*, Art. 47 DSGVO Rz. 35 f.

Art. 47 DSGVO | Verbindliche interne Datenschutzvorschriften

- Erklärung über die **Befolgung der Art. 5 ff.** als zentrale Sicherstellung eines angemessenen Datenschutzniveaus (**Abs. 2 Buchst. d**)[25]
- Beschreibung der **Betroffenenrechte** (insb. aus Art. 22) und Erläuterung[26] der zur Verfügung stehenden **Rechtsmittel** (insb. gemäß Art. 79 – **Abs. 2 Buchst. e**): Der Betroffene ist so zu stellen, als fände die Verarbeitung seiner Daten ausschließlich in der EU statt[27]. Deshalb müssen ihm neben den ausdrücklich in der Norm erwähnten auch alle weiteren in der DSGVO gewährten Betroffenenrechte wie bspw. aus Art. 15 ff., 82 auch für Verarbeitungen und Verstöße durch den BCR unterfallende Drittstaatenempfänger zukommen und es muss ihm neben Rechtsschutz am jeweiligen Sitz des übermittelnden oder empfangenden Unternehmens[28] auch an seinem eigenen Aufenthaltsort ein Gerichtsstand eröffnet sein (vgl. Art. 79 Abs. 2)[29].
- (Valide)[30] **Haftungsübernahme** für etwaige Verstöße eines außerhalb der EU ansässigen Übermittlungsempfängers durch einen innerhalb der EU ansässigen Verantwortlichen oder Auftragsverarbeiter, sofern keine Exkulpation möglich ist[31], weil der Empfänger den schadensbegründenden Umstand nicht zu vertreten hat (**Abs. 2 Buchst. f**)[32].
- Erklärung über den gewählten und angemessenen[33] Weg, die Betroffenen über die Datenerhebung, die BCR und insbesondere die vorigen drei Punkte (Buchst. d-f) zu informieren, was die Einhaltung der **Informationspflichten** (Art. 13 f.) für Betroffene und Aufsichtsbehörden überprüfbar macht (**Abs. 2 Buchst. g**)
- **Beschreibung der Aufgaben** gemäß Art. 37 benannter Datenschutzbeauftragter sowie mit vergleichbaren Aufgaben ausgestatteter Personen und Einrichtungen (**Abs. 2 Buchst. h**)[34]

---

25 Laut Kühling/Buchner/*Schröder*, Art. 47 DSGVO Rz. 36 verdeutliche der Zusatz „die Anwendung", dass auch erläutert werden muss, auf welche Weise konkret die Vorgaben umgesetzt werden.
26 Kühling/Buchner/*Schröder*, Art. 47 DSGVO Rz. 39.
27 Paal/Pauly/*Pauly*, Art. 47 DSGVO Rz. 23 mit Verweis auf Artikel 29-Datenschutzgruppe, WP 74, 18 f.; WP 154, 19; Kühling/Buchner/*Schröder*, Art. 47 DSGVO Rz. 40.
28 Artikel 29-Datenschutzgruppe, 1271-00-01/08/DE WP 154, 10.
29 So auch BeckOK DatenschutzR/*Lange/Filip*, Art. 47 DSGVO Rz. 41; Paal/Pauly/*Pauly*, Art. 47 DSGVO Rz. 23; Kühling/Buchner/*Schröder*, Art. 47 DSGVO Rz. 41.
30 Artikel 29-Datenschutzgruppe, 1271-00/08/DE WP 153, 4; 1271-00-01/08/DE WP 154, 10; Paal/Pauly/*Pauly*, Art. 47 DSGVO Rz. 24.
31 Artikel 29-Datenschutzgruppe, 1271-00/08/DE WP 153, 4 f.
32 Vgl. auch Artikel 29-Datenschutzgruppe, 1271-04-02/08/DE WP 155 Rev.04, 4 f., wonach im Einzelfall auch alternative Haftungslösungen akzeptabel sein sollen – ob dies auch unter Geltung der neuen Norm gilt, ist zweifelhaft.
33 Gefordert ist leichte Zugänglichkeit der Informationen (für BCR: Artikel 29-Datenschutzgruppe, 1271-00/08/DE WP 153, 5).
34 Vgl. auch Artikel 29-Datenschutzgruppe, 1271-00-01/08/DE WP 154, 9.

- Festlegung von **Beschwerdeverfahren** für Verstöße gegen BCR: Es muss bestimmt werden, an welche hinreichend unabhängige Stelle innerhalb der Unternehmensgruppe der Betroffene eine Beschwerde zu richten hat, in welcher Form und wie hierüber zu entscheiden ist[35] – das Verfahren soll der Unternehmensgruppe eine Selbstkontrolle ermöglichen[36] (**Abs. 2 Buchst. i**).
- Beschreibung **gruppeninterner Kontrollmechanismen**, mittels derer die Einhaltung der BCR und somit der Schutz Betroffener sichergestellt wird (**Abs. 2 Buchst. j**): Vorgesehen sein müssen Datenschutzüberprüfungen und Korrekturmechanismen, deren Ergebnisse den im vorletzten Punkt (Buchst. h) genannten Stellen sowie dem Verwaltungsrat des herrschenden Unternehmens und auf Anfrage auch der zuständigen Aufsichtsbehörde mitzuteilen sind. Denkbar sind sowohl interne als auch externe Prüfer[37], sie müssen sich aber aufgrund der Mitteilungspflicht denklogisch von den in Buchst. h genannten Stellen unterscheiden[38].
- Festlegung von Verfahren, mittels derer **Änderungen von BCR** erfasst sowie der Aufsichtsbehörde mitgeteilt werden (**Abs. 2 Buchst. k**): BCR sind stets an die aktuellen Entwicklungen anzupassen[39]. Dies betrifft beispielsweise Änderungen ihres Geltungsbereichs durch Beitritt neuer Unternehmen zum Konzern (vgl. Rz. 6). Sehr fraglich ist jedoch, welche Veränderungen eine neue Genehmigung der BCR erforderlich machen. Kriterien finden sich etwa bei der Artikel 29-Datenschutzgruppe[40]. Erfolgt etwa eine Ausweitung der Geschäftsfelder (neue Datenkategorien)[41] oder werden (insbesondere datenschutz- und haftungsrechtliche) Verantwortlichkeiten auf andere Niederlassungen innerhalb der Unternehmensgruppe verlagert, ist anzunehmen, dass die Aufsichtsbehörde eine neue Genehmigung für erforderlich hält.
- Bestimmung von Verfahren, mittels derer in **Zusammenarbeit mit der Aufsichtsbehörde** die gruppenübergreifende Einhaltung der BCR gewährleistet wird (**Abs. 2 Buchst. l**): Dies ist erforderlich, weil die Aufsichtsbehörden

---

35 Artikel 29-Datenschutzgruppe, 1271-00/08/DE WP 153, 7; 1271-00-01/08/DE WP 154, 9.
36 Sydow/*Towfigh*/*Ulrich*, Art. 47 DSGVO Rz. 18 mit Verweis auf Artikel 29-Datenschutzgruppe, WP 74, 17 und WP 108, 6.
37 Artikel 29-Datenschutzgruppe, 1271-00/08/DE WP 153, 8; 00658/13/EN WP 204 rev.01, 14.
38 Ähnl. BeckOK DatenschutzR/*Lange*/*Filip*, Art. 47 DSGVO Rz. 58.
39 Paal/Pauly/*Pauly*, Art. 47 DSGVO Rz. 29.
40 Artikel 29-Datenschutzgruppe, 1271-00/08/DE WP 153, 12: 1271-00-01/08/DE WP 154, 11: Eine neue Genehmigung sei nicht notwendig bei 1. Benennung eines für Änderungen zuständigen Ansprechpartners, wenn 2. erst nach Gewährleistung der BCR-Geltung für ein neues Gruppenmitglied an dieses personenbezogene Daten übermittelt werden und bei 3. jährlicher kurz begründeter Meldung signifikanter Änderungen an die zuständigen Datenschutzbehörden.
41 Paal/Pauly/*Pauly*, Art. 47 DSGVO Rz. 29.

keine Überwachungsmöglichkeiten oder Durchsetzungsbefugnisse gegenüber in Drittstaaten niedergelassenen Gruppenmitgliedern haben[42].

– Festlegung von Verfahren zur Unterrichtung der zuständigen Aufsichtsbehörde über ein Gruppenmitglied betreffende **nationale Bestimmungen, die den BCR-Zwecken abträglich sein könnten** (**Abs. 2 Buchst. m**): Paradebeispiel hierfür sind die bei Datenübermittlungen in die USA vieldiskutierten anlasslosen Zugriffsmöglichkeiten der dortigen Behörden, welche mit Art. 23 nicht mehr vereinbar sind (vgl. hierzu Art. 45 DSGVO Rz. 21 ff.). Es kommen aber jegliche Drittlandvorschriften infrage, welche den europäischen Verarbeitungsgrundsätzen (Art. 5) widersprechen.

– Verpflichtung zur Durchführung von **Datenschutzschulungen** für ständig oder regelmäßig mit personenbezogenen Daten befasstes Personal (**Abs. 2 Buchst. n**): Die Aufsichtsbehörden dürfen auch eine konkrete Erläuterung etwa durch Beispiele verlangen[43].

13 Die ersten beiden Punkte dienen dazu, den Anwendungsbereich der verbindlichen internen Datenschutzvorschriften klar abzugrenzen. Zum einen müssen die Aufsichtsbehörden vor Genehmigung des Antrags anhand der dargestellten Unternehmensstruktur (Buchst. a) prüfen, ob die richtige Aufsichtsbehörde als federführende mit dem Antrag befasst wurde[44]. Zum anderen sind die konkret betroffenen Datenkategorien während des Genehmigungsverfahrens maßgeblich, etwa für die Feststellung der notwendigen Schutzmechanismen. Und auch nach Genehmigung der BCR muss die Aufsichtsbehörde im Rahmen ihrer Überwachungstätigkeit schnell anhand der BCR selbst feststellen können, ob eine Datenübermittlung in ihren Anwendungsbereich fällt[45]. Auch den Betroffenen sowie den die BCR anwendenden Unternehmen dienen diese Informationen zur Klarstellung, welche Datenübermittlungen in den Anwendungsbereich fallen[46], und ersteren letztlich zur Geltendmachung ihrer Rechte bei Verstößen[47]. Diese Zwecke bestimmen, wie ausführlich die Beschreibung der Übermittlungsarten erfolgen muss. Denn fortan ersetzt die Genehmigung der BCR die bislang noch zusätzlich erforderliche Genehmigung der einzelnen darauf gestützten Übermittlungen (s. hierzu Rz. 1 m.w.N.). Einerseits ergingen die Einzelgenehmigungen anhand der BCR-Vorgaben, die deshalb entsprechend detaillierter sein mussten als nach der DSGVO[48], andererseits könnte man argumen-

---

42 BeckOK DatenschutzR/*Lange/Filip*, Art. 47 DSGVO Rz. 61.
43 Artikel 29-Datenschutzgruppe, 1271-00/08/DE WP 153, 5 f.
44 Paal/Pauly/*Pauly*, Art. 47 DSGVO Rz. 19.
45 Paal/Pauly/*Pauly*, Art. 47 DSGVO Rz. 19.
46 BeckOK DatenschutzR/*Lange/Filip*, Art. 47 DSGVO Rz. 32; Kühling/Buchner/*Schröder*, Art. 47 DSGVO Rz. 32.
47 Paal/Pauly/*Pauly*, Art. 47 DSGVO Rz. 19; Kühling/Buchner/*Schröder*, Art. 47 DSGVO Rz. 32.
48 So wohl Kühling/Buchner/*Schröder*, Art. 47 DSGVO Rz. 31 f.

tieren, dass Details nun umso mehr erforderlich sind, wenn die BCR und ihre vorgesehenen Schutzmechanismen bereits alle Eventualitäten selbst berücksichtigen müssen[49].

IV. Durchführungsrechtsakte (Abs. 3)

Art. 47 Abs. 3 ermächtigt die Kommission, die formellen Vorgaben für den Informationsaustausch zwischen Verantwortlichen, Auftragsverarbeitern und Aufsichtsbehörden zu konkretisieren, der im Rahmen der Norm erforderlich ist, insbesondere aufgrund der Abs. 2 Buchst. h, k, l und m.

14

V. Übergangsklausel (Art. 46 Abs. 5 Satz 1)

Gemäß Art. 46 Abs. 5 Satz 1 bleiben unter der DSRL erteilte Genehmigungen von BCR bis zu einem anderweitigen Tätigwerden der Kommission gültig (Art. 46 DSGVO Rz. 29). Bislang wurden BCR von 88 Unternehmensgruppen/Gruppen von Unternehmen genehmigt (Stand: 12.4.2018); eine Liste ist auf der Internetseite der Europäischen Kommission abrufbar[50].

15

VI. Rechtsschutz, Haftung und Sanktionen

Bei Ablehnung eines Genehmigungsantrags durch die zuständige Aufsichtsbehörde muss dem Unternehmen nach Art. 78 ein Rechtsweg offenstehen.

16

Dem Betroffenen muss in jedem Fall, wie bereits unter Rz. 9 ausgeführt, ein Rechtsweg offenstehen, sollten Verantwortlicher oder Auftragsverarbeiter gegen die BCR verstoßen und ihn in seinen Rechten verletzen. Gemäß Art. 82 haften diese ihm auf Schadensersatz. Art. 47 Abs. 2 Buchst. e nimmt entsprechend ausdrücklich Bezug auf das Recht aus Art. 79; ohnehin gelten aber Art. 77 ff. unmittelbar.

17

Zur Sanktionierung der Verantwortlichen und Auftragsverarbeiter bei Verstößen vgl. Art. 44 DSGVO Rz. 15.

18

---

49 Vgl. hierzu auch Paal/Pauly/*Pauly*, Art. 47 DSGVO Rz. 20.
50 https://ec.europa.eu/info/strategy/justice-and-fundamental-rights/data-protection/data-transfers-outside-eu/binding-corporate-rules_en.

Artikel 48 Nach dem Unionsrecht nicht zulässige Übermittlung oder Offenlegung

Jegliches Urteil eines Gerichts eines Drittlands und jegliche Entscheidung einer Verwaltungsbehörde eines Drittlands, mit denen von einem Verantwortlichen oder einem Auftragsverarbeiter die Übermittlung oder Offenlegung personenbezogener Daten verlangt wird, dürfen unbeschadet anderer Gründe für die Übermittlung gemäß diesem Kapitel jedenfalls nur dann anerkannt oder vollstreckbar werden, wenn sie auf eine in Kraft befindliche internationale Übereinkunft wie etwa ein Rechtshilfeabkommen zwischen dem ersuchenden Drittland und der Union oder einem Mitgliedstaat gestützt sind.

Schrifttum: *Metz/Spittka*, Datenweitergabe im transatlantischen Rechtsraum – Konflikt oder Konsistenz? Eine Betrachtung unter Berücksichtigung der „Microsoft-Entscheidung" und der DS-GVO, ZD 2017, 361.

1 Art. 48 stellt klar, dass eine gerichtliche oder verwaltungsbehördliche Entscheidung in einem Drittstaat, welche von einem Verantwortlichen oder einem Auftragsverarbeiter die Übermittlung von Daten erfordert, für sich genommen keine eigenständige Grundlage für eine Datenweitergabe darstellt. Vielmehr muss zudem ein internationales Abkommen wie ein Rechtshilfeabkommen vorliegen, welches die Datenweitergabe für rechtens erklärt. Art. 48 allein ist demnach keine Rechtfertigung für Übermittlungen, sondern bestätigt stattdessen den rechtfertigenden Charakter internationaler Übereinkünfte unter der DSGVO, welche folglich i.V.m. Art. 48 neben die weiteren Erlaubnistatbestände treten[1].

2 In Betracht kommt aber auch im Fall von Übermittlungsersuchen drittstaatlicher Stellen (vgl. näher hierzu Rz. 4) ein anderer Rechtfertigungsgrund nach den Art. 45, 46 und 49. Bei Fehlen einer Angemessenheitsentscheidung ist etwa an Art. 49 Abs. 1 Buchst. e[2] zu denken, der allerdings nur die Übermittlung an Dritte, das Gericht oder die Verwaltungsbehörde zur Durchsetzung eines Anspruches rechtfertigt, nicht jedoch an die (siegreiche) Gegenpartei, welche etwa einen Auskunftsanspruch geltend gemacht hatte. Dies ergibt sich zum einen aus dem Wortlaut, da die Weitergabe dann nicht zur Durchsetzung eigener Ansprüche erfolgt, zum anderen aus der Systematik, da ansonsten das Erfordernis eines Rechtshilfeabkommens unterlaufen würde. Eine Rechtfertigung gemäß Art. 49

---

[1] Anders aber *Metz/Spittka*, ZD 2017, 365 und wohl auch Ehmann/Selmayr/*Zerdick*, Art. 48 DSGVO Rz. 7, die Art. 48 keinerlei Rechtfertigungswirkung zuerkennen und daneben stets einen Erlaubnistatbestand aus Art. 45, 46 oder 49 fordern. Soweit diese Ansicht mit Erwägungsgrund 115 begründet wird, wird dem ausdrücklich widersprochen: Erwägungsgrund 115 (Satz 4 und 5) fordert eine (anderweitige) Konformität mit Art. 44 ff. ausdrücklich nur für den Fall, dass das Verlangen **nicht** auf eine in Kraft befindliche internationale Übereinkunft gestützt werden kann (vgl. Satz 2).

[2] Erforderlichkeit einer Übermittlung zur Geltendmachung, Ausübung oder Verteidigung von Rechtsansprüchen.

Abs. 1 Buchst. d[3] kann nur selten in Betracht kommen, da das rechtfertigende öffentliche Interesse gemäß Art. 49 Abs. 4 ein europarechtlich oder mitgliedstaatlich anerkanntes sein muss und nicht das des anfordernden Staates in Betracht kommt[4].

Erwägungen zu Art. 48 sind in Erwägungsgrund 115 zu finden. Ergänzend sei auf die Ausführungen zum europäisch-amerikanischen Verhältnis in Art. 45 DSGVO Rz. 27 ff. verwiesen. Das dort in Art. 45 DSGVO Rz. 31 erwähnte Haager Übereinkommen über die Beweisaufnahme im Ausland in Zivil- und Handelssachen vom 18.3.1970 stellt in allen Mitgliedstaaten, die es ratifiziert haben, eine taugliche internationale Übereinkunft i.S.v. Art. 48 dar[5]. 3

Zu beachten ist, dass Art. 48 nicht auf private, sondern nur auf **hoheitliche Datenanforderungen** anwendbar ist. Hierbei sind aber die Begriffe „Urteil", „Gericht" und „Verwaltungsbehörde" weit auszulegen[6]: Erfasst ist jegliche der Exekutive oder Judikative zuzurechnende Entscheidung, welche mit staatlicher Souveränität unmittelbare Befolgung durch den Adressaten einfordert. Deshalb sind die in Art. 45 DSGVO Rz. 31 erwähnten und meist nur zwischen den Parteien geführten Pretrial Discovery Verfahren nur erfasst, wenn sich auf Weigerung einer Partei das Gericht einschaltet[7]. **Adressat** des Übermittlungsverlangens muss ein im Geltungsbereich der DSGVO befindlicher Verantwortlicher oder Auftragsverarbeiter sein. 4

Die Einführung der Vorschrift ist vor dem Hintergrund der Wirtschaftsinteressen sowie der Snowden-Enthüllungen politisch heftig umstritten gewesen[8]. Für international tätige Unternehmen besteht durch die nun durchgesetzte europa- und datenschutzrechtsfreundliche Vorschrift die Gefahr, durch unterschiedliche Jurisdiktionen an ihren unterschiedlichen Standorten in die missliche Lage zu geraten, gegen eine verstoßen zu müssen[9] (vgl. hierzu ebenfalls Art. 45 DSGVO Rz. 27 ff.). Letztlich werden wohl meist die drohenden Sanktionen darüber entscheiden, welcher Rechtsordnung ein Unternehmen den Vorzug gibt[10]. Für die drohenden europarechtlichen Konsequenzen sei auf Art. 44 DSGVO Rz. 14 f. verwiesen. 5

---

3 Notwendigkeit einer Übermittlung aus wichtigen Gründen des öffentlichen Interesses.
4 So auch Ehmann/Selmayr/*Zerdick*, Art. 48 DSGVO Rz. 6.
5 So auch Gola/*Klug*, Art. 48 DSGVO Rz. 4; Paal/Pauly/*Pauly*, Art. 48 DSGVO Rz. 8; Kühling/Buchner/*Schröder*, Art. 48 DSGVO Rz. 16.
6 Vgl. Paal/Pauly/*Pauly*, Art. 48 DSGVO Rz. 5; Kühling/Buchner/*Schröder*, Art. 48 DSGVO Rz. 13 und Ehmann/Selmayr/*Zerdick*, Art. 48 DSGVO Rz. 5.
7 Paal/Pauly/*Pauly*, Art. 48 DSGVO Rz. 6.
8 Vgl. auch Kühling/Buchner/*Schröder*, Art. 44 DSGVO Rz. 9 mit Verweis auf *Albrecht*, CR 2016, 95.
9 Vgl. auch *Albrecht*/*Jotzo*, Teil 6 Rz. 27 ff.
10 Paal/Pauly/*Pauly*, Art. 48 DSGVO Rz. 4.

6 Trotz anstehenden Brexits ist darauf hinzuweisen, dass Großbritannien erklärt hat, sich auf Art. 1 und 2 des 21. AEUV-Protokolls berufen zu wollen und deshalb nicht an die Bestimmung des Art. 48 gebunden zu sein. Ob dieses Protokoll aber überhaupt anwendbar ist, wird vielerseits angezweifelt[11].

Artikel 49 Ausnahmen für bestimmte Fälle

(1) Falls weder ein Angemessenheitsbeschluss nach Artikel 45 Absatz 3 vorliegt noch geeignete Garantien nach Artikel 46, einschließlich verbindlicher interner Datenschutzvorschriften, bestehen, ist eine Übermittlung oder eine Reihe von Übermittlungen personenbezogener Daten an ein Drittland oder an eine internationale Organisation nur unter einer der folgenden Bedingungen zulässig:

a) die betroffene Person hat in die vorgeschlagene Datenübermittlung ausdrücklich eingewilligt, nachdem sie über die für sie bestehenden möglichen Risiken derartiger Datenübermittlungen ohne Vorliegen eines Angemessenheitsbeschlusses und ohne geeignete Garantien unterrichtet wurde,

b) die Übermittlung ist für die Erfüllung eines Vertrags zwischen der betroffenen Person und dem Verantwortlichen oder zur Durchführung von vorvertraglichen Maßnahmen auf Antrag der betroffenen Person erforderlich,

c) die Übermittlung ist zum Abschluss oder zur Erfüllung eines im Interesse der betroffenen Person von dem Verantwortlichen mit einer anderen natürlichen oder juristischen Person geschlossenen Vertrags erforderlich,

d) die Übermittlung ist aus wichtigen Gründen des öffentlichen Interesses notwendig,

e) die Übermittlung ist zur Geltendmachung, Ausübung oder Verteidigung von Rechtsansprüchen erforderlich,

f) die Übermittlung ist zum Schutz lebenswichtiger Interessen der betroffenen Person oder anderer Personen erforderlich, sofern die betroffene Person aus physischen oder rechtlichen Gründen außerstande ist, ihre Einwilligung zu geben,

g) die Übermittlung erfolgt aus einem Register, das gemäß dem Recht der Union oder der Mitgliedstaaten zur Information der Öffentlichkeit bestimmt ist und entweder der gesamten Öffentlichkeit oder allen Personen,

---

11 Ehmann/Selmayr/Zerdick, Art. 48 DSGVO Rz. 8, beachtenswert auch die von Paal/Pauly/Pauly, Art. 48 DSGVO Rz. 3 ausgeführten, möglicherweise von anderen Mitgliedstaaten gezogenen Konsequenzen.

die ein berechtigtes Interesse nachweisen können, zur Einsichtnahme offensteht, aber nur soweit die im Recht der Union oder der Mitgliedstaaten festgelegten Voraussetzungen für die Einsichtnahme im Einzelfall gegeben sind.

Falls die Übermittlung nicht auf eine Bestimmung der Artikel 45 oder 46 – einschließlich der verbindlichen internen Datenschutzvorschriften – gestützt werden könnte und keine der Ausnahmen für einen bestimmten Fall gemäß dem ersten Unterabsatz anwendbar ist, darf eine Übermittlung an ein Drittland oder eine internationale Organisation nur dann erfolgen, wenn die Übermittlung nicht wiederholt erfolgt, nur eine begrenzte Zahl von betroffenen Personen betrifft, für die Wahrung der zwingenden berechtigten Interessen des Verantwortlichen erforderlich ist, sofern die Interessen oder die Rechte und Freiheiten der betroffenen Person nicht überwiegen, und der Verantwortliche alle Umstände der Datenübermittlung beurteilt und auf der Grundlage dieser Beurteilung angemessene Garantien in Bezug auf den Schutz personenbezogener Daten vorgesehen hat. Der Verantwortliche setzt die Aufsichtsbehörde von der Übermittlung in Kenntnis. Der Verantwortliche unterrichtet die betroffene Person über die Übermittlung und seine zwingenden berechtigten Interessen; dies erfolgt zusätzlich zu den der betroffenen Person nach den Artikeln 13 und 14 mitgeteilten Informationen.

(2) Datenübermittlungen gemäß Absatz 1 Unterabsatz 1 Buchstabe g dürfen nicht die Gesamtheit oder ganze Kategorien der im Register enthaltenen personenbezogenen Daten umfassen. Wenn das Register der Einsichtnahme durch Personen mit berechtigtem Interesse dient, darf die Übermittlung nur auf Anfrage dieser Personen oder nur dann erfolgen, wenn diese Personen die Adressaten der Übermittlung sind.

(3) Absatz 1 Unterabsatz 1 Buchstaben a, b und c und sowie Absatz 1 Unterabsatz 2 gelten nicht für Tätigkeiten, die Behörden in Ausübung ihrer hoheitlichen Befugnisse durchführen.

(4) Das öffentliche Interesse im Sinne des Absatzes 1 Unterabsatz 1 Buchstabe d muss im Unionsrecht oder im Recht des Mitgliedstaats, dem der Verantwortliche unterliegt, anerkannt sein.

(5) Liegt kein Angemessenheitsbeschluss vor, so können im Unionsrecht oder im Recht der Mitgliedstaaten aus wichtigen Gründen des öffentlichen Interesses ausdrücklich Beschränkungen der Übermittlung bestimmter Kategorien von personenbezogenen Daten an Drittländer oder internationale Organisationen vorgesehen werden. Die Mitgliedstaaten teilen der Kommission derartige Bestimmungen mit.

(6) Der Verantwortliche oder der Auftragsverarbeiter erfasst die von ihm vorgenommene Beurteilung sowie die angemessenen Garantien im Sinne des Absatzes 1 Unterabsatz 2 des vorliegenden Artikels in der Dokumentation gemäß Artikel 30.

Art. 49 DSGVO | Ausnahmen für bestimmte Fälle

I. Einführung	1	5. Rechtsverteidigung (Abs. 1 Unterabs. 1 Buchst. e)	23
II. Private Verantwortliche	5	6. Lebenswichtige Interessen (Abs. 1 Unterabs. 1 Buchst. f)	27
1. Ausdrückliche Einwilligung (Abs. 1 Unterabs. 1 Buchst. a)	5	7. Daten aus öffentlichen Registern (Abs. 1 Unterabs. 1 Buchst. g; Abs. 2)	29
2. Vertragserfüllung und Vertragsanbahnung (Abs. 1 Unterabs. 1 Buchst. b)	10	8. Überwiegende Interessen (Abs. 1 Unterabs. 2; Abs. 6)	33
3. Vertrag im Interesse des Betroffenen (Abs. 1 Unterabs. 1 Buchst. c)	16	III. **Behörden (Abs. 3)**	39
4. Wichtige Gründe des öffentlichen Interesses (Abs. 1 Unterabs. 1 Buchst. d, Abs. 4)	20	IV. **Öffnungsklausel (Abs. 5)**	40

Schrifttum: *Ambrock/Karg*, Ausnahmetatbestände der DS-GVO als Rettungsanker des internationalen Datenverkehrs? Analyse der Neuerungen zur Angemessenheit des Datenschutzniveaus, ZD 2017, 154; *Beyvers*, Stellungnahme der Artikel-29-Datenschutzgruppe zur datenschutzrechtlichen Interessenabwägung, PinG 2015, 60; *Brisch/Laue*, E-Discovery und Datenschutz, RDV 2010, 1; *Hoeren*, EU-Standardvertragsklauseln, BCR und Safe Harbor Principles – Instrumente für ein angemessenes Datenschutzniveau, RDV 2012, 271; *Lange*, Datentransfer ins Ausland, AuA 2006, 712; *Lejeune*, Datentransfer in das außereuropäische Ausland – Hinweise zur Lösung aktueller Fragestellungen, ITRB 2005, 94; *Söbbing/Weinbrenner*, Die Zulässigkeit der Auslagerung von IT-Dienstleistungen durch Institute in sog. Offshore-Regionen, WM 2006, 165; *Spies/Schröder*, Auswirkungen der elektronischen Beweiserhebung (eDiscovery) auf deutsche Unternehmen, MMR 2008, 275; *Wybitul/Beier*, Umsetzung von FATCA in deutschen Unternehmen – Die gemeinsame FATCA-Stellungnahme der USA, Deutschland und anderer EU-Staaten – Auf dem Weg vom „Tax-Act" zum globalen Compliance Standard?, BB 2012, 1200.

I. Einführung

1 Kann eine Datenübermittlung in einen Drittstaat auf keinen anderen Tatbestand gestützt werden, sieht Art. 49 unter engen Grenzen weitere praktisch relevante **Rechtfertigungstatbestände** vor, nach denen der Transfer trotz bestehender Mängel hinsichtlich des datenschutzrechtlichen Niveaus beim Empfänger **ausnahmsweise im Einzelfall gerechtfertigt** werden kann, weil er nur geringe Risiken birgt oder wichtige Interessen überwiegen[1]. Eine Genehmigung seitens der Aufsichtsbehörden ist nicht erforderlich.

2 Als Ausnahmeregelung steht Art. 49 **im Zusammenhang mit Art. 44–48.** Es gilt gemäß Abs. 1 Unterabs. 1 folgende Prüfungsreihenfolge: Zunächst ist festzustellen, ob die Datenübermittlung nicht schon aufgrund eines Angemessenheitsbeschlusses nach Art. 45 oder geeigneter Garantien nach Art. 46 zulässig ist,

---

1 *Albrecht/Jotzo*, Teil 6 Rz. 18.

denn dann erübrigt sich ein Rückgriff auf Art. 49. Ist dies nicht der Fall, muss untersucht werden, ob eine der Ausnahmen aus Art. 49 Abs. 1 einschlägig ist. Es gibt dabei keine Rangfolge zwischen den gesetzlichen Ausnahmetatbeständen in Unterabs. 1, Unterabs. 2 ist diesen gegenüber jedoch ausdrücklich subsidiär. Gleiches dürfte angesichts des Wortlautes („unbeschadet") für Art. 48 gelten. Zu beachten ist jedoch, dass weiterhin eine **zweistufige Prüfung** vorzunehmen ist (vgl. Art. 44 DSGVO Rz. 4)[2].

Art. 49 Abs. 1 Unterabs. 1 enthält **sieben gesetzliche Ausnahmen** vom Verbot[3] der Datenübermittlung ins Ausland. Als abschließende Ausnahmetatbestände sind diese **eng auszulegen**, eine Analogie auf ähnlich gelagerte Fälle kommt daher regelmäßig nicht in Betracht. Bis auf kleinere Veränderungen sowie den vollständig neu gestalteten Übermittlungsgrund des Art. 49 Abs. 1 Unterabs. 2 entsprechen die Tatbestände im Wesentlichen den bisherigen des Art. 26 Abs. 1 DSRL, dessen Umsetzung § 4c Abs. 1 Satz 1 BDSG-alt darstellte. 3

In Art. 49 Abs. 5 findet sich ein Regelungsvorbehalt für EU und Mitgliedstaaten, der es ermöglicht, im öffentlichen Interesse Rückausnahmen zu Art. 49 zu normieren. Die für Art. 49 maßgeblichen Leitgedanken ergeben sich aus den Erwägungsgründen 111–114. 4

II. Private Verantwortliche

1. Ausdrückliche Einwilligung (Abs. 1 Unterabs. 1 Buchst. a)

Art. 49 Abs. 1 Unterabs. 1 Buchst. a verlangt für die Übermittlung eine ausdrückliche Einwilligung des Betroffenen, nachdem er über die möglichen Risiken aufgrund der fehlenden ausreichenden Garantien oder eines fehlenden Angemessenheitsbeschlusses informiert wurde. 5

Die Norm spezifiziert damit die **grundsätzlich bestehenden Anforderungen** an eine informierte Einwilligung (s. Art. 4 Nr. 11 und dortige Kommentierung, vgl. auch § 26 Abs. 2 BDSG) dahingehend, dass explizit auch über die Risiken für die Daten aufgrund der Drittlandübermittlung aufgeklärt werden muss. Ohnehin müsste der Betroffene für eine **informierte Einwilligung in eine Drittlandübermittlung** wohl beispielsweise über den genauen Empfänger, die konkret betroffenen Daten, den Verarbeitungsumfang und -zweck sowie das konkrete Zielland und insbesondere das dort herrschende Datenschutzniveau, sowie die Widerruflichkeit seiner Einwilligung (gemäß Art. 7 Abs. 3 Satz 3) aufgeklärt 6

---

2 Anders aber Kühling/Buchner/*Schröder*, Art. 44 DSGVO Rz. 20, 23, Art. 48 DSGVO Rz. 22 f., der neben den ausdifferenzierten Fällen des Art. 49 und auch neben Art. 48 keinen Raum mehr sieht für die allgemeinen Anforderungen insb. der Art. 5 ff.
3 S. hierzu Art. 44 DSGVO Rz. 5.

werden. Art. 49 Abs. 1 Unterabs. 1 Buchst. a konkretisiert diese Anforderungen insofern, dass dem Betroffenen genauer beschrieben werden muss, welchen Gefahren seine personenbezogenen Daten durch das geringere Schutzniveau im Drittland ausgesetzt sein werden. Eine entsprechende Datenschutzerklärung sollte daher mindestens aufgreifen, dass ein dem europäischen Datenschutzniveau ähnlicher Schutz nicht gewährleistet werden kann. Wie weit die Informationspflicht genau reicht, ist der Norm freilich nicht zweifelsfrei zu entnehmen. So dürfte streitig sein, ob und inwieweit die Rechtslage in Bezug auf den Datenschutz im konkreten Drittstaat darzustellen ist und welche Gefahren sich nach der Erfahrungslage im Zielstaat empirisch, also losgelöst von der abstrakten Rechtslage, realisieren könnten[4].

7 Das **Erfordernis der Ausdrücklichkeit** bekräftigt die für Einwilligungen bestehende Anforderung einer positiven Aussage bzw. bestätigenden Reaktion (Opt-In) und bedeutet den Ausschluss der Möglichkeit einer konkludenten Akzeptanz[5]. Es genügt für eine ausdrückliche Einwilligung wohl nicht, eine entsprechende Klausel in **AGB** vorzusehen, weil die speziellen Informationsanforderungen auf diesem Weg nicht gewahrt werden können bzw. derartige Klauseln jedenfalls in Bezug auf Drittlandsübermittlungen überraschend i.S.v. § 305c Abs. 1 BGB sein dürften[6]. Die Formulierung in Art. 49 Abs. 1 Unterabs. 1 Buchst. a dürfte darüber hinaus verdeutlichen, dass die Zustimmung jeweils **für den Einzelfall** zu erteilen ist und nicht pauschal gegeben werden kann[7]. *Ambrock/Karg* fordern zudem das Einholen einer gesonderten Einwilligung für die Drittstaatenübermittlung (Stufe 2), soweit diese von übrigen Datenverarbeitungsvorgängen der Stelle abtrennbar ist[8].

8 Da die Betroffenen bei sich wiederholenden oder routinemäßigen Übermittlungen oder bei jeglichen geänderten oder erweiterten Verarbeitungszwecken informiert werden und darin erneut einwilligen bzw. ihre Einwilligung dauerhaft aufrecht erhalten müssen, eignet sich die Datenübermittlung ins Ausland auf

---

4 *Ambrock/Karg*, ZD 2017, 157 sprechen sich zum Beispiel dafür aus, bei konkreten Erkenntnissen über dort erfolgenden Datenmissbrauch (bspw. die Praktiken amerikanischer Geheimdienste) diese offenlegen zu müssen. *Sydow/Towfigh/Ulrich*, Art. 49 DSGVO Rz. 5 verlangen im Einzelfall eine Aufklärung über fehlende Durchsetzbarkeit der Rechte. **Dagegen** leiten BeckOK DatenschutzR/*Lange/Filip*, Art. 49 DSGVO Rz. 8 aus dem Plural-Wortlaut („Drittländer") eine eher allgemeine Informationspflicht her und auch Kühling/Buchner/*Schröder*, Art. 49 DSGVO Rz. 15 verlangt lediglich eine abstrakte Aufklärung über die Risiken einer Drittstaatsübermittlung, wenn weder ein angemessenes Datenschutzniveau noch geeignete Garantien bestehen.

5 *Ambrock/Karg*, ZD 2017, 157; Gola/*Klug*, Art. 49 DSGVO Rz. 5; BeckOK DatenschutzR/ *Lange/Filip*, Art. 49 DSGVO Rz. 9; Kühling/Buchner/*Schröder*, Art. 49 DSGVO Rz. 14. Dies wurde schon zu Art. 26 Abs. 1 Buchst. a DSRL vertreten, *Albrecht/Jotzo*, Teil 6 Rz. 19.

6 Anders wohl Kühling/Buchner/*Schröder*, Art. 49 DSGVO Rz. 14.

7 So auch Gola/*Klug*, Art. 49 DSGVO Rz. 5; Paal/Pauly/*Pauly*, Art. 49 DSGVO Rz. 9.

8 *Ambrock/Karg*, ZD 2017, 158.

Grundlage von Buchst. a nur für einen überschaubaren Kreis von Betroffenen und insbesondere nicht für Vorhaben, bei denen alle Beschäftigten der verarbeitenden Stelle einheitlich betroffen sind (wie z.b. bei einem IT-Outsourcing)[9].

Offen bleibt das Schicksal von Einwilligungen, die nach bisherigem Recht erteilt wurden und Rechtfertigung für derzeitige Drittstaatenübermittlungen darstellen. Soweit sie bereits den Anforderungen der DSGVO entsprechen, soll nach Erwägungsgrund 171 keine erneute Einwilligung notwendig sein. Angesichts der neuen, umfassenderen Informationspflichten ist im Lichte der gemäß Art. 83 Abs. 5 Buchst. c drohenden Sanktionen jedoch dringend anzuraten, diese unter Erteilung der nun gebotenen Informationen erneut einzuholen[10]. 9

2. Vertragserfüllung und Vertragsanbahnung (Abs. 1 Unterabs. 1 Buchst. b)

Der Wortlaut des **Art. 49 Abs. 1 Unterabs. 1 Buchst. b**, der Rechtfertigungsnorm für Übermittlungen aufgrund **vertraglicher und vorvertraglicher Notwendigkeit**, entspricht dem der DSRL bzw. der Umsetzungsnorm in § 4c Abs. 1 Satz 1 Nr. 2 BDSG-alt. 10

Notwendig ist, dass der Vertrag bzw. etwaig bestehende vorvertragliche Beziehungen einen **Auslandsbezug** haben. Dieser muss für den Betroffenen auch **erkennbar** sein – denn nur dann ist sich der Betroffene beim Vertragsschluss der zu erwartenden Datenübermittlung ins Ausland bewusst und es kann davon ausgegangen werden, dass für ihn das Interesse an der Vertragserfüllung von größerer Bedeutung ist als die Einhaltung eines möglichst hohen datenschutzrechtlichen Niveaus[11]. 11

Voraussetzung für die Anwendung von Art. 49 Abs. 1 Unterabs. 1 Buchst. b ist, dass die Datenübermittlung auch tatsächlich **erforderlich** ist, also ein direkter und objektiver Bezug zur Vertragserfüllung besteht und keine Alternativen gegeben sind[12]. Können die Vertragsziele auch ohne Datenübermittlung ins Ausland erreicht werden, hat diese zu unterbleiben. Es dürfen auch nur die „erforderlichen" Daten übertragen werden. Die Datenschutzbehörden legten diesen 12

---

9 Artikel 29-Datenschutzgruppe, WP 114, 13; ähnl. BeckOK DatenschutzR/*Lange/Filip*, Art. 47 DSGVO Rz. 13; vgl. zur bisherigen Rechtslage Gola/*Schomerus*, § 4c BDSG-alt Rz. 5; Taeger/Gabel/*Gabel*, § 4c BDSG-alt Rz. 6; *Hoeren*, RDV 2012, 273 f.
10 So wohl auch *Ambrock/Karg*, ZD 2017, 157 f., welche entsprechend die anderslautende, pauschale Entscheidung des Düsseldorfer Kreises zu Erwägungsgrund 171 kritisieren (Düsseldorfer Kreis, Beschluss vom 13./14.09.16 zur Fortgeltung bisher erteilter Einwilligungen unter der DSGVO).
11 Zu § 4c BDSG-alt Taeger/Gabel/*Gabel*, Rz. 7.
12 Artikel 29-Datenschutzgruppe, WP 114, 15; *Ambrock/Karg*, ZD 2017, 159; Paal/Pauly/ *Pauly*, Art. 49 DSGVO Rz. 13; vgl. zu § 4c BDSG-alt Simitis/*Simitis*, Rz. 12.

Art. 49 DSGVO | Ausnahmen für bestimmte Fälle

Begriff schon bisher grundsätzlich **eng** aus (vgl. Rz. 3), bloße Nützlichkeitserwägungen sind daher nicht ausreichend[13]. Nicht zur Vertragserfüllung notwendige Daten sind daher von der Übermittlung ausgeschlossen[14].

13 Nach Buchst. b zulässig ist die Datenübermittlung daher z.B. bei der Ausführung internationaler Überweisungen durch die eigene Bank, die Weitergabe von Daten durch ein Reisebüro an den Reiseveranstalter im Ausland[15] oder die Übermittlung der Adressdaten eines Kunden an das im Ausland befindliche Unternehmen, insbesondere im eCommerce-Bereich sowie bei Downloadangeboten[16].

14 Regelmäßig nicht von Buchst. b erfasst ist hingegen die bloße Verlagerung der Datenverarbeitung ins Ausland aus rein wirtschaftlichen Erwägungen, da diese zum Zweck der Vertragserfüllung zumeist nicht notwendig ist[17]. Ebenfalls kann die umfassende Übermittlung von Mitarbeiterdaten in internationalen Unternehmensgruppen nicht ohne Weiteres auf Buchst. b gestützt werden, denn das Arbeitsverhältnis besteht in aller Regel mit einer einzelnen – meist inländischen – Gesellschaft und erfordert nicht die Übermittlung aller Mitarbeiterdaten an andere Konzerngesellschaften[18]. In diesen Fällen sind aber zumindest solche Übermittlungen gerechtfertigt, die für das reibungslose Zusammenarbeiten in der Unternehmensgruppe erforderlich sind, etwa die Aufnahme von Kontaktdaten in Kommunikationsverzeichnisse oder der Eintrag in IT-Systeme zur netzwerkweiten Berechtigungsverwaltung[19].

15 Der den Datenaustausch erforderlich machende Vertrag kann auch ein Arbeitsvertrag sein, etwa wenn der Arbeitnehmer international eingesetzt werden soll[20]. Ist nach dem Inhalt des Arbeitsvertrags oder aufgrund des Direktionsrechts des Arbeitgebers ein Einsatz auch bei anderen Gesellschaften oder Kunden im Ausland zulässig, so legitimiert dies die dafür erforderlichen Übermittlungen, etwa auch die Aufnahme in sog. „Skill-Datenbanken", die der konzernweit optimierten Besetzung von gemeinsamen Arbeitsgruppen oder Projekten dienen. Weist das Arbeitsverhältnis einen sog. Konzernbezug auf, ist also bereits arbeitsver-

---

13 Zur bisherigen Rechtslage *Wybitul/Beier*, BB 2012, 1201.
14 Artikel 29-Datenschutzgruppe, WP 114, 15; Paal/Pauly/*Pauly*, Art. 49 DSGVO Rz. 13; zur bisherigen Rechtslage Taeger/Gabel/*Gabel*, § 4c BDSG-alt Rz. 7.
15 Vgl. auch Gola/*Klug*, Art. 49 DSGVO Rz. 6; zur bisherigen Rechtslage *Lange*, AuA 2006, 713.
16 So auch Kühling/Buchner/*Schröder*, Art. 49 DSGVO Rz. 18; *Spindler/Schuster*, § 4c BDSG-alt Rz. 10.
17 Artikel 29-Datenschutzgruppe WP 114, 15; ähnl. Gola/*Klug*, Art. 49 DSGVO Rz. 6; zu § 4c BDSG-alt Gola/*Schomerus*, Rz. 6.
18 So auch BeckOK DatenschutzR/*Lange/Filip*, Art. 49 DSGVO Rz. 17; (ähnl.) Kühling/Buchner/*Schröder*, Art. 49 DSGVO Rz. 19; Ehmann/Selmayr/*Zerdick*, Art. 49 DSGVO Rz. 10; zu § 4c BDSG-alt Gierschmann/Saeugling/*Thoma*, Rz. 21.
19 Zu § 4c BDSG-alt Gierschmann/Saeugling/*Thoma*, Rz. 21.
20 *Lejeune*, ITRB 2005, 95 f.

traglich angelegt, dass der Arbeitnehmer auf Wunsch des Arbeitgebers auch im Ausland tätig wird, so sind auch die damit im Zusammenhang stehenden Übermittlungen gerechtfertigt[21].

3. Vertrag im Interesse des Betroffenen (Abs. 1 Unterabs. 1 Buchst. c)

Der Tatbestand des **Art. 49 Abs. 1 Unterabs. 1 Buchst. c** für eine Übermittlung zwecks **Abschluss oder Erfüllung eines Vertrages im Interesse des Betroffenen** entspricht nicht ganz dem bisherigen der DSRL: Zum einen wurde der Vertragspartnerbegriff vom „Dritten" in eine „andere natürliche oder juristische Person" modifiziert, zum anderen wurde die Formulierung unklarer, indem nun bei wortwörtlichem Verständnis die Übermittlung dem „Abschluss eines [...] geschlossenen Vertrags" dienen soll, was keinen Sinn ergibt. Zuvor wurde deutlich besser zwischen zu schließendem und bereits geschlossenem Vertrag als Übermittlungsrechtfertigung differenziert[22]. Mit der Anpassung dürften aber keine materiellen Änderungen gegenüber der bisherigen Rechtslage bezweckt worden sein. 16

Im Unterschied zu Art. 49 Abs. 1 Unterabs. 1 Buchst. b ist der Betroffene im Anwendungsbereich von Art. 49 Abs. 1 Unterabs. 1 Buchst. c nicht selbst Vertragspartner, sondern lediglich Begünstigter eines Vertrages, den die übermittelnde Stelle mit einer weiteren natürlichen oder juristischen Person abschließt oder abgeschlossen hat. Verträge zugunsten Dritter i.S.v. § 328 BGB sind daher der wohl häufigste Anwendungsfall von Buchst. c[23]. Auch in Fällen des Buchst. b existieren (meist wohl Rahmen-) Verträge zwischen dem Vertragspartner des Betroffenen und dem Übermittlungsempfänger, allerdings ist hier die Datenübermittlung direkt für das Vertragsverhältnis zwischen Betroffenem und Verantwortlichem erforderlich. Dagegen ist bei Buchst. c die Übermittlung für die Durchführung eines Drittvertrags erforderlich, von dem der Betroffene nur profitiert. Er selbst kann als Außenstehender aber nicht auf die Datenübermittlung einwirken. Deshalb ist auch hier eine Erforderlichkeit für die Interessen des Betroffenen gefordert, um sicherzustellen, dass keine Alternative zu diesem eine Datenübermittlung erfordernden Vertrag besteht. 17

---

21 So auch BeckOK DatenschutzR/*Lange/Filip*, Art. 49 DSGVO Rz. 15; ähnl. Gola/*Klug*, Art. 49 DSGVO Rz. 7; zu § 4c BDSG-alt Gierschmann/Saeugling/*Thoma*, Rz. 21.
22 Wortlaut des Art. 26 Abs. 1 Buchst. b DSRL: „die Übermittlung zum Abschluß oder zur Erfüllung eines Vertrags erforderlich ist, der im Interesse der betroffenen Person vom für die Verarbeitung Verantwortlichen mit einem Dritten geschlossen wurde oder geschlossen werden soll [...]".
23 So auch Gola/*Klug*, Art. 49 DSGVO Rz. 7; Kühling/Buchner/*Schröder*, Art. 49 DSGVO Rz. 21; Sydow/*Towfigh/Ulrich*, Art. 49 DSGVO Rz. 7 – wie schon unter bisher geltendem Recht: Däubler/Klebe/Wedde/Weichert/*Däubler*, § 4c BDSG-alt Rz. 7; Gierschmann/Saeugling/*Thoma*, § 4c BDSG-alt Rz. 22.

18 Dieses Interesse des Betroffenen muss sorgfältig ermittelt werden. Man wird es bejahen können, wenn die Datenübermittlung einem konkret erkennbaren Interesse des Betroffenen entspricht, etwa bei der Weiterleitung von Überweisungen über Korrespondenzbanken[24]. Im Übrigen ist Zurückhaltung geboten, da sonst die übermittelnde Stelle durch Behauptung eines nur vermeintlichen oder sehr entfernten Interesses des Dritten den grenzüberschreitenden Datenschutz weitgehend aushöhlen könnte. Allgemeine wirtschaftliche Erwägungen (Kostenersparnis durch Datenverarbeitung im Ausland) werden daher auch für Buchst. c nicht ausreichen[25].

19 Erlaubt sein kann z.B. die Datenübermittlung durch ein Unternehmen, wenn dieses Mitarbeiterversicherungen bei einer ausländischen Gesellschaft abschließen möchte[26]. Dagegen ist eine Lohnabrechnung durch einen ausländischen Dienstleister nicht erforderlich (vgl. auch weitergehend Rz. 14 f.)[27]. In Betracht kommt auch diese Konstellation bei internationalen Warenlieferungen (z.B. die Weitergabe von Adressdaten an den Spediteur)[28].

4. Wichtige Gründe des öffentlichen Interesses (Abs. 1 Unterabs. 1 Buchst. d, Abs. 4)

20 § 49 Abs. 1 Unterabs. 1 Buchst. d regelt den Datentransfer bei einer **Notwendigkeit** aufgrund **wichtiger Gründe des öffentlichen Interesses** und entspricht dem bisherigen Art. 26 Abs. 1 Buchst. d Alt. 1 DSRL bzw. § 4c Abs. 1 Satz 1 Nr. 4 Alt. 1 BDSG-alt. **Abs. 4** bestimmt, dass die begründenden öffentlichen Interessen im Unionsrecht oder dem jeweiligen mitgliedstaatlichen Recht anerkannt sein müssen. Wann ein Interesse „wichtig" ist, war schon bisher nicht näher definiert. Zu beachten sind diesbezüglich jedenfalls das Gebot enger Auslegung (vgl. Rz. 3) sowie die der übermittelnden Stelle obliegende Beweislast[29].

21 Satz 1 des Erwägungsgrundes 112 nennt einige Beispiele der anzuerkennenden öffentlichen Interessen, so etwa die internationale Kooperation im Wettbewerbsrecht, in Fragen des Steuer- oder Zollwesens, bei einem Austausch der Finanzauf-

---

24 So auch Gola/*Klug*, Art. 49 DSGVO Rz. 7; BeckOK DatenschutzR/*Lange/Filip*, Art. 49 DSGVO Rz. 24; Ehmann/Selmayr/*Zerdick*, Art. 49 DSGVO Rz. 12; zu § 4c BDSG-alt Taeger/Gabel/*Gabel*, Rz. 8.
25 Artikel 29-Datenschutzgruppe, WP 114, 15; vgl. zur bisherigen Rechtslage z.B. *Söbbing/ Weinbrenner*, WM 2006, 166.
26 So auch Gola/*Klug*, Art. 49 DSGVO Rz. 7; zu § 4c BDSG-alt *Gola/Schomerus*, Rz. 6a.
27 Artikel 29-Datenschutzgruppe, WP 114, 15; vgl. auch BeckOK DatenschutzR/*Lange/ Filip*, Art. 49 DSGVO Rz. 22.
28 So auch BeckOK DatenschutzR/*Lange/Filip*, Art. 49 DSGVO Rz. 24; zu § 4c BDSG-alt Gierschmann/Saeugling/*Thoma*, Rz. 22.
29 Paal/Pauly/*Pauly*, Art. 49 DSGVO Rz. 19.

sichtsbehörden oder bei Dienstleistern in Angelegenheiten der Sozialversicherung oder der öffentlichen Gesundheit einschließlich Meldepflichten bei übertragbaren Krankheiten oder zur Bekämpfung des Dopings im Sport.

Wie schon bisher werden vor allem Behörden von diesem Rechtfertigungstatbestand Gebrauch machen (vgl. näher unter Rz. 39)[30]. Der Gesetzeswortlaut schließt aber nicht aus, dass sich auch eine nicht-öffentliche Stelle auf diese Ausnahme beruft. So ist ein Rückgriff aus Compliance-Gesichtspunkten für Unternehmen als möglich zu erachten[31]. Es muss sich aber auch hier stets um ein Interesse der übermittelnden Stelle selbst und nicht lediglich um bspw. das Interesse einer Daten anfordernden ausländischen Behörde handeln, denn anderenfalls könnten ausländische Stellen unilateral die Voraussetzungen dieser Ausnahmebestimmung herbeiführen[32] (vgl. zu diesen Fällen Art. 48 DSGVO Rz. 1 und auch Art. 45 DSGVO Rz. 27 ff.). Für nicht-öffentliche Stellen ist wohl die Übermittlung aus Gründen der Rechtsverteidigung nach Buchst. e von größerer praktischer Bedeutung. 22

5. Rechtsverteidigung (Abs. 1 Unterabs. 1 Buchst. e)

Die Datenübermittlung aus Gründen der **Geltendmachung, Ausübung oder Verteidigung von Rechtsansprüchen** gemäß **Art. 49 Abs. 1 Unterabs. 1 Buchst. e** war ebenfalls bereits in Art. 26 Abs. 1 Buchst. d Alt. 2 DSRL vorgesehen, so dass sich gegenüber § 4c Abs. 1 Satz 1 Nr. 4 Alt. 2 BDSG-alt keine zentralen Änderungen ergeben. 23

Relevant wurde der Ausnahmetatbestand bislang etwa, wenn ein in Deutschland ansässiges Unternehmen in einem Gerichtsverfahren im Ausland personenbezogene Daten zu Verteidigungszwecken nutzen wollte oder die Herausgabe gerichtlich angeordnet[33] wurde. Künftig legt Erwägungsgrund 111 ein weites Verständnis des Tatbestandes nahe. Erfasst sind demnach nun auch Verwaltungsverfahren und sonstige außergerichtliche Verfahren[34] sowie Verfahren vor Regulierungsbehörden[35]. Dies wird insbesondere hinsichtlich der Frage nach der Zulässigkeit von Transfers zu Zwecken vor- und außergerichtlicher Verfah- 24

---

30 *Albrecht/Jotzo*, Teil 6 Rz. 21.
31 So zu § 4c BDSG-alt auch Taeger/Gabel/*Gabel*, Rz. 10; a.A. Däubler/Klebe/Wedde/Weichert/*Däubler*, Rz. 8.
32 Artikel 29-Datenschutzgruppe, WP 114, 17; ähnl. Ehmann/Selmayr/*Zerdick*, Art. 49 DSGVO Rz. 14; zur bisherigen Rechtslage Taeger/Gabel/*Gabel*, § 4c BDSG-alt Rz. 10.
33 Dient eine Übermittlung auf gerichtliche Anordnung nicht Verteidigungszwecken, ist Art. 48 zu beachten.
34 Ablehnend aber *Ambrock/Karg*, ZD 2017, 159.
35 A.A. zu verwaltungs- und strafprozessualen Übermittlungen Sydow/*Towfigh/Ulrich*, Art. 49 DSGVO Rz. 10.

ren, insbesondere mit Blick auf das amerikanische Pretrial Discovery Verfahren (vgl. Kommentierung zu Art. 45 DSGVO Rz. 29 ff.) relevant.

25 In diesen Fällen wird das Interesse an der prozessualen Nutzung der Daten höher bewertet als das Datenschutzinteresse des Betroffenen[36]. Eine Interessenabwägung[37] mit den Rechten des Betroffenen ist nicht vorgesehen. Allerdings muss die Übermittlung der Daten zur Geltendmachung rechtlicher Interessen[38] **erforderlich** sein, was den Umfang der übermittelten Daten einschränken[39] oder eine Pseudonymisierung notwendig machen[40] kann. Bei ausländischen Prozessen können Parteien die zur Verteidigung erforderlichen personenbezogenen Daten an ihre eigenen Prozessvertreter, aber auch an sämtliche andere an dem Verfahren beteiligten Personen übermitteln[41].

26 Zu beachten ist das Zusammenspiel mit Art. 48: Nach dem hier dargelegten Verständnis steht die Rechtfertigungsmöglichkeit gemäß Art. 49 Abs. 1 Unterabs. 1 Buchst. e gleichberechtigt neben der aus Art. 48 i.V.m. einer entsprechend rechtfertigenden internationalen Übereinkunft (vgl. Art. 48 DSGVO Rz. 1)[42].

6. Lebenswichtige Interessen (Abs. 1 Unterabs. 1 Buchst. f)

27 **Art. 49 Abs. 1 Unterabs. 1 Buchst. f** regelt die Übermittlung zum Schutz **lebenswichtiger Interessen** des Betroffenen oder anderer Personen. Das angesichts des Grundsatzes der Privatautonomie bislang in den Tatbestand des § 4c Abs. 1 Satz 1 Nr. 5 BDSG-alt hineingelesene Tatbestandsmerkmal der Subsidiarität gegenüber der Einholung einer Einwilligung des Betroffenen findet nun ausdrücklichen Niederschlag im Verordnungstext, nach dem der Betroffene aus physischen oder rechtlichen Gründen außer Stande sein muss, eine Einwilligung zu erteilen. Gemeint sind also Situationen, in denen eine konkrete Lebensgefahr für eine Person besteht, zu deren Abwehr die – meist medizinischen – personenbezogenen Daten des Betroffenen übermittelt werden müssen.

28 Die Fallgruppe „anderer Personen" ist im Vergleich mit Art. 26 Abs. 1 Buchst. e DSRL neu hinzugekommen; unklar bleibt aber die Bedeutung der Neuerung: Es

---

36 Zu § 4c BDSG-alt *Gola/Schomerus*, Rz. 7a; Däubler/Klebe/Wedde/Weichert/*Däubler*, Rz. 8; Gierschmann/Saeugling/*Thoma*, Rz. 25.
37 S. zur Interessenabwägung im Rahmen des BDSG-alt grundlegend *Beyvers*, PinG 2014, 60.
38 *Ambrock/Karg*, ZD 2017, 159 – bislang: zur Rechtsverteidigung.
39 Kühling/Buchner/*Schröder*, Art. 49 DSGVO Rz. 26.
40 BeckOK DatenschutzR/*Lange/Filip*, Art. 49 DSGVO Rz. 34.
41 Zur bisherigen Rechtslage *Spies/Schröder*, MMR 2008, 279; *Brisch/Laue*, RDV 2010, 7.
42 So wohl auch Paal/Pauly/*Pauly*, Art. 49 DSGVO Rz. 22; a.A. neben den unter Art. 48 DSGVO Rz. 1 dargestellten wohl auch Gola/*Klug*, Art. 49 DSGVO Rz. 9, der eine Spezialität des Art. 48 sieht.

müsste zur Wahrung von deren lebenswichtigen Interessen die Übermittlung von Daten des Betroffenen notwendig und dieser wiederum selbst körperlich oder rechtlich außerstande zur Einwilligung sein. Gemeint sein können also nur Fälle, in denen der Betroffene zur Rettung eines Dritten kontaktiert werden muss, weil er hierfür etwa als Vormund oder aufgrund von Zugriff auf Informationen oder Gegenstände eine Schlüsselrolle spielt. Ausdrücklich sollen aber nicht Zeitdruck oder Vereinfachungszwecke, sondern der körperliche Zustand des Betroffenen oder die rechtliche Lage Hindernis für die Einholung seiner Einwilligung sein. Selbst wenn derartige Fälle auftreten sollten, ist die Normauslegung derart unklar, dass angesichts der drohenden Bußgelder (vgl. Art. 44 DSGVO Rz. 15) wohl nur sehr zurückhaltend darauf abgestellt werden wird.

7. Daten aus öffentlichen Registern (Abs. 1 Unterabs. 1 Buchst. g; Abs. 2)

Der Tatbestand des **Art. 49 Abs. 1 Unterabs. 1 Buchst. g** für **Daten aus öffentlichen Registern** weicht inhaltlich nicht von der bisherigen Norm des Art. 26 Abs. 1 Buchst. f DSRL ab. 29

Für personenbezogene Daten, die schon in öffentlich zugänglichen Registern eingetragen sind, besteht nur noch ein geringes Schutzinteresse – sie sind daher auch frei in andere Länder übermittelbar[43]. Bislang war es aufgrund des weiter gefassten Wortlauts der deutschen Umsetzungsvorschrift in § 4c Abs. 1 Satz 1 Nr. 6 BDSG-alt nicht erforderlich, dass die Register von einer Behörde geführt wird, wie z.B. das Gewerbezentralregister, erfasst waren vielmehr auch Branchenbücher, Schuldnerlisten und ähnliche Publikationen.[44] Ob dies weiterhin gilt, ist angesichts des nun unmittelbar geltenden europäischen Wortlauts zweifelhaft, welcher eine unions- oder mitgliedstaats**rechtliche Öffentlichkeitsbestimmung** des Registers fordert[45]. 30

Nach **Art. 49 Abs. 2 Satz 1** darf nicht das gesamte Register oder eine gesamte Kategorie des Registers weitergegeben werden. Mit letzterem Ausschluss ist gemeint, dass lediglich spezifische Einzelauskünfte, nicht aber Listen aufgrund von Suchanfragen nach bestimmten Indikatoren weitergegeben werden dürfen, wie etwa aus einem Handelsregister sämtliche Unternehmen mit einem bestimmten Stammkapital. Dies entspricht den Grundsätzen der Datenvermeidung und 31

---

43 BeckOK DatenschutzR/*Lange/Filip*, Art. 49 DSGVO Rz. 42; Paal/Pauly/*Pauly*, Art. 49 DSGVO Rz. 25; zu § 4c BDSG-alt Simitis/*Simitis*, Rz. 23; Däubler/Klebe/Wedde/Weichert/*Däubler*, Rz. 10.
44 S. Plath/*von dem Bussche*, 2. Aufl. 2016, § 4c BDSG-alt Rz. 17 m.w.N.
45 Kühling/Buchner/*Schröder*, Art. 49 DSGVO Rz. 36; offen dagegen Paal/Pauly/*Pauly*, Art. 49 DSGVO Rz. 26. Zur alten Rechtslage nach § 4c BDSG-alt vgl. Gola/*Schomerus*, Rz. 8; Taeger/Gabel/*Gabel*, Rz. 12.

-sparsamkeit gemäß Art. 5 Abs. 1 Buchst. c und der Zweckbindung gemäß Art. 5 Abs. 1 Buchst. b. Übermittelt werden dürfen also nur die für einen bestimmten Zweck konkret benötigten Datensätze.

32 **Art. 49 Abs. 2 Satz 2** stellt klar, dass bei Erforderlichkeit eines bestimmten Interesses für die Auskunftserteilung die gleichen Voraussetzungen für die anfragende Stelle im Drittland bestehen müssen. Nicht notwendig ist daher, dass das Register von jedermann uneingeschränkt eingesehen werden kann. Stellt das fragliche Register besondere Zugangshürden auf (etwa ein „rechtliches Interesse" beim Grundbuch), muss die empfangende Stelle diese Einsichtsvoraussetzungen auch erfüllen[46]. Zulässig ist damit z.B. die Übersendung eines Grundbuchauszuges an den im Ausland wohnenden Miterben[47].

8. Überwiegende Interessen (Abs. 1 Unterabs. 2; Abs. 6)

33 Neu ist die eng auszulegende[48] Ausnahme des **Art. 49 Abs. 1 Unterabs. 2**. Subsidiär zu allen übrigen Rechtfertigungstatbeständen ist demnach eine Datenübermittlung in einen Drittstaat zulässig, wenn sie
– **nicht wiederholt** stattfindet,
– eine **begrenzte Anzahl** an Betroffenen betrifft,
– für die Wahrung der zwingenden legitimen **Interessen**[49] **des Verantwortlichen** notwendig ist,
– welche in einer **Interessenabwägung** gegenüber den Interessen, Rechten und Freiheiten des Betroffenen den Vorzug genießen,
– der Verantwortliche alle **Umstände des Datentransfers bewertet** hat und
– hinsichtlich des Datenschutzes **angemessene Absicherungen** vorgenommen hat.

34 Diese sechs jeweils sehr engen Voraussetzungen dürften nur in krassen Ausnahmefällen **kumulativ** vorliegen und bedeuten teilweise einen hohen Aufwand für den Verantwortlichen, so dass die Regelung lediglich als **Auffangtatbestand für ungewöhnliche Situationen** in Betracht kommen wird, in denen ein großes Interesse des Verantwortlichen an der Übermittlung nicht von der Hand zu weisen, ein Rechtfertigungstatbestand allerdings nicht in Sicht ist.

---

[46] So gemäß Erwägungsgrund 58 der DSRL auch schon unter bisher geltendem Recht, vgl. auch Däubler/Klebe/Wedde/Weichert/*Däubler*, § 4c BDSG-alt Rz. 10; Simitis/*Simitis*, § 4c BDSG-alt Rz. 23.
[47] Beispiel bei Däubler/Klebe/Wedde/Weichert/*Däubler*, § 4c BDSG-alt Rz. 10.
[48] *Albrecht/Jotzo*, Teil 6 Rz. 26; Paal/Pauly/*Pauly*, Art. 49 DSGVO Rz. 29; Sydow/*Towfigh/Ulrich*, Art. 49 DSGVO Rz. 14.
[49] Näher hierzu *Ambrock/Karg*, ZD 2017, 160.

Den besonderen Ausnahmecharakter der Norm unterstreichen die **Meldepflichten** für den einzelnen Transfer gegenüber der Aufsichtsbehörde und dem Betroffenen sowie die **Dokumentationspflicht** hinsichtlich der Bewertung der Umstände des Transfers und der angemessenen Absicherungen (**Abs. 6**). 35

Als legitime Interessen sind mit Blick auf die gesamtgesellschaftlichen Erwartungen nach Erwägungsgrund 113 jedenfalls die wissenschaftliche und historische Forschung sowie statistische Zwecke anerkannt. Zwischen den Interessen des Verantwortlichen und der geplanten Datenübermittlung muss ein konkreter Zusammenhang bestehen[50], der die Übermittlung gerade dieser Daten im Interesse des Verantwortlichen rechtfertigt. 36

Für die Interessenabwägung hat der Verantwortliche nach Erwägungsgrund 113 insbesondere die Art der personenbezogenen Daten sowie Zweck und Dauer der geplanten Verarbeitung einzubeziehen sowie die rechtliche Lage in Herkunfts-, Ziel- und Endbestimmungsland zu vergleichen. 37

Was unter den vorzusehenden Garantien zu verstehen ist, wird auch in den Erwägungsgründen nicht näher erläutert. Die Garantien aus Art. 46 sind offensichtlich nicht gegeben, wenn für die Übermittlung auf Art. 49 Abs. 1 Unterabs. 2 abgestellt wird, sodass sie allenfalls grobe Orientierung für mögliche Gestaltungen bieten können[51]. Zu berücksichtigen ist auch, dass der Verordnungsgeber viel Wert auf wirksame Rechtsbehelfe des Betroffenen legt[52]. 38

III. Behörden (Abs. 3)

Grundsätzlich können Behörden die Übermittlungen auf die gleichen Rechtsgrundlagen stützen wie private Verantwortliche. Gemäß **Art. 49 Abs. 3** finden einige Tatbestände des Abs. 1 im Rahmen der Ausübung öffentlicher Gewalt jedoch keine Anwendung. Dies hat unterschiedliche Gründe: Die ausdrückliche Einwilligung nach Art. 49 Abs. 1 Unterabs. 1 Buchst. a dürfte aus Gründen eines abstrakten Schutzes vor letztlich nicht freiwillig erteilten Zustimmungen aufgrund staatlicher Übermacht ausgeschlossen sein. Mit dem Ausschluss der Übermittlung aufgrund besonderer Interessen im Einzelfall nach Art. 49 Abs. 1 Unterabs. 2. sowie aufgrund vertraglicher Notwendigkeiten nach Art. 49 Abs. 1 Unterabs. 1 Buchst. b und c soll eine Umgehung der für die Behörden üblicherweise einschlägigen Rechtfertigung aufgrund wichtiger öffentlicher Interessen nach Art. 49 Abs. 1 Unterabs. 1 Buchst. d verhindert werden, der gerade dann relevant und passgenau ist, wenn Behörden in Ausübung der öffentlichen Gewalt tätig werden. 39

---

50 BeckOK DatenschutzR/*Lange*/*Filip*, Art. 49 DSGVO Rz. 49.
51 Ähnl. Paal/Pauly/*Pauly*, Art. 49 DSGVO Rz. 31.
52 Gola/*Klug*, Art. 49 DSGVO Rz. 15.

IV. Öffnungsklausel (Abs. 5)

40 Art. 49 **Abs.** 5 bestimmt, dass sowohl europäisches als auch mitgliedstaatliches Recht zugunsten wichtiger öffentlicher Interessen die Übermittlung bestimmter Kategorien personenbezogener Daten in Drittstaaten oder an internationale Organisationen beschränken kann. Wird von dieser Möglichkeit durch einen Mitgliedstaat Gebrauch gemacht, hat dieser die Kommission hiervon zu unterrichten. Angemessenheitsbeschlüsse nach Art. 45 dürfen hiervon jedoch nicht eingeschränkt werden. Im Umkehrschluss ergibt sich daraus, dass Abs. 5 nicht nur Rückausnahmen von den in Art. 49 aufgeführten Ausnahmen gestattet, sondern sich auch auf durch Art. 46 zugelassene Drittstaatenübermittlungen bezieht[53].

Artikel 50 Internationale Zusammenarbeit zum Schutz personenbezogener Daten

In Bezug auf Drittländer und internationale Organisationen treffen die Kommission und die Aufsichtsbehörden geeignete Maßnahmen zur

a) Entwicklung von Mechanismen der internationalen Zusammenarbeit, durch die die wirksame Durchsetzung von Rechtsvorschriften zum Schutz personenbezogener Daten erleichtert wird,

b) gegenseitigen Leistung internationaler Amtshilfe bei der Durchsetzung von Rechtsvorschriften zum Schutz personenbezogener Daten, unter anderem durch Meldungen, Beschwerdeverweisungen, Amtshilfe bei Untersuchungen und Informationsaustausch, sofern geeignete Garantien für den Schutz personenbezogener Daten und anderer Grundrechte und Grundfreiheiten bestehen,

c) Einbindung maßgeblicher Interessenträger in Diskussionen und Tätigkeiten, die zum Ausbau der internationalen Zusammenarbeit bei der Durchsetzung von Rechtsvorschriften zum Schutz personenbezogener Daten dienen,

d) Förderung des Austauschs und der Dokumentation von Rechtsvorschriften und Praktiken zum Schutz personenbezogener Daten einschließlich Zuständigkeitskonflikten mit Drittländern.

I. Einführung 1	2. Gegenseitige Amtshilfe
II. Im Einzelnen 3	(Buchst. b) 5
1. Mechanismen internationaler	3. Austausch und Dokumentation
Zusammenarbeit (Buchst. a) ... 4	(Buchst. c und d) 8

---

53 Ehmann/Selmayr/*Zerdick*, Art. 49 DSGVO Rz. 19; Paal/Pauly/*Pauly*, Art. 49 DSGVO Rz. 34.

I. Einführung

Der juristische Anwendungsbereich des Art. 50 ist begrenzt. Es handelt sich im Kern um eine **diplomatische Absichtserklärung**, welche die konkrete Rollenverteilung und Ausgestaltung weitgehend offenlässt. Nach Buchst. a und b soll die internationale Kooperation im Bereich des Datenschutzes durch konkrete Maßnahmen ausgebaut werden, um die globale Durchsetzbarkeit von Rechtsvorschriften und die gegenseitige Unterstützung (Amtshilfe) hierbei zu stärken. Hierfür soll nach Buchst. d der Austausch über datenschutzrechtliche Gesetzgebung und ihre praktische Umsetzung gefördert werden. Die relevanten Akteure sollen nach Buchst. c in diesen Austausch eingebunden werden. Da die genannten Aufgaben von der Kommission im Rahmen ihrer Kompetenz ohnehin wahrgenommen werden können[1], besteht die Bedeutung vor allem darin, dass auch die Aufsichtsbehörden zu einem direkten internationalen Austausch ermächtigt und aufgefordert werden. 1

Die für Art. 50 maßgeblichen Erwägungen ergeben sich aus Erwägungsgrund 116. Hintergrund der Vorschrift ist demnach die erhöhte Gefahr für Betroffene, ihre Rechte nicht wirksam wahrnehmen zu können, wenn ihre personenbezogenen Daten sich außerhalb des DSGVO-Anwendungsbereichs befinden. Trotz der hohen durch Art. 44 ff. an eine Drittstaatenübermittlung gestellten Anforderungen bestehen Hindernisse für die Aufsichtsbehörden, Beschwerden über ihren Zuständigkeitsbereich hinaus nachzugehen und dort Betroffenenrechte wirksam durchzusetzen. Hier sind sie ggf. auf die Kooperation der Stellen im Drittstaat angewiesen. 2

II. Im Einzelnen

Ausgangspunkt für die Bestimmungen des Art. 50 bildete ausdrücklich[2] auch eine Empfehlung[3] der Organisation für internationale Zusammenarbeit und Entwicklung aus dem Jahr 2007, welche ergänzend zur Auslegung herangezogen werden kann. 3

1. Mechanismen internationaler Zusammenarbeit (Buchst. a)

Art. 50 Buchst. a fordert Kommission und Aufsichtsbehörden auf, mittels konkreter Maßnahmen Mechanismen zur internationalen **Zusammenarbeit bei der** 4

---

1 Ähnl. Ehmann/Selmayr/*Zerdick*, Art. 50 DSGVO Rz. 3.
2 DSGVO-E (KOM), 13 (dort Art. 45).
3 OECD Recommendation on Cross-border Co-operation in the Enforcement of Laws Protecting Privacy vom 11.06.07, s. v.a. S. 7, abrufbar unter http://www.oecd.org/sti/ieconomy/38770483.pdf.

Durchsetzung von Rechtsvorschriften zum Schutz personenbezogener Daten zu entwickeln. Aufgrund der zunehmenden globalen Vernetzung der beruflichen und privaten Lebensverhältnisse ist der Schutz personenbezogener Daten ein internationales Thema[4], jedoch haben die Durchsetzungsbefugnisse von einzelnen Datenschutzordnungen regelmäßig starre regionale Grenzen. Daher sind internationale Kooperationen essentiell für die Wirksamkeit jeder grenzüberschreitenden Datenschutzordnung. Bereits jetzt existieren internationale Kooperationen zur datenschutzrechtlichen Zusammenarbeit wie die Internationale Datenschutzkonferenz[5] der Aufsichtsbehörden[6]. Kommission und Behörden sind nun konkret beauftragt, solche Kooperationen auszubauen.

2. Gegenseitige Amtshilfe (Buchst. b)

5 Die Aufsichtsbehörden (weniger wohl die Kommission) sollen nach Art. 50 Buchst. b auch Maßnahmen vorsehen, um international die gegenseitige Leistung von Amtshilfe zu fördern. Gegenseitigkeit bedeutet, dass auch die europäischen Aufsichtsbehörden berufen sind, Drittstaaten zwecks Schutzes personenbezogener Daten Amtshilfe zu gewähren[7].

6 Die Vorschrift nennt als Beispiele Meldungen, Beschwerdeverweisungen, Hilfe bei Untersuchungen und allgemeinen Informationsaustausch. Wichtig zu beachten ist die Bedingung geeigneter Garantien, unter welche die Aufforderung zu gegenseitiger Leistung von Amtshilfe gestellt wird, damit nicht auf diesem Wege die Anforderungen der Art. 44 ff. umgangen werden können.

7 Auch in Kapitel IV der Europäischen Datenschutzkonvention[8] existieren bereits Maßnahmen zur internationalen Zusammenarbeit von Datenschutzbehörden bei automatischen Datenverarbeitungen. Allerdings sind die darin normierten Vorgaben rudimentär und veraltet und die ambitionierten Modernisierungsbestrebungen von 2011/12 sind ergebnislos geblieben.

3. Austausch und Dokumentation (Buchst. c und d)

8 Der in Art. 50 Buchst. c und d geforderte Austausch soll auch der Dokumentation von Rechtsvorschriften und Praktiken zum Schutz personenbezogener Da-

---

4 Vgl. Sydow/*Towfigh/Ulrich*, Art. 50 DSGVO Rz. 5.
5 International Conference of Data Protection and Privacy Commissioners (ICDPPC); weitere Beispiele bei Ehmann/Selmayr/*Zerdick*, Art. 50 DSGVO Rz. 5 m.w.N.
6 Weitere Beispiele bei Ehmann/Selmayr/*Zerdick*, Art. 50 DSGVO Rz. 5 m.w.N.
7 Paal/Pauly/*Pauly*, Art. 50 DSGVO Rz. 1.
8 Übereinkommen zum Schutz des Menschen bei der automatischen Verarbeitung personenbezogener Daten (SEV Nr. 108 v. 28.1.1981), zu beachten ist auch das Zusatzprotokoll (SEV Nr. 181 v. 8.11.2001).

ten dienen. Ob hiermit innereuropäische Differenzen, drittstaatliche Rechtsvorschriften oder die jeweiligen mitgliedstaatlichen Erfahrungen mit drittstaatlichem Recht[9] gemeint sind, verraten Wortlaut und Erwägungsgründe nicht. Auch der grammatikalisch isolierte Nachsatz „einschließlich Zuständigkeitskonflikten mit Drittländern" ist nicht selbsterklärend und soll wohl ein Austauschthema darstellen. Da die Rechtsvorschriften und Praktiken zum Schutz personenbezogener Daten innerhalb der EU jedoch nun weitgehend harmonisiert sind und Art. 50 internationale Zusammenarbeit fördern soll, ist anzunehmen, dass die Vorschrift nun auch den europäischen Umgang mit Drittstaaten durch regen Austausch und die Schaffung eines gemeinsamen Wissens- und Erfahrungsschatzes harmonisieren soll. Ohnehin ist es ein Ziel der Union, den Schutz personenbezogener Daten weltweit zu fördern[10], welches am besten durch eine einheitliche Handhabung internationaler Kooperation erreicht werden kann.

Die in den Austausch gemäß Buchst. c einzuschließenden „maßgeblichen Interessenträger" könnten neben den wohl ohnehin befassten Aufsichtsbehörden und staatlichen Stellen insbesondere Wirtschaftsrepräsentanten sein, welche den Praxisbezug des Austauschs fördern können. 9

Foren für Austausch- und Dokumentationszwecke stellen bislang lediglich Wirtschaftsorganisationen wie der OECD dar. Zwecks Umsetzung der OECD-Empfehlung (s. Rz. 3 – Fn. 3) wurde darüber hinaus im Jahr 2010 von elf Aufsichtsbehörden das Global Privacy Enforcement Network gegründet und in dessen Rahmen ein Action Plan ausgearbeitet, der diverse Maßnahmen zur Optimierung des internationalen Austauschs jedenfalls zwischen den teilnehmenden Stellen[11] vorsieht. Dazu gehören Konferenzen, Veröffentlichungen, Kooperationen mit anderen datenschutzrechtlichen Organisationen und Weiterbildungsinitiativen. Ähnliche konkrete Maßnahmen der EU selbst gemäß Buchst. d wären sehr zu begrüßen. 10

---

9 So Gola/*Klug*, Art. 50 DSGVO Rz. 3.
10 Exchanging and Protecting Personal Data in a Globalised World, COM(2017) 7 final, 11.
11 Derzeit bestehend aus 26 Staaten und der EU, einsehbar unter https://www.privacyenforcement.net/public/activities.

Kapitel VI
Unabhängige Aufsichtsbehörden

Abschnitt 1
Unabhängigkeit

Artikel 51 Aufsichtsbehörde

(1) Jeder Mitgliedstaat sieht vor, dass eine oder mehrere unabhängige Behörden für die Überwachung der Anwendung dieser Verordnung zuständig sind, damit die Grundrechte und Grundfreiheiten natürlicher Personen bei der Verarbeitung geschützt werden und der freie Verkehr personenbezogener Daten in der Union erleichtert wird (im Folgenden „Aufsichtsbehörde").

(2) Jede Aufsichtsbehörde leistet einen Beitrag zur einheitlichen Anwendung dieser Verordnung in der gesamten Union. Zu diesem Zweck arbeiten die Aufsichtsbehörden untereinander sowie mit der Kommission gemäß Kapitel VII zusammen.

(3) Gibt es in einem Mitgliedstaat mehr als eine Aufsichtsbehörde, so bestimmt dieser Mitgliedstaat die Aufsichtsbehörde, die diese Behörden im Ausschuss vertritt, und führt ein Verfahren ein, mit dem sichergestellt wird, dass die anderen Behörden die Regeln für das Kohärenzverfahren nach Artikel 63 einhalten.

(4) Jeder Mitgliedstaat teilt der Kommission bis spätestens 25. Mai 2018 die Rechtsvorschriften, die er aufgrund dieses Kapitels erlässt, sowie unverzüglich alle folgenden Änderungen dieser Vorschriften mit.

I. Einführung	1	III. Einheitliche Anwendung (Abs. 2 und 3)	5
II. Unabhängigkeit der Aufsichtsbehörden (Abs. 1)	3	IV. Notifizierungspflicht (Abs. 4) . .	7

Schrifttum: *Dammann,* Erfolge und Defizite der EU-Datenschutzgrundverordnung – Erwarteter Fortschritt, Schwächen und überraschende Innovationen, ZD 2016, 307; *Gierschmann,* Was „bringt" deutschen Unternehmen die DSGVO?, ZD 2016, 51; *Härting,* Starke Behörden, schwaches Recht – der neue EU-Datenschutzentwurf, BB 2012, 459; *Kühling,* Neues Bundesdatenschutzgesetz – Anpassungsbedarf bei Unternehmen, NJW 2017, 1985; *v. Lewinski,* Unabhängigkeit des Bundesbeauftragten für den Datenschutz und die Informationsfreiheit, ZG 2015, 228; *v. Lewinski,* Datenschutzaufsicht in Europa als Netzwerk, NVwZ 2017, 1483; *Nguyen,* Die zukünftige Datenschutzaufsicht in Europa, ZD 2015, 265; *Piltz,* Die Datenschutz-Grundverordnung – Teil 4: Internationale Datentransfers und Aufsichtsbehörden, K&R 2016, 777; *Piltz,* Die Datenschutz-Grundverordnung – Teil 5: Internationale Zusammenarbeit, Rechtsbehelfe und Sanktionen, K&R 2017, 85; *Reding,* Sieben Grundbausteine der europäischen Datenschutzreform, ZD 2012, 195; *Schaar,* Datenschutz-Grundverordnung: Arbeitsauftrag für den deutschen Gesetzgeber, PinG

2016, 62; *Stentzel*, Das Grundrecht auf ...?, PinG 2015, 185; *Stentzel*, Der datenschutzrechtliche Präventionsstaat, PinG 2016, 48; *Voßhoff/Hermerschmidt*, Endlich! – Was bringt uns die Datenschutz-Grundverordnung?, PinG 2016, 56.

I. Einführung

Aufsichtsbehörden sind **unabdingbare Einrichtungen für einen effektiven Datenschutz**. Damit sie ihren Aufgaben (s. Art. 57) wirkungsvoll nachkommen können, muss gewähreistet sein, dass die Aufsichtsbehörden unabhängig (s. Art. 52) handeln, insbesondere frei von jeglicher Fach- und Rechtsaufsicht und mit ausreichend finanziellen Mitteln ausgestattet sind[1]. Dies gilt insbesondere vor dem Hintergrund einer erheblich gestiegenen Aufgabenfülle, die die Aufsichtsbehörden künftig zu bewältigen haben (s. Kommentierung zu Art. 57 DSGVO Rz. 1)[2]. 1

Art. 51 verpflichtet die Mitgliedstaaten[3], je eine oder mehrere (s. Erwägungsgrund 117) unabhängige Datenschutz-Aufsichtsbehörden zu errichten bzw. zu unterhalten (Abs. 1). Die Aufsichtsbehörden sollen dabei auch zu einer europaweit einheitlichen Anwendung der DSGVO beitragen (Abs. 2). Zudem enthält Art. 51 die Pflicht zur Notifizierung von Rechtsvorschriften, die die Mitgliedstaaten auf Grundlage des Kapitels VI der DSGVO erlassen[4] (Abs. 4). Maßgeblich sind die **Erwägungsgründe 117–121**. Das BDSG trägt diesen Anforderungen insbesondere in Kapitel 3–5 Rechnung und macht dabei von den Spielräumen, die der Verordnungsgeber den Mitgliedstaaten zur Konkretisierung der Datenschutzaufsicht eingeräumt hat, Gebrauch[5]. 2

II. Unabhängigkeit der Aufsichtsbehörden (Abs. 1)

Zur **Überwachung der Einhaltung der Regeln der DSGVO** sowie deren EU-weit einheitlicher Auslegung, Anwendung und Durchsetzung sind unabhängige Aufsichtsbehörden notwendig[6]. Art. 51 Abs. 1 enthält die Maßgabe, dass jeder Mitgliedstaat eine oder mehrere unabhängige Behörden (s.auch Kommentierung zu Art. 52 DSGVO Rz. 3) für den Datenschutz zu errichten bzw. zu unterhalten hat. Die Aufsichtsbehörden müssen dabei in der Lage sein, die Anwendung der DSGVO zu überwachen, um somit zum Schutz der Grundrechte und Grundfrei- 3

---

1 Paal/Pauly/*Körffer*, Art. 51 DSGVO Rz. 2.
2 S. auch *Piltz*, K&R 2016, 777 (781).
3 Zum Grundsatz der dezentralen Überwachung der Anwendung s. Ehmann/Selmayr/*Selmayr*, Art. 51 DSGVO Rz. 4.
4 BeckOK DatenschutzR/*Schneider*, Art. 51 DSGVO Rz. 1.
5 Gola/*Nguyen*, Art. 51 DSGVO Rz. 1.
6 Zum bestehenden Vollzugsdefizit Gierschmann/Schlender/Stentzel/Veil/*Kreul*, Art. 51 DSGVO Rz. 4.

Art. 51 DSGVO | Aufsichtsbehörde

heiten natürlicher Personen in Bezug auf den Schutz personenbezogener Daten[7] (Art. 7 und 8 GRCh, Art. 16 AEUV) sowie zum freien Verkehr solcher Daten innerhalb der EU (Art. 16 Abs. 2 AEUV, s. Kommentierung zu Art. 1 DSGVO Rz. 6) beizutragen[8]. Die Pflicht zur Überwachung der Einhaltung des Datenschutzes durch eine unabhängige Stelle leitet sich bereits aus Art. 8 Abs. 3 GRCh ab.

4 Den Mitgliedstaaten steht es dabei frei, **mehrere Aufsichtsbehörden** zu errichten, um ihren jeweiligen verfassungsmäßigen, organisatorischen und verwaltungstechnischen Strukturen gerecht zu werden[9]. In **Deutschland** soll auch künftig das **föderale System der Datenschutzaufsicht des Bundes und der Länder beibehalten** werden (s. hierzu auch Kommentierung zu § 38 BDSG Rz. 4). Hierdurch wird es zu neuen Verfahren zur schnellen Koordinierung, Abstimmung und Entscheidungsfindung zwischen Bund und Ländern kommen müssen, damit sich Deutschland innerhalb der kurzen Fristen des Kohärenzverfahrens (s. Kommentierung zu Art. 64 DSGVO Rz. 5 und Art. 65 DSGVO Rz. 7) und im EDSA (s. Art. 64 ff.) mit „einer Stimme" einbringen kann. Dieses Verfahren wird über die bisherige Abstimmung der Datenschutzbehörden von Bund und Ländern weit hinausgehen müssen, um eine wirksame Außenvertretung sicherzustellen. Ein entsprechendes Prozedere wird der Gesetzgeber festlegen müssen (s. Erwägungsgrund 119)[10].

III. Einheitliche Anwendung (Abs. 2 und 3)

5 Die Aufsichtsbehörden sind nach Art. 51 Abs. 2 verpflichtet, zu einer europaweit **einheitlichen Anwendung der DSGVO** beizutragen[11]. Der Absatz ist unmittelbar anwendbar[12], die Zusammenarbeit ist näher in Kapitel VII ausgestaltet. Nur so kann eines der Hauptziele der Grundverordnung, die Harmonisierung des Datenschutzes in der EU, überhaupt erreicht werden[13]. Hierzu wurden zudem erstmals in der Geschichte des europäischen Datenschutzes verbindliche Verfahren geschaffen (s. Art. 63 ff.), um die einheitliche Anwendung der europäischen Datenschutzbestimmungen sicherzustellen. Nur so kann verhindert werden, dass Datenverarbeiter ihren Sitz in einem Mitgliedstaat mit einer niedrigen Kontrolldichte wählen[14]. Art. 51 Abs. 2 verweist insofern auf Kapitel VII

---

7 Paal/Pauly/*Körffer*, Art. 51 DSGVO Rz. 4. Zu den vielfältigen Antworten auf die Frage nach dem Schutzgut der DSGVO s. *Stentzel*, PinG 2015, 185 (185).
8 Ausführlich BeckOK DatenschutzR/*Schneider*, Art. 51 DSGVO Rz. 6.
9 S. Paal/Pauly/*Körffer*, Art. 51 DSGVO Rz. 6.
10 S. auch *Schaar*, PinG 2016, 62 (64).
11 Zum Netzwerkgedanken der europäischen Datenschutzkontrolle *v. Lewinski*, NVwZ 2017, 1483 (1486).
12 Paal/Pauly/*Körffer*, Art. 51 DSGVO Rz. 5.
13 S. auch Gierschmann/Schlender/Stentzel/Veil/*Kreul*, Art. 51 DSGVO Rz. 19.
14 Paal/Pauly/*Körffer*, Art. 51 DSGVO Rz. 2.

(Zusammenarbeit und Kohärenz), in dem u.a. die Kooperation mehrerer Aufsichtsbehörden (und ggf. der Europäischen Kommission) bei grenzüberschreitenden Angelegenheiten (Art. 60 ff.) und Verfahren zur Klärung von Konflikten der Aufsichtsbehörden mehrerer Mitgliedstaaten (Art. 65) geregelt werden.

Sind **in einem Mitgliedstaat mehrere Aufsichtsbehörden für den Datenschutz** 6
zuständig, so darf lediglich eine Behörde den Mitgliedstaat im EDSA vertreten (Art. 51 Abs. 3). Damit ist auch klargestellt, dass nach der DSGVO das föderale System der deutschen Datenschutzaufsicht bestehen bleiben kann[15]. Die gemeinsame Vertretung dient dabei der Förderung von Transparenz und der Wirksamkeit der Zusammenarbeit von Aufsichtsbehörden unterschiedlicher Mitgliedstaaten, dem Datenschutzausschuss und der EU-Kommission sowie dem Erhalt der Effektivität des Kohärenzverfahrens nach Art. 57 ff. (s. auch Erwägungsgrund 119). Sind in einem Mitgliedstaat mehrere Aufsichtsbehörden für den Datenschutz zuständig, so muss durch ein entsprechendes Koordinierungsverfahren sichergestellt werden, dass alle Aufsichtsbehörden eines Mitgliedstaates im Kohärenzverfahren mit „einer Stimme sprechen"[16]. In Deutschland ist in §§ 17–19 BDSG ein Verfahren etabliert worden, dass die Datenschutzaufsicht von Bund und Ländern auf EU-Ebene befähigt, i.S.d. Abs. 3 sprechfähig zu sein (s. Rz. 4)[17]. Hierdurch wird gewährleistet, dass alle Aufsichtsbehörden, auch wenn sie sich nicht unmittelbar im EDSA einbringen können, in den entsprechenden Verfahren wirksam beteiligt werden[18].

IV. Notifizierungspflicht (Abs. 4)

Jeder Mitgliedstaat ist verpflichtet, die **EU-Kommission über nationale Rechts-** 7
vorschriften zu unterrichten, die auf Grundlage von Kapitel VI (unabhängige Aufsichtsbehörden) erlassen werden[19]. Gleiches gilt für spätere Änderungen dieser Rechtsvorschriften. Der Notifizierungspflicht haben die Mitgliedstaaten spätestens bis zum 25.5.2018 nachzukommen.

Durch die Mitteilung der Mitgliedstaaten wird die Kommission in die Lage ver- 8
setzt, die nationalen Regelungen auf Übereinstimmung mit den Vorgaben aus Kapitel VI der DSGVO zu prüfen[20]. Sollte dies nicht der Fall und keine Einigung mit dem jeweiligen Mitgliedstaat zu erzielen sein, so kann die EU-Kommission ein Vertragsverletzungsverfahren nach Art. 258 AEUV einleiten[21].

---

15 S. auch *Reding*, ZD 2012, 195 (196).
16 Vgl. *Piltz*, K&R 2016, 777 (781).
17 *Härting*, Datenschutz-Grundverordnung, Rz. 737.
18 Paal/Pauly/*Körffer*, Art. 51 DSGVO Rz. 8.
19 Zur Stellung der Europäischen Kommission s. auch *v. Lewinski*, NVwZ 2017, 1483 (1486 f.).
20 Zu Öffnungsklauseln s. auch *Kühling*, NJW 2017, 1985 (1986).
21 Gola/*Nguyen*, Art. 51 DSGVO Rz. 9.

Artikel 52 Unabhängigkeit

(1) Jede Aufsichtsbehörde handelt bei der Erfüllung ihrer Aufgaben und bei der Ausübung ihrer Befugnisse gemäß dieser Verordnung völlig unabhängig.

(2) Das Mitglied oder die Mitglieder jeder Aufsichtsbehörde unterliegen bei der Erfüllung ihrer Aufgaben und der Ausübung ihrer Befugnisse gemäß dieser Verordnung weder direkter noch indirekter Beeinflussung von außen und ersuchen weder um Weisung noch nehmen sie Weisungen entgegen.

(3) Das Mitglied oder die Mitglieder der Aufsichtsbehörde sehen von allen mit den Aufgaben ihres Amtes nicht zu vereinbarenden Handlungen ab und üben während ihrer Amtszeit keine andere mit ihrem Amt nicht zu vereinbarende entgeltliche oder unentgeltliche Tätigkeit aus.

(4) Jeder Mitgliedstaat stellt sicher, dass jede Aufsichtsbehörde mit den personellen, technischen und finanziellen Ressourcen, Räumlichkeiten und Infrastrukturen ausgestattet wird, die sie benötigt, um ihre Aufgaben und Befugnisse auch im Rahmen der Amtshilfe, Zusammenarbeit und Mitwirkung im Ausschuss effektiv wahrnehmen zu können.

(5) Jeder Mitgliedstaat stellt sicher, dass jede Aufsichtsbehörde ihr eigenes Personal auswählt und hat, das ausschließlich der Leitung des Mitglieds oder der Mitglieder der betreffenden Aufsichtsbehörde untersteht.

(6) Jeder Mitgliedstaat stellt sicher, dass jede Aufsichtsbehörde einer Finanzkontrolle unterliegt, die ihre Unabhängigkeit nicht beeinträchtigt und dass sie über eigene, öffentliche, jährliche Haushaltspläne verfügt, die Teil des gesamten Staatshaushalts oder nationalen Haushalts sein können.

I. Einführung	1	IV. Ausstattung und Finanzkontrolle (Abs. 4 und 6)	9
II. Unabhängigkeit (Abs. 1 und 2)	2	V. Personal (Abs. 5)	11
III. Inkompatibilität (Abs. 3)	7		

Schrifttum: S. Art. 51 DSGVO.

I. Einführung

1 Die völlige Unabhängigkeit der Aufsichtsbehörden ist – u.a. neben einer hinreichenden personellen und finanziellen Ausstattung – eine der **wichtigsten Voraussetzungen für eine wirksame Datenschutzkontrolle** und die einheitliche Anwendung und Durchsetzung der Regelungen der DSGVO[1]. Nur unabhängige Aufsichtsbehörden (zur Errichtung s. auch § 8 BDSG) können unbeeinflusst von Dritten ihren Aufgaben nachkommen und so ihre Befugnisse effektiv ausüben. Maßgeblich für diesen Artikel sind die **Erwägungsgründe 117–121**.

---

1 S. *Piltz*, K&R 2016, 777 (781).

II. Unabhängigkeit (Abs. 1 und 2)

Nach Art. 52 Abs. 1 handeln Aufsichtsbehörden in „völliger" Unabhängigkeit[2]. Abs. 1 schafft damit die Voraussetzung, dass die Datenschutzaufsicht den ihr durch die DSGVO zugedachten Aufgaben (s. Art. 57) und Befugnissen (Art. 58) objektiv und unparteiisch nachkommen kann[3]. Hierzu muss gewährleistet sein, dass die Aufsichtsbehörden **frei von jeglicher mittelbaren oder unmittelbaren Einflussnahme von außen handeln** können[4]. Dabei ist bereits die bloße Gefahr einer (politischen) Einflussnahme auf die Aufsichtsbehörden zu vermeiden[5]. Dies ist für den öffentlichen Bereich auch berechtigt, bei dem es um den Schutz des Individuums gegen hoheitlich-staatliches Handeln geht. Art. 8 Abs. 3 GRCh schreibt die Einrichtung unabhängiger Stellen zur Überwachung ausdrücklich vor.

Problematisch kann eine völlige Unabhängigkeit jedoch im nicht-öffentlichen Bereich werden. Hier stehen grundrechtlich geschützte Positionen wie Informations- und Meinungsfreiheit einer fast allumfassenden Anwendbarkeit des Datenschutzrechts und weiten Eingriffsbefugnissen der Aufsichtsbehörden gegenüber (s. Art. 58)[6]. Hier ist der Gesetzgeber gefordert, eine möglichst hohe Regelungsdichte zu schaffen, z.B. bei der Umsetzung der Betretensregelung nach Art. 58 Abs. 1 Buchst. f (s. Kommentierung zu Art. 58 DSGVO Rz. 11).

Bereits in der Vergangenheit hat sich der **EuGH**[7] mit der **Auslegung des Begriffs der Unabhängigkeit** auf Ebene der Mitgliedstaaten auseinandersetzen müssen[8]. So stellte der EuGH u.a. klar, dass die völlige Unabhängigkeit der Aufsichtsbehörden u.a. durch Rechtsaufsicht (bspw. einer Regierung) oder Dienstaufsicht (bspw. eines Ministeriums) zumindest mittelbar beeinträchtigt sei[9]. Art. 52 ist insofern auch eine Kodifizierung des bestehenden Richterrechts[10].

Art. 52 Abs. 2 stellt ergänzend klar, dass die **Leitung der Aufsichtsbehörden** frei von direkter oder indirekter Beeinflussung von außen (z.B. durch Weisungen, Maßnahmen der Dienstaufsicht, Mittel- oder Personalzuteilung, Interessenkonflikte) sein muss[11]. Für das Personal der Aufsichtsbehörden gilt Abs. 2 nicht, hier kommt Abs. 5 (s. unten Rz. 11) zur Anwendung[12].

---

2 S. hierzu Paal/Pauly/*Körffer*, Art. 52 DSGVO Rz. 1 und *v. Lewinski*, ZG 2015, 228 (229).
3 S. Gola/*Nguyen*, Art. 52 DSGVO Rz. 2.
4 S. auch Ehmann/Selmayr/*Selmayr*, Art. 52 DSGVO Rz. 7.
5 Ehmann/Selmayr/*Selmayr*, Art. 52 DSGVO Rz. 9.
6 Ausführlich *Stentzel*, PinG 2016, 45 (48f.).
7 EuGH v. 9.3.2010 – C-518/07 und EuGH v. 16.10.2012 – C-614/10.
8 Paal/Pauly/*Körffer*, Art. 52 DSGVO Rz. 6.
9 S. auch Gierschmann/Schlender/Stentzel/Veil/*Kreul*, Art. 52 DSGVO Rz. 2 ff.
10 Näher Ehmann/Selmayr/*Selmayr*, Art. 52 DSGVO Rz. 3; Paal/Pauly/*Körffer*, Art. 52 DSGVO Rz. 1.
11 Vgl. *Piltz*, K&R 2016, 777 (781).
12 Ehmann/Selmayr/*Selmayr*, Art. 52 DSGVO Rz. 9.

6 Insbesondere verbietet sich durch das Gebot der **Weisungsfreiheit** (Art. 52 Abs. 2) die Fach- oder Rechtsaufsicht einer übergeordneten Behörde[13]. Die Weisungsfreiheit gilt auch gegenüber Dritten, die die „Mitglieder" (d.h. die Führungsebene)[14] der Aufsichtsbehörde auch nur beeinflussen könnten[15]. Eine (mittelbare) Einflussnahme durch Einwirkung auf das übrige Personal der Aufsichtsbehörden ist ebenso unzulässig, da auch hierdurch die Unabhängigkeit der Mitglieder beeinflusst wird[16].

III. Inkompatibilität (Abs. 3)

7 Amtsträger haben jegliche Tätigkeiten zu unterlassen, die ihre **unabhängige Aufgabenerfüllung** beeinträchtigt. Dadurch soll eine Amtsausübung frei von jeglicher Interessenkollision sichergestellt werden[17]. Dies gilt insbesondere für alle anderen beruflichen Tätigkeiten und für die Ausübung weiterer Ämter, die der Unabhängigkeit der Aufsichtsbehörde schaden könnte (s. Erwägungsgrund 121). So sind z.B. Leitungs- und Aufsichtsfunktionen bei Erwerbsunternehmen sowie Tätigkeiten im Bereich der Exekutive untersagt.

8 Kompatibel mit der Amtsausübung sind hingegen unentgeltliche wissenschaftliche Tätigkeiten. Lehraufträge, Vorträge und Publikationen gehören bspw. zum typischen Aufgabengebiet der Behördenleitung (s. Art. 57 und Kommentierung von Plath/*Hullen*, 2. Aufl. 2016, § 23 BDSG Rz. 5). § 13 Abs. 2 BDSG konkretisiert Art. 52 Abs. 3 durch die Mitteilungspflicht der Bundesbeauftragten über Geschenke (s. § 13 BDSG Rz. 6)[18].

IV. Ausstattung und Finanzkontrolle (Abs. 4 und 6)

9 Aufsichtsbehörden müssen **genügend personelle und finanzielle Ressourcen** zur Verfügung stehen, um ihren Aufgaben nachkommen zu können (Art. 52 Abs. 4).

Dies gilt auch für die technische und räumliche Ausstattung der Aufsichtsbehörden sowie für deren infrastrukturelle Anbindung[19]. Durch die Digitalisierung der Gesellschaft und die Bearbeitung grenzüberschreitender Sachverhalte ist

---

13 Zur Auslegung des Begriffs ausführlich BeckOK DatenschutzR/*Schneider*, Art. 52 DSGVO Rz. 16.
14 Sydow/*Ziebarth*, Art. 52 DSGVO Rz. 20.
15 Vgl. auch Gierschmann/Schlender/Stentzel/Veil/*Kreul*, Art. 52 DSGVO Rz. 18.
16 Sydow/*Ziebarth*, Art. 52 DSGVO Rz. 25.
17 Paal/Pauly/*Körffer*, Art. 52 DSGVO Rz. 7.
18 S. BT-Drucks. 18/11325, S. 86.
19 S. auch BeckOK DatenschutzR/*Schneider*, Art. 52 DSGVO Rz. 25.

eine Ausstattung mit modernen IT-Mitteln und schnellen Internet-Zugängen notwendig, um eine effektive Wahrnehmung der Aufgaben und des Austausches mit anderen Aufsichtsbehörden und des EDSA zu gewährleisten[20]. Gerade im Hinblick auf das **kontinuierlich gestiegene Arbeitspensum**, welches die Aufsichtsbehörden aufgrund eines umfangreicheren Aufgabenspektrums und der enorm gestiegenen Bedeutung des Datenschutzes in der heutigen Zeit zu bewältigen haben, ist eine Ausstattung mit zumindest hinreichenden Ressourcen unabdingbar[21]. Es ist damit zu rechnen, dass die Ausstattung der Behörden mit entsprechenden finanziellen Mitteln und Personal ein **Streitthema** bleibt, da die zu bewältigenden Aufgaben mit der DSGVO deutlich gestiegen sind (s. Kommentierung zu Art. 57 DSGVO Rz. 1)[22].

Um eine entsprechende Ausstattung zu gewährleisten, sorgen nach Art. 52 Abs. 6 die Mitgliedstaaten dafür, dass jede Aufsichtsbehörde über einen eigenen, öffentlichen **Jahreshaushalt** verfügt (s. auch Erwägungsgrund 120). Zudem sorgen die Mitgliedstaaten dafür, dass die Aufsichtsbehörden einer Finanzkontrolle unterliegen, die jedoch nicht die unabhängige Aufgabenerfüllung beeinträchtigen darf. Das BDSG trägt dieser Anforderung in § 10 Abs. 2 Rechnung[23]. 10

V. Personal (Abs. 5)

Die Aufsichtsbehörden verfügen über eigenes Personal, welches der Behördenleitung untersteht, d.h. nur dieser weisungsgebunden verpflichtet ist. Auch dies dient der **Sicherung der völligen Unabhängigkeit** in Hinblick auf die Aufgabenerfüllung der Datenschutzaufsicht[24]. Hierdurch wird insbesondere sichergestellt, dass Entscheidungen und Maßnahmen nicht durch Mitarbeiter gefällt und ausgeführt werden, die formal anderen Behörden unterstellt sind (zur entsprechenden Sicherstellung der dienstrechtlichen Personalhoheit der Bundesbeauftragten s. § 8 Abs. 1 BDSG)[25]. 11

Aus Gründen der Unabhängigkeit werden die Mitarbeiter (wie in Deutschland) selbst von den Datenschutzbehörden ausgesucht. Alternativ kann die Personalauswahl durch eine unabhängige Stelle erfolgen, die nach dem Recht des jeweiligen Mitgliedstaats mit dieser Aufgabe betraut wurde und die der ausschließlichen Weisungsbefugnis der Leitung der Aufsichtsbehörde unterfällt (Erwägungsgrund 121). 12

---

20 Die Effektivität der Aufgabenerfüllung hervorhebend *Piltz*, K&R 2016, 777 (781).
21 Sydow/*Ziebarth*, Art. 52 DSGVO Rz. 41 f.
22 S. *Nguyen*, ZD 2015, 265 (269).
23 S. auch BT-Drucks. 18/11325, S. 84.
24 So auch Sydow/*Ziebarth*, Art. 52 DSGVO Rz. 46.
25 BT-Drucks. 18/11325, S. 83.

Artikel 53 Allgemeine Bedingungen für die Mitglieder der Aufsichtsbehörde

(1) Die Mitgliedstaaten sehen vor, dass jedes Mitglied ihrer Aufsichtsbehörden im Wege eines transparenten Verfahrens ernannt wird, und zwar
- vom Parlament,
- von der Regierung,
- vom Staatsoberhaupt oder
- von einer unabhängigen Stelle, die nach dem Recht des Mitgliedstaats mit der Ernennung betraut wird.

(2) Jedes Mitglied muss über die für die Erfüllung seiner Aufgaben und Ausübung seiner Befugnisse erforderliche Qualifikation, Erfahrung und Sachkunde insbesondere im Bereich des Schutzes personenbezogener Daten verfügen.

(3) Das Amt eines Mitglieds endet mit Ablauf der Amtszeit, mit seinem Rücktritt oder verpflichtender Versetzung in den Ruhestand gemäß dem Recht des betroffenen Mitgliedstaats.

(4) Ein Mitglied wird seines Amtes nur enthoben, wenn es eine schwere Verfehlung begangen hat oder die Voraussetzungen für die Wahrnehmung seiner Aufgaben nicht mehr erfüllt.

Schrifttum: S. Art. 51 DSGVO.

1 Art. 53 schreibt die **Rahmenbedingungen** für die Ernennung der Mitglieder (d.h. der Führungsebene, s. Art. 52 DSGVO Rz. 5) der Aufsichtsbehörden und deren Qualifikation, das Ende der Amtszeit und die Amtsenthebung vor. In **Deutschland** und Österreich haben die Aufsichtsbehörden lediglich ein „Mitglied", in anderen Mitgliedstaaten handeln die Aufsichtsbehörden jedoch durch Kollegialorgane[1]. Die bisher geltenden Regelungen der §§ 22 und 23 BDSG-alt haben im Wesentlichen auch vor dem Hintergrund der Vorgaben der Art. 53 und 54 weiterhin Bestand (s. aber Rz. 3). Art. 53 wird durch die §§ 11 und 12 Abs. 2 BDSG konkretisiert. Maßgeblich für diesen Artikel ist der **Erwägungsgrund 121**.

2 Die **Modalitäten der Ernennung bzw. Wahl** der Mitglieder (s. oben Rz. 1) der Datenschutzbehörden in den Mitgliedstaaten der Europäischen Union regelt Art. 53 Abs. 1. Die Mitgliedstaaten haben sicherzustellen, dass der (Aus-)Wahl- und Ernennungsprozess in einem transparenten Verfahren erfolgt[2]. Dieses Verfahren muss durch das Parlament oder durch die bzw. zusammen mit der Regierung, durch das jeweilige Staatsoberhaupt des betreffenden Mitgliedstaates oder

---

1 S. Sydow/*Ziebarth*, Art. 52 DSGVO Rz. 23.
2 BeckOK DatenschutzR/*Schneider*, Art. 53 DSGVO Rz. 4.

durch ein unabhängiges Gremium, welches durch nationales Recht mit der Auswahl betraut ist, betrieben werden (s. auch Erwägungsgrund 121)³. Der Legitimation durch ein Parlament kommt in demokratischer Hinsicht das stärkste Gewicht zu, wobei die Ernennung durch ein unabhängiges Gremium problematisch sein kann⁴.

Die **Anforderungen an die Qualifikation der Mitglieder** der Datenschutzbehörde werden in Art. 53 Abs. 2 festgeschrieben⁵. Dies dient der Sicherung der Qualität der Arbeit der Aufsichtsbehörden und damit auch der Effektivität des Grundrechtsschutzes⁶. Um die Aufgaben und Befugnisse gemäß den Vorgaben der DSGVO ausüben zu können, müssen die Mitglieder die notwendigen Qualifikationen, Erfahrungen und Fähigkeiten, insbesondere im Bereich des Datenschutzes, zur Amtsausübung besitzen. Insofern geht die DSGVO über die entsprechende Regelung des § 22 BDSG-alt hinaus, der keine weiteren Befähigungen oder Qualifikationen des potentiellen Amtsinhabers forderte. § 11 Abs. 1 BDSG wurde vor diesem Hintergrund angepasst (s. § 11 BDSG Rz. 8). 3

Art. 53 Abs. 3 behandelt das **Ende des Amtsverhältnisses**, welches mit Ablauf der Amtszeit, dem Rücktritt des Amtsinhabers oder seiner Entlassung gemäß der gesetzlichen Bestimmungen der Mitgliedstaaten eintritt. Das Amtsverhältnis endet selbstverständlich auch mit dem Tod, nicht hingegen durch die Auflösung der Datenschutzbehörde⁷. 4

Eine **Amtsenthebung** kann gemäß Art. 53 Abs. 4 nur erfolgen, wenn dem Amtsinhaber ein schweres Fehlverhalten nachgewiesen werden kann oder die zur Amtsausübung notwendige Befähigung nicht mehr gegeben ist. Hierbei ist nicht ausdrücklich geregelt, wer über die Amtsenthebung entscheidet. Zur Wahrung der Unabhängigkeit der Aufsichtsbehörde kann dies jedoch nur durch die in Art. 53 Abs. 1 genannte Stelle erfolgen, die auch für die ursprüngliche Ernennung zuständig war⁸. 5

Artikel 54 Errichtung der Aufsichtsbehörde

(1) Jeder Mitgliedstaat sieht durch Rechtsvorschriften Folgendes vor:
a) die Errichtung jeder Aufsichtsbehörde;
b) die erforderlichen Qualifikationen und sonstigen Voraussetzungen für die Ernennung zum Mitglied jeder Aufsichtsbehörde;

---

3 *Piltz*, K&R 2016, 777 (781).
4 So Gola/*Nguyen*, Art. 53 DSGVO Rz. 2.
5 BeckOK DatenschutzR/*Schneider*, Art. 53 DSGVO Rz. 6.
6 *Piltz*, K&R 2016, 777 (781).
7 S. Ehmann/Selmayr/*Selmayr*, Art. 53 DSGVO Rz. 11 f.
8 So auch Paal/Pauly/*Körffer*, Art. 53 DSGVO Rz. 6.

c) die Vorschriften und Verfahren für die Ernennung des Mitglieds oder der Mitglieder jeder Aufsichtsbehörde;

d) die Amtszeit des Mitglieds oder der Mitglieder jeder Aufsichtsbehörde von mindestens vier Jahren; dies gilt nicht für die erste Amtszeit nach 24. Mai 2016, die für einen Teil der Mitglieder kürzer sein kann, wenn eine zeitlich versetzte Ernennung zur Wahrung der Unabhängigkeit der Aufsichtsbehörde notwendig ist;

e) die Frage, ob und – wenn ja – wie oft das Mitglied oder die Mitglieder jeder Aufsichtsbehörde wiederernannt werden können;

f) die Bedingungen im Hinblick auf die Pflichten des Mitglieds oder der Mitglieder und der Bediensteten jeder Aufsichtsbehörde, die Verbote von Handlungen, beruflichen Tätigkeiten und Vergütungen während und nach der Amtszeit, die mit diesen Pflichten unvereinbar sind, und die Regeln für die Beendigung des Beschäftigungsverhältnisses.

(2) Das Mitglied oder die Mitglieder und die Bediensteten jeder Aufsichtsbehörde sind gemäß dem Unionsrecht oder dem Recht der Mitgliedstaaten sowohl während ihrer Amts- beziehungsweise Dienstzeit als auch nach deren Beendigung verpflichtet, über alle vertraulichen Informationen, die ihnen bei der Wahrnehmung ihrer Aufgaben oder der Ausübung ihrer Befugnisse bekannt geworden sind, Verschwiegenheit zu wahren. Während dieser Amts- beziehungsweise Dienstzeit gilt diese Verschwiegenheitspflicht insbesondere für die von natürlichen Personen gemeldeten Verstößen gegen diese Verordnung.

I. Errichtung der Aufsichtsbehörde (Abs. 1) 1	II. Verschwiegenheit (Abs. 2) 3

Schrifttum: S. Art. 51 DSGVO.

I. Errichtung der Aufsichtsbehörde (Abs. 1)

1 Die Mitgliedstaaten haben auf nationaler Ebene gesetzliche Regelungen zur Errichtung der Aufsichtsbehörden und deren Leitung zu erlassen[1]:
- Die Errichtung der Aufsichtsbehörde wird durch Art. 51 geregelt und durch § 8 BDSG ausgestaltet (s. § 8 BDSG Rz. 3 ff.).
- Qualifikation und sonstige Voraussetzungen für die Ernennung des Amtsinhabers (s. auch Art. 53 Abs. 2) werden durch § 11 Abs. 1 BDSG geregelt.
- Das Verfahren bis zu der Ernennung der Mitglieder (s. auch Art. 53 Abs. 1) wird durch § 11 Abs. 1 BDSG festgelegt.

---

1 Zum Umsetzungsspielraum Paal/Pauly/*Körffer*, Art. 54 DSGVO Rz. 2; Gola/*Nguyen*, Art. 54 DSGVO Rz. 5.

- Die Amtszeit beträgt nach Art. 54 Abs. 1 Buchst. d mindestens vier Jahre. Dies soll ein Minimum an Unabhängigkeit und Kontinuität im Amt sicherstellen. Im deutschen Recht konkretisiert § 11 Abs. 3 Satz 1 BDSG die Regelung und legt unverändert eine Amtszeit von 5 Jahren fest.
- Zur Wiederwahl konkretisiert § 11 Abs. 3 Satz 2 BDSG, dass diese einmalig zulässig ist. Auch hier verbleibt es bei der bisherigen aus § 22 Abs. 3 BDSG-alt bekannten Regelung, dass eine Gesamtdauer der Amtszeit von maximal zehn Jahren möglich ist (s. § 11 BDSG Rz. 9).
- Zudem muss der nationale Gesetzgeber gesetzliche Regelungen zu den Pflichten der Amtsinhaber und der Behördenmitarbeiter, zu verbotenen Handlungen und zur Inkompatibilität sowie zur Beendigung des Beschäftigungsverhältnisses erlassen, die u.a. durch § 13 BDSG konkretisiert werden.

Maßgeblich für diesen Artikel ist der **Erwägungsgrund 121**.

II. Verschwiegenheit (Abs. 2)

Mitglieder und Mitarbeiter der Aufsichtsbehörden unterliegen der Verschwiegenheitspflicht[2], die durch das Recht des maßgeblichen Mitgliedstaats oder durch Unionsrecht vorgegeben wird. Auf Bundesebene wird diese durch § 13 Abs. 4 BDSG umgesetzt, der die bisherige Regelung des BDSG-alt wortgleich übernimmt[3]. Art. 54 Abs. 2 legt hierbei einen Rahmen fest, wonach die **Verschwiegenheit während der Dienstzeit sowie auch darüber hinaus**, d.h. nach Beendigung des Amtes, gilt[4]. Inhaltlich bezieht sich die Verschwiegenheitspflicht auf alle vertraulichen Informationen, die bei der Wahrnehmung der Aufgaben (Art. 57) oder der Ausübung der Befugnisse (Art. 58) bekannt geworden sind. Die Regelung dient sowohl der Förderung des effektiven Rechtsschutzes als auch der Gewährleistung der Aufgabenerfüllung durch die Aufsichtsbehörden selbst[5].

Problematisch ist hierbei, dass die Verschwiegenheit nur für vertrauliche Informationen gelten soll, was einen breiten Auslegungsspielraum eröffnet. Art. 54 Abs. 2 Satz 2 konkretisiert jedoch, dass insbesondere Informationen im Zusammenhang mit Verstößen gegen die Verordnung, die von natürlichen Personen gemeldet wurden, während der Amts- bzw. Dienstzeit der Verschwiegenheit unterfallen[6].

---

[2] Zur Begrifflichkeit s. Gierschmann/Schlender/Stentzel/Veil/*Kreul*, Art. 54 DSGVO Rz. 3 ff.
[3] S. BT-Drucks. 18/11325, S. 86.
[4] Ausführlich Ehmann/Selmayr/*Selmayr*, Art. 54 DSGVO Rz. 17.
[5] S. BeckOK DatenschutzR/*Schneider*, Art. 54 DSGVO Rz. 3.
[6] S. hierzu auch Paal/Pauly/*Körffer*, Art. 54 DSGVO Rz. 4, Gierschmann/Schlender/Stentzel/Veil/*Kreul*, Art. 54 DSGVO Rz. 21.

4   Präziser ist hier die Regelung in § 13 Abs. 4 BDSG (s. § 13 BDSG Rz. 11 ff.). Hiernach unterfallen alle amtlich bekannt gewordenen Angelegenheiten der Verschwiegenheit, soweit sie nicht Inhalt einer Mitteilung im dienstlichen Verkehr (mit anderen Behörden), offenkundig oder nicht geheimhaltungsbedürftig sind.

Abschnitt 2
Zuständigkeit, Aufgaben und Befugnisse

Artikel 55 Zuständigkeit

(1) Jede Aufsichtsbehörde ist für die Erfüllung der Aufgaben und die Ausübung der Befugnisse, die ihr mit dieser Verordnung übertragen wurden, im Hoheitsgebiet ihres eigenen Mitgliedstaats zuständig.

(2) Erfolgt die Verarbeitung durch Behörden oder private Stellen auf der Grundlage von Artikel 6 Absatz 1 Buchstabe c oder e, so ist die Aufsichtsbehörde des betroffenen Mitgliedstaats zuständig. In diesem Fall findet Artikel 56 keine Anwendung.

(3) Die Aufsichtsbehörden sind nicht zuständig für die Aufsicht über die von Gerichten im Rahmen ihrer justiziellen Tätigkeit vorgenommenen Verarbeitungen.

Schrifttum: S. Art. 51 DSGVO.

1   Art. 55 regelt die **territoriale Zuständigkeit der Datenschutzbehörden**. Diese endet grundsätzlich an den Grenzen des jeweiligen Mitgliedstaates. Neu ist, dass sich Aufsichtsbehörden auch mit der Verarbeitungstätigkeit von in anderen Staaten ansässigen Verarbeitern befassen können, die Auswirkungen auf betroffene Personen in ihrem Hoheitsgebiet aufweist. Hierdurch können betroffene Personen ihre Rechte gegenüber der Aufsichtsbehörde ihres Aufenthaltsortes geltend machen. Sie sind nicht gezwungen, dies in dem Staat des Sitzes des Verarbeiters zu tun, was aufgrund der räumlichen Entfernung und Sprachbarrieren zumindest zu praktischen Rechtsschutzdefiziten führen würde[1]. Durch Einführung des **Marktortprinzips** (s. Art. 3 DSGVO Rz. 11) sind die Aufsichtsbehörden auch für Verarbeitungstätigkeiten eines Verantwortlichen oder Auftragsverarbeiters ohne Niederlassung in der Union zuständig, sofern sie auf betroffene Personen mit Wohnsitz in ihrem Hoheitsgebiet ausgerichtet sind (s. Erwägungsgrund 122). Auch dies dient der Beseitigung eines vormals bestehenden Rechtsschutzdefizits, da eine Zuständigkeit der Datenschutzaufsicht für Beschwerden gegen Unternehmen mit Sitz außerhalb der EU nur selten gegeben war[2].

---

1 S. auch Gola/*Nguyen*, Art. 55 DSGVO Rz. 1.
2 *Albrecht*, CR 2016, 88 (90).

Eine **Niederlassung** setzte schon im Rahmen der EG-Datenschutzrichtlinie die effektive und tatsächliche Ausübung einer Tätigkeit mittels einer festen Einrichtung voraus, wobei es auf die Rechtsform der Niederlassung nicht ankommt[3]. Der EuGH legt den Begriff der Niederlassung weit aus[4]. Er folgt einer **flexiblen Konzeption** des Begriffs der Niederlassung und lehnt eine formalistische Betrachtungsweise (die z.B. auf eine Eintragung in ein Unternehmensregister abstellt) ab[5].

Bei der Beurteilung, ob von einer Niederlassung (und damit von der Anwendbarkeit des Datenschutzrechts eines anderen Mitgliedstaates) auszugehen ist, ist der Grad der Beständigkeit der Einrichtung und die effektive Ausübung einer wirtschaftlichen Tätigkeit in einem anderen Mitgliedstaat zu betrachten. Dies gilt insbesondere für Unternehmen, die **Leistungen ausschließlich über das Internet** anbieten[6]. Das Vorhandensein eines einzigen Vertreters kann dabei u.U. schon ausreichend sein, um eine feste Einrichtung anzunehmen[7]. Jede tatsächliche und effektive Tätigkeit, auch wenn diese nur geringfügig ist, reicht aus, um die Annahme einer Niederlassung zu begründen. Bei der Beurteilung können auch Umstände wie die Sprache einer Webseite und die (ausschließliche) Ausrichtung des Online-Angebots auf das Hoheitsgebiet eines Mitgliedstaates eine Rolle spielen[8].

Zudem müssen personenbezogene Daten **im Rahmen der Tätigkeit** der Niederlassung in dem Mitgliedstaat verarbeitet werden, damit dessen Datenschutzvorschriften zur Anwendung kommen (Erwägungsgrund 122). Die Daten müssen also nicht von der Niederlassung selbst verarbeitet werden. Ausreichend ist in diesem Zusammenhang bspw., dass sich die Niederlassung um die Vermarktung und den Verkauf von Online-Anzeigen für ein Online-Angebot kümmert, während die zugrundeliegende Datenverarbeitung von einem Mutterunternehmen betrieben wird, welches ihren Sitz in einem Drittland außerhalb der EU hat[9].

Die Frage, wann eine die Zuständigkeit der Aufsichtsbehörde begründende Niederlassung vorliegt, ist jedoch nun im Vergleich zur durch die EG-Datenschutzrichtlinie geprägten Rechtslage von geringerer Bedeutung[10]. Die Zuständigkeit

---

3 Gierschmann/Schlender/Stentzel/Veil/*Kreul*, Art. 55 DSGVO Rz. 1 ff.
4 S. EuGH v. 13.5.2014 – C-131/12 Rz. 53 f. – *Google Spain und Google*; *Wendler/Günther*, PinG 2016, 115 (115).
5 EuGH v. 1.10.2015 – C-230/14 Rz. 29 – *Weltimmo*; s. hierzu auch *Wendler/Günther*, PinG 2016, 115 f.
6 EuGH v. 1.10.2015 – C-230/14 Rz. 29 – *Weltimmo*.
7 EuGH v. 1.10.2015 – C-230/14 Rz. 30 – *Weltimmo*.
8 EuGH v. 1.10.2015 – C-230/14 Rz. 41 – *Weltimmo*; s. auch LG Berlin v. 30.4.2013 – 15 O 92/12, CR 2013, 402 = ITRB 2013, 130 und LG Berlin v. 19.11.2013 – 15 O 402/12.
9 EuGH v. 13.5.2014 – C-131/12 Rz. 55 f.– *Google Spain und Google*. In diesem Sinne auch OLG Schleswig v. 22.4.2014 – 4 MB 11/13, NJW 2013, 1977 (1977), Rz. 14. Ausführlich hierzu Auernhammer/*v. Lewinski*, Vorb. zu § 11 TMG Rz. 27.
10 Gola/*Nguyen*, Art. 55 DSGVO Rz. 5.

Art. 55 DSGVO | Zuständigkeit

der Aufsichtsbehörden ist unter der DSGVO bereits dann begründet, wenn die Datenverarbeitung auf betroffene Personen des jeweiligen Mitgliedstaates Auswirkungen hat bzw. auf diese – falls die Verarbeiter außerhalb der EU niedergelassen sind – ausgerichtet ist (s. Erwägungsgrund 122)[11].

Im ihrem Hoheitsgebiet sind die Aufsichtsbehörden für die Erfüllung ihrer Aufgaben (Art. 57) und für die Ausübung ihrer Befugnisse (Art. 58) zuständig. Datenschutzbehörden sind daher bspw. für die Datenverarbeitungsvorgänge von Niederlassungen des (Auftrags-)Datenverarbeiters oder für Beschwerden betroffener Personen ihres Hoheitsgebietes zuständig. Maßgeblich für diesen Artikel sind die **Erwägungsgründe 122 und 128**.

3 Wenn die **Datenverarbeitung durch eine Behörde** oder von privaten Einrichtungen aufgrund Art. 6 Abs. 1 Buchst. c (Verarbeitung zur Erfüllung einer gesetzlichen Verpflichtung) oder Art. 6 Abs. 1 Buchst. e (Verarbeitung im öffentlichen Interesse oder aufgrund übertragener hoheitlicher Gewalt) erfolgt, so bleibt es auch bei einer etwaigen grenzüberschreitenden Verarbeitung bei der alleinigen Zuständigkeit der betroffenen Aufsichtsbehörde des jeweiligen Mitgliedstaates i.S.d. Art. 55 Abs. 1[12]. Die Federführung durch eine Aufsichtsbehörde eines anderen Mitgliedstaates (One-Stop-Mechanismus[13]) gemäß Art. 56 ist in diesen Fällen außer Acht zu lassen (Art. 55 Abs. 2). Hierdurch wird dem Umstand Rechnung getragen, dass die Behörde im Falle der Verarbeitung aufgrund von Art. 6 Abs. 1 Buchst. c besser mit der nationalen Rechtslage vertraut ist und im Falle der Verarbeitung nach Art. 6 Abs. 1 Buchst. e die Souveränität des jeweiligen Mitgliedstaates zu achten ist[14].

4 Die Aufsichtsbehörden sind gemäß Art. 55 Abs. 3 nicht für die **Kontrolle der Gerichte** zuständig, soweit die Datenverarbeitung im Rahmen der justiziellen Tätigkeit vorgenommen wird. Hierzu zählen alle Datenverarbeitungen, die in Bezug zu Rechtsfindung und Rechtsspruch sowie zu der diesbezüglichen Vorbereitung und Durchführung stehen. Dies ist der richterlichen Unabhängigkeit geschuldet, entbindet die Justiz jedoch keinesfalls vom Datenschutz[15]. Nicht ausgeschlossen sind jedoch Datenverarbeitungsvorgänge im Bereich der Justizverwaltung, z.B. im Bereich der Personalverwaltung oder Mittelbeschaffung sowie bei Justizverwaltungsakten (s. § 9 BDSG Rz. 6)[16].

---

11 Falls es in anderen Mitgliedstaaten weitere Niederlassungen gibt, so bestimmt Art. 56 die Zuständigkeit der federführenden Aufsichtsbehörde, s. auch Gola/*Nguyen*, Art. 55 DSGVO Rz. 5.
12 S. auch *Piltz*, K&R 2016, 777 (781).
13 Gola/*Nguyen*, Art. 55 DSGVO Rz. 6.
14 Vgl. auch Sydow/*Ziehbart*, Art. 55 DSGVO Rz. 5 ff., Gierschmann/Schlender/Stentzel/Veil/*Kreul*, Art. 55 DSGVO Rz. 16.
15 Ausführlich Ehmann/Selmayr/*Selmayr*, Art. 55 DSGVO Rz. 12 f.
16 Zum Umfang der Einschränkung des Tätigkeitsbereichs s. auch Paal/Pauly/*Körffer*, Art. 55 DSGVO Rz. 5.

Artikel 56 Zuständigkeit der federführenden Aufsichtsbehörde

(1) Unbeschadet des Artikels 55 ist die Aufsichtsbehörde der Hauptniederlassung oder der einzigen Niederlassung des Verantwortlichen oder des Auftragsverarbeiters gemäß dem Verfahren nach Artikel 60 die zuständige federführende Aufsichtsbehörde für die von diesem Verantwortlichen oder diesem Auftragsverarbeiter durchgeführte grenzüberschreitende Verarbeitung.

(2) Abweichend von Absatz 1 ist jede Aufsichtsbehörde dafür zuständig, sich mit einer bei ihr eingereichten Beschwerde oder einem etwaigen Verstoß gegen diese Verordnung zu befassen, wenn der Gegenstand nur mit einer Niederlassung in ihrem Mitgliedstaat zusammenhängt oder betroffene Personen nur ihres Mitgliedstaats erheblich beeinträchtigt.

(3) In den in Absatz 2 des vorliegenden Artikels genannten Fällen unterrichtet die Aufsichtsbehörde unverzüglich die federführende Aufsichtsbehörde über diese Angelegenheit. Innerhalb einer Frist von drei Wochen nach der Unterrichtung entscheidet die federführende Aufsichtsbehörde, ob sie sich mit dem Fall gemäß dem Verfahren nach Artikel 60 befasst oder nicht, wobei sie berücksichtigt, ob der Verantwortliche oder der Auftragsverarbeiter in dem Mitgliedstaat, dessen Aufsichtsbehörde sie unterrichtet hat, eine Niederlassung hat oder nicht.

(4) Entscheidet die federführende Aufsichtsbehörde, sich mit dem Fall zu befassen, so findet das Verfahren nach Artikel 60 Anwendung. Die Aufsichtsbehörde, die die federführende Aufsichtsbehörde unterrichtet hat, kann dieser einen Beschlussentwurf vorlegen. Die federführende Aufsichtsbehörde trägt diesem Entwurf bei der Ausarbeitung des Beschlussentwurfs nach Artikel 60 Absatz 3 weitestgehend Rechnung.

(5) Entscheidet die federführende Aufsichtsbehörde, sich mit dem Fall nicht selbst zu befassen, so befasst die Aufsichtsbehörde, die die federführende Aufsichtsbehörde unterrichtet hat, sich mit dem Fall gemäß den Artikeln 61 und 62.

(6) Die federführende Aufsichtsbehörde ist der einzige Ansprechpartner der Verantwortlichen oder der Auftragsverarbeiter für Fragen der von diesem Verantwortlichen oder diesem Auftragsverarbeiter durchgeführten grenzüberschreitenden Verarbeitung.

I. Einführung 1	2. Ausnahmen von der allgemeinen Zuständigkeit 7
II. Federführung 3	IV. Zuständigkeiten bei rein nationalem Bezug 10
III. Zuständigkeit in grenzüberschreitenden Angelegenheiten . 6	
1. Allgemeine Zuständigkeit 6	

Schrifttum: S. Art. 51 DSGVO.

Art. 56 DSGVO | Zuständigkeit der federführenden Aufsichtsbehörde

I. Einführung

1 Die Ausgestaltung der Zuständigkeiten der Aufsichtsbehörden in grenzüberschreitenden Angelegenheiten ist eines der **zentralen Anliegen der DSGVO**[1]. Die Regelung soll zusammen mit den Mechanismen der Zusammenarbeit und Kohärenz (Kapitel VII) eine einheitliche Auslegung und Durchsetzung der europäischen Datenschutzregelungen durch die Aufsichtsbehörden gewährleisten[2]. Die Beseitigung bislang vorherrschender Unterschiede, nicht nur in Hinsicht auf das materielle Datenschutzniveau, sondern gerade auch beim Vollzug der nationalen Datenschutzgesetze, war wesentliches Motiv der Kommission bei der Erarbeitung der DSGVO[3].

2 Auch Unternehmensgruppen sollten von der Neuordnung der Zuständigkeiten bei grenzüberschreitender Verarbeitung profitieren[4]. Ursprünglich sollte eine einzige Behörde als zentraler Ansprechpartner die Kommunikation und Koordinierung in grenzüberschreitenden Angelegenheiten übernehmen. Dies hätte zu wesentlichen Verfahrenserleichterungen für Unternehmen und somit auch für eine finanzielle Entlastung der europäischen Wirtschaft geführt. Zwar ist auch in der finalen Fassung der DSGVO die federführende Aufsichtsbehörde stets alleiniger Ansprechpartner der (Auftrags-)Datenverarbeiter bei Fragen zu Angelegenheiten mit grenzüberschreitendem Bezug (s. Art. 56 Abs. 6)[5]. Von einem echten **One-Stop-Shop** hat der Verordnungsgeber jedoch Abstand genommen[6]. Letztendlich wurde eine Kompromisslösung gefunden, die datenverarbeitenden Unternehmen und Betroffenen gleichermaßen zu Gute kommen soll[7]. Maßgeblich für diesen Artikel sind die **Erwägungsgründe 36 und 37 sowie 122–128**. Zur Zuständigkeitsverteilung unter den deutschen Aufsichtsbehörden s. **§ 19 BDSG**[8].

II. Federführung

3 Art. 56 Abs. 1 legt die Zuständigkeit der federführenden Aufsichtsbehörde, die für die nötige Abstimmung mit anderen beteiligten Aufsichtsbehörden sorgt[9],

---

1 Gola/*Nguyen*, Art. 56 DSGVO Rz. 1; Ehmann/Selmayr/*Selmayr*, Art. 56 DSGVO Rz. 1.
2 S. Sydow/*Peuker*, Art. 56 DSGVO Rz. 1.
3 S. *Nguyen*, ZD 2015, 265 (265).
4 S. Ehmann/Selmayr/*Selmayr*, Art. 56 DSGVO Rz. 2.
5 *Piltz*, K&R 2016, 777 (782), Gierschmann/Schlender/Stentzel/Veil/*Kreul*, Art. 56 DSGVO Rz. 31.
6 So auch *Gierschmann*, ZD 2016, 51 (52).
7 Gola/*Nguyen*, Art. 56 DSGVO Rz. 2.
8 Allgemein zu den Auswirkungen auf das nationale Recht s. Gierschmann/Schlender/Stentzel/Veil/*Kreul*, Art. 56 DSGVO Rz. 33.
9 S. *Dammann*, ZD 2016, 307 (309).

bei einer Datenverarbeitung mit grenzüberschreitendem Bezug fest[10]. Federführend ist grundsätzlich die Aufsichtsbehörde der Hauptniederlassung i.S.d. Art. 4 Nr. 16 oder der einzigen Niederlassung des (Auftrags-)Datenverarbeiters (s. Rz. 6) in der EU. Daneben bleibt die Zuständigkeit weiterer Aufsichtsbehörden, den sog. betroffenen Aufsichtsbehörden (s. Art. 22 Abs. 4), nach Art. 55 bestehen. Die Zusammenarbeit der Aufsichtsbehörden bestimmt sich dann nach Art. 60 (s. Rz. 5).

Die Federführung übernimmt eine Aufsichtsbehörde grundsätzlich in folgenden Konstellationen[11]: 4
- Konstellation 1: Der (Auftrags-)Datenverarbeiter hat Niederlassungen in mehreren Mitgliedstaaten der Union[12].
- Konstellation 2: Der (Auftrags-)Datenverarbeiter hat zwar lediglich eine Niederlassung in der Union, die Datenverarbeitung hat jedoch (voraussichtlich) erhebliche Auswirkungen auf Personen in mehreren Mitgliedstaaten.

In Konstellation 1 ist die Aufsichtsbehörde der Hauptniederlassung (s. Rz. 6) die federführende. In Konstellation 2 ist dies die Aufsichtsbehörde der einzigen Niederlassung (Art. 56 Abs. 1).

Die Zusammenarbeit zwischen dieser und den weiteren betroffenen Aufsichtsbehörden regelt Art. 60[13]. Generell hat die federführende Aufsichtsbehörde mit allen anderen betroffenen Aufsichtsbehörden zusammenzuarbeiten. Dies gilt insbesondere dann, wenn (i) bei einer anderen (nicht-federführenden) Aufsichtsbehörde eine Beschwerde eingelegt wurde oder (ii) die Datenverarbeitung erhebliche Auswirkungen auf Personen des Hoheitsgebiets einer weiteren Aufsichtsbehörde hat. Der Verordnungsgeber hat keine Aussage darüber getroffen, wann die Erheblichkeitsschwelle erreicht ist. Es wird hierbei jedenfalls ein Grundrechtseingriff mit einem gesteigerten Intensitätsgrad vorauszusetzen sein[14]. Der Europäische Datenschutzausschuss kann Leitlinien zu Beurteilung der Frage, wann solch erhebliche Auswirkungen anzunehmen sind, erarbeiten (s. Erwägungsgrund 124)[15]. 5

---

10 Zum Normkonstrukt s. auch Sydow/*Peuker*, Art. 56 DSGVO Rz. 2 und BeckOK DatenschutzR/*Eichler*, Art. 56 DSGVO Rz. 4.
11 Insofern wird hier sowohl auf ein qualitatives als auch auf ein quantitatives Element abgestellt, s. *Piltz*, K&R 2016, 777 (782).
12 S. auch BeckOK DatenschutzR/*Eichler*, Art. 56 DSGVO Rz. 5.
13 Zum Verfahren s. auch Gierschmann/Schlender/Stentzel/Veil/*Kreul*, Art. 56 DSGVO Rz. 23 ff.
14 So Gola/*Nguyen*, Art. 56 DSGVO Rz. 6.
15 BeckOK DatenschutzR/*Eichler*, Art. 56 DSGVO Rz. 6; Ehmann/Selmayr/*Selmayr*, Art. 56 DSGVO Rz. 16.

III. Zuständigkeit in grenzüberschreitenden Angelegenheiten

1. Allgemeine Zuständigkeit

6 **Grundsätzlich zuständig** ist in grenzüberschreitenden Angelegenheiten als federführende Behörde die Aufsichtsbehörde am Ort der einzigen Niederlassung oder – bei mehreren Niederlassungen – der Hauptniederlassung des Unternehmens in der EU (Art. 4 Nr. 16, s. Kommentierung zu Art. 4 DSGVO Rz. 59 ff.)[16]. Bei der Bestimmung der Hauptniederlassung sind nach Erwägungsgrund 36 objektive Kriterien heranzuziehen. Dabei ist auch darauf abzustellen, an welchem Ort die effektiven und tatsächlichen Managementtätigkeiten, die die Grundsatzentscheidungen der Datenverarbeitung umfassen, getroffen werden, unabhängig vom Vorhandensein der zur Verarbeitung benötigten technischen Mittel und Verfahren (s. Rz. 7). Das Vorhandensein und die Verwendung technischer Mittel und Verfahren zur Verarbeitung personenbezogener Daten oder Verarbeitungstätigkeiten begründen jedoch an sich noch keine Niederlassung (Erwägungsgrund 36).

Dass die Federführung durch den Sitz der Hauptniederlassung bestimmt wird, wird z.T. kritisch betrachtet. Für den Betroffenen sei nicht klar erkennbar, welche Behörde die wesentlichen Entscheidungen über den Fortgang einer etwaigen Beschwerde treffe und dass diese aufgrund räumlicher und sprachlicher Barrieren ggf. nur unter erschwerten Bedingungen zu kontaktieren sei. Jedoch bleibt es jedem Betroffenen grundsätzlich unbenommen, seine Rechte bei jeder Aufsichtsbehörde, insbesondere bei der für den Mitgliedstaat seines Aufenthaltsortes zuständigen, auszuüben[17].

2. Ausnahmen von der allgemeinen Zuständigkeit

7 **Ausnahmen** finden sich jedoch mehrere. Werden Entscheidungen hinsichtlich Zweck und Mittel der Verarbeitung in einer anderen Niederlassung des Unternehmens getroffen und umgesetzt, so ist nach Art. 4 Nr. 16 Buchst. a Halbs. 2 diese Niederlassung als „Hauptniederlassung" i.S.d. Art. 56 Abs. 1 anzusehen (s. Kommentierung zu Art. 4 DSGVO Rz. 59 ff.). Zudem bleiben die nationalen Aufsichtsbehörden bei einer Beschwerde oder bei einem Verstoß stets zuständig, wenn der zugrundeliegende Sachverhalt nur mit einer Niederlassung in ihrem Mitgliedstaat zusammenhängt oder nur betroffene Personen dieses Mitgliedstaates erheblich beeinträchtigt (s. Rz. 10).

8 Die DSGVO regelt in diesem Zusammenhang auch die **Behandlung von Unternehmensgruppen** (zum Begriff s. Erwägungsgrund 37)[18]. Erwägungsgrund 36

---

16 S. Härting, Datenschutz-Grundverordnung, Rz. 752.
17 S. Sydow/Peuker, Art. 56 DSGVO Rz. 21 m.w.N.
18 Härting, Datenschutz-Grundverordnung, Rz. 755.

Satz 9 zieht grundsätzlich die Hauptniederlassung des herrschenden Unternehmens einer Unternehmensgruppe als Anknüpfungspunkt zur Bestimmung der zuständigen federführenden Aufsichtsbehörde heran. Ob die so bestimmte Aufsichtsbehörde jedoch überhaupt für rechtlich selbständige Tochterunternehmen einer Unternehmensgruppe zuständig sein kann, ist umstritten[19]. Z.T. wird argumentiert, dass diese eigenständige Verantwortliche i.S.d. Art. 4 Nr. 7 darstellen würden, wodurch die Aufsichtsbehörden auf Unternehmens- und nicht auf Konzernebene die Federführung bestimmen müssten. Die Zuständigkeit der federführenden Aufsichtsbehörde für Unternehmensgruppen wurde vom Verordnungsgeber aber gerade bezweckt (s. Erwägungsgrund 36) und liegt gleichermaßen im Interesse von Unternehmen und Aufsichtsbehörden, da nur so eine effizientere Datenschutzaufsicht erzielt werden kann[20].

Die Zuständigkeiten, insbesondere für Unternehmensgruppen, bleiben **weit gestreut**[21]. Zudem kann sich die Zuständigkeit der federführenden Aufsichtsbehörde im Laufe des aufsichtsbehördlichen Verfahrens ändern[22], bspw. wenn nachträglich bekannt wird, dass datenschutzrelevante Entscheidungen tatsächlich in einer (anderen als ursprünglich angenommen) Niederlassung eines anderen Mitgliedstaates getroffen und umgesetzt werden[23].

IV. Zuständigkeiten bei rein nationalem Bezug

Sollte der Gegenstand einer Beschwerde oder eines Verstoßes gegen die DSGVO nur auf Niederlassungen oder betroffene Personen eines Mitgliedstaates beschränkt sein, so bleibt die Aufsichtsbehörde dieses einen Mitgliedstaates abweichend von der Regelung des Art. 56 Abs. 1 zuständig (Art. 56 Abs. 2)[24]. In diesen Fällen liegt regelmäßig ein schwächerer grenzüberschreitender Bezug und eine größere Nähe zur nationalen Aufsichtsbehörde vor[25]. In dem in Abs. 2 geregelten Fall hat die Aufsichtsbehörde die nach Abs. 1 federführende Behörde unverzüglich über die Angelegenheit (d.h. eine Beschwerde des Betroffenen

---

19 Ablehnend *Nguyen*, ZD 2015, 256 (267); Gola/*Nguyen*, Art. 56 DSGVO Rz. 8.
20 So auch Ehmann/Selmayr/*Selmayr*, Art. 56 DSGVO Rz. 10; *Schantz*, NJW 2016, 1841 (1846f.). Auch die Artikel 29-Datenschutzgruppe, die sich mit der Zuständigkeit für Unternehmensgruppen in ihren „Guidelines for identifying a controller or processor's lead supervisory authority" (WP 244, S. 6) befasst hat, lässt auf kein einschränkendes Verständnis schließen.
21 Mit Beispielen *Gierschmann*, ZD 2016, 51 (52), zur Zuständigkeit für Unternehmen ohne europäische Niederlassung s. *Härting*, Datenschutz-Grundverordnung, Rz. 757.
22 Sydow/*Peuker*, Art. 56 DSGVO Rz. 26.
23 Nguyen fordert daher, eine einmal begründete Federführung im weiteren Verfahren nicht mehr abzugeben, *Nguyen*, ZD 2015, 256 (267).
24 S. auch Paal/Pauly/*Körffer*, Art. 56 DSGVO Rz. 4.
25 Ausführlich auch Ehmann/Selmayr/*Selmayr*, Art. 56 DSGVO Rz. 15.

oder einen selbst festgestellten Verstoß) zu unterrichten[26]. Die federführende Aufsichtsbehörde hat innerhalb einer 3-Wochen-Frist zu entscheiden, ob sie sich mit dem Fall befassen will (Selbsteintrittsrecht) oder nicht (Art. 56 Abs. 3)[27].

11 Entscheidet sich die federführende Aufsichtsbehörde zur Übernahme der Angelegenheit, so arbeiten beide Aufsichtsbehörden zusammen. Die Zusammenarbeit wird durch Art. 60 geregelt. Die betroffene Aufsichtsbehörde kann in diesem Fall der federführenden einen Beschlussentwurf vorlegen (Art. 56 Abs. 4 Satz 2). Die federführende Aufsichtsbehörde soll dem Entwurf „weitestgehend Rechnung" tragen. Abweichungen der federführenden Behörde müssen daher eingehend begründet werden[28]. Sollten sich die Aufsichtsbehörden nicht auf eine gemeinsame Beschlussfassung einigen können, so erfolgt die Streitbeilegung im Wege des Kohärenzverfahrens durch den Europäischen Datenschutzausschuss (s. Kommentierung zu Art. 65 DSGVO Rz. 4).

12 Lehnt die federführende Aufsichtsbehörde die Übernahme der Angelegenheit ab, bleibt der „örtlichen" Aufsichtsbehörde, die die federführende unterrichtet hat (s. Rz. 10), der Fall zur eigenständigen Bearbeitung überlassen. Gemäß Art. 56 Abs. 5 leisten jedoch auch dann beide Behörden einander Amtshilfe (s. Art. 61) und führen bei Bedarf gemeinsame Maßnahmen durch (Art. 62)[29].

Artikel 57 Aufgaben

(1) Unbeschadet anderer in dieser Verordnung dargelegter Aufgaben muss jede Aufsichtsbehörde in ihrem Hoheitsgebiet

a) die Anwendung dieser Verordnung überwachen und durchsetzen;

b) die Öffentlichkeit für die Risiken, Vorschriften, Garantien und Rechte im Zusammenhang mit der Verarbeitung sensibilisieren und sie darüber aufklären. Besondere Beachtung finden dabei spezifische Maßnahmen für Kinder;

c) im Einklang mit dem Recht des Mitgliedstaats das nationale Parlament, die Regierung und andere Einrichtungen und Gremien über legislative und administrative Maßnahmen zum Schutz der Rechte und Freiheiten natürlicher Personen in Bezug auf die Verarbeitung beraten;

d) die Verantwortlichen und die Auftragsverarbeiter für die ihnen aus dieser Verordnung entstehenden Pflichten sensibilisieren;

---

26 Zur Frage, ob jede Beschwerde an die federführende Aufsichtsbehörde gemeldet werden muss, s. Paal/Pauly/*Körffer*, Art. 56 DSGVO Rz. 5.
27 Für eine zurückhaltende Ausübung des Selbsteintrittsrechts plädierend BeckOK DatenschutzR/*Eichler*, Art. 56 DSGVO Rz. 17.
28 Ehmann/Selmayr/*Selmayr*, Art. 56 DSGVO Rz. 19.
29 S. auch BeckOK DatenschutzR/*Eichler*, Art. 56 DSGVO Rz. 22.

e) auf Anfrage jeder betroffenen Person Informationen über die Ausübung ihrer Rechte aufgrund dieser Verordnung zur Verfügung stellen und gegebenenfalls zu diesem Zweck mit den Aufsichtsbehörden in anderen Mitgliedstaaten zusammenarbeiten;

f) sich mit Beschwerden einer betroffenen Person oder Beschwerden einer Stelle, einer Organisation oder eines Verbandes gemäß Artikel 80 befassen, den Gegenstand der Beschwerde in angemessenem Umfang untersuchen und den Beschwerdeführer innerhalb einer angemessenen Frist über den Fortgang und das Ergebnis der Untersuchung unterrichten, insbesondere, wenn eine weitere Untersuchung oder Koordinierung mit einer anderen Aufsichtsbehörde notwendig ist;

g) mit anderen Aufsichtsbehörden zusammenarbeiten, auch durch Informationsaustausch, und ihnen Amtshilfe leisten, um die einheitliche Anwendung und Durchsetzung dieser Verordnung zu gewährleisten;

h) Untersuchungen über die Anwendung dieser Verordnung durchführen, auch auf der Grundlage von Informationen einer anderen Aufsichtsbehörde oder einer anderen Behörde;

i) maßgebliche Entwicklungen verfolgen, soweit sie sich auf den Schutz personenbezogener Daten auswirken, insbesondere die Entwicklung der Informations- und Kommunikationstechnologie und der Geschäftspraktiken;

j) Standardvertragsklauseln im Sinne des Artikels 28 Absatz 8 und des Artikels 46 Absatz 2 Buchstabe d festlegen;

k) eine Liste der Verarbeitungsarten erstellen und führen, für die gemäß Artikel 35 Absatz 4 eine Datenschutz-Folgenabschätzung durchzuführen ist;

l) Beratung in Bezug auf die in Artikel 36 Absatz 2 genannten Verarbeitungsvorgänge leisten;

m) die Ausarbeitung von Verhaltensregeln gemäß Artikel 40 Absatz 1 fördern und zu diesen Verhaltensregeln, die ausreichende Garantien im Sinne des Artikels 40 Absatz 5 bieten müssen, Stellungnahmen abgeben und sie billigen;

n) die Einführung von Datenschutzzertifizierungsmechanismen und von Datenschutzsiegeln und -prüfzeichen nach Artikel 42 Absatz 1 anregen und Zertifizierungskriterien nach Artikel 42 Absatz 5 billigen;

o) gegebenenfalls die nach Artikel 42 Absatz 7 erteilten Zertifizierungen regelmäßig überprüfen;

p) die Anforderungen an die Akkreditierung einer Stelle für die Überwachung der Einhaltung der Verhaltensregeln gemäß Artikel 41 und einer Zertifizierungsstelle gemäß Artikel 43 abfassen und veröffentlichen;

q) die Akkreditierung einer Stelle für die Überwachung der Einhaltung der Verhaltensregeln gemäß Artikel 41 und einer Zertifizierungsstelle gemäß Artikel 43 vornehmen;

r) Vertragsklauseln und Bestimmungen im Sinne des Artikels 46 Absatz 3 genehmigen;
s) verbindliche interne Vorschriften gemäß Artikel 47 genehmigen;
t) Beiträge zur Tätigkeit des Ausschusses leisten;
u) interne Verzeichnisse über Verstöße gegen diese Verordnung und gemäß Artikel 58 Absatz 2 ergriffene Maßnahmen und
v) jede sonstige Aufgabe im Zusammenhang mit dem Schutz personenbezogener Daten erfüllen.

(2) Jede Aufsichtsbehörde erleichtert das Einreichen von in Absatz 1 Buchstabe f genannten Beschwerden durch Maßnahmen wie etwa die Bereitstellung eines Beschwerdeformulars, das auch elektronisch ausgefüllt werden kann, ohne dass andere Kommunikationsmittel ausgeschlossen werden.

(3) Die Erfüllung der Aufgaben jeder Aufsichtsbehörde ist für die betroffene Person und gegebenenfalls für den Datenschutzbeauftragten unentgeltlich.

(4) Bei offenkundig unbegründeten oder – insbesondere im Fall von häufiger Wiederholung – exzessiven Anfragen kann die Aufsichtsbehörde eine angemessene Gebühr auf der Grundlage der Verwaltungskosten verlangen oder sich weigern, aufgrund der Anfrage tätig zu werden. In diesem Fall trägt die Aufsichtsbehörde die Beweislast für den offenkundig unbegründeten oder exzessiven Charakter der Anfrage.

I. Einleitung	1	III. Übermittlung von Beschwerden (Abs. 2)	4
II. Aufgaben (Abs. 1)	3	IV. Kosten	5

Schrifttum: S. Art. 51 DSGVO.

I. Einleitung

1 Mit der DSGVO haben sich Aufgabenspektrum und die damit einhergehenden Befugnisse der Aufsichtsbehörden erheblich erweitert[1]. Zum einen müssen die Aufsichtsbehörden **neue Aufgaben** übernehmen, wie z.B. im Bereich der Beratung, Aufklärung, Zertifizierung und Akkreditierung[2]. Zudem müssen die Aufsichtsbehörden die im Rahmen der DSGVO notwendige fortlaufende **Zusammenarbeit mit Aufsichtsbehörden anderer Mitgliedstaaten** bewältigen, z.B. mit federführenden Behörden im Verfahren nach Art. 60, im Rahmen der gegenseitigen Amtshilfe nach Art. 61 oder bei gemeinsamen Maßnahmen der Auf-

---

[1] S. Paal/Pauly/*Körffer*, Art. 57 DSGVO Rz. 1; Gierschmann/Schlender/Stentzel/Veil/*Kreul*, Art. 57 DSGVO Rz. 1.
[2] S. hierzu auch *Nguyen*, ZD 2015, 265 (269).

sichtsbehörden gemäß Art. 62. Gleiches gilt für die Sicherstellung der Einbringung im **Kohärenzverfahren** (bei Stellungnahmen nach Art. 64 und im Rahmen des Streitbeilegungsverfahren nach Art. 65) und allgemein im **EDSA** (Art. 66 ff.).

Die Aufsichtsbehörden von Bund und Ländern sind mittels eines **internen Abstimmungsverfahrens** eingebunden (**Teil 1 Kapitel 5 BDSG**). Die Abstimmung auf nationaler Ebene ist insbesondere im Kohärenzverfahren und bei sonstigen Angelegenheiten, die im EDSA behandelt werden (s. Kommentierung zu Art. 51 DSGVO Rz. 4), notwendig, um auf europäischer Ebene innerhalb der in den jeweiligen Verfahren vorgesehenen kurzen Fristen mit einer Stimme sprechen zu können[3]. Ob die Aufsichtsbehörden diesen vielfältigen Pflichten gleichermaßen ohne eine erhebliche Aufstockung ihrer Ressourcen problemlos nachkommen können, ist fraglich[4]. 2

Die Aufzählung in Art. 57 umfasst 21 Aufgabengebiete, ist jedoch nicht abschließend zu verstehen[5], wie der konturlose Abs. 1 Buchst. v („jede sonstige Aufgabe") zeigt[6]. Die Detailtiefe ist zum einen einem einheitlichen Vollzug des Datenschutzes in der EU und zum anderen der effizienten Bearbeitung grenzüberschreitender Fälle geschuldet[7]. Maßgeblich für diesen Artikel ist der **Erwägungsgrund 129**. 2a

II. Aufgaben (Abs. 1)

Art. 57 Abs. 1 regelt die Aufgaben der Aufsichtsbehörden in der Europäischen Union. Diese lassen sich in folgende **Aufgabengebiete** zusammenfassen: 3

– **Überwachung der Anwendung der DSGVO** und der Durchsetzung ihrer Regelungen (Buchst. a)

Diese **Gesamtaufgabe** umfasst als Oberbegriff alle weiteren Aufgaben der Aufsichtsbehörden, die durch Art. 57 konkretisiert werden[8]. Buchst. a umfasst insbesondere auch den Aspekt der Rechtsdurchsetzung[9] und geht insofern über die EG-Datenschutzrichtlinie hinaus. Den Überwachungs- und Durchsetzungsaufgaben kommen die Aufsichtsbehörden durch die in Art. 58 genannten Befugnisse nach, insbesondere durch die dort genannten Untersuchungs- (Art. 58 Abs. 1) und Abhilfebefugnisse (Art. 58 Abs. 2). Eine direkte Rechtsdurchsetzung ist für deutsche Aufsichtsbehörden mindestens im öffentlichen Bereich ein Novum (s. § 16 BDSG Rz. 4)[10]. Dabei kann „Durchsetzung" durchaus weit und in

---

3 *Schaar*, PinG 2016, 62 (64); *Härting*, Datenschutz-Grundverordnung, Rz. 737.
4 S. auch *Gierschmann*, ZD 2016, 51 (55).
5 Gierschmann/Schlender/Stentzel/Veil/*Kreul*, Art. 57 DSGVO Rz. 4.
6 So auch Paal/Pauly/*Körffer*, Art. 57 DSGVO Rz. 1.
7 Ehmann/Selmayr/*Selmayr*, Art. 57 DSGVO Rz. 1; Gola/*Nguyen*, Art. 57 DSGVO Rz. 1.
8 Gola/*Nguyen*, Art. 57 DSGVO Rz. 4; Paal/Pauly/*Körffer*, Art. 57 DSGVO Rz. 2.
9 S. Ehmann/Selmayr/*Selmayr*, Art. 57 DSGVO Rz. 7.
10 Vgl. auch Paal/Pauly/*Körffer*, Art. 57 DSGVO Rz. 2.

Art. 57 DSGVO | Aufgaben

dem Sinne verstanden werden, dass ein verordnungsgerechter Zustand gewährleistet wird. Dies kann u.a. auch durch die Beratungstätigkeit der Aufsichtsbehörde erfolgen[11].

- **Sensibilisierung und Aufklärung** der Öffentlichkeit, u.a. über Risiken und Rechte, sowie der (Auftrags-)Datenverarbeiter über ihre Pflichten (Buchst. b, d und e)

Die Aufgabe der Aufklärung und Sensibilisierung der Öffentlichkeit gewinnt mit der DSGVO erheblich an Bedeutung. Zwar kamen die Datenschutzbehörden in Deutschland schon bislang diesen Tätigkeiten in unterschiedlicher Intensität nach. Gesetzlich festgeschrieben war dies jedoch zumeist nur in Hinsicht auf den zu veröffentlichenden Tätigkeitsbericht. Gegenüber Verantwortlichen und Auftragsverarbeitern kannte das BDSG-alt Beratungsaufgaben von Verarbeitern im nichtöffentlichen (§ 38 Abs. 1 BDSG-alt) und öffentlichen (§ 26 Abs. 3 BDSG-alt) Bereich[12]. Durch die DSGVO wurde aus der reaktiven Pflicht der Beratung jedoch eine proaktive[13], die nicht von einem entsprechenden Verlangen der genannten Normadressaten abhängig ist[14]. Dies gilt jedoch nicht für die aus Buchst. e erwachsende Aufgabe. Hier sind betroffenen Personen lediglich auf Anfrage Informationen über die Ausübung ihrer Rechte aus der DSGVO (z.B. auf Berichtigung, Löschung oder Einschränkung der Verarbeitung, Datenübertragbarkeit oder bzgl. des Widerspruchsrechts) zur Verfügung zu stellen.

- **Beratung** der Legislative und Exekutive, im Rahmen der Datenschutz-Folgenabschätzung auch der Verantwortlichen (Buchst. c und l)

Die Beratung von Exekutive und Legislative war schon bislang im Aufgabenportfolio der Bundesbeauftragten fest verankert. § 26 Abs. 2 und Abs. 3 BDSG-alt räumten ihr das Recht ein, die Bundesregierung durch Empfehlungen zur Verbesserung des Datenschutzes zu beraten und sich auch zu diesem Zweck an den Deutschen Bundestag zu wenden. Art. 57 Abs. 1 Buchst. c findet in § 14 Abs. 1 Satz 1 Nr. 3 BDSG seine Entsprechung (s. § 14 BDSG Rz. 8). Zu den Beratungstätigkeiten im Verfahren der vorherigen Konsultation bei Datenschutz-Folgeabschätzungen s. Art. 36 DSGVO Rz. 4.

- **Entgegennahme von Beschwerden** und deren Untersuchung (Buchst. f)

Die Entgegennahme von Beschwerden und deren Untersuchung ist eine der Hauptaufgaben der Datenschutzbehörden. Die Aufgabenzuweisung in Buchst. f spiegelt das Beschwerderecht des Betroffenen gemäß Art. 77 (s. Art. 77 DSGVO Rz. 2, für Verbände s. Art. 80) wider.

---

11 Sydow/*Ziebarth*, Art. 57 DSGVO Rz. 7f.
12 Zu den bisherigen nationalen Vorgaben Gierschmann/Schlender/Stentzel/Veil/*Kreul*, Art. 57 DSGVO Rz. 6.
13 S. auch Ehmann/Selmayr/*Selmayr*, Art. 57 DSGVO Rz. 12.
14 Paal/Pauly/*Körffer*, Art. 57 DSGVO Rz. 6.

Aufgaben | **Art. 57 DSGVO**

- **Zusammenarbeit mit anderen Aufsichtsbehörden** zur einheitlichen Anwendung und Durchführung der Verordnung und Mitarbeit im Europäischen Datenschutzausschuss (Buchst. g und t)

Die Zusammenarbeit der Aufsichtsbehörden über Staatsgrenzen hinweg und deren Mitarbeit im EDSA dient dem ausdrücklichen Zweck der einheitlichen Anwendung und Durchsetzung der DSGVO (s. auch Art. 51 DSGVO Rz. 5). Die Einzelheiten werden in Kapitel 7 durch Art. 60–67 (Zusammenarbeit und Kohärenzverfahren) sowie Art. 68–76 (Europäischer Datenschutzausschuss) festgelegt.

- **Beobachtung der Informationstechnik** und deren etwaigen Auswirkungen auf den Datenschutz (Buchst. i)

Die Digitalisierung von Gesellschaft und Wirtschaft und der zugrundeliegende rasante Fortschritt in der Informationstechnik haben die Bedeutung des Datenschutzes enorm gesteigert. Beides sind Hauptgründe für die Überarbeitung des europäischen Datenschutz-Rechtsrahmens (s. Erwägungsgrund 6). Nur wer die technische Entwicklung verfolgt, deren Grundlagen versteht und die Auswirkungen auf den Datenschutz nachvollziehen kann, wird die Regeln der DSGVO sinnvoll anwenden können. Buchst. i verpflichtet die Aufsichtsbehörden daher, die „maßgeblichen" Entwicklungen mitzuverfolgen. Auch diese Aufgabe enthält ein proaktives Element[15]. Entsprechende IT-Kompetenz muss bei den Aufsichtsbehörden vorgehalten werden[16]. Auch ein regelmäßiger Blick über den europäischen Tellerrand in Richtung Nordamerika und Asien – auch was entsprechende Geschäftsmodelle angeht – ist hiervon umfasst[17].

- Bestimmung von Verarbeitungsarten der **Datenschutz-Folgenabschätzung** (Buchst. k)

Gemäß Art. 35 Abs. 4 (s. Art. 35 DSGVO Rz. 25) erstellt die Aufsichtsbehörde eine Liste von Verarbeitungsvorgängen, für die eine Datenschutz-Folgenabschätzung gemäß Art. 35 Abs. 1 (s. Art. 35 DSGVO Rz. 1) notwendig ist. Optional kann nach Art. 35 Abs. 5 auch zusätzlich eine Negativliste für Verarbeitungsvorgänge, die nicht der Folgenabschätzung unterliegen, erstellt werden. Letzteres wäre aus Klarstellungsgründen in der Praxis zu begrüßen[18]. Die Listen werden dem EDSA zugeleitet. Er gibt zu einer Positivliste gemäß Art. 64 Abs. 1 Satz 2 Buchst. a eine Stellungnahme ab[19].

---

15 Paal/Pauly/*Körffer*, Art. 57 DSGVO Rz. 11.
16 Auf die Notwendigkeit der entsprechenden Personalausstattung hinweisend BeckOK DatenschutzR/*Eichler*, Art. 57 DSGVO Rz. 20.
17 S. auch Sydow/*Ziebarth*, Art. 57 DSGVO Rz. 40 f.
18 Sydow/*Ziebarth*, Art. 57 DSGVO Rz. 46; auf die Schwierigkeiten der Erstellung hinweisend Paal/Pauly/*Körffer*, Art. 57 DSGVO Rz. 14.
19 S. auch Ehmann/Selmayr/*Selmayr*, Art. 57 DSGVO Rz. 18.

Art. 57 DSGVO | Aufgaben

– Förderung und Überprüfung von **Verhaltensregelungen** und **Datenschutzzertifizierungen** (Buchst. m–q)

Verhaltensregeln (Art. 40) und Zertifizierungen (Art. 42) sind datenschutzrechtliche Instrumente der Selbst- bzw. Ko-Regulierung. Deren Anwendung in der Praxis soll durch die Aufsichtsbehörden aktiv gefördert werden (s. Art. 40 Abs. 1 und Art. 42 Abs. 1). Buchst. m fasst insofern die Aufgaben in Bezug auf Verwendung von Verhaltensregeln zusammen (s. Art. 40 DSGVO Rz. 12 ff.). Dies umfasst insbesondere die Genehmigung solcher Regelungen (s. Art. 40 Abs. 5). Buchst. n–q regeln die Aufgaben der Aufsichtsbehörden im Zusammenhang mit der Zertifizierung. Dies umfasst insbesondere die Festlegung entsprechender Zertifizierungskriterien (s. Art. 42 DSGVO Rz. 8), eine etwaige Überprüfung der Zertifizierung (s. Art. 42 DSGVO Rz. 6), die Festlegung von Akkreditierungsanforderungen der Zertifizierungsstellen (s. Art. 43 DSGVO Rz. 4) und die Akkreditierung von Zertifizierungsstellen und solchen, die die Einhaltung von Verhaltensregeln überwachen (s. Art. 41 DSGVO Rz. 3 und Art. 43 DSGVO Rz. 2).

– Festlegung und Genehmigung von (**Standard-**)**Vertragsklauseln** sowie **verbindlicher interner Datenschutzvorschriften** im Rahmen der Auftragsverarbeitung und der Übermittlung von Daten an Drittländer (Buchst. j, r und s)[20].

Die Aufsichtsbehörden sind zuständig für die Festlegung von Standardvertragsklauseln (Art. 28 Abs. 8 und Art. 46 Abs. 2 Buchst. d). Zudem genehmigen sie Vertragsklauseln zur Übermittlung personenbezogener Daten in Drittstaaten gemäß Art. 46 Abs. 3. Auch die Genehmigung verbindlicher interner Vorschriften (Binding Corporate Rules) nach Art. 47 (s. Art. 47 DSGVO Rz. 11) gehört zum Aufgabenspektrum der Aufsichtsbehörden. In allen Fällen kommt das Kohärenzverfahren zur Anwendung (Art. 64 Abs. 1 Satz 2 Buchst. d, e und f).

– **Untersuchungen über die Anwendung der Verordnung sowie Dokumentation von Verstößen und Maßnahmen,** die seitens der Aufsichtsbehörde ergriffen wurden sowie die Erstellung eines Jahresberichts (Buchst. h und u)

Die Aufgabe, **Untersuchungen über die Anwendung der Verordnung** durchzuführen (Buchst. h), wird allgemein als Ausprägung der Pflicht zur Überwachung der Anwendung der DSGVO (s. oben zu Buchst. a) und als Verdeutlichung der umfassenden Überwachungs-, Prüf- und Untersuchungsaufgaben der Aufsichtsbehörde verstanden[21]. Entsprechende Untersuchungen können auch aufgrund von Informationen anderer (Aufsichts-)Behörden angestellt werden[22].

---

20 S. auch *Piltz*, K&R 2016, 777 (783).
21 Sydow/*Ziebarth*, Art. 57 DSGVO Rz. 39; Paal/Pauly/*Körffer*, Art. 57 DSGVO Rz. 10.
22 Ehmann/Selmayr/*Selmayr*, Art. 57 DSGVO Rz. 9.

III. Übermittlung von Beschwerden (Abs. 2)

Zur vereinfachten **Übermittlung von Beschwerden** haben die Aufsichtsbehörden ein Formular bereitzustellen, was auch elektronisch ausgefüllt werden können muss. Hierdurch soll ein zusätzlicher, einfacher und moderner Weg der Kommunikation mit den Aufsichtsbehörden eröffnet werden. Dies trägt auch dem Umstand Rechnung, dass es sich bei der Annahme und Bearbeitung von Beschwerden um eine der Hauptaufgaben der Aufsichtsbehörden handelt (s. oben Rz. 3) und eine entsprechende Inanspruchnahme durch den Grundrechtsträger möglichst niederschwellig ausgestaltet sein soll[23]. Das Formular wird dabei regelmäßig durch eine Eingabemaske oder als (vorstrukturierte) E-Mail übermittelt werden. Dabei ist auf eine adressatenfreundliche und nutzergerechte Ausgestaltung zu achten[24]. Andere Kommunikationsmittel dürfen hierdurch selbstverständlich nicht ausgeschlossen werden[25].

4

IV. Kosten

Grundsätzlich sind die Leistungen der Aufsichtsbehörden für betroffene Personen und Datenschutzbeauftragte **kostenlos** (Art. 57 Abs. 3)[26]. Etwas anderes gilt bei offenkundig unbegründeten Beschwerden oder exzessiven Anfragen (Art. 57 Abs. 4). Der Exzesscharakter kann sich dabei insbesondere aus der häufigen Wiederholung der Anfragen ergeben[27]. Hierdurch soll querulatorisches Verhalten unterbunden werden können, was in der Praxis einen erheblichen Verwaltungsaufwand hervorruft[28] und die begrenzten Ressourcen der Aufsichtsbehörden unnötig bindet. Bei der Beurteilung der Frage, wann eine Antragstellung die Exzessgrenze überschreitet, kommt der Aufsichtsbehörde ein gewisser Beurteilungsspielraum zu[29]. Aufgrund der Bedeutung des Beschwerderechts für den Grundrechtsschutz des Betroffenen ist jedoch eine tendenziell zurückhaltende Anwendung des Art. 57 Abs. 4 angezeigt[30].

5

Ist ein Antrag offenkundig unbegründet oder dessen Stellung exzessiv, so kann die Aufsichtsbehörde eine angemessene Gebühr auf Grundlage der entstehenden **Verwaltungskosten verlangen** oder eine **Bearbeitung des Antrags ablehnen**. Eine Ablehnung wird jedoch nur in besonders offensichtlich missbräuchlichen

6

---

23 Ehmann/Selmayr/*Selmayr*, Art. 57 DSGVO Rz. 20.
24 Paal/Pauly/*Körffer*, Art. 57 DSGVO Rz. 28.
25 Paal/Pauly/*Körffer*, Art. 57 DSGVO Rz. 27.
26 Ausführlich BeckOK DatenschutzR/*Eichler*, Art. 57 DSGVO Rz. 44f.
27 So auch Ehmann/Selmayr/*Selmayr*, Art. 57 DSGVO Rz. 22.
28 Sydow/*Ziebarth*, Art. 57 DSGVO Rz. 73.
29 Zur Frage der Rechtsunsicherheit s. Gierschmann/Schlender/Stentzel/Veil/*Kreul*, Art. 57 DSGVO Rz. 23 ff.
30 Paal/Pauly/*Körffer*, Art. 57 DSGVO Rz. 31.

Ausnahmefällen in Betracht kommen[31]. Der Antragsteller sollte vor der Entstehung etwaiger Kosten informiert werden, so dass er zwischen der kostenpflichtigen Bescheidung und der Nichtbescheidung wählen kann. Die Aufsichtsbehörde trägt die Beweislast für die offenkundige Unbegründetheit oder den exzessiven Charakter des Antrags.

Artikel 58 Befugnisse

(1) Jede Aufsichtsbehörde verfügt über sämtliche folgenden Untersuchungsbefugnisse, die es ihr gestatten,

a) den Verantwortlichen, den Auftragsverarbeiter und gegebenenfalls den Vertreter des Verantwortlichen oder des Auftragsverarbeiters anzuweisen, alle Informationen bereitzustellen, die für die Erfüllung ihrer Aufgaben erforderlich sind,

b) Untersuchungen in Form von Datenschutzüberprüfungen durchzuführen,

c) eine Überprüfung der nach Artikel 42 Absatz 7 erteilten Zertifizierungen durchzuführen,

d) den Verantwortlichen oder den Auftragsverarbeiter auf einen vermeintlichen Verstoß gegen diese Verordnung hinzuweisen,

e) von dem Verantwortlichen und dem Auftragsverarbeiter Zugang zu allen personenbezogenen Daten und Informationen, die zur Erfüllung ihrer Aufgaben notwendig sind, zu erhalten,

f) gemäß dem Verfahrensrecht der Union oder dem Verfahrensrecht des Mitgliedstaats Zugang zu den Räumlichkeiten, einschließlich aller Datenverarbeitungsanlagen und -geräte, des Verantwortlichen und des Auftragsverarbeiters zu erhalten.

(2) Jede Aufsichtsbehörde verfügt über sämtliche folgenden Abhilfebefugnisse, die es ihr gestatten,

a) einen Verantwortlichen oder einen Auftragsverarbeiter zu warnen, dass beabsichtigte Verarbeitungsvorgänge voraussichtlich gegen diese Verordnung verstoßen,

b) einen Verantwortlichen oder einen Auftragsverarbeiter zu verwarnen, wenn er mit Verarbeitungsvorgängen gegen diese Verordnung verstoßen hat,

c) den Verantwortlichen oder den Auftragsverarbeiter anzuweisen, den Anträgen der betroffenen Person auf Ausübung der ihr nach dieser Verordnung zustehenden Rechte zu entsprechen,

---

31 S. Paal/Pauly/*Körffer*, Art. 57 DSGVO Rz. 32; für ein zweistufiges Vorgehen plädiert dabei Ehmann/Selmayr/*Selmayr*, Art. 57 DSGVO Rz. 23.

d) den Verantwortlichen oder den Auftragsverarbeiter anzuweisen, Verarbeitungsvorgänge gegebenenfalls auf bestimmte Weise und innerhalb eines bestimmten Zeitraums in Einklang mit dieser Verordnung zu bringen,

e) den Verantwortlichen anzuweisen, die von einer Verletzung des Schutzes personenbezogener Daten betroffene Person entsprechend zu benachrichtigen,

f) eine vorübergehende oder endgültige Beschränkung der Verarbeitung, einschließlich eines Verbots, zu verhängen,

g) die Berichtigung oder Löschung von personenbezogenen Daten oder die Einschränkung der Verarbeitung gemäß den Artikeln 16, 17 und 18 und die Unterrichtung der Empfänger, an die diese personenbezogenen Daten gemäß Artikel 17 Absatz 2 und Artikel 19 offengelegt wurden, über solche Maßnahmen anzuordnen,

h) eine Zertifizierung zu widerrufen oder die Zertifizierungsstelle anzuweisen, eine gemäß den Artikel 42 und 43 erteilte Zertifizierung zu widerrufen, oder die Zertifizierungsstelle anzuweisen, keine Zertifizierung zu erteilen, wenn die Voraussetzungen für die Zertifizierung nicht oder nicht mehr erfüllt werden,

i) eine Geldbuße gemäß Artikel 83 zu verhängen, zusätzlich zu oder anstelle von in diesem Absatz genannten Maßnahmen, je nach den Umständen des Einzelfalls,

j) die Aussetzung der Übermittlung von Daten an einen Empfänger in einem Drittland oder an eine internationale Organisation anzuordnen.

(3) Jede Aufsichtsbehörde verfügt über sämtliche folgenden Genehmigungsbefugnisse und beratenden Befugnisse, die es ihr gestatten,

a) gemäß dem Verfahren der vorherigen Konsultation nach Artikel 36 den Verantwortlichen zu beraten,

b) zu allen Fragen, die im Zusammenhang mit dem Schutz personenbezogener Daten stehen, von sich aus oder auf Anfrage Stellungnahmen an das nationale Parlament, die Regierung des Mitgliedstaats oder im Einklang mit dem Recht des Mitgliedstaats an sonstige Einrichtungen und Stellen sowie an die Öffentlichkeit zu richten,

c) die Verarbeitung gemäß Artikel 36 Absatz 5 zu genehmigen, falls im Recht des Mitgliedstaats eine derartige vorherige Genehmigung verlangt wird,

d) eine Stellungnahme abzugeben und Entwürfe von Verhaltensregeln gemäß Artikel 40 Absatz 5 zu billigen,

e) Zertifizierungsstellen gemäß Artikel 43 zu akkreditieren,

f) im Einklang mit Artikel 42 Absatz 5 Zertifizierungen zu erteilen und Kriterien für die Zertifizierung zu billigen,

g) Standarddatenschutzklauseln nach Artikel 28 Absatz 8 und Artikel 46 Absatz 2 Buchstabe d festzulegen,
h) Vertragsklauseln gemäß Artikel 46 Absatz 3 Buchstabe a zu genehmigen,
i) Verwaltungsvereinbarungen gemäß Artikel 46 Absatz 3 Buchstabe b zu genehmigen
j) verbindliche interne Vorschriften gemäß Artikel 47 zu genehmigen.

(4) Die Ausübung der der Aufsichtsbehörde gemäß diesem Artikel übertragenen Befugnisse erfolgt vorbehaltlich geeigneter Garantien einschließlich wirksamer gerichtlicher Rechtsbehelfe und ordnungsgemäßer Verfahren gemäß dem Unionsrecht und dem Recht des Mitgliedstaats im Einklang mit der Charta.

(5) Jeder Mitgliedstaat sieht durch Rechtsvorschriften vor, dass seine Aufsichtsbehörde befugt ist, Verstöße gegen diese Verordnung den Justizbehörden zur Kenntnis zu bringen und gegebenenfalls die Einleitung eines gerichtlichen Verfahrens zu betreiben oder sich sonst daran zu beteiligen, um die Bestimmungen dieser Verordnung durchzusetzen.

(6) Jeder Mitgliedstaat kann durch Rechtsvorschriften vorsehen, dass seine Aufsichtsbehörde neben den in den Absätzen 1, 2 und 3 aufgeführten Befugnissen über zusätzliche Befugnisse verfügt. Die Ausübung dieser Befugnisse darf nicht die effektive Durchführung des Kapitels VII beeinträchtigen.

I. Einleitung	1	2. Abhilfebefugnisse (Abs. 2)	12
II. Befugnisse (Abs. 1–3)	7	3. Genehmigungsbefugnisse	
1. Untersuchungsbefugnisse (Abs. 1)	8	(Abs. 3)	16

Schrifttum: S. Art. 51 DSGVO.

I. Einleitung

1 Die in Art. 58 verankerten Befugnisse der Aufsichtsbehörden sind elementar für die effektive Erfüllung ihrer Aufgaben (s. Art. 57) und somit für die Einhaltung der Datenschutzregelungen in der EU[1]. Art. 58 ermächtigt die Aufsichtsbehörden, unterschiedliche **Maßnahmen** zu treffen, um der **Überwachung und Durchsetzung** des Datenschutzes sowie den weiteren in Art. 57 festgelegten Aufgaben nachkommen zu können. Die gesetzgeberische Festlegung der Befugnisse der Aufsichtsbehörden ist aufgrund ihres Eingriffscharakters (z.B. in die Rechte Dritter oder in Befugnisse anderer Behörden) notwendig[2]. Maßgeblich für diesen Artikel ist der **Erwägungsgrund 129**.

---

1 BeckOK DatenschutzR/*Eichler*, Art. 58 DSGVO Rz. 1.
2 Sydow/*Ziebarth*, Art. 58 DSGVO Rz. 1.

Mit der DSGVO sind den Aufsichtsbehörden **weite Befugnisse** eingeräumt worden, die mit ihrem gewachsenen Aufgabenportfolio korrespondieren (s. Kommentierung zu Art. 57 DSGVO Rz. 1) und unmittelbar gelten[3]. Dies gewährleistet auch die Harmonisierung der Rechtsdurchsetzung in der EU, die aufgrund der rudimentären Rahmenregelung des Art. 28 EG-Datenschutzrichtlinie bislang nicht gegeben war[4]. Zudem wird hierdurch ein sogenanntes „Forum Shopping", die Wahl des Ortes der Verarbeitung anhand des Kriteriums einer möglichst schwachen Rechtsdurchsetzung, vermindert[5].

2

Art. 58 enthält eine Reihe neuer Befugnisse. Dies beinhaltet u.a. das Recht, gegenüber anderen Behörden Anordnungen erlassen können, um bspw. rechtswidrige Verarbeitungsvorgänge zu unterbinden oder um personenbezogene Daten löschen zu lassen[6]. Dies ist insofern ein Novum, als dass hoheitliche Maßnahmen auch im öffentlichen Bereich ergriffen werden können (horizontale Weisungsbefugnis), was schwierige verfassungsrechtliche Fragen aufwerfen kann[7]. Der Gesetzgeber ist in der Pflicht, weitere Verfahrensvorschriften zu erlassen (s. § 16 BDSG)[8].

2a

Auch in anderen Bereichen sind die **Gesetzgeber der Mitgliedstaaten** gefragt, um die Befugnisse mit entsprechenden Verfahrensvorschriften auszugestalten bzw. eine Anpassung bestehender Regelungen vorzunehmen. Dies gilt bspw. für das Recht, sich jederzeit Zugang zu den Räumlichkeiten des (Auftrags-)Verarbeiters zu verschaffen (Art. 58 Abs. 1 Buchst. f, s. auch § 16 BDSG Rz. 24)[9].

3

Zudem können die Mitgliedstaaten nach Art. 90 Abs. 1 die Befugnisse der Aufsichtsbehörden gemäß Art. 58 Abs. 1 Buchst. e und f zum **Schutz von Berufsgeheimnisträgern** weiter ausgestalten[10]. Der deutsche Gesetzgeber hat hiervon durch § 29 BDSG Gebrauch gemacht (s. § 29 BDSG Rz. 13).

4

Art. 58 ermächtigt die Aufsichtsbehörde zu Untersuchungshandlungen, zu Maßnahmen zur Abhilfe bei datenschutzwidrigen Sachverhalten (z.B. durch Beschränkung oder Untersagung eines Datenverarbeitungsvorgangs), zu Sanktionen, zur Erteilung von Genehmigungen und zu Beratungstätigkeiten[11]. Zudem enthält Art. 58 die Verpflichtung der Mitgliedstaaten, gesetzlich sicherzustellen, dass Aufsichtsbehörden Verstöße gegen die DSGVO den Justizbehörden melden

5

---

3 Ehmann/Selmayr/*Selmayr*, Art. 58 DSGVO Rz. 1.
4 S. Paal/Pauly/*Körffer*, Art. 58 DSGVO Rz. 1, zu den bisherigen europäischen Vorgaben s. Gierschmann/Schlender/Stentzel/Veil/*Kreul*, Art. 58 DSGVO Rz. 5.
5 Paal/Pauly/*Körffer*, Art. 58 DSGVO Rz. 1.
6 *Voßhoff/Hermerschmidt*, PinG 2016, 56 (59).
7 *Schaar*, PinG 2016, 62 (64).
8 *Voßhoff/Hermerschmidt*, PinG 2016, 56 (59).
9 S. auch *Stentzel*, PinG 2016, 45 (48).
10 *Härting*, Datenschutz-Grundverordnung, Rz. 745.
11 S. Gola/*Nguyen*, Art. 58 DSGVO Rz. 2.

können (Art. 58 Abs. 5, s. auch § 21 BDSG[12]). Weitere Aufgaben können die Mitgliedstaaten den Aufsichtsbehörden durch Gesetz zuteilen (Art. 58 Abs. 6).

6 Art. 58 Abs. 4 enthält zudem die Maßgabe, dass die Ausübung der Befugnisse durch die Aufsichtsbehörden nur in Einklang mit den unions- und nationalrechtlichen **Verfahrensgarantien** (insbesondere unter Beachtung des Verhältnismäßigkeitsgrundsatzes, s. Erwägungsgrund 129) erfolgen darf. Hiervon wurde in Deutschland u.a. durch § 16 Abs. 1 BDSG Gebrauch gemacht[13]. Das Verwaltungs- und Gerichtsverfahrens- und Zwangsvollstreckungsrecht der Mitgliedstaaten behält seine Gültigkeit[14].

II. Befugnisse (Abs. 1–3)

7 Die Befugnisse der Aufsichtsbehörden werden systematisch in **Untersuchungsbefugnisse** (Art. 58 Abs. 1), **Abhilfebefugnisse** (Art. 58 Abs. 2) und **Genehmigungsbefugnisse** (Art. 58 Abs. 3) unterteilt, was der Normklarheit zugutekommt[15]. Innerhalb der jeweiligen Absätze weisen die Einzelbefugnisse eine zunehmende Eingriffstendenz auf[16]. Untersuchungsbefugnisse dienen der Aufklärung datenschutzrelevanter Sachverhalte und der Ermittlung datenschutzwidriger Zustände. Solche können die Aufsichtsbehörden durch entsprechende Abhilfebefugnisse beseitigen (lassen). Um Datenschutzverstöße zu vermeiden, unterliegen bestimmte Datenverarbeitungsvorgänge und Instrumente zum Datenaustausch (z.B. Vertragsklauseln gemäß Art. 46 Abs. 3 Buchst. a) einer Genehmigungspflicht, die mit den entsprechenden Genehmigungsbefugnissen des Abs. 3 korrespondieren. Hier sind auch die Beratungsbefugnisse der Datenschutzbehörden festgeschrieben, deren Ausübung dazu beitragen soll, Datenschutzverstöße erst gar nicht aufkommen zu lassen.

1. Untersuchungsbefugnisse (Abs. 1)

8 Die in Art. 58 Abs. 1 genannten Befugnisse dienen primär der **Aufklärung datenschutzrelevanter Sachverhalte** durch die Aufsichtsbehörden. Auf Grundlage dieser Befugnisse kann festgestellt werden, ob die Regelungen der DSGVO eingehalten werden. Durch die hierdurch gewonnenen Erkenntnisse können die Datenschutzbehörden ggf. für Abhilfe sorgen (Art. 58 Abs. 2). Die Ergebnisse der Untersuchungshandlungen versetzen die Aufsichtsbehörde zudem in die Lage, Maßnahmen nach Art. 58 Abs. 3 durchzuführen (bspw. Genehmigungen zu

---

12 S. BT-Drucks. 18/11325, S. 94.
13 S. hierzu BT-Drucks. 18/11325, S. 88.
14 Sydow/*Ziebarth*, Art. 58 DSGVO Rz. 6.
15 Gierschmann/Schlender/Stentzel/Veil/*Kreul*, Art. 58 DSGVO Rz. 8 ff.
16 *Piltz*, K&R 2016, 777 (783).

erteilen oder zu versagen). In der Praxis erweist sich die Ermittlung des Sachverhalts oftmals als kompliziert, da die Kommunikationshorizonte auf rechtlicher, fachlicher und technischer Ebene nicht immer deckungsgleich sind[17].

Durch Art. 58 Abs. 1 Buchst. a werden die Datenschutzbehörden u.a. in die Lage versetzt, die zur Erfüllung ihrer Aufgaben (s. Kommentierung zu Art. 57 DSGVO Rz. 3) erforderlichen **Informationen** von für die Verarbeitung Verantwortlichen und Auftragsverarbeitern abzufragen[18]. Dies umfasst sowohl die verarbeiteten personenbezogenen Daten als auch Kontextinformationen, wie Art und Weise der Verarbeitung, Datenquelle und Empfänger, zugrundeliegende Verträge und technische Abläufe[19]. Diese haben auf Anweisung der Aufsichtsbehörde entsprechende Informationen bereitzustellen. Dabei müssen sich die Normadressaten nicht in die Gefahr einer möglichen strafrechtlichen Verfolgung begeben. Die entsprechenden (mitgliedstaatlichen) Auskunftsverweigerungsrechte und der nemo-tenetur-Grundsatz sind zu beachten[20]. Auf welche Art die Bereitstellung zu erfolgen hat, ist gesetzlich nicht festgelegt[21]. Informationen können hier z.B. durch mündliche Auskünfte, in Textform oder digital in einer auswertbaren Datei übermittelt werden[22]. Der Informationspflicht ist ein Zugriffsrecht der Aufsichtsbehörden zur Seite gestellt (Art. 58 Abs. 1 Buchst. e). Hierunter fällt sowohl der physische Zugang, bspw. zu Dokumenten, als auch der Zugriff auf IT-Systeme und ggf. die Offenlegung von technischen und organisatorischen Abläufen der Datenverarbeitung[23]. Liegt ein vermeintlicher (i.S.v. noch nicht abschließend festgestellt[24]) Verstoß gegen die DSGVO vor, so werden die Aufsichtsbehörden hierauf regelmäßig in einem ersten Schritt den Verantwortlichen hinweisen (Art. 58 Abs. 1 Buchst. d)[25]. Ein bloßer Hinweis weist eine sehr geringe Eingriffsintensität auf, ist aber regelmäßig mit anderen Maßnahmen, wie dem Auskunftsverlangen (Buchst. a) oder einer Begehung (Buchst. f), verbunden[26]. 9

Gemäß Art. 58 Abs. 1 Buchst. b können Aufsichtsbehörden **Datenschutzüberprüfungen** durchführen. Darunter ist die systematische und umfassende Prüfung der Datenverarbeitungsvorgänge eines Verantwortlichen oder Auftragsverarbeiters zu verstehen („audit")[27]. Dies kann z.B. in den Geschäftsräumen des (Auftrags-)Verarbeiters erfolgen, durch Einräumung von Testzugängen zu IT- 10

---

17 S. Sydow/*Ziebarth*, Art. 58 DSGVO Rz. 11.
18 Ehmann/Selmayr/*Selmayr*, Art. 58 DSGVO Rz. 12.
19 So Sydow/*Ziebarth*, Art. 58 DSGVO Rz. 14.
20 Ausführlich Gola/*Nguyen*, Art. 58 DSGVO Rz. 5.
21 BeckOK DatenschutzR/*Eichler*, Art. 58 DSGVO Rz. 5.
22 Für eine zweckmäßige Übermittlung plädierend Ehmann/Selmayr/*Selmayr*, Art. 58 DSGVO Rz. 12.
23 Gola/*Nguyen*, Art. 58 DSGVO Rz. 7.
24 S. BeckOK DatenschutzR/*Eichler*, Art. 58 DSGVO Rz. 11.
25 *Piltz*, K&R 2016, 777 (783).
26 S. Paal/Pauly/*Körffer*, Art. 58 DSGVO Rz. 12.
27 Ehmann/Selmayr/*Selmayr*, Art. 58 DSGVO Rz. 13.

Systemen oder durch umfangreichere Auskunftsverlangen. Ein bestimmter Anlass ist für die Datenschutzüberprüfung nicht notwendig[28]. Zudem können die Aufsichtsbehörden auch prüfen, ob der Datenschutz einer entsprechenden Zertifizierung i.S.d. Art. 42 Abs. 7 entspricht (Art. 58 Abs. 1 Buchst. c, zum Widerruf des Zertifikats s. Rz. 15)[29].

11 Schließlich gewährt Art. 58 Abs. 1 Buchst. f den Aufsichtsbehörden **Zugang zu Räumlichkeiten** sowie zu Datenverarbeitungsanlagen und -geräten des für die Verarbeitung Verantwortlichen und des Auftragsverarbeiters. Dabei sind die einschlägigen unionsrechtlichen Vorgaben bzw. die Regelungen des Verfahrensrechts des jeweiligen Mitgliedstaates zu beachten. Dies kann das Erfordernis der Einholung einer richterlichen Genehmigung umfassen (s. Erwägungsgrund 129), die im deutschen Recht jedoch nicht vorgesehen ist[30]. Die verfahrensrechtliche Ausgestaltung wird nun durch § 16 Abs. 4 BDSG vorgenommen (s. § 16 BDSG Rz. 24 ff.)

2. Abhilfebefugnisse (Abs. 2)

12 Die Aufsichtsbehörden sind befugt, einem **datenschutzwidrigen Zustand durch verschiedene Maßnahmen abzuhelfen**. Art. 58 Abs. 2 stellt dabei ein nach Eingriffsintensität abgestuftes Instrumentarium zur Verfügung[31]. Mildeste Mittel sind hierbei Warnungen vor voraussichtlich datenschutzwidrigem Verhalten und – bei bereits erfolgten Verstößen gegen die Regeln der DSGVO – Verwarnungen (Art. 58 Abs. 2 Buchst. a und b). Beide beschränken sich auf die objektive Feststellung eines Datenschutzverstoßes[32]. Zudem können die Aufsichtsbehörden (Auftrags-)Verarbeiter anweisen, Verarbeitungsvorgänge auf eine bestimmte Weise und innerhalb einer bestimmten Frist so auszugestalten, dass sie den Regelungen der DSGVO entsprechen (Art. 58 Abs. 2 Buchst. d). Die Verantwortlichen können auch angewiesen werden, die Rechte der betroffenen Personen zu achten und entsprechende Ansprüche zu erfüllen (Art. 58 Abs. 2 Buchst. c), bspw. wenn diese (erfolglos) Auskunft über ihre Daten verlangen (Art. 15) oder der Verarbeitung ihrer Daten widersprechen (Art. 21). Voraussetzung hierfür ist, dass der Betroffene einen Antrag hinsichtlich seiner Rechte aus Kapitel III DSGVO gestellt hat, dem der Verantwortliche oder der Auftragsverarbeiter nicht oder nicht vollständig nachgekommen ist. Die Aufsichtsbehörde hat zu prüfen, ob hierin ein Verstoß gegen die Rechte des Betroffenen zu sehen ist[33]. Weiterhin kann die Aufsichtsbehörde den (Auftrags-)Verarbeiter anwei-

---

28 Paal/Pauly/*Körffer*, Art. 58 DSGVO Rz. 10.
29 S. BeckOK DatenschutzR/*Eichler*, Art. 58 DSGVO Rz. 10.
30 Zur Begründung ausführlich Paal/Pauly/*Körffer*, Art. 58 DSGVO Rz. 14.
31 S. Ehmann/Selmayr/*Selmayr*, Art. 58 DSGVO Rz. 18.
32 Gola/*Nguyen*, Art. 58 DSGVO Rz. 11.
33 Paal/Pauly/*Körffer*, Art. 58 DSGVO Rz. 19.

sen, die betroffene Person über eine erfolgte Verletzung des Datenschutzes zu informieren (Art. 58 Abs. 2 Buchst. e). Diese Befugnis wird ausgeübt, falls der Verantwortliche seinen Pflichten zur Meldung bei Verletzung des Schutzes personenbezogener Daten aus Art. 34 (s. Art. 34 DSGVO Rz. 1 ff.) nicht nachkommt[34].

Zudem sind die Aufsichtsbehörden befugt, die **Berichtigung, Einschränkung oder Löschung** von Daten im Sinne des Betroffenen **anzuordnen**. Im Falle der Weitergabe der Daten an Dritte (s. Art. 17 Abs. 2 und Art. 19) kann die Datenschutzbehörde ebenfalls die Unterrichtung der Empfänger über die Berichtigung, Einschränkung oder Löschung verlangen (Art. 58 Abs. 2 Buchst. g). Eine Anordnung nach Buchst. g setzt im Gegensatz zur Ausübung der Befugnisse nach Buchst. c (s. Rz. 12) keinen Antrag des Betroffenen voraus, die Aufsichtsbehörde kann von Amts wegen tätig werden[35]. 13

Schärfste Maßnahmen der Abhilfe sind die (vorübergehende oder endgültige) **Beschränkung und das Verbot der Verarbeitung** (Art. 58 Abs. 2 Buchst. f). Sie entspricht, ohne dass hierbei etwaige weitere Voraussetzungen erfüllt sein müssen, im Grundsatz dem bisherigen § 38 Abs. 5 BDSG-alt[36]. Im Rahmen der Verhältnismäßigkeitsprüfung hat die Aufsichtsbehörde jedoch zunächst zu prüfen, ob die Datenverarbeitung als Ganze fortgeführt werden kann, wenn bspw. auf die Erhebung bestimmter Daten verzichtet wird[37]. Im Rahmen der Ermessensausübung kann die Aufsichtsbehörde auch direkt Verarbeitungsvorgänge unterbinden, falls besonders schwere Eingriffe (oder eine Vielzahl derer) in die Rechte der Betroffenen drohen bzw. bereits erfolgt sind[38]. In Betracht kommt ebenfalls die Aussetzung der Übermittlung von Daten an einen Empfänger in einem Drittland (Art. 58 Abs. 2 Buchst. j). Eine Geldbuße (s. Art. 83) kann gemäß Art. 58 Abs. 2 Buchst. i durch die Aufsichtsbehörde neben oder anstelle einer anderen Maßnahme des Art. 58 verhängt werden. 14

Schließlich sind die Aufsichtsbehörden befugt, **Zertifizierungen** (s. Art. 42 und Art. 43) zu widerrufen oder durch die Zertifizierungsstelle widerrufen zu lassen. Letztere kann auch angewiesen werden, keine Zertifikate mehr zu erteilen, solange die Voraussetzungen hierfür nicht vorliegen (Art. 58 Abs. 2 Buchst. h)[39]. 15

---

34 Ehmann/Selmayr/*Selmayr*, Art. 58 DSGVO Rz. 23.
35 So Paal/Pauly/*Körffer*, Art. 58 DSGVO Rz. 24.
36 S. Paal/Pauly/*Körffer*, Art. 58 DSGVO Rz. 23.
37 S. Gola/*Nguyen*, Art. 58 DSGVO Rz. 14; BeckOK DatenschutzR/*Eichler*, Art. 58 DSGVO Rz. 28.
38 So auch Ehmann/Selmayr/*Selmayr*, Art. 58 DSGVO Rz. 24.
39 Dies stellt insofern ein Novum dar, als dass erstmals eine weitere Stelle – neben Verantwortlichen/Auftragsverarbeitern bzw. Betroffenen, adressiert wird, s. Gola/*Nguyen*, Art. 58 DSGVO Rz. 15.

3. Genehmigungsbefugnisse (Abs. 3)

16 **Genehmigungen** von **Datenverarbeitungsvorgängen, Verhaltensregeln** und **Vertragsklauseln** und die **Beratung** durch die Aufsichtsbehörden sind wesentliche Elemente des präventiven Datenschutzes. Art. 58 Abs. 3 stattet die Datenschutzbehörden mit entsprechenden Genehmigungs- und Beratungsbefugnissen aus, die die Untersuchungs- und Abhilfemaßnahmen ergänzen[40]. Es handelt sich im Gegensatz zu letzteren jedoch überwiegend nicht um Befugnisse der Eingriffs-, sondern um solche der Leistungsverwaltung[41].

17 Die **Beratung von Parlament und Regierung** im Zusammenhang mit dem Schutz personenbezogener Daten ist eine der wichtigsten Aufgaben der unabhängigen Aufsichtsbehörden[42]. Die Befugnis, entsprechende Stellungnahmen abzugeben (auf Antrag oder auf eigene Initiative), findet sich in Art. 58 Abs. 3 Buchst. b, der durch § 14 Abs. 2 BDSG konkretisiert wird[43].

18 Beratende Funktionen üben die Aufsichtsbehörden auch im Rahmen der **vorherigen Konsultation** i.S.d. **Art. 36** aus (Art. 58 Abs. 3 Buchst. a). Dieses Verfahren kommt zur Anwendung, wenn eine Datenschutz-Folgenabschätzung ergibt, dass eine bestimmte Form der Verarbeitung mit einem hohen Risiko für die persönlichen Rechte und Freiheiten der betroffenen Person verbunden ist (s. Art. 36 Abs. 2)[44]. Die Maßnahme korrespondiert daher mit der entsprechenden Pflicht des Verantwortlichen, die Beratung durch die Aufsichtsbehörde in Anspruch zu nehmen (Art. 36 Abs. 1 und Art. 57 Abs. 1 Buchst. l)[45]. Werden Daten zur Erfüllung einer im **öffentlichen Interesse liegenden Aufgabe** verarbeitet, so sind die Aufsichtsbehörden nach Art. 58 Abs. 3 Buchst. c auch hier befugt, nach entsprechender Konsultation eine Genehmigung zu erteilen oder zu versagen. Dies gilt jedoch nur dann, wenn eine Konsultations- und Genehmigungspflicht auf Ebene der Mitgliedstaaten durch Rechtsvorschrift statuiert wird (s. Art. 36 Abs. 5).

19 Die Aufsichtsbehörden beurteilen und genehmigen Verhaltensregeln i.S.d. Art. 40 (s. Art. 40 DSGVO Rz. 12). Zudem akkreditieren sie Zertifizierungsstellen gemäß Art. 43 und erteilen selbst Zertifizierungen auf Grundlage der ebenfalls von der Aufsichtsbehörde genehmigten Zertifizierungskriterien (Art. 58 Abs. 3 Buchst. d–f).

20 Weiterhin sind die Aufsichtsbehörden nach Art. 58 Abs. 3 Buchst. g befugt, **Standarddatenschutzklauseln** zur Verwendung im Rahmen der **Auftragsverarbeitung** (s. Art. 28)[46] und zur **Übermittlung von Daten in Drittländer** (s. Art. 46 Abs. 2 Buchst. d) festzulegen.

---

40 Ehmann/Selmayr/*Selmayr*, Art. 58 DSGVO Rz. 28.
41 S. Paal/Pauly/*Körffer*, Art. 58 DSGVO Rz. 77.
42 Gierschmann/Schlender/Stentzel/Veil/*Kreul*, Art. 58 DSGVO Rz. 18.
43 S. BT-Drucks. 18/11325, S. 87.
44 S. hierzu auch *Nguyen*, ZD 2015, 265 (269).
45 S. Gola/*Nguyen*, Art. 58 DSGVO Rz. 16.
46 BeckOK DatenschutzR/*Eichler*, Art. 58 DSGVO Rz. 40.

Schließlich sind die Aufsichtsbehörden nach Art. 58 Abs. 3 Buchst. h–j ermächtigt, Vertragsklauseln (Art. 46 Abs. 3 Buchst. a), Verwaltungsvereinbarungen (Art. 46 Abs. 3 Buchst. b) und verbindliche interne Vorschriften (Art. 47) zu genehmigen, die ebenfalls Instrumente der **Übermittlung von Daten in Drittländer** darstellen. 21

Artikel 59 Tätigkeitsbericht

Jede Aufsichtsbehörde erstellt einen Jahresbericht über ihre Tätigkeit, der eine Liste der Arten der gemeldeten Verstöße und der Arten der getroffenen Maßnahmen nach Artikel 58 Absatz 2 enthalten kann. Diese Berichte werden dem nationalen Parlament, der Regierung und anderen nach dem Recht der Mitgliedstaaten bestimmten Behörden übermittelt. Sie werden der Öffentlichkeit, der Kommission und dem Ausschuss zugänglich gemacht.

Schrifttum: S. Art. 51 DSGVO.

Art. 59 bestimmt, dass Aufsichtsbehörden jährlich einen Tätigkeitsbericht zu veröffentlichen haben (Jahresbericht). Dieser dient der **Information** von Regierung, Parlament, Öffentlichkeit, Kommission und EDSA über die wesentlichen Aktivitäten der Aufsichtsbehörde und der Entwicklung des Datenschutzes (s. auch Kommentierung zu § 15 BDSG). Er muss zudem dem Deutschen Bundesrat übermittelt werden, der nach Unionsrecht ebenfalls unter den Begriff des Parlaments fällt[1]. Er erfüllt zudem demokratische **Kontroll- und Transparenzerfordernisse** einer weitgehend unabhängig agierenden Behörde[2]. Der Bericht wird abweichend von § 26 Abs. 1 BDSG-alt nicht alle zwei Jahre, sondern jährlich vorgelegt[3]. § 15 BDSG konkretisiert die Norm auf Bundesebene (s. § 15 BDSG Rz. 1)[4]. 1

Inhaltlich wird durch Satz 1 ein Bericht über die Tätigkeit der Aufsichtsbehörde verlangt. Ausdrücklich kann er eine Liste der gemeldeten Datenschutzverstöße sowie der seitens der Behörde getroffenen Maßnahmen i.S.d. Art. 58 Abs. 2 beinhalten. In der Regel wird die Aufsichtsbehörde jedoch bestrebt sein, ein umfassendes Bild aufzuzeigen, um Parlament, Regierung und Öffentlichkeit über Entwicklungen, Risiken und Rechte im Zusammenhang mit dem Datenschutz zu informieren[5]. 2

---

1 S. BT-Drucks. 18/11325, S. 87.
2 BeckOK DatenschutzR/*Eichler*, Art. 59 DSGVO Rz. 4; s. auch mit Verweis auf andere EU-Organe Ehmann/Selmayr/*Selmayr*, Art. 59 DSGVO Rz. 1.
3 Kritisch hierzu Paal/Pauly/*Körffer*, Art. 59 DSGVO Rz. 2, zur bisherigen europäischen Vorgabe Gierschmann/Schlender/Stentzel/Veil/*Kreul*, Art. 59 DSGVO Rz. 5.
4 S. auch BeckOK DatenschutzR/*Eichler*, Art. 59 DSGVO Rz. 5.
5 Gola/*Nguyen*, Art. 59 DSGVO Rz. 3.

Kapitel VII
Zusammenarbeit und Kohärenz

Abschnitt 1
Zusammenarbeit

Artikel 60 Zusammenarbeit zwischen der federführenden Aufsichtsbehörde und anderen betroffenen Aufsichtsbehörden

(1) Die federführende Aufsichtsbehörde arbeitet mit den anderen betroffenen Aufsichtsbehörden im Einklang mit diesem Artikel zusammen und bemüht sich dabei, einen Konsens zu erzielen. Die federführende Aufsichtsbehörde und die betroffenen Aufsichtsbehörden tauschen untereinander alle zweckdienlichen Informationen aus.

(2) Die federführende Aufsichtsbehörde kann jederzeit andere betroffene Aufsichtsbehörden um Amtshilfe gemäß Artikel 61 ersuchen und gemeinsame Maßnahmen gemäß Artikel 62 durchführen, insbesondere zur Durchführung von Untersuchungen oder zur Überwachung der Umsetzung einer Maßnahme in Bezug auf einen Verantwortlichen oder einen Auftragsverarbeiter, der in einem anderen Mitgliedstaat niedergelassen ist.

(3) Die federführende Aufsichtsbehörde übermittelt den anderen betroffenen Aufsichtsbehörden unverzüglich die zweckdienlichen Informationen zu der Angelegenheit. Sie legt den anderen betroffenen Aufsichtsbehörden unverzüglich einen Beschlussentwurf zur Stellungnahme vor und trägt deren Standpunkten gebührend Rechnung.

(4) Legt eine der anderen betroffenen Aufsichtsbehörden innerhalb von vier Wochen, nachdem sie gemäß Absatz 3 des vorliegenden Artikels konsultiert wurde, gegen diesen Beschlussentwurf einen maßgeblichen und begründeten Einspruch ein und schließt sich die federführende Aufsichtsbehörde dem maßgeblichen und begründeten Einspruch nicht an oder ist der Ansicht, dass der Einspruch nicht maßgeblich oder nicht begründet ist, so leitet die federführende Aufsichtsbehörde das Kohärenzverfahren gemäß Artikel 63 für die Angelegenheit ein.

(5) Beabsichtigt die federführende Aufsichtsbehörde, sich dem maßgeblichen und begründeten Einspruch anzuschließen, so legt sie den anderen betroffenen Aufsichtsbehörden einen überarbeiteten Beschlussentwurf zur Stellungnahme vor. Der überarbeitete Beschlussentwurf wird innerhalb von zwei Wochen dem Verfahren nach Absatz 4 unterzogen.

(6) Legt keine der anderen betroffenen Aufsichtsbehörden Einspruch gegen den Beschlussentwurf ein, der von der federführenden Aufsichtsbehörde in-

nerhalb der in den Absätzen 4 und 5 festgelegten Frist vorgelegt wurde, so gelten die federführende Aufsichtsbehörde und die betroffen Aufsichtsbehörden als mit dem Beschlussentwurf einverstanden und sind an ihn gebunden.

(7) Die federführende Aufsichtsbehörde erlässt den Beschluss und teilt ihn der Hauptniederlassung oder der einzigen Niederlassung des Verantwortlichen oder gegebenenfalls des Auftragsverarbeiters mit und setzt die anderen betroffenen Aufsichtsbehörden und den Ausschuss von dem betreffenden Beschluss einschließlich einer Zusammenfassung der maßgeblichen Fakten und Gründe in Kenntnis. Die Aufsichtsbehörde, bei der eine Beschwerde eingereicht worden ist, unterrichtet den Beschwerdeführer über den Beschluss.

(8) Wird eine Beschwerde abgelehnt oder abgewiesen, so erlässt die Aufsichtsbehörde, bei der die Beschwerde eingereicht wurde, abweichend von Absatz 7 den Beschluss, teilt ihn dem Beschwerdeführer mit und setzt den Verantwortlichen in Kenntnis.

(9) Sind sich die federführende Aufsichtsbehörde und die betroffenen Aufsichtsbehörde darüber einig, Teile der Beschwerde abzulehnen oder abzuweisen und bezüglich anderer Teile dieser Beschwerde tätig zu werden, so wird in dieser Angelegenheit für jeden dieser Teile ein eigener Beschluss erlassen. Die federführende Aufsichtsbehörde erlässt den Beschluss für den Teil, der das Tätigwerden in Bezug auf den Verantwortlichen betrifft, teilt ihn der Hauptniederlassung oder einzigen Niederlassung des Verantwortlichen oder des Auftragsverarbeiters im Hoheitsgebiet ihres Mitgliedstaats mit und setzt den Beschwerdeführer hiervon in Kenntnis, während die für den Beschwerdeführer zuständige Aufsichtsbehörde den Beschluss für den Teil erlässt, der die Ablehnung oder Abweisung dieser Beschwerde betrifft, und ihn diesem Beschwerdeführer mitteilt und den Verantwortlichen oder den Auftragsverarbeiter hiervon in Kenntnis setzt.

(10) Nach der Unterrichtung über den Beschluss der federführenden Aufsichtsbehörde gemäß den Absätzen 7 und 9 ergreift der Verantwortliche oder der Auftragsverarbeiter die erforderlichen Maßnahmen, um die Verarbeitungstätigkeiten all seiner Niederlassungen in der Union mit dem Beschluss in Einklang zu bringen. Der Verantwortliche oder der Auftragsverarbeiter teilt der federführenden Aufsichtsbehörde die Maßnahmen mit, die zur Einhaltung des Beschlusses ergriffen wurden; diese wiederum unterrichtet die anderen betroffenen Aufsichtsbehörden.

(11) Hat – in Ausnahmefällen – eine betroffene Aufsichtsbehörde Grund zu der Annahme, dass zum Schutz der Interessen betroffener Personen dringender Handlungsbedarf besteht, so kommt das Dringlichkeitsverfahren nach Artikel 66 zur Anwendung.

(12) Die federführende Aufsichtsbehörde und die anderen betroffenen Aufsichtsbehörden übermitteln einander die nach diesem Artikel geforderten In-

formationen auf elektronischem Wege unter Verwendung eines standardisierten Formats.

- I. Einführung 1
- II. Zusammenarbeit mehrerer Aufsichtsbehörden (Abs. 1, 2) . 6
- III. Beschlussfassungsverfahren (Abs. 3–9) 8
  - 1. Verfahren 9
    - a) Schritt 1 – Beteiligung und Beschlussentwurf zur Stellungnahme 9
    - b) Schritt 2 – Einspruch 10
    - c) Schritt 3 – Kein (weiterer) Einspruch 13
    - d) Schritt 4 – Erlass und Bekanntgabe des Beschlusses, Unterrichtung 14
    - e) Schritt 5 – Tätigkeit und Tätigkeitsbericht 18
  - 2. Dringlichkeitsverfahren (Abs. 11) 19
- IV. Informationsaustausch (Abs. 12) 20

Schrifttum: *Dammann*, Erfolge und Defizite der EU-Datenschutzgrundverordnung – Erwarteter Fortschritt, Schwächen und überraschende Innovationen, ZD 2016, 307; *Härting*, Starke Behörden, schwaches Recht – der neue EU-Datenschutzentwurf, BB 2012, 459; *Nguyen*, Die zukünftige Datenschutzaufsicht in Europa, ZD 2015, 265; *Schultze-Melling*, Keine Aufsichtsbehörde ist eine Insel …, ZD 2015, 397.

I. Einführung

1 Der Art. 60 ist der erste Artikel im Kapitel VII, welches die „Zusammenarbeit und Kohärenz" behandelt. Er regelt, entsprechend der Bezeichnung des Abschnittes, die **Zusammenarbeit** zwischen zwei oder mehreren Aufsichtsbehörden (dazu allgemein Art. 51). Korrespondierende Erwägungsgründe finden sich in Erwägungsgrund 124–131.

2 Nach dem Konzept der DSGVO richtet sich die Zuständigkeit einer Aufsichtsbehörde für die Wahrnehmung der Aufgaben nach der DSGVO nach dem Hoheitsgebiet des eigenen Mitgliedstaates (Art. 55 Abs. 1 sowie Erwägungsgrund 122). Im Falle einer sog. **„grenzüberschreitenden Verarbeitung"** (vgl. zur Begriffsbestimmung Art. 4 Nr. 23 sowie Kommentierung zu Art. 4 DSGVO Rz. 93) ist das Hoheitsgebiet mehrerer Mitgliedstaaten berührt. Für diese Fälle, in denen mehrere Aufsichtsbehörden „betroffen"[1] sind bzw. örtlich zuständig sein könnten, bestimmt Art. 56 Abs. 1 (s. auch Kommentierung dort), dass eine Aufsichtsbehörde die Federführung („leading supervisory authority" – „federführende Aufsichtsbehörde") innehat. **Federführende Aufsichtsbehörde** ist nach dem Wortlaut der Vorschrift „die Aufsichtsbehörde der Hauptniederlassung oder der einzigen Niederlassung des Verantwortlichen oder des Auftragsverarbeiters", soweit es um grenzüberschreitende Datenverarbeitungen dieses Verantwortlichen oder Auftragsverarbeiters geht. Alle anderen örtlich zuständigen, aber nicht fe-

---

1 Die DSGVO spricht von „concerned supervisory authority".

derführenden Aufsichtsbehörden werden als „**betroffene Aufsichtsbehörden**" bezeichnet (vgl. auch Art. 4 Nr. 22 – sowie die Kommentierung zu Art. 4 DSGVO Rz. 87).

Erwägungsgrund 36 sieht für den Fall der **Auftragsdatenverarbeitung** vor, dass in Fällen, in denen sowohl der für die Verarbeitung Verantwortliche als auch der Auftragsverarbeiter „betroffen sind", die Aufsichtsbehörde des Mitgliedstaats, in dem der für die Verarbeitung Verantwortliche seine Hauptniederlassung hat, grundsätzlich die zuständige federführende Aufsichtsbehörde ist. Die Aufsichtsbehörde des Auftragsverarbeiters solle dann als betroffene Aufsichtsbehörde betrachtet werden und sich an dem sogleich dargestellten Verfahren der Zusammenarbeit beteiligen. Nach Art. 56 Abs. 6 ist die federführende Aufsichtsbehörde der einzige Ansprechpartner sowohl für den Verantwortlichen als auch für den Auftragsverarbeiter, soweit es um Fragen der grenzüberschreitenden Datenverarbeitung geht.

Eine **Ausnahme** von diesem **Prinzip der zentralen Kontaktstelle** soll nach Erwägungsgrund 127 dann gegeben sein, wenn „der Gegenstand der spezifischen Verarbeitung [...] nur die Verarbeitungstätigkeiten in einem einzigen Mitgliedstaat und nur betroffene Personen in diesem einen Mitgliedstaat betrifft". Als Beispiel wird im Erwägungsgrund die Verarbeitung von Arbeitnehmerdaten in einem bestimmten Mitgliedstaat genannt. In solchen Fällen solle – nach Unterrichtung durch die betroffene Aufsichtsbehörde – die federführende Aufsichtsbehörde entscheiden, ob eine Regelung auf „örtlicher Ebene" sinnvoller ist.

Art. 60 findet keine Anwendung auf die Verarbeitung von Daten durch Behörden oder private Einrichtungen im öffentlichen Interesse (Erwägungsgrund 128, Art. 55 Abs. 2). Hier ist ausschließlich die Aufsichtsbehörde des jeweiligen Mitgliedstaates zuständig.

II. Zusammenarbeit mehrerer Aufsichtsbehörden (Abs. 1, 2)

Ausweislich Erwägungsgrund 123 sollen die Aufsichtsbehörden die Anwendung der Bestimmungen der DSGVO überwachen (vgl. Art. 57 Abs. 1 Buchst. a) und „zu ihrer einheitlichen Anwendung in der gesamten Union beitragen". Ziel ist es, „natürliche Personen im Hinblick auf die Verarbeitung ihrer Daten zu schützen und den freien Verkehr personenbezogener Daten im Binnenmarkt zu erleichtern". Zu diesem Zweck sollen die Aufsichtsbehörden untereinander und mit der Kommission **zusammenarbeiten** (vgl. Art. 57 Abs. 1 Buchst. g) und sich ggf. Amtshilfe leisten (dazu Art. 61), ohne dass eine Vereinbarung zwischen den Mitgliedstaaten über die Leistung von Amtshilfe oder über eine derartige Zusammenarbeit erforderlich wäre.

In Abs. 1 wird die jeweils federführende Aufsichtsbehörde, die als **zentrale Kontaktstelle** agiert, zur Zusammenarbeit mit anderen betroffenen Aufsichtsbehörden verpflichtet. Zielvorgabe ist die Erzielung von **Konsens** untereinander. Die Stellung als federführende Aufsichtsbehörde bedeutet eine Art Verfahrensleitung. So ist es die federführende Aufsichtsbehörde, die gemeinsame Maßnahmen i.S.d. Art. 62 mit den betroffenen Aufsichtsbehörden initiiert. Sie legt grundsätzlich[2] den ersten Beschlussentwurf vor. Die betroffenen Aufsichtsbehörden haben insbesondere im Rahmen der Beschlussfassung bei Beschwerden betroffener Personen starke Beteiligungsrechte. Der Beschluss wird – so sieht es Erwägungsgrund 126 vor – „gemeinsam vereinbart".

III. Beschlussfassungsverfahren (Abs. 3–9)

8   Das Verfahren über die Fassung von Beschlüssen über Maßnahmen bzw. die Abweisung einer Beschwerde ist in Abs. 3–9 beschrieben.

1. Verfahren

a) Schritt 1 – Beteiligung und Beschlussentwurf zur Stellungnahme

9   Aus Art. 60 Abs. 3 folgt, dass die federführende Aufsichtsbehörde vor der Beschlussfassung – wie es auch Erwägungsgrund 125 vorsieht – für die „enge Einbindung und Koordinierung der betroffenen Aufsichtsbehörden im Entscheidungsprozess" Sorge zu tragen hat. Dazu muss (und darf[3]) die federführende Aufsichtsbehörde den betroffenen Aufsichtsbehörden „unverzüglich" alle „zweckdienlichen Informationen" zum Beschlussgegenstand (auf elektronischem Weg, vgl. Abs. 12) übermitteln. Dazu gehören alle Informationen, die für die substantiierte Stellungnahme der beteiligten Aufsichtsbehörden erforderlich sind. Ebenfalls „unverzüglich" muss den betroffenen Aufsichtsbehörden ein **Beschlussentwurf** zur Stellungnahme zugeleitet werden. Dieser muss den „Standpunkten" der beteiligten Aufsichtsbehörden „gebührend" Rechnung tragen. Daraus folgt zum einen, dass den beteiligten Aufsichtsbehörden ausreichend Zeit für eine Stellungnahme noch vor Abfassung des Beschlusses einzuräumen ist. Zum anderen folgt aus Abs. 3 die Verpflichtung der federführenden Aufsichtsbehörde, die Auffassung der beteiligten Aufsichtsbehörden nicht nur zur Kenntnis zu nehmen, sondern sich im Rahmen der Beschlussbegründung auch mit dieser auseinanderzusetzen.

---

2 Vgl. aber Erwägungsgrund 127.
3 Die Verpflichtung stellt gleichzeitig die Rechtsgrundlage für den Austausch der (ggf. personenbezogenen) Informationen dar, Sydow/*Peuker*, Art. 60 DSGVO Rz. 11; Kühling/Buchner/*Dix*, Art. 60 DSGVO Rz. 9 nennt Art. 6 Abs. 1 Buchst. e, Abs. 3 i.V.m. Art. 60 Abs. 1 Satz 2 als Grundlage.

b) Schritt 2 – Einspruch

Nach Art. 60 Abs. 4 haben die betroffenen Aufsichtsbehörden nach „Konsultation" durch die federführende Aufsichtsbehörde – es wird auf den Zugang des Beschlussentwurfs abzustellen sein – vier Wochen Zeit, um gegen den Beschlussentwurf einen „maßgeblichen und begründeten" **Einspruch** einzulegen. Nach Art. 4 Nr. 24 (vgl. Kommentierung zu Art. 4 DSGVO Rz. 97) bezeichnet der Begriff „maßgeblicher und begründeter Einspruch" einen Einspruch gegen einen Beschlussentwurf im Hinblick darauf, ob ein Verstoß gegen die DSGVO vorliegt oder ob beabsichtigte Maßnahmen gegen den Verantwortlichen oder den Auftragsverarbeiter im Einklang mit der DSGVO stehen. Aus dem Einspruch muss die Tragweite der Risiken klar hervorgehen, die von dem Beschlussentwurf in Bezug auf die Grundrechte und Grundfreiheiten der betroffenen Personen und gegebenenfalls den freien Verkehr personenbezogener Daten in der Union ausgehen. Näheres „sollte" nach Erwägungsgrund 124 am Ende der Europäische Datenschutzausschuss festlegen. 10

Sollte der Einspruch nicht „maßgeblich und begründet" sein oder sich die federführende Aufsichtsbehörde dem Einspruch nicht anschließen, ist von ihr das Kohärenzverfahren nach Art. 63 (vgl. Kommentierung dort) einzuleiten. 11

Will sich die federführende Aufsichtsbehörde dem Einspruch anschließen, muss sie einen neuen Beschlussentwurf zur Stellungnahme vorlegen, gegen welchen wiederum Einspruch eingelegt werden kann, vgl. Art. 60 Abs. 5. Aus Abs. 5 Satz 2 folgt, dass die Frist in diesem Fall auf zwei Wochen verkürzt ist. 12

c) Schritt 3 – Kein (weiterer) Einspruch

Wird entweder kein oder kein weiterer Einspruch gegen die (ggf. überarbeitete) Entwurfsfassung des Beschlusses der federführenden Aufsichtsbehörde eingelegt, ist dieser nach Art. 60 Abs. 6 für die federführende Aufsichtsbehörde und die betroffene Aufsichtsbehörde verbindlich. 13

d) Schritt 4 – Erlass und Bekanntgabe des Beschlusses, Unterrichtung

Die Zuständigkeit für Erlass und Bekanntgabe des Beschlusses sowie die Unterrichtung des Beschwerdeführers sind je nach Inhalt unterschiedlich geregelt. Grundsätzlich wird der endgültige Beschluss allein von der federführenden Aufsichtsbehörde erlassen und dem Adressaten bekanntgegeben (Art. 60 Abs. 7). 14

Beruht er auf einer Beschwerde, so fällt die Unterrichtung des Beschwerdeführers in die Zuständigkeit der Aufsichtsbehörde, bei welcher die Beschwerde eingereicht wurde. 15

Die Aufsichtsbehörde, bei welcher die zu dem Verfahren anlassgebende Beschwerde eingereicht wurde, ist auch für den Erlass des **ablehnenden oder ab-** 16 weisenden Beschlusses zuständig. In diesem Fall unterrichtet sie sowohl den Beschwerdeführer als auch den Verantwortlichen (Art. 60 Abs. 8).

In diesem Zusammenhang enthält § 19 Abs. 2 BDSG eine Konstruktion, deren Vereinbarkeit mit dem Wortlaut des Art. 60 Abs. 8 angezweifelt wird[4]. Nach diesem gibt die Aufsichtsbehörde, bei der eine betroffene Person Beschwerde eingereicht hat, diese an die federführende Aufsichtsbehörde bzw. in Ermangelung einer solchen an die Aufsichtsbehörde eines Landes ab, in dem der Verantwortliche oder der Auftragsverarbeiter eine Niederlassung hat (§ 19 Abs. 2 Satz 1 BDSG). Die „empfangende Aufsichtsbehörde" soll dann als die Aufsichtsbehörde angesehen werden, bei der die Beschwerde eingereicht worden ist, und die den Verpflichtungen aus Art. 60 Abs. 7 bis 9 DSGVO nachkommt (§ 19 Abs. 2 Satz 3 BDSG). Das bedeutet, dass eine bei der Aufsichtsbehörde des Landes A eingereichte Beschwerde von einer Aufsichtsbehörde des Landes B beschieden werden könnte[5]. Der deutsche Gesetzgeber geht jedoch zutreffend davon aus, dass es bei einer Beschwerde bei einer deutschen Aufsichtsbehörde ausreichend ist, dass der ablehnende oder abweisende Beschluss ebenfalls von einer deutschen Aufsichtsbehörde erlassen wird[6].

Nach hier geteilter Auffassung ist es ausreichend, wenn der Beschwerdeführer eine Zusammenfassung des Sachverhalts, der rechtlichen Würdigung und der getroffenen Maßnahme erhält[7].

17 Bei einer nur **teilweisen Ablehnung oder Abweisung** einer Beschwerde wird sowohl ein Beschluss betreffend die Teilablehnung bzw. -abweisung als auch ein separater Beschluss gegenüber dem Verantwortlichen erlassen, aus welchem sich dessen Handlungsverpflichtungen ergeben. Letzterer fällt – samt Unterrichtung des Beschwerdeführers – in die Zuständigkeit der federführenden Aufsichtsbehörde. Der ablehnende oder abweisende Beschlussteil und dessen Bekanntgabe gegenüber dem Beschwerdeführer und die Unterrichtung des Verantwortlichen fällt hingegen in die Zuständigkeit der „für den Beschwerdeführer zuständigen" Aufsichtsbehörde.

e) Schritt 5 – Tätigkeit und Tätigkeitsbericht

18 Für den Fall, dass der Beschluss dem Verantwortlichen oder Auftragsverarbeiter Handlungspflichten auferlegt, stellt Art. 60 Abs. 10 klar, dass dieser zur Umsetzung verpflichtet ist. Über die getroffenen Maßnahmen muss er der federführenden Aufsichtsbehörde Bericht erstatten. Diese wiederum leitet diese Informa-

---

4 *Piltz*, § 19 BDSG Rz. 15.
5 Vgl. *Piltz*, § 19 BDSG Rz. 14.
6 BT-Drucks. 18/11325, 93. Hierzu auch Kommentierung zu § 19 BDSG Rz. 4.
7 Kühling/Buchner/*Dix*, Art. 60 DSGVO Rz. 22 – neben dem Ergebnis auch die „maßgeblichen Fakten und Gründe"; BeckOK DatenschutzR/*Nguyen*, Art. 60 DSGVO Rz. 17 m.w.N. auch zur a.A.

tionen an die betroffenen Aufsichtsbehörden zur Kenntnisnahme weiter. Der Erlass des Beschlusses stellt eine Ausübung einer Abhilfebefugnis (Art. 58 Abs. 2) dar, deren Nichtbefolgung mit einem Bußgeld geahndet werden kann (Art. 83 Abs. 6)[8].

2. Dringlichkeitsverfahren (Abs. 11)

In Eilfällen kann jede betroffene Aufsichtsbehörde[9] Eilmaßnahmen nach Art. 66 (s. Kommentierung dort) vornehmen, sog. Dringlichkeitsverfahren. 19

IV. Informationsaustausch (Abs. 12)

Art. 60 Abs. 12 bestimmt, dass der Informationsaustausch zwischen den Aufsichtsbehörden auf elektronischem Wege und unter Nutzung standardisierter Formate erfolgen soll. Es ist sinnvollerweise das Format zu verwenden, welches auch im Übrigen durch die Kommission für den Informationsaustausch zwischen den Aufsichtsbehörden festgelegt wird (vgl. Art. 61 Abs. 9 oder Art. 67). 20

Artikel 61 Gegenseitige Amtshilfe

(1) Die Aufsichtsbehörden übermitteln einander maßgebliche Informationen und gewähren einander Amtshilfe, um diese Verordnung einheitlich durchzuführen und anzuwenden, und treffen Vorkehrungen für eine wirksame Zusammenarbeit. Die Amtshilfe bezieht sich insbesondere auf Auskunftsersuchen und aufsichtsbezogene Maßnahmen, beispielsweise Ersuchen um vorherige Genehmigungen und eine vorherige Zurateziehung, um Vornahme von Nachprüfungen und Untersuchungen.

(2) Jede Aufsichtsbehörde ergreift alle geeigneten Maßnahmen, um einem Ersuchen einer anderen Aufsichtsbehörde unverzüglich und spätestens innerhalb eines Monats nach Eingang des Ersuchens nachzukommen. Dazu kann insbesondere auch die Übermittlung maßgeblicher Informationen über die Durchführung einer Untersuchung gehören.

(3) Amtshilfeersuchen enthalten alle erforderlichen Informationen, einschließlich Zweck und Begründung des Ersuchens. Die übermittelten Informationen werden ausschließlich für den Zweck verwendet, für den sie angefordert wurden.

---

8 BeckOK DatenschutzR/*Nguyen*, Art. 60 DSGVO Rz. 19.
9 Ausreichend ist die Annahme „dringenden Handlungsbedarfs" durch eine betroffene Aufsichtsbehörde, Paal/Pauly/*Körffer*, Art. 60 DSGVO Rz. 13.

(4) Die ersuchte Aufsichtsbehörde lehnt das Ersuchen nur ab, wenn
(a) sie für den Gegenstand des Ersuchens oder für die Maßnahmen, die sie durchführen soll, nicht zuständig ist oder
(b) ein Eingehen auf das Ersuchen gegen diese Verordnung verstoßen würde oder gegen das Unionsrecht oder das Recht der Mitgliedstaaten, dem die Aufsichtsbehörde, bei der das Ersuchen eingeht, unterliegt.

(5) Die ersuchte Aufsichtsbehörde informiert die ersuchende Aufsichtsbehörde über die Ergebnisse oder gegebenenfalls über den Fortgang der Maßnahmen, die getroffen wurden, um dem Ersuchen nachzukommen. Die ersuchte Aufsichtsbehörde erläutert gemäß Absatz 4 die Gründe für die Ablehnung des Ersuchens.

(6) Die ersuchten Aufsichtsbehörden übermitteln die Informationen, um die von einer anderen Aufsichtsbehörde ersucht wurde, in der Regel auf elektronischem Wege unter Verwendung eines standardisierten Formats.

(7) Ersuchte Aufsichtsbehörden verlangen für Maßnahmen, die sie aufgrund eines Amtshilfeersuchens getroffen haben, keine Gebühren. Die Aufsichtsbehörden können untereinander Regeln vereinbaren, um einander in Ausnahmefällen besonders aufgrund der Amtshilfe entstandene Ausgaben zu erstatten.

(8) Erteilt eine ersuchte Aufsichtsbehörde nicht binnen eines Monats nach Eingang des Ersuchens einer anderen Aufsichtsbehörde die Informationen gemäß Absatz 5, so kann die ersuchende Aufsichtsbehörde eine einstweilige Maßnahme im Hoheitsgebiet ihres Mitgliedstaats gemäß Artikel 55 Absatz 1 ergreifen. In diesem Fall wird von einem dringenden Handlungsbedarf gemäß Artikel 66 Absatz 1 ausgegangen, der einen im Dringlichkeitsverfahren angenommenen verbindlichen Beschluss des Ausschuss gemäß Artikel 66 Absatz 2 erforderlich macht.

(9) Die Kommission kann im Wege von Durchführungsrechtsakten Form und Verfahren der Amtshilfe nach diesem Artikel und die Ausgestaltung des elektronischen Informationsaustauschs zwischen den Aufsichtsbehörden sowie zwischen den Aufsichtsbehörden und dem Ausschuss, insbesondere das in Absatz 6 des vorliegenden Artikels genannte standardisierte Format, festlegen. Diese Durchführungsrechtsakte werden gemäß dem in Artikel 93 Absatz 2 genannten Prüfverfahren erlassen.

I. Einleitung 1	c) Schritt 3: Maßnahmen und Informationsaustausch (Abs. 2, 5) 6
II. Amtshilfe 2	
1. Amtshilfemaßnahmen 3	
2. Verfahren (Abs. 2–6) 4	3. Formate (Abs. 6) 7
a) Schritt 1: Amtshilfeersuchen (Abs. 3) 4	4. Kostentragung (Abs. 7) 8
	5. Untätigkeit (Abs. 8) 9
b) Schritt 2: Annahme oder Ablehnung (Abs. 4, 5) 5	

I. Einleitung

Neben der Zusammenarbeit sind Informationsaustausch und die Amtshilfe zwischen den Aufsichtsbehörden ein wichtiges Instrument bei der einheitlichen Durchsetzung der DSGVO. Grundsätzlich ist die örtliche Zuständigkeit der Aufsichtsbehörden beschränkt. Wenn Amtshilfebemühungen scheitern, kann auch die unzuständige Aufsichtsbehörde eigene (einstweilige) Maßnahmen (vgl. Art. 55 Abs. 1) erlassen, vgl. auch Erwägungsgrund 133.

II. Amtshilfe

Art. 61 stellt zunächst klar, dass sowohl Informationsaustausch als auch eine Amtshilfe zwischen Aufsichtsbehörden bereits aufgrund der DSGVO möglich ist. Der Austausch „maßgeblicher" (d.h. für die Aufgabenerfüllung erforderlicher) Informationen ist hierbei sowohl eigenständige Verpflichtung als auch möglicher Gegenstand eines Amtshilfeersuchens[1]. Eine separate Vereinbarung zwischen den Mitgliedstaaten oder ähnliches ist nicht erforderlich. Allerdings ist Art. 61 nicht abschließend. Nach Art. 61 Abs. 9 kann die Kommission Form- und Verfahrensregelungen sowie Regelungen zum elektronischen Informationsaustausch als Durchführungsrechtsakt treffen.

1. Amtshilfemaßnahmen

Als Beispiel für mögliche Amtshilfemaßnahmen nennt Art. 61 Abs. 1 Auskunftsersuchen und aufsichtsbezogene Maßnahmen, „beispielsweise Ersuchen um vorherige Genehmigungen und eine vorherige Konsultation, um Vornahme von Nachprüfungen und Untersuchungen". Diese Aufzählung ist nicht abschließend. Aus Art. 61 Abs. 8 und dem dortigen Verweis auf Art. 55 Abs. 1 lässt sich folgern, dass die gesamte Bandbreite der Maßnahmen, die der um Amtshilfe ersuchenden Aufsichtsbehörde in ihrem Mitgliedstaat möglich ist, auch von der um Amtshilfe ersuchten Aufsichtsbehörde erbeten werden kann. In der Regel wird es sich bei Amtshilfeersuchen jedoch um informatorische Ersuchen handeln.

2. Verfahren (Abs. 2–6)

a) Schritt 1: Amtshilfeersuchen (Abs. 3)

Am Anfang des Amtshilfeverfahrens steht das in Art. 61 Abs. 3 geregelte Amtshilfeersuchen. Dieses hat so substantiiert wie möglich zu erfolgen. Alle für die

---

1 Sydow/*Peuker*, Art. 61 DSGVO Rz. 7.

Durchführung erforderlichen Informationen sind von der ersuchenden Aufsichtsbehörde mitzuteilen. Daneben ist die um Amtshilfe ersuchte Aufsichtsbehörde über Zweck und Grund des Ersuchens aufzuklären. Alle übermittelten Informationen dürfen nur für Zwecke der Amtshilfe verwendet werden, Abs. 3 Satz 2.

b) Schritt 2: Annahme oder Ablehnung (Abs. 4, 5)

5 Nunmehr muss die um Amtshilfe ersuchte Aufsichtsbehörde darüber entscheiden, ob sie das Ersuchen annimmt oder ablehnt. Die Möglichkeiten der Ablehnung sind durch Art. 61 Abs. 4 stark begrenzt. Lediglich Unzuständigkeit (Buchst. a) oder Verstoß gegen Unions- oder nationales Recht (Buchst. b) sind zulässige Ablehnungsgründe. Bei einer Ablehnung sind die Ablehnungsgründe zu erläutern (Abs. 5 Satz 2).

c) Schritt 3: Maßnahmen und Informationsaustausch (Abs. 2, 5)

6 Die um Amtshilfe ersuchte Aufsichtsbehörde hat, wenn keine Gründe für die Ablehnung vorliegen, alle zur Zielerreichung geeigneten Maßnahmen zu ergreifen. Die Amtshilfemaßnahmen müssen unverzüglich, also ohne schuldhaftes Zögern, spätestens aber einen Monat nach Eingang des Ersuchens begonnen werden. Art. 61 Abs. 5 bestimmt, dass über die getroffenen Maßnahmen und die Ergebnisse der Maßnahmen zu informieren ist, vgl. auch Art. 61 Abs. 2 Satz 2. Insbesondere wenn die Maßnahmen einen Monat nach Eingang des Ersuchens noch nicht abgeschlossen sind, ist eine Mitteilung hierüber mit Blick auf die in Art. 61 Abs. 8 geregelte Folge (vermeintlicher) Untätigkeit (dazu sogleich) erforderlich.

3. Formate (Abs. 6)

7 Grundsätzlich sollen Informationen auf elektronischem Weg und in einem standardisierten Format ausgetauscht werden. Dieses Format kann durch die Kommission festgelegt werden (vgl. Art. 61 Abs. 9).

4. Kostentragung (Abs. 7)

8 Die um Amtshilfe ersuchte Aufsichtsbehörde muss die für die Amtshilfe entstandenen Kosten grundsätzlich selbst tragen. Nach Art. 61 Abs. 7 können die Aufsichtsbehörden jedoch untereinander Kostentragungsregelungen für „besondere Ausgaben" vereinbaren.

5. Untätigkeit (Abs. 8)

Bei **Untätigkeit** der um Amtshilfe ersuchten Aufsichtsbehörde, d.h. wenn diese nicht binnen eines Monats nach Zugang des Amtshilfeersuchens zumindest mit der Amtshilfemaßnahme begonnen und die Information hierüber erteilt hat, ist eine **einstweilige Maßnahme** der Amtshilfe suchenden Behörde (in ihrem Hoheitsgebiet, Art. 55 Abs. 1) zulässig. In Betracht kommen hierbei alle Maßnahmen, die die eigentlich zuständige Behörde auch treffen dürfte[2]. Die Maßnahmen dürfen maximal drei Monate dauern (vgl. Art. 66 Abs. 1 Satz 1) und dürfen nur getroffen werden, wenn das Interesse am Schutz der Rechte und Pflichten der betroffenen Personen das Interesse des Verantwortlichen überwiegt, von einer einstweiligen Maßnahme aufgrund einer wegen der ausbleibenden Amtshilfeleistung unsicheren Sach- oder Rechtsgrundlage verschont zu bleiben[3]. **Endgültige Maßnahmen** bedürfen eines Beschlusses des Europäischen Datenschutzausschusses nach Art. 66 Abs. 2 (vgl. Kommentierung dort). 9

Artikel 62 Gemeinsame Maßnahmen der Aufsichtsbehörden

(1) Die Aufsichtsbehörden führen gegebenenfalls gemeinsame Maßnahmen einschließlich gemeinsamer Untersuchungen und gemeinsamer Durchsetzungsmaßnahmen durch, an denen Mitglieder oder Bedienstete der Aufsichtsbehörden anderer Mitgliedstaaten teilnehmen.

(2) Verfügt der Verantwortliche oder der Auftragsverarbeiter über Niederlassungen in mehreren Mitgliedstaaten oder werden die Verarbeitungsvorgänge voraussichtlich auf eine bedeutende Zahl betroffener Personen in mehr als einem Mitgliedstaat erhebliche Auswirkungen haben, ist die Aufsichtsbehörde jedes dieser Mitgliedstaaten berechtigt, an den gemeinsamen Maßnahmen teilzunehmen. Die gemäß Artikel 56 Absatz 1 oder Absatz 4 zuständige Aufsichtsbehörde lädt die Aufsichtsbehörde jedes dieser Mitgliedstaaten zur Teilnahme an den gemeinsamen Maßnahmen ein und antwortet unverzüglich auf das Ersuchen einer Aufsichtsbehörde um Teilnahme.

(3) Eine Aufsichtsbehörde kann gemäß dem Recht des Mitgliedstaats und mit Genehmigung der unterstützenden Aufsichtsbehörde den an den gemeinsamen Maßnahmen beteiligten Mitgliedern oder Bediensteten der unterstützenden Aufsichtsbehörde Befugnisse einschließlich Untersuchungsbefugnisse übertragen oder, soweit dies nach dem Recht des Mitgliedstaats der einladenden Aufsichtsbehörde zulässig ist, den Mitgliedern oder Bediensteten der unterstützenden Aufsichtsbehörde gestatten, ihre Unter-

---

2 Vgl. Erwägungsgrund 133.
3 Sydow/*Peuker*, Art. 61 DSGVO Rz. 47.

Art. 62 DSGVO | Gemeinsame Maßnahmen der Aufsichtsbehörden

suchungsbefugnisse nach dem Recht des Mitgliedstaats der unterstützenden Aufsichtsbehörde auszuüben. Diese Untersuchungsbefugnisse können nur unter der Leitung und in Gegenwart der Mitglieder oder Bediensteten der einladenden Aufsichtsbehörde ausgeübt werden. Die Mitglieder oder Bediensteten der unterstützenden Aufsichtsbehörde unterliegen dem Recht des Mitgliedstaats der einladenden Aufsichtsbehörde.

(4) Sind gemäß Absatz 1 Bedienstete einer unterstützenden Aufsichtsbehörde in einem anderen Mitgliedstaat im Einsatz, so übernimmt der Mitgliedstaat der einladenden Aufsichtsbehörde nach Maßgabe des Rechts des Mitgliedstaats, in dessen Hoheitsgebiet der Einsatz erfolgt, die Verantwortung für ihr Handeln, einschließlich der Haftung für alle von ihnen bei ihrem Einsatz verursachten Schäden.

(5) Der Mitgliedstaat, in dessen Hoheitsgebiet der Schaden verursacht wurde, ersetzt diesen Schaden so, wie er ihn ersetzen müsste, wenn seine eigenen Bediensteten ihn verursacht hätten. Der Mitgliedstaat der unterstützenden Aufsichtsbehörde, deren Bedienstete im Hoheitsgebiet eines anderen Mitgliedstaats einer Person Schaden zugefügt haben, erstattet diesem anderen Mitgliedstaat den Gesamtbetrag des Schadenersatzes, den dieser an die Berechtigten geleistet hat.

(6) Unbeschadet der Ausübung seiner Rechte gegenüber Dritten und mit Ausnahme des Absatzes 5 verzichtet jeder Mitgliedstaat in dem Fall des Absatzes 1 darauf, den in Absatz 4 genannten Betrag des erlittenen Schadens anderen Mitgliedstaaten gegenüber geltend zu machen.

(7) Ist eine gemeinsame Maßnahme geplant und kommt eine Aufsichtsbehörde binnen eines Monats nicht der Verpflichtung nach Absatz 2 Satz 2 des vorliegenden Artikels nach, so können die anderen Aufsichtsbehörden eine einstweilige Maßnahme im Hoheitsgebiet ihres Mitgliedstaats gemäß Artikel 55 ergreifen. In diesem Fall wird von einem dringenden Handlungsbedarf gemäß Artikel 66 Absatz 1 ausgegangen, der eine im Dringlichkeitsverfahren angenommene Stellungnahme oder einen im Dringlichkeitsverfahren angenommenen verbindlichen Beschluss des Ausschusses gemäß Artikel 66 Absatz 2 erforderlich macht.

I. Gemeinsame Maßnahmen	1	III. Befugnisse und geltendes Recht .	5
II. Grenzüberschreitende Betroffenheit	2	IV. Haftung	7

I. Gemeinsame Maßnahmen

1 Auch in anderen als in den Art. 60 und 61 beschriebenen Fällen kann eine Zusammenarbeit mehrerer Aufsichtsbehörden geboten und sinnvoll sein. Nach Art. 62 Abs. 1 sollen **gemeinsame Maßnahmen** durchgeführt werden, wenn das

im konkreten Fall sinnvoll ist. Gemeinsame Maßnahmen sind Maßnahmen von Aufsichtsbehörden aus mehreren Mitgliedstaaten, die im Hoheitsgebiet einer Aufsichtsbehörde gemeinsam von Mitgliedern und Bediensteten der verschiedenen unterstützenden Aufsichtsbehörden durchgeführt werden[1]. Alle den Aufsichtsbehörden möglichen Maßnahmen können als gemeinsame Maßnahmen durchgeführt werden[2]. Beispielhaft werden in Art. 62 Abs. 1 gemeinsame Untersuchungen oder gemeinsame Durchsetzungsmaßnahmen genannt.

II. Grenzüberschreitende Betroffenheit

Im Falle einer grenzüberschreitenden Auftragsdatenverarbeitung und in Fällen, in denen ein Verarbeitungsvorgang „voraussichtlich auf eine bedeutende Zahl betroffener Personen in mehr als einem Mitgliedstaat erhebliche Auswirkungen haben" wird, lädt nach Art. 62 Abs. 2 die nach Art. 56 Abs. 1 oder Abs. 5[3] zuständige Aufsichtsbehörde („einladende Aufsichtsbehörde") die Aufsichtsbehörden aus den anderen betroffenen Mitgliedstaaten ein, an gemeinsamen Maßnahmen teilzunehmen. Auf ein Ersuchen um Teilnahme an einer geplanten gemeinsamen Maßnahme soll von der einladenden Aufsichtsbehörde unverzüglich reagiert werden. Der Begriff der Einladung ist irreführend, da er einen Entscheidungsspielraum suggeriert, der nicht eingeräumt ist. Wenn die in Art. 62 Abs. 2 genannten Voraussetzungen vorliegen, ist die einzuladende Aufsichtsbehörde zur Teilnahme an gemeinsamen Maßnahmen „berechtigt". Dementsprechend besteht bei Vorliegen der Voraussetzungen des Art. 62 Abs. 2 eine Verpflichtung zur „Einladung" zu gemeinsamen Maßnahmen[4]. 2

Bei Untätigkeit der nach Art. 62 Abs. 2 Satz 2 verpflichteten Aufsichtsbehörde von mehr als einem Monat ist die einzuladende Aufsichtsbehörde nach Art. 62 Abs. 7 berechtigt, **einstweilige Maßnahmen** im Hoheitsgebiet ihres Mitgliedstaates (vgl. Art. 55 Abs. 1) zu ergreifen. Zulässig sind vorläufige Maßnahmen, die dem Schutz der Rechte und Freiheit der betroffenen Personen dienen (vgl. Erwägungsgrund 137). Die maximale Dauer wird entsprechend Art. 66 Abs. 1 mit maximal drei Monaten anzusetzen sein[5]. Ein „dringender Handlungsbedarf" gemäß Art. 66 Abs. 1 wird durch Abs. 7 fingiert. Zudem ist der Ausschuss mit der Angelegenheit zu befassen. Nach Abs. 7 ist „eine im Dringlichkeitsverfahren angenommene Stellungnahme oder ein[en] im Dringlichkeitsverfahren angenommene[n]r verbindliche[n]r Beschluss des Ausschusses gemäß Artikel 66 Absatz 2 erforderlich". 3

---
1 Paal/Pauly/*Körffer*, Art. 62 DSGVO Rz. 1.
2 Ehmann/Selmayr/*Klabunde*, Art. 62 DSGVO Rz. 15.
3 Der Verweis auf Abs. 4 stellt ein Redaktionsversehen dar, Paal/Pauly/*Körffer*, Art. 62 DSGVO Rz. 3; Kühling/Buchner/*Dix*, Art. 62 DSGVO Rz. 7, Fn. 6.
4 Kühling/Buchner/*Dix*, Art. 62 DSGVO Rz. 7.
5 Sydow/*Peuker*, Art. 62 DSGVO Rz. 36.

Art. 62 DSGVO | Gemeinsame Maßnahmen der Aufsichtsbehörden

4   Ob eine Verarbeitung „erhebliche Auswirkungen auf betroffene Personen in mehr als einem Mitgliedstaat hat", wird anhand von Leitlinien zu beurteilen sein, deren Schaffung nach Erwägungsgrund 124 dem Europäischen Datenschutzausschuss im Rahmen seiner Aufgaben in Bezug auf die „Herausgabe von Leitlinien zu allen Fragen im Zusammenhang mit der Anwendung dieser Verordnung" obliegt.

III. Befugnisse und geltendes Recht

5   Die Übertragung von Befugnissen durch eine Aufsichtsbehörde auf Mitglieder oder Bedienstete der unterstützenden Aufsichtsbehörden ist nach Art. 62 Abs. 3 Satz 1 Alt. 1 (im Rahmen des nationalen Rechts der übertragenden Aufsichtsbehörde) zulässig, wenn die unterstützende Aufsichtsbehörde zustimmt.

6   Die einladende Aufsichtsbehörde kann den Mitgliedern oder Bediensteten der unterstützenden Aufsichtsbehörde (im Rahmen des nationalen Rechts der einladenden Aufsichtsbehörde) auch gestatten, ihre Untersuchungsbefugnisse nach eigenem nationalen Recht auszuüben (Art. 62 Abs. 3 Satz 1 Alt. 2). Allerdings bedarf es bei der Ausübung der Untersuchungsbefugnisse in beiden Fällen der Leitung und Gegenwart der einladenden Aufsichtsbehörde (bzw. ihrer Mitglieder und Bediensteten). Das nationale Recht der einladenden Aufsichtsbehörde gilt auch für die Mitglieder und Bediensteten der unterstützenden Aufsichtsbehörde.

IV. Haftung

7   Für den Fall, dass Bedienstete im Rahmen einer gemeinsamen Maßnahme in einem anderen Mitgliedstaat tätig sind, bestimmt Art. 62 Abs. 4, dass die „**Verantwortung**" für deren „Handeln" bei der einladenden Aufsichtsbehörde liegt. Gleiches dürfte für Handlungen von Mitgliedern der Aufsichtsbehörde gelten[6]. Sinn und Zweck dieser Regelung ist es offensichtlich, dem Geschädigten eine einfache Möglichkeit der Schadloshaltung zu bieten. Ausdrücklich ist hiervon die Schadensersatzhaftung umfasst. Der Begriff der Haftung dürfte sich aber auch auf Beseitigung und Unterlassung erstrecken. Maßgeblich für die Beurteilung von entsprechenden Ansprüchen ist das Recht des Mitgliedstaates, in dessen Hoheitsgebiet die Bediensteten im Rahmen der gemeinsamen Maßnahme handeln (oder unterlassen).

8   **Schadensersatzpflichtig** ist nach Art. 62 Abs. 5 Satz 1 der „Mitgliedstaat, in dessen Hoheitsgebiet der Schaden verursacht wurde". Er wird (auch mit Blick auf das anzuwendende Recht) so behandelt, als hätte ein eigener Bediensteter den

---

6 Insofern diese nicht erwähnt sind, wird von einem Redaktionsversehen ausgegangen, Sydow/*Peuker*, Art. 62 DSGVO Rz. 30.

Schaden verursacht und muss zunächst entsprechend Schadensersatz an den Verletzten leisten. Es besteht ein **Erstattungsanspruch** des leistenden Mitgliedstaates gegenüber dem Mitgliedstaat der unterstützenden Aufsichtsbehörde. Im Übrigen besteht kein Erstattungsanspruch (vgl. Art. 62 Abs. 6).

Ob durch den Geschädigten alternativ auch der Mitgliedstaat der unterstützenden Aufsichtsbehörde unmittelbar für Fehlverhalten der eigenen Bediensteten in Anspruch genommen werden kann, ist nicht eindeutig. Mit Blick auf den hier unterstellten Telos der Regelung – einfache Möglichkeit der Schadloshaltung – ist jedenfalls dann eine solche alternative Inanspruchnahme zuzubilligen, wenn der Geschädigte bei Beschränkung der Inanspruchnahme des Mitgliedstaates der einladenden Aufsichtsbehörde rechtlich oder faktisch schlechter gestellt würde. 9

Abschnitt 2
Kohärenz

Artikel 63 Kohärenzverfahren

Um zur einheitlichen Anwendung dieser Verordnung in der gesamten Union beizutragen, arbeiten die Aufsichtsbehörden im Rahmen des in diesem Abschnitt beschriebenen Kohärenzverfahrens untereinander und gegebenenfalls mit der Kommission zusammen.

Schrifttum: *Dammann*, Erfolge und Defizite der EU-Datenschutzgrundverordnung – Erwarteter Fortschritt, Schwächen und überraschende Innovationen, ZD 2016, 307; *Gierschmann*, Was „bringt" deutschen Unternehmen die DSGVO?, ZD 2016, 51; *Härting*, Starke Behörden, schwaches Recht – der neue EU-Datenschutzentwurf, BB 2012, 459; *Kühling*, Neues Bundesdatenschutzgesetz – Anpassungsbedarf bei Unternehmen, NJW 2017, 1985; *Kühling/Martini*, Die Datenschutz-Grundverordnung: Revolution oder Evolution im europäischen und deutschen Datenschutzrecht?, EuZW 2016, 448; *Piltz*, Die Datenschutz-Grundverordnung – Teil 4: Internationale Datentransfers und Aufsichtsbehörden, K&R 2016, 777; *Piltz*, Die Datenschutz-Grundverordnung – Teil 5: Internationale Zusammenarbeit, Rechtsbehelfe und Sanktionen, K&R 2017, 85; *Nguyen*, Die zukünftige Datenschutzaufsicht in Europa, ZD 2015, 265; *Schaar*, Datenschutz-Grundverordnung: Arbeitsauftrag für den deutschen Gesetzgeber, PinG 2016, 62; *Schantz*, Die Datenschutz-Grundverordnung – Beginn einer neuen Zeitrechnung im Datenschutzrecht, NJW 2016, 1841; *Stentzel*, Das Grundrecht auf …?, PinG 2015, 185; *Voßhoff/Hermerschmidt*, Endlich! – Was bringt uns die Datenschutz-Grundverordnung?, PinG 2016, 56.

Art. 63 ff. legen ein Verfahren zur **Sicherung der einheitlichen Anwendung der DSGVO** in der gesamten EU fest (Kohärenzverfahren)[1]. Die Einheitlichkeit der Rechtsauslegung und -anwendung (s. hierzu auch die Kommentierung zu Art. 56 1

---

1 Sydow/*Schöndorf-Haubold*, Art. 63 DSGVO Rz. 10, zum Begriff s. auch Gierschmann/Schlender/Stentzel/Veil/*Gramlich*, Art. 63 DSGVO Rz. 7.

DSGVO Rz. 1)² wird im Rahmen des Kohärenzverfahrens durch den EDSA sichergestellt³, der als Einrichtung mit eigener Rechtspersönlichkeit aus den Leitern der Aufsichtsbehörden der Mitgliedstaaten und dem Europäischen Datenschutzbeauftragten besteht (s. Kommentierung zu Art. 68–76 DSGVO Rz. 4ff.)⁴. Das Verfahren ergänzt die in Abschnitt 1 geregelten Mechanismen der Zusammenarbeit der Aufsichtsbehörden (Federführung, gegenseitige Amtshilfe, gemeinsame Maßnahmen)⁵. Es verknüpft zudem die nationalen und europäischen Datenschutzinstrumente und fügt sie zu einem Gesamtsystem zusammen⁶.

2 Der EDSA gewährleistet die einheitliche Rechtsanwendung durch die Abgabe von **Stellungnahmen** (Art. 64) und – in Streitfällen – durch **verbindliche Beschlüsse** (Art. 65). Er stellt somit eine neue Hierarchieebene dar, dem unterschiedliche Kompetenzen zugewiesen sind⁷. Art. 66 ermöglicht bei dringendem Handlungsbedarf den Erlass einstweiliger Maßnahmen (s. Kommentierung zu Art. 66 DSGVO Rz. 1) und ein beschleunigtes Verfahren zur Erlangung einer Stellungnahme bzw. eines verbindlichen Beschlusses des EDSA. Maßgeblich für diesen Artikel sind die **Erwägungsgründe 135–137**.

3 Der **Kommission** kommt im Kohärenzverfahren lediglich eine geringe Bedeutung zu⁸. So kann sie u.a. Stellungnahmen initiieren (s. Art. 64 Abs. 2) und an Sitzungen des EDSA teilnehmen, ein eigenes Mitentscheidungsrecht kommt ihr hingegen nicht zu⁹. Gemäß Art. 67 verbleibt ihr, den elektronischen Informationsaustausch der Aufsichtsbehörden untereinander und mit dem Ausschuss per Durchführungsrechtsakt auszugestalten.

Artikel 64 Stellungnahme des Ausschusses

(1) Der Ausschuss gibt eine Stellungnahme ab, wenn die zuständige Aufsichtsbehörde beabsichtigt, eine der nachstehenden Maßnahmen zu erlassen. Zu diesem Zweck übermittelt die zuständige Aufsichtsbehörde dem Ausschuss den Entwurf des Beschlusses, wenn dieser

---

2 *Piltz*, K&R 2017, 85 (86).
3 S. auch *Kühling/Martini*, EuZW 2016, 448 (450).
4 Kritisch zur demokratischen Legitimation BeckOK DatenschutzR/*Marsch*, Art. 63 DSGVO Rz. 5.
5 Paal/Pauly/*Körffer*, Art. 63 DSGVO Rz. 3; BeckOK DatenschutzR/*Marsch*, Art. 63 DSGVO Rz. 4.
6 In diesem Sinne auch Ehmann/Selmayr/*Klabunde*, Art. 63 DSGVO Rz. 5.
7 Paal/Pauly/*Körffer*, Art. 63 DSGVO Rz. 3.
8 S. auch Gola/*Eichler*, Art. 63 DSGVO Rz. 2.
9 S. hierzu und zum Europäischen Datenschutzbeauftragten Gierschmann/Schlender/Stentzel/Veil/*Gramlich*, Art. 63 DSGVO Rz. 13f. Zur ursprünglich vorgesehen Rolle der Kommission im Kohärenzverfahren s. Sydow/*Schöndorf-Haubold*, Art. 63 DSGVO Rz. 10.

a) der Annahme einer Liste der Verarbeitungsvorgänge dient, die der Anforderung einer Datenschutz-Folgenabschätzung gemäß Artikel 35 Absatz 4 unterliegen,

b) eine Angelegenheit gemäß Artikel 40 Absatz 7 und damit die Frage betrifft, ob ein Entwurf von Verhaltensregeln oder eine Änderung oder Ergänzung von Verhaltensregeln mit dieser Verordnung in Einklang steht,

c) der Billigung der Anforderungen an die Akkreditierung einer Stelle nach Artikel 41 Absatz 3, einer Zertifizierungsstelle nach Artikel 43 Absatz 3 oder der Kriterien für die Zertifizierung gemäß Artikel 42 Absatz 5 dient,

d) der Festlegung von Standard-Datenschutzklauseln gemäß Artikel 46 Absatz 2 Buchstabe d und Artikel 28 Absatz 8 dient,

e) der Genehmigung von Vertragsklauseln gemäß Artikels 46 Absatz 3 Buchstabe a dient, oder

f) der Annahme verbindlicher interner Vorschriften im Sinne von Artikel 47 dient.

(2) Jede Aufsichtsbehörde, der Vorsitz des Ausschuss oder die Kommission können beantragen, dass eine Angelegenheit mit allgemeiner Geltung oder mit Auswirkungen in mehr als einem Mitgliedstaat vom Ausschuss geprüft wird, um eine Stellungnahme zu erhalten, insbesondere wenn eine zuständige Aufsichtsbehörde den Verpflichtungen zur Amtshilfe gemäß Artikel 61 oder zu gemeinsamen Maßnahmen gemäß Artikel 62 nicht nachkommt.

(3) In den in den Absätzen 1 und 2 genannten Fällen gibt der Ausschuss eine Stellungnahme zu der Angelegenheit ab, die ihm vorgelegt wurde, sofern er nicht bereits eine Stellungnahme zu derselben Angelegenheit abgegeben hat. Diese Stellungnahme wird binnen acht Wochen mit der einfachen Mehrheit der Mitglieder des Ausschusses angenommen. Diese Frist kann unter Berücksichtigung der Komplexität der Angelegenheit um weitere sechs Wochen verlängert werden. Was den in Absatz 1 genannten Beschlussentwurf angeht, der gemäß Absatz 5 den Mitgliedern des Ausschusses übermittelt wird, so wird angenommen, dass ein Mitglied, das innerhalb einer vom Vorsitz angegebenen angemessenen Frist keine Einwände erhoben hat, dem Beschlussentwurf zustimmt.

(4) Die Aufsichtsbehörden und die Kommission übermitteln unverzüglich dem Ausschuss auf elektronischem Wege unter Verwendung eines standardisierten Formats alle zweckdienlichen Informationen, einschließlich – je nach Fall – einer kurzen Darstellung des Sachverhalts, des Beschlussentwurfs, der Gründe, warum eine solche Maßnahme ergriffen werden muss, und der Standpunkte anderer betroffener Aufsichtsbehörden.

(5) Der Vorsitz des Ausschusses unterrichtet unverzüglich auf elektronischem Wege

a) unter Verwendung eines standardisierten Formats die Mitglieder des Ausschusses und die Kommission über alle zweckdienlichen Informationen, die ihm zugegangen sind. Soweit erforderlich stellt das Sekretariat des Ausschusses Übersetzungen der zweckdienlichen Informationen zur Verfügung und

b) je nach Fall die in den Absätzen 1 und 2 genannte Aufsichtsbehörde und die Kommission über die Stellungnahme und veröffentlicht sie.

(6) Die in Absatz 1 genannte zuständige Aufsichtsbehörde nimmt den in Absatz 1 genannten Beschlussentwurf nicht vor Ablauf der in Absatz 3 genannten Frist an.

(7) Die in Absatz 1 genannte zuständige Aufsichtsbehörde trägt der Stellungnahme des Ausschusses weitestgehend Rechnung und teilt dessen Vorsitz binnen zwei Wochen nach Eingang der Stellungnahme auf elektronischem Wege unter Verwendung eines standardisierten Formats mit, ob sie den Beschlussentwurf beibehalten oder ändern wird; gegebenenfalls übermittelt sie den geänderten Beschlussentwurf.

(8) Teilt die in Absatz 1 genannte zuständige Aufsichtsbehörde dem Vorsitz des Ausschusses innerhalb der Frist nach Absatz 7 des vorliegenden Artikels unter Angabe der maßgeblichen Gründe mit, dass sie beabsichtigt, der Stellungnahme des Ausschusses insgesamt oder teilweise nicht zu folgen, so gilt Artikel 65 Absatz 1.

| I. Einleitung . . . . | 1 | III. Verfahren (Abs. 3, 5 und 6) . . . . | 5 |
| II. Anlass zur Stellungnahme (Abs. 1 und 2) . . . . | 3 | IV. Weiteres Vorgehen nach Stellungnahme (Abs. 7 und 8) . . . . . | 7 |

Schrifttum: S. Art. 63 DSGVO.

I. Einleitung

1 Der EDSA gibt in den in Art. 64 Abs. 1 festgelegten Fällen oder auf Antrag (Art. 64 Abs. 2) eine **Stellungnahme zu geplanten Maßnahmen und Angelegenheiten mit grenzüberschreitender Bedeutung** ab[1]. Hierdurch soll gewährleistet werden, dass die Aufsichtsbehörden aller Mitgliedstaaten in die Auslegung der DSGVO eingebunden werden und eine einheitliche Anwendung der Datenschutzregeln stattfindet („Grundbaustein der Datenschutzreform")[2]. Somit wird auch vermieden, dass eine unterschiedliche Genehmigungspraxis, z.B. im Rahmen von Verhaltensregeln nach Art. 38, zu einem „Run" auf die Aufsichtsbehörden der Mitgliedstaaten führt, die die entsprechenden Regelungen der DSGVO eher großzügig auslegen und anwenden[3]. Für die Aufsichtsbehör-

---

1 *Piltz*, K&R 2017, 85 (87).
2 Gola/*Eichler*, Art. 64 DSGVO Rz. 1.
3 So auch *Schantz*, NJW 2016, 1841 (1847).

den bedeutet das kontinuierliche und unverzichtbare Engagement im EDSA einen erheblichen Aufgabenzuwachs, den es zu bewältigen gilt (s. Kommentierung zu Art. 57 DSGVO Rz. 1). Gleichzeitig sichert es der Datenschutzaufsicht auf den ersten Blick einen eigenen Entscheidungsspielraum verglichen mit denjenigen Tätigkeiten, deren Ausübung dem Ausschuss als Ganzes zugewiesen sind (s. Kommentierung zu Art. 68–76 DSGVO Rz. 12)[4]. Befolgt eine Aufsichtsbehörde eine Stellungnahme des EDSA jedoch nicht, so bietet dies Anlass, einen verbindlichen Beschluss gemäß Art. 65 Abs. 1 Buchst. c herbeizuführen (s. Art. 65 DSGVO Rz. 4), der letztendlich von der Aufsichtsbehörde befolgt werden muss[5]. Maßgeblich für diesen Artikel sind die **Erwägungsgründe 135 und 136**.

An der Entscheidungsfindung durch den Ausschuss sollten (Auftrags-)Datenverarbeiter und andere Interessengruppen beteiligt werden (z.B. im Rahmen eines Konsultationsverfahrens, s. auch Art. 70 Abs. 4). Nur hierdurch kann sichergestellt werden, dass der Ausschuss alle wesentlichen Belange, insbesondere praktischer und technischer Natur, im Rahmen seiner Stellungnahmen berücksichtigt. 2

II. Anlass zur Stellungnahme (Abs. 1 und 2)

Der EDSA gibt eine Stellungnahme ab, wenn eine Aufsichtsbehörde beabsichtigt, eine der in Art. 64 Abs. 1 aufgezählten Maßnahmen von übergreifender Bedeutung zu treffen[6], d.h. 3

- Verarbeitungsvorgänge zu bestimmen, die der **Datenschutz-Folgenabschätzung** nach Art. 35 Abs. 4 (s. Art. 35 DSGVO Rz. 10 ff.) unterliegen (Art. 64 Abs. 1 Buchst. a) bzw. nicht unterliegen („Negativliste", s. Art. 35 DSGVO Rz. 25),
- **Verhaltensregeln** nach Art. 40 Abs. 7 DSGVO (s. Art. 40 DSGVO Rz. 15) mit Auswirkungen auf mehrere Mitgliedstaaten zu genehmigen (Art. 64 Abs. 1 Buchst. b)[7] bzw.
- Anforderungen an die Akkreditierung von Überwachungsstellen i.S.d Art. 41 Abs. 3 (s. Art. 41 DSGVO Rz. 8) zu billigen (Art. 64 Abs. 1 Buchst. c),
- entsprechende Anforderungen aufzustellen, die für eine **Zertifizierungsstelle** nach Art. 43 Abs. 3 (s. Art. 43 DSGVO Rz. 2 ff.) gelten (Art. 64 Abs. 1 Buchst. c),
- Standard-Datenschutzklauseln der **Auftragsdatenverarbeitung** i.S.d. Art. 28 Abs. 8 (s. Art. 28 DSGVO Rz. 30) festzulegen (Art. 64 Abs. 1 Buchst. d),
- sowie **Standard-Datenschutz-** (Art. 46 Abs. 2 Buchst. d, s. Art. 46 DSGVO Rz. 14) **bzw. Vertragsklauseln** (Art. 46 Abs. 3 Buchst. a, s. Art. 46 DSGVO

---

[4] Ehmann/Selmayr/*Klabunde*, Art. 64 DSGVO Rz. 2.
[5] So auch Paal/Pauly/*Körffer*, Art. 64 DSGVO Rz. 2.
[6] Paal/Pauly/*Körffer*, Art. 64 DSGVO Rz. 1.
[7] Sydow/*Schöndorf-Haubold*, Art. 64 DSGVO Rz. 18.

Rz. 10) und **verbindliche unternehmensinterne Vorschriften** (Art. 47, s. Art. 47 DSGVO Rz. 1 ff.) zum Zwecke der Datenübermittlung an Drittländer festzulegen bzw. zu genehmigen (Art. 64 Abs. 1 Buchst. d–f).

4 Zudem nimmt der EDSA **auf Antrag (Art. 64 Abs. 2)** seines Vorsitzes, einer Aufsichtsbehörde bzw. der Kommission Stellung. Antragsberechtigt ist daher ausdrücklich jede Aufsichtsbehörde[8]. Der EDSA befasst sich jedoch nur in Grundsatzangelegenheiten oder solchen mit Auswirkungen auf mehrere Mitgliedstaaten mit dem Antrag und nimmt entsprechend Stellung[9]. Insbesondere liegen gemäß Art. 64 Abs. 2 entsprechende Gründe vor, wenn eine zur Zusammenarbeit nach Art. 61 oder 62 verpflichtete Behörde untätig bleibt[10]. Ist ein Antrag unter Übermittlung der entsprechenden Begründung[11] vom Antragsberechtigten gestellt worden, so hat der EDSA eine entsprechende Stellungnahme abzugeben[12].

III. Verfahren (Abs. 3, 5 und 6)

5 In den Fällen des Art. 64 Abs. 1 haben die Aufsichtsbehörden, die eine der dort genannten Maßnahmen erlassen wollen, den entsprechenden **Beschlussentwurf** (z.B. die Genehmigung von Verhaltensregeln i.S.d. Art. 40 Abs. 7) **an den EDSA zu übermitteln** (s. auch Art. 64 Abs. 4). Dies hat unverzüglich und in elektronischer Form unter Angabe aller für die Stellungnahme relevanten Informationen zu geschehen (s. Art. 64 Abs. 5). Der Vorsitz des EDSA sorgt für Weiterleitung des Beschlussentwurfs und aller weiteren relevanten Informationen an die Mitglieder des EDSA sowie an die Europäische Kommission (s. Art. 64 Abs. 5 Buchst. a). Der Vorsitz bestimmt dabei eine angemessene Frist, innerhalb derer die Mitglieder des EDSA Einwände gegen den übermittelten Beschlussentwurf erheben können. Wird innerhalb dieser Frist kein Einwand geltend gemacht, so wird nach Art. 64 Abs. 3 Satz 4 davon ausgegangen, dass das entsprechende Mitglied dem Beschlussentwurf zustimmt. Dabei dürfen die Entscheidungsfristen des Art. 64 Abs. 3 Satz 2 und 3 (s. Rz. 6) nicht überschritten werden.

6 Soweit noch keine Stellungnahme zu derselben Angelegenheit abgegeben wurde, erarbeitet der EDSA eine Stellungnahme, die von den Mitgliedern des EDSA mit **einfacher Mehrheit innerhalb von acht Wochen** angenommen wird (Art. 64 Abs. 3). Bei besonders komplexen Angelegenheiten kann die Frist nochmals um sechs Wochen verlängert werden[13], so dass **spätestens nach 14 Wochen** eine

---

8 Gola/*Eichler*, Art. 64 DSGVO Rz. 4.
9 S. auch Gierschmann/Schlender/Stentzel/Veil/*Gramlich*, Art. 64 DSGVO Rz. 19.
10 Paal/Pauly/*Körffer*, Art. 64 DSGVO Rz. 4.
11 Paal/Pauly/*Körffer*, Art. 64 DSGVO Rz. 4.
12 Sydow/*Schöndorf-Haubold*, Art. 64 DSGVO Rz. 38.
13 So auch Gola/*Eichler*, Art. 64 DSGVO Rz. 7.

Stellungnahme des EDSA vorliegen muss[14]. Nicht ausdrücklich geregelt ist, wann die Abstimmungsfrist beginnt. Dies wird zweckmäßigerweise dann der Fall sein, wenn alle Mitglieder über den Sachverhalt auf elektronischem Wege (Art. 64 Abs. 5) informiert wurden[15]. Solange hat die Aufsichtsbehörde, die die Stellungnahme i.S.d. Art. 64 Abs. 1 veranlasst hat, mit ihrer abschließenden Entscheidung über eine Maßnahme nach Abs. 1 Buchst. a–f zu warten (Art. 64 Abs. 6)[16]. Der Vorsitz des EDSA informiert die Aufsichtsbehörde des Art. 64 Abs. 1 und die Europäische Kommission über die Stellungnahme und veröffentlicht diese (auf den Internetseiten des Ausschusses).

IV. Weiteres Vorgehen nach Stellungnahme (Abs. 7 und 8)

Liegt die Stellungnahme des EDSA vor, so hängt das weitere Prozedere davon ab, ob die Stellungnahme das geplante Vorgehen der betroffenen Aufsichtsbehörde deckt, oder ob diese die geplante Maßnahme abweichend von der Stellungnahme erlassen will.

Folgt die betroffene Aufsichtsbehörde der Stellungnahme zumindest „weitestgehend", was einen marginalen Umsetzungsspielraum in begründeten Fällen impliziert (Art. 64 Abs. 7)[17], so teilt sie dies dem Vorsitz des EDSA innerhalb von zwei Wochen nach Eingang der Stellungnahme mit und übermittelt ggf. die im Sinne der Stellungnahme abgeänderte Beschlussfassung. Hierbei wird es zwangsläufig zu unterschiedlichen Auffassungen darüber kommen, wann die Aufsichtsbehörden einer Stellungnahme „weitestgehend" Rechnung tragen und wann eine Nichtbefolgung i.S.d. Art. 64 Abs. 8 vorliegt.

Lehnt die Aufsichtsbehörde die Auffassung des EDSA ab (Art. 64 Abs. 8) und folgt sie dieser daher ganz oder teilweise nicht, so hat sie ebenfalls binnen zwei Wochen den Vorsitz des EDSA zu informieren und die Ablehnung zu begründen. Die Aufsichtsbehörde ist in ihrer Entscheidung frei, da die Stellungnahme an sich kein unmittelbar bindender Rechtsakt ist[18]. Im Falle der Ablehnung entscheidet jedoch der EDSA auf Antrag (s. Art. 65 Abs. 1 Buchst. c) im Streitbeilegungsverfahren (Art. 65)[19]. Der EDSA erlässt in diesem Fall in der Regel innerhalb eines weiteren Monats mit Zwei-Drittel-Mehrheit seiner Mitglieder einen verbindlichen Beschluss (s. Kommentierung zu Art. 65 DSGVO Rz. 8).

---

14 Die Frist kann für die verarbeitende Stelle aufgrund der kurzen Innovationszyklen im digitalen Bereich knapp bemessen sein, so zutreffend Gierschmann/Schlender/Stentzel/Veil/*Gramlich*, Art. 64 DSGVO Rz. 22.
15 So auch Gola/*Eichler*, Art. 64 DSGVO Rz. 8.
16 S. Gierschmann/Schlender/Stentzel/Veil/*Gramlich*, Art. 64 DSGVO Rz. 26.
17 So Sydow/*Schöndorf-Haubold*, Art. 64 DSGVO Rz. 49.
18 S. Sydow/*Schöndorf-Haubold*, Art. 64 DSGVO Rz. 49.
19 Zur Antragsberechtigung Paal/Pauly/*Körffer*, Art. 64 DSGVO Rz. 10.

Artikel 65 Streitbeilegung durch den Ausschuss

(1) Um die ordnungsgemäße und einheitliche Anwendung dieser Verordnung in Einzelfällen sicherzustellen, erlässt der Ausschuss in den folgenden Fällen einen verbindlichen Beschluss:

a) wenn eine betroffene Aufsichtsbehörde in einem Fall nach Artikel 60 Absatz 4 einen maßgeblichen und begründeten Einspruch gegen einen Beschlussentwurf der federführenden Aufsichtsbehörde eingelegt hat und sich die federführende Aufsichtsbehörde dem Einspruch nicht angeschlossen hat oder den Einspruch als nicht maßgeblich oder nicht begründet abgelehnt hat. Der verbindliche Beschluss betrifft alle Angelegenheiten, die Gegenstand des maßgeblichen und begründeten Einspruchs sind, insbesondere die Frage, ob ein Verstoß gegen diese Verordnung vorliegt;

b) wenn es widersprüchliche Standpunkte dazu gibt, welche der betroffenen Aufsichtsbehörden für die Hauptniederlassung zuständig ist,

c) wenn eine zuständige Aufsichtsbehörde in den in Artikel 64 Absatz 1 genannten Fällen keine Stellungnahme des Ausschusses einholt oder der Stellungnahme des Ausschusses gemäß Artikel 64 nicht folgt. In diesem Fall kann jede betroffene Aufsichtsbehörde oder die Kommission die Angelegenheit dem Ausschuss vorlegen.

(2) Der in Absatz 1 genannte Beschluss wird innerhalb eines Monats nach der Befassung mit der Angelegenheit mit einer Mehrheit von zwei Dritteln der Mitglieder des Ausschusses angenommen. Diese Frist kann wegen der Komplexität der Angelegenheit um einen weiteren Monat verlängert werden. Der in Absatz 1 genannte Beschluss wird begründet und an die federführende Aufsichtsbehörde und alle betroffenen Aufsichtsbehörden übermittelt und ist für diese verbindlich.

(3) War der Ausschuss nicht in der Lage, innerhalb der in Absatz 2 genannten Fristen einen Beschluss anzunehmen, so nimmt er seinen Beschluss innerhalb von zwei Wochen nach Ablauf des in Absatz 2 genannten zweiten Monats mit einfacher Mehrheit der Mitglieder des Ausschusses an. Bei Stimmengleichheit zwischen den Mitgliedern des Ausschusses gibt die Stimme des Vorsitzes den Ausschlag.

(4) Die betroffenen Aufsichtsbehörden nehmen vor Ablauf der in den Absätzen 2 und 3 genannten Fristen keinen Beschluss über die dem Ausschuss vorgelegte Angelegenheit an.

(5) Der Vorsitz des Ausschusses unterrichtet die betroffenen Aufsichtsbehörden unverzüglich über den in Absatz 1 genannten Beschluss. Er setzt die Kommission hiervon in Kenntnis. Der Beschluss wird unverzüglich auf der Website des Ausschusses veröffentlicht, nachdem die Aufsichtsbehörde den in Absatz 6 genannten endgültigen Beschluss mitgeteilt hat.

(6) Die federführende Aufsichtsbehörde oder gegebenenfalls die Aufsichtsbehörde, bei der die Beschwerde eingereicht wurde, trifft den endgültigen

Streitbeilegung durch den Ausschuss | **Art. 65 DSGVO**

Beschluss auf der Grundlage des in Absatz 1 des vorliegenden Artikels genannten Beschlusses unverzüglich und spätestens einen Monat, nachdem der Europäische Datenschutzausschuss seinen Beschluss mitgeteilt hat. Die federführende Aufsichtsbehörde oder gegebenenfalls die Aufsichtsbehörde, bei der die Beschwerde eingereicht wurde, setzt den Ausschuss von dem Zeitpunkt, zu dem ihr endgültiger Beschluss dem Verantwortlichen oder dem Auftragsverarbeiter bzw. der betroffenen Person mitgeteilt wird, in Kenntnis. Der endgültige Beschluss der betroffenen Aufsichtsbehörden wird gemäß Artikel 60 Absätze 7, 8 und 9 angenommen. Im endgültigen Beschluss wird auf den in Absatz 1 genannten Beschluss verwiesen und festgelegt, dass der in Absatz 1 des vorliegenden Artikels genannte Beschluss gemäß Absatz 5 auf der Website des Ausschusses veröffentlicht wird. Dem endgültigen Beschluss wird der in Absatz 1 des vorliegenden Artikels genannte Beschluss beigefügt.

I. Einleitung 1	IV. Weiteres Vorgehen nach Beschlussfassung 12
II. Anlass zur Beschlussfassung (Abs. 1) 4	V. Rechtsschutz 14
III. Verfahren 5	

Schrifttum: S. Art. 63 DSGVO.

I. Einleitung

Mit dem in Art. 65 niedergelegten Streitbeilegungsverfahren des EDSA gibt es erstmals in der Europäischen Union die Möglichkeit, in **Streitigkeiten zwischen Datenschutzbehörden mehrerer Mitgliedstaaten** bzgl. der Auslegung und Anwendung der Regelungen der DSGVO rechtsverbindlich (s. Art. 65 Abs. 2 Satz 3) durch Beschluss zu entscheiden[1]. Dies dient der einheitlichen Auslegung und Durchsetzung der DSGVO im Einzelfall[2] mittels eines Verfahrens, welches ausschließlich durch die unabhängigen Datenschutzbehörden selbst betrieben wird[3]. 1

Ein verbindlicher Beschluss des EDSA wird gemäß Art. 65 Abs. 1 herbeigeführt, wenn es Meinungsverschiedenheiten zwischen federführender und einer anderen betroffenen Aufsichtsbehörde gibt, eine notwendige Stellungnahme des EDSA (s. Kommentierung zu Art. 64 DSGVO Rz. 3) nicht eingeholt bzw. befolgt wurde oder wenn Aufsichtsbehörden unterschiedlicher Auffassung über die Zuständigkeit für die Hauptniederlassung sind (s. hierzu Kommentierung zu 2

---

1 Zum Ganzen s. auch *Piltz*, K&R 2017, 85 (87).
2 Sydow/*Schöndorf-Haubold*, Art. 65 DSGVO Rz. 1.
3 So Ehmann/Selmayr/*Klabunde*, Art. 65 DSGVO Rz. 1; s. auch Paal/Pauly/*Körffer*, Art. 65 DSGVO Rz. 1.

Art. 65 DSGVO | Streitbeilegung durch den Ausschuss

Art. 51 f. DSGVO)[4]. Hierbei handelt es sich um ein verfahrens- und organisationsrechtliches Novum auf Unionsebene[5].

3   Der EDSA entscheidet in der Regel **innerhalb eines Monats** mit einer **Zwei-Drittel-Mehrheit** über die Angelegenheit per **Beschluss** (Art. 65 Abs. 2). Maßgeblich für diesen Artikel sind die **Erwägungsgründe 135 und 136**.

II. Anlass zur Beschlussfassung (Abs. 1)

4   Der EDSA entscheidet durch verbindlichen Beschluss gemäß Art. 65 Abs. 1 in einer der folgenden drei Konstellationen[6]:

1. In der **Zusammenarbeit der federführenden und betroffenen Aufsichtsbehörde** nach Art. 60 kommt es zu unterschiedlichen Auffassungen (Abs. 1 Buchst. a), z.B. bei der Beantwortung der Frage, ob ein Verstoß gegen die DSGVO vorliegt.

2. Es gibt unterschiedliche Auffassungen der betroffenen Behörden über die **Zuständigkeit** für die Hauptniederlassung des für die Verarbeitung Verantwortlichen (Abs. 1 Buchst. b) und somit darüber, welche die **federführende Behörde** i.S.d. Art. 56 Abs. 1 (s. Kommentierung zu Art. 56 DSGVO Rz. 6) ist.

3. Eine zuständige Aufsichtsbehörde hat die **Einholung** einer Stellungnahme des EDSA nach Art. 64 Abs. 1 (s. Kommentierung zu Art. 64 DSGVO Rz. 3) **unterlassen** oder **folgt** einer **Stellungnahme** des EDSA i.S.d. Art. 64 **nicht** (Abs. 1 Buchst. c).

III. Verfahren

5   Eine **Beschlussfassung** i.S.d. Art. 65 Abs. 1 kann auf Betreiben der betroffenen Aufsichtsbehörde im Fall des Abs. 1 Buchst. a, der um die Zuständigkeit streitenden Behörden im Falle des Abs. 1 Buchst. b oder einer betroffenen Aufsichtsbehörde bzw. der Europäischen Kommission im Falle des Abs. 1 Buchst. c erfolgen. Zudem kann der EDSA in den Fällen des Art. 65 Abs. 1 auch auf eigene Initiative hin tätig werden. Ob der Beschluss in Sitzungen oder im Umlaufverfahren gefasst wird, ist gesetzlich nicht bestimmt und wird der Ausgestaltung durch die Geschäftsordnung des EDSA vorbehalten bleiben[7].

---

4 Zu den Normadressaten s. Gierschmann/Schlender/Stentzel/Veil/*Gramlich*, Art. 65 DSGVO Rz. 2.
5 Sydow/*Schöndorf-Haubold*, Art. 65 DSGVO Rz. 1.
6 S. Ehmann/Selmayr/*Klabunde*, Art. 65 DSGVO Rz. 4; ausführlich Gierschmann/Schlender/Stentzel/Veil/*Gramlich*, Art. 65 DSGVO Rz. 7 ff.
7 Gola/*Eichler*, Art. 65 DSGVO Rz. 7.

Obwohl eine dem Art. 64 Abs. 5 entsprechende Regelung im Rahmen des Streitbeilegungsverfahrens fehlt[8], werden den Mitgliedern des EDSA auch hier zweckmäßigerweise alle relevanten Informationen auf elektronischem Weg zur Verfügung gestellt werden (s. Kommentierung zu Art. 64 DSGVO Rz. 5). Der Vorsitz des EDSA wird die Mitglieder unverzüglich über die Befassung informieren (s. auch Art. 64 Abs. 5), damit ein Beschluss schnellst möglichst herbeigeführt werden kann.

Der Beschluss des EDSA wird regelmäßig innerhalb einer **Frist von einem Monat** nach der Befassung des Ausschusses mit der jeweiligen Angelegenheit verabschiedet werden (Art. 65 Abs. 2). Die besondere Komplexität der dem Beschluss zugrundeliegenden Angelegenheit rechtfertigt eine **Fristverlängerung** um einen weiteren Monat[9]. Hierbei können tatsächliche oder rechtliche Umstände die Annahme einer Komplexität i.S.d. Abs. 2 begründen[10].

Wie ein entsprechender Beschlussentwurf erarbeitet wird, der mit einer **Zwei-Drittel-Mehrheit** der Mitglieder des EDSA angenommen werden muss, ist gesetzlich nicht geregelt. Die Verfahrensweise wird in der Geschäftsordnung des EDSA festgelegt (s. Art. 72).

Wird ein Beschluss innerhalb der in Art. 65 Abs. 2 genannten Fristen (d.h. spätestens innerhalb von zwei Monaten) mit der erforderlichen Zwei-Drittel-Mehrheit angenommen, so wird er mit **Gründen** versehen an die federführende Aufsichtsbehörde und alle weiteren betroffenen Behörden übermittelt und ist für diese **verbindlich** (Abs. 2).

Findet sich innerhalb der in Art. 65 Abs. 2 genannten Frist **keine notwendige Mehrheit** von zwei Dritteln der Mitglieder des EDSA, so greift das Verfahren des Art. 65 Abs. 3[11]. Hiernach entscheidet der EDSA innerhalb zweier weiterer Wochen nach Ablauf der Frist des Abs. 2 (d.h. nach höchstens zwei Monaten) mit **einfacher Mehrheit** der Mitglieder über einen Beschluss. Sollte es hierbei zu Stimmgleichheit kommen, so entscheidet in diesem Fall die Stimme des Vorsitzes[12]. Hierdurch wird sichergestellt, dass es nach Ablauf der Maximalfrist in jedem Fall zu einer Entscheidung kommt[13].

Bis zu einer verbindlichen Entscheidung des EDSA erlassen die **betroffenen Aufsichtsbehörden** gemäß Art. 65 Abs. 4 **keine eigenen Beschlüsse** über die dem Ausschuss vorgelegten Angelegenheiten.

---

8 BeckOK DatenschutzR/*Marsch*, Art. 65 DSGVO Rz. 9.
9 S. Sydow/*Schöndorf-Haubold*, Art. 65 DSGVO Rz. 38.
10 S. auch Gierschmann/Schlender/Stentzel/Veil/*Gramlich*, Art. 65 DSGVO Rz. 12.
11 Vgl. BeckOK DatenschutzR/*Marsch*, Art. 65 DSGVO Rz. 11.
12 Zur Ausgestaltung durch die Geschäftsordnung des EDSA Ehmann/Selmayr/*Klabunde*, Art. 65 DSGVO Rz. 15.
13 Sydow/*Schöndorf-Haubold*, Art. 65 DSGVO Rz. 43; s. auch BeckOK DatenschutzR/*Marsch*, Art. 65 DSGVO Rz. 13.

IV. Weiteres Vorgehen nach Beschlussfassung

12 Nach Beschlussfassung unterrichtet der Vorsitz des EDSA die betroffenen Aufsichtsbehörden unverzüglich über den Beschluss und informiert zudem die Kommission (Art. 65 Abs. 5). Der Beschluss des EDSA wird auf dessen **Internetseiten veröffentlicht**, nachdem der Beschluss von den entsprechenden Aufsichtsbehörden umgesetzt wurde und deren „endgültiger Beschluss" (s. Rz. 13) mitgeteilt wurde[14].

13 Liegt der federführenden Aufsichtsbehörde (bzw. der Aufsichtsbehörde, bei der Beschwerde eingereicht wurde) der Beschluss des EDSA vor, so trifft diese eine abschließende Entscheidung, den „endgültigen Beschluss" auf Grundlage der verbindlichen Entscheidung des EDSA. Dieser endgültige Beschluss muss unverzüglich, spätestens innerhalb eines Monats nach Übermittlung des verbindlichen Beschlusses des EDSA erlassen werden (Art. 65 Abs. 6 Satz 1). Hierbei gilt das Verfahren des Art. 60 Abs. 7–9. Im endgültigen Beschluss ist auf den des EDSA Bezug nehmen (Art. 65 Abs. 6 Satz 4). Letzterer ist dem ersteren beizufügen (Art. 65 Abs. 6 Satz 5). Über den endgültigen Beschluss sowie über den Zeitpunkt, zu dem dieser dem Verantwortlichen, dem Auftragsverarbeiter oder der betroffenen Person zugegangen ist, ist der EDSA zu informieren (Art. 65 Abs. 6 Satz 2, Satz 3 i.V.m. Art. 60 Abs. 7 Satz 1).

V. Rechtsschutz

14 Der endgültige Beschluss der zuständigen Aufsichtsbehörde ergeht in der Regel in Gestalt eines **Verwaltungsaktes**, der von den Gerichten der Mitgliedstaaten überprüft werden kann (s. auch Art. 78). Die für die Verarbeitung Verantwortlichen, Auftragsverarbeiter oder Beschwerdeführer können auch im Wege einer Nichtigkeitsklage nach Art. 263 Abs. 4 AEUV gegen den Beschluss des EDSA vorgehen, soweit sie hierdurch unmittelbar und individuell betroffen sind (s. Erwägungsgrund 143). Letztendlich kann die Kommission bei Weigerung der Umsetzung ein Vertragsverletzungsverfahren nach Art. 258 AEUV einleiten[15]. Ansonsten besteht im Wege eines nationalen Gerichtsverfahrens die Möglichkeit der Vorlage an den EuGH nach Art. 267 AEUV[16].

15 Die betroffenen Aufsichtsbehörden, die gegen den verbindlichen Beschluss des EDSA vorgehen wollen, können ebenfalls Nichtigkeitsklage gemäß Art. 263 Abs. 4 AEUV erheben[17]. Eine entsprechende Klagebefugnis wird aufgrund der umfassenden Bindungswirkung des Beschlusses des EDSA auch den Aufsichts-

---

14 S. auch Gola/*Eichler*, Art. 65 DSGVO Rz. 14.
15 Ehmann/Selmayr/*Klabunde*, Art. 65 DSGVO Rz. 19.
16 Ausführlich zu den Rechtsmitteln *Nguyen*, ZD 2015, 265 (268).
17 S. auch Sydow/*Schöndorf-Haubold*, Art. 65 DSGVO Rz. 52.

behörden, die erst durch das Kohärenzverfahren mit der entsprechenden Angelegenheit befasst waren, zuzusprechen sein[18].

Artikel 66 Dringlichkeitsverfahren

(1) Unter außergewöhnlichen Umständen kann eine betroffene Aufsichtsbehörde abweichend vom Kohärenzverfahren nach Artikel 63, 64 und 65 oder dem Verfahren nach Artikel 60 sofort einstweilige Maßnahmen mit festgelegter Geltungsdauer von höchstens drei Monaten treffen, die in ihrem Hoheitsgebiet rechtliche Wirkung entfalten sollen, wenn sie zu der Auffassung gelangt, dass dringender Handlungsbedarf besteht, um Rechte und Freiheiten von betroffenen Personen zu schützen. Die Aufsichtsbehörde setzt die anderen betroffenen Aufsichtsbehörden, den Ausschuss und die Kommission unverzüglich von diesen Maßnahmen und den Gründen für deren Erlass in Kenntnis.

(2) Hat eine Aufsichtsbehörde eine Maßnahme nach Absatz 1 ergriffen und ist sie der Auffassung, dass dringend endgültige Maßnahmen erlassen werden müssen, kann sie unter Angabe von Gründen im Dringlichkeitsverfahren um eine Stellungnahme oder einen verbindlichen Beschluss des Ausschusses ersuchen.

(3) Jede Aufsichtsbehörde kann unter Angabe von Gründen, auch für den dringenden Handlungsbedarf, im Dringlichkeitsverfahren um eine Stellungnahme oder gegebenenfalls einen verbindlichen Beschluss des Ausschusses ersuchen, wenn eine zuständige Aufsichtsbehörde trotz dringenden Handlungsbedarfs keine geeignete Maßnahme getroffen hat, um die Rechte und Freiheiten von betroffenen Personen zu schützen.

(4) Abweichend von Artikel 64 Absatz 3 und Artikel 65 Absatz 2 wird eine Stellungnahme oder ein verbindlicher Beschluss im Dringlichkeitsverfahren nach den Absätzen 2 und 3 binnen zwei Wochen mit einfacher Mehrheit der Mitglieder des Ausschusses angenommen.

I. Einstweilige Maßnahmen (Abs. 1) 1	III. Ersuchen der betroffenen Behörde (Abs. 2) 4
II. Beschleunigte Stellungnahme und Beschlussfassung (Abs. 2 und 3) 3	IV. Ersuchen anderer Behörden (Abs. 3) 5
	V. Frist und Mehrheit (Abs. 4) 6

Schrifttum: S. Art. 63 DSGVO.

---

18 So auch *Nguyen*, ZD 2015, 265 (268).

Art. 66 DSGVO | Dringlichkeitsverfahren

I. Einstweilige Maßnahmen (Abs. 1)

1 Art. 66 Abs. 1 regelt ein beschleunigtes Verfahren zum **Erlass einstweiliger Maßnahmen** in Fällen, in denen aufgrund außergewöhnlicher Umstände ein dringender Handlungsbedarf besteht, um Rechte und Freiheiten von betroffenen Personen zu schützen[1]. Dies ist z.B. dann der Fall, wenn eine erhebliche Behinderung der Durchsetzung des Rechts einer betroffenen Person droht (s. Erwägungsgrund 137). Eine entsprechende Dringlichkeit wird in Fällen der Fristversäumnis bei Amtshilfeverfahren (Art. 61 Abs. 8) und bei Fristversäumnis bei gemeinsamen Maßnahmen (Art. 62 Abs. 7) vermutet[2].

In den Fällen, in denen nach den allgemeinen Verfahren der DSGVO kein ausreichender Rechtsschutz sichergestellt werden kann[3], können betroffene Aufsichtsbehörden aufgrund der dann vermuteten Eilbedürftigkeit abweichend von den herkömmlichen Regeln des Kohärenzverfahrens (Art. 63–65) bzw. zur herkömmlichen Zusammenarbeit zwischen der federführenden Aufsichtsbehörde und den sonstigen betroffenen Aufsichtsbehörden (Art. 60) sofort einstweilig tätig werden und Maßnahmen nach Art. 58 (s. Art. 58 DSGVO Rz. 7 ff.) treffen[4]. Ein effektiver Grundrechtsschutz überwiegt in diesen Fällen das Bedürfnis einer einheitlichen Auslegung und Anwendung der Regeln der DSGVO durch die Aufsichtsbehörden[5].

Die einstweilig getroffenen Maßnahmen dürfen höchstens **drei Monate** aufrechterhalten werden[6]. Bis zum Ende der Frist muss eine Entscheidung im herkömmlichen Kohärenzverfahren oder im Wege der regulären Zusammenarbeit zwischen federführender und betroffener Behörde ergehen. Somit wird eine Umgehung der herkömmlichen Mechanismen der Zusammenarbeit der Aufsichtsbehörden und der grenzüberschreitenden Entscheidungsfindung vermieden[7]. Zudem kann eine beschleunigte Stellungnahme bzw. Beschlussfassung des EDSA verlangt werden (s. unten Rz. 3).

1a Aufgrund der zeitlich begrenzten Wirkung weisen die im Dringlichkeitsverfahren erlassenen einstweiligen Maßnahmen einen **vorläufigen Charakter** auf. Die Aufsichtsbehörden können hier regelmäßig nur Maßnahmen treffen, die keinen endgültigen Zustand (z.B. die unwiderrufliche Löschung von Daten) herbeiführen[8]. Hierüber muss im herkömmlichen Wege der Zusammenarbeit und Kohärenz entschieden werden (s. Rz. 3 ff.). Die Aufsichtsbehörde hat regelmäßig

---

1 Auf die der Vollzugsharmonisierung geschuldeten sperrigen Verfahrensabläufe hinweisend BeckOK DatenschutzR/*Marsch*, Art. 66 DSGVO Rz. 1.
2 Ausführlich Sydow/*Schöndorf-Haubold*, Art. 66 DSGVO Rz. 8 f.
3 Sydow/*Schöndorf-Haubold*, Art. 66 DSGVO Rz. 4.
4 S. Gola/*Eichler*, Art. 66 DSGVO Rz. 2.
5 So Ehmann/Selmayr/*Klabunde*, Art. 66 DSGVO Rz. 2.
6 S. auch Gierschmann/Schlender/Stentzel/Veil/*Gramlich*, Art. 66 DSGVO Rz. 5.
7 Ehmann/Selmayr/*Klabunde*, Art. 66 DSGVO Rz. 3.
8 Ehmann/Selmayr/*Klabunde*, Art. 66 DSGVO Rz. 11.

Maßnahmen zu wählen, die die Rechte der Betroffenen schützen, die Einheitlichkeit der Anwendung der DSGVO jedoch zulässt (z.b. durch das vorübergehende Sperren satt Löschen von Daten)[9].

Über den Erlass der Eilmaßnahme und dessen Gründe hat die betroffene Behörde alle anderen betroffenen Aufsichtsbehörden, den EDSA und die Europäische Kommission unverzüglich – nicht zwangsweise vor dem Erlass der Maßnahme – zu informieren (Art. 66 Abs. 1 Satz 2)[10]. Maßgeblich für diesen Artikel ist der **Erwägungsgrund 137**. 2

II. Beschleunigte Stellungnahme und Beschlussfassung (Abs. 2 und 3)

Die Aufsichtsbehörde, die eine einstweilige Maßnahme i.S.d. Art. 66 Abs. 1 getroffen hat, kann eine beschleunigte Stellungnahme bzw. Beschlussfassung des EDSA beantragen (Art. 66 Abs. 2). Das Dringlichkeitsverfahren kann auch jede andere Aufsichtsbehörde initiieren, falls die betroffene (eigentlich für den Erlass der Maßnahme zuständige) Behörde bei dringendem Handlungsbedarf untätig bleibt (Art. 66 Abs. 3). Das Dringlichkeitsverfahren ist **zwingend** in Fällen der Fristversäumnis bei Amtshilfeverfahren (Art. 61 Abs. 8) und der Fristversäumnis bei gemeinsamen Maßnahmen (Art. 62 Abs. 7) **durchzuführen**. 3

III. Ersuchen der betroffenen Behörde (Abs. 2)

Die Aufsichtsbehörde, die eine einstweilige Maßnahme ergreift, kann unter Angabe der Gründe eine beschleunigte Stellungnahme oder eine beschleunigte Fassung eines verbindlichen Beschlusses durch den EDSA verlangen[11]. Hierzu muss die Aufsichtsbehörde der Auffassung sein, dass dringend eine endgültige Maßnahme erlassen werden muss und eine herkömmliche Stellungnahme (Art. 64) bzw. eine reguläre Beschlussfassung (Art. 65) dieser Dringlichkeit nicht gerecht wird. Das weitere Verfahren wird durch Art. 66 Abs. 4 festgelegt (s. unten Rz. 6). 4

IV. Ersuchen anderer Behörden (Abs. 3)

Für den Fall, dass eine zuständige Aufsichtsbehörde trotz dringendem Handlungsbedarf keine Maßnahmen zum Schutz der Rechte und Freiheiten betroffe- 5

---

9 Paal/Pauly/*Körffer*, Art. 66 DSGVO Rz. 5; in Anlehnung an die Grundsätze des einstweiligen Rechtsschutzes im deutschen Verfahrensrecht weitergehend Paal/Pauly/*Körffer*, Art. 66 DSGVO Rz. 5.
10 Gola/*Eichler*, Art. 66 DSGVO Rz. 2.
11 Vgl. Gierschmann/Schlender/Stentzel/Veil/*Gramlich*, Art. 66 DSGVO Rz. 13.

ner Personen getroffen hat, ist jede Aufsichtsbehörde befugt, eine beschleunigte Stellungnahme bzw. Beschlussfassung des EDSA herbeizuführen[12]. Hierbei hat sie die Sachgründe und die Gründe der Dringlichkeit darzulegen. Auch in diesem Fall gelten die kurzen zweiwöchigen Entscheidungsfristen; die Beschlussfassung erfolgt mit einfacher Mehrheit (Art. 66 Abs. 4). Art. 60 Abs. 11 verweist im Rahmen der Zusammenarbeit der Aufsichtsbehörden ausdrücklich auf das Dringlichkeitsverfahren[13].

V. Frist und Mehrheit (Abs. 4)

6 Während **reguläre Stellungnahmen** bis zu 14 Wochen (s. Kommentierung zu Art. 64 DSGVO Rz. 6) und reguläre Beschlüsse zwei Monate plus zwei Wochen „Nachfrist" (s. Kommentierung zu Art. 65 DSGVO Rz. 7) bis zum Erlass benötigen können, sind beide Fristen im Dringlichkeitsverfahren auf **zwei Wochen** verkürzt[14]. Zudem müssen verbindliche Beschlüsse im Dringlichkeitsverfahren abweichend von Art. 65 Abs. 2 nur mit einfacher Mehrheit der Mitglieder des EDSA angenommen werden (Art. 66 Abs. 4). Aufgrund der Tragweite der Entscheidungen und der Entscheidung durch einfache Mehrheit bleibt abzuwarten, ob die verkürzte Frist zu ausgewogenen Ergebnissen führen kann[15].

Artikel 67 Informationsaustausch

Die Kommission kann Durchführungsrechtsakte von allgemeiner Tragweite zur Festlegung der Ausgestaltung des elektronischen Informationsaustauschs zwischen den Aufsichtsbehörden sowie zwischen den Aufsichtsbehörden und dem Ausschuss, insbesondere des standardisierten Formats nach Artikel 64, erlassen.

Diese Durchführungsrechtsakte werden gemäß dem Prüfverfahren nach Artikel 93 Absatz 2 erlassen.

Schrifttum: S. Art. 63 DSGVO.

1 Art. 67 ermächtigt die Kommission[1], per Durchführungsrechtsakt **Standards für den elektronischen Informationsaustausch** (bspw. in Bezug auf Integrität, Ver-

---

12 S. auch BeckOK DatenschutzR/*Marsch*, Art. 66 DSGVO Rz. 7.
13 Ausführlich Sydow/*Schöndorf-Haubold*, Art. 66 DSGVO Rz. 22.
14 Zur Fristberechnung s. auch Gierschmann/Schlender/Stentzel/Veil/*Gramlich*, Art. 66 DSGVO Rz. 17.
15 Kritisch Gola/*Eichler*, Art. 66 DSGVO Rz. 5; Sydow/*Schöndorf-Haubold*, Art. 66 DSGVO Rz. 26.
1 Kritisch Paal/Pauly/*Körffer*, Art. 67 DSGVO Rz. 1.

traulichkeit und Revisionsfähigkeit[2]) zwischen den Aufsichtsbehörden und dem EDSA festzulegen und diesen auch darüber hinaus auszugestalten[3]. Dies erleichtert die Digitalisierung der Kommunikations- und Verwaltungsvorgänge, die u.a. in Kapitel VII der DSGVO und in Art. 64, der Bestimmungen zu Stellungnahmen des EDSA enthält, geregelt sind[4]. Der effiziente Informationsaustausch ist Voraussetzung für die effektive Zusammenarbeit der Aufsichtsbehörden gemäß Art. 63[5]. Gerade vor dem Hintergrund kurzer Entscheidungsfristen sind ein gemeinsamer Standard und der elektronische Informationsaustausch zwischen allen Beteiligten unabdingbar. Hierdurch kann bei entsprechender Ausgestaltung auch der elektronische Rechtsverkehr auf Ebene der Mitgliedstaaten gefördert werden[6].

Art. 93 Abs. 2 verweist auf Art. 5 der Verordnung (EU) Nr. 182/2011 zur Festlegung der allgemeinen Regeln und Grundsätze, nach denen die Mitgliedstaaten die Wahrnehmung der Durchführungsbefugnisse durch die Kommission kontrollieren[7]. Hierin ist das Prüfverfahren festgelegt, durch das die Mitgliedstaaten den Durchführungsrechtsakt zum Informationsaustausch der Kommission kontrollieren (s. auch **Erwägungsgrund 168**). Soweit die Aufsichtsbehörden ein entsprechendes, zweckmäßiges Verfahren selbst implementieren, so ist der Erlass eines Durchführungsrechtsaktes jedoch obsolet[8]. 2

Abschnitt 3
Europäischer Datenschutzausschuss

Artikel 68 Europäischer Datenschutzausschuss

(1) Der Europäische Datenschutzausschuss (im Folgenden „Ausschuss") wird als Einrichtung der Union mit eigener Rechtspersönlichkeit eingerichtet.

(2) Der Ausschuss wird von seinem Vorsitz vertreten.

(3) Der Ausschuss besteht aus dem Leiter einer Aufsichtsbehörde jedes Mitgliedstaats und dem Europäischen Datenschutzbeauftragten oder ihren jeweiligen Vertretern.

(4) Ist in einem Mitgliedstaat mehr als eine Aufsichtsbehörde für die Überwachung der Anwendung der nach Maßgabe dieser Verordnung erlassenen

---

2 Paal/Pauly/*Körffer*, Art. 67 DSGVO Rz. 3.
3 Zweckmäßigerweise wird hier auch der Informationsaustausch zwischen Kommission und EDSA geregelt werden, so BeckOK DatenschutzR/*Marsch*, Art. 67 DSGVO Rz. 1.
4 So auch BeckOK DatenschutzR/*Marsch*, Art. 67 DSGVO Rz. 1.
5 Gola/*Eichler*, Art. 67 DSGVO Rz. 1.
6 Vgl. auch Gierschmann/Schlender/Stentzel/Veil/*Gramlich*, Art. 67 DSGVO Rz. 14.
7 Ausführlich Gierschmann/Schlender/Stentzel/Veil/*Gramlich*, Art. 67 DSGVO Rz. 11.
8 Gola/*Eichler*, Art. 67 DSGVO Rz. 1.

Vorschriften zuständig, so wird im Einklang mit den nationalen Rechtsvorschriften dieses Mitgliedstaats ein gemeinsamer Vertreter benannt.

(5) Die Kommission ist berechtigt, ohne Stimmrecht an den Tätigkeiten und Sitzungen des Ausschusses teilzunehmen. Die Kommission benennt einen Vertreter. Der Vorsitz des Ausschusses unterrichtet die Kommission über die Tätigkeiten des Ausschusses.

(6) In den in Artikel 65 genannten Fällen ist der Europäische Datenschutzbeauftragte nur bei Beschlüssen stimmberechtigt, die Grundsätze und Vorschriften betreffen, die für die Organe, Einrichtungen, Ämter und Agenturen der Union gelten und inhaltlich den Grundsätzen und Vorschriften dieser Verordnung entsprechen.

Artikel 69 Unabhängigkeit

(1) Der Ausschuss handelt bei der Erfüllung seiner Aufgaben oder in Ausübung seiner Befugnisse gemäß den Artikeln 70 und 71 unabhängig.

(2) Unbeschadet der Ersuchen der Kommission gemäß Artikel 70 Absätze 1 und 2 ersucht der Ausschuss bei der Erfüllung seiner Aufgaben oder in Ausübung seiner Befugnisse weder um Weisung noch nimmt er Weisungen entgegen.

Artikel 70 Aufgaben des Ausschusses

(1) Der Ausschuss stellt die einheitliche Anwendung dieser Verordnung sicher. Hierzu nimmt der Ausschuss von sich aus oder gegebenenfalls auf Ersuchen der Kommission insbesondere folgende Tätigkeiten wahr:

a) Überwachung und Sicherstellung der ordnungsgemäßen Anwendung dieser Verordnung in den in den Artikeln 64 und 65 genannten Fällen unbeschadet der Aufgaben der nationalen Aufsichtsbehörden;

b) Beratung der Kommission in allen Fragen, die im Zusammenhang mit dem Schutz personenbezogener Daten in der Union stehen, einschließlich etwaiger Vorschläge zur Änderung dieser Verordnung;

c) Beratung der Kommission über das Format und die Verfahren für den Austausch von Informationen zwischen den Verantwortlichen, den Auftragsverarbeitern und den Aufsichtsbehörden in Bezug auf verbindliche unternehmensinterne Datenschutzvorschriften;

d) Bereitstellung von Leitlinien, Empfehlungen und bewährten Verfahren zu Verfahren für die Löschung gemäß Artikel 17 Absatz 2 von Links zu personenbezogenen Daten oder Kopien oder Replikationen dieser Daten aus öffentlich zugänglichen Kommunikationsdiensten;

e) Prüfung – von sich aus, auf Antrag eines seiner Mitglieder oder auf Ersuchen der Kommission – von die Anwendung dieser Verordnung betreffenden Fragen und Bereitstellung von Leitlinien, Empfehlungen und bewährten Verfahren zwecks Sicherstellung einer einheitlichen Anwendung dieser Verordnung;

f) Bereitstellung von Leitlinien, Empfehlungen und bewährten Verfahren gemäß Buchstabe e des vorliegenden Absatzes zur näheren Bestimmung der Kriterien und Bedingungen für die auf Profiling beruhenden Entscheidungen gemäß Artikel 22 Absatz 2;

g) Bereitstellung von Leitlinien, Empfehlungen und bewährten Verfahren gemäß Buchstabe e des vorliegenden Absatzes für die Feststellung von Verletzungen des Schutzes personenbezogener Daten und die Festlegung der Unverzüglichkeit im Sinne des Artikels 33 Absätze 1 und 2, und zu den spezifischen Umständen, unter denen der Verantwortliche oder der Auftragsverarbeiter die Verletzung des Schutzes personenbezogener Daten zu melden hat;

h) Bereitstellung von Leitlinien, Empfehlungen und bewährten Verfahren gemäß Buchstabe e des vorliegenden Absatzes zu den Umständen, unter denen eine Verletzung des Schutzes personenbezogener Daten voraussichtlich ein hohes Risiko für die Rechte und Freiheiten natürlicher Personen im Sinne des Artikels 34 Absatz 1 zur Folge hat;

i) Bereitstellung von Leitlinien, Empfehlungen und bewährten Verfahren gemäß Buchstabe e des vorliegenden Absatzes zur näheren Bestimmung der in Artikel 47 aufgeführten Kriterien und Anforderungen für die Übermittlungen personenbezogener Daten, die auf verbindlichen internen Datenschutzvorschriften von Verantwortlichen oder Auftragsverarbeitern beruhen, und der dort aufgeführten weiteren erforderlichen Anforderungen zum Schutz personenbezogener Daten der betroffenen Personen;

j) Bereitstellung von Leitlinien, Empfehlungen und bewährten Verfahren gemäß Buchstabe e des vorliegenden Absatzes zur näheren Bestimmung der Kriterien und Bedingungen für die Datenübermittlungen gemäß Artikel 49 Absatz 1;

k) Ausarbeitung von Leitlinien für die Aufsichtsbehörden in Bezug auf die Anwendung von Maßnahmen nach Artikel 58 Absätze 1, 2 und 3 und die Festsetzung von Geldbußen gemäß Artikel 83;

l) Überprüfung der praktischen Anwendung der Leitlinien, Empfehlungen und bewährten Verfahren;

m) Bereitstellung von Leitlinien, Empfehlungen und bewährten Verfahren gemäß Buchstabe e des vorliegenden Absatzes zur Festlegung gemeinsamer Verfahren für die von natürlichen Personen vorgenommene Meldung von Verstößen gegen diese Verordnung gemäß Artikel 54 Absatz 2;

n) Förderung der Ausarbeitung von Verhaltensregeln und der Einrichtung von datenschutzspezifischen Zertifizierungsverfahren sowie Datenschutzsiegeln und -prüfzeichen gemäß den Artikeln 40 und 42;

o) Genehmigung der Zertifizierungskriterien gemäß Artikel 42 Absatz 5 und Führung eines öffentlichen Registers der Zertifizierungsverfahren sowie von Datenschutzsiegeln und -prüfzeichen gemäß Artikel 42 Absatz 8 und der in Drittländern niedergelassenen zertifizierten Verantwortlichen oder Auftragsverarbeiter gemäß Artikel 42 Absatz 7;

p) Genehmigung der in Artikel 43 Absatz 3 genannten Anforderungen im Hinblick auf die Akkreditierung von Zertifizierungsstellen gemäß Artikel 43;

q) Abgabe einer Stellungnahme für die Kommission zu den Zertifizierungsanforderungen gemäß Artikel 43 Absatz 8;

r) Abgabe einer Stellungnahme für die Kommission zu den Bildsymbolen gemäß Artikel 12 Absatz 7;

s) Abgabe einer Stellungnahme für die Kommission zur Angemessenheit des in einem Drittland oder einer internationalen Organisation gebotenen Schutzniveaus einschließlich zur Beurteilung der Frage, ob das Drittland, das Gebiet, ein oder mehrere spezifische Sektoren in diesem Drittland oder eine internationale Organisation kein angemessenes Schutzniveau mehr gewährleistet. Zu diesem Zweck gibt die Kommission dem Ausschuss alle erforderlichen Unterlagen, darunter den Schriftwechsel mit der Regierung des Drittlands, dem Gebiet oder spezifischen Sektor oder der internationalen Organisation;

t) Abgabe von Stellungnahmen im Kohärenzverfahren gemäß Artikel 64 Absatz 1 zu Beschlussentwürfen von Aufsichtsbehörden, zu Angelegenheiten, die nach Artikel 64 Absatz 2 vorgelegt wurden und um Erlass verbindlicher Beschlüsse gemäß Artikel 65, einschließlich der in Artikel 66 genannten Fälle;

u) Förderung der Zusammenarbeit und eines wirksamen bilateralen und multilateralen Austauschs von Informationen und bewährten Verfahren zwischen den Aufsichtsbehörden;

v) Förderung von Schulungsprogrammen und Erleichterung des Personalaustausches zwischen Aufsichtsbehörden sowie gegebenenfalls mit Aufsichtsbehörden von Drittländern oder mit internationalen Organisationen;

w) Förderung des Austausches von Fachwissen und von Dokumentationen über Datenschutzvorschriften und -praxis mit Datenschutzaufsichtsbehörden in aller Welt;

x) Abgabe von Stellungnahmen zu den auf Unionsebene erarbeiteten Verhaltensregeln gemäß Artikel 40 Absatz 9;

y) Führung eines öffentlich zugänglichen elektronischen Registers der Beschlüsse der Aufsichtsbehörden und Gerichte in Bezug auf Fragen, die im Rahmen des Kohärenzverfahrens behandelt wurden.

(2) Die Kommission kann, wenn sie den Ausschuss um Rat ersucht, unter Berücksichtigung der Dringlichkeit des Sachverhalts eine Frist angeben.

(3) Der Ausschuss leitet seine Stellungnahmen, Leitlinien, Empfehlungen und bewährten Verfahren an die Kommission und an den in Artikel 93 genannten Ausschuss weiter und veröffentlicht sie.

(4) Der Ausschuss konsultiert gegebenenfalls interessierte Kreise und gibt ihnen Gelegenheit, innerhalb einer angemessenen Frist Stellung zu nehmen. Unbeschadet des Artikels 76 macht der Ausschuss die Ergebnisse der Konsultation der Öffentlichkeit zugänglich.

Artikel 71 Berichterstattung

(1) Der Ausschuss erstellt einen Jahresbericht über den Schutz natürlicher Personen bei der Verarbeitung in der Union und gegebenenfalls in Drittländern und internationalen Organisationen. Der Bericht wird veröffentlicht und dem Europäischen Parlament, dem Rat und der Kommission übermittelt.

(2) Der Jahresbericht enthält eine Überprüfung der praktischen Anwendung der in Artikel 70 Absatz 1 Buchstabe l genannten Leitlinien, Empfehlungen und bewährten Verfahren sowie der in Artikel 65 genannten verbindlichen Beschlüsse.

Artikel 72 Verfahrensweise

(1) Sofern in dieser Verordnung nichts anderes bestimmt ist, fasst der Ausschuss seine Beschlüsse mit einfacher Mehrheit seiner Mitglieder.

(2) Der Ausschuss gibt sich mit einer Mehrheit von zwei Dritteln seiner Mitglieder eine Geschäftsordnung und legt seine Arbeitsweise fest.

Artikel 73 Vorsitz

(1) Der Ausschuss wählt aus dem Kreis seiner Mitglieder mit einfacher Mehrheit einen Vorsitzenden und zwei stellvertretende Vorsitzende.

(2) Die Amtszeit des Vorsitzenden und seiner beiden Stellvertreter beträgt fünf Jahre; ihre einmalige Wiederwahl ist zulässig.

Artikel 74 Aufgaben des Vorsitzes

(1) Der Vorsitz hat folgende Aufgaben:

a) Einberufung der Sitzungen des Ausschusses und Erstellung der Tagesordnungen,

b) Übermittlung der Beschlüsse des Ausschuss nach Artikel 65 an die federführende Aufsichtsbehörde und die betroffenen Aufsichtsbehörden,

c) Sicherstellung einer rechtzeitigen Ausführung der Aufgaben des Ausschusses, insbesondere der Aufgaben im Zusammenhang mit dem Kohärenzverfahren nach Artikel 63.

(2) Der Ausschuss legt die Aufteilung der Aufgaben zwischen dem Vorsitzenden und dessen Stellvertretern in seiner Geschäftsordnung fest.

Artikel 75 Sekretariat

(1) Der Ausschuss wird von einem Sekretariat unterstützt, das von dem Europäischen Datenschutzbeauftragten bereitgestellt wird.

(2) Das Sekretariat führt seine Aufgaben ausschließlich auf Anweisung des Vorsitzes des Ausschusses aus.

(3) Das Personal des Europäischen Datenschutzbeauftragten, das an der Wahrnehmung der dem Ausschuss gemäß dieser Verordnung übertragenen Aufgaben beteiligt ist, unterliegt anderen Berichtspflichten als das Personal, das an der Wahrnehmung der dem Europäischen Datenschutzbeauftragten übertragenen Aufgaben beteiligt ist.

(4) Soweit angebracht, erstellen und veröffentlichen der Ausschuss und der Europäische Datenschutzbeauftragte eine Vereinbarung zur Anwendung des vorliegenden Artikels, in der die Bedingungen ihrer Zusammenarbeit festgelegt sind und die für das Personal des Europäischen Datenschutzbeauftragten gilt, das an der Wahrnehmung der dem Ausschuss gemäß dieser Verordnung übertragenen Aufgaben beteiligt ist.

(5) Das Sekretariat leistet dem Ausschuss analytische, administrative und logistische Unterstützung.

(6) Das Sekretariat ist insbesondere verantwortlich für

a) das Tagesgeschäft des Ausschusses,

b) die Kommunikation zwischen den Mitgliedern des Ausschusses, seinem Vorsitz und der Kommission,

c) die Kommunikation mit anderen Organen und mit der Öffentlichkeit,

d) den Rückgriff auf elektronische Mittel für die interne und die externe Kommunikation,

e) die Übersetzung sachdienlicher Informationen,

f) die Vor- und Nachbereitung der Sitzungen des Ausschusses,

g) die Vorbereitung, Abfassung und Veröffentlichung von Stellungnahmen, von Beschlüssen über die Beilegung von Streitigkeiten zwischen Aufsichtsbehörden und von sonstigen vom Ausschuss angenommenen Dokumenten.

Artikel 76 Vertraulichkeit

(1) Die Beratungen des Ausschusses sind gemäß seiner Geschäftsordnung vertraulich, wenn der Ausschuss dies für erforderlich hält.

(2) Der Zugang zu Dokumenten, die Mitgliedern des Ausschusses, Sachverständigen und Vertretern von Dritten vorgelegt werden, wird durch die Verordnung (EG) Nr. 1049/2001 des Europäischen Parlaments und des Rates[1] geregelt.

I. Allgemeines 1	c) Prüf- und Überwachungstätigkeit 16
II. Zielsetzung 3	d) Förderungstätigkeit 17
III. Zusammensetzung 4	e) Dokumentationstätigkeit ... 18
1. Mitglieder 4	2. Ersuchen der Kommission 19
2. Vertreter der Kommission 5	VI. Arbeitsweise 21
3. Europäischer Datenschutzbeauftragter 6	1. Geschäftsordnung 21
IV. Aufbau 7	2. Beschlussfassung 22
1. Vorsitz 7	3. Ergebnisse und Zwischenergebnisse 23
2. Sekretariat 10	a) Weiterleitung und Veröffentlichung 23
V. Aufgaben (Art. 70) 12	b) Jahresbericht 27
1. Aufgaben und Befugnisse 13	
a) Stellungnahmetätigkeit 13	
b) Empfehlungs- und Beratungstätigkeit 14	

I. Allgemeines

Mit der DSGVO wurde der Europäische Datenschutzausschuss, gewissermaßen als zentrale europäische Datenschutzbehörde[2], eingerichtet. Die maßgeblichen Regelungen, die hier zusammengefasst dargestellt werden sollen, finden sich in den Art. 68–76 sowie Erwägungsgrund 139 und 140.

Der Europäische Datenschutzausschuss hat eine eigene Rechtspersönlichkeit (Art. 68 Abs. 1) und macht die mit der EG-Datenschutzrichtlinie eingesetzte „Arbeitsgruppe für den Schutz der Rechte von Personen bei der Verarbeitung personenbezogener Daten" (sog. „Artikel 29-Datenschutzgruppe") obsolet, vgl. Erwägungsgrund 139. Im Gegensatz zu dieser wird ihm weit mehr als nur beratende Funktion zugewiesen (vgl. Art. 70 – hierzu sogleich). Insbesondere kann der Europäische Datenschutzausschuss in bestimmten Fällen **verbindliche Be-**

---

1 Verordnung (EG) Nr. 1049/2001 des Europäischen Parlaments und des Rates v. 30.5. 2001 über den Zugang der Öffentlichkeit zu Dokumenten des Europäischen Parlaments, des Rates und der Kommission (ABl. L 145 v. 31.5.2001, S. 43).
2 Vgl. *Härting*, BB 2012, 459 (460).

schlüsse an Stelle der eigentlich zuständigen nationalen Aufsichtsbehörde treffen, vgl. z.B. Art. 61 Abs. 8 Satz 2, Art. 66 Abs. 2.
Die Beschlüsse richten sich an die nationalen Aufsichtsbehörden, die dann entsprechend selbst bescheiden müssen. Die nationalen Aufsichtsbehörden können die Rechtmäßigkeit eines Beschlusses des Europäischen Datenausschusses nach Art. 263 AEUV vom EuGH überprüfen lassen[3]. Allen anderen betroffenen Personen steht (nur) der Rechtsweg gegen die auf dem Beschluss basierende Entscheidung der nationalen Aufsichtsbehörde zu den nationalen Gerichten offen, die gegebenenfalls zur Vorlage nach Art. 267 AEUV berechtigt oder verpflichtet sind[4].

II. Zielsetzung

3   Aufgabe und Ziel des Europäischen Datenschutzausschusses ist die „Förderung der einheitlichen Anwendung" der DSGVO in der Union, vgl. Erwägungsgrund 139. Daneben soll er „die Kommission insbesondere im Hinblick auf das Schutzniveau in Drittländern oder internationalen Organisationen beraten" und die Zusammenarbeit zwischen den Aufsichtsbehörden fördern.

III. Zusammensetzung

1. Mitglieder

4   **Mitglieder** des Europäischen Datenschutzausschusses sind die Leiter der Aufsichtsbehörden der Mitgliedstaaten sowie der Europäische Datenschutzbeauftragte oder die jeweiligen Vertreter, Art. 68 Abs. 3. Jeder Mitgliedstaat hat – unabhängig von der Bevölkerungsgröße – eine Stimme[5]. Die Vertreter dürfen an den Sitzungen teilnehmen, haben jedoch nur im Vertretungsfall ein eigenes Stimmrecht[6]. Sollte es in einem Mitgliedstaat, wie z.B. in Deutschland der Fall, mehrere Aufsichtsbehörden geben, benennen diese nach Art. 68 Abs. 4 nach nationalem Recht einen **gemeinsamen Vertreter**. In Deutschland ist der gemeinsame Vertreter gemäß § 17 Abs. 1 Satz 1 BDSG der bzw. die Bundesbeauftragte für den Datenschutz und die Informationsfreiheit. Als Stellvertreter fungiert eine Leiterin bzw. ein Leiter einer Datenschutzaufsichtsbehörde eines Landes, die bzw. der vom Bundesrat gewählt wird (vgl. § 17 Abs. 1 Satz 2–5 BDSG).

---

3 Ehmann/Selmayr/*Albrecht*, Art. 61 DSGVO Rz. 5.
4 Ehmann/Selmayr/*Albrecht*, Art. 61 DSGVO Rz. 5 unter Hinweis auf Erwägungsgrund 143.
5 BeckOK DatenschutzR/*Brink*, Art. 68 DSGVO Rz. 16; Paal/Pauly/*Körffer*, Art. 68 DSGVO Rz. 4; Kühling/Buchner/*Dix*, Art. 68 DSGVO Rz. 8; kritisch Gola/*Nguyen*, Art. 72 DSGVO Rz. 2.
6 Kühling/Buchner/*Dix*, Art. 68 DSGVO Rz. 8.

2. Vertreter der Kommission

Die **Kommission** ist nach Art. 68 Abs. 5 berechtigt, durch einen Vertreter an den Tätigkeiten und Sitzungen des Europäischen Datenschutzausschusses teilzunehmen. Sie ist aber nicht Mitglied und hat kein Stimmrecht, was die Unabhängigkeit der Aufsichtsbehörden sowie des Ausschusses (vgl. Art. 69) gegenüber der Kommission unterstreicht[7].

5

3. Europäischer Datenschutzbeauftragter

Der Europäische Datenschutzbeauftragte, der i.Ü. normales Mitglied des Europäischen Datenschutzausschusses ist[8], hat im Fall der **Streitbeilegung** im Kohärenzverfahren nach Art. 65 nur ein eingeschränktes Stimmrecht, Art. 68 Abs. 6. Es ist, entsprechend seiner Zuständigkeit (vgl. Art. 41 ff. VO (EG) Nr. 45/2001), auf Beschlüsse begrenzt, die „Grundsätze und Vorschriften betreffen, die für Organe, Einrichtungen, Ämter und Agenturen der Union gelten" und zudem „inhaltlich den Grundsätzen und Vorschriften" der DSGVO entsprechen. Im Umkehrschluss bestehen im Übrigen die gleichen Mitbestimmungsbefugnisse wie bei den anderen Mitgliedern.

6

IV. Aufbau

1. Vorsitz

Der Europäische Datenschutzausschuss wird durch seinen **Vorsitz** vertreten, Art. 68 Abs. 2. Dieser (und zwei Stellvertreter) wird mit einfacher Mehrheit aus dem Kreis der Mitglieder gewählt, Art. 73 Abs. 1. Seine Amtszeit beträgt grundsätzlich fünf, bei Wiederwahl insgesamt maximal zehn Jahre, vgl. Art. 73 Abs. 2.

7

Neben eher administrativen Aufgaben (Sitzungseinberufung, Erstellung von Tagesordnungen, vgl. Art. 74 Abs. 1 Buchst. a; Übermittlung der Beschlüsse nach Art. 65 an die beteiligten Aufsichtsbehörden, Art. 74 Abs. 1 Buchst. b), fällt die Sicherstellung der „rechtzeitigen" Ausführung der Aufgaben des Europäischen Datenschutzausschusses in den Verantwortungsbereich des Vorsitzes, Art. 74 Abs. 1 Buchst. c. Zudem leitet der Vorsitz das Sekretariat des Europäischen Datenschutzausschusses an, Art. 75 Abs. 2.

8

Der genaue Zuschnitt der Verantwortlichkeiten, die Aufgabenteilung zwischen dem Vorsitzenden und seinen beiden Stellvertretern wird in der Geschäftsordnung des Europäischen Datenschutzausschusses festgeschrieben (s. dazu sogleich).

9

---

7 Auernhammer/*Hermerschmidt*, Art. 68 DSGVO Rz. 24.
8 Ehmann/Selmayr/*Albrecht*, Art. 73 DSGVO Rz. 3.

2. Sekretariat

10 Das **Sekretariat** unterstützt (vgl. auch Erwägungsgrund 140) den Europäischen Datenschutzausschuss in „analytischer, administrativer und logistischer Weise" (Art. 75 Abs. 5). Dazu gehört nach der nicht abschließenden Aufzählung in Art. 75 Abs. 6 die Organisation des Tagesgeschäfts, die interne und externe Kommunikation, Sitzungsvor- und -nachbereitung sowie die (auch juristische[9]) Unterstützung bei Vorbereitung, Abfassung und Veröffentlichung von Stellungnahmen, Beschlüssen etc. Insbesondere gehört auch die Aufgabe der Übersetzung „sachdienlicher Informationen" zu den Aufgaben des Sekretariats. Hierzu gehört u.a. die Übersetzung von Dokumenten im Rahmen des Kohärenzverfahrens sowie von Stellungnahmen und Beschlüssen des Europäischen Datenschutzbeauftragten[10].

11 Das Sekretariat ist beim Europäischen Datenschutzbeauftragten angesiedelt bzw. wird von diesem bereitgestellt (Art. 75 Abs. 1) und personell ausgestattet (beachte Art. 75 Abs. 3 bezüglich der Berichtspflichten), arbeitet jedoch ausschließlich auf Anweisung des Vorsitzenden des Europäischen Datenschutzausschusses (Art. 75 Abs. 2). Die Bedingungen der Zusammenarbeit werden „soweit angebracht" in einer gesonderten „Vereinbarung zur Anwendung" des Art. 75 zwischen Europäischem Datenschutzausschuss und Europäischem Datenschutzbeauftragten festgelegt (Art. 75 Abs. 4).

V. Aufgaben (Art. 70)

12 Die Aufgaben des Europäischen Datenschutzausschusses sind – nicht abschließend – in Art. 70 geregelt. Diese kann er „von sich aus" oder auf Ersuchen der Kommission (hierzu Rz. 19) wahrnehmen.

1. Aufgaben und Befugnisse

a) Stellungnahmetätigkeit

13 Der Europäische Datenschutzausschuss hat umfangreiche **Stellungnahmebefugnisse**. Diese umfassen u.a. die Zertifizierungsanforderungen, Bildsymbole nach Art. 12 Abs. 7, Angemessenheit des Datenschutzniveaus in Drittländern etc., Beschlüsse in Kohärenzverfahren (Art. 63 ff.) oder Verhaltensregeln nach Art. 40 Abs. 9.

---

9 Ehmann/Selmayr/*Albrecht*, Art. 75 DSGVO Rz. 3.
10 Gola/*Nguyen*, Art. 75 DSGVO Rz. 4.

b) Empfehlungs- und Beratungstätigkeit

Einen großen Anteil an den Aufgaben des Europäischen Datenschutzausschusses nimmt die „Empfehlungstätigkeit" ein. Immer dann (so kann die Aufgabenzuweisung nach hier vertretener Auffassung interpretiert werden), wenn eine einheitliche Vorgehensweise sinnvoll oder erforderlich scheint, ist es Aufgabe des Europäischen Datenschutzausschusses, **Leitlinien**, **Empfehlungen** und „**bewährte Verfahren**" bereitzustellen. 14

Daneben ist es Aufgabe des Europäischen Datenschutzausschusses, die Kommission umfangreich in Datenschutzfragen zu **beraten**. Dazu zählt nach Art. 70 Abs. 1 Buchst. b ausdrücklich auch ein Vorschlagsrecht bezüglich etwaiger Änderungen der DSGVO. 15

c) Prüf- und Überwachungstätigkeit

Neben den nationalen Aufsichtsbehörden hat der Europäische Datenschutzausschuss die Aufgabe der **Überwachung und Sicherstellung** der ordnungsgemäßen Anwendung der DSGVO in den in den Art. 64 und 65 genannten Fällen. Das erfolgt insbesondere durch Stellungnahmen (Art. 64) sowie ggf. durch Streitbeilegung (Art. 65). S. zu beidem näher die Kommentierung zu Art. 64 und 65 DSGVO. 16

d) Förderungstätigkeit

Zu den Aufgaben des Europäischen Datenschutzausschusses gehört auch die Förderung Dritter sowohl mit Blick auf die einheitliche Anwendung der DSGVO (z.B. durch Förderung der Zusammenarbeit und des Informations- und Verfahrensaustausches zwischen den Aufsichtsbehörden, Art. 70 Abs. 1 Buchst. u) als auch mit Blick auf den allgemeinen Erkenntnisgewinn (z.B. durch Förderung des Austauschs über Datenschutzrecht und -praxis „in aller Welt", Art. 70 Abs. 1 Buchst. w). 17

e) Dokumentationstätigkeit

Schließlich ist es Aufgabe des Europäischen Datenschutzausschusses, ein öffentlich zugängliches elektronisches Register der Beschlüsse der Aufsichtsbehörden und Gerichte im Zusammenhang mit dem Kohärenzverfahren zu führen. 18

2. Ersuchen der Kommission

Die **Kommission** kann den Europäischen Datenschutzausschuss um die Wahrnehmung einer Tätigkeit „ersuchen" (Art. 70 Abs. 1), ihm aber keine Weisung erteilen (vgl. Art. 69 Abs. 2). 19

20 **Unbeschadet** hiervon ist die Möglichkeit der Kommission, bei dringlichen Angelegenheiten eine Frist „anzugeben" (vgl. Art. 70 Abs. 2). Unmittelbare Sanktionen sind an ein Verstreichenlassen der Frist nicht geknüpft. Ebenfalls unbeschadet der Unabhängigkeit ist das Ersuchen der Kommission nach Art. 70 Abs. 1 Buchst. e, also ein Ersuchen um die Prüfung von die Anwendung der DSGVO betreffenden Fragen und die Bereitstellung von Leitlinien, Empfehlungen und bewährten Verfahren zwecks Sicherstellung einer einheitlichen Anwendung der DSGVO.

VI. Arbeitsweise

1. Geschäftsordnung

21 Die Festlegung von Geschäftsordnung und Arbeitsweise erfolgt mit einer Zweidrittelmehrheit der Mitglieder des Europäischen Datenschutzausschusses, Art. 72 Abs. 2.

2. Beschlussfassung

22 Beschlüsse des Europäischen Datenschutzausschusses werden grundsätzlich mit „**einfacher Mehrheit**" der Mitglieder (nicht lediglich der abgegebenen Stimmen[11]) gefasst, Art. 72 Abs. 1. Abweichungen sind nur in den in der DSGVO bestimmten Fällen (z.B. Art. 65 Abs. 2) möglich, Art. 72 Abs. 1.

3. Ergebnisse und Zwischenergebnisse

a) Weiterleitung und Veröffentlichung

23 Stellungnahmen, Leitlinien, Empfehlungen und „bewährte Verfahren" sind ausweislich Art. 70 Abs. 3 an die Kommission und den „Art. 93 Ausschuss" (hierzu Kommentierung zu Art. 93 DSGVO) weiterzuleiten und zu veröffentlichen.

24 Der **Zugang der Bürger zu Dokumenten** richtet sich ausweislich Art. 76 Abs. 2 nach der Verordnung (EG) Nr. 1049/2001 des Europäischen Parlaments und des Rates v. 30.5.2001 über den Zugang der Öffentlichkeit zu Dokumenten des Europäischen Parlaments, des Rates und der Kommission.

25 Soweit eine **Konsultation** „interessierter Kreise" stattgefunden hat, macht der Europäische Datenschutzausschuss die Ergebnisse der Konsultation der Öffentlichkeit zugänglich, Art. 70 Abs. 4.

---

11 Gola/*Nguyen*, Art. 72 DSGVO Rz. 3.

Die **Beratungen** selbst sind nach Art. 76 Abs. 1 nur dann „vertraulich", wenn und soweit dies in der Geschäftsordnung so vorgesehen ist und der Ausschuss „dies für erforderlich hält". Die Einstufung als „vertraulich" steht also im Ermessen des Europäischen Datenschutzausschusses. Da dieser im Gegensatz zur Artikel 29-Datenschutzgruppe in größerem Umfang konkrete Fälle bearbeitet und neben konkreten personenbezogenen Daten auch Betriebs- und Geschäftsgeheimnisse Gegenstand der Beratungen sein können[12], dürfte davon auszugehen sein, dass Beratungen und die entsprechenden Protokolle und Unterlagen regelmäßig als vertraulich eingestuft werden[13].

26

b) Jahresbericht

Nach Art. 71 Abs. 1 erstellt der Europäische Datenschutzausschuss einen Jahresbericht, welcher veröffentlicht und dem Europäischen Parlament, dem Rat und der Kommission übermittelt wird. Eine Veröffentlichungsfrist enthält die Regelung nicht[14].

27

Inhaltlich ist nach Art. 71 sowohl über den „Schutz natürlicher Personen bei der Verarbeitung in der Union" sowie „gegebenenfalls" in „Drittländern und internationalen Organisationen" zu berichten. Daneben soll eine „Überprüfung" bestimmter Leitlinien, Empfehlungen und bewährten Verfahren sowie von verbindlichen Beschlüssen im Kohärenzverfahren nach Art. 65 enthalten sein.

28

Kapitel VIII
Rechtsbehelfe, Haftung und Sanktionen

Artikel 77 Recht auf Beschwerde bei einer Aufsichtsbehörde

(1) Jede betroffene Person hat unbeschadet eines anderweitigen verwaltungsrechtlichen oder gerichtlichen Rechtsbehelfs das Recht auf Beschwerde bei einer Aufsichtsbehörde, insbesondere in dem Mitgliedstaat ihres gewöhnlichen Aufenthaltsorts, ihres Arbeitsplatzes oder des Orts des mutmaßlichen Verstoßes, wenn die betroffene Person der Ansicht ist, dass die Verarbeitung der sie betreffenden personenbezogenen Daten gegen diese Verordnung verstößt.

---

12 Gola/*Nguyen*, Art. 76 DSGVO Rz. 1.
13 Paal/Pauly/*Körffer*, Art. 76 DSGVO Rz. 1; Sydow/*Regenhardt*, Art. 76 DSGVO Rz. 6.
14 Kritisch Kühling/Buchner/*Dix*, Art. 71 DSGVO Rz. 6, unter Hinweis auf die Probleme der Artikel 29-Datenschutzgruppe, zeitnahe Berichte zu veröffentlichen.

Art. 77 DSGVO | Recht auf Beschwerde bei einer Aufsichtsbehörde

(2) Die Aufsichtsbehörde, bei der die Beschwerde eingereicht wurde, unterrichtet den Beschwerdeführer über den Stand und die Ergebnisse der Beschwerde einschließlich der Möglichkeit eines gerichtlichen Rechtsbehelfs nach Artikel 78.

I. Einführung	1	2. Befassung mit der Beschwerde	8
II. Beschwerde gegenüber der Aufsichtsbehörde (Abs. 1)	2	III. Unterrichtungspflichten und Rechtsbehelfsbelehrung (Abs. 2)	10
1. Einlegung der Beschwerde	2		

Schrifttum: *Grünwald/Hackl*, Das neue umsatzgezogene Sanktionsregime der DS-GVO, ZD 2017, 556; *Halfmeier*, Die neue Datenschutzverbandsklage, NJW 2016, 1126; *Jaschinski/Piltz*, Das Gesetz zur Verbesserung der zivilrechtlichen Durchsetzung von verbraucherschützenden Vorschriften des Datenschutzrechts, WRP 2016, 420; *Neun/Lubitzsch*, EU-Datenschutz-Grundverordnung – Behördenvollzug und Sanktionen, BB 2017, 1538; *Neun/Lubitzsch*, Die neue EU-Datenschutz-Grundverordnung – Rechtsschutz und Schadensersatz, BB 2017, 2563; *Piltz*, Die Datenschutz-Grundverordnung – Teil 5: Internationale Zusammenarbeit, Rechtsbehelfe und Sanktionen, K&R 2017, 85; *Rost*, Bußgeld im digitalen Zeitalter – was bringt die DS-GVO?, RDV 2017, 13; *Schantz*, Die Datenschutz-Grundverordnung, NJW 2016, 1841; *Schwartmann*, Ausgelagert und ausverkauft – Rechtsschutz nach der Datenschutz-Grundverordnung, RDV 2012, 55; *Spindler*, Die neue EU-Datenschutz-Grundverordnung, DB 2016, 937; *Spindler*, Verbandsklagen und Datenschutz – das neue Verbandsklagerecht, Neuregelungen und Probleme, ZD 2016, 114; *Weidert/Klar*, Datenschutz und Werbung – gegenwärtige Rechtslage und Änderungen durch die Datenschutz-Grundverordnung, BB 2017, 1858; *Wybitul/Haß/Albrecht*, Abwehr von Schadensersatzansprüchen nach der Datenschutz-Grundverordnung, NJW 2018, 113.

I. Einführung

1 Die DSGVO sieht in ihrem siebten Kapitel ein differenziertes Rechtsschutz- und Sanktionssystem vor, das bisher in der EG-Datenschutzrichtlinie vor allem nur hinsichtlich seines „Ob" geregelt war (Art. 22–24 EG-Datenschutzrichtlinie) und inhaltlich durch das Recht der Mitgliedstaaten im Einzelnen ausgestaltet wurde. Dabei waren die Unterschiede in den Mitgliedstaaten zum Teil sehr erheblich, insbesondere wenn es um die Sanktionierung durch Bußgelder ging, die in den meisten Mitgliedstaaten bisher rechtlich oder faktisch eher marginal ausfielen und nur in geringem Maße abschreckend wirkten. Es war daher von Anfang an ein wesentliches Anliegen der Reform, ein europaweit einheitliches und wirkungsvolleres Sanktionssystem zu schaffen. Dementsprechend regelt die DSGVO nunmehr selbst die wesentlichen Sanktionsbereiche in den Art. 77–84. Freilich liegt es auf der Hand, dass die Anwendung der verschiedenen Sanktionen sich auch weiterhin in vielen Aspekten, insbesondere in Bezug auf die verfahrensmäßige Umsetzung ihrer Geltendmachung, in den einzelnen Mitgliedstaaten unterscheiden wird. Dies beruht schlicht auf den sehr unterschiedlichen

allgemeinen Sanktionssystemen und Rechtstraditionen der Mitgliedstaaten. Ein Beispiel für unterschiedliche Sanktionsordnungen ist, dass im Hinblick auf Dänemark und Estland die Sonderregelung des Art. 83 Abs. 9 notwendig wurde, weil diese Mitgliedstaaten bisher nicht die Möglichkeit kennen, dass die Behörde eine Geldbuße verhängt, sondern dies dort nur durch gerichtliche Entscheidung möglich ist. Zwar sind die Mitgliedstaaten durch die DSGVO gehalten, die Sanktionen und ihre Durchsetzung wirksam, verhältnismäßig und abschreckend zu gestalten, aber es wird sich erst in der Anwendungspraxis der mitgliedstaatlichen Behörden und Gerichte zeigen, wie die Mitgliedstaaten diesen Auftrag verstehen und umsetzen werden. Für Deutschland sollte nicht unberücksichtigt bleiben, dass es auch bisher schon ein durchaus wirksames Bündel an Sanktionen, einschließlich Bußgeldern, gab; das oft pauschal behauptete „Vollzugsdefizit"[1] lässt sich bei einem Blick auf die Rechtsprechung und die Tätigkeitsberichte der Landesdatenschutzbehörden nicht recht belegen. Spätestens seit der Ahndungspraxis der Behörden in einigen medienwirksamen Fällen wird das Thema auch in den Unternehmen ganz überwiegend sehr ernst genommen; außerdem haben die Unternehmen längst begriffen, dass Datenschutz in ihrem eigenen Interesse liegt.

II. Beschwerde gegenüber der Aufsichtsbehörde (Abs. 1)

1. Einlegung der Beschwerde

Als **grundlegenden Rechtsbehelf** sieht Art. 77 vor, dass sich der Betroffene wegen Bedenken hinsichtlich der rechtmäßigen Verarbeitung seiner Daten an die Aufsichtsbehörde wenden kann. Auf das Beschwerderecht muss der Verantwortliche die Betroffenen auch im Rahmen der Art. 13 Abs. 2 Buchst. d und 14 Abs. 2 Buchst. e hinweisen. Es handelt sich beim Beschwerderecht um ein weitgefasstes Recht, das jedem „Betroffenen" ohne weitere Voraussetzungen zusteht. Die „Betroffenheit" ist dabei im Sinne der DSGVO zu verstehen, d.h. Betroffener ist eine natürliche Person, deren Daten von einem Dritten so verarbeitet werden, dass sie identifiziert werden oder identifizierbar sind (vgl. Art. 4 Nr. 1)[2]. Beschwerdeführer kann auch ein Minderjähriger sein. Die Beschwerde mit Hilfe eines Verbandes und die eigenständige Verbandsbeschwerde sind in Art. 80 geregelt. Die Beschwerde ist bei „einer" Aufsichtsbehörde anzubringen. Damit ist nicht „irgendeine" Aufsichtsbehörde gemeint, sondern eine innerhalb des Mitgliedstaats gemäß Art. 55, 56 zuständige Behörde. Die DSGVO geht davon aus, dass es entsprechend der unterschiedlichen Rechtstraditionen und innerstaatlichen Zuständigkeitsverteilungen innerhalb eines Mitgliedstaats mehrere Auf-

2

---

1 Bspw. *Neun/Lubitzsch*, BB 2017, 2563.
2 Die deutsche Fassung verwendet den Begriff des „Betroffenen" und der „betroffenen Person" synonym (vgl. etwa in Art. 57 Abs. 1 Buchst. e und f – „betroffene Person").

Art. 77 DSGVO | Recht auf Beschwerde bei einer Aufsichtsbehörde

sichtsbehörden geben kann (Art. 51 Abs. 1) und daher auch unterschiedliche Behörden grundsätzlich zuständig sein können. Der Wortlaut des Art. 77 Abs. 1 geht davon aus, dass bei grenzüberschreitenden Sachverhalten auch die Behörden mehrerer Mitgliedstaaten zuständig sein können, je nachdem, ob man den gewöhnlichen Aufenthaltsort, den Arbeitsplatz oder den Ort des Verstoßes zugrunde legt. Dies bedeutet jedoch nicht, dass der Betroffene berechtigt ist, innerhalb des Mitgliedstaates selbst die zuständige Behörde zu bestimmen. Es bleibt vielmehr dem innerstaatlichen Recht unbenommen, eindeutige Zuständigkeiten festzulegen[3]. Die Erwägungsgründe sprechen ausdrücklich von dem Recht, bei einer „einzigen" Behörde eine Beschwerde einzureichen[4]. Der Umgang mit einer Beschwerde bei der unzuständigen Behörde kann nach dem innerstaatlichen Recht näher geregelt werden[5]. Sinnvollerweise sollte das innerstaatliche Recht vorsehen, dass die Beschwerde ggf. nach Anhörung des Beschwerdeführers an die (räumlich und sachlich) zuständige Behörde weitergegeben werden kann, die dann über die Beschwerde in der Sache entscheidet. In grenzüberschreitenden Fällen ist hingegen die angerufene Aufsichtsbehörde gehalten, die nach Art. 56 federführende Aufsichtsbehörde mit der Angelegenheit zu befassen und mit dieser gemäß Art. 60 zusammenzuarbeiten. Für den Fall, dass die federführende Aufsichtsbehörde nicht oder nicht rechtzeitig tätig wird, steht der angerufenen Aufsichtsbehörde ggf. das Recht zu, vorläufige Maßnahmen zu ergreifen (Art. 62 Abs. 7 Satz 1; Art. 66 Abs. 1).

3 Die DSGVO sieht **keine besondere Form** für die Beschwerde vor, insbesondere besteht weder ein Schriftformerfordernis, noch bedarf es der Vertretung durch einen Rechtsanwalt. Vielmehr ist vorgesehen, dass die Beschwerde durch den Betroffenen so einfach wie möglich eingebracht werden kann, um einen effektiven Rechtsschutz zu gewährleisten. Die Aufsichtsbehörden sind gehalten, u.a. durch die Bereitstellung eines Beschwerdeformulars das Einlegen einer Beschwerde zu erleichtern (Art. 57 Abs. 2). Das Beschwerdeformular soll auch nach Möglichkeit elektronisch auszufüllen und zu übermitteln sein. Dabei handelt es sich nicht um eine zwingende Vorschrift. Es ist aber davon auszugehen, dass jede Aufsichtsbehörde als Teil ihrer allgemeinen Aufgabenerfüllung ein solches Formular *online* zur Verfügung stellen wird. Mit der Bereitstellung eines (elektronischen) Beschwerdeformulars dürfen andere Kommunikationsmittel für die Einlegung einer Beschwerde nicht ausgeschlossen werden. Der Betroffene muss daher die Möglichkeit haben, eine Beschwerde auch auf andere Art und Weise bei der Behörde anzubringen, durch formlose Eingabe, schriftlich, per Fax, E-Mail, aber auch persönlich und mündlich bei der Behörde. Es bleibt der Behörde indessen unbenommen, einen bestimmten Kommunikationsweg

---

3 Sydow/*Sydow*, Art. 77 DSGVO Rz. 6 ff.; a.A. Gola/*Pötters*/*Werkmeister*, Art. 77 DSGVO Rz. 11.
4 Erwägungsgrund 141; vgl. *Piltz*, K&R 2017, 85 (88).
5 Sydow/*Sydow*, Art. 77 DSGVO Rz. 15 ff., 22 f.

besonders attraktiv zu gestalten. Die Behörde muss außerdem im Rahmen der Befassung mit der Beschwerde auch die Möglichkeit haben, sich Gewissheit über die Identität des Beschwerdeführers verschaffen zu können und darüber, dass die Beschwerde von ihm willentlich auf den Weg gebracht wurde.

Für die Beschwerde gilt naturgemäß auch **keine Frist**. Da im Fall eines Verstoßes gegen die Vorschriften der Verordnung eine fortdauernde Beeinträchtigung des Persönlichkeitsrechts des Betroffenen vorliegt, kann dieser zu jeder Zeit die damit verbundene Beeinträchtigung seiner Grundrechtsposition und seiner Persönlichkeitsrechte geltend machen. Ein datenschutzrechtlicher Verstoß stellt sich insoweit als ein Dauerdelikt dar. Die Aufsichtsbehörde ist daher auch selbst oder auf eine Beschwerde hin jederzeit zum Einschreiten gegen einen solchen Verstoß berechtigt und unter Umständen auch verpflichtet, selbst wenn die Beeinträchtigung ggf. schon lange andauert. Selbst eine wissentliche Duldung durch die Behörde kann dem nicht entgegenstehen, weil die Behörde nicht über das subjektive Recht des Betroffenen verfügen kann und durch die Duldung auch nicht die Rechtsschutzmöglichkeiten des Betroffenen aus Art. 77, 78 konterkariert werden dürfen. Fraglich und diskussionswürdig könnte hingegen sein, ob die Behörde auf eine Beschwerde hin noch gegen einen Verstoß einschreiten *muss*, wenn der Betroffene einen rechtswidrigen Zustand über lange Zeit wissentlich geduldet hat. 4

Im Sinne eines leichten Zugangs zum Rechtsbehelf der Beschwerde sind auch die **Anforderungen an den Inhalt der Beschwerde** und die Darlegungen des Beschwerdeführers im Zweifel gering anzusetzen. Es genügt nach dem Wortlaut des Art. 77 Abs. 1, dass der Beschwerdeführer seine Ansicht darlegt, dass die Verarbeitung der ihn betreffenden Daten gegen die Verordnung verstößt. Hierzu muss der Beschwerdeführer seine Identität nennen und Umstände angeben, aus denen sich ergibt, dass ein Dritter seine personenbezogenen Daten verarbeitet oder nutzt. Es sollte grundsätzlich nicht genügen, dies ins Blaue zu behaupten. Vielmehr muss die Aufsichtsbehörde ggf. auch Erklärungen und Nachweise verlangen können, aus denen sich die *mögliche* Betroffenheit des Beschwerdeführers ableiten lässt[6]. Die Anforderungen hieran dürfen jedoch auch nicht überspannt werden. Dies zumal es in der Natur der Sache liegt, dass der Beschwerdeführer oftmals keine Gewissheit darüber hat, ob und welche Daten ein Unternehmen oder eine andere Stelle von ihm verarbeitet und es gerade Zweck der Beschwerde ist, dies zu klären. Aufgrund des Amtsermittlungsgrundsatzes ist es daher nicht erforderlich, dass der Vortrag des Beschwerdeführers im rechtlichen Sinne „schlüssig" ist. D.h. sein Vortrag muss nicht einen vollständig subsumierbaren und seine Ansicht stützenden Sachverhalt enthalten. Es genügt, dass in Bezug auf seine Schilderungen eine Datenverarbeitung zumindest *möglich* erscheint und nicht auszuschließen ist, dass diese Datenverarbeitung rechts- 5

---

6 Gierschmann/Schlender/Stenzel/Veil/*Koreng*, Art. 77 DSGVO Rz. 13; Ehmann/Selmayr/*Nemitz*, Art. 77 DSGVO Rz. 8.

Art. 77 DSGVO | Recht auf Beschwerde bei einer Aufsichtsbehörde

widrig ist. Die Aufsichtsbehörde kann daher eine Befassung nicht allein mit Hinweis auf mangelnde Schlüssigkeit der Beschwerde verweigern, wenn nicht auszuschließen ist oder es völlig unwahrscheinlich ist, dass eigene Ermittlungen zur Aufdeckung eines Verstoßes führen können. Allerdings kann die Aufsichtsbehörde ihr weiteres Tätigwerden in Bezug auf die Beschwerde, insbesondere Art und Umfang ihrer Untersuchungen (Art. 57 Abs. 1 Buchst. f), danach ausrichten, wie detailliert und plausibel der Vortrag des Beschwerdeführers ist. Bloßen Vermutungen oder Spekulationen eines Beschwerdeführers ohne konkrete Anhaltspunkte muss die Aufsichtsbehörde nicht mit aufwendigen Prüfungen nachkommen. In solchen Fällen kann es – wie auch bisher nach deutschem Recht – im Sinne einer angemessenen Befassung genügen, den betreffenden Verantwortlichen oder Auftragsverarbeiter um Stellungnahme zu bitten und das weitere Vorgehen vom Inhalt der Stellungnahme abhängig zu machen. Es scheint durchaus auch angemessen, einen Beschwerdeführer, der keine genauen Angaben machen kann, erst einmal aufzufordern, vom „Gegner" seiner Beschwerde eine Auskunft gemäß Art. 15 zu verlangen[7]. Ferner muss die Aufsichtsbehörde einer Beschwerde auch dann nicht nachgehen, wenn sie erkennbar auf einem falschen Rechtsverständnis des Beschwerdeführers beruht und eine Verarbeitung beanstandet wird, die rechtlich offenkundig zulässig ist – eine Konstellation, die in der Praxis leider häufiger vorkommt und bei Behörden und Unternehmen nicht unerheblichen Aufwand verursacht. In solchen Fällen kann es genügen, den Beschwerdeführer auf die gesetzliche Regelung, entsprechende Hinweise oder Leitlinien von Behörden, einschlägige Gerichtsentscheidungen o.ä. zu verweisen oder lediglich eine rechtliche Stellungnahme des angegriffenen Unternehmens anzufordern, ohne gleichzeitig eine detaillierte Untersuchung einzuleiten, die außer Verhältnis zur voraussichtlich gegenstandslosen Beschwerde steht. Unter diesen Umständen liegt nicht etwa ein „Nichtbefassen" vor, sondern die Befassung wird lediglich auf den notwendigen Umfang beschränkt[8]. Ist der Beschwerdeführer damit nicht zufrieden, hat er die Möglichkeit der Klage gemäß Art. 78[9].

6   Die Beschwerde muss für den Beschwerdeführer **unentgeltlich** sein (Art. 57 Abs. 3). Verwaltungsgebühren oder Auslagen dürfen von der Aufsichtsbehörde mithin nicht erhoben werden. Umgekehrt muss der Beschwerdeführer seine eigenen Kosten selbst tragen; eine Kostentragungspflicht der Behörde oder des Verarbeiters ist in der Verordnung nicht vorgesehen, auch dann nicht, wenn die Beschwerde in der Sache erfolgreich ist. Davon unberührt bleibt die Kostentragung im Rahmen eines gerichtlichen Rechtsbehelfs nach Art. 78; die Verordnung verlangt nicht, dass auch das gerichtliche Verfahren für den Beschwerdeführer kos-

---

7 Gierschmann/Schlender/Stenzel/Veil/*Koreng*, Art. 77 DSGVO Rz. 10.
8 Vgl. *Neun/Lubitzsch*, BB 2017, 2563 (2564) unter Verweis auf Erwägungsgrund 141: Die Behörde soll eine Untersuchung vornehmen, die „so weit geht, wie dies im Einzelfall angemessen ist".
9 Im Ansatz scheinbar enger Ehmann/Selmayr/*Nemitz*, Art. 77 DSGVO Rz. 12.

tenlos sein muss. Daher sind Gerichtsgebühren sowie die Tragung von Rechtsverteidigungskosten durch die unterliegende Partei nicht ausgeschlossen, sondern können gemäß den sonst geltenden innerstaatlichen Regelungen angewendet werden. Dazu kann es auch gehören, dass die innerstaatlichen Verfahrensregeln vorsehen, dass z.B. eine anwaltliche Vertretung im Beschwerdeverfahren notwendig war und deshalb bei Obsiegen des Beschwerdeführers im gerichtlichen Verfahren ggf. von der Aufsichtsbehörde die Kosten der Zuziehung eines Bevollmächtigten auch schon zur Einlegung der Beschwerde zu erstatten sind (vgl. Regelung zum verwaltungsrechtlichen Vorverfahren in § 162 Abs. 2 Satz 2 VwGO). Gefordert wird eine solche Regelung durch Art. 57 Abs. 3 indessen nicht. Umgekehrt dürfte aber dem Entgeltverbot des Art. 57 Abs. 3 Sperrwirkung gegenüber einer Regelung zukommen, die bei Obsiegen der Aufsichtsbehörde im gerichtlichen Verfahren die Tragung von Kosten aus dem Beschwerdeverfahren durch den Beschwerdeführer vorsieht. Denn die Verordnung macht das Entgeltverbot nicht vom Erfolg oder Misserfolg der Beschwerde abhängig. Die Beschwerde bleibt damit, wie vom Gemeinschaftsrecht gewollt, ein finanziell risikoloser Rechtsbehelf (zum Missbrauchsvorbehalt nachfolgend).

Einzige Ausnahme vom Entgeltverbot des Art. 57 Abs. 3 ist der **Missbrauchsvorbehalt** in Art. 57 Abs. 4. Die Regelung sieht vor, dass die Aufsichtsbehörde bei offenkundig unbegründeten oder exzessiven Anfragen eine angemessene Gebühr auf der Grundlage der Verwaltungskosten verlangen oder sich weigern kann, tätig zu werden. Diese Regelung betrifft jedwedes Tätigwerden der Aufsichtsbehörde aufgrund einer Anfrage. Dazu gehören bspw. Auskunfts- oder Beratungsanfragen, aber eben auch Beschwerden. Das ergibt sich aus dem offenen Wortlaut der Regelung und aus der systematischen Stellung, die alle Tätigkeiten der Aufsichtsbehörde abdeckt, die in den vorangehenden Absätzen des Art. 57 genannt werden und durch eine Anfrage von Betroffenen oder Dritten initiiert werden können und damit auch die Bearbeitung von Beschwerden gemäß Art. 57 Abs. 1 Buchst. f und Abs. 2. Die Gebühr kann von der Verwaltung in typisierender Weise festgelegt werden, muss sich aber an den üblicherweise tatsächlich anfallenden Kosten für die Bearbeitung einer Beschwerde richten. Es spricht nichts dagegen, die Gebühr in einer gewissen Weise aufzuteilen oder zu staffeln, z.B. in eine Vorprüfungsgebühr, eine Gebühr für die Einholung von Informationen, Vor-Ort-Prüfungen etc. Art. 57 Abs. 4 ist im Übrigen nicht so zu verstehen, dass der (vermeintlich) Betroffene Anspruch darauf hat, dass die Aufsichtsbehörde tätig wird, solange er die Gebühr zahlt. Vielmehr kann sich die Behörde auch dann weigern, tätig zu werden, wenn der Beschwerdeführer die Zahlung der Gebühr anbietet. Die Regelung dient nicht in erster Linie einem Entgeltinteresse der Aufsichtsbehörde, sondern schützt diese davor, ihre im Zweifel (zu) knappen Ressourcen für unsinnige Tätigkeiten aufzuwenden. Das Wahlrecht, eine Gebühr zu verlangen oder das Tätigwerden ganz abzulehnen, liegt deshalb allein bei der Aufsichtsbehörde. Die Beweislast für das Vorliegen einer missbräuchlichen Beschwerde liegt bei der Aufsichtsbehörde (Art. 57

Abs. 4 Satz 2). Schon in der heutigen Praxis der Aufsichtsbehörden handelt es sich dabei keineswegs um einen theoretischen Fall. Es kommt nicht selten vor, dass Betroffene vermeintliche Datenschutzverstöße oder Bagatellverstöße gegenüber Unternehmen geltend machen und sich hierfür des kostenlosen „Dienstes" der Aufsichtsbehörden bedienen oder – offenkundig unbegründete – Strafanzeigen stellen. In vielen Fällen, die in der Praxis auftauchen, verfolgen die Beschwerdeführer dabei andere Ziele, die nichts oder nur wenig mit Fragen des Datenschutzes zu tun haben. Nicht selten wird die Anrufung der Behörde als Druckmittel für andere, z.B. zivilrechtliche Streitigkeiten, zur Vergeltung, zur einfachen Erlangung von Auskünften, zur Ausforschung oder sogar in der Hoffnung angedroht oder vorgenommen, Unternehmen würden sich die „Lästigkeit" solcher Verfahren abkaufen lassen. Denn selbst wenn sich eine Beschwerde im Nachhinein als gegenstandslos erweist, sind die behördlichen Verfahren für die Unternehmen oft aufwendig. Gleichzeitig binden solche Verfahren bei den ohnehin dünn besetzten Aufsichtsbehörden unnötige Ressourcen; zumindest die Aufsichtsbehörden können dem allerdings im Rahmen der Befassung mit solchen Beschwerden Rechnung tragen (s. nachfolgend).

2. Befassung mit der Beschwerde

8 Die Aufsichtsbehörde ist verpflichtet, sich mit der Beschwerde zu befassen (Art. 57 Abs. 1 Buchst. b). Sie kann den Beschwerdeführer nicht von vorneherein auf andere Rechtsbehelfe verweisen, auch wenn diese aus ihrer Sicht passender erscheinen[10]. Dazu gehört es, den **Gegenstand der Beschwerde in angemessenem Umfang zu untersuchen** und den Beschwerdeführer innerhalb angemessener Frist über den Fortgang und das Ergebnis der Untersuchung zu unterrichten (Art. 57 Abs. 1 Buchst. b)[11]. Die Befassung durch die Aufsichtsbehörde geht damit vom Grundsatz der Amtsermittlung aus. Zu diesem Zweck stehen der Aufsichtsbehörde die in Art. 58 genannten Befugnisse zu, insbesondere die verschiedenen Ermittlungsbefugnisse (Art. 58 Abs. 1) und Abhilfebefugnisse (Art. 58 Abs. 2). Es ist davon auszugehen, dass der Behörde insoweit ein gewisser Beurteilungsspielraum bei der Wahrnehmung ihrer Befugnisse zusteht. Sie kann insbesondere den Umfang ihrer Tätigkeit danach ausrichten, wie gravierend der vom Beschwerdeführer behauptete Verstoß gegen die Bestimmungen der DSGVO ist und welche Untersuchungsmaßnahmen geeignet, erforderlich und verhältnismäßig erscheinen. In jedem Fall gehört dazu die Anhörung des Verantwortlichen oder Auftragsverarbeiters, gegen den sich die Beschwerde richtet. Bei einfachen Verstößen wird die Anhörung als Untersuchungsmittel auch genügen, wenn sie mit der Anweisung verbunden wird, alle relevanten In-

---

10 Gola/*Pötters/Werkmeister*, Art. 77 DSGVO Rz. 3; Gierschmann/Schlender/Stenzel/Veil/ Koreng, Art. 77 DSGVO Rz. 5.
11 Gola/*Pötters/Werkmeister*, Art. 77 DSGVO Rz. 5.

formationen hinsichtlich der streitigen Datenverarbeitung bereitzustellen (Art. 58 Abs. 1 Buchst. a). Allerdings ist die Aufsichtsbehörde im Interesse des Betroffenen grundsätzlich verpflichtet, von ihren Befugnissen *wirksam* Gebrauch zu machen. Dieser Anspruch ist verfahrensrechtlich dadurch abgesichert, dass der Betroffene bei Untätigkeit der Aufsichtsbehörde gerichtliche Hilfe beanspruchen kann (Art. 78 Abs. 3). Sofern sich rechtswidrige Datenverarbeitungen feststellen lassen oder sich hierfür zumindest Anhaltspunkte ergeben, muss die Behörde daher grundsätzlich weitergehende Untersuchungen anstellen und ggf. auch von ihren Abhilfebefugnissen Gebrauch machen, insbesondere durch Anordnungen, die zu einer rechtmäßigen Verarbeitung führen (Art. 58 Abs. 2 Buchst. d) oder mit denen eine rechtswidrige Verarbeitung beendet wird (Art. 58 Abs. 2 Buchst. f). Die Aufsichtsbehörde kann nicht sehenden Auges Verstöße dulden[12]. Sie ist allerdings auch nicht gezwungen, über den konkreten Beschwerdegegenstand hinaus tätig zu werden, wenn hierfür kein konkreter Anlass besteht. Stellt sich heraus, dass die Beschwerde unberechtigt war und der Verdacht besteht, dass der Beschwerdeführer wissentlich eine unbegründete Beschwerde angebracht hat, kann dies eine falsche Verdächtigung darstellen (§ 164 StGB); allerdings wird davon ausgegangen, dass die Aufsichtsbehörde nicht verpflichtet ist, die Angelegenheit bei der zuständige Behörde anzuzeigen oder ein Strafverfahren einzuleiten[13]. Abgesehen davon, dass dies angesichts der oft komplizierten Wertungsfragen selten der Fall sein wird, sollte die Aufsichtsbehörde von einer solchen, denkbaren Möglichkeit auch nur in krassen Ausnahmefällen Gebrauch zu machen, um nicht vor der Nutzung der Beschwerde abzuschrecken.

Soweit sich nicht konkrete Anforderungen an das Verfahren aus der DSGVO ergeben, ist der Mitgliedstaat im Übrigen frei darin, das Beschwerdeverfahren vor der Aufsichtsbehörde zweckmäßig zu regeln. Der jeweilige deutsche Bundes- oder Landesgesetzgeber kann daher das Verfahren weitgehend den Bestimmungen der Verwaltungsverfahrensgesetze (VwVfG) des Bundes bzw. des jeweiligen Landes unterstellen[14]. In jedem Fall aber muss das Beschwerderecht wirksam ausgestaltet werden. Der Betroffene hat in jedem Fall Anspruch auf eine pflichtgemäße Ermessensausübung durch die Behörde. 9

III. Unterrichtungspflichten und Rechtsbehelfsbelehrung (Abs. 2)

Der Beschwerdeführer ist von der Aufsichtsbehörde u.a. über den Stand und die Ergebnisse der Beschwerde zu unterrichten (Art. 77 Abs. 2). Die Verwendung des Begriffspaares „Stand" und „Ergebnis" könnte so verstanden werden, dass die Aufsichtsbehörde den Beschwerdeführer allgemein und umfassend über den 10

---

12 Vgl. Ehmann/Selmayr/*Nemitz*, Art. 77 DSGVO Rz. 16; *Neun*/*Lubitzsch*, BB 2017, 2563 (2564).
13 Vgl. Gola/*Pötters*/*Werkmeister*, Art. 77 DSGVO Rz. 8.
14 Sydow/*Sydow*, Art. 77 DSGVO Rz. 28.

Art. 77 DSGVO | Recht auf Beschwerde bei einer Aufsichtsbehörde

Verfahrensgang auf dem Laufenden halten soll. Allerdings befasst sich auch die Bestimmung des Art. 57 Abs. 1 Buchst. f im Rahmen der Aufgabenbeschreibung der Aufsichtsbehörde mit der Bearbeitung von Beschwerden. Dort ist leicht abweichend davon die Rede, dass die Aufsichtsbehörde den Beschwerdeführer innerhalb angemessener Frist über den „Fortgang" und das „Ergebnis" der Untersuchung zu unterrichten hat, insbesondere wenn die Befassung anderer Aufsichtsbehörden notwendig wird (Art. 57 Abs. 1 Buchst. f). Mit dem unterschiedlichen Wortlaut ist jedoch kein sachlicher Unterschied beabsichtigt. Wie ein Blick bspw. auf die englische Fassung der DSGVO zeigt, die jeweils gleichlautend von „*progress*" spricht, geht es darum, dass die Behörde ggf. über wichtige verfahrensrechtliche Schritte unterrichtet, bei denen z.B. nach deutschem Verwaltungsverfahrensrecht ohnehin eine Anhörung des Beschwerdeführers angezeigt wäre. Die Hinzuziehung oder Befassung einer anderen (datenschutzrechtlichen) Aufsichtsbehörde gemäß Art. 57 Abs. 1 Buchst. f ist hierfür nur ein Beispiel, macht aber deutlich, dass die Informationspflicht während des laufenden Verfahrens nur Umstände betrifft, die wesentlichen Einfluss auf den Fortgang des Verfahrens haben. Art. 77 Abs. 2 ist hingegen nicht so zu verstehen, dass der Beschwerdeführer das Recht haben soll, über jedweden einzelnen Schritt der Behörde oder einzelne Maßnahmen auf dem Weg zu einer behördlichen Entscheidung separat unterrichtet zu werden. An die Unterrichtungspflicht sind daher keine überzogenen Anforderungen zu stellen. Im Regelfall wird man sogar annehmen können, dass die Unterrichtung in Bezug auf das Ergebnis der Beschwerde ausreichend ist, sofern dem Beschwerdeführer im Übrigen rechtliches Gehör gewährt wurde. Etwas anderes ergibt sich auch nicht aus den Bestimmungen zu den Rechtsbehelfen für den Fall, dass die Behörde der Beschwerde nicht im Sinne des Betroffenen abhilft. Ein solcher Rechtsbehelf steht dem Betroffenen ausdrücklich nur gegen einen ihn betreffenden „rechtsverbindlichen Beschluss" der Aufsichtsbehörde zu (Art. 78 Abs. 1). Die Verordnung geht nicht davon aus, dass der Betroffene sich gegen einzelne verfahrensleitende Maßnahmen, wie z.B. die Durchführung oder Ablehnung einer Prüfung in den Geschäftsräumen des Verarbeiters (Art. 58 Abs. 1 Buchst. f), zur Wehr setzen kann, sondern einen verbindlichen Beschluss der Aufsichtsbehörde abwarten muss und diesen dann im Ganzen angreifen kann. Dies dient der Verfahrens- und Prozessökonomie und entspricht auch den Grundsätzen des deutschen Verfahrensrechts, das ebenfalls die isolierte Anfechtung einzelner Maßnahmen ausschließt (vgl. § 44a VwGO). Daher besteht auch zur Wahrung der Rechtsschutzinteressen des Betroffenen keine Notwendigkeit, diesen über alle verfahrensleitenden Maßnahmen zu unterrichten.

11 Allerdings ergibt sich aus der Möglichkeit der **Untätigkeitsklage** (Art. 78 Abs. 2), dass die Aufsichtsbehörde mit der Unterrichtung des Betroffenen bzw. mit der Bearbeitung der Beschwerde auch nicht beliebig zuwarten darf. Vielmehr muss sie das Verfahren grundsätzlich innerhalb von drei Monaten abschließen oder, sofern dies nicht möglich ist, den Betroffenen über den Stand des Verfahrens un-

terrichten. Andernfalls läuft sie Gefahr, dass der Betroffene Klage nach Art. 78 Abs. 2 erhebt (vgl. Kommentierung zu Art. 78 DSGVO Rz. 3).

Die Aufsichtsbehörde muss eine Entscheidung über die Beschwerde gegenüber dem Beschwerdeführer mit einer **Rechtsbehelfsbelehrung** versehen (Art. 77 Abs. 2). Art und Inhalt der Rechtsbehelfsbelehrung muss sich an den Vorgaben des Art. 78 orientieren. Wie sich aus der Bezugnahme in Art. 78 Abs. 1 auf einen „rechtsverbindlichen Beschluss" ergibt, muss die Aufsichtsbehörde nicht etwa die Mitteilungen zum Verfahrensstand, sondern erst ihre den Beschwerdevorgang abschließende Entscheidung mit der Rechtsbehelfsbelehrung versehen. Dies gilt auch dann, wenn sie der Beschwerde nach ihrer Ansicht im vollen Umfang abgeholfen hat. 12

Artikel 78 Recht auf wirksamen gerichtlichen Rechtsbehelf gegen eine Aufsichtsbehörde

(1) Jede natürliche oder juristische Person hat unbeschadet eines anderweitigen verwaltungsrechtlichen oder außergerichtlichen Rechtsbehelfs das Recht auf einen wirksamen gerichtlichen Rechtsbehelf gegen einen sie betreffenden rechtsverbindlichen Beschluss einer Aufsichtsbehörde.

(2) Jede betroffene Person hat unbeschadet eines anderweitigen verwaltungsrechtlichen oder außergerichtlichen Rechtbehelfs das Recht auf einen wirksamen gerichtlichen Rechtsbehelf, wenn die nach den Artikeln 55 und 56 zuständige Aufsichtsbehörde sich nicht mit einer Beschwerde befasst oder die betroffene Person nicht innerhalb von drei Monaten über den Stand oder das Ergebnis der gemäß Artikel 77 erhobenen Beschwerde in Kenntnis gesetzt hat.

(3) Für Verfahren gegen eine Aufsichtsbehörde sind die Gerichte des Mitgliedstaats zuständig, in dem die Aufsichtsbehörde ihren Sitz hat.

(4) Kommt es zu einem Verfahren gegen den Beschluss einer Aufsichtsbehörde, dem eine Stellungnahme oder ein Beschluss des Ausschusses im Rahmen des Kohärenzverfahrens vorangegangen ist, so leitet die Aufsichtsbehörde diese Stellungnahme oder diesen Beschluss dem Gericht zu.

I. Einführung 1	IV. Zuständige Gerichte (Abs. 3) . . . 4
II. Allgemeine Klagebefugnis gegen Beschlüsse (Abs. 1) 2	V. Einbeziehung von Kohärenzbeschlüssen (Abs. 4) 5
III. Klagebefugnis bei Nichtbefassung mit Beschwerden (Abs. 2) . 3	

Schrifttum: S. Art. 77 DSGVO.

Art. 78 DSGVO | Rechtsbehelf gegen eine Aufsichtsbehörde

I. Einführung

1   Art. 78 regelt den **Rechtsschutz gegen rechtsverbindliche Beschlüsse** der Aufsichtsbehörde im Rahmen ihrer Tätigkeit im Allgemeinen (Abs. 1) sowie in Bezug auf solche rechtsverbindlichen Beschlüsse oder ihre Untätigkeit, die im Zusammenhang mit einer Beschwerde stehen (Abs. 2). Nicht eindeutig ist, welche rechtsverbindlichen Beschlüsse insbesondere in Abs. 1 im Einzelnen gemeint sind. Der Aufsichtsbehörde stehen nach der DSGVO vielfältige Befugnisse zu (vgl. Art. 58), die nicht in jedem Fall in einen verbindlichen Beschluss der Aufsichtsbehörde münden müssen. Es ist indessen naheliegend, dass in erster Linie die Abhilfebefugnisse des Art. 58 Abs. 2 sowie die Genehmigungsbefugnisse des Art. 58 Abs. 3 durch Beschlüsse der Aufsichtsbehörde ausgeübt werden und dementsprechend der Rechtsschutzgewährleistung des Art. 78 unterliegen müssen. Während der Anwendungsbereich dieser Rechtsschutzgewährleistung autonom auszulegen ist, kann die konkrete Ausgestaltung des Verfahrens, durch das der Rechtsschutz gewährleistet wird, im Rahmen der mitgliedstaatlichen Verfahrensordnungen erfolgen. Für die Anwendung in Deutschland bedeutet dies, dass Beschlüsse der Aufsichtsbehörde im Rahmen der für die Nachprüfung von Verwaltungshandeln geltenden Vorschriften der Verwaltungsgerichtsordnung (VwGO) überprüft werden können (§ 20 Abs. 1, 2 BDSG). Dieser Rechtsschutz kann dabei grundsätzlich weiter reichen als in Art. 78 gefordert. Er kann sich insbesondere auch auf einfaches Verwaltungshandeln beziehen[1] und wird durch Art. 78 nicht auf Beschlüsse oder förmliches Verwaltungshandeln beschränkt. Andererseits ist es sinnvoll und zweckmäßig, die Rechtsschutzmöglichkeiten gegenüber der Aufsichtsbehörde auf verbindliches Verwaltungshandeln mit Regelungscharakter zu beschränken. Gegen die Wahrnehmung der allgemeinen Aufgaben durch die Aufsichtsbehörde nach Art. 57 sowie beratende Tätigkeiten der Aufsichtsbehörde gemäß Art. 58 Abs. 2 sind grundsätzlich keine Rechtsbehelfe gegeben. Diese Unterscheidung fügt sich erkennbar nahtlos in das deutsche Verfahrensrecht ein und erforderte keine Sondervorschriften zur „Umsetzung" oder Konkretisierung des Art. 78. Der deutsche Gesetzgeber hat dementsprechend in § 20 BDSG im Wesentlichen nur einige wenige Klarstellungen hinsichtlich des Verwaltungsrechtswegs und der Anwendung der VwGO vorgenommen[2]. Dies schließt nicht aus, dass es im Einzelfall Abgrenzungsschwierigkeiten und Zweifelsfragen hinsichtlich der unionsrechtlichen Rechtsgewährleistung geben kann, die notfalls durch Vorlagen an den EuGH zu lösen sind.

II. Allgemeine Klagebefugnis gegen Beschlüsse (Abs. 1)

2   Art. 78 Abs. 1 regelt die **allgemeine Klagebefugnis** gegen Beschlüsse der Aufsichtsbehörde, welche sich gegen den Verantwortlichen oder den Auftragsver-

---
1 Gola/*Pötters/Werkmeister*, Art. 78 DSGVO Rz. 5.
2 *Neun/Lubitzsch*, BB 2017, 2563 (2564).

arbeiter richten und ihn in seinen Rechten betreffen. Mit „Beschlüssen" sind dabei konkret-individuelle *Entscheidungen* der Aufsichtsbehörde gemeint, d.h. die verbindliche Anwendung der Verordnung gegenüber einer natürlichen oder juristischen Person im Einzelfall. Das ergibt sich u.a. aus einem Vergleich der Sprachfassungen (z.B. engl. *decision*, frz. *décision*). Die deutsche Übersetzung mit „Beschluss" ist insofern etwas unglücklich. Die Klagebefugnis steht sowohl natürlichen Personen als auch juristischen Personen zu, die durch einen solchen Beschluss oder eine Entscheidung selbst betroffen sind. Verbände, die lediglich die Betroffenheit ihrer Mitglieder geltend machen können, sind damit nicht klagebefugt; für diese gilt Art. 80 als Sonderregelung. Die Betroffenheit ist hier im allgemeinen prozessrechtlichen Sinne einer konkret-individuellen, eigenen Betroffenheit zu verstehen. Der Rechtsschutz entspricht damit weitgehend demjenigen nach deutschem Recht gegenüber belastenden Verwaltungsakten (§ 42 VwGO). Als angreifbare Beschlüsse bzw. Verwaltungsakte kommen Verwarnungen und Anweisungen gemäß Art. 58 Abs. 2 Buchst. b–h und j sowie Genehmigungen bzw. die Verweigerung von Genehmigungen gemäß Art. 58 Abs. 3 Buchst. c, d, e, f, h, i, j in Betracht. Dabei handelt es sich um konkrete und regelnde Anordnungen, die in Form eines verwaltungsaktmäßigen Beschlusses ergehen können. Entsprechende Entscheidungen der Aufsichtsbehörden werden auch nach nationalem Verfahrensrecht in der Regel eine Rechtsbehelfsbelehrung enthalten müssen[3]. Bei den übrigen in Art. 58 Abs. 2 und 3 genannten Fällen ist dies eher nicht der Fall. Bspw. kommt der Warnung gemäß Art. 58 Abs. 2 Buchst. a, dass eine beabsichtigte Verarbeitung *voraussichtlich* gegen die Verordnung verstoßen *werde* (sofern sie denn umgesetzt *würde*), nicht unmittelbar regelnder Charakter zu. Es handelt sich dabei lediglich um einen qualifizierten Beratungshinweis, der als solcher nicht rechtsverbindlich und damit auch nicht angreifbar ist. Darin unterscheidet sich dieser warnende Hinweis von der konkreten *Verwarnung* gemäß Art. 58 Abs. 3 Buchst. b, mit der festgestellt wird, dass ein Verantwortlicher oder ein Auftragsverarbeiter gegen die Verordnung nach Auffassung der Behörde bereits *tatsächlich* verstoßen *hat*. Ein weiteres Beispiel für eine fehlende verbindliche Regelung dürften die Stellungnahmen zu Verhaltensregeln oder deren Billigung gemäß Art. 58 Abs. 3 Buchst. d i.V.m. Art. 40 Abs. 5 sein, weil die Verhaltensregeln selbst nicht unmittelbar verbindlich sind und daher auch ihrer Autorisierung kein verbindlicher Charakter zukommt, auch wenn von einer offiziell gebilligten Verhaltensregelung faktisch eine quasi-regelnde Wirkung ausgehen kann. Es handelt sich in diesen Fällen aber um Empfehlungen, an die die betroffenen Marktteilnehmer und die Gerichte nicht gebunden sind und die daher auch nicht gerichtlich angegriffen werden können. Dieses Verständnis entspricht auch der früheren Rechtslage unter der EG-Datenschutzrichtlinie und dem BDSG-alt, bei der die Billigung oder

---

3 Gierschmann/Schlender/Stenzel/Veil/*Koreng*, Art. 78 DSGVO Rz. 20 mit Hinweis auf Erwägungsgrund 129, der Mindestanforderungen an eine Rechtsbehelfsbelehrung vorgibt.

Missbilligung von unverbindlichen Verhaltensregeln durch Behörden kein Regelungscharakter zukam[4].

2a Die Klagebefugnis setzt grundsätzlich eine *eigene* Betroffenheit des Klägers voraus. Diese ist in erster Linie beim Adressaten der regelnden Maßnahme (z.b. Verwaltungsakt) gegeben. Zu Recht wird aber auch darauf hingewiesen, dass es Fälle der Drittbetroffenheit geben kann, bei denen neben dem Adressaten des förmlichen Verwaltungshandelns der Aufsichtsbehörde auch ein Dritter betroffen ist. Ein Verwaltungsakt gegenüber dem Verantwortlichen kann naheliegenderweise auch den „Betroffenen" betreffen (z.b. bei der Genehmigung einer Drittlandübertragung, Art. 46 Abs. 3), ein Verwaltungsakt gegenüber dem Auftragsverarbeiter kann sich nachteilig für den Verantwortlichen auswirken (z.b. Verfügungen in Bezug auf Änderung oder Beendigung bestimmter Verarbeitungsvorgänge, Art. 58 Abs. 2 Buchst. d, e, f)[5]. Drittanfechtungsklagen können daher unter bestimmten Voraussetzungen zulässig sein[6].

III. Klagebefugnis bei Nichtbefassung mit Beschwerden (Abs. 2)

3 Art. 78 Abs. 2 regelt die Klagebefugnis, wenn sich die Aufsichtsbehörde nicht mit einer Beschwerde des Betroffenen nach Art. 77 beschäftigt oder ihn nicht innerhalb von drei Monaten über den Stand oder das Ergebnis der gemäß Art. 77 erhobenen Beschwerde in Kenntnis setzt. Die Regelung entspricht im deutschen Recht offenkundig der Verpflichtungsklage in Form der Untätigkeitsklage (§ 42 Abs. 1 Alt. 2 i.V.m. § 75 VwGO), die ebenfalls an eine Frist von drei Monaten gebunden ist. Die Geltendmachung dieses Rechtsbehelfs steht ausdrücklich nur dem „Betroffenen", d.h. dem Beschwerdeführer gemäß Art. 77 offen. Aus Art. 78 Abs. 2 lässt sich ein Anspruch des Verantwortlichen oder des Auftragsverarbeiters auf eine Entscheidung der Aufsichtsbehörde innerhalb eines bestimmten Zeitraums nicht ableiten. Es gibt insoweit kein allgemeines Beschleunigungsgebot, auch wenn der Schwebezustand hinsichtlich der Rechtmäßigkeit einer bestimmten Datenverarbeitung oder -übertragung insbesondere für Unternehmen äußerst problematisch sein kann.

IV. Zuständige Gerichte (Abs. 3)

4 Zuständig für Klagen gegen die Aufsichtsbehörde sind die Gerichte des Mitgliedstaates, in dem die Aufsichtsbehörde ihren Sitz hat (Art. 78 Abs. 3). Für die

---

4 Zum Ganzen auch Gierschmann/Schlender/Stenzel/Veil/*Koreng*, Art. 78 DSGVO Rz. 17 ff.; Gola/*Pötters*/*Werkmeister*, Art. 78 DSGVO Rz. 4; *Piltz*, K&R 2017, 85 (88); anders anscheinend Sydow/*Sydow*, Art. 78 DSGVO Rz. 22, 23.
5 Gola/*Pötters*/*Werkmeister*, Art. 78 DSGVO Rz. 6.
6 Vgl. hierzu grds. *Fehling*/*Kastner*/*Störmer*, Verwaltungsrecht, 4. Aufl. 2016, § 113 VwGO Rz. 42 m.w.N.

innerstaatlichen Zuständigkeiten gelten die allgemein Vorschriften des betreffenden Mitgliedstaates, d.h. in Deutschland die Bestimmungen der VwGO. In § 20 Abs. 1 Satz 1 BDSG ist nunmehr ausdrücklich vorgesehen, dass für Streitigkeiten zwischen einer natürlichen oder einer juristischen Person und einer Aufsichtsbehörde des Bundes oder eines Landes über Rechte gemäß Art. 78 Abs. 1 und 2 der Verwaltungsrechtsweg gegeben ist. Gegen Verwaltungsakte ist die Anfechtungsklage das richtige Rechtsmittel (vgl. § 42 Abs. 1 Alt. 1 i.V.m. §§ 40, 52 VwGO), im Fall der Untätigkeit der Aufsichtsbehörde ist die Verpflichtungsklage zulässig (vgl. §§ 42 Abs. 1 Alt. 2, 75 i.V.m. §§ 40, 52 VwGO). Die Durchführung eines behördlichen Abhilfeverfahrens, insbesondere in Form eines Vorverfahrens nach deutschem Recht, ist in Art. 78 nicht vorgesehen und kann nicht durch den nationalen Gesetzgeber gefordert werden[7]. Das BDSG schließt dementsprechend ein Vorverfahren ausdrücklich aus (§ 20 Abs. 6 BDSG). Für Bußgeldbescheide ist außerdem die Zuständigkeit der Verwaltungsgerichte ausdrücklich ausgeschlossen (§ 20 Abs. 1 Satz 2 BDSG); stattdessen ist das Verfahren zu den ordentlichen Gerichten eröffnet (§§ 67 ff. OWiG)[8].

V. Einbeziehung von Kohärenzbeschlüssen (Abs. 4)

Art. 78 Abs. 4 regelt die Selbstverständlichkeit, dass im Fall eines gerichtlichen Verfahrens dem Gericht auch ein Beschluss oder eine **Stellungnahme des Kohärenzausschusses vorzulegen** ist, der ggf. Grundlage der angegriffenen Entscheidung der Aufsichtsbehörde war. Es geht dabei vor allem um die verbindlichen Beschlüsse gemäß Art. 65 Abs. 1, mit denen der Kohärenzausschuss Meinungsverschiedenheiten bei der Zusammenarbeit verschiedener Aufsichtsbehörden gemäß Art. 60 Abs. 1, 4 beilegt. Nicht in Art. 78 Abs. 4 unmittelbar geregelt ist, welche Bindungswirkung einem Beschluss des Kohärenzausschusses vor einem innerstaatlichen Gericht zukommt. Dies ergibt sich nur aus den Erwägungsgründen, die diese Frage ausführlich behandeln[9]. Dort wird zunächst darauf hingewiesen, dass jeder berechtigt ist, Beschlüsse des Ausschusses unmittelbar durch Klage vor dem Gerichtshof anzufechten (Art. 263 AEUV). Als Adressaten solcher Beschlüsse müssen die betroffenen Aufsichtsbehörden, die diese Beschlüsse anfechten möchten, binnen zwei Monaten nach deren Übermittlung gemäß Art. 263 AEUV Klage erheben. Sofern Beschlüsse des Ausschusses einen Verantwortlichen, einen Auftragsverarbeiter oder den Beschwerdeführer unmittelbar und individuell betreffen, können diese Personen binnen zwei Monaten nach Veröffentlichung der betreffenden Beschlüsse auf der Website des Ausschusses im Einklang mit Art. 263 AEUV eine Klage auf Nichtigerklärung erheben. Sodann wird in den Erwägungsgründen dargelegt, welche Auswirkungen dieser

5

---

7 Ehmann/Selmayr/*Nemitz*, Art. 78 DSGVO Rz. 7.
8 Gola/*Pötters*/*Werkmeister*, Art. 78 DSGVO Rz. 5.
9 Vgl. Erwägungsgrund 143.

Umstand auf das Verfahren vor den staatlichen Gerichten hat: Wird nämlich ein Beschluss einer Aufsichtsbehörde zur Umsetzung eines Beschlusses des Ausschusses vor einem einzelstaatlichen Gericht angefochten und wird die Gültigkeit des Beschlusses des Ausschusses in Frage gestellt, so hat das befasste einzelstaatliche Gericht nicht die Befugnis, den Beschluss des Ausschusses für nichtig zu erklären, sondern es muss im Einklang mit Art. 267 AEUV den Gerichtshof mit der Frage der Gültigkeit befassen, wenn es den Beschluss für nichtig hält. Allerdings darf ein einzelstaatliches Gericht den Gerichtshof nicht auf Anfrage einer natürlichen oder juristischen Person mit Fragen der Gültigkeit des Beschlusses des Ausschusses befassen, wenn diese Person Gelegenheit hatte, eine Klage auf Nichtigerklärung dieses Beschlusses zu erheben – insbesondere wenn sie unmittelbar und individuell von dem Beschluss betroffen war –, diese Gelegenheit jedoch nicht innerhalb der Frist gemäß Art. 263 AEUV genutzt hat. Dies bedeutet, dass der Betroffene notfalls in doppelter Weise vorgehen muss und ihn betreffende Kohärenzbeschlüsse rechtzeitig vor dem Gerichtshof anfechten muss, wenn er dessen Unwirksamkeit später in einem nationalen Verfahren geltend machen will.

Artikel 79 Recht auf wirksamen gerichtlichen Rechtsbehelf gegen Verantwortliche oder Auftragsverarbeiter

(1) Jede betroffene Person hat unbeschadet eines verfügbaren verwaltungsrechtlichen oder außergerichtlichen Rechtsbehelfs einschließlich des Rechts auf Beschwerde bei einer Aufsichtsbehörde gemäß Artikel 77 das Recht auf einen wirksamen gerichtlichen Rechtsbehelf, wenn sie der Ansicht ist, dass die ihr aufgrund dieser Verordnung zustehenden Rechte infolge einer nicht im Einklang mit dieser Verordnung stehenden Verarbeitung ihrer personenbezogenen Daten verletzt wurden.

(2) Für Klagen gegen einen Verantwortlichen oder gegen einen Auftragsverarbeiter sind die Gerichte des Mitgliedstaats zuständig, in dem der Verantwortliche oder der Auftragsverarbeiter eine Niederlassung hat. Wahlweise können solche Klagen auch bei den Gerichten des Mitgliedstaats erhoben werden, in dem die betroffene Person ihren gewöhnlichen Aufenthaltsort hat, es sei denn, es handelt sich bei dem Verantwortlichen oder dem Auftragsverarbeiter um eine Behörde eines Mitgliedstaats, die in Ausübung ihrer hoheitlichen Befugnisse tätig geworden ist.

I. Einführung	1	III. Gerichtliche Zuständigkeit (Abs. 2)	3
II. Recht auf wirksamen gerichtlichen Rechtsbehelf (Abs. 1)	2		

Schrifttum: S. Art. 77 DSGVO.

Rechtsbehelf gegen Verantwortliche/Auftragsverarbeiter | **Art. 79 DSGVO**

I. Einführung

Die Verordnung verlangt, dass dem Betroffenen nicht nur die Möglichkeit der Beschwerde bei einer Aufsichtsbehörde zusteht, sondern der Betroffene auch **unmittelbar gerichtlich gegen den Verantwortlichen oder den Auftragsverarbeiter vorgehen** kann. Während Art. 79 Abs. 1 die Mitgliedstaaten verpflichtet, einen solchen Rechtsbehelf zur Verfügung zu stellen, regelt Art. 79 Abs. 2 die internationale Zuständigkeit der Gerichte im Verhältnis zwischen den Mitgliedstaaten. 1

II. Recht auf wirksamen gerichtlichen Rechtsbehelf (Abs. 1)

Inhaltlich zielt die Rechtsgewährleistung des Art. 79 Abs. 1 vor allem darauf ab, dem Betroffenen einen **Unterlassungsanspruch** gegen die verordnungswidrige Verarbeitung *seiner* (!) personenbezogenen Daten an die Hand zu geben, der gerichtlich durchgesetzt werden kann[1]. Zudem können über den in Art. 79 Abs. 1 vorgesehenen Weg auch die Auskunfts-, Berichtigungs- und Löschungsrechte (Art. 15–17) gegenüber dem Verantwortlichen und dem Auftragsverarbeiter verfolgt werden[2]. Materiell-rechtlich richten sich der Anspruch und seine Durchsetzung nach den allgemeinen Bestimmungen, wobei unterschiedliche Rechtswege gegenüber öffentlichen und nicht-öffentlichen Stellen zum Tragen kommen. Gegenüber einer fehlerhaften Datenverarbeitung durch öffentliche Stellen im Rahmen ihres hoheitlichen Handelns wird der Betroffene im Regelfall vor den Verwaltungsgerichten Rechtsschutz suchen müssen (§ 44 Abs. 2 BDSG). Gegenüber einer rechtswidrigen Verarbeitung durch Unternehmen steht dem Betroffenen der Zivilrechtsweg offen, um vertragliche und deliktische Unterlassungsansprüche oder die o.g. Rechte aus der DSGVO geltend zu machen; örtlich zuständig ist das Gericht am Ort der Niederlassung des Verantwortlichen oder des Auftragsverarbeiters, wahlweise auch dasjenige am Ort des gewöhnlichen Aufenthaltsort des Betroffenen (§ 44 Abs. 1 BDSG). Abweichend davon kann auch das Arbeitsgericht zuständig sein, wenn der Betroffene Arbeitnehmer und der Verantwortliche sein Arbeitgeber ist. Da die entsprechenden prozessualen Rechtsinstrumente im deutschen Recht vorhanden waren, hätte es nicht unbedingt bestimmter Umsetzungsmaßnahmen durch den deutschen Gesetzgeber bedurft[3]. Dennoch hat der Gesetzgeber in § 44 BDSG Regelungen zur Zustän- 2

---

1 Anders offenbar Sydow/*Kreße*, Art. 79 DSGVO Rz. 10 ff., der möglicherweise davon ausgeht, dass ein allgemeiner Unterlassungsanspruch sich gegen die Verarbeitung insgesamt richten könne; richtigerweise kann es aber stets nur um die Unterlassung in Bezug auf die Daten des klagenden Betroffenen gehen. Art. 79 vermittelt nur einen individualrechtlichen Unterlassungsanspruch.
2 Gierschmann/Schlender/Stenzel/Veil/*Koreng*, Art. 79 DSGVO Rz. 4.
3 Vgl. Gierschmann/Schlender/Stenzel/Veil/*Koreng*, Art. 79 DSGVO Rz. 33.

digkeit aufgenommen. In der Sache ergibt sich daraus keine Änderung zur bestehenden Rechtslage in Deutschland[4]. Dies gilt auch für die Vollstreckung gerichtlicher Entscheidungen, die sich nach den allgemeinen prozessualen Vorschriften richtet. Im Regelfall wird es dabei um die Vollstreckung von Unterlassungsansprüchen oder Auskunftsansprüchen gehen. Aus Kostengründen sollte der klageweisen Geltendmachung eine Abmahnung vorausgehen; andernfalls droht ein sofortiges Anerkenntnis gemäß § 93 ZPO[5]. Der einstweilige Rechtsschutz richtet sich ebenfalls nach den allgemeinen Bestimmungen des lokalen Prozessrechts[6]. Teilweise wird vertreten, dass vorbeugende Unterlassungsklagen wegen der Sperrwirkung des Art. 79 nicht mehr zulässig seien[7]; dass der europäische Gesetzgeber eine solche Einschränkung von Rechtsinstrumenten beabsichtigt haben könnte, lässt sich im Hinblick auf die insgesamt nur rudimentäre Regelung des Art. 79 jedoch nicht begründen.

III. Gerichtliche Zuständigkeit (Abs. 2)

3   Die Regelung des Art. 79 Abs. 2 betrifft die **internationale Zuständigkeit** für Klagen nach Art. 79 Abs. 1 und Schadensersatzklagen (Art. 82 Abs. 6). Abs. 2 räumt dem Betroffenen ein Wahlrecht ein. Grundsätzlich kann der Betroffene Klagen gegen einen Verantwortlichen oder einen Auftragsverarbeiter in dem Mitgliedstaat erheben, in dem der Beklagte eine Niederlassung hat (Art. 79 Abs. 2 Satz 1). Bei Klagen gegen Unternehmen, die in mehreren Ländern Niederlassungen haben, liegt darin ein erheblicher Vorteil für den Kläger, weil ihm dies unter Umständen die Möglichkeit gibt, das ausländische Unternehmen am Sitz der inländischen Niederlassung des Unternehmens zu verklagen und er damit das Verfahren einschließlich der Vollstreckung im Inland führen kann. Auch wenn das Unternehmen keine Niederlassung im Inland hat, kann der Betroffene die Klage im Inland erheben, wenn er selbst seinen eigenen Aufenthaltsort dort hat (Art. 79 Abs. 2 Satz 2). Dabei kommt es nach dem Wortlaut und dem Zweck der Regelung nicht auf die Nationalität des Betroffenen an, sondern lediglich auf seinen *tatsächlichen* Aufenthaltsort. Zum gleichen Ergebnis kommt man auch durch Anwendung der EuGVVO, wenn der Betroffene Verbraucher (Art. 17, 18 Abs. 1 EuGVVO) oder Arbeitnehmer ist (Art. 21 Abs. 1 EuGVVO). Die Nutzung des inländischen Gerichtsstands erscheint auf den ersten Blick auch in diesen Fällen vorteilhafter. In praktischer Hinsicht ist der inländische Gerichtsstand für Klagen gegen ausländische Unternehmen aber nur bedingt von Vorteil. Befinden sich der Verantwortliche oder der Auftragsverarbeiter in einem anderen Land als der Betroffene, muss der Betroffene bei der Klage im In-

---

4 Gola/*Werkmeister*, Art. 79 DSGVO Rz. 1.
5 Gierschmann/Schlender/Stenzel/Veil/*Koreng*, Art. 79 DSGVO Rz. 5.
6 Sydow/*Kreße*, Art. 79 DSGVO Rz. 34.
7 Sydow/*Kreße*, Art. 79 DSGVO Rz. 29f.

land die (trotz den Verbesserungen durch die EuGVVO weiterhin vorhandenen) Erschwernisse bei der grenzüberschreitenden Zustellung, Führung des Verfahrens (z.b. Übersetzung von Unterlagen) und Vollstreckung bei einem ausländischen Beklagten in Kauf nehmen; verliert er das Verfahren, entstehen ihm gegebenenfalls erhebliche Mehrkosten im Vergleich zu einem Verfahren am Sitz der Beklagten. Das gilt zwar auch umgekehrt, aber für den Betroffenen, der in der Regel Verbraucher oder Arbeitnehmer ist, wiegen diese Faktoren ungleich schwerer als für das gegebenenfalls angegriffene ausländische Unternehmen[8]. Hinzuweisen ist außerdem darauf, dass die Regelung in Art. 79 Abs. 2 Satz 2 nur die internationale Zuständigkeit betrifft. Die Verordnung gibt indessen nicht vor, dass sich auch die innerstaatliche (örtliche) Zuständigkeit allein oder vorrangig nach dem Aufenthaltsort des Betroffenen richten muss. Hier gelten vielmehr die allgemeinen innerstaatlichen Regelungen zur sachlichen und örtlichen Zuständigkeit gemäß GVG und ZPO[9]. Denkbar sind auch Gerichtsstandvereinbarungen, gegenüber Verbrauchern und Arbeitnehmern dürften diese jedoch im Zweifel unwirksam sein und keine praktische Rolle spielen[10].

Als **Ausnahme von dem Wahlrecht** des Betroffenen sieht die Verordnung für den öffentlichen Bereich vor, dass die Klage gegen eine Behörde nur vor den Gerichten des Mitgliedstaates zulässig ist, in dem die Behörde ihren Sitz hat. Dies gilt nicht, wenn die Behörde nicht hoheitlich, sondern rein fiskalisch handelt. Dies ist letztlich eine Selbstverständlichkeit. Klagen gegen eine innerstaatliche Behörde können nur von innerstaatlichen Gerichten entschieden werden. 4

Artikel 80 Vertretung von betroffenen Personen

(1) Die betroffene Person hat das Recht, eine Einrichtung, Organisationen oder Vereinigung ohne Gewinnerzielungsabsicht, die ordnungsgemäß nach dem Recht eines Mitgliedstaats gegründet ist, deren satzungsmäßige Ziele im öffentlichem Interesse liegen und die im Bereich des Schutzes der Rechte und Freiheiten von betroffenen Personen in Bezug auf den Schutz ihrer personenbezogenen Daten tätig ist, zu beauftragen, in ihrem Namen eine Beschwerde einzureichen, in ihrem Namen die in den Artikeln 77, 78 und 79 genannten Rechte wahrzunehmen und das Recht auf Schadensersatz gemäß Artikel 82 in Anspruch zu nehmen, sofern dieses im Recht der Mitgliedstaaten vorgesehen ist.

---

8 Vgl. auch Gierschmann/Schlender/Stenzel/Veil/*Koreng*, Art. 79 DSGVO Rz. 19, Rz. 24 ff., Rz. 35 auch mit Hinweis darauf, dass ggf. zusätzlich noch Gerichtsstand und anwendbares Recht auseinanderfallen können.
9 Gola/*Werkmeister*, Art. 79 DSGVO Rz. 6.
10 Gola/*Werkmeister*, Art. 79 DSGVO Rz. 8; Gierschmann/Schlender/Stenzel/Veil/*Koreng*, Art. 79 DSGVO Rz. 20 ff.

Art. 80 DSGVO | Vertretung von betroffenen Personen

(2) Die Mitgliedstaaten können vorsehen, dass jede der in Absatz 1 des vorliegenden Artikels genannten Einrichtungen, Organisationen oder Vereinigungen unabhängig von einem Auftrag der betroffenen Person in diesem Mitgliedstaat das Recht hat, bei der gemäß Artikel 77 zuständigen Aufsichtsbehörde eine Beschwerde einzulegen und die in den Artikeln 78 und 79 aufgeführten Rechte in Anspruch zu nehmen, wenn ihres Erachtens die Rechte einer betroffenen Person gemäß dieser Verordnung infolge einer Verarbeitung verletzt worden sind.

I. Einführung 1
II. Vertretung von Betroffenen (Abs. 1) 2
III. Eigenständige Verbandsklage (Abs. 2) 4

Schrifttum: S. Art. 77 DSGVO.

I. Einführung

1 Die Verordnung erweitert den individuellen Rechtsschutz, der durch die Rechtsbehelfe des Art. 77–79 sowie die Schadensersatzansprüche des Art. 82 gewährleistet wird, um die Möglichkeit, sich bei der Geltendmachung vertreten zu lassen (Art. 80 Abs. 1) bzw. um ein Recht zur Verbandsklage (Art. 80 Abs. 2). Die sachliche Berechtigung hierfür ergibt sich daraus, dass es sich beim Datenschutzrecht der DSGVO nicht nur um ein höchstpersönliches Recht der Betroffenen handelt, sondern es sich in gewisser Weise auch um Verbraucher- und Arbeitnehmerschutzrecht handelt, dessen individuelle Durchsetzung mit den typischen Schwierigkeiten beider Bereiche belastet wird: Eine rechtswidrige Verarbeitung wird durch den Einzelnen möglicherweise als belastend empfunden, aber ist wirtschaftlich von geringer oder nicht quantifizierbarer Bedeutung. Die Sachverhalte und ihre rechtliche Beurteilung sind demgegenüber häufig komplex und für den Verbraucher oder Arbeitnehmer nicht ohne Weiteres zu bewältigen. Aufwand und möglicher Erfolg von Rechtsbehelfen stehen daher zumeist in einem groben Missverhältnis für den Einzelnen. Im Arbeitsverhältnis kommt hinzu, dass der Einzelne bei der Geltendmachung seiner Rechte Nachteile für sein Arbeitsverhältnis befürchten muss und er deshalb eine Beeinträchtigung seiner Rechte zur Vermeidung von Nachteilen häufig hinnehmen wird. Kollektive Formen der Geltendmachung von Rechtsbehelfen gleichen diese strukturelle Benachteiligung der Betroffenen aus.

II. Vertretung von Betroffenen (Abs. 1)

2 Art. 80 Abs. 1 gibt dem einzelnen Betroffenen grundsätzlich das Recht, seine Rechte durch besondere Einrichtungen, Organisationen oder Vereinigungen

wahrnehmen zu lassen. Es liegt auf der Hand, dass der Vorteil dieser Vertretung nicht so sehr im Einzelfall liegt, sondern darin, dass entsprechende Organisationen die Rechtewahrnehmung **für eine Vielzahl von gleichgelagerten Fällen** bündeln oder einen Einzelfall zum Gegenstand eines Musterverfahrens machen können. Andererseits wollte der Verordnungsgeber damit nicht den Weg zu unbegrenzten „Sammelklagen" eröffnen; vielmehr sollte gerade verhindert werden, dass sich hieraus ein kommerzieller Geschäftszweig entwickelt, bei dem die Rechtewahrnehmung zum Selbstzweck wird und die betreffenden Organisationen hieraus ein Geschäftsmodell machen, bei dem die persönliche Betroffenheit des Einzelnen in den Hintergrund tritt[1]. Aus diesem Grund verlangt Art. 80 Abs. 1, dass zur Vertretung nur solche Organisationen berechtigt sein sollen, die ohne Gewinnerzielungsabsicht handeln, die ordnungsgemäß nach dem Recht eines Mitgliedstaats gegründet wurden, deren satzungsmäßige Ziele im öffentlichen Interesse liegen und die im Bereich des Datenschutzes tätig sind. Dies entspricht dem Ansatz, den im deutschen Recht auch § 3 Abs. 1 Satz 1 Nr. 1 UKlaG und § 8 Abs. 3 Nr. 3 UWG mit den „qualifizierten Einrichtungen" verfolgen. Von zentraler Bedeutung ist das Merkmal der fehlenden Gewinnerzielungsabsicht, das sich auf alle denkbaren Organisationsformen bezieht[2]. Die fehlende Gewinnerzielungsabsicht erlaubt grundsätzlich ein Tätigwerden nach dem Kostendeckungsprinzip[3]; eine verdeckte Gewinnerzielungsabsicht liegt aber nahe, wenn die Kosten vor allem aus Zahlungen an Einzelpersonen bestehen, die besonders oder regelmäßig von der Tätigkeit des Verbands profitieren (z.B. ein dahinter stehender „Abmahnanwalt"). Im weiteren Sinn muss es sich mithin um gemeinnützige Organisationen handeln, die sich dem Schutz des Persönlichkeitsrechts im Rahmen der Verarbeitung personenbezogener Daten verschrieben haben. Entgegen der Entwurfsfassung des Rates verlangt Art. 80 Abs. 1 jedoch gerade nicht, dass der Schutz des Datenschutzes auch Teil der satzungsmäßigen Zielsetzung der Organisation sein muss. Vielmehr muss die Organisation nur in diesem Bereich tätig sein. Das bedeutet, dass solange die Organisation gemeinnützig ist, sie auch primär oder zusätzlich andere satzungsmäßige Ziele verfolgen kann. Der Begriff der Gemeinnützigkeit ist dabei autonom auszulegen und nicht etwa zwingend an die steuerliche Beurteilung in einem Mitgliedstaat geknüpft[4]. Die steuerliche Anerkennung als gemeinnützig kann aber umgekehrt ein Indiz für die Gemeinnützigkeit im Sinne des Art. 80 Abs. 1 sein. Die Gemeinnützigkeit muss dem Wortlaut der Vorschrift nach für die Organisation als solche in ihrer Gesamtheit zu bejahen sein, d.h. es genügt nicht, dass nur ein Teil der Organisation gemeinnützige Zwecke verfolgt. Die Abgrenzung dürfte im Einzelfall Schwierigkeiten bereiten. Ein typisches Beispiel für eine vertretungsberechtigte

---

1 Gierschmann/Schlender/Stenzel/Veil/*Koreng*, Art. 80 DSGVO Rz. 4; Gola/*Werkmeister*, Art. 80 DSGVO Rz. 5.
2 Gierschmann/Schlender/Stenzel/Veil/*Koreng*, Art. 80 DSGVO Rz. 17.
3 *Neun/Lubitzsch*, BB 2017, 2563 (2566).
4 Gierschmann/Schlender/Stenzel/Veil/*Koreng*, Art. 80 DSGVO Rz. 18.

Organisation wäre etwa ein Verbraucherschutzverband[5]. Auch politische Parteien, Bürgerinitiativen oder Gewerkschaften können als gemeinnützig anzusehen sein und daher als relevante Organisationen zur Vertretung von Betroffenen hinsichtlich ihrer individuellen Rechte in Frage kommen. Auch Verbände aus anderen Mitgliedstaaten können im Inland klagen oder Beschwerden einlegen[6].

3   Sachlich handelt es sich bei Art. 80 Abs. 1 lediglich um einen Fall der offenen Stellvertretung und nicht um ein Recht, fremde Ansprüche im eigenen Namen geltend zu machen. Der Auftrag zur Vertretung kann daher jederzeit widerrufen werden[7], sofern der Betroffene und sein Vertreter nichts anderes vereinbart haben; die Folgen des Widerrufs einer erteilten Vollmacht zwischen den Parteien richten sich ebenfalls nach deren internen Abreden. Die Regelung erlaubt keine Prozessstandschaft[8]. Die allgemeinen prozessualen Regelungen bleiben unberührt, d.h. insbesondere die Pflicht zur anwaltlichen Vertretung vor Land- und Oberlandesgerichten (§ 78 ZPO) gilt auch für Verbände[9]. Das Vertretungsrecht bei der Geltendmachung von *Schadensersatz* steht unter dem **Vorbehalt**, dass es im Recht des jeweiligen Mitgliedstaates vorgesehen ist (vgl. Art. 80 Abs. 1 a.E.). Im Ergebnis entscheidet damit der nationale Gesetzgeber darüber, ob die Vertretung oder quasi-kollektive Geltendmachung von Schadensersatzansprüchen im Namen von einzelnen oder vielen Betroffenen zulässig ist[10]. Bisher gibt es eine solche Regelung im deutschen Recht nicht; im neuen BDSG wurde auf eine entsprechende Regelung verzichtet.

III. Eigenständige Verbandsklage (Abs. 2)

4   Ebenfalls im Ermessen des Mitgliedstaates steht die in Art. 80 Abs. 2 vorgesehene **Verbandsklage**[11]. Nach dem Wortlaut der Bestimmung *können* die Mitgliedstaaten diese vorsehen, müssen dies aber nicht. Die Regelung sieht vor, dass

---

5   Ehmann/Selmayr/*Nemitz*, Art. 80 DSGVO Rz. 5.
6   Gola/*Werkmeister*, Art. 80 DSGVO Rz. 6.
7   Ehmann/Selmayr/*Nemitz*, Art. 80 DSGVO Rz. 7 f.; Gierschmann/Schlender/Stenzel/Veil/*Koreng*, Art. 80 DSGVO Rz. 26; vgl. auch Sydow/*Kreße*, Art. 80 DSGVO Rz. 10.
8   Gola/*Werkmeister*, Art. 80 DSGVO Rz. 8; *Neun/Lubitzsch*, BB 2017, 2563 (2566); a.A. anscheinend Gierschmann/Schlender/Stenzel/Veil/*Koreng*, Art. 80 DSGVO Rz. 22 ff.
9   Gola/*Werkmeister*, Art. 80 DSGVO Rz. 8.
10 Der Wortlaut dieses Vorbehalts könnte in der deutschen Fassung sowohl auf die Rechtsbehelfe gemäß Art. 77, 78 und 79 als auch auf die Schadensersatzansprüche nach Art. 82 bezogen werden. Tatsächlich ergibt sich jedoch insbesondere aus der englischen Fassung der Verordnung (vgl. Erwägungsgrund 142 der englischen Fassung), dass der Vorbehalt nur für Schadensersatzklagen gilt. Der Grund für diesen nationalen Vorbehalt ist darin zu sehen, dass in den Mitgliedstaaten die Instrumente der Verbands- bzw. Sammelklagen sehr unterschiedlich geregelt sind und eine einheitliche Linie daher nicht durchsetzbar war.
11 Dazu ausführlich *Halfmeier*, NJW 2016, 1126 ff.

der Mitgliedstaat Verbänden sowohl das Recht zur Beschwerde nach Art. 77 bei einer Aufsichtsbehörde als auch die unmittelbare Klagemöglichkeit gegen Verantwortliche und Auftragsverarbeiter gemäß Art. 78 und 79 einräumen kann. Entgegen der Überschrift des Art. 80 handelt es sich dabei gerade nicht mehr um eine bloße „Vertretung", sondern eben um die vollkommen eigenständige Geltendmachung von Verstößen gegen die Verordnung, unabhängig von einem Auftrag betroffener Personen.

Dabei stellt die Einräumung eines eigenen **Beschwerderechts** (Art. 77) für Verbände grundsätzlich keine Besonderheit dar. Aufgrund des Amtsermittlungsgrundsatzes kann ohnehin jedermann, auch ohne selbst betroffen zu sein, eine Eingabe bei der Aufsichtsbehörde machen und damit das Tätigwerden der Aufsichtsbehörde anstoßen. Art. 80 Abs. 2 räumt dem Verband jedoch zusätzlich die **Klagemöglichkeiten** der Art. 78, 79 ein und gibt dem Verband damit ein erhebliches weiteres Druckmittel an die Hand, sofern dies vom nationalen Gesetzgeber vorgesehen wird. Darin liegt die wesentliche Änderung gegenüber der bisherigen Rechtslage. Im Hinblick auf die individuellen Rechtsschutzmöglichkeiten aus Art. 77, 78 und 79 und ein ggf. bestehendes Vertretungsrecht durch Verbände gemäß Art. 80 Abs. 1 scheint ein zusätzlicher Klageweg über Verbände indessen rechtsstaatlich nicht geboten.

5

Ein besonders scharfes Schwert kann die **Verbandsklage gegen Verantwortliche und Auftragsverarbeiter** gemäß Art. 80 Abs. 2 i.V.m. Art. 79 sein. Der deutsche Gesetzgeber hat diese Möglichkeit bereits mit der Aufnahme von Datenschutzverstößen zum Nachteil von Verbrauchern in das Unterlassungsklagengesetz eröffnet (vgl. § 2 Abs. 1 Satz 2, Abs. 2 Nr. 11 i.V.m. § 3 UKlaG)[12]. Eine Einschränkung ergibt sich hierbei dadurch, dass das Klagerecht nur im Zusammenhang mit der Datenverarbeitung zu Zwecken der Werbung, der Markt- und Meinungsforschung, des Betreibens einer Auskunftei, des Erstellens von Persönlichkeits- und Nutzungsprofilen, des Adresshandels, des sonstigen Datenhandels oder zu vergleichbaren kommerziellen Zwecken besteht (vgl. § 2 Abs. 2 Nr. 11 UKlaG). Das UKlaG bleibt insoweit hinter den Möglichkeiten einer Verbandsklage, die Art. 80 Abs. 2 dem nationalen Gesetzgeber eröffnet, zurück. Die Zulässigkeit einer solchen Teilregelung unter Art. 80 Abs. 2 wird von manchem Teil der Literatur mit dem Argument abgelehnt, dass hier ein Alles-oder-Nichts-Prinzip gelte[13]. Nachvollziehbar erscheint diese Argumentation nicht. Art. 80 Abs. 2 ist das Ergebnis eines gesetzgeberischen Kompromisses, der auch an anderen Stellen der DSGVO zu finden ist. Der Gedanke einer Verbandsklage stieß in einem Teil der Mitgliedstaaten offenbar auf Zustimmung, konnte sich aber als verbindliches Prinzip für alle Mitgliedstaaten gerade nicht durchsetzen. Das politische Ergebnis ist lediglich eine Öffnungsklausel für nationale Regelungen. Es sollte also den Mitgliedstaaten überlassen bleiben, den Weg zur Verbands-

6

---

12 *Jaschinski/Piltz*, WRP 2016, 420 ff.
13 Gola/*Werkmeister*, Art. 80 DSGVO Rz. 18.

klage zu eröffnen. Dies führt naturgemäß zu einer Rechtszersplitterung. Für das Maß der damit hinzunehmenden Rechtszersplitterung macht Art. 80 Abs. 2 aber keine Vorgaben. Weshalb eine auf bestimmte Bereiche *begrenzte* Verbandsklage unzulässig sein sollte, ist nicht zu erkennen. Es gibt außerdem auch gute, sachliche Gründe, die Verbandsklage zunächst nur in begrenztem Umfang zuzulassen. Gerade in Deutschland hat das Abmahnwesen in vielen Bereichen ein extremes Ausmaß angenommen, das im europäischen Vergleich seinesgleichen sucht. Auch ist in der Realität kein massives Vollzugsdefizit erkennbar, das gerne pauschal behauptet wird. Vielmehr nimmt gerade in Deutschland der Großteil aller Unternehmen das Thema Datenschutz – nicht zuletzt im eigenen Interesse – sehr ernst. Es ist deshalb nachvollziehbar, dass der deutsche Gesetzgeber (Anfang 2016 sicherlich in Kenntnis der für die DSGVO seinerzeit zu erwartenden Regelung) zunächst die Erfahrungen mit der Verbandsklage im Bereich des UKlaG abwarten wollte, bevor er diese auf weitere Bereiche ausdehnen würde. Dieses Vorgehen ist auch aus europarechtlicher Sicht nicht zu beanstanden; die DSGVO verbietet nicht, dass der deutsche Gesetzgeber die Unterlassungsklage „nur" für den genannten Teilbereich eröffnet[14]. Art. 80 Abs. 2 räumt dem nationalen Gesetzgeber insoweit eine Befugnis ein, die er auch lediglich für Teilbereiche nutzen kann. Ein „Alles oder Nichts"-Prinzip ist abzulehnen[15].

Artikel 81 Aussetzung des Verfahrens

(1) Erhält ein zuständiges Gericht in einem Mitgliedstaat Kenntnis von einem Verfahren zu demselben Gegenstand in Bezug auf die Verarbeitung durch denselben Verantwortlichen oder Auftragsverarbeiter, das vor einem Gericht in einem anderen Mitgliedstaat anhängig ist, so nimmt es mit diesem Gericht Kontakt auf, um sich zu vergewissern, dass ein solches Verfahren existiert.

(2) Ist ein Verfahren zu demselben Gegenstand in Bezug auf die Verarbeitung durch denselben Verantwortlichen oder Auftragsverarbeiter vor einem Gericht in einem anderen Mitgliedstaat anhängig, so kann jedes später angerufene zuständige Gericht das bei ihm anhängige Verfahren aussetzen.

(3) Sind diese Verfahren in erster Instanz anhängig, so kann sich jedes später angerufene Gericht auf Antrag einer Partei auch für unzuständig erklären, wenn das zuerst angerufene Gericht für die betreffenden Klagen zuständig ist und die Verbindung der Klagen nach seinem Recht zulässig ist.

Schrifttum: S. Art. 77 DSGVO.

---

14 Offenbar so wie hier Sydow/*Kreße*, Art. 80 DSGVO Rz. 16 m.w.N.; Gierschmann/Schlender/Stentzel/Veil/*Koreng*, Art. 80 DSGVO Rz. 40, 44.
15 So auch *Neun/Lubitzsch*, BB 2017, 2563 (2567).

Aussetzung des Verfahrens | Art. 81 DSGVO

Art. 81 regelt nach allgemeinen Grundsätzen des internationalen Zivilprozessrechts mögliche Konflikte, die sich durch eine **doppelte Anhängigkeit** desselben prozessualen Gegenstandes ergeben können. Es liegt auf der Hand, dass bei Anhängigkeit desselben Gegenstandes bei unterschiedlichen Gerichten die Gefahr einander widersprechender Entscheidungen besteht. Dem soll Art. 81 entgegenwirken. Ob die (rudimentäre) Regelung als solche notwendig ist, hängt davon ab, wie eng oder weit man sie auslegt. Bei einem sehr engen Verständnis im Sinne prozessualer doppelter Anhängigkeit derselben Ansprüche geht die Regelung über die bisherige Rechtslage nicht erkennbar hinaus. Auch ohne die Erwähnung in Art. 81 wäre man wohl aufgrund allgemeiner prozessualer Prinzipien gemäß Art. 27 EuGVVO[1] und nach dem Recht der Mitgliedstaaten zum gleichen Ergebnis gekommen. 1

Art. 81 geht davon aus, dass das **Gericht selbst aufklären** muss, ob möglicherweise in einem anderweitigen Staat ein Verfahren anhängig ist, wenn es hierfür Anhaltspunkte gibt. In der Praxis wird es aber im Regelfall von einer der Parteien auf diesen Umstand hingewiesen werden, weil insbesondere Verantwortliche und Auftragsverarbeiter sich dagegen wehren werden, in derselben oder in einer vergleichbaren Angelegenheit vor zwei unterschiedlichen Gerichten und in unterschiedlichen Mitgliedstaaten in Anspruch genommen zu werden, die möglicherweise unterschiedlich entscheiden können. Art. 81 Abs. 1 sieht vor, dass das zuständige (oder besser: befasste) Gericht, das von einem solchen Umstand Kenntnis erlangt, zunächst das andere Gericht kontaktiert, um sich zu vergewissern, dass es tatsächlich ein anderes anhängiges Verfahren gibt und ob dieses Verfahren dieselben Parteien und denselben Gegenstand betrifft wie das eigene Verfahren. Ist dies der Fall und war das andere Verfahren früher als das eigene Verfahren anhängig, kann das später angerufene Gericht das bei ihm anhängige Verfahren aussetzen (Art. 81 Abs. 2). Geschieht dies im ersten Rechtszug, kann das später angerufene Gericht sich auch ganz für unzuständig erklären und die Parteien an das zuerst angerufene Gericht verweisen (Art. 81 Abs. 3). 2

Bei der Auslegung des Art. 81 stellen sich viele **Detailfragen**, insbesondere zur Kommunikation zwischen den Gerichten, zur Bestimmung der Identität oder Ähnlichkeit der Gegenstände, zum Ermessen des Gerichts hinsichtlich der Aussetzung und vieles mehr. So wirft etwa die Bezugnahme auf „denselben Gegenstand" und „dieselben Verantwortlichen" die Frage auf, ob dies bedeuten kann, dass bei unterschiedlichen Betroffenen (und damit Klägern), aber denselben technischen und inhaltlichen Verarbeitungsvorgängen tatsächlich „derselbe Gegenstand" gegeben ist. Dies erscheint durchaus naheliegend, weil es gerade bei massenhaften Verarbeitungsvorgängen sinnvoll wäre, eine einheitliche Beurteilung und Entscheidung hinsichtlich der Zulässigkeit einer bestimmten Daten- 3

---

1 Verordnung (EU) Nr. 1215/2012 v. 12.12.2012 über die gerichtliche Zuständigkeit und die Anerkennung und Vollstreckung von Entscheidungen in Zivil- und Handelssachen, ABl. L 351/1.

verarbeitung herbeizuführen. Prozessual handelt es sich jedoch nach herkömmlicher Anschauung bei unterschiedlichen Klägern um unterschiedliche prozessuale Gegenstände[2]. Eine Aussetzung käme daher nicht in Betracht. Ob demgegenüber Art. 81 Abs. 3 mit dem Hinweis auf die „Verbindung der Klagen" vielmehr eine Bündelung solcher gerade *nicht identischer*, aber sachlich *zusammenhängender* Gegenstände vor demselben Gericht erreichen möchte, ist zumindest nicht eindeutig. Der Wortlaut der Regelung scheint eher eng, wenn im Deutschen von „demselben Gegenstand" oder im Englischen von „the same subject matter" die Rede ist. Die Erwägungsgründe sind demgegenüber weiter formuliert und sprechen von „verwandten Verfahren" oder im Englischen von „related proceedings"[3]. Diese Begrifflichkeit geht deutlich über den Wortlaut des Art. 81 hinaus. Die Erwägungsgründe stellen für die Entscheidung über die Aussetzung auch vor allem darauf ab, ob die gemeinsame Verhandlung und Entscheidung geboten scheint, um einander *widersprechende Entscheidungen* zu verhindern. Dies und das Ermessen des Gerichts bei seiner Entscheidung sprechen ebenfalls für eine weite Auslegung. Die Regelung wäre dann letztlich dahin zu verstehen, dass sie dem befassten Gericht die Möglichkeit gibt, die sachliche Entscheidung eines anderen Gerichts, das sich für einen anderen Kläger, aber mit identischem Beklagten und mit den gleichen Verarbeitungsvorgängen beschäftigt, abzuwarten[4]. Verspricht sich das befasste Gericht von dem anderen Verfahren hingegen keinen Erkenntnisgewinn oder ist dies zur Herstellung einer einheitlichen Entscheidung voraussichtlich nicht notwendig, kann es auf eine Aussetzung verzichten und durchentscheiden. Dies erscheint als eine pragmatische Lösung für einen naheliegenden, sachlich-inhaltlichen Konflikt. Das Gericht kann dann im Rahmen seines (pflichtgemäßen) Ermessens auch den voraussichtlichen Verfahrensverlauf berücksichtigen und z.B. auch dann auf eine Aussetzung verzichten, wenn es davon ausgehen muss, dass mit einer Entscheidung in dem anderen Land alsbald nicht zu rechnen ist. Das Ermessen des Gerichts reduziert sich allerdings auf Null, wenn echte Identität des Streitgegenstandes vorliegt, also eine (echte) doppelte Rechtshängigkeit gegeben ist oder das andere Gericht ebenfalls zuständig wäre, früher angerufen wurde, das Verfahren sich noch in der ersten Instanz befindet und dieses andere Gericht die Klagen nach seinem Prozessrecht verbinden könnte. Dann würde es die grenzüberschreitende Prozessökonomie gebieten, das eigene Verfahren an das Gericht im Mitgliedstaat zu verweisen. Es liegt auf der Hand, dass solche Konstellationen nicht häufig vorkommen werden und die inländischen Gerichte im Zweifel lieber selbst durchentscheiden, statt sich auf die Unwägbarkeiten einer Aussetzung oder Verweisung in einen anderen Mitgliedstaat einzulassen. So gesehen erscheint Art. 81 als eine Experimentierklausel. Falls die Regelung praktisch wer-

---

2 So auch Gola/*Nolte*/*Werkmeister*, Art. 81 DSGVO Rz. 7.
3 Erwägungsgrund 144.
4 Vgl. Ehmann/Selmayr/*Nemitz*, Art. 81 DSGVO Rz. 3; Sydow/*Kreße*, Art. 81 DSGVO Rz. 11 ff.

den sollte, muss die Rechtsprechung zur Auslegung des Art. 81 angemessene Lösungen unter Rückgriff auf die EuGVVO und unter Inanspruchnahme des Vorabentscheidungsverfahrens (Art. 267 Abs. 2 AEUV) entwickeln.

Die Regelung in Art. 81 Abs. 3 unterscheidet nicht zwischen verschiedenen Rechtswegen; praktische Bedeutung dürfte sie – wenn überhaupt – aber vor allem im Rahmen von Rechtsstreitigkeiten vor den allgemeinen Zivilgerichten haben. Aufgrund der besonderen internationalen Zuständigkeitsregelungen für Arbeitsgerichte dürften Zuständigkeitskonflikte selten sein; der Arbeitnehmer kann vom Arbeitgeber nur an seinem inländischen Gerichtsstand verklagt werden (Art. 22 Abs. 1 EuGVVO), während der Arbeitnehmer selbst in der Regel ebenfalls an diesem Gerichtsstand klagen wird (Art. 21 EuGVVO). In Verwaltungsrechtsstreitigkeiten ist der Rechtsweg gegen Entscheidungen der Aufsichtsbehörde oder ihre Untätigkeit stets nur vor den inländischen Gerichten möglich; eine Verbindung von Klagen kommt bei Verwaltungsrechtsstreitigkeiten nicht in Betracht, weil inländische Gerichte mit ihren Entscheidungen keine ausländischen Behörden binden können; aus demselben Grund schließt Art. 79 Abs. 2 Satz 2, 2. Halbs. das grundsätzliche Wahlrecht, das dem Betroffenen im ersten Halbsatz der Regelung gewährt wird, für Klagen gegen Behörden aus[5]. 4

Artikel 82 Haftung und Recht auf Schadenersatz

(1) Jede Person, der wegen eines Verstoßes gegen diese Verordnung ein materieller oder immaterieller Schaden entstanden ist, hat Anspruch auf Schadenersatz gegen den Verantwortlichen oder gegen den Auftragsverarbeiter.

(2) Jeder an einer Verarbeitung beteiligte Verantwortliche haftet für den Schaden, der durch eine nicht dieser Verordnung entsprechende Verarbeitung verursacht wurde. Ein Auftragsverarbeiter haftet für den durch eine Verarbeitung verursachten Schaden nur dann, wenn er seinen speziell den Auftragsverarbeitern auferlegten Pflichten aus dieser Verordnung nicht nachgekommen ist oder unter Nichtbeachtung der rechtmäßig erteilten Anweisungen des für die Datenverarbeitung Verantwortlichen oder gegen diese Anweisungen gehandelt hat.

(3) Der Verantwortliche oder der Auftragsverarbeiter wird von der Haftung gemäß Absatz 2 befreit, wenn er nachweist, dass er in keinerlei Hinsicht für den Umstand, durch den der Schaden eingetreten ist, verantwortlich ist.

(4) Ist mehr als ein Verantwortlicher oder mehr als ein Auftragsverarbeiter bzw. sowohl ein Verantwortlicher als auch ein Auftragsverarbeiter an derselben Verarbeitung beteiligt und sind sie gemäß den Absätzen 2 und 3 für einen

---

5 Im Ergebnis ebenso Gierschmann/Schlender/Stenzel/Veil/*Feldmann*, Art. 81 DSGVO Rz. 10.

durch die Verarbeitung verursachten Schaden verantwortlich, so haftet jeder Verantwortliche oder jeder Auftragsverarbeiter für den gesamten Schaden, damit ein wirksamer Schadensersatz für die betroffene Person sichergestellt ist.

(5) Hat ein Verantwortlicher oder Auftragsverarbeiter gemäß Absatz 4 vollständigen Schadensersatz für den erlittenen Schaden gezahlt, so ist dieser Verantwortliche oder Auftragsverarbeiter berechtigt, von den übrigen an derselben Verarbeitung beteiligten für die Datenverarbeitung Verantwortlichen oder Auftragsverarbeitern den Teil des Schadenersatzes zurückzufordern, der unter den in Absatz 2 festgelegten Bedingungen ihrem Anteil an der Verantwortung für den Schaden entspricht.

(6) Mit Gerichtsverfahren zur Inanspruchnahme des Rechts auf Schadenersatz sind die Gerichte zu befassen, die nach den in Artikel 79 Absatz 2 genannten Rechtsvorschriften des Mitgliedstaats zuständig sind.

I. Einführung	1	IV. Gemeinsame Haftung, Ausgleich zwischen den Beteiligten (Abs. 4, 5)	7
II. Ersatzanspruch und Exkulpationsmöglichkeit (Abs. 1, 3)	2		
III. Haftung des Verantwortlichen und des Auftragsverarbeiters (Abs. 2)	6	V. Geltendmachung (Abs. 6)	8
		VI. Übertragbarkeit, Konkurrenzen, Sonstiges	10

Schrifttum: S. auch Art. 77 DSGVO; *Bachmeier*, EG-Datenschutzrichtlinie – Rechtliche Konsequenzen für die Datenschutzpraxis, RDV 1995, 49; *Bierekoven*, Schadensersatzansprüche bei der Verletzung von Datenschutzanforderungen nach der BDSG-Novelle, ITRB 2010, 88; *Born*, Schadensersatz bei Datenschutzverstößen, Diss. Hamburg, 2001; *Dönch*, Verbandsklagen bei Verstößen gegen das Datenschutzrecht – neue Herausforderungen für die Datenschutz-Compliance, BB 2016, 962; *Dzida/Grau*, Rechtsfolgen von Verstößen gegen den Beschäftigtendatenschutz, ZIP 2012, 504; *Grimm/Freh*, Schadensersatz und Schmerzensgeld wegen Verletzung des Arbeitnehmer-Persönlichkeitsrechts, ArbRB 2012, 151; *Härting/Schneider*, Das Ende des Datenschutzes – es lebe die Privatsphäre, CR 2015, 819; *Hartung/Reintzsch*, Die datenschutzrechtliche Haftung nach der EU-Datenschutzreform, Teil 1, ZWH 2013, 129; *Hartung/Reintzsch*, Die datenschutzrechtliche Haftung nach der EU-Datenschutzreform, Teil 2, ZWH 2013, 180; *Hoffmann*, Die Verletzung der Vertraulichkeit informationstechnischer Systeme durch Google Street View, CR 2010, 514; *Kopp*, Das EG-Richtlinienvorhaben zum Datenschutz, RDV 1993, 1; *Linsenbarth/Schiller*, Datenschutz und Lauterkeitsrecht – Ergänzender Schutz bei Verstößen gegen das Datenschutzrecht durch das UWG?, WRP 2013, 576; *Niedermeier/Schröcker*, Ersatzfähigkeit immaterieller Schäden aufgrund rechtswidriger Datenverarbeitung, RDV 2002, 217; *Oberwetter*, Überwachung und Ausspähung von Arbeitnehmern am Arbeitsplatz – alles ohne Entschädigung?, NZA 2009, 1120; *Roßnagel/Pfitzmann/Garstka*, Modernisierung, des Datenschutzrechts, Gutachten im Auftrag des Bundesministeriums des Innern, 2002; *Seel*, Mitarbeiterobservation – Anspruch auf Geldentschädigung wegen heimlicher Videoaufnahmen, MDR 2015, 1213; *Taeger*, Datenschutzrechtliche Haftung – insbesondere bei unrichtiger Datenverarbeitung durch fehlerhafte Computerprogramme, RDV 1996, 77; *Wind*, Haftung bei der Verarbeitung personenbezogener Daten, RDV 1991, 16; *Wuermeling*, Umsetzung der Europäischen Datenschutzrichtlinie, DB 1996, 663.

I. Einführung

Das Recht auf **Ersatz des materiellen und immateriellen Schadens** stellt grundsätzlich eine der zentralen Sanktionen bei Verstoß gegen die Bestimmungen der Verordnung dar. Wie bisher die Bestimmungen der §§ 7, 8 BDSG-alt stellt die Regelung eine eigenständige Anspruchsgrundlage dar, die jedoch autonom nach den Regeln des Gemeinschaftsrechts auszulegen ist. Die Regelung gilt unterschiedslos für den öffentlichen und nicht-öffentlichen Bereich. Sachlich handelt es sich bei Art. 82 um einen deliktischen Anspruch[1], wie dies auch bei §§ 7, 8 BDSG-alt der Fall war[2]. Sie geht für den nicht-öffentlichen Bereich über die bisherige Regelung des § 7 BDSG-alt insoweit hinaus, als sie nicht nur den Ersatz des materiellen, sondern auch des immateriellen Schadens anordnet. Ferner ist sie hinsichtlich des immateriellen Schadens weiter als der bisherige § 8 Abs. 2 BDSG-alt gefasst, der einen Ersatz des immateriellen Schadens nur bei *schweren* Verletzungen des Persönlichkeitsrechts vorsah. Anders als § 8 Abs. 3 BDSG-alt enthält die Regelung des Art. 82 zudem keine betragsmäßige Haftungsbegrenzung für den öffentlichen Bereich. Das Fehlen der im deutschen Recht bisher vorgesehenen Einschränkungen der Ersatzansprüche für immaterielle Schäden ist generell zu begrüßen. Hinsichtlich der bisher gegebenen höhenmäßigen Begrenzung der Haftung in § 8 Abs. 3 BDSG-alt gilt dies schon deshalb, weil sich die Befürchtung des deutschen Gesetzgebers, es entstünde eine uferlose Haftung der öffentlichen Hand, in keiner Weise bewahrheitet hat. Auch die Begrenzung des Ersatzanspruchs auf Fälle *schwerer* Persönlichkeitsverletzungen erscheint nicht notwendig. Sie entspricht zwar der gefestigten deutschen Rechtsprechung zum immateriellen Schaden bei Persönlichkeitsrechtsverletzungen. Diese Begrenzung führte aber bisher gerade bei typischen Datenschutzverletzungen im Bagatellbereich generell zum Entfallen des Schmerzensgeldes und stellte daher im deutschen Recht keine ernsthaft abschreckende und wirksame Sanktion dar. Art. 82 gilt unbeschadet von Schadensersatzforderungen aufgrund von Verstößen gegen andere Vorschriften des Unionsrechts oder des Rechts der Mitgliedstaaten[3]. Dies bedeutet, dass neben dem Anspruch aus Art. 82 weitergehende oder einfacher durchzusetzende Ansprüche nach nationalem Recht bestehen bleiben. Die vertragliche Haftung bleibt ohnehin unberührt. Aber auch die deutsche Rechtsprechung zu Schadensersatz und Schmerzensgeld bei Eingriffen in das Persönlichkeitsrecht bleibt grundsätzlich anwendbar, sofern sie den Betroffenen nicht schlechter stellt als Art. 82. Dafür, dass Art. 82 nach dem Willen des europäischen Gesetzgebers weitergehende Ansprüche einschränken sollte, gibt es keine Anhaltspunkte. Im Anwendungsbereich der §§ 45 ff. BDSG gilt außerdem die Haftungsnorm des § 83 BDSG, der eine eigene Regelung zu Schadensersatz und Entschädigung enthält und der Umsetzung von Art. 56 der Daten-

---

1 Gola/*Piltz*, Art. 82 DSGVO Rz. 1; *Neun*/*Lubitzsch*, BB 2017, 2563 (2567).
2 BT-Drucks. 14/4329, S. 38; BT-Drucks. 14/5793, S. 64.
3 Erwägungsgrund 146 Satz 4.

schutzrichtlinie für Polizei und Justiz (Richtlinie (EU) 2016/680) dient (s. Kommentierung zu § 83 BDSG).

II. Ersatzanspruch und Exkulpationsmöglichkeit (Abs. 1, 3)

2 Der in Art. 82 Abs. 1 vorgesehene Ersatzanspruch steht nach dem Wortlaut „jeder Person" zu und scheint damit zunächst denkbar weit. Aufgrund der weiteren Tatbestandselemente ist aber davon auszugehen, dass der Anspruch in Wahrheit **nur dem „Betroffenen"** zustehen soll, dessen Daten rechtswidrig verarbeitet wurden[4]. Denn zum einen erfordert der Ersatzanspruch, dass der Schaden „wegen des Verstoßes" entstanden ist, also durch den Verstoß (kausal) verursacht wurde. Zum anderen richten sich die maßgeblichen Verhaltenspflichten, welche dem Verstoß zugrunde liegen, gegen den Verantwortlichen bzw. unter bestimmten Voraussetzungen gegen den Auftragsverarbeiter. Deren Verpflichtungen beziehen sich jedoch auf die Daten des Betroffenen und schützen nicht etwaige Drittinteressen. Art. 82 Abs. 1 ist also nicht Grundlage für uferlose Drittansprüche von Personen, die zwar möglicherweise ein Interesse an der ordnungsgemäßen Datenverarbeitung haben, die aber nicht selbst Betroffene sind (z.B. Bank, die von einem Verarbeiter eine falsche Bonitätsauskunft über einen Kunden erhält). Art. 82 Abs. 1 ist auch nicht Grundlage für Ersatzansprüche von Wettbewerbern mit dem Argument, dass das verletzende Unternehmen sich durch die Missachtung der datenschutzrechtlichen Bestimmungen einen Wettbewerbsvorteil zum Schaden anderer Unternehmen verschafft hat. Ebensowenig ist Art. 82 Abs. 1 Anspruchsgrundlage zwischen dem Verantwortlichen und dem Auftragsverarbeiter – deren wechselseitige Ansprüche untereinander richten sich im Zweifel nach den zwischen ihnen bestehenden vertraglichen Abreden oder nach Deliktsrecht, wobei den Bestimmungen der Verordnung im Innenverhältnis zwischen dem Verantwortlichen und dem Auftragsverarbeiter grundsätzlich auch keine drittschützende Wirkung zukommt.

3 Der **schadensverursachende Verstoß** kann sich nach den Erwägungsgründen nicht nur unmittelbar auf die Regelungen der Verordnung beziehen, sondern **auch auf delegierte Rechtsakte sowie Durchführungsakte und Rechtsvorschriften der Mitgliedstaaten** zur Präzisierung der Verordnung[5]. Damit ist klargestellt, dass die Ersatzpflicht für alle Verstöße gegen materielles Datenschutzrecht gilt, das auf der Verordnung beruht.

4 Ersatzfähig sind der materielle und der immaterielle Schaden, die durch den Verstoß **verursacht** wurden. Der Nachweis der Ursächlichkeit und des Eintritts eines Schadens als haftungsbegründendem Umstand obliegt dabei dem Betroffe-

---

[4] So auch Gola/*Piltz*, Art. 82 DSGVO Rz. 10 mit Hinweis auf Erwägungsgrund 146; Sydow/*Kreße*, Art. 82 DSGVO Rz. 9 ff.
[5] Erwägungsgrund 146 Satz 5.

nen. Beweiserleichterungen gelten hierfür nicht. Die bisher zu §§ 7, 8 BDSG-alt vertretene Gegenauffassung[6] argumentierte vor allem mit dem Schutzzweck und dem Wortlaut der §§ 7, 8 BDSG-alt; beide Erwägungen können für Art. 82 keine Rolle mehr spielen. Es bleibt insoweit bei den allgemeinen Regeln der **Beweislastverteilung**, d.h. jede Seite hat in einem Rechtsstreit die für sie günstigen Umstände darzulegen und ggf. zu beweisen. Von einer generellen Beweislastumkehr auszugehen[7] erscheint sachwidrig. Sie würde das Prozessrisiko einseitig dem Verantwortlichen aufbürden und *de facto* zu einer allgemeinen Gefährdungshaftung des Verantwortlichen führen, die vom Verordnungsgeber nicht bezweckt war. Die Darlegungspflicht des Betroffenen nach den allgemeinen Regeln ist indessen nicht zu überspannen, soweit es um Umstände geht, die in der Sphäre der verarbeitenden Stelle liegen[8]. Insbesondere muss der Betroffene nicht etwa die technischen Details der Datenverarbeitung darlegen, soweit diese für die Schadensursächlichkeit eine Rolle spielen.

Der zu leistende Schadensersatz umfasst den materiellen und immateriellen Schaden. Eine nähere Definition insbesondere des immateriellen Schadens liefert die Verordnung nicht. Aus den Erwägungsgründen ergibt sich jedoch, dass der **Begriff des Schadens** im Lichte der Rechtsprechung des Gerichtshofs auf eine Art und Weise ausgelegt werden soll, die den Zielen der Verordnung in vollem Umfang entspricht[9]. Die betroffenen Personen sollen einen **vollständigen und wirksamen Schadensersatz** für den erlittenen Schaden erhalten[10]. Mit der Wirksamkeit des Schadensersatzes ist dabei auch gemeint, dass der Schadensersatz abschreckend sein und weitere Verstöße unattraktiv machen soll. Bei der Bestimmung des materiellen Schadens wie auch des immateriellen Schadens kann daher auch auf den Wert der Daten und ihrer Nutzung aus Sicht des Verantwortlichen abgestellt werden, insbesondere in den Fällen, in denen die personenbezogenen Daten des Betroffenen kommerzialisiert werden und sich der Verantwortliche bewusst über die Interessen des Betroffenen hinwegsetzt, um seine eigenen Erwerbsinteressen durchzusetzen. Ferner darf bei der Bestimmung des immateriellen Schadens berücksichtigt werden, dass bei Datenschutzverstößen der materielle Schaden aus Sicht des Betroffenen, der im Regelfall seine eigenen Daten gerade nicht kommerzialisiert, häufig schwer oder gar nicht zu quantifizieren ist und deshalb eine abschreckende Schadensersatzhaftung erst

4a

---

6 *Gola/Schomerus*, § 7 BDSG Rz. 11 unter Hinweis auf LG Bonn v. 16.3.1994 – 5 S 179/93, CR 1995, 276 = RDV 1995, 253 (Ursächlichkeit stand aufgrund der Beweisaufnahme fest); LG Bielefeld v. 7.9.1995 – 22 S 100/95, RDV 1996, 43 (Entscheidung betrifft Schutzumfang des Bankgeheimnisses) und BGH v. 21.11.1995 – VI ZR 341/94, RDV 1996, 132 (Entscheidung beruht maßgeblich auf den besonderen Anforderungen zur ärztlichen Dokumentationspflicht).
7 Vgl. *Wybitul/Haß/Albrecht*, NJW 2018, 113 (116).
8 Vgl. Gola/*Piltz*, Art. 82 DSGVO Rz. 15; *Niedermeier/Schröcker*, RDV 2002, 217 (219).
9 Erwägungsgrund 146 Satz 3.
10 Erwägungsgrund 146 Satz 6.

Art. 82 DSGVO | Haftung und Recht auf Schadenersatz

durch einen angemessen hohen immateriellen Schadensersatz verwirklich werden kann. Die Regelung des Art. 82 sollte daher künftig von der deutschen Rechtsprechung zum Anlass genommen werden, ihre zum Teil äußerst restriktive Haltung zur Zuerkennung von immateriellen Schäden oder von Schmerzensgeld zu überdenken.

4b Trotzdem ist davon auszugehen, dass die **praktische Bedeutung** des Art. 82 in Bezug auf den materiellen Schadensersatz – ebenso wie bisher die der nationalen Vorschriften der §§ 7, 8 BDSG-alt zum materiellen Schadensersatz – gering bleiben wird, soweit es um einfache Fehler in der Datenverarbeitung geht, die nicht zu Schädigungen durch Dritte führen (wie z.b. bei Kreditkartenmissbrauch, Missbrauch von Bankdaten). Auch bisher haben sich nur wenige Gerichte mit datenschutzrechtlichen Schadensersatzansprüchen beschäftigt[11]. Der Grund hierfür liegt in der Natur der Datenverwendung: Erweist sich die Verarbeitung oder Nutzung von Daten als rechtswidrig oder sind Daten falsch, wird der Betroffene versuchen, die rechtswidrige Datenverarbeitung zu beenden oder die falschen Daten korrigieren zu lassen. Zur Durchsetzung entsprechender Maßnahmen gibt ihm nun auch die DSGVO umfassende Korrektur-, Löschungs- und Sperrungsansprüche an die Hand (Art. 16 ff.). Ist der Betroffene damit erfolgreich, ist der primäre „Schaden" beseitigt[12]. Anders als im sonstigen Schadensrecht ist damit beim Datenschutz die Naturalrestitution (§ 249 Abs. 1 BGB) durch Beseitigung des rechtswidrigen Zustands die *Regel*. Aufwand und Kosten des Betroffenen, die rechtswidrige Verarbeitung oder Nutzung von Daten beenden oder einzelne Daten korrigieren zu lassen, sind typischerweise geringfügig. Gleiches gilt auf Seiten des Verantwortlichen. Ein weitergehender Vermögensschaden tritt beim Betroffenen eher selten ein oder ist so marginal, dass sich aus Sicht des Betroffenen die Verfolgung nicht lohnt. Die Schadensminderungspflicht (§ 254 BGB) tut ihr

---

11 Vgl. dazu bisher im Wesentlichen LG Memmingen v. 14.1.2016 – 22 O 1983/13, ITRB 2016, 80 = CR 2016, 240 (Videoüberwachung aus Fahrzeug); OLG Zweibrücken v. 21.2. 2013 – 6 U 21/12, VersR 2013, 915 (Schadensersatz in Höhe der Rechtsanwaltskosten wegen rechtswidriger Sozialdatenerhebung); VG Wiesbaden v. 6.10.2010 – 6 K 280/ 10.WI, DuD 2011, 142 (mögliche Schadensersatzansprüche eines Journalisten wegen Nichtzulassung zu einer Veranstaltung aufgrund rechtswidriger Datenweitergabe an die NATO); BAG v. 20.1.2009 – 1 AZR 515/08, MDR 2009, 1051 = ITRB 2009, 251 = RDV 2009, 172 (Unterlassungsanspruch aus § 7 BDSG analog wegen Gewerkschaftswerbung per E-Mail); OLG Düsseldorf v. 14.12.2006 – I-10 U 69/06, MDR 2007, 877 = ITRB 2007, 152 = CR 2007, 534 (Unberechtigte Schufa-Meldung); LG Stuttgart v. 15.5. 2002 – 21 O 97/01, DB 2002, 1499 (Ersatzansprüche im Zusammenhang mit Berichtigungsanspruch); LG Bonn v. 16.3.1994 – 5 S 179/93, CR 1995, 276 = RDV 1995, 253 (Unberechtigte Schufa-Meldung); OLG Frankfurt v. 6.1.1988 – 17 U 35/87 und 203/87, RDV 1988, 148 (Unberechtigte Schufa-Meldung); LG Paderborn v. 5.3.1981 – 5 S 3/81, DB 1981, 1038 (Fehlerhafte Meldung an Kreditauskunft).

12 Vgl. OLG Frankfurt v. 6.1.1988 – 17 U 35/87 und 203/87, RDV 1988, 148 (kein Beseitigungsanspruch nach erfolgter Korrektur fehlerhafter Schufa-Einträge).

Übriges. Am Beispiel[13]: Wer einen Kredit wegen einer unzutreffenden Kreditauskunft nicht erhält, wird und muss sich zunächst darum bemühen, seine Kreditfähigkeit nachzuweisen. Gelingt ihm dies gegenüber der Bank, ist es im Regelfall leicht, eine entsprechende Datenänderung bei der Kreditauskunft zu erreichen. Gelingt ihm dies gegenüber der Bank nicht, hilft auch eine – dann eher unwahrscheinliche – Änderung der Daten bei der Kreditauskunft nicht. Ein zurechenbarer materieller Schaden könnte allenfalls darin liegen, dass mehrere (oder alle) Banken einen Kredit aufgrund der Kreditauskunft trotz ihrer – nachgewiesenen – Fehlerhaftigkeit ablehnen, verzögern oder nur zu vergleichsweise schlechten Konditionen anbieten. Kausalität und Zurechenbarkeit des Schadens sind in solchen Fällen nicht einfach nachzuweisen. Diese und ähnliche Konstellationen machen deutlich, weshalb die (gerichtliche) Verfolgung von Vermögensschäden im Bereich des Datenschutzes bisher kaum eine Rolle spielt. Es bleibt in den meisten Fällen bei wirtschaftlich nicht quantifizierbaren Belästigungen des Betroffenen (z.B. durch Werbung), einem geringen Mehraufwand (z.B. für den Nachweis seiner angezweifelten Kreditfähigkeit) oder einfach nur bei einem Gefühl der Ohnmacht gegenüber der fremden Datenverarbeitung[14]. Durch eine europarechtliche Anspruchsgrundlage statt einer mitgliedstaatlichen Anspruchsgrundlage wird sich an diesem Befund nichts Grundlegendes ändern.

Die Bedeutung des Art. 82 liegt daher in erster Linie in der **Anerkennung des immateriellen Schadens**. Ein Anspruch auf „Schmerzensgeld" oder „Geldentschädigung" ergab sich bisher in Deutschland für den nicht-öffentlichen Bereich nur aus allgemeinem Deliktsrecht in Verbindung mit dem allgemeinen Persönlichkeitsrecht. Die Rechtsprechung hierzu wird wohl auch in Zukunft bei der Auslegung des Art. 82 noch eine Rolle spielen, allerdings fällt die bisherige Begrenzung des Schmerzensgeldes auf eine „schwerwiegende Persönlichkeitsverletzung" zumindest im Ansatz weg. Diese Einschränkung kann angesichts des eindeutigen Wortlauts des Art. 82 nicht mehr aufrechterhalten werden[15]. Das bedeutet keineswegs, dass Art. 82 Abs 1 in Zukunft für jeden Bagatellverstoß ein Schmerzensgeld gewähren muss. Das Datenschutzrecht schützt zwar *per se* ein subjektives Recht, das einen starken Bezug zum persönlichen Empfinden des Einzelnen hat. Dennoch ist Art. 82 nicht so auszulegen, dass er einen Schadensersatzanspruch bereits bei jeder individuell empfundenen Unannehmlichkeit oder bei Bagatellverstößen ohne ernsthafte Beeinträchtigung für das Selbstbild oder Ansehen einer Person begründet. Vielmehr muss es um eine objektiv nach- 4c

---

13 Vgl. ähnlich LG Stuttgart v. 15.5.2002 – 21 O 97/01, DB 2002, 1499 zu einem falschen Schufa-Eintrag. Die Haftung wurde dort bei der einmeldenden Bank gesehen; ob diese im Ergebnis in Anspruch genommen wurde, ist dem Urteil nicht zu entnehmen; ähnlich LG Bonn v. 16.3.1994 – 5 S 179/93, CR 1995, 276 = RDV 1995, 253; s. auch den Beispielsfall bei *Wybitul*, Handbuch – Datenschutz im Unternehmen, 2011, Rz. 359 (Rechtsanwaltskosten nach Kündigung wegen Datenschutzverstoß).
14 Vgl. dazu *Dönch*, BB 2016, 962 ff.
15 Dazu Gola/*Piltz*, Art. 82 DSGVO Rz. 12 f.

vollziehbare Beeinträchtigung von persönlichkeitsbezogenen Belangen gehen, die zwar jetzt nicht mehr „besonders schwerwiegend" sein muss, aber trotzdem für den oder die Betroffenen ein gewisses Gewicht haben muss. Dem Sinn des immateriellen Schadens entspricht es dabei auch, dass es naturgemäß nicht darauf ankommt, ob die Beeinträchtigung finanzielle Folgen für den Betroffenen hat. Aber umgekehrt kann berücksichtigt werden, wenn sich der Verantwortliche durch sein rechtswidriges Verhalten finanziell „auf Kosten" (aber ohne materiellen Schaden) des Betroffenen bereichert hat und dies zielgerichtet erfolgte.

4d Auch im Übrigen gibt es strukturelle Unterschiede zur bisherigen Rechtslage, welche die Rechtsprechung nach und nach stärker herausarbeiten muss, um zu sachgerechten Lösungen zu kommen. Bisher wurden typischerweise zwei Fallgruppen unterschieden: Zum einen Fälle, bei denen eine objektiv erheblich ins Gewicht fallende Persönlichkeitsrechtsverletzung begangen wurde. Zum anderen Fälle, bei denen subjektiv eine besonders schwere Schuld des Schädigers vorlag. Diese Fallgruppen wurden allerdings vor allem im Bereich des Presserechts entwickelt[16] und lassen sich nicht ohne Weiteres für den Bereich datenschutzrechtlicher Verstöße fruchtbar machen. Während im Presserecht zumeist die Individualität des Verletzten im Vordergrund steht, betrifft „ein" Datenschutzverstoß häufig eine Vielzahl von Personen, wobei die Betroffenheit der einzelnen Personen häufig nur im Bagatellbereich liegt[17]. Schadensersatzrechtlich sind daher die von der von den deutschen Gerichten entwickelten „Caroline"-Rechtsprechung betonten sonstigen Gesichtspunkte und ihre Übersetzung ins datenschutzrechtliche Umfeld von besonderer Bedeutung, nämlich einmal die „Genugtuungsfunktion" sowie die „Präventionsfunktion" von Ersatzansprüchen im Fall von Persönlichkeitsrechtsverletzungen[18]. Es stellt sich insoweit die Frage, ob bei der Verletzung des Datenschutzrechts mit einer Vielzahl von Verletzten auch dann jedem Einzelnen ein angemessenes Schmerzensgeld zuzuerkennen ist, wenn die Beeinträchtigung des einzelnen Betroffenen für diesen „verschmerzbar" oder völlig vernachlässigbar ist, aber es unangemessen erschiene, dem Täter den Vorteil aus seinen möglicherweise sogar vorsätzlich begangenen Verletzungshandlungen ungeschmälert zu belassen. Die konkrete Bemessung

---

16 Vgl. *Rehbock*, Medien- und Prozessrecht, 2. Aufl. 2011, § 3 Rz. 446 ff., 475 ff.
17 Vgl. z.B. AG Kassel v. 3.11.1998 – 424 C 1260/98, CR 1999, 749 (Weitergabe von Kundendaten); vgl. auch *Hoffmann*, CR 2010, 514 (518) zum Erfassen von W-LAN-Informationen durch Google Street View.
18 Vgl. zur Genugtuungsfunktion im Presserecht BGHZ 18, 149; BGHZ 26, 349 – *Herrenreiterfall*; BGHZ 35, 363 – *Ginsengwurzel*; BGH v. 30.1.1979 – VI ZR 163/77, NJW 1979, 1041 – *Exdirektor*; zur Präventionsfunktion die Caroline-Rechtsprechung; BGHZ 128, 1 (15); BGH v. 5.12.1995 – VI ZR 332/94, MDR 1996, 366 = NJW 1996, 984; BGHZ 131, 332; BGHZ 160, 298; zum Kommerzialisierungsgedanken auch BGHZ 143, 214 – *Marlene Dietrich*; dazu *Rehbock*, Medien- und Pressrecht, 2. Aufl. 2011, § 3 Rz. 443, 444; zur datenschutzrechtlichen Betrachtung ausführlich *Born*, Schadensersatz bei Datenschutzverstößen, 2001, S. 120 ff.

des Schmerzensgeldes wäre dabei zumindest in bestimmten Bereichen (z.B. Adresshandel) im Hinblick auf den Marktwert von personenbezogenen Daten leicht möglich und nur das schadensersatzrechtliche Spiegelbild der Kommerzialisierung von Verbraucherdaten. Durch Art. 82 erhalten solche Ansätze einen neuen Schub. Denn gerade bei der rechtswidrigen Kommerzialisierung der Daten des Einzelnen schien bisher die größte (vom deutschen Gesetzgeber in Kauf genommene) Lücke des datenschutzrechtlichen Sanktionssystems zu liegen, die sich durch Art. 82 angemessen schließen lässt, wenn man sich von der möglichen Bagatellhaftigkeit des Einzelfalls löst und in Fällen einer bewussten, rechtswidrigen und im großen Stil betriebenen Kommerzialisierung ein Schmerzensgeld zuerkennt, das für den Einzelnen zwar wiederum gering ausfällt, aber in Summe abschreckend und wirksam ist. Auch unter Art. 82 werden sich die Gerichte aber vermutlich dem Thema nur vorsichtig nähern und mit Schmerzensgeldansprüchen zurückhaltend sein. Dabei wird von besonderer Bedeutung sein, dass ein Ersatz auch im Bereich des immateriellen Schadens nur dann in Betracht kommt, wenn für den Betroffenen ein zwar immaterieller, aber dennoch spürbarer Nachteil entstanden ist; der Verstoß gegen Vorschriften der DSGVO allein führt gerade nicht direkt zum Schadensersatz[19]. Vielmehr ist weiterhin eine echte „Schädigung" des Betroffenen oder seines Persönlichkeitsrechts zu verlangen. Auch wenn diese nun nicht mehr per se schwerwiegend sein muss, so muss sie dennoch zumindest in einem objektiven Sinne *spürbar* sein. So lässt sich sicherlich sagen, dass der Verstoß gegen formale Pflichten oder Dokumentationspflichten generell keinen spürbaren immateriellen Schaden auslösen kann, vielmehr muss es sich um ein Ereignis handeln, dass in die geschützte Grundrechtsposition des Betroffenen nachteilig eingreift. Als spürbarer Schaden kommen etwa in Betracht: öffentliche Bloßstellung, Weitergabe intimer Informationen, soziale Diskriminierung, Identitätsdiebstahl[20], Spionieren im Privatleben, Veröffentlichung großer Mengen persönlicher Daten eines Einzelnen. Die Abgrenzung wird von der Rechtsprechung anhand konkreter Fälle zu entwickeln sein. In jedem Fall ist zu erwarten, dass das datenschutzrechtliche Haftungsrisiko künftig vom Ansatz her höher zu bewerten sein wird als nach der bisherigen Rechtslage. Soweit nach bisheriger Rechtslage ein Schmerzensgeld zuerkannt wurde[21], betraf dies jeweils nur Einzelfälle mit insgesamt überschaubaren Beträgen[22]. Dass es dabei unter der Geltung von Art. 82 bleiben wird, ist

---

19 Gierschmann/Schlender/Stenzel/Veil/*Feldmann*, Art. 82 DSGVO Rz. 12.
20 Vgl. *Wybitul/Haß/Albrecht*, NJW 2018, 113 (114).
21 Abgelehnt z.B. im Fall des LG Memmingen v. 14.1.2016 – 2 O 1983/13, ITRB 2016, 80 = CR 2016, 240 (kein Schmerzensgeld mangels signifikanter Beeinträchtigung).
22 Vgl. BAG v. 19.2.2015 – 8 AZR 1007/13, MDR 2015, 1245 = ITRB 2015, 280 = CR 2016, 155 (Observation in Freizeit durch Privatdetektiv an vier Tagen: 1 000 Euro); LAG Mainz v. 23.5.2013 – 2 Sa 540/12 (Mehrmonatige offene Videoüberwachung: 650 Euro); ArbG Frankfurt v. 26.9.2000 – 18 Ca 4036/00, RDV 2001, 190 (Zweiwöchige Videoüberwachung am Arbeitsplatz: 1 300 DM); OLG Frankfurt v. 21.1.1987 – 21 U 164/86, NJW

Art. 82 DSGVO | Haftung und Recht auf Schadenersatz

nicht zu erwarten, auch wenn es einige Jahre dauern wird, bis sich durch die Rechtsprechung klare Linien ergeben. Aufgrund der geänderten Haftungsvoraussetzungen rücken künftig auch kollektive Formen der Geltendmachung von Ersatzansprüchen eher in den Vordergrund. Zwar ist die Vertretung von Betroffenen durch Verbände bei Schadensersatzklagen nur möglich, sofern im innerstaatlichen Recht vorgesehen (Art. 80 Abs. 1) und die Verbandsklage auf Schadensersatz bewusst nicht vorgesehen (Art. 80 Abs. 2 – ohne Verweis auf Art. 82). Aber es wäre durchaus denkbar, dass Betroffene ihre Ansprüche durch einfache Abtretung z.B. an einen Verbraucherverband bündeln und gemeinsam geltend machen[23]. Zur strittigen Frage der Abtretbarkeit unten Rz. 10.

5 Art. 82 Abs. 3 gibt dem Verantwortlichen bzw. dem Auftragsverarbeiter die **Möglichkeit, sich zu exkulpieren**. Wie man vor diesem Hintergrund die Haftung des Art. 82 einordnet, mag fraglich sein. In ersten Stellungnahmen zur DSGVO wurde die Haftung als Verschuldenshaftung mit vermutetem Verschulden bezeichnet[24]. Ebenso könnte man von einer Gefährdungshaftung mit Exkulpationsmöglichkeit sprechen. Diese Einordnung scheint überwiegend von akademischem Interesse und kann dahinstehen. Im Ergebnis kommt es alleine darauf an, dass jedenfalls eine Haftung entfällt, wenn die in Anspruch genommenen Personen darlegen und ggf. beweisen können, dass sie für den Umstand, der zum Schadenseintritt geführt hat, „in keiner Weise verantwortlich" sind. Diese Regelung ist offen für Einwände, die sich zum einen aus dem objektiven Pflichtenkatalog des Verantwortlichen und seines Auftragsverarbeiters ergeben. Dazu gehört etwa in Bezug auf rechtswidrige Eingriffe Dritter die Einhaltung des Stands der Technik zur Abwehr solcher Angriffe. Dazu gehören aber auch etwaige allgemeine Fragen des Verschuldens. Die Verantwortung für einen Schaden entfällt auch dann, wenn der Verantwortliche nachweisen kann, dass er alle Sorgfaltsanforderungen eingehalten hat und eben nicht fahrlässig gehandelt hat. Die Beweislast, und dies ist entscheidend, liegt jedoch in jedem Fall nicht beim Betroffenen, sondern beim Verantwortlichen und seinen Auftragsverarbeitern. Das galt bisher auch schon unter der Richtlinie[25]. Dies ist auch deshalb

---

1987, 1087 (Verbreitung von Videoaufnahmen eines Betrunkenen: 3 000 DM); OLG Köln v. 13.10.1988 – 18 U 37/88, RDV 1989, 240 (Einjährige Videoüberwachung durch Nachbarn: 5 000 DM); zur Idee eines pauschalen Mindestbetrags für Schmerzensgeldzahlungen bei Serienfällen *Oberwetter*, NZA 2009, 1120 (1122 f.).

23 Vgl. zum erfolgreichen Fall einer solchen „unechten Sammelklage" gegen einen Energieversorger wegen Preiserhöhungen LG Hamburg v. 17.10.2011 – 321 O 493/09, ZMR 2012, 104; zur schlichten prozessualen Bündelung bei mehreren Beteiligten OLG Frankfurt v. 9.11.2010 – 11 U 4/10; zu den standes- und wettbewerbsrechtlichen Fragen der Bewerbung von „unechten Sammelklagen" durch Rechtsanwälte KG Berlin v. 31.8.2010 – 5 W 198/10, GRUR-RR 2010, 437; OLG München v. 12.1.2012 – 6 U 813/11, GRUR-RR 2012, 163.

24 *Härting*, Datenschutz-Grundverordnung, Rz. 234.

25 S. Art. 23 Abs. 2 und Erwägungsgrund 55 der EG-Datenschutzrichtlinie.

richtig, weil der Betroffene im Regelfall keinen Einblick in die Art und Weise der Datenverarbeitung hat und es ihm deshalb im Zweifel nicht möglich ist, zu ermitteln, weshalb z.b. seine Daten unberechtigt an Dritte gelangt sind. Da auch schon das BDSG-alt von einer Verschuldenshaftung mit der Möglichkeit des Entlastungsbeweises ausging[26], bleiben damit die bisherigen Auslegungsgrundsätze nach deutschem Recht weiterhin anwendbar. Die durch Art. 82 vorgesehene Beweislastverteilung stellt den Betroffenen gegenüber der allgemeinen deliktischen Haftung aus § 823 BGB besser.

Die **Anforderungen an den Entlastungsbeweis** hängen demnach von den Umständen des Einzelfalls ab. Der Verantwortliche muss zeigen, dass er nicht für den spezifisch eingetreten Schaden verantwortlich ist (oder sein eigenes Verschulden jedenfalls gegenüber dem des Betroffenen unerheblich ist, vgl. § 254 BGB). Der Verantwortliche muss dabei nachweisen, dass er hinsichtlich der Umstände, die ursächlich zu dem Schaden geführt haben, die erforderliche Sorgfalt (§ 276 Abs. 2 BGB) eingehalten hat. Nicht notwendig ist, dass der Verantwortliche zu diesem Zweck sämtliche Datenverarbeitungsvorgänge oder gar diesbezügliche Geschäftsgeheimnisse offenlegt, unabhängig davon ob sie für den eingetretenen Schaden von Bedeutung sein können oder nicht. Wurde der Schaden bspw. durch die mangelnde Aktualität der verarbeiteten Daten verursacht, kommt es allein auf die Frage an, ob die verantwortliche Stelle die notwendige Sorgfalt aufgewandt hat, um den relevanten Datenbestand hinreichend aktuell zu halten. Wurde der Schaden durch ein Datenleck oder den rechtswidrigen Eingriff eines Dritten verursacht, geht es um die Frage, welche Maßnahmen sorgfaltsgemäß aufzuwenden sind, um ein solches Datenleck oder Eingriffe Dritter abzuwenden. Der **Sorgfaltsmaßstab** ist dabei am **Stand der Technik** sowie dem **Schutzinteresse der Betroffenen** auszurichten. Maßgeblich sind die konkreten Umstände der Datenverarbeitungssituation und nach allgemeinen Grundsätzen die im Verkehr erforderliche Sorgfalt (§ 276 Abs. 2 BGB). Die verarbeitende Stelle kann sich naturgemäß nicht auf die „übliche Nachlässigkeit" in ihrer Branche berufen. Rechtswidrige Eingriffe Dritter entschuldigen die verarbeitende Stelle nur, wenn sie nicht durch nach dem Stand der Technik zumutbare Schutzmaßnahmen (Art. 25, 32) abzuwenden sind. Der Umstand, dass etwa ein Dritter in der Lage war, Schutzmaßnahmen zu überwinden, ist dabei nicht indiziell dafür, dass die Schutzmaßnahmen nicht der im Verkehr erforderlichen Sorgfalt entsprachen. Es darf an dieser Stelle nicht vergessen werden, dass auch die DSGVO keineswegs verlangt, dass ein Verantwortlicher alle irgendwie denkbaren Schutzmaßnahmen ergreift, sondern diejenigen, die insbesondere unter Berücksichtigung des Stands der Technik, der Implementierungskosten usw. risikoadäquat sind (vgl. Art. 32).

5a

Da es sich bei Art. 82 Abs. 1 um eine deliktische Haftung handelt (s. Rz. 1), erscheint es durchaus denkbar, ergänzend die Bestimmungen der §§ 823 ff. BGB

5b

---

26 Vgl. *Bachmeier*, RDV 1995, 49.

und damit auch die **Exkulpationsmöglichkeiten des § 831 Abs. 1 Satz 2 BGB** heranzuziehen[27]. Sachlich ergeben sich jedoch aus den datenschutzrechtlichen Bestimmungen eine Reihe von Organisationspflichten, die wiederum etwaige Entlastungsmöglichkeiten nach § 831 Abs. 1 Satz 2 BGB sehr weitgehend einschränken würden. Dazu gehören u.a. eine angemessene Verpflichtung von Mitarbeitern auf Einhaltung des Datenschutzes (Art. 29, 32 Abs. 4), die Bestimmung eines betrieblichen Datenschutzbeauftragten (Art. 37), die Durchführung einer Datenschutzfolgenabschätzung (Art. 35), die technisch-organisatorischen Maßnahmen (Art. 32), die Auftragskontrolle (Art. 28 Abs. 1, 3), aber auch die rechtzeitige Meldung von Datenschutzverstößen, die ja gerade dazu dienen soll, Schäden abzuwenden oder gering zu halten (Art. 33, 34). Diese Organisationspflichten treffen die Organe der verarbeitenden Stelle. Eine diesbezügliche Pflichtverletzung der Organe würde der juristischen Person gemäß §§ 30, 31, 89 BGB ohne eine Exkulpationsmöglichkeit zugerechnet[28]. Es ist daher zweifelhaft, ob sich die Exkulpationsmöglichkeit des § 831 Abs. 1 Satz 2 BGB zum Nachteil des Betroffenen auswirkt, wenn andererseits auch die allgemeinen Zurechnungsregelungen der §§ 30, 31, 89 BGB zur Anwendung kommen. Vor diesem Hintergrund erscheint es vertretbar, sich bei der Anwendung des Art. 82 für Fragen der Zurechnung an den allgemeinen Grundsätzen des nationalen Deliktsrechts zu orientieren, solange es kein einheitliches europäisches Deliktsrecht gibt, dass diese Fragen regelt (zum anwendbaren Recht für Fragen der Verjährung etc. unten Rz. 8).

5c Offen ist weiterhin die Frage, inwieweit das **Fehlverhalten und vor allem Fehleinschätzungen des betrieblichen Datenschutzbeauftragten** dem Verantwortlichen zugerechnet werden oder Einfluss auf die Einhaltung der erforderlichen Sorgfalt haben. Fraglich ist insbesondere, ob im Fall einer positiven Datenschutzfolgenabschätzung durch den Datenschutzbeauftragten, die sich im Nachhinein als fehlerhaft herausstellt, die Exkulpation gemäß Art. 82 Abs. 3 möglich ist. Sofern die Prüfung sachkundig, unabhängig und *lege artis* (vgl. Art. 37 Abs. 5, Art. 38 Abs. 3, Art. 39 Abs. 1 Buchst. d) durchgeführt wurde, ist eine Exkulpation jedenfalls dann zu erwägen, wenn der Fehler allein in der Anwendung von Abwägungsregelungen, z.B. im Rahmen des Art. 6, liegt, das Ergebnis des Datenschutzbeauftragten aber jedenfalls vertretbar erschien. Ein solches Verständnis würde die Stellung des Datenschutzbeauftragten im Unternehmen sicherlich stärken. Hiergegen ließe sich aus Schutzzweckgesichtspunkten einwenden, dass damit die Schadensersatzansprüche des Betroffenen in die Hände des Datenschutzbeauftragten gelegt würden, dessen Unabhängigkeit in der Praxis möglicherweise nicht dem gesetzlichen Leitbild entspricht (Art. 38 Abs. 3). Es

---

27 A.A. Gola/*Piltz*, Art. 82 DSGVO Rz. 19; Ehmann/Selmayr/*Nemitz*, Art. 82 DSGVO Rz. 20; zu § 7 BDSG-alt Däubler/Klebe/Wedde/Weichert/*Däubler*, § 7 BDSG Rz. 15; *Wybitul/Haß/Albrecht*, NJW 2018, 113 (116); vgl. auch *Niedermeier/Schröcker*, RDV 2002, 217 (221).
28 Vgl. Palandt/*Sprau*, § 31 BGB Rz. 7 ff.; § 823 BGB Rz. 50, 78; § 831 BGB Rz. 2 m.w.N.

gehört aber zur Konzeption der DSGVO (wie zuvor auch schon des BDSG), dass dem Datenschutzbeauftragten eine besondere Rolle für die Einhaltung der datenschutzrechtlichen Regeln zukommen soll. Der Verordnungsgeber setzt gerade auf einen Schutz durch Verfahrensregeln. Es ist daher nur folgerichtig, die verarbeitende Stelle zu entlasten, wenn das vorgeschriebene Verfahren zur Wahrung der datenschutzrechtlichen Belange eingehalten wurde und der Datenschutzbeauftragte auf Grundlage hinreichender Informationen im Rahmen einer Abwägung dazu kommt, dass eine bestimmte Maßnahme gemäß Art. 6 zulässig ist.

Zu beachten ist, dass der Entlastungsbeweis gemäß Art. 82 Abs. 3 sich zwar in erster Linie auf die Einhaltung der gebotenen Sorgfalt richtet und damit die Frage des Verschuldens (§ 276 Abs. 2 BGB) in den Vordergrund stellt. Dies ist jedoch nicht abschließend zu verstehen. Wie schon unter der EG-Datenschutzrichtlinie[29] ist die Regelung weit zu versehen und umfasst auch **alle sonstigen Verteidigungsmöglichkeiten**. In diesem Sinne kann der Verantwortliche sich insbesondere mit einem Hinweis auf höhere Gewalt oder auf ein Mitverschulden des Betroffenen (§ 254 BGB) verteidigen. So muss der Betroffene, wenn er über einen Datenschutzverstoß unterrichtet wird, auch im zumutbaren Umfang die empfohlenen Vorsichtsmaßnahmen ergreifen. 5d

III. Haftung des Verantwortlichen und des Auftragsverarbeiters (Abs. 2)

Die Verordnung geht grundsätzlich davon aus, dass der Betroffene **sowohl den Verantwortlichen als auch unmittelbar den Auftragsverarbeiter** in Anspruch nehmen kann (Art. 82 Abs. 2). Allerdings trägt die Haftungsregelung den abgestuften Verantwortlichkeiten dieser beiden Rollen Rechnung. Der Verantwortliche ist für die Festlegung der Modalitäten der Datenverarbeitung und die technischen und organisatorischen Maßnahmen zum Schutz der Daten zuständig (Art. 24 Abs. 1). Er erteilt dem Auftragsverarbeiter daher entsprechende vertragliche Vorgaben und Weisungen, wie die Festlegungen umzusetzen und einzuhalten sind (Art. 28 Abs. 3; Art. 29). Der Verantwortliche trägt dementsprechend die volle Verantwortung und Haftung für die Einhaltung der gesetzlichen Vorschriften, während der Auftragsverarbeiter dem Betroffenen für einen verursachten Schaden nur dann haftet, wenn er den ihm speziell auferlegten Pflichten nicht nachgekommen ist oder Weisungen des Verantwortlichen nicht beachtet hat (Art. 82 Abs. 2 Satz 2). Dabei ist klargestellt, dass sich der Auftragsverarbeiter zu seiner Entlastung nur auf rechtmäßig erteilte Anweisungen berufen kann. Zumindest wenn er erkennen konnte, dass erteilte Weisungen ihrerseits einen Verstoß gegen die Verordnung darstellen und er nach Art. 28 Abs. 3, letzter Satz, verpflichtet gewesen wäre, den Verantwortlichen auf die Rechtswidrig- 6

---

29 Vgl. Erwägungsgrund 55 der EG-Datenschutzrichtlinie.

keit der Weisung hinzuweisen, kann er sich nicht auf eine solche Weisung berufen. Das Hauptanwendungsgebiet für haftungsbegründende Verstöße des Auftragsverarbeiters wird die Einhaltung der technischen und organisatorischen Maßnahmen sowie die Zweckbindung der Verarbeitung sein. Nicht verantwortlich ist der Auftragsverarbeiter im Regelfall dafür, ob der Verantwortliche die Daten rechtmäßig erhoben hat und ob die Nutzung der Daten durch gesetzliche Vorschriften oder die Einwilligung des Betroffenen gedeckt ist.

IV. Gemeinsame Haftung, Ausgleich zwischen den Beteiligten (Abs. 4, 5)

7   Die Verordnung regelt in Art. 82 Abs. 4, 5 Grundprinzipen hinsichtlich der **Haftung mehrerer Personen**, die zum Schadensersatz verpflichtet sind sowie den Ausgleich zwischen den haftenden Personen. Art. 82 Abs. 4 stellt dabei klar, dass mehrere Verantwortliche und Auftragsverarbeiter dem Betroffenen (im Rahmen ihrer Haftung) als Gesamtschuldner für den gesamten Schaden haften. Das erscheint auf den ersten Blick folgerichtig, konterkariert allerdings die Einschränkung der Verantwortlichkeit des Auftragsverarbeiters, wenn dieser sich eigentlich nach Art. 82 Abs. 2 darauf berufen könnte, möglicherweise nur für einen Teil des Schadens verantwortlich zu sein. Dies wurde aber vom Verordnungsgeber bewusst so geregelt[30]. Voraussetzung für eine gesamtschuldnerische Haftung des Auftragsverarbeiters bleibt aber, dass er dem Grunde nach haftet. Der Innenausgleich nach Art. 82 Abs. 5 richtet sich im Übrigen nach den Verantwortungsanteilen und richtigerweise auch nach Art und Umfang des jeweiligen Beitrags zum Verstoß und der Schadensverursachung. Der Verantwortliche und der Auftragsverarbeiter sind grundsätzlich frei darin, ihre Haftung im Innenverhältnis zu regeln. Ob hierfür ein praktisches Bedürfnis besteht, lässt sich bezweifeln. Im Hinblick auf die Vielzahl denkbarer Fallgestaltungen werden Haftungsvereinbarungen zumeist keine größere Genauigkeit hinsichtlich der Risikoaufteilung erreichen, als sich aus den gesetzlichen Bestimmungen ergibt. Haftungsvereinbarungen dürften sich daher vor allem mit Fragen der Haftungsbegrenzung, insbesondere der Höhe nach, befassen.

V. Geltendmachung (Abs. 6)

8   Die Geltendmachung erfolgt vor den nach Art. 79 Abs. 2 zuständigen Gerichten. Die Möglichkeit zur Geltendmachung durch einen Verband besteht nach deutschem Recht nicht (vgl. Kommentierung zu Art. 80 DSGVO Rz. 3). Weitere Aspekte der Geltendmachung von Ersatzansprüchen, insbesondere die Berücksichtigung von Mitverschulden oder sonstigen Einreden (z.B. Verjährung) und Ein-

---

30 Gola/*Piltz*, Art. 82 DSGVO Rz. 7.

Haftung und Recht auf Schadenersatz | Art. 82 DSGVO

wendungen (Treu und Glauben, Verwirkung etc.), unterliegen dem Recht der Mitgliedstaaten. Die internationalprivatrechtliche Abgrenzung erfolgt dabei vorrangig nach den hierfür geltenden Regelungen des Gemeinschaftsrechts, also insbesondere den Rom-Verordnungen[31]. Geht man davon aus, dass es sich bei Art. 82 Abs. 1 um einen deliktsähnlichen Schadensersatzanspruch handelt, wäre zunächst die Anwendbarkeit der Rom-II-Verordnung in Erwägung zu ziehen. Diese sieht jedoch in Art. 1 Abs. 2 Buchst. g Rom-II-Verordnung vor, dass sie keine Anwendung findet auf außervertragliche Schuldverhältnisse aus der Verletzung der Privatsphäre oder der Persönlichkeitsrechte, einschließlich der Verleumdung. Damit könnte die Anwendbarkeit auf Verstöße gegen die DSGVO ausgenommen sein, weil auch nach dem Gemeinschaftsrecht der Schutz personenbezogener Daten seine Wurzel im Schutz der Privatsphäre und des Persönlichkeitsrechts sowie weiterer Grundrechtspositionen hat[32]. *Für eine Anwendung der Rom-II-Verordnung spricht hingegen, dass die Bereichsausnahme in Art. 1 Abs. 2 Buchst. g Rom-II-Verordnung sich eher aus der Idee heraus rechtfertigt, dass bisher die presserechtlichen Vorschriften und deliktischen Unterlassungsansprüche gemeinschaftsrechtlich nicht angeglichen sind und damit auch die internationale Zuständigkeit bis auf Weiteres dem nationalen Kollisionsrecht überlassen bleiben soll. Die Ausnahmeregelung sollte daher eng ausgelegt werden und die Rom-II-Verordnung auf den Anspruch aus Art. 82 Abs. 1 Anwendung finden. Das für die oben genannten Aspekte (Mitverschulden, Verjährung etc.) anwendbare Recht (vgl. Aufzählung in Art. 15 Rom-II-Verordnung) würde sich dann vor allem nach Art. 4 Abs. 1 Rom-II-Verordnung richten, d.h. nach dem Recht des Mitgliedstaates, in dem der Schaden eintritt, unabhängig davon, in welchem Staat das schadensbegründende Ereignis oder indirekte Schadensfolgen eingetreten sind. Im Regelfall wäre dies bei einem Verstoß gegen die datenschutzrechtlichen Belange eines Betroffen das Recht des Staates, in dem er seinen gewöhnlichen Aufenthalt hat, also der Aufenthaltsort, an dem er auch nach Art. 82 Abs. 6 klagen kann.

Die Schadensersatzansprüche sind grundsätzlich vor den **ordentlichen Gerichten** geltend zu machen. Dies gilt auch bei der Geltendmachung von Ansprüchen gegen öffentliche Stellen (Art. 34 Satz 3 GG; § 40 Abs. 2 VwGO). Die Sonderzuständigkeit für Amtshaftungsansprüche gemäß § 71 Abs. 2 Nr. 2 GVG dürfte zumindest entsprechende Anwendung finden. Für Schadensersatzansprüche gegen einen Arbeitgeber als Verantwortlichem ist die Zuständigkeit der Arbeitsgerichte gegeben, weil es sich um einen deliktischen Anspruch im Zusammenhang mit dem Arbeitsverhältnis handelt (§ 2 Abs. 1 Nr. 3d ArbGG). 9

---

31 Verordnung (EG) Nr. 593/2008 vom 17.6.2008 über das auf vertragliche Schuldverhältnisse anzuwendende Recht (Rom I), ABl. L 177/6; Verordnung (EG) Nr. 864/2007 vom 11.7.2007 über das auf außervertragliche Schuldverhältnisse anzuwendende Recht (Rom II), ABl. L199/40.
32 Vgl. Erwägungsgrund 4 Satz 3.

VI. Übertragbarkeit, Konkurrenzen, Sonstiges

10 Nach bisherigem Recht war umstritten, ob die sondergesetzlichen Schadensersatzansprüche aus §§ 7, 8 BDSG-alt übertragbar oder vererblich waren[33]. Auch wenn der Datenschutz seinen Ursprung im Schutz des Persönlichkeitsrechts hat, ist jedoch richtigerweise davon auszugehen, dass materielle Ersatzansprüche als solche **ohne Einschränkung übertragbar, vererblich, pfändbar und verpfändbar** sind, sofern dies nicht ausdrücklich gesetzlich ausgeschlossen ist[34]. Das muss auch für den Ersatzanspruch aus Art. 82 Abs. 1 gelten. Davon zu unterscheiden ist dogmatisch die Geldentschädigung wegen eines rechtswidrigen Eingriffs in das allgemeine Persönlichkeitsrecht, die aus § 823 Abs. 2 BGB i.V.m. Art. 1 Abs. 1, Art. 2 Abs. 1 GG abgeleitet wird. Für diese Geldentschädigung hat der Bundesgerichtshof für den presserechtlichen Bereich entschieden, dass sie unvererblich ist[35]. Dem hat sich zwar auch ein Oberlandesgericht für den Bereich des Datenschutzes angeschlossen[36]. Die Begründung stellt auf den höchstpersönlichen Charakter des Anspruchs ab, dem vor allem Genugtuungsfunktion zukomme, die beim Tod des Anspruchsberechtigten gegenstandslos werde. Damit wird jedoch der für den Datenschutz wichtige Präventivgedanke praktisch außer Acht gelassen. Unter Geltung der DSGVO ist der europarechtliche Begriff des „immateriellen Schadens" in Art. 82 Abs. 1 außerdem autonom auszulegen. Der immaterielle Schadensersatzanspruch aus Art. 82 Abs. 1 dient erklärtermaßen nicht allein der Genugtuung des Betroffenen, sondern soll auch präventive Wirkung entfalten und zwar insbesondere dadurch, dass er die unberechtigt erlangten Vorteile des Schadensersatzpflichtigen berücksichtigt und damit eine gewisse Abschöpfungsfunktion erhält. Der Anspruch hat daher auch eine objektivrechtliche Funktion. Dies spricht gegen eine Nichtabtretbarkeit.

11 Da Art. 82 isoliert eine deliktische Haftung regelt, nimmt er keine Stellung zur Frage der vertraglichen Einschränkung der Haftung. Zu § 7 BDSG-alt wurde unter Hinweis auf den Rechtsgedanken des § 6 BDSG-alt überwiegend vertreten, dass auf Schadensersatzansprüche nicht im Voraus verzichtet werden kann[37]. Der Schutzzweck der DSGVO legt nahe, dass dies auch für Ansprüche aus Art. 82 gelten muss. Dies ist insbesondere in Bezug auf Verbraucher und Arbeitnehmer eine wichtige Frage. Andererseits erscheint es nicht unangemessen, Unternehmen im Rahmen der allgemeinen Gesetze die Möglichkeit einzuräumen, mit den vertraglichen Ansprüchen auch die deliktischen Ansprüche gegenüber

---

33 Simitis/*Simitis*, § 7 BDSG Rz. 44.
34 Däubler/Klebe/Wedde/Weichert/*Däubler*, § 7 BDSG Rz. 22; vgl. auch Palandt/*Grüneberg*, § 253 BGB Rz. 22; zur älteren Rechtslage BGH v. 6.12.1994 – VI ZR 80/94, MDR 1995, 265 = NJW 1995, 783.
35 BGH v. 29.4.2014 – VI ZR 246/12, BGHZ 201, 45 = MDR 2014, 715 = CR 2014, 602.
36 OLG Düsseldorf v. 21.8.2015 – I-16 U 152/14, 16 U 152/14, juris, Rz. 24.
37 Plath/*Becker*, 2. Aufl. 2016, § 7 BDSG Rz. 23; so auch Däubler/Klebe/Wedde/Weichert/ *Däubler*, § 7 BDSG Rz. 24.

Kunden risiko-angemessen eingrenzen zu können. Die Entwicklung der Rechtsprechung hierzu bleibt abzuwarten. *Nach Entstehung* des Anspruchs bestehen hingegen keine Bedenken gegen die Wirksamkeit einer Abrede oder einer Erklärung, mit welcher der Betroffene bewusst auf seinen Anspruch verzichtet[38]. Insbesondere im Rahmen eines Vergleichs muss ein nachträglicher Verzicht zulässig sein. Ein Ausschluss oder eine wesentliche Einschränkung durch AGB ist ohnehin nicht möglich, weil hiermit gegen das – nunmehr durch Art. 82 geprägte – gesetzliche Leitbild verstoßen würde (§ 307 Abs. 2 Nr. 1 BGB)[39]. Ob indessen jedwede Haftungsbegrenzung in AGB ausgeschlossen ist, erscheint zweifelhaft. Die Möglichkeit von Haftungsbegrenzungen ist in § 309 Nr. 7 BGB nur im Hinblick auf überragende Rechtsgüter und in Bezug auf grobes Verschulden generell ausgeschlossen. Angemessene Haftungsbegrenzungen im Hinblick auf Fälle einfacher Fahrlässigkeit erscheinen daher nicht von vornherein unzulässig.

Ansprüche aus Art. 82 unterliegen den allgemeinen Verjährungsregelungen, d.h. bei Anwendung deutschen Rechts **verjähren** sie regelmäßig in drei Jahren ab Kenntnis von Schaden und Ersatzpflichtigem (Jahresendverjährung gemäß §§ 195, 199 Abs. 1 BGB), spätestens aber zehn Jahre nach Entstehung des Schadens bzw. 30 Jahre nach dem schadenstiftenden Ereignis (§ 199 Abs. 3 BGB).

12

Art. 82 lässt **andere Anspruchsgrundlagen unberührt**; er unterscheidet sich insoweit nicht von seinen deutschen Vorgängernormen[40]. Im Fall von Datenschutzverstößen sind daher vor allem gegen den Verantwortlichen auch vertragliche und allgemeine deliktische Ansprüche, im Fall öffentlicher Stellen auch Staatshaftungsansprüche, denkbar. Während bisher die Bedeutung anderer Anspruchsgrundlagen aber vor allem darin lag, dass sie anders als § 7 BDSG-alt auch Anspruch auf Ersatz des immateriellen Schadens gaben, steht mit Art. 82 nunmehr eine universale Anspruchsgrundlage für alle Schadensarten zur Verfügung. Da auch die Beweislast bei vertraglichen Ansprüchen wohl nur unwesentlich günstiger für den Betroffenen ist als diejenige unter Art. 82, kann davon ausgegangen werden, dass sich die Haftungsfragen künftig vor allem auf die Anwendung des Art. 82 konzentrieren werden[41].

13

Gegenüber nicht-öffentlichen Stellen kommen aber jedenfalls insbesondere Ansprüche aus Verschulden bei Vertragsschluss (§ 311 Abs. 2 BGB), wegen Verletzung von Haupt- oder Nebenpflichten (§ 280 Abs. 1 BGB) oder aus allgemeinem Deliktsrecht in Betracht (§§ 823, 824, 826 BGB)[42]. Das Recht auf informationelle

14

---

38 Anders Simitis/*Simitis*, § 7 BDSG Rz. 46.
39 Zur bisherigen Rechtslage Simitis/*Simitis*, § 7 BDSG Rz. 47.
40 Gola/*Piltz*, Art. 82 DSGVO Rz. 20 ff.; vgl. zur alten Rechtslage Simitis/*Simitis*, § 7 BDSG Rz. 52; Gola/*Schomerus*, § 7 BDSG Rz. 16.
41 Vgl. Ehmann/Selmayr/*Nemitz*, Art. 82 DSGVO Rz. 7 (Schadensersatz durch Art. 82 nunmehr „effektiver einzufordern").
42 Ausführlich zu den Konkurrenzen nach altem Recht *Niedermeier/Schröcker*, RDV 2002, 217 (219 ff.); vgl. auch *Wind*, RDV 1991, 16 ff.

Selbstbestimmung ist ein sonstiges Recht i.S.d. § 823 Abs. 1 BGB. Des Weiteren sind die Bestimmungen der DSGVO und des BDSG sowie der besonderen Datenschutzgesetze (§§ 91 ff. TKG, §§ 11 ff. TMG) als Schutzgesetze zugunsten des Betroffenen anzusehen. Das gilt jedenfalls für Fragen der Einwilligung (Art. 6 Abs. 1 Satz 1 Buchst. a, Art. 7), die Kernregelungen über die Zulässigkeit der Datenverarbeitung (Art. 6) sowie Anforderungen an technische und organisatorische Maßnahmen (Art. 32). Tatbestandlich werden daher über § 823 Abs. 2 BGB im Wesentlichen die gleichen Pflichtverletzungen wie über Art. 82 erfasst. Bei der Weitergabe von kreditrelevanten Informationen kommen Ansprüche aus § 824 BGB in Betracht[43]. Schadensersatzansprüche aus § 9 UWG wegen datenschutzrechtlicher Verstöße werden zwar diskutiert, der Nachweis eines konkreten Schadens beim Wettbewerber dürfte aber im Regelfall nicht gelingen[44].

15 Gegenüber öffentlichen Stellen kommen vor allem Ansprüche aus Amtspflichtverletzung (Art. 34 GG, § 839 BGB) in Betracht[45]. Im Bereich des fiskalischen Handels sind die §§ 31, 89, 831 BGB als Haftungsgrundlagen zu prüfen.

Artikel 83 Allgemeine Bedingungen für die Verhängung von Geldbußen

(1) Jede Aufsichtsbehörde stellt sicher, dass die Verhängung von Geldbußen gemäß diesem Artikel für Verstöße gegen diese Verordnung gemäß den Absätzen 4, 5 und 6 in jedem Einzelfall wirksam, verhältnismäßig und abschreckend ist.

(2) Geldbußen werden je nach den Umständen des Einzelfalls zusätzlich zu oder anstelle von Maßnahmen nach Artikel 58 Absatz 2 Buchstaben a bis h und j verhängt. Bei der Entscheidung über die Verhängung einer Geldbuße und über deren Betrag wird in jedem Einzelfall Folgendes gebührend berücksichtigt:

a) Art, Schwere und Dauer des Verstoßes unter Berücksichtigung der Art, des Umfangs oder des Zwecks der betreffenden Verarbeitung sowie der Zahl der von der Verarbeitung betroffenen Personen und des Ausmaßes des von ihnen erlittenen Schadens;

b) Vorsätzlichkeit oder Fahrlässigkeit des Verstoßes;

c) jegliche von dem Verantwortlichen oder dem Auftragsverarbeiter getroffenen Maßnahmen zur Minderung des den betroffenen Personen entstandenen Schadens;

d) Grad der Verantwortung des Verantwortlichen oder des Auftragsverarbeiters unter Berücksichtigung der von ihnen gemäß den Artikeln 25 und 32 getroffenen technischen und organisatorischen Maßnahmen;

---

43 OLG Frankfurt v. 6.1.1988 – 17 U 35/87 und 203/87, RDV 1988, 148.
44 Vgl. *Linsenbarth/Schiller*, WRP 2013, 576 (581 f.).
45 OLG Zweibrücken v. 21.2.2013 – 6 U 21/12, VersR 2013, 915.

e) etwaige einschlägige frühere Verstöße des Verantwortlichen oder des Auftragsverarbeiters;

f) Umfang der Zusammenarbeit mit der Aufsichtsbehörde, um dem Verstoß abzuhelfen und seine möglichen nachteiligen Auswirkungen zu mindern;

g) Kategorien personenbezogener Daten, die von dem Verstoß betroffen sind;

h) Art und Weise, wie der Verstoß der Aufsichtsbehörde bekannt wurde, insbesondere ob und gegebenenfalls in welchem Umfang der Verantwortliche oder der Auftragsverarbeiter den Verstoß mitgeteilt hat;

i) Einhaltung der nach Artikel 58 Absatz 2 früher gegen den für den betreffenden Verantwortlichen oder Auftragsverarbeiter in Bezug auf denselben Gegenstand angeordneten Maßnahmen, wenn solche Maßnahmen angeordnet wurden;

j) Einhaltung von genehmigten Verhaltensregeln nach Artikel 40 oder genehmigten Zertifizierungsverfahren nach Artikel 42 und

k) jegliche anderen erschwerenden oder mildernden Umstände im jeweiligen Fall, wie unmittelbar oder mittelbar durch den Verstoß erlangte finanzielle Vorteile oder vermiedene Verluste.

(3) Verstößt ein Verantwortlicher oder ein Auftragsverarbeiter bei gleichen oder miteinander verbundenen Verarbeitungsvorgängen vorsätzlich oder fahrlässig gegen mehrere Bestimmungen dieser Verordnung, so übersteigt der Gesamtbetrag der Geldbuße nicht den Betrag für den schwerwiegendsten Verstoß.

(4) Bei Verstößen gegen die folgenden Bestimmungen werden im Einklang mit Absatz 2 Geldbußen von bis zu 10 000 000 Euro oder im Fall eines Unternehmens von bis zu 2 % seines gesamten weltweit erzielten Jahresumsatzes des vorangegangenen Geschäftsjahrs verhängt, je nachdem, welcher der Beträge höher ist:

a) die Pflichten der Verantwortlichen und der Auftragsverarbeiter gemäß den Artikeln 8, 11, 25 bis 39, 42 und 43;

b) die Pflichten der Zertifizierungsstelle gemäß den Artikeln 42 und 43;

c) die Pflichten der Überwachungsstelle gemäß Artikel 41 Absatz 4.

(5) Bei Verstößen gegen die folgenden Bestimmungen werden im Einklang mit Absatz 2 Geldbußen von bis zu 20 000 000 Euro oder im Fall eines Unternehmens von bis zu 4 % seines gesamten weltweit erzielten Jahresumsatzes des vorangegangenen Geschäftsjahrs verhängt, je nachdem, welcher der Beträge höher ist:

a) die Grundsätze für die Verarbeitung, einschließlich der Bedingungen für die Einwilligung, gemäß den Artikeln 5, 6, 7 und 9;

b) die Rechte der betroffenen Person gemäß den Artikeln 12 bis 22;

c) die Übermittlung personenbezogener Daten an einen Empfänger in einem Drittland oder an eine internationale Organisation gemäß den Artikeln 44 bis 49;

d) alle Pflichten gemäß den Rechtsvorschriften der Mitgliedstaaten, die im Rahmen des Kapitels IX erlassen wurden;

e) Nichtbefolgung einer Anweisung oder einer vorübergehenden oder endgültigen Beschränkung oder Aussetzung der Datenübermittlung durch die Aufsichtsbehörde gemäß Artikel 58 Absatz 2 oder Nichtgewährung des Zugangs unter Verstoß gegen Artikel 58 Absatz 1.

(6) Bei Nichtbefolgung einer Anweisung der Aufsichtsbehörde gemäß Artikel 58 Absatz 2 werden im Einklang mit Absatz 2 des vorliegenden Artikels Geldbußen von bis zu 20 000 000 Euro oder im Fall eines Unternehmens von bis zu 4 % seines gesamten weltweit erzielten Jahresumsatzes des vorangegangenen Geschäftsjahrs verhängt, je nachdem, welcher der Beträge höher ist.

(7) Unbeschadet der Abhilfebefugnisse der Aufsichtsbehörden gemäß Artikel 58 Absatz 2 kann jeder Mitgliedstaat Vorschriften dafür festlegen, ob und in welchem Umfang gegen Behörden und öffentliche Stellen, die in dem betreffenden Mitgliedstaat niedergelassen sind, Geldbußen verhängt werden können.

(8) Die Ausübung der eigenen Befugnisse durch eine Aufsichtsbehörde gemäß diesem Artikel muss angemessenen Verfahrensgarantien gemäß dem Unionsrecht und dem Recht der Mitgliedstaaten, einschließlich wirksamer gerichtlicher Rechtsbehelfe und ordnungsgemäßer Verfahren, unterliegen.

(9) Sieht die Rechtsordnung eines Mitgliedstaats keine Geldbußen vor, kann dieser Artikel so angewandt werden, dass die Geldbuße von der zuständigen Aufsichtsbehörde in die Wege geleitet und von den zuständigen nationalen Gerichten verhängt wird, wobei sicherzustellen ist, dass diese Rechtsbehelfe wirksam sind und die gleiche Wirkung wie die von Aufsichtsbehörden verhängten Geldbußen haben. In jeden Fall müssen die verhängten Geldbußen wirksam, verhältnismäßig und abschreckend sein. Die betreffenden Mitgliedstaaten teilen der Kommission bis zum 25.5.2018 die Rechtsvorschriften mit, die sie aufgrund dieses Absatzes erlassen, sowie unverzüglich alle späteren Änderungsgesetze oder Änderungen dieser Vorschriften.

I. Einführung 1	VI. Bußgelder gegen Behörden
II. Verhängung von Geldbußen	(Abs. 7) 24
(Abs. 1) 4	VII. Rechtsschutz gegenüber Geld-
III. Bestimmung der Geldbuße	bußen (Abs. 8) 25
(Abs. 2) 7	VIII. Besonderheiten in einzelnen
IV. Gesamtgeldbuße (Abs. 3) 21	Mitgliedstaaten (Abs. 9) 26
V. Verstoßtatbestände und Adressaten (Abs. 4–6) 22	

Schrifttum: S. Art. 77 DSGVO.

I. Einführung

Die Verhängung von **wirksamen Bußgeldern** in einer Höhe, die abschreckend wirkt, war eine **Kernforderung der Datenschutzreform**, die schließlich zur Regelung in Art. 83 geführt hat. Die sehr detailreiche Regelung des Art. 83 wirft hinsichtlich ihrer Auslegung und insbesondere in Bezug auf die Festlegung einer angemessenen Geldbuße vielerlei Fragen auf. Es ist abzusehen, dass sich die Mitgliedstaaten an die Anwendung des Art. 83 erst langsam herantasten werden. Die Regelung trifft auf sehr unterschiedliche Rechtstraditionen der Mitgliedstaaten im Hinblick auf die Verhängung von Geldbußen und deren prozessuale Absicherung. Die Geldbuße wird von Art. 83 als verwaltungsrechtliche Sanktion bezeichnet, gehört aber zumindest nach deutschem Verständnis zum materiellen Strafrecht und unterfällt daher in der Durchsetzung auch den strafprozessualen Garantien des OWiG und der StPO[1]. In einzelnen Mitgliedstaaten ist sie als Rechtsinstrument nicht einmal vorgesehen (vgl. Art. 83 Abs. 9). Dabei hilft es nur wenig, dass Art. 83 hinsichtlich seiner Ausgestaltung und vor allem in Bezug auf die Höhe der Geldbuße an die Erfahrungen des Kartellrechts anknüpft, wie sie sich auf der Grundlage von Art. 5, 23 ff. der Kartellverordnung 1/2003 bzw. den Vorgängernormen entwickelt haben. Die dort entwickelten Grundsätze, insbesondere der kartellrechtliche Unternehmensbegriff oder die Zumessungskriterien des Kartellrechts lassen sich nicht ohne weiteres auf das Datenschutzrecht übertragen[2]. Die beiden Bereiche unterscheiden sich schon deshalb grundlegend, weil – vereinfacht gesprochen – die Kartellabsprache in aller Regel außerhalb des Regelbetriebs liegt, erhebliche kriminelle Energie verlangt, häufig von einer kleinen Gruppe Beteiligter verantwortet wird und die Maßnahmen, die zum Kartell hinführen, den Rechtsbruch von Anfang an in sich tragen. Datenverarbeitung ist hingegen normaler Bestandteil jeder unternehmerischen Tätigkeit, ist in jedem Unternehmen breit angelegt und wird von einer Vielzahl von Personen im Unternehmen genutzt und gesteuert. Ein Rechtsverstoß entsteht häufig erst aufgrund des Zusammenwirkens zahlreicher rechtlicher, tatsächlicher und technischer Umstände, deren Beurteilung ggf. noch eine umfangreiche Interessenabwägung erfordert, die schon ihrer Natur nach nicht nur ein denkbares Ergebnis haben kann.

Die Aufsichtsbehörde kann bei der Verhängung von Geldbußen in weitem Umfang **Ermessen** walten lassen. Sie kann insbesondere auch trotz eines festgestellten Verstoßes von einer Geldbuße absehen und es bei einer Verwarnung (Art. 58 Abs. 2 Buchst. b) belassen. Die Erwägungsgründe sehen ausdrücklich vor, dass im Falle eines geringfügigeren Verstoßes oder falls voraussichtlich die zu verhängende Geldbuße eine unverhältnismäßige Belastung für eine natürliche Person bewirken würde, anstelle einer Geldbuße eine Verwarnung erteilt

---

1 Vgl. *Neun/Lubitzsch*, BB 2017, 1538 (1541).
2 *Grünwald/Hackl*, ZD 2017, 556 (558 ff.); *Piltz*, K&R 2017, 85 (92).

werden kann[3]. Im Übrigen kann die Aufsichtsbehörde neben oder gar anstelle der Geldbuße ihre übrigen Befugnisse ausüben; dies ist in Art. 83 Abs. 1 durch Verweis auf Art. 58 Abs. 2 klargestellt[4] (vgl. auch umgekehrt der Verweis in Art. 58 Abs. 2 Buchst. i auf Art. 83). Die Geldbuße steht als Sanktionsmittel *neben* den sonstigen Befugnissen der Aufsichtsbehörde. Häufig kann dabei auch das Absehen von einer denkbaren Geldbuße sinnvoll oder gar geboten sein und die Aufsichtsbehörde sich auf andere Maßnahmen zur Herstellung einer regelkonformen Datenverarbeitung konzentrieren. Das kommt insbesondere in Betracht, wenn es sich um Bagatellfälle handelt, bei denen lediglich geringfügige Verstöße aufgetreten sind; oder bei Fällen, in denen der datenschutzrechtliche Verstoß lediglich einen Einzelfall oder mit Blick auf den großen Umfang der Datenverarbeitung nur einige wenige Fälle betrifft, ohne dass erhebliche, belastende Folgen für Betroffene gegeben sind; oder in Fällen, in denen der Verantwortliche sorgfältig und vertretbar gehandelt hat, aber die Aufsichtsbehörde im Rahmen einer Abwägung einzelner Aspekte im Ergebnis zu einer anderen rechtlichen Einschätzung gelangt. Dies sind Konstellationen, in denen auch heute die Aufsichtsbehörden in Deutschland typischerweise keine Bußgeldverfahren einleiten und dies auch nicht angezeigt erscheint. Stattdessen bieten sich in diesen Fällen Verwarnungen oder sonstige Maßnahmen der Aufsichtsbehörde an (s. Rz. 6).

3 Einige **grundlegende Aspekte** der Verhängung von Geldbußen werden von der Verordnung **nicht geregelt**. Das betrifft etwa so wichtige Punkte wie die Frage der Verjährung der Befugnisse zur Verhängung einer Geldbuße (Verfolgungs- und Vollstreckungsverjährung). Eine gewisse Sicherheit wird sich hier künftig aus Leitlinien des Europäischen Datenschutzausschusses ergeben können. Der Ausschuss soll insbesondere auch Leitlinien für die Aufsichtsbehörden in Bezug auf die Festsetzung von Geldbußen ausarbeiten (Art. 70 Abs. 1 Buchst. k i.V.m. Art. 58 Abs. 2 Buchst. i, 83). Ähnliche Leitlinien gibt es bspw. im Kartellrecht von der Kommission[5]. Die Artikel 29-Datenschutzgruppe hat im Vorgriff hierauf Leitlinien für die Anwendung und Festsetzung von Geldbußen im Sinne der DSGVO entwickelt (nachfolgend „Leitlinien für Geldbußen")[6]. Einige wesentliche Punkte, wie etwa die angesprochene Frage der Verjährung, sollten jedoch verbindlich durch den europäischen Gesetzgeber in Verordnungsform

---

3 Erwägungsgrund 148 Satz 2; vgl. dazu *Grünwald/Hackl*, ZD 2017, 556 (557).
4 Der Verweis auf Art. 58 Abs. 2 Buchst. i war dabei lediglich ein Redaktionsversehen im deutschen Text, gemeint ist Buchst. j. Dieser Fehler ist nunmehr bereinigt worden, s. Ratsdokument 8088/18 v. 19.4.2018.
5 Vgl. Leitlinien der Kommission für das Verfahren zur Festsetzung von Geldbußen gemäß Artikel 23 Absatz 2 Buchst. a der Verordnung (EG) Nr. 1/2003 (2006/C 210/02) v. 1.9.2006, ABl. C 210/2.
6 Artikel 29-Datenschutzgruppe, Leitlinien für die Anwendung und Festsetzung von Geldbußen im Sinne der Verordnung (EU) 2016, 679, angenommen am 3. Oktober 2017, WP 253.

vorgegeben werden[7]; schon aus rechtsstaatlichen Gründen können sie nicht untergesetzlichen Instrumenten überlassen bleiben. Andernfalls verbleiben sie bis zum Erlass gemeinschaftlicher Vorschriften in der Regelungskompetenz der Mitgliedstaaten. Die bisher vorhandenen Leitlinien der Artikel 29-Datenschutzgruppe konzentrieren sich erwartungsgemäß vor allem auf eine einheitliche – die Bestimmungen der Verordnung konkretisierende – Festlegung der Höhe von Geldbußen. Bis auf weiteres ist daher jedenfalls für das Ausfüllen der Lücken auf die allgemeinen gesetzlichen Bestimmungen des jeweiligen Mitgliedstaats abzustellen, von dessen Aufsichtsbehörde die Geldbuße verhängt wird.

II. Verhängung von Geldbußen (Abs. 1)

Art. 83 Abs. 1 regelt den Grundsatz der Verhängung von Geldbußen bei Verstößen gegen die Verordnung. Anders als in der Schadensersatzregelung in Art. 82 (vgl. Kommentierung zu Art. 82 DSGVO Rz. 3) ergibt sich dabei weder aus Art. 83 selbst noch aus den Erwägungsgründen, dass auch wegen eines **Verstoß gegen delegierte Rechtsakte** (Art. 92 ff.) **oder Durchführungsakte und Rechtsvorschriften der Mitgliedstaaten** zur Präzisierung der Verordnung eine Geldbuße verhängt werden kann. Vielmehr ist die Geldbuße nach der Verordnung auf die in Art. 83 Abs. 4–6 genannten Fälle beschränkt. Dies entspricht den Grundsätzen der Rechtsstaatlichkeit und der notwendigen Vorhersehbarkeit staatlichen Strafens. Für den nationalen Gesetzgeber stellt sich damit die Frage, ob er Verstöße gegen materielles Datenschutzrecht, die möglicherweise nicht in den genannten Vorschriften berücksichtigt werden, ggf. selbst mit Geldbußen belegen kann. Es lässt sich allerdings auch argumentieren, dass von Art. 83 insoweit eine Sperrwirkung ausgeht und der nationale Gesetzgeber lediglich berechtigt ist, andere Sanktionen als Geldbußen im nationalen Recht zu regeln (vgl. Art. 84 Abs. 1). Im Übrigen ist zu bemerken, dass die Kataloge in Art. 83 Abs. 4–6 sich zwar auf Verstöße gegen die Verordnung beziehen, sich aber insbesondere die Konkretisierung von Sorgfaltsanforderungen und Pflichten der verantwortlichen Stelle und des Auftragsverarbeiters auch aus Rechtssätzen, Regeln und Richtlinien unterhalb des Verordnungsrangs ergeben kann. Mittelbar wird daher auch die Nichteinhaltung solcher Anforderungen sanktioniert, sofern sich daraus ein Verstoß gegen die Bestimmungen der Verordnung ableiten lässt. 4

In Art. 83 Abs. 1 wird nicht erwähnt, wer **Adressat der Geldbuße** ist. Dies ergibt sich vielmehr erst mit der Antwort auf die Frage, um welche spezifischen Pflichten es geht und wer für deren Einhaltung zuständig und daher verantwortlich ist. In diesem Zusammenhang sind noch viele Fragen unbeantwortet, insbesondere im Hinblick darauf, wie die Verantwortung im Konzern aussieht und 5

---

[7] Vgl. etwa die Verjährungsregelungen in Art. 25 der Verordnung 1/2013.

was dies für die individuelle Verantwortung der einzelnen konzernangehörigen Unternehmen bedeutet. Die Entwicklung einheitlicher Grundsätze für den Umgang mit diesen Fragen wird ebenfalls eine wichtige Aufgabe des Europäischen Datenschutzausschusses sein. Jedenfalls aber geht die Verordnung gemäß Art. 83 Abs. 3 davon aus, dass sich die Geldbuße gegen den „Verantwortlichen" oder den „Auftragsverarbeiter" richtet, d.h. grundsätzlich gegen denjenigen, der eine Datenverarbeitung vornimmt. Auch die Zertifizierungsstellen (Art. 42, 43) und Überwachungsstellen (Art. 41 Abs. 4) können im Fall von Pflichtverletzungen Adressat einer Geldbuße sein. Die Geldbußen richten sich nicht unmittelbar gegen unselbständige Teile dieser Normadressaten oder Mitarbeiter. Auch der Datenschutzbeauftragte eines Unternehmens ist nicht Adressat von Geldbußen gemäß Art. 83[8]. Das Verhalten dieser Personen wird vielmehr dem Verantwortlichen und Auftragsverarbeiter nach allgemeinen Rechtsgrundsätzen zugerechnet (§ 41 BDSG geht insoweit von der Anwendung des OWiG aus). Die persönliche Verantwortlichkeit dieses Personenkreises, einschließlich der Vorstände und Geschäftsführer von Unternehmen, unterliegt somit den nationalen Bestimmungen; es ist nicht ersichtlich, dass Art. 83 insoweit eine Sperrwirkung gegen die persönliche Inanspruchnahme beteiligter Personen einschließlich etwaiger Anstifter oder Gehilfen haben soll[9]. Allerdings dreht Art. 83 die deutsche Bußgeldsystematik um. Während sich im deutschen Recht das Bußgeld in erster Linie gegen die handelnden Personen richtet und das „dahinterstehende" Unternehmen erst über §§ 130, 30 OWiG der Bußgelddrohung unterliegt, geht Art. 83 davon aus, dass der Regelfall die Verhängung des Bußgeldes gegen das Unternehmen ist[10]. Die Zumessungskriterien in Art. 83 Abs. 2 stellen dementsprechend auch im Wesentlichen auf Umstände ab, die typischerweise das Unternehmen betreffen und nicht das individuelle Verhalten von Einzelpersonen. Allenfalls in Bezug auf Vorsatz und Fahrlässigkeit in Abs. 2 Satz 2 Buchst. f mag man auf Vorsatz und Fahrlässigkeit der handelnden Personen abstellen; richtigerweise sollten aber auch diese Begriffe objektiv und unternehmensbezogenen ausgelegt werden[11].

5a Geldbußen gegen Behörden und öffentliche Stellen bedürfen einer ausdrücklichen innerstaatlichen Regelung, die für die Mitgliedstaaten optional ist (Art. 83 Abs. 7). Kein Mitgliedstaat soll dazu verpflichtet sein, gegen eigene Behörden oder öffentliche Stellen Bußgelder zu verhängen. Für Deutschland schließt § 43 Abs. 3 BDSG nunmehr die Verhängung von entsprechenden Geldbußen ausdrücklich aus. Die Verhängung von Geldbußen oder weitergehenden Sanktionen gegen natürliche Personen, die weder Verantwortlicher noch Auftragsver-

---

8 Gierschmann/Schlender/Stenzel/Veil/*Feldmann*, Art. 83 DSGVO Rz. 7; Sydow/*Popp*, Art. 83 DSGVO Rz. 4.
9 Offen Gierschmann/Schlender/Stenzel/Veil/*Feldmann*, Art. 83 DSGVO Rz. 8.
10 Vgl. *Neun/Lubitzsch*, BB 2017, 1538 (1541 f.).
11 *Neun/Lubitzsch*, BB 2017, 1538 (1542 f.).

Allgemeine Bedingungen für die Verhängung von Geldbußen | **Art. 83 DSGVO**

arbeiter sind, unterliegt ebenfalls dem Recht der Mitgliedstaaten (vgl. Art. 84 Abs. 1 Satz 1). Insoweit ist insbesondere auf die Strafvorschriften gemäß § 42 BDSG zu verweisen.

Abs. 1 verlangt, dass die Verhängung der Geldbuße **in jedem Einzelfall wirksam, verhältnismäßig und abschreckend** sein muss. Dies bedeutet, dass sich die konkrete Praxis der Aufsichtsbehörde hieran messen lassen muss und die Erfüllung dieser Kriterien in jedem Fall auch der gerichtlichen Prüfung unterliegt. Die Verpflichtung bezieht sich auf alle Geldbußen nach den Absätzen 4, 5 und 6. Die Leitlinien von Geldbußen betonen vor allem die Notwendigkeit einer gleichmäßigen Anwendung der Geldbußen und zwar sowohl in grenzüberschreitenden Fällen (Art. 4 Nr. 23) als auch bei rein innerstaatlichen Konstellationen (Art. 55)[12]. Ferner betonen die Leitlinien den Aspekt, dass die Geldbußen im Zusammenhang mit den sonstigen Maßnahmen der Aufsichtsbehörde gemäß Art. 58 Abs. 2 zu sehen sind[13]. Damit wird hervorgehoben, dass Geldbußen kein Selbstzweck sind, sondern im Ergebnis der Wahrung des Datenschutzes und der Einhaltung der übrigen Bestimmungen der DSGVO dienen müssen. Dieser Gedanke entspricht durchaus auch dem bisherigen Selbstverständnis der deutschen Datenschutzbehörden, die ihre Rolle in der Vergangenheit vor allem darin gesehen haben, auf die Einhaltung der gesetzlichen Regelungen hinzuwirken (dazu Kommentierung zu § 41 BDSG Rz. 5). Auch unter Art. 83 wird die Geldbuße nicht zum Standardinstrument der Aufsichtsbehörde, sondern bleibt auf sanktionswürdige Fälle beschränkt. 6

III. Bestimmung der Geldbuße (Abs. 2)

Die Bestimmung der Geldbuße ihrer **Höhe** nach ist von zentraler Bedeutung. Die in den Art. 83 Abs. 4–6 vorgesehenen Obergrenzen geben einen weiten Spielraum und stellen damit vor allem für Unternehmen, die als Verantwortliche oder Auftragsverarbeiter tätig sind, künftig einen erheblichen Anreiz dar, Fehlverhalten zu vermeiden. Geldbußen von vier Prozent des gesamten weltweiten Jahresumsatzes im Maximum können für ein Unternehmen, die verantwortlichen Mitarbeiter und die Gesellschafter schwerwiegende Folgen haben. Zudem ist damit zu rechnen, dass bei der rechtmäßigen Verhängung von Geldbußen zugleich die Voraussetzungen für Schadensersatzansprüche der Betroffenen vorliegen werden und deren tatsächliche Durchsetzung durch die Betroffenen wahrscheinlicher wird. 7

In Art. 83 Abs. 2 listet die Verordnung sämtliche Umstände auf, die bei der Verhängung der Geldbuße in jedem Einzelfall gebührend zu berücksichtigen sind. Die Betonung liegt dabei zum einen auf dem *Einzelfall*, d.h. maßgeblich sind je- 8

---

12 Leitlinien für Geldbußen, WP 253, S. 6.
13 Leitlinien für Geldbußen, WP 253, S. 5 f.

weils **die konkreten Umstände und die Verarbeitungssituation**, in der es zu einem Verstoß gekommen ist. Dies schließt jedoch nicht aus, dass die Aufsichtsbehörden im Sinne einer Gleichbehandlung für ähnliche Verstöße zumindest im Ausgangspunkt auch eine ähnliche Geldbuße vorsehen. Abzuwägen sind bei der konkreten Bestimmung der Geldbuße einerseits die Vergleichbarkeit mit Verfehlungen Dritter und andererseits die Besonderheiten des Einzelfalls und die notwendige Einzelfallgerechtigkeit, sowohl gegenüber dem verstoßenden Unternehmen als auch den Betroffenen. Die Betonung liegt außerdem auf der *gebührenden* Berücksichtigung der einzelnen Merkmale. Diese Merkmale sind keineswegs gleichartig oder mit gleichem Gewicht zu berücksichtigen, sondern sind entsprechend ihres inneren sachlichen Gehalts zu prüfen und ins Verhältnis zu setzen. Ihnen kommt tatsächlich bei der Bemessung der Geldbuße eine sehr unterschiedliche Bedeutung zu. Die Liste der Umstände ist dabei keineswegs abschließend, wie sich ausdrücklich aus Art. 83 Abs. 2 Buchst. k ergibt, der die Berücksichtigung jeglicher anderer erschwerender oder mildernder Umstände verlangt und hierfür als Beispiel die durch einen Verstoß erlangten Vorteile bzw. vermiedenen Verluste hervorhebt. Andererseits stellt die vorhandene Liste von Abwägungspunkten den wesentlichen Kern der zu berücksichtigenden Punkte dar und kann im Sinne der Rechtssicherheit und Gleichbehandlung nicht beliebig durch weitere Umstände abgewandelt werden. Andere als die ausdrücklich genannten Umstände können daher insgesamt nur in geringem Umfang zur Herstellung der Einzelfallgerechtigkeit herangezogen werden. Ihre Berücksichtigung darf insbesondere nicht die Wirksamkeit oder den abschreckenden Charakter der zu verhängenden Geldbuße konterkarieren. Geldbußen sollen weder als „letztes Mittel" angesehen werden, noch soll vor ihrer Anwendung generell zurückgeschreckt werden, aber sie sollen auch nicht derart (exzessiv) genutzt werden, dass ihre Wirksamkeit als Instrument eingeschränkt wird[14]. Generell nicht zu berücksichtigen sind – in den Grenzen des Willkürverbots – daher etwa die vermeintliche oder tatsächliche Üblichkeit des Verstoßes allgemein oder in einer Branche. Ein besonders wichtiger Aspekt bei der Frage, ob überhaupt eine Geldbuße verhängt werden sollte, ist auch die Frage, ob ein festgestellter Verstoß unter den konkreten Umständen eine erhebliche Gefahr darstellt oder die Einhaltung des Datenschutzes durch das betreffende Unternehmen gefährdet ist[15]. Das wäre unter Umständen nicht der Fall, wenn der Verstoß bei einem Unternehmen einen rein internen Sachverhalt betrifft oder das Unternehmen zwar in einem Einzelfall einen Verstoß (fahrlässig) begangen hat, aber im Übrigen nachweislich umfangreiche Maßnahmen zur Einhaltung des Datenschutzes getroffen hat, die im Einzelfall versagt haben mögen, aber nicht die übrigen „Compliance"-Bemühungen des Unternehmens in Frage stellen. Desgleichen sollten auch generalpräventive Erwägungen nicht ausschlaggebend sein oder zu einer Erhöhung einer Geldbuße im Einzelfall führen, wenn das Unternehmen sich ungeachtet ei-

---

14 Leitlinien für Geldbußen, WP 253, S. 8.
15 Leitlinien für Geldbußen, WP 253, S. 9 unter Hinweis auf Erwägungsgrund 148.

nes einzelnen Verstoßes im Übrigen rechtskonform verhält. Keine Berücksichtigung *zugunsten* des Unternehmens kann im Allgemeinen seine finanzielle Leistungsfähigkeit finden. Hier müssen ähnliche Grundsätze gelten wie bei der Verhängung von Geldbußen im Kartellrecht. Die Kommission hat in den betreffenden Leitlinien zur Verhängung von Kartellbußen[16] ausgeführt, dass die Kommission nur unter außergewöhnlichen Umständen auf Antrag die Leistungsfähigkeit eines Unternehmens in einem gegebenen sozialen und ökonomischen Umfeld berücksichtigen kann. Insbesondere wird die Kommission jedoch keine Ermäßigung wegen der bloßen Tatsache einer nachteiligen oder defizitären Finanzlage des betroffenen Unternehmens gewähren. Eine Ermäßigung ist nur möglich, wenn eindeutig nachgewiesen wird, dass die Verhängung einer Geldbuße gemäß den Leitlinien die wirtschaftliche Überlebensfähigkeit des Unternehmens unwiderruflich gefährden und ihre Aktiva jeglichen Wertes berauben würde. Diese Prinzipien lassen sich ohne weiteres auch auf die Verhängung von Geldbußen unter der DSGVO übertragen.

Hinsichtlich der **einzelnen Kriterien**, die bei der Bemessung der Höhe der Geldbuße zu berücksichtigen sind, ergeben sich einige Besonderheiten und Abweichungen von der bisherigen Rechtslage nach deutschem Recht: 9

Art, Schwere und Dauer des Verstoßes unter Berücksichtigung der Art, des Umfangs oder des Zwecks der betreffenden Verarbeitung sowie der Zahl der von der Verarbeitung betroffenen Personen und des Ausmaßes des von ihnen erlittenen Schadens (Art. 83 Abs. 2 Buchst. a): Art, Schwere und Dauer sowie die Zahl der Betroffenen des Verstoßes sind natürlicherweise die wichtigsten Parameter für die Beurteilung der Schwere eines Verstoßes und die Höhe der zu verhängenden Geldbuße. Außerdem kann über diese Parameter auch ein Verhältnis zum Gesamtumsatz eines Unternehmens hergestellt werden, um sich dem richtigen „Strafrahmen" anzunähern. Auswirkungen mit nur lokalem Bezug und einigen wenigen lokalen Betroffenen können selbstredend nicht eine Geldbuße rechtfertigen, die den (am gesamten weltweit erzielten Jahresumsatz orientieren) Höchstbetrag ausschöpft. Dieser Rahmen ist zwar nicht erst eröffnet, wenn es zum größtmöglichen Schaden bei der größtmöglichen Anzahl von Betroffenen gekommen ist, aber persönliche, inhaltliche und geographische Betroffenheit durch einen Verstoß müssen im Verhältnis zu dem jeweils eröffneten Bußgeldrahmen stehen. Eine konzernübergreifende Berücksichtigung des weltweiten Umsatzes als Bemessungsgrundlage kann unter dem Gesichtspunkt der Verhältnismäßigkeit nur in Betracht kommen, wenn der Verstoß auch entsprechende Bedeutung hat und Ausdruck eines konzernbezogenen, unternehmensübergreifenden Missstandes ist[17]. Verfehlungen, die sachlich und inhaltlich lokal be- 10

---

16 Vgl. Leitlinien der Kommission für das Verfahren zur Festsetzung von Geldbußen gemäß Artikel 23 Absatz 2 Buchst. a der Verordnung (EG) Nr. 1/2003 (2006/C 210/02) v. 1.9.2006, ABl. C 210/2, Ziffer 35.
17 *Grünwald/Hackl*, ZD 2017, 556 (559).

grenzt sind oder sich nur auf ein einzelnes Unternehmen oder einen bestimmten Geschäftszweig des Unternehmens beziehen, können keinesfalls eine Bezugnahme auf weltweite Umsätze rechtfertigen. Lokale Verfehlungen *müssen* lokal geahndet werden; nur globale Verfehlungen *können* global geahndet werden. Am Beispiel: Der lokale Verstoß bei der Lohnbuchhaltung eines Konzernunternehmens, das lokal einen unzuverlässigen Auftragsverarbeiter in Deutschland nutzt, kann kein Bußgeld nach sich ziehen, das sich am Konzernumsatz orientiert. Der global tätige Internetkonzern, der in allen Mitgliedstaaten der Europäischen Union in Bezug auf alle oder die Mehrheit seiner Kunden systematisch und nachhaltig gegen Regelungen zum Datenexport in unsichere Drittländer verstößt, muss hingegen mit einem am weltweiten Umsatz orientierten Bußgeld rechnen. Je nach Art und Umfang des Verstoßes ändert sich daher auch der „Adressat" des Bußgeldes; vor diesem Hintergrund erklärt sich auch die fehlende Festlegung auf einen bestimmten Unternehmensbegriff[18]. Der Adressat des Bußgeldes im Sinne des Unternehmens, Unternehmensteils oder Konzernteils, dem der datenschutzrechtliche Vorwurf zu machen ist, lässt sich nämlich ebenfalls erst im Rahmen der Ermittlung aller Umstände und der Reichweite des Verstoßes festlegen.

10a Eine Unterscheidung hinsichtlich der Art und Schwere von Verstößen enthält Art. 83 außerdem selbst durch die Unterscheidung verschiedener Tatbestände in den Abs. 4, 5 und 6. Grundsätzlich sind Verstöße gemäß Art. 83 Abs. 4 geringer zu bewerten als solche in Art. 83 Abs. 5[19]. Auch spielt es eine erhebliche Rolle, ob das Unternehmen sich bei einem Verstoß über eine bereits ergangene Anweisung hinweggesetzt hat (Art. 83 Abs. 6)[20]. Die sachlichen Grundlagen für die Bewertung der einzelnen Umstände sind sorgfältig zu ermitteln. D.h. die Anzahl der durch einen Verstoß betroffenen Personen sollte konkret ermittelt werden; dabei ist auch zu klären, ob der Verstoß auf ein systembedingtes Problem hinweist oder es sich um ein Einzelereignis handelt[21]. Ebenso wichtig ist es, festzustellen, ob der Verstoß unter Beachtung der Zweckbindung begangen wurde oder ob der Verstoß gerade darin liegt, dass sich der Verletzter über die Zweckbindung hinweggesetzt hat (und auch kein kompatibler Zweck vorlag)[22]. Auch ist der konkrete Schaden zu ermitteln, der für die Betroffenen entstanden ist. Bleibt etwa ein Verstoß für die Betroffenen dauerhaft ohne spürbare Folgen und beruhte er nicht auf systematischen Fehlleistungen, kann das Absehen von einem Bußgeld schon allein aus diesem Grund gerechtfertigt und geboten sein. Schließlich ist auch die Dauer eines Verstoßes zu ermitteln. War ein Verstoß z.B. nur von kurzer Dauer oder wurde er sofort nach Entdeckung wieder abgestellt (vgl. auch Art. 83 Abs. 2 Buchst. f) und bleibt er für die Betroffenen folgen-

---

18 Dazu kritisch Gierschmann/Schlender/Stenzel/Veil/*Feldmann*, Art. 83 DSGVO Rz. 30.
19 Leitlinien für Geldbußen, WP 253, S. 10.
20 Leitlinien für Geldbußen, WP 253, S. 10.
21 Leitlinien für Geldbußen, WP 253, S. 11.
22 Leitlinien für Geldbußen, WP 253, S. 11.

los, kann dies ebenfalls dafür sprechen, von einem Bußgeld abzusehen. Geldbußen sollen nicht allein dazu dienen, ein Unternehmen *per se* für einen eingetretenen Verstoß oder Schaden zu bestrafen, sondern es dazu anhalten, das Unternehmen so zu organisieren, dass Verstöße oder Schäden vermieden werden. Erscheint dies aufgrund des Verhaltens des Unternehmens gewährleistet und handelte es sich erkennbar um einen einzelnen, ungewollten Ausfall, ist die Verhängung einer Geldbuße in der Regel kein geeignetes oder erforderliches Mittel, das Unternehmen zum rechtmäßigen Verhalten anzuhalten. In diesem Fall sind eher die sonstigen in Art. 58 vorgesehenen Maßnahmen angezeigt. Das gilt auch in Fällen, die allgemein von geringer wirtschaftlicher Bedeutung sind.

Vorsätzlichkeit oder Fahrlässigkeit des Verstoßes (Art. 83 Abs. 2 Buchst. b): Generell ist davon auszugehen, dass eine Geldbuße überhaupt nur verhängt werden kann, wenn der Verstoß wenigstens fahrlässig begangen wurde. Die Nennung des Gegensatzpaares „Vorsätzlichkeit oder Fahrlässigkeit" als Zumessungsmerkmal des Verstoßes bedeutet nicht etwa, dass eine Geldbuße auch ohne mindestens fahrlässige Begehung verhängt werden könnte. Vielmehr ist damit nur gesagt, dass die vorsätzliche *oder* nur fahrlässige Begehung einen erheblichen Unterschied bei der Zumessung der Geldbuße macht. Es handelt sich dabei nur um *einen* Zumessungsgesichtspunkt unter *mehreren* ohne eine feste Regel zur Höhe des ggf. vorzunehmenden Auf- oder Abschlags. Darin liegt ein deutlicher Unterschied zum deutschen Recht, das bei Ordnungswidrigkeiten als generelle Regelung vorsieht, dass bei fahrlässiger Begehung die im Gesetz festgelegte Höchstgrenze für eine Geldbuße automatisch zu halbieren ist (§ 17 Abs. 2 OWiG). Diese starre Regelung kann auf Art. 83 keine Anwendung finden, weil damit der in Art. 83 Abs. 4–6 vorgegebene Rahmen unzulässig eingeschränkt würde. Auch aus diesem Grund musste der deutsche Gesetzgeber die Anwendung von § 17 OWiG für den Bereich des Datenschutzes ausschließen (§ 41 Abs. 1 Satz 2 BDSG). Für eine auch nur entsprechende Anwendung dieses Gedankens bietet die Verordnung keine Grundlage. Andererseits ist die Unterscheidung zwischen vorsätzlich und fahrlässig begangenen Verstößen von elementarer Bedeutung für die Festlegung einer angemessenen Geldbuße. Vorsätzliche Verstöße, die eine offenkundige Missachtung gesetzlicher Bestimmungen darstellen, rechtfertigen generell eher die Verhängung einer Geldbuße als fahrlässige Taten[23]. Auf Vorsatz können die Außerachtlassung von klaren Hinweisen oder Vorgaben des Datenschutzbeauftragten oder die Nichtanwendung interner Richtlinien hindeuten[24]. Dies gilt jedenfalls, wenn für die Abweichung kein sachlicher Grund vorlag oder sich das Unternehmen mit diesen erst gar nicht auseinandergesetzt hat.

Jegliche von dem Verantwortlichen oder dem Auftragsverarbeiter getroffenen Maßnahmen zur Minderung des den betroffenen Personen entstandenen Schadens (Art. 83 Abs. 2 Buchst. c): Der Regelungszweck dieses Punktes dürfte darin zu

11

12

---

23 Leitlinien für Geldbußen, WP 253, S. 12.
24 Vgl. Leitlinien für Geldbußen, WP 253, S. 12.

sehen sein, für Unternehmen einen wichtigen Anreiz dafür zu schaffen, dass sie zum einen keine Kosten scheuen, Maßnahmen zu treffen, mit denen ein Schaden vermindert, ausgeglichen oder klein gehalten wird und zum anderen den Betroffenen schnellstmöglich und großzügig den entstandenen Schaden ersetzen. Der Begriff des Schadens ist hierbei weit zu verstehen und umfasst den materiellen wie den immateriellen Schaden i.S.d. Art. 82 Abs. 1 (vgl. Kommentierung zu Art. 82 DSGVO Rz. 4). Die *gebührende* Berücksichtigung der Maßnahmen zur Schadensminderung verlangt dabei keineswegs eine vollständige „Anrechnung" auf die Geldbuße. Denn die Beseitigung des verursachten Schadens ist zunächst nur eine unabhängige rechtliche Verpflichtung und Selbstverständlichkeit. Sie führt nicht generell zu einer Herabsetzung einer an sich angemessenen Geldbuße. Die Maßnahmen zur Schadensminderung bei den Betroffenen sind nur dann relevant, wenn sie auch aufgrund der übrigen Umstände die Tat als weniger gravierend erscheinen lassen. Insbesondere bei vorsätzlichen Verstößen, bei denen möglicherweise eine Schädigung der Betroffenen sogar in Kauf genommen wurde, kann die anschließende bloße Schadensminderung oder -beseitigung nicht zur Herabsetzung der Geldbuße herangezogen werden. Auch der bloße Ausgleich von entstandenem Schaden genügt z.B. nicht, wenn das Unternehmen nur unter dem Zwang gerichtlicher Verfahren im Einzelfall einer Ersatzpflicht nachkommt. Insoweit handelt es sich nicht um besondere, aktiv verfolgte „Maßnahmen" (engl. *any action taken*), sondern um die bloße Erfüllung einer rechtlichen Pflicht. Andererseits können die flächendeckende, freiwillige oder besonders unbürokratische Beseitigung von Schäden einerseits und andererseits Maßnahmen, die sicherstellen, dass Verstöße in Zukunft nicht erneut zu befürchten sind, positiv berücksichtigt werden. Dies gilt auch dann, wenn zum Zeitpunkt der Verhängung der Geldbuße noch nicht alle Maßnahmen umgesetzt sind, aber alles Notwendige hierfür in die Wege geleitet wurde. Schadensbeseitigung bedeutet nicht notwendigerweise Entschädigung in Geld, sondern umfasst auch die Naturalrestitution. Besonders wird auch darauf hingewiesen, dass es auch schon bisher der Praxis der Aufsichtsbehörden entspricht, dort mit Geldbußen zurückhaltend zu sein, wo sich der Verletzer ernsthaft einsichtig zeigt, aktiv Unzulänglichkeiten abstellt und drohende Schäden abwendet. Bei entsprechend umfassender Kooperationsbereitschaft kann dies zum Absehen von einer Geldbuße oder jedenfalls zu ihrer deutlichen Herabsetzung führen[25].

13 *Grad der Verantwortung des Verantwortlichen oder des Auftragsverarbeiters unter Berücksichtigung der von ihnen gemäß den Artikeln 25 und 32 getroffenen technischen und organisatorischen Maßnahmen* (Art. 83 Abs. 2 Buchst. d): Mit diesem Abwägungspunkt wird betont, dass die jeweilige Verantwortlichkeit der Beteiligten von großer Bedeutung ist. Insbesondere bei Eingriffen durch Dritte (z.B. Hacker) kommt es darauf an, ob die an der Verarbeitung beteiligten Unter-

---

25 Vgl. Leitlinien für Geldbußen, WP 253, S. 13.

Allgemeine Bedingungen für die Verhängung von Geldbußen | Art. 83 DSGVO

nehmen angemessene Sicherheitsvorkehrungen getroffen hatten oder etwa besonders nachlässig vorgegangen sind. Hier gelten ähnliche Sorgfaltsmaßstäbe wie für die Fragen der Ersatzpflicht nach Art. 82 (dazu Kommentierung zu Art. 82 DSGVO Rz. 5a)

Etwaige einschlägige frühere Verstöße des Verantwortlichen oder des Auftragsverarbeiters (Art. 83 Abs. 2 Buchst. e): Es liegt auf der Hand, dass Aufsichtsbehörden bei einem erstmaligen Verstoß Milde walten lassen können, während bei wiederholten oder gar systematischen Verstößen eines Unternehmens die Geldbußen von Mal zu Mal höher werden müssen. Dabei verlangt die Regelung ausdrücklich nicht Identität der verschiedenen Verstöße, sondern es genügt, dass es sich um einschlägige (engl. *relevant*) frühere Verstöße handelt. Es muss also eine gewisse Ähnlichkeit oder Gleichartigkeit der Verstöße gegeben sein. Die Aufsichtsbehörde wird daher im Regelfall prüfen, ob entsprechende Verstöße bereits früher vorlagen und was vom Unternehmen unternommen wurde, um diese auszuschließen[26]. 14

Umfang der Zusammenarbeit mit der Aufsichtsbehörde, um dem Verstoß abzuhelfen und seine möglichen nachteiligen Auswirkungen zu mindern (Art. 83 Abs. 2 Buchst. f): Die Verordnung verlangt grundsätzlich, dass sich Unternehmen im Fall von Verstößen kooperationsbereit zeigen. Unternehmen, die Hinweisen schnell nachkommen, den Verstoß möglichst umfassend und nachhaltig beseitigen und nachteilige Folgen vermeiden helfen, können mit dem Absehen von einer Geldbuße oder einer Herabsetzung der Geldbuße rechnen. 15

Kategorien personenbezogener Daten, die von dem Verstoß betroffen sind (Art. 83 Abs. 2 Buchst. g): Die Schwere des Verstoßes hängt auch maßgeblich davon ab, welche Bedeutung die Daten für die Betroffenen und Dritte haben können. Je einschneidender die Bedeutung der Daten für die persönlichkeitsrechtlichen oder sonstigen Belange der Betroffenen sind, desto höher sind die Sorgfaltsanforderungen bei ihrer Verarbeitung anzusetzen (vgl. Art. 32) und desto schwerwiegender erscheinen fahrlässige oder gar vorsätzliche Verstöße gegen die Verpflichtungen aus der Verordnung zum Schutz solcher Daten. Dabei geht die Verordnung davon aus, dass selbstverständlich auch „einfache" Daten angemessen zu schützen sind. Bei besonderen Kategorien personenbezogener Daten ist jedoch ein besonders strenger, risiko-adäquater Maßstab anzulegen und fallen Geldbußen daher ggf. besonders hoch aus. Dies gilt zum einen bei den besonderen Kategorien i.S.d. Art. 9 Abs. 1. Aber auch Verstöße in Bezug auf Daten, von deren Verarbeitung eine besondere Gefährdung ausgeht, wie z.B. Zahlungsdaten, Kommunikationsdaten (vor allem Inhaltsdaten) oder Bewegungsdaten können eine besonders hohe Geldbuße rechtfertigen. In der Art und Weise wie entsprechend sensible Daten gegen Verstöße geschützt wurden, drückt sich im Allgemeinen auch die Sorgfalt des Unternehmens aus. 16

---

26 Leitlinien für Geldbußen, WP 253, S. 15.

Art. 83 DSGVO | Allgemeine Bedingungen für die Verhängung von Geldbußen

17 *Art und Weise, wie der Verstoß der Aufsichtsbehörde bekannt wurde, insbesondere ob und gegebenenfalls in welchem Umfang der Verantwortliche oder der Auftragsverarbeiter den Verstoß mitgeteilt hat* (Art. 83 Abs. 2 Buchst. h): Ähnlich wie bei Buchst. f kann es sich zugunsten des Unternehmens auswirken, wenn es auf einen Verstoß selbst aufmerksam gemacht hat und sich an die Aufsichtsbehörde gewandt hat, um mit dieser zusammenzuarbeiten. Werden Verstöße erst über Beschwerden z.b. von einer Vielzahl von Verbrauchern bekannt, ist dies ggf. nachteilig zu berücksichtigen. Werden erforderliche Meldungen gemäß Art. 33 sorgfaltswidrig unterlassen oder sind diese unzureichend, wird die Einstufung eines Verstoßes als „geringfügig" eher unwahrscheinlich[27].

18 *Einhaltung der nach Artikel 58 Absatz 2 früher gegen den für den betreffenden Verantwortlichen oder Auftragsverarbeiter in Bezug auf denselben Gegenstand angeordneten Maßnahmen, wenn solche Maßnahmen angeordnet wurden* (Art. 83 Abs. 2 Buchst. i): Wiederholte Verstöße sind nach Buchst. e zum Nachteil des Unternehmens zu berücksichtigen. Dies gilt erst recht, wenn sich bei erneuten Verstößen herausstellt, dass zusätzlich noch frühere Warnungen der Aufsichtsbehörde missachtet wurden oder gegen konkrete Abhilfeanordnungen der Aufsichtsbehörde verstoßen wurde.

19 *Einhaltung von genehmigten Verhaltensregeln nach Artikel 40 oder genehmigten Zertifizierungsverfahren nach Artikel 42* (Art. 83 Abs. 2 Buchst. j): Hat ein Unternehmen sich an besondere Verhaltensregeln oder sonstige von der Aufsichtsbehörde vorgegebene oder autorisierte Regeln gehalten, ist dies grundsätzlich zugunsten des Unternehmens zu berücksichtigen. Hierdurch ergibt sich für die Unternehmen ein gewisser Vertrauensschutz bei der Befolgung solcher Regeln.

20 *Jegliche anderen erschwerenden oder mildernden Umstände im jeweiligen Fall, wie unmittelbar oder mittelbar durch den Verstoß erlangte finanzielle Vorteile oder vermiedene Verluste* (Art. 83 Abs. 2 Buchst. k): Zur Berücksichtigung weiterer Aspekte im Allgemeinen s. Rz. 10. Hinsichtlich der Berücksichtigung erlangter Vorteile oder vermiedener Verluste ist anzumerken, dass dies dem Gedanken der Gewinnabschöpfung entspricht. Die hier getroffene Regelung unterscheidet sich hinsichtlich des Vorgehens vom deutschen Recht, weil im deutschen Recht der grundsätzlich vorgegebene Bußgeldrahmen zum Zwecke der Gewinnabschöpfung überschritten werden darf (§§ 130, 30 OWiG i.V.m. § 17 Abs. 4 OWiG). Demgegenüber geht hier die Berücksichtigung von Vorteilen oder ersparten Nachteilen in die allgemeine Bestimmung der Geldbuße innerhalb des durch die Art. 83 Abs. 4–6 gesteckten Rahmens ein. D.h., auch bei Berücksichtigung der Gewinnabschöpfung bleibt es bei den vorgegebenen Höchstgrenzen. Die Gewinnabschöpfung kann damit im Extremfall auf die Höchstgrenzen der Abs. 4–6 beschränkt sein, obwohl das Unternehmen möglicherweise einen höheren Vorteil aufgrund seiner Verstöße erlangt hat. Der deutsche Gesetzgeber

---

27 Leitlinien für Geldbußen, WP 253, S. 16.

hat in diesem Sinne nunmehr auch ausdrücklich die Anwendung des § 17 OWiG ausgeschlossen (§ 41 Abs. 1 Satz 2 BDSG); eine weitergehende Gewinnabschöpfung nach allgemeinen Regeln über die in der Abwägung nach Art. 82 Abs. 2 enthaltende Regelung hinaus findet nicht statt, vgl. nachfolgend Rz. 21.

IV. Gesamtgeldbuße (Abs. 3)

Die Regelung zur Gesamtgeldbuße lässt sich **systematisch schwer erklären**, sie erscheint vor allem als ein Lobbyerfolg. Sie bezweckt offenbar die Festlegung einer Gesamtgeldbuße, wenn gegen verschiedene Bestimmungen der Verordnung im gleichen sachlichen Zusammenhang verstoßen wurde. Dabei soll der Gesamtbetrag der Geldbuße den Betrag für den schwerwiegendsten Verstoß nicht überschreiten. Dies erscheint in sich widersprüchlich. Der Begriff des *Gesamtbetrags* scheint zunächst zu verlangen, dass verschiedene Geldbußen addiert werden. Wenn jedoch verschiedene Geldbußen addiert werden, überschreitet die Summe denknotwendig immer die höchste Einzelgeldbuße. Die Regelung führt bei wörtlichem Verständnis mithin dazu, dass auch bei einer Vielzahl von Verstößen sich die endgültige Geldbuße nach dem schwersten Einzelverstoß richtet, während alle anderen Einzelverstöße sich nicht mehr erhöhend auswirken. Dies erscheint gerade bei einer Vielzahl von Einzelverstößen in höchstem Maße unangemessen. Andererseits hindert die Regelung nicht daran, bei der Festlegung der Geldbuße für einzelne Verstöße jeweils schon zu berücksichtigen, dass der Verstoß im Kontext einer Vielzahl von Verstößen begangen wurde. Damit käme auch schon in der höchsten Einzelgeldbuße die Vielzahl von Verstößen zum Tragen. Im Ergebnis scheint es daher richtig, die Regelung des Art. 83 Abs. 3 so zu verstehen, dass bei einem einheitlichen Lebenssachverhalt die (theoretisch) ermittelten Einzelgeldbußen jedenfalls nicht einfach nur zusammengezählt werden, sondern mit Blick auf den schwerwiegendsten Verstoß eine Gesamtgeldbuße zu bestimmen ist, die innerhalb der in Art. 83 Abs. 4–6 gesteckten Grenzen bleibt. Neben Art. 83 Abs. 3 ist jedenfalls kein Raum mehr für die Anwendung nationaler Bestimmungen zur Gewinnabschöpfung bei der Verhängung der Geldbußen; für Deutschland ist die Anwendung von § 17 Abs. 4 OWiG durch § 41 Abs. 1 Satz 2 BDSG ausdrücklich ausgeschlossen.

V. Verstoßtatbestände und Adressaten (Abs. 4–6)

Die Verstoßtatbestände knüpfen an die verschiedenen Regelungsbereiche der Verordnung an und schützen insbesondere die Einhaltung des materiellen Datenschutzes, den technischen und organisatorischen Schutz von Daten sowie Durchsetzungsbefugnisse der Aufsichtsbehörden. Der Verstoß ist dabei jeweils anhand der Kriterien der einzelnen Regelungen zu prüfen, wobei gerade bei solchen Anforderungen, die auf einer Abwägung von Interessen beruhen oder an wertende Merkmale anknüpfen („angemessen", „Treu und Glauben", „nachvollziehbar"), besonders sorgfältig darzulegen ist, inwieweit ein vorsätzlicher oder fahrlässiger Verstoß vorliegt.

23 Die Adressaten der Verstoßtatbestände und damit die Adressaten der Geldbuße ergeben sich aus den jeweils in den Art. 83 Abs. 4–6 in Bezug genommenen Regelungen der Verordnung. Diese beziehen sich nicht nur auf Verantwortliche und Auftragsverarbeiter, sondern auch auf Zertifizierungsstellen (Abs. 4 Buchst. b) und Überwachungsstellen (Abs. 4 Buchst. c). Soweit die Geldbuße gegenüber einem Unternehmen zu verhängen ist, soll der Begriff „Unternehmen" nach den Erwägungsgründen im Sinne der Art. 101 und 102 AEUV verstanden werden, d.h. es gilt der weite, kartellrechtliche Unternehmensbegriff[28]. Unternehmen ist in diesem Sinne eine Wirtschaftseinheit, zu der gegebenenfalls die Muttergesellschaften und alle abhängigen Tochtergesellschaften gehören[29]. Die zu sanktionierende wirtschaftliche Einheit kann dabei aus mehreren rechtlichen Einheiten bestehen, wobei in der Regel die Muttergesellschaft gesamtschuldnerisch in Anspruch genommen werden kann, ohne dass es auf ihre persönliche Beteiligung ankommen soll[30]. Dadurch wird letztlich verhindert, dass sich die zuständige Behörde mit der internen Struktur des Konzerns und etwaigen internen Verantwortlichkeiten auseinander setzen muss; auch wird dadurch vermieden, dass Konzerne bei schwerwiegenden Geldbußen durch Umstrukturierungen einer wirksamen Geldbuße entgehen[31]. Sehr zu Recht wird darauf hingewiesen, dass dieser Ansatz dem Gedanken vom fehlenden „Konzernprivileg" widerspricht; allerdings ist auch darauf hinzuweisen, dass die Anerkennung des Konzerninteresses in der DSGVO als berechtigtes Interesse im Sinne des Art. 6 Abs. 1 Buchst. f einem Konzernprivileg schon sehr nahe kommen kann[32]. Bei der konkreten Bestimmung des Adressaten innerhalb des Konzerns ist zu beachten, ob der relevante Verstoß einen Konzernbezug hat (dazu oben Rz. 10 a.E.). Werden Geldbußen Personen auferlegt, bei denen es sich nicht um Unternehmen handelt, so sollte die Aufsichtsbehörde nach den Erwägusründen bei der Erwägung des angemessenen Betrags für die Geldbuße dem allgemeinen Einkommensniveau in dem betreffenden Mitgliedstaat und der wirtschaftlichen Lage der Personen Rechnung tragen[33].

VI. Bußgelder gegen Behörden (Abs. 7)

24 In Art. 83 Abs. 7 eröffnet die Verordnung dem nationalen Gesetzgeber die Möglichkeit, selbst zu bestimmen, ob und inwieweit auch gegen Behörden oder öf-

---

28 Erwägungsgrund 150 Satz 1.
29 Leitlinien für Geldbußen, WP 253, S. 6.
30 Gola/*Gola*, Art. 83 DSGVO Rz. 13.
31 Gola/*Gola*, Art. 83 DSGVO Rz. 13.
32 Gola/*Gola*, Art. 83 DSGVO Rz. 14.
33 Erwägungsgrund 150 Satz 2.

fentliche Stellen als solche Geldbußen verhängt werden können. Der deutsche Gesetzgeber hat hiervon erwartungsgemäß keinen Gebrauch gemacht, sondern diese Möglichkeit ausdrücklich ausgeschlossen (§ 43 Abs. 3 BDSG). Davon unabhängig ist die Frage, ob gegen die Mitarbeiter von Behörden oder öffentlichen Stellen, die gegen die Verordnung verstoßen, Geldbußen verhängt werden können. Diese Möglichkeit besteht nach deutschem Recht auch bereits heute, auch wenn entsprechende Fälle in der Praxis selten sind[34].

VII. Rechtsschutz gegenüber Geldbußen (Abs. 8)

Die Verhängung von Geldbußen muss den allgemeinen rechtsstaatlichen Verfahrensgarantien unterliegen. Für das deutsche Recht besteht hier kein besonderer Anpassungsbedarf. Für das Bußgeldverfahren gelten die Vorschriften der allgemeinen Gesetze über das Strafverfahren, einschließlich der Strafprozessordnung (vgl. § 46 Abs. 1 OWiG). § 41 BDSG regelt nunmehr ausdrücklich, dass für die Verstöße nach Art. 83 Abs. 4–6 die Vorschriften des Gesetzes über Ordnungswidrigkeiten und der Strafprozessordnung sinngemäß anzuwenden sind. Damit gelten für die Geldbußen aus Art. 83 auch die verfahrensmäßigen Garantien des OWiG und der StPO. 25

VIII. Besonderheiten in einzelnen Mitgliedstaaten (Abs. 9)

Art. 83 Abs. 9 enthält eine Sonderregelung, die den besonderen Gegebenheiten in Dänemark und Estland Rechnung trägt. In beiden Ländern ist die Verhängung von Geldbußen durch die Verwaltung nicht vorgesehen[35]. Die Vorschriften über die Geldbußen können daher dort so angewandt werden, dass die Geldbuße in Dänemark durch die zuständigen nationalen Gerichte als Strafe und in Estland durch die Aufsichtsbehörde im Rahmen eines Verfahrens bei Vergehen verhängt wird, sofern eine solche Anwendung der Vorschriften in diesen Mitgliedstaaten die gleiche Wirkung wie die von den Aufsichtsbehörden verhängten Geldbußen hat. Ferner sollen die zuständigen nationalen Gerichte die Empfehlung der Aufsichtsbehörde, die die Geldbuße in die Wege geleitet hat, berücksichtigen. In jedem Fall sollen die verhängten Geldbußen auch in diesen Ländern wirksam, verhältnismäßig und abschreckend sein. 26

---

34 Vgl. z.B. BGH v. 22.6.2000 – 5 StR 268/99, RDV 2001, 99 (Polizist gibt Halterdaten an Anwalt weiter).
35 Erwägungsgrund 151.

Artikel 84 Sanktionen

(1) Die Mitgliedstaaten legen die Vorschriften über andere Sanktionen für Verstöße gegen diese Verordnung – insbesondere für Verstöße, die keiner Geldbuße gemäß Artikel 83 unterliegen – fest und treffen alle zu deren Anwendung erforderlichen Maßnahmen. Diese Sanktionen müssen wirksam, verhältnismäßig und abschreckend sein.

(2) Jeder Mitgliedstaat teilt der Kommission bis zum 25.5.2018 die Rechtsvorschriften, die er aufgrund von Absatz 1 erlässt, sowie unverzüglich alle späteren Änderungen dieser Vorschriften mit.

Schrifttum: S. Art. 77 DSGVO.

1 Das Sanktionssystem der Verordnung ist nicht abschließend. Insbesondere regelt die Verordnung nicht die möglichen strafrechtlichen Konsequenzen, sondern überlässt diese entsprechend der allgemeinen Kompetenzverteilung den Mitgliedstaaten, die insoweit souverän handeln. Die Erwägungsgründe[1] führen hierzu im Einzelnen aus, dass die Mitgliedstaaten die strafrechtlichen Sanktionen für Verstöße gegen die Verordnung, auch für Verstöße gegen auf der Grundlage und in den Grenzen der Verordnung erlassene nationale Vorschriften, festlegen können. Die strafrechtlichen Sanktionen können dabei auch die Einziehung der durch die Verstöße gegen diese Verordnung erzielten Gewinne ermöglichen. Die Verhängung von strafrechtlichen Sanktionen für Verstöße gegen solche nationalen Vorschriften und von verwaltungsrechtlichen Sanktionen sollte jedoch nicht zu einer Verletzung des Grundsatzes „ne bis in idem", wie er vom Gerichtshof ausgelegt worden ist, führen. Ferner heißt es in den Erwägungsgründen[2], dass soweit die Verordnung verwaltungsrechtliche Sanktionen nicht harmonisiert oder wenn es in anderen Fällen – bspw. bei schweren Verstößen gegen diese Verordnung – erforderlich ist, die Mitgliedstaaten eine Regelung anwenden sollten, die wirksame, verhältnismäßige und abschreckende Sanktionen vorsieht. Es sollte im Recht der Mitgliedstaaten geregelt werden, ob diese Sanktionen strafrechtlicher oder verwaltungsrechtlicher Art sind.

2 Der deutsche Gesetzgeber hat in § 42 Abs. 1, 2 BDSG entsprechende Strafvorschriften aufgenommen. Es handelt sich dabei um Vergehen, die auf Antrag verfolgt werden. Die entsprechenden gesetzlichen Regelungen sind der Kommission spätestens bis zum Tag des Wirksamwerdens der DSGVO, also bis zum 25.5.2018, mitzuteilen.

---

1 Erwägungsgrund 149.
2 Erwägungsgrund 152.

Kapitel IX
Vorschriften für besondere Verarbeitungssituationen

Artikel 85 Verarbeitung und Freiheit der Meinungsäußerung und Informationsfreiheit

(1) Die Mitgliedstaaten bringen durch Rechtsvorschriften das Recht auf den Schutz personenbezogener Daten gemäß dieser Verordnung mit dem Recht auf freie Meinungsäußerung und Informationsfreiheit, einschließlich der Verarbeitung zu journalistischen Zwecken und zu wissenschaftlichen, künstlerischen oder literarischen Zwecken, in Einklang.

(2) Für die Verarbeitung, die zu journalistischen Zwecken oder zu wissenschaftlichen, künstlerischen oder literarischen Zwecken erfolgt, sehen die Mitgliedstaaten Abweichungen oder Ausnahmen von Kapitel II (Grundsätze), Kapitel III (Rechte der betroffenen Person), Kapitel IV (Verantwortlicher und Auftragsverarbeiter), Kapitel V (Übermittlung personenbezogener Daten an Drittländer oder an internationale Organisationen), Kapitel VI (Unabhängige Aufsichtsbehörden), Kapitel VII (Zusammenarbeit und Kohärenz) und Kapitel IX (Vorschriften für besondere Verarbeitungssituationen) vor, wenn dies erforderlich ist, um das Recht auf Schutz der personenbezogenen Daten mit der Freiheit der Meinungsäußerung und der Informationsfreiheit in Einklang zu bringen.

(3) Jeder Mitgliedstaat teilt der Kommission die Rechtsvorschriften, die er aufgrund von Absatz 2 erlassen hat, sowie unverzüglich alle späteren Änderungsgesetze oder Änderungen dieser Vorschriften mit.

I. Verpflichtung der Mitgliedstaaten zum „in Einklang bringen" (Abs. 1) 1	II. Einzelne Abweichungen und Bestimmungen (Abs. 2) ...... 7 III. Mitteilung an die Kommission (Abs. 3) 10

Schrifttum: *Albrecht*, Das neue EU-Datenschutzrecht – von der Richtlinie zur Verordnung, CR 2016, 88; *Benecke/Wagner*, Öffnungsklauseln in der Datenschutz-Grundverordnung und das deutsche BDSG – Grenzen und Gestaltungsspielräume für ein nationales Datenschutzrecht, DVBl 2016, 600; *Golz/Gössling*, DSGVO und Recht am Bildnis, IPRB 2018, 68; *Kahl/Piltz*, Wer hat Vorfahrt: Datenschutz oder Meinungs- und Pressefreiheit, K&R 2018, 289; *Lauber-Rönsberg/Hartlaub*, Personenbildnisse im Spannungsfeld zwischen Äußerungs- und Datenschutzrecht, NJW 2017, 1057.

Art. 85 DSGVO | Verarbeitung/Freiheit der Meinungsäußerung

I. Verpflichtung der Mitgliedstaaten zum „in Einklang bringen" (Abs. 1)

1 Anknüpfend an Art. 9 der EG-Datenschutzrichtlinie[1] enthält Art. 85 Abs. 1 eine Verpflichtung der Mitgliedstaaten, Normen zu erlassen bzw. Gewährleistungen vorzuhalten, die die datenschutzrechtlichen Aspekte der DSGVO mit dem Recht auf freie Meinungsäußerung sowie der Informations-, Presse-, Wissenschafts- und Kunstfreiheit „in Einklang bringen"[2]. Insbesondere die **Pressegesetze und die Regelungen für den Rundfunk** als nationale Gewährleistungen der Medienfreiheit müssen also mit den Vorgaben der DSGVO abgeglichen werden.

2 Der aus der Formulierung der Norm folgende **Gestaltungsspielraum für die nationalen Gesetzgeber** ist bislang noch nicht ganz eindeutig geklärt[3]. Es bleibt insbesondere unklar, ob z.B. Überschreitungen des datenschutzrechtlichen Schutzstandards denkbar sind, obwohl sie dem Konzept der Harmonisierung zuwider laufen. Unterschreitungen des Standards der DSGVO sind dagegen wohl nur gestattet, wenn die Ermächtigung für „Abweichungen" oder „Ausnahmen" erteilt wird, vgl. Art. 85 Abs. 2. Im Zweifel sollen nationale Regelungen, die „in Einklang stehen", bei objektiver Auslegung den Wertungen der DSGVO entsprechen. Hieraus ergibt sich durchaus ein gewisser Korridor zulässiger Lösungen mit leicht differenzierten Gewichtungen. Nicht zuletzt deshalb möchte die Kommission die nationalen Umsetzungen vergleichen und evaluieren, um ggf. eingreifen zu können, vgl. Art. 85 Abs. 3.

3 Es soll jedenfalls eine **Konkordanz mit den hochrangigen Freiheiten und Rechten** aus Art. 11 und 13 GRCh (Freiheit der Meinungsäußerung und Informationsfreiheit, Freiheit der Kunst und Wissenschaft) bzw. Art. 10 EMRK (Freiheit der Meinungsäußerung) hergestellt werden. Das aktuelle BDSG enthält insofern anders als § 41 BDSG-alt kein „**Medienprivileg**" mehr und verlagert den Ausgleich zwischen Betroffenenrechten und Medienfreiheiten (z.B. die Abwägung zwischen Betroffenenrechten und Quellenschutz) damit auf die Neufassung der presse- und rundfunkrechtlichen Gesetze und Staatsverträge[4].

---

1 Nunmehr aufgehoben gemäß Art. 94 Abs. 1.
2 Für einen entsprechenden „Regelungsauftrag" daher *Benecke/Wagner*, DVBl 2016, 600 (602); für eine „Öffnungsklausel" *Lauber-Rönsberg/Hartlaub*, NJW 2017, 1057 (1062).
3 *Albrecht*, CR 2016, 88 (97) spricht vom „Raum für mitgliedstaatliche Sonderwege".
4 Vgl. zu den Forderungen der Medien an die nationale Nutzung der Gestaltungsspielräume das „Arbeitspapier zur Umsetzung des Art. 85 EU-Datenschutzgrundverordnung – Presse- und Meinungsfreiheit im digitalen Zeitalter bewahren" der deutschen Presse- und Journalistenverbände; zu den Forderungen der Datenschutzbehörden an eine Beachtung der datenschutzrechtlichen Vorgaben auch im journalistischen Bereich „Entschließung der Konferenz der unabhängigen Datenschutzbehörden des Bundes und der Länder am 8. und 9. November 2017 in Oldenburg – Umsetzung der DSGVO im Medienrecht".

Für den Bereich der Meinungsäußerungen im nicht medienrechtlich privilegierten Bereich (z.b. im PR-Kontext) sowie im „Laienbereich" (z.b. bei **Social-Media-Aktivitäten**, die regelmäßig nicht der Ausnahmeregelung für den privaten Bereich unterfallen) ergeben sich aus dem weitreichenden Geltungsanspruch der DSGVO ohne spezifische Ausgleichsnormen durchaus Problemstellungen[5]. In Abwesenheit gesetzgeberischer Maßnahmen müssen diese in Anwendung der **allgemeinen Erlaubnistatbestände** durch die Rechtsprechung aufgelöst werden, insbesondere durch Auslegung und Konturierung der „berechtigten Interessen" gemäß Art. 6 Abs. 1 Buchst. f.

Der europäische Gesetzgeber macht mit der weiten Öffnungsklausel in Art. 85 deutlich, dass die **DSGVO keine abschließende Regelung zum Interessenausgleich zwischen informationeller Selbstbestimmung und anderen Grundrechten** bereithält. Die Gewichtung der Belange und der Erlass darauf basierender Ausnahmeregelungen sollen vielmehr den Mitgliedstaaten in eigener Verantwortung obliegen. Mit dem hierdurch geschaffenen Spielraum an zentraler Stelle wird der Anspruch, ein einheitliches Rechtsregime für den Datenschutz in Europa zu schaffen, deutlich relativiert[6]. So kann allerdings den kulturellen oder verfassungsrechtlichen Besonderheiten des jeweiligen Mitgliedstaates Rechnung getragen werden. In diesem Zusammenhang ist auch denkbar, Leitlinien der in den Mitgliedstaaten (höchstgerichtlich) etablierten Rechtsprechung als „Rechtsvorschriften" zu verstehen, die national Konkordanz herstellen[7]. 4

Nicht zuletzt die „Google Spain"-Entscheidung des EuGH hat gezeigt, dass das **Spannungsverhältnis von Datenschutz und Medienfreiheiten** ein zentrales Problemfeld der heutigen Gesellschaft darstellt[8]. Erwägungsgrund 153 betont die „Bedeutung des Rechts auf freie Meinungsäußerung in einer demokratischen Gesellschaft" und leitet daraus die Vorgabe ab, dass entsprechende **Ansprüche großzügig gewährt bzw. „Begriffe weit ausgelegt" werden sollen**. Dass die im Kommissionsentwurf noch enthaltene Einschränkung, die Verarbeitung müsse sich „allein" auf die begünstigten Zwecke beziehen, nicht mehr in der finalen Fassung enthalten ist, deutet in diese Richtung[9]. Die nationalen Regelungen sol- 5

---

5 Insbesondere der vermeintliche Vorrang der DSGVO vor vorbestehenden Ausgleichsnormen wie §§ 22, 23 KUG wird kritisch gesehen bzw. es werden gesetzgeberische Lösungen gefordert, vgl. *Golz/Gössling*, IPRB 2018, 49 und *Kahl/Piltz*, K&R 2018, 289. Indes kann man gerade §§ 22, 23 KUG durchaus als Normen im Sinne des Art. 85 Abs. 1 begreifen.
6 Vgl. das vor diesem Hintergrund sehr restriktive Verständnis des Anwendungsbereichs bei Kühling/Buchner/*Buchner/Tinnefeld*, Art. 85 DSGVO Rz. 12 (kein allgemeiner Regelungsauftrag zum Ausgleich zwischen Kommunikationsfreiheit und Datenschutz).
7 In Deutschland ist hier die durch das BVerfG entwickelte Rechtsprechung zur Abschichtung der Abwehrrechte aus dem allgemeinen Persönlichkeitsrecht (Sphärentheorie) in Abwägung mit dem Verwendungsinteresse zur Meinungsbildung und Kommunikation relevant.
8 EuGH v. 13.5.2014 – C-131/12, GRUR Int. 2014, 719.
9 Jedenfalls ist eine neben die privilegierten Zwecke tretende Gewinnerzielungsabsicht regelmäßig unschädlich, vgl. EuGH v. 16.12.2008 – C-73/07 (Satamedia).

len die privilegierten Institutionen so weit entlasten, dass diese ihren Aufgaben wirksam nachgehen können, soweit die Ausübung der angesprochenen Rechte berührt ist. Gleichwohl kann **kein generelles Sonderrecht für Medienunternehmen oder Forschungseinrichtungen** erlassen werden, soweit nicht die besonderen Zwecke funktional betroffen sind. Eine Einschränkung des datenschutzrechtlichen Schutzniveaus ist nur dann legitim, wenn dies für die Wahrung der Grundfreiheiten und -rechte erforderlich ist.

6   In Erwägungsgrund 153 wird klargestellt, dass in internationalen Anwendungsfällen das **Recht, dem der Verantwortliche (nicht der Betroffene) unterliegt**, zur Anwendung kommen soll. Es ist zu beachten, dass gemäß Art. 83 Abs. 5 Buchst. d Verstöße gegen die unter Art. 85 erlassenen nationalen Regelungen mit einem hohen Bußgeld geahndet werden können.

II. Einzelne Abweichungen und Bestimmungen (Abs. 2)

7   Nähere Bestimmungen für **nationale Regelungen zugunsten der Verarbeitung personenbezogener Daten für journalistische, wissenschaftliche oder künstlerische Zwecke** enthält Art. 85 Abs. 2[10]. Der Wortlaut nimmt die übergeordnete Freiheit der Meinungsäußerung bzw. die Informationsfreiheit nur mittelbar – nämlich bei der Bestimmung des Gesetzeszweckes – in Bezug; gleichwohl muss man Abs. 2 wohl als umfassende Konkretisierung des Abs. 1 verstehen. In Bezug auf Forschungsinstitutionen normiert Art. 89 weitere detaillierte Vorgaben.

8   Die **Mitgliedstaaten dürfen bzw. sollen Abweichungen oder Ausnahmen in Bezug auf praktisch alle zentralen Bereiche der DSGVO vorsehen**, um die angesprochenen Freiheiten mit dem Schutz personenbezogener Daten in Einklang zu bringen[11]. So sollen grundrechtlich geschützte Tätigkeiten, die darauf angewiesen sind, personenbezogene Daten ohne Einwilligung zu erheben und zu verarbeiten, von der Anwendung kontraproduktiver Vorgaben der DSGVO entbunden werden[12]. Wegen der gebotenen Abwägung zwischen Datenschutz und der widerstreitenden Rechtspositionen ist der nationale Gesetzgeber gehalten, im Zweifel spezifische Bestimmungen statt allgemein-abstrakten Normen zu erlassen, soweit diese praktikabel sind.

In Bezug auf das „Recht auf Vergessenwerden" ist bereits in Art. 17 Abs. 3 Buchst. a klargestellt, dass das Recht auf freie Meinungsäußerung im Einzelfall dem Betroffenenrecht vorgehen kann. Unangetastet müssen lediglich die „allgemeinen Bestimmungen" nach Kapitel I, „Rechtsbehelfe, Haftung und Sanktio-

---

10 Die EG-Datenschutzrichtlinie enthielt kein ausdrückliches „Wissenschaftsprivileg".
11 Keine Einschränkung ist zulässig in Bezug auf die Vorgaben in Kapitel VIII (Rechtsbehelfe, Haftung und Sanktionen).
12 Ehmann/Selmayr/*Schiedermair*, Art. 85 DSGVO Rz. 16.

nen" gemäß Kapitel VIII sowie die Durchführungsregelungen in Kapitel X und XI bleiben. Mit Blick auf Kapitel VIII ist allerdings zu beachten, dass die Vorgaben für die Verarbeitung entscheidende Rückwirkungen auf die relevanten Haftungsszenarien und Rechtsschutzmöglichkeiten haben, da durch weitergehende Befugnisse die Abwehrrechte relativiert werden.

Die nationalen Gesetze können nicht nur Ausnahmen von allgemeinen Grundsätzen und Rechten der Betroffenen normieren, sondern auch **spezifische Aufsichtsmechanismen und besondere Rechtfertigungsnormen** beinhalten. Es wird in Erwägungsgrund 153 klargestellt, dass dies auch im Interesse der Gewährleistung von Nachrichten- und Pressearchiven der Fall sein kann. Die DSGVO erkennt also Archivzwecke ausdrücklich als denkbare Einschränkung datenschutzrechtlicher Positionen an, s. insofern auch Art. 89. Vgl. zu allgemeinen Anforderungen an die Gestaltung spezifischer Ermächtigungsnormen zudem Art. 6 Abs. 3 und die Kommentierung zu Art. 6 DSGVO Rz. 128 f. 9

III. Mitteilung an die Kommission (Abs. 3)

Die Mitgliedstaaten sind verpflichtet, Bestimmungen zur Verarbeitung zu journalistischen, wissenschaftlichen oder künstlerischen Zwecken gemäß Art. 85 Abs. 2 oder deren Änderungen der Kommission zu melden. Ein Verstoß ist im Zweifel folgenlos[13]. Dort kann dann ausgewertet werden, ob sich ein **adäquates Schutzniveau in der Union** entwickelt (hat) und bei Bedarf auf die Mitgliedstaaten eingewirkt werden, ggf. nach Art. 258 AEUV im Vertragsverletzungsverfahren. 10

An die Pflicht zur Mitteilung schließt sich die wesentliche Frage an, ob Art. 85 eine Neuregelung unter der DSGVO verlangt oder ob bestehende Regelungen weiter gelten dürfen, solange sie mit deren Wertungen in Einklang gebracht werden können. Die aktive Formulierung in Art. 85 Abs. 3 deutet fast in Richtung eines verpflichtenden Neuerlasses, auch Erwägungsgrund 153 spricht davon, dass die Mitgliedstaaten im Bereich der freien Meinungsäußerung „Gesetzgebungsmaßnahmen erlassen sollten". **Gleichwohl spricht mehr dafür, dass auch Altregelungen beibehalten werden können** (und mitgeteilt werden müssen)[14]. Dies gilt natürlich nur, wenn die Bestandsnormen den aktuellen Anforderungen entsprechen. Alles andere wäre unnötiger Formalismus und nicht im Sinne des Datenschutzes und seiner Anerkennung. Hierfür spricht systematisch auch die Klarstellung in Art. 6 Abs. 2, der zufolge nationale Regelungen für besondere Verarbeitungssituationen gemäß Kapitel IX „beibehalten oder eingeführt" werden können. 11

---

13 Paal/Pauly/*Pauly*, Art. 85 DSGVO Rz. 15; Gola/*Pötters*, Art. 85 DSGVO Rz. 18.
14 Gegen eine Mitteilungspflicht in Bezug auf Altregelungen BeckOK DatenschutzR/*Stender-Vorwachs*, Art. 85 DSGVO Rz. 32.

Artikel 86 Verarbeitung und Zugang der Öffentlichkeit zu amtlichen Dokumenten

Personenbezogene Daten in amtlichen Dokumenten, die sich im Besitz einer Behörde oder einer öffentlichen Einrichtung oder einer privaten Einrichtung zur Erfüllung einer im öffentlichen Interesse liegenden Aufgabe befinden, können von der Behörde oder der Einrichtung gemäß dem Unionsrecht oder dem Recht des Mitgliedstaats, dem die Behörde oder Einrichtung unterliegt, offengelegt werden, um den Zugang der Öffentlichkeit zu amtlichen Dokumenten mit dem Recht auf Schutz personenbezogener Daten gemäß dieser Verordnung in Einklang zu bringen.

1   I.S.v. Art. 42 GRCh (Recht auf Zugang zu Dokumenten) betrifft die Regelung die **Gewährung von Zugang zu amtlichen Dokumenten für interessierte Mitglieder der Öffentlichkeit**, soweit diese personenbezogene Daten i.s.d. Art. 4 Nr. 1 beinhalten. So soll das Spannungsverhältnis zwischen Informationszugangsansprüchen und Datenschutzrecht aufgelöst werden[1]. Die Regelung erfasst dabei nur die personenbezogenen Daten Lebender, da die DSGVO nicht den Umgang mit den personenbezogenen Daten Verstorbener regeln soll.

Die Mitgliedstaaten können insofern aber eigene, ggf. entsprechende, Regelungen erlassen, vgl. Erwägungsgrund 27.

2   Bereits in der EG-Datenschutzrichtlinie[2] waren entsprechende Zugangsrechte in Erwägungsgrund 72 angesprochen worden, ohne aber eine konkrete Regelung hiervon abzuleiten. In Erwägungsgrund 154 der DSGVO wird der Zugang nun wiederum als zu wahrendes „öffentliches Interesse" anerkannt. Auch eine **proaktive (also nicht auf einem Antrag beruhende) Offenlegung** kommt vor diesem Hintergrund in Betracht, wenn die besitzende Stelle damit das öffentliche Interesse berücksichtigen möchte. Angesichts der allgemeinen Bestrebungen im Bereich von Open Data bzw. Open Access zeigt sich die DSGVO hier zukunftsoffen[3].

3   Art. 86 nimmt nicht nur amtliche Dokumente[4] im Besitz von Behörden im engeren Sinne in Bezug, sondern auch jene bei privaten Einrichtungen, soweit diese Aufgaben im öffentlichen Interesse ausführen. Die DSGVO berücksichtigt

---

1 Sydow/*Specht*, Art. 86 DSGVO Rz. 1.
2 Nunmehr aufgehoben gemäß Art. 94 Abs. 1.
3 Für Dokumente, die sich beim Europäischen Datenschutzausschuss befinden, gilt die Verordnung 1049/2001 über den Zugang der Öffentlichkeit zu Dokumenten des Europäischen Parlaments, des Rates und der Kommission.
4 Vgl. die enge Auslegung bei Kühling/Buchner/*Herbst*, Art. 86 DSGVO Rz. 12, die nur behördlich bzw. im Rahmen der öffentlichen Aufgabe erstellte Dokumente einbezieht. Teleologisch spricht das privilegierte Zugangsinteresse für eine offenere Interpretation, die auch Dokumente anderer Herkunft einbezieht, die Teil des Vorgangs sind. Das separate Tatbestandsmerkmal des Besitzes hat dann indes nur noch klarstellende Funktion.

damit auch **Konstellationen wie Beleihungen** etc., um sicherzustellen, dass der Informationsanspruch der Öffentlichkeit umfassend berücksichtigt werden kann.

Die Union oder die Mitgliedstaaten sind berechtigt, Transparenz in öffentlichen 4 Angelegenheiten zu gewährleisten, auch wenn damit die Weitergabe oder Offenlegung personenbezogener Daten verbunden ist. Die Norm ist nicht eindeutig als Ermächtigung für die Mitgliedstaaten formuliert, entsprechende Gesetze zu erlassen. Man wird sie aber als **Öffnungsklausel** verstehen müssen, die nationale Gesetze zum angesprochenen Zweck anerkennt, solange diese mit den Wertungen der DSGVO vereinbar sind[5] (s. zur Auslegung des Tatbestandsmerkmals „in Einklang bringen" die Kommentierung zu Art. 85 DSGVO Rz. 2). Soweit die Adressaten der Norm ihrerseits personenbezogene Daten zugänglich machen, erscheint dies darüber hinaus auch unter der allgemeinen Erlaubnisnorm des Art. 6 Abs. 1 Buchst. e (Verarbeitung zur Wahrnehmung einer Aufgabe, die im öffentlichen Interesse liegt) möglich. Aus Art. 6 Abs. 2 und 3 folgt insofern, dass spezifische Ermächtigungsnormen im Regelungsbereich von Kapitel XI erlassen (oder beibehalten) werden können. Es besteht also jedenfalls die Möglichkeit, nationale Regelungen zur Konkretisierung des Zugangsrechts zu erlassen.

Im Ergebnis ist immer eine sorgfältige **Abwägung von Zugangs- und Schutz-** 5 **interessen** erforderlich. Im Zweifel können nationale Zugangsrechte dieser Anforderung besser genügen, wenn sie ihrerseits eine Abwägungsebene beinhalten, also nicht ohne Ansehung des Einzelfalls eine Offenlegung vorsehen. Zudem erscheint es im Wertungszusammenhang regelmäßig geboten, personenbezogene Daten zu **anonymisieren oder zu pseudonymisieren, wenn hierdurch der berechtigte Informationsbedarf nicht beeinträchtigt wird**. Es ist zu beachten, dass gemäß Art. 83 Abs. 5 Buchst. d Verstöße gegen die unter Art. 86 erlassenen nationalen Regelungen mit einem hohen Bußgeld geahndet werden können.

In Deutschland sind als nationale Umsetzung des Gestaltungsspielraums das be- 6 reits vorhandene **Informationsfreiheitsgesetz** (IFG) und die entsprechenden Regelungen auf Landesebene zu beachten. Angesichts der Vorbehalte zum Schutz personenbezogener Daten in § 5 IFG erscheint das deutsche Bundesrecht in der Sache derzeit nicht im Widerspruch zu den Vorgaben der DSGVO.

Die DSGVO erkennt schließlich an, dass die **offengelegten Informationen** 7 **grundsätzlich legitim weiterverwendet werden können**. Es wird in Erwägungsgrund 154 indes auch klargestellt, dass die Richtlinie 2003/98/EG (Richtlinie über die Weiterverwendung von Informationen des öffentlichen Sektors, sog. PSI-Richtlinie; in Deutschland umgesetzt durch das Informationsweiterverwendungsgesetz, IWG) nicht geeignet ist, durch ihre Vorgaben das Schutzniveau der DSGVO zum Nachteil der Betroffenen zu relativieren. Im Gegenteil wird

---

5 Vgl. Auernhammer/*Schimanek*, Art. 85 DSGVO Rz. 4; Sydow/*Specht*, Art. 86 DSGVO Rz. 1.

deutlich gemacht, dass die Mitgliedstaaten berechtigt und verpflichtet sind, die PSI-Richtlinie so umzusetzen, dass die Vorgaben des Datenschutzrechts eingehalten werden[6].

Artikel 87 Verarbeitung der nationalen Kennziffer

Die Mitgliedstaaten können näher bestimmen, unter welchen spezifischen Bedingungen eine nationale Kennziffer oder andere Kennzeichen von allgemeiner Bedeutung Gegenstand einer Verarbeitung sein dürfen. In diesem Fall darf die nationale Kennziffer oder das andere Kennzeichen von allgemeiner Bedeutung nur unter Wahrung geeigneter Garantien für die Rechte und Freiheiten der betroffenen Person gemäß dieser Verordnung verwendet werden.

1 Die DSGVO erkennt in Anknüpfung an Art. 8 Abs. 7 der EG-Datenschutzrichtlinie[1] grundsätzlich an, dass nationale (nicht etwa EU-weite) Kennziffern eingesetzt werden dürfen. In Deutschland wird die Vergabe einer Kennziffer mit umfassender Bedeutung in Verwaltungsangelegenheiten kritisch gesehen und ist nicht üblich[2]. Individuelle Kennungen mit etwas weniger absolutem Anspruch sind etwa **Sozialversicherungs- oder Steuernummern**, die einem Bürger oder Einwohner zugeteilt werden. Auch andere „Kennzeichen von allgemeiner Bedeutung" sollen zulässig sein[3]. Erwägungsgrund 35 nennt insofern „Kennzeichen, die einer natürlichen Person zugeteilt wurden, um diese natürliche Person für gesundheitliche Zwecke eindeutig zu identifizieren", hiermit sind im Zweifel **Krankenversicherungsnummern** gemeint[4].

2 Angesichts der unspezifischen Weite der Ermächtigung kommt der Norm eher eine allgemein klarstellende Funktion zu. Die DSGVO erlaubt es in diesem Sin-

---

6 Vgl. Ehmann/Selmayr/*Schiedermair*, Art. 86 DSGVO Rz. 11.
1 Nunmehr aufgehoben gemäß Art. 94 Abs. 1.
2 Vgl. Kühling/Buchner/*Weichert*, Art. 87 DSGVO Rz. 13, 21 f. mit einer historischen Einordnung unter Berücksichtigung der „Personenkennzahl" in der DDR. In anderen – im Zweifel als liberal eingestuften – Mitgliedstaaten werden zentrale Kennziffern heute verwendet, z.B. in Schweden oder den Niederlanden.
3 Es darf sich insofern nicht um nur kurzfristig mit eng begrenzter Zwecksetzung verwendete Kennziffern handeln, vgl. Kühling/Buchner/*Weichert*, Art. 87 DSGVO Rz. 11. Angesichts der schrittweisen Erweiterung der Verwendungszusammenhänge könnte z.B. die Steueridentifikationsnummer zu einem solchen „Kennzeichen von allgemeiner Bedeutung" werden, vgl. Sydow/*Hense*, Art. 87 DSGVO Rz. 2.
4 Ebenso Sydow/*Hense*, Art. 87 DSGVO Rz. 2; a.A. Auernhammer/*Herbst*, Art. 87 DSGVO Rz. 4, der (in enger Auslegung) davon ausgeht, dass Krankversicherungsnummern kein allgemeines Personenkennzeichen darstellen, weil der Anwendungsbereich auf bestimmte Zwecke beschränkt ist.

ne, dass staatliche Kennungen, die einen Betroffenen eindeutig und ggf. lebenslang identifizieren, grundsätzlich vergeben werden dürfen. Aus datenschutzrechtlicher Sicht sind solche Kennungen insbesondere problematisch, wenn auf dieser Grundlage unter Aufbruch des Zweckbindungsgrundsatzes **umfassende Profile** gebildet werden bzw. Verknüpfungen mit anderen Informationen erfolgen[5]. Die Mitgliedstaaten können und müssen deshalb unter Beachtung der Maximen der DSGVO **näher bestimmen, in welchen Zusammenhängen und in welchem Umfang eine Verarbeitung stattfinden darf**, soweit Kennziffern verwendet werden. Es ist zu beachten, dass gemäß Art. 83 Abs. 5 Buchst. d Verstöße gegen die unter Art. 87 erlassenen nationalen Regelungen mit einem hohen Bußgeld geahndet werden können.

Artikel 88 Datenverarbeitung im Beschäftigungskontext

(1) Die Mitgliedstaaten können durch Rechtsvorschriften oder durch Kollektivvereinbarungen spezifischere Vorschriften zur Gewährleistung des Schutzes der Rechte und Freiheiten hinsichtlich der Verarbeitung personenbezogener Beschäftigtendaten im Beschäftigungskontext, insbesondere für Zwecke der Einstellung, der Erfüllung des Arbeitsvertrags einschließlich der Erfüllung von durch Rechtsvorschriften oder durch Kollektivvereinbarungen festgelegten Pflichten, des Managements, der Planung und der Organisation der Arbeit, der Gleichheit und Diversität am Arbeitsplatz, der Gesundheit und Sicherheit am Arbeitsplatz, des Schutzes des Eigentums der Arbeitgeber oder der Kunden sowie für Zwecke der Inanspruchnahme der mit der Beschäftigung zusammenhängenden individuellen oder kollektiven Rechte und Leistungen und für Zwecke der Beendigung des Beschäftigungsverhältnisses vorsehen.

(2) Diese Vorschriften umfassen geeignete und besondere Maßnahmen zur Wahrung der menschlichen Würde, der berechtigten Interessen und Grundrechte der betroffenen Person, insbesondere im Hinblick auf die Transparenz der Verarbeitung, die Übermittlung personenbezogener Daten innerhalb einer Unternehmensgruppe oder einer Gruppe von Unternehmen, die eine gemeinsame Wirtschaftstätigkeit ausüben, und die Überwachungssysteme am Arbeitsplatz.

(3) Jeder Mitgliedstaat teilt der Kommission bis zum 25. Mai 2018 die Rechtsvorschriften, die er aufgrund von Absatz 1 erlässt, sowie unverzüglich alle späteren Änderungen dieser Vorschriften mit.

---

5 Ebenso Gola/*Gola*, Art. 87 DSGVO Rz. 3; Auernhammer/*Herbst*, Art. 87 DSGVO Rz. 5.

Art. 88 DSGVO | Datenverarbeitung im Beschäftigungskontext

I. Einführung 1
II. Datenschutz-Anpassungs- und Umsetzungsgesetz 5
  1. Entwicklung 5
  2. Mindeststandards 6
  3. Inhalt 7a
III. Tarifverträge, Dienst- und Betriebsvereinbarungen 8
  1. Erlaubnisgrundlage 8
  2. Anforderungen 10
IV. Einwilligung 12
V. Grundsätze der Datenverarbeitung im Beschäftigungskontext 14
  1. Persönlicher Anwendungsbereich 15
  2. Sachlicher Anwendungsbereich 16
  3. Weitere Grundsätze 17
VI. Besondere Kategorien personenbezogener Daten 19
VII. Datenverarbeitung im Konzern 20
VIII. Datenverarbeitung bei der Begründung, Durchführung und Beendigung des Beschäftigungsverhältnisses, insbesondere bei Überwachungsmaßnahmen 21

Schrifttum: *Albrecht*, Das neue EU-Datenschutzrecht – von der Richtlinie zur Verordnung, CR 2016, 88; *Buchner*, Grundsätze und Rechtmäßigkeit der Datenverarbeitung unter der DSGVO, DuD 2016, 155; *Callies/Ruffert*, EUV/AEUV, 5. Aufl. 2016; *Däubler/Hjort/ Schubert/Wolmerath*, Arbeitsrecht, 4. Aufl. 2017; *Düwell*, Das Datenschutz-Anpassungs- und Umsetzungsgesetz, jurisPR-ArbR 22/2017, Anm. 1; *Düwell/Brink*, Beschäftigtendatenschutz nach der Umsetzung der Datenschutz-Grundverordnung: Viele Änderungen und wenig Neues, NZA 2017, 16; *Düwell/Brink*, Die EU-Datenschutzgrundverordnung und der Beschäftigtendatenschutz, NZA 2016, 665; *Dzida/Grau*, Beschäftigtendatenschutz nach der Datenschutzgrundverordnung und dem neuen BDSG, DB 2018, 189; *Faust/Spittka/Wybitul*, Milliardenbußen nach der DSGVO?, ZD 2016, 120; *Franzen*, Der Vorschlag für eine EU-Datenschutz-Grundverordnung und der Arbeitnehmerdatenschutz, DuD 2012, 322; *Franzen*, Beschäftigtendatenschutz: Was wäre besser als der Status quo?, RDV 2014, 200; *Gierschmann*, Was „bringt" deutschen Unternehmen die DSGVO? Mehr Pflichten, aber die Rechtsunsicherheit bleibt, ZD 2016, 51; *Gola*, Der „neue" Beschäftigtendatenschutz nach § 26 BDSG n.F., BB 2017, 1462; *Gola/Pötters/Thüsing*, Art. 82 DSGVO: Öffnungsklausel für nationale Regelungen zum Beschäftigtendatenschutz – Warum der deutsche Gesetzgeber jetzt handeln muss, RDV 2016, 57; *Grabitz/Hilf/Nettesheim*, Das Recht der EU, Loseblatt, Stand: 62. Ergänzungslieferung 2017; *Haußmann/Brauneisen*, Bestehende IT-Betriebsvereinbarungen – welchen Renovierungsbedarf bringt das neue Datenschutzrecht?, BB 2017, 3065; *Hamann*, Europäische Datenschutz-Grundverordnung – neue Organisationspflichten für Unternehmen, BB 2017, 1090; *Klösel/Mahnhold*, Die Zukunft der datenschutzrechtlichen Betriebsvereinbarung, NZA 2017, 1428; *Körner*, Die Datenschutz-Grundverordnung und nationale Regelungsmöglichkeiten für Beschäftigtendaten, NZA 2016, 1383; *Kort*, Der Beschäftigtendatenschutz gem. § 26 BDSG-neu, ZD 2017, 319; *Kort*, Was ändert sich für Datenschutzbeauftragte, Aufsichtsbehörden und Betriebsrat mit der DS-GVO?, ZD 2017, 3; *Kort*, Eignungsdiagnose von Bewerbern unter der Datenschutz-Grundverordnung (DS-GVO), NZA-Beilage 2/2016, 62; *Kort*, Arbeitnehmerdatenschutz gemäß der EU-Datenschutz-Grundverordnung, DB 2016, 711; *Kort*, Die Zukunft des deutschen Beschäftigtendatenschutzes, ZD 2016, 555; *Maschmann*, Datenschutzgrundverordnung: Quo vadis Beschäftigtendatenschutz?, DB 2016, 2480; *Schrey/Kielkowski*, Die datenschutzrechtliche Betriebsvereinbarung in DS-GVO und BDSG 2018 – Viel Lärm um Nichts?, BB 2018, 629; *Sörup*, Gestaltungsvorschläge zur Umsetzung der Informationspflichten der DS-GVO im Beschäftigungskontext, ArbRAktuell 2016, 207; *Sörup/Marquardt*, Auswirkungen der EU-Datenschutzgrundverordnung auf die Datenverarbeitung im Beschäftigungskontext, ArbRAktuell 2016, 103; *Thüsing*, Umsetzung der Datenschutz-Grundverordnung im Beschäftigungsverhältnis: Mehr Mut zur Rechtssicherheit!, BB 2016, 2165; *Will*, Schlussrunde bei der Datenschutz-Grundverordnung?, ZD 2015, 345; *Wybitul*, Der neue Beschäftigtendatenschutz nach § 26 BDSG und Art. 88 DSGVO, NZA 2017, 413; *Wybitul*, Checklisten zur DSGVO – Teil 1: Datenschutz- Folgenabschätzung in der Praxis, BB 2016, 2307; *Wybitul*, EU-Datenschutz-Grundverordnung in der Praxis – Was ändert sich durch das neue Datenschutzrecht?, BB 2016, 1077; *Wybitul*, Was ändert sich mit dem neuen EU-Datenschutzrecht für Arbeitgeber und Betriebsräte? Anpassungsbedarf bei Beschäftigtendatenschutz und Betriebsvereinbarungen, ZD 2016, 203; *Wybitul/Pötters*, Der neue Datenschutz am Arbeitsplatz, RDV 2016, 10; *Wybitul/Sörup/Pötters*, Betriebsvereinbarungen und § 32 BDSG: Wie geht es nach der DSGVO weiter?, ZD 2015, 559.

I. Einführung

Art. 88 regelt die Datenverarbeitung im „Beschäftigungskontext". Die diesbezüglichen Erwägungen enthält der Erwägungsgrund 155. Hinsichtlich der Auswirkungen von Art. 88 auf den deutschen Beschäftigtendatenschutz ist zu beachten, dass nach Art. 288 Abs. 2 AEUV **Verordnungen allgemeine Geltung** haben, in allen ihren Teilen verbindlich sind und in jedem Mitgliedstaat unmittelbar gelten. Einer Umsetzung in nationales Recht bedarf es also nicht. Die unmittelbare Geltung führt im Gegenteil dazu, dass die Mitgliedstaaten Rechtsakte, die die Tragweite der Verordnung berühren[1] oder die unmittelbare Geltung der Verordnung verbergen können[2], nicht länger erlassen dürfen. Selbst inhaltsgleiche Regelungen sind nur in besonderen Ausnahmefällen zulässig[3]. Folglich ist das Unionsrecht auch dann anzuwenden, wenn dem eine Vorschrift des nationalen Rechts entgegenstehen sollte. Das nationale Recht wird aber nicht etwa „inexistent", das nationale Gericht ist vielmehr verpflichtet, die fragliche Vorschrift „unangewendet" zu lassen[4].

1

---

1 EuGH v. 18.2.1970 – 40/69, Slg. 1970, 69 (80) – Hauptzollamt Hamburg/Bollmann; EuGH v. 18.6.1970 – 74/69, Slg. 1970, 451 (459) – Hauptzollamt Bremen/Krohn; *Grabitz/Hilf/Nettesheim*, Art. 288 AEUV Rz. 101; vgl. dazu auch *Wybitul/Sörup/Pötters*, ZD 2015, 559 (561).
2 EuGH v. 7.11.1972 – 20/72, Slg. 1972, 1055 (1061) – Belgien/NV Cobelex; EuGH v. 10.10. 1973 – 34/73, Slg. 1973, 981 (990) – Variola/Amministrazione italiana delle finanze; EuGH v. 31.1.1978 – 94/77, Slg. 1978, 99 (115) – Zerbone/Amministrazione italiana delle finanze; Callies/Ruffert/*Callies*, Art. 288 AEUV Rz. 20.
3 EuGH v. 28.3.1985 – 272/83, Slg. 1985, 1057 (1074) – Kommission/Italien; vgl. dazu auch Callies/Ruffert/*Callies*, Art. 288 AEUV Rz. 20.
4 EuGH v. 22.10.1998 – C-10/97 bis C-22/97, Slg. 1998, S. I-6307 – Ministero delle Finanze vs. IN.CO.GE, 90 et. al. unter Rz. 23.

2 Die EU besitzt unterdessen **keine „Kompetenz-Kompetenz"**, kann also nicht aus eigener Macht heraus Kompetenzen für sich schaffen. Mithin bedarf jeder Gesetzgebungsakt und folglich auch die DSGVO einer entsprechenden Kompetenzgrundlage. Als solche waren im Kommissionsentwurf Art. 16 Abs. 2 und Art. 114 Abs. 1 AEUV genannt[5]. Dabei war fraglich, inwieweit diese Bestimmungen gerade auch eine Kompetenz für die Schaffung beschäftigtendatenschutzrechtlicher Bestimmungen zu begründen vermochten[6]. So regelt Art. 16 Abs. 2 AEUV einerseits die Schaffung datenschutzrechtlicher Bestimmungen hinsichtlich der Datenverarbeitung durch die Organe der Union und durch die Mitgliedstaaten, also nicht der Datenverarbeitung durch Privatrechtssubjekte, andererseits den Erlass von Rechtsvorschriften über den freien Datenverkehr[7]. Der freie Datenverkehr ist im Bereich des Beschäftigtendatenschutzes aber regelmäßig nicht berührt. Art. 114 Abs. 1 AEUV ist wiederum eine **allgemeine Kompetenzgrundlage** für die Verwirklichung des Binnenmarkts. Diese Rechtsgrundlage gilt nach Art. 114 Abs. 2 AEUV indessen nicht für „die Bestimmungen über die Rechte und Interessen der Arbeitnehmer", und Art. 88 enthält gerade solche Bestimmungen. Art. 153 AEUV enthält wiederum deutlich beschränkte Regelungskompetenzen. Möglich ist demnach nur der Erlass von Richtlinien mit mindestharmonisierenden Regelungen (vgl. Art. 153 Abs. 2 AEUV). Auf Grundlage einer vollständig harmonisierenden Verordnung wären Regelungen zum Beschäftigtendatenschutz auf EU-Ebene also möglicherweise kompetenzwidrig gewesen[8].

3 Dem Prinzip der vollständigen Harmonisierung folgt die DSGVO denn auch nicht uneingeschränkt. Vielmehr enthält sie zahlreiche **Öffnungsklauseln** für mitgliedstaatliche Regelungen[9]. Dies gilt insbesondere für den Beschäftigtendatenschutz. So gestattet Art. 88 Abs. 1 den Mitgliedstaaten die Schaffung spezifischerer Vorschriften hinsichtlich der Verarbeitung personenbezogener Beschäftigtendaten durch Rechtsvorschriften oder Kollektivvereinbarungen für dort nicht abschließend genannte Zwecke[10]. In dieser Hinsicht gibt Art. 88 Abs. 2 den Schutzzweck solcher nationalen Vorschriften im Kontext des Beschäftigtendatenschutzes vor; konkrete inhaltliche Vorgaben enthält Art. 88 dagegen nicht[11].

---

5 Kommission (2012) 11 endgültig.
6 Vgl. dazu nur Ehmann/Selmayr/*Selk*, Art. 88 DSGVO Rz. 5; *Franzen*, RDV 2014, 200 (201); *Franzen*, DuD 2012, 322 (324).
7 Vgl. dazu nur *Franzen*, RDV 2014, 200 (201); *Franzen*, DuD 2012, 322 (325).
8 S. dazu *Franzen*, RDV 2014, 200 (201); *Franzen*, DuD 2012, 322 (325).
9 S. dazu die Auflistung bei *Buchner*, DuD 2016, 155 (160); *Hamann*, BB 2017, 1090, kritisiert zu Recht, dass die „an ca. 70 Stellen" enthaltenen Öffnungsklauseln „den Keim einer erneuten Zersplitterung des europäischen Datenschutzrechts in sich tragen".
10 Zum rechtspolitischen Hintergrund der Ermächtigung in Art. 88 DSGVO vgl. *Düwell/Brink*, NZA 2017, 1081; vgl. dazu auch *Düwell/Brink*, NZA 2016, 665 (666).
11 Vgl. dazu auch *Sörup/Marquardt*, ArbRAktuell 2016, 103 (105).

Wie bereits die EG-Datenschutzrichtlinie (Richtlinie 95/46/EG)[12] basiert auch 4 die DSGVO hinsichtlich der Verarbeitung personenbezogener Daten auf dem Prinzip eines **Verbots mit Erlaubnisvorbehalt**, vgl. Art. 6[13]. Nach Art. 6 Abs. 1 ist die Verarbeitung personenbezogener Daten nur dann rechtmäßig, wenn mindestens eine der Bedingungen nach Art. 6 Abs. 1 Buchst. a–f vorliegt. Neben der Einwilligung (Buchst. a) (vgl. dazu Rz. 12) kommen als weitere gesetzliche Rechtmäßigkeitsgründe vertragliche (Buchst. b) und rechtliche Verpflichtungen (Buchst. c) in Betracht (s. im Einzelnen die Kommentierung zu Art. 6 DSGVO Rz. 11 ff., 38). Flankierend hierzu bestimmt Art. 6 Abs. 2, dass die Mitgliedstaaten spezifischere Bestimmungen zur Anpassung der Anwendung der Vorschriften der DSGVO in Bezug auf die Verarbeitung personenbezogener Daten zur Erfüllung von Art. 6 Abs. 1 Buchst. c (und Buchst. e) beibehalten oder einführen können, indem sie spezifische Anforderungen für die Verarbeitung sowie sonstige Maßnahmen präziser bestimmen, um eine rechtmäßig und nach Treu und Glauben erfolgende Verarbeitung zu gewährleisten, einschließlich für andere besondere Verarbeitungssituationen gemäß Kapitel IX. Erfasst von der Ermächtigung sind damit gerade auch die in Kapitel IX u.a. geregelten „besonderen Verarbeitungssituationen" im Beschäftigungskontext.

II. Datenschutz-Anpassungs- und Umsetzungsgesetz

1. Entwicklung

Nach Inkrafttreten des Art. 88 Abs. 1 war die Schaffung neuen nationalen Rechts 5 zwar nach überwiegender Ansicht nicht für erforderlich erachtet worden[14]. Gleichwohl hat die Bundesregierung im Februar 2017 den „Entwurf eines Gesetzes zur Anpassung des Datenschutzrechts an die Verordnung (EU) 2016/679 und zur Umsetzung der Richtlinie (EU) 2016/680[15] (Datenschutz-Anpassungs- und Umsetzungsgesetz EU – DSAnpUG-EU)" auf den gesetzgeberischen Weg gebracht[16].

---

12 Vgl. Art. 7 RL 95/46/EG; vgl. dazu *Buchner*, DuD 2016, 155 (157).
13 Zu den nach Art. 83 (seinerzeit noch Art. 79) drohenden massiven Bußgeldern bei Verstößen gegen die DSGVO vgl. *Faust/Spittka/Wybitul*, ZD 2016, 120; vgl. dazu auch *Wybitul*, BB 2016, 1077.
14 Vgl. dazu nur *Gola/Pötters/Thüsing*, RDV 2016, 57 (59); *Düwell/Brink*, NZA 2016, 665 (667 f.); *Körner*, NZA 2016, 1383 (1384); *Kort*, DB 2016, 711 (714); *Kort*, ZD 2016, 555 (556); *Wybitul/Sörup/Pötters*, ZD 2015, 559 (561).
15 Richtlinie (EU) 2016/680 des Europäischen Parlaments und des Rates v. 24.4.2016 zum Schutz natürlicher Personen bei der Verarbeitung personenbezogener Daten durch die zuständigen Behörden zum Zweck der Verhütung, Ermittlung, Aufdeckung oder Verfolgung von Straftaten oder der Strafvollstreckung sowie zum freien Datenverkehr und zur Aufhebung des Rahmenbeschlusses 2008/977/JI des Rates, ABl EU Nr. L 119 v. 4.5.2016, S. 89.
16 Gesetzentwurf der Bundesregierung, BR-Drucks. 110/17; Gesetzentwurf der Bundesregierung, BT-Drucks. 18/11325.

In „Teil 2 – Durchführungsbestimmungen für Verarbeitungen zu Zwecken gemäß Art. 2 der Verordnung (EU) 2016/679" des DSAnpUG-EU befindet sich unter „Abschnitt 2 – Besondere Verarbeitungssituationen" § 26 BDSG, der mit Inkrafttreten am 25.5.2018, vgl. Art. 8 Abs. 1 DSAnpUG-EU, die bisherigen Regelungen zum Beschäftigtendatenschutz in § 32 BDSG-alt ablöst[17].

2. Mindeststandards

6   Fraglich ist zunächst, ob Art. 88 hinsichtlich mitgliedstaatlicher Regelungen lediglich **Mindeststandards** aufgibt, strengere Regelungen mithin zulässig sind, oder die spezifischeren Vorschriften in den Mitgliedstaaten sich nach dem Prinzip einer **vollständigen Harmonisierung** in den Mitgliedstaaten in jedem Fall im Rahmen der DSGVO zu halten haben. Hinsichtlich § 26 BDSG wird diese Frage insbesondere bei dem dort weiterhin normierten **Verhältnismäßigkeitsgrundsatz**[18] virulent, der sich jedenfalls in dieser Form nicht in der DSGVO wiederfinden lässt. Weiter ist das **Dateierfordernis** für den Beschäftigtendatenschutz aufgehoben, vgl. § 26 Abs. 7 BDSG, während der Anwendungsbereich der DSGVO im Falle einer Datenverarbeitung „off-line" oder „manuell" nur eröffnet ist, wenn ein Dateibezug vorliegt (s. nachfolgend Rz. 16 und die Kommentierung zu Art. 2 DSGVO Rz. 12). Für die Ermächtigungsgrundlage in **Art. 6 Abs. 2** wird angenommen, dass die nationalen Vorschriften nicht über die DSGVO hinausgehen dürfen (vgl. Kommentierung zu Art. 6 DSGVO Rz. 125 f.). Um das **Ausmaß** der Öffnungsklausel in Art. 88 Abs. 1 zu erfassen, ist ein Blick auf die Entwurfsfassungen zu werfen. So beinhaltete der Kommissionsvorschlag lediglich eine Öffnungsklausel für gesetzliche Regelungen „**in den Grenzen**" der DSGVO[19]. Bereits im Beschluss des Parlaments war es zu erheblichen Änderungen gekommen. Hier waren Rechtsvorschriften der Mitgliedstaaten „**im Einklang mit den Regelungen**" der DSGVO „und unter Berücksichtigung der Verhältnismäßigkeit" sowie Kollektivverträge für die weitere Konkretisierung von – seinerzeit noch – Art. 82 der Entwurfsfassung vorgesehen[20]. Die nunmehr beschlossene Vorschrift gestattet die Schaffung „**spezifischerer**"[21] **Vorschriften**[22], verzichtet also auf eine „Begrenzung nach

---

17 Ausführlich zum Datenschutz- Anpassungs- und -Umsetzgesetz *Düwell*, jurisPR-ArbR 22/2017 Anm. 1; zur Kritik am Referentenentwurf vgl. *Thüsing*, BB 2016, 2165.
18 Vgl. dazu nur *Gola*, BB 2017, 1462 (1465).
19 Kommission (2012) 11 endgültig.
20 7427/1/14, REV 1.
21 In der Originalfassung ist die Rede von „more specific rules".
22 An sich ist das Adjektiv „spezifisch" allerdings nicht steigerungsfähig; vgl. dazu auch *Düwell/Brink*, NZA 2017, 1081 (1082), wonach der Gebrauch des Komparativs dafür spricht, „dass an dieser Stelle der Verordnungsgeber nur dem weitverbreiteten Trend erlegen ist, die Größe der Bedeutung, die jemand einer Sache beimisst, durch die sinnlose Steigerung von Adjektiven und Adverben zum Ausdruck zu bringen"; s. auch

oben"[23]. Hieraus ist zu folgern, dass Art. 88 Abs. 1 in Bezug auf spezifischeres nationales Recht lediglich Mindeststandards aufgeben will und darüber hinausgehendes nationales Recht zulässig ist[24].

Damit steht fest, dass Art. 88 den Mitgliedstaaten lediglich Mindeststandards 7 aufgibt. Die nationalen Vorschriften müssen nach **Art. 88 Abs. 2** insbesondere hinreichende Schutzmaßnahmen zur Wahrung der menschlichen Würde, der berechtigten Interessen und der Grundrechte der betroffenen Person, insbesondere im Hinblick auf die Transparenz der Verarbeitung, die Datenübermittlung innerhalb einer Unternehmensgruppe oder einer Gruppe von Unternehmen und die Überwachung am Arbeitsplatz, umfassen[25].

3. Inhalt

§ 26 Abs. 1 BDSG übernimmt „den alten Kern" des § 32 Abs. 1 BDSG-alt[26], er- 7a gänzt um den Rechtfertigungsgrund der Erfüllung einer gesetzlichen oder kollektivrechtlichen Pflicht[27]. § 26 Abs. 2 BDSG enthält Regelungen zur Verarbeitung personenbezogener Beschäftigtendaten auf Grundlage einer Einwilligung. § 26 Abs. 3 BDSG bezieht die Verarbeitung besonderer personenbezogener Daten ein. § 26 Abs. 4 BDSG regelt die Verarbeitung personenbezogener Beschäftigtendaten, einschließlich besonderer Kategorien personenbezogener Daten, auf der Grundlage von Kollektivvereinbarungen. Nach § 26 Abs. 5 BDSG muss der Verantwortliche geeignete Maßnahmen ergreifen, um sicherzustellen, dass insbesondere die in Art. 5 dargelegten Grundsätze für die Verarbeitung personenbezogener Daten eingehalten werden (s. Kommentierung zu Art. 5 DSGVO Rz. 3 ff.). § 26 Abs. 7 BDSG hebt das Dateierfordernis auf, und § 26 Abs. 8 BDSG definiert den Begriff der „Beschäftigten". Damit geht § 26 BDSG deutlich über den Regelungsgehalt von § 32 BDSG-alt hinaus, der nach der Gesetzesbegründung „eine allgemeine Regelung zum Schutz personenbezogener Daten

---

23 *Düwell/Brink*, NZA 2016, 665 (666); unzutreffend dürfte die diesbezügliche Erwägung bei Ehmann/Selmayr/*Selk*, Art. 88 DSGVO Rz. 52 unter Fn. 33 sein, wonach man die englische Formulierung auch so verstehen könnte, dass es um „weitere, spezifische Regelungen" geht; vielmehr wäre anzunehmen, dass dann eine Ermächtigung zur Schaffung von „further specific rules" ausgesprochen worden wäre.

23 *Albrecht* spricht insoweit von einem Regelungsspielraum „im Rahmen der Bestimmungen der DSGVO, den die Mitgliedstaaten nun ausfüllen können bzw. teilweise auch müssen", CR 2016, 88 (97). Damit bleibt allerdings offen, welchen Rahmen Art. 88 Abs. 1 insoweit steckt.

24 So auch *Kort*, ZD 2017, 319 (321); *Körner*, NZA 2016, 1383; *Gola/Pötters/Thüsing*, RDV 2016, 57 (59); *Wybitul*, NZA 2017, 413; *Wybitul/Pötters*, RDV 2016, 10 (14); a.A. *Maschmann*, DB 2016, 2480 (2482); vgl. dazu auch *Dzida/Grau*, DB 2018, 189 (193).

25 *Düwell/Brink*, NZA 2017, 1081 (1082); *Wybitul*, NZA 2017, 413 (414).

26 *Kort*, ZD 2017, 319 (320).

27 *Düwell/Brink*, NZA 2017, 1081 (1083).

von Beschäftigten (enthält), die die von der Rechtsprechung erarbeiteten Grundsätze des Datenschutzes nicht ändern, sondern lediglich zusammenfassen und ein Arbeitnehmerdatenschutzgesetz weder entbehrlich machen noch inhaltlich präjudizieren soll"[28]. Gerade im Kontext der Rechtsprechung vor Inkrafttreten von § 32 BDSG-alt kann aber angenommen werden, dass bereits § 32 BDSG-alt den Mindeststandards von Art. 88 genügt hätte[29]. Erst recht gilt dies für § 26 BDSG, zumal die Formulierung des Art. 88 Abs. 1 „im Beschäftigungskontext" sogar weiter gefasst sein dürfte, als die von § 26 BDSG beibehaltene Formulierung „für Zwecke des Beschäftigungsverhältnisses" aus § 32 BDSG-alt[30].

7b Nach Art. 88 Abs. 3 ist § 26 BDSG anmeldebedürftig[31].

III. Tarifverträge, Dienst- und Betriebsvereinbarungen

1. Erlaubnisgrundlage

8 Nach § 26 Abs. 4 Satz 1 BDSG ist die Verarbeitung personenbezogener Daten, einschließlich besonderer Kategorien personenbezogener Daten von Beschäftigten für Zwecke des Beschäftigungsverhältnisses, auf der Grundlage von **Kollektivvereinbarungen** zulässig, wobei die Verhandlungspartner Art. 88 Abs. 2 zu beachten haben, § 26 Abs. 4 Satz 2 BDSG. Damit beantwortet auch § 26 Abs. 4 Satz 1 BDSG nicht die Frage, ob Tarifverträge, Dienst- oder Betriebsvereinbarungen eine eigenständige datenschutzrechtliche Erlaubnisgrundlage bilden oder nicht[32]. Unter der Geltung von § 32 BDSG-alt war anerkannt, dass **Tarifverträge**[33]**, Dienst- und Betriebsvereinbarungen** Rechtsvorschriften i.S.v. § 4 Abs. 1 BDSG-alt sind, die als Erlaubnisvorschrift für eine Datenerhebung, -verarbeitung und -nutzung in Betracht kommen[34]. Allerdings muss die jeweilige Rechtsvorschrift einer Rechtskontrolle standhalten, eine Betriebsvereinbarung folglich insbesondere den Anforderungen des § 75 Abs. 2 BetrVG genügen[35].

---

28 BT-Drucks. 16/13657, S. 20.
29 Vgl. dazu auch *Düwell/Brink*, NZA 2016, 665 (666); *Wybitul/Pötters*, RDV 2016, 10 (14).
30 *Düwell/Brink*, NZA 2017, 1081 (1083).
31 Zur Frage, ob auch weitere datenschutzrechtliche Bestimmungen, „die Gebiete außerhalb des herkömmlichen Anwendungsbereichs des BDSG-alt sowie des BDSG regeln, namentlich das Gendiagnostikgesetz sowie die datenschutzrechtlichen Bestimmungen des Sozialgesetzbuchs, soweit sie für den Beschäftigtendatenschutz relevant sind, anmeldebedürftig sind oder nicht" *Kort*, ZD 2017, 319 (320).
32 *Kort*, ZD 2017, 319 (322).
33 BAG v. 25.6.2002 – 9 AZR 405/00, NZA 2003, 275.
34 Vgl. für den Fall von Torkontrollen, die sich auf die Durchsicht mitgeführter Behältnisse, Jacken und Manteltaschen bezogen, BAG v. 15.4.2014 – 1 ABR 2/13, NZA 2014, 551, Rz. 49; vgl. dazu auch BAG v. 25.9.2013 – 10 AZR 270/12, MDR 2014, 98 = NZA 2014, 41 sowie die Kommentierung zu § 26 BDSG Rz. 11c.
35 BAG v. 15.4.2014 – 1 ABR 2/13, NZA 2014, 551, Rz. 49.

Art. 88 Abs. 1 gestattet spezifischere Vorschriften auch durch „Kollektivvereinbarungen". Unterdessen obliegt die Schaffung solcher „Kollektivvereinbarungen" jedenfalls in Deutschland nicht dem Gesetzgeber, sondern den „Kollektivparteien", also insbesondere Arbeitgebern, Arbeitgeberverbänden, Betriebsräten und Gewerkschaften. Gleichwohl wurde bereits für die Entwurfsfassungen u.a. angesichts der normativen Wirkung von Betriebsvereinbarungen nach § 77 Abs. 4 BetrVG angenommen, dass damit auch Betriebsvereinbarungen taugliche Erlaubnisnorm nach Art. 6 Abs. 1 Buchst. c für die Verarbeitung personenbezogener Daten sein können[36]. Auf dieser Argumentationsgrundlage war das allerdings zweifelhaft. Immerhin muss nach Art. 6 Abs. 1 Buchst. c die Verarbeitung zur Erfüllung einer rechtlichen Verpflichtung, der der für die Verarbeitung Verantwortliche unterliegt, **erforderlich** sein[37]. Meist wird eine Betriebsvereinbarung die Datenverarbeitung aber gerade erst **notwendig machen**, bspw. im Rahmen der Einführung von SAP oder eines Zeiterfassungs- oder Beurteilungssystems. Insoweit besteht zunächst keine Verpflichtung des Arbeitgebers, die eine Verarbeitung i.S.d. Art. 6 Abs. 1 Buchst. c erfordert; diese entsteht vielmehr erst durch die Entscheidung des Arbeitgebers, ein bestimmtes System zu implementieren mit der Folge, dass gemäß § 87 Abs. 1 Nr. 6 BetrVG der Abschluss einer Betriebsvereinbarung notwendig wird. Die Betriebsvereinbarung beinhaltet dann aber keine rechtliche Verpflichtung, die die Datenverarbeitung erfordert, sondern soll gerade als Ermächtigungsgrundlage für die aufgrund des Entschlusses des Arbeitgebers erforderlich gewordene Datenverarbeitung fungieren. Eine allein am Wortlaut des Art. 6 Abs. 1 Buchst. c orientierte Auslegung führt folglich nicht weiter.

Für die Frage der Tauglichkeit einer kollektivrechtlichen Regelung als Erlaubnisgrundlage für eine Verarbeitung personenbezogener Beschäftigtendaten ist daher erneut die **Entwicklung** der Bestimmungen des Art. 88 sowie des diesbezüglichen **Erwägungsgrundes** heranzuziehen. Der Kommissionsvorschlag hatte die Schaffung gesetzlicher Vorschriften gestattet, wobei auch der damalige **Erwägungsgrund 124** Kollektivvereinbarungen noch nicht erwähnt hatte[38]. Im Beschluss des Parlaments waren dann neben Rechtsvorschriften Kollektivverträge für die „weitere Konkretisierung" von – damals noch – Art. 82 vorgesehen und im Erwägungsgrund 124 ebenfalls angesprochen[39]. Bereits die Fassung des Rats[40] sowie nun auch die endgültige Fassung von Art. 88 sehen ein **Nebeneinander gesetzlicher Regelungen und Kollektivvereinbarun-**

---

36 *Wybitul/Sörup/Pötters*, ZD 2015, 559 (561).
37 *Sörup/Marquardt*, ArbRAktuell 2016, 103 (104) nennen beispielhaft Datenverarbeitungen zur Abführung von Sozialversicherungsabgaben, Steuern oder zur Erteilung von Auskünften an Finanzämter etc.
38 Kommission (2012) 11 endgültig.
39 7427/1/14, REV 1; vgl. dazu auch *Kort*, DB 2016, 711 (714); *Wybitul/Sörup/Pötters*, ZD 2015, 559 (561).
40 9565/15.

gen vor, wobei im jetzigen Erwägungsgrund 155 Betriebsvereinbarungen ausdrücklich erwähnt sind[41]. Dies spricht eindeutig dafür, dass Kollektivvereinbarungen, und hier insbesondere auch Betriebsvereinbarungen, als Ermächtigungsgrundlage zur Verarbeitung personenbezogener Daten i.S.d. Art. 6 dienen können. Ob ferner neben Tarifverträgen und Dienstvereinbarungen auch Sprecherausschussrichtlinien als „Kollektivvereinbarungen" i.S.v. Art. 88 anzusehen sind, wird bislang kaum diskutiert. Ausgehend vom Sinn und Zweck der Regelung spricht allerdings viel dafür, dass Sprecherausschussrichtlinien ebenfalls Erlaubnisgrundlage einer Verarbeitung personenbezogener Daten nach Art. 88 sein können[42].

2. Anforderungen

10 Soweit Tarifverträge, Dienst- oder Betriebsvereinbarungen auch nach Inkrafttreten der DSGVO als Ermächtigungsgrundlage fungieren sollen, müssen sie nach § 26 Abs. 4 Satz 2 BDSG künftig sowohl dem Art. 88 Abs. 2[43] genügen wie auch einer nationalen Rechtskontrolle standhalten (s. dazu die Kommentierung zu § 26 BDSG Rz. 11c)[44]. In der Praxis wird sich insbesondere der Arbeitgeber überlegen müssen, ob die von ihm angestrebte Betriebsvereinbarung „lediglich" zur **Wahrung von Mitbestimmungsrechten** nach dem BetrVG abgeschlossen werden soll mit der Folge, dass sich die datenschutzrechtliche Frage der Zulässigkeit der Datenverarbeitung ausschließlich nach § 26 BDSG und den Grundsätzen der DSGVO richtet, oder ob die Betriebsvereinbarung darüber hinaus auch als **Erlaubnistatbestand** dienen soll. In jedem Fall empfiehlt sich, dies ausdrücklich in der Betriebsvereinbarung klarzustellen. Dabei ist es grundsätzlich zulässig, die datenschutzrechtliche Rechtfertigung einer Verarbeitung personenbezogener Daten auf ein Nebeneinander mehrerer Erlaubnistatbestände zu stützen, sofern die jeweiligen Tatbestandsvoraussetzungen vorliegen[45]. Ferner ist bei der inhaltlichen Ausgestaltung darauf zu achten, dass insbesondere erkennbar ist, dass die Vorgaben des Art. 88 Abs. 2 eingehalten werden sollen. Darüber hinaus ist allerdings nicht erforderlich, sämtliche datenschutzrechtlichen Regelungen der DSGVO, insbesondere die in Art. 5 geregelten Grundsätze oder auch die Betroffenenrechte nach Art. 12 ff., nochmals in der Betriebsvereinbarung zu

---

41 *Wybitul/Sörup/Pötters*, ZD 2015, 559 (561); vgl. dazu auch *Wybitul/Pötters*, RDV 2016, 10 (15).
42 Vgl. *Dzida/Grau*, DB 2018, 189 (191) m.w.N.
43 *Kort*, DB 2016, 711 (715).
44 Zu Anpassungspflichten bei bestehenden Betriebsvereinbarungen vgl. *Dzida/Grau*, DB 2018, 189; *Schrey/Kielkowski*, BB 2018, 629; *Klösel/Mahnhold*, NZA 2017, 1428; *Hausmann/Brauneisen*, BB 2017, 3065; *Wybitul*, ZD 2016, 203 (206) und *Wybitul/Sörup/Pötters*, ZD 2015, 559 (561, 564); vgl. dazu auch *Will*, ZD 2015, 345.
45 *Schrey/Kielkowski*, BB 2018, 629 (633).

wiederholen; vielmehr gelten die entsprechenden Regelungen der DSGVO ohnehin unmittelbar und sind selbstverständlich einzuhalten[46]; hier genügt also auch ein entsprechender Verweis.

Bereits **vor Inkrafttreten der DSGVO und des § 26 BDSG abgeschlossene Betriebsvereinbarungen** bleiben weiterhin gültig und können nach wie vor als Ermächtigungsgrundlage für eine Datenverarbeitung dienen, solange sie die Anforderungen von Art. 88 Abs. 2 erfüllen. In dieser Hinsicht gilt allerdings, dass solche Betriebsvereinbarungen auch schon bisher nach der Rspr. des BAG dem Bestimmtheits- und Transparenzgebot entsprechen und den Schutz der Persönlichkeitsrechte der Arbeitnehmer gewährleisten mussten (s. Rz. 8)[47]. Dies bedeutet wiederum, dass die seit Inkrafttreten der DSGVO geltenden Anforderungen an die in Betriebsvereinbarungen enthaltenen Regelungen – zumindest auf den zweiten Blick – nicht wesentlich von den auch schon bislang geltenden Maßstäben abweichen. Anders gewendet: Eine Betriebsvereinbarung, die am Maßstab des Art. 88 Abs. 2 scheitert, dürfte auch bereits vor der Geltung der DSGVO problematisch gewesen sein. 10a

Nach **Art. 88 Abs. 3** teilt jeder Mitgliedstaat der Kommission bis zum 25.5.2018 die Rechtsvorschriften, die er nach Abs. 1 erlässt, sowie unverzüglich alle späteren Änderungen dieser Vorschrift mit. Die **Mitteilungspflicht** ist an den Mitgliedstaat adressiert und spricht lediglich „Rechtsvorschriften" an, soll also offenkundig nicht auch für Kollektivvereinbarungen wie insbesondere **Tarifverträge** und **Betriebsvereinbarungen** gelten[48]. 11

IV. Einwilligung

Bereits nach Art. 7 Buchst. a der EG-Datenschutzrichtlinie (Richtlinie 95/46/EG) kam eine Datenverarbeitung auf Grundlage einer Einwilligung in Betracht. Nach Art. 6 Abs. 1 Buchst. a kann die Verarbeitung personenbezogener Daten zulässig sein, wenn die betroffene Person ihre **Einwilligung** zu deren Verarbeitung für einen oder mehrere festgelegte Zwecke erteilt hat[49]. Oberstes Gebot ist dabei, dass die Einwilligung freiwillig erfolgt, wobei für die Beurteilung dieser Frage nach Art. 7 Abs. 4 insbesondere maßgeblich ist, ob u.a. die Erfüllung eines Vertrages, einschließlich der Erbringung einer Dienstleistung, von der Einwilligung zur Verarbeitung von Daten abhängig ist, die für die Vertragserfüllung nicht erforderlich ist. Für § 4a BDSG-alt wurde zuweilen angezweifelt, ob das darin enthaltene **Freiwilligkeitspostulat** angesichts der besonderen Interessenlagen und Kräfteverhältnisse im Arbeitsverhältnis überhaupt erfüllbar ist. Das 12

---

46 So auch *Dzida/Grau*, DB 2018, 189 (192).
47 BAG v. 15.4.2014 – 1 ABR 2/13, NZA 2014, 551.
48 So auch *Gola/Pötters/Thüsing*, RDV 2016, 57 (58); *Kort*, ZD 2016, 555.
49 Vgl. dazu auch *Albrecht*, CR 2016, 88 (91).

BAG hat allerdings explizit ausgeführt, die Einwilligung bedürfe „gerade im Arbeitsverhältnis" der Schriftform[50], und damit die Möglichkeit der Einwilligung im Bereich des Beschäftigtendatenschutzes gerade nicht generell ausgeschlossen. Die endgültige Fassung von Art. 88 verhält sich – anders als die Entwurfsfassung des Parlaments[51] – nicht gesondert zur Einwilligung im Beschäftigungskontext. Art. 82 Abs. 1b der Parlamentsfassung sah ausdrücklich vor, dass die Einwilligung eines Arbeitnehmers keine Rechtsgrundlage für die Datenverarbeitung bietet, wenn diese nicht freiwillig erteilt wurde. Damit war zwar deutlich geworden, dass die Einwilligung als Erlaubnisgrundlage im Beschäftigungskontext nicht per se ausgeschlossen sein sollte. Allerdings bestimmte die Entwurfsfassung des Parlaments in Art. 7 Abs. 4 kein Freiwilligkeitserfordernis, sondern lediglich, dass die Erfüllung eines Vertrages oder die Erbringung einer Dienstleistung nicht von der Einwilligung in eine Verarbeitung von Daten abhängig gemacht werden darf, die für die Erfüllung des Vertrages oder die Erbringung der Dienstleistung nicht erforderlich ist. Der Umstand, dass die endgültige Fassung von Art. 88 keine Sonderregelungen für die Einwilligung beinhaltet, sondern insoweit in den Mitgliedstaaten allenfalls die Öffnungsklausel zum Tragen kommen könnte, zeigt damit, dass erstens die Einwilligung im Beschäftigungskontext **taugliche Rechtsgrundlage** einer Datenverarbeitung sein kann und zweitens insoweit jedenfalls auf EU-Ebene **keine weitergehenden Anforderungen** als die des Art. 7 gelten[52]. Der diesbezügliche Erwägungsgrund 43 spricht zwar ein „klares Ungleichgewicht" an, wenn es „in Anbetracht aller Umstände in dem speziellen Fall unwahrscheinlich ist, dass die Einwilligung freiwillig gegeben wurde", wobei dann die Einwilligung „keine gültige Rechtsgrundlage liefern" soll. Beispielhaft nennt der Erwägungsgrund allerdings eine Behörde als verantwortliche Stelle, während im Kommissionsentwurf des damaligen Erwägungsgrunds 34 auch das Abhängigkeitsverhältnis zwischen Arbeitgeber und Arbeitnehmer angesprochen war[53]. Im **Erwägungsgrund 155** ist nunmehr explizit festgehalten, dass die spezifischeren Vorschriften im Recht der Mitgliedstaaten oder in Kollektivvereinbarungen auch Vorschriften über die Bedingungen, unter denen personenbezogene Daten im Beschäftigungskontext auf der Grundlage der Einwilligung des Beschäftigten verarbeitet werden dürfen, vorsehen können[54]. Der im Vorschlag des Rates noch enthaltene Art. 88 Abs. 3, wonach die

---

50 BAG v. 11.12.2014 – 8 AZR 1010/13, MDR 2015, 1082 = CR 2015, 453 m. Anm. *Werkmeister/Schröder* = ITRB 2015, 133 = NZA 2015, 604, Rz. 26.
51 7427/1/14, REV 1.
52 Zu weitgehend *Schuler/Weichert*, wonach für den Fall, dass „eine Verarbeitung für die Abwicklung des Beschäftigungsverhältnisses nicht erforderlich ist und für die Betroffenen Nachteile damit verbunden wären", eine Freiwilligkeit nicht angenommen werden kann („Die EU-DSGVO und die Zukunft des Beschäftigtendatenschutzes", Gutachten S. 7).
53 Kommission (2012) 11, endgültig; vgl. dazu auch *Buchner*, DuD 2016, 155 (158).
54 *Kort*, DB 2016, 711 (715).

Mitgliedstaaten die Bedingungen festlegen können, „unter denen personenbezogene Daten im Beschäftigungskontext auf der Grundlage der Einwilligung des Arbeitnehmers verarbeitet werden dürfen", ist im endgültigen Art. 88 nicht mehr vorgesehen. Mithin gilt insoweit ebenfalls die allgemeine Öffnungsklausel nach Art. 88 Abs. 1[55]. Von dieser hat der nationale Gesetzgeber Gebrauch gemacht, die Einwilligung im Beschäftigungskontext nunmehr in § 26 Abs. 2 BDSG geregelt und dort auch den Besonderheiten im Beschäftigungsverhältnis Rechnung getragen (s. dazu die Kommentierung zu § 26 BDSG Rz. 11)[56].

Die **Mindestbedingungen** für die Einwilligung zur Beschäftigtendatenverarbeitung legt damit ebenfalls Art. 7 fest (vgl. im Einzelnen die Kommentierung zu Art. 7 DSGVO Rz. 1 ff.). Zunächst muss der Verantwortliche nachweisen können, dass die betroffene Person in die Verarbeitung ihrer personenbezogenen Daten eingewilligt hat, Art. 7 Abs. 1. Dadurch wird zwar keine schriftliche Form angeordnet[57]. Allerdings hat das BAG bereits unter der Geltung des BDSG-alt erkannt, dass die Einwilligung „gerade im Arbeitsverhältnis" der Schriftform bedarf[58]. § 26 Abs. 2 Satz 3 BDSG ordnet nunmehr an, dass die Einwilligung der Schriftform bedarf, soweit nicht wegen besonderer Umstände eine andere Form angemessen ist. Weiter ist Art. 7 Abs. 2 zu beachten, wonach im Falle einer Einwilligung durch eine schriftliche Erklärung, die noch andere Sachverhalte betrifft, das Ersuchen um Einwilligung in verständlicher und leicht zugänglicher Form in einer klaren und einfachen Sprache so zu erfolgen hat, dass es von den anderen Sachverhalten klar zu unterscheiden ist. Zudem kann die Einwilligung jederzeit widerrufen werden, Art. 7 Abs. 3[59]. Nach § 26 Abs. 4 BDSG hat der Arbeitgeber die beschäftigte Person über den Zweck der Datenverarbeitung und über ihr Widerrufsrecht nach Art. 7 Abs. 3 in Textform aufzuklären. Für die Beurteilung der Frage, ob die Einwilligung freiwillig erfolgt ist, bestimmt Art. 7 Abs. 4, ob unter anderem die Erfüllung eines Vertrages von der Einwilligung zur Verarbeitung von personenbezogenen Daten abhängig ist, die für die Vertragserfüllung nicht erforderlich ist. § 26 Abs. 2 Satz 1 BDSG bestimmt, dass für die Beurteilung der Freiwilligkeit der Einwilligung insbesondere die im Beschäftigungsverhältnis bestehende Abhängigkeit der beschäftigten Person sowie die

---

55 Vgl. dazu auch *Wybitul/Pötters*, RDV 2016, 10 (13).
56 *Kort*, ZD 2017, 319 (321).
57 Der Erwägungsgrund 32 sieht grundsätzlich auch die Möglichkeit einer mündlichen Erklärung vor. Lediglich „Stillschweigen, bereits angekreuzte Kästchen oder Untätigkeit der betroffenen Person" sollten keine Einwilligung darstellen; zu den weiteren Voraussetzungen der Einwilligung im Beschäftigungskontext vgl. auch *Düwell/Brink*, NZA 2017, 1081 (1084); *Kort*, ZD 2017, 319 (321); *Wybitul/Pötters*, RDV 2016, 10 (13).
58 BAG v. 11.12.2014 – 8 AZR 1010/13, MDR 2015, 1082 = CR 2015, 453 m. Anm. *Werkmeister/Schröder* = ITRB 2015, 133 = NZA 2015, 604, Rz. 26.
59 *Kort*, DB 2016, 711 (715); zur Frage, ob für den Widerruf ein plausibler Grund erforderlich ist *Dzida/Grau*, DB 2018, 189 (190); vgl. dazu auch die Kommentierung zu § 26 BDSG Rz. 11a.

Umstände, unter denen die Einwilligung erteilt worden ist, zu berücksichtigen sind; Freiwilligkeit kann insbesondere vorliegen, wenn für die beschäftigte Person ein rechtlicher oder wirtschaftlicher Vorteil erreicht wird oder Arbeitgeber und beschäftigte Person gleichgelagerte Interessen verfolgen, § 26 Abs. 2 Satz 2 BDSG. Nach § 26 Abs. 3 Satz 2 BDSG gilt § 26 Abs. 2 BDSG auch für die Einwilligung in die Verarbeitung besonderer Kategorien personenbezogener Daten; die Einwilligung muss sich dabei ausdrücklich auf diese Daten beziehen[60].

V. Grundsätze der Datenverarbeitung im Beschäftigungskontext

14 Steht damit fest, welche tauglichen Rechtsgrundlagen im Beschäftigungskontext in Betracht kommen, sind die **weiteren Anforderungen** der DSGVO hinsichtlich der Beschäftigtendatenverarbeitung kurz zu beleuchten[61]. Diese bilden nach Inkrafttreten den Mindeststandard für eine Verarbeitung personenbezogener Beschäftigtendaten auf Grundlage von § 26 BDSG, eines Tarifvertrags oder einer Dienst- oder Betriebsvereinbarung.

1. Persönlicher Anwendungsbereich

15 Klärungsbedürftig ist dabei zunächst der **persönliche Anwendungsbereich**. Art. 88 Abs. 1 spricht von „Beschäftigtendaten" und „Beschäftigungskontext". Während allerdings der Beschäftigtenbegriff in § 26 Abs. 8 BDSG definiert ist (vgl. Kommentierung zu § 26 BDSG Rz. 7 ff.), enthält Art. 4, der die wesentlichen Begriffsbestimmungen enthält, keine entsprechende Definition. Ganz allgemein fehlt im europäischen Primär- und Sekundärrecht eine Legaldefinition des Arbeitnehmerbegriffs[62]. In der englischen Fassung der DSGVO ist die Rede von „employees' personal data" und „employment context". In der englischen Fassung des Vertrags über die Arbeitsweise der Europäischen Union wird in Art. 45 und Art. 153 AEUV unterdessen der Begriff „workers" verwendet, in der deutschen Fassung „Arbeitnehmer". Hieraus ist zu schließen, dass Art. 88 nicht lediglich die Verarbeitung personenbezogener Arbeitnehmerdaten anspricht, sondern ebenfalls einen weitergehenden Begriff zugrunde legt und insbesondere auch **Bewerber** einbezogen sind. Hierfür spricht neben der in Art. 88 Abs. 1 ge-

---

60 Zur Einwilligung im Beschäftigungsverhältnis vgl. auch *Albrecht*, CR 2016, 88 (91); *Kort*, DB 2016, 711 (715); *Wybitul*, BB 2016, 1077 (1081).
61 Zu den Grundsätzen der Datenverarbeitung unter der DSGVO allgemein vgl. *Buchner*, DuD 2016, 155; zu den Informationspflichten des Arbeitgebers nach Art. 12 ff. sowie den Betroffenenrechten der Beschäftigten nach Art. 15 ff. vgl. *Sörup/Marquardt*, ArbRAktuell 2016, 103 (105) und *Sörup*, ArbRAktuell 2016, 207, sowie die Kommentierung bei Art. 12–21.
62 Vgl. dazu *Däubler/Hjort/Schubert/Wolmerath/Schubert*, Art. 267 AEUV Rz. 54.

nannten Einstellung als Zweck der Datenverarbeitung auch die Formulierung in Art. 88 Abs. 2. Dort ist ganz allgemein die Rede von der „betroffenen Person" bzw. dem „data subject". In diesem Kontext ist auch die Verarbeitung personenbezogener Daten von **Fremdgeschäftsführern einer GmbH**, die anders als Vorstände einer Aktiengesellschaft weisungsgebunden sind, zu sehen. Im nationalen Recht richtet sich diese bislang nach § 28 BDSG-alt, und auch § 26 Abs. 8 BDSG lässt die Fremdgeschäftsführer außen vor. Demzufolge richtet sich die Zulässigkeit der Datenverarbeitung nach Art. 6. Allerdings können Geschäftsführer durchaus Arbeitnehmer im europäischen Sinne sein[63]. Gerade vor dem Hintergrund des verwendeten Begriffs des Beschäftigten ist jedenfalls nicht auszuschließen, dass für eine Verarbeitung personenbezogener Daten von Fremdgeschäftsführern zukünftig die Mindeststandards von Art. 88 zu beachten sind, weil für das nationale Recht ebenfalls diese Mindeststandards Anwendung finden (s. dazu die Kommentierung zu § 26 BDSG Rz. 7).

2. Sachlicher Anwendungsbereich

In **sachlicher Hinsicht** erfasst Art. 2 Abs. 1 die automatisierte Verarbeitung personenbezogener Daten sowie die Verarbeitung personenbezogener Daten zur Speicherung in einem Dateisystem. Die Vorschrift ist nahezu wortgleich mit dem bisherigen Art. 3 Abs. 1 RL 95/46/EG. Dabei umfasst die „Verarbeitung" nach Art. 4 Nr. 2 auch die „Erhebung" und „sonstige Nutzung" personenbezogener Daten (vgl. Kommentierung zu Art. 4 DSGVO Rz. 9). Im Falle einer Datenverarbeitung „off-line" oder „manuell" ist der Anwendungsbereich der DSGVO damit nur eröffnet, wenn ein Dateibezug vorliegt (s. Kommentierung zu Art. 2 DSGVO Rz. 12). Für den Beschäftigtendatenschutz nach § 26 BDSG ist das **Dateierfordernis** unterdessen aufgehoben, vgl. § 26 Abs. 7 BDSG[64]. Damit erfasst der sachliche Anwendungsbereich von § 26 BDSG, wie bereits der des § 32 BDSG-alt, u.a. bereits Befragungen oder handschriftliche Notizen für Zwecke des Beschäftigungsverhältnisses, bspw. also Bewerbungsgespräche oder Personalgespräche und dazu erfolgte handschriftliche Aufzeichnungen[65], oder tatsächliche Vorgänge wie Schrankkontrollen[66]. § 26 BDSG geht folglich auch insoweit über die Mindeststandards des Art. 88 hinaus[67]. 16

---

63 EuGH v. 11.11.2010 – C-232/09 – *Danosa*.
64 Vgl. dazu auch *Düwell/Brink*, NZA 2016, 665 (667); s. zudem § 27 Abs. 3 BDSG-E 2010, der für den sachlichen Anwendungsbereich des Beschäftigtendatenschutzes ebenfalls auf das Dateierfordernis verzichtet.
65 Zur Datenerhebung im Rahmen von Assessment Centern s. *Carpenter*, NZA 2015, 466.
66 Vgl. dazu BAG v. 20.3.2013 – 2 AZR 546/12, NZA 2014, 143, Rz. 24.
67 Vgl. dazu auch *Kort*, ZD 2017, 319 (323).

3. Weitere Grundsätze

17 **Weitere Grundsätze** in Bezug auf die Verarbeitung personenbezogener Daten enthält Art. 5. Die Daten müssen demnach „auf rechtmäßige Weise, nach dem Grundsatz von Treu und Glauben und in einer für die betroffene Person nachvollziehbaren Weise verarbeitet werden („Rechtmäßigkeit, Verarbeitung nach Treu und Glauben, Transparenz")", vgl. Art. 5 Abs. 1 Buchst. a. Hinsichtlich weiterer Grundsätze, insbesondere auch der Datenminimierung, -richtigkeit, -sicherheit und der Speicherdauer in Art. 5 sei auf die dortige Kommentierung verwiesen[68] (Art. 5 DSGVO Rz. 10 ff.). Die **Zweckbindung** als Erfordernis der Verarbeitung personenbezogener Daten war bereits in Art. 6 Abs. 1 Buchst. a RL 95/46/EG vorgesehen und ist in Art. 5 Abs. 1 Buchst. b festgelegt[69]. Art. 88 spezifiziert diese Zwecke für die Verarbeitung personenbezogener Beschäftigtendaten im Beschäftigungskontext und die Öffnungsklauseln für innerstaatliches Recht, und zwar insbesondere, also nicht abschließend, für **Zwecke** der Einstellung, der Erfüllung des Arbeitsvertrags einschließlich der Erfüllung gesetzlich oder tarifvertraglich festgelegter Pflichten, des Managements, der Planung und der Organisation der Arbeit, der Gleichheit und Diversität am Arbeitsplatz, der Gesundheit und Sicherheit am Arbeitsplatz, des Schutzes des Eigentums der Arbeitgeber oder der Kunden sowie für Zwecke der Inanspruchnahme der mit der Beschäftigung zusammenhängenden individuellen oder kollektiven Rechte und Leistungen und für Zwecke der Beendigung des Beschäftigungsverhältnisses. Im **Erwägungsgrund 155** sind diese Zwecke ebenfalls angesprochen.

18 Die Verarbeitung personenbezogener Beschäftigtendaten muss einer **Erforderlichkeitsprüfung** standhalten, vgl. Art. 6 Abs. 1 Buchst. b–f (vgl. Kommentierung zu Art. 6 DSGVO Rz. 17 ff.) und § 26 BDSG (vgl. Kommentierung zu § 26 BDSG Rz. 16 ff.).

VI. Besondere Kategorien personenbezogener Daten

19 Nach **Art. 9 Abs. 1** ist die Verarbeitung personenbezogener Daten, aus denen die rassische und ethnische Herkunft, politische Meinungen, religiöse oder weltanschauliche Überzeugungen oder die Gewerkschaftszugehörigkeit hervorgehen, sowie von genetischen Daten, biometrischen Daten zur eindeutigen Identifizierung einer Person oder Daten über Gesundheit oder sexuelle Ausrichtung untersagt. Eine Ausnahme enthält Art. 9 Abs. 2 Buchst. b, wenn die Verarbeitung erforderlich ist, damit der Verantwortliche oder die betroffene Person die ihm bzw. ihr aus dem Arbeits- oder Sozialrecht erwachsenden Rechte ausüben bzw.

---

68 Für die Auswirkungen auf Betriebsvereinbarungen vgl. *Wybitul/Sörup/Pötters*, ZD 2015, 559 (562); vgl. dazu auch *Wybitul/Pötters*, RDV 2016, 10 (11).
69 Vgl. dazu *Albrecht*, CR 2016, 88 (91); zur Datenverarbeitung für andere Zwecke als die, für die die Daten ursprünglich erhoben wurden, vgl. den Erwägungsgrund 50.

diesbezüglichen Pflichten nachkommen kann, soweit dies nach Unionsrecht, nationalem Recht oder einer Kollektivvereinbarung nach nationalem Recht, das geeignete Garantien für die Grundrechte und die Interessen der betroffenen Person vorsieht, zulässig ist[70]. Nach § 26 Abs. 3 Satz 1 BDSG ist abweichend von Art. 9 Abs. 1 die Verarbeitung besonderer Kategorien personenbezogener Daten für Zwecke des Beschäftigungsverhältnisses zulässig, wenn dies zur Ausübung von Rechten oder zur Erfüllung rechtlicher Pflichten aus dem Arbeitsrecht, dem Recht der sozialen Sicherheit und des Sozialschutzes erforderlich ist und kein Grund zu der Annahme besteht, dass das schutzwürdige Interesse der betroffenen Person an dem Ausschluss der Verarbeitung überwiegt[71]. Auf dieser Grundlage kann daher insbesondere nach Begründung eines Beschäftigungsverhältnisses auch unter Geltung der DSGVO u.a. eine Frage nach der **Gewerkschaftszugehörigkeit** eines Arbeitnehmers weiterhin zulässig sein (vgl. näher Kommentierung zu § 26 BDSG Rz. 36).

VII. Datenverarbeitung im Konzern

Auch die DSGVO kennt **kein „Konzernprivileg"**, das einen freien Datenaustausch zwischen Konzernunternehmen per se zuließe. Art. 88 Abs. 2 schreibt gerade vor, dass nationales Recht auf Grundlage der Öffnungsklausel nach Art. 88 Abs. 1 geeignete und besondere Maßnahmen zur Wahrung der Rechte der betroffenen Person insbesondere auch im Hinblick auf die „Übermittlung personenbezogener Daten innerhalb einer Unternehmensgruppe oder einer Gruppe von Unternehmen, die eine gemeinsame Wirtschaftstätigkeit ausüben" umfasst. Auch die DSGVO sieht damit Konzerne und andere Unternehmensgruppen[72] nicht als eine datenschutzrechtliche Einheit an. Im **Erwägungsgrund 48** ist insoweit immerhin anerkannt, dass verantwortliche Stellen, die Teil einer Unternehmensgruppe sind, ein **berechtigtes Interesse**[73] an einer Übermittlung personenbezogener Beschäftigtendaten haben können, wobei die Grundprinzipien für die Übermittlung personenbezogener Daten innerhalb von Unternehmensgruppen an ein Unternehmen in einem **Drittland** unberührt bleiben[74]. 20

---

70 Vgl. dazu auch den Erwägungsgrund 52.
71 Vgl. dazu auch *Düwell/Brink*, NZA 2017, 1081 (1083); *Kort*, ZD 2017, 319 (322); zur Verarbeitung besonderer Kategorien von Beschäftigtendaten zur Gesundheitsvorsorge, zur Beurteilung der Arbeitsfähigkeit und dergl. vgl. § 22 Abs. 1 Buchst. b BDSG.
72 Vgl. dazu auch den Erwägungsgrund 37; zu diesbezüglichen Auswirkungen auf Bußgelder nach der DSGVO vgl. *Faust/Spittka/Wybitul*, ZD 2016, 120 (124).
73 Dazu auch *Kort*, DB 2016, 711 (715); *Wybitul*, ZD 2016, 203 (206); *Wybitul*, BB 2016, 1055 (1081).
74 *Härting*, Datenschutz-Grundverordnung, Rz. 488, meint, der konzerninterne Datenaustausch auf gesetzlicher Grundlage werde durch die DSGVO erheblich vereinfacht und erleichtert. Dies bleibt abzuwarten.

VIII. Datenverarbeitung bei der Begründung, Durchführung und Beendigung des Beschäftigungsverhältnisses, insbesondere bei Überwachungsmaßnahmen

21 Auch nach Inkrafttreten der DSGVO bleibt es dabei, dass die Verarbeitung personenbezogener Daten im Zusammenhang mit der Begründung, der Durchführung und der Beendigung des Beschäftigungsverhältnisses, insbesondere also auch bei der Durchführung von Überwachungsmaßnahmen, einer Rechtfertigung bedarf. Diese kann wie dargestellt durch eine Einwilligung, eine besondere gesetzliche Grundlage oder eine Kollektivvereinbarung, sprich insbesondere durch eine Betriebsvereinbarung, vermittelt werden. Kommen diese **Rechtfertigungstatbestände** nicht in Betracht, ist auf § 26 BDSG als Erlaubnistatbestand abzustellen, der die bisherige Regelung in § 32 BDSG-alt ablöst. Im Hinblick auf die datenschutzrechtliche Zulässigkeit einzelner Maßnahmen des Arbeitgebers im Beschäftigungskontext ist daher vollumfänglich auf die Kommentierung zu § 26 BDSG zu verweisen.

Artikel 89 Garantien und Ausnahmen in Bezug auf die Verarbeitung zu im öffentlichen Interesse liegenden Archivzwecken, zu wissenschaftlichen oder historischen Forschungszwecken und zu statistischen Zwecken

(1) Die Verarbeitung zu im öffentlichen Interesse liegenden Archivzwecken, zu wissenschaftlichen oder historischen Forschungszwecken oder zu statistischen Zwecken unterliegt geeigneten Garantien für die Rechte und Freiheiten der betroffenen Person gemäß dieser Verordnung. Mit diesen Garantien wird sichergestellt, dass technische und organisatorische Maßnahmen bestehen, mit denen insbesondere die Achtung des Grundsatzes der Datenminimierung gewährleistet wird. Zu diesen Maßnahmen kann die Pseudonymisierung gehören, sofern es möglich ist, diese Zwecke auf diese Weise zu erfüllen. In allen Fällen, in denen diese Zwecke durch die Weiterverarbeitung, bei der die Identifizierung von betroffenen Personen nicht oder nicht mehr möglich ist, erfüllt werden können, werden diese Zwecke auf diese Weise erfüllt.

(2) Werden personenbezogene Daten zu wissenschaftlichen oder historischen Forschungszwecken oder zu statistischen Zwecken verarbeitet, können vorbehaltlich der Bedingungen und Garantien gemäß Absatz 1 des vorliegenden Artikels im Unionsrecht oder im Recht der Mitgliedstaaten insoweit Ausnah-

Archiv-, Forschungs- und statistische Zwecke | **Art. 89 DSGVO**

men von den Rechten gemäß der Artikel 15, 16, 18 und 21 vorgesehen werden, als diese Rechte voraussichtlich die Verwirklichung der spezifischen Zwecke unmöglich machen oder ernsthaft beeinträchtigen und solche Ausnahmen für die Erfüllung dieser Zwecke notwendig sind.

(3) Werden personenbezogene Daten für im öffentlichen Interesse liegende Archivzwecke verarbeitet, können vorbehaltlich der Bedingungen und Garantien gemäß Absatz 1 des vorliegenden Artikels im Unionsrecht oder im Recht der Mitgliedstaaten insoweit Ausnahmen von den Rechten gemäß der Artikel 15, 16, 18, 19, 20 und 21 vorgesehen werden, als diese Rechte voraussichtlich die Verwirklichung der spezifischen Zwecke unmöglich machen oder ernsthaft beeinträchtigen und solche Ausnahmen für die Erfüllung dieser Zwecke notwendig sind.

(4) Dient die in den Absätzen 2 und 3 genannte Verarbeitung gleichzeitig einem anderen Zweck, gelten die Ausnahmen nur für die Verarbeitung zu den in diesen Absätzen genannten Zwecken.

I. Vorgaben bei Archiv-, Forschungs- und Statistikzwecken (Abs. 1) 1
II. Ausnahmen zugunsten von Forschungs- und Statistikzwecken (Abs. 2) 5
III. Ausnahmen zugunsten von Archivzwecken (Abs. 3) 9
IV. Keine Geltung der Ausnahmen bei Nebenzwecken (Abs. 4) 12

Schrifttum: *von Hardenberg*, Genetische Gesundheitsdaten in der individualisierten Medizin – Hinreichender Persönlichkeitsschutz oder rechtlicher Regelungsbedarf?, ZD 2014, 117; *Schaar*, DS-GVO: Geänderte Vorgaben für die Wissenschaft – Was sind die neuen Rahmenbedingungen und welche Fragen bleiben offen?, ZD 2016, 224.

I. Vorgaben bei Archiv-, Forschungs- und Statistikzwecken (Abs. 1)

Die DSGVO erkennt an, dass **Forschung eine zentrale Rolle in der Europäischen Union** spielt und spielen soll, vgl. Art. 179 Abs. 1 AEUV (Schaffung eines „europäischen Raums der Forschung"). Entsprechendes gilt für die Informationsbestände in öffentlich zugänglichen Archiven und Statistiken als Grundlagen der Forschung. Gleichwohl sollen solche Aktivitäten im Sinne des Datenschutzes ausgestaltet werden. Art. 89 Abs. 1 stellt klar, dass dies insbesondere durch geeignete **technische und organisatorische Maßnahmen** im konkreten Fall erfolgen soll, vgl. die allgemeinen Vorgaben in Art. 25 und 32. In diesem Sinne ist – soweit möglich – der Grundsatz der Datenminimierung zu beachten. Zudem soll nach Möglichkeit anonymisiert oder wenigstens pseudonymisiert werden[1]. 1

---

1 Zur Problematik der Anonymisierung und Pseudonymisierung im Spannungsverhältnis zu wissenschaftlichen Methoden s. *Schaar*, ZD 2016, 224 (225).

Art. 89 DSGVO | Archiv-, Forschungs- und statistische Zwecke

Systematisch ist zu berücksichtigen, dass die Vorgaben in Art. 89 Abs. 1 per se zusätzliche Anforderungen[2] an Verarbeitungen normieren, die im ersten Schritt unter Art. 6 Abs. 1 bzw. Art. 9 Abs. 2 gerechtfertigt werden müssen; gleichwohl werden die genannten Auswertungszwecke in der DSGVO insgesamt privilegiert.

2   Während der Verzicht auf Daten zur Individualisierung der Betroffenen grundsätzlich sinnvoll erscheint, wirkt die Vorgabe der **Datensparsamkeit** in Bezug auf Archive und Statistiken auf den ersten Blick kaum vereinbar mit den verfolgten Zwecken. Man wird die Norm so verstehen müssen, dass thematisch irrelevante personenbezogene Daten nicht angehäuft werden sollen. Gleichwohl ergibt sich ein Spannungsverhältnis, wenn nicht endgültig absehbar ist, welche einstweilen nicht relevanten Daten noch Erkenntnisse in der Zukunft bringen können. Erwägungsgrund 157 spricht ausdrücklich an, dass die Verknüpfung von Informationen (also auch **Big Data-Anwendungen**) großen Nutzen für die Wissenschaft und damit mittelbar auch für die Betroffenen bringen kann, etwa in den Bereichen Medizin und Soziales. Es ergibt sich also das aktuelle Dilemma des Datenschutzes, der einerseits Schutz gewähren, andererseits aber auch nicht entwicklungshemmend wirken sollte[3].

3   Als Gegengewicht zur Vorgabe der datenschutzgerechten Ausgestaltung der Maßnahmen sind **Möglichkeiten zur Einschränkung der Betroffenenrechte** zugunsten der Aktivitäten im Bereich der Archive, Forschung und Statistik vorgesehen. Neben den Öffnungsmöglichkeiten gemäß Abs. 2 und 3 sind solche Einschränkungen in Bezug auf die Informationspflicht gegenüber dem Betroffenen in Art. 14 Abs. 5 Buchst. b, in Bezug auf das „Recht auf Vergessenwerden" in Art. 17 Abs. 3 Buchst. d und in Bezug auf das Widerspruchsrecht in Art. 21 Abs. 6 vorgesehen. Daneben besteht gemäß Art. 6 Abs. 2 und 3 die Möglichkeit, die Anforderungen an Verarbeitungen im öffentlichen Interesse (also auch zu Forschungs- und Statistik- bzw. Archivzwecken) im Rahmen spezifischer Erlaubnisnormen zu regeln[4]. Mit Blick auf die Ausnahmen nach Abs. 2 und 3 spricht viel dafür, auch **Bestandsregeln anzuerkennen**, soweit diese den Anforderungen der DSGVO genügen. Dies gilt trotz der Formulierung „können erlassen werden", die den Fokus auf zukünftige Rechtsetzungsakte legt, vgl. insofern die Kommentierung zu Art. 85 DSGVO Rz. 11. Die nationale Umsetzung der Gestaltungsmöglichkeiten findet sich in den §§ 27, 28 BDSG.

4   Eine wesentliche Privilegierung folgt im Regelungszusammenhang zudem aus Art. 9 Abs. 2 Buchst. j, der deutlich macht, dass im Bereich des Art. 89 Abs. 1

---
2 Diese Zusatzanforderungen sind allerdings im Endeffekt Wiederholungen allgemeiner Bestimmungen, z.B. nach Art. 25 Abs. 1, und damit redundant.
3 Vgl. Auernhammer/*Greve*, Art. 89 DSGVO Rz. 8 mit dem Hinweis auf das Erfordernis einzelfallbezogener Betrachtung, um einen sinnvollen Ausgleich zu erreichen.
4 Der Kommissionsentwurf sah im Rahmen der Vorfassung des Art. 89 noch selbst spezifische Vorgaben an die zulässige Reichweite der Datenverarbeitung auf gesetzlicher Grundlage im Bereich der Forschung vor.

besondere Kategorien personenbezogener Daten verarbeitet werden dürfen, also z.B. genetische und biometrische Daten[5]. Gemäß Art. 5 Abs. 1 Buchst. b und e ist zugunsten der unter Art. 89 Abs. 1 begünstigen Nutzungen zudem eine Zweckänderung und eine fortwährende Speicherung **unter Aufhebung der allgemeinen „Speicherbegrenzung"** grundsätzlich zulässig. Erwägungsgrund 156 stellt klar, dass die Mitgliedstaaten gehalten sind, nationale Regelungen zu erlassen, die diese Vorgaben unterstützen und konkretisieren.

II. Ausnahmen zugunsten von Forschungs- und Statistikzwecken (Abs. 2)

Wenn personenbezogene Daten zu Forschungs- oder Statistikzwecken verarbeitet werden, sind die angesprochenen Vorgaben des Art. 89 Abs. 1 zu Datenminimierung und Anonymisierung bzw. Pseudonymisierung zu beachten. Die Union oder die Mitgliedstaaten sind allerdings berechtigt, **Ausnahmeregelungen zu erlassen, um die Zwecke zu fördern** und dabei Rechte auf Auskunft (Art. 15), Berichtigung oder Einschränkung (Art. 16 und 18) sowie zum Widerspruch (Art. 21) abzubedingen oder zu beschränken[6]. Voraussetzung für die Begrenzung der Betroffenenrechte ist, dass die Wahrnehmung dieser Rechte die Forschungs- bzw. Statistikzwecke voraussichtlich vereiteln oder „ernsthaft beeinträchtigen" würde. Die entsprechende Prognose müssen die Mitgliedstaaten (bzw. die Union) anstellen[7]. Es ist zu beachten, dass gemäß Art. 83 Abs. 5 Buchst. d Verstöße gegen die unter Art. 89 erlassenen nationalen Regelungen mit einem hohen Bußgeld geahndet werden können. 5

Die Formulierung, dass die Ausnahmen „notwendig" sein müssen, um die privilegierten Zwecke zu erreichen, zeigt, dass die Öffnungsklausel eigentlich eng verstanden werden soll. Gleichwohl ist von einer typisierten Betrachtung auszugehen. Überschießende Effekte im Einzelfall sind also hinzunehmen, soweit die Ausnahmeregelung im Regelfall ihre Berechtigung hat, um die privilegierten Zwecke zu fördern[8]. 6

---

5 Vgl. *Schaar*, ZD 2016, 224 (225) und *von Hardenberg*, ZD 2014, 117 zu den datenschutzrechtlichen Herausforderungen angesichts der „personalisierten Medizin". Erwägungsgrund 53 spricht einen Spielraum der Mitgliedstaaten bei der Regelung des Umgangs mit genetischen und Gesundheitsdaten an. Die insofern spezifischere Öffnungsklausel in Art. 81 des Kommissionsentwurfs ist indes nicht mehr in der finalen Version der DSGVO enthalten.
6 Da bereits Art. 85 Abs. 2 eine weitgehende Öffnungsklausel zur Unterstützung auch wissenschaftlicher Zwecke beinhaltet, wird die weitere Ausnahmemöglichkeit in Art. 89 Abs. 2 durchaus kritisch gesehen, Sydow/*Hense*, Art. 89 DSGVO Rz. 13; Gola/*Pötters*, Art. 89 DSGVO Rz. 12.
7 So auch Sydow/*Hense*, Art. 89 DSGVO Rz. 13.
8 Kühling/Buchner/*Buchner/Tinnefeld*, Art. 89 DSGVO Rz. 23.

Art. 89 DSGVO | Archiv-, Forschungs- und statistische Zwecke

Aus Erwägungsgrund 159 ergibt sich zudem, dass Forschungszwecke wegen des gesellschaftlichen Nutzens weit auslegt werden sollen. Insbesondere sollen auch private Aktivitäten hierzu zählen[9]. Die **kommerzielle Forschung**, auch im Bereich der Marktforschung, ist also nicht per se vom Anwendungsbereich ausgeschlossen. Es kommt insofern auf eine **Abwägung in der konkreten Konstellation** an.

7 Im Hinblick auf statistische Zwecke setzt Erwägungsgrund 162 voraus, dass die Ergebnisse keine personenbezogenen Daten mehr enthalten, sondern **aggregierte Daten** darstellen. Dies könnte zwar eine reine Klarstellung sein; es lässt sich daraus aber auch die Forderung ableiten, dass Statistikergebnisse (nach Möglichkeit) nicht mehr personenbeziehbar sein sollen[10]. Schließlich sollen Statistiken nach Erwägungsgrund 162 nicht verwendet werden, um Maßnahmen oder Entscheidungen gegenüber einzelnen natürlichen Personen zu steuern, vgl. insofern auch Art. 22 (Profiling).

8 Mit Blick auf Einwilligungserklärungen der Teilnehmer an **klinischen Studien** sind die Regelungen in der EU-Verordnung 536/2014 über klinische Prüfungen mit Humanarzneimitteln zu beachten. Gemäß Erwägungsgrund 161 sollten diese Spezialregeln den allgemeinen datenschutzrechtlichen Regelungen vorgehen.

III. Ausnahmen zugunsten von Archivzwecken (Abs. 3)

9 Werden personenbezogene Daten zu Archivzwecken verarbeitet, gelten die für Art. 89 Abs. 2 dargestellten Vorgaben entsprechend. Im Gegensatz zu Forschungs- und Statistikzwecken sind die **einschränkbaren Rechte angesichts der besonderen Verarbeitungssituation leicht ergänzt**, um Archivbetreiber zu entlasten, vgl. die Regelungen in § 2 Abs. 1–6, 8 und 9 Bundesarchivgesetz. Es können gemäß Art. 89 Abs. 3 auch die Mitteilungspflichten (Art. 19) und das Recht auf Datenübertragbarkeit (Art. 20) beschränkt werden.

10 Insbesondere mit Blick auf Archivzwecke ist noch einmal darauf hinzuweisen, dass die DSGVO **keinen Schutz verstorbener Personen** bezweckt, vgl. Erwägungsgrund 158. **Historische Archive** sind daher in weiten Teilen nicht von den Vorgaben betroffen. Die Mitgliedstaaten können indes Regelungen zum Umgang mit den personenbezogenen Daten Verstorbener vorsehen, da dieser Bereich nicht der DSGVO unterfällt, vgl. Erwägungsgrund 27. In Erwägungsgrund 158 wird zudem die Bedeutung solcher Archive betont, die „Informationen im Zusammenhang mit dem politischen Verhalten unter ehemaligen totalitären Regimen, Völkermord, Verbrechen gegen die Menschlichkeit, insbesondere dem Holocaust, und Kriegsverbrechen" bereitstellen. Die Verwendung auch personenbezogener

---

9 Vgl. den weiten Schutzbereich der Wissenschaftsfreiheit nach Art. 13 GRCh.
10 Vgl. die Vorgaben in § 12 Bundesstatistikgesetz; im Unionskontext sind insofern auch Art. 338 Abs. 2 AEUV (Erstellung der Unionsstatistiken) und EU-Verordnung 223/2009 über europäische Statistiken zu beachten.

Daten in solchen Archiven – ggf. ohne wirksame Gegenrechte der Betroffenen – wird dementsprechend hoch bewertet und ist daher weitgehend zulässig[11].

In Bezug auf Archive ist schließlich zu berücksichtigen, dass die DSGVO ausdrücklich „im öffentlichen Interesse liegende Archivzwecke" fordert und damit etwa **Unternehmensarchive** im Zweifel nicht privilegiert werden sollen[12].

IV. Keine Geltung der Ausnahmen bei Nebenzwecken (Abs. 4)

Soweit die Verarbeitung zu Forschungs- und Statistikzwecken bzw. zu Archivzwecken im öffentlichen Interesse daneben auch einem anderen Zweck dient, gelten die Ausnahmen nicht für diesen Nebenzweck. Das bedeutet, dass sich insbesondere **bei gemischt-finanzierten bzw. teilkommerziellen Projekten Abgrenzungsfragen** stellen können. Berücksichtigt man, dass der Gesetzgeber die privilegierten Zwecke besonders fördern will, so setzt sich im Zweifel der Forschungs-, Statistik- oder Archivzweck durch, soweit er funktional betroffen ist. Hierbei ist zu beachten, dass Forschungs- und Statistikzwecke nicht zwangsläufig im öffentlichen Interesse verfolgt werden müssen[13].

Andererseits sind in Bezug auf die kommerzielle Verwertung unter privilegierten Zwecken verarbeiteter Daten die allgemeinen Regelungen der DSGVO anzuwenden. Wenn z.B. ein Wirtschaftsunternehmen eine soziologische Studie vornimmt, fällt dies unter den Regelungsbereich des Art. 89 Abs. 2. Die **anschließende Nutzung der Daten für die Optimierung eigener oder fremder Produkte** unterliegt indes nicht mehr der Privilegierung, sondern muss über andere Rechtfertigungsinstrumente wie Einwilligungen oder spezifische Erlaubnisnormen legitimiert werden[14].

Artikel 90 Geheimhaltungspflichten

(1) **Die Mitgliedstaaten können die Befugnisse der Aufsichtsbehörden im Sinne des Artikels 58 Absatz 1 Buchstaben e und f gegenüber den Verantwortlichen oder den Auftragsverarbeitern, die nach Unionsrecht oder dem Recht der Mitgliedstaaten oder nach einer von den zuständigen nationalen Stellen erlassenen Verpflichtung dem Berufsgeheimnis oder einer gleichwer-**

---

11 Vgl. Auernhammer/*Greve*, Art. 89 DSGVO Rz. 10.
12 So auch Sydow/*Hense*, Art. 89 DSGVO Rz. 18. Die Aufbewahrung zur Erfüllung steuer- oder handelsrechtlicher Pflichten stellt ohnehin keine Archivierung im Sinne der Norm dar.
13 Der Wortlaut bezieht sich insofern nur auf Archivzwecke, vgl. Kühling/Buchner/*Buchner*/*Tinnefeld*, Art. 89 DSGVO Rz. 9.
14 „Keine Flucht in die Privilegierung", Paal/Pauly/*Pauly*, Art. 89 DSGVO Rz. 18.

tigen Geheimhaltungspflicht unterliegen, regeln, soweit dies notwendig und verhältnismäßig ist, um das Recht auf Schutz der personenbezogenen Daten mit der Pflicht zur Geheimhaltung in Einklang zu bringen. Diese Vorschriften gelten nur in Bezug auf personenbezogene Daten, die der Verantwortliche oder der Auftragsverarbeiter bei einer Tätigkeit erlangt oder erhoben hat, die einer solchen Geheimhaltungspflicht unterliegt.
(2) Jeder Mitgliedstaat teilt der Kommission bis zum 25. Mai 2018 die Vorschriften mit, die er aufgrund von Absatz 1 erlässt, und setzt sie unverzüglich von allen weiteren Änderungen dieser Vorschriften in Kenntnis.

I. Aufsichtsbefugnisse bei Geheimhaltungspflichten (Abs. 1) 1	II. Mitteilung an die Kommission (Abs. 2) 6

Literatur: *Conrad/Fechtner*, IT-Outsourcing durch Anwaltskanzleien nach der Inkasso-Entscheidung des EuGH und dem BGH, Urteil vom 7.2.2013, CR 2013, 137; *Zikesch/Kramer*, Die DS-GVO und das Berufsrecht der Rechtsanwälte, Steuerberater und Wirtschaftsprüfer – Datenschutz bei freien Berufen, ZD 2015, 565.

I. Aufsichtsbefugnisse bei Geheimhaltungspflichten (Abs. 1)

1 Art. 90 Abs. 1 betrifft das Recht der Mitgliedstaaten, Regelungen zu schaffen, die die **Untersuchungsbefugnisse der Aufsichtsbehörden** beim Zugang zu personenbezogenen Daten (Art. 58 Abs. 1 Buchst. e) sowie zu Räumlichkeiten und Anlagen von Verantwortlichen bzw. Auftragsverarbeitern (Art. 58 Abs. 1 Buchst. f) einschränken[1]. Dies ist zulässig, um Berufsgeheimnisse oder gleichwertige Geheimhaltungspflichten nach Unions- oder nationalem Recht zu wahren, vgl. zur Auslegung des Tatbestandsmerkmals „in Einklang bringen" die Kommentierung zu Art. 85 DSGVO Rz. 2.

2 Insbesondere können die Befugnisse der Aufsichtsbehörden also gegenüber **Berufsgeheimnisträgern wie Rechtsanwälten und Ärzten** beschränkt werden. Eine entsprechende Beschränkung erscheint auch unter Berücksichtigung von Art. 23 Abs. 3 Buchst. e möglich, da der **Schutz solcher Geheimnisse im Sinne des öffentlichen Interesses** ist. Erwägungsgrund 164 macht zudem deutlich, dass Unionsrecht die Gewährleistung bestimmter Vorgaben zu Berufspflichten erforderlich machen kann, die nicht durch das Datenschutzrecht relativiert werden sollen. Art. 90 knüpft hieran an, indem sichergestellt werden kann, dass die Aufsichtsbehörden dies berücksichtigen müssen. Eine umfassende Regelung zum Umgang mit personenbezogenen Daten durch Berufsgeheimnisträger ist in

---

1 Soweit der Zugang zu Räumlichkeiten/Geschäftsräumen beschränkt ist, sind auch Auskunftsverlangen mit der gleichen Zielrichtung gesperrt, vgl. Kühling/Buchner/*Herbst*, Art. 90 DSGVO Rz. 7.

der DSGVO indes nicht vorgesehen; es gelten hier also im Grundsatz die allgemeinen Regeln[2]. Art. 23 Abs. 1 Buchst. g eröffnet allerdings die Möglichkeit zur Schaffung von Regelungen zur Berücksichtigung der Erfordernisse berufsständischer Regeln. Art. 6 Abs. 2 und 3 ermöglichen zudem die Konkretisierung der Anforderungen an die Verarbeitung personenbezogener Daten auch in diesem Kontext. In § 29 BDSG hat der nationale Gesetzgeber Gebrauch von den Gestaltungsmöglichkeiten im Verhältnis zu Berufsgeheimnisträgern gemacht[3]. Die Beschränkungen der Aufsichtsbefugnisse werden konsequenterweise auch auf (entsprechend verpflichtete) Auftragsdatenverarbeiter erstreckt.

Mit Blick auf die häufig praktizierte **Selbstverwaltung** der angesprochenen Berufszweige erkennt die Norm an, dass entsprechende Geheimhaltungspflichten nicht auf nationalen Gesetzen basieren müssen, sondern auch „von zuständigen nationalen Stellen" wie berufsständischen Kammern erlassen werden können[4]. Eine eigene Datenschutzaufsicht durch die Kammern wird indes nicht gewährleistet[5]. 3

Neben den Berufsgeheimnissen können auch gleichwertige Geheimhaltungspflichten eine Beschränkung der Aufsichtsbefugnisse rechtfertigen. Welche Pflichten insofern „gleichwertig" sein können, obliegt dem Einschätzungsspielraum der Mitgliedstaaten. Im Zweifel ist hier zu fordern, dass deren Bruch im gleichen Maße strafbewehrt sein muss. Mit Blick auf Deutschland erscheint daher eine **Orientierung an den Bestimmungen in § 203 StGB** naheliegend. Vertragliche Geheimhaltungspflichten sind dagegen grundsätzlich nicht gleichwertig mit Berufsgeheimnissen. 4

Grundlegende Voraussetzung für Regelungen zur Beschränkung der Aufsichtsrechte ist, dass sie im Einzelnen notwendig und verhältnismäßig sind, also einen angemessenen Ausgleich zwischen dem Schutz personenbezogener Daten und der Wahrung der Geheimnisse herstellen[6]. Art. 90 Abs. 1 Satz 2 macht deutlich, dass die Beschränkungen zulasten der Aufsichtsbehörden nur so weit zulässig sind, wie auch die **Wahrung relevanter Geheimhaltungspflichten betroffen** ist. 5

---

2 S. *Zikesch/Kramer*, ZD 2015, 565 (566) mit der Forderung nach einer Sonderregelung im Gesetzgebungsprozess. Vgl. allerdings die Ausnahmen in Art. 14 Abs. 5 Buchst. c und d. In Bezug auf das Auskunftsrecht der betroffenen Person gemäß Art. 15 können sich dagegen in der Tat Konfliktkonstellationen ergeben, deren Auflösungsmöglichkeiten noch entwickelt werden müssen.
3 Vgl. auch die Klarstellung in § 1 Abs. 2 Satz 3 BDSG: „Die Verpflichtung zur Wahrung gesetzlicher Geheimhaltungspflichten oder von Berufs- oder besonderen Amtsgeheimnissen, die nicht auf gesetzlichen Vorschriften beruhen, bleibt unberührt."
4 So auch Gola/*Piltz*, Art. 90 DSGVO Rz. 5.
5 Kritisch wiederum *Zikesch/Kramer*, ZD 2015, 565 (567). Die Sonderregelung für Religionsgemeinschaften in Art. 91 zeigt, dass eine selbstregulierte Datenschutzaufsicht in besonderen Bereichen durchaus denkbar ist.
6 Ehmann/Selmayr/*Kranig*, Art. 90 DSGVO Rz. 8.

Die geschützten Daten müssen in diesem Sinne unter der bindenden Pflicht zur Geheimhaltung erlangt oder erhoben worden sein. Das bedeutet, dass rein betriebsbezogene personenbezogene Daten einer Anwaltskanzlei oder Arztpraxis ohne Mandats- oder Patientenbezug den vollen Zugriffsrechten der Aufsichtsbehörde unterliegen.

II. Mitteilung an die Kommission (Abs. 2)

6   Nach Art. 90 Abs. 2 hat jeder Mitgliedstaat der Kommission spätestens bis zum Inkrafttreten der DSGVO gemäß Art. 99 Abs. 2 **mitzuteilen, welche Vorschriften** i.S.d. Abs. 1 erlassen worden sind. Auch zukünftige Änderungen sind der Kommission mitzuteilen. In Bezug auf die potentielle Streitfrage, ob ggf. auch **Altregelungen** beibehalten werden können, wenn diese bereits geeignet erscheinen, einen Einklang mit der DSGVO herzustellen, spricht viel dafür, auch solche bestehenden Regelungen anzuerkennen, vgl. Kommentierung zu Art. 85 DSGVO Rz. 11[7].

Artikel 91 Bestehende Datenschutzvorschriften von Kirchen und religiösen Vereinigungen oder Gemeinschaften

(1) Wendet eine Kirche oder eine religiöse Vereinigung oder Gemeinschaft in einem Mitgliedstaat zum Zeitpunkt des Inkrafttretens dieser Verordnung umfassende Regeln zum Schutz natürlicher Personen bei der Verarbeitung an, so dürfen diese Regeln weiter angewandt werden, sofern sie mit dieser Verordnung in Einklang gebracht werden.

(2) Kirchen und religiöse Vereinigungen oder Gemeinschaften, die gemäß Absatz 1 umfassende Datenschutzregeln anwenden, unterliegen der Aufsicht durch eine unabhängige Aufsichtsbehörde, die spezifischer Art sein kann, sofern sie die in Kapitel VI niedergelegten Bedingungen erfüllt.

I. Weitergeltung bisheriger Regeln der Religionsgemeinschaften (Abs. 1) 1	II. Unabhängige Aufsichtsbehörde (Abs. 2) 5

Schrifttum: *Preuß*, Das Datenschutzrecht der Religionsgesellschaften. Eine Untersuchung de lege lata und de lege ferenda nach Inkrafttreten der DSGVO, ZD 2015, 217.

---

7 So auch Paal/Pauly/*Pauly*, Art. 90 DSGVO Rz. 11.

Kirchen und religiöse Vereinigungen | **Art. 91 DSGVO**

I. Weitergeltung bisheriger Regeln der Religionsgemeinschaften (Abs. 1)

Nach Art. 91 Abs. 1 dürfen Kirchen und Religionsgemeinschaften[1] ihre eigenen Datenschutzregelungen nach Inkrafttreten der DSGVO weiter anwenden. In Erwägungsgrund 165 wird i.s.v. Art. 17 AEUV der **Status der Kirchen und religiösen Vereinigungen in den Mitgliedstaaten**[2] anerkannt und klargestellt, dass die DSGVO diese Rolle nicht beeinträchtigt. Art. 91 Abs. 1 fordert gleichwohl, dass die kirchlichen Regelungen mit den EU-Vorgaben zum Datenschutz in Einklang gebracht werden müssen; das Recht der jeweiligen Religionsgemeinschaft muss also den Wertungen der DSGVO entsprechen und ggf. die Rechtsprechung des EuGH berücksichtigen (vgl. zur Auslegung des Tatbestandsmerkmals „in Einklang bringen" die Kommentierung zu Art. 85 DSGVO Rz. 2). 1

Die Kirchen und Religionsgemeinschaften müssen nach dem Wortlaut des Art. 91 Abs. 1 über „umfassende" Datenschutzregelungen verfügen, soweit sie diese vorrangig anwenden möchten. Die Formulierung in Abs. 1 weist also darauf hin, dass **Einzel- oder Ausnahmeregelungen nicht ausreichen** sollen, um die DSGVO zu verdrängen. Vielmehr ist eine kohärente Systematik erforderlich[3]. Die Regelungen im Kirchlichen Datenschutzgesetz (KDG)[4] und im Kirchengesetz über den Datenschutz der Evangelischen Kirche in Deutschland (DSG-EKD) erheben einen solchen Anspruch und wurden angesichts des Inkrafttretens bzw. der Geltung der DSGVO mit Wirkung zum 24.5.2018 aktualisiert. Die Erfahrungen zeigen allerdings, dass das **Zusammenspiel staatlicher Gesetze mit kirchenrechtlichen Vorgaben im Bereich des Datenschutzes häufig im Detail ungeklärt** ist, zum Beispiel mit Blick auf die Geltung gegenüber Nicht-Mitgliedern[5]. 2

Art. 91 Abs. 1 nimmt ausdrücklich solche Konstellationen in Bezug, in denen die kircheneigenen Regelungen zum Zeitpunkt des Inkrafttretens der DSGVO bereits bestehen und angewendet werden. Dies deutet auf einen reinen **Bestandsschutz**, ggf. mit den erforderlichen Ergänzungen zur Harmonisierung mit der DSGVO[6]. Unter Berücksichtigung der in den Erwägungsgründen ausdrück- 3

---

1 Bei der entsprechenden Qualifikation ist eine weite Auslegung geboten; allerdings ist im Rahmen des Art. 91 keine Gleichbehandlung aller Religionsgemeinschaften in den Mitgliedstaaten erforderlich, vgl. Kühling/Buchner/*Herbst*, Art. 91 DSGVO Rz. 8.
2 Der „Status" kann in den Mitgliedstaaten ganz unterschiedlich begründet sein, es ist jedenfalls keine bestimmte Körperschaftsform erforderlich, Paal/Pauly/*Pauly*, Art. 91 DSGVO Rz. 9.
3 Soweit Lücken im Detail bestehen, sind diese durch die Regelungen der DSGVO zu schließen („in Einklang bringen").
4 Das KDG gilt für die römisch-katholischen Diözesen, für Ordensgemeinschaften nach päpstlichem Recht gilt die entsprechende Kirchliche Datenschutzregelung (KDR-OG).
5 *Preuß*, ZD 2015, 217 (218ff.); vgl. insofern auch § 15 Abs. 4 BDSG-alt.
6 So auch Gola/*Gola*, Art. 91 DSGVO Rz. 1.

lich anerkannten Eigenständigkeit und Unabhängigkeit der Kirchen und Religionsgemeinschaften spricht trotzdem viel dafür, dass auch später noch eigene Datenschutzregelungen implementiert werden können. Diese müssen natürlich wiederum mit den Wertungen der DSGVO in Einklang stehen. Es erscheint nicht sachlich gerechtfertigt, dass zwar ein eigenes Datenschutzregime der Kirchen und Religionsgemeinschaften potentiell anerkannt wird, dann aber diese Wertung in die Zukunft gerichtet wieder relativiert wird. Da diese Auslegung indes dem klaren Wortlaut widerspricht, könnte dieser Aspekt ein Streitpunkt werden.

4   Da die Regelung keine Klausel beinhaltet, die eine „religionsbezogene" Datenverwendung zur Voraussetzung für die Anwendung der kirchlichen Datenschutzregeln macht, können die privilegierten Institutionen ihr eigenes Regime im Zweifel auch auf **Personalangelegenheiten und andere Verwaltungszwecke** erstrecken[7].

II. Unabhängige Aufsichtsbehörde (Abs. 2)

5   Nach Art. 91 Abs. 2 sind solche Religionsgemeinschaften, die nach Abs. 1 umfassende Datenschutzregelungen außerhalb der DSGVO anwenden, verpflichtet, sich in Bezug auf diese Regelungen und deren Anwendung der **Überprüfung einer unabhängigen Aufsichtsbehörde** zu unterwerfen[8]. So soll sichergestellt werden, dass die kirchlichen Regelungen in diesem zentralen Aspekt den Garantien der DSGVO entsprechen. Im Gegensatz zur früheren Rechtslage, wo insbesondere die Aufsicht über den kirchlichen Datenschutz nicht spezifisch adressiert wurde, erscheint dies als wesentliche Neuerung.

6   Abs. 2 gestattet auch eine Aufsichtsbehörde „spezifischer Art", ohne diesen Begriff weiter zu definieren. Streng nach dem Wortlaut „Behörde" müsste es sich um eine öffentlich-rechtliche Einrichtung im engeren Sinne handeln. Im Normzusammenhang ergibt sich indes, dass **selbstverwaltete Aufsichtsinstitutionen** der Kirchen und Religionsgemeinschaften zulässig sein sollen[9]. Allerdings müssen diese den Anforderungen an unabhängige Aufsichtsbehörden i.S.d. Art. 51 ff. entsprechen, um eine alternative öffentliche Aufsicht zu verdrängen. Gemäß § 18 Abs. 1 Satz 4 BDSG sind die Aufsichtsbehörden nach Art. 91 Abs. 2 in die Zusammenarbeit der Aufsichtsbehörden des Bundes und der Länder einzubeziehen.

---

7 Vgl. Ehmann/Selmayr/*Kranig*, Art. 91 DSGVO Rz. 18.
8 Dies gilt auch, wenn keine eigenen Regelungen angewendet werden, sondern die DSGVO angewendet wird, Paal/Pauly/*Pauly*, Art. 91 DSGVO Rz. 20.
9 So auch Auernhammer/*Jacob*, Art. 91 DSGVO Rz. 18.

Kapitel X
Delegierte Rechtsakte und Durchführungsrechtsakte

Artikel 92 Ausübung der Befugnisübertragung

(1) Die Befugnis zum Erlass delegierter Rechtsakte wird der Kommission unter den in diesem Artikel festgelegten Bedingungen übertragen.

(2) Die Befugnis zum Erlass delegierter Rechtsakte gemäß Artikel 12 Absatz 8 und Artikel 43 Absatz 8 wird der Kommission auf unbestimmte Zeit ab dem 24.5.2016 übertragen.

(3) Die Befugnisübertragung gemäß Artikel 12 Absatz 8 und Artikel 43 Absatz 8 kann vom Europäischen Parlament oder vom Rat jederzeit widerrufen werden. Der Beschluss über den Widerruf beendet die Übertragung der in diesem Beschluss angegebenen Befugnis. Er wird am Tag nach seiner Veröffentlichung im Amtsblatt der Europäischen Union oder zu einem im Beschluss über den Widerruf angegebenen späteren Zeitpunkt wirksam. Die Gültigkeit von delegierten Rechtsakten, die bereits in Kraft sind, wird von dem Beschluss über den Widerruf nicht berührt.

(4) Sobald die Kommission einen delegierten Rechtsakt erlässt, übermittelt sie ihn gleichzeitig dem Europäischen Parlament und dem Rat.

(5) Ein delegierter Rechtsakt, der gemäß Artikel 12 Absatz 8 und Artikel 43 Absatz 8 erlassen wurde, tritt nur in Kraft, wenn weder das Europäische Parlament noch der Rat innerhalb einer Frist von drei Monaten nach Übermittlung dieses Rechtsakts an das Europäische Parlament und den Rat Einwände erhoben haben oder wenn vor Ablauf dieser Frist das Europäische Parlament und der Rat beide der Kommission mitgeteilt haben, dass sie keine Einwände erheben werden. Auf Veranlassung des Europäischen Parlaments oder des Rates wird diese Frist um drei Monate verlängert.

I. Einführung 1	III. Verfahren 5
II. Anwendungsbereich 3	

Schrifttum: *Albrecht,* Das neue EU-Datenschutzrecht – von der Richtlinie zur Verordnung, CR 2016, 88; *von der Groeben/Schwarze/Hatje,* Europäisches Unionsrecht, 7. Aufl. 2015.

I. Einführung

Die Vorschrift enthält Vorgaben für den **Erlass delegierter Rechtsakte durch** 1
die Kommission. Hierbei handelt es sich gemäß Art. 290 AEUV um allgemeingültige Rechtsakte ohne Gesetzescharakter, welche die Kommission zur Ergänzung oder Änderung bestimmter nicht wesentlicher Vorschriften des Gesetz-

Art. 92 DSGVO | Ausübung der Befugnisübertragung

gebungsaktes erlassen kann, der sie dazu ermächtigt. Nach deutschem Rechtsverständnis handelt es sich um den Parallelfall zur Rechtsverordnung nach Art. 80 GG[1]. Das Instrument der delegierten Rechtsakte wurde mit dem Vertrag von Lissabon eingeführt[2], ist also noch jung und war demzufolge in der EG-Datenschutzrichtlinie nicht vorgesehen. Art. 290 Abs. 1 Unterabs. 2 AEUV verlangt dabei, dass Ziele, Inhalt, Geltungsbereich und Dauer der Befugnisübertragung ausdrücklich festgelegt werden. Wesentliche Aspekte sind dem ermächtigenden Gesetzesakt selbst vorbehalten. Delegierte Rechtsakte sind in den Erwägungsgründen 146 und 166 angesprochen.

2 **Der Unterschied zwischen delegierten Rechtsakten und Durchführungsrechtsakten** (Art. 291 AEUV sowie Art. 93) besteht in der Tendenz darin, dass delegierte Rechtsakte eher dem Bereich der Legislative bzw. Normsetzung, Durchführungsrechtsakte eher dem der Exekutive bzw. Einzelfallentscheidung zuzuordnen sind, wobei diese Abgrenzung jedoch nicht vollständig klar ist[3]. Wenn man die in der DSGVO delegierten Rechtsakte einerseits (s. Rz. 3) mit den vorgesehenen Durchführungsrechtsakten andererseits (s. Kommentierung zu Art. 93 DSGVO Rz. 4) vergleicht, dann sind viele der Durchführungsakte der Einzelfallentscheidung näher als der Normsetzung, aber nicht alle. Die in Art. 43 Abs. 9 (Festlegung von technischen Standards für Zertifizierungsverfahren und Datenschutzsiegel und -prüfzeichen sowie Mechanismen zur Förderung und Anerkennung dieser Zertifizierungsverfahren und Datenschutzsiegel und -prüfzeichen), Art. 47 Abs. 3 (Festlegung von Format und Verfahren für den Informationsaustausch über verbindliche interne Datenschutzvorschriften zwischen Verantwortlichen, Auftragsverarbeitern und Aufsichtsbehörden) und Art. 61 Abs. 9 (Festlegung von Form und Verfahren der Amtshilfe sowie der Ausgestaltung des elektronischen Informationsaustauschs zwischen den Aufsichtsbehörden untereinander sowie mit dem europäischen Datenschutzausschuss) vorgesehenen Durchführungsrechtsakte scheinen der Normsetzung näher zu sein als der Einzelfallentscheidung. Die Unterscheidung hat wesentliche Auswirkungen auf das Normsetzungs- bzw. Erlassverfahren (s. Rz. 5 sowie Kommentierung zu. Art. 93 DSGVO Rz. 5 ff.). Bei delegierten Rechtsakten sind Parlament und Rat zu beteiligen, bei Durchführungsrechtsakten hingegen ein von den Exekutiven der Mitgliedstaaten zu besetzender Ausschuss (s. Kommentierung zu Art. 93 DSGVO Rz. 5 ff.).

II. Anwendungsbereich

3 In der DSGVO sind delegierte Rechtsakte **in Art. 12 Abs. 8 sowie Art. 43 Abs. 8 vorgesehen**. Dies betrifft zum einen die Bestimmung von durch Bildsym-

---
1 S. Gierschmann/Schlender/Stentzel/Veil/*Gaitzsch*, Art. 92 DSGVO Rz. 1.
2 S. von der Groeben/Schwarze/Hatje/*Fehling*, Art. 290 AEUV Rz. 2.
3 S. von der Groeben/Schwarze/Hatje/*Fehling*, Art. 290 AEUV Rz. 2 ff. sowie Art. 291 AEUV Rz. 2, jeweils m.w.N.

bole darzustellenden Informationen sowie Verfahren für die Bereitstellung standardisierter Bildsymbole für die Information betroffener Personen (Art. 12 Abs. 8), zum anderen die Festlegung von Anforderungen für Zertifizierungsverfahren nach Art. 42 (Art. 43 Abs. 8). Für Einzelheiten sei auf die Kommentierung der genannten Vorschriften verwiesen. Bemerkenswert ist, dass der erste Kommissionsentwurf der DSGVO[4] mehr als 20 Ermächtigungen für delegierte Rechtsakte enthielt, von denen die meisten im Gesetzgebungsverfahren von Rat und Parlament gestrichen worden sind[5].

Art. 92 Abs. 2 und 3 regeln die **Geltungsdauer der Befugnisübertragung**. Die Möglichkeit zum Widerruf ist in Art. 290 Abs. 2 Buchst. a AEUV angelegt. Das Widerrufsrecht steht sowohl dem Rat als auch dem Parlament zu, ist in deren politisches Ermessen gestellt und lediglich von den in Art. 290 Abs. 2 AEUV genannten Mehrheitserfordernissen abhängig[6], also entweder die Mehrheit der Mitglieder des Parlaments oder eine qualifizierte Mehrheit des Rates. Letzteres erfordert eine Entscheidung von mindestens 72 % der Mitglieder des Rates, wobei die von diesen Mitgliedern vertretenen Mitgliedstaaten zusammen mindestens 65 % der Bevölkerung der Union ausmachen müssen (vgl. Art. 238 Abs. 2 AEUV, der hier statt Art. 16 EUV Anwendung finden dürfte, da die Befugnisübertragung in aller Regel der Kommission nicht auf ihren eigenen Vorschlag hin entzogen werden wird). Der Widerruf einer Befugnisübertragung nach Art. 92 lässt die Gültigkeit zuvor in Kraft getretener delegierter Rechtsakte unberührt (Art. 92 Abs. 3 Satz 4), diese bleiben also wirksam. 4

III. Verfahren

Art. 92 Abs. 4 und Abs. 5 enthalten Vorgaben für das **Verfahren zum Erlass von delegierten Rechtsakten**. Das Verfahren ist im Vergleich zu Durchführungsrechtsakten (dazu Kommentierung zu Art. 93 DSGVO) recht einfach ausgestaltet. Von der Kommission beschlossene delegierte Rechtsakte treten danach in Kraft, wenn nicht Parlament oder Rat binnen der in Abs. 5 genannten Fristen Einwände erheben. Gemäß Erwägungsgrund 166 soll die Kommission bei der Vorbereitung delegierter Rechtsakte auf Konsultationen und Sachverständige zurückgreifen. Sie soll die relevanten Dokumente dem Parlament und dem Rat zeitgleich und mit angemessenem Vorlauf zur Verfügung stellen. Die Kommission hat nach Abs. 4 beschlossene delegierte Rechtsakte dem Rat und dem Parlament zu übermitteln. Der in Abs. 5 enthaltene Vorbehalt für Einwände ist in Art. 290 Abs. 2 Buchst. b AEUV vorgesehen. Für die Erhebung von Einwänden 5

---

4 S. Vorschlag für eine Verordnung des Europäischen Parlaments und des Rates zum Schutz natürlicher Personen bei der Verarbeitung personenbezogener Daten und zum freien Datenverkehr (Datenschutz-Grundverordnung)/*KOM/2012/011 endgültig.
5 S. *Albrecht*, CR 2016, 88 (97).
6 S. von der Groeben/Schwarze/Hatje/*Fehling*, Art. 290 AEUV Rz. 35.

gelten dieselben Mehrheitserfordernisse wie für einen Widerruf der Befugnisübertragung, s. Art. 290 Abs. 2 Satz 2 AEUV, wobei die qualifizierte Mehrheit im Rat sich hier nach Art. 16 Abs. 4 EUV bestimmt, da über einen Kommissionsvorschlag abgestimmt wird. Danach ist die qualifizierte Mehrheit im Rat erreicht, wenn mindestens 55 % der Ratsmitglieder, die dabei mindestens 65 % der Bevölkerung der Mitgliedsstaaten vertreten, für die Erhebung von Einwänden stimmen, mit der Besonderheit, dass mindestens vier Ratsmitglieder eine Gegenstimme abgeben müssen, um die Entscheidung mit qualifizierter Mehrheit zu verhindern[7]. Näheres zum Verfahren ist in einer Interinstitutionellen Vereinbarung zwischen Parlament, Rat und Kommission geregelt[8].

Artikel 93 Ausschussverfahren

(1) Die Kommission wird von einem Ausschuss unterstützt. Dieser Ausschuss ist ein Ausschuss im Sinne der Verordnung (EU) Nr. 182/2011.
(2) Wird auf diesen Absatz Bezug genommen, so gilt Artikel 5 der Verordnung (EU) Nr. 182/2011.
(3) Wird auf diesen Absatz Bezug genommen, so gilt Artikel 8 der Verordnung (EU) Nr. 182/2011 in Verbindung mit deren Artikel 5.

I. Einführung	1	III. Verfahren für den Erlass von Durchführungsrechtsakten	6
II. In der DSGVO vorgesehene Durchführungsrechtsakte	4		

Schrifttum: *Daiber*, EU-Durchführungsrechtsetzung nach Inkrafttreten der neuen Komitologie-Verordnung, EuR 2012, 240; *von der Groeben/Schwarze/Hatje*, Europäisches Unionsrecht, 7. Aufl. 2015.

I. Einführung

1   Die Vorschrift regelt als Nachfolgevorschrift zu Art. 31 der EG-Datenschutzrichtlinie **Verfahrensaspekte für den Erlass von Durchführungsrechtsakten** (zur Abgrenzung von der delegierten Rechtsetzung s. Kommentierung zu Art. 92 DSGVO Rz. 2). Sie ist allerdings aus sich heraus kaum verständlich und muss zusammen mit Art. 291 AEUV sowie der dazu erlassenen Verordnung (EU)

---

[7] Dies, damit die drei bevölkerungsstärksten Mitgliedstaaten keine Blockadeposition haben, s. von der Groeben/Schwarze/Hatje/*Jacqué*, Art. 16 EUV Rz. 35.
[8] S. Interinstitutionelle Vereinbarung zwischen dem Europäischen Parlament, dem Rat der Europäischen Union und der Europäischen Kommission über bessere Rechtsetzung v. 13.4.2016, Abl. Nr. L 123 v. 12.5.2016, S. 1 Anh. 1 (S. 10).

Nr. 182/2011[1] gelesen werden. In den Erwägungsgründen der DSGVO werden Durchführungsrechtsakte in Erwägungsgrund 146, 167, 168 und 169 angesprochen.

Gemäß Art. 291 Abs. 1 AEUV ist es in der Regel Sache der Mitgliedstaaten, die zur Durchführung von Unionsrechtsakten erforderlichen Maßnahmen zu ergreifen. Nach Art. 291 Abs. 2 AEUV kann in Unionsrechtsakten der Kommission die **Befugnis zum Erlass von Durchführungsrechtsakten** übertragen werden. Dies soll geschehen, wenn es einheitlicher Bedingungen für die Durchführung von Unionsrechtsakten bedarf. In einigen Sonderfällen kann auch der Europäische Rat mit dem Erlass von Durchführungsrechtsakten betraut werden (vgl. Art. 291 Abs. 3 AEUV); dies ist aber in der DSGVO nicht vorgesehen. 2

Der in Art. 93 Abs. 1 genannte Ausschuss darf nicht mit dem europäischen Datenschutzausschuss verwechselt werden, obwohl in der deutschen Sprachfassung beide als „Ausschuss" bezeichnet werden. Die englische Sprachfassung der DSGVO macht dies transparent, indem sie den europäischen Datenschutzausschuss als „Board", den Ausschuss nach Art. 93 demgegenüber als „Committee" bezeichnet, während die französische Fassung am gleichen Mangel wie die deutsche leidet und in beiden Fällen von „Comité" spricht. Deutlich wird der Unterschied zwischen den beiden Gremien in Art. 70 Abs. 3, wonach der europäische Datenschutzausschuss Stellungnahmen usw. an den in Art. 93 genannten Ausschuss weiterzuleiten hat. Der Ausschuss nach Art. 93 ist ein Gremium der Mitgliedstaaten, mit dem sie am Erlass von Durchführungsakten mitwirken (s. Rz. 5 ff.) und mit Vertretern der Mitgliedstaaten sowie einem nicht stimmberechtigten Vertreter der Kommission besetzt, vgl. Art. 3 der Verordnung Nr. 182/2011. In der Praxis entsenden Kommission und Mitgliedstaaten jeweils Fachbeamte in den Ausschuss[2]. Dieses Ausschussverfahren wird im EU-Jargon auch „Komitologie" genannt und der Ausschuss nach Art. 93 demnach „Komitologieausschuss". 3

II. In der DSGVO vorgesehene Durchführungsrechtsakte

Ähnlich wie bei den delegierten Rechtsakten (s. Kommentierung zu Art. 92 DSGVO Rz. 3) ist im Gesetzgebungsverfahren die Anzahl an Ermächtigungen der Kommission zum Erlass von Durchführungsrechtsakten deutlich beschnitten worden[3]. In der letztlich verabschiedeten Fassung ermächtigt die DSGVO die Kommission zu folgenden Durchführungsrechtsakten: 4

---

1 Verordnung (EU) Nr. 182/2011 des Europäischen Parlaments und des Rates v. 16.2.2011 zur Festlegung der allgemeinen Regeln und Grundsätze, nach denen die Mitgliedstaaten die Wahrnehmung der Durchführungsbefugnisse durch die Kommission kontrollieren, ABl. EU Nr. L 55, S. 13.
2 *Von der Groeben/Schwarze/Hatje*, Art. 291 AEUV Rz. 21, 38.
3 S. den Vorschlag für die Verordnung des Europäischen Parlaments und des Rates zum Schutz natürlicher Personen bei der Verarbeitung personenbezogener Daten und zum

- Art. 28 Abs. 7: Festlegung von **Standardvertragsklauseln** für die **Auftragsdatenverarbeitung**.
  Der Verweis auf Art. 87 in der ursprünglichen deutschen Sprachfassung der DSGVO war ein Redaktionsversehen, das inzwischen berichtigt worden ist[4].
- Art. 40 Abs. 9: **Allgemeingültigerklärung von Verhaltensregeln**.
- Art. 43 Abs. 9: **Festlegung von technischen Standards** für Zertifizierungsverfahren und Datenschutzsiegel und -prüfzeichen sowie Mechanismen zur Förderung und Anerkennung dieser Zertifizierungsverfahren und Datenschutzsiegel und -prüfzeichen.
- Art. 45 Abs. 3 und 5: **Feststellung der Angemessenheit des Schutzniveaus** in Drittländern, Gebieten, Sektoren in Drittländern und internationalen Organisationen bzw. **Widerruf** entsprechender Feststellungen.
- Art. 46 Abs. 2 Buchst. c und d: **Standardvertragsklauseln** für den Datenexport in Drittländer oder internationale Organisationen.
- Art. 47 Abs. 3: **Festlegung von Format und Verfahren für den Informationsaustausch** über verbindliche interne Datenschutzvorschriften zwischen Verantwortlichen, Auftragsverarbeitern und Aufsichtsbehörden.
- Art. 61 Abs. 9: **Festlegung von Form und Verfahren der Amtshilfe** sowie der **Ausgestaltung des elektronischen Informationsaustauschs** zwischen den Aufsichtsbehörden untereinander sowie mit dem europäischen Datenschutzausschuss.
- Art. 67: **Ausgestaltung des elektronischen Informationsaustauschs** zwischen Aufsichtsbehörden untereinander sowie mit dem europäischen Datenschutzausschuss.

5 **Durchführungsmaßnahmen der Kommission nach der EG-Datenschutzrichtlinie** waren lediglich im Zusammenhang mit dem Export von Daten in Drittländer vorgesehen. Sie konnte insoweit verbindlich feststellen, ob und ggf. unter welchen Voraussetzungen Drittländer ein angemessenes Schutzniveau bieten (Art. 25 Abs. 4–6 EG-Datenschutzrichtlinie). Außerdem war die Kommission ermächtigt, Standardvertragsklauseln für den Datenexport festzulegen (Art. 26 Abs. 4 EG-Datenschutzrichtlinie). Soweit nicht anderweitig aufgehoben, bleiben auf Grundlage der EG-Datenschutzrichtlinie getroffene Durchführungsmaßnahmen auch nach Geltungsbeginn der DSGVO am 25.5.2018 wirksam, was sich aus Art. 45 Abs. 9 sowie Art. 46 Abs. 5 ergibt.

---

freien Datenverkehr (Datenschutz-Grundverordnung)/*KOM/2012/011 endgültig, der mehr als 20 Ermächtigungen für Durchführungsrechtsakte enthält.
4 ABl. EU Nr. L 314 v. 22.11.2016, S. 72.

III. Verfahren für den Erlass von Durchführungsrechtsakten

Nach der Verordnung Nr. 182/2011 gibt es zwei Verfahren für den Erlass von Durchführungsrechtsakten, das **Beratungsverfahren** (Art. 4 der Verordnung Nr. 182/2011) sowie das **Prüfverfahren** (Art. 5 der Verordnung 182/2011)[5]. Im Beratungsverfahren hat der Komitologieausschuss lediglich eine beratende Funktion, während im Prüfverfahren für Durchführungsrechtsakte grundsätzlich die Zustimmung (dort „befürwortende Stellungnahme" genannt) des Ausschusses erforderlich ist. Für die Durchführungsrechtsakte auf Grundlage der DSGVO ist stets das Prüfverfahren vorgesehen, was sich aus den Verweisen auf Art. 5 der Verordnung Nr. 182/2011 ergibt.

6

Laut Art. 5 der Verordnung Nr. 182/2011 kann der Komitologieausschuss den Vorschlag eines Durchführungsrechtsakts entweder mit qualifizierter Mehrheit befürworten, mit qualifizierter Mehrheit ablehnen oder keine Stellungnahme abgeben. Da der Ausschuss hier über einen Kommissionsvorschlag entscheidet, bestimmt sich die qualifizierte Mehrheit nach Art. 16 Abs. 4 EUV. Danach gilt als qualifizierte Mehrheit eine Mehrheit von mindestens 55 % der Mitglieder des Ausschusses, gebildet aus mindestens 15 Mitgliedern, sofern die von diesen vertretenen Mitgliedstaaten zusammen mindestens 65 % der Bevölkerung der Union ausmachen. Für eine Sperrminorität sind mindestens vier Mitglieder erforderlich, andernfalls ist die qualifizierte Mehrheit erreicht. Damit können drei bevölkerungsstarke Mitgliedstaaten überstimmt werden.

7

Von der Stellungnahme des Komitologieausschusses hängt das weitere Schicksal des Vorschlags ab. Bei befürwortender Stellungnahme erlässt die Kommission den Durchführungsrechtsakt gemäß Art. 5 Abs. 2 der Verordnung Nr. 182/2011. Ausnahmsweise kann die Kommission aber davon auch absehen, wenn sich die Umstände zwischenzeitlich geändert haben[6]. Bei einer ablehnenden Stellungnahme des Komitologieausschusses wird der Durchführungsrechtsakt zunächst nicht erlassen. Die Kommission kann dann einen geänderten Vorschlag vorlegen oder aber einen hochrangig besetzten sog. Berufungsausschuss anrufen, s. Art. 5 Abs. 3 i.V.m. Art. 3 Abs. 7 und Art. 6 der Verordnung Nr. 182/2011. Gibt der Komitologieausschuss keine Stellungnahme ab, weil der Vorschlag von einer qualifizierten Mehrheit weder befürwortet noch abgelehnt wird, hat die Kommission die Möglichkeit, den Durchführungsrechtsakt gleichwohl zu erlassen, es sei denn, eine einfache Mehrheit des Ausschusses lehnt ihn ab (s. Art. 5 Abs. 3 der Verordnung Nr. 182/2011). Dann besteht wieder die Option, den Berufungsausschuss anzurufen.

8

Nach Art. 8 der Verordnung Nr. 182/2011 kann für **eilbedürftige Maßnahmen** vorgesehen werden, dass Durchführungsrechtsakte bereits vor Befassung des

9

---
5 S. zum Ganzen näher *Daiber*, EuR 2012, 240.
6 S. *Daiber*, EuR 2012, 240 (244) unter Verweis auf eine dahingehende, der Verordnung Nr. 182/2011 beigefügte Erklärung von Rat, Parlament und Kommission.

Komitologieausschusses erlassen werden. Falls der Ausschuss nachträglich widersprechen sollte, wäre der Eilrechtsakt wieder aufzuheben. Dieses Verfahren ist in der DSGVO nur für den Widerruf der Feststellung eines angemessenen Schutzniveaus in Drittstaaten usw. vorgesehen, s. Art. 45 Abs. 5.

Kapitel XI
Schlussbestimmungen

Artikel 94 Aufhebung der Richtlinie 95/46/EG

(1) Die Richtlinie 95/46/EG wird mit Wirkung vom 25.5.2018 aufgehoben.

(2) Verweise auf die aufgehobene Richtlinie gelten als Verweise auf die vorliegende Verordnung. Verweise auf die durch Artikel 29 der Richtlinie 95/46/EG eingesetzte Gruppe für den Schutz von Personen bei der Verarbeitung personenbezogener Daten gelten als Verweise auf den kraft dieser Verordnung errichteten Europäischen Datenschutzausschuss.

1 Die Regelung in Art. 94 Abs. 1 ist im Zusammenhang mit Art. 99 zum Anwendungszeitpunkt zu lesen. Die EG-Datenschutzrichtlinie gilt nach Inkrafttreten der DSGVO noch zwei Jahre weiter und ist dabei einstweilen Rechtmäßigkeitsmaßstab für laufende Datenverarbeitungen (s. auch Erwägungsgrund 171). Damit erhalten die für Datenverarbeitungsvorgänge Verantwortlichen einen **Übergangs- und Anpassungszeitraum**, den sie in der Praxis auch dringend benötigen.

2 Art. 94 Abs. 2 enthält **Übergangsregelungen zu Verweisen** auf die EG-Datenschutzrichtlinie bzw. die Artikel 29-Datenschutzgruppe. Gemeint sind damit Verweise in Rechtsakten der EU, wie etwa Richtlinien und Verordnungen, nicht jedoch etwaige Verweise in mitgliedstaatlichen Gesetzen oder privatrechtlichen Verträgen, da der europäische Gesetzgeber nicht die Kompetenz hat, in mitgliedstaatliche Normen und private Verträge unmittelbar ändernd einzugreifen. Die Auslegung dieser Normen bzw. Verträge kann freilich ergeben, dass mit Verweisen auf die Datenschutzrichtlinie oder deren Bestimmungen nunmehr die DSGVO bzw. einzelne Bestimmungen derselben gemeint sind[1]. Verweise in EU-Rechtsakten auf die EG-Datenschutzrichtlinie bzw. die Artikel 29-Datenschutzgruppe gelten fortan als Verweise auf die DSGVO bzw. den Europäischen Datenschutzausschuss. Dies ist Konsequenz der Ablösung der EG-Datenschutzrichtlinie durch die DSGVO sowie des Umstands, dass der Europäische Datenschutzausschuss die Artikel 29-Datenschutzgruppe ersetzt (vgl. Erwägungsgrund 139).

3 Weitere **Übergangsregelungen zum Export von Daten in Drittstaaten** enthalten Art. 45 Abs. 9 und Art. 46 Abs. 5. Danach bleiben auf der EG-Datenschutz-

---

1 S. zum Ganzen Paal/Pauly/*Pauly*, Art. 94 DSGVO Rz. 5 ff.

richtlinie beruhende Maßnahmen der Kommission und Genehmigungen der nationalen Aufsichtsbehörden hierzu einstweilen anwendbar.

Artikel 95 Verhältnis zur Richtlinie 2002/58/EG

Diese Verordnung erlegt natürlichen oder juristischen Personen in Bezug auf die Verarbeitung in Verbindung mit der Bereitstellung öffentlich zugänglicher elektronischer Kommunikationsdienste in öffentlichen Kommunikationsnetzen in der Union keine zusätzlichen Pflichten auf, soweit sie besonderen in der Richtlinie 2002/58/EG festgelegten Pflichten unterliegen, die dasselbe Ziel verfolgen.

I. Einführung	1	III. Vorrang der ePrivacy-Vorschriften im Einzelnen	6
II. Regelungsgegenstände der ePrivacy-Richtlinie	3	IV. Rückausnahme in Art. 21 Abs. 5 DSGVO	8

Schrifttum: *Albrecht*, Das neue EU-Datenschutzrecht – von der Richtlinie zur Verordnung, CR 2016, 88; *Engeler/Felber*, Entwurf der ePrivacy-VO aus Perspektive der aufsichtsbehördlichen Praxis, ZD 2017, 251; *Keppeler*, Was bleibt vom TMG-Datenschutz nach der DS-GVO? – Lösung und Schaffung von Abgrenzungsproblemen im Multimedia-Datenschutz, MMR 2015, 779; *Kremer*, Wer braucht warum das neue BDSG?, CR 2017, 367; *Nebel/Richter*, Datenschutz bei Internetdiensten nach der DS-GVO – Vergleich der deutschen Rechtslage mit dem Kommissionsentwurf, ZD 2012, 407; *Rauer*, Was macht eigentlich die E-Privacy-Verordnung?, Editorial K&R 12/2017; *Schmitz*, E-Privacy-VO – unzureichende Regeln für klassische Dienste, ZRP 2017, 172.

I. Einführung

Die Vorschrift regelt das Verhältnis der DSGVO zur ePrivacy-RL (offiziell: Datenschutzrichtlinie für elektronische Kommunikation)[1] und auf ihr beruhenden nationalen Umsetzungsvorschriften. Aus ihr ergibt sich, dass die ePrivacy-RL von der DSGVO nicht außer Kraft gesetzt wird, sondern im Gegenteil dieser vorgeht. Die ePrivacy-RL betrifft in erster Linie den bereichsspezifischen Datenschutz bei der Bereitstellung öffentlich zugänglicher elektronischer Kommunikationsdienste in öffentlichen Kommunikationsnetzen (s. Art. 3 ePrivacy-RL), also nach deutschem Sprachgebrauch beim Erbringen öffentlich zugänglicher

1

---

1 Richtlinie 2002/58/EG des Europäischen Parlaments und des Rates v. 12.7.2002 über die Verarbeitung personenbezogener Daten und den Schutz der Privatsphäre in der elektronischen Kommunikation (Datenschutzrichtlinie für elektronische Kommunikation), (ABl. Nr. L 201 S. 37), Celex-Nr. 3 2002 L 0058, zuletzt geändert durch Art. 2 ÄndRL 2009/136/EG v. 25.11.2009 (ABl. Nr. L 337 S. 11, ber. 2013 ABl. Nr. L 241 S. 9).

Telekommunikationsdienste bzw. beim Betrieb öffentlicher Telekommunikationsnetze (s. § 3 Nr. 16a und 17a TKG), regelt darüber hinaus aber auch Sachverhalte, die nicht nur die Telekommunikationsbranche betreffen, namentlich die Verwendung sog. „Cookies" in Art. 5 Abs. 3 sowie die Direktwerbung per Telekommunikation in Art. 13. Die ePrivacy-RL ist überwiegend in den §§ 91 ff. TKG in deutsches Recht umgesetzt worden; Art. 13 zur Direktwerbung mittels Fernkommunikation durch § 7 UWG; die Regelung zu „Cookies" mehr schlecht als recht in § 13 Abs. 1 Satz 2 TMG (s. Kommentierung zu § 13 TMG Rz. 16).

2 Gemäß Erwägungsgrund 173 soll die ePrivacy-RL nach Annahme der DSGVO darauf überprüft werden, inwieweit sich aus der DSGVO ein Änderungsbedarf ergibt. Dazu hat die Kommission zunächst eine öffentliche Konsultation in die Wege geleitet, die vom 12.4. bis 5.7.2016 lief[2]. Sodann hat sie im Januar 2017 den Vorschlag einer ePrivacy-Verordnung vorgelegt[3], der sich nunmehr im Gesetzgebungsverfahren befindet[4]. Seitens der Kommission war angestrebt, die ePrivacy-Verordnung so rechtzeitig zu verabschieden, dass sie zum 25.5.2018 zeitgleich mit der DSGVO Geltung erlangen hätte können. Es ist jedoch inzwischen abzusehen, dass dieses Ziel nicht erreicht werden wird[5]. Eine wesentliche Klärung ist von der ePrivacy-Verordnung allerdings zu erhoffen, nämlich die der Frage, ob und inwieweit das Fernmeldegeheimnis und der TK-Datenschutz auch für sogenannte OTT-Dienste wie etwa GMail oder WhatsApp gelten[6].

II. Regelungsgegenstände der ePrivacy-Richtlinie

3 Die ePrivacy-RL nimmt eine **Detaillierung und Konkretisierung des allgemeinen Datenschutzrechts** für den Bereich der elektronischen Kommunikation vor (vgl. Art. 1 Abs. 2 Satz 1 ePrivacy-RL), geht dabei aber in mehrfacher Hinsicht

---

2 Nach Ablauf der Konsultationsfrist sind die Konsultation nebst einer Auswertung der eingegangenen Stellungnahmen einstweilen noch auf der Website der DG Connect in der Rubrik „Consultations" auffindbar, s. https://ec.europa.eu/digital-single-market/en/news/summary-report-public-consultation-evaluation-and-review-eprivacy-directive.
3 Vorschlag für eine Verordnung des Europäischen Parlaments und des Rates über die Achtung des Privatlebens und den Schutz personenbezogener Daten in der elektronischen Kommunikation und zur Aufhebung der Richtlinie 2002/58/EG (Verordnung über Privatsphäre und elektronische Kommunikation), COM(2017) 10 final v. 10.1.2017.
4 Zum Verordnungsentwurf s. *Schmitz*, ZRP 2017, 172 sowie *Engeler/Felber*, ZD 2017, 251. Zum Verlauf und Stand des Gesetzgebungsverfahrens s. *Kremer*, CR 2017, 367 (370), der Mitte 2017 das Vorliegen einer endgültigen Fassung der ePrivacy-VO in allen Amtssprachen erst für das 2. Quartal 2019 erwartet, sowie *Rauer*, Editorial K&R 12/2017, der eine rechtzeitige Verabschiedung der ePrivacy-VO allerdings zu diesem Zeitpunkt noch als möglich erachtet.
5 S. E-Privacy-Verordnung: Wie geht es weiter? – Meldung vom 15.12.2017 auf www.Datenschutz-Praxis.de.
6 S. dazu *Engeler/Felber*, ZD 2017, 251 (254).

darüber hinaus. Zum einen betrifft die Richtlinie nicht nur den Schutz personenbezogener Daten aus Art. 8 GRCh, sondern auch den Schutz des Grundrechts auf Privatheit und Vertraulichkeit der Kommunikation (Art. 7 GRCh), wie sich aus Art. 1 Abs. 1 und Art. 5 der ePrivacy-RL ergibt. Zum anderen bezweckt die ePrivacy-RL auch den Schutz juristischer Personen (s. Art. 1 Abs. 2 Satz 2 ePrivacy-RL). Dabei enthält die ePrivacy-RL neben bereichsspezifischen Regeln für den Telekommunikationssektor auch Bestimmungen, die allgemeine Geltung beanspruchen bzw. von den Mitgliedstaaten so umgesetzt werden sollen. Dies sind die bereits oben Rz. 1 erwähnten Regelungen zu Cookies sowie zur Werbung per Fernkommunikation (Art. 5 Abs. 3 und Art. 13 ePrivacy-RL).

Im Einzelnen enthält die ePrivacy-RL in materieller Hinsicht folgende Vorschriften: 4

- Art. 4 enthält Vorgaben für die **Sicherheit der Datenverarbeitung** bei Anbietern öffentlich zugänglicher Telekommunikationsdienste und Betreibern öffentlicher Telekommunikationsnetze. Die Vorschrift ist in §§ 109 und 109a TKG in deutsches Recht umgesetzt.
- Art. 5 regelt in Abs. 1 und 2 die **Vertraulichkeit der Kommunikation** und ist insoweit in § 88 TKG umgesetzt. Der Abs. 3 des Art. 5 enthält die Regelung, wonach sog. „**Cookies**" nur mit Einwilligung des Nutzers gespeichert und ausgelesen werden dürfen.
- Art. 6 betrifft den Umgang mit **Verkehrsdaten** durch Betreiber öffentlicher Telekommunikationsdienste und -netze. Im TKG finden sich die Umsetzungsvorschriften dazu in §§ 96 und 97.
- Art. 7 macht sehr knappe Vorgaben zum Thema **Einzelverbindungsnachweise**, welches im TKG in § 99 sehr viel ausführlicher geregelt ist.
- Art. 8 betrifft die **Anzeige der Rufnummer des Anrufers** sowie die Unterdrückung dieser Anzeige. Im TKG finden sich entsprechende Vorschriften in § 102.
- Art. 9 regelt den Umgang mit **Standortdaten, die keine Verkehrsdaten** sind, also generiert werden, obwohl dies zur Abwicklung des Telekommunikationsvorgangs nicht erforderlich ist. Die Vorschrift ist in § 98 TKG in deutsches Recht umgesetzt.
- Art. 10 beschäftigt sich unter der Überschrift „Ausnahmen" zum einen mit der sog. **Fangschaltung** (s. § 101 TKG), zum anderen mit der Übermittlung von Rufnummer und Standort des Anrufers bei **Notrufen** (s. § 108 TKG).
- Art. 11 enthält eine Regelung zur **automatischen Anrufweiterschaltung** (s. § 103 TKG).
- Art. 12 macht Vorgaben für die Erstellung **öffentlicher Teilnehmerverzeichnisse**. Die Regelungen dazu im TKG finden sich in §§ 104 und 105.
- Art. 13 betrifft den Versand **unverlangter Werbung** per Telekommunikation und ist über § 7 UWG in deutsches Recht umgesetzt worden.

5 Die ePrivacy-RL verweist ihrerseits mehrfach auf die alte Datenschutzrichtlinie 95/46/EG, so etwa in Art. 2 (Begriffsbestimmungen), der Definition der Einwilligung sowie in Art. 15 insbesondere für die Themen Rechtsbehelfe, Haftung und Sanktionen. Nach Art. 15 Abs. 3 ePrivacy-RL ist die Artikel 29-Datenschutzgruppe in gleicher Weise wie für den allgemeinen Datenschutz auch für den Bereich der ePrivacy-RL zuständig. All diese Verweise sind gemäß Art. 94 Abs. 2 DSGVO ab 25.5.2018 als Verweise auf die DSGVO zu lesen.

III. Vorrang der ePrivacy-Vorschriften im Einzelnen

6 Mit der Aussage, dass die DSGVO im Anwendungsbereich der ePrivacy-RL keine neuen Pflichten auferlegt und die Regelungen der RL also vorgehen, ist allerdings nur ein Einstieg in die Beantwortung der sich ergebenden **Auslegungs- und Abgrenzungsfragen** gefunden. Bei näherer Analyse zeigen sich solche Fragen in nicht geringer Zahl. Die ePrivacy-RL ist als Richtlinie auf Umsetzung durch die Mitgliedstaaten angewiesen, die dabei naturgemäß voneinander abweichen. In manchen Bestimmungen lässt die ePrivacy-RL erhebliche Umsetzungsspielräume, etwa in Art. 7 zum Thema Einzelverbindungsnachweise oder Art. 10 a) zur Fangschaltung. Weiter regelt die ePrivacy-RL den Komplex Datenverarbeitung bei Telekommunikationsdiensten und -netzen nicht erschöpfend. So ist das Thema Umgang mit Bestandsdaten (s. § 95 TKG) in der ePrivacy-RL nicht geregelt, der Umgang mit Bestands- und Verkehrsdaten zur Bekämpfung von Missbräuchen und Störungen nur sehr punktuell (s. § 100 TKG). Daneben hat der deutsche Gesetzgeber die auf der ePrivacy-RL beruhenden Bestimmungen des TKG um einige eigene Schöpfungen angereichert, beispielsweise die Regelungen in § 98 Abs. 1 Sätze 2 bis 7 zu Ortungsdiensten (Benachrichtigung per SMS bei jeder Ortung, schriftliche Einwilligung des Nutzers). Auch haben die Datenschutzvorschriften des TKG an vielen Stellen einen personell weiteren Anwendungsbereich, als es von der ePrivacy-RL vorgesehen ist. Deren bereichsspezifische Regelungen beziehen sich typischerweise nur auf Betreiber öffentlicher Telekommunikationsnetze und -dienste, während die Regelungen des TKG häufig für sog. „Diensteanbieter" (s. zum Begriff Kommentierung zu § 88 TKG Rz. 13 ff. sowie zu § 91 TKG Rz. 4) gelten und damit einen weiteren personellen Anwendungsbereich haben. Insbesondere gehören zu den Diensteanbietern auch Betreiber nicht-öffentlicher Netze und Dienste.

7 Zur **Reichweite des Anwendungsvorrangs** der ePrivacy-RL wird vertreten, dass er nur so weit gehen soll, wie der Anwendungsbereich der Richtlinie reicht[7]. Dies ist aber in mancherlei Hinsicht zu kurz gedacht: Wie erwähnt bezwecken die ePrivacy-RL und die sie umsetzenden nationalen Gesetze nicht nur den

---

7 So etwa *Keppeler*, MMR 2015, 779 (780); *Nebel/Richter*, ZD 2012, 407 (408); BeckOK DatenschutzR/*Holländer*, Art. 95 DSGVO Rz. 5 und auch die Vorauflage.

Schutz personenbezogener Daten, sondern auch den Schutz des Fernmeldegeheimnisses. Auch wenn die DSGVO eine Vollharmonisierung für den Schutz personenbezogener Daten anstrebt, so ist eine solche Vollharmonisierung jedenfalls einstweilen durch die ePrivacy-RL für den Schutz des Fernmeldegeheimnisses nicht erfolgt. Auch der Wortlaut des Art. 5 Abs. 1 der ePrivacy-RL zeigt diesen Gestaltungsspielraum, indem er den Mitgliedstaaten auferlegt, die „Vertraulichkeit der mit öffentlichen Kommunikationsnetzen und öffentlich zugänglichen Kommunikationsdiensten übertragenen Nachrichten und der damit verbundenen Verkehrsdaten durch innerstaatliche Vorschriften" sicherzustellen. Erwägungsgrund 29 der ePrivacy-RL geht davon aus, dass Diensteanbieter Verkehrsdaten zur Behebung von Störungen und Betrugsbekämpfung verwenden dürfen, regelt diese Themen aber ansonsten nicht näher. Weiterer Beleg für den Gestaltungsspielraum der nationalen Gesetzgeber ist die Judikatur des EuGH zu Art. 15 Abs. 1 der ePrivacy-RL, wonach es den Mitgliedstaaten gestattet ist, Einschränkungen der ePrivacy-RL zur Verfolgung von Urheberrechtsverstößen vorzunehmen[8]. Die Mitgliedstaaten sind demnach durch die (weitgehende) Vollharmonisierung des Datenschutzrechts mit der DSGVO nicht daran gehindert, nationale Sonderregeln zur Ausgestaltung des Fernmeldegeheimnisses zu erlassen. Dies gilt jedenfalls, soweit sich nationale Vorschriften dabei im Harmonisierungsrahmen der ePrivacy-RL bewegen, also nicht direkt von der Richtlinie abweichen. Daraus folgt, dass Ge- und Verbote zum Umgang mit dem Fernmeldegeheimnis unterfallenden personenbezogenen Daten im mitgliedstaatlichen Recht auch dann nicht mit der Vollharmonisierung durch die DSGVO in Konflikt geraten, wenn sie nicht unmittelbar auf die ePrivacy-Richtlinie zurückgeführt werden können. Demgemäß kann beispielsweise das deutsche TKG auch weiterhin Diensteanbieter, die keine öffentlichen Netze und Dienste betreiben (vgl. Kommentierung zu § 88 TKG Rz. 13 ff.), auf das Fernmeldegeheimnis verpflichten und ihnen Vorgaben zum Umgang mit Verkehrsdaten machen. Jedenfalls für den Übergangszeitraum bis zum Inkrafttreten und zur Geltung der ePrivacy-VO (s. oben Rz. 2) behalten damit die Datenschutzvorschriften des TKG einen erheblichen Teil ihres Anwendungsbereichs. Nur wo sie sich außerhalb des skizzierten Gestaltungsspielraums bewegen, ist die Datenverarbeitung an den Maßstäben der DSGVO zu messen[9]. Dies betrifft vor allem den Umgang

---

8 EuGH v. 29.1.2008 – C-275/06, GRUR 2008, 241 = NJW 2008, 743 = CR 2008, 381. Die maßgeblichen Aussagen zum Gestaltungsspielraum des nationalen Gesetzgebers finden sich unter Rz. 50 bis 54 der Urteilsgründe.

9 Anders und m.E. unnötig umständlich *Kremer*, CR 2017, 367 (371), der vorschlägt, erst die Vereinbarkeit von Verarbeitungsvorgängen mit dem TKG, dann mit der DSGVO und nur danach als Gegenprüfung die Vereinbarkeit mit der ePrivacy-RL zu prüfen. Egal wie eng oder weit man den Gestaltungsspielraum des nationalen Gesetzgebers ansetzt, ist eine Prüfung nach DSGVO nur dann angezeigt, wenn sich ergibt, dass ein Verarbeitungsvorgang sich außerhalb des Rahmens bewegt, der national geregelt werden kann.

mit Bestandsdaten, die nicht unter das Fernmeldegeheimnis fallen und in der ePrivacy-RL nicht geregelt sind. Die Einzelheiten dazu werden in der TKG-Kommentierung dargestellt.

IV. Rückausnahme in Art. 21 Abs. 5 DSGVO

8   Eine **Rückausnahme vom Vorrang der ePrivacy-RL** enthält Art. 21 Abs. 5. Danach kann ein Widerspruch gegen eine Datenverarbeitung ungeachtet der ePrivacy-RL mittels automatisierter Verfahren erklärt werden, bei denen (in der DSGVO nicht näher umschriebene oder festgelegte) technische Spezifikationen verwendet werden. Hier geht es etwa um Browsereinstellungen und -signale sowie Gerätekonfigurationen wie beispielsweise ein „Do-not-Track"-Signal[10]. Allerdings ist fraglich, welche Bestimmung der ePrivacy-RL dem entgegenstehen könnte. Gedacht ist womöglich an die Cookie-Regelung des Art. 5 Abs. 3 der ePrivacy-RL, die aber kein Widerspruchsrecht enthält, sondern ein Einwilligungserfordernis. Auch sonst enthält die ePrivacy-RL keine Vorschrift, die sich mit der Ausübung von Widerspruchsrechten gegen Datenverarbeitungsvorgänge befasst oder Anforderungen an die Widerspruchserklärung stellt. Allenfalls könnte man hier an Art. 14 der ePrivacy-RL denken[11], der sich mit technischen Maßnahmen und Normungen befasst, und dessen Abs. 3 erwähnt, dass „erforderlichenfalls" Normen für eine datenschutzfreundliche Gestaltung von Endgeräten erlassen werden können. Art. 21 Abs. 5 verhindert damit den theoretisch denkbaren Einwand, dass die Vorschrift solange nicht angewendet werden könnte, wie keine Normen für Endgeräte nach Art. 14 Abs. 3 ePrivacy-RL verabschiedet wären.

Artikel 96 Verhältnis zu bereits geschlossenen Übereinkünften

Internationale Übereinkünfte, die die Übermittlung personenbezogener Daten an Drittländer oder internationale Organisationen mit sich bringen, die von den Mitgliedstaaten vor dem 24.5.2016 abgeschlossen wurden und die im Einklang mit dem vor diesem Tag geltenden Unionsrecht stehen, bleiben in Kraft, bis sie geändert, ersetzt oder gekündigt werden.

1   Die Vorschrift trifft eine Übergangsregelung für **internationale Übereinkünfte**, die von Mitgliedstaaten vor Inkrafttreten der DSGVO abgeschlossen wurden. Nach der Vorschrift bleiben solche Übereinkünfte in Kraft, wenn sie dem vor

---

10 So *Albrecht*, CR 2016, 88 (93).
11 So Kühling/Büchner/*Herbst*, Art. 21 DSGVO Rz. 45, der als anscheinend bisher einzige Kommentierung zu Art. 21 Überlegungen dazu anstellt, welche Vorschrift der ePrivacy-RL gemeint sein könnte, und auf Art. 14 Abs. 1 ePrivacy-RL verweist.

dem 24.5.2016 geltenden Unionsrecht entsprechen. Gemeint ist damit im hier interessierenden Kontext die EG-Datenschutzrichtlinie. Wie sich aus Erwägungsgrund 102 ergibt, sind die Mitgliedstaaten auch nach Inkrafttreten der DSGVO befugt, internationale Übereinkünfte mit Drittländern zu treffen, die eine Übermittlung von personenbezogenen Daten vorsehen. Sie haben dabei aber ab Inkrafttreten der DSGVO deren Vorgaben zu beachten und vor allem ein angemessenes Schutzniveau vorzusehen. Anders als gelegentlich vertreten[1] hat die vorliegende Bestimmung ihren Anwendungsfall nicht bei Rechtshilfeabkommen, da diese nicht von der DSGVO erfasst werden, sondern von der Datenschutzrichtlinie für Polizei und Justiz (RL (EU) 2016/680), die den Umgang mit personenbezogenen Daten u.a. im Kontext der Strafverfolgung regelt[2]. Eher kommen Abkommen zur Doppelbesteuerung sowie im Bereich grenzüberschreitender Sozialversicherung als Anwendungsfälle in Betracht[3].

Artikel 97 Berichte der Kommission

(1) Bis zum 25.5.2020 und danach alle vier Jahre legt die Kommission dem Europäischen Parlament und dem Rat einen Bericht über die Bewertung und Überprüfung dieser Verordnung vor. Die Berichte werden öffentlich gemacht.

(2) Im Rahmen der Bewertungen und Überprüfungen nach Absatz 1 prüft die Kommission insbesondere die Anwendung und die Wirkungsweise

a) des Kapitels V über die Übermittlung personenbezogener Daten an Drittländer oder an internationale Organisationen insbesondere im Hinblick auf die gemäß Artikel 45 Absatz 3 der vorliegenden Verordnung erlassenen Beschlüsse sowie die gemäß Artikel 25 Absatz 6 der Richtlinie 95/46/EG erlassenen Feststellungen,

b) des Kapitels VII über Zusammenarbeit und Kohärenz

(3) Für den in Absatz 1 genannten Zweck kann die Kommission Informationen von den Mitgliedstaaten und den Aufsichtsbehörden anfordern.

(4) Bei den in den Absätzen 1 und 2 genannten Bewertungen und Überprüfungen berücksichtigt die Kommission die Standpunkte und Feststellungen des Europäischen Parlaments, des Rates und anderer einschlägiger Stellen oder Quellen.

(5) Die Kommission legt erforderlichenfalls geeignete Vorschläge zur Änderung dieser Verordnung vor und berücksichtigt dabei insbesondere die Ent-

---

1 So etwa Plath/*Jenny*, 2. Aufl. 2016, Art. 96 DSGVO sowie Paal/Pauly/*Pauly*, Art. 96 DSGVO Rz. 8 und Auernhammer/*von Lewinski*, Art. 96 DSGVO Rz. 4.
2 So Gierschmann/Schlender/Stentzel/Veil/*Gaitzsch*, Art. 96 DSGVO Rz. 4.
3 Gierschmann/Schlender/Stentzel/Veil/*Gaitzsch*, Art. 96 DSGVO Rz. 4.

Art. 97 DSGVO | Berichte der Kommission

wicklungen in der Informationstechnologie und die Fortschritte in der Informationsgesellschaft.

1 Die Vorschrift ist die **Nachfolgeregelung zu Art. 33 EG-Datenschutzrichtlinie**, im Vergleich zu dieser aber deutlich ausführlicher und detaillierter. Die Vorläufervorschrift hatte lediglich vorgesehen, dass die Kommission regelmäßig über die Anwendung der Richtlinie berichten sollte, und zwar erstmals drei Jahre nach Ablauf der Umsetzungsfrist. Dieser erste Bericht der Kommission zur Durchführung der EG-Datenschutzrichtlinie erschien mit etwa 18 Monaten Verspätung im Mai 2003[1]. Weitere Berichte nach Art. 33 EG-Datenschutzrichtlinie hat die Kommission nicht vorgelegt. Die konkrete Vorgabe an die Kommission, Berichte zur DSGVO im Vier-Jahres-Turnus statt lediglich „regelmäßig" vorzulegen, kann man wohl als Reaktion darauf verstehen, dass nach dem ersten keine weiteren Berichte nach Art. 33 der EG-Datenschutzrichtlinie vorgelegt wurden[2]. In den Erwägungsgründen sind die Berichte nach Art. 97 nicht angesprochen.

2 Abs. 2 des Art. 97 legt **in den Berichten anzusprechende Themen** fest[3]. Im Übrigen ist der Inhalt der Berichte dem Ermessen der Kommission überlassen. Art. 97 Abs. 3 gibt der Kommission die Befugnis, zur Erstellung der Berichte von Mitgliedstaaten und Aufsichtsbehörden Informationen anzufordern. Nach Art. 97 Abs. 4 hat sie für die Berichte die Stellungnahmen des Parlaments und des Rates sowie „anderer einschlägiger Stellen" zu berücksichtigen. Mit letzterem dürften wohl vor allem der Europäische Datenschutzausschuss sowie die nationalen Aufsichtsbehörden und die Jahresberichte des Ausschusses nach Art. 71 sowie die jährlichen Tätigkeitsberichte der Aufsichtsbehörden nach Art. 59 gemeint sein. Daneben steht es der Kommission aber frei, auch Äußerungen jedweder weiteren sachkundigen Stellen und Gremien für ihre Berichte zu berücksichtigen.

3 Art. 97 Abs. 5 erlegt der Kommission auf, die Ergebnisse ihrer Berichterstattung in **Änderungsvorschläge zur DSGVO** einmünden zu lassen. Vorschläge für Gesetzgebungsakte zu unterbreiten ist freilich ohnehin eine Kernaufgabe der Kommission nach Art. 17 Abs. 2 Satz 1 EUV. Deshalb liegt die Bedeutung von Art. 97 Abs. 5 vor allem darin, allgemeine Maßstäbe für solche Vorschläge festzulegen[4].

---

1 Bericht der Kommission – Erster Bericht über die Durchführung der Datenschutzrichtlinie (EG 95/46), KOM/2003/0265 endg. v. 15.5.2003.
2 S. mit gleicher Tendenz Gierschmann/Schlender/Stentzel/Veil/*Gramlich*, Art. 97 DSGVO Rz. 13.
3 S. BeckOK DatenschutzR/*Brink*, Art. 97 DSGVO Rz. 11 sowie Gierschmann/Schlender/Stentzel/Veil/*Gramlich*, Art. 97 DSGVO Rz. 6, der insoweit von obligatorischen Gegenständen der Berichterstattung spricht.
4 So auch Ehmann/Selmayr/*Zerdick*, Art. 97 DSGVO Rz. 9.

Artikel 98 Überprüfung anderer Rechtsakte der Union zum Datenschutz

Die Kommission legt gegebenenfalls Gesetzgebungsvorschläge zur Änderung anderer Rechtsakte der Union zum Schutz personenbezogener Daten vor, damit ein einheitlicher und kohärenter Schutz natürlicher Personen bei der Verarbeitung sichergestellt wird. Dies betrifft insbesondere die Vorschriften zum Schutz natürlicher Personen bei der Verarbeitung solcher Daten durch die Organe, Einrichtungen, Ämter und Agenturen der Union und zum freien Verkehr solcher Daten.

Schrifttum: *Albrecht*, Das neue EU-Datenschutzrecht – von der Richtlinie zur Verordnung, CR 2016, 88.

Auch wenn die DSGVO im Grunde eine Vollharmonisierung des unionsweit anzuwendenden Datenschutzrechts anstrebt, bleiben einige Bereiche anderen Regelungen vorbehalten[1]. Der vorliegende Art. 98 enthält einen **Arbeitsauftrag an die Kommission**, diese Vorschriften zu überprüfen und nötigenfalls erforderliche Änderungsvorschläge zu unterbreiten. Zeitgleich mit der DSGVO erlassen wurden die Richtlinien (EU) 2016/680[2] zur Datenverarbeitung durch Strafverfolgungsbehörden sowie (EU) 2016/681 zum Umgang mit Fluggastdaten[3]. Da sie zeitgleich mit der DSGVO erlassen wurden, dürfte hier ein Aktualisierungsbedarf nicht bestehen. Ebenfalls gemäß Art. 2 Abs. 3 vom Anwendungsbereich ausgenommen ist der Umgang mit personenbezogenen Daten durch die Organe, Einrichtungen, Ämter und Agenturen der Union, der in der Verordnung (EG) 45/2001 geregelt wird[4]. Gerade diese Verordnung wird in Art. 98 Satz 2 mit dem Hinweis auf die Verarbeitung personenbezogener Daten durch Stellen der Union besonders hervorgehoben. Dementsprechend enthalten Erwägungsgrund 17 sowie Art. 2 Abs. 3 Satz 2 der DSGVO den Auftrag an den EU-Gesetzgeber, die Verordnung (EG) 45/2001 auf Änderungsbedarf zu überprüfen und an die

---

1 Kritisch zur Nichteinbeziehung der Verordnung (EG) 45/2001 sowie der Richtlinie 2002/58/EG *Albrecht*, CR 2016, 88 (90).
2 Richtlinie (EU) 2016/680 des Europäischen Parlaments und des Rates v. 27.4.2016 zum Schutz natürlicher Personen bei der Verarbeitung personenbezogener Daten durch die zuständigen Behörden zum Zwecke der Verhütung, Ermittlung, Aufdeckung oder Verfolgung von Straftaten oder der Strafvollstreckung sowie zum freien Datenverkehr und zur Aufhebung des Rahmenbeschlusses 2008/977/JI des Rates, ABl. EU Nr. L 119/89.
3 Richtlinie (EU) 2016/681 des Europäischen Parlaments und des Rates v. 27.4.2016 über die Verwendung von Fluggastdatensätzen (PNR-Daten) zur Verhütung, Aufdeckung, Ermittlung und Verfolgung von terroristischen Straftaten und schwerer Kriminalität, ABl. EU Nr. L 119/132.
4 Verordnung (EG) Nr. 45/2001 des Europäischen Parlaments und des Rates v. 18.12.2000 zum Schutz natürlicher Personen bei der Verarbeitung personenbezogener Daten durch die Organe und Einrichtungen der Gemeinschaft und zum freien Datenverkehr, ABl. EG Nr. L 8/1.

Art. 98 DSGVO | Überprüfung anderer Rechtsakte der Union zum Datenschutz

DSGVO anzupassen. Die Kommission hat dazu im Januar 2017 den Vorschlag einer Verordnung vorgelegt, welche die Verordnung (EG) 45/2001 wie auch den Beschluss Nr. 1247/2002/EG[5] ersetzen soll[6].

2   Weiter geht nach Art. 95 die Richtlinie 2002/58/EG (ePrivacy-Richtlinie) in ihrem Anwendungsbereich der DSGVO vor (vgl. Kommentierung zu Art. 95 DSGVO). Aus Erwägungsgrund 173 folgt insoweit ebenfalls der Auftrag an die Kommission, die ePrivacy-Richtlinie auf Änderungsbedarf zu überprüfen und ggf. Gesetzgebungsvorschläge dazu vorzulegen.

3   Die DSGVO erwähnt weitere Vorschriften des Unionsrechts, die Regelungen zum Umgang mit personenbezogenen Daten enthalten, und bei denen damit eine Überprüfung nach Art. 98 anstehen könnte. Dies sind:

- **Richtlinie 2000/31/EG über den elektronischen Geschäftsverkehr**[7], erwähnt in Erwägungsgrund 21 sowie Art. 2 Abs. 4, jeweils mit der Aussage, dass die Vorschriften zur Verantwortlichkeit der Vermittler in Art. 12–15 der Richtlinie unberührt bleiben, woraus sich folgern lässt, dass solche Vermittler keine verantwortlichen Stellen oder Auftragsverarbeiter im Sinne der DSGVO sein sollen.

- **Richtlinie 2011/24/EU über die Ausübung der Patientenrechte in der grenzüberschreitenden Gesundheitsversorgung**[8], erwähnt in Erwägungsgrund 35 der DSGVO, der ausführt, dass im Zuge der Erbringung von Gesundheitsdienstleistungen erhobene Informationen über natürliche Personen als Gesundheitsdaten im Sinne der DSGVO anzusehen sind. Diese Richtlinie sieht in ihren Art. 4 Abs. 1 Buchst. f sowie Art. 5 Buchst. d Zugangsrechte der Patienten zu ihren Krankenakten vor. Ein Änderungsbedarf ergibt sich hier auf den ersten Blick nicht.

- **Verordnung (EG) Nr. 1338/2008 zu Gemeinschaftsstatistiken über öffentliche Gesundheit und über Gesundheitsschutz und Sicherheit am Arbeits-

---

5 Beschluss Nr. 1247/2002/EG des Europäischen Parlaments, des Rates und der Kommission v. 1.7.2002 über die Regelungen und allgemeinen Bedingungen für die Ausübung der Aufgaben des Europäischen Datenschutzbeauftragten, ABl. Nr. L 183 v. 12.7.2002 S. 1 f.
6 Vorschlag für eine Verordnung des Europäischen Parlaments und des Rates zum Schutz natürlicher Personen bei der Verarbeitung personenbezogener Daten durch die Organe, Einrichtungen und sonstigen Stellen der Union, zum freien Datenverkehr und zur Aufhebung der Verordnung (EG) Nr. 45/2001 und des Beschlusses Nr. 1247/2002/EG, KOM (2017) 8 final v. 10.1.2017.
7 Richtlinie 2000/31/EG des Europäischen Parlaments und des Rates v. 8.6.2000 über bestimmte rechtliche Aspekte der Dienste der Informationsgesellschaft, insbesondere des elektronischen Geschäftsverkehrs, im Binnenmarkt („Richtlinie über den elektronischen Geschäftsverkehr"), ABl. EG Nr. L 178/1.
8 Richtlinie 2011/24/EU des Europäischen Parlaments und des Rates v. 9.3.2011 über die Ausübung der Patientenrechte in der grenzüberschreitenden Gesundheitsversorgung, ABl. Nr. L 88/45.

platz[9], die laut Erwägungsgrund 54 der DSGVO für die Auslegung des Begriffs der „öffentlichen Gesundheit" maßgeblich ist, wobei die Definition aus Art. 3 Buchst. c der Verordnung Nr. 1338/2008 im genannten Erwägungsgrund wiedergegeben ist. Zum Umgang mit personenbezogenen Daten enthält die Verordnung Nr. 1338/2008 in Art. 7 Abs. 1 den Auftrag an die Mitgliedstaaten, diese im Einklang mit den Grundsätzen der Richtlinie 95/46/EG zu schützen.

- **Richtlinie 2003/98/EG über die Weiterverwendung von Informationen des öffentlichen Sektors**[10], geändert durch Richtlinie 2013/37/EU[11]. Wie in Erwägungsgrund 154 erwähnt sind Dokumente, die aus Gründen des Datenschutzes nicht oder nur eingeschränkt zugänglich sind, von der Anwendung dieser Richtlinie ausgenommen.
- **Verordnung (EU) Nr. 536/2014 über klinische Prüfungen mit Humanarzneimitteln**[12], deren Bestimmungen gemäß Erwägungsgrund 161 der DSGVO für die Einwilligung in die Teilnahme an klinischen Prüfungen gelten sollen. Die Verordnung Nr. 536/2014 enthält dazu detaillierte Vorgaben. Vorgaben für den Umgang mit personenbezogenen Daten enthält die Verordnung Nr. 536/2014 in ihren Art. 56, 81 und 93.
- **Verordnung (EG) Nr. 223/2009 über europäische Statistiken**[13], die, wie in Erwägungsgrund 163 der DSGVO erwähnt, Regelungen zum Statistikgeheimnis enthält. Im deutschen Recht ist die Regelung des Statistikgeheimnisses in § 16 Bundesstatistikgesetz sowie entsprechenden Landesgesetzen zu finden.

Daneben wird das Recht der Europäischen Union noch an zahlreichen weiteren Stellen Vorschriften zum Umgang mit personenbezogenen Daten enthalten.

---

9 Verordnung (EG) Nr. 1338/2008 des Europäischen Parlaments und des Rates v. 16.12. 2008 zu Gemeinschaftsstatistiken über öffentliche Gesundheit und über Gesundheitsschutz und Sicherheit am Arbeitsplatz, ABl. EU Nr. L 119/1.
10 Richtlinie 2003/98/EG des Europäischen Parlaments und des Rates v. 17.11.2003 über die Weiterverwendung von Informationen des öffentlichen Sektors, ABl. Nr. L 345/90.
11 Richtlinie 2013/37/EU des Europäischen Parlaments und des Rates v. 26.6.2013 zur Änderung der Richtlinie 2003/98/EG über die Weiterverwendung von Informationen des öffentlichen Sektors, ABl. EU Nr. L 175/1.
12 Verordnung (EU) Nr. 536/2014 des Europäischen Parlaments und des Rates v. 16.4. 2014 über klinische Prüfungen mit Humanarzneimitteln und zur Aufhebung der Richtlinie 2001/20/EG, ABl. EU Nr. L 158/1.
13 Verordnung (EG) Nr. 223/2009 des Europäischen Parlaments und des Rates v. 11.3. 2009 über europäische Statistiken und zur Aufhebung der Verordnung (EG, Euratom) Nr. 1101/2008 des Europäischen Parlaments und des Rates über die Übermittlung von unter die Geheimhaltungspflicht fallenden Informationen an das Statistische Amt der Europäischen Gemeinschaften, der Verordnung (EG) Nr. 322/97 des Rates über die Gemeinschaftsstatistiken und des Beschlusses 89/382/EWG, Euratom des Rates zur Einsetzung eines Ausschusses für das Statistische Programm der Europäischen Gemeinschaften, ABl. EU Nr. L 87/164.

Art. 98 DSGVO | Überprüfung anderer Rechtsakte der Union zum Datenschutz

Eine Suche in der EUR-Lex-Datenbank zu Stichworten wie „Datenschutz" oder auch „Richtlinie 95/46/EG" liefert hunderte von Treffern. Angesichts dieses Umfangs ist in dieser Kommentierung eine Auswertung danach, ob und inwieweit in diesen Rechtsakten aufgrund der DSGVO ein Änderungsbedarf besteht, nicht leistbar.

Artikel 99 Inkrafttreten und Anwendung

(1) Diese Verordnung tritt am zwanzigsten Tag nach ihrer Veröffentlichung im Amtsblatt der Europäischen Union in Kraft.
(2) Sie gilt ab dem 25.5.2018.

1 Die Vorschrift regelt das **Inkrafttreten** und den **Beginn der Geltung** der DSGVO. Die Verordnung wurde am 4.5.2016 im Amtsblatt der EU veröffentlicht (ABl. Nr. L 119 v. 4.5.2016, S. 1), so dass sie am 24.5.2016 in Kraft getreten ist. Gelten soll die Verordnung jedoch erst zwei Jahre später, ab dem 25.5.2018. Das bedeutet, dass erst ab diesem Zeitpunkt die DSGVO im Sinne von Art. 288 Abs. 2 AEUV unmittelbar geltendes Recht in allen Mitgliedstaaten ist. Damit wird für Datenverarbeitungsmaßnahmen, die bei Inkrafttreten der DSGVO bereits andauern, ein zweijähriger Übergangszeitraum geschaffen (s. Erwägungsgrund 171), der in der Praxis auch dringend erforderlich ist. Bemerkenswerterweise sah die EG-Datenschutzrichtlinie seinerzeit für die Umsetzung längere Zeiträume vor, nämlich drei Jahre bzw. für manuelle Datenverarbeitungen sogar zwölf Jahre (s. Art. 32 Abs. 1 und Abs. 2 EG-Datenschutzrichtlinie).

2 Die **Unterscheidung zwischen Inkrafttreten einerseits und Geltung** der DSGVO andererseits lässt sich auf den Übergangszeitraum zurückführen. Die Verordnung verweist an mehreren Stellen auf den 24.5.2016 als Weichenstellung. Nach Art. 54 Abs. 1 Buchst. d kann die erste Amtszeit von Mitgliedern von Aufsichtsbehörden kürzer als die sonst vorgesehenen mindestens vier Jahre sein, „wenn eine zeitlich versetzte Ernennung zur Wahrung der Unabhängigkeit der Aufsichtsbehörde notwendig ist". Gemäß Art. 92 Abs. 2 ist die Kommission ab dem 24.5.2016 zum Erlass von delegierten Rechtsetzungsakten ermächtigt (s. näher dort). Nach Art. 96 ist der 24.5.2016 Stichtag für die Beurteilung von durch Mitgliedstaaten getroffene internationale Übereinkünfte und darin vorgesehene Datenübermittlungen (vgl. näher Kommentierung zu Art. 96 DSGVO). Statt der DSGVO gilt bis dahin noch die EG-Datenschutzrichtlinie und ist Maßstab für die Rechtmäßigkeit von Datenverarbeitungsvorgängen (vgl. auch Art. 94, wonach die EG-Datenschutzrichtlinie erst zum 25.5.2018 aufgehoben wird). In der Zusammenschau zeigt sich, dass die organisatorischen Regelungen der Verordnung sowie die in ihr enthaltenen Vorgaben für die Mitgliedstaaten ab dem Inkrafttreten verbindlich sein sollen. Für die Datenverarbeitung selbst gilt sie jedoch erst nach Ablauf des Übergangszeitraums.

Bundesdatenschutzgesetz (BDSG)

Teil 1
Gemeinsame Bestimmungen

Kapitel 1
Anwendungsbereich und Begriffsbestimmungen

§ 1 Anwendungsbereich des Gesetzes

(1) Dieses Gesetz gilt für die Verarbeitung personenbezogener Daten durch
1. öffentliche Stellen des Bundes,
2. öffentliche Stellen der Länder, soweit der Datenschutz nicht durch Landesgesetz geregelt ist und soweit sie
   a) Bundesrecht ausführen oder
   b) als Organe der Rechtspflege tätig werden und es sich nicht um Verwaltungsangelegenheiten handelt.

Für nichtöffentliche Stellen gilt dieses Gesetz für die ganz oder teilweise automatisierte Verarbeitung personenbezogener Daten sowie die nichtautomatisierte Verarbeitung personenbezogener Daten, die in einem Dateisystem gespeichert sind oder gespeichert werden sollen, es sei denn, die Verarbeitung durch natürliche Personen erfolgt zur Ausübung ausschließlich persönlicher oder familiärer Tätigkeiten.

(2) Andere Rechtsvorschriften des Bundes über den Datenschutz gehen den Vorschriften dieses Gesetzes vor. Regeln sie einen Sachverhalt, für den dieses Gesetz gilt, nicht oder nicht abschließend, finden die Vorschriften dieses Gesetzes Anwendung. Die Verpflichtung zur Wahrung gesetzlicher Geheimhaltungspflichten oder von Berufs- oder besonderen Amtsgeheimnissen, die nicht auf gesetzlichen Vorschriften beruhen, bleibt unberührt.

(3) Die Vorschriften dieses Gesetzes gehen denen des Verwaltungsverfahrensgesetzes vor, soweit bei der Ermittlung des Sachverhalts personenbezogene Daten verarbeitet werden.

(4) Dieses Gesetz findet Anwendung auf öffentliche Stellen. Auf nichtöffentliche Stellen findet es Anwendung, sofern
1. der Verantwortliche oder Auftragsverarbeiter personenbezogene Daten im Inland verarbeitet,
2. die Verarbeitung personenbezogener Daten im Rahmen der Tätigkeiten einer inländischen Niederlassung des Verantwortlichen oder Auftragsverarbeiters erfolgt oder

§ 1 BDSG | Anwendungsbereich des Gesetzes

3. der Verantwortliche oder Auftragsverarbeiter zwar keine Niederlassung in einem Mitgliedstaat der Europäischen Union oder in einem anderen Vertragsstaat des Abkommens über den Europäischen Wirtschaftsraum hat, er aber in den Anwendungsbereich der Verordnung (EU) 2016/679 des Europäischen Parlaments und des Rates vom 27. April 2016 zum Schutz natürlicher Personen bei der Verarbeitung personenbezogener Daten, zum freien Datenverkehr und zur Aufhebung der Richtlinie 95/46/EG (Datenschutz-Grundverordnung) (ABl. Nr. L 119 vom 4.5.2016, S. 1; L 314 vom 22.11.2016, S. 72) fällt.

Sofern dieses Gesetz nicht gemäß Satz 2 Anwendung findet, gelten für den Verantwortlichen oder Auftragsverarbeiter nur die §§ 8 bis 21, 39 bis 44.

(5) Die Vorschriften dieses Gesetzes finden keine Anwendung, soweit das Recht der Europäischen Union, im Besonderen die Verordnung (EU) 2016/679 in der jeweils geltenden Fassung, unmittelbar gilt.

(6) Bei Verarbeitungen zu Zwecken gemäß Artikel 2 der Verordnung (EU) 2016/679 stehen die Vertragsstaaten des Abkommens über den Europäischen Wirtschaftsraum und die Schweiz den Mitgliedstaaten der Europäischen Union gleich. Andere Staaten gelten insoweit als Drittstaaten.

(7) Bei Verarbeitungen zu Zwecken gemäß Artikel 1 Absatz 1 der Richtlinie (EU) 2016/680 des Europäischen Parlaments und des Rates vom 27. April 2016 zum Schutz natürlicher Personen bei der Verarbeitung personenbezogener Daten durch die zuständigen Behörden zum Zweck der Verhütung, Ermittlung, Aufdeckung oder Verfolgung von Straftaten oder der Strafvollstreckung sowie zum freien Datenverkehr und zur Aufhebung des Rahmenbeschlusses 2008/977/JI des Rates (ABl. Nr. L 119 vom 4.5.2016, S. 89) stehen die bei der Umsetzung, Anwendung und Entwicklung des Schengen-Besitzstands assoziierten Staaten den Mitgliedstaaten der Europäischen Union gleich. Andere Staaten gelten insoweit als Drittstaaten.

(8) Für Verarbeitungen personenbezogener Daten durch öffentliche Stellen im Rahmen von nicht in die Anwendungsbereiche der Verordnung (EU) 2016/679 und der Richtlinie (EU) 2016/680 fallenden Tätigkeiten finden die Verordnung (EU) 2016/679 und die Teile 1 und 2 dieses Gesetzes entsprechend Anwendung, soweit nicht in diesem Gesetz oder einem anderen Gesetz Abweichendes geregelt ist.

I. Einführung	1	1. Anwendbarkeit auf öffentliche Stellen des Bundes	5
1. Normaufbau	2		
2. Verhältnis zur DSGVO	3	2. Anwendbarkeit auf öffentliche Stellen der Länder	6
3. Änderungen gegenüber dem BDSG-alt	4	3. Anwendbarkeit auf nichtöffentliche Stellen	8
II. Persönlicher und sachlicher Anwendungsbereich des BDSG (Abs. 1)	5	4. Anwendbarkeit auf Polizei und Justiz	12

III. Verhältnis zu anderen Vorschriften, Berufs- und Amtsgeheimnissen (Abs. 2) 13
IV. Verhältnis zum Verwaltungsverfahrensgesetz (Abs. 3) 18
V. Räumlicher Anwendungs-
bereich (Abs. 4) 19
   1. Räumlicher Anwendungsbereich
bei öffentlichen Stellen 20
   2. Räumlicher Anwendungsbereich
bei nichtöffentlichen Stellen . . . 21
     a) Anwendbarkeit wegen Ver-
arbeitung im Inland 22
     b) Anwendbarkeit wegen in-
ländischer Niederlassung . . 25
     c) Anwendbarkeit bei Nieder-
lassungen nur in Drittstaaten 27
     d) Gesonderte Anwendbarkeit
bei nichtöffentlichen Stellen 28

     e) Anwendbarkeit beim Daten-
transit 29
VI. Vorrang des EU-Rechts
(Abs. 5) 30
VII. Drittstaatenregelung
(Abs. 6) 31
VIII. Schengen-Staaten (Abs. 7) . . . 32
IX. Entsprechende Anwendbarkeit
der DSGVO auf öffentliche
Stellen (Abs. 8) 33
X. Verhältnis der DSGVO zum
BDSG (Öffnungsklauseln) . . . 34
   1. Einführung 34
   2. Kategorisierung der Öffnungs-
klauseln 35
   3. Auswirkungen für die Praxis . . 43
   4. Rechtsfolgen bei Unvereinbarkeit mit der DSGVO 47

Schrifttum: *Kremer,* Wer braucht warum das neue BDSG? Auseinandersetzung mit wesentlichen Inhalten des BDSG n.F., CR 2017, 367; *Lauber-Rönsberg/Hartlaub,* Personenbildnisse im Spannungsfeld zwischen Äußerungs- und Datenschutzrecht, NJW 2017, 1057.

I. Einführung

Das BDSG tritt zeitgleich mit der DSGVO zum 25.5.2018 in Kraft und ersetzt zum selben Zeitpunkt das BDSG-alt[1]. Das neue BDSG dient vor allem der Ausfüllung der diversen Öffnungsklauseln der DSGVO (s. dazu im Detail nachfolgend unter Rz. 34 ff.). Weiterhin ist mit dem BDSG die Datenschutzrichtlinie für Polizei und Justiz (Richtlinie (EU) 2016/680)[2] umgesetzt worden. Vor diesem Hintergrund etabliert das BDSG kein in sich geschlossenes und schon gar kein stringent strukturiertes Regelungswerk, sondern enthält eher fragmentarische Regelungen zu ausgewählten Themenkomplexen. Darüber hinaus enthält das BDSG diverse Rückverweise auf die DSGVO. Diese unglückliche Mechanik führt dazu, dass das BDSG kaum isoliert gelesen werden kann, sondern nur im Kontext mit der DSGVO. Insgesamt wäre es wünschenswert gewesen, wenn der

1

---

1 Vgl. Art. 8 Abs. 1 Satz 1 Datenschutz-Anpassungs- und Umsetzungsgesetz EU.
2 Richtlinie (EU) 2016/680 des Europäischen Parlaments und des Rates v. 27.4.2016 zum Schutz natürlicher Personen bei der Verarbeitung personenbezogener Daten durch die zuständigen Behörden zum Zweck der Verhütung, Ermittlung, Aufdeckung oder Verfolgung von Straftaten oder der Strafvollstreckung sowie zum freien Datenverkehr und zur Aufhebung des Rahmenbeschlusses 2008/977/JI des Rates (ABl. Nr. L 119 v. 4.5.2016, S. 89).

deutsche Gesetzgeber hier mehr Übersicht und Sorgfalt an den Tag gelegt hätte. Vor allem wäre es sinnvoll gewesen, unter Bezugnahme auf die jeweiligen Öffnungsklauseln ganz konkret eben nur diejenigen Spielräume auszufüllen, welche die DSGVO gewährt. Leider ist man diesen Weg nicht gegangen. Vielmehr hat man den Versuch unternommen, möglichst viele Regelungen des BDSG-alt zu übernehmen bzw. zu „retten", was vielfach zu Unklarheiten und Abgrenzungsfragen führt, die hätten vermieden werden können.

1. Normaufbau

2   Die Norm regelt den Anwendungsbereich des Gesetzes und stellt damit eine Zentralnorm des neuen BDSG dar. Denn nur wenn der Anwendungsbereich eröffnet ist, muss sich der Verantwortliche überhaupt mit den Vorgaben des BDSG befassen. § 1 Abs. 1 regelt zunächst, unter welchen Voraussetzungen das BDSG auf öffentliche und nichtöffentliche Stellen Anwendung findet, also den **sachlichen Anwendungsbereich**. § 1 Abs. 2 und 3 regeln das **Verhältnis zu weiteren Rechtsvorschriften**. § 1 Abs. 4 ergänzt sodann die Regelungen zur Anwendbarkeit des BDSG in **territorialer Hinsicht**. § 1 Abs. 5 regelt das Verhältnis insbesondere zur **DSGVO** und deren Vorrang. § 1 Abs. 6 und Abs. 7 enthalten Sonderregelungen zur Definition der „**Drittstaaten**", die für den internationalen Datentransfer relevant sind. § 1 Abs. 8 enthält Sonderregelungen für die Verarbeitung durch öffentliche Stellen.

2. Verhältnis zur DSGVO

3   Die Frage des Verhältnisses des BDSG zur DSGVO ist für die Praxis von zentraler Bedeutung, denn der Rechtsanwender hat sich mitunter mit divergierenden Regelungen auseinanderzusetzen und muss daher vor allem wissen, welche Regelung im Konfliktfall Vorrang genießt. Die Anwendbarkeit des BDSG richtet sich nach § 1. In der DSGVO ist die entsprechende Thematik in den Art. 2 DSGVO (Sachlicher Anwendungsbereich) und Art. 3 DSGVO (Räumlicher Anwendungsbereich) geregelt.

Nach § 1 Abs. 5 findet das BDSG keine Anwendung, soweit die DSGVO – oder sonstiges EU-Recht – unmittelbar gilt. Diese unmittelbare Wirkung des EU-Rechts ist mit Blick auf die DSGVO grundsätzlich gegeben, da der DSGVO als Verordnung unmittelbare Wirkung zukommt. Damit ergibt sich folgendes **Prüfungsschema** zur Frage der Anwendbarkeit des BDSG im Spannungsverhältnis zur DSGVO.

Voraussetzungen für die Anwendbarkeit des BDSG sind:

– Variante 1: Keine unmittelbar wirkende Regelung der DSGVO (einschlägig könnten also Fälle sein, die sich außerhalb des territorialen oder sachlichen Anwendungsbereichs der DSGVO bewegen, s. dazu das Beispiel unter Rz. 24);

- Variante 2: Unmittelbar wirkende Regelung der DSGVO, jedoch Eröffnung eines Umsetzungsspielraums durch eine Öffnungsklausel;
- Eröffnung des persönlichen Anwendungsbereichs des BDSG (§ 1 Abs. 1);
- Eröffnung des territorialen Anwendungsbereichs des BDSG (§ 1 Abs. 4);
- Keine vorrangige Anwendbarkeit sonstigen Bundesrechts (§ 1 Abs. 2).

Für die Praxis empfiehlt sich, die Prüfung mit der grundsätzlich vorrangigen DSGVO zu beginnen. Nur wenn diese überhaupt Platz lässt für das BDSG, insbesondere im Rahmen einer Öffnungsklausel oder weil der Anwendungsbereich der DSGVO nicht eröffnet ist, stellt sich die Frage, ob das BDSG auf den betreffenden Sachverhalt zur Anwendung kommt. Allerdings ist die Prüfung damit noch nicht abgeschlossen. Denn regelmäßig schließt sich die Frage an, ob die nationale Regelung des BDSG überhaupt wirksam ist, oder ob sie ggf. die Grenzen der einschlägigen Öffnungsklausel der DSGVO überschreitet (s. nachfolgend Rz. 34).

3. Änderungen gegenüber dem BDSG-alt

Die Regelungen zum **sachlichen Anwendungsbereich** des BDSG entsprechen zu weiten Teilen den Regelungen des ehemaligen § 1 BDSG-alt. Auch weiterhin wird zwischen öffentlichen und nichtöffentlichen Stellen unterschieden. Ebenso findet sich weiterhin das Erfordernis einer **automatisierten Verarbeitung** bzw. jedenfalls eines sog. „Dateibezugs", damit das BDSG im nichtöffentlichen Bereich zu Anwendung gelangen kann. Zum Teil deutliche Abweichungen ergeben sich indes hinsichtlich des **räumlichen Anwendungsbereichs** (s. nachfolgend Rz. 19). Dieser Umstand erfordert in der Praxis eine Neubewertung bestehender Sachverhalte insbesondere mit internationalem Bezug. 4

II. Persönlicher und sachlicher Anwendungsbereich des BDSG (Abs. 1)

1. Anwendbarkeit auf öffentliche Stellen des Bundes

§ 1 Abs. 1 sieht vor, dass das BDSG auf die Verarbeitung personenbezogener Daten durch **öffentliche Stellen des Bundes** stets Anwendung findet. Der Begriff der „Verarbeitung" ist im BDSG nicht definiert. Insoweit gilt die Definition des Art. 4 Nr. 2 DSGVO[3]. Definiert sind diese öffentlichen Stellen des Bundes in § 2 Abs. 1. Zu beachten ist allerdings der in § 1 Abs. 2 geregelte Vorrang anderer datenschutzrechtlicher Rechtsvorschriften des Bundes. 5

---

3 *Piltz*, § 1 BDSG Rz. 3.

2. Anwendbarkeit auf öffentliche Stellen der Länder

6   Für **öffentliche Stellen der Länder** – definiert in § 2 Abs. 1 – gilt der Vorrang landesgesetzlicher Regelungen. Nach wie vor gelten für die öffentlichen Stellen der Länder also zunächst die jeweiligen **Landesdatenschutzgesetze**. Zudem findet das BDSG auf diese Stellen nur dann Anwendung, wenn sie zusätzlich Bundesrecht ausführen oder als Organe der Rechtspflege tätig sind[4]. Mit Blick auf den Vorrang der Landesgesetze wird von Fall zu Fall zu prüfen sein, ob die bestehenden und noch nicht angepassten Gesetze mit der höherrangigen DSGVO im Einklang stehen[5].

7   Der Schutz des BDSG ist im Bereich der öffentlichen Stellen insoweit **umfassend und ausnahmslos**, als dass weder eine automatisierte Verarbeitung noch ein sonstiger Dateibezug gefordert wird. Er greift also bei allen Formen der Verarbeitung durch öffentliche Stellen unabhängig davon, ob die Verarbeitung automatisiert erfolgt oder nicht. Geschützt wird damit insbesondere auch die Verarbeitung von personenbezogenen Daten in physischen Akten der Behörden.

3. Anwendbarkeit auf nichtöffentliche Stellen

8   Für **nichtöffentliche Stellen** – also den „privaten" Bereich – gilt das BDSG nur dann, wenn folgende Voraussetzungen erfüllt sind: (i) es liegt eine ganz oder teilweise **automatisierte** Verarbeitung personenbezogener Daten vor, oder (ii) es liegt zwar eine **nichtautomatisierte** Verarbeitung personenbezogener Daten vor, jedoch sind die Daten in einem **Dateisystem** gespeichert oder sollen dort gespeichert werden.

9   Die Regelungen zur Anwendbarkeit des BDSG auf nichtöffentliche Stellen ähneln denen des ehemaligen § 1 Abs. 2 Nr. 3 BDSG-alt und entsprechen weitgehend wortgleich der entsprechenden Regelung des Art. 2 Abs. 1 DSGVO, welche den sachlichen Anwendungsbereich der DSGVO normiert. Insoweit sei zur Auslegung der gewählten Begrifflichkeiten auf die dortige Kommentierung verwiesen (Art. 2 DSGVO Rz. 5 ff.). Zu beachten ist, dass bereits die Absicht der Speicherung („oder gespeichert werden sollen") ausreicht, um die Anwendbarkeit des BDSG zu begründen[6].

10 Zudem ist das BDSG auch bei Erfüllung der vorstehenden Voraussetzungen dann nicht anwendbar, wenn die Verarbeitung durch natürliche Personen erfolgt zur Ausübung ausschließlich **persönlicher oder familiärer** Tätigkeiten (sog. **Haushaltsausnahme**). Neu gegenüber dem BDSG-alt ist insoweit, dass die

---

4 So auch *Kremer*, CR 2017, 367 (370).
5 Zu den Konsequenzen fehlender Anpassungen der Landesgesetze an die DSGVO s. *Kremer*, CR 2017, 367 (370).
6 *Piltz*, § 1 BDSG Rz. 5.

Nichtanwendbarkeit des BDSG nur dann gilt, wenn die Verarbeitung durch eine **natürliche Person** erfolgt. Verarbeitet ein Unternehmen oder eine sonstige **juristische Person** personenbezogene Daten, so unterliegt sie den Regelungen des BDSG auch dann noch, wenn die Verarbeitung zu persönlichen oder familiären Zwecken erfolgt[7]. Dies betrifft vor allem Tätigkeiten innerhalb von **Vereinen oder Kirchengemeinden**, unabhängig davon, ob sie kommerzieller Natur sind. Zur Frage, welche Tätigkeiten als **familiär oder persönlich** angesehen werden können, sei auf die Kommentierung zu Art. 2 DSGVO Rz. 21 verwiesen[8]. Auch insoweit entspricht die Regelung des BDSG fast wortgleich der entsprechenden Regelung der DSGVO.

Eine Sonderregelung gilt für den Bereich des **Beschäftigtendatenschutzes**. Insoweit sieht § 26 Abs. 7, wie schon der ehemalige § 32 BDSG-alt, vor, dass in diesem Bereich **kein Dateibezug** erforderlich ist, um die Anwendbarkeit des BDSG zu begründen. 11

4. Anwendbarkeit auf Polizei und Justiz

Zu beachten ist, dass die **Vorschriften des Teils 3** des BDSG (§§ 45 bis 84) die **Datenschutzrichtlinie für Polizei und Justiz** umsetzen und damit ausschließlich für die Verarbeitung personenbezogener Daten durch die für die Verhütung, Ermittlung, Aufdeckung, Verfolgung oder Ahndung von Straftaten oder Ordnungswidrigkeiten zuständigen öffentlichen Stellen gelten, soweit sie Daten zum Zweck der Erfüllung dieser Aufgaben verarbeiten (vgl. § 45). Teil 3 des BDSG findet damit auf den privaten Sektor keine Anwendung. Unglücklich ist, dass dieser Umstand aufgrund des Aufbaus des Gesetzes leicht übersehen werden kann. Ein Leser, der mit dem BDSG nicht vertieft vertraut ist, wird sich nicht immer unmittelbar bewusst sein, dass eine Norm des Teils 3 nur dann zur Anwendung kommt, wenn die Eingangsvoraussetzungen des § 45 gegeben sind. Denn allein beim Lesen der einzelnen Normen des Teils 3 ist aufgrund der gewählten Terminologien nicht erkennbar, dass diese allein für den Bereich der Polizei und Justiz gelten. 12

III. Verhältnis zu anderen Vorschriften, Berufs- und Amtsgeheimnissen (Abs. 2)

§ 1 Abs. 2 regelt den **Vorrang** anderer **Rechtsvorschriften des Bundes** über den Datenschutz[9]. Das BDSG gilt somit gegenüber allen Rechtsvorschriften des Bun- 13

---

7 So im Ergebnis auch *Piltz*, § 1 BDSG Rz. 9.
8 Zur umstrittenen Frage, ob z.B. Dashcams unter diese Haushaltsausnahme fallen, s. *Piltz*, § 1 BDSG Rz. 11.
9 Zum Vorrang des KUG und dem Verhältnis des KUG zur DSGVO vgl. *Lauber-Rönsberg/Hartlaub*, NJW 2017, 1057.

§ 1 BDSG | Anwendungsbereich des Gesetzes

des **subsidiär**, die die Verarbeitung personenbezogener Daten regeln. Rechtsvorschriften sind sowohl formelle als auch materielle Gesetze, so dass auch Verordnungen und Satzungen der bundesunmittelbaren Körperschaften, Anstalten und Stiftungen vorrangig sind.

14 In § 1 Abs. 2 Satz 2 ist ausdrücklich normiert, dass der Vorrang nicht pauschal gilt, sondern – wie schon unter dem BDSG-alt – nur insoweit, als eine vorrangige Regelung existiert. In der Praxis ist also nicht nur zu prüfen, ob überhaupt ein vorrangiges Gesetz existiert, sondern auch, ob dieses Gesetz eben den Sachverhalt regelt, der von den Regelungen des BDSG erfasst ist.

15 Die Verpflichtung zur Wahrung **gesetzlicher Geheimhaltungspflichten** oder von **Berufs- oder besonderen Amtsgeheimnissen**, die nicht auf gesetzlichen Vorschriften beruhen, bleibt unberührt. Wenn also z.B. das Anwaltsgeheimnis den Anwalt dazu verpflichtet, bestimmte Mandantendaten geheim zu halten, so geht diese Pflicht denjenigen Normen des BDSG vor, die ansonsten eine Herausgabe solcher Daten anordnen würden. Damit entspricht diese Regelung weitestgehend der Vorgängernorm des § 1 Abs. 4 BDSG-alt. Ein absoluter Vorrang der Geheimhaltungspflichten, der zur gänzlichen Unanwendbarkeit des BDSG führen würde, ergibt sich daraus aber gerade nicht. Vielmehr gehen die Geheimhaltungspflichten dem BDSG nur insoweit vor, als das BDSG keinen strengeren Schutz personenbezogener Daten anordnet; ansonsten gilt das BDSG als „**Minimalstandard**".

16 Die Geheimhaltungspflichten können gesetzlicher, beruflicher oder amtlicher Natur sein. Eine **gesetzliche Geheimhaltungspflicht** setzt eine ausdrückliche Kodifizierung voraus. Beispiele hierfür sind u.a. das Anwaltsgeheimnis (§ 43a BRAO), das Notargeheimnis (§ 18 BNotO), das Steuergeheimnis (§ 30 AO), das Fernmeldegeheimnis (§ 88 TKG) sowie das Geschäfts- und Betriebsgeheimnis (§ 17 UWG). Unter die **beruflichen Geheimhaltungspflichten**, die nicht gesetzlich festgelegt, aber ebenso von der Norm erfasst sind, fallen z.B. die Schweigepflicht der Ärzte und der Psychologen sowie das Bankgeheimnis. Ebenso fällt das Beichtgeheimnis unter den Vorbehalt der Geheimhaltungspflichten.

17 **Vertragliche Geheimhaltungspflichten** werden nach dem klaren Wortlaut des § 1 Abs. 2 nicht von dieser Norm erfasst. Das BDSG kann also nicht dadurch umgangen werden, dass sich zwei Vertragsparteien auf eine Geheimhaltungsklausel mit bestimmten Ausnahmen verständigen, nach denen eine Offenlegung personenbezogener Daten über die Beschränkungen des BDSG hinaus möglich sein soll. In solchen Fällen bleibt das BDSG anwendbar.

IV. Verhältnis zum Verwaltungsverfahrensgesetz (Abs. 3)

18 Die Vorschriften des BDSG gehen denen des Verwaltungsverfahrensgesetzes vor, soweit bei der Ermittlung des Sachverhalts personenbezogene Daten ver-

arbeitet werden. Diese Regelung entspricht Wortgleich der des § 1 Abs. 4 BDSG-alt. Der Begriff der „Ermittlung" greift hier zu kurz. Der Vorrang des BDSG gilt auch für die weitere Verarbeitung personenbezogener Daten[10].

V. Räumlicher Anwendungsbereich (Abs. 4)

Hinsichtlich des räumlichen Anwendungsbereichs unterscheidet § 1 Abs. 4 zwischen öffentlichen Stellen und nichtöffentlichen Stellen. 19

1. Räumlicher Anwendungsbereich bei öffentlichen Stellen

Auf **öffentliche Stellen** findet das BDSG stets Anwendung (§ 1 Abs. 4 Satz 1). Selbstverständlich sind damit lediglich **deutsche** öffentliche Stellen, also nicht etwa auch ausländische Behörden gemeint, wie sich aus den Definitionen des § 2 Abs. 1 und Abs. 2 ergibt. Weiterhin ist die Regelung des § 1 Abs. 4 Satz 1 ihrem Wortlaut nach insoweit überschießend, als hier die unbeschränkte Anwendbarkeit des BDSG auf öffentliche Stellen angeordnet wird. Eine solche Wortlautauslegung war indes nicht intendiert, da sich in § 1 Abs. 1 bestimmte Einschränkungen hinsichtlich der Anwendbarkeit des BDSG auf öffentliche Stellen der Länder finden. Insofern ist § 1 Abs. 4 dahingehend zu lesen, dass hier lediglich der räumliche Anwendungsbereich geregelt wird. 20

2. Räumlicher Anwendungsbereich bei nichtöffentlichen Stellen

Auf **nichtöffentliche Stellen** findet das BDSG hingegen nur dann Anwendung, wenn eine der drei nachfolgend dargestellten Voraussetzungen des § 1 Abs. 4 Satz 2 erfüllt ist. Bei diesen Voraussetzungen handelt es sich um gleichwertige Varianten, verdeutlicht durch die „oder"-Verbindung. 21

a) Anwendbarkeit wegen Verarbeitung im Inland

Die **erste Variante** stellt auf die **Verarbeitung „im Inland"** ab. Damit ist räumliche Anwendungsbereich des BDSG stets eröffnet, wenn die Verarbeitung in Deutschland stattfindet, also typischerweise, wenn etwa ein Server in einem deutschen Rechenzentrum betrieben wird[11]. Maßgeblich ist also allein der **Ort der Verarbeitung**. Nicht relevant ist hingegen, wo das Unternehmen seinen Sitz hat, also ob es sich um ein deutsches oder ein ausländische Unternehmen handelt[12]. 22

---

10 *Piltz*, § 1 BDSG Rz. 24.
11 *Piltz*, § 1 BDSG Rz. 29.
12 *Piltz*, § 1 BDSG Rz. 29.

Ebenso ist unbeachtlich, ob das Unternehmen seinen Sitz in der EU oder einem Drittstaat hat.

23 Wenn in der Norm auf die Tätigkeit des Verantwortlichen „oder" des Auftragsverarbeiters abgestellt wird, so fragt sich, ob am Ende nur dasjenige Unternehmen dem BDSG unterliegen soll, welches die Verarbeitung in Deutschland vornimmt, also z.b. nur der Auftragsverarbeiter. Mit Blick auf Sinn und Zweck der Regelung dürfte diese Norm allerdings dahingehend auszulegen sein, dass bei einer Verarbeitung durch den Auftragsverarbeiter im Inland stets das BDSG zur Anwendung kommt und somit ebenso für den beauftragenden Verantwortlichen gilt, also auch wenn der Verantwortliche selbst keine inländische Verarbeitung vornimmt, sondern diese lediglich durch den Auftragsverarbeiter vornehmen lässt.

24 Bemerkenswert ist, dass das BDSG damit einen **anderen Ansatz** verfolgt **als die DSGVO** in Art. 3 DSGVO. Denn eine Norm, die ausdrücklich auf den Ort der Verarbeitung abstellt, kennt die DSGVO nicht. Es ist damit eine Konstellation denkbar, bei der die DSGVO nicht anwendbar ist, weil keine Niederlassung in der EU besteht (Art. 3 Abs. 1 DSGVO) und kein Angebot von Waren oder Dienstleistungen gegenüber Personen in der EU bzw. keine Verhaltensbeobachtung (Art. 3 Abs. 2 DSGVO) erfolgt. Und gleichwohl könnte das BDSG anwendbar sein, weil das ausländische Unternehmen Daten in Deutschland verarbeitet[13].

b) Anwendbarkeit wegen inländischer Niederlassung

25 Die **zweite Variante** fragt nicht nach dem Ort der Verarbeitung, sondern danach, ob die Verarbeitung „im Rahmen der Tätigkeiten einer **inländischen Niederlassung** des Verantwortlichen oder Auftragsverarbeiters erfolgt". Der Begriff der „Niederlassung" ist in dem BDSG nicht definiert, so dass er durch Rückgriff auf die unionsrechtliche Auslegung unter der DSGVO zu ermitteln ist[14]. Damit ergibt sich folgendes Prüfungsschema:

(i) Erforderlich ist zunächst eine in Deutschland befindliche Niederlassung des Verantwortlichen oder Auftragsverarbeiters. Zum Begriff der Niederlassung vgl. die Kommentierung zu Art. 3 DSGVO Rz. 8.

(ii) Erforderlich ist weiterhin, dass die Verarbeitung im Rahmen der Tätigkeiten einer solchen Niederlassung erfolgt. Zur Auslegung dieses Merkmals vgl. die Kommentierung zu Art. 3 DSGVO Rz. 7.

26 Nicht erforderlich ist, soweit die vorstehenden Voraussetzungen erfüllt sind, dass die Daten tatsächlich auch in Deutschland verarbeitet werden. Zwar ist dies im BSDG – anders als in Art. 3 Abs. 1 DSGVO – nicht ausdrücklich geregelt. Jedoch folgt dies aus der Systematik der Norm, die im Gegensatz zu ersten Vari-

---

13 *Piltz*, § 1 BDSG Rz. 27 sieht hier das Risiko eines Verstoßes gegen die DSGVO.
14 So auch *Piltz*, § 1 BDSG Rz. 35.

Anwendungsbereich des Gesetzes | § 1 BDSG

ante ersichtlich gerade nicht auf den Ort der Verarbeitung, sondern auf den Sitz des Unternehmens und dessen Tätigkeitsbereich abstellen will. Damit richtet sich die Anwendbarkeit des BDSG nach dieser zweiten Variante im Ergebnis nach eben den Grundsätzen, wie sie unter Art. 3 Abs. 1 DSGVO gelten[15]. Es wird auf die Kommentierung zu Art. 3 DSGVO Rz. 5 ff. verwiesen.

c) Anwendbarkeit bei Niederlassungen nur in Drittstaaten

Die **dritte Variante** regelt schließlich den Fall, dass der Verantwortliche oder Auftragsverarbeiter zwar keine Niederlassung in der EU bzw. dem EWR hat, also in einem Drittstaat (z.B. den USA) ansässig ist, jedoch der räumliche (und sonstige) Anwendungsbereich der DSGVO über das **Marktortprinzip** gegeben ist. Letztlich besagt die Norm, dass der räumliche Anwendungsbereich des BDSG stets dann eröffnet ist, wenn auch der Anwendungsbereich der DSGVO eröffnet ist. Konkret müssen also die Voraussetzungen des Art. 3 DSGVO gegeben sein (s. dazu die Kommentierung zu Art. 3 DSGVO Rz. 11 ff.). Ist dies der Fall, unterfällt der Verantwortliche bzw. Auftragsverarbeiter den Regelungen des BDSG (vorbehaltlich der Vorrangregelungen des § 1 Abs. 5). Fraglich bleibt allerdings, ob die Norm tatsächlich so weit zu verstehen ist, dass das BDSG bei jedem europäischen Sachverhalt anwendbar ist, soweit die Voraussetzungen des Art. 3 DSGVO gegeben sind. Zu denken wäre etwa an den Fall, in dem ein US Unternehmen Waren in einem anderen Mitgliedstaat, etwa Italien, anbietet, nicht aber in Deutschland. Nach dem Wortlaut der Norm würde dies in der Tat zur Anwendbarkeit des BDSG führen. Nach der hier vertreten Ansicht war dies aber nicht bezweckt, da es insoweit an dem erforderlichen Inlandsbezug fehlt. Der Verweis auf Art. 3 DSGVO ist damit so zu lesen, das die Formulierung „in der Union" durch die Formulierung „**im Inland**", also „in der Bundesrepublik Deutschland" zu ersetzen ist[16].

27

d) Gesonderte Anwendbarkeit bei nichtöffentlichen Stellen

Sofern die Voraussetzungen des § 1 Abs. 4 Satz 2 zur Anwendbarkeit des BDSG nicht erfüllt sind, wenn also keine der vorstehenden drei Varianten einschlägig ist, gelten für den Verantwortlichen oder Auftragsverarbeiter nur die §§ 8 bis 21, 39 bis 44. Diese Normen beinhalten insbesondere die Regelungen zu Aufsichtsbehörden, Sanktionen und Rechtsbehelfen. Die Regelung ist sprachlich missglückt, da sie zunächst die (vollständige) Unanwendbarkeit des BDSG unterstellt, dann aber anordnet, dass bestimmte Regelungen dennoch zur Anwendung gelangen. Als gesichert dürfte gelten, dass die Regelung nur **nichtöffent-**

28

---

15 So im Ergebnis auch *Piltz*, § 1 BDSG Rz. 34 mit Hinweisen auf die missverständliche Gesetzesbegründung, wonach eine Verarbeitung „durch" die Niederlassung erforderlich ist.
16 Kritisch *Piltz*, § 1 BDSG Rz. 46.

liche Stellen betrifft und alle sonstigen Regelungen außerhalb der §§ 8 bis 21, 39 bis 44 auf diese Unternehmen **keine Anwendung** finden[17]. Zu prüfen ist dann aber, ob die noch anwendbaren Regelungen für das Unternehmen überhaupt Relevanz haben können. Denn wenn z.b. der noch anwendbare § 43 bei Verstößen gegen die Auskunfts- bzw. Unterrichtungspflichten des § 30 die Verhängung eines Bußgeldes vorsieht, muss dies in der Praxis leer laufen, da das Unternehmen wegen der sonstigen Nichtanwendbarkeit des BDSG schon gar nicht an die Pflichten des § 30 gebunden ist.

e) Anwendbarkeit beim Datentransit

29 Unter dem BDSG-alt galt ehemals eine Sonderregelung für den **Datentransit** von Datenträgern durch Deutschland. Nach § 1 Abs. 5 Satz 4 BDSG-alt galt das BDSG-alt in solchen Fällen nicht. Diese Ausnahme ist im BDSG nicht übernommen worden, so dass dann im Einzelfall zu prüfen ist, ob der Transit derart ausgestaltet ist, dass eine „Verarbeitung" im Inland vorliegt. In diesem Fall wäre das BDSG nach § 1 anwendbar.

VI. Vorrang des EU-Rechts (Abs. 5)

30 Nach § 1 Abs. 5 findet das BDSG keine Anwendung, soweit die DSGVO oder eine sonstige Norm des Rechts der Europäischen Union unmittelbar gilt. Erfasst sind damit in erster Linie alle EU-Verordnungen einschließlich der DSGVO, da diese **unmittelbare Wirkung** in allen Mitgliedstaaten entfalten (vgl. Art. 288 Abs. 2 AEUV). Durch die Formulierung „soweit" wird deutlich, dass kein pauschaler Vorrang der DSGVO gilt. D.h. immer dort, wo die DSGVO keine Anwendung findet oder zwar anwendbar ist, aber einen bestimmten Bereich nicht regelt, kann das BDSG greifen. Darüber hinaus bleibt jeweils dort Raum für die Regelungen des BDSG, wo eine der sog. **Öffnungsklauseln** der DSGVO eingreift. Zwar bleibt es in solchen Fällen grundsätzlich bei der unmittelbaren Wirkung der DSGVO. Jedoch kann dies nicht zur Unanwendbarkeit der auf Grundlage einer Öffnungsklausel erlassenen Regelung des BDSG führen, da solche Öffnungsklauseln gerade dem Zweck dienen, dem nationalen Gesetzgeber Spielräume zu eröffnen. Zur Prüfungsfolge sei auf die obigen Ausführungen unter Rz. 3 verwiesen.

VII. Drittstaatenregelung (Abs. 6)

31 § 1 Abs. 6 regelt, dass die Vertragsstaaten des Abkommens über den Europäischen Wirtschaftsraum und die Schweiz den Mitgliedstaaten der Europäischen Union gleichstehen, wenn die Verarbeitungen zu Zwecken gemäß Art. 2

---

17 So auch *Kremer*, CR 2017, 367 (369).

DSGVO erfolgen. Andere Staaten gelten insoweit als „Drittstaaten". Der Begriff der **„Drittstaaten"** wird weder in dem BDSG noch in der DSGVO definiert. Nach der DSGVO sind **Drittstaaten** alle Staaten außerhalb des Geltungsbereichs der DSGVO. Im Gegensatz zur EG-Datenschutzrichtlinie werden die EWR-Staaten Island, Norwegen und Liechtenstein auf EU-Ebene (derzeit) wie Drittländer behandelt und nicht mehr den EU-Mitgliedstaaten gleichgestellt[18] – jedenfalls solange sie nicht die Anwendung der DSGVO beschließen[19]. Das BDSG nimmt nun aber zudem noch die **Schweiz** aus dem Kreis der Drittstaaten aus, was die Frage nach der Europarechtskonformität dieser Abweichung von der DSGVO aufwirft[20]. Zu den Einzelheiten sei auf die Kommentierung zu Art. 44 DSGVO Rz. 10 verwiesen.

Nach dem Wortlaut des § 1 Abs. 6 soll die Frage, ob ein Drittstaat vorliegt, (nur) bei „Verarbeitungen zu Zwecken gemäß Art. 2 der Verordnung (EU) 2016/679" relevant sein. Auf welche **„Zwecke"** hier verwiesen wird, bleibt unklar. Art. 2 Abs. 1 DSGVO regelt das Erfordernis einer automatisierten Datenverarbeitung bzw. eines Dateibezugs, um die Anwendbarkeit der DSGVO zu begründen, und enthält überhaupt keine Aussage zu bestimmten „Zwecken". Art. 2 Abs. 2 DSGVO regelt bestimmte „Zwecke", z.B. familiäre Zwecke, die aber gerade zur Unanwendbarkeit der DSGVO führen. Die Regelung ist somit sprachlich missglückt. Nach Sinn und Zweck ist aber offenbar gemeint, dass bei Eröffnung des sachlichen Anwendungsbereichs der DSGVO nach Art. 2 DSGVO die Staaten des EWR und der Schweiz nicht als Drittstaaten zu behandeln sind. Relevant ist diese Abgrenzung im Bereich sämtlicher Normen, die eine Übermittlung von Daten in sog. Drittstaaten an bestimmte Bedingungen knüpfen (vgl. §§ 78 bis 81). Mit Blick auf die mögliche Europarechtswidrigkeit der Gleichstellung der Schweiz mit den EU-Mitgliedstaaten ist in der Literatur empfohlen worden, die Schweiz gleichwohl vorsorglich als Drittstaat zu behandeln[21].

VIII. Schengen-Staaten (Abs. 7)

§ 1 Abs. 7 regelt, dass die sog. „Schengen-Staaten"[22] den Mitgliedstaaten der Europäischen Union gleichstehen, wenn die Verarbeitungen zu Zwecken gemäß Art. 1 Abs. 1 der Datenschutzrichtlinie für Polizei und Justiz erfolgen. Andere Staaten gelten insoweit als Drittstaaten.

---

18 Anders aber *Piltz*, § 1 BDSG Rz. 54 ff.
19 Der aktuelle Stand ist einsehbar unter http://www.efta.int/eea-lex/32016R0679.
20 Kritisch *Piltz*, § 1 BDSG Rz. 60 ff.
21 *Piltz*, § 1 BDSG Rz. 62.
22 Es handelt sich dabei um die Staaten Deutschland, Belgien, Dänemark, Estland, Finnland, Frankreich, Griechenland, Island, Italien, Lettland, Liechtenstein, Litauen, Luxemburg, Malta, Niederlande, Norwegen, Österreich, Polen, Portugal, Schweden, Schweiz, Slowakei, Slowenien, Spanien, Tschechische Republik und Ungarn.

IX. Entsprechende Anwendbarkeit der DSGVO auf öffentliche Stellen (Abs. 8)

33 § 1 Abs. 8 regelt den Fall der Verarbeitungen durch öffentliche Stellen, die weder in den Anwendungsbereich der DSGVO noch in den Anwendungsbereich der Datenschutzrichtlinie für Polizei und Justiz fallen. Für diesen Fall ordnet § 1 Abs. 8 an, dass die DSGVO und die Teile 1 und 2 des BDSG entsprechend Anwendung finden, soweit nicht in dem BDSG oder einem anderen Gesetz Abweichendes geregelt ist.

X. Verhältnis der DSGVO zum BDSG (Öffnungsklauseln)

1. Einführung

34 Die DSGVO hat ihr erklärtes Ziel, ein vollharmonisiertes europäisches Datenschutzniveau zu etablieren, nur bedingt erreicht. Auch wenn die DSGVO als Verordnung unmittelbare Geltung in allen Mitgliedstaaten erlangt, hat sie in weiten Teilen eher den Charakter einer Richtlinie, die der nationalen Umsetzung bedarf. Da sich die Mitgliedstaaten in vielen Punkten nicht einig werden konnten, eröffnet die DSGVO den nationalen Gesetzgebern – je nach Zählweise – an über 60 Stellen durch diverse Öffnungsklauseln eigene Gestaltungsspielräume. Für die Praxis hat dies zur Konsequenz, dass sich ein Rechtsanwender eben nicht allein auf die DSGVO verlassen kann. Vielmehr ist er gezwungen, zudem auch die für ihn einschlägigen Normen z.B. des BDSG zu beachten. Darüber hinaus muss er bei grenzüberschreitenden Sachverhalten Rechtsrat in ausländischen Rechtsordnungen einholen, da im Rahmen der Öffnungsklauseln stets die nicht nur theoretische Möglichkeit besteht, dass bestimmte Sachverhalte in anderen Mitgliedstaaten abweichend geregelt worden sind.

2. Kategorisierung der Öffnungsklauseln

35 Die diversen Öffnungsklauseln der DSGVO folgen keinem einheitlichen Konzept. Allerdings lassen sich diese grob in folgende Kategorien unterteilen.

36 Die wohl wichtigste Unterscheidung ist die zwischen **fakultativen und obligatorischen** Öffnungsklauseln. Zunächst eröffnet die DSGVO den Mitgliedstaaten in vielen Bereichen die bloße Möglichkeit zur nationalen Ausgestaltung, welche diese jedoch nicht zwangsläufig nutzen müssen. Daneben stehen aber auch Klauseln, nach denen eine nationale Ausgestaltung zwingend notwendig ist.

37 Ein Beispiel für eine fakultative Öffnungsklausel findet sich Art. 8 Abs. 1 DSGVO. Während die DSGVO jede Person unter 16 als Kind ansieht, regelt diese Vorschrift, dass die Mitgliedstaaten durch Rechtsvorschriften eine niedri-

gere Altersgrenze bestimmen **können**, sofern diese nicht unter dem vollendeten dreizehnten Lebensjahr liegt. Den nationalen Gesetzgebern steht es also frei, die Altersgrenze von 16 Jahren zu übernehmen oder nach unten abzuweichen. Der deutsche Gesetzgeber hat diese Möglichkeit im BDSG nicht genutzt; die Regelung der DSGVO gilt daher unmittelbar. Ein weiteres Beispiel findet sich in Art. 23 DSGVO, wonach die Mitgliedstaaten die Pflichten und Rechte der Betroffenen gemäß Art. 12 bis 22 DSGVO **beschränken können**. Der deutsche Gesetzgeber hat hiervon z.B. in § 33 Abs. 1 Nr. 1 Buchst. b Gebrauch gemacht. Die DSGVO sieht jedoch auch Fälle vor, in denen die nationalen Gesetzgeber **gezwungen** sind, den Regelungsrahmen der DSGVO auszugestalten. Eine entsprechende Regelung findet sich z.B. in Art. 54 Abs. 1 Buchst. a DSGVO, der die Mitgliedstaaten zum Erlass einer Rechtsvorschrift verpflichtet, durch die eine Aufsichtsbehörde errichtet wird. Dieser Pflicht ist der deutsche Gesetzgeber mit der Regelung des § 40 Abs. 1 nachgekommen. Ein weiteres Beispiel ist die zwingende Festlegung der Vorschriften über Sanktionen und Verstöße in Art. 84 Abs. 1 DSGVO. Der Bundesgesetzgeber hat diese Vorgaben in §§ 41, 42, 43 umgesetzt.

Bei der Ausgestaltung des nationalen Rechts ist weiter zu berücksichtigen, ob die Mitgliedstaaten absolute Gestaltungsfreiheit besitzen oder an bestimmte Vorgaben gebunden sind. Die Öffnungsklauseln lassen sich hierbei in **allgemeine Klauseln** und **spezifische Klausen** unterteilen. Während beispielsweise Art. 23 DSGVO eine weite Beschränkungsmöglichkeit bezüglich aller Betroffenenrechte einräumt, ist die Regelung in Art. 8 Abs. 1 DSGVO zur Frage der Definition des Kindes sehr spezifisch gefasst und bietet einen nur sehr engen Gestaltungsspielraum.

Problematisch sind vor allem die Fälle der allgemeinen Klauseln. Die DSGVO gewährt auch hier keine absolute Gestaltungsfreiheit, sondern begrenzt die Möglichkeiten durch teils sehr vage Vorgaben. So dürfen beispielsweise die Betroffenenrechte nur beschränkt werden, „sofern eine solche Beschränkung den Wesensgehalt der Grundrechte und Grundfreiheiten achtet und in einer demokratischen Gesellschaft eine notwendige und verhältnismäßige Maßnahme darstellt" und zudem dem Schutz bestimmter Rechtsgüter dient (vgl. Art. 23 Abs. 1 DSGVO). Weiterhin steht z.B. die gesetzliche Festlegung von Sanktionen unter dem Vorbehalt, dass diese „wirksam, verhältnismäßig und abschreckend sind" (vgl. Art. 84 Abs. 1 DSGVO). Die Öffnungsklausel des Art. 85 Abs. 2 DSGVO sieht eine abweichende nationale Gestaltung der Datenverarbeitung zu journalistischen, wissenschaftlichen oder literarischen Zwecken vor, „wenn dies erforderlich ist, um das Recht auf Schutz der personenbezogenen Daten mit der Freiheit der Meinungsäußerung und der Informationsfreiheit in Einklang zu bringen." Bis erste Gerichtsentscheidungen zur Auslegung dieser Vorgaben ergangen sind, wird sich kaum verlässlich prognostizieren lassen, ob eine nationale Regelung sich noch im Rahmen dieser Öffnungsklausen bewegt oder diesen Rahmen bereits überschreitet.

40 Neben den Klauseln, welche den Mitgliedstaaten zweifelsfrei eine Ausgestaltung ermöglichen oder eine Pflicht hierzu auferlegen, verweist die DSGVO an vielen Stellen lediglich auf „Das Recht der Mitgliedstaaten", z.b. durch die Verwendung folgender Formulierungen:
- falls dies nach dem Recht der Union oder der Mitgliedstaaten vorgeschrieben ist. [...] (vgl. Art. 37 Abs. 4 DSGVO)
- sofern er nicht durch das Recht der Union oder der Mitgliedstaaten, dem der Auftragsverarbeiter unterliegt, hierzu verpflichtet ist [...] (vgl. Art. 28 Abs. 3 Buchst. a DSGVO)
- soweit dies nach dem Recht des Mitgliedstaats der einladenden Aufsichtsbehörde zulässig ist [...](vgl. Art. 62 Abs. 3 DSGVO).

41 In diesen Fällen ist unklar, ob die Bezugnahme auf das Recht der Mitgliedstaaten die Befugnis beinhaltet, ein solches Recht auch zu schaffen (**echte Öffnungsklausel**). Alternativ könnten die Bezugnahmen in der DSGVO so zu verstehen sein, dass bereits bestehendes Recht – oder Vorschriften, die nach einer anderen Öffnungsklausel in zulässiger Weise geschaffen werden dürfen – den Rahmen der jeweiligen Norm bestimmen soll.

42 Ob es sich um eine **echte oder unechte Öffnungsklausel** handelt, sei nach ersten Stellungnahmen nicht pauschal zu beantworten, sondern lässt sich nur ermitteln, indem man jede Norm gesondert betrachtet[23].

3. Auswirkungen für die Praxis

43 Für die Mitgliedstaaten stellte sich daher bei der Umsetzung die schwierige Frage, welche konkreten Anforderungen an eine DSGVO-konforme Umsetzung zu stellen waren bzw. sind. Mit Erlass der nationalen Gesetze ist diese Problematik indes bei weitem noch nicht gelöst. Denn nun steht der Rechtsanwender vor der Frage, ob die nationalen Regelungen den Vorgaben der DSGVO genügen oder ggf. über diese Vorgaben hinausgehen. Ob der deutsche Gesetzgeber die Anforderungen der Öffnungsklauseln bei Ausübung seiner Regelungskompetenz in allen Fällen erfüllt hat, wird sich erst im Laufe der Zeit und eventuell erst endgültig durch den EuGH klären lassen.

44 Für den Rechtsanwender besteht damit in Zweifelsfällen die latente Unsicherheit, ob er die Regelung des nationalen Rechts zu beachten hat oder ob diese ggf. gegen das höherrangige Recht der DSGVO verstößt.

---

23 Vgl. zur Auslegung dieser Klauseln *Kühling/Martini et al.*, Die Datenschutzgrundverordnung und das Nationale Recht – Erste Überlegungen zum innerstaatlichen Regelungsbedarf, 2016, S. 11, 12.

Zu den Regelungen, bei denen bezüglich ihrer Vereinbarkeit mit der DSGVO 45
bereits Bedenken geäußert worden sind, gehören beispielsweise[24]:
- Regelungen zur Videoüberwachung, die der öffentlichen Sicherheit generell Vorrang vor dem Datenschutz einräumen (§ 4),
- Regelung zur Benennung des Bundesbeauftragten für Datenschutz wegen ggf. mangelnder Transparenz (§ 11 Abs. 1),
- Regelung zur Beschränkung der Sanktionsmöglichkeit des Bundesbeauftragten, da ihm nur die Beanstandung möglich ist (§ 16),
- Regelungen zur Beschränkung der Betroffenenrechte (§§ 33 ff.).

Praxisrelevant ist insbesondere die Beschränkung der Betroffenenrechte. Verlangt beispielsweise ein Betroffener Auskunft über die zu seiner Person erhobenen personenbezogenen Daten gemäß Art. 15 DSGVO, so kann der Verantwortliche diese Auskunft nach § 34 Nr. 2 Buchst. b verweigern, wenn die Daten allein der Datenschutzkontrolle dienen und die Auskunft nur mit einem unverhältnismäßigen Aufwand möglich wäre. Der Betroffene wird hier ggf. in seinen Rechten beschränkt, da er diese Gegebenheiten nicht überprüfen kann. Die DSGVO sieht eine Ausnahme vom Auskunftsrecht bei „unverhältnismäßigem Aufwand" dagegen nicht vor. Der § 34 ist auf die Öffnungsklausel des Art. 23 Abs. 1 DSGVO gestützt worden, der Beschränkungen der Betroffenenrechte erlaubt, sofern der Wesensgehalt der Grundrechte und Grundfreiheiten geachtet wird und die Beschränkung eine notwendige und verhältnismäßige Maßnahme darstellt. Dies ist bei einer Beschränkung der Rechte wegen „unverhältnismäßigen Aufwands" zumindest zweifelhaft[25]. 46

4. Rechtsfolgen bei Unvereinbarkeit mit der DSGVO

Gemäß Art. 288 Abs. 2 Satz 1 AEUV besitzt die DSGVO als Verordnung allgemeine Geltung und ist gemäß Art. 288 Abs. 2 Satz 2 AEUV in all ihren Teilen verbindlich. Somit genießt das Unionsrecht nach Rechtsprechung des EuGH Vorrang vor dem nationalen Recht[26]. Hieraus folgt ein Anwendungsvorrang des 47

---

24 Vgl. Stellungnahme des Landesbeauftragten für Datenschutz und Informationsfreiheit Mecklenburg-Vorpommern zum DSAnpUG-EU v. 25.1.2017; Stellungnahme des Bundesverbands der Verbraucherzentralen zum Regierungsentwurf des DSAnpUG v. 13.2.2017; Presseerklärung der deutschen Vereinigung für Datenschutz (DVD) v. 26.4.2017; zur möglichen Europarechtswidrigkeit einzelner Bestimmungen s. auch *Piltz*, BDSG Einl. Rz. 20 ff.
25 Vgl. Stellungnahme des Landesbeauftragten für Datenschutz und Informationsfreiheit Mecklenburg-Vorpommern zum DSAnpUG-EU v. 25.1.2017, S. 9, in der eine solche Einschränkung als „unvereinbar" mit der DSGVO gewertet wird; ebenso Stellungnahme des Bundesverbands der Verbraucherzentralen zum Regierungsentwurf des DSAnpUG v. 13.2.2017, S. 8.
26 EuGH, Rs. 6/64, Slg. 1964, S. 1251, 1269.

§ 1 BDSG | Anwendungsbereich des Gesetzes

Unionsrechts. Widerspricht das deutsche Recht der Unionsverordnung, hier der DSGVO, so ist die unionsrechtliche Regelung von den nationalen Behörden und Gerichten anzuwenden, während die nationalen Normen unangewendet bleiben[27].

48 Für den Rechtsanwender ist daher höchst praxisrelevant, was zu tun ist, wenn eine nationale Norm aus seiner Sicht im Widerspruch zur DSGVO steht und nicht klar ist, ob diese im Einklang mit den europarechtlichen Vorgaben erlassen wurde.

Der Anwendungsvorrang der DSGVO ist für den Rechtsanwender insbesondere beim Umgang mit den nationalen Behörden relevant. Wendet sich ein Betroffener an eine Aufsichtsbehörde und kommt diese zu dem Schluss, dass die vom Verantwortlichen für die Verarbeitung herangezogene Erlaubnisnorm des BDSG europarechtswidrig ist, so wird diese die gegenständliche Verarbeitung oder Maßnahme nach Maßgabe der DSGVO beurteilen. Vorsorglich müsste der Verantwortliche damit in Zweifelsfällen prüfen, ob die geplante Verarbeitung notfalls auch auf die DSGVO gestützt werden könnte.

49 Unglücklicherweise bleibt es somit bei einer sehr unsicheren Rechtslage. Dem Anwender bleibt wenig anderes übrig, als die Vorschriften des BDSG mit der DSGVO abzugleichen[28]. **Im Zweifel** sollte der Rechtsandwender **nach den Vorgaben der DSGVO handeln**, also die durch das BDSG eröffneten erweiterten Spielräume ungenutzt zu lassen, da die nationalen Stellen an den Anwendungsvorrang des Unionsrechts gebunden sind. Bei darüber hinaus gehenden Streitigkeiten steht dem Verantwortlichen der entsprechende nationale Gerichtsweg offen.

50 Sollten die **nationalen Gerichte** von einer möglichen Unionsrechtswidrigkeit ausgehen, so werden sie die Frage gemäß Art. 267 Abs. 3 AEUV dem EuGH vorlegen. Sind die nationalen Gerichte nicht der Ansicht, dass es einer Vorlage bedarf, so bleibt dem Rechtsanwender nach Erschöpfung des Rechtswegs in letzter Konsequenz nur die Möglichkeit der Verfassungsbeschwerde beim BVerfG. Der EuGH ist gesetzlicher Richter i.S.d. Art. 101 Abs. 1 Satz 2 GG, so dass dieser entzogen sein kann, wenn ein deutsches Gericht seiner Vorlagepflicht nicht nachkommt[29].

51 Endgültige Rechtssicherheit wird sich erst im Laufe der Jahre im Rahmen möglicher EuGH-Vorlagen und Vertragsverletzungsverfahren[30] ergeben.

---

27 EuGH, Rs. 106/77, Slg. 1978, 629; *Roßnagel*, Europäische Datenschutz-Grundverordnung, § 2 Rz. 5; *Piltz*, BDSG Einl. Rz. 11.
28 So auch *Roßnagel*, Europäische Datenschutz-Grundverordnung, § 2 Rz. 17.
29 BVerfG, Beschluss der 3. Kammer des Zweiten Senats v. 8.4.2015 – 2 BvR 35/12 Rz. 20.
30 Ein solches hatte die EU-Kommission bei einer Veranstaltung der Stiftung Datenschutz in Berlin mit Blick auf den damaligen Gesetzesentwurf bereits „angedroht" https://www.heise.de/newsticker/meldung/Datenschutzreform-EU-Kommission-droht-Deutschland-mit-Vertragsverletzungsverfahren-3689759.html.

§ 2 Begriffsbestimmungen

(1) Öffentliche Stellen des Bundes sind die Behörden, die Organe der Rechtspflege und andere öffentlich-rechtlich organisierte Einrichtungen des Bundes, der bundesunmittelbaren Körperschaften, der Anstalten und Stiftungen des öffentlichen Rechts sowie deren Vereinigungen ungeachtet ihrer Rechtsform.

(2) Öffentliche Stellen der Länder sind die Behörden, die Organe der Rechtspflege und andere öffentlich-rechtlich organisierte Einrichtungen eines Landes, einer Gemeinde, eines Gemeindeverbandes oder sonstiger der Aufsicht des Landes unterstehender juristischer Personen des öffentlichen Rechts sowie deren Vereinigungen ungeachtet ihrer Rechtsform.

(3) Vereinigungen des privaten Rechts von öffentlichen Stellen des Bundes und der Länder, die Aufgaben der öffentlichen Verwaltung wahrnehmen, gelten ungeachtet der Beteiligung nichtöffentlicher Stellen als öffentliche Stellen des Bundes, wenn
1. sie über den Bereich eines Landes hinaus tätig werden oder
2. dem Bund die absolute Mehrheit der Anteile gehört oder die absolute Mehrheit der Stimmen zusteht.
3. Andernfalls gelten sie als öffentliche Stellen der Länder.

(4) Nichtöffentliche Stellen sind natürliche und juristische Personen, Gesellschaften und andere Personenvereinigungen des privaten Rechts, soweit sie nicht unter die Absätze 1 bis 3 fallen. Nimmt eine nichtöffentliche Stelle hoheitliche Aufgaben der öffentlichen Verwaltung wahr, ist sie insoweit öffentliche Stelle im Sinne dieses Gesetzes.

(5) Öffentliche Stellen des Bundes gelten als nichtöffentliche Stellen im Sinne dieses Gesetzes, soweit sie als öffentlich-rechtliche Unternehmen am Wettbewerb teilnehmen. Als nichtöffentliche Stellen im Sinne dieses Gesetzes gelten auch öffentliche Stellen der Länder, soweit sie als öffentlich-rechtliche Unternehmen am Wettbewerb teilnehmen, Bundesrecht ausführen und der Datenschutz nicht durch Landesgesetz geregelt ist.

I. Einführung 1	3. Andere öffentlich-rechtlich organisierte Einrichtungen (Abs. 1 Alt. 3) 11
1. Normaufbau 2	
2. Verhältnis zur DSGVO 3	
3. Änderungen gegenüber dem BDSG-alt 4	4. Religionsgemeinschaften 12
	III. Öffentliche Stellen der Länder (Abs. 2) 13
4. Vereinbarkeit des BDSG mit der DSGVO 5	
II. Öffentliche Stellen des Bundes (Abs. 1) 6	IV. Vereinigung des privaten Rechts (Abs. 3) 14
1. Behörden (Abs. 1 Alt. 1) 7	V. Nichtöffentliche Stellen (Abs. 4) 15
2. Organe der Rechtspflege (Abs. 1 Alt. 2) 10	VI. Öffentlich-rechtliche Wettbewerbsunternehmen 17

§ 2 BDSG | Begriffsbestimmungen

Schrifttum: *Breidenbach*, Der Anwendungsbereich der Datenschutzgesetze der Länder, LKV 1997, 443; *Dammann*, Die Vereinigung öffentlicher Stellen nach dem neuen BDSG, RDV 1992, 157; *Dammann*, Die Anwendung des neuen Bundesdatenschutzgesetzes auf die öffentlich-rechtlichen Religionsgemeinschaften, NVwZ 1992, 1147; *Fritsche*, Datenschutz im öffentlichen Bereich, LKV 1991, 81; *Hartung*, Datenschutz und Insolvenzverwaltung, ZInsO 2011, 1225; *Hoeren*, Die Kirchen und das neue Bundesdatenschutzgesetz, NVwZ 1993, 650; *Kremer*, Wer braucht warum das neue BDSG? Auseinandersetzung mit wesentlichen Inhalten des BDSG n.f., CR 2017, 367; *Lorenz*, Die Novellierung des BDSG und ihre Auswirkungen auf die Kirchen, DVBl. 2001, 428; *Redeker*, Datenschutz auch bei Anwälten – aber gegenüber Datenschutzkontrollinstanzen gilt das Berufsgeheimnis, NJW 2009, 554; *Schild*, Die Flucht ins Privatrecht, NVwZ 1990, 339; *Schild*, Der Geltungsbereich des Hessischen Datenschutzgesetzes für juristische Personen des Privatrechts oder die Flucht ins Privatrecht, RDV 1989, 232; *Seiler*, Zur datenschutzrechtlichen Kontrolle notarieller Daten, DNotZ 2002, 693; *Simitis*, Privatisierung und Datenschutz, DuD 1995, 648; *Sorge*, Umsetzung des Bayrischen Datenschutzgesetzes im Notariat, MittBayNot 2007, 25; *Weichert*, Datenschutz auch bei Anwälten?, NJW 2009, 550.

I. Einführung

1 § 2 ist eine Definitionsnorm und ergänzt § 1 Abs. 1. Sie bestimmt, welche öffentlichen und nichtöffentlichen Stellen unter den Anwendungsbereich nach § 1 Abs. 1 fallen (vgl. Kommentierung zu § 1 BDSG Rz. 6 ff.). Gleichzeitig legt sie fest, welche öffentlichen Stellen als nicht-öffentliche Stellen im Sinne des Gesetzes anzusehen sind.

1. Normaufbau

2 Die Absätze 1 und 2 des § 2 regeln zunächst, welche **Einrichtungen des Bundes und der Länder** originär öffentliche Stellen im Sinne des § 1 Abs. 1 sind. § 2 Abs. 3 legt fest, unter welchen Voraussetzungen auch **Vereinigungen des privaten Rechts von öffentlichen Stellen des Bundes und der Länder** als öffentliche Stellen des Bundes bzw. der Länder angesehen werden können. Schließlich bestimmt § 2 Abs. 4, dass auch **nichtöffentliche Stellen**, also natürliche und juristische Personen, Gesellschaften und andere Personenvereinigungen des privaten Rechts, öffentliche Stelle im Sinne des Gesetzes sein können. Umgekehrt regelt § 2 Abs. 5, unter welchen Voraussetzungen wiederum öffentliche Stellen des Bundes und der Länder gleichwohl als **nicht-öffentliche Stellen im Sinne des Gesetzes** anzusehen sind.

2. Verhältnis zur DSGVO

3 Da in der DSGVO grundsätzlich nicht zwischen der Datenverarbeitung öffentlicher und nichtöffentlicher Stellen unterschieden wird (vgl. Kommentierung zu Art. 2 DSGVO Rz. 2), das BDSG diese Unterscheidung aber weiterhin aufrecht er-

hält (vgl. Kommentierung zu § 1 BDSG Rz. 4), reicht § 2 die dadurch in der DSGVO fehlende Definition zu öffentlichen und nichtöffentlichen Stellen nach.

3. Änderungen gegenüber dem BDSG-alt

Die Absätze 1 bis 4 des § 2 wurden **praktisch unverändert** aus dem bisherigen § 2 BDSG-alt übernommen. Lediglich § 2 Abs. 1 Satz 2 BDSG-alt wurde nicht beibehalten, da die Sonderreglungen für die Deutsche Telekom AG und Deutsche Bundespost AG aufgrund des Wegfalls ihrer Monopole und vor dem Hintergrund der §§ 91 ff. TKG und § 41 PostG schon unter dem alten BDSG bedeutungslos geworden waren[1]. § 2 Abs. 5 entspricht dem bisherigen § 27 Abs. 1 Satz 1 Nr. 2 BDSG-alt.

4

Da die Abs. 1 bis 5 damit praktisch unverändert in das neue BDSG übernommen wurden, dürften die schon unter dem alten BDSG zu den entsprechenden Vorschriften gewonnen Erkenntnisse und inhaltlichen Feststellungen auch unter dem neuen BDSG weiterhin unverändert Geltung haben.

4. Vereinbarkeit des BDSG mit der DSGVO

Ein **Konflikt**, geschweige denn eine Unvereinbarkeit des § 2 mit den Bestimmungen der DSGVO ist **nicht zu erkennen**. Das liegt schon daran, dass es sich um eine Definitionsnorm (vgl. oben Rz. 1) handelt, die inhaltlich keine Überschneidungen mit den Vorschriften der DSGVO aufweist.

5

II. Öffentliche Stellen des Bundes (Abs. 1)

§ 2 Abs. 1 legt fest, welche Einrichtungen als öffentlich-rechtliche Stellen des Bundes zu qualifizieren sind. Durch die Aufzählung macht der Gesetzgeber deutlich, dass der **gesamte öffentlich-rechtliche Organisationsbereich des Bundes** vom Anwendungsbereich erfasst werden soll. Die Unterscheidung zwischen „Behörde", „Organ der Rechtspflege" oder „andere öffentlich-rechtlich organisierte Einrichtung" ist datenschutzrechtlich ohne Belang[2].

6

1. Behörden (Abs. 1 Alt. 1)

Nach § 1 Abs. 4 VwVfG ist „Behörde" **jede Stelle, die Aufgaben der öffentlichen Verwaltung wahrnimmt**. Sind die von einer öffentlich-rechtlich organisierten Stelle wahrzunehmenden Aufgaben Teil des öffentlichen Verwaltungs-

7

---

1 Vgl. *Gola/Schomerus*, § 2 BDSG Rz. 3; Taeger/Gabel/*Buchner*, § 2 BDSG Rz. 13.
2 Simitis/*Dammann*, § 2 BDSG Rz. 24.

§ 2 BDSG | Begriffsbestimmungen

handelns, ist diese Stelle damit als Behörde zu qualifizieren[3]. Beliehene sind gemäß § 2 Abs. 4 ebenfalls öffentliche Stelle, soweit sie hoheitliche Aufgaben der öffentlichen Verwaltung wahrnehmen[4].
Zu den **Bundesbehörden** gehören insbesondere[5]
- als **oberste Bundesbehörden** die Bundesministerien, das Bundespräsidialamt, das Bundeskanzleramt, das Bundesverfassungsgericht, der Bundesrechnungshof;
- als **Bundesoberbehörden** das Bundesamt für Verfassungsschutz, das Bundeskriminalamt, das Statistische Bundesamt, das Bundesverwaltungsamt, das Bundesgesundheitsamt, die Bundesanwaltschaft, das Kraftfahrtbundesamt, das Bundeskartellamt, der Bundesgrenzschutz[6] sowie die Bundesnetzagentur;
- als **Bundesmittelbehörden** die Oberfinanzdirektion sowie die Wasser- und Schifffahrtsdirektion; sowie
- als **Bundesunterbehörden** die Passkontrollämter, Hauptzollämter und Kreiswehrersatzämter.

8   Nicht jede Verwaltungsaufgabe vermittelt ihrem Träger die Behördeneigenschaft[7]. Einzelne Abteilungen, Referate eines Ministeriums oder Dezernate sind regelmäßig keine Behörden[8]. Der Behördenbegriff ist nicht funktionsbezogen, sondern **organisatorisch** auszulegen. Zwar spricht i.S.d. Datenschutzes für eine funktionsbezogene Auslegung, dass der Datenaustausch innerhalb einer Organisationseinheit eine datenschutzrechtlich relevante Übermittlung an Dritte wäre und damit den datenschutzrechtlichen Anforderungen der DSGVO bzw. des BDSG an eine Übermittlung genügen müsste[9].

9   Dagegen spricht jedoch, dass ein rein funktionsbezogener Behördenbegriff zu einer „**Atomisierung der öffentlichen Verwaltung**"[10] führen und jede noch so unselbständige Arbeitseinheit (z.B. Ämter einer Gemeinde) als selbständige Behörde erfassen würde, soweit ihr nur eine bestimmte Aufgabe zugewiesen wurde. Überdies ist durch den organisatorischen Behördenbegriff kein niedrigeres Schutzniveau zu befürchten, da jede Form der Nutzung unter den Verarbeitungsbegriff des Art. 4 Nr. 2 DSGVO fällt und sich damit an den Vorgaben der DSGVO bzw. des BDSG zur Verarbeitung messen lassen muss[11]. Letztlich wird

---

3 Simitis/*Dammann*, § 2 BDSG Rz. 23.
4 Vgl. Taeger/Gabel/*Buchner*, § 2 BDSG Rz. 5; *Gola/Schomerus*, § 2 BDSG Rz. 4.
5 *Gola/Schomerus*, § 2 BDSG Rz. 17.
6 BGH v. 22.6.2000 – 5 StR 268/99, RDV 2001, 99.
7 Vgl. *Gola/Schomerus*, § 2 BDSG Rz. 7.
8 *Schaffland/Wiltfang*, § 2 BDSG Rz. 3.
9 *Gola/Schomerus*, § 2 BDSG Rz. 8; vgl. Darstellung bei Taeger/Gabel/*Buchner*, § 2 BDSG Rz. 6, der aber anderer Ansicht ist.
10 *Gola/Schomerus*, § 2 BDSG Rz. 7.
11 Vgl. noch zum alten BDSG Taeger/Gabel/*Buchner*, § 2 BDSG Rz. 6 f.; im Ergebnis gleicher Ansicht *Schaffland/Wiltfang*, § 2 BDSG Rz. 1 f.

daher auf die jeweilige **Organisationseinheit im Ganzen** als „Behörde" abzustellen sein (z.b. Ministerium oder Gemeinde).

2. Organe der Rechtspflege (Abs. 1 Alt. 2)

Organe der Rechtspflege sind die **Gerichte**, soweit sie Aufgaben der Justizverwaltung wahrnehmen oder als Spruchkörper agieren[12]. Dazu gehören das Bundesverfassungsgericht, die obersten Bundesgerichtshöfe und die Bundesgerichte sowie der Generalbundesanwalt beim Bundesgerichtshof und der Vertreter des Bundesinteresses beim Bundesverwaltungsamt[13]. Auch die **Staatsanwaltschaften** und die **Strafvollzugsbehörden** sind Organe der Rechtspflege[14]. Die Einstufung von **Notaren** als öffentliche Organe der Rechtspflege richtet sich nach den jeweiligen Landesdatenschutzgesetzen[15]. **Rechtsanwälte** sind zwar Organe der Rechtspflege, jedoch keine öffentlichen Stellen.

10

3. Andere öffentlich-rechtlich organisierte Einrichtungen (Abs. 1 Alt. 3)

Andere öffentlich-rechtlich organisierte Einrichtungen des Bundes sind z.b. der **Bundespräsident**, der **Bundestag** (nicht jedoch einzelne Abgeordnete), der **Bundesrat**, die einzelnen **Fraktionen** und parlamentarischen Gruppen[16]. Hierzu gehören auch **Regie- und Eigenbetriebe** der öffentlichen Hand und die **öffentlichen Selbstverwaltungsorgane**, die **Bundesagentur für Arbeit**, die **Bundesversicherungsanstalt für Angestellte**, die **Deutsche Bundesbank**, die Stiftung Datenschutz sowie sonstige durch Bundesgesetz errichtete Stiftungen[17]. Beherrscht der Bund eine Gesellschaft rechtlich oder finanziell und nimmt die Vereinigung an der Erledigung einer öffentlichen Aufgabe teil, so ist § 2 Abs. 1 und nicht Abs. 3 einschlägig[18].

11

Ferner gehören hierzu die in § 2 Abs. 1 erwähnten Körperschaften, Anstalten und Stiftungen des öffentlichen Rechts sowie deren Vereinigungen, und zwar

---

12 Vgl. *Gola/Schomerus*, § 2 BDSG Rz. 6; Simitis/*Dammann*, § 2 BDSG Rz. 28; Taeger/ Gabel/*Buchner*, § 2 BDSG Rz. 9.
13 Simitis/*Dammann*, § 2 BDSG Rz. 28.
14 Taeger/Gabel/*Buchner*, § 2 BDSG Rz. 9.
15 BGH v. 30.7.1990 – NotZ 19/89, MDR 1991, 151 = CR 1991, 113 = NJW 1991, 568; vgl. *Seiler*, DNotZ 2002, 693 ff.; *Sorge*, MittBayNot 2007, 25 ff.; *Redeker*, NJW 2009, 554 ff.; *Weichert*, NJW 2009, 550 ff.
16 Simitis/*Dammann*, § 2 BDSG Rz. 29 mit weiteren Beispielen; vgl. *Simitis*, DuD 1995, 648 f.
17 Taeger/Gabel/*Buchner*, § 2 BDSG Rz. 11, weitere Beispiele bei Simitis/*Dammann*, § 2 BDSG Rz. 31.
18 *Gola/Schomerus*, § 2 BDSG Rz. 5.

unabhängig davon, ob sie öffentlich-rechtlich oder privatrechtlich organisiert sind[19].

4. Religionsgemeinschaften

12 **Öffentlich-rechtliche Religionsgemeinschaften** unterliegen – jedenfalls dem Wortlaut nach und im Bereich innerkirchlicher Tätigkeit – nicht den Vorschriften des BDSG. Denn sie sind weder öffentlich-rechtliche Stelle des Bundes noch der Länder[20]. Überdies spricht das Selbstverwaltungsrecht der Religionsgemeinschaften aus Art. 140 GG i.V.m. Art. 137 Abs. 2 WRV dafür, dass diese nicht dem BDSG unterworfen werden sollen[21].

Das bedeutet aber **nicht**, dass Religionsgemeinschaften **in einem „datenschutzfreien Raum"** agieren[22]. Vielmehr sind auch sie dem Verfassungsgebot zur Wahrung der informationellen Selbstbestimmung des Einzelnen unterworfen und dadurch gehalten, eigene angemessene Datenschutzregelungen[23] zu schaffen[24].

III. Öffentliche Stellen der Länder (Abs. 2)

13 § 2 Abs. 2 bestimmt die öffentlichen Stellen der Länder. Davon erfasst sind[25]

- als **Behörden** oberste Landesbehörden, Landesoberbehörden, untere Landesbehörden, Gemeinde und Gemeindeverbände (Kreis-, Stadt-, und Gemeindeverwaltung);
- als **Organe der Rechtspflege** Staatsanwaltschaften und Gerichte; sowie
- andere **öffentlich-rechtliche Einrichtungen**, zu denen juristische Personen des öffentlichen Rechts wie kommunale Zweckverbände, Hochschulen, In-

---

19 *Gola/Schomerus*, § 2 BDSG Rz. 14; *Dammann*, RDV 1992, 157 ff.; zu einer entsprechenden Regelung im HDSG ausf. *Schild*, RDV 1989, 232 ff.; NVwZ 1990, 339 ff.; vgl. *Dammann*, RDV 1992, 157 ff.
20 KAGH v. 28.11.2014 – M 06/2014, ZD 2015, 244; BayVGH v. 16.2.2015 – 7 ZB 14.357, ZD 2015, 393; *Gola/Schomerus*, § 2 BDSG Rz. 14a.
21 *Hoeren*, NVwZ 1993, 650 (651); Taeger/Gabel/*Buchner*, § 2 BDSG Rz. 12.
22 Taeger/Gabel/*Buchner*, § 2 BDSG Rz. 12; hierzu ausführlich Simitis/*Dammann*, § 2 BDSG Rz. 84 ff.
23 S. hierzu das Datenschutzgesetz der evangelischen Kirche (Datenschutzgesetz-EKD) und der katholischen Kirche in Deutschland (Anordnung über den kirchlichen Datenschutz-KDO); vgl. ferner *Lorenz*, DVBl. 2001, 428 (432).
24 *Gola/Schomerus*, § 2 BDSG Rz. 14a; s. auch Simitis/*Dammann*, § 2 BDSG Rz. 84 ff., 107 ff.; *Dammann*, NVwZ 1992, 1147 (1151), die das BDSG von vornherein anwenden, allerdings den Bereich der innerorganisatorischen Durchführung des Datenschutzes den Religionsgemeinschaften zur eigenen Gestaltung überlassen möchte; so auch *Schaffland/ Wiltfang*, § 2 BDSG Rz. 4a; unentschieden Taeger/Gabel/*Buchner*, § 2 BDSG Rz. 12.
25 *Gola/Schomerus*, § 2 BDSG Rz. 18.

dustrie- und Handelskammern, Handwerkskammern und Kreishandwerkerschaften gehören, und deren **Vereinigungen**.
Nach § 1 Abs. 1 Satz 1 Nr. 2 gilt das BDSG für den Umgang mit Daten durch die Länder jedoch nur, soweit der Datenschutz nicht durch Landesgesetz geregelt ist. Da alle Bundesländer eigene **Landesdatenschutzgesetze** erlassen haben, ist der Anwendungsbereich des § 2 Abs. 2 eher gering[26].
Bei Vereinigungen von öffentlichen Stellen, an denen gleichzeitig der Bund und das Land beteiligt sind, ist § 2 Abs. 3 einschlägig[27].
Soweit die **Datenschutzgesetze der Länder** per Definition den Begriff der „öffentlichen Stelle der Länder" festlegen, gilt in deren Anwendungsbereich allein die landesrechtliche Definition, weil das Land insoweit von seiner Gesetzgebungskompetenz nach Art. 70 Abs. 1 GG Gebrauch gemacht hat[28]. § 2 kann dann lediglich als Auslegungshilfe herangezogen werden[29].

IV. Vereinigung des privaten Rechts (Abs. 3)

Von § 2 Abs. 3 werden alle Vereinigungen des privaten Rechts von öffentlichen Stellen des Bundes und der Länder erfasst, die Aufgaben der öffentlichen Verwaltung wahrnehmen[30]. Hoheitliches Handeln ist dafür jedoch nicht erforderlich[31]. Ist die Vereinigung **über den territorialen Bereich eines Landes hinaus tätig** oder liegt der **Stimmanteil über 50 % beim Bund**, so ist sie als Vereinigung des Bundes zu qualifizieren[32]. Andernfalls handelt es sich um eine Vereinigung der Länder. Dann ist gemäß § 1 Abs. 1 Nr. 2 der sachliche Anwendungsbereich des jeweiligen Landesdatenschutzgesetzes eröffnet[33].

V. Nichtöffentliche Stellen (Abs. 4)

Nimmt eine Stelle **keine Aufgaben der öffentlichen Verwaltung** wahr und fällt sie nicht unter die Absätze 1–3, handelt es sich gemäß § 2 Abs. 4 Satz 1 um eine

---

26 Vgl. Taeger/Gabel/*Buchner*, § 2 BDSG Rz. 14; vgl. *Breidenbach*, LKV 1997, 443 ff. Zur Problematik der noch fehlenden Berücksichtigung der DSGVO in den Landesdatenschutzgesetzen vgl. Kommentierung zu § 1 BDSG Rz. 6 sowie *Kremer*, CR 2017, 367 (370).
27 *Gola/Schomerus*, § 2 BDSG Rz. 5.
28 *Fritsche*, LKV 1991, 81.
29 Im umgekehrten Fall können die Landesdatenschutzgesetze den Begriff der „nicht-öffentlichen Stelle der Länder" nicht verbindlich festlegen, weil der Datenschutz im Bereich des Privatrechts gemäß Art. 74 Nr. 11 GG der konkurrierenden Gesetzgebung unterliegt (vgl. Simitis/*Dammann*, § 2 BDSG Rz. 12 f.).
30 Vgl. *Gola/Schomerus*, § 2 BDSG Rz. 16.
31 Vgl. Simitis/*Dammann*, § 2 BDSG Rz. 69.
32 *Dammann*, RDV 1992, 157 (160 f.).
33 Vgl. *Dammann*, RDV 1992, 157.

nichtöffentliche Stelle. Die gewählte Rechtsform der Vereinigung ist unerheblich. § 2 Abs. 4 erfasst neben natürlichen Personen (z.b. Ärzte, Anwälte, Handwerker, Therapeuten, usw.) jede juristische Person und Personenvereinigung des privaten Rechts (AG, GmbH, eG, KGaA, VVaG, e.V., GbR, nicht rechtsfähiger Verein, Stiftung)[34].

16 Soweit Privatpersonen oder privatrechtliche Unternehmen Aufgaben der öffentlichen Verwaltung wahrnehmen (sog. „**Beliehene**"), gelten sie gemäß § 2 Abs. 4 Satz 2 als öffentliche Stelle. Das ist bspw. bei **Schornsteinfegern** der Fall[35]. **Insolvenzverwalter** sind hingegen nicht als Beliehene anzusehen. Zwar erhält der Insolvenzverwalter durch die InsO gewisse Befugnisse, die Gesamtvollstreckung über das Vermögen eines Privatschuldners zu betreiben. Öffentlichen Zwang übt er dabei jedoch nicht aus[36].

VI. Öffentlich-rechtliche Wettbewerbsunternehmen

17 Den nicht-öffentlichen Stellen gleichgestellt sind auch öffentliche Stellen, die als **öffentlich-rechtliche Unternehmen am Wettbewerb teilnehmen**[37]. Durch diese Angleichung wird verhindert, dass der Wettbewerb zugunsten öffentlich-rechtlicher Unternehmen verzerrt wird. Voraussetzung für die Eigenschaft als „nicht-öffentlich" ist demnach, dass die öffentliche Stelle im Wettbewerb tätig wird, also Leistungen anbietet, die auch von anderen (privaten) Stellen angeboten werden können, und keine Monopolstellung einnimmt. Die Rechtsform des öffentlich-rechtlichen Unternehmens und der Unternehmensgegenstand sind unerheblich[38]. Erforderlich ist eine gewisse Beständigkeit der Teilnahme am Wettbewerb[39]. Dabei kommt es nicht darauf an, ob die Stelle mit Gewinnerzielungsabsicht tätig wird[40]. Beschränkt sich die Tätigkeit als Wettbewerbsunternehmen auf bestimmte Tätigkeitsbereiche einer verantwortlichen Stelle, so gilt die Einstufung als „nicht-öffentliche" Stelle auch nur hinsichtlich der Datenverwendung innerhalb dieser Bereiche[41].

---

34 Taeger/Gabel/*Buchner*, § 2 BDSG Rz. 17; vgl. Simitis/*Dammann*, § 2 BDSG Rz. 118 ff.; *Schaffland/Wiltfang*, § 2 BDSG Rz. 17; zu Allfinanzdienstleistern s. *Kilian/Gregor*, BB Beilage 2002 Nr. 3.
35 *Gola/Schomerus*, § 2 BDSG Rz. 15 sowie Taeger/Gabel/*Buchner*, § 2 BDSG Rz. 18, jeweils mit weiteren Beispielen.
36 *Hartung*, ZinsO 2011, 1225 (1229 f.).
37 Ausführlich zum Datenschutz im privaten Bereich des kommunalen Umfelds *Zilkens*, VR 2010, 253 (254).
38 Simitis/*Simitis*, § 27 BDSG Rz. 37.
39 *Bergmann/Möhrle/Herb*, § 27 BDSG Rz. 12; a.A. Simitis/*Simitis*, § 27 BDSG Rz. 40, wonach die bloße Teilnahme am Wettbewerb genügen soll.
40 *Gola/Schomerus*, § 27 BDSG Rz. 7.
41 *Bergmann/Möhrle/Herb*, § 27 BDSG Rz. 12.

§ 2 Abs. 5 unterscheidet zwischen (i) öffentlichen Stellen des Bundes (Satz 1) und (ii) öffentlichen Stellen der Länder (Satz 2). Soweit **öffentliche Stellen des Bundes** am Wettbewerb teilnehmen, gelten sie stets und ausnahmslos als nichtöffentliche Stellen im Sinne des Gesetzes. Dagegen gelten **öffentliche Stellen der Länder** nur dann als nicht-öffentlich, wenn kein Landesdatenschutzgesetz besteht und die verantwortliche Stelle Bundesrecht ausführt. Da alle Länder Datenschutzgesetze haben (vgl. hierzu auch die Kommentierung unter Rz. 13), kommt dem BDSG bezüglich öffentlicher Stellen der Länder lediglich eine rein theoretische Auffangfunktion zu. 18

Kapitel 2
Rechtsgrundlagen der Verarbeitung personenbezogener Daten

§ 3 Verarbeitung personenbezogener Daten durch öffentliche Stellen

Die Verarbeitung personenbezogener Daten durch eine öffentliche Stelle ist zulässig, wenn sie zur Erfüllung der in der Zuständigkeit des Verantwortlichen liegenden Aufgabe oder in Ausübung öffentlicher Gewalt, die dem Verantwortlichen übertragen wurde, erforderlich ist.

I. Einführung	1	4. Vereinbarkeit des BDSG mit der DSGVO	5
1. Normaufbau	2		
2. Verhältnis zur DSGVO	3	II. Verarbeitung personenbezogener Daten durch öffentliche Stellen	6
3. Änderungen gegenüber dem BDSG-alt	4		

Schrifttum: *Greve*, Das neue Bundesdatenschutzgesetz, NVwZ 2017, 737; *Kremer*, Wer braucht warum das neue BDSG? Auseinandersetzung mit wesentlichen Inhalten des BDSG n.F., CR 2017, 367.

I. Einführung

§ 3 enthält eine **allgemeine Rechtsgrundlage** zur Legitimierung der Verarbeitung personenbezogener Daten durch öffentliche Stellen[1]. Er soll insbesondere Anwendung finden für Datenverarbeitungen mit geringer Eingriffsintensität[2]. 1

---

1 BT-Drucks. 18/11325, S. 80.
2 BT-Drucks. 18/11325, S. 81.

1. Normaufbau

2 § 3 enthält zwei Rechtfertigungstatbestände: Erstens für die Datenverarbeitung bei Erfüllung einer in der Zuständigkeit des Verantwortlichen liegenden Aufgabe und zweitens bei der Ausübung öffentlicher Gewalt, die dem Verantwortlichen übertragen wurde. Damit ist im Grundsatz **jegliche Form öffentlichen Handelns** erfasst, unabhängig davon ob die Datenverarbeitung Teil einer zentralen Aufgabe der öffentliche Stelle ist oder nur beiläufig geschieht[3].
Nicht erfasst ist hingegen die Verarbeitung spezieller Kategorien von Daten. Dafür sieht § 22 besondere Voraussetzungen vor[4]. Im Übrigen steht § 3 neben sonstigen Rechtfertigungstatbeständen. So ist beispielsweise in § 23 ein weiterer Tatbestand für die Verarbeitung personenbezogener Daten durch öffentliche Stellen zu anderen Zwecken als denjenigen, zu denen die Daten erhoben wurden, vorgesehen[5].

2. Verhältnis zur DSGVO

3 Den Ausführungen des deutschen Gesetzgebers zufolge, soll § 3 einen durch Art. 6 Abs. 3 Satz 1 Buchst. b DSGVO vermeintlich gesetzten **Regelungsauftrag** erfüllen[6], um eine Rechtsgrundlage für die Datenverarbeitung durch öffentliche Stellen, soweit es sich um eine Verarbeitung im Sinne des Art. 6 Abs. 1 Satz 1 Buchst. e DSGVO handelt, zu schaffen. Inhaltlich geht § 3 jedoch nicht über die in der DSGVO bereits enthaltenen Voraussetzungen zur Rechtmäßigkeit hinaus, sondern wiederholt schlicht deren wesentlichen Regelungsgehalt.

3. Änderungen gegenüber dem BDSG-alt

4 § 3 nimmt den bisher in §§ 13 Abs. 1 und 14 Abs. 1 BDSG-alt enthaltenen Regelungsgehalt auf, knüpft dabei aber, dem Grundgedanken der DSGVO und der Datenschutzrichtlinie für Polizei und Justiz (Richtlinie (EU) 2016/680) folgend, allgemein an den umfassenden Begriff der **Verarbeitung** an. Eine Unterscheidung zwischen den Phasen der Erhebung, Speicherung, Veränderung und Nutzung von Daten findet nicht (mehr) statt.
Anders als § 14 Abs. 1 BDSG-alt sieht § 3 außerdem keine ausdrückliche Zweckbindung der Verarbeitung vor. Das ändert aber letztlich nichts daran, dass der Zweckbindungsgrundsatz gleichwohl beachtet werden muss. Das folgt aus Art. 5

---

3 Paal/Pauly/*Frenzel*, § 3 BDSG Rz. 4f.
4 S. hierzu die Kommentierung zu § 22 BDSG Rz. 6ff.
5 Vgl. hierzu die Kommentierung zu § 23 BDSG Rz. 5ff.
6 So die Gesetzesbegründung in BT-Drucks. 18/11325, S. 81.

Abs. 1 Buchst. b DSGVO, der auch im Rahmen der Datenverarbeitung durch öffentliche Stellen Anwendung findet[7].

4. Vereinbarkeit des BDSG mit der DSGVO

§ 3 wiederholt lediglich den wesentlichen Regelungsgehalt von Art. 6 Abs. 1 Satz 1 Buchst. e DSGVO, ohne inhaltlich Wesentliches zu ergänzen. Es bestehen daher aufgrund des Verbots der Wiederholung unmittelbar geltenden Unionsrechts (**Wiederholungsverbot**) erhebliche Zweifel an der Zulässigkeit und Rechtmäßigkeit von § 3[8]. Es ist daher zu empfehlen, neben § 3 stets auch Art. 6 Abs. 1 Satz 1 Buchst. e DSGVO mit zu zitieren, wenn unter Verweis auf diese Normen eine Datenverarbeitung durch öffentliche Stellen gerechtfertigt werden soll.

5

II. Verarbeitung personenbezogener Daten durch öffentliche Stellen

Die Verarbeitung personenbezogener Daten durch öffentliche Stellen ist nur zulässig, sofern sie zur Erfüllung der in der Zuständigkeit des Verantwortlichen liegenden Aufgabe oder in Ausübung öffentlicher Gewalt, die dem Verantwortlichen übertragen wurde, erforderlich ist.

6

Öffentliche Stellen sind solche, die unter die Definitionen des § 2 fallen. Der Begriff der Verarbeitung entspricht dem der Definition in Art. 4 Nr. 2 DSGVO. Damit ist jegliche Handlung oder Unterlassung einer öffentlichen Stelle, die unmittelbar oder mittelbar auf personenbezogene Daten einwirkt oder in anderer Form personenbezogene Daten behandelt, erfasst[9].

Die Verarbeitung der personenbezogenen Daten muss **für die Zweckerreichung erforderlich** sein. Diese Anforderung steht im Kontext zum Grundsatz der Datenminimierung des Art. 5 Abs. 1 Buchst. c DSGVO[10]. Es dürfen dementsprechend nur die personenbezogenen Daten erhoben werden, ohne die die öffentliche Stelle ihre Aufgaben nicht, nicht vollständig oder nicht in rechtmäßiger Weise durchführen könnte. Das bedeutet, dass eine Verarbeitung unzulässig ist, wenn sie für die öffentliche Stelle lediglich dienlich, nützlich, praktisch, geeignet oder zweckmäßig ist[11].

7

---

7 Vgl. hierzu die Kommentierung zu Art. 5 DSGVO Rz. 6 ff.
8 Vgl. hierzu Paal/Pauly/*Frenzel*, Art. 6 DSGVO Rz. 32.
9 Vgl. hierzu die Kommentierung zu Art. 4 DSGVO Rz. 9 f.
10 Vgl. hierzu die Kommentierung zu Art. 5 DSGVO Rz. 10 f.
11 Simitis/*Sokol*/*Scholz*, § 13 BDSG Rz. 26.

8   Die Beurteilung der Erforderlichkeit ist **ex-ante**, also zum Zeitpunkt der Verarbeitung selbst vorzunehmen. Im Rahmen der regelmäßig notwendigen Sachverhaltserforschung[12], z.b. zur Vorbereitung einer Ermessensentscheidung, ist somit eine Erhebung nicht deshalb unzulässig, weil sich ex-post herausstellt, dass die gewonnenen Erkenntnisse für die Entscheidung nicht relevant waren. In einem solchen Fall sind die nicht benötigten Daten aber umgehend zu löschen (Grundsatz der Speicherbegrenzung, Art. 5 Abs. 1 Buchst. e DSGVO). Die Verarbeitung muss im konkreten Fall, bezogen auf den individuell Betroffenen, erforderlich sein. Das ist nicht der Fall, wenn die Verarbeitung erst in Zukunft relevant werden könnte, bzw. die Daten ggf. benötigt werden könnten[13]. Bereits die „anlasslose" Erhebung, nicht erst die Speicherung „auf Vorrat", ist unzulässig[14].

9   Erfolgt die Verarbeitung nicht zum Zweck der Aufgabenerfüllung der öffentlichen Stelle oder nicht in Ausübung öffentlicher Gewalt oder ist sie hierfür nicht erforderlich, so ist sie unzulässig und gleichzeitig ein ungerechtfertigter (rechtswidriger) Eingriff in das Recht auf informationelle Selbstbestimmung des Betroffenen.

§ 4 Videoüberwachung öffentlich zugänglicher Räume

(1) Die Beobachtung öffentlich zugänglicher Räume mit optisch-elektronischen Einrichtungen (Videoüberwachung) ist nur zulässig, soweit sie
1. zur Aufgabenerfüllung öffentlicher Stellen,
2. zur Wahrnehmung des Hausrechts oder
3. zur Wahrnehmung berechtigter Interessen für konkret festgelegte Zwecke

erforderlich ist und keine Anhaltspunkte bestehen, dass schutzwürdige Interessen der Betroffenen überwiegen. Bei der Videoüberwachung von
1. öffentlich zugänglichen großflächigen Anlagen, wie insbesondere Sport-, Versammlungs- und Vergnügungsstätten, Einkaufszentren oder Parkplätzen, oder
2. Fahrzeugen und öffentlich zugänglichen großflächigen Einrichtungen des öffentlichen Schienen-, Schiffs- und Busverkehrs

gilt der Schutz von Leben, Gesundheit oder Freiheit von dort aufhältigen Personen als ein besonders wichtiges Interesse.

---

12 Vgl. §§ 24, 26 VwVfG.
13 Vgl. Taeger/Gabel/*Heckmann*, § 13 BDSG Rz. 23.
14 Simitis/*Sokol/Scholz*, § 13 BDSG Rz. 26; Gola/*Schomerus*, § 13 BDSG Rz. 4; vgl. st. Rspr. des BVerfG v. 2.3.2010 – 1 BvR 256/08 – Vorratsdatenspeicherung; BVerfGE 65, 1, 46; 100, 313, 360; 115, 320, 350; 118, 168, 187.

(2) Der Umstand der Beobachtung und der Name und die Kontaktdaten des Verantwortlichen sind durch geeignete Maßnahmen zum frühestmöglichen Zeitpunkt erkennbar zu machen.

(3) Die Speicherung oder Verwendung von nach Absatz 1 erhobenen Daten ist zulässig, wenn sie zum Erreichen des verfolgten Zwecks erforderlich ist und keine Anhaltspunkte bestehen, dass schutzwürdige Interessen der Betroffenen überwiegen. Absatz 1 Satz 2 gilt entsprechend. Für einen anderen Zweck dürfen sie nur verarbeitet oder genutzt werden, soweit dies zur Abwehr von Gefahren für die staatliche und öffentliche Sicherheit sowie zur Verfolgung von Straftaten erforderlich ist.

(4) Werden durch Videoüberwachung erhobene Daten einer bestimmten Person zugeordnet, so besteht die Pflicht zur Information der betroffenen Personen über die Verarbeitung gemäß den Artikeln 13 und 14 der Verordnung (EU) 2016/679 entsprechend. § 32 gilt entsprechend.

(5) Die Daten sind unverzüglich zu löschen, wenn sie zur Erreichung des Zwecks nicht mehr erforderlich sind oder schutzwürdige Interessen der Betroffenen einer weiteren Speicherung entgegenstehen.

I. Einführung 1	VI. Erforderlichkeit und Interessenabwägung 20
II. Anwendungsbereich 3	VII. Erkennbarkeit der Beobachtung 27
III. Öffentlich zugängliche Räume . 9	VIII. Benachrichtigungs- und Löschungspflichten 29
IV. Beobachtung mit optisch-elektronischen Einrichtungen . 11	
V. Zweckbestimmung und Zweckbindung 14	IX. Rechtsfolgen/Sanktionen, Rechtsweg 31

Schrifttum: *Albrecht*, Umfassende Videoüberwachung im ÖPNV kann zulässig sein, jurisPR-ITR 23/2017; *Albrecht/Wessels*, Das Videoüberwachungsverbesserungsgesetz, jurisPR-ITR 9/2017 Anm. 2; *Alich*, „Task Force" im Kinosaal, DuD 2010, 44; *Bäumler*, Datenschutzrechtliche Grenzen der Videoüberwachung, RDV 2001, 67; *Bayreuther*, Videoüberwachung am Arbeitsplatz, NZA 2005, 1038; *Bergfink*, Videoüberwachung in Fahrzeugen des öffentlichen Personennahverkehrs, DuD 2015, 145; *Brenneisen/Staack*, Die Videobildübertragung nach allgemeinem Polizeirecht, DuD 1999, 447; *Bull*, Fehlentwicklungen im Datenschutz am Beispiel der Videoüberwachung, JZ 2017, 797; *Butz/Brummer*, Rechtswidrige Überwachungsmaßnahmen, Drohen Beweisverwertungsverbote?, AuA 2011, 400; *Byers/Wenzel*, Videoüberwachung am Arbeitsplatz nach dem neuen Datenschutzrecht, BB 2017, 2036; *Czernik*, Heimliche Bildaufnahmen – ein beliebtes Ärgernis, GRUR 2012, 457; *Daum/Boesch*, Neue Techniken und ihre Gegenmittel: Zur Rechtmäßigkeit von Abwehrmaßnahmen gegen zivile Drohnen, CR 2018, 62; *Forst*, Videoüberwachung am Arbeitsplatz und der neue § 32 BDSG, RDV 2009, 204; *Freckmann/Wahl*, Überwachung am Arbeitsplatz, BB 2008, 1904; *Ganz*, Augen auf bei der Videoüberwachung, ArbR 2015, 565; *Garstka*, Videoüberwachung: Allheilmittel oder Gift für die Freiheitsrechte, DuD 2000, 192; *Gola*, Der neue strafrechtliche Schutz vor unbefugten Bildaufnahmen im Lichte des BDSG, RDV 2004, 215; *Gola/Klug*, Videoüberwachung gemäß § 6b BDSG – Anmerkungen zu einer verunglückten Gesetzeslage, RDV 2004, 65; *Grages/Plath*, Black Box statt Big

§ 4 BDSG | Videoüberwachung öffentlich zugänglicher Räume

Brother: Datenschutzkonforme Videoüberwachung unter BDSG und DSGVO, CR 2017, 791; *Heinson/Sörup/Wybitul*, Der Regierungsentwurf zur Neuregelung des Beschäftigtendatenschutzes, CR 2010, 751; *Held*, Intelligente Videoüberwachung, Verfassungrechtliche Vorgaben für den polizeilichen Einsatz, Diss. 2014; *Hennrich*, Google Glass und der Datenschutz – alles glasklar?, AnwZert ITR, 10/2014 Anm. 2; *Hilpert*, Rechtsfragen des Videoeinsatzes unter besonderer Berücksichtigung des ÖPNV, RDV 2009, 160; *Hofmann/Hödl*, Drohnen und Drohnenjournalismus, Eine rechtliche Analyse mit Schwerpunkt Österreich, DuD 2015, 167; *Hornung/Desoi*, „Smart Cameras" und automatische Verhaltensanalyse, K&R 2011, 153; *Huff*, Elektronische Überwachung in der Wohnungseigentumsanlage, NZM 2002, 89; *Huff*, Grenzen der Videoüberwachung in der Wohnungseigentumsanlage, NZM 2002, 688; *Huff*, Neues zur Videoüberwachung im Miet- und Wohnungseigentumsrecht, NZM 2004, 533; *Kipker/Gärtner*, Verfassungsrechtliche Anforderungen an den Einsatz polizeilicher „Body-Cams", NJW 2015, 296; *Klein/Roos*, Videoüberwachung: Kostspielige Folgen für den Arbeitgeber, ZD 2016, 65; *Königshofen*, Neue datenschutzrechtliche Regelungen zur Videoüberwachung, RDV 2001, 220; *Lach*, Erste OLG-Entscheidung – Weg frei für die Verwertung von Dashcam-Aufnahmen im Zivilprozess, jurisPR-ITR 22/2017, Anm. 4; *Loy*, Zulässigkeit von Webcams auf Baustellen, ZfIR 2004, 181; *Marek*, Observation, Videos und Detektive – was darf der ArbG vor Gericht verwenden?, AA 2015, 122; *Maties*, Arbeitnehmerüberwachung mittels Kamera, NJW 2008, 2219; *Mester*, Videoüberwachung, DUD 2015, 194; *Miller/Will*, Rechtsänderungen zur Videoüberwachung im Bundes- und Landesrecht, KommunalPraxis BY 2017, 355; *Oberwetter*, Arbeitnehmerrechte bei Lidl, Aldi & Co., NZA 2008, 609; *Reich*, Das Datenschutz-Orakel aus Luxemburg hat gesprochen … aber nur teilweise, VuR 2015, 41; *Ronellenfitsch*, Datenschutz bei der Bahn, DVBl 2010, 401; *Saurer*, Die Landesdatenschutzgesetze als Rechtsgrundlage für die kommunale Videoüberwachung, DÖV 2008, 17; *Schmid*, Rechtliche Bewertung ziviler Drohnenflüge, K&R 2015, 217; *Schmidt/Hermonies*, Datenschutzrechtliche Rahmenbedingungen der Videoüberwachung in Fussballstadien, CaS 2014, 34; *Schnabel*, Das Recht am eigenen Bild und der Datenschutz, ZUM 2008, 657; *Scholand*, Videoüberwachung und Datenschutz, DuD 2000, 202; *Schulze/Schreck*, Schmerzensgeld bei der Videokontrolle, AiB 2014, Nr. 4, 49; *Selk*, Kundendaten in der Hotelerie – Aktuelle Datenschutzprobleme vom Check-In bis zum CRM, RDV 2008, 187; *Spieker gen. Döhmann*, Big Data intelligent nutzen: Rechtskonforme Videoüberwachung im öffentlichen Raum, K&R 2014, 549; *Starnecker*, Achtung (Klingel-)Kamera! – Anwendbarkeit des BDSG und datenschutzrechtliche Zulässigkeit der Klingelkamera, AnwZert ITR 3/2015; *Steinkühler/Raif*, „Big Brother am Arbeitsplatz" – Arbeitnehmerüberwachung, AuA 2009, 213; *Stöber*, Zulässigkeit und Grenzen der Videoüberwachung durch Private, NJW 2015, 3681; *Tammen*, Video- und Kameraüberwachung am Arbeitsplatz: Hinweise für Betriebs- und Personalräte, RDV 2000, 15; *Uschkereit/Zdanowiecki*, Rechtsrahmen für den Betrieb ziviler Drohnen, NJW 2016, 444; *Vahle*, Videoüberwachung eines Betriebsgeländes ohne Aufzeichnung, DSB 2014, 18; *Venetis/Oberwetter*, Videoüberwachung von Arbeitnehmern, NJW 2016, 1051; *Wagner/Bretthauer/Birnstill/Krempel*, Auf dem Weg zu datenschutzfreundlichen Dashcams, DuD 2017, 159; *Weichert*, Rechtsfragen der Videoüberwachung, DuD 2000, 662; *Weinhold/Richter/Krüger/Geske*, Von Kameras und Verdrängung, KJ 2016, 31; *Werkmeister/Brandt*, Bremst der Datenschutz das automatisierte Fahren aus?, RAW 2017, 99; *Winkler*, Vertrauenswürdige Videoüberwachung, Sichere intelligente Kameras mit Trusted Computing, DuD 2011, 797; *Wohlfahrt*, Staatliche Videoüberwachung des öffentlichen Raumes, RDV 2000, 106; *Wohlfahrt*, Rechtliche Aspekte der beabsichtigten Verwendung von Körperkameras durch die saarländische Polizei, LKRZ 2015, 437; *Wrede*, Rechtliche Einordnung von Webcams, DuD 2012, 225; *von Zez-*

schwitz, Videoüberwachung in Hessen, DuD 2000, 670; *Ziebarth,* Verbesserte Videoüberwachung?, ZD 2017, 467; *Ziegler,* Das Hausrecht als Rechtfertigung einer Videoüberwachung, DuD 2003, 337.

I. Einführung

Die Bestimmungen zur Videoüberwachung sind erst mit dem BDSG 2001 ins Gesetz gelangt (§ 6b BDSG-alt)[1], wurden zuletzt durch das Videoüberwachungsverbesserungsgesetz vom 28.4.2017[2] inhaltlich geändert und sind nunmehr als § 4 auch Teil des neuen BDSG. Die Regelung des § 4 knüpft an Tatbestände an, die einer Datenerhebung oder -verarbeitung vorgelagert sein können, und erweitert damit den aufgrund der allgemeinen Bestimmungen der DSGVO und des BDSG vermittelten Schutz. Die Regelung wurde teilweise als „Fremdkörper" in der Systematik des BDSG bezeichnet, weil sie nicht notwendig an personenbezogene Daten im Sinne des BDSG anknüpft[3]. Die Regelung ist ungeachtet dessen Bestandteil des neuen BDSG geblieben, auch wenn sie kein unmittelbares Äquivalent in der DSGVO hat. Dies ist insoweit zu begrüßen, als der Sachzusammenhang zum Recht auf informationelle Selbstbestimmung und damit zum Datenschutz im weiteren Sinne offenkundig und die Verortung im BDSG daher weiterhin richtig erscheint. In der Vorauflage wurde deshalb darauf hingewiesen, dass sich aus der **Doppelnatur** des § 4 ergibt, dass dieser neben der DSGVO als nationales Recht bestehen bleiben kann, zumal die DSGVO keine speziellere Regelung zur Videoüberwachung enthält[4]. Insbesondere die Einordnung in die Systematik des Art. 6 DSGVO und die Begründung einer nationalen Sonderregelung erscheint jedoch nicht einfach. Während sich für § 4 Abs. 1 Nr. 1 und Nr. 2 eine Regelungskompetenz des deutschen Gesetzgebers aus Art. 6 Abs. 1 Satz 1 Buchst. c i.V.m. Abs. 3 Satz 1 Buchst. b DSGVO ableiten lässt[5], liegt die Zulässigkeit einer Sonderregelung für die Videoüberwachung durch Private nicht auf der Hand. Denn diese fällt grundsätzlich unter Art. 6 Abs. 1 Satz 1 Buchst. f DSGVO[6], für den nationale Sonderregelungen nicht vorgesehen sind[7]. Die Gesetzesmaterialen verweisen lediglich auf die DSGVO, ohne die Be-

1

---

1 Zur Gesetzgebungsgeschichte ausführlich Simitis/*Scholz,* § 6b BDSG Rz. 2 ff.; zur rechtspolitischen Diskussion *Weichert,* DuD 2000, 663; *Garstka,* DuD 2000, 193; *Scholand,* DuD 2000, 203; *Bäumler,* RDV 2001, 67; *Wohlfahrt,* RDV 2000, 101.
2 BGBl. I, S. 968.
3 Vgl. *Gola/Schomerus,* § 6b BDSG Rz. 3; *Gola/Klug,* RDV 2004, 65.
4 Die Videoüberwachung wird lediglich als ein Fall für die Notwendigkeit einer Datenschutz-Folgenabschätzung in Erwägungsgrund 91 der DSGVO genannt.
5 So auch Paal/Pauly/*Frenzel,* § 4 BDSG Rz. 5.
6 Gola/*Schulz,* Art. 6 DSGVO Rz. 148.
7 Kritisch deshalb Paal/Pauly/*Frenzel,* § 4 BDSG Rz. 5; unklar insoweit der Hinweis von Gierschmann/Schlender/Stenzel/Veil/*Assion/Nolte/Veil,* Art. 6 DSGVO Rz. 256 auf die „Zweckänderung" als Anknüpfungspunkt für eine Sonderregelung.

rechtigung für eine nationale Sonderregelung zu thematisieren[8]. Auch greift keiner der in Kapitel 9 der DSGVO genannten Ausnahmebereiche. Möchte man nicht die sehr weitgehende These aufstellen, dass jede Form der Videoüberwachung und zwar auch diejenige durch Private im öffentlichen Interesse liegt[9], lässt sich daher die Regelungskompetenz des deutschen Gesetzgebers in erster Linie (nur) aus dem Sachzusammenhang in Bezug auf die nicht-datenbezogene Videoüberwachung sowie aus dem grundsätzlich lokalen Charakter der Videoüberwachung begründen[10]. Hält man die Sonderregelung aus diesem Gesichtspunkt für mit dem europäischen Recht vereinbar, ist sie jedenfalls im Einklang mit der DSGVO auszulegen[11]. Sachlich trägt § 4 den besonderen Gefahren der Videotechnik für das Recht auf informationelle Selbstbestimmung Rechnung und führt die bisherige Rechtslage unter dem BDSG-alt im Wesentlichen fort. Dabei ist besonders hervorzuheben, dass der Schutz der informationellen Selbstbestimmung sich nach der Rechtsprechung des BVerfG nicht allein auf die Privat- und Intimsphäre bezieht, sondern gerade auch den informationellen Schutzinteressen des Einzelnen, der sich in die Öffentlichkeit begibt, Rechnung zu tragen hat[12]. D.h. gerade auch in der Öffentlichkeit besteht ein Schutz vor ungerechtfertigter oder unangemessener Beobachtung. Die Frage der Videoüberwachung hat aufgrund der stark zunehmenden Verbreitung von Videoanwendungen im privaten und geschäftlichen Bereich sehr an Bedeutung gewonnen. Die Regelung der Thematik im BDSG begründet eine Zuständigkeit der Datenschutzbehörden für Fälle der Videoüberwachung im öffentlichen Raum auch in den Fällen, in denen es an einer Datenverarbeitung im engeren Sinne (Art. 4 Nr. 2 DSGVO) fehlt. Dem Bürger wird damit die Möglichkeit eingeräumt, vor gerichtlichen Schritten gegenüber Dritten den einfacheren Weg der Einschaltung der Datenschutzbehörde zu nehmen. Die Datenschutzbehörden werden mit dem Thema tatsächlich auch sehr häufig befasst und haben deshalb in einer ganzen Reihe von Veröffentlichungen zu praxisrelevanten Fragen der Videoüberwachung Stellung genommen[13]. Der Düsseldorfer Kreis hat insbesondere

---

8 So schon der Referentenentwurf v. 11.11.2016, S. 72; später auch BT-Drucks. 18/11325, S. 81.
9 In diesem Sinne Gierschmann/Schlender/Stenzel/Veil/*Veil*, Art. 17 DSGVO Rz. 171 hinsichtlich der Einschränkung der Löschungstatbestände des Art. 17 durch § 4 BDSG.
10 Sydow/*Reimer*, Art. 6 DSGVO Rz. 83 geht offenbar davon aus, dass § 4 Abs. 1 Satz 1 Nr. 3 BDSG (bisher § 6b Abs. 1 Nr. 3 BDSG-alt) seine Berechtigung verloren hat; Gola/*Schulz*, Art. 6 DSGVO Rz. 148 bedauert, dass es keine europäische Regelung gibt.
11 Vgl. jedoch Paal/Pauly/*Frenzel*, § 4 BDSG Rz. 5, der § 4 nur in Bezug auf öffentliche Stellen für mit der DSGVO für vereinbar hält.
12 BVerfG v. 11.8.2009 – 2 BvR 941/08, ITRB 2010, 7 = NJW 2009, 3293; BVerfG v. 23.2. 2007 – 1 BvR 2368/06, NJW 2007, 2320.
13 Düsseldorfer Kreis, Videoüberwachung in und an Taxis, 26./27.2.2013; Düsseldorfer Kreis, Unzulässigkeit der Videoüberwachung aus Fahrzeugen (sog. Dashcams), 25./26.2.2014; Düsseldorfer Kreis, Videoüberwachung in öffentlichen Verkehrsmitteln, 16.9.2015; Düsseldorfer Kreis, Videoüberwachung in Schwimmbädern, Stand 10.8.

eine umfangreiche „Orientierungshilfe Videoüberwachung durch nicht öffentliche Stellen" herausgegeben, die sicherlich für längere Zeit die Praxis prägen wird[14], auch wenn sich mit der DSGVO nunmehr die rechtliche Beurteilung von bestimmten Einzelfragen möglicherweise leicht verschieben wird.

Die Vorschriften des § 4 sind komplementär zu Bestimmungen außerhalb des BDSG zu sehen, die durch § 4 nicht verdrängt, sondern ergänzt werden. Nach der Gesetzesbegründung bleiben bereichsspezifische Normen von § 4 unberührt[15]. Die Nutzung von Videotechnik ist daher regelmäßig unter verschiedenen rechtlichen Gesichtspunkten zu beurteilen: Grundsätzlich können sich deliktische Abwehrrechte (§§ 823 Abs. 1, 1004 BGB) in Bezug auf das allgemeine Persönlichkeitsrecht oder sonstige absolute Rechtsgüter ergeben (dazu auch Rz. 31). Das Recht am eigenen Bild (§ 22 KUG) ist Grundlage für Abwehransprüche, wenn Personen auf Videoaufnahmen individuell erkennbar sind und es um deren Verbreitung oder öffentliche Zurschaustellung geht[16]. Gegen mit Videoaufnahmen verbundene Tonaufnahmen des nicht-öffentlich gesprochenen Wortes schützt § 201 StGB. Gegen unbefugte Bildaufnahmen in einer Wohnung oder einem gegen Einblick besonders geschützten Raum schützt § 201a StGB[17]. Als Alltagsgegenstände getarnte Sendeanlagen zur Übertragung von heimlich aufgenommenen Bildern sind nach § 90 Abs. 1 TKG verboten; Besitz, Herstellung, Vertrieb und Einfuhr solcher Anlagen sind strafbar (§ 148 TKG). 2

II. Anwendungsbereich

Die Bestimmungen des § 4 gelten sowohl für den öffentlichen als auch für den nicht-öffentlichen Bereich. Auch die DSGVO differenziert tatbestandlich nicht zwischen diesen Bereichen[18]. 3

Im öffentlichen Bereich richten sich die Bestimmungen des § 4 an die öffentlichen Stellen des Bundes[19]. Auf Ebene des Bundesrechts finden sich jedoch verschiedene vorrangige und abschließende Regelungen zu Bild- und Tonaufnahmen und zwar vor allem in den Bereichen der **Gefahrenabwehr und Strafver-** 4

2015; Düsseldorfer Kreis, Nutzung von Kameradrohnen durch Private, 15./16.9.2015; LDI NRW, Sehen und gesehen werden, Videoüberwachung durch Private, Orientierungshilfe mit Fallbeispielen, 2014.
14 Düsseldorfer Kreis, Orientierungshilfe „Videoüberwachung durch nicht öffentliche Stellen", Stand 19.2.2014.
15 BT-Drucks. 14/4329, S. 38.
16 Zur Abgrenzung für Einführung des § 6b BDSG-alt BGH v. 25.4.1995 – VI ZR 272/94, MDR 1995, 1125 = CR 1995, 727 = NJW 1995, 1955; vgl. auch *Czernik*, GRUR 2012, 457 (458); *Wrede*, DuD 2010, 225 (226).
17 Vgl. *Schnabel*, ZUM 2008, 657; *Gola*, RDV 2004, 215.
18 Gola/*Schulz*, Art. 6 DSGVO Rz. 148.
19 Simitis/*Scholz*, § 6b BDSG Rz. 34.

folgung. Im Verhältnis zu diesen begründet § 4 keine zusätzlichen Eingriffsbefugnisse[20]. Hinzuweisen ist insoweit auf die Regelungen zur Gefahrenabwehr bei Versammlungen in geschlossenen Räumen (§ 12a VersG) oder unter freiem Himmel (§ 19a VersG), zu strafprozessualen Abhörmaßnahmen (§ 100c Abs. 1 StPO) und zur heimlichen Videoobservation außerhalb von Wohnungen (§ 100h Abs. 1 Nr. StPO), zur automatisierten Videoüberwachung von Staatsgrenzen oder besonderer Objekte (§§ 27 ff. BPolG) und – heimlichen – Observation (§ 28 BPolG) durch die Bundespolizei, zu langfristigen Observationen und der Abwehr akuter Gefahren durch die Bundeskriminalpolizei (§§ 20g, 20h, 23 BKAG) und zur Informationsbeschaffung und Gefahrenabwehr durch das Bundesamt für Verfassungsschutz (§§ 8 Abs. 2, 9 BVerfSchG). Diese Sonderregelungen sind weiterhin zulässig und anwendbar, soweit sie im öffentlichen Interesse liegen oder in Ausübung öffentlicher Gewalt erfolgen und im Übrigen den Anforderungen des Art. 6 Abs. 3 Satz 1 Buchst. b, Satz 2 bis 4 DSGVO genügen – was für die genannten Vorschriften generell zu bejahen sein dürfte.

5   Im öffentlichen Bereich ist die Videoüberwachung auch in fast allen **Landesdatenschutzgesetzen** geregelt, die in der Regel mit § 4 praktisch inhaltsgleiche Regelungen enthalten[21]. Die Besonderheiten sind geringfügig. Die Landesgesetze beziehen die Erforderlichkeit der Videoüberwachung naturgemäß auf Anforderungen der öffentlichen Sicherheit und Ordnung und sehen, anders als § 4 Abs. 5 („unverzüglich"), zum Teil konkrete Löschungsfristen vor. Ferner finden sich Regelungen zur Videoüberwachung auch in den Polizeigesetzen der Länder[22]. Auch diese Sonderregelungen sind grundsätzlich an Art. 6 Abs. 3 Satz 1 Buchst. b, Satz 2 bis 4 DSGVO zu messen, dürften aber insoweit keinen grundlegenden Bedenken unterliegen.

6   Zum Anwendungsbereich des § 4 und entsprechend des Art. 6 DSGVO wird vertreten, dass die Regelung nicht angewendet werden soll, wenn Videoaufnahmen von Geschehnissen im öffentlichen Raum von vornherein **keine Überwachung Betroffener** erlauben oder „eindeutig" nicht hierauf abzielen[23]. Als Beispiele werden insbesondere die Beobachtung einer Straßenkreuzung zu Zwecken der Verkehrsregelung oder Panoramaaufnahmen genannt. Richtigerweise sollte dies jedoch im Zweifel keine Frage der Anwendbarkeit sein, sondern der Interessenabwägung. Sind die technischen Einstellungen einer entsprechenden Anlage so gewählt, dass schutzwürdige Interessen der durch die Videoüberwachung betroffenen Per-

---

20 Beschlussempfehlung und Bericht des Innenausschusses, BT-Drucks. 14/5793, S. 61.
21 Vgl. zu landesgesetzlichen Regelungen *Brenneisen/Staak*, DuD 1998, 447; *von Zezschwitz*, DuD 2000, 671.
22 Zur Gesetzgebungskompetenz der Länder BVerwG v. 25.1.2012 – 6 C 9/11, ZD 2012, 438; BVerfG v. 23.2.2007 – 1 BvR 2368/06, NJW 2007, 2320 = DÖV 2007, 606 m. Anm. *Saurer*, DÖV 2008, 17.
23 *Gola/Schomerus*, § 6b BDSG Rz. 7; *Gola/Schulz*, Art. 6 DSGVO Rz. 149 unter Hinweis auf Erwägungsgrund 26 der DSGVO.

sonen nicht berührt werden, ist die Maßnahme möglicherweise gemäß § 4 Abs. 1 gerechtfertigt (s. Rz. 24). Das BVerfG verneint bei Videoaufzeichnungen eine Eingriffsqualität aus verfassungsrechtlicher Sicht lediglich dann, wenn Daten ungezielt und allein technisch bedingt zunächst miterfasst, dann aber ohne weiteren Erkenntnisgewinn, anonym und spurenlos wieder gelöscht werden[24]. Die Eingriffsschwelle für die Anwendung des § 4 ist dementsprechend niedrig anzusetzen[25].

Von Bedeutung sind die Ausnahmeregelung des § 1 Abs. 1 Satz 2 und die entsprechende Regelung in Art. 2 Abs. 2 Buchst. c DSGVO zur Erhebung, Verarbeitung und Nutzung personenbezogener Daten **ausschließlich für persönliche und familiäre Tätigkeiten**. Mit der wachsenden Verbreitung von stationären und mobilen Videoanwendungen findet die „private" Nutzung vermehrt auch im öffentlichen Raum statt und wirft vielfach neue Fragen auf. Der Begriff der „privaten" Zwecke ist dabei aus Schutzzweckgesichtspunkten eng auszulegen[26]. Nach der DSGVO können dazu z.B. das Führen eines Schriftverkehrs oder von Anschriftenverzeichnissen oder die Nutzung sozialer Netze und Online-Tätigkeiten im Rahmen solcher Tätigkeiten zählen[27], der Ausnahmebereich wird also sehr eng verstanden. Die Entscheidung über die Zulässigkeit sollte deshalb auch hier vor allem über die Interessenabwägung fallen. Erfolgt die Übertragung von (vermeintlich) privaten Videoaufzeichnungen an Sicherheitsdienste, greift die Privilegierung ohnehin nicht (vgl. § 8 BewachVO). Aber auch bei der Übertragung an sonstige Dienstleister, die eine geschäftsmäßige Verarbeitung der Daten (z.B. für eine Vielzahl privater Nutzer eines Internetdienstes) vorsehen, wird der Bereich des Privaten im Zweifel verlassen[28]. Die DSGVO stellt dazu nunmehr in den Erwägungsgründen klar, dass die Ausnahme für private Tätigkeiten nicht für die Verantwortlichen oder Auftragsverarbeiter gilt, welche die Instrumente für die Verarbeitung personenbezogener Daten für solche persönlichen oder familiären Tätigkeiten bereitstellen, also insbesondere nicht für die entsprechenden Diensteanbieter[29]. Auch wenn die Begründung der EG-Datenschutzrichtlinie, der DSGVO und die Gesetzesbegründung zur bisherigen Fassung des BDSG[30] dazu weitgehend schweigen, ist der Grund für die Privilegierung der privaten Zwecke nicht darin zu sehen, dass das private Sam-

7

---

24 BVerfG v. 11.8.2009 – 2 BvR 941/08, ITRB 2010, 7 = NJW 2009, 3293.
25 Vgl. zu Webcams VG Schwerin v. 18.6.2015 – 6 B 1637/15 SN, RDV 2015, 335; a.A. *Wrede*, DuD 2010, 225 (227).
26 Vgl. EuGH v. 11.12.2014 – C-212/13 Rz. 31; vgl. auch VG Ansbach v. 12.8.2014 – AN 4 K 13.01634, CR 2014, 746, zur unzulässigen Verwendung einer Videokamera im Pkw zu vermeintlich privaten Zwecken.
27 Erwägungsgrund 18 der DSGVO.
28 So fällt richterweise auch die Nutzung sog. Datenbrillen in der Öffentlichkeit durch Private grundsätzlich unter § 4 und zwar erst recht, wenn Aufnahmen an einen (Cloud-) Anbieter übertragen werden, vgl. dazu *Hennrich*, AnwZert ITR 10/2014 Anm. 2.
29 Erwägungsgrund 18 der DSGVO.
30 Begründungen zu § 1 Abs. 2 Nr. 3 und § 6b BDSG-alt, BT-Drucks. 14/4329, S. 31 (38).

meln von Daten für die hiervon Betroffenen unproblematischer ist als vergleichbare geschäftliche Tätigkeiten. Gemeinschaftsrechtlich beruht die Ausnahme auf der notwendigen Beschränkung des Gemeinschaftsrechts auf Themen des innergemeinschaftlichen Handels – ein Umstand, der für die deutsche Gesetzesanwendung ohnehin keine Rolle spielen kann. Die Privilegierung im europäischen und nationalen Recht kann und soll sinnvoller Weise nur verhindern, dass der private Videoersteller oder -nutzer nicht seinerseits zum Objekt einer unverhältnismäßigen staatlichen Kontrolle und Reglementierung wird. Der europäische und nationale Gesetzgeber haben aber nicht bezweckt, unternehmerische Geschäftsmodelle generell vom Datenschutz freizustellen, nur weil sich jeder Nutzer einzeln auf die grundsätzliche Privatheit seiner Videoaufnahmen berufen kann. Neuartige Anwendungen für die „private" Videoaufzeichnung im Rahmen von stationären oder mobilen Internetanwendungen oder Telematikdiensten sind daher jeweils daraufhin zu prüfen, ob sie den Bereich des Privaten verlassen. Die Konstruktion einer privaten Auftragsdatenverarbeitung[31] etwa im Rahmen von Anbieter-AGB wird dabei der Lebenswirklichkeit nicht gerecht: ein privater Dienstenutzer dürfte kaum jemals die Kontrollrechte und -pflichten des Verantwortlichen gemäß Art. 28 DSGVO und § 62 wahrnehmen können oder wollen. Die Bestimmungen des § 4 müssen im Übrigen auch dann gelten, wenn sich Diensteanbieter – etwa über entsprechend gestaltete Allgemeine Geschäftsbedingungen für *Social Media*-Anwendungen – die Videoaufzeichnungen ihrer Nutzer oder Kunden zu Eigen machen wollen. Denn die Nutzung privat erstellter Videoaufzeichnungen fällt zweifelsohne unter die Bestimmungen des § 4, sobald sie aus ihrem privaten Kontext herausgelöst und kommerzialisiert werden. Ob entsprechende AGB überhaupt wirksam oder durchsetzbar sein können, ist eine andere Frage, die richtigerweise zu verneinen ist, soweit sie sich (auch) auf Aufnahmen beziehen, die dem Schutzbereich des § 4 unterfallen und nicht durch Einwilligungen aller Betroffenen gedeckt sind.

8   Wie oben bereits angesprochen, ist das Verhältnis des § 4 zu den allgemeinen Bestimmungen der DSGVO, d.h. nunmehr insbesondere zu Art. 6 DSGVO, nicht eindeutig geregelt und durch Auslegung zu ermitteln. Anders als bisher im deutschen Recht kann § 4 jedenfalls im privaten Bereich die Bestimmungen der DSGVO nicht verdrängen, sondern ist in deren Lichte auszulegen und anzuwenden. Ohnehin bleibt es bei den allgemeinen Bestimmungen der DSGVO, soweit es um Videoüberwachung in nicht öffentlich zugänglichen Räumen geht, die von § 4 tatbestandlich nicht erfasst wird. In diesen Fällen entscheidet sich die Zulässigkeit einer Videoüberwachung mit Datenverarbeitung allein nach Art. 6 DSGVO. Für den Bereich des Arbeitsrechts bleibt es dann jedoch wiederum dem nationalen Gesetzgeber überlassen, spezifische Regelungen zu erlassen, die nach Art. 88 DSGVO den Bestimmungen der DSGVO vorgehen können[32]. We-

---

31 Vgl. *Gola/Schomerus*, § 6b BDSG Rz. 7a.
32 *Byers/Wenzel*, BB 2017, 2036 (2038).

sentliche sachliche oder inhaltliche Änderungen zur bisherigen Rechtslage dürften sich daraus nicht ergeben, auch wenn sich die Antworten auf Einzelfragen leicht verschieben können. So stellt sich etwa die Frage, wie die Grenzen für eine Zweckänderung in § 4 Abs. 3 Satz 2 im Verhältnis zu den allgemeinen Bestimmungen der DSGVO zu Zweckänderungen auszulegen sind. Während bisher ein Rückgriff auf § 28 BDSG-alt ausschied[33], lässt sich das nicht in gleicher Weise für die höherrangige Regelung des Art. 6 Abs. 4 DSGVO sagen (s. dazu Rz. 19).

III. Öffentlich zugängliche Räume

Die Regelung des § 4 gilt unmittelbar nur für **öffentlich zugängliche Räume**. 9
Der Begriff des öffentlich zugänglichen Raums ist weit zu verstehen und erfasst jedenfalls alle räumlichen Bereiche, die der Öffentlichkeit ausdrücklich oder aufgrund einer nach außen erkennbaren Zweckbestimmung zugänglich gemacht werden[34]. Auf die Eigentumsverhältnisse oder das Vorhandensein einer ausdrücklichen öffentlichen Widmung seitens des Eigentümers kommt es dabei nicht entscheidend an. Es kann unter Umständen auch genügen, dass z.B. ein bestimmter, im Privateigentum stehender Bereich über längere Zeit von der Öffentlichkeit genutzt wird, ohne dass es eine erkennbare Billigung hierfür gab (z.B. langjährige Nutzung eines Privatweges durch Nachbarn). Solange der Berechtigte die Privatheit nicht wiederherstellt, kann er sich gegenüber der Anwendung des § 4 nicht auf die vielleicht innerlich vorbehaltene, aber dauerhaft nicht geltend gemachte Privatheit des betreffenden Raumes berufen. Bei öffentlich-rechtlichem Eigentum ist keine förmliche Widmung erforderlich. Alle dem öffentlichen Verkehr formal gewidmeten Flächen sind aber öffentlich zugängliche Räume i.S.d. § 4. Erfasst sind mithin insbesondere öffentliche Straßen, Plätze, Eingänge und für Besucher zugängliche Bereiche öffentlicher Gebäude oder Einrichtungen und für das allgemeine Publikum geöffnete Bereiche von Geschäftsräumen (z.B. Eingangshallen, Warteräume, Tiefgaragen, Besucher- oder Kundenbereiche in Museen, Theatern, zoologischen Gärten, öffentliche Flächen von Verkehrsbetrieben, Sportstätten, Gaststätten und Hotels)[35]. Allgemeine Zugangsbeschränkungen (Mindestalter, Zahlung von Eintritt, Einhaltung von Öffnungszeiten), die für alle potentiellen Besucher gelten, stehen der Qualifikation als öffentlich zugänglichem Raum nicht entgegen[36].

---

33 BT-Drucks. 14/5793, S. 62.
34 *Königshofen*, RDV 2001, 220.
35 BT-Drucks. 14/4329, S. 38 nennt als Beispiele Bahnsteige, Ausstellungsräume, Verkaufsräume und Schalterhallen; zur Videoüberwachung in Hotels *Selk*, RDV 2008, 187 (191); bei der Eisenbahn *Ronellenfitsch*, DVBl 2010, 401 (407) m.w.N.; zum öffentlichen Nahverkehr *Hilpert*, RDV 2009, 160.
36 Düsseldorfer Kreis, Orientierungshilfe „Videoüberwachung durch nicht öffentliche Stellen", Stand 19.2.2014, S. 6.

10 Nicht erfasst vom Tatbestand des § 4 sind diejenigen Flächen öffentlicher oder privater Eigentümer, die nicht der Öffentlichkeit zugänglich sind. In erster Linie handelt es sich dabei um **Wohnungen und diejenigen Teile von Amts- oder Geschäftsräumen, die nicht für den Publikumsverkehr geöffnet sind**. Eine entsprechende Anwendung von § 4 scheidet mangels Regelungslücke aus[37]. Diese Bereiche sind jedoch nicht schutzlos der beliebigen Videoüberwachung ausgesetzt. Vielmehr beurteilt sich dort die Videoüberwachung nach allgemeinen Rechtsgrundsätzen, d.h. vor allem nach dem deliktischen Schutz des allgemeinen Persönlichkeitsrechts der Betroffenen (§§ 823 Abs. 1, 1004 BGB; § 22 KUG). Für den praktisch bisher wichtigsten Bereich der **Videoüberwachung an nicht-öffentlichen Arbeitsplätzen** hat die Rechtsprechung eine weitgehende Kasuistik zur Zulässigkeit von Überwachungsmaßnahmen entwickelt, welche die arbeitsrechtliche Sonderbeziehung berücksichtigt (dazu Rz. 26)[38]. Hier greift außerdem § 26[39]. Es ist vorherzusehen, dass mit weiterer Verbreitung der Videotechnik und von Veröffentlichungsplattformen (Stichwort *Social Media*) früher oder später auch Fälle von Videoaufnahmen in privaten Wohnungen, etwa bei Familienfesten oder sonstigen Gelegenheiten, die Gerichte beschäftigen werden. Die Abgrenzung von ggf. hinzunehmenden Veröffentlichungen auf Plattformen für einen mehr oder minder überschaubaren Freundes- und Bekanntenkreis zu solchen Veröffentlichungen, die für eine weitere Allgemeinheit zugänglich sind, wird dabei zunehmend schwierig. Auch die Verwirklichung des rechtlichen Schutzes in diesen Fällen wird zunehmend auf praktische Schwierigkeiten stoßen, vor allem wenn Videoaufnahmen auch von Privaten praktisch zeitgleich mit ihrer Erstellung online gestellt oder *gestreamt* werden. Die Zielsetzung der Bereichsausnahme für den privaten und familiären Bereich (dazu Rz. 7) wird dadurch auf Dauer fragwürdig.

IV. Beobachtung mit optisch-elektronischen Einrichtungen

11 Das **Merkmal der Beobachtung** ist wertend zu betrachten. Die Beobachtung setzt eine gewisse Zielgerichtetheit bei der Wahrnehmung äußerer Vorgänge mit optisch-elektronischen Geräten voraus. Es kommt nicht darauf an, dass die Beobachtung das eigentliche Ziel oder auch nur der Hauptzweck der Tätigkeit ist. Es genügt, dass die Beobachtung des öffentlichen Raumes eine (unvermeidliche) Nebenfolge des eigentlich Gewollten ist, so z.B. die Erfassung des öffentlichen Fußgängerwegs bei der Überwachung des Eingangsbereichs zu einem Gebäude oder die Erfassung von Kunden bei der ggf. berechtigten Überwachung

---

37 *Forst*, RDV 2009, 204 (206).
38 Vgl. BAG v. 16.12.2010 – 2 AZR 485/08, RDV 2011, 192; LAG Schleswig-Holstein v. 16.11.2011 – 3 Sa 284/11, juris m.w.N.; *Bayreuther*, NZA 2005, 1038.
39 Vgl. *Byers/Wenzel*, BB 2017, 2036 (2037); *Forst*, RDV 2009, 204 (206 f.) zu § 32 BDSG-alt.

eines Mitarbeiters an seinem nicht-öffentlichen Arbeitsplatz. „Beobachtung" als Vorgang setzt grundsätzlich eine gewisse Dauerhaftigkeit voraus[40]. Aber auch eine kurzzeitige Videoüberwachung oder die von vornherein zeitlich befristete Beobachtung (z.b. nur für die Zwecke einer einmaligen Veranstaltung) erfüllt grundsätzlich den Tatbestand des § 4. Je stärker der Beobachtungswille ausgeprägt ist, desto weniger kommt es auf die Dauer der Beobachtung an und umgekehrt. Auf eine bestimmte Motivation des Beobachtenden kommt es für die Tatbestandsmäßigkeit zunächst nicht an, die subjektive Zwecksetzung spielt erst bei der Rechtfertigung eine entscheidende Rolle (s. Rz. 14ff.).

Optisch-elektronische Geräte sind alle Geräte, die Bewegtbilder bzw. Bildfolgen, die als Bewegtbilder wahrgenommen werden, erzeugen und wahrnehmbar machen können. Auf die Technik kommt es nicht an; erfasst werden analoge und digitale Videoüberwachung. Abgrenzungsschwierigkeiten können sich insbesondere bei sog. Webcams oder Wildkameras[41] ergeben, die in regelmäßigen Abständen oder in Verbindung mit einem Bewegungsmelder Bilder erstellen, die jedoch aufgrund ihrer langsamen Abfolge nicht notwendigerweise als Bewegtbild wahrgenommen werden. Gleichwohl kann es sich in diesen Fällen um eine Videoüberwachung handeln[42]. Als obsolet angesehen werden kann die Frage, ob § 4 lediglich für ortsfeste Geräte zur Videoüberwachung gilt oder auch mobile Kameras erfasst[43]. Insoweit muss eine wertende Betrachtung erfolgen; eine mobile Videoeinrichtung, die auf Beobachtung angelegt ist, sollte nicht aus dem Anwendungsbereich des § 4 herausfallen. Der Wortlaut des § 4 gibt eine solche Einschränkung auch nicht her[44]. Die Datenschutzbehörden gehen in diesem Sinne z.B. davon aus, dass die Nutzung von Fotoapparaten oder Smartphones mit Videofunktion dem Anwendungsbereich des § 4 unterliegt[45]. Die Rechtsprechung hat dies insbesondere in Bezug auf Dashcams bestätigt[46]. 12

Der Begriff der Beobachtung **setzt nicht die elektronische oder sonstige Aufzeichnung** der erfassten Bilder voraus. Es ist zwar zutreffend, dass die Videoüberwachung erst durch die Möglichkeit der Aufzeichnung in besonders starker 13

---

40 *Gola/Klug*, RDV 2004, 65 (68).
41 Zu Wildkameras OVG Saarland v. 14.9.2017 – 2 A 197/16, ZD 2018 m. Anm. *Paschke/Wessels*, jurisPR-ITR 23/2017.
42 Ausführlich *Wrede*, DuD 2010, 225; *Loy*, ZfIR 2004, 181; bejahend Hessische Landesregierung, Hessischer Landtag Drucks. 15/2950, S. 18; nun auch Düsseldorfer Kreis, Orientierungshilfe „Videoüberwachung durch nicht öffentliche Stellen", Stand 19.2. 2014, S. 5.
43 Vgl. *Gola/Klug*, RDV 2004, 65 (66).
44 LG Memmingen v. 14.1.2016 – 22 O 1983/13, ITRB 2016, 80 = CR 2016, 240.
45 Düsseldorfer Kreis, Orientierungshilfe „Videoüberwachung durch nicht öffentliche Stellen", Stand 19.2.2014, S. 5.
46 OLG Celle v. 4.10.2017 – 3 Ss (OWi) 163/17, juris, Rz. 31 = ZD 2018, 85 = DuD 2018, 111; a.A. ohne nähere Begründung LG Rottweil v. 20.2.2017 – 1 O 104/15; LG Nürnberg-Fürth v. 8.2.2016 – 2 O 4549/15.

Weise in das Persönlichkeitsrecht der Betroffenen eingreift. Es geht jedoch darum, den Einzelnen vor dem Eindruck der permanenten Beobachtung und Überwachung im öffentlichen Raum zu schützen. Rechtspolitisch ist dies zu begrüßen und einfachrechtlich hat dies seinen Ausdruck in einem Beobachtungsbegriff gefunden, der ohne weitere Qualifikation auskommt. Entgegen einer Mindermeinung findet § 4 daher auch im Fall der reinen Beobachtung ohne Aufzeichnung oder Speicherung von Daten Anwendung (sog. verlängertes Auge)[47]. Alles andere widerspräche auch der eindeutigen Gesetzesbegründung, die ausdrücklich hervorhebt, dass durch § 4 die Beobachtung selbst erfasst ist und es nicht auf das Erfordernis einer anschließenden Speicherung des Bildmaterials ankommt[48]. Vor diesem Hintergrund ist es auch zu begrüßen, dass die Rechtsprechung auf der Grundlage des allgemeinen Persönlichkeitsrechts einen Abwehranspruch gegen die bloße Möglichkeit der Beobachtung oder Aufzeichnung bzw. gegen die Schaffung eines entsprechenden Anscheins wegen des dadurch entstehenden Überwachungsdrucks bejaht[49]. Insoweit handelt es sich um einen dem § 4 vorgelagerten Tatbestand. Aber bereits die sichtbare, wenn auch möglicherweise ungenutzte oder funktionsunfähige Videokamera kann die aus Freiheitsgesichtspunkten unerwünschte verhaltenssteuernde Wirkung verursachen und stellt damit eine Beeinträchtigung des Persönlichkeitsrechts und der allgemeinen Handlungsfreiheit der Betroffenen dar[50].

V. Zweckbestimmung und Zweckbindung

14　Die Videoüberwachung ist gemäß § 4 nur zulässig, soweit sie für einen der in Abs. 1 Satz 1 Nr. 1–3 genannten Zwecke erforderlich ist. Die Zwecksetzung ist in einer verobjektivierten Weise zu betrachten. Zwar erfolgt die Zweckbestimmung einer Videoüberwachung zunächst subjektiv durch den Verantwortlichen. Darüber hinaus sind aber auch solche Zwecksetzungen zu berücksichtigen, die sich aus den objektiven Umständen ableiten lassen. Maßgeblich für die Frage der Zulässigkeit ist insoweit der tatsächliche, nicht der vorgeschützte Zweck einer Videoüberwachung.

47　Vgl. nur Simitis/*Scholz*, § 6b BDSG Rz. 52 f.
48　BT-Drucks. 14/4329, S. 38; BT-Drucks. 14/5793, S. 62; OVG Berlin-Brandenburg v. 6.4.2017 – 12 B 7.16, juris, Rz. 26 = ZD 2017, 399.
49　BGH v. 21.10.2011 – V ZR 265/10, NJW-RR 2012, 140; BGH v. 16.3.2010 – VI ZR 176/09, CR 2010, 524 = MDR 2010, 682 = ITRB 2010, 253 = NJW 2010, 1533; OLG München v. 13.2.2012/4.1.2012 – 20 U 4641/11, CR 2012, 335; LG Bonn v. 16.11.2004 – 8 S 139/04, RDV 2005, 122; LG Darmstadt v. 17.3.1999 – 8 O 42/99, NZM 2000, 360; LG Braunschweig v. 18.3.1998 – 12 S 23/97, NJW 1998, 2457; AG Lemgo v. 24.2.2015 – 19 C 302/14, juris.
50　Vgl. OLG Köln v. 30.10.2008 – 21 U 22/08, NJW 2009, 1827, das grundsätzlich auch einen vorbeugenden Unterlassungsanspruch bejaht; AG Frankfurt v. 31.1.2015 – 33 C 3407/14.

Der **Aufgabenerfüllung öffentlicher Stellen gemäß Abs. 1 Satz 1 Nr. 1** kommt 15
als Rechtfertigungstatbestand eine Auffangfunktion zu. Die Regelung ist gegenüber den spezialgesetzlichen Regelungen zur Videoüberwachung durch öffentliche Stellen subsidiär. Ist die Videoüberwachung im Anwendungsbereich der spezialgesetzlichen Normen ausgeschlossen, kann sie nicht auf § 4 gestützt werden[51]. Der Anwendungsbereich des Abs. 1 Satz 1 Nr. 1 ist damit verhältnismäßig eng und überschneidet sich mit dem von Abs. 1 Satz 1 Nr. 2. Praktische Bedeutung kommt der Regelung vor allem bei der Videoüberwachung zur Eigensicherung von Bundesbehörden oder zum Schutz öffentlicher Einrichtungen zu[52].

Die Videoüberwachung kann ferner zum Zwecke der **Wahrnehmung des Hausrechts** gemäß Abs. 1 Satz 1 Nr. 2 gerechtfertigt sein. Das Hausrecht ist dabei weit 16
zu verstehen[53], nicht lediglich im Sinne einer Zugangskontrolle oder als Schutz gegen Hausfriedensbruch (§ 123 StGB), sondern als ein umfassendes Bestimmungs-, Abwehr- und Sicherungsrecht in Bezug auf befriedetes Besitztum oder andere Räume, die der Öffentlichkeit zugänglich gemacht werden[54]. Die Videoüberwachung dient insoweit auch einer präventiven Absicherung des Hausrechts[55]. Da das Hausrecht grundsätzlich an den Grenzen des Grundstücks endet, ist auch das Recht zur Videoüberwachung zur Sicherung des Hausrechts auf das Grundstück des Hausrechtsinhabers beschränkt. Bei öffentlich-rechtlich genutzten Gebäuden ist im Rahmen der Abwägung zu berücksichtigen, dass die öffentliche Stelle die Nutzung im Rahmen der öffentlich-rechtlichen Widmung und Zwecksetzung des Gebäudes dulden muss und die Besucher regelmäßig gezwungen sind, die betreffenden Räumlichkeiten aufzusuchen[56]. Ebenso ist im Rahmen von Arbeitsverhältnissen zu berücksichtigen, dass auch Arbeitnehmer gezwungen sind, zur Erbringung der Arbeitsleistung die Räumlichkeiten des Arbeitgebers zu betreten und sich dort berechtigterweise aufhalten; ihre Videoüberwachung lässt sich damit im Regelfall nicht beliebig mit dem Hausrecht rechtfertigen[57].

Schließlich kann die Videoüberwachung auch gemäß Abs. 1 Satz 1 Nr. 3 zur 17
Wahrnehmung berechtigter Interessen für konkret festgelegte Zwecke gerechtfertigt sein. Ungeachtet des gesetzgeberischen Ziels, die Videoüberwachung nur in engen Grenzen zu erlauben, hat der Gesetzgeber mit diesem Tatbestand eine Generalklausel in das Gesetz aufgenommen, die im Sinne eines effektiven

---

51 Simitis/*Scholz*, § 6b BDSG Rz. 72.
52 Simitis/*Scholz*, § 6b BDSG Rz. 71 m.w.N.
53 Für die gleichlautende Regelung im Landesdatenschutzgesetz Nordrhein-Westfalen OVG NRW v. 8.5.2009 – 16 A 3375/07, RDV 2009, 232 m.w.N.; grundlegend zum Begriff des Hausrechts und dessen Problematik *Ziegler*, DuD 2003, 337.
54 Vgl. Hessische Landesregierung, Hessischer Landtag Drucks. 15/2950, S. 13.
55 Umfassend zur Videoüberwachung im Bereich von Mietwohnungen- und Wohnungseigentum *Huff*, NZM 2002, 89; NZM 2002, 688; NZM 2004, 535.
56 Vgl. *Ziegler*, DuD 2003, 337 (338).
57 *Forst*, RDV 2009, 204 (208).

Schutzes der von der Videoüberwachung Betroffenen eng auszulegen ist[58]. Nach den Gesetzesmaterialien gilt der Rechtfertigungstatbestand nur für nicht-öffentliche Stellen[59]. Wie auch im Rahmen des Art. 6 DSGVO genügt im Ausgangspunkt grundsätzlich jedes rechtliche, wirtschaftliche oder ideelle Interesse[60]. Allerdings muss das Interesse objektiv bestehen[61]. Es genügt nicht die bloße Behauptung eines Interesses. In der Praxis werden vor allem Maßnahmen der Gefahrenabwehr und der Beweissicherung unter Abs. 1 Satz 1 Nr. 3 gefasst. In diesen Fällen ist eine scharfe Abgrenzung zur Wahrnehmung des – weit verstandenen – Hausrechts gemäß Abs. 1 Satz 1 Nr. 2 kaum möglich. Zwar soll ein Interesse an der Abwehr abstrakter Gefahren nicht ausreichen[62]. Gefordert wird vielmehr eine konkrete Gefahr, z.b. in Bezug auf Vandalismus an Gebäuden, Einbrüche etc. Allerdings soll es hierfür wiederum genügen, wenn sich die erhöhte Gefährdungslage bei typisierender Betrachtung aus den Umständen ergibt, z.b. eine erhöhte Diebstahlsgefahr in Kaufhäusern, eine generell erhöhte Einbruchsgefahr bei Juwelieren[63]. Dem ist zuzustimmen. Nur eine typisierende Betrachtung ist auch praxisgerecht. Es ist demgegenüber überzogen, wenn gefordert wird, dass derjenige, der eine Videoüberwachung einrichten will, Rechtsverletzungen oder Angriffe in der Vergangenheit nachweisen muss, um eine konkrete Gefährdung darlegen zu können[64]. Genau diesen Ansatz verfolgen jedoch häufig die Datenschutzbehörden, die eine Dokumentation konkreter Vorkommnisse verlangen, die eine Videoüberwachung rechtfertigen sollen[65]. Unternehmen werden dadurch gezwungen, erst einmal Vorfälle abzuwarten und dann alle relevanten Ereignisse vorsorglich zu dokumentieren, um eine Argumentationsbasis zu schaffen. Eine „vorsorgliche" Videoüberwachung wird damit auch in solchen Fällen erschwert, in denen ihre Angemessenheit naheliegend ist und das Bedürfnis der Videoüberwachung allgemeinen Erfahrungssätzen entspricht (z.B. abgelegenes Betriebsgrundstück eines Kleinbetriebs, besonders gefährdete Flächen in einem Einkaufszentrum). Nicht zuletzt diese restriktive Praxis der Datenschutzbehörden hat zum Videoüberwachungsverbesserungsgesetz vom 28.4.

---

58 Simitis/*Scholz*, § 6b BDSG Rz. 77; Däubler/Klebe/Wedde/Weichert/*Wedde*, § 6b BDSG Rz. 35.
59 BT-Drucks. 14/5793, S. 61.
60 Vgl. OVG Saarland v. 14.12.2017 – 2 A 662/17, juris, Rz. 45.
61 BT-Drucks. 14/5793, S. 61.
62 Vgl. Hessische Landesregierung, Hessischer Landtag Drucks. 15/2950, S. 13.
63 Zutreffend z.B. OLG München v. 13.2.2012/4.1.2012 – 20 U 4641/11, CR 2012, 335, das ohne weiteren Nachweis die grundsätzliche Schutzbedürftigkeit des Geschäftssitzes eines Versicherungskonzerns bejaht; ähnlich AG Berlin-Mitte v. 18.12.2003 – 16 C 427/02, NJW-RR 2004, 531, das die Auflistung der verfolgten Interessen durch den Grundstückseigentümer als „plausibel und nachvollziehbar" bezeichnet.
64 So aber Düsseldorfer Kreis, Orientierungshilfe „Videoüberwachung durch nicht öffentliche Stellen", Stand 19.2.2014, S. 7; ebenso Simitis/*Scholz*, § 6b BDSG Rz. 80.
65 Vgl. OVG Saarland v. 14.12.2017 – 2 A 662/17 zu einem Extrembeispiel überzogener Anforderungen an eine Videoüberwachung.

2017 geführt (dazu unten Rz. 18a). Es erscheint deshalb richtiger und auch zweckmäßiger, einer maßlosen Videoüberwachung im Rahmen der Erforderlichkeitsprüfung bzw. der Interessenabwägung und damit der konkreten Ausgestaltung der Videoüberwachung zu begegnen.

Der Tatbestand des Abs. 1 Satz 1 Nr. 3 verlangt, dass die **Zwecksetzung konkret festgelegt** sein muss. Eine bestimmte Form der Festlegung wird dabei grundsätzlich nicht verlangt. Besteht eine Pflicht zur Führung eines Verfahrensverzeichnisses (gemäß Art. 30 Abs. 3, 5 DSGVO), ist die Festlegung des Zweckes ohnehin formalisiert. Die Anforderungen an die Festlegung des Zweckes in anderen Fällen (z.B. bei einer Videoüberwachung ohne Aufzeichnung von Daten) oder im Fall von kleineren Betrieben mit weniger als 250 Beschäftigten (Art. 30 Abs. 5 DSGVO) sollten nicht überspitzt werden. Der konkrete Zweck der Videoüberwachung wird sich bei diesen in aller Regel aus den objektiven Umständen ergeben und entsprechend eng anzunehmen sein (z.B. Videoüberwachung des Kassenbereichs in einem Einzelhandelsgeschäft zur Verhinderung von Diebstählen, Überwachung des Betriebsgeländes oder von Lagerhallen zur Verhinderung von Einbrüchen, Diebstählen, Sachbeschädigungen). Eine fehlende Dokumentation geht dabei grundsätzlich zu Lasten des Verantwortlichen. Auf Zwecke, die nicht offenkundig, aber auch nicht dokumentiert sind, kann sich der Verantwortliche nicht berufen. Die Festlegung des Zwecks muss vor der Inbetriebnahme einer Videoüberwachung erfolgen[66]. 18

Mit dem Videoüberwachungsverbesserungsgesetz vom 28.4.2017[67] wurden in die Vorgängernorm des § 4 Abs. 1 „Klarstellungen" dazu aufgenommen, in welchen besonderen Fällen der Videoüberwachung der Schutz von Leben, Gesundheit oder Freiheit von Personen ein besonders wichtiges Interesse darstellt, das die Videoüberwachung rechtfertigt[68]. Eben dies wird von der Neuregelung in § 4 Abs. 1 Satz 2 vermutet, wenn es um die Videoüberwachung von öffentlich zugänglichen großflächigen Anlagen oder Fahrzeugen und Flächen des öffentlichen Schienen-, Schiffs- und Busverkehrs geht. Die Regelungen sollen der Konkretisierung der gemäß § 4 Abs. 1 Satz 1 Nr. 3 vorzunehmenden Abwägung dienen. Erklärtes Ziel der Regelung ist es, die Sicherheit an solchen öffentlichen Plätzen, die zum Teil der Kontrolle von Privaten unterliegen, zu verbessern, indem dort die Videoüberwachung deutlich erleichtert wird[69]. Die Gesetzesbegründung fordert die Betreiber von entsprechenden Einrichtungen und Fahrzeugen geradezu auf, entsprechende Maßnahmen zu ergreifen („sollten Maßnahmen treffen")[70]. Die Neuregelung ist damit jedoch nicht lediglich eine 18a

---

66 BT-Drucks. 14/5793, S. 61.
67 BGBl. I, S. 968.
68 Zur Neuregelung *Albrecht/Wessels*, jurisPR-ITR 9/2017 Anm. 2; *Ziebarth*, ZD 2017, 467.
69 BT-Drucks. 18/10941, S. 1 ff., 12.
70 BT-Drucks. 18/10941, S. 1 f.; kritisch hierzu *Albrecht/Wessels*, jurisPR-ITR 9/2017 Anm. 2; vgl. auch *Bull*, JZ 2017, 797 ff.

§ 4 BDSG | Videoüberwachung öffentlich zugänglicher Räume

Klarstellung, sondern dreht die Begründungslast für die betroffenen öffentlichen Bereiche praktisch um. Für öffentlich zugängliche großflächige Anlagen oder Fahrzeuge und Flächen des öffentlichen Schienen-, Schiffs- und Busverkehrs soll geradezu eine Vermutung dafür gelten, dass deren Beobachtung zur Wahrnehmung berechtigter Interessen in der Regel zulässig ist[71]. Der Gesetzgeber ist damit einer als sehr restriktiv empfundenen Praxis der Datenschutzbehörden entgegengetreten[72]. Das „Ob" der Videoüberwachung ist damit für diese Fallgruppe weitgehend entschieden[73]. Das „Wie" muss dennoch den übrigen Anforderungen des § 4 genügen und sollte jeweils besonders kritisch betrachtet werden (dazu auch unten Rz. 22). Es besteht indessen kein Anlass, diese Vorgaben zu verallgemeinern. Der Gesetzgeber hat hier eine Sonderregelung geschaffen, die hochfrequentierte öffentliche Plätze und Einrichtungen einer weitgehenden Videoüberwachung zugänglich machen soll. Umso wichtiger wird es, im öffentlichen Raum auch Bereiche ohne Videoüberwachung zu erhalten.

19 Die ggf. aus der Videoüberwachung gewonnenen Daten unterliegen einer strengen **Zweckbindung**. Nach Abs. 3 Satz 3 dürfen die Daten für einen anderen als den ursprünglichen Zweck nur verarbeitet und genutzt werden, soweit dies für die Abwehr von Gefahren für die staatliche und öffentliche Sicherheit sowie zur Verfolgung von Straftaten erforderlich ist. Aufnahmen aus einer Videoüberwachung dürfen damit vor allem weiterverwendet werden, soweit es zu einer Rechtsverletzung gekommen ist und die Aufzeichnungen als Beweismittel dienen[74]. Durch das Videoüberwachungsverbesserungsgesetz (s. Rz. 18a) ist insoweit die Klarstellung hinzugekommen, dass gerade auch die präventive Nutzung von Videoaufnahmen von großen Menschenansammlungen in den Fällen des § 4 Abs. 1 Satz 2 zulässig sein kann, wenn dies dem Schutz von Leben, Gesundheit oder Freiheit des Einzelnen dient[75]. Im Fall schwerwiegender Straftaten kann auch die Veröffentlichung von Videoaufnahmen zur Fahndungsunterstützung zulässig sein. Unterhalb dieser Schwelle scheidet eine Veröffentlichung generell aus. Hieran ändert sich richtigerweise auch nichts durch die Anwendung von Art. 6 Abs. 4 DSGVO.

---

71 Vgl. OVG Lüneburg v. 7.9.2017 – 11 LC 59/16, juris Rz. 46 ff. = CR 2017, 805, – auch mit Hinweis auf die Verbesserung des „subjektiven Sicherheitsgefühls", das ausdrücklich zu den Zielen des Gesetzes gehört; dazu *Grages/Plath*, CR 2017, 791 ff.
72 Vgl. Hinweis in BT-Drucks. 18/10941, S. 1 auf die Untersagung einer Videoüberwachung für die Ladenpassage durch die zuständige Behörde.
73 Paal/Pauly/*Frenzel*, § 4 BDSG Rz. 23 („geprägt ..., wenn nicht vorentschieden"); anderer Auffassung jedoch *Albrecht/Wessels*, jurisPR-ITR 9/2017 Anm. 2; *Ziebarth*, ZD 2017, 467 ff., die in der Neuregelung eher eine symbolische Gesetzgebung sehen, die im Ergebnis keine erhebliche Rechtsänderung bewirke.
74 Vgl. BT-Drucks. 14/5793, S. 62.
75 BT-Drucks. 18/10941, S. 10 f.

VI. Erforderlichkeit und Interessenabwägung

Die Videoüberwachung muss für die Verwirklichung der in § 4 Abs. 1 Satz 1 Nr. 1–3 genannten Zwecke **erforderlich** sein. Dies gilt auch für jede weitere Verarbeitung und die Nutzung von Daten, die aus der Videoüberwachung gewonnen werden (Abs. 3 Satz 1)[76]. Entsprechend dem allgemeinen Begriffsverständnis der Erforderlichkeit setzt dies voraus, dass die Videoüberwachung für den jeweiligen Zweck geeignet ist und kein milderes Mittel zur Verfügung steht, mit dem der Zweck ebenso wirksam erreicht werden kann. Die Erforderlichkeit in diesem Sinne bestimmt sich nach objektiven Maßstäben[77]. Bei der Prüfung der Geeignetheit geht es vor allem darum, ungeeignete und insoweit für die Betroffenen unnötig belastende Maßnahmen auszuschließen. Es ist nicht notwendig, die am besten geeignete Alternative zu identifizieren. Von einer Geeignetheit ist vielmehr bereits dann auszugehen, wenn die Erreichung des maßgeblichen Zwecks sinnvoll gefördert wird[78]. Es ist insoweit verfehlt, wenn einer Videoüberwachung allgemein die Geeignetheit abgesprochen wird, weil z.B. die Auflösung der verwendeten Kameras zu gering ist, um Personen zu erkennen. 20

Bei der Prüfung der Erforderlichkeit ist zu berücksichtigen, ob dem Verantwortlichen andere Maßnahmen z.B. der Gefahrenabwehr oder Beweissicherung **wirtschaftlich zumutbar** sind. Der Verweis auf ein vermeintlich milderes Mittel ist dann nicht berechtigt, wenn dem Verantwortlichen durch dessen Verwendung wesentlich höhere Kosten oder sonstige wesentliche Nachteile entstehen. So ist insbesondere der Verweis auf kostenintensive persönliche Kontrollen durch Mitarbeiter regelmäßig unangemessen, wenn diese mit hohen Personalkosten oder mit einer Mitarbeitergefährdung einhergehen[79]. Gerade für kleine und mittlere Betriebe ist die Videoüberwachung häufig die einzige wirtschaftliche Alternative im Vergleich etwa zur Beschäftigung eines Wachschutzes außerhalb von normalen Geschäftszeiten oder an Wochenenden[80]. An dieser Stelle wird 21

---

76 BT-Drucks. 14/5793, S. 62.
77 OVG Lüneburg v. 7.9.2017 – 11 LC 59/16, juris, Rz. 38 = CR 2017, 805; dazu *Grages/Plath*, CR 2017, 791 ff.
78 BAG v. 14.12.2004 – 1 ABR 34/03, RDV 2005, 216, das insoweit von grundsätzlicher bzw. genereller Eignung der Videoüberwachung zur Verhinderung von Diebstählen in einem Betrieb spricht sowie davon, dass die Videoüberwachung die Erreichung dieses Ziels jedenfalls fördert; wie hier vgl. OVG Saarland v. 14.12.2017 – 2 A 662/17, juris, Rz. 46; ähnlich OVG NRW v. 8.5.2009 – 16 A 3375/07, RDV 2009, 232, das vor allem auf den „nach allgemeinen Erfahrungswerten" gegebenen Abschreckungseffekt abstellt.
79 AG Berlin-Mitte v. 18.12.2003 – 16 C 427/02, NJW-RR 2004, 531; OVG NRW v. 8.5. 2009 – 16 A 3375/07, RDV 2009, 232. Einschränkend Düsseldorfer Kreis, Orientierungshilfe „Videoüberwachung durch nicht öffentliche Stellen", Stand 19.2.2014, S. 8, mit sehr weitgehenden Vorschlägen für mildere Maßnahmen, die zumindest zu erwägen sein sollen; ähnlich LDI NRW, Sehen und gesehen werden, Videoüberwachung durch Private, Orientierungshilfe mit Fallbeispielen, 2014, S. 15.
80 Vgl. OVG Saarland v. 14.12.2017 – 2 A 662/17, juris, Rz. 47.

der Konflikt zwischen einem wirtschaftlichen Eigentumsschutz und dem Recht auf informationelle Selbstbestimmung offenkundig. Denn im Hinblick auf die immer kostengünstiger werdende Videotechnik liegt es auf der Hand, dass die Videoüberwachung im Zweifel *stets* die wirtschaftlichere und gefahrlosere Form der Überwachung von Gebäuden und Anlagen darstellt. Dem kann sich die Anwendung des § 4 nicht dauerhaft verschließen. Der notwendige Ausgleich der widerstreitenden Rechte muss eher im Rahmen der Interessenabwägung sowie im Bereich der Hinweis- und Löschungspflichten erfolgen (s. Rz. 25 – weniger eine Frage des „Ob", sondern des „Wie").

22 Die **Interessenabwägung** muss das Interesse der verarbeitenden Stelle an der Durchsetzung der in § 4 Abs. 1 in Bezug genommenen Zwecke und die schutzwürdigen Interessen der Betroffenen gegenüberstellen. Der gesetzliche Wortlaut zur Interessenabwägung in Abs. 1 bzw. Abs. 3 Satz 1 entspricht weitgehend den allgemeinen Abwägungsgrundsätzen, wie sie insbesondere auch in Art. 6 Abs. 1 Satz 1 Buchst. f DSGVO vorgesehen sind[81]. Im Rahmen einer umfassenden Abwägung ist zu prüfen, ob die Verhältnismäßigkeit der Videoüberwachung sowie der Verarbeitung und Nutzung der erlangten Daten gewahrt bleibt. Maßgeblich für die Interessenabwägung sind die konkreten Umstände des Einzelfalls, wobei jedoch im Sinne einer gleichmäßigen Rechtsanwendung eine typisierende Betrachtung im Hinblick auf die Interessenlage der Betroffenen erforderlich und auch zulässig. In diesem Sinne ist die gesetzliche Formulierung zu verstehen, wonach die Videoüberwachung nur zulässig ist, „soweit keine Anhaltspunkte bestehen, dass schutzwürdige Interessen der Betroffenen überwiegen". Da die Abwägung im Vorfeld der Videoüberwachung stattfinden muss, kommt es auf eine Prognose im Hinblick auf die betroffenen Interessen an. Im Fall wesentlicher Änderungen der Umstände muss seitens der verarbeitenden Stelle ggf. eine Neubewertung stattfinden.

23 Auf Seiten der verarbeitenden Stelle sind die **Zwecksetzung** und die für eine Videoüberwachung sprechenden Momente zu berücksichtigen. Insbesondere in Fällen, in denen die Videoüberwachung der Gefahrenabwehr oder Sicherungszwecken dient, ist das Maß der Gefahr zu berücksichtigen. Ist es bereits in der Vergangenheit zu konkreten Rechtsverletzungen gekommen, ist das Interesse an einer Vermeidung weiterer Rechtsverletzungen und an deren Aufklärung besonders hoch zu bewerten. Zu berücksichtigen ist auch, dass das Sicherheitsbedürfnis der Öffentlichkeit heute bei weitem ausgeprägter ist als noch vor einigen Jahren. Bereits in der Vorauflage wurde darauf hingewiesen, dass die Betreiber bestimmter Anlagen (z.B. Parkhäuser, U-Bahnen, Bahnhöfe, Fußballstadien, Schwimmbäder) heute sogar unter einem erheblichen öffentlichen Druck stehen, eine angemessene Videoüberwachung zu betreiben, um damit den Nutzern ein angemessenes – wenn auch teils nur subjektives – Sicherheitsgefühl zu geben

---

[81] *Byers/Wenzel*, BB 2017, 2036.

und die – kriminalpolitisch wünschenswerte – schnelle Aufklärung von Straftaten unterstützen zu können[82]. Dies wird geradezu als Teil der Verkehrssicherungspflicht der betroffenen Unternehmen gesehen. Mit dem Videoüberwachungsverbesserungsgesetz (s. Rz. 18a) hat der Gesetzgeber diesen Aspekt bewusst anerkannt und eine großzügigere Zulassung der Videoüberwachung zu Zwecken der Verkehrssicherung ermöglicht. Dabei hat er allerdings auch ausdrücklich klargestellt, dass damit nicht etwa auch eine Pflicht zur Videoüberwachung statuiert wird[83]; der Verzicht auf die Videoüberwachung ist aus Sicht des Datenschutzes also weiterhin die begrüßenswerte Regel, die keiner Begründung bedarf. Es besteht aber jedenfalls kein Anlass, der vom Gesetzgeber vorgesehenen, großzügigeren Handhabung der Videoüberwachung zu Zwecken der Verkehrssicherung und Gewaltprävention durch überzogene Anforderungen an die Interessenabwägung im Rahmen des § 4 entgegenzutreten[84]. Die Videoüberwachung kann insoweit auch ein probates Mittel zur Einhaltung von Verkehrssicherungspflichten oder zur Vermeidung von Unfällen durch Betreiber bestimmter Anlagen sein[85].

Im Hinblick auf die Art und Weise der Videoüberwachung sind sämtliche **technischen und sonstigen Umstände** zu berücksichtigen, welche Einfluss auf die **Intensität der Videoüberwachung** und den Eingriff in die Rechte der Betroffenen haben. Zu beachten sind insbesondere die Auflösung der Kamera und die dadurch gegebene Erkennbarkeit erfasster Personen, die Größe und Veränderlichkeit des Bildausschnittes, eine vorhandene Zoomfunktion, die Verfolgbarkeit einzelner Personen, die Anzahl der Kameras in einem bestimmten Bereich, die Uhrzeiten, zu denen die Videoüberwachung stattfindet, die Anzahl der Personen, die Zugriff auf die Videoüberwachung bzw. Aufzeichnungen haben, sowie automatisierte Schwärzungen von Bildbereichen[86]. Umfassendere technische Konzepte, insbesondere die Verwendung sog. intelligenter Kameras mit Schwärzungs- und Verpixelungsfunktionen, bedürfen im Zweifel einer genauen Detailbetrachtung[87]. Je größer die Individualisierbarkeit der betroffenen Personen und

24

---

82 Zu den gegensätzlichen Standpunkten LDI NRW, Sehen und gesehen werden, Videoüberwachung durch Private, Orientierungshilfe mit Fallbeispielen, 2014, S. 4 ff.; kritisch zur „Subjektivierung" des Gefahrbegriffs und der Privatisierung von Sicherheitsmaßnahmen *Albrecht/Wessels*, jurisPR-ITR 9/2017 Anm. 2.
83 BT-Drucks. 18/10941, S. 10 f.
84 So auch OVG Lüneburg v. 7.9.2017 – 11 LC 59/16, CR 2017, 805.
85 Vgl. etwa LG Bonn v. 23.3.2015 – 1 O 370/14 (Verkehrssicherungspflicht im Schwimmbad); OLG Saarbrücken v. 29.11.2006 – 1 U 616/05, NJW-RR 2007, 462 (Verkehrssicherungspflicht im Schwimmbad); AG Brandenburg v. 22.6.2015 – 31C 232/14, Rz. 109 (Videoüberwachung in Waschanlage).
86 Vgl. BVerwG v. 25.1.2012 – 6 C 9/11; OLG München v. 13.2.2012/4.2.2012 – 20 U 4641/11, CR 2012, 335.
87 Zu den vielfältigen Aspekten intelligenter Kamerasysteme *Winkler*, DuD 2011, 797; *Hornung/Dosei*, K&R 2011, 153.

je umfangreicher die erfassten Daten und Auswertungsmöglichkeiten, desto strenger sind dabei die Anforderungen an die berechtigten Interessen des Verantwortlichen. Eine dauerhafte Überwachung rund um die Uhr ist im Regelfall unverhältnismäßig. Eine besondere Grenze für die Videoüberwachung stellt die Privat- oder Intimsphäre der Betroffenen dar; hier ist im Zweifel immer von einem überwiegenden Interesse der Betroffenen auszugehen[88] (z.B. Unzulässigkeit der Überwachung von Sanitärräumen und Umkleidekabinen, nicht jedoch bei Schließfachanlagen in Umkleidebereichen, wenn es dort immer wieder zu Aufbrüchen und Diebstählen kommt). Von wesentlicher Bedeutung ist naturgemäß, ob die Videoüberwachung nur im Sinne eines „verlängerten Auges" ohne Aufzeichnung stattfindet oder ob und ggf. wie Aufzeichnungen angefertigt, gespeichert, verwendet und ggf. übermittelt werden (§ 4 Abs. 3 Satz 1)[89]. Durch die getrennte Regelung der Videoüberwachung in § 4 Abs. 1 und die Regelung der Verarbeitung und Nutzung in § 4 Abs. 3 hat der Gesetzgeber deutlich gemacht, dass beides getrennt zu prüfen und zu bewerten ist. Im Rahmen der Interessenabwägung sind auch die Erfüllung von Hinweispflichten (§ 4 Abs. 2) und die Maßnahmen zur Sicherstellung einer zeitnahen Löschung (§ 4 Abs. 5) zu berücksichtigen. Solange die Einhaltung dieser Gebote nicht gewährleistet ist, muss richtigerweise schon die Videoüberwachung als solche unterbleiben. Umgekehrt können ein klares und datenschutzfreundliches Hinweis- und Löschungskonzept die Abwägung positiv zugunsten der Videoüberwachung beeinflussen. Dies gilt in gleicher Weise für die Einhaltung der Gebote der Datenvermeidung und -sparsamkeit (Art. 5 Abs. 1 Buchst. c DSGVO).

25 Die vorgenannten Aspekte eröffnen einen gewissen **Spielraum** des Verantwortlichen, die Videoüberwachung in *tatsächlicher Hinsicht* so zu gestalten, dass die Interessenabwägung zu seinen Gunsten ausfällt. In den Fällen, in denen die Rechtfertigungstatbestände des § 4 Abs. 1 Satz 1 Nr. 1–3 grundsätzlich erfüllt sind, geht es daher bei der Videoüberwachung meist nicht so sehr um das „Ob", sondern vor allem um das „Wie" der Videoüberwachung[90]. Dabei ist zu berücksichtigen, dass aufgrund der technischen Entwicklung maßgeschneiderte Konzepte mit individuellen Einstellungen von Kamerasystemen hinsichtlich der Erfassung, Speicherung, Zugang und Nutzung zu vertretbaren Kosten ohne weiteres möglich sind und „technische Grenzen" jedenfalls kein Grund mehr für exzessive Videoüberwachung sind. Ebenso wie die technische Entwicklung allgemein mehr Videoüberwachung ermöglicht, ermöglicht sie auch eine passgenauere Videoüberwachung. Vom Verantwortlichen ist daher zu verlangen,

---

88 Vgl. BT-Drucks. 14/5793, S. 62.
89 Vgl. BT-Drucks. 14/5793, S. 62 („je leistungsfähiger die Möglichkeiten automatisierter Auswertung … desto gewichtiger ist das informationelle Selbstbestimmungsrecht im Rahmen der Abwägung").
90 Einen Überblick zu allen relevanten Aspekten bietet die Checkliste des Düsseldorfer Kreises, vgl. Orientierungshilfe „Videoüberwachung durch nicht öffentliche Stellen", Stand 19.2.2014, S. 19 f.

dass er auch die technischen Möglichkeiten angemessen nutzt, um die Eingriffsintensität möglichst gering zu halten.

Die Datenschutzbehörden und die Gerichte haben für eine Reihe von wiederkehrenden Fallkonstellationen vor allem im nicht-öffentlichen Bereich Vorgaben entwickelt. Webcams sind danach so anzubringen, dass auf ihnen Personen oder Kfz-Kennzeichen nicht individualisierbar sind[91]. Die Videoüberwachung innerhalb der Kundenbereiche von Gastronomiebetrieben ist im Regelfall unzulässig[92]. Ausnahmen gelten ggf. für den Eingangsbereich, wenn dort besondere Gefährdungslagen bestehen (z.b. durch Vandalismus, aggressive Gäste, Diebstähle). Die Videoüberwachung von privaten Grundstücken ist regelmäßig nur zulässig, soweit es sich um das eigene Grundstück handelt. Werden öffentliche Straßen und Wege (mit-)erfasst, ist die Videoüberwachung nach § 4 insoweit unzulässig. Auch das Erfassen von Nachbargrundstücken, gemeinsam mit Dritten genutzten Flächen und Gemeinschaftseigentum (Treppenhäuser, Fahrstühle, Tiefgaragen) ist in der Regel unzulässig, wenn nicht besondere Umstände vorliegen[93]. Rechtsgrundlagen sind in diesen Fällen mangels Bezug zu einem öffentlich zugänglichen Raum die allgemeinen Abwehransprüche aus §§ 823 Abs. 1, 2, 1004 BGB, § 201a StGB. Werden Daten aufgezeichnet, findet Art. 6 DSGVO Anwendung. Innenkameras in Taxen können zulässig sein, wenn Fahrer und Gast nicht permanent überwacht werden, sondern vielmehr dem Fahrer die Möglichkeit gegeben wird, die Kamera ein- und auszuschalten, um sie in bedrohlichen Situationen zu nutzen[94]. Die Verwendung von Kameras in oder an Fahrzeugen, die laufend das Außengeschehen festhalten (sog. Dashcams) werden datenschutzrechtlich bisher in aller Regel als unzulässig angesehen[95]. Dies gilt auch für Taxen[96]. Ob diese Sicht auf Dauer beibehalten werden kann, ist mehr als fraglich; Fahrerassistenzsysteme oder „autonomes Fahren" werden ohne Videosysteme nicht möglich sein, weshalb in absehbarer Zukunft eine Differenzierung in der Anwendung des § 4 stattfinden muss oder der Gesetzgeber gefragt ist. Ungeachtet der grundsätzlichen Unzulässigkeit nach § 4 beschäftigen sich die Gerichte mehr und mehr mit der Folgefrage eines Beweisverwertungs-

25a

---

91 VG Schwerin v. 18.6.2015 – 6 B 1637/15 SN, RDV 2015, 335; Düsseldorfer Kreis, Orientierungshilfe „Videoüberwachung durch nicht öffentliche Stellen", Stand 19.2.2014, S. 13.
92 Düsseldorfer Kreis, Orientierungshilfe „Videoüberwachung durch nicht öffentliche Stellen", Stand 19.2.2014, S. 13.
93 LG Detmold v. 8.7.2015 – 10 S 52/15, DuD 2016, 118; AG Dinslaken v. 5.3.2015 – 34 C 47/14, ZD 2015, 531; zur Darlegungslast des Betroffenen LG Berlin v. 18.10.2016 – 35 O 200/14, ZD 2017, 81; AG München v. 20.3.2015 – 191 C 23903/14, ZD 2016, 93.
94 Düsseldorfer Kreis, Videoüberwachung in und an Taxis, 26./27.2.2013, S. 1.
95 Vgl. OLG Celle v. 4.10.2017 – 3 Ss (OWi) 163/17; VG Ansbach v. 12.8.2014 – AN 4 K 13.01634, CR 2014, 746; Düsseldorfer Kreis, Unzulässigkeit der Videoüberwachung aus Fahrzeugen (sog. Dashcams), 25./26.2.2014.
96 Düsseldorfer Kreis, Videoüberwachung in und an Taxis, 26./27.2.2013, S. 2.

verbots in Bezug auf Dashcam-Aufnahmen; in den Entscheidungen wurde bisher zumeist auf die besonderen Umstände des Einzelfalls abgestellt, weshalb die Ergebnisse bisher teilweise zufällig erschienen[97]. In jüngerer Zeit vertreten jedoch die höheren Gerichte überwiegend die Auffassung, dass ein Verstoß gegen § 4 allein nicht zu einem Beweisverwertungsverbot führt. Dies gilt für Bußgeldsachen[98] ebenso wie für zivilrechtliche Streitigkeiten[99]. Die Begründungen stellen im Wesentlichen darauf ab, dass das Interesse an der Beweisverwertung und damit der Einzelfallgerechtigkeit typsicherweise höher einzuschätzen ist als das allgemeine Interesse der Beteiligten oder Dritter, während eines kurzen Moments nicht gefilmt zu werden. Es ist abzusehen, dass entsprechende Entscheidungen rasch die Verbreitung von Dashcams fördern und deren grundsätzliche datenschutzrechtliche Unzulässigkeit aufweichen werden, zumal Autofahrer und Berufskraftfahrer gleichermaßen der Meinung sind, dass sie die Dashcam benötigen, um die Fehler „der anderen" zu dokumentieren und bei zunehmender Verbreitung von Dashcams „Waffengleichheit" zu erzielen. Es entsteht damit offensichtlich eine Spirale der „Aufrüstung". Hinzu kommt, dass sich die datenschutzwidrige Nutzung bei mobilen Geräten ohnehin nur schwer gerichtsförmlich nachweisen lässt. Es ist daher abzusehen, dass Dashcams in nächster Zukunft wohl zur Standardausrüstung in Fahrzeugen gehören werden. Die Hersteller richten sich längst mit – mal mehr, mal weniger – „datenschutzkonformen" Dashcams hierauf ein[100]. Der Gesetzgeber wird diese Entwicklung kaum zurückdrehen können oder wollen. Auch insoweit ist zu bedenken, dass bei weiterer Automatisierung von Fahrzeugen ohnehin mehr Daten zur Aufklärung des Einzelfalls zur Verfügung stehen werden, bei denen das Dashcam-Video kaum noch ins Gewicht fallen wird; auch der Gesetzgeber schreibt künftig eine Blackbox im Rahmen des automatisierten Fahren vor (§ 63a StVG)[101]. Die Videoüberwachung in öffentlichen Verkehrsmitteln (Bus, Bahn) ist im Rahmen der erweiterten Möglichkeiten von § 4 Abs. 1 Satz 2 Nr. 2 nur zulässig, wenn es ein hinreichend differenziertes Einsatzkonzept gibt, das nach konkreten Gefährdungsszenarien (örtlich, zeitlich) unterscheidet und grundsätzlich nicht zur flä-

---

97 Vgl. z.B. LG Rottweil v. 20.2.2017 – 1 O 104/16 – Annahme eines Beweisverwertungsverbots; LG Heilbronn v. 3.2.2015 – I 3 S 19/14, 3 S 19/14, CR 2015, 393 – Annahme eines Beweisverwertungsverbots; LG Frankenthal v. 30.12.2015 – 4 O 358/15, MDR 2016, 791 – kein Beweisverwertungsverbot aufgrund der besonderen Umstände; ähnlich AG Nürnberg v. 8.5.2015 – 18 C 8938/14, MDR 2015, 977 = DuD 2016, 120; unklar und nach dem Gesetzgeber rufend der Arbeitskreis VI des 54. Deutschen Verkehrsgerichtstag in Goslar, der Dashcams als Beweismittel nicht generell ausschließen, aber auch nicht generell zulassen möchte.
98 OLG Stuttgart v. 4.5.2016 – 4 Ss 543/15.
99 OLG Nürnberg v. 10.8.2017 – 13 U 851/17, MDR 2017, 1299 = ITRB 2018, 9 = ZD 2017, 574 = NJW 2017, 3597 m.w.N. und m. Anm. *Lach*, jurisPR-ITR 22/2017 Anm. 4.
100 Vgl. *Wagner/Bretthauer/Birnstill/Krempel*, DuD 2017, 159.
101 Dazu *Werkmeister/Brandt*, RAW 2017, 99.

chendeckenden Dauerüberwachung führt[102]. In Deutschlands großen Städten ist die weitgehende Videoüberwachung im öffentlichen Personennahverkehr allerdings heute schon eher die Regel als die Ausnahme. Bereits seit 2014 gibt es eine Orientierungshilfe des Düsseldorfer Kreises zur Videoüberwachung in Schwimmbädern, welche die meisten Rechtfertigungsversuche von Kommunen zu Recht beiseite räumt[103]. Ebenfalls schon älter ist eine Handreichung der Aufsichtsbehörde in NRW zur Videoüberwachung in Schulen nach Landesrecht, die im Wesentlichen zum Ergebnis kommt, dass Videoüberwachung in Schulen keine Daseinsberechtigung hat[104]. Auch wenn dem im Grundsatz zuzustimmen ist, wird man bei extremen Fällen von Vandalismus oder Gewalt an Schulen im Einzelfall auch zur Zulässigkeit von Maßnahmen kommen müssen, ohne einer flächendecken Videoüberwachung das Wort zu reden. Eine immer noch junge Erscheinung, deren Bedeutung aber ebenfalls rasant wachsen wird, ist die Nutzung sog. Kameradrohnen[105]. Das Überfliegen fremder Wohngrundstücke mit laufender Kamera wird im Regelfall als Eingriff in die Privatsphäre des Besitzers anzusehen sein und ist deshalb im Zweifel unzulässig[106]. Auch hier spielt der Schutz vor „Überwachungsdruck" eine Rolle; daher kann sogar das Überfliegen eines Grundstücks ohne (laufende) Kamera unzulässig sein und Abwehransprüche begründen[107].

Besondere Einschränkungen gelten in Bezug auf die Videoüberwachung im Anwendungsbereich des § 4, soweit es sich zugleich um den **Arbeitsplatz von Mitarbeitern** handelt[108]. Insoweit werden die Bestimmungen des § 4 von der arbeitsrechtlichen Sonderbeziehung überlagert. Der Arbeitnehmer kann sich der Beobachtung an seinem Arbeitsplatz nicht ohne Verletzung seiner Dienstpflichten entziehen und bedarf daher eines besonderen Schutzes. Die langfristige und durchgehende videogestützte Beobachtung von Mitarbeitern an ihrem Arbeits- 26

---

102 Düsseldorfer Kreis, Videoüberwachung in öffentlichen Verkehrsmitteln, 16.9.2015, S. 4f.; OVG Lüneburg v. 7.9.2017 – 11 LC 59/16, CR 2017, 805; VG Hannover v. 10.2.2016 – 10 A 4379/15; *Bergfink*, DUD 2015, 145 ff.
103 LDI NRW, Ich sehe das, was Du so tust, Videoüberwachung an und in Schulen, 2008.
104 Vgl. dazu die von der EU-Kommission herausgegebene Studie: *Finn/Wright*, Study on privacy, data protection and ethical risks in civil Remotely Piloted Aircraft Systems operations, 2014; Artikel 29-Gruppe, Stellungnahme zum Einsatz von Drohnen (Opinion 01/2015 on Privacy and Data Protection Issues relating to the Utilisation of Drones), 16.6.2015, WP 231.
105 Vgl. dazu die von der EU-Kommission herausgegebene Studie: *Finn/Wright*, Study on privacy, data protection and ethical risks in civil Remotely Piloted Aircraft Systems operations, 2014; Artikel 29-Gruppe, Stellungnahme zum Einsatz von Drohnen (Opinion 01/2015 on Privacy and Data Protection Issues relating to the Utilisation of Drones), 16.6.2015, WP 231; *Gola/Schomerus*, § 6b BDSG Rz. 7b.
106 Vgl. Düsseldorfer Kreis, Nutzung von Kameradrohnen durch Private, 15./16.9.2015.
107 AG Potsdam v. 16.4.2015 – 37 C 454/13, ITRB 2016, 105 = CR 2016, 314; m. Anm. *Schmid* jurisPR-ITR 9/2016.
108 Dazu ausführlich unter Berücksichtigung der DSGVO *Byers/Wenzel*, BB 2017, 2036.

platz ist grundsätzlich unzulässig, wenn keine besondere Gefährdungslage oder ein konkreter Anfangsverdacht nachgewiesen werden kann[109]. Im Rahmen von Arbeitsrechtsstreitigkeiten wird die Verwendung von Videoaufnahmen als Beweismittel im Fall eines Verstoßes gegen § 4 differenziert betrachtet und von einer Interessenabwägung im Einzelfall abhängig gemacht. Ein überwiegendes Interesse des Arbeitgebers an der Videoüberwachung kann jedenfalls nur unter besonderen Voraussetzungen bejaht werden, insbesondere wenn es um die Abwehr besonderer Gefahren oder um die Aufdeckung erheblichen Fehlverhaltens (z.B. Begehung von Straftaten am Arbeitsplatz) geht, für das ein konkreter Anfangsverdacht besteht[110]. In diesen Fällen ist gleichwohl restriktiv mit der weiteren Nutzung und Auswertung gewonnener Daten zu verfahren. Der Einsatz verdeckter Videoüberwachung ist nicht generell verboten, aber ebenfalls nur in Ausnahmefällen zulässig[111]. Auch ist die Videoüberwachung eines Mitarbeiters außerhalb des Betriebs in seinem privaten Umfeld durch einen vom Arbeitgeber beauftragten Privatdetektiv im Regelfall als rechtswidrig anzusehen[112]. Im Fall unzulässiger Videoüberwachung steht dem betroffenen Mitarbeiter regelmäßig ein Schmerzensgeld zu (s. Rz. 31). Die Videoüberwachung unterliegt als technische Überwachungsmaßnahme außerdem der Mitbestimmung (§ 87 Abs. 1 Nr. 6 BetrVG, § 75 Abs. 3 Nr. 17 BPersVG)[113]. Dem Betriebsrat stehen bei Verstoß hiergegen Unterlassungsansprüche zu[114]. Der gescheiterte Gesetzentwurf zum Beschäftigtendatenschutz von 2010 sah die Einführung eines § 32f (neu) vor, der im Einzelnen die Anforderungen an die Videoüberwachung für nicht öffentlich zugängliche Arbeitsplätze festlegen sollte[115]. Die vorgeschlagene Neuregelung sah eine entsprechende Anwendung der Vorgängerregelung des heutigen § 4 Abs. 3 und 4 im Arbeitsverhältnis vor. Die Datenschutzbehörden werden mit dem Thema Videoüberwachung häufig befasst, nicht selten im Zusammenhang mit konkreten arbeitsrechtlichen Streitigkeiten oder als Druck-

---

109 BAG v. 21.6.2012 – 2 AZR 153/11, ITRB 2012, 266 = CR 2012, 795; BAG v. 14.12.2004 – 1 ABR 34/03, RDV 2005, 216; zur Schwierigkeit der Konkretisierung dieses Maßstabes *Bayreuther*, NZA 2005, 1038 (1039).
110 Vgl. BAG v. 20.10.2016 – 2 AZR 395/15, MDR 2017, 465 = ZD 1017, 171 = NJW 2017, 1193; *Freckmann/Wahl*, BB 2008, 1904; *Oberwetter*, NZA 2008, 609.
111 BAG v. 21.6.2012 – 2 AZR 153/11, ITRB 2012, 266 = CR 2012, 795; *Byers/Wenzel*, BB 2017, 2036.
112 BAG v. 19.2.2015 – 8 AZR 1007/13, MDR 2015, 1245 = ITRB 2015, 280 = CR 2016, 155.
113 Ausführlich zum notwendigen Inhalt der Betriebsvereinbarung *Freckmann/Wahl*, BB 2008, 1904 (1906); *Tammen*, RDV 2000, 15 (18); s. auch *Marties*, NJW 2008, 2219; zu den Grenzen einer Betriebsvereinbarung bei Videoüberwachung BAG v. 26.8.2008 – 1 ABR 16/07, RDV 2008, 238; BAG v. 14.12.2004 – 1 ABR 34/03, RDV 2005, 216; LAG Hamm v. 14.4.2011 – 15 Sa 125/11 – Unverhältnismäßigkeit einer permanenten Videoüberwachung.
114 LAG Rheinland-Pfalz v. 19.8.2011 – 9 TaBVGa 1/11, juris.
115 BT-Drucks. 17/4320, S. 8; vgl. auch *Heinson/Sörup/Wybitul*, CR 2010, 751 (756 f.).

mittel bei schwelenden innerbetrieblichen Konflikten, die nicht notwendigerweise mit der Videoüberwachung in Zusammenhang stehen; die Aufsichtsbehörden versuchen, sich dabei aus den betriebsverfassungsrechtlichen Fragen und Streitigkeiten herauszuhalten und gestehen den Betriebsparteien einen gewissen Gestaltungsspielraum zu, durch den jedoch die Rechte des Einzelnen nicht übermäßig eingeschränkt werden dürfen. Hinweise und Leitfäden der Datenschutzbehörden zur Videoüberwachung am Arbeitsplatz[116] orientieren sich in erster Linie an der arbeitsrechtlichen Rechtsprechung. Die Artikel 29-Datenschutzgruppe hat bislang nur zur Sonderfrage der Nutzung von Gesichtserkennungstechniken im Rahmen des Arbeitsverhältnisses Stellung bezogen und sich hierzu kritisch geäußert[117].

VII. Erkennbarkeit der Beobachtung

Die Videoüberwachung ist gemäß § 4 Abs. 2 kenntlich zu machen. Fraglich ist, 27
ob die Transparenz der Videoüberwachung als Rechtmäßigkeitsvoraussetzung anzusehen ist[118]. Im Gesetzgebungsverfahren wurde § 4 Abs. 2 lediglich als „allgemeine Verfahrenssicherung" bezeichnet[119]. Dies spricht gegen die Kenntlichmachung als Rechtmäßigkeitsvoraussetzung, auch wenn dies in Bezug auf Schutzzweckgesichtspunkte unbefriedigend sein mag. Allerdings wird die fehlende oder unzureichende Transparenz regelmäßig auch bei der Interessenabwägung zu berücksichtigen sein und ist daher im Ergebnis auch für die Frage der Rechtmäßigkeit relevant (s. Rz. 24). Zum gleichen Ergebnis kommt man auch über die Anwendung des allgemeinen Transparenzgebotes aus Art. 5 Abs. 1 Buchst. a DSGVO, das nach der DSGVO Teil der Rechtmäßigkeitsprüfung ist. Die heimliche Videobeobachtung ist auch danach nicht generell unzulässig, wird aber nur ausnahmsweise zu rechtfertigen sein, nämlich nur, wenn sie nicht zum Schutz überragend wichtiger Rechtsgüter, insbesondere im Rahmen notwehrähnlicher Situationen, gerechtfertigt ist[120]. Die notwendigen Maßnahmen zur Kenntlichmachung sind anhand objektiver Kriterien zu bestimmen. Angemessen sind Maßnahmen, die den Erwartungen und Kenntnisnahmemöglich-

---

116 LDI NRW, Sehen und gesehen werden, Videoüberwachung durch Private, Orientierungshilfe mit Fallbeispielen, 2014, S. 79 ff.
117 Artikel 29-Datenschutzgruppe, Stellungnahme 2/2017 zur Datenverarbeitung am Arbeitsplatz v. 8.6.2017, WP 249, S. 22.
118 Ablehnend BAG v. 22.9.2016 – 2 AZR 848/15, MDR 2017, 344 = ITRB 2017, 75 = CR 2017, 230; a.A. ArbG Frankfurt v. 25.1.2006 – 7 Ca 3342/05, RDV 2006, 214; vgl. *Gola/Schomerus*, § 6b BDSG Rz. 28; *Bayreuther*, NZA 2005, 1038 (1040); zum daraus ggf. folgenden Verwertungsverbot bei heimlicher Videoüberwachung unten Rz. 31.
119 BT-Drucks. 14/5793, S. 62; vgl. auch *Forst*, RDV 2009, 204 (209) („bloße Ordnungsvorschrift").
120 Zur heimlichen Videoüberwachung im Arbeitsverhältnis *Byers/Wenzel*, BB 2017, 2036 (2039 f.); *Forst*, RDV 2009, 204 (209); *Bayreuther*, NZA 2005, 1038 (1040).

keiten der betroffenen Verkehrskreise entsprechen. Durch das Videoüberwachungsverbesserungsgesetz hat der Gesetzgeber dabei in § 4 Abs. 2 einige Klarstellungen aufgenommen. Schon bisher wurde hier die Auffassung kritisch gesehen, dass es genügen kann, wenn die Videoanlage für jedermann sichtbar installiert ist[121]. Dies wäre schon deshalb problematisch, weil Videokameras meist an Stellen installiert sind, an denen sie außerhalb der Reichweite etwaiger Passanten sind und deshalb nicht erwartet werden kann, dass sie von diesen wahrgenommen werden. Außerdem macht die Hinweispflicht nur dann Sinn, wenn der Betroffene gewarnt wird, bevor (!) er in das Blickfeld der Videoüberwachung gerät. Diesem Verständnis folgt nun auch die Neuregelung in § 4 Abs. 2, die einen erkennbaren Hinweis auf die Videoüberwachung zum „frühestmöglichen Zeitpunkt" verlangt. Insoweit ist eine deutliche Kennzeichnung durch Hinweisschilder zu verlangen, die für Betroffene frühzeitig und weithin sichtbar sind. Zwar mag man auch hieran die Anforderungen nicht überspannen. Nicht ausreichend sind aber jedenfalls versteckte, kaum sichtbare Hinweise, die erst wahrgenommen werden können, wenn man sich schon längt im Bereich der Videoüberwachung befindet. Durchgesetzt haben sich für die Kennzeichnung Piktogramme, die mit einem Videokamerasymbol auf die optische Überwachung hinweisen (z.B. Piktogramm nach DIN 33450). Grundsätzlich müssen – nach bisheriger Verkehrsauffassung – keine besonderen Vorkehrungen zur Kenntlichmachung für Personen getroffen werden, welche die optischen Hinweise nicht wahrnehmen können (z.B. Menschen mit Sehbehinderungen); ein Verstoß gegen das Allgemeine Gleichbehandlungsgesetz (AGG) liegt insoweit nicht vor, weil dessen Anwendungsbereich nicht eröffnet ist (vgl. § 2 Abs. 1 AGG).

28 Anzugeben ist jeweils auch der für die Videoüberwachung Verantwortliche, und zwar seit der Neuregelung unter Nennung von Namen und Kontaktdaten. Ausreichend hierfür sind Name oder Firma und die Postadresse. Angesichts der Neuformulierung von § 4 Abs. 2 ist dabei davon ausgehen, dass der Hinweis auch dann nicht fehlen darf, wenn die Identität des Verantwortlichen offenkundig scheint (z.B. Firmenname am Gebäude). Anerkannt war bisher, dass keine besonderen Hinweise über die Verarbeitung oder Nutzung der Daten erforderlich sind. Es erscheint jedoch grundsätzlich auch unter allgemeinen Transparenzgesichtspunkten sinnvoll und zumutbar, bei der Verwendung von Piktogrammen oder sonstigen Hinweisschildern auch zusätzliche Informationen in Bezug auf die weiteren Umstände der Videoüberwachung (z.B. zur Speicherdauer) zu geben.

VIII. Benachrichtigungs- und Löschungspflichten

29 Ein Betroffener muss von der Videoüberwachung gemäß § 4 Abs. 4 **benachrichtigt** werden, wenn die Daten aus der Videoüberwachung seiner Person zugeord-

---

121 Vgl. *Gola/Schomerus*, § 6b BDSG Rz. 23.

net werden. Dies gilt sowohl für den öffentlichen als auch den nicht-öffentlichen Bereich gleichermaßen (§ 2). Die Benachrichtigungspflicht setzt entsprechend dem Wortlaut des § 4 Abs. 4 zwingend voraus, dass durch die Videoüberwachung Daten erhoben, d.h. aufgezeichnet bzw. gespeichert wurden. Die Benachrichtigungspflicht entsteht in dem Moment, in dem der einzelne Betroffene vom Verantwortlichen identifiziert und damit aus seiner relativen Anonymität im öffentlichen Raum herausgehoben wird. Die bloße Möglichkeit, die Identität der im Rahmen einer Videoüberwachung erfassten Personen festzustellen, begründet noch keine Benachrichtigungspflicht[122]. Der Verweis auf Art. 13, 14 DSGVO und § 32 umfasst auch die dort jeweils vorgesehenen Ausnahmetatbestände für die Information der Betroffenen. Die Videoüberwachung fällt dabei in erster Linie unter Art. 14 DSGVO, weil die Datenerhebung nicht „bei" dem Betroffenen stattfindet. Insbesondere wirkt der Betroffene normalerweise nicht aktiv bei der Erhebung der Daten durch Videoüberwachung mit. Entsprechend sind für die Frage der Transparenz konkret die Ausnahmebestimmungen des Art. 14 Abs. 5 Buchst. a und b DSGVO maßgeblich. Insoweit ist eine Informationspflicht gegenüber den von der Videoüberwachung erfassten Personen in aller Regel unmöglich oder unzumutbar, solange sie nicht identifiziert wurden. Der Verweis auf Art. 13 und 14 DSGVO ändert daher nichts an der bisherigen Rechtslage. Wenn allerdings eine Person identifiziert wurde, darf nicht generell angenommen werden, dass der Betroffene aufgrund der vorhandenen Hinweise auf die Videoüberwachung bereits über die Information verfügt, dass eine individuelle Zuordnung seiner Person zu den Daten aus der Videoüberwachung stattgefunden hat (vgl. Art. 14 Abs. 5 Buchst. a DSGVO). Damit muss er gerade nicht rechnen. Identifizierte Personen sind also im Regelfall gemäß Art. 14 Abs. 1-4 DSGVO zu informieren. Die Benachrichtigung kann formlos erfolgen und muss insbesondere Art und Umfang der Aufzeichnung sowie die damit verfolgte Zielsetzung umfassen. Die Anwendung der Art. 13 und 14 DSGVO wird durch § 32 lediglich konkretisiert.

An die **Löschungspflicht** gemäß § 4 Abs. 5 sind strenge Anforderungen zu stellen. Die vom Verantwortlichen vorgesehenen Löschungsfristen sind auch im Rahmen der Interessenabwägung zu berücksichtigen (s. Rz. 24). Die Löschung muss jeweils unverzüglich erfolgen, wenn die Aufbewahrung der Daten zur Zweckerreichung nach § 4 Abs. 1 nicht mehr erforderlich ist oder die schutzwürdigen Interessen der Betroffenen einer weiteren Speicherung entgegenstehen. Bei allen Maßnahmen zur Gefahrenabwehr und Sicherung ist dies der Fall, wenn es nicht zu relevanten Störungen gekommen ist. Die verarbeitende Stelle ist im eigenen Interesse gehalten, schnellstmöglich auf eine entsprechende Klärung hinzuwirken. Die Gesetzesmaterialien gingen davon aus, dass nicht mehr benötigte Aufnahmen „innerhalb weniger Tage" zu löschen seien[123]. Die Daten-

30

---

122 Vgl. Simitis/*Scholz*, § 6b BDSG Rz. 133, 134.
123 BT-Drucks. 14/5793, S. 63.

schutzbehörden erwarten in der Regel, dass die Löschung grundsätzlich innerhalb von 48 Stunden erfolgt, wovon nur in Ausnahmefällen abgewichen werden können soll[124]. Demgegenüber sollten aber insbesondere bei der Videoüberwachung durch Unternehmen auch übliche Geschehens- und Betriebsabläufe berücksichtigt werden können. Die Löschungsfristen sollten nicht so kurz bemessen sein müssen, dass der Zweck der Videoüberwachung praktisch vereitelt wird. Diebstähle, Beschädigungen und Vandalismus fallen in Betrieben nicht notwendigerweise innerhalb von 48 Stunden auf, am Wochenende und an Feiertagen wird üblicherweise nicht kontrolliert und in Unternehmen sind nicht immer sind die Personen (gleichzeitig) anwesend, die für eine Sichtung von Material nach dem Vier-Augen-Prinzip vorgesehen sind (z.B. Personalleiter und zuständiges Betriebsratsmitglied). Angemessene Löschungsfristen können daher datenschutzkonform auch längere Zeiträume umfassen, vor allem wenn die Einsichtnahme auf sonstige Weise beschränkt ist (z.B. gemeinsamer Schlüssel von Geschäftsführung und Betriebsrat, Verwendung eines sog. Black-Box-Verfahrens[125]). Insoweit ist zu bedenken, dass es inzwischen technisch möglich ist, Systeme zu verwenden, die zwar die Daten etwas länger vorhalten, die Daten aber verschlüsselt speichern können und ihre Auswertung nur unter strikter Einhaltung eines Vier- oder Mehr-Augenprinzips ermöglichen. Auch unter diesen Umständen wird man jedoch selten eine Frist von mehr als drei Monaten vorsehen können[126]. Die verarbeitende Stelle muss ggf. nach dem Stand der Technik verfügbare automatisierte Verfahren zur Löschung vorsehen, die keine persönliche Einsicht in die Daten erfordern. Dies folgt auch bereits aus dem Grundsatz der Datenvermeidung und Datensparsamkeit gemäß Art. 5 Abs. 1 Buchst. c DSGVO[127]. Besteht ein Anlass zur Auswertung von Videoaufzeichnungen, ist diese zügig durchzuführen. Für die Dauer der Auswertung ist die Löschung auszusetzen. Steht positiv fest, dass Videoaufzeichnungen nicht mehr benötigt werden, sind sie sofort zu löschen.

IX. Rechtsfolgen/Sanktionen, Rechtsweg

31 Im Fall eines Verstoßes gegen § 4 ist die Videoüberwachung rechtswidrig. Betroffene können gegenüber einer rechtswidrigen Videoüberwachung Unterlassungsansprüche aus §§ 823 Abs. 1, 1004 BGB in Verbindung mit dem Recht auf informationelle Selbstbestimmung bzw. dem allgemeinen Persönlichkeitsrecht (Art. 2

---

124 Düsseldorfer Kreis, Orientierungshilfe „Videoüberwachung durch nicht öffentliche Stellen", Stand 19.2.2014, S. 12.
125 Dazu ausführlich *Grages/Plath*, CR 2017, 791 ff. mit konkreten Hinweisen zur einer datenschutzkonformen Implementierung.
126 LAG Hamm v. 12.6.2017 – 11 Sa 858/16, ZD 2018, 92; *Grages/Plath*, CR 2017, 791 (796) m.w.N. für längere Fristen.
127 BT-Drucks. 14/5793, S. 63.

Abs. 1, Art. 1 Abs. 1 GG) geltend machen[128], sofern sie durch die Videoüberwachung hinreichend individuell betroffen sind. § 4 ist außerdem Schutzgesetz i.S.d. § 823 Abs. 2 BGB[129]. Für den Unterlassungsanspruch gegenüber Privaten ist der Zivilrechtsweg gegeben, im Arbeitsverhältnis zu den Arbeitsgerichten. Im öffentlichen Bereich kann der Unterlassungsanspruch unmittelbar auf die Grundrechte aus Art. 2 Abs. 1 i.V.m. Art. 1 Abs. 1 GG gestützt werden, sofern es keinen einfachgesetzlichen Unterlassungsanspruch gibt[130]. Die Videoüberwachung ist schlichtes Verwaltungshandeln, gegen das der Rechtsweg zu den Verwaltungsgerichten gegeben ist[131]. Ein vorbeugender Unterlassungsanspruch kann schon bei Erstbegehungsgefahr gegeben sein, wenn ernsthafte und greifbare tatsächliche Anhaltspunkte dafür vorliegen, der Anspruchsgegner werde in naher Zukunft eine rechtswidrige Videoüberwachung durchführen[132]. Neben Unterlassungsansprüchen kann zumindest in Arbeitsverhältnissen auch ein Anspruch auf Schmerzensgeld gegeben sein[133]. Nach der Rechtsprechung handelt es sich dabei nicht um einen Fall des § 253 BGB, sondern um einen ungeschriebenen Ausgleichsanspruch aufgrund Eingriffs in das grundgesetzlich geschützte allgemeine Persönlichkeitsrecht[134]. Ein Verstoß gegen § 4 ist als solcher nach BDSG nicht bußgeldbewehrt oder strafbar; die §§ 42, 43 enthalten keinen Verweis auf § 4. Bußgeldbewehrt sind aber nach Art. 83 Abs. 5 Buchst. a, b DSGVO u.a. Verstöße gegen die Grundsätze der Verarbeitung, insbesondere unter Art. 6 DSGVO und Verstöße gegen die Benachrichtigungspflichten aus Art. 13, 14 DSGVO. Die Verarbeitung von Daten aus einer nicht durch § 4 gerechtfertigten Videoüberwachung kann danach bußgeldbewehrt sein[135]. Die zuständige Datenschutzbehörde kann außerdem Anord-

---

128 So schon BGH v. 25.4.1995 – VI ZR 272/94, MDR 1995, 1125 = CR 1995, 727 = NJW 1995, 1955 längst vor Einführung des § 6b BDSG-alt; LG Berlin v. 23.7.2015 – 57 S 215/14, NJW-RR 2016, 366.
129 AG Berlin-Mitte v. 18.12.2003 – 16 C 427/02, NJW-RR 2004, 531; vgl. allgemein zum BDSG als Schutzgesetz auch *Gola/Schomerus*, § 1 BDSG Rz. 3.
130 BVerwG v. 25.1.2012 – 6 C 9/11, BVerwGE 141, 329, juris Rz. 22.
131 Vgl. BVerwG v. 25.1.2012 – 6 C 9/11, BVerwGE 141, 329, juris Rz. 22 m.w.N.
132 OLG Köln v. 30.10.2008 – 21 U 22/08, NJW 2009, 1827; zur Wiederholungsgefahr im Fall der öffentlichen Videoüberwachung BVerwG v. 25.1.2012 – 6 C 9/11, BVerwGE 141, 329, juris Rz. 21.
133 Zuletzt jedoch hinsichtlich der Höhe sehr zurückhaltend BAG v. 19.2.2015 – 8 AZR 1007/13, MDR 2015, 1245 = ITRB 2015, 280 = CR 2016, 155, bei mehrtägiger rechtswidriger Observation durch vom Arbeitgeber beauftragten Privatdetektiv und trotz Annahme einer schweren Persönlichkeitsverletzung lediglich ein Schmerzensgeld in Höhe von 1.000 Euro; ArbG Frankfurt v. 8.11.2013 – 22 Ca 9428/12, ZD 2014, 633; LAG Mainz v. 23.5.2013 – 2 Sa 540/12, juris; LAG Frankfurt v. 25.10.2010 – 7 Sa 1586/09, RDV 2011, 99 m. Anm. *Albrecht*, jurisPR-ITR 10/2011 Anm. 4; zu „Schmerzensgeld" auch OLG Köln v. 22.9.2016 – 15 U 33/16, NJW 2017, 835.
134 Vgl. BAG v. 19.2.2015 – 8 AZR 1007/13, MDR 2015, 1245 = ITRB 2015, 280 = CR 2016, 155; ausführlich auch ArbG Frankfurt v. 8.11.2013 – 22 Ca 9428/12, ZD 2014, 633.
135 Vgl. zur bisherigen Rechtslage OLG Celle v. 4.10.2017 – 3 Ss (OWi) 163/17, ZD 2018, 85 = DuD 2018, 111.

nungen zur Beseitigung von Verstößen treffen (Art. 58 Abs. 2 Buchst. d, f, g DSGVO)[136]. Von diesen Befugnissen haben die Datenschutzbehörden unter der bisherigen Rechtslage regelmäßig Gebrauch gemacht. Rechtswidrige Videoaufzeichnungen können unter bestimmten Voraussetzungen einem Beweisverwertungsverbot unterliegen[137]. Die Rechtsprechung ist jedoch generell zurückhaltend mit der Annahme eines Verwertungsverbots[138] (dazu auch Rz. 26).

Kapitel 3
Datenschutzbeauftragte öffentlicher Stellen

§ 5 Benennung

(1) Öffentliche Stellen benennen eine Datenschutzbeauftragte oder einen Datenschutzbeauftragten. Dies gilt auch für öffentliche Stellen nach § 2 Absatz 5, die am Wettbewerb teilnehmen.

---

136 Vgl. zur alten Rechtslage unter § 38 Abs. 5 BDSG-alt: OVG Saarland v. 14.12.2017 – 2 A 662/17 (vorangehend VG des Saarlandes v. 29.1.2016 – 1 K 1122/14, RDV 2016, 101); OVG Lüneburg v. 7.9.2017 – 11 LC 59/16, CR 2017, 805; OVG Berlin-Brandenburg v. 6.4.2017 – 12 B 7.16, ZD 2017, 399 (vorangehend VG Potsdam v. 20.11.2015 – 9 K 725/13); OVG Lüneburg v. 29.9.2014 – 11 LC 114/13, CR 2015, 39; VG Ansbach v. 12.8.2014 – AN 4 K 13.01634, CR 2014, 746, mit strengen Anforderungen an die Bestimmtheit einer Anordnung und die Ermessensausübung.
137 Ausführlich *Bayreuther*, NZA 2005, 1038 (1041).
138 Vgl. zur neueren Entwicklung OLG Stuttgart v. 4.5.2016 – 4 Ss 543/15, CR 2016, 516; OLG Nürnberg v. 10.8.2017 – 13 U 851/17, MDR 2017, 1299 = ITRB 2018, 9 = ZD 2017, 574 = NJW 2017, 3597 m.w.N. und m. Anm. *Lach*, jurisPR-ITR 22/2017 Anm. 4; für das Arbeitsrecht BAG v. 21.11.2013 – 2 AZR 797/11; BAG v. 21.6.2012 – 2 AZR 153/11, ITRB 2012, 266 = CR 2012, 795 (zum Beweisverwertungsverbot bei verdeckter Videoüberwachung); BAG v. 16.12.2010 – 2 AZR 485/08, RDV 2011, 192 m.w.N.; BAG v. 27.3. 2003 – 2 AZR 51/02, MDR 2004, 39 = RDV 2003, 293; LAG Düsseldorf v. 7.12.2015 – 7 Sa 1078/14, juris; LAG Köln v. 8.5.2015 – 4 Sa 1198/14, juris; ArbG Düsseldorf v. 3.5. 2011 – 11 Ca 7326/10, RDV 2011, 311 – Bejahung des Verwertungsverbots wegen Verstoß gegen § 6b BDSG-alt (analog) und § 32 m.w.N.; ebenso ArbG Düsseldorf v. 29.4. 2011 – 9 BV 183/10 m. Anm. *Spitz*, jurisPR-ITR 12/2011 Anm. 5; LArbG Sachsen-Anhalt v. 15.4.2008 – 11 Sa 522/07, juris – jedenfalls kein Verwertungsverbot bei fehlendem Bestreiten; ArbG Frankfurt v. 25.1.2006 – 7 Ca 3342/05, RDV 2006, 214 – Verwertungsverbot wegen Verstoß gegen § 6b BDSG-alt bejaht; zur Verwertung privater Videoaufzeichnungen in einem Kaufhaus für einen Strafprozess s. BayObLG v. 24.1.2002 – 2 St RR 8/02, NJW 2002, 2893; im Zivilprozess OLG Köln v. 5.7.2005 – 24 U 12/05, RDV 2006, 19; zur Zulässigkeit der verdeckten Videoüberwachung am Arbeitsplatz bei Diebstahlsverdacht unter Berücksichtigung der Menschenrechte EGMR v. 5.10.2010 – 420/07, EuGRZ 2011, 471; zusammenfassend zum Stand der Rechtsprechung *Butz/Bummer*, AuA 2011, 400; *Steinkühler/Raif*, AuA 2009, 213; *Freckmann/Wahl*, BB 2008, 1904 (1907).

(2) Für mehrere öffentliche Stellen kann unter Berücksichtigung ihrer Organisationsstruktur und ihrer Größe eine gemeinsame Datenschutzbeauftragte oder ein gemeinsamer Datenschutzbeauftragter benannt werden.

(3) Die oder der Datenschutzbeauftragte wird auf der Grundlage ihrer oder seiner beruflichen Qualifikation und insbesondere ihres oder seines Fachwissens benannt, das sie oder er auf dem Gebiet des Datenschutzrechts und der Datenschutzpraxis besitzt, sowie auf der Grundlage ihrer oder seiner Fähigkeit zur Erfüllung der in § 7 genannten Aufgaben.

(4) Die oder der Datenschutzbeauftragte kann Beschäftigte oder Beschäftigter der öffentlichen Stelle sein oder ihre oder seine Aufgaben auf der Grundlage eines Dienstleistungsvertrags erfüllen.

(5) Die öffentliche Stelle veröffentlicht die Kontaktdaten der oder des Datenschutzbeauftragten und teilt diese Daten der oder dem Bundesbeauftragten für den Datenschutz und die Informationsfreiheit mit.

I. Einführung	1	III. Bestellungsvoraussetzungen (Abs. 3)	16
1. Normaufbau und Verhältnis zur DSGVO	3	IV. Rechtliche Stellung des Datenschutzbeauftragten	
2. Änderungen gegenüber dem BDSG-alt	5	(Abs. 4)	17
II. Pflicht zur Bestellung	11	V. Veröffentlichung der Kontaktdaten des Beauftragten	
1. Grundsatz (Abs. 1)	11		
2. Privilegierung (Abs. 2)	15	(Abs. 5)	18

Schrifttum: *Johannes,* Gegenüberstellung – Der Datenschutzbeauftragte nach DS-GVO, JI-Richtlinie und zukünftigem BDSG, ZD-Aktuell 2017, 05794; *Kühling/Martini et al.,* Die Datenschutz-Grundverordnung und das nationale Recht, 2016; *Niklas/Faas,* Der Datenschutzbeauftragte nach der Datenschutz-Grundverordnung, NZA 2017, 1091.

I. Einführung

Mit § 5 hat der Bundesgesetzgeber von der Öffnungsklausel in Art. 37 Abs. 4 DSGVO Gebrauch gemacht und die dort bereits normierte Benennungspflicht eines Datenschutzbeauftragten für öffentliche Stellen (Buchst. a) weiter ausgeformt. Die Norm wiederholt im Wesentlichen den Wortlaut des Art. 37. Zugleich setzt sie Art. 32 Abs. 1 der Datenschutzrichtlinie für Polizei und Justiz (Richtlinie (EU) 2016/680) in nationales Recht um. 1

Problematisch bezüglich der Wahrnehmung des Regelungsspielraums aus Art. 37 Abs. 4 DSGVO ist das europäische Wiederholungsverbot[1]. Eine wörtlich mit einer europäischen unmittelbar geltenden Norm übereinstimmende nationale 2

---

1 *Kühling/Martini,* Die Datenschutz-Grundverordnung und das nationale Recht, S. 6 f.

§ 5 BDSG | Benennung

Regelung würde in Bezug auf die inhaltliche Auslegung die Zuständigkeit des EuGH in Frage stellen und so die europaweit einheitliche Anwendung gefährden[2]. Allerdings gestattet Erwägungsgrund 8 der DSGVO in Konformität mit der Rechtsprechung des EuGH[3] ausdrücklich eine Wortlautwiederholung im Fall von nationalen Präzisierungs- oder Einschränkungsbefugnissen, soweit dies zur Wahrung der Kohärenz erforderlich ist bzw. die Verständlichkeit fördert. Hieran ist die deutsche Normierung zu messen. Eine Wortlautwiederholung ist somit nur zulässig, wenn sonst die deutsche Regelung Unklarheiten oder die Gefahr einer Divergenz zum vorgegebenen Recht der DSGVO bergen würde.

1. Normaufbau und Verhältnis zur DSGVO

3   Die Norm erweitert Art. 37 DSGVO, der die Bestellpflicht von Datenschutzbeauftragten für öffentliche Stellen grundsätzlich und für alle anderen Verantwortlichen und Auftragsverarbeiter bei Erreichen einer gewissen Risikoschwelle vorsieht. § 5 betrifft unmittelbar nur öffentliche Stellen, und zwar aufgrund des Einschlusses in § 5 Abs. 1 Satz 2 auch nach § 2 Abs. 5 eigentlich im Rahmen des BDSG vom Begriff ausgenommene, am Wettbewerb teilnehmende öffentliche Stellen. Für nichtöffentliche Stellen gilt § 38.

4   § 5 Abs. 1 erweitert die Bestellpflicht aus Art. 37 Abs. 1 DSGVO im Rahmen des § 1 über den Anwendungsbereich der DSGVO (Art. 2) hinaus auf alle öffentlichen Stellen (vgl. Rz. 12) und bezieht so grundsätzlich die durch Art. 37 Abs. 1 Buchst. a DSGVO ausgeschlossenen justiziell tätigen Gerichte wieder in die Bestellpflicht öffentlicher Stellen ein. Insbesondere verpflichtet werden auch mit der Strafrechtspflege befasste Behörden, für welche die im BDSG umgesetzte Datenschutzrichtlinie für Polizei und Justiz gilt.
§ 5 Abs. 2 wiederholt sinngemäß Art. 37 Abs. 3 DSGVO, die Privilegierung öffentlicher Stellen.
§ 5 Abs. 3 wiederholt weitestgehend den Wortlaut des Art. 37 Abs. 5 DSGVO, bezieht die erforderlichen Fähigkeiten und Kompetenzen statt auf Art. 39 DSGVO entsprechend auf § 7.
Die Absätze 4 und 5 des § 5 wiederholen den Wortlaut des Art. 37 Abs. 6 und 7 DSGVO entsprechend.

2. Änderungen gegenüber dem BDSG-alt

5   Das BDSG-alt behandelte, wie jetzt der Art. 37 DSGVO, behördliche und betriebliche Datenschutzbeauftragte noch gemeinsam in seinem § 4f. Im Gegensatz zur neuen Regelung findet sich dort noch ein ausdrückliches Gebot schriftlicher Beru-

---

2 *Kühling/Martini*, Die Datenschutz-Grundverordnung und das nationale Recht, S. 7 m.w.N.
3 EuGH v. 28.3.1985 – Rs. 272/83, Slg. 1985, 1057 Rz. 26f.

fung (vgl. Art. 37 DSGVO Rz. 45). Neu ist auch die Privilegierung der gemeinsamen Bestellung, die es ermöglicht, für mehrere Behörden denselben Datenschutzbeauftragten einzusetzen – hier herrschte bislang Rechtsunsicherheit (für die Einzelheiten s. Kommentierung zu Art. 37 DSGVO Rz. 37). Zudem fällt die bislang durch § 4f Abs. 1 Satz 3 BDSG-alt bestimmte Frist zur Bestellung eines Datenschutzbeauftragten weg, was zu einer unverzüglichen Bestellpflicht führt (vgl. Rz. 14).

Die bisherige Regelung in § 4f BDSG-alt knüpfte die Verpflichtung zur Benennung Datenschutzbeauftragter an die **Automatisierung** der erfolgenden Datenverarbeitung (Abs. 1 Satz 1) bzw. die **Anzahl** der dauerhaft mit datenverarbeitenden Tätigkeiten befasster Mitarbeiter (Satz 3) an und machte eine **Rückausnahme** bei weniger als neun dauerhaft mit automatisierter Verarbeitung beschäftigten Mitarbeitern. Dagegen stellt Art. 37 Abs. 1 DSGVO nichtautomatisierte Verarbeitungen über Art. 2 Abs. 1 DSGVO weitestgehend (d. i. bei Speicherung in einer Datei) den automatisierten gleich und verpflichtet im Grundsatz jede datenverarbeitende öffentliche Stelle (Buchst. a) zur Bestellung bzw. knüpft für alle, insb. nicht-öffentliche Stellen, die Bestellpflicht an eine datenverarbeitende Kerntätigkeit an. 6

Die ehemals geltende Regelung widersprach also sowohl in Bezug auf die Anknüpfung einer Bestellpflicht an eine Automatisierung der Verarbeitung bzw. die Zahl datenverarbeitender Mitarbeiter als auch in Bezug auf die pauschale Rückausnahme den durch die DSGVO eingeführten Grundsätzen. Der nationale Gesetzgeber hat sich bezüglich öffentlicher Stellen für eine umfassende, über die Pflicht des Art. 37 Abs. 1 Buchst. a DSGVO hinausgehende Bestellpflicht öffentlicher Stellen entschieden; sich somit vollkommen von der Regelungstechnik des BDSG-alt gelöst. Jegliche automatisierten Verarbeitungen öffentlicher Stellen (mit Ausnahme justiziell tätiger Gerichte) rufen ohnehin bereits nach Art. 37 Abs. 1 Buchst. a DSGVO eine Bestellpflicht hervor, von der keine Rückausnahmen national möglich wären. Für die verbleibenden Anwendungsbereiche wird die Pflicht nicht, wie zuvor, an die Zahl dauerhaft mit datenverarbeitender Tätigkeit befasster Mitarbeiter geknüpft, sondern ohne Abstufung jegliche öffentliche Stelle zur Bestellung eines Datenschutzbeauftragten verpflichtet (anders aber § 38 für nichtöffentliche Stellen). Insgesamt erweitern sowohl Art. 37 Abs. 1 DSGVO als auch § 5 Abs. 1 die Bestellpflicht für öffentliche Stellen im Vergleich zur jeweils zuvor bestehenden Regelung. 7

§ 5 Abs. 3 enthält parallel zu Art. 37 Abs. 5 DSGVO die erforderliche Qualifikation des Datenschutzbeauftragten. Im Gegensatz zur ehemals geltenden Regelung des § 4f Abs. 2 BDSG-alt sind umfangreichere Voraussetzungen normiert, allerdings enthalten diese gleichermaßen unbestimmte Rechtsbegriffe. Aufgrund des durch den Düsseldorfer Kreis zur alten Rechtslage erlassenen konkretisierenden Katalogs ergibt sich letztlich zunächst ein unklareres Rechtsbild als bisher[4]. 8

---

[4] *Niklas/Faas*, NZA 2017, 1093.

§ 5 BDSG | Benennung

9   Hinsichtlich der rechtlichen Ausgestaltung (interner oder externer Datenschutzbeauftragter) besteht wie nach § 4f Abs. 2 Satz 3, 4 BDSG-alt grundsätzlich ein Wahlrecht, welches für öffentliche Stellen sogar umfassender ist als bisher: Die ehemalige Einschränkung, dass öffentliche Stellen als externen Datenschutzbeauftragten nur Bedienstete aus einer anderen öffentlichen Stelle benennen können, ist nicht mehr gegeben. Während nach bisheriger Rechtslage sehr umstritten war, ob auch eine juristische Person als externer Datenschutzbeauftragter bestellt werden kann, ist dies fortan möglich (vgl. genauer Kommentierung zu Art. 37 DSGVO Rz. 56).

10 Die Pflicht zur Veröffentlichung von Kontaktdaten nach § 5 Abs. 5 und Art. 37 Abs. 7 DSGVO ist neu geschaffen worden.

II. Pflicht zur Bestellung

1. Grundsatz (Abs. 1)

11 Öffentliche Stellen sind dazu verpflichtet, einen Datenschutzbeauftragten zu bestellen. Dies gilt auch für öffentliche Stellen des Bundes, die im Sinne des BDSG nach § 2 Abs. 5 als nicht-öffentliche Stellen gelten, soweit sie als öffentlich-rechtliche Unternehmen am Wettbewerb teilnehmen und öffentliche Stellen der Länder, die nach § 2 Abs. 5 BDSG ebenfalls als nicht-öffentliche Stellen gelten, soweit sie als öffentlich-rechtliche Unternehmen am Wettbewerb teilnehmen, Bundesrecht ausführen und der Datenschutz nicht durch Landesgesetz geregelt ist.

12 Wie unter Rz. 4 ausgeführt, wird die **Bestellpflicht für öffentliche Stellen** auf zwei Wegen erweitert. Zum einen schließt Art. 37 Abs. 1 Buchst. a DSGVO justiziell tätige Gerichte aus, während die nationale Regelung umfassend und auch für justizielle Tätigkeiten von Gerichten gelten soll[5]. Soweit diese – was fernliegend ist – nicht ausnahmsweise unter die Buchstaben b, c fallen, wird diesbezüglich erst durch § 5 Abs. 1 eine Bestellpflicht bestimmt. Zum anderen greift § 5 im Einklang mit § 1 Abs. 4 Satz 1 und Abs. 5, soweit der Anwendungsbereich der DSGVO nicht eröffnet ist, was im Umkehrschluss aus Art. 2 DSGVO der Fall ist bei der Verarbeitung personenbezogener Daten,

- die nicht automatisiert erfolgt und bei der keine Speicherung in Dateisystemen erfolgt oder beabsichtigt ist (Art. 2 Abs. 1 DSGVO),
- im Rahmen von Tätigkeiten außerhalb des Anwendungsbereichs des Unionsrechts (Art. 2 Abs. 2 Buchst. a DSGVO),
- durch die Mitgliedstaaten im Bereich der gemeinsamen Außen- und Sicherheitspolitik (Art. 2 Abs. 2 Buchst. b DSGVO) und

---

5 Sydow/*Helfrich*, Art. 37 DSGVO Rz. 58 sieht hierin Probleme.

– soweit sie durch Behörden zur Verhütung, Ermittlung, Aufdeckung oder Verfolgung von Straftaten vorgenommen wird (Art. 2 Abs. 2 Buchst. d DSGVO)[6]. In diesem Bereich wurde die Datenschutzrichtlinie für Polizei und Justiz erlassen, deren Art. 32 ebenfalls durch § 5 umgesetzt wird, allerdings über den Anwendungsbereich der Richtlinie (Art. 2) hinaus wiederum auch für nicht automatisierte Verarbeitungen zum Zwecke der Strafrechtspflege ohne eine (Absicht der) Speicherung in Dateisystemen.

Diese Erweiterung für öffentliche Stellen ist in der Bestimmung des Anwendungsbereichs des BDSG in § 1 Abs. 8 ausdrücklich vorgesehen.

Zu bemängeln ist, dass die gestreute nationale Regelung das Verhältnis von DSGVO- und BDSG-Bestellpflicht bezüglich öffentlicher Stellen nur schwer erkennen lässt, wie es aber insbesondere das Wiederholungsverbot grundsätzlich fordert (vgl. Rz. 2). Zwar wiederholt § 5 Abs. 1 nicht selbst einen europäisch geltenden Wortlaut, anders aber die folgenden Absätze, welche auf der Normierung des Abs. 1 fußen. Die Anwendungsbereiche der Regelungen sind nur sehr schwer abzugrenzen, insbesondere da der nationale Gesetzgeber die Regelung für nicht-öffentliche Stellen in § 38 aus dem direkten Kontext nimmt. Eine Abgrenzung ist zwar bezüglich der (umfassend geltenden) Bestellpflicht nicht relevant, allerdings normieren die §§ 6f. zum Teil abweichende Vorgaben für aufgrund von § 5 bestellte Datenschutzbeauftragte. Zwar stellt § 1 Abs. 8 einen unmittelbaren Bezug zur DSGVO her, aber zum einen gilt dieser nur für öffentliche Stellen, zum anderen ist er eher versteckt und zudem unklar formuliert, indem nur von einer entsprechenden, nicht unmittelbaren Anwendung die Rede ist. Eine Bezugnahme der Vorschriften auf die DSGVO wäre zur Klarstellung der Rechtslage wünschenswert gewesen – insbesondere, da sie sich auch an Rechtsunkundige richten. Dies ist schließlich mit Erwägungsgrund 8 Voraussetzung für eine Wiederholung des Wortlauts aus Art. 37 DSGVO. Z.T. wird zur Rechtfertigung der Wortlautwiederholung angeführt, dass die §§ 5–7 auch der Umsetzung der Art. 32–34 der Datenschutzrichtlinie für Polizei und Justiz dienen[7]. Allerdings ist die Wortlautwiederholung hier dennoch bedenklich, weil sie weder die Verständlichkeit fördert noch die Auslegungshoheit des EuGH garantiert. 13

Mangels einer Fristenregelung ist davon auszugehen, dass die Benennung mit Eintritt der Pflicht zur Bestellung bereits erfolgt[8], mithin ein Datenschutzbeauftragter vorhanden sein muss, sobald eine entsprechend umfangreiche datenverarbeitende Kerntätigkeit begonnen wird. 14

---

6 Daneben erwähnt Art. 2 Abs. 2 Buchst. c DSGVO noch Datenverarbeitungen im privaten Rahmen, welche aber öffentliche Stellen nicht vornehmen und für diese daher nicht den Anwendungsbereich erweitern dürften.
7 *Johannes*, ZD-Aktuell 2017, 05794.
8 Ehmann/Selmayr/*Heberlein*, Art. 37 DSGVO Rz. 17.

§ 5 BDSG | Benennung

2. Privilegierung (Abs. 2)

15 Die Privilegierung des Art. 37 Abs. 3 DSGVO ist wortgleich in den § 5 Abs. 2 übernommen worden. Inhaltlich ist auch der zugleich umgesetzte Art. 32 Abs. 3 Datenschutzrichtlinie für Polizei und Justiz mit beiden Vorschriften identisch. Bestimmt wird, dass auch durch die erst durch § 5 Abs. 1 zur Bestellung eines Datenschutzbeauftragten verpflichteten öffentlichen Stellen gemeinsame Datenschutzbeauftragte für öffentliche Stellen benannt werden können, sofern deren Organisationsstruktur und Größe berücksichtigt wird.

III. Bestellungsvoraussetzungen (Abs. 3)

16 Bei der Auswahl eines Datenschutzbeauftragten nach nationalem Recht sind angemessene berufliche Qualifikationen und die Fähigkeit zur Erfüllung der in § 7 genannten Aufgaben zu verlangen. Dies ist eine Wiedergabe von Art. 37 Abs. 5 DSGVO und Art. 32 Abs. 2 der Datenschutzrichtlinie für Polizei und Justiz, welche sich allerdings selbstredend auf die in Art. 39 DSGVO/Art. 34 Datenschutzrichtlinie für Polizei und Justiz normierten Aufgaben beziehen. Wie in der Kommentierung zu Art. 37 DSGVO (Art. 37 DSGVO Rz. 41) dargestellt, darf der deutsche Gesetzgeber die DSGVO-Bestellungsvoraussetzungen inhaltlich nicht modifizieren.

IV. Rechtliche Stellung des Datenschutzbeauftragten (Abs. 4)

17 Der Datenschutzbeauftragte kann intern oder extern, also als Beschäftigter der Behörde oder auf Grundlage eines Dienstleistungsvertrags benannt werden. Auch insofern ergeben sich keine Abweichungen von der Vorgabe des Art. 37 Abs. 6 DSGVO. In der Datenschutzrichtlinie für Polizei und Justiz existiert keine vergleichbare Vorgabe.

V. Veröffentlichung der Kontaktdaten des Beauftragten (Abs. 5)

18 Die Kontaktdaten des Beauftragten sind den Betroffenen zugänglich zu machen, sowie dem Bundesbeauftragten für Datenschutz mitzuteilen. Die Anforderungen des Art. 37 Abs. 7 DSGVO gelten (vgl. dort); die Vorschrift setzt zugleich Art. 32 Abs. 4 der Datenschutzrichtlinie für Polizei und Justiz um.

§ 6 Stellung

(1) Die öffentliche Stelle stellt sicher, dass die oder der Datenschutzbeauftragte ordnungsgemäß und frühzeitig in alle mit dem Schutz personenbezogener Daten zusammenhängenden Fragen eingebunden wird.

(2) Die öffentliche Stelle unterstützt die Datenschutzbeauftragte oder den Datenschutzbeauftragten bei der Erfüllung ihrer oder seiner Aufgaben gemäß § 7, indem sie die für die Erfüllung dieser Aufgaben erforderlichen Ressourcen und den Zugang zu personenbezogenen Daten und Verarbeitungsvorgängen sowie die zur Erhaltung ihres oder seines Fachwissens erforderlichen Ressourcen zur Verfügung stellt.

(3) Die öffentliche Stelle stellt sicher, dass die oder der Datenschutzbeauftragte bei der Erfüllung ihrer oder seiner Aufgaben keine Anweisungen bezüglich der Ausübung dieser Aufgaben erhält. Die oder der Datenschutzbeauftragte berichtet unmittelbar der höchsten Leitungsebene der öffentlichen Stelle. Die oder der Datenschutzbeauftragte darf von der öffentlichen Stelle wegen der Erfüllung ihrer oder seiner Aufgaben nicht abberufen oder benachteiligt werden.

(4) Die Abberufung der oder des Datenschutzbeauftragten ist nur in entsprechender Anwendung des § 626 des Bürgerlichen Gesetzbuchs zulässig. Die Kündigung des Arbeitsverhältnisses ist unzulässig, es sei denn, dass Tatsachen vorliegen, welche die öffentliche Stelle zur Kündigung aus wichtigem Grund ohne Einhaltung einer Kündigungsfrist berechtigen. Nach dem Ende der Tätigkeit als Datenschutzbeauftragte oder als Datenschutzbeauftragter ist die Kündigung des Arbeitsverhältnisses innerhalb eines Jahres unzulässig, es sei denn, dass die öffentliche Stelle zur Kündigung aus wichtigem Grund ohne Einhaltung einer Kündigungsfrist berechtigt ist.

(5) Betroffene Personen können die Datenschutzbeauftragte oder den Datenschutzbeauftragten zu allen mit der Verarbeitung ihrer personenbezogenen Daten und mit der Wahrnehmung ihrer Rechte gemäß der Verordnung (EU) 2016/679, diesem Gesetz sowie anderen Rechtsvorschriften über den Datenschutz im Zusammenhang stehenden Fragen zu Rate ziehen. Die oder der Datenschutzbeauftragte ist zur Verschwiegenheit über die Identität der betroffenen Person sowie über Umstände, die Rückschlüsse auf die betroffene Personen zulassen, verpflichtet, soweit sie oder er nicht davon durch die betroffene Person befreit wird.

(6) Wenn die oder der Datenschutzbeauftragte bei ihrer oder seiner Tätigkeit Kenntnis von Daten erhält, für die der Leitung oder einer bei der öffentlichen Stelle beschäftigten Person aus beruflichen Gründen ein Zeugnisverweigerungsrecht zusteht, steht dieses Recht auch der oder dem Datenschutzbeauftragten und den ihr oder ihm unterstellten Beschäftigten zu. Über die Ausübung dieses Rechts entscheidet die Person, der das Zeugnisverweigerungsrecht aus beruflichen Gründen zusteht, es sei denn, dass diese Entscheidung in absehbarer Zeit nicht herbeigeführt werden kann. Soweit das Zeugnisver-

§ 6 BDSG | Stellung

weigerungsrecht der oder des Datenschutzbeauftragten reicht, unterliegen ihre oder seine Akten und andere Dokumente einem Beschlagnahmeverbot.

I. Einführung 1	4. Benachteiligungsverbot
1. Normaufbau 5	(Abs. 3 Satz 3) 11
2. Verhältnis zur DSGVO 6	III. Beendigung der Tätigkeit
3. Änderungen gegenüber dem	(Abs. 4) 12
BDSG-alt 7	IV. Rechte betroffener Personen
II. Organisatorische Stellung und	(Abs. 5 Satz 1) 21
Unabhängigkeit 8	V. Verschwiegenheitspflicht
1. Einbindungs- und Unterstüt-	(Abs. 5 Satz 2) 22
zungspflicht der öffentlichen	VI. Zeugnisverweigerungsrecht
Stelle (Abs. 1 und 2) 8	und Beschlagnahmeverbot
2. Weisungsfreiheit (Abs. 3 Satz 1) . 9	(Abs. 6) 24
3. Berichterstattungspflicht des	
Beauftragten (Abs. 3 Satz 2) 10	

Schrifttum: *Däubler*, Neue Unabhängigkeit für den betrieblichen Datenschutzbeauftragten?, DuD 2010, 20.

I. Einführung

1 Der Paragraph ist die einfachgesetzliche Wiedergabe bzw. Ausformung des Art. 38 DSGVO und setzt zugleich Art. 33 der Datenschutzrichtlinie für Polizei und Justiz (Richtlinie (EU) 2016/680) um, welcher allerdings nur Teile der hier normierten Anforderungen enthält. Art. 38 DSGVO enthält keine Öffnungsklausel; somit besteht eigentlich kein Regelungsspielraum für den nationalen Gesetzgeber[1]. Der Verordnungsgeber hat eine Harmonisierung von Befugnissen, Rechtsstellung und Mindestaufgaben des Datenschutzbeauftragten bezweckt[2]. Die Regelungen der §§ 6 f. BDSG dienen also der Verwirklichung des europäischen Ziels eines einheitlichen Instituts des Datenschutzbeauftragten i.S.d. Art. 37 ff. DSGVO, indem sie auch für aufgrund nationaler Rechtsgrundlage ernannte Beauftragte eine gleichlautende Regelung treffen. Deshalb ergibt sich als **Anwendungsbereich** derselbe wie für § 5 (vgl. § 5 BDSG Rz. 12 f.)[3]. Die Vorschrift vereinheitlicht die Rechtsstellung der oder des behördlichen Datenschutzbeauftragten unabhängig von der Rechtsgrundlage seiner Benennung. Wo § 6 aber abweichende Regelungen trifft, ist zum Teil fraglich, ob der Anwendungsbereich zu erweitern ist. Hierzu erfolgen an den entsprechenden Stellen Ausführungen.

---

1 So auch *Kühling/Martini*, Die Datenschutz-Grundverordnung und das nationale Recht, S. 326.
2 Artikel 29-Datenschutzgruppe, 16/EN WP 243 rev.01, 5.
3 BR-Drucks. 110/17, S. 77; BT-Drucks. 18/11325, S. 82.

Stellung | § 6 BDSG

Wiederum (s. § 5 BDSG Rz. 13) ist zu bemängeln, dass die Normierung ihren eigenen Anwendungsbereich nicht klarstellt, was besonders bei Abweichungen der nationalen Regelung von der europäischen relevant wird. § 6 Abs. 4 sieht einen anderen Kündigungsschutz vor als das europäische Recht (vgl. Rz. 12 ff.). Für die Betroffenen muss hier klargestellt werden, welche Regelung für sie gilt; ohne fundierte juristische Kenntnisse ist eine saubere eigenständige Lösung anhand der Normen nicht möglich (s. § 5 BDSG Rz. 12 f.). Mangels Regelungskompetenz ohne Öffnungsklausel kann die deutsche Vorschrift grundsätzlich nur für Datenschutzbeauftragte gelten, die auf Grundlage der nationalen Regelung in § 5 bestellt werden. Für freiwillig benannte Datenschutzbeauftragte i.S.v. Art. 37 Abs. 4 DSGVO sollen mit dem Hintergrund der Harmonisierungsbestrebungen die DSGVO-Vorschriften zu Stellung und Aufgaben von Datenschutzbeauftragten unmittelbar gelten[4], wobei aber fraglich ist, ob europäische Verpflichtungen an ein freiwilliges und somit eigentlich nicht geregeltes Verhalten verbindlich geknüpft werden können. Das deutsche Recht lässt aber ohnehin kaum Raum für eine freiwillige Bestellung von Datenschutzbeauftragten, da § 5 i.V.m. § 38 nur kleinere bzw. wenig datengetriebene nichtöffentliche Stellen von der Bestellpflicht befreit lässt. 2

Zudem ist auch hier fraglich, inwieweit die Wiederholung des DSGVO-Wortlauts überhaupt zulässig ist, wenn sie nicht der Klarstellung von rechtlichen Unterschieden für Betroffene dient bzw. diese jedenfalls nicht fördert (vgl. Kommentierung zu § 5 BDSG Rz. 2, 13). 3

Die Abs. 4, 5 Satz 2 und 6 des § 6 sind auch auf nach § 38 zur Bestellung eines Datenschutzbeauftragten verpflichtete nicht-öffentliche Stellen anwendbar, was § 38 Abs. 2 klarstellt. 4

1. Normaufbau

§ 6 Abs. 1 und 2 regeln die Pflichten der beauftragenden Stelle dem Beauftragten gegenüber. § 6 Abs. 3 betrifft die Weisungsunabhängigkeit und organisatorische Stellung des Beauftragten. § 6 Abs. 4 regelt den besonderen Kündigungsschutz des Beauftragten, während § 6 Abs. 5 die Anrufung durch Betroffene und die damit verbundene Geheimhaltungspflicht des Beauftragten enthält. Schließlich regelt § 6 Abs. 6 das Zeugnisverweigerungsrecht des Beauftragten. 5

2. Verhältnis zur DSGVO

Die Abs. 1–3 des § 6 geben die Regelungen des Art. 38 Abs. 1–3 DSGVO weitestgehend wortgleich wieder. Der § 6 Abs. 4 normiert einen besonderen Kündi- 6

---

4 Artikel 29-Datenschutzgruppe, 16/EN WP 243 rev.01, 5.

gungsschutz, den die DSGVO nicht enthält. § 6 Abs. 5 regelt zunächst identisch mit dem Art. 38 Abs. 4 DSGVO das Anrufungsrecht der Betroffenen, gibt dann aber in Abweichung zu Art. 38 Abs. 5 DSGVO eine Verschwiegenheitspflicht nur in Bezug auf die Kontaktaufnahmen des Betroffenen, nicht schlechterdings auf die Tätigkeit als Beauftragter vor. Schließlich bestimmt § 6 Abs. 6 ein Zeugnisverweigerungsrecht, welches aufgrund mangelnder Regelungskompetenz des EU-Gesetzgebers (vgl. insofern Art. 38 DSGVO Rz. 48) nicht in der DSGVO enthalten ist.

3. Änderungen gegenüber dem BDSG-alt

7   Wie bereits oben (Rz. 1) und unter § 5 BDSG Rz. 12 dargestellt, findet § 6 nur in einem begrenzten Rahmen Anwendung. In diesem stellt er bezüglich des Abberufungs- und Kündigungsschutzes sowie des Zeugnisverweigerungsrechts und Beschlagnahmeverbots die bislang nach § 4f Abs. 3 Satz 4 f., Abs. 4a BDSG-alt geltenden Regelungen weitestgehend wieder her, soweit es der Wandel zur grundsätzlichen Bestellpflicht hergibt. Die DSGVO allein sieht keinen vergleichbaren Kündigungsschutz vor, lediglich ein Verbot der Abberufung aufgrund ordnungsgemäßer Aufgabenerfüllung (vgl. Kommentierung zu Art. 38 Abs. 3 Satz 2 DSGVO, Art. 38 DSGVO Rz. 16 ff.). Im Anwendungsbereich der DSGVO sind bereits die Weisungsfreiheit, Unterstützungs-, Verschwiegenheitspflicht und die organisatorische Stellung weitgehend unverändert geblieben, was § 6 in Abs. 1–3 übernimmt. Im Wesentlichen ändert sich nur die Systematik, nach der je nach Rechtsgrundlage der Bestellpflicht sich die weitgehend identische Regelung der Stellung des Datenschutzbeauftragten aus unterschiedlichen Rechtsgrundlagen ergibt.

II. Organisatorische Stellung und Unabhängigkeit

1. Einbindungs- und Unterstützungspflicht der öffentlichen Stelle (Abs. 1 und 2)

8   Statt des Verantwortlichen und des Auftragsverarbeiters verpflichten § 6 Abs. 1 und 2 die öffentliche Stelle, was zur Abgrenzung von den Regelungen und dem Anwendungsbereich des Art. 38 Abs. 1 DSGVO eine angemessene Wortlautklarstellung darstellt (vgl. Kommentierung zu § 5 BDSG Rz. 2). Zugleich setzen die Absätze Art. 33 Datenschutzrichtlinie für Polizei und Justiz um. Es gilt das zu Art. 38 Abs. 1, 2 DSGVO Ausgeführte entsprechend (s. Art. 38 DSGVO Rz. 3 ff.).

Stellung | § 6 BDSG

2. Weisungsfreiheit (Abs. 3 Satz 1)

Bezüglich der Weisungsfreiheit gelten bis auf die Bezeichnung des Verpflichteten ebenfalls keine Unterschiede zu einem nach der DSGVO bestellten Datenschutzbeauftragten, vgl. Art. 38 DSGVO Rz. 9 ff. 9

3. Berichterstattungspflicht des Beauftragten (Abs. 3 Satz 2)

Auch der gemäß § 5 berufene Datenschutzbeauftragte ist organisatorisch direkt dem höchsten Management zu unterstellen, es ergeben sich keine Unterschiede zu Art. 38 DSGVO (vgl. Art. 38 DSGVO Rz. 13 ff.). 10

4. Benachteiligungsverbot (Abs. 3 Satz 3)

Der Wortlaut entspricht bis auf die Adressierung wiederum der Regelung des Art. 38 Abs. 3 Satz 2 DSGVO und die dortigen Ausführungen zum weitgehenden Gleichlauf von Kündigungs- und Abberufungsschutz sowie dem Benachteiligungsverbot finden Anwendung (vgl. Art. 38 DSGVO Rz. 15 ff.). Bereits in Bezug auf die DSGVO ist ausgeführt, dass das nationale Schuld- und Arbeitsrecht grundsätzlich unberührt bleibt, Art. 38 Abs. 3 Satz 2 DSGVO allerdings den Mitgliedstaaten verbietet, eine Kündigung bei ordnungsgemäßer Pflichterfüllung des Datenschutzbeauftragten bzw. für die reguläre Kündigung niedrigere Hürden als die DSGVO vorzusehen (vgl. Art. 38 DSGVO Rz. 15, 26 f.). 11

III. Beendigung der Tätigkeit (Abs. 4)

Der nationale Gesetzgeber hat für den nach § 5 bestellten Datenschutzbeauftragten mit § 6 Abs. 4 Satz 1 einen **Gleichlauf** von Abberufungs- und regulärem Kündigungsschutz normiert bzw. für seine Kündigung noch höhere Hürden formuliert, als sie das reguläre Kündigungsrecht vorsieht: Der reguläre Kündigungsschutz des § 626 BGB soll auf Abberufungen entsprechende Anwendung finden, während Kündigungen des Arbeitsverhältnisses nur zulässig sind, wenn Tatsachen für eine fristlose Kündigung aus wichtigem Grund vorliegen, was auch im ersten Jahr nach Abberufung des Datenschutzbeauftragten gelten soll. Diese Formulierung entspricht weitestgehend der des bisher geltenden § 4f Abs. 3 Satz 4, 5 BDSG-alt. 12

Dieser Schutz tritt für nach § 5 berufene Datenschutzbeauftragte neben den Abberufungsschutz der DSGVO. Art. 38 Abs. 3 Satz 2 der DSGVO ist dahingehend auszulegen, dass regelmäßig Abberufung und Kündigung miteinander einhergehen (vgl. Art. 38 DSGVO Rz. 16), wenn nicht eine Weiterbeschäftigung an anderer Stelle ausnahmsweise als milderes Mittel in Betracht kommt (vgl. Art. 38 DSGVO 13

Rz. 18). Auch i.R.d. § 6 Abs. 4 gilt dieselbe Problematik: Während eine Kündigung eine weitere Tätigkeit als Datenschutzbeauftragter unmöglich macht, kann im Einzelfall eine anderweitige Weiterbeschäftigung eines lediglich abberufenen, insbesondere eines „Teilzeit"-Datenschutzbeauftragten in Betracht kommen.

14 Aufgrund des Verweises in § 6 Abs. 4 Satz 1 auf § 626 BGB müssen für eine Abberufung die Voraussetzungen des § 626 BGB vorliegen, d.h. die weitere Tätigkeit als Datenschutzbeauftragter muss nach Abwägung aller Umstände für die Behörde unzumutbar sein. Da nach den Ausführungen zu Art. 38 Abs. 3 Satz 2 DSGVO die Gründe für eine Abberufung und/oder Kündigung nicht in seiner ordnungsgemäßen, aber missliebigen Pflichterfüllung bestehen dürfen, kommen auch im Rahmen der hier erfolgenden Überlegungen nur Gründe in Betracht, die in minderwertiger Pflichterfüllung bestehen (vgl. Art. 38 DSGVO Rz. 17). Hinzu kommt nach der dort vertretenen Ansicht die Möglichkeit einer Abberufung und Kündigung aufgrund wirtschaftlicher bzw. betriebsorganisatorischer oder sonstiger im Arbeitsverhältnis liegender Gründe, welche aber Satz 2 für den nach § 5 bestellten Datenschutzbeauftragten erheblich einschränkt.

15 Schon nach dem Recht der DSGVO bedarf es für eine Abberufung und/oder Kündigung erheblicher Pflichtverstöße; die von § 626 BGB i.V.m. § 6 Abs. 4 Satz 1 geforderte Unzumutbarkeit der Tätigkeitsfortführung erhöht diese Schwelle noch. Es muss jeweils eine Einzelfallabwägung erfolgen.

16 Als ausreichend erhebliche **Abberufungsgründe** kommen nur Pflichtverletzungen in Bezug auf die Erfüllung der Aufgaben als Datenschutzbeauftragter in Betracht, beispielsweise ein Verstoß gegen Verschwiegenheitsverpflichtungen oder die nachträgliche Feststellung der mangelnden Fachkunde oder Zuverlässigkeit. Aufgrund der Regelung des § 6 Abs. 4 Satz 1 i.V.m. § 626 BGB ist vonnöten, dass es sich nicht um einmalige oder gar unabsichtliche Verfehlungen handelt; sonst ist eine Fortsetzung der Tätigkeit zumutbar. Da § 6 Abs. 4 Satz 1 auf den gesamten § 626 BGB verweist, ist schließlich auch die **Zwei-Wochen Frist** einzuhalten[5]. Demnach muss der Widerruf innerhalb von zwei Wochen nach Kenntnisnahme der Tatsachen, welche den „wichtigen Grund" ausmachen, erfolgen[6]. Ein verspäteter Widerruf ist unwirksam. Zum Teil wurde noch unter dem BDSG-alt für die Wirksamkeit der Abberufung verlangt, dass der Datenschutzbeauftragte zuvor angehört wurde[7].

17 Eine **Kündigung** dagegen ist grundsätzlich auch aus den im Rahmen der in Art. 38 DSGVO Rz. 17 diskutierten, außerhalb der datenschutzrechtlichen Aufgabenerfüllung des Beauftragten liegenden Gründen möglich. Die Zulässigkeit wird aber durch Satz 2 im Rahmen des gemäß § 5 berufenen Datenschutzbeauf-

---

5 So unter dem BDSG-alt auch Däubler/Klebe/Wedde/Weichert/*Däubler*, § 4f BDSG Rz. 68; Simitis/*Simitis*, § 4f BDSG Rz. 197.
6 Ausführlich unter dem BDSG-alt: Palandt/*Weidenkaff*, § 626 BGB Rz. 23.
7 Hierzu unter dem BDSG-alt *Bergmann/Möhrle/Herb*, § 4f BDSG Rz. 147.

tragten öffentlicher Stellen eingeschränkt: Auch hier müssen die Voraussetzungen für eine fristlose Kündigung aus wichtigem Grund erfüllt, also die Fortsetzung der Beschäftigung i.S.v. § 626 BGB unzumutbar sein.

Das Arbeitsverhältnis des Datenschutzbeauftragten ist somit vor jeder Form der ordentlichen Kündigung geschützt. Wie bei einer Abberufung ist auch bei der Kündigung des zugrundeliegenden Arbeitsverhältnisses die Zwei-Wochen-Frist des § 626 BGB zu wahren. Im Unterschied zum Widerruf bedarf die Kündigung allerdings gemäß § 623 BGB zwingend der Schriftform. 18

§ 6 Abs. 4 Satz 3 dehnt den Kündigungsschutz weiter aus: Demnach darf ein Datenschutzbeauftragter **auch innerhalb eines Jahres nach Beendigung seiner Tätigkeit** als Datenschutzbeauftragter nicht ordentlich gekündigt werden. Die Ratio sei, dass nach einem Jahr eine eventuell bestehende Verärgerung des Arbeitgebers über den Datenschutzbeauftragten abgeklungen sein wird, er also keine Repressalien mehr für seine vergangene Tätigkeit befürchten müsse[8]. 19

Fraglich ist, ob die Regelungen des § 6 Abs. 4 auch für nach der DSGVO bestellte Datenschutzbeauftragte gelten. In Art. 38 DSGVO Rz. 23 ist festgestellt, dass Art. 38 Abs. 3 Satz 2 DSGVO das nationale Schuld- und Arbeitsrecht unberührt lässt und ihm ein Gesetzgebungsauftrag innewohnt, dem durch Ausschluss einer Abberufung aufgrund ordnungsgemäßer Aufgabenerfüllung nachzukommen ist, sofern das nationale Recht eine solche ermöglicht. Aufgrund der ausdrücklich nur gemäß § 5 bestellte Datenschutzbeauftragte öffentlicher Stellen betreffenden Modifizierung des Abberufungs- und Kündigungsschutzes lässt sich kein Anhaltspunkt für eine umfassende Regelung finden, zumal auch § 38 Abs. 2 die Anwendbarkeit ausdrücklich und allein auf verpflichtend bestellte Datenschutzbeauftragte nichtöffentlicher Stellen festlegt. Die Rechtslage bleibt hier unklar (vgl. auch Rz. 2). Sollte der verschärfte Abberufungs-/Kündigungsschutz nur auf zusätzlich verpflichtend nach dem BDSG bestellte Datenschutzbeauftragte beschränkt sein, ist diese Undurchsichtigkeit ihrer Rechte für Betroffene problematisch (vgl. Rz. 2). 20

IV. Rechte betroffener Personen (Abs. 5 Satz 1)

Grundsätzlich besteht gemäß § 6 Abs. 5 ein Recht der Betroffenen, den Datenschutzbeauftragten bezüglich datenschutzrechtlicher Fragestellungen „zu Rate zu ziehen". Dies begründet bei berechtigtem Interesse nicht lediglich ein Anrufungsrecht des Betroffenen, sondern auch eine korrespondierende Beratungspflicht des Datenschutzbeauftragten sowie die Pflicht, den Vorwürfen nachzugehen und auf die Beseitigung von Rechtsverletzungen hinzuwirken (insofern sei bereits auf die gleichläufigen Ausführungen in Art. 38 DSGVO Rz. 42 f. verwiesen). 21

---

8 Zu § 4f BDSG-alt *Däubler*, DuD 2010, 23.

V. Verschwiegenheitspflicht (Abs. 5 Satz 2)

22 Problematisch ist, dass in der deutschen Regelung die Verschwiegenheitspflicht des Datenschutzbeauftragten systematisch in einen Zusammenhang mit den Anrufungsrechten der Betroffenen (§ 6 Abs. 5 Satz 1) gestellt wird, während sie für den europäischen Datenschutzbeauftragten unabhängig geregelt ist und für seine gesamte Tätigkeit gilt. Insofern hilft § 1 Abs. 8 weiter, welcher bestimmt, dass die Bestimmung des Art. 38 Abs. 5 DSGVO entsprechende Anwendung findet. Somit ergeben sich materiell-rechtlich wiederum keine Abweichungen zur europäischen Regelung. Es wird lediglich ergänzend für den nach § 5 bestellten Datenschutzbeauftragten klargestellt, dass er über die Identität der ihn zu Rate ziehenden Personen Verschwiegenheit zu bewahren hat, sofern diese ihn nicht durch Einwilligung von dieser Pflicht befreien – in dieser Weise wird aber auch Art. 38 Abs. 4 DSGVO ausgelegt (vgl. Art. 38 DSGVO Rz. 46). Sinn und Zweck der Bestimmung ist es, die Wahrnehmung der in Satz 1 genannten Rechte zu schützen und zu fördern, indem durch Geheimhaltung der Identität des Wahrnehmenden verhindert wird, dass diesem Nachteile daraus erwachsen, dass er den Datenschutzbeauftragten konsultiert.

23 Fraglich ist, ob diese Befreiung durch den Betroffenen auch im Rahmen der Verschwiegenheitspflicht aus Art. 38 Abs. 5 DSGVO möglich ist. Dieser schafft durch den Verweis auf nationales Recht dem deutschen Gesetzgeber Raum zur nationalen Ausgestaltung der Verschwiegenheitspflicht auch im Rahmen der DSGVO. Die Einkleidung der Vorschrift in die beiden Vorschriften zur verpflichtenden Bestellung eines Datenschutzbeauftragten lässt keinerlei Willen des Gesetzgebers zu einer umfassenden Schaffung des Instituts einer Befreiung von der Verschwiegenheitspflicht erkennen. Andererseits folgen sowohl BDSG als auch DSGVO dem Grundsatz, dass der Betroffene die Preisgabe personenbezogener Daten immer durch eine Einwilligung erlauben kann, wovon sich die hier beschriebene Befreiung nicht zwingend unterscheidet.

VI. Zeugnisverweigerungsrecht und Beschlagnahmeverbot (Abs. 6)

24 Diese Regelung hat der deutsche Gesetzgeber individualstaatlich aufgrund seiner Gesetzgebungskompetenz im Bereich der Justiz bzw. des Prozessrechts erlassen. Soweit der Leitung der öffentlichen Stelle oder einer dort beschäftigten Person aus beruflichen Gründen ein Zeugnisverweigerungsrecht zusteht, erstreckt sich dieses nach dem Willen dieser Person (§ 6 Abs. 6 Satz 2) auf den Datenschutzbeauftragten und seine Mitarbeiter. In diesem Rahmen unterstellt § 6 Abs. 6 Satz 3 die Dokumente des Datenschutzbeauftragten einem Beschlagnahmeverbot.

25 Fraglich ist, ob der deutsche Gesetzgeber Zeugnisverweigerungsrecht und Beschlagnahmeverbot auf alle Datenschutzbeauftragten erstrecken wollte, wozu er

gemäß Art. 38 Abs. 5 DSGVO die Befugnis hätte. Der Wortlaut gibt hierüber keine Auskunft; der Anwendungsbereich des § 6 ist eigentlich auf über die DSGVO hinausgehende Bestellungen beschränkt (vgl. Rz. 2). Sinnvoll wäre aber eine Erstreckung auf alle Datenschutzbeauftragten, um den Geheimhaltungspflichten von Berufsgeheimnisträgern umfassend Wirksamkeit zu verschaffen.

§ 7 Aufgaben

(1) Der oder dem Datenschutzbeauftragten obliegen neben den in der Verordnung (EU) 2016/679 genannten Aufgaben zumindest folgende Aufgaben:

1. Unterrichtung und Beratung der öffentlichen Stelle und der Beschäftigten, die Verarbeitungen durchführen, hinsichtlich ihrer Pflichten nach diesem Gesetz und sonstigen Vorschriften über den Datenschutz, einschließlich der zur Umsetzung der Richtlinie (EU) 2016/680 erlassenen Rechtsvorschriften;
2. Überwachung der Einhaltung dieses Gesetzes und sonstiger Vorschriften über den Datenschutz, einschließlich der zur Umsetzung der Richtlinie (EU) 2016/680 erlassenen Rechtsvorschriften, sowie der Strategien der öffentlichen Stelle für den Schutz personenbezogener Daten, einschließlich der Zuweisung von Zuständigkeiten, der Sensibilisierung und der Schulung der an den Verarbeitungsvorgängen beteiligten Beschäftigten und der diesbezüglichen Überprüfungen;
3. Beratung im Zusammenhang mit der Datenschutz-Folgenabschätzung und Überwachung ihrer Durchführung gemäß § 67 dieses Gesetzes;
4. Zusammenarbeit mit der Aufsichtsbehörde;
5. Tätigkeit als Anlaufstelle für die Aufsichtsbehörde in mit der Verarbeitung zusammenhängenden Fragen, einschließlich der vorherigen Konsultation gemäß § 69 dieses Gesetzes, und gegebenenfalls Beratung zu allen sonstigen Fragen.

Im Fall einer oder eines bei einem Gericht bestellten Datenschutzbeauftragten beziehen sich diese Aufgaben nicht auf das Handeln des Gerichts im Rahmen seiner justiziellen Tätigkeit.

(2) Die oder der Datenschutzbeauftragte kann andere Aufgaben und Pflichten wahrnehmen. Die öffentliche Stelle stellt sicher, dass derartige Aufgaben und Pflichten nicht zu einem Interessenkonflikt führen.

(3) Die oder der Datenschutzbeauftragte trägt bei der Erfüllung ihrer oder seiner Aufgaben dem mit den Verarbeitungsvorgängen verbundenen Risiko gebührend Rechnung, wobei sie oder er die Art, den Umfang, die Umstände und die Zwecke der Verarbeitung berücksichtigt.

§ 7 BDSG | Aufgaben

I. Einführung	1	1. Vorgeschriebene Aufgaben und Pflichten (Abs. 1)	14
1. Normaufbau	2	2. Andere Aufgaben und Pflichten (Abs. 2)	15
2. Verhältnis zur DSGVO	3		
3. Änderungen gegenüber dem BDSG-alt	6	III. Berücksichtigung des Risikos der Verarbeitungsvorgänge (Abs. 3)	16
II. Aufgaben und Pflichten des Datenschutzbeauftragten	14		

Schrifttum: *Kühling/Martini et al*, Die Datenschutz-Grundverordnung und das nationale Recht, 2016; *Marschall/Müller*, Der Datenschutzbeauftragte im Unternehmen zwischen BDSG und DS-GVO – Bestellung, Rolle, Aufgaben und Anforderungen im Fokus europäischer Veränderungen, ZD 2016, 415.

I. Einführung

1 § 7 BDSG wiederholt ausschließlich aus Art. 37 ff. DSGVO stammende Bestimmungen und setzt zugleich den gleichlautenden Art. 34 der Datenschutzrichtlinie für Polizei und Justiz (Richtlinie (EU) 2016/680) um. Er bestimmt also dieselben Mindestaufgaben für Datenschutzbeauftragte, welche öffentliche Stellen erst nach § 5 zu bestellen verpflichtet sind.

1. Normaufbau

2 Die Norm weist dem nach § 5 bestellten Datenschutzbeauftragten in § 7 Abs. 1 Satz 1 Mindestaufgaben zu, welche nach Satz 2 nicht in Bezug auf die justizielle Tätigkeit von Gerichten gelten. § 7 Abs. 2 stellt klar, dass dem Datenschutzbeauftragten auch weitere Aufgaben zugewiesen werden dürfen, soweit sie nicht zu einem Interessenkonflikt führen. Gemäß § 7 Abs. 3 ist bei der Aufgabenerfüllung maßgeblich, wie risikoreich die Datenverarbeitungen sind.

2. Verhältnis zur DSGVO

3 Abs. 1 Satz 1 des § 7 gibt die Bestimmungen des Art. 39 Abs. 1 DSGVO wieder. In Satz 2 wird die Ausnahme justizieller gerichtlicher Tätigkeiten aus Art. 37 Abs. 1 Buchst. a DSGVO ergänzt, sodass auch justizielle gerichtliche Tätigkeiten somit zwar nach § 5 eine Pflicht zur Bestellung eines Datenschutzbeauftragten hervorrufen, welcher gemäß § 6 zwar weitgehend dem DSGVO-Datenschutzbeauftragten gleichgestellt ist, aber nicht dieselben Mindestaufgaben aus § 7 zu erfüllen hat.

4 § 7 Abs. 2 wiederholt die Bestimmung des Art. 38 Abs. 6 DSGVO zu der Möglichkeit der Wahrnehmung weiterer Aufgaben durch den Datenschutzbeauftrag-

ten. Der nationale Gesetzgeber hat einen hierin möglicherweise bestehenden Regelungsspielraum[1] nicht genutzt und die Vorschrift wörtlich übernommen.

In § 7 Abs. 3 findet sich der in Art. 39 Abs. 2 DSGVO normierte risikobasierte Ansatz bei der Aufgabenerfüllung des Datenschutzbeauftragten. Inhaltlich ergeben sich keine Änderungen.

3. Änderungen gegenüber dem BDSG-alt

Aus der Vorschrift des § 7 Abs. 1 Satz 1 Nr. 1 (entsprechend Art. 39 Abs. 1 Buchst. a DSGVO) ergeben sich kleine Änderungen der bisherigen Rechtslage hinsichtlich der Beratung der mit der Datenverarbeitung Beschäftigten: Bislang sah § 4g Abs. 1 Satz 4 Nr. 2 BDSG-alt vor, dass der Datenschutzbeauftragte selbstständig die datenverarbeitenden Mitarbeiter über die zu beachtenden Vorschriften informiert. Die Verantwortung für die Sensibilisierung und Schulung der datenverarbeitenden Mitarbeiter trägt nach dem neuen BDSG trotz Formulierung einer Beratungs- und Unterrichtungspflicht des Datenschutzbeauftragten die öffentliche Stelle (nach der DSGVO der Verantwortliche bzw. Auftragsverarbeiter), während der Datenschutzbeauftragte deren hinreichende Durchführung zu überwachen hat und eine Delegierung der Aufgaben an den Datenschutzbeauftragten denkbar bleibt (vgl. Kommentierung zu Art. 39 DSGVO Rz. 7).

Nach bisheriger Rechtslage hatte der Datenschutzbeauftragte auf die Einhaltung der Datenschutzvorschriften nur *hinzuwirken*, § 4g Abs. 1 Satz 1 BDSG-alt, gemäß § 7 Abs. 1 Satz 1 Nr. 2 und Art. 39 Abs. 1 Buchst. b DSGVO hat er sie fortan zu *überwachen*. Wie in der Kommentierung zu Art. 39 DSGVO Rz. 5 dargestellt, handelt es sich dennoch materiellrechtlich um dieselbe Pflicht, weil dem Datenschutzbeauftragten weiterhin keine Verantwortung für die Einhaltung des Datenschutzrechts zukommt.

Da die DSGVO das Institut der Datenschutz-Folgenabschätzung neu schafft (Art. 35 DSGVO), ist auch die diesbezügliche Überwachungs- und Beratungspflicht neu. Allerdings fällt zugleich die Prüfpflicht im Rahmen der nicht mehr vorgesehenen Vorabkontrolle (§ 4d Abs. 6 Satz 1, Abs. 5 BDSG-alt) weg; ebenso obliegt die Erstellung des Verarbeitungsverzeichnisses, welche Art. 18 Abs. 2 2. Spiegelstrich 2. Unterspiegelstrich DSRL dem Datenschutzbeauftragten auferlegt hatte, fortan gemäß § 70 Abs. 1 (Art. 30 Abs. 1 DSGVO) dem Verantwortlichen.

Wie nach alter Rechtslage (§ 4g Abs. 1 Satz 2 BDSG-alt) darf der Datenschutzbeauftragte auch nach § 7 Abs. 1 Satz 1 Nr. 5 (Art. 39 Abs. 1 Buchst. e DSGVO) in Zweifelsfällen die Aufsichtsbehörde kontaktieren. Neu sind aber die unter Nr. 4 (bzw. Art. 39 Abs. 1 Buchst. d DSGVO) normierte Kooperationspflicht sowie seine Funktion als Ansprechpartner für die Aufsichtsbehörde – bislang wurde re-

---

1 Vgl. *Kühling/Martini*, Die Datenschutz-Grundverordnung und das nationale Recht, S. 332.

gelmäßig die Leitung der verantwortlichen Stelle kontaktiert, erst im zweiten Schritt fand ggf. eine direkte Kommunikation zwischen der Aufsichtsbehörde und dem Datenschutzbeauftragten statt[2]. Bzgl. der hierdurch entstehenden oder jedenfalls geförderten Spannungen[3] vgl. die Kommentierung zu Art. 39 DSGVO Rz. 11.

10 Bei § 7 Abs. 1 Satz 2, welcher justizielle Tätigkeiten der Gerichte von den Aufgaben des dort bestellten Datenschutzbeauftragten ausnimmt, handelt es sich um eine dem deutschen Recht nicht gänzlich, aber in diesem Ausmaß neue Regelung. Bislang existierte in §§ 21 Satz 2, 24 Abs. 3 BDSG-alt aufgrund der auf den Bund begrenzten Gesetzgebungskompetenz eine vergleichbare Beschränkung der Vorschriften auf bundesgerichtliche Verwaltungstätigkeiten, dagegen erstreckten §§ 1 Abs. 2 Nr. 2 Buchst. b, 12 Abs. 2 Nr. 2 BDSG-alt die Regelungen auf Länderebene gerade ausschließlich auf justizielle Tätigkeiten der Gerichte.

11 Auch nach § 4g BDSG-alt war anerkannt, dass dem Datenschutzbeauftragten weitere Aufgaben zugewiesen werden konnten[4]. Hier war primär sicherzustellen, dass er hierdurch nicht überlastet und die Erfüllung seiner Aufgaben als Datenschutzbeauftragter nicht beeinträchtigt wird. Zudem durfte es sich nicht um Aufgaben handeln, die von der verantwortlichen Stelle selbst zu erfüllen waren. Die Bestimmung in § 7 Abs. 2 und Art. 38 Abs. 6 DSGVO legt fortan als Maßstab fest, dass keine Interessenkonflikte entstehen dürfen. Dies war bereits unter bisheriger Rechtslage ein allgemein anerkanntes Erfordernis im Rahmen der gemäß § 4f Abs. 2 Satz 1 BDSG-alt notwendigen Zuverlässigkeit des Datenschutzbeauftragten. Der Datenschutzbeauftragte darf demnach keine weitere Aufgabe wahrnehmen, die mit einem zuwiderlaufenden – beispielsweise wirtschaftlichen – Interesse verbunden ist (vgl. Kommentierung zu Art. 38 DSGVO Rz. 28 ff.). Auch nach dem nun geltenden Recht darf der Datenschutzbeauftragte letztlich keine Aufgaben übernehmen, die originär dem Verantwortlichen zugedacht sind, dessen Aufgabenerfüllung er schließlich überwachen muss. Auch fortan sind ferner eine Zuverlässigkeit (vgl. Art. 37 DSGVO Rz. 49) sowie eine ordnungsgemäße Aufgabenerfüllung des Datenschutzbeauftragten erforderlich, sodass weiterhin keine Aufgabenzuweisungen erfolgen dürfen, welche aufgrund der entstehenden Arbeitsbelastung die Wahrnehmung der Aufgaben als Datenschutzbeauftragter beeinträchtigen. Letztlich führt die neue Formulierung somit nicht zu materiellen Unterschieden.

12 Der in § 7 Abs. 3 festgelegte risikobasierte Ansatz (s. Rz. 16 m.w.N.) wurde in der DSGVO als prägender Grundsatz neu geschaffen und auf die nationalen Regelungen übertragen.

13 Insgesamt sind die normativ festgelegten Mindestaufgaben des Datenschutzbeauftragten somit leicht umfänglicher geworden, vor allem in Verbindung mit § 6 Abs. 5 und Art. 38 Abs. 4 DSGVO.

---

2 *Marschall/Müller*, ZD 2016, 419.
3 *Marschall/Müller*, ZD 2016, 419.
4 S. Plath/*von dem Bussche*, 2. Aufl. 2016, § 4g BDSG-alt Rz. 27.

II. Aufgaben und Pflichten des Datenschutzbeauftragten

1. Vorgeschriebene Aufgaben und Pflichten (Abs. 1)

Die Ausführungen zu Art. 39 Abs. 1 der DSGVO können hier entsprechend übertragen werden (Art. 39 DSGVO Rz. 2 ff.). Die Vorschrift weist dem Datenschutzbeauftragten dieselben Mindestaufgaben zu. Einzig geändert ist der Wortlaut des § 7 Abs. 1 Nr. 3, der Beratung im Zusammenhang mit der Datenschutzfolgenabschätzung. Diese erfolgt im Rahmen des BDSG nicht ausdrücklich nur „auf Anfrage". Materiellrechtlich führt dies aufgrund der umfassenden Überwachungs- und Beratungspflichten des Datenschutzbeauftragten faktisch nicht zu Änderungen. 14

2. Andere Aufgaben und Pflichten (Abs. 2)

Auch bezüglich der weiteren durch Datenschutzbeauftragte wahrnehmbaren Pflichten finden die Ausführungen zu Art. 38 Abs. 6 DSGVO (Art. 38 DSGVO Rz. 28 ff.) vollumfänglich Anwendung. 15

III. Berücksichtigung des Risikos der Verarbeitungsvorgänge (Abs. 3)

Gleiches gilt für den risikobasierten Ansatz, welchen Art. 39 Abs. 2 DSGVO ausdrücklich für die Arbeit des Datenschutzbeauftragten festlegt (vgl. dortige Ausführungen, Art. 39 DSGVO Rz. 1, Art. 39 DSGVO Rz. 14). 16

Kapitel 4
Die oder der Bundesbeauftragte für den Datenschutz und die Informationsfreiheit

§ 8 Errichtung

(1) Die oder der Bundesbeauftragte für den Datenschutz und die Informationsfreiheit (Bundesbeauftragte) ist eine oberste Bundesbehörde. Der Dienstsitz ist Bonn.

(2) Die Beamtinnen und Beamten der oder des Bundesbeauftragten sind Beamtinnen und Beamte des Bundes.

(3) Die oder der Bundesbeauftragte kann Aufgaben der Personalverwaltung und Personalwirtschaft auf andere Stellen des Bundes übertragen, soweit

§ 8 BDSG | Errichtung

hierdurch die Unabhängigkeit der oder des Bundesbeauftragten nicht beeinträchtigt wird. Diesen Stellen dürfen personenbezogene Daten der Beschäftigten übermittelt werden, soweit deren Kenntnis zur Erfüllung der übertragenen Aufgaben erforderlich ist.

I. Einführung	1	III. Aufgabenübertragung (Abs. 3)	7
II. Oberste Bundesbehörde (Abs. 1 und 2)	3		

Schrifttum: *Greve*, Das neue Bundesdatenschutzgesetz, NVwZ 2017, 737; *von Lewinski*, Unabhängigkeit des Bundesbeauftragten für den Datenschutz und die Informationsfreiheit, ZG 2015, 228; *von Lewinski*, Datenschutzaufsicht in Europa als Netzwerk, NVwZ 2017, 1483; *von Lewinski/Hermann*, Vorrang des europäischen Datenschutzrechts gegenüber Verbraucherschutz- und AGB-Recht – Teil 2: Aufsichtsbehörden, PinG 2017, 209; *Paeffgen*, Amtsträgerbegriff und die Unabhängigkeit des Datenschutzbeauftragten, JZ 1997, 178; *Schaar*, Minimalprogramm in Sachen Datenschutz, MMR 2014, 641; *Thomé*, Die Unabhängigkeit der Bundesdatenschutzaufsicht, VuR 2015, 130; *Voßhoff/Hermerschmidt*, Endlich! – Was bringt uns die Datenschutz-Grundverordnung?, PinG 2016, 56; *Wolff*, Die überforderte Aufsichtsbehörde, PinG 2017, 109; *Zöllner*, Der Datenschutzbeauftragte im Verfassungssystem: Grundsatzfragen der Datenkontrolle, 1995.

I. Einführung

1   Dem Amt der oder des unabhängigen Bundesbeauftragten für den Datenschutz und die Informationsfreiheit (BfDI) kommt eine herausragende Rolle beim effektiven **Schutz des Rechts auf informationelle Selbstbestimmung** zu[1]. Das vierte Kapitel des BDSG (§§ 8–16) enthält Regelungen über Ernennung, Stellung, Befugnisse und Aufgaben sowie Rechte und Pflichten des/der BfDI. Der erste Regierungsentwurf des BDSG aus dem Jahr 1973 sah die Schaffung einer unabhängigen Kontrollinstanz noch nicht vor. Die Überprüfung von Datenschutzverstößen durch die Gerichte, flankiert durch ein System der Selbstkontrolle, wurde als ausreichend angesehen[2]. Eine unabhängige Überwachung der Einhaltung des Datenschutzes wurde dann jedoch im Rahmen des weiteren Gesetzgebungsverfahrens vom Parlament eingefordert[3]. Die BfDI werdenseit 1990 durch den Bundestag gewählt, wodurch das Amt erstmals politisch und demokratisch gestärkt wurde. Eine weitere Stärkung erfuhr die Position des/der BfDI mit der Novellierung durch das „**Zweite Gesetz zur Änderung des Bundesdatenschutzgesetzes** – Stärkung der Unabhängigkeit der Datenschutzaufsicht

---

1 BVerfG v. 15.12.1983 – 1 BvR 209/83, 1 BvR 269/83, 1 BvR 362/83, 1 BvR 420/83, 1 BvR 440/83, 1 BvR 484/83, NJW 1984, 419 – *Volkszählung*.
2 BT-Drucks. 7/1027, S. 18.
3 S. Simitis/*Dammann*, § 22 BDSG Rz. 1 m.w.N.

Errichtung | § 8 BDSG

im Bund durch Errichtung einer obersten Bundesbehörde" vom 25.2.2015[4], welches am 1.1.2016 in Kraft trat (**BDSG 2016/BDSG-alt**).

Trotz der durchaus wahrnehmbaren Kritik am BDSG-alt[5] wurden weite Teile der Regelungen zum/zur BfDI in das neue BDSG unter Beachtung der Vorgaben der **DSGVO** übernommen. In der DSGVO werden Ernennungsprozess und Unabhängigkeit der Aufsichtsbehörden durch Art. 52 (Unabhängigkeit) und Art. 53 (Allgemeine Bedingungen für die Mitglieder der Aufsichtsbehörde) geregelt. Die konkrete Ausgestaltung, bspw. hinsichtlich des Behördenaufbaus, der Qualifikation ihrer Mitarbeiter, des Wahl- bzw. Ernennungsverfahrens oder der Amtsdauer, bleibt auch weiterhin den Mitgliedstaaten vorbehalten (Art. 54 DSGVO). Diese Öffnungsklausel hat der nationale Gesetzgeber im Hinblick auf die Ausgestaltung der neuen §§ 8-16 BDSG genutzt.

2

II. Oberste Bundesbehörde (Abs. 1 und 2)

Der/Die BfDI ist durch § 22 Abs. 5 Satz 1 BDSG-alt in den **Rang einer obersten Bundesbehörde** mit Dienstsitz in Bonn[6] erhoben worden. Diese ist weder Ministerium noch Teil der Bundesregierung und unterliegt keiner Aufsicht der Exekutive[7]. Die organisatorische Ankopplung beim Bundesministerium des Innern (§ 22 Abs. 5 Satz 1 BDSG-alt) entfällt somit. Diese sowie der Umstand, dass personelle Entscheidungen des/der BfDI nur im Einvernehmen mit dem BMI zu treffen waren, hatten zu Bedenken hinsichtlich der völligen Unabhängigkeit der Kontrollstelle geführt[8].

3

Art. 8 Abs. 1 hält am Rang des/der BfDI als oberste Bundesbehörde fest und auch der Dienstsitz wird weiterhin in Bonn sein. Zugleich verfügt der/die BfDI derzeit noch über ein Verbindungsbüro in Berlin, das vom BDSG jedoch nicht ausdrücklich vorgesehen ist.

4

Dass die Beamtinnen und Beamten der/des BfDI nach § 8 Abs. 2 den Beamtenstatus des Bundes innehaben, wurde ebenfalls wortgleich aus § 22 Abs. 5 Satz 2 BDSG-alt entnommen

5

Aufgrund des Status einer eigenständigen obersten Bundesbehörde und des damit einhergehenden Wegfalls der organisatorischen Angliederung beim BMI musste der/die BfDI eine **eigene Verwaltungsorganisation** aufbauen[9]. Als

6

---

4 BGBl. I, 162.
5 *Von Lewinski* spricht von „rechtspolitischen Leerstellen", s. *von Lewinski*, ZG 2015, 228 (237) sowie *Schaar*, MMR 2014, 641 f.; *Thomé*, VuR 2015, 130 f.
6 Hierzu mit Recht kritisch *Schaar*, MMR 2014, 641 (642).
7 BT-Drucks. 18/2848, S. 16.
8 Däubler/Klebe/Wedde/Weichert/*Weichert*, § 22 BDSG Rz. 5; *Gola/Schomerus*, § 22 BDSG Rz. 12.
9 S. hierzu *von Lewinski*, ZG 2015, 228 (234).

oberste Bundesbehörde ist der/die BfDI haushaltsrechtlich mit den notwendigen Personal- und Sachmitteln auszustatten, was der Gesetzgeber in der Gesetzesbegründung zu § 8 ausdrücklich betont hat[10].

III. Aufgabenübertragung (Abs. 3)

7 § 8 Abs. 3 ermöglicht es dem/der BfDI, Aufgaben der Personalverwaltung und -wirtschaft auf andere Behörden zu übertragen. Damit einher geht auch eine Übermittlungsbefugnis für die Beschäftigtendaten. Der Absatz geht zurück auf eine Initiative der BfDI, die in ihrer Stellungnahme im Rahmen des Gesetzgebungsverfahrens auf die Notwendigkeit einer solchen Regelung hinwies[11]. Begrenzte personelle Kapazitäten bei dem/der BfDI sprechen für die Notwendigkeit einer Regelung zur Aufgabenübertragung.

8 Gedacht ist die an § 108 Abs. 5 Satz 1 und 2 BBG angelehnte Regelung für Fälle, in denen die Auslagerung der Tätigkeit in den genannten Bereichen nicht aufgrund einer Auftragsverarbeitung zulässig ist. Der Gesetzgeber geht hier von selbständigen Tätigkeiten durch eine andere Behörde aus und nennt beispielhaft Aufgaben der Reisevorbereitung, Reisekostenabrechnung, Gewährung von Trennungsgeld und Umzugskostenerstattung, Geltendmachung von Schadensersatzansprüchen gegenüber Dritten oder Unterstützung bei Stellenbesetzungsverfahren[12]. Die Beispiele wurden unverändert vom Gesetzgeber aus der Stellungnahme der BfDI zum Gesetzentwurf übernommen[13]. Angesichts des Wegfalls der Differenzierung zwischen Funktionsübertragung und Auftragsverarbeitung unter Art. 28 DSGVO (s. Art. 28 DSGVO Rz. 37 ff.) sind erhebliche Zweifel angebracht, ob die genannten Tätigkeiten nicht vielmehr die Voraussetzungen der Auftragsverarbeitung erfüllen.

§ 9 Zuständigkeit

(1) Die oder der Bundesbeauftragte ist zuständig für die Aufsicht über die öffentlichen Stellen des Bundes, auch soweit sie als öffentlich-rechtliche Unternehmen am Wettbewerb teilnehmen. Die Vorschriften dieses Kapitels gelten auch für Auftragsverarbeiter, soweit sie nichtöffentliche Stellen sind, bei denen dem Bund die Mehrheit der Anteile gehört oder die Mehrheit der Stimmen zusteht und der Auftraggeber eine öffentliche Stelle des Bundes ist.

---

10 BT-Drucks. 18/11325, S. 83.
11 Stellungnahme der BfDI v. 31.8.2016 zum Entwurf eines Datenschutz-Anpassungs- und -Umsetzungsgesetzes EU – DSAnpUG-EU, S. 24.
12 BT-Drucks. 18/11325, S. 83.
13 Stellungnahme der BfDI v. 31.8.2016 zum Entwurf eines Datenschutz-Anpassungs- und -Umsetzungsgesetzes EU – DSAnpUG-EU, S. 24.

(2) Die oder der Bundesbeauftragte ist nicht zuständig für die Aufsicht über die von den Bundesgerichten im Rahmen ihrer justiziellen Tätigkeit vorgenommenen Verarbeitungen.

I. Anwendungsbereich	1	IV. Kontrolle der justiziellen Tätigkeit der Bundesgerichte	6
II. Verhältnis zur DSGVO	2		
III. Normgehalt und Änderungen gegenüber dem BDSG-alt	3		

Schrifttum: S. § 8 BDSG.

I. Anwendungsbereich

§ 9 regelt die **sachliche Zuständigkeit** des/der BfDI. Die Pflicht, eine unabhängige Behörde für die Überwachung der Anwendung der DSGVO zu schaffen, folgt dabei aus Art. 51 Abs. 1 DSGVO (s. Art. 51 DSGVO Rz. 3).

II. Verhältnis zur DSGVO

Gemäß Art. 55 DSGVO ist jede Aufsichtsbehörde für die Erfüllung der Aufgaben und die Ausübung der **Befugnisse aus der DSGVO** im Hoheitsgebiet ihres eigenen Mitgliedstaates zuständig[1]. Zudem bestimmt Art. 51 Abs. 3 DSGVO, dass die Mitgliedstaaten mehr als nur eine Aufsichtsbehörde mit der Wahrnehmung der Aufgaben aus der DSGVO betrauen können (s. auch Art. 51 Abs. 3). Die deutsche Datenschutzaufsicht weist mit ihrer föderalen Struktur unterschiedliche Zuständigkeiten auf[2]. Die Zusammenarbeit der Behörden und deren Zuständigkeiten regeln §§ 18, 19 bzw. 40 BDSG.

III. Normgehalt und Änderungen gegenüber dem BDSG-alt

Die bisher in § 24 Abs. 1 BDSG-alt festgelegte **Zuständigkeit des/der BfDI** wird mit lediglich sprachlichen Anpassungen inhaltsgleich übernommen[3]. § 9 Abs. 1 regelt zusammen mit § 14 Abs. 1 Nr. 1 weiterhin eines der wichtigsten Aufgabengebiete des/der BfDI, nämlich die Kontrolle öffentlicher Stellen des Bundes in Bezug auf die Einhaltung datenschutzrechtlicher Vorgaben (Abs. 1) – unabhängig davon, ob diese aus Unionsrecht oder aus sonstigem Recht stammen.

---

1 Ausführlich *von Lewinski/Herrmann*, PinG 2017, 209 (211).
2 S. *von Lewinski*, NVwZ 2017, 1483 (1484).
3 BT-Drucks. 18/11325, S. 83.

4 Auch **öffentlich-rechtliche Unternehmen des Bundes**, die am Wettbewerb teilnehmen, unterfallen – wie bisher schon in § 27 Abs. 1 Satz 1 Nr. 2 Buchst. a i.V.m. Satz 3 BDSG-alt geregelt – der Norm[4].

5 **Nicht-öffentliche Auftragsverarbeiter (Abs. 2)**, die sich mehrheitlich in der öffentlichen Hand befinden (anteilsmäßig oder aufgrund der Stimmverhältnisse), und deren Auftraggeber eine öffentliche Stelle des Bundes ist, unterfallen ebenfalls den Vorschriften des Kapitels 4. Diese Regelung entspricht § 11 Abs. 4 Nr. 1 Buchst. b BDSG-alt[5].

IV. Kontrolle der justiziellen Tätigkeit der Bundesgerichte

6 § 9 Abs. 2 schließt die Zuständigkeit des/der BfDI für die Aufsicht über die Datenverarbeitung im Rahmen der justiziellen Tätigkeit der Bundesgerichte aus. Dies entspricht der Gesetzeslage, die bislang durch § 24 Abs. 3 BDSG-alt vorgegeben wurde. Durch die sprachliche Anpassung wird Art. 45 Abs. 2 Satz 1 der Datenschutzrichtlinie für Polizei und Justiz entsprechend umgesetzt. Die inhaltsgleiche Vorgabe aus Art. 55 DSGVO gilt direkt[6].

7 Ausgeschlossen ist die Kontrolle, soweit die **Datenverarbeitung** im Rahmen der justiziellen Tätigkeit vorgenommen wird, d.h. **in Bezug zu Rechtsfindung und Rechtsspruch** sowie zu deren Vorbereitung und Durchführung steht. Nicht ausgeschlossen sind jedoch wie bisher Datenverarbeitungen im Bereich der Justizverwaltung (s. Art. 56 DSGVO Rz. 3). Hierzu zählt die Eigenverwaltung der Gerichte (wie z.B. im Bereich der Personalverwaltung oder Mittelbeschaffung, Justizverwaltungsakte nach § 23 EGGVG) sowie die Tätigkeiten der Geschäftsstellen, von Rechtspflegern und der Registerführung[7].

§ 10 Unabhängigkeit

(1) Die oder der Bundesbeauftragte handelt bei der Erfüllung ihrer oder seiner Aufgaben und bei der Ausübung ihrer oder seiner Befugnisse völlig unabhängig. Sie oder er unterliegt weder direkter noch indirekter Beeinflussung von außen und ersucht weder um Weisung noch nimmt sie oder er Weisungen entgegen.

(2) Die oder der Bundesbeauftragte unterliegt der Rechnungsprüfung durch den Bundesrechnungshof, soweit hierdurch ihre oder seine Unabhängigkeit nicht beeinträchtigt wird.

---

4 S. Auernhammer/*Kramer*, § 27 BDSG Rz. 5.
5 Plath/*Plath*, 2. Aufl. 2016, § 11 BDSG Rz. 120.
6 BT-Drucks. 18/11325, S. 83.
7 Däubler/Klebe/Wedde/Weichert/*Weichert*, § 24 BDSG Rz. 8.

Unabhängigkeit | § 10 BDSG

I. Einführung 1
II. Generelle Unabhängigkeit
(Abs. 1) 3
III. Rechnungsprüfung (Abs. 2) 6

Schrifttum: S. § 8 BDSG.

I. Einführung

Die **Unabhängigkeit der Aufsicht** ist essenziell für ein wirksames und funktionierendes Kontrollsystem durch Datenschutzbehörden. Diese ist daher unionsrechtlich gemäß Art. 16 Abs. 2 AEUV, Art. 52 DSGVO und Art. 42 der Datenschutzrichtlinie für Polizei und Justiz (Richtlinie (EU) 2016/680) determiniert[1]. Dessen ungeachtet enthielt das BDSG eine lange Zeit die Unabhängigkeit des/ der BfDI nicht ausdrücklich: Vor dem Hintergrund der europarechtlichen Vorgaben aus Art. 8 Abs. 3 der EU-Grundrechtecharta, Art. 16 Abs. 2 Satz 2 AEUV sowie Art. 28 Abs. 1 EG-Datenschutzrichtlinie, die eine Tätigkeit der Kontrollstellen in (völliger) Unabhängigkeit[2] vorsehen, mussten die Regelungen des BDSG 1990 nachgebessert werden. Nach einem von der Europäischen Kommission eingeleiteten Vertragsverletzungsverfahren und einem Urteil des EuGH[3], welches die vor 2016 bestehende Ausgestaltung (der Datenschutzkontrolle über den privaten Sektor) für europarechtswidrig erachtete[4], wurden auch die bundesrechtlichen Regelungen für den öffentlichen Bereich, insbesondere hinsichtlich der Rechts- und Dienstaufsicht durch die Bundesregierung bzw. das Bundesministerium des Innern (BMI), als unanwendbar angesehen[5]. Mit der Novellierung durch das „Zweite Gesetz zur Änderung des Bundesdatenschutzgesetzes – Stärkung der Unabhängigkeit der Datenschutzaufsicht im Bund durch Errichtung einer obersten Bundesbehörde" vom 25.2.2015[6], welches am 1.1.2016 in Kraft trat (BDSG 2016/BDSG-alt), folgte der Gesetzgeber den Anforderungen des EuGH. Die unabhängige Stellung des/der BfDI wurde damit europarechtskonform ausgestaltet und das Amt gestärkt[7].

1

---

1 *Greve*, NVwZ 2017, 737 (738).
2 Zum Begriff der „völligen" Unabhängigkeit kritisch und zutreffend *von Lewinski*, ZG 2015, 228 (229).
3 EuGH v. 9.3.2010 – C-518/07, CR 2010, 339 = NJW 2010, 1265. Zu einem ähnlichen, die österreichische Datenschutzkontrolle betreffenden Urteil s. EuGH v. 16.10.2012 – C-614/ 10, darauf bezugnehmend auch die Begründung zum BDSG-alt, BT-Drucks. 18/2848, S. 11.
4 S. hierzu *Thomé*, VuR 2015, 130 (131).
5 S. Simitis/*Dammann*, § 22 BDSG Rz. 19 und 23 sowie § 23 BDSG Rz. 1.
6 BGBl. I S. 162.
7 BT-Drucks. 18/2848, S. 11; zum Gesetzgebungsprozess ausführlich *von Lewinski*, ZG 2015, 228 (231 ff.).

§ 10 BDSG | Unabhängigkeit

2   Als ein markantes Spezifikum des europäischen Datenschutzrechts bewirkt die völlige Unabhängigkeit der Datenschutzaufsicht, dass diese mit absoluter **Effektivität** ihren Aufgaben nachkommen kann[8]. Darüber hinaus resultiert aus der Herauslösung der Datenschutzbehörde aus dem Verwaltungskontext die Europäisierung der Datenschutzaufsicht[9]. Dass diese Errungenschaft der völligen Unabhängigkeit der Datenschutzaufsicht unter der DSGVO aufrechterhalten bleibt, sollte als eine Selbstverständlichkeit angesehen werden und lässt sich dementsprechend in Art. 52 DSGVO finden.

II. Generelle Unabhängigkeit (Abs. 1)

3   Abs. 1 des § 10 geht zurück auf Art. 42 Abs. 1 und 2 der **Richtlinie (EU) 2106/680** und bewirkt die völlige Unabhängigkeit des/der BfDI. Zu beachten ist, dass sich dies für den Bereich der DSGVO schon unmittelbar aus dieser ergibt (Art. 52 Abs. 1 und 2 DSGVO). Entsprechend § 1 Abs. 5 findet die Vorschrift des § 10 Abs. 1 damit keine Anwendung auf den Anwendungsbereich der DSGVO. Für den Anwendungsrahmen der Richtlinie (EU) 2106/680 war es hingegen notwendig, im nationalen Recht dafür zu sorgen, dass eine Einflussnahme auf den/die BfDI ausgeschlossen ist.

4   Für den/die BfDI bedeutete die Unabhängigkeit, dass er/sie in der Ausübung des Amtes **nicht weisungsgebunden** und keiner Fachaufsicht unterstellt ist. Dies gilt insbesondere den Stellen gegenüber, die der Kontrolle des/der BfDI unterliegen[10], da eine effektive[11] und unvoreingenommene Aufgabenerfüllung ansonsten nicht möglich wäre und das Vertrauen in die Integrität des Amtsinhabers leiden würde. Eine Beeinflussung oder Bindung durch andere Instanzen (gemeint ist jede andere Stelle) muss ebenso ausgeschlossen sein[12]. Im Vergleich lässt sich allgemein für die deutschen Datenschutzbehörden feststellen, dass es im deutschen Recht wohl keine Behörde gibt, die gegenüber Privaten mit derart vielen Befugnissen ausgestattet und ebenso unabhängig ist[13].

5   Obgleich die Unabhängigkeit der Aufsichtsbehörden und damit auch des/der BfDI weitgehend als Errungenschaft verstanden wird, lässt sich in der Literatur auch **deutliche Kritik** daran finden. Hintergrund sind die weitreichenden Kompetenzen gegenüber Privaten, wie beispielsweise Unternehmen, bei gleichzeitiger Unabhängigkeit. Nicht von Hand zu weisen ist, dass diese Konstruktion durchaus von dem in Deutschland grundsätzlich anwendbaren Organisationsrecht ab-

---

8   *Von Lewinski/Herrmann*, PinG 2017, 209 (214).
9   *Von Lewinski/Herrmann*, PinG 2017, 209 (214).
10 Roßnagel/*Heil*, Handbuch Datenschutzrecht, Teil 5.1 Rz. 78.
11 *Von Lewinski/Herrmann*, PinG 2017, 209 (214).
12 *Von Lewinski/Herrmann*, PinG 2017, 209 (214).
13 *Wolff*, PinG 2017, 109 (110).

weicht[14]. Es wird insbesondere angezweifelt, dass eine ausreichende demokratische Rückbindung besteht, die gerade wegen der Unabhängigkeit fehle. Dies sei nicht gerechtfertigt und auch die bestehende Gerichtskontrolle könne die unzureichende demokratische Kontrolle nicht ersetzen, da sich beide Kontrollformen deutlich voneinander unterscheiden würden[15]. Diese allgemein für die Unabhängigkeit der Aufsichtsbehörden im Datenschutzrecht geäußerte Kritik wird man wohl auch auf den/die BfDI übertragen können, da auch diese gegenüber Privaten (Telekommunikations- und Postdienstunternehmen[16] sowie private Unternehmen, die unter das Sicherheitsüberprüfungsgesetz fallen) über entsprechende Kompetenzen verfügt. Dass ihr Zuständigkeitsbereich zwar im Vergleich zu den Behördenkollegen der Länder erheblich eingeschränkt ist, dürfte daran nicht zwangsläufig etwas ändern.

III. Rechnungsprüfung (Abs. 2)

Die Regelung zur Rechnungsprüfung in § 10 Abs. 2 geht zurück auf Art. 52 Abs. 6 DSGVO und Art. 42 Abs. 6 Richtlinie (EU) 2016/680. Es obliegt jedem Mitgliedstaat der EU, dafür Sorge zu tragen, dass Aufsichtsbehörden einer **Finanzkontrolle** unterliegen, ohne dass ihre Unabhängigkeit dadurch beeinträchtigt wird. Für den/die BfDI ist der Bundesrechnungshof für die Rechnungsprüfung zuständig. 6

Aufgabe des Bundesrechnungshofes ist die Prüfung der Haushalts- und Wirtschaftsführung, wobei insbesondere die jährlichen Einnahmen und Ausgaben im Fokus stehen. Im Rahmen ihrer Prüfkompetenz haben die Beamtinnen und Beamte des Bundesrechnungshofes ein umfassendes Selbstinstruktionsrecht. Sie können daher Zutritt zu der prüfenden Behörde ohne Voranmeldung verlangen und haben das Recht auf umfassende Akteneinsicht. Die Ergebnisse der Prüfung werden in den Prüfungsfeststellungen festgehalten. Sollte es zu Beanstandungen kommen, weist der Bundesrechnungshof die Behörde auf Mängel hin. Sanktionen kann der Bundesrechnungshof nicht gegen die Behörde verhängen. Auch werden die Ergebnisse der Prüfung nicht veröffentlicht. Lediglich die wichtigsten Ergebnisse der jährlichen Prüfungen werden in die sog. „Bemerkungen" (Jahresberichte) aufgenommen, die dem Bundestag, Bundesrat und der Bundesregierung vorgelegt werden. 7

Die Rechnungsprüfung bzw. Finanzkontrolle findet ihre **Grenzen** in der Unabhängigkeit der Datenschutzaufsicht. Das bedeutet, dass eine Prüfung der Haushalts- und Wirtschaftsführung des/der BfDI durch den Bundesrechnungs- 8

---

14 Vgl. *Wolff*, PinG 2017, 109.
15 *Wolff*, PinG 2017, 109 (110).
16 Dies gilt zumindest, sofern die bestehenden Zuweisungen in § 42 PostG und § 115 TKG auch künftig bestehen bleiben.

hof nur insoweit durchgeführt werden darf, dass die Unabhängigkeit des/der BfDI nicht beeinträchtigt wird. Inwiefern es tatsächlich in der Praxis zu einer Einschränkung der Kompetenz des Bundesrechnungshofes kommen kann, wird sich noch zeigen müssen.

§ 11 Ernennung und Amtszeit

(1) Der Deutsche Bundestag wählt ohne Aussprache auf Vorschlag der Bundesregierung die Bundesbeauftragte oder den Bundesbeauftragten mit mehr als der Hälfte der gesetzlichen Zahl seiner Mitglieder. Die oder der Gewählte ist von der Bundespräsidentin oder dem Bundespräsidenten zu ernennen. Die oder der Bundesbeauftragte muss bei ihrer oder seiner Wahl das 35. Lebensjahr vollendet haben. Sie oder er muss über die für die Erfüllung ihrer oder seiner Aufgaben und Ausübung ihrer oder seiner Befugnisse erforderliche Qualifikation, Erfahrung und Sachkunde insbesondere im Bereich des Schutzes personenbezogener Daten verfügen. Insbesondere muss die oder der Bundesbeauftragte über durch einschlägige Berufserfahrung erworbene Kenntnisse des Datenschutzrechts verfügen und die Befähigung zum Richteramt oder höheren Verwaltungsdienst haben.

(2) Die oder der Bundesbeauftragte leistet vor der Bundespräsidentin oder dem Bundespräsidenten folgenden Eid: „Ich schwöre, dass ich meine Kraft dem Wohle des deutschen Volkes widmen, seinen Nutzen mehren, Schaden von ihm wenden, das Grundgesetz und die Gesetze des Bundes wahren und verteidigen, meine Pflichten gewissenhaft erfüllen und Gerechtigkeit gegen jedermann üben werde. So wahr mir Gott helfe." Der Eid kann auch ohne religiöse Beteuerung geleistet werden.

(3) Die Amtszeit der oder des Bundesbeauftragten beträgt fünf Jahre. Einmalige Wiederwahl ist zulässig.

I. Anwendungsbereich	1	1. Wahl, Ernennung	4
II. Verhältnis zur DSGVO	2	2. Qualifikation und sonstige Voraussetzungen	7
III. Normgehalt und Änderungen gegenüber dem BDSG-alt	4	3. Amtszeit und Wiederwahl	9

Schrifttum: S. § 8 BDSG.

I. Anwendungsbereich

1 § 11 regelt Wahl, Ernennung, Amtszeit und Wiederwahl des/der BfDI sowie die Anforderungen an die Person zur Ausübung des Amtes.

II. Verhältnis zur DSGVO

§ 11 Abs. 1 folgt Art. 53 Abs. 1, Art. 54 Abs. 1 Buchst. c und e DSGVO sowie in Umsetzung Art. 43 Abs. 1, 44 Abs. 1 Buchst. c und e der Datenschutzrichtlinie für Polizei und Justiz in Bezug auf **Ernennung und die Amtszeit** des/der BfDI. Hiernach haben die Mitgliedstaaten sicherzustellen, dass der (Aus-)Wahl- und Ernennungsprozess in einem transparenten Verfahren erfolgt, welches durch das Parlament oder durch die bzw. zusammen mit der Regierung, durch das jeweilige Staatsoberhaupt des betreffenden Mitgliedstaates oder durch ein unabhängiges Gremium, welches durch nationales Recht mit der Auswahl betraut ist, betrieben werden muss (s. Art. 53 Abs. 1 DSGVO, Art. 43 Abs. 1 Datenschutzrichtlinie für Polizei und Justiz). Die Vorgabepflicht für Vorschriften und Verfahren der Ernennung sowie die Festlegung der Modalitäten einer etwaigen Wiederwahl folgen aus Art. 54 Abs. 1 Buchst. c und e DSGVO sowie aus Art. 44 Abs. 1 Buchst. c und e Datenschutzrichtlinie für Polizei und Justiz. 2

Art. 53 Abs. 2, 54 Abs. 1 Buchst. b DSGVO und Art. 43 Abs. 2, 44 Abs. 1 Buchst. b Datenschutzrichtlinie für Polizei und Justiz sieht vor, **weitere Anforderungen an die Qualifikation und sonstige Voraussetzungen** der Ernennung des/der BfDI vorzuschreiben, d.h. die erforderliche Qualifikation, Erfahrung und Sachkunde (insbesondere im Bereich des Schutzes personenbezogener Daten). Die Altersgrenze des § 11 Abs. 1 Satz 3 gilt als „sonstige Voraussetzung", die die Mitgliedstaaten für die Ernennung vorgeben können[1]. 3

III. Normgehalt und Änderungen gegenüber dem BDSG-alt

1. Wahl, Ernennung

§ 11 Abs. 1 regelt Wahl (Satz 1), Ernennung (Satz 2) und persönliche Voraussetzungen des/der BfDI (Satz 3–5). 4

Satz 1 entspricht dabei inhaltlich dem § 22 Abs. 1 Satz 1 BDSG-alt. Die Bundesregierung schlägt nach wie vor einen aus ihrer Sicht für das Amt geeigneten Kandidaten vor[2]. Die **Wahl** des/der BfDI erfolgt mit absoluter Mehrheit des Bundestages. Dies erfüllt die Vorgaben aus Art. 53 Abs. 1 DSGVO (s. Art. 53 DSGVO Rz. 1)[3]. Durch das Vorschlagsrecht wird sichergestellt, dass keine Person zum/zur BfDI gewählt wird, die nicht das Vertrauen der Bundesregierung genießt[4]. § 11 Abs. 1 Satz 1 weicht dabei vom Grundsatz des einfachen Mehrheitsbeschlusses (Art. 42 5

---

1 BT-Drucks. 18/11325, S. 84.
2 Kritisch *Thomé*, VuR 2015, 130 (133).
3 Ausführlich auch Ehmann/Selmayr/*Selmayr*, Art. 53 DSGVO Rz. 5f.
4 Kritisch sah dies Däubler/Klebe/Wedde/Weichert/*Weichert*, § 22 BDSG Rz. 2, da der/die BfDI u.a. die Datenverarbeitung der von der Bundesregierung geführten Bundesverwaltung kontrollieren soll.

Abs. 2 Satz 1 GG) ab, um einen breiteren parlamentarischen Konsens über den Amtsträger zu erzielen und deren demokratische Legitimation zu erhöhen[5]. Bereits durch das BDSG-alt wurde 2016 klargestellt, dass die Wahl ohne vorherige Aussprache erfolgt. Dies spiegelte die bis dahin schon gängige Praxis wieder[6].

6   Die **Ernennung** des/der BfDI erfolgt durch den Bundespräsidenten. Der Amtseid (§ 11 Abs. 2), dessen Formel dem Eid des Bundespräsidenten (Art. 56 GG) entspricht, wird bereits seit dem 1.1.2016 nicht mehr vom Bundesinnenminister, sondern vom Bundespräsidenten abgenommen[7]. Auch dies ist – wenn auch eine eher symbolische[8] – Folge der Stärkung der Unabhängigkeit des/der BfDI, die bereits durch das BDSG-alt im Jahr 2016 bewirkt wurde.

2. Qualifikation und sonstige Voraussetzungen

7   § 11 Abs. 1 Satz 3 legt als „sonstige Voraussetzung" i.S.d. Art. 54 Abs. 1 Buchst. b DSGVO das **Mindestwahlalter** des/der BfDI auf 35 Jahre fest. Diese Vorgabe entspricht § 22 Abs. 1 Satz 2 BDSG-alt.

8   Neu hinzugekommen sind weitere **Anforderungen an die Qualifikation und sonstige Voraussetzungen** für die Ernennung des/der BfDI in § 11 Abs. 1 Satz 4 und 5. Satz 4 gibt Art. 53 Abs. 2 DSGVO insofern inhaltsgleich wieder, als dass der/die BfDI über die zur Aufgabenerfüllung erforderliche Qualifikation, Erfahrung und Sachkunde verfügen muss, die sich naturgemäß nicht ausschließlich, aber insbesondere auf den Datenschutz beziehen muss. Dies wird von Satz 5 konkretisiert. Der/Die BfDI muss hiernach über praktische Kenntnisse des deutschen und europäischen Datenschutzrechts verfügen, die durch einschlägige Berufserfahrung belegt werden müssen, und die Befähigung zum Richteramt oder höheren Verwaltungsdienst besitzen.

3. Amtszeit und Wiederwahl

9   Nach fünfjähriger **Amtszeit** kann der/die BfDI einmal wiedergewählt werden. Dies entspricht der Regelung des § 22 Abs. 3 BDSG-alt. Hier durch soll eine einseitige Interessenwahrnehmung im Rahmen der Amtsausübung und die Gefahr einer etwaigen „Betriebsblindheit" unterbunden werden[9]. Die maximale Amtszeit von zehn Jahren stellt dennoch die Kontinuität der Arbeit des/der BfDI si-

---

5 Vgl. *Gola/Schomerus*, § 22 BDSG Rz. 3. Mit dem Quorum der absoluten Mehrheit werden ebenfalls der Bundesbeauftragte für die Stasi-Unterlagen sowie der Wehrbeauftragte gewählt.
6 BT-Drucks. 18/2848, S. 15.
7 S. Auernhammer/*von Lewinski*, § 22 BDSG Rz. 12; Simitis/*Dammann*, § 22 BDSG Rz. 11.
8 *Von Lewinski*, ZG 2015, 229 (233).
9 *Gola/Schomerus*, § 22 BDSG Rz. 7.

cher. Auch hier folgte der Gesetzgeber dem für den Bundespräsidenten festgeschriebenen Grundsatz. Im Gegensatz zu der in Art. 54 Abs. 2 GG gewählten Formulierung „anschließende Wiederwahl" spricht § 11 Abs. 3 jedoch dafür, dass sich die maximale Amtszeit von zehn Jahren nicht lediglich auf zwei aufeinanderfolgende Amtsperioden bezieht. Gemeint ist die zulässige Gesamtdauer der Ausübung des Amts, auch wenn diese durch die Amtszeit einer anderen Person unterbrochen sein sollte[10]. Die Amtszeit des/der BfDI ist weder an die Legislaturperiode noch an die Amtszeit der Bundesregierung geknüpft, wodurch die Unabhängigkeit und die parteipolitische Neutralität des Amtes gestärkt werden[11].

§ 12 Amtsverhältnis

(1) Die oder der Bundesbeauftragte steht nach Maßgabe dieses Gesetzes zum Bund in einem öffentlich-rechtlichen Amtsverhältnis.

(2) Das Amtsverhältnis beginnt mit der Aushändigung der Ernennungsurkunde. Es endet mit dem Ablauf der Amtszeit oder mit dem Rücktritt. Die Bundespräsidentin oder der Bundespräsident enthebt auf Vorschlag der Präsidentin oder des Präsidenten des Bundestages die Bundesbeauftragte ihres oder den Bundesbeauftragten seines Amtes, wenn die oder der Bundesbeauftragte eine schwere Verfehlung begangen hat oder die Voraussetzungen für die Wahrnehmung ihrer oder seiner Aufgaben nicht mehr erfüllt. Im Fall der Beendigung des Amtsverhältnisses oder der Amtsenthebung erhält die oder der Bundesbeauftragte eine von der Bundespräsidentin oder dem Bundespräsidenten vollzogene Urkunde. Eine Amtsenthebung wird mit der Aushändigung der Urkunde wirksam. Endet das Amtsverhältnis mit Ablauf der Amtszeit, ist die oder der Bundesbeauftragte verpflichtet, auf Ersuchen der Präsidentin oder des Präsidenten des Bundestages die Geschäfte bis zur Ernennung einer Nachfolgerin oder eines Nachfolgers für die Dauer von höchstens sechs Monaten weiterzuführen.

(3) Die Leitende Beamtin oder der Leitende Beamte nimmt die Rechte der oder des Bundesbeauftragten wahr, wenn die oder der Bundesbeauftragte an der Ausübung ihres oder seines Amtes verhindert ist oder wenn ihr oder sein Amtsverhältnis endet und sie oder er nicht zur Weiterführung der Geschäfte verpflichtet ist. § 10 Absatz 1 ist entsprechend anzuwenden.

(4) Die oder der Bundesbeauftragte erhält vom Beginn des Kalendermonats an, in dem das Amtsverhältnis beginnt, bis zum Schluss des Kalendermonats,

---

10 Taeger/Gabel/*Grittmann*, § 22 BDSG Rz. 7; *Schaffland/Wiltfang*, § 22 BDSG Rz. 4. Weitergehend *Dammann*, der auch nach zehnjähriger Amtszeit eine Wiederwahl für möglich hält, sofern zuvor mindestens eine Amtsperiode pausiert wurde, s. Simitis/*Dammann*, § 22 BDSG Rz. 13.
11 Roßnagel/*Heil*, Handbuch Datenschutzrecht, Teil 5.1 Rz. 39.

§ 12 BDSG | Amtsverhältnis

in dem das Amtsverhältnis endet, im Fall des Absatzes 2 Satz 6 bis zum Ende des Monats, in dem die Geschäftsführung endet, Amtsbezüge in Höhe der Besoldungsgruppe B 11 sowie den Familienzuschlag entsprechend Anlage V des Bundesbesoldungsgesetzes. Das Bundesreisekostengesetz und das Bundesumzugskostengesetz sind entsprechend anzuwenden. Im Übrigen sind § 12 Absatz 6 sowie die §§ 13 bis 20 und 21a Absatz 5 des Bundesministergesetzes mit den Maßgaben anzuwenden, dass an die Stelle der vierjährigen Amtszeit in § 15 Absatz 1 des Bundesministergesetzes eine Amtszeit von fünf Jahren tritt. Abweichend von Satz 3 in Verbindung mit den §§ 15 bis 17 und 21a Absatz 5 des Bundesministergesetzes berechnet sich das Ruhegehalt der oder des Bundesbeauftragten unter Hinzurechnung der Amtszeit als ruhegehaltsfähige Dienstzeit in entsprechender Anwendung des Beamtenversorgungsgesetzes, wenn dies günstiger ist und die oder der Bundesbeauftragte sich unmittelbar vor ihrer oder seiner Wahl zur oder zum Bundesbeauftragten als Beamtin oder Beamter oder als Richterin oder Richter mindestens in dem letzten gewöhnlich vor Erreichen der Besoldungsgruppe B 11 zu durchlaufenden Amt befunden hat.

I. Einführung 1	IV. Vertretung (Abs. 3) 10
II. Amtsstellung (Abs. 1) 3	V. Besoldung, Versorgung und
III. Beginn und Beendigung des	sonstige Bezüge (Abs. 4) 12
Amtsverhältnisses (Abs. 2) 5	

Schrifttum: S. § 8 BDSG.

I. Einführung

1 § 12 regelt eine Vielzahl unterschiedlicher Belange, die sich auf das **Amtsverhältnis des/der BfDI** beziehen, nämlich die Amtsstellung (Abs. 1), Beginn und Beendigung (Abs. 2), die Vertretung des/der BfDI (Abs. 3) sowie Fragen der Besoldung, Versorgung und sonstigen Bezüge (Abs. 4). Während die Regelungen zum Amtsverhältnis des/der BfDI in der alten Fassung des BDSG noch unübersichtlich bzw. unsystematisch verteilt waren, hat der Gesetzgeber diese Vorschriften nun in § 12 zusammengefasst. Dabei hat er sich an die gemäß Art. 53 f. DSGVO und Art. 42 ff. Datenschutzrichtlinie für Polizei und Justiz (Richtlinie (EU) 2016/680) vorhandenen eng umgrenzten Gestaltungsräume gehalten. In der DSGVO wird die Unabhängigkeit der Aufsichtsbehörden durch Art. 52 (Unabhängigkeit) und der Rahmen des Amtsverhältnisses durch Art. 53 (Allgemeine Bedingungen für die Mitglieder der Aufsichtsbehörde) geregelt. Die konkrete Ausgestaltung, bspw. der Regelungen in Zusammenhang mit der Beendigung des Amtsverhältnisses, bleibt auch weiterhin den Mitgliedstaaten vorbehalten (Art. 54 DSGVO).

Der/Die BfDI ist weder Beamter/-in im staatsrechtlichen Sinne, noch Angestellter im öffentlichen Dienst. Da er/sie in einem Amtsverhältnis sui generis zum Bund steht[1], sind eigene, den Dienst betreffende Regelungen im BDSG erforderlich. Diese orientieren sich an den Regelungen für andere öffentliche Amtsträger. Bei der Ausgestaltung des Amtsverhältnisses des/der BfDI wurde des Weiteren das unabdingbare Prinzip der Unabhängigkeit der Aufsicht beachtet und konkretisiert. U.a. findet eine Amtsenthebung durch den Bundespräsidenten nur auf Vorschlag des Bundestagspräsidenten und unter strengen Voraussetzungen statt, die im Sinne der Unabhängigkeit besonders restriktiv auszulegen sind. 2

II. Amtsstellung (Abs. 1)

Der/Die BfDI nimmt eine **rechtliche Sonderstellung** ein. Er/Sie steht in einem öffentlich-rechtlichen Amtsverhältnis eigener Art[2] und ist weder Beamter/-in auf Zeit, noch Angestellter im öffentlichen Dienst. Der/Die BfDI wird jedoch als Beamter/-in in haftungsrechtlicher Hinsicht behandelt. Er/Sie unterfällt somit der Amtshaftung nach Art. 34 GG i.V.m. § 839 BGB. Er/Sie ist zudem Amtsträger/-in i.S.d. § 11 Abs. 1 Nr. 2 Buchst. b StGB und folglich mögliches Tatsubjekt strafrechtlicher Amtsdelikte wie bspw. die der §§ 203 Abs. 2 und 353b StGB. Die Beamtinnen und Beamten des/der BfDI sind Beamtinnen und Beamte des Bundes (§ 8 Abs. 2). 3

Mit der Regelung in § 12 Abs. 1 wurde der bisherige § 22 Abs. 4 Satz 1 BDSG-alt unverändert übernommen. Aufgrund der Ausgestaltung der Stellung des/der BfDI als öffentlich-rechtliches Amtsverhältnis eigener Art soll auch weiterhin die Unabhängigkeit des/der BfDI dienstrechtlich abgesichert werden. Der Gesetzgeber stützt seine Konkretisierung der Amtsstellung des/der BfDI in Abs. 1 auf Art. 54 Abs. 1 Buchst. c DSGVO und Art. 42 Abs. 1 Buchst. c der Richtlinie (EU) 2016/680. 4

III. Beginn und Beendigung des Amtsverhältnisses (Abs. 2)

Das **Amtsverhältnis** des/der BfDI **beginnt** nach deren Wahl mit Aushändigung der Ernennungsurkunde durch den Bundespräsidenten (s. Kommentierung zu § 11 BDSG). Dabei wurde vom Gesetzgeber § 23 Abs. 1 Satz 1 BDSG-alt wortgleich übernommen. Es handelt sich hierbei um eine Konkretisierung des Ernennungsverfahrens der Leiterin oder des Leiters der Aufsichtsbehörden, welche gemäß Art. 54 Abs. 1 Buchst. c DSGVO und Art. 44 Abs. 1 Buchst. c der Richtlinie (EU) 2016/680 durch die Gesetzgeber der einzelnen Mitgliedstaaten vorzunehmen ist[3]. 5

---

1 S. *Zöllner*, Der Datenschutzbeauftragte im Verfassungssystem, S. 33.
2 *Paeffgen*, JZ 1997, 184.
3 BT-Drucks. 18/11325, S. 85.

§ 12 BDSG | Amtsverhältnis

6 Zur Gewährleistung der Unabhängigkeit der Stellung des/der BfDI **endet** deren Amtsverhältnis – außer durch Ablauf der Amtszeit (Abs. 2 Satz 2, 1. Var.) und auf eigenes Verlangen per Rücktritt (Abs. 2 Satz 2, 2. Var.) – nur, wenn er/sie aus ihrem Amt enthoben wird (Abs. 2 Satz 3). Eine Amtsenthebung kann der Bundespräsident nur auf Vorschlag des Bundestagspräsidenten vornehmen, wenn der/die BfDI eine **schwere Verfehlung** begangen hat oder die **Voraussetzungen für die Wahrnehmung** seiner/ihrer Aufgaben nicht mehr erfüllt werden (Abs. 2 Satz 3, s. Kommentierung zu Art. 53 DSGVO). Aus Gründen der Unabhängigkeit des Amtes des/der BfDI liegt das Vorschlagsrecht bereits aufgrund einer Änderung durch das BDSG-alt seit dem 1.1.2016 nicht mehr bei der Bundesregierung. Die Voraussetzungen für eine außerordentliche Amtsenthebung sind **restriktiv** auszulegen, da eine Amtsenthebung einen besonders schweren Eingriff in die Unabhängigkeit der Aufsichtsbehörde bedeutet[4]. Eine zur Amtsenthebung führende Verfehlung muss daher besonders schwer wiegen und das Fehlen der Voraussetzungen für die korrekte Aufgabenwahrnehmung muss nachweislich objektiv vorliegen. Zu denken ist bspw. an Fälle der unauflösbaren Interessenkollision[5].

7 Verzichtet hat der deutsche Gesetzgeber auf den in Art. 53 Abs. 3 DSGVO und Art. 43 Abs. 3 Richtlinie (EU) 2016/680 vorgesehenen Beendigungsgrund. Die darin vorgesehene verpflichtende Versetzung in den Ruhestand kommt wegen der Ausgestaltung des Amtes des/der BfDI als öffentlich-rechtliches Amtsverhältnis eigener Art nicht in Betracht[6]. Die nach alter Rechtslage bekannte Voraussetzung des Vorliegens von Gründen nach § 23 Abs. 1 Satz 3 BDSG-alt, die bei einem Richter auf Lebenszeit eine Entlassung nach §§ 21, 24 DRiG rechtfertigen würden, wurde zudem gestrichen. Der/Die BfDI kann ihrerseits das Amt ohne Angaben von Gründen jederzeit niederlegen, indem er/sie die Entlassung per Rücktritt selbst verlangt.

8 § 12 Abs. 2 Satz 4 und 5 beschreibt auf Art. 54 Abs. 1 Buchst. f DSGVO und Art. 44 Richtlinie (EU) 2016/680 beruhende Verfahrensregelungen, welche an § 23 Abs. 1 Satz 4 und 5 BDSG-alt angelehnt sind[7]. Aufgrund dessen wird deutlich, dass eine Amtsenthebung erst mit Aushändigung der Urkunde durch den Bundespräsidenten wirksam wird.

9 Zur vorübergehenden **Weiterführung der Geschäfte** bis zur Neubesetzung des Amtes kann der/die ehemalige BfDI auch nach Beendigung des Amtsverhältnisses verpflichtet werden (§ 12 Abs. 2 Satz 6). Ein dementsprechendes Ersuchen oblag früher dem Bundesinnenminister. Durch das BDSG-alt ist aus Gründen der Unabhängigkeit des/der BfDI nun der Bundestagspräsident für ein solches Ersuchen zuständig. Die Weiterführung der Geschäfte soll jedoch nur in beson-

---

4 BeckOK DatenschutzR/*Schneider*, Art. 53 DSGVO Rz. 9.
5 Paal/Pauly/*Körffer*, Art. 53 DSGVO Rz. 5.
6 BT-Drucks. 18/11325, S. 85.
7 BT-Drucks. 18/11325, S. 85.

deren Ausnahmefällen, in denen die Behördenleitung nicht durch einen anderen Behördenmitarbeiter kommissarisch übernommen werden kann und für einen begrenzten Zeitraum erfolgen können, in dem die Weiterführung der Geschäfte durch die ehemalige Amtsinhaberin unabdingbar ist[8]. Praktisch wird sich die Regelung in dem „Ersuchen" bzgl. der Weiterführung der Amtsgeschäfte erschöpfen, da eine Amtsfortführung ohne Zustimmung der ehemaligen Amtsinhaberin kaum denkbar ist[9]. Um dem/der ausscheidenden BfDI eine persönliche Perspektive und Planungssicherheit zu gewähren, wurde die Pflicht zur Weiterführung der Amtsgeschäfte zudem auf maximal 6 Monate begrenzt[10]. Im Anschluss hat die Vertretung durch die Leitende Beamtin oder den Leitenden Beamten nach § 12 Abs. 3 zu erfolgen.

IV. Vertretung (Abs. 3)

§ 12 Abs. 3 enthält eine **Vertretungsregelung** für den Fall der Unmöglichkeit 10 der Amtsausübung des/der BfDI sowie für die Übergangszeit nach Beendigung des Amtsverhältnisses (sofern der alte Amtsinhaber/die alte Amtsinhaberin die Geschäfte nicht bis zur Ernennung des Nachfolgers weiterführt). In beiden Fällen ist nun die Leitende Beamtin oder der Leitende Beamte mit der Ausübung der Rechte des/der BfDI betraut. Im Falle der dauerhaften Dienstunfähigkeit oder der Entlassung ist vorzeitig ein neuer Amtsinhaber zu wählen. Die gesetzliche Regelung betrifft die Vertretung nach außen. Nach alter Rechtslage konnte der/die BfDI intern eigene Vertretungsregelungen treffen[11]. Da § 22 Abs. 6 BDSG-alt unverändert in § 12 Abs. 3 übernommen wurde[12], obliegt dem/der BfDI diese Kompetenz auch weiterhin.

Der Verweis in § 12 Abs. 3 Satz 2 auf § 10 garantiert dabei, dass auch die Leitende Beamtin bzw. der Leitende Beamte die Rechte des/der BfDI unabhängig ausüben kann (s. Kommentierung zu § 10 BDSG). Dieser Verweis verdeutlicht noch einmal die besondere Bedeutung der Unabhängigkeit der Datenschutzaufsicht, die konsequent umzusetzen ist.

V. Besoldung, Versorgung und sonstige Bezüge (Abs. 4)

Die **Besoldung, Versorgung und sonstigen Bezüge des/der BfDI** sind in § 12 12 Abs. 4 festgeschrieben. Es handelt sich hierbei um eine notwendige mitgliedstaatliche Begleitregelung zur Regelung der Errichtung der Aufsichtsbehörden

---

8 Ähnlich *Gola/Schomerus*, § 23 BDSG Rz. 2 zur alten Rechtslage.
9 So auch *Auernhammer/von Lewinski*, § 23 BDSG Rz. 13 zur alten Rechtslage.
10 BT-Drucks. 18/11325, S. 86.
11 S. BT-Drucks. 18/2848, S. 17.
12 BT-Drucks. 18/11325, S. 86.

und des Verfahrens für die Ernennung der Leiterin oder des Leiters der Aufsichtsbehörde gemäß Art. 54 Abs. 1 Buchst. a und c DSGVO und Art. 44 Abs. 1 Buchst. a und c Richtlinie (EU) 2016/680.

13 Die **Besoldung** ist an die beamtenrechtlichen Maßgaben und die Regelungen für die Mitglieder der Bundesregierung nach den BMinG angelehnt. Durch das BDSG-alt wurde die Vergütung der Tätigkeit der Bundesbeauftragten auch unter Berücksichtigung der in den letzten Jahren gestiegenen Bedeutung sowie des Arbeitsumfangs angehoben[13] und nun in § 12 Abs. 4 beibehalten[14]. Eine Ministerialzulage erhält der/die BfDI jedoch nicht.

§ 13 Rechte und Pflichten

(1) Die oder der Bundesbeauftragte sieht von allen mit den Aufgaben ihres oder seines Amtes nicht zu vereinbarenden Handlungen ab und übt während ihrer oder seiner Amtszeit keine andere mit ihrem oder seinem Amt nicht zu vereinbarende entgeltliche oder unentgeltliche Tätigkeit aus. Insbesondere darf die oder der Bundesbeauftragte neben ihrem oder seinem Amt kein anderes besoldetes Amt, kein Gewerbe und keinen Beruf ausüben und weder der Leitung oder dem Aufsichtsrat oder Verwaltungsrat eines auf Erwerb gerichteten Unternehmens noch einer Regierung oder einer gesetzgebenden Körperschaft des Bundes oder eines Landes angehören. Sie oder er darf nicht gegen Entgelt außergerichtliche Gutachten abgeben.

(2) Die oder der Bundesbeauftragte hat der Präsidentin oder dem Präsidenten des Bundestages Mitteilung über Geschenke zu machen, die sie oder er in Bezug auf das Amt erhält. Die Präsidentin oder der Präsident des Bundestages entscheidet über die Verwendung der Geschenke. Sie oder er kann Verfahrensvorschriften erlassen.

(3) Die oder der Bundesbeauftragte ist berechtigt, über Personen, die ihr oder ihm in ihrer oder seiner Eigenschaft als Bundesbeauftragte oder Bundesbeauftragter Tatsachen anvertraut haben, sowie über diese Tatsachen selbst das Zeugnis zu verweigern. Dies gilt auch für die Mitarbeiterinnen und Mitarbeiter der oder des Bundesbeauftragten mit der Maßgabe, dass über die Ausübung dieses Rechts die oder der Bundesbeauftragte entscheidet. Soweit das Zeugnisverweigerungsrecht der oder des Bundesbeauftragten reicht, darf die Vorlegung oder Auslieferung von Akten oder anderen Dokumenten von ihr oder ihm nicht gefordert werden.

(4) Die oder der Bundesbeauftragte ist, auch nach Beendigung ihres oder seines Amtsverhältnisses, verpflichtet, über die ihr oder ihm amtlich bekannt-

---

13 S. BT-Drucks. 18/2848, S. 18.
14 BT-Drucks. 18/11325, S. 86.

gewordenen Angelegenheiten Verschwiegenheit zu bewahren. Dies gilt nicht für Mitteilungen im dienstlichen Verkehr oder über Tatsachen, die offenkundig sind oder ihrer Bedeutung nach keiner Geheimhaltung bedürfen. Die oder der Bundesbeauftragte entscheidet nach pflichtgemäßem Ermessen, ob und inwieweit sie oder er über solche Angelegenheiten vor Gericht oder außergerichtlich aussagt oder Erklärungen abgibt; wenn sie oder er nicht mehr im Amt ist, ist die Genehmigung der oder des amtierenden Bundesbeauftragten erforderlich. Unberührt bleibt die gesetzlich begründete Pflicht, Straftaten anzuzeigen und bei einer Gefährdung der freiheitlichen demokratischen Grundordnung für deren Erhaltung einzutreten. Für die Bundesbeauftragte oder den Bundesbeauftragten und ihre oder seine Mitarbeiterinnen und Mitarbeiter gelten die §§ 93, 97 und 105 Absatz 1, § 111 Absatz 5 in Verbindung mit § 105 Absatz 1 sowie § 116 Absatz 1 der Abgabenordnung nicht. Satz 5 findet keine Anwendung, soweit die Finanzbehörden die Kenntnis für die Durchführung eines Verfahrens wegen einer Steuerstraftat sowie eines damit zusammenhängenden Steuerverfahrens benötigen, an deren Verfolgung ein zwingendes öffentliches Interesse besteht, oder soweit es sich um vorsätzlich falsche Angaben der oder des Auskunftspflichtigen oder der für sie oder ihn tätigen Personen handelt. Stellt die oder der Bundesbeauftragte einen Datenschutzverstoß fest, ist sie oder er befugt, diesen anzuzeigen und die betroffene Person hierüber zu informieren.

(5) Die oder der Bundesbeauftragte darf als Zeugin oder Zeuge aussagen, es sei denn, die Aussage würde

1. dem Wohl des Bundes oder eines Landes Nachteile bereiten, insbesondere Nachteile für die Sicherheit der Bundesrepublik Deutschland oder ihre Beziehungen zu anderen Staaten, oder

2. Grundrechte verletzen.

Betrifft die Aussage laufende oder abgeschlossene Vorgänge, die dem Kernbereich exekutiver Eigenverantwortung der Bundesregierung zuzurechnen sind oder sein könnten, darf die oder der Bundesbeauftragte nur im Benehmen mit der Bundesregierung aussagen. § 28 des Bundesverfassungsgerichtsgesetzes bleibt unberührt.

(6) Die Absätze 3 und 4 Satz 5 bis 7 gelten entsprechend für die öffentlichen Stellen, die für die Kontrolle der Einhaltung der Vorschriften über den Datenschutz in den Ländern zuständig sind.

I. Anwendungsbereich	1	IV. Zeugnisverweigerungsrecht (Abs. 3)	7
II. Inkompatibilität (Abs. 1)	3	V. Verschwiegenheitspflicht (Abs. 4)	11
III. Geschenke (Abs. 2)	5		

Schrifttum: S. § 8 BDSG.

I. Anwendungsbereich

1 Die Norm regelt die Rechte und Pflichten des/der BfDI, u.a. die **Inkompatibilität des Amtes** (Abs. 1), die **Annahme von Geschenken** (Abs. 2), das **Zeugnisverweigerungsrecht** (Abs. 3), die **Verschwiegenheitspflicht** (Abs. 4) und das **Aussagerecht** (Abs. 5).

2 Der Gesetzgeber hat hier den § 23 Abs. 2–6 und 8 BDSG-alt **weitestgehend unverändert übernommen**. Im Bereich der Inkompatibilität (Abs. 1) gilt die allgemeine Norm des Art. 52 Abs. 3 DSGVO, die durch die bisherigen Regelungen des BDSG-alt konkretisiert wird.

II. Inkompatibilität (Abs. 1)

3 Das neu in § 13 Abs. 1 aufgenommene umfassende **Verbot sämtlicher nicht mit dem Amt zu vereinbarender Handlungen** und Tätigkeiten, egal ob entgeltlich oder nicht, entspricht wortgleich Art. 52 Abs. 3 DSGVO. Aus Gründen der Verständlichkeit und Kohärenz gilt er auch für Art. 42 Abs. 3 Datenschutzrichtlinie für Polizei und Justiz[1]. § 13 Abs. 1 Satz 2 und 3 geben § 23 Abs. 2 BDSG-alt inhaltlich unverändert wieder und gestalten nun das allgemeine Verbot aus Satz 1 aus[2]. Zudem kommt der Gesetzgeber hierdurch seiner Pflicht aus Art. 54 Abs. 1 Buchst. f DSGVO nach (s. Art. 54 DSGVO Rz. 1). Hiernach müssen die Mitgliedstaaten Rechtsvorschriften erlassen, die die beruflichen Tätigkeiten und Vergütungen während und nach der Amtszeit regeln, die mit den Pflichten des Mitglieds einer Aufsichtsbehörde unvereinbar sind.

4 § 13 Abs. 1 bestimmt, dass Amtsträger jegliche Tätigkeit zu unterlassen haben, die ihre **unabhängige Aufgabenerfüllung** beeinträchtigt (s. Art. 52 DSGVO Rz. 7 f.)[3]. Insbesondere ist /demder BfDI zur Gewährleistung der Unabhängigkeit des Amtes eine anderweitige Berufsausübung verboten. Er/Sie darf neben ihrem Amt als BfDI kein anderes besoldetes Amt, kein Gewerbe und keinen sonstigen Beruf ausüben. Weiterhin sind ihm/ihr Leitungs- und Aufsichtsfunktionen in Erwerbsunternehmen sowie Regierungs- bzw. gesetzgeberische Tätigkeit untersagt. Alle Handlungen und Tätigkeiten, die in den Anwendungsbereich des § 13 Abs. 1 fallen, sind spätestens mit der Ernennung zum/zur BfDI zu beenden[4]. Auch die entgeltliche Erstellung von Gutachten beeinträchtigt die Unabhängigkeit des Amtes und ist daher untersagt. Unentgeltliche wissenschaftliche Tätigkeiten wie Lehraufträge, Vorträge, Publikationen und Gutachten sind

---

1 BT-Drucks. 18/11325, S. 86.
2 BT-Drucks. 18/11325, S. 86.
3 Gola/*Nguyen*, Art. 52 DSGVO Rz. 6.
4 Taeger/Gabel/*Grittmann*, § 23 BDSG Rz. 4.

hingegen nicht verboten, sondern gehören zur typischen Amtsausübung des/der BfDI[5].

III. Geschenke (Abs. 2)

§ 13 Abs. 2 – der Wortgleich § 23 Abs. 3 BDSG-alt entspricht – regelt die Mitteilungspflicht bei Annahme von Geschenken. Er konkretisiert Art. 52 Abs. 3 und Art. 54 Abs. 1 Buchst. f DSGVO.

Über die Annahme von Geschenken hat der/die BfDI den Präsidenten des Bundestages zu unterrichten (Satz 1). Selbiger entscheidet dann über die weitere Verwendung (Satz 2)[6]. Auch hierdurch soll die Unabhängigkeit des Amtes gewahrt bleiben und schon der bloße Anschein etwaiger Abhängigkeiten vermieden werden[7]. Die Unterrichtungspflicht gilt auch weiterhin nicht bei geringwertigen Geschenken, die eine gewisse Relevanzgrenze nicht überschreiten[8].

IV. Zeugnisverweigerungsrecht (Abs. 3)

Die Regelung des Zeugnisverweigerungsrechts des § 13 Abs. 3 wurde inhaltsgleich aus § 23 Abs. 4 BDSG-alt übernommen.

Die Möglichkeit der Zeugnisverweigerung (§ 13 Abs. 3 Satz 1) stärkt das Recht des Betroffenen auf Anrufung des/der BfDI (Art. 57 Abs. 1 Buchst. f DSGVO) sowie das Recht aller übrigen Personen, sich in Belangen des Datenschutzes an den/die BfDI zu wenden[9]. Die hierfür notwendige **Vertrauensbasis** kann nur bestehen, wenn der/die BfDI auch in einem gerichtlichen Verfahren nicht verpflichtet ist, über Personen auszusagen, die sich an sie als Amtsträgerin gewandt haben[10] und die ihr in diesem Zusammenhang bekannt gewordenen Tatsachen preiszugeben. Aus diesem Grund bedarf es neben der Pflicht zur Verschwiegenheit (§ 13 Abs. 4) auch des Rechts, nicht als Zeuge aussagen zu müssen.

Das Zeugnisverweigerungsrecht erstreckt sich auch auf die Behördenmitarbeiter (§ 13 Abs. 3 Satz 2). In diesen Fällen bleibt es jedoch dem/der BfDI vorbehalten, über Ausübung und Umfang der Zeugnisverweigerung zu entscheiden.

Das Zeugnisverweigerungsrecht liefe größtenteils leer, wenn in einem Verfahren statt einer Aussage die **Vorlegung von Akten** oder anderer Dokumente gefor-

---

5 Gola/Schomerus, § 23 BDSG Rz. 3; kritisch hingegen Zöllner, Der Datenschutzbeauftragte im Verfassungssystem, S. 31.
6 Kritisch Simitis/Dammann, § 23 BDSG Rz. 13.
7 Vgl. Gola/Schomerus, § 23 BDSG Rz. 4.
8 Schaffland/Wiltfang, § 23 BDSG Rz. 6.
9 BT-Drucks. 11/4306, S. 47.
10 S. hierzu Simitis/Dammann, § 23 BDSG Rz. 14.

dert werden könnte, was durch Satz 3 unterbunden wird. Die Begriffe ‚Akten' und ‚Dokumente' sind dabei weit zu verstehen. Umfasst sind hierdurch z.b. auch E-Mails und sonstige Aufzeichnungen, die weder in Schriftform vorliegen, noch bereits zur Akte verfügt wurden. Auch eine Beschlagnahme dieser Unterlagen ist ausgeschlossen[11].

V. Verschwiegenheitspflicht (Abs. 4)

11 Die Festschreibung der Verschwiegenheitspflicht in § 13 Abs. 4 setzt Art. 54 Abs. 2 DSGVO um (s. auch Art. 54 DSGVO Rz. 3). Inhaltlich gleicht er § 23 Abs. 5 BDSG-alt.

12 Der/Die BfDI ist zur **Verschwiegenheit** über die ihm/ihr amtlich bekannt gewordenen Angelegenheiten verpflichtet. Die Verschwiegenheitspflicht gilt dabei auch über die Beendigung des Amtsverhältnisses hinaus fort (§ 13 Abs. 4 Satz 1). Offenkundige Tatsachen oder Mitteilungen im dienstlichen Verkehr (solche erfolgen im Rahmen der amts- und anlassbezogenen Kommunikation mit anderen Behörden[12]) und Tatsachen mit geringer Bedeutung unterliegen nicht der Verschwiegenheitspflicht (§ 13 Abs. 4 Satz 2).

13 Der/Die BfDI entscheidet im Allgemeinen nach pflichtgemäßem Ermessen selbst, ob und in welchem **Umfang** er/sie aussagt oder Erklärungen abgibt. Hiermit wird der in Art. 52 Abs. 1 DSGVO festgeschriebenen Unabhängigkeit der Datenschutzaufsicht Rechnung getragen (s. Art. 52 DSGVO Rz. 3). Nach dem Ausscheiden aus dem Amt bedürfen Aussagen und Erklärungen jedoch weiterhin einer Genehmigung, da Unabhängigkeit und das Recht zur Ermessensentscheidung über eine Aussage an das Amt des/der BfDI gekoppelt sind, nicht an den (ehemaligen) Amtsträger[13]. Über eine entsprechende Aussagegenehmigung entscheidet der/die amtierende BfDI (§ 13 Abs. 4 Satz 3 Halbs. 2).

14 § 13 Abs. 5 enthält **Einschränkungen des Aussagerechts**. Er entspricht wortgleich dem § 23 Abs. 5 BDSG-alt. Hierbei werden nun die Fälle geregelt, in denen der/die BfDI nicht bzw. nur im Benehmen mit der Bundesregierung als Zeuge/Zeugin aussagen darf. Dabei handelt es sich um drei Fallgruppen:
– die Aussage bereitet dem Wohl des Bundes oder eines Bundeslandes Nachteile, insbesondere hinsichtlich der Sicherheit der Bundesrepublik Deutschland oder der Beziehungen zu anderen Staaten (§ 13 Abs. 5 Satz 1 Nr. 1)[14] oder

---

11 S. auch BT-Drucks. 11/4306, S. 47.
12 S. Auernhammer/*von Lewinski*, § 23 BDSG Rz. 28. Hierbei ist die Mitteilung auf die unabdingbar notwendigen Angaben zu beschränken, s. *Gola/Schomerus*, § 23 BDSG Rz. 11.
13 S. auch BT-Drucks. 18/2848, S. 14.
14 Ausführlich *von Lewinski*, ZG 2015, 228 (235).

Rechte und Pflichten | § 13 BDSG

- die Aussage verletzt (konkret) Grundrechte (§ 13 Abs. 5 Satz 1 Nr. 2) oder
- die Aussage betrifft Vorgänge, die dem Kernbereich exekutiver Eigenverantwortung zuzurechnen sind oder zugerechnet werden könnten (§ 13 Abs. 5 Satz 2).

Während in den Fällen des § 13 Abs. 5 Satz 1 der/die BfDI nicht aussagen darf[15], kann diese über Vorgänge im Sinne von Satz 2 nur „im Benehmen" mit der Bundesregierung aussagen. 15

Die Regelung des § 13 Abs. 5 Satz 2 zu Aussagen mit Bezug zum **Kernbereich exekutiver Eigenverantwortung** (der z.B. Informationen über die Willensbildung der Bundesregierung, Erörterungen im Kabinett oder Vorbereitungen von Kabinetts- und Ressortentscheidungen umfasst[16]) wird kritisch betrachtet. Zum einen wird der weite Interpretationsspielraum des Kernbereichs bemängelt sowie der Umstand, dass schon eine nur etwaige Zuordnung zu diesem bereits das Aussagerecht des/der BfDI einschränkt[17]. Zudem ist unklar, wie sich in der Praxis das „Benehmen" der Bundesregierung von einem „Einvernehmen" oder einer Genehmigung der Aussage durch diese unterscheiden soll[18]. 16

Gemäß § 13 Abs. 5 Satz 3 kann eine Genehmigung zur **Aussage vor dem BVerfG** nur versagt werden, wenn es das Wohl des Bundes oder eines Landes erfordert, wobei das BVerfG die Verweigerung der Aussagegenehmigung für unbegründet erklären kann (vgl. § 28 Abs. 2 Satz 2 BVerfGG). 17

Durch die Verschwiegenheitspflicht wird das **Recht zur Anzeige** einer Straftat und Stellung eines Strafantrags nicht eingeschränkt (§ 13 Abs. 4 Satz 7). Entsprechende Pflichten ergeben sich u.a. aus § 138 StGB. Auf die Erteilung einer Aussagegenehmigung kommt es in diesen Fällen nicht an[19]. 18

Mitteilungs- und Vorlagepflichten der Abgabenordnung werden durch § 13 Abs. 4 Satz 5 eingeschränkt, um auch gegenüber den **Finanzbehörden** im Rahmen der Ermittlung der Steuerpflicht die Verschwiegenheitspflicht aufrecht zu erhalten. Eine Ausnahme hiervon besteht lediglich im Zusammenhang mit Steuerstraftaten und vorsätzlich falschen Angaben des Steuerpflichtigen (§ 13 Abs. 4 Satz 6). 19

Die Regelungen des § 13 Abs. 3 und 4 Satz 5–7 gelten gemäß § 13 Abs. 6 auch für die öffentlichen Stellen, die für die Kontrolle des Datenschutzes auf **Landesebene** zuständig sind. 20

---

15 Zur Frage, ob es sich um eine Aussageverweigerungspflicht oder ein Aussageverbot bzw. um eine gebundene Entscheidung oder eine Ermessensentscheidung des/der BfDI handelt, s. *von Lewinski*, ZG 2015, 228 (235 f.).
16 S. auch BT-Drucks. 18/2848, S. 19.
17 *Schaar*, MMR 2014, 641 (642).
18 S. auch *von Lewinski*, ZG 2015, 228 (236).
19 Simitis/*Dammann*, § 23 BDSG Rz. 30.

§ 14 Aufgaben

(1) Die oder der Bundesbeauftragte hat neben den in der Verordnung (EU) 2016/679 genannten Aufgaben die Aufgaben,

1. die Anwendung dieses Gesetzes und sonstiger Vorschriften über den Datenschutz, einschließlich der zur Umsetzung der Richtlinie (EU) 2016/680 erlassenen Rechtsvorschriften, zu überwachen und durchzusetzen,

2. die Öffentlichkeit für die Risiken, Vorschriften, Garantien und Rechte im Zusammenhang mit der Verarbeitung personenbezogener Daten zu sensibilisieren und sie darüber aufzuklären, wobei spezifische Maßnahmen für Kinder besondere Beachtung finden,

3. den Deutschen Bundestag und den Bundesrat, die Bundesregierung und andere Einrichtungen und Gremien über legislative und administrative Maßnahmen zum Schutz der Rechte und Freiheiten natürlicher Personen in Bezug auf die Verarbeitung personenbezogener Daten zu beraten,

4. die Verantwortlichen und die Auftragsverarbeiter für die ihnen aus diesem Gesetz und sonstigen Vorschriften über den Datenschutz, einschließlich den zur Umsetzung der Richtlinie (EU) 2016/680 erlassenen Rechtsvorschriften, entstehenden Pflichten zu sensibilisieren,

5. auf Anfrage jeder betroffenen Person Informationen über die Ausübung ihrer Rechte aufgrund dieses Gesetzes und sonstiger Vorschriften über den Datenschutz, einschließlich der zur Umsetzung der Richtlinie (EU) 2016/680 erlassenen Rechtsvorschriften, zur Verfügung zu stellen und gegebenenfalls zu diesem Zweck mit den Aufsichtsbehörden in anderen Mitgliedstaaten zusammenzuarbeiten,

6. sich mit Beschwerden einer betroffenen Person oder Beschwerden einer Stelle, einer Organisation oder eines Verbandes gemäß Artikel 55 der Richtlinie (EU) 2016/680 zu befassen, den Gegenstand der Beschwerde in angemessenem Umfang zu untersuchen und den Beschwerdeführer innerhalb einer angemessenen Frist über den Fortgang und das Ergebnis der Untersuchung zu unterrichten, insbesondere, wenn eine weitere Untersuchung oder Koordinierung mit einer anderen Aufsichtsbehörde notwendig ist,

7. mit anderen Aufsichtsbehörden zusammenzuarbeiten, auch durch Informationsaustausch, und ihnen Amtshilfe zu leisten, um die einheitliche Anwendung und Durchsetzung dieses Gesetzes und sonstiger Vorschriften über den Datenschutz, einschließlich der zur Umsetzung der Richtlinie (EU) 2016/680 erlassenen Rechtsvorschriften, zu gewährleisten,

8. Untersuchungen über die Anwendung dieses Gesetzes und sonstiger Vorschriften über den Datenschutz, einschließlich der zur Umsetzung der Richtlinie (EU) 2016/680 erlassenen Rechtsvorschriften, durchzuführen, auch auf der Grundlage von Informationen einer anderen Aufsichtsbehörde oder einer anderen Behörde,

9. maßgebliche Entwicklungen zu verfolgen, soweit sie sich auf den Schutz personenbezogener Daten auswirken, insbesondere die Entwicklung der Informations- und Kommunikationstechnologie und der Geschäftspraktiken,
10. Beratung in Bezug auf die in § 69 genannten Verarbeitungsvorgänge zu leisten und
11. Beiträge zur Tätigkeit des Europäischen Datenschutzausschusses zu leisten.

Im Anwendungsbereich der Richtlinie (EU) 2016/680 nimmt die oder der Bundesbeauftragte zudem die Aufgabe nach § 60 wahr.

(2) Zur Erfüllung der in Absatz 1 Satz 1 Nummer 3 genannten Aufgabe kann die oder der Bundesbeauftragte zu allen Fragen, die im Zusammenhang mit dem Schutz personenbezogener Daten stehen, von sich aus oder auf Anfrage Stellungnahmen an den Deutschen Bundestag oder einen seiner Ausschüsse, den Bundesrat, die Bundesregierung, sonstige Einrichtungen und Stellen sowie an die Öffentlichkeit richten. Auf Ersuchen des Deutschen Bundestages, eines seiner Ausschüsse oder der Bundesregierung geht die oder der Bundesbeauftragte ferner Hinweisen auf Angelegenheiten und Vorgänge des Datenschutzes bei den öffentlichen Stellen des Bundes nach.

(3) Die oder der Bundesbeauftragte erleichtert das Einreichen der in Absatz 1 Satz 1 Nummer 6 genannten Beschwerden durch Maßnahmen wie etwa die Bereitstellung eines Beschwerdeformulars, das auch elektronisch ausgefüllt werden kann, ohne dass andere Kommunikationsmittel ausgeschlossen werden.

(4) Die Erfüllung der Aufgaben der oder des Bundesbeauftragten ist für die betroffene Person unentgeltlich. Bei offenkundig unbegründeten oder, insbesondere im Fall von häufiger Wiederholung, exzessiven Anfragen kann die oder der Bundesbeauftragte eine angemessene Gebühr auf der Grundlage der Verwaltungskosten verlangen oder sich weigern, aufgrund der Anfrage tätig zu werden. In diesem Fall trägt die oder der Bundesbeauftragte die Beweislast für den offenkundig unbegründeten oder exzessiven Charakter der Anfrage.

I. Einführung	1	IV. Erleichterung des Beschwerdeverfahrens bei dem/der BfDI (Abs. 3)	10
II. Aufgaben (Abs. 1)	3		
III. Beratungsbefugnisse (Abs. 2)	8	V. Unentgeltlichkeit der Aufgabenerfüllung (Abs. 4)	12

Schrifttum: S. § 8 BDSG.

§ 14 BDSG | Aufgaben

I. Einführung

1 Während Art. 57 DSGVO die Aufgaben der Datenschutzbehörde umfassend regelt, ist eine Umsetzung für Art. 46 der Datenschutzrichtlinie für Polizei und Justiz (Richtlinie (EU) 2016/680) in das BDSG erforderlich. Diesem Umstand ist der Gesetzgeber mit der Regelung des § 14 nachgekommen. Neben der Zuweisung der einzelnen Aufgaben (Abs. 1) enthält die Norm auch Vorgaben zu einzelnen Beratungsbefugnissen (Abs. 2), der Erleichterung des Beschwerdeverfahrens bei dem/der BfDI (Abs. 3) und zum Grundsatz der Unentgeltlichkeit der Aufgabenerfüllung (Abs. 4).

2 Das BDSG in der alten Fassung enthielt keinen solch umfassenden Aufgabenkatalog für den/die BfDI. Dies ist wohl darauf zurückzuführen, dass auch die Richtlinie 95/46/EG in Art. 28 keine detaillierten Regelungen zu den Aufgaben der Datenschutzaufsicht traf. Infolgedessen ist die in § 14 Abs. 1 enthaltene Auflistung der einzelnen Aufgaben des/der BfDI ein Novum, welches aufgrund der klaren Struktur und Systematik ein Gewinn für die Tätigkeit des/der BfDI in Zukunft sein dürfte. Gleichzeitig wurden Verfahrensregelungen getroffen, die dem aktiven Grundrechtsschutz dienen sollten, welche auch schon in der DSGVO und der Richtlinie (EU) 2016/680 angelegt sind.

II. Aufgaben (Abs. 1)

3 Zum Zweck der Umsetzung des Art. 46 Richtlinie (EU) 2016/680 hat der nationale Gesetzgeber in § 14 Abs. 1 die in Art. 57 DSGVO vorgesehenen Aufgaben der Aufsichtsbehörden unter der redaktionellen Anpassung des Wortlauts insoweit wiederholt, als sie inhaltlich mit den Vorgaben der Richtlinie (EU) 2016/680 übereinstimmen[1]. Herausgekommen ist dabei eine **gemeinsame Schnittmenge aus der DSGVO und der Richtlinie (EU) 2016/680** resultierenden Aufgaben (s. zu den einzelnen Aufgaben insbesondere die Kommentierung zu Art. 57 DSGVO). Zu nennen sind **folgende Aufgabengebiete:**

- **Überwachung und Durchsetzung** der Anwendung des BDSG und sonstiger Datenschutzvorschriften zur Umsetzung der Richtlinie (EU) 2016/680;
- **Sensibilisierung und Aufklärung** der Öffentlichkeit, u.a. über Risiken und Rechte unter besonderer Beachtung spezifischer Maßnahmen für Kinder, sowie der (Auftrags-)Datenverarbeiter über ihre Pflichten;
- **Beratung** verschiedener Organe wie Bundestag, Bundesrat und Bundesregierung bezüglich legislativer und administrativer Maßnahmen zum Schutz der Rechte und Freiheiten natürlicher Personen bzgl. der Verarbeitung personenbezogener Daten;

---

1 BT-Drucks. 18/11325, S. 87.

- Bereitstellung von Informationen für betroffene Personen bzgl. der Ausübung von Rechten gemäß BDSG und sonstiger Datenschutzvorschriften zur Umsetzung der Richtlinie (EU) 2016/680;
- die **Entgegennahme von Beschwerden** und deren Untersuchung (gemäß Art. 55 der Richtlinie (EU) 2016/680);
- die **Zusammenarbeit mit anderen Aufsichtsbehörden** (einschließlich Amtshilfe) zur einheitlichen Anwendung und Durchführung des BDSG und sonstiger Datenschutzvorschriften zur Umsetzung der Richtlinie (EU) 2016/680;
- **Untersuchung und Analyse** der Anwendung des BDSG und sonstiger Datenschutzvorschriften zur Umsetzung der Richtlinie (EU) 2016/680;
- die **Beobachtung allgemeiner Trends** (insbesondere die Entwicklung der Informations- und Publikationstechnologie und der Geschäftspraktiken) sowie deren etwaigen Auswirkungen auf den Datenschutz;
- **Beratung** bzgl. der in § 69 genannten Verarbeitungsvorgänge (insbesondere Datenschutz-Folgenabschätzung);
- Mitwirkung am **Europäischen Datenschutzausschuss**;
- **Bereitstellung** einer Beschwerdemöglichkeit nach § 60.

Die weitgehend identischen Aufgaben in Bezug auf die DSGVO nach Art. 57 Abs. 1 DSGVO wurden somit in das BDSG übernommen und im Hinblick auf die Richtlinie (EU) 2016/680 übertragen. Die Auflistung in § 14 Abs. 1 Satz 1 gilt unbeschadet weiterer Aufgaben für den/die BfDI nach der DSGVO[2]. Hervorzuheben ist ferner, dass die Auflistung der Aufgaben des/der BfDI auch für Datenverarbeitungen gilt, die nicht in den Anwendungsbereich des Unionsrechts fallen, soweit sich die Auflistung nicht explizit nur auf die DSGVO oder die Richtlinie (EU) 2016/680 bezieht[3]. 4

§ 14 Abs. 1 Satz 2 stellt die Umsetzung von Art. 46 Abs. 1 Buchst. g der Richtlinie (EU) 2016/680 dar. Er bewirkt, dass betroffenen Personen die Möglichkeit der Beschwerde bei dem/der BfDI eingeräumt werden muss (s. im Einzelnen die Kommentierung zu § 60 BDSG). Da Art. 57 DSGVO keine Entsprechung vorsieht, war die Aufnahme von § 14 Abs. 1 Satz 2 in das BDSG erforderlich, um die Möglichkeit der **Anrufung des/der BfDI** nach § 60 als eine seiner/ihrer Aufgaben ausdrücklich zu gewährleisten. 5

Im Hinblick auf die Pflicht des/der BfDI zur Sensibilisierung und Aufklärung der Öffentlichkeit über die Risiken, Vorschriften, Garantien und Rechte im Zusammenhang mit der Verarbeitung personenbezogener Daten speziell von Kindern nach § 14 Abs. 1 Satz 1 Nr. 2 weist der Gesetzgeber darauf hin, dass dies möglichst in Zusammenarbeit mit den für den Kinder- und Jugendschutz zu- 6

---

2 BT-Drucks. 18/11325, S. 87.
3 BT-Drucks. 18/11325, S. 87.

ständigen Stellen des Bundes erfolgen sollte[4]. Eine Pflicht zur Einbeziehung dieser Stellen kann allerdings der Vorschrift nicht entnommen werden und besteht daher nicht.

7 Künftig werden die einzelnen deutschen Datenschutzbehörden vermehrt zusammenwirken müssen. Für die Art der Kooperation fehlt jedoch ein Koordinierungsgremium, das für eine Vernetzung der einzelnen Datenschutzbehörden sorgen könnte. Diese Lücke greift § 14 Abs. 1 Nr. 7 zumindest zum Teil auf und überträgt dem/der BfDI die Koordinierung der Zusammenarbeit der deutschen Datenschutzbehörden[5]. Derzeit erfolgt die Abstimmung noch über zwei Gremien (Konferenz der Datenschutzbeauftragten des Bundes und der Länder sowie über den sog. „Düsseldorfer Kreis"). Wie der/die BfDI künftig das Zusammenwirken der einzelnen Behörden koordinieren will, wird sich noch zeigen müssen.

III. Beratungsbefugnisse (Abs. 2)

8 Gemäß § 14 Abs. 1 Satz 1 Nr. 3 soll der/die BfDI den Deutschen Bundestag, Bundesrat, die Bundesregierung und andere Einrichtungen und Gremien über legislative und administrative Maßnahmen zum Schutz personenbezogener Daten beraten. In diesem Zusammenhang weist § 14 Abs. 2 dem/der BfDI die Befugnis zu, von sich aus oder auf Anfrage **Stellungnahmen** an den Bundestag, Bundesrat, die Bundesregierung, sonstige Einrichtungen und Stellen sowie an die Öffentlichkeit zu richten. Der/Die BfDI erhält auf diese Weise ein umfassendes Recht zur Stellungnahme. Die Vorschrift ist gleichzeitig eine Konkretisierung der Beratungsbefugnisse des/der BfDI für den gesamten Anwendungsbereich des BDSG[6]. Des Weiteren fungiert § 14 Abs. 2 als Klarstellung des Adressatenkreises von Art. 58 Abs. 3 Buchst. b DSGVO: Die Beratungsbefugnisse sollen auch gegenüber allen sonstigen Einrichtungen und Stellen sowie den Ausschüssen des Deutschen Bundestages und dem Bundesrat gelten[7].

9 Auf Veranlassung des Bundestages, eines seiner Ausschüsse oder der Bundesregierung untersucht der/die BfDI Angelegenheiten und Vorgänge des Datenschutzes bei den öffentlichen Stellen des Bundes (§ 14 Abs. 2 Satz 2). Entgegen der Vorgängerregelungen in § 26 Abs. 2 Satz 2 BDSG-alt beschränkt sich das Recht zur Veranlassung nicht nur auf den Petitions- und Innenausschuss des Deutschen Bundestags, sondern fortan können sämtliche Ausschüsse eine entsprechende Untersuchung durch den/die BfDI veranlassen. Weiterhin ist jedoch davon auszugehen, dass besonders bedeutsam die Möglichkeit eines Kontrollauftrags durch den Innenausschuss sein wird, der federführend für die all-

---

4 BT-Drucks. 18/11325, S. 87.
5 *Von Lewinski*, NVwZ 2017, 1483 (1485).
6 BT-Drucks. 18/11325, S. 87.
7 BT-Drucks. 18/11325, S. 87.

gemeinen Angelegenheiten des Datenschutzes und andere datenschutzrelevante Aufgaben, wie die der inneren Sicherheit oder der Bundesverwaltung, tätig ist. Die Zusammenarbeit mit dem Petitionsausschuss sichert zudem nicht nur die Möglichkeit der Unterrichtung durch eine von der Bundesverwaltung unabhängige Instanz, sie stellt zugleich eine Informationsquelle des/der BfDI über an das Parlament gerichtete Bitten und Beschwerden der Bevölkerung dar[8].

IV. Erleichterung des Beschwerdeverfahrens bei dem/der BfDI (Abs. 3)

§ 14 Abs. 3 setzt die Vorgaben von Art. 46 Abs. 2 Richtlinie (EU) 2016/680 um und entspricht den Vorgaben des Art. 57 Abs. 2 DSGVO (s. Kommentierung zu Art. 57 DSGVO Rz. 4). **Beschwerden** bei dem/der BfDI sollen so einfach wie möglich eingereicht werden können. Der Gesetzgeber schlägt hierfür die Bereitstellung eines Beschwerdeformulars vor, das auch elektronisch ausgefüllt werden kann, ohne dass andere Kommunikationsmittel ausgeschlossen werden. Gleichzeitig ist diese Vorschrift nicht abschließend zu verstehen und der/die BfDI ist angehalten, die Bereitstellung ihrer Beschwerdeverfahren regelmäßig zu überprüfen und an die Bedürfnisse der Petenten anzupassen. Aufsichtsbehörden wie der/die BfDI werden auf diese Weise zu einem bürgerfreundlichen Verhalten in Bezug auf Beschwerden verpflichtet[9]. 10

Bietet der/die BfDI ein elektronisches Beschwerdeverfahren an, sollte dieses in einer verständlichen und leicht zugänglichen Form bereitgestellt werden. Dazu gehört auch eine klare und einfache Sprache[10]. Eine Beschwerdemöglichkeit sollte zudem – sowohl analog als auch digital – so ausgestaltet sein, dass ein Petent seine Beschwerde auch anonym einreichen kann. 11

V. Unentgeltlichkeit der Aufgabenerfüllung (Abs. 4)

Mit Hilfe von § 14 Abs. 4 Satz 1 wird klargestellt, dass die Erfüllung der Aufgaben des/der BfDI für die betroffenen Personen unentgeltlich ist (s. hierzu auch die Kommentierung zu Art. 57 DSGVO Rz. 5). Der/Die BfDI muss die Aufgabenerfüllung also **kostenlos** zur Verfügung stellen. Umgesetzt wird mit der Regelung Art. 46 Abs. 3 Richtlinie (EU) 2016/680 in Anlehnung an Art. 57 Abs. 3 DSGVO, wobei diese insbesondere dem aktiven Grundrechtsschutz und damit verbunden der Wahrung des Beschwerderechts dienen[11]. 12

---

8 Simitis/*Dammann*, § 26 BDSG Rz. 16.
9 Paal/Pauly/*Körffer*, Art. 57 DSGVO Rz. 27.
10 Vgl. BeckOK DatenschutzR/*Eichler*, Art. 57 DSGVO Rz. 42.
11 BeckOK DatenschutzR/*Eichler*, Art. 57 DSGVO Rz. 44.

13 Der in § 14 Abs. 4 Satz 1 aufgestellte Grundsatz der Unentgeltlichkeit wird durch die Regelungen in § 14 Abs. 4 Satz 2 durchbrochen. Bei **offenkundig unbegründeten oder exzessiven Anfragen** ist der/die BfDI im Rahmen des ihr eingeräumten Ermessens befugt, eine angemessene Gebühr auf der Grundlage der Verwaltungskosten für ihre Tätigkeit zu verlangen oder sie kann sich gar weigern, auf eine Anfrage hin tätig zu werden. In einem solchen Fall trägt der/die BfDI jedoch nach § 14 Abs. 4 Satz 3 die Beweislast für den offenkundig unbegründeten oder extensiven Charakter der Anfrage. Aufgrund der besonderen Bedeutung des Beschwerderechts im Hinblick auf einen aktiven Grundrechtsschutz drängte sich geradezu auf, dass die Ausnahme von der Unentgeltlichkeit der Aufgabenerfüllung bzw. die gerechtfertigte Untätigkeit des/der BfDI als absolute Ausnahme verstanden werden muss[12]. Nimmt der/die BfDI einen solchen Ausnahmefall an, empfiehlt es sich, dass sie den Petenten über ihre Ermessensentscheidung informiert und ihm zumindest ein Wahlrecht zwischen der Auferlegung der Verwaltungskosten und der Ablehnung der Bearbeitung des Antrags ermöglicht.

§ 15 Tätigkeitsbericht

Die oder der Bundesbeauftragte erstellt einen Jahresbericht über ihre oder seine Tätigkeit, der eine Liste der Arten der gemeldeten Verstöße und der Arten der getroffenen Maßnahmen, einschließlich der verhängten Sanktionen und der Maßnahmen nach Artikel 58 Absatz 2 der Verordnung (EU) 2016/679, enthalten kann. Die oder der Bundesbeauftragte übermittelt den Bericht dem Deutschen Bundestag, dem Bundesrat und der Bundesregierung und macht ihn der Öffentlichkeit, der Europäischen Kommission und dem Europäischen Datenschutzausschuss zugänglich.

I. Einführung . . . . 1 | II. Tätigkeitsbericht 3

Schrifttum: S. § 8 BDSG.

I. Einführung

1 § 15 statuiert eine weitere wesentliche Aufgabe des/der BfDI, nämlich die Erstattung des Tätigkeitsberichts. Die Regelung basiert auf den Vorgaben von Art. 59 DSGVO und Art. 49 Datenschutzrichtlinie für Polizei und Justiz (Richtlinie (EU) 2016/680) (s. auch die Kommentierung zu Art. 59 DSGVO). Mittels der Pflicht zur Erstellung und Veröffentlichung eines Tätigkeitsberichts soll nicht nur betroffenen Personen und Verantwortlichen eine unkomplizierte Möglich-

---

12 Vgl. auch Paal/Pauly/*Körffer*, Art. 57 DSGVO Rz. 30 ff.

keit zur Information über aktuelle Rechts- und Auslegungsfragen zur Verfügung gestellt, sondern auch die Eigenkontrolle der Aufsichtsbehörde über ihre Aufgabenerfüllung gewährleistet werden[1]. Die Aufgabe der Erstellung eines Tätigkeitsberichts kann zumindest mittelbar bzw. teilweise dem präventiven Wirken des/der BfDI zugeordnet werden.

Bereits Art. 28 Abs. 5 Richtlinie 95/46/EG sah die Pflicht zur Erstellung eines Tätigkeitsberichts für die Datenschutzaufsicht vor. Dementsprechend veröffentlichten die deutschen Aufsichtsbehörden einschließlich des/der BfDI in der Vergangenheit regelmäßig Tätigkeitsberichte, in denen bspw. über begangene Datenschutzverstöße und Beanstandungen informiert wurde. 2

II. Tätigkeitsbericht

Der/Die BfDI ist berechtigt und verpflichtet, einen Jahresbericht über seine/ihre Tätigkeit zu erstellen. Der **Inhalt** des Tätigkeitsberichts soll sowohl die Datenverarbeitung im Rahmen von Tätigkeiten, die dem Unionsrecht unterfallen als auch solche, die nicht das Unionsrecht tangieren, widerspiegeln[2]. Im Bericht kann eine Liste der Arten der gemeldeten Verstöße und der Arten der getroffenen Maßnahmen einschließlich der verhängten Sanktionen und der Maßnahmen nach Art. 58 Abs. 2 DSGVO enthalten sein. Mit der Formulierung „kann" wird deutlich, dass der Tätigkeitsbericht nicht zwingend eine solche Liste aufweisen muss. Mindestinhalte für einen Jahresbericht werden vom Gesetzgeber nicht vorgegeben[3]. 3

Derzeit ist davon auszugehen, dass die Aufsichtsbehörden samt dem/der BfDI ihre gängige Praxis beibehalten werden, die zwar nicht unbedingt eine Listenform vorsieht, aber regelmäßig einen Bericht über Verstöße, Sanktionen und andere Maßnahmen enthält. Bislang diente der Tätigkeitsbericht einer **umfassenden Beschreibung der datenschutzrelevanten Entwicklungen** im Berichtszeitraum, der Darstellung von Trends und aktuellen sowie zu erwartenden Problemen und der Präsentation der Ergebnisse der Arbeit des/der BfDI sowie der zu treffenden Folgemaßnahmen. So enthält der Tätigkeitsbericht regelmäßig u.a. einen Überblick zur Lage des Datenschutzes und zur Entwicklung des Datenschutzrechts sowie Ausführungen zum technologischen Datenschutz, zu Datenschutzfragen des Internets, der Inneren Sicherheit, der Verwaltung, des Rechtswesens, des Internets, des TK-Sektors, der Wirtschaft, des Gesundheits- und Verkehrswesens sowie zu Fragen des Mitarbeiterdatenschutzes, der internationalen Entwicklung des Datenschutzes und Dienststelleninternes. Die jeweilige Auswahl der im Einzelfall behandelten Themen hing dabei insbesondere von der technischen Entwicklung als auch von der Schwerpunktsetzung des jewei- 4

---

1 Gierschmann/Schlender/Stentzel/Veil/*Kreul*, Art. 59 DSGVO Rz. 1.
2 BT-Drucks. 18/11325, S. 87.
3 Vgl. Gierschmann/Schlender/Stentzel/Veil/*Kreul*, Art. 59 DSGVO Rz. 7.

ligen Amtsträgers ab. Ob ausführliche Ausführungen zu Auslegungsfragen des Datenschutzrechts künftig noch zu erwarten sind, ist zwar zu hoffen, diese sind angesichts der zu erwartenden Guidelines des Europäischen Datenschutzausschusses jedoch zumindest fraglich.

5 Das BDSG-alt sah noch vor, dass der Tätigkeitsbericht von dem/der BfDI alle zwei Jahre zu erstellen war. Diese gängige Praxis muss nun nach § 15 an den vorgeschriebenen **jährlichen Berichtszeitraum** angepasst werden. Für einen Berichtszeitraum von zwei Jahren sprach, dass langfristige Projekte wie die datenschutzrechtliche Begleitung neuer IT-Verfahren oder Gesetzgebungsvorhaben besser in Zusammenhang dargestellt werden konnten[4]. Die europäischen Vorgaben sehen jedoch eindeutig eine jährliche Berichtspflicht vor, sodass dem nationalen Gesetzgeber diesbezüglich kein Gesetzgebungsspielraum offen stand. Aus Gründen der Einheitlichkeit und Praktikabilität wurde der Berichtszeitraum gleichermaßen für Tätigkeiten, die nicht dem Unionsrecht unterfallen, auf ein Jahr angelegt, sodass der/die BfDI wie bisher einen einheitlichen Tätigkeitsbericht erstellen kann[5]. Es ist somit davon auszugehen, dass die bislang offene Frage, ob ein einheitlicher Tätigkeitsbericht zum Datenschutz und zur Informationsfreiheit von dem/der BfDI unter der DSGVO erstellt werden kann[6], infolgedessen geklärt ist.

6 Die **Empfänger des Tätigkeitsberichts** werden in Satz 2 entsprechend der Vorgaben aus Art. 59 DSGVO und Art. 49 Richtlinie (EU) 2016/680 konkretisiert. Danach ist er dem Bundestag, Bundesrat und der Bundesregierung zu übermitteln und der Öffentlichkeit, Europäischen Kommission und dem Europäischen Datenschutzausschuss zugänglich zu machen. Gängige Praxis war bislang, dass der Tätigkeitsbericht sowohl als Bundestags-Drucksache als auch auf den Internetseiten des/der BfDI veröffentlicht wurde. Die Bundesregierung und der Innenausschuss des Bundestages nahmen zudem regelmäßig zu den wesentlichen Punkten des Tätigkeitsberichts Stellung, letzterer erteilt entsprechende Beschlussempfehlungen für das weitere parlamentarische Vorgehen. Wie der/die BfDI künftig ihrer Pflicht nach § 15 nachkommen will, ist derzeit noch offen.

§ 16 Befugnisse

(1) Die oder der Bundesbeauftragte nimmt im Anwendungsbereich der Verordnung (EU) 2016/679 die Befugnisse gemäß Artikel 58 der Verordnung (EU) 2016/679 wahr. Kommt die oder der Bundesbeauftragte zu dem Ergebnis, dass Verstöße gegen die Vorschriften über den Datenschutz oder sonstige Mängel bei der Verarbeitung personenbezogener Daten vorliegen, teilt

---

4 Paal/Pauly/*Körffer*, Art. 59 DSGVO Rz. 2.
5 BT-Drucks. 18/11325, S. 87.
6 Stellungnahme der BfDI v. 31.8.2016 zum Entwurf eines Datenschutz-Anpassungs- und -Umsetzungsgesetzes EU – DSAnpUG-EU, S. 27.

sie oder er dies der zuständigen Rechts- oder Fachaufsichtsbehörde mit und gibt dieser vor der Ausübung der Befugnisse des Artikels 58 Absatz 2 Buchstabe b bis g, i und j der Verordnung (EU) 2016/679 gegenüber dem Verantwortlichen Gelegenheit zur Stellungnahme innerhalb einer angemessenen Frist. Von der Einräumung der Gelegenheit zur Stellungnahme kann abgesehen werden, wenn eine sofortige Entscheidung wegen Gefahr im Verzug oder im öffentlichen Interesse notwendig erscheint oder ihr ein zwingendes öffentliches Interesse entgegensteht. Die Stellungnahme soll auch eine Darstellung der Maßnahmen enthalten, die aufgrund der Mitteilung der oder des Bundesbeauftragten getroffen worden sind.

(2) Stellt die oder der Bundesbeauftragte bei Datenverarbeitungen durch öffentliche Stellen des Bundes zu Zwecken außerhalb des Anwendungsbereichs der Verordnung (EU) 2016/679 Verstöße gegen die Vorschriften dieses Gesetzes oder gegen andere Vorschriften über den Datenschutz oder sonstige Mängel bei der Verarbeitung oder Nutzung personenbezogener Daten fest, so beanstandet sie oder er dies gegenüber der zuständigen obersten Bundesbehörde und fordert diese zur Stellungnahme innerhalb einer von ihr oder ihm zu bestimmenden Frist auf. Die oder der Bundesbeauftragte kann von einer Beanstandung absehen oder auf eine Stellungnahme verzichten, insbesondere wenn es sich um unerhebliche oder inzwischen beseitigte Mängel handelt. Die Stellungnahme soll auch eine Darstellung der Maßnahmen enthalten, die aufgrund der Beanstandung der oder des Bundesbeauftragten getroffen worden sind. Die oder der Bundesbeauftragte kann den Verantwortlichen auch davor warnen, dass beabsichtigte Verarbeitungsvorgänge voraussichtlich gegen in diesem Gesetz enthaltene und andere auf die jeweilige Datenverarbeitung anzuwendende Vorschriften über den Datenschutz verstoßen.

(3) Die Befugnisse der oder des Bundesbeauftragten erstrecken sich auch auf

1. von öffentlichen Stellen des Bundes erlangte personenbezogene Daten über den Inhalt und die näheren Umstände des Brief-, Post- und Fernmeldeverkehrs und

2. personenbezogene Daten, die einem besonderen Amtsgeheimnis, insbesondere dem Steuergeheimnis nach § 30 der Abgabenordnung, unterliegen.

Das Grundrecht des Brief-, Post- und Fernmeldegeheimnisses des Artikels 10 des Grundgesetzes wird insoweit eingeschränkt.

(4) Die öffentlichen Stellen des Bundes sind verpflichtet, der oder dem Bundesbeauftragten und ihren oder seinen Beauftragten

1. jederzeit Zugang zu den Grundstücken und Diensträumen, einschließlich aller Datenverarbeitungsanlagen und -geräte, sowie zu allen personenbezogenen Daten und Informationen, die zur Erfüllung ihrer oder seiner Aufgaben notwendig sind, zu gewähren und

2. alle Informationen, die für die Erfüllung ihrer oder seiner Aufgaben erforderlich sind, bereitzustellen.

(5) Die oder der Bundesbeauftragte wirkt auf die Zusammenarbeit mit den öffentlichen Stellen, die für die Kontrolle der Einhaltung der Vorschriften über den Datenschutz in den Ländern zuständig sind, sowie mit den Aufsichtsbehörden nach § 40 hin. § 40 Absatz 3 Satz 1 zweiter Halbsatz gilt entsprechend.

I. Einleitung	1	b) Verfahren	15
II. Erläuterungen der einzelnen Absätze	3	c) Adressaten	17
		d) Form und Inhalt	18
1. Befugnisse im Geltungsbereich der DSGVO (Abs. 1)	3	e) Wirkung	19
		f) Warnung	20
a) Befugnisse nach der DSGVO	3	3. Erweiterte Befugnisse (Abs. 3)	21
b) Verfahren	5	4. Zugangs- und Informationsrechte (Abs. 4)	24
2. Befugnisse außerhalb des Geltungsbereichs der DSGVO (Abs. 2)	12	5. Zusammenarbeit mit Landesaufsichtsbehörden (Abs. 5)	27
a) Ausgestaltung der Befugnisse außerhalb des Geltungsbereichs der DSGVO	12		

Schrifttum: S. § 8 BDSG.

I. Einleitung

1 Die Norm regelt die **Befugnisse** des/der BfDI. Sie nimmt dabei für den Anwendungsbereich der DSGVO (§ 16 Abs. 1) Bezug auf die entsprechende Regelung des Art. 58 DSGVO **und** enthält weitere **Verfahrensregelungen**. Außerhalb des Geltungsbereichs der DSGVO (§ 16 Abs. 2) werden dem/der Bundebeauftragten u.a. mit der aus § 25 BDSG-alt bekannten Beanstandung und der Warnung (vgl. Art. 47 Abs. 2 Buchst. a Datenschutzrichtlinie für Polizei und Justiz) wirksame Instrumente zur Behebung von Datenschutzverstößen an die Hand gegeben.

2 § 16 Abs. 3 bis 5 gelten für den **gesamten Anwendungsbereich des BDSG**, d.h. sowohl innerhalb des Geltungsbereichs des europäischen Rechts als auch darüber hinaus. Zudem werden die aus dem BDSG-alt bekannten Grundsätze in Bezug auf das Brief-, Post- und Fernmeldegeheimnis sowie das Amtsgeheimnis (Abs. 3), Zugangs- und Informationsrechte (Abs. 4) sowie die Förderung der Zusammenarbeit mit den Landesaufsichtsbehörden (Abs. 5) geregelt.

II. Erläuterungen der einzelnen Absätze

1. Befugnisse im Geltungsbereich der DSGVO (Abs. 1)

a) Befugnisse nach der DSGVO

§ 16 Abs. 1 Satz 1 nimmt im **Anwendungsbereich der DSGVO** Bezug auf die Befugnisse des Art. 58 DSGVO, wobei der Gesetzgeber hier aus Gründen der Klarstellung und Lesbarkeit entsprechend verfahren ist[1]. Im Anwendungsbereich der DSGVO stehen dem/der BfDI daher die Befugnisse aus Art. 58 DSGVO zur Verfügung.

3

Hierdurch kommen dem/der BfDI weite **Untersuchungs-, Abhilfe- und Genehmigungsbefugnisse** zu (s. Art. 58 DSGVO Rz. 7)[2]. So können nun auch unmittelbar Anordnungen gegenüber anderen Behörden erlassen werden (s. Art. 58 DSGVO Rz. 12), bspw. um personenbezogene Daten löschen zu lassen[3].

4

b) Verfahren

§ 16 Abs. 1 Satz 2–4 stellen Verfahrensvorschriften i.S.d. Art. 58 Abs. 4 DSGVO dar, die sich an § 25 Abs. 1 BDSG-alt orientieren[4]. Kommt der/die BfDI hiernach zu dem Ergebnis, dass ein **Verstoß gegen Datenschutzvorschriften**[5] **oder ein sonstiger Mangel** bei der Datenverarbeitung vorliegt, so informiert sie hierüber die zuständige Rechts- oder Fachaufsichtsbehörde (§ 16 Abs. 1 Satz 2 Halbs. 1).

5

Unter **sonstigen Mängeln** sind solche Zustände und Abläufe zu verstehen, die zwar nicht eindeutig rechtswidrig, aber trotzdem verbesserungsbedürftig im Hinblick auf ein hohes Datenschutzniveau und den Schutz des allgemeinen Persönlichkeitsrechts der Betroffenen sind[6]. Auch diese „sonstigen Mängel" müssen jedoch der DSGVO unterfallen, da ansonsten die Befugnisse des § 16 Abs. 2 einschlägig sind. Rechtsverletzungen und Mängel, die keine Datenschutzrelevanz aufweisen, wie z.B. ineffiziente Arbeitsabläufe, können hingegen nicht von dem/der BfDI beanstandet werden[7].

6

---

1 S. BT-Drucks. 18/11325, S. 88.
2 Ausführlich auch Ehmann/Selmayr/*Selmayr*, Art. 58 DSGVO Rz. 11 ff.
3 S. *Voßhoff/Hermerschmidt*, PinG 2016, 56 (59).
4 S. BT-Drucks. 18/11325, S. 88.
5 Auernhammer/*von Lewinski*, § 25 BDSG Rz. 3; Roßnagel/*Heil*, Handbuch Datenschutzrecht, Teil 5.1 Rz. 56.
6 Die Mängel müssen geeignet sein, das Persönlichkeitsrecht oder schutzwürdige Interessen des Betroffenen zu beeinträchtigen, s. *Gola/Schomerus*, § 25 BDSG Rz. 2.
7 Taeger/Gabel/*Grittmann*, § 25 BDSG Rz. 3; Simitis/*Dammann*, § 25 BDSG Rz. 4.

7 Für die Ausübung der Befugnisse ist es im Allgemeinen weiterhin unerheblich, ob der Verstoß bzw. Mangel **vorsätzlich oder fahrlässig** herbeigeführt wurde oder ein Verschulden nicht festzustellen ist[8].

8 Plant der/die BfDI, Befugnisse aus Art. 58 Abs. 2 Buchst. b–g oder i und j DSGVO geltend zu machen, so muss der zuständigen Fach- oder Rechtsaufsichtsbehörde eine angemessene Frist zur **Stellungnahme** gegeben werden (§ 16 Abs. 1 Satz 2 Halbs. 2). Die Stellungnahme soll dabei auch eine Darstellung der Maßnahmen enthalten, die bereits zur Behebung der Datenschutzverletzung bzw. des sonstigen Mangels aufgrund der Information des/der BfDI getroffen wurden (§ 15 Abs. 1 Satz 4).

9 Die Fach- oder Rechtsaufsicht kann **nur bei der geplanten Geltendmachung von Abhilfebefugnissen** (z.B. bei Verwarnung bei begangenem Verstoß, Anweisungen, Beschränkung der Verarbeitung, Anordnung der Löschung) zum festgestellten Verstoß Stellung nehmen. Präventive Warnungen (Art. 58 Abs. 2 Buchst. a DSGVO) und der Widerruf einer Zertifizierung (Art. 58 Abs. 2 Buchst. h DSGVO) sind hiervon **ausgenommen**, da hier kein Bedürfnis an einer Stellungnahme (und vorherigen Information) besteht[9].

10 Die Möglichkeit zur Stellungnahme räumt der Fach- und Rechtsaufsicht vor der Ausübung weiterer (schwerwiegender) Maßnahmen des/der BfDI **rechtliches Gehör** ein, vermag divergierende Entscheidungen von BfDI und Fach- bzw. Rechtsaufsicht zu verhindern und im Idealfall eine weitere Eskalation zu vermeiden. Sollte ein Dissens nicht anderweitig zu beheben sein, so kann die Fachaufsicht den Verantwortlichen anweisen, die Angelegenheit und die damit verbundenen ausgeübten Befugnisse des/der BfDI gerichtlich klären zu lassen[10].

11 Die Gelegenheit zur **Stellungnahme** muss nicht gegeben werden, wenn einer der benannten **Versagungsgründe** (§ 16 Abs. 1 Satz 3) vorliegt, d.h. Gefahr in Verzug besteht, eine sofortige Entscheidung im öffentlichen Interesse notwendig erscheint oder ein zwingendes öffentliches Interesse entgegensteht. Die Versagungsgründe entsprechen dabei den Anhörungsgrundsätzen des § 28 Abs. 2 Nr. 1, Abs. 3 VwVfG.

2. Befugnisse außerhalb des Geltungsbereichs der DSGVO (Abs. 2)

a) Ausgestaltung der Befugnisse außerhalb des Geltungsbereichs der DSGVO

12 § 16 Abs. 2 regelt die Befugnisse des/der BfDI für die Tätigkeiten, die nicht dem Anwendungsgebiet des DSGVO unterliegen. Dies sind bspw. Datenverarbeitun-

---

8 Vorsatz oder Fahrlässigkeit sind jedoch bei der Verhängung von Geldbußen (Art. 58 Abs. 2 Buchst. j, 83) zu berücksichtigen.
9 S. BT-Drucks. 18/11325, S. 88.
10 S. BT-Drucks. 18/11325, S. 88.

gen, die dem **Geltungsbereich der Datenschutzrichtlinie für Polizei und Justiz** unterfallen, aber auch solche, die durch weitere fachgesetzliche Regelungen außerhalb des Anwendungsbereichs der DSGVO, bspw. durch sicherheitsbehördliche Normen, vorgegeben sind. In diesen Fällen steht dem/der BfDI nicht das Instrumentarium des Art. 58 Abs. 2 DSGVO zur Verfügung. Die in § 16 Abs. 2 genannten Befugnisse können hier jedoch spezialgesetzlich weiter ausgestaltet werden.

Außerhalb der DSGVO gibt es **keine unmittelbaren Durchgriffsmöglichkeiten**, bspw. gegenüber den Strafverfolgungsbehörden. Dies ist einer unterschiedlichen Ausgestaltung von DSGVO und Datenschutzrichtlinie für Polizei und Justiz geschuldet. Die effiziente Erreichung des Zwecks der Strafverfolgung und der Gefahrenabwehr überwiegt hier die Letztentscheidungs- und Anordnungsbefugnisse des/der BfDI[11]. 13

Der/Die BfDI ist außerhalb des Anwendungsbereichs der DSGVO zum einen auf die § 25 BDSG-alt entnommene Maßnahme der **Beanstandung** angewiesen. Zudem kann er/sie präventiv eine Warnung (§ 16 Abs. 2 Satz 4) aussprechen. 14

b) Verfahren

§ 16 Abs. 2 Satz 1 setzt zur Ausübung der Befugnisse auch außerhalb der DSGVO die **Feststellung eines Verstoßes** gegen eine Vorschrift des Datenschutzes oder sonstige Mängel bei der Verarbeitung oder Nutzung personenbezogener Daten voraus (s. oben Rz. 6). 15

Nach Feststellung eines Datenschutzverstoßes oder -mangels ist der/die BfDI berechtigt und verpflichtet, Maßnahmen zur Beseitigung des Defizits zu veranlassen. Die Ausnahmeregelung des § 16 Abs. 1 Satz 2 schafft jedoch einen breiten **Ermessensspielraum**[12], innerhalb dessen von einer förmlichen Beanstandung, die vom Adressaten oftmals als schwerwiegende Maßnahme empfunden wird[13], abgesehen werden kann. Dies wird insbesondere dann sinnvoll sein, wenn die betroffene Stelle bereits Maßnahmen zur Beseitigung des Mangels getroffen hat oder ein fruchtbarer Dialog im Rahmen einer Empfehlung bzw. Beratung durch den/die BfDI schneller und effektiver zur Verbesserung des Datenschutzes führt als eine formelle Beanstandung. Obwohl eine Beanstandung nicht immer als erster Schritt zur Veranlassung der Beseitigung eines Datenschutzverstoßes erforderlich ist, müssen mildere Mittel nicht ausgeschöpft werden. Insbesondere bei gröberen Verstößen wird eine unmittelbare Beanstandung regelmäßig angezeigt sein. 16

---

11 BT-Drucks. 18/11325, S. 88.
12 Däubler/Klebe/Wedde/Weichert/*Weichert*, § 25 BDSG Rz. 2.
13 Simitis/*Dammann*, § 25 BDSG Rz. 7.

c) Adressaten

17 Im Rahmen des § 16 Abs. 2 beanstandet der/die BfDI formell den Verstoß bzw. Mangel bei der zuständigen obersten Bundesbehörde, in den meisten Fällen also bei dem jeweils zuständigen Bundesministerium.

d) Form und Inhalt

18 Die Beanstandung ist an sich **formfrei**, da § 16 Abs. 2 insofern keine Regelung enthält. Zweckmäßigerweise wird eine solche jedoch – ggf. nach einer vorab erfolgten mündlichen Beanstandung – in Textform erfolgen. Sie enthält die Darstellung der Sachlage, auf der der Datenschutzverstoß oder der sonstige Mangel beruht, sowie die rechtliche Einschätzung des beanstandeten Vorgangs oder eine Erläuterung, worin der sonstige Mangel (s. Rz. 6) gesehen wird. Zudem fordert der/die BfDI zur Abgabe einer Stellungnahme (s. Rz. 8 ff.) innerhalb einer von ihm/ihr bestimmten Frist auf. Im Gegensatz zur Regelung des § 16 Abs. 1 kann der/die BfDI die Frist nach Belieben festlegen, da mit der Beanstandung keine unmittelbaren Anordnungsbefugnisse verbunden sind und die Abhilfe des monierten Verstoßes durch den Beanstandungsadressaten selbst erfolgen muss.

e) Wirkung

19 Die Beanstandung löst die **Pflicht zur Abgabe einer Stellungnahme** (§ 16 Abs. 2 Satz 3) des Beanstandungsadressaten aus. Eine unmittelbar durchsetzbare Abhilfepflicht folgt aus der Beanstandung jedoch nicht. Ihr kommt auch keine aufschiebende Wirkung zu[14]. Die betroffene Stelle ist also nicht daran gehindert, das beanstandete Verhalten beizubehalten oder zu wiederholen. Der Adressat der Beanstandung ist jedoch im Rahmen des Grundsatzes des Vorrangs des Gesetzes (Art. 20 Abs. 3 GG) zur Herstellung eines rechtmäßigen Zustandes verpflichtet[15]. Da auch die Pflicht zur Stellungnahme nicht durch die/die BfDI erzwingbar ist[16], hat die Beanstandung eher den Charakter einer formellen Rüge[17]. Dem/Der BfDI bleibt als wirksames Mittel jedoch die konkrete Benennung der Mängel in dem Tätigkeitsbericht (§ 15)[18], der aufgrund seiner Beachtung in Bundestag und Öffentlichkeit zumindest einen entsprechenden Rechtfertigungsdruck bewirkt.

---

14 Simitis/*Dammann*, § 25 BDSG Rz. 11.
15 So auch Roßnagel/*Heil*, Handbuch Datenschutzrecht, Kap. 5.1 Rz. 57.
16 S. *Schaffland/Wiltfang*, § 25 BDSG Rz. 6; Simitis/*Dammann*, § 25 BDSG Rz. 21.
17 So *Bergmann/Möhrle/Herb*, § 25 BDSG Rz. 26.
18 So Taeger/Gabel/*Grittmann*, § 25 BDSG Rz. 16.

f) Warnung

Das Instrument der Warnung ist aus Art. 47 Abs. 2 Buchst. a Datenschutzrichtlinie für Polizei und Justiz entnommen[19]. Der/Die BfDI ist nach § 16 Abs. 2 Satz 4 befugt, den Verantwortlichen auf einen vermeintlich **bevorstehenden Datenschutzverstoß** hinzuweisen und ihn hiervor zu warnen. Der/Die BfDI macht insofern präventiv von einem milderen Mittel als der Beanstandung Gebrauch. Da ein Verstoß noch nicht eingetreten ist bzw. ein Mangel noch nicht vorliegt, richtet sich die Warnung direkt an den Verantwortlichen mit dem Zweck, ihm die Möglichkeit der Prüfung und etwaigen Selbstabhilfe zu ermöglichen. 20

3. Erweiterte Befugnisse (Abs. 3)

§ 16 Abs. 3 regelt die **Kontrollbefugnisse** des/der BfDI von personenbezogenen Daten **in sensiblen Bereichen**. Dies sind vornehmlich solche, die im Zusammenhang mit dem Brief-, Post- und Fernmeldeverkehr stehen (Nr. 1) sowie personenbezogene Daten, die unter ein besonderes Amtsgeheimnis fallen (Nr. 2). § 16 Abs. 3, der für das gesamte BDSG gilt, übernimmt dabei weitgehend den bisherigen § 24 Abs. 2 Satz 1 und 2 BDSG-alt. Für Berufsgeheimnisträger wurde eine Sonderregelung in § 29 BDSG getroffen (s. § 29 BDSG Rz. 13). 21

Auch personenbezogene Daten, die dem **Brief-, Post- oder Fernmeldegeheimnis** des Art. 10 GG unterliegen, fallen in den Kontrollbereich des/der BfDI (§ 16 Abs. 3 Satz 1 Nr. 1). Diese Kompetenzerweiterung erfolgte historisch zum einen im Hinblick auf die Einordnung der Nachfolgeunternehmen der Deutschen Bundespost als öffentliche Stellen (§ 2 Abs. 1 Satz 2 BDSG-alt). Zum anderen unterliegen öffentliche Stellen, die nicht nur in das Recht auf informationelle Selbstbestimmung, sondern auch in andere Grundrechte des Betroffenen, hier in das Recht aus Art. 10 Abs. 1 GG, eingreifen, einem besonderen Kontrollbedürfnis. Die Befugnisse des/der BfDI erstrecken sich dabei auch auf Konstellationen, in denen das Brief-, Post- oder Fernmeldegeheimnis noch nicht gebrochen ist. Somit sind auch Datenschutzkontrollen möglich, bei denen der/die BfDI zwangsläufig Kenntnis von geschützten Kommunikationsinhalten nehmen muss, um die Aufgaben effektiv wahrnehmen zu können[20]. 22

Gemäß § 16 Abs. 3 Satz 1 Nr. 2 erstreckt sich die Kontrolle des/der BfDI auch auf die personenbezogenen Daten einer öffentlichen Stelle des Bundes, die einem **besonderen Amtsgeheimnis** unterfallen. Ausdrücklich wird hierbei das Steuergeheimnis hervorgehoben, umfasst sind jedoch personenbezogene Daten jeglicher besonderer Amtsgeheimnisse, bspw. des Statistikgeheimnisses (§ 16 BStatG) und des Sozialgeheimnisses (§ 35 SGB I). 23

---

19 BT-Drucks. 18/11325, S. 88.
20 S. ausführlich Simitis/*Dammann*, § 24 BDSG Rz. 20.

4. Zugangs- und Informationsrechte (Abs. 4)

24 § 16 Abs. 4 enthält die Zugangs- und Informationsrechte (bzw. die entsprechenden **Mitwirkungspflichten der zu kontrollierenden Stellen**), die der/die BfDI ausüben kann, um an die zur Erfüllung ihrer Aufgaben notwendigen personenbezogenen Daten und weiteren Informationen zu gelangen. Die Regelung greift insofern die bislang in § 24 Abs. 4 Satz 2 BDSG-alt geregelten Grundsätze auf und stellt eine Verfahrensvorschrift i.S.d. Art. 58 Abs. 1 Buchst. f DSGVO dar. Die Pflichten des Abs. 4 bestehen auch gegenüber Mitarbeitern und Beauftragten des/der BfDI[21].

25 Zur effektiven Wahrnehmung seiner/ihrer Kontrollaufgaben ist der/die BfDI auf die Unterstützung der zu kontrollierenden Stelle angewiesen. Um im Bedarfsfall relevante Informationen auch bei fehlendem Mitwirkungswillen erhalten zu können, verpflichtet § 16 Abs. 4 die Stellen insbesondere, dem/der BfDI **Zutritt** zu allen Grundstücken und Diensträumen zu gewähren (Nr. 1). Dabei muss auch der Zugriff auf alle Datenverarbeitungsanlagen und -geräte (Computer, Server, mobile Endgeräte, Speichermedien etc.) gewährt werden, sowie zu allen personenbezogenen Daten und sonstigen Informationen (z.B. über Art, Umfang und Ablauf der Verarbeitung) zur Verfügung gestellt werden. Abs. 4 Nr. 2 stellt klar, dass die zu kontrollierende Stelle **jegliche Informationen, die zur Erfüllung der Aufgaben der Bundesbeauftragen** notwendig sind, bereitzustellen hat. Dies umfasst u.U. auch die Pflicht, nicht vorliegende Informationen zu beschaffen oder diese zwecks Prüfung zusammenzustellen.

26 Die zu leistende Unterstützung hat also aktiv und umfassend zu erfolgen. Dies gilt insbesondere vor dem Hintergrund, dass Daten nicht ohne weitere Hilfe einsehbar, sondern in mitunter hochkomplexen technischen Systemen gespeichert sind, die sich ohne entsprechende Mitwirkung nicht kontrollieren lassen[22]. Die Unterstützung hat vollumfänglich und ohne schuldhaftes Zögern zu erfolgen[23]. Unregelmäßigkeiten bei der Pflichterfüllung durch die zu kontrollierende Stelle kann mit den Befugnissen nach § 16 Abs. 1 (innerhalb des Anwendungsbereichs der DSGVO) bzw. nach § 16 Abs. 2 (über den Anwendungsbereich der DSGVO hinaus) entgegengetreten werden.

5. Zusammenarbeit mit Landesaufsichtsbehörden (Abs. 5)

27 Dem/Der BfDI kommt eine **Koordinierungsfunktion** im Sinne einer effektiven Zusammenarbeit mit Landesaufsichtsbehörden zu. Hierdurch soll ein einheitlicher Datenschutz im öffentlichen und nicht-öffentlichen Bereich, sowohl auf

---

21 S. Simitis/*Dammann*, § 24 BDSG Rz. 38.
22 Simitis/*Dammann*, § 24 BDSG Rz. 32.
23 Däubler/Klebe/Wedde/Weichert/*Weichert*, § 24 BDSG Rz. 12.

Bundes-, als auch auf Landesebene, als auch ein kontinuierlicher Erfahrungsaustausch gewährleistet werden[24]. Durch den Verweis auf § 40 Abs. 3 Satz 1 Halbs. 2 wird klargestellt, dass im Rahmen der Zusammenarbeit auch personenbezogene Daten übermittelt werden können.

Kapitel 5
Vertretung im Europäischen Datenschutzausschuss, zentrale Anlaufstelle, Zusammenarbeit der Aufsichtsbehörden des Bundes und der Länder in Angelegenheiten der Europäischen Union

§ 17 Vertretung im Europäischen Datenschutzausschuss, zentrale Anlaufstelle

(1) Gemeinsamer Vertreter im Europäischen Datenschutzausschuss und zentrale Anlaufstelle ist die oder der Bundesbeauftragte (gemeinsamer Vertreter). Als Stellvertreterin oder Stellvertreter des gemeinsamen Vertreters wählt der Bundesrat eine Leiterin oder einen Leiter der Aufsichtsbehörde eines Landes (Stellvertreter).
Die Wahl erfolgt für fünf Jahre.
Mit dem Ausscheiden aus dem Amt als Leiterin oder Leiter der Aufsichtsbehörde eines Landes endet zugleich die Funktion als Stellvertreter.
Wiederwahl ist zulässig.

(2) Der gemeinsame Vertreter überträgt in Angelegenheiten, die die Wahrnehmung einer Aufgabe betreffen, für welche die Länder allein das Recht zur Gesetzgebung haben, oder welche die Einrichtung oder das Verfahren von Landesbehörden betreffen, dem Stellvertreter auf dessen Verlangen die Verhandlungsführung und das Stimmrecht im Europäischen Datenschutzausschuss.

I. Einführung	1	2. Stellvertreterregelung (Abs. 1 Satz 2–5)	6
1. Normaufbau	2	3. Beteiligungsrechte bei Länderangelegenheiten (Abs. 2)	7
2. Verhältnis zur DSGVO	3		
II. Vertretung im Europäischen Datenschutzausschuss	5	III. Zentrale Anlaufstelle	8
1. BfDI als „gemeinsamer Vertreter" (Abs. 1 Satz 1)	5		

---

24 S. BT-Drucks. 7/1027, S. 20 und ausführlich Simitis/*Dammann*, § 26 BDSG Rz. 23.

§ 17 BDSG | Vertretung im Europäischen Datenschutzausschuss

Schrifttum: *Kranig*, Zuständigkeit der Datenschutzaufsichtsbehörden – Feststellung des Status quo mit Ausblick auf die DS-GVO, ZD 2013, 550; *Kühling/Martini*, Die Datenschutz-Grundverordnung: Revolution oder Evolution im europäischen und deutschen Datenschutzrecht?, EuZW 2016, 448.

I. Einführung

1 Der § 17 leitet Kapitel 5 des ersten Teils des BDSG ein. In diesem ist in drei Normen die Vertretung im Europäischen Datenschutzausschuss, die sog. „zentrale Anlaufstelle" (beides § 17) sowie die „Zusammenarbeit der Aufsichtsbehörden des Bundes und der Länder in Angelegenheiten der Europäischen Union" (§ 18) einschließlich der Zuständigkeiten in diesem Zusammenhang (§ 19) geregelt.

1. Normaufbau

2 § 17 selbst ist in zwei Absätze gefasst. Der erste Absatz enthält in Satz 1 eine gesetzliche Festlegung des bzw. der Bundesbeauftragten für den Datenschutz und die Informationsfreiheit (i.w. **BfDI**) (hierzu auch Kommentierung zu § 14 BDSG Rz. 7) als **gemeinsamen Vertreter** der deutschen Datenschutzaufsichtsbehörden im Europäischen Datenschutzausschuss[1] und als „**zentrale Anlaufstelle**" (vgl. Erwägungsgrund 119) für die Zusammenarbeit mit den Aufsichtsbehörden der anderen Mitgliedstaaten und der Kommission. Die Sätze 2 bis 5 regeln die Modalitäten der Stellvertretung des „gemeinsamen Vertreters". Im zweiten Absatz findet sich eine Beteiligungsregelung des Stellvertreters für „Angelegenheiten, die die Wahrnehmung einer Aufgabe betreffen, für welche die Länder allein das Recht zur Gesetzgebung haben, oder welche die Einrichtung oder das Verfahren von Landesbehörden betreffen".

2. Verhältnis zur DSGVO

3 § 17 Abs. 1 soll den in Art. 51 Abs. 3 DSGVO und Art. 68 Abs. 4 DSGVO enthaltenen Regelungsauftrag umsetzen, wonach in einem Mitgliedstaat mit mehr als einer Aufsichtsbehörde dieser die Aufsichtsbehörde, die diese Behörden im Europäischen Datenschutzausschuss vertritt, bestimmen soll[2].

4 Gleichzeitig soll mit der Einrichtung einer **zentralen Anlaufstelle** bei der oder dem BfDI der Erwägungsgrund 119 „aufgegriffen" werden[3].

---

1 Zur Frage der Gesetzgebungskompetenz des Bundes *Kühling/Martini*, EuZW 2016, 448 (453).
2 BT-Drucks. 18/11325, S. 89.
3 BT-Drucks. 18/11325, S. 89.

II. Vertretung im Europäischen Datenschutzausschuss

1. BfDI als „gemeinsamer Vertreter" (Abs. 1 Satz 1)

§ 17 Abs. 1 Satz 1 legt fest, dass der bzw. die **BfDI** als gemeinsamer Vertreter der 5
deutschen Datenschutzaufsichtsbehörden im Europäischen Datenausschuss
(Art. 68 DSGVO) fungiert[4]. Der Gesetzgeber zieht als Begründung für diese Zuweisung einerseits den Grundsatz der Außenvertretung des Bundes „*wie er Artikel 23 des Grundgesetzes und dem Gesetz über die Zusammenarbeit von Bund und Ländern in Angelegenheiten der Europäischen Union (EUZBLG) zugrunde liegt*" heran. Als weiteres Argument wird die bisherige Funktion der bzw. des BfDI in der Artikel 29-Datenschutzgruppe genannt, aufgrund derer „*die Dienststelle über jahrelange Erfahrungen und organisatorisch verfestigte Strukturen zur Wahrnehmung der Aufgabe*" verfüge[5].

2. Stellvertreterregelung (Abs. 1 Satz 2-5)

Nach § 17 Abs. 1 Satz 2 kommt den Ländern (lediglich[6]) die Stellvertreterrolle 6
zu. Der **Stellvertreter** des bzw. der BfDI als gemeinsamer Vertreter im Europäischen Datenschutzausschuss (vgl. Art. 68 Abs. 3 DSGVO) wird vom Bundesrat
gewählt[7]. Erforderlich ist die absolute Mehrheit, vgl. Art. 52 Abs. 3 Satz 1 GG[8].
Zum Stellvertreter kann nur eine Leiterin bzw. ein Leiter der Aufsichtsbehörde
eines Landes gewählt werden.

Der Stellvertreter wird für die Dauer von fünf Jahren gewählt (§ 17 Abs. 1
Satz 3). Einziger im BDSG vorgesehener Fall einer vorzeitigen Beendigung ist
das Ausscheiden aus dem Amt als Leiterin oder Leiter der Aufsichtsbehörde
(§ 17 Abs. 1 Satz 4). Daraus folgt, dass – im Gegensatz zur Funktion der bzw.
des BfDI als gemeinsamer Vertreter – die Stellvertreterfunktion an die Person
und nicht an das Amt geknüpft ist.

3. Beteiligungsrechte bei Länderangelegenheiten (Abs. 2)

In „Angelegenheiten, die die Wahrnehmung einer Aufgabe betreffen, für welche 7
die Länder allein das Recht zur Gesetzgebung haben, oder welche die Einrich-

---

4 Zu möglichen Alternativen Auernhammer/*Hermerschmidt*, Art. 68 DSGVO Rz. 34 ff.
5 BT-Drucks. 18/11325, S. 89.
6 Kritisch hierzu Empfehlungen der Ausschüsse BR v. 1.3.2017, BR-Drucks. 110/1/17 (neu), S. 11 f.
7 Die Idee der Rotation (vgl. *Kühling/Martini*, EuZW 2016, 448 (453)) hat offenbar keinen Anklang gefunden.
8 A.A. *Piltz*, § 17 BDSG Rz. 14 – „einfache Mehrheit".

tung oder das Verfahren von Landesbehörden betreffen" wird dem Stellvertreter durch § 17 Abs. 2 das Recht zuerkannt, die Verhandlungsführung und das Stimmrecht im Europäischen Datenschutzausschuss wahrzunehmen, sollte er dies verlangen. In allen anderen Fällen liegen die in Abs. 2 genannten Rechte beim gemeinsamen Vertreter[9].

Zutreffend wurde durch den Bundesrat kritisiert, dass durch die Regelungen in § 17 das (Vollzugs-)Gewicht der Landesaufsichtsbehörden nicht hinreichend berücksichtigt worden sei. Diese seien unter anderem für den Vollzug auch des Bundesdatenschutzrechts gegenüber nichtöffentlichen Stellen zuständig[10]. Die geforderte Erweiterung des Abs. 2 in Form einer Anknüpfung an die Vollzugszuständigkeit ist jedoch nicht übernommen worden.

III. Zentrale Anlaufstelle

8   In Fällen, in denen ein Mitgliedstaat mehrere Aufsichtsbehörden hat, bestimmt Erwägungsgrund 119, dass sichergestellt werden soll, dass diese sich durch Bestimmung einer Aufsichtsbehörde als **zentrale Anlaufstelle** wirksam am Kohärenzverfahren beteiligen sollen. Zudem soll eine rasche und reibungslose Zusammenarbeit mit den Aufsichtsbehörden der anderen Mitgliedstaaten, dem Europäischen Datenschutzausschuss und der Europäischen Kommission gewährleistet werden.

Dementsprechend wird in § 17 Abs. 1 Satz 1 der bzw. die **BfDI** als zentrale Anlaufstelle bestimmt. Ausweislich der Gesetzesbegründung soll die zentrale Anlaufstelle der Dienststelle der bzw. des BfDI organisatorisch angegliedert werden[11]. Ihre (rein unterstützende) Aufgabe soll von den übrigen Aufgaben der bzw. des BfDI organisatorisch getrennt sein[12].

9   Die zentrale Anlaufstelle hat zunächst die Aufgabe, die **Kommunikation** zwischen den deutschen Datenschutzaufsichtsbehörden und denen der anderen Mitgliedstaaten, dem Europäischen Datenschutzausschuss und der Europäischen Kommission zu ermöglichen und zu erleichtern[13]. Insbesondere im Fall der Federführung einer deutschen Aufsichtsbehörde könne die zentrale Anlaufstelle – so die Gesetzesbegründung – bei der Identifizierung der betroffenen Aufsichtsbehörden in anderen Mitgliedstaaten unterstützend tätig sein[14].

10 Des Weiteren hat die zentrale Anlaufstelle die Aufgabe der **Koordinierung** der gemeinsamen Willensbildung unter den Aufsichtsbehörden des Bundes und der

---

9 So auch BeckOK DatenschutzR/*Kisker*, § 17 BDSG Rz. 11.
10 Empfehlungen der Ausschüsse BR v. 1.3.2017, BR-Drucks. 110/1/17 (neu), S. 11.
11 BT-Drucks. 18/11325, S. 89.
12 BT-Drucks. 18/11325, S. 90.
13 BT-Drucks. 18/11325, S. 89.
14 BT-Drucks. 18/11325, S. 89.

Länder[15]. Sie ist bei der Festlegung eines gemeinsamen Standpunktes der Aufsichtsbehörden des Bundes und der Länder im Sinne des § 18 (hierzu § 18 BDSG Rz. 6) „eng einzubinden"[16].

Die zentrale Anlaufstelle hat schließlich die Aufgabe, bei der **Einhaltung von Fristen sowie Form- und Verfahrensregelungen** nach der DSGVO zu unterstützen. 11

Nach der Gesetzesbegründung besteht die Unterstützungsfunktion der zentralen Anlaufstelle über Erwägungsgrund 119 hinaus „für alle Angelegenheiten der Europäischen Union, insbesondere für das Verfahren der Zusammenarbeit der Artikel 60 bis 62 der Verordnung (EU) 2016/679"[17]. Dies ist unproblematisch mit der DSGVO vereinbar, da es sich um eine Regelung des Verfahrens der innerstaatlichen Koordinierung und Meinungsbildung handelt, die den nationalen Gesetzgebern überlassen ist[18]. 12

§ 18 Verfahren der Zusammenarbeit der Aufsichtsbehörden des Bundes und der Länder

(1) Die oder der Bundesbeauftragte und die Aufsichtsbehörden der Länder (Aufsichtsbehörden des Bundes und der Länder) arbeiten in Angelegenheiten der Europäischen Union mit dem Ziel einer einheitlichen Anwendung der Verordnung (EU) 2016/679 und der Richtlinie (EU) 2016/680 zusammen.

Vor der Übermittlung eines gemeinsamen Standpunktes an die Aufsichtsbehörden der anderen Mitgliedstaaten, die Europäische Kommission oder den Europäischen Datenschutzausschuss geben sich die Aufsichtsbehörden des Bundes und der Länder frühzeitig Gelegenheit zur Stellungnahme. Zu diesem Zweck tauschen sie untereinander alle zweckdienlichen Informationen aus.

Die Aufsichtsbehörden des Bundes und der Länder beteiligen die nach den Artikeln 85 und 91 der Verordnung (EU) 2016/679 eingerichteten spezifischen Aufsichtsbehörden, sofern diese von der Angelegenheit betroffen sind.

(2) Soweit die Aufsichtsbehörden des Bundes und der Länder kein Einvernehmen über den gemeinsamen Standpunkt erzielen, legen die federführende Behörde oder in Ermangelung einer solchen der gemeinsame Vertreter und sein Stellvertreter einen Vorschlag für einen gemeinsamen Standpunkt vor.

---

15 BT-Drucks. 18/11325, S. 89.
16 BT-Drucks. 18/11325, S. 92.
17 BT-Drucks. 18/11325, S. 89.
18 BeckOK DatenschutzR/*Kisker*, § 17 BDSG Rz. 6.

Einigen sich der gemeinsame Vertreter und sein Stellvertreter nicht auf einen Vorschlag für einen gemeinsamen Standpunkt, legt in Angelegenheiten, die die Wahrnehmung von Aufgaben betreffen, für welche die Länder allein das Recht der Gesetzgebung haben, oder welche die Einrichtung oder das Verfahren von Landesbehörden betreffen, der Stellvertreter den Vorschlag für einen gemeinsamen Standpunkt fest.

In den übrigen Fällen fehlenden Einvernehmens nach Satz 2 legt der gemeinsame Vertreter den Standpunkt fest.

Der nach den Sätzen 1 bis 3 vorgeschlagene Standpunkt ist den Verhandlungen zu Grunde zu legen, wenn nicht die Aufsichtsbehörden von Bund und Ländern einen anderen Standpunkt mit einfacher Mehrheit beschließen.

Der Bund und jedes Land haben jeweils eine Stimme.

Enthaltungen werden nicht gezählt.

(3) Der gemeinsame Vertreter und dessen Stellvertreter sind an den gemeinsamen Standpunkt nach den Absätzen 1 und 2 gebunden und legen unter Beachtung dieses Standpunktes einvernehmlich die jeweilige Verhandlungsführung fest.

Sollte ein Einvernehmen nicht erreicht werden, entscheidet in den in § 18 Absatz 2 Satz 2 genannten Angelegenheiten der Stellvertreter über die weitere Verhandlungsführung.

In den übrigen Fällen gibt die Stimme des gemeinsamen Vertreters den Ausschlag.

I. Einführung 1	2. Gemeinsamer Standpunkt
1. Normaufbau 2	(Abs. 1) 6
2. Verhältnis zur DSGVO 3	3. Verfahren bei fehlendem
II. Zusammenarbeit zwischen	Einvernehmen (Abs. 2) 10
BfDI und Aufsichtsbehörden	4. Bindungswirkung (Abs. 3) 13
der Länder 4	
1. Allgemeines (Abs. 1) 4	

Schrifttum: *Albrecht/Janson*, Datenschutz und Meinungsfreiheit nach der Datenschutzgrundverordnung, CR 2016, 500; *Kranig*, Zuständigkeit der Datenschutzaufsichtsbehörden – Feststellung des Status quo mit Ausblick auf die DS-GVO, ZD 2013, 550; *Kühling/Martini*, Die Datenschutz-Grundverordnung: Revolution oder Evolution im europäischen und deutschen Datenschutzrecht?, EuZW 2016, 448; *von Lewinski*, Datenschutzaufsicht in Europa als Netzwerk, NVwZ 2017, 1483.

I. Einführung

1   Der § 18 regelt die „Zusammenarbeit der Aufsichtsbehörden des Bundes und der Länder in Angelegenheiten der Europäischen Union". Insbesondere enthält

er Regelungen zum Verfahren in Fällen, in denen kein einvernehmlicher „gemeinsamer Standpunkt" formuliert werden kann.

1. Normaufbau

§ 18 selbst ist in drei Absätze unterteilt. Neben allgemeinen Festlegungen bezüglich Art und Weise der Zusammenarbeit insbesondere bei der Findung eines gemeinsamen Standpunktes (Abs. 1) enthält § 18 Regelungen zur Vorgehensweise für den Fall des Dissens (Abs. 2 und Abs. 3 Satz 2, 3) sowie zur Verbindlichkeit eines gemeinsamen Standpunktes (Abs. 3 Satz 1). 2

2. Verhältnis zur DSGVO

§ 18 enthält Regelungen zur Zusammenarbeit und Willensbildung auf nationaler Ebene. Aus Art. 51 Abs. 3 und Art. 68 Abs. 4 DSGVO folgt, dass in Mitgliedstaaten, in denen – wie in Deutschland – mehrere Aufsichtsbehörden existieren, ein „gemeinsamer Vertreter" benannt werden soll. Bereits die Benennung des gemeinsamen Vertreters soll „im Einklang mit den Rechtsvorschriften dieses Mitgliedstaats" erfolgen (hierzu Kommentierung zu § 17 BDSG). Daraus folgt, dass der Willensbildungsprozess ebenfalls nicht durch die DSGVO vorgegeben, sondern vom jeweiligen Mitgliedstaat geregelt werden darf und soll. 3

II. Zusammenarbeit zwischen BfDI und Aufsichtsbehörden der Länder

1. Allgemeines (Abs. 1)

Durch § 18 Abs. 1 wird zunächst klargestellt, dass der bzw. die BfDI und die Aufsichtsbehörden der Länder ungeachtet der Außenvertretung (hierzu § 17 BDSG) in europäischen Angelegenheiten, die die Anwendung der DSGVO bzw. der Datenschutzrichtlinie für Polizei und Justiz (Richtlinie (EU) 2016/680) betreffen, zusammenarbeiten[1]. 4

Hierdurch soll das „**Prinzip der gegenseitigen Unterstützung und Kooperation der Aufsichtsbehörden** auf Unionsebene" auf das Verhältnis der Aufsichtsbehörden des Bundes und der Länder untereinander übertragen werden. Der Gesetzgeber verfolgt explizit das Ziel, eine einheitliche Anwendung der DSGVO zu erreichen und eine divergierende Rechtspraxis zwischen den deut-

---

[1] Zur generellen Zusammenarbeitsverpflichtung (§ 14 Abs. 1 Nr. 7) des bzw. der BfDI mit den anderen Aufsichtsbehörden s. Kommentierung zu § 14 BDSG Rz. 7.

schen Aufsichtsbehörden zu vermeiden[2]. Zutreffend wird unter Verweis auf die Entlehnung der Sätze 1–3 des § 18 Abs. 1 aus den entsprechenden Regelungen der DSGVO, also dem Zusammenarbeitsgebot, der Stellungnahmemöglichkeit und dem Informationsaustausch, vom „vorgelagerten kleinen Kohärenzverfahren" gesprochen[3].

5 Ausweislich der Gesetzesbegründung[4] sollen von dem Begriff „**europäische Angelegenheiten**" alle Fallgestaltungen erfasst sein, in denen aufgrund der Wirkung für und gegen die übrigen deutschen Datenschutzbehörden und deren Vollzugsentscheidungen eine inhaltliche Vorabstimmung erforderlich ist. Hierzu gehört insbesondere das sog. Kohärenzverfahren (hierzu ausführlich Kommentierung zu Art. 63 DSGVO)[5]. Daneben sind zudem nationale Regelungen erfasst, die auf Grundlage der Öffnungs- bzw. Spezifizierungsklauseln der DSGVO erlassen wurden[6].

2. Gemeinsamer Standpunkt (Abs. 1)

6 Ergebnis der Zusammenarbeit und gemeinsamen Willensbildung ist ein „**gemeinsamer Standpunkt**" aller deutschen Aufsichtsbehörden. Hierbei handelt es sich um die (verbindliche – hierzu noch Rz. 13) Festlegung der Auffassung bzw. Position, die im Kohärenzverfahren und bei Beratungen des Europäischen Datenschutzausschusses vom Vertreter der deutschen Datenschutzbehörden vertreten wird[7].

Es soll, so suggeriert es § 18 Abs. 2, zunächst versucht werden, einen **einvernehmlichen** gemeinsamen Standpunkt zu finden. Ein Einvernehmen ist, dem Sprachsinn entsprechend, nur dann hergestellt, wenn **völlige Willensübereinstimmung** besteht[8]. Das bedeutet, dass alle deutschen Datenschutzaufsichtsbehörden (d.h. die Aufsichtsbehörden des Bundes und der Länder) dem Standpunkt uneingeschränkt zustimmen müssen. Solange dies nicht der Fall ist, liegt kein einvernehmlicher „gemeinsamer" Standpunkt vor.

Sofern der gemeinsame Standpunkt mehrere (logisch trennbare) Teile enthält, kann auch ein teilweises Einvernehmen nur bzgl. einzelner Teile vorliegen. Das

---

2 BT-Drucks. 18/11325, S. 91.
3 BeckOK DatenschutzR/*Kisker*, § 18 BDSG Rz. 4.
4 BT-Drucks. 18/11325, S. 90.
5 BT-Drucks. 18/11325, S. 90, wonach insb. auch die Fälle gemäß Artikel 60 Abs. 6 DSGVO erfasst sein sollen, in denen eine betroffene Aufsichtsbehörde Einspruch gegen den Vorschlag der federführend zuständigen Aufsichtsbehörde in einem Einzelfall einlegt.
6 *Piltz*, § 18 BDSG Rz. 4.
7 Vgl. BeckOK DatenschutzR/*Kisker*, § 18 BDSG Rz. 5.
8 Vgl. in anderem Kontext BVerwG v. 4.11.1960 – VI C 163/58 – BVerwGE 11, 195, 200; BVerwG v. 30.11.1978 – 2 C 6.75 – BVerwGE 57, 98, 101.

folgt aus der Formulierung in § 18 Abs. 2 Satz 1, nach welchem das dort beschriebene Verfahren nur Anwendung findet „soweit" kein Einvernehmen erzielt wurde[9]. Wann, zu welchem Zeitpunkt, in welcher Form und in welchem Verfahren die Zustimmung eingeholt werden muss, regelt § 18 nicht. Die Regelungen zur frühzeitigen Beteiligung in Abs. 1 Satz 2 und zum Austausch „zweckdienlicher Informationen" in Satz 3 sollen das Verfahren der Zusammenarbeit zwar „inhaltlich konturieren"[10], eignen sich hierzu jedoch nur bedingt.

Nach § 18 Abs. 1 Satz 2 sollen die Aufsichtsbehörden des Bundes und der Länder frühzeitig „Gelegenheit zur **Stellungnahme**" erhalten, bevor ein gemeinsamer Standpunkt an die Aufsichtsbehörden der anderen Mitgliedstaaten, die Europäische Kommission oder den Europäischen Datenschutzausschuss übermittelt wird. Sollte eine Aufsichtsbehörde in diesem Zusammenhang Widerspruch erheben, Bedenken oder Alternativvorschläge formulieren, liegt das erforderliche Einvernehmen nicht vor. Aber auch wenn und solange die „Gelegenheit zur Stellungnahme" von einer Aufsichtsbehörde nicht genutzt wurde, liegt ein Einvernehmen (noch) nicht vor. Es genügt nicht, dass eine beteiligte Aufsichtsbehörde in Kenntnis gesetzt wurde und keinen Widerspruch erhebt[11]. Wie oben dargelegt ist vielmehr eine uneingeschränkte Zustimmung aller Aufsichtsbehörden erforderlich, die sinnvollerweise im Rahmen des Beteiligungsverfahrens abzufragen ist. 7

Im Rahmen des Beteiligungsverfahrens und zum Zweck der Erstellung einer Stellungnahme „tauschen" die Aufsichtsbehörden alle „**zweckdienlichen Informationen**" untereinander aus, § 18 Abs. 1 Satz 3. Hierbei handelt es sich andererseits um eine Verpflichtung (zu einer Selbstverständlichkeit), andererseits aber auch um die rechtliche Grundlage für die Übermittlung personenbezogener Daten oder Informationen, die einem Betriebs- und Geschäftsgeheimnis unterliegen[12]. Zweck der Übermittlung ist die Ermöglichung einer Stellungnahme[13]. 8

Nach § 18 Abs. 1 Satz 4 sind (soweit vorhanden) die nach Artikel 85 und 91 DSGVO eingerichteten „**spezifischen Aufsichtsbehörden**" an der Festlegung des gemeinsamen Standpunktes zu beteiligen, soweit diese von der Angelegenheit „betroffen" sind. Es handelt sich hierbei um Aufsichtsbehörden im Bereich der Datenverarbeitung, die zu journalistischen Zwecken oder zu wissenschaftlichen, künstlerischen oder literarischen Zwecken erfolgt (hierzu Kommentierung zu Art. 85 DSGVO), sowie Aufsichtsbehörden im Bereich der Kirchen, religiö- 9

---

9 *Piltz*, § 18 BDSG Rz. 15.
10 So BT-Drucks. 18/11325, S. 91.
11 BVerwG v. 30.11.1978 – 2 C 6.75, BVerwGE 57, 98, 101.
12 BT-Drucks. 18/11325, S. 91, wonach die Regelung an Art. 60 Abs. 1 Satz 2 DSGVO sowie § 38 Abs. 1 Satz 4 BDSG-alt angelehnt ist.
13 *Piltz*, § 18 BDSG Rz. 10.

sen Vereinigungen oder Gemeinschaften[14] (hierzu Kommentierung zu Art. 91 DSGVO Rz. 5).

Nach hier geteilter Auffassung ist eine **Betroffenheit** der spezifischen Aufsichtsbehörden nur gegeben, wenn es sich um datenschutzrechtliche Fragestellungen handelt, die den Tätigkeitsbereich der spezifischen Aufsichtsbehörde betreffen[15]. Bei der Festlegung eines gemeinsamen Standpunktes sollen die Aufsichtsbehörden die Stellungnahmen der „spezifischen Aufsichtsbehörden" lediglich „berücksichtigen"[16]. Ein Zustimmungserfordernis zum schließlich gefassten gemeinsamen Standpunkt ist nicht vorgesehen. Aus § 18 Abs. 2 Satz 1 folgt, dass lediglich ein Einvernehmen zwischen den Aufsichtsbehörden des Bundes und der Länder, nicht aber auch der spezifischen Aufsichtsbehörden, erforderlich ist.

3. Verfahren bei fehlendem Einvernehmen (Abs. 2)

10 § 18 Abs. 2 regelt das Verfahren zur Findung eines gemeinsamen Standpunktes (bzw. Teilen eines gemeinsamen Standpunktes, vgl. oben Rz. 6) in Fällen, in denen ein Einvernehmen zwischen den Aufsichtsbehörden nicht erzielt werden kann. Grundsätzlich legt dann zunächst die **federführende Behörde** einen Vorschlag für einen gemeinsamen Standpunkt vor.

Wenn eine federführende Aufsichtsbehörde nicht vorhanden ist, haben der gemeinsame Vertreter und sein Stellvertreter das **Vorschlagsrecht**. Über den Vorschlag müssen der gemeinsame Vertreter und sein Stellvertreter Einigkeit erzielen, vgl. § 18 Abs. 2 Satz 2.

11 Gelingt dies nicht, greifen die Regelungen des § 18 Abs. 2 Satz 2 und 3. In Fällen, in denen es um Angelegenheiten geht, „die die Wahrnehmung von Aufgaben betreffen, für welche die Länder allein das Recht der Gesetzgebung haben, oder welche die Einrichtung oder das Verfahren von Landesbehörden betreffen", hat der Stellvertreter des gemeinsamen Vertreters das Vorschlagsrecht für einen gemeinsamen Standpunkt. Im Übrigen fällt das Vorschlagsrecht dem gemeinsamen Vertreter zu. Hierdurch soll, in Anlehnung an die in § 5 Abs. 2 und § 6 Abs. 2 EuZBLG entwickelten Mechanismen, den innerstaatlichen Zuständigkeiten des Bundes und der Länder Rechnung getragen und gleichzeitig eine effektive Vertretung der Aufsichtsbehörden im Europäischen Datenschutzausschuss gewährleistet werden[17].

12 Der Vorschlag wird den Verhandlungen zugrunde gelegt. Eine Ablehnung kann nur erfolgen, wenn ein **Gegenvorschlag** vorgelegt wird, hinter dem sich die

---

14 Ausführlich Kühling/Buchner/*Herbst*, Art. 91 DSGVO Rz. 18 ff.
15 *Piltz*, § 18 BDSG Rz. 13.
16 BT-Drucks. 18/11325, S. 91.
17 BT-Drucks. 18/11325, S. 91 f.

Mehrheit der Aufsichtsbehörden des Bundes und der Länder versammelt. Der Bund und jedes Land hat bei der Abstimmung über diese Frage eine Stimme, vgl. § 18 Abs. 2 Satz 5. Dies gilt auch, wenn es in einem Bundesland mehrere Aufsichtsbehörden gibt[18]. Eine Stimmenthaltung ist möglich (§ 18 Abs. 2 Satz 6) und es besteht keine Pflicht zur Mitwirkung[19].

4. Bindungswirkung (Abs. 3)

Unabhängig davon, wie der gemeinsame Standpunkt erzielt wurde, entfaltet dieser Bindungswirkung für den gemeinsamen Vertreter und seinen Stellvertreter. Die **Verhandlungsführung** im Europäischen Datenschutzausschuss, d.h. strategische und taktische Erwägungen zur Durchsetzung des gemeinsamen Standpunkts[20], soll unter Beachtung dieses Standpunktes zwischen den beiden einvernehmlich abgestimmt werden. Auch hier ist also eine ausdrückliche Zustimmung erforderlich. 13

Sollte ein Einvernehmen bezüglich der Verhandlungsführung nicht erzielt werden können, ist die Position des gemeinsamen Vertreters ausschlaggebend. Der Stellvertreter legt die Verhandlungsführung nur in Angelegenheiten, „die die Wahrnehmung von Aufgaben betreffen, für welche die Länder allein das Recht der Gesetzgebung haben, oder welche die Einrichtung oder das Verfahren von Landesbehörden betreffen", fest. 14

§ 19 Zuständigkeiten

(1) **Federführende Aufsichtsbehörde** eines Landes im Verfahren der Zusammenarbeit und Kohärenz nach Kapitel VII der Verordnung (EU) 2016/679 ist die Aufsichtsbehörde des Landes, in dem der Verantwortliche oder der Auftragsverarbeiter seine Hauptniederlassung im Sinne des Artikels 4 Nummer 16 der Verordnung (EU) 2016/679 oder seine einzige Niederlassung in der Europäischen Union im Sinne des Artikels 56 Absatz 1 der Verordnung (EU) 2016/679 hat.

Im Zuständigkeitsbereich der oder des Bundesbeauftragten gilt Artikel 56 Absatz 1 in Verbindung mit Artikel 4 Nummer 16 der Verordnung (EU) 2016/679 entsprechend.

Besteht über die Federführung kein Einvernehmen, findet für die Festlegung der federführenden Aufsichtsbehörde das Verfahren des § 18 Absatz 2 entsprechende Anwendung.

---

18 BT-Drucks. 18/11325, S. 91.
19 BT-Drucks. 18/11325, S. 91.
20 BeckOK DatenschutzR/*Kisker*, § 18 BDSG Rz. 11.

§ 19 BDSG | Zuständigkeiten

(2) Die Aufsichtsbehörde, bei der eine betroffene Person Beschwerde eingereicht hat, gibt die Beschwerde an die federführende Aufsichtsbehörde nach Absatz 1, in Ermangelung einer solchen an die Aufsichtsbehörde eines Landes ab, in dem der Verantwortliche oder der Auftragsverarbeiter eine Niederlassung hat.

Wird eine Beschwerde bei einer sachlich unzuständigen Aufsichtsbehörde eingereicht, gibt diese, sofern eine Abgabe nach Satz 1 nicht in Betracht kommt, die Beschwerde an die Aufsichtsbehörde am Wohnsitz des Beschwerdeführers ab.

Die empfangende Aufsichtsbehörde gilt als die Aufsichtsbehörde nach Maßgabe des Kapitels VII der Verordnung (EU) 2016/679, bei der die Beschwerde eingereicht worden ist, und kommt den Verpflichtungen aus Artikel 60 Absatz 7 bis 9 und Artikel 65 Absatz 6 der Verordnung (EU) 2016/679 nach.

I. Einführung	1	II. Federführende Aufsichtsbehörde (Abs. 1)	5
1. Normaufbau	2		
2. Verhältnis zur DSGVO	3	III. Zuständigkeit für Beschwerden, empfangende Behörde (Abs. 2)	8

Schrifttum: *Kranig*, Zuständigkeit der Datenschutzaufsichtsbehörden – Feststellung des Status quo mit Ausblick auf die DS-GVO, ZD 2013, 550.

I. Einführung

1 Der § 19 regelt die **innerstaatliche Zuständigkeit** der Aufsichtsbehörden des Bundes und der Länder im Verfahren der Zusammenarbeit und Kohärenz nach Kapitel VII (Zusammenarbeit und Kohärenz) der DSGVO[1]. Die Zuständigkeit der (soweit vorhanden) spezifischen Aufsichtsbehörden im Bereich der Presse, des Rundfunks (Art. 85 DSGVO) und der Kirchen und religiösen Vereinigungen (Art. 91 DSGVO) soll hiervon unberührt bleiben[2].

§ 19 ist keine Zuständigkeitsregelung in Fällen rein nationaler Datenverarbeitung[3].

1. Normaufbau

2 § 19 selbst ist in zwei Absätze unterteilt. Der erste Absatz enthält Regelungen zur Festlegung der „federführenden Aufsichtsbehörde". Abs. 2 legt fest, welche Aufsichtsbehörde im Fall einer Beschwerde für den Erlass des Beschlusses (und

---

1 BT-Drucks. 18/11325, S. 92.
2 BT-Drucks. 18/11325, S. 92.
3 BeckOK DatenschutzR/*Kisker*, § 19 BDSG Einleitung.

die Bescheidung des Betroffenen) nach Art. 60 Abs. 7–9 DSGVO (ggf. i.V.m. Art. 65 Abs. 6 DSGVO) zuständig sein soll.

2. Verhältnis zur DSGVO

Die DSGVO enthält keine Regelungen zur Zuständigkeit nationaler Aufsichtsbehörden in Staaten, in denen es mehrere Aufsichtsbehörden gibt. Im Rahmen der daher in § 19 getroffenen Regelung ist bewusst das von der DSGVO vorgesehene **Rollenkonzept der federführenden und der betroffenen Aufsichtsbehörde** (vgl. hierzu die Kommentierung zu Art. 56 DSGVO Rz. 3 ff. sowie Art. 4 DSGVO Rz. 86 ff.) übertragen worden[4]. Hierdurch soll ein „Gleichlauf zwischen der Verordnung und der innerstaatlichen Ausgestaltung der Zuständigkeiten in Verfahren grenzüberschreitender Datenverarbeitung" hergestellt werden[5]. 3

Die in § 19 Abs. 2 getroffene Regelung zur **Zuständigkeit der Bescheidung des Beschwerdeführers** wird mit Blick auf den Wortlaut des Art. 60 Abs. 8 DSGVO kritisiert[6]. Nach diesem soll „die Aufsichtsbehörde, bei der die Beschwerde eingereicht wurde" einen ablehnenden Beschluss erlassen. Nach § 19 Abs. 2 können die Aufsichtsbehörde, bei der eine Beschwerde eingereicht wurde, und die den Beschluss erlassende Behörde jedoch tatsächlich (innerhalb Deutschlands) auseinanderfallen. Nach hier geteilter Auffassung des Gesetzgebers[7] ist das jedoch unproblematisch. Die DSGVO bestimmt mit unmittelbarer Geltung (nur), dass ein Beschwerdeführer, der bei einer deutschen Aufsichtsbehörde eine Beschwerde einlegt, von einer deutschen Aufsichtsbehörde beschieden werden muss[8]. Die DSGVO ermöglicht die Berücksichtigung innerstaatlicher Zuständigkeiten und somit Abgaben von Beschwerden an die jeweils sachnächste Aufsichtsbehörde[9]. 4

II. Federführende Aufsichtsbehörde (Abs. 1)

Nach § 19 Abs. 1 Satz 1 ist **federführende Aufsichtsbehörde** die Aufsichtsbehörde des Landes, in dem der Verantwortliche oder der Auftragsverarbeiter seine Hauptniederlassung im Sinne des Art. 4 Nr. 16 DSGVO (hierzu Kommentierung Art. 4 DSGVO Rz. 59 ff.) oder seine einzige Niederlassung in der Europäischen Union im Sinne des Art. 56 Abs. 1 DSGVO (hierzu Kommentierung Art. 56 DSGVO Rz. 6) hat. 5

---

4 BT-Drucks. 18/11325, S. 92.
5 BT-Drucks. 18/11325, S. 92.
6 *Piltz*, § 19 BDSG Rz. 15; nach Schantz/Wolff/*Wolff*, Rz. 1071 dürfte § 19 Abs. 2 „eine gerichtliche Überprüfung auf seine Unionskonformität kaum überleben".
7 Zustimmend auch BeckOK DatenschutzR/*Kisker*, § 19 BDSG Rz. 4.
8 BT-Drucks. 18/11325, S. 93.
9 BT-Drucks. 18/11325, S. 93.

§ 19 BDSG | Zuständigkeiten

6   In § 19 Abs. 1 Satz 2 wird klargestellt, dass die bzw. der **BfDI** in ihrem oder seinem sachlichen Zuständigkeitsbereich federführende Aufsichtsbehörde ist, wenn der Verantwortliche seine Hauptniederlassung oder einzige EU-Niederlassung in der Bundesrepublik Deutschland hat. Artikel 56 DSGVO soll dann entsprechende Anwendung finden.

7   Sollte über die Federführung kein Einvernehmen erzielt werden können, findet das Verfahren des § 18 Abs. 2 (hierzu Kommentierung zu § 18 BDSG Rz. 10) entsprechende Anwendung. Da es naturgemäß bei dieser Frage keine federführende Aufsichtsbehörde gibt, die einen Vorschlag unterbreiten könnte, soll zunächst grundsätzlich ein gemeinsamer Vorschlag des gemeinsamen Vertreters und seines Stellvertreters erzielt werden, § 18 Abs. 2 Satz 1, 2. Ist das nicht möglich, greifen die Regelungen in § 18 Abs. 2 Satz 2–6.

III. Zuständigkeit für Beschwerden, empfangende Behörde (Abs. 2)

8   In Fällen, in denen eine betroffene Person eine Beschwerde (hierzu näher Kommentierung zu Art. 77 DSGVO Rz. 2 ff.) bei einer Aufsichtsbehörde eingereicht hat, muss diese die Beschwerde ggf. an eine andere Aufsichtsbehörde abgeben, die sog. **empfangende Behörde**.

9   In § 19 Abs. 2 sind drei Fallgestaltungen vorgesehen, in denen die Aufsichtsbehörde, bei der die Beschwerde eingereicht wurde, diese abgeben muss:

1. Eine andere Aufsichtsbehörde ist federführende Aufsichtsbehörde nach § 19 Abs. 1 (§ 19 Abs. 2 Satz 1, 1. Alt.). In diesem Fall erfolgt die Abgabe an die federführende Behörde.
2. Eine federführende Aufsichtsbehörde existiert nicht. Der Verantwortliche oder der Auftragsverarbeiter hat aber (nur) eine Niederlassung in einem anderen Bundesland. In diesem Fall erfolgt die Abgabe an die Aufsichtsbehörde des anderen Landes (§ 19 Abs. 2 Satz 1, 2. Alt).
3. Die Aufsichtsbehörde, bei der die Beschwerde eingereicht wurde, ist sachlich unzuständig und eine Abgabe nach § 19 Abs. 2 Satz 1 kommt nicht in Betracht. In diesem Fall erfolgt die Abgabe an die Aufsichtsbehörde am Wohnsitz des Beschwerdeführers.

Nicht vorgesehen ist die Zurückweisung der Beschwerde unter Verweis auf die (innerstaatliche) Unzuständigkeit. Die Beschwerde muss weitergereicht werden.

10 Die empfangende Aufsichtsbehörde gilt ausweislich § 19 Abs. 2 Satz 3 als die Aufsichtsbehörde nach Maßgabe des Kapitels VII DSGVO, bei der die Beschwerde eingereicht worden ist. Sie muss den Verpflichtungen aus Artikel 60 Abs. 7–9 und Artikel 65 Abs. 6 DSGVO nachkommen. Zur Zulässigkeit dieser Regelung vgl. bereits oben Rz. 4.

Kapitel 6
Rechtsbehelfe

§ 20 Gerichtlicher Rechtsschutz

(1) Für Streitigkeiten zwischen einer natürlichen oder einer juristischen Person und einer Aufsichtsbehörde des Bundes oder eines Landes über Rechte gemäß Artikel 78 Absatz 1 und 2 der Verordnung (EU) 2016/679 sowie § 61 ist der Verwaltungsrechtsweg gegeben.
Satz 1 gilt nicht für Bußgeldverfahren.
(2) Die Verwaltungsgerichtsordnung ist nach Maßgabe der Absätze 3 bis 7 anzuwenden.
(3) Für Verfahren nach Absatz 1 Satz 1 ist das Verwaltungsgericht örtlich zuständig, in dessen Bezirk die Aufsichtsbehörde ihren Sitz hat.
(4) In Verfahren nach Absatz 1 Satz 1 ist die Aufsichtsbehörde beteiligungsfähig.
(5) Beteiligte eines Verfahrens nach Absatz 1 Satz 1 sind
1. die natürliche oder juristische Person als Klägerin oder Antragstellerin und
2. die Aufsichtsbehörde als Beklagte oder Antragsgegnerin.
§ 63 Nummer 3 und 4 der Verwaltungsgerichtsordnung bleibt unberührt.
(6) Ein Vorverfahren findet nicht statt.
(7) Die Aufsichtsbehörde darf gegenüber einer Behörde oder deren Rechtsträger nicht die sofortige Vollziehung gemäß § 80 Absatz 2 Satz 1 Nummer 4 der Verwaltungsgerichtsordnung anordnen.

I. Einführung	1		II. Rechtswegzuweisung (Abs. 1)	4
1. Normaufbau	2		III. Anwendung der Verwaltungs-	
2. Verhältnis zur DSGVO	3		gerichtsordnung (Abs. 2-7)	6

Schrifttum: *Kranig*, Zuständigkeit der Datenschutzaufsichtsbehörden – Feststellung des Status quo mit Ausblick auf die DS-GVO, ZD 2013, 550.

I. Einführung

In § 20 sind die Einzelheiten des gerichtlichen Rechtsschutzes gegen Entscheidungen der Aufsichtsbehörden geregelt. 1

§ 20 BDSG | Gerichtlicher Rechtsschutz

1. Normaufbau

2 § 20 enthält sieben Absätze. Während Abs. 1 Klarstellungen bezüglich des richtigen Rechtswegs enthält, stellt Abs. 2 klar, dass grundsätzlich die VwGO Anwendung findet. Die Abs. 3–7 enthalten zur VwGO abweichende Regelungen.

2. Verhältnis zur DSGVO

3 Nach Art. 78 Abs. 1 DSGVO hat jede natürliche oder juristische Person „das Recht auf einen wirksamen gerichtlichen Rechtsbehelf gegen einen sie betreffenden rechtsverbindlichen Beschluss einer Aufsichtsbehörde". Gleiches gilt nach Art. 78 Abs. 2 für betroffene Personen „wenn die nach den Artikeln 55 und 56 [DSGVO] zuständige Aufsichtsbehörde sich nicht mit einer Beschwerde befasst oder die betroffene Person nicht innerhalb von drei Monaten über den Stand oder das Ergebnis der gemäß Artikel 77 [DSGVO] erhobenen Beschwerde in Kenntnis gesetzt hat". Mit § 20 sollen Regelungen für diese Fälle (und für die Parallelregelung des § 61 – vgl. auch Art. 53 Abs. 1 Datenschutzrichtlinie für Polizei und Justiz (Richtlinie (EU) 2016/680)) getroffen werden.

II. Rechtswegzuweisung (Abs. 1)

4 § 20 Abs. 1 Satz 1 enthält eine mit Blick auf § 40 VwGO überflüssige Klarstellung, dass für Streitigkeiten natürlicher und juristischer Personen mit einer deutschen Aufsichtsbehörde über deren Beschlüsse sowie im Fall der Untätigkeit (hierzu Kommentierung zu Art. 77 DSGVO Rz. 11) der **Verwaltungsrechtsweg** gegeben ist. Die Regelung soll dem § 40 Abs. 1 Satz 1 VwGO als „speziellere und neuere Regelung vorgehen"[1]. Da es sich bei den referenzierten Streitigkeiten jedoch um solche öffentlich-rechtlicher Natur und nichtverfassungsrechtlicher Art handelt und dementsprechend die Voraussetzungen des § 40 Abs. 1 Satz 1 VwGO erfüllt sind, liegt gerade keine aufdrängende Sonderzuweisung vor, sondern nur eine in Gesetzesform gegossene Darstellung des rechtlichen Status Quo[2].

5 In **Bußgeldverfahren** ist – das stellt § 20 Abs. 1 Satz 2 klar – nicht der Verwaltungsrechtsweg, sondern der Weg zu den ordentlichen Gerichten eröffnet[3]. Zum Bußgeldverfahren s. auch die Regelungen in § 41 sowie die dortige Kommentierung.

---

1 BT-Drucks. 18/11655, S. 29.
2 Kritisch auch BR-Drucks. 110/17, S. 14; dies aufgreifend *Piltz*, § 20 BDSG Rz. 5–7.
3 BT-Drucks. 18/11325, S. 93.

III. Anwendung der Verwaltungsgerichtsordnung (Abs. 2–7)

§ 20 Abs. 2 erklärt (für Verfahren nach Abs. 1 Satz 1) die Regelungen der VwGO „nach Maßgabe der Absätze 3–7" für anwendbar. Dementsprechend gelten folgende Besonderheiten: 6

1. Nach § 20 Abs. 3 ist abweichend von §§ 52, 53 VwGO das **Verwaltungsgericht örtlich zuständig**, in dessen Bezirk die Aufsichtsbehörde ihren Sitz hat.
2. Abweichend von § 61 Nr. 3 VwGO ist nach § 20 Abs. 4 „die Aufsichtsbehörde" – auch eines Landes – **beteiligungsfähig**, auch wenn es keine entsprechende Landesregelung gibt[4].
3. Nach § 20 Abs. 5 sind **Verfahrensbeteiligte** a) die natürliche oder juristische Person als Klägerin oder Antragstellerin und b) die Aufsichtsbehörde als Beklagte oder Antragsgegnerin. Eine nennenswerte Abweichung von § 63 Nr. 1 und 2 VwGO lässt sich mit Blick auf die betroffenen Verfahren (Art. 78 Abs. 1 und 2 DSGVO) nicht erkennen, so dass Abs. 5 zutreffend als Klarstellung ohne Mehrwert bezeichnet wird[5]. Die Beteiligung eines Beigeladenen (§ 63 Nr. 3 VwGO) sowie eines „Vertreter[s] des Bundesinteresses beim Bundesverwaltungsgericht oder de[s] Vertreter[s] des öffentlichen Interesses, falls er von seiner Beteiligungsbefugnis Gebrauch macht" (§ 63 Nr. 4 VwGO) bleibt möglich.
4. § 20 Abs. 6 bestimmt, dass ein **Vorverfahren nicht stattfindet**, vgl. auch § 68 Abs. 1 Satz 2 VwGO. Ein Widerspruch ist dementsprechend nicht statthaft.
5. Die Aufsichtsbehörde darf (nur) **gegenüber einer Behörde** oder deren Rechtsträger **nicht die sofortige Vollziehung** gemäß § 80 Abs. 2 Satz 1 Nr. 4 VwGO anordnen, § 20 Abs. 7. Eine eventuelle Anfechtungsklage hätte also stets aufschiebende Wirkung, vgl. § 80 Abs. 1 VwGO. Als Behörde sind nach hier vertretener Auffassung nicht nur alle Stellen anzusehen, die öffentliche Aufgaben wahrnehmen, vgl. § 1 Abs. 4 VwVfG[6]. Wie im Fall des § 17 VwVG auch, der die Anwendung von Mitteln des Verwaltungszwangs durch einen Hoheitsträger gegenüber einem anderen grundsätzlich[7] ausschließt, ist der Begriff in einem weiten verwaltungsorganisationsrechtlichen Sinne zu verstehen[8]. Er umfasst jede organisatorische Einheit eines beliebigen Verwaltungsträgers einschließlich der Beliehenen, soweit sie im Rahmen der ihnen übertragenen öffentlichen Aufgaben handeln[9].

---

4 Kritisch *Piltz*, § 20 BDSG Rz. 14.
5 *Piltz*, § 20 BDSG Rz. 16.
6 Hierzu z.B. Stelkens/Bonk/Sachs/*Schmitz*, VwVfG, 8. Aufl. 2018, § 1 Rz. 225 ff.
7 Der § 20 Abs. 7 BDSG ist keine Ausnahmeregelung i.S.d. § 17 VwVG, *Piltz*, § 20 BDSG Rz. 24.
8 Vgl. BeckOK VwVfG/*Deusch/Burr*, § 17 VwVG Rz. 2.
9 BeckOK VwVfG/*Deusch/Burr*, § 17 VwVG Rz. 2 mit Nachweisen zur a.A.

§ 21 Antrag der Aufsichtsbehörde auf gerichtliche Entscheidung bei angenommener Rechtswidrigkeit eines Beschlusses der Europäischen Kommission

(1) Hält eine Aufsichtsbehörde einen Angemessenheitsbeschluss der Europäischen Kommission, einen Beschluss über die Anerkennung von Standardschutzklauseln oder über die Allgemeingültigkeit von genehmigten Verhaltensregeln, auf dessen Gültigkeit es für eine Entscheidung der Aufsichtsbehörde ankommt, für rechtswidrig, so hat die Aufsichtsbehörde ihr Verfahren auszusetzen und einen Antrag auf gerichtliche Entscheidung zu stellen.

(2) Für Verfahren nach Absatz 1 ist der Verwaltungsrechtsweg gegeben. Die Verwaltungsgerichtsordnung ist nach Maßgabe der Absätze 3 bis 6 anzuwenden.

(3) Über einen Antrag der Aufsichtsbehörde nach Absatz 1 entscheidet im ersten und letzten Rechtszug das Bundesverwaltungsgericht.

(4) In Verfahren nach Absatz 1 ist die Aufsichtsbehörde beteiligungsfähig. An einem Verfahren nach Absatz 1 ist die Aufsichtsbehörde als Antragstellerin beteiligt; § 63 Nummer 3 und 4 der Verwaltungsgerichtsordnung bleibt unberührt.

Das Bundesverwaltungsgericht kann der Europäischen Kommission Gelegenheit zur Äußerung binnen einer zu bestimmenden Frist geben.

(5) Ist ein Verfahren zur Überprüfung der Gültigkeit eines Beschlusses der Europäischen Kommission nach Absatz 1 bei dem Gerichtshof der Europäischen Union anhängig, so kann das Bundesverwaltungsgericht anordnen, dass die Verhandlung bis zur Erledigung des Verfahrens vor dem Gerichtshof der Europäischen Union auszusetzen sei.

(6) In Verfahren nach Absatz 1 ist § 47 Absatz 5 Satz 1 und Absatz 6 der Verwaltungsgerichtsordnung entsprechend anzuwenden.

Kommt das Bundesverwaltungsgericht zu der Überzeugung, dass der Beschluss der Europäischen Kommission nach Absatz 1 gültig ist, so stellt es dies in seiner Entscheidung fest.

Andernfalls legt es die Frage nach der Gültigkeit des Beschlusses gemäß Artikel 267 des Vertrags über die Arbeitsweise der Europäischen Union dem Gerichtshof der Europäischen Union zur Entscheidung vor.

I. Allgemeines	1	II. Unionsrechtskonforme Auslegung des Abs. 6	3

Schrifttum: *Kröger,* Verwaltungsprozessualer Rechtsbehelf der Aufsichtsbehörden zur Kontrolle des internationalen Datentransfers, NVwZ 2017, 1730.

I. Allgemeines

§ 21 stellt eine wortlautgleiche Übernahme des § 42b BDSG-alt dar, der erst mit Wirkung zum 6.7.2017[1] in das BDSG aufgenommen wurde[2]. Es handelt sich um eine Regelung zu **Rechtsbehelfen der Aufsichtsbehörden des Bundes und der Länder** gegen Angemessenheitsbeschlüsse der Europäischen Kommission nach Art. 45 DSGVO (vgl. die Kommentierung dort) sowie Art. 36 der Datenschutzrichtlinie für Polizei und Justiz (Richtlinie (EU) 2016/680), gegen Genehmigungen von Standarddatenschutzklauseln[3] und genehmigte Verhaltensregeln nach Art. 46 Abs. 2 Buchst. c–e DSGVO (s. Kommentierung dort) sowie gegen Beschlüsse über die Allgemeingültigkeit von Verhaltensregeln nach Art. 40 Abs. 9 DSGVO (s. Kommentierung dort)[4]. 1

Die Regelung dient der **Umsetzung des „Schrems"-Urteils des EuGH**[5], in welchem dieser es als „Sache des nationalen Gesetzgebers" angesehen hatte, entsprechende „Rechtsbehelfe vorzusehen, die es der betreffenden nationalen Kontrollstelle ermöglichen, die von ihr für begründet erachteten Rügen vor den nationalen Gerichten geltend zu machen, damit diese, wenn sie die Zweifel der Kontrollstelle an der Gültigkeit der Entscheidung der Europäischen Kommission teilen, um eine Vorabentscheidung über deren Gültigkeit ersuchen."[6] 2

II. Unionsrechtskonforme Auslegung des Abs. 6

Auf entsprechenden Antrag einer Aufsichtsbehörde entscheidet das BVerwG nach dem Willen des Gesetzgebers als in erster und letzter Instanz sonderzuständiges[7] Gericht im Rahmen einer **besonderen Form des verwaltungsprozessualen Normenkontrollverfahrens**[8] entweder, dass es den Beschluss der Kommission für gültig hält (§ 21 Abs. 6 Satz 2) oder es einer Entscheidung des EuGH im Wege des Vorabentscheidungsverfahrens nach Art. 267 AEUV bedarf (§ 21 Abs. 6 Satz 3). 3

Dass es für das **BVerwG als Gericht letzter Instanz** demnach möglich sein soll, die Gültigkeit auch ohne Anrufung des EuGH positiv festzustellen, wird zutref- 4

---

1 Durch Gesetz v. 30.6.2017 (BGBl. I S. 2097).
2 Hierzu ganz ausführlich *Kröger*, NVwZ 2017, 1730.
3 Die Bezeichnung als „Standardschutzklauseln" statt „Standarddatenschutzklauseln" in Abs. 1 dürfte ein gesetzgeberisches Versehen sein, *Piltz*, § 21 BDSG Rz. 2 Fn. 4.
4 BT-Drucks. 18/11325, S. 94.
5 EuGH v. 6.10.2015 – C-362/14, CR 2015, 633.
6 EuGH v. 6.10.2015 – C-362/14 Rz. 65, CR 2015, 633.
7 *Piltz*, § 21 BDSG Rz. 8.
8 *Kröger*, NVwZ 2017, 1730 (1732).

fend für unvereinbar mit Art. 267 Abs. 3 AEUV gehalten[9]. Dieser bestimmt, dass wenn „eine derartige Frage in einem schwebenden Verfahren bei einem einzelstaatlichen Gericht gestellt [wird], dessen Entscheidungen selbst nicht mehr mit Rechtsmitteln des innerstaatlichen Rechts angefochten werden können, [...] dieses Gericht zur Anrufung des Gerichtshofs verpflichtet" ist. Es besteht also eine **Vorlagepflicht**[10]. § 21 Abs. 6 ist unionsrechtskonform dahingehend auszulegen, dass es stets einer Anrufung des EuGH bedarf[11]. Das BVerwG darf nicht ohne Beteiligung des EuGH die Rechtmäßigkeit eines Kommissionsbeschlusses feststellen[12].

Teil 2
Durchführungsbestimmungen für Verarbeitungen zu Zwecken gemäß Artikel 2 der Verordnung (EU) 2016/679

Kapitel 1
Rechtsgrundlagen der Verarbeitung personenbezogener Daten

Abschnitt 1
Verarbeitung besonderer Kategorien personenbezogener Daten und Verarbeitung zu anderen Zwecken

§ 22 Verarbeitung besonderer Kategorien personenbezogener Daten

(1) Abweichend von Artikel 9 Absatz 1 der Verordnung (EU) 2016/679 ist die Verarbeitung besonderer Kategorien personenbezogener Daten im Sinne des Artikels 9 Absatz 1 der Verordnung (EU) 2016/679 zulässig

---

9 *Kröger*, NVwZ 2017, 1730 (1734); a.A. *Piltz*, § 21 BDSG Rz. 27 unter Berufung auf EuGH v. 10.1.2006 – C-344/04 Rz. 29. Dort findet sich jedoch nur die Feststellung, dass „Gerichte, deren Entscheidungen mit Rechtsmitteln des innerstaatlichen Rechts *angefochten werden können* [...] die Gültigkeit eines Gemeinschaftsrechtsakts prüfen und die von den Parteien für die Ungültigkeit vorgebrachten Gründe, wenn sie sie nicht für zutreffend halten, mit der Feststellung zurückweisen können, dass der Rechtsakt in vollem Umfang gültig sei" (Hervorhebung nur hier).
10 Hierzu – insb. auch zu den Grenzen der Vorlagepflicht – Callies/Ruffert/*Wegener*, Art. 267 AEUV Rz. 27 sowie Rz. 31 ff.
11 *Kröger*, NVwZ 2017, 1730 (1734).
12 *Kröger*, NVwZ 2017, 1730 (1734).

1. durch öffentliche und nichtöffentliche Stellen, wenn sie
   a) erforderlich ist, um die aus dem Recht der sozialen Sicherheit und des Sozialschutzes erwachsenden Rechte auszuüben und den diesbezüglichen Pflichten nachzukommen,
   b) zum Zweck der Gesundheitsvorsorge, für die Beurteilung der Arbeitsfähigkeit des Beschäftigten, für die medizinische Diagnostik, die Versorgung oder Behandlung im Gesundheits- oder Sozialbereich oder für die Verwaltung von Systemen und Diensten im Gesundheits- und Sozialbereich oder aufgrund eines Vertrags der betroffenen Person mit einem Angehörigen eines Gesundheitsberufs erforderlich ist und diese Daten von ärztlichem Personal oder durch sonstige Personen, die einer entsprechenden Geheimhaltungspflicht unterliegen, oder unter deren Verantwortung verarbeitet werden, oder
   c) aus Gründen des öffentlichen Interesses im Bereich der öffentlichen Gesundheit, wie des Schutzes vor schwerwiegenden grenzüberschreitenden Gesundheitsgefahren oder zur Gewährleistung hoher Qualitäts- und Sicherheitsstandards bei der Gesundheitsversorgung und bei Arzneimitteln und Medizinprodukten erforderlich ist; ergänzend zu den in Absatz 2 genannten Maßnahmen sind insbesondere die berufsrechtlichen und strafrechtlichen Vorgaben zur Wahrung des Berufsgeheimnisses einzuhalten,
2. durch öffentliche Stellen, wenn sie
   a) aus Gründen eines erheblichen öffentlichen Interesses zwingend erforderlich ist,
   b) zur Abwehr einer erheblichen Gefahr für die öffentliche Sicherheit erforderlich ist,
   c) zur Abwehr erheblicher Nachteile für das Gemeinwohl oder zur Wahrung erheblicher Belange des Gemeinwohls zwingend erforderlich ist oder
   d) aus zwingenden Gründen der Verteidigung oder der Erfüllung über- oder zwischenstaatlicher Verpflichtungen einer öffentlichen Stelle des Bundes auf dem Gebiet der Krisenbewältigung oder Konfliktverhinderung oder für humanitäre Maßnahmen erforderlich ist

und soweit die Interessen des Verantwortlichen an der Datenverarbeitung in den Fällen der Nummer 2 die Interessen der betroffenen Person überwiegen.

(2) In den Fällen des Absatzes 1 sind angemessene und spezifische Maßnahmen zur Wahrung der Interessen der betroffenen Person vorzusehen. Unter Berücksichtigung des Stands der Technik, der Implementierungskosten und der Art, des Umfangs, der Umstände und der Zwecke der Verarbeitung sowie der unterschiedlichen Eintrittswahrscheinlichkeit und Schwere der mit der

§ 22 BDSG | Verarbeitung besonderer Kategorien personenbezogener Daten

Verarbeitung verbundenen Risiken für die Rechte und Freiheiten natürlicher Personen können dazu insbesondere gehören:

1. technisch organisatorische Maßnahmen, um sicherzustellen, dass die Verarbeitung gemäß der Verordnung (EU) 2016/679 erfolgt,
2. Maßnahmen, die gewährleisten, dass nachträglich überprüft und festgestellt werden kann, ob und von wem personenbezogene Daten eingegeben, verändert oder entfernt worden sind,
3. Sensibilisierung der an Verarbeitungsvorgängen Beteiligten,
4. Benennung einer oder eines Datenschutzbeauftragten,
5. Beschränkung des Zugangs zu den personenbezogenen Daten innerhalb der verantwortlichen Stelle und von Auftragsverarbeitern,
6. Pseudonymisierung personenbezogener Daten,
7. Verschlüsselung personenbezogener Daten,
8. Sicherstellung der Fähigkeit, Vertraulichkeit, Integrität, Verfügbarkeit und Belastbarkeit der Systeme und Dienste im Zusammenhang mit der Verarbeitung personenbezogener Daten, einschließlich der Fähigkeit, die Verfügbarkeit und den Zugang bei einem physischen oder technischen Zwischenfall rasch wiederherzustellen,
9. zur Gewährleistung der Sicherheit der Verarbeitung die Einrichtung eines Verfahrens zur regelmäßigen Überprüfung, Bewertung und Evaluierung der Wirksamkeit der technischen und organisatorischen Maßnahmen oder
10. spezifische Verfahrensregelungen, die im Fall einer Übermittlung oder Verarbeitung für andere Zwecke die Einhaltung der Vorgaben dieses Gesetzes sowie der Verordnung (EU) 2016/679 sicherstellen.

I. Einführung	1	3. Öffentliche Gesundheit	
1. Normaufbau	1	(Abs. 1 Nr. 1 Buchst. c)	9
2. Verhältnis zur DSGVO	3	4. Öffentliches Interesse	
3. Änderungen gegenüber dem BDSG-alt	5	(Abs. 1 Nr. 2)	10
II. Erlaubnistatbestände (Abs. 1)	6	III. Maßnahmen zur Wahrung der Interessen der betroffenen Person (Abs. 2)	11
1. Soziale Sicherheit und Sozialschutz (Abs. 1 Nr. 1 Buchst. a)	7	IV. Zweckänderung	12
2. Gesundheitsvorsorge (Abs. 1 Nr. 1 Buchst. b)	8		

Schrifttum: *Greve*, Das neue Bundesdatenschutzgesetz, NVwZ 2017, 737; *Kremer*, Wer braucht warum das neue BDSG? Auseinandersetzung mit wesentlichen Inhalten des BDSG n.F., CR 2017, 367; *Kühling*, Neues Bundesdatenschutzgesetz – Anpassungsbedarf bei Unternehmen, NJW 2017, 1985.

Verarbeitung besonderer Kategorien personenbezogener Daten | § 22 BDSG

I. Einführung

1. Normaufbau

Die Norm regelt, unter welchen Voraussetzungen die Verarbeitung besonderer 1
Kategorien personenbezogener Daten – also der sog. „**sensiblen Daten**" – zulässig ist. Soweit also bei einer Verarbeitung personenbezogener Daten auch besondere Kategorien personenbezogener Daten verarbeitet werden, ist im Anwendungsbereich des BDSG nicht auf die allgemeine Erlaubnisnorm abzustellen, sondern vorrangig auf § 22. Zum Verhältnis zur DSGVO s. nachfolgend Rz. 3.

§ 22 Abs. 1 ordnet an, unter welchen Voraussetzungen bzw. zu welchen Zwe- 2
cken die Verarbeitung besonderer Kategorien personenbezogener Daten überhaupt möglich ist. Dabei wird unterschieden zwischen den Regelungen der Nr. 1, die sowohl für öffentliche und nichtöffentliche Stellen gelten, und den Regelungen der Nr. 2, die nur für öffentliche Stellen gelten. § 22 Abs. 2 ordnet an, dass der Verantwortliche angemessene und spezifische Maßnahmen zur Wahrung der Interessen der betroffenen Person vorzusehen hat, wie z.b. Verschlüsselungen oder Pseudonymisierungen.

2. Verhältnis zur DSGVO

In § 22 Abs. 1 Satz 1 heißt es, dass die Verarbeitung sensibler Daten nach die- 3
sem § 22 „**abweichend**" von Art. 9 Abs. 1 DSGVO zulässig sei. Diese unglücklich gewählte Formulierung wirft die Frage auf, ob die Erlaubnisnormen des BDSG neben diejenigen der DSGVO treten oder diese verdrängen. Der referenzierte Art. 9 Abs. 1 DSGVO enthält ein generelles Verbot der Verarbeitung solcher Daten. Art. 9 Abs. 2 DSGVO listet bestimmte Erlaubnistatbestände auf, für die das Verbot des Art. 9 Abs. 1 DSGVO nicht gilt. Vor diesem Hintergrund ist § 22 so zu lesen, dass die Erlaubnistatbestände des BDSG **zusätzlich** zu denen des Art. 9 Abs. 2 DSGVO greifen. Dies folgt nicht zuletzt auch aus § 25 Abs. 3, der einen Sonderfall der Übermittlung sensibler Daten durch Behörden an Private regelt und dort die Erlaubnisnormen der DSGVO und des BDSG durch eine „oder"-Verbindung verknüpft.

§ 22 setzt die durch Art. 9 Abs. 2 DSGVO eröffneten Spielräume um. Art. 9 4
Abs. 2 DSGVO stellt im Rahmen bestimmter Erlaubnistatbestände darauf ab, ob eine Verarbeitung nach dem **Recht der Mitgliedstaaten** zulässig ist. Die DSGVO-Norm sieht also vor, dass Ausnahmen vom grundsätzlichen Verarbeitungsverbot des Art. 9 Abs. 1 DSGVO im nationalen Recht geregelt werden können. Mit dem § 22 sind solche Erlaubnistatbestände geschaffen worden, die dann wiederum die Zulässigkeit der Verarbeitung nach dem – vorrangig zu prü-

§ 22 BDSG | Verarbeitung besonderer Kategorien personenbezogener Daten

fenden – Art. 9 Abs. 2 DSGVO eröffnen[1]. Für die Verarbeitung besonderer Kategorien personenbezogener Daten i.S.d. Art. 9 DSGVO schafft § 22 somit eine eigene Rechtsgrundlage[2]. Nach der hier vertretenen Ansicht richtet sich die Zulässigkeit der Verarbeitung der von § 22 erfassten Daten sodann allein nach dieser Norm, ohne dass zusätzlich noch die Voraussetzungen des Art. 6 Abs. 1 DSGVO gegeben sein müssten[3].

3. Änderungen gegenüber dem BDSG-alt

5 Das BDSG-alt definierte die besonderen Arten personenbezogener Daten als „Angaben über die rassische und ethnische Herkunft, politische Meinungen, religiöse oder philosophische Überzeugungen, Gewerkschaftszugehörigkeit, Gesundheit oder Sexualleben" (§ 3 Abs. 9 BDSG-alt). Das BDSG enthält keine eigenständige Definition, sondern verweist auf die Definition der DSGVO, die sich dort in Art. 9 Abs. 1 DSGVO findet. Neben kleineren Abweichungen in den Formulierungen sind gegenüber dem BDSG-alt folgende Datentypen ergänzt worden: **genetische Daten** und **biometrische Daten** zur eindeutigen Identifizierung einer natürlichen Person.

II. Erlaubnistatbestände (Abs. 1)

6 Die Erlaubnistatbestände des § 22 Abs. 1 Nr. 1 gelten sowohl für **öffentliche als auch nichtöffentliche Stellen**. Die Tatbestände der Nr. 1 verlangen lediglich die „**Erforderlichkeit**" der Maßnahme. Anders als bei den Tatbeständen der Nr. 2 ist nicht noch darüber hinausgehend zu prüfen, ob die Interessen des Verantwortlichen die Interessen der betroffenen Person überwiegen (s. dazu die Formulierung am Ende von § 22 Abs. 1, der insoweit nur die Tatbestände der Nr. 2 in Bezug nimmt).

1. Soziale Sicherheit und Sozialschutz (Abs. 1 Nr. 1 Buchst. a)

7 Nach § 22 Abs. 1 Nr. 1 Buchst. a ist die Verarbeitung sensibler Daten zulässig, wenn dies erforderlich ist, um die aus dem Recht der sozialen Sicherheit und des Sozialschutzes erwachsenden Rechte auszuüben und den diesbezüglichen Pflichten nachzukommen. Gestattet ist also sowohl die Verarbeitung zur Wahrung eigener Rechte des Verantwortlichen als auch die Verarbeitung zu dem Zweck,

---
1 Generell zum Verhältnis zwischen DSGVO und BDSG vgl. z.B. *Kremer*, CR 2017, 367 (368).
2 *Greve*, NVwZ 2017, 737 (738).
3 A.A. *Piltz*, § 9 BDSG Rz. 3 m.w.N. zum Meinungsstand.

den gesetzlichen Pflichten des Verantwortlichen nachzukommen. Die Norm setzt die Vorgabe des Art. 9 Abs. 2 Buchst. b DSGVO um.

2. Gesundheitsvorsorge (Abs. 1 Nr. 1 Buchst. b)

Die Regelung in § 22 Abs. 1 Nr. 1 Buchst. b listet verschiedene Tätigkeiten aus dem **Gesundheitsbereich**. Die Norm setzt die Vorgabe des Art. 9 Abs. 2 Buchst. h DSGVO um. Wenn also die Verarbeitung sensibler Daten erforderlich ist, um z.B. die Arbeitsfähigkeit eines Beschäftigten zu beurteilen, so ist eine solche Verarbeitung nach dieser Norm erlaubt. Darüber hinaus regelt Buchst. b auch einen besonderen Tatbestand der Vertragsdurchführung. Die Verarbeitung sensibler Daten ist dann zulässig, wenn sie zur Durchführung eines Vertrags der betroffenen Person mit einem Angehörigen eines Gesundheitsberufs, typischerweise einem Arzt, erforderlich ist. Allerdings müssen in diesen Fällen die in Buchst. b normierten Anforderungen an die Geheimhaltungspflicht derjenigen Personen gegeben sein, welche die Daten verarbeiten.

8

3. Öffentliche Gesundheit (Abs. 1 Nr. 1 Buchst. c)

Die Regelung in § 22 Abs. 1 Nr. 1 Buchst. c bezieht sich ebenfalls auf den **Gesundheitsbereich**, erfordert hier jedoch ein öffentliches Interesse als Voraussetzung dafür, dass die Verarbeitung auf diese Norm gestützt werden kann. Darüber hinaus wird angeordnet, dass neben den nach § 22 Abs. 2 zu treffenden Maßnahmen die berufsrechtlichen und strafrechtlichen Vorgaben zur Wahrung des Berufsgeheimnisses einzuhalten sind.

9

4. Öffentliches Interesse (Abs. 1 Nr. 2)

Der Anwendungsbereich der Regelung in § 22 Abs. 1 Nr. 2 ist auf eine Verarbeitung durch **öffentliche Stellen** beschränkt. Sie etabliert besonders hohe Hürden für die Verarbeitung, indem auf eine „zwingende" Erforderlichkeit und „erhebliche" Gefahren bzw. Interessen von großer öffentlicher Bedeutung abgestellt wird. Zudem stellt die Norm die Verarbeitung unter den weiteren Vorbehalt einer Interessenabwägung. Semantisch kann es eine „zwingende" Erforderlichkeit eigentlich nicht geben. Die Formulierung ist wohl so zu verstehen, dass im Rahmen der Interessenabwägung ein besonders **strenger Maßstab** anzulegen ist.

10

III. Maßnahmen zur Wahrung der Interessen der betroffenen Person (Abs. 2)

11 Nach § 22 Abs. 2 ist der Verantwortliche dazu verpflichtet, angemessene und **spezifische Maßnahmen** zur Wahrung der Interessen der betroffenen Person vorzusehen. Es ist wohl davon auszugehen, dass die Nichteinhaltung dieser Anforderungen zu Unzulässigkeit der Verarbeitung nach § 22 Abs. 1 führt[4]. Die Liste der Maßnahmen ist als „insbesondere"-Liste ausgestaltet. Es ist also einerseits nicht ausgeschlossen, dass der Verantwortliche zur Ergreifung noch weiterer Maßnahmen verpflichtet sein kann, wenn dies zur Wahrung der Interessen der betroffenen Person erforderlich ist. Andererseits zeigt die Wahl der Formulierung, wonach die aufgelisteten Maßnahmen zu den zu treffenden Maßnahmen gehören „können", dass keine Pflicht besteht, stets sämtliche dieser Maßnahmen zu ergreifen. Im Ergebnis ist also eine **wertende Betrachtung** anhand der in § 22 Abs. 1 Satz 2 aufgelisteten Kriterien vorzunehmen. Zu berücksichtigen ist schließlich, dass weitergehende Pflichten unter der DSGVO bzw. dem BDSG selbstverständlich unberührt bleiben. Wenn es also z.B. heißt, dass die Benennung eines Datenschutzbeauftragten eine der zu treffenden Maßnahmen sein kann, so führt dies freilich nicht zu einer Entbindung von der generellen Pflicht zur Bestellung eines Datenschutzbeauftragten, soweit diese nach der DSGVO bzw. dem BDSG besteht.

IV. Zweckänderung

12 Die Frage, unter welchen Voraussetzungen bei der Verarbeitung sensibler Daten eine **Zweckänderung** vorgenommen werden darf, ist nicht in § 22, indes in § 23 Abs. 2 für den öffentlichen Bereich und in § 24 Abs. 2 für den nichtöffentlichen Bereich geregelt.

§ 23 Verarbeitung zu anderen Zwecken durch öffentliche Stellen

(1) Die Verarbeitung personenbezogener Daten zu einem anderen Zweck als zu demjenigen, zu dem die Daten erhoben wurden, durch öffentliche Stellen im Rahmen ihrer Aufgabenerfüllung ist zulässig, wenn

1. offensichtlich ist, dass sie im Interesse der betroffenen Person liegt und kein Grund zu der Annahme besteht, dass sie in Kenntnis des anderen Zwecks ihre Einwilligung verweigern würde,

2. Angaben der betroffenen Person überprüft werden müssen, weil tatsächliche Anhaltspunkte für deren Unrichtigkeit bestehen,

---

4 So auch *Kremer*, CR 2017, 367 (373).

3. sie zur Abwehr erheblicher Nachteile für das Gemeinwohl oder einer Gefahr für die öffentliche Sicherheit, die Verteidigung oder die nationale Sicherheit, zur Wahrung erheblicher Belange des Gemeinwohls oder zur Sicherung des Steuer- und Zollaufkommens erforderlich ist,

4. sie zur Verfolgung von Straftaten oder Ordnungswidrigkeiten, zur Vollstreckung oder zum Vollzug von Strafen oder Maßnahmen im Sinne des § 11 Absatz 1 Nummer 8 des Strafgesetzbuchs oder von Erziehungsmaßregeln oder Zuchtmitteln im Sinne des Jugendgerichtsgesetzes oder zur Vollstreckung von Geldbußen erforderlich ist,

5. sie zur Abwehr einer schwerwiegenden Beeinträchtigung der Rechte einer anderen Person erforderlich ist oder

6. sie der Wahrnehmung von Aufsichts- und Kontrollbefugnissen, der Rechnungsprüfung oder der Durchführung von Organisationsuntersuchungen des Verantwortlichen dient; dies gilt auch für die Verarbeitung zu Ausbildungs- und Prüfungszwecken durch den Verantwortlichen, soweit schutzwürdige Interessen der betroffenen Person dem nicht entgegenstehen.

(2) Die Verarbeitung besonderer Kategorien personenbezogener Daten im Sinne des Artikels 9 Absatz 1 der Verordnung (EU) 2016/679 zu einem anderen Zweck als zu demjenigen, zu dem die Daten erhoben wurden, ist zulässig, wenn die Voraussetzungen des Absatzes 1 und ein Ausnahmetatbestand nach Artikel 9 Absatz 2 der Verordnung (EU) 2016/679 oder nach § 22 vorliegen.

I. Einführung	1	3. Abwehr erheblicher Nachteile (Nr. 3)	7
1. Normaufbau	2	4. Verfolgung von Straftaten oder Ordnungswidrigkeiten (Nr. 4)	8
2. Verhältnis zur DSGVO	3		
3. Änderungen gegenüber dem BDSG-alt	4	5. Abwehr einer schwerwiegenden Beeinträchtigung der Rechte einer anderen Person (Nr. 5)	9
II. Allgemeine Erlaubnistatbestände (Abs. 1)	5		
1. Offensichtliches Betroffeneninteresse (Nr. 1)	5	6. Wahrnehmung von Aufsichts- und Kontrollbefugnissen (Nr. 6)	10
2. Überprüfung zu Angaben der betroffenen Person (Nr. 2)	6	III. Erlaubnistatbestände für sensible Daten (Abs. 2)	11

Schrifttum: *Greve*, Das neue Bundesdatenschutzgesetz, NVwZ 2017, 737; *Kremer*, Wer braucht warum das neue BDSG? Auseinandersetzung mit wesentlichen Inhalten des BDSG n.F., CR 2017, 367.

I. Einführung

Die Norm regelt, unter welchen Voraussetzungen im Anwendungsbereich des BDSG eine **Zweckänderung** zulässig ist, und zwar speziell und ausschließlich 1 für den Bereich der **öffentlichen Stellen**. Die Parallelnorm für den nicht-öffentlichen Bereich findet sich in § 24. Dort ist geregelt, in welchen – engen – Grenzen die Verarbeitung zu anderen Zwecken durch nicht nicht-öffentliche Stellen zulässig ist.

1. Normaufbau

2   § 23 Abs. 1 nennt insgesamt sechs Tatbestände, unter denen eine Zweckänderung im öffentlichen Bereich zulässig ist. § 23 Abs. 2 enthält Sonderregelungen für die Zweckänderung bei der Verarbeitung sensibler Daten i.S.d. Art. 9 Abs. 1 DSGVO.

2. Verhältnis zur DSGVO

3   Unter der DSGVO sind die Anforderungen an eine Zweckänderung in Art. 6 Abs. 4 DSGVO i.V.m. Art. 5 Abs. 1 Buchst. b DSGVO geregelt. Erforderlich ist danach die „Vereinbarkeit" der neuen Zwecke mit den ursprünglichen Zwecken. Es fragt sich nun, ob § 23 für den öffentlichen Bereich **abschließend** definiert, welche konkreten Zweckänderungen noch als „vereinbar" gelten, oder ob neben den hier aufgelisteten sechs Fällen der Zweckänderungen noch ein **Rückgriff auf Art. 6 Abs. 4 DSGVO** möglich bleibt. Der Wortlaut lässt beide Interpretationen zu. Insbesondere heißt es in dem Einleitungssatz nicht, dass die Zweckänderung „nur" unter den nachfolgend genannten Voraussetzungen zulässig sei. Ein Abgleich mit § 24, der Parallelnorm für den nichtöffentlichen Bereich, zeigt aber, dass die Aufzählung nicht abschließend gemeint gewesen sein kann. Denn § 24 listet nur sehr wenige und sehr spezifische Fälle der Zweckänderung auf. Würde man diese Auflistung abschließend verstehen, liefe das in Art. 6 Abs. 4 DSGVO vorgesehene Recht der Zweckänderung weitestgehend leer. Nach der hier vertretenen Ansicht ist die Aufzählung des § 23 somit als **nicht abschließend** zu lesen[1].

3. Änderungen gegenüber dem BDSG-alt

4   Unter dem BDSG-alt war die Zweckänderung für den **öffentlichen Bereich** in § 14 Abs. 2 BDSG-alt geregelt. Einige der ehemaligen Regelungen sind wortgleich übernommen worden. Andere sind gänzlich entfallen, wobei insoweit nach der hier vertretenen Ansicht ein Rückgriff auf Art. 6 Abs. 4 DSGVO möglich bleibt.

---

1 Generell zum Verhältnis zwischen DSGVO und BDSG vgl. z.B. *Kremer*, CR 2017, 367 (368).

II. Allgemeine Erlaubnistatbestände (Abs. 1)

1. Offensichtliches Betroffeneninteresse (Nr. 1)

Zulässig ist die Zweckänderung nach diesem Erlaubnistatbestand, wenn (i) offensichtlich ist, dass die Zweckänderung im **Interesse der betroffenen Person** liegt und (ii) kein Grund zu der Annahme besteht, dass sie in Kenntnis des anderen Zwecks ihre Einwilligung verweigern würde. Selbst bei im Interesse des Betroffenen liegenden Maßnahmen ist also noch ein zweiter Filter zu beachten, nämlich ob der Betroffene auf Nachfrage seine Einwilligung verweigern würde. Der Systematik dieser Klausel ist zu entnehmen, dass sie in der Regel nur dann greifen kann, wenn entweder der Betroffene nicht oder nicht schnell genug auffindbar ist oder die Einholung von Einwilligungen einen unverhältnismäßig großen Auffand erfordern würde.

5

2. Überprüfung zu Angaben der betroffenen Person (Nr. 2)

Zulässig ist die Zweckänderung nach diesem Erlaubnistatbestand, wenn Angaben der betroffenen Person **überprüft werden müssen**, weil tatsächliche Anhaltspunkte für deren Unrichtigkeit bestehen. Ein präventiver und genereller Datenabgleich ist nach dieser Norm nicht möglich. Vielmehr müssten „tatsächliche Anhaltspunkte" für die Unrichtigkeit der Daten bestehen. Bloße Vermutungen oder Mutmaßungen reichen nicht aus.

6

3. Abwehr erheblicher Nachteile (Nr. 3)

Zulässig ist die Zweckänderung nach diesem Erlaubnistatbestand, wenn sie zur **Abwehr erheblicher Nachteile** für das Gemeinwohl oder einer Gefahr für die öffentliche Sicherheit, die Verteidigung oder die nationale Sicherheit, zur Wahrung erheblicher Belange des Gemeinwohls oder zur Sicherung des Steuer- und Zollaufkommens erforderlich ist. Aus der Auflistung der Schutzgüter wird deutlich, dass die Norm insgesamt hohe Anforderungen an die Zweckänderung unter diesem Erlaubnistatbestand stellt. So muss z.B. das Gemeinwohl nicht nur gefährdet, sondern „erheblich" gefährdet sein.

7

4. Verfolgung von Straftaten oder Ordnungswidrigkeiten (Nr. 4)

Zulässig ist die Zweckänderung nach diesem Erlaubnistatbestand, wenn sie zur **Verfolgung von Straftaten oder Ordnungswidrigkeiten**, zur Vollstreckung oder zum Vollzug von Strafen oder Maßnahmen im Sinne des § 11 Absatz 1 Nummer 8 des Strafgesetzbuchs oder von Erziehungsmaßregeln oder Zuchtmitteln im Sinne des Jugendgerichtsgesetzes oder zur Vollstreckung von Geldbußen

8

erforderlich ist. Die genannten Maßnahmen unter dem BDSG betreffen „jede Maßregel der Besserung und Sicherung, die Einziehung und die Unbrauchbarmachung".

5. Abwehr einer schwerwiegenden Beeinträchtigung der Rechte einer anderen Person (Nr. 5)

9   Zulässig ist die Zweckänderung nach diesem Erlaubnistatbestand, wenn sie zur Abwehr einer schwerwiegenden Beeinträchtigung der Rechte einer anderen Person erforderlich ist.

6. Wahrnehmung von Aufsichts- und Kontrollbefugnissen (Nr. 6)

10   Zulässig ist die Zweckänderung nach diesem Erlaubnistatbestand, wenn sie der **Wahrnehmung von Aufsichts- und Kontrollbefugnissen**, der Rechnungsprüfung oder der Durchführung von Organisationsuntersuchungen des Verantwortlichen dient; dies gilt auch für die Verarbeitung zu Ausbildungs- und Prüfungszwecken durch den Verantwortlichen, soweit schutzwürdige Interessen der betroffenen Person dem nicht entgegenstehen. Ungeachtet des etwas unglücklich gewählten Satzbaus wird deutlich, dass es in erster Linie um Verarbeitungen durch den Verantwortlichen geht, also um Daten, die bei der öffentlichen Stelle gespeichert sind. Diese dürfen etwa dazu verwendet werden, die Mitarbeiter der öffentlichen Stelle auszubilden oder etwa um die Kontrollbefugnisse der öffentlichen Stelle gegenüber Dritten wahrzunehmen.

III. Erlaubnistatbestände für sensible Daten (Abs. 2)

11   Die Norm des § 23 Abs. 2 regelt die Verarbeitung **besonderer Kategorien personenbezogener Daten** im Sinne von Art. 9 Abs. 1 DSGVO zu einem anderen Zweck als zu demjenigen, zu dem die Daten erhoben wurden. Eine solche Zweckänderung ist zulässig, wenn die Voraussetzungen des § 23 Abs. 1 BDSG vorliegen und – zudem – ein Ausnahmetatbestand nach Art. 9 Abs. 2 DSGVO vorliegt oder ein Ausnahmetatbestand nach § 22. Es gilt insoweit also ein doppelter Filter. Zunächst muss die Verarbeitung der sensiblen Daten generell gestattet sein, entweder unter der DSGVO oder dem BDSG. Sodann müssen die allgemeinen Voraussetzungen der Zweckänderung unter dem BDSG erfüllt sein. Nicht erforderlich ist es hingegen, dass zudem noch die Voraussetzungen der Zweckkompatibilitätsprüfung nach Art. 6 Abs. 4 DSGVO erfüllt sind[2].

---

2 *Greve*, NVwZ 2017, 737 (739).

§ 24 Verarbeitung zu anderen Zwecken durch nichtöffentliche Stellen

(1) Die Verarbeitung personenbezogener Daten zu einem anderen Zweck als zu demjenigen, zu dem die Daten erhoben wurden, durch nichtöffentliche Stellen ist zulässig, wenn

1. sie zur Abwehr von Gefahren für die staatliche oder öffentliche Sicherheit oder zur Verfolgung von Straftaten erforderlich ist oder

2. sie zur Geltendmachung, Ausübung oder Verteidigung zivilrechtlicher Ansprüche erforderlich ist,

sofern nicht die Interessen der betroffenen Person an dem Ausschluss der Verarbeitung überwiegen.

(2) Die Verarbeitung besonderer Kategorien personenbezogener Daten im Sinne des Artikels 9 Absatz 1 der Verordnung (EU) 2016/679 zu einem anderen Zweck als zu demjenigen, zu dem die Daten erhoben wurden, ist zulässig, wenn die Voraussetzungen des Absatzes 1 und ein Ausnahmetatbestand nach Artikel 9 Absatz 2 der Verordnung (EU) 2016/679 oder nach § 22 vorliegen.

I. Einführung 1	heit oder zur Verfolgung von
1. Normaufbau 2	Straftaten (Nr. 1) 5
2. Verhältnis zur DSGVO 3	2. Geltendmachung, Ausübung
3. Änderungen gegenüber dem	oder Verteidigung zivilrecht-
BDSG-alt 4	licher Ansprüche (Nr. 2) 8
II. Allgemeine Erlaubnistat-	III. Erlaubnistatbestände für
bestände (Abs. 1) 5	sensible Daten (Abs. 2) 10
1. Abwehr von Gefahren für die staatliche oder öffentliche Sicher-	

Schrifttum: *Greve*, Das neue Bundesdatenschutzgesetz, NVwZ 2017, 737; *Kremer*, Wer braucht warum das neue BDSG? Auseinandersetzung mit wesentlichen Inhalten des BDSG n.F., CR 2017, 367; *Kühling*, Neues Bundesdatenschutzgesetz – Anpassungsbedarf bei Unternehmen, NJW 2017, 1985.

I. Einführung

Die Norm regelt, unter welchen Voraussetzungen im Anwendungsbereich des BDSG eine **Zweckänderung** zulässig ist, und zwar speziell und ausschließlich für den Bereich der **nichtöffentlichen Stellen**. Die Parallelnorm für den öffentlichen Bereich findet sich in § 23. 1

1. Normaufbau

2 § 24 Abs. 1 nennt lediglich zwei Tatbestände, unter denen eine Zweckänderung zulässig ist. § 24 Abs. 2 enthält Sonderregelungen für die Zweckänderung im Bereich der sensiblen Daten im Sinne von Art. 9 Abs. 1 DSGVO.

2. Verhältnis zur DSGVO

3 Unter der DSGVO sind die Anforderungen an eine Zweckänderung in Art. 6 Abs. 4 DSGVO i.V.m. Art. 5 Abs. 1 Buchst. b DSGVO geregelt. Erforderlich ist danach die „Vereinbarkeit" der neuen mit den ursprünglichen Zwecken. Es fragt sich nun, ob § 24 für den nichtöffentlichen Bereich **abschließend** definiert, welche konkreten Zweckänderungen noch zulässig sind, oder ob neben den hier aufgelisteten zwei Fällen der Zweckänderung noch ein **Rückgriff auf Art. 6 Abs. 4 DSGVO** möglich bleibt. Der Wortlaut lässt beide Interpretationen zu. Insbesondere heißt es in dem Einleitungssatz nicht, dass die Zweckänderung „nur" unter den nachfolgend genannten Voraussetzungen zulässig sei. Darüber hinaus listet § 24 nur sehr wenige und sehr spezifische Fälle der Zweckänderung auf. Würde man diese Auflistung abschließend verstehen, liefe das in Art. 6 Abs. 4 DSGVO vorgesehene Recht der Zweckänderung weitestgehend leer. Nach der hier vertretenen Ansicht ist die Aufzählung des § 24 somit als **nicht abschließend** zu lesen[1]. Ganz ungeachtet dessen enthält § 24 kein Erfordernis einer Kompatibilitätsprüfung, wie sie nach Art. 6 Abs. 4 DSGVO erforderlich ist, sondern benennt Tatbestände, bei deren Vorliegen die Zweckänderung ohne weitergehende Anforderungen zulässig ist[2]. Sind diese Voraussetzungen erfüllt, ist also nicht etwa zusätzlich danach zu fragen, ob der neue Zweck mit dem alten Zweck „vereinbar" ist, wie es Art. 6 Abs. 4 DSGVO ansonsten verlangt[3].

3. Änderungen gegenüber dem BDSG-alt

4 Unter dem BDSG-alt war die Zweckänderung für den **nichtöffentlichen Bereich** vor allem in § 28 Abs. 2 BDSG-alt geregelt. Der Erlaubnistatbestand der Nr. 1 ist wortgleich übernommen worden. Andere sind gänzlich entfallen, wobei insoweit nach der hier vertretenen Ansicht ein Rückgriff auf Art. 6 Abs. 4 DSGVO möglich bleibt. Für den Bereich der sensiblen Daten war die Zweckänderung ehemals in § 28 Abs. 8 BDSG-alt geregelt.

---

1 Generell zum Verhältnis zwischen DSGVO und BDSG vgl. z.B. *Kremer*, CR 2017, 367 (368).
2 *Greve*, NVwZ 2017, 737 (739).
3 So auch *Piltz*, § 24 BDSG Rz. 5.

II. Allgemeine Erlaubnistatbestände (Abs. 1)

1. Abwehr von Gefahren für die staatliche oder öffentliche Sicherheit oder zur Verfolgung von Straftaten (Nr. 1)

Nach diesem Erlaubnistatbestand ist die Zweckänderung zulässig, wenn sie sie zur Abwehr von Gefahren für die staatliche oder öffentliche Sicherheit oder zur Verfolgung von Straftaten erforderlich ist. Auch wenn das Merkmal der Erforderlichkeit gegeben ist, hat die Zweckänderung zu unterbleiben, wenn die Interessen der betroffenen Person an dem Ausschluss der Verarbeitung überwiegen. 5

Die Erweiterung des Zwecks auf Verarbeitung von Daten zur **Gefahrenabwehr** ist unter dieser Norm nur zulässig, wenn zumindest konkrete Anhaltspunkte für das Vorliegen einer Gefahr vorliegen; ein bloßer Gefahrenverdacht ist als Zweck nicht ausreichend. Ungeachtet dessen sind nur wenige Fälle denkbar, in denen die nichtöffentliche Stelle als Adressatin der Norm, also in der Regel ein privatwirtschaftliches Unternehmen, Daten aus eigenem Antrieb verwenden muss, um Gefahren für die staatliche oder öffentliche Sicherheit abzuwenden. Der typische Anwendungsfall dürfte darin liegen, dass das Unternehmen die Behörden bei entsprechenden Maßnahmen unterstützt und in diesem Zusammenhang personenbezogene Daten übermittelt. 6

Weiterhin ist nach dieser Norm die Zweckänderung zur Verfolgung von „**Straftaten**" zulässig. Die Verfolgung von Ordnungswidrigkeiten oder allgemeinen Pflichtverstößen wäre danach nicht zulässig. Die vorgesehene Interessenabwägung wird bei Vorliegen des entsprechenden Verdachts regelmäßig zugunsten des Verantwortlichen ausfallen, da der Betroffene kein überwiegendes schutzwürdiges Interesse an der Abwendung einer Strafverfolgung hat. 7

2. Geltendmachung, Ausübung oder Verteidigung zivilrechtlicher Ansprüche (Nr. 2)

Nach diesem Erlaubnistatbestand ist die Zweckänderung zulässig, wenn sie zur Geltendmachung, Ausübung oder Verteidigung **zivilrechtlicher Ansprüche** erforderlich ist. Auch wenn das Merkmal der Erforderlichkeit gegeben ist, hat die Zweckänderung zu unterbleiben, wenn die Interessen der betroffenen Person an dem Ausschluss der Verarbeitung überwiegen. Der klassische Anwendungsbereich dieser Norm dürfte darin liegen, dass einem Unternehmen z.B. Kundendaten anvertraut worden sind, welche das Unternehmen nunmehr zu dem Zweck verwenden möchte, Ansprüche gegen den jeweiligen Kunden oder einen Dritten durchzusetzen. Soweit sich die Ansprüche gegen den Betroffenen selbst richten, also den Vertragspartner, kann schon bezweifelt werden, ob überhaupt eine Zweckänderung vorliegt. Denn letztlich geht es in diesem Fall lediglich um die Durchsetzung des Vertrages, zur deren Abwicklung die Kundendaten über- 8

§ 24 BDSG | Verarbeitung zu anderen Zwecken durch nichtöffentliche Stellen

mittelt worden sind. Denkbar sind aber auch Fälle, unter denen der Verantwortliche ein anderes Unternehmen verklagt und zu diesem Zweck z.b. auf die insofern gewechselte E-Mail-Korrespondenz der Vertreter der jeweiligen Unternehmen zugreift. Aus der Gesetzgebungshistorie ergibt sich, dass die Norm auch die **Übermittlung der Daten an Dritte** gestattet, die ihre Ansprüche gegen die betroffene Person durchsetzen wollen[4].

9 Schwer nachzuvollziehen ist die **Beschränkung auf „zivilrechtliche" Ansprüche**. Es ist nicht ersichtlich, weshalb die nichtöffentliche Stelle nicht auch berechtigt sein soll, etwaige Ansprüche z.b. vor einem Verwaltungsgericht durchzusetzen. Zwar spricht der Wortlaut der Norm insoweit eine eindeutige Sprache. Jedoch ist nach der hier vertretenen Ansicht in solchen Fällen ein Rückgriff auf den allgemeinen Erlaubnistatbestand des Art. 6 Abs. 4 DSGVO möglich.

III. Erlaubnistatbestände für sensible Daten (Abs. 2)

10 Die Norm des § 24 Abs. 2 regelt die Verarbeitung besonderer Kategorien personenbezogener Daten im Sinne von Art. 9 Abs. 1 DSGVO zu einem anderen Zweck als zu demjenigen, zu dem die Daten erhoben wurden. Eine solche Zweckänderung ist zulässig, wenn die Voraussetzungen des § 24 Abs. 1 vorliegen und – zudem – ein Ausnahmetatbestand nach Art. 9 Abs. 1 DSGVO vorliegt oder ein Ausnahmetatbestand nach § 22. Es gilt insoweit also ein doppelter Filter. Zunächst müssen die allgemeinen Voraussetzungen der Zweckänderung unter dem BDSG erfüllt sein. Und sodann muss die Verarbeitung der sensiblen Daten generell gestattet sein, entweder unter der DSGVO oder dem BDSG.

§ 25 Datenübermittlungen durch öffentliche Stellen

(1) Die Übermittlung personenbezogener Daten durch öffentliche Stellen an öffentliche Stellen ist zulässig, wenn sie zur Erfüllung der in der Zuständigkeit der übermittelnden Stelle oder des Dritten, an den die Daten übermittelt werden, liegenden Aufgaben erforderlich ist und die Voraussetzungen vorliegen, die eine Verarbeitung nach § 23 zulassen würden. Der Dritte, an den die Daten übermittelt werden, darf diese nur für den Zweck verarbeiten, zu dessen Erfüllung sie ihm übermittelt werden. Eine Verarbeitung für andere Zwecke ist unter den Voraussetzungen des § 23 zulässig.

(2) Die Übermittlung personenbezogener Daten durch öffentliche Stellen an nichtöffentliche Stellen ist zulässig, wenn

---

4 *Piltz*, § 24 BDSG Rz. 9 mit Verweis auf den letztlich nicht umgesetzten Entwurf des Bundesrats, der den einschränkenden Zusatz „des Verantwortlichen gegenüber der betroffenen Person" gefordert hatte.

1. sie zur Erfüllung der in der Zuständigkeit der übermittelnden Stelle liegenden Aufgaben erforderlich ist und die Voraussetzungen vorliegen, die eine Verarbeitung nach § 23 zulassen würden,
2. der Dritte, an den die Daten übermittelt werden, ein berechtigtes Interesse an der Kenntnis der zu übermittelnden Daten glaubhaft darlegt und die betroffene Person kein schutzwürdiges Interesse an dem Ausschluss der Übermittlung hat oder
3. es zur Geltendmachung, Ausübung oder Verteidigung rechtlicher Ansprüche erforderlich ist

und der Dritte sich gegenüber der übermittelnden öffentlichen Stelle verpflichtet hat, die Daten nur für den Zweck zu verarbeiten, zu dessen Erfüllung sie ihm übermittelt werden. Eine Verarbeitung für andere Zwecke ist zulässig, wenn eine Übermittlung nach Satz 1 zulässig wäre und die übermittelnde Stelle zugestimmt hat.

(3) Die Übermittlung besonderer Kategorien personenbezogener Daten im Sinne des Artikels 9 Absatz 1 der Verordnung (EU) 2016/679 ist zulässig, wenn die Voraussetzungen des Absatzes 1 oder 2 und ein Ausnahmetatbestand nach Artikel 9 Absatz 2 der Verordnung (EU) 2016/679 oder nach § 22 vorliegen.

I. Einführung	1	III. Übermittlung an nicht-öffentliche Stellen (Abs. 2)	8
1. Normaufbau	2		
2. Verhältnis zur DSGVO	3	IV. Übermittlung sensibler Daten (Abs. 3)	11
3. Änderungen gegenüber dem BDSG-alt	4		
II. Übermittlung an öffentliche Stellen (Abs. 1)	5		

Schrifttum: *Greve*, Das neue Bundesdatenschutzgesetz, NVwZ 2017, 737; *Kremer*, Wer braucht warum das neue BDSG? Auseinandersetzung mit wesentlichen Inhalten des BDSG n.F., CR 2017, 367; *Kühling*, Neues Bundesdatenschutzgesetz – Anpassungsbedarf bei Unternehmen, NJW 2017, 1985.

I. Einführung

Die Norm regelt, unter welchen Voraussetzungen im Anwendungsbereich des BDSG eine **Datenübermittlung durch öffentliche Stellen** zulässig ist. Geregelt ist also nicht die Zulässigkeit jeglicher Verarbeitungsvorgänge durch öffentliche Stellen, sondern speziell nur der Vorgang der Übermittlung. 1

§ 25 BDSG | Datenübermittlungen durch öffentliche Stellen

1. Normaufbau

2 § 25 Abs. 1 regelt den Datenaustausch **zwischen zwei oder mehreren öffentlichen Stellen**, also typischerweise den Datenaustausch zwischen zwei Behörden. § 25 Abs. 2 regelt die Übermittlung personenbezogener Daten durch öffentliche Stellen **an nicht-öffentliche Stellen**. § 25 Abs. 3 regelt den Sonderfall der Übermittlung **sensibler Daten** i.S.d. Art. 9 Abs. 1 DSGVO.

2. Verhältnis zur DSGVO

3 Unter der DSGVO findet sich keine Spezialnorm, die konkret den Fall der Übermittlung nur durch öffentliche Stellen regeln würde. Vielmehr richtet sich die Zulässigkeit einer solchen Übermittlung als Unterfall der Verarbeitung nach der allgemeinen Erlaubnisnorm des Art. 6 Abs. 1 DSGVO. Einschlägig ist insbesondere **Art. 6 Abs. 1 Buchst. e DSGVO**, der u.a. eine Verarbeitung „in Ausübung öffentlicher Gewalt" erlaubt. Die einschlägige **Öffnungsklausel** findet sich in Art. 6 Abs. 2 DSGVO, wonach die Mitgliedstaaten spezifischere Bestimmungen zur Zulässigkeit der Verarbeitung u.a. im Bereich des hier einschlägigen Art. 6 Abs. 1 Buchst. e DSGVO beibehalten oder einführen können[1].

3. Änderungen gegenüber dem BDSG-alt

4 Unter dem BDSG-alt war die Übermittlung durch öffentliche Stellen an andere öffentliche Stellen in § 15 BDSG-alt und die Übermittlung durch öffentliche Stellen an nicht-öffentliche Stellen in § 16 BDSG-alt geregelt. Die Neuregelungen folgen z.T. den aus dem BDSG-alt bekannten Konzepten, erhalten jedoch diverse Abweichungen im Detail, so dass eine Neubewertung erforderlich ist[2].

II. Übermittlung an öffentliche Stellen (Abs. 1)

5 Die Übermittlung personenbezogener Daten **durch öffentliche Stellen an andere öffentliche Stellen** ist nach § 25 Abs. 1 Satz 1 nur zulässig, wenn sie zur Erfüllung der in der Zuständigkeit der übermittelnden Stelle oder des Dritten, an den die Daten übermittelt werden, liegenden Aufgaben erforderlich ist und die Voraussetzungen vorliegen, die eine Verarbeitung nach § 23 zulassen würden. Damit ergibt sich folgende Prüfungsfolge:
– Zunächst ist also die Aufgabe entweder des übermittelnden oder des Empfängers zu identifizieren.

---

[1] Generell zum Verhältnis zwischen DSGVO und BDSG vgl. z.B. *Kremer*, CR 2017, 367 (368).
[2] Ähnlich *Greve*, NVwZ 2017, 737 (739) – „Fortführung".

– Sodann ist die Übermittlung zur Erfüllung dieser Aufgabe erforderlich.
– Schließlich müssen die Voraussetzungen des § 23 vorliegen, der regelt, unter welchen Voraussetzungen im Bereich der öffentlichen Stellen eine Zweckänderung erforderlich ist.

Insgesamt werden **damit hohe Anforderungen** an den Austausch von Daten zwischen Behörden etabliert. Selbst wenn die Übermittlung der Daten erforderlich ist, damit eine Behörde die ihr übertragenen Aufgaben erfüllen kann, reicht dies noch nicht aus, um die Übermittlung zu legitimieren. Vielmehr muss ein weiterer Filter durchlaufen werden, nämlich dass einer der zusätzlichen Erlaubnistatbestände des § 23 eingreift.

§ 25 Abs. 1 Satz 2 regelt sodann, zu welchen Zwecken der **Empfänger** die übermittelten Daten verwenden darf. Nachvollziehbarerweise ist eine solche Nutzung grundsätzlich nur im Rahmen des Übermittlungszwecks gestattet. Eine Zweckänderung bleibt allerdings möglich, soweit diese Voraussetzungen des § 23 erfüllt sind. 6

Eine rechtswidrige Nutzung der übermittelten Daten durch den Empfänger führt somit zwar zu einem Verstoß gegen das BDSG. Sie führt jedoch nicht unmittelbar zur Rechtswidrigkeit der vorausgegangenen Übermittlung, da der Empfänger insoweit als **eigenständiger Verantwortlicher** tätig wird. 7

III. Übermittlung an nicht-öffentliche Stellen (Abs. 2)

Die Übermittlung personenbezogener Daten an nicht-öffentliche Stellen unterliegt strengeren Anforderungen als der Datenaustausch zwischen Behörden. Es stehen alternativ drei Erlaubnisnormen zur Verfügung, namentlich die **Aufgabenerfüllung** (§ 25 Abs. 2 Satz 1 Nr. 1), die allgemeine **Interessenabwägung** (§ 25 Abs. 2 Satz 1 Nr. 2) und die Geltendmachung, Ausübung oder Verteidigung **rechtlicher Ansprüche** (§ 25 Abs. 2 Satz 1 Nr. 3). 8

Allerdings ist nach allen drei Varianten erforderlich, dass „der Dritte sich gegenüber der übermittelnden öffentlichen Stelle verpflichtet hat, die Daten nur für den Zweck zu verarbeiten, zu dessen Erfüllung sie ihm übermittelt werden". Dies führt zu gewissen Herausforderungen in der Praxis. Denn typischerweise würde man eine vorherige **Verpflichtungserklärung des zukünftigen Empfängers** gegenüber der Behörde fordern müssen, bevor die Behörde überhaupt Daten an eine nicht-öffentliche Stelle herausgeben darf. Sachgerecht erscheint daher eine einschränkende Auslegung der Norm, wonach es ausreicht, wenn die öffentliche Stelle dem Empfänger die Daten mit der Auflage übermittelt, die Daten nur für den Zweck zu verarbeiten, zu dessen Erfüllung sie ihm übermittelt werden, ohne dass es dazu einer weitergehenden Erklärung des Empfängers bedürfte. Ob sich diese Auslegung schließlich in der Praxis durchsetzen wird, bleibt indes abzuwarten. 9

10 § 25 Abs. 2 Satz 2 regelt darüber hinaus, unter welchen Voraussetzungen eine Zweckänderung möglich ist.

IV. Übermittlung sensibler Daten (Abs. 3)

11 Die Übermittlung sog. **sensibler Daten** im Sinne des Art. 9 Abs. 1 DSGVO ist zulässig, wenn die Voraussetzungen des § 25 Abs. 1 oder 2 und ein Ausnahmetatbestand nach Art. 9 Abs. 2 DSGVO oder nach § 22 vorliegen. D.h. zunächst muss die Übermittlung an eine nicht-öffentliche Stelle generell zulässig sein nach den vorstehend dargestellten Voraussetzungen des § 25. Sodann müssen noch die generellen Voraussetzungen an eine Übermittlung sensibler Daten erfüllt sein, die sich entweder aus dem generellen Erlaubnistatbestand der DSGVO oder dem speziellen Erlaubnistatbestand des BDSG ergeben können.

Abschnitt 2
Besondere Verarbeitungssituationen

§ 26 Datenverarbeitung für Zwecke des Beschäftigungsverhältnisses

(1) Personenbezogene Daten von Beschäftigten dürfen für Zwecke des Beschäftigungsverhältnisses verarbeitet werden, wenn dies für die Entscheidung über die Begründung eines Beschäftigungsverhältnisses oder nach Begründung des Beschäftigungsverhältnisses für dessen Durchführung oder Beendigung oder zur Ausübung oder Erfüllung der sich aus einem Gesetz oder einem Tarifvertrag, einer Betriebs- oder Dienstvereinbarung (Kollektivvereinbarung) ergebenden Rechte und Pflichten der Interessenvertretung der Beschäftigten erforderlich ist. Zur Aufdeckung von Straftaten dürfen personenbezogene Daten von Beschäftigten nur dann verarbeitet werden, wenn zu dokumentierende tatsächliche Anhaltspunkte den Verdacht begründen, dass die betroffene Person im Beschäftigungsverhältnis eine Straftat begangen hat, die Verarbeitung zur Aufdeckung erforderlich ist und das schutzwürdige Interesse der oder des Beschäftigten an dem Ausschluss der Verarbeitung nicht überwiegt, insbesondere Art und Ausmaß im Hinblick auf den Anlass nicht unverhältnismäßig sind.

(2) Erfolgt die Verarbeitung personenbezogener Daten von Beschäftigten auf der Grundlage einer Einwilligung, so sind für die Beurteilung der Freiwilligkeit der Einwilligung insbesondere die im Beschäftigungsverhältnis bestehende Abhängigkeit der beschäftigten Person sowie die Umstände, unter denen die Einwilligung erteilt worden ist, zu berücksichtigen. Freiwilligkeit

kann insbesondere vorliegen, wenn für die beschäftigte Person ein rechtlicher oder wirtschaftlicher Vorteil erreicht wird oder Arbeitgeber und beschäftigte Person gleichgelagerte Interessen verfolgen. Die Einwilligung bedarf der Schriftform, soweit nicht wegen besonderer Umstände eine andere Form angemessen ist. Der Arbeitgeber hat die beschäftigte Person über den Zweck der Datenverarbeitung und über ihr Widerrufsrecht nach Artikel 7 Absatz 3 der Verordnung (EU) 2016/679 in Textform aufzuklären.

(3) Abweichend von Artikel 9 Absatz 1 der Verordnung (EU) 2016/679 ist die Verarbeitung besonderer Kategorien personenbezogener Daten im Sinne des Artikels 9 Absatz 1 der Verordnung (EU) 2016/679 für Zwecke des Beschäftigungsverhältnisses zulässig, wenn sie zur Ausübung von Rechten oder zur Erfüllung rechtlicher Pflichten aus dem Arbeitsrecht, dem Recht der sozialen Sicherheit und des Sozialschutzes erforderlich ist und kein Grund zu der Annahme besteht, dass das schutzwürdige Interesse der betroffenen Person an dem Ausschluss der Verarbeitung überwiegt. Absatz 2 gilt auch für die Einwilligung in die Verarbeitung besonderer Kategorien personenbezogener Daten; die Einwilligung muss sich dabei ausdrücklich auf diese Daten beziehen. § 22 Absatz 2 gilt entsprechend.

(4) Die Verarbeitung personenbezogener Daten, einschließlich besonderer Kategorien personenbezogener Daten von Beschäftigten für Zwecke des Beschäftigungsverhältnisses, ist auf der Grundlage von Kollektivvereinbarungen zulässig. Dabei haben die Verhandlungspartner Artikel 88 Absatz 2 der Verordnung (EU) 2016/679 zu beachten.

(5) Der Verantwortliche muss geeignete Maßnahmen ergreifen, um sicherzustellen, dass insbesondere die in Artikel 5 der Verordnung (EU) 2016/679 dargelegten Grundsätze für die Verarbeitung personenbezogener Daten eingehalten werden.

(6) Die Beteiligungsrechte der Interessenvertretungen der Beschäftigten bleiben unberührt.

(7) Die Absätze 1 bis 6 sind auch anzuwenden, wenn personenbezogene Daten, einschließlich besonderer Kategorien personenbezogener Daten, von Beschäftigten verarbeitet werden, ohne dass sie in einem Dateisystem gespeichert sind oder gespeichert werden sollen.

(8) Beschäftigte im Sinne dieses Gesetzes sind:

1. Arbeitnehmerinnen und Arbeitnehmer, einschließlich der Leiharbeitnehmerinnen und Leiharbeitnehmer im Verhältnis zum Entleiher,
2. zu ihrer Berufsbildung Beschäftigte,
3. Teilnehmerinnen und Teilnehmer an Leistungen zur Teilhabe am Arbeitsleben sowie an Abklärungen der beruflichen Eignung oder Arbeitserprobung (Rehabilitandinnen und Rehabilitanden),
4. in anerkannten Werkstätten für behinderte Menschen Beschäftigte,

5. Freiwillige, die einen Dienst nach dem Jugendfreiwilligendienstegesetz oder dem Bundesfreiwilligendienstgesetz leisten,
6. Personen, die wegen ihrer wirtschaftlichen Unselbständigkeit als arbeitnehmerähnliche Personen anzusehen sind; zu diesen gehören auch die in Heimarbeit Beschäftigten und die ihnen Gleichgestellten,
7. Beamtinnen und Beamte des Bundes, Richterinnen und Richter des Bundes, Soldatinnen und Soldaten sowie Zivildienstleistende.

Bewerberinnen und Bewerber für ein Beschäftigungsverhältnis sowie Personen, deren Beschäftigungsverhältnis beendet ist, gelten als Beschäftigte.

I. Einführung 1	4. Andere Quellen der Datenerhebung 27
1. Entwicklung 1	5. Erfolglose Bewerbung 31
2. Normaufbau 4	6. Fallgruppen 32
3. Verhältnis zur DSGVO 5	VI. Durchführung des Beschäftigungsverhältnisses 53
4. Änderungen gegenüber dem BDSG-alt 6	1. Allgemeine Daten 55
II. Anwendungsbereich 7	2. Gesundheitsdaten 59
1. Persönlicher Anwendungsbereich 7	VII. Überwachung im Beschäftigungsverhältnis 75
2. Sachlicher Anwendungsbereich 9	1. Einführung 75
3. Weitere Erlaubnistatbestände zur Verarbeitung von Beschäftigtendaten 11	2. Allgemeine Grundsätze zur Zulässigkeit von Überwachungsmaßnahmen nach § 26 BDSG .. 77a
a) Einwilligung 11	3. Überwachung des E-Mail-Verkehrs 78
b) Besondere Kategorien von Daten 11b	a) Verbotene Privatnutzung des dienstlichen E-Mail-Accounts 80
c) Kollektivvereinbarungen ... 11c	aa) Erhebung, Verarbeitung oder Nutzung personenbezogener Daten 82
4. Verhältnis zu anderen Vorschriften 12	bb) Erlaubnis nach § 26 BDSG 83
III. Erforderlichkeit und Verhältnismäßigkeit 16	cc) Erlaubnis aufgrund einer Betriebsvereinbarung oder einer Einwilligung . 85
1. Erforderlichkeit 16	
2. Verhältnismäßigkeit 18	b) Erlaubte Privatnutzung des dienstlichen E-Mail-Accounts 88
IV. Einhaltung der Grundsätze der DSGVO 19	aa) Wann ist die Privatnutzung erlaubt? 88
1. Grundsätze des Art. 5 DSGVO . 19	
2. Grundsatz der Direkterhebung . 19a	bb) Folgen der erlaubten Privatnutzung 95
V. Begründung eines Beschäftigungsverhältnisses 20	
1. Das Fragerecht des Arbeitgebers 23	cc) Reichweite des Schutzes des Fernmeldegeheimnisses 102
2. Die „ungefragte" Übermittlung personenbezogener Daten 25	
3. Mitteilungspflichten des Bewerbers 26	

dd) Rechtfertigung eines Eingriffs in das Fernmeldegeheimnis 108
4. Überwachung der Internetnutzung 113
5. Telefonüberwachung 116
   a) Kontrolle der Verbindungsdaten 116
   b) Kontrolle des Gesprächsinhalts 118
6. Videoüberwachung 119
   a) Videoüberwachung von Räumen mit Publikumsverkehr . 122
   b) Videoüberwachung nicht öffentlich-zugänglicher Arbeitsplätze 125
   c) Verdeckte Überwachung ... 127
7. Mitarbeiterortung 129
8. Erfassung biometrischer Daten 132
9. Massenscreenings 133
10. Überwachung durch einen Detektiv 134a
11. Einsatz von Key-Loggern und sonstiger Späh-Software 134b
12. Sonstige Überwachungsformen 135
13. Beweisverwertungsverbote 137

VIII. Übermittlung von Beschäftigtendaten an Dritte 143
IX. Datenverwendung bei und nach Beendigung des Beschäftigungsverhältnisses 148
X. Rechtsfolgen von Verstößen gegen den Beschäftigtendatenschutz 151
XI. Beteiligungsrechte der Interessenvertretungen der Beschäftigten 152
  1. Betriebsrat 154
     a) Datenschutzrechtliche Stellung des Betriebsrats ... 154
     b) „Weitergabe" von personenbezogenen Daten an den Betriebsrat 156
     c) Eigener Umgang des Betriebsrats mit Beschäftigtendaten 157
     d) Mitbestimmungsrechte des Betriebsrats 159
     e) Zuständiges Gremium 162
  2. Andere Interessenvertretungen 164

Schrifttum: *Alter,* Rechtsprobleme betrieblicher Videoüberwachung, NJW 2015, 2375; *Ambrock,* Nach Safe Harbor: Schiffbruch des transatlantischen Datenverkehrs?, NZA 2015, 1493; *Asgari,* Datenschutz im Arbeitsverhältnis, DB 2017, 1325; *Balzer/Nugel,* Observierungen und Datenschutz – Rechtliche Grenzen und Verwertbarkeit von Ermittlungsergebnissen, NJW 2013, 3397; *Bauer/Schansker,* (Heimliche) Videoüberwachung durch den Arbeitgeber, NJW 2012, 3537; *Bayreuther,* Videoüberwachung am Arbeitsplatz, NZA 2005, 1038; *Bayreuther,* Einstellungsuntersuchungen, Fragerecht und geplantes Beschäftigtendatenschutzgesetz, NZA 2010, 679; *Behrens,* Eignungsuntersuchungen und Datenschutz, NZA 2014, 301; *Benecke/Groß,* Das Recht am eigenen Bild im Arbeitsverhältnis, NZA 2015, 833; *Bergwitz,* Prozessuale Verwertungsverbote bei unzulässiger Videoüberwachung, NZA 2012, 353; *Besgen/Prinz,* Handbuch Internet.Arbeitsrecht, 2. Aufl. 2009; *Bier/Spiecker,* Intelligente Videoüberwachungstechnik: Schreckensszenario oder Gewinn für den Datenschutz?, CR 2012, 610; *Bissels/Meyer-Michaelis/Schiller,* Arbeiten 4.0: Big data im Personalbereich, DB 2016, 3042; *Bommer,* Chancen im Arbeitnehmerdatenschutz erkennen und nutzen, ZD 2015, 123; *Brink/Schmidt,* Die rechtliche (Un-)Zulässigkeit von Mitarbeiterscreenings, MMR 2010, 592; *Brink/Wybitul,* Der „neue Datenschutz" des BAG – Vorgaben zum Umgang mit Beschäftigtendaten und Handlungsempfehlungen zur Umsetzung, ZD 2014, 225; ZD 2015, 415; *Brühl/Sepperer,* E-Mail-Überwachung am Arbeitsplatz – Wer bewacht den Wächter, ZD 2015, 415; *Byers/Pracka,* Die Zulässigkeit der Videoüberwachung am Arbeitsplatz, BB 2013, 760; *Carpenter,* Assessment Center generell rechtlich unbedenklich?, NZA 2015, 466; *Conrad/Grützma-*

cher, Recht der Daten und Datenbanken im Unternehmen, 2014; *Däubler,* Gläserne Belegschaften – Das Handbuch zum Arbeitnehmerdatenschutz, 2017; *De Wolf,* Kollidierende Pflichten: zwischen Schutz von E-Mails und „Compliance" im Unternehmen, NZA 2010, 1206; *Domke,* Was bedeutet die Safe-Harbor-Entscheidung des EuGH für Unternehmen und ihre Personalabteilungen?, BB 2015, 2804; *Düwell,* Das Datenschutz-Anpassungs- und Umsetzungsgesetz, jurisPR-ArbR 22/2017, Anm. 1; *Düwell/Brink,* Beschäftigtendatenschutz nach der Umsetzung der Datenschutz-Grundverordnung: Viele Änderungen und wenig Neues, NZA 2017, 16; *Düwell/Brink,* Die EU-Datenschutzgrundverordnung und der Beschäftigtendatenschutz, NZA 2016, 665; *Dzida,* Big Data und Arbeitsrecht, NZA 2017, 541; *Dzida/Grau,* Beschäftigtendatenschutz nach der Datenschutzgrundverordnung und dem neuen BDSG, DB 2018, 189; *Dzida/Grau,* Verwertung von Beweismitteln bei Verletzung des Arbeitnehmerdatenschutzes, NZA 2010, 1201; *Dzida/Grau,* Rechtsfolgen von Verstößen gegen den Beschäftigtendatenschutz, ZIP 2012, 504; *Ehmann,* Das „Datenschutz-Paket" der Europäischen Kommission – Beginn einer Zeitwende im europäischen Datenschutz?, jurisPR-ITR 4/2012; *Erfurth,* Der „neue" Arbeitnehmerdatenschutz im BDSG, NJOZ 2009, 2914; *Eufinger,* Mitbestimmung des Betriebsrats bei der Nutzung sozialer Netzwerke, ArbRAktuell 2015, 340; *Fahrig,* Verhaltenskodex und Whistleblowing im Arbeitsrecht, NJOZ 2010, 975; *Feichtinger/Malkmus,* Entgeltfortzahlungsrecht, 2. Aufl. 2010; *Feige,* Personaldaten(über)fluss – Konzerne als illegale Datensammler?, ZD 2015, 116; *Fleischmann,* Betriebliche Übung zur Privatnutzung üblicher elektronischer Kommunikationsmittel – Erwiderung auf Koch, NZA 2008, 911; *Forst,* Wer ist „Beschäftigter" i.S.d. § 3 Abs. 11 BDSG?, RDV 2014, 128; *Forst,* Beschäftigtendatenschutz im Kommissionsvorschlag einer EU-Datenschutzverordnung, NZA 2012, 364; *Forst,* Bewerberauswahl über soziale Netzwerke im Internet?, NZA 2010, 427; *Forst,* Die Rechte des Arbeitnehmers infolge einer rechtswidrigen Datenverarbeitung durch den Arbeitgeber, AuR 2010, 106; *Franck/Krause,* Datenschutzrechtliche Aspekte des Mindestlohngesetzes, RDV 2015, 1285; *Franzen,* Beschäftigtendatenschutz: Was wäre besser als der Status quo?, RDV 2014, 200; *Franzen,* Rechtliche Rahmenbedingungen psychologischer Eignungstests, NZA 2013, 1; *Frings/Wahlers,* Social Media, iPad & Co. im Arbeitsverhältnis, BB 2011, 3126; *Fuhlrott,* Keylogger & Arbeitnehmerdatenschutz, NZA 2017, 1308; *Fülbier/Splittgerber,* Keine (Fernmelde-)Geheimnisse vor dem Arbeitgeber?, NJW 2012, 1995; *Ginal/Heinemann-Diehl,* Transfer von Beschäftigtendaten in das Ausland, ArbRAktuell 2015, 568; *Gola,* Datenschutzrechtliche Aspekte des Tarifeinheitsgesetzes, RDV 2015, 183; *Gola,* Der „neue" Beschäftigtendatenschutz nach § 26 BDSG n. F., BB 2017, 1462; *Gola,* Informationsrecht abgelehnter Bewerber, NZA 2013, 360; *Gola,* Beschäftigtendatenschutz und EU-Datenschutz-Grundverordnung, EuZW 2012, 332; *Gola,* Datenschutz bei der Kontrolle „mobiler" Arbeitnehmer – Zulässigkeit und Transparenz, NZA 2007, 1139; *Gola/Jaspers,* Mindestlohnkontrolle durch Arbeitgeber?, RDV 2015, 113; *Gola/Pötters/Thüsing,* Art. 82 DSGVO: Öffnungsklausel für nationale Regelungen zum Beschäftigtendatenschutz – Warum der deutsche Gesetzgeber jetzt handeln muss, RDV 2016, 57; *Gola/Pötters/Wronka,* Handbuch zum Arbeitnehmerdatenschutz, 7. Aufl. 2016; *Grau/Granetzny,* EU-US-Privacy Shield – Wie sieht die Zukunft des transatlantischen Datenverkehrs aus?, NZA 2016, 405; *Greßlin,* Umgang mit Bewerberdaten – was geht und was nicht?, BB 2015, 117; *Grimm/Schiefer,* Videoüberwachung am Arbeitsplatz, RdA 2009, 329; *Günther/Böglmüller,* Künstliche Intelligenz und Roboter in der Arbeitswelt, BB 2017, 53; *Hanau/Hoeren,* Private Internetnutzung durch Arbeitnehmer, 2003; *Haußmann/Brauneisen,* Bestehende IT-Betriebsvereinbarungen – welchen Renovierungsbedarf bringt das neue Datenschutzrecht?, BB 2017, 3065; *Haußmann/Kaufmann,* Auswirkungen absehbarer Änderungen im Datenschutzrecht auf Whistleblowing-Systeme, ArbRAktuell 2011, 186; *Hohenstatt/Stamer/Hin-*

richs, Background Checks von Bewerbern in Deutschland: Was ist erlaubt?, NZA 2006, 1065; *Hoppe/Braun*, Arbeitnehmer-E-Mails: Vertrauen ist gut – Kontrolle ist schlecht – Auswirkungen der neuesten Rechtsprechung des BVerfG auf das Arbeitsverhältnis, MMR 2010, 80; *Husemann*, Die Information über die Schwerbehinderung im Arbeitsverhältnis, RdA 2014, 16; *Iraschko-Luscher/Kiekenbeck*, Welche Krankheitsdaten darf der Arbeitgeber von seinem Mitarbeiter abfragen?, NZA 2009, 1239; *Joussen*, Das erweiterte Führungszeugnis im Arbeitsverhältnis, NZA 2012, 776; *Joussen*, Die Zulässigkeit von vorbeugenden Torkontrollen nach dem neuen BDSG, NZA 2010, 254; *Kamps/Bonanni*, Der datenschutzrechtliche Beipackzettel zum Arbeitsvertrag, ArbRB 2017, 119; *Kamps/Bonanni*, Was tun mit „Unsafe Harbor"? Die Übermittlung personenbezogener Daten in die USA nach dem EuGH-Urteil, ArbRB 2015, 378; *Kania/Sansone*, Möglichkeiten und Grenzen des Pre-Employment-Screenings, NZA 2012, 360; *Kainer/Weber*, Datenschutzrechtliche Aspekte des „Talentmanagements", BB 2017, 2740; *Keber*, Rechtskonformer Einsatz von Social Media im Unternehmen – ausgewählte Einzelaspekte im Lichte aktueller Rechtsprechung, RDV 2014, 190; *Kittner/Pieper*, Arbeitsschutzrecht, 2005; *Klösel/Mahnhold*, Die Zukunft der datenschutzrechtlichen Betriebsvereinbarung –Mindestanforderung und betriebliche Ermessensspielräume nach DS-GVO und BDSG nF, NZA 2017, 1428; *Koch*, Rechtsprobleme privater Nutzung betrieblicher elektronischer Kommunikationsmittel, NZA 2008, 911; *Kock/Francke*, Mitarbeiterkontrolle durch systematischen Datenabgleich zur Korruptionsbekämpfung, NZA 2009, 646; *Körner*, Die Datenschutz-Grundverordnung und nationale Regelungsmöglichkeiten für Beschäftigtendatenschutz, NZA 2016, 1383; *Kort*, Neuer Beschäftigtendatenschutz und Industrie 4.0 – Grenzen einer „Rundumüberwachung" angesichts der Rechtsprechung, der DSGVO und des BDSG nF, RdA 2018, 24; *Kort*, Der Beschäftigtendatenschutz gem. § 26 BDSG-neu, ZD 2017, 319; *Kort*, Arbeitnehmerdatenschutz gemäß der EU-Datenschutz-Grundverordnung, DB 2016, 711; *Kort*, Betriebsrat und Arbeitnehmerdatenschutz, ZD 2016, 3; *Kort*, Die Zukunft des deutschen Beschäftigtendatenschutzes, ZD 2016, 555; *Kort*, Das Dreiecksverhältnis von Betriebsrat, betrieblichem Datenschutzbeauftragten und Aufsichtsbehörde beim Arbeitnehmer-Datenschutz, NZA 2015, 1345; *Kort*, Informationsrechte des Betriebsrats nach § 80 II BetrVG bei Mitarbeitergesprächen, Zielvereinbarungen und Talent Management, NZA 2015, 520; *Kort*, Grenzen des Zugriffs des Sprecherausschusses auf Personaldaten leitender Angestellter, NZA-RR 2015, 113; *Kort*, Rechte des Betriebsrats auf Daten der elektronischen Personalakte – Aufgabenerfüllung der Personalvertretung und Arbeitnehmerdatenschutz, ZD 2015, 3; *Kort*, Die Stellung des Betriebsrats im System des Beschäftigtendatenschutzes, RDV 2012, 8; *Kramer*, IT-Arbeitsrecht, 2017; *Kratz/Gubbels*, Beweisverwertungsverbote bei privater Internetnutzung am Arbeitsplatz, NZA 2009, 652; *Krimphove*, Das Gendiagnostikgesetz, AuA 2010, 340; *Kursawe/Nebel*, „Sozialübliche innerbetriebliche Kommunikation" – Zum Anwendungsbereich des Beschäftigtendatenschutzes, BB 2012, 516; *Küttner*, Personalbuch 2017, 24. Aufl. 2017; *Lepke*, Kündigung bei Krankheit, 15. Aufl. 2015; *Lichtenberg/Schücking*, Stand der arbeitsrechtlichen Diskussion zur HIV-Infektion und AIDS-Erkrankung, NZA 1990, 41; *Lönisch/Mysliniec*, Datenschutz bei Anforderung und Nutzung erweiterter Führungszeugnisse, NJW 2012, 2389; *Maier/Garding*, Einsatz eines Privatdetektivs im Arbeitsrecht, DB 2010, 559; *Maschmann*, Datenschutzgrundverordnung: Quo vadis Beschäftigtendatenschutz?, DB 2016, 2480; *Mengel*, Compliance und Arbeitsrecht, 2009; *Mengel*, Kontrolle der E-Mail- und Internetkommunikation am Arbeitsplatz, BB 2004, 2014; *Mengel*, Internal Investigations – Arbeitsrechtliche Lessons Learned und Forderungen an den Gesetzgeber, NZA 2017, 1494; *Meyer-Michaelis/Falter/Schäfer*, Rechtliche Rahmenbedingungen von Crowdworking, DB 2016, 2543; *Milthaler*, Das Fragerecht des Arbeitgebers nach den Vorstrafen des Bewerbers, 2006; *Nebeling/Lankes*, Das neue BDSG

§ 26 BDSG | Datenverarbeitung für Zwecke des Beschäftigungsverhältnisses

und die Personalakte 2.0 – ein Recht auf Vergessen?, DB 2017, 2542; *Niklas/Thurn*, Arbeitswelt 4.0 – Big Data im Betrieb, BB 2017, 1589; *Novara*, Bewerberauswahl nach Kundenwünschen?, NZA 2015, 142; *Oberwetter*, Arbeitnehmerrechte bei Lidl, Aldi & Co, NZA 2008, 609; *Oberwetter*, Soziale Netzwerke im Fadenkreuz des Arbeitsrechts, NJW 2011, 417; *Peuser*, EU-Verordnungen zur Terrorismusbekämpfung in Unternehmen, DuD 2006, 680; *Pletke*, Die Zulässigkeit von Genomanalysen an Arbeitnehmern im deutschen und US-amerikanischen Recht, 1995; *Rasmussen-Bonne/Raif*, Neues beim Beschäftigtendatenschutz – Worauf sich Unternehmen einstellen müssen, GWR 2011, 80; *Raif*, Beschäftigtendatenschutz: Wird alles neu bei der Arbeitnehmerkontrolle?, ArbRAktuell 2010, 359; *Reitz*, Verwertungsverbote und Wahrheitspflicht im Arbeitsgerichtsprozess – Und nichts als die Wahrheit?, NZA 2017, 273; *Richardi*, Betriebsverfassungsgesetz, 16. Aufl. 2018; *Riesenhuber*, Der Einsichts- und Löschungsanspruch nach §§ 34, 35 BDSG im Beschäftigungsverhältnis – Am Beispiel der Personalakten, NZA 2014, 753; *Roeder/Buhr*, Die unterschätzte Pflicht zum Terrorlistenscreening von Mitarbeitern, BB 2011, 1333; *Sassenberg/Mantz*, Die (private) E-Mail-Nutzung im Unternehmen, BB 2013, 889; *Schimmelpfennig/Wenning*, Arbeitgeber als Telekommunikationsdienste-Anbieter? – Eingeschränkter Zugriff auf elektronische Geschäftskorrespondenz bei zugelassener Privatnutzung von E-Mail und Internet am Arbeitsplatz, DB 2006, 2290; *Scheben/Klos*, Analyse von Chatprotokollen und Emails – Was ist erlaubt? Was ist verwertbar?, CCZ 2013, 88; *Schrey/Kielkowski*, Die datenschutzrechtliche Betriebsvereinbarung in DS-GVO und BDSG 2018 – Viel Lärm um Nichts?, BB 2018, 629; *Schulz*, Compliance – Internes Whistleblowing, BB 2006, 629; *Steinkühler*, BB-Forum: Kein Datenproblem bei der Deutschen Bahn AG? Mitnichten! BB 2009, BB 1294; *Straube/Klagges/Siebert*, Beschäftigtendatenschutz: Wiedervorlage in vier Jahren?, ArbRAktuell 2012, 81; *Stück/Wein*, Die ärztliche Untersuchung des Arbeitnehmers – Voraussetzungen, Inhalt und Rechtsfolgen, NZA-RR 2005, 505; *Thüsing*, Beschäftigtendatenschutz und Compliance, 2014; *Thüsing*, Umsetzung der Datenschutz-Grundverordnung im Beschäftigungsverhältnis: Mehr Mut zur Rechtssicherheit!, BB 2016, 2165; *Thüsing*, Verbesserungsbedarf beim Beschäftigtendatenschutz, NZA 2011, 16; *Thüsing*, Datenschutz im Arbeitsverhältnis – Kritische Gedanken zum neuen § 32 BDSG, NZA 2009, 865; *Traut*, Screening von Beschäftigtendaten ohne und mit Anlass, RDV 2014, 119; *Vietmeyer/Byers*, Der Arbeitgeber als TK-Anbieter im Arbeitsverhältnis-Geplante BDSG-Novelle lässt Anwendbarkeit des TKG im Arbeitsverhältnis unangetastet, MMR 2010, 807; *Wächter*, Beschäftigtendatenschutz bei nutzergenerierten sozialen Netzwerken, JurPC Web-Dok. 28/2011, Abs. 1–174; *Waltermann*, Anspruch auf private Internetnutzung durch betriebliche Übung, NZA 2007, 529; *Weichert*, Die Verarbeitung von Wearable-Sensordaten bei Beschäftigten, NZA 2016, 565; *Wiese*, Internet und Meinungsfreiheit des Arbeitgebers, Arbeitnehmers und Betriebsrats, NZA 2012, 1; *Willemsen/Brune*, Alkohol und Arbeitsrecht, DB 1988, 2304; *Wisskirchen/Bissels*, Das Fragerecht des Arbeitgebers bei Einstellung unter Berücksichtigung des AGG, NZA 2007, 169; *Wisskirchen/Körber/Bissels*, „Whistleblowing" und „Ethikhotlines", BB 2006, 1567; *Wollenschläger*, Arbeitsrecht, 3. Aufl. 2010; *Wybitul*, Betriebsvereinbarungen im Spannungsverhältnis von arbeitgeberseitigem Informationsbedarf und Persönlichkeitsschutz des Arbeitnehmers, NZA 2017, 1488; *Wybitul*, Der neue Beschäftigtendatenschutz nach § 26 BDSG und Art. 88 DSGVO, NZA 2017, 413; *Wybitul*, Datenschutz am Arbeitsplatz – Was sind die aktuellen Vorgaben der Rechtsprechung?, ZD 2015, 453; *Wybitul*, E-Mail-Auswertung in der betrieblichen Praxis, NJW 2014, 3605; *Wybitul*, Neue Spielregeln bei Betriebsvereinbarungen und Datenschutz, NZA 2014, 225; *Wybitul*, Wie viel Arbeitnehmerdatenschutz ist „erforderlich"? BB 2010, 1085; *Wybitul/Böhm*, Freier Wille auch im Arbeitsverhältnis?, BB 2015, 2101; *Wybitul/Fladung*, EU-Datenschutz-Grundverordnung – Überblick und arbeitsrechtliche Betrachtung des Entwurfs, BB

2012, 509; *Wybitul/Pötters*, Der neue Datenschutz am Arbeitsplatz, RDV 2016, 10; *Wybitul/Sörup/Pötters*, Betriebsvereinbarungen und § 32 BDSG: Wie geht es nach der DSGVO weiter?, ZD 2015, 559.

I. Einführung

1. Entwicklung

Bereits in den Achtziger Jahren des 20. Jahrhunderts hatten Datenschutzbeauftragte des Bundes und der Länder bereichsspezifische Regelungen zum Arbeitnehmerdatenschutz gefordert. Im neuen Jahrtausend hatten diese Forderungen neue Nahrung erhalten, nachdem vermeintliche wie echte „Datenschutzskandale" in unterschiedlichen deutschen Großunternehmen bekannt geworden waren. Auf dem Weg hin zu einem umfassend kodifizierten **Beschäftigtendatenschutz** hat der 16. Deutsche Bundestag dann zunächst mit § 32 BDSG-alt eine Grundsatzregelung getroffen, die nach dem erklärten Willen des Gesetzgebers die von der Rechtsprechung entwickelten allgemeinen Grundsätze zum Datenschutz im Beschäftigungsverhältnis, insbesondere zum Fragerecht des Arbeitgebers, zusammenfassen sollte[1]. Die Regelung geht zurück auf Art. 1 Nr. 12 des Gesetzes zur Änderung datenschutzrechtlicher Vorschriften vom 14.8.2009 und war zum 1.9.2009 in Kraft getreten. Die „Arbeiten zu einem Arbeitnehmerdatenschutz" sollten indessen bereits nach der Vorstellung des damaligen Entwurfsgebers fortgeführt werden. Im November 2009 brachte die SPD-Bundestagsfraktion den Entwurf eines eigenständigen Beschäftigtendatenschutzgesetzes in den Deutschen Bundestag ein[2]. Im August 2010 beschloss sodann das Bundeskabinett einen **Regierungsentwurf**, der zwar kein separates Beschäftigtendatenschutzgesetz, immerhin aber einen eigenen Unterabschnitt „Datenerhebung, -verarbeitung und -nutzung für Zwecke des Beschäftigungsverhältnisses" im BDSG vorsah[3]. Im September 2011 erfolgte ein erneuter Antrag der SPD-Fraktion zur Regelung des Beschäftigtendatenschutzes in einem eigenen Gesetz[4]. Einigkeit konnte allerdings weiterhin nicht erzielt werden.

In den 28 Mitgliedstaaten der Europäischen Union bestanden bislang 28 unterschiedliche Datenschutzregimes. Das jeweilige inländische Datenschutzrecht hatte sich im Rahmen der **EG-Datenschutzrichtlinie** (Richtlinie 95/46/EG)[5] zu

---

1 BT-Drucks. 16/13657, S. 20.
2 BT-Drucks. 17/69.
3 BT-Drucks. 17/4230; im Folgenden werden Entwurfsregelungen als „BDSG-E 2010" kenntlich gemacht.
4 BT-Drucks. 17/7176.
5 Richtlinie 95/46/EG des Europäischen Parlaments und des Rates v. 24.10.1995 zum Schutz natürlicher Personen bei der Verarbeitung personenbezogener Daten und zum freien Datenverkehr, ABl L 281 v. 23.11.1995, S. 31.

§ 26 BDSG | Datenverarbeitung für Zwecke des Beschäftigungsverhältnisses

bewegen, einer Richtlinie, die vom 24.10.1995 stammte und seither nicht mehr verändert worden war[6]. Nicht zuletzt vor dem Hintergrund der enormen technologischen Entwicklungen seither hatte die Europäische Kommission bereits im Jahre 2012 einen Vorschlag für einen neuen Rechtsrahmen zum Schutz personenbezogener Daten in der EU skizziert[7]. Jener beinhaltet einerseits eine Richtlinie zum Schutz natürlicher Personen bei der Verarbeitung personenbezogener Daten durch Behörden im Zusammenhang mit der Verfolgung von Straftaten, der Strafvollstreckung sowie zum freien Datenverkehr[8]. Andererseits umfasst der Rechtsrahmen eine „**Datenschutz-Grundverordnung**" zum Schutz natürlicher Personen bei der Verarbeitung personenbezogener Daten und zum freien Datenverkehr[9].

3   Am 15.12.2015 haben sich EU-Parlament, EU-Ministerrat und EU-Kommission im sog. Trilog-Verfahren auf eine endgültige Fassung der **DSGVO** verständigt, die nach Art. 99 Abs. 2 DSGVO ab 25.5.2018 gilt. Nach Art. 94 Abs. 1 DSGVO wird die EG-Datenschutzrichtlinie (Richtlinie 95/46/EG) zum selben Zeitpunkt aufgehoben. Ab dem 25.5.2018 gelten dann in allen 28 EU-Mitgliedstaaten einheitliche Datenschutz-Mindeststandards nach Maßgabe der DSGVO[10], wobei Art. 88 DSGVO für den Beschäftigtendatenschutz Sonderregelungen und insbesondere eine Öffnungsklausel hinsichtlich – spezifischerer – nationaler Regelungen beinhaltet[11].

3a Nach Inkrafttreten des Art. 88 Abs. 1 DSGVO war die Schaffung neuen nationalen Rechts zwar nach überwiegender Ansicht nicht für erforderlich erachtet worden[12]. Gleichwohl hat die Bundesregierung im Februar 2017 den „Entwurf eines Gesetzes zur Anpassung des Datenschutzrechts an die Verordnung (EU) 2016/

---

6 Nach einem Urteil des EuGH v. 24.11.2011, dessen Ausgangspunkt ein Verfahren des Tribunal Supremo Spaniens war, dürfen die Mitgliedstaaten keine Gesetze haben, die von der EG-Datenschutzrichtlinie abweichende oder zusätzliche Bedingungen für die Verarbeitung personenbezogener Daten haben (EuGH v. 24.11.2011 – C-468/10, NZA 2011, 1409).
7 „Der Schutz der Privatsphäre in einer vernetzten Welt – Ein europäischer Datenschutzrahmen für das 21. Jahrhundert", KOM(2012) 9 endgültig; vgl. dazu auch *Forst*, NZA 2012, 364; *Gola*, EuZW 2012, 332.
8 KOM(2012) 10 endgültig.
9 KOM(2012) 11 endgültig; dazu näher *Ehmann*, jurisPR-ITR 4/2012; *Wybitul/Fladung*, BB 2012, 509.
10 Anders als Richtlinien finden Verordnungen in den Mitgliedstaaten unmittelbare Anwendung und bedürfen daher keiner nationalen Umsetzung, vgl. Art. 288 Abs. 2 AEUV.
11 Zur Frage der Regelungskompetenz der EU für einen Beschäftigtendatenschutz vgl. *Franzen*, RDV 2014, 200 (201).
12 Vgl. dazu nur *Düwell/Brink*, NZA 2016, 665 (667 f.); *Gola/Pötters/Thüsing*, RDV 2016, 57 (59); *Körner*, NZA 2016, 1383 (1384); *Kort*, DB 2016, 711 (714); *Kort*, ZD 2016, 555 (556); *Wybitul/Sörup/Pötters*, ZD 2015, 559 (561).

679 und zur Umsetzung der Richtlinie (EU) 2016/680[13] (Datenschutz-Anpassungs- und -Umsetzungsgesetz EU – **DSAnpUG-EU**)" auf den gesetzgeberischen Weg gebracht[14]. In Teil 2 „Durchführungsbestimmungen für Verarbeitungen zu Zwecken gemäß Art. 2 der Verordnung (EU) 2016/679" des DSAnpUG-EU befindet sich unter „Abschnitt 2 Besondere Verarbeitungssituationen" § 26, der mit Inkrafttreten am 25.5.2018, vgl. Art. 8 Abs. 1 DSAnpUG-EU, die bisherigen Regelungen zum Beschäftigtendatenschutz in § 32 BDSG-alt ablöst[15]. Dabei hat sich der Gesetzgeber ausweislich der Begründung vorbehalten, „Fragen des Datenschutzes im Beschäftigungsverhältnis innerhalb dieser Vorschrift oder im Rahmen eines gesonderten Gesetzes konkretisierend bestimmte Grundsätze, die im Rahmen der Rechtsprechung zum geltenden Recht bereits angelegt sind, zu regeln"[16].

Bereits am 6.10.2015 hat der EuGH die Entscheidung der Kommission, in der auf Grundlage der EG-Datenschutzrichtlinie festgestellt wird, dass die Vereinigten Staaten von Amerika ein angemessenes Schutzniveau übermittelter personenbezogener Daten gewährleisten (**Safe Harbor**)[17], für unvereinbar mit der EG-Datenschutzrichtlinie erklärt[18]. Unternehmen, die personenbezogene Daten an US-amerikanische Gesellschaften weiterleiten oder diesen Zugriff auf solche Daten verschaffen, können sich folglich nicht mehr auf die Safe Harbor-Grundsätze berufen[19]. Nach Verhandlungen hat sich die EU-Kommission mit der US-Regierung auf Rahmenbedingungen geeinigt, die gewährleisten sollen, dass beim Empfänger in den USA ein angemessenes Datenschutzniveau besteht. In der

3b

---

13 Richtlinie (EU) 2016/680 des Europäischen Parlaments und des Rates v. 24.4.2016 zum Schutz natürlicher Personen bei der Verarbeitung personenbezogener Daten durch die zuständigen Behörden zum Zweck der Verhütung, Ermittlung, Aufdeckung oder Verfolgung von Straftaten oder der Strafvollstreckung sowie zum freien Datenverkehr und zur Aufhebung des Rahmenbeschlusses 2008/977/JI des Rates, ABl EU Nr. L 119 v. 4.5. 2016, S. 89.
14 Gesetzentwurf der Bundesregierung, BT-Drucks. 18/11325, BR-Drucks. 110/17.
15 Ausführlich zum Datenschutz- Anpassungs- und -Umsetzungsgesetz *Düwell*, jurisPR-ArbR 22/2017 Anm. 1; zur Kritik am Referentenentwurf vgl. *Thüsing*, BB 2016, 2165.
16 BT-Drucks. 18/11325, S. 97.
17 Entscheidung 2000/520/EG der Kommission v. 26.7.2000 gemäß der Richtlinie 95/46/EG des Europäischen Parlaments und des Rates über die Angemessenheit des von den Grundsätzen des „sicheren Hafens" und der diesbezüglichen „Häufig gestellten Fragen" (FAQ) gewährleisteten Schutzes, vorgelegt vom Handelsministerium der USA (ABl. L 215, S. 7).
18 EuGH v. 6.10.2015 – C-362/14; zu den Konsequenzen im Hinblick auf den Beschäftigtendatenschutz vgl. *Ambrock*, NZA 2015, 1493; *Domke*, BB 2015, 2804; *Ginal/Heinemann-Diehl*, ArbRAktuell 2015, 568; *Grau/Granetzky*, NZA 2016, 405; *Kamps/Bonanni*, ArbRB 2015, 378.
19 Zum Transfer von Beschäftigtendaten in die USA vgl. *Ambrock*, NZA 2015, 1493; *Domke*, BB 2015, 2804; *Ginal/Heinemann-Diehl*, ArbRAktuell 2015, 568; *Grau/Granetzky*, NZA 2016, 405; *Kamps/Bonanni*, ArbRB 2015, 378.

Folge sah sich die Kommission am 12.7.2016 veranlasst, nach Art. 25 Abs. 6 der Richtlinie 95/46/EG festzustellen, dass ein angemessenes Datenschutzniveau unter den Rahmenbedingungen des sog. **EU-US-Privacy Shield** besteht, dem sich Unternehmen unterwerfen können (s. dazu näher die Kommentierung zu Art. 45 DSGVO Rz. 17 ff.).

2. Normaufbau

4 § 26 Abs. 1 schafft die Erlaubnisgrundlage zur **Verarbeitung von Beschäftigtendaten** im Kontext der Begründung, Durchführung und Beendigung eines Beschäftigtenverhältnisses. Weiter beinhaltet § 26 Abs. 1 den Rechtfertigungsgrund der Erfüllung einer gesetzlichen oder kollektivrechtlichen Pflicht und die Verarbeitung zur Aufdeckung von Straftaten. § 26 Abs. 2 enthält Regelungen zur Verarbeitung personenbezogener Beschäftigtendaten auf Grundlage einer **Einwilligung**. § 26 Abs. 3 bezieht die Verarbeitung **besonderer personenbezogener Daten** ein. § 26 Abs. 4 regelt die Verarbeitung personenbezogener Beschäftigtendaten, einschließlich besonderer Kategorien personenbezogener Daten, auf der Grundlage von **Kollektivvereinbarungen.** Nach § 26 Abs. 5 muss der Verantwortliche geeignete Maßnahmen ergreifen, um sicherzustellen, dass insbesondere die in Art. 5 DSGVO dargelegten Grundsätze für die Verarbeitung personenbezogener Daten eingehalten werden (s. Kommentierung zu Art. 5 DSGVO Rz. 3 ff.). § 26 Abs. 7 hebt das Dateierfordernis auf, und § 26 Abs. 8 definiert den Begriff der „**Beschäftigten**".

3. Verhältnis zur DSGVO

5 Nach § 1 Abs. 5 findet das BDSG keine Anwendung, soweit die DSGVO – oder sonstiges EU-Recht – unmittelbar gilt (s. Kommentierung zu § 1 BDSG Rz. 30). Für den Beschäftigtendatenschutz enthält Art. 88 DSGVO allerdings eine Öffnungsklausel hinsichtlich – spezifischerer – nationaler Regelungen. Ob Art. 88 DSGVO hinsichtlich mitgliedstaatlicher Regelungen lediglich **Mindeststandards** aufgibt, strengere Regelungen mithin zulässig sind, oder die spezifischeren Vorschriften in den Mitgliedstaaten sich nach dem Prinzip einer vollständigen Harmonisierung in jedem Fall im Rahmen der DSGVO zu halten haben, ist fraglich. Virulent wird diese Frage hinsichtlich des in § 26 Abs. 1 normierten Verhältnismäßigkeitsgrundsatzes, der sich jedenfalls in dieser Form nicht in der DSGVO wiederfindet. Weiter ist das Dateierfordernis für den Beschäftigtendatenschutz aufgehoben, vgl. § 26 Abs. 7, während der Anwendungsbereich der DSGVO im Falle einer Datenverarbeitung „off-line" oder „manuell" nur eröffnet ist, wenn ein Dateibezug vorliegt (s. Kommentierung zu Art. 2 DSGVO Rz. 6 und nachfolgend Rz. 9). Wortlaut und Historie des Art. 88 Abs. 1 DSGVO führen indessen zu der Annahme, dass Art. 88 Abs. 1 DSGVO in Bezug auf spezifischeres na-

tionales Recht lediglich Mindeststandards aufgeben will und darüber hinausgehendes nationales Recht zulässig ist[20] (s. Kommentierung zu Art. 88 DSGVO Rz. 6).

4. Änderungen gegenüber dem BDSG-alt

§ 26 Abs. 1 Satz 1 übernimmt „den **alten Kern**" des § 32 Abs. 1 BDSG-alt[21] und ergänzt diesen um den Rechtfertigungsgrund der Erfüllung einer gesetzlichen oder kollektivrechtlichen Pflicht[22]. § 26 Abs. 1 Satz 2 enthält die Erlaubnis einer Datenverarbeitung zur Aufdeckung von **Straftaten** nach § 32 Abs. 1 Satz 2 BDSG-alt. Die **Einwilligung** zur Verarbeitung personenbezogener Beschäftigtendaten war in § 32 BDSG-alt nicht spezifisch geregelt. Nunmehr stellt § 26 Abs. 2 Anforderungen an die Zulässigkeit einer Verarbeitung personenbezogener Beschäftigtendaten auf Grundlage einer Einwilligung. Die Verarbeitung **besonderer Kategorien personenbezogener Beschäftigtendaten** war ebenfalls nicht in § 32 BDSG-alt geregelt, sondern vielmehr in § 28 Abs. 6 Nr. 3 BDSG-alt. Diese „Unübersichtlichkeit"[23] beseitigt § 26 Abs. 3 Satz 1. Wenngleich bereits unter der Geltung des BDSG-alt anerkannt war, dass **Tarifverträge, Betriebs- und Dienstvereinbarungen** Rechtsvorschriften i.s.v. § 4 Abs. 1 BDSG-alt sind, die als Erlaubnisvorschrift für eine Datenerhebung, -verarbeitung und -nutzung in Betracht kommen, ist die Datenverarbeitung auf Grundlage von Kollektivvereinbarungen nun ausdrücklich in § 26 Abs. 4 angesprochen (s. dazu Rz. 11c ff.; zur Frage der Tauglichkeit einer kollektivrechtlichen Regelung als Erlaubnisgrundlage für eine Verarbeitung personenbezogener Beschäftigtendaten vgl. die Kommentierung zu Art. 88 DSGVO Rz. 9). Nach § 26 Abs. 5 muss der Verantwortliche hinsichtlich sämtlicher Verarbeitungen, die auf Grundlage der Erlaubnistatbestände des § 26 Abs. 1 bis 4 erfolgen, geeignete **Maßnahmen zur Wahrung der Grundrechte und Interessen** der Beschäftigten ergreifen. Die Klarstellung nach § 32 Abs. 3 BDSG-alt, wonach die **Beteiligungsrechte der Interessenvertretungen** unberührt bleiben, enthält § 26 Abs. 6. Die **Aufhebung des Dateierfordernisses** nach § 32 Abs. 2 BDSG-alt findet sich nunmehr in § 26 Abs. 7. Der **Beschäftigtenbegriff**, vormals in § 3 Abs. 11 BDSG-alt verortet, ist nun in § 26 Abs. 8 definiert.

6

---

20 So auch *Kort*, ZD 2017, 319 (321); *Körner*, NZA 2016, 1383; *Gola/Pötters/Thüsing*, RDV 2016, 57 (59); *Wybitul*, NZA 2017, 413; *Wybitul/Pötters*, RDV 2016, 10 (14); a.A. *Maschmann*, DB 2016, 2480 (2482); vgl. dazu auch *Dzida/Grau*, DB 2018, 189 (193).
21 *Kort*, ZD 2017, 319 (320); *Düwell*, jurisPR-ArbR 22/2017 Anm. 1.
22 *Düwell/Brink*, NZA 2017, 1081 (1083).
23 *Düwell*, jurisPR-ArbR 22/2017 Anm. 1.

II. Anwendungsbereich

1. Persönlicher Anwendungsbereich

7   Der persönliche Anwendungsbereich ergibt sich nunmehr aus dem weiten **Beschäftigtenbegriff** des § 26 Abs. 8. Die Vorschrift gilt demnach nicht nur für Arbeitnehmer, sondern auch für die weiteren dort genannten Personengruppen. Insbesondere erstreckt sich der Anwendungsbereich auf Bewerber für ein Beschäftigungsverhältnis sowie bereits ausgeschiedene Arbeitnehmer hinsichtlich ihres früheren Beschäftigungsverhältnisses. Weiter zählen zu den Beschäftigten u.a. Beamte und Richter. Freie Mitarbeiter unterfallen dem Beschäftigtendatenschutz nicht, es sei denn, sie sind aufgrund ihrer wirtschaftlichen Unselbständigkeit als arbeitnehmerähnliche Personen anzusehen, vgl. § 26 Abs. 8 Nr. 6[24]. Ausweislich der Gesetzesmaterialien übernimmt § 26 Abs. 8 „weitgehend die bisher in § 3 Abs. 11 BDSG-alt vorgesehenen Begriffsbestimmungen"[25]. Wie die Vorgängervorschrift geht auch § 26 Abs. 8 über die üblichen sozialversicherungs- und arbeitsrechtlichen Definitionen des Beschäftigten hinaus. Organe wie Geschäftsführer und Vorstände sind unterdessen auch nach § 26 Abs. 8 keine Beschäftigten i.S.d. Vorschrift. Eine analoge Anwendung kommt bereits aufgrund der eindeutigen Formulierungen nicht in Betracht. Für die Verarbeitung personenbezogener Daten von Organen gelten daher die Grundsätze des Art. 6 DSGVO und insbesondere nicht die Anforderungen des § 26[26]. Fraglich ist unterdessen, ob es hierbei für Fremdgeschäftsführer einer GmbH nach Inkrafttreten der DSGVO bleiben kann (vgl. dazu im Einzelnen die Kommentierung zu Art. 88 DSGVO Rz. 15)[27].

7a Unter der Geltung von § 3 Abs. 1 BDSG-alt war fraglich, ob **Leiharbeitnehmer** im Betrieb des Entleihers dem Anwendungsbereich des § 32 BDSG-alt unterliegen[28]. Nach der Gesetzesbegründung wird in **§ 26 Abs. 8 Nr. 1** nun „klargestellt, dass Leiharbeitnehmer nicht nur im Verhältnis zum Verleiher, sondern auch im Verhältnis zum Entleiher als Beschäftigte gelten"[29].

7b Unter **§ 26 Abs. 8 Nr. 3** fallen Personen, die zur Eingliederung in den Arbeitsmarkt oder zur Rehabilitation beschäftigt werden, z.B. sog. **Ein-Euro-Jobber**. Zudem erfasst Nr. 3 Teilnehmer und Teilnehmerinnen an Abklärungen der be-

---

24 Zum Datenschutz beim sog. Crowdworking vgl. *Meyer-Michaelis/Falter/Schäfer*, DB 2016, 2543 (2545).
25 BT-Drucks. 18/11325, S. 99.
26 S. aber § 6 Abs. 3 AGG zur – beschränkten – Anwendbarkeit des Allgemeinen Gleichbehandlungsgesetzes.
27 Vgl. dazu auch Simitis/*Seifert*, § 32 BDSG Rz. 3b.
28 Offengelassen in BAG v. 15.4.2015 – 1 ABR 2/13, NZA 2014, 551, Rz. 49; zum damaligen Streitstand vgl. *Forst*, RDV 2014, 128 (130).
29 BT-Drucks. 18/11325, S. 99.

ruflichen Eignung. In **Nr. 5** wurden die Ausführungen zum **Jugendfreiwilligendienstegesetz** redaktionell überarbeitet und um das **Bundesfreiwilligendienstgesetz** ergänzt[30]. Bei **arbeitnehmerähnlichen Personen (Nr. 6)** handelt es sich um solche Personen, die nicht persönlich, sondern lediglich wirtschaftlich von ihrem Vertragspartner abhängig und vergleichbar sozial schutzbedürftig sind. Unter **Nr. 7** fallen sämtliche in einem **öffentlich-rechtlichen Dienstverhältnis** Beschäftigte. Mangels Gesetzgebungskompetenz des Bundes erfasst die Vorschrift allerdings nicht die Beamten der Länder[31].

Eine Legaldefinition des **Arbeitgeberbegriffs** im Beschäftigtendatenschutz enthält das BDSG weiterhin nicht[32]. Er ist grundsätzlich spiegelbildlich zum Beschäftigtenbegriff zu sehen. Mithin ist auch der Entleiher Arbeitgeber, da ihm der Arbeitnehmer für den Zeitraum der Entleihung als Arbeitnehmer überlassen ist (s. dazu Rz. 7b). 8

2. Sachlicher Anwendungsbereich

In **sachlicher Hinsicht** erstreckt sich der Geltungsbereich auf die Datenverwendung für Zwecke des Beschäftigungsverhältnisses. Das Dateierfordernis ist für den Beschäftigtendatenschutz durch § 26 Abs. 7 aufgehoben. Die Absätze 1 bis 6 gelten folglich auch für die Verarbeitung personenbezogener Beschäftigtendaten, ohne dass sie in einem Dateisystem gespeichert sind oder gespeichert werden sollen. Damit gilt der Beschäftigtendatenschutz insbesondere auch für nicht digitalisierte Personalakten[33]. Demgegenüber erfasst die DSGVO nach Art. 2 Abs. 1 lediglich die automatisierte Verarbeitung personenbezogener Daten sowie die nichtautomatisierte Verarbeitung personenbezogener Daten zur Speicherung in einer Datei (vgl. dazu die Kommentierung zu Art. 2 DSGVO Rz. 12 ff.). 9

Wegen des **Verzichts auf** das **Dateierfordernis** erfasst der sachliche Anwendungsbereich auch Befragungen oder handschriftliche Notizen für Zwecke des Beschäftigungsverhältnisses, bspw. also Bewerbungsgespräche oder Personalgespräche und dazu erfolgte handschriftliche Aufzeichnungen[34], oder tatsächliche Vorgänge wie Schrankkontrollen[35]. Eine Einschränkung ist für inner- 10

---

30 BT-Drucks. 18/11325, S. 99.
31 Taeger/Gabel/*Buchner*, § 3 BDSG Rz. 62; zum eingeschränkten Nutzen der Einbeziehung von Beamten *Gola*, BB 2017, 1462 (1472).
32 S. aber § 3 Abs. 13 BDSG-E 2010, BT-Drucks. 17/4230, S. 4.
33 Zur Nichtanwendbarkeit von § 34 BDSG-alt für ein Einsichtsrecht in die Personalakte nach Beendigung des Arbeitsverhältnisses vgl. BAG v. 16.11.2010 – 9 AZR 573/09, MDR 2011, 1048 = NJW 2011, 1306; kritisch dazu *Riesenhuber*, NZA 2014, 753 (756).
34 Zur Datenerhebung im Rahmen von Assessment Centern s. *Carpenter*, NZA 2015, 466.
35 Vgl. dazu BAG v. 20.3.2013 – 2 AZR 546/12, NZA 2014, 143, Rz. 24.

betriebliche Kommunikationen zu machen[36]. So soll § 26 Abs. 7 § 32 Abs. 2 BDSG-alt fortführen[37]. § 32 Abs. 2 BDSG-alt sollte laut Gesetzesmaterialien wiederum den „von der Rechtsprechung aufgestellten Grundsätzen des Datenschutzes im Beschäftigungsverhältnis" entsprechen, wobei die Beschlussempfehlung auf zwei Entscheidungen des BAG zu Gesundheitsdaten in nicht elektronischen Personalakten verweist[38]. Nach Maßgabe dieser Rechtssätze sind zu einer **nicht elektronischen Personalakte** genommene Gesundheitsdaten vor unbefugter zufälliger Kenntnisnahme durch Einschränkung des Kreises der Informationsberechtigten zu schützen. Zudem entsprach § 32 Abs. 2 BDSG-alt nach der Beschlussempfehlung dem früheren § 12 Abs. 4 Halbs. 2 BDSG-alt (a.F.) mit der Regelung des Verzichts auf das Dateierfordernis für die Datenverarbeitung der öffentlichen Stellen, die nicht am Wettbewerb teilnehmen, im Rahmen von dienst- oder arbeitsrechtlichen Rechtsverhältnissen[39]. Hierzu war wiederum angenommen worden, es handele sich um eine Klarstellung, wonach auch die Verarbeitung personenbezogener Daten in Personalakten unter den gesetzlichen Schutz fällt[40]. Auf Grundlage der Gesetzesmaterialien kann daher für innerbetriebliche Kommunikationsvorgänge weiterhin angenommen werden, dass diese jedenfalls so lange, wie es sich tatsächlich nur um einen üblichen Umgang untereinander handelt, nicht den Beschränkungen des § 26 unterfallen[41]. Dies entspricht auch dem Schutzzweck der Norm.

3. Weitere Erlaubnistatbestände zur Verarbeitung von Beschäftigtendaten

a) Einwilligung

11 Auch im Bereich des Beschäftigtendatenschutzes ist eine Datenverarbeitung auf der Grundlage einer freiwillig erteilten **Einwilligung** des Beschäftigten nach § 26 Abs. 2 zulässig[42]. Art. 88 DSGVO enthält keine spezifischen Regelungen für die Einwilligung eines Beschäftigten. Insoweit gilt ebenfalls Art. 6 Abs. 1 Buchst. a

---

36 In seiner Stellungnahme zu § 27 Abs. 3 BDSG-E 2010 hat der Bundesrat ausgeführt, es solle im weiteren Verlauf des Gesetzgebungsverfahrens geprüft werden, ob in Bezug auf den Verzicht auf das Dateierfordernis folgender Halbs. anzufügen wäre: „es sei denn, die Daten sind Gegenstand soziälüblicher innerbetrieblicher Kommunikation". S. dazu auch *Kursawe/Nebel*, BB 2012, 516.
37 BT-Drucks. 18/11325, S. 97.
38 BAG v. 15.7.1987 – 5 AZR 215/86, MDR 1988, 256 = CR 1988, 47 = NZA 1988, 53 und BAG v. 12.9.2006 – 9 AZR 271/06, MDR 2007, 728 = NZA 2007, 269.
39 Nach *Thüsing*, NZA 2009, 865 (869), wurde damit eine Gleichstellung mit den Beschäftigten im öffentlichen Bereich bewirkt, da für die Arbeitnehmer im privaten Bereich bislang § 28 Abs. 1 Satz 1 BDSG maßgeblich war.
40 *Gola/Schomerus*, § 12 BDSG Rz. 9.
41 *Kort*, ZD 2017, 319 (323).
42 Vgl. dazu auch *Dzida/Grau*, DB 2018, 189; *Wybitul/Böhm*, BB 2015, 2101 (2103).

DSGVO, der die Datenverarbeitung u.a. im Falle einer Einwilligung des Beschäftigten gestattet, wobei Art. 7 DSGVO die Mindestbedingungen für die Einwilligung festschreibt (vgl. dazu Kommentierung zu Art. 7 DSGVO Rz. 9 ff.). Nach dem Erwägungsgrund 155 der DSGVO können unterdessen insbesondere Vorschriften über die Bedingungen erlassen werden, unter denen personenbezogene Daten im Beschäftigungskontext auf der Grundlage einer Einwilligung der Beschäftigten verarbeitet werden dürfen. Ausweislich der Gesetzesbegründung handelt es sich bei § 26 Abs. 2 um eine spezifischere Vorschrift i.S.v. Art. 88 Abs. 1 DSGVO[43], wobei § 26 Abs. 2 der Besonderheit des Beschäftigungsverhältnisses als Abhängigkeitsverhältnis und der daraus resultierenden Situation der Beschäftigten Rechnung trage[44]. Bei der Beurteilung, ob eine Einwilligung **freiwillig** erteilt wurde, sind nach § 26 Abs. 2 Satz 1 insbesondere die im Beschäftigungsverhältnis grundsätzlich bestehende Abhängigkeit der beschäftigten Person sowie die Umstände des Einzelfalls zu berücksichtigen: neben der Art des verarbeiteten Datums und der Eingriffstiefe sei beispielsweise auch der Zeitpunkt der Einwilligung maßgebend[45]. Vor Abschluss eines Arbeitsvertrages sind Beschäftigte demnach regelmäßig einer größeren Drucksituation ausgesetzt, eine Einwilligung in eine Datenvereinbarung zu erteilen. § 26 Abs. 2 Satz 2 lege daher fest, dass eine freiwillige Einwilligung insbesondere vorliegen kann, wenn der Beschäftigte infolge der Datenverarbeitung einen rechtlichen oder wirtschaftlichen Vorteil erlangt oder Arbeitgeber und Beschäftigter gleichgerichtete Interessen verfolgen. Die Gewährung eines Vorteils liege beispielsweise in der Einführung eines betrieblichen Gesundheitsmanagements zur Gesundheitsförderung oder der Erlaubnis zur Privatnutzung betrieblicher IT-Systeme. Auch die Verfolgung gleichgerichteter Interessen spreche für die Freiwilligkeit einer Einwilligung. Hierzu könne die Aufnahme von Name und Geburtsdatum in eine Geburtstagsliste oder die Nutzung von Fotos für das Intranet zählen, bei der Arbeitgeber und Beschäftigter im Sinne eines betrieblichen Miteinanders zusammenwirken[46].

Als formelle Voraussetzung einer Einwilligung ordnet § 26 Abs. 2 Satz 2, anders als Art. 7 Abs. 2 DSGVO[47], die **Schriftform** an, soweit nicht wegen besonderer Umstände eine andere Form angemessen ist[48]. Zur Begründung verweist der Gesetzgeber auf die Absicherung der informationellen Selbstbestimmung der

11a

---

43 Vgl. dazu auch *Kort*, ZD 2017, 319 (321), wonach Art. 88 DSGVO eine Regelung der Einwilligung des Beschäftigten durch den nationalen Gesetzgeber erlaubt; vgl. dazu auch *Düwell/Brink*, NZA 2017, 1081 (1084).
44 BT-Drucks. 18/11325, S. 97.
45 BT-Drucks. 18/11325, S. 97.
46 BT-Drucks. 18/11325, S. 97.
47 Zur Zulässigkeit des Schriftformerfordernisses *Kort*, ZD 2017, 319 (321).
48 *Düwell/Brink*, NZA 2017, 1081 (1084) nennen beispielhaft den im Home Office tätigen Beschäftigten, der auch per E-Mail in der Textform des § 126b BGB eine Einwilligung wirksam erteilen könne.

betroffenen Beschäftigten[49]. Damit werde die Nachweispflicht des Arbeitgebers i.S.v. Art. 7 Abs. 1 DSGVO konkretisiert. Das BAG hat für die Einwilligung eines Arbeitnehmers auf Grundlage von § 22 KUG hinsichtlich der Nutzung von Videoaufnahmen ebenfalls ausgeführt, diese bedürfe „gerade im Arbeitsverhältnis" der Schriftform[50]. § 26 Abs. 2 Satz 3 verpflichtet den Arbeitgeber noch zur Aufklärung in Textform über den Zweck der Datenverarbeitung und den **jederzeit möglichen Widerruf** durch den Beschäftigten sowie dessen Folgen nach Art. 7 Abs. 3 DSGVO.

b) Besondere Kategorien von Daten

11b Für die Zulässigkeit der Verarbeitung der in Art. 9 Abs. 1 DSGVO genannten **besonderen Kategorien personenbezogener Daten** enthält Art. 9 Abs. 2 Buchst. b eine Öffnungsklausel für den Fall der Erforderlichkeit der Verarbeitung zur Ausübung von Rechten und Pflichten aus dem Arbeitsrecht und dem Recht der sozialen Sicherheit und des Sozialschutzes, wobei auch im nationalen Recht gestattete kollektivrechtliche Vereinbarungen die Verarbeitung solcher Daten erlauben können (vgl. dazu die Kommentierung zu Art. 9 DSGVO Rz. 15)[51]. Das Recht der Mitgliedstaaten muss geeignete Garantien für die Grundrechte und die Interessen der betroffenen Person vorsehen. § 26 Abs. 3 gestattet auf dieser Grundlage die Verarbeitung besonderer Kategorien personenbezogener Daten für Zwecke des Beschäftigungsverhältnisses, wenn sie zur Ausübung von **Rechten** oder zur Erfüllung rechtlicher **Pflichten aus dem Arbeitsrecht, dem Recht der sozialen Sicherheit und des Sozialschutzes** erforderlich ist und kein Grund zu der Annahme besteht, dass schutzwürdige Interessen der betroffenen Person an dem Ausschluss der Verarbeitung überwiegen. Nach der Gesetzesbegründung kann die Verarbeitung besonderer Kategorien personenbezogener Daten für Zwecke des Beschäftigungsverhältnisses auch die Verarbeitung von Daten zur Beurteilung der Arbeitsfähigkeit einschließen, s. hierzu auch § 22 Abs. 1 Nr. 1 Buchst. b. Die Zulässigkeit der Verarbeitung solcher Daten für andere Zwecke bleibt unberührt; zum Beispiel richtet sich diese im Fall der Verarbeitung zu Zwecken der Gesundheitsvorsorge nach § 22 Abs. 1 Nr. 1 Buchst. b. Sollte eine Verarbeitung zugleich mehreren Zwecken dienen, gilt für den jeweiligen Zweck die jeweils einschlägige Verarbeitungsgrundlage[52].

---

49 BT-Drucks. 18/11325, S. 97.
50 BAG v. 11.12.2014 – 8 AZR 1010/13, MDR 2015, 1082 = CR 2015, 453 m. Anm. *Werkmeister/Schröder* = ITRB 2015, 133 = NZA 2015, 604, Rz. 26; vgl. dazu auch *Kort*, ZD 2016, 3 (6); *Wybitul/Böhm*, BB 2015, 2101 (2103); das BAG hatte in der zitierten Entscheidung noch angenommen, der Widerruf bedürfe eines plausiblen Grundes; unter der neuen Rechtslage, wonach insbesondere der Widerruf so einfach wie die Erteilung der Einwilligung sein muss, wird sich dies vermutlich nicht aufrechterhalten lassen; vgl. dazu auch *Dzida/Grau*, DB 2018, 189 (190).
51 Vgl. dazu auch *Gola*, BB 2017, 1462.
52 BT-Drucks. 18/11325, S. 98.

Die Frage, ob Grund zur Annahme besteht, dass die schutzwürdigen Interessen der Betroffenen die Interessen der Verantwortlichen an der Verarbeitung überwiegen, tritt neben die Verhältnismäßigkeitsprüfung im Rahmen der Erforderlichkeit der Datenverarbeitung[53] (dazu nachfolgend Rz. 16 ff.). Die Vorgaben des § 26 Abs. 2 gelten auch für die Einwilligung in die Verarbeitung besonderer Kategorien personenbezogener Daten, wobei sich die Einwilligung dabei ausdrücklich auf diese Daten beziehen muss, vgl. § 26 Abs. 3 Satz 2. Dem Postulat der Öffnungsklausel, wonach das Recht der Mitgliedstaaten geeignete Garantien für die Grundrechte und die Interessen der betroffenen Person vorsehen muss, trägt der Verweis in § 26 Abs. 3 Satz 3 auf § 22 Abs. 2 Rechnung[54]. Demnach sind **angemessene spezifische Maßnahmen zur Wahrung der Interessen der betroffenen Personen** vorzusehen (s. dazu die Kommentierung zu § 22 BDSG Rz. 11).

c) Kollektivvereinbarungen

Nach § 26 Abs. 4 Satz 1 ist die Verarbeitung personenbezogener Daten, einschließlich besonderer Kategorien personenbezogener Daten von Beschäftigten für Zwecke des Beschäftigungsverhältnisses, auf der Grundlage von **Kollektivvereinbarungen** zulässig, wobei nach § 26 Abs. 4 Satz 2 die Verhandlungspartner Art. 88 Abs. 2 DSGVO zu beachten haben (vgl. dazu die Kommentierung zu Art. 88 DSGVO Rz. 8). Auch § 26 Abs. 4 Satz 1 beantwortet nicht die Frage, ob Tarifverträge, Dienst- oder Betriebsvereinbarungen eine eigenständige datenschutzrechtliche Erlaubnisgrundlage bilden oder nicht[55]. Unter der Geltung von § 32 BDSG-alt war anerkannt, dass **Tarifverträge**[56] und **Betriebs- oder Dienstvereinbarungen**[57] ebenfalls Rechtsvorschriften i.S.v. § 4 Abs. 1 BDSG-alt sind, die als Erlaubnisvorschrift für eine Datenverarbeitung in Betracht kommen[58]. Zuletzt hatte das BAG im Zusammenhang mit der Durchführung von Torkontrollen, die sich auf die Durchsicht mitgeführter Behältnisse, Jacken- und Manteltaschen bezogen, erneut bestätigt, dass die entsprechende Betriebsvereinbarung eine Rechtsvorschrift i.S.v. § 4 Abs. 1 BDSG-alt sei, die sowohl die automatisierte als auch die nicht automatisierte Verarbeitung personenbezogener Daten von Arbeitnehmern wie Leiharbeitnehmern erlaube[59]. Allerdings musste

11c

---

53 BT-Drucks. 18/11325, S. 98.
54 BT-Drucks. 18/11325, S. 98.
55 Vgl. dazu auch *Schrey/Kielkowski*, BB 2018, 629; *Klösel/Mahnhold*, NZA 2017, 1428 (1429); *Kort*, ZD 2017, 319 (322).
56 BAG v. 25.6.2002 – 9 AZR 405/00, NZA 2003, 275.
57 BAG v. 27.5.1986 – 1 ABR 48/84, CR 1986, 571 = MDR 1987, 83 = NZA 1986, 643; dazu auch *Kort*, RDV 2012, 8 sowie Rz. 152 ff.
58 Die Rechtsprechung war freilich auf erhebliche Kritik gestoßen, zum Streitstand vgl. *Wybitul*, NZA 2014, 225 (227).
59 BAG v. 15.4.2014 – 1 ABR 2/13, NZA 2014, 551, Rz. 49; vgl. dazu auch BAG v. 25.9.2013 – 10 AZR 270/12, MDR 2014, 98 = NZA 2014, 41.

die jeweilige Rechtsvorschrift einer Rechtskontrolle standhalten, eine Betriebsvereinbarung folglich insbesondere den Anforderungen des § 75 Abs. 2 BetrVG genügen[60].

11d In der Gesetzesbegründung heißt es nunmehr, „besonders Betriebs- und Dienstvereinbarungen sind nach bisherigem Recht wichtige Regelungsinstrumente im Bereich des Beschäftigtendatenschutzes. § 26 Abs. 4 stellt deshalb in Umsetzung des Art. 88 Abs. 1 (DSGVO) klar, dass Tarifverträge, Betriebsvereinbarungen oder Dienstvereinbarungen weiterhin die Rechtsgrundlage für Regelungen zum Beschäftigtendatenschutz bilden können. Sie sollen den Verhandlungsparteien der Kollektivvereinbarungen die Ausgestaltung eines auf die betrieblichen Bedürfnisse zugeschnittenen Beschäftigtendatenschutzes ermöglichen"[61].

11e Unter der Geltung des § 32 BDSG-alt wurde die Frage diskutiert, inwieweit durch Kollektivvereinbarungen eine **Abweichung vom Datenschutzniveau „nach unten"** möglich ist. In der zitierten Entscheidung betreffend die Telefondatenerfassung aus dem Jahr 1986 hatte das BAG angenommen, eine Betriebsvereinbarung oder ein Spruch der Einigungsstelle könnten auch **zuungunsten** der Arbeitnehmer von den Vorschriften des BDSG **abweichen**. Sie müssten sich im Rahmen der Regelungskompetenz der Betriebspartner halten und den Grundsätzen über den Persönlichkeitsschutz des Arbeitnehmers im Arbeitsverhältnis Rechnung tragen[62]. Gleichwohl wurde teilweise weiterhin angenommen, Betriebsvereinbarungen dürften nicht „hinter dem Niveau" des BDSG zurückbleiben[63]. Nach der Gesetzesbegründung steht den Verhandlungsparteien „ein Ermessensspielraum im Rahmen des geltenden Rechts einschließlich der (DSGVO) zu; Artikel 88 Abs. 2 (DSGVO) ist zu beachten"[64]. Damit werde „auch" den Anforderungen des Art. 9 Abs. 2 Buchst. b. DSGVO bei der Verarbeitung besonderer Kategorien personenbezogener Daten Rechnung getragen[65]. Wenn nun § 26 Abs. 4 einerseits klarstellt, dass Tarifverträge, Betriebsvereinbarungen oder Dienstvereinbarungen weiterhin die Rechtsgrundlage für Regelungen zum Beschäftigtendatenschutz bilden können, andererseits den Verhandlungsparteien ein Ermessensspielraum im Rahmen des geltenden Rechts einschließlich der DSGVO zusteht, wird deutlich, dass eine Abweichung vom Niveau der DSGVO bzw. des BDSG allenfalls in sehr engen Grenzen zulässig ist, zumal, wenn auf Grundlage

---

60 Vgl. dazu sowie insbesondere zum Verhältnismäßigkeitsgrundsatz BAG v. 15.4.2014 – 1 ABR 2/13, NZA 2014, 551; vgl. dazu auch *Wybitul*, NZA 2014, 225 (228); zu den Vorteilen einer Betriebsvereinbarung, insbesondere gegenüber einer Einwilligung der Beschäftigten, vgl. *Kort*, ZD 2016, 3 (5).
61 BT-Drucks. 18/11325, S. 98; vgl. dazu auch *Haußmann/Brauneisen*, BB 2017, 3065 (3066).
62 BAG v. 27.5.1986 – 1 ABR 48/84, CR 1986, 571 = MDR 1987, 83 = NZA 1986, 634.
63 Simitis/*Simitis*, § 2 BDSG Rz. 160; Simitis/*Scholz/Sokol*, § 4 BDSG Rz. 17.
64 BT-Drucks. 18/11325, S. 98.
65 BT-Drucks. 18/11325, S. 98.

solcher Vereinbarungen besondere Kategorien personenbezogener Daten verarbeitet werden[66].

In der Praxis wird sich insbesondere der Arbeitgeber überlegen müssen, ob die von ihm angestrebte Betriebsvereinbarung „lediglich" zur **Wahrung von Mitbestimmungsrechten** nach dem BetrVG abgeschlossen werden soll mit der Folge, dass sich die Frage der Zulässigkeit der Datenverarbeitung ausschließlich nach § 26 und den Grundsätzen der DSGVO richtet, oder ob die Betriebsvereinbarung darüber hinaus auch als **Erlaubnistatbestand** dienen soll. In jedem Fall empfiehlt sich, dies ausdrücklich in der Betriebsvereinbarung klarzustellen. Ferner ist bei der inhaltlichen Ausgestaltung darauf zu achten, dass insbesondere erkennbar ist, dass die Vorgaben des Art. 88 Abs. 2 DSGVO eingehalten werden sollen. Darüber hinaus ist allerdings nicht erforderlich, sämtliche datenschutzrechtlichen Grundsätze der DSGVO, einschließlich der Betroffenenrechte, nochmals in der Betriebsvereinbarung zu wiederholen; vielmehr gelten die entsprechenden Regelungen der DSGVO ohnehin unmittelbar, hier genügt also auch ein entsprechender Verweis. Bereits **vor Inkrafttreten der DSGVO und des § 26 abgeschlossene Betriebsvereinbarungen** bleiben weiterhin gültig und können nach wie vor als Ermächtigungsgrundlage für eine Datenverarbeitung dienen, so lange sie Art. 88 Abs. 2 DSGVO genügen. In dieser Hinsicht gilt allerdings, dass solche Betriebsvereinbarungen auch schon bisher nach der Rspr. des BAG dem Bestimmtheits- und Transparenzgebot entsprechen und den Schutz der Persönlichkeitsrechte der Arbeitnehmer gewährleisten mussten (s. Rz. 11c)[67]. Dies bedeutet wiederum, dass die seit Inkrafttreten der DSGVO geltenden Anforderungen an die in Betriebsvereinbarungen enthaltenen Regelungen – zumindest auf den zweiten Blick – nicht wesentlich von den auch schon bislang geltenden Maßstäben abweichen. Anders gewendet: Eine Betriebsvereinbarung, die am Maßstab des Art. 88 Abs. 2 DSGVO scheitert, dürfte auch bereits vor der Geltung der DSGVO problematisch gewesen sein.

11f

4. Verhältnis zu anderen Vorschriften

Nach wie vor ist das BDSG als **Auffanggesetz** konzipiert[68]. Nach § 1 Abs. 2 gehen andere Rechtsvorschriften des Bundes über den Datenschutz den Vorschriften des BDSG vor. Regeln solche Vorschriften einen Sachverhalt, für den das BDSG gilt, nicht abschließend, finden die Vorschriften des BDSG Anwendung. Bemisst sich die Zulässigkeit der Verarbeitung von Beschäftigtendaten auf dieser Grundlage nach den Bestimmungen des BDSG, stellt sich die Frage, ob § 26 insoweit ab-

12

---

66 Vgl. dazu auch *Kort*, ZD 2017, 319 (322); nach *Düwell/Brink*, NZA 2017, 1081 (1082) unterfallen bestehende Kollektivvereinbarungen „nur dann der Ermächtigungsvorschrift des Art. 88 I DSGVO, wenn sie auch sämtliche seiner Anforderungen erfüllen".
67 BAG v. 15.4.2014 – 1 ABR 2/13, NZA 2014, 551.
68 *Gola*, BB 2017, 1462 (1463).

schließend ist, oder aber für den Fall der Nichterfüllung der Voraussetzungen des § 26 auf andere Erlaubnistatbestände des BDSG zurückgegriffen werden kann. Hinsichtlich der Vorgängervorschrift in § 32 BDSG-alt stellte sich die Frage nach dem Verhältnis zu § 28 BDSG-alt, wobei die seinerzeitigen Gesetzesmaterialien nicht eindeutig waren. Mit Rücksicht auf diese Gesetzesmaterialien wurde teilweise angenommen, § 32 BDSG-alt verdränge § 28 BDSG-alt stets, wenn es um Zwecke des Beschäftigungsverhältnisses geht, Anwendungsraum für die Bestimmungen in § 28 BDSG-alt bliebe demnach nur für **„beschäftigungsfremde"** Zwecke[69]. Ein Rückgriff auf § 28 Abs. 1 BDSG-alt wäre folglich zwar zulässig, soweit es bspw. um die Bereitstellung von Beschäftigtendaten an potentielle Käufer im Rahmen einer **Due Diligence** geht[70]. Unzulässig wäre dagegen ein Rückgriff auf die Erlaubnisnorm des § 28 Abs. 1 Nr. 3 BDSG-alt hinsichtlich allgemein zugänglicher Beschäftigtendaten für Zwecke des Beschäftigungsverhältnisses, insbesondere auf Daten in sozialen Netzwerken wie facebook oder studiVZ, oder aus beruflichen Netzwerken wie LinkedIn oder Xing gewesen[71]. Das BAG hielt die Auffassung das LAG Baden-Württemberg, eine anlassbezogene Datenerhebung durch den Arbeitgeber könne ausschließlich nach § 32 Abs. 1 Satz 2 BDSG-alt zulässig sein, für unzutreffend. Erfolge eine Datenerhebung nicht zur Aufdeckung einer im Beschäftigungsverhältnis begangenen Straftat i.S.d. § 32 Abs. 1 Satz 2 BDSG-alt, komme vielmehr eine Zulässigkeit der Maßnahme nach § 32 Abs. 1 Satz 1 BDSG-alt in Betracht. Diene die Datenerhebung weder der Aufdeckung von Straftaten i.S.d. § 32 Abs. 1 Satz 2 BDSG-alt noch sonstigen Zwecken des Beschäftigungsverhältnisses i.S.v. § 32 Abs. 1 Satz 1 BDSG-alt, könne sie „überdies ‚zur Wahrung berechtigter Interessen' i.S.d. § 28 Abs. 1 Nr. 2 BDSG-alt zulässig sein. Insoweit (werde) § 28 (BDSG-alt) von § 32 (BDSG-alt) nicht verdrängt"[72].

13 Nach Art. 6 Abs. 1 Buchst. f DSGVO ist die Datenverarbeitung bei Vorliegen der dort weiter genannten Voraussetzungen u.a. rechtmäßig, wenn sie zur Wahrung der berechtigten Interessen des Verantwortlichen oder eines Dritten erforderlich ist (s. dazu die Kommentierung zu Art. 6 DSGVO Rz. 17 ff.). Art. 88 DSGVO, der im Kapitel 9 „Vorschriften für besondere Verarbeitungssituationen" verortet ist, enthält eine Öffnungsklausel für spezifischere Vorschriften der Datenverarbeitung im Beschäftigungskontext (vgl. dazu die Kommentierung zu Art. 88 DSGVO); mit § 26 hat der nationale Gesetzgeber hiervon Gebrauch gemacht. Dabei führt nach der Gesetzesbegründung § 26, der die Zulässigkeit der Datenverarbeitung „für Zwecke des Beschäftigungsverhältnisses" regelt, die

---

69 *Erfurth*, NJOZ 2009, 2914 (2922); vgl. dazu auch Däubler/Klebe/Wedde/Weichert/ *Däubler*, § 32 BDSG Rz. 8.
70 Vgl. hierzu auch *Kramer*, Beschäftigtendatenschutz – Erster Referentenentwurf liegt vor, DSB 2010, 7; zur Erhebung und Weitergabe von Beschäftigtendaten im Rahmen von § 13 MiLoG i.V.m. § 14 AEntG s. *Franck/Krause*, DB 2015, 1285; *Gola/Jaspers*, RDV 2015, 113.
71 Däubler/Klebe/Wedde/Weichert/*Däubler*, § 32 BDSG Rz. 8.
72 BAG v. 29.6.2017 – 2 AZR 597/16, NZA 2017, 1179, Rz. 25.

„spezialgesetzliche Regelung des § 32 (BDSG-alt) fort"[73]. Auf dieser Grundlage und nach Maßgabe der Rechtssätze des BAG im zitierten Urteil v. 29.6.2017[74] (s. Rz. 12) kann daher auch weiter angenommen werden, dass außerhalb des § 26 ein **Rückgriff auf Art. 6 DSGVO** zulässig ist[75].

Für das Verhältnis zu **anderen Rechtsvorschriften** des Bundes über den Datenschutz gilt § 1 Abs. 2[76]. Diese gehen den Vorschriften des BDSG und damit auch § 26 vor (s. dazu die Kommentierung zu § 1 Abs. 2 BDSG). Soweit Landesdatenschutzgesetze für öffentliche Stellen besondere datenschutzrechtliche Bestimmungen für Dienst- oder Arbeitsverhältnisse enthalten, gehen diese ebenfalls § 26 vor[77].

14

Dass die **Beteiligungsrechte** der **Interessenvertretungen** unberührt bleiben, versteht sich von selbst, ist unterdessen in § 26 Abs. 6 ausdrücklich festgestellt.

15

III. Erforderlichkeit und Verhältnismäßigkeit

1. Erforderlichkeit

Nach dem Wortlaut des § 26 Abs. 1 Satz 1 dürfen personenbezogene Daten eines Beschäftigten für Zwecke des Beschäftigungsverhältnisses erhoben, verarbeitet oder genutzt werden, wenn dies für die Entscheidung über die Begründung eines Beschäftigungsverhältnisses oder nach Begründung für die Durchführung oder Beendigung des Beschäftigungsverhältnisses **erforderlich** ist. § 26 Abs. 1 regelt laut der Gesetzesbegründung – wie bisher § 32 Abs. 1 BDSG-alt –, zu welchen Zwecken und unter welchen Voraussetzungen personenbezogene Daten vor, im und nach dem Beschäftigungsverhältnis verarbeitet werden dürfen, wenn dies zum Zweck des Beschäftigungsverhältnisses erforderlich ist. Im Rahmen der Erforderlichkeitsprüfung sind die widerstreitenden Grundrechtspositionen zur Herstellung praktischer Konkordanz abzuwägen. Dabei sind die Interessen des Arbeitgebers an der Datenverarbeitung und das Persönlichkeitsrecht des Beschäftigten zu einem schonenden Ausgleich zu bringen, der beide Interessen möglichst weitgehend berücksichtigt[78]. In den Gesetzesmaterialien zu § 32 Abs. 1

16

---

73 BT-Drucks. 18/11325, S. 96 f.
74 BAG v. 29.6.2017 – 2 AZR 597/16, NZA 2017, 1179.
75 *Gola*, BB 2017, 1462 (1464), erörtert im Zusammenhang mit „beschäftigungsfremden Zwecken" einen Rückgriff auf Art. 6 Abs. 1 Buchst. f DSGVO.
76 Für das Verhältnis von §§ 22, 23 KUG zu den Bestimmungen des BDSG s. BAG v. 11.12.2014 – 8 AZR 1010/13, MDR 2015, 1082 = CR 2015, 453 m. Anm. *Werkmeister/Schröder* = ITRB 2015, 133 = NZA 2015, 604, Rz. 26; vgl. dazu auch *Benecke/Groß*, NZA 2015, 833 (835).
77 *Simitis/Seifert*, § 32 BDSG Rz. 19; vgl. dazu auch § 1 Abs. 1 Nr. 2; *Gola*, BB 2017, 1462 (1463).
78 BT-Drucks. 18/11325, S. 97; vgl. dazu auch *Düwell/Brink*, NZA 2017, 1081 (1084); *Gola*, BB 2017, 1461 (1464); *Wybitul*, NZA 2017, 413 (415).

§ 26 BDSG | Datenverarbeitung für Zwecke des Beschäftigungsverhältnisses

Satz 1 BDSG-alt heißt es, die Regelung entspräche den bisher von der Rechtsprechung aus dem verfassungsrechtlich geschützten allgemeinen Persönlichkeitsrecht nach Art. 2 Abs. 1 i.V.m. Art. 1 Abs. 1 GG abgeleiteten „allgemeinen Grundsätzen zum Datenschutz im Beschäftigungsverhältnis"[79]. Nach der seinerzeit maßgeblichen, im Zuge der Einführung des § 32 BDSG-alt ebenfalls geänderten Fassung des § 28 Abs. 1 Nr. 1 BDSG-alt war indessen ausreichend, dass die Datenverarbeitung der Zweckbestimmung des Vertragsverhältnisses oder vertragsähnlichen Vertrauensverhältnisses „dient". In der Folge wurde das Erforderlichkeitskriterium auch in § 28 Abs. 1 Nr. 1 BDSG-alt festgeschrieben. Es stellte sich also die Frage, ob auf der Grundlage der unterschiedlichen Begrifflichkeiten von „Dienlichkeit" einerseits und „Erforderlichkeit" andererseits von einem Paradigmenwechsel auszugehen ist. Teilweise wurde hierzu vertreten, das Kriterium der Erforderlichkeit sei seit Inkrafttreten des BDSG „Ausgangspunkt" der Zulässigkeitsprüfung gewesen[80]. Ungeachtet der Frage, ob diese Behauptung so pauschal zutrifft, sprach gegen einen Paradigmenwechsel jedenfalls der weitere Hinweis des Gesetzgebers, wonach § 32 BDSG-alt „eine allgemeine Regelung zum Schutz personenbezogener Daten von Beschäftigten" enthält, „die die von der Rechtsprechung erarbeiteten Grundsätze des Datenschutzes im Beschäftigungsverhältnis nicht ändern, sondern lediglich zusammenfassen" soll[81]. In den in diesem Kontext zitierten Entscheidungen des BAG geht es um den Anspruch eines erfolglosen Bewerbers auf Vernichtung eines Personalfragebogens[82], die Anfechtung eines Arbeitsvertrags wegen des Verschweigens einer Körperbehinderung[83] sowie die Auskunftspflicht eines Arbeitnehmers nach seiner Einstellung über eine Tätigkeit für das frühere Ministerium für Staatssicherheit[84]. Wenngleich die Urteile also unterschiedliche Konstellationen betreffen, geht es in deren Kern jeweils um das Fragerecht des Arbeitgebers und die **Abwägung der Interessen** des Arbeitgebers an bestimmten Informationen einerseits gegen die Grenzen des Schutzbereichs des Beschäftigten andererseits[85]. Nach Maßgabe der gesetzgeberischen Erwägungen sowie der zitierten Entscheidungen des BAG sind daher wei-

---

79 BT-Drucks. 16/13657, S. 21.
80 So ausdrücklich *Gola/Jaspers*, § 32 Abs. 1 BDSG – eine abschließende Regelung?, RDV 2009, 212; s. auch *Deutsch/Diller*, Die geplante Neuregelung des Arbeitnehmerdatenschutzes in § 32 BDSG, DB 2009, 1462 (1463); *Maier/Garding*, DB 2010, 559 (561); a.A. *Thüsing*, NZA 2009, 865 (866).
81 BT-Drucks. 16/13657, S. 20.
82 BAG v. 6.6.1984 – 5 AZR 286/81, MDR 1985, 168 = CR 1987, 438 = NZA 1984, 321.
83 BAG v. 7.6.1984 – 2 AZR 270/83, NZA 1985, 57.
84 BAG v. 7.9.1995 – 8 AZR 828/93, NZA 1996, 637.
85 S. hierzu auch die Gesetzesbegründung zu § 26, wonach sich der Gesetzgeber vorbehält, „Fragen des Datenschutzes im Beschäftigungsverhältnis innerhalb dieser Vorschrift oder im Rahmen eines gesonderten Gesetzes konkretisierend bestimmte Grundsätze, die im Rahmen der Rechtsprechung zum geltenden Recht bereits angelegt sind, zu regeln. Dies gilt insbesondere für das Fragerecht bei der Begründung eines Beschäftigungsverhältnisses (...)", BT-Drucks. 18/11325, S. 97.

terhin keine zu strengen Anforderungen an das Erforderlichkeitskriterium zu stellen, andernfalls schon fraglich wäre, ob für die Durchführung des Beschäftigungsverhältnisses Leistungskontrollen jemals „erforderlich" sein können[86].

Im Lichte dieser Erwägungen setzt die Erforderlichkeit ein **berechtigtes, billigenswertes und schutzwürdiges Interesse** des Arbeitgebers an einer Information voraus. Dieses Interesse des Arbeitgebers muss objektiv so stark sein, dass das Interesse des Beschäftigten am Schutz seines Persönlichkeitsrechts zurücktreten muss[87]. Im Übrigen ist nach Maßgabe der Rechtssätze der zitierten Urteile des BAG davon auszugehen, dass die Datenverarbeitung auch im Einzelfall **verhältnismäßig** sein muss[88]. Diesem Ansatz lässt sich nicht entgegnen, dass der Verhältnismäßigkeitsgrundsatz – lediglich – in § 26 Abs. 1 Satz 2 ausdrücklich angesprochen ist. Insoweit heißt es nämlich bereits in der Gesetzesbegründung zu § 32 BDSG-alt, die Aufnahme einer Abwägungsklausel in Satz 2 trage der Tatsache Rechnung, dass Maßnahmen zur Aufdeckung einer Straftat „in der Regel besonders intensiv in das allgemeine Persönlichkeitsrecht eingreifen"[89]. Dem Willen des Gesetzgebers ist folglich zu entnehmen, dass es für die Zulässigkeit der Datenverarbeitung stets auf die Intensität des Eingriffs in das allgemeine Persönlichkeitsrecht und eine diesbezügliche Abwägung des Einzelfalls ankommt, und der Gesetzgeber hinsichtlich Maßnahmen zur Aufdeckung von Straftaten lediglich unterstellt, dass diese regelmäßig besonders intensiv in das allgemeine Persönlichkeitsrecht eingreifen.

2. Verhältnismäßigkeit

Nach den allgemeinen Grundsätzen zur **Verhältnismäßigkeit**[90] muss die Verarbeitung der Beschäftigtendaten damit weiter einem **legitimen Zweck** dienen

---

86 *Thüsing*, NZA 2009, 865 (867), wählt das Beispiel der Kontonummer, schließlich könne der Arbeitgeber das Geld auch bar überreichen; nach *Deutsch/Diller* richtet sich die Erforderlichkeit nach dem „individuell verfolgten unternehmerischen Konzept" (DB 2009, 1462 (1463)); nach *Düwell/Brink*, NZA 2017, 1081 (1084) sei die in der Gesetzesbegründung zum Ausdruck kommende Auffassung, der Begriff der Erforderlichkeit beinhalte eine Interessenabwägung, „hoch problematisch"; vgl. dazu auch *Kort*, ZD 2017, 319 (320), der die Übernahme des Erforderlichkeitskriteriums in § 26 Abs. 1 Satz 1 als „weniger gelungen" beklagt; vgl. dazu auch *Wybitul*, NZA 2017, 413 (416).
87 BAG v. 7.6.1984 – 2 AZR 270/83, NZA 1985, 57; vgl. dazu auch *Hohenstatt/Stamer/Hinrichs*, NZA 2006, 1065; *Schaffland/Wiltfang*, § 32 BDSG Rz. 1.
88 *Düwell/Brink*, NZA 2017, 1081 (1084); ErfK/*Franzen*, § 32 BDSG Rz. 6; *Gaul/Koehler*, GmbHR 2010, R139; *Wybitul*, BB 2010, 1085; vgl. auch das an späterer Stelle in den Gesetzesmaterialien zitierte Urteil des BAG v. 22.10.1986 – 5 AZR 660/85, CR 1987, 697 m. Anm. *Kort* = MDR 1987, 698 = CR 1987, 370 = NZA 1987, 415.
89 BT-Drucks. 16/13657, S. 21.
90 BVerfG v. 4.4.2006 – 1 BvR 518/02, CR 2006, 594 m. Anm. *Schmitz* = ITRB 2006, 150 = NJW 2006, 1939 zur Verfassungsmäßigkeit der präventiven polizeilichen Rasterfahndung; vgl. dazu auch *Kock/Franke*, NZA 2009, 646.

und in Bezug auf diesen Zweck verhältnismäßig, also **geeignet, erforderlich** und **angemessen** sein. Erweist sich die Datenerhebung, -verarbeitung oder -nutzung für den legitimen Zweck als geeignet, ist im nächsten Schritt zu prüfen, ob sie auch erforderlich im engeren Sinne ist, mithin kein milderes Mittel zur Verfügung steht, mit dem der Eingriff in das allgemeine Persönlichkeitsrecht des Beschäftigten reduziert werden könnte[91]. Wenn also das Erforderlichkeitspostulat nach § 26 Abs. 1 Satz 1 im vorstehend beschriebenen Sinne erfüllt ist, ist im Rahmen der Verhältnismäßigkeit zu prüfen, ob weitere, gleich wirksame Mittel in Betracht kommen, die weniger intensiv in das Persönlichkeitsrecht des Beschäftigten eingreifen[92]. Für die Prüfung der **Angemessenheit** ist die Intensität des konkreten Eingriffs in das allgemeine Persönlichkeitsrecht des Beschäftigten zu bewerten. Hierfür können die Grundsätze der Sphärentheorie herangezogen werden, wonach zu fragen ist, welchem Lebensbereich die jeweiligen Daten zuzuordnen sind[93]. Zu unterscheiden ist zwischen Informationen aus dem geschäftlichen oder sozialen Bereich, der Privatsphäre sowie solchen aus der Intimsphäre des Betroffenen. Die Intensität des Eingriffs ist bei Informationen, die die Intimsphäre betreffen, am stärksten[94]. Regelmäßig betrifft dies die Verarbeitung besonderer Arten personenbezogener Daten nach § 26 Abs. 3.

IV. Einhaltung der Grundsätze der DSGVO

1. Grundsätze des Art. 5 DSGVO

19 Nach § 26 Abs. 5 muss der Arbeitgeber geeignete Maßnahmen zur Sicherstellung „insbesondere" der in Art. 5 DSGVO niedergelegten Grundsätze für die Verarbeitung personenbezogener Daten ergreifen (s. näher dazu Kommentierung zu Art. 5 DSGVO). Damit wird deutlich, dass auch die übrigen Vorschriften der DSGVO heranzuziehen sind[95]. In der Gesetzesbegründung heißt es be-

---

91 BAG v. 7.9.1995 – 8 AZR 828/93, NZA 1996, 637 zur Geeignetheit, Erforderlichkeit und Angemessenheit einer Fragestellung; BAG v. 26.8.2008 – 1 ABR 16/07, NZA 2008, 1187 für die Prüfung der Zulässigkeit von Videoüberwachungsmaßnahmen.
92 Zur Verhältnismäßigkeitsprüfung vgl. auch BAG v. 20.3.2013 – 2 AZR 546/12, NZA 2014, 143, Rz. 28.
93 BAG v. 7.9.1995 – 8 AZR 828/93, NZA 1996, 637: „Ein unantastbarer Bereich privater Lebensgestaltung muss in jedem Fall gewahrt bleiben."; BAG v. 6.6.1984 – 5 AZR 286/81, MDR 1985, 168 = CR 1987, 438 = NZA 1984, 321: „Fragen nach Unfallschäden, Körperbehinderungen [...] haben einen direkten Bezug zur Intimsphäre. Insoweit ein besonderer Schutz geboten."
94 Vgl. BAG v. 6.6.1984 – 5 AZR 286/81, MDR 1985, 168 = CR 1987, 438 = NZA 1984, 321; BAG v. 22.10.1986 – 5 AZR 660/85, CR 1987, 697 m. Anm. *Kort* = MDR 1987, 698 = CR 1987, 370 = NZA 1987, 415; zur Verhältnismäßigkeit ausführlich *Wybitul*, BB 2010, 1085 (1086 f.).
95 *Düwell/Brink*, NZA 2017, 1081 (1085).

zunehmend auf Art. 88 Abs. 2 DSGVO noch, gemäß § 26 Abs. 5 müsse der Arbeitgeber geeignete Maßnahmen „zur Wahrung der Grundrechte und Interessen des Beschäftigten vorsehen"[96]. Damit muss bei der Datenverarbeitung insbesondere sichergestellt sein, dass sie auf **rechtmäßige Weise, nach Treu und Glauben und in einer für den Beschäftigten nachvollziehbaren Weise** erfolgt. Weiter gilt der in Art. 5 Abs. 1 Buchst. b. DSGVO niedergelegte **Grundsatz der Zweckbindung** auch für die Verarbeitung personenbezogener Beschäftigtendaten. Zwar regelt § 26 die Datenverarbeitung „für Zwecke des Beschäftigungsverhältnisses" und legt den Zweck damit scheinbar selbst fest. Hierbei handelt es sich aber um eine allgemeine Formulierung, zumal auch Art. 88 Abs. 1 DSGVO eine Öffnungsklausel für die Datenverarbeitung im Beschäftigungskontext nur für die dort näher genannten „Zwecke" gestattet. Folglich ist auch „zum Zwecke eines Beschäftigungsverhältnisses" eine Datenerhebung „ins Blaue hinein" unzulässig[97]. Ferner ist der Grundsatz der **Datenminimierung** gemäß Art. 5 Abs. 1 Buchst. c sowie der **Richtigkeitsgrundsatz** nach Art. 5 Abs. 1 Buchst. d DSGVO zu beachten. Damit sind insbesondere personenbezogene Daten, die im Hinblick auf die Zwecke ihrer Verarbeitung unrichtig sind, unverzüglich zu löschen oder zu berichtigen (s. dazu die Kommentierung zu Art. 5 DSGVO Rz. 12 ff.). Wenn demnach eine Abmahnung falsche personenbezogene Daten beinhaltet, kann auch auf dieser Grundlage eine Berichtigung oder gar eine Entfernung der Abmahnung beansprucht werden. Nach dem in Art. 5 Abs. 1 Buchst. e DSGVO niedergelegten **Grundsatz der Speicherbegrenzung** müssen die Daten in einer Form gespeichert werden, die die Identifizierung des Beschäftigten nur so lange ermöglicht, wie es für die Zwecke, für die sie verarbeitet werden, erforderlich ist. Weiter hat der Arbeitgeber sicherzustellen, dass die Verarbeitung in einer Weise erfolgt, die eine angemessene Sicherheit der personenbezogenen Daten gewährleistet, einschließlich des Schutzes vor unbefugter oder unrechtmäßiger Verarbeitung, vor unbeabsichtigtem Verlust, unbeabsichtigter Zerstörung oder unbeabsichtigter Schädigung, durch geeignete technische und organisatorische Maßnahmen, „**Integrität und Vertraulichkeit**". Der Arbeitgeber ist für die Einhaltung des Art. 5 Abs. 1 DSGVO verantwortlich und muss dessen Einhaltung nachweisen können, „**Rechenschaftspflicht**", Art. 5 Abs. 2 DSGVO. Nach der Gesetzesbegründung trifft der Arbeitgeber sowohl zum Zeitpunkt der Festlegung der Mittel für die Verarbeitung als auch zum Zeitpunkt der eigentlichen Verarbeitung geeignete **technische und organisatorische Maßnahmen**, die darauf ausgelegt sind, die Datenschutzgrundsätze wie etwa die Datenminimierung wirksam umzusetzen. Weiter hat der Arbeitgeber demnach Schritte zu unternehmen, um sicherzustellen, dass ihm unterstellte natürliche Personen, die Zugang zu personenbezogenen Daten haben, diese nur aufgrund seiner Anweisung

---

[96] BT-Drucks. 18/11325, S. 98.
[97] So auch Däubler/Klebe/Wedde/Weichert/*Däubler*, § 32 BDSG Rz. 8; *Thüsing*, NZA 2009, 865 (866).

verarbeiten, es sei denn, diese sind rechtlich zur Verarbeitung verpflichtet[98]. Mit der Regelung in § 26 Abs. 5 wird ausweislich der Gesetzesbegründung insbesondere auch das Erfordernis aus **Art. 10 DSGVO** umgesetzt, geeignete Garantien für die Rechte und Freiheiten der Beschäftigten vorzusehen[99]. Nach Art. 10 DSGVO darf die Verarbeitung personenbezogener Daten über strafrechtliche Verurteilungen und Straftaten oder damit zusammenhängende Sicherungsmaßregeln aufgrund von Art. 6 Abs. 1 DSGVO nur unter behördlicher Aufsicht vorgenommen werden oder wenn dies nach dem Unionsrecht oder dem Recht der Mitgliedstaaten, das geeignete Garantien für die Rechte und Freiheiten der betroffenen Person vorsieht, zulässig ist.

2. Grundsatz der Direkterhebung

19a Für den Arbeitgeber bieten sich im Vorfeld wie nach der Begründung eines Beschäftigungsverhältnisses zahlreiche Quellen für die Informationsgewinnung an. Umfassende Recherchen über Beschäftigte sind insbesondere in allgemein zugänglichen Quellen, wie sozialen oder beruflichen Netzwerken, oder über Suchdienste wie Google möglich. Für die Frage der Zulässigkeit der Nutzung solcher Quellen war der **Grundsatz der Direkterhebung** nach § 4 Abs. 2 Satz 1 BDSG-alt zu beachten[100]. Der Arbeitgeber musste Daten demnach grundsätzlich beim Beschäftigten selbst erheben. Eine Erhebung ohne seine Mitwirkung war nur in Ausnahmefällen nach Maßgabe von § 4 Abs. 2 Satz 2 BDSG-alt zulässig (vgl. dazu auch nachfolgend Rz. 27). Hieran hat sich auch unter der Geltung des § 26 nichts geändert. Insbesondere ergibt sich dies aus dem Grundsatz, wonach die Datenverarbeitung auf rechtmäßige Weise, nach Treu und Glauben und in einer für den Beschäftigten nachvollziehbaren Weise zu erfolgen hat (s. dazu die Kommentierung zu Art. 5 DSGVO Rz. 3 ff.).

V. Begründung eines Beschäftigungsverhältnisses

20 Nach § 26 Abs. 1 Satz 1 dürfen personenbezogene Daten eines Beschäftigten für Zwecke des Beschäftigungsverhältnisses erhoben, verarbeitet oder genutzt werden, wenn dies für die Entscheidung über die **Begründung eines Beschäftigungsverhältnisses** erforderlich ist. § 26 Abs. 1 regelt laut der Gesetzesbegründung – wie bisher § 32 Abs. 1 BDSG a.F. –, zu welchen Zwecken und unter welchen Voraussetzungen personenbezogene Daten vor, im und nach dem Beschäftigungsverhält-

---

[98] BT-Drucks. 18/11325, S. 98.
[99] BT-Drucks. 18/11325, S. 98.
[100] Vgl. dazu *Forst*, NZA 2010, 427 (429); § 32 Abs. 6 BDSG-E 2010 schreibt den Grundsatz der Direkterhebung für Beschäftigtendaten fest und enthält Besonderheiten für Recherchen des Arbeitgebers in sozialen und beruflichen Netzwerken.

nis verarbeitet werden dürfen, wenn dies zum Zweck des Beschäftigungsverhältnisses erforderlich ist. Im Rahmen der Erforderlichkeitsprüfung sind die widerstreitenden Grundrechtspositionen zur Herstellung praktischer Konkordanz abzuwägen (s. dazu Rz. 16). Auch in diesem Kontext kommt der Gesetzesbegründung zu § 32 Abs. 1 Satz 1 BDSG-alt nach wie vor Bedeutung zu, die exemplarisch auf Fragen nach fachlichen Fähigkeiten, Kenntnissen und Erfahrungen verweist[101].

Wirft man einen Blick auf **§ 32 BDSG-E 2010**, so stellt man fest, dass dieser zwischen verschiedenen Bewerberdaten unterscheidet. Unproblematisch zulässig ist nach § 32 BDSG-E 2010 die Erhebung von Grunddaten des Bewerbers wie Name, Anschrift, E-Mail-Adresse und Telefonnummer. Die Erhebung „weiterer" personenbezogener Daten des Bewerbers ist demnach zulässig, soweit deren Kenntnis erforderlich ist, um die Eignung des Beschäftigten „für die vorgesehenen Tätigkeiten" festzustellen. Die Erhebung von Daten über die Rasse, die ethnische Herkunft, eine Behinderung, Gesundheit, sexuelle Identität, Vermögensverhältnisse, Vorstrafen oder laufende Ermittlungsverfahren soll nach § 32 Abs. 2 BDSG-E 2010 nur unter den Voraussetzungen des § 8 Abs. 1 AGG zulässig sein. Auskunft über die behördliche Anerkennung einer Schwerbehinderung oder die Gleichstellung mit einer Schwerbehinderung darf der Arbeitgeber nach § 32 Abs. 3 BDSG-E 2010 von einem Bewerber nicht verlangen. Sondervorschriften für Bewerber von Tendenzträgerunternehmen sehen § 32 Abs. 4 und 5 BDSG-E 2010 vor. § 32 Abs. 6 BDSG-E 2010 schreibt explizit den Direkterhebungsgrundsatz fest und trifft zugleich Regelungen für Internetrecherchen, insbesondere in sozialen und beruflichen Netzwerken.

21

§ 32 BDSG-E 2010 offenbart, dass der Gesetzgeber selbst von einem enormen Informationsinteresse des Arbeitgebers ausgeht und in vielerlei Hinsicht auch ein entsprechendes Informationsbedürfnis anerkennt. **De lege lata** ist für die Frage der Zulässigkeit der Erhebung, Verarbeitung und Nutzung von Beschäftigtendaten auf die hergebrachten Grundsätze zum Fragerecht des Arbeitgebers zurückzugreifen, wobei es neben der Erforderlichkeit der Verarbeitung der Beschäftigtendaten für die Entscheidung über die Begründung des Beschäftigungsverhältnisses auf deren Verhältnismäßigkeit ankommt (dazu Rz. 18). Besondere Bedeutung kommt dem Diskriminierungsschutz sowie den besonderen Arten personenbezogener Daten zu.

22

1. Das Fragerecht des Arbeitgebers

Die für ihn relevanten Informationen kann der Arbeitgeber zunächst durch eine umfangreiche **Befragung des Bewerbers** im Rahmen eines Vorstellungsgesprächs erlangen[102]. Nach Maßgabe der Rechtsprechung des BAG bestimmt

23

---

101 BT-Drucks. 16/13657, S. 21.
102 Unter Umständen besteht ein Beteiligungsrecht des Betriebsrats nach § 94 BetrVG.

sich die Zulässigkeit solcher Fragen des Arbeitgebers mittels einer Abwägung des aus der allgemeinen Handlungsfreiheit fließenden Informationsrechts des Arbeitgebers an der wahrheitsgemäßen Beantwortung der Fragen einerseits mit dem Bedürfnis des Arbeitnehmers an der Geheimhaltung seiner persönlichen Lebensumstände zum Schutz seines Persönlichkeitsrechts und zur Sicherung der Unverletzlichkeit seiner Individualsphäre andererseits. Demnach hat der Arbeitgeber ein schutzwürdiges Interesse an der wahrheitsgemäßen Beantwortung von Fragen, die in einem sachlichen und inneren Zusammenhang mit dem angestrebten Arbeitsplatz stehen und deren Beantwortung für den Arbeitsplatz und die zu verrichtende Tätigkeit selbst von Bedeutung sind. Bei einem schutzwürdigen Interesse des Arbeitgebers an der wahrheitsgemäßen Beantwortung einer Frage tritt das Interesse des Bewerbers an der Wahrung seines Persönlichkeitsrechts zurück. Im Falle einer nicht wahrheitsgemäßen Beantwortung einer zulässigen Frage kann der Arbeitgeber den Arbeitsvertrag nach **§ 123 Abs. 1 BGB** anfechten. Der Bewerber hat wiederum im Falle einer unzulässigen Frage ein „**Recht zur Lüge**", der Arbeitgeber also kein Anfechtungsrecht[103]. Hier kommt dem **AGG** besondere Bedeutung zu[104].

24 Ausweislich der Gesetzesbegründung zu § 26 hat sich der Gesetzgeber vorbehalten, „Fragen des Datenschutzes im Beschäftigungsverhältnis innerhalb dieser Vorschrift oder im Rahmen eines gesonderten Gesetzes konkretisierend bestimmte Grundsätze, die im Rahmen der Rechtsprechung zum geltenden Recht bereits angelegt sind, zu regeln. Dies gilt insbesondere für das Fragerecht bei der Begründung eines Beschäftigungsverhältnisses (...)"[105]. Nach den Gesetzesmaterialien bleibt es mithin auch nach Inkrafttreten des § 26 einstweilen bei diesen Grundsätzen, wobei im Lichte dieser Grundsätze Erforderlichkeit und Verhältnismäßigkeit der jeweiligen Datenverarbeitung für die Entscheidung über die Begründung eines Beschäftigungsverhältnisses zu prüfen sind[106]. Zu beachten ist im Übrigen, dass eine **Erweiterung** des **Fragerechts** des Arbeitgebers durch Einwilligung nicht in Betracht kommt. Der Arbeitgeber kann also nicht im Vorfeld – bspw. durch entsprechenden Hinweis in der Stellenanzeige – eine Einwilligung des Beschäftigten zu einer Datenerhebung herbeiführen, die von seinem Fragerecht nicht umfasst wäre[107].

---

103 Vgl. hierzu nur die in den Gesetzesmaterialien zitierte Entscheidung des BAG v. 7.6. 1984 – 2 AZR 270/83, NZA 1984, 57; zu Auskunftspflichten des Arbeitnehmers vgl. die ebenfalls zitierte Entscheidung des BAG v. 7.9.1995 – 8 AZR 828/93, NZA 1996, 637; zum „Recht zur Lüge" vgl. nur HWK/*Thüsing*, § 123 BGB Rz. 8 m.w.N.
104 *Thüsing*, Beschäftigtendatenschutz und Compliance, § 7 Rz. 20 ff.; zum Fragerecht des Arbeitgebers unter Berücksichtigung des AGG *Wisskirchen/Bissels*, NZA 2007, 169.
105 BT-Drucks. 18/11325, S. 97.
106 BT-Drucks. 16/13657, S. 21.
107 *Gola/Pötters/Wronka*, Handbuch, Rz. 430.

2. Die „ungefragte" Übermittlung personenbezogener Daten

Nicht sämtliche Beschäftigtendaten, die Grundlage für die Entscheidung über die Begründung eines Beschäftigungsverhältnisses sein können, hat der Arbeitgeber erhoben. Vielmehr übermitteln Bewerber häufig **„ungefragt"** personenbezogene Daten, sei es im Rahmen einer „Initiativbewerbung" oder durch Übermittlung solcher personenbezogener Daten, die der Arbeitgeber nicht „abgefragt" hat[108]. In solchen Fällen liegt zwar keine Datenerhebung durch den Arbeitgeber vor[109]. Die weitere Verarbeitung durch den Arbeitgeber bemisst sich aber gleichwohl nach § 26[110].

25

3. Mitteilungspflichten des Bewerbers

Liegen Umstände vor, die die Durchführung eines Vertragsverhältnisses unmöglich oder unzumutbar machen, ist der Beschäftigte u.U. selbst verpflichtet, den Arbeitgeber **unaufgefordert** auf solche Umstände hinzuweisen[111]. Fallgruppen sind etwa der Entzug der Fahrerlaubnis eines Kraftfahrers, eine Alkoholabhängigkeit eines Kraftfahrers[112] oder dessen langjährige fehlende Fahrpraxis[113] sowie eine bevorstehende Haftstrafe (dazu Rz. 39). Entsprechendes gilt für die Vorbeschäftigung bei einem Wettbewerber im Falle eines nachvertraglichen Wettbewerbsverbots sowie solche gesundheitliche Beeinträchtigungen, die einen Bewerber voraussichtlich vollständig an der Ausübung der Tätigkeit hindern[114].

26

4. Andere Quellen der Datenerhebung

Neben der Befragung des Bewerbers bieten sich für den Arbeitgeber zahlreiche weitere Quellen der Datenerhebung an. So bieten professionelle Dienstleister die Durchführung sog. **Background Checks** an. Weiter kann der Arbeitgeber **frühere Arbeitgeber** kontaktieren, um sich ein umfassendes Bild über einen Bewerber zu machen. Eine unerschöpfliche Quelle von Informationen bietet schließlich das **Internet** mit sozialen und beruflichen Netzwerken wie Suchdiensten. Dabei gilt, wie eingangs unter Rz. 19a dargestellt, auch für Beschäftigtendaten insbesondere wegen Art. 5 DSGVO auch weiterhin der **Grundsatz der Direkt-**

27

---

108 Vgl. dazu *Greßlin*, BB 2015, 117.
109 *Gola/Pötters/Wronka*, Handbuch, Rz. 625.
110 § 32b Abs. 2 BDSG-E 2010 will dem Arbeitgeber demgegenüber gestatten, solche Daten auch dann zu nutzen, wenn er sie selbst nicht hätte erheben dürfen.
111 Vgl. dazu auch *Asgari*, DB 2017, 1325 f.
112 ArbG Kiel v. 21.1.1982 – 2c Ca 2062/81, BB 1982, 804.
113 BAG v. 24.1.1974 – 3 AZR 488/72, BB 1974, 887.
114 *Gola/Pötters/Wronka*, Handbuch, Rz. 699.

erhebung. Dies bedeutet aber nicht, dass andere Formen der Datenerhebung per se ausgeschlossen sind. Soweit die Daten **allgemein zugänglich** sind, kann auf Art. 6 DSGVO zurückgegriffen werden (dazu Rz. 12 ff.)[115]. Entscheidend ist also eine Abwägung der jeweiligen Interessen. Maßgeblich sind auch insoweit die aufgezeigten Grenzen des Fragerechts, weshalb der Arbeitgeber Informationen, die er beim Bewerber nicht abfragen dürfte, sich nicht durch allgemein zugängliche Quellen oder Fragen bei einem **früheren Arbeitgeber** beschaffen und im Anschluss nutzen dürfte. Zulässig ist im Lichte dieser Erwägungen jedenfalls die Informationsbeschaffung aus **beruflichen Netzwerken** wie LinkedIn oder Xing, Recherchen in **sozialen Netzwerken** wie facebook oder studiVZ sind demnach ausgeschlossen[116]. Insoweit kann auch nicht von einer Einwilligung des Beschäftigten nach § 26 Abs. 2 ausgegangen werden, da es sich gerade nicht um berufliche, sondern um soziale Netzwerke handelt, die das private und nicht das berufliche Umfeld betreffen, zumal aus denselben Gründen auch nicht angenommen werden könnte, dass für die Einwilligung eine andere als die Schriftform angemessen wäre. Dass die Nutzer gut beraten sind, bei der Einpflege von Daten auch an ihr berufliches Umfeld zu denken, steht freilich auf einem anderen Blatt.

28 Stößt der Arbeitgeber bei Internetrecherchen auf Informationen, die von seinem Fragerecht nicht mehr umfasst wären, darf er solche Informationen für die Entscheidung über die Begründung des Beschäftigungsverhältnisses nicht verwenden. Dass der Beschäftigte hier unter Umständen vor unüberbrückbaren **Beweishürden** stehen kann, ist letztlich nicht zu ändern. Dem mit einem umfassenden Verbot von Internetrecherchen zu begegnen, wäre wiederum kein taugliches Mittel, beseitigte dies doch die Beweishürden, ob unzulässigerweise eine Recherche durchgeführt wurde oder nicht, ebenfalls nicht. Einen Ausweg könnten insoweit Betriebsvereinbarungen bieten, die Internetrecherchen in bestimmten Grenzen zulassen und den Arbeitgeber, ggf. unter Vorlage der hieraus generierbaren Reporte/Log-Dateien, zur Rechenschaft über die gewonnenen und verwerteten Erkenntnisse verpflichten (zur Datenverarbeitung auf Grundlage einer Betriebsvereinbarung vgl. Rz. 11c). Da solche Betriebsvereinbarungen normative Wirkung lediglich für die Arbeitnehmer eines Betriebs zeitigen, könnte durch Betriebsvereinbarungen ein etwaiges Einwilligungserfordernis hinsichtlich Bewerbern nicht wirksam ersetzt werden.

29 **Frühere Arbeitgeber** dürften ebenfalls lediglich in den Grenzen des Fragerechts befragt werden. Allerdings darf der künftige Arbeitgeber die personenbezogenen Daten auch nur im Rahmen einer Erlaubnisvorschrift oder einer Einwilligung an den früheren Arbeitgeber übermitteln[117]. Legt der Bewerber entsprechende

---

115 Vgl. dazu *Kainer/Weber*, BB 2017, 2740 (2741); *Forst*, NZA 2010, 427 m.w.N.
116 *Keber*, RDV 2014, 190 (192); *Kania/Sansone*, NZA 2012, 360 (363).
117 Nach Art. 4 Nr. 2 DSGVO ist Verarbeiten auch das Übermitteln von Daten (dazu im Einzelnen Kommentierung zu Art. 4 DSGVO Rz. 9).

Zeugnisse vor oder macht er entsprechende Angaben im Lebenslauf, ohne zugleich auf die Vertraulichkeit seiner Bewerbung zu verweisen, kommt eine Einwilligung nach § 26 Abs. 2 in Betracht. Überdies wäre die Verifizierung der Angaben auch von § 26 Abs. 1 Satz 1 gedeckt, da kein milderes Mittel zur Verfügung steht. Selbst eine notarielle Beglaubigung gäbe keine Garantie, dass das Zeugnis tatsächlich vom früheren Arbeitgeber stammt. Der frühere Arbeitgeber darf wiederum auch nach Beendigung des Beschäftigungsverhältnisses personenbezogene Daten nicht unbefugt verarbeiten. Seine Auskünfte müssen sich daher im Rahmen des erteilten Zeugnisses bewegen, zumal insoweit auch der Richtigkeitsgrundsatz nach Art. 5 Abs. 1 Buchst. d DSGVO i.V.m. § 26 Abs. 5 zum Tragen kommt (vgl. dazu Rz. 19). Hat der frühere Arbeitgeber ein Gefälligkeitszeugnis erteilt, ist er an dessen Inhalt gebunden.

Die Einschaltung **professioneller Anbieter** sog. Background Checks bedarf der Übermittlung personenbezogener Daten an den Anbieter solcher Leistungen[118]. Sofern die Durchführung der Background Checks nicht im Rahmen einer Auftragsdatenverarbeitung nach Art. 28 DSGVO erfolgt (s. zu dem dabei auftretenden Problem der Funktionsübertragung ausführlich die Kommentierung zu Art. 28 DSGVO Rz. 34 ff.), läge eine Datenübermittlung vor, wobei fraglich wäre, ob diese erforderlich i.S.v. § 26 Abs. 1 Satz 1 wäre. Hierfür könnte sprechen, dass der Arbeitgeber ein anerkennenswertes Interesse an der Überprüfung der Angaben hat. Allerdings dürfte es sich bei der Einschaltung Dritter zur Überprüfung kaum um das mildeste Mittel solcher Überprüfungen handeln. Vielmehr ist der Arbeitgeber hier zunächst grundsätzlich selbst in der Pflicht, zumal solche Anbieter keine weitergehenden Befugnisse zur Überprüfung hätten als ein Arbeitgeber. Vor diesem Hintergrund bedürfte die Datenübermittlung der Einwilligung des Beschäftigten[119]. 30

5. Erfolglose Bewerbung

Der Arbeitgeber darf nur solche Beschäftigtendaten nutzen, die er zulässig erhoben hat. Allerdings ist die **Nutzung** nicht zwangsläufig zulässig, weil bereits die Erhebung zulässig war. Vielmehr ist dies gesondert zu prüfen. Steht bspw. endgültig fest, dass ein Bewerber für die Einstellung nicht in Betracht kommt, sind die Daten nach Maßgabe von § 35 ggf. zu löschen (dazu Kommentierung zu § 35 BDSG Rz. 1 ff.)[120]. Gleichwohl ist von einer vorschnellen Löschung der Daten abzuraten. In jedem Fall empfiehlt es sich, die Frist des § 15 Abs. 4 AGG zur Geltendmachung von Schadenersatz- und Entschädigungsansprüchen bei 31

---

118 Dazu *Weichert*, AuR 2010, 100.
119 S. dazu auch *Kania/Sansone*, NZA 2012, 360 (363).
120 S. dazu auch *Greßlin*, BB 2015, 117 (119).

Verstößen gegen das Benachteiligungsverbot abzuwarten[121]. Die Zulässigkeit eines solchen Abwartens ergibt sich wiederum aus den Gesetzesmaterialien zu § 15 Abs. 4 AGG. Demnach wird die Frist zur Geltendmachung solcher Ansprüche damit begründet, dem Arbeitgeber könne es nicht zugemutet werden, Dokumentationen über das Einstellungsverfahren über einen längeren Zeitraum aufzubewahren[122]. Der Gesetzgeber geht also selbst davon aus, dass eine Löschung vor Ablauf dieser Frist nicht zwingend geboten ist[123]. Auch das BAG erkennt in der in den Gesetzesmaterialien[124] ebenfalls zitierten Entscheidung[125] im Grundsatz ein berechtigtes Interesse des Arbeitgebers an der Aufbewahrung eines Personalfragebogens, den ein „erfolgloser" Bewerber ausgefüllt hatte, an; ein solches berechtigtes Interesse vermag allerdings die Absicht des Arbeitgebers, im Falle einer nochmaligen Bewerbung einen Datenabgleich durchzuführen, nach Ansicht des BAG nicht zu begründen. Eine längere Speicherung personenbezogener Daten erfolgloser Bewerber kommt wiederum auf Grundlage einer wirksamen Einwilligung in Betracht[126]. Insbesondere betrifft dies die Aufnahme einer zunächst erfolglosen Bewerbung in einen „Bewerberpool"[127].

6. Fallgruppen

32   **Allgemeine Kontaktdaten** wie Name, Anschrift, Telefonnummer, E-Mail-Adresse sind erforderlich für die Kontaktierung und damit auch die Entscheidung

---

121 Die Frist beträgt vorbehaltlich anderslautender Vereinbarungen der Tarifvertragsparteien zwei Monate. *Gola*, NZA 2013, 360 (363), meint allerdings, die bisherige Rechtsprechung wegen Bewerberdiskriminierung zeige, dass die umgehende Rückgabe der Bewerbungsunterlagen offenbar zu keinem Prozessrisiko führe, weil der Bewerber für die Behauptung, er erfülle die für die Stellenausschreibung geforderten Anforderungen, nach wie vor beweispflichtig ist; *Greßlin*, BB 2015, 117, (118) weist zutreffend darauf hin, dass eine Aufbewahrung für die Dauer der regelmäßigen Verjährungsfrist unzulässig wäre. Für die explizite Regelung einer dreimonatigen Erlaubnis der Speicherung sprechen sich die Ausschüsse des Bundesrats in ihren Empfehlungen vom 25.10.2010 aus, BR-Drucks. 535/2/10, S. 28.
122 BT-Drucks. 16/1780, S. 38.
123 BT-Drucks. 16/1780, S. 38; ebenso mit Bezug auf die Gesetzesbegründung der Bundesbeauftragte für den Datenschutz, 22. Tätigkeitsbericht zum Datenschutz für die Jahre 2007 und 2008, S. 123.
124 BT-Drucks. 16/13657, S. 20.
125 BAG v. 6.6.1984 – 5 AZR 286/81, MDR 1985, 168 = CR 1987, 438 = NZA 1984, 321; zu Unterrichtungspflichten und korrespondierenden Auskunftsrechten im Falle einer Speicherung von Bewerberdaten vgl. *Greßlin*, BB 2015, 117 (119).
126 Ein Formulierungsvorschlag für eine solche Einwilligung unter der alten Rechtslage findet sich bei *Greßlin*, BB 2015, 117 (122); für eine künftige Verwendung sind freilich die Vorgaben von § 26 Abs. 2 und Art. 7 DSGVO zu beachten.
127 *Kamps/Bonanni*, ArbRB 2017, 191 (122); zur Problematik von „Big Data" im Bewerbungsverfahren vgl. *Dzida*, NZA 2017, 541 (543).

über die Begründung eines Beschäftigungsverhältnisses. Vorsicht ist geboten bei Fragen nach weiteren Grunddaten eines Bewerbers wie etwa Geburtsname, Geburtsort, Alter, Familienstand und Nationalität. Solche Fragen können Indizien für eine Diskriminierung bilden[128].

Erforderlich für die Entscheidung über die Begründung eines Beschäftigungsverhältnisses sind Informationen über **Qualifikation** und **beruflichen Werdegang**, etwaige Nebentätigkeiten, einschlägige **nachvertragliche Wettbewerbsverbote**[129] oder die **zeitliche Verfügbarkeit** des Bewerbers. Auch darf sich der Arbeitgeber danach erkundigen, wie lange der Bewerber in seinen bisherigen Stellen beschäftigt war[130]. Das zuletzt bezogene **Gehalt** darf der Arbeitgeber nur erfragen, wenn dies für die Bewertung der Eignung des Bewerbers, insbesondere im Hinblick auf dessen Einsatz- und Leistungsbereitschaft, aussagekräftig ist[131]. 33

Insbesondere vor Abschaffung der Wehrpflicht war die Frage nach der Zulässigkeit von Fragen über die Ableistung von **Wehr-** oder **Ersatzdienst** virulent. Unzulässig ist die Frage, ob Wehr- *oder* Ersatzdienst geleistet wurde, diese Erkenntnis sagt nichts über die Eignung des Bewerbers aus. Im Gegenteil könnten hieraus unzulässige Informationen über Religion oder Weltanschauung gewonnen werden. Anders verhielt es sich hinsichtlich der Frage, ob *noch* Wehr- oder Ersatzdienst zu leisten ist. Im Hinblick auf das Interesse des Arbeitgebers an der zeitlichen Verfügbarkeit des Bewerbers konnten solche Informationen erforderlich und verhältnismäßig für die Entscheidung über die Begründung eines Arbeitsverhältnisses sein[132]. 34

Nicht erforderlich für die Entscheidung über die Begründung eines Beschäftigungsverhältnisses sind Informationen über **Hobbys, Ess-** und **Trinkgewohnheiten**. Entsprechendes gilt grundsätzlich für Fragen über **Bekannte** und **Verwandte** oder die **private Lebensplanung**[133]. Ausnahmen gelten wiederum bei zu befürchtenden Interessenkonflikten qua Verwandtschaft oder persönlicher Nähe[134]. 35

Die Frage nach der **Gewerkschaftszugehörigkeit** ist vor Begründung eines Beschäftigungsverhältnisses mit Rücksicht auf Art. 9 Abs. 3 GG unzulässig, zumal es sich hierbei um besondere Kategorien personenbezogener Daten nach Art. 9 Abs. 1 DSGVO handelt. Auch Art. 9 Abs. 1 DSGVO zählt die Gewerkschaftszugehörigkeit zu den besonderen Kategorien personenbezogener Daten (vgl. 36

---

128 *Thüsing*, Beschäftigtendatenschutz und Compliance, § 7 Rz. 20 ff.
129 Simitis/*Seifert*, § 32 BDSG Rz. 23.
130 Dazu BAG v. 12.2.1970 – 2 AZR 184/69, NJW 1970, 1565 (1566).
131 Dazu BAG v. 19.5.1983 – 2 AZR 171/81, BB 1984, 533; *Wisskirchen/Bissels*, NZA 2007, 169 (174).
132 Dazu *Wisskirchen/Bissels*, NZA 2007, 169 (174).
133 Däubler/Klebe/Wedde/Weichert/*Däubler*, § 32 BDSG Rz. 17.
134 Beispielsweise nach Maßgabe der Bestimmungen zu internen Sicherungsmaßnahmen nach § 6 GWG wegen Verwandtschaft zu einer sog. Politisch Exponierten Person.

dazu die Kommentierung zu Art. 9 DSGVO Rz. 6). Fraglich ist, ob ein Arbeitgeber nach der Einstellung ein berechtigtes Interesse an der Beantwortung der Frage nach der Gewerkschaftszugehörigkeit haben kann. Bislang wurde dies insbesondere mit Blick auf die Aufgabe des Grundsatzes der Tarifeinheit durch das BAG[135] angenommen[136]. Ein berechtigtes Interesse des Arbeitgebers ist jedenfalls anzunehmen, soweit Vergütungsansprüche ausdrücklich die Mitgliedschaft in der tarifschließenden Gewerkschaft voraussetzen[137]. Auch das BAG schließt ein berechtigtes Interesse des Arbeitgebers an der Beantwortung der Frage nach der Gewerkschaftszugehörigkeit nicht grundsätzlich aus und hat deshalb den entsprechenden pauschalen Unterlassungsantrag einer Gewerkschaft als unzulässig zurückgewiesen[138]. Auf Grundlage des durch das **Tarifeinheitsgesetz** neu eingeführten § 4a Abs. 2 TVG sind im Falle von Tarifkollisionen im Betrieb grundsätzlich die Rechtsnormen des Tarifvertrags derjenigen Gewerkschaft anwendbar, die zum Zeitpunkt des Abschlusses des zuletzt abgeschlossenen kollidierenden Tarifvertrags im Betrieb die meisten in einem Arbeitsverhältnis stehenden Mitglieder hat. Dass der Arbeitgeber damit ggf. ein Interesse hat, zu erfahren, welche Arbeitnehmer welcher Gewerkschaft angehören, dürfte damit zwar auf der Hand liegen. Nicht zuletzt aus datenschutzrechtlichen Gründen gestattet allerdings § 58 Abs. 3 ArbGG den Urkundsbeweis insbesondere hinsichtlich der Zahl der in einem Arbeitsverhältnis stehenden Gewerkschaftsmitglieder[139]. In den Gesetzesmaterialien heißt es hierzu, die Beweisführung über eine notarielle Erklärung stelle sicher, dass die Gewerkschaft die Namen ihrer im Betrieb des Arbeitgebers beschäftigten Arbeitnehmer in diesem Rahmen nicht nennen müsse, gewerkschaftlich organisierte Arbeitnehmer würden damit in ihrer verfassungsrechtlich geschützten Rechtsposition aus Art. 9 Abs. 3 GG sowie ihrem Recht auf informationelle Selbstbestimmung aus Art. 1 Abs. 2, Art. 2 Abs. 1 GG geschützt[140]. Gleichwohl betrifft dies lediglich die Offenbarung der Gewerkschaftsmitgliedschaft durch die Gewerkschaften selbst. Ein berechtigtes Interesse des Arbeitgebers an der Beantwortung der Frage nach der Gewerkschaftszuge-

---

135 BAG v. 23.6.2010 – 10 AS 2/10, NZA 2010, 778.
136 *Thüsing*, Beschäftigtendatenschutz und Compliance, § 7 Rz. 30.
137 Zur Zulässigkeit tariflicher Differenzierungsklauseln, wonach die Mitgliedschaft in einer Gewerkschaft zum Tatbestandsmerkmal eines Anspruchs gemacht wird, vgl. BAG v. 18.3.2009 – 4 AZR 64/08, NZA 2009, 1028; zur Unzulässigkeit sog. qualifizierter tariflicher Differenzierungsklauseln vgl. BAG v. 23.3.2011 – 4 AZR 366/09, NZA 2011, 920; zur Zulässigkeit einer Stichtagsklausel hinsichtlich der Mitgliedschaft in der tarifschließenden Gewerkschaft vgl. BAG v. 15.4.2015 – 4 AZR 796/13.
138 BAG v. 18.11.2014 – 1 AZR 257/13, MDR 2015, 475 = NZA 2015, 308 zur Frage nach der Gewerkschaftszugehörigkeit im Rahmen konkreter Tarifverhandlungssituationen; vgl. dazu auch *Gola*, RDV 2015, 183 (184); *Gola/Klug*, Die Entwicklung des Datenschutzrechts im ersten Halbjahr 2015, NJW 2015, 2628 (2630).
139 Vgl. dazu auch *Gola*, RDV 2015, 183 (184).
140 BT-Drucks. 18/4062, S. 16.

hörigkeit durch einen Arbeitnehmer im Falle von Tarifkollision lässt sich damit nicht ablehnen.

Gleichermaßen bedeutsam für den Arbeitgeber wie problematisch im Hinblick auf die Erforderlichkeit für die Entscheidung über die Begründung eines Beschäftigungsverhältnisses sind Fragen des Arbeitgebers über die **privaten Vermögensverhältnisse** des Bewerbers, insbesondere über Kreditverbindlichkeiten. Gerade bei Tätigkeiten, in denen der Beschäftigte Vermögensverfügungen vornehmen kann, bspw. als Kassierer oder Bankangestellter, oder bei denen die Gefahr einer Bestechung oder eines Geheimnisverrats besteht, hat der Arbeitgeber ein anerkennenswertes Informationsbedürfnis. Andererseits greifen gerade solche Fragen erheblich in das Persönlichkeitsrecht des Arbeitnehmers ein. Im Rahmen der Abwägung dieser widerstreitenden Interessen können solche Informationen als erforderlich betrachtet werden, wenn mit der in Rede stehenden Beschäftigung ein nicht nur geringfügiger eigenverantwortlicher finanzieller Spielraum einhergeht[141]. Abzustellen ist daher insbesondere auf den Verfügungsrahmen, der mit einer Beschäftigung einherginge. Ein erheblicher Verfügungsrahmen ist mit der Kassierertätigkeit in einem Supermarkt nicht ohne weiteres verbunden. Bankangestellte oder Mitarbeiter eines Finanzinstituts haben dagegen schon rein faktisch andere „Zugriffsmöglichkeiten", weshalb Fragen nach der Abgabe einer eidesstattlichen Versicherung oder einem privaten Insolvenzverfahren erforderlich i.S.v. § 26 Abs. 1 sind[142]. 37

Vergleichbar ist die Rechtslage bei Fragen nach **Vorstrafen** und **laufenden Ermittlungsverfahren**[143]. Hier ist zunächst Art. 10 DSGVO zu beachten, wonach die Verarbeitung personenbezogener Daten über strafrechtliche Verurteilungen und Straftaten oder damit zusammenhängende Sicherungsmaßregeln aufgrund von Art. 6 Abs. 1 DSGVO nur unter behördlicher Aufsicht vorgenommen werden darf oder wenn dies nach dem Unionsrecht oder dem Recht der Mitgliedstaaten, das geeignete Garantien für die Rechte und Freiheiten der betroffenen Person vorsieht, zulässig ist. Mit der Regelung in § 26 Abs. 5 wird ausweislich der Gesetzesbegründung insbesondere auch das Erfordernis aus Art. 10 DSGVO umgesetzt, geeignete Garantien für die Rechte und Freiheiten der Beschäftigten vorzusehen[144]. Vor diesem Hintergrund ist die Zulässigkeit einer Frage nach Vorstrafen und laufenden Ermittlungsverfahren auch im Lichte des § 26 Abs. 5 zu betrachten. Insoweit ist eine Erforderlichkeit für die Entscheidung über die Begründung eines 38

---

141 Vgl. dazu BAG v. 29.8.1980 – 7 AZR 726/77, AuR 1981, 60; *Kania/Sansone*, NZA 2012, 360 (361).
142 *Hohenstatt/Stamer/Hinrichs*, NZA 2006, 1065 (1068).
143 Zum sog. Sanktionslisten-Screening vgl. BAG v. 19.12.2017 – 1 ABR 32/16, NZA 2018, 673; BFH v. 19.6.2012 – VII R 43/11, RDV 2012, 302; vgl. dazu auch *Kort*, RdA 2018, 24 (25); *Traut*, RDV 2014, 119; Conrad/Grützmacher/*Conrad/Schneider*, § 69 Rz. 15 ff. und nachfolgend Rz. 159.
144 BT-Drucks. 18/11325, S. 98.

Beschäftigungsverhältnisses nur anzunehmen, wenn die Erkenntnisse objektiv einen unmittelbaren Bezug zu der zu übernehmenden Tätigkeit haben[145]. In diesem Fall steht selbst die in Art. 6 Abs. 2 EMRK verankerte Unschuldsvermutung der Zulässigkeit einer Frage nach noch anhängigen Straf- oder Ermittlungsverfahren nicht entgegen[146]. Ist die Frage eines privaten Arbeitgebers allerdings zu weitgehend formuliert, weil diese ohne eine gegenständliche Beschränkung nach möglichen Vorstrafen und Anzeigen jeder Art gestellt ist, geht die Frage über das schutzwürdige Informationsinteresse des möglichen Arbeitgebers hinaus mit der Folge, dass der Bewerber nicht zu einer wahrheitsgemäßen Antwort verpflichtet ist[147]. Das Fragerecht wird ferner durch die Vorschriften des Bundeszentralregistergesetzes, insbesondere die Fristen nach § 53 BZRG, begrenzt, so dass sich ein Bewerber nach deren Ablauf als nicht vorbestraft vorstellen darf[148]. Dies gilt selbst für den Fall, dass der Bewerber eine Tätigkeit im allgemeinen Justizvollzugsdienst anstrebt[149]. Gleichermaßen darf ein Bewerber Vorstrafen, die nach § 32 Abs. 2 BZRG nicht im Bundeszentralregister vermerkt werden, verheimlichen[150].

39 Hat der Bewerber in näherer Zukunft eine **Freiheitsstrafe** zu verbüßen, die ihn an der Ausübung der Beschäftigung hindert, besteht nicht nur ein Fragerecht des Arbeitgebers, sondern vielmehr eine Mitteilungspflicht des Bewerbers, und zwar unabhängig davon, ob die Straftat im Bezug zur Tätigkeit steht[151]. Der Bewerber wäre für den Zeitraum der Verbüßung der Freiheitsstrafe an der Ausübung der Tätigkeit gehindert.

40 Für die Erforderlichkeit von Informationen über eine „**Stasi-Vergangenheit**" ist zu differenzieren, ob es um die Begründung eines Beschäftigungsverhältnisses

---

145 BAG v. 6.9.2012 – 2 AZR 270/11, AP Nr. 72 zu § 123 BGB; BAG v. 20.5.1999 – 2 AZR 320/98, MDR 1999, 1273 = NZA 1999, 975; zum Fragerecht nach Disziplinarmaßnahmen vgl. LAG Schleswig-Holstein v. 12.1.2012 – 5 Sa 339/11, ZTR 2012, 299; vgl. zum Ganzen auch *Thüsing*, Beschäftigtendatenschutz und Compliance, § 7 Rz. 34.
146 BAG v. 6.9.2012 – 2 AZR 270/11, AP Nr. 72 zu § 123 BGB.
147 BAG v. 6.9.2012 – 2 AZR 270/11, AP Nr. 72 zu § 123 BGB; nach BAG v. 20.3.2014 erscheint es allerdings „erwägenswert, den öffentlichen Arbeitgeber als berechtigt anzusehen, Bewerber für eine Tätigkeit im Justizvollzugsdienst ohne gegenständliche Einschränkung nach Vorstrafen zu fragen" (2 AZR 1071/12, MDR 2014, 1453 = AP Nr. 73 zu § 123 BGB m. Anm. *Kort* unter Rz. 41).
148 BAG v. 20.3.2014 – 2 AZR 1071/12, MDR 2014, 1453 m. Anm. *Kort*, AP Nr. 73 zu § 123 BGB; zu den Besonderheiten der Auskunftsrechte von Gerichten und Behörden vgl. die Anm. von *Kort*; vgl. dazu auch *Kania/Sansone*, NZA 2012, 360 (362).
149 BAG v. 20.3.2014 – 2 AZR 1071/12, MDR 2014, 1453 = AP Nr. 73 zu § 123 BGB m. Anm. *Kort*.
150 LAG Düsseldorf v. 24.4.2008 – 11 Sa 2101/07, PersR 2008, 465; Däubler/Kittner/Klebe/Wedde/*Klebe*, § 94 BetrVG Rz. 17.
151 LAG Frankfurt v. 7.8.1986 – 12 Sa 361/86, NZA 1987, 352; *Gola/Pötters/Wronka*, Handbuch, Rz. 657; a.A. Däubler/Kittner/Klebe/Wedde/*Klebe*, § 94 BetrVG Rz. 17; vgl. dazu auch die Anm. *Kort* zu BAG v. 20.3.2014 – 2 AZR 1071/12, MDR 2014, 1453 = AP Nr. 73 zu § 123 BGB.

mit dem Staat oder aber einem privaten Arbeitgeber geht. Während sich ein öffentlich-rechtlicher Arbeitgeber im Hinblick auf das Sonderkündigungsrecht im Einigungsvertrag[152] nach einer etwaigen Tätigkeit im Ministerium für Staatssicherheit im Einstellungsgespräch erkundigen darf[153], darf ein privatrechtlicher Arbeitgeber dies nur erfragen, soweit der zu besetzende Arbeitsplatz ein besonderes Sicherheitsbedürfnis, bspw. im Hinblick auf potentiellen Geheimnisverrat, verlangt[154].

Ausgesprochen begrenzt ist das Fragerecht des Arbeitgebers nach **verpönten Merkmalen** gemäß § 1 AGG. Hier darf eine Erhebung nur unter den engen Voraussetzungen des § 8 Abs. 1 AGG erfolgen. Ein Fragerecht besteht folglich nur, soweit das zu erhebende Datum aus objektiver Sicht zu den wesentlichen und entscheidenden beruflichen Anforderungen gehört[155]. Dies ist dann der Fall, wenn das erfragte Datum „ein zentraler Bestandteil des Anforderungsprofils" ist[156]. Das Anforderungsprofil kann der Arbeitgeber im Rahmen seiner unternehmerischen Entscheidungsfreiheit frei gestalten, soweit er nicht die Grenzen der Verhältnismäßigkeit überschreitet[157]. Insbesondere hat sich der Arbeitgeber daher an objektiven beruflichen Kriterien zu orientieren. 41

Nach dieser Maßgabe sind Fragen nach dem **Alter** regelmäßig ausgeschlossen[158]. Entsprechendes gilt für Fragen nach der **sexuellen Identität**[159]. Fragen nach einer **Schwangerschaft** sind ebenfalls unzulässig, und zwar nach der Rechtsprechung des EuGH[160] und in der Folge auch des BAG[161] unabhängig davon, ob alle Bewerber weiblich sind oder die Anstellung befristet wäre und eine Schwan- 42

---

152 Art. 20 Abs. 1 i.V.m. Anlage I Kapitel XIX Sachgebiet A, Abschnitt III Nr. 1 Abs. 5 Nr. 2 EinigungsV.
153 BAG v. 13.6.1996 – 2 AZR 483/95, MDR 1996, 1264 = NZA 1997, 204.
154 ArbG Darmstadt v. 26.5.1994 – 8 Ca 674/93, BB 1994, 2495.
155 Vgl. dazu auch BT-Drucks. 17/4230, Entwurfsbegründung der Bundesregierung v. 15.12.2010, S. 10.
156 Rust/Falke/*Falke*, Allgemeines Gleichbehandlungsgesetz mit weiterführenden Vorschriften, Kommentar, 2007, § 8 AGG Rz. 11; strenger *Rasmussen-Bonne/Raif*, GWR 2011, 58 (58), die auf eine Unverzichtbarkeit des zu erhebenden Datums abstellen; vgl. dazu auch *Novara*, NZA 2015, 142.
157 Rust/Falke/*Falke*, Allgemeines Gleichbehandlungsgesetz mit weiterführenden Vorschriften, Kommentar, 2007, § 8 AGG Rz. 10; vgl. dazu auch BAG v. 15.12.2016 – 48 AZR 454/15, MDR 2017, 654 = NZA 2017, 715; zu tätigkeitsbezogenen differenzierenden Voraussetzungen in kollektiven Regelungen s. BAG v. 18.10.2016 – 9 AZR 123/16, NZA 2917, 267.
158 *Wisskirchen/Bissels*, NZA 2007, 169; vgl. aber EuGH v. 21.07.2016 – C-258/15, AuR 2017, 125, zu einer Altersgrenze im allgemeinen Polizeidienst in Spanien.
159 *Wisskirchen/Bissels*, NZA 2007, 169.
160 EuGH v. 8.11.1990 – C-177/88, NZA 1991, 171.
161 BAG v. 15.10.1992 – 2 AZR 227/92, MDR 1993, 550 = NZA 1993, 257.

gerschaft eine Tätigkeit für den Großteil des Zeitraum ausschlösse[162]. Gleichermaßen unzulässig sind Fragen nach **Rasse und ethnischer Herkunft**, wobei die Frage nach der Staatsangehörigkeit oder Nationalität nicht die ethnische Herkunft betrifft[163]. Fragen danach können insbesondere zulässig sein im Hinblick auf das Erfordernis einer Aufenthalts- und Arbeitserlaubnis.

43 Nach der **Religionszugehörigkeit** darf gefragt werden, wenn es um die Einstellung durch eine Kirche geht und „das Zugehörigkeitserfordernis notwendig und angesichts des Ethos der Kirche aufgrund der Art der in Rede stehenden beruflichen Tätigkeit oder der Umstände ihrer Ausübung objektiv geboten (ist) und mit dem Grundsatz der Verhältnismäßigkeit im Einklang (steht)"[164]. Die Frage nach einer Mitgliedschaft in **Scientology** betrifft nicht die Religions- oder Weltanschauung[165] und ist damit als zulässig anzusehen, wenn der Arbeitgeber eine Unterwanderung durch Scientology vermeiden möchte oder Loyalitätskonflikte befürchtet.

44 Für die Zulässigkeit von Fragen über den **allgemeinen Gesundheitszustand**, eine **Alkohol-** oder **Drogensucht** ist zu beachten, dass solche Informationen das Merkmal der Behinderung nach § 1 AGG betreffen können. Bereits vor Inkrafttreten des AGG hat das BAG eine Drogensucht als Behinderung angesehen[166]. In einer Entscheidung, in der sich ein Arbeitgeber bei einem Bewerber erkundigt hatte, ob dieser an „Morbus Bechterew" erkrankt sei, hat das BAG die Frage als Indiz nach § 22 AGG dafür gewertet, dass der Arbeitgeber seine Einstellungsentscheidung vom Nichtvorhandensein der fraglichen Behinderung abhängig gemacht hat[167]. Mithin kann nicht pauschal deshalb von einer Zulässigkeit entsprechender Fragen ausgegangen werden, weil möglicherweise die Eignung für die vorgesehene Tätigkeit oder die zeitliche Verfügbarkeit des Bewerbers eingeschränkt oder wegen einer Ansteckungsgefahr zukünftige Kolleginnen und Kollegen gefährdet sein könnten. Solche Fragen sind vielmehr nur dann zulässig, wenn das Nichtvorhandensein der Behinderung eine **wesentliche und entscheidende Anforderung** für die angestrebte berufliche Tätigkeit darstellt[168]. Will

---

162 EuGH v. 4.10.2001, EAS RL 76/207/EWG Nr. 16 zu Art. 5; zustimmend: Gola/Pötters/Wronka, Handbuch, Rz. 649 ff.; a.A. ErfK/Franzen, § 32 BDSG Rz. 10; nach Ansicht des LAG Köln soll das auch für den Fall gelten, dass die Arbeitnehmerin befristet als Schwangerschaftsvertretung beschäftigt werden soll, LAG Köln v. 11.10.2012 – 6 Sa 641/12, NZA-RR 2013, 232.
163 ErfK/Schlachter, § 1 AGG Rz. 4a.
164 Vgl. dazu EuGH v. 17.4.2018 – C-414/16, BeckRS 2018, 5386.
165 BAG v. 22.3.1995 – 5 AZB 21/94, NZA 1995, 823 für Scientology in Hamburg.
166 BAG v. 14.1.2004 – 10 AZR 188/03, NZA 2005, 839.
167 BAG v. 17.12.2009 – 8 AZR 670/08, NZA 2010, 383.
168 BAG v. 5.10.1995 – 2 AZR 923/94, BB 1995, 2271; offengelassen, weil im konkreten Fall nicht entscheidungserheblich, für die Frage nach einer Schwerbehinderung des Bewerbers in BAG v. 7.7.2011 – 2 AZR 396/10, BB 2012, 1291; vgl. auch *Bayreuther*, NZA 2010, 679; *Husemann*, RdA 2014, 16; *Thüsing*, Beschäftigtendatenschutz und Compli-

der Arbeitgeber gezielt behinderte Menschen fördern, darf er mit Blick auf § 5 AGG allerdings gezielt nach einer Behinderung fragen[169]. Im bestehenden Arbeitsverhältnis ist nach Ansicht des BAG jedenfalls nach sechs Monaten, also nach dem Erwerb des Sonderkündigungsschutzes für schwerbehinderte Menschen, die Frage des Arbeitgebers nach der **Schwerbehinderung** zulässig[170].

Oftmals hat ein Arbeitgeber Interesse daran, die Aussagen eines Bewerbers anhand geeigneter **Dokumente** nachzuprüfen oder Informationen durch bestimmte Dokumente überhaupt erst zu generieren[171]. In Betracht kommt eine Vielzahl von Unterlagen, die über unterschiedliche Aspekte des Lebens des Bewerbers Aussage treffen. Wie das Fragerecht ist auch diese Art der Informationsgewinnung an § 26 gebunden. Der Arbeitgeber darf mithin nur solche Dokumente einfordern, die Daten beinhalten, bezüglich derer der Arbeitgeber auch ein Fragerecht hätte. Vor dem Hintergrund der vielfältigen technischen und überdies leicht zugänglichen Möglichkeiten zur Fälschung von Dokumenten kann es sich dabei empfehlen, Originaldokumente oder jedenfalls beglaubigte Kopien einzufordern. 45

Die Vorlage von Dokumenten über fachliche Qualifikationen des Bewerbers oder Nachweise wie insbesondere **Zeugnisse** darf der Arbeitgeber verlangen. Auch an Dokumentationen der jeweiligen Beschäftigungsdauer hat der Arbeitgeber ein berechtigtes Interesse[172]. 46

Schwieriger gestaltet sich die Frage nach der Zulässigkeit der Anforderung eines **polizeilichen Führungszeugnisses**[173]. Auch insoweit ist Art. 10 DSGVO zu be- 47

---

ance, § 7 Rz. 25; zur Frage, welche Einschränkungen sich aus einer in den Bewerbungsunterlagen angegebenen Behinderung ergeben, vgl. BAG v. 26.6.2014 – 8 AZR 547/13; zur Unzulässigkeit einer tätigkeitsneutralen Frage nach einer Schwerbehinderung vgl. ArbG Hamburg v. 27.06.2017 – 20 Ca 22/17, BeckRS 2017, 119652; zur Problematik vgl. auch *Düwell/Brink*, NZA 2017, 1081 (1083).

169 *Joussen*, Schwerbehinderung, Fragerecht und positive Diskriminierung nach dem AGG, NZA 2007, 174 (177).
170 BAG v. 16.2.2012 – 6 AZR 553/10, MDR 2012, 920 = NJW-Spezial 2012, 308; vgl. dazu auch *Husemann*, RdA 2014, 16; nach Maßgabe dieser Rechtssätze ist wegen der Pflicht der Beteiligung der Schwerbehindertenvertretung nach § 178 Abs. 2 Satz 3 SGB IX vor Ausspruch einer Kündigung eines schwerbehinderten Menschen nunmehr auch von der Zulässigkeit einer entsprechenden Frage im Falle einer beabsichtigten Kündigung während der Wartezeit nach § 1 Abs. 1 KSchG auszugehen.
171 Vgl. dazu auch *Hohenstatt/Stamer/Hinrichs*, NZA 2006, 1065 (1066).
172 BAG v. 12.2.1970 – 2 AZR 184/69, NJW 1970, 1565 (1566).
173 Vgl. die Anm. *Kort* zu BAG v. 20.3.2014 – 2 AZR 1071/12, MDR 2014, 1453 = AP Nr. 73 zu § 123 BGB; zu den datenschutzrechtlichen Problemen eines erweiterten Führungszeugnisses vgl. *Joussen*, NZA 2012, 776; *Lönisch/Mysliniec*, NJW 2013, 2389; zur Vorlage eines erweiterten Führungszeugnisses im bestehenden Arbeitsverhältnis vgl. LAG Hamm v. 4.7.2014 – 10 Sa 171/14 m. Anm. *Tiedemann*, ZD 2015, 37 (40); vgl. dazu auch *Asgari*, DB 2017, 1325 (1226).

achten, wonach die Verarbeitung personenbezogener Daten über strafrechtliche Verurteilungen und Straftaten oder damit zusammenhängende Sicherungsmaßregeln aufgrund von Art. 6 Abs. 1 DSGVO nur unter behördlicher Aufsicht vorgenommen werden darf oder wenn dies nach dem Unionsrecht oder dem Recht der Mitgliedstaaten, das geeignete Garantien für die Rechte und Freiheiten der betroffenen Person vorsieht, zulässig ist. Mit der Regelung in § 26 Abs. 5 wird ausweislich der Gesetzesbegründung insbesondere auch das Erfordernis aus Art. 10 DSGVO umgesetzt, geeignete Garantien für die Rechte und Freiheiten der Beschäftigten vorzusehen[174]. Vor diesem Hintergrund ist die Zulässigkeit der Anforderung eines polizeilichen Führungszeugnisses auch im Lichte des § 26 Abs. 5 zu betrachten. Teilweise bestehen ohnehin gesetzliche Vorlagepflichten, die nach § 1 Abs. 2 vorrangig sind. So sieht § 7 Abs. 3 Nr. 3 LuftSiG vor, dass für jeden Bewerber von der Luftsicherheitsbehörde „unbeschränkte Auskünfte aus dem Bundeszentralregister" einzuholen sind. Nach Maßgabe von § 30 BZRG kann ein Führungszeugnis lediglich vom Betroffenen selbst beantragt und überdies an keinen anderen als den Antragsteller selbst versendet werden. Allerdings listet ein polizeiliches Führungszeugnis nicht lediglich solche Straftaten auf, die einen Bezug zur in Frage kommenden Tätigkeit haben könnten. Das Fragerecht des Arbeitgebers beschränkt sich indessen gerade auf solche Straftaten, die aus objektiver Sicht unmittelbaren Bezug zur übernehmenden Tätigkeit haben[175]. Das Verlangen eines polizeilichen Führungszeugnisses wird daher teilweise generell als rechtswidrig angesehen[176]. Dieses Ergebnis hat indessen zur Folge, dass einem Arbeitgeber kein Mittel zur Verfügung steht, die Antworten eines Bewerbers auf zulässige Fragen zu Vorstrafen zu verifizieren. Gleichzeitig treffen den Arbeitgeber erhebliche Sorgfaltspflichten im Hinblick auf die Auswahl geeigneter Bewerber[177]. Überdies sprechen die Gesetzesmaterialien zum BZRG selbst für die Zulässigkeit des Verlangens eines polizeilichen Führungszeugnisses durch den Arbeitgeber[178]. Jedenfalls für Beschäftigungsverhältnisse, die mit einem Umgang mit oder Zugang zu erheblichen Vermögensgegenständen verbunden sind, kann daher die Vorlage eines Führungszeugnisses ver-

---

174 BT-Drucks. 18/11325, S. 98.
175 S. dazu auch *Kania/Sansone*, NZA 2012, 360 (362).
176 *Thüsing*, Beschäftigtendatenschutz und Compliance, § 7 Rz. 37; Däubler/Kittner/Klebe/Wedde/*Klebe*, § 94 BetrVG Rz. 17; *Thum/Szczesny*, Background Checks im Einstellungsverfahren: Zulässigkeit und Risiken für Arbeitgeber, BB 2007, 2405 (2406); a.A. Hohenstatt/Stamer/*Hinrichs*, NZA 2006, 1065 (1067); MüKo-HGB/*von Hoyningen-Huene*, § 59 HGB Rz. 104; *Milthaler*, Fragerecht des Arbeitgebers, S. 204; *Götz*, Zur Zulässigkeit der Befragung von Stellenbewerbern nach Vorstrafen, BB 1971, 1325 (1326).
177 BGH v. 20.3.2001 – VI ZR 373/99, MDR 2001, 870 = NJW 2001, 2023 für die Einstellung eines bewaffneten Wachmannes; vgl. dazu auch die Verpflichtung nach § 6 Abs. 1 GWG zur Schaffung interner Sicherungsmaßnahmen wie insbesondere die Überprüfung der Mitarbeiter auf ihre Zuverlässigkeit nach § 6 Abs. 2 GWG.
178 BT-Drucks. 6/477, S. 20.

langt werden. Insoweit ist ausreichend, dass beim Arbeitgeber entsprechende Rahmenbedingungen herrschen. Einer besonderen arbeitsvertraglichen Position des Bewerbers bedarf es nicht, so dass bspw. ein Finanzinstitut auch von einer Reinigungskraft oder dem Wachpersonal die Vorlage eines Führungszeugnisses beanspruchen kann, wenn nicht selbst ein unberechtigter Zugang zu solchen Vermögensgegenständen undenkbar wäre[179]. Überlegenswert wäre weiterhin die Einführung arbeitgeberbezogener Führungszeugnisse, wie es sie etwa in den Niederlanden oder Frankreich gibt[180].

Die vorstehenden Ausführungen gelten entsprechend für das Verlangen des Arbeitgebers nach einer **SCHUFA-Auskunft**. Hier ist die Interessenlage vergleichbar derjenigen bei der Vorlage polizeilicher Führungszeugnisse. Im Rahmen der Interessenabwägung kann das Interesse des Arbeitgebers an einer Verifikation der diesbezüglichen Angaben des Bewerbers überwiegen. Wünschenswert wäre indessen auch insoweit die Etablierung „arbeitgeberbezogener" Schufa-Auskünfte[181]. 48

Die Durchführung **medizinischer Untersuchungen** und **psychologischer Tests** unterliegt ebenfalls den Grenzen des § 26 und ist mithin nur zulässig, wenn sie für die Einstellungsentscheidung erforderlich ist[182]. Die gewonnenen Erkenntnisse sind dem Beschäftigten vollumfänglich mitzuteilen[183], während der Arbeitgeber lediglich die Information erhält, ob der Beschäftigte für die vorgesehene Tätigkeit geeignet ist oder nicht[184]. Beispiele zulässiger ärztlicher Untersuchungen sind die Flugtauglichkeit eines Piloten oder ein HIV-Test bei einem Chirurgen. Zudem bestehen Spezialregelungen medizinischer Untersuchungen zum Schutze bestimmter Beschäftigter, etwa §§ 32 ff. JArbSchG für junge Beschäftigte[185]. Untersuchungen während eines Beschäftigungsverhältnisses kommen in Betracht, wenn tatsächliche Anhaltspunkte vorliegen, die Zweifel an der fortdauernden Eignung des Beschäftigten begründen, oder wenn ein entsprechender Tätigkeitswechsel vorgesehen ist[186]. 49

---

179 Vgl. dazu die Anm. von *Kort* zu BAG v. 20.3.2014 – 2 AZR 1071/12, MDR 2014, 1453 = AP Nr. 73 zu § 123 BGB; zur Vorlage eines erweiterten Führungszeugnisses nach § 30a BZRG im bestehenden Arbeitsverhältnis vgl. LAG Hamm v. 4.7.2014 – 10 Sa 171/14 m. Anm. *Tiedemann*, ZD 2015, 37 (40).
180 Näher hierzu *Milthaler*, Fragerecht des Arbeitgebers, S. 205.
181 *Hohenstatt/Stamer/Hinrichs*, NZA 2006, 1065 (1069).
182 BAG v. 23.2.1967 – 2 AZR 124/66, AP Nr. 1 zu § 7 BAT; *Behrens*, NZA 2014, 401; *Franzen*, NZA 2013, 1; *Stück/Wein*, NZA-RR 2005, 505; *Iraschko-Luscher/Kiekenbeck*, NZA 2009, 1239 (1240).
183 Kritisch *Bayreuther*, NZA 2010, 679 (682).
184 *Iraschko-Luscher/Kiekenbeck*, NZA 2009, 1239 (1239); *Lichtenberg/Schüssing*, NZA 1990, 41 (44 f.).
185 Näher hierzu *Behrens*, NZA 2014, 401; *Stück/Wein*, NZA-RR 2005, 505 (505 ff.).
186 Vgl. dazu *Behrens*, NZA 2014, 401 (404).

50 Nicht zulässig sind **standardmäßige Alkohol-** oder **Drogentests**, die ohne Anhaltspunkt eine etwaige Abhängigkeit abprüfen sollen[187]. Dieser Grundsatz ist allerdings ebenfalls für solche Arbeitsplätze zu relativieren, bei denen eine Alkohol- oder Drogenabhängigkeit die Eignung eines Bewerbers oder einer Bewerberin entfallen ließe, zumal der Arbeitgeber in solchen Fällen ein entsprechendes Fragerecht hätte[188].

51 **Psychologische Eignungstests** müssen sich vor dem Hintergrund der Achtung der Privatsphäre des Bewerbers auf das Abprüfen von Fähigkeiten und Eigenschaften beschränken, die für die Ausübung der späteren Tätigkeit von Bedeutung sind. Unspezifische allgemeine Intelligenztests oder umfassende Persönlichkeitsprofile stellen einen übermäßigen und damit unzulässigen Eingriff in die Privatsphäre dar[189] (zu automatisierten Entscheidungen im Einzelfall einschließlich Profiling vgl. die Kommentierung zu Art. 22 DSGVO).

52 Für die Frage der Zulässigkeit **genetischer Untersuchungen** und **Analysen** gehen die spezielleren Vorschriften des am 1.2.2010 in Kraft getretenen Gendiagnostikgesetzes (GenDG) denen des BDSG vor, vgl. § 1 Abs. 2. §§ 19–22 GenDG enthalten spezielle arbeitsrechtliche Regelungen, die das Ziel verfolgen, die Chancen genetischer Untersuchungen und Analysen zu nutzen und wiederum den damit verbundenen Missbrauchsgefahren vorzubeugen[190]. Der Anwendungsbereich des GenDG umfasst dabei nach § 2 GenDG jede Erhebung genetischer Daten „im Arbeitsleben" und bezieht damit genetische Untersuchungen und Analysen vor und nach Begründung des Arbeitsverhältnisses ein[191]. In Betracht kommen genetische Untersuchungen zur Überprüfung der Eignung eines Bewerbers für einen Arbeitsplatz oder auch die Durchführung einer genetischen Untersuchung zur Aufklärung einer Straftat im Betrieb. § 19 GenDG verbietet es dem Arbeitgeber, die Vornahme genetischer Untersuchungen oder Analysen oder die Mitteilung der Ergebnisse früherer Untersuchungen zu verlangen oder entgegenzunehmen. Eine Einwilligung des Beschäftigten ist gegenstandslos. Selbst im Bereich des Arbeitsschutzes sind genetische Untersuchungen und Analysen nach § 20 Abs. 1 GenDG grundsätzlich unzulässig. Ausnahmen enthält § 20 Abs. 2 bis 4 GenDG. Überdies darf der Arbeitgeber nach § 21 Abs. 1 GenDG einen Beschäftigten nicht wegen seiner genetischen Eigenschaften, der seiner Verwandten oder der Verweigerung eine genetischen Untersuchung oder Analyse oder der Vorlage entsprechender Ergebnisse benachteiligen. Verstöße

---

187 So schon BAG v. 12.8.1999 – 2 AZR 55/99, NZA 1999, 1209; *Thüsing*, Beschäftigtendatenschutz und Compliance, § 7 Rz. 29; zum Mitbestimmungsrecht des Betriebsrats vgl. LAG Baden-Württemberg v. 13.12.2002 – 16 TaBV 4/02, NZA-RR 2003, 417.
188 *Bengelsdorf*, NZA-RR 2004, 113 (114).
189 ErfK/*Franzen*, § 32 BDSG Rz. 9; vgl. dazu auch *Franzen*, NZA 2013, 1.
190 So die Gesetzesbegründung: BT-Drucks. 16/10532, S. 16.
191 *Fischinger*, NZA 2010, 65 (66); *Wiese*, Gendiagnostikgesetz und Arbeitsleben, BB 2009, 2198 (2202); zum weiten Beschäftigtenbegriff s. den Wortlaut des § 3 Nr. 12 GenDG.

gegen die §§ 19ff. GenDG können für den Arbeitgeber erhebliche Auswirkungen zeitigen. In Betracht kommen Schadenersatzansprüche, Ordnungswidrigkeiten und strafrechtliche Konsequenzen[192].

VI. Durchführung des Beschäftigungsverhältnisses

Nach Begründung des Beschäftigungsverhältnisses dürfen personenbezogene Daten eines Beschäftigten für Zwecke des Beschäftigungsverhältnisses verarbeitet werden, wenn dies für dessen **Durchführung erforderlich** ist. Nach der Gesetzesbegründung führt § 26 die „spezialgesetzliche Regelung des § 32 BDSG-alt fort"[193]. In der Gesetzesbegründung zu § 32 BDSG-alt heißt es wiederum, die Regelung entspreche auch insoweit den bislang von der Rechtsprechung erarbeiteten Grundsätzen des Datenschutzes im Beschäftigungsverhältnis[194], wobei ein Urteil des BAG zur Erhebung, Speicherung und Löschung von Arbeitnehmerdaten[195] sowie die bereits im Zusammenhang mit dem Stadium der Begründung des Beschäftigungsverhältnisses zitierte Entscheidung zu Auskunftspflichten des Arbeitnehmers[196] erwähnt werden. Insoweit kann zunächst auf die Ausführungen in Rz. 16ff. zur Erforderlichkeit und Verhältnismäßigkeit der Datenverarbeitung und insbesondere zum **Fragerecht** des Arbeitgebers sowie die diesbezüglichen **Fallgruppen** verwiesen werden. Weiter heißt es in den Gesetzesmaterialien zu § 32 BDSG-alt, der Arbeitgeber dürfe sich nach der Einstellung bei seinen Beschäftigten über Umstände informieren oder Daten verwenden, um seine vertraglichen Pflichten gegenüber den Beschäftigten erfüllen zu können, „z.B. Pflichten im Zusammenhang mit der Personalverwaltung, Lohn- und Gehaltsabrechnung". Dies gelte auch, „wenn der Arbeitgeber seine im Zusammenhang mit der Durchführung des Beschäftigungsverhältnisses bestehenden Rechte wahrnimmt, z.B. durch Ausübung des Weisungsrechts oder durch Kontrollen der Leistung oder des Verhaltens des Beschäftigten"[197]. 53

Gerade nach der Einstellung eines Bewerbers zeigt sich im besonderen Maße das **Spannungsverhältnis** zwischen dem vom Gesetzgeber anerkannten Recht und Bedürfnis des Arbeitgebers, Daten zur Wahrnehmung seiner Rechte zu verarbeiten einerseits und den nach § 26 Abs. 5 zu beachtenden Grundsätzen des Art. 5 DSGVO, insbesondere des Grundsatzes der Datenminimierung, andererseits. Als Dauerschuldverhältnis ist ein Beschäftigungsverhältnis dem Wandel unterworfen. Der Arbeitgeber hat daher ein Interesse daran, möglichst viele Daten 54

---

192 Näheres zu den Rechtsfolgen *Fischinger*, NZA 2010, 65 (70).
193 BT-Drucks. 18/11325, S. 96f.
194 BT-Drucks. 16/13657, S. 21.
195 BAG v. 22.10.1986 – 5 AZR 660/85, CR 1987, 697 m. Anm. *Kort* = MDR 1987, 698 = CR 1987, 370 = NZA 1987, 415.
196 BAG v. 7.9.1995 – 8 AZR 828/93, NZA 1996, 637.
197 BT-Drucks. 16/13657, S. 21.

vorzuhalten, bspw., um ggf. die Eignung des Beschäftigten für andere Tätigkeiten prüfen oder aber im Rahmen betriebsbedingter Kündigungen eine ordnungsgemäße Sozialauswahl durchführen zu können[198]. Teilweise sind die hierfür notwendigen Daten bereits aus anderen Gründen vorzuhalten. Bspw. betrifft dies Unterhaltspflichten für Abrechnungszwecke. Aus Sicht des Beschäftigten besteht wiederum ein erhebliches Interesse an Datenminimierung. Auch insoweit können Fallgruppen gebildet werden:

1. Allgemeine Daten

55   Nach Maßgabe der dargestellten Grundsätze ist die Erhebung von **Stammdaten** wie vollständiger Name, Anschrift, Familienstand[199], Ausbildung, Qualifikation, Eintrittsdatum, Eingruppierung, Entgelt und Krankenkassenzugehörigkeit[200] auch während des Beschäftigtenverhältnisses ohne Weiteres zulässig. Dies gilt zunächst für Grunddaten, die für die Entgeltabrechnung erforderlich sind, aber auch für sonstige Daten, die der Arbeitgeber zu Abrechnungszwecken benötigt, wie etwa die Konfession zur Erhebung der Kirchensteuer[201] (für besondere Kategorien personenbezogener Daten vgl. § 26 Abs. 3 und Rz. 11b). Auch Alter und Geschlecht des Beschäftigten darf der Arbeitgeber mit Blick auf Personalplanung, Beachtung des Gleichbehandlungsgrundsatzes, das Erreichen des Rentenalters bzw. ggf. die Unterscheidung von Arbeitnehmern bei Namensgleichheit speichern. Die Zulässigkeit der Datenverarbeitung ist dann freilich jeweils gesondert im Lichte datenschutzrechtlicher Bestimmungen zu prüfen.

56   Grundsätzlich unzulässig ist demgegenüber die Erhebung von Daten wie Betreuungsaufgaben hinsichtlich aufsichtsbedürftiger Kinder, berufliche Tätigkeit der Eltern oder sexueller Orientierung[202]. Auch die Erhebung weiterer Daten, die die **Privatsphäre** des Beschäftigten betreffen, wie Freunde, Bekannte, Hobbys, Ess- oder Trinkgewohnheiten, ist grundsätzlich nicht erforderlich für die Durchführung eines Beschäftigungsverhältnisses und demnach nicht auf Grundlage

---

198 Nach § 1 Abs. 3 KSchG sind für die Sozialauswahl nur die Kriterien Lebensalter, Betriebszugehörigkeit, Unterhaltspflichten und Schwerbehinderung maßgeblich; zur Problematik von „Big Data" im Arbeitsrecht vgl. *Bissels/Meyer-Michaelis/Schiller*, DB 2016, 3042 (3043); *Dzida*, NZA 2017, 541 (544); *Günther/Böglmüller*, BB 2017, 53 (56); *Niklas/Thurn*, BB 2017, 1589 (1590); zur Verarbeitung von Wearable-Sensordaten s. *Weichert*, NZA 2017, 565.
199 Däubler/Klebe/Wedde/Weichert/*Däubler*, § 32 BDSG Rz. 73.
200 Däubler/Klebe/Wedde/Weichert/*Däubler*, § 32 BDSG Rz. 67.
201 *Fitting*, § 94 BetrVG Rz. 17; *Däubler*, Gläserne Belegschaften, Rz. 258; Däubler/Klebe/Wedde/Weichert/*Däubler*, § 32 BDSG Rz. 73; vgl. dazu auch Art. 9 Abs. 2 Buchst. b DSGVO.
202 Zur Entlassung einer transsexuellen Person aus dem Grund der Geschlechtsumwandlung vgl. bereits EuGH v. 30.4.1996 – C-13/94, NZA 1996, 695.

von § 26 Abs. 1 Satz 1 zulässig. Anderes kann allerdings bei potentiellen Interessenkonflikten qua Verwandtschaft[203] oder persönlicher Nähe sowie im Falle des Verdachts von Straftaten gelten (dazu Rz. 83). Beschäftigte, die Rufbereitschaft leisten, können verpflichtet sein, **private Telefonnummern** anzugeben, um ihre Erreichbarkeit sicherzustellen[204].

Nach erfolgter Einstellung darf der Arbeitgeber nach der **Gewerkschaftszugehörigkeit** fragen. Bei solchen Angaben handelt es sich zwar um besondere Arten personenbezogener Daten nach Art. 9 Abs. 1 DSGVO (s. dazu im Einzelnen die Kommentierung zu Art. 9 DSGVO). Insbesondere mit Blick auf die Aufgabe des Grundsatzes der Tarifeinheit durch das BAG[205] ist grundsätzlich von einem berechtigten Interesse des Arbeitgebers an der Beantwortung der Frage auszugehen[206], und zwar auch nach Inkrafttreten des Tarifeinheitsgesetzes (vgl. dazu Rz. 36). 57

Selbstverständlich ist der Arbeitgeber auch zur Erhebung und Verarbeitung der vertraglich vereinbarten **Arbeitszeit** („Soll-Arbeitszeit") und der tatsächlich geleisteten Arbeitszeit („Ist-Arbeitszeit") berechtigt[207]. Im Rahmen von § 16 Abs. 2 ArbZG, nach Maßgabe von § 17 Abs. 1 MiLoG sowie bei Arbeitszeitkonten ist er hierzu sogar verpflichtet, wobei es bei Arbeitszeitkonten nicht darauf ankommt, dass diesen Wertguthabenvereinbarungen nach § 7b SGB IV zugrunde liegen. **Abwesenheitszeiten** und die diesbezüglichen **Gründe** dürfen ebenfalls vorgehalten werden, weil auch solche Daten für die Durchführung des Beschäftigungsverhältnisses erforderlich sind[208]. Gleichermaßen ist die Erhebung und Verarbeitung des **Arbeitsentgelts** erforderlich nach Maßgabe von § 26 Abs. 1 Satz 1. Im Übrigen bestehen insoweit ohnehin gesetzliche Vorhalte- und Aufbewahrungspflichten[209]. 58

---

203 Beispielsweise nach Maßgabe der Bestimmungen zu internen Sicherungsmaßnahmen nach § 6 GWG wegen Verwandtschaft zu einer sog. Politisch Exponierten Person.
204 Däubler/Klebe/Wedde/Weichert/*Däubler*, § 32 BDSG Rz. 72.
205 BAG v. 23.6.2010 – 10 AS 2/10, NZA 2010, 778.
206 *Thüsing*, Beschäftigtendatenschutz und Compliance, § 7 Rz. 30.
207 Däubler/Klebe/Wedde/Weichert/*Däubler*, 32 BDSG Rz. 74.
208 Auf dieser Grundlage kann ein Arbeitnehmer die Entfernung einer zu Recht erteilten Abmahnung aus der Personalakte nur verlangen, wenn das abgemahnte Verhalten für das Arbeitsverhältnis in jeder Hinsicht bedeutungslos geworden ist, vgl. BAG v. 19.7. 2012 – 2 AZR 782/11, MDR 2013, 231 = NZA 2013, 91; zur Entfernung einer Abmahnung, die unrichtige personenbezogene Daten enthält, s. Rz. 19 und *Nebeling/Lankes*, DB 2017, 2542.
209 Zur sechsjährigen Aufbewahrungspflicht solcher Unterlagen vgl. § 147 Abs. 1 Nr. 5 i.V.m. Abs. 3 AO sowie § 41 Abs. 1 Satz 9 EStG; näher zu Aufbewahrungspflichten Simitis/*Seifert*, § 32 BDSG Rz. 76.

2. Gesundheitsdaten

59 **Krankheitsbedingte Fehlzeiten** stellen für Arbeitgeber sowohl finanzielle als auch arbeitsorganisatorische Belastungen dar[210]. Zugleich sind Gesundheitsdaten besondere Arten personenbezogener Daten nach Art. 9 Abs. 1 DSGVO (s. dazu im Einzelnen die Kommentierung zu Art. 9 DSGVO). Für die beschäftigtendatenschutzrechtliche Beurteilung der Datenverarbeitung ist zwischen der Durchführung medizinischer Untersuchungen einerseits und einer sonstigen Erhebung von Krankheitsdaten andererseits zu unterscheiden.

60 Bestehen begründete **Zweifel** an der **gesundheitlichen Tauglichkeit** eines Beschäftigten für die jetzige oder eine künftige Tätigkeit, kann der Beschäftigte verpflichtet sein, sich einer ärztlichen Untersuchung seines Gesundheitszustandes zu unterziehen[211].

61 Gleichermaßen kann bei ernsthaften, begründeten Zweifeln an der Arbeitsunfähigkeit, wie etwa auffällig häufiger oder häufig nur für kurze Zeit bestehender Arbeitsunfähigkeit[212], der **Medizinische Dienst** der jeweiligen gesetzlichen Krankenkasse eingeschaltet werden. Demgegenüber kann der Arbeitgeber nicht verlangen, die Arbeitsunfähigkeit durch Untersuchung eines von ihm benannten Arztes zu überprüfen[213]. Auch gehört es nicht zu den regelmäßigen Aufgaben eines Betriebsarztes, die Arbeitsunfähigkeitsbescheinigungen von Beschäftigten auf ihre Richtigkeit zu kontrollieren, wie schon § 3 Abs. 3 ASiG ausdrücklich festhält[214].

62 Das Arbeitsschutzrecht sieht überdies in verschiedenen Fällen **Vorsorgeuntersuchungen** vor[215]. Ist eine medizinische Untersuchung durch Gesetz vorgeschrieben, muss sich der Betroffene solchen vorgeschriebenen Pflichtuntersuchungen unterziehen[216]. Dem Arbeitgeber dürfen die in diesem Rahmen erhobenen Gesundheitsdaten aber selbstverständlich nicht mitgeteilt werden.

63 Die hohen Anforderungen des **GenDG** für genetische Untersuchungen und Analysen im Vorfeld eines Beschäftigungsverhältnisses gelten auch im Beschäftigungsverhältnis fort – das GenDG regelt die Situation vor und nach Begründung

---

210 *Iraschko-Luscher/Kiekenbeck*, NZA 2009, 1239.
211 Vgl. dazu BAG v. 12.8.1999 – 2 AZR 55/99, NJW 2000, 604; vgl. dazu auch *Behrens*, NZA 2014, 401; s. auch § 32c Abs. 3 BDSG-E 2010.
212 Anhaltspunkte enthält § 275 Abs. 1a Satz 1 SGB V.
213 BAG v. 2.3.2006 – 2 AZR 53/05, DB 2006, 2183, Rz. 30; LAG Bremen v. 7.5.1956 – 2 AZR 256/55, DB 1956, 623 (623); LAG Hamm v. 16.2.1977 – 2 Sa 772/76, DB 1977, 828; ErfK/*Reinhard* § 5 EFZG Rz. 13; a.A.: *Lepke*, Kündigung bei Krankheit, Rz. 596; LAG Berlin v. 27.11.1989 – 3 Sa 82/89, LAG Berlin v. 27.11.1989 – 9 Sa 82/89, DB 1990, 1621 (1622).
214 Feichtinger/Malkmus/*P. Feichtinger*, § 5 EFZG Rz. 90.
215 *Kittner/Pieper*, ArbSchR, § 11 ArbSchG Rz. 7; *Däubler*, Gläserne Belegschaften, Rz. 276; dahingehende Regelungen auflistend: *Stück/Wein*, NZA-RR, 2005, 505.
216 *Däubler*, Gläserne Belegschaften, Rz. 276.

des Beschäftigungsverhältnisses einheitlich[217]. Insofern kann auf die Ausführungen vor Begründung des Beschäftigungsverhältnisses verwiesen werden (dazu Rz. 52). Ergänzend kann sich während des Beschäftigungsverhältnisses ein Interesse des Arbeitgebers ergeben, eine gefundene DNA-Spur, die bspw. mit einem Fehlverhalten oder einer Straftat in Verbindung gebracht wird, mit der DNA der Beschäftigten abzugleichen, um einen Verdächtigen zu ermitteln[218]. Allerdings gilt auch insoweit das Verbot des § 19 GenDG. Nach § 2 Abs. 2 Nr. 2a GenDG bleibt die Täterfeststellung mittels DNA-Analyse allein den Ermittlungsbehörden vorbehalten.

Unzulässig sind allgemeine gesundheitliche und sonstige Kontrollen, und damit auch routinemäßige **Alkohol-** und **Drogentests**[219]. Das gilt auch für Betriebe mit erhöhtem Gefahrenpotential[220]. Anderes kann allerdings bei begründeten Zweifeln an der fortdauernden Eignung des Arbeitnehmers aufgrund einer vermuteten Alkohol- oder Drogenabhängigkeit gelten[221]. Überdies können branchenspezifische Sicherheitsvorschriften, die absolute Alkohol- und Rauschmittelverbote enthalten, den Arbeitgeber unter Wahrung des Verhältnismäßigkeitsgrundsatzes zu auch unangekündigten Kontrollen berechtigen[222]. Eine solche Kontrolle darf aber keine Rückschlüsse auf das private Alkohol- oder Drogenverhalten zulassen[223]. Schließlich kann es in Einzelfällen denkbar sein, dass ein Arbeitgeber im Rahmen einer unternehmerischen Entscheidung für einen bestimmten Arbeitsplatz nur einen Arbeitnehmer einsetzen möchte, der sich erfolgreich einem negativen Alkohol- oder Drogenscreening unterzogen hat[224]. 64

Im Übrigen kann die Erhebung von Krankheitsdaten nach § 26 Abs. 3 zur Geltendmachung, Ausübung und Verteidigung rechtlicher Ansprüche zulässig sein, bspw. für **Zwecke** der **Lohn-** und **Gehaltsabrechnung**[225]. 65

Zudem hat der Arbeitgeber ein berechtigtes Interesse daran, zu erfahren, inwieweit das arbeitsvertragliche Austauschverhältnis mit einem Arbeitnehmer durch 66

---

217 Däubler/Kittner/Klebe/Wedde/*Klebe*, § 94 BetrVG Rz. 38.
218 So etwa im Fall VGH Baden-Württemberg v. 28.11.2000 – PL 15 S 2838/99, AuR 2001, 469.
219 BAG v. 12.8.1999 – 2 AZR 55/99, NZA 1999, 1209; Däubler/Kittner/Klebe/Wedde/ *Klebe*, § 94 BetrVG Rz. 38.
220 BAG v. 12.8.1999 – 2 AZR 55/99, NZA 1999, 1209; Däubler/Kittner/Klebe/Wedde/ *Klebe*, § 94 BetrVG Rz. 38; *Däubler*, Gläserne Belegschaften, Rz. 279.
221 BAG v. 12.8.1999 – 2 AZR 55/99, NJW 2000, 604.
222 *Diller/Powietzka*, Drogenscreening und Arbeitsrecht, NZA 2001, 1227 (1230).
223 BAG v. 12.8.1999 – 2 AZR 55/99, NZA 1999, 1209 (1210).
224 BAG v. 12.8.1999 – 2 AZR 55/99, NZA 1999, 1209 (1210); *Diller/Powietzka*, Drogenscreening und Arbeitsrecht, NZA 2001, 1227 (1230).
225 Vgl. dazu auch BT-Drucks. 18/11325, S. 98, wonach die Verarbeitung besonderer Kategorien personenbezogener Daten für Zwecke des Beschäftigungsverhältnisses auch die Verarbeitung von Daten zur Beurteilung der Arbeitsfähigkeit einschließen kann, s. hierzu auch § 22 Abs. 1 Nr. 1 Buchst. b.

Krankheit oder anders begründete Fehlzeiten gestört ist und wann bzw. ob mit einer Wiederherstellung der Arbeitsfähigkeit des Arbeitnehmers zu rechnen ist[226]. Die Gründe für ein solches Interesse reichen von der Berücksichtigung von Leistungseinschränkungen eines Beschäftigten über die Organisation eines gesundheitlich begründeten Wechsels des Arbeitsplatzes oder die Planung einer befristeten Vertretung bis hin zur Beurteilung der Entgeltzahlungsverpflichtung[227]. Auch die Erwägung einer krankheitsbedingten Kündigung kann ein Interesse an der Erhebung krankheitsbedingter Fehlzeiten begründen[228]. Die konkreten gesundheitlichen Beeinträchtigungen, die zu diesen Fehlzeiten führen, haben den Arbeitgeber hingegen generell nicht zu interessieren. So geht auch das Entgeltfortzahlungsgesetz davon aus, dass der Arbeitgeber nur von der Arbeitsunfähigkeit Kenntnis erhält und nicht von den medizinischen Gründen[229]. In dieser Weise sind auch **Krankenrückkehrgespräche** zu führen[230]. Der Betroffene muss auch im Rahmen solcher Gespräche nicht von seinem Krankheitsbild berichten[231]. Eine Ausnahme kommt in Betracht, wenn nähere Angaben über die Art der Krankheit für die weiteren Dispositionen notwendig sind, etwa bei ansteckenden Krankheiten[232]. Im Übrigen ist der Beschäftigte nicht einmal in einem Kündigungsschutzprozess verpflichtet, den behandelnden Arzt von seiner Schweigepflicht zu entbinden und Auskunft über seinen Gesundheitszustand zu erteilen. Unterbleibt dies, kann das Gericht allerdings von einer negativen Zukunftsprognose ausgehen.

67 Die Durchführung eines **HIV-Tests** kann nur bei Tätigkeiten verlangt werden, bei denen eine erhöhte Ansteckungsgefahr besteht[233]. Unter Umständen trifft den Beschäftigten eine Offenbarungspflicht[234].

68 Eine weitere Rechtfertigung für die Erhebung von Krankheitsdaten Beschäftigter ergibt sich aus **§ 22 Abs. 1 Nr. 1 Buchst. b** (dazu näher Kommentierung zu § 22 BDSG Rz. 8)[235]. Hiernach ist eine Erhebung auch zu dem Zweck zulässig, dass künftige Erkrankungen verhindert werden sollen. Zu diesem Zweck dürfen ärztliches Personal, also bspw. der Betriebsarzt, oder sonstige Personen, die einer

---

226 ErfK/*Franzen*, § 32 BDSG Rz. 24.
227 *Stück/Wein*, NZA-RR 2005, 505.
228 *Stück/Wein*, NZA-RR 2005, 505.
229 Feichtinger/Malkmus/*P. Feichtinger*, § 5 EFZG, Rz. 15; *Däubler*, Gläserne Belegschaften, Rz. 274.
230 Näher dazu *Iraschko-Luscher/Kiekenbeck*, NZA 2009, 1239 (1242).
231 *Däubler*, Gläserne Belegschaften, Rz. 274.
232 LAG Berlin v. 27.11.1989 – 9 Sa 82/89, DB 1990, 1621 (1622); LAG Mannheim, DB 1954, 476; LAG Bremen v. 28.3.1956 – Sa 10/56 BB 1956, 623; LAG Düsseldorf v. 3.5.1961 – 6 Sa 69/61, DB 1961, 1103; *Denecke*, BB 1951, 279; *Lepke*, DB 1970, 494; *Lepke*, Kündigung bei Krankheit, S. 120; *Däubler*, Gläserne Belegschaften, Rz. 280.
233 *Däubler*, Gläserne Belegschaften, Rz. 281; ausführlich dazu *Lichtenberg/Schücking*, NZA 1990, 41.
234 *Stück/Wein*, NZA-RR 2005, 505 (507).
235 *Däubler*, Gläserne Belegschaften, Rz. 270.

entsprechenden Geheimhaltungspflicht unterliegen, besondere Arten personenbezogener Daten erheben[236].

Die Erhebung von Gesundheitsdaten ist überdies zulässig im Rahmen der Durchführung eines **betrieblichen Eingliederungsmanagements** nach § 167 Abs. 2 SGB IX[237]. 69

Von der Durchführung eines betrieblichen Eingliederungsmanagements hängt die **Darlegungslast** hinsichtlich alternativer Einsatzmöglichkeiten des Arbeitnehmers ab. Hat der Arbeitgeber kein ordnungsgemäßes betriebliches Eingliederungsmanagement durchgeführt, muss er im Prozess um die krankheitsbedingte Kündigung darlegen, dass der Arbeitnehmer nicht weiterbeschäftigt werden kann. 70

Hat der Arbeitgeber ein betriebliches Eingliederungsmanagement angeboten, der Arbeitnehmer in die Durchführung indessen nicht eingewilligt, ist entscheidend, ob der Arbeitgeber den Arbeitnehmer vorab nach § 167 Abs. 2 Satz 3 SGB IX ordnungsgemäß über die Ziele des betrieblichen Eingliederungsmanagements und **Art und Umfang** der erhobenen und verwendeten Daten aufgeklärt hat[238]. 71

Die **Speicherung** krankheitsbedingter Fehlzeiten ist generell nur ohne Angabe des Krankheitsgrundes zulässig. Dies ist auch im Hinblick auf die Aufbewahrung von Arbeitsunfähigkeitsbescheinigungen in Personalakten zu beachten[239]. Weiter sind die Daten gegen eine zufällige Kenntnisnahme zu schützen, und der Zugang zu solchen Daten ist auf einen kleinen Personenkreis zu beschränken[240]. So darf etwa die Alkoholsucht eines Arbeitnehmers nicht in der allgemein zugänglichen Personalakte, sondern vielmehr lediglich in einem verschlossenen Umschlag dokumentiert werden, der nur einem eingeschränkten Personenkreis zugänglich ist[241]. Bei Beachtung dieser inhaltlichen Grenzen ist eine EDV-mäßige Speicherung ebenfalls erlaubt[242]. 72

---

236 *Däubler*, Gläserne Belegschaften, Rz. 270.
237 Zur Weitergabe solcher Daten an den Betriebsrat ohne Zustimmung des Arbeitnehmers s. BAG v. 7.2.2012 – 1 ABR 46/10; zu den Besonderheiten der Datenspeicherung im Falle eines betrieblichen Eingliederungsmanagement vgl. *Däubler*, Gläserne Belegschaften, Rz. 399g.
238 BAG v. 24.3.2011 – 2 AZR 170/10, NZA 2011, 992.
239 *Iraschko-Luscher/Kiekenbeck*, NZA 2009, 1239 (1241).
240 BAG v. 12.9.2006 – 9 AZR 271/06, MDR 2007, 728 = NZA 2007, 269; *Däubler*, Gläserne Belegschaften, Rz. 397 und 476.
241 BAG v. 12.9.2006 – 9 AZR 271/06, MDR 2007, 728 = AP BGB § 611 Personalakte Nr. 1.
242 *Däubler*, Gläserne Belegschaften, Rz. 284, allerdings nur für eine EDV-mäßige Speicherung durch den Betriebsarzt; zu den Pflichten des Dienstherrn hinsichtlich der Aufbewahrung von Gesundheitsdaten für das Beihilfeverfahren vgl. § 108 Abs. 1 Satz 1 bis 3 BBG sowie Simitis/*Seifert*, § 32 BDSG Rz. 69.

73 Nach § 15 Abs. 1 Satz 1 MuSchG sollen werdende Mütter dem Arbeitgeber ihre Schwangerschaft und den mutmaßlichen Tag der Entbindung mitteilen. Im Falle eines Beschäftigungsverbots kommt eine Mitteilungspflicht in Betracht[243].

74 Im bestehenden Arbeitsverhältnis ist nach Ansicht des BAG jedenfalls nach sechs Monaten, also nach dem Erwerb des Sonderkündigungsschutzes für schwerbehinderte Menschen, die Frage des Arbeitgebers nach der **Schwerbehinderung** zulässig[244].

VII. Überwachung im Beschäftigungsverhältnis

1. Einführung

75 Die Problematik der datenschutzrechtlichen Zulässigkeit von **Überwachungsmaßnahmen** im **Beschäftigungsverhältnis** gewinnt mit zunehmender Einbindung moderner Kommunikationstechnik in die Arbeitsabläufe und damit einhergehend auch den zunehmenden Überwachungsmöglichkeiten- und -notwendigkeiten immer mehr an Bedeutung. Die Gründe, welche den Arbeitgeber zu einer Kontrolle des Verhaltens seiner Beschäftigten veranlassen können, sind vielfältig. Zum einen hat der Arbeitgeber ein berechtigtes Interesse daran, die Arbeitsweise und das Verhalten seiner Beschäftigten während der Arbeitszeit zu kontrollieren, um festzustellen, ob diese ihren Verpflichtungen sowie den Weisungen des Arbeitgebers nachkommen[245]. Zum anderen kann eine Kontrolle erforderlich sein, um einen effizienten oder auch sicheren Arbeitsablauf zu gewährleisten[246]. Schließlich haben sich unter dem Stichwort „**Compliance**" die Anforderungen an Unternehmen zur Einhaltung gesetzlicher und ethischer Standards sowie das diesbezügliche **öffentliche/mediale Bewusstsein** innerhalb der letzten 10–15 Jahre drastisch verschärft. Wenn Vorstände und Geschäftsführer von Unternehmen nicht rechtzeitig geeignete Maßnahmen zur **Vermeidung oder Aufklärung** von Korruption und anderen Wirtschafts- oder Umweltdelikten implementieren, drohen dem Unternehmen empfindliche Geldbußen und erhebliche Reputationsschäden sowie ihren Organen die persönliche Haftung. Da Unternehmen aber nur durch ihre Beschäftigten handeln, bedingt eine wirk-

---

243 *Iraschko-Luscher/Kiekenbeck*, NZA 2009, 1239.
244 BAG v. 16.2.2012 – 6 AZR 553/10, MDR 2012, 920 = NJW-Spezial 2012, 308; vgl. dazu auch *Husemann*, RdA 2014, 16; nach Maßgabe dieser Rechtssätze ist wegen der Pflicht der Beteiligung der Schwerbehindertenvertretung nach § 178 Abs. 2 Satz 3 SGB IX vor Ausspruch einer Kündigung eines schwerbehinderten Menschen nunmehr auch von der Zulässigkeit einer entsprechenden Frage im Falle einer beabsichtigten Kündigung während der Wartezeit nach § 1 Abs. 1 KSchG auszugehen.
245 Simitis/*Seifert*, § 32 BDSG Rz. 77.
246 Beispiele: Einblick in E-Mail-Accounts von abwesenden Mitarbeitern; Videoüberwachung an Bankschaltern; Ortungssysteme in Lkws einer Spedition.

same Compliance auch effiziente Präventions- und Überwachungsmöglichkeiten im Betrieb.

Dies steht ganz offensichtlich in einem Zielkonflikt mit der grundgesetzlich geschützten **informationellen Selbstbestimmung** der betroffenen Beschäftigten. Der „**gläserne Mitarbeiter**" ist gesellschaftspolitisch zu Recht nicht erwünscht. Damit befindet sich das Datenschutzrecht aber im Spannungsverhältnis zwischen Compliance und Persönlichkeitsrechtsschutz, wobei viele Unternehmen in den vergangenen Jahren leidvoll feststellen mussten, dass „Compliance" wiederum auch die Einhaltung datenschutzrechtlicher Standards bedeutet. Das gilt nach Inkrafttreten der DSGVO mehr denn je. Es ist daher die Aufgabe des Datenschutzrechts, diesen Konflikt aufzulösen und für **Rechtssicherheit** im Interesse der Beteiligten zu sorgen. Insbesondere im Rahmen von unternehmensinternen Ermittlungen, aber auch bei simplen alltäglichen Vorgängen stellen sich den Arbeitgebern schwierige Fragen. Leider bieten die Regelungen des **geltenden Rechts** hierzu nur unbefriedigende Lösungsansätze, da viele wichtige Fragen offen bleiben und auch nur wenig Rechtsprechung existiert, die der Praxis Anhaltspunkte liefern könnte[247]. 76

Abhilfe sollte 2010 der **Entwurf eines Gesetzes zur Regelung des Beschäftigtendatenschutzes** (s. zur Gesetzgebungshistorie s. Rz. 1) schaffen, der insbesondere die jeweiligen Anforderungen an die verschiedenen Überwachungsmöglichkeiten erstmals gesetzlich regeln sollte. Gerade die Schwierigkeiten und Verzögerungen im Gesetzgebungsprozess verdeutlichen jedoch, dass die Auflösung des zuvor beschriebenen Konflikts in erster Linie eine **gesellschaftspolitische Entscheidung** erfordert, zu der sich der Gesetzgeber aber leider noch nicht durchringen konnte. Infolge inhaltlicher Differenzen wurde der besagte Gesetzesentwurf in der 18. Legislaturperiode nicht mehr Gegenstand des Koalitionsvertrages zwischen der CDU/CSU und der SPD. 77

So kam die Große Koalition lediglich überein, einerseits auf einen zügigen Abschluss der europäischen Datenschutzgrundverordnung hinzuwirken und andererseits die (strengen) datenschutzrechtlichen Standards des deutschen Rechts zu bewahren[248]. Hieran hat sich seither nur wenig geändert, da auch die DSGVO den Beschäftigtendatenschutz letztlich nicht konkret regelt. Anstelle einer gesetzlichen Regelung der verschiedensten Überwachungsmaßnahmen muss nach wie vor auf eine Generalklausel abgestellt werden, die nunmehr in § 26 Abs. 1 enthalten ist, der § 32 Abs. 1 BDSG-alt ersetzt.

---

247 Vgl. etwa die Kritik von *Thüsing*, NZA 2009, 865, zur der zum 1.9.2009 neu eingeführten Regelung des § 32 BDSG. Hieran hat sich durch Einführung der DSGVO und der Neuregelung in § 26 BDSG nicht viel geändert.
248 Koalitionsvertrag zwischen der CDU, CSU und SPD v. 16.12.2013, S. 104, https://www.cdu.de/sites/default/files/media/dokumente/koalitionsvertrag.pdf.

2. Allgemeine Grundsätze zur Zulässigkeit von Überwachungsmaßnahmen nach § 26 BDSG

77a Die Zulässigkeit von Überwachungsmaßnahmen setzt nach § 26 zunächst voraus, dass diese Maßnahmen einem **legitimen Zweck** dienen. Dieser kann in der **Aufdeckung von Straftaten** liegen, sofern zu dokumentierende tatsächliche Anhaltspunkte den Verdacht begründen, dass der Betroffene im Beschäftigungsverhältnis eine Straftat begangen hat und diese Maßnahme sowohl erforderlich ist, als auch die Schutzinteressen des Arbeitnehmers nicht überwiegen (§ 26 Abs. 1 Satz 2)[249]. Als „**Straftat**" i.S.d. § 26 Abs. 1 Satz 2 gelten nur solche Tatbestände, die auch im StGB und anderen deutschen Gesetzen als Straftaten eingestuft werden. Tatbestände, die zwar ausländische Strafgesetze verletzen, aber nach der deutschen Rechtsordnung nicht strafbar sind, dürften dagegen nicht erfasst sein[250]. Im Hinblick auf das erforderliche **Verdachtsmoment** ist es ausreichend, wenn ein Anfangsverdacht in dem Sinne vorliegt, dass konkrete Hinweise für das Vorliegen einer Straftat vorliegen[251]. **Erforderlich** ist die Maßnahme dann, wenn sie zur Aufdeckung der Straftat sowohl geeignet ist, als auch kein milderes Mittel zur Verfügung steht.

77b Darüber hinaus ist gemäß § 26 Abs. 1 Satz 1 eine Überwachungsmaßnahme durch den Arbeitgeber auch dann gestattet, wenn dies für die **Durchführung oder Beendigung des Arbeitsverhältnisses** erforderlich ist. Dies kann z.B. dann der Fall sein, wenn die Maßnahmen der Gewährleistung eines sicheren Betriebs der IT-Anlage, einer effizienten Organisation der Arbeitsabläufe, der Administration des Arbeitsverhältnisses, der Verhinderung der Verbreitung von Betriebsgeheimnissen etc. dienen. Zugleich ermöglicht § 26 Abs. 1 Satz 1 aber auch **präventive Maßnahmen**, solange konkrete Verdachtsmomente nicht vorliegen. Sobald jedoch gewonnene Erkenntnisse ein Verdachtsmoment gegen individualisierbare Personen begründen, sind weitere Maßnahmen gegen diese Personen am strengeren Maßstab des § 26 Abs. 1 Satz 2 zu messen[252].

77c Daneben sind auch Überwachungsmaßnahmen zulässig, wenn – nur – der **Verdacht von Pflichtverletzungen** zu Lasten des Arbeitgebers vorliegt, auch wenn diese nicht zugleich einen Straftatbestand erfüllen. Entgegen einer vereinzelt vertretenen Ansicht hat das **BAG** zu § 32 Abs. 1 BDSG-alt unlängst klargestellt, dass

---

249 Vgl. allgemein zur Erforderlichkeit und Verhältnismäßigkeit im Kontext von § 26 unter Rz. 16 ff.
250 Sofern die Mitarbeiter jedoch arbeitsrechtlich wirksam verpflichtet wurden, bestimmte ausländische Regelungen zu befolgen (z.B. US-Handelsembargo-Vorschriften), kann eine Verletzung arbeitsvertraglicher Pflichten vorliegen, die der Arbeitgeber auf der Grundlage von § 26 Abs. 1 Satz 1 aufklären darf.
251 *Erfurth*, NJOZ 2009, 2914 (2920); Simitis/*Seifert*, § 32 BDSG Rz. 104; *Thüsing*, Beschäftigtendatenschutz und Compliance, § 9 Rz. 56.
252 *Thüsing*, Beschäftigtendatenschutz und Compliance, § 3 Rz. 27.

§ 32 Abs. 1 Satz 2 BDSG-alt gerade **keine Sperrwirkung** dahingehend zur Folge hat, dass Ermittlungen im Falle eines bloßen Verdachts von Pflichtverletzungen ausscheiden. Vielmehr richtet sich die Zulässigkeit in diesem Fall nach § 32 Abs. 1 Satz 1 BDSG-alt[253]. Voraussetzung ist aber auch hier wiederum, dass ein auf konkrete Tatsachen gegründeter Verdacht besteht[254]. Nach Abschluss solcher Ermittlungen ist der Arbeitgeber ferner berechtigt, alle personenbezogenen Daten zu speichern und verwenden, die er zur Erfüllung der ihm obliegenden **Darlegungs- und Beweislast in einem potenziellen Kündigungsschutzprozess** benötigt[255].

Dabei stellt das BAG **höhere Anforderungen an verdeckte Überwachungsmaßnahmen**. Nach der Rspr. des BAG sind Kontrollmaßnahmen, die hinsichtlich der Intensität des durch sie bewirkten Eingriffs in das allgemeine Persönlichkeitsrecht des Arbeitnehmers mit einer (verdeckten) Videoüberwachung vergleichbar sind, nach § 32 Absatz 1 Satz 1 und 2 BDSG-alt nur erlaubt, wenn gegen den Betroffenen der durch konkrete Tatsachen begründete „einfache" Verdacht (Anfangsverdacht) einer Straftat oder einer anderen schweren Pflichtverletzung besteht[256]. Zielgerichtete anlasslose verdeckte Überwachungsmaßnahmen scheiden damit aus. **Offene Überwachungsformen**, die sich nicht speziell gegen bestimmte Beschäftigte richten und der Verhinderung von Verstößen dienen sollen, können dagegen auch ohne entsprechenden Verdacht eingeführt werden, so lange hierdurch keine Dauerüberwachung, ähnlich einer Videoüberwachung, eingeführt wird[257]. Diese Grundsätze sind unmittelbar auch auf § 26 übertragbar. 77d

Schließlich muss die Maßnahme auch **angemessen** sein und die schutzwürdigen Interessen des Arbeitnehmers dürfen nicht überwiegen. Daneben ist ferner darauf zu achten, dass die in **Art. 5 DSGVO** festgehaltenen allgemeinen Grundsätze eingehalten werden. 77e

3. Überwachung des E-Mail-Verkehrs

Vor dem Hintergrund, dass **geschäftliche Korrespondenz** heutzutage in weiten Teilen des Geschäftslebens fast ausschließlich über E-Mail abläuft, ist es selbstverständlich, dass nicht nur diejenigen Mitarbeiter eines Unternehmens, die in den E-Mail-Verteiler aufgenommen wurden, ein berechtigtes Interesse daran 78

---

253 BAG v. 29.6.2017 – 2 AZR 597/16, NZA 2017, 1179 („Detektiv"); BAG v. 27.7.2017 – 2 AZR 681/16, MDR 2017, 1430 = CR 2018, 27 = ITRB 2017, 275 = NZA 2017, 1327 („Key-Logger").
254 BAG v. 29.6.2017 – 2 AZR 597/16, NZA 2017, 1179 („Detektiv").
255 BAG v. 29.6.2017 – 2 AZR 597/16, NZA 2017, 1179 („Detektiv").
256 BAG v. 27.7.2017 – 2 AZR 681/16, MDR 2017, 1430 = CR 2018, 27 = ITRB 2017, 275 = NZA 2017, 1327 („Key-Logger").
257 BAG v. 27.7.2017 – 2 AZR 681/16, MDR 2017, 1430 = CR 2018, 27 = ITRB 2017, 275 = NZA 2017, 1327 („Key-Logger").

haben können, von den Verbindungsdaten und den Inhalten einer E-Mail-Kommunikation Kenntnis zu nehmen. Die Interessenlage ist auf Seiten des Arbeitgebers insoweit nicht anders zu bewerten als bei „normaler" **Geschäftspost** in Papierform, die nach Erhalt in Aktenordnern abgelegt wird und hierdurch einer größeren Zahl von Mitarbeitern zugänglich wird.

79 Von daher ist es umso misslicher, dass die Rechtslage zur Zulässigkeit einer Einsichtnahme in E-Mails eines Mitarbeiters insbesondere dann **unübersichtlich** ist, wenn der dienstliche E-Mail-Account zu **privaten Zwecken** genutzt werden darf, was erfahrungsgemäß in deutschen Unternehmen weit verbreitet ist. Denn in diesem Fall steht eine nach wie vor häufig vertretene Ansicht auf dem Standpunkt, dass der Arbeitgeber als **Diensteanbieter** i.S.d. TKG anzusehen ist und mithin das – strafrechtlich geschützte – **Fernmeldegeheimnis** eingreift. Folgt man dieser Ansicht, ist auch die Entscheidung des Arbeitgebers darüber, ob er seinen Arbeitnehmern die private Nutzung des dienstlichen E-Mail-Accounts gestattet, von entscheidender Bedeutung für die Frage der Zulässigkeit einer Überwachungsmaßnahme und damit einhergehend für die Reichweite seiner Kontrollbefugnisse. Nach der hier vertretenen und **mittlerweile wohl auch h.M. gilt der Arbeitgeber dagegen auch dann nicht als Diensteanbieter i.S.d. TKG, wenn er die Privatnutzung erlaubt** (vgl. zum Meinungsstand unter Rz. 95 ff.).

a) Verbotene Privatnutzung des dienstlichen E-Mail-Accounts

80 Ist die **Privatnutzung** des dienstlichen E-Mail-Accounts durch die Arbeitnehmer **ausgeschlossen** und duldet der Arbeitgeber diese auch nicht wissentlich, richtet sich die Zulässigkeit einer Kontrolle der Verbindungsdaten oder des Inhalts von E-Mails grundsätzlich nach den Regelungen des § 26 Abs. 1, sofern nicht eine Betriebsvereinbarung Sonderregelungen enthält.

81 Nach ganz h.M. ist der Arbeitgeber bei Ausschluss der Privatnutzung des dienstlichen Accounts nämlich nicht als „Anbieter" i.S.d. TKG anzusehen[258]. Begründet wird dies damit, dass bei einer reinen dienstlichen Nutzung der Telekommunikationseinrichtungen Arbeitgeber und Arbeitnehmer nicht als Anbieter und Kunden aufeinandertreffen; vielmehr erfolgt die Nutzung dieser Einrichtungen in Befolgung der Vorgaben des Arbeitgebers[259]. Das TKG greift daher nicht ein und die Zulässigkeit einer Überwachungsmaßnahme ist allein an den Bestimmungen des BDSG zu messen[260]. Die Erhebung, Verarbeitung und Nutzung von personenbezogenen Daten ist in diesem Fall nur dann zulässig, soweit § 26 BDSG oder eine Kollektivvereinbarung dies erlaubt oder anordnet oder der Betroffene eingewilligt hat. Aus Gründen der Transparenz wird zudem wohl

---

258 Vgl. etwa *De Wolf*, NZA 2010, 1206 (1208); *Hoppe/Braun*, MMR 2010, 80; *Mengel*, BB 2004, 2014 (2016); *Thüsing*, Beschäftigtendatenschutz und Compliance, § 3 Rz. 64.
259 *Thüsing*, Beschäftigtendatenschutz und Compliance, § 3 Rz. 65.
260 Vgl. etwa *Wybitul*, NJA 2014, 3605 (3607).

auch zu fordern sein, dass der Arbeitgeber vorab darüber informiert hat, dass Kontrollen durchgeführt werden und diese ggf. auch den Inhalt der Kommunikation betreffen können[261].

aa) Erhebung, Verarbeitung oder Nutzung personenbezogener Daten

Sowohl bei den E-Mail-Verbindungsdaten (den sog. E-Mail-Logfiles) als auch bei den Inhalten einer E-Mail ist unumstritten, dass es sich dabei um **personenbezogene Daten** handelt. Sofern der Arbeitgeber daher die Verbindungsdaten von E-Mails und/oder die E-Mails selbst archiviert oder von ihrem Inhalt Kenntnis nimmt, liegt damit zumindest der Tatbestand der Nutzung bzw. Verarbeitung personenbezogener Daten vor[262]. 82

bb) Erlaubnis nach § 26 BDSG

Die Zulässigkeit der Erhebung, Sichtung oder Archivierung von E-Mail-Verbindungsdaten und des Inhalts von E-Mails setzt nach § 26 zunächst voraus, dass diese Maßnahmen einem **legitimen Zweck** dienen, wie der Aufdeckung von Straftaten oder Pflichtverletzungen. Ferner muss die Maßnahme erforderlich sein; insbesondere darf kein ebenso geeignetes milderes Mittel zur Verfügung stehen. Hierzu wird auf die allgemeinen Hinweise zur Zulässigkeit von Überwachungsmaßnahmen unter Rz. 77a verwiesen. 83

Schließlich muss die Maßnahme auch **angemessen** sein und die schutzwürdigen Interessen des Arbeitnehmers dürfen nicht überwiegen. Soweit jedoch die private Nutzung des E-Mail-Accounts ohnehin verboten ist, kann bei den im Rahmen der Angemessenheitsprüfung zu berücksichtigenden Interessen des Arbeitnehmers jedenfalls nicht dessen Recht auf informationelle Selbstbestimmung ins Feld geführt werden. Da der Arbeitgeber in einem solchen Fall davon ausgehen kann, dass es sich bei den über den Dienst-Account versandten und empfangenen E-Mails ausschließlich um dienstliche Korrespondenz handelt, ist die durch das Persönlichkeitsrecht geschützte **Privatsphäre** des Arbeitnehmers nicht berührt. Insoweit entspricht es auch der ganz h.M., dass eine E-Mail nicht mit einem Telefonat zu vergleichen ist, bei dem aufgrund der Flüchtigkeit des gesprochenen Wortes auch dann das Persönlichkeitsrecht des Mitarbeiters in besonderem Maße tangiert ist, wenn es sich um dienstliche Angelegenheiten handelt. Daher ist die **E-Mail-Korrespondenz** eher mit der **herkömmlichen Post** zu vergleichen und mithin weniger schutzwürdig[263]. Selbst wenn jedoch der Arbeit- 84

---

261 EGMR v. 5.9.2017 – 61496/08 – Barbulescu, NZA 2017, 1443.
262 Besgen/Prinz/*Busse*, § 10 Rz. 7; *Thüsing*, Beschäftigtendatenschutz und Compliance, § 9 Rz. 28.
263 *Mengel*, BB 2004, 2014 (2017); Simitis/*Seifert*, § 32 BDSG Rz. 91; *Thüsing*, Beschäftigtendatenschutz und Compliance, § 9 Rz. 50.

nehmer seinen dienstlichen Account in verbotswidriger Weise zu privaten Zwecken nutzt, kann er sich nicht auf sein Persönlichkeitsrecht stützen. Vielmehr wäre es rechtsmissbräuchlich, wenn der Arbeitnehmer sich in einer solchen Situation auf eine Verletzung seines Persönlichkeitsrechts berufen würde[264]. Dies gilt erst recht, sofern der Arbeitgeber E-Mails einsehen möchte, die an seine Mitarbeiter gerichtet sind (z.B. von Geschäftskunden), wobei sich hier die Frage stellt, ob überhaupt ein Fall des § 26 vorliegt, da keine personenbezogenen Daten eines Beschäftigten betroffen sind. Praktisch dürfte die Frage jedoch in der vorliegenden Konstellation keine Auswirkungen haben, da auch im Rahmen von § 26 kaum Umstände denkbar sind, die einer Kenntnisnahme durch den Arbeitgeber entgegenstehen könnten. Dennoch muss die Kontrolle aber auch im Hinblick auf Art und Ausmaß angemessen sein. Dementsprechend darf der Arbeitgeber keine Dauerüberwachung einrichten, die letztlich zur Folge hätte, dass er das Arbeitsverhalten des Mitarbeiters ständig überprüft.

cc) Erlaubnis aufgrund einer Betriebsvereinbarung oder einer Einwilligung

85 Gemäß § 26 Abs. 4 ist die Verarbeitung von personenbezogenen Daten auch dann zulässig, wenn dies auf der Grundlage einer **Betriebsvereinbarung** erfolgt. Demnach kann auf der Grundlage einer Betriebsvereinbarung nicht nur eine **Konkretisierung** der Regelungen des BDSG vorgenommen werden, wie etwa eine Festlegung von Konstellationen, in denen eine Einsichtnahme in E-Mails zulässig oder nicht zulässig sein soll, sondern auch vom **Schutzstandard** des BDSG – in engen Grenzen und unter Beachtung der DSGVO – zu Lasten der Arbeitnehmer **abgewichen** werden (s. näher Rz. 11e). Andernfalls wäre der Hinweis im Gesetz sinnentleert. Wenn nur eine Verbesserung des Arbeitnehmerdatenschutzes durch Tarifverträge oder Betriebsvereinbarungen möglich sein sollte, hätte es keiner ausdrücklichen gesetzlichen Regelung bedurft, da sich dies bereits aus dem Günstigkeitsprinzip ergeben hätte.

86 Gleichzeitig bedeutet dies jedoch wiederum nicht, dass Betriebsvereinbarungen oder Tarifverträge ein beliebiges datenschutzrechtliches Niveau einführen könnten. Vielmehr ist die **Regelungsautonomie** der Parteien durch zwingendes Gesetzesrecht, die Wertungen des Grundgesetzes und die allgemeinen Grundsätze des Arbeitsrechts **beschränkt**[265]. Insbesondere haben die Betriebsparteien gemäß § 75 Abs. 2 BetrVG die **freie Entfaltung der Persönlichkeit** der im Betrieb beschäftigten Arbeitnehmer zu schützen und zu fördern sowie die Vorgaben von Art. 88 Abs. 2 DSGVO zu beachten. Eine Betriebsvereinbarung, die daher die Wertungen der DSGVO außer Acht lässt, dürfte unwirksam sein.

---

264 Vgl. Besgen/Prinz/*Besgen/Prinz*, § 1 Rz. 39 f.
265 Vgl. Besgen/Prinz/*Busse*, § 10 Rz. 70; Gola/Schomerus, § 4 BDSG Rz. 10; *Thüsing*, Beschäftigtendatenschutz und Compliance, § 4 Rz. 5.

Auch eine **Einwilligung** des Arbeitnehmers gemäß § 26 Abs. 2 kann eine Kontrolle der Verbindungsdaten oder des Inhalts einer E-Mail-Kommunikation durch den Arbeitgeber rechtfertigen. Diese muss allerdings selbstverständlich **im Voraus** erteilt werden. Ferner kann der Arbeitnehmer eine bereits erteilte Einwilligung jederzeit **widerrufen**. Schließlich muss die Einwilligung **freiwillig** erfolgen (s. hierzu unter Rz. 11). 87

b) Erlaubte Privatnutzung des dienstlichen E-Mail-Accounts
aa) Wann ist die Privatnutzung erlaubt?

Die Frage, ab wann die Privatnutzung des dienstlichen E-Mail-Accounts als **erlaubt** anzusehen ist, kann von Bedeutung für die rechtliche Bewertung der **Reichweite der Kontrollbefugnisse** des Arbeitgebers sein. Denn nach einer nach wie vor häufig vertretenen Ansicht gilt ein Arbeitgeber, der die Privatnutzung seiner TK-Anlagen erlaubt, als „Diensteanbieter" i.S.d. TKG (s. hierzu noch unten unter bb) mit der Folge, dass die Kommunikation der Mitarbeiter dem Schutz des **Fernmeldegeheimnisses** (§ 88 TKG) unterliegt. Zwar ist in dieser Frage in den letzten Jahren ein Wandel in der Rechtsprechung und der arbeitsrechtlichen wie datenschutzrechtlichen Literatur zu verzeichnen, sodass die Ansicht, die ein Eingreifen des Fernmeldegeheimnisses auch dann ablehnt, wenn die Privatnutzung erlaubt ist, mittlerweile als **h.M.** angesehen werden kann. Da diese Frage allerdings weiterhin nicht höchstrichterlich geklärt ist, kommt der **Vorfrage**, ob die **Privatnutzung** überhaupt **erlaubt** ist, zumindest in der Beratungspraxis nach wie vor erhebliche Bedeutung zu. 88

Relevant wird diese Frage naturgemäß dann, wenn im Unternehmen keine klare Regelung besteht. Hier stellt sich die Frage, ob die **Duldung** einer Privatnutzung einer **Erlaubnis** zur Privatnutzung gleichsteht. Nach hier vertretener Ansicht gilt in Ermangelung einer ausdrücklichen Regelung zunächst der Grundsatz, dass vom Arbeitgeber zur Verfügung gestellte Betriebsmittel auch nur zu dienstlichen Zwecken genutzt werden dürfen. Denn auch ohne ausdrückliches Verbot können Arbeitnehmer nicht ohne weiteres davon ausgehen, dass vom Arbeitgeber zur Erfüllung dienstlicher Zwecke zur Verfügung gestellte Betriebsmittel – auf Kosten des Arbeitgebers – auch privat genutzt werden dürfen (zur Gegenansicht s. Rz. 91). 89

Etwas anderes könnte nur dann gelten, wenn die Duldung der Privatnutzung zu einer entsprechenden **betrieblichen Übung** führt. Nach ständiger Rechtsprechung des BAG ist die betriebliche Übung ein **gleichförmiges und wiederholtes Verhalten** des Arbeitgebers, das den Inhalt der Arbeitsverhältnisse gestaltet und geeignet ist, vertragliche Ansprüche auf eine Leistung zu begründen, wenn die Arbeitnehmer aus dem Verhalten des Arbeitgebers **schließen durften**, ihnen werde die Leistung auch künftig gewährt[266]. Nach zutreffender Ansicht kann da- 90

---

266 BAG v. 19.8.2008 – 3 AZR 194/07, MDR 2009, 337 = NZA 2009, 196 (198).

her eine betriebliche Übung zumindest immer dann nicht entstehen, wenn die Privatnutzung ausdrücklich verboten ist. Dies gilt selbst dann, wenn der Arbeitgeber die Privatnutzung dennoch nicht unterbindet oder ahndet[267]. Denn in diesem Fall verletzt der Arbeitnehmer seine arbeitsvertraglichen Pflichten und kann alleine aus der Nicht-Sanktionierung seines Verhaltens nicht darauf schließen, dass die Privatnutzung künftig erlaubt sei. Da der Arbeitgeber nicht verpflichtet ist, solchen Pflichtverstößen nachzugehen oder diese zu ahnden, kommt auch der Duldung solcher Verstöße kein rechtserheblicher Erklärungswert zu. Für das Entstehen des für eine betriebliche Übung erforderlichen schutzwürdigen Vertrauens in die künftige Fortgewährung einer Leistung ist hier kein Raum.

91 Eine betriebliche Übung kann daher allenfalls dann entstehen, wenn in dem Betrieb keine Regelung zur Nutzung von E-Mail oder Internet vorhanden ist. Nach **weit verbreiteter Auffassung** soll in dieser Konstellation allerdings eine vom Arbeitgeber nicht unterbundene Gepflogenheit, den E-Mail-Account zu privaten Zwecken zu nutzen, eine **Rechtsbindung** durch betriebliche Übung begründen[268]. Dieser Ansicht ist zuzugestehen, dass in Unternehmen häufig „ungeschriebene Gesetze" oder Praktiken entstehen, die von der Geschäftsleitung **toleriert** werden und sich deswegen die rechtliche Bewertung auch an der betrieblichen Realität orientieren muss. Dies gilt auch für die E-Mail- und Internet-Nutzung am Arbeitsplatz: Ein Mitarbeiter, der beobachten konnte, dass eine Vielzahl seiner Kollegen und Vorgesetzten regelmäßig Nachrichten-Portale auf ihrem Dienstrechner aufsuchen, wird kaum Unrechtsbewusstsein haben, wenn er dies auch tut (jedenfalls solange nicht ein Verbot der Privatnutzung hinreichend kommuniziert wurde). Vorliegend geht es jedoch nicht um die Frage, ob der Arbeitnehmer in dieser Situation möglicherweise einen Pflichtverstoß begeht, der arbeitsrechtliche Sanktionen rechtfertigt. Vielmehr geht es um die Frage, ob sich dieser Mitarbeiter wegen der Duldung des Arbeitgebers auf das Institut der betrieblichen Übung berufen kann und künftig einen **rechtlich durchsetzbaren Anspruch** auf eine durch das Fernmeldegeheimnis strafrechtlich geschützte Privatnutzung des dienstlichen E-Mail-Accounts erlangt. Dies wird zuweilen nicht ausreichend berücksichtigt; vielmehr wird teilweise vorschnell vom Vorliegen einer betrieblichen Übung ausgegangen[269].

---

[267] VG Karlsruhe v. 27.5.2013 – 2 K 3249/12, CR 2013, 428 = NVwZ-RR 2013, 797 (801); *Fülbier/Splittgerber*, NJW 2012, 1995 (1998) m.w.N.; *Thüsing*, Beschäftigtendatenschutz und Compliance, § 3 Rz. 70; *Waltermann*, NZA 2007, 529 (530 ff.).
[268] *Fleischmann*, NZA 2008, 1397 (1397 f.); *Küttner/Kreitner*, Internet-, Telefonnutzung Rz. 4 m.w.N.
[269] Wie hier etwa *Barton*, Betriebliche Übung und private Nutzung des Internetarbeitsplatzes, „Arbeitsrechtliche Alternativen" zur Wiedereinführung der alleinigen dienstlichen Verwendung, NZA 2006, 460 (461); *Fülbier/Splittgerber*, NJW 2012, 1995 (1998).

Nach der hier vertretenen Ansicht und mittlerweile wohl auch h.M. führt das 92
alleinige Dulden der Privatnutzung nicht zu einem entsprechenden Rechtsanspruch[270]. Hierfür besteht weder ein **praktisches Bedürfnis**, noch entspricht dies dem **Sinn und Zweck** der Regelungen des TKG, und auch die vom BAG zum Institut der betrieblichen Übung herausgebildeten Grundsätze werden dabei nicht hinreichend berücksichtigt. Damit eine betriebliche Übung entstehen kann, muss der Arbeitgeber durch sein Verhalten bei den Arbeitnehmern die Erwartungshaltung begründen, dass der Arbeitgeber sich auch für die Zukunft vertraglich binden möchte. In der vorliegenden Konstellation kann sich – anders als bspw. bei der wiederholten Zahlung einer Weihnachtsgratifikation – der Arbeitnehmer jedoch auf kein aktives Verhalten des Arbeitgebers als Indiz für dessen Willen, sich dauerhaft zu verpflichten, stützen. Vielmehr erschöpft sich das Verhalten des Arbeitgebers im einfachen „Geschehen lassen" der privaten Nutzung, so dass die Begründung und damit der Beweis der Annahme eines Bindungswillens ungleich schwieriger ist als in den sonstigen Anwendungsfällen der betrieblichen Übung. Ein Mitarbeiter, der **ohne ausdrückliche Gestattung** den Dienst-Account des Arbeitgebers zu privaten Zwecken nutzt, wird vermutlich eher nicht die Erwartungshaltung haben, dass er nach einer gewissen Zeit des Duldens der Privatnutzung einen Anspruch hierauf erlangt und seine Kommunikation fortan sogar durch das Fernmeldegeheimnis geschützt ist. Vielmehr nimmt der Arbeitnehmer in diesem Fall regelmäßig in Kauf, dass der Arbeitgeber ggf. Zugriff auf die Kommunikation nehmen kann. Dementsprechend hat auch das TKG nur den **kommerziellen TK-Anbieter** vor Augen und nicht den Arbeitgeber, der es duldet, dass seine Mitarbeiter seine TK-Einrichtungen auch privat nutzen (s. hierzu noch Rz. 95 ff.). Im Übrigen sind – wie *Waltermann* zutreffend feststellt – mit der privaten E-Mail-Nutzung durch die Arbeitnehmer neben der Anwendbarkeit des TKG noch weitergehende Sicherheits- und Kostenrisiken verbunden, die so gravierend sind, dass sie gegen einen dauerhaften Bindungswillen des Arbeitgebers sprechen[271].

Darüber hinaus ist durchaus fraglich, ob die gestattete gelegentliche private Nut- 93
zung des Dienst-Accounts einer **betrieblichen Übung** überhaupt **zugänglich** ist. So setzt das Entstehen einer betrieblichen Übung nach der Rechtsprechung des BAG ein **schutzwürdiges Vertrauen** der Arbeitnehmer in die **Fortgewährung einer Vergünstigung** voraus, das der Arbeitgeber durch sein Verhalten begründet hat. Die bloße Gewährung von **Annehmlichkeiten** kann nach der Rechtsprechung des BAG im Allgemeinen dagegen nicht Gegenstand einer betrieblichen Übung sein[272]. Darüber hinaus setzt eine betriebliche Übung voraus, dass

---

270 *Kort*, ZD 2016, 555 (559); *Koch*, NZA 2008, 911 (912 ff.); ErfK/*Preis*, § 611 BGB Rz. 222; *Fülbier/Splittgerber*, NJW 2012, 1995 (1998); *Waltermann*, NZA 2007, 529 (530). Kramer/*Wenzel*, IT-Arbeitsrecht, B. II. 2. Rz. 104.
271 *Waltermann*, NZA 2007, 529 (531 f.).
272 BAG v. 16.4.1997 – 10 AZR 705/96, NZA 1998, 423 (424); *Thüsing*, Beschäftigtendatenschutz und Compliance, § 3 Rz. 68; ErfK/*Preis*, § 611 BGB Rz. 222.

die betreffende Leistung wiederholt und in einer gewissen Breite (also nicht nur vereinzelt für bestimmte Mitarbeiter) gewährt wird.

94 Insgesamt ist daher **sehr zweifelhaft**, ob die **bloße Duldung der Privatnutzung** überhaupt eine betriebliche Übung begründen kann, welche eine rechtlich verbindliche „Erlaubnis" der Privatnutzung zur Folge hat[273]. Selbst wenn dies jedoch bejaht wird, kommt eine betriebliche Übung allenfalls dann in Betracht, wenn (i) im Betrieb keine ausdrückliche Regelung zur Privatnutzung von E-Mail oder Internet vorhanden ist, (ii) die Privatnutzung auf breiter Ebene im Betrieb sozusagen „gewohnheitsrechtlich" anerkannt ist und (iii) die hierfür zuständigen Entscheidungsträger im Betrieb hierüber auch Kenntnis haben. Da auch letztere Einschränkung zugegebenermaßen wenig greifbar ist, ist dem Arbeitgeber nach wie vor zu empfehlen, die Privatnutzung ausdrücklich zu verbieten und ggf. die Nutzung von web-basierten E-Mail-Diensten zuzulassen, wenn er rechtliche Zweifel sowie Einschränkungen im Hinblick auf seine Kontrollbefugnisse über den dienstlichen E-Mail-Account nicht in Kauf nehmen möchte. Dies kann im Rahmen einer internen IT-Richtlinie erfolgen, die im Betrieb hinreichend kommuniziert wird (z.B. durch Aufnahme im Intranet sowie Aushändigung bei Abschluss des Arbeitsvertrages). Je nach Ausgestaltung einer solchen Richtlinie kann allerdings ein Mitbestimmungsrecht des Betriebsrats eingreifen (vgl. § 87 Abs. 1 Nr. 6 BetrVG).

bb) Folgen der erlaubten Privatnutzung

95 Wie bereits zuvor angedeutet, hat die erlaubte Privatnutzung des dienstlichen Accounts nach **einer nach wie vor häufig vertretenen Ansicht** zur Folge, dass der Arbeitgeber als **Diensteanbieter** i.S.d. der Regelungen des **TKG** anzusehen ist, mit der Folge, dass die über seine TK-Einrichtungen erfolgende private Kommunikation dem **Fernmeldegeheimnis** gemäß § 88 TKG unterliegt[274]. Auch die Datenschutzaufsichtsbehörden folgen – entgegen der Rechtsprechung – diesem Standpunkt[275].

---

273 So auch *Fülbier/Splittgerber*, NJW 2012, 1995 (1999).
274 *Mengel*, BB 2004, 1445 (1450); *Hanau/Hoeren*, S. 41f.; *De Wolf*, NZA 2010, 1206; Däubler/Kittner/Klebe/Wedde/*Wedde*, § 32 BDSG Rz. 115ff.; Simitis/*Seifert*, § 32 BDSG Rz. 92; *Vietmeyer/Byers*, MMR 2010, 807 (808); vgl. auch Kommentierung zu § 88 TKG Rz. 13ff. m.w.N.; so grundsätzlich auch *Sassenberg/Mantz*, BB 2013, 891 (889), die jedoch ausnahmsweise eine Datenzugriffsmöglichkeit „im Notfall" bejahen. Zur nunmehr wohl h.M. s. indessen Rz. 98ff.
275 Datenschutzkonferenz, Orientierungshilfe der Datenschutzbehörden zur Datenschutzrechtlichen Nutzung von E-Mail und anderen Internetdiensten am Arbeitsplatz, Stand Januar 2016, S. 6; die Orientierungshilfe weist allerdings auf die entgegenstehende Rechtsprechung hin und begründet ihren Standpunkt vorwiegend damit, dass in Ermangelung höchstrichterlicher Entscheidungen Unternehmen aus Vorsichtsgründen davon ausgehen sollen, dass sie Dienstanbieter sind, wenn sie die Privatnutzung erlauben.

„Diensteanbieter" ist gemäß § 3 Nr. 6 TKG jeder, der ganz oder teilweise **geschäftsmäßig Telekommunikationsdienste** erbringt oder an der Erbringung solcher Dienste mitwirkt. Gemäß § 3 Nr. 10 TKG setzt das „geschäftsmäßige Erbringen von Telekommunikationsdiensten" das **nachhaltige Angebot** von Telekommunikation **für Dritte** mit oder ohne Gewinnerzielungsabsicht voraus. Demgegenüber sieht § 3 Nr. 24 TKG vor, dass „Telekommunikationsdienste" **in der Regel gegen Entgelt** erbrachte Dienste sind, die ganz oder überwiegend in der Übertragung von Signalen über Telekommunikationsnetze bestehen, einschließlich Übertragungsdienste in Rundfunknetzen. Damit ist ein gewisser Widerspruch in der gesetzlichen Definition offensichtlich, soweit § 3 Nr. 10 TKG eine Gewinnerzielungsabsicht nicht voraussetzt, die Nr. 24 dagegen in der Regel eine Entgeltlichkeit der Leistungen fordert (s. hierzu auch die Kommentierung zu § 88 TKG Rz. 14 m.w.N.).

Dessen ungeachtet wird der Standpunkt vertreten, dass ein Arbeitgeber, der seine Arbeitnehmer seine Telekommunikationseinrichtungen auch für private Zwecke nutzen lässt, **geschäftsmäßig** Telekommunikationsdienstleistungen erbringe, da es sich bei den Arbeitnehmern um **Dritte** i.S.d. § 3 Nr. 10 TKG handele[276]. Es sei auch unerheblich, dass der Arbeitgeber die Nutzung unentgeltlich gestatte, da eine „Geschäftsmäßigkeit" keine Gewinnerzielungsabsicht voraussetze. Dabei scheint auch die Gesetzesbegründung dieses Ergebnis zu stützen. So heißt es etwa in der Regierungsbegründung zum TKG: „Auch ein ohne Gewinnerzielungsabsicht erfolgendes, auf Dauer angelegtes Angebot von Telekommunikationsdiensten verpflichtet zur Wahrung des Fernmeldegeheimnisses. Dem Fernmeldegeheimnis unterliegen damit z.B. Corporate Networks, Nebenstellenanlagen in Hotels und Krankenhäusern, Clubtelefone, Nebenstellenanlagen in Betrieben und Behörden, soweit sie den Beschäftigten zur privaten Nutzung zur Verfügung gestellt sind."[277]. Die Gleichsetzung der „Nebenstellenanlagen in Betrieben" mit denjenigen in Hotels oder Krankenhäusern lässt jedoch Zweifel dahingehend aufkommen, ob der Gesetzgeber damit tatsächlich die überwiegend dienstlich genutzten TK-Einrichtungen vor Augen hatte. 96

Diese Ansicht beruft sich ferner auf einen Beschluss des **OLG Karlsruhe**, das zu dem Ergebnis gelangt ist, dass eine Universität, welche ihren Mitarbeitern sowie auch externen Vereinen und Studierenden ihr E-Mail-System auch zur Privatnutzung zur Verfügung stellt, als Unternehmen i.S.d. § 206 StGB (das teilweise identisch mit dem Begriff des Anbieters nach § 88 Abs. 2 TKG ist) anzusehen ist. Wie *Thüsing* richtig ausführt, ist jedoch der vom OLG Karlsruhe entschiedene Fall nicht mit der Konstellation des Arbeitgebers gleichzusetzen, der seinen Arbeitnehmern, also gerade nicht „externen Dritten", die Nutzung seiner TK-Einrichtungen ermöglicht[278]. 97

---

276 So etwa *Hoppe/Braun*, MMR 2010, 80; *Vietmeyer/Byers*, MMR 2010, 807 (808 m.w.N.).
277 BT-Drucks. 13/3609, S. 53.
278 *Thüsing*, Beschäftigtendatenschutz und Compliance, § 3 Rz. 77.

98 In der **Rechtsprechung** und auch in der **Literatur** zeichnet sich mittlerweile eine **deutliche Tendenz** dahingehend ab, dass auch ein Arbeitgeber, der seinen Mitarbeitern die Privatnutzung seiner Telekommunikationssysteme unentgeltlich erlaubt, **nicht als Diensteanbieter** i.S.d. TKG anzusehen ist. So hat das **LAG Berlin-Brandenburg** entschieden, dass ein Arbeitgeber nicht allein dadurch zum Dienstanbieter i.S.d. TKG wird, dass er seinen Beschäftigten gestattet, einen dienstlichen E-Mail-Account auch privat zu nutzen[279]. Das LAG Berlin-Brandenburg begründet dies damit, dass ein solcher Arbeitgeber nicht „geschäftsmäßig" Telekommunikationsleistungen erbringt, wie dies § 3 Nr. 6 TKG aber voraussetzt. Damit folgt das LAG Berlin-Brandenburg dem **LAG Niedersachsen**, das bereits zuvor entschieden hatte, dass ein Arbeitgeber, der die Privatnutzung des Internets gestattet, dennoch nicht als Dienstanbieter i.S.d. TKG anzusehen ist[280]. Auch das **VG Karlsruhe**[281] sowie das **LAG Hessen**[282] – wenngleich letzteres nur mittelbar – haben sich in neueren Entscheidungen gegen die Heranziehung des § 88 TKG ausgesprochen. Insbesondere konstatierte das VG Karlsruhe, dass der Sinn und Zweck des TKG gerade nicht darin bestehe, die unternehmens- bzw. behördeninternen Rechtsbeziehungen – namentlich zwischen Arbeitgeber und Arbeitnehmer – zu regeln[283]. Das **LAG Berlin-Brandenburg** hat seine Rspr. aus dem Jahr 2011 nochmals bestätigt[284].

99 Dementsprechend findet auch die **Ansicht**, welche die Anwendbarkeit des TKG trotz erlaubter Privatnutzung ablehnt, auch in der Literatur **immer mehr Anhänger**[285], so dass diese mittlerweile wohl auch als h.M. anzusehen ist.

100 Dieser Ansicht ist zuzustimmen. Entscheidend ist vor allem, dass es – wie auch das VG Karlsruhe richtigerweise feststellte – nicht dem **Sinn und Zweck** des auf **kommerzielle TK-Anbieter abzielenden TKG** entspricht, auch den Arbeitgeber zu erfassen, der aus rein praktischer Erwägung und als Entgegenkommen seine Mitarbeiter die TK-Einrichtungen des Unternehmens auch zu privaten Zwecken unentgeltlich nutzen lässt[286]. So ist die Interessenlage im Verhältnis zwischen Arbeitgeber und Arbeitnehmer keineswegs mit derjenigen im Verhältnis eines

---

279 LAG Berlin-Brandenburg v. 16.2.2011 – 4 Sa 2132/10, NZA-RR 2011, 342; LAG Berlin-Brandenburg v. 14.1.2016 – 5 Sa 657/15, BB 2016, 891.
280 LAG Niedersachsen v. 31.5.2010 – 12 Sa 875/09, NZA-RR 2010, 406.
281 VG Karlsruhe v. 27.5.2013 – 2 K 3249/12, CR 2013, 428 = NVwZ-RR 2013, 797.
282 LAG Hessen v. 5.8.2013 – 7 Sa 1060/10, ZD 2014, 377.
283 VG Karlsruhe v. 27.5.2013 – 2 K 3249/12, CR 2013, 428 = NVwZ-RR 2013, 797 (801).
284 LAG Berlin-Brandenburg v. 14.1.2016 – 5 Sa 657/15, BB 2016, 891.
285 Vgl. *Dzida/Grau*, DB 2018, 189 (194); *Kort*, ZD 2016, 555 (559); *Thüsing*, Beschäftigtendatenschutz und Compliance, § 3 Rz. 79–99; *Wybitul*, NJW 2014, 3605 (3607); *Fülbier/Splittgerber*, NJW 2012, 1995 (1999); *Schimmelpfennig/Wenning*, DB 2006, 2290 (2292ff.); *Haußmann/Krets*, NZA 2005, 259 (260); *Scheben/Klos*, CCZ 2013, 88 (88ff.); wohl auch *Grobys*, Wir brauchen ein Arbeitnehmerdatenschutzgesetz! – Replik auf Fleck, BB 2003, 682 (683).
286 *Schimmelpfennig/Wenning*, DB 2006, 2290 (2293).

kommerziellen TK-Anbieters zu seinen Kunden vergleichbar. Es besteht **kein Bedürfnis** dafür, die über den Dienst-Account ablaufende Kommunikation durch das Fernmeldegeheimnis zu schützen, denn der Arbeitnehmer hat die Wahl, ob er die TK-Einrichtungen des Arbeitgebers nutzt oder auf andere Dienste zurückgreift. Im Übrigen wird ein hinreichender Schutz nach wie vor durch das subsidiär anzuwendende BDSG gewährleistet, d.h. auch wenn das TKG nicht zur Anwendung gelangt, ist keine unbegrenzte Kontrolle möglich. Vielmehr müssen – in Ermangelung einer Betriebsvereinbarung – die Voraussetzungen des § 26 vorliegen (s. unter Rz. 83 zu den Anforderungen des § 26 zur Rechtfertigung einer E-Mail-Überwachung)[287]. Der Arbeitgeber würde dagegen durch die Anwendung des Fernmeldegeheimnisses ganz **empfindlich beeinträchtigt**. Da mit dem Eingreifen des TKG die gesamte E-Mail-Kommunikation des Arbeitnehmers – sofern nicht eindeutig zwischen privaten und dienstlichen E-Mails unterschieden werden kann – dem Fernmeldegeheimnis unterliegt[288], kann der Arbeitgeber per E-Mail erfolgende geschäftliche Kommunikation praktisch nicht mehr ohne Einwilligung des Mitarbeiters einsehen, was in vielerlei Konstellationen eine erhebliche Einschränkung darstellt (Krankheitsfall, Verdacht des Geheimnisverrats oder von Korruptionsdelikten, Kooperation mit Behörden bei der Aufklärung von potentiellen Wettbewerbsverstößen). Auch die nach Vorschriften des HGB und der Abgabenordnung bestehenden Aufbewahrungspflichten von Geschäftspost ließen sich kaum einhalten[289].

Im Ergebnis spricht daher vieles dafür, den Arbeitgeber auch dann aus dem Anwendungsbereich des TKG auszunehmen, wenn er den Arbeitnehmern die Privatnutzung seiner TK-Einrichtungen unentgeltlich gestattet. Aufgrund der mittlerweile **zahlreichen Rechtsprechung** und der zunehmenden Stimmen in der Literatur, welche diese Ansicht stützen, dürfte diese nunmehr auch als **herrschende Meinung** anzusehen sein. Dementsprechend wären die Kontrollmöglichkeiten des Arbeitgebers – wie auch im Falle eines Verbots der Privatnutzung – allein am Maßstab des BDSG zu messen. 101

cc) Reichweite des Schutzes des Fernmeldegeheimnisses

Folgt man der kritikwürdigen Ansicht, wonach die Gestattung der Privatnutzung des dienstlichen E-Mail-Accounts zur Folge hat, dass die Kommunikation dem Schutz des Fernmeldegeheimnisses unterliegt, stellt sich die Frage nach der **Reichweite** dieses Schutzes. Dabei ist zunächst festzuhalten, dass der Schutz des Fernmeldegeheimnisses zwar nur die private Kommunikation erfasst. Lässt sich diese allerdings nicht von der geschäftlichen Kommunikation unterscheiden, wäre dem Arbeitgeber konsequenterweise der Zugriff auf die gesamte Kom- 102

---

287 S. *Wybitul*, NJW 2014, 3605 (3607).
288 Vgl. Besgen/Prinz/*Busse*, § 10 Rz. 88.
289 *Thüsing*, Beschäftigtendatenschutz und Compliance, § 3 Rz. 89.

munikation, die über den betreffenden Account erfolgt, verwehrt[290]. Sofern der Arbeitgeber daher die Privatnutzung des Dienst-Accounts dennoch zulassen möchte, sollte er die Mitarbeiter zumindest anweisen, private E-Mails, z.B. in der Betreff-Zeile, kenntlich zu machen. Hält sich der Mitarbeiter nicht an diese Regel und kommt es zu der Situation, dass der Arbeitgeber, zunächst unerkannt, eine private E-Mail gesichtet hat, wird man dem Arbeitgeber zumindest keinen vorsätzlichen Verstoß gegen das Fernmeldegeheimnis anlasten können.

103 Der Schutz des Fernmeldegeheimnisses hat zur Folge, dass eine **Kontrolle des E-Mail-Inhalts** grundsätzlich **ausgeschlossen** ist. Eine Kontrolle/Speicherung der **Verbindungsdaten** ist nur zulässig, wenn die Nutzung dem Arbeitnehmer nicht kostenfrei überlassen ist und die Speicherung **Abrechnungszwecken** dient (§ 96 Abs. 1 TKG), was in der Praxis allerdings kaum relevant sein dürfte, oder wenn sie zur Erkennung und Beseitigung von **Störungen** an der Telekommunikationsanlage erforderlich ist. Eine Auswertung der Verbindungsdaten zu anderen Kontrollzwecken ist dagegen ausgeschlossen.

104 Umstritten ist, bis zu welchem **Zeitpunkt** E-Mails vom Schutz des Fernmeldegeheimnisses umfasst sind. Denn das Eingreifen des Fernmeldegeheimnisses setzt das Vorliegen eines TK-Vorgangs voraus; ist der **TK-Vorgang** jedoch **abgeschlossen, entfällt** auch der Schutz des **Fernmeldegeheimnisses**. Druckt etwa der Arbeitnehmer eine E-Mail aus und heftet diese in einen (dienstlichen) Ordner ab oder verschiebt er eine E-Mail in einen Projekt-Ordner, zu dem auch andere Mitarbeiter des Unternehmens Zugang haben, ist der TK-Vorgang endgültig abgeschlossen und das Fernmeldegeheimnis steht einer Kontrolle des Inhalts der E-Mail durch den Arbeitgeber nicht mehr entgegen[291]. Diese Beispiele verdeutlichen jedoch, dass es, abhängig von den technischen Rahmenbedingungen und den jeweiligen Handlungen des Mitarbeiters, durchaus auch Grauzonen geben kann, bei denen fraglich ist, ob der TK-Vorgang schon beendet ist oder noch andauert.

105 Die Rechtsprechung des **Bundesverfassungsgerichts** stellt hierfür vor allem auf die **Beherrschbarkeit des TK-Vorgangs** ab: Wenn der Mitarbeiter von einer eingehenden E-Mail tatsächlich Kenntnis genommen hat und er einen Zugriff des Arbeitgebers verhindern kann, weil er sie etwa lokal auf seinem PC gespeichert hat, ist der TK-Vorgang beendet und die E-Mail nicht mehr vom Fernmeldegeheimnis geschützt[292]. Bleibt die E-Mail dagegen auf dem Mailserver des

---

290 Besgen/Prinz/*Busse*, § 10 Rz. 88; *Schimmelpfennig/Wenning*, DB 2006, 2290 (2291); *Vietmeyer/Byers*, MMR 2010, 807 (809).
291 LAG Berlin-Brandenburg v. 14.1.2016 – 5 Sa 657/15, BB 2016, 891: „Nach Abschluss des Übertragungsvorgangs im Herrschaftsbereich des Kommunikationsteilnehmers gespeicherte Verbindungsdaten werden nicht durch § 88 TKG geschützt (LAG Berlin-Brandenburg a.a.O [= 16.2.2011 – 4 Sa 2132/10], Rz. 39; VGH Kassel v. 19.5.2009 – 6 A 2672/08.Z)."
292 BVerfG v. 16.6.2009 – 2 BvR 902/06, CR 2007, 383 = ITRB 2007, 102 = MMR 2009, 673.

Providers gespeichert, hat der Kommunikationsteilnehmer nicht die Möglichkeit, eine Weitergabe der Kommunikation durch den Provider an Dritte zu verhindern, was den Schutz des Fernmeldegeheimnisses erfordert. Hieraus folgt, dass nach den jeweiligen Einstellungen des verwendeten E-Mail-Systems (POP3 oder IMAP) zu differenzieren ist:

Werden E-Mails im **POP3-Verfahren** nach dem „Abholen" auf dem Mail-Server nicht gelöscht, sondern dort archiviert, verbleiben sie im Herrschaftsbereich des Providers außerhalb der beherrschbaren Sphäre des Arbeitnehmers. Das Fernmeldegeheimnis bleibt (ggf. dauerhaft) anwendbar. Ist das E-Mail-Verfahren hingegen so konfiguriert, dass jede E-Mail nach erfolgreichem Abruf automatisch vom Server des Providers gelöscht wird, endet in diesem Moment der Schutz des TKG. Die weiteren Kontrollmöglichkeiten richten sich nach dem BDSG[293]. 106

Im **IMAP-Verfahren** verbleiben E-Mails grds. auf dem Mailserver. Hier ist der TK-Vorgang erst dann abgeschlossen, wenn der Arbeitnehmer nach dem Abruf vom Server eine zusätzliche Handlung vornimmt, mit der er über die E-Mail verfügt, wie z.B. das Verschieben in einen öffentlichen Ordner (z.B. einen Projekt-bezogenen Ordner, auf den mehrere Mitarbeiter Zugriff haben). Mit der Vornahme dieser Handlung endet der TK-Vorgang und damit der Schutz des Fernmeldegeheimnisses, weil der Arbeitnehmer bewusst seine Kommunikation in den Herrschaftsbereich des Arbeitgebers gestellt hat[294]. Aber auch dann, wenn der Arbeitnehmer von einer E-Mail Kenntnis genommen hat, diese jedoch nicht aus der „Inbox" entfernt hat, hat er diese bewusst im Machtbereich des Arbeitgebers belassen, d.h. auch in diesem Fall ist der TK-Vorgang abgeschlossen[295]. Lediglich dann, wenn die E-Mail zwar bereits in das Postfach des Mitarbeiters gelangt ist, dieser jedoch die Nachricht noch nicht zur Kenntnis genommen hat, dürfte der TK-Vorgang noch nicht als beendet anzusehen sein, da der Mitarbeiter noch keine Entscheidung über den Verbleib der E-Mail treffen konnte[296]. 107

dd) Rechtfertigung eines Eingriffs in das Fernmeldegeheimnis

Das TKG verpflichtet den Arbeitgeber als Telekommunikationsdienstanbieter, für alle Inhalte und näheren Umstände der privaten Telekommunikation das **Fernmeldegeheimnis** zu wahren (§ 88 Abs. 2 TKG). Darunter fällt auch die Information, wer an der Telekommunikation beteiligt ist, insbesondere in Form von E-Mail-Adressen. Der Arbeitgeber muss gemäß § 88 Abs. 3 TKG die Erfassung und Verwendung von Daten grundsätzlich auf das für die Erbringung des 108

---

293 So auch *Hoppe/Braun*, MMR 2010, 80 (82).
294 *Hoppe/Braun*, MMR 2010, 80 (82).
295 VGH Kassel v. 19.5.2009 – 6 A 2672/08.Z, NJW 2009, 2470; *Nolte/Becker*, CR 2009, 126 (127).
296 So auch *Vietmeyer/Byers*, MMR 2010, 807 (808).

TK-Dienstes erforderliche Maß beschränken. Hierunter fallen auch solche Maßnahmen, die für den Schutz der technischen Systeme des Arbeitgebers erforderlich sind. So können bspw. das Filtern und die Nicht-Zustellung einer virenverseuchten E-Mail gerechtfertigt sein, wenn durch die unterdrückte E-Mail Störungen oder Schäden drohen.

109 Grundsätzlich ist im Anwendungsbereich des TKG in gesetzlich geregelten **Ausnahmefällen** zwar die Erfassung und Verwendung auch zu anderen Zwecken erlaubt. Für das spezifische Kontrollinteresse des Arbeitgebers ist jedoch keiner der Rechtfertigungsgründe des TKG einschlägig. Eine Rechtfertigung auf der Grundlage einer Regelung einer Betriebsvereinbarung ist ebenfalls nicht möglich, da das TKG – anders als § 26 BDSG- – keine abweichenden Regelungen durch Betriebsvereinbarung oder Tarifvertrag zulässt[297]. Im Anwendungsbereich des TKG ist eine **Verhaltenskontrolle** durch den Arbeitgeber daher stets **unzulässig**.

110 Greift der Arbeitgeber trotzdem vorsätzlich auf E-Mails des Arbeitnehmers zu, die dem Fernmeldegeheimnis unterliegen, macht er sich in seiner Stellung als Telekommunikationsanbieter **strafbar** (§ 206 StGB). Durch den Einsatz von Filterprogrammen und der damit verbundenen Löschung oder Zustellungsverzögerung kann er den Tatbestand des § 206 Abs. 2 Nr. 2 StGB verwirklichen (eine Rechtfertigung gemäß § 88 Abs. 3 TKG ist aber möglich, s.o.). Das unbefugte Öffnen und Lesen von Mitarbeiter-E-Mails kann eine Strafbarkeit des Arbeitgebers nach § 206 Abs. 1 StGB begründen, wenn der Arbeitgeber den Inhalt einer anderen Person mitteilt und damit Informationen weitergibt (z.B. an einen Rechtsanwalt oder eine Behörde). Das bloße Lesen privater E-Mails ist nicht nach § 206 StGB strafbar; eine Strafbarkeit kann sich allerdings unabhängig von der Stellung als Telekommunikationsanbieter wegen Ausspähens von Daten nach § 202a StGB ergeben.

111 Denkbar ist, in Fällen des **konkreten Verdachts einer Straftat** oder eines drohenden Verrats von Geschäftsgeheimnissen einen notwehrähnlichen Rechtfertigungsgrund anzunehmen[298]. Dies setzt jedoch eine gegenwärtig noch andauernde Gefahr voraus. Präventive Maßnahmen sind daher ebenso wenig möglich wie vergangenheitsbezogene Maßnahmen zur Aufklärung bereits begangener Straftaten. Letzteres kann und sollte jedoch ggf. den staatlichen Ermittlungsbehörden überlassen werden.

Eine **Einwilligung** des Arbeitnehmers kann zwar eine Kontrolle der Verbindungsdaten oder des Inhalts einer E-Mail-Kommunikation durch den Arbeitgeber auch dann rechtfertigen, wenn die Kommunikation durch das Fernmeldegeheimnis geschützt ist. Im Ergebnis dürfte dies aber nur in seltenen Ausnah-

---

297 *Hanau/Hoeren*, S. 51; *Hoppe/Braun*, MMR 2010, 80 (84); *Mengel*, BB 2004, 2014 (2021); a.A. *Thüsing*, Beschäftigtendatenschutz und Compliance, § 4 Rz. 8 ff.
298 So im Ergebnis wohl auch *Mengel*, BB 2004, 2014 (2019).

mefällen eine praktikable Lösung darstellen, da die Einwilligung **im Voraus** erteilt werden muss und jederzeit **widerrufen** werden kann.

Soweit allerdings gefordert wird, dass die Einwilligung sowohl durch den Absender als auch durch den Empfänger einer E-Mail erteilt werden muss[299], überzeugt diese Ansicht, die sich auf eine Entscheidung des BVerfG zu einer telefonischen Fangschaltung stützt, nicht. Anders als im Falle der telefonischen Kommunikation können die Teilnehmer an einer E-Mail-Kommunikation ohnehin nicht verhindern, dass der jeweils andere Teilnehmer (in rechtlich zulässiger Weise) den Inhalt der Kommunikation an Dritte weiterleitet. Es erscheint daher nicht nachvollziehbar, wenn die Kenntniserlangung eines Dritten infolge einer Weiterleitung von E-Mails rechtlich völlig unbedenklich ist, eine Kenntniserlangung nach Ermöglichung der Einsichtnahme in den E-Mail-Account dagegen wegen Verletzung des Fernmeldegeheimnisses strafbar sein soll. Überzeugender ist es daher, zwischen telefonischer Kommunikation und E-Mail-Kommunikation zu unterscheiden und jedenfalls bei der E-Mail-Kommunikation die Einwilligung eines der Beteiligten genügen zu lassen (so auch *Jenny* in der Kommentierung zu § 88 TKG Rz. 23).

111a

Festzuhalten bleibt daher, dass die Kontrollmöglichkeiten des Arbeitgebers extrem begrenzt sind, solange das TKG eingreift. Will der Arbeitgeber den Arbeitnehmern gleichwohl die private E-Mail-Nutzung gestatten, empfiehlt sich daher die Einrichtung zwei getrennter E-Mail-Accounts[300].

112

4. Überwachung der Internetnutzung

Bei der Überwachung der **Internetnutzung** der Arbeitnehmer durch den Arbeitgeber stellen sich im Wesentlichen **dieselben grundlegenden Fragen** wie bei der Überwachung der **E-Mail-Nutzung**. Insbesondere ist auch hier von Bedeutung, ob die Privatnutzung erlaubt ist oder nicht und dementsprechend, ob der Arbeitgeber als Diensteanbieter i.S.d. TKG anzusehen ist[301]. Nach **zutreffender und mittlerweile auch h.M.** wird der Arbeitgeber durch die unentgeltliche Gestattung der Privatnutzung der betrieblichen TK-Einrichtungen nicht zum Diensteanbieter. Richtigerweise sind daher die Einschränkungen des TKG sowie des TMG, insbesondere das Fernmeldegeheimnis, im Arbeitsverhältnis nicht zu beachten (vgl. hierzu Rz. 95 ff.). Da dies in der Literatur teilweise abweichend beurteilt wird, ist dem Arbeitgeber allerdings zu empfehlen, die Privatnutzung zu untersagen, sollte er eine Einschränkung seiner Kontrollbefugnisse im Hinblick auf die Internetnutzung nicht hinnehmen wollen. Insoweit sei auf die Ausführungen zur Überwachung der E-Mail-Nutzung unter Rz. 78 ff. verwiesen.

113

---

299 Vgl. *Sassenberg/Mantz*, BB 2013, 889 (891).
300 Vgl. *Koch*, NZA 2008, 911 (913).
301 Vgl. *Mengel*, BB 2004, 2014 (2019 ff.).

114 Sofern sich die **Zulässigkeit einer Überwachung** der Internetnutzung (allein) nach dem BDSG richtet, ist zunächst vorrangig auf etwaige Regelungen in einer **Betriebsvereinbarung** abzustellen. In Ermangelung einer Betriebsvereinbarung greift § 26 Abs. 1, d.h. die Maßnahme muss zur Durchführung des Arbeitsverhältnisses oder zur Aufdeckung einer Straftat **erforderlich** und unter Abwägung der Interessen beider Parteien auch **angemessen** sein. Soweit die **Privatnutzung** des Internets ohnehin **verboten** ist, sind an den legitimen Zweck einer Überwachungsmaßnahme keine allzu hohen Anforderungen zu stellen. Hier können sowohl die Nutzungsdauer als auch die besuchten Webseiten überprüft werden, z.B. um festzustellen, ob gegen das private Nutzungsverbot verstoßen wurde[302]. Allerdings ist eine dauerhafte Überwachung des Arbeitnehmers auch in diesem Fall nicht zulässig[303].

Ist die **Privatnutzung** dagegen **erlaubt**, wird man eine Überprüfung der **Nutzungsdauer** regelmäßig für zulässig erachten können, sofern dies dazu dienen soll festzustellen, ob sich die Privatnutzung tatsächlich noch in einem angemessenen Rahmen hält, welche eine ordnungsgemäße Erfüllung der arbeitsvertraglichen Pflichten während der Arbeitszeit noch zulässt[304]. Eine Überprüfung der besuchten **Webseiten** wird dagegen nur dann statthaft sein, wenn Anhaltspunkte für einen Verstoß vorliegen (z.B. Besuch von Seiten mit pornographischen oder strafbaren Inhalten)[305].

115 In diesem Zusammenhang ist noch zu berücksichtigen, dass die **exzessive Nutzung** des Internets **während der Arbeitszeit** zu privaten Zwecken eine schwere **Verletzung** der arbeitsvertraglichen **Pflichten** darstellen kann, da der Arbeitnehmer während des Surfens im Internet seine arbeitsvertraglich geschuldete Arbeitsleistung nicht erbringt. Dies kann den Arbeitgeber zu einer verhaltensbedingten **Kündigung** des Arbeitsverhältnisses berechtigen[306]. Darüber hinaus kann eine verhaltensbedingte oder gar außerordentliche fristlose Kündigung in Betracht kommen, wenn der Arbeitnehmer unbefugterweise Daten herunterlädt, welche Störungen des IT-Systems verursachen oder strafbare oder pornographische Darstellungen beinhalten[307].

---

302 Besgen/Prinz/*Busse*, § 10 Rz. 45 ff.; Leupold/Glossner/*Hegewald*, Teil 7 Rz. 75; *Mengel*, BB 2004, 2014 (2020).
303 *Oberwetter*, NZA 2008, 609 (611).
304 BAG v. 27.7.2017 – 2 AZR 681/16, MDR 2017, 1430 = CR 2018, 27 = ITRB 2017, 275 = NZA 2017, 1327 („Key-Logger"); s. hierzu auch noch unter Rz. 134b.
305 Leupold/Glossner/*Hegewald*, Teil 7 Rz. 91; *Mengel*, BB 2004, 2014 (2021).
306 BAG v. 27.4.2006 – 2 AZR 386/05, CR 2007, 38 = ITRB 2007, 31 = NZA 2006, 977; das LAG Berlin-Brandenburg (Urt. v. 14.1.2016 – 5 Sa 657/15, BB 2016, 891) hat im Falle einer fortwährenden privaten Nutzung des dienstlichen Internetanschlusses im Umfang von knapp 40 Stunden in einem Zeitraum von 30 Arbeitstagen eine außerordentliche fristlose Kündigung für rechtswirksam erachtet.
307 BAG v. 7.7.2005 – 2 AZR 581/04, CR 2006, 426 = MDR 2006, 458 = NZA 2006, 98.

Datenverarbeitung für Zwecke des Beschäftigungsverhältnisses | § 26 BDSG

5. Telefonüberwachung

a) Kontrolle der Verbindungsdaten

Im Hinblick auf die **Kontrolle der telefonischen Verbindungsdaten** ist ebenfalls die Frage erheblich, ob der Arbeitgeber, der die private Telefonnutzung gestattet hat, als **Diensteanbieter** nach dem TKG anzusehen ist, mit der Folge, dass das **Fernmeldegeheimnis** eingreift. Insoweit sei auf die entsprechenden Ausführungen zur Überwachung des dienstlichen E-Mail-Accounts verwiesen (s. Rz. 78 ff.). 116

Nach **zutreffender und mittlerweile wohl auch h. M.** ist es nicht maßgeblich, ob die Privatnutzung erlaubt ist oder nicht, da der Arbeitgeber auch dann, wenn er die Privatnutzung des Telefonanschlusses zu privaten Zwecken unentgeltlich gestattet, nicht als Diensteanbieter i.S.d. TKG angesehen werden kann[308]. Dementsprechend darf der Arbeitgeber – wie auch im Fall der ausschließlich dienstlichen Nutzung – die Verbindungsdaten (Zielrufnummer, Datum, Uhrzeit und Dauer der Kommunikation) speichern und nutzen. 117

b) Kontrolle des Gesprächsinhalts

Unabhängig davon, ob die Nutzung des Telefonanschlusses zu privaten Zwecken gestattet ist oder nicht, ist eine **heimliche Telefonüberwachung** grundsätzlich **ausgeschlossen**. Insoweit genießt der **Persönlichkeitsschutz** des Arbeitnehmers insbesondere auch aufgrund der Flüchtigkeit des gesprochenen Wortes Vorrang vor etwaigen Kontrollinteressen des Arbeitgebers[309]. Aber auch eine offene **Aufzeichnung** oder das offene **Mithören** von Telefonaten wird grundsätzlich nur dann für zulässig angesehen, wenn der Arbeitnehmer diesbezüglich seine Einwilligung erteilt hat[310]. Darüber hinaus wird eine Kontrolle auch dann für zulässig erachtet, wenn es der Aufdeckung von Straftaten dient oder ein sonstiger erheblicher Pflichtverstoß zu Lasten des Arbeitgebers zu befürchten ist. In jedem Fall wird hierzu jedoch ein konkreter Verdacht erforderlich sein[311]. Unabhängig von diesen Grundsätzen bestehen besondere Kontrollbefugnisse des Arbeitgebers, wenn die Hauptpflicht des Arbeitnehmers das Führen von Telefonaten ist, so dass die Telefonüberwachung dem Arbeitgeber als Leistungskontrolle dient (bspw. in Callcentern). Allerdings darf auch hier die Überwachung nur offen und nur während der Probezeit erfolgen[312]. 118

---

308 Vgl. die entsprechenden Erwägungen zur Kontrolle von E-Mails unter Ziffer 3b) bb).
309 *Oberwetter*, NZA 2008, 609 (611); *Simitis/Seifert*, § 32 BDSG Rz. 88; *Vietmeyer/Byers*, MMR 2010, 807 (809).
310 *Mengel*, Compliance und Arbeitsrecht, Kap. 7 Rz. 15 ff.
311 *Oberwetter*, NZA 2008, 609 (611).
312 *Simitis/Seifert*, § 32 BDSG Rz. 89; *Oberwetter*, NZA 2008, 609 (611).

6. Videoüberwachung

119 Der Einsatz von **Videokameras** zur gezielten Überwachung von Mitarbeitern bietet sich meist in Betrieben wie etwa Warenhäusern und Lagerhallen an, in denen Gegenstände aufbewahrt oder sortiert werden und Diebstähle durch Mitarbeiter verhindert werden sollen. Daneben werden Videokameras üblicherweise auch zur allgemeinen Überwachung in Betrieben mit Publikumsverkehr verwendet, wie etwa in Kaufhäusern, Supermärkten, Bankfilialen, Tankstellen, Museen oder Bahnhöfen.

120 Inwieweit eine Videoüberwachung zulässig ist, richtet sich generell nach dem **Einsatzort** und dem **Anlass** für die Überwachung. Dabei ist zum einen zwischen Orten mit Publikumsverkehr und nicht-öffentlich zugänglichen Arbeitsstätten zu unterscheiden, zum anderen zwischen offener und verdeckt erfolgender Überwachung. Die Überwachungsmaßnahme kann sich gezielt gegen Mitarbeiter oder gegen alle sich in einem Raum aufhaltenden Personen richten. Schließlich kann sie allgemein präventiv oder als Aufklärungsmittel bei Vorliegen eines bestimmten Tatverdachts eingesetzt werden.

121 Allen Fällen ist jedoch gemein, dass die Einrichtung eines Videoüberwachungssystems der zwingenden **Mitbestimmung** des **Betriebsrats** gemäß § 87 Abs. 1 Nr. 6 BetrVG unterliegt[313]. Eine ohne Zustimmung des Betriebsrats in Betrieb genommene Videoüberwachung ist rechtswidrig. Zur Sicherung seiner Beteiligungsrechte stehen dem Betriebsrat Unterlassungsansprüche zu, welche dieser gerichtlich durchsetzen kann[314]. Allerdings hat der Betriebsrat kein Mitbestimmungsrecht, soweit der Arbeitgeber lediglich die Einführung von Videokamera-Attrappen plant[315]. Videoaufnahmen fallen in den Anwendungsbereich des Datenschutzrechts, sobald auf ihnen natürliche Personen oder Sachen, die Informationen über natürliche Personen offenbaren (z.B. Kfz), zu sehen sind[316].

a) Videoüberwachung von Räumen mit Publikumsverkehr

122 Die Videoüberwachung **öffentlich zugänglicher Räume** richtet sich nach § 4, der weitestgehend wortgleich mit § 6b BDSG-alt ist. Vor diesem Hintergrund ist auch davon auszugehen, dass die zu § 6b BDSG-alt entwickelten Grundsätze nach wie vor gültig sind. Maßgeblich ist, ob der betreffende Bereich nach seinem Zweck dazu bestimmt ist, von einer unbestimmten Anzahl von Personen betre-

---

313 BAG v. 11.12.2012 – 1 ABR 78/11, NZA 2013, 913 (914); BAG v. 29.6.2004 – 1 ABR 21/03, MDR 2005, 152 = NZA 2004, 1278; *Fitting*, § 87 BetrVG Rz. 244; HWK/*Lembke*, Art. 88 DSGVO Rz. 123.
314 *Richardi*, § 87 BetrVG Rz. 532; *Maties*, NJW 2008, 2219 (2224).
315 LAG Mecklenburg-Vorpommern v. 12.11.2014 – 3 TaBV 5/14, NZA-RR 2015, 196 (196 ff.); s. hierzu ausführlich *Lang/Lachenmann*, Kein Mitbestimmungsrecht bei Videokamera-Attrappen, NZA 2015, 591 (591 ff.).
316 *Bier/Spiecker*, CR 2012, 610 (612).

ten und genutzt zu werden[317]. Neben Verkaufsräumen umfasst diese Vorschrift daher etwa auch Bahnsteige, Ausstellungsräume oder Schalterhallen[318]. § 4 ist abschließend und gilt demnach auch dann, wenn sich der Arbeitsplatz von Mitarbeitern innerhalb eines solchen Raumes befindet[319]. Die Aufteilung eines Raumes in einen öffentlichen und einen nicht-öffentlich zugänglichen Teil (z.B. ein räumlich abgetrennter Kassenbereich) ist im Rahmen von § 4 nicht möglich[320]. Gemäß § 4 Abs. 1 Nr. 2 und Nr. 3 ist die Überwachung zulässig, wenn diese zur Wahrnehmung des Hausrechts oder zur Wahrnehmung berechtigter Interessen erforderlich ist und keine Anhaltspunkte bestehen, dass schutzwürdige Interessen der Betroffenen überwiegen. Als berechtigte Interessen kommen dabei sowohl ideelle als auch wirtschaftliche Interessen, wie bspw. die Vermeidung oder Aufklärung von gegen den Arbeitgeber gerichteten Straftaten, in Betracht[321]. Danach wäre eine Überwachung zulässig, wenn ein entsprechender Verdacht zukünftiger Straftaten darauf beruht, dass bereits in der Vergangenheit einschlägige Straftaten begangen wurden und Wiederholungsgefahr besteht oder wenn eine gewisse Wahrscheinlichkeit besteht, dass einschlägige Delikte typischerweise begangen werden, wie etwa Ladendiebstähle in einem Kaufhaus oder Raubüberfälle in einer Bankfiliale[322]. Darüber hinaus ist die Überwachung bspw. durch Hinweisschilder kenntlich zu machen (vgl. § 4 Abs. 2).

Eine Überwachung ist ferner nur dann zulässig, wenn die **schutzwürdigen Interessen** der Betroffenen nicht überwiegen. Bei dieser Abwägung ist auch insbesondere das Persönlichkeitsrecht der betroffenen Arbeitnehmer zu berücksichtigen. In der Regel dürfte jedoch das berechtigte Interesse des Arbeitgebers am Schutz seiner Rechtsgüter insbesondere aus Art. 12 und 14 GG durch eine Videoüberwachung dem Persönlichkeitsrecht der hierzu automatisch mitüberwachten Mitarbeiter vorgehen, wenn mit Straftaten Dritter zu rechnen ist[323].

123

Anders kann dieser Abwägungsprozess dagegen aussehen, wenn sich die Beobachtungen ausschließlich gegen die Mitarbeiter richten. In diesem Fall wird zu verlangen sein, dass der konkrete Verdacht von Straftaten seitens der Mitarbeiter vorliegen muss, da anderenfalls eine solche Dauerüberwachung am Persönlichkeitsrecht der beobachteten Mitarbeiter scheitert[324]. So hat das BAG entschieden, dass eine verdachtsunabhängige unbegrenzte Videoüberwachung im Betrieb nicht verhältnismäßig und damit rechtswidrig ist[325]. Abhilfe könnte hier

124

---

317 *Bier/Spiecker*, CR 2012, 610 (613).
318 *Alter*, NJW 2015, 2375 (2376) unter Verweis auf BT-Drucks. 14/4329, S. 38.
319 *Oberwetter*, NZA 2008, 609 (610).
320 *Maties*, NJW 2008, 2219 (2221); *Bayreuther*, NZA 2005, 1038.
321 *Gola/Schomerus*, § 6b BDSG Rz. 20a; *Bayreuther*, NZA 2005, 1038.
322 *Bayreuther*, NZA 2005, 1038 (1039).
323 *Gola/Schomerus*, § 6b BDSG Rz. 20a; *Bayreuther*, NZA 2005, 1038 (1039).
324 *Bauer/Schansker*, NJW 2012, 3537 (3539); *Bayreuther*, NZA 2005, 1038 (1039).
325 Vgl. *Dann/Gastell*, Geheime Mitarbeiterkontrollen: Straf- und arbeitsrechtliche Risiken bei unternehmensinterner Aufklärung, NJW 2008, 2945 (2948).

zukünftig durch intelligente Videoüberwachungssysteme möglich sein, da diese durch eine selektive Auswahl von Sensoren und ggf. eine Pseudonymisierung eine anlasslose Totalüberwachung vermeiden[326].

b) Videoüberwachung nicht öffentlich-zugänglicher Arbeitsplätze

125 Die Videoüberwachung nicht öffentlich zugänglicher Arbeitsplätze ist nach wie vor nicht gesetzlich geregelt[327]. Die Grundsätze, welche die **Rechtsprechung** zur Überwachung in solchen Konstellationen entwickelt hat, entsprechen jedoch weitgehend denen des § 4, d.h. auch hier hat eine **Abwägung** zwischen dem Schutzinteresse des Arbeitgebers und dem Eingriff in das Persönlichkeitsrecht der Arbeitnehmer stattzufinden[328]. Von zusätzlicher Bedeutung kann in dieser Konstellation jedoch die konkrete Beschaffenheit der zu überwachenden Räumlichkeiten sein. Insgesamt begegnet die Videoüberwachung infolge der schwer vorhersehbaren Verhältnismäßigkeitsprüfung auch hier einer nicht unerheblichen Rechtsunsicherheit in der Praxis[329].

126 Zwar hat das BAG ausgeführt, dass die dem § 6b BDSG-alt zugrunde liegenden Wertungen, sollten sie überhaupt anwendbar sein, mit einem **noch strengeren Maßstab** angewendet werden müssen. Ein Mehr an Rechtssicherheit schafft diese Vorgabe jedoch nicht zwangsläufig. Gerechtfertigt wird der erhöhte Maßstab damit, dass bei der Videoüberwachung am nicht öffentlich zugänglichen Arbeitsplatz der Personenkreis nicht anonym, sondern überschaubar und dem Arbeitgeber bekannt ist. Der **Überwachungs- und Anpassungsdruck** sei daher für die beobachteten Personen sehr viel größer[330].

c) Verdeckte Überwachung

127 Eine verdeckte oder heimliche Videoüberwachung kommt in Räumen mit Publikumsverkehr nur unter sehr engen Voraussetzungen in Betracht. So schreibt § 4 Abs. 2 vor, dass die Überwachung kenntlich zu machen ist. Allerdings war die Vorgängerregelung § 6b BDSG-alt nach jüngerer Rspr. des BAG verfassungskonform dahin auszulegen, dass auch eine verdeckte Videoüberwachung öffentlich zugänglicher Räume im Einzelfall zulässig sein kann (s. hierzu noch unten). Zwar fehlt eine vergleichbare gesetzliche Verpflichtung im Falle der Videoüberwachung von nicht öffentlich zugänglichen Arbeitsplätzen. Allerdings kann daraus nicht gefolgert werden, dass in diesem Fall eine verdeckte Über-

---

326 S. hierzu sehr ausführlich *Bier/Spiecker*, CR 2012, 610.
327 Insb. kommt keine analoge Anwendung des § 4 BDSG in Betracht; dies hatte der Gesetzgeber schon zu § 6b BDSG-alt ausgeschlossen, vgl. BT-Drucks. 14/4329, S. 38.
328 Vgl. *Bauer/Schansker*, NJW 2012, 3537 (3539); *Bayreuther*, NZA 2005, 1038 (1041).
329 *Alter*, NJW 2015, 2375 (2380).
330 BAG v. 29.6.2004 – 1 ABR 21/03, MDR 2005, 152 = NZA 2004, 1278 (1282); bestätigt und fortgeführt durch BAG v. 26.8.2008 – 1 ABR 16/07, NZA 2008, 1187 (1191).

wachung grds. zulässig sein soll. Vielmehr ist der Rechtsprechung des BAG die **Wertung** zu entnehmen, dass an die Zulässigkeit einer Überwachung in nicht öffentlich zugänglichen Räumen regelmäßig höhere Anforderungen zu stellen sind als in öffentlichen Räumlichkeiten. Erachtet daher der Gesetzgeber für öffentliche Räume das Persönlichkeitsrecht der Betroffenen so hoch, dass eine verdeckte Überwachung nur in sehr engen Grenzen zulässig sein soll, muss dies **erst recht in nicht öffentlich zugänglichen Räumen** gelten[331]. Diese Grundsätze haben auch nach Inkrafttreten des BDSG 2018 weiterhin Gültigkeit.

Nach der Rspr. des BAG ist die heimliche Videoüberwachung eines Arbeitnehmers – in Räumen mit oder ohne Publikumsverkehr – jedoch dann zulässig, wenn der **durch konkrete Tatsachen belegte Anfangsverdacht einer strafbaren Handlung oder einer anderen schweren Verfehlung zu Lasten des Arbeitgebers** besteht, weniger einschneidende Mittel zur Aufklärung des Verdachts (wie etwa Befragungen von Mitarbeitern oder Kunden) ausgeschöpft sind und daher die verdeckte Videoüberwachung praktisch das **einzig verbleibende Mittel** darstellt, um den Sachverhalt aufzuklären und die Überwachung insgesamt nicht unverhältnismäßig ist[332]. Die strafbare Handlung des Arbeitnehmers bedarf dabei keiner erheblichen Intensität, so dass z.B. auch der Diebstahl geringwertiger Sachen ausreicht[333]. Allerdings sollte die Überwachung sowohl zeitlich als räumlich auf das notwendige Minimum beschränkt werden[334]. 128

Angesichts der hohen Hürden, welche die Rechtsprechung an die verdeckte Videoüberwachung stellt, ist es aus Arbeitgeberperspektive insgesamt ratsam, heimliche Videoaufzeichnungen restriktiv zu handhaben. Zur Begrenzung des Risikos, sich bei unzulässiger heimlicher Videoüberwachung einer Schadensersatz- oder Schmerzensgeldpflicht auszusetzen, kann sich im Einzelfall selbst das Einschalten der Polizei als sinnvoll erweisen[335].

7. Mitarbeiterortung

Die Möglichkeiten zur **Ortung** von Mitarbeitern innerhalb und außerhalb des Betriebes erlangen aufgrund des Voranschreitens der technischen Ortungsmög- 129

---

331 So auch *Bayreuther*, NZA 2005, 1038 (1041).
332 BAG v. 20.10.2016 – 2 AZR 395/15, MDR 2017, 465 = NZA 2017, 443; BAG v. 22.9. 2016 – 2 AZR 848/15, MDR 2017, 344 = CR 2017, 230 = ITRB 2017, 75 = NZA 2017, 843; BAG v. 21.11.2013 – 2 AZR 797/11, MDR 2014, 353 = NZA 2014, 243 (248); BAG v. 21.6.2012 – 2 AZR 153/11, MDR 2012, 795 = ITRB 2012, 266 = ArbRB 2012, 197; BAG v. 27.3.2003 – 2 AZR 51/02, MDR 2004, 39 = NZA 2003, 1193 (1195); *Alter*, NJW 2015, 2375; *Bauer/Schansker*, NJW 2012, 3537; *Bergnitz*, NZA 2012, 353; *Byers/Pracka*, BB 2013, 760 (763); Simitis/*Seifert*, § 32 BSDG Rz. 79a; s. dazu auch *Oberwetter*, NZA 2008, 609 (610); *Maties*, NJW 2008, 2219 (2220).
333 *Oberwetter*, NZA 2008, 609 (610).
334 Vgl. *Byers/Pracka*, BB 2013, 760 (763).
335 *Bauer/Schansker*, NJW 2012, 3537 (3540).

lichkeiten (GPS[336], Diensthandy, RFID-Chips in Dienstausweisen) zunehmend größere Bedeutung[337]. Damit einher geht die Frage der datenschutzrechtlichen Zulässigkeit des Einsatzes solcher Ortungssysteme. Dies hatte auch den Gesetzgeber veranlasst, im Entwurf eines Gesetzes zur Regelung des Beschäftigtendatenschutzes erstmalig den Einsatz von Ortungssystemen gesetzlich zu regeln (§ 32g BDSG-E 2010).

130 Die **Zulässigkeit des Einsatzes** von Ortungssystemen richtet sich grundsätzlich nach § 26 Abs. 1, es sei denn, sie ist auch durch eine Einwilligung des Arbeitnehmers oder eine Betriebsvereinbarung gerechtfertigt. Da der Einsatz von Ortungssystemen der **Mitbestimmung des Betriebsrats** nach § 87 Abs. 1 Nr. 6 BetrVG unterliegt, dürften bereits sehr häufig die Voraussetzungen für den Einsatz der Ortungssysteme in einer Betriebsvereinbarung geregelt sein. Wie bereits weiter unter Rz. 85 ff. ausgeführt, dürfen die Betriebsparteien auch von dem ansonsten anwendbaren § 26 abweichen. Dabei sind allerdings der Regelungsautonomie der Betriebsparteien Grenzen gesetzt. Da die Betriebsparteien gemäß Art. 88 Abs. 2 DSGVO und § 75 Abs. 2 BetrVG insbesondere die freie Entfaltung der Persönlichkeit der Mitarbeiter schützen sollen, wird zu berücksichtigen sein, dass durch den Einsatz von Ortungssystemen ein sehr genaues **Bewegungs- und Verhaltensprofil** der Mitarbeiter erstellt werden kann und dies mitunter auch während seiner Freizeit fortwirkt mit der Folge, dass eine mit Ortungssystemen einhergehende **Dauerüberwachung** nur bei **gewichtigen betrieblichen Interessen** des Arbeitgebers zulässig sein dürfte. So dürfte bspw. eine Handy-Ortung nur dann zulässig sein, wenn diese zur **eigenen Sicherheit** des Mitarbeiters erfolgt oder dem Schutz überdurchschnittlich wertvoller Gegenstände des Arbeitgebers dient[338], z.B. im Falle des Auslandseinsatzes eines Arbeitnehmers in Krisenregionen[339]. In jedem Fall wird der Einsatz solcher Ortungssysteme nur dann zulässig sein, wenn das **Transparenzgebot** eingehalten ist, d.h. dem Mitarbeiter muss der Einsatz bekannt sein[340].

131 Der Einsatz von **RFID-Technik** dürfte zur Identifikation von Mitarbeitern, etwa bei Zugangskontrollen sowie zur Anmeldung bei Dienstbeginn oder Abmeldung bei Dienstende, zulässig sein. Unproblematisch ist auch der Einsatz zur Sicherung von beweglichen Sachen, so lange diese nicht einzelnen Mitarbeitern zuzuordnen sind (z.B. Bücher einer Bibliothek).

---

336 Zur Mitarbeiterortung durch GPS s. ausführlich Simitis/*Seifert*, § 32 BDSG Rz. 82.
337 *Däubler*, Gläserne Belegschaften, Rz. 318.
338 Simitis/*Seifert*, § 32 BDSG Rz. 83; so auch *Gola*, NZA 2007, 1139 (1143).
339 *Beckschulze/Natzel*, Das neue Beschäftigtendatenschutzgesetz – Eine Darstellung des aktuellen Gesetzentwurfs vom 28.8.2010, BB 2010, 2368 (2373).
340 Vgl. etwa *Gola*, NZA 2007, 1139 (1143).

8. Erfassung biometrischer Daten

Als Alternative zu den herkömmlichen Zugangskontrollen wie Pin-Nummer oder Chipkarte sowie zur RFID-Technik existiert die Möglichkeit der biometrischen Identifikation von Mitarbeitern. Anstelle von Passwörtern werden zur **Zugangskontrolle** biometrische Daten des Arbeitnehmers, wie z.B. Iris, Fingerabdruck oder Stimme verwendet. Gerade in Unternehmen, die ein erhöhtes Sicherungsbedürfnis haben, werden diese Identifikationssysteme aufgrund ihrer geringen Fehleranfälligkeit vermehrt verwendet. Auch wenn solche Identifizierungssysteme für die Unternehmen einen erheblichen Mehrwert darstellen, sind sie insofern problematisch, als es sich bei den biometrischen Arbeitnehmerdaten um **besonders sensible Daten** im Sinne von § 26 Abs. 3 handelt[341], insbesondere wenn sie einen Rückschluss auf den Gesundheitszustand der Mitarbeiter erlauben. Um zu gewährleisten, dass die erhobenen Daten tatsächlich nur zur Zugangskontrolle verwendet werden, wird allgemein verlangt, dass die Speicherung der Daten auf einer im Besitz des Arbeitnehmers befindlichen Chipkarte erfolgt, während der Arbeitgeber selbst keinen Zugriff auf die Informationen haben soll[342]. Eine solche Handhabung schützt zwar die Interessen der Arbeitnehmer, trägt aber nicht ausreichend dem Interesse des Arbeitgebers, die **Verlustgefahr** des Zugangsmittels zu minimieren, Rechnung[343]. Im Regelfall ist daher zwar die ausschließliche Speicherung auf einer Chipkarte das mildeste Mittel, allerdings wird im Einzelfall zu prüfen sein, ob nicht ausnahmsweise das gesteigerte Sicherungsbedürfnis des Arbeitgebers auch eine Speicherung der Daten im Unternehmen erfordert. In diesem Fall lässt sich das Persönlichkeitsrecht der Arbeitnehmer durch eine **Anonymisierung** der Daten ausreichend schützen; die gespeicherten Daten können bei dieser Methode nicht den einzelnen Mitarbeitern zugeordnet werden, vielmehr kann der Arbeitgeber durch die bei ihm gespeicherten Daten nur erkennen, ob der betreffende Arbeitnehmer zum zugangsberechtigten Mitarbeiterkreis gehört oder nicht[344].

132

9. Massenscreenings

Das Massenscreening stellt für Unternehmen ein wirksames Mittel zur Korruptionsbekämpfung und Aufdeckung sonstiger Straftaten dar: Durch einen elek-

133

---

341 *Gola*, NZA 2007, 1139 (1140); Besgen/Prinz/*Roloff*, § 5 Rz. 66; Simitis/*Seifert*, § 32 BDSG Rz. 98.
342 *Oberwetter*, NZA 2008, 609 (612); Simitis/*Seifert*, § 32 BDSG Rz. 98; *Gola*, NZA 2007, 1139 (1141), will dem Arbeitnehmer ein Wahlrecht zwischen der Speicherung beim Arbeitgeber und der Speicherung allein auf der Chipkarte einräumen.
343 Ähnlich auch Däubler/Klebe/Wedde/Weichert/*Däubler*, § 32 BDSG Rz. 87, der wegen der hohen Verlustgefahr von Chipkarten diese nur im Einzelfall als milderes Mittel anerkennt.
344 *Gola*, NZA 2007, 1139 (1141).

tronischen Datenabgleich werden **bereits vorhandene Arbeitnehmerdaten** geprüft und mit anderen Daten (z.b. mit Lieferantendaten) verglichen, um so gesetzwidriges Verhalten der Arbeitnehmer aufzudecken. Welche Anforderungen an die datenschutzrechtliche Rechtfertigung einer solchen Maßnahme zu stellen sind, ist weitestgehend ungeklärt. Während Einigkeit darüber besteht, dass der Arbeitgeber ein gesteigertes Interesse und zuweilen sogar die Pflicht hat, Straftaten seiner Mitarbeiter aufzuklären, ist dagegen umstritten, ob – und wenn ja welche – Interessen der Arbeitnehmer durch einen solchen Datenabgleich berührt sind und damit, zu wessen Gunsten die erforderliche **Interessenabwägung** ausfällt[345].

134 Nach zutreffender Ansicht wird durch ein Massenscreening nicht nur das Persönlichkeitsrecht der Arbeitnehmer betroffen, bei denen der Datenabgleich positiv ausfällt, sondern auch das Persönlichkeitsrecht derjenigen Arbeitnehmer, bei denen er ein negatives Ergebnis zur Folge hat, da diese keinen zurechenbaren Anlass für die Erhebung ihrer Daten geschaffen haben[346]. In der Konsequenz ist daher die Zahl der zu überprüfenden Mitarbeiter in verdachtsunabhängigen Fällen so weit wie möglich zu begrenzen. Grundsätzlich ist daher nur die **stichprobenartige Kontrolle** bestimmter Arbeitnehmergruppen zulässig. Ausnahmsweise ist aber die Kontrolle der ganzen Belegschaft gerechtfertigt und zwar dann, wenn ein konkreter Tatverdacht vorliegt. Zum zusätzlichen Schutz der Arbeitnehmer soll der Datenabgleich außerdem pseudonymisiert durchgeführt werden[347].

Die Zulässigkeit von Entscheidungen, die ausschließlich auf einer automatisierten Verarbeitung – einschließlich **Profiling** – beruhen, bestimmt sich **nach Art. 22 DSGVO**. Die Vorschrift wird daher bei Massenscreenings regelmäßig zu beachten sein. Der Begriff des „Profiling" ist in Art. 4 Nr. 4 DSGVO legaldefiniert als „jede Art der automatisierten Verarbeitung personenbezogener Daten, die darin besteht, dass diese personenbezogenen Daten verwendet werden, um bestimmte persönliche Aspekte, die sich auf eine natürliche Person beziehen, zu bewerten, insbesondere um Aspekte bezüglich Arbeitsleistung, wirtschaftliche Lage, Gesundheit, persönliche Vorlieben, Interessen, Zuverlässigkeit, Verhalten, Aufenthaltsort oder Ortswechsel dieser natürlichen Person zu analysieren oder vorherzusagen". Nach Art. 22 DSGVO sind rechtserhebliche Entscheidungen grundsätzlich nicht ausschließlich auf der Grundlage automatisierter Verarbeitungsvorgänge zu treffen; Abs. 2 enthält hierfür Ausnahmen, nämlich bei Erfor-

---

345 Vgl. hierzu *Thüsing*, Beschäftigtendatenschutz und Compliance, § 8 Rz. 1 ff.
346 Zum Folgenden *Kock/Francke*, NZA 2009, 646 (648); a.A. *Thüsing*, Beschäftigtendatenschutz und Compliance, § 8 Rz. 5 ff., der auf dem Standpunkt steht, dass auch in verdachtsunabhängigen Fällen keine Begrenzung auf bestimmte Arbeitnehmergruppen erforderlich sei, da diejenigen Personen, bei denen kein Treffer erfolgt, auch nicht in ihrem Recht auf informationelle Selbstbestimmung betroffen seien. Auch eine Pseudonymisierung sei daher nicht erforderlich.
347 *Kock/Francke*, NZA 2009, 646 (648); *Wybitul*, Das neue Bundesdatenschutzgesetz: Verschärfte Regeln für Compliance und interne Ermittlungen, BB 2009, 1582 (1584).

derlichkeit der Entscheidung im Rahmen von Abschluss oder Durchführung eines Vertrags zwischen Verantwortlichem und betroffener Person (Buchst. a), bei gesetzlicher Gestattung (Buchst. b) und ausdrücklicher Einwilligung der betroffenen Person (Buchst. c). Art. 22 DSGVO sieht weiterhin Verfahrensrechte von Betroffenen in Abs. 3 und eine noch restriktivere Handhabung bei besonderen Kategorien personenbezogener Daten (Art. 9 Abs. 1 DSGVO) in Abs. 4 vor (vgl. hierzu die Kommentierung zu Art. 22 DSGVO).

10. Überwachung durch einen Detektiv

Besteht ein durch Tatsachen begründeter Verdacht, der Arbeitnehmer begehe Straftaten oder sonstige schwerwiegende Pflichtverletzungen zu Lasten des Arbeitgebers, kann die Einschaltung eines Detektivs zur Erlangung weiterer Informationen erwägenswert sein – etwa, um den Verbleib gestohlener oder unterschlagener Gegenstände zu klären oder um eine verhaltensbedingte Kündigung zu substantiieren. Solche durch Privatdetektive beschaffte Informationen über eine bestimmte oder bestimmbare natürliche Person stellen personenbezogene Daten dar, so dass sich die Zulässigkeit der Verarbeitung nach § 26 Abs. 1 richtet[348]. 134a

Die **Anforderungen der Rechtsprechung** an eine solche Observation sind allerdings **streng:** Das BAG sprach jüngst einer wegen des Verdachts auf unberechtigte Krankmeldung überwachten und heimlich gefilmten Arbeitnehmerin einen Geldentschädigungsanspruch zu. Für diese Entscheidung war allerdings tragend, dass der Arbeitgeber seinen Verdacht nicht anhand konkreter Tatsachen fundieren konnte; das BAG betonte dabei auch den hohen Beweiswert einer ärztlichen Arbeitsunfähigkeitsbescheinigung[349]. Zu den Maßstäben der Rechtfertigungs- und Verhältnismäßigkeitsprüfung verhält sich das BAG daher in diesem Fall mangels Entscheidungserheblichkeit nicht[350]. In einer weiteren aktuellen Entscheidung hat das BAG dagegen klargestellt, dass beim Einsatz eines Detektivs, wie auch bei der Frage der Rechtfertigung anderer Überwachungsmaßnahmen, ein auf konkrete Tatsachen gestützter einfacher Verdacht vorliegen muss und keine anderen, wirksamen, aber weniger stark in das informationelle Selbstbestimmungsrecht eingreifenden Aufklärungsmaßnahmen zur Verfügung stehen[351].

Dabei wird zu berücksichtigen sein, dass die Anforderungen an eine rechtlich zulässige Observation steigen, sobald die Überwachung sich nicht nur auf die Sozial-, sondern auch auf die Privatsphäre erstreckt. Werden schließlich im

---

348 BAG v. 29.6.2017 – 2 AZR 597/16, NZA 2017, 1179; BAG v. 19.2.2015 – 8 AZR 1007/13, MDR 2015, 1245 = CR 2016, 155 = ITRB 2015, 280 = NZA 2015, 994.
349 BAG v. 19.2.2015 – 8 AZR 1007/13, MDR 2015, 1245 = CR 2016, 155 = ITRB 2015, 280 = NZA 2015, 994.
350 BAG v. 19.2.2015 – 8 AZR 1007/13, MDR 2015, 1245 = CR 2016, 155 = ITRB 2015, 280 = NZA 2015, 994 (997).
351 BAG v. 29.6.2017 – 2 AZR 597/16, NZA 2017, 1179.

Zuge der Überwachung zusätzlich **Ton- und/oder Videoaufnahmen** erstellt, intensiviert dies den Eingriff erheblich[352].

11. Einsatz von Key-Loggern und sonstiger Späh-Software

134b   Mit dem Einsatz von Key-Loggern oder sonstiger Späh-Software können u.a. alle Tastatureingaben, regelmäßige Screenshots, die Internetnutzung sowie die sonstige Nutzung von Software aufgezeichnet werden. Dies ermöglicht es, ein nahezu umfassendes und lückenloses Profil der Nutzung des Dienst-Rechners durch den Betroffenen zu erstellen. Ferner werden hierdurch mitunter auch hoch sensible Daten wie z.b. Benutzernamen, Passwörter, Kreditkartendaten, PIN-Nummern, Transaktionsnummern, Screenshots von privaten Mailingdiensten oder Bankkontendaten erhoben. Dementsprechend hat das BAG den Einsatz einer solchen Software von der Intensität her mit einer Dauerüberwachung durch eine verdeckte Videokamera verglichen[353]. Es war daher auch nicht wirklich überraschend, dass das BAG in einer gleichwohl von der medialen Öffentlichkeit viel beachteten Entscheidung den Einsatz einer solchen Software als rechtswidrig angesehen hat, solange gegen den Betroffenen nicht zumindest der durch konkreten Tatsachen begründete einfache Verdacht einer Straftat oder einer anderen schweren Pflichtverletzung bestand. Dies gilt auch dann, wenn der Einsatz einer solchen Späh-Software vorab mitgeteilt worden ist, da auch darin ein schwerwiegender Eingriff in das Persönlichkeitsrecht der Arbeitnehmer zu erblicken ist[354]. Das BAG hat in dem entschiedenen Fall den durch den Einsatz der Späh-Software erlangten kündigungsrelevanten Vortrag des Arbeitgebers, der durch den betroffenen Arbeitnehmer nicht bestritten werden konnte, unberücksichtigt gelassen und damit ein Sachvortragsverwertungsverbot angenommen (s. hierzu noch unten unter Rz. 137).

12. Sonstige Überwachungsformen

135   Neben den zuvor beschriebenen Maßnahmen stehen dem Arbeitgeber, der kontrollieren will, ob seine Mitarbeiter Straftaten zu seinen Lasten begehen oder in anderer Weise gegen ihre Verhaltenspflichten verstoßen, noch diverse weitere Kontrollmechanismen zur Verfügung, wie etwa die Durchführung von **Torkontrollen**[355], das **Abtasten** des Körpers sowie die Durchführung **von Zuverlässig-**

---

352   Vgl. *Balzer/Nugel*, NJW 2013, 3397 (3401 f.).
353   BAG v. 27.7.2017 – 2 AZR 681/16, MDR 2017, 1430 = CR 2018, 27 = ITRB 2017, 275 = NZA 2017, 1327.
354   BAG v. 27.7.2017 – 2 AZR 681/16, MDR 2017, 1430 = CR 2018, 27 = ITRB 2017, 275 = NZA 2017, 1327.
355   Vgl. hierzu ausführlich *Joussen*, NZA 2010, 254, der eine Anwendung des § 32 BDSG vollständig ablehnt.

keits- oder Ehrlichkeitstests. Im Rahmen der zur Klärung ihrer Zulässigkeit erforderlichen Interessenabwägung zwischen den Belangen des Arbeitgebers und der Arbeitnehmer sind die allgemeinen Grundsätze des § 26 zu beachten. Liegt ein **konkreter Verdacht einer Straftat** vor, richtet sich die Zulässigkeit der Kontrolle nach § 26 Abs. 1 Satz 2. Bei der Interessenabwägung sind hier die Beeinträchtigung der Arbeitnehmer durch die Kontrolle einerseits und das Aufklärungsinteresse des Arbeitgebers sowie die Schwere des mutmaßlichen Delikts und die Konkretisierung des Verdachts andererseits abzuwägen[356].

Dient die Überwachungsmaßnahme dagegen der **Prävention** von Straftaten durch stichprobenartige Kontrollen oder der Aufdeckung anderer Pflichtverletzungen, richtet sich ihre Zulässigkeit nach § 26 Abs. 1 Satz 1. Solche Kontrollen sind zulässig, wobei die Zahl der zu kontrollierenden Personen sowie die Dauer der Kontrolle auf ein **Minimum** zu beschränken ist. Demzufolge ist eine Dauerüberwachung regelmäßig unzulässig. Auch eine Massenkontrolle der Belegschaft dürfte nur in wenigen Ausnahmefällen gerechtfertigt sein. Eine solche Ausnahme ist dann anzunehmen, wenn der Arbeitgeber ein bestimmtes pflichtwidriges Verhalten aufklären möchte, wobei zwar ein konkreter, diesbezüglicher Verdacht vorliegt, die Pflichtverletzung allerdings keine Straftat i.S.d. § 26 Abs. 1 Satz 2 darstellt. Hier kann – je nach Schwere der Pflichtverletzung und Umständen des Einzelfalls – ein berechtigtes Interesse des Arbeitgebers an der **Kontrolle aller Mitarbeiter** bestehen. 136

13. Beweisverwertungsverbote

Verstößt eine vom Arbeitgeber durchgeführte Kontrollmaßnahme gegen das BDSG, stellt sich – insbesondere im Kündigungsschutzprozess – die Frage nach einem prozessualen Beweisverwertungsverbot. Weder das BDSG noch die DSGVO oder das allgemeine Zivilprozessrecht treffen diesbezüglich Regelungen[357]. 137

Unproblematisch ist die Beurteilung bei **rechtmäßig erlangten Beweismitteln:** War die Kontrollmaßnahme rechtmäßig, besteht grundsätzlich kein Anlass, die Verwertung der erlangten Informationen zu verbieten[358]. Dies gilt im Übrigen auch für **Zufallsfunde**[359]. Hat der Arbeitgeber wegen eines konkreten Tatverdachts der Begehung einer Straftat eine Überwachungseinrichtung installiert, so können im Prozess – sofern die Maßnahme rechtmäßig ist – auch andere in die- 138

---

356 Simitis/*Seifert*, § 32 BDSG Rz. 101 ff.
357 S. ausführlich zu Verwertungsverboten und Wahrheitspflicht im Arbeitsgerichtsprozess *Reitz*, NZA 2017, 273.
358 Differenzierend *Dzida/Grau*, NZA 2010, 1201 (1204).
359 Zum Zufallsfund bei verdeckter Videoüberwachung: BAG v. 22.9.2016 – 2 AZR 848/15, MDR 2017, 344 = CR 2017, 230 = ITRB 2017, 75 = NZA 2017, 112; BAG v. 21.11.2013 – 2 AZR 163/11, NZA 2014, 243.

sem Zusammenhang erlangte Informationen, z.b. über die Verletzung einer einfachen Arbeitsvertragsvertragspflicht, verwendet werden[360]. Schwieriger ist es, wenn es um die Verwendung von Beweismitteln geht, die durch eine **rechtswidrig vorgenommene Maßnahme** erlangt worden sind[361]. Aus der kontrovers geführten Diskussion hat sich eine h.M. herausgebildet, deren Lösung überzeugt: Nicht jede rechtswidrig durchgeführte Maßnahme führt zu einem Beweisverwertungsverbot, vielmehr kommt es darauf an, ob die Verwertung des Beweises im Prozess eine **erneute Verletzung** des allgemeinen Persönlichkeitsrechts des Arbeitnehmers darstellen würde[362].

139 Dies bedeutet – wie das BAG in einem Urteil aus dem Jahre 2007 klargestellt und danach wiederholt bestätigt hat – zunächst, dass der isolierte Verstoß des Arbeitgebers gegen ein etwaiges **Mitbestimmungsrecht des Betriebsrats** nach § 87 Abs. 1 Nr. 6 BetrVG oder andere betriebsverfassungsrechtliche Verpflichtungen nicht dazu führt, dass die gewonnenen Beweise unverwertbar sind. Wenn die Maßnahme bei ordnungsgemäßer Beteiligung des Betriebsrats zulässig gewesen wäre, die Datenerhebung, -verarbeitung oder -nutzung selbst also keinen Verstoß gegen das allgemeine Persönlichkeitsrecht des Arbeitnehmers darstellt, handelt es sich auch bei der anschließenden Verwertung im Prozess nicht um eine Verletzung des allgemeinen Persönlichkeitsrechts[363].

140 Sind dagegen die relevanten Informationen durch eine Maßnahme gewonnen worden, die deshalb rechtswidrig ist, weil sie Persönlichkeitsrechte der Arbeitnehmer verletzt, ist grundsätzlich davon auszugehen, dass die Verletzung dieser Rechte durch eine Verwendung im Prozess **perpetuiert** wird, so dass ihre Verwertung verboten ist[364]. Ausnahmsweise kann aber auch in einem solchen Fall die Verwertung zulässig sein; nämlich wenn die verletzten Persönlichkeitsrechte gerade nicht die der Prozesspartei waren[365]. Hierzu folgendes Beispiel: Ist ein Massenscreening deshalb unverhältnismäßig, weil der kontrollierte Personenkreis nicht auf ein Minimum bzw. auf eine bestimmte Personengruppe reduziert

---

360 BAG v. 22.9.2016 – 2 AZR 848/15, MDR 2017, 344 = CR 2017, 230 = ITRB 2017, 75 = NZA 2017, 112.
361 Vgl. zu Informationen, die aus einer rechtswidrigen Videoüberwachung erlangt wurden, ausführlich *Grimm/Schiefer*, RdA 2009, 329 (340 f.).
362 BAG v. 20.10.2016 – 2 AZR 395/15, MDR 2017, 465 = NZA 2017, 443; BAG v. 22.9. 2016 – 2 AZR 848/15, MDR 2017, 344 = CR 2017, 230 = ITRB 2017, 75 = NZA 2017, 112; BAG v. 13.12.2007 – 2 AZR 537/06, NZA 2008, 1008; *Dzida/Grau*, NZA 2010, 1201 (1202); *Erfurth*, NJOZ 2009, 2914 (2922); *Grimm/Schiefer*, RdA 2009, 329 (339); *Kratz/Gubbels*, NZA 2009, 652 (656); Simitis/*Seifert*, § 32 BDSG Rz. 193; *Thüsing*, Beschäftigtendatenschutz und Compliance, § 21 Rz. 31; *Kort*, ZD 2016, 555 (559).
363 BAG v. 20.10.2016 – 2 AZR 395/15, MDR 2017, 465 = NZA 2017, 443 („Verdeckte Videoüberwachung"); BAG v. 13.12.2007 – 2 AZR 537/06, NZA 2008, 1008.
364 *Kratz/Gubbels*, NZA 2009, 652 (656).
365 BAG v. 20.10.2016 – 2 AZR 395/15, MDR 2017, 465 = NZA 2017, 443 („Verdeckte Videoüberwachung"); *Dzida/Grau*, NZA 2010, 1201 (1202 f.).

wurde (vgl. Rz. 133), ist die Maßnahme rechtswidrig, weil sie die Persönlichkeitsrechte der „unschuldigen", aber gleichwohl kontrollierten Arbeitnehmer verletzt. Das Persönlichkeitsrecht desjenigen, dessen Straftat durch den Datenabgleich aufgedeckt wurde und dessen Kündigung nun begründet werden soll, ist dagegen nicht verletzt, so dass auch eine Verwertung der gewonnenen Beweise im Prozess zulässig ist[366].

Darüber hinaus stellt sich die Frage, ob unter besonderen Umständen auch Beweise zulasten des Arbeitnehmers verwendet werden können, wenn diese Beweise durch eine **rechtswidrige Maßnahme** gewonnen wurden, die deshalb rechtswidrig ist, weil sie das Persönlichkeitsrecht des klagenden Arbeitnehmers verletzt[367]. Die wohl h.M. vertritt den Standpunkt, eine Verwertung sei in diesem Fall dann zulässig, wenn der Arbeitgeber sich in einer „**notwehrähnlichen Lage**" befinde[368]. Diese wiederum sei dann gegeben, wenn der Arbeitgeber ein gesteigertes Interesse an der Durchsetzung seiner Rechte habe und die Persönlichkeitsrechtsverletzung des Arbeitnehmers nicht erheblich sei. Dies ist überzeugend, da ein Verwertungsverbot in solchen Konstellationen auch nur dann gerechtfertigt erscheint, wenn auch die Interessen des Arbeitgebers an der Verwertung in die Abwägung eingebracht wurden und diese Interessenabwägung zu Lasten des Arbeitgebers ausfällt. 141

In der Praxis dürfte diese Frage allerdings nur in eher seltenen Fällen tatsächlich relevant werden. Aufgrund der **zivilprozessualen Wahrheitspflicht** (§ 138 ZPO) wird der Arbeitnehmer den Sachvortrag des Arbeitgebers selbst dann nicht widerlegen können, ohne seinerseits einen Prozessbetrug zu begehen, wenn die Erkenntnisse des Arbeitgebers durch rechtswidrige Ermittlungsmaßnahmen erlangt wurden. Selbst dann, wenn der – zutreffende – Vortrag des Arbeitgebers durch rechtswidrige Ermittlungsmaßnahmen des Arbeitgebers, die das Persönlichkeitsrecht des betroffenen Arbeitnehmers verletzen, erlangt wurden, darf der Arbeitnehmer diesen Vortrag nach den Grundsätzen der zivilprozessualen Wahrheitspflicht nicht bestreiten[369]. Von entscheidender Bedeutung ist daher eher die Frage, ob ein Beweisverwertungsverbot **Fernwirkung** entfalten kann und ob zusätzlich zum Beweisverwertungsverbot ein **Sachvortragsverwertungsverbot** existiert. Beide Fragen sind grundsätzlich zu verneinen. Erlangt der Arbeitgeber durch eine rechtswidrige Kontrollmaßnahme Kenntnis von anderen Beweismitteln, so sind diese vollständig verwertbar, eine Fernwirkung besteht nicht[370]. Ebenso wenig ist der Richter daran gehindert, zwischen den Parteien 142

---

366 A.A. *Kratz/Gubbels*, NZA 2009, 652 (656).
367 Grundsätzlich ablehnend *Kratz/Gubbels*, NZA 2009, 652 (656).
368 *Dzida/Grau*, NZA 2010, 1201 (1203); andeutungsweise auch BAG v. 13.12.2007 – 2 AZR 537/06, NZA 2008, 1008.
369 S. hierzu *Reitz*, NZA 2017, 273.
370 *Dzida/Grau*, NZA 2010, 1201 (1206); *Grimm/Schiefer*, RdA 2009, 329 (340); *Bergwitz*, NZA 2012, 353.

§ 26 BDSG | Datenverarbeitung für Zwecke des Beschäftigungsverhältnisses

unstreitigen Sachvortrag zu berücksichtigen, selbst wenn der Sachvortrag auf rechtswidrig erlangten Informationen beruht. Wie das BAG klargestellt hat, existiert ein Sachvortragsverwertungsverbot im deutschen Prozessrecht nicht[371].

142a Allerdings schränkt das BAG diesen Grundsatz wiederum ein, wenn der Schutzzweck der bei der Informationsgewinnung verletzten Norm einer Verwertung der Information zwecks Vermeidung eines Eingriffs in höherrangige Rechtspositionen dieser Partei zwingend entgegensteht und dies auch nicht durch schutzwürdige Interessen der Gegenseite, sprich des Arbeitgebers, gerechtfertigt werden könnte[372]. Dogmatisch begründet wird dies durch eine verfassungskonforme Auslegung von § 138 ZPO. Im Ergebnis soll der Richter in einer solchen Konstellation auch nicht bestrittenen Sachvortrag nicht berücksichtigen dürfen.

142b Dies führt in der Praxis in der Regel zu dem – richtigen – Ergebnis, dass der Sachverhalt ohne direkten Rückgriff auf das rechtswidrige Beweismittel aufgeklärt werden kann. Entsprechend konnte das BAG in seinem Urteil aus dem Jahr 2010 die Rechtmäßigkeit einer verdeckten Videoaufzeichnung mit der Begründung offen lassen, der Schutzzweck der bei der Informationsgewinnung möglicherweise verletzten Norm verbiete jedenfalls nicht, den beklagten Arbeitgeber mit seinem – unstreitigen – Sachvortrag zu hören. Denn das allgemeine Persönlichkeitsrecht des Arbeitnehmers sei nicht schrankenlos gewährt und der Eingriff sei vorliegend durch überwiegende schutzwürdige Interessen des Arbeitgebers gerechtfertigt[373]. Ganz ähnlich verfährt das LAG Hamm, wenn es Chatprotokolle trotz möglichen Verstoßes gegen das Fernmeldegeheimnis wegen überwiegender Interessen der Arbeitgeberin für verwertbar hält[374], und das LAG Rheinland-Pfalz, wenn es trotz einer in ihrer Durchführung nicht verhältnismäßigen Einsicht in einen elektronischen Kalender der Arbeitnehmerin aufgrund einer Güterabwägung zur Verwertbarkeit des unstreitig gewordenen Sachverhalts kommt[375]. Das LAG Berlin-Brandenburg weist in einer jüngeren Entscheidung[376] in einem obiter dictum darauf hin, dass die Inhalte eines Browserverlaufs auch dann verwertbar gewesen wären, wenn sie rechtswidrig gespei-

---

371 BAG v. 20.10.2016 – 2 AZR 395/15, MDR 2017, 465 = NZA 2017, 443 („Verdeckte Videoüberwachung"); BAG v. 16.12.2010 – 2 AZR 485/08, AP BGB § 626 Nr. 232; BAG v. 13.12.2007 – 2 AZR 537/06, NZA 2008, 1008; *Dzida/Grau*, NZA 2010, 1201 (1205); *Grimm/Schiefer*, RdA 2009, 329 (340); *Lunk*, Prozessuale Verwertungsverbote im Arbeitsrecht, NZA 2009, 457 (458).
372 BAG v. 27.7.2017 – 2 AZR 681/16, MDR 2017, 1430 = CR 2018, 27 = ITRB 2017, 275 = NZA 2017, 1327 („Key-Logger"); BAG v. 20.10.2016 – 2 AZR 395/15, MDR 2017, 465 = NZA 2017, 443 („Verdeckte Videoüberwachung"); BAG v. 16.12.2010 – 2 AZR 485/08, AP BGB § 626 Nr. 232; zustimmend *Reitz*, NZA 2017, 273.
373 BAG v. 16.12.2010 – 2 AZR 485/08, AP BGB § 626 Nr. 232.
374 LAG Hamm v. 10.7.2012 – 14 Sa 1711/10, CR 2012, 758 = ITRB 2013, 34 = CCZ 2013, 115.
375 LAG Rheinland-Pfalz v. 25.11.2014 – 8 Sa 363/14, ZD 2015, 488.
376 LAG Berlin-Brandenburg v. 14.1.2016 – 5 Sa 657/15, BB 2016, 891.

chert und genutzt worden wären, weil der Arbeitgeber durch einen arbeitsvertraglichen Vorbehalt stichprobenartiger Kontrollen die Entstehung einer arbeitnehmerseitigen Erwartung auf die Vertraulichkeit seiner privaten Kommunikation von vornherein verhindert habe.

VIII. Übermittlung von Beschäftigtendaten an Dritte

Es gibt vielfältige Situationen, in denen es für den Arbeitgeber zur Durchführung des Beschäftigungsverhältnisses erforderlich oder zumindest sinnvoll sein kann, die von ihm erhobenen und gespeicherten Daten bezüglich seiner Arbeitnehmer an „Dritte" zu übermitteln[377]. Dies reicht von der Auslagerung der Lohnbuchhaltung bis zur Weitergabe von Informationen im Rahmen einer Due Diligence beim Verkauf des Unternehmens. Dabei ist zunächst festzuhalten, dass eine Datenübermittlung an einen „Dritten" auch dann vorliegt, wenn die Übermittlung innerhalb eines Konzerns erfolgt. Damit kennt das BDSG **kein „Konzernprivileg"**, das einen freien Datenaustausch zwischen den Konzernunternehmen zuließe[378]. D.h., auch im Falle einer Datenübermittlung im Konzern ist eine gesonderte datenschutzrechtliche Rechtfertigung erforderlich. Art. 88 Abs. 2 DSGVO enthält Vorgaben für die Datenweitergabe im Konzern und damit ebenfalls kein Konzernprivileg (vgl. dazu die Kommentierung zu Art. 88 DSGVO Rz. 20). Allerdings lässt sich dem Erwägungsgrund Nr. 48 zur DSGVO („Überwiegende berechtigte Interessen in der Unternehmensgruppe") entnehmen, dass der europäische Gesetzgeber grds. anerkennt, dass in Konzernen ein Bedürfnis für die Übermittlung von Beschäftigtendaten bestehen kann. Dies wird man nun auch bei der Frage der Erforderlichkeit im Rahmen von § 26 Abs. 1 Satz 1 im Sinne einer ersten (widerlegbaren) Vermutung für die Erforderlichkeit der Übermittlung berücksichtigen müssen. 143

Erfolgt die **Datenübermittlung in Länder außerhalb der EU**, sind diesbezüglich noch die besonderen Vorschriften der Art. 44 ff. DSGVO zu beachten und zwar unabhängig davon, ob die Übermittlung innerhalb oder außerhalb des Konzerns erfolgt[379].

Von der Übermittlung von Beschäftigtendaten im engeren Sinne ist die **Auftragsdatenverarbeitung** zu unterscheiden. Ein typischer Anwendungsfall der Auftragsdatenverarbeitung ist die Auslagerung der Lohn- und Gehaltsabrech- 144

---

377 Zur Rechtmäßigkeit einer Weisung des Arbeitgebers an den Arbeitnehmer, personenbezogene Daten zwecks Beantragung und Nutzung einer elektronischen Signaturkarte an einen Zertifizierungsanbieter zu übertragen vgl. BAG v. 25.9.2013 – 10 AZR 270/12, MDR 2014, 98 = NZA 2014, 41.
378 Vgl. Simitis/*Seifert*, § 32 BDSG Rz. 116; vgl. dazu auch Conrad/Grützmacher/*Moos*, § 47 Rz. 3 ff.; zu Auswirkungen von Matrixstrukturen vgl. *Feige*, ZD 2015, 116.
379 S. hierzu die Kommentierung des Art. 44 DSGVO.

nung auf einen externen Anbieter oder ein anderes Konzernunternehmen. Hier richten sich die Zulässigkeitsanforderungen nach Art. 28 DSGVO[380].

145 Erfolgt die Datenübermittlung nicht im Rahmen einer Auftragsdatenverarbeitung, bedarf die Übermittlung einer gesonderten **Erlaubnis**, sei es auf der Grundlage einer **Konzernbetriebsvereinbarung**[381] (zur Datenverarbeitung auf Grundlage von Betriebsvereinbarungen s. Rz. 11c) oder auf der Grundlage von **§ 26 Abs. 1 Satz 1**. So kann etwa der Aufbau einer **konzernweiten Personalverwaltung**, die Grundlage für den konzernweiten Personaleinsatz, die Personalentwicklung oder auch die Schaffung eines konzernweiten Arbeitsmarktes ist, eine Datenübermittlung im Konzern rechtfertigen. Gleiches gilt für die Erstellung konzernweiter Telefon- oder E-Mail-Verzeichnisse. Wie bereits ausgeführt (s. Rz. 143) geht der europäische Gesetzgeber ausweislich des Erwägungsgrunds Nr. 48 zur DSGVO in Konzernen grds. von einem Bedürfnis für die Übermittlung von Beschäftigtendaten aus.

146 Sofern im Rahmen einer **Due Diligence** Beschäftigtendaten dem Kaufinteressenten übermittelt werden sollen, greift § 26 Abs. 1 als Rechtfertigungsgrundlage nicht ein, da die Datenübermittlung nicht zur Durchführung des Beschäftigungsverhältnisses erforderlich ist. Vielmehr ist auf die Generalklausel des Art. 6 Abs. 1 DSGVO abzustellen[382]. Hiernach wird eine Interessenabwägung zwischen den Interessen der betroffenen Arbeitnehmer und dem Interesse des Arbeitgebers an einer Übermittlung der entsprechenden Daten vorgenommen. Im Regelfall muss dem Interesse der Arbeitnehmer dabei insofern Rechnung getragen werden, als dass dem Erwerber – zumindest in der Anfangsphase einer Transaktion – lediglich anonymisierte Mitarbeiterlisten sowie geschwärzte Musterverträge überreicht werden. Soweit aber das Management sowie andere Schlüsselkräfte und Know-how-Träger betroffen sind, wird man auch ein überwiegendes Interesse des Arbeitgebers an der Übermittlung von ungeschwärzten Unterlagen, wie etwa Anstellungsverträgen, annehmen können[383]; hierbei handelt es sich um entscheidende Informationen für einen Erwerber, die dieser für eine angemessene Prüfung der arbeitsrechtlichen und personellen Verhältnisse der Zielgesellschaft benötigt. Die Vorlage nicht anonymisierter Listen von Mitarbeitern mit Angaben zu Gehalt und anderen Daten wird auch dann für zulässig anzusehen sein, wenn etwa im Rahmen eines Unternehmenskaufs, der einen Betriebsübergang zur Folge hat ("**Asset-Deal**"), eine Identifizierung der Mitarbeiter erforderlich ist, die zu den übergehenden Bereichen zählen. Dies kann z.B. für die nach § 613a Abs. 5 BGB erforderliche Unterrichtung wie auch zur Bestimmung des Verpflichtungsumfangs (z.B. aus betrieblicher Altersversorgung) des Erwerbers erforderlich sein. Aber auch bei einem **Share-Deal** wird eine Vorlage individualisierter Listen dann gerechtfertigt sein, wenn die Durchführung

---

380 S. hierzu im Einzelnen die Kommentierung zu Art. 28 DSGVO.
381 BAG v. 20.12.1995 – 7 ABR 8/95, CR 1996, 542 = NZA 1996, 945 (947).
382 HWK/*Lembke*, Art. 88 DSGVO Rz. 98.
383 Willemsen/Hohenstatt/Schweibert/Seibt/*Seibt*/*Hohenstatt*, Rz. K27.

der Transaktion unmittelbar bevorsteht und die Liste z.b. im Zusammenhang mit einer Garantie Bestandteil des Kaufvertrages werden soll. Gleiches gilt, wenn der Vollzug der Transaktion nach Abschluss des Kaufvertrages überwiegend wahrscheinlich geworden ist und die Daten z.b. für die Vorbereitung des Übergangs des Geschäftsbetriebs benötigt werden[384].

Eine **Veröffentlichung von Beschäftigtendaten**, z.b. auf der Homepage des Unternehmens, wird regelmäßig nur dann erforderlich i.s.d. § 26 Abs. 1 Satz 1 sein, wenn es sich um Mitarbeiter mit Außenwirkung handelt (z.b. Geschäftsführung sowie Kontaktpersonen in den unterschiedlichen Unternehmensbereichen). In den anderen Fällen ist zur Veröffentlichung eine Einwilligung erforderlich. Sofern die Veröffentlichung eines Fotos des jeweiligen Betroffenen erfolgen soll, ist in jedem Fall dessen Einwilligung erforderlich[385]. Scheidet der auf der Homepage genannte Mitarbeiter aus, hat er einen Anspruch auf Löschung seines Mitarbeiterprofils[386]. Gleichzeitig hat aber auch das Unternehmen einen Anspruch auf Löschung von Hinweisen auf die bisherige Unternehmenszugehörigkeit des Mitarbeiters, z.B. in sozialen Netzwerken.

147

IX. Datenverwendung bei und nach Beendigung des Beschäftigungsverhältnisses

Daten, die für die **Beendigung des Arbeitsverhältnisses und dessen Abwicklung** erforderlich sind, dürfen vom Arbeitgeber erhoben, verarbeitet und genutzt werden. Unerlässlich und damit zulässig ist hier vor allem die Nutzung der Stammdaten oder der aus den Stammdaten resultierenden Daten (bspw. die Vergütung) der Arbeitnehmer, sei es bspw. bei der Berechnung der Länge einer Kündigungsfrist oder der Höhe einer Abfindung. Regelmäßig werden diese Daten schon vor Beendigung des Arbeitsverhältnisses durch den Arbeitgeber erhoben. Ihre Nutzung ist unproblematisch[387].

148

Für die Zulässigkeit der Datenverwendung bei der **Kündigungsentscheidung** gilt: Ohne Weiteres zulässig ist die Verwendung solcher Daten, die der Arbeitgeber zur Einhaltung seiner gesetzlichen Pflichten bei der Entscheidungsfindung – bspw. der Durchführung einer **Sozialauswahl** (§ 1 Abs. 3 Satz 1 KSchG) – benötigt[388]. D.h. aber auch, dass der Arbeitgeber grundsätzlich alle Daten speichern

149

---

384 Vgl. Willemsen/Hohenstatt/Schweibert/Seibt/*Seibt*/*Hohenstatt*, Rz. K27.
385 Simitis/*Seifert*, § 32 BDSG Rz. 125.
386 Vgl. LAG Hessen v. 24.1.2012 – 19 SaGa 1480/11, RDV 2012, 204; zur weiteren Nutzung von Videoaufnahmen eines ausgeschiedenen Mitarbeiters vgl. BAG v. 11.12.2014 – 8 AZR 1010/13, MDR 2015, 1082 = CR 2015, 453 m. Anm. *Werkmeister*/*Schröder* = ITRB 2015, 133 = NZA 2015, 604; vgl. dazu auch *Benecke*/*Groß*, NZA 2015, 833 und oben Rz. 11a.
387 ErfK/*Franzen*, § 32 BDSG Rz. 29; Simitis/*Seifert*, § 32 BDSG Rz. 135.
388 Simitis/*Seifert*, § 32 BDSG Rz. 135.

und verwenden darf, die er zur Erfüllung der ihm obliegenden **Darlegungs- und Beweislast** in einem potentiellen Kündigungsschutzprozess benötigt[389]. Dabei darf allerdings nicht unberücksichtigt bleiben, dass hier – und dies gilt insbesondere für die verhaltensbedingte Kündigung – natürlich nur die Verwendung solcher Daten zulässig ist, deren Erhebung nicht gegen die oben dargestellten Grundsätze über Beweisverwertungsverbote verstoßen hat (vgl. Rz. 137).

Von § 26 ebenfalls erfasst ist die Datenverwendung bei **Abwicklung** des Arbeitsverhältnisses[390]. Dass ein Arbeitsverhältnis nicht ohne die Berücksichtigung von Arbeitnehmerdaten abgewickelt werden kann und ihre Verwendung daher zulässig sein muss, liegt auf der Hand. Insbesondere damit noch ausstehende Ansprüche beider Seiten geltend gemacht und beglichen werden können, müssen die hierfür erforderlichen Daten erhoben und verwendet werden[391].

150 Auch **nach Beendigung** des Arbeitsverhältnisses kann eine Erhebung, Verarbeitung oder Nutzung von Arbeitnehmerdaten erforderlich sein. Nach Art. 17 Abs. 1 Buchst. a DSGVO i.V.m. § 35 sind zwar solche Daten zu löschen, die für den Zweck, für den sie erhoben wurden, nicht mehr erforderlich sind; allerdings gibt es auch nach Beendigung des Arbeitsverhältnisses Konstellationen, in denen der Arbeitgeber auf die Daten des Arbeitnehmers weiterhin angewiesen ist[392], so dass ihre Aufbewahrung erforderlich bleibt. Dies gilt z.B., wenn aus dem Arbeitsverhältnis nachvertragliche Pflichten – bspw. ein Wettbewerbsverbot – resultieren, aber auch dann, wenn der Arbeitgeber per Gesetz zur Aufbewahrung von Unterlagen oder Speicherung von Daten verpflichtet ist. Die Speicherung der für diese **Zwecke konkret benötigten Daten** ist damit zulässig. Aber auch unabhängig von diesen vertraglichen oder gesetzlichen Bindungen muss der Arbeitgeber befugt sein, über einen längeren Zeitraum zumindest die **Stammdaten** und die damit verbundenen Daten der Arbeitnehmer zu speichern, um ggf. ihre Tätigkeit im Unternehmen, z.B. im Hinblick auf nachvertragliche Pflichtverletzungen, darlegen zu können[393].

---

389 BAG v. 29.6.2017 – 2 AZR 597/16, NZA 2017, 1179; auf dieser Grundlage kann ein Arbeitnehmer die Entfernung einer zu Recht erteilten Abmahnung aus der Personalakte nur verlangen, wenn das abgemahnte Verhalten für das Arbeitsverhältnis in jeder Hinsicht bedeutungslos geworden ist, vgl. BAG v. 19.7.2012 – 2 AZR 782/11, MDR 2013, 231 = NZA 2013, 91.
390 Simitis/*Seifert*, § 32 BDSG Rz. 140.
391 Simitis/*Seifert*, § 32 BDSG Rz. 140.
392 ErfK/*Franzen*, § 32 BDSG Rz. 29; für ein sehr weitgehendes Speicherungsrecht *Gola/Schomerus*, § 32 BDSG Rz. 23.
393 Das BAG begründet im Urteil v. 16.11.2010 – 9 AZR 573/09, MDR 2011, 1048 = NJW 2011, 1306 eine Pflicht des Arbeitgebers, dem Arbeitnehmer auch nach Beendigung des Arbeitsverhältnisses Einsicht in seine Personalakte zu gewähren, so dass hieraus gefolgert werden kann, dass der Senat grundsätzlich keine Zweifel an der Rechtmäßigkeit der Aufbewahrung einer solchen Personalakte hat; vgl. dazu auch *Riesenhuber*, NZA 2014, 753 (756); zum Rechtsweg bei Auskunftsanspruch eines ausgeschiedenen Arbeitnehmers vgl. BAG v. 3.2.2014 – 10 AZB 77/13.

X. Rechtsfolgen von Verstößen gegen den Beschäftigtendatenschutz

Die Rechtsfolgen von Verstößen gegen den Beschäftigtendatenschutz sind unterschiedlich. In Betracht kommen vertragliche wie deliktsrechtliche **Schadensersatzansprüche** nach §§ 280, 311 Abs. 2 oder § 823 BGB[394]. Im Falle von Diskriminierungen folgen Ansprüche überdies aus § 15 AGG. Art. 16 und 17 DSGVO regeln das Recht auf **Berichtigung und Löschung** unbefugt oder nicht mehr benötigter gespeicherter Daten. Dabei ist aber ggf. § 35 zu beachten. In Betracht kommt weiter ein allgemeiner **Beseitigungs- und Unterlassungsanspruch** nach § 1004 sowie ein **Gegendarstellungsanspruch** nach § 83 Abs. 2 BetrVG bzw. § 26 Abs. 2 Satz 4 SprAuG. Unter Umständen hat der Beschäftigte ein Zurückbehaltungsrecht hinsichtlich seiner Arbeitsleistung. Überdies bestehen Beschwerderechte nach § 84 BetrVG. Auch kann der Beschäftigte Anzeige bei den Datenschutzbehörden erstatten. Gemäß Art. 33 DSGVO ist die verantwortliche Stelle zur Meldung an die Aufsichtsbehörde verpflichtet, wenn eine Verletzung des Schutzes personenbezogener Daten erfolgt ist. Gleichzeitig ist hierüber auch der Betroffene selbst gemäß Art. 34 DSGVO zu informieren. Gemäß Art. 83 DSGVO können die Aufsichtsbehörden (empfindliche) Geldstrafen bei Verstößen gegen die Regelungen der DSGVO verhängen. Ergänzt werden diese Regelungen durch §§ 41 ff. BDSG, u.a. durch den in § 42 enthaltenen Straftatbestand. In verfahrensrechtlicher Hinsicht kommen Beweisverwertungsverbote in Betracht (dazu ausführlich Rz. 137 ff.).

151

XI. Beteiligungsrechte der Interessenvertretungen der Beschäftigten

§ 26 Abs. 6 stellt klar, dass die Beteiligungsrechte der **Interessenvertretungen** der Beschäftigten unberührt bleiben[395]. Damit hat der Gesetzgeber die bisherige Regelung in § 32 Abs. 3 BDSG-alt unverändert übernommen. Interessenvertretungen i.S.d. Vorschrift sind auch die Sprecherausschüsse der leitenden Angestellten[396] sowie Mitarbeitervertretungen auf Grundlage kirchenrechtlicher Vorschriften. Der betriebliche Datenschutzbeauftragte ist dagegen keine solche Interessenvertretung[397].

152

Einstweilen frei.

153

---

394 Vgl. zum Schmerzensgeldanspruch eines Arbeitnehmers bei rechtswidrigen heimlichen Videoaufnahmen durch einen Detektiv BAG v. 19.2.2015 – 8 AZR 1007/13, MDR 2015, 1245 = CR 2016, 155 = ITRB 2015, 280 = NZA 2015, 994.
395 S. auch § 32l Abs. 3 BDSG-E 2010, BT-Drucks. 535/10.
396 Zum Informationsrecht des Sprecherausschusses nach § 25 Abs. 2 SprAuG vgl. *Kort*, NZA-RR 2015, 113.
397 Simitis/*Seifert*, § 32 BDSG Rz. 145; zu den unterschiedlichen Rollen von Betriebsrat und Datenschutzbeauftragtem beim Arbeitnehmer-Datenschutz vgl. *Kort*, NZA 2015, 1345.

1. Betriebsrat

a) Datenschutzrechtliche Stellung des Betriebsrats

154 Nach der Rechtsprechung des BAG[398] sowie der bisherigen herrschenden Ansicht in der Literatur[399] zum BDSG-alt war der Betriebsrat nicht selbst „verantwortliche Stelle" i.S.v. § 3 Abs. 7 BDSG-alt, sondern vielmehr **Teil der verantwortlichen Stelle „Arbeitgeber"**[400]. Es spricht daher viel dafür, dass der Betriebsrat auch nach Inkrafttreten der DSGVO nicht als „Verantwortlicher" im Sinne von Art. 4 Nr. 7 DSGVO anzusehen ist, sondern weiterhin als Teil des Verantwortlichen „Arbeitgeber"[401]. Bislang war das BAG weiter davon ausgegangen, dass der **betriebliche Datenschutzbeauftragte** den Betriebsrat nicht kontrollieren könne[402]. In einer jüngeren Entscheidung hat das BAG diese Frage offengelassen[403]. Nach Inkrafttreten der DSGVO dürfte dies jedoch nicht mehr aufrecht zu erhalten sein[404]. Die Stellung und Aufgaben des Datenschutzbeauftragten sind in Art. 38 und Art. 39 DSGVO geregelt, die grds. nationalem Recht und damit auch dem BetrVG vorgehen. Gerade auch angesichts des empfindlichen Strafrahmens im Falle eines Verstoßes gegen die Vorgaben der DSGVO wäre es nicht zu rechtfertigen, einen durch den Datenschutzbeauftragten nicht zu überwachenden datenschutzrechtlich relevanten Raum zu schaffen.

155 Fraglich ist allerdings, ob der Betriebsrat wiederum den Datenschutzbeauftragten kontrollieren darf oder gar muss. Zweifelsohne gehört es auch zu den Aufgaben des Betriebsrats nach § 80 Abs. 1 Nr. 1 BetrVG, die Einhaltung des Beschäftigtendatenschutzes zu überprüfen. Weiter kann der Betriebsrat seine Zustimmung zur Einstellung eines Datenschutzbeauftragten oder zur Versetzung eines Arbeitnehmers auf die entsprechende Position nach § 99 Abs. 2 Nr. 1 BetrVG mit der Begründung verweigern, diesem fehle die erforderliche Fachkunde und Zuverlässigkeit[405]. Ein allgemeines Kontrollrecht des Betriebsrats ge-

---

398 BAG v. 12.8.2009 – 7 ABR 15/08, NZA 2009, 1218.
399 Dazu *Kort*, RDV 2012, 8.
400 BAG v. 7.2.2012 – 1 ABR 46/10, NZA 2012, 744; kritisch *Kort*, NZA 2015, 1345 (1347, 1351).
401 Vgl. Kommentierung zu Art. 4 DSGVO; so auch Ehmann/Selmayr/*Selk*, Art. 88 DSGVO Rz. 170; HWK/*Lembke*, Vorb. DSGVO Rz. 27; a.A. *Kort*, ZD 2017, 319 (323).
402 BAG v. 11.11.1997 – 1 ABR 21/97, CR 1998, 328 = NZA 1998, 385.
403 BAG v. 23.3.2011 – 10 AZR 562/09, CR 2011, 776 m. Anm. *Menz* = ITRB 2011, 252 = BB 2011, 2683 m. Anm. *Wybitul* zur Kompatibilität des Betriebsratsamts sowie des Amts als Datenschutzbeauftragter; kritisch *Kort*, NZA 2015, 1345 (1346).
404 Für eine Überwachung des Betriebsrats durch den Datenschutzbeauftragten HWK/*Lembke*, Art. 39 DSGVO Rz. 40 und wohl auch *Wybitul*, NZA 2017, 1488.
405 BAG v. 22.3.1994 – 1 ABR 51/93, MDR 1995, 291 = CR 1994, 688 = AP BetrVG 1972, § 99 Versetzung Nr. 4 zur Bestellung eines Datenschutzbeauftragten nach § 36 Abs. 2 BDSG a.F.; kritisch *Kort*, NZA 2015, 1345.

genüber dem betrieblichen Datenschutzbeauftragten folgt hieraus unterdessen nicht[406].

b) „Weitergabe" von personenbezogenen Daten an den Betriebsrat

Im Rahmen der Ausübung seines Amtes werden dem Betriebsrat personenbezogene Daten durch den Arbeitgeber bereitgestellt, der Betriebsrat erhebt oder verarbeitet aber auch selbst personenbezogene Daten von Arbeitnehmern. Da der Betriebsrat Teil der verantwortlichen Stelle ist, ist die Bereitstellung solcher Daten durch den Arbeitgeber und deren Verwendung durch den Betriebsrat als „Verarbeitung" im Sinne von Art. 4 Nr. 2 DSGVO anzusehen. Die Bereitstellung an den Betriebsrat ist dabei an § 26 zu messen. Sie war schon unter der Geltung des BDSG-alt nur zulässig, wenn ein **Bezug zu den Aufgaben** des Betriebsrats besteht[407]. Besteht kein solcher Bezug, ist die Datennutzung durch den Arbeitgeber und in der Folge auch die Datennutzung durch den Betriebsrat unzulässig[408]. Nach Inkrafttreten der DSGVO ist ein solcher Aufgabenbezug allein allerdings nicht mehr ausreichend. Gemäß § 1 Abs. 3 BDSG-alt gingen andere Rechtsvorschriften des Bundes, die auf personenbezogene Daten anzuwenden sind – wie etwa auch die Vorschriften des BetrVG – den Regelungen des BDSG-alt vor. Diese Subsidiarität des BDSG stünde allerdings nicht im Einklang mit dem Anwendungsvorrang der DSGVO und entfällt künftig[409]. Gemäß § 1 Abs. 2 genießen nunmehr nur noch solche Regelungen Vorrang vor dem BDSG, die den Datenschutz betreffen und den Sachverhalt abschließend regeln. Konsequenterweise hat der Gesetzgeber den aus § 32 Abs. 1 BDSG-alt entnommenen allgemeinen Erlaubnistatbestand dahingehend ergänzt, dass die Verarbeitung von Beschäftigtendaten auch dann zulässig sein kann, wenn sie zur Ausübung oder Erfüllung der *„Rechte und Pflichten der Interessenvertretung der Beschäftigten erforderlich ist"*. Zu beachten ist dabei allerdings, dass die Prüfung der Zulässigkeit einer Weitergabe von Daten an den Betriebsrat und deren Nutzung durch den Betriebsrat nach den Maßstäben des datenschutzrechtlichen Erforderlichkeitsbegriffs zu erfolgen hat; die „Erforderlichkeit" gemäß der betreffenden betriebsverfassungsrechtlichen Norm wäre dagegen noch nicht ausreichend. Geht es daher beispielsweise um Informationsansprüche des Betriebsrats, ist eine objektive Interessenabwägung zwischen dem Informationsinteresse des Betriebsrats und den davon betroffenen Interessen sowie Grundrechten der Ar-

---

406 *Kort*, NZA 2015, 1345 (1351); zur Schaffung von Betriebsrat und Datenschutzbeauftragten unterstützenden Strukturen vgl. *Bommer*, ZD 2015, 123 (124).
407 *Däubler*, Gläserne Belegschaften, Rz. 633 ff.; Simitis/*Seifert*, § 32 BDSG Rz. 170; *Kort*, ZD 2016, 3; *Kort*, RDV 2012, 8 (11); zur Zulässigkeit der Weitergabe personenbezogener Daten von Arbeitnehmern an den Betriebsrat im Zusammenhang mit betrieblichem Eingliederungsmanagement s. BAG v. 7.2.2012 – 1 ABR 46/10, DB 2012, 1517.
408 Vgl. dazu auch *Kort*, NZA 2015, 1345 (1347).
409 *Düwell/Brink*, NZA 2017, 1081 (1085).

beitnehmer und des Arbeitgebers vorzunehmen[410]. Dies wird künftig insbesondere bei der Bewertung von Informationsansprüchen des Betriebsrats und deren Reichweite zu berücksichtigen sein, da hier datenschutzrechtliche Erwägungen und insbesondere die Rechte der betroffenen Arbeitnehmer bislang – wenn überhaupt – allenfalls nur eine untergeordnete Bedeutung eingenommen haben. So muss etwa bezweifelt werden, dass es – nach datenschutzrechtlichen Maßstäben – erforderlich ist, im Rahmen einer Anhörung gemäß § 99 BetrVG sämtliche Bewerbungsunterlagen, und zwar auch der nicht berücksichtigten Bewerber, dem Betriebsrat vorzulegen[411].

c) Eigener Umgang des Betriebsrats mit Beschäftigtendaten

157 Die **eigene Datenerhebung** sowie **Nutzung** von durch den Arbeitgeber bereitgestellten Daten sind ebenfalls an § 26 und den Vorgaben der DSGVO zu messen[412]. Taugliche Rechtsgrundlage ist u.a. § 80 Abs. 1 BetrVG, der die allgemeinen Aufgaben des Betriebsrats formuliert. Die Grenzen des Aufgabenbereichs bilden dabei die Zulässigkeitsgrenzen der Datenerhebung, -verarbeitung und -nutzung[413]. Weitere Grenzen ergeben sich aus dem Grundsatz der Datensparsamkeit, der datenschutzrechtlichen Erforderlichkeit gemäß § 26 Abs. 1 (s. oben Rz. 16 ff.) sowie dem Recht auf informationelle Selbstbestimmung der Beschäftigten nach § 75 Abs. 2 Satz 1 BetrVG[414]. Der Betriebsrat hat daher, soweit dies zur Aufgabenwahrnehmung ausreichend ist, mit anonymisierten oder pseudonymisierten Daten zu arbeiten[415] und muss sich auf die für die Wahrnehmung der gesetzlichen Aufgaben erforderlichen Datenerhebungen und -verwendungen beschränken. Hat der Betriebsrat bspw. nur ein Einsichtnahmerecht in Unterlagen, wäre eine auf Dauer angelegte Datenspeicherung unzulässig[416]. Eine Datenerhebung und -nutzung über die gesetzlichen Aufgaben des Betriebsrats hinaus wäre allerdings u.U. nach vorheriger **Einwilligung** der Betroffenen möglich[417].

158 Betriebsratsmitglieder sind an das **Datengeheimnis** gebunden. Überdies bestehen betriebsverfassungsrechtliche **Geheimhaltungsvorschriften**, bspw. nach § 99

---

410 *Wybitul*, NZA 2017, 413 (416).
411 So aber noch BAG, Beschl. v. 21.10.2014 – 1 ABR 10/13, NZA 2015, 311.
412 So wohl auch *Kort*, ZD 2017, 319 (323); *Wybitul*, NZA 2017, 413 (414).
413 Zu Informationsrechten des Betriebsrats bei Mitarbeitergesprächen, Zielvereinbarungen und Talent Management und dem erforderlichen Aufgabenbezug vgl. *Kort*, NZA 2015, 520; zu Online-Zugriffsrechten des Betriebsrats auf Personalakten vgl. *Kort*, ZD 2015, 3.
414 *Kort*, ZD 2016, 3 (4); *Kort*, RDV 2012, 8 (11).
415 Däubler/Kittner/Klebe/Wedde/*Klebe*, § 94 BetrVG, Rz. 53; Simitis/*Seifert*, § 32 BDSG Rz. 173.
416 BVerwG v. 4.9.1990 – 6 P 28/87, CR 1991, 290 = NJW 1991, 375, in Bezug auf die Rechte des Personalrats; Simitis/*Seifert*, § 32 BDSG Rz. 171 ff.; *Jordan/Bissels/Löw*, BB 2010, 2889 (2892); zu der Frage, ob ein Betriebsrat berechtigt ist, ein eigenes Personalinformationssystem aufzubauen s. *Kort*, RDV 2012, 8 (10 f.).
417 Simitis/*Seifert*, § 32 BDSG Rz. 173.

Abs. 3 BetrVG sowie allgemein nach § 75 Abs. 2 BetrVG[418]. Die Weitergabe von Beschäftigtendaten bspw. an Gewerkschaften ist daher im Regelfall unzulässig[419].

d) Mitbestimmungsrechte des Betriebsrats

Die Beteiligungsrechte des Betriebsrats in beschäftigtendatenschutzrelevanten Bereichen sind ausgesprochen vielfältig. Insbesondere kommt das erzwingbare Mitbestimmungsrecht im Bereich der Überwachung von Arbeitnehmerleistung und -verhalten nach § 87 Abs. 1 Nr. 6 BetrVG in Betracht, auf das sich auch die Gesetzesbegründung bezieht[420]. Zu beachten ist freilich der Gesetzes- und Tarifvorbehalt tarifgebundener Arbeitgeber nach § 87 Abs. 1 Eingangssatz BetrVG. So sind Arbeitgeber u.U. zu einem Abgleich personenbezogener Beschäftigtendaten mit sog. **Sanktionslisten**, die auf den in den Mitgliedstaaten unmittelbar anwendbaren EU-Verordnungen EG Nr. 2580/2001 vom 27.12.2001 sowie EG Nr. 881/2002 des Rates vom 27.5.2002 beruhen, verpflichtet[421]. Überdies erfasst das Mitbestimmungsrecht nach § 87 Abs. 1 Nr. 6 BetrVG lediglich Überwachungen mittels technischer Einrichtungen. Datenerhebungen durch Privatdetektive, Vorgesetzte oder Testkäufer fallen demgegenüber nicht unter § 87 Abs. 1 Nr. 6 BetrVG[422]. Andererseits genügt es, wenn die technische Einrichtung objektiv zur Überwachung geeignet ist; auf den subjektiven Willen des Arbeitgebers, entsprechende Möglichkeiten zu nutzen, kommt es nicht an[423]. Der Einfluss des Betriebsrats auf Datenerhebungen des Arbeitgebers ist dementsprechend vielfältig, beispielhaft genannt seien Zeiterfassungssysteme, Zugangskontrollen, Videoüberwachungsmaßnahmen, Bildschirmarbeitsplätze, Personalinformationssysteme sowie die Erfassung betrieblicher Telefon-, E-Mail- und weiterer Kommunikationsdaten[424].

159

---

418 Däubler/Kittner/Klebe/Wedde/*Buschmann*, § 79 BetrVG Rz. 40.
419 Däubler/Klebe/Wedde/Weichert/*Däubler*, § 28 BDSG Rz. 29; *Kort*, NZA 2015, 1345 (1348).
420 BT-Drucks. 16/13657, S. 37.
421 Zu Mitbestimmungsrechten des Betriebsrats vgl. BAG v. 19.12.2017 – 1 ABR 32/16, NZA 2018, 673; ArbG Dessau-Roßlau v. 17.6.2009 – 1 BV 1/09; zum Sanktionslisten-Screening vgl. auch BFH v. 19.6.2012 – VII R 43/11, RDV 2012, 302; vgl. dazu auch *Traut*, RDV 2014, 119; Conrad/Grützmacher/*Conrad*/Schneider, § 69 Rz. 15 ff.
422 Simitis/*Seifert*, § 32 BDSG Rz. 160.
423 St. Rspr. seit BAG v. 9.9.1975 – 1 ABR 20/74, AP, BetrVG 1972, § 87, Überwachung Nr. 2; BAG v. 23.4.1985 – 1 ABR 39/81, CR 1985, 97 = AP, BetrVG 1972, § 87, Überwachung Nr. 11.
424 *Wollenschläger*, Rz. 1170 f. Simitis/*Seifert*, § 32 BDSG Rz. 162 f.; näher zu den Voraussetzungen des § 87 Abs. 1 Nr. 6 BetrVG im beschäftigtendatenschutzrechtlichen Kontext: *Däubler*, Gläserne Belegschaften, Rz. 708 ff.; zur Frage der Mitbestimmung des Betriebsrats bei der Nutzung sozialer Netzwerke vgl. BAG v. 13.12.2016 – 1 ABR 7/15, BB 2017, 1213; vgl. dazu auch *Eufinger*, ArbRAktuell 2015, 340; *Kort*, ZD 2016, 3 (4).

159a Schließlich greift das Mitbestimmungsrecht nach § 87 Abs. 1 Nr. 6 BetrVG nur bei der Einführung und Änderung einer technischen Überwachungseinrichtung ein. Über das „Ob" der Einführung kann der Arbeitgeber mitbestimmungsfrei entscheiden. Dem Betriebsrat steht diesbezüglich kein Initiativrecht zu[425]. Gleiches gilt dementsprechend bei der Abschaffung einer solchen Einrichtung; auch hierüber kann der Arbeitgeber jederzeit mitbestimmungsfrei entscheiden[426].

160 Das Mitbestimmungsrecht des Betriebsrats nach § 94 BetrVG betrifft Personalfragebögen, Angaben in schriftlichen Arbeitsverträgen sowie die Aufstellung allgemeiner Beurteilungsgrundsätze[427]. Für das Mitbestimmungsrecht im Zusammenhang mit Personalfragebögen genügt dabei, dass personenbezogene Daten auf einem Datenträger erfasst werden[428]. Unerheblich ist, ob die befragte Person selbst den Fragebogen ausfüllt oder ein Dritter dies tut. Im Übrigen ersetzt die kollektivrechtliche Zulässigkeit nicht die individualrechtliche. Zweck der Mitbestimmung ist vielmehr, dass die Schranken des Fragerechts sowie insbesondere des AGG beachtet werden (dazu ausführlich Rz. 23 ff. und 41 ff.)[429]. Ein Mitbestimmungsrecht des Betriebsrats nach § 94 Abs. 2 BetrVG bei der Aufstellung allgemeiner Beurteilungsgrundsätze setzt voraus, dass sich diese Grundsätze auf die Person des Arbeitnehmers beziehen. Stellenbeschreibungen und Arbeitsplatzbewertungen sind demnach keine Beurteilungsgrundsätze i.S.v. § 94 Abs. 2 BetrVG; auch Anforderungsprofile sind keine Beurteilungsgrundsätze[430].

161 Mit einer Datenerhebung verbunden ist ebenfalls die Aufstellung von **Auswahlrichtlinien** nach § 95 Abs. 1 BetrVG[431]. Macht der Arbeitgeber bspw. Einstellungen von bestimmten Ergebnissen eines Mitarbeiter-Screenings abhängig, kommt ein Mitbestimmungsrecht des Betriebsrats hinsichtlich der beschäftigten Arbeitnehmer, aber auch hinsichtlich Bewerbern in Betracht.

---

425 BAG v. 28.11.1989 – 1 ABR 97/88, MDR 1990, 575 = CR 1990, 405 = CR 1990, 480 = NZA 1990, 406; BVerwG v. 29.9.2004 – 6 P 4/04, NVwZ 2005, 342; LAG Niedersachsen v. 22.10.2013 – 1 TaBV 53/13, zitiert nach OpenJur 2013, 45428; Wiese/Kreutz/Oetker/Raab/Weber/Franzen/Gutzeit/Jacobs/*Wiese*, GK-BetrVG, 10. Aufl. 2014, § 87 Rz. 572; ErfK/*Kania*, § 87 BetrVG Rz. 9; Richardi/*Richardi*, § 87 BetrVG Rz. 518; Hess/Worzalla/Glock/Nicolai/Rose/Huke/*Worzalla*, Kommentar zum Betriebsverfassungsgesetz, 10. Aufl. 2018, § 87 Rz. 376; HWK/*Clemenz*, § 87 BetrVG Rz. 126; *Matthes*, MHdB ArbR, § 238 Rz. 38.
426 BAG v. 28.11.1989 – 1 ABR 97/88, MDR 1990, 575 = CR 1990, 405 = CR 1990, 480 = NZA 1990, 406.
427 Vgl. dazu nur BAG v. 17.3.2015 – 1 ABR 48/13 für die Zuständigkeit bei der Aufstellung von Beurteilungsgrundsätzen.
428 Richardi/*Thüsing*, § 94 BetrVG Rz. 6.
429 Richardi/*Thüsing*, § 94 BetrVG Rz. 11; Simitis/*Seifert*, § 32 BDSG Rz. 154.
430 Richardi/*Thüsing*, § 94 BetrVG Rz. 55.
431 *Däubler*, Gläserne Belegschaften, Rz. 682.

e) Zuständiges Gremium

Nach der Zuständigkeitsordnung des BetrVG ist grundsätzlich zunächst der örtliche Betriebsrat zuständig. Eine originäre Zuständigkeit des **Gesamtbetriebsrats** bzw. des **Konzernbetriebsrats** besteht nur bei Angelegenheiten, die das Gesamtunternehmen oder mehrere Betriebe bzw. den gesamten Konzern oder mehrere Unternehmen betreffen und nicht durch die lokalen Betriebsräte bzw. Gesamtbetriebsräte geregelt werden können[432]. Es müssen daher zwingende Erfordernisse für eine betriebs- oder unternehmensübergreifende Regelung vorliegen[433], wobei auf die Verhältnisse der einzelnen Konzerne und Unternehmen abzustellen ist. Die originäre Zuständigkeit des Gesamtbetriebsrats bzw. des Konzernbetriebsrats kann sich aus **objektiv zwingenden Gründen** oder aus der „**subjektiven Unmöglichkeit**" einer Regelung auf Betriebs- oder Unternehmensebene ergeben[434]. Maßgeblich ist daher abzustellen auf den **Inhalt und die Ziele** der geplanten Regelung. Soweit sich diese nur durch eine einheitliche Regelung auf Unternehmens- oder Konzernebene erreichen lassen, ist der Gesamtbetriebsrat bzw. der Konzernbetriebsrat zuständig. Soweit im Hinblick auf eine bestimmte Angelegenheit eine originäre Zuständigkeit des Gesamt- oder Konzernbetriebsrats nicht in Betracht kommt, können die lokalen Betriebsräte oder die Gesamtbetriebsräte dennoch durch **Delegation** den Gesamt- bzw. Konzernbetriebsrat beauftragen, die Mitbestimmungsrechte wahrzunehmen (vgl. §§ 50 Abs. 2 und 58 Abs. 2 BetrVG).

162

Hieraus folgt im Hinblick auf Betriebsvereinbarungen mit datenschutzrechtlichem Bezug, dass eine **originäre Zuständigkeit des Gesamtbetriebsrats bzw. des Konzernbetriebsrats** dann gegeben ist, wenn unternehmens- oder konzernweit einheitliche **EDV-**[435] **oder Telefonsysteme**[436] eingeführt werden sollen. Auch im Hinblick auf Betriebsvereinbarungen zur **Nutzung von E-Mail und Internet** ist eine Regelung auf Unternehmens- oder Konzernebene zwingend erforderlich, da im Hinblick auf die konzerninterne Kommunikation und deren Überwachung einheitliche Schutzstandards bestehen müssen. Andernfalls könnte es zu impraktikablen Überwerfungen kommen, wenn in manchen Betrieben oder Unternehmen eines Konzerns z.B. die E-Mail-Nutzung verboten ist und in anderen Teilen erlaubt. Auch im Hinblick auf Maßnahmen, die der **Korruptionsbekämpfung** dienen, wie etwa Massenscreenings, ist ein effektives Vorgehen nur mit einheitlichen Prüfstandards und Konsequenzen möglich, so dass auch hier eine Zuständigkeit des Konzernbetriebsrats gegeben ist[437]. Etwas anderes könnte nur dann gelten, wenn bestimmte Überwachungsmaßnahmen aus-

163

---

432 Vgl. dazu auch BAG v. 16.8.2011 – 1 ABR 22/10; *Feige*, ZD 2015, 116 (120).
433 Vgl. dazu *Kort*, ZD 2016, 3 (8).
434 BAG v. 19.6.2007 – 1 AZR 454/06, NZA 2007, 1184 (1186).
435 BAG v. 14.11.2006 – 1 ABR 4/06, MDR 2007, 726 = NZA 2007, 399.
436 BAG v. 11.11.1998 – 7 ABR 47/97, NZA 1999, 947.
437 Vgl. *Kock/Francke*, NZA 2009, 646 (650).

schließlich auf lokaler Ebene eingeführt werden, wie etwa eine Videoüberwachung in einem Betrieb des Unternehmens oder Konzerns. Auch im Falle der Einführung von konzerneinheitlichen **Personalfragebögen** oder **Beurteilungsgrundsätzen** ist der Konzernbetriebsrat zur Wahrnehmung des Mitbestimmungsrechts nach § 94 BetrVG zuständig[438].

2. Andere Interessenvertretungen

164 In öffentlichen Verwaltungen nimmt der **Personalrat** die Aufgaben des Betriebsrats wahr, vgl. § 130 BetrVG und § 112 BPersVG. Sein Einfluss auf den Beschäftigtendatenschutz ähnelt weitgehend der beschriebenen Rechtslage bei Betriebsräten[439]. Gleichwohl lassen sich die im Betriebsverfassungsrecht geltenden Grundsätze nicht unbesehen auf das Personalvertretungsrecht übertragen[440]. Zu beachten ist der eingeschränkte Geltungsbereich für öffentliche Stellen nach § 1 Abs. 2 (dazu näher die Kommentierung zu § 1 BDSG Rz. 5 ff.). Das Äquivalent zu § 87 Abs. 1 Nr. 6 BetrVG ist der in der Gesetzesbegründung ebenfalls zitierte § 75 Abs. 3 Nr. 17 BPersVG[441]. Mitbestimmungsrechte des Personalrates bei Fragebögen regeln §§ 75 Abs. 3 Nr. 8, 76 Abs. 2 Nr. 2 BPersVG.

165 Für leitende Mitarbeiter kann der **Sprecherausschuss** Unterrichtungs- und Beratungsansprüche, allerdings keine weitergehenden Mitbestimmungsrechte reklamieren[442]. Nach § 27 Abs. 2 SprAuG haben Arbeitgeber und Sprecherausschuss die freie Entfaltung der Persönlichkeit der leitenden Angestellten zu schützen und zu fördern.

166 In **kirchlichen Einrichtungen** werden die Beschäftigten im Betrieb von Vertretungen repräsentiert, die sich nach dem jeweiligen autonomen Mitarbeitervertretungsrecht bestimmen[443].

167 **Gewerkschaften** sind keine Interessenvertretungen der Beschäftigten i.S.v. § 26 Abs. 1, 6. Allerdings kann gemäß § 26 Abs. 4 auch ein Tarifvertrag Rechtsgrundlage für eine Datenerhebung des Arbeitgebers sein.

---

438 Vgl. LAG Baden-Württemberg v. 12.6.1995 – 16 TaBV 12/94; LAG Düsseldorf v. 6.3.2009 – 9 TaBV 347/08, AE 2009, 206.
439 Simitis/*Seifert*, § 32 BDSG Rz. 174 ff.; *Däubler*, Gläserne Belegschaften, Rz. 839 ff.
440 Zu den Besonderheiten vgl. *Däubler*, Gläserne Belegschaften, Rz. 839 ff.; zum fehlenden Anspruch des Personalrats auf lesenden Zugriff auf Arbeitszeitkontendaten einzelner Beschäftigter vgl. BVerwG v. 19.3.2014 – 6 P 1/13; vgl. dazu auch *Kort*, ZD 2015, 3.
441 *Däubler*, Gläserne Belegschaften, Rz. 314.
442 Simitis/*Seifert*, § 32 BDSG Rz. 179; zu Informationsrechten des Sprecherausschusses in Bezug auf Personaldaten leitender Angestellter vgl. *Kort*, NZA-RR 2015, 113; zur Frage, ob Sprecherausschussrichtlinien ebenfalls Kollektivvereinbarungen nach § 26 Abs. 4 sind, *Dzida/Grau*, DB 2018, 189 (191).
443 BVerfG v. 11.10.1977 – 2 BvR 209/76, NJW 1978, 581; vgl. dazu auch Simitis/*Seifert*, § 32 BDSG Rz. 181.

§ 27 Datenverarbeitung zu wissenschaftlichen oder historischen Forschungszwecken und zu statistischen Zwecken

(1) Abweichend von Artikel 9 Absatz 1 der Verordnung (EU) 2016/679 ist die Verarbeitung besonderer Kategorien personenbezogener Daten im Sinne des Artikels 9 Absatz 1 der Verordnung (EU) 2016/679 auch ohne Einwilligung für wissenschaftliche oder historische Forschungszwecke oder für statistische Zwecke zulässig, wenn die Verarbeitung zu diesen Zwecken erforderlich ist und die Interessen des Verantwortlichen an der Verarbeitung die Interessen der betroffenen Person an einem Ausschluss der Verarbeitung erheblich überwiegen. Der Verantwortliche sieht angemessene und spezifische Maßnahmen zur Wahrung der Interessen der betroffenen Person gemäß § 22 Absatz 2 Satz 2 vor.

(2) Die in den Artikeln 15, 16, 18 und 21 der Verordnung (EU) 2016/679 vorgesehenen Rechte der betroffenen Person sind insoweit beschränkt, als diese Rechte voraussichtlich die Verwirklichung der Forschungs- oder Statistikzwecke unmöglich machen oder ernsthaft beeinträchtigen und die Beschränkung für die Erfüllung der Forschungs- oder Statistikzwecke notwendig ist. Das Recht auf Auskunft gemäß Artikel 15 der Verordnung (EU) 2016/679 besteht darüber hinaus nicht, wenn die Daten für Zwecke der wissenschaftlichen Forschung erforderlich sind und die Auskunftserteilung einen unverhältnismäßigen Aufwand erfordern würde.

(3) Ergänzend zu den in § 22 Absatz 2 genannten Maßnahmen sind zu wissenschaftlichen oder historischen Forschungszwecken oder zu statistischen Zwecken verarbeitete besondere Kategorien personenbezogener Daten im Sinne des Artikels 9 Absatz 1 der Verordnung (EU) 2016/679 zu anonymisieren, sobald dies nach dem Forschungs- oder Statistikzweck möglich ist, es sei denn, berechtigte Interessen der betroffenen Person stehen dem entgegen. Bis dahin sind die Merkmale gesondert zu speichern, mit denen Einzelangaben über persönliche oder sachliche Verhältnisse einer bestimmten oder bestimmbaren Person zugeordnet werden können. Sie dürfen mit den Einzelangaben nur zusammengeführt werden, soweit der Forschungs- oder Statistikzweck dies erfordert.

(4) Der Verantwortliche darf personenbezogene Daten nur veröffentlichen, wenn die betroffene Person eingewilligt hat oder dies für die Darstellung von Forschungsergebnissen über Ereignisse der Zeitgeschichte unerlässlich ist.

I. Einführung	1	3. Änderungen gegenüber dem BDSG-alt	7
1. Normaufbau	3	II. Berechtigung zur Nutzung sensibler Daten zu wissenschaftlichen Zwecken (Abs. 1)	8
2. Verhältnis zur DSGVO und zu anderen Gesetzen	4		

| III. Einschränkung der Betroffenenrechte (Abs. 2) .... 13 | V. Vorgaben zur Veröffentlichung (Abs. 4) .... 20 |
| IV. Vorgaben zur Anonymisierung (Abs. 3) .... 17 | |

Schrifttum: *Graalmann-Scheerer*, Die Übermittlung personenbezogener Informationen zu Forschungszwecken, NStZ 2005, 434; *von Hardenberg*, Genetische Gesundheitsdaten in der Individualisierten Medizin – Hinreichender Persönlichkeitsschutz oder rechtlicher Regelungsbedarf?, ZD 2014, 115; *Kilian*, Medizinische Forschung und Datenschutzrecht – Stand und Entwicklung in der Bundesrepublik Deutschland und in der Europäischen Union, NJW 1998, 787; *Luttenberger/Reischl/Schröder/Stürzebecher*, Datenschutz in der pharmakogenetischen Forschung – eine Fallstudie, DuD 2004, 356; *Mand*, Biobanken für die Forschung und informationelle Selbstbestimmung, MedR 2005, 565.

I. Einführung

1 Ziel der Norm ist es, die Aktivitäten im Bereich der wissenschaftlichen bzw. historischen **Forschung**[1] **und Statistik** zu fördern, die auf die Auswertung von Datenbeständen angewiesen sind und dabei gleichzeitig ein Interesse der Allgemeinheit für sich in Anspruch nehmen können[2]. Dies gilt gerade auch in Bezug auf die Verarbeitung **besonderer Kategorien personenbezogener Daten.**

2 Grundsätzlich müssen allein Zwecke der Forschung verfolgt werden. Die Regelung betrifft insofern die **öffentliche**[3] **wie die privatrechtlich organisierte Forschung.** Vgl. zur Auslegung der Zwecksetzung, insbesondere bei kommerziell motivierten Projekten, die Kommentierung zu Art. 89 DSGVO Rz. 6 und Art. 89 DSGVO Rz. 12 f. Eine Beschränkung auf einen spezifischen Forschungsgegenstand beinhaltet die Norm nicht; es können also Daten auch parallel für unterschiedliche Vorhaben verwendet werden.

1. Normaufbau

3 In § 27 Abs. 1 wird das grundsätzliche Verbot zur **Verarbeitung besonderer Kategorien personenbezogener Daten** relativiert. Eine Verarbeitung solcher Daten soll auch ohne Einwilligung zulässig sein, soweit wissenschaftliche bzw. historische Forschungszwecke oder statistische Zwecke verfolgt werden.

---

1 Vgl. zur Reichweite des Forschungsbegriffs BVerfG v. 29.5.1973 – 1 BvR 424/71 und 325/72. S. auch Erwägungsgrund 159 DSGVO, der eine „weite Auslegung" fordert.
2 Vgl. zum Spannungsverhältnis zwischen Persönlichkeitsschutz und individualisierten Forschungsansätzen *von Hardenberg*, ZD 2014, 115.
3 Zu beachten ist, dass für öffentliche Forschungseinrichtungen auf Landesebene die Regelungen der Landesdatenschutzgesetze Anwendung finden können. § 27 betrifft in diesem Sinne Einrichtungen des Bundes wie etwa die Hochschulen der Bundeswehr.

§ 27 Abs. 2 bestimmt – für jegliche Arten personenbezogener Daten – die **Einschränkung spezifischer Betroffenenrechte**, soweit diese Rechte voraussichtlich die privilegierte Zweckverwirklichung unmöglich machen oder ernsthaft beinträchtigen würden bzw. die Beschränkung der Betroffenenrechte zur Zweckerreichung notwendig ist.

Eine Anforderung an die privilegierten Nutzungen besonderer Kategorien personenbezogener Daten enthält § 27 Abs. 3, der vorgibt, dass die verwendeten Daten zu **anonymisieren** sind, sobald dies nach dem Forschungs- oder Statistikzweck möglich ist.

§ 27 Abs. 4 bestimmt – wiederum für jegliche Arten personenbezogener Daten –, dass eine **Veröffentlichung** im Rahmen von Forschungsergebnissen ohne Einwilligung nur in engen Ausnahmefällen zulässig ist.

2. Verhältnis zur DSGVO und zu anderen Gesetzen

In § 27 macht der deutsche Gesetzgeber von den **Öffnungsklauseln** in Art. 9 Abs. 2 Buchst. j bzw. Art. 89 Abs. 2 DSGVO Gebrauch. Die Privilegierung von Wissenschaft und Forschung findet sich in der DSGVO ergänzend auch in weiteren Regelungen, z.B. wird in Art. 5 Abs. 1 Buchst. b bestimmt, dass diese Zwecke stets als mit dem Ausgangszweck vereinbar gelten.

Soweit **spezialgesetzliche Vorgaben** zum Umgang mit personenbezogenen Daten im Bereich der Forschung anwendbar sind, gehen diese dem allgemeinen § 27 vor. Beispiele finden sich in den Sozialgesetzbüchern und im Medizinrecht (z.B. Arzneimittelgesetz, Gendiagnostikgesetz, Transplantationsgesetz).

Soweit die Verarbeitung auf einer Einwilligung basiert, ist zu beachten, dass die Einwilligung hier vergleichsweise unbestimmt für Bereiche wissenschaftlicher Forschung abgegeben werden kann, wenn dies unter Einhaltung der anerkannten ethischen Standards der wissenschaftlichen Forschung geschieht[4].

3. Änderungen gegenüber dem BDSG-alt

Bereits **§§ 13 Abs. 2 Nr. 8, 14 Abs. 5 Satz 1 Nr. 2, 28 Abs. 6 Nr. 4 und 40 BDSG-alt** enthielten Sonderregelungen für die Verarbeitung und Nutzung (besonderer Arten) personenbezogener Daten durch Forschungseinrichtungen. In der Sache in § 27 übernommen wurden insbesondere die Regelungen aus § 40 Abs. 2 BDSG-alt, dass möglichst weitgehend zu anonymisieren ist, und aus § 40 Abs. 3 BDSG-alt, der vergleichbare Vorgaben zur Veröffentlichung enthielt.

---

4 Vgl. Erwägungsgrund 33 zur DSGVO und die Kommentierung zu Art. 7 DSGVO.

II. Berechtigung zur Nutzung sensibler Daten zu wissenschaftlichen Zwecken (Abs. 1)

8 Gemäß § 27 Abs. 1 Satz 1 ist die Verarbeitung besonderer Kategorien personenbezogener Daten – also von Daten, aus denen die rassische und ethnische Herkunft, politische Meinungen, religiöse oder weltanschauliche Überzeugungen oder die Gewerkschaftszugehörigkeit hervorgehen bzw. genetischer und biometrischer Daten sowie Gesundheitsdaten oder Daten zum Sexualleben oder der sexuellen Orientierung – entgegen der Grundregel in Art. 9 Abs. 1 DSGVO **auch ohne Einwilligung zulässig**, wenn

- die Verarbeitung für wissenschaftliche oder historische Forschungszwecke oder für statistische Zwecke erforderlich ist,
- die Interessen des Verantwortlichen die Interessen der betroffenen Person (an einem Ausschluss der Verarbeitung) erheblich überwiegen,
- ein gesetzlicher Rechtfertigungstatbestand eingreift.

9 Das überwiegende Interesse als weitergehende Voraussetzung über die Erforderlichkeit hinaus muss also **besonders qualifiziert** sein „(erheblich überwiegen"). Generalisierende „Schwellenwerte" lassen sich hier vorab nicht praktikabel bilden[5]. Im Endeffekt läuft es auf eine besonders sorgfältige Interessenabwägung hinaus. Nicht zu vernachlässigen ist dabei, dass die Interessen an der Verarbeitung im besonders geschützten Bereich der **Wissenschaftsfreiheit** gemäß Art. 5 Abs. 3 Satz 1 GG bzw. Art. 13 GRCh ihrerseits besondere Berücksichtigung verdienen und tendenziell besonders gut geeignet sind, das allgemeine Gegeninteresse an informationeller Selbstbestimmung „erheblich zu überwiegen". Dies gilt jedenfalls, wenn der vorhergehende Prüfungsschritt zwangsläufig bereits ergeben hat, dass die Verarbeitung zur Zweckerreichung erforderlich ist. Es spricht viel dafür, dass die Norm daher im Ergebnis trotz des doppelten Vorbehalts im Tatbestand **nicht restriktiv anzuwenden** ist.

10 § 27 Abs. 1 Satz 1 dient (nur) dazu, den besonderen gesetzlichen Vorbehalt in Bezug auf besondere Kategorien personenbezogener Daten zu relativieren. Die Verarbeitung setzt daher **ergänzend die grundsätzliche Rechtfertigung der Verarbeitung** nach Art. 6 Abs. 1 DSGVO voraus, z.B. im Rahmen der Interessenabwägung nach Art. 6 Abs. 1 Buchst. f DSGVO[6]. Insofern besteht ein Gleichlauf mit den Anforderungen an die Verarbeitung nicht sensibler personenbezogener Daten zu Forschungs- und Statistikzwecken; § 27 Abs. 1 ergänzt dies für die sensiblen Daten um weitere Voraussetzungen.

---

5 Vgl. *Piltz*, § 27 BDSG Rz. 13.
6 Klargestellt in der Gesetzesbegründung, BT-Drucks. 18/11325, S. 99. Kritisch und für die Einordnung des § 27 Abs. 1 als Rechtfertigungsgrundlage Kühling/Buchner/*Buchner*/ *Tinnefeld*, § 27 BDSG Rz. 8.

Soweit die Verwendung im öffentlichen Interesse zu Zwecken der Forschung oder Statistik nicht von Anfang an verfolgt wird, sondern auf einer Zweckänderung basiert, ist zu beachten, dass dann die originäre Rechtfertigungsnorm fortgilt, da diese spezifische **Zweckänderung qua Gesetz zulässig** ist, s. Art. 5 Abs. 1 Buchst. b DSGVO[7].

11

§ 27 Abs. 1 Satz 2 betrifft angemessene und spezifische Maßnahmen zur Wahrung der Interessen der betroffenen Person, um die Risiken der Verarbeitung zu minimieren. Art. 9 Abs. 2 Buchst. j DSGVO fordert, dass die nationale Norm in Ausnutzung der Öffnungsklausel in angemessenem Verhältnis zum verfolgten Ziel stehen und spezifische Maßnahmen zur Wahrung der Interessen der betroffenen Person vorsehen muss. Hierzu dient der explizite Verweis auf die Pflichten nach § 22 Abs. 2 Satz 2, der im System des BDSG die generell **erhöhten Anforderungen an die Sicherheitsmaßnahmen** konkretisiert, wenn besondere Kategorien personenbezogener Daten verarbeitet werden.

12

III. Einschränkung der Betroffenenrechte (Abs. 2)

Anders als § 27 Abs. 1 bezieht sich § 27 Abs. 2 auf die Verarbeitung **jeglicher Arten personenbezogener Daten** für wissenschaftliche bzw. historische Forschungszwecke oder für statistische Zwecke.

13

Um diese Zwecke zu fördern, werden in **§ 27 Abs. 2 Satz 1** bestimmte Betroffenenrechte eingeschränkt, soweit diese potentiell behindernd wirken würden. Dies gilt für die Rechte auf **Auskunft** (Art. 15 DSGVO bzw. § 34), **Berichtigung** (Art. 16 DSGVO), **Einschränkung der Verarbeitung** (Art. 18 DSGVO) sowie zum **Widerspruch**[8] (Art. 21 DSGVO bzw. § 36).

Generell sind die angesprochenen Betroffenenrechte gemäß **Satz 1** „soweit" beschränkt, also in Bezug auf alle Ausprägungen und Unteransprüche, wie **kumulativ** die folgenden Bedingungen erfüllt sind:

- Die Erfüllung des Auskunftsrechts würde voraussichtlich die Verwirklichung der Forschungs- oder Statistikzwecke unmöglich machen[9] oder ernsthaft beinträchtigen.

---

7 Insofern ist im Falle der Zweckänderung hier auch kein Rückgriff auf §§ 23, 24 bzw. im Falle der Übermittlung durch öffentliche Stellen auf § 25 erforderlich. Vgl. auch Erwägungsgründe 50 und 113 DSGVO. Wiederum kritisch und die Zweckkompatibilität von der Rechtfertigung abgrenzend Kühling/Buchner/*Buchner/Tinnefeld*, § 27 BDSG Rz. 14.
8 Vgl. bereits die Einschränkung in Art. 21 Abs. 6 DSGVO selbst, die in § 27 Abs. 2 weiter spezifiziert wird.
9 Die Gesetzesbegründung, BT-Drucks. 18/11325, S. 99 nennt als Beispiel, das die Verwirklichung eines Forschungszwecks ohne Einschränkung des Auskunftsrechts unmöglich machen würde, den Fall, dass die zuständige Ethikkommission zum Schutz der betroffenen Person eine Durchführung des Projekts andernfalls untersagen würde.

§ 27 BDSG | Verarbeitung für Forschung und Statistik

- Die Beschränkung ist für die Erfüllung der Forschungs- oder Statistikzwecke notwendig.

14 Die erste Bedingung bedeutet eine erhebliche Relativierung der Betroffenenrechte zum Vorteil der **Ressourcen der Forschungseinrichtungen**, die nicht mit der Bearbeitung von Betroffenenrechten überfordert werden sollen. Die potentiell „ernsthafte Beeinträchtigung" reicht aus, um die Betroffenenrechte einzuschränken. Dass die negativen Implikationen für die Verwirklichung der Forschungs- oder Statistikzwecke (nur) „voraussichtlich" bestehen und nicht ex post verifizierbar sein müssen, ist aus praktischer Sicht eine große Erleichterung für die Forschungsinstitutionen und verschafft ihnen einen **Beurteilungsspielraum**. Es ist ratsam, zu dokumentieren, worauf die Prognoseeinschätzung basiert, um in Streitfällen ein sorgfältiges Vorgehen nachweisen zu können.

Die zweite Voraussetzung ist im Kontext eine Selbstverständlichkeit, wobei das übliche Tatbestandsmerkmal „erforderlich" hier redaktionell durch „notwendig" ersetzt wurde. Insofern sind bei der Subsumtion auch potentielle Gegeninteressen noch einmal zu berücksichtigen.

15 Für die Einschränkung des Auskunftsrechts im Sinne der wissenschaftlichen Forschung ist gemäß **§ 27 Abs. 2 Satz 2** bereits ausreichend, dass die **Auskunftserteilung einen unverhältnismäßigen Aufwand** erfordern würde[10]. Dies liegt nah, wenn große Datenbestände[11] ausgewertet werden, was indes eher die Regel als die Ausnahme sein wird, vor allem im Bereich der Statistik.

Gleichwohl ist der Verantwortliche aufgefordert, die Norm im Einzelfall anzuwenden und darf Auskünfte **nicht pauschal verweigern**. Nach einer ersten Prüfung können Folgeanfragen dann ggf. mit inhaltsgleicher Begründung beschieden werden, wenn der Sachverhalt vergleichbar bleibt (also z.B. die betroffene Person nicht ein atypisches hohes Interesse an einer Auskunft hat).

16 Bereits in der DSGVO selbst finden sich bei bestimmten Betroffenenrechten Einschränkungen zur **Berücksichtigung von Forschungszwecken:** So ist regelmäßig keine Information der betroffen Person von der Datenerhebung erforderlich (Art. 14 Abs. 5 Buchst. b DSGVO) und das Recht auf Löschung (Vergessenwerden) ist beschränkt, soweit es voraussichtlich die Zweckverwirklichung zumindest ernsthaft beeinträchtigt (Art. 17 Abs. 3 Buchst. d DSGVO). Das Widerspruchsrecht besteht grundsätzlich auch bei einer Verarbeitung zu Forschungszwecken; dies gilt indes nicht, wenn die Verarbeitung im Bereich der Wissenschaft und Statistik im öffentlichen Interesse erforderlich ist (Art. 21 Abs. 6 DSGVO).

---

10 Vgl. die vergleichbaren Einschränkungen bereits in § 34 Abs. 7 i.V.m. § 33 Abs. 2 Satz 1 Nr. 5 BDSG-alt bzw. § 19a Abs. 2 Nr. 2 BDSG-alt.
11 Vgl. Erwägungsgrund 157 DSGVO, wo die Chancen der Verknüpfung von Datenbeständen zu Forschungszwecken anerkannt werden.

IV. Vorgaben zur Anonymisierung (Abs. 3)

§ 27 Abs. 3 betrifft wieder allein **besonderen Kategorien personenbezogener Daten** und knüpft an die Pflicht aus § 22 Abs. 2 Satz 2 bzw. die allgemeinen Pflichten aus Art. 25 DSGVO an. 17

Sensible Daten sind nach **§ 27 Abs. 3 Satz 1** grundsätzlich zu anonymisieren, sobald dies **ohne Gefährdung des Forschungs- oder Statistikzwecks** möglich ist. Da bei einer Anonymisierung unter Löschung der Zuordnungsmerkmale dem Verantwortlichen keine Zuordnung zu einer individuellen Person mehr möglich ist, ist jedenfalls in Forschungsbereichen, in denen ggf. weitere Nachforschungen in Bezug auf eine Einzelperson angezeigt sind, durchaus **Zurückhaltung** angezeigt[12].

Vor diesem Hintergrund erklärt sich auch der Vorbehalt, dass eine Anonymisierung jedenfalls nicht erfolgen soll, wenn berechtigte **Interessen der betroffenen Person der Entpersonalisierung entgegenstehen**. Dies ist eine durchaus ungewöhnliche Regelung, sie dient indes der Wahrung der Interessen der betroffenen Person und ist daher angesichts des Schutzzwecks nur konsequent. Praktisch kann es hierzu etwa kommen, wenn der Betroffene ein Interesse daran hat, dass seine Daten später noch einmal um konkret personenbezogene Daten ergänzt und z.B. neu ausgewertet werden. 18

Bis zur Anonymisierung sind identifizierende Merkmale nach **§ 27 Abs. 3 Satz 2** gesondert zu speichern; die Zuordnung der Daten zu den betroffenen Personen soll also zur **Risikominderung** wie bei der Pseudonymisierung erschwert werden. Die Zusammenführung im Sinne der **Dechiffrierung** darf nach **§ 27 Abs. 3 Satz 3** nur erfolgen, soweit der Forschungs- oder Statistikzweck dies erfordert. 19

V. Vorgaben zur Veröffentlichung (Abs. 4)

Die **Veröffentlichung** personenbezogener Daten – gleich ob diese sensibel im Sinne einer besonderen Kategorie sind oder nicht – bedeutet regelmäßig erhebliche Auswirkungen auf die Interessen der betroffenen Person. Sie ist daher **nur in Ausnahmefällen** ohne Einwilligung zulässig. 20

§ 27 Abs. 4 stellt in diesem Sinne den **allgemeinen Einwilligungsvorbehalt** klar und auch dessen grundsätzlichen Vorrang vor den privilegierten Zwecken der Forschung und Wissenschaft[13]. Eine Einwilligung in die Veröffentlichung im Rahmen der Darstellung von Forschungsdaten hat dementsprechend den An-

---

12 Vgl. auch Art. 5 Abs. 1 Buchst. e DSGVO, der die Speicherbegrenzung in Bezug auf personenbezogene Daten bei der Verfolgung von Forschungszwecken grundsätzlich relativiert.
13 Vgl. zu BDSG-alt Simitis/*Simitis*, § 40 BDSG Rz. 78.

forderungen an eine wirksame, insbesondere informierte, Erklärung zu genügen[14].

21 **Veröffentlicht** sind die Forschungsergebnisse, wenn sie der Öffentlichkeit zugänglich gemacht werden. Dies meint in Anlehnung an § 6 Abs. 1 UrhG einen nicht von vornherein bestimmt abgegrenzten Personenkreis[15]. Das verwendete Medium ist dabei ebenso unbeachtlich wie der Umstand, ob es sich um eine Fachpublikation bestimmter Qualifikation handelt.

22 Eine Veröffentlichung ist ohne Einwilligung nur zulässig, wenn dies zur Darstellung von Forschungsergebnissen über Ereignisse der Zeitgeschichte unerlässlich ist. Unter „**Zeitgeschichte**" sind unter Berücksichtigung der Rechtsprechung zu § 23 Abs. 1 Nr. 1 KunstUrhG aktuelle Ereignisse politischer oder gesellschaftlicher Relevanz zu verstehen bzw. „alle Erscheinungen im Leben der Gegenwart, die von der Öffentlichkeit beachtet werden, bei ihr Aufmerksamkeit finden und Gegenstand der Teilnahme oder Wissbegier weiter Kreise sind"[16]. Insofern handelt es sich regelmäßig noch um lebende Betroffene im Schutzbereich von DSGVO und BDSG. Die konkrete wissenschaftliche Auseinandersetzung mit diesen Themen muss dagegen nicht in weiten Kreisen rezipiert werden und darf auch sehr „akademisch" sein.

23 Den privilegierten Einrichtungen ist ein weiter **Beurteilungsspielraum** zuzugestehen, um Forschungsergebnisse dem Bereich der Zeitgeschichte zuzuordnen, parallel zu den ebenso unter besonderem Schutz des Art. 5 Abs. 1 GG stehenden Medien. Vor dem Hintergrund dieser weitgehenden grundrechtlichen Garantie kann im Einzelfall in **analoger Anwendung der Norm** auch die Veröffentlichung ohne Einwilligung möglich sein, ohne dass ein zeitgeschichtliches Ereignis im eigentlichen Sinne vorliegen würde[17].

24 Die Veröffentlichung muss indes immer für die Darstellung der Forschungsergebnisse „unerlässlich" sein. Diese Begrifflichkeit zeigt wiederum, dass insofern ein **hoher Maßstab** anzulegen ist[18]. Im Endeffekt muss verlangt werden, dass die Darstellung der **Forschungsergebnisse ohne Personenbezug unverständlich** ist oder jedenfalls ohne entscheidenden Erkenntnisgewinn bleiben würde. Zumin-

---

14 Zu den Anforderungen an Einwilligungen im Bereich der Forschung vgl. die Kommentierung zu Art. 7 DSGVO. Die in Erwägungsgrund 33 DSGVO angesprochene Möglichkeit, Einwilligungen auch relativ unbestimmt auf ganze Forschungsbereiche erstrecken zu können, führt wegen der unterschiedlichen Eingriffsintensität von Datenverarbeitung und -veröffentlichung nicht dazu, dass entsprechend weitgehende Befugnisse sich auch auf die Veröffentlichung beziehen.
15 Dreier/Schulze/*Dreier*, Urheberrechtsgesetz, 5. Aufl. 2015, § 6 UrhG Rz. 7.
16 Definition im Anschluss an RGZ 125, 80f – Tull Harder.
17 Vgl. zu BDSG-alt Simitis/*Simitis*, § 40 BDSG Rz. 85.
18 Insbesondere bedeutet er eine Qualifikation im Verhältnis zur Erforderlichkeit, so auch *Piltz*, § 27 BDSG Rz. 43.

dest bei der Darstellung von Ereignissen der Zeitgeschichte liegt eine Personalisierung regelmäßig nahe, gleichwohl ist nicht automatisch eine „Unerlässlichkeit" gegeben.

§ 28 Datenverarbeitung zu im öffentlichen Interesse liegenden Archivzwecken

(1) Abweichend von Artikel 9 Absatz 1 der Verordnung (EU) 2016/679 ist die Verarbeitung besonderer Kategorien personenbezogener Daten im Sinne des Artikels 9 Absatz 1 der Verordnung (EU) 2016/679 zulässig, wenn sie für im öffentlichen Interesse liegende Archivzwecke erforderlich ist. Der Verantwortliche sieht angemessene und spezifische Maßnahmen zur Wahrung der Interessen der betroffenen Person gemäß § 22 Absatz 2 Satz 2 vor.

(2) Das Recht auf Auskunft der betroffenen Person gemäß Artikel 15 der Verordnung (EU) 2016/679 besteht nicht, wenn das Archivgut nicht durch den Namen der Person erschlossen ist oder keine Angaben gemacht werden, die das Auffinden des betreffenden Archivguts mit vertretbarem Verwaltungsaufwand ermöglichen.

(3) Das Recht auf Berichtigung der betroffenen Person gemäß Artikel 16 der Verordnung (EU) 2016/679 besteht nicht, wenn die personenbezogenen Daten zu Archivzwecken im öffentlichen Interesse verarbeitet werden. Bestreitet die betroffene Person die Richtigkeit der personenbezogenen Daten, ist ihr die Möglichkeit einer Gegendarstellung einzuräumen. Das zuständige Archiv ist verpflichtet, die Gegendarstellung den Unterlagen hinzuzufügen.

(4) Die in Artikel 18 Absatz 1 Buchstabe a, b und d, den Artikeln 20 und 21 der Verordnung (EU) 2016/679 vorgesehenen Rechte bestehen nicht, soweit diese Rechte voraussichtlich die Verwirklichung der im öffentlichen Interesse liegenden Archivzwecke unmöglich machen oder ernsthaft beeinträchtigen und die Ausnahmen für die Erfüllung dieser Zwecke erforderlich sind.

I. Einführung 1	III. Einschränkung der Betroffenenrechte (Abs. 2–4) 7
1. Normaufbau 3	1. Auskunft (Abs. 2) 8
2. Verhältnis zur DSGVO 4	2. Berichtigung (Abs. 3) 10
II. Berechtigung zur Nutzung sensibler Daten zu Archivzwecken (Abs. 1) 5	3. Einschränkung, Datenübertragbarkeit und Widerspruch (Abs. 4) 11

Schrifttum: *Johannes/Richter*, Privilegierte Verarbeitung im BDSG-E, DuD 2017, 300.

§ 28 BDSG | Datenverarbeitung zu im öff. Interesse liegenden Archivzwecken

I. Einführung

1 Die Norm knüpft an die Privilegierung in § 27 an. Während dort Wissenschaft und Forschung bzw. Statistik begünstigt werden, ergänzt § 28 dies um **Archivzwecke**. Die getrennte Behandlung hat den praktischen Hintergrund, dass die Verarbeitung gemäß § 27 eher aktiv geprägt ist, z.b. durch die Erhebung neuer Daten, während die archivarische Nutzung eher die Bestandspflege betrifft.

Naturgemäß steht dies im **Widerspruch zum generellen Prinzip der zeitnahen Löschung** personenbezogener Daten nach Erreichung des originären Zwecks. § 28 erkennt vor diesem Hintergrund an, dass weder dieses Grundprinzip der Datensparsamkeit noch individuelle Betroffenenrechte dazu dienen sollen, legitime Archivierungsmöglichkeiten zu torpedieren. Im Sinne der Konkordanz wird das allgemeine Interesse an der Bewahrung mit den Recht auf informationelle Selbstbestimmung in Ausgleich gebracht.

2 § 28 gilt für die Verarbeitung personenbezogener Daten durch **öffentliche und nichtöffentliche Stellen**. Er regelt also den Umgang mit öffentlichem wie mit privatem Archivgut im allgemeinen Interesse. Vgl. zur Auslegung der Zwecksetzung, insbesondere bei kommerziell motivierten Projekten, die Kommentierung zu Art. 89 DSGVO Rz. 11.

1. Normaufbau

3 § 28 Abs. 1 bestimmt, dass die Verarbeitung **besonderer Kategorien personenbezogener Daten** zulässig ist, wenn sie für im öffentlichen Interesse liegende Archivzwecke erforderlich ist. Der Verantwortliche hat die allgemeinen Pflichten in Bezug auf die **technische und organisatorische Ausgestaltung** bei der Verarbeitung solcher Daten nach § 22 Abs. 2 zu beachten.

Das **Recht auf Auskunft** der betroffen Person (Art. 15 DSGVO) wird in § 28 Abs. 2 ausgeschlossen, wenn das Archivgut nicht durch den Namen der Person erschlossen ist bzw. der Betroffene keine Angaben macht, die das Auffinden mit **vertretbarem Verwaltungsaufwand** ermöglichen.

Gemäß § 28 Abs. 3 besteht **kein Recht auf Berichtigung** zugunsten des Betroffenen (Art. 16 DSGVO), wenn personenbezogene Daten zu Archivzwecken im öffentlichen Interesse verarbeitet werden. Der Betroffene ist dann auf ein **Recht zur Gegendarstellung** verwiesen.

§ 28 Abs. 4 bestimmt, dass **weitere Betroffenenrechte** auf Einschränkung der Verarbeitung (Art. 18 DSGVO), Datenübertragbarkeit (Art. 20 DSGVO) und zum Widerspruch (Art. 21 DSGVO) ausgeschlossen sind, soweit diese voraussichtlich die **Verwirklichung der Archivzwecke unmöglich machen oder beeinträchtigen** bzw. die Einschränkungen unter Berücksichtigung der Zwecksetzung erforderlich sind.

2. Verhältnis zur DSGVO

Mit § 28 Abs. 1 wird von der Öffnungsklausel in Art. 9 Abs. 2 Buchst. j DSGVO in Bezug auf die Nutzung sensibler Daten zu privilegierten Zwecken Gebrauch gemacht. Die Einschränkung der Betroffenenrechte in § 28 Abs. 2–4 basiert auf der **Öffnungsklausel** in Art. 89 Abs. 3 DSGVO.

II. Berechtigung zur Nutzung sensibler Daten zu Archivzwecken (Abs. 1)

Grundsätzlich ist die Verarbeitung besonderer Kategorien personenbezogener Daten mit Einwilligung der betroffenen Person zulässig. § 28 Abs. 1 schafft insofern einen (weiteren) Ausnahmetatbestand. Wie auch bei § 27 ist zu berücksichtigen, dass die Verarbeitung **ergänzend mit einer allgemeinen Erlaubnisnorm gerechtfertigt** werden muss (in der Regel des Art. 6 Abs. 1 DSGVO)[1]. § 28 Abs. 1 schafft dann komplementär die Berechtigung auch zur Nutzung sensibler Daten.

Neben der Erforderlichkeit verlangt der Tatbestand (anders als § 27 Abs. 1) keine weitere Interessenabwägung. Allerdings setzt die damit maßgebliche Einordnung als relevantes Archivgut eine gewisse Berücksichtigung der Gegeninteressen voraus und erlaubt nicht per se die Aufnahme aller personenbezogenen Daten im Archivierungskontext.

Der Verweis auf den Katalog des § 22 Abs. 2 Satz 2 bedeutet nicht, dass die dort genannten Maßnahmen zwingend umzusetzen wären; der **Katalog ist beispielhaft** zu verstehen[2].

III. Einschränkung der Betroffenenrechte (Abs. 2–4)

Anders als § 28 Abs. 1 betreffen die Einschränkungen der Betroffenenrechte zur praktischen Entlastung der Archive **sämtliche Arten personenbezogener Daten**. In Bezug auf die Löschung ist zudem die Regelung in Art. 17 Abs. 3 Buchst. d DSGVO zu beachten.

---

1 Vgl. zu den Besonderheiten bei der privilegierten Zweckänderung auch bei der Weiterverarbeitung zu Archivzwecken gemäß Art. 5 Abs. 1 Buchst. b DSGVO die Kommentierung zu § 27 BDSG Rz. 4. Kritisch und für die Einordnung des § 28 Abs. 1 als Rechtfertigungsgrundlage Kühling/Buchner/*Buchner/Tinnefeld*, § 28 BDSG Rz. 3.
2 Klargestellt in der Gesetzesbegründung, BT-Drucks. 18/11325, S. 100.

§ 28 BDSG | Datenverarbeitung zu im öff. Interesse liegenden Archivzwecken

1. Auskunft (Abs. 2)

8 Der Anspruch auf Auskunft ist bei Archiven potentiell sehr relevant, kann andererseits aber auch sehr **aufwendig zu erfüllen** sein, vor allem bei massenhaften Anfragen oder sehr umfangreichen Archivbeständen. Das Auskunftsrecht aus Art. 15 DSGVO mit allen seinen Unteransprüchen (z.b. auf Erhalt einer Kopie des Datensatzes) gilt daher nicht, wenn das Archivgut nicht durch den Namen der Person erschlossen ist (z.b. **mangels Verschlagwortung**) oder keine Angaben gemacht werden, die das Auffinden der betreffenden Unterlagen mit vertretbarem Verwaltungsaufwand ermöglichen. Es geht also im Endeffekt darum, dass die entsprechenden Unterlagen und Daten nicht eigens durch Archivmitarbeiter manuell recherchiert werden müssen, ohne dass hierbei – im Zweifel von der auskunftsbegehrenden Person – zumindest **Recherchehilfen** angeboten werden.

9 Anders als bei der meist anzustellenden Interessenabwägung unter Berücksichtigung der gegenläufigen Interessen lässt sich die Bedingung des „vertretbaren Verwaltungsaufwands" so auslegen, dass im Endeffekt allein darauf abzustellen ist, **wie leistungsfähig die Archivverwaltung** ist. Solange ihr die Recherchen mit dem verfügbaren Personal unter Einsatz der technischen Ausstattung ohne Vernachlässigung des laufenden Betriebs möglich ist, wird man von einem vertretbaren Aufwand sprechen können.

2. Berichtigung (Abs. 3)

10 Auch der Anspruch auf Berichtigung gemäß Art. 16 DSGVO ist im Archivkontext einerseits sehr relevant, da in Archiven ggf. objektiv unzutreffende oder zumindest **unliebsame personenbezogene Angaben** dauerhaft zur Verfügung gehalten werden. Es besteht also ggf. ein großes Interesse an einer Berichtigung personenbezogener Daten. Andererseits ist die **Integrität eines Archivs** vor willkürlichen Änderungen durch interessengetriebene Akteure mit dem Ziel der unverfälschten Dokumentation nicht in Einklang zu bringen.

Vor diesem Hintergrund ist der Anspruch auf Berichtigung jedenfalls bei Archiven, die **im öffentlichen Interesse tätig** sind, ausgeschlossen. Stattdessen besteht die **Möglichkeit zur Gegendarstellung** der betroffenen Person, wenn die Richtigkeit der Angaben bestritten wird. Die Gegendarstellung ist dann der relevanten Unterlage (oder Datei) hinzuzufügen. Die Regelung beinhaltet keine Vorgaben an den **zulässigen Inhalt oder Umfang der Gegendarstellung**. Ausgehend von der Zielsetzung der Norm wird man aber keine Berechtigung zu weitreichenden Hintergrunderläuterungen zugestehen müssen. Zudem bezieht sich eine Gegendarstellung – wie beim presserechtlichen Äquivalent – immer auf Tatsachenbehauptungen.

3. Einschränkung, Datenübertragbarkeit und Widerspruch (Abs. 4)

Schließlich sind die Rechte auf Einschränkung der Verarbeitung gemäß Art. 18 DSGVO (soweit die Richtigkeit bestritten wird, die Verarbeitung unrechtmäßig ist und keine Löschung gewünscht wird oder schwebender Widerspruch erhoben wurde), auf Datenübertragbarkeit gemäß Art. 20 DSGVO und zum Widerspruch gemäß Art. 21 DSGVO ausgeschlossen, soweit dadurch voraussichtlich die Verwirklichung der im öffentlichen Interesse liegenden Archivzwecke unmöglich gemacht bzw. ernsthaft beeinträchtigt würde[3].

Hier ist der Verantwortliche zu einer **Prognoseentscheidung** aufgerufen. Eine ernsthafte Beeinträchtigung (und erst recht eine Unmöglichkeit) bedeutet in Abgrenzung zum noch „vertretbaren Verwaltungsaufwand" gemäß § 28 Abs. 2 eine **gesteigerte Qualität**. Es kommt insbesondere darauf an, ob die Integrität des Archivs gefährdet und/oder dessen Verwaltung massiv gestört würde, wenn die Betroffenenrechte gewährt werden.

Der Ausschluss der genannten Betroffenenrechte steht unter dem weiteren Vorbehalt, dass dies für die Erfüllung der im öffentlichen Interesse liegenden Archivzwecke erforderlich ist. Wenn vorher bereits festgestellt wurde, dass andernfalls die Verwirklichung der Zwecke zumindest ernsthaft beeinträchtigt würde, liegt dies eigentlich auf der Hand. Indes führt der Begriff der „Erforderlichkeit" noch einmal in die für das Datenschutzrecht klassische **Interessenabwägung** zwischen Betroffenenrecht und Archivzweck.

§ 29 Rechte der betroffenen Person und aufsichtsbehördliche Befugnisse im Fall von Geheimhaltungspflichten

(1) Die Pflicht zur Information der betroffenen Person gemäß Artikel 14 Absatz 1 bis 4 der Verordnung (EU) 2016/679 besteht ergänzend zu den in Artikel 14 Absatz 5 der Verordnung (EU) 2016/679 genannten Ausnahmen nicht, soweit durch ihre Erfüllung Informationen offenbart würden, die ihrem Wesen nach, insbesondere wegen der überwiegenden berechtigten Interessen eines Dritten, geheim gehalten werden müssen. Das Recht auf Auskunft der betroffenen Person gemäß Artikel 15 der Verordnung (EU) 2016/679 besteht nicht, soweit durch die Auskunft Informationen offenbart würden, die nach einer Rechtsvorschrift oder ihrem Wesen nach, insbesondere wegen der überwiegenden berechtigten Interessen eines Dritten, geheim gehalten werden müssen. Die Pflicht zur Benachrichtigung gemäß Artikel 34 der Verordnung

---

3 Kritisch unter Hinweis auf die unzureichende Konkretisierung im Verhältnis zu Art. 89 Abs. 3 DSGVO *Johannes/Richter*, DuD 2017, 300 (305).

§ 29 BDSG | Rechte bei Geheimhaltungspflichten

(EU) 2016/679 besteht ergänzend zu der in Artikel 34 Absatz 3 der Verordnung (EU) 2016/679 genannten Ausnahme nicht, soweit durch die Benachrichtigung Informationen offenbart würden, die nach einer Rechtsvorschrift oder ihrem Wesen nach, insbesondere wegen der überwiegenden berechtigten Interessen eines Dritten, geheim gehalten werden müssen. Abweichend von der Ausnahme nach Satz 3 ist die betroffene Person nach Artikel 34 der Verordnung (EU) 2016/679 zu benachrichtigen, wenn die Interessen der betroffenen Person, insbesondere unter Berücksichtigung drohender Schäden, gegenüber dem Geheimhaltungsinteresse überwiegen.

(2) Werden Daten Dritter im Zuge der Aufnahme oder im Rahmen eines Mandatsverhältnisses an einen Berufsgeheimnisträger übermittelt, so besteht die Pflicht der übermittelnden Stelle zur Information der betroffenen Person gemäß Artikel 13 Absatz 3 der Verordnung (EU) 2016/679 nicht, sofern nicht das Interesse der betroffenen Person an der Informationserteilung überwiegt.

(3) Gegenüber den in § 203 Absatz 1, 2a und 3[1] des Strafgesetzbuchs genannten Personen oder deren Auftragsverarbeitern bestehen die Untersuchungsbefugnisse der Aufsichtsbehörden gemäß Artikel 58 Absatz 1 Buchstabe e und f der Verordnung (EU) 2016/679 nicht, soweit die Inanspruchnahme der Befugnisse zu einem Verstoß gegen die Geheimhaltungspflichten dieser Personen führen würde. Erlangt eine Aufsichtsbehörde im Rahmen einer Untersuchung Kenntnis von Daten, die einer Geheimhaltungspflicht im Sinne des Satzes 1 unterliegen, gilt die Geheimhaltungspflicht auch für die Aufsichtsbehörde.

I. Einführung	1	2. Auskunftsrecht (Satz 2)	7
1. Normaufbau	2	3. Benachrichtigung (Satz 3 und 4)	8
2. Verhältnis zur DSGVO	3	III. Einschränkung der Betroffenenrechte zur Wahrung des Mandatsgeheimnisses (Abs. 2)	10
3. Änderungen gegenüber dem BDSG-alt	4		
II. Einschränkung der Betroffenenrechte zur Wahrung von Geheimhaltungspflichten (Abs. 1)	5	IV. Einschränkung der Aufsichtsbefugnisse (Abs. 3)	13
1. Informationsrecht (Satz 1)	5		

Schrifttum: *Weichert*, Verfassungswidrige Beschränkung der Datenschutzkontrolle bei Berufsgeheimnisträgern, DANA 2017, 76.

---

1 Hinweis: Dieser Verweis auf das StGB entspricht nicht mehr dem aktuellen Stand des StGB; § 203 StGB wurde zuletzt geändert durch das Gesetz zur Neuregelung des Schutzes von Geheimnissen bei der Mitwirkung Dritter an der Berufsausübung schweigepflichtiger Personen (AnwDienstlG) v. 30.10.2017.

I. Einführung

Die Norm beinhaltet in Ergänzung der direkt in Art. 14 Abs. 5 DSGVO enthaltenen Konstellationen Vorgaben, wann eine Information des Betroffenen über die Erhebung seiner personenbezogenen Daten nicht erfolgen muss, nämlich wenn hierdurch **Geheimhaltungsinteressen eines Dritten** tangiert werden. Zudem enthält § 29 Abs. 3 eine durchaus weitreichende **Einschränkung der Befugnisse der Aufsichtsbehörden**, um die Stellung der Berufsgeheimnisträger und deren Gewährleistung von Vertraulichkeit nicht zu konterkarieren.

1

1. Normaufbau

§ 29 Abs. 1 bestimmt, dass eine Information des Betroffenen gemäß Art. 14 Abs. 1–4 DSGVO nicht geboten ist, soweit hierdurch Informationen offenbart würden, die ihrem Wesen nach bzw. wegen überwiegender Drittinteressen **geheim gehalten werden müssen**. Das Auskunftsrecht gemäß Art. 15 DSGVO und die Pflicht zur Benachrichtigung gemäß Art. 34 treten ebenfalls zurück, auch soweit eine **Rechtsvorschrift** die Geheimhaltung verlangt. In Bezug auf die Pflicht zur Benachrichtigung bei einer Verletzung des Datenschutzes gilt indes eine **Rückausnahme**, wenn die Interessen des Betroffenen gegenüber dem Geheimhaltungsinteresse doch überwiegen, insbesondere unter Berücksichtigung drohender Schäden.

2

Spezifisch auf den Bereich der Weitergabe an Berufsgeheimnisträger zugeschnitten bestimmt § 29 Abs. 2, dass der Betroffene vom Übermittelnden nicht gemäß Art. 13 Abs. 3 DSGVO von der **mandatsgetriebenen Weitergabe** an solche Empfänger informiert werden muss, wenn nicht ihr Interesse an der Informationserteilung im Einzelfall überwiegt.

§ 29 Abs. 3 schränkt die **Befugnisse der Aufsichtsbehörden gegenüber Berufsgeheimnisträgern** und deren Auftragsverarbeitern im Hinblick auf Zugang zu Daten und Geschäftsräumen bzw. Datenverarbeitungsanlagen ein, wenn der Zugang der Wahrung des Berufsgeheimnisses entgegenstehen würde. Soweit die Aufsichtsbehörden im Rahmen ihrer Untersuchung gleichwohl Kenntnis von Berufsgeheimnissen erlangen sollte, ist sie **zur entsprechenden Geheimhaltung** verpflichtet.

2. Verhältnis zur DSGVO

§ 29 Abs. 1 und 2 basieren auf der **Öffnungsklausel** in Art. 23 Abs. 1 Buchst. i DSGVO. § 29 Abs. 3 Satz 1 nutzt die Gestaltungsspielräume gemäß Art. 90 DSGVO[2].

3

---

2 Vgl. Erwägungsgrund 164.

3. Änderungen gegenüber dem BDSG-alt

4   Bereits in § 19a Abs. 3 i.V.m. § 19 Abs. 4 Nr. 3 BDSG-alt bzw. in § 33 Abs. 2 Satz 1 Nr. 3 BDSG-alt waren Regelungen enthalten, die die Verpflichtung zur Information der betroffenen Person über die Datenverarbeitung einschränkten, wenn die **Weitergabe an Geheimnisträger** erfolgt. Entsprechendes galt für die Beschränkung des Auskunftsrechts, vgl. § 19 Abs. 4 Nr. 3 BDSG-alt bzw. § 34 Abs. 7 BDSG-alt.

II. Einschränkung der Betroffenenrechte zur Wahrung von Geheimhaltungspflichten (Abs. 1)

1. Informationsrecht (Satz 1)

5   § 29 Abs. 1 Satz 1 betrifft die Einschränkung des Rechts auf Information der betroffenen Person nach Art. 14 Abs. 1–4 DSGVO, wenn Daten nicht bei ihr erhoben werden. Eine **Mitteilung ist nicht geboten**, soweit Informationen offenbart würden, die **ihrem Wesen nach geheim** gehalten werden müssen, vgl. insofern auch § 33 Abs. 1 Nr. 2 Buchst. a. Das Gesetz nennt insofern insbesondere überwiegende berechtigte Interessen eines Dritten. Die Interessenabwägung muss unter Berücksichtigung der Umstände im Einzelfall erfolgen, es ist dabei aber kein von vornherein besonders qualifiziertes Interesse an der Geheimhaltung erforderlich[3].

6   Die Regelung wird ergänzt durch die Einschränkung des Informationsrechts direkt in Art. 14 Abs. 5 DSGVO. Dort wird in Buchst. d bestimmt, dass keine Informationspflicht gegenüber dem Betroffenen besteht, soweit personenbezogene Daten erhoben werden, die einem **Berufsgeheimnis**, einschließlich einer satzungsmäßigen Geheimhaltungspflicht, unterliegen und daher vertraulich behandelt werden müssen. Wegen dieser Regelung bereits in der DSGVO enthält § 29 Abs. 1 Satz 1 – anders als Satz 2 in Bezug auf weitere Betroffenenrechte – keinen Verweis auf die gebotene Geheimhaltung auf Grundlage einer Rechtsvorschrift.

2. Auskunftsrecht (Satz 2)

7   Gemäß § 29 Abs. 1 Satz 2 kann **praktisch nach denselben Vorgaben** wie für das Informationsrecht auch das Recht auf Auskunft vernachlässigt werden. Hier werden nicht nur Informationen, die „ihrem Wesen nach" bzw. „wegen der überwiegenden berechtigten Interessen eines Dritten" geheim gehalten werden müssen, genannt, sondern auch solche, die nach einer Rechtsvorschrift geheim zu halten sind – dies sind im Wesentlichen die Regelungen zu Berufsgeheimnissen.

---

3 A.A. Kühling/Buchner/*Herbst*, § 29 BDSG Rz. 20, der ein Interesse von „besonders hohem Gewicht" fordert (z.B. die Abwehr drohender Gefahren für Leben oder Freiheit).

3. Benachrichtigung (Satz 3 und 4)

§ 29 Abs. 1 Satz 3 und 4 normieren – **ergänzend zur Ausnahme in Art. 34** 8
Abs. 3 DSGVO[4] – Beschränkungen der Pflichten zur Benachrichtigung der betroffenen Person nach einer Verletzung des Schutzes personenbezogener Daten (praktisch also nach einer „Datenpanne"). Wiederum ist die Beschränkung davon abhängig, ob durch die Benachrichtigung Informationen offenbart würden, die geheim gehalten werden müssen. Dies kann entweder auf einer Rechtsvorschrift basieren oder auf dem Wesen der Information. Hier ist maßgeblich zu beachten, ob überwiegende berechtigten Interessen eines Dritten an der Geheimhaltung bestehen.

Da die Benachrichtigung über eine Verletzung des Schutzes personenbezogener 9
Daten auch für die betroffene Person sehr relevant sein kann (etwa, um eigene Sicherheitsmaßnahmen zu ergreifen), enthält § 29 Abs. 1 Satz 4 eine **Rückausnahme**, nach der doch zu benachrichtigen ist, wenn die Interessen der betroffenen Person die Geheimhaltungsinteressen überwiegen. Soweit die Geheimhaltung auf überwiegenden Drittinteressen basiert, steht das Abwägungsergebnis zugunsten des Dritten eigentlich bereits fest. Gleichwohl soll die Regelung offenbar eine besondere Berücksichtigung des Betroffeneninteresses jedenfalls in den Fällen vorgeben, wenn **drohende Schäden** bei der betroffenen Person zu befürchten sind. Das im Einzelfall ggf. weniger schutzwürdige Interesse an der Geheimhaltung kann zudem auch jenes auf gesetzlicher Grundlage sein. Ein Überwiegen des Betroffeneninteresses gegenüber den Geheimhaltungspflichten auf Grundlage einer Rechtsvorschrift wird allerdings nur in Ausnahmefällen vorliegen. Der Normadressat befindet sich dann in der schwierigen Lage einer **Pflichtenkollision**.

III. Einschränkung der Betroffenenrechte zur Wahrung des Mandatsgeheimnisses (Abs. 2)

§ 29 Abs. 2 betrifft die Einschränkung des Rechts auf Information der betroffe- 10
nen Person nach Art. 13 Abs. 3 DSGVO, wenn Daten bei ihr erhoben wurden und nun **im Rahmen einer Zweckänderung an einen Dritten übermittelt** werden. Konkret geht es um die Weitergabe an einen Berufsgeheimnisträger im Rahmen eines Mandatsverhältnisses (auch bei dessen Anbahnung). Der Verantwortliche, der Daten z.B. an seinen Rechtsanwalt übermittelt, ist also nicht verpflichtet, den Betroffenen hierüber zu informieren (für den Rechtsanwalt selbst

---

4 Dort wird die Benachrichtigung für entbehrlich erklärt, wenn der Verantwortliche das Risiko für die betroffene Person durch technische und organisatorische Sicherheitsvorkehrungen oder andere Maßnahmen relativiert hat oder die individuelle Benachrichtigung einen unverhältnismäßigen Aufwand bedeuten würde.

gilt die Regelung in Art. 14 Abs. 5 Buchst. d DSGVO). Abs. 2 dient damit dem Schutz der **ungehinderten und vertraulichen Kommunikation zwischen Mandant und Berufsgeheimnisträger**[5].

11   Eine **Rückausnahme** gilt, wenn das Interesse der betroffenen Person an der Informationserteilung überwiegt. Die Formulierung der Norm („sofern nicht") in Anlehnung an Regelungen zur Beweislastumkehr zeigt, dass die Information nur in **Ausnahmefällen** geboten ist. (Die Rückausnahme gilt nicht mit Blick auf den Berufsgeheimnisträger, da Art. 14 Abs. 5 Buchst. d DSGVO keine entsprechende Regelung vorsieht.)

12   Komplementär zu dieser Bestimmung ist **§ 32 Abs. 1 Nr. 4** zu berücksichtigen, demgemäß eine Information nach Art. 13 Abs. 3 DSGVO auch dann entbehrlich ist, wenn sie die **Geltendmachung, Ausübung oder Verteidigung rechtlicher Ansprüche** beeinträchtigen würde und die Interessen des Verantwortlichen an der Nichterteilung der Information die Interessen der betroffenen Person überwiegen. § 29 Abs. 2 betrifft in der Folge vor allem die Weitergabe von Informationen, die nicht unmittelbar zur (gerichtlichen) Durchsetzung von Ansprüchen benötigt werden, also etwa bei der **Vertragsgestaltung, rechtlichen Begutachtung, Unternehmenstransaktionen**, etc.

IV. Einschränkung der Aufsichtsbefugnisse (Abs. 3)

13   § 29 Abs. 3 Satz 1 dient in erster Linie dazu, die privilegierte **Sphäre der Berufsgeheimnisträger** (z.B. Ärzte oder Rechtsanwälte) im Schutzbereich des § 203 StGB zu wahren, vgl. Fußnote 1 zur maßgeblichen Fassung des StGB. Die Befugnisse der Aufsichtsbehörden sollen nicht in Konflikt mit Pflichten des Geheimnisträgers kommen. Zudem werden **Datenschutzbeauftragte** und Hilfspersonen, denen in ihrer Funktion Berufsgeheimnisse zur Kenntnis gelangt sind, erfasst[6]. Dies ist konsequent, um den Schutz der Geheimnisse praktisch vor Umgehungen zu schützen.

14   Vor diesem Hintergrund ist es den Aufsichtsbehörden gegenüber den Berufsgeheimnisträgern, deren **Auftragsverarbeitern** und den weiteren laut StGB einbezogenen Personen untersagt, die Befugnisse aus Art. 58 Abs. 1 Buchst. e und f DSGVO wahrzunehmen, soweit dies zu einem Verstoß gegen die Geheimhaltungspflichten führen würde. Dies betrifft den **Zugang der Aufsichtsbehörden** zu personenbezogenen Daten und Informationen bzw. zu den Geschäftsräumen, einschließlich aller Datenverarbeitungsanlagen und -geräte. Im Endeffekt ist also **kein direkter Zugriff auf die Akten und Dateien** möglich. Dies bezieht

---

5 So ausdrücklich die Gesetzesbegründung, BT-Drucks. 18/11325, S. 100.
6 Die ehemals in § 203 Abs. 2a und 3 StGB enthaltenen Regelungen findet sich nunmehr in § 203 Abs. 4 StGB.

sich indes stets nur auf solche Unterlagen, die auch dem Berufsgeheimnis unterfallen und nicht auf allgemeine Unterlagen, etwa aus der Personalverwaltung einer Kanzlei[7].

Die Norm führt zu einem **Spannungsverhältnis**, da sowohl die umfassende Wahrung des Berufsgeheimnisses und der Unabhängigkeit der Berufsgeheimnisträger als auch die wirksame Durchsetzung der Datenschutzaufsicht legitime Ziele sind, die hier in Ausgleich gebracht werden müssen. Durchgesetzt hat sich die Gewährleistung der unbedingten Vertraulichkeit der Mandanten- und Patientenkommunikation als rechtsstaatliche Gewährleistung[8]. Die Erstreckung auf Auftragsverarbeiter kann nicht vollständig auf dieses Institut gegründet werden, ist aber angesichts der praktischen Einbindung von Dienstleistern in die Prozesse folgerichtig. Andernfalls würden die Auftragsverarbeiter regelmäßig zum Vertragsbruch gezwungen, wenn sie den Aufsichtsbehörden Zugang gewähren[9]. Zudem wurde in der **Neufassung des § 203 StGB** gerade die arbeitsteilige Organisation auch in diesem Bereich anerkannt, was nicht durch weitergehende aufsichtsrechtliche Befugnisse konterkariert werden sollte. 15

Sollte die Aufsichtsbehörde im Rahmen einer Untersuchung trotz der Beschränkungen des Zugriffs Kenntnis von Informationen unter einer Geheimhaltungspflicht erlangen, wird auch die Aufsichtsbehörde zum Geheimnisträger und muss die **Vertraulichkeit bewahren**[10]. Diese Ergänzung dient dazu, jedenfalls zu vermeiden, dass Geheimnisse durch Aufsichtsmaßnahmen ihren besonderen Schutz verlieren. 16

§ 30 Verbraucherkredite

(1) Eine Stelle, die geschäftsmäßig personenbezogene Daten, die zur Bewertung der Kreditwürdigkeit von Verbrauchern genutzt werden dürfen, zum Zweck der Übermittlung erhebt, speichert oder verändert, hat Auskunftsverlangen von Darlehensgebern aus anderen Mitgliedstaaten der Europäischen Union genauso zu behandeln wie Auskunftsverlangen inländischer Darlehensgeber.

(2) Wer den Abschluss eines Verbraucherdarlehensvertrags oder eines Vertrags über eine entgeltliche Finanzierungshilfe mit einem Verbraucher infolge einer Auskunft einer Stelle im Sinne des Absatzes 1 ablehnt, hat den

---

7 *Piltz*, § 29 BDSG Rz. 29.
8 Vgl. BVerfG v. 12.4.2005 – 2 BvR 1027/02; sehr kritisch wegen der damit in einem durchaus sensiblen Teilbereich praktisch aufgelösten Kontrollbefugnisse *Weichert*, DANA 2017, 76.
9 Vgl. Gesetzesbegründung, BT-Drucks. 18/11325, S. 101.
10 Eine eigene strafrechtliche Verantwortung des auf Seiten der Aufsichtsbehörde beteiligten Mitarbeiters ergibt sich dann ggf. aus § 203 Abs. 2 StGB.

§ 30 BDSG | Verbraucherkredite

Verbraucher unverzüglich hierüber sowie über die erhaltene Auskunft zu unterrichten. Die Unterrichtung unterbleibt, soweit hierdurch die öffentliche Sicherheit oder Ordnung gefährdet würde. § 37 bleibt unberührt.

I. Einführung 1
II. Gleichbehandlung bzgl. des Zugangs zu Kreditauskunftssystemen (Abs. 1) 2
III. Information des betroffenen Verbrauchers (Abs. 2) 5

I. Einführung

1 Die Regelungen dienen der Umsetzung des Art. 9 EU-Verbraucherkreditrichtlinie[1]. Die entsprechenden Regelungen fanden sich nahezu wortgleich bereits in § 29 Abs. 6 und 7 BDSG-alt. Im Kern geht es um Regelungen, die die Verarbeitung von Daten aus **Datenbanken zur Bewertung der Kreditwürdigkeit** betreffen.

II. Gleichbehandlung bzgl. des Zugangs zu Kreditauskunftssystemen (Abs. 1)

2 § 30 Abs. 1 regelt die **Gleichbehandlung** europäischer Kreditgeber bezüglich des **Zugangs zu Kreditauskunfteien** im Falle grenzüberschreitender Kreditvergaben. Anders als die meisten datenschutzrechtlichen Normen regelt § 30 Abs. 1 also nicht in erster Linie das Verhältnis des Verantwortlichen zu den betroffenen Personen, sondern das Verhältnis des Verantwortlichen als Betreiber des Systems zu bestimmten Darlehensgebern, welche das System nutzen wollen.

3 Adressaten der Norm sind damit alle Betreiber von **Kreditinformationssystemen**, wie insbesondere Auskunfteien oder Warndienste, soweit sie allgemein zugänglich sind. Die Regelung des § 30 Abs. 1 gilt demnach nicht für geschlossene, z.B. konzerninterne Warndienste. Beschränkt ist der Anwendungsbereich auf Systeme über die Kreditwürdigkeit von „Verbrauchern". Bonitätsdaten über Unternehmen sind somit nicht erfasst.

4 Durch die Regelung des § 30 Abs. 1 soll gewährleistet werden, dass Kreditgeber aus EU- und EWR-Staaten denselben **Zugang zu Informationen** über die Kreditwürdigkeit von Verbrauchern haben wie inländische Kreditgeber, um Wettbewerbsverzerrungen zu verhindern. Die Verpflichtung der Kreditauskunfteien zur Gleichbehandlung bezieht sich auf alle Anfrage- und Auskunftsvoraussetzungen wie Formalitäten oder Kosten.

---

1 Richtlinie 2008/48/EG des europäischen Parlaments und des Rates v. 23.4.2008 über Verbraucherkreditverträge und zur Aufhebung der Richtlinie 87/102/EWG des Rates.

III. Information des betroffenen Verbrauchers (Abs. 2)

Lehnt ein Kreditgeber eine **Kreditvergabe** an einen Verbraucher infolge einer negativen Auskunft durch ein Kreditinformationssystem ab, so muss er den betroffenen Verbraucher sowohl über die Anfrage als auch über die erhaltene Auskunft informieren. Die Regelung soll der Transparenz bei der Kreditvergabe dienen und betrifft sowohl Verbraucherdarlehens- (§ 491 BGB) als auch Finanzierungshilfeverträge (§ 506 BGB). Die Auskunft muss unverzüglich, kostenlos und mit einer Begründung versehen erfolgen. Unter dem BDSG-alt wurde teilweise vertreten, dass der Verbraucher seinen Auskunftsanspruch auch direkt gegen die Auskunftei geltend machen könne. Gegen diese Ansicht spricht jedoch der eindeutige Wortlaut des § 30 Abs. 2 Satz 1. Allerdings bleiben andere Auskunftsansprüche gegen das Kreditinformationssystem, z.B. aus Art. 15 DSGVO, unberührt.

Die **Information** muss **unterbleiben**, wenn durch die Auskunft eine Gefahr für die öffentliche Sicherheit und Ordnung entstehen würde (§ 30 Abs. 2 Satz 2). Dies ist laut Erwägungsgrund 29 der EU-Verbraucherkreditrichtlinie insbesondere dann der Fall, wenn durch die Erteilung der Auskunft gegen europäische Rechtsvorschriften (z.b. über Terrorismusfinanzierung oder Geldwäsche) verstoßen wird oder die Verhütung, Ermittlung, Feststellung oder Verfolgung von Straftaten behindert wird. Entgegenstehende Betriebs- oder Geschäftsgeheimnisse reichen indes nicht zur Ablehnung eines Auskunftsanspruchs aus.

§ 30 Abs. 2 Satz 3 verweist auf § 37, der „Automatisierte Entscheidungen im Einzelfall einschließlich Profiling" regelt. § 37 stellt im Anwendungsbereich des BDSG eine weitere Einschränkung der Rechte des Verantwortlichen nach Art. 22 Abs. 1 DSGVO dar. Richtigerweise hätte in § 30 damit auch und gerade auf diese Regelung der DSGVO verwiesen werden müssen. Im Kern besagt der Verweis, dass der Verantwortliche auch die weiteren Anforderungen an eine automatisierte Entscheidung im Einzelfall zu beachten hat und nicht etwa durch die Erfüllung der Unterrichtungspflicht nach § 30 von seinen weitergehenden Pflichten entbunden wird.

§ 31 Schutz des Wirtschaftsverkehrs bei Scoring und Bonitätsauskünften

(1) Die Verwendung eines Wahrscheinlichkeitswerts über ein bestimmtes zukünftiges Verhalten einer natürlichen Person zum Zweck der Entscheidung über die Begründung, Durchführung oder Beendigung eines Vertragsverhältnisses mit dieser Person (Scoring) ist nur zulässig, wenn
1. die Vorschriften des Datenschutzrechts eingehalten wurden,
2. die zur Berechnung des Wahrscheinlichkeitswerts genutzten Daten unter Zugrundelegung eines wissenschaftlich anerkannten mathematisch-statis-

tischen Verfahrens nachweisbar für die Berechnung der Wahrscheinlichkeit des bestimmten Verhaltens erheblich sind,

3. für die Berechnung des Wahrscheinlichkeitswerts nicht ausschließlich Anschriftendaten genutzt wurden und

4. im Fall der Nutzung von Anschriftendaten die betroffene Person vor Berechnung des Wahrscheinlichkeitswerts über die vorgesehene Nutzung dieser Daten unterrichtet worden ist; die Unterrichtung ist zu dokumentieren.

(2) Die Verwendung eines von Auskunfteien ermittelten Wahrscheinlichkeitswerts über die Zahlungsfähig- und Zahlungswilligkeit einer natürlichen Person ist im Fall der Einbeziehung von Informationen über Forderungen nur zulässig, soweit die Voraussetzungen nach Absatz 1 vorliegen und nur solche Forderungen über eine geschuldete Leistung, die trotz Fälligkeit nicht erbracht worden ist, berücksichtigt werden,

1. die durch ein rechtskräftiges oder für vorläufig vollstreckbar erklärtes Urteil festgestellt worden sind oder für die ein Schuldtitel nach § 794 der Zivilprozessordnung vorliegt,

2. die nach § 178 der Insolvenzordnung festgestellt und nicht vom Schuldner im Prüfungstermin bestritten worden sind,

3. die der Schuldner ausdrücklich anerkannt hat,

4. bei denen

   a) der Schuldner nach Eintritt der Fälligkeit der Forderung mindestens zweimal schriftlich gemahnt worden ist,

   b) die erste Mahnung mindestens vier Wochen zurückliegt,

   c) der Schuldner zuvor, jedoch frühestens bei der ersten Mahnung, über eine mögliche Berücksichtigung durch eine Auskunftei unterrichtet worden ist und

   d) der Schuldner die Forderung nicht bestritten hat oder

5. deren zugrunde liegendes Vertragsverhältnis aufgrund von Zahlungsrückständen fristlos gekündigt werden kann und bei denen der Schuldner zuvor über eine mögliche Berücksichtigung durch eine Auskunftei unterrichtet worden ist.

Die Zulässigkeit der Verarbeitung, einschließlich der Ermittlung von Wahrscheinlichkeitswerten, von anderen bonitätsrelevanten Daten nach allgemeinem Datenschutzrecht bleibt unberührt.

I. Einführung 1	2. Entscheidung im Rahmen eines Vertragsverhältnisses 17
II. Normaufbau 8	3. Vertragsverhältnis mit der natürlichen Person 23
III. Anwendungsbereich 13	
1. Begriff 14	4. Prognose zukünftigen Verhaltens 24

| IV. Allgemeine Zulässigkeitsvoraussetzungen 28
| 1. Zulässigkeit der verarbeiteten und genutzten Daten (Abs. 1 Nr. 1) 29
| 2. Wissenschaftlichkeit des Verfahrens (Abs. 1 Nr. 2) 34
| 3. Anschriftendaten (Abs. 1 Nr. 3 und 4) 38
| V. Beschränkungen und Konkretisierungen bei der Verwendung forderungsbezogener Daten ... 48
| 1. Anwendungsbereich 50
| 2. Forderungsbezogene Daten (Abs. 2 Satz 1) 53
| a) Informationen über Forderungen 53
| b) Nicht erbrachte Leistung trotz Fälligkeit 57
| c) Notwendigkeit einer Interessenabwägung? 59
| d) Übermittlungsbefugnis 61
| e) Die Regelbeispiele im Einzelnen 62
| aa) Vorliegen eines Urteils oder eines Titels (Abs. 2 Satz 1 Nr. 1) 62
| bb) Verwendung einer Forderung, die im Insolvenzverfahren festgestellt wurde (Abs. 2 Satz 1 Nr. 2) 63
| cc) Verwendung einer Forderung, die anerkannt wurde (Abs. 2 Satz 1 Nr. 3) 64
| dd) Verwendung von „ausgemahnten" Forderungen (Abs. 2 Satz 1 Nr. 4) 66
| ee) Berücksichtigung aufgrund einer Kündigung (Abs. 2 Satz 1 Nr. 5) 77
| 3. Sonstige bonitätsrelevante Daten (Abs. 2 Satz 2) 79
| VI. Verhältnis zu anderen Normen 81

Schrifttum: *Chrozciel,* Datenschutzrechtliche Pflichten nach dem Geldwäschegesetz, ZD 2013, 170; *Ehrig/Glatzner,* Kreditscoring nach der Datenschutz-Grundverordnung: Sollen – und können – die bisherigen Regelungen des BDSG erhalten bleiben?, PinG 2016, 210; *Eichler,* Zulässigkeit der Tätigkeit von Auskunfteien nach der DS-GVO; *Gounalakis/Klein,* Zulässigkeit von personenbezogenen Bewertungsplattformen, NJW 2010, 566; *Gurlit,* Verfassungsrechtliche Rahmenbedingungen des Datenschutzes, NJW 2010, 1035; *Hammersen/Eisenried,* Ist „Redlining" in Deutschland erlaubt?, ZD 2014, 342; *Hanten/Görke/Ketesidis,* Outsourcing im Finanzsektor, 2011; *Härting,* „Prangerwirkung" und „Zeitfaktor", CR 2009, 21; *Härting,* Profiling: Vorschläge für eine intelligente Regulierung, CR 2014, 528; Hessischer Beauftragter für den Datenschutz (HDSB), 45. Tätigkeitsbericht, Ziffer 4.2; *Heinson/Schmidt,* IT-gestützte Compliance-Systeme und Datenschutzrecht, CR 2010, 540; *Hilpert,* Der Austausch von Seriositätsdaten durch Auskunfteien, ZD 2015, 259; *Hofmann,* Die Pflicht zur Bewertung der Kreditwürdigkeit, NJW 2010, 1782; *Hornung,* Erweiterung der SCHUFA-Klausel möglich?, CR 2007, 753; *Iraschko-Luscher/Kiekenbeck,* Internetbewertungen von Dienstleistern – praktisch oder kritisch?, ZD 2012, 261; *Kahler,* Unisextarife im Versicherungswesen – Grundrechtsprüfung durch den EuGH, NJW 2011, 894; *Kamlah/Hoke,* Das SCHUFA-Verfahren im Lichte jüngerer obergerichtlicher Rechtsprechung, RDV 2007, 242; *Kamlah/Hornung,* Zur Verpflichtung sogenannter Negativdaten an Auskunfteien, PinG 2014, 265; *Kamlah/Walter,* Scoring – was ist zulässig und welche (Auskunfts-)Rechte haben die Betroffenen?, PinG 2015, 159; *Kamp/Weichert,* Scoringsysteme zur Beurteilung der Kreditwürdigkeit – Chancen und Risiken für Verbraucher, Unabhängiges Landeszentrum für Datenschutz Schleswig-Holstein, 2005; *Kilian,* Subventionstransparenz und Datenschutz, NJW 2011, 1325; *Korczak,* Verantwortungsvolle Kreditvergabe, Gutachten im Auftrag des Bundesministeriums für Verbraucherschutz, Ernährung und Landwirtschaft, München 2005; *Liedke,* Die Einwilligung im Datenschutzrecht, Edewecht 2012; *Lixfeld,* § 28 Abs. 3a, Satz 1 1. Alt. BDSG – Schriftform oder Textform? Eine rechtsmethodische Untersuchung, RDV 2010, 163; *Lützen,* „Schriftlich" und „Schriftform" – der unbekannte Unterschied, NJW 2012, 1627; *Moos,* Die Entwicklung des Datenschutzrechts im Jahre 2010, K&R 2011, 145; *Moos,* Die Entwicklung des Datenschutzrechts im Jahr 2011, K&R 2012, 151; *Moos* (Hrsg.), Datenschutz- und Datennutzungsverträge, 2. Aufl. 2018; *Nagel,* Das HIS System in der aktuellen Rechtsprechung zur Kraftfahrtversicherung, DAR 2015, 348; *Polenz,* Datenschutz in der Versicherungswirtschaft, VuR 2015, 416; *Riemann,* DS-GVO, Wirtschaft und Verbraucherschutz ziehen an einem Strang; bank&markt 2016, 20; *Roßnagel,* Die Novellen zum Datenschutzrecht, NJW 2009, 2716; *Schantz/Wolff,* Das neue Datenschutzrecht, 2017; *Schulz,* Und er sah, dass es gut war. Zur Übermittlung von Positivdaten gewerblicher Marktteilnehmer an Auskunfteien, PinG 2014, 81; *Sommer,* Personalinformationssysteme im radikalen Wandel, CuA 6/2014, 4; *Taeger,* Verbot des Profilings nach Art. 22 DS-GVO und die Regulierung des Scoring ab Mai 2018; *Taeger/Rose,* Rechtliche Rahmenbedingungen für das Scoring in Deutschland und in weiteren ausgewählten Staaten, K&R, Beiheft zu Heft 10/2014; *von Lewinski/Pohl;* Auskunfteien nach der europäischen Datenschutzreform, ZD 2018, 17; *Wienen,* Prangerwirkung von Onlineveröffentlichungen, ITRB 2012, 160.

I. Einführung

1 Ausweislich der Überschrift dient die Vorschrift dem **Schutz des Wirtschaftsverkehrs** bei Scoring und Bonitätsauskünften. Sie soll den materiellen Schutzstandard der §§ 28a und 28b BDSG-alt erhalten[1]. Aus dieser Begründungserwägung geht gleichzeitig hervor, dass es offenbar nach Ansicht des nationalen Gesetzgebers in der DSGVO keine Vorschriften gibt, die den §§ 28a und 28b BDSG-alt entsprechen. Es hätte sonst das Bedürfnis nicht bestanden, sie auf nationaler Ebene zu erhalten[2]. Das Fehlen von Vorschriften zum Schutz des Wirtschaftsverkehrs bei Scoring und Bonitätsauskünften in der DSGVO ist folgerichtig. Auch die EG-Datenschutzrichtlinie (95/46/EG) enthielt solche Vorschriften nicht. Dort gab es in Art. 12 und 15 Vorschriften zur automatisierten Einzelentscheidung, die nunmehr von Art. 22 DSGVO aufgegriffen wurden (Einzelheiten s. Art. 22 DSGVO Rz. 1 und Rz. 4). Im Übrigen existierte unter Geltung der EG-Datenschutzrichtlinie „nur" der allgemeine Interessenabwägungstatbestand aus Art. 7 Buchst. f, der nunmehr in Art. 6 Abs. 1 Buchst. f DSGVO abgebildet ist.

2 Auf nationaler Ebene erfolgte die Umsetzung der Art. 12 Buchst. a, 3. Spiegelstrich und 15 der EG-Datenschutzrichtlinie durch das Bundesdatenschutzgesetz von 2001[3] über § 6a BDSG-alt. Art. 7 Buchst. f der EG-Datenschutzrichtlinie

---

1 S. BT-Drucks. 18/11325, S. 101.
2 Für einen Erhalt der Vorschriften aus verbraucherschutzpolitischer Sicht *Ehrig/Glatzner,* PinG 2016, 211; die Sicht der Auskunfteien schildert *Riemann,* bank&markt 2016, 20.
3 BGBl. I 2001, S. 904.

schien durch die bereits existierenden Abwägungstatbestände der §§ 28 und 29 BDSG-alt bereits ausreichend umgesetzt, sodass im Zuge der Umsetzung dort nur kleinere Änderungen erfolgten. Die Vorschriften der §§ 28a und 28b BDSG-alt waren erst durch die BDSG-Novelle 2010[4] hinzugekommen. Damals wie heute bestand ein rechtspolitischer Konsens über die **Richtigkeit und Wichtigkeit der §§ 28a bzw. 28b BDSG-alt** auch hinsichtlich ihrer Herleitung und Begründung[5]. Die Begründung zum Erlass von § 28a BDSG-alt zielte seinerzeit vor allem auf Rechtssicherheit ab[6].

Dabei ist zu konstatieren, dass die Vorschrift des § 28b BDSG-alt insoweit Eingang in die DSGVO gefunden hat, als dass auch Erwägungsgrund 71 zur DSGVO Anforderungen an die Wissenschaftlichkeit des **statistisch-mathematischen Verfahrens** stellt, die beim Profiling zum Einsatz kommen (vgl. § 28b Nr. 1 BDSG-alt). Der in § 28b Nr. 2 BDSG-alt zum Ausdruck kommende Gedanke bedeutete im Grunde nichts anderes, als dass Profilingmaßnahmen (zu denen Scoringverfahren gehören dürften) keine (anderen) Daten zugrunde gelegt werden, als die, die nicht auch als Einzeldatum hätten verarbeitet werden dürfen. Das ergibt sich unter Geltung der DSGVO aber schon aus den allgemeinen Vorschriften, aus denen die Rechtmäßigkeit des Profilings abzuleiten ist. Art. 6 Abs. 1 Buchst. f DSGVO enthält eine Zulässigkeitsnorm für die Verarbeitung personenbezogener Daten; ein daraus gebildetes Profiling unterliegt keinen anderen Maßstäben (s. Art. 6 DSGVO Rz. 58 ff.). 3

Während also § 28b BDSG-alt Regelungen für die Scorewertbildung enthielt, die ihre Entsprechung in den Erwägungsgründen zur DSGVO finden, regelte § 28a BDSG-alt die Übermittlung forderungsbezogener Daten an Auskunfteien. Der Erhalt einer expliziten Übermittlungsvorschrift wäre an eine spezielle **Öffnungsklausel** gebunden gewesen. Die Gesetzesmaterialen nennen eine solche auffälligerweise nicht. Dies kann zweierlei bedeuten: Entweder dem nationalen Gesetzgeber war die zugrundeliegende Öffnungsklausel so offensichtlich, dass sie keiner gesonderten Erwähnung bedurfte oder der nationale Gesetzgeber wollte die Norm des § 31 nicht als datenschutzrechtliche verstanden wissen. Für beide Varianten gibt es Anhaltspunkte. 4

Wenn es in der Gesetzesbegründung heißt, dass die bisherigen Vorschriften, und damit nunmehr § 31, „dem Schutz des Wirtschaftsverkehrs dienen und überragende Bedeutung für Wirtschaft und Betroffene besitzen", dann liegt die Annahme, dass die durch die Norm geregelte Verarbeitung im **öffentlichen Interesse** liegt, zumindest nahe. Unterstrichen wird diese Annahme, wenn die Begründung ausführt, dass der Überschuldungsschutz sowohl im Interesse der Verbraucher selbst als auch der Wirtschaft liegt. Ferner bildet nach der Geset- 5

---

4 BGBl. I 2009, S. 2254.
5 BT-Drucks. 18/11655, S. 55.
6 S. BT-Drucks. 16/10529, S. 14.

zesbegründung die Ermittlung der Kreditwürdigkeit und die Erteilung von Bonitätsauskünften das Fundament des deutschen Kreditwesens und damit auch der Funktionsfähigkeit der Wirtschaft. Angesichts dieser Erwägungen stellt sich die Frage, welche Datenverarbeitung sonst im öffentlichen Interesse liegen soll, wenn nicht eine solche, die derart begründet wird. Die Öffnungsklausel zum Erlass des § 31 wäre dann schlicht in den Art. 6 Abs. 2 und 3 DSGVO zu suchen[7].

6 Andererseits fällt auf, dass § 31 den Begriff der Verarbeitung meidet. Es handelt sich mithin nicht um eine (reine) Datenverarbeitungsnorm. Vielmehr soll der Wirtschaftsverkehr bei der Bildung von Scorewerten und Bonitätsauskünften geschützt werden[8]. Dementsprechend stellt die Norm diese Scorewertbildung ganz in den Vordergrund und definiert neben den „allgemeinen" Voraussetzungen an eine solche in Abs. 1 in Abs. 2, unter welchen Voraussetzungen entsprechende personenbezogene Daten Eingang in ein Scoreverfahren finden dürfen[9]. Die Verankerung der Norm im zweiten Kapitel der besonderen Verarbeitungssituationen hat somit nicht die Verarbeitung im Sinne der Übermittlung an die Auskunfteien oder die Verarbeitung durch diese selbst im Blick, sondern die Verwendung der Wahrscheinlichkeitswerte durch denjenigen, der ein Vertragsverhältnis mit einer natürlichen Person begründen, durchführen oder beenden will. Das Motiv des Gesetzgebers ist dabei kein (rein) datenschutzrechliches. Die Norm stellt ausdrücklich auch nicht auf eine betroffene Peron im Sinne des Datenschutzrechts ab, sondern verwendet den Begriff der natürlichen Person. Nur dieser Begriff öffnet eine Anknüpfung an § 13 BGB. Es geht dem Gesetzgeber mithin um die Funktionsfähigkeit der Wirtschaft einerseits, vor allem aber um den **Verbraucherschutz** andererseits[10]. Besonders deutlich wird dies durch die Stellungnahme des Bundesrates. Dort wird – anders als beispielsweise bei sämtlichen Normen zu den Betroffenenrechten (s. hierzu die Kommentierung zu den §§ 32 ff. BDSG) – nicht deren Europarechtskonformität im Lichte der DSGVO, sondern vor allem die verbraucherrelevante Funktion der Norm thematisiert[11]. Auch die Gegenäußerung der Bundesregierung stellt ganz auf den Schutz für Wirtschaft und Verbraucher ab[12]. Dies lässt den Schluss zu, dass es sich bei § 31 um eine in erster Linie verbraucherschützende Norm handelt[13]. Zugunsten der Verbraucher sollte der Schutzstandard der §§ 28a und 28b BDSG-alt erhalten bleiben[14]. Im Hinblick auf die Frage einer etwaigen Europarechtskonformität der Norm darf daher die verbraucherschützende Funktion der Norm nicht ver-

---

7 Kritisch Kühling/Buchner/*Buchner*, § 31 BDSG Rz. 4f.
8 BT-Drucks. 18/11655, S. 55.
9 S. hierzu BT-Drucks. 18/11655, S. 56.
10 BT-Drucks. 18/11325, S. 101 f.
11 BT-Drucks. 18/11655, S. 30 ff.
12 BT-Drucks. 18/11655, S. 55.
13 Zu diesem Ergebnis kommt auch Paal/Pauly/*Frenzel*, § 31 BDSG Rz. 3.
14 BT-Drucks. 18/11655, S. 55 formuliert das als „politischen Willen".

nachlässigt werden[15]. Die Norm kann zumindest als Auslegungshilfe der allgemeinen Zulässigkeitstatbestände dienen[16].

Im Übrigen sei auf die Ausführungen zu § 32 BDSG Rz. 1 verwiesen. 7

II. Normaufbau

Aus Vorstehendem leitet sich auch der Normaufbau ab. § 31 übernimmt in Abs. 1 zunächst die Regelungen des § 28b BDSG-alt und definiert darin generelle Regelungen zur Verwendung von Wahrscheinlichkeitswerten. Bereits diese Eingangsformulierung macht deutlich, dass sich die Norm weder an die Auskunftei noch an die Verantwortlichen richtet, die Daten an die Auskunftei übermitteln. Von einer Auskunftei ist dort gar nicht die Rede. Vielmehr geht es um die **Verwendung von Wahrscheinlichkeitswerten** zum Zweck der Entscheidung über die Begründung, Durchführung oder Beendigung eines Vertragsverhältnisses mit einer natürlichen Person. Normadressat ist mithin der Verwender eines Wahrscheinlichkeitswertes, als derjenige, der mit der natürlichen Person ein Vertragsverhältnis eingeht. Dies gilt unabhängig davon, ob der Wahrscheinlichkeitswert durch den Verantwortlichen selbst oder mit Unterstützung eines Dritten (ggf. Auskunftei) gebildet wurde. Im Vergleich zum § 28b BDSG-alt unterscheidet sich § 31 insoweit allerdings, als dass die Gedanken des § 28b Nr. 1 bzw. 2 in § 31 in umgekehrter Reihenfolge fortgeführt werden. § 31 Abs. 1 Nr. 1 musste gegenüber § 28b Nr. 2 BDSG-alt insoweit allgemeiner gefasst werden, als dass die in § 28b Nr. 2 BDSG-alt enthaltenen Verweise nicht mehr stimmten. Der nunmehr erfolgende Verweis auf das allgemeine Datenschutzrecht erfasst Art. 6 DSGVO, insbesondere Art. 6 Abs. 1 Buchst. f DSGVO. 8

Während also § 31 Abs. 1 eine generelle Vorschrift zur Verwendung von Wahrscheinlichkeitswerten darstellt, werden in § 31 Abs. 2 gesonderte Anforderungen formuliert, wenn ein von einer Auskunftei ermittelter Wahrscheinlichkeitswert 9

---

15 Zur Frage der Öffnungsklauseln beim Profiling *Taeger*, RdV 2017, 3; kritisch insoweit *Schulz*, zfm 2017, 91, der allerdings feststellt, dass die Anwendung der nach § 28a Abs. 1 BDSG-alt bestehenden Verarbeitungsregelungen in jedem Fall interessengerecht nach Art. 6 Abs. 1 Buchst. f DSGVO sein dürfte; kritisch zur Annahme einer verbraucherschutzrechtlichen Norm Schantz/Wolff/*Wolff*, Rz. 694 ff., die aber als Öffnungsklausel Art. 6 Abs. 4 i.V.m Art. 23 Abs. 1 Buchst. e DSGVO (öffentliches Interesse) für denkbar halten; differenzierend *Kühling*, NJW 2017, 1985, nach dem § 28a BDSG-alt auf Basis des Art. 6 Abs. 4 i.V.m. Art. 23 Abs. 1 Buchst. i (Rechte und Freiheiten Dritter) DSGVO hätte erhalten werden können, während auch er § 31 im Übrigen nicht als datenschutzrechtliche Norm versteht; eingehend zur Datenverarbeitung bei Auskunfteien nach neuem Recht *von Lewinski/Pohl*, ZD 2018, 17; *Eichler*, RdV 2017, 10; Der Hessische Beauftragte für den Datenschutz, 45. Tätigkeitsbericht, Ziffer 4.2.
16 Kühling/Buchner/*Buchner*, § 31 BDSG Rz. 6.

über die (potenzielle) Zahlungsfähig- und Zahlungswilligkeit einer natürlichen Person verwendet werden soll.

10 § 31 Abs. 2 Satz 1 schränkt dann den in § 31 Abs. 1 Nr. 1 enthaltenen Grundsatz wiederum ein, indem er bei der Verwendung von Wahrscheinlichkeitswerten durch den Verantwortlichen **besondere Anforderungen** für die Fälle formuliert, in denen (durch die Auskunftei) **forderungsbezogene Daten** berücksichtigt werden sollen. Aufgrund der Referenzierung auf Abs. 1 stellt Abs. 2 klar, dass die dort genannten Voraussetzungen zusätzlich – eigentlich aber den Abs. 1 einschränkend – vorliegen müssen. Ausweislich der Gesetzesmaterialen sollte sich die Berücksichtigung forderungsbezogener Daten an § 28a Abs. 1 BDSG-alt orientieren, dem § 31 im Wortlaut erkennbar nachgebildet ist[17]. Durch den Wechsel des Anknüpfungspunktes der Norm weg vom Verantwortlichen, der die forderungsbezogenen Daten übermittelt, hin zu demjenigen, der den (auch) aus forderungsbezogenen Daten bestehenden Wahrscheinlichkeitswert verwendet, bestand für den Gesetzgeber aber offenbar das Bedürfnis, die Verwendungssituation des Wahrscheinlichkeitswertes zu definieren. Allerdings ist der Verweis auf die Ermittlung über die Zahlungsfähig- und Zahlungswilligkeit einer natürlichen Person insoweit missglückt, als dass Scoring- oder Profilingverfahren (auf Basis von forderungsbezogenen Daten) zwar Ausfall- oder Erfüllungswahrscheinlichkeiten prognostizieren können, nicht aber aus welchen Gründen diese Prognose dann möglicherweise eintritt. Jede andere Lesart würde das Scoring weniger interessant erscheinen lassen[18], was aber erkennbar so nicht gewollt war[19]. § 31 Abs. 1 formuliert (wie ehedem § 28b BDSG-alt) insoweit korrekt, dass Wahrscheinlichkeitswerte ein „zukünftiges Verhalten einer natürlichen Person" prognostizieren können.

11 In § 31 Abs. 2 geht es mithin um Konkretisierungen in zweierlei Richtungen. Zum einen sollen – unter Vorliegen der Voraussetzungen nach § 31 Abs. 1 – an die den Wahrscheinlichkeitswerten zugrunde liegenden forderungsbezogenen Daten bestimmte Voraussetzungen geknüpft werden. Zum anderen sollte eine Konkretisierung hinsichtlich des in Rede stehenden zukünftigen Verhaltens vorgenommen werden. Dies sollte nicht jedes zukünftige Verhalten sein, sondern die **Ausfall- oder Erfüllungswahrscheinlichkeit**. Der Grund für einen etwaigen Ausfall kann in der Zahlungsunwillig- oder Zahlungsunfähigkeit liegen. Die einem Zahlungsausfall zugrunde liegenden Sachverhalte werden aber von den Auskunfteien nicht verarbeitet und stehen damit einer statistisch-mathematischen Analyse überhaupt nicht zur Verfügung, sondern nur das Zahlungsverhalten an sich. Damit kann auch nur aufgrund der Zahlungsverhaltensdaten gewis-

---

17 BT-Drucks. 18/11325, S. 100; BT-Drucks. 18/11655, S. 30 und 55, BT-Drucks. 18/12084, S. 7 und BT-Drucks. 18/12144, S. 4.
18 Vgl. Paal/Pauly/*Frenzel*, § 31 BDSG Rz. 9.
19 Vgl. *Kühling*, NJW 2017, 1985 (1988), nach dem sich durch das BDSG für die Unternehmen nichts ändert.

sermaßen abstrakt ein künftiges Zahlungsverhalten prognostiziert werden, nicht aber aus welchen Gründen dies erfolgt.

Im Folgenden enthält § 31 Abs. 2 Satz 1 den sog. **5-er-Katalog** des § 28a Abs. 1 BDSG-alt. § 31 Abs. 2 Satz 2 löst dann die Verengung der danach zulässigerweise verwendeten forderungsbezogenen Daten wieder auf, indem er bestimmt, dass die Zulässigkeit der Verarbeitung einschließlich der Ermittlung von Wahrscheinlichkeitswerten von anderen bonitätsrelevanten Daten nach allgemeinen Datenschutzrecht unberührt bleibt. Dieser Rechtsgedanke ist im Grunde schon in § 31 Abs. 1 Nr. 1 enthalten, allerdings bestand im Rahmen des § 31 Abs. 2 insoweit ein Bedürfnis nach ergänzender Klarstellung, als dass Abs. 2 Satz 1 „nur" die sogenannten negativen bonitätsrelevanten Daten regelte und die Zulässigkeit der Verwendung von allgemeinen (positiven) Zahlungsverhaltensdaten nicht ausgeschlossen, sondern ausdrücklich bestätigt werden sollte[20]. 12

III. Anwendungsbereich

§ 31 Abs. 1 ist erkennbar **§ 28b BDSG-alt nachgebildet**. Allerdings musste der Einleitungssatz umgestellt werden, um den verbraucherrechtlichen Charakter der Norm zu gestalten. In § 31 geht es nicht um die Erhebung und Verwendung von Wahrscheinlichkeitswerten über ein bestimmtes zukünftiges Verhalten des Betroffenen, sondern nur noch um die Verwendung dieser Wahrscheinlichkeitswerte. Anknüpfungspunkt ist damit ausschließlich der Verwender und nicht mehr (auch) der Scorewertbildner (s. § 28b Nr. 2 BDSG-alt). Ferner geht es bei dieser Verwendung künftig nicht mehr nur um Verträge mit (datenschutzrechtlichen) Betroffenen, sondern um solche, die (verbraucherrechtlich) mit natürlichen Personen geschlossen werden sollen. 13

1. Begriff

Gleichzeitig behebt § 31 einen Mangel des § 28b BDSG-alt. Der Begriff des Scorings ist nunmehr **legaldefiniert**[21]. Scoring ist demnach „nur" ein Wahrscheinlichkeitswert über ein bestimmtes zukünftiges Verhalten einer natürlichen Person zum Zwecke der Entscheidung „über die Begründung, Durchführung oder Beendigung eines Vertragsverhältnisses mit dieser Person". Eine außerhalb dieses vertraglichen Kontexts erfolgende Verwendung von Wahrscheinlichkeitswerten – wie etwa bei der Werbung – wäre demnach nicht mehr vom Scoring-Begriff umfasst und somit auch nicht durch § 31 eingeschränkt. Maßgeblich für solche Verarbeitungsformen dürfte aber der Begriff des Profilings aus Art. 4 Nr. 4 DSGVO sein. Aber auch das nach § 31 geregelte Scoring dürfte diesem Begriff ebenso un- 14

---

20 BT-Drucks. 18/11325, S. 101 f.
21 Das stellt auch Paal/Pauly/*Frenzel*, § 31 BDSG Rz. 5 fest.

terfallen wie außerhalb des Begriffs des Profilings stattfindende Prognoseverfahren, sodass die nunmehr eingeführte Legaldefinition nicht mehr viel bringt.

15 Die Gesetzesbegründung zum BDSG 2010[22] sprach noch von „**Scoreringverfahren**". Danach handelte es sich bei Scoreverfahren um mathematisch-statistische Verfahren, mit denen die Wahrscheinlichkeit, mit der eine bestimmte Person ein bestimmtes Verhalten zeigen wird, berechnet werden kann[23]. Scorewerte waren danach also lediglich statistische Werte, die keine individuelle Bewertung des jeweils Betroffenen darstellten. Vielmehr wurde dieser aufgrund bei ihm vorliegender Daten einer Vergleichsgruppe und damit dem dieser Vergleichsgruppe innewohnenden Gruppenrisiko zugeordnet. Der Score konnte sowohl bei Veränderung der zum jeweils Betroffenen gespeicherten Daten, als auch bei Veränderung der Risikostruktur der Vergleichsgruppe variieren[24]. Das Gesetz selbst wiederum sprach im Folgenden dann von „**Wahrscheinlichkeitswerten**". Dabei handelt es sich nach der Definition der Gesetzesbegründung zum BDSG-alt um Werte, die auf Basis eben dieser Scoreverfahren berechnet werden[25]. Hierauf kann auch im Rahmen von § 31 zurückgegriffen werden. Davon zu trennen sind **Bestandteile** von Wahrscheinlichkeitswerten, wie auch sog. **Zwischenrechnungen**, die für sich genommen gerade keinen (abgeschlossenen) Wahrscheinlichkeits(teil)wert, sondern nur ein Zwischenergebnis darstellen, welches lediglich als Variable oder Datenart in den (Gesamt-)Wahrscheinlichkeitswert eingeht und deswegen für sich genommen aus dem Anwendungsbereich des § 31 herausfällt. Eng verknüpft mit dem Begriff des „Wahrscheinlichkeitswertes" ist seine Eignung, eine Prognose über ein zukünftiges Verhalten des Betroffenen abzugeben. Dieses ist aber bei reinen **vergangenheitsbezogenen Schätzverfahren** – auch wenn sie auf dokumentierten Erfahrungssätzen (z.B. Punkteliste in einer EDV-basierten Tabelle) beruhen – nicht der Fall.

16 Wie Wahrscheinlichkeitswerte ausgedrückt werden, ist unerheblich. Entscheidend ist der Charakter als Wahrscheinlichkeitswert. Daher können auch sog. **Bonitätsindizes** Wahrscheinlichkeitswerte darstellen. Bonitätsindizes wiederum sind keine Tatsachenbehauptungen, sondern **Werturteile und damit Meinungsäußerungen**. Beruhen Bonitätsindizes auf wahren Tatsachen, sind diese in aller Regel nicht zu beanstanden[26]. Der Einordnung als Meinungsäußerung folgt,

---

22 BT-Drucks. 16/10529, S. 15.
23 BT-Drucks. 16/10529, S. 1; so unterdessen auch der BGH v. 28.1.2014 – VI ZR 156/13, CR 2014, 364 = MDR 2014, 412 = ITRB 2014, 100 = NJW 2014, 1235.
24 OLG Nürnberg v. 30.1.2012 – 3 U 2362/11, ZD 2013, 26; LG Wiesbaden v. 21.4.2011 – 9 O 277/10.
25 BT-Drucks. 16/11325, S. 16.
26 BGH v. 22.2.2011 – VI ZR 120/10, MDR 2011, 598 = NJW 2011, 2204; LG Berlin v. 27.11.2013 – 10 O 125/13, ZD 2014, 366; BGH v. 28.1.2014 – VI ZR 156/13, CR 2014, 364 = MDR 2014, 412 = ITRB 2014, 100 = NJW 2014, 1235; ausführlich hierzu *Kamlah/Walter*, PinG 2015, 159.

dass diese nur eingeschränkt einem Korrekturanspruch ausgesetzt sein kann (s. dazu Art. 16 DSGVO Rz. 13).

2. Entscheidung im Rahmen eines Vertragsverhältnisses

Die strengen Voraussetzungen des § 31 gelten nur in den Fällen, in denen das Scoring unmittelbar zu einer **Entscheidung** über die Begründung, Durchführung oder Beendigung eines konkreten Vertragsverhältnisses mit einer natürlichen Person führen soll und es auch nur genau zu diesem Zwecke erfolgt. 17

Das bedeutet, dass Scoreverfahren bzw. Scorewerte, die nicht im Rahmen von Entscheidungen über die Begründung, Durchführung oder Beendigung eines konkreten **Vertragsverhältnisses** mit der natürlichen Person verwendet werden, nicht unter den Anwendungsbereich des § 31 fallen. Dies ist beispielsweise bei Scoringverfahren im Rahmen der **Werbung** denkbar, da diese nicht unmittelbar im Zusammenhang mit der Begründung, Durchführung oder Beendigung eines konkreten Vertragsverhältnisses im Zusammenhang stehen, sondern dem eigentlichen Angebot zum unmittelbaren Abschluss eines Vertrages vorgelagert sind (vgl. Art. 22 DSGVO Rz. 2). Dies gilt entsprechend für alle Fallgestaltungen, bei denen aufgrund der ermittelten Scorewerte nicht unmittelbar über einen Vertrag entschieden wird, wie beispielsweise auch bei (Vor-)**Auswahlentscheidungen im Bereich der Mitarbeitergewinnung** (s. auch Art. 22 DSGVO Rz. 2). Dementsprechend findet § 31 nicht nur dann keine Anwendung, wenn die natürliche Person auf Basis von Scoreverfahren in bestimmter Weise beworben wird, sondern auch dann nicht, wenn ihr im Anschluss an ein Scoring ein Angebot oder eine Vertragsverlängerung (zu geänderten – ggf. verbesserten – Konditionen) unterbreitet wurde (vgl. auch Art. 22 DSGVO Rz. 7c), denn in diesen Fällen hängt ja die Entscheidung über die Begründung des Vertragsverhältnisses nicht vom Scoreanwender, sondern von der natürlichen Person ab. So ist der Anwendungsbereich des § 31 erst recht nicht eröffnet, wenn (erst) gar kein Vertragsverhältnis begründet werden soll. 18

Vom Anwendungsbereich der Vorschrift werden auch Scoreverfahren erfasst, die zum Zwecke der Entscheidung über die **Durchführung** eines Vertragsverhältnisses erhoben oder verwendet werden. Die wichtigsten Fallgruppen hierfür sind das Scoring zum Zwecke der Erhöhung einer Kreditlinie oder der (weiteren) Hereinnahme von Sicherheiten. 19

Entsprechendes gilt, wenn sich aufgrund eines während der Laufzeit des Vertrages durchgeführten Scorings die Konditionen ändern. Erfasst werden aber möglicherweise auch scoregestützte Entscheidungen während der Laufzeit des Vertrages, wie z.B. die Ermittlung des Grades eines bestimmten Service Levels, mit dem die natürliche Person bedient wird, wie dies durch entsprechende Verfahren z.B. in Call-Centern der Fall sein kann. Reine **Potenzialanalysen** im Rah- 20 men des Beschäftigtenverhältnisses dürften zumindest dann, wenn ihnen keine Entscheidung folgt, dagegen nicht unter den Anwendungsbereich des § 31 fallen.

21 Maßnahmen **zum Zwecke der Rechtsverfolgung** fallen auch dann **nicht** unter den Anwendungsbereich des § 31, wenn dessen Erfolgsaussichten mittels Scoreverfahren vorher geprüft werden. Dementsprechend ist die Ermittlung der Beitreibungswahrscheinlichkeit (durch ein Inkassounternehmen) kein Anwendungsfall des § 31, sofern damit nicht gleichzeitig beispielsweise eine Vertragskündigung einhergeht. Bei der Ermittlung von Beitreibungswahrscheinlichkeiten geht es auch nicht um eine Ermittlung oder Steuerung gegenseitiger Leistungspflichten im Rahmen der Durchführung eines Vertrages, da der Schuldner ja bereits ausgefallen ist und nur die Erfolgsaussichten von Inkassomaßnahmen ermittelt werden sollen.

22 Die Verwendung von Scores i.S.d. Vorschrift im Falle der **Beendigung** ist beispielsweise denkbar, wenn aufgrund einer sich verschlechternden Vermögenslage (was durch einen entsprechenden Score zum Ausdruck gebracht werden kann) ggf. fristlos gekündigt werden soll (s. hierzu § 31 Abs. 2 Satz 1 Nr. 5).

3. Vertragsverhältnis mit der natürlichen Person

23 Unter den Anwendungsbereich fallen nur Scoreverfahren in Bezug auf die einzelne natürliche Person, d.h. das Vertragsverhältnis, um dessen Begründung, Durchführung oder Beendigung es geht, muss sich auf die natürliche Person beziehen. Damit sind tatbestandlich beispielsweise auch solche Scoreverfahren vom Anwendungsbereich des § 31 ausgenommen, die der **Bewertung eines Forderungsportfolios** oder der gegen die natürliche Person selbst bestehenden Forderung im Rahmen eines Forderungskaufs dienen, da es hier nicht um den Vertrag mit der natürlichen Person, sondern um einen zwischen Forderungskäufer und -verkäufer geht.

4. Prognose zukünftigen Verhaltens

24 Der Wahrscheinlichkeitswert muss sich auf ein **bestimmtes zukünftiges Verhalten der natürlichen Person** beziehen. Dagegen fallen retrospektive Leistungs- und Verhaltensanalysen nicht unter § 31. Die Norm setzt ein selbstbestimmtes Handeln der natürlichen Person voraus, so dass Ereignisse, die auf höherer Gewalt oder Fremdeinwirkung beruhen, ausscheiden sollen (z.B. Blitzschlag, Diebstahl oder Erkrankung). Deswegen sollen die – scoringgestützten – Verfahren zur **Tarifierung** etwa von Lebens- oder Krankenversicherungen oder Versicherungen gegen Kfz-Diebstahl kein Scoring i.S.d. § 31 darstellen[27].

---

27 S. BT-Drucks. 16/10529, S. 16.

Geldwäsche- und Betrugspräventionssysteme sind ebenfalls vom Anwendungsbereich des § 31 ausgenommen[28]. 25

Im Bereich des **Arbeitnehmerdatenschutzes** stellt sich die Frage, ob scoringgestützte Auswahlentscheidungen unter den Anwendungsbereich des § 31 fallen, weil diese nicht die Prognose eines zukünftigen Verhaltens im Blick haben (zur Frage, ob eine Auswahlentscheidung in unmittelbarem Zusammenhang mit der Begründung eines Vertragsverhältnisses steht, s.o. Rz. 18). Gegen die Anwendbarkeit des § 31 spricht, dass bei Auswahlentscheidungen die aufgrund des in der Vergangenheit erfolgten Verhaltens erworbenen Kenntnisse und Fähigkeiten evaluiert werden sollen und weniger ein zukünftiges Verhalten prognostiziert werden soll[29], s. auch Rz. 20. 26

Schließlich muss der Wahrscheinlichkeitswert für die genannten Zwecke verwendet werden. Der Begriff der **Verwendung** ist nicht definiert. 27

IV. Allgemeine Zulässigkeitsvoraussetzungen

Nach § 31 darf zum Zwecke der Entscheidung über die Begründung, Durchführung oder Beendigung eines Vertragsverhältnisses mit einer natürlichen Person ein Wahrscheinlichkeitswert für ein bestimmtes zukünftiges Verhalten dieser Person verwendet werden, wenn die in § 31 Abs. 1 Nr. 1–4 genannten Voraussetzungen kumulativ erfüllt sind. 28

1. Zulässigkeit der verarbeiteten und genutzten Daten (Abs. 1 Nr. 1)

§ 31 Abs. 1 Nr. 1 verweist zunächst darauf, dass bei der Verwendung von Wahrscheinlichkeitswerten die Vorschriften des Datenschutzrechts einzuhalten sind. (Auch) hieraus wird der verbraucherschutzrechtliche Charakter der Norm deutlich, denn bei einem rein datenschutzrechtlichen Charakter der Norm wäre dieser Hinweis unnötig gewesen. Mit diesem **Verweis** wird klargestellt, dass im Rahmen der Wahrscheinlichkeitsberechnung keine Daten verwendet werden, die nicht nach den gesetzlichen Bestimmungen, insbesondere denen des Art. 6 DSGVO hätten verarbeitet werden dürfen[30]. Umgekehrt eröffnet der Verweis auf das allgemeine Datenschutzrecht die Möglichkeit der Verwendung von Positiv- und Negativdaten[31]. Für den Bereich des Beschäftigtendatenschutzes sind 29

---

28 S. BT-Drucks. 16/10529, S. 16; *Gürtler/Kriese*, RDV 2010, 47 (48 und 50); zu IT-gestützten Compliance-Systemen *Heinson/Schmidt*, CR 2010, 540 (zu Fraud Detection, S. 542 f.).
29 S. hierzu *Sommer*, CuA 6/2014, 4.
30 Undeutlich *Helfrich*, S. 197 ff.
31 Paal/Pauly/*Frenzel*, § 31 BDSG Rz. 6.

Art. 88 DSGVO und § 26 zu beachten. Ferner ist klargestellt, dass Wahrscheinlichkeitswerte auch auf Basis von Daten ermittelt werden können, die **allgemein zugänglichen Quellen** und somit auch dem **Internet** entstammen. Allerdings sind insbesondere bei den aus dem Internet entnommenen Daten besondere Sorgfaltspflichten zu beachten[32].

30 Hinsichtlich sog. **AGG-Daten** bestehen jenseits des Art. 9 DSGVO oder des § 22 grundsätzlich keine gesonderten Beschränkungen. Dies gilt insbesondere dort, wo gerade wegen der erforderlichen und zulässigen Bonitätsprüfung das beabsichtigte Geschäft nicht ohne Ansehen der Person und zu vergleichbaren Bedingungen erfolgt und deswegen gerade kein Massengeschäft i.S.v. § 19 Abs. 1 Nr. 1 AGG ist[33]. Die Nutzung von Daten über das **Geschlecht** des/der Betroffenen zur Berechnung eines Scorewertes ist grundsätzlich zulässig[34].

31 Im Rahmen der Berechnung eines Wahrscheinlichkeitswertes zu einer Person hat der Betroffene **keinen Anspruch auf Berücksichtigung weiterer Daten**, wie beispielsweise individuelle Einkommens- und Vermögens- oder auch Familienverhältnisse[35].

32 Eine Befugnis kann auch die wirksame **Einwilligung des Betroffenen** sein, da § 31 auf das Datenschutzrecht insgesamt verweist.

33 Ferner sind nicht nur im Anwendungsbereich des **§ 10 KWG** die dort in Abs. 1 Satz 6 getroffenen Wertungen hinsichtlich der Frage zu berücksichtigen, welche Datenkategorien bei der Ermittlung von Wahrscheinlichkeitswerten zugrunde gelegt werden können[36]. Nach § 10 Abs. 1 Satz 7 KWG können diese Daten auch von Dritten erhoben werden.

2. Wissenschaftlichkeit des Verfahrens (Abs. 1 Nr. 2)

34 Nach § 31 Abs. 1 **Nr. 2** müssen die zur Berechnung des Wahrscheinlichkeitswertes genutzten Daten unter Zugrundelegung eines **wissenschaftlich anerkannten mathematisch-statistischen Verfahrens** nachweisbar für die Berechnung der Wahrscheinlichkeit eines bestimmten Verhaltens erheblich sein[37]. Die Anforderung eines wissenschaftlich anerkannten mathematisch-statistischen

---

32 Einzelheiten s. *Helfrich*, S. 205 ff., 212 ff.
33 Enger *Helfrich*, S. 130 ff., 209, 253, der verkennt, dass jedweder Kreditvertrag eine individuelle Risikoprüfung erforderlich macht; das Urteil des EuGH v. 1.3.2011 – C 236/09 (Unisextarife) bespricht *Kahler*, NJW 2011, 894.
34 OLG München v. 12.3.2014, 15 U 2395/13, ZD 2014, 570; EuGH v. 1.3.2011 – C 236/09.
35 OLG München v. 12.3.2014, 15 U 2395/13, ZD 2014, 570; *Kamlah/Walter*, PinG 2015, 159 (161).
36 Einzelheiten *Helfrich*, S. 57 ff.
37 S. hierzu auch die ähnliche Formulierung in § 10 KWG Abs. 1 Satz 3 und 5.

Verfahrens soll der Qualitätssicherung von Scoringverfahren dienen. Die „Richtigkeit" eines Ergebnisses ist jedoch nicht Zulässigkeitsvoraussetzung für ein Scoring. Insbesondere kann mit Blick auf eine einzelne natürliche Person das Ergebnis nicht richtig oder falsch sein. Erfasst werden von dieser Regelung alle bei Durchführung von Scoringverfahren verwendeten Daten[38]. Welches wissenschaftliche Verfahren zugrunde gelegt wurde, ist unerheblich[39].

Für die Berechnung des Wahrscheinlichkeitswertes müssen die verwendeten Daten unter Zugrundelegung des Verfahrens **nachweisbar erheblich** sein. Für die Berechtigung zur Verarbeitung bestimmter Daten (teilweise auch Parameter genannt) kommt es ausschließlich auf deren mathematisch-statistisch ermittelte Erheblichkeit an. Es soll vermieden werden, dass vermeintlich subjektiv motivierte oder gar willkürlich ausgewählte Daten bei der Berechnung von Scorewerten eine Rolle spielen. Grundsätzlich erheblich können dabei alle Daten sein, die zulässigerweise gespeichert werden. Das können auch richtig geschätzte Daten sein. 35

Aus dem Kriterium der Nachweisbarkeit ist eine Pflicht abzuleiten, die im Scoreverfahren verwendeten Daten **regelmäßig** einer **Überprüfung** zu unterziehen, um ggf. das entsprechende Prüfungsergebnis der Aufsichtsbehörde vorlegen zu können, damit auch sie die Erheblichkeit und die Wissenschaftlichkeit nachvollziehen kann[40]. Das Scoreverfahren ist lediglich der Aufsichtsbehörde offenzulegen, insbesondere ist kein Anspruch des Betroffenen auf detaillierte Auskunft hierüber gegeben (s. Art. 15 DSGVO Rz. 14)[41]. So werden teilweise die statistischen Landesämter herangezogen, um mit deren Expertise die Qualität der seitens der verantwortlichen Stelle vorgelegten Gutachten zu überprüfen[42]. 36

Dem Kriterium der Wissenschaftlichkeit ist aber unter Umständen dann nicht genügt, wenn **nur ein einzelner Faktor** als Berechnungsgrundlage herangezogen wird[43]. Allerdings wird zu unterscheiden sein, ob das gesamte Scoringverfahren nur auf Basis weniger Daten unterhalten wird oder ob diesem grundsätzlich zahlreiche Parameter zugrunde liegen und nur im konkreten Einzelfall wenige Daten zum Betroffenen vorliegen. 37

---

38 S. BT-Drucks. 16/10529, S. 16.
39 *Gürtler/Kriese*, RDV 2010, 47 (48); vgl. auch OLG Nürnberg v. 30.10.2012 – 3 U 2362/11, ZD 2013, 26.
40 S. BT-Drucks. 16/10529, S. 16.
41 BT-Drucks. 16/10529, S. 15; BR-Drucks. 548/08, S. 30.
42 Zum Scoring-Verfahren der SCHUFA s. 17. Bericht der Landesregierung über die Tätigkeit der für den Datenschutz im nicht-öffentlichen Bereich in Hessen zuständigen Aufsichtsbehörden, LT-Drucks. 16/3650, S. 11.
43 OLG Frankfurt v. 7.4.2015 – 24 U 82/14, ZD 2015, 335; vgl. auch AG Neuss v. 11.8.2011 – 90 C 4596/10.

3. Anschriftendaten (Abs. 1 Nr. 3 und 4)

38 Die Fortschreibung der Regelungen zu Anschriftendaten aus § 28b BDSG-alt in § 31 Abs. 1 war im Gesetzgebungsverfahren umstritten. Ein entsprechender Hinweis des Bundesrates[44] ist von der Bundesregierung zwar geprüft, aber letztlich nicht aufgegriffen worden[45].

39 Nach § 31 Abs. 1 Nr. 3 darf die Berechnung des Wahrscheinlichkeitswertes *nicht ausschließlich* auf Anschriftendaten basieren. Der Gesetzgeber hat den Begriff der Anschriftendaten nicht näher definiert. Die Gesetzesbegründung zum BDSG-alt verweist insoweit nur auf die in der Öffentlichkeit diskutierte Bedeutung von Anschriftendaten[46]. Diese Diskussion machte sich in erster Linie an sog. **georeferenzierten Daten**, welche für das sog. **Geo-Scoring** verwendet werden, fest. Dabei geht es um Daten, die an die Anschrift anknüpfen, die Anschrift aber lediglich eingrenzt, welche Daten in einem bestimmten Umfeld dieser Anschrift signifikant sind. Das können alle Arten von Daten sein, wie beispielsweise Hochhausdichte, Gartengrundstücke, Einfamilienhäuser, Dichte einer bestimmten Kfz-Klasse, Bahnhofsnähe, ggf. aber auch Dichte der im Umfeld lebenden Personen, die im Schuldnerverzeichnis der Amtsgerichte eingetragen sind. Gemeint sind mithin Umfelddaten, die außer der Tatsache, dass der Betroffene unter der das Umfeld definierenden Anschrift wohnt[47], nicht an ein Verhalten des Betroffenen anknüpfen und ihm deshalb nicht ausschließlich zur Berechnung eines Wahrscheinlichkeitswertes über sein eigenes zukünftiges Verhalten zugeordnet werden sollen[48].

40 **Eigenes Verhalten**, wie etwa das Unterhalten mehrerer Wohnsitze oder häufige Umzüge[49] sind dagegen keine Anschriftendaten in diesem Sinne. Das entspricht auch der Einordnung in Art. 3 Nr. 2 der RL 2007/2/EG (Inspire-RL), wonach nur Daten mit einem direkten oder indirekten Bezug zu einem bestimmten Standort oder geografischem Gebiet Geodaten sind.

41 Die Berechnung des Wahrscheinlichkeitswertes darf **nicht ausschließlich** auf Anschriftendaten gestützt werden. Gegen dieses Ausschließlichkeitsverbot wird entgegen dem Wortlaut der Vorschrift auch dann verstoßen, wenn das Verbot dadurch umgangen wird, dass zwar neben Anschriftendaten auch andere Daten genutzt werden, diese aber nur mit einer verschwindend geringen Gewichtung in die Berechnung des Scorewertes einfließen[50]. Damit müssen diese anderen

---

44 BT-Drucks. 18/11655, S. 32 f.
45 BT-Drucks. 18/655, S. 55.
46 S. BT-Drucks. 16/10529, S. 16 und 16/13219, S. 9.
47 Vgl. *Gürtler/Kriese*, RDV 2010, 47 (50 f.).
48 Eingehend zu Scoringverfahren unter Einbeziehung von Geodaten *Behm*, RDV 2010, 61 ff.
49 Nach LG Hamburg v. 16.8.1996 – 317 S 354/95, NJW RR 1996, 1522 sind diese bonitätsrelevant.
50 BT-Drucks. 16/13219, S. 9.

Daten einen maßgeblichen Einfluss auf den berechneten Wahrscheinlichkeitswert haben. Anschriftendaten dürfen allenfalls ergänzend herangezogen werden. Nur so wird das gesetzgeberische Ziel, welches durch den Änderungsantrag des Innenausschusses noch einmal konkretisiert wurde[51], erreicht, auf die entsprechend kritische öffentliche Diskussion hinsichtlich der Nutzung von Anschriftendaten in Scoreverfahren zu reagieren. Gleichwohl bleibt zu konstatieren, dass die (flankierende) Nutzung von Anschriftendaten ausdrücklich zugelassen wird.

Allerdings wird die Nutzungsbefugnis an die Voraussetzung geknüpft, dass der Betroffene **vor** der Berechnung über die vorgesehene Nutzung von Anschriftendaten **zu unterrichten** ist (§ 31 Abs. 1 Nr. 4). Die Unterrichtung soll in der Praxis über allgemeine Geschäftsbedingungen (AGB) erfolgen können[52]. Die Unterrichtungspflicht soll dem Betroffenen die Möglichkeit geben, ggf. vom Vertrag Abstand zu nehmen[53]. Dies setzt eine ausreichende Möglichkeit zur Kenntnisnahme der Unterrichtung und eine angemessene Frist zwischen Unterrichtung und Scoreberechnung voraus. 42

Sofern also die Unterrichtung tatsächlich in den AGB erfolgt, müssen diese dem Betroffenen **vor Vertragsschluss** zur Kenntnis gelangt sein. Eine Unterrichtung außerhalb von AGB ist möglich, wenn nicht daher sogar angezeigt, da AGB oft erst später bei Vertragsschluss einbezogen werden. Ein **Formzwang besteht nicht**. Daher kann die Unterrichtung auch per E-Mail erfolgen. Hinsichtlich der Unterrichtungstiefe enthält das Gesetz keine Angaben. Ausreichend erscheint aus dem Wortlaut heraus ein Hinweis, dass überhaupt Anschriftendaten genutzt werden. Welche dies im Einzelnen sein können, muss dagegen nicht aufgeführt werden. Eine Unterrichtung im Rahmen von Hinweisen nach § 13 TMG erscheint jedenfalls dann denkbar zu sein, wenn auf diese vor der Berechnung noch einmal gesondert verwiesen wird. 43

Da damit die Unterrichtung durchaus kurz sein kann, gilt umso mehr, sie deutlich erkennbar abzubilden. Anders als die Information nach Art. 13 DSGVO ist die Unterrichtungspflicht nach § 31 Abs. 1 Nr. 4 wohl **zulässigkeitsbegründend**, so dass eine fehlende oder nicht deutliche Unterrichtung die sich anschließende Scoreberechnung unzulässig macht. 44

Eine entsprechende Unterrichtung könnte beispielsweise folgenden Wortlaut haben: 45

„Wir weisen darauf hin, dass wir zum Zwecke der Entscheidung über die Begründung, Durchführung oder Beendigung dieses Vertragsverhältnisses im Rahmen der Risikosteuerung Wahrscheinlichkeitswerte für Ihr zukünftiges Verhalten erheben oder verwenden und zur Berechnung dieser Wahrscheinlichkeitswerte auch Anschriftendaten genutzt werden können."

---

51 Vgl. BT-Drucks. 16/13219, S. 7.
52 BT-Drucks. 16/10529, S. 16; BR-Drucks. 548/08, S. 31.
53 BT-Drucks. 16/10581, S. 3.

46 Die Unterrichtung ist **zu dokumentieren.** Diese Verpflichtung dürfte durch die Aufnahme in die Antragsunterlagen, die beiden Vertragsparteien zur Verfügung stehen, erfüllt sein. Einen eigenen Anwendungsbereich hat diese Verpflichtung dann, wenn die Unterrichtung außerhalb der Vertragsunterlagen (insbesondere mündlich) erfolgt.

47 Die Unterrichtungs- bzw. Dokumentationspflicht trifft nur die entscheidende Stelle als verantwortliche Stelle, nicht jedoch die Auskunfteien, die ja keinen Kontakt zur natürlichen Person haben.

V. Beschränkungen und Konkretisierungen bei der Verwendung forderungsbezogener Daten

48 Nach der im Jahr 2001 abgeschlossenen Umsetzung der EG-Datenschutzrichtlinie (95/46/EG) in deutsches Recht wandte sich der Gesetzgeber bereichsspezifischen Themen zu. So wurden von Bundesministerien insbesondere Studien zum Thema Auskunfteien[54] und Scoring[55] in Auftrag gegeben. I.E. sah sich der Gesetzgeber veranlasst, einzelne Aspekte der Auskunfteientätigkeit speziell zu regeln. Parallel hierzu führte eine Reihe von Datenschutzpannen und -skandalen der Jahre 2007 bis 2009 zu einer weiteren Überarbeitung des BDSG. Durch das Gesetz zur Änderung des BDSG vom 29.7.2009 (sog. Novelle I) wurde mit Wirkung zum 1.4.2010 mit § 28a eine **Sondervorschrift für Datenübermittlungen**[56] **an Auskunfteien** in das BDSG aufgenommen[57]. Ziel des Gesetzgebers war es, Art. 7 Buchst. f EG-Datenschutzrichtlinie zu konkretisieren[58] und für **mehr Rechtssicherheit** zu

---

54 Bericht des Bundesministeriums des Innern zum Datenschutz bei Auskunfteien, Innenausschuss Adrs. 16(4)124; zur Bedeutung von Auskunfteien im Rahmen der Kreditvergabe auch EuGH v. 23.11.2006 – C 238/05, WM 2007, 157; nach BGH v. 22.2.2011 – VI ZR 120/10, MDR 2011, 598 = NJW 2011, 2204 ist die Erteilung von zutreffenden Bonitätsauskünften für das Funktionieren der Wirtschaft von erheblicher Bedeutung; von einer Pflicht zur Bewertung der Kreditwürdigkeit spricht *Hofmann*, NJW 2010, 1782.

55 *Kamp/Weichert*, Scoringsysteme zur Beurteilung der Kreditwürdigkeit – Chancen und Risiken für Verbraucher, Unabhängiges Landeszentrum für Datenschutz Schleswig-Holstein, 2005; *Korczak*, Verantwortungsvolle Kreditvergabe, Gutachten im Auftrag des Bundesministeriums für Verbraucherschutz, Ernährung und Landwirtschaft, München 2005.

56 Zur Faxanfrage einer Auskunftei nach Wirtschaftsdaten im Sinne der Direkterhebung und zur wettbewerbsrechtlichen Einordnung OLG Stuttgart v. 25.7.2013 – 2 U 9/13, ITRB 2014, 55 = ZD 2014, 144.

57 BGBl. I 2009, S. 2254.

58 BT-Drucks. 16/10529, S. 11; s. aber zu den Anforderungen an eine richtlinienkonforme nationale Gesetzgebung EuGH v. 24.11.2011 in den verbundenen Rechtssachen C-468/10 und C-469/10 (Verarbeitung personenbezogener Daten), ITRB 2012, 51 = CR 2012, 29 ff.; hierzu mit Blick auf die 2010 in Kraft getretenen Neuregelungen zu Auskunfteien *Moos*, K&R 2012, 151 (151 f.).

sorgen[59]. Da die Übermittlungsvoraussetzungen an Auskunfteien ihre Entsprechung in der Vorschrift zur geschäftsmäßigen (Weiter-)Verarbeitung finden müssen, wurde gleichzeitig § 29 Abs. 1 um eine entsprechende Speichererlaubnis für Auskunfteien ergänzt[60]. Durch die Festlegung der Voraussetzungen, nach denen die Daten an die Auskunfteien übermittelt werden dürfen, wurde gleichzeitig der von den Auskunfteien verarbeitete Datenkranz vorbestimmt.

Diese seinerzeit gefundenen Wertungen sollten auch nach Wirksamwerden der DSGVO nicht verloren gehen, weshalb der Gesetzgeber § 31 in seiner jetzigen Form gestaltete (Einzelheiten s.o. Rz. 1 ff.). Obgleich die Norm damit gerade nicht die Übermittlungsvoraussetzungen definiert, sondern nur Anforderungen an den Datenkranz, der für die Ermittlung von Wahrscheinlichkeitswerten verwendet werden darf, werden dadurch die Übermittlungsvoraussetzungen zumindest mittelbar bestimmt und in gewisser Weise durch den Gesetzgeber fortgeschrieben. Denn wenn nach den in § 31 Abs. 2 Satz 1 genannten Kriterien forderungsbezogene Daten für die Ermittlung eines Wahrscheinlichkeitswertes verwendet werden dürfen, dürfen sie erst recht (vorher) an die Auskunftei übermittelt werden. Im Lichte der für eine Übermittlung in Frage kommenden Zulässigkeitsnorm des Art. 6 Abs. 1 Buchst. f DSGVO stellt § 31 – insbesondere mit seinem Abs. 2 Satz 1 – quasi eine vom nationalen Gesetzgeber vorgeformte – konkretisierende – Interessenabwägung dar, nach der eine Verwendung zur Ermittlung von Wahrscheinlichkeitswerten und demzufolge auch die dem vorgelagerte Übermittlung an eine Auskunftei in jedem Fall interessengerecht erscheint. In diesem Sinne kann weitgehend auf die bislang zu § 28a Abs. 1 BDSG-alt gefundenen Ergebnisse zurückgegriffen werden, der sich in § 31 Abs. 2 Satz 1 nur unwesentlich verändert wiederfindet[61]. Der Gesetzgeber erkennt mit der Regelung des § 31 an, dass es ein berechtigtes Interesse an Bonitätsprüfungen gibt[62]. „Nur" die Verwendung von Wahrscheinlichkeitswerten soll bei forderungsbezogenen Daten von einer Qualität abhängig gemacht werden, die dem § 28a Abs. 1 BDSG-alt entspricht[63].

49

1. Anwendungsbereich

Da das Datenschutzrecht dem Schutz natürlicher Personen dient (s. Art. 1 Abs. 1 und 2 DSGVO), ist die Anwendung des § 31 dann zweifelhaft, wenn beispielsweise **Zahlungserfahrungen zu juristischen Personen** verwendet werden sollen. Diese Daten sind nur dann personenbezogen und somit vom Anwendungsbereich des § 31 erfasst, wenn sie direkt auf eine natürliche Person bezo-

50

---

59 BT-Drucks. 16/10529, S. 1; zu den verfassungsrechtlichen Rahmenbedingungen des Datenschutzes *Gurlit*, NJW 2010, 1035.
60 BT-Drucks. 16/10529, S. 11.
61 *Kühling*, NJW 2017, 1985 (1988).
62 BT-Drucks. 18/11325, S. 101.
63 S. die Rechtsprechungsübersicht von *Kamlah/Hornung*, PinG 2014, 265.

gen werden können (Einzelunternehmer, Kleingewerbetreibende, Selbständige, eingetragene Kaufleute) oder als Information einer juristischen Person auf eine natürliche Person „durchschlagen"[64].

51   § 31 regelt die Verwendung eines von **Auskunfteien ermittelten Wahrscheinlichkeitswertes**, ohne den **Begriff** der Auskunftei im Gesetzestext oder der Begründung zu definieren. Die Gesetzesbegründung zum BDSG-alt formulierte: „Unter einer Auskunftei ist grundsätzlich ein Unternehmen zu verstehen, das unabhängig vom Vorliegen einer konkreten Anfrage geschäftsmäßig bonitätsrelevante Daten über Unternehmen oder Privatpersonen sammelt, um sie bei Bedarf seinen Geschäftspartnern für die Beurteilung der Kreditwürdigkeit des Betroffenen gegen Entgelt zugänglich zu machen"[65]. Geschäftspartner in diesem Sinne sind mangels „Konzernprivileg" bei **konzerninternen Auskunfteien** dementsprechend die angeschlossenen Konzerngesellschaften (vgl. aber Erwägungsgrund 48 zur DSGVO).

52   Sowohl die Auskunftei-Definition der Gesetzesbegründung zum BDSG-alt als auch die des § 30 stellen „grundsätzlich" nur darauf ab, dass die gespeicherten Daten **dem Zweck der Kreditwürdigkeitsprüfung** dienen[66]. Um welche Daten es sich dabei handeln kann, bleibt jeweils offen. Während die Auskunftei-Definition der Gesetzesbegründung zum BDSG-alt noch von bonitätsrelevanten Daten spricht, formuliert § 30 ganz allgemein nur als Voraussetzung, dass personenbezogene Daten zur Bewertung der Kreditwürdigkeit genutzt werden dürfen. Damit ist es denkbar, dass es bonitätsrelevante Daten geben kann, die nicht forderungsbezogen sind (s. hierzu jetzt auch § 31 Abs. 2 Satz 2). Das wiederum bedeutet, dass datenverarbeitende Stellen, die nicht forderungsbezogene Daten verarbeiten, als Auskunfteien zu qualifizieren sind, solange diese Daten nur bonitätsrelevant sind. Von Auskunfteien wiederum abzugrenzen sind **Warndateien und Hinweissysteme**, denen keine forderungsbezogenen Daten zum Zwecke der Kreditwürdigkeitsprüfung zugrunde liegen[67]. Es sind aber auch **Mischformen** denkbar. So werden bei sog. Vermieterschutzportalen einerseits Forderungsdaten und andererseits Angaben zum Mieterverhalten verarbeitet[68]. In der Rechtsprechung wurden die für Auskunfteien geltenden Vorschriften

---

64 S. BGH v. 24.6.2003 – VI ZR 3/03, MDR 2003, 1110 (kreditrelevante Daten der natürlichen Person in Wirtschaftsauskunft), NJW 2003, 2904 und VG Wiesbaden v. 7.12.2007 – 6 E 928/07 (Hessische Zirkusdatei), NVwZ-RR 2008, 617; LG Berlin v. 27.11.2013 – 10 O 125/13, ZD 2014, 366; s. auch BGH v. 17.12.1985 – VI ZR 244/84, CR 1986, 366 = MDR 1986, 489 = CR 1986, 635 m. Anm. *Bischoff* (kreditrelevante Daten des Unternehmens in Auskunft über Person), NJW 1985, 2505; hierzu auch *Schulz*, PinG 2014, 81.
65 BT-Drucks. 16/10529, S. 9.
66 Zur Pflicht der Kreditwürdigkeitsprüfung EuGH v. 18.12.2014 – C 449/13, EuZW 2015, 189 und EuGH v. 27.3.2014 – C-565/12, NJW 2014, 1941.
67 Einen Rechtsprechungsüberblick zum sog. HIS der Versicherungswirtschaft bieten *Polenz*, VuR 2015, 416 und *Nagel*, DAR 2015, 348.
68 https://www.demda.de/produkt-demda-mietercheck.php, gesehen am 21.4.2018.

aber auch bei der Beurteilung von **Bewertungsportalen**[69], wie aber auch bei der Anbringung eines GPS-Senders an einem Fremd-Kfz zur Erstellung eines Bewegungsprofiles angewandt[70].

2. Forderungsbezogene Daten (Abs. 2 Satz 1)

a) Informationen über Forderungen

Bei den zur Ermittlung von Wahrscheinlichkeitswerten verwendeten personenbezogenen Daten muss es sich um Informationen über eine Forderung handeln. Der Begriff der **Forderung** ist schuldrechtlich zu verstehen, beschränkt sich also nicht auf reine Zahlungsansprüche (s. § 241 BGB).

Der **Rechtsgrund** der Forderung ist unerheblich. In Betracht kommen damit schuldrechtliche wie deliktische Forderungen, dingliche oder bereicherungsrechtliche Ansprüche. Selbst Forderungen aus einem **öffentlich-rechtlichen Schuldverhältnis** fallen darunter, sofern nicht ggf. bereichsspezifische Datenschutzregelungen entgegenstehen. Denn § 31 Abs. 2 unterscheidet nicht nach Art oder Dauer des Schuldverhältnisses. Damit ist die Verwendung von Forderungen durch Auskunfteien zur Ermittlung von Wahrscheinlichkeitswerten aus allen Schuldverhältnissen möglich, nicht nur aus Kreditverhältnissen, sondern z.b. auch aus Mietverhältnissen oder nicht gezahlten Prämien.

53

54

---

69 BGH v. 23.6.2009 – IV ZR 196/08, NJW 2009, 2888 – spick-mich.de; hierzu *Gounalakis/ Klein*, NJW 2010, 566; BGH v. 23.9.2014 – VI ZR 358/13, CR 2015, 116 = MDR 2014, 1388 = NJW 2015, 489; nun aber BGH v. 20.2.2018 – VI ZR 30/17; s. auch „Auskunftei" über Justizprüfung, 17. Tätigkeitsbericht 2005 des LfD NRW; eingehend OLG Frankfurt a.M. v. 8.3.2012 – 16 U 125/11, ITRB 2012, 151 = CR 2012, 399; für eine Anwendung des § 30a BDSG offenbar *Iraschko-Luscher/Kiekenbeck*, ZD 2012, 261; die Anwendung des BDSG bei Bewertungsportalen ablehnend *Härting*, CR 2009, 21 (26); zur Löschung negativer eBay-Bewertungen bei Bereithaltung entsprechender Schutzmechanismen OLG Düsseldorf v. 11.3.2011 – I-15 W 14/11, ITRB 2011, 126 = MMR 2011, 457; zur Zulässigkeit einer Online-Schuldtitelbörse LG Köln – v. 17.3.2010 – 28 O 612/09, MMR 2010, 369; zur Zulässigkeit ungeschwärzter Urteilsveröffentlichungen (Abmahnwalt) OLG Hamburg v. 16.2.2010 – 7 U 88/09, ITRB 2010, 154; anders bei ärztlichen Untersuchungsbefunden VGH Baden-Württemberg v. 27.7.2010 – 1 S 501/10, RDV 2011, 35; zur Zulässigkeit der Veröffentlichung von Schriftsätzen LG Berlin v. 17.9.2009 – 27 O 530/09, ITRB 2010, 58; zur Zulässigkeit täteridentifizierender Dossiers in Internetportalen BGH v. 9.2.2010 – VI ZR 243/08, MDR 2010, 570 = CR 2010, 480; zur Unzulässigkeit von unterschiedslosen Online-Veröffentlichungen von EU-Agrarsubventionsempfängern EuGH v. 9.11.2010 – C-92/09 und C-93/09, CR 2011, 271; hierzu eingehend *Kilian*, NJW 2011, 1325; zu behördlichen Warnungen vor verzehrungeigneten Lebensmitteln unter Nennung des Unternehmens EuGH v. 11.4.2013 – C-636/11, ZD 2013, 403; zu „Internethygieneranger" beispielhaft BayVGH v. 18.3.2013 – 9 CE 12.2755, ZD 2015, 416; zu sog. AGG-Hopper-Dateien OLG Stuttgart v. 11.4.2013 – 2 U 111/12, ZD 2013, 408.

70 LG Lüneburg v. 28.3.2011 – 26 Qs 45/11, NJW 2011, 2225; BGH v. 4.6.2013 – 1 StR 32/13, NJW 2013, 2530.

55 Geregelt wird die Zulässigkeit der Verwendung von Daten, die im Zusammenhang mit einer Forderung stehen („Informationen über Forderungen"). Forderungsdaten sind damit auch **Zahlungsverhaltensdaten** (z.B. die Aussage „zahlt unpünktlich", „langsamer Zahler"[71] oder „macht Skontoabzüge"), aber auch z.B. Rücklastschriften. Im Einzelfall kann jedoch bei Zahlungserfahrungsdaten die Einordnung schwierig sein, ob diese nach § 31 Abs. 2 Satz 1 oder Satz 2 zu beurteilen sind. Dies gilt insbesondere in den Fällen, in denen die Zahlungsverhaltensdaten in einem wie auch immer gearteten Index zusammengefasst werden[72]. **Nicht forderungsbezogene** Daten sind beispielsweise sog. Seriositätsmerkmale (z.B. Betrugsverdacht oder Missbrauch)[73] oder allgemeine Verhaltensdaten (z.B. Nichtbeachtung der Hausordnung im Rahmen einer Mieterwarndatei, „Hochretournierer" im Versandhandel)[74].

56 Grundsätzlich unerheblich ist, welche **Höhe** die offene Forderung hat. Gerade wenn der Anschein besteht, es können vergleichsweise geringe Forderungen nicht beglichen werden, begründet das ein Informationsinteresse[75].

b) Nicht erbrachte Leistung trotz Fälligkeit

57 Weitere Voraussetzung ist, dass die geschuldete Leistung trotz Fälligkeit nicht erbracht worden ist. Der Begriff der **Fälligkeit** orientiert sich an dem des allgemeinen Zivilrechts und bezeichnet damit den Zeitpunkt, ab dem die Leistung verlangt werden kann[76]. Zu beachten ist bei Forderungen, deren Höhe durch Gestaltungsurteil zu bestimmen ist, dass hier die Fälligkeit erst nach Rechtskraft des Urteils eintritt[77]. Nachträglich abgeschlossene Ratenzahlungsvereinbarungen ändern an dem Kriterium der Fälligkeit nichts, da mit ihnen in aller Regel nicht die Fälligkeit einer Forderung aufgehoben, sondern nur eine Stundung oder Vollstreckungsabrede erreicht werden soll[78].

---

71 BGH v. 28.11.1952 – I ZR 21/52, BGHZ 8, 142.
72 *Taeger*, BB 2007, 785.
73 S. zu den Anforderungen an Verdachtsmitteilungen (AVAD) OLG Hamburg v. 6.5.2009 – 5 U 155/08, VersR 2010, 1375; zu Zulässigkeit und Grenzen der Verdachtsberichtserstattung *Wienen*, ITRB 2012, 160; zum Austausch von Seriositätsdaten unter Beachtung aufsichtsrechtlicher Vorschriften *Hilpert*, ZD 2015, 259; *Chrociel*, ZD 2013, 170.
74 OLG Hamburg v. 25.11.2004 – 5 U 22/04, CR 2005, 902 = MMR 2005, 617.
75 So bereits OLG Saarbrücken v. 12.9.2001 – 1 U 62/01, DB 2002, 526; auch BGH v. 22.2.2011 – VI ZR 120/10, MDR 2011, 598 = NJW 2011, 2204; LG Münster v. 30.11.2015 – 11 O 72/15; vgl. auch OLG Braunschweig v. 12.2.2016 – 2 U 59/15.
76 Zur Übermittlung verjährter Forderungen OLG Frankfurt v. 19.11.2012 – 23 U 68/12, ZD 2013, 134.
77 Palandt/*Grüneberg*, § 286 BGB Rz. 14 m.w.N.
78 Vgl. schon OLG Hamm v. 17.3.1989 – 11 W 106/88, CR 1990, 655 = NJW-RR 1989, 1011; LG Mainz v. 7.11.2013 – 1 O 75/13, bestätigt durch OLG Koblenz v. 25.3.2014 – 4 U 1516/13; OLG Frankfurt a.M. v. 14.12.2017 – 3 U 141/15.

Schutz des Wirtschaftsverkehrs bei Scoring und Bonitätsauskünften | § 31 BDSG

Das **Nichterbringen der Leistung** setzt nicht voraus, dass dieses durch ein Erlöschen des Schuldverhältnisses gerechtfertigt ist. So ist eine etwaige Aufrechnungslage nicht beim Tatbestandsmerkmal der Nichterbringung der Leistung zu berücksichtigen, sondern bei dem Interesse der übermittelnden Stelle[79]. 58

c) Notwendigkeit einer Interessenabwägung?

Da die Anforderungen an die Zulässigkeit dieser Datenverarbeitungen und -nutzungen (im Zusammenhang mit Auskunfteien) bis 2010 unterschiedlich beurteilt wurden, sollte § 28a BDSG-alt Rechtssicherheit schaffen[80]. Die nach der bis dahin geltenden Rechtslage allein maßgebliche Interessenabwägung wurde vom Gesetzgeber aus Gründen der Rechtsklarheit durch die Prüfung der **Voraussetzungen der Nr. 1 bis 5** in § 28a Abs. 1 Satz 1 BDSG-alt ersetzt[81]. An weitere Voraussetzungen war die Zulässigkeit der Datenübermittlung nicht geknüpft. Insbesondere sollte eine zusätzliche Prüfung entgegenstehender Interessen des Betroffenen entfallen. Denn dessen schutzwürdigen Interessen wird bereits dadurch Genüge getan, dass die Zahlungsunfähigkeit oder Zahlungsunwilligkeit anhand der in Nr. 1 bis 5 des § 28a Abs. 1 BDSG-alt enthaltenen Kriterien „gesichert" festgestellt werden konnte[82]. 59

Im Grunde stellt sich die Frage, ob durch den Interessenabwägungstatbestand des Art. 6 Abs. 1 Buchst. f DSGVO die bis 2010 geltende Rechtslage wiederhergestellt wird. Im Sinne des Schutzes für Wirtschaft und Verbraucher soll aber der bislang geltende Schutzstandard nicht (wieder) abgesenkt, sondern erhalten bleiben (s. hierzu schon Rz. 1 ff.). Konsequenterweise verzichtet § 31 jetzt auch auf den Einleitungssatz, der bislang in § 28a Abs. 1 BDSG-alt enthalten war und der trotz der Regelbeispiele noch für Unsicherheiten gesorgt hatte.

Konkret bedeutet das, dass nur die Interessen des Verantwortlichen bzw. die eines Dritten gegeben sein müssen. Das Interesse der Auskunftei an Übermittlungen an sie ergibt sich bereits aus der sich aus dem Geschäftsbetrieb ergebenden Möglichkeit zur Auskunftserteilung, um so den Rechtsverkehr zu schützen[83]. Das berechtigte Interesse der übermittelnden Stelle wiederum ergibt sich aus der 60

---

79 BT-Drucks. 16/10529, S. 14.
80 BT-Drucks. 16/10529, S. 14.
81 BT-Drucks. 16/10529, S. 14.
82 OLG Frankfurt v. 14.12.2017 – 3 U 141/15; KG v. 17.2.2016 – 26 U 197/12; OLG Frankfurt a.M. v. 11.5.2017 – 11 U 5/16; OLG Frankfurt v. 16.3.2011 – 9 U 291/10; OLG Frankfurt v. 18.6.2008 – 23 U 221/07.
83 OLG Frankfurt a.M. v. 16.3.2011 – 19 U 291/10; KG Berlin v. 23.8. 2011 – 4 W 43/11, ITRB 2012, 54; OLG Karlsruhe v. 22.9.2015 – 10 U 27/14; AG Wiesbaden v. 25.11.2015 – 93 C 855/15; LG Wiesbaden v. 2.12. 2015 – 4 O 30/15, MMR 2015, 517; OLG Frankfurt a.M. v. 11.5.2017 – 11 U 5/16.

Beteiligung an einem solchen Warnsystem[84]. Die Würdigung der Interessen des Schuldners ist durch den Gesetzgeber in Form der **Regelbeispiele** erfolgt. Eine über die – abschließenden – Regelbeispiele hinausgehende „zusätzliche Interessenabwägung" war dagegen – entgegen dem insoweit etwas irreführenden Wortlaut des § 28a Abs. 1 BDSG-alt – schon bislang nicht gewollt, da dies dem gesetzgeberischen Ziel der Rechtssicherheit zuwider liefe[85]. Abzustellen war hier vielmehr stets auf das seit langem gerichtlich anerkannte berechtigte Interesse der Kreditwirtschaft an einem funktionsfähigen Informationssystem zum Schutz vor Forderungsausfällen oder auch betrügerischen Handlungen[86]. Diese Auslegung dürfte auch der Rechtsprechung des Europäischen Gerichtshofs entsprochen haben, nach der durch nationales Recht die Interessenabwägung nach Art. 7 Buchst. f EG-Datenschutzrichtlinie nicht „zusätzlich" eingeschränkt werden darf[87]. Durch die unterbliebene Übernahme des Einleitungssatzes aus § 28a Abs. 1 BDSG-alt in § 31 ist dies nun endgültig klargestellt.

d) Übermittlungsbefugnis

61 Die Übermittlung forderungsbezogener Daten an Auskunfteien erfolgte (ausschließlich) auf Basis von § 28a BDSG-alt. Eine Beschränkung der Übermittlungsbefugnis auf den Forderungsinhaber war dem Wortlaut des § 28a Abs. 1 BDSG-alt nicht zu entnehmen. Weder der Wortlaut des § 28a Abs. 1 BDSG-alt noch die Gesetzesbegründung stellen auf den Gläubiger als Übermittler ab. Die Übermittlung einer nicht beglichenen Forderung an eine Auskunftei **auch durch einen Dritten** im eigenen Namen ist zulässig[88]. In § 31 ist dies durch die passive Formulierung der Unterrichtungspflicht nun ausdrücklich klargestellt[89].

---

84 OLG Frankfurt a.M. v. 16.3.2011 – 19 U 291/10, ZD 2011, 35; OLG Düsseldorf v. 30.7. 2015 – I-16 U 224/14; OLG Karlsruhe v. 22.9.2015 – 10 U 27/14; OLG Düsseldorf v. 30.6.2016 – I-16 U 149/15.
85 So auch ausdrücklich OLG Frankfurt a.M. v. 13.3.2011 – 19 U 291/10, ZD 2011, 35; seitdem ständige Rechtsprechung, OLG Düsseldorf v. 13.2.2015 – I-16 U 41/14; OLG Düsseldorf v. 30.7.2015 – I-16 U 224/14 m.w.N.; vgl. auch KG v. 17.2.2016 – 26 U 197/12.
86 BGH v. 19.9.1985 – III ZR 213/83, CR 1985, 83 = MDR 1985, 128 = NJW 1986, 46; vgl. auch OLG Frankfurt a.M. v. 14.12.2017 – 3 U 141/15.
87 EuGH v. 24.11.2011 – C-468/10, C-469/10 (Verarbeitung personenbezogener Daten), ITRB 2012, 51 = CR 2012, 29.
88 OLG Köln v. 30.10.2015 – 11 U 98/15; OLG Karlsruhe v. 22.9.2015 – 10 U 27/14; OLG Bamberg v. 16.7.2015 – 8 W 34/15; OLG Düsseldorf v. 30.7.2015 – I-16 U 224/14; OLG Düsseldorf v. 13.7.2015 – I-16 U 41/14; LG Coburg v. 7.10.2015 – 13 O 133/15; LG Berlin v. 18.6.2014 – 5 O 325/13; KG v. 17.2.2016 – 26 U 197/12.
89 S. BT-Drucks. 18/12144, S. 4; Paal/Pauly/*Frenzel*, § 31 BDSG Rz. 4.

e) Die Regelbeispiele im Einzelnen

aa) Vorliegen eines Urteils oder eines Titels (Abs. 2 Satz 1 Nr. 1)

Nach § 31 Abs. 2 Satz 1 Nr. 1 ist Voraussetzung für die Verwendung von Angaben über eine Forderung zur Ermittlung von Wahrscheinlichkeitswerten, dass die Forderung durch ein rechtskräftiges oder für vorläufig vollstreckbar erklärtes **Urteil** festgestellt worden ist[90]. Es müssen keine Zivilrechtsurteile sein, sondern es reicht jedes andere Urteil aus allen Gerichtsbarkeiten. Ferner können Schuldtitel nach § 794 ZPO verwendet werden wie Vollstreckungsbescheide, gerichtliche Vergleiche, Kostenfestsetzungsbeschlüsse oder notarielle Urkunden, in denen der Schuldner sich der sofortigen Zwangsvollstreckung unterwirft. Dieser Katalog spricht dafür, dass auch in den Fällen des § 709 ZPO eine Verwendung erfolgen darf[91]. Schuldtitel[92], die dort nicht genannt werden, wie z.B. Schuldtitel nach der Bundesrechtsanwaltsordnung (BRAO) über rückständige Kammerbeiträge (§ 84 BRAO) oder auch Verwaltungsakte (wie Gebührenbescheide), fallen dagegen nicht unter diese Zulässigkeitsvariante. Eine zusätzliche Interessenabwägung oder weitere Mahnungen wie in § 31 Abs. 2 Satz 1 Nr. 4 waren ausweislich der Gesetzesbegründung zu § 28a BDSG-alt bereits seinerzeit entbehrlich[93]. Allerdings muss dem Schuldner die Gelegenheit bleiben, die Forderung nach Titulierung zu begleichen. In Anlehnung an § 802f Abs. 1 ZPO sollte daher eine Verwendung erst erfolgen, wenn die vorausgegangene Übermittlung an die Auskunftei erst zwei Wochen nach Titulierung erfolgte. Demgegenüber kommt es nicht darauf an, ob zwischen der Titulierung und der Übermittlung einige Zeit verstrichen ist[94].

62

bb) Verwendung einer Forderung, die im Insolvenzverfahren festgestellt wurde (Abs. 2 Satz 1 Nr. 2)

Eine im Insolvenzverfahren in die Tabelle eingetragene Forderung ist kein Schuldtitel i.S.d. Nr. 1, wirkt jedoch nach **§ 178 Abs. 3 InsO** wie ein rechtskräftiges Urteil. Deshalb kommt nicht Nr. 1 zum Tragen, sondern § 31 Abs. 2 Satz 1 Nr. 2. Auch hier haben die Schuldnerinteressen ohne eine weitere Mahnung oder Zahlungsaufforderung zurückzutreten, zumal die Insolvenzeröffnung ohnehin schon nach § 30 InsO öffentlich bekanntzumachen ist und diese Informa-

63

---

90 S. hierzu bereits OLG Frankfurt a.M. v. 13.7.2010 – 19 W 33/10, MDR 2010, 1135 = MMR 2010, 792.
91 A.A. *Helfrich*, S. 144ff.
92 Zur Zulässigkeit einer Online-Schuldtitelbörse LG Köln v. 17.3.2010 – 28 O 612/09, MMR 2010, 369.
93 BT-Drucks. 16/10529, S. 14; AG Münster v. 14.1.2013 – 48 C 2651/12, ZD 2014, 153.
94 OLG Köln v. 30.10.2015 – 11 U 98/15; vgl. auch OLG Saarbrücken v. 2.11.2011 – 5 U 187-11/36, VersR 2012, 371.

tion dann von der Auskunftei aus dem allgemein zugänglichem Register erhoben werden kann[95].

cc) Verwendung einer Forderung, die anerkannt wurde (Abs. 2 Satz 1 Nr. 3)

64 Nach § 31 Abs. 2 Satz 1 Nr. 3 kann eine Verwendung zur Ermittlung von Wahrscheinlichkeitswerten erfolgen, wenn der Schuldner die Forderung ausdrücklich **anerkannt** hat, er sie aber trotzdem nicht begleicht. Dies gilt beispielsweise, wenn ein Schuldner die Forderung akzeptiert, aber wegen seiner finanziellen Lage um Zahlungsaufschub bittet. Nicht darunter fallen Konstellationen, in denen der Schuldner die Forderung zwar anerkannt hat, sie aber nicht begleicht, weil er z.b. gegen sie aufgerechnet hat[96]. Denn wenn der Schuldner Einwände oder Einreden geltend machen kann, fehlt das berechtigte Interesse des Gläubigers[97]. Umgekehrt stellt der Zahlungsausgleich für sich allein kein Anerkenntnis in diesem Sinne dar, da schließlich geleistet wurde.

65 Die Forderung muss vom Schuldner **ausdrücklich**, also nicht nur stillschweigend oder konkludent, anerkannt worden sein[98]. Eine (Teil-)Zahlung ist kein Anerkenntnis i.S.v. Nr. 3, da sonst Nr. 4 leer laufen könnte.

dd) Verwendung von „ausgemahnten" Forderungen (Abs. 2 Satz 1 Nr. 4)

66 Eine weitere Zulässigkeitsvariante ist in § 31 Abs. 2 Satz 1 Nr. 4 normiert, wonach auch Forderungen zur Ermittlung von Wahrscheinlichkeitswerten verwendet werden dürfen, die **weder tituliert noch** vom Schuldner **anerkannt** wurden.

67 Die Voraussetzung unter Nr. 4 soll sicherstellen, dass der Schuldner vor der Verwendung zur Ermittlung von Wahrscheinlichkeitswerten ausreichende Gelegenheit erhält, die Forderung zu begleichen oder das Bestehen der Forderung zu bestreiten[99]. Gerade für diese Forderungsdaten sollte durch § 28a Abs. 1 BDSG-alt Rechtssicherheit geschaffen werden. Daher formuliert Nr. 4 damals wie heute in § 31 Abs. 2 Satz 1 **detaillierte Voraussetzungen**, bei deren kumulativen Vorliegen eine Verwendung zulässig ist[100].

---

95 Eine Verpflichtung zur Informationsbeschaffung besteht für den an einen Insolvenzschuldner leistenden Gläubiger indes nicht, BGH v. 15.4.2010 – IX ZR 62/09, MDR 2010, 1018 = CR 2010, 480 = MMR 2010, 634. (www.insolvenzbekanntmachungen.de); *Born*, Tagungsband DSRI Herbstakademie 2017, 13.
96 Vgl. BT-Drucks. 16/10529, S. 14.
97 Vgl. BT-Drucks. 16/10529, S. 14.
98 Vgl. OLG Bamberg v. 16.7.2015 – 8 W 34/15; LG Coburg v. 7.10.2015 – 13 O 133/15.
99 BT-Drucks. 16/10529, S. 14.
100 A.A. offenbar Schantz/Wolff/*Wolff*, Rz. 697.

Buchst. a knüpft unmittelbar an die Fälligkeitsvoraussetzung des Eingangssatzes an und fordert, dass der Schuldner nach Eintritt der Fälligkeit der Forderung mindestens **zweimal schriftlich** gemahnt worden ist. Dabei müssen die Mahnungen nicht zwingend von der schlussendlich übermittelnden Stelle (Inkassounternehmen) stammen, sondern die Mahnungen des ursprünglichen Gläubigers zählen mit. Der Gesetzgeber wählte die Passivformulierung, dass der Schuldner gemahnt worden sein muss. Dies ist auch interessengerecht, da es nur darauf ankommen kann, dass der Schuldner hinreichend über das Bestehen der Forderung informiert wurde – durch wen er informiert wird ist letztlich irrelevant. Sofern der Schuldner nach der ersten Mahnung die Forderung ausdrücklich anerkennt, aber zum Ausdruck bringt, nicht zahlen zu können, kommt eine Verwendung aufgrund § 31 Abs. 2 Satz 1 Nr. 3 in Betracht. Unerheblich ist, ob in der Mahnung der richtige Betrag ausgewiesen war[101]. Die Schriftform ist gesetzlich definiert in § 126 BGB, wobei zweifelhaft ist, ob hier tatsächlich die gesetzliche Schriftform gemeint ist. Vielmehr liegt vor dem Hintergrund des Schutzzwecks der Norm nahe, dass nur mündlich erteilte Mahnungen nicht ausreichen sollten. Anderenfalls würden die Mahnungen einer Unterschrift bedürfen und könnten nur durch die elektronische Form (§ 126a BGB) mit elektronischer Signatur ersetzt werden. Es sind aber keine Gründe ersichtlich, warum eine Mahnung ohne Unterschrift oder eine Mahnung in Textform (§ 126b BGB) nicht ausreichend sein sollten. Auch an anderen Stellen verwendet das Gesetz den Begriff „schriftlich", ohne dass ein Verweis auf § 126 BGB gemeint sein kann (z.B. Art. 28 DSGVO)[102]. Es kommt nur darauf an, dass sich der Gläubiger zweimal einer Forderung berühmt und diese zur Zahlung anmahnt. Für die Formlosigkeit der Mahnung in diesem Sinne spricht auch, dass nach Buchst. c die Mahnung mit der (formlosen) Unterrichtung verbunden werden kann. „Schriftlich" ist daher nicht i.S.v. „Schriftform" zu verstehen[103]. 68

Nach **Buchst. b** müssen zwischen der ersten Mahnung und der Verwendung zur Ermittlung von Wahrscheinlichkeitswerten mindestens **vier Wochen** liegen. Es sollte die in einer zweiten Mahnung ggf. gesetzte Nachfrist abgewartet werden, damit sich der Schuldner nicht aus Unachtsamkeit oder Unkenntnis der Forderung[104] einer Verwendung von Forderungsdaten ausgesetzt sieht, die letztlich keinen sicheren Rückschluss auf die Zahlungsunwilligkeit oder -unfähigkeit zulassen. 69

---

101 LG Düsseldorf v. 30.3.2012 – 8 O 354/11.
102 S. zum Formerfordernis bei Art. 28 DSGVO Kurzpapier Nr. 13 der DSK v. 16.1.2018.
103 Eingehend zu Unterscheidung *Lützen*, NJW 2012, 1627; s. auch BAG v. 15.12.2011 – 7 ABR 40/10; im Ergebnis mit ebenso einschränkender Auslegung zu § 28 Abs. 3a BDSG-alt *Lixfeld*, RDV 2010, 163, der allerdings zwischen der Identität von Schriftform und Schriftlichkeit ausgeht; s. auch LG Berlin v. 18.6.2014 – 5 O 325/13; KG v. 24.5.2016 – 4 U 97/14; OLG Braunschweig v. 12.2.2016 – 2 U 59/15.
104 BT-Drucks. 16/10529, S. 14.

70 Eine weitere Voraussetzung ist die in **Buchst. c** enthaltene Verpflichtung, den Schuldner **zuvor**, jedoch frühestens mit der ersten Mahnung, über eine mögliche Berücksichtigung zu **unterrichten**. Erfolgt die Unterrichtung mit der ersten Mahnung, ist eine wiederholte Unterrichtung mit der zweiten Mahnung nicht mehr erforderlich. Die Unterrichtung kann aber auch erst in der zweiten Mahnung erfolgen, sofern sichergestellt ist, dass dem Betroffenen ausreichend Zeit bleibt vor der Berücksichtigung zu reagieren.

71 An die Unterrichtung sind **keine formellen oder inhaltlichen Anforderungen** gestellt. Es ist nur über die mögliche Berücksichtigung als solche zu unterrichten. Allerdings sollte die betreffende Auskunftei, die eine Berücksichtigung ggf. vornimmt, so bezeichnet werden.

72 Da die Unterrichtung in aller Regel mit der Mahnung verbunden wird und zugleich dem Schuldner die Gelegenheit geben soll, die Forderung zu begleichen oder zu bestreiten[105], kann die Mahnung leicht als widerrechtliche **Drohung** verstanden werden[106]. Dies sollte vermieden werden, indem auf die gesetzlichen Voraussetzungen einer zulässigen Verwendung der Daten zur Ermittlung von Wahrscheinlichkeitswerten referenziert wird und dementsprechend eine Verwendung nicht erfolgt, wenn der Schuldner „die Forderung nicht bestritten" hat[107]. Eine unzulässige Drohung kann dagegen vorliegen, wenn eine Unterrichtung erfolgt, der (vermeintliche) Forderungsinhaber aber gar nicht bereit und in der Lage ist, die Forderung auch tatsächlich zur Verfügung zu stellen, weil er beispielsweise gar nicht zu den Kunden der Auskunftei zählt. Die Unzulässigkeit der Unterrichtung kann sich auch daraus ergeben, dass nach Bestreiten eine Berücksichtigung durch eine Auskunftei angekündigt wurde[108]. Die Unterrichtungspflichten nach Art. 13 und 14 DSGVO bleiben von § 31 Abs. 2 Satz 1 Nr. 4 unberührt[109].

73 Schließlich ist nach **Buchst. d** Voraussetzung, dass der Schuldner die Forderung **nicht bestritten** „hat", die Forderung also *bis* **zum Zeitpunkt der Verwendung unbestritten** geblieben ist. Während die Vorgängervorschrift in § 28a Abs. 1 BDSG-alt noch an den Zeitpunkt der Übermittlung anknüpfte, verschiebt sich dieser nun auf den Zeitpunkt der Verwendung zur Ermittlung von Wahrscheinlichkeitswerten. Unter Geltung des BDSG-alt war klar, dass die Übermittlungsvoraussetzung dann nicht gegeben war, wenn der Schuldner die Forderung (vor-

---

105 BT-Drucks. 16/10529, S. 14.
106 So bereits LG Rottweil v. 2.11.1994 – 3 O 553/94; AG Leipzig v. 13.1.2010 – 118 C 10105/09, MMR 2010, 723.
107 BGH v. 19.3.2015 – I ZR 157/13, MDR 2015, 1317 = CR 2016, 135 = ITRB 2016, 54; zu geschäftlichen Handlungen EuGH v. 20.7.2017 – C-357/16.
108 OLG Celle v. 19.12.2013 – 13 U 64/13, ZD 2014, 198; LG Darmstadt v. 16.10.2014 – 27 O 133/14, RDV 2015, 100.
109 Vgl. BT-Drucks. 16/10529, S. 14 mit der Referenz zur Vorgängervorschrift des § 4 Abs. 3 BDSG-alt.

her) „bestritten hat". Ein sog. nachträgliches Bestreiten – also nach erfolgter Übermittlung – konnte die Übermittlungsvoraussetzungen und damit die Zulässigkeit der Übermittlung nicht – nachträglich – beseitigen. Schuldrechtliche Einwendungen oder Einreden waren mithin grundsätzlich verspätet, also konnte nachträglich lediglich vorgetragen werden, es hätten die Übermittlungsvoraussetzungen nach § 28a Abs. 1 Nr. 4 BDSG-alt nicht vorgelegen, was durch die verantwortliche Stelle dann auch überprüft werden musste. Die Differenzierung war vor dem Hintergrund der Unterrichtungspflicht auch konsequent, da durch die kumulativ zu erfüllenden Übermittlungsvoraussetzungen in Nr. 4 der Betroffene ausreichend geschützt war. Auch führte das Kriterium nicht zu einer grundsätzlichen Bestreitensobliegenheit, die dem Zivilrecht fremd ist[110]. Vielmehr war diesbezüglich der Zusammenhang mit der Unterrichtungspflicht zu sehen, die allerdings faktisch dann doch den Sinn hatte, auf (vermeintlich) bestehende Forderungen aufmerksam zu machen, um sich gegen unberechtigte Forderungen zu wehren.

Durch die nunmehr – gesetzestechnisch erforderliche (s. Rz. 1 ff.) – Verschiebung des Anknüpfungspunktes der Norm auf den Verwendungszeitpunkt erscheint es möglich, dass bis zum Zeitpunkt der Verwendung durch ein nach erfolgter Übermittlung an die Auskunftei erfolgendes Bestreiten eben diese Verwendung noch unterbunden werden kann. Diese Auslegung zugrunde gelegt, würde praktisch die Verwendung forderungsbezogener Daten nach § 31 Abs. 2 Satz 1 Nr. 4 in die alleinige Disposition der betroffenen Person stellen. Diese Konsequenz war aber vom Gesetzgeber erkennbar nicht gewollt. Dieser stellte vielmehr stets darauf ab, die Regelung des § 28a BDSG-alt im Sinne der bisherigen Wertungen zu erhalten (s. hierzu schon oben Rz. 1 ff.). 74

Das **Bestreiten** einer Forderung hat **substantiiert** zu erfolgen, denn von der bisherigen, sich in der Praxis herausgebildeten rechtlichen Beurteilung, dass ein treuwidriges Bestreiten einer Forderung durch den Betroffenen einer Übermittlung an eine Auskunftei nicht entgegensteht, soll nicht abgewichen werden[111]. Auch wenn der Gläubiger das (substantiierte) Bestreiten für unbegründet hält, darf eine Übermittlung nicht erfolgen, solange die Forderung nicht gerichtlich festgestellt wurde, es sei denn das Bestreiten erfolgte offensichtlich **rechtsmissbräuchlich**[112]. 75

Wenn der Betroffene trotz zweifacher Mahnung und ausdrücklichem Hinweis auf die mögliche Berücksichtigung die Forderung weder begleicht noch bestreitet, kann der Gläubiger davon ausgehen, dass der Schuldner entweder nicht willens oder nicht in der Lage ist, die bestehende Forderung auszugleichen. Mit 76

---
110 S. hierzu *Helfrich*, S. 154.
111 BT-Drucks. 16/10529, S. 14.
112 OLG Frankfurt a.M. v. 15.11.2004 – 23 U 155/03, MDR 2005, 881; ähnlich OLG Koblenz v. 23.9.2009 – 2 U 423/09, MMR 2010, 277.

§ 31 Abs. 2 Satz 1 soll ausweislich der Gesetzesbegründung zu § 31 der durch § 28a Abs. 1 BDSG-alt enthaltene Schutzstandard erhalten werden[113]. Dieser stellte aber ausdrücklich darauf ab, dass alternativ der Rückschluss auf die **Zahlungsunwilligkeit** *oder* **-unfähigkeit** möglich ist[114].

ee) Berücksichtigung aufgrund einer Kündigung (Abs. 2 Satz 1 Nr. 5)

77 § 31 Abs. 2 Satz 1 Nr. 5 erfasst die Fälle, in denen das einer Forderung zugrunde liegende Vertragsverhältnis **fristlos aufgrund von Zahlungsrückständen** gekündigt werden kann[115]. Eine tatsächliche Kündigung muss nach dem Wortlaut der Norm nicht erfolgt sein – es genügt die Möglichkeit hierzu („kann"). In diesen Fällen liegt bereits eine erhebliche Vertragsstörung im Verantwortungsbereich des Schuldners vor, der er trotz der vorgeschriebenen Unterrichtung nicht abgeholfen hat[116] (wobei im Gegensatz zu Nr. 4 das Kriterium der Rechtzeitigkeit hier nicht gegeben ist). Solche Fälle finden sich z.b. im **Mietrecht** (§§ 543, 569 Abs. 3 BGB) sowie in Anlehnung an § 490 BGB in den **AGB der Banken** in Ziffer 19 Abs. 3 oder in den AGB der Sparkassen in Nr. 26 Abs. 2. Weitere als in Nr. 5 genannte Voraussetzungen müssen hier nicht vorliegen[117].

78 Eine Berücksichtigung im Anschluss an eine **ordentliche Kündigung** oder Gesamtfälligstellung (§ 498 BGB) sind daher nur unter Beachtung der Voraussetzungen nach den Nr. 1 bis 4 des § 31 Abs. 2 möglich, soweit nicht zugleich eine außerordentliche und insbesondere fristlose Kündigung aufgrund von Zahlungsrückständen möglich gewesen wäre.

3. Sonstige bonitätsrelevante Daten (Abs. 2 Satz 2)

79 Während § 31 Abs. 2 Satz 1 die Verwendung von forderungsbezogenen Daten zur Ermittlung von Wahrscheinlichkeitswerten dahingehend beschränkt bzw. konkretisiert, soweit die Forderung über eine geschuldete Leistung trotz Fälligkeit nicht erbracht wurde, regelt § 31 Abs. 2 Satz 2 die Verarbeitung, einschließlich der Ermittlung von Wahrscheinlichkeitswerten, von anderen bonitätsrelevanten Daten, deren Zulässigkeit sich nach allgemeinem Datenschutzrecht bestimmt. Damit wird im Grunde auf die Zulässigkeitstatbestände der **Art. 6 DSGVO** verwiesen.

---

113 BT-Drucks. 18/11325, S. 101.
114 S. ausdrücklich BT-Drucks. 16/10529, S. 14 zur Vorgängervorschrift, wo gleich mehrfach auf die Zahlungsunwilligkeit *oder* Zahlungsunfähigkeit abgestellt wird; auch Schantz/Wolff/*Wolff*, Rz. 697 stellen bei § 31 ganz auf das alternative Vorliegen ab.
115 BT-Drucks. 16/10529, S. 14.
116 BT-Drucks. 16/10529, S. 14.
117 A.A. AG Ahlen v. 8.10.2013 – 30 C 209/13, ZD 2014, 202.

Dies betrifft etwa unter anderem auch die Übermittlung und Verwendung von personenbezogenen Daten für die Ermittlung von Wahrscheinlichkeitswerten über die Begründung, ordnungsgemäße Durchführung und Beendigung eines Vertragsverhältnisses mit finanziellem Ausfallrisiko (sog. **Positivdaten**)[118]. Insoweit wird für alle Beteiligten Sicherheit in der Weise geschaffen, dass Scoringverfahren und Kreditinformationssysteme mit der Einmeldung von Positiv- und Negativdaten, die z.b. durch Kreditinstitute, Finanzdienstleistungsunternehmen, Zahlungsinstitute, Telekommunikations-, Handels,- Energieversorgungs- und Versicherungsunternehmen oder Leasinggesellschaften erfolgt, prinzipiell weiter zulässig bleiben. Sie werden nach wie vor als wichtige Voraussetzung für das Wirtschaftsleben angesehen[119]. 80

VI. Verhältnis zu anderen Normen

Unabhängig von der Anwendbarkeit des § 31 auf das entsprechende Scoreverfahren bleibt die Prüfung des Anwendungsbereichs der Art. 6 bzw. Art. 22 DSGVO sowie von § 37 unberührt, der auch für den öffentlichen Bereich gilt. Daneben gilt auch § 30, da ein Score auch Ergebnis einer Datenbankabfrage sein kann[120]. 81

Im Bereich des KWG regeln § 25a KWG und die daran anknüpfenden Mindestanforderungen für das Risikomanagement (MaRisk) besondere Pflichten zur Risikovorsorge[121]. Hieraus ergibt sich – wenn auch nicht unumstritten – eine Rechtfertigung auch zur Einrichtung und Unterhaltung von Scoreverfahren. Die entsprechende Diskussion hat sich aber seit der Einführung des insoweit konkreteren § 10 KWG auf diese Norm verlagert. I.E. ist – entgegen kritischen Stimmen[122] – auch bei parallelem Geltungsbereich von BDSG bzw. DSGVO und KWG ein Durchschlagen der aufsichtsrechtlichen Normen auf die datenschutzrechtliche Zulässigkeit zu bejahen[123]. 82

---

118 BT-Drucks. 18/11325, S. 101.
119 BT-Drucks. 18/11325, S. 102.
120 Zu den Vorgängernormen insgesamt allerdings undeutlich *Helfrich*, S. 197 ff.
121 S. auch § 91 AktG Abs. 2 oder § 317 Abs. 4 HGB; die Pflicht zur Kreditwürdigkeitsprüfung wurde auch vom EuGH v. 18.12.2014 – C-449/13, ZD 2015, 175 festgestellt.
122 *Gürtler/Kriese*, RDV 2010, 47 (49) betrachten § 10 KWG als lex specialis zum BDSG-alt, ebenso wohl *Helfrich*, S. 58 ff., zum Verhältnis KWG zu BDSG-alt 88 ff. und 191 ff.
123 Zum Verhältnis von KWG und BDSG-alt unter besonderer Berücksichtigung der Verwendung von Anschriftendaten *Hammersen/Eisenried*, ZD 2014, 342.

Kapitel 2
Rechte der betroffenen Person

§ 32 Informationspflicht bei Erhebung von personenbezogenen Daten bei der betroffenen Person

(1) Die Pflicht zur Information der betroffenen Person gemäß Artikel 13 Absatz 3 der Verordnung (EU) 2016/679 besteht ergänzend zu der in Artikel 13 Absatz 4 der Verordnung (EU) 2016/679 genannten Ausnahme dann nicht, wenn die Erteilung der Information über die beabsichtigte Weiterverarbeitung

1. eine Weiterverarbeitung analog gespeicherter Daten betrifft, bei der sich der Verantwortliche durch die Weiterverarbeitung unmittelbar an die betroffene Person wendet, der Zweck mit dem ursprünglichen Erhebungszweck gemäß der Verordnung (EU) 2016/679 vereinbar ist, die Kommunikation mit der betroffenen Person nicht in digitaler Form erfolgt und das Interesse der betroffenen Person an der Informationserteilung nach den Umständen des Einzelfalls, insbesondere mit Blick auf den Zusammenhang, in dem die Daten erhoben wurden, als gering anzusehen ist,

2. im Fall einer öffentlichen Stelle die ordnungsgemäße Erfüllung der in der Zuständigkeit des Verantwortlichen liegenden Aufgaben im Sinne des Artikels 23 Absatz 1 Buchstabe a bis e der Verordnung (EU) 2016/679 gefährden würde und die Interessen des Verantwortlichen an der Nichterteilung der Information die Interessen der betroffenen Person überwiegen,

3. die öffentliche Sicherheit oder Ordnung gefährden oder sonst dem Wohl des Bundes oder eines Landes Nachteile bereiten würde und die Interessen des Verantwortlichen an der Nichterteilung der Information die Interessen der betroffenen Person überwiegen,

4. die Geltendmachung, Ausübung oder Verteidigung rechtlicher Ansprüche beeinträchtigen würde und die Interessen des Verantwortlichen an der Nichterteilung der Information die Interessen der betroffenen Person überwiegen oder

5. eine vertrauliche Übermittlung von Daten an öffentliche Stellen gefährden würde.

(2) Unterbleibt eine Information der betroffenen Person nach Maßgabe des Absatzes 1, ergreift der Verantwortliche geeignete Maßnahmen zum Schutz der berechtigten Interessen der betroffenen Person, einschließlich der Bereitstellung der in Artikel 13 Absatz 1 und 2 der Verordnung (EU) 2016/679 genannten Informationen für die Öffentlichkeit in präziser, transparenter, verständlicher und leicht zugänglicher Form in einer klaren und einfachen Spra-

che. Der Verantwortliche hält schriftlich fest, aus welchen Gründen er von einer Information abgesehen hat. Die Sätze 1 und 2 finden in den Fällen des Absatzes 1 Nummer 4 und 5 keine Anwendung.

(3) Unterbleibt die Benachrichtigung in den Fällen des Absatzes 1 wegen eines vorübergehenden Hinderungsgrundes, kommt der Verantwortliche der Informationspflicht unter Berücksichtigung der spezifischen Umstände der Verarbeitung innerhalb einer angemessenen Frist nach Fortfall des Hinderungsgrundes, spätestens jedoch innerhalb von zwei Wochen, nach.

I. Einführung	1	IV. Maßnahmen zum Schutz der betroffenen Personen 14
II. Normaufbau	2	
III. Die Ausnahmetatbestände im Einzelnen	5	V. Änderungen gegenüber dem BDSG-alt 16

Schrifttum: *Kremer*, Wer braucht warum das neue BDSG? Auseinandersetzung mit wesentlichen Inhalten des BDSG n.F., CR 2017, 367; *Kühling*, Das neue Bundesdatenschutzgesetz, NJW 2017, 1985.

I. Einführung

Das BDSG tritt zeitgleich mit der DSGVO zum 25.5.2018 in Kraft und ersetzt zum selben Zeitpunkt das BDSG-alt[1]. Das BDSG dient vor allem der Ausfüllung der diversen Öffnungsklauseln der DSGVO. Teil 2 des BDSG enthält die Durchführungsbestimmungen für Verarbeitungen zu Zwecken gemäß Art. 2 der DSGVO. Innerhalb dieses Teils 2 enthält das 2. Kapitel **Modifizierungen der Rechte der Betroffenen.** Diese sind in den §§ 32–37 BDSG enthalten. Gestützt werden diese Regelungen auf die Öffnungsklausel des **Art. 23 DSGVO**[2]. Die Regelungen der §§ 32–37 BDSG haben im Laufe des Gesetzgebungsverfahrens bis zuletzt noch teilweise wesentliche Änderungen erfahren[3], was die politische Umstrittenheit der Regelungen im Einzelnen unterstreicht. Grund war im Wesentlichen die Reichweite der sich aus Art. 23 DSGVO ergebenden Befugnis[4]. 1

---

1 Vgl. Art. 8 Abs. 1 Satz 1 Datenschutz-Anpassungs- und Umsetzungsgesetz EU.
2 BT-Drucks. 18/11325, S. 102.
3 S. BT-Drucks. 18/11655, S. 33 ff. (Stellungnahme des Bundesrates) und S. 56 (Gegenäußerung der Bundesregierung), sowie BT-Drucks. 18/12084 und 18/12144 (Änderungsanträge der Fraktionen der CDU/CSU und SPD im 4. Ausschuss (Innenausschuss)).
4 Zur Unionsrechtskonformität Paal/Pauly/*Hennemann*, § 32 BDSG Rz. 4 ff.; für eine enge Auslegung *Greve*, NVwZ 2017, 737 (739).

II. Normaufbau

2 § 32 regelt **Ausnahmen** von der nach **Art. 13 DSGVO** bestehenden Verpflichtung und erweitert den Ausnahmetatbestand des Art. 13 Abs. 4 DSGVO. Allerdings sollen die Ausnahmen nur für den Fall des Art. 13 Abs. 3 DSGVO – also nur bei nachträglicher Zweckänderung – gelten. Für die initial bei Direkterhebung bestehenden Informationspflichten bleibt es bei der alleinigen Anwendung der DSGVO.

3 Die Norm enthält dann in § 32 Abs. 1 eine **enumerative Aufzählung** von Ausnahmetatbeständen, die in ihrer Nr. 1 die „analoge" Datenverarbeitung und in deren Nrn. 2, 3, und 5 Sachverhalte mit „öffentlichem" Bezug betrifft. Nr. 4 regelt Sachverhalte der Rechtsverteidigung.

4 Die Abs. 2 und 3 des § 32 enthalten Maßnahmen zum Schutz der betroffenen Personen, falls auf die Ausnahmetatbestände zurückgegriffen werden soll. Das Regelungsbedürfnis bezüglich dieser wurde in Art. 23 Abs. 2 DSGVO gesehen.[5]

III. Die Ausnahmetatbestände im Einzelnen

5 § 32 Abs. 1 Nr. 1 hat seine endgültige Form erst gegen Ende des Gesetzgebungsverfahrens erhalten. Nach der **Entwurfsfassung** sollte die Ausnahme bereits dann greifen, wenn die Information einen unverhältnismäßigen Aufwand erfordern würde und das Interesse der betroffenen Person an der Informationserteilung nach den Umständen des Einzelfalls insbesondere wegen des Zusammenhangs, in dem die Daten erhoben wurden, als gering anzusehen ist[6]. Dem ist der Bundesrat wegen der vermeintlichen Weite des Tatbestandes entgegengetreten[7]. Die Bundesregierung widersprach dem zwar in der Gegenäußerung und betonte, dass die vorgeschlagene Änderung durchaus Art. 23 DSGVO entspreche, sagte aber gleichzeitig die weitere Prüfung zu[8].

6 In der **Schlussfassung** wird zunächst formuliert, dass es sich um mit dem ursprünglichen Zweck vereinbare Weiterverarbeitungen handeln muss. Aus dem Wortlaut der Vorschrift und dem Bezug auf die DSGVO ist zu entnehmen, dass damit zum einen die nach Art. 6 Abs. 4 DSGVO zulässigen Weiterverarbeitungen gemeint sind, also auch diejenigen, die jenseits der Kompatibilitätsprüfung des Art. 6 Abs. 4 DSGVO zulässig sind – mithin die einwilligungsbasierten oder auf Basis einer zulässigen nationalen Rechtsvorschrift erfolgenden Zweckänderungen. Damit wären auch die nach den §§ 22 ff. BDSG erfolgenden Zweckänderungen vom Anwendungsbereich der Vorschrift erfasst.

---

5 BT-Drucks. 18/11325, S. 103.
6 BT-Drucks. 18/11325, S. 33.
7 S. BT-Drucks. 18/11655, S. 33 ff.
8 S. BT-Drucks. 18/11655, S. 56.

Das Tatbestandsmerkmal der mit dem ursprünglichen Erhebungszweck vereinbaren Weiterverarbeitung hat damit im Grunde jedoch keinen eigenen Gehalt, da darüber hinausgehende Weiterverarbeitungen unzulässig sein dürften, die auch durch eine entsprechende Information nicht begründet werden dürften. 7

Ferner ist Voraussetzung, dass der Verantwortliche sich durch die Weiterverarbeitung unmittelbar an die betroffene Person wendet. Die Information erscheint insbesondere in den Fällen entbehrlich, wenn die betroffene Person durch die direkte Kontaktaufnahme seitens des Verantwortlichen von der beabsichtigten Weiterverarbeitung ohnehin erfährt. In diesen Fällen sei die betroffene Person auch nicht weiter schutzbedürftig, da die betroffene Person aufgrund der durch die Kontaktaufnahme vermittelten Kenntnis unmittelbar Widerspruch nach Art. 21 DSGVO gegen die Weiterverarbeitung erheben könnte[9]. Diese Erwägung übersieht aber, dass das Widerspruchsrecht nicht bei allen Zulässigkeitstatbeständen besteht. Wenn aber die direkte Kontaktaufnahme des Verantwortlichen Voraussetzung für die Ausnahme von der Informationspflicht ist, ist die Werthaltigkeit des Ausnahmetatbestands fraglich, da gerade bei einer **direkten Kontaktaufnahme** die Platzierung der entsprechenden Informationen möglich wäre. Das gilt umso mehr, wenn die Informationen nach den Abs. 2 und 3 ohnehin gleichwohl erfolgen müssen. 8

(Endgültig) irritierend ist die Einschränkung, dass der Ausnahmetatbestand nur dann greifen soll, wenn die Weiterverarbeitung **analog gespeicherte Daten** betrifft. Hier stellt sich schon die Frage, ob das nicht ein Widerspruch in sich ist. Nach dem Wortlaut können eigentlich nur Akten gemeint sein. Diese nur im Gesetzeswortlaut enthaltene Wendung wird auch in den Gesetzesmaterialen nicht erklärt. Dort wird lediglich auf die weitere Tatbestandsvoraussetzung der nichtdigitalen Kommunikation mit der betroffenen Person Bezug genommen. Die Norm soll kleinere und mittlere Unternehmen entlasten[10]. Doch auch dort dürften im Zeitalter der Digitalisierung überwiegend Computer Einzug gehalten haben. Doch auch wenn man dem Kriterium der „analogen Speicherung" keinen eigenen Gehalt zumisst, bleibt der Anwendungsbereich der Vorschrift gering, da mit nicht-digitaler Kommunikation eigentlich nur die per Post gemeint sein kann. Praktischer Anwendungsfall, an den der Gesetzgeber hätte denken können, wäre dann allenfalls die postalische Werbung dieser kleinen und mittleren Unternehmen, die es versäumt hatten, hierauf ursprünglich hinzuweisen. In diesen Fällen bestünde dann in der Tat auch ein Widerspruchsrecht nach Art. 21 DSGVO. 9

Schließlich steht die Ausnahme aber auch noch unter einem weiteren Vorbehalt. Ausweislich der Gesetzesmaterialen soll auch bei einer **kompatiblen Weiterverarbeitung**, (noch einmal) geprüft werden, ob das Interesse der betroffenen Person an der Informationserteilung, insbesondere mit Blick auf den Zusammen- 10

---

9 BT-Drucks. 18/12144, S. 4.
10 BT-Drucks. 18/12144, S. 5.

hang, in dem die Daten erhoben wurden, als gering anzusehen ist[11]. Kriterien hierfür nennen die Materialen nicht. Diese Einzelfallprüfung dürfte daher gerade für die erwähnten kleinen und mittleren Unternehmen kaum durchzuführen sein, was die praktische Handhabbarkeit und damit **Relevanz der Vorschrift** weiter entwertet[12].

11 § 32 Abs. 1 Nr. 2 und 3 enthalten speziell für **öffentliche Stellen**[13] Privilegierungen bei der Erfüllung der Informationspflicht nach Art. 13 Abs. 3 DSGVO. Insbesondere die in Bezug genommenen Aufgaben nach Art. 23 Abs. 1 Buchst. a–e DSGVO sprechen für eine weite Auslegung dieser Ausnahmetatbestände. Auch wenn in Nr. 2 und Nr. 3 „einschränkend" noch eine Interessenabwägung durchzuführen ist[14], so erscheint es kaum denkbar, wann mit Blick auf die genannten Aufgaben die Interessen der betroffenen Person einmal überwiegen könnten.

12 § 32 Abs. 1 Nr. 4 ist im Zusammenhang mit § 24 Abs. 1 Nr. 2 zu lesen. Danach ist eine zweckändernde Verarbeitung, die zur Geltendmachung, Ausübung oder Verteidigung **rechtlicher Ansprüche** erforderlich ist, grundsätzlich zulässig. In diesen Fällen soll die über Art. 13 Abs. 3 DSGVO bestehende Informationspflicht entfallen. Das ist in gewisser Weise folgerichtig, da § 24 Abs. 1 Nr. 2 den Verantwortlichen schützt. Dieser Schutz würde ein Stück weit verloren gehen, wenn der (angegriffene) Verantwortliche dann ggf. wichtige Details seiner Rechtsverteidigung über Art. 13 Abs. 3 DSGVO der (ggf. angreifenden) betroffenen Person mitteilen müsste. Die Vorschrift ist mit Art. 23 Abs. 1 Buchst. j DSGVO begründet[15]. Der Wortlaut des § 32 Abs. 1 Nr. 4 geht insoweit über die Öffnungsklausel hinaus, als dass in Art. 23 Abs. 1 Buchst. j DSGVO „nur" von zivilrechtlichen Ansprüchen die Rede ist, während § 32 Abs. 1 Nr. 4 – weiter – von rechtlichen Ansprüchen spricht. Da ein entsprechender Einwand im Gesetzgebungsverfahren nicht aufgegriffen wurde[16], muss man davon ausgehen, dass eine Informationspflicht auch nicht bestehen soll, wenn die Weiterverarbeitung durch die Abwehr beispielsweise eines öffentlich-rechtlichen Anspruchs (z.B. zur Verteidigung gegen eine aufsichtsrechtliche Verfügung) motiviert ist[17]. Allerdings stellt sich dann umgekehrt die Frage der Rechtsgrundlage für diese Weiterverarbeitung. Zu beachten ist schließlich, dass die Formulierung den Anwendungsbereich nicht auf Ansprüche gegen die betroffene Person begrenzt[18].

---

11 BT-Drucks. 18/12144, S. 4 f.
12 So im Ergebnis auch Paal/Pauly/*Hennemann*, § 32 BDSG Rz. 14.
13 So ausdrücklich BT-Drucks. 18/11325, S. 103, obwohl zumindest nach dem Wortlaut bei Nr. 3 theoretisch auch eine nicht-öffentliche Stelle Verantwortlicher sein könnte; der in § 33 Abs. 1 Nr. 1 gewählte Normenaufbau ist insoweit sauberer.
14 BT-Drucks. 18/11325, S. 103.
15 BT-Drucks. 18/11325, S. 103.
16 BT-Drucks. 18/11655, S. 34.
17 Kritisch hierzu Paal/Pauly/*Hennemann*, § 32 BDSG Rz. 8.
18 Paal/Pauly/*Hennemann*, § 32 BDSG Rz. 21.

§ 32 Abs. 1 Nr. 5 gilt für öffentliche und nicht-öffentliche Stellen gleichermaßen. 13
Allerdings muss die **Übermittlung an eine (andere) öffentliche Stelle** erfolgen.
Auch hier soll die Informationspflicht entfallen, wenn die Information gerade
den legitimen und ggf. beabsichtigten Zweck der Übermittlung gefährden würde. Die Vorschrift dient dem Whistleblowerschutz[19].

IV. Maßnahmen zum Schutz der betroffenen Personen

§ 32 Abs. 2 dient zur Wahrung der sich aus Art. 23 Abs. 2 DSGVO ergebenden 14
Anforderungen. Zu den in Abs. 2 genannten geeigneten Maßnahmen zählt die
Bereitstellung von **Informationen für die Öffentlichkeit**. Diese kann auch
durch die Bereitstellung der Informationen über eine allgemein zugängliche
Website des Verantwortlichen erfolgen[20]. Im Ergebnis bedeutet dies, dass bei
Vorliegen der Ausnahmetatbestände nach § 32 Abs. 1 Nr. 1-3 (s. § 32 Abs. 2
Satz 3) eine Information über die Website des Verantwortlichen ausdrücklich
ausreicht[21]. Die inhaltlichen und formalen Anforderungen entsprechen denen
des Art. 12 Abs. 1 DSGVO und stellen insoweit eine Wiederholung dar[22]. Nach
§ 32 Abs. 2 Satz 2 hat der Verantwortliche die Gründe, warum er von einer Information abgesehen hat, schriftlich zu fixieren. Diese Norm spiegelt den
Rechtsgedanken des Art. 5 Abs. 2 DSGVO. Gleichzeitig dient diese Dokumentation der (vereinfachten) Überprüfbarkeit der Aufsichtsbehörde[23]. Dass § 32
Abs. 2 über Satz 3 die Ausnahmetatbestände nach § 32 Abs. 1 Nr. 4 und 5 ausnimmt, ist folgerichtig[24], weil ansonsten die nach § 32 Abs. 2 Satz 1 und 2 geforderten Maßnahmen zu einer Vereitelung oder ernsthaften Beeinträchtigung des
– legitimen – Verarbeitungszwecks führen[25].

§ 32 Abs. 3 regelt den Fall, dass ein Ausnahmetatbestand nur **vorübergehend** 15
vorliegt. Danach hat der Verantwortliche die Information nachzuholen, spätestens 14 Tage nach Wegfall des Hinderungsgrundes. Umgekehrt bedeutet das
aber auch, dass bei einem dauerhaften Hinderungsgrund die Information nicht
nachgeholt zu werden braucht. Hiervon dürfte aber bei den genannten Ausnahmefällen in aller Regel auszugehen sein. Im Falle des § 32 Abs. 1 Nr. 4 muss
dem Verantwortlichen die Möglichkeit zuzusprechen sein, den vollständigen
Rechtsweg abzuwarten.

---

19 *Greve*, CR 2017, 737 (740).
20 BT-Drucks. 18/11325, S. 103.
21 Zur Problematik des Medienbruchs bei der Informationserteilung, s. Art. 12 DSGVO Rz. 4.
22 Hierzu BT-Drucks. 18/11325, S. 73.
23 BT-Drucks. 18/11325, S. 103.
24 Kritisch dagegen Paal/Pauly/*Hennemann*, § 32 BDSG Rz. 27.
25 BT-Drucks. 18/11325, S. 103.

V. Änderungen gegenüber dem BDSG-alt

16 Die sog. Folgeinformationspflicht des Verantwortlichen bei beabsichtigter Zweckänderung nach der DSGVO hat im bisherigen BDSG keine Entsprechung[26].

§ 33 Informationspflicht, wenn die personenbezogenen Daten nicht bei der betroffenen Person erhoben wurden

(1) Die Pflicht zur Information der betroffenen Person gemäß Artikel 14 Absatz 1, 2 und 4 der Verordnung (EU) 2016/679 besteht ergänzend zu den in Artikel 14 Absatz 5 der Verordnung (EU) 2016/679 und der in § 29 Absatz 1 Satz 1 genannten Ausnahme nicht, wenn die Erteilung der Information
1. im Fall einer öffentlichen Stelle

   a) die ordnungsgemäße Erfüllung der in der Zuständigkeit des Verantwortlichen liegenden Aufgaben im Sinne des Artikels 23 Absatz 1 Buchstabe a bis e der Verordnung (EU) 2016/679 gefährden würde oder

   b) die öffentliche Sicherheit oder Ordnung gefährden oder sonst dem Wohl des Bundes oder eines Landes Nachteile bereiten würde

   und deswegen das Interesse der betroffenen Person an der Informationserteilung zurücktreten muss,

2. im Fall einer nichtöffentlichen Stelle

   a) die Geltendmachung, Ausübung oder Verteidigung zivilrechtlicher Ansprüche beeinträchtigen würde oder die Verarbeitung Daten aus zivilrechtlichen Verträgen beinhaltet und der Verhütung von Schäden durch Straftaten dient, sofern nicht das berechtigte Interesse der betroffenen Person an der Informationserteilung überwiegt, oder

   b) die zuständige öffentliche Stelle gegenüber dem Verantwortlichen festgestellt hat, dass das Bekanntwerden der Daten die öffentliche Sicherheit oder Ordnung gefährden oder sonst dem Wohl des Bundes oder eines Landes Nachteile bereiten würde; im Fall der Datenverarbeitung für Zwecke der Strafverfolgung bedarf es keiner Feststellung nach dem ersten Halbsatz.

(2) Unterbleibt eine Information der betroffenen Person nach Maßgabe des Absatzes 1, ergreift der Verantwortliche geeignete Maßnahmen zum Schutz der berechtigten Interessen der betroffenen Person, einschließlich der Bereit-

---

26 BT-Drucks. 18/11325, S. 102.

stellung der in Artikel 14 Absatz 1 und 2 der Verordnung (EU) 2016/679 genannten Informationen für die Öffentlichkeit in präziser, transparenter, verständlicher und leicht zugänglicher Form in einer klaren und einfachen Sprache. Der Verantwortliche hält schriftlich fest, aus welchen Gründen er von einer Information abgesehen hat.

(3) Bezieht sich die Informationserteilung auf die Übermittlung personenbezogener Daten durch öffentliche Stellen an Verfassungsschutzbehörden, den Bundesnachrichtendienst, den Militärischen Abschirmdienst und, soweit die Sicherheit des Bundes berührt wird, andere Behörden des Bundesministeriums der Verteidigung, ist sie nur mit Zustimmung dieser Stellen zulässig.

I. Einführung 1	IV. Maßnahmen zum Schutz der betroffenen Personen 11
II. Normaufbau 2	
III. Die Ausnahmetatbestände im Einzelnen 6	V. Änderungen gegenüber dem BDSG-alt 13

Schrifttum: S. § 32 BDSG.

I. Einführung

§ 33 enthält die Modifizierung eines Betroffenenrechts (näheres s. § 32 BDSG Rz. 1).   1

II. Normaufbau

§ 33 regelt **Ausnahmen von der nach Art. 14 DSGVO** bestehenden Verpflichtung und erweitert den Ausnahmetatbestand des Art. 14 Abs. 5 mit Blick auf die Pflichten nach den Abs. 1, 2 und 4 des Art. 14 DSGVO. Das Fehlen des Verweises auf Abs. 3 ist insoweit folgerichtig, als dass Abs. 3 die Art und Weise der Erfüllung der Informationspflicht nach Art. 14 regelt. Ist diese jedoch nach § 33 nicht zu erfüllen, so braucht auch auf die Modalitäten, nach denen sie zu erfüllen gewesen wäre, nicht verwiesen zu werden. Daneben ergänzt § 33 auch § 29 Abs. 1 Satz 1 und erteilt diesbezüglich weitere Befreiungen.   2

§ 33 differenziert in Abs. 1 hinsichtlich der Dispensierungen zwischen öffentlichen (Nr. 1) und nicht-öffentlichen Stellen (Nr. 2).   3

Abs. 2 der Vorschrift entspricht weitestgehend § 32 Abs. 2 (s. § 32 BDSG Rz. 14).   4

§ 33 Abs. 3 enthält eine Sondervorschrift für bestimmte öffentliche Stellen.   5

III. Die Ausnahmetatbestände im Einzelnen

6 § 33 Abs. 1 Nr. 1 gilt für **öffentliche Stellen** und entspricht § 32 Abs. 1 Nr. 2 und 3. Lediglich der Aufbau der Norm ist in § 33 anders gewählt, in dem die Interessenabwägung, die in § 32 Abs. 1 noch innerhalb der Nr. 2 und 3 verankert war, „hinter die Klammer gezogen" wurde. Im Ergebnis ändert sich für die Anwendung der Norm aber nichts. Dementsprechend verweist auch die Gesetzesbegründung hier auf die zu § 32[1]. Insofern kann auf die Ausführungen zu § 32 Abs. 1 Nr. 2 und 3 hier verwiesen werden (§ 32 BDSG Rz. 11). Im Übrigen ist die Norm eng angelehnt an die bisherigen Ausnahmeregelungen des § 19a Abs. 3 i.V.m. § 19 Abs. 4 Nr. 1 und 2 BDSG-alt.

7 Die im Gesetzgebungsverfahren seitens des Bundesrates erhobene Forderung, dass bei § 33 Abs. 1 Nr. 1 Buchst. a klarzustellen ist, dass etwaige „zeitliche Verzögerungen nur in begründeten Ausnahmefällen Gefährdungen der ordnungsgemäßen Erfüllung im Sinne dieser Vorschrift darstellen"[2], wurde nicht aufgegriffen. Damit hat sich der Gesetzgeber für einen **weiten Anwendungsbereich** der Vorschrift entschieden.

8 § 33 Abs. 1 Nr. 2 findet auf **nicht-öffentliche Stellen** Anwendung. Die Vorschrift hat im Gesetzgebungsverfahren noch wesentliche Änderungen erfahren. Die Entwurfsfassung zu Buchst. a war angelehnt an § 33 Abs. 2 Nr. 7b BDSG-alt[3]. Im Rahmen der Beratungen im Innenausschuss hat die Vorschrift ihre endgültige Fassung erhalten. Danach soll eine Informationspflicht nicht bestehen, wenn die Information der betroffenen Person die Durchsetzung zivilrechtlicher Ansprüche beeinträchtigen würde oder die Verarbeitung Daten aus zivilrechtlichen Verträgen beinhaltet und der Verhütung von Schäden durch Straftaten dient. Der erste Teil der Vorschrift entspricht weitestgehend § 32 Abs. 1 Nr. 4. Es soll erkennbar ein Gleichlauf hergestellt werden, sodass auf die Ausführungen dort verwiesen werden kann. Allerdings fällt auf, dass in § 33 Abs. 1 Nr. 2 Buchst. a – abweichend von der Parallelvorschrift in § 32 – von „zivilrechtlichen" Ansprüchen die Rede ist (zur Diskussion s. § 32 BDSG Rz. 12). Es stellt sich daher die Frage, ob nicht auch innerhalb von § 33 – weiter – auf rechtliche Ansprüche abzustellen ist. Dem steht allerdings der eindeutige Wortlaut entgegen, wobei die unterschiedliche Regelung in § 32 und § 33 wenig sachgerecht erscheint. Der zweite Teil der Vorschrift hat keine Entsprechung in § 32 und greift zwar nicht dem Wortlaut nach, aber inhaltlich den Gedanken der Entwurfsfassung auf, wonach eine Informationspflicht dann entfallen soll, wenn sie dem Geschäftszweck nicht entspricht. Das ist typischerweise bei **Betrugspräventionssystemen** der Wirtschaft der Fall, die als Motiv ausdrücklich genannt werden[4]. Zwar steht auch

---

1 Allerdings dort mit dem fehlerhaften Verweis auf § 31, BT-Drucks. 18/11325, S. 103.
2 BT-Drucks. 18/11655, S. 36.
3 BT-Drucks. 18/11325, S. 103.
4 BT-Drucks. 18/12144, S. 5.

dieser Befreiungstatbestand unter dem Vorbehalt, dass (nicht) das berechtigte Interesse der betroffenen Person an der Informationserteilung überwiegt, doch gerade das Kriteriums des Überwiegens legt im Kontext des Verarbeitungszwecks (z.b. Betrugsprävention) nahe, dass dieses eng auszulegen ist, da sonst gerade der beabsichtigte Zweck (z.b. der Betrugsprävention) gefährdet würde[5].

§ 33 Abs. 1 Nr. 2 Buchst. b war stets mit der Übernahme des § 33 Abs. 2 Nr. 6 BDSG-alt motiviert[6], ist aber im Laufe des Gesetzgebungsverfahrens dem Wortlaut der Vorgängervorschrift immer stärker nachgebildet worden[7]. Während noch nach der Entwurfsfassung dem Verantwortlichen letztlich die Beurteilung der Gefährdungslage oblag, sollte sichergestellt werden, dass diese Feststellung (wieder) durch die zuständige öffentliche Stelle erfolgt[8]. Darüber hinaus sollte aber durch den 2. Halbsatz klargestellt werden, dass es **keiner Feststellung** bedarf, wenn die Datenverarbeitung zum Zwecke der Strafverfolgung erfolgt[9]. Letzteres befand sich im Gegensatz zum übrigen Teil der Vorschrift nicht im BDSG und löst damit ein altes – und durch die Weite des Art. 14 DSGVO sich verschärfendes – Problem nicht-öffentlicher Stellen, wenn sie von Strafverfolgungsbehörden in Anspruch genommen wurden[10].

Einen weiteren Ausnahmetatbestand enthält § 33 Abs. 3. Dieser soll den bislang in § 19a Abs. 3 i.V.m. § 19 Abs. 3 BDSG-alt geregelten Fall der Informationserteilung bei Datenübermittlungen durch **öffentliche Stellen** an die dort aufgeführten Behörden zu Zwecken der nationalen Sicherheit erhalten[11]. 10

IV. Maßnahmen zum Schutz der betroffenen Personen

§ 33 Abs. 2 dient der Wahrung der sich aus Art. 23 Abs. 2 DSGVO ergebenden Anforderungen. Die Norm entspricht § 32 Abs. 2 Satz 1 und 2, sodass auf die dortigen Ausführungen verwiesen werden kann (s. § 32 BDSG Rz. 14)[12]. Allerdings enthält § 33 Abs. 2 **keine dem § 32 Abs. 2 Satz 3 vergleichbare Vorschrift**. Das ist im Falle von § 33 Abs. 1 Nr. 2 Buchst. a überaus **problematisch**, da die Interessenlage und damit das Bedürfnis für eine solche Regelung keine andere ist, als die bei § 32 Abs. 1 Nr. 4 (s. hierzu § 32 BDSG Rz. 12). Der Befund ist nur so zu erklären, dass die Vorschrift des § 33 Abs. 1 Nr. 2 Buchst. a erst im 11

---

5 Paal/Pauly/*Hennemann*, § 33 BDSG Rz. 4.
6 BT-Drucks. 18/11325, S. 104 zur Entwurfsfassung.
7 S. Stellungnahme des Bundesrates, BT-Drucks. 18/11655, S. 36 f.; BT-Drucks. 18/12144, S. 5.
8 So auch Paal/Pauly/*Hennemann*, § 33 BDSG Rz. 20.
9 BT-Drucks. 18/12144, S. 5; anders Paal/Pauly/*Hennemann*, § 33 BDSG Rz. 21.
10 Vgl. *Greve*, CR 2017, 737 (740).
11 BT-Drucks. 18/11325, S. 104.
12 BT-Drucks. 18/11325, S. 104.

§ 33 BDSG | Informationspflicht – Erhebung von Daten aus anderen Quellen

Laufe des Gesetzgebungsverfahrens seine endgültige Fassung erhalten hat und insoweit eine Parallelregelung zum § 32 Abs. 2 Satz 3 in § 33 Abs. 2 versehentlich unterblieb. Wegen der weitgehend bestehenden – und vermutlich beabsichtigten – Regelungsidentität von § 32 Abs. 1 Nr. 4 und § 33 Abs. 1 Nr. 2 Buchst. a und der damit einhergehenden identischen Interessenlage ist § 33 Abs. 2 ergänzend dahingehend auszulegen, dass § 32 Abs. 2 Satz 3 analog Anwendung findet.

12   Weniger gravierend sind die Folgen für § 33 Abs. 1 Nr. 2 Buchst. b. Dass hier keine Maßnahmen nach Abs. 2 zu treffen sind, ergibt sich im Grunde aus der behördlichen Feststellung bzw. dem Verarbeitungszweck der Strafverfolgung von selbst, auch wenn regelungstechnisch eine dem § 32 Abs. 2 Satz 3 entsprechende Regelung ebenso – zumindest klarstellend – wünschenswert gewesen wäre. Aus der systematischen Stellung des § 33 Abs. 3 kann nur entnommen werden, dass auf diesen Ausnahmetatbestand § 33 Abs. 2 keine Anwendung finden soll. Dies erscheint aber aufgrund der Kritikalität des Sachzusammenhangs der entsprechenden Übermittlungen durchaus gerechtfertigt zu sein.

V. Änderungen gegenüber dem BDSG-alt

13   Die Vorschrift versucht, bislang in den §§ 19 bzw. 33 BDSG-alt enthaltene Ausnahmetatbestände zu erhalten. Im Ergebnis werden aber nicht alle bislang bestehenden Ausnahmetatbestände übernommen. Etwa bislang bei Betrugspräventionssystemen bestehende Unklarheiten werden beseitigt.

§ 34 Auskunftsrecht der betroffenen Person

(1) Das Recht auf Auskunft der betroffenen Person gemäß Artikel 15 der Verordnung (EU) 2016/679 besteht ergänzend zu den in § 27 Absatz 2, § 28 Absatz 2 und § 29 Absatz 1 Satz 2 genannten Ausnahmen nicht, wenn

1. die betroffene Person nach § 33 Absatz 1 Nummer 1, 2 Buchstabe b oder Absatz 3 nicht zu informieren ist, oder

2. die Daten

   a) nur deshalb gespeichert sind, weil sie aufgrund gesetzlicher oder satzungsmäßiger Aufbewahrungsvorschriften nicht gelöscht werden dürfen, oder

   b) ausschließlich Zwecken der Datensicherung oder der Datenschutzkontrolle dienen

   und die Auskunftserteilung einen unverhältnismäßigen Aufwand erfordern würde sowie eine Verarbeitung zu anderen Zwecken durch geeignete technische und organisatorische Maßnahmen ausgeschlossen ist.

(2) Die Gründe der Auskunftsverweigerung sind zu dokumentieren. Die Ablehnung der Auskunftserteilung ist gegenüber der betroffenen Person zu begründen, soweit nicht durch die Mitteilung der tatsächlichen und rechtlichen Gründe, auf die die Entscheidung gestützt wird, der mit der Auskunftsverweigerung verfolgte Zweck gefährdet würde. Die zum Zweck der Auskunftserteilung an die betroffene Person und zu deren Vorbereitung gespeicherten Daten dürfen nur für diesen Zweck sowie für Zwecke der Datenschutzkontrolle verarbeitet werden; für andere Zwecke ist die Verarbeitung nach Maßgabe des Artikels 18 der Verordnung (EU) 2016/679 einzuschränken.

(3) Wird der betroffenen Person durch eine öffentliche Stelle des Bundes keine Auskunft erteilt, so ist sie auf ihr Verlangen der oder dem Bundesbeauftragten zu erteilen, soweit nicht die jeweils zuständige oberste Bundesbehörde im Einzelfall feststellt, dass dadurch die Sicherheit des Bundes oder eines Landes gefährdet würde. Die Mitteilung der oder des Bundesbeauftragten an die betroffene Person über das Ergebnis der datenschutzrechtlichen Prüfung darf keine Rückschlüsse auf den Erkenntnisstand des Verantwortlichen zulassen, sofern dieser nicht einer weitergehenden Auskunft zustimmt.

(4) Das Recht der betroffenen Person auf Auskunft über personenbezogene Daten, die durch eine öffentliche Stelle weder automatisiert verarbeitet noch nicht automatisiert verarbeitet und in einem Dateisystem gespeichert werden, besteht nur, soweit die betroffene Person Angaben macht, die das Auffinden der Daten ermöglichen, und der für die Erteilung der Auskunft erforderliche Aufwand nicht außer Verhältnis zu dem von der betroffenen Person geltend gemachten Informationsinteresse steht.

I. Einführung	. . . .	1	IV. Maßnahmen zum Schutz der betroffenen Personen	11
II. Normaufbau	. . . .	2		
III. Die Ausnahmetatbestände im Einzelnen	. . . .	3	V. Änderungen gegenüber dem BDSG-alt	15

Schrifttum: S. § 32 BDSG

I. Einführung

§ 34 enthält eine weitere Modifizierung eines Betroffenenrechts (s. § 32 BDSG Rz. 1).   1

II. Normaufbau

§ 34 Abs. 1 regelt zunächst Ausnahmetatbestände bezogen auf das Auskunftsrecht der betroffenen Person. Die Abs. 2 und 3 enthalten Maßnahmen zum Schutz der Rechte und Freiheiten der betroffenen Person und sollen an die bis-   2 herige Rechtslage der § 19 Abs. 5 und 6 BDSG-alt anknüpfen[1]. § 34 Abs. 2 enthält aber auch Elemente des § 34 Abs. 5 BDSG-alt. § 34 Abs. 4 soll die bislang nach § 19 Abs. 1 Satz 3 BDSG-alt bestehende Rechtslage fortführen[2].

III. Die Ausnahmetatbestände im Einzelnen

3   § 34 Abs. 1 stellt den Bezug zu Art. 15 DSGVO her und verweist zunächst darauf, dass bereits nach den § 27 Abs. 2, § 28 Abs. 2 und § 29 Abs. 1 Satz 2 Ausnahmen von der Auskunftspflicht bestehen. Darüber hinaus sollen aber über § 33 Abs. 1 weitere Ausnahmen begründet werden.

4   So formuliert § 34 Abs. 1 Nr. 1 den – naheliegenden – Gedanken, dass eine Auskunftspflicht dann nicht bestehen soll, **wenn auch keine Informationen nach § 33 zu erteilen sind.** Ähnliche Vorschriften befanden sich schon in § 19 Abs. 3 und 4 bzw. in § 34 Abs. 7 BDSG-alt[3]. Sie waren im Wesentlichen von dem Gedanken getragen, dass die Gründe für eine Dispensierung von der Informationspflicht sich auch auf die Auskunftspflicht erstrecken müssten. Die Entwurfsfassung sah dementsprechend noch eine ausnahmslose Dispensierung von der Auskunftspflicht für die Fälle vor, in denen auch keine Informationspflicht mehr bestehen sollte[4]. Im Laufe des Gesetzgebungsverfahrens wurde aber in § 34 Abs. 1 die **Bezugnahme auf § 33 Abs. 1 Nr. 2 Buchst. a ausdrücklich ausgenommen.** Begründet wurde dies damit, dass in den genannten Fällen den betroffenen Personen dennoch auf Verlangen Auskunft zu erteilen ist, um der besonderen Bedeutung des Auskunftsrechts Rechnung zu tragen[5]. Diese Begründung überzeugt nicht, denn die Interessenlage ist im Rahmen des Art. 15 DSGVO keine andere als bei den Informationspflichten. Die dort getroffene Abwägung zugunsten der Vertraulichkeit der in Rede stehenden Informationen kann im Rahmen des Auskunftsanspruchs zu keinem anderen Ergebnis führen. Die Abwägungsentscheidung dort, die Informationen gerade nicht erteilen zu müssen, wird vielmehr dann unterlaufen, wenn im Rahmen des Auskunftsanspruchs dann doch eine Offenbarungspflicht besteht. Das gilt gerade mit Blick auf die beispielhaft in den Begründungserwägungen genannten Betrugspräventionssysteme der Wirtschaft. Dieser Wertungswiderspruch ist nur mit dem teilweise sehr politischen Gesetzgebungsverfahren[6] zu erklären.

5   Aber auch § 34 Abs. 1 Nr. 2 hat im Laufe des Gesetzgebungsverfahrens Änderungen erfahren. Gegenüber der Entwurfsfassung[7] wurde die Befreiung von der Aus-

---

1 BT-Drucks. 18/11325, S. 104.
2 BT-Drucks. 18/11325, S. 104.
3 BT-Drucks. 18/11325, S. 104.
4 BT-Drucks. 18/11325, S. 35.
5 BT-Drucks. 18/12144, S. 5.
6 S. auch *Kühling*, NJW 2017, 1985 (1989).
7 BT-Drucks. 18/11325, S. 35.

kunftspflicht bei „nur" vertraglichen Aufbewahrungspflichten gestrichen. Eine vertragliche Aufbewahrungspflicht soll nicht dazu führen, dass der betroffenen Person ein Auskunftsrecht verwehrt werden kann[8]. Damit wurde – modifiziert – einem Einwand im Gesetzgebungsverfahren Rechnung getragen, der viel weitergehende Einschränkungen der Ausnahmetatbestände insbesondere für den nicht-öffentlichen Bereich vorsah[9]. Im Übrigen soll mit diesem Ausnahmetatbestand gleichwohl der § 19 Abs. 2 bzw. § 33 Abs. 2 Satz 1 Nr. 2 BDSG-alt fortgeführt werden[10].

Wie bisher stehen die Ausnahmevorschriften unter dem Vorbehalt, dass die Auskunftserteilung einen **unverhältnismäßigen Aufwand** bedeutet, ohne allerdings – wie bisher – explizit auf die Vielzahl der Fälle abzustellen. Bei der Ermittlung des Aufwandes soll nach der Gesetzesbegründung der Verantwortliche die bestehenden Möglichkeiten, gesperrte und archivierte Daten der betroffenen Person im Rahmen der Auskunftserteilung (gleichwohl) verfügbar zu machen, berücksichtigen[11]. Die Norm stützt sich auf Art. 23 Abs. 1 Buchst. i DSGVO. Diese ist Art. 13 Abs. 1 Buchst. g der EG-Datenschutzrichtlinie (95/46/EG) nachgebildet. Zu dieser Norm war aber unzweifelhaft, dass mit Rechte und Freiheiten anderer Personen auch die des Verantwortlichen selbst gemeint waren[12]. Für Art. 23 Abs. 1 Buchst. i DSGVO ist daher nichts anderes anzunehmen, weshalb bei der Beurteilung des unverhältnismäßigen Aufwandes die **Interessen des Verantwortlichen** Berücksichtigung finden können[13]. 6

In Erweiterung der bisherigen Rechtslage hat der Verantwortliche jedoch sicherzustellen, dass durch **geeignete technische und organisatorische Maßnahmen** die Verwendung der Daten zu anderen Zwecken ausgeschlossen ist[14]. Wenn aber durch technische und organisatorische Maßnahmen die enge Zweckbindung sicherzustellen ist, dann ist in aller Regel auch die Auskunftserteilung erschwert bzw. mit einem erhöhtem Aufwand verbunden (s. Rz. 6). Die Gesetzesbegründung mutet daher etwas widersprüchlich an. 7

Eine weitere Einschränkung des Auskunftsrechts enthält § 34 Abs. 3 (s. hierzu auch § 57 Abs. 7). 8

Schließlich enthält § 34 Abs. 4 eine Einschränkung des Auskunftsrechts, die allerdings außerhalb des Anwendungsbereichs der DSGVO liegt, da es hier offenkundig nur um **Akten, Aktensammlungen und ihre Deckblätter** gehen soll, s. Art. 2 Abs. 1 DSGVO. Da aber über § 1 Abs. 8 die DSGVO gleichwohl für an- 9

---

8 BT-Drucks. 18/12144, S. 5.
9 BT-Drucks. 18/11655, S. 37.
10 BT-Drucks. 18/11325, S. 104.
11 BT-Drucks. 18/11325, S. 104.
12 *Ehmann/Helfrich*, EG-Datenschutzrichtlinie, Art. 13 Rz. 71.
13 Anders Paal/Pauly/*Paal*, § 34 BDSG Rz. 2.
14 BT-Drucks. 18/11325, S. 104.

wendbar erklärt wird, ist mit Blick auf Art. 15 DSGVO der Ausnahmetatbestand nötig. Konsequenterweise hätte die Ausnahme dann auch mit Art. 23 DSGVO begründet werden müssen. Die Gesetzesbegründung stellt dann aber fest, dass der hier geregelte Fall (doch) außerhalb des Anwendungsbereiches der DSGVO liegt und den Zweck hat, § 19 Abs. 1 Satz 3 BDSG-alt fortzuschreiben[15].

10 In der Gesetzesbegründung findet sich aber darüber hinaus auch noch eine Erwägung zur Regelung nach § 34 Abs. 1, wonach Daten mit **besonderer Zweckbindung** zwar gespeichert, aber für andere Verarbeitungszwecke „eingeschränkt" werden müssen. Sie findet aber im Gesetz keine Entsprechung und wäre als Begründungserwägung wahrscheinlich besser bei § 35 Abs. 3 verortet gewesen. Irritierenderweise stellt die Gesetzesbegründung dies nur für Daten fest, die aufgrund von Aufbewahrungsfristen gespeichert werden[16].

IV. Maßnahmen zum Schutz der betroffenen Personen

11 Nach § 34 Abs. 2 sind die Gründe für die Auskunftsverweigerung zu **dokumentieren**; die Ablehnung der Auskunftserteilung ist gegenüber der betroffenen Person zu **begründen**. Diese Regelungen sind durch Art. 23 Abs. 2 Buchst. c, d, g und h DSGVO motiviert[17]. Dadurch soll die betroffene Person in die Lage versetzt werden, die Ablehnung der Auskunftserteilung nachzuvollziehen und ggf. durch die zuständige Aufsichtsbehörde prüfen zu lassen. Der in der Gesetzesbegründung enthaltene Hinweis auf Art. 12 Abs. 4 DSGVO findet keine Entsprechung im BDSG und ist im Grunde überflüssig und eher irritierend, da sich die entsprechend weitergehende Verpflichtung eben aus Art. 12 Abs. 4 DSGVO direkt ergibt und hier keine eigene Bedeutung hat. Im hier relevanten Kontext des Art. 23 Abs. 2 Buchst. h DSGVO steht die gegenüber der betroffenen Person grundsätzlich danach zu erfüllende Begründungspflicht unter dem Vorbehalt, dass der mit der Auskunftsverweigerung verbundene **Zweck nicht gefährdet** wird, § 34 Abs. 2 Satz 1. Das dürfte aber in den Fällen der Ausnahmetatbestände des § 34 Abs. 1 Nr. 1 in aller Regel der Fall sein, während in den Fällen der Nr. 2 die Ablehnung der Auskunftserteilung schlicht mit dem Ausnahmetatbestand begründet werden könnte. Insoweit enthält § 34 Abs. 2 eine mittelbare Privilegierung des öffentlichen Bereichs.

12 Im Folgenden enthält § 34 Abs. 2 Anlehnungen an § 34 Abs. 5 BDSG-alt[18]. Allerdings hatte die Regelung des § 34 Abs. 5 BDSG-alt im Wesentlichen ihren Grund darin, dass § 34 BDSG-alt zum Zwecke der Auskunftserteilung umfangreiche Speicherungen voraussetzte (um eben Auskunft erteilen zu können). Die-

---

15 BT-Drucks. 18/11325, S. 105.
16 BT-Drucks. 18/11325, S. 104.
17 BT-Drucks. 18/11325, S. 104.
18 BT-Drucks. 18/11325, S. 104.

sen – in Ansehung von § 3 BDSG-alt immer schon etwas eigenartigen – Effekt wollte man durch die Regelung des § 34 Abs. 5 BDSG-alt flankieren. Da aber Art. 15 DSGVO gerade in den diesbezüglichen Teilen nicht mehr § 34 Abs. 1a–Abs. 4 BDSG-alt entspricht, bleibt der Regelungszweck etwas unklar und die Beibehaltung der Vorschrift etwas symbolisch. Die Vorschrift enthält streng genommen auch keine über Art. 23 Abs. 2 DSGVO zu definierenden Schutzmaßnahmen im Falle der Beschränkung eines Betroffenenrechts nach Art. 23 Abs. 1 DSGVO, sondern quasi eine „Durchführungsbestimmung" zu Art. 15 DSGVO, die aber **mit Art. 23 DSGVO im Grunde nichts zu tun** hat.

Schließlich enthält § 34 Abs. 2 noch eine Vorschrift zur Einschränkung der Verarbeitung. Mit Blick auf den Kontext des beabsichtigten Erhalts des § 34 Abs. 5 BDSG-alt gilt soeben Gesagtes. 13

Mit § 34 Abs. 3 soll § 19 Abs. 6 BDSG-alt erhalten bleiben. Die damit verbundene Einschränkung des Auskunftsrechts wird mit Art. 23 Abs. 1 Buchst. c und d DSGVO begründet[19]. Es fällt auf, dass eine Begründung nach Art. 23 Abs. 2 DSGVO fehlt. 14

V. Änderungen gegenüber dem BDSG-alt

Mit § 34 konnten nur einige der bislang über § 34 Abs. 7 i.V.m. § 33 Abs. 2 BDSG-alt bestehenden Ausnahmen erhalten werden. 15

§ 35 Recht auf Löschung

(1) Ist eine Löschung im Fall nicht automatisierter Datenverarbeitung wegen der besonderen Art der Speicherung nicht oder nur mit unverhältnismäßig hohem Aufwand möglich und ist das Interesse der betroffenen Person an der Löschung als gering anzusehen, besteht das Recht der betroffenen Person auf und die Pflicht des Verantwortlichen zur Löschung personenbezogener Daten gemäß Artikel 17 Absatz 1 der Verordnung (EU) 2016/679 ergänzend zu den in Artikel 17 Absatz 3 der Verordnung (EU) 2016/679 genannten Ausnahmen nicht. In diesem Fall tritt an die Stelle einer Löschung die Einschränkung der Verarbeitung gemäß Artikel 18 der Verordnung (EU) 2016/679. Die Sätze 1 und 2 finden keine Anwendung, wenn die personenbezogenen Daten unrechtmäßig verarbeitet wurden.

(2) Ergänzend zu Artikel 18 Absatz 1 Buchstabe b und c der Verordnung (EU) 2016/679 gilt Absatz 1 Satz 1 und 2 entsprechend im Fall des Artikels 17 Absatz 1 Buchstabe a und d der Verordnung (EU) 2016/679, solange und

---

19 BT-Drucks. 18/11325, S. 104.

§ 35 BDSG | Recht auf Löschung

soweit der Verantwortliche Grund zu der Annahme hat, dass durch eine Löschung schutzwürdige Interessen der betroffenen Person beeinträchtigt würden. Der Verantwortliche unterrichtet die betroffene Person über die Einschränkung der Verarbeitung, sofern sich die Unterrichtung nicht als unmöglich erweist oder einen unverhältnismäßigen Aufwand erfordern würde.

(3) Ergänzend zu Artikel 17 Absatz 3 Buchstabe b der Verordnung (EU) 2016/679 gilt Absatz 1 entsprechend im Fall des Artikels 17 Absatz 1 Buchstabe a der Verordnung (EU) 2016/679, wenn einer Löschung satzungsgemäße oder vertragliche Aufbewahrungsfristen entgegenstehen.

I. Einführung 1
II. Normaufbau 3
III. Die Ausnahmetatbestände im Einzelnen 4
IV. Maßnahmen zum Schutz der betroffenen Personen 11
V. Änderungen gegenüber dem BDSG-alt 13

Schrifttum: S. § 32 BDSG.

I. Einführung

1 § 35 hat als wesentliches Regelungsziel, dass in bestimmten Fällen anstelle der Löschung die Einschränkung der Verarbeitung der personenbezogenen Daten erfolgen soll. Mit § 35 sollen die Regelungen des **§ 20 Abs. 3 bzw. § 35 Abs. 3 BDSG-alt erhalten** werden[1]. Allerdings ist die Regelungstechnik der drei Absätze unterschiedlich. Während § 35 Abs. 1 als Ausnahmetatbestand des Rechts auf Löschung formuliert ist, ist dies bei § 35 Abs. 2 streng genommen nicht der Fall. Dort geht es im Grunde nicht um einen Ausnahmetatbestand (gewissermaßen zu Lasten der betroffenen Person) zum Recht auf Löschung mit der Folge, dass der Verantwortliche „nur" die Einschränkung der Verarbeitung vornehmen kann, sondern im Grunde um eine anlasslos zu erfüllende Pflicht des Verantwortlichen, gerade nicht zu löschen, sondern nur die Verarbeitung einzuschränken. Demgegenüber enthält § 35 Abs. 3 wieder einen Ausnahmetatbestand, der den Verantwortlichen von der Pflicht zur Löschung dispensiert.

2 Die vorstehend beschriebenen unterschiedlichen Regelungsansätze spiegeln sich auch bei der Frage der **europarechtlichen Ermächtigungsgrundlage** zur Schaffung von Ausnahmetatbeständen wider. Diese kann sich grundsätzlich nur aus Art. 23 Abs. 1 DSGVO ergeben. Daneben eröffnet im hier in Rede stehenden Kontext Art. 17 Abs. 3 Buchst. b DSGVO Raum für nationale Rechtsgrundlagen. Während zur Legitimation von § 35 Abs. 3 sowohl im Gesetzeswortlaut als auch in der Gesetzesbegründung wohl zutreffend auf Art. 17 Abs. 3 Buchst. b DSGVO referenziert wird, wird zur europarechtlichen Legitimation von § 35

---

1 BT-Drucks. 18/11325, S. 105.

Abs. 1 auf Art. 23 Abs. 2 Buchst. c DSGVO Bezug genommen. Diese Norm enthält aber keine Regelungsbefugnis für den nationalen Gesetzgeber, sondern Art. 23 Abs. 2 DSGVO definiert nur Maßnahmen im Anschluss an eine Regelungsbefugnis nach Art. 23 Abs. 1 DSGVO, worauf im Gesetzgebungsverfahren schon hingewiesen wurde[2]. § 35 Abs. 2 wiederum wird zwar mit Art. 23 Abs. 1 Buchst. i DSGVO begründet[3], formuliert aber eine Pflicht des Verantwortlichen (s. Rz. 6) und keine Einschränkung eines Betroffenenrechts. Ob aber eine Pflicht des Verantwortlichen auf die Ermächtigungsgrundlage zur Einschränkung der auf Verlangen geltend zu machenden Rechte der betroffenen Person gestützt werden kann, erscheint zumindest zweifelhaft.

II. Normaufbau

Während in den §§ 32–34 (mit Abstrichen) noch eine gewisse Stringenz beim Normaufbau dahingehend bestand, dass sich die Ausnahmetatbestände im Wesentlichen in deren Abs. 1 befanden, während dann Abs. 2 der jeweiligen Norm die nach Art. 23 Abs. 2 DSGVO erforderlichen Maßnahmen abbilden sollte, wird diese **Struktur in § 35 aufgegeben.** Alle drei Absätze enthalten Regelungen, nach denen anstelle der Löschung eine Einschränkung der Verarbeitung treten soll. Gleichzeitig enthalten die Regelungen der drei Absätze unterschiedliche Regelungsansätze, was (europarechtlich) zu Anwendungsproblemen führen dürfte (s. Rz. 2). 3

III. Die Ausnahmetatbestände im Einzelnen

§ 35 Abs. 1 entsprach in der Entwurfsfassung im Wesentlichen den bisherigen §§ 20 Abs. 3 Nr. 3 bzw. 35 Abs. 3 Nr. 3 BDSG-alt. Die vorgesehene Weite hatte im Gesetzgebungsverfahren Kritik ausgelöst, in dessen Rahmen sogar die vollständige Streichung vorgesehen war[4]. Schlussendlich bekam die Vorschrift ihre jetzige Fassung im Rahmen der Beratungen im Innenausschuss. Dort erfolgte die Beschränkung des Anwendungsbereichs der Vorschrift auf Fälle **nicht-automatisierter Datenverarbeitung** als Konkretisierung des Tatbestandsmerkmals der besonderen Art der Speicherung. Erfasst werden von der Vorschrift sollen vor allem Archivierungen in Papierform oder die Nutzung früher gebräuchlicher analoger Speichermedien, etwa Mikrofiche, bei denen es nicht oder nur mit unverhältnismäßig hohem Aufwand möglich ist, einzelne Informationen selektiv zu entfernen[5]. Darüber hinaus wird der Ausnahmetatbestand aber noch an 4

---

2 BT-Drucks. 18/11655, S. 39.
3 BT-Drucks. 18/11325, S. 105.
4 BT-Drucks. 18/11655, S. 38 f.
5 BT-Drucks. 18/12144, S. 5 f.

die Voraussetzung geknüpft, dass in den genannten Fällen das Interesse der betroffenen Person an der Löschung als gering anzusehen ist. Im Ergebnis ist damit der Aufwand des Verantwortlichen mit den Interessen der betroffenen Person abzuwägen. Vor dem Hintergrund aber, dass es im Rahmen dieser Norm nicht um eine vollständige Löschung geht, sondern als Rechtsfolge die Einschränkung der Datenverarbeitung vorgesehen ist, dürften nur ganz ausnahmsweise die Interessen der betroffenen Person dergestalt gelagert sein, dass wirklich eine Löschung erforderlich ist. In aller Regel dürften die Interessen der betroffenen Person durch die Einschränkung gewahrt und damit das Interesse der betroffenen Person gering im Sinne der Vorschrift sein. Praktischer Anwendungsfall könnten möglicherweise **Altakten** sein, wie etwa chronologische Belegablagen etc., bei denen ein Heraussuchen einzelner Belege zu Transaktionen des Betroffenen nicht möglich ist.

5   Eine Rückausnahme macht jedoch § 35 Abs. 1 Satz 3. Danach soll der Ausnahmetatbestand nach § 35 Abs. 1 Satz 1 mit der Rechtsfolge des Satzes 2 nicht gelten, wenn die Daten unrechtmäßig nach Art. 17 Abs. 1 Buchst. d DSGVO verarbeitet wurden. In diesem Falle soll der Verantwortliche nicht schutzwürdig sein[6]. Die Frage ist jedoch, ob diese Rückausnahme die gesamte Vorschrift des § 35 Abs. 1 nicht wieder entwertet, da es sich bei Art. 17 Abs. 1 Buchst. d DSGVO um eine Art Generalklausel handelt (s. Art. 17 DSGVO Rz. 12). Wegen des Verweises in § 35 Abs. 1 Satz 3 ausdrücklich nur auf Art. 17 Abs. 1 Buchst. d DSGVO dürften aber die Fälle der Art. 17 Abs. 1 Buchst. a oder b DSGVO (bei letzterem beispielsweise nach Widerruf einer Einwilligung) nicht von der Rückausnahme des Abs. 1 Satz 3 erfasst sein, auch wenn in diesen Fällen gleichzeitig eine Unrechtmäßigkeit nach Art. 17 Abs. 1 Buchst. d DSGVO vorliegen sollte. Vielmehr muss sich die Unrechtmäßigkeit aus sonstigen, nicht dem Art. 6 DSGVO entsprechenden, Gründen ergeben.

6   **Sehr unübersichtlich ist § 35 Abs. 2.** Ziel der Norm ist es, die §§ 20 Abs. 3 Nr. 2 bzw. 35 Abs. 3 Nr. 2 BDSG-alt fortzuschreiben[7]. Regelungstechnisch ist das nur unzureichend gelungen. Entgegen dem Aufbau des Einleitungssatzes der Norm soll offenbar an die Fälle des Art. 17 Abs. 1 Buchst. a und d DSGVO angeknüpft werden. Danach soll eine Ausnahme von der Löschungspflicht offenbar nur für die Fälle bestehen, in denen personenbezogene Daten länger als für die Zwecke nötig oder unrechtmäßig verarbeitet wurden. Als Rechtsfolge sollen dann § 35 Abs. 1 Satz 1 und 2 „entsprechend" gelten. Eigentlich hätte der Verweis auf die Rechtsfolge der Einschränkung nach § 35 Abs. 1 Satz 2 ausgereicht. Der Verweis auch auf Abs. 1 Satz 1 irritiert eher, da er die Frage aufwirft, ob dementsprechend auch die tatbestandlichen Voraussetzungen des § 35 Abs. 1 Satz 1 innerhalb des Abs. 2 gelten sollen. Das gilt umso mehr, als dass

---

6 BT-Drucks. 18/11325, S. 105.
7 BT-Drucks. 18/11325, S. 105.

sich der Tatbestand des § 35 Abs. 1 im Laufe des Gesetzgebungsverfahrens erst herausgebildet hat. Gleichzeitig wird aber auch der Verweis auf § 35 Abs. 1 Satz 2 wieder dadurch relativiert, als dass im Einleitungssatz des § 35 Abs. 2 bestimmt wird, dass (nur) die Art. 18 Abs. 1 Buchst. b und c DSGVO „ergänzend" gelten sollen. Zum beabsichtigten Erhalt der §§ 20 Abs. 3 Nr. 2 bzw. 35 Abs. 3 Nr. 2 BDSG-alt wären diese ganzen Rückbezüge nicht nötig gewesen, da die tatbestandlichen Voraussetzungen dieser Vorschriften innerhalb des § 35 Abs. 2 im zweiten Halbsatz dann erst noch aufgeführt werden. Gemeint war damit aber wohl eher eine Beschränkung der Zwecke, bei denen statt einer Löschung eine Einschränkung erfolgen soll. Danach hat in den Fällen des Art. 17 Abs. 1 Buchst. a und d DSGVO eben nicht stets eine Einschränkung zu erfolgen, sondern nur, wenn die durch Art. 18 Abs. 1 Buchst. b und c DSGVO geschützten Zwecke einschlägig sind. Eine Folgerichtigkeit besteht insoweit, als dass Art. 18 Abs. 1 Buchst. b und c DSGVO und Art. 17 Abs. 1 Buchst. a und d DSGVO jeweils auf die aufgrund Zweckfortfall nicht mehr nötige bzw. unrechtmäßige Verarbeitung abstellen. Gleichzeitig wird mit dem Verweis auf Art. 18 Abs. 1 Buchst. b und c DSGVO die weitere Voraussetzung der Norm, wonach diese nur gilt, solange und soweit der Verantwortliche Grund zu der Annahme hat, dass durch eine Löschung schutzwürdige Interessen der betroffenen Person beeinträchtigt würden, dahingehend beschränkt, dass damit nicht jedwede schutzwürdigen Interessen der betroffenen Person eine Rolle spielen sollen, sondern nur die durch Art. 18 Abs. 1 Buchst. b und c DSGVO geschützten.

Die Vorschrift ist aber schon deshalb **problematisch**, weil sie nicht nur dem Wortlaut nach, sondern auch ausweislich der Gesetzesbegründung **ohne ein entsprechendes Verlangen** zu erfüllen ist[8]. § 35 Abs. 2 formuliert damit im Grunde keine Einschränkung des Rechts auf Löschung – ggf. mit der Maßgabe, dass diese nur für die weitere Verarbeitung einzuschränken sind. Art. 23 DSGVO legitimiert aber nur Ausnahmen von den Rechten betroffener Personen, die diese auf Verlangen geltend machen. In den dann (zulässigerweise) geregelten Fällen ist dann eben seitens des Verantwortlichen diesem Verlangen nicht nachzukommen. Eine Regelung ohne ausdrückliches Verlangen und obligatorisch statt einer Löschung nur die Einschränkung vorzunehmen, gehört systematisch **nicht in das Kapitel III der DSGVO**, von dem Art. 23 DSGVO Ausnahmen zulässt. Vielmehr modifiziert § 35 Abs. 2 im Grunde die vom Verantwortlichen proaktiv zu erfüllende Pflicht aus Art. 5 Abs. 1 Buchst. e DSGVO[9]. Dieser Befund ist mit Blick auf die nach § 35 Abs. 2 in jedem Fall durchzuführende Interessenabwägung bedeutsam; zumindest wenn der Verantwortliche rechtskonform arbeiten und wegen Zweckerreichung oder -fortfall nicht mehr benötigte verarbeitete Da-

7

---

8 BT-Drucks. 18/11325, S. 105.
9 Die Gesetzesbegründung verweist dagegen auf Art. 17 DSGVO; diese Norm formuliert aber nur eine Rechtsfolge nach einem entsprechenden Verlangen der betroffenen Person; BT-Drucks. 18/11325, S. 105.

§ 35 BDSG | Recht auf Löschung

ten – z.B. im Rahmen von Regelfristen (s. Erwägungsgrund 39) – löschen will, kann kein Grund zu der Annahme bestehen, dass schutzwürdige Interessen der betroffenen Person beeinträchtigt werden. Die Vorschrift ist daher – wenn überhaupt anwendbar – eng auszulegen auf die Fälle, in denen der Verantwortliche entsprechenden „Grund zu der Annahme" der möglichen Beeinträchtigung von Betroffeneninteressen hat. Im Ergebnis können nur mutwillige Beeinträchtigungen von Betroffeneninteressen gemeint sein.

8 § 35 Abs. 2 Satz 2 sieht eine Unterrichtungspflicht vor (s. Rz. 11).

9 § 35 Abs. 3 sieht gestützt auf Art. 17 Abs. 3 Buchst. b DSGVO einen weiteren Ausnahmetatbestand für die Fälle vor, in denen einer Löschung **satzungsmäßige oder vertragliche Aufbewahrungsfristen** entgegenstehen. Auch diese Vorschrift wirft viele Fragen auf. So verweist die Vorschrift auf den kompletten Abs. 1, obwohl auch hier ausweislich der Gesetzesbegründung[10] nur die in Abs. 1 Satz 2 genannte Rechtsfolge der Einschränkung gemeint sein kann (zur ähnlichen Problematik s.o. Rz. 6). Auch soll die Ausnahme von der Löschungsverpflichtung nur dann bestehen, wenn die Daten nach Art. 17 Abs. 1 Buchst. a DSGVO an sich zu löschen wären. Es sind aber theoretisch auch Fälle denkbar, bei denen satzungsmäßige den vertragliche Aufbewahrungsfristen entgegenstehen, wenn an sich nach Art. 17 Abs. 1 Buchst. b bis f DSGVO zu löschen ist. Das gilt insbesondere für die Fälle der gesetzlichen Aufbewahrungsfristen, die vom Wortlaut des § 35 Abs. 3 deshalb ausgenommen sind, weil sich die entsprechende Ausnahme nach Ansicht des Gesetzgebers bereits aus Art. 17 Abs. 3 Buchst. b DSGVO direkt ergibt[11]. Die durch Abs. 3 nunmehr zusätzlich eingeführten Befreiungstatbestände werden dabei auf Art. 17 Abs. 3 Buchst. b DSGVO gestützt. Während man jedoch im Rahmen des Gesetzgebungsverfahrens bei § 34 die vertraglichen Aufbewahrungspflichten gestrichen hat (s. § 34 BDSG Rz. 5), sind sie im Rahmen des § 35 erhalten geblieben. Damit dürfen vertraglichen Aufbewahrungspflichten unterfallende Daten eingeschränkt gespeichert bleiben, kommen aber nicht in den Genuss des Ausnahmetatbestandes nach § 34. Zumindest dem Wortlaut nach sind damit auch Verträge nicht nur mit der betroffenen Person, sondern auch mit **Dritten** gemeint[12]. Insgesamt soll mit § 35 Abs. 3 einer Pflichtenkollision des Verantwortlichen begegnet werden, wonach dieser die Daten an sich zu löschen hätte, sie aber aufgrund satzungsmäßiger oder vertraglicher Aufbewahrungsfristen weiter vorhalten muss. In diesem Fall soll der Verantwortliche die Daten weiter speichern dürfen, muss sie aber für die weitere Verarbeitung einschränken.

10 Eine **zusätzliche Ausnahme** kann sich schließlich aus dem eingeschränkten Anwendungsbereich der DSGVO ergeben. Gemäß Artikel 2 Abs. 1 erfasst die

---

10 BT-Drucks. 18/11325, S. 106.
11 BT-Drucks. 18/11325, S. 106.
12 Paal/Pauly/*Paal*, § 35 BDSG Rz. 7.

DSGVO die automatisierte oder nicht automatisierte Verarbeitung von Daten, die in einem Dateisystem gespeichert sind. Ein Dateisystem liegt nach Artikel 4 Ziffer 6 DSGVO vor, wenn die Daten so gespeichert sind, dass sie nach bestimmten Kriterien zugänglich sind. Dieser Zugang ist in technischer Hinsicht eingeschränkt bei „Archiv-Daten" bzw. „Sicherungsdatenbeständen", die sich als sog. „*kalte Datenbestände*" außerhalb des Produktivsystems befinden und einen Zugriff nicht erlauben. Eine Löschpflicht besteht dann regelmäßig nicht.

IV. Maßnahmen zum Schutz der betroffenen Personen

§ 35 Abs. 1 enthält jenseits der besonderen Interessenabwägung keine besonderen Maßnahmen im Sinne des Art. 23 Abs. 2 DSGVO. § 35 Abs. 2 Satz 2 ist offensichtlich angelehnt an Art. 23 Abs. 2 Buchst. h DSGVO[13], steht aber unter der Einschränkung, dass sich die Unterrichtung nicht als **unmöglich erweist oder einen unverhältnismäßigen Aufwand** erfordern würde. Um das Merkmal der Unmöglichkeit von dem des unverhältnismäßigen Aufwandes abzugrenzen, bietet es sich an, bei der Unmöglichkeit auf die faktische Unmöglichkeit abzustellen, als wenn die betroffenen Personen quasi nicht mehr zu erreichen sind. Einen unverhältnismäßigen Aufwand kann es darstellen, wenn an sich in Umsetzung von Art. 5 Abs. 1 Buchst. e DSGVO routinemäßig zur Löschung anstehende Datenbestände so umfangreich sind, dass die Unterrichtung einen entsprechend umfangreichen und daher unverhältnismäßigen Aufwand darstellen könnte. Diese Ausnahme dürfte sich allerdings dann relativieren, wenn nach der hier vertretenen Ansicht von einem engen Anwendungsbereich der Vorschrift ausgegangen wird (s. Rz. 2). 11

Mit der **Unterrichtung** soll die betroffene Person in die Lage versetzt werden, ihr Verlangen auf Einschränkung der Verarbeitung gegenüber dem Verantwortlichen zu äußern oder sich für eine Löschung der Daten zu entscheiden. Diese Begründungserwägung ist inkonsequent, da bei Anwendung des § 35 Abs. 2 die in Rede stehenden Daten bereits eingeschränkt sein müssen, ohne dass die betroffene Person das ausdrücklich verlangen muss. Die Unterrichtung kann also nur mit Blick auf die zweite Variante – also der Löschungsfreigabe – praktische Relevanz entfalten. Der Gesetzgeber geht offenbar davon aus, dass sich die betroffenen Personen sämtlich zurückäußern und die Löschungsfreigabe erteilen, weswegen es sich in aller Regel nur um vorübergehende Einschränkungen im Sinne von Art. 23 Abs. 2 Buchst. c DSGVO handelt. Unbeantwortet bleibt aber die Frage der Rechtsfolgen, wenn sich die betroffenen Personen nach erfolgter Unterrichtung aus welchen Gründen auch immer schlicht nicht äußern. 12

---

13 BT-Drucks. 18/11325, S. 105.

V. Änderungen gegenüber dem BDSG-alt

13 Ausnahmen von der Löschungspflicht waren bislang in den entsprechenden Normen der §§ 20 bzw. 35 BDSG-alt selbst geregelt. Die Systematik ist unter Geltung der DSGVO eine völlig andere. Hier formuliert Art. 17 DSGVO Löschungsverpflichtungen, die nur über Art. 23 DSGVO eingeschränkt werden können, sofern nicht die DSGVO selbst entsprechende Ausnahmen enthält. Weitergehende, nunmehr in § 35 enthaltene Ausnahmen sind daher im Lichte des nach der DSGVO Zulässigen zu sehen.

§ 36 Widerspruchsrecht

Das Recht auf Widerspruch gemäß Artikel 21 Absatz 1 der Verordnung (EU) 2016/679 gegenüber einer öffentlichen Stelle besteht nicht, soweit an der Verarbeitung ein zwingendes öffentliches Interesse besteht, das die Interessen der betroffenen Person überwiegt, oder eine Rechtsvorschrift zur Verarbeitung verpflichtet.

I. Einführung 1	IV. Maßnahmen zum Schutz der betroffenen Personen 7
II. Normaufbau 3	
III. Die Ausnahmetatbestände im Einzelnen 4	V. Änderungen gegenüber dem BDSG-alt 8

Schrifttum: S. § 32 BDSG.

I. Einführung

1 § 36 schränkt das Recht auf Widerspruch nach Art. 21 Abs. 1 DSGVO ein. Allerdings wird nur ein Ausnahmetatbestand zugunsten einer **öffentlichen Stelle** geschaffen. Danach soll das Widerspruchsrecht nicht bestehen, soweit an der Verarbeitung ein **zwingendes öffentliches Interesse** besteht, das die Interessen der betroffenen Person überwiegt oder soweit eine Rechtsvorschrift zur Verarbeitung verpflichtet. Die Gesetzesbegründung nimmt dabei ausdrücklich auf Art. 23 Abs. 1 Buchst. e DSGVO Bezug[1], wobei die Interessen des Verantwortlichen im konkreten Einzelfall zwingend sein und Vorrang vor den Interessen der betroffenen Person haben müssen. Mit dieser eng formulierten Voraussetzung dürften gleichzeitig die Voraussetzungen des Art. 23 Abs. 2 Buchst. c DSGVO erfüllt sein. Daneben soll das Recht auf Widerspruch ausgeschlossen sein, wenn eine Rechtsvorschrift zur Verarbeitung verpflichtet. Das erscheint

---

1 BT-Drucks. 18/11325, S. 106.

folgerichtig. Allerdings stellt sich die Frage, warum diese Ausnahme nur einseitig zugunsten von öffentlichen Stellen formuliert wurde, da für nicht-öffentliche Stellen gemäß Art. 21 Abs. 1 DSGVO, welcher auch auf Art. 6 Abs. 1 Buchst. e DSGVO Bezug nimmt, eine entsprechende Verpflichtung bestehen kann.

Weitere Widerspruchsrechte enthalten § 27 Abs. 2 und § 28 Abs. 4.   2

II. Normaufbau

Die Norm besteht aus einem Absatz, der zwei Ausnahmetatbestände enthält.   3

III. Die Ausnahmetatbestände im Einzelnen

Nach § 36 1. Var. besteht das Recht auf Widerspruch gemäß Art. 21 Abs. 1 DSGVO gegenüber einer öffentlichen Stelle nicht, soweit an der Verarbeitung ein zwingendes öffentliches Interesse besteht, das die Interessen der betroffenen Person überwiegt. Die Vorschrift schafft damit einseitig einen Ausnahmetatbestand für öffentliche Stellen (s. hierzu schon Rz. 1).   4

Der Ausnahmetatbestand soll aber nur dann greifen, wenn ein zwingendes öffentliches Interesse der öffentlichen Stelle an der Verarbeitung besteht, das das Interesse der betroffenen Person überwiegt. Die Formulierung überrascht etwas, denn ein Widerspruch nach Art. 21 Abs. 1 DSGVO ist tatbestandlich zunächst an die *besondere* Situation der betroffenen Person gebunden. Bereits mit Blick auf Art. 6 Abs. 1 Buchst. e DSGVO wurde zu Art. 21 DSGVO festgestellt, dass bei einer im öffentlichen Interesse erfolgenden Datenverarbeitung das Kriterium der sich aus der betroffenen Person ergebenden besonderen Situation bereits deshalb eng auszulegen ist, weil die darauf gestützte Datenverarbeitung in aller Regel ohnehin „zwingend" ist (s. Art. 21 DSGVO Rz. 6)[2]. Daher findet die im Rahmen des Art. 21 Abs. 1 DSGVO erforderliche Interessenabwägung quasi auf einer anderen – höheren – Ebene statt. Kann die betroffene Person tatsächlich eine sich aus ihr ergebende besondere Situation geltend machen, so greift das Widerspruchsrecht **bereits nach der direkten Anwendung** des Art. 21 Abs. 1 DSGVO dann nicht, wenn der Verantwortliche seinerseits zwingende schutzwürdige Gründe für Verarbeitung nachweisen kann. Die Datenverarbeitung muss also in Ansehung der besonderen Gründe umso zwingender und dringlicher sein. Wenn also § 36 1. Var. überhaupt einen **eigenen Anwendungsbereich** entfalten soll, dann nur mit dem Verständnis, dass gegenüber dem Art. 21 Abs. 1 DSGVO **bereits weniger zwingende Gründe** ausreichend für einen Ausschluss des Widerspruchsrechts sein müssen, die jedoch trotzdem das (sich aus der besonderen Situation ergebende) Interesse der betroffenen Person überwiegen. Im Ergebnis   5

---

[2] S. hierzu auch Stellungnahme des Bundesrates, BT-Drucks. 18/11655, S. 39.

wird man die Vorschrift so anwenden müssen, dass quasi einfache Gründe der verantwortlichen öffentlichen Stelle in die Abwägung einzustellen sind, die bereits aus dem öffentlichen Interesse heraus zwingend sind[3].

6   Nach der 2. Var. innerhalb von § 36 besteht ein Widerspruchsrecht dann nicht, wenn die öffentliche Stelle zur Datenverarbeitung verpflichtet ist. Dieser Tatbestand erscheint folgerichtig; wenn eine Verpflichtung zur Datenverarbeitung besteht, kann dieser nicht widersprochen werden[4].

IV. Maßnahmen zum Schutz der betroffenen Personen

7   § 36 1. Var. ist vermutlich mit Blick auf Art. 23 Abs. 2 Buchst. c DSGVO eng formuliert. Damit entstehen Probleme im praktischen Anwendungsbereich (s. o. Rz. 5), der sich möglicherweise vor dem Hintergrund einer europarechtskonformen Anwendung zusätzlich verengt. Nach der hier und zu Art. 21 DSGVO vertretenen Auffassung lassen sich aber bereits innerhalb des **Art. 21 Abs. 1** DSGVO sachgerechte Ergebnisse erzielen.

V. Änderungen gegenüber dem BDSG-alt

8   § 36 erweitert die Einschränkung des Widerspruchs zugunsten öffentlicher Stellen.

§ 37 Automatisierte Entscheidungen im Einzelfall einschließlich Profiling

(1) Das Recht gemäß Artikel 22 Absatz 1 der Verordnung (EU) 2016/679, keiner ausschließlich auf einer automatisierten Verarbeitung beruhenden Entscheidung unterworfen zu werden, besteht über die in Artikel 22 Absatz 2 Buchstabe a und c der Verordnung (EU) 2016/679 genannten Ausnahmen hinaus nicht, wenn die Entscheidung im Rahmen der Leistungserbringung nach einem Versicherungsvertrag ergeht und

1. dem Begehren der betroffenen Person stattgegeben wurde oder
2. die Entscheidung auf der Anwendung verbindlicher Entgeltregelungen für Heilbehandlungen beruht und der Verantwortliche für den Fall, dass dem Antrag nicht vollumfänglich stattgegeben wird, angemessene Maßnahmen zur Wahrung der berechtigten Interessen der betroffenen Person

---

3 Kritisch zum Ganzen auch Paal/Pauly/*Gräber/Nolden*, § 36 BDSG Rz. 1 ff.
4 S. hierzu auch Stellungnahme des Bundesrates, BT-Drucks. 18/11655, S. 39 f.

trifft, wozu mindestens das Recht auf Erwirkung des Eingreifens einer Person seitens des Verantwortlichen, auf Darlegung des eigenen Standpunktes und auf Anfechtung der Entscheidung zählt; der Verantwortliche informiert die betroffene Person über diese Rechte spätestens zum Zeitpunkt der Mitteilung, aus der sich ergibt, dass dem Antrag der betroffenen Person nicht vollumfänglich stattgegeben wird.

(2) Entscheidungen nach Absatz 1 dürfen auf der Verarbeitung von Gesundheitsdaten im Sinne des Artikels 4 Nummer 15 der Verordnung (EU) 2016/679 beruhen. Der Verantwortliche sieht angemessene und spezifische Maßnahmen zur Wahrung der Interessen der betroffenen Person gemäß § 22 Absatz 2 Satz 2 vor.

I. Einführung	1	IV. Maßnahmen zum Schutz der betroffenen Person	9
II. Normaufbau	3		
III. Die Ausnahmetatbestände im Einzelnen	4	V. Änderungen gegenüber dem BDSG-alt	12

Schrifttum: S. § 32 BDSG.

I. Einführung

§ 37 greift Art. 22 DSGVO auf. Modifizierungen dieser Vorschrift der DSGVO sind sowohl nach dem Wortlaut des Art. 23 Abs. 1 DSGVO zulässig, als auch über Art. 22 Abs. 2 Buchst. b DSGVO. Ein Stück weit setzt sich hier die zu Art. 22 DSGVO geführte Diskussion, ob es sich bei Art. 22 DSGVO um ein Betroffenenrecht oder um eine (**mittelbare**) **Verbotsnorm** hinsichtlich eines bestimmten Verarbeitungsvorgangs handelt, (s. hierzu Art. 22 DSGVO Rz. 4) fort. Daneben enthält Art. 22 Abs. 4 DSGVO mit seinem Verweis auf Art. 9 DSGVO weitere Anknüpfungspunkte für nationale Regelungen. 1

Der nationale Gesetzgeber hat für § 37 auf die sich **direkt aus Art. 22 DSGVO** ergebenden Ermächtigungsgrundlagen zurückgegriffen[1]. Dabei hat er ausschließlich versicherungsspezifische Sachverhalte geregelt, was unmittelbar die Frage aufwirft, ob im Zeitalter der Digitalisierung und Big Data sich nicht auch Sonderregelungen für andere Bereiche aufgedrängt hätten bzw. welche Schlüsse sich aus deren ausdrücklicher Nichtregelung ergeben[2]. Das gilt umso mehr, als dass es nach alter Rechtslage keiner über die Art. 12 und 15 der Richtlinie 95/46/EG bzw. des diese umsetzenden § 6a BDSG-alt hinausgehenden bereichsspezifischen Vorschriften bedurfte. Dieser Befund mag daran liegen, dass über den in § 37 geregelten Bereich hinaus, mit Blick auf Art. 22 DSGVO, kein Rege- 2

---

1 BT-Drucks. 18/11325, S. 106 f.
2 S. hierzu kritisch auch die Stellungnahme des Bundesrates, BT-Drucks. 18/655, S. 41.

lungsbedürfnis gesehen wurde und es bei dessen richtiger Anwendung auch tatsächlich entbehrlich ist.

II. Normaufbau

3 § 37 Abs. 1 knüpft tatbestandlich an Art. 22 Abs. 1 DSGVO an und ergänzt die Ausnahmen von Art. 22 Abs. 2 Buchst. a und c DSGVO (ausschließlich) in Bezug auf Entscheidungen, die im Rahmen der Leistungserbringung nach einem **Versicherungsvertrag** ergehen. Innerhalb des § 37 Abs. 1 soll dessen Nr. 1 zunächst klarstellen, dass die Ausnahme vom grundsätzlichen Verbot der automatisierten Entscheidung jedenfalls dann gelten soll, wenn dem Begehren der betroffenen Person stattgegeben wurde. § 37 Abs. 2 Nr. 2 ergänzt die (versicherungsspezifische) Ausnahme für den Fall, dass dem Antrag nicht vollumfänglich stattgegeben wird – speziell für den Fall der Anwendung verbindlicher Entgeltregelungen für Heilhandlungen. In diesem Fall sollen zum Schutze der betroffenen Person Maßnahmen greifen, die zusammen mit Art. 22 Abs. 2 Buchst. b DSGVO ein harmonisiertes Konzept bilden sollen[3]. § 37 Abs. 2 wiederum enthält eine Regelung zu auf Basis der Verarbeitung von Gesundheitsdaten erfolgenden automatisierten Entscheidungen.

III. Die Ausnahmetatbestände im Einzelnen

4 § 37 Abs. 1 wirft Fragen auf, vor allem weil die Norm nur den spezifischen Belangen der Versicherungswirtschaft Rechnung tragen möchte[4]. Die Norm regelt Fälle, in denen im Grunde sämtlich automatisiert zugunsten der betroffenen Person entschieden werden soll. Zum einen sollen im **Kfz-Versicherungsbereich** automatisierte Einzelentscheidungen zugunsten des Geschädigten erfolgen können. Da der **Geschädigte als Dritter nicht Vertragspartei** des zwischen der Versicherung und dem Versicherungsnehmer bestehenden Versicherungsvertrages sei, sei – so die Gesetzesbegründung – hier die Schaffung eines Ausnahmetatbestandes im Sinne des Art. 22 Abs. 2 Buchst. b DSGVO erforderlich, da Art. 22 Abs. 2 Buchst. a DSGVO Ausnahmen nur innerhalb eines bestehenden Vertragsverhältnisses ermögliche. **Ähnlich** werden im Bereich der **privaten Krankenversicherung** Sonderregelungen begründet; beantragt der Versicherungsnehmer etwas mit den personenbezogenen Daten eines **Dritten** (z.B. mitversicherter Angehöriger), soll keine Entscheidung nach Art. 22 Abs. 1 DSGVO gegenüber der datenschutzrechtlich betroffenen Person – hier dem Dritten – vorliegen[5]. Auch hier wird offensichtlich wegen Art. 22 Abs. 2 Buchst. a DSGVO

---

3 BT-Drucks. 18/11325, S. 106.
4 BT-Drucks. 18/11325, S. 106.
5 BT-Drucks. 18/11325, S. 106 f.

angenommen, dass Art. 22 DSGVO ein Vertragsverhältnis mit dem Verantwortlichen voraussetzt, weswegen im Falle einer Drittbegünstigung ein Ausnahmetatbestand auch dann geschaffen werden muss, wenn dem Begehren der betroffenen Person stattgegeben wurde, § 37 Abs. 1 Nr. 1.

Der Regelung des § 37 Abs. 1 Nr. 1 liegen daher offenbar zwei Annahmen zugrunde: zum einen wird Art. 22 DSGVO wegen Art. 22 Abs. 2 Buchst. a offenbar dahingehend ausgelegt, dass Art. 22 DSGVO ein Vertragsverhältnis zwischen der betroffenen Person und dem Verantwortlichen voraussetzt. Zum anderen aber war sich der Gesetzgeber offensichtlich zumindest unsicher, ob Art. 22 DSGVO im Fall von stattgebenden Entscheidungen anwendbar ist. Geht man nämlich davon aus, dass **Art. 22 DSGVO** im Fall von **stattgebenden Entscheidungen gar nicht anwendbar** ist (s. hierzu Art. 22 DSGVO Rz. 7e), hätte es zumindest diesbezüglich **keiner nationalen Regelung bedurft**[6]. Umgekehrt bedeutet die nur auf die Versicherungswirtschaft beschränkte Gestattung positiver automatisierter Einzelentscheidungen keine sachgerechte Privilegierung und sollte vielmehr allen Vertragsarten offenstehen[7]. 5

Demgegenüber erscheint eine Klarstellung, dass Art. 22 DSGVO auch bei **Drittbegünstigung** gelten soll, in Ansehung von Art. 22 Abs. 2 Buchst. a DSGVO zumindest **diskutabel**. Allerdings enthält Art. 22 Abs. 1 DSGVO im Grunde keine Beschränkung auf zwischen dem Verantwortlichen und der betroffenen Person bestehende Rechtsverhältnisse. Art. 22 Abs. 2 Buchst. a DSGVO regelt nur eine Ausnahme vom Verbot nach Art. 22 Abs. 1 DSGVO, wobei diese eben nur im Falle der Erforderlichkeit für den Abschluss oder die Erfüllung eines Vertrages zwischen dem Verantwortlichen und der betroffenen Person gelten soll, was aber die grundsätzliche Geltung von Art. 22 Abs. 1 DSGVO bei Drittbezug keinesfalls ausschließt. Sollten diese Regelungen „klarstellend" motiviert gewesen sein, so wirken sie eher irritierend. 6

Schließlich soll § 37 Abs. 1 Nr. 2 ebenfalls einen versicherungswirtschaftlichen Spezialfall regeln. Mit dieser Regelung soll die automatisierte Entscheidung über Versicherungsleistungen im Privaten Krankenversicherungsbereich bei der Anwendung verbindlicher **Entgeltregelungen für Heilbehandlungen** abgesichert werden[8]. Diese sollen **auch dann zulässig sein, wenn dem Antrag nicht (voll) entsprochen** wird. In Anlehnung an § 6a Abs. 2 Nr. 2 BDSG-alt soll die Zulässigkeit (über Art. 22 Abs. 2 Buchst. b DSGVO) damit hergestellt werden, dass in dieser ehemaligen Vorschrift und dem Art. 22 Abs. 3 DSGVO entsprechende Schutzmechanismen wie ein Remonstrationsrecht verankert werden. Ein Regelungsbedürfnis für diese Vorschrift besteht mithin erst dann, wenn man diesen 7

---

6 So auch Kühling/Buchner/*Buchner*, § 37 BDSG Rz. 3.
7 S. hierzu auch Stellungnahme des Bundesrates, BT-Drucks. 18/11655, S. 41.
8 BT-Drucks. 18/11325, S. 106; eingehend hierzu Paal/Pauly/*Gräber/Nolden*, § 37 BDSG Rz. 8.

Fall nicht von Art. 22 Abs. 2 Buchst. a oder Buchst. c DSGVO erfasst sieht, denn dann hätten sich die Schutzmechanismen direkt aus Art. 22 Abs. 3 DSGVO ergeben.

8 § 37 Abs. 2 enthält eine Regelung zur automatisierten Verarbeitung von **Gesundheitsdaten**. Diese ist wegen Art. 22 Abs. 4 DSGVO an sich ausgeschlossen. Allerdings erlaubt der in Bezug genommene Art. 9 Abs. 2 Buchst. g DSGVO nationale Regelungen. Die Gewährleistung eines bezahlbaren und funktionsfähigen Krankenversicherungsschutzes in der Privaten Krankenversicherung ist nach der Gesetzesbegründung als gewichtiges Interesse des Gemeinwohls anerkannt. Hierzu ist insbesondere bei der automatisierten Abrechnung von Leistungsansprüchen durch die Private Krankenversicherung auch die Verarbeitung von Gesundheitsdaten notwendig[9]. Sowohl Art. 22 Abs. 4 DSGVO als auch Art. 9 Abs. 2 Buchst. g DSGVO sehen Maßnahmen zum Schutz der betroffenen Person vor. Dem soll der Verweis auf § 22 Abs. 2 Satz 2 Rechnung tragen. Ob dieser Verweis allerdings ausreichend ist, ist zweifelhaft. § 22 Abs. 2 Satz 2 mag den Anforderungen aus Art. 9 Abs. 2 Buchst. g DSGVO genügen; eine Aussage zur sich speziell aus Art. 22 DSGVO ergebenden Gefährdungslage ergeben sich daraus aber nicht. Innerhalb des Art. 22 Abs. 4 DSGVO ist davon auszugehen, dass – über nach Art. 9 Abs. 2 Buchst. g DSGVO hinausgehend – zumindest Maßnahmen entsprechend Art. 22 Abs. 3 DSGVO zu implementieren sind.

IV. Maßnahmen zum Schutz der betroffenen Person

9 In den Fällen des § 37 Abs. 1 Nr. 1 erscheinen Maßnahmen zum Schutz der betroffenen Person entbehrlich. § 37 Abs. 1 Nr. 2 formuliert dagegen in Umsetzung dieser Maßnahmen, dass der betroffenen Person mindestens das Recht auf **Erwirkung** des Eingreifens einer Person seitens des Verantwortlichen, auf **Darlegung** des eigenen Standpunktes und auf **Anfechtung** der Entscheidung zusteht. Die Gesetzesbegründung erläutert diese Tatbestandsmerkmale nicht näher, was insbesondere mit Blick auf das Kriterium „mindestens" bedauerlich ist, denn es ist etwas unklar, woraus zusätzliche Maßnahmen als die bereits genannten bestehen können. Offensichtlich greift aber die Vorschrift Formulierungen aus Art. 22 Abs. 3 DSGVO auf; Erwägungsgrund 71 DSGVO spricht von „in jedem Fall" (s. hierzu Art. 22 DSGVO Rz. 14). Im Grunde folgt das Recht des Eingreifens einer Person seitens des Verantwortlichen dem Recht zur Darlegung eines eigenen Standpunktes. Dieses liefe weitestgehend leer, wenn der dargelegte Standpunkt nicht durch eine Person gewürdigt werden würde. Aus dem Begriff ‚Anfechtung' darf aber nicht geschlossen werden, es handele sich um einen Anspruch auf Abänderung der Entscheidung. Vielmehr beschränkt sich dieses Recht auf Neubewertung. Gerade im nicht-öffentlichen Bereich kann jenseits

---

9 BT-Drucks. 18/11325, S. 107.

von Kontrahierungszwängen das Ergebnis in einer unveränderten Entscheidung bestehen (s. hierzu schon Art. 22 DSGVO Rz. 14).

Die weiterhin in § 37 Abs. 1 Nr. 2 enthaltene Unterrichtungspflicht findet sich zwar nicht direkt in Art. 22 Abs. 3 DSGVO, ist aber in dem dazugehörenden Erwägungsgrund 71 erwähnt. Diese hat spätestens im Zeitpunkt der Mitteilung, aus der sich ergibt, dass dem Antrag der betroffenen Person nicht vollumfänglich stattgegeben wird, zu erfolgen. Der Zeitpunkt war im Gesetzgebungsverfahren kritisiert worden[10], ist aber unverändert geblieben. Damit ist es möglich, dass die Information nicht zeitgleich mit der Bekanntgabe des Ergebnisses der Entscheidung erfolgt, sondern eben auch früher und damit auch durch entsprechende Formulierungen in den **AGB**. 10

§ 37 Abs. 2 enthält einen Ausnahmetatbestand bezüglich der automatisierten Verarbeitung von Gesundheitsdaten. Ausnahmetatbestand ist hier aber nicht Art. 22 Abs. 2 Buchst. b DSGVO, sondern Art. 22 Abs. 4 i.V.m. Art. 9 Abs. 2 Buchst. g DSGVO. Letzterer verweist aber „nur" auf Schutzmaßnahmen bei der Verarbeitung von Daten, die unter Art. 9 DSGVO fallen, nicht aber auf Maßnahmen, die wegen der Verarbeitung im Kontext des Art. 22 DSGVO erforderlich wären. 11

V. Änderungen gegenüber dem BDSG-alt

Das BDSG-alt enthielt in § 6a eine Umsetzung der entsprechenden Richtlinienvorschriften aus Art. 12 bzw. 15 der EG-Datenschutzrichtlinie (95/46/EG). Diese werden jetzt auf der Ebene der DSGVO abgelöst (s. Art. 22 DSGVO Rz. 1), sodass das BDSG-alt keine dem § 37 vergleichbare Vorschrift hatte. 12

Kapitel 3
Pflichten der Verantwortlichen und Auftragsverarbeiter

§ 38 Datenschutzbeauftragte nichtöffentlicher Stellen

(1) Ergänzend zu Artikel 37 Absatz 1 Buchstabe b und c der Verordnung (EU) 2016/679 benennen der Verantwortliche und der Auftragsverarbeiter eine Datenschutzbeauftragte oder einen Datenschutzbeauftragten, soweit sie in der Regel mindestens zehn Personen ständig mit der automatisierten Verarbeitung personenbezogener Daten beschäftigen. Nehmen der Verantwort-

---

10 BT-Drucks. 18/11655, S. 40.

liche oder der Auftragsverarbeiter Verarbeitungen vor, die einer Datenschutz-Folgenabschätzung nach Artikel 35 der Verordnung (EU) 2016/679 unterliegen, oder verarbeiten sie personenbezogene Daten geschäftsmäßig zum Zweck der Übermittlung, der anonymisierten Übermittlung oder für Zwecke der Markt- oder Meinungsforschung, haben sie unabhängig von der Anzahl der mit der Verarbeitung beschäftigten Personen eine Datenschutzbeauftragte oder einen Datenschutzbeauftragten zu benennen.

(2) § 6 Absatz 4, 5 Satz 2 und Absatz 6 finden Anwendung, § 6 Absatz 4 jedoch nur, wenn die Benennung einer oder eines Datenschutzbeauftragten verpflichtend ist.

I. Anwendungsbereich und Verhältnis zur DSGVO 1	b) Datenschutz-Folgenabschätzung 8
II. Normgehalt und Änderungen gegenüber dem BDSG-alt 3	c) Geschäftsmäßigkeit 9
1. Pflicht zur Bestellung 3	2. Abberufung, Verschwiegenheit, Zeugnisverweigerung 10
a) Personenanzahl 4	

Schrifttum: *Franck*, Altverhältnisse unter DS-GVO und neuem BDSG, ZD 2017, 509; *Gola/Klug*, Die Entwicklung des Datenschutzrechts im ersten Halbjahr 2017, NJW 2017, 2593; *Johannes*, Gegenüberstellung – Der Datenschutzbeauftragte nach DS-GVO, JI-Richtlinie und zukünftigem BDSG, ZD-Aktuell 2017, 05794; *Kort*, Was ändert sich für Datenschutzbeauftragte, Aufsichtsbehörden und Betriebsrat mit der DS-GVO?, ZD 2017, 3.

I. Anwendungsbereich und Verhältnis zur DSGVO

1 § 38 regelt die **Pflicht zur Benennung eines Datenschutzbeauftragten** in nichtöffentlichen Stellen sowie dessen Verschwiegenheitspflicht bzw. dessen Zeugnisverweigerungsrecht.

2 Die Norm ergänzt Art. 37 bis 39 DSGVO[1], die die allgemeinen Regelungen zu Benennung, Stellung und Aufgaben des Datenschutzbeauftragten enthalten. § 38 Abs. 1 Satz 1 macht insofern von der Öffnungsklausel des Art. 37 Abs. 4 Satz 1 Halbs. 2 DSGVO Gebrauch[2]. Der Verweis des § 38 Abs. 2 auf die Vertraulichkeitspflicht in § 6 beruht auf Art. 38 Abs. 5 DSGVO[3].

---

1 Für Synopse der entsprechenden Regelungen für den öffentlichen Bereich aus BDSG-neu, DSGVO und Datenschutzrichtlinie für Polizei und Justiz s. *Johannes*, ZD-Aktuell 2017, 05794.
2 S. *Kort*, ZD 2017, 3 (4).
3 S. auch BT-Drucks. 18/11325, S. 107.

II. Normgehalt und Änderungen gegenüber dem BDSG-alt

1. Pflicht zur Bestellung

§ 38 Abs. 1 Satz 1 **ergänzt die Pflichttatbestände der DSGVO** zur Benennung[4] 3
eines Datenschutzbeauftragten im nichtöffentlichen Bereich, die die DSGVO in
Art. 37 Abs. 1 für Fälle der systematischen Überwachung von Betroffenen
(Buchst. a, s. Art. 37 DSGVO Rz. 13) und der Verarbeitung besonderer Kategorien von Daten (Buchst. b, s. Art. 37 DSGVO Rz. 32) vorschreibt[5].

a) Personenanzahl

Die zusätzlich in § 38 Abs. 1 Satz 1 normierte Pflicht zur Benennung ist inhalt- 4
lich an § 4f Abs. 1 Satz 4 BDSG-alt angelehnt. Auch nach neuer Rechtslage gilt
weiterhin[6], dass nichtöffentliche Stellen, soweit sie **mindestens zehn Personen**
ständig mit der automatisierten Verarbeitung personenbezogener Daten beschäftigen, einen Datenschutzbeauftragten zu benennen haben. Sind weniger als
zehn Personen mit der Verarbeitung beschäftigt, entfällt die Pflicht[7].

Der Begriff der „**Personen**", die unter die Verarbeitungstätigkeit des Satz 1 fal- 5
len, ist weit zu verstehen[8]. Welchen arbeitsrechtlichen Satus (z.B. freier oder fester Mitarbeiter, Auszubildender etc.) diesen zukommt, ist dabei unerheblich.
Nicht hinzuzuzählen sind jedoch Beschäftigte von Auftragsverarbeitern[9].

Bei der Berechnung der **Personenanzahl** ist auf den Regelbetrieb abzustellen. 6
Kurzfristige Schwankungen der Personalbesetzung werden hierbei außer Acht
gelassen[10]. Sollte die Anzahl dauerhaft unter die Bemessungsgrenze fallen, so
bleibt die Benennung des Datenschutzbeauftragten aus Transparenzgründen
wirksam, bis sie von der Leitung der verantwortlichen Stelle widerrufen wird[11].

Die entsprechenden Personen müssen „**ständig**" mit der der Verarbeitung be- 7
fasst sein. Bei nur kurzzeitiger Überschreitung der maßgeblichen Personen-
grenze soll der Aufwand, den die Benennung mit sich bringt, nicht anfallen[12].
Gefordert wird also eine gewisse Kontinuität. Diese soll dann erfüllt sein, wenn
die Tätigkeit der Verarbeitung auf längere oder unbestimmte Zeit angelegt ist,

---

4 Mit unterschiedlichen Terminologie „Bestellung" (BDSG-alt) und „Benennung" (BDSG-
   neu) ist keine inhaltliche Änderung verbunden, s. *Franck*, ZD 2017, 509 (512).
5 *Kort*, ZD 2017, 3 (3 f.).
6 *Gola/Klug*, NJW 2017, 2593 (2593).
7 Auernhammer/*Raum*, § 4f BDSG Rz. 50.
8 Vgl. Däubler/Klebe/Wedde/Weichert/*Däubler*, § 23 BDSG Rz. 14 ff.
9 Plath/*von dem Bussche*, 2. Aufl. 2016, § 4f BDSG Rz. 8.
10 Däubler/Klebe/Wedde/Weichert/*Däubler*, § 23 BDSG Rz. 18.
11 Auernhammer/*Raum*, § 4f BDSG Rz. 52.
12 *Gola/Schomerus*, § 4f BDSG Rz. 12.

sowie dann, wenn die Person immer dann tätig wird, wenn die Verarbeitung notwendig wird[13].

b) Datenschutz-Folgenabschätzung

8   Eine weitere Pflicht zur Benennung eines Datenschutzbeauftragten, die unabhängig von der Anzahl der mit der Verarbeitung befassten Personen besteht, greift gemäß § 38 Abs. 1 Satz 2 Var. 1, wenn die nichtöffentliche Stelle Verarbeitungen vornimmt, die der Datenschutz-Folgenabschätzung nach Art. 35 DSGVO unterliegt. Bei der Pflicht zur Benennung wird also an ein **voraussichtlich hohes Risiko** angeknüpft[14], das mit der Verarbeitung verbunden sein kann. Die Regelung knüpft an § 4f Abs. 1 Satz 6 BDSG-alt an, der eine Bestellungspflicht für nichtöffentliche Stellen, die einer Vorabkontrolle nach § 4d Abs. 5 BDSG-alt unterlagen[15], festschrieb.

c) Geschäftsmäßigkeit

9   § 38 Abs. 1 Satz 2 Var. 2 stellt eine weitere eigenständige Benennungspflicht für die Verantwortlichen auf, die personenbezogene Daten geschäftsmäßig zum Zweck der **Übermittlung**, der anonymisierten Übermittlung oder für Zwecke der **Markt- oder Meinungsforschung** verarbeiten. Hiermit knüpft Satz 2 im Wesentlichen an die bisherige Regelung des § 4f Abs. 1 Satz 6 BDSG-alt an und umfasst u.a. Auskunfteien, Adressverlage, Markt- und Meinungsforschungsunternehmen[16].

2. Abberufung, Verschwiegenheit, Zeugnisverweigerung

10   § 38 Abs. 2 erklärt verschiedene Regelungen, die für den Datenschutzbeauftragten im öffentlichen Bereich gelten, auch für den betrieblichen Datenschutzbeauftragten für anwendbar.

11   Zum einen verweist § 38 Abs. 2 auf § 6 Abs. 4, der die **Abberufung** und die **Kündigung** des Arbeitsverhältnisses des Datenschutzbeauftragten regelt[17]. § 6 Abs. 4 gilt jedoch nur dann für den betrieblichen Datenschutzbeauftragen, wenn dieser verpflichtend – sei es aufgrund einer Regelung der DSGVO oder aus § 38 Abs. 1 – zu benennen war. Zudem wird auch der betriebliche Datenschutzbeauftragte mit Verweis auf § 6 Abs. 5 Satz 2 (stets) der **Verschwiegenheit** unterworfen. Die Regelungen zur **Zeugnisverweigerung** gelten (ebenfalls stets) durch Verweis auf § 6 Abs. 6 auch für den nichtöffentlichen Bereich.

---

13 Taeger/Gabel/*Scheja*, § 4f BDSG Rz. 21.
14 S. Paal/Pauly/*Martini*, Art. 35 DSGVO Rz. 9.
15 Auernhammer/*Raum*, § 4d Rz. 30.
16 Däubler/Klebe/Wedde/Weichert/*Däubler*, § 4f BDSG Rz. 11.
17 BT-Drucks. 18/11325, S. 107.

§ 39 Akkreditierung

Die Erteilung der Befugnis, als Zertifizierungsstelle gemäß Artikel 43 Absatz 1 Satz 1 der Verordnung (EU) 2016/679 tätig zu werden, erfolgt durch die für die datenschutzrechtliche Aufsicht über die Zertifizierungsstelle zuständige Aufsichtsbehörde des Bundes oder der Länder auf der Grundlage einer Akkreditierung durch die Deutsche Akkreditierungsstelle. § 2 Absatz 3 Satz 2, § 4 Absatz 3 und § 10 Absatz 1 Satz 1 Nummer 3 des Akkreditierungsstellengesetzes finden mit der Maßgabe Anwendung, dass der Datenschutz als ein dem Anwendungsbereich des § 1 Absatz 2 Satz 2 unterfallender Bereich gilt.

I. Anwendungsbereich 1	II. Normgehalt und Verhältnis zur DSGVO 2

Schrifttum: *Hofmann,* Zertifizierungen nach der DS-GVO, ZD-aktuell 2016, 05324; *Karper,* Datenschutzsiegel und Zertifizierungen nach der Datenschutz-Grundverordnung, PinG 2016, 201; *Kranig/Peintinger,* Selbstregulierung im Datenschutzrecht – Rechtslage in Deutschland, Europa und den USA unter Berücksichtigung des Vorschlags zur DS-GVO, ZD 2014, 3; *Schmitz/von Dall'Armi,* Datenschutz-Folgenabschätzung – verstehen und anwenden, ZD 2017, 57; *Spindler,* Selbstregulierung und Zertifizierungsverfahren nach der DS-GVO – Reichweite und Rechtsfolgen der genehmigten Verhaltensregeln, ZD 2016, 407.

I. Anwendungsbereich

Die neu ins BDSG eingefügte Norm regelt die **Akkreditierung von Zertifizierungsstellen**. Diese können neben den zuständigen Aufsichtsbehörden Zertifizierungsverfahren durchführen sowie Datenschutzsiegel und -prüfzeichen i.S.d. Art. 42 DSGVO erteilen. Art. 43 DSGVO räumt den Mitgliedstaaten hinsichtlich der Akkreditierung zwei verschiedene Verfahrenswege ein. § 39 konkretisiert das Akkreditierungsverfahren durch Rückgriff auf die Deutsche Akkreditierungsstelle (DAkkS). 1

II. Normgehalt und Verhältnis zur DSGVO

Art. 42 DSGVO führt erstmals auf europäischer Ebene **Zertifizierungsverfahren, Datenschutzsiegel und -prüfzeichen** ein. Hierdurch kann der Nachweis erbracht werden, dass bestimmte Teilvorgänge bzw. Rahmenbedingungen der Datenverarbeitung in Einklang mit der DSGVO stehen (s. Art. 42 DSGVO Rz. 3). Die Verarbeitungsvorgänge können sich dabei auf ein Produkt (bspw. Wearables oder „Smart Home"-Geräte), auf einen Teilbereich eines datenbasierten Angebotes (wie die Verarbeitung von Kundendaten in einem Webshop) oder die Übermittlung personenbezogener Daten in Drittländer (Art. 42 Abs. 2 i.V.m. 2

§ 39 BDSG | Akkreditierung

Art. 46 Abs. 2 Buchst. f DSGVO) beziehen. Art. 42 DSGVO unterscheidet dabei nicht näher zwischen Produkt- und Verfahrenszertifizierung (Auditing).

3   Die Zertifizierung erfolgt entweder durch die zuständige Aufsichtsbehörde oder durch eine Zertifizierungsstelle nach Art. 43 DSGVO. Die **Zertifizierungsstellen** müssen dabei u.a. unabhängig sein, über ein geeignetes Datenschutz-Fachwissen verfügen und nach den Vorgaben des Art. 43 DSGVO akkreditiert worden sein (s. Art. 43 DSGVO Rz. 3).

4   Gemäß Art. 43 Abs. 1 Satz 2 DSGVO können Zertifizierungsstellen entweder von den zuständigen Aufsichtsbehörden selbst (Buchst. a), oder von der gemäß Verordnung (EG) Nr. 765/2008 zuständigen **nationalen Akkreditierungsstelle** (Buchst. b) akkreditiert werden.

§ 39 sieht die Akkreditierung der Zertifizierungsstellen durch die DAkkS aufgrund des Akkreditierungsgesetzes vor[1].

5   Die **Deutsche Akkreditierungsstelle** ist die aufgrund Art. 4 Abs. 1 der Verordnung (EG) Nr. 765/2008 geschaffene nationale Akkreditierungsstelle, die u.a. auch Konformitätsbewertungsstellen im Bereich der Marktüberwachung von Produkten akkreditiert (z.B. Laboratorien, Zertifizierungs- und Inspektionsstellen, Anbieter von Eignungsprüfungen und Referenzmaterialhersteller).

Da die DAkkS über hohe **Kompetenz, Erfahrung und eine entsprechende Infrastruktur im Bereich der Akkreditierung** verfügt, hat sich der deutsche Gesetzgeber dazu entschieden, die Akkreditierung von datenschutzrechtlichen Zertifizierungsstellen über die nationale Akkreditierungsstelle zu ermöglichen[2]. Die Zuständigkeit der DAkkS beschränkt sich jedoch dem Willen des Verordnungsgebers nach ausschließlich auf Zertifizierungsstellen i.S.d. Art. 43 DSGVO. Private Kontrollstellen für Verhaltensregeln nach Art. 40 DSGVO sind dem klaren Wortlaut des Art. 41 Abs. 1 DSGVO nach der alleinigen Zuständigkeit der Datenschutzaufsicht zugeordnet (s. Art. 43 DSGVO Rz. 3).

6   Die zuständigen Aufsichtsbehörden behalten dabei durch Verweis in § 39 Satz 2 auf § 4 Abs. 3 Akkreditierungsstellengesetz die Möglichkeit der **Einflussname auf die Akkreditierungsentscheidung**. Diese kann nur im Einvernehmen von Aufsichtsbehörde und DAkkS getroffen werden.

---

1 S. auch BeckOK Datenschutzrecht/*Uwer*, § 39 BDSG Rz. 4 ff.
2 BT-Drucks. 18/11325, S. 107.

Kapitel 4
Aufsichtsbehörde für die Datenverarbeitung durch nichtöffentliche Stellen

§ 40 Aufsichtsbehörden der Länder

(1) Die nach Landesrecht zuständigen Behörden überwachen im Anwendungsbereich der Verordnung (EU) 2016/679 bei den nichtöffentlichen Stellen die Anwendung der Vorschriften über den Datenschutz.

(2) Hat der Verantwortliche oder Auftragsverarbeiter mehrere inländische Niederlassungen, findet für die Bestimmung der zuständigen Aufsichtsbehörde Artikel 4 Nummer 16 der Verordnung (EU) 2016/679 entsprechende Anwendung. Wenn sich mehrere Behörden für zuständig oder für unzuständig halten oder wenn die Zuständigkeit aus anderen Gründen zweifelhaft ist, treffen die Aufsichtsbehörden die Entscheidung gemeinsam nach Maßgabe des § 18 Absatz 2. § 3 Absatz 3 und 4 des Verwaltungsverfahrensgesetzes findet entsprechende Anwendung.

(3) Die Aufsichtsbehörde darf die von ihr gespeicherten Daten nur für Zwecke der Aufsicht verarbeiten; hierbei darf sie Daten an andere Aufsichtsbehörden übermitteln. Eine Verarbeitung zu einem anderen Zweck ist über Artikel 6 Absatz 4 der Verordnung (EU) 2016/679 hinaus zulässig, wenn

1. offensichtlich ist, dass sie im Interesse der betroffenen Person liegt und kein Grund zu der Annahme besteht, dass sie in Kenntnis des anderen Zwecks ihre Einwilligung verweigern würde,
2. sie zur Abwehr erheblicher Nachteile für das Gemeinwohl oder einer Gefahr für die öffentliche Sicherheit oder zur Wahrung erheblicher Belange des Gemeinwohls erforderlich ist oder
3. sie zur Verfolgung von Straftaten oder Ordnungswidrigkeiten, zur Vollstreckung oder zum Vollzug von Strafen oder Maßnahmen im Sinne des § 11 Absatz 1 Nummer 8 des Strafgesetzbuchs oder von Erziehungsmaßregeln oder Zuchtmitteln im Sinne des Jugendgerichtsgesetzes oder zur Vollstreckung von Geldbußen erforderlich ist.

Stellt die Aufsichtsbehörde einen Verstoß gegen die Vorschriften über den Datenschutz fest, so ist sie befugt, die betroffenen Personen hierüber zu unterrichten, den Verstoß anderen für die Verfolgung oder Ahndung zuständigen Stellen anzuzeigen sowie bei schwerwiegenden Verstößen die Gewerbeaufsichtsbehörde zur Durchführung gewerberechtlicher Maßnahmen zu unterrichten. § 13 Absatz 4 Satz 4 bis 7 gilt entsprechend.

(4) Die der Aufsicht unterliegenden Stellen sowie die mit deren Leitung beauftragten Personen haben einer Aufsichtsbehörde auf Verlangen die für die Erfüllung ihrer Aufgaben erforderlichen Auskünfte zu erteilen. Der Aus-

kunftspflichtige kann die Auskunft auf solche Fragen verweigern, deren Beantwortung ihn selbst oder einen der in § 383 Absatz 1 Nummer 1 bis 3 der Zivilprozessordnung bezeichneten Angehörigen der Gefahr strafgerichtlicher Verfolgung oder eines Verfahrens nach dem Gesetz über Ordnungswidrigkeiten aussetzen würde. Der Auskunftspflichtige ist darauf hinzuweisen.

(5) Die von einer Aufsichtsbehörde mit der Überwachung der Einhaltung der Vorschriften über den Datenschutz beauftragten Personen sind befugt, zur Erfüllung ihrer Aufgaben Grundstücke und Geschäftsräume der Stelle zu betreten und Zugang zu allen Datenverarbeitungsanlagen und -geräten zu erhalten. Die Stelle ist insoweit zur Duldung verpflichtet. § 16 Absatz 4 gilt entsprechend.

(6) Die Aufsichtsbehörden beraten und unterstützen die Datenschutzbeauftragten mit Rücksicht auf deren typische Bedürfnisse. Sie können die Abberufung der oder des Datenschutzbeauftragten verlangen, wenn sie oder er die zur Erfüllung ihrer oder seiner Aufgaben erforderliche Fachkunde nicht besitzt oder im Fall des Artikels 38 Absatz 6 der Verordnung (EU) 2016/679 ein schwerwiegender Interessenkonflikt vorliegt.

(7) Die Anwendung der Gewerbeordnung bleibt unberührt.

I. Einführung 1	2. Grenzen der Auskunftspflicht
II. Zuständigkeit (Abs. 1) 4	(Abs. 4 Satz 2, 3) 21
III. One-Stop-Shop-Prinzip	VI. Kontrollbefugnisse (Abs. 5) .. 24
(Abs. 2) 6	1. Vor-Ort-Prüfungen 25
1. Zuständigkeit der Hauptniederlassung 7	2. Zugang zu weiteren Informationen 28
2. Konfliktbewältigung 9	3. Duldungspflicht 29
IV. Datenverarbeitung durch die Aufsichtsbehörde (Abs. 3) ... 12	VII. Unterstützung der betrieblichen Datenschutzbeauftragten (Abs. 6) 30
1. Datenverarbeitungen zum Zweck der Aufsicht 12	1. Beratung und Unterstützung des Datenschutzbeauftragten
2. Zweckänderungen 13	(Abs. 6 Satz 1) 31
3. Aufsichtsbehördliche Unterrichtungsbefugnisse bei Verstößen . 14	2. Abberufung des Datenschutzbeauftragten (Abs. 6 Satz 2) ... 32
V. Auskunftspflicht des Verantwortlichen (Abs. 4) 17	VIII. Anwendbarkeit der Gewerbeordnung (Abs. 7) 35
1. Auskunftspflicht (Abs. 4 Satz 1) 18	

Schrifttum: *Greve*, Das neue Bundesdatenschutzgesetz, NVwZ 2017, 737; *von Lewinski*, Formelles und informelles Handeln der datenschutzrechtlichen Aufsichtsbehörden, RDV 2001, 275; *von Lewinski*, Datenschutzaufsicht in Europa als Netzwerk, NVwZ 2017, 1483; *von Lewinski/Hermann*, Vorrang des europäischen Datenschutzrechts gegenüber Verbraucherschutz- und AGB-Recht – Teil 2: Aufsichtsbehörden, PinG 6/17, 209.

I. Einführung

§ 40 regelt neben der Zuständigkeit der Datenschutzbehörden der Länder als Aufsicht über nichtöffentliche Stellen auch weitere behördliche Befugnisse. Dabei ist die Vorschrift als **Ergänzung und Konkretisierung** des Art. 58 Abs. 6 DSGVO anzusehen[1]. Zum Teil wurden die Regelungen des § 38 BDSG-alt in § 40 überführt. Weggefallen sind allerdings die Vorschriften zur Amtshilfe (§ 38 Abs. 1 Satz 5 BDSG-alt), zum Beschwerderecht (§ 38 Abs. 1 Satz 8 Alt. 1 BDSG-alt), zur Registerführung meldepflichtiger Datenverarbeitungen (§ 38 Abs. 2 BDSG-alt), zum Einsichtsrecht geschäftlicher Unterlagen (§ 38 Abs. 4 Satz 2 BDSG-alt) und zu den Anordnungs- und Beseitigungsverfügungen (§ 38 Abs. 5 Satz 1 und 2 BDSG-alt). Diese waren aufgrund der unmittelbaren Geltung der Vorgaben der DSGVO zu streichen[2]. Als überkommene Regelung wurde ferner die Vorschrift zur Bestimmung der zuständigen Aufsichtsbehörde durch die Landesregierungen (§ 38 Abs. 6 BDSG-alt) nicht übernommen[3]. 1

Ein **effektiver Grundrechtsschutz** setzt voraus, dass den Aufsichtsbehörden die notwendige Zuständigkeit, erforderliche Befugnisse und für sie selbst die rechtlichen Voraussetzungen für eine Datenverarbeitung eingeräumt werden. Diesem Bedürfnis ist der Gesetzgeber mit § 40 nachgekommen. Nicht nur die Aufsicht über staatliche Stellen, sondern auch die Kontrolle privater Stellen wie bspw. Unternehmen spielt eine entscheidende Rolle. Auch Private können gegenüber betroffenen Personen eine mächtige Position einnehmen, die eine wirksame Datenschutzaufsicht erforderlich macht. 2

Zur Effektivität der Datenschutzaufsicht gehört freilich auch eine entsprechende Ausstattung der Behörden. Verständlich ist daher die immer wieder aufkommende Kritik, die Datenschutzbehörden seien teilweise hoffnungslos zahlenmäßig und auch im Hinblick auf die Ausstattung gegenüber Unternehmen unterlegen[4]. Es obliegt hier den einzelnen Landesregierungen, im Haushalt genügend Mittel für die Datenschutzbehörde zur Verfügung zu stellen. Eine reine Eigenkontrolle der Unternehmen wird nicht ausreichen, um eine Einhaltung der Vorschriften der DSGVO durchgehend gewährleisten zu können. Infolgedessen wird die Datenschutzaufsicht auch in Zukunft eine entscheidende und wichtige Rolle einnehmen. 3

II. Zuständigkeit (Abs. 1)

§ 40 Abs. 1 weist den jeweils nach dem Landesrecht **zuständigen Behörden** die Aufsicht nach Art. 55 Abs. 1 DSGVO über die Einhaltung der DSGVO bei 4

---

1 BT-Drucks. 18/11325, S. 108.
2 BT-Drucks. 18/11325, S. 108.
3 BT-Drucks. 18/11325, S. 108.
4 Vgl. BeckOK Datenschutzrecht/*Brink*, § 38 BDSG Rz. 2.

nichtöffentlichen Stellen zu. Im Kontext von Art. 51 und 56 DSGVO war eine Zuweisung im deutschen Datenschutzrecht auf Grund des Föderalismusprinzips erforderlich. Eine klare Abgrenzung der Zuständigkeiten der einzelnen Landesdatenschutzbehörden sowie des/der BfDI ist Grundvoraussetzung für ein funktionierendes Datenschutzaufsichtssystem. Dies gilt umso mehr, da die deutsche Datenschutzaufsichtsstruktur nicht die eine „Super-Datenschutzbehörde"[5] kennt, sondern die einzelnen Datenschutzbehörden der Länder samt dem/der BfDI vielmehr eine Art Netzwerk bilden.

5 Es liegt in der Hand der Landesgesetzgeber, zu bestimmen, welcher Stelle bzw. Behörde im Bundesland die Zuständigkeit nach § 40 Abs. 1 zukommen soll. Die einzelnen Bundesländer regeln die Organisationsfrage, welche Behörde speziell für die Datenschutzaufsicht zuständig ist, regelmäßig durch ein Gesetz (z.B. § 33 Abs. 1 BlnDSG, das wie die anderen Landesdatenschutzgesetze auch noch an die DSGVO angepasst werden muss). Zeitweilig hatten einige Bundesländer, wie bspw. Baden-Württemberg, die Aufgabe der Datenschutzaufsicht noch dem Innenministerium des Landes übertragen. Von dieser Praxis ist man in den Bundesländern jedoch mittlerweile abgekommen. Gerade im Hinblick auf die Entscheidung des EuGH[6] zur Unabhängigkeit der Datenschutzaufsicht haben mit Ausnahme von Bayern alle Länder die Aufsicht über den privaten und öffentlichen Bereich auf den **Landesdatenschutzbeauftragten** übertragen[7]. Es ist im Zuge der Anpassungen der einzelnen Landesdatenschutzgesetze davon auszugehen, dass es bei den getroffenen Zuständigkeitszuweisungen bleibt.

III. One-Stop-Shop-Prinzip (Abs. 2)

6 Abs. 2 geht zurück auf eine Initiative des Bundesrates und wurde erst im Laufe des Gesetzgebungsverfahrens in § 40 eingefügt[8].

1. Zuständigkeit der Hauptniederlassung

7 Mit dem **One-Stop-Shop-Prinzip** gemäß Art. 56 Abs. 1 DSGVO soll bei grenzüberschreitenden Datenverarbeitungen für Unternehmen und deren Tochtergesellschaften die Datenschutzbehörde am Sitz der Hauptniederlassung federführend zuständig sein (s. Kommentierung zu Art. 56 Abs. 1 DSGVO). Dieses Prinzip bewirkt jedoch nur auf unionaler Ebene und nur für grenzüberschreitende Datenverarbeitungen eine Zuständigkeitskonzentration am Ort der Hauptnie-

---

5 *Von Lewinski*, NVwZ 2017, 1483.
6 EuGH v. 9.3.2010 – C-518/07, CR 2010, 339 = NJW 2010, 1265.
7 Vgl. BeckOK Datenschutzrecht/*Brink*, § 38 BDSG Rz. 88.
8 BT-Drucks. 18/12144, S. 6.

derlassung des Verantwortlichen oder Auftragsverarbeiters. Aufgrund des föderalen deutschen Datenschutzaufsichtssystems war es erforderlich, das One-Stop-Shop-Prinzip auf die nationale Ebene zu übertragen. Dabei sind sowohl Datenverarbeitung mit grenzüberschreitendem als auch mit rein innerstaatlichem Bezug von § 40 Abs. 2 erfasst[9]. Gemeint sind beispielsweise Sachverhalte, bei denen der Verantwortliche Niederlassungen in Nordrhein-Westfalen sowie Bayern betreibt und Datenverarbeitungen vornimmt.

Unterhält wie in dem genannten Beispiel eine nichtöffentliche Stelle mehrere Niederlassungen in unterschiedlichen Bundesländern, muss für die Ermittlung der federführenden Zuständigkeit der Datenschutzaufsichtsbehörde gemäß § 40 Abs. 2 Satz 1 auf die **Hauptniederlassung i.S.v. Art. 4 Nr. 16 DSGVO** abgestellt werden. Infolgedessen ist auch auf nationaler Ebene entscheidend, wo bzw. in welchem Bundesland der Verantwortliche den Sitz seiner Hauptverwaltung unterhält. Auf eine andere Niederlassung als auf die am Sitz der Hauptverwaltung ist nur dann abzustellen, wenn die Entscheidungen über die Zwecke und Mittel der Verarbeitung in der anderen inländischen Niederlassung des Verantwortlichen getroffen werden und diese die Befugnis hat, ihre Entscheidungen umsetzen zu lassen.

2. Konfliktbewältigung

Bei **Konflikten** bei der Bestimmung der zuständigen Datenschutzbehörde ist gemäß § 40 Abs. 2 Satz 2 zu verfahren. Konflikte können sich bspw. daraus ergeben, dass sich verschiedene Behörden für zuständig erklären, sämtliche Behörden sich für unzuständig halten oder erhebliche Zweifel bestehen, welche Behörde tatsächlich zuständig ist. Eine Entscheidung fällt dann gemeinsam gemäß dem in § 18 Abs. 2 niedergelegten Mechanismus (s. Kommentierung zu § 18 BDSG Rz. 10 ff.).

Bei Änderungen der die Zuständigkeit begründenden Umstände während des Verwaltungsverfahrens oder müssen wegen Gefahr im Verzug unaufschiebbare Maßnahmen getroffen werden, gelten aufgrund des Verweises in § 40 Abs. 2 Satz 2 die Regelungen des § 3 Abs. 3 und 4 VwVfG entsprechend. Im Fall der angesprochenen Änderung kann also die bisher zuständige Datenschutzbehörde das Verfahren fortführen, sofern dies unter Wahrung der Interessen der Beteiligten der einfachen und zweckmäßigen Durchführung des Verfahrens dient und die nunmehr zuständige Datenschutzbehörde zustimmt. Bei Gefahr im Verzug ist die Datenschutzbehörde für die unaufschiebbare Maßnahme zuständig, in deren Bundesland der Anlass für die Amtshandlung hervortritt. Die eigentlich zuständige Behörde ist jedoch entsprechend § 3 Abs. 4 Satz 2 VwVfG unverzüglich darüber zu unterrichten.

---

9 BT-Drucks. 18/12144, S. 6; *Greve*, NVwZ 2017, 737 (741).

11 Mit der Regelung nach § 40 Abs. 2 ist es dem Gesetzgeber gelungen, die Zuständigkeitssystematik der DSGVO fortzuführen und gleichzeitig an die Gegebenheiten der föderalen deutschen Datenschutzaufsichtsstruktur anzupassen. Der bisherige Ansatz in Deutschland, die Zuständigkeitsabgrenzung nach dem Unternehmenssitz vorzunehmen, mag zwar pragmatisch gewesen sein[10], führte jedoch immer wieder zu Abgrenzungsschwierigkeiten. Insofern verspricht die nun gefundene Lösung mit seinen „konsensualen Elementen"[11] künftig mehr Klarheit bei der Bestimmung der Zuständigkeit und gleichzeitig wird sie dazu beitragen, etwaige Unstimmigkeiten unter den Aufsichtsbehörden schneller und einfacher aufzulösen.

IV. Datenverarbeitung durch die Aufsichtsbehörde (Abs. 3)

1. Datenverarbeitungen zum Zweck der Aufsicht

12 § 40 Abs. 3 Satz 1 stellt zunächst den Grundsatz auf, dass eine Datenschutzbehörde die von ihr gespeicherten Daten nur **zum Zwecke der Aufsicht** verarbeiten darf. Diese ergeben sich weitgehend aus den einzelnen Aufgaben, die den Aufsichtsbehörden aufgrund der DSGVO und des BDSG zugewiesen werden. Ausdrücklich hat der Gesetzgeber auch die Befugnis aufgenommen, dass Aufsichtsbehörden im Rahmen der Zweckbindung untereinander Daten übermitteln dürfen. Dies wird insbesondere auch Fälle der Amtshilfe betreffen[12]. Die ausdrückliche Aufnahme der „Übermittlung" wäre zwar nicht notwendig gewesen, da sie ohnehin ein Unterfall der Verarbeitung nach § 40 Abs. 3 Satz 1 ist. Der Gesetzgeber wollte wohl jedoch eine Klarstellung vornehmen, die unterstreicht, wie wichtig der Informationsaustausch zwischen den Behörden sein kann.

2. Zweckänderungen

13 Eine **Zweckänderung** ist zum einen gemäß Art. 6 Abs. 4 DSGVO und zum anderen in den explizit in § 40 Abs. 3 Satz 2 genannten drei Fällen zulässig. Danach kann eine Verarbeitung durch die Aufsichtsbehörde zu einem anderen Zweck vorgenommen werden, wenn:

– die Behörde offensichtlich davon ausgehen kann, dass die **Verarbeitung im Interesse der betroffenen Person** ist und kein Grund zur Annahme besteht, dass sie ihre Einwilligung bei Kenntnisnahme des anderen Zwecks verweigern würde (Nr. 1);

---

10 *Von Lewinski*, NVwZ 2017, 1483 (1488).
11 *Von Lewinski*, NVwZ 2017, 1483 (1488).
12 Vgl. *von Lewinski*, NVwZ 2017, 1483 (1485).

– sie zur Sicherung erheblicher Belange des Gemeinwohls oder zur **Abwehr von Gefahren für die öffentliche Sicherheit** erforderlich ist (Nr. 2);
– sie im Rahmen der **Strafverfolgung, des Strafvollzugs oder der Vollstreckung von Geldbußen** erforderlich ist.

Die Einholung der Einwilligung wäre im Fall der Nr. 1 reiner Formalismus. Nichtsdestotrotz sollten die Behörden dazu angehalten sein, den Anwendungsbereich der Vorschrift äußerst restriktiv auszulegen, da mit dem Abstellen auf einen mutmaßlichen Willen stets Risiken verbunden sind, zumal oftmals nicht mit hinreichender Gewissheit festgestellt werden kann, ob die betroffene Person tatsächlich ihre Einwilligung nicht verweigern würde.

3. Aufsichtsbehördliche Unterrichtungsbefugnisse bei Verstößen

§ 40 Abs. 3 Satz 3 gewährt den Datenschutzbehörden das Recht, die betroffenen Personen zu **unterrichten**, sofern sie einen Datenschutzverstoß feststellen. Nach § 40 Abs. 3 Satz 4 gilt hierfür § 13 Abs. 4 Satz 4 bis 7 entsprechend. Die Datenschutzbehörde ist u.a. befugt, **betroffene Personen** über festgestellte Datenschutzverstöße zu **informieren**. Davon umfasst es auch das Recht, der betroffenen Person in diesem Zusammenhang ggf. personenbezogene Daten zu übermitteln, sofern dies erforderlich ist. In der Vergangenheit war die Unterrichtung der Betroffenen wohl gängige Praxis[13]. Es wird zudem angenommen, dass die Aufsichtsbehörde zu einer Unterrichtung zumindest dann verpflichtet ist, wenn sie auf eine Beschwerde der betroffenen Person hin tätig wird[14]. Gleiches muss gelten, wenn dem Betroffenen aufgrund der Unkenntnis über einen ihn betreffenden Datenschutzverstoß erhebliche Nachteile drohen[15].

14

Zusätzlich ist die Aufsichtsbehörde nach ihrem Ermessen[16] befugt, einen festgestellten Verstoß auch anderen für die **Strafverfolgung oder Ahndung zuständigen Stellen** mitzuteilen. Gemeint sind sowohl staatliche Stellen (z.B. Strafverfolgungsbehörden) als auch innerbetriebliche Stellen (z.B. die Geschäftsführung des Verantwortlichen)[17].

15

Korrespondierend zu § 40 Abs. 7 sind die Datenschutzbehörden schließlich berechtigt, **Gewerbeaufsichtsbehörden über schwerwiegende Datenschutzverstöße** zu unterrichten. Der Zweck der Unterrichtung ist, dass die Gewerbeaufsichtsbehörde infolgedessen gewerberechtlicher Maßnahmen ergreifen kann (s. auch Rz. 35).

16

---

13 Simitis/*Petri*, § 38 BDSG Rz. 43 m.w.N.
14 BeckOK Datenschutzrecht/*Brink*, § 38 BDSG Rz. 44; Plath/*Plath*, 2. Aufl. 2016, § 38 BDSG Rz. 27.
15 Plath/*Plath*, 2. Aufl. 2016, § 38 BDSG Rz. 27.
16 Gola/*Schomerus*, § 38 BDSG Rz. 11; Plath/*Plath*, 2. Aufl. 2016, § 38 BDSG Rz. 28.
17 Plath/*Plath*, 2. Aufl. 2016, § 38 BDSG Rz. 28.

V. Auskunftspflicht des Verantwortlichen (Abs. 4)

17 Die in der Praxis bewährten und für die Arbeit der Aufsichtsbehörden essenziellen Regelungen zur **generellen Auskunftspflicht** der Verantwortlichen gemäß § 38 Abs. 3 BDSG-alt wurden in § 40 Abs. 4 übernommen. Nicht nur Verantwortliche sind danach zur Auskunft verpflichtet, sondern auch deren mit der Leitung beauftragten Personen (z.b. Geschäftsführer oder Vorstände, nicht jedoch betriebliche Datenschutzbeauftragte) sind Adressaten der Norm[18].

1. Auskunftspflicht (Abs. 4 Satz 1)

18 Voraussetzung der Auskunft ist ein **Verlangen seitens der Aufsichtsbehörde**. Dem Auskunftsverlangen wird Verwaltungsaktqualität zugesprochen und es kann somit per Verwaltungszwang durchgesetzt werden[19]. Das Verlangen wird in der Praxis regelmäßig schriftlich formuliert, kann jedoch entsprechend § 37 Abs. 2 VwVfG auch auf andere Art und Weise artikuliert werden. Entscheidend ist, dass aus dem Verlangen für den Verantwortlichen eindeutig hervorgeht, welche Auskunft seitens der Behörde verlangt wird. Dass die Auskunft grundsätzlich schriftlich und nur in Ausnahmefällen mündlich erfolgen kann[20], ist der Vorschrift des § 40 Abs. 4 nicht zu entnehmen. Auch mit der Novellierung und Überführung der Vorschrift in das neue BDSG hat der Gesetzgeber bewusst keine Vorgabe zur Form der Auskunft aufgestellt.

19 Anders als in der Vorgängervorschrift des § 38 Abs. 3 Satz 1 BDSG-alt hat der Gesetzgeber auf die Setzung eines **zeitlichen Rahmens für die Auskunft** verzichtet. Bislang musste diese unverzüglich – also ohne schuldhaftes Zögern gemäß § 121 BGB – erfolgen. Regelmäßig setzt die Aufsichtsbehörde in der Praxis eine Frist für eine Stellungnahme durch den Verantwortlichen. Dieses Vorgehen hat sich durchaus bewährt. Dabei ist es auch erforderlich, dem Verantwortlichen genügend Zeit für eigene Nachforschungen einzuräumen. Bei besonders komplexen Sachverhalten empfiehlt es sich daher, dass Aufsichtsbehörden und Verantwortliche gemeinsam einen zeitlichen Rahmen abstecken, der für die Aufbereitung des Sachverhalts erforderlich ist. Wichtig ist, dass die Aufsichtsbehörde durch ein Hinauszögern der Antwort nicht in ihrer Tätigkeit behindert und das von ihr eingeleitete Verwaltungsverfahren nicht verschleppt wird.

20 Der **Inhalt der Auskunft** umfasst sämtliche Angaben, die die Aufsichtsbehörde für die Erfüllung ihrer jeweiligen Aufgabe benötigt. Neben der Stellungnahme des Verantwortlichen sind ggf. auch Kopien aus Geschäftsunterlagen und weitere Dokumente beizufügen. Insgesamt muss die Auskunft umfassend, vollstän-

---

18 Plath/*Plath*, 2. Aufl. 2016, § 38 BDSG Rz. 42.
19 *Von Lewinski*, RDV 201, 275; Simitis/*Petri*, § 38 BDSG Rz. 54.
20 So jedoch Simitis/*Petri*, § 38 BDSG Rz. 54.

dig und wahrheitsgemäß erfolgen. Zu berücksichtigen ist gleichwohl, dass der Verantwortliche auch ein Interesse an der Geheimhaltung hat und die Aufsichtsbehörde gerade bei der Einleitung eines Verfahrens zunächst nur schwer abschätzen kann, welche Informationen sie tatsächlich für ihre Tätigkeit benötigt. Sofern der Sachverhalt es zulässt, sollten daher die Aufsichtsbehörden mit den Verantwortlichen möglichst in einem Dialogverfahren klären, welche Informationen tatsächlich von der Behörde benötigt werden. Voraussetzung für solch ein Dialogverfahren ist jedoch selbstverständlich wieder, dass das behördliche Verfahren dadurch nicht beeinträchtigt wird.

2. Grenzen der Auskunftspflicht (Abs. 4 Satz 2, 3)

Den Auskunftspflichtigen steht ein **Auskunftsverweigerungsrecht** zu, sofern sie sich oder einen der in § 383 Abs. 1 Nr. 1–3 ZPO genannten Angehörigen (Ehegatten oder ehemalige Ehegatten, Verlobte sowie andere nahe Verwandte und Verschwägerte)[21] durch eine Beantwortung des Auskunftsersuchens der Gefahr einer straf- oder ordnungswidrigkeitsrechtlichen Verfolgung aussetzen würden. Der Nemo-tenetur-Grundsatz findet somit auch im Datenschutzrecht Anwendung. Das Drohen anderer Folgen (z.B. zivil- und verwaltungsrechtlicher Art) führt hingegen nicht zu einem Auskunftsverweigerungsrecht[22].   21

Wie schon nach der Rechtsprechung des KG Berlin[23] zu § 38 Abs. 3 BDSG-alt wird man eine Ausnahme von der Auskunftspflicht machen müssen, wenn der Auskunftspflichtige durch seine Aussage gegen ein Offenbarungsverbot verstoßen würde[24]. Dies gilt beispielsweise für das Mandatsgeheimnis von Rechtsanwälten. Diese Wertung ist auch nur folgerichtig, da ansonsten Geheimnisträger in dem Dilemma wären, entweder gegen die Auskunfts- oder eine Geheimhaltungspflicht verstoßen zu müssen. Das KG Berlin verwies in seiner Entscheidung auf § 1 Abs. 3 Satz 1 BDSG-alt. Danach blieben gesetzliche Geheimhaltungspflichten von den Regelungen des BDSG-alt unberührt. Diese Regelung lässt sich nun weiterhin in § 1 Abs. 2 Satz 2 finden. Infolgedessen sind die Wertungen des KG Berlin weiterhin zutreffend und eine entsprechende Ausnahme von der Auskunftspflicht ist vorzunehmen.   22

Über das Auskunftsverweigerungsrecht sind Verantwortliche sowie die mit deren Leitung beauftragten Personen hinzuweisen. Es handelt sich hierbei um eine **Belehrungspflicht** der Aufsichtsbehörde. Dabei muss der Hinweis ausdrücklich   23

---

21 Plath/*Plath*, 2. Aufl. 2016, § 38 BDSG Rz. 47; Simitis/*Petri*, § 38 BDSG Rz. 57.
22 *Bergmann/Möhrle/Herb*, § 38 BDSG Rz. 57; Plath/*Plath*, 2. Aufl. 2016, § 38 BDSG Rz. 47.
23 KG Berlin, Beschl. v. 20.8.2010 – 1 Ws (B) 51/07 – 2 Ss 23/07, NJW 2011, 324; ebenso Plath/*Plath*, 2. Aufl. 2016, § 38 BDSG Rz. 48.
24 A.A. zur alten Rechtslage *Gola/Schomerus*, § 38 BDSG Rz. 21.

und möglichst frühzeitig, in der Regel also zusammen mit dem Auskunftsverlangen, erfolgen, wobei eine Form der Belehrung nicht vorgeschrieben ist[25]. Unterlässt die Datenschutzbehörde die Belehrung, unterliegen erteilte Auskünfte einem Verwertungsverbot[26].

VI. Kontrollbefugnisse (Abs. 5)

24 In Art. 58 Abs. 6 Satz 1 sieht die DSGVO vor, dass Mitgliedstaaten Rechtsvorschriften vorsehen können, die den Aufsichtsbehörden weitere Befugnisse neben denen gemäß Art. 58 Abs. 1, 2 und 3 DSGVO verleihen. Davon hat der deutsche Gesetzgeber Gebrauch gemacht und mit § 40 Abs. 5 die **Kontrollbefugnisse** der Aufsicht im Hinblick auf Art. 58 Abs. 1 Buchst. f DSGVO ergänzt und konkretisiert. Auf diese Weise behalten die Datenschutzbehörden auch weiterhin ihre umfangreichen **Zutritts- und Einsichtsrechte** zur Wahrnehmung ihrer Aufgaben.

1. Vor-Ort-Prüfungen

25 Zur Erfüllung ihrer Aufsichtsaufgaben haben die Aufsichtsbehörden bzw. deren Mitarbeiter das Recht, Grundstücke und Geschäftsräume einer nichtöffentlichen Stelle zu betreten und Zugang zu deren Datenverarbeitungsanlagen und -geräten zu erhalten. Dies betrifft insbesondere die aus der Praxis bekannten **Vor-Ort-Prüfungen**, zu denen die Aufsichtsbehörden **Betriebs- und Geschäftsräume** von datenverarbeitenden Unternehmen betreten müssen. Weiterhin ist davon auszugehen, dass sich die Behörde zu privaten Räumen demgegenüber grundsätzlich keinen Zutritt verschaffen darf[27]. Der Schutz des Grundrechts auf Unverletzlichkeit der Wohnung hat auch künftig Vorrang.

26 Im Rahmen des Verhältnismäßigkeitsprinzips ist die Aufsichtsbehörde zudem dazu angehalten zu prüfen, ob vor einer Vor-Ort-Kontrolle **mildere Maßnahmen** wie schriftliche oder telefonische Nachfragen bei der nichtöffentlichen Stelle geboten sind[28]. Hält sie eine Vor-Ort-Kontrolle für erforderlich, muss sie zudem prüfen, ob die Kontrolle gegenüber der Stelle angekündigt werden muss oder nicht. Wird durch die Ankündigung der Erfolg der Aufklärungsmaßnahme gefährdet, darf die Behörde auch unangekündigt prüfen[29].

---

25 Bergmann/Möhrle/Herb, § 38 BDSG Rz. 58; Plath/*Plath*, 2. Aufl. 2016, § 38 BDSG Rz. 49; Simitis/*Petri*, § 38 BDSG Rz. 59.
26 Gola/Schomerus, § 38 BDSG Rz. 21; Plath/*Plath*, 2. Aufl. 2016, § 38 BDSG Rz. 49.
27 Vgl. BeckOK Datenschutzrecht/*Brink*, § 38 BDSG Rz. 68; Plath/*Plath*, 2. Aufl. 2016, § 38 BDSG Rz. 51; Simitis/*Petri*, § 38 BDSG Rz. 62; Taeger/Gabel/*Grittmann*, § 38 BDSG Rz. 30.
28 BeckOK Datenschutzrecht/*Brink*, § 38 BDSG Rz. 65.
29 BeckOK Datenschutzrecht/*Brink*, § 38 BDSG Rz. 66.

Das Zugangs- und Zutrittsrecht ist zeitlich beschränkt auf die **Betriebs- und Geschäftszeiten** des zu prüfenden Unternehmens. Nur unter dieser Voraussetzung ist ein Eingriff in das von Art. 13 GG geschützte Grundrecht auf Unverletzlichkeit der Wohnung ausgeschlossen[30]. Hat die zu prüfende Stelle keine regelmäßigen Sprech- bzw. Öffnungszeiten (z.b. Arztpraxen oder Rechtsanwaltskanzleien, die Termine nur auf Vereinbarung treffen) oder sind solche überhaupt nicht gegeben (z.b. bei Unternehmen, die rund um die Uhr erreichbar sind) und will die Aufsichtsbehörde unangemeldet vor Ort prüfen, so sind die branchenüblichen Zeiten, die am Ort geltenden Ladenschlusszeiten bzw. die Zeiten, in denen regelmäßig mit einer telefonischen Erreichbarkeit gerechnet werden kann, von der Behörde heranzuziehen[31].

27

2. Zugang zu weiteren Informationen

Mit dem Verweis in § 40 Abs. 5 Satz 3 auf § 16 Abs. 4 erhält die Datenschutzaufsicht auch gegenüber nichtöffentlichen Stellen ein **umfassendes Einsichtsrecht** (s. Kommentierung zu § 16 BDSG). Darüber werden die Stellen verpflichtet, den Datenschutzbehörden auch Zugang zu allen weiteren Informationen, die sie für ihre Aufgabenerfüllung benötigen, zu gewähren bzw. diese bereitzustellen. Das Recht korrespondiert mit dem Inhalt der Auskunftspflicht gemäß § 40 Abs. 4 Satz 1.

28

3. Duldungspflicht

Die mit einer Prüfung konfrontierte Stelle muss nach § 40 Abs. 5 Satz 2 die Prüfung durch die Datenschutzbehörde dulden. Diese **Duldungspflicht** wird allenfalls flankiert von einer begrenzten Mitwirkungspflicht der Stelle. Bereits nach § 40 Abs. 4 ist die Stelle umfassend zur Auskunft verpflichtet. Darüber hinaus ist Zurückhaltung geboten und mehr als organisatorische Mitwirkungshandlungen sind von ihr im Rahmen der Duldungspflicht nach § 40 Abs. 5 Satz 2 nicht zu verlangen[32]. Gemeint sind also allenfalls Maßnahmen, die bspw. den Zutritt zu Räumlichkeiten oder den Zugang zu Datenverarbeitungssystemen für die Behörde ermöglichen. Von dieser Wertung unberührt bleibt selbstverständlich die Pflicht zur Zusammenarbeit mit der Aufsichtsbehörde gemäß Art. 31 DSGVO.

29

---

30 Simitis/*Petri*, § 38 BDSG Rz. 64.
31 Plath/*Plath*, 2. Aufl. 2016, § 38 BDSG Rz. 54; Simitis/*Petri*, § 38 BDSG Rz. 64.
32 Vgl. auch BeckOK Datenschutzrecht/*Brink*, § 38 BDSG Rz. 72.

VII. Unterstützung der betrieblichen Datenschutzbeauftragten (Abs. 6)

30 Neben der Datenschutzaufsicht soll auch die **Eigenkontrolle** dafür sorgen, dass die Rechte von betroffenen Personen bei Verantwortlichen und Auftragsverarbeitern gewahrt werden. In diesem Kontext spielen die betrieblichen Datenschutzbeauftragten eine gewichtige Rolle.

1. Beratung und Unterstützung des Datenschutzbeauftragten (Abs. 6 Satz 1)

31 Damit die betrieblichen Datenschutzbeauftragten ihre Aufgabe wahrnehmen können, sichert das BDSG ihnen nach § 40 Abs. 6 Satz 1 die **Unterstützung der Aufsichtsbehörden** zu. Zum einen können die Datenschutzbehörden zu diesem Zweck allgemeine Handreichungen (z.B. Muster oder Check-Listen) veröffentlichen, die auf die typischen Bedürfnisse der betrieblichen Datenschutzbeauftragten zugeschnitten sind. Zum anderen können sie aber auch eine Einzelberatung vornehmen. Hierzu wird es insbesondere kommen, wenn sich der betriebliche Datenschutzbeauftragte direkt mit der Bitte um Unterstützung oder Rat an die Behörde wendet.

2. Abberufung des Datenschutzbeauftragten (Abs. 6 Satz 2)

32 § 40 Abs. 6 sieht nicht nur die Unterstützung des betrieblichen Datenschutzbeauftragten vor, sondern gemäß Satz 2 können die Aufsichtsbehörden auch verlangen, dass ein **Datenschutzbeauftragter abberufen** wird. Ein solches Verlangen kann in zwei Fällen von Seiten der Behörde geäußert werden:
- Die Behörde kommt zu dem Schluss, dass dem betrieblichen Datenschutzbeauftragten für seine Tätigkeit die **erforderliche Fachkunde fehlt**.
- Die Behörde stellte fest, dass der betriebliche Datenschutzbeauftragte aufgrund einer anderen Tätigkeit im Unternehmen seinen Aufgaben und Pflichten als Datenschutzbeauftragter wegen eines **Interessenkonflikts** nicht mehr ordnungsgemäß nachkommen kann (s. Kommentierung zu Art. 38 DSGVO Rz. 28 ff.).

33 Überprüfungen der Datenschutzbeauftragten können dazu führen, dass deren **fehlende Fachkunde** festgestellt wird. Dies betrifft insbesondere Unternehmen, die zwar einen Datenschutzbeauftragten pro forma bestellen, ihn jedoch insbesondere entgegen Art. 38 Abs. 2 DSGVO nicht entsprechend unterstützen, sodass dieser nicht die erforderliche Fachkunde aufbauen kann. Ob tatsächlich ein Mangel bzgl. der Fachkunde vorliegt, steht im Ermessen der Behörde. Bevor eine Aufsichtsbehörde die Abberufung verlangt, sollte dem Datenschutzbeauf-

tragten aus Gründen der Verhältnismäßigkeit zunächst aufgegeben werden, seine Kenntnisse mit Hilfe von Schulungen zu verbessern[33]. Tragen diese Bemühungen keine Früchte, kann es allerdings zur Abberufung kommen.

Das Verlangen einer Abberufung des Datenschutzbeauftragten hat keine unmittelbare Rechtsfolge und ist vielmehr ein **Verwaltungsakt**, der den Verantwortlichen verpflichtet, die Abberufung des betrieblichen Datenschutzbeauftragten vorzunehmen[34]. Erst wenn der Verantwortliche die Bestellung widerruft, kommt es tatsächlich zur Abberufung des betrieblichen Datenschutzbeauftragten. 34

VIII. Anwendbarkeit der Gewerbeordnung (Abs. 7)

Verarbeitungen personenbezogener Daten im nichtöffentlichen Bereich finden regelmäßig im wirtschaftlichen Kontext statt und sind somit gewerblich[35]. Neben den Datenschutzbehörden sind daher für die Aufsicht über wirtschaftliche Tätigkeiten auch die **Gewerbebehörden** zuständig. Nach § 40 Abs. 7 bleibt demgemäß die Anwendung der Gewerbeordnung (GewO) unberührt. Das Zusammenspiel zwischen Datenschutzrecht und GewO kommt vor allem zum Tragen, wenn sich aus einem Datenschutzverstoß die Unzuverlässigkeit des Gewerbetreibenden gemäß § 35 GewO ergibt. Dementsprechend sind die Datenschutzbehörden befugt, die Gewerbeaufsicht gemäß § 40 Abs. 3 Satz 3 über schwerwiegende Datenschutzverstöße zu unterrichten (s. Rz. 16). Eine Pflicht zur Zusammenarbeit der Behörden besteht indes nicht. 35

Kapitel 5
Sanktionen

§ 41 Anwendung der Vorschriften über das Bußgeld- und Strafverfahren

(1) Für Verstöße nach Artikel 83 Absatz 4 bis 6 der Verordnung (EU) 2016/679 gelten, soweit dieses Gesetz nichts anderes bestimmt, die Vorschriften des Gesetzes über Ordnungswidrigkeiten sinngemäß. Die §§ 17, 35 und 36 des Gesetzes über Ordnungswidrigkeiten finden keine Anwendung. § 68 des Gesetzes über Ordnungswidrigkeiten findet mit der Maßgabe Anwendung,

---

33 Vgl. auch BeckOK Datenschutzrecht/*Brink*, § 38 BDSG Rz. 82; Plath/*Plath*, 2. Aufl. 2016, § 38 BDSG Rz. 67; Simitis/*Petri*, § 38 BDSG Rz. 74.
34 BeckOK Datenschutzrecht/*Brink*, § 38 BDSG Rz. 84; *Gola/Schomerus*, § 38 BDSG Rz. 28; Plath/*Plath*, 2. Aufl. 2016, § 38 BDSG Rz. 68; Simitis/*Petri*, § 38 BDSG Rz. 74.
35 *Von Lewinski*, PinG 2017, 209 (210); *von Lewinski*, NVwZ 2017, 1483 (1488).

dass das Landgericht entscheidet, wenn die festgesetzte Geldbuße den Betrag von einhunderttausend Euro übersteigt.

(2) Für Verfahren wegen eines Verstoßes nach Artikel 83 Absatz 4 bis 6 der Verordnung (EU) 2016/679 gelten, soweit dieses Gesetz nichts anderes bestimmt, die Vorschriften des Gesetzes über Ordnungswidrigkeiten und der allgemeinen Gesetze über das Strafverfahren, namentlich der Strafprozessordnung und des Gerichtsverfassungsgesetzes, entsprechend. Die §§ 56 bis 58, 87, 88, 99 und 100 des Gesetzes über Ordnungswidrigkeiten finden keine Anwendung. § 69 Absatz 4 Satz 2 des Gesetzes über Ordnungswidrigkeiten findet mit der Maßgabe Anwendung, dass die Staatsanwaltschaft das Verfahren nur mit Zustimmung der Aufsichtsbehörde, die den Bußgeldbescheid erlassen hat, einstellen kann.

I. Einführung	1	III. Ermessen und Opportunitäts-	
II. Einzelregelungen	2	prinzip	4
		IV. Sonstiges	6

Schrifttum: S. auch Schrifttum zu Art. 77, 83 DSGVO; *Ashkar*, Durchsetzung und Sanktionierung des Datenschutzrechts nach den Entwürfen der Datenschutz-Grundverordnung, DuD 2015, 796; *Barton*, „Beihilfe durch Unterlassen"? – Zur strafrechtlichen Verantwortung des betrieblichen Datenschutzbeauftragten i.S.d. §§ 13, 27 StGB bei Nichterfüllung seiner gesetzlichen Pflichten, RDV 2010, 247; *Bestmann*, „Und wer muß zahlen?" – Datenschutzrecht im Internet – die Bußgeldvorschriften, K&R 2003, 496; *Binder*, Computerkriminalität und Datenfernübertragung, RDV 1995, 116; *Bongers/Krupna*, Haftungsrisiken des internen Datenschutzbeauftragten, ZD 2013, 594; *Cornelius*, Schneidiges Datenschutzrecht: Zur Strafbarkeit einer GPS-Überwachung, NJW 2013, 3340; *Faust/Spittka/Wybitul*, Millardenbußgelder nach der DS-GVO?, Ein Überblick über die neuen Sanktionen bei Verstößen gegen den Datenschutz, ZD 2016, 120; *Forst*, Grundfragen der Datenschutz-Compliance, DuD 2010, 160; *Hartung/Reintzsch*, Die datenschutzrechtliche Haftung nach der EU-Datenschutzreform, Teil 1, ZWH 2013, 129; *Hartung/Reintzsch*, Die datenschutzrechtliche Haftung nach der EU-Datenschutzreform, Teil 2, ZWH 2013, 180; *Holländer*, Datensündern auf der Spur. Bußgeldverfahren ungeliebtes Instrument der Datenschutzaufsichtsbehörden?, RDV 2009, 215; *Krauß*, WLAN-Scanning: Bußgeld gegen Google, CR 2013, R60; *Krischker*, Die Bußgeldbewehrtheit von Datenpannen, DuD 2015, 813; *Marschall*, Strafrechtliche Haftungsrisiken des betrieblichen Datenschutzbeauftragten? Notwendige Handlungsempfehlungen, ZD 2014, 66; *Pätzel*, Zur Offenkundigkeit von Halterdaten, NJW 1999, 3246; *Weichert*, Datenschutzstrafrecht – ein zahnloser Tiger?, NStZ 1999, 490; *Wybitul/Reuling*, Umgang mit § 44 BDSG im Unternehmen, CR 2010, 829.

I. Einführung

1   Die Bußgeld- und Strafvorschriften des BDSG erfahren im Zusammenhang mit dem Inkrafttreten der Art. 83, 84 DSGVO eine Neuordnung. Die Regelungen der §§ 41–43 BDSG enthalten Klarstellungen und Ergänzungen zur Anwendung

der Art. 83, 84 DSGVO bzw. dienen dem Umsetzungsauftrag in Art. 84 Abs. 1 DSGVO hinsichtlich weiterer Sanktionen. Die Bedeutung des § 41 liegt darin, klarzustellen, dass in Bezug auf die von Art. 83 DSGVO vorgesehenen Geldbußen mit einigen Ausnahmen im Wesentlichen die materiellen und verfahrensrechtlichen Bestimmungen des OWiG und der StPO Anwendung finden. Diese Klarstellung ist notwendig, weil das OWiG nicht automatisch auf Gemeinschaftsrecht Anwendung findet (vgl. § 2 Abs. 2 Satz 2 OWiG). Das OWiG soll grundsätzlich für alle in Art. 83 Abs. 4–6 DSGVO vorgesehenen Tatbestände gelten. Damit sollen nach der Vorstellung des Gesetzgebers auch Datenschutzverstöße in Bezug auf Umsetzungsakte erfasst werden, die aufgrund von Öffnungsklauseln in der DSGVO im nationalen Recht geregelt werden[1]. Ein Beispiel hierfür wäre etwa § 26 BDSG, mit dem von der Regelungskompetenz aus Art. 88 Abs. 1 DSGVO Gebrauch gemacht wird. Ob diese Verweistechnik rechtsstaatlichen Anforderungen im Hinblick auf die Klarheit staatlicher Strafnormen genügt, mag zu Recht bezweifelt werden[2].

II. Einzelregelungen

Die Einzelregelungen setzen die Vorgaben des Art. 83 DSGVO ansonsten folgerichtig um und sind insgesamt übersichtlich: § 41 Abs. 1 bezieht sich dabei vor allem auf die materiellen Regelungen des OWiG. Abs. 1 Satz 2 schließt die Anwendung der §§ 17, 35 und 36 OWiG richtigerweise aus. § 17 OWiG betrifft die Höhe der Geldbuße und wird von Art. 83 DSGVO vollständig verdrängt: Die grundsätzliche Höhe der Geldbuße ist in Art. 83 Abs. 4, 5 und 6 DSGVO neu geregelt, der Standardbußgeldrahmen in § 17 Abs. 1 OWiG insoweit nicht anwendbar. Die automatische Staffelung der Geldbuße nach Vorsatz und Fahrlässigkeit in § 17 Abs. 2 OWiG ist mit dem flexibleren Ansatz von Art. 83 Abs. 2 Satz 2 Buchst. b DSGVO nicht vereinbar und daher nicht anzuwenden Die Bemessungskriterien für die Höhe der Geldbuße in § 17 Abs. 3 OWiG werden vollständig durch den weiteren und detaillierten Kriterienkatalog in Art. 83 Abs. 2 Satz 2 DSGVO ersetzt. Der Abschöpfungsgedanke des § 17 Abs. 4 OWiG ist dabei schon vollständig in Art. 83 Abs. 2 Satz 2 Buchst. k DSGVO berücksichtigt und kann nicht mehr außerhalb der Systematik des Art. 83 DSGVO berücksichtigt werden. Die allgemeinen Zuständigkeitsregelungen der §§ 35, 36 OWiG werden durch die Zuständigkeit der Aufsichtsbehörde nach den Regeln der DSGVO ersetzt. § 41 Abs. 2 Satz 3 bestimmt im Hinblick auf § 69 Abs. 4 Satz 2 OWiG, dass wenn die Geldbuße den Betrag von EUR 100.000 übersteigt, das Landgericht zu entscheiden hat. Dies ist eine angemessene Zuständigkeitsregelung. Hieraus könnte sich eine gewisse Spezialisierung bei den Landgerichten 2

---

1 Vgl. BT-Drucks. 18/11325, S. 108; kritisch zu dieser Verweistechnik Paal/Pauly/*Frenzel*, § 41 BDSG Rz. 3.
2 Vgl. Paal/Pauly/*Frenzel*, § 41 BDSG Rz. 3.

entwickeln, wenn diese im Rahmen der Geschäftsverteilung auch eine Konzentration entsprechender Fälle auf bestimmte Kammern vorsehen.

3 § 41 Abs. 2 erklärt auch die verfahrensmäßigen Bestimmungen des OWiG und der StPO für anwendbar. Dies ist notwendig, weil die DSGVO das Bußgeld- und Strafverfahren nicht regelt. Für Deutschland bleibt es damit beim auch schon bisher gegebenen Regelungszusammenhang für das Bußgeld- und Strafverfahren. Zweifelsohne ergeben sich aus den prozessualen Normen die von der DSGVO in Art. 83 Abs. 8 geforderten Verfahrensgarantien. Auch hier waren einige Modifikationen notwendig: Die Regelungen des OWiG zum Verwarnungsverfahren (§§ 56 bis 58 OWiG) werden durch die datenschutzspezifischen Bestimmungen zur Verwarnung durch die Aufsichtsbehörde verdrängt (Art. 58 Abs. 2 Buchst. b DSGVO). Verschiedene Regelungen zur Verfahrensbeteiligung und Einziehungen in Bezug auf Unternehmen werden ebenfalls ausgeschlossen, weil sie in Art. 83 DSGVO als Instrumente so nicht vorgesehen sind (§§ 87, 88, 99, 100 OWiG). Art. 83 Abs. 2 Satz 3 bestimmt außerdem, dass die Staatsanwaltschaft im Zwischenverfahren das Verfahren nur mit Zustimmung der Aufsichtsbehörde einstellen kann, die den Bußgeldbescheid erlassen hat. Dies ist notwendig, um die Verfahrensherrschaft der unabhängigen Aufsichtsbehörde abzusichern[3].

III. Ermessen und Opportunitätsprinzip

4 Eine durchaus wichtige Frage ist, ob im Rahmen der Anwendung des OWiG auch das Opportunitätsprinzip gemäß § 47 OWiG weiterhin Anwendung findet und dies mit Art. 83 DSGVO vereinbar ist. Das ist grundsätzlich zu bejahen und zwar nicht lediglich, weil der Gesetzgeber die Anwendung des § 47 OWiG nicht ausdrücklich ausgeschlossen hat. Vielmehr geht auch Art. 83 DSGVO letztlich von einer Ermessensentscheidung aus, die dem deutschen Opportunitätsprinzip sehr weitgehend entspricht, solange die Wirksamkeit und abschreckende Wirkung der Geldbußen dadurch nicht beeinträchtigt wird. Davon kann indessen nicht ausgegangen werden. Vielmehr spricht auch schon die bisherige Ahndungspraxis der deutschen Datenschutzbehörden dafür, dass die Anwendung des Opportunitätsprinzips zu einer wirksamen Anwendung der datenschutzrechtlichen Vorschriften geführt hat.

5 Dies gilt ungeachtet des Umstands, dass es in der bisherigen Ahndungspraxis der Aufsichtsbehörden deren **Selbstverständnis** war, ihre Aufgabe in erster Linie gerade nicht darin zu sehen, hohe Bußgelder oder überhaupt Bußgelder zu verhängen, sondern auf die Einhaltung des materiellen Datenschutzrechts hinzuwirken[4].

---

3 Vgl. BT-Drucks. 18/11325, S. 108.
4 Vgl. z.B. 25. TB LfD Hamburg 2014/2015, S. 258 („Bußgeldverhängung steht nicht im Vordergrund der Aufsichtstätigkeit"); 20. TB LfD Niedersachen 2009/2010, LT-Drucks. 16/4240, S. 62 („zunächst Verfolgung eines kooperativen Ansatzes", „primär ver-

Es entspricht auch weiterhin dem von Art. 83 DSGVO eingeräumten Ermessen und dem unter § 47 OWiG geltenden Opportunitätsprinzip, sich in einem Großteil der Fälle, mit denen die Behörden befasst werden, auf Hinweise, Warnungen und Anordnung von Umsetzungsmaßnahmen zu beschränken[5]. Diese Praxis lässt sich sinnvoll weiterentwickeln. **Generalpräventive Aspekte** werden dabei zunehmend stärker in den Vordergrund rücken, wie dies auch bisher schon erwartet wurde[6]. Es entspricht auch dem Opportunitätsprinzip, wenn die Aufsichtsbehörden ein besonderes Augenmerk auf größere Unternehmen und Unternehmen in besonders sensiblen Branchen (Banken, Versicherungen, Gesundheitswesen, Marktforschung und Marketing, Call-Center) legen. Die Aufsichtsbehörden können Bußgeldverfahren aber natürlich auch dazu nutzen, die Bereitwilligkeit eines Unternehmens zu fördern, Verhaltensänderungen vorzunehmen oder entsprechende „Vereinbarungen" zu treffen[7]. Bereits in den letzten Jahren haben die Behörden vermehrt von der Möglichkeit einer Verbandsstrafe Gebrauch gemacht (vgl. §§ 30, 130 OWiG)[8]. Unter Geltung des Art. 83 DSGVO ist davon auszugehen, dass die (isolierte) Verbandsstrafe eher der Regelfall werden wird. Der „Trend" zu mehr und höheren Geldbußen für Unternehmen wird sich unter der DSGVO damit sicherlich fortsetzen. Das zeigt auch schon die jüngere Entwicklung kurz vor Inkrafttreten der DSGVO. So hat allein die bayerische Behörde in den Jahren 2015/2016 insgesamt 173 Bußgeldverfahren geführt und dabei in 52 Fällen Bußgelder, davon fünf im fünfstelligen Bereich, verhängt (Einzelwerte wurden nicht berichtet)[9]. Darin lag eine Steigerung um ca. 50% gegenüber dem vorangegangenen Zeitraum. Auch Strafverfahren werden von den Behörden häufiger durch Weitergabe der Akten an die zuständige Staatsanwaltschaft eingeleitet. Die Behörden haben auch schon ausdrücklich verlautbart, dass sich ihre Bußgeldpraxis durch die Bestimmungen der DSGVO deutlich ändern wird und insbesondere Unternehmen bei Verstößen gegen die DSGVO mit erheblich höheren Bußgeldern rechnen müssen[10].

---

folgte Zweck der Beratung"); vgl. 24. TB LfD Rheinland-Pfalz 2012/2013, S. 98 („Im Vordergrund der Tätigkeit des LfD steht aber keineswegs das Ziel, willkommene Einnahmen ... zu erzielen, sondern ... das allgemeine Bewusstsein für die Geltung und Wirksamkeit unserer gesetzlichen Regelungen zu stärken.").
5 Zur bisherigen Praxis z.B. 20. TB LfD Niedersachen 2009/2010, LT-Drucks. 16/4240, S. 27.
6 Vgl. dazu *Neun/Lubitzsch*, BB 2017, 1538; 20. TB LfD Niedersachsen 2009/2010, LT-Drucks. 16/4240, S. 62; TB LfD Berlin 2009, LT-Drucks. 16/3377, S. 73 f.; *Holländer*, RDV 2009, 215 (222).
7 23. TB LfD Hamburg 2010/2011, LT-Drucks. 20/3570, S. 166 („Nach Einleitung des Bußgeldverfahrens ist es uns in längeren Verhandlungen gelungen, mit [dem Social-Media-Anbieter] eine Vereinbarung zu erzielen, die ... zu erheblichen Verbesserungen für den Datenschutz geführt hat.").
8 Vgl. z.B. erstmals 22. TB LfD Niedersachsen 2013/2014, S. 84.
9 7. TB BayLDA 2015/2016, S. 151.
10 TB LfD Berlin 2016, S. 34.

IV. Sonstiges

6 Unter der Geltung des § 41 bleibt es beim **allgemeinen Täterbegriff** des Ordnungswidrigkeitenrechts. Es gilt der **Einheitstäterbegriff**, der nicht zwischen Täterschaft, Anstiftung und Beihilfe unterscheidet (§ 14 Abs. 1 Satz 1 OWiG)[11]. Das unterschiedliche Maß der Beteiligung wird in erster Linie auf der Rechtsfolgenseite bei der Zumessung des Bußgeldes oder im Rahmen der Ermessensausübung gemäß Art. 83 DSGVO oder des entsprechenden Opportunitätsprinzips (§ 47 Abs. 1 OWiG) berücksichtigt[12]. Täter oder Beteiligte i.s.d. § 14 OWiG müssen die besonderen täterbezogenen Merkmale des jeweiligen Tatbestandes erfüllen[13]. Die Bußgelddrohung richtet sich gegen diejenige **natürliche Person**, welche die verbotene Handlung (§ 1 Abs. 1 OWiG) vornimmt oder das Gebotene unterlässt (§ 8 OWiG)[14]. Nach dem OWiG haftet das Unternehmen erst über die Anwendung des § 30 OWiG bzw. § 130 OWiG für die datenschutzrechtliche Ordnungswidrigkeit und unterliegt selbst der Bußgelddrohung, wenn eine betriebsbezogene Pflicht verletzt wurde[15]. Dieses Prinzip wird allerdings von Art. 83 DSGVO eher umgekehrt; im Vordergrund steht nun die Haftung des Unternehmens[16]. Wie dies die Anwendung der OWiG-Normen beeinflussen wird, ist noch nicht im Einzelnen absehbar. Schon in der bisherigen Praxis zeigte sich aber, dass es den Behörden nicht so sehr um die Ahndung des Verhaltens einzelner Mitarbeiter ging, sondern darum, Verhaltensänderungen beim Unternehmen als Ganzes herbeizuführen. Bußgeldbescheide richten sich daher häufiger als (isolierte) Verbandsstrafe gegen das Unternehmen und nicht gegen einzelne Mitarbeiter. Durch eine Gesetzesänderung kann die Verbandsstrafe nunmehr auch gegen einen Rechtsnachfolger des Unternehmens (z.B. im Fall der Umwandlung) verhängt werden (§ 30 Abs. 2a OWiG). Auch hiervon machen die Datenschutzbehörden inzwischen Gebrauch[17].

7 Der **Datenschutzbeauftragte** ist nicht Organ i.S.d. §§ 9, 30 OWiG. Auch eine Haftung des Unternehmens für Fehlverhalten des Datenschutzbeauftragten auf der Grundlage des § 130 OWiG erscheint insoweit problematisch, weil es gerade zu den Eigenschaften des betrieblichen Datenschutzbeauftragten gehört, dass er fachlich unabhängig und insoweit weisungsfrei[18] ist (Art. 38 Abs. 3 Satz 1 DSGVO). Umgekehrt kann aber der Datenschutzbeauftragte, wenn er sich zum Komplizen von Datenschutzverstößen macht, selbst „Teilnehmer" und damit

---

11 Erbs/Kohlhaas/*Ambs*, Strafrechtliche Nebengesetze, § 43 BDSG Rz. 28.
12 Göhler/*Gürtler*, § 14 OWiG Rz. 1, 2; *Bohnert*, § 14 OWiG Rz. 1.
13 Vgl. OLG Celle v. 14.6.1995 – 2 Ss (OWi) 185/95, CR 1995, 749 = RDV 1995, 244 (245); Erbs/Kohlhaas/*Ambs*, Strafrechtliche Nebengesetze, § 43 BDSG Rz. 4.
14 Erbs/Kohlhaas/*Ambs*, Strafrechtliche Nebengesetze, § 43 BDSG Rz. 4.
15 Göhler/*Gürtler*, § 130 OWiG Rz. 18; *Bohnert*, § 130 OWiG Rz. 25.
16 Vgl. auch *Neun/Lubitzsch*, BB 2017, 1538 (1541 f.).
17 TB LfD Berlin 2015, S. 166 f.
18 *Gola/Schomerus*, § 4f BDSG Rz. 48 ff.

Täter unter dem Einheitstäterbegriff sein[19]. Die **Unterlassungsverantwortlichkeit** (§ 8 OWiG) wirft dabei besondere Fragen auf. Im Hinblick auf die grundlegende Entscheidung BGHSt 54, 44 (Compliance-Verantwortlicher) stellte sich bisher die Frage, unter welchen Voraussetzungen Datenschutzverantwortliche im Unternehmen und insbesondere auch der betriebliche Datenschutzbeauftragte durch Nichteingreifen in die strafrechtliche Verantwortung geraten[20]. Der Datenschutzbeauftragte könnte als „Überwachergarant" verstanden werden, wenn ihn grundsätzlich eine Pflicht zum Einschreiten treffen würde[21]. Unter der DSGVO erscheint dies jedoch mehr als zweifelhaft. Die Funktion des Datenschutzbeauftragten ist nach Art. 38 Abs. 4, 39 DSGVO noch mehr als bisher auf „Beratung" gerichtet. Zwar fällt in § 39 Abs. 1 Buchst. b DSGVO der Begriff der „Überwachung", dort bezieht er sich aber auf die „Strategien" des Verantwortlichen oder des Auftragsverarbeiters in Bezug auf den Datenschutz und sieht insoweit auch keine Eingriffsbefugnis oder -verpflichtung vor. Aus rechtsstaatlichen Gründen erscheint daher die Herleitung einer eigenen Geldbuße für den Datenschutzverantwortlichen aufgrund einer Unterlassung problematisch. Auch wird häufig die Frage, ob und wie sich seine Beratung oder bestimmte Hinweise auf die Entscheidungen und Handlungen der Unternehmensleitung oder der zuständigen Verantwortlichen im Unternehmen *tatsächlich* auswirken und ob sie für einen Verstoß *ursächlich* werden, sich im Bereich der Spekulation bewegen und daher im Zweifel zur Verneinung einer bußgeldbezogenen Haftung führen. Die eigene Haftung des Datenschutzbeauftragten wird daher eher als Ausnahme anzusehen sein und vor allem dann eine Rolle spielen, wenn der Datenschutzbeauftragte aktiv und bewusst auf eine gesetzeswidrige Lösung hingewirkt hat. Die bisher schon unter dem BDSG-alt begonnene Diskussion[22] wird daher fortzuführen sein.

Ein Verstoß gegen die in Art. 83 DSGVO in Bezug genommenen Verpflichtungen **indiziert die Rechtswidrigkeit**. Die allgemeinen Grundsätze des Ordnungswidrigkeiten- und des Strafrechts zum Notstand und zur Notwehr bleiben indessen anwendbar (§§ 15, 16 OWiG; §§ 32, 34 StGB), auch wenn sie kaum eine praktische Bedeutung haben dürften. Auch sonstige Befugnisnormen außerhalb der DSGVO können allerdings im Einzelfall die Rechtswidrigkeit eines Verstoßes entfallen lassen[23], jedenfalls sofern sie mit der DSGVO vereinbar sind.

8

---

19 *Marschall*, ZD 2014, 66 f.; Simitis/*Ehmann*, § 43 BDSG Rz. 25, 26; *Gola/Schomerus*, § 43 BDSG Rz. 17.
20 Vgl. allgemein Göhler/*Gürtler*, § 30 OWiG Rz. 14 m.w.N.; speziell zum Datenschutzbeauftragten umfassend *Barton*, RDV 2010, 247 ff.
21 *Barton*, RDV 2010, 247 (248, 252).
22 Vgl. *Marschall*, ZD 2014, 66 f.; *Bongers/Krupna*, ZD 2013, 594 (597 ff.).
23 Vgl. bisher AG Tiergarten v. 5.10.2006 – 317 OWi 3235/05, NJW Spezial 2007, 47 = DSB 2007, 19 (Zulässigkeit der Auskunftsverweigerung durch Rechtsanwalt unter Berufung auf Anwaltsgeheimnis).

9 Die Tatbestände, welche eine Geldbuße gemäß Art. 83 DSGVO auslösen, können vorsätzlich oder fahrlässig begangen werden. Ähnlich wie im Rahmen der Schadensersatzhaftung stellt sich damit die Frage, welche Auswirkungen es für die Frage des Vorsatzes oder der Fahrlässigkeit bzw. des Vorliegens eines Verbotsirrtums (§ 11 Abs. 2 OWiG) hat, wenn der **betriebliche Datenschutzbeauftragte** im Rahmen seiner Hinzuziehung zu dem Ergebnis gekommen ist, dass z.B. eine Auftragsverarbeitung ordnungsgemäß beauftragt ist oder die Übermittlung an einen Dritten zulässig ist. In Bezug auf die Rolle des Datenschutzbeauftragten, die ausdrücklich auf die unabhängige Beratung des Unternehmens und der Mitarbeiter gerichtet ist (vgl. Art. 39 Abs. 1 Buchst. a DSGVO), kommt seiner Stellungnahme grundsätzlich eine besondere Bedeutung zu. Es stellt sich damit die Frage, ob eine nach bestem Gewissen von ihm erteilte Zustimmung oder Freigabe zu einer bestimmten Form der Datenverarbeitung oder -nutzung entlastend wirken kann. Soweit ersichtlich hat diese Frage in behördlichen Entscheidungen bisher keine Rolle gespielt. Dies vielleicht nicht zuletzt deshalb, weil in den Fällen ahndungswürdiger Verstöße ein betrieblicher Datenschutzbeauftragter häufig gar nicht involviert war. In der Praxis der Unternehmen stellt sich die Frage jedoch häufig und sollte dahin zu beantworten sein, dass sich die Mitarbeiter eines Unternehmens auch im Rahmen des Art. 83 DSGVO auf die positive Stellungnahme des Datenschutzbeauftragten verlassen können, wenn dieser auf der Grundlage angemessener Informationen einen Sachverhalt geprüft und eine bestimmte Maßnahme für gesetzeskonform angesehen hat[24]. Es erschiene kaum begründbar, wenn der einzelne Mitarbeiter „schlauer" in diesen Angelegenheiten sein müsste als der spezialisierte Datenschutzbeauftragte. Umgekehrt liegt Vorsatz allerdings nahe, wenn sich ein Mitarbeiter wissentlich über anderslautende Vorgaben oder Empfehlungen des Datenschutzbeauftragten hinwegsetzt.

10 **Zuständig** für die Verhängung einer Geldbuße ist die zuständige Aufsichtsbehörde gemäß den innerstaatlichen Zuständigkeitsregeln (Art. 83 Abs. 7 DSGVO), d.h. im Regelfall die zuständige Landesdatenschutzbehörde. Die örtliche Zuständigkeit ist nach § 37 OWiG zu bestimmen. Da „Tatort" in der Regel der Sitz des Unternehmens ist, wird ein Verfahren zumeist vom Landesdatenschutzbeauftragten geführt, in dessen räumlichen Zuständigkeitsbereich der Unternehmenssitz liegt. Bei Betroffenheit mehrerer Länder koordinieren sich die Landesdatenschutzbehörden[25].

11 Vor Erlass eines Bußgeldbescheides ist der von der Geldbuße potenziell Betroffene **anzuhören** (§ 54 OWiG) und kann Akteneinsicht verlangen (§ 49 Abs. 1 OWiG). Ergeht ein Bußgeldbescheid (§ 66 OWiG), ist hiergegen innerhalb von zwei Wochen nach Zugang der Einspruch zulässig (§§ 67 ff. OWiG).

---

24 Vgl. allgemein zur Problematik Göhler/*Gürtler*, § 11 OWiG Rz. 23 ff., 26b.
25 Vgl. zum Fall einer Discounter-Kette: 15. TB NÖB Brandenburg 2008/2009, LT-Drucks. 5/1803, S. 23 f.; 9. TB LfD Mecklenburg-Vorpommern 2008/2009, LT-Drucks. 5/3844, S. 113 f.

Die **Höhe der Geldbuße** ist in Art. 83 Abs. 4–6 DGSVO geregelt. Die bisherigen 12
Bußgelder unter Anwendung des § 43 BDSG-alt lagen bei mittelschweren Fällen
typischerweise im unteren fünfstelligen Bereich[26]. Höhere Bußgelder waren bisher eher selten, mit medienwirksamen Ausnahmen in Fällen lange andauernder
oder systematischer Verstöße durch große Unternehmen. Die aus den Medien
bekannten Fälle schöpften den bisherigen Bußgeldrahmen weitgehend aus und
kamen durch Kumulation mehrerer Bußgelder zu erheblichen Beträgen: ca.
EUR 1,1 Mio. gegenüber der Deutschen Bahn (mehrere unzulässiger Mitarbeiter-
Screenings)[27]; zwischen EUR 10 000 und 310 000 (insgesamt ca. EUR 1,46 Mio.)
für 35 Gesellschaften einer Discounter-Kette (unzulässige Videoüber- und Detektivüberwachung von Mitarbeitern)[28]; insgesamt EUR 137 000 für zwei Unternehmen einer Drogeriekette (unzulässige Mitarbeiterkartei)[29]; EUR 300 000 für eine
Auskunftei (beharrlicher Verstoß gegen Meldepflicht)[30]; EUR 200 000 für eine
Sparkasse (unzulässige Zugriffe auf Kundendaten durch Außendienstmitarbeiter)[31]; EUR 120 000 für eine Bank (unzulässige Zugriffe auf Kundendaten durch
Handelsvertreter)[32]; EUR 80 000 für einen großen Fleischverarbeiter (unzulässige
Videoüberwachung von Mitarbeitern, teils in Sozialräumen)[33]; EUR 60 000 für
einen Zahlungsdienstleister (unzulässige Weitergabe von Zahlungsdaten an
Schwesterunternehmen)[34]. In den letzten Jahren gab es weniger spektakuläre
Fälle, aber der Trend zu durchaus empfindlichen Bußgeldern ist, wie oben bereits erwähnt, geblieben: EUR 1 300 000 für Datenschutzverstöße im Vertrieb
eines Versicherungsunternehmens[35]; EUR 145 000 für WLAN-Scanning durch
Kamera-Fahrzeuge (Google Street View)[36]; EUR 50 000 für mangelnde vertragliche Regelung einer Auftragsdatenverarbeitung[37]; EUR 54 000 wegen unzulässiger Videoüberwachung bei einer Tankstellenkette[38]. Die bisherigen Zumessungsansätze werden künftig vollständig durch Art. 83 Abs. 2 DSGVO ersetzt.
Eine separate Gewinnabschöpfung gemäß § 17 Abs. 4 OWiG findet nicht mehr

---

26 Vgl. z.B. 38. TB LfD Bremen 2015, S. 80 f.; 25. TB LfD Hamburg 2014/2015, S. 258; 43.
TB LfD Hessen 2014, S. 148; 22. TB LfD Niedersachsen 2013/2014, S. 84; vgl. auch AG
Bremerhaven, RDV 1987, 91 (92) (Beispiel einer Bagatellverurteilung).
27 TB LfD Berlin 2009, LT-Drucks. 16/3377, S. 118 ff.; 23. TB BfDI Bund 2009/10, BT-
Drucks. 17/5200, S. 134 f.
28 15. TB NÖB Brandenburg 2008/2009, LT-Drucks. 5/1803, S. 23 f.; 9. TB LfD Mecklenburg-Vorpommern 2008/2009, LT-Drucks. 5/3843, S. 113 f.
29 Vgl. Simitis/*Ehmann*, § 43 BDSG Rz. 84.
30 32. TB LfD Bremen 2009, LT-Drucks. 17/1240, S. 76.
31 23. TB LfD Hamburg 2010/2011, LT-Drucks. 20/3570, S. 185.
32 20. TB LfD NRW 2009/2010, Landtags-Vorlage 15/615, S. 30.
33 19. TB LfD NRW 2008, Landtags-Vorlage 14/2440, S. 108.
34 Pressemitteilung LfD NRW v. 12.9.2011.
35 Pressemitteilung LfD Rheinland-Pfalz v. 29.12.2014.
36 24. TB LfD Hamburg 2012/2013, S. 190 f.
37 Pressemitteilung LfD Bayern v. 20.8.2015.
38 22. TB LfD NRW 2015, S. 66 f.

§ 41 BDSG | Anwendung der Vorschriften über das Bußgeld- und Strafverfahren

statt; die Regelung ist, wie ebenfalls bereits erwähnt, durch § 41 Abs. 1 Satz 2 ausgeschlossen.

13 Gegen eine Anwendung der Regelungen zu **Zahlungserleichterung** in § 18 OWiG ist aus Sicht der DSGVO nichts einzuwenden, es handelt sich letztlich um eine Anwendung des Verhältnismäßigkeitsgrundsatzes.

14 Für die Verfolgungs- und Vollstreckungsverjährung gelten die allgemeinen Bestimmungen des OWiG (§§ 31 ff. OWiG). D.h. die **Verfolgungsverjährung** tritt gemäß § 31 Abs. 2 Nr. 1 OWiG drei Jahre nach Beendigung der Tat ein.

§ 42 Strafvorschriften

(1) Mit Freiheitsstrafe bis zu drei Jahren oder mit Geldstrafe wird bestraft, wer wissentlich nicht allgemein zugängliche personenbezogene Daten einer großen Zahl von Personen, ohne hierzu berechtigt zu sein,
1. einem Dritten übermittelt oder
2. auf andere Art und Weise zugänglich macht
und hierbei gewerbsmäßig handelt.

(2) Mit Freiheitsstrafe bis zu zwei Jahren oder mit Geldstrafe wird bestraft, wer personenbezogene Daten, die nicht allgemein zugänglich sind,
1. ohne hierzu berechtigt zu sein, verarbeitet oder
2. durch unrichtige Angaben erschleicht
und hierbei gegen Entgelt oder in der Absicht handelt, sich oder einen anderen zu bereichern oder einen anderen zu schädigen.

(3) Die Tat wird nur auf Antrag verfolgt. Antragsberechtigt sind die betroffene Person, der Verantwortliche, die oder der Bundesbeauftragte und die Aufsichtsbehörde.

(4) Eine Meldung nach Artikel 33 der Verordnung (EU) 2016/679 oder eine Benachrichtigung nach Artikel 34 Absatz 1 der Verordnung (EU) 2016/679 darf in einem Strafverfahren gegen den Meldepflichtigen oder Benachrichtigenden oder seine in § 52 Absatz 1 der Strafprozessordnung bezeichneten Angehörigen nur mit Zustimmung des Meldepflichtigen oder Benachrichtigenden verwendet werden.

I. Einführung	....	1	IV. Strafantrag, Zuständigkeit,	
II. Tatbestandsmerkmale	....	2	Verjährung	7
III. Vorsatz	....	6		

Schrifttum: S. Schrifttum zu § 41 BDSG.

Strafvorschriften | § 42 BDSG

I. Einführung

Mit § 42 macht der Gesetzgeber von der Möglichkeit Gebrauch, über die Buß- 1
geldvorschriften des Art. 83 DSGVO hinaus weitergehende Sanktionen für Verstöße gegen die Verordnung festzulegen (Art. 84 Abs. 1 DSGVO). Der Gesetzgeber hat dabei eine gewisse Zurückhaltung walten lassen, was zu begrüßen ist. Das Nebenstrafrecht sollte für extreme Fälle reserviert bleiben. Es ist gerade in Bezug auf Unternehmen nicht unbedingt förderlich, wenn der Datenschutz strafrechtlich sanktioniert wird; die Angst vor strafrechtlichen Sanktionen befördert zuweilen eher den Versuch, Missstände unter den Teppich zu kehren und eindeutige Zuständigkeiten zu vermeiden. Wie die Regelung in § 42 Abs. 4 zeigt, war diese Problematik auch dem Gesetzgeber bewusst.

II. Tatbestandsmerkmale

Die Regelung des § 42 greift mit Abs. 1 und Abs. 2 zwei Tatbestandsgruppen he- 2
raus, die **besonders grobe Verstöße** gegen den Schutz personenbezogenen Daten umfassen. § 42 Abs. 1 betrifft die rechtswidrige Übermittlung oder Überlassung von Daten einer großen Zahl von Personen an Dritte, die gewerbsmäßig erfolgt. § 42 Abs. 2 betrifft Fälle, in denen eine unberechtigte Verarbeitung von personenbezogenen Daten erfolgt oder sich jemand die Daten durch unrichtige Angaben erschleicht und dabei im Einzelfall gegen Entgelt oder in Bereicherungs- oder Schädigungsabsicht handelt. Beide Tatbestände beziehen sich auf den **Kernbereich des Datenschutzes**, nämlich den Schutz personenbezogener Daten vor unangemessener Weitergabe oder Aneignung. Der Gesetzgeber sieht hierbei ein Stufenverhältnis vor: der Verstoß gegen § 42 Abs. 1 kann mit bis zu drei Jahren Freiheitsstrafe oder Geldstrafe geahndet werden kann, der Verstoß gegen § 42 Abs. 2 mit bis zu zwei Jahren Freiheitstrafe oder Geldstrafe. Es handelt sich mithin um **Vergehen** (§ 12 Abs. 2 StGB), der **Versuch** ist deshalb mangels ausdrücklicher Anordnung durch das Gesetz **nicht strafbar** (§ 23 Abs. 1 StGB).

Keine besonderen Auslegungsschwierigkeiten bereit das Merkmal „nicht all- 3
gemein zugänglich", das für beide Tatbestände (§ 42 Abs. 1 und 2) erforderlich ist. In Verbindung insbesondere mit der „großen Zahl von Personen" in Abs. 1 liegt auf der Hand, dass es sich um Datenbestände handeln muss, die gerade noch nicht veröffentlicht und nicht öffentlich zugänglich sind (z.B. Telefonbuchdaten, ggf. auch Social Media-Daten), sondern z.B. Betriebsinterna darstellen wie etwa Mitarbeiter- oder Kundendaten[1]. Eine „große Zahl von Personen" ist zwar unbestimmt, aber der Auslegung zugänglich. Nach Sinn und Zweck der Regelung werden damit vor allem Datenbestände von erheblicher Größe im Ge-

---

1 Paal/Pauly/*Frenzel*, § 42 BDSG Rz. 5.

gensatz zu einzelnen Datensätzen oder einer überschaubaren Zahl von Datensätzen erfasst. Sicher *nicht* in den Bereich der Strafbarkeit fallen dürften mithin einige wenige Dutzend Datensätze, sehr sicher in den Bereich der Strafbarkeit fallen dürften hingegen viele tausend Datensätze wie sie typsicherweise beim „Hacking" größerer Unternehmen oder Behörden erbeutet werden[2].

4 Die Verwirklichung des § 42 Abs. 1 verlangt die **Gewerbsmäßigkeit** des Handelns; § 42 Abs. 2 verlangt, dass der Täter gegen **Entgelt** oder in **Bereicherungs- bzw. Schädigungsabsicht** handelt. Die Verwendung dieser Begriffe bereitet bei der Anwendung der Bestimmungen in Bezug auf Mitarbeiter eines Unternehmens erhebliche Schwierigkeiten. Dies gilt vielleicht weniger für den Begriff der „Gewerbsmäßigkeit". **Gewerbsmäßig** handelt, wer eine Tat mit der Absicht begeht, sich durch wiederholte Handlungen eine fortlaufende Einnahmequelle von einiger Dauer und einigem Umfang zu verschaffen; es braucht sich hierbei weder um eine ständige noch um eine hauptsächliche Einnahmequelle oder um ein „kriminelles Gewerbe" zu handeln[3]. Die Gewerbsmäßigkeit einer rechtwidrigen Datenverwendung im Unternehmen dürfte bei diesem Verständnis eher nicht gegeben sein, weil der oder die verantwortlichen Mitarbeiter hieraus im Unternehmen kein „eigenes Gewerbe" entwickeln bzw. die Gewerbsmäßigkeit sich nicht spezifisch auf den jeweiligen Datenschutzverstoß bezieht. Auch das in Abs. 2 genannte Merkmal der **Schädigungsabsicht** beinhaltet durch seine überschießende Innentendenz und dem negativen Gehalt des Erfolges eine gewisse Begrenzung auf strafwürdiges Verhalten[4].

5 Hingegen dürfte die Qualifikation des § 42 Abs. 2 durch die Merkmale der „**Entgeltlichkeit**" oder der „**Bereicherungsabsicht**" in der Unternehmenspraxis zu erheblichen Zweifelsfragen führen. Der Begriff des **Entgelts** ist in § 11 Abs. 1 Nr. 9 StGB näher bestimmt und bedeutet „jede in einem Vermögensvorteil bestehende Gegenleistung". Das Vorliegen einer „Gegenleistung" setzt eine entsprechende Vereinbarung voraus; auf das tatsächliche Gewähren der Gegenleistung kommt es nicht an[5]. Ähnlich weit erscheint auch die Bereicherungsabsicht, bei der auc die *Dritt*bereicherungsabsicht genügt (vgl. Wortlaut des § 41 Abs. 2: „sich oder einen anderen"). Fraglich ist dabei, in welcher Beziehung das Entgelt zur Tat stehen muss. So soll nach verbreiteter Auffassung in der Literatur z.B. der Arbeitslohn, den ein Mitarbeiter erhält, kein Lohn für den von ihm bei seiner Tätigkeit begangenen Datenschutzverstoß sein, sondern der allgemeinen Abgeltung seiner Arbeitsleistung dienen[6]. Nach der jüngeren Rechtsprechung

---

2 Vgl. Paal/Pauly/*Frenzel*, § 42 BDSG Rz. 5.
3 Schönke/Schröder/*Stree/Hecker*, § 260 StGB Rz. 2 mit Hinweis auf BGH v. 13.09.2011 – 3 StR 231/11, NJW 2012, 328; NStZ 1995, 85, 96, 495.
4 Vgl. Wybitul/*Reuling*, CR 2010, 829 (831 f.).
5 Vgl. zur ähnlich formulierten Vorgängerregelung Gola/*Schomerus*, § 44 BDSG Rz. 5; Simitis/*Ehmann*, § 44 BDSG Rz. 5; Wybitul/*Reuling*, CR 2010, 829 (831).
6 *Cornelius*, NJW 2013, 3340 (3341); Wybitul/*Reuling*, CR 2010, 829 (831).

Strafvorschriften | § 42 BDSG

des BGH genügt es demgegenüber für die Entgeltlichkeit bspw., wenn ein Privatdetektiv für die Observation eines Dritten, bei der rechtswidrig GPS-Daten erhoben werden, ein Honorar erhält[7]. Im selben Fall soll es für die Drittbereicherungsabsicht des mitwirkenden angestellten Privatdetektivs genügen, dass dieser für seinen Arbeitgeber tätig wird, der wiederum vom Auftraggeber entlohnt wird[8]. Diese Auffassung hat offenkundig große Bedeutung für sämtliche Datenschutzverstöße, die im Rahmen eines Arbeits- oder Dienstleistungsverhältnisses begangen werden und letztlich einen Vorteil für den Arbeitgeber haben können. Versteht man den Begriff der Entgeltlichkeit mit der vorgenannten BGH-Rechtsprechung[9] weit, führt praktisch jeder Verstoß gegen § 42 Abs. 2 im Unternehmen zu einem Strafbarkeitsrisiko. Denn in einem weiteren Sinne sind das Unternehmen und seine Mitarbeiter „entgeltlich" oder „in Bereicherungsabsicht" tätig, weil ihre Tätigkeit naturgemäß auf das Erwirtschaften von Gewinnen ausgerichtet ist. Die sich daraus ergebende Folge einer „per se"-Strafbarkeit der im Unternehmen begangenen Datenschutzverstöße erscheint aber schon deshalb unangemessen, weil der Normzweck des § 42 darin liegt, eine erhöhte kriminelle Energie zu ahnden, die in der Erfüllung der Merkmale zum Ausdruck kommen soll[10]. Da das BDSG (wie auch die DSGVO) mit den nicht-öffentlichen Stellen (§ 1 Abs. 1 Satz 2 BDSG) unter Ausklammerung der persönlichen und familiären Tätigkeiten (§ 1 Abs. 1 Satz 2 a.E. BDSG) in aller erster Linie den unternehmerischen Verkehr anspricht, wäre die Erfüllung des Merkmals eher der Regelfall als ein Ausdruck einer besonderen kriminellen Energie. Es erscheint daher angebracht, die Merkmale der „Entgeltlichkeit" und der „Bereicherungsabsicht" in der Weise eng auszulegen, dass zwischen dem inkriminierten Verhalten und der „Entgeltlichkeit" bzw. der „Bereicherungsabsicht" eine unmittelbare Verbindung zu verlangen ist[11], wie sie etwa beim unbefugten Verkauf von Kundendaten gegeben ist, nicht aber beim einmaligen rechtswidrigen Abruf einer Kreditauskunft aufgrund eines Abwägungsfehlers im Einzelfall[12]. So erscheint zwar die Entscheidung des BGH[13] im o.g. Fall des Privatdetektivs im Ergebnis durchaus zutreffend, weil jedenfalls einzelne Aufträge von Anfang an in der von den Kunden gewollten Form nur unter Verstoß gegen den Datenschutz durchzuführen waren und sich der Privatdetektiv und sein Mitarbeiter hierüber ein-

---

7 BGH v. 4.6.2013 – 1 StR 32/13, BGHSt 58, 268 = DuD 2013, 666.
8 BGH v. 4.6.2013 – 1 StR 32/13, BGHSt 58, 268 = DuD 2013, 666.
9 BGH v. 4.6.2013 – 1 StR 32/13, BGHSt 58, 268 = DuD 2013, 666.
10 So schon zur Vorgängerregelung Simitis/*Ehmann*, § 44 BDSG Rz. 1; *Bestmann*, K&R 2003, 496 (497).
11 A.A. zur alten Rechtslage Simitis/*Ehmann*, § 44 BDSG Rz. 6, der auch einen „mittelbaren" Vermögensvorteil genügen lassen will; s. auch Erbs/Kohlhaas/*Ambs*, Strafrechtliche Nebengesetze, § 44 BDSG Rz. 2.
12 Vgl. auch die Fälle bei Simitis/*Ehmann*, § 43 BDSG Rz. 57, die alle offenbar nur Gegenstand von Bußgeldverfahren, aber nicht von Strafverfahren waren.
13 BGH v. 4.6.2013 – 1 StR 32/13, BGHSt 58, 268 = DuD 2013, 666.

fach aus Gewinninteresse hinweggesetzt haben – statt einen solchen Auftrag gänzlich abzulehnen. Eine einfache Übertragung der Entscheidung auf jeden Datenschutzverstoß, der durch einen Mitarbeiter begangen wird, würde jedoch dem Normzweck des Tatbestandsmerkmals nicht gerecht.

III. Vorsatz

6   Eine Strafbarkeit gemäß § 42 Abs. 1 oder 2 setzt eine Vorsatztat voraus. D.h. der Täter muss die maßgeblichen Umstände kennen, aus denen sich die Verwirklichung der jeweiligen Tatbestandsmerkmale ergibt. Die „Gewerbsmäßigkeit", die „Bereicherungsabsicht" bzw. die „Schädigungsabsicht" setzen ferner eine überschießende Innentendenz voraus, die über den bloßen bedingten Vorsatz hinausgeht[14].

IV. Strafantrag, Zuständigkeit, Verjährung

7   Straftaten nach § 42 Abs. 1 und 2 werden gemäß § 42 Abs. 3 Satz 1 nur auf Antrag verfolgt. Das Antragserfordernis entspricht der bisherigen Regelung (§ 44 Abs. 2 BDSG-alt). Antragsberechtigt sind die betroffene Person, der Verantwortliche, der oder die Bundesbeauftragte und die Aufsichtsbehörde, nicht jedoch der Auftragsverarbeiter. Für die Antragsfrist gilt § 77b StGB, d.h. der Strafantrag muss innerhalb von drei Monaten ab Kenntnis von Tat und Täter gesellt werden. Da es sich schon tatbestandlich im Zweifel um massenhafte Verletzungen handelt und die Antragsfirst u.a. auch für jeden Betroffenen individuell läuft (§ 77b Abs. 3 StGB), kann hierdurch die Antragsfrist verhältnismäßig lange werden. Das Risiko der Strafverfolgung mag daher in vielen relevanten Fällen erst mit Ablauf der Verfolgungsverjährung nach fünf Jahren enden (§ 78 Abs. 3 Nr. 4 StGB i.V.m. § 42 Abs. 1, 2 BDSG). Das Fehlen des Strafantrags begründet ein Verfahrenshindernis[15]. Dass die Aufsichtsbehörde antragsberechtigt ist, galt schon im Rahmen der Vorgängerregelung des § 44 Abs. 2 BDSG-alt; dem Wunsch, hieraus ein Amtsdelikt zu machen[16], ist der Gesetzgeber offenbar auch bei der Neuregelung nicht gefolgt. Das scheint im Hinblick auf den höchstpersönlichen Kern des Datenschutzrechts richtig; zudem kann die Aufsichtsbehörde in Fällen von öffentlichem Interesse auch selbst einen Antrag stellen. Der Unterschied zu einem Amtsdelikt ist daher nur gering.

---

14 Vgl. zur alten Rechtslage *Gola/Schomerus*, § 44 BDSG Rz. 7; enger Simitis/*Ehmann*, § 44 BDSG Rz. 7.
15 BGH v. 22.6.2000 – 5 StR 268/99, NStZ 2000, 596.
16 Für die Ausweitung auf eine Verfolgbarkeit von Amts wegen: Konferenz der Datenschutzbeauftragten des Bundes und der Länder, Ein modernes Datenschutzrecht für das 21. Jahrhundert, Eckpunkte v. 18.3.2010, BT-Drucks. 17/5200, S. 196 (203).

Für die Verfolgung einer Straftat nach § 42 ist die Staatsanwaltschaft zuständig. Ergibt sich der Verdacht im Laufe der Prüfungen durch die Landesdatenschutzbehörde, gibt diese das Verfahren an die Staatsanwaltschaft insoweit ab (§ 41 Abs. 1 OWiG). Die Straftat wird vorrangig verfolgt und verdrängt die im Rahmen derselben prozessualen Tat begangenen Ordnungswidrigkeiten, die dem Täter zu Last gelegt werden (§ 21 Abs. 1 OWiG); mangels eines materiellen Unternehmensstrafrechts findet daher eine Verdrängung des Art. 83 DSGVO in Bezug auf das Unternehmen nicht statt. Die Straftaten des § 42 können insbesondere in Konkurrenz zu den allgemeinen Vertraulichkeits- und Computerdelikten stehen (§§ 201, 201a, 202, 202a, b, c, 203, 263a, 303a, b StGB)[17]. 8

Die Regelung des § 42 Abs. 4 dient nach Vorstellung des Gesetzgebers dem verfassungsrechtlichen Verbot einer Selbstbezichtigung[18]. Die Regelung war mit ähnlicher Formulierung in § 42a Satz 6 BDSG-alt enthalten. Die Regelung kann auf die Öffnungsklausel des Art. 84 Abs. 1 der DSGVO gestützt werden, wonach die Mitgliedstaaten Vorschriften für Verstöße gegen diese Verordnung festlegen und alle zu deren Anwendung erforderlichen Maßnahmen treffen[19]. 9

Die beiden Straftatbestände sind den bisherigen Regelungen der §§ 44 Abs. 1 i.V.m. 43 Abs. 2 BDSG-alt nachgebildet, allerdings weniger spezifisch in der Beschreibung der konkreten Tathandlung und Umstände. In der Gesetzbegründung wird entsprechend erklärt, dass mit Blick auf Straftaten, die vor Geltung der DSGVO begangen wurden, darauf hinzuweisen ist, dass bei einer späteren Bestrafung ggf. die Strafe nach dem milderen Gesetz zu verhängen ist[20]. Da der Strafrahmen des § 42 Abs. 2 jedoch nicht hinter dem des § 44 Abs. 1 BDSG-alt zurückbleibt, kann die Abgrenzung im Einzelfall schwierig sein. Es kann daher ggf. im Einzelfall um die Frage gehen, ob die Strafbarkeit für bestimmte Fälle des § 43 Abs. 2 BDSG-alt womöglich mit der Neuregelung ganz weggefallen ist. 10

§ 43 Bußgeldvorschriften

(1) Ordnungswidrig handelt, wer vorsätzlich oder fahrlässig
1. entgegen § 30 Absatz 1 ein Auskunftsverlangen nicht richtig behandelt oder
2. entgegen § 30 Absatz 2 Satz 1 einen Verbraucher nicht, nicht richtig, nicht vollständig oder nicht rechtzeitig unterrichtet.

(2) Die Ordnungswidrigkeit kann mit einer Geldbuße bis zu fünfzigtausend Euro geahndet werden.

---

17 Zu Konkurrenzen vgl. Erbs/Kohlhaas/*Ambs*, Strafrechtliche Nebengesetze, § 44 BDSG Rz. 4; *Binder*, RDV 1995, 116 (119 ff.) (zur Vorgängerbestimmung des § 44).
18 BT-Drucks. 11/11325, S. 110.
19 BT-Drucks. 11/11325, S. 110.
20 BT-Drucks. 11/11325, S. 110.

(3) Gegen Behörden und sonstige öffentliche Stellen im Sinne des § 2 Absatz 1 werden keine Geldbußen verhängt.

(4) Eine Meldung nach Artikel 33 der Verordnung (EU) 2016/679 oder eine Benachrichtigung nach Artikel 34 Absatz 1 der Verordnung (EU) 2016/679 darf in einem Verfahren nach dem Gesetz über Ordnungswidrigkeiten gegen den Meldepflichtigen oder Benachrichtigenden oder seine in § 52 Absatz 1 der Strafprozessordnung bezeichneten Angehörigen nur mit Zustimmung des Meldepflichtigen oder Benachrichtigenden verwendet werden.

Schrifttum: S. Schrifttum zu § 41 BDSG.

1   Die Bestimmungen des § 43 ergänzen die Bußgeldregelungen unter der DSGVO um zwei besondere Fallkonstellationen, für die angemessenes Bußgeld angedroht wird. § 43 Abs. 1 beschäftigt sich mit Verstößen gegen Auskunftspflichten gemäß § 30 im Zusammenhang mit Verbraucherkrediten. Nach § 30 müssen Auskunfteien und Kreditgeber bestimmte Auskünfte erteilen. Mit § 43 wird diese Auskunftspflicht bußgeldbewehrt. Die Regelung geht auf Art. 9 der Verbraucherkreditrichtlinie 2008/48/EG zurück und war schon Bestandteil der Vorgängerregelung des § 43 Abs. 1 Nr. 7a, b BDSG-alt. Der Bußgeldrahmen beträgt nach § 43 Abs. 2 EUR 50 000, was im Hinblick auf den Unrechtsgehalt und den Kontext von Verbraucherkrediten angemessen erscheint – zumal das Bußgeld in jedem einzelnen Fall verhängt werden kann. Die Bußgeldandrohung richtet sich nicht gegen öffentliche Stellen (§ 43 Abs. 2), was lediglich eine Klarstellung ohne praktische Bedeutung darstellt. Wie in § 42 Abs. 4 ist auch hiervorgesehen, dass Meldungen gemäß Art. 33, 34 DSGVO im Rahmen eines Ordnungswidrigkeitenverfahrens nur mit Zustimmung des Meldepflichtigen oder des Benachrichtigenden verwendet werden dürfen.

Kapitel 6
Rechtsbehelfe

§ 44 Klagen gegen den Verantwortlichen oder Auftragsverarbeiter

(1) Klagen der betroffenen Person gegen einen Verantwortlichen oder einen Auftragsverarbeiter wegen eines Verstoßes gegen datenschutzrechtliche Bestimmungen im Anwendungsbereich der Verordnung (EU) 2016/679 oder der darin enthaltenen Rechte der betroffenen Person können bei dem Gericht des Ortes erhoben werden, an dem sich eine Niederlassung des Verantwortlichen oder Auftragsverarbeiters befindet. Klagen nach Satz 1 können auch bei dem Gericht des Ortes erhoben werden, an dem die betroffene Person ihren gewöhnlichen Aufenthaltsort hat.

(2) Absatz 1 gilt nicht für Klagen gegen Behörden, die in Ausübung ihrer hoheitlichen Befugnisse tätig geworden sind.

(3) Hat der Verantwortliche oder Auftragsverarbeiter einen Vertreter nach Artikel 27 Absatz 1 der Verordnung (EU) 2016/679 benannt, gilt dieser auch als bevollmächtigt, Zustellungen in zivilgerichtlichen Verfahren nach Absatz 1 entgegenzunehmen. § 184 der Zivilprozessordnung bleibt unberührt.

Die Regelungen des § 44 enthalten nur einige Klarstellungen in Bezug auf Klagen, die auf der Grundlage von Art. 79 DSGVO gegen einen Verantwortlichen oder einen Auftragsverarbeiter erhoben werden. § 44 Abs. 1 Satz 1 ordnet grundsätzlich die örtliche Zuständigkeit des Gerichts am Ort der Niederlassung des beklagten Unternehmens an. Wahlweise kann der Betroffene aber auch an dem Ort seines gewöhnlichen Aufenthalts klagen. Es kommt nicht darauf an, wo die Daten verarbeitet wurden[1]. Die Regelung gilt nicht für Behörden, die in Ausübung ihrer hoheitlichen Befugnisse tätig werden (§ 44 Abs. 2); für diese gelten vielmehr die Zuständigkeiten nach der maßgeblichen Verfahrensordnung, insbesondere also gemäß § 52 VwGO. Sofern der Verantwortliche oder der Auftragsverarbeiter außerhalb der Gemeinschaft seinen Sitz hat und dementsprechend einen Vertreter gemäß Art. 27 Abs. 1 DSGVO bestellt hat, gilt dieser für zivilgerichtliche Verfahren als bevollmächtigt (§ 44 Abs. 3 Satz 1). Die Bestimmungen der ZPO in Bezug auf die Benennung eines Bevollmächtigten bleiben jedoch unberührt (§ 44 Abs. 3 Satz 2 i.V.m. § 184 ZPO). 1

Teil 3
Bestimmungen für Verarbeitungen zu Zwecken gemäß Artikel 1 Absatz 1 der Richtlinie (EU) 2016/680

Kapitel 1
Anwendungsbereich, Begriffsbestimmungen und allgemeine Grundsätze für die Verarbeitung personenbezogener Daten

§ 45 Anwendungsbereich

Die Vorschriften dieses Teils gelten für die Verarbeitung personenbezogener Daten durch die für die Verhütung, Ermittlung, Aufdeckung, Verfolgung oder Ahndung von Straftaten oder Ordnungswidrigkeiten zuständigen öffentlichen Stellen, soweit sie Daten zum Zweck der Erfüllung dieser Aufgaben verarbeiten. Die öffentlichen Stellen gelten dabei als Verantwortliche.

---

1 Paal/Pauly/*Frenzel*, § 44 BDSG Rz. 4.

§ 45 BDSG | Anwendungsbereich

Die Verhütung von Straftaten im Sinne des Satzes 1 umfasst den Schutz vor und die Abwehr von Gefahren für die öffentliche Sicherheit.
Die Sätze 1 und 2 finden zudem Anwendung auf diejenigen öffentlichen Stellen, die für die Vollstreckung von Strafen, von Maßnahmen im Sinne des § 11 Absatz 1 Nummer 8 des Strafgesetzbuchs, von Erziehungsmaßregeln oder Zuchtmitteln im Sinne des Jugendgerichtsgesetzes und von Geldbußen zuständig sind.
Soweit dieser Teil Vorschriften für Auftragsverarbeiter enthält, gilt er auch für diese.

I. Einführung 1	a) Verhütung, Ermittlung, Aufdeckung, Verfolgung oder Ahndung von Straftaten oder Ordnungswidrigkeiten (Satz 1) 16
1. Normaufbau 7	
2. Verhältnis zur DSGVO 8	
3. Änderungen gegenüber dem BDSG-alt 11	b) Schutz vor und Abwehr von Gefahren für die öffentliche Sicherheit (Satz 3) 22
II. Anwendungsbereich 12	
1. Allgemeine Anwendung 12	c) Vollstreckung (Satz 4) 27
2. Verarbeitung personenbezogener Daten 13	5. Zuständige Stelle (Satz 1, 3 und 4) 28
3. Normadressaten (Satz 1) 14	III. Verantwortliche (Satz 2) 31
4. Verarbeitungszwecke (Satz 1, 3 und 4) 15	IV. Auftragsverarbeiter (Satz 5) ... 32

Schrifttum: *Bäcker/Hornung*, EU-Richtlinie für die Datenverarbeitung bei Polizei und Justiz in Europa – Einfluss des Kommissionsentwurfs auf das nationale Strafprozess- und Polizeirecht, ZD 2012, 147; *Greve*, Das neue Bundesdatenschutzgesetz, NVwZ 2017, 737; *Hörauf*, Ordnungswidrigkeiten und der europäische Straftatenbegriff – Subkategorieoder aliud-Verhältnis?, ZIS 2013, 276; *Johannes/Weinhold*, Europäischer Datenschutz in Strafverfolgung und Gefahrenabwehr – Die neue Datenschutz-Richtlinie im Bereich Polizei und Justiz sowie deren Konsequenzen für deutsche Gesetzgebung und Praxis, DVBl. 2016, 1501; *Kugelmann*, Datenschutz bei Polizei und Justiz, DuD 2012, 581; *Kremer*, Wer braucht warum das neue BDSG? Auseinandersetzung mit wesentlichen Inhalten des BDSG n.F., CR 2017, 367; *Lisken/Denninger*, Handbuch des Polizeirechts, 5. Aufl. 2012; *Schwichtenberg*, Die „kleine Schwester" der DSGVO: Die Richtlinie zur Datenverarbeitung bei Polizei und Justiz, DuD 2016, 605; *Weber*, Bedeutung der sachlichen Zuständigkeit im Verwaltungsverfahren, KommJur 2015, 285; *Weichert*, Netzwerk Datenschutzexpertise: Die EU-Richtlinie für den Datenschutz bei Polizei und Justiz.

I. Einführung

1   Der § 45 leitet den Dritten Teil des BDSG ein, welcher etwas sperrig mit „*Bestimmungen für Verarbeitungen zu Zwecken gemäß Artikel 1 Absatz 1 der Richtlinie (EU) 2016/680*" betitelt ist. Es wird bereits aus dieser Betitelung deutlich,

Anwendungsbereich | § 45 BDSG

dass mit den §§ 45 bis 84 die Richtlinie Polizei und Justiz (EU) 2016/680[1] (i.W. „**Datenschutzrichtlinie für Polizei und Justiz**") umgesetzt werden soll[2], die als „kleine Schwester" der DSGVO[3] verabschiedet wurde. Die Datenschutzrichtlinie für Polizei und Justiz enthält „*Bestimmungen zum Schutz natürlicher Personen bei der Verarbeitung personenbezogener Daten durch die zuständigen Behörden zum Zwecke der Verhütung, Ermittlung, Aufdeckung oder Verfolgung von Straftaten oder der Strafvollstreckung, einschließlich des Schutzes vor und der Abwehr von Gefahren für die öffentliche Sicherheit.*" (Art. 1 Abs. 1 Datenschutzrichtlinie für Polizei und Justiz).

Die Datenschutzrichtlinie für Polizei und Justiz wird als Meilenstein für den europäischen Datenschutz im hochsensiblen Bereich der **Strafverfolgung und Gefahrenabwehr** angesehen[4]. Der Anwendungsbereich des in diesem Bereich bislang geltenden Rahmenbeschlusses[5] beschränkte sich auf die Verarbeitung personenbezogener Daten, die zwischen Mitgliedstaaten weitergegeben oder bereitgestellt wurden[6]. 2

Erklärtes **Ziel** der Datenschutzrichtlinie für Polizei und Justiz ist es ausweislich deren Erwägungsgrund 7, „ein einheitliches und hohes Schutzniveau für die personenbezogenen Daten natürlicher Personen zu gewährleisten" durch „Stärkung der Rechte der betroffenen Personen und [...] Verschärfung der Verpflichtungen für diejenigen, die personenbezogene Daten verarbeiten, und [...] gleichwertige Befugnisse der Mitgliedstaaten bei der Überwachung und Gewährleistung der Einhaltung der Vorschriften zum Schutz personenbezogener Daten". 3

Der Anspruch der Datenschutzrichtlinie für Polizei und Justiz, auch bei **innerstaatlichen Datenverarbeitungen** zu gelten[7], wird in Erwägungsgrund 5 offenbar. Dem ist der Bundesrat durch Subsidiaritätsrüge[8] früh (aber erfolglos[9]) mit 4

---

1 Richtlinie (EU) 2016/680 des Europäischen Parlaments und des Rates v. 27.4.2016 zum Schutz natürlicher Personen bei der Verarbeitung personenbezogener Daten durch die zuständigen Behörden zum Zweck der Verhütung, Ermittlung, Aufdeckung oder Verfolgung von Straftaten oder der Strafvollstreckung sowie zum freien Datenverkehr und zur Aufhebung des Rahmenbeschlusses 2008/977/JI des Rates (ABl. L 119 v. 4.5.2016, S. 89).
2 Ausdrücklich auch BT-Drucks. 18/11325, S. 110.
3 *Schwichtenberg*, DuD 2016, 605.
4 *Weichert*, Netzwerk Datenschutzexpertise: Die EU-Richtlinie für den Datenschutz bei Polizei und Justiz, S. 7 – vgl. aber auch die Vorbehalte ab S. 8.
5 Rahmenbeschluss 2008/977/JI des Rates v. 27.11.2008 über den Schutz personenbezogener Daten, die im Rahmen der polizeilichen und justiziellen Zusammenarbeit in Strafsachen verarbeitet werden (ABl. L 350 v. 30.12.2008, S. 60).
6 Datenschutzrichtlinie für Polizei und Justiz, Erwägungsgrund 6.
7 BeckOK DatenschutzR/*Wolff*, § 45 BDSG Rz. 24 m.w.N.
8 Vgl. Bundesrat, Beschluss v. 30.3.2012 – BR-Drucks. 51/12.
9 Das für eine Überprüfung gemäß Art. 7 Abs. 2 des Protokolls über die Anwendung der Grundsätze der Subsidiarität und der Verhältnismäßigkeit (12008E/PRO/02) erforderliche Quorum wurde nicht erreicht.

§ 45 BDSG | Anwendungsbereich

der – hier geteilten – Auffassung[10] entgegengetreten, dass sich die Datenschutzrichtlinie für Polizei und Justiz nicht auf Art. 16 Abs. 2 AEUV stützen lässt, soweit sich der Anwendungsbereich der Richtlinie auch auf die Datenverarbeitung in innerstaatlichen Verfahren erstreckt. Diesbezüglich besteht keine ausreichende Kompetenz, da es sich bei der innerstaatlichen Datenverarbeitung im Bereich des Polizei- und Strafverfahrensrechts nicht, wie von Art. 16 Abs. 2 AEUV vorausgesetzt, um Tätigkeiten handelt, *„die in den Anwendungsbereich des Unionsrechts fallen"*. Aus den Art. 82 ff. sowie 87 ff. AEUV folgt, dass hierunter nur die Zusammenarbeit von Polizei- und Strafverfolgungsbehörden unterschiedlicher Mitgliedstaaten fällt, nicht aber die Tätigkeit (und Zusammenarbeit) der nationalen Behörden.

5   Die in den §§ 45 ff. umgesetzten Regelungen der Datenschutzrichtlinie für Polizei und Justiz stellen allgemeine Regelungen dar, die in der täglichen Praxis der Polizei- und Strafverfolgungsbehörden eher **selten** zur Anwendung kommen dürften. Das Fachrecht – namentlich das Polizeirecht und das Strafverfahrensrecht – enthält eine Vielzahl ausführlicher bereichsspezifischer Datenverarbeitungsregelungen[11] (z.B. im BKAG, BPolG, StPO, ZFdG), die gemäß § 1 Abs. 2 Satz 1 (hierzu § 1 BDSG Rz. 13 ff.) vorgehen[12].

6   Bedauerlicherweise lässt der kurze Paragraph die gerade im Bereich des Datenschutzrechts erforderliche Bestimmtheit vermissen. Der Gesetzgeber hat (auch hier) den Richtlinientext teilweise unreflektiert übernommen. Es wurde versäumt, dem Sinn einer Richtlinie gemäß Art. 288 AEUV entsprechend, eine Anpassung an die dem nationalen Gefahrenabwehr- und Strafverfahrensrecht spezifische Rechtssystematik und -terminologie vorzunehmen[13].

1. Normaufbau

7   § 45 regelt in fünf Sätzen, unter welchen Voraussetzungen der Dritte Teil des BDSG auf öffentliche (und ggf. auch nicht-öffentliche) Stellen Anwendung findet, also den **sachlichen Anwendungsbereich**. Der Aufbau der Norm folgt kei-

---

10   BeckOK DatenschutzR/*Wolff*, § 45 BDSG Rz. 24 m.w.N.; *Kugelmann*, DuD 2012, 581 (583).
11   Diese Regelungen müssen ebenfalls den Anforderungen der Datenschutzrichtlinie für Polizei und Justiz genügen. Dementsprechend wurde bspw. das BKAG insb. in Bezug auf die *„Neujustierung datenschutzrechtlicher Begrifflichkeiten, Kategorisierungen von Betroffenen und Daten, Drittstaatenübermittlungen, ein Verzeichnis von Verarbeitungstätigkeiten, Folgenabschätzungen, den behördlichen Beauftragten für den Datenschutz sowie Betroffenenrechte"* novelliert, BT-Drucks. 18/11163, S. 77.
12   Schantz/Wolff/*Wolff*, Rz. 208.
13   Vgl. *Aden*, Stellungnahme zu BT-Drucks. 18/11325 v. 25.3.2017 – Ausschussdrucks. 18 (4)824 G, S. 5.

ner erkennbaren Logik. Satz 1 legt den grundsätzlichen Anwendungsbereich sowohl bezüglich der relevanten Aufgabenbereiche als auch der Normadressaten fest. In Satz 2 findet sich sodann eine Klarstellung der Verantwortlichkeitszuweisung. Satz 3 enthält eine Klarstellung bezüglich des Umfangs des Aufgabenbereichs „Verhütung von Straftaten". Die Sätze 4 und 5 erweitern den Anwendungsbereich bezüglich der Normadressaten.

2. Verhältnis zur DSGVO

Ausweislich Art. 2 Abs. 2 Buchst. d DSGVO (Art. 2 DSGVO Rz. 29) (sowie Erwägungsgrund 19) und im Einklang mit Art. 1 Abs. 1 der Datenschutzrichtlinie für Polizei und Justiz findet die DSGVO keine Anwendung auf die Verarbeitung personenbezogener Daten *„durch die zuständigen Behörden zum Zwecke der Verhütung, Ermittlung, Aufdeckung oder Verfolgung von Straftaten oder der Strafvollstreckung, einschließlich des Schutzes vor und der Abwehr von Gefahren für die öffentliche Sicherheit."* Dies soll offenbar durch den Wortlaut des § 45 gespiegelt werden. Die §§ 45 ff. sollen für eben diese Verarbeitung personenbezogener Daten Geltung beanspruchen. Die Spiegelung erfolgt jedoch nicht wortlautgleich. Zunächst wird statt der *„Strafvollstreckung"* (DSGVO/Datenschutzrichtlinie für Polizei und Justiz) die *„Ahndung"* (BDSG) genannt. Offenbar soll das nicht synonym verstanden werden, da nach Satz 4 der Dritte Teil *„auch"* für öffentliche Stellen gelten soll, *„die für die Vollstreckung von Strafen"* zuständig sind.

8

Zudem sollen öffentliche Stellen erfasst sein, die für die Vollstreckung „von Maßnahmen im Sinne des § 11 Absatz 1 Nummer 8 des Strafgesetzbuchs, von Erziehungsmaßregeln oder Zuchtmitteln im Sinne des Jugendgerichtsgesetzes und von Geldbußen" zuständig sind (§ 45 Satz 4 – näher Rz. 27).

9

Des Weiteren soll nach dem Willen des Gesetzgebers auch die Verarbeitung personenbezogener Daten im Kontext der Ermittlung, Verfolgung, Ahndung und Vollstreckung von *„Ordnungswidrigkeiten"* eingeschlossen sein. Die polizeiliche Datenverarbeitung soll einheitlichen Regeln unterworfen sein, *„unabhängig davon, ob eine Straftat oder eine Ordnungswidrigkeit in Rede steht"*[14]. Dies würde, so die Begründung[15], durch Erwägungsgrund 13 der Datenschutzrichtlinie für Polizei und Justiz *„unterstützt"*. Dort findet sich zunächst nur die Aussage, dass eine Straftat im Sinne der Richtlinie *„ein eigenständiger Begriff des Unionsrechts in der Auslegung durch den Gerichtshof der Europäischen Union"* sein solle, also nicht durch die Mitgliedstaaten selbst festgelegt werden könne. Nach der wohl bislang herrschenden Auffassung soll nur die Verhütung, Ermittlung, Auf-

10

---

14 BT-Drucks. 18/11325, S. 110.
15 BT-Drucks. 18/11325, S. 110.

§ 45 BDSG | Anwendungsbereich

deckung oder Verfolgung von Straftaten – nicht aber von Ordnungswidrigkeiten – unter die Ausnahmeregelung des Art. 2 Abs. 2 Buchst. d. DSGVO bzw. in den Anwendungsbereich der Datenschutzrichtlinie für Polizei und Justiz fallen[16]. Es erscheint jedoch naheliegender, sich an dieser Stelle vom deutschen Begriffsverständnis zu lösen und den Begriff der Straftat weit auszulegen und jedwede hoheitlich missbilligte und mit Sanktionen bedrohte schuldhafte Handlung/Unterlassung hierunter zu subsumieren[17].

3. Änderungen gegenüber dem BDSG-alt

11 Das BDSG-alt enthielt keine eigenständigen Regelungen für den Bereich Straf- und Ordnungswidrigkeiten-Verfolgung und Gefahrenabwehr. Sofern überhaupt mangels Vorliegen (abschließender) bereichsspezifischer Regelungen der Anwendungsbereich des BDSG eröffnet war, galten grundsätzlich dieselben Regelungen (insb. die §§ 12 ff. BDSG-alt) wie für „herkömmliche" öffentliche Stellen (vgl. aber z.B. § 37 BPolG, § 37 BKAG).

II. Anwendungsbereich

1. Allgemeine Anwendung

12 Grundvoraussetzung für die Eröffnung des Anwendungsbereichs ist die allgemeine Anwendbarkeit des BDSG nach § 1 (hierzu § 1 BDSG Rz. 5 ff.).

2. Verarbeitung personenbezogener Daten

13 Die Regelungen des Dritten Teils des BDSG gelten für die Verarbeitung personenbezogener Daten. Die beiden Begrifflichkeiten sind den Begriffsbestimmungen in Art. 3 der Datenschutzrichtlinie für Polizei und Justiz (bzw. Art. 4 der DSGVO – vgl. Kommentierung zu § 46 BDSG Rz. 2) folgend in § 46 Nr. 1 (personenbezogene Daten) und Nr. 2 (Verarbeitung) legaldefiniert.

---

16 Ausdrücklich Ehmann/Selmayr/*Zerdick*, Art. 2 DSGVO Rz. 12; ferner Kühling/Buchner/*Kühling/Raab*, Art. 2 DSGVO Rz. 29 („Bezug zu Straftaten"); *Albrecht/Jotzo*, Teil 3, B I, 2., Rz. 27; Gola/*Gola*, Art. 2 DSGVO Rz. 23.
17 So wohl auch BeckOK DatenschutzR/*Wolff*, § 45 BDSG Rz. 10–18; Begründung BayDSG, Gesetzentwurf der Staatsregierung v. 28.09.2017, S. 101 (zu Art. 28); Begründung BlnDSG, Gesetzentwurf der Berliner Senatsverwaltung für Inneres und Sport zu § 30; ausführlich *Hörauf*, ZIS 2013, 276.

3. Normadressaten (Satz 1)

Der Dritte Teil des BDSG findet ausweislich des Satzes 1 des § 45 nur für 14
(i) bestimmte Verarbeitungszwecke und
(ii) bestimmte öffentliche Stellen
Anwendung. Es handelt sich um zwei selbständige Voraussetzungen, die kumulativ vorliegen müssen[18].

4. Verarbeitungszwecke (Satz 1, 3 und 4)

Die den Anwendungsbereich eröffnenden Verarbeitungszwecke finden sich in 15
den Sätzen 1, 3 und 4 des § 45.

a) Verhütung, Ermittlung, Aufdeckung, Verfolgung oder Ahndung von Straftaten oder Ordnungswidrigkeiten (Satz 1)

Zweck der Datenverarbeitung muss die Verhütung, Ermittlung, Aufdeckung, 16
Verfolgung oder Ahndung von Straftaten oder Ordnungswidrigkeiten sein.
Es ist für die Auslegung des BDSG selbst grundsätzlich vom deutschen Begriffsverständnis auszugehen[19]. Danach ist eine **Straftat** ein rechtswidriges und schuldhaftes Verhalten, das den Tatbestand eines Strafgesetzes verwirklicht[20]. Eine **Ordnungswidrigkeit** ist ausweislich § 1 Abs. 1 OWiG *„eine rechtswidrige und vorwerfbare Handlung, die den Tatbestand eines Gesetzes verwirklicht, das die Ahndung mit einer Geldbuße zulässt"*.

Unter „**Verhütung von Straftaten**" (als Begriff z.B. in § 1 Abs. 5 BPolG oder 17
§ 4a Abs. 1 Satz 2 BKAG gebraucht) wird sowohl die Vorbeugung als auch die Aufklärung von Umständen zukünftiger Delikte verstanden, ohne dass bereits Anhaltspunkte für konkrete Straftaten vorliegen müssten[21]. Entsprechend ist der Zweck „Verhütung von Ordnungswidrigkeiten" zu interpretieren. Ergänzend wird in § 45 Satz 3 konstatiert, dass die Verhütung von Straftaten *„den Schutz vor und die Abwehr von Gefahren für die öffentliche Sicherheit"* umfassen soll (hierzu sogleich Rz. 22).

Die Zwecke „**Ermittlung**", „**Verfolgung**" und „**Ahndung**" werden im Rahmen 18
des Straf- bzw. Ordnungswidrigkeitenverfahrens verfolgt. Sie stehen allerdings nicht – wie es der Wortlaut suggeriert – gleichwertig nebeneinander.

---

18 BeckOK DatenschutzR/*Wolff*, § 45 BDSG Rz. 36.
19 BeckOK DatenschutzR/*Wolff*, § 45 BDSG Rz. 30.
20 *Wessels/Beulke/Satzger*, Strafrecht Allgemeiner Teil, 46. Aufl. 2016, Rz. 28; *Fischer*, StGB, 64. Aufl. 2017, Vor § 13 Rz. 1.
21 Z.B. BeckOK Nds. SOG/*Weiner* § 1 Nds. SOG Rz. 17; *Wehr*, Bundespolizeigesetz, 2. Aufl. 2015, § 1 BPolG Rz. 12.

§ 45 BDSG | Anwendungsbereich

19 Der Begriff der „**Verfolgung**" von (konkreten) Straftaten und Ordnungswidrigkeiten ist gewissermaßen der allumschließende Oberbegriff für die repressive Tätigkeit des Staates. Das gesamte Straf- bzw. Ordnungswidrigkeitenverfahren dient der „Verfolgung". Umfasst sind nach herkömmlichem Begriffsverständnis Ermittlung, Verhandlung, Aburteilung und letztlich Ahndung (hierzu aber sogleich) durch die hierzu berufenen staatlichen Organe[22]. Die Verfolgung bzw. das repressive Verfahren beginnt mit dem Vorliegen eines sog. Anfangsverdachts, also dem Vorliegen zureichender tatsächlicher Anhaltspunkte für eine konkrete Straftat oder Ordnungswidrigkeit[23], vgl. §§ 152 Abs. 2, 163 StPO; § 53 OWiG. Ziel der im Falle des Vorliegens zwingend (StPO) bzw. „nach pflichtgemäßem Ermessen" (OWiG) vorzunehmenden **Ermittlung**stätigkeit ist die Erforschung und Aufklärung des Sachverhaltes, vgl. §§ 160 Abs. 1, 163 Abs. 1 StPO bzw. § 53 Abs. 1 OWiG.

20 Der Begriff der „**Aufdeckung**" von Ordnungswidrigkeiten und Straftaten ist im deutschen Polizei- und Strafverfahrensrecht bislang (vgl. aber nun § 12 Abs. 2 Nr. 2 Buchst. a BKAG 2018) ungebräuchlich. Der Begriff soll offenbar nicht synonym zu dem der Ermittlung verstanden werden, auch wenn mangels näherer Auseinandersetzung in der Begründung eine unreflektierte Übernahme aus der Datenschutzrichtlinie für Polizei und Justiz naheliegt. Da bei Vorliegen eines Anfangsverdachts bereits[24] der Bereich der Straftaten- bzw. Ordnungswidrigkeitenverfolgung (und damit der Bereich der „Ermittlung") eröffnet ist, sind hierunter Maßnahmen zu verstehen, bei denen die **Verdachtsgewinnung** bzw. das Gewinnen von Ermittlungsansätzen im Vordergrund steht (z.B. Identitätsfeststellung und Durchsuchung an gefährlichen bzw. kriminalitätsbelasteten Orten[25]).

21 Der Begriff der „**Ahndung**" – der in der Datenschutzrichtlinie für Polizei und Justiz nicht genannt ist – soll, dass lässt § 45 Satz 4 (hierzu auch Rz. 27) vermuten, entgegen dem weiten Begriffsverständnis nicht die Vollstreckung erfassen, da diese dort gesondert genannt ist[26]. Dementsprechend erscheint eine Interpretation im Sinne des Ordnungswidrigkeitenrechts (vgl. § 3 OWiG), welches ebenfalls explizit zwischen Ahndung und Vollstreckung differenziert, naheliegend. Der Begriff der Ahndung i.S.d. § 45 umfasst dementsprechend alle staatlichen Maßnahmen, die eine missbilligende hoheitliche Reaktion auf ein

---

22 Vgl. Möllers/*Kastner*, Wörterbuch der Polizei, 2. Aufl. 2010 – Stichwort „Strafverfolgung".
23 Die Ordnungswidrigkeitenverfolgung richtet sich weitestgehend nach den Regelungen der StPO, § 46 OWiG.
24 Ein „nicht völlig haltloses Gerücht" kann bereits ausreichend sein, vgl. MüKo-StPO/*Peters*, 1. Aufl. 2016, § 152 StPO Rz. 38 m.w.N.
25 Vgl. Lisken/Denninger/*Rachor*, Teil E Rz. 330.
26 A.A. BeckOK DatenschutzR/*Wolff*, § 45 BDSG Rz. 32.

schuldhaftes bzw. vorwerfbares Verhalten enthalten[27], nicht aber die Vollstreckung[28].

b) Schutz vor und Abwehr von Gefahren für die öffentliche Sicherheit (Satz 3)

Die Verhütung von Straftaten im Sinne des Satzes 1 (Rz. 16) umfasst nach Satz 3 22 „*den Schutz vor und die Abwehr von Gefahren für die öffentliche Sicherheit*". Diese Erweiterung ist insofern bemerkenswert, als im nationalen Gefahrenabwehrrecht die Verhütung von Straftaten als Unterfall der „Abwehr von Gefahren für die öffentliche Sicherheit", also der **Gefahrenabwehr** gesehen wird (vgl. z.B. § 1 Abs. 5 BPolG).

Als **öffentliche Sicherheit** wird gemeinhin „die Unverletzlichkeit der Rechtsord- 23 nung, der subjektiven Rechte und Rechtsgüter des Einzelnen sowie des Bestandes, der Einrichtungen und Veranstaltungen des Staates oder sonstiger Träger der Hoheitsgewalt"[29] verstanden.

Sie umfasst – nach nationalem Verständnis – gerade nicht die sog. **öffentliche Ordnung**, also die „Gesamtheit der ungeschriebenen Regeln, deren Befolgung nach den jeweils herrschenden und mit dem Wertgehalt des Grundgesetzes zu vereinbarenden sozialen und ethischen Anschauungen als unerlässliche Voraussetzung eines geordneten menschlichen Zusammenlebens innerhalb eines bestimmten Gebiets anzusehen ist"[30]. Die Verarbeitung von Daten zum Zweck der Abwehr von Gefahren für die öffentliche Ordnung unterfällt schon nach dem klaren Wortlaut nicht dem Anwendungsbereich der §§ 45 ff.[31]. Das ist auch mit dem Telos des § 45 vereinbar, nach welchem (nur) das (konkrete) Ordnungswidrigkeiten- und Strafverfahren einheitlichen datenschutzrechtlichen Regelungen unterstellt werden soll[32]. Ein solches ist bei schlichtem Vorgehen gegen (einfache) Verstöße gegen die öffentliche Ordnung nicht gegeben. Stellt sich ein Verstoß gegen die öffentliche Ordnung als Ordnungswidrigkeit (§ 118 Abs. 1 OWiG) dar, ist die Unversehrtheit der Rechtsordnung als Teil der öffentlichen Sicherheit betroffen.

---

27 Z.B. Bußgeldbescheid (vgl. § 65 OWiG), Verhängung einer Geld-/Freiheitsstrafe (vgl. § 260 StPO), Anordnung der Einziehung (z.B. § 432 StPO, § 87 OWiG), Entziehung der Fahrerlaubnis (§ 69 StGB), nicht aber Beugemittel wie Zwangsgeld (§ 11 VwVG), Ersatzzwangshaft (§ 16 VwVG), vgl. BeckOK OWiG/*Gerhold*, § 3 OWiG Rz. 14 für den Bereich des OWiG.
28 Z.B. Vollstreckung des Bußgeldbescheids nach § 90 OWiG.
29 Statt aller Legaldefinition des § 3 Nr. 1 SOG Sachsen-Anhalt.
30 BVerfG, Beschl. v. 7.4.2001 – 1 BvQ 17/01 u.a., DVBl 2001, 1054 (1055); hierzu z.B. BeckOK PolR Nds/*Ullrich* § 2 Nds. SOG Rz. 39 ff.
31 A.A. BeckOK DatenschutzR/*Wolff*, § 45 BDSG Rz. 44.
32 BT-Drucks. 18/11325, S. 110.

24 Unter einer (konkreten) **Gefahr** wird eine Sachlage verstanden, bei der im einzelnen Fall die hinreichende Wahrscheinlichkeit besteht, dass in absehbarer Zeit ein Schaden für die öffentliche Sicherheit (oder – sofern explizit genannt – die öffentliche Ordnung) eintreten wird[33]. Die Gefahr ist „nur" abstrakt, wenn es sich um eine nach allgemeiner Lebenserfahrung oder den Erkenntnissen fachkundiger Stellen mögliche Sachlage handelt, die im Falle ihres Eintritts eine konkrete Gefahr darstellt[34]. Die Wahrnehmung der **Gefahrenabwehraufgabe** erfolgt bei konkreten Gefahren typischerweise durch „Standardmaßnahmen" (z.B. Platzverweis, Ingewahrsamnahme). Bei abstrakten Gefahren wird in der Regel die Polizei- bzw. Gefahrenabwehrverordnung (die dann ggf. unselbständige Polizeiverfügungen nach sich zieht) eingesetzt. Insofern neben der „Abwehr" auch der **„Schutz vor Gefahren"** für die öffentliche Sicherheit in § 45 Satz 3 Erwähnung findet, ist hierunter die Gefahrenvorsorge bzw. Vorbereitung auf die Gefahrenabwehr zu verstehen[35].

25 Aus der Gesetzesbegründung folgt, dass nicht etwa der gesamte Bereich der Gefahrenvorsorge und Gefahrenabwehr ein den Anwendungsbereich der §§ 45ff. eröffnender Verarbeitungszweck sein soll. Die Datenverarbeitung durch „Polizeibehörden"[36] soll – so das in der Begründung genannte Ziel – einheitlichen Regelungen unterworfen werden, *„unabhängig davon, ob eine Straftat oder eine Ordnungswidrigkeit in Rede steht"*[37]. Im Umkehrschluss kann hieraus gefolgert werden, dass eine (polizeiliche) **Datenverarbeitung mit präventiver Zielrichtung** nur dann in den Anwendungsbereich der §§ 45ff. fällt, wenn die abzuwehrende Gefahr bei Realisierung eine Ordnungswidrigkeit oder Straftat darstellen würde bzw. im Zusammenhang mit einer solchen steht (z.B. Suche nach einer entführten Person). Steht die Datenverarbeitung nicht im Zusammenhang mit einer Straftat oder Ordnungswidrigkeit (z.B. Suche nach vermisster Person), findet der Dritte Teil des BDSG keine Anwendung[38]. Dies steht im Einklang mit der in der DSGVO bzw. Datenschutzrichtlinie für Polizei und Justiz niedergeleg-

---

33 Lisken/Denninger/*Denninger*, Teil D Rz. 39 m.w.N.
34 Lisken/Denninger/*Denninger*, Teil D Rz. 42 unter Heranziehung der Legaldefinition in § 2 Nr. 2 Nds. SOG.
35 Dazu gehören insb. binnenbehördliche und innerpolizeiliche Maßnahmen wie die Erstellung von Alarmplänen, Ablaufplänen, das Vorhalten von Gerätschaften für Unglücke, Katastrophen, Großdemonstrationen, sowie Vorbereitungen für den Fall terroristischer Anschläge, BeckOK PolR Nds/*Weiner*, § 1 Nds. SOG Rz. 15.
36 Der Begriff der „Polizeibehörde" umfasst nicht lediglich die Polizei, sondern vielmehr sowohl die Ordnungsbehörden als auch die Vollzugspolizeibehörden, Möllers/*Borsdorff*, Wörterbuch der Polizei, 2. Aufl. 2010, Stichwort: Polizeibehörde mit weiteren Erläuterungen; hierzu näher auch BeckOK PolR Bayern/*Unterreitmeier*, Art. 77 PAG Rz. 1ff.; BeckOK PolR BW/*Schatz*, § 59 PolG Rz. 1–2.
37 BT-Drucks. 18/11325, S. 110.
38 So auch schon für Art. 2 Buchst. d. DSGVO Kühling/Buchner/*Kühling*, Art. 2 DSGVO Rz. 29.

ten Abgrenzung der sachlichen Anwendungsbereiche[39], die zu einer Spaltung des Datenschutzrechts für das allgemeine Polizeirecht führt.[40]

Dies wird durch die – ebenfalls (nur) in der Begründung enthaltenen Klarstellung[41] – unterstrichen, dass die Datenverarbeitung bei **allgemeinen Verwaltungsbehörden** *„grundsätzlich solange und soweit nicht in den Anwendungsbereich der Richtlinie und damit des Dritten Teils dieses Gesetzes fällt, wie die von ihnen geführten Verfahren nicht in ein konkretes Ordnungswidrigkeitenverfahren übergehen"*[42]. Hieraus folgt zunächst, dass das dem Ordnungswidrigkeitenverfahren regelmäßig vorgelagerte allgemeine Verwaltungsverfahren nicht den §§ 45 ff. unterliegt[43]. Zudem sind **„allgemeine"** Gefahrenabwehrmaßnahmen (jedenfalls) dieser Behörden, bei welchen die „Verhütung" von strafbaren bzw. ordnungswidrigen Handlungen gewissermaßen nur reflexartig erfolgt (z.B. Unterbindung der Ausgabe von Alkohol an Minderjährige, Platzverweis zur Beendigung eines einfachen Hausfriedensbruchs), grundsätzlich nicht erfasst[44].

26

c) Vollstreckung (Satz 4)

Die Regelungen des Satzes 1 des § 45 (sowie des Satz 2 – hierzu Rz. 31) finden nach Satz 4 Anwendung auf öffentliche Stellen (vgl. § 2 BDSG Rz. 6), die für die **Vollstreckung** von Strafen, von Maßnahmen im Sinne des § 11 Abs. 1 Nr. 8 StGB (also Maßregeln der Besserung und Sicherung, Einziehung und Unbrauchbarmachung), von Erziehungsmaßregeln oder Zuchtmitteln im Sinne des JGG und von Geldbußen (vgl. z.B. § 90 OWiG) zuständig sind.

27

Nach hier vertretener Auffassung handelt es sich nicht lediglich um eine Erweiterung der vom Anwendungsbereich erfassten öffentlichen Stellen um die Vollstreckungsbehörden, sondern auch um eine Erweiterung der erfassten Verarbeitungszwecke um die Vollstreckung[45].

5. Zuständige Stelle (Satz 1, 3 und 4)

In den Anwendungsbereich der §§ 45 ff. fallen die **öffentlichen Stellen** i.S.d. § 1 (hierzu § 1 BDSG Rz. 5 ff.), die für die Zwecke, zu denen die Datenverarbeitung

28

---

39 Zum Hintergrund *Albrecht/Jotzo*, Teil 3 Rz. 27.
40 *Schantz/Wolff*, Teil C Rz. 243, der an anderer Stelle für eine an der Zuständigkeit ausgerichtete Differenzierung plädiert, vgl. BeckOK DatenschutzR/*Wolff*, § 45 BDSG Rz. 17.
41 Für eine Erweiterung des Normtextes *Wolff*, Stellungnahme zu BT-Drucks. 18/11325 v. 23.3.2017 – Ausschussdrucks. 18(4)824 E, S. 8 f.
42 BT-Drucks. 18/11325, S. 110 f.
43 BeckOK DatenschutzR/*Wolff*, § 45 BDSG Rz. 38.
44 Ähnlich auch BeckOK DatenschutzR/*Wolff*, § 45 BDSG Rz. 40.
45 A.A. BeckOK DatenschutzR/*Wolff*, § 45 BDSG Rz. 50, der allerdings den Begriff der „Ahndung" weiter interpretiert und dementsprechend die Frage nach der Notwendigkeit des Satz 4 stellt.

erfolgt, zuständig sind. Wegen § 2 Abs. 4 Satz 2 (hierzu § 2 BDSG Rz. 15f.) sind auch **Beliehene** erfasst, wenn sie eine in diesen Bereich fallende hoheitliche Aufgabe wahrnehmen[46]. Dies ist insofern bemerkenswert, als sowohl DSGVO als auch die Datenschutzrichtlinie für Polizei und Justiz nicht von „öffentlichen Stellen", sondern von den „zuständigen Behörden" (Art. 2 Abs. 2 Nr. 2 Buchst. d DSGVO) sprechen. Das hat insbesondere Einfluss auf die Frage, ob die Datenverarbeitung der **Strafgerichte** in den Anwendungsbereich der DSGVO oder der Datenschutzrichtlinie für Polizei und Justiz fällt. Diese sind zwar als Organ der Rechtspflege „öffentliche Stelle" i.S.d. § 45 (vgl. § 2 Abs. 1, 2. Var), jedoch keine (Justiz-)Behörde. Nach vorzugswürdiger Auffassung unterfällt die Datenverarbeitung der Gerichte – entgegen dem Wortlaut des BDSG und im Einklang mit dem der DSGVO und der Datenschutzrichtlinie für Polizei und Justiz – dem Regime der DSGVO[47].

29 Die (sachliche) **Zuständigkeit** ist eine einer Behörde durch Rechtsnorm eingeräumte Befugnis, eine bestimmte öffentlich-rechtliche Aufgabe zu erledigen[48]. Zuständigkeitsregeln finden sich (in der Regel) im jeweils anzuwendenden Fachrecht. So finden sich Regeln zur (sachlichen) Zuständigkeit der Strafverfolgung z.B. in der StPO (§§ 163, 160, 152 StPO) oder dem BKAG (§ 4 BKAG), zur Gefahrenabwehr z.B. im BPolG (vgl. § 1 Abs. 5 BPolG), zur Vollstreckung (§ 45 Satz 4) z.B. im OWiG (§ 90 OWiG) oder der StVollStrO (vgl. § 4 StVollStrO), etc.

30 Ist eine öffentliche Stelle nicht für die Zwecke, zu denen die von ihr vorgenommene Datenverarbeitung dient, sachlich zuständig, soll der Anwendungsbereich des Dritten Teils nicht eröffnet sein. Mit Blick auf das gesetzgeberische Ziel der **datenschutzrechtlich einheitlichen Behandlung** des gesamten Verfahrens[49] ist es jedoch als ausreichend anzusehen, wenn die jeweilige Behörde zumindest eine Teilzuständigkeit hat. Unter Berücksichtigung dieser Zielsetzung würde beispielsweise eine Übermittlung im Rahmen des Ermittlungsverfahrens gewonnener (und den §§ 45ff. unterliegender) personenbezogener Daten einer Strafverfolgungsbehörde (z.B. über Erkenntnisse über einen möglichen Anschlag eines noch „frei herumlaufenden" Mittäters eines Terroristen) an eine zur Straftatenverhütung bzw. Gefahrenabwehr zuständige Behörde nicht aus dem Anwendungsbereich fallen, auch wenn die Datenübermittlung dem Zweck der Verhütung von Straftaten und nicht (vornehmlich) der Verfolgung derselben dienen würde.

---

46 Vgl. BT-Drucks. 18/11325, S. 110.
47 Specht/Mantz/*Engeler*, Handbuch Europäisches und deutsches Datenschutzrecht (i.E.), Kap. 21 Rz. 9ff. mit ausführlichen Nachweisen auch zur a.A.
48 *Weber*, KommJur 2015, 285 (286) unter Hinweis auf *Maurer*, Allg. Verwaltungsrecht, 18. Aufl. 2011, S. 549.
49 BT-Drucks. 18/11325, S. 110.

III. Verantwortliche (Satz 2)

In § 45 Satz 2 heißt es unter Bezugnahme auf den ersten Satz, dass die (dort referenzierten) *„öffentlichen Stellen"* bei der (dort referenzierten – *„dabei"*) Verarbeitungstätigkeit als Verantwortliche *„gelten"*. Aus letzterem kann gefolgert werden, dass unabhängig von der Einordnung als **„Verantwortlicher"** i.S.d. § 46 Nr. 7 (s. dazu § 46 BDSG Rz. 4 bzw. Art. 4 DSGVO Rz. 27), die in § 45 Satz 1 genannten datenverarbeitenden Stellen stets „Verantwortlicher" i.S.d. BDSG sein sollen. Über § 45 Satz 4 wird dies auch auf die Vollstreckungsbehörden erstreckt.

31

IV. Auftragsverarbeiter (Satz 5)

Nur soweit der Dritte Teil Vorschriften für **Auftragsverarbeiter** enthält (s. Kapitel 4 des Dritten Teils – näher Kommentierung zu § 62 BDSG), gilt er ausweislich § 45 Satz 5 *„auch für diese"*. Im Übrigen richtet sich die datenschutzrechtliche Beurteilung der Auftragsdatenverarbeitungstätigkeit nach der DSGVO bzw. dem Ersten und Zweiten Teil des BDSG, unabhängig davon, ob sie durch öffentliche oder nichtöffentliche Stellen erfolgt[50]. Nach der Gesetzesbegründung ist nicht ausgeschlossen, *„dass durch den Dritten Teil angesprochene Verantwortliche auch als Auftragsverarbeiter tätig sein können"*[51].

32

§ 46 Begriffsbestimmungen

Es bezeichnen die Begriffe:

1. „personenbezogene Daten" alle Informationen, die sich auf eine identifizierte oder identifizierbare natürliche Person (betroffene Person) beziehen; als identifizierbar wird eine natürliche Person angesehen, die direkt oder indirekt, insbesondere mittels Zuordnung zu einer Kennung wie einem Namen, zu einer Kennnummer, zu Standortdaten, zu einer Online-Kennung oder zu einem oder mehreren besonderen Merkmalen, die Ausdruck der physischen, physiologischen, genetischen, psychischen, wirtschaftlichen, kulturellen oder sozialen Identität dieser Person sind, identifiziert werden kann;

2. „Verarbeitung" jeden mit oder ohne Hilfe automatisierter Verfahren ausgeführten Vorgang oder jede solche Vorgangsreihe im Zusammenhang mit personenbezogenen Daten wie das Erheben, das Erfassen, die Organisation, das Ordnen, die Speicherung, die Anpassung, die Veränderung, das Auslesen, das Abfragen, die Verwendung, die Offenlegung

---

50 BT-Drucks. 18/11325, S. 111.
51 BT-Drucks. 18/11325, S. 111.

durch Übermittlung, Verbreitung oder eine andere Form der Bereitstellung, den Abgleich, die Verknüpfung, die Einschränkung, das Löschen oder die Vernichtung;

3. „Einschränkung der Verarbeitung" die Markierung gespeicherter personenbezogener Daten mit dem Ziel, ihre künftige Verarbeitung einzuschränken;

4. „Profiling" jede Art der automatisierten Verarbeitung personenbezogener Daten, bei der diese Daten verwendet werden, um bestimmte persönliche Aspekte, die sich auf eine natürliche Person beziehen, zu bewerten, insbesondere um Aspekte der Arbeitsleistung, der wirtschaftlichen Lage, der Gesundheit, der persönlichen Vorlieben, der Interessen, der Zuverlässigkeit, des Verhaltens, der Aufenthaltsorte oder der Ortswechsel dieser natürlichen Person zu analysieren oder vorherzusagen;

5. „Pseudonymisierung" die Verarbeitung personenbezogener Daten in einer Weise, in der die Daten ohne Hinzuziehung zusätzlicher Informationen nicht mehr einer spezifischen betroffenen Person zugeordnet werden können, sofern diese zusätzlichen Informationen gesondert aufbewahrt werden und technischen und organisatorischen Maßnahmen unterliegen, die gewährleisten, dass die Daten keiner betroffenen Person zugewiesen werden können;

6. „Dateisystem" jede strukturierte Sammlung personenbezogener Daten, die nach bestimmten Kriterien zugänglich sind, unabhängig davon, ob diese Sammlung zentral, dezentral oder nach funktionalen oder geografischen Gesichtspunkten geordnet geführt wird;

7. „Verantwortlicher" die natürliche oder juristische Person, Behörde, Einrichtung oder andere Stelle, die allein oder gemeinsam mit anderen über die Zwecke und Mittel der Verarbeitung von personenbezogenen Daten entscheidet;

8. „Auftragsverarbeiter" eine natürliche oder juristische Person, Behörde, Einrichtung oder andere Stelle, die personenbezogene Daten im Auftrag des Verantwortlichen verarbeitet;

9. „Empfänger" eine natürliche oder juristische Person, Behörde, Einrichtung oder andere Stelle, der personenbezogene Daten offengelegt werden, unabhängig davon, ob es sich bei ihr um einen Dritten handelt oder nicht; Behörden, die im Rahmen eines bestimmten Untersuchungsauftrags nach dem Unionsrecht oder anderen Rechtsvorschriften personenbezogene Daten erhalten, gelten jedoch nicht als Empfänger; die Verarbeitung dieser Daten durch die genannten Behörden erfolgt im Einklang mit den geltenden Datenschutzvorschriften gemäß den Zwecken der Verarbeitung;

10. „Verletzung des Schutzes personenbezogener Daten" eine Verletzung der Sicherheit, die zur unbeabsichtigten oder unrechtmäßigen Vernich-

tung, zum Verlust, zur Veränderung oder zur unbefugten Offenlegung von oder zum unbefugten Zugang zu personenbezogenen Daten geführt hat, die verarbeitet wurden;

11. „genetische Daten" personenbezogene Daten zu den ererbten oder erworbenen genetischen Eigenschaften einer natürlichen Person, die eindeutige Informationen über die Physiologie oder die Gesundheit dieser Person liefern, insbesondere solche, die aus der Analyse einer biologischen Probe der Person gewonnen wurden;

12. „biometrische Daten" mit speziellen technischen Verfahren gewonnene personenbezogene Daten zu den physischen, physiologischen oder verhaltenstypischen Merkmalen einer natürlichen Person, die die eindeutige Identifizierung dieser natürlichen Person ermöglichen oder bestätigen, insbesondere Gesichtsbilder oder daktyloskopische Daten;

13. „Gesundheitsdaten" personenbezogene Daten, die sich auf die körperliche oder geistige Gesundheit einer natürlichen Person, einschließlich der Erbringung von Gesundheitsdienstleistungen, beziehen und aus denen Informationen über deren Gesundheitszustand hervorgehen;

14. „besondere Kategorien personenbezogener Daten"
    a) Daten, aus denen die rassische oder ethnische Herkunft, politische Meinungen, religiöse oder weltanschauliche Überzeugungen oder die Gewerkschaftszugehörigkeit hervorgehen,
    b) genetische Daten,
    c) biometrische Daten zur eindeutigen Identifizierung einer natürlichen Person,
    d) Gesundheitsdaten und
    e) Daten zum Sexualleben oder zur sexuellen Orientierung;

15. „Aufsichtsbehörde" eine von einem Mitgliedstaat gemäß Artikel 41 der Richtlinie (EU) 2016/680 eingerichtete unabhängige staatliche Stelle;

16. „internationale Organisation" eine völkerrechtliche Organisation und ihre nachgeordneten Stellen sowie jede sonstige Einrichtung, die durch eine von zwei oder mehr Staaten geschlossene Übereinkunft oder auf der Grundlage einer solchen Übereinkunft geschaffen wurde;

17. „Einwilligung" jede freiwillig für den bestimmten Fall, in informierter Weise und unmissverständlich abgegebene Willensbekundung in Form einer Erklärung oder einer sonstigen eindeutigen bestätigenden Handlung, mit der die betroffene Person zu verstehen gibt, dass sie mit der Verarbeitung der sie betreffenden personenbezogenen Daten einverstanden ist.

I. Einführung 1
II. Verhältnis zu den Begriffsdefinitionen der DSGVO 2
III. Abweichungen von den Begriffsdefinitionen der DSGVO 3

§ 46 BDSG | Begriffsbestimmungen

I. Einführung

1 Die Norm des § 46 enthält eine **Definition** verschiedener Begriffe, die in den weiteren Vorschriften des BDSG einheitlich verwendet werden. Zu beachten ist, dass diese Norm eine Norm des 3. Teils des BDSG darstellt. Sie beruht damit auf der Datenschutzrichtlinie für **Polizei und Justiz** (Richtlinie (EU) 2016/680). Die Norm gilt demgemäß ausschließlich dann, wenn der Anwendungsbereich des 3. Teils gemäß § 45 eröffnet ist, also wenn Daten durch die für die Verhütung, Ermittlung, Aufdeckung, Verfolgung oder Ahndung von Straftaten oder Ordnungswidrigkeiten zuständigen öffentlichen Stellen im Rahmen der Erfüllung ihrer Aufgaben verarbeitet werden. Für die Verarbeitung durch andere Stellen, insbesondere im Bereich der Privatwirtschaft, gilt die Norm damit nicht. Ebenso gilt sie streng genommen auch nicht für die Normen aus anderen Teilen des BDSG außerhalb des 3. Teils.

II. Verhältnis zu den Begriffsdefinitionen der DSGVO

2 Nahezu sämtliche der in § 46 definierten Begriffe sind bereits auch in Art. 4 DSGVO definiert. Allein der Begriff der „besonderen Kategorien personenbezogener Daten" ist nicht in Art. 4 DSGVO definiert, wohl aber in Art. 9 Abs. 1 DSGVO. Es wäre wünschenswert gewesen, wenn der Gesetzgeber hier mit Verweisungen gearbeitet hätte, statt die Regelungen schlicht zu wiederholen, was dann zu der Frage führt, ob sich ggf. Abweichungen im Detail ergeben (s. dazu nachfolgend Rz. 4).

III. Abweichungen von den Begriffsdefinitionen der DSGVO

3 Hinsichtlich der Auslegung der definierten Begriffe kann grundsätzlich auf die Kommentierung von Art. 4 DSGVO bzw. Art. 9 Abs. 1 DSGVO verwiesen werden.

In den Erwägungsgründen 23 und 24 zur Datenschutzrichtlinie für Polizei und Justiz wird mit Blick auf die Definition der personenbezogenen Daten nochmals besonderes Gewicht auf die Begriffe der genetischen Daten sowie der Gesundheitsdaten gelegt. **Genetische Daten** umfassen danach Daten über die ererbten oder erworbenen genetischen Eigenschaften einer natürlichen Person, die eindeutige Informationen über die Physiologie oder die Gesundheit dieser natürlichen Person liefern und die aus der Analyse einer biologischen Probe der betreffenden natürlichen Person, insbesondere durch eine Chromosomen-, Desoxyribonukleinsäure (DNS)- oder Ribonukleinsäure (RNS)-Analyse oder der Analyse eines anderen Elements, durch die gleichwertige Informationen erlangt werden können, gewonnen werden. Zu den personenbezogenen **Gesundheitsdaten** sollen danach alle Daten zählen, die sich auf den Gesundheitszustand einer betroffenen Person beziehen und aus denen Informationen über den früheren, gegenwärtigen und künftigen körperlichen oder geistigen Gesundheitszustand der betroffenen Person hervorgehen. Dazu gehören insbesondere Nummern, Symbole oder Kennzeichen, die einer natürlichen Person zugeteilt wurden, um diese für gesundheitliche Zwecke eindeutig zu identifizieren, Informationen, die von der Prüfung oder Untersuchung eines Körperteils oder einer körpereigenen Substanz, einschließlich genetischer Daten und biologischer Proben, abgeleitet wurden, sowie Informationen etwa über Krankheiten, Behinderungen, Krankheitsrisiken, Vorerkrankungen, klinische Behandlungen oder den physiologischen oder biomedizinischen Zustand der betroffenen Person unabhängig von der Herkunft der Daten, ob sie nun von einem Arzt oder sonstigem Angehörigen eines Gesundheitsberufes, einem Krankenhaus, einem Medizinprodukt oder einem In-Vitro-Diagnostikum stammen.

Kleinere Abweichungen zwischen § 46 und dem Definitionskatalog der DSGVO ergeben sich bei der Definition des „Verantwortlichen", der „Verletzung des Schutzes personenbezogener Daten", der „besonderen Kategorien personenbezogener Daten" sowie bei der Definition der „Aufsichtsbehörde". Die Abweichungen sind überwiegend rein sprachlicher Natur und führen in der Praxis zu keinen maßgeblichen Auswirkungen. 4

Allein die **Definition der Aufsichtsbehörde** ist insoweit abweichend, als für die Zwecke des 3. Teils die Aufsichtsbehörden auf solche Behörden beschränkt sind, die nach Art. 41 der Datenschutzrichtlinie für Polizei und Justiz eingerichtet worden sind. Danach hat jeder Mitgliedstaat vorzusehen, dass eine oder mehrere unabhängige Behörden für die Überwachung der Anwendung der Richtlinie zuständig sind, damit die Grundrechte und Grundfreiheiten natürlicher Personen bei der Verarbeitung geschützt werden und der freie Verkehr personenbezogener Daten in der Union erleichtert wird. 5

§ 47 Allgemeine Grundsätze für die Verarbeitung personenbezogener Daten

Personenbezogene Daten müssen
1. auf rechtmäßige Weise und nach Treu und Glauben verarbeitet werden,
2. für festgelegte, eindeutige und rechtmäßige Zwecke erhoben und nicht in einer mit diesen Zwecken nicht zu vereinbarenden Weise verarbeitet werden,
3. dem Verarbeitungszweck entsprechen, für das Erreichen des Verarbeitungszwecks erforderlich sein und ihre Verarbeitung nicht außer Verhältnis zu diesem Zweck stehen,
4. sachlich richtig und erforderlichenfalls auf dem neuesten Stand sein; dabei sind alle angemessenen Maßnahmen zu treffen, damit personenbezo-

gene Daten, die im Hinblick auf die Zwecke ihrer Verarbeitung unrichtig sind, unverzüglich gelöscht oder berichtigt werden,

5. nicht länger als es für die Zwecke, für die sie verarbeitet werden, erforderlich ist, in einer Form gespeichert werden, die die Identifizierung der betroffenen Personen ermöglicht, und

6. in einer Weise verarbeitet werden, die eine angemessene Sicherheit der personenbezogenen Daten gewährleistet; hierzu gehört auch ein durch geeignete technische und organisatorische Maßnahmen zu gewährleistender Schutz vor unbefugter oder unrechtmäßiger Verarbeitung, unbeabsichtigtem Verlust, unbeabsichtigter Zerstörung oder unbeabsichtigter Schädigung.

I. Einführung	1	II. Verhältnis zu den Grundsätzen der DSGVO	2

I. Einführung

1 Die Norm regelt die allgemeinen Grundsätze für die Verarbeitung personenbezogener Daten. Zu beachten ist, dass diese Norm eine Norm des 3. Teils des BDSG darstellt. Sie beruht damit auf der Datenschutzrichtlinie für **Polizei und Justiz** (Richtlinie (EU) 2016/680). Die Norm gilt demgemäß ausschließlich dann, wenn der Anwendungsbereich des 3. Teils gemäß § 45 eröffnet ist, also wenn Daten durch die für die Verhütung, Ermittlung, Aufdeckung, Verfolgung oder Ahndung von Straftaten oder Ordnungswidrigkeiten zuständigen öffentlichen Stellen im Rahmen der Erfüllung ihrer Aufgaben verarbeitet werden. Für die Verarbeitung durch andere Stellen, insbesondere im Bereich der Privatwirtschaft, gilt die Norm damit nicht.

II. Verhältnis zu den Grundsätzen der DSGVO

2 Die in § 47 aufgeführten Grundsätze entsprechen weitestgehend den Grundsätzen, wie sie auch in Art. 5 DSGVO zu finden sind. Im Einzelnen sind dies Folgende:

3 In § 47 Nr. 1 findet sich das Gebot der Verarbeitung nach **Treu und Glauben**. Dieses findet seine Entsprechung in Art. 5 Abs. 1 Buchst. a DSGVO. Im BDSG fehlt allerdings das spezifische Erfordernis der „Nachvollziehbarkeit". Aus dem Erwägungsgrund 26 zur Datenschutzrichtlinie für Polizei und Justiz geht hervor, dass dieser Grundsatz der Durchführung von Maßnahmen wie **verdeckten Ermittlungen oder Videoüberwachung** durch die Strafverfolgungsbehörden an sich nicht entgegensehen soll. Diese Maßnahmen können nach dem Erwägungsgrund 26 zwecks Verhütung, Ermittlung, Aufdeckung oder Verfolgung von Straftaten oder zur Strafvollstreckung, einschließlich des Schutzes vor und der Abwehr von Gefahren für die öffentliche Sicherheit, getroffen werden, sofern sie durch Rechts-

vorschriften geregelt sind und eine erforderliche und verhältnismäßige Maßnahme in einer demokratischen Gesellschaft darstellen, bei der die berechtigten Interessen der betroffenen natürlichen Person gebührend berücksichtigt werden.

In § 47 Nr. 2 findet sich der **Zweckbindungsgrundsatz**. Dieser findet seine Entsprechung in Art. 5 Abs. 1 Buchst. b DSGVO. Es wird auf die Kommentierung zu Art. 5 DSGVO verwiesen, s. Art. 5 DSGVO Rz. 6 ff. 4

In § 47 Nr. 3 findet sich der Grundsatz der **Datenminimierung** und der Erforderlichkeit. Dieser findet seine Entsprechung – wenn auch mit z.t. abweichenden Formulierungen – in Art. 5 Abs. 1 Buchst. c DSGVO. Es wird auf die Kommentierung zu Art. 5 DSGVO verwiesen, s. Art. 5 DSGVO Rz. 10 ff. Personenbezogene Daten sollten nur verarbeitet werden dürfen, wenn der Zweck der Verarbeitung nicht in zumutbarer Weise durch andere Mittel erreicht werden kann (vgl. Erwägungsgrund 26 zur Datenschutzrichtlinie für Polizei und Justiz). 5

In § 47 Nr. 4 findet sich das **Richtigkeitsgebot**. Dieses findet seine Entsprechung in Art. 5 Abs. 1 Buchst. d DSGVO. Es wird auf die Kommentierung zu Art. 5 DSGVO verwiesen, s. Art. 5 DSGVO Rz. 12 ff. Erwägungsgrund 30 zur Datenschutzrichtlinie für Polizei und Justiz konkretisiert den Grundsatz der sachlichen Richtigkeit der Daten speziell für den Bereich gerichtlicher Verfahren. Aussagen, die personenbezogene Daten enthalten, basieren gerade in **Gerichtsverfahren** auf der subjektiven Wahrnehmung von natürlichen Personen und sind nicht immer nachprüfbar. Infolgedessen sollte sich der Grundsatz der sachlichen Richtigkeit nicht auf die Richtigkeit einer Aussage beziehen, sondern lediglich auf die Tatsache, dass eine bestimmte Aussage gemacht worden ist. Bei der Verarbeitung personenbezogener Daten im Rahmen der justiziellen Zusammenarbeit in Strafsachen und der polizeilichen Zusammenarbeit geht es naturgemäß um betroffene Personen verschiedener Kategorien. Daher sollte so weit wie möglich klar zwischen den personenbezogenen Daten der einzelnen **Kategorien betroffener Personen** unterschieden werden, wie Verdächtige, verurteilte Straftäter, Opfer und andere Parteien, beispielsweise Zeugen, Personen, die über einschlägige Informationen verfügen, oder Personen, die mit Verdächtigen oder verurteilten Straftätern in Kontakt oder in Verbindung stehen (vgl. Erwägungsgrund 31 zur Datenschutzrichtlinie für Polizei und Justiz). 6

In § 47 Nr. 5 findet sich das Gebot der **Speicherbegrenzung**. Dieses findet seine Entsprechung in Art. 5 Abs. 1 Buchst. e DSGVO, wenn auch mit bestimmten Gegenausnahmen, welche sich in § 47 nicht finden. Es wird auf die Kommentierung zu Art. 5 DSGVO verwiesen, s. Art. 5 DSGVO Rz. 14 ff. Um sicherzustellen, dass die Daten nicht länger als nötig gespeichert werden, hat der Verantwortliche Fristen für ihre Löschung oder regelmäßige Überprüfung vorzusehen (vgl. Erwägungsgrund 26 zur Datenschutzrichtlinie für Polizei und Justiz). 7

In § 47 Nr. 6 findet sich das Gebot der **Integrität und Vertraulichkeit**. Dieses findet seine Entsprechung in Art. 5 Abs. 1 Buchst. f DSGVO. Es wird auf die Kommentierung zu Art. 5 DSGVO verwiesen, s. Art. 5 DSGVO Rz. 19 ff. 8

Kapitel 2
Rechtsgrundlagen der Verarbeitung personenbezogener Daten

§ 48 Verarbeitung besonderer Kategorien personenbezogener Daten

(1) Die Verarbeitung besonderer Kategorien personenbezogener Daten ist nur zulässig, wenn sie zur Aufgabenerfüllung unbedingt erforderlich ist.

(2) Werden besondere Kategorien personenbezogener Daten verarbeitet, sind geeignete Garantien für die Rechtsgüter der betroffenen Personen vorzusehen. Geeignete Garantien können insbesondere sein

1. spezifische Anforderungen an die Datensicherheit oder die Datenschutzkontrolle,
2. die Festlegung von besonderen Aussonderungsprüffristen,
3. die Sensibilisierung der an Verarbeitungsvorgängen Beteiligten,
4. die Beschränkung des Zugangs zu den personenbezogenen Daten innerhalb der verantwortlichen Stelle,
5. die von anderen Daten getrennte Verarbeitung,
6. die Pseudonymisierung personenbezogener Daten,
7. die Verschlüsselung personenbezogener Daten oder
8. spezifische Verfahrensregelungen, die im Fall einer Übermittlung oder Verarbeitung für andere Zwecke die Rechtmäßigkeit der Verarbeitung sicherstellen.

I. Einführung 1	III. Anforderungen an die Verarbeitung sensibler Daten 3
II. Verhältnis zu den Grundsätzen der DSGVO 2	

I. Einführung

1   Die Norm regelt, unter welchen Voraussetzungen die Verarbeitung **besonderer Kategorien personenbezogener Daten** zulässig ist. Zu beachten ist, dass diese Norm eine Norm des 3. Teils des BDSG darstellt. Sie beruht damit auf der Datenschutzrichtlinie für **Polizei und Justiz** (Richtlinie (EU) 2016/680). Die Norm gilt demgemäß ausschließlich dann, wenn der Anwendungsbereich des 3. Teils gemäß § 45 eröffnet ist, also wenn Daten durch die für die Verhütung, Ermittlung, Aufdeckung, Verfolgung oder Ahndung von Straftaten oder Ordnungswidrigkeiten zuständigen öffentlichen Stellen im Rahmen der Erfüllung ihrer Aufgaben verarbeitet werden. Für die Verarbeitung durch andere Stellen, insbesondere im Bereich der Privatwirtschaft, gilt die Norm damit nicht.

II. Verhältnis zu den Grundsätzen der DSGVO

Unter der DSGVO ist die Verarbeitung besonderer Kategorien personenbezogener Daten grundsätzlich untersagt (Art. 9 Abs. 1 DSGVO). Art. 9 Abs. 2 DSGVO regelt eine Reihe spezifischer Ausnahmen von dem Verbot. Das BDSG verfolgt in § 48 einen anderen Ansatz. Die Verarbeitung sensibler Daten wird generell für zulässig erklärt, wenn sie zur Aufgabenerfüllung der öffentlichen Stelle, z.b. der Polizei, unbedingt erforderlich ist. Damit wird im Grunde ein eher weiter Tatbestand geschaffen. Allerdings sind im Gegenzug geeignete Garantien für die Rechtsgüter der betroffenen Personen vorzusehen.

III. Anforderungen an die Verarbeitung sensibler Daten

Nach § 49 Abs. 1 ist die Verarbeitung besonderer Kategorien personenbezogener Daten nur zulässig, wenn sie zur Aufgabenerfüllung unbedingt erforderlich ist. Zu prüfen ist also zunächst, ob die geplante Verarbeitung in den „**Aufgabenbereich**" des Verantwortlichen fällt. Sodann muss die Verarbeitung zur Erfüllung eben dieser Aufgabe **erforderlich** sein. Verschärft wird dieser Erforderlichkeitsmaßstab durch die Verwendung der Formulierung „unbedingt". Im Grunde ist dieses Füllwort sinnwidrig. Denn entweder eine Maßnahme ist erforderlich, weil der verfolgte Zweck nicht auf andere Weise mit gleicher Sicherheit erreicht werden kann, oder es gibt mildere Mittel, dann fehlt es an dieser Erforderlichkeit. Vor diesem Hintergrund wird man das „unbedingt" wohl so lesen müssen, dass insgesamt hohe Anforderungen an die Verhältnismäßigkeitsprüfung zu stellen sind.

Dies folgt nicht zuletzt auch aus der Regelung des § 48 Abs. 2, wonach geeignete Garantien für die Rechtsgüter der betroffenen Personen vorzusehen sind. Zu den **geeigneten Garantien** für die Rechte und Freiheiten der betroffenen Person kann nach Erwägungsgrund 37 der Datenschutzrichtlinie für Polizei und Justiz beispielsweise zählen, dass diese Daten nur in Verbindung mit anderen Daten über die betroffene natürliche Person erhoben werden dürfen, die erhobenen Daten hinreichend gesichert werden müssen, der Zugang der Mitarbeiter der zuständigen Behörde zu den Daten strenger geregelt und die Übermittlung dieser Daten verboten wird. Die Verarbeitung solcher Daten sollte ebenfalls durch Rechtsvorschriften erlaubt sein, wenn die betroffene Person der Datenverarbeitung, die besonders stark in ihre Privatsphäre eingreift, ausdrücklich zugestimmt hat. Die Einwilligung der betroffenen Person allein sollte jedoch noch keine rechtliche Grundlage für die Verarbeitung solch sensibler personenbezogener Daten durch die zuständigen Behörden liefern.

§ 49 Verarbeitung zu anderen Zwecken

Eine Verarbeitung personenbezogener Daten zu einem anderen Zweck als zu demjenigen, zu dem sie erhoben wurden, ist zulässig, wenn es sich bei dem anderen Zweck um einen der in § 45 genannten Zwecke handelt, der Verantwortliche befugt ist, Daten zu diesem Zweck zu verarbeiten, und die Verarbeitung zu diesem Zweck erforderlich und verhältnismäßig ist. Die Verarbeitung personenbezogener Daten zu einem anderen, in § 45 nicht genannten Zweck ist zulässig, wenn sie in einer Rechtsvorschrift vorgesehen ist.

I. Einführung 1	III. Anforderungen an die Zweckänderung 4
II. Verhältnis zu den Grundsätzen der DSGVO 2	

I. Einführung

1 Die Norm regelt die Anforderungen an eine **Zweckänderung**. Zu beachten ist, dass diese Norm eine Norm des 3. Teils des BDSG darstellt. Sie beruht damit auf der Datenschutzrichtlinie für **Polizei und Justiz** (Richtlinie (EU) 2016/680). Die Norm gilt demgemäß ausschließlich dann, wenn der Anwendungsbereich des 3. Teils gemäß § 45 eröffnet ist, also wenn Daten durch die für die Verhütung, Ermittlung, Aufdeckung, Verfolgung oder Ahndung von Straftaten oder Ordnungswidrigkeiten zuständigen öffentlichen Stellen im Rahmen der Erfüllung ihrer Aufgaben verarbeitet werden. Für die Verarbeitung durch andere Stellen, insbesondere im Bereich der Privatwirtschaft, gilt die Norm damit nicht.

II. Verhältnis zu den Grundsätzen der DSGVO

2 Unter der DSGVO ist die Zweckänderung in Art. 6 Abs. 4 DSGVO geregelt. Dort richtet sich die Zulässigkeit der Zweckänderung danach, ob der neue Zweck mit dem ursprünglichen Zweck „**vereinbar**" ist. Das BDSG verfolgt in § 49 einen anderen Ansatz. Abgestellt wird darauf, ob der neue Zweck auch einer derjenigen Zwecke ist, die vom 3. Teil des BDSG erfasst werden. Ist dies der Fall, so ist eine Zweckänderung grundsätzlich möglich, solange der Verhältnismäßigkeitsgrundsatz gewahrt ist.

3 Aus Erwägungsgrund 27 der Datenschutzrichtlinie für Polizei und Justiz geht hervor, dass die Anforderungen an eine Zweckänderung grundsätzlich nicht zu hoch angesetzt werden dürfen. Denn dort heißt es, dass die zuständigen Behörden zur Verhütung, Ermittlung und Verfolgung von Straftaten berechtigt sein müssen, personenbezogene Daten, die im Zusammenhang mit der Verhütung, Ermittlung, Aufdeckung oder Verfolgung einer bestimmten Straftat erhoben wurden, auch in einem anderen Kontext verarbeiten zu können, um sich ein

Bild von den kriminellen Handlungen machen und **Verbindungen zwischen verschiedenen aufgedeckten Straftaten** herstellen zu können.

III. Anforderungen an die Zweckänderung

Nach § 49 Satz 1 sind folgende Anforderungen zu erfüllen, um eine Zweckänderung zu legitimieren. 4

Der neue Zweck muss zunächst **von § 45 erfasst** sein. Konkret geht es dabei um die „Verhütung, Ermittlung, Aufdeckung, Verfolgung oder Ahndung von Straftaten oder Ordnungswidrigkeiten". 5

Darüber hinaus muss der Verantwortliche befugt sein, Daten zu diesem geänderten Zweck zu verarbeiten. Was klingt wie ein Zirkelschluss meint letztlich, dass der Verantwortliche berechtigt sein muss, die Daten nach den **allgemeinen Erlaubnisnormen des 3. Teils** für diesen neuen Zweck zu verarbeiten. Nur wenn dies der Fall ist, können die ursprünglich für einen anderen Zweck erhobenen Daten umgewidmet werden. 6

Schließlich muss die Verarbeitung zu diesem neuen Zweck **erforderlich und verhältnismäßig** sein. 7

Nach § 49 Satz 2 ist darüber hinaus eine weitergehende Zweckänderung möglich, auch außerhalb der in § 45 genannten Zwecke. Konkret ist dies der Fall, wenn eine solche Verarbeitung in einer **Rechtsvorschrift** vorgesehen ist. 8

§ 50 Verarbeitung zu archivarischen, wissenschaftlichen und statistischen Zwecken

Personenbezogene Daten dürfen im Rahmen der in § 45 genannten Zwecke in archivarischer, wissenschaftlicher oder statistischer Form verarbeitet werden, wenn hieran ein öffentliches Interesse besteht und geeignete Garantien für die Rechtsgüter der betroffenen Personen vorgesehen werden. Solche Garantien können in einer so zeitnah wie möglich erfolgenden Anonymisierung der personenbezogenen Daten, in Vorkehrungen gegen ihre unbefugte Kenntnisnahme durch Dritte oder in ihrer räumlich und organisatorisch von den sonstigen Fachaufgaben getrennten Verarbeitung bestehen.

I. Einführung 1	II. Voraussetzungen der Verarbeitung zu wissenschaftlichen Zwecken 2

§ 50 BDSG | Archivarische, wissenschaftl. und statist. Zwecke

I. Einführung

1 § 50 basiert auf Art. 4 Abs. 3 der Datenschutzrichtlinie für Polizei und Justiz, dem gemäß Verantwortliche Daten auch zu wissenschaftlichen, statistischen und historischen Zwecken verarbeiten dürfen, solange diese Verarbeitung im Rahmen des Anwendungsbereichs des Dritten Teils des BDSG (§§ 45 ff.) erfolgt. Vergleichbar den allgemeinen **Regelungen in §§ 27, 28** bestimmt § 50 also, dass auf der Verhütung, Ermittlung, Aufdeckung, Verfolgung oder Ahndung von Straftaten oder Ordnungswidrigkeiten basierende Daten von den zuständigen öffentlichen Stellen im Rahmen ihrer Aufgaben auch in archivarischer, wissenschaftlicher oder statistischer Weise (weiter-)verarbeitet werden dürfen. Voraussetzung ist, dass hieran ein **öffentliches Interesse** besteht und geeignete Garantien für die Rechtsgüter der betroffenen Personen vorgesehen werden.

Ein Beispiel wäre die Statistik über die Häufigkeit bestimmter Straftaten oder den Ausgang typisierter Strafverfahren bzw. die **kriminologische oder kriminaltechnische Forschung** des Bundeskriminalamts[1]. Ein öffentliches Interesse daran, dass die Strafverfolgungsbehörden (auch) wissenschaftlich arbeiten, wird in der Regel vorliegen. Soweit die archivarischen, wissenschaftlichen oder statistischen Zwecke nicht mehr dem Anwendungsbereich der Datenschutzrichtlinie für Polizei und Justiz unterfallen, weil es z.B. um allgemeine Forschung ohne direkten Bezug zur Verhütung, Ermittlung, Aufdeckung, Verfolgung oder Ahndung von Straftaten geht, finden die DSGVO und die §§ 22 ff. Anwendung.

II. Voraussetzungen der Verarbeitung zu wissenschaftlichen Zwecken

2 § 50 stellt keinen eigenständigen Rechtfertigungstatbestand dar, sondern eine Lockerung des Zweckbindungsgrundsatzes, vgl. die Kommentierung der verwandten Normen in § 27 Rz. 10 f. und § 28 Rz. 5. Die Regelung geht in diesem Sinne § 49 vor.

Voraussetzung einer Verarbeitung im privilegierten Bereich ist das Vorliegen geeigneter Vorkehrungen zugunsten der Rechtsgüter der betroffenen Person. Geeignete Garantien für die Betroffenen werden regelmäßig in der **Pseudonymisierung oder Anonymisierung** liegen. Die Norm fordert insofern beispielhaft die Anonymisierung „so zeitnah" wie möglich.

Zudem können **Vorkehrungen gegen die unbefugte Kenntnisnahme** durch Dritte vorzusehen sein. Diese allgemein geltende Vorgabe an die Speicherung und Verwahrung personenbezogener Daten im Anwendungsbereich der §§ 45 ff. ist also auch dann zu beachten, wenn die Daten wissenschaftlich aufbereitet oder archivarisch aufbewahrt werden sollen. Schließlich legt der Gesetzeswortlaut na-

---

[1] So die Gesetzesbegründung, BT-Drucks. 18/11325, S. 112.

he, die wissenschaftlichen bzw. Archivdaten **von den operativen Datenbeständen getrennt** zu verarbeiten. Im Regelfall werden alle diese Maßnahmen angezeigt sein, um eine rechtmäßige Weiterverwendung der ursprünglich zur Strafverfolgung im engeren Sinne erhobenen Daten zu rechtfertigen.

Die Anforderungen an den konkreten Umgang mit Daten seitens bestimmter Stellen und in spezifischen Konstellationen können sich auch aus Spezialgesetzen ergeben, vgl. etwa § 21 Bundeskriminalamtgesetz (BKAG). 3

§ 51 Einwilligung

(1) Soweit die Verarbeitung personenbezogener Daten nach einer Rechtsvorschrift auf der Grundlage einer Einwilligung erfolgen kann, muss der Verantwortliche die Einwilligung der betroffenen Person nachweisen können.

(2) Erfolgt die Einwilligung der betroffenen Person durch eine schriftliche Erklärung, die noch andere Sachverhalte betrifft, muss das Ersuchen um Einwilligung in verständlicher und leicht zugänglicher Form in einer klaren und einfachen Sprache so erfolgen, dass es von den anderen Sachverhalten klar zu unterscheiden ist.

(3) Die betroffene Person hat das Recht, ihre Einwilligung jederzeit zu widerrufen. Durch den Widerruf der Einwilligung wird die Rechtmäßigkeit der aufgrund der Einwilligung bis zum Widerruf erfolgten Verarbeitung nicht berührt. Die betroffene Person ist vor Abgabe der Einwilligung hiervon in Kenntnis zu setzen.

(4) Die Einwilligung ist nur wirksam, wenn sie auf der freien Entscheidung der betroffenen Person beruht. Bei der Beurteilung, ob die Einwilligung freiwillig erteilt wurde, müssen die Umstände der Erteilung berücksichtigt werden. Die betroffene Person ist auf den vorgesehenen Zweck der Verarbeitung hinzuweisen. Ist dies nach den Umständen des Einzelfalles erforderlich oder verlangt die betroffene Person dies, ist sie auch über die Folgen der Verweigerung der Einwilligung zu belehren.

(5) Soweit besondere Kategorien personenbezogener Daten verarbeitet werden, muss sich die Einwilligung ausdrücklich auf diese Daten beziehen.

I. Einführung 1	II. Verhältnis zu den Grundsätzen der DSGVO 2

I. Einführung

Die Norm regelt die Anforderungen an eine wirksame **Einwilligung**. Zu beachten ist, dass diese Norm eine Norm des 3. Teils des BDSG darstellt. Sie beruht 1

§ 51 BDSG | Einwilligung

damit auf der Datenschutzrichtlinie für **Polizei und Justiz** (Richtlinie (EU) 2016/680). Die Norm gilt demgemäß ausschließlich dann, wenn der Anwendungsbereich des 3. Teils gemäß § 45 eröffnet ist, also wenn Daten durch die für die Verhütung, Ermittlung, Aufdeckung, Verfolgung oder Ahndung von Straftaten oder Ordnungswidrigkeiten zuständigen öffentlichen Stellen im Rahmen der Erfüllung ihrer Aufgaben verarbeitet werden.

II. Verhältnis zu den Grundsätzen der DSGVO

2 Die Regelung entspricht weitgehend den Anforderungen an eine Einwilligung nach Maßgabe der DSGVO. Hinsichtlich der Anforderungen an eine Einwilligung im Geltungsbereich des 3. Teils des BDSG sei auf die Kommentierung der entsprechenden Normen der DSGVO, also Art. 4 Nr. 11 DSGVO i.V.m. Art. 7 DSGVO verwiesen.

Hinsichtlich des in § 51 Abs. 2 verankerten **Trennungs- und Transparenzgebots** sei auf die Kommentierung zu Art. 7 DSGVO Rz. 10 verwiesen. Hinsichtlich des in § 51 Abs. 3 verankerten **Rechts zum Widerruf** sei auf die Kommentierung zu Art. 7 DSGVO Rz. 14 verwiesen. Hinsichtlich des in § 51 Abs. 4 verankerten **Gebots der Freiwilligkeit** sei auf die Kommentierung zu Art. 7 DSGVO Rz. 18 verwiesen. Soweit **besondere Kategorien personenbezogener Daten** verarbeitet werden, muss sich die Einwilligung ausdrücklich auf diese Daten beziehen (§ 51 Abs. 5).

3 Erwägungsgrund 35 zur **Datenschutzrichtlinie für Polizei und Justiz** enthält darüber hinaus weitere Hinweise zum Thema **Freiwilligkeit der Einwilligung**, speziell für den Fall, dass die zuständigen Behörden natürliche Personen auffordern oder anweisen, ihren Anordnungen nachzukommen. In einem solchen Fall sollte die Einwilligung der betroffenen Person keine rechtliche Grundlage für die Verarbeitung personenbezogener Daten durch die zuständigen Behörden darstellen. Wird die betroffene Person aufgefordert, einer rechtlichen Verpflichtung nachzukommen, so hat sie keine echte Wahlfreiheit, weshalb ihre Reaktion nicht als freiwillig abgegebene Willensbekundung betrachtet werden kann. Dies sollte die Mitgliedstaaten nicht daran hindern, durch Rechtsvorschriften vorzusehen, dass die betroffene Person der Verarbeitung ihrer personenbezogenen Daten für die Zwecke dieser Richtlinie zustimmen kann, beispielsweise im Falle von DNA-Tests in strafrechtlichen Ermittlungen oder zur Überwachung ihres Aufenthaltsorts mittels elektronischer Fußfessel zur Strafvollstreckung.

§ 52 Verarbeitung auf Weisung des Verantwortlichen

Jede einem Verantwortlichen oder einem Auftragsverarbeiter unterstellte Person, die Zugang zu personenbezogenen Daten hat, darf diese Daten ausschließlich auf Weisung des Verantwortlichen verarbeiten, es sei denn, dass sie nach einer Rechtsvorschrift zur Verarbeitung verpflichtet ist.

I. Einführung 1	II. Verhältnis zu den Grundsätzen der DSGVO 2

I. Einführung

Die Norm regelt die das Konzept der **Weisungsgebundenheit** von Personen, die dem Verantwortlichen oder einem Auftragsverarbeiter unterstellt sind. Zu beachten ist, dass diese Norm eine Norm des 3. Teils des BDSG darstellt. Sie beruht damit auf der Datenschutzrichtlinie für **Polizei und Justiz** (Richtlinie (EU) 2016/680). Die Norm gilt demgemäß ausschließlich dann, wenn der Anwendungsbereich des 3. Teils gemäß § 45 eröffnet ist, also wenn Daten durch die für die Verhütung, Ermittlung, Aufdeckung, Verfolgung oder Ahndung von Straftaten oder Ordnungswidrigkeiten zuständigen öffentlichen Stellen im Rahmen der Erfüllung ihrer Aufgaben verarbeitet werden.

1

II. Verhältnis zu den Grundsätzen der DSGVO

Die Regelung entspricht weitestgehend den Anforderungen an die Weisungsgebundenheit unter der DSGVO. Hinsichtlich der Anforderungen an eine „Verarbeitung unter Aufsicht" im Geltungsbereich des 3. Teils des BDSG sei auf die Kommentierung der Parallelnorm des Art. 29 DSGVO verwiesen. In der BDSG-Norm fehlt – im Gegensatz zu Art. 29 DSGVO – der ausdrückliche Hinweis auf die Weisungsgebundenheit des Auftragsverarbeiters selbst; benannt sind nur die „unterstellten Personen". Allerdings ergibt sich diese Weisungsgebundenheit des Auftragsverarbeiters aus dem generellen Konzept der Auftragsverarbeitung (vgl. § 62 Abs. 5 Nr. 1).

2

§ 53 Datengeheimnis

Mit Datenverarbeitung befasste Personen dürfen personenbezogene Daten nicht unbefugt verarbeiten (Datengeheimnis). Sie sind bei der Aufnahme ihrer Tätigkeit auf das Datengeheimnis zu verpflichten. Das Datengeheimnis besteht auch nach der Beendigung ihrer Tätigkeit fort.

§ 53 BDSG | Datengeheimnis

I. Einführung 1
II. Verhältnis zu den Grundsätzen der DSGVO 2
III. Anforderung an die Verpflichtung auf das Datengeheimnis ... 3

I. Einführung

1   Die Norm regelt das Erfordernis der **Verpflichtung auf das Datengeheimnis**. Zu beachten ist, dass diese Norm eine Norm des 3. Teils des BDSG darstellt. Sie beruht damit auf der Datenschutzrichtlinie für **Polizei und Justiz** (Richtlinie (EU) 2016/680). Die Norm gilt demgemäß ausschließlich dann, wenn der Anwendungsbereich des 3. Teils gemäß § 45 eröffnet ist, also wenn Daten durch die für die Verhütung, Ermittlung, Aufdeckung, Verfolgung oder Ahndung von Straftaten oder Ordnungswidrigkeiten zuständigen öffentlichen Stellen im Rahmen der Erfüllung ihrer Aufgaben verarbeitet werden.

II. Verhältnis zu den Grundsätzen der DSGVO

2   Eine **Verpflichtung auf das Datengeheimnis**, wie sie noch in § 5 BDSG-alt enthalten war, findet sich in der DSGVO nicht. Allerdings ist der Verantwortliche gemäß Art. 29 DSGVO verpflichtet, dafür Sorge zu tragen, dass „Auftragsverarbeiter und jede dem Verantwortlichen oder dem Auftragsverarbeiter unterstellte Person, die Zugang zu personenbezogenen Daten hat, [...] diese Daten ausschließlich auf Weisung des Verantwortlichen [...] verarbeiten". Der Auftragsverarbeiter wiederum hat nach Art. 28 Abs. 3 Satz 2 Buchst. b DSGVO zu gewährleisten, „dass sich die zur Verarbeitung der personenbezogenen Daten befugten Personen zur Vertraulichkeit verpflichtet haben oder einer angemessenen gesetzlichen Verschwiegenheitspflicht unterliegen".

III. Anforderung an die Verpflichtung auf das Datengeheimnis

3   Mit Datenverarbeitung befasste Personen sind bei der Aufnahme ihrer Tätigkeit auf das Datengeheimnis zu verpflichten. Sinnvollerweise erfolgt dies durch eine von der jeweiligen Person zu unterzeichnende Verpflichtungserklärung. Maßgeblich ist die Aufnahme der Tätigkeit, konkret der Datenverarbeitung, nicht der allgemeine Beginn der Tätigkeit für den Verantwortlichen. Allerdings werden beide Ereignisse in der Praxis regelmäßig zum selben Zeitpunkt eintreten. Das Datengeheimnis besteht auch nach der Beendigung der Tätigkeit fort. Dies gilt kraft Gesetzes auch dann, wenn die Verpflichtungserklärung versehentlich nicht auf diesen Umstand Bezug nimmt.

§ 54 Automatisierte Einzelentscheidung

(1) Eine ausschließlich auf einer automatischen Verarbeitung beruhende Entscheidung, die mit einer nachteiligen Rechtsfolge für die betroffene Person verbunden ist oder sie erheblich beeinträchtigt, ist nur zulässig, wenn sie in einer Rechtsvorschrift vorgesehen ist.

(2) Entscheidungen nach Absatz 1 dürfen nicht auf besonderen Kategorien personenbezogener Daten beruhen, sofern nicht geeignete Maßnahmen zum Schutz der Rechtsgüter sowie der berechtigten Interessen der betroffenen Personen getroffen wurden.

(3) Profiling, das zur Folge hat, dass betroffene Personen auf der Grundlage von besonderen Kategorien personenbezogener Daten diskriminiert werden, ist verboten.

I. Einführung	1	III. Die Tatbestände im Einzelnen	3
II. Normaufbau	2		

Schrifttum: *Greve*, Das neue Bundesdatenschutzgesetz, NVwZ 2017, 737.

I. Einführung

§ 54 setzt Art. 11 der Datenschutzrichtlinie für Polizei und Justiz (Richtlinie (EU) 2016/680[1]) um und formuliert einen **Gesetzesvorbehalt**[2]. Art. 11 der Datenschutzrichtlinie für Polizei und Justiz wiederum wird durch Erwägungsgründe näher erläutert. Art. 11 der Datenschutzrichtlinie für Polizei und Justiz ist mit „Automatisierte Entscheidungsfindung im Einzelfall" überschrieben. Anders als in Art. 22 DSGVO und in § 37 fehlt dort in der Überschrift der ausdrückliche Hinweis auf das Profiling. In Art. 11 Abs. 1 der Datenschutzrichtlinie für Polizei und Justiz wird aber das Profiling – ähnlich wie in Art. 22 DSGVO – wieder in Parenthese eingeschoben und somit in Bezug genommen. § 54 wiederum ist – wie § 6a BDSG-alt – überschrieben mit „Automatisierte Einzelentscheidung", was aber letztlich keinen Einfluss auf die gefundenen Ergebnisse haben und lediglich als Ungenauigkeit der Umsetzung gewertet werden dürfte. Die Definition des Profilings in Art. 3 Nr. 4 der Datenschutzrichtlinie für Polizei und Justiz entspricht der in Art. 4 Nr. 4 DSGVO. Anders als Art. 22 DSGVO steht Art. 11 der Datenschutzrichtlinie für Polizei und Justiz und dementsprechend konsequenterweise auch § 54 nicht im Abschnitt der Rechte des Betroffenen, so dass zumindest im Anwendungsbereich

1

---

1 Richtlinie (EU) 2016/680 des Europäischen Parlaments und des Rates v. 27.4.2016 zum Schutz natürlicher Personen bei der Verarbeitung personenbezogener Daten durch die zuständigen Behörden zum Zweck der Verhütung, Ermittlung, Aufdeckung oder Verfolgung von Straftaten oder der Strafvollstreckung sowie zum freien Datenverkehr und zur Aufhebung des Rahmenbeschlusses 2008/977/JI des Rates (ABl. L 119 v. 4.5.2016, S. 89).
2 Paal/Pauly/*Frenzel*, § 54 BDSG Rz. 1.

der Richtlinie mehr dafür spricht, dass es sich bei den Regelungen zur automatisierten Entscheidungsfindung um eine Art **Verarbeitungsregelung** handelt (s. zur Diskussion bereits Art. 22 DSGVO Rz. 1 und Rz. 4 und § 37 BDSG Rz. 1).

II. Normaufbau

2   Wie Art. 11 der Datenschutzrichtlinie für Polizei und Justiz enthält § 54 drei Absätze. Mit den drei Absätzen des § 54 sollen die des Art. 11 der Richtlinie entsprechend umgesetzt werden. Auffällig dabei ist, dass die Abs. 2 und 3 des § 54 die entsprechenden Absätze aus Art. 11 der Datenschutzrichtlinie für Polizei und Justiz im Grunde **wortgleich** übernehmen, während in Abs. 1 genau darauf verzichtet wird, indem dort der Bezug auf das Profiling fehlt.

III. Die Tatbestände im Einzelnen

3   § 54 Abs. 1 setzt Art. 11 Abs. 1 der Datenschutzrichtlinie für Polizei und Justiz um. Allerdings fehlt dort der ausdrückliche Bezug auf das Profiling. Die Gesetzesbegründung stellt aber klar, dass Abs. 1 insbesondere auf eine auf **Profiling** basierende Einzelentscheidung Anwendung finden soll[3].

4   Entscheidungen im Sinne von Abs. 1 sollen solche sein, bei denen es sich um einen **Rechtsakt mit Außenwirkung** gegenüber der betroffenen Person – regelmäßig um einen Verwaltungsakt – handelt[4].

5   Während in Art. 22 DSGVO nur von einer „rechtlichen Wirkung" der Entscheidung die Rede ist und das Merkmal, dass es sich um eine nachteilige Wirkung handeln muss, erst aus dem Zusammenhang mit der Formulierung „oder sie in ähnlicher Weise erheblich beeinträchtigt" deutlich wird (s. zur Diskussion Art. 22 DSGVO Rz. 7e), stellt Art. 11 Abs. 1 der Datenschutzrichtlinie für Polizei und Justiz und dementsprechend auch § 54 Abs. 1 bereits im Wortlaut klar, dass der Anwendungsbereich nur bei Entscheidungen mit **nachteiliger Rechtsfolge** eröffnet ist.

6   Mit Blick auf das Kriterium der Entscheidung macht die Gesetzesbegründung deutlich, dass hierzu interne **Zwischenfestlegungen oder -auswertungen**, die Ausfluss automatisierter Prozesse sind, nicht unter § 54 fallen. Falls auch solche Auswertungen dadurch Außenwirkung entfalten, indem sie an einen anderen Rechtsträger weitergegeben werden, bedarf es (wieder) einer gesonderten Rechtsgrundlage[5].

7   Anders als Art. 11 Abs. 1 der Datenschutzrichtlinie für Polizei und Justiz erwähnt § 54 Abs. 1 **Schutzmaßnahmen** zugunsten der betroffenen Person nicht. Allerdings beschränkt sich auch Art. 11 Abs. 1 der Richtlinie auf die Nennung

---

3 BT-Drucks. 18/11325, S. 112.
4 BT-Drucks. 18/11325, S. 112.
5 Paal/Pauly/*Frenzel*, § 54 BDSG Rz. 4.

des Rechts auf persönliches Eingreifen seitens des Verantwortlichen. Was der Richtliniengeber mit „zumindest" meint, ergibt sich dann aus dem Erwägungsgrund 38. Danach soll – ähnlich wie in Erwägungsgrund 71 zu Art. 22 DSGVO – eine spezifische Unterrichtung der betroffenen Person erfolgen und Hinweise auf das Recht auf Eingreifen einer Person, auf Darlegung des eigenen Standpunktes, auf Erläuterung der nach einer entsprechenden Bewertung getroffenen Entscheidung oder auf Anfechtung der Entscheidung gegeben werden (vgl. hierzu die Kommentierung zu Art. 22 DSGVO Rz. 14). Auch hier betont der Erwägungsgrund, dass diese Maßnahmen im Anwendungsbereich der Vorschrift „in jedem Fall" zu erfolgen haben. Der Schutz wird ggf. über das deutsche Verfassungs- und Verwaltungsrecht sichergestellt[6].

Die Abs. 2 und 3 setzen diejenigen des Art. 11 der Datenschutzrichtlinie für Polizei und Justiz im Wesentlichen wortgleich um, so dass im Grunde direkt auf die Richtlinie zurückgegriffen werden kann. Art. 11 Abs. 3 der Datenschutzrichtlinie für Polizei und Justiz wird in Erwägungsgrund 38 noch einmal unterlegt. 8

Kapitel 3
Rechte der betroffenen Person

§ 55 Allgemeine Informationen zu Datenverarbeitungen

Der Verantwortliche hat in allgemeiner Form und für jedermann zugänglich Informationen zur Verfügung zu stellen über

1. die Zwecke der von ihm vorgenommenen Verarbeitungen,
2. die im Hinblick auf die Verarbeitung ihrer personenbezogenen Daten bestehenden Rechte der betroffenen Personen auf Auskunft, Berichtigung, Löschung und Einschränkung der Verarbeitung,
3. den Namen und die Kontaktdaten des Verantwortlichen und der oder des Datenschutzbeauftragten,
4. das Recht, die Bundesbeauftragte oder den Bundesbeauftragten anzurufen, und
5. die Erreichbarkeit der oder des Bundesbeauftragten.

I. Einführung	1	III. Die Tatbestände im Einzelnen	3
II. Normaufbau	2		

Schrifttum: S. § 54 BDSG.

---

6 Paal/Pauly/*Frenzel*, § 54 BDSG Rz. 6.

§ 55 BDSG | Allgemeine Informationen zu Datenverarbeitungen

I. Einführung

1 Kapitel III der Datenschutzrichtlinie für Polizei und Justiz (Richtlinie (EU) 2016/680) enthält – wie auch die DSGVO – die Rechte der Betroffenen. Auch in dem diese Richtlinie umsetzenden BDSG befinden sich die Rechte der betroffenen Personen im 3. Kapitel des 3. Teils. Ähnlich wie die DSGVO mit Art. 12 DSGVO allgemeine Vorschriften „vor die Klammer" setzt, erfolgt dies in der Datenschutzrichtlinie für Polizei und Justiz durch deren Art. 12. Diesem Aufbau folgt das BDSG jedoch nicht, sondern enthält **allgemeine Vorschriften** über das Verfahren für die Ausübung der Rechte der betroffenen Person erst in dessen § 59. Kapitel 3 des BDSG wird vielmehr mit § 55 mit einer Vorschrift eröffnet, die eine aktive Information des Verantwortlichen gegenüber betroffenen Personen fordert, unabhängig von der Geltendmachung von Betroffenenrechten[1]. § 55 soll dabei Art. 13 Abs. 1 der Datenschutzrichtlinie für Polizei und Justiz umsetzen[2]. Auch der diese Vorschrift erläuternde Erwägungsgrund 42 betont, dass die dort genannten Informationen „zumindest" (in jedem Fall) zu erteilen sind. Betroffene sollen sich unabhängig von der Datenverarbeitung im konkreten Fall in leicht zugänglicher Form einen Überblick über die Zwecke der beim Verantwortlichen durchgeführten Verarbeitungen verschaffen können und eine Übersicht über die ihnen zu Gebote stehenden Betroffenenrechte zu bekommen[3]. Insoweit erwähnt bereits Erwägungsgrund 42 zur Datenschutzrichtlinie für Polizei und Justiz, dass dies über die **Website** der zuständigen Behörde erfolgen könne. Zumindest für den Anwendungsbereich der Datenschutzrichtlinie für Polizei und Justiz ist damit die im Rahmen der DSGVO geführte Diskussion um die Zulässigkeit des sog. Medienbruchs geklärt (s. hierzu Art. 12 DSGVO Rz. 4).

II. Normaufbau

2 § 55 setzt Art. 13 Abs. 1 der Datenschutzrichtlinie für Polizei und Justiz um. Allerdings hält sich § 55 nicht an die Reihenfolge der enumerativen Aufzählung aus Art. 13 Abs. 1 der Datenschutzrichtlinie für Polizei und Justiz. Art. 13 Abs. 1 Buchst. d der Richtlinie wird durch § 55 Nr. 4 und 5 dahingehend national umgesetzt, als dass direkt der Hinweis auf die Zuständigkeit des Bundesbeauftragten für den Datenschutz erteilt wird. Während die nach § 55 zu erteilenden **Informationen grundsätzlich** zu erteilen sind, besteht eine Informationspflicht nach § 56 nur nach den fachrechtlichen Bestimmungen. Daraus entsteht im Anwendungsbereich der Richtlinie anders ein Stufenverhältnis[4] hinsichtlich der zu erteilenden Informationen.

---

1 Von einer allgemeinen Bürgerinformationspflicht spricht Paal/Pauly/*Paal*, § 55 BDSG Rz. 4.
2 BT-Drucks. 18/11325, S. 112.
3 BT-Drucks. 18/11325, S. 112.
4 Paal/Pauly/*Paal*, § 55 BDSG Rz. 3.

III. Die Tatbestände im Einzelnen

Nach § 55 Nr. 1 sind die Zwecke der vorgenommenen Verarbeitungen anzugeben[5]. Hier genügen prägnant formulierte **Verarbeitungszwecke** in einer klaren und einfachen Sprache, s. § 59 Abs. 1.

Die nach § 55 Nr. 2 erforderliche Aufzählung der einzelnen **Rechte der betroffenen Person** kann dadurch geschehen, dass auf die einzelnen Rechtsvorschriften verwiesen wird. Ein Eingehen auf einzelne Tatbestandsvoraussetzungen wird dagegen nicht erforderlich sein, weil diese im Einzelfall auch nicht immer zutreffen mögen. Den betroffenen Personen wird es zuzumuten sein, anhand der referenzierten Normen ihre Rechte individuell geltend zu machen.

Nach § 55 Nr. 3 sind der Name und die **Kontaktdaten** des Verantwortlichen anzugeben. Hierzu gehört jedenfalls die genaue Bezeichnung der verantwortlichen Behörde. Ob hierzu auch der Vorname und/oder auch der Name des Behördenleiters gehört, oder ob nicht die Funktionsbezeichnung ausreicht, erscheint fraglich. In aller Regel dürfte die (damit auch gleichzeitig generische) Funktionsbezeichnung ausreichen, da sie hinreichend personenbeziehbar ist. In jedem Fall dazu gehört jedoch die postalische Anschrift. Bei Angabe einer E-Mail-Adresse erscheint eine Poststellenanschrift ebenso ausreichend zu sein, wie die Angabe einer zentralen Telefonnummer anstatt einer Durchwahl.

Daneben sind nach § 55 Nr. 3 die Kontaktdaten des (behördlichen) **Datenschutzbeauftragten** anzugeben. § 55 Nr. 3 verzichtet im Gegensatz zu Art. 13 Abs. 1 Buchst. b der Datenschutzrichtlinie für Polizei und Justiz auf die Einschränkung „gegebenenfalls", da nach § 5 die Bestellung eines Datenschutzbeauftragten im öffentlichen Bereich zwingend ist. Allerdings brauchen auch hier nicht der Vorname und der Name des Datenschutzbeauftragten angegeben zu werden; es genügt vielmehr die postalische Anschrift „Datenschutzbeauftragter" wie auch hier die E-Mail-Adresse, die beispielsweise datenschutz@xyz.de lauten könnte. Bei der Angabe der Telefonnummer bietet sich im Falle des Datenschutzbeauftragten die Durchwahl an.

§ 55 Nr. 4 und 5 setzen Art. 13 Abs. 1 Buchst. d der Datenschutzrichtlinie für Polizei und Justiz um. Hier wird der konkrete Hinweis auf die Zuständigkeit des/der **Bundesbeauftragten** für den Datenschutz gegeben. In Umsetzung der Informationspflicht, bezogen auf die Kontaktdaten, wäre nach der hier vertretenen Ansicht die postalische Anschrift mit der Funktionsbezeichnung ohne konkrete Namensnennung ausreichend. Im Übrigen kann auf die Ausführungen zu § 55 Nr. 3 verwiesen werden. In Umsetzung des Kriteriums der „Kontaktdaten" aus Art. 13 Abs. 1 Buchst. d der Datenschutzrichtlinie für Polizei und Justiz müssen weitergehende Angaben wie zu etwaigen Sprechzeiten dagegen nicht erfolgen. Die deutsche „Übersetzung" in § 55 Nr. 5 durch den Begriff der Erreich-

---

5 Vgl. zum Ganzen auch die Kommentierung zu Art. 13 DSGVO.

barkeit ist insoweit ebenso missverständlich, wie der Begriff des „Anrufens" in § 55 Nr. 4, was keinesfalls die ausschließlich telefonische Kontaktaufnahme meint. Anders als in § 57 Abs. 1 Nr. 7 fehlt hier der ausdrückliche Verweis auf § 60, was aber eher redaktionell bedingt sein dürfte.

§ 56 Benachrichtigung betroffener Personen

(1) Ist die Benachrichtigung betroffener Personen über die Verarbeitung sie betreffender personenbezogener Daten in speziellen Rechtsvorschriften, insbesondere bei verdeckten Maßnahmen, vorgesehen oder angeordnet, so hat diese Benachrichtigung zumindest die folgenden Angaben zu enthalten:

1. die in § 55 genannten Angaben,
2. die Rechtsgrundlage der Verarbeitung,
3. die für die Daten geltende Speicherdauer oder, falls dies nicht möglich ist, die Kriterien für die Festlegung dieser Dauer,
4. gegebenenfalls die Kategorien von Empfängern der personenbezogenen Daten sowie
5. erforderlichenfalls weitere Informationen, insbesondere, wenn die personenbezogenen Daten ohne Wissen der betroffenen Person erhoben wurden.

(2) In den Fällen des Absatzes 1 kann der Verantwortliche die Benachrichtigung insoweit und solange aufschieben, einschränken oder unterlassen, wie andernfalls
1. die Erfüllung der in § 45 genannten Aufgaben,
2. die öffentliche Sicherheit oder
3. Rechtsgüter Dritter

gefährdet würden, wenn das Interesse an der Vermeidung dieser Gefahren das Informationsinteresse der betroffenen Person überwiegt.

(3) Bezieht sich die Benachrichtigung auf die Übermittlung personenbezogener Daten an Verfassungsschutzbehörden, den Bundesnachrichtendienst, den Militärischen Abschirmdienst und, soweit die Sicherheit des Bundes berührt wird, andere Behörden des Bundesministeriums der Verteidigung, ist sie nur mit Zustimmung dieser Stellen zulässig.

(4) Im Fall der Einschränkung nach Absatz 2 gilt § 57 Absatz 7 entsprechend.

I. Einführung	1	III. Die Tatbestände im Einzelnen	6
II. Normaufbau	5		

Schrifttum: S. § 54 BDSG.

Benachrichtigung betroffener Personen | § 56 BDSG

I. Einführung

§ 56 setzt im Wesentlichen Art. 13 Abs. 2 der Datenschutzrichtlinie für Polizei 1
und Justiz um. Die Umsetzung von Art. 13 Abs. 1 erfolgte hiervon getrennt bereits durch § 55. Anders als die Art. 13 und 14 der DSGVO behandelt Art. 13 der Datenschutzrichtlinie für Polizei und Justiz nicht die Situation, nach der bestimmte Informationen zu erteilen sind bzw. die entsprechenden Informationspflichten bestehen. Vielmehr sehen nach Art. 13 Abs. 2 der Datenschutzrichtlinie für Polizei und Justiz die Mitgliedstaaten durch Rechtsvorschriften vor, dass der Verantwortliche der betroffenen Person in besonderen Fällen zusätzliche Informationen erteilt, um die Ausübung der Rechte der betroffenen Person zu ermöglichen. „Wann" also die in Rede stehenden Informationspflichten bestehen, regelt die Datenschutzrichtlinie für Polizei und Justiz nicht. Dort ist in Art. 13 nur geregelt, „woraus" die Informationen dann zu bestehen haben. Diesem Regelungskonzept folgt auch § 56 Abs. 1, indem dort auf das **Fachrecht** verwiesen wird. Die Gesetzesbegründung ergänzt insofern, dass eine Festlegung der in Art. 13 Abs. 2 der Datenschutzrichtlinie für Polizei und Justiz genannten „besonderen Fälle" nicht verallgemeinernd auf der Ebene des BDSG möglich ist und verweist insoweit auf das Fachrecht[1]. Die Gesetzesbegründung ergänzt dann noch – gewissermaßen als Leitlinie für die Schaffung der entsprechenden Informationsverpflichtung in dem jeweiligen Fachrecht –, dass leitend für die (gesetzgeberische) Entscheidung, ob eine Benachrichtigung unabhängig von der Geltendmachung eines Betroffenenrechts angezeigt ist, sein dürfte, ob die Verarbeitung mit oder ohne Wissen der betroffenen Person, ggf. in Verbindung mit einer erhöhten Eingriffstiefe, erfolgt. In letztgenannten Fällen soll eine aktive, ggf. nachträgliche, Benachrichtigung die einzige Möglichkeit für die betroffene Person sein, von der Verarbeitung Kenntnis zu erlangen und ggf. deren Rechtmäßigkeit mit Hilfe von Betroffenenrechten zu prüfen[2]. Inhaltlich wird damit die Formulierung aus Art. 13 Abs. 2 der Datenschutzrichtlinie für Polizei und Justiz aufgegriffen[3]. Umgekehrt bedeutet das aber auch, dass bei fehlender Regelung von Benachrichtigungspflichten im Fachrecht § 56 weitestgehend leer läuft. Fälle der Direkterhebung scheinen nach der Gesetzesbegründung quasi ohnehin ausgenommen zu sein. Es bleibt abzuwarten, ob im Rahmen des weiteren Datenschutzanpassungsgesetzes (2. Korb) entsprechende Verpflichtungen geschaffen werden[4].

Selbst bei Schaffung entsprechender Verpflichtungen im Fachrecht deutet sich 2
eine geringe praktische Relevanz der Benachrichtigungspflichten an. Bereits

---

1 BT-Drucks. 18/11325, S. 112.
2 BT-Drucks. 18/11325, S. 112.
3 Erwägungsgrund 42 ergänzt insoweit noch, dass die betroffene Person dann informiert werden sollte, soweit diese zusätzlichen Informationen unter Berücksichtigung der spezifischen Umstände, unter denen die Daten verarbeitet werden, notwendig sind, um gegenüber der betroffenen Person eine Verarbeitung nach Treu und Glauben zu gewährleisten.
4 Kritisch zum drohenden Transparenzdefizit Paal/Pauly/*Paal*, § 56 BDSG Rz. 5 und 11.

Art. 13 Abs. 3 der Datenschutzrichtlinie für Polizei und Justiz lässt dem nationalen Gesetzgeber die Möglichkeit der Schaffung **umfangreicher Ausnahmetatbestände**. Die in Art. 13 Abs. 3 der Richtlinie erwähnten Ausnahmemöglichkeiten deuten mit Blick auf die Verarbeitungsziele weitreichende Ausnahmen an. Dem folgt konsequenterweise § 56 Abs. 2 unter ausdrücklicher Bezugnahme auf die Richtlinie[5].

3 § 56 Abs. 3 wird mit dem Bedürfnis der Übernahme der Vorschrift aus § 19 Abs. 3 BDSG-alt begründet[6]. Es fällt auf, dass hier eine ausdrückliche Referenz auf die entsprechende Richtlinienvorschrift fehlt, obwohl hier die Buchst. b–d des Art. 13 Abs. 3 der Datenschutzrichtlinie für Polizei und Justiz Anknüpfungspunkte geboten hätten. Allerdings ist der Richtlinie das explizite **Zustimmungserfordernis** der in § 56 Abs. 3 genannten Behörden nicht direkt zu entnehmen – wenn auch vielleicht sogar indirekt ableitbar. Fast etwas verschämt weist die Gesetzesbegründung dann zumindest noch auf das Erfordernis einer besonderen Interessenabwägung hin und greift der mit Pflicht, im Einzelfall zu prüfen, ob die Bereitstellung etwa teil – oder zeitweise eingeschränkt werden kann („soweit und solange"), eine Wendung aus Art. 13 Abs. 3 der Datenschutzrichtlinie für Polizei und Justiz auf[7].

4 § 56 Abs. 4 enthält keine Begründungserwägung. Er ergänzt in gewisser Weise für die nach § 56 Abs. 2 geregelten Fälle § 56 Abs. 1 Nr. 1, der seinerseits auf § 55 verweist, um die nach § 57 Abs. 7 geltenden Verfahrensregeln.

II. Normaufbau

5 § 56 Abs. 1 enthält zunächst den **Katalog** an zu erteilenden Informationen, sofern sich eine entsprechende Verpflichtung aus dem Fachrecht ergibt. § 56 Abs. 2 und 3 regeln davon Ausnahmen. § 56 Abs. 4 bestimmt eine spezielle Rechtsfolge, sofern eine Ausnahme nach Abs. 2 (nicht aber nach Abs. 3) greifen soll.

III. Die Tatbestände im Einzelnen

6 § 56 Abs. 1 definiert die Informationsbestandteile, sofern sie in speziellen Rechtsvorschriften vorgesehen oder angeordnet ist. Der Einschub „insbesondere bei verdeckten Maßnahmen" greift ein Motiv aus der Gesetzesbegründung auf, ist aber im Grunde hier überflüssig, wenn sich die entsprechende Verpflichtung eben aus dem **Fachrecht** ergibt.

---

5 BT-Drucks. 18/11325, S. 112.
6 Durch diese Auskunftsbeschränkung sollte verhindert werden, dass die betroffene Person nicht „durch die Hintertür" von einer Abfrage der entsprechenden Sicherheitsbehörden erfährt.
7 BT-Drucks. 18/11325, S. 113.

Hinsichtlich der einzelnen Informationsbestandteile verweist § 56 Abs. 1 Nr. 1 zunächst auf § 55. Das ist konsequent, da Art. 13 Abs. 2 auf Abs. 1 verweist, eine entsprechende Verpflichtung enthält und § 56 im übrigen Art. 13 der Datenschutzrichtlinie für Polizei und Justiz umsetzt. Auf die Ausführungen zu § 55 kann insoweit verwiesen werden.

Das sich aus § 56 Abs. 1 Nr. 2 ergebende Erfordernis, die **Rechtsgrundlage** zu nennen, ist direkt in Art. 13 Abs. 2 Buchst. a der Datenschutzrichtlinie für Polizei und Justiz verankert. Zur Nennung der Rechtsgrundlage reicht das bloße Zitieren des entsprechenden Paragraphen. Weitere Ausführungen, etwa zu besonderen Tatbestandsvoraussetzungen etc. oder Subsumtionshilfen, sind nicht erforderlich. § 56 Abs. 1 Nr. 3 setzt Art. 13 Abs. 2 Buchst. b der Datenschutzrichtlinie für Polizei und Justiz nahezu wortgleich um. Gegenüber der Entwurfsfassung wurde zuletzt der Wortlaut dieser Vorschrift noch an den des gleichgerichteten § 57 Abs. 1 Nr. 5 angepasst[8]. 7

Nach § 56 Abs. 1 Nr. 4 ist auch über die **Kategorien von Empfängern** der personenbezogenen Daten zu informieren. Allerdings besteht diese Verpflichtung in Übereinstimmung mit Art. 13 Abs. 2 Buchst. c der Datenschutzrichtlinie für Polizei und Justiz nur „gegebenenfalls". Wovon das allerdings abhängig sein soll bleibt unklar. In Ansehung der ohnehin schon weitreichenden Ausnahmetatbestände der Abs. 2 und 3 des § 56 wird man hier zu einer engen Auslegung kommen und verlangen müssen, dass eine Benachrichtigungspflicht jedenfalls dann besteht, wenn die Kategorien der Empfänger bekannt sind. Wenn auch einzelne Empfänger unter Umständen nicht (mehr) bekannt sein können, sind in aller Regel die Kategorien der Empfänger dem Verantwortlichen bekannt und daher zu nennen. 8

Im Gegensatz zum Text des Art. 13 Abs. 2 Buchst. c der Datenschutzrichtlinie für Polizei und Justiz fehlt in § 56 Abs. 1 Nr. 4 der Hinweis auf die Empfänger in **Drittländern** oder in internationalen Organisationen. Da bezogen auf das Auskunftsrecht § 57 Abs. 1 Nr. 4 die Formulierung aus Art. 14 Buchst. c der Datenschutzrichtlinie für Polizei und Justiz direkt übernommen hat, kann dies hier nur als Versehen gewertet werden. Insofern ist auch in § 56 Abs. 1 Nr. 4 in richtlinienkonformer Auslegung über Empfänger in Drittländern oder in internationalen Organisationen zu informieren. 9

§ 56 Abs. 1 Nr. 5 sieht die Pflicht vor, erforderlichenfalls **weitere Informationen** zu erteilen. Das gilt insbesondere dann, wenn die personenbezogenen Daten ohne Wissen der betroffenen Personen erhoben wurden. Diese Formulierung ist eng angelehnt an Art. 13 Abs. 2 Buchst. d der Datenschutzrichtlinie für Polizei und Justiz. Damit ist aber die Schaffung von Informationen – im Fachrecht – im Falle der Direkterhebung keinesfalls ausgeschlossen (vgl. zur Diskussion Rz. 1). 10

---

8 BT-Drucks. 18/12144, S. 7.

Woraus aber die Informationen bestehen sollen, die „erforderlichenfalls" zu erteilen sind, bleibt unklar. Auch ein Vergleich mit Art. 13 DSGVO gibt keine weiteren Hinweise, da im Grunde der dortige Informationskatalog dem des Art. 13 der Datenschutzrichtlinie für Polizei und Justiz entspricht. Allein eine Pflicht zu Transparenz im Falle der automatisierten Entscheidungsfindung fehlt. Mit Blick auf Art. 14 Abs. 2 Buchst. f DSGVO wäre noch an die Angabe der Herkunft der Daten zu denken.

11 Nach Art. 13 Abs. 3 der Datenschutzrichtlinie für Polizei und Justiz können die Mitgliedstaaten Gesetzgebungsmaßnahmen erlassen, wonach die Unterrichtung der betroffenen Person **soweit und solange** aufgeschoben, eingeschränkt oder unterlassen werden kann, wie diese Maßnahme in einer demokratischen Gesellschaft erforderlich und verhältnismäßig ist und sofern den Grundrechten und den berechtigten Interessen der betroffenen natürlichen Personen Rechnung getragen wird. Die entsprechende nationale Umsetzung erfolgt durch § 56 Abs. 2[9]. Dabei lehnt sich diese Vorschrift eng an die durch die Richtlinie vorgegebene Flexibilität an. Gleichzeitig wird dem Verantwortlichen aber ein großes Maß an Verantwortung auferlegt, denn es ist an ihm, im konkreten Fall zu entscheiden, in welchem Umfang die Informationspflichten eingeschränkt oder gar unterlassen werden können („soweit") und ob und wann diese ggf. nachzuholen sind („solange").

12 Allerdings enthält § 56 Abs. 2 gegenüber der Richtlinie hierfür einen anderen **Abwägungsmaßstab**. Während nach Art. 13 Abs. 3 der Datenschutzrichtlinie für Polizei und Justiz darauf abgestellt wird, dass die Maßnahme – also die Ausnahme von der Benachrichtigung – in einer demokratischen Gesellschaft erforderlich und verhältnismäßig ist und den Grundrechten und berechtigten Interessen der betroffenen natürlichen Person Rechnung getragen wird, verlangt § 56 Abs. 2 „nur" eine **Gefährdung** der in die Abwägung einzubeziehenden Rechtsgüter, wenn das Interesse an der Vermeidung dieser Gefahren das Informationsinteresse der betroffenen Person überwiegt. Die Gesetzesbegründung betont zwar, dass die Vorschrift zum Schutz der betroffenen Person über das in der Richtlinie Gebotene hinausgeht[10]. Der Vergleich des Wortlautes der beiden Vorschriften legt aber eher das Gegenteil nahe. Insbesondere verlangt Art. 13 Abs. 3 der Datenschutzrichtlinie für Polizei und Justiz, dass die nach nationalem Recht zu erlassende Rechtsvorschrift den berechtigten Interessen der betroffenen Person Rechnung trägt. Nach dem diese Maßgabe umsetzenden § 56 Abs. 2 reicht aber bereits eine „Gefährdung" der genannten Schutzziele – das Interesse an der Vermeidung der Gefährdung dürfte aber in aller Regel das Informationsinteresse der betroffenen Person überwiegen. Das ist den genannten Schutzzielen in gewisser Weise immanent[11].

---

9 BT-Drucks. 18/11325, S. 112.
10 BT-Drucks. 18/11325, S. 112 f.
11 Für eine zusätzliche Verhältnismäßigkeitsprüfung daher Paal/Pauly/*Paal*, § 56 BDSG Rz. 8.

Die **Schutzziele** wiederum entsprechen im Grunde denen des Art. 13 Abs. 3 der Datenschutzrichtlinie für Polizei und Justiz. § 56 Abs. 2 Nr. 1 verweist auf die allgemeine Regel des § 45. Dieser Verweis ist im Lichte der Buchst. a und b des Art. 13 Abs. 3 der Datenschutzrichtlinie für Polizei und Justiz zu lesen. § 56 Abs. 2 Nr. 2 entspricht dagegen wörtlich Art. 13 Abs. 3 Buchst. c der Datenschutzrichtlinie für Polizei und Justiz. Mit § 56 Abs. 2 Nr. 3, der Rechtsgüter Dritter als in die Abwägung einzubeziehendes Schutzziel nennt, soll Art. 13 Abs. 3 Buchst. e der Datenschutzrichtlinie für Polizei und Justiz umgesetzt werden; die etwas andere Formulierung dort („Schutz der Rechte und Freiheiten anderer Personen") dürfte aber keinen anderen Bedeutungsgehalt haben[12]. 13

Das in Art. 13 Abs. 3 Buchst. d der Datenschutzrichtlinie für Polizei und Justiz genannte Schutzziel der nationalen Sicherheit wurde gesondert in § 56 Abs. 3 aufgegriffen. Bezeichnenderweise referenziert die Gesetzesbegründung nicht auf die entsprechende Richtlinienvorschrift, sondern auf § 19 Abs. 3 BDSG-alt, dessen Erhalt geboten sei[13]. Jedenfalls mit Blick auf die in § 56 Abs. 3 genannten Stellen dürfte dem in Art. 13 Abs. 3 Buchst. d der Datenschutzrichtlinie für Polizei und Justiz genannten Schutzziel der nationalen Sicherheit entsprochen worden sein. Auch mag das Zustimmungserfordernis der genannten Stellen gerade vor dem Hintergrund des hochrangigen Schutzziels als eine „Sicherungsmaßnahme" zum Schutz dieses Ziels erforderlich erscheinen. Gerade wegen des in Rede stehenden Schutzziels ist zu erwarten, dass die **Zustimmung** in aller Regel **verweigert** werden wird. Wegen der in Art. 13 Abs. 3 der Richtlinie geforderten Abwägung, in welcher den berechtigten Interessen der betroffenen natürlichen Personen Rechnung zu tragen ist, wird zur richtlinienkonformen Umsetzung dieser Vorschrift zu fordern sein, dass diese Verweigerung entsprechend begründet wird und diese Begründung eine Abwägung der Interessen enthält[14]. 14

Die „Auslagerung" der nationalen Umsetzung des Schutzziels „**nationale Sicherheit**" in einen eigenen Absatz hat Folgen. § 56 Abs. 4 verweist nämlich nur auf Abs. 2 und nicht auch auf Abs. 3. Damit besteht nach nationalem Recht der über den Verweis auf § 57 Abs. 7 eröffnete Mechanismus im Bereich des § 56 Abs. 3 nicht. Das steht etwas im Widerspruch zu § 56 Abs. 1 Nr. 1 und dem darin enthaltenen Verweis auf § 55, da innerhalb des im hier in Rede stehenden Kontexts dessen Abs. 1 Nr. 4 und 5 Relevanz entfalten. Die nach diesen Vorschriften zu leistenden Informationen laufen bei Abs. 3 weitestgehend leer, wenn nach Abs. 4 § 57 Abs. 7 gerade ausgeschlossen sein soll (Einzelheiten zu § 57 Abs. 7 s. dort). 15

---

12 Zur Vereinbarkeit mit § 101 Abs. 4 Satz 4 StPO Paal/Pauly/*Paal*, § 56 BDSG Rz. 7.
13 BT-Drucks. 18/11325, S. 113.
14 Vgl. § 57 Abs. 4 und die dazu gehörende Gesetzesbegründung, BT-Drucks. 18/11325, S. 113.

§ 57 Auskunftsrecht

(1) Der Verantwortliche hat betroffenen Personen auf Antrag Auskunft darüber zu erteilen, ob er sie betreffende Daten verarbeitet. Betroffene Personen haben darüber hinaus das Recht, Informationen zu erhalten über

1. die personenbezogenen Daten, die Gegenstand der Verarbeitung sind, und die Kategorie, zu der sie gehören,
2. die verfügbaren Informationen über die Herkunft der Daten,
3. die Zwecke der Verarbeitung und deren Rechtsgrundlage,
4. die Empfänger oder die Kategorien von Empfängern, gegenüber denen die Daten offengelegt worden sind, insbesondere bei Empfängern in Drittstaaten oder bei internationalen Organisationen,
5. die für die Daten geltende Speicherdauer oder, falls dies nicht möglich ist, die Kriterien für die Festlegung dieser Dauer,
6. das Bestehen eines Rechts auf Berichtigung, Löschung oder Einschränkung der Verarbeitung der Daten durch den Verantwortlichen,
7. das Recht nach § 60, die Bundesbeauftragte oder den Bundesbeauftragten anzurufen, sowie
8. Angaben zur Erreichbarkeit der oder des Bundesbeauftragten.

(2) Absatz 1 gilt nicht für personenbezogene Daten, die nur deshalb verarbeitet werden, weil sie aufgrund gesetzlicher Aufbewahrungsvorschriften nicht gelöscht werden dürfen oder die ausschließlich Zwecken der Datensicherung oder der Datenschutzkontrolle dienen, wenn die Auskunftserteilung einen unverhältnismäßigen Aufwand erfordern würde und eine Verarbeitung zu anderen Zwecken durch geeignete technische und organisatorische Maßnahmen ausgeschlossen ist.

(3) Von der Auskunftserteilung ist abzusehen, wenn die betroffene Person keine Angaben macht, die das Auffinden der Daten ermöglichen, und deshalb der für die Erteilung der Auskunft erforderliche Aufwand außer Verhältnis zu dem von der betroffenen Person geltend gemachten Informationsinteresse steht.

(4) Der Verantwortliche kann unter den Voraussetzungen des § 56 Absatz 2 von der Auskunft nach Absatz 1 Satz 1 absehen oder die Auskunftserteilung nach Absatz 1 Satz 2 teilweise oder vollständig einschränken.

(5) Bezieht sich die Auskunftserteilung auf die Übermittlung personenbezogener Daten an Verfassungsschutzbehörden, den Bundesnachrichtendienst, den Militärischen Abschirmdienst und, soweit die Sicherheit des Bundes berührt wird, andere Behörden des Bundesministeriums der Verteidigung, ist sie nur mit Zustimmung dieser Stellen zulässig.

(6) Der Verantwortliche hat die betroffene Person über das Absehen von oder die Einschränkung einer Auskunft unverzüglich schriftlich zu unter-

richten. Dies gilt nicht, wenn bereits die Erteilung dieser Informationen eine Gefährdung im Sinne des § 56 Absatz 2 mit sich bringen würde. Die Unterrichtung nach Satz 1 ist zu begründen, es sei denn, dass die Mitteilung der Gründe den mit dem Absehen von oder der Einschränkung der Auskunft verfolgten Zweck gefährden würde.

(7) Wird die betroffene Person nach Absatz 6 über das Absehen von oder die Einschränkung der Auskunft unterrichtet, kann sie ihr Auskunftsrecht auch über die Bundesbeauftragte oder den Bundesbeauftragten ausüben. Der Verantwortliche hat die betroffene Person über diese Möglichkeit sowie darüber zu unterrichten, dass sie gemäß § 60 die Bundesbeauftragte oder den Bundesbeauftragten anrufen oder gerichtlichen Rechtsschutz suchen kann. Macht die betroffene Person von ihrem Recht nach Satz 1 Gebrauch, ist die Auskunft auf ihr Verlangen der oder dem Bundesbeauftragten zu erteilen, soweit nicht die zuständige oberste Bundesbehörde im Einzelfall feststellt, dass dadurch die Sicherheit des Bundes oder eines Landes gefährdet würde. Die oder der Bundesbeauftragte hat die betroffene Person zumindest darüber zu unterrichten, dass alle erforderlichen Prüfungen erfolgt sind oder eine Überprüfung durch sie stattgefunden hat. Diese Mitteilung kann die Information enthalten, ob datenschutzrechtliche Verstöße festgestellt wurden. Die Mitteilung der oder des Bundesbeauftragten an die betroffene Person darf keine Rückschlüsse auf den Erkenntnisstand des Verantwortlichen zulassen, sofern dieser keiner weitergehenden Auskunft zustimmt. Der Verantwortliche darf die Zustimmung nur insoweit und solange verweigern, wie er nach Absatz 4 von einer Auskunft absehen oder sie einschränken könnte. Die oder der Bundesbeauftragte hat zudem die betroffene Person über ihr Recht auf gerichtlichen Rechtsschutz zu unterrichten.

(8) Der Verantwortliche hat die sachlichen oder rechtlichen Gründe für die Entscheidung zu dokumentieren.

I. Einführung	1	III. Die Tatbestände im Einzelnen	3
II. Normaufbau	2		

Schrifttum: S. § 54 BDSG.

I. Einführung

Das in § 57 Abs. 1 enthaltene **Auskunftsrecht** setzt Art. 14 der Datenschutzrichtlinie für Polizei und Justiz um. Die Einschränkung des Auskunftsrechts nach § 57 Abs. 4 erfolgt in Umsetzung von Art. 15 Abs. 1 der Datenschutzrichtlinie für Polizei und Justiz, während die Einschränkungen des Auskunftsrechts nach den Abs. 2 und 3 eher eine Harmonisierung mit § 34 herstellen und Vor-

§ 57 BDSG | Auskunftsrecht

schriften aus § 19 BDSG-alt erhalten sollen[1]. § 57 Abs. 5 greift sowohl Elemente des Art. 15 Abs. 1 Buchst. d der Datenschutzrichtlinie für Polizei und Justiz wie auch des § 19 Abs. 3 BDSG-alt auf. § 57 Abs. 6 Satz 1 und 2 entspricht Art. 15 Abs. 3 Satz 1 und 2 der Datenschutzrichtlinie für Polizei und Justiz. Nach Satz 3 kann von einer Begründung der Auskunftsverweigerung abgesehen werden; eine Regelung, die § 19 Abs. 5 Satz 1 BDSG-alt entspricht[2]. § 57 Abs. 7 greift Art. 15 Abs. 3 Satz 3 der Datenschutzrichtlinie für Polizei und Justiz und ausweislich der Gesetzesbegründung insbesondere Art. 17 der Datenschutzrichtlinie für Polizei und Justiz auf. Gleichzeitig werden Elemente des § 19 Abs. 6 BDSG-alt erhalten. § 57 Abs. 8 setzt Art. 15 Abs. 4 der Datenschutzrichtlinie für Polizei und Justiz um[3]. Die entsprechenden Erwägungsgründe zu den in Bezug genommenen Richtlinienvorschriften finden sich in den Erwägungsgründen 43 ff.

II. Normaufbau

2 § 57 enthält das Auskunftsrecht (Abs. 1), sowie Regelungen, wann dieses eingeschränkt werden kann (Abs. 2 bis 5). Daneben enthält es Verfahrensvorschriften für den Verantwortlichen, falls von der Auskunftserteilung abgesehen werden soll (Abs. 6 bis 8).

III. Die Tatbestände im Einzelnen

3 Anders als die Benachrichtigungspflichten nach § 56 setzt § 57 einen **Antrag** der betroffenen Person voraus[4]. Das Auskunftsrecht nach § 57 Abs. 1 ist dabei zweistufig ausgestaltet. Zum einen kann nach Abs. 1 Satz 1 (zunächst) eine sog. Verarbeitungsbestätigung verlangt werden. Sofern durch den Verantwortlichen personenbezogene Daten der betroffenen Person verarbeitet werden, kann (dann) nach Abs. 1 Satz 2 auch Auskunft verlangt werden. Der Vorschrift wird aber nicht entnommen werden können, dass zur Geltendmachung des Auskunftsanspruchs stets die Phase der Verarbeitungsbestätigung durchlaufen werden muss. Vielmehr sind Auskunftsverlangen dahingehend auszulegen, dass ggf. neben der Verarbeitungsbestätigung sogleich auch Auskunft erteilt wird. Umgekehrt bedeutet § 57 Abs. 1 Satz 1 aber auch, dass auf entsprechende Nachfrage ggf. eine sog. „Negativbestätigung" zu erteilen ist. Ein Recht nach Satz 2 besteht dann naturgemäß nicht.

---

1 Dies erscheint unionsrechtlich bedenklich, da die Richtlinie in Art. 12 Abs. 2 Satz 2 nur eine Ausnahmeregelung zur Missbrauchsabwehr vorsieht, Paal/Pauly/*Paal*, § 57 BDSG Rz. 7.
2 BT-Drucks. 18/11325, S. 114.
3 BT-Drucks. 18/11325, S. 114.
4 BT-Drucks. 18/11325, S. 114.

Auskunftsrecht | § 57 BDSG

Inhaltlich ist Auskunft über die personenbezogenen Daten zu erteilen, **die Gegenstand der Verarbeitung** sind. Art. 14 Abs. 1 der Datenschutzrichtlinie für Polizei und Justiz spricht in seinem Einleitungssatz etwas undeutlich von „Auskunft über personenbezogene Daten"[5], wird aber in Art. 14 Abs. 1 Buchst. g konkreter, indem dort auch von Mitteilungen zu den personenbezogenen Daten die Rede ist, die Gegenstand der Verarbeitung sind. Insoweit greift § 57 Abs. 1 Nr. 1 die Richtlinienformulierung direkt auf[6]. Die Angaben zu den verarbeiteten personenbezogenen Daten können im Sinne einer zusammenfassenden Übersicht in verständlicher Form gemacht werden. Die Angaben müssen also nicht in einer Form gemacht werden, welche Aufschluss über die Art und Weise der Speicherung oder Sichtbarkeit der Daten beim Verantwortlichen (im Sinne einer Kopie) zulässt[7]. Datenbankstrukturen müssen also nicht offenbart werden. Auch Erwägungsgrund 43 zurDatenschutzrichtlinie für Polizei und Justiz lässt gewisse **Spielräume** der Darreichungsform zu. Danach muss die betroffene Person lediglich im Besitz einer vollständigen Übersicht über diese Daten in verständlicher Form sein, d.h. in einer Form, die es ihr ermöglicht, sich dieser Daten bewusst zu werden und nachzuprüfen, ob sie richtig sind und im Einklang mit der Richtlinie verarbeitet werden, so dass sie die ihr durch die Richtlinie verliehenen Rechte ausüben kann[8]. Etwas anders als die Begründung zum BDSG betont Erwägungsgrund 43 zwar, dass eine solche Übersicht (auch) in Form einer Kopie der personenbezogenen Daten, die Gegenstand der Verarbeitung sind, bereitgestellt werden könnte; aus dem Wort „könnte" ist aber gleichzeitig abzuleiten, dass damit nur eine Variante der Auskunftserteilung genannt wurde und sich insoweit kein Widerspruch zur Begründung von § 57 ergibt. 4

Gleichzeitig hat der Verantwortliche Auskunft nicht nur über die personenbezogenen Daten selbst, sondern auch („...und...") Auskunft über die Kategorie, zu der sie gehören, zu erteilen. Anders als die sich insoweit etwas irreführend lesende Gesetzesbegründung[9] ist es also nicht ausreichend, nur die Kategorien der personenbezogenen Daten zu beauskunften. Die Mitteilung ausschließlich von generalisierenden Angaben ist also nicht ausreichend; vielmehr sind zu den personenbezogenen Daten die Oberbegriffe zusätzlich anzugeben. 5

(Allein) aus den Erwägungsgründen zur Datenschutzrichtlinie für Polizei und Justiz ergibt sich, dass das Recht „problemlos" und „in **angemessenen Abständen** wahrgenommen werden" können muss. Die Anforderung der Problemlosigkeit deutet an, dass die betroffene Person in der Ausübung ihrer Rechte, insbesondere des Auskunftsrechts, nicht behindert werden sollte. Die Rechtsaus- 6

---

5 Art. 15 DSGVO stellt den Bezug durch das Wort „....diese...." besser her.
6 Erwägungsgrund 43 zur Datenschutzrichtlinie für Polizei und Justiz formuliert „... hinsichtlich der sie (die betroffene Person) betreffenden Daten....".
7 BT-Drucks. 18/11325, S. 113.
8 Ähnlich auch BT-Drucks. 18/11325, S. 113.
9 BT-Drucks. 18/11325, S. 113.

übung ist also so einfach wie möglich zu gestalten. Offen bleibt aber etwas, in welchen Abständen die (wiederholte) Ausübung des Auskunftsrechts als „angemessen" angesehen werden kann. Hier wird man auf den Einzelfall abstellen müssen. Andererseits müsste der Verantwortliche das entsprechende Auskunftsersuchen im Zweifel dann als unangemessen beurteilen. Wollte er das Auskunftsersuchen dementsprechend mit dieser Begründung ablehnen, würden die Rechtsfolgen der Abs. 6 bis 8 ausgelöst, weswegen vielleicht Auskunft erteilt werden sollten, sofern kein anderer Ausschlussgrund greift.

7   Nach § 57 Abs. 1 Nr. 2 sind daneben die verfügbaren Informationen über die **Herkunft** der Daten zu erteilen. Mit Nr. 2 wird damit der zweite Teil aus Art. 14 Abs. 1 Buchst. g der Datenschutzrichtlinie für Polizei und Justiz umgesetzt. Dabei soll diese Pflicht nicht bedeuten, dass die Identität natürlicher Personen (als Informanten) oder gar vertrauliche Informationen preisgeben werden müssen[10]. Aus dem Kriterium der „Verfügbarkeit" lässt sich also ein gewisser Beurteilungsspielraum zugunsten des Verantwortlichen ableiten, in welchem Maße Auskunft auch über die Herkunft der personenbezogenen Daten erteilt werden kann. Kriterium für diese Abwägung ist, ob die betroffene Person auch bei Fehlen von Angaben immer noch in der Lage ist, nachzuprüfen, ob die personenbezogenen Daten rechtmäßig verarbeitet werden. Der Beurteilungsspielraum darf also nicht die Funktion des Auskunftsrechts als Vorbereitung der Geltendmachung weiterer Rechte aushöhlen.

8   Nach § 57 Abs. 1 Nr. 3 sind die Zwecke der Verarbeitung und deren **Rechtsgrundlage** anzugeben. Diese Norm stellt eine Kombination aus den nach § 55 Nr. 1 und § 56 Abs. 1 Nr. 2 zu machenden Angaben dar, sodass auf die dortigen Ausführungen verwiesen werden kann.

9   § 57 Abs. 1 Nr. 4 hat das gleiche Ziel wie § 56 Abs. 1 Nr. 4, so dass auf die dortigen Ausführungen verwiesen werden kann.

10 § 57 Abs. 1 Nr. 5 entspricht § 56 Abs. 1 Nr. 3.

11 § 57 Abs. 1 Nr. 6 entspricht § 55 Nr. 2 (in § 56 über Abs. 1 Nr. 1 in Bezug genommen), wobei in Abs. 1 Nr. 6 das Auskunftsrecht konsequenterweise nicht genannt ist.

12 § 57 Abs. 1 Nr. 7 und 8 entsprechen § 55 Nr. 4 und 5 (in § 56 über Abs. 1 Nr. 1 in Bezug genommen).

13 § 57 Abs. 2 enthält eine **Ausnahme** von der Pflicht zur Auskunftserteilung nach Abs. 1. Ausweislich der Gesetzesbegründung[11] soll damit der Rechtsgedanke aus § 19 Abs. 2 BDSG-alt überführt werden und darüber hinaus für einen Gleichlauf

---

10 BT-Drucks. 18/11325, S. 113 fast wortgleich mit Erwägungsgrund 43 der Datenschutzrichtlinie für Polizei und Justiz.
11 BT-Drucks. 18/11325, S. 113.

mit § 33 Abs. 1 Nr. 2 sorgen – gemeint war hier aber sicher der fast wortgleiche § 34 Abs. 1 Nr. 2, so dass auf die dortigen Ausführungen verwiesen werden kann. Richtigerweise fehlen in § 57 Abs. 2 die in § 34 noch genannten satzungsmäßigen Aufbewahrungsvorschriften.

Nach § 57 Abs. 3 ist ebenfalls keine Auskunft nach Abs. 1 zu erteilen. Mit dieser Regelung soll § 19 Abs. 1 Satz 3 BDSG-alt[12] überführt werden[13]. Eine ähnliche Regelung findet sich aber – mit entsprechend ähnlicher Begründung – auch in § 34 Abs. 4. Damit wird ein Gleichlauf innerhalb der öffentlichen Stellen hergestellt. Allerdings geht es bei § 34 Abs. 4 um Akten oder Aktensammlungen sowie ihre Deckblätter, die nicht nach bestimmten Kriterien geordnet sind[14]. § 57 Abs. 3 enthält aber dem Wortlaut nach keine Beschränkung des Anwendungsbereichs der Vorschrift auf die nicht automatisierte Verarbeitung bzw. die nicht in Dateisystemen erfolgende Speicherung. Bei einer automatisierten Datenverarbeitung bzw. bei in Dateisystemen befindlicher Speicherung müsste aber das **Auffinden** der betroffenen Person stets leicht möglich sein und keinen unverhältnismäßigen Aufwand darstellen. Macht also die betroffene Person ausreichende Angaben, ist das Auffinden in aller Regel leicht möglich und es ist in diesen Fällen Auskunft zu erteilen. Die Vorschrift ist also mit Blick auf die Begründung eng auszulegen und auf die nicht automatisierte Verarbeitung zu beschränken. Ermöglichen die Angaben der betroffenen Person aber auch bei einer automatisierten Verarbeitung keine eindeutige Identifizierung, so kann der Verantwortliche weitere Angaben erbitten.

14

§ 57 Abs. 4 stellt einen Gleichlauf mit § 56 Abs. 2 her. Das ist insoweit konsequent, als dass die europarechtliche Ausnahmevorschrift des Art. 15 Abs. 1 der des Art. 13 Abs. 3 der Datenschutzrichtlinie für Polizei und Justiz entspricht. (Auch) hier soll die Vorschrift über das in der Richtlinie Gebotene hinausgehen, indem „nur" eine **Gefährdung der Schutzgüter** ausreicht, um – im Rahmen einer Interessenabwägung – zum Ausschluss der Auskunftspflicht zu gelangen. Entgegen der etwas irreführenden Gesetzesbegründung dient dies aber nicht dem Schutz der betroffenen Personen, sondern eher ist zu ihren Lasten, da der Wortlaut eher eine Ausweitung des Ausnahmetatbestandes nahelegt. Allerdings ist in Übereinstimmung mit Erwägungsgrund 44 der Richtlinie zu fordern, dass der Verantwortliche eine entsprechende Einzelfallabwägung durchführt, die den Verhältnismäßigkeitsgrundsätzen entspricht und eine nachvollziehbare Interessenabwägung enthält[15].

15

---

12 Die Vorschrift hatte den Zweck, den Aufwand, der mit dem Auffinden der gewünschten Daten verbunden ist, auf ein verhältnismäßiges Maß zu reduzieren. Sie war aber eng auszulegen.
13 BT-Drucks. 18/11325, S. 113.
14 BT-Drucks. 18/11325, S. 104 f.
15 BT-Drucks. 18/11325, S. 113.

16 § 57 Abs. 5 ist im Grunde die Parallelvorschrift zu § 56 Abs. 3. Auf europäischer Ebene verhält es sich mit Art. 13 Abs. 3 Buchst. d und Art. 15 Abs. 1 Buchst. d der Datenschutzrichtlinie für Polizei und Justiz entsprechend. Insofern kann auf die Ausführungen zu § 56 verwiesen werden.

Mit § 57 Abs. 6 beginnt die **verfahrensrechtliche Absicherung**, sollten Einschränkungen von der Auskunftspflicht bestehen. Danach hat der Verantwortliche die betroffene Person über das Absehen von oder die Einschränkung einer Auskunft unverzüglich schriftlich zu unterrichten. Das gilt nicht, wenn bereits die Erteilung dieser Information eine Gefährdung im Sinne des § 56 Abs. 2 mit sich bringen würde. Damit wird Art. 15 Abs. 3 Satz 1 und 2 umgesetzt. Dabei ist zu beachten, dass die Unterrichtungspflicht nach § 57 Abs. 6 Satz 1 keiner Begründung bedarf. Die Begründungspflicht ergibt sich erst aus Satz 3, der einen Gedanken aus § 19 Abs. 5 Satz 1 BDSG-alt aufnimmt[16], der allerdings kein Vorbild in der Richtlinie hat. Danach ergibt sich also nach § 57 Abs. 6 ein abgestuftes Konzept. Der Verantwortliche hat also das Absehen oder die Einschränkung grundsätzlich unverzüglich schriftlich mitzuteilen und zu begründen. Er kann aber – abgestuft – isoliert von der Begründung absehen oder die Unterrichtung auch gänzlich unterlassen. In letztem Fall gibt er weder eine Verarbeitungsbestätigung ab, noch erteilt er eine Auskunft. Der nationale Gesetzgeber gibt dem Verantwortlichen damit jenseits des gänzlichen Schweigens quasi ein milderes Mittel an die Hand, eine Unterrichtung gleichwohl vorzunehmen, diese dann aber nicht zu begründen. § 57 Abs. 6 Satz 2 ist damit auch in Ansehung der genannten Schutzziele dementsprechend eng auszulegen.

17 § 57 Abs. 7 greift Art. 15 Abs. 3 der Datenschutzrichtlinie für Polizei und Justiz auf, wonach die Mitgliedstaaten vorsehen, dass der Verantwortliche die betroffene Person über die Möglichkeit unterrichtet, bei der Aufsichtsbehörde **Beschwerde** einzulegen oder einen gerichtlichen Rechtsbehelf einzulegen, falls der Verantwortliche die Auskunftserteilung verweigert oder einschränkt. § 57 Abs. 7 Satz 2 setzt insoweit Art. 17 Abs. 2 der Datenschutzrichtlinie für Polizei und Justiz um. Es handelt sich hier im Grunde um einen, bezogen auf das Auskunftsrecht, geregelten Spezialfall zum allgemeinen Beschwerderecht nach § 60, auf das nach § 55 Nr. 4 und 5 bzw. § 56 Abs. 1 Nr. 1 oder § 57 Abs. 1 Nr. 7 ohnehin hinzuweisen ist. Insofern hat im Falle des Absehens oder der Einschränkung des Auskunftsrechts eine gesonderte Information darüber zu erfolgen, dass auch speziell dieses Recht über den/die Bundesbeauftragte/n ausgeübt werden kann. Allerdings soll die Hinweispflicht und damit auch das Recht, über den/die Bundesbeauftragte/n Auskunft zu erhalten, ausweislich der Gesetzesbegründung dann nicht bestehen, wenn der Verantwortliche nach § 57 Abs. 6 berechtigt ist, von einer Information des Antragsstellers ganz abzusehen. Nach der hier vertretenen Ansicht kann es sich dabei aber nur um Ausnahmefälle handeln (s. hierzu Rz. 16).

---

16 BT-Drucks. 18/11325, S. 114.

Auskunftsrecht | § 57 BDSG

§ 57 Abs. 7 Satz 1 knüpft insoweit an Art. 17 Abs. 1 der Datenschutzrichtlinie 18 für Polizei und Justiz an, wonach dieses Recht über die zuständige Aufsichtsbehörde ausgeübt werden kann. Macht die betroffene Person von ihrem Recht Gebrauch, ist die Auskunft auf ihr Verlangen der oder dem **Bundesbeauftragten** zu erteilen, soweit nicht die zuständige oberste Bundesbehörde im Einzelfall feststellt, dass dadurch die Sicherheit des Bundes oder eines Landes gefährdet würde, Abs. 7 Satz 3. Diese Vorschrift hat in der Richtlinie kein Vorbild, sondern fußt vielmehr auf § 19 Abs. 6 BDSG-alt, der damit erhalten werden soll. Die Datenschutzrichtlinie für Polizei und Justiz sieht demgegenüber (nur) vor, dass die Aufsichtsbehörde die betroffene Person zumindest darüber unterrichtet, dass alle erforderlichen Prüfungen oder eine Überprüfung durch die Aufsichtsbehörde erfolgt sind, was durch § 57 Abs. 7 Satz 4 umgesetzt wird. Insoweit eröffnet das nationale Recht über die Richtlinie hinausgehend zumindest das (theoretische) Recht, dass die Auskunft wenigstens an den/die Bundesbeauftragte/n erteilt wird. Das Wort „zumindest" in Art. 17 Abs. 3 der Datenschutzrichtlinie für Polizei und Justiz eröffnet aber dem nationalen Gesetzgeber insoweit einen gewissen Spielraum. Darüber hinaus kann nach § 57 Abs. 7 Satz 5 der betroffenen Person mitgeteilt werden, ob datenschutzrechtliche Verstöße festgestellt wurden – insbesondere ob die Auskunftsverweigerung ganz oder teilweise rechtmäßig war. Auch diese Vorschrift geht über die Richtlinie hinaus. Nach den Sätzen 6 und 7 des § 57 Abs. 7 darf die Mitteilung keine Rückschlüsse auf den Erkenntnisstand des Verantwortlichen zulassen, sofern dieser keiner weitergehenden Auskunft zustimmt. Das Ergebnis der Überprüfung ist der betroffenen Person daher so mitzuteilen, dass der Sinn und Zweck der Auskunftsverweigerung nicht ad absurdum geführt wird und der Betroffene durch die oder den Bundesbeauftragten Rückschlüsse auf die bei dem Verantwortlichen gespeicherten Daten ziehen kann. Der Verantwortliche darf die Zustimmung nur insoweit und solange verweigern, wie er nach § 57 Abs. 4 von einer Auskunft absehen oder diese einschränken könnte. (Auch) diese Regelungen haben kein Vorbild in der Richtlinie, sondern vielmehr in § 19 Abs. 6 Satz 2 BDSG-alt. Bemerkenswert ist aber, dass sich das Weigerungsrecht des Verantwortlichen nur auf die Ausnahmen nach § 57 Abs. 4 und nicht auch auf die nach § 57 Abs. 2 und 3 bezieht. Da es aber nur um die Freigabe der Auskunftserteilung an die oder den Bundesbeauftragten geht, dürften trotz der Schutzziele kaum Fälle denkbar sein, in denen die Freigabe nicht erteilt wird. Im Dialog mit der betroffenen Person trifft den/die Bundesbeauftragte/n die Pflicht aus § 57 Abs. 7 Satz 8, was Art. 17 Abs. 3 Satz 2 der Datenschutzrichtlinie für Polizei und Justiz entspricht.

Nach § 57 Abs. 8 hat der Verantwortliche die sachlichen und rechtlichen 19 Gründe seiner Entscheidung zu dokumentieren. Der Grund hierfür ist Art. 15 Abs. 4 Satz 2 der Datenschutzrichtlinie für Polizei und Justiz zu entnehmen. Danach sind diese Angaben dem/der Bundesbeauftragten zur Prüfung zur Verfügung zu stellen.

§ 58 Rechte auf Berichtigung und Löschung sowie Einschränkung der Verarbeitung

(1) Die betroffene Person hat das Recht, von dem Verantwortlichen unverzüglich die Berichtigung sie betreffender unrichtiger Daten zu verlangen. Insbesondere im Fall von Aussagen oder Beurteilungen betrifft die Frage der Richtigkeit nicht den Inhalt der Aussage oder Beurteilung. Wenn die Richtigkeit oder Unrichtigkeit der Daten nicht festgestellt werden kann, tritt an die Stelle der Berichtigung eine Einschränkung der Verarbeitung. In diesem Fall hat der Verantwortliche die betroffene Person zu unterrichten, bevor er die Einschränkung wieder aufhebt. Die betroffene Person kann zudem die Vervollständigung unvollständiger personenbezogener Daten verlangen, wenn dies unter Berücksichtigung der Verarbeitungszwecke angemessen ist.

(2) Die betroffene Person hat das Recht, von dem Verantwortlichen unverzüglich die Löschung sie betreffender Daten zu verlangen, wenn deren Verarbeitung unzulässig ist, deren Kenntnis für die Aufgabenerfüllung nicht mehr erforderlich ist oder diese zur Erfüllung einer rechtlichen Verpflichtung gelöscht werden müssen.

(3) Anstatt die personenbezogenen Daten zu löschen, kann der Verantwortliche deren Verarbeitung einschränken, wenn

1. Grund zu der Annahme besteht, dass eine Löschung schutzwürdige Interessen einer betroffenen Person beeinträchtigen würde,
2. die Daten zu Beweiszwecken in Verfahren, die Zwecken des § 45 dienen, weiter aufbewahrt werden müssen oder
3. eine Löschung wegen der besonderen Art der Speicherung nicht oder nur mit unverhältnismäßigem Aufwand möglich ist.

In ihrer Verarbeitung nach Satz 1 eingeschränkte Daten dürfen nur zu dem Zweck verarbeitet werden, der ihrer Löschung entgegenstand.

(4) Bei automatisierten Dateisystemen ist technisch sicherzustellen, dass eine Einschränkung der Verarbeitung eindeutig erkennbar ist und eine Verarbeitung für andere Zwecke nicht ohne weitere Prüfung möglich ist.

(5) Hat der Verantwortliche eine Berichtigung vorgenommen, hat er einer Stelle, die ihm die personenbezogenen Daten zuvor übermittelt hat, die Berichtigung mitzuteilen. In Fällen der Berichtigung, Löschung oder Einschränkung der Verarbeitung nach den Absätzen 1 bis 3 hat der Verantwortliche Empfängern, denen die Daten übermittelt wurden, diese Maßnahmen mitzuteilen. Der Empfänger hat die Daten zu berichtigen, zu löschen oder ihre Verarbeitung einzuschränken.

(6) Der Verantwortliche hat die betroffene Person über ein Absehen von der Berichtigung oder Löschung personenbezogener Daten oder über die an deren Stelle tretende Einschränkung der Verarbeitung schriftlich zu unterrich-

ten. Dies gilt nicht, wenn bereits die Erteilung dieser Informationen eine Gefährdung im Sinne des § 56 Absatz 2 mit sich bringen würde. Die Unterrichtung nach Satz 1 ist zu begründen, es sei denn, dass die Mitteilung der Gründe den mit dem Absehen von der Unterrichtung verfolgten Zweck gefährden würde.

(7) § 57 Absatz 7 und 8 findet entsprechende Anwendung.

| I. Einführung . . . . | 1 | III. Die Rechte der Betroffenen im Einzelnen . . . . | 4 |
| II. Normaufbau . . . . | 3 | IV. Rechtsfolgen . . . . | 17 |

Schrifttum: S. § 54 BDSG.

I. Einführung

§ 58 setzt Art. 16 der Datenschutzrichtlinie für Polizei und Justiz (Richtlinie (EU) 2016/680) um, der in Erwägungsgrund 47 näher erläutert wird und neben der Gesetzesbegründung zum BDSG ergänzend zur Auslegung herangezogen werden kann. § 58 hat im Gesetzgebungsverfahren noch leichte Änderungen erfahren[1]. 1

§ 58 fasst – wie das europäische Vorbild – **unterschiedliche Betroffenenrechte** zusammen, was die Vorschrift nicht immer leicht lesbar macht. Anders als die DSGVO verzichtet bereits die Datenschutzrichtlinie für Polizei und Justiz auf jeweils gesonderte Vorschriften zu den Betroffenenrechten und verdichtet hier regelungstechnisch. Dieses Konzept wird bei den Vorschriften des BDSG, die auf der Datenschutzrichtlinie für Polizei und Justiz beruhen, ein Stück weit übernommen. Innerhalb von § 58 lässt sich eine Unterteilung danach entnehmen, als dass die Abs. 1 bis 3 die Voraussetzungen für eine Berichtigung, Löschung oder Einschränkung definieren, während die Abs. 4 bis 7 die sich daraus ergebenden Folgen im Sinne sich daran anschließender Pflichten regeln. Ohne Antrag der betroffenen Person hat der Verantwortliche § 75 zu beachten. 2

II. Normaufbau

So enthält § 58 Abs. 1 wie Art. 16 Abs. 1 der Datenschutzrichtlinie für Polizei und Justiz die Regelungen zur Berichtigung. § 58 Abs. 2 enthält wie Art. 16 Abs. 2 der Datenschutzrichtlinie für Polizei und Justiz die Bestimmungen zur Löschung, während in § 58 Abs. 3 Art. 16 Abs. 3 der Datenschutzrichtlinie für Polizei und Justiz entsprechend die Vorschriften über die Einschränkung der 3

---

1 BT-Drucks. 18/12144, S. 7.

Datenverarbeitung enthalten sind. Allerdings greift Abs. 3 über die reine Umsetzung der Richtlinie hinaus auch auf die nationale Vorgängerregelung, § 20 BDSG-alt, sowie § 32 BKAG zurück, die erhaltungswürdig erschienen[2]. § 58 Abs. 4 hat im Richtlinientext kein direktes Vorbild, greift aber einen Gedanken aus Erwägungsgrund 47 auf. § 58 Abs. 5 Satz 1 hat in Art. 16 Abs. 5 der Datenschutzrichtlinie für Polizei und Justiz sein Vorbild, während § 58 Abs. 5 Satz 2 Art. 16 Abs. 6 der Datenschutzrichtlinie für Polizei und Justiz umsetzt. § 58 Abs. 6 folgt Art. 16 Abs. 4 der Datenschutzrichtlinie für Polizei und Justiz. Die Vorschrift ist § 57 Abs. 6 nachgebildet, weswegen § 58 Abs. 7 folgerichtig die § 57 Abs. 7 und 8 für entsprechend anwendbar erklärt[3].

III. Die Rechte der Betroffenen im Einzelnen

4 Nach § 58 Abs. 1 Satz 1 hat die betroffene Person das Recht, von dem Verantwortlichen unverzüglich die **Berichtigung** sie betreffender unrichtiger Daten zu verlangen. Zum Begriff der Unrichtigkeit kann auf die Ausführungen zur Art. 16 DSGVO verwiesen werden (Art. 16 DSGVO Rz. 2). Entsprechendes gilt für das Kriterium der Unverzüglichkeit (s. Art. 16 DSGVO Rz. 9). Vom Berichtigungsanspruch erfasst sind nur die betroffene Person selbst betreffende Daten. Der Berichtigungsanspruch erfasst mithin nicht Daten Dritter. Das Recht setzt ein seitens der betroffenen Person zum Ausdruck gebrachtes Verlangen voraus.

5 Schwer verständlich ist § 58 Abs. 1 Satz 2. Der Inhalt erschließt sich im Grunde nur bei Hinzuziehung des Erwägungsgrundes 47 der Datenschutzrichtlinie für Polizei und Justiz bzw. der Gesetzesbegründung, wonach vom Berichtigungsanspruch nicht (über die betroffene Person gemachte) **Zeugenaussagen** erfasst sein sollen. Die Befürchtung, dass die Anträge „massenhaft" geltend gemacht werden können, findet sich aber nur in der Gesetzesbegründung[4].

6 Die Sätze 3 und 4 innerhalb von § 58 Abs. 1 sind im Grunde falsch verortet, da sie keinen Berichtigungsanspruch regeln, sondern den einer Einschränkung und daran anknüpfender Pflichten. In der Richtlinie befindet sich das entsprechende Regelungsvorbild auch sauberer in Art. 16 Abs. 3 Satz 1 Buchst. a bzw. Satz 2 der Datenschutzrichtlinie für Polizei und Justiz. Begründet wird die Integration dieser Regelung in § 58 Abs. 1 damit, dass die nationale Regelung, anders als die Richtlinie, die Variante der Löschung bei der Verarbeitung unrichtiger Daten, deren Richtigkeit **nicht bewiesen** werden kann, nicht anbietet. Für das Bestreiten der Richtigkeit der beim Verantwortlichen verarbeiteten Daten durch die betroffene Person reicht die reine Behauptung der Unrichtigkeit nicht aus, viel-

---

2 Das in Erwägungsgrund 40 genannte Widerspruchsrecht findet sich allerdings weder im Richtlinientext noch in im BDSG.
3 BT-Drucks. 18/11325, S. 114 f.
4 BT-Drucks. 18/11325, S. 114 f.; BT-Drucks. 18/12144, S. 7.

mehr müssen die Zweifel an der Unrichtigkeit durch Beibringung geeigneter Tatsachen substantiiert werden[5]. Es leuchtet ein, dass nicht ein einfaches Bestreiten oder gar eine bloße Behauptung dazu führen können soll, dass die Verarbeitung von Daten eingeschränkt werden muss. Dagegen mutet die weitere Begründung, wonach dies dem Schutz der polizeifachlichen Arbeit und der Vermeidung von unverhältnismäßigem Prüfaufwand dienen soll[6], allerdings etwas untechnisch an.

§ 58 Abs. 1 Satz 5 setzt Art. 16 Abs. 1 Satz 2 der Datenschutzrichtlinie für Polizei und Justiz um. Der **Vervollständigungsanspruch** kann sich aber grundsätzlich nur auf solche Daten beziehen, die als Datenkategorie vom Verantwortlichen (technisch) verarbeitet werden (vgl. hierzu auch Art. 16 DSGVO).

In § 58 Abs. 2 ist das Recht auf Löschung geregelt. Dem Wortlaut nach setzt es ein entsprechendes **Löschungsverlangen** seitens des Betroffenen voraus. Die Gesetzesbegründung referenziert insoweit auf Art. 16 Abs. 2 der Datenschutzrichtlinie für Polizei und Justiz. Die dortige Regelung sieht aber auch die Umsetzung einer antragsunabhängigen Löschung vor, worauf auch die Gesetzesbegründung Bezug nimmt[7]. Allerdings ist dem Wortlaut des § 58 Abs. 2 eine antragsunabhängige Löschung nicht zu entnehmen. Auf europäischer Ebene ist der allgemeine Grundsatz aus Art. 4 Abs. 1 Buchst. d und e der Datenschutzrichtlinie für Polizei und Justiz zu entnehmen, der eigentlich schon in § 47 Nr. 4 und 5 umgesetzt ist. Ausdrückliche Regelungen enthält § 75.

7

§ 58 Abs. 2 enthält drei Gründe, bei deren Vorliegen eine Löschung verlangt werden kann. Liegen die Löschgründe vor, so hat die Löschung unverzüglich zu erfolgen. Allerdings wird man dem Verantwortlichen eine angemessene Zeit zur Prüfung des Antrags zubilligen müssen. Ist ein hinreichender Kenntnisstand erreicht, hat (dann) unverzüglich die Löschung zu erfolgen (vgl. hierzu Art. 16 DSGVO Rz. 9). Von der betroffenen Person ist zu verlangen, dass sie das Löschungsersuchen **hinreichend begründet** und so zur Beschleunigung der Prüfung beiträgt. Das Löschungsersuchen kann sich ausweislich des Wortlautes auf die die betroffene Person betreffenden Daten erstrecken. Der Löschungsanspruch erfasst mithin nicht Daten Dritter. Anders als beim Berichtigungsanspruch, bei dem die Berichtigung unrichtiger Daten auch die Daten Dritter im Zweifel „richtiger" machen dürfte, könnte im Falle der Löschung von die betroffene Person betreffenden Daten auch die Aussagekraft der Daten Dritter beeinflusst werden. Insoweit können Abgrenzungsschwierigkeiten entstehen. Allerdings müssten aufgrund des eindeutigen Wortlauts der Vorschrift etwaige Qualitätsverluste der Daten Dritter bei Löschung von Daten des Antragstellers hinzunehmen sein.

8

---

5 BT-Drucks. 18/11325, S. 114.
6 BT-Drucks. 18/11325, S. 114.
7 BT-Drucks. 18/11325, S. 114.

9 Inhaltlich hat die Löschung zu erfolgen, wenn die Verarbeitung unzulässig ist. Dies ist immer dann der Fall, wenn für die Verarbeitung keine ausreichende Rechtsgrundlage zur Verfügung stand. Im Rahmen des Löschungsanspruchs ist mithin das Vorliegen einer in Frage kommenden **Ermächtigungsgrundlage** inzidenter zu **prüfen**. Spätestens im Zuge des Löschungsersuchens ist der betroffenen Person dann auch seitens des Verantwortlichen die Ermächtigungsgrundlage, auf die die Verarbeitung gestützt wurde bzw. wird, mitzuteilen.

10 Ferner ist auf Verlangen zu löschen, wenn die Datenverarbeitung für die Aufgabenerfüllung **nicht mehr erforderlich** ist. Der Gesetzeswortlaut stellt insoweit etwas einseitig auf die bloße Kenntnis ab. Im Grunde setzt diese Vorschrift an § 47 Nr. 5 an und entfaltet insbesondere dann praktische Bedeutung, wenn der Verantwortliche entgegen § 47 Nr. 5 die entsprechenden Daten noch weiter vorhält. Hauptanwendungsfall dieser Vorschrift ist die Erreichung des mit der Datenverarbeitung verfolgten Zwecks.

11 Schließlich sind die Daten auch zu löschen, wenn diese zur **Erfüllung einer rechtlichen Verpflichtung** gelöscht werden müssen. Auch hier sollte eigentlich schon antragsunabhängig eine Löschung erfolgt sein, wenn man davon ausgeht, dass der Verantwortliche seine Löschungsverpflichtungen vollständig kennt, wovon man im hier relevanten Anwendungsbereich an sich ausgehen sollte.

12 § 58 Abs. 3 regelt schließlich die Fälle, in denen der Verantwortliche, anstatt die Daten zu löschen, deren Verarbeitung einstellen kann. Bei Abs. 3 fällt auf, dass diese Norm keinen entsprechenden Antrag (auf Einschränkung der Verarbeitung) voraussetzt. Vielmehr ist es in das Ermessen des Verantwortlichen gestellt, statt der (beantragten) Löschung – ggf. sogar zur Wahrung der Interessen der betroffenen Person – „nur" eine **Einschränkung** vorzunehmen.

13 Dies gilt insbesondere für § 58 Abs. 3 Nr. 1, wenn Grund zu der Annahme besteht, dass eine Löschung schutzwürdige Interessen einer betroffenen Person beeinträchtigen würde. Dies kann insbesondere dann der Fall sein, wenn es möglich erscheint, dass durch die Löschung die **Geltendmachung weiterer Rechte** zulasten der betroffenen Person erschwert werden würde. Diese Regelung basiert allerdings weniger auf Art. 16 Abs. 3 der Datenschutzrichtlinie für Polizei und Justiz, als vielmehr auf § 20 Abs. 3 Nr. 2 BDSG-alt, der erhalten werden soll[8].

14 § 58 Abs. 3 Nr. 2 sieht die Einschränkungsmöglichkeit statt der Löschung für die Fälle vor, dass die Daten zu Beweiszwecken in Verfahren, die Zwecken des § 45 dienen, weiter aufbewahrt werden müssen. Nach der Gesetzesbegründung basiert diese Regelung auf Art. 16 Abs. 3 Satz 1 Buchst. b der Datenschutzrichtlinie für Polizei und Justiz und wird damit ausdrücklich anders begründet als Nr. 1. Daraus lässt sich nur schließen, dass damit quasi der umgekehrte Fall, dass näm-

---

8 Danach sollte keine Löschung erfolgen, wenn die Möglichkeit besteht, dass sich die Beweissituation der betroffenen Person dadurch verschlechtert.

lich die Daten seitens des Verantwortlichen gleichwohl für die genannten Zwecke noch benötigt werden, gemeint ist. In Nr. 2 geht es mithin um **Beweiszwecke des Verantwortlichen**. Eine Löschung wird in diesem Fällen ohnehin kaum in Betracht kommen[9].

§ 58 Abs. 3 Nr. 3 sieht eine Einschränkungsmöglichkeit statt der Löschung für die Fälle vor, wenn die Löschung wegen der besonderen Art der Speicherung nicht oder nur mit **unverhältnismäßigem Aufwand** möglich ist. Diese Vorschrift hat kein Vorbild in der Richtlinie[10], sondern in Art. 20 Abs. 3 Nr. 3 BDSG-alt, der erhalten werden sollte. Die Gesetzesbegründung stellt allerdings klar, dass diese Tatbestandsalternative restriktiv auszulegen ist. Im Grundsatz sollte die bei dem Verantwortlichen zum Einsatz kommende IT-Infrastruktur darauf angelegt sein, eine Löschungsverpflichtung auch technisch nachvollziehen zu können[11]. 15

§ 58 Abs. 3 Satz 2 enthält eigentlich nur eine Klarstellung. Nach § 46 Nr. 2 ist die Einschränkung ein Fall der Verarbeitung. Wenn Abs. 3 Fälle definiert, in denen statt einer Löschung die Daten (eingeschränkt) weiterverarbeitet werden dürfen, darf das eben nur in den genannten Fällen und zu den Zwecken geschehen, die eine Einschränkung zulassen. Der Übernahme des Gedankens aus § 32 Abs. 2 Satz 3 BKAG hätte es insoweit nicht bedurft,[12] zumal dieser auch dem Erwägungsgrund 47 der Richtlinie zu entnehmen ist. 16

IV. Rechtsfolgen

Ist eine Einschränkung erfolgt, so ist nach § 58 Abs. 4 bei automatisierten Dateisystemen **technisch sicherzustellen**, dass eine Einschränkung der Verarbeitung eindeutig erkennbar ist und eine Verarbeitung für andere Zwecke nicht ohne weitere Prüfung möglich ist. Diese Bestimmung hat kein direktes Vorbild in der Richtlinie. Allerdings enthält Erwägungsgrund 47 entsprechende Gedanken. Danach könnten Methoden zur Einschränkung der Verarbeitung (auch) unter anderen darin bestehen, dass ausgewählte Daten, beispielsweise zu Archivierungszwecken, auf ein anderes System übertragen werden. Auf die Tatsache, dass die Verarbeitung personenbezogener Daten beschränkt wurde, sollte unmissverständlich hingewiesen werden. 17

§ 58 Abs. 5 Satz 1 regelt die Rechtsfolgen im Anschluss an eine Berichtigung. Danach hat der Verantwortliche (zunächst) die Stelle von der Berichtigung zu informieren, die ihm die Daten zuvor übermittelt hat. Das setzt Art. 16 Abs. 5 der Datenschutzrichtlinie für Polizei und Justiz um. Sinn der Vorschrift ist, eine 18

---

9 Paal/Pauly/*Paal*, § 58 BDSG Rz. 10.
10 Daher wird teilweise eine Unionsrechtswidrigkeit angenommen, Paal/Pauly/*Paal*, § 58 BDSG Rz. 11.
11 BT-Drucks. 18/11325, S. 115.
12 So aber BT-Drucks. 18/11325, S. 115.

möglichst flächendeckende Korrektur der Daten zu erreichen. Im Falle erneuter Übermittlungen der ursprünglich übermittelnden Stelle sollen etwaige alte Fehler nicht wieder aufleben.

19 § 58 Abs. 5 Satz 2 bestimmt Pflichten im Anschluss nicht nur an eine Berichtigung, sondern auch an eine Löschung oder Einschränkung. Danach sind in allen Fällen die Empfänger, denen die Daten zuvor übermittelt wurden, von der getroffenen Maßnahme zu **informieren**. Hier soll sich der Fehler bei den Empfängern nicht fortsetzen. Dementsprechend bestimmt dann auch Abs. 5 Satz 3, dass der Empfänger die seitens des Verantwortlichen getroffenen Maßnahmen nachzuvollziehen hat.

20 Die Abs. 6 und 7 des § 58 regeln die Pflichten des Verantwortlichen, die nach einer nach den Abs. 1 bis 3 erfolgten Maßnahme gegenüber der betroffenen Person zu erfüllen sind. Hierbei lehnt sich § 58 Abs. 6 an § 57 Abs. 6 an[13]; hinsichtlich der weiteren Pflichten erklärt § 58 Abs. 7 § 57 Abs. 7 und 8 demzufolge konsequent für entsprechend anwendbar, so dass hier auf die dortigen Ausführungen verwiesen werden kann.

§ 59 Verfahren für die Ausübung der Rechte der betroffenen Personen

(1) Der Verantwortliche hat mit betroffenen Personen unter Verwendung einer klaren und einfachen Sprache in präziser, verständlicher und leicht zugänglicher Form zu kommunizieren. Unbeschadet besonderer Formvorschriften soll er bei der Beantwortung von Anträgen grundsätzlich die für den Antrag gewählte Form verwenden.

(2) Bei Anträgen hat der Verantwortliche die betroffene Person unbeschadet des § 57 Absatz 6 und des § 58 Absatz 6 unverzüglich schriftlich darüber in Kenntnis zu setzen, wie verfahren wurde.

(3) Die Erteilung von Informationen nach § 55, die Benachrichtigungen nach den §§ 56 und 66 und die Bearbeitung von Anträgen nach den §§ 57 und 58 erfolgen unentgeltlich. Bei offenkundig unbegründeten oder exzessiven Anträgen nach den §§ 57 und 58 kann der Verantwortliche entweder eine angemessene Gebühr auf der Grundlage der Verwaltungskosten verlangen oder sich weigern, aufgrund des Antrags tätig zu werden. In diesem Fall muss der Verantwortliche den offenkundig unbegründeten oder exzessiven Charakter des Antrags belegen können.

(4) Hat der Verantwortliche begründete Zweifel an der Identität einer betroffenen Person, die einen Antrag nach den §§ 57 oder 58 gestellt hat, kann er

---

13 BT-Drucks. 18/11325, S. 115.

von ihr zusätzliche Informationen anfordern, die zur Bestätigung ihrer Identität erforderlich sind.

I. Einführung	1	III. Die Regelungen im Einzelnen	4
II. Normaufbau	3		

Schrifttum: S. § 54 BDSG.

I. Einführung

§ 59 setzt Elemente von Art. 12 der Datenschutzrichtlinie für Polizei und Justiz um[1]. Die Gesetzesbegründung formuliert dies insoweit richtig, als dass Art. 12 Abs. 2 der Datenschutzrichtlinie für Polizei und Justiz keine (direkte) Umsetzung erfährt, während die übrigen Vorschriften des Art. 12 der Datenschutzrichtlinie für Polizei und Justiz fast wörtlich übernommen wurden. Das aus Art. 12 Abs. 2 der Datenschutzichtlinie für Polizei und Justiz herauszulesende **Behinderungsverbot** wird aber gleichwohl im Zweifel bei der Wahrung der Betroffenenrechte zu beachten und bei der Erfüllung der jeweiligen Rechte als Maßstab zugrunde zu legen sein. 1

Regelungstechnisch wurden die allgemeinen Grundsätze zur Erfüllung der Betroffenenrechte auf der Ebene der Richtlinie „vor die Klammer" gezogen. Das entspricht dem Konzept der DSGVO, die ebenfalls in deren Art. 12 dieser Regelung sogar einen eigenen Abschnitt widmet. Das BDSG stellt die Regelungen zum Verfahren für die Ausübung der Rechte der betroffenen Personen ans Ende der Betroffenenrechte, was der Regelung etwas Autorität nimmt, aber in Ansehung des Erfordernisses einer richtlinienkonformen Auslegung letztlich keinen Unterschied macht. 2

II. Normaufbau

§ 59 wählt den gleichen Normaufbau wie Art. 12 der Datenschutzrichtlinie für Polizei und Justiz, bis auf den Umstand, dass Art. 12 Abs. 2 der Richtlinie übersprungen wird. 3

III. Die Regelungen im Einzelnen

Nach § 59 Abs. 1 Satz 1 hat der Verantwortliche mit der betroffenen Person unter Verwendung einer klaren und einfachen Sprache in präziser, verständlicher und leicht zugänglicher Form zu kommunizieren. Die Begriffe zur Art und 4

---

1 So die Gesetzesbegründung, BT-Drucks. 18/11325, S. 115.

Weise der **Kommunikation** sind Art. 12 Abs. 1 der Datenschutzrichtlinie für Polizei und Justiz entnommen, die insoweit auch Art. 12 Abs. 1 DSGVO entsprechen. Das dort zusätzlich aufgeführte Element der Transparenz dürfte zu keinen wesentlich abweichenden Ergebnissen führen, so dass auf die Ausführungen dort verwiesen werden kann.

5 Während die DSGVO relativ genaue Vorstellungen vermittelt, wann, wie und in welcher Form die Rechte der betroffenen Personen zu wahren sind, formuliert § 59 Abs. 1 Satz 2 dagegen vergleichsweise unverbindlich, dass unbeschadet besonderer Formvorschriften der Verantwortliche bei der Beantwortung von Anträgen grundsätzlich die für den Antrag gewählte Form verwenden soll. Es fällt auf, dass der Begriff der elektronischen Form offenbar bewusst vermieden wurde. Im Übrigen verschafft die Vorschrift dem Verantwortlichen einen gewissen **Beurteilungsspielraum** bei der Erfüllung der Betroffenenrechte.

6 § 59 Abs. 2 setzt Art. 12 Abs. 3 der Datenschutzrichtlinie für Polizei und Justiz um. Auch hier vermittelt die Vorschrift gegenüber der DSGVO eine geringere Dichte; es ist schlicht mitzuteilen, wie verfahren wurde. Allerdings gilt hier stets das Kriterium der Unverzüglichkeit, während in der DSGVO teilweise bestimmte Bearbeitungsfristen zugelassen sind.

7 § 59 Abs. 3 setzt Art. 12 Abs. 4 der Datenschutzrichtlinie für Polizei und Justiz um, der wiederum Art. 12 Abs. 5 Satz 1 Buchst. a und Satz 2 der DSGVO entspricht. Die Variante von Art. 12 Abs. 5 Satz 1 Buchst. b DSGVO existiert in Art. 12 Abs. 4 der Richtlinie und dementsprechend in § 59 Abs. 3 ausdrücklich nicht. Da im Übrigen aber die Regelungen der DSGVO entsprechen, kann auf die dortigen Ausführungen verwiesen werden. Zur Auslegung ist hier auch Erwägungsgrund 40 Satz 3 heranzuziehen.

8 § 59 Abs. 4 entspricht Art. 12 Abs. 5 der Datenschutzrichtlinie für Polizei und Justiz. Trotz des hinreichend klaren Wortlauts der Vorschrift sieht sich die Gesetzesbegründung dazu veranlasst, klarzustellen, dass hierdurch keine Änderung der bisherigen Praxis angezeigt ist, den **Nachweis der Identität** auch weiterhin als Grundvoraussetzung für die Antragsstellung anzusehen[2].

§ 60 Anrufung der oder des Bundesbeauftragten

(1) Jede betroffene Person kann sich unbeschadet anderweitiger Rechtsbehelfe mit einer Beschwerde an die Bundesbeauftragte oder den Bundesbeauftragten wenden, wenn sie der Auffassung ist, bei der Verarbeitung ihrer personenbezogenen Daten durch öffentliche Stellen zu den in § 45 genannten Zwecken in ihren Rechten verletzt worden zu sein. Dies gilt nicht für die Ver-

---

2 BT-Drucks. 18/11325, S. 115.

arbeitung von personenbezogenen Daten durch Gerichte, soweit diese die Daten im Rahmen ihrer justiziellen Tätigkeit verarbeitet haben. Die oder der Bundesbeauftragte hat die betroffene Person über den Stand und das Ergebnis der Beschwerde zu unterrichten und sie hierbei auf die Möglichkeit gerichtlichen Rechtsschutzes nach § 61 hinzuweisen.

(2) Die oder der Bundesbeauftragte hat eine bei ihr oder ihm eingelegte Beschwerde über eine Verarbeitung, die in die Zuständigkeit einer Aufsichtsbehörde in einem anderen Mitgliedstaat der Europäischen Union fällt, unverzüglich an die zuständige Aufsichtsbehörde des anderen Staates weiterzuleiten. Sie oder er hat in diesem Fall die betroffene Person über die Weiterleitung zu unterrichten und ihr auf deren Ersuchen weitere Unterstützung zu leisten.

I. Einführung 1	III. Die Vorschrift im Einzelnen . . . 5
II. Normaufbau 2	

Schrifttum: S. § 54 BDSG.

I. Einführung

§ 60 setzt Art. 52 der Datenschutzrichtlinie für Polizei und Justiz um. Unterlegt wird Art. 52 der Datenschutzrichtlinie für Polizei und Justiz durch Erwägungsgrund 85. Die Norm greift aber auch die Verweise von § 55 Nr. 4 und 5, § 56 Abs. 1 Nr. 1 und § 57 Abs. 1 Nr. 7 auf. Gleichzeitig werden Elemente aus § 21 BDSG-alt in die neue Norm überführt[1]. 1

II. Normaufbau

§ 60 Abs. 1 Satz 1 setzt Art. 52 Abs. 1 der Datenschutzrichtlinie für Polizei und Justiz um. Inhaltlich gab es diese Regelung im Grunde schon in § 21 Satz 1 BDSG-alt. § 60 Abs. 1 Satz 2 hat kein direktes Vorbild in der Richtlinie, erhält aber § 21 Satz 2 BDSG-alt. § 60 Abs. 1 Satz 3 setzt Art. 52 Abs. 4 der Datenschutzrichtlinie für Polizei und Justiz um, ohne dass die Gesetzesbegründung dies ausdrücklich erwähnt. 2

§ 60 Abs. 2 fußt auf Art. 52 Abs. 2 der Datenschutzrichtlinie für Polizei und Justiz. 3

Keine direkte Entsprechung findet Art. 52 Abs. 3 der Datenschutzrichtlinie für Polizei und Justiz. 4

---

1 BT-Drucks. 18/11325, S. 115.

III. Die Vorschrift im Einzelnen

5 § 60 Abs. 1 Satz 1 ist zunächst als **Jedermannrecht** ausgestaltet. Ob eine entsprechende Rechtsverletzung dann tatsächlich in Bezug auf die die Beschwerde führende betroffene Person vorgelegen hat, ergibt sich erst aus der Prüfung. Das Beschwerderecht gegenüber der oder dem Bundesbeauftragten besteht ausweislich des Gesetzeswortlauts unbeschadet anderweitiger Rechtsbehelfe. Die betroffene Person ist damit nicht (vorrangig) auf den Beschwerdeweg gegenüber dem/der Bundesbeauftragten verwiesen. Die betroffene Person kann diesen Weg alternativ oder kumulativ beschreiten oder nur die anderweitigen Rechtsbehelfe wahrnehmen.

6 Die Zuständigkeit der oder des Bundesbeauftragten als Adressat der Beschwerde ergibt sich aus dem regelungsgegenständlichen Bereich.

7 Die Beschwerde ist an **keine besonderen Zulässigkeitsbeschränkungen** gebunden. Es genügt die subjektive Annahme der betroffenen Person und deren „Auffassung", in ihren Rechten verletzt worden zu sein. Ob eine solche Verletzung tatsächlich stattgefunden hat oder ob sie auch durch die öffentlichen Stellen zu den in § 45 genannten Zwecken erfolgte, ist dann erst Gegenstand der Prüfung. Allerdings wird der betroffenen Person eine gewisse Darlegungslast zuzumuten sein, um die Prüfung durch die oder den Bundesbeauftragten erst zu ermöglichen. Ausweislich des Erwägungsgrundes 85 der Datenschutzrichtlinie für Polizei und Justiz sollte die (zuständige) Aufsichtsbehörde Maßnahmen zur Erleichterung der Einreichung von Beschwerden treffen, wie etwa die Bereitstellung eines **Beschwerdeformulars**, das auch elektronisch ausgefüllt werden kann, ohne dass andere Kommunikationsmittel ausgeschlossen werden. Bezogen auf die Darlegungslast der betroffenen Person bedeutet das aber auch, dass die danach ausgefüllten Formulare dann auch hinreichend zu befüllen sind. Nicht zuletzt wegen des sich auch aus Art. 12 Abs. 2 der Datenschutzrichtlinie für Polizei und Justiz ergebenden allgemeinen Behinderungsverbots sollten die bereitzustellenden Formulare so ausgestaltet werden, dass deren Befüllung auch nicht unnötig erschwert wird.

8 Wird die Beschwerde elektronisch eingereicht, stellt sich die Frage, ob § 59 Abs. 1 Satz 2 (entsprechend) gilt. Die systematische Stellung der Vorschrift spricht eher dagegen. Andererseits stellt sich die Frage, warum für die oder den Bundesbeauftragten etwas anderes gelten soll.

9 Die auf eine Beschwerde folgende Untersuchung sollte ausweislich des Erwägungsgrundes 85 der Datenschutzrichtlinie für Polizei und Justiz vorbehaltlich einer gerichtlichen Überprüfung soweit gehen, wie dies im Einzelfall angemessen ist.

10 § 60 Abs. 1 Satz 2 stellt dann klar, dass das Beschwerderecht nicht gilt, soweit die Verarbeitung personenbezogener Daten durch Gerichte im Rahmen ihrer

justiziellen Tätigkeit erfolgt. Mit dieser Regelung wird § 21 Satz 2 BDSG-alt übernommen. Die Zuständigkeit der oder des Bundesbeauftragten endet folglich dort, wo die Rechtsprechungstätigkeit der **Gerichte** beginnt.

Basierend auf Art. 52 Abs. 4 der Datenschutzrichtlinie für Polizei und Justiz besteht nach § 60 Abs. 1 Satz 3 die Pflicht des oder der Bundesbeauftragten, die betroffene Person über den **Stand und das Ergebnis** der Beschwerde zu unterrichten und hier auch auf die Möglichkeit eines gerichtlichen Rechtsschutzes nach § 61 hinzuweisen. Einen ähnlichen Rechtsgedanken enthält auch § 59 Abs. 2. Das Beschwerderecht soll nach Erwägungsgrund 85 der Datenschutzrichtlinie für Polizei und Justiz dann bestehen, wenn die oder der Bundesbeauftragte auf eine Beschwerde hin nicht tätig wird, eine Beschwerde ganz oder teilweise abweist oder ablehnt oder nicht tätig wird, obwohl dies zum Schutz der Rechte der betroffenen Person notwendig ist. Auch, wenn eine Überprüfung nicht insoweit stattzufinden braucht, wie dieses im Einzelfall angemessen ist (s.o. Rz. 9), bedeuten diese Anforderungen doch eine gewisse Untersuchungstiefe, um nicht den Vorwurf einer Untätigkeit entstehen zu lassen (s. § 61 Abs. 2). 11

§ 60 Abs. 2 regelt, dass Beschwerden, die bei einer unzuständigen Aufsichtsbehörde eingegangen sind, von dieser an die zuständige Aufsichtsbehörde weiterzuleiten sind und die betroffene Person hierüber zu unterrichten ist. 12

§ 61 Rechtsschutz gegen Entscheidungen der oder des Bundesbeauftragten oder bei deren oder dessen Untätigkeit

(1) Jede natürliche oder juristische Person kann unbeschadet anderer Rechtsbehelfe gerichtlich gegen eine verbindliche Entscheidung der oder des Bundesbeauftragten vorgehen.

(2) Absatz 1 gilt entsprechend zugunsten betroffener Personen, wenn sich die oder der Bundesbeauftragte mit einer Beschwerde nach § 60 nicht befasst oder die betroffene Person nicht innerhalb von drei Monaten nach Einlegung der Beschwerde über den Stand oder das Ergebnis der Beschwerde in Kenntnis gesetzt hat.

I. Einführung 1	III. Die Norm im Einzelnen 3
II. Normaufbau 2	

Schrifttum: S. § 54 BDSG.

§ 61 BDSG | Rechtsschutz gegen Entscheidungen der oder des BfDI

I. Einführung

1 § 61 setzt Art. 53 der Datenschutzrichtlinie für Polizei und Justiz um. Dabei knüpft § 61 Abs. 2 an § 60 an, während § 61 Abs. 1 allgemein gerichtliche Schritte gegen verbindliche Entscheidungen der oder des Bundesbeauftragten regelt. § 61 Abs. 1 ist insoweit auch weiter gefasst, als dass diese Norm zugunsten nicht nur **natürlicher**, sondern auch **juristischer Personen** gilt. Das ist folgerichtig, weil § 61 Abs. 1 allgemein den Rechtsschutz gegen verbindliche Entscheidungen der oder des Bundesbeauftragten regelt und auch juristische Personen Verantwortliche im Sinne des Gesetzes sein können und dementsprechend auch von solchen Entscheidungen betroffen sein können. Nicht direkt umgesetzt ist Art. 53 Abs. 3 der Datenschutzrichtlinie für Polizei und Justiz. Allerdings dürfte sich die gerichtliche Zuständigkeit aus den allgemeinen Regeln ergeben[1].

II. Normaufbau

2 § 61 Abs. 1 regelt den allgemeinen Rechtsschutz gegen verbindliche Entscheidungen der oder des Bundesbeauftragten, während § 61 Abs. 2 im Grunde die Untätigkeit sanktioniert[2].

III. Die Norm im Einzelnen

3 § 61 Abs. 1 sichert den Normadressaten **Rechtsschutz gegen verbindliche Entscheidungen** der oder des Bundesbeauftragten. Solche Beschlüsse betreffen ausweislich Erwägungsgrund 86 der Datenschutzrichtlinie für Polizei und Justiz insbesondere die Ausübung von Untersuchungs-, Abhilfe- und Genehmigungsbefugnissen durch die Aufsichtsbehörde oder die Ablehnung oder Abweisung von Beschwerden[3]. Dagegen soll kein Rechtsschutz bestehen gegen rechtlich nicht bindende Maßnahmen einer Aufsichtsbehörde, wie von ihr abgegebene Stellungnahmen oder Empfehlungen, was in der Gesetzesbegründung zu § 61 auch so nachvollzogen wird[4].

4 Weitere Einzelheiten zum Rechtsschutz regelt § 20.

5 Das Recht nach § 61 Abs. 1 besteht unbeschadet anderer Rechtsbehelfe. Damit sind etwa **äußerungsrechtliche Ansprüche**, beispielsweise gegen Ausführungen in Tätigkeitsberichten, nicht ausgeschlossen.

---

1 Maßgeblich sind die Regelungen der VwGO, Paal/Pauly/*Paal*, § 61 BDSG Rz. 5.
2 BT-Drucks. 18/11325, S. 115.
3 So auch die Gesetzesbegründung, BT-Drucks. 18/11325, S. 115.
4 BT-Drucks. 18/11325, S. 115.

Durch § 61 Abs. 2 wird der Rechtsschutz gegen den oder die Bundesbeauftragte/-n 6
im Sinne von Art. 53 Abs. 2 der Datenschutzrichtlinie für Polizei und Justiz auf
die **Untätigkeit** ausgedehnt. Die in dieser Norm genannte Drei-Monats-Frist
wäre systematisch besser in § 60 verortet gewesen. Durch die Sanktionierung gibt
sie quasi die Bearbeitungszeit vor.

Kapitel 4
Pflichten der Verantwortlichen und Auftragsverarbeiter

§ 62 Auftragsverarbeitung

(1) Werden personenbezogene Daten im Auftrag eines Verantwortlichen durch andere Personen oder Stellen verarbeitet, hat der Verantwortliche für die Einhaltung der Vorschriften dieses Gesetzes und anderer Vorschriften über den Datenschutz zu sorgen. Die Rechte der betroffenen Personen auf Auskunft, Berichtigung, Löschung, Einschränkung der Verarbeitung und Schadensersatz sind in diesem Fall gegenüber dem Verantwortlichen geltend zu machen.

(2) Ein Verantwortlicher darf nur solche Auftragsverarbeiter mit der Verarbeitung personenbezogener Daten beauftragen, die mit geeigneten technischen und organisatorischen Maßnahmen sicherstellen, dass die Verarbeitung im Einklang mit den gesetzlichen Anforderungen erfolgt und der Schutz der Rechte der betroffenen Personen gewährleistet wird.

(3) Auftragsverarbeiter dürfen ohne vorherige schriftliche Genehmigung des Verantwortlichen keine weiteren Auftragsverarbeiter hinzuziehen. Hat der Verantwortliche dem Auftragsverarbeiter eine allgemeine Genehmigung zur Hinzuziehung weiterer Auftragsverarbeiter erteilt, hat der Auftragsverarbeiter den Verantwortlichen über jede beabsichtigte Hinzuziehung oder Ersetzung zu informieren. Der Verantwortliche kann in diesem Fall die Hinzuziehung oder Ersetzung untersagen.

(4) Zieht ein Auftragsverarbeiter einen weiteren Auftragsverarbeiter hinzu, so hat er diesem dieselben Verpflichtungen aus seinem Vertrag mit dem Verantwortlichen nach Absatz 5 aufzuerlegen, die auch für ihn gelten, soweit diese Pflichten für den weiteren Auftragsverarbeiter nicht schon aufgrund anderer Vorschriften verbindlich sind. Erfüllt ein weiterer Auftragsverarbeiter diese Verpflichtungen nicht, so haftet der ihn beauftragende Auftragsverarbeiter gegenüber dem Verantwortlichen für die Einhaltung der Pflichten des weiteren Auftragsverarbeiters.

(5) Die Verarbeitung durch einen Auftragsverarbeiter hat auf der Grundlage eines Vertrags oder eines anderen Rechtsinstruments zu erfolgen, der oder

§ 62 BDSG | Auftragsverarbeitung

das den Auftragsverarbeiter an den Verantwortlichen bindet und der oder das den Gegenstand, die Dauer, die Art und den Zweck der Verarbeitung, die Art der personenbezogenen Daten, die Kategorien betroffener Personen und die Rechte und Pflichten des Verantwortlichen festlegt. Der Vertrag oder das andere Rechtsinstrument haben insbesondere vorzusehen, dass der Auftragsverarbeiter

1. nur auf dokumentierte Weisung des Verantwortlichen handelt; ist der Auftragsverarbeiter der Auffassung, dass eine Weisung rechtswidrig ist, hat er den Verantwortlichen unverzüglich zu informieren;
2. gewährleistet, dass die zur Verarbeitung der personenbezogenen Daten befugten Personen zur Vertraulichkeit verpflichtet werden, soweit sie keiner angemessenen gesetzlichen Verschwiegenheitspflicht unterliegen;
3. den Verantwortlichen mit geeigneten Mitteln dabei unterstützt, die Einhaltung der Bestimmungen über die Rechte der betroffenen Person zu gewährleisten;
4. alle personenbezogenen Daten nach Abschluss der Erbringung der Verarbeitungsleistungen nach Wahl des Verantwortlichen zurückgibt oder löscht und bestehende Kopien vernichtet, wenn nicht nach einer Rechtsvorschrift eine Verpflichtung zur Speicherung der Daten besteht;
5. dem Verantwortlichen alle erforderlichen Informationen, insbesondere die gemäß § 76 erstellten Protokolle, zum Nachweis der Einhaltung seiner Pflichten zur Verfügung stellt;
6. Überprüfungen, die von dem Verantwortlichen oder einem von diesem beauftragten Prüfer durchgeführt werden, ermöglicht und dazu beiträgt;
7. die in den Absätzen 3 und 4 aufgeführten Bedingungen für die Inanspruchnahme der Dienste eines weiteren Auftragsverarbeiters einhält;
8. alle gemäß § 64 erforderlichen Maßnahmen ergreift und
9. unter Berücksichtigung der Art der Verarbeitung und der ihm zur Verfügung stehenden Informationen den Verantwortlichen bei der Einhaltung der in den §§ 64 bis 67 und 69 genannten Pflichten unterstützt.

(6) Der Vertrag im Sinne des Absatzes 5 ist schriftlich oder elektronisch abzufassen.

(7) Ein Auftragsverarbeiter, der die Zwecke und Mittel der Verarbeitung unter Verstoß gegen diese Vorschrift bestimmt, gilt in Bezug auf diese Verarbeitung als Verantwortlicher.

I. Einführung 1	III. Anforderung an eine wirksame
II. Verhältnis zu den Grundsätzen	Auftragsverarbeitung 3
der DSGVO 2	

Auftragsverarbeitung | § 62 BDSG

I. Einführung

Die Norm regelt die **Anforderungen an eine wirksame Auftragsverarbeitung** durch Behörden im Bereich der Polizei und Justiz. Zu beachten ist, dass diese Norm eine Norm des 3. Teils des BDSG darstellt. Sie beruht damit auf der Datenschutzrichtlinie für **Polizei und Justiz** (Richtlinie (EU) 2016/680). Die Norm gilt demgemäß ausschließlich dann, wenn der Anwendungsbereich des 3. Teils gemäß § 45 eröffnet ist, also wenn Daten durch die für die Verhütung, Ermittlung, Aufdeckung, Verfolgung oder Ahndung von Straftaten oder Ordnungswidrigkeiten zuständigen öffentlichen Stellen im Rahmen der Erfüllung ihrer Aufgaben verarbeitet werden.

Andererseits folgt aus der Norm nicht etwa, dass es sich auch bei dem Auftragsverarbeiter um eine entsprechende Behörde handeln muss. Vielmehr kann dies auch ein privatrechtlich organisierter Auftragnehmer sein[1].

II. Verhältnis zu den Grundsätzen der DSGVO

Die Regelungen des § 62 entsprechen zu weiten Teilen den Anforderungen, die nach Art. 28 DSGVO im Anwendungsbereich der DSGVO gelten (hinsichtlich der Anforderungen im Einzelnen sei auf die jeweilige Kommentierung zu Art. 28 DSGVO verwiesen).

III. Anforderung an eine wirksame Auftragsverarbeitung

§ 62 Abs. 1 regelt den Grundsatz, dass zunächst der Verantwortliche – hier also die jeweilige Behörde im Bereich der Polizei und Justiz – für die Einhaltung der Bestimmungen des BDSG **verantwortlich** ist. Folgerichtig sind die Rechte der betroffenen Personen auf Auskunft, Berichtigung, Löschung, Einschränkung der Verarbeitung und Schadensersatz gegenüber dem Verantwortlichen geltend zu machen (hinsichtlich der Einzelheiten sei auf die Kommentierung zu Art. 28 DSGVO Rz. 1 ff. verwiesen).

Nach § 62 Abs. 2 darf ein Verantwortlicher nur solche Auftragsverarbeiter mit der Verarbeitung personenbezogener Daten beauftragen, die mit **geeigneten technischen und organisatorischen Maßnahmen** sicherstellen, dass die Verarbeitung im Einklang mit den gesetzlichen Anforderungen erfolgt und der Schutz der Rechte der betroffenen Personen gewährleistet wird. Die Regelung entspricht den Grundsätzen des Art. 28 Abs. 1 DSGVO (hinsichtlich der Einzelheiten sei auf die Kommentierung zu Art. 28 DSGVO Rz. 10 ff. verwiesen).

---

1 Kühling/Buchner/*Schwichtenberg*, Art. 62 BDSG Rz. 1.

5 Nach § 62 Abs. 3 dürfen Auftragsverarbeiter ohne vorherige schriftliche Genehmigung des Verantwortlichen keine **weiteren Auftragsverarbeiter** hinzuziehen. Inzident ergibt sich aus § 62 Abs. 3 Satz 2, dass solche Genehmigungen nicht nur für den speziellen Einzelfall, sondern auch „allgemein" erteilt werden können. Die Regelung entspricht im Wesentlichen den Grundsätzen des Art. 28 Abs. 2 DSGVO (hinsichtlich der Einzelheiten sei auf die Kommentierung zu Art. 28 DSGVO Rz. 12 ff. verwiesen).

6 § 62 Abs. 4 regelt, dass ein Auftragsverarbeiter bei der Hinzuziehung eines weiteren Auftragsverarbeiters diesem **dieselben Verpflichtungen** aufzuerlegen hat, wie sie unter dem Vertrag mit dem Verantwortlichen für ihn gelten. Erfüllt ein weiterer Auftragsverarbeiter diese Verpflichtungen nicht, so haftet der ihn beauftragende Auftragsverarbeiter gegenüber dem Verantwortlichen für die Einhaltung der Pflichten des weiteren Auftragsverarbeiters. Die Regelung entspricht im Wesentlichen den Grundsätzen des Art. 28 Abs. 4 DSGVO (hinsichtlich der Einzelheiten sei auf die Kommentierung zu Art. 28 DSGVO Rz. 28 ff. verwiesen).

7 § 62 Abs. 5 regelt, dass die Verarbeitung durch einen Auftragsverarbeiter auf der Grundlage eines Vertrags oder eines anderen Rechtsinstruments zu erfolgen hat. § 62 Abs. 5 regelt weiterhin die **Mindestanforderungen** an einen solchen Vertrag (hinsichtlich der Einzelheiten sei auf die Kommentierung zu Art. 28 DSGVO Rz. 19 ff. verwiesen).

8 § 62 Abs. 6 regelt, dass der **schriftlich oder elektronisch** abzufassen ist. Es gilt also nicht mehr das starre Schriftformerfordernis nach § 11 BDSG-alt.

9 Nach § 62 Abs. 7 gilt ein Auftragsverarbeiter, der die Zwecke und Mittel der Verarbeitung unter Verstoß gegen diese Vorschrift bestimmt, in Bezug auf diese Verarbeitung als Verantwortlicher. Geregelt ist also der sog. **Aufgabenexzess**, der zu einer eigenständigen Haftung des Auftragnehmers führt (hinsichtlich der Einzelheiten sei auf die Kommentierung zu Art. 28 DSGVO Rz. 32. verwiesen).

§ 63 Gemeinsam Verantwortliche

Legen zwei oder mehr Verantwortliche gemeinsam die Zwecke und die Mittel der Verarbeitung fest, gelten sie als gemeinsam Verantwortliche. Gemeinsam Verantwortliche haben ihre jeweiligen Aufgaben und datenschutzrechtlichen Verantwortlichkeiten in transparenter Form in einer Vereinbarung festzulegen, soweit diese nicht bereits in Rechtsvorschriften festgelegt sind. Aus der Vereinbarung muss insbesondere hervorgehen, wer welchen Informationspflichten nachzukommen hat und wie und gegenüber wem betroffene Personen ihre Rechte wahrnehmen können. Eine entsprechende Vereinbarung hindert die betroffene Person nicht, ihre Rechte gegenüber jedem der gemeinsam Verantwortlichen geltend zu machen.

I. Einführung 1	III. Anforderungen und Konsequen-
II. Verhältnis zu den Grundsätzen	zen der gemeinsamen Verant-
der DSGVO 2	wortlichkeit 3

I. Einführung

Die Norm regelt das Konstrukt der **gemeinsamen Verantwortlichkeit**. Zu be- 1
achten ist, dass diese Norm eine Norm des 3. Teils des BDSG darstellt. Sie beruht damit auf der Datenschutzrichtlinie für **Polizei und Justiz** (Richtlinie (EU) 2016/680). Die Norm gilt demgemäß ausschließlich dann, wenn der Anwendungsbereich des 3. Teils gemäß § 45 eröffnet ist, also wenn Daten durch die für die Verhütung, Ermittlung, Aufdeckung, Verfolgung oder Ahndung von Straftaten oder Ordnungswidrigkeiten zuständigen öffentlichen Stellen im Rahmen der Erfüllung ihrer Aufgaben verarbeitet werden.

II. Verhältnis zu den Grundsätzen der DSGVO

Die Regelungen des § 63 entsprechen weitestgehend dem Konstrukt der gemein- 2
samen Verantwortlichen, wie es nach Art. 26 DSGVO im Anwendungsbereich der DSGVO gilt (zu den Einzelheiten s. die Kommentierung zu Art. 26 DSGVO).

III. Anforderungen und Konsequenzen der gemeinsamen Verantwortlichkeit

§ 63 Satz 1 regelt zunächst, unter welchen **Voraussetzungen** eine gemeinsame 3
Verantwortlichkeit vorliegt. Erforderlich ist, dass zwei oder mehr Verantwortliche gemeinsam die Zwecke und die Mittel der Verarbeitung festlegen (zu den Einzelheiten s. Kommentierung zu Art. 26 DSGVO Rz. 2 ff.).

§ 63 Satz 2 und Satz 3 regeln sodann die Ausgestaltung des **Innenverhältnisses**. 4
Die gemeinsam Verantwortlichen haben ihre jeweiligen Aufgaben und datenschutzrechtlichen Verantwortlichkeiten in transparenter Form in einer Vereinbarung festzulegen, soweit diese nicht bereits in Rechtsvorschriften festgelegt sind (zu den Einzelheiten s. Kommentierung zu Art. 26 DSGVO Rz. 11 ff.).

In § 63 Satz 4 regelt schließlich, dass eine entsprechende Vereinbarung die betrof- 5
fene Person nicht daran hindert, ihre Rechte gegenüber jedem der gemeinsam Verantwortlichen geltend zu machen. D.h. durch eine Vereinbarung im Innenverhältnis ist es den Parteien nicht möglich, ihre Haftung im **Außenverhältnis** zu begrenzen (zu den Einzelheiten s. Kommentierung zu Art. 26 DSGVO Rz. 18).

§ 64 Anforderungen an die Sicherheit der Datenverarbeitung

(1) Der Verantwortliche und der Auftragsverarbeiter haben unter Berücksichtigung des Stands der Technik, der Implementierungskosten, der Art, des Umfangs, der Umstände und der Zwecke der Verarbeitung sowie der Eintrittswahrscheinlichkeit und der Schwere der mit der Verarbeitung verbundenen Gefahren für die Rechtsgüter der betroffenen Personen die erforderlichen technischen und organisatorischen Maßnahmen zu treffen, um bei der Verarbeitung personenbezogener Daten ein dem Risiko angemessenes Schutzniveau zu gewährleisten, insbesondere im Hinblick auf die Verarbeitung besonderer Kategorien personenbezogener Daten. Der Verantwortliche hat hierbei die einschlägigen Technischen Richtlinien und Empfehlungen des Bundesamtes für Sicherheit in der Informationstechnik zu berücksichtigen.

(2) Die in Absatz 1 genannten Maßnahmen können unter anderem die Pseudonymisierung und Verschlüsselung personenbezogener Daten umfassen, soweit solche Mittel in Anbetracht der Verarbeitungszwecke möglich sind. Die Maßnahmen nach Absatz 1 sollen dazu führen, dass

1. die Vertraulichkeit, Integrität, Verfügbarkeit und Belastbarkeit der Systeme und Dienste im Zusammenhang mit der Verarbeitung auf Dauer sichergestellt werden und

2. die Verfügbarkeit der personenbezogenen Daten und der Zugang zu ihnen bei einem physischen oder technischen Zwischenfall rasch wiederhergestellt werden können.

(3) Im Fall einer automatisierten Verarbeitung haben der Verantwortliche und der Auftragsverarbeiter nach einer Risikobewertung Maßnahmen zu ergreifen, die Folgendes bezwecken:

1. Verwehrung des Zugangs zu Verarbeitungsanlagen, mit denen die Verarbeitung durchgeführt wird, für Unbefugte (Zugangskontrolle),

2. Verhinderung des unbefugten Lesens, Kopierens, Veränderns oder Löschens von Datenträgern (Datenträgerkontrolle),

3. Verhinderung der unbefugten Eingabe von personenbezogenen Daten sowie der unbefugten Kenntnisnahme, Veränderung und Löschung von gespeicherten personenbezogenen Daten (Speicherkontrolle),

4. Verhinderung der Nutzung automatisierter Verarbeitungssysteme mit Hilfe von Einrichtungen zur Datenübertragung durch Unbefugte (Benutzerkontrolle),

5. Gewährleistung, dass die zur Benutzung eines automatisierten Verarbeitungssystems Berechtigten ausschließlich zu den von ihrer Zugangsberechtigung umfassten personenbezogenen Daten Zugang haben (Zugriffskontrolle),

6. Gewährleistung, dass überprüft und festgestellt werden kann, an welche Stellen personenbezogene Daten mit Hilfe von Einrichtungen zur Datenübertragung übermittelt oder zur Verfügung gestellt wurden oder werden können (Übertragungskontrolle),
7. Gewährleistung, dass nachträglich überprüft und festgestellt werden kann, welche personenbezogenen Daten zu welcher Zeit und von wem in automatisierte Verarbeitungssysteme eingegeben oder verändert worden sind (Eingabekontrolle),
8. Gewährleistung, dass bei der Übermittlung personenbezogener Daten sowie beim Transport von Datenträgern die Vertraulichkeit und Integrität der Daten geschützt werden (Transportkontrolle),
9. Gewährleistung, dass eingesetzte Systeme im Störungsfall wiederhergestellt werden können (Wiederherstellbarkeit),
10. Gewährleistung, dass alle Funktionen des Systems zur Verfügung stehen und auftretende Fehlfunktionen gemeldet werden (Zuverlässigkeit),
11. Gewährleistung, dass gespeicherte personenbezogene Daten nicht durch Fehlfunktionen des Systems beschädigt werden können (Datenintegrität),
12. Gewährleistung, dass personenbezogene Daten, die im Auftrag verarbeitet werden, nur entsprechend den Weisungen des Auftraggebers verarbeitet werden können (Auftragskontrolle),
13. Gewährleistung, dass personenbezogene Daten gegen Zerstörung oder Verlust geschützt sind (Verfügbarkeitskontrolle),
14. Gewährleistung, dass zu unterschiedlichen Zwecken erhobene personenbezogene Daten getrennt verarbeitet werden können (Trennbarkeit).

Ein Zweck nach Satz 1 Nummer 2 bis 5 kann insbesondere durch die Verwendung von dem Stand der Technik entsprechenden Verschlüsselungsverfahren erreicht werden.

I. Einführung 1	III. Anforderungen an die Sicherheit der Datenverarbeitung 3
II. Verhältnis zu den Grundsätzen der DSGVO 2	

I. Einführung

Die Norm regelt die **Anforderungen an die Sicherheit der Datenverarbeitung.** 1
Zu beachten ist, dass diese Norm eine Norm des 3. Teils des BDSG darstellt. Sie beruht damit auf der Datenschutzrichtlinie für **Polizei und Justiz** (Richtlinie (EU) 2016/680). Die Norm gilt demgemäß ausschließlich dann, wenn der Anwendungsbereich des 3. Teils gemäß § 45 eröffnet ist, also wenn Daten durch die für die Verhütung, Ermittlung, Aufdeckung, Verfolgung oder Ahndung von Straftaten oder Ordnungswidrigkeiten zuständigen öffentlichen Stellen im Rahmen der Erfüllung ihrer Aufgaben verarbeitet werden.

II. Verhältnis zu den Grundsätzen der DSGVO

2 Die Regelungen des § 64 entsprechen in weiten Teilen den Regelungen des Art. 32 DSGVO (zu den Einzelheiten s. die Kommentierung zu Art. 32 DSGVO).

III. Anforderungen an die Sicherheit der Datenverarbeitung

3 Die **grundlegenden Anforderungen** an die Wahrung der Sicherheit der Datenverarbeitung finden sich in § 64 Abs. 1. **Adressaten** der Norm sind sowohl der Verantwortliche – also die jeweilige Behörde, s. oben Rz. 1 – als auch der Auftragsverarbeiter. Ihnen obliegt jeweils die Pflicht, die erforderlichen technischen und organisatorischen Maßnahmen zu treffen, um bei der Verarbeitung personenbezogener Daten ein dem Risiko angemessenes Schutzniveau zu gewährleisten. Welches Schutzniveau im jeweiligen Einzelfall als „angemessen" gilt, ist anhand einer **Interessenabwägung** unter der Berücksichtigung der in § 64 Abs. 1 aufgeführten Kriterien (Stand der Technik, Implementierungskosten, Art, Umfangs, Umstände und Zwecke der Verarbeitung sowie Eintrittswahrscheinlichkeit und Schwere der mit der Verarbeitung verbundenen Gefahren für die Rechtsgüter der betroffenen Personen) zu beurteilen. Wegen der Einzelheiten sei auf die Kommentierung zu Art. 32 Abs. 1 DSGVO verwiesen. Ergänzend gilt, dass der Verantwortliche hierbei die einschlägigen Technischen Richtlinien und Empfehlungen des **Bundesamtes für Sicherheit in der Informationstechnik** zu berücksichtigen hat.

4 § 64 Abs. 2 **konkretisiert** die Anforderungen des § 64 Abs. 1 dahingehend, dass die dort genannten Maßnahmen unter anderem die **Pseudonymisierung und Verschlüsselung** personenbezogener Daten erfassen können. Aus der Wahl der Formulierung wird deutlich, dass die Aufzählung der möglichen Maßnahmen weder abschließend noch zwingend ist. Eine Pseudonymisierung bzw. Verschlüsselung ist nur dann vorzunehmen, wenn solche Maßnahmen in Anbetracht der Verarbeitungszwecke möglich sind.

5 § 64 Abs. 3 regelt besondere Anforderungen, die nur im Fall einer **automatisierten Verarbeitung** gelten.

§ 65 Meldung von Verletzungen des Schutzes personenbezogener Daten an die oder den Bundesbeauftragten

(1) Der Verantwortliche hat eine Verletzung des Schutzes personenbezogener Daten unverzüglich und möglichst innerhalb von 72 Stunden, nachdem sie ihm bekannt geworden ist, der oder dem Bundesbeauftragten zu melden, es sei denn, dass die Verletzung voraussichtlich keine Gefahr für die Rechtsgüter natürlicher Personen mit sich gebracht hat. Erfolgt die Meldung an die

Bundesbeauftragte oder den Bundesbeauftragten nicht innerhalb von 72 Stunden, so ist die Verzögerung zu begründen.

(2) Ein Auftragsverarbeiter hat eine Verletzung des Schutzes personenbezogener Daten unverzüglich dem Verantwortlichen zu melden.

(3) Die Meldung nach Absatz 1 hat zumindest folgende Informationen zu enthalten:

1. eine Beschreibung der Art der Verletzung des Schutzes personenbezogener Daten, die, soweit möglich, Angaben zu den Kategorien und der ungefähren Anzahl der betroffenen Personen, zu den betroffenen Kategorien personenbezogener Daten und zu der ungefähren Anzahl der betroffenen personenbezogenen Datensätze zu enthalten hat,
2. den Namen und die Kontaktdaten der oder des Datenschutzbeauftragten oder einer sonstigen Person oder Stelle, die weitere Informationen erteilen kann,
3. eine Beschreibung der wahrscheinlichen Folgen der Verletzung und
4. eine Beschreibung der von dem Verantwortlichen ergriffenen oder vorgeschlagenen Maßnahmen zur Behandlung der Verletzung und der getroffenen Maßnahmen zur Abmilderung ihrer möglichen nachteiligen Auswirkungen.

(4) Wenn die Informationen nach Absatz 3 nicht zusammen mit der Meldung übermittelt werden können, hat der Verantwortliche sie unverzüglich nachzureichen, sobald sie ihm vorliegen.

(5) Der Verantwortliche hat Verletzungen des Schutzes personenbezogener Daten zu dokumentieren. Die Dokumentation hat alle mit den Vorfällen zusammenhängenden Tatsachen, deren Auswirkungen und die ergriffenen Abhilfemaßnahmen zu umfassen.

(6) Soweit von einer Verletzung des Schutzes personenbezogener Daten personenbezogene Daten betroffen sind, die von einem oder an einen Verantwortlichen in einem anderen Mitgliedstaat der Europäischen Union übermittelt wurden, sind die in Absatz 3 genannten Informationen dem dortigen Verantwortlichen unverzüglich zu übermitteln.

(7) § 42 Absatz 4 findet entsprechende Anwendung.

(8) Weitere Pflichten des Verantwortlichen zu Benachrichtigungen über Verletzungen des Schutzes personenbezogener Daten bleiben unberührt.

I. Einführung	1	V. Benachrichtigung anderer Verantwortlicher (Abs. 6)	8
II. Meldepflicht des Verantwortlichen (Abs. 1)	4	VI. Nemo-tenetur-Grundsatz (Abs. 7)	9
III. Meldepflicht des Auftragsverarbeiters (Abs. 2)	5	VII. Andere Vorschriften und Verpflichtungen (Abs. 8)	10
IV. Form und Dokumentation der Meldung (Abs. 3 bis 5)	6		

§ 65 BDSG | Meldung v. Verletzungen des Schutzes personenbezogener Daten

I. Einführung

1   Die Regelung setzt die Vorgaben aus Art. 30 der Datenschutzrichtlinie für Polizei und Justiz um und normiert die Einzelheiten von Meldungen an den/die Bundesbeauftragte(n) gemäß § 46 Nr. 10, wenn es zu einer „**Verletzung des Schutzes personenbezogener Daten**" gekommen ist (also zu einer „Datenpanne"). Es geht hier insbesondere um „Datenabflüsse", bei denen Dritte trotz der Sicherheitsmaßnahmen gemäß § 64 unbefugt Kenntnis von Informationen erhalten (können).

2   Parallel zur Regelung in Art. 33 DSGVO für die Datenverarbeitung im Allgemeinen sieht § 65 die Pflicht zur Benachrichtigung der Aufsichtsbehörden auch für Strafverfolgungsbehörden vor, wenn eine Verletzung des Schutzes personenbezogener Daten bekannt geworden ist. Adressat ist in diesem Fall stets der/die **Bundesbeauftragte für den Datenschutz**.

3   Beim **Abgleich der Regelungen in Art. 33 DSGVO und § 65** ist im Wesentlichen ein inhaltlicher Gleichlauf in den ersten fünf Absätzen zu konstatieren. Indes spricht Art. 33 DSGVO von „Risiken für die Rechte und Freiheiten", während § 65 die „Gefahren für Rechtsgüter" in Bezug nimmt. Wenn man hier einen Unterschied erkennen möchte, ist eine Gefahr durchaus bereits ein gesteigertes Risiko, die Schwelle unter § 65 zur Meldung also höher als im Anwendungsbereich der DSGVO. § 65 Abs. 6 und 8 haben keine direkte Entsprechung in Art. 33 DSGVO, die § 65 Abs. 7 entsprechende Regelung findet sich nicht ausdrücklich in der DSGVO, sondern klarstellend in § 42 Abs. 4.

II. Meldepflicht des Verantwortlichen (Abs. 1)

4   Der Verantwortliche ist verpflichtet, eine **Meldung unverzüglich nach Bekanntwerden** der Verletzung zu machen (vgl. zum „Bekanntwerden" die Kommentierung zu Art. 33 DSGVO Rz. 3). Die Vorgabe des Gesetzes, dies „möglichst" binnen 72 Stunden umzusetzen, sollte im grundrechtsintensiven Bereich der Strafverfolgungsbehörden nur in absoluten Ausnahmefällen überschritten werden. Eine Überschreitung ist jedenfalls zu begründen. Die Ausnahme von der Benachrichtigungspflicht in Fällen, in denen „voraussichtlich keine Gefahr für die Rechtsgüter natürlicher Personen" gegeben ist, wird in diesem Sinne zurückhaltend angewendet werden müssen. Die entsprechende Einschätzung des Verantwortlichen kann ggf. durch den/die Bundesbeauftragte oder Gerichte überprüft werden.

III. Meldepflicht des Auftragsverarbeiters (Abs. 2)

5   Konsequent ist die **Verpflichtung des Auftragsverarbeiters**, eine Verletzung an den Verantwortlichen zu melden, damit dieser wiederum seiner Pflicht zur Be-

nachrichtigung genügen kann. Die **Vertragsgestaltung** des Auftragsverarbeitungsvertrages sollte hier klare Regelungen vorsehen. Verzögerungen können potentiell beidseitig Haftungsfolgen nach sich ziehen. Bereits gesetzlich vorgesehen ist, dass der Auftragsverarbeiter eine Meldung nicht aufgrund einer eigenen Prognoseentscheidung zur Relevanz der Verletzung des Schutzes personenbezogener Daten unterlassen darf.

IV. Form und Dokumentation der Meldung (Abs. 3 bis 5)

Die inhaltlichen **Mindestanforderungen** an die Benachrichtigungsmeldung enthält § 65 Abs. 3, gemäß § 65 Abs. 4 sind die Angaben **nachzureichen**, wenn sie nicht direkt mit der Eingangsmeldung übermittelt werden können:

- Beschreibung der Art der Verletzung des Schutzes personenbezogener Daten
- Angaben zu den Kategorien und zur ungefähren Anzahl der betroffenen Personen
- Angaben zu den betroffenen Kategorien personenbezogener Daten und zur ungefähren Anzahl der betroffenen Datensätze
- Namen und die Kontaktdaten der oder des Datenschutzbeauftragten oder einer anderen Kontaktperson
- Beschreibung der wahrscheinlichen Folgen der Verletzung
- Beschreibung der von dem Verantwortlichen ergriffenen oder vorgeschlagenen Gegenmaßnahmen

Gemäß Absatz 5 sind alle mit den Vorfällen zusammenhängenden Tatsachen, deren Auswirkungen und die ergriffenen **Abhilfemaßnahmen zu dokumentieren**. Durch die Dokumentation muss dem/der Bundesbeauftragten in qualitativer wie in quantitativer Hinsicht eine **Beurteilung des Vorfalls** und der Implikationen sowie des Umgangs des Verantwortlichen hiermit ermöglicht werden[1].

V. Benachrichtigung anderer Verantwortlicher (Abs. 6)

Die **Zusammenarbeit der Behörden** in verschiedenen Mitgliedstaaten kann dazu führen, dass personenbezogene Daten von der Verletzung betroffen sind, die aus einem anderen Mitgliedsstaat (oder dorthin) übermittelt wurden. Daher besteht dort ebenfalls eine potentielle Gefahr, über die der dortige Verantwortliche im Sinne des § 65 Abs. 3 unverzüglich informiert werden muss. Er ist dann im Zweifel wegen der harmonisierten Rechtslage auch **seinerseits zur Meldung** an die entsprechende Aufsichtsbehörde (und/oder zur Benachrichtigung der Betroffenen) verpflichtet.

---

1 Vgl. Gesetzesbegründung, BT-Drucks. 18/11325, S. 116.

VI. Nemo-tenetur-Grundsatz (Abs. 7)

9 Die Regelung des § 42 Abs. 4 ist entsprechend anzuwenden; Meldungen können also nicht gegen den Willen des Verantwortlichen bzw. Meldenden in einem **Strafverfahren** gegen ihn verwendet werden. Hierdurch soll vermieden werden, dass die Angst vor eigener Strafverfolgung zu einer ausbleibenden Meldung führt.

VII. Andere Vorschriften und Verpflichtungen (Abs. 8)

10 Die Meldepflicht an den/die Bundesbeauftragte(n) beeinträchtigt nicht andere Meldepflichten und schließt solche insbesondere nicht aus. Dies gilt etwa für ggf. gebotene Meldungen an das Bundesamt für Sicherheit in der Informationstechnik als **Meldestelle des Bundes für IT-Sicherheitsvorfälle** (vgl. § 4 des Gesetzes über das Bundesamt für Sicherheit in der Informationstechnik).

§ 66 Benachrichtigung betroffener Personen bei Verletzungen des Schutzes personenbezogener Daten

(1) Hat eine Verletzung des Schutzes personenbezogener Daten voraussichtlich eine erhebliche Gefahr für Rechtsgüter betroffener Personen zur Folge, so hat der Verantwortliche die betroffenen Personen unverzüglich über den Vorfall zu benachrichtigen.

(2) Die Benachrichtigung nach Absatz 1 hat in klarer und einfacher Sprache die Art der Verletzung des Schutzes personenbezogener Daten zu beschreiben und zumindest die in § 65 Absatz 3 Nummer 2 bis 4 genannten Informationen und Maßnahmen zu enthalten.

(3) Von der Benachrichtigung nach Absatz 1 kann abgesehen werden, wenn

1. der Verantwortliche geeignete technische und organisatorische Sicherheitsvorkehrungen getroffen hat und diese Vorkehrungen auf die von der Verletzung des Schutzes personenbezogener Daten betroffenen Daten angewandt wurden; dies gilt insbesondere für Vorkehrungen wie Verschlüsselungen, durch die die Daten für unbefugte Personen unzugänglich gemacht wurden;

2. der Verantwortliche durch im Anschluss an die Verletzung getroffene Maßnahmen sichergestellt hat, dass aller Wahrscheinlichkeit nach keine erhebliche Gefahr im Sinne des Absatzes 1 mehr besteht, oder

3. dies mit einem unverhältnismäßigen Aufwand verbunden wäre; in diesem Fall hat stattdessen eine öffentliche Bekanntmachung oder eine ähnliche

Maßnahme zu erfolgen, durch die die betroffenen Personen vergleichbar wirksam informiert werden.

(4) Wenn der Verantwortliche die betroffenen Personen über eine Verletzung des Schutzes personenbezogener Daten nicht benachrichtigt hat, kann die oder der Bundesbeauftragte förmlich feststellen, dass ihrer oder seiner Auffassung nach die in Absatz 3 genannten Voraussetzungen nicht erfüllt sind. Hierbei hat sie oder er die Wahrscheinlichkeit zu berücksichtigen, dass die Verletzung eine erhebliche Gefahr im Sinne des Absatz 1 zur Folge hat.

(5) Die Benachrichtigung der betroffenen Personen nach Absatz 1 kann unter den in § 56 Absatz 2 genannten Voraussetzungen aufgeschoben, eingeschränkt oder unterlassen werden, soweit nicht die Interessen der betroffenen Person aufgrund der von der Verletzung ausgehenden erheblichen Gefahr im Sinne des Absatz 1 überwiegen.

(6) § 42 Absatz 4 findet entsprechende Anwendung.

I. Einführung 1	V. Feststellung des/der Bundesbeauftragten (Abs. 4) 6
II. Benachrichtigungspflicht (Abs. 1) 3	VI. Einschränkung der Benachrichtigungspflicht aus gegebenem Anlass (Abs. 5) 8
III. Form der Benachrichtigung (Abs. 2) 4	
IV. Ausnahmen von der Benachrichtigungspflicht (Abs. 3) 5	VII. Nemo-tenetur-Grundsatz (Abs. 6) 9

I. Einführung

§ 66 setzt die Vorgaben aus Art. 31 der Datenschutzrichtlinie für Polizei und Justiz um. Die Regelung betrifft die **Benachrichtigung des Betroffenen**, wenn es zu einer Verletzung des Schutzes personenbezogener Daten gekommen ist. Der Betroffene ist über den Vorfall zu informieren, wenn hierdurch voraussichtlich eine erhebliche Gefahr für Rechtsgüter des Betroffenen besteht. 1

Vergleicht man die Norm mit der Parallelregelung in Art. 34 DSGVO, fallen einige Akzentverschiebungen auf, soweit der Bereich der §§ 45 ff. BDSG bzw. der Datenschutzrichtlinie für Polizei und Justizbetroffen ist: 2

- Es muss statt eines „hohen Risikos" eine **erhebliche Gefahr** vorhersehbar zu sein, um den Betroffenen informieren zu müssen. Tendenziell ist im Bereich der Strafverfolgung also erst später bzw. unter erhöhten Voraussetzungen zu benachrichtigen, denn es muss eine Gefahr als die bevorstehende Realisierung eines Risikos vorhersehbar sein, die zudem erheblich sein muss.
- Die Befugnisse des/der Bundesbeauftragten erschöpfen sich in der Feststellung, dass eine Ausnahmekonstellation (und damit der Ausschluss der Benachrichtigungspflicht) nicht vorliegt. Es soll also angesichts des öffentlich-rechtlichen Adressaten **keine formellen Verpflichtungsmöglichkeiten** geben.

- Es gibt spezifische **Möglichkeiten zum Aufschub der Benachrichtigung**, wenn die Interessen der Aufgabenerfüllung, der öffentlichen Sicherheit oder Dritter überwiegen.

II. Benachrichtigungspflicht (Abs. 1)

3 Ergänzend zur Benachrichtigungspflicht gegenüber der Aufsichtsbehörde gemäß § 65 sieht § 66 in bestimmten Fällen auch die Meldung an den Betroffenen vor. Dieser ist **unverzüglich** (also ohne schuldhaftes Zögern) zu benachrichtigen, wenn der Vorfall „**voraussichtlich eine erhebliche Gefahr für Rechtsgüter**" des oder der Betroffenen bedeutet, vgl. zu den Aspekten der Gefahrenprognose, die vom Verantwortlichen eigenverantwortlich durchzuführen ist, die Kommentierung zu Art. 34 DSGVO Rz. 4.

III. Form der Benachrichtigung (Abs. 2)

4 Die Benachrichtigung hat gemäß § 66 Abs. 2 in **verständlicher Sprache** zu erfolgen und muss jedenfalls folgende Aspekte abdecken (vgl. § 65 Abs. 3 Nr. 2 bis 4):
- Namen und die **Kontaktdaten** der oder des Datenschutzbeauftragten oder einer anderen Kontaktperson
- Beschreibung der wahrscheinlichen **Folgen der Verletzung**
- Beschreibung der von dem Verantwortlichen ergriffenen oder vorgeschlagenen **Gegenmaßnahmen**

IV. Ausnahmen von der Benachrichtigungspflicht (Abs. 3)

5 § 66 Abs. 3 beinhaltet Ausnahmen von der Benachrichtigungspflicht in folgenden Konstellationen, die **alternativ** vorliegen müssen (vgl. die Kommentierung zu Art. 34 DSGVO Rz. 10):
- Der Verantwortliche hat in Bezug auf die betroffenen Daten vorab geeignete Sicherheitsvorkehrungen getroffen, die einen Drittzugriff ausschließen.
- Der Verantwortliche hat durch nachträgliche Maßnahmen dafür gesorgt, dass die erhebliche Gefahr „aller Wahrscheinlichkeit nach" gebannt wurde. Hier ist also eine weitere eigenverantwortliche Prognoseentscheidung zu treffen, ob seine Maßnahmen zu solch einem Effekt geführt haben können.
- Eine individuelle Benachrichtigung würde einen unverhältnismäßigen Aufwand bedeuten; dann ist eine wirksame öffentliche Bekanntmachung zulässig.

V. Feststellung des/der Bundesbeauftragten (Abs. 4)

Der/die Bundebeauftragte für den Datenschutz kann im Nachhinein unter Berücksichtigung der Risikolage feststellen, dass Ausnahmen entgegen der Einschätzung des Verantwortlichen nicht gegeben waren; dann ist der Verantwortliche zur **unverzüglichen Nachholung** angehalten. Dass der/die Bundesbeauftragte bei seiner Feststellung die Wahrscheinlichkeit der erheblichen Gefahr für Rechtsgüter betroffener Personen berücksichtigen soll, ist im Normzusammenhang selbstverständlich (vgl. § 66 Abs. 3 Nr. 2) und daher deklaratorisch zu verstehen.

Angesichts des verwaltungsinternen Verhältnisses zwischen Aufsichtsbehörde und Verantwortlichem ist nicht vorgesehen, dass der/die Bundesbeauftragte eine Verpflichtung zur Nachholung ausspricht (vgl. Art. 34 Abs. 4 DSGVO). Die förmliche Feststellung, dass die Benachrichtigung rechtswidrig nicht erfolgt ist, soll ausreichend Druck auf den Verantwortlichen ausüben. Voraussetzung ist natürlich, dass der/die Bundesbeauftragte überhaupt Kenntnis von der Verletzung erlangt hat; wegen der insgesamt **niedrigeren Meldeschwelle in § 65** ist dies indes nicht fernliegend.

VI. Einschränkung der Benachrichtigungspflicht aus gegebenem Anlass (Abs. 5)

Die Benachrichtigung kann aufgeschoben, eingeschränkt oder ganz unterlassen werden, wenn

- die Erfüllung der Strafverfolgungsaufgaben
- die öffentliche Sicherheit oder
- Rechtsgüter Dritter

andernfalls gefährdet würden und das Interesse an der Vermeidung dieser Gefahren das Informationsinteresse des/der Betroffenen **überwiegt**. Dies mag im Kontext der Strafverfolgung auf den ersten Blick sogar regelmäßig gegeben sein, da weitreichende Benachrichtigungen Maßnahmen in diesem Bereich potentiell behindern können. Gleichwohl ist es unerlässlich, eine Interessenabwägung im Einzelfall anzustellen, um zu verifizieren, ob erhebliche Gefahren für den Betroffenen bei Nichtbenachrichtigung drohen. In diesem Sinne wird in Halbsatz 2 klargestellt, dass – als **Rückausnahme** – doch eine Benachrichtigung erfolgen muss, soweit doch die Interessen der betroffenen Person überwiegen.

VII. Nemo-tenetur-Grundsatz (Abs. 6)

Wiederum findet der in § 42 Abs. 2 verankerte Grundsatz entsprechende Anwendung, dass keine Selbstbelastung stattfinden muss und die Benachrichtigung in einem Strafverfahren gegen den Meldepflichtigen oder Benachrichtigenden (bzw. seine Angehörigen) nur mit Zustimmung des Meldepflichtigen oder Benachrichtigenden verwendet werden darf.

§ 67 Durchführung einer Datenschutz-Folgenabschätzung

(1) Hat eine Form der Verarbeitung, insbesondere bei Verwendung neuer Technologien, aufgrund der Art, des Umfangs, der Umstände und der Zwecke der Verarbeitung voraussichtlich eine erhebliche Gefahr für die Rechtsgüter betroffener Personen zur Folge, so hat der Verantwortliche vorab eine Abschätzung der Folgen der vorgesehenen Verarbeitungsvorgänge für die betroffenen Personen durchzuführen.

(2) Für die Untersuchung mehrerer ähnlicher Verarbeitungsvorgänge mit ähnlich hohem Gefahrenpotential kann eine gemeinsame Datenschutz-Folgenabschätzung vorgenommen werden.

(3) Der Verantwortliche hat die Datenschutzbeauftragte oder den Datenschutzbeauftragten an der Durchführung der Folgenabschätzung zu beteiligen.

(4) Die Folgenabschätzung hat den Rechten der von der Verarbeitung betroffenen Personen Rechnung zu tragen und zumindest Folgendes zu enthalten:
1. eine systematische Beschreibung der geplanten Verarbeitungsvorgänge und der Zwecke der Verarbeitung,
2. eine Bewertung der Notwendigkeit und Verhältnismäßigkeit der Verarbeitungsvorgänge in Bezug auf deren Zweck,
3. eine Bewertung der Gefahren für die Rechtsgüter der betroffenen Personen und
4. die Maßnahmen, mit denen bestehenden Gefahren abgeholfen werden soll, einschließlich der Garantien, der Sicherheitsvorkehrungen und der Verfahren, durch die der Schutz personenbezogener Daten sichergestellt und die Einhaltung der gesetzlichen Vorgaben nachgewiesen werden sollen.

(5) Soweit erforderlich, hat der Verantwortliche eine Überprüfung durchzuführen, ob die Verarbeitung den Maßgaben folgt, die sich aus der Folgenabschätzung ergeben haben.

I. Einführung 1	III. Anforderungen an die Durchführung einer Datenschutz-Folgenabschätzung 3
II. Verhältnis zu den Grundsätzen der DSGVO 2	

I. Einführung

Die Norm regelt die **Anforderungen an die Durchführung einer Datenschutz-Folgenabschätzung**. Zu beachten ist, dass diese Norm eine Norm des 3. Teils des BDSG darstellt. Sie beruht damit auf der Datenschutzrichtlinie für **Polizei und Justiz** (Richtlinie (EU) 2016/680). Die Norm gilt demgemäß ausschließlich dann, wenn der Anwendungsbereich des 3. Teils gemäß § 45 eröffnet ist, also wenn Daten durch die für die Verhütung, Ermittlung, Aufdeckung, Verfolgung oder Ahndung von Straftaten oder Ordnungswidrigkeiten zuständigen öffentlichen Stellen im Rahmen der Erfüllung ihrer Aufgaben verarbeitet werden.

II. Verhältnis zu den Grundsätzen der DSGVO

Die Regelungen des § 67 entsprechen in weiten Teilen den Regelungen des Art. 35 DSGVO, der die „Datenschutz-Folgenabschätzung" im Anwendungsbereich der DSGVO regelt.

III. Anforderungen an die Durchführung einer Datenschutz-Folgenabschätzung

Eine Datenschutz-Folgenabschätzung ist immer dann, aber auch nur dann, vorzunehmen, wenn eine Form der Verarbeitung aufgrund der Art, des Umfangs, der Umstände und der Zwecke der Verarbeitung **voraussichtlich eine erhebliche Gefahr für die Rechtsgüter betroffener Personen** zur Folge hat.

Datenschutz-Folgenabschätzungen sollten auf maßgebliche Systeme und Verfahren im Rahmen von Verarbeitungsvorgängen abstellen, **nicht jedoch auf Einzelfälle** (Erwägungsgrund 58 der Datenschutzrichtlinie für Polizei und Justiz).

Wann eine solche Gefahr vorliegt, ist in der Norm nicht weiter definiert. Insofern bietet sich zur Auslegung ein Rückgriff auf Art. 35 Abs. 3 DSGVO an, der eine nicht abschließende Liste typischer Fallkonstellationen enthält. Das Risiko ist anhand einer **objektiven Bewertung** zu beurteilen (Erwägungsgrund 52 der Datenschutzrichtlinie für Polizei und Justiz).

Im Übrigen wird auf die Kommentierung zu Art. 35 Abs. 3 DSGVO verwiesen, Art. 35 DSGVO Rz. 20 ff.

§ 68 Zusammenarbeit mit der oder dem Bundesbeauftragten

Der Verantwortliche hat mit der oder dem Bundesbeauftragten bei der Erfüllung ihrer oder seiner Aufgaben zusammenzuarbeiten.

I. Einführung .... 1 | II. Zusammenarbeit 3

I. Einführung

1 Eine wirksame Datenschutzaufsicht durch den/die BfDI kann nur gewährleistet werden, wenn Verantwortliche mit ihm/ihr zusammenarbeiten. Zu diesem Zweck sieht § 68 eine allgemeine **Kooperationspflicht** vor. Diese wurde in Umsetzung von Art. 26 Datenschutzrichtlinie für Polizei und Justiz (Richtlinie (EU) 2016/680) in das BDSG aufgenommen. Im Hinblick auf den Anwendungsbereich der DSGVO ergibt sich eine Pflicht zur Zusammenarbeit von Verantwortlichen und der Datenschutzaufsicht aus Art. 31 DSGVO. Diese und weitere Regelungen der DSGVO und des BDSG sorgen dafür, dass der/die BfDI bei der Erfüllung ihrer aufsichtsbehördlichen Aufgaben die nötige Unterstützung von Verantwortlichen erhält. Fragen der Sachverhaltsaufklärung und die Ermittlung der materiellen datenschutzrechtlichen Pflichten durch die Datenschutzaufsicht setzen regelmäßig eine enge Kooperation mit den Verantwortlichen voraus[1].

2 Das Datenschutzrecht in seiner alten Fassung kannte eine solche explizite Pflicht zur Zusammenarbeit von datenschutzrechtlich Verantwortlichen und den Datenschutzbehörden, einschließlich dem/der BfDI, nicht. Insbesondere die Richtlinie 95/46/EG enthielt keine entsprechende Regelung. Zur Anwendung kam allerdings die allgemeine verwaltungsrechtliche Regelung des § 26 Abs. 2 VwVfG[2]. Dadurch wurde insbesondere eine Mitwirkung der Verantwortlichen bei der Sachverhaltsaufklärung gewährleistet.

II. Zusammenarbeit

3 § 68 statuiert die Pflicht zur Zusammenarbeit mit dem/der BfDI. Adressaten der Norm sind datenschutzrechtlich Verantwortliche. Verarbeiten diese personenbezogene Daten zu Zwecken gemäß Art. 1 Abs. 1 der Datenschutzrichtlinie für Polizei und Justiz, sind sie gemäß § 68 zur **Kooperation mit dem/der BfDI** verpflichtet. Außerhalb des spezifischen Anwendungsbereichs der Datenschutzrichtlinie für Polizei und Justiz richtet sich die Pflicht zur Zusammenarbeit mit den Aufsichtsbehörden einschließlich dem/der BfDI nach Art. 31 DSGVO

---

1 Vgl. Paal/Pauly/*Martini*, Art. 31 DSGVO Rz. 4.
2 BeckOK DatenschutzR/*Spoerr*, Art. 31 DSGVO Rz. 21.

(s. Kommentierung zu Art. 31 DSGVO Rz. 5), sodass eine umfassende Kooperation stets sichergestellt ist.

Im Gegensatz zu Art. 31 DSGVO setzt die Zusammenarbeit im Rahmen von § 68 keine Anfrage der Datenschutzaufsicht voraus. Damit ist die in § 68 enthaltene Pflicht zur Kooperation weiter gefasst. Entsprechend der Auslegung zu Art. 31 DSGVO[3] muss allerdings davon ausgegangen werden, dass die Regelung des § 68 **keine weitergehenden Befugnisse** des/der BfDI beinhaltet. Die einzelnen Befugnisse ergeben sich bereits aus den §§ 8 ff. So geht der Gesetzgeber ebenfalls davon aus, dass die in § 68 enthaltene Pflicht die sich ohnehin aus anderen Vorschriften ergebenen Kooperationsverpflichtungen und Kooperationsbeziehungen zwischen Verantwortlichen und dem/der BfDI lediglich zusammenfasst[4]. 4

Fraglich ist, wie weit die Pflicht nach § 68 reicht bzw. unter welchen Voraussetzungen sie eingeschränkt sein kann. Hierzu hat der Gesetzgeber keine Aussage getroffen. Relevant wird diese Frage beispielsweise, wenn der Verantwortliche sich im Rahmen der Kooperation selbst belasten müsste. Da es sich bei den in § 68 genannten Verantwortlichen gemäß § 45 Satz 1 und 2 um bestimmte öffentliche Stellen handelt und diese nicht Adressaten von Sanktionen gemäß § 84 sein können, ist eine Einschränkung der Kooperationspflicht grundsätzlich nicht erforderlich. Hierfür spricht auch das Bedürfnis des/der BfDI und ggf. der betroffenen Personen, dass Sachverhalte, die der Datenschutzrichtlinie für Polizei und Justiz unterfallen, aufgeklärt und seitens des/der BfDI notwendige Maßnahmen getroffen werden. Im Hinblick auf einzelne Mitarbeiter der öffentlichen Stelle, die ggf. den Strafvorschriften nach § 84 unterfallen können, kann sich dann im konkreten Fall das Recht ergeben, sich nicht zu dem Sachverhalt ggü. Dem/der BfDI zu äußern. Die Mitarbeiter des Verantwortlichen sind jedoch gerade nicht direkte Adressaten des § 68, sodass die Problematik in diesem Zusammenhang zumindest nicht weiter vertieft werden muss. 5

§ 69 Anhörung der oder des Bundesbeauftragten

(1) Der Verantwortliche hat vor der Inbetriebnahme von neu anzulegenden Dateisystemen die Bundesbeauftragte oder den Bundesbeauftragten anzuhören, wenn

1. aus einer Datenschutz-Folgenabschätzung nach § 67 hervorgeht, dass die Verarbeitung eine erhebliche Gefahr für die Rechtsgüter der betroffenen Personen zur Folge hätte, wenn der Verantwortliche keine Abhilfemaßnahmen treffen würde, oder

---

3 Vgl. Kühling/Buchner/*Hartung*, Art. 31 DSGVO Rz. 1, der diese Frage bewusst offen lässt.
4 BT-Drucks. 18/11325, S. 117.

2. die Form der Verarbeitung, insbesondere bei der Verwendung neuer Technologien, Mechanismen oder Verfahren, eine erhebliche Gefahr für die Rechtsgüter der betroffenen Personen zur Folge hat.

Die oder der Bundesbeauftragte kann eine Liste der Verarbeitungsvorgänge erstellen, die der Pflicht zur Anhörung nach Satz 1 unterliegen.

(2) Der oder dem Bundesbeauftragten sind im Fall des Absatzes 1 vorzulegen:
1. die nach § 67 durchgeführte Datenschutz-Folgenabschätzung,
2. gegebenenfalls Angaben zu den jeweiligen Zuständigkeiten des Verantwortlichen, der gemeinsam Verantwortlichen und der an der Verarbeitung beteiligten Auftragsverarbeiter,
3. Angaben zu den Zwecken und Mitteln der beabsichtigten Verarbeitung,
4. Angaben zu den zum Schutz der Rechtsgüter der betroffenen Personen vorgesehenen Maßnahmen und Garantien und
5. Name und Kontaktdaten der oder des Datenschutzbeauftragten.

Auf Anforderung sind ihr oder ihm zudem alle sonstigen Informationen zu übermitteln, die sie oder er benötigt, um die Rechtmäßigkeit der Verarbeitung sowie insbesondere die in Bezug auf den Schutz der personenbezogenen Daten der betroffenen Personen bestehenden Gefahren und die diesbezüglichen Garantien bewerten zu können.

(3) Falls die oder der Bundesbeauftragte der Auffassung ist, dass die geplante Verarbeitung gegen gesetzliche Vorgaben verstoßen würde, insbesondere weil der Verantwortliche das Risiko nicht ausreichend ermittelt oder keine ausreichenden Abhilfemaßnahmen getroffen hat, kann sie oder er dem Verantwortlichen und gegebenenfalls dem Auftragsverarbeiter innerhalb eines Zeitraums von sechs Wochen nach Einleitung der Anhörung schriftliche Empfehlungen unterbreiten, welche Maßnahmen noch ergriffen werden sollten. Die oder der Bundesbeauftragte kann diese Frist um einen Monat verlängern, wenn die geplante Verarbeitung besonders komplex ist. Sie oder er hat in diesem Fall innerhalb eines Monats nach Einleitung der Anhörung den Verantwortlichen und gegebenenfalls den Auftragsverarbeiter über die Fristverlängerung zu informieren.

(4) Hat die beabsichtigte Verarbeitung erhebliche Bedeutung für die Aufgabenerfüllung des Verantwortlichen und ist sie daher besonders dringlich, kann er mit der Verarbeitung nach Beginn der Anhörung, aber vor Ablauf der in Absatz 3 Satz 1 genannten Frist beginnen. In diesem Fall sind die Empfehlungen der oder des Bundesbeauftragten im Nachhinein zu berücksichtigen und sind die Art und Weise der Verarbeitung daraufhin gegebenenfalls anzupassen.

I. Einführung	1	IV. Empfehlungen durch den/die BfDI (Abs. 3)	10
II. Anhörung (Abs. 1)	3		
III. Vorlagepflicht (Abs. 2)	8	V. Besondere Dringlichkeit (Abs. 4)	13

Anhörung der oder des Bundesbeauftragten | § 69 BDSG

I. Einführung

Die Regelung des § 69 wurde in das BDSG aufgenommen, um Art. 28 der Datenschutzrichtlinie für Polizei und Justiz (Richtlinie (EU) 2016/680) umzusetzen. Wie die Vorkonsultation gemäß Art. 36 DSGVO, dient die Anhörung des/der BfDI der **datenschutzrechtlichen Absicherung** in Bezug auf beabsichtigte Verarbeitungen in neu anzulegenden Dateisystemen, von denen ein erhöhtes Gefährdungspotenzial für die Rechtsgüter betroffener Personen ausgeht[1]. Die Anhörung ist Teil des risikobasierten Ansatzes, der insbesondere im Zusammenhang mit der Datenschutz-Folgenabschätzung auch in der Datenschutzrichtlinie für Polizei und Justiz zum Ausdruck kommt und in das BDSG entsprechend übernommen wurde. Dass die Anhörung im direkten Zusammenhang zur Datenschutz-Folgenabschätzung steht, wird prozedural hergestellt, indem unter den Voraussetzungen von § 69 Abs. 1 Nr. 1 eine Anhörung des/der BfDI im Anschluss an eine Datenschutz-Folgenabschätzung vorzunehmen ist[2]. 1

Sinn und Zweck der Konsultation bzw. Anhörung ist die **Förderung eines konstruktiven Dialogs** zwischen Datenschutzaufsicht und dem Verantwortlichen[3]. Am Ende dieses Dialogs sollte regelmäßig eine Empfehlung des/der BfDI erfolgen, damit die erhebliche Gefahr für die Rechtsgüter der betroffenen Personen aufgrund der Datenverarbeitung minimiert werden kann (§ 69 Abs. 3). Darüber hinaus kann der/die BfDI jedoch auch weitere Maßnahmen ergreifen, um gegen einen Datenschutzverstoß vorzugehen[4]. Gerade im Hinblick auf Datenverarbeitungen zum Zweck der Datenschutzrichtlinie für Polizei und Justiz und damit ggf. verbundenen Risiken ist es sinnvoll, dass Verantwortliche i.S.v. § 45 Satz 2 mit dem/der BfDI eng kooperieren sollen. § 69 ist damit auch als eine Weiterführung und Konkretisierung der Pflicht zur Zusammenarbeit aus § 68 zu sehen. 2

II. Anhörung (Abs. 1)

Nach **§ 69 Abs. 1 Satz 1 Nr. 1** hat der Verantwortliche vor der Inbetriebnahme eines neuen Dateisystems den/die BfDI **anzuhören**, wenn eine **Datenschutz-Folgenabschätzung** nach § 67 ergibt (s. Kommentierung zu § 67), dass die Verarbeitung eine erhebliche Gefahr für die Rechtsgüter der betroffenen Personen zur Folge hätte, sofern keine Abhilfemaßnahmen getroffen werden. Anders als in Art. 35 f. DSGVO kommt es nicht auf ein hohes Risiko, sondern auf eine erhebliche Gefahr für die Rechtsgüter der Betroffenen an. Deutlich wird bereits, 3

---

1 BT-Drucks. 18/11325, S. 117.
2 BT-Drucks. 18/11325, S. 117.
3 Vgl. Gola/*Nolte/Werkmeister*, Art. 36 DSGVO Rz. 3.
4 Für die Rechtslage unter der DSGVO ebenso Gola/*Nolte/Werkmeister*, Art. 36 DSGVO Rz. 3.

dass eine einfache Gefahr nicht schon die Konsultationspflicht auslöst. Die Gefahr muss also schon von besonderer Qualität sein.

4 Vor der Anhörung des/der BfDI muss der Verantwortliche prüfen, ob er mit eigenen Maßnahmen zur Gefährdungsminimierung reagieren kann. Der Gesetzgeber selbst geht davon aus, dass es nur zu einer Minimierung der Gefahren kommen kann, die Gefährdungslage jedoch nicht vollständig ausgeräumt werden muss[5]. Dies ist nur folgerichtig, da grundsätzlich jede Verarbeitung personenbezogener Daten eine Gefährdung für die Rechtsgüter der betroffenen Personen bedeuten kann. Dementsprechend muss der Verantwortliche das Risiko also „nur" unter die kritische Schwelle der erheblichen Gefahr reduzieren können. Angesichts des Umstandes, dass die Datenschutz-Folgenabschätzung ohnehin sicherstellen soll, dass eine erhebliche Gefahr für die Rechtsgüter der betroffenen Personen bei der Durchführung einer Datenverarbeitung nicht droht bzw. mit Gegenmaßnahmen abgewendet werden kann, wird die praktische Relevanz der Anhörung des/der BfDI wohl eher als gering einzustufen sein[6].

5 Im Kontext mit der Datenschutz-Folgenabschätzung ist die Anhörung des/der BfDI als **letzte Stufe** der Bewertung datenschutzrechtlicher Risiken anzusehen. D.h., die Durchführung der Datenschutz-Folgenabschätzung sollte vollständig abgeschlossen sein, bevor es zur Anhörung des/der BfDI kommt. Dies ist auch sinnvoll, damit der Verantwortliche dem/der BfDI nach § 69 Abs. 2 alle erforderlichen Informationen geben kann, damit Empfehlungen entsprechend § 69 Abs. 3 zur Abhilfe der erheblichen Gefahr seitens dem/der BfDI ausgesprochen werden können.

6 Eine Anhörung des/der BfDI ist zudem vorzunehmen, wenn die **Form der Verarbeitung** eine erhebliche Gefahr für die Rechtsgüter der betroffenen Personen zur Folge hat (**§ 69 Abs. 1 Satz 1 Nr. 2**). Dies soll insbesondere die Fälle betreffen, bei denen neue Technologien, Mechanismen oder Verfahren die Form der Datenverarbeitung prägen. Es handelt sich hierbei wohl um einen Auffangtatbestand für eine Anhörung des/der BfDI, sollte der Verantwortliche trotz der gewählten Form der Verarbeitung personenbezogener Daten einmal zu dem Schluss kommen, dass eine Datenschutz-Folgenabschätzung nach § 67 nicht erforderlich ist. Die Vorschrift dient also als Absicherung dafür, dass grundsätzlich bei jeglicher erheblicher Gefährdung der Rechtsgüter der Betroffenen aufgrund der Form der Datenverarbeitung eine Konsultation des/der BfDI erfolgt. Dies ist auch sinnvoll, da ohne Durchführung der Datenschutz-Folgenabschätzung ggf. nicht davon ausgegangen werden kann, dass der Betroffene alle denkbaren und erforderlichen Maßnahmen zur Risikominimierung eingeleitet hat. In diesen Fällen sollte der/die BfDI als eine Art Korrektiv auftreten, damit der Schutz der Rechtsgüter der betroffenen Personen durch die Veranlassung erforderlicher Maßnahmen gewährleistet wird.

---

5 BT-Drucks. 18/11325, S. 117.
6 Vgl. auch Gola/*Nolte*/*Werkmeister*, Art. 36 DSGVO Rz. 5.

Als Zeichen der umfassenden Kooperationssystematik zwischen Verantwortlichen und BfDI sieht § 69 **Abs. 1 Satz 2** vor, dass der/die BfDI eine Liste von Verarbeitungsvorgängen erstellen kann, die der Pflicht zur Anhörung nach Satz 1 unterliegen. Ob der/die BfDI tatsächlich eine solche sog. **Blacklist** für derartige Verarbeitungsvorgänge erarbeitet und veröffentlicht, steht in seinem/ihrem Ermessen. Es ist jedoch sowohl im Interesse der betroffenen Personen als auch des Verantwortlichen, dass der/die BfDI sich dieser Aufgabe annimmt.

7

III. Vorlagepflicht (Abs. 2)

Kommt der Verantwortliche zu dem Ergebnis, dass eine Anhörung des/der BfDI einzuleiten ist, muss er die in § 69 Abs. 2 genannten **Unterlagen** dem/der BfDI vorlegen. Der Gesetzgeber hat in diesem Zusammenhang die Vorgaben aus Art. 28 Abs. 4 der Datenschutzrichtlinie für Polizei und Justiz und Art. 36 Abs. 3 DSGVO angeglichen[7]. Dies beinhaltet folgende Unterlagen:

8

- Report der Datenschutz-Folgenabschätzung;
- Auflistung der jeweiligen Zuständigkeiten beim Verantwortlichen sowie die Nennung von beteiligten Auftragsverarbeitern;
- Darstellung der Zwecke und Mittel der Datenverarbeitung;
- Auflistung der geplanten und getroffenen Maßnahmen sowie Garantien zum Schutz der Rechtsgüter der betroffenen Personen;
- Name und Kontaktdaten des Datenschutzbeauftragten beim Verantwortlichen.

Es ist davon auszugehen, dass der Verantwortliche die genannten Unterlagen direkt und ohne Aufforderung dem/der BfDI vorlegen muss, wenn er zum Zwecke der Anhörung auf ihn/sie zugeht. Dem/Der BfDI obliegt es zudem gemäß § 69 Abs. 2 Satz 2, **sonstige Informationen** vom Verantwortlichen anzufordern, die er/sie für erforderlich erachtet, um zum einen die Rechtmäßigkeit der Verarbeitung und zum anderen das Risiko der erheblichen Gefährdung der Rechtsgüter bewerten zu können. Dabei steht es im Ermessen des/der BfDI, die Notwendigkeit der sonstigen Informationen zu beurteilen. Regelmäßig wird sie diese Entscheidung aufgrund der nach § 69 Abs. 2 Satz 1 vorgelegten Unterlagen treffen.

9

IV. Empfehlungen durch den/die BfDI (Abs. 3)

Hat der/die BfDI die geplante Datenverarbeitung durch den Verantwortlichen geprüft und kommt zu dem Ergebnis, dass ein Verstoß gegen die gesetzlichen Vorgaben droht, kann sie dem Verantwortlichen **schriftliche Empfehlungen**

10

---

7 BT-Drucks. 18/11325, S. 117.

unterbreiten, welche Abhilfemaßnahmen er treffen sollte. Die Form der Schriftlichkeit soll bewirken, dass auch zu späteren Zeitpunkten überprüft werden kann, ob der Verantwortliche den Empfehlungen nachgekommen ist[8].

11   Für den Prozess der Erteilung von Empfehlungen durch den/die BfDI sieht § 69 Abs. 3 Satz 1 einen Zeitraum von 6 Wochen nach Einleitung der Anhörung vor. Aufgrund besonderer Komplexität der geplanten Verarbeitung kann nach § 69 Abs. 3 Satz 2 die Frist um einen Monat verlängert werden. Dies muss der/die BfDI jedoch innerhalb eines Monats nach Einleitung der Konsultation dem Verantwortlichen und ggf. dessen Auftragsverarbeitern mitteilen.

12   Welche Empfehlung der/die BfDI letztendlich ausspricht, hängt von der geplanten Datenverarbeitung und der damit verbundenen erheblichen Gefahr für die Rechtsgüter der betroffenen Personen ab. Hervorzuheben ist, dass Empfehlungen grundsätzlich keine bindende Wirkung haben. Es obliegt also dem Verantwortlichen, ob er die Empfehlungen annimmt oder nicht. Entscheidet er sich gegen die Empfehlung, muss der Verantwortliche jedoch gleichwertige Maßnahmen treffen, um die erhebliche Gefahr für die Rechtsgüter der Betroffenen zu reduzieren. Andernfalls drohen Maßnahmen durch den/die BfDI, die über reine Empfehlungen hinausgehen.

V. Besondere Dringlichkeit (Abs. 4)

13   Zum Zweck des Schutzes der Rechtsgüter der betroffenen Personen darf die geplante Verarbeitung des Verantwortlichen grundsätzlich erst beginnen, wenn das Konsultationsverfahren nach § 69 abgeschlossen ist. Art. 28 der Datenschutzrichtlinie für Polizei und Justiz setzt allerdings nicht voraus, dass die Anhörung der Datenschutzaufsicht vor Beginn der Verarbeitung bereits abgeschlossen sein muss. Im **Ausnahmefall** können personenbezogene Daten daher auch schon vor Abschluss des Konsultationsverfahrens verarbeitet werden. Eine solche Abweichung kann aufgrund von operativen und (polizei-)fachlichen Erfordernissen geboten sein[9].

14   Dem Umstand besonderer Dringlichkeit trägt § 69 Abs. 4 Rechnung. Verarbeitungen dürfen dann bereits vor Fristablauf gemäß § 69 Abs. 3 begonnen werden. Die Empfehlungen durch den/die BfDI müssen dann vom Verantwortlichen im Nachhinein bzw. sobald der/die BfDI sie übermittelt berücksichtigt werden. Anpassungen der Verarbeitung sollten entsprechend der Empfehlungen daraufhin erfolgen. Von der Ausnahmeregelung des § 69 Abs. 4 unberührt bleiben die weiteren dem/der BfDI zur Verfügung stehenden Befugnisse[10].

---

8 Vgl. Kühling/Buchner/*Jandt*, Art. 36 DSGVO Rz. 9.
9 BT-Drucks. 18/11325, S. 117.
10 BT-Drucks. 18/11325, S. 118.

§ 70 Verzeichnis von Verarbeitungstätigkeiten

(1) Der Verantwortliche hat ein Verzeichnis aller Kategorien von Verarbeitungstätigkeiten zu führen, die in seine Zuständigkeit fallen. Dieses Verzeichnis hat die folgenden Angaben zu enthalten:
1. den Namen und die Kontaktdaten des Verantwortlichen und gegebenenfalls des gemeinsam mit ihm Verantwortlichen sowie den Namen und die Kontaktdaten der oder des Datenschutzbeauftragten,
2. die Zwecke der Verarbeitung,
3. die Kategorien von Empfängern, gegenüber denen die personenbezogenen Daten offengelegt worden sind oder noch offengelegt werden sollen,
4. eine Beschreibung der Kategorien betroffener Personen und der Kategorien personenbezogener Daten,
5. gegebenenfalls die Verwendung von Profiling,
6. gegebenenfalls die Kategorien von Übermittlungen personenbezogener Daten an Stellen in einem Drittstaat oder an eine internationale Organisation,
7. Angaben über die Rechtsgrundlage der Verarbeitung,
8. die vorgesehenen Fristen für die Löschung oder die Überprüfung der Erforderlichkeit der Speicherung der verschiedenen Kategorien personenbezogener Daten und
9. eine allgemeine Beschreibung der technischen und organisatorischen Maßnahmen gemäß § 64.

(2) Der Auftragsverarbeiter hat ein Verzeichnis aller Kategorien von Verarbeitungen zu führen, die er im Auftrag eines Verantwortlichen durchführt, das Folgendes zu enthalten hat:
1. den Namen und die Kontaktdaten des Auftragsverarbeiters, jedes Verantwortlichen, in dessen Auftrag der Auftragsverarbeiter tätig ist, sowie gegebenenfalls der oder des Datenschutzbeauftragten,
2. gegebenenfalls Übermittlungen von personenbezogenen Daten an Stellen in einem Drittstaat oder an eine internationale Organisation unter Angabe des Staates oder der Organisation und
3. eine allgemeine Beschreibung der technischen und organisatorischen Maßnahmen gemäß § 64.

(3) Die in den Absätzen 1 und 2 genannten Verzeichnisse sind schriftlich oder elektronisch zu führen.

(4) Verantwortliche und Auftragsverarbeiter haben auf Anforderung ihre Verzeichnisse der oder dem Bundesbeauftragten zur Verfügung zu stellen.

I. Einführung	1		IV. Formerfordernis (Abs. 3)	14
II. Verzeichnis des Verantwortlichen (Abs. 1)	3		V. Zurverfügungstellung gegenüber der Aufsichtsbehörde (Abs. 4)	15
III. Verzeichnis des Auftragsverarbeiters (Abs. 2)	12			

§ 70 BDSG | Verzeichnis von Verarbeitungstätigkeiten

I. Einführung

1 § 70 setzt Art. 24 der Datenschutzrichtlinie für Polizei und Justiz in deutsches Recht um. Die deutsche Norm übernimmt die Vorschrift fast wörtlich, allerdings findet sich ohne offensichtlichen Grund Abs. 2 Buchst. b der europäischen Vorschrift nicht in § 70 wieder. Auch zwei Hervorhebungen hat der deutsche Gesetzgeber weggelassen (Abs. 1 Buchst. c, g jeweils am Ende, s. näher unter Rz. 6, 8, 11, 13).

2 Die Vorschrift verpflichtet in § 70 Abs. 1 alle Verantwortlichen zur Führung eines umfassenden Verzeichnisses über alle in ihre Zuständigkeit fallenden Kategorien von Verarbeitungstätigkeiten. § 70 Abs. 2 verpflichtet auch Auftragsverarbeiter zur Führung eines Verarbeitungsverzeichnisses, ihre Pflichten sind allerdings weniger umfassend. Die Absätze 3 und 4 des § 70 treffen Bestimmungen über die Form und Zurverfügungstellung des Verzeichnisses.

II. Verzeichnis des Verantwortlichen (Abs. 1)

3 Verantwortliche haben alle bei ihnen durchgeführten Kategorien von Datenverarbeitungstätigkeiten in einem Verzeichnis zu dokumentieren. Zweck dieser Dokumentation ist es vor allem, dem Bundesbeauftragten für den Datenschutz als Aufsichtsbehörde einen Überblick über die Datenverarbeitungen zu verschaffen, auf die er seine Aufsichtstätigkeit bezüglich des jeweiligen Verantwortlichen auszurichten hat, was dadurch effizienter und verhältnismäßiger möglich ist[1]. Zweck der in Art. 30 DSGVO enthaltenen Parallelnorm ist es zudem, dem Verantwortlichen den Nachweis der Datenschutzkonformität zu erleichtern (vgl. Erwägungsgrund 82 der DSGVO), was auch ein Nebeneffekt des § 70 ist.

4 Das Verzeichnis muss zunächst den oder die Verantwortlichen sowie den Datenschutzbeauftragten einschließlich ihrer jeweiligen Kontaktdaten benennen (**Nr. 1**).

5 Außerdem müssen die Zwecke der Datenverarbeitung erläutert werden (**Nr. 2**). Da bereits der Anwendungsbereich der umgesetzten Vorschrift auf die behördliche Strafrechtspflege beschränkt ist, muss die Erfüllung dieses Erfordernisses eine detailliertere Beschreibung erfordern; zumindest eine Festlegung auf die relevanten der in Art. 1 Abs. 1 Datenschutzrichtlinie für Polizei und Justiz genannten Zwecke (Strafvollstreckung einschließlich Gefahrenabwehr/Verhütung, Ermittlung, Aufdeckung oder Verfolgung von Straftaten).

6 **Nr. 3** erfordert eine Benennung aller derzeitigen und künftigen Kategorien von Empfängern der beim Verantwortlichen verarbeiteten Daten, denen gegenüber diese offengelegt werden. Die in Art. 24 Abs. 1 Buchst. c Datenschutzrichtlinie

---

1 BR-Drucks. 110/17, S. 122; BT-Drucks. 18/11325, S. 118.

für Polizei und Justiz enthaltene Klarstellung, dass dies auch Empfänger in Drittländern und internationalen Organisationen einschließt, hat der deutsche Gesetzgeber nicht übernommen. Falls Drittstaatenübermittlungen erfolgen, müssen diese gemäß **Nr. 6** im Rahmen des Verarbeitungsverzeichnisses kategorisiert werden.

Gemäß **Nr. 4** muss im Verzeichnis auch beschrieben werden, welche Arten von Personen von den Verarbeitungen betroffen werden (in Bezug auf die Datenschutzrichtlinie für Polizei und Justiz sind das etwa „Verdächtige" oder „Zeugen") und welche Kategorien personenbezogener Daten verarbeitet werden (z.B. Kontaktdaten, Vorstrafen). Falls hieraus Profile gebildet werden, ist das gemäß **Nr. 5** hervorzuheben. 7

Im Verarbeitungsverzeichnis müssen weiterhin die jeweiligen Rechtsgrundlagen der Verarbeitungen angegeben werden (**Nr. 7**). Hier lässt der deutsche Gesetzgeber wiederum das in der umgesetzten Norm (Art. 24 Abs. 1 Buchst. g Datenschutzrichtlinie für Polizei und Justiz) hervorgehobene Beispiel weg: Insbesondere sollen Rechtsgrundlagen von Drittstaatenübermittlungen benannt werden (§§ 78 ff.). 8

Nr. 8 verpflichtet den Verantwortlichen, im Verzeichnis auch anzugeben, welche Lösch- und Überprüfungspflichten für die jeweiligen Verarbeitungsvorgänge vorgesehen sind. 9

Gemäß **Nr. 9** muss schließlich eine allgemeine Beschreibung von implementierten technischen und organisatorischen Maßnahmen zum Schutz personenbezogener Daten i.S.v. § 64 erfolgen. 10

Der deutsche Gesetzgeber hat in seiner Umsetzung das „wenn möglich" in Art. 24 Abs. 1 Buchst. h, i Datenschutzrichtlinie für Polizei und Justiz unterschlagen. Zur Auslegung dieses Begriffs s. Kommentierung zu Art. 30 DSGVO Rz. 7. Im Ergebnis soll demnach berücksichtigt werden, dass detaillierte Angaben nicht in jedem Fall möglich sind, der Aufsichtsbehörde aber ein Bild vom implementierten Konzept verschafft werden soll. 11

III. Verzeichnis des Auftragsverarbeiters (Abs. 2)

Auch der Auftragsverarbeiter muss ein Verzeichnis über alle Kategorien von Verarbeitungen führen, die er im Auftrag des Verantwortlichen unternimmt. Dieses muss jedoch lediglich die Kontaktdaten (**Nr. 1**) von Auftragsverarbeiter, Verantwortlichen und ggf. Datenschutzbeauftragtem enthalten und – sofern dorthin Daten übermittelt werden – die Angabe von Drittstaaten oder internationalen Organisationen (**Nr. 2**). Hinzu kommt die Pflicht zu einer allgemeinen Beschreibung von technischen und organisatorischen Maßnahmen (**Nr. 3**, vgl. Rz. 9 f.) 12

Wie bereits in Rz. 1 beschrieben, fällt Buchst. b des Art. 24 Abs. 2 Datenschutzrichtlinie für Polizei und Justiz in der deutschen Umsetzungsvorschrift weg, wel- 13 cher die Benennung von Verarbeitungskategorien beinhaltet. Hierfür liefern BR-Drucks. 110/17, S. 122 und BT-Drucks. 18/11325, S. 118 keine Gründe. Es liegt nahe, dass der Gesetzgeber dies bereits durch den Anfang des Abs. 2 als abgedeckt ansieht, zumal die Aufzählung in Abs. 1 des Art. 24 Datenschutzrichtlinie für Polizei und Justiz keine vergleichbare Vorgabe enthält, obwohl selbstverständlich ist, dass bei einem Verzeichnis „über Kategorien von Verarbeitungen" diese auch benannt werden müssen.

IV. Formerfordernis (Abs. 3)

14 § 70 Abs. 3 legt fest, dass das Verzeichnis schriftlich oder elektronisch zu führen ist, was Art. 24 Abs. 3 Unterabs. 1 der Datenschutzrichtlinie für Polizei und Justiz entspricht.

V. Zurverfügungstellung gegenüber der Aufsichtsbehörde (Abs. 4)

15 Auf Anforderung haben Verantwortliche und Auftragsverarbeiter die Verarbeitungsverzeichnisse dem Bundesbeauftragten (der Aufsichtsbehörde) zur Verfügung zu stellen, wie es auch Art. 24 Abs. 3 Unterabs. 2 der Datenschutzrichtlinie für Polizei und Justiz fordert. Proaktiv muss jedoch keine Vorlage erfolgen.

§ 71 Datenschutz durch Technikgestaltung und datenschutzfreundliche Voreinstellungen

(1) Der Verantwortliche hat sowohl zum Zeitpunkt der Festlegung der Mittel für die Verarbeitung als auch zum Zeitpunkt der Verarbeitung selbst angemessene Vorkehrungen zu treffen, die geeignet sind, die Datenschutzgrundsätze wie etwa die Datensparsamkeit wirksam umzusetzen, und die sicherstellen, dass die gesetzlichen Anforderungen eingehalten und die Rechte der betroffenen Personen geschützt werden. Er hat hierbei den Stand der Technik, die Implementierungskosten und die Art, den Umfang, die Umstände und die Zwecke der Verarbeitung sowie die unterschiedliche Eintrittswahrscheinlichkeit und Schwere der mit der Verarbeitung verbundenen Gefahren für die Rechtsgüter der betroffenen Personen zu berücksichtigen. Insbesondere sind die Verarbeitung personenbezogener Daten und die Auswahl und Gestaltung von Datenverarbeitungssystemen an dem Ziel auszurichten, so wenig personenbezogene Daten wie möglich zu verarbeiten. Personenbezogene Daten sind zum frühestmöglichen Zeitpunkt zu anonymisieren oder zu pseudonymisieren, soweit dies nach dem Verarbeitungszweck möglich ist.

(2) Der Verantwortliche hat geeignete technische und organisatorische Maßnahmen zu treffen, die sicherstellen, dass durch Voreinstellungen grundsätzlich nur solche personenbezogenen Daten verarbeitet werden können, deren Verarbeitung für den jeweiligen bestimmten Verarbeitungszweck erforderlich ist. Dies betrifft die Menge der erhobenen Daten, den Umfang ihrer Verarbeitung, ihre Speicherfrist und ihre Zugänglichkeit. Die Maßnahmen müssen insbesondere gewährleisten, dass die Daten durch Voreinstellungen nicht automatisiert einer unbestimmten Anzahl von Personen zugänglich gemacht werden können.

I. Einführung 1	III. Anforderungen an die Technik-
II. Verhältnis zu den Grundsätzen	gestaltung und datenschutz-
der DSGVO 2	freundliche Voreinstellungen . . . 3

I. Einführung

Die Norm regelt die Anforderungen an den Datenschutz durch Technikgestaltung (Privacy by Design) und datenschutzfreundliche Voreinstellungen (Privacy by Default). Zu beachten ist, dass diese Norm eine Norm des 3. Teils des BDSG darstellt. Sie beruht damit auf der Datenschutzrichtlinie für **Polizei und Justiz** (Richtlinie (EU) 2016/680). Die Norm gilt demgemäß ausschließlich dann, wenn der Anwendungsbereich des 3. Teils gemäß § 45 eröffnet ist, also wenn Daten durch die für die Verhütung, Ermittlung, Aufdeckung, Verfolgung oder Ahndung von Straftaten oder Ordnungswidrigkeiten zuständigen öffentlichen Stellen im Rahmen der Erfüllung ihrer Aufgaben verarbeitet werden. Der Begriff „Verantwortlicher" i.S.d. Norm meint somit also nur entsprechende Behörden. 1

II. Verhältnis zu den Grundsätzen der DSGVO

Die Regelungen des § 64 entsprechen in weiten Teilen den Regelungen des Art. 25 DSGVO. 2

III. Anforderungen an die Technikgestaltung und datenschutzfreundliche Voreinstellungen

Hinsichtlich der **Anforderungen** an die zu treffenden Maßnahmen kann auf die Kommentierung zu Art. 25 DSGVO verwiesen werden, Art. 25 DSGVO Rz. 9 ff. für den Datenschutz „by Design" und Art. 25 DSGVO Rz. 16 ff. für den Datenschutz „by Default". 3

Aus Erwägungsgrund 53 der Datenschutzrichtlinie für Polizei und Justiz geht hervor, dass die Umsetzung dieser Maßnahmen nicht ausschließlich von **wirtschaftlichen Erwägungen** abhängig gemacht werden darf. 4

§ 72 Unterscheidung zwischen verschiedenen Kategorien betroffener Personen

Der Verantwortliche hat bei der Verarbeitung personenbezogener Daten so weit wie möglich zwischen den verschiedenen Kategorien betroffener Personen zu unterscheiden.

Dies betrifft insbesondere folgende Kategorien:

1. Personen, gegen die ein begründeter Verdacht besteht, dass sie eine Straftat begangen haben,
2. Personen, gegen die ein begründeter Verdacht besteht, dass sie in naher Zukunft eine Straftat begehen werden,
3. verurteilte Straftäter,
4. Opfer einer Straftat oder Personen, bei denen bestimmte Tatsachen darauf hindeuten, dass sie Opfer einer Straftat sein könnten, und
5. andere Personen wie insbesondere Zeugen, Hinweisgeber oder Personen, die mit den in den Nr. 1 bis 4 genannten Personen in Kontakt oder Verbindung stehen.

I. Allgemeines . . . . 1 | II. Kategorien betroffener Personen 2

Schrifttum: *Bäcker/Hornung*, EU-Richtlinie für die Datenverarbeitung bei Polizei und Justiz in Europa – Einfluss des Kommissionsentwurfs auf das nationale Strafprozess- und Polizeirecht, ZD 2012, 147; *Weinhold*, RL zum Datenschutz für Polizei und Justiz – Überblick und Umsetzung, ZD-Aktuell 2017, 05451.

I. Allgemeines

1   Der § 72 stellt eine fast wortlautgetreue Umsetzung des Art. 6 der Datenschutzrichtlinie für Polizei und Justiz (Richtlinie (EU) 2016/680) dar. Insofern in der Gesetzesbegründung auf einen nicht-existenten § 72 Abs. 2 verwiesen wird, der den Art. 7 Richtlinie (EU) 2016/680 umsetzen soll[1], ist dies offenbar auf eine unsaubere Übertragung der Begründung des Referentenentwurfs zurückzuführen, in welchem der jetzige § 72 und § 73 noch in einem Paragraphen zusammengefasst waren[2]. Gemeint ist offenbar der § 73.

---

1 BT-Drucks. 18/11325, 118.
2 Referentenentwurf des BMI, Entwurf eines Gesetzes zur Anpassung des Datenschutzrechts an die Verordnung (EU) 2016/679 und zur Umsetzung der Richtlinie (EU) 2016/680, Stand v. 11.11.2016, S. 115.

II. Kategorien betroffener Personen

Die Unterscheidung zwischen den verschiedenen **Kategorien personenbezogener Daten** ist durchaus sinnvoll, da im Fachrecht – namentlich im Polizeirecht und Strafverfahrensrecht – an die jeweilige Zuordnung unterschiedliche Rechtsfolgen geknüpft werden. Dies betrifft nicht nur die Datenerhebung, sondern vielfach auch die Datenübermittlung und Speicherung[3].

So wird beispielsweise im Berliner Polizei- und Ordnungsgesetz (ASOG) in den Regelungen zur Zulässigkeit der Speicherung von personenbezogenen Daten in §§ 42 und 43 ASOG zwischen Personen, bei denen der Verdacht besteht, dass sie eine Straftat begehen werden und Personen, derer sich der potentielle Täter „bedienen will", sowie „Zeugen, Hinweisgeber[n] und sonstige[n] Auskunftspersonen" unterschieden. Auch bei der Übermittlung von personenbezogenen Daten wird anhand von vorbezeichneten Kategorien differenziert. So darf eine Übermittlung von personenbezogenen Daten von Personen, derer sich der potentielle Täter „bedienen will", sowie „Zeugen, Hinweisgeber[n] und sonstige[n] Auskunftspersonen" nach § 44 Abs. 4 Satz 1 ASOG grundsätzlich nur an andere Ordnungsbehörden und Polizeibehörden, nicht jedoch an andere öffentliche Stellen erfolgen. Auch die Speicherdauer bzw. Speicherprüffrist hängt nach einigen Polizeigesetzen maßgeblich von der Einordnung der jeweiligen Person ab[4].

Eine allgemein gehaltene **Differenzierungsanordnung** wie sie § 72 enthält ist jedoch ein Novum[5].

Die in § 72 Satz 2 enthaltene Aufzählung möglicher Kategorien ist nicht abschließend. Eine weitere Ausdifferenzierung z.B. nach Art der begangenen oder geplanten Straftat[6] (Verbrechen, Vergehen, gewerbs-/bandenmäßig begangene Taten, Wiederholungstäter, etc.) oder nach Alter (Kind, Jugendlicher, Erwachsener[7]) ist nicht nur sinnvoll, sondern mit Blick auf die verhältnismäßige Festlegung von Rechtsfolgen (z.B. kürzere Speicherfristen bei nur leichten Vergehen) auch zwingend erforderlich. Insofern sind die in § 72 Satz 2 genannten Beispiele als Mindestvorgaben zu verstehen.

Die Beispiele bzw. Bezeichnungen der Kategorien selbst sind weitestgehend aus Art. 6 der Richtlinie (EU) 2016/680 übernommen worden. Die in Satz 2 Nr. 1 und 2 genannten Beispiele sind im Kontext des Fachrechts zu lesen.

---

3 A.A. Schantz/Wolff/*Wolff*, Rz. 466.
4 Ausführlich mit weiteren Nachweisen zu entsprechenden Regelungen Lisken/Denninger/*Petri*, Handbuch des Polizeirechts, 5. Aufl. 2012, Teil G, Rz. 415 ff.
5 Vgl. *Weinhold*, ZD-Aktuell 2017, 05451.
6 Sinnvollerweise müsste zudem nach Straftat und Ordnungswidrigkeit differenziert werden.
7 Vgl. z.B. die unterschiedlichen Prüffristvorgaben in § 48 Abs. 4 ASOG Berlin.

6   Unter Personen, „*gegen die ein begründeter Verdacht besteht, dass sie eine Straftat begangen haben*" (Satz 2 Nr. 1) sind Verdächtige (im Sinne der StPO) zu verstehen. Das ist jeder, der von dem Verdacht der Beteiligung an einer Straftat nicht frei ist, auch wenn diese nur bis zum Versuch gediehen ist[8]. Eine weitere Differenzierung nach Beschuldigten, Angeschuldigten, Angeklagten erscheint in diesem Zusammenhang sinnvoll.

7   Als Personen, „*gegen die ein begründeter Verdacht besteht, dass sie in naher Zukunft eine Straftat begehen werden*" (Satz 2 Nr. 2) sind all die Personen anzusehen, gegen die Gefahrenabwehrmaßnahmen bzw. Maßnahmen zur Straftatenverhütung getroffen werden können. Im nationalen Polizei- und Ordnungsrecht ist hierfür typischerweise Voraussetzung, dass „Tatsachen" vorliegen, „die die Annahme rechtfertigen", dass eine bestimmte Person eine (ggf. näher bestimmte) Straftat begehen wird (vgl. z.B. § 20g Abs. 1 Nr. 2 BKAG; § 34 Abs. 1 Nr. 2 Nds. SOG).

§ 73 Unterscheidung zwischen Tatsachen und persönlichen Einschätzungen

Der Verantwortliche hat bei der Verarbeitung so weit wie möglich danach zu unterscheiden, ob personenbezogene Daten auf Tatsachen oder auf persönlichen Einschätzungen beruhen.

Zu diesem Zweck soll er, soweit dies im Rahmen der jeweiligen Verarbeitung möglich und angemessen ist, Beurteilungen, die auf persönlichen Einschätzungen beruhen, als solche kenntlich machen.

Es muss außerdem feststellbar sein, welche Stelle die Unterlagen führt, die der auf einer persönlichen Einschätzung beruhenden Beurteilung zugrunde liegen.

Schrifttum: *Bäcker/Hornung*, EU-Richtlinie für die Datenverarbeitung bei Polizei und Justiz in Europa – Einfluss des Kommissionsentwurfs auf das nationale Strafprozess- und Polizeirecht, ZD 2012, 147; *Weinhold*, RL zum Datenschutz für Polizei und Justiz – Überblick und Umsetzung, ZD-Aktuell 2017, 05451.

1   § 73 dient der Umsetzung des Art. 7 Abs. 1 der Datenschutzrichtlinie für Polizei und Justiz (Richtlinie (EU) 2016/680), nach welchem „bei personenbezogenen Daten so weit wie möglich zwischen faktenbasierten Daten und auf persönlichen Einschätzungen beruhenden Daten unterschieden" werden soll. Insbesondere Beurteilungen, die „auf persönlichen Einschätzungen beruhen", sollen soweit wie „möglich und angemessen" als solche kenntlich gemacht werden und es soll „feststellbar sein", bei welcher Stelle die Unterlagen geführt werden, die zu der auf der persönlichen Einschätzung beruhenden Beurteilung geführt haben.

---

8 Karlsruher Kommentar-StPO/*Grießbaum*, 7. Aufl. 2013, § 163b StPO Rz. 9.

Die **Differenzierung zwischen Tatsachen und Bewertungen** war im nationalen Polizei- und Ordnungsrecht bereits vor Inkrafttreten des BDSG nicht unüblich. Bewertungen werden im Kontext der polizeilichen Datenverarbeitung als subjektive Einschätzungen der Person angesehen, die die Daten eingegeben hat[1]. Sie basieren in der Regel auf Tatsachen, also auf dem Beweis zugänglichen Vorgängen bzw. Zuständen der Gegenwart oder Vergangenheit, haben aber zudem eine subjektive Komponente.

2

Ob ein personenbezogenes Datum auf einer Tatsache oder einer Bewertung beruht, ist regelmäßig aus dem Datum heraus erkennbar. So ist beispielsweise die Angabe, dass X sich an Tag Y an gewalttätigen Auseinandersetzungen im Zusammenhang mit einem Fußballspiel beteiligt hat und in Gewahrsam genommen wurde, erkennbar eine Tatsache. Die Schlussfolgerung, dass es sich bei X aus diesem Grund um einen „gewaltbereiten" oder gar „gewaltsuchenden" Fan handelt[2], stellt eine subjektive Bewertung dar. Eine zusätzliche explizite Kennzeichnung dürfte in der Regel nur klarstellenden Charakter haben.

3

Der Satz 3 ist kein völliges Novum im deutschen Recht[3]. Für den Fall, dass eine Bewertung nicht erkennen lässt, wie und aus welchen Gründen sie getroffen wurde, muss einer diese Daten abrufenden Stelle die Möglichkeit eröffnet werden, die Bewertung auf ihren objektiven Gehalt hin zu überprüfen[4]. Zu diesem Zweck bestimmt Satz 3 nunmehr als allgemeine Verpflichtung im Anwendungsbereich des dritten Teils des BDSG, dass erkennbar sein muss, „welche Stelle die Unterlagen führt, die der auf einer persönlichen Einschätzung beruhenden Beurteilung zugrunde liegen".

4

§ 74 Verfahren bei Übermittlungen

(1) **Der Verantwortliche hat angemessene Maßnahmen zu ergreifen, um zu gewährleisten, dass personenbezogene Daten, die unrichtig oder nicht mehr aktuell sind, nicht übermittelt oder sonst zur Verfügung gestellt werden. Zu diesem Zweck hat er, soweit dies mit angemessenem Aufwand möglich ist, die Qualität der Daten vor ihrer Übermittlung oder Bereitstellung zu überprüfen. Bei jeder Übermittlung personenbezogener Daten hat er zudem, soweit dies möglich und angemessen ist, Informationen beizufügen, die es dem**

---

1 Lisken/Denninger/*Petri*, Handbuch des Polizeirechts, 5. Aufl. 2012, Teil G, Rz. 421.
2 Vgl. für Beispiele sog. personengebundener Hinweise § 2 Nr. 15, 16 BKADV.
3 So enthält z.B. § 43 Abs. 2 ASOG Berlin die Verpflichtung „Werden wertende Angaben über eine Person in Dateien gespeichert, muss feststellbar sein, bei welcher Stelle die den Angaben zugrunde liegenden Informationen vorhanden sind."; vgl. auch § 38 Abs. 2 PolG Bbg; § 14 Abs. 3 PolEDVG Hbg.
4 Lisken/Denninger/*Petri*, Handbuch des Polizeirechts, 5. Aufl. 2012, Teil G, Rz. 421.

Empfänger gestatten, die Richtigkeit, die Vollständigkeit und die Zuverlässigkeit der Daten sowie deren Aktualität zu beurteilen.

(2) Gelten für die Verarbeitung von personenbezogenen Daten besondere Bedingungen, so hat bei Datenübermittlungen die übermittelnde Stelle den Empfänger auf diese Bedingungen und die Pflicht zu ihrer Beachtung hinzuweisen. Die Hinweispflicht kann dadurch erfüllt werden, dass die Daten entsprechend markiert werden.

(3) Die übermittelnde Stelle darf auf Empfänger in anderen Mitgliedstaaten der Europäischen Union und auf Einrichtungen und sonstige Stellen, die nach den Kapiteln 4 und 5 des Titels V des Dritten Teils des Vertrags über die Arbeitsweise der Europäischen Union errichtet wurden, keine Bedingungen anwenden, die nicht auch für entsprechende innerstaatliche Datenübermittlungen gelten.

I. Einführung 1	III. Hinweispflicht bei besonderen
1. Normaufbau 2	Bedingungen (Abs. 2) 8
2. Änderungen gegenüber dem BDSG-alt 3	IV. Besondere Bedingungen bei bestimmten Empfängern
II. Qualität von übermittelten Daten (Abs. 1) 4	(Abs. 3) 10

I. Einführung

1 In § 74 stellt der BDSG-Gesetzgeber unterschiedliche Pflichten zusammen, die bei Datenübermittlungen von der übermittelnden Stelle zu befolgen sind. In der zugrundeliegenden Datenschutzrichtlinie für Polizei und Justiz stellen die Absätze keinen Normzusammenhang dar, sondern entstammen verschiedenen Vorschriften des Kapitels II („Grundsätze"), die sich mit verschiedenen Aspekten rechtmäßiger Datenverarbeitung befassen.

1. Normaufbau

2 § 74 Abs. 1 trifft Regelungen darüber, dass und wie sicherzustellen ist, dass nur richtige und aktuelle Daten übermittelt werden.

§ 74 Abs. 2 normiert eine Hinweispflicht der übermittelnden Stelle, wenn für die Verarbeitung der übermittelten Daten besondere Bedingungen gelten.

§ 74 Abs. 3 regelt, dass bei bestimmten Empfängern, insbesondere in der EU ansässigen, an Datenverarbeitungen nur Bedingungen geknüpft werden dürfen, die auch für innerstaatliche Übermittlungen gelten.

2. Änderungen gegenüber dem BDSG-alt

Die Regelungen sind dem deutschen Recht bislang fremd. Allein eine Hinweispflicht des Übermittelnden fand sich schon im BSDG-alt (§§ 4b Abs. 6; 4c Abs. 1 Satz 2; 16 Abs. 4 Satz 2; 28 Abs. 5 Satz 2), diese bezog sich jedoch auf die Zweckbindung übermittelter Daten. Dieser Zweckbindungsgrundsatz ist im Gegensatz zu Art. 5 Abs. 1 Buchst. b DSGVO für den Geltungsbereich des § 74 bzw. der Datenschutzrichtlinie für Polizei und Justiz nicht ausdrücklich festgelegt (vgl. auch Rz. 9). § 47 stellt aber auch für Verarbeitungen personenbezogener Daten zu Strafrechtspflegezwecken weitgehend identische Anforderungen an die Zweckbindung. 3

II. Qualität von übermittelten Daten (Abs. 1)

Gemäß § 74 Abs. 1 sollen nur korrekte und aktuelle personenbezogene Daten übermittelt werden. Satz 1 verpflichtet den Verantwortlichen, angemessene Maßnahmen zu ergreifen, die dies sicherstellen. Satz 2 verpflichtet den Verantwortlichen, möglichst vor jeder Übermittlung oder Bereitstellung eine Qualitätskontrolle der Daten durchzuführen. Da auch der Empfänger die Daten auf Richtigkeit, Vollständigkeit, Zuverlässigkeit und Aktualität überprüfen können soll, hat der Verantwortliche nach Satz 3 nach Möglichkeit die hierfür notwendigen Informationen den übermittelten Daten beizufügen. Der Verantwortliche hat also grundsätzlich dafür Sorge zu tragen, dass nur korrekte und aktuelle Daten übermittelt werden, er kann aber dennoch im Einzelfall rechtfertigen, keine Qualitätskontrolle durchgeführt oder keine Informationen beigefügt zu haben. 4

§ 74 Abs. 1 ist die Umsetzung von Art. 7 Abs. 2 Datenschutzrichtlinie für Polizei und Justiz und dem dazugehörigen Erwägungsgrund 32. Die Richtlinie fordert zusätzlich zur deutschen Vorschrift, auch eine Vollständigkeit der zu übermittelnden Daten sicherzustellen. Der deutsche Gesetzgeber hat dieses Erfordernis bewusst nicht übernommen, weil eine Übermittlung von Daten gerade der Vervollständigung unvollständiger Datensätze dienen kann[1], wofür das Übermitteln unvollständiger Daten gerade notwendig ist. Das vollständige Entfallenlassen dieser Voraussetzung schränkt die Übermittlung unvollständiger Daten aber gerade nicht auf Vervollständigungsfälle ein, was kritisch gesehen wird[2]. Außerdem hebt der Gesetzgeber in den Gesetzgebungsmaterialien hervor, dass auch eine Aktualität der Daten nicht stets gefordert werden kann: Im Einzelfall könne beispielsweise die Übermittlung nicht mehr aktueller Meldeadressen oder vorheriger Namen einer Person für Ermittlungen bedeutsam und für die Aufgabenerfüllung erforderlich sein[3]. 5

---

1 BR-Drucks. 110/17, S. 123; BT-Drucks. 18/11325, S. 119.
2 Paal/Pauly/*Paal*, § 74 BDSG Rz. 5.
3 BR-Drucks. 110/17, S. 123; BT-Drucks. 18/11325, S. 119.

6 Es existieren weitere kleine Unterschiede im Wortlaut der Vorschriften. So hatte der europäische Normgeber eine Pflicht zur Ergreifung **aller** angemessenen Maßnahmen formuliert, der deutsche Gesetzgeber hat dieses Erfordernis nicht ausdrücklich formuliert. Da die ergriffenen Maßnahmen aber gleichermaßen gewährleisten sollen, dass unrichtige oder überholte Daten nicht übermittelt werden, sollte hiermit kein inhaltlicher Unterschied verbunden sein.

7 Außerdem hat der deutsche Gesetzgeber als Maßstab für die Erforderlichkeit einer Qualitätskontrolle vor einer Übermittlung (§ 74 Abs. 1 Satz 2) deren „Möglichkeit mit angemessenem Aufwand" statt der europäischen „Durchführbarkeit" festgelegt sowie ein Angemessenheitskriterium bei der Erforderlichkeit des Beifügens der für eine Überprüfung notwendigen Informationen (§ 74 Abs. 1 Satz 3) ergänzt. Beide Änderungen sind klarstellend, ändern aber nicht den Regelungsgehalt[4].

III. Hinweispflicht bei besonderen Bedingungen (Abs. 2)

8 § 74 Abs. 2 setzt Art. 9 Abs. 3 Datenschutzrichtlinie für Polizei und Justiz um, die Hinweispflicht, wenn für die Verarbeitung übermittelter Daten besondere Bedingungen gelten. In diesem Fall muss der Übermittelnde den Empfänger sowohl über diese Bedingungen als auch über seine Pflicht zu ihrer Einhaltung informieren. Satz 1 der Umsetzungsnorm ist mit der europäischen Vorlage identisch; zusätzlich hierzu beschreibt der deutsche Gesetzgeber in Satz 2 mit der entsprechenden Markierung von Daten eine Möglichkeit, die Pflichten aus Satz 1 zu erfüllen.

9 Erwägungsgrund 36 der Richtlinie nennt Beispiele für derartige besondere Bedingungen, die sich auch in den Gesetzgebungsmaterialien wiederfinden. In Betracht kommen demnach insbesondere eine strenge Zweckbindung von Daten, Weiterübermittlungsverbote oder Genehmigungspflichten bzgl. der Betroffeneninformation[5]. Außerdem hebt der Erwägungsgrund hervor, dass diese Pflichten auch für Übermittlungen an Empfänger in Drittländern oder an internationale Organisationen gelten.

IV. Besondere Bedingungen bei bestimmten Empfängern (Abs. 3)

10 § 74 Abs. 3 stellt die deutsche Umsetzung von Art. 9 Abs. 4 Datenschutzrichtlinie für Polizei und Justiz dar und bestimmt, dass für Übermittlungsempfänger innerhalb der EU und in Form von Stellen der justiziellen und polizeilichen Zu-

---

4 Anders aber Paal/Pauly/*Paal*, § 74 BDSG Rz. 6, der „durchführbar" als höhere Schwelle ansieht.
5 BR-Drucks. 110/17, S. 123; BT-Drucks. 18/11325, S. 119.

sammenarbeit, die nach Art. 82 ff. AEUV eingerichtet wurden, keine anderen Bedingungen gelten dürfen als für entsprechende innerstaatliche Datenübermittlungen. Im Gegensatz zur europäischen Vorschrift wird kein Bezug zum vorigen Absatz hergestellt und somit nicht ganz klar, dass derartige „besondere Bedingungen" gemeint sind.

Klarzustellen ist außerdem, ob „innerstaatliche" Vorschriften diejenigen des Empfängers oder des Übermittelnden meinen. Der Wortlaut der europäischen Vorschrift ist etwas differenzierter und spricht dafür, dass Vorschriften beim Übermittelnden gemeint sind („[...]die übermittelnde zuständige Behörde auf Empfänger [...] keine Bedingungen [...] anwendet, die nicht auch [...] innerhalb ihres eigenen Mitgliedsstaats gelten."). Erwägungsgrund 36 liefert hier keine weiteren Anhaltspunkte, sondern wiederholt denselben Wortlaut. Es ergibt aber allein Sinn, der übermittelnden Stelle den Vergleich mit den für sie selbst geltenden Vorschriften aufzuerlegen und somit auf eine Nichtdiskriminierung von außerhalb ansässigen Empfängern abzuzielen. Dagegen ist nicht ersichtlich, welchen Zweck es haben könnte, Empfänger vor höheren Anforderungen zu bewahren, als ohnehin für sie gelten. Vielmehr würde dann eine Ausnahme von Abs. 2 für diese Empfänger formuliert, was auch ausdrücklich hätte geschehen können. 11

§ 75 Berichtigung und Löschung personenbezogener Daten sowie Einschränkung der Verarbeitung

(1) Der Verantwortliche hat personenbezogene Daten zu berichtigen, wenn sie unrichtig sind.

(2) Der Verantwortliche hat personenbezogene Daten unverzüglich zu löschen, wenn ihre Verarbeitung unzulässig ist, sie zur Erfüllung einer rechtlichen Verpflichtung gelöscht werden müssen oder ihre Kenntnis für seine Aufgabenerfüllung nicht mehr erforderlich ist.

(3) § 58 Absatz 3 bis 5 ist entsprechend anzuwenden. Sind unrichtige personenbezogene Daten oder personenbezogene Daten unrechtmäßig übermittelt worden, ist auch dies dem Empfänger mitzuteilen.

(4) Unbeschadet in Rechtsvorschriften festgesetzter Höchstspeicher- oder Löschfristen hat der Verantwortliche für die Löschung von personenbezogenen Daten oder eine regelmäßige Überprüfung der Notwendigkeit ihrer Speicherung angemessene Fristen vorzusehen und durch verfahrensrechtliche Vorkehrungen sicherzustellen, dass diese Fristen eingehalten werden.

§ 75 BDSG | Berichtigung und Löschung personenbezogener Daten

I. Einführung 1
II. Normaufbau 2
III. Die Norm im Einzelnen 3

Schrifttum: S. § 54 BDSG.

I. Einführung

1 § 75 setzt Art. 16 der Datenschutzrichtlinie für Polizei und Justiz um. Anders als bei § 58 geht es bei § 75 um die anlassunabhängige Berichtigung oder Löschung personenbezogener Daten sowie deren Einschränkung. Die Norm begründet also eine Verpflichtung zum Tätigwerden **unabhängig** von einem etwaigen Antrag einer betroffenen Person[1].

II. Normaufbau

2 § 75 Abs. 1 regelt zunächst die originäre Berichtigungspflicht des Verantwortlichen. § 75 Abs. 2 enthält dann die Tatbestände, nach denen eine Löschung zu erfolgen hat. Abs. 2 nennt hierbei die Varianten der unzulässigen Verarbeitung, die rechtliche Verpflichtung zur Löschung oder die Zweckerreichung. § 75 Abs. 3 Satz 1 verweist dann hinsichtlich der Rechtsfolgen auf § 58 Abs. 3 bis 5. § 75 Abs. 3 Satz 2 dient der Umsetzung von Art. 7 auf Art. 16 Abs. 3 der Datenschutzrichtlinie für Polizei und Justiz[2]. § 75 Abs. 4 beinhaltet die Regelung, dass trotz etwa in Rechtsvorschriften festgesetzter Höchstspeicher- oder Löschungsfristen der Verantwortliche unbeschadet dieser für die Löschung personenbezogener Daten oder eine regelmäßige Überprüfung der Notwendigkeit ihrer Speicherung angemessene Fristen vorzusehen und durch verfahrensrechtliche Vorkehrungen sicherzustellen hat, dass diese Fristen eingehalten werden.

III. Die Norm im Einzelnen

3 § 75 normiert die Pflicht des Verantwortlichen, unrichtige personenbezogene Daten zu berichtigen[3]. Diese Pflicht ist antragsunabhängig. Hinsichtlich der Frage des Vorliegens der Unrichtigkeit kann auf die Kommentierung zu Art. 16 DSGVO (Art. 16 DSGVO Rz. 2) verwiesen werden, deren Erörterung insoweit vergleichbar ist.

4 Ausweislich der Gesetzesbegründung dient § 75 der Umsetzung von Art. 16 Abs. 1 der Datenschutzrichtlinie für Polizei und Justiz[4]. Allerdings erkennt auch

---
1 Paal/Pauly/*Paal*, § 75 BDSG Rz. 1.
2 BT-Drucks. 18/12144, S. 7.
3 Vgl. § 20 Abs. 1 BDSG-alt.
4 BT-Drucks. 18/11325, S. 199.

offenbar der Gesetzgeber, dass Art. 16 Abs. 1 der Richtlinie „nur" die Betroffenenrechte regelt und formuliert daher, dass die Umsetzung „in Ausformung" erfolgt. Selbst bei Annahme einer überschießenden Umsetzung dürfte sich eine entsprechende Verpflichtung aus den allgemeinen Regeln ohnehin ergeben.

Anders als Art. 16 Abs. 1 ist Art. 16 Abs. 2 der Datenschutzrichtlinie für Polizei und Justiz eine antragsunabhängige Verpflichtung des Verantwortlichen zu entnehmen. Daher bestimmt § 75 Abs. 2 als dessen Umsetzung, dass eine Löschung zu erfolgen hat, wenn die Verarbeitung unzulässig ist, die personenbezogenen Daten zur Erfüllung einer rechtlichen Verpflichtung gelöscht werden müssen oder ihre Kenntnis für die Aufgabenerfüllung nicht mehr erforderlich ist (vgl. hierzu die Kommentierung zu Art. 17 Abs. 1 Buchst. a, d und e DSGVO)[5]. Diese antragsunabhängig bestehende Pflicht des Verantwortlichen verlangt von diesem regelmäßige Prüfprozesse, die zwar nicht laufend, aber in regelmäßigen Abständen zu erfolgen haben (vgl. § 75 Abs. 4). Bei der Festlegung dieser steht dem Verantwortlichen ein gewisser Spielraum zu (vgl. zur Paralleldiskussion Art. 17 DSGVO Rz. 9). Dem steht die Verpflichtung zur unverzüglichen Löschung nicht entgegen. Wird aber der Löschungsgrund festgestellt, hat die Löschung unverzüglich zu erfolgen. 5

Nach § 75 Abs. 3 Satz 1 sind die Abs. 3 bis 5 aus § 58 entsprechend anzuwenden. Damit wird konsequenterweise ein Gleichlauf der Rechtsfolgen hergestellt. 6

§ 75 Abs. 3 Satz 2 verpflichtet den Verantwortlichen im Falle der Übermittlung unrichtiger personenbezogener Daten oder der unrechtmäßigen Übermittlung dieses dem Empfänger mitzuteilen. Diese Norm soll der Umsetzung von Art. 7 Abs. 3 der Datenschutzrichtlinie für Polizei und Justiz dienen[6]. Allerdings wäre möglicherweise auch diese Vorschrift wegen des Verweises von § 75 Abs. 3 Satz 1 auch auf § 58 Abs. 5 Satz 2 entbehrlich gewesen[7].

§ 75 Abs. 4 soll ausweislich der Gesetzesbegründung der Umsetzung von Art. 16 Abs. 6 und Art. 7 Abs. 3 der Datenschutzrichtlinie für Polizei und Justiz dienen[8]. Gemeint ist aber offensichtlich Art. 5 der Richtlinie[9]. Dadurch wird ausdrücklich die Verpflichtung, aber auch die Möglichkeit, begründet, unbeschadet in Rechtsvorschriften festgesetzter Höchstspeicher- oder Löschungsfristen die Löschungsnotwendigkeit regelmäßig zu überprüfen. Durch verfahrensrechtliche Vorkehrungen ist sicherzustellen, dass diese Fristen eingehalten werden. Konkret bedeutet dies die Etablierung eines Prüf- und Löschkonzeptes durch den Verantwortlichen bzw. dessen Datenschutzbeauftragten. 7

---

5 Etwas anders § 20 Abs. 2 BDSG-alt.
6 BT-Drucks. 18/12144, S. 7.
7 Vgl. BT-Drucks. 18/12144, S. 7.
8 BT-Drucks. 18/11325, S. 119.
9 Paal/Pauly/*Paal*, § 75 BDSG Rz. 10.

§ 76 Protokollierung

(1) In automatisierten Verarbeitungssystemen haben Verantwortliche und Auftragsverarbeiter mindestens die folgenden Verarbeitungsvorgänge zu protokollieren:
1. Erhebung,
2. Veränderung,
3. Abfrage,
4. Offenlegung einschließlich Übermittlung,
5. Kombination und
6. Löschung.

(2) Die Protokolle über Abfragen und Offenlegungen müssen es ermöglichen, die Begründung, das Datum und die Uhrzeit dieser Vorgänge und so weit wie möglich die Identität der Person, die die personenbezogenen Daten abgefragt oder offengelegt hat, und die Identität des Empfängers der Daten festzustellen.

(3) Die Protokolle dürfen ausschließlich für die Überprüfung der Rechtmäßigkeit der Datenverarbeitung durch die Datenschutzbeauftragte oder den Datenschutzbeauftragten, die Bundesbeauftragte oder den Bundesbeauftragten und die betroffene Person sowie für die Eigenüberwachung, für die Gewährleistung der Integrität und Sicherheit der personenbezogenen Daten und für Strafverfahren verwendet werden.

(4) Die Protokolldaten sind am Ende des auf deren Generierung folgenden Jahres zu löschen.

(5) Der Verantwortliche und der Auftragsverarbeiter haben die Protokolle der oder dem Bundesbeauftragten auf Anforderung zur Verfügung zu stellen.

| I. Einführung | 1 | III. Die Norm im Einzelnen | 3 |
| II. Normaufbau | 2 | | |

Schrifttum: S. § 54 BDSG.

I. Einführung

1 § 76 setzt Art. 25 der Datenschutzrichtlinie für Polizei und Justiz um. Die Vorschrift regelt zum einen dezidiert, welche automatisierten Datenverarbeitungsvorgänge zu protokollieren sind und zu welchen Zwecken diese Protokolle (ausschließlich) verwendet werden dürfen. Dabei fällt auf, dass neben der reinen Kontrolle die Protokolle auch für Strafverfahren verwendet werden dürfen, § 76 Abs. 3. Die Protokollierungspflicht soll den Besonderheiten des Anwendungs-

bereichs der Datenschutzrichtlinie für Polizei und Justiz Rechnung tragen, da dort Kontrollen datenschutzrechtlicher und justizieller Art unerlässlich erscheinen[1]. Die Vorschrift hat keine ausdrückliche Entsprechung in der DSGVO, wenngleich auch dort beispielsweise Art. 5 Abs. 2 DSGVO und die damit begründete Rechenschaftspflicht im Grunde nur durch entsprechende Protokolle gewährleistet werden kann. Im alten Recht enthielten die Anlage zu § 9 BDSG-alt oder § 10 BDSG-alt entsprechende Ansätze.

II. Normaufbau

§ 76 Abs. 1 regelt zunächst den Anwendungsbereich. § 76 Abs. 2 enthält Anforderungen an die Art und Weise der Protokollierung, damit der Zweck der Kontrolle auch tatsächlich erreicht werden kann. § 76 Abs. 3 definiert mehrere Zwecke, für die die Protokolle verwendet werden dürfen und § 76 Abs. 4 die Frist, nach der die Protokolle zu löschen sind. § 76 Abs. 5 regelt die Herausgabepflicht der Normadressaten (nur) gegenüber dem oder der Bundesbeauftragten.

III. Die Norm im Einzelnen

§ 76 Abs. 1 setzt an automatisierten Verarbeitungssystemen an. Das ist insoweit konsequent, weil an nicht automatisierten Verarbeitungssystemen keine (automatisierte) Protokollierung angeknüpft werden kann. Automatisierte Verarbeitung ist von der manuellen Verarbeitung abzugrenzen (vgl. Art. 2 der Datenschutzrichtlinie für Polizei und Justiz und Erwägungsgrund 18).

Normadressat sind der Verantwortliche und der Auftragsverarbeiter gleichermaßen. Dies bedeutet, dass die entsprechende Verpflichtung Auftragsverarbeiter offenbar auch unabhängig von einem entsprechenden Auftrag des Verantwortlichen treffen soll.

Schließlich wird in § 76 Abs. 1 inhaltlich vorgegeben, welche Verarbeitungsvorgänge „mindestens" zu protokollieren sind. Der Wortlaut des § 76 Abs. 1 orientiert sich dabei exakt an dem des Art. 25 Abs. 1 der Datenschutzrichtlinie für Polizei und Justiz. Auffällig dabei ist, dass der Begriff der „Kombination" in Art. 3 Nr. 2 der Datenschutzrichtlinie für Polizei und Justiz nicht enthalten ist. Gemeint ist aber offenbar das Herstellen von Zusammenhängen zwischen unterschiedlichen Informationen.

Nach § 76 Abs. 2 sollen es die Protokolle ermöglichen, dass exakt nachvollzogen werden kann, welche Person wann und warum personenbezogene Daten abgefragt hat oder gegenüber welchem Empfänger diese offengelegt wurden. Neben dem Datum ist auch die Uhrzeit anzugeben. Dass die Identität der Person nur

---

1 Schantz/Wolff/*Wolff*, Rz. 858.

„soweit wie möglich" feststellbar sein muss, ist eng auszulegen, da gerade der Identität der Person bei Kontrollen entscheidende Bedeutung zukommen dürfte. Aus dieser Identifizierung sollte sich die Begründung für die Verarbeitungsvorgänge ableiten lassen (vgl. Erwägungsgrund 57 der Datenschutzrichtlinie für Polizei und Justiz).

Die Protokolle unterliegen nach § 76 Abs. 3 der strengen Zweckbindung. Danach dürfen sie ausschließlich zur Überprüfung der Rechtmäßigkeit der Datenverarbeitung verwendet werden. Diese Überprüfung der Rechtmäßigkeit steht dabei zunächst dem oder der internen Datenschutzbeauftragten zu. Als externe Kontrollinstanz ist die oder der Bundesbeauftragte genannt. Während die Nennung der internen und externen Kontrollinstanz selbstredend, wenn nicht sogar überflüssig ist, weil sich das schon aus deren originären Aufgabenzuweisungen ergibt, erscheint die die Nennung der betroffenen Person in § 76 Abs. 3 etwas irritierend, denn auch hier gilt, dass die interne oder externe Kontrollinstanz bei entsprechend geäußerten Zweifeln an der Rechtmäßigkeit der Datenverarbeitung durch die betroffene Person auf die Protokolle zurückgreifen darf, wenn nicht sogar muss. Zu den zulässigen Zwecken gehört aber auch die Eigenüberwachung, die auch interne Disziplinarverfahren der zuständigen Behörden umfasst (Erwägungsgrund 57 der Datenschutzrichtlinie für Polizei und Justiz)[2]. Eine gewisse Weite und damit auch Entwertung der Zweckbindung erfährt die Vorschrift durch die Tatsache, dass die Protokolle auch für Strafverfahren verwendet werden dürfen – immerhin befindet sich die Vorschrift im Anwendungsbereich dieses Kontextes.

Nach § 76 Abs. 4 sind die Protokolldaten am Ende des auf deren Generierung folgenden Jahres zu löschen. Diese Vorschrift hat zwar kein Vorbild in der Datenschutzrichtlinie für Polizei und Justiz, soll aber das Entstehen (unnötiger) Protokolldatenbestände vermeiden.

§ 76 Abs. 5 stellt klar, dass die Protokolle der oder dem Bundesbeauftragten auf Anforderung durch den Verantwortlichen oder Auftragsverarbeiter zur Verfügung zu stellen sind. Die Vorschrift knüpft an § 76 Abs. 3 an, da der oder die Bundesbeauftragte als externes Organ im Zweifel die Kontrolle nicht ausüben kann, ohne im Besitz der Protokolle zu sein.

§ 77 Vertrauliche Meldung von Verstößen

Der Verantwortliche hat zu ermöglichen, dass ihm vertrauliche Meldungen über in seinem Verantwortungsbereich erfolgende Verstöße gegen Datenschutzvorschriften zugeleitet werden können.

I. Einführung . . . . 1 | II. Pflicht des Verantwortlichen . . . 2

---

2 Paal/Pauly/*Paal*, § 76 BDSG Rz. 7.

I. Einführung

Die Norm regelt eine weitere Pflicht des Verantwortlichen, nämlich dass er zu ermöglichen hat, dass ihm vertrauliche Meldungen über Datenschutzverstöße zugeleitet werden können.

II. Pflicht des Verantwortlichen

Regelungsadressat der Norm ist der „Verantwortliche". Den Auftragsverarbeiter trifft mithin keine entsprechende Verpflichtung. Zu beachten ist, dass diese Norm eine Norm des 3. Teils des BDSG darstellt. Sie beruht damit auf der Datenschutzrichtlinie für **Polizei und Justiz** (Richtlinie (EU) 2016/680). Die Norm gilt demgemäß ausschließlich dann, wenn der Anwendungsbereich des 3. Teils gemäß § 45 eröffnet ist, also wenn Daten durch die für die Verhütung, Ermittlung, Aufdeckung, Verfolgung oder Ahndung von Straftaten oder Ordnungswidrigkeiten zuständigen öffentlichen Stellen im Rahmen der Erfüllung ihrer Aufgaben verarbeitet werden.

Gegenstand der Verpflichtung des Verantwortlichen ist es, eine bestimmtes Verhalten, nämlich die Zuleitung „**vertraulicher Meldungen**" an ihn, zu „ermöglichen". Im Kern bedeutet dies, dass der Verantwortliche die notwendigen technischen und organisatorischen Maßnahmen zu treffen hat, damit überhaupt Meldungen bei ihm eingehen können und dass diese Meldungen vertraulich bleiben. Konkrete Anforderungen an die Ausgestaltung dieser Maßnahmen nennt die Norm nicht. Zu weitgehend dürfte die Forderung sein, dass jeder Verantwortliche eine formalisierte Whistleblowing-Hotline zu unterhalten habe. Allerdings müssen Ansprechpartner bereitstehen und identifizierbar sein, welche die Vertraulichkeit wahren.

Das Erfordernis der „Vertraulichkeit" dürfte dahingehend zu verstehen sein, dass es hier im Kern um **die Person des Einmeldenden** geht. Typischerweise kann dieser ein Bediensteter einer Behörde sein, der einen Missstand meldet und dabei Repressalien seiner Kollegen oder Vorgesetzten fürchtet.

Gegenstand der von dieser Norm erfassten Meldungen sind lediglich **Datenschutzverstöße** im „Verantwortungsbereich" des Verantwortlichen. Es geht hier also nicht darum, dass ein Unternehmen etwa ein Konkurrenzunternehmen bei der Strafverfolgungsbehörde anschwärzt. Vielmehr geht es allein um Datenschutzverstöße – nicht etwa auch sonstige Missstände – innerhalb der Behörde selbst.

Kapitel 5
Datenübermittlungen an Drittstaaten und an internationale Organisationen

§ 78 Allgemeine Voraussetzungen

(1) Die Übermittlung personenbezogener Daten an Stellen in Drittstaaten oder an internationale Organisationen ist bei Vorliegen der übrigen für Datenübermittlungen geltenden Voraussetzungen zulässig, wenn

1. die Stelle oder internationale Organisation für die in § 45 genannten Zwecke zuständig ist und
2. die Europäische Kommission gemäß Artikel 36 Absatz 3 der Richtlinie (EU) 2016/680 einen Angemessenheitsbeschluss gefasst hat.

(2) Die Übermittlung personenbezogener Daten hat trotz des Vorliegens eines Angemessenheitsbeschlusses im Sinne des Absatzes 1 Nummer 2 und des zu berücksichtigenden öffentlichen Interesses an der Datenübermittlung zu unterbleiben, wenn im Einzelfall ein datenschutzrechtlich angemessener und die elementaren Menschenrechte wahrender Umgang mit den Daten beim Empfänger nicht hinreichend gesichert ist oder sonst überwiegende schutzwürdige Interessen einer betroffenen Person entgegenstehen. Bei seiner Beurteilung hat der Verantwortliche maßgeblich zu berücksichtigen, ob der Empfänger im Einzelfall einen angemessenen Schutz der übermittelten Daten garantiert.

(3) Wenn personenbezogene Daten, die aus einem anderen Mitgliedstaat der Europäischen Union übermittelt oder zur Verfügung gestellt wurden, nach Absatz 1 übermittelt werden sollen, muss diese Übermittlung zuvor von der zuständigen Stelle des anderen Mitgliedstaats genehmigt werden. Übermittlungen ohne vorherige Genehmigung sind nur dann zulässig, wenn die Übermittlung erforderlich ist, um eine unmittelbare und ernsthafte Gefahr für die öffentliche Sicherheit eines Staates oder für die wesentlichen Interessen eines Mitgliedstaats abzuwehren, und die vorherige Genehmigung nicht rechtzeitig eingeholt werden kann. Im Fall des Satzes 2 ist die Stelle des anderen Mitgliedstaats, die für die Erteilung der Genehmigung zuständig gewesen wäre, unverzüglich über die Übermittlung zu unterrichten.

(4) Der Verantwortliche, der Daten nach Absatz 1 übermittelt, hat durch geeignete Maßnahmen sicherzustellen, dass der Empfänger die übermittelten Daten nur dann an andere Drittstaaten oder andere internationale Organisationen weiterübermittelt, wenn der Verantwortliche diese Übermittlung zuvor genehmigt hat. Bei der Entscheidung über die Erteilung der Genehmigung hat der Verantwortliche alle maßgeblichen Faktoren zu berücksichtigen, insbesondere die Schwere der Straftat, den Zweck der ursprünglichen Übermittlung und das in dem Drittstaat oder der internationalen Organisation, an das oder an die die Daten weiterübermittelt werden sollen, beste-

hende Schutzniveau für personenbezogene Daten. Eine Genehmigung darf nur dann erfolgen, wenn auch eine direkte Übermittlung an den anderen Drittstaat oder die andere internationale Organisation zulässig wäre. Die Zuständigkeit für die Erteilung der Genehmigung kann auch abweichend geregelt werden.

I. Einführung	1	IV. Genehmigungspflicht für Weiterübermittlungen (Abs. 3)	7
II. Grundsätzliche Bedingungen der Zulässigkeit (Abs. 1)	3	V. Verhinderung ungenehmigter Weiterübermittlungen (Abs. 4)	10
III. Rückausnahme (Abs. 2)	4		

I. Einführung

Die Vorschrift befasst sich mit den für Drittstaatsübermittlungen[1] geltenden Grundsätzen. § 78 stellt die Umsetzung von Art. 35 der Datenschutzrichtlinie für Polizei und Justiz in nationales Recht dar. Bezüge zwischen beiden Vorschriften lassen sich jedoch nur schwer herstellen, weil der deutsche Gesetzgeber die Systematik verändert hat. Die in Art. 35 Abs. 1 der Datenschutzrichtlinie für Polizei und Justiz aufgeführten Kriterien finden sich z.T. gar nicht (Buchst. a), z.T. verändert (Buchst. d) und z.T. verstreut (Buchst. c und e) in der national umgesetzten Vorschrift wieder. Besonders der Wegfall der Anforderung aus Buchst. a – die Erforderlichkeit der Übermittlung zur Strafrechtspflege – erscheint auf den ersten Blick bedenklich. Der deutsche Gesetzgeber hat jedoch in § 3 für jede Datenverarbeitung[2] eine Erforderlichkeit zur Aufgabenerfüllung vorausgesetzt, sodass eine Wiederholung in Bezug auf Drittstaatsübermittlungen unangemessen wäre – zumal § 78 Abs. 1 ausdrücklich darauf hinweist, dass die übrigen für Datenübermittlungen geltenden Voraussetzungen einzuhalten sind. 1

In § 78 Abs. 1 finden sich die Grundsätze für die Zulässigkeit von Datenübermittlungen in Drittstaaten, nach welchen insbesondere ein Angemessenheitsbeschluss der Kommission erforderlich ist. 2

§ 78 Abs. 2 normiert eine Rückausnahme aus der Zulässigkeit, wenn im Einzelfall kein hinreichender Schutz für die Betroffenenrechte gegeben ist.

Die Absätze 3 und 4 des § 78 sollen sicherstellen, dass die übermittelnde Stelle Weiterübermittlungen durch die empfangende Stelle genehmigt. Abs. 3 regelt dies in Bezug auf deutsche Weiterübermittlungen von Daten aus anderen Mitgliedstaaten (Genehmigung durch dortige Stelle), Abs. 4 dagegen betrifft Weiter-

---

1 Zu dem Begriff s. Kommentierung zu Art. 44 DSGVO Rz. 10.
2 § 46 Nr. 2 bestimmt einen mit Art. 4 Nr. 2 DSGVO identischen Verarbeitungsbegriff, weshalb für die Subsumtion der Übermittlung auf die Kommentierung zu Art. 44 DSGVO Rz. 9 verwiesen wird.

übermittlungen von aus Deutschland übermittelten Daten durch Empfänger außerhalb Deutschlands (Genehmigung durch deutsche Stelle) und bestimmt, welche Kriterien für eine Genehmigungsentscheidung zu berücksichtigen sind.

II. Grundsätzliche Bedingungen der Zulässigkeit (Abs. 1)

3   § 78 Abs. 1 formuliert den Grundsatz, dass Übermittlungen an Drittstaaten und internationale Organisationen **bei Einhaltung der grundsätzlichen Voraussetzungen für Datenübermittlungen** (insb. §§ 3 (Erforderlichkeit zur Aufgabenerfüllung, s. Rz. 1), 47 ff.) unter **zwei Bedingungen** zulässig sind:
– Die empfangende Stelle muss für Zwecke des § 45 zuständig sein, also für die Verhütung, Ermittlung, Aufdeckung, Verfolgung oder Ahndung von Straftaten oder Ordnungswidrigkeiten[3].
– Es muss ein Angemessenheitsbeschluss der Kommission gemäß Art. 36 Abs. 3 der Datenschutzrichtlinie für Polizei und Justiz vorliegen. Art. 36 ist nahezu identisch mit Art. 45 DSGVO. Auf die dortige Kommentierung zu Angemessenheitsbeschlüssen durch die Kommission wird deshalb vollumfänglich verwiesen.

III. Rückausnahme (Abs. 2)

4   Nach § 78 Abs. 2 hat eine Drittstaatsübermittlung trotz Bestehen eines Angemessenheitsbeschlusses sowie öffentlichen Interesses zu unterbleiben, wenn eine Einzelfallprüfung ergibt, dass kein hinreichender Schutz für die Betroffenenrechte gegeben ist. Gründe hierfür können ein nicht gesicherter „datenschutzrechtlich angemessener und die elementaren Menschenrechte wahrender Umgang mit den Daten beim Empfänger" sowie sonst entgegenstehende schutzwürdige Interessen der betroffenen Person sein.

5   Obwohl mit Art. 36 Abs. 1 Datenschutzrichtlinie für Polizei und Justiz Einzelfallprüfungen durch Angemessenheitsbeschlüsse gerade entfallen sollen, sieht der deutsche Gesetzgeber solche hier vor. Hintergrund sind laut Gesetzgebungsmaterialien zusätzliche Anforderungen, die das Bundesverfassungsgericht formuliert hat (z.B. BVerfG v. 20.4.2016 – 1 BvR 966/09 u. 1 BvR 1140/06)[4]. Auch das Schrems-Urteil des EuGH[5] stellte klar, dass trotz Angemessenheitsbeschluss der Kommission Anlass zur Überprüfung des Datenschutzstandards durch die

---

3 Paal/Pauly/*Frenzel*, § 78 BDSG Rz. 6 hält diese Beurteilung bei geteilten Zuständigkeiten für komplex. Warum geteilte Zuständigkeiten hier problematisch sein sollen, ist jedoch nicht ersichtlich.
4 BR-Drucks. 110/17, S. 124 f.; BT-Drucks. 18/11325, S. 120.
5 EuGH v. 6.10.2015 – C-362/14.

Aufsichtsbehörden bestehen kann. Allerdings stellte der EuGH auch klar, dass trotzdem allein der EuGH seine Angemessenheitsbeschlüsse für ungültig erklären kann[6] – über das Bestehen einer aufsichtsbehördlichen Kompetenz, dennoch im Einzelfall Datenverarbeitungen auszusetzen, befand der EuGH dagegen nicht ausdrücklich. Die Kommentierung zu Art. 45 DSGVO Rz. 34 f. sowie zu Art. 46 DSGVO Rz. 33 berücksichtigend ist jedenfalls festzuhalten, dass aufsichtsbehördliche Einzelfalluntersagungen nicht auf das Fehlen des durch die Kommission gerade generell festgestellten angemessenen Datenschutzniveaus im Empfängerstaat gestützt werden dürfen. § 78 Abs. 2 Satz 1 stellt auf Untersagungsgründe ab, die in den Interessen der konkret betroffenen Person oder den Gegebenheiten bei der konkret empfangenden Stelle begründet sind. In beiden Fällen wird nicht in erster Linie die Grundsatzentscheidung des EuGH angegriffen, sodass die Umsetzungsnorm nicht im Widerspruch zum europäischen Recht steht. Allerdings ist fraglich, was für Gegebenheiten bei einer empfangenden Stelle denkbar sind, die dort eine Abweichung von der grundsätzlich angemessenen Rechtslage im Empfängerstaat herbeiführen. Denn empfangende Stellen können im Geltungsbereich der Vorschrift nur solche sein, die bestimmungsgemäß Aufgaben der Strafrechtspflege zu erfüllen haben und durch diese Staatsnähe im Normalfall das geltende Recht nicht missachten – was mit der Formulierung von § 78 Abs. 2 Satz 1 sogar in einer unangemessenen bzw. die elementaren Menschenrechte nicht wahrenden Form erfolgen müsste. In Staaten mit grundsätzlich festgestelltem angemessenen Schutzniveau ist die Einschlägigkeit der Vorschrift fernliegend.

Hinzu kommt, dass Satz 2 hervorhebt, durch geeignete Garantien könne der Empfänger wiederum für einen ausreichenden Schutz der Daten sorgen. Wie in einem grundsätzlich angemessenen datenschutzrechtlichen System ein im Einzelfall durch unangemessene Handhabung von Daten herausfallender Empfänger durch Garantien wiederum das erforderliche Niveau wiederherstellen kann, ist nicht ersichtlich. 6

IV. Genehmigungspflicht für Weiterübermittlungen (Abs. 3)

§ 78 Abs. 3 betrifft Fälle, in denen deutsche Stellen personenbezogene Daten in Drittstaaten oder an internationale Organisationen weiterübermitteln wollen, welche sie selbst durch Stellen in anderen EU-Mitgliedstaaten erhalten haben. In diesen Fällen muss eine zuständige Stelle des anderen EU-Mitgliedstaats eine Weiterübermittlung durch den deutschen Empfänger vorab genehmigen (§ 78 Abs. 3 Satz 1). Ob zuständige Stelle die ursprünglich übermittelnde Stelle ist, hängt von den Festlegungen des jeweiligen Staates ab[7]. 7

---

6 EuGH v. 6.10.2015 – C-362/14, Rz. 52.
7 So auch Paal/Pauly/*Frenzel*, § 78 BDSG Rz. 13.

8   Hiervon sind jedoch nach § 78 Abs. 3 Satz 2 **Ausnahmen** möglich. Wenn Übermittlungen **erforderlich** sind, um eine **unmittelbare und ernsthafte Gefahr** für
    - die öffentliche Sicherheit eines Staates oder
    - die wesentlichen Interessen eines Mitgliedstaats

    abzuwehren, eine vorherige Genehmigung aber nicht rechtzeitig eingeholt werden kann, ist die Datenübermittlung auch ohne diese zulässig. Dass die dafür zuständige Behörde unverzüglich von der Übermittlung **unterrichtet** werden muss, ist nicht ausdrücklich als Zulässigkeitskriterium festgelegt. Der Rechtscharakter der Vorschrift bleibt offen. *Frenzel* sieht die Verlagerung der Entscheidungshoheit kritisch, insbesondere in Anbetracht der grundsätzlich höheren Bewertung der mitgliedstaatlichen Autorität im Falle einer Verweigerung der Genehmigung[8].

9   § 78 Abs. 3 setzt Art. 35 Abs. 1 Buchst. c und Abs. 2 inhaltsgleich in nationales Recht um. Nach Erwägungsgrund 65 können durch die ursprünglich übermittelnde Behörde auch besondere Bedingungen an Weiterübermittlungen geknüpft werden, welche beispielsweise in Bearbeitungscodes festgehalten werden.

V. Verhinderung ungenehmigter Weiterübermittlungen (Abs. 4)

10 § 78 Abs. 4 Satz 1 schreibt dem datenübermittelnden Verantwortlichen vor, durch geeignete Maßnahmen sicherzustellen, dass durch den Empfänger nicht ohne seine Genehmigung Weiterübermittlungen an andere Drittstaaten oder internationale Organisationen vorgenommen werden. Praktikabel erscheinen nur eine Verankerung der Anforderung in den Daten selbst, etwa mittels der in § 74 Abs. 2 vorgesehenen Markierung, oder eine Verpflichtung des Empfängers in Form von Abkommen oder Verträgen, da die Behörde mit der Übermittlung die Kontrolle über die Daten verliert.

11 Dem Verantwortlichen wird hier zugestanden, selbst über eine Zulässigkeit der Weiterübermittlung zu entscheiden bzw. diese Entscheidung im Organisationswege zu delegieren (§ 78 Abs. 4 Satz 4). Allerdings hat er gemäß Satz 2 alle für die Zulässigkeit relevanten Faktoren zu berücksichtigen wie insbesondere das Schutzniveau im Zielgebiet, die Schwere der Straftat und den Zweck der ursprünglichen Datenübermittlung. Für die Beurteilung gilt gemäß Satz 3 derselbe Maßstab wie für eine unmittelbare Übermittlung durch den Verantwortlichen.

12 Die Sätze 1 und 2 des § 78 Abs. 4 stellen eine inhaltlich identische Umsetzung des Art. 35 Abs. 1 Buchst. e der Datenschutzrichtlinie für Polizei und Justiz dar. Auch die deutsche ursprünglich übermittelnde Behörde kann nach Erwägungsgrund 65 besondere Bedingungen an Weiterübermittlungen knüpfen (vgl. Rz. 9).

---

8 So auch Paal/Pauly/*Frenzel*, § 78 BDSG Rz. 15 ff.

§ 79 Datenübermittlung bei geeigneten Garantien

(1) Liegt entgegen § 78 Absatz 1 Nummer 2 kein Beschluss nach Artikel 36 Absatz 3 der Richtlinie (EU) 2016/680 vor, ist eine Übermittlung bei Vorliegen der übrigen Voraussetzungen des § 78 auch dann zulässig, wenn

1. in einem rechtsverbindlichen Instrument geeignete Garantien für den Schutz personenbezogener Daten vorgesehen sind oder
2. der Verantwortliche nach Beurteilung aller Umstände, die bei der Übermittlung eine Rolle spielen, zu der Auffassung gelangt ist, dass geeignete Garantien für den Schutz personenbezogener Daten bestehen.

(2) Der Verantwortliche hat Übermittlungen nach Absatz 1 Nummer 2 zu dokumentieren. Die Dokumentation hat den Zeitpunkt der Übermittlung, die Identität des Empfängers, den Grund der Übermittlung und die übermittelten personenbezogenen Daten zu enthalten. Sie ist der oder dem Bundesbeauftragten auf Anforderung zur Verfügung zu stellen.

(3) Der Verantwortliche hat die Bundesbeauftragte oder den Bundesbeauftragten zumindest jährlich über Übermittlungen zu unterrichten, die aufgrund einer Beurteilung nach Absatz 1 Nummer 2 erfolgt sind. In der Unterrichtung kann er die Empfänger und die Übermittlungszwecke angemessen kategorisieren.

I. Einführung	1	III. Dokumentationspflicht (Abs. 2)	6
II. Vorliegen geeigneter Garantien (Abs. 1)	3	IV. Unterrichtung des Bundesbeauftragten (Abs. 3)	7

I. Einführung

Wie bereits in § 78 BDSG Rz. 1 beschrieben, hat der deutsche Gesetzgeber die Systematik der europäischen Vorlage in Art. 35 Datenschutzrichtlinie für Polizei und Justiz nicht übernommen. Anstatt die Möglichkeit von Übermittlungen aufgrund geeigneter Garantien schon in § 78 vorzusehen, greift nun § 79 in die dortige Regelung ein, indem eine Alternative zu § 78 Abs. 1 Nr. 2 formuliert wird. Anstelle des dort vorgesehenen Angemessenheitsbeschlusses der Kommission können gemäß § 79 auch geeignete Garantien die Zulässigkeit von Übermittlungen an Stellen in Drittstaaten herbeiführen. Die übrigen Bestimmungen des § 78 sind daneben weiterhin anzuwenden. 1

§ 79 Abs. 2 normiert für Übermittlungen aufgrund geeigneter Garantien nach § 79 Abs. 1 Nr. 2 eine Dokumentations- und § 79 Abs. 3 eine Unterrichtungspflicht des Verantwortlichen. Die Vorschrift setzt Art. 37 der Datenschutzrichtlinie für Polizei und Justiz ohne inhaltliche Modifikation in nationales Recht um. 2

II. Vorliegen geeigneter Garantien (Abs. 1)

3 § 79 Abs. 1 nennt zwei Möglichkeiten, aufgrund geeigneter Garantien personenbezogene Daten in Drittstaaten oder an internationale Organisationen zu übermitteln. Zum einen können sie in rechtsverbindlichen Dokumenten bestehen (Nr. 1), zum anderen können die Gesamtumstände der Übermittlung diese begründen (Nr. 2).

4 Die Vorschrift bestimmt nicht, was geeignete Garantien sind. Ob diese vorliegen, hat der Verantwortliche selbst zu beurteilen; insbesondere in Fällen der Nr. 2. Einige Anhaltspunkte bietet immerhin Erwägungsgrund 71 der Datenschutzrichtlinie für Polizei und Justiz, der als Beispiel für rechtsverbindliche Instrumente i.S.v. Nr. 1 bilaterale, in die mitgliedstaatlichen Rechtsordnungen übernommene Abkommen nennt, welche den betroffenen Personen durchsetzbare Rechtsbehelfe verschaffen. Für Garantien nach Nr. 2 soll der Verantwortliche in seine Beurteilung nach o.g. Erwägungsgrund einbeziehen, ob Kooperationsvereinbarungen oder Geheimhaltungspflichten bestehen sowie ob die zu übermittelnden Daten für die Beantragung, Verhängung oder Vollstreckung einer Todesstrafe verwendet werden sollen; ggf. hat er dann weitere Garantien zu verlangen. Jedenfalls Orientierung sollten auch die Maßstäbe des Art. 46 DSGVO für das Vorliegen geeigneter Garantien bieten können.

5 Zudem findet sich in den Gesetzgebungsmaterialien ein Hinweis darauf, dass eine Verbindung der Datenübermittlung mit bspw. Löschpflichten nach Zweckerreichung, Weiterübermittlungsverboten sowie Zweckbindungen hilfreich sein kann, die Beurteilung des Verantwortlichen zu dokumentieren und ihr Ergebnis zu sichern[1].

III. Dokumentationspflicht (Abs. 2)

6 Gemäß § 79 Abs. 2 hat der Verantwortliche Zeitpunkt und Grund von Übermittlungen sowie die übermittelten Daten und den Empfänger zu dokumentieren, wenn keine rechtsverbindlichen Instrumente Grundlage für die Annahme geeigneter Garantien bilden. Auf Anforderung muss er diese Dokumentation dem Bundesbeauftragten (§§ 8 ff.) zur Verfügung stellen.

IV. Unterrichtung des Bundesbeauftragten (Abs. 3)

7 Zudem verpflichtet § 79 Abs. 3 den Verantwortlichen zur Unterrichtung des Bundesbeauftragten in Intervallen, die ein Jahr nicht überschreiten dürfen. Zum Zwecke dieser Unterrichtung wird ihm eine Kategorisierung von Übermittlungszwecken und Empfängern gestattet.

---

1 BR-Drucks. 110/17, S. 125; BT-Drucks. 18/11325, S. 120.

§ 80 Datenübermittlung ohne geeignete Garantien

(1) Liegt entgegen § 78 Absatz 1 Nummer 2 kein Beschluss nach Artikel 36 Absatz 3 der Richtlinie (EU) 2016/680 vor und liegen auch keine geeigneten Garantien im Sinne des § 79 Absatz 1 vor, ist eine Übermittlung bei Vorliegen der übrigen Voraussetzungen des § 78 auch dann zulässig, wenn die Übermittlung erforderlich ist

1. zum Schutz lebenswichtiger Interessen einer natürlichen Person,
2. zur Wahrung berechtigter Interessen der betroffenen Person,
3. zur Abwehr einer gegenwärtigen und erheblichen Gefahr für die öffentliche Sicherheit eines Staates,
4. im Einzelfall für die in § 45 genannten Zwecke oder
5. im Einzelfall zur Geltendmachung, Ausübung oder Verteidigung von Rechtsansprüchen im Zusammenhang mit den in § 45 genannten Zwecken.

(2) Der Verantwortliche hat von einer Übermittlung nach Absatz 1 abzusehen, wenn die Grundrechte der betroffen Person das öffentliche Interesse an der Übermittlung überwiegen.

(3) Für Übermittlungen nach Absatz 1 gilt § 79 Absatz 2 entsprechend.

I. Einführung 1	III. Überwiegende Rechte des Betroffenen (Abs. 2) 9
II. Weitere Zulässigkeitsgründe (Abs. 1) 3	IV. Dokumentationspflicht (Abs. 3) . 11

I. Einführung

Vergleichbar mit Art. 49 DSGVO formuliert § 80 in Umsetzung des Art. 38 Datenschutzrichtlinie für Polizei und Justiz Ausnahmefälle, in denen auch ohne Angemessenheitsbeschluss und Garantie eine Übermittlung personenbezogener Daten zulässig sein kann. Beide Übermittlungsgrundlagen sind subsidiär zu Angemessenheitsbeschlüssen und Garantien, die vorgesehenen Gründe unterscheiden sich jedoch relativ stark voneinander, da Einwilligungen, Vertragsbeziehungen und öffentliche Register im Rahmen von Datenübermittlungen zur Strafrechtspflege keine Rolle spielen. Die Beurteilung des Vorliegens der Gründe obliegt hier gleichermaßen dem Verantwortlichen[1]. 1

In Abs. 1 der Vorschrift findet sich eine Aufzählung der Gründe, die Datenübermittlungen auch ohne bestehenden Angemessenheitsbeschluss und geeignete Garantien erlauben. § 80 Abs. 2 schließt Datenübermittlungen auf Grundlage des § 80 Abs. 1 wiederum aus, wenn die Grundrechte des Betroffenen das öffentliche Übermittlungsinteresse überwiegen. § 80 Abs. 3 verpflichtet Verantwortliche zur Dokumentation von auf Gründe des Abs. 1 gestützten Datenübermittlungen. 2

---

1 So auch Paal/Pauly/*Frenzel*, § 80 BDSG Rz. 1.

II. Weitere Zulässigkeitsgründe (Abs. 1)

3 Neben allen in § 80 Abs. 1 genannten Gründen für zulässige Datenübermittlungen müssen die übrigen Voraussetzungen des § 78 gegeben sein. Gemeint sind alle Bestimmungen des § 78 mit Ausnahme seines Abs. 1 Nr. 2, da § 80 gleichermaßen wie § 79 an dieser Stelle ansetzt und eine Alternative formuliert. Alle Gründe greifen nur, wenn eine **Übermittlung für den jeweiligen Zweck erforderlich** ist.

4 § 80 Abs. 1 **Nr. 1** erlaubt Übermittlungen zum Schutz lebenswichtiger Interessen natürlicher Personen. In dieser Formulierung geht die des Art. 38 Abs. 1 Buchst. a Datenschutzrichtlinie für Polizei und Justiz auf, die zwischen der betroffenen und anderen Personen unterscheidet: Mangels „lebens"wichtiger Interessen juristischer Personen sind solche auch dort nicht inbegriffen. Lebenswichtige Interessen finden auch in der Parallelvorschrift des Art. 49 Abs. 1 Buchst. f DSGVO Erwähnung und erfordern dort eine konkrete Lebensgefahr der jeweiligen Person (Art. 49 DSGVO Rz. 27). Das gilt auch hier. Gemäß § 80 Abs. 1 i.V.m. § 78 Abs. 1 müssen auch die übrigen Voraussetzungen für eine Datenübermittlung vorliegen (vgl. § 78 BDSG Rz. 1, 3). Insbesondere muss die Übermittlung nach § 3 (i.V.m. § 45) zur Erfüllung der behördlichen Aufgabe im Bereich der Strafrechtspflege erforderlich sein, was den Anwendungsbereich der Vorschrift erheblich eingrenzen dürfte.

5 § 80 Abs. 1 **Nr. 2** sieht eine Ausnahmeerlaubnis vor, wenn die Übermittlung personenbezogener Daten berechtigte Interessen der betroffenen Person wahrt. Die Umsetzung dieser Fallgruppe ist nach Art. 38 Abs. 1 Buchst. b Datenschutzrichtlinie für Polizei und Justiz für die Mitgliedstaaten fakultativ.

6 Nach § 80 Abs. 1 **Nr. 3** kann auch die Abwehr einer gegenwärtigen und erheblichen Gefahr für die öffentliche Sicherheit eines Staates eine Übermittlung rechtfertigen. Auch hier nennt die europäische Vorlage des Art. 38 Abs. 1 Buchst. c Datenschutzrichtlinie für Polizei und Justiz im Gegensatz zur Umsetzung ausdrücklich sowohl Mitgliedstaaten als auch Drittstaaten, was inhaltlich jedoch keinen Unterschied bedeutet. Ebenso haben die Begriffe „gegenwärtig und erheblich" keine signifikant andere Bedeutung als das „unmittelbar und ernsthaft" der europäischen Vorlage. Wird die „öffentliche Sicherheit" eines Staates hier so ausgelegt wie im deutschen Polizeirecht, könnten demnach die datenschutzrechtlichen Interessen einer Person bis zur Grenze des § 80 Abs. 2 hinter beliebigen strafrechtlich geschützten Rechtsgütern anderer Personen zurückstehen müssen.

7 § 80 Abs. 1 **Nr. 4** erlaubt Einzelfallübermittlungen für Zwecke des § 45, was in Anbetracht des über § 78 Abs. 1 hier parallel geltenden § 3 befremdlich wirkt, da dieser i.V.m. § 45 ohnehin stets erfordert, dass die Übermittlung zur Erfüllung der (§ 45 entsprechenden) behördlichen Aufgaben erforderlich ist. Lediglich die Hervorhebung des Einzelfallcharakters könnte dies rechtfertigen, die Bedeutung bleibt jedoch unklar.

§ 80 Abs. 1 Nr. 5 sieht als weitere Ausnahme vor, dass im Einzelfall Rechtsansprüche im Zusammenhang mit den Zwecken des § 45 geltend gemacht, ausgeübt oder verteidigt werden sollen. 8

III. Überwiegende Rechte des Betroffenen (Abs. 2)

Gemäß § 80 Abs. 2 hat der Verantwortliche stets abzuwägen, ob im Einzelfall die Grundrechte des Betroffenen das öffentliche Übermittlungsinteresse überwiegen, und in diesem Fall von der Übermittlung abzusehen. Freilich fließen die Betroffenenrechte unter Umständen bereits in die Erforderlichkeitsprüfung nach § 80 Abs. 1 ein. Abs. 2 erweitert diese jedoch zu einer Verhältnismäßigkeitsprüfung. 9

Die hier umgesetzte Vorschrift des Art. 38 Abs. 2 Datenschutzrichtlinie für Polizei und Justiz ist etwas strenger formuliert, indem sie Übermittlungen in solchen Fällen ausdrücklich verbietet, während „abzusehen haben" i.S.d. deutschen Vorschrift hiergegen deutlich abgeschwächt wirkt. 10

IV. Dokumentationspflicht (Abs. 3)

Gemäß § 80 Abs. 3 gilt die Dokumentationspflicht aus § 79 Abs. 2 in Konformität mit dem umgesetzten Abs. 3 des Art. 38 Datenschutzrichtlinie für Polizei und Justiz entsprechend für Datenübermittlungen, die auf Gründe des § 80 Abs. 1 gestützt werden. Folglich sind für jede Übermittlung Zeitpunkt, Grund, Empfänger und Daten zu dokumentieren und diese Informationen auf Anfrage dem Bundesbeauftragten zur Verfügung zu stellen. 11

§ 81 Sonstige Datenübermittlung an Empfänger in Drittstaaten

(1) Verantwortliche können bei Vorliegen der übrigen für die Datenübermittlung in Drittstaaten geltenden Voraussetzungen im besonderen Einzelfall personenbezogene Daten unmittelbar an nicht in § 78 Absatz 1 Nummer 1 genannte Stellen in Drittstaaten übermitteln, wenn die Übermittlung für die Erfüllung ihrer Aufgaben unbedingt erforderlich ist und
1. im konkreten Fall keine Grundrechte der betroffenen Person das öffentliche Interesse an einer Übermittlung überwiegen,
2. die Übermittlung an die in § 78 Absatz 1 Nummer 1 genannten Stellen wirkungslos oder ungeeignet wäre, insbesondere weil sie nicht rechtzeitig durchgeführt werden kann, und

3. der Verantwortliche dem Empfänger die Zwecke der Verarbeitung mitteilt und ihn darauf hinweist, dass die übermittelten Daten nur in dem Umfang verarbeitet werden dürfen, in dem ihre Verarbeitung für diese Zwecke erforderlich ist.

(2) Im Fall des Absatzes 1 hat der Verantwortliche die in § 78 Absatz 1 Nummer 1 genannten Stellen unverzüglich über die Übermittlung zu unterrichten, sofern dies nicht wirkungslos oder ungeeignet ist.

(3) Für Übermittlungen nach Absatz 1 gilt § 79 Absatz 2 und 3 entsprechend.

(4) Bei Übermittlungen nach Absatz 1 hat der Verantwortliche den Empfänger zu verpflichten, die übermittelten personenbezogenen Daten ohne seine Zustimmung nur für den Zweck zu verarbeiten, für den sie übermittelt worden sind.

(5) Abkommen im Bereich der justiziellen Zusammenarbeit in Strafsachen und der polizeilichen Zusammenarbeit bleiben unberührt.

I. Einführung 1	IV. Dokumentations- und Unterrichtungspflicht (Abs. 3) 10
II. Zulässigkeitsbedingungen (Abs. 1) 3	V. Zweckbindung (Abs. 4) 11
III. Unterrichtung der zuständigen Stellen (Abs. 2) 9	VI. Abkommen justizieller und polizeilicher Zusammenarbeit (Abs. 5) 12

I. Einführung

1 § 81 stellt die Umsetzung von Art. 39 Datenschutzrichtlinie für Polizei und Justiz dar und betrifft Übermittlungen an nicht i.S.v. § 45 für die Strafrechtspflege zuständige Stellen im Ausland. Hierunter können sowohl öffentliche Stellen als auch Private fallen, beispielsweise Finanzinstitute und Telekommunikationsdienstleister[1]. Dies soll nur „im besonderen Einzelfall" möglich sein, wenn nämlich beispielsweise die zuständigen staatlichen Stellen nicht erreichbar, unverzügliches Handeln aber erforderlich ist. Diese müssen dennoch i.d.R. unverzüglich über derartiges Vorgehen unterrichtet werden (§ 81 Abs. 2). In jedem Fall zielt die Datenübermittlung auf einen Datenaustausch oder -abgleich bzw. den Rückerhalt von Daten ab[2].

2 § 81 Abs. 1 bestimmt die Voraussetzungen für eine Zulässigkeit derartiger Übermittlungen. § 81 Abs. 2 und 3 legen Unterrichtungspflichten und letzterer auch eine Dokumentationspflicht fest. § 81 Abs. 4 verschärft die Zweckbindung derartiger übermittelter Daten und § 81 Abs. 5 sieht vor, dass Abkommen justizieller und polizeilicher Zusammenarbeit unberührt bleiben.

---

1 BR-Drucks. 110/17, S. 125; BT-Drucks. 18/11325, S. 120.
2 Vgl. auch Paal/Pauly/*Frenzel*, § 81 BDSG Rz. 2.

II. Zulässigkeitsbedingungen (Abs. 1)

§ 81 Abs. 1 bestimmt, unter welchen Bedingungen personenbezogene Daten an andere als die in § 78 Abs. 1 Nr. 1 genannten Stellen (s. Rz. 1) übermittelt werden dürfen. Die Entscheidung hierüber liegt im Ermessen des Verantwortlichen[3]. 3

Die Umsetzung des deutschen Gesetzgebers übernimmt nur Buchst. b, c und e des Art. 39 Datenschutzrichtlinie für Polizei und Justiz in Form eines Katalogs (Nr. 1–3). Buchst. a wird diesem bereits vorgeschaltet; Buchst. d findet sich in § 81 Abs. 2 wieder. 4

Zunächst muss eine derartige Ermittlung für die Aufgabenerfüllung der deutschen Stelle **unbedingt erforderlich** sein. Dieses Kriterium spielt mit der Subsidiarität nach Nr. 2 (s.u.) zusammen – als Beispiel wird das Ankündigen einer Straftatbegehung in einem sozialen Netzwerk[4] oder eine unmittelbar bevorstehende terroristische Straftat[5] genannt. Wie bei Drittstaatsübermittlungen auf anderer Grundlage müssen die **übrigen Voraussetzungen** des § 78 erfüllt sein, folglich auch alle grundsätzlich für Verarbeitungsvorgänge geltenden Anforderungen (vgl. § 78 BDSG Rz. 3). 5

§ 81 Abs. 1 **Nr. 1** fordert darüber hinaus eine Interessenabwägung, die ergibt, dass die Grundrechte der betroffenen Person das öffentliche Übermittlungsinteresse nicht überwiegen. 6

§ 81 Abs. 1 **Nr. 2** macht die Subsidiarität der Übermittlungsgrundlage deutlich, indem sie nur einschlägig ist, wenn eine Übermittlung nach §§ 78 ff. an die zuständigen Stellen i.S.v. § 78 Abs. 1 Nr. 1 wirkungslos oder ungeeignet ist, wofür insbesondere der zeitliche Faktor eine Rolle spielen können soll. Erwägungsgrund 73 der Datenschutzrichtlinie für Polizei und Justiz nennt die weitere Möglichkeit, dass das betreffende Drittland die Rechtsstaatlichkeit oder die Menschenrechtsbestimmungen nicht achtet, sodass der Verantwortliche eine Direktkommunikation mit anderen Empfängern als datenschutzrechtlich vorzugswürdig bewertet. 7

Zudem ist nach § 81 Abs. 1 **Nr. 3** erforderlich, dass der Empfänger auf die Verarbeitungszwecke und seine Pflicht zu deren Wahrung hingewiesen wird. Von einer rechtsverbindlichen Verpflichtung des Übermittlungsempfängers ist hier nicht die Rede; mangels Hoheitsgewalt im Drittstaat fehlen derartige Möglichkeiten, auf deren Sicherheit zugunsten einer effektiven Strafrechtspflege hier verzichtet wird. 8

---

3 Vgl. Paal/Pauly/*Frenzel*, § 81 BDSG Rz. 6.
4 Bsp. von Paal/Pauly/*Frenzel*, § 81 BDSG Rz. 3.
5 Erwägungsgrund 73 der Datenschutzrichtlinie für Polizei und Justiz.

III. Unterrichtung der zuständigen Stellen (Abs. 2)

9 In § 81 Abs. 2 setzt der deutsche Gesetzgeber Art. 39 Abs. 1 Buchst. d der Datenschutzrichtlinie für Polizei und Justiz in nationales Recht um. Hiernach müssen die für die Zwecke des § 45 zuständigen Stellen des Drittstaats unverzüglich darüber unterrichtet werden, dass personenbezogene Daten an andere Stellen übermittelt wurden, weil es für die Aufgabenerfüllung der deutschen Behörden unbedingt erforderlich war. Die Unterrichtungspflicht entfällt, wenn eine Unterrichtung wirkungslos oder ungeeignet wäre[6].

IV. Dokumentations- und Unterrichtungspflicht (Abs. 3)

10 Auch in § 81 Abs. 3 bedient sich der deutsche Gesetzgeber der Verweisungstechnik und formuliert auf diese Weise die Pflichten der § 79 Abs. 2 und 3, alle Übermittlungen nach § 81 Abs. 1 zu dokumentieren, die Dokumentation auf Anfrage dem Bundesbeauftragten zur Verfügung zu stellen sowie diesen mindestens jährlich über nach Abs. 1 erfolgte Übermittlungen zu unterrichten, wobei Empfänger und Zwecke kategorisiert werden dürfen.

V. Zweckbindung (Abs. 4)

11 § 81 Abs. 4 wiederholt die bereits in § 81 Abs. 1 Nr. 3 festgelegte Zweckbindung. Der deutsche Gesetzgeber spricht von einer „Verschärfung" der Zweckbindung[7], allerdings findet sich in Abs. 4 keine inhaltliche Modifikation mit Ausnahme der ergänzten Möglichkeit des Verantwortlichen, weiteren zweckfremden Verarbeitungen des Empfängers zuzustimmen.

VI. Abkommen justizieller und polizeilicher Zusammenarbeit (Abs. 5)

12 In § 81 Abs. 5 wird in Entsprechung des Art. 39 Abs. 1 i.V.m. Abs. 2 Datenschutzrichtlinie für Polizei und Justiz klargestellt, dass Abkommen im Bereich der polizeilichen oder justiziellen Zusammenarbeit in Strafsachen unberührt bleiben, mithin vorgehen.

---

6 Paal/Pauly/*Frenzel*, § 81 BDSG Rz. 8, sieht hier ein korrumpiertes Staatswesen als einzige Rechtfertigung, eine Unterrichtung zu unterlassen.
7 BR-Drucks. 110/17, S. 125; BT-Drucks. 18/11325, S. 120.

Kapitel 6
Zusammenarbeit der Aufsichtsbehörden

§ 82 Gegenseitige Amtshilfe

(1) Die oder der Bundesbeauftragte hat den Datenschutzaufsichtsbehörden in anderen Mitgliedstaaten der Europäischen Union Informationen zu übermitteln und Amtshilfe zu leisten, soweit dies für eine einheitliche Umsetzung und Anwendung der Richtlinie (EU) 2016/680 erforderlich ist.

Die Amtshilfe betrifft insbesondere Auskunftsersuchen und aufsichtsbezogene Maßnahmen, beispielsweise Ersuchen um Konsultation oder um Vornahme von Nachprüfungen und Untersuchungen.

(2) Die oder der Bundesbeauftragte hat alle geeigneten Maßnahmen zu ergreifen, um Amtshilfeersuchen unverzüglich und spätestens innerhalb eines Monats nach deren Eingang nachzukommen.

(3) Die oder der Bundesbeauftragte darf Amtshilfeersuchen nur ablehnen, wenn

1. sie oder er für den Gegenstand des Ersuchens oder für die Maßnahmen, die sie oder er durchführen soll, nicht zuständig ist oder
2. ein Eingehen auf das Ersuchen gegen Rechtsvorschriften verstoßen würde.

(4) Die oder der Bundesbeauftragte hat die ersuchende Aufsichtsbehörde des anderen Staates über die Ergebnisse oder gegebenenfalls über den Fortgang der Maßnahmen zu informieren, die getroffen wurden, um dem Amtshilfeersuchen nachzukommen.

Sie oder er hat im Fall des Abs. 3 die Gründe für die Ablehnung des Ersuchens zu erläutern.

(5) Die oder der Bundesbeauftragte hat die Informationen, um die sie oder er von der Aufsichtsbehörde des anderen Staates ersucht wurde, in der Regel elektronisch und in einem standardisierten Format zu übermitteln.

(6) Die oder der Bundesbeauftragte hat Amtshilfeersuchen kostenfrei zu erledigen, soweit sie oder er nicht im Einzelfall mit der Aufsichtsbehörde des anderen Staates die Erstattung entstandener Ausgaben vereinbart hat.

(7) Ein Amtshilfeersuchen der oder des Bundesbeauftragten hat alle erforderlichen Informationen zu enthalten; hierzu gehören insbesondere der Zweck und die Begründung des Ersuchens. Die auf das Ersuchen übermittelten Informationen dürfen ausschließlich zu dem Zweck verwendet werden, zu dem sie angefordert wurden.

§ 82 stellt eine Umsetzung des Art. 50 der Datenschutzrichtlinie für Polizei und Justiz (Richtlinie (EU) 2016/680) dar. Durch die Regelung wird dem bzw. der Bundesbeauftragten für den Datenschutz und die Informationssicherheit (BfDI) die Zuständigkeit für die Informationsübermittlung im Falle von Amtshilfeersuchen anderer europäischer Datenschutzbehörden auferlegt.

2 Unter **Amtshilfeersuchen** werden sowohl im BDSG als auch in Art. 50 der Richtlinie (EU) 2016/680 „insbesondere Auskunftsersuchen und aufsichtsbezogene Maßnahmen, beispielsweise Ersuchen um Konsultation oder um Vornahme von Nachprüfungen und Untersuchungen" verstanden. Diese Aufzählung ist nicht abschließend.

3 Sofern der bzw. die BfDI zuständig und das Eingehen auf das Ersuchen nicht rechtswidrig ist, muss diesem grundsätzlich unverzüglich nachgekommen werden. Eine Ablehnung ist zu erläutern. Spätestens einen Monat nach Eingang des Amtshilfeersuchens muss der bzw. die BfDI tätig werden. Regelungen für den Fall der Untätigkeit – insbesondere eine Berechtigung zur Durchführung einstweiliger Maßnahmen durch die ersuchende Behörde – finden sich im Gegensatz zu Art. 61 Abs. 8 DSGVO weder im BDSG noch in der Richtlinie (EU) 2016/680.

4 Der bzw. die BfDI ist verpflichtet, die ersuchende Aufsichtsbehörde über Fortgang und Ergebnisse der Amtshilfebemühungen zu unterrichten.

5 Die Übermittlung von Informationen erfolgt elektronisch und in einem standardisierten Format. Ein Abweichen von der „Regel" ist in sachlich begründbaren Fällen möglich.

6 Die Erledigung des Amtshilfeersuchens bzw. die Informationsübermittlung erfolgt, vorbehaltlich möglicher abweichender Vereinbarungen, kostenfrei (§ 82 Abs. 6).

7 Aus § 82 Abs. 7 folgt, dass ein Amtshilfeersuchen des bzw. der BfDI hinreichend substantiiert erfolgen muss. Eventuell übermittelte Informationen unterliegen einer strengen Zweckbindung. Sie dürfen ausschließlich zum der Anforderung zugrunde liegenden Zweck verwendet werden.

Kapitel 7
Haftung und Sanktionen

§ 83 Schadensersatz und Entschädigung

(1) Hat ein Verantwortlicher einer betroffenen Person durch eine Verarbeitung personenbezogener Daten, die nach diesem Gesetz oder nach anderen auf ihre Verarbeitung anwendbaren Vorschriften rechtswidrig war, einen Schaden zugefügt, ist er oder sein Rechtsträger der betroffenen Person zum Schadensersatz verpflichtet. Die Ersatzpflicht entfällt, soweit bei einer nichtautomatisierten Verarbeitung der Schaden nicht auf ein Verschulden des Verantwortlichen zurückzuführen ist.

(2) Wegen eines Schadens, der nicht Vermögensschaden ist, kann die betroffene Person eine angemessene Entschädigung in Geld verlangen.

(3) Lässt sich bei einer automatisierten Verarbeitung personenbezogener Daten nicht ermitteln, welcher von mehreren beteiligten Verantwortlichen den Schaden verursacht hat, so haftet jeder Verantwortliche beziehungsweise sein Rechtsträger.

(4) Hat bei der Entstehung des Schadens ein Verschulden der betroffenen Person mitgewirkt, ist § 254 des Bürgerlichen Gesetzbuchs entsprechend anzuwenden.

(5) Auf die Verjährung finden die für unerlaubte Handlungen geltenden Verjährungsvorschriften des Bürgerlichen Gesetzbuchs entsprechende Anwendung.

I. Einführung . . . . 1 | II. Haftungsumfang, Sonstiges 6

Schrifttum: S. Schrifttum zu Art. 82 DSGVO.

I. Einführung

Mit der Regelung des § 83 soll nach der Begründung des Referentenentwurfs[1] die bisher im BDSG-alt (§§ 7 und 8) enthaltene und auf die Verarbeitung bei öffentlichen Stellen anwendbare Systematik der Vorschriften zum Schadensersatz in das BDSG überführt werden. Gleichzeitig soll die Vorschrift der Umsetzung von Artikel 56 der Datenschutzrichtlinie für Polizei und Justiz (Richtlinie (EU) 2016/680) dienen. Nach Vorstellung des Gesetzgebers entfällt dabei lediglich die in § 8 Abs. 3 BDSG-alt enthaltene Deckelung des Schadensersatzes. Der Anwendungsbereich von § 83 ist jedoch enger als die Begründung des Referentenwurfs suggeriert. Denn die Regelung kann für Verstöße gegen die DSGVO keine Anwendung finden[2]. Der unbeschränkte Wortlaut des § 83 Abs. 1 Satz 1 und auch der Hinweis des Referentenentwurfs, es handele sich um eine Überführung der §§ 7, 8 BDSG-alt in das neue Gesetz, sind insoweit irreführend. Diese Begründung wurde deshalb offenbar auch im weiteren Gesetzgebungsverfahren fallen gelassen[3]. Die Vorschrift vermittelt vielmehr nur einen Schadensersatz im Anwendungsbereich des dritten Teils des BDSG (§ 45 ff.) für Schäden aufgrund der rechtswidrigen Verarbeitung von Daten bei der Verhütung, Ermittlung, Aufdeckung, Verfolgung oder Ahndung von Straftaten oder Ordnungswidrigkeiten. Bei Verstößen gegen die §§ 47 ff. BDSG richtet sich der Schadenersatz des Be- 1

---
[1] Referentenentwurf v. 23.11.2016 (BMI) zum DSAnpUG-EU, S. 117 f. (zu § 79 DSAnpUG-EU).
[2] Paal/Pauly/*Frenzel*, § 83 BDSG Rz. 2.
[3] Vgl. BT-Drucks. 18/11325, S. 121.

§ 83 BDSG | Schadensersatz und Entschädigung

troffenen mithin nach § 83. Mit der Regelung werden also die Regelungen des § 8 BDSG-alt allenfalls teilweise in das neue BDSG übernommen.

2 § 83 ist damit eine **Sonderregelung für öffentliche Stellen**. Anders als bei § 8 BDSG-alt handelt es sich nun nicht mehr um eine verschuldensunabhängige, deliktische Gefährdungshaftung für die automatisierte Datenverarbeitung, sondern um eine gesetzliche, verschuldensabhängige Haftung, bei der jedoch der **Entlastungsbeweis dem Verantwortliche obliegt** (§ 83 Abs. 1 Satz 2). Darin liegt sicherlich eine wesentliche Änderung zur bisherigen Rechtslage. Die zweite wesentliche Änderung zur bisherigen Rechtslage ergibt sich aus dem Wegfall des § 8 Abs. 3 BDSG-alt, der gleichsam im Gegenzug für die Gefährdungshaftung eine Haftungsbegrenzung auf einen Betrag von EUR 130.000 vorsah. Diese Beschränkung entfällt nun. Das Haftungsregime entspricht damit im Grunde der Regelung des Art. 82 DSGVO[4]. Der Gesetzgeber hätte zur Vermeidung von Auslegungsfragen daher auch den Wortlaut des Art. 82 DSGVO für diesen Bereich übernehmen oder einfach die entsprechende Anwendung von Art. 82 DSGVO anordnen können.

3 Es ist davon auszugehen, dass ähnlich wie im bisherigen deutschen Recht und auch unter Art. 82 DSGVO der Ersatz materieller Schäden gemäß § 83 weniger bedeutsam sein wird als der Ersatz immaterieller Schäden. Im Rahmen der staatlichen Tätigkeitsbereiche, für die die §§ 45 ff. gelten, ist die Datenverarbeitung letztlich nur Mittel zum Zweck und eine unrichtige Datenverarbeitung ist in allererster Linie in der Rechtswirklichkeit zu korrigieren: Der Schaden des betroffenen Bürgers liegt im Zweifel nicht in einem falschen Datum, sondern manifestiert sich in fehlerhaftem Handeln der Polizei- und Strafverfolgungsbehörden ihm gegenüber. Wird das fehlerhafte staatliche Handeln seitens der Behörde autonom oder aufgrund von Rechtsmitteln des Betroffenen korrigiert, wird auch die Datenverarbeitung hieran angepasst und ein weitergehender materieller Schaden tritt nicht ein[5]. Denkbar sind allerdings immaterielle Schäden, insbesondere wenn rufschädigende Informationen über tatsächliche oder angebliche Straftaten oder Ordnungswidrigkeiten rechtswidrig öffentlich gemacht werden.

4 Der Haftung gemäß § 83 unterliegen ausschließlich **öffentliche Stellen** i.S.d. § 45 Abs. 1 Satz 1, die Verantwortliche der dort in Bezug genommenen Verarbeitungsvorgänge sind. **Anspruchsberechtigt sind Betroffene**, die durch Verstöße gegen die §§ 47 ff. einen Schaden erlitten haben. Wie auch bisher bleiben damit Unternehmen als Anspruchsberechtigte außen vor; dies war schon unter § 8 BDSG-alt der Fall und wurde seinerzeit vom Gesetzgeber bewusst in Kauf genommen[6]. Für Unternehmen, die ebenfalls von einer Datenverarbeitung bei

---

4 A.A. Paal/Pauly/*Frenzel*, § 83 BDSG Rz. 8f., der in Art. 82 DSGVO wegen des Wortlauts in Art. 82 Abs. 3 DSGVO „in keinerlei Hinsicht … verantwortlich ist" eine weitergehende Haftung sieht.
5 Vgl. den Fall bei *Taeger*, RDV 1996, 1 mit Hinweis auf ein unveröffentlichtes Urteil (LG Hannover, 15 O 181/90).
6 BR-Drucks. 618/88, S. 108.

Straf- und Ordnungswidrigkeitsverfahren im weiteren Sinne „betroffen" sein können, z.b. weil die Daten eines Organs oder Mitarbeiters rechtswidrig verarbeitet werden, bleibt es insoweit bei den allgemeinen Haftungsregeln des Staatshaftungsrechts, aus denen sie ggf. Ansprüche herleiten können.

Durch die Regelung in § 83 Abs. 1 Satz 2 handelt es sich in § 83 um eine Verschuldenshaftung. Der Verantwortliche kann sich nunmehr **im Fall der automatisierten Verarbeitung** auf mangelndes Verschulden berufen. Gerade im sensiblen Bereich der polizeilichen Gefahrenabwehr und Strafverfolgung hätte der Gesetzgeber sich durchaus auch dafür entscheiden können, die bisherige Gefährdungshaftung aufrechtzuerhalten. Den Grund, den der frühere Gesetzgeber für die Festlegung einer Gefährdungshaftung für die Datenverarbeitung im *gesamten* öffentlichen Bereich sah, hätte man sicherlich weiterhin für den Bereich der Datenverarbeitung im Zusammenhang mit der Gefahrenabwehr und Strafverfolgung aufrechterhalten können. Neben einer „Automatisierungsgefahr" sprach für eine Gefährdungshaftung auch der Umstand, dass der Betroffene im Allgemeinen keinerlei Einblick in die Tätigkeit der Verwaltung hat, ihr aber gerade im Bereich des hoheitlichen Handelns „ausgeliefert" ist[7]. Daran hat sich nichts Grundlegendes geändert.

II. Haftungsumfang, Sonstiges

§ 83 Abs. 1 umfasst zunächst den Ersatz des **materiellen Schadens** des Betroffenen aufgrund der unzulässigen oder fehlerhaften Datenverarbeitung der öffentlichen Stelle. Wie oben erwähnt, dürfte die praktische Bedeutung dieser Regelung begrenzt sein.

§ 83 Abs. 2 verpflichtet sodann aber auch **zum Ersatz des immateriellen Schadens**. Der Gesetzgeber ging schon bei § 8 BDSG-alt davon aus, dass der „Nichtvermögensschaden" der Hauptanwendungsfall der Regelung sein würde[8]. An dieser Stelle fragt sich nun jedoch, wie der „Nichtvermögensschaden" im Rahmen des § 83 Abs. 2 in Zukunft zu verstehen sein wird. Während Art. 82 DSGVO autonom auszulegen ist und der immaterielle Schaden damit nicht notwendigerweise dem engen deutschen Rechtsverständnis unterliegt (vgl. Kommentierung zu Art. 82 DSGVO Rz. 4b), handelt es sich bei § 83 um deutsches Gesetzesrecht, das „lediglich" europarechtskonform auszulegen ist. Es wird sich daher zeigen müssen, ob die deutschen Gerichte gewillt sind, im Rahmen des § 83 ebenfalls eine erweiterte Auslegung anzunehmen. Nach bisherigem Verständnis des § 8 BDSG-alt kam jedenfalls der Ersatz eines immateriellen Schadens erst in Betracht, wenn der haftungsbegründende Umstand als eine schwere Verletzung des Persönlichkeitsrecht des Betroffenen anzusehen war. Maßgeblich war dabei

---

7 Vgl. zur „Automatisierungsgefährdung" BR-Drucks. 618/88, S. 108; BT-Drucks. 11/4306, S. 42.
8 BR-Drucks. 618/88, S. 110; BT-Drucks. 11/4306, S. 42.

§ 83 BDSG | Schadensersatz und Entschädigung

eine objektive Betrachtung, ein unabweisbares Bedürfnis für eine Geldentschädigung war jedoch auch bisher nicht notwendig[9]. Die Notwendigkeit einer schweren Verletzung entspricht der bisherigen, gefestigten Rechtsprechung zum Schmerzensgeld bei Persönlichkeitsrechtsverletzungen. Für eine weiterhin restriktive Handhabung könnte sprechen, dass nunmehr ja die höhenmäßigen Haftungsbegrenzungen des alten Rechts weggefallen sind und deshalb im staatlichen Interesse eine einschränkende Interpretation auf Tatbestandsseite jedenfalls für die Zuerkennung immaterieller Schäden geboten erscheint. Allerdings unterscheiden sich Art. 56 Datenschutzrichtlinie für Polizei und Justiz und der Haftungstatbestand des § 82 Abs. 1 DSGVO nicht wesentlich; dies spricht dafür, den Begriff des immateriellen Schadens gleichartig zu verstehen und daher auch im Rahmen des § 83 die bisher restriktive Auslegung aufzugeben.

8 Sind **mehrere öffentliche Stellen** mit der Datenverarbeitung befasst und lässt sich nicht ermitteln, welcher Verantwortliche den Schaden verursacht hat, haften dem Betroffenen gegenüber alle Verantwortlichen (§ 83 Abs. 3). Die Regelung entspricht dem bisherigen § 8 Abs. 4 BDSG-alt. Im Ergebnis dürfte diese Regelung dazu führen, dass im Ernstfall die beteiligten öffentlichen Stellen die aus ihrer Sicht für den Verstoß „zuständige" Stelle gegenüber dem Betroffenen benennen, damit er diese in Anspruch nehmen kann und auszuschließen, dass er alle beteiligten Stellen in Anspruch nimmt. Werden mehrere Stellen erfolgreich als Gesamtschuldner in Anspruch genommen, richtet sich deren Ausgleich im Innenverhältnis nach § 426 Abs. 2 BGB oder ggf. abweichenden innerstaatlichen oder innerbehördlichen Verantwortungsabgrenzungen.

9 Für die Haftung des Verantwortlichen gilt nach § 83 Abs. 4 wie schon bisher der **Mitverschuldenseinwand** (§ 254 BGB). Die **Verjährung** richtet sich gemäß § 83 Abs. 5 nach den allgemeinen Bestimmungen des BGB, d.h. Ansprüche verjähren regelmäßig in drei Jahren ab Kenntnis von Schaden und Ersatzpflichtigem (Jahresendverjährung gemäß §§ 195, 199 Abs. 1 BGB), spätestens aber zehn Jahre nach Entstehung des Schadens bzw. 30 Jahre nach dem schadenstiftenden Ereignis (§ 199 Abs. 3 BGB). Dabei handelt es sich im Ergebnis lediglich um Klarstellungen. Es ist davon auszugehen, dass auch die sonstigen Bestimmungen des allgemeinen Deliktsrechts anwendbar bleiben. Insbesondere haften mehrere materiell Ersatzpflichtige gemäß § 840 BGB gesamtschuldnerisch. Sämtliche Ansprüche aus § 83 sind nach hier vertretener Auffassung übertragbar, abtretbar, pfändbar und verpfändbar[10]. Weitergehende Ansprüche aufgrund sonstiger An-

---

9 Vgl. LG Hanau v. 4.4.2003 – 2 S 395/02, NJW-RR 2003, 1410 (Kein Schmerzensgeld bei ungewollter Eintragung in öffentliches Verzeichnis durch öffentliche Stelle) mit teils überzogenen Anforderungen, aber im konkreten Fall zutreffend; s. auch zu Bagatellfällen LG Zweibrücken v. 25.11.1997 – 3 S 134/97, RDV 1998, 177; AG Speyer, RDV 2008, 161; *Oberwetter*, NZA 2009, 1120 (1122).
10 Vgl. dazu Plath/*Becker*, 2. Aufl. 2016, § 7 BDSG Rz. 22; Kommentierung zu Art. 82 DSGVO Rz. 10.

spruchsgrundlagen bleiben unberührt. Insoweit kommen vor allem Ansprüche aus Amtspflichtverletzung (Art. 34 GG, § 839 BGB) in Betracht[11]. Da § 83 jedoch nunmehr auch den immateriellen Schaden abdeckt, wird ein Rückgriff auf allgemeines Deliktsrecht kaum mehr notwendig sein.

§ 84 Strafvorschriften

Für Verarbeitungen personenbezogener Daten durch öffentliche Stellen im Rahmen von Tätigkeiten nach § 45 Satz 1, 3 oder 4 findet § 42 entsprechende Anwendung.

Schrifttum: S. Schrifttum zu § 41 BDSG.

Die Regelung erklärt die Strafvorschriften des § 42 für entsprechend anwendbar. Die Regelung dient der Umsetzung von Art. 57 der Datenschutzrichtlinie für Polizei und Justiz (Richtlinie (EU) 2016/680). Nicht bezweckt ist mit der Regelung, für die öffentliche Stelle selbst eine Strafbarkeit zu begründen – dies wäre dem deutschen Recht fremd[1]. Es geht vielmehr um die Anwendung der Strafvorschriften auf die Bediensteten und Beschäftigten von Stellen, die in den Anwendungsbereich des § 45 Abs. 1, 3 oder 4 fallen, also der Gefahrenabwehr oder Strafverfolgung dienen[2]. 1

Teil 4
Besondere Bestimmungen für Verarbeitungen im Rahmen von nicht in die Anwendungsbereiche der Verordnung (EU) 2016/679 und der Richtlinie (EU) 2016/680 fallenden Tätigkeiten

§ 85 Verarbeitung personenbezogener Daten im Rahmen von nicht in die Anwendungsbereiche der Verordnung (EU) 2016/679 und der Richtlinie (EU) 2016/680 fallenden Tätigkeiten

(1) Die Übermittlung personenbezogener Daten an einen Drittstaat oder an über- oder zwischenstaatliche Stellen oder internationale Organisationen im Rahmen von nicht in die Anwendungsbereiche der Verordnung (EU) 2016/679 und der Richtlinie (EU) 2016/680 fallenden Tätigkeiten ist über die bereits ge-

---

11 OLG Zweibrücken v. 21.2.2013 – 6 U 21/12, VersR 2013, 915.
1 BT-Drucks. 18/11325, S. 121.
2 Vgl. BT-Drucks. 18/11325, S. 121.

mäß der Verordnung (EU) 2016/679 zulässigen Fälle hinaus auch dann zulässig, wenn sie zur Erfüllung eigener Aufgaben aus zwingenden Gründen der Verteidigung oder zur Erfüllung über- oder zwischenstaatlicher Verpflichtungen einer öffentlichen Stelle des Bundes auf dem Gebiet der Krisenbewältigung oder Konfliktverhinderung oder für humanitäre Maßnahmen erforderlich ist. Der Empfänger ist darauf hinzuweisen, dass die übermittelten Daten nur zu dem Zweck verwendet werden dürfen, zu dem sie übermittelt wurden.

(2) Für Verarbeitungen im Rahmen von nicht in die Anwendungsbereiche der Verordnung (EU) 2016/679 und der Richtlinie (EU) 2016/680 fallenden Tätigkeiten durch Dienststellen im Geschäftsbereich des Bundesministeriums der Verteidigung gilt § 16 Absatz 4 nicht, soweit das Bundesministerium der Verteidigung im Einzelfall feststellt, dass die Erfüllung der dort genannten Pflichten die Sicherheit des Bundes gefährden würde.

(3) Für Verarbeitungen im Rahmen von nicht in die Anwendungsbereiche der Verordnung (EU) 2016/679 und der Richtlinie (EU) 2016/680 fallenden Tätigkeiten durch öffentliche Stellen des Bundes besteht keine Informationspflicht gemäß Artikel 13 Absatz 1 und 2 der Verordnung (EU) 2016/679, wenn
1. es sich um Fälle des § 32 Absatz 1 Nummer 1 bis 3 handelt oder
2. durch ihre Erfüllung Informationen offenbart würden, die nach einer Rechtsvorschrift oder ihrem Wesen nach, insbesondere wegen der überwiegenden berechtigten Interessen eines Dritten, geheim gehalten werden müssen, und deswegen das Interesse der betroffenen Person an der Erteilung der Information zurücktreten muss.

Ist die betroffene Person in den Fällen des Satzes 1 nicht zu informieren, besteht auch kein Recht auf Auskunft. § 32 Absatz 2 und § 33 Absatz 2 finden keine Anwendung.

I. Einführung	1	III. Befugnisse des Bundesbeauftragten im Geschäftsbereich des Bundesverteidigungsministeriums (Abs. 2)	7
1. Normaufbau	2		
2. Verhältnis zur DSGVO	3		
3. Änderungen gegenüber dem BDSG-alt	4	IV. Eingeschränkte Informationspflichten (Abs. 3)	9
II. Datenübermittlungen an Stellen außerhalb der EU (Abs. 1) .	5		

I. Einführung

1 § 85 ist die einzige Vorschrift in Teil 4 des BDSG, welcher besondere Bestimmungen für datenverarbeitende Tätigkeiten außerhalb der Anwendungsbereiche von DSGVO und Datenschutzrichtlinie für Polizei und Justiz trifft. § 85 trägt fast dieselbe Überschrift, hebt nur hervor, dass es sich um personenbezogene Daten handelt.

Besondere Bestimmungen | § 85 BDSG

1. Normaufbau

§ 85 Abs. 1 betrifft Datenübermittlungen an Drittstaaten, über- und zwischenstaatliche Stellen sowie internationale Organisationen und legt fest, unter welchen Voraussetzungen diese zulässig sind.
§ 85 Abs. 2 begrenzt den Anwendungsbereich des gemäß § 1 Abs. 8 grundsätzlich hierauf anzuwendenden § 16 Abs. 4 für datenverarbeitende Tätigkeiten des Bundesverteidigungsministeriums.
§ 85 Abs. 3 begrenzt die in § 1 Abs. 8 grundsätzlich festgelegte entsprechende Anwendung der DSGVO auf öffentliche Stellen des Bundes in Bezug auf Informationspflichten gemäß Art. 13 Abs. 1 und 2 DSGVO.

2

2. Verhältnis zur DSGVO

Der soeben erwähnte § 1 Abs. 8 ist Grundlage für die Bestimmungen des § 85. Dort wird i.V.m. § 1 Abs. 2 festgelegt, dass die **DSGVO** für alle Verarbeitungen personenbezogener Daten durch öffentliche Stellen außerhalb ihres Anwendungsbereichs und auch außerhalb des Anwendungsbereichs der Datenschutzrichtlinie für Polizei und Justiz **entsprechend anzuwenden** ist, sofern nicht Spezialgesetze oder BDSG Abweichendes regeln. § 85 regelt diesbezüglich **gewisse Abweichungen** von den grundsätzlich anzuwendenden DSGVO-Regelungen.

3

3. Änderungen gegenüber dem BDSG-alt

Eine Änderung der Rechtslage findet praktisch nicht statt. Auch unter bisher geltendem Recht stellte § 4b Abs. 2 BDSG-alt Datenübermittlungen außerhalb des Anwendungsbereichs des EU-Rechts sowie an dort nicht berücksichtigte Stellen (wie hier die über- oder zwischenstaatlichen) den übrigen Regelungen gleich. § 24 Abs. 4 Satz 4 BDSG-alt traf die nun in Abs. 2 zu findende Regelung zugleich für die in Rz. 8 a.E. genannten Stellen. Die Regelungen des § 85 Abs. 3 sollen ausweislich der Gesetzgebungsmaterialien gerade den bisherigen Ausschluss der Informationspflichten im Bereich der nationalen Sicherheit und (nicht spezialgesetzlich geregelter) internationaler Krisenbewältigung/Konfliktverhinderung aus § 19a Abs. 3 i.V.m. § 19 Abs. 4 BDSG-alt aufrechterhalten[1].

4

II. Datenübermittlungen an Stellen außerhalb der EU (Abs. 1)

Gemäß § 85 Abs. 1 (i.V.m. § 1 Abs. 8) sind Übermittlungen personenbezogener Daten außerhalb der Anwendungsbereiche von DSGVO und Datenschutzricht-

5

---
1 BR-Drucks. 110/17, S. 123; BT-Drucks. 18/11325, S. 119.

linie für Polizei und Justiz an einen Drittstaat, über- oder zwischenstaatliche Stellen oder internationale Organisationen grundsätzlich unter den gleichen Voraussetzungen zulässig, wie es Art. 44 ff. DSGVO bestimmen. Abs. 1 formuliert aber weitere Tatbestände für die Zulässigkeit derartiger Übermittlungen. Die Übermittlung muss hiernach

- zur Erfüllung eigener Aufgaben der Behörde aus zwingenden Gründen der Verteidigung
- zur Erfüllung über- oder zwischenstaatlicher Verpflichtungen einer öffentlichen Stelle des Bundes auf dem Gebiet der Krisenbewältigung oder Konfliktverhinderung oder
- für humanitäre Maßnahmen

erforderlich sein.

6   Nach § 85 Abs. 1 Satz 2 muss im Falle von Übermittlungen aus den in Satz 1 genannten Gründen der Empfänger auf die Zweckbindung der Daten hingewiesen werden. Für Übermittlungen in entsprechender Anwendung der Art. 44 ff. DSGVO ist eine derartige Hinweispflicht trotz Zweckbindungsgrundsatz nicht geregelt, sodass fraglich ist, ob § 85 Abs. 1 Satz 2 sie auch für die Fälle der entsprechenden Anwendung der DSGVO statuiert.

III. Befugnisse des Bundesbeauftragten im Geschäftsbereich des Bundesverteidigungsministeriums (Abs. 2)

7   Gemäß § 1 Abs. 8 gelten die Teile 1 und 2 des BDSG auch für Verarbeitungen personenbezogener Daten durch öffentliche Stellen, welche nicht in den Anwendungsbereich von DSGVO und Datenschutzrichtlinie für Polizei und Justiz fallen. Dies ist Prämisse für die von § 85 Abs. 2 getroffene Regelung, welche die in § 16 Abs. 4 festgelegten Befugnisse des Bundesbeauftragten für den Datenschutz und die Informationsfreiheit in Bezug auf entsprechende Datenverarbeitungen im Geschäftsbereich des Bundesministeriums für Verteidigung modifiziert.

8   Grundsätzlich haben nach § 16 Abs. 4 alle öffentlichen Stellen des Bundes dem Bundesbeauftragten und seinen Beauftragten jederzeit Zugang zu allen Orten, Anlagen und personenbezogenen Daten zu gewähren sowie alle Informationen bereitzustellen, welche dieser zur Erfüllung seiner Aufgaben benötigt. In Bezug auf das Bundesverteidigungsministerium und alle zugehörigen Dienststellen soll dies nicht gelten, soweit dies nach Feststellung des Ministeriums die Sicherheit des Bundes gefährden würde. Ähnliche spezialgesetzliche Vorschriften existieren für den Bundesnachrichtendienst, den militärischen Abschirmdienst sowie das Bundesamt für Verfassungsschutz[2].

---

2 BR-Drucks. 110/17, S. 123; BT-Drucks. 18/11325, S. 119.

IV. Eingeschränkte Informationspflichten (Abs. 3)

Wie unter Rz. 2 f. ausgeführt, gelten die Abs. 1 und 2 des Art. 13 DSGVO gemäß 9
§ 1 Abs. 8 grundsätzlich auch für Verarbeitungen personenbezogener Daten außerhalb der Anwendungsbereiche der DSGVO und der Datenschutzrichtlinie für Polizei und Justiz. Die Vorschrift regelt, welche Informationen der Verantwortliche betroffenen Personen zum Zeitpunkt der Datenerhebung mitzuteilen hat. § 85 Abs. 3 befreit öffentliche Stellen des Bundes – vorbehaltlich spezialgesetzlicher Vorschriften, § 1 Abs. 2 – in zwei Fällen von dieser Pflicht, soweit sie personenbezogene Daten außerhalb der oben genannten Anwendungsbereiche verarbeiten:

- § 85 Abs. 3 Satz 1 Nr. 1: Es handelt sich um Fälle des § 32 Abs. 1 Nr. 1–3.

§ 32 würde ohnehin gemäß § 1 Abs. 8 für derartige Verarbeitungstätigkeiten gelten und in bestimmten Fällen die Informationspflicht entfallen lassen; durch die Regelung des § 85 Abs. 3 Satz 1 und Satz 3 wird die Geltung des § 32 auf Abs. 1 Nr. 1–3 und Abs. 3 beschränkt.

Die Nrn. 1–3 umfassen Fälle, in denen das Interesse des Betroffenen an der Informationserteilung gering anzusehen ist (Nr. 1: analog gespeicherte Daten) oder das Interesse der öffentlichen Stelle an der Nicht-erteilung das entgegenstehende des Betroffenen überwiegt (Gefährdung von Aufgabenerfüllung, Nr. 2, oder der öffentlichen Sicherheit und Ordnung, Bundes- oder Landeswohl, Nr. 3).

- § 85 Abs. 3 Satz 1 Nr. 2: Die Erfüllung der Informationspflichten würde Geheimhaltungspflichten verletzen, die aus einer Rechtsvorschrift herrühren oder ihrem Wesen nach bestehen – insbesondere wegen überwiegender berechtigter Interessen eines Dritten. In diesen Fällen müssen die Informationspflichten des Betroffenen zurücktreten.

Gemäß § 85 Abs. 3 Satz 2 entfällt mit der Informationspflicht auch das Auskunftsrecht des Betroffenen. Neben § 32 Abs. 2 erklärt Satz 3 auch § 33 Abs. 2 für nicht anwendbar. 10

Telemediengesetz (TMG)

vom 26. Februar 2007 (BGBl. I, S. 179), zuletzt geändert durch
Artikel 1 des Gesetzes vom 28. September 2017 (BGBl. I, S. 3530)
(Auszug)

Einleitung

I. Ausgangslage 1
II. Rückblick: das Telemediendatenschutzrecht als Teil des Telemediengesetzes 2
III. TMG und DSGVO 5

Schrifttum: *Hanloser*, Geräte-Identifier im Spannungsfeld von DS-GVO, TMG und ePrivacy-VO – Mögliche Schranken bei zielgruppenspezifischer Online-Werbung, ZD 2018, 213; *Keppeler*, Was bleibt vom TMG-Datenschutz nach der DS-GVO? – Lösung und Schaffung von Abgrenzungsproblemen im Multimedia-Datenschutz, MMR 2015, 779; *Schmitz*, E-Privacy-VO – unzureichende Regeln für klassische Dienste, ZRP 2017, 172.

I. Ausgangslage

Mit Geltung der DSGVO ist das Telemediengesetz (aus datenschutzrechtlicher Sicht) **obsolet** geworden (hierzu sogleich unter Rz. 5). Dennoch findet sich im Folgenden eine Kurzkommentierung des Telemediendatenschutzrechts. Dem liegen zwei Gedanken zu Grunde: Zunächst ist die Anwendbarkeit der datenschutzrechtlichen Regelungen des TMG noch **umstritten**. Darüber hinaus hat – mangels „Vorwirkung" der DSGVO-Regelungen[1] – das TMG-Datenschutzrecht für „**Altfälle**" Relevanz. Auf die entsprechenden Neuregelungen in der DSGVO wird – soweit vorhanden – verwiesen. 1

II. Rückblick: das Telemediendatenschutzrecht als Teil des Telemediengesetzes

Die Zulässigkeit und Grenzen der „internetbezogenen" Datenverarbeitung richteten sich vor Inkrafttreten der DSGVO nur teilweise nach dem BDSG-alt. Im vierten Abschnitt des Telemediengesetzes (TMG)[2] fanden sich bereichsspezifische Regelungen für die sog. Interaktionsebene zwischen den Anbietern von Telemedien und Nutzern (zum Anwendungsbereich näher Kommentierung zu 2

---

1 Vgl. VG Karlsruhe v. 6.7.2017 – 10 K 7698/16, ITRB 2017, 258.
2 Gesetz v. 26.2.2007, BGBl. I 2007, S. 179.

§ 11 TMG Rz. 2 ff.), die den allgemeinen Regeln des BDSG vorgingen: das **Telemediendatenschutzrecht**. Das Telemediengesetz selbst regelte neben dem telemedienspezifischen Datenschutz (§§ 11–15a) die Zulassungsfreiheit und Informationspflichten von Anbietern von Telemedien (§§ 4–6) und die „Verantwortlichkeit" der Diensteanbieter (§§ 7–10)[3]. Außerdem enthielt es Bestimmungen zum Anwendungsbereich, Begriffsbestimmungen und Bußgeldregelungen.

3 Das TMG war eine nur teilweise modernisierte Melange aus verschiedenen Gesetzen, insbesondere aus dem früheren Teledienstegesetz (TDG) und dem Teledienstedatenschutzgesetz (TDDSG). Letzteres galt lange Zeit als fortschrittliche Regelung, da es einen schlanken, knappen Rechtsrahmen bot und durch wegweisende Regelungen zum Systemdatenschutz eine fruchtbare Grundlage für die Entwicklung des „kommerziellen Internets" darstellte[4]. Im Wesentlichen wurden die Regelungen des TDDSG aus dem Jahr 1997 in das TMG aus dem Jahr 2007 übernommen. Gleichzeitig wurde die Chance für eine bereits zu jenem Zeitpunkt fällige grundsätzliche Reform des Internet-Datenschutzes vertan[5].

4 Das Telemediendatenschutzrecht vermochte – wie auch das BDSG – nicht das notwendige Fundament der Rechtssicherheit für die neueren Entwicklungen der Praxis zu bilden. Insbesondere für die immer schneller fortschreitende Digitalisierung und Vernetzung des alltäglichen Lebens (bspw. in Hinblick auf Wearables, E-Health, Smart Home oder intelligente Mobilität) sowie des alltäglichen (internationalen) Datenaustauschs zwischen den Diensteanbietern hielt das deutsche und europäische Datenschutzrecht kaum passende Lösungsansätze bereit. Die Folge war eine hohe Rechtsunsicherheit sowohl auf Seiten des Bürgers, der nicht mehr weiß, was mit „seinen" Daten geschieht, als auch auf Seiten der Diensteanbieter, die den Datenschutz zunehmend als Hemmschuh bei der Entwicklung neuer Geschäftsmodelle begreifen, weil regelmäßig nicht eindeutig erkennbar ist, welcher Umgang mit personenbezogenen Daten (noch) zulässig ist. Die Datenschutzdebatte ließ zeitweise an Sachlichkeit vermissen. Befindlichkeiten der jeweiligen Beteiligten (Datenschutzbehörden, Wirtschaft, Gesetzgeber) schienen dabei z.T. einer interessengerechten Problemlösung übergeordnet zu werden. Vielversprechende Ansätze zur Regelung einzelner Problemfelder (z.B. durch „Privacy by default") sind auf nationaler Ebene zwischen den Fronten der verschiedenen Interessenvertreter zerrieben worden[6]. Die Diskussionen sind im Rahmen des Ringens um die DSGVO – die auch und gerade für „Dienste der Informationsgesellschaft" Geltung beansprucht – nicht geringer geworden. Ob diese nunmehr die so dringend erhofften Klarheiten im Bereich der „Telemedien" zu schaffen vermochte, kann durchaus bezweifelt werden (siehe auch sogleich).

---

3 Hierzu ausführlich Heckmann/*Roggenkamp*/*Stadler*, Kap. 10.
4 Vgl. *Roßnagel*, NVwZ 2007, 743 (743).
5 So z.B. *Hoeren*, NJW 2007, 801 (804); im Einzelnen zu den wenigen Neuerungen *Schöttler*, jurisPR-ITR 7/2007 Anm. 4.
6 Vgl. zur BR-Drucks. 156/11 z.B. *Roggenkamp*, jurisPR-ITR 13/2011 Anm. 2.

III. TMG und DSGVO

Da es sich bei der DSGVO um eine Verordnung i.S.d. Art. 288 Abs. 2 AEUV handelt, hat diese unmittelbare Geltung in allen Mitgliedstaaten. Die Datenschutzregelungen der §§ 11 ff. TMG werden, soweit sie in den Anwendungsbereich der DSGVO fallen, durch die Regelungen der Verordnung nach hier geteilter Auffassung **vollständig verdrängt**[7]. 5

Das hat zur Folge, dass für den Telemediendatenschutz unabhängig von der Zuordnung der Daten (zur bisherigen Differenzierung s. Kommentierung zu § 11 TMG Rz. 12) die technikneutralen[8] Regelungen (insb. Art. 6) der DSGVO gelten[9]. Da diese einer grundsätzlich geänderten Systematik folgen, können auch die hergebrachten Grundsätze und Rechtsprechung zum TMG nicht übertragen werden.[10] 6

Das wird – insb. mit Blick auf die bislang fehlende ePrivacy-Verordnung – als **Rückschritt** angesehen, denn in vielen Fällen wird die Rechtmäßigkeit eines Datenverarbeitungsvorgangs (z.B. zur Nutzerprofilbildung – hierzu näher Kommentierung zu § 15 Rz. 2) nunmehr vom Ergebnis einer Interessenabwägung abhängig sein.[11] 7

Die hieraus resultierende (vermeintlich) verminderte Praktikabilität der DSGVO und die (vermeintlich) verminderte Rechtssicherheit[12] vermögen die These der Fortgeltung der bereichsspezifischen Datenschutzregelungen im TMG nicht argumentativ zu stützen. Die Auffassung[13], dass die Möglichkeit der Anwendung der §§ 11 ff. TMG insgesamt über Art. 95 DSGVO eröffnet würde, da *„offenkundig"* sei, dass schon die ePrivacy-Richtlinie *„auch den Datenschutz im Internet regeln will, wie insbesondere die Regeln zu den Cookies zeigen"*, vermag nicht zu 8

---

7 Vgl. bereits die Vorauflage, Plath/*Hullen*/*Roggenkamp*, Einleitung TMG Rz. 12.
8 Vgl. Erwägungsgrund 15 Satz 1 der DSGVO.
9 H.M. vgl. z.B. *Buchner*, DuD 2016, 155 (161); *Schmitz*, ZRP 2017, 172 (173); Gola/*Schulz*, Art. 6 DSGVO Rz. 30; Sydow/*Sydow*, Einl. Rz. 43; so auch die Datenschutzkonferenz in einer „Positionsbestimmung" v. 26.4.2018 (dort Seite 2 Punkt 3), abrufbar unter https://www.ldi.nrw.de/mainmenu_Datenschutz/submenu_Technik/Inhalt/TechnikundOrganisation/Inhalt/Zur-Anwendbarkeit-des-TMG-fuer-nicht-oeffentliche-Stellen-ab-dem-25_-Mai-2018/Positionsbestimmung-TMG.pdf; BeckOK DatenschutzR/*Stemmer*, Art. 7 DSGVO Rz. 21; differenzierend Gola/*Piltz*, Art. 95 DSGVO Rz. 18 f.; a.A. *Bitkom*, Stellungnahme zur Positionsbestimmung der DSK zur Anwendbarkeit des TMG ab dem 25. Mai 2018; v. 9.5.2018, abrufbar unter https://www.bitkom.org/noindex/Publikationen/2018/Positionspapiere/180511-Positionsbestimmung-der-Datenschutzkonferenz-vom-26-April-2018/Bitkom-Stellungnahme-Position-DSK-DSGVO-TMG.pdf.
10 *Schmitz*, ZRP 2017, 172, 173.
11 Spindler/*Schmitz*, TMG, 2. Aufl. 2018, Vorbem vor §§ 11 TMG Rz. 17, 19.
12 A.A. *Keppeler*, MMR 2015, 779 (781) – Steigerung der Rechtssicherheit.
13 Spindler/*Schmitz*, TMG (2. Aufl. 2018), Vorbem vor §§ 11 TMG Rz. 19.

überzeugen. Sie überdehnt die Bedeutung und Reichweite des Art. 95 DSGVO für Telemediendienste.

9 Art. 95 DSGVO (i.V.m. EG 173) ist letztlich eine **Fortschreibung** des bisherigen Verhältnisses zwischen ePrivacy-Richtlinie und der RL 95/46/EG (vgl. Art. 1 Abs. 2 ePrivacy-Richtlinie), bei welchem die erste gegenüber der letzteren als lex specialis Vorrang hatte.[14] Die Nachfolgeregelung legt dieses Verhältnis auch gegenüber der DSGVO fest, allerdings mit einer wichtigen Einschränkung: Der Vorrang der ePrivacy-Richtlinie gilt nur *„in Bezug auf die Verarbeitung in Verbindung mit der Bereitstellung öffentlich zugänglicher elektronischer Kommunikationsdienste in öffentlichen Kommunikationsnetzen"* und soweit die überschneidenden Regelungen *„dasselbe Ziel verfolgen"*.[15]

10 Mit *„öffentlich zugänglichen elektronischen Kommunikationsdiensten in öffentlichen Kommunikationsnetzen"* sind **gerade nicht die Telemediendienste** i.S.d. TMG erfasst, was sich aus der in Art. 2 lit. c ePrivacy-Richtlinie enthaltenen Definition der „elektronischen Kommunikationsdienste" ergibt[16]. Danach sind hierunter *„gewöhnlich gegen Entgelt erbrachte Dienste"* zu verstehen, *„die ganz oder überwiegend in der Übertragung von Signalen über elektronische Kommunikationsnetze bestehen, einschließlich Telekommunikations- und Übertragungsdienste in Rundfunknetzen, jedoch ausgenommen Dienste, die Inhalte über elektronische Kommunikationsnetze und -dienste anbieten oder eine redaktionelle Kontrolle über sie ausüben"*. Ausdrücklich nicht dazu *„gehören die Dienste der Informationsgesellschaft im Sinne von Artikel 1 der Richtlinie 98/34/EG, die nicht ganz oder überwiegend in der Übertragung von Signalen über elektronische Kommunikationsnetze bestehen"*, also die durch das TMG geregelten Telemediendienste.[17]

Abschnitt 4
Datenschutz

§ 11 Anbieter-Nutzer-Verhältnis

(1) Die Vorschriften dieses Abschnitts gelten nicht für die Erhebung und Verwendung personenbezogener Daten der Nutzer von Telemedien, soweit die Bereitstellung solcher Dienste

1. im Dienst- und Arbeitsverhältnis zu ausschließlich beruflichen oder dienstlichen Zwecken oder

---

14 *Kiparski/Sassenberg*, CR 2018, 324 (324).
15 *Kiparski/Sassenberg*, CR 2018, 324 (324).
16 Auernhammer/*Schreibauer*, Vorbem. TMG Rz. 35.
17 Vgl. auch *Keppeler*, MMR 2015, 779 (781).

2. innerhalb von oder zwischen nicht öffentlichen Stellen oder öffentlichen Stellen ausschließlich zur Steuerung von Arbeits- oder Geschäftsprozessen erfolgt.

(2) Nutzer im Sinne dieses Abschnitts ist jede natürliche Person, die Telemedien nutzt, insbesondere um Informationen zu erlangen oder zugänglich zu machen.

(3) Bei Telemedien, die überwiegend in der Übertragung von Signalen über Telekommunikationsnetze bestehen, gelten für die Erhebung und Verwendung personenbezogener Daten der Nutzer nur § 15 Absatz 8 und § 16 Absatz 2 Nummer 4.

I. Allgemeines	1
II. Verhältnis zur DSGVO	2
III. Anwendungsbereich	3
1. Telemedien	3
2. Anbieter-Nutzer-Verhältnis	10
3. Personenbezogene Daten (Abs. 1)	13
4. Nutzer (Abs. 1 i.V.m. Abs. 2)	14
5. Ausgenommene Dienste (Abs. 1)	16
a) Zur Tätigkeitsausübung notwendige Dienste (Abs. 1 Nr. 1)	17
b) Steuerung von Arbeits- oder Geschäftsprozessen (Abs. 1 Nr. 2)	18
6. TK-Dienste (Abs. 3)	19
IV. Grenzüberschreitende Sachverhalte	20

Schrifttum: *Bender/Kahlen*, Neues Telemediengesetz verbessert den Rechtsrahmen für Neue Dienste und Schutz vor Spam-Mails, MMR 2006, 590; *Brosch/Hennrich*, Der Personenbezug von IP-Adressen bei IPv6, AnwZert ITR 21/2011, Anm. 2; *Ernst*, Social Plugins: Der „Like-Button" als datenschutzrechtliches Problem, NJOZ 2010, 1917; *Freialdenhoven/Heinzke*, Vergiss mich: Das Recht auf Löschung von Suchergebnissen, GRUR-Prax 2015, 119; *Heidrich/Wegener*, Sichere Datenwolken – Cloud Computing und Datenschutz, MMR 2010, 803; *Hoeren*, Anonymität im Web – Grundfragen und aktuelle Entwicklungen, ZRP 2010, 251; *Jotzo*, Gilt deutsches Datenschutzrecht auch für Google, Facebook & Co. Bei grenzüberschreitendem Datenverkehr?, MMR 2009, 232; *Keppeler*, Was bleibt vom TMG-Datenschutz nach der DSGVO? – Lösung und Schaffung von Abgrenzungsproblemen im Multimedia-Datenschutz, MMR 2015, 779; *Krieg*, Twitter und Recht, K&R 2010, 73; *Krüger/Maucher*, Ist die IP-Adresse wirklich ein personenbezogenes Datum? Ein falscher Trend mit großen Auswirkungen auf die Praxis, MMR 2011, 433; *Kühling*, Rückkehr des Rechts: Verpflichtung von „Google & Co." zu Datenschutz, EuZW 2014, 527; *Kühling/Schall*, WhatsApp, Skype & Co. – OTT-Kommunikationsdienste im Spiegel des geltenden Telekommunikationsrechts, CR 2015, 641; *von Lewinski*, Staat als Zensurhelfer – Staatliche Flanierung der Löschpflichten Privater nach dem Google-Urteil des EuGH, AfP 2015, 1; *Maier/Ossoinig*, Rechtsfragen und praktische Tipps bei der Ortung durch Smartphone-Apps, VuR 2015, 330; *Martini/Fritzsche*, Mitverantwortung in sozialen Netzwerken, NVwZ 2015, 1497; *Petri*, Datenschutzrechtliche Verantwortlichkeit im Internet, ZD 2015, 103; *Roßnagel/Jandt*, Rechtskonformes Direktmarketing – Gestaltungsanforderungen und neue Strategien für Unternehmen, MMR 2011, 86; *Sachs*, Datenschutzrechtliche Bestimmbarkeit von IP-Adressen, CR 2010, 547; *Schleipfer*, Das 3-Schichten-Modell des Multimediadatenschutzrechts, DuD 2004, 727; *Schmidtmann/Schwiering*, Datenschutzrechtliche Rahmenbedingungen bei Smart-TV, ZD 2014, 448; *Schmitz*, Übersicht über die Neuregelung des TMG und des RStV, K&R 2007, 135; *Schneider*, WhatsApp & Co. – Dilemma um anwendbare Datenschutzregeln, ZD 2014, 231; *Schöttler*, Das neue Telemediengesetz (Teil 4) – Datenschutz, jurisPR-ITR 7/2007 Anm. 4; *Schüßler*, Facebook und der Wilde Westen – soziale Netzwerke und Datenschutz, in: Taeger (Hrsg.), Digitale Evolution, 2010, S. 233; *Stadler*, Verstoßen Facebook und Google Plus gegen deutsches Recht?, ZD 2011, 57; *Steinrötter*, Kollisionsrechtliche Bewertung der Datenschutzrichtlinie von IT-Dienstleistern – Uneinheitliche Spruchpraxis oder bloßes Scheingefecht?, MMR 2013, 691; *Wendler/Günther*, Europäischer Gerichtshof: Anwendungsbereich des nationalen Datenschutzrechts in Europa, PinG 2016, 115.

I. Allgemeines

1 Im vierten Abschnitt des Telemediengesetzes (TMG) finden sich spezifische Regelungen zum Datenschutzrecht für den Bereich der sog. **Telemedien**. § 11 legt den Anwendungsbereich dieses Telemediendatenschutzrechts fest.

II. Verhältnis zur DSGVO

2 Die in § 11 getroffenen Regelungen zum Anwendungsbereich haben seit Geltung der DSGVO **nur noch Bedeutung für Altfälle** (vgl. die Einführung Rz. 5 ff.). Der Anwendungsbereich der DSGVO, die sich als technologieneutrale Regelung des Datenschutzrechts versteht (vgl. Erwägungsgrund 15 Satz 1 DSGVO), ist in Art. 2 und Art. 3 niedergelegt.

III. Anwendungsbereich

1. Telemedien

3 Das TMG, und somit auch der Abschnitt zum Datenschutz, adressiert grundsätzlich (zu Einschränkungen s. sogleich) alle Anbieter von Telemedien (zu grenzüberschreitenden Sachverhalten s. Rz. 20).

3a Ausweislich § 1 Abs. 1 Satz 2 ist das TMG nicht auf private Stellen beschränkt, sondern gilt für **alle Anbieter einschließlich der öffentlichen Stellen**. Ein spezifischer, auf öffentliche Stellen zugeschnittener Datenschutzteil wie im BDSG existiert nicht.

4 **Telemedien** sind in § 1 Abs. 1 Satz 1 legaldefiniert als „alle elektronischen Informations- und Kommunikationsdienste, soweit sie nicht Telekommunikationsdienste nach § 3 Nr. 24 des Telekommunikationsgesetzes, die ganz in der Übertragung von Signalen über Telekommunikationsnetze bestehen, telekommunikationsgestützte Dienste nach § 3 Nr. 25 des Telekommunikationsgesetzes oder Rundfunk nach § 2 des Rundfunkstaatsvertrages sind".

Der Begriff der elektronischen Informations- und Kommunikations-Dienste (IuK-Dienste) steht als Oberbegriff über den Telekommunikationsdiensten (TK-Dienste), dem Rundfunk und den Telemediendiensten[1].

IuK-Dienste, die nicht ausschließlich TK-Dienste oder Rundfunk (vgl. § 2 RStV) umfassen, sind als Telemedien einzustufen. Das sind in der Praxis alle Dienste, die die elektronische Bereitstellung von Inhalten zum Gegenstand haben, also vor allem **Webseiten** und andere im **Internet erhältliche Inhaltsangebote**[2]. Die Gesetzesbegründung nennt beispielhaft E-Commerce-Angebote wie Online-Shops, Video on Demand (soweit nicht als Fernsehdienst einzustufen), „Instrumente zur Datensuche, zum Zugang zu Daten oder zur Datenabfrage" und Werbe-E-Mails[3]. Daneben sind Angebote wie Meinungsforen, Bewertungsplattformen, elektronische Anzeigenmärkte, Soziale Netzwerke, Internetbanking-Portale, Auktionsplattformen, Weblogs, Chatrooms, Online-Gewinnspiele, Online-Glücksspiel, Online-Meinungsumfragen, Sharehoster, Newsgroups oder E-Government-Plattformen unproblematisch als Telemediendienste zu klassifizieren. Eine Interaktionsmöglichkeit des Nutzers ist nicht notwendig. Auch Dienste, die nur einseitig Informationen verbreiten (z.B. Werbeseiten) sind Telemediendienste[4].

Wie der Diensteanbieter sein Angebot technisch umsetzt, ist unerheblich. Insbesondere müssen keine eigenen Server betrieben werden. Ausreichend ist es, wenn der Diensteanbieter über den Inhalt und das Bereithalten des Angebots bestimmen kann[5]. Daher sind Angebote, die auf bereits bestehenden Plattformen errichtet werden, ebenfalls als eigenständige Telemedien einzustufen. So ist z.B. ein **Auktionsangebot** auf einer Auktionsplattform[6], der Betrieb eines Unterangebots auf einer Verkaufsplattform (z.B. Amazon Marketplace, eBay Shops), eine Unternehmensseite in einem sozialen Netzwerk (z.B. eine sog. **Fanpage**[7] bei Facebook[8], ein Twitteraccount[9] oder ein eigener YouTube-Kanal) als eigenständiger Telemediendienst einzustufen. Welches **Endgerät** zum Abruf der oben genannten Dienste genutzt wird, ist für die Beurteilung der Frage, ob ein Telemediendienst vorliegt, unerheblich. So sind neben auf dem Desktop- oder Lap-

---

1 BT-Drucks. 16/3078, S. 13.
2 Spindler/Schuster/*Ricke*, § 1 TMG Rz. 5.
3 BT-Drucks. 16/3078, S. 13f.
4 OLG Düsseldorf v. 18.12.2007 – I-20 U 17/07, MMR 2008, 682 (683).
5 OLG Düsseldorf v. 18.12.2007 – I-20 U 17/07, MMR 2008, 682 (683); *Heidrich/Wegener*, MMR 2010, 803 (805).
6 Z.B. OLG Frankfurt a.M. v. 6.3.2007 – 6 U 115/06, CR 2007, 454 = MMR 2007, 379.
7 Vgl. LG Aschaffenburg v. 19.8.2011 – 2 HK O 54/11, CR 2012, 57 = *Schüßler*, jurisPR-ITR 23/2011, Anm. 4.
8 Zur Frage, ob und bezüglich welcher Daten der Betreiber der sog. Fanpage verantwortlich ist, nunmehr EuGH v. 5.6.2018 – C-210/16.
9 *Krieg*, K&R 2010, 73 (74f.); *Krieg*, AnwZert ITR 10/2009, Anm. 3.

top-PC auch auf Smartphones, Smart-TV[10] und ähnlichen internetfähigen Geräten abrufbare Dienste als Telemediendienste einzustufen. Ob der Abruf über einen Browser oder eine spezielle „App" erfolgt, ist ebenfalls nicht entscheidend.

8 Reine **Individualkommunikationsdienste** (§ 3 Nr. 25 TKG – z.B. Sprachmehrwertdienste) sind hingegen mit dem TMG ausdrücklich aus dem Bereich der Telemedien herausgenommen worden. Die bis dahin bestehende Unklarheit, ob diese den TK-Diensten und zugleich den Tele- bzw. Mediendiensten zuzurechnen sind, sollte hierdurch beseitigt werden[11]. Gleiches gilt für TK-Dienste, die sich in der **Übertragung von Signalen über Telekommunikationsnetze** erschöpfen. Diese beurteilen sich ausschließlich nach dem TKG. TK-Dienste, die lediglich *überwiegend* in der Übertragung von Signalen über Telekommunikationsnetze bestehen, also neben der Übertragungsdienstleistung noch eine inhaltliche Dienstleistung anbieten, wie der Internet-Zugang und die E-Mail-Übertragung, sollen zugleich als Telemediendienste i.S.d. TMG eingeordnet werden. Die Datenschutzregelungen des TMG gelten für sie jedoch nicht (vgl. unten zu § 11 Abs. 3). Reine **Internet-Telefonie** (Voice over Internet Protocol – VoIP) ist nicht als Telemediendienst einzuordnen, solange kein äußerlich erkennbarer Unterschied zur herkömmlichen leitungsgebundenen Telefonie besteht[12]. Gleiches gilt nach hier vertretener Auffassung für sog. Messenger-Dienste (z.B. WhatsApp, Threema, SIMSme, etc.), die, ähnlich der SMS-Kommunikation, dem Austausch von Nachrichten zwischen Nutzern dienen[13].

9 **Cloud Computing Dienste** können grundsätzlich den Regelungen des TMG unterfallen[14], da die Übertragung von Signalen, so sie überhaupt durch den Diensteanbieter selbst vorgenommen wird, regelmäßig nur eine Nebenleistung zu den bereitgestellten Inhalten oder Speicherkapazitäten ist[15]. Erst wenn die überwiegende Dienstleistung in der Übertragung von Signalen über TK-Netze besteht, was z.B. im Falle von Infrastructure-as-a-Service (IaaS) denkbar ist, findet das TMG bzw. die TMG-Datenschutzregelungen keine bzw. nur eingeschränkte Anwendung.

---

10 Gemeinsame Position des Düsseldorfer Kreises und der Datenschutzbeauftragten der öffentlich-rechtlichen Rundfunkanstalten „Smartes Fernsehen nur mit smarten Datenschutz" v. Mai 2014, Ziffer 2.
11 BT-Drucks. 16/3078, S. 13.
12 BT-Drucks. 16/3078, S. 13.
13 Für die Einordnung als TK-Dienst de lege lata *Kühling/Schall*, CR 2015, 641 (654); zurückhaltender *Schneider*, ZD 2014, 231.
14 So der Anwendungsbereich des TMG eröffnet ist, hat zur datenschutzrechtlichen Einordnung die Abgrenzung nach dem sog. Schichtenmodell zu erfolgen. Hierzu näher Rz. 12.
15 *Heidrich/Wegener*, MMR 2010, 803 (805); a.A. Spindler/Schuster/*Spindler/Nink*, § 14 TMG Rz. 4.

2. Anbieter-Nutzer-Verhältnis

Der Anwendungsbereich des Telemediendatenschutzes ist **auf das Verhältnis zwischen Telemediendiensteanbieter und Nutzer beschränkt**. Ist der Betroffene nicht Nutzer (zum Begriff s. Rz. 14) des jeweiligen Telemediendienstes, greift das subsidiäre BDSG (vgl. § 1 Abs. 3 BDSG-alt)[16]. 10

Für die Frage, ob die §§ 11 ff. Anwendung finden, ist es irrelevant, von wem bzw. aus welcher Quelle der Diensteanbieter die Daten des Betroffenen erhalten hat. Ebenso wenig ist ausschlaggebend, ob der Diensteanbieter bereits über den Betroffenen vorliegende Daten (z.B. aus einem anderen Nutzungsverhältnis) verwendet. Ob der konkrete Umgang mit diesen Daten zulässig ist, bestimmt sich nach den Regelungen des TMG (vgl. z.B. zur Zusammenführung von Nutzungsdaten über die Inanspruchnahme verschiedener Telemedien § 15 Abs. 2). 11

Im Übrigen erfolgt die **Abgrenzung der Anwendungsbereiche der unterschiedlichen datenschutzrechtlichen Regelungen**, in Betracht kommen BDSG, TMG und TKG, am sinnvollsten nach dem sog. **Schichtenmodell**[17]. Bei diesem wird der Umgang mit Daten im Internet auf drei Ebenen unterschieden: der Telekommunikationsebene bzw. Transportebene, der Interaktionsebene und der Inhaltsebene. Die **Telekommunikationsebene** umfasst den gesamten technischen „Unterbau" der Kommunikation im Internet, d.h. z.B. die Leitungen, Netzknoten, aber auch E-Mail-Dienste[18]. Die einschlägigen datenschutzrechtlichen Regelungen für diese technische Ebene finden sich in den §§ 91 ff. TKG. Die dem vierten Abschnitt des TMG zuzuordnende **Interaktionsebene** bezeichnet die Ebene, auf der Nutzer und Diensteanbieter interagieren, z.B. im Rahmen des Webauftritts eines Diensteanbieters. Sie umfasst alle mit der Nutzung des Dienstes unmittelbar in Zusammenhang stehenden personenbezogenen Daten. Die **Inhaltsebene** schließlich umfasst alle Daten, die im Rahmen des Dienstes anfallen bzw. letztlich nur mittels des Dienstes ausgetauscht werden. Dabei handelt es sich bspw. um die Bestellung bestimmter Waren, die Lieferadresse oder die Kreditkartendaten des Kunden, die im Kontext des Einkaufs bei einem Online-Shop erhoben werden. Der Umgang mit diesen Daten unterliegt dem Regime des BDSG[19]. Können personenbezogene Daten sowohl der Interaktions- als auch der Inhaltsebene zugerechnet werden, ist auch die datenschutzrechtliche Behandlung geteilt. Das vorherrschende Rechtsregime zur Beurteilung der Zulässigkeit des Umgangs mit den Daten folgt aus dessen Zweckrichtung. Wird also bspw. der Name des Nutzers für Zwecke der Interaktion erhoben (z.B. als 12

---

16 *Jandt*, MMR 2006, 652 (656).
17 *Ernst*, NJOZ 2010, 1917 (1918); *Schaar*, Datenschutz im Internet, 2002, Rz. 247 ff.; *Ballhausen/Roggenkamp*, K&R 2008, 403 (407); *Heckmann/Heckmann*, Kap. 9 Rz. 44 f. (Stand: 30.6.2015); ausführlich *Schleipfer*, DuD 2004, 727 ff.
18 *Schaar*, Datenschutz im Internet, 2002, Rz. 249.
19 *Ballhausen/Roggenkamp*, K&R 2008, 403 (407).

Benutzername) und genutzt, findet das TMG Anwendung. Wird der Name (auch) für den Zweck der Lieferung von Waren benötigt, bestimmt sich die datenschutzrechtliche Zulässigkeit der Erhebung und Verwendung nach dem BDSG, da der Zweck der Inhaltsebene zuzurechnen ist.

3. Personenbezogene Daten (Abs. 1)

13 Auch das Telemediendatenschutzrecht regelt – wie das BDSG – nur den Umgang mit personenbezogenen Daten. Es findet keine Anwendung auf sonstige, z.B. anonymisierte Daten. Im Bereich des TMG kommen die gleichen datenschutzrechtlichen Grundsätze wie im BDSG zur Anwendung. Daher meint der **Begriff personenbezogene Daten** entsprechend § 3 Abs. 1 BDSG-alt auch im TMG „Einzelangaben über persönliche oder sachliche Verhältnisse einer bestimmten oder bestimmbaren natürlichen Person". Einzelangaben sind Informationen, die sich auf eine bestimmte natürliche Person beziehen, oder geeignet sind, einen Bezug zu ihr herzustellen[20]. Es muss sich bei der Information um eine Information über den Betroffenen selbst oder über einen auf ihn beziehbaren Sachverhalt handeln, wobei „Mischinformationen" möglich sind[21]. Wesentliches Element ist die Personenbeziehbarkeit des jeweiligen Datums. Diese ist nur dann gegeben, wenn sich das Datum auf eine bestimmte oder zumindest bestimmbare Person beziehen lässt. Wann dies der Fall ist, ist umstritten (vgl. zum Streitstand ausführlich die Kommentierung zu § 12 TMG Rz. 5 ff.).

4. Nutzer (Abs. 1 i.V.m. Abs. 2)

14 Das Telemediendatenschutzrecht soll den einzelnen Nutzer eines Telemediendienstes vor den Gefahren schützen, die eine Verarbeitung seiner personenbezogenen Daten im Internet mit sich bringen kann. Im Rahmen der Gesetzgebung wurde es für erforderlich gehalten, in § 11 Abs. 2 eine „für den Bereich des Datenschutzes notwendige Klarstellung" zum Nutzerbegriff vorzunehmen, indem er festlegt, dass Nutzer i.S.d. Telemediendatenschutzrechts **nur natürliche Personen** sein können[22]. Damit wird gleichzeitig der Nutzerkreis enger gezogen als durch § 2 Nr. 3, der auch juristische Personen umfasst, sofern sie Telemedien nutzen um insbesondere Informationen zu erlangen oder zugänglich zu machen.

15 Für die Einstufung als Nutzer ist es unerheblich, ob ein Vertragsverhältnis zwischen Nutzendem und Diensteanbieter vorliegt oder ob die Inanspruchnahme

---

20 *Gola/Schomerus*, § 3 BDSG Rz. 3.
21 *Gola/Schomerus*, § 3 BDSG Rz. 5.
22 BT-Drucks. 16/3078, S. 15.

bewusst oder gewissermaßen „im Verborgenem" erfolgt[23]. Maßgeblich ist, ob eine natürliche Person ein Telemedium tatsächlich in Anspruch nimmt[24].

5. Ausgenommene Dienste (Abs. 1)

Nach § 11 Abs. 1 gelten die telemedienrechtlichen Datenschutzbestimmungen nicht für die Erhebung und Verwendung personenbezogener Daten der Nutzer von Telemedien, soweit die Bereitstellung solcher Dienste im **Dienst- und Arbeitsverhältnis** zu ausschließlich beruflichen oder dienstlichen Zwecken erfolgt. Gleiches gilt, wenn die Bereitstellung der Telemediendienste innerhalb von oder zwischen nicht öffentlichen Stellen oder öffentlichen Stellen ausschließlich zur Steuerung von Arbeits- oder Geschäftsprozessen erfolgt.

a) Zur Tätigkeitsausübung notwendige Dienste (Abs. 1 Nr. 1)

Im Dienst- und Arbeitsverhältnis zu beruflichen Zwecken bereitgestellte Telemediendienste sind alle vom abhängig Beschäftigten genutzten Dienste, die für die Ausübung seiner Tätigkeit notwendig sind[25]. Hierunter fallen z.B. Produkt- und Kundendatenbanken, Kalender, elektronische Akten und E-Learning-Plattformen. Die Bereitstellung muss **ausschließlich** für berufliche oder dienstliche Zwecke erfolgen und zulässig sein. Wird bspw. ein Mitarbeiterforum angeboten, welches auch privat genutzt werden darf, findet Telemediendatenschutzrecht Anwendung[26]. Ausschlaggebend ist die Festlegung des Arbeitgebers bzw. Dienstherren. Wenn die Nutzung der bereitgehaltenen Dienste für private Zwecke verboten wurde[27], kommt das TMG auch dann nicht zur Anwendung, wenn Beschäftigte diese zu privaten Zwecken nutzen[28].

b) Steuerung von Arbeits- oder Geschäftsprozessen (Abs. 1 Nr. 2)

Zur Steuerung von Arbeits- und Geschäftsprozessen verwendete Telemedien unterliegen mit Blick auf die Erhebung und Verwendung personenbezogener Nutzerdaten ebenfalls nicht dem Telemediendatenschutz. Als Arbeits- und Geschäftsprozesse werden alle Abläufe innerhalb einer Organisation oder zwischen Organisationen verstanden, die mit Hilfe einer Informationsinfrastruktur kon-

---

23 Heckmann/*Heckmann*, Kap. 9 Rz. 113 (Stand: 30.6.2015).
24 Spindler/Schuster/*Spindler/Nink*, § 11 TMG Rz. 27.
25 Aufgrund der vergleichbaren Interessenlage sollen auch freie Mitarbeiter und Leiharbeiter unter diese Regelung fallen, s. Auernhammer/*Schreibauer*, § 11 TMG Rz. 17; Taeger/Gabel/*Moos*, § 11 TMG Rz. 11.
26 Heckmann/*Heckmann*, Kap. 9 Rz. 103 (Stand: 30.6.2015).
27 Zu Regelungsmöglichkeiten der privaten Nutzung von E-Mail, Internet und TK und ihrer Durchsetzung instruktiv *Braun/Spiegl*, AiB 2008, 393.
28 Hoeren/Sieber/Holznagel/*Schmitz*, Teil 16.2 Rz. 120.

trolliert werden und dazu beitragen sollen, ein Arbeits- oder Geschäftsziel zu erreichen[29]. § 11 Abs. 1 Nr. 2 umfasst somit unterschiedlichste Abrechnungs- und Planungssysteme, die in Unternehmen zum Einsatz kommen[30]. Auch Telemediendienste, die im Umfeld von **Industrie 4.0** angeboten werden, dienen in der Regel der Steuerung von Arbeits- oder Geschäftsprozessen. Die Nutzung derartiger Dienste, z.b. durch Mitarbeiter eines fremden Unternehmens, richtet sich nach dem BDSG[31].

6. TK-Dienste (Abs. 3)

19 In § 11 Abs. 3 hat der Gesetzgeber mit dem TMG eine Ergänzung zum Geltungsbereich der Datenschutzbestimmungen bei Telemediendiensten, die zugleich dem TK-Datenschutz unterliegen, geschaffen[32]. Um Rechtsklarheit und eine bessere Handhabung der Datenschutzvorschriften für diese Anbieter zu ermöglichen[33], sind bis auf die Möglichkeit der Datenverarbeitung zur Bekämpfung von missbräuchlichen Nutzungen (§ 15 Abs. 8) und die dazugehörigen Sanktionen (§ 16 Abs. 2 Nr. 4) datenschutzrechtliche Regelungen des TMG nicht anwendbar. Für diese Mischangebote, exemplarisch genannt werden Internet-Access-Provider[34] sowie Anbieter von E-Mail-Diensten[35], gelten im Übrigen die Datenschutzvorschriften des TKG.

IV. Grenzüberschreitende Sachverhalte

20 In § 3 Abs. 1 und 2 ist das sog. **Herkunftslandprinzip** festgeschrieben. Hiernach müssen niedergelassene Diensteanbieter (§ 2a) nur die rechtlichen Anforderungen des Niederlassungsstaates erfüllen, auch wenn sie ihre Dienste in anderen Staaten innerhalb des Geltungsbereichs der ECRL (also die EU-Mitgliedstaaten und die EWR-Staaten[36]) anbieten[37]. Ausdrücklich vom Herkunftslandprinzip **nicht erfasst** ist aber nach § 3 Abs. 3 Nr. 4 das „für den Schutz personenbezoge-

---

29 Heckmann/*Heckmann*, Kap. 9 Rz. 107.
30 Ausführlich Taeger/Gabel/*Moos*, § 11 TMG Rz. 21.
31 Spindler/Schuster/*Spindler/Nink*, § 11 TMG Rz. 26.
32 BT-Drucks. 16/3078, S. 15.
33 BT-Drucks. 16/3078, S. 15f.
34 Die reine Zugangsermöglichung fällt zutreffend jedoch nicht unter Abs. 3, da es hier nur um die technische Signalübermittlung geht, s. Taeger/Gabel/*Moos*, § 11 TMG Rz. 34.
35 BT-Drucks. 16/3078, S. 15.
36 Vgl. Beschl. des Gemeinsamen EWR-Ausschusses Nr. 91/2000 v. 27.10.2000 zur Änderung des Anhangs XI (Telekommunikationsdienste) des EWR-Abkommens, ABl. Nr. L 007 v. 11.1.2001, S. 13–14.
37 Heckmann/*Heckmann*, Kap. 1 Rz. 144ff. (Stand 30.5.2015); MüKo-BGB/*Martiny*, § 3 TMG Rz. 7.

ner Daten geltende Recht". Daraus folgt, dass sich die Anwendung der Datenschutzvorschriften des vierten Abschnitts des TMG im internationalen Kontext nach den Regelungen der EG-Datenschutzrichtlinie und den allgemeinen Kollisionsvorschriften des BDSG richtet[38]. Art. 4 EG-Datenschutzrichtlinie und § 1 Abs. 5 BDSG-alt regeln somit die internationale Anwendbarkeit der §§ 11 ff. TMG[39].

Daher ist auch im Bereich des Telemediendatenschutzrechts zunächst zu differenzieren, ob die verantwortliche Stelle ihren Sitz in einem EU/EWR-Mitgliedstaat hat oder in einem sog. Drittstaat. 21

Hat der Diensteanbieter seinen **Sitz in einem EU/EWR-Staat**, gilt das Datenschutzrecht des Sitzstaates (Sitzprinzip). Hat die verantwortliche Stelle ihren Sitz in einem anderen Mitgliedstaat, existiert jedoch eine **Niederlassung** in der Bundesrepublik Deutschland, ist auch in diesem Fall das deutsche Datenschutzrecht anwendbar, § 1 Abs. 5 Satz 1 BDSG-alt[40]. 22

Eine Niederlassung setzt nach Erwägungsgrund 19 der EG-Datenschutzrichtlinie die effektive und tatsächliche Ausübung einer Tätigkeit mittels einer festen Einrichtung voraus, wobei es auf die Rechtsform der Niederlassung nicht ankommt. Der EuGH legt den Begriff der Niederlassung (Art. 4 Abs. 1 Buchst. a EG-Datenschutzrichtlinie und Erwägungsgrund 19 hierzu) weit aus[41]. Er folgt einer **flexiblen Konzeption** des Begriffs der Niederlassung und lehnt eine formalistische Betrachtungsweise (die z.B. auf eine Eintragung in ein Unternehmensregister abstellt) ab[42]. 22a

Bei der Beurteilung, ob von einer Niederlassung (und damit von der Anwendbarkeit des Datenschutzrechts eines anderen Mitgliedstaates) auszugehen ist, ist der Grad der Beständigkeit der Einrichtung und die effektive Ausübung einer wirtschaftlichen Tätigkeit in einem anderen Mitgliedstaat zu betrachten. Dies gilt insbesondere für Unternehmen, die **Leistungen ausschließlich über das Internet** anbieten[43]. Das Vorhandensein eines einzigen Vertreters kann dabei u.U. schon ausreichend sein, um eine feste Einrichtung anzunehmen[44]. Jede tatsächliche und effektive Tätigkeit, auch wenn diese nur geringfügig ist, reicht aus, um die Annahme einer Niederlassung zu begründen. Bei der Beurteilung können auch Umstände wie die Sprache einer Webseite und die (ausschließliche) Aus- 22b

---

38 Taeger/Gabel/*Moos*, TMG Einführung Rz. 11.
39 *Jotzo*, MMR 2009, 232 (234).
40 S.a. OLG Schleswig v. 22.4.2014 – 4 MB 11/13, NJW 2013, 1977 (1977), Rz. 14.
41 S. EuGH v. 13.5.2014 – C-131/12 – *Google Spain und Google*, Rz. 53 f.; *Wendler/Günther*, PinG 2016, 115 (115).
42 EuGH v. 1.10.2015 – C-230/14 – *Weltimmo*, Rz. 29; s. hierzu auch *Wendler/Günther*, PinG 2016, 115 f.
43 EuGH v. 1.10.2015 – C-230/14 – *Weltimmo*, Rz. 29.
44 EuGH v. 1.10.2015 – C-230/14 – *Weltimmo*, Rz. 30.

richtung des Online-Angebots auf das Hoheitsgebiet eines Mitgliedstaates eine Rolle spielen[45].

Allein das Vorhalten technischer Einrichtungen (z.b. die Anmietung von Servern) reicht für die Annahme einer Niederlassung jedoch nicht aus, ebenso wenig die bloße Möglichkeit, eine **Webseite** abzurufen[46]. Auch die Nutzung dieser Einrichtungen zum Umgang mit personenbezogenen Daten (z.b. Zwischenspeicherung von Nutzungsdaten) ist für die Annahme einer tatsächlichen Ausübung einer wirtschaftlichen Tätigkeit noch nicht ausreichend[47]. Das Unternehmen gilt in diesem Fällen als an dem Ort niedergelassen, an dem es seine Wirtschaftstätigkeit tatsächlich ausübt[48].

22c Zudem müssen personenbezogene Daten **im Rahmen der Tätigkeit** der Niederlassung in dem Mitgliedstaat verarbeitet werden, damit dessen Datenschutzvorschriften zur Anwendung kommen, Art. 4 Abs. 1 Buchst. a EG-Datenschutzrichtlinie. Die Daten müssen also nicht von der Niederlassung selbst verarbeitet werden. Ausreichend ist in diesem Zusammenhang bspw., dass sich die Niederlassung um die Vermarktung und den Verkauf von Online-Anzeigen für ein Online-Angebot kümmert, während die zugrundeliegende Datenverarbeitung von einem Mutterunternehmen betrieben wird, welches ihren Sitz in einem Drittland außerhalb der EU hat[49].

23 Befindet sich der Sitz des Diensteanbieters in einem **Drittstaat** außerhalb der EU bzw. des EWR, kommt es für die Anwendbarkeit des TMG-Datenschutzrechts auf den **Ort der Datenverarbeitung** an (sog. Territorialitätsprinzip)[50]. In diesem Fall kann es ausreichen, wenn auf einem in der Bundesrepublik Deutschland bereitgehaltenen Server Daten erhoben, verarbeitet oder genutzt werden[51]. Die reine Durchleitung von Daten genügt hingegen nicht, vgl. § 1 Abs. 5 Satz 4 BDSG-alt.

24 Auch der Einsatz von Cookies und Java-Skripten, die jeweils auf dem Rechner des Nutzers gespeichert bzw. ausgeführt werden, soll nach einer Ansicht eine

---

45 EuGH v. 1.10.2015 – C-230/14 – *Weltimmo*, Rz. 41; s. auch LG Berlin v. 30.4.2013 – 15 O 92/12, CR 2013, 402 = ITRB 2013, 130 und LG Berlin v. 19.11.2013 – 15 O 402/12.
46 S. Erwägungsgrund 19 Richtlinie 2000/31/EG; s. auch Taeger/Gabel/*Moos*, TMG Einführung Rz. 14; Artikel-29-Datenschutzgruppe, Arbeitspapier 56 v. 30.5.2002, S. 9.
47 Vgl. Beispiel der Artikel-29-Datenschutzgruppe, Arbeitspapier 56 v. 30.5.2002, S. 9; a.A. *Jotzo*, MMR 2009, 232 (234).
48 Erwägungsgrund 19 Richtlinie 2000/31/EG.
49 EuGH v. 13.5.2014 – C-131/12 – *Google Spain und Google*, Rz. 55 f. In diesem Sinne auch OLG Schleswig v. 22.4.2014 – 4 MB 11/13, NJW 2013, 1977 (1977), Rz. 14. Ausführlich hierzu Auernhammer/*von Lewinski*, Vorb. zu § 11 TMG, Rz. 27.
50 Taeger/Gabel/*Moos*, TMG Einführung Rz. 15; Gola/Schomerus, § 1 BDSG Rz. 29.
51 Däubler/Klebe/Wedde/Weichert/*Weichert*, § 1 BDSG Rz. 17a. Dies kann u.U. anders zu beurteilen sein, wenn die Kontrolle über die Datenverarbeitung beim Nutzer liegt, s. Taeger/Gabel/*Moos*, TMG Einführung Rz. 15.

Datenverarbeitung im Inland darstellen[52]. Dies würde jedoch dazu führen, dass auch Diensteanbieter deutsches Datenschutzrecht beachten müssten, die gar nicht die Intention haben, den deutschen Markt zu bedienen, weil es nur darauf ankäme, dass ein deutscher Nutzer auf ihr Angebot zugreift. Dafür gibt es keinen sachlichen Grund. Nur wenn sich das Telemedienangebot aus objektiver Sicht auch an Nutzer in Deutschland richtet, ist eine Unterwerfung unter das TMG-Datenschutzrecht gerechtfertigt. Als Indizien hierfür können z.b. ein deutschsprachiges Angebot oder eine deutsche Top-Level-Domain (.de) dienen[53]. Die bestimmungsgemäße Abrufbarkeit von personenbezogenen Daten eines Betroffenen in Deutschland reicht jedoch allein nicht aus, um die Anwendbarkeit deutschen Datenschutzrechts zu begründen[54].

§ 12 Grundsätze

(1) Der Diensteanbieter darf personenbezogene Daten zur Bereitstellung von Telemedien nur erheben und verwenden, soweit dieses Gesetz oder eine andere Rechtsvorschrift, die sich ausdrücklich auf Telemedien bezieht, es erlaubt oder der Nutzer eingewilligt hat.

(2) Der Diensteanbieter darf für die Bereitstellung von Telemedien erhobene personenbezogene Daten für andere Zwecke nur verwenden, soweit dieses Gesetz oder eine andere Rechtsvorschrift, die sich ausdrücklich auf Telemedien bezieht, es erlaubt oder der Nutzer eingewilligt hat.

(3) Soweit nichts anderes bestimmt ist, sind die jeweils geltenden Vorschriften für den Schutz personenbezogener Daten anzuwenden, auch wenn die Daten nicht automatisiert verarbeitet werden.

I. Einführung 1	3. Bereitstellung von Telemedien .. 18
II. Verhältnis zur DSGVO 2	4. Erlaubnistatbestände 19
III. Rechtmäßigkeit der Datenerhebung und -verwendung (Abs. 1) 3	5. Einwilligung 21
1. Verbotsprinzip 4	IV. Zweckbindungsgrundsatz (Abs. 2) 24
2. Personenbezogene Daten 5	V. Nicht-automatisierte Datenverarbeitung (Abs. 3) 32
a) Allgemeines 5	
b) Personenbezug von IP-Adressen 10	

---

52 Taeger/Gabel/*Moos*, TMG Einführung Rz. 15.
53 Vgl. Däubler/Klebe/Wedde/Weichert/*Weichert*, § 1 BDSG Rz. 19.
54 So jedoch OLG Hamburg v. 2.8.2011 – 7 U 134/10, CR 2012, 188 = ITRB 2011, 276 = NJW-RR 2011, 1611 f.; zu Recht ablehnend Taeger/Gabel/*Moos*, TMG Einführung Rz. 15.

§ 12 TMG | Grundsätze

Schrifttum: *Bull*, Persönlichkeitsschutz im Internet: Reformeifer mit neuen Ansätzen, NVwZ 2011, 257; *Eckhardt*, IP-Adressen als personenbezogenes Datum – neues Öl ins Feuer, CR 2011, 339; *Härting*, Datenschutz zwischen Transparenz und Einwilligung, CR 2011, 169; *Hellmich/Hufen*, Datenschutz bei mobilen Bezahlsystemen, K&R 2015, 688; *Hinzpeter*, Datenschutzrechtliche Anforderungen im Zusammenhang mit Apps, PinG 2015, 76; *Hoeren*, Google Analytics – datenschutzrechtlich unbedenklich?, ZD 2011, 3; *Karg*, Die Rechtsfigur des personenbezogenen Datums – Ein Anachronismus des Datenschutzes?, ZD 2012, 255; *Keppeler*, Was bleibt vom TMG-Datenschutz nach der DS-GVO? – Lösung und Schaffung von Abgrenzungsproblemen im Multimedia-Datenschutz, MMR 2015, 779; *Krüger/Maucher*, Ist die IP-Adresse wirklich ein personenbezogenes Datum? Ein falscher Trend mit großen Auswirkungen auf die Praxis, MMR 2011, 433; *Lober/Falker*, Datenschutz bei mobilen Endgeräten – Roadmap für App-Anbieter, K&R 2013, 357; *Lorenz*, Datenschutzrechtliche Einordnung der IP-Adresse, jurisPR-ITR 15/2011 Anm. 2; *Meyerdierks*, Sind IP-Adressen personenbezogene Daten?, MMR 2009, 8; *Nink/Pohle*, Die Bestimmbarkeit des Personenbezugs – Von der IP-Adresse zum Anwendungsbereich der Datenschutzgesetze, MMR 2015, 563; *Piltz*, Der Like-Button von Facebook, CR 2011, 657; *Piltz*, Personenbeziehbarkeit statischer IP-Adressen – Datenschutzrechtliche Einordnung der Verarbeitung durch Betreiber von Webseiten, MMR 2013, 705; *Plath/Frey*, Online-Marketing nach der BDSG-Novelle, CR 2009, 613; *Schneider*, WhatsApp & Co – Dilemma um anwendbare Datenschutzvorschriften, ZD 2014, 231; *Schneider/Härting*, Warum wir ein neues BDSG brauchen, ZD 2011, 63; *Stiemerling/Lachenmann*, Erhebung personenbezogener Daten beim Aufruf von Webseiten – Notwendige Informationen in Datenschutzerklärungen, ZD 2014, 133; *Voigt*, Datenschutz bei Google, MMR 2009, 377; *Voigt/Alich*, Facebook-Like-Button und Co. – Datenschutzrechtliche Verantwortlichkeit der Webseitenbetreiber, NJW 2011, 3541; *Wegener/Heidrich*, Neuer Standard – Neue Herausforderungen: IPv6 und Datenschutz, CR 2011, 479; *Wieczorek*, Informationsbasiertes Persönlichkeitsrecht, DuD 2011, 476; *Wieczorek*, Wirksame Anonymisierung im Kontext von Big Data, PinG 2013, 65.

I. Einführung

1   Die Norm legt die Voraussetzungen für die rechtmäßige Erhebung und Verwendung von personenbezogenen Daten zur Bereitstellung von Telemedien fest. § 12 Abs. 1 statuiert dabei ein **Verbot mit Erlaubnisvorbehalt**. Die Erhebung und Verwendung der Daten bedarf zu ihrer Zulässigkeit entweder der Legitimation durch einen gesetzlichen Erlaubnistatbestand oder der Einwilligung des Nutzers. Darüber hinaus bestimmt § 12, dass Daten, die für die Bereitstellung von Telemedien erhoben wurden, nur für diese Zwecke verwendet werden dürfen, soweit keine gesetzliche Ausnahme von diesem **Zweckbindungsgrundsatz** eingreift oder der Nutzer in die Zweckänderung eingewilligt hat (§ 12 Abs. 2). § 12 Abs. 3 stellt klar, dass allgemeine Datenschutzvorschriften, insbesondere die des BDSG, gelten, soweit das TMG keine spezielleren Regelungen enthält[1]. Die Norm setzt Art. 7 (Zulässigkeit der Datenverarbeitung) und 6 Abs. 1 (Zweckbindung) der EG-Datenschutzrichtlinie in nationales Recht um.

---

1 Spindler/Schuster/*Nink*/*Spindler*, § 12 TMG Rz. 1.

II. Verhältnis zur DSGVO

Die Regelungsinhalte des § 12 sind ab Geltung der DSGVO nicht mehr anwendbar. Die in § 12 enthaltenen Grundsätze finden sich sämtlichst in der DSGVO selbst. Die Voraussetzungen für die Verarbeitung personenbezogener Daten finden sich in Art. 6 Abs. 1 DSGVO (hierzu Kommentierung zu Art. 6 DSGVO Rz. 4 ff.). Regelungen zur Zweckbindung enthält die DSGVO in Art. 5 Abs. 1 Buchst. b (vgl. Kommentierung zu Art. 5 DSGVO Rz. 6 ff.).

III. Rechtmäßigkeit der Datenerhebung und -verwendung (Abs. 1)

§ 12 Abs. 1 enthält die wesentlichen Grundregeln des telemedienbezogenen Datenschutzes, insbesondere das Verbot, Daten ohne Einwilligung des Nutzers oder einschlägigen Erlaubnistatbestand zu erheben und zu verwenden sowie die Begrenzung des Anwendungsbereichs auf Daten, die einen Personenbezug aufweisen.

„**Erheben**" meint gemäß § 3 Abs. 3 BDSG-alt „das Beschaffen von Daten über den Betroffenen", d.h. im Bereich des Telemediendatenschutzes über den Nutzer. Während im TDDSG noch von einer Verarbeitung (§ 3 Abs. 4 BDSG-alt) und Nutzung (§ 3 Abs. 5 BDSG-alt,) der Daten gesprochen wurde, wurden im TMG aus Gründen der Vereinfachung beide Handlungen unter dem Begriff der **Verwendung** zusammengefasst. Eine inhaltliche Änderung ergab sich hierdurch jedoch nicht[2].

1. Verbotsprinzip

§ 12 Abs. 1 enthält den datenschutzrechtlichen **Grundsatz**, dass die Erhebung bzw. Verwendung von Daten mit Personenbezug verboten ist, soweit keine gesetzliche Legitimation in Form eines Erlaubnistatbestands greift oder eine Einwilligung des Nutzers vorliegt. Die Regelung entspricht somit den allgemein-rechtlichen Vorgaben des § 4 Abs. 1 BDSG-alt.

2. Personenbezogene Daten

a) Allgemeines

Das Datenverarbeitungsverbot mit Erlaubnisvorbehalt erstreckt sich nur auf personenbezogene Daten i.S.v. § 3 Abs. 1 BDSG-alt. Hiernach fallen Einzelangaben über persönliche oder sachliche Verhältnisse einer bestimmten oder bestimmbaren natürlichen Person in den Anwendungsbereich des § 12 Abs. 1. Ein

---

2 BT-Drucks. 16/3078, S. 16.

§ 12 TMG | Grundsätze

Personenbezug liegt vor, wenn die jeweiligen Daten, gleich welcher Art oder Qualität, einem Individuum zugeordnet werden können. Umstritten ist dabei, unter welchen Voraussetzungen von einer Bestimmbarkeit der Person, auf die sich die jeweiligen Daten beziehen, auszugehen ist.

6   Legt man **einen** subjektiven oder **relativen Maßstab** an, ist eine Bestimmbarkeit nur dann gegeben, wenn der Diensteanbieter in der Lage ist, mit den ihm normalerweise zur Verfügung stehenden Hilfsmitteln unter vernünftigem Aufwand die Daten einem bestimmten Individuum zuordnen zu können. Kann er diese Zuordnung unter den genannten Bedingungen nicht selbst vornehmen, ist ein Personenbezug mangels **Bestimmbarkeit durch den Diensteanbieter** zu verneinen. Irrelevant ist es nach dieser Auffassung, dass ein Dritter die Person bestimmen könnte, weil er über zusätzliches Wissen verfügt, die ihm diese Zuordnung ermöglicht. Das führt dazu, dass dasselbe Datum (z.B. eine IP-Adresse) für einen Diensteanbieter (z.B. einen Webseitenbetreiber) mangels Möglichkeit, den Individualbezug selbst herzustellen keinen, für einen anderen Diensteanbieter (z.B. den die IP-Adresse vergebenden Access-Provider) aber sehr wohl einen Personenbezug aufweisen kann (s. auch Rz. 10ff.)[3].

7   Einem objektiven oder **absoluten Verständnis der Bestimmbarkeit** nach ist für die Beurteilung, ob ein Datum personenbezogen ist oder nicht, entscheidend, ob dieses durch einen beliebigen Dritten einem Individuum zugeordnet werden könnte[4]. Personenbezogen ist ein Datum nach dieser Auffassung immer dann, wenn es durch irgendjemanden einer bestimmten Person zugeordnet werden kann. Ob auch derjenige, der die Daten verarbeitet, die Möglichkeit hat, die Zuordnung zum jeweiligen Individuum nachvollziehen zu können, ist irrelevant.

8   Die **absolute Auffassung** kann mit Blick auf den **Zweck des Datenschutzes** nicht überzeugen. Nur wenn derjenige, der die Daten erhebt und verwendet, einen Personenbezug herstellen kann, ist das allgemeine Persönlichkeitsrecht des Nutzers gefährdet. Die absolute Auffassung führt zu einer Erstreckung des Datenschutzrechts auf Lebenssachverhalte, die mangels realer Möglichkeit der Zuordnung von Daten zu Individuen keine Gefährdung des allgemeinen Persönlichkeitsrechts darstellen. Ein pauschales Verbot der Datenverarbeitung ist in diesen Fällen nicht zu rechtfertigen. Die Anhänger der absoluten Auffassung folgen selbiger häufig aus Gründen eines wohlwollend weit verstandenen Datenschutzes[5]. Die Erstreckung des Schutzbereichs der Datenschutzregelungen auf jegliche Daten, die in irgendeiner Weise einer natürlichen Person zugeordnet werden könnten, ist jedoch kein haltbarer Ansatz, da ein generelles Verbot die

---

3   Z.B. Auernhammer/*Eßer*, § 3 BDSG Rz. 29; *Gola/Schomerus*, § 3 BDSG Rz. 10; *Roßnagel/ Scholz*, MMR 2000, 721 (722); *Meyerdierks*, MMR 2009, 8 (12); *Nink/Pohle*, MMR 2015, 563 (564f.); *Voigt/Alich*, NJW 2011, 3541 (3542 m.w.N.).
4   Däubler/Klebe/Wedde/Weichert/*Weichert*, § 3 BDSG Rz. 13.
5   Vgl. auch *Voigt*, MMR 2009, 377 (379).

Möglichkeit eines gerechten Interessenausgleichs erheblich erschwert. Vielmehr obliegt es dem Gesetzgeber, zu definieren, welche Bereiche aus Gründen des Persönlichkeitsschutzes zu reglementieren sind, wobei in Einzelfällen auch der Schutz nicht-personenbezogener Daten angezeigt sein kann[6].

Häufig wird Erwägungsgrund 26 der EG-Datenschutzrichtlinie als Argumentationsgrundlage für die absolute Auffassung herangezogen. Danach sind bei der Entscheidung, ob eine Person bestimmbar ist, auch Mittel eines Dritten, die vernünftigerweise zur Individualisierung der Person verwendet werden könnten, zu berücksichtigen. Hieraus lässt sich jedoch nicht zwangsläufig folgern, dass das bloße Vorhandensein solcher Mittel eines Dritten zur Bejahung eines Personenbezugs ausreichen, wenn derjenige, der die Daten verarbeitet, nicht tatsächlich in der Lage ist, das Individuum, auf das sich die zu verarbeitenden Daten beziehen, mit Hilfe des Dritten zu identifizieren[7]. 9

b) Personenbezug von IP-Adressen

Im Bereich des Telemediendatenschutzes ist die Klärung der Frage nach dem Personenbezug insbesondere bei **IP-Adressen** praktisch relevant, da vor allem Betreiber von Webseiten diese aus unterschiedlichsten Gründen (z.B. zu Zwecken des Webtrackings[8] bzw. zur Nutzungsanalyse) über den Nutzungsvorgang hinaus samt Zugriffszeit in sog. Logfiles speichern bzw. „loggen". Eine IP-Adresse wird dem Anschluss eines Internetnutzers in der Regel bei jedem Verbindungsaufbau durch den Access-Provider zugewiesen, weshalb auch von einer „dynamischen" IP-Adresse gesprochen wird[9]. Daneben existieren auch „statische" IP-Adressen, die dauerhaft einem bestimmten Anschluss (meist von juristischen Personen[10]) zugewiesen sind[11]. 10

Über die IP-Adresse ist der Anschluss bzw. der dahinterstehende Computer eindeutig durch Telemediendienste adressier- und erreichbar, da jede IP-Adresse zu jedem Zeitpunkt jeweils nur einem Computer zugeteilt wird[12]. Mit Hilfe der 11

---

6 So auch *Krüger/Maucher*, MMR 2011, 433 (437).
7 S. auch *Nink/Pohle*, MMR 2015, 563 (564); im Ergebnis auch Taeger/Gabel/*Buchner*, § 3 BDSG Rz. 12; *Meyerdierks*, MMR 2009, 8 (12); *Krüger/Maucher*, MMR 2011, 433 (437).
8 Zu Google Analytics vgl. die Kommentierung zu § 15 TMG Rz. 10.
9 Dies ist insbesondere dadurch bedingt, dass „nur" knapp 4,3 Milliarden IP-Adressen der aktuellen Version IPv4 vorhanden sind. Den einzelnen Providern wird ein bestimmter Adressenblock zugewiesen, mit welchem sie „haushalten" müssen. Im Rahmen der neuen Version IPv6 wird dieses Problem nicht mehr bestehen, weil dann 340 Sextillionen IPv6-Adressen zur Verfügung stehen. Es wird also theoretisch möglich sein, jedem mit dem Internet verbundenem Gerät dauerhaft eine IP-Adresse zuzuteilen. Hierzu näher *Freund/Schnabel*, MMR 2011, 495 ff.; Heckmann/*Heckmann*, Kap. 9 Rz. 150 (Stand 26.9.2015).
10 Spindler/Schuster/*Spindler/Nink*, § 11 TMG Rz. 11.
11 Ausführlich *Meyerdierks*, MMR 2013, 705 (705 ff.).
12 Vgl. *Meyerdierks*, MMR 2009, 8 (8 f.).

Informationen IP-Adresse, Uhrzeit und Kalenderdatum, also Informationen, die in den oben erwähnten Logfiles vorhanden sind, kann theoretisch herausgefunden werden, über wessen Anschluss zu einem bestimmten Zeitpunkt ein bestimmtes Telemedienangebot (bis hin zu einer bestimmten Webseite) aufgerufen wurde.

12 De facto ist dies dem Betreiber eines Telemediendienstes bei dynamischen IP-Adressen jedoch nur möglich, wenn er die entsprechenden Informationen vom Access-Provider, der die IP-Adresse einem bestimmten Anschluss zugeteilt hat, erhält. An diesem Punkt setzen die Vertreter der relativen Auffassung an, die einer IP-Adresse dann den Personenbezug absprechen wollen, wenn sie durch einen Diensteanbieter erhoben und verwendet wird, der nicht mit dem die IP-Adresse vergebenden Access-Provider in Verbindung steht[13]. Der Diensteanbieter ist regelmäßig nicht in der Lage, den hinter der IP-Adresse stehenden Anschlussinhaber zu bestimmen, weshalb die Voraussetzung der „Bestimmbarkeit" einer natürlichen Person i.S.d. § 3 Abs. 1 BDSG-alt nicht gegeben wäre.

13 Die Sichtweise derjenigen, die einen Personenbezug von IP-Adressen relativ, also abhängig von den Möglichkeiten des Diensteanbieters betrachten wollen, ist angesichts der mitunter bestehenden praktischen Notwendigkeit einer weitergehenden Nutzung der IP-Adresse, z.B. im Rahmen der Bannerwerbung[14], auch in ihrer Motivation verständlich und nachvollziehbar. Dies gilt insbesondere vor dem Hintergrund, dass die in der Realität nur theoretische Gefährdung des Rechts auf informationelle Selbstbestimmung des Betroffenen gering erscheint.

14 In der **Praxis** ist zu beachten, dass die wohl herrschende Meinung IP-Adressen als personenbezogenes Datum einordnet und dementsprechend die Zulässigkeit ihrer Erhebung und Verwendung stets dem Regime des Datenschutzrechts unterordnet[15]. Insbesondere vertritt sowohl das Bundesministerium der Justiz[16], der Düsseldorfer Kreis[17], der Arbeitskreis Medien der Datenschutzbeauftragten von

---

13 *Krüger/Maucher*, MMR 2011, 433 (436); *Meyerdierks*, MMR 2009, 8 (9 f.); *Köcher*, MMR 2007, 800 (801); *Eckhardt*, K&R 2007, 602 (602 f.); LG Berlin v. 31.1.2013 – 57 S 87/08, CR 2013, 471 = ITRB 2013, 131 = ZD 2013, 618; OLG Hamburg v. 3.11.2010 – 5 W 126/10, CR 2011, 126; AG München v. 30.9.2008 – 133 C 5677/08, CR 2009, 59 = ITRB 2008, 244 = MMR 2008, 860.
14 *Krüger/Maucher*, MMR 2011, 433 (439).
15 AG Berlin-Mitte v. 27.3.2007 – 5 C 314/06, ITRB 2008, 34 = CR 2008, 194 m. zust. Anm. *Krieg*, jurisPR-ITR 14/2007, Anm. 2; VG Wiesbaden v. 27.2.2009 – 6 K 1045/08.Wi, K&R 2009, 354; *Karg*, MMR 2011, 345 (346); *Maaßen*, GRUR-Prax 2010, 536 (536); *Kitz*, GRUR 2003, 1014 (1018); *Nordemann/Dustmann*, CR 2004, 380 (386); *Spindler/ Dorschel*, CR 2005, 38 (44).
16 Schreiben an die Landesjustizverwaltungen v. 2.2.2009 – R B 3 – zu 4104/8 – 1 – R5 39/2008.
17 Vgl. Beschluss der obersten Aufsichtsbehörden für den Datenschutz im nicht-öffentlichen Bereich am 26./27.11.2009 in Stralsund.

Bund und Ländern[18] und die Artikel-29-Datenschutzgruppe[19] diese Auffassung. Mit Blick auf Erwägungsgrund 26 der EG-Datenschutzrichtlinie[20] wird argumentiert, dass es für die Beurteilung der Bestimmbarkeit nicht nur auf die individuellen Möglichkeiten der speichernden Stelle ankommen soll (s. bereits Rz. 9).

Dynamische IP-Adressen kommen nach der Rechtsprechung des BGH[21] ebenfalls als „Merkmale zur Identifikation" in Betracht, wenn sie zusammen mit einer Zeitangabe gespeichert werden, da dann zumindest die theoretische Möglichkeit der Zuordnung zu einer bestimmten Person besteht (z.b. über die Staatsanwaltschaft im Rahmen einer Bestandsdatenauskunft nach § 100j StPO). Eine nicht von einer Einwilligung oder Rechtsnorm gedeckte Erhebung und Verwendung von IP-Adressen ist somit in der Praxis risikobehaftet. 15

Zu befriedigen vermag dieses Ergebnis, welches einmal mehr zeigt, dass das „tradierte" Datenschutzrecht den Anforderungen der Interaktion und Kommunikation im Zeitalter von Social Media und Web 2.0 nicht gerecht wird, nicht. 16

Auch **IP-Adressen der Version IPv6** können statisch oder dynamisch vergeben werden. Im Ergebnis sind IPv6-Adressen datenschutzrechtlich wie (statische oder dynamische) IPv4-Adressen zu behandeln[22]. 17

Auch **SIM-Karten** und **Endgeräten** zugewiesene Identifizierungscodes (wie IMEI, UDID, DeviceID, IMSI oder MAC-Adresse)[23] stellen nach der sog. relativen Auffassung des Personenbezugs allein, d.h. ohne weiteres Zusatzwissen, keine personenbezogene Daten dar[24]. 17a

3. Bereitstellung von Telemedien

Das Datenverarbeitungsverbot mit Erlaubnisvorbehalt des § 12 Abs. 1 gilt nur für personenbezogene Daten, die **zur Bereitstellung von Telemedien** erhoben 18

---

18 Arbeitskreis Medien, Orientierungshilfe zum Umgang mit personenbezogenen Daten bei Internetdiensten, Punkt 3.1 (Zugangs-Anbieter).
19 Artikel-29-Datenschutzgruppe, Stellungnahme 1/2008 zu Datenschutzfragen im Zusammenhang mit Suchmaschinen, WP 148, S. 9.
20 Dieser lautet „Bei der Entscheidung, ob eine Person bestimmbar ist, sollten alle Mittel berücksichtigt werden, die vernünftigerweise entweder von dem Verantwortlichen für die Verarbeitung *oder von einem Dritten* eingesetzt werden könnten, um die betreffende Person zu bestimmen. Die Schutzprinzipien finden keine Anwendung auf Daten, die derart anonymisiert sind, dass die betroffene Person nicht mehr identifizierbar ist." (Hervorhebung nur hier).
21 BGH v. 16.5.2017 – VI ZR 135/13, CR 2017, 662 – Leitsatz 1.
22 Heckmann/*Heckmann*, Kap. 9 Rz. 150 (Stand 26.9.2015).
23 Eine Übersicht zu den gebräuchlichen Geräte- und Kartenkennungen findet sich bei Hellmich/*Hufen*, K&R 2015, 688 (693 Fn. 36).
24 Spindler/Schuster/*Spindler*/*Nink*, § 3 TMG Rz. 11.

§ 12 TMG | Grundsätze

und verwendet werden. Telemedien sind gemäß § 1 Abs. 1 Satz 1 alle „elektronischen Informations- und Kommunikationsdienste, soweit sie nicht Telekommunikationsdienste nach § 3 Nr. 24 des Telekommunikationsgesetzes, die ganz in der Übertragung von Signalen über Telekommunikationsnetze bestehen, telekommunikationsgestützte Dienste nach § 3 Nr. 25 des Telekommunikationsgesetzes oder Rundfunk nach § 2 des Rundfunkstaatsvertrages sind" (s. hierzu auch Kommentierung zu § 11 TMG Rz. 2 ff.). Durch die Verwendung des Begriffs der Bereitstellung wollte der Gesetzgeber klarstellen, dass § 12 Abs. 1 auch zur Anwendung kommt, wenn das jeweilige Telemedium, bspw. nach entsprechender vertraglicher Bindung, vom Nutzer gar nicht in Anspruch genommen wird. Die noch in § 3 TDDSG verwendete Formulierung „zur Durchführung von Telediensten" war insofern missverständlich[25].

4. Erlaubnistatbestände

19 Im **TMG** finden sich verschiedene Normen, die die Erhebung und Verwendung von personenbezogenen Daten zur Bereitstellung von Telemediendiensten erlauben, ohne dass es hierfür auf eine Einwilligung des Nutzers ankommt. Die wichtigsten Erlaubnistatbestände finden sich in § 14 Abs. 1 zur Erhebung und Verwendung von Bestandsdaten sowie in § 15 Abs. 1 zur Erhebung und Verwendung von Nutzungs- und Abrechnungsdaten.

20 **Andere Rechtsvorschriften**, also solche außerhalb des TMG, können ebenfalls eine Erlaubnis i.S.d. § 12 Abs. 1 enthalten. Diese Rechtsvorschriften müssen sich jedoch ausdrücklich auf Telemedien beziehen (sog. Zitiergebot). Hierdurch wollte der Gesetzgeber das Verhältnis zwischen bereichsspezifischen Telemedien-Datenschutzregeln und denen des allgemeinen Datenschutzes im BDSG deutlicher herausstellen[26]. Wenn und soweit die bereichsspezifischen Normbereiche des TMG eröffnet sind, handelt es sich um **abschließende Regelungen**. Die Anwendbarkeit von Erlaubnisnormen des BDSG, die sich nicht ausdrücklich auf Telemedien beziehen, ist somit ausgeschlossen. Dies gilt jedoch nicht für personenbezogene Daten wie Inhaltsdaten, die nicht „zur Bereitstellung von Telemedien" erhoben oder verwendet werden, da die **Subsidiaritätswirkung** nur bei echter Tatbestandskonkurrenz eingreift[27].

5. Einwilligung

21 Als **gleichwertige Alternative** zu den dargestellten Erlaubnistatbeständen kann die rechtmäßige Erhebung und Verwendung personenbezogener Daten auch

---

25 BT-Drucks. 16/3078, S. 16.
26 Spindler/Schuster/*Nink*/*Spindler*, § 12 TMG Rz. 5.
27 Taeger/Gabel/*Moos*, § 12 TMG Rz. 20 m.w.N.

aufgrund der Einwilligung des Nutzers erfolgen. Hierdurch wird es dem Diensteanbieter u.a. ermöglicht, Bestands- und Nutzungsdaten zu anderen als den in §§ 14 und 15 festgelegten Zwecken zu verwenden.

Die Einwilligung des Nutzers muss den Vorgaben des § 4a BDSG-alt entsprechen. Dieser bestimmt, dass die Einwilligung nur wirksam ist, wenn sie auf der freien Entscheidung des Betroffenen beruht. Der Betroffene ist auf den vorgesehenen Zweck der Erhebung, Verarbeitung oder Nutzung sowie ggf. auf die Folgen der Verweigerung der Einwilligung hinzuweisen. § 13 Abs. 2 (s. Kommentierung zu § 13 TMG Rz. 17) eröffnet abweichend zu § 4a Abs. 1 Satz 2 BDSG-alt ausdrücklich die Möglichkeit, die **Einwilligung** unter den dort genannten Voraussetzungen **elektronisch** zu erklären, wovon im Rahmen der Nutzung von Telemedien regelmäßig Gebrauch gemacht wird[28]. 22

Teilweise wird die Auffassung vertreten, dass die Einholung einer Einwilligung zur Erhebung und Verwendung personenbezogener Daten ausscheide, falls die Datenverarbeitung schon durch einen Erlaubnistatbestand legitimiert ist[29]. Durch die **Möglichkeit der flankierenden Einwilligung** werde dem Nutzer die Fehlvorstellung vermittelt, dass er über die Zulässigkeit der Erhebung und Verwendung seiner Daten frei entscheiden könne, obwohl die Datenverarbeitung bereits durch einen gesetzlichen Erlaubnistatbestand legitimiert sei[30]. Oftmals ist der Diensteanbieter jedoch auf die Einholung einer zusätzlichen, absichernden Einwilligung angewiesen, um sich überhaupt datenschutzrechtlich einwandfrei verhalten zu können. Dies gilt insbesondere in den vielfältigen Konstellationen, in denen (gerichtlich) ungeklärt ist, ob eine Datenerhebung bzw. -verwendung ohne Einwilligung überhaupt datenschutzrechtlich gestattet ist oder nicht. Fehlvorstellungen der Nutzer über die Möglichkeit der freien Entscheidung über die Datenverarbeitung trotz einschlägigen Erlaubnistatbestands lassen sich durch einen entsprechenden Hinweis, dass die Datenverarbeitung auch bei versagter Einwilligung aufgrund gesetzlicher Regelungen legitimiert sein kann, ausräumen. 23

IV. Zweckbindungsgrundsatz (Abs. 2)

§ 12 Abs. 2 enthält den **Grundsatz der Zweckbindung** der (rechtmäßig) erhobenen Daten. Hiernach dürfen personenbezogene Daten grundsätzlich nur zu dem Zweck verwendet werden, zu dem sie auch erhoben wurden. 24

Personenbezogene Daten, die für die Bereitstellung von Telemedien erhoben wurden, dürfen demnach nicht zu einem unbestimmten Zweck und somit „auf Vorrat" gespeichert werden. Gleiches gilt für die Verwendung zu einem Zweck, 25

---

28 Spindler/Schuster/*Nink/Spindler*, § 12 TMG Rz. 3.
29 S. *Schneider/Härting*, ZD 2011, 63 (65).
30 Simitis/*Scholz/Sokol*, § 4 BDSG Rz. 6.

der nicht dem des jeweils einschlägigen Erlaubnistatbestands (s. Rz. 19 f.) bzw. dem Zweck, in den der Nutzer eingewilligt hat (s. Rz. 21 ff.), entspricht[31].

26 Das enge Zweckbindungsgebot rechtfertigt sich dadurch, dass die Verwendung bestimmter personenbezogener Daten in einem anderen Kontext einen ungleich stärkeren **Eingriff in das allgemeine Persönlichkeitsrecht** des Nutzers darstellen kann[32]. Die kurzzeitige Verwendung von Standortdaten zur Einblendung standortbezogener Werbung[33] auf Smartphones weist bspw. eine andere Qualität auf, als die weitere Verwendung dieser Daten zur Erstellung eines langfristigen Bewegungsprofils des Nutzers.

27 Der Zweckbindungsgrundsatz ist für die Sicherung des Rechts auf **informationelle Selbstbestimmung** von grundlegender Bedeutung. Nur derjenige, der den Verwendungszweck seiner Daten kennt, kann selbst entscheiden, wann und innerhalb welcher Grenzen persönliche Lebenssachverhalte offenbart werden[34]. Zudem steigert die strenge Zweckbindung das **Vertrauen in die Datenverarbeitung mittels informationstechnischer Systeme**, die allgegenwärtig und in ihrer Bedeutung für die Persönlichkeitsentfaltung nicht zu unterschätzen sind[35]. Nutzer müssen sich darauf verlassen können, dass die personenbezogenen Daten, die sie Diensteanbietern zur Bereitstellung von Telemedien anvertrauen (müssen), nur zu den vorgegebenen Zwecken verwendet werden. Da im Rahmen der Nutzung hochkomplexer vernetzter Systeme einmal preisgegebene Daten vom Nutzer allein nicht mehr zu kontrollieren oder zu löschen sind, hat der Zweckbindungsgrundsatz einen hohen Stellenwert.

28 Personenbezogene Daten, die für die Bereitstellung von Telemedien erhoben wurden, d.h. insbesondere Bestands- sowie Nutzungs- und Abrechnungsdaten, dürfen für **andere Zwecke** nur verwendet werden, soweit dies durch das TMG, ein anderes Gesetz oder den Nutzer gestattet wird.

29 Gesetzliche Regelungen, die eine Änderung des Verwendungszwecks der personenbezogenen Daten, die für die Bereitstellung von Telemedien erhoben wurden, erlauben, finden sich lediglich im TMG. Hierbei handelt es sich zum einen um § 14 Abs. 2 und § 15 Abs. 5 Satz 4, die die Verwendung von Bestands- bzw. Nutzungs- und Abrechnungsdaten zu Zwecken der **Auskunftserteilung** gestat-

---

31 Hoeren/Sieber/Holznagel/*Schmitz*, Teil 16.2 Rz. 162; BGH v. 1.7.2014 – VI ZR 345/13, CR 2014, 597 = MDR 2014, 959 = ITRB 2015, 3 = NJW 2014, 2651 (2652) – *Ärztebewertungsportal*, Rz. 10.
32 So auch BVerfG v. 27.2.2008 – 1 BvR 370/07, 1 BvR 595/07, CR 2008, 306 = ITRB 2008, 75 = MMR 2008, 315 (317 f.) – *Online-Durchsuchung*.
33 Hierzu ausführlich *Rammos*, K&R 2011, 692 (695).
34 Vgl. BVerfG v. 15.12.1983 – 1 BvR 209/83, 1 BvR 269/83, 1 BvR 362/83, 1 BvR 420/83, 1 BvR 440/83, NJW 1984, 419 (421) – *Volkszählung*.
35 So auch BVerfG v. 27.2.2008 – 1 BvR 370/07, 1 BvR 595/07, CR 2008, 306 = ITRB 2008, 75 = juris Rz. 156 – *Online-Durchsuchung*.

ten (vgl. Kommentierung zu § 14 TMG Rz. 16 ff.). Auch § 15 Abs. 8, der die Verwendung der Nutzungs- und Abrechnungsdaten zu Zwecken der Rechtsverfolgung regelt, stellt eine gesetzliche Erlaubnis zur zweckfremden Datenverwendung dar. Schließlich wird § 15 Abs. 4 Satz 2, der die Sperrung von Abrechnungsdaten bei Erfüllung von **Aufbewahrungspflichten** regelt, als ein entsprechender Erlaubnistatbestand zur Zweckänderung angesehen[36].

Vorschriften außerhalb des TMG, die eine Zweckänderung legitimieren, waren bis zum Inkrafttreten der DSGVO nicht existent. Solche Regelungen müssten sich aufgrund des nun in § 15 Abs. 1 festgeschriebenen Zitiergebots ausdrücklich auf Telemedien beziehen[37]. Auf Zweckänderungsvorschriften im eigentlichen Sinne, insbesondere auf die des BDSG-alt, konnte mangels Bezugs auf Telemedien nicht zurückgegriffen werden[38]. 30

Neben der gesetzlich legitimierten Zweckänderung steht es dem Nutzer frei, in eine solche einzuwilligen. Insofern gelten die Grundsätze der Einwilligung i.S.d. § 12 Abs. 1 (s. Rz. 21). 31

V. Nicht-automatisierte Datenverarbeitung (Abs. 3)

§ 12 Abs. 3 stellt klar, dass allgemeine Datenschutzregeln, also insb. die des BDSG, gelten, soweit das TMG keine telemedienspezifischen Regelungen trifft[39]. Dies gilt jedoch nur, „soweit nichts anderes bestimmt ist". Da eine andere Bestimmung bis zum Inkrafttreten der DSGVO nicht existierte, besaß diese Ausnahmeregelung keine Relevanz[40]. 32

Die Bestimmungen des TMG sollen dabei auch im Falle einer nicht-automatisierten Datenverarbeitung (s. hierzu § 3 Abs. 2 Satz 1 BDSG-alt) zur Anwendung kommen. Die Fälle, in denen telemedienbezogene Daten papiergestützt verarbeitet werden, dürften jedoch höchst selten sein. Die praktische Relevanz dieser Regelung ist daher gering[41]. 33

---

36 Auernhammer/*Schreibauer*, § 12 TMG Rz. 12; Taeger/Gabel/*Moos*, § 12 TMG Rz. 26.
37 S. BGH v. 1.7.2014 – VI ZR 345/13, CR 2014, 597 = MDR 2014, 959 = ITRB 2015, 3 = NJW 2014, 2651 (2652) – Ärztebewertungsportal, Rz. 10; anders noch § 3 Abs. 2 TDDSG.
38 Heckmann/*Heckmann*, § 12 TMG Rz. 230 (Stand 23.4.2018).
39 So die Begründung zum nahezu identischen § 1 Abs. 2 TDDSG, BT-Drucks. 13/7385.
40 Taeger/Gabel/*Moos*, § 13 TMG Rz. 30.
41 Taeger/Gabel/*Moos*, § 13 TMG Rz. 29.

§ 13 Pflichten des Diensteanbieters

(1) Der Diensteanbieter hat den Nutzer zu Beginn des Nutzungsvorgangs über Art, Umfang und Zwecke der Erhebung und Verwendung personenbezogener Daten sowie über die Verarbeitung seiner Daten in Staaten außerhalb des Anwendungsbereichs der Richtlinie 95/46/EG des Europäischen Parlaments und des Rates vom 24.10.1995 zum Schutz natürlicher Personen bei der Verarbeitung personenbezogener Daten und zum freien Datenverkehr (ABl. EG Nr. L 281 S. 31) in allgemein verständlicher Form zu unterrichten, sofern eine solche Unterrichtung nicht bereits erfolgt ist. Bei einem automatisierten Verfahren, das eine spätere Identifizierung des Nutzers ermöglicht und eine Erhebung oder Verwendung personenbezogener Daten vorbereitet, ist der Nutzer zu Beginn dieses Verfahrens zu unterrichten. Der Inhalt der Unterrichtung muss für den Nutzer jederzeit abrufbar sein.

(2) Die Einwilligung kann elektronisch erklärt werden, wenn der Diensteanbieter sicherstellt, dass

1. der Nutzer seine Einwilligung bewusst und eindeutig erteilt hat,
2. die Einwilligung protokolliert wird,
3. der Nutzer den Inhalt der Einwilligung jederzeit abrufen kann und
4. der Nutzer die Einwilligung jederzeit mit Wirkung für die Zukunft widerrufen kann.

(3) Der Diensteanbieter hat den Nutzer vor Erklärung der Einwilligung auf das Recht nach Absatz 2 Nr. 4 hinzuweisen. Absatz 1 Satz 3 gilt entsprechend.

(4) Der Diensteanbieter hat durch technische und organisatorische Vorkehrungen sicherzustellen, dass

1. der Nutzer die Nutzung des Dienstes jederzeit beenden kann,
2. die anfallenden personenbezogenen Daten über den Ablauf des Zugriffs oder der sonstigen Nutzung unmittelbar nach deren Beendigung gelöscht oder in den Fällen des Satzes 2 gesperrt werden,
3. der Nutzer Telemedien gegen Kenntnisnahme Dritter geschützt in Anspruch nehmen kann,
4. die personenbezogenen Daten über die Nutzung verschiedener Telemedien durch denselben Nutzer getrennt verwendet werden können,
5. Daten nach § 15 Abs. 2 nur für Abrechnungszwecke zusammengeführt werden können und
6. Nutzungsprofile nach § 15 Abs. 3 nicht mit Angaben zur Identifikation des Trägers des Pseudonyms zusammengeführt werden können.

An die Stelle der Löschung nach Satz 1 Nr. 2 tritt eine Sperrung, soweit einer Löschung gesetzliche, satzungsmäßige oder vertragliche Aufbewahrungsfristen entgegenstehen.

(5) Die Weitervermittlung zu einem anderen Diensteanbieter ist dem Nutzer anzuzeigen.

(6) Der Diensteanbieter hat die Nutzung von Telemedien und ihre Bezahlung anonym oder unter Pseudonym zu ermöglichen, soweit dies technisch möglich und zumutbar ist. Der Nutzer ist über diese Möglichkeit zu informieren.

(7) Diensteanbieter haben, soweit dies technisch möglich und wirtschaftlich zumutbar ist, im Rahmen ihrer jeweiligen Verantwortlichkeit für geschäftsmäßig angebotene Telemedien durch technische und organisatorische Vorkehrungen sicherzustellen, dass

1. kein unerlaubter Zugriff auf die für ihre Telemedienangebote genutzten technischen Einrichtungen möglich ist und
2. diese
   a) gegen Verletzungen des Schutzes personenbezogener Daten und
   b) gegen Störungen, auch soweit sie durch äußere Angriffe bedingt sind,

gesichert sind. Vorkehrungen nach Satz 1 müssen den Stand der Technik berücksichtigen. Eine Maßnahme nach Satz 1 ist insbesondere die Anwendung eines als sicher anerkannten Verschlüsselungsverfahrens.

(8) Der Diensteanbieter hat dem Nutzer nach Maßgabe von § 34 des Bundesdatenschutzgesetzes auf Verlangen Auskunft über die zu seiner Person oder zu seinem Pseudonym gespeicherten Daten zu erteilen. Die Auskunft kann auf Verlangen des Nutzers auch elektronisch erteilt werden.

I. Einführung 1	VI. Technische und organisatorische Vorkehrungen durch den Diensteanbieter (Abs. 4) . 31
II. Verhältnis zur DSGVO 3	
III. Pflicht zur Unterrichtung (Abs. 1) 4	1. Jederzeitiger Nutzungsabbruch (Nr. 1) 33
1. Allgemeine Informationspflicht (Satz 1) 5	2. Löschungspflicht (Nr. 2) 34
2. Unterrichtung bei Möglichkeit nachträglicher Nutzeridentifizierung (Satz 2) 13	3. Vertraulichkeitsschutz (Nr. 3) . 35
	4. Getrennte Datenverwendung (Nr. 4) 36
IV. Einwilligung (Abs. 2) 17	5. Zusammenführung von Abrechnungsdaten (Nr. 5) 37
1. Eindeutige und bewusste Einwilligung (Abs. 2 Nr. 1) 18	6. Re-Identifizierung bei Nutzerprofilen (Nr. 6) 38
2. Protokollierung der Einwilligung (Abs. 2 Nr. 2) 25	VII. Weitervermittlung an andere Diensteanbieter (Abs. 5) 39
3. Jederzeitige Abrufmöglichkeit (Abs. 2 Nr. 3) 26	VIII. Anonyme und pseudonyme Nutzungsmöglichkeit (Abs. 6) 40
4. Widerrufsmöglichkeit (Abs. 2 Nr. 4) 27	IX. IT-Sicherheit (Abs. 7) 43b
5. Beweislast/Double-Opt-in 28	1. Anwendbarkeit 43c
V. Hinweis auf Möglichkeit des Widerrufs (Abs. 3) 30	2. Sicherheitsvorkehrungen 43d
	X. Auskunftspflicht (Abs. 8) 44
	XI. Sanktionen 47

§ 13 TMG | Pflichten des Diensteanbieters

Schrifttum: *Albrecht*, Anonyme oder pseudonyme Nutzung sozialer Netzwerke? – Ein Beitrag zu § 13 Abs. 6 Satz 1 TMG, AnwZert ITR 1/2011, Anm. 2; *Brosch*, Die Umsetzung der Cookie-Richtlinie, AnwZert ITR 16/2011, Anm. 2; *Caspar*, Klarnamenpflicht versus Recht auf pseudonyme Nutzung, ZRP 2015, 233; *Düsseldorfer Kreis*, Orientierungshilfe zu den Datenschutzanforderungen an App-Entwickler und App-Anbieter v. 16.6.2014; *Djeffal*, Neue Sicherungspflicht für Telemediendiensteanbieter – Webseitensicherheit jetzt Pflicht nach dem IT-Sicherheitsgesetz, MMR 2015, 716; *Eckhardt*, Datenschutzerklärungen und Hinweise auf Cookies, ITRB 2005, 46; *Fischl*, Ein neues Rezept für Kekse?, K&R 2011, Heft 6, Editorial; *Gennen/Kremer*, Social Networks und der Datenschutz, ITRB 2011, 59; *Gerlach*, Sicherheitsanforderungen für Telemediendienste – der neue § 13 VII TMG, CR 2015, 581; *Härting*, Datenschutz zwischen Transparenz und Einwilligung, CR 2011, 169; *Härting*, Anonymität und Pseudonymität im Datenschutzrecht, NJW 2013, 2065; *Habermalz*, Die datenschutzrechtliche Einwilligung des Beschäftigten, JurPC Web-Dok. 132/2011; *Heckmann*, Smart Life – Smart Privacy Management, K&R 2011, 1; *Hinzpeter*, Datenschutzrechtliche Anforderungen im Zusammenhang mit Apps, PinG 2015, 76; *Hornung*, Neue Pflichten für Betreiber kritischer Infrastrukturen: Das IT-Sicherheitsgesetz des Bundes, NJW 2015, 3334; *Iraschko-Luscher/Kiekenbeck*, Datenschutz im Internet – Widerspruch oder Herausforderung?, RDV 2010, 261; *Karthäuser/Klar*, Wirksamkeitskontrolle von Einwilligungen auf Webseiten, ZD 2014, 500; *Keppeler*, Was bleibt vom TMG-Datenschutz nach der DS-GVO? – Lösung und Schaffung von Abgrenzungsproblemen im Multimedia-Datenschutz, MMR 2015, 779; *Krieg*, „Like-Button" nicht wettbewerbswidrig, K&R 2011, 356; *Krimphove/Michel*, Cookies zu Werbezwecken im Vertrieb, ZVertriebsR 2017, 149; *Lienemann*, What's the Way the Cookie Crumbles? Umsetzung der E-Privacy Richtlinie in der Europäischen Union, K&R 2011, 609; *Krüger/Maucher*, Ist die IP-Adresse wirklich ein personenbezogenes Datum?, MMR 2011, 433; *Lorenz*, Anonymität im Internet? – Zur Abgrenzung von Diensteanbietern und Nutzern, VuR 2014, 83; *Moser*, ID Tracking or How Privacy strengthens Monopolies, PinG 2014, 57; *Podszun/de Toma*, Die Durchsetzung des Datenschutzes durch Verbraucherrecht, Lauterkeitsrecht und Kartellrecht, NJW 2016, 2987; *Raabe/Lorenz*, Die datenschutzrechtliche Einwilligung im Internet der Dienste, DuD 2011, 279; *Richter*, Ein anonymes Impressum? – Profile in sozialen Netzwerken zwischen Anbieterkennzeichnung und Datenschutz, MMR 2014, 517; *Roggenkamp*, Elektronische Einwilligung in Datenverarbeitung, AnwZert ITR 22/2011, Anm. 2; *Roggenkamp*, Neue datenschutzrechtliche Pflichten für User Generated Content Plattformen? – Der Gesetzentwurf des Bundesrates zur Änderung des TMG vom 17.6.2011 (BR-Drucks. 156/11), jurisPR IT-Recht 13/2011, Anm. 2; *Roßnagel/Scholz*, Datenschutz durch Anonymität und Pseudonymität – Rechtsfolgen der Verwendung anonymer und pseudonymer Daten, MMR 2000, 721; *Schneider*, Europäische Kommission bestätigt Umsetzung der ePrivacy-Richtlinie in Deutschland, PinG 2014, 115; *Schröder*, Datenschutzrechtliche Fragen beim Einsatz von Flash-Cookies – Ist ein rechtssicherer Einsatz von Cookies vor dem Hintergrund der EU-Privacy-Richtlinie möglich?, ZD 2011, 59; *Schütze*, Bundestag beschließt IT-Sicherheitsgesetz: Änderungen des TMG betrifft Webseitenbetreiber, ZD-Aktuell 2015, 04755; *Schulz*, Privacy by Design, CR 2012, 204; *Solove*, Privacy by Design: 4 Key Points, PinG 2015, 191; *Stadler*, Verstoßen Facebook und Google Plus gegen deutsches Recht?, ZD 2011, 57; *Steinhoff*, „Recht auf anonymes Fernsehen" – datenschutzrechtliche Forderung in den Grenzen der technischen Möglichkeiten, jurisPR-DSR 1/2015 Anm. 3; *Stiemerling/Lachenmann*, Erhebung personenbezogener Daten beim Aufruf von Webseiten – Notwendige Informationen in Datenschutzerklärungen, ZD 2014, 133; *Wieczorek*, Informationsbasiertes Persönlichkeitsrecht, DuD 2011, 476; *Zscherpe*, Anforderungen an die datenschutzrechtliche Einwilligung im Internet, MMR 2004, 723.

I. Einführung

§ 13 enthält die **grundlegenden datenschutzrechtlichen Handlungspflichten** 1
des Diensteanbieters. Im Einzelnen handelt es sich um die Verpflichtung zur
umfassenden Unterrichtung der Nutzer über die Erhebung und Verwendung ihrer personenbezogen Daten (sog. Datenschutzerklärung – Abs. 1), die Voraussetzungen für elektronische Einwilligungserklärungen einschließlich flankierender Hinweispflichten (Abs. 2 und 3), zwingend zu treffende technische und organisatorische Maßnahmen (Abs. 4), die Anzeigepflicht bei Weitervermittlung zu einem anderen Diensteanbieter (Abs. 5), die Ermöglichung der anonymen oder pseudonymen Nutzung und Bezahlung des Dienstes (Abs. 6), Maßnahmen der IT-Sicherheit (Abs. 7) sowie die Auskunftspflicht (Abs. 8).

§ 13 setzt verschiedene **Regelungen der EG-Datenschutzrichtlinie** um, ins- 2
besondere Art. 10 (Informationspflicht), Art. 7 (Einwilligung), Art. 17 (technisch-organisatorischen Maßnahmen) und Art. 12 (Auskunftsrecht).

Durch das **IT-Sicherheitsgesetz** vom 17.7.2015[1] wurde ein neuer Abs. 7 in § 13 2a
eingefügt, der zum 25.7.2015 in Kraft getreten ist. Er statuiert technische und
organisatorische Sicherheitsmaßnahmen für geschäftsmäßig angebotene Telemedien und bezweckt die Eindämmung von Schadsoftware (s. Rz. 43a)[2]. Die
Auskunftspflicht (Abs. 7 a.F.) ist nun in Abs. 8 geregelt.

II. Verhältnis zur DSGVO

Die Regelungen des § 13 werden (vgl. die Einführung Rz. 5) mit Geltung der 3
DSGVO fast vollständig (vgl. aber unten Rz. 43b zu den fortbestehenden Verpflichtungen nach Abs. 7) obsolet. Auch wenn der Gesetzgeber dem Normaufhebungsgebot[3] bis zur Geltung der DSGVO nicht nachgekommen sein sollte,
fänden die hier kommentierten Regelungen **keine Anwendung** mehr. Im Folgenden wird – soweit vorhanden – auf die ab Geltung der DSGVO anzuwendenden Regelungen hingewiesen.

III. Pflicht zur Unterrichtung (Abs. 1)

§ 13 Abs. 1 regelt die Unterrichtungspflicht des Diensteanbieters und soll dem 4
Nutzer einen umfassenden Überblick über die Datenerhebung und -verwendung
ermöglichen. Zeitpunkt, Umfang und Form der Information durch den Diens-

---

1 Gesetz zur Erhöhung der Sicherheit informationstechnischer Systeme (IT-Sicherheitsgesetz) v. 17.7.2015, BGBl. I S. 1324.
2 BT-Drucks. 18/4096, S. 34.
3 Sydow/*Sydow*, DSGVO, Einleitung Rz. 40.

§ 13 TMG | Pflichten des Diensteanbieters

teanbieter sollen den „besonderen Risiken der Datenverarbeitung im Netz" Rechnung tragen[4]. Die Unterrichtungspflicht soll für Transparenz[5] sorgen und den Nutzer in die Lage versetzen, sein Recht auf informationelle Selbstbestimmung auszuüben und dessen Wahrung durch den Diensteanbieter kontrollieren zu können[6]. Bestrebungen, zusätzliche Informationspflichten, wie die Benennung Dritter, an die personenbezogene Daten (zulässigerweise) übermittelt werden dürfen, über die zuständige Aufsichtsbehörde und besondere Hinweise bei der Nutzung von Sozialen Netzwerken, konnten nicht im TMG verankert werden[7].

In der **DSGVO** finden sich Regelungen zur Unterrichtungspflicht in Art. 13 ff. DSGVO (näheres siehe Kommentierung Art. 13 DSGVO), die auch für die Anbieter von Telemediendiensten gelten.

1. Allgemeine Informationspflicht (Satz 1)

5   Durch § 13 Abs. 1 Satz 1 wird der Diensteanbieter verpflichtet, den Nutzer zu Beginn des Nutzungsvorgangs über Art, Umfang und Zweck der Erhebung sowie über die Verwendung seiner personenbezogen Daten zu informieren. Zusammen mit der Angabe, ob solche Daten in Staaten, die nicht dem Anwendungsbereichs der EG-Datenschutzrichtlinie unterfallen, verarbeitet werden, stellt die Unterrichtung nach § 13 Abs. 1 Satz 1 die sog. **Datenschutzerklärung** dar. Wird dieser Pflicht nicht nachgekommen, handelt der Diensteanbieter ordnungswidrig (vgl. § 16 Abs. 2 Nr. 2) und die Datenverarbeitung ist unzulässig.

5a Der **Inhalt der Datenschutzerklärung** muss wahr und vollständig sein, d.h. erschöpfend über Art, Umfang und Zweck der Erhebung und Verarbeitung informieren[8]. Sinnvollerweise kann dabei auf die in § 3 Abs. 3–6a BDSG-alt normierten Schritte der Datenerhebung- und -verwendung zurückgegriffen werden. Insbesondere im Rahmen von sog. **Social Plugins** („Like-Button") kann dies problematisch sein[9].

6   In welchem Detaillierungsgrad die **Datenarten** anzugeben sind, ist nicht normiert. Jedoch empfiehlt es sich aus Gründen der Transparenz, die zu erhebenden Daten möglichst einzeln aufzuzählen. Weniger detaillierte Begriffe zur Be-

---

4 BT-Drucks. 13/7385, S. 22.
5 BT-Drucks. 14/6098, S. 28, zur zentralen Bedeutung der Transparenz im Datenschutz vgl. auch *Wieczorek*, DuD 2011, 476 (480).
6 So auch Spindler/Schuster/*Nink/Spindler*, § 13 TMG Rz. 3.
7 Ein entsprechender Gesetzesantrag des Landes Hessen wurde auf Bundesebene abgelehnt. Zu den überwiegend begrüßenswerten Änderungsvorschlägen s. BR-Drucks. 156/11, ausführlich hierzu *Roggenkamp*, jurisPR-ITR 13/2011, Anm. 2.
8 S. Taeger/Gabel/*Moos*, § 13 TMG Rz. 5.
9 Taeger/Gabel/*Moos*, § 13 TMG Rz. 6.

schreibung der Datenarten können jedoch gewählt werden, wenn dies der Beibehaltung der Übersichtlichkeit und Verständlichkeit der Datenschutzerklärung dient und das Recht auf informationelle Selbstbestimmung des Nutzers hierdurch nicht beeinträchtigt wird. Der in der Praxis noch immer zu findende pauschale Verweis auf die Einhaltung der rechtlichen Regelungen zum Datenschutz genügt der Informationspflicht aus § 13 Abs. 1 Satz 1 in keinem Fall[10].

Weiterhin verpflichtet § 13 Abs. 1 Satz 1 den Diensteanbieter, die Nutzer darüber zu informieren, wenn deren personenbezogene Daten in **Staaten, die nicht dem Anwendungsbereich der EG-Datenschutzrichtlinie unterfallen**, verarbeitet werden. Insofern besteht ein besonderes Informationsbedürfnis, da bei Staaten, die nicht der EG-Datenschutzrichtlinie unterfallen – dies sind alle Staaten außerhalb des EWR – nicht automatisch von einem annehmbar hohen Datenschutzniveau ausgegangen werden kann[11]. Ausreichend ist dabei die Benennung des Staates (bzw. der Staaten), in dem die Verarbeitung erfolgt. Informationen über die jeweils geltenden Regelungen zum Datenschutz sind nicht verpflichtend[12]. Insbesondere im Rahmen der Nutzung von Angeboten im Rahmen des **Cloud Computing** kann dies jedoch problematisch sein, da der jeweilige Speicherort unter Umständen wechseln kann[13]. 7

Die Information des Nutzers nach § 13 Abs. 1 Satz 1 hat „in allgemein verständlicher Form" zu erfolgen. Über die konkrete Form und Gestalt sowie die **Auffindbarkeit**, z.B. auf einer Webseite, trifft das Gesetz keine Aussage. Die Gestaltung liegt im Ermessen des Diensteanbieters[14]. Eine Orientierung bietet insofern § 5 Abs. 1, der bestimmt, dass das Impressum eines Diensteanbieters leicht erkennbar und unmittelbar erreichbar sein soll[15]. Leicht erkennbar sind die nach § 13 Abs. 1 Satz 1 zur Verfügung zu stellenden Informationen (bzw. der Link, der auf selbige verweist), wenn diese z.b. mit „Datenschutzerklärung", „Datenschutzhinweise" oder bei englischsprachigen Nutzern zusätzlich mit „Privacy Policy" überschrieben sind[16]. Als unmittelbar erreichbar gilt eine Information in der Regel, wenn sie durch spätestens zwei Klicks auf die entsprechenden Links auffindbar ist[17]. Eine Verpflichtung zur Vorhaltung eines direkten Links auf die Datenschutzerklärung besteht jedoch nicht[18]. Insbesondere bei **Apps** und der Gestaltung von Telemedien für den Abruf über mobile **Endgeräte** kann eine les- 8

---

10 Heckmann/*Heckmann*, 4. Aufl., Kap. 9 Rz. 201.
11 BT-Drucks. 14/6098, S. 28.
12 Taeger/Gabel/*Moos*, § 13 TMG Rz. 7.
13 Auernhammer/*Schreibauer*, § 13 TMG Rz. 13.
14 *Scholz*, S. 325; Heckmann/*Heckmann*, 4. Aufl., Kap. 9 Rz. 211.
15 Vgl. hierzu auch § 13 Abs. 1 TMG-E, BR-Drucks. 156/11, S. 7.
16 S. Taeger/Gabel/*Moos*, § 13 TMG Rz. 9.
17 BGH v. 20.3.2006 – I ZR 228/03, WRP 2006, 1507, 1510 – *Anbieterkennzeichnung im Internet*.
18 LG Essen v. 4.6.2003 – 44 O 18/03, DuD 2004, 312 (313).

bare Form zur Herausforderung werden. Hier empfiehlt sich ein modularer, ggf. durch grafische Elemente wie Icons unterstützter Aufbau[19].

9   Die Datenschutzerklärung muss **sprachlich** so gestaltet sein, dass sie dem „objektiven Empfänger" die vorgeschriebenen Informationen tatsächlich verständlich macht. Unnötige juristische oder technische Fachbegriffe sind zu vermeiden[20] oder so zu erläutern, dass sie auch für Laien verständlich sind.

10 Die Informationen des § 13 Abs. 1 Satz 1 müssen **zeitlich** „zu Beginn des Nutzungsvorgangs" zur Verfügung gestellt werden. Vor Inkrafttreten des EEG[21] waren Nutzer lediglich „vor der Erhebung" personenbezogener Daten zu belehren. Durch die Vorverlagerung des Zeitpunkts der Information auf den Beginn des Nutzungsvorgangs wollte der Gesetzgeber sicherstellen, dass im Falle einer „automatischen Erhebung von Nutzerdaten", die bereits bei Abruf des Telemediums vor einer für den Nutzer erkennbaren Datenerhebung stattfindet, eine Unterrichtung gewährleistet ist[22].

11 Gemäß § 13 Abs. 1 Satz 3 ist müssen die Informationen für den Nutzer **jederzeit abrufbar** sein. „Jederzeit" bedeutet, dass die Informationen während der Dauer des Nutzungs- bzw. Vertragsverhältnisses bereitgehalten werden müssen. Eine zeitlich darüber hinaus gehende, dauerhafte Protokollierung ist nicht erforderlich[23].

12 § 13 Abs. 1 ist nach zutreffender Ansicht **keine Marktverhaltensvorschrift** i.S.d. § 4 Nr. 11 UWG, sondern eine wertneutrale Ordnungsvorschrift[24]. Eine fehlende oder unvollständige Unterrichtung wirkt sich regelmäßig nicht auf das kommerzielle Verhalten des Besuchers der Website aus[25].

---

19 *Hinzpeter*, PinG 2015, 76 (78); hierzu auch die Orientierungshilfe zu den Datenschutzanforderungen an App-Entwickler und App-Anbieter des Düsseldorfer Kreises v. 16.6. 2014, S. 19.
20 Heckmann/*Heckmann*, 4. Aufl., § 13 TMG Rz. 210.
21 Gesetz über rechtliche Rahmenbedingungen für den elektronischen Geschäftsverkehr, s. BT-Drucks. 14/6098.
22 BT-Drucks. 14/6098, S. 28.
23 Ausführlich hierzu Spindler/Schuster/*Nink/Spindler*, § 13 TMG Rz. 8.
24 Spindler/Schuster/*Nink/Spindler*, § 13 TMG Rz. 2; KG v. 29.4.2011 – 5 W 88/11, CR 2011, 468; *Schüßler*, jurisPR-ITR 12/2011 Anm. 2; vgl. zum TDDSG bereits LG München v. 23.7.2003 – 1 HK O 1755/03, DuD 2004, 53; LG Essen v. 4.6.2003 – 44 O 18/03; DuD 2004, 312; a.A. OLG Köln v. 11.3.2016 – 6 U 121/15, ITRB 2016, 224 = CR 2016, 578; OLG Hamburg v. 27.6.2013 – 3 U 26/12, ITRB 2013, 226 = K&R 2013, 601; LG Frankfurt a.M. v. 18.2.2014 – 3/10 O 86/12, CR 2014, 266. Insgesamt zum Problemkreis Datenschutz und Marktverhaltensregelung *Hullen*, MMR 2011, 387 (388) sowie *Podszun/de Toma*, NJW 2016, 2987 (2989).
25 *Schüßler*, jurisPR-ITR 12/2011 Anm. 2.

2. Unterrichtung bei Möglichkeit nachträglicher Nutzeridentifizierung (Satz 2)

§ 13 Abs. 1 Satz 2 verpflichtet den Diensteanbieter, den Nutzer bei Verwendung eines **automatisierten Verfahrens** darüber zu informieren, ob durch ein solches Daten erhoben und verwendet werden. Dies gilt bereits dann, wenn zu diesem Zeitpunkt noch kein Personenbezug vorliegt, eine spätere Identifizierung des Nutzers, also die nachträgliche Herstellung des Personenbezugs, jedoch möglich ist. Die Regelung findet hauptsächlich bei der Verwendung sog. **Cookies** Anwendung. Dabei handelt es sich um kleine Dateien, die auf dem Endgerät des Nutzers lokal gespeichert werden und beliebige Informationen enthalten können, die in bestimmten Intervallen an den Diensteanbieter zurückübermittelt werden[26]. 13

Cookies werden in großem Ausmaß im Rahmen der Nutzung von Telemedien verwendet und sind grundsätzlich als datenschutzrechtlich neutral zu bewerten[27]. In einem Cookie lassen sich z.b. die vom Nutzer aufgerufenen Seiten, ausgeführten Aktionen und Nutzungszeiten speichern. Werden diese Daten dauerhaft (persistent) und nicht nur vorübergehend (temporär) vorgehalten, können sukzessiv **umfangreiche Profile** über das Surf-Verhalten des Nutzers erstellt werden. Identifiziert sich der Nutzer zu einem späteren Zeitpunkt gegenüber dem Diensteanbieter, bspw. durch die Erstellung eines Nutzerkontos unter Angabe seines Klarnamens, weisen auch die anonymen erhobenen Profilinformationen einen Personenbezug auf. Unabhängig von der Frage der rechtlichen Zulässigkeit der Profilbildung (s. hierzu auch Kommentierung zu § 15 TMG Rz. 18) schreibt § 13 Abs. 1 Satz 2 vor, dass Nutzer über jeden im Hintergrund ablaufenden Datenverarbeitungsvorgang und die Möglichkeit der späteren Identifizierung zu informieren sind. Aufgrund der mangelnden Erkennbarkeit der Abläufe automatisierter Verfahren besteht ein besonderes Bedürfnis nach Transparenz, dem so nachgekommen werden soll. 14

Auch die Information über die Möglichkeit der nachträglichen Nutzeridentifizierung muss für den Nutzer **jederzeit abrufbar** sein (s. hierzu Rz. 11). 15

Das Setzen von Cookies und die damit zusammenhängenden Informationspflichten richten sich ab Geltungskraft der **DSGVO** nach dieser. Der Art. 5 Abs. 3 der Datenschutzrichtlinie für die elektronische Kommunikation (**ePrivacy-RL**)[28], der eine **Opt-in-Lösung** für die Verwendung von Cookies vorsieht, findet nach hier 16

---

26 Zu den technischen Spezifikationen s. *IETF*, HTTP State Management Mechanism, RFC 6265.
27 So z.B. auch *Schröder*, ZD 2011, 59 (60); a.A. *Krimphove/Michel*, ZVertriebsR 2017, 149 (149 f.).
28 Geändert durch Art. 2 Nr. 5 RL 2009/136/EG v. 25.11.2009. Hierzu näher *Lienemann*, K&R 2011, 609.

§ 13 TMG | Pflichten des Diensteanbieters

vertretener Auffassung keine unmittelbare Anwendung. Art. 6 Abs. 1 Buchst. b oder f DSGVO können eine entsprechende Datenverarbeitung jedoch rechtfertigen (siehe § 15 Rz. 2).

IV. Einwilligung (Abs. 2)

17 Auch im Telemediendatenschutzrecht gilt der allgemeine Grundsatz, dass die Erhebung, Verarbeitung und Nutzung personenbezogener Daten nur zulässig ist, soweit ein Gesetz dies erlaubt oder anordnet oder der Betroffene (hier der Nutzer) zuvor eingewilligt hat. Während jedoch die Einwilligung nach § 4a Abs. 1 Satz 2 BDSG-alt grundsätzlich schriftlich erteilt werden muss, soweit nicht wegen besonderer Umstände eine andere Form angemessen ist, gestattet der gegenüber § 4a BDSG-alt speziellere § 13 Abs. 2 ausdrücklich die **elektronische Erklärung** der Einwilligung. Die elektronische Einwilligung setzt voraus, dass der Diensteanbieter sicherstellt, dass der Nutzer eine eindeutige und bewusste Einwilligung erteilt (§ 13 Abs. 2 Nr. 1), dass die Einwilligung protokolliert wird (§ 13 Abs. 2 Nr. 2), dass der Nutzer die Einwilligung jederzeit abrufen (§ 13 Abs. 2 Nr. 3) und dass er sie jederzeit mit ex-nunc Wirkung widerrufen kann (§ 13 Abs. 2 Nr. 4). Wird eine der Voraussetzungen nicht erfüllt, liegt keine wirksame elektronische Einwilligung vor[29]. Eine elektronische Erklärung ist auch dann möglich, wenn Informationen zugleich Nutzungsdaten i.S.d. TMG und Inhaltsdaten sind, die dem BDSG-alt unterfallen[30].

17a Die **DSGVO** enthält Regelungen zur Einwilligung in den Art. 7 und 8 DSGVO (vgl. die Kommentierung dort). Vor dem 25.5.2018 erteilte „**Alteinwilligungen**" sind – soweit erforderlich – bis zum 25.5.2020 mit der DSGVO „in Einklang" zu bringen[31] (vgl. den insofern missverständlichen[32] Erwägungsgrund 171 DSGVO – hierzu näher Kommentierung zu Art. 7 DSGVO Rz. 4 ff.).

1. Eindeutige und bewusste Einwilligung (Abs. 2 Nr. 1)

18 Das Erfordernis der eindeutigen und bewussten Erteilung ist zentrales Element der elektronischen Einwilligung. Es soll, wie es § 4 Abs. 2 TDDSG noch ausdrücklich verlangte, eine eindeutige und bewusste **Handlung des Nutzers** zur

---

29 Vgl. LG Hamburg v. 7.8.2009 – 324 O 650/08, CR 2010, 53 = ITRB 2010, 34 = VuR 2009, 433; Spindler/Schuster/*Spindler/Nink*, § 13 Rz. 13.
30 S. hierzu Taeger/Gabel/*Moos*, § 13 TMG Rz. 18.
31 Ehmann/Selmayr/*Heckmann/Paschke*, Art. 7 DSGVO Rz. 58.
32 Der EG 171 DSGVO sieht vor, dass Verarbeitungen, die „zum Zeitpunkt der Anwendung der Verordnung bereits begonnen haben" innerhalb von zwei Jahren „nach dem Inkrafttreten" mit der DSGVO in Einklang gebracht werden „sollten". Die DSGVO ist aber bereits im Jahr 2016 in Kraft getreten und ab dem 25.5.2018 anwendbar.

Erteilung notwendig sein[33]. Eine solche muss zunächst nach außen objektiv als Erklärungshandlung erkennbar sein. Des Weiteren müssen sowohl Handlungsbewusstsein, Erklärungswille und Geschäftswille als subjektive Elemente der Erklärungshandlung vorliegen[34]. Um diesen Willen entwickeln zu können, muss der Nutzer über die geplante Verwendung hinreichend informiert werden (sog. „informierte Einwilligung"[35]).

Der Nutzer muss erkennen können, worauf sich seine Einwilligung genau bezieht. Dazu ist es erforderlich, dass er weiß, dass er eine Erklärung bezüglich der Verwendung seiner personenbezogenen Daten abgibt und welche seiner Daten zu welchem Zweck verwendet werden sollen. Ausreichend ist ein Verfahren, bei welchem der Nutzer zur Einwilligung eine Schaltfläche anklicken muss, welche ihm verdeutlicht, dass er eine datenschutzrechtlich relevante Erklärung über die Verwendung seiner Daten abgibt. Dies kann z.B. im Rahmen eines Anklickfeldes und der Bezeichnung „Hiermit willige ich in die in der Datenschutzerklärung näher beschriebene Verwendung meiner Daten ein" geschehen (sog. **„Opt-in"**). Insofern besteht auf Seiten des Diensteanbieters ein gewisser Umsetzungsspielraum[36]. Die in Bezug genommene Datenschutzerklärung, aus welcher sich konkret ergeben muss, zu welchen Handlungen die Zustimmung erteilt wird, ist hierbei im Kontext (z.B. durch **Verlinkung**) verfügbar zu machen[37]. 19

Die Einwilligungserklärung kann vom Diensteanbieter formularmäßig vorgegeben werden. In diesem Fall handelt es sich nach Auffassung des BGH um **AGB**, die sich an den entsprechenden Regelungen der §§ 305 ff. BGB messen lassen müssen[38]. Dies gilt dann nicht, wenn die Einwilligungserklärung nicht im Zusammenhang mit einem Vertragsverhältnis steht und auch kein entsprechender Anschein gesetzt wird. Wird z.B. bei einem **Gewinnspiel** zumindest der Eindruck erweckt, dass eine Einwilligung Voraussetzung für die Teilnahme ist, handelt es sich um AGB. Ist hingegen erkennbar, dass eine Einwilligung freiwillig und unabhängig von der Gewinnmöglichkeit ist, finden die §§ 305 ff. BGB keine Anwendung[39]. 20

Wenn die vom Diensteanbieter vorformulierte Einwilligungserklärung – in welcher die beabsichtigte Datenverwendung beschrieben wird – in die AGB des Diensteanbieters integriert werden soll, ist der Nutzer deutlich darauf hinzuweisen, dass er durch Akzeptieren der AGB auch eine Einwilligung in die in der Da- 21

---

33 Taeger/Gabel/*Moos*, § 13 TMG Rz. 20; Heckmann/*Heckmann*, 4. Aufl., Kap. 9 Rz. 225; Spindler/Schuster/*Spindler*/*Nink*, § 13 TMG Rz. 13; jeweils m.w.N.
34 LG Potsdam v. 10.3.2005 – 12 O 287/04, juris Rz. 32.
35 LG Potsdam v. 10.3.2005 – 12 O 287/04, juris Rz. 33.
36 Heckmann/*Heckmann*, 4. Aufl., Kap. 9 Rz. 229.
37 S. auch KG v. 24.1.2014 – 5 U 42/12, ITRB 2014, 154 = CR 2014, 319.
38 BGH v. 16.7.2008 – VIII ZR 348/06, MDR 2008, 1264 = CR 2008, 720 m. Anm. *Brisch*/ *Laue* = ITRB 2008, 219 = BB 2008, 2426 (2427) – *Payback*.
39 KG v. 26.8.2010 – 23 U 34/10, K&R 2011, 269 m. Anm. *Voigt*.

§ 13 TMG | Pflichten des Diensteanbieters

tenschutzerklärung beschriebene Erhebung und Verwendung personenbezogener Daten erklärt. Dies kann durch eine grafische **Hervorhebung** (Fettdruck, Umrandung der relevanten Textstellen) geschehen. Der Abschnitt der AGB, welcher die entsprechenden Ausführungen enthält, ist zudem separat zu verlinken[40].

22 Eine bisweilen geforderte „bestätigende Wiederholung des Übermittlungsbefehls"[41] ist nicht notwendig, um sicherzustellen, dass der Nutzer das für eine Erklärung ausreichende Erklärungsbewusstsein entwickelt. Der **einmalige Klick** genügt. Ein durchschnittlich verständiger Nutzer muss nicht zwei Mal auf die Relevanz seiner Handlung hingewiesen werden. Das Erklärungsbewusstsein wird hierdurch weder erhöht noch erst hervorgerufen. Es empfiehlt sich jedoch aus Gründen der Beweisführungssicherung, eine Bestätigung der Erklärung im Rahmen eines „Double-Opt-in"-Verfahrens anzufordern.

23 Ob die vom BGH[42] im Rahmen der Einwilligung nach § 4a BDSG-alt für rechtmäßig erachtete Möglichkeit des **Opt-outs** („hier klicken, falls die Einwilligung nicht erteilt wird") auch im Rahmen der elektronisch erklärten Einwilligung unter dem TMG gilt, ist umstritten[43]. Moniert wird bei dieser Variante das Fehlen einer eindeutigen Handlung[44]. Mit Blick auf den gegenüber dem TDDSG geänderten Text der Einwilligungserfordernisse im TMG, der eine Handlung gerade nicht mehr explizit fordert, sowie den Wortlaut von Art. 2 Buchst. h der EG-Datenschutzrichtlinie kommt nach hier vertretener Auffassung eine Opt-out-Lösung auch im Bereich des TMG-Datenschutzes in Betracht. In Art. 2 Buchst. h der EG-Datenschutzrichtlinie wird als „Einwilligung der betroffenen Person" jede Willensbekundung genannt. In seiner Payback-Entscheidung hat der BGH dementsprechend für § 4a BDSG-alt zutreffend festgehalten, dass die Einwilligung gerade nicht „aktiv" erklärt werden müsse. Es muss nur verhindert werden, dass der durchschnittliche (nicht der „sorglose") Verbraucher die Einwilligung übersieht[45]. Wieso eine „einfache und deutlich gestaltete Abwahlmöglich-

---

40 Taeger/Gabel/*Moos*, § 13 TMG Rz. 23.
41 *Zscherpe*, MMR 2004, 723 (726); *Rasmussen*, DuD 2002, 406 (408); OLG Brandenburg v. 10.1.2006 – 7 U 52/05, MMR 2006, 405. Danach musste der Nutzer zunächst z.B. ein Häkchen neben den Text „Ich willige in die Verarbeitung und Nutzung meiner personenbezogenen Daten gemäß der vorstehenden Datenschutzerklärung ein" setzen und sodann noch einmal eine Schaltfläche anklicken, die mit dem Text „Ich akzeptiere und willige ein" beschriftet war, vgl. Darstellung bei Heckmann/*Heckmann*, 4. Aufl., Kap. 9 Rz. 228.
42 BGH v. 16.7.2008 – VIII ZR 348/06, MDR 2008, 1264 = CR 2008, 720 m. Anm. *Brisch/Laue* = ITRB 2008, 219 = BB 2008, 2426 – *Payback*.
43 Als zulässig erachtet von *Hanloser*, CR 2008, 715; Spindler/Schuster/*Spindler/Nink*, § 13 TMG Rz. 13; ablehnend Taeger/Gabel/*Moos*, § 13 TMG Rz. 21.
44 Taeger/Gabel/*Moos*, § 13 TMG Rz. 21.
45 BGH v. 16.7.2008 – VIII ZR 348/06, MDR 2008, 1264 = CR 2008, 720 m. Anm. *Brisch/Laue* = ITRB 2008, 219 = BB 2008, 2426 (2428) – *Payback*.

keit" im Online-Bereich abweichend vom „Offline-Bereich" nicht ausreichen soll, ist nicht ersichtlich. Dies gilt umso mehr, als § 13 Abs. 2 dazu dient, Telemedienanbietern eine erleichterte Form der Einholung der Einwilligung zu ermöglichen[46]. In der Praxis ist freilich mit Blick auf die bislang fehlende richterliche Klärung der Übertragbarkeit zu einem Opt-in-Verfahren zu raten.

Für den Bereich der unzumutbaren Belästigung durch E-Mail-Werbung scheidet eine Opt-out-Lösung jedoch aus, da es insofern an einer im Rahmen von § 7 Abs. 2 Nr. 3 UWG notwendigen ausdrücklichen Einwilligung mangelt[47]. 24

2. Protokollierung der Einwilligung (Abs. 2 Nr. 2)

Die abgegebene Einwilligung ist zu **protokollieren**. Das bedeutet, dass Zeitpunkt der Einwilligung, Inhalt und Identität des Erklärenden festzuhalten sind. Die Anforderung ist als Zielvorgabe formuliert, daher sind Art und Weise der Protokollierung (z.B. konkrete technische Vorgaben) nicht vorgegeben worden. In der Praxis ist es im Rahmen des regelmäßig verwendeten Double-Opt-in-Verfahrens ausreichend, wenn die Bestätigungsnachricht des Nutzers gespeichert oder anderweitig (z.B. durch Ausdruck) festgehalten wird, da sich aus ihr Zeitpunkt und Erklärender ergibt. 25

3. Jederzeitige Abrufmöglichkeit (Abs. 2 Nr. 3)

Dem Nutzer soll es jederzeit möglich sein, den Inhalt seiner Erklärung abzurufen. Die Möglichkeit des Online-Abrufs (z.B. im Kontext der sowieso vorzuhaltenden Datenschutzerklärung) wird zwar regelmäßig die praktikabelste sein, ist aber nicht zwingend notwendig. Ausreichend ist die „Abforderbarkeit", der auch durch eine Übersendung einer E-Mail auf entsprechende Aufforderung des Nutzers hin nachgekommen werden kann[48]. Bereitzuhalten ist der Text, der Gegenstand der konkreten Einwilligung im jeweiligen Einzelfall gewesen ist. 26

4. Widerrufsmöglichkeit (Abs. 2 Nr. 4)

Mit Wirkung für die Zukunft darf der Nutzer seine Einwilligung jederzeit widerrufen. Der Diensteanbieter hat technisch und organisatorisch sicherzustellen, dass dies jederzeit möglich ist. Eine bestimmte Form ist für den Widerruf nicht 27

---

46 Spindler/Schuster/*Spindler/Nink*, § 13 TMG Rz. 13.
47 BGH v. 16.7.2008 – VIII ZR 348/06, MDR 2008, 1264 = CR 2008, 720 m. Anm. *Brisch/Laue* = ITRB 2008, 219 = BB 2008, 2426 (2428f.) – *Payback*.
48 Taeger/Gabel/*Moos*, § 13 TMG Rz. 27; vgl. auch bereits BT-Drucks. 12/6098, S. 28.

vorgegeben. Der Diensteanbieter darf die Möglichkeiten des Widerrufs nicht auf eine bestimmte Form (z.b. ausschließlich per Fax) beschränken. Ein elektronisch erklärter Widerruf, bspw. durch eine einfache E-Mail, ist dementsprechend auch dann ausreichend, wenn die Einwilligung ursprünglich in einer anderen Form erteilt wurde[49].

5. Beweislast/Double-Opt-in

28   Da der Diensteanbieter aus der Einwilligung ein Recht zur Nutzung der Daten herleiten möchte, trägt er für das Vorliegen die Darlegungs- und Beweislast[50]. Um dem Einwand begegnen zu können, dass ein unbekannter Dritter statt des vermeintlichen Nutzers die Einwilligung erteilt hat[51], bietet sich regelmäßig das sog. „Double-Opt-in"-Verfahren zur „Beweissicherung" an. Im Gegensatz zum einfachen „Opt-in"-Verfahren, bei welchem sich die Einwilligungsprozedur regelmäßig im Klicken des entsprechenden Buttons erschöpft, erhält der Einwilligende beim „Double-Opt-in"-Verfahren nach dem Klick eine Nachricht[52] mit der Aufforderung, einen Bestätigungs-Link anzuklicken. Erst durch diese zweite Bestätigungshandlung wird der Einwilligungsprozess abgeschlossen. Auf diese Weise wird insbesondere verhindert, dass Dritte die E-Mail-Adresse des Nutzers ohne dessen Einverständnis verwenden. Reagiert der Empfänger nicht auf die Nachricht, ist das als Versagung der Einwilligungserteilung anzusehen[53].

29   Nach Auffassung des BGH[54] kann ein elektronisch durchgeführtes Double-Opt-in-Verfahren ein tatsächlich fehlendes Einverständnis von Verbrauchern mit **Werbeanrufen** nicht ersetzen[55]. Gehe ein Teilnahmeantrag elektronisch ein, so könne dessen Absender durch eine E-Mail um Bestätigung seines Teilnahmewunsches gebeten werden. Nach Eingang der erbetenen Bestätigung könne angenommen werden, dass der Antrag tatsächlich von der angegebenen E-Mail-Adresse stamme. Habe der Verbraucher durch Setzen eines Häkchens in dem Teilnahmeformular bestätigt, dass er mit der Übersendung von Werbung ein-

---

49 Spindler/Schuster/*Spindler/Nink*, § 13 TMG Rz. 13.
50 Auernhammer/*Schreibauer*, § 13 TMG Rz. 39; Heckmann/*Heckmann*, 4. Aufl., Kap. 9 Rz. 224; Taeger/Gabel/*Moos*, § 13 TMG Rz. 31; OLG Bamberg v. 12.5.2005 – 1 U 143/04, CR 2006, 274 = MMR 2006, 481 (482).
51 Vgl. z.B. OLG Bamberg v. 12.5.2005 – 1 U 143/04, CR 2006, 274 = MMR 2006, 481.
52 Die Zusendung sog. Bestätigungsmails kann nach zutreffender Auffassung nicht als Spam eingestuft werden, AG München v. 16.11.2006 – 161 C 29330/06, NJW-RR 2007, 547; AG Berlin-Mitte v. 11.6.2008 – 21 C 43/08, MMR 2009, 144.
53 Vgl. AG Berlin-Mitte v. 11.6.2008 – 21 C 43/08, MMR 2009, 144.
54 BGH v. 10.2.2011 – I ZR 164/09, MDR 2011, 1060 = ITRB 2011, 222 = CR 2011, 581 m. abl. Anm. *Sassenberg*.
55 BGH v. 10.2.2011 – I ZR 164/09, CR 2011, 581 m. Anm. *Sassenberg* = MDR 2011, 1060 = ITRB 2011, 222.

verstanden sei, sei grundsätzlich hinreichend dokumentiert, dass er in E-Mail-Werbung an diese E-Mail-Adresse ausdrücklich eingewilligt habe[56]. Der Werbende habe mit einem solchen Verfahren ausreichend sichergestellt, dass es nicht aufgrund von Falscheingaben zu einer Versendung von E-Mail-Werbung komme[57]. Das schließe es aber nicht aus, dass sich der Verbraucher auch nach Bestätigung seiner E-Mail-Adresse im Double-Opt-in-Verfahren noch darauf berufen könne, dass er die unter dieser Adresse abgesandte Einwilligung in E-Mail-Werbung nicht abgegeben habe. Dafür trage er allerdings die Darlegungslast. Könne der Verbraucher darlegen, dass die Bestätigung nicht von ihm stamme, sei die Werbezusendung auch dann wettbewerbswidrig, wenn die E-Mail-Adresse im Double-Opt-in-Verfahren gewonnen wurde[58].

V. Hinweis auf Möglichkeit des Widerrufs (Abs. 3)

Die Möglichkeit des Widerrufs muss dem Nutzer nicht nur de facto gewährt werden (hierzu Rz. 27), er muss auch ausdrücklich vor Abgabe der Erklärung nach § 13 Abs. 2 auf diese Möglichkeit hingewiesen werden. Der Hinweis muss entsprechend Abs. 2 Nr. 3 jederzeit für den Nutzer abrufbar sein. In der **DSGVO** findet sich eine entsprechende Regelung in Art. 7 Abs. 3 DSGVO.   30

VI. Technische und organisatorische Vorkehrungen durch den Diensteanbieter (Abs. 4)

§ 13 Abs. 4 regelt die technischen und organisatorischen Datenschutzmaßnahmen, die vom Diensteanbieter im Rahmen der Bereitstellung von Telemedien zu treffen sind. Dem Nutzer muss ermöglicht werden, die Nutzung des Telemediums jederzeit zu beenden (Nr. 1). Weiterhin wird dem Diensteanbieter aufgegeben, Nutzungsdaten unmittelbar nach Nutzungsende zu löschen bzw. zu sperren (Nr. 2). Darüber hinaus muss dem Nutzer ermöglicht werden, Telemedien in Anspruch zu nehmen, ohne dass Dritte hiervon Kenntnis nehmen können (Nr. 3). Werden verschiedene Telemedien durch die gleiche Person genutzt, müssen deren personenbezogene Daten getrennt verwendet werden können (Nr. 4). Daneben hat der Diensteanbieter sicherzustellen, dass personenbezogene Daten über die Nutzung verschiedener Telemedien nur für Abrechnungszwecke zusammengeführt werden können (Nr. 5). Schließlich muss gewährleis-   31

---

56 BGH v. 10.2.2011 – I ZR 164/09, CR 2011, 581 m. Anm. *Sassenberg* = MDR 2011, 1060 = ITRB 2011, 222.
57 BGH v. 10.2.2011 – I ZR 164/09, CR 2011, 581 m. Anm. *Sassenberg* = MDR 2011, 1060 = ITRB 2011, 222.
58 BGH v. 10.2.2011 – I ZR 164/09, CR 2011, 581 m. Anm. *Sassenberg* = MDR 2011, 1060 = ITRB 2011, 222.

tet sein, dass im Falle der Verwendung pseudonymisierter Nutzungsprofile eine Re-Identifizierung des Nutzers ausgeschlossen ist (Nr. 6).

32 § 13 Abs. 4 ist eine Ausprägung des Prinzips des Systemdatenschutzes, der ebenfalls in § 3a BDSG-alt verankert ist. Hiernach sind Datenverarbeitungsanlagen wie Computersysteme und Software möglichst schon so zu konzipieren, dass sie nur diejenigen Datenverarbeitungsfunktionen ausführen können, die rechtlich zum jeweiligen Zweck zulässig sind. Dieser Ansatz erfährt unter der Bezeichnung **Privacy by Design** zunehmende Beachtung[59].

32a Die **DSGVO** enthält in Art. 32 DSGVO abschließende[60] Regelungen zur „Sicherheit der Verarbeitung", die freilich technikunspezifisch und daher nur generalklauselartig sind.

1. Jederzeitiger Nutzungsabbruch (Nr. 1)

33 Gemäß § 13 Abs. 4 Satz 1 Nr. 1 muss der Diensteanbieter sicherstellen, dass der Nutzer die Inanspruchnahme des Dienstes jederzeit beenden kann. Das ist z.B. dann gewährleistet, wenn mit dem Schließen des Browsers der Nutzungsvorgang tatsächlich beendet und nicht im Hintergrund weiter ausgeführt wird[61]. Regelmäßig bedarf es bei der Telemediennutzung im Internet keiner besonderen technischen Vorkehrungen, da die Kommunikation zwischen Anbieter und Nutzer von beiden Seiten jederzeit beendet werden kann, falls keine besondere (Schad-)Software eingesetzt wird[62].

2. Löschungspflicht (Nr. 2)

34 Daten über den Ablauf des Zugriffs oder über die sonstige Nutzung des Telemediums sind unmittelbar nach Beendigung des jeweiligen Nutzungsvorgangs zu löschen, soweit keine gesetzliche oder individuelle Legitimation zur weiteren Verwendung vorliegt. § 13 Abs. 4 Satz 1 Nr. 2 schreibt vor, dass der Diensteanbieter entsprechende technisch-organisatorische Maßnahmen zu treffen hat. Das Verschieben von Daten in einen „virtuellen Papierkorb" ist hierfür nicht ausreichend, wenn die Daten hieraus zumindest vorübergehend unbeschränkt abrufbar bleiben[63]. Nach Satz 2 sind jedoch Daten, die nicht gelöscht werden müssen, zu sperren (s. hierzu die Definition in § 3 Abs. 4 Nr. 4 BDSG-alt).

---

59 Näher hierzu *Schulze*, CR 2012, 204; *Boehme-Neßler*, ZG 2013, 242; *Solove*, PinG 2015, 191.
60 Kühling/Buchner/*Jandt*, Art. 32 DSGVO Rz. 41.
61 Ähnlich Heckmann/*Heckmann*, 4. Aufl., Kap. 9 Rz. 250.
62 Hoeren/Sieber/Holznagel/*Schmitz*, Teil 16.2 Rz. 195.
63 Heckmann/*Heckmann*, 4. Aufl., § 13 TMG Rz. 256.

3. Vertraulichkeitsschutz (Nr. 3)

Telemedien müssen so in Anspruch genommen werden können, dass Dritte 35
hiervon keine Kenntnis erlangen, falls dies nicht vom Nutzer gewünscht oder
dem entsprechenden Angebot immanent ist. Dies bedeutet im Wesentlichen,
dass Diensteanbieter ihre interne Datenverarbeitung in technisch-organisatorischer Hinsicht sichern müssen[64]. Die entsprechenden Pflichten folgen dabei
schon aus § 9 BDSG samt Anlage, insbesondere aus den dort festgeschriebenen
technisch-organisatorischen Maßnahmen der Zugangskontrolle (Anlage Nr. 2)
und der Zugriffskontrolle (Anlage Nr. 3). Bei geschäftsmäßig angebotenen Telemedien ist zudem der durch das IT-Sicherheitsgesetz neu eingefügte Abs. 7
(s. Rz. 43b) zu beachten.

4. Getrennte Datenverwendung (Nr. 4)

Werden verschiedene Telemedien von demselben Nutzer in Anspruch genom- 36
men, muss der Diensteanbieter sicherstellen, dass die personenbezogenen Daten
über die Nutzung getrennt verwendet werden können. Dies gilt jedenfalls dann,
wenn die verschiedenen Telemedien zu unterschiedlichen Zwecken genutzt werden und eine gemeinsame Datenverwendung nicht gerechtfertigt ist[65]. Das
Trennungsgebot soll verhindern, dass Anbieter umfangreiche dienstübergreifende Nutzerprofile anlegen, die personenbezogene Daten von Nutzungsvorgängen verschiedener Telemedien vereinen. Hierbei muss insbesondere durch eine
entsprechende Gestaltung der IT-Systeme, die zur Diensterbringung genutzt
werden, eine getrennte Datenverwaltung gewährleistet werden[66]. Dies kann z.B.
durch eine physisch (z.B. auf verschiedenen Servern erfolgende), als auch durch
eine logisch (d.h. programmtechnisch umgesetzt) getrennte Verarbeitung der
auf das jeweilige Telemedium bezogenen Daten erfolgen[67].

5. Zusammenführung von Abrechnungsdaten (Nr. 5)

Soweit es für die Abrechnung von verschiedenen Telemedien notwendig ist, Ab- 37
rechnungsdaten eines Nutzers zusammenzuführen, ist dies nach § 15 Abs. 2 zulässig (vgl. Kommentierung zu § 15 TMG Rz. 31). § 13 Abs. 4 Satz 1 Nr. 5 verpflichtet den Diensteanbieter dazu, technisch-organisatorische Vorkehrungen
zu treffen, die eine Zusammenführung zu anderen Zwecken, soweit diese nicht

---

64 Taeger/Gabel/*Moos*, § 13 TMG Rz. 40.
65 Taeger/Gabel/*Moos*, § 13 TMG Rz. 42.
66 S. auch Hoeren/Sieber/Holznagel/*Schmitz*, Teil 16.2 Rz. 199; Taeger/Gabel/*Moos*, § 13
TMG Rz. 42.
67 Heckmann/*Heckmann*, 4. Aufl., Kap. 9 Rz. 267.

durch andere gesetzliche Regelungen oder durch eine Einwilligung gedeckt sind, verhindern. Die Vorgabe kann z.b. durch eine entsprechende Arbeitsanweisung an Mitarbeiter oder die Gestaltung von Hard- und Software, die eine Zusammenführung der Daten vermeiden, eingehalten werden[68].

6. Re-Identifizierung bei Nutzerprofilen (Nr. 6)

38 Zu den in § 15 Abs. 3 festgelegten Zwecken dürfen Diensteanbieter pseudonymisierte Nutzungsprofile erstellen, soweit der Nutzer dem nicht widersprochen hat (s. Kommentierung zu § 15 TMG Rz. 18 – zur Rechtslage ab Geltung der DSGVO § 15 TMG Rz. 2). § 13 Abs. 4 Satz 1 Nr. 6 gibt dem Dienstebetreiber auf, durch technisch-organisatorische Maßnahmen sicherzustellen, dass die Nutzer, über die ein pseudonymisiertes Profil erstellt wurde, nicht re-identifiziert werden können. Diese Vorgabe steht im Konflikt zum Recht des Nutzers, Auskunft über die zu seinem Pseudonym gespeicherten Daten zu erhalten (s. Rz. 44). Dieser Pflicht kann der Diensteanbieter nur nachkommen, wenn er in diesem Fall ausnahmsweise das Pseudonym auflöst und den Nutzer re-identifiziert. Über die Re-Identifizierung ist der Nutzer nach seinem Auskunftsverlangen zu informieren (s. Rz. 45)[69]. In allen anderen Fällen ist die Zuordnungsregel, die die Verknüpfung zwischen Nutzer und Pseudonym ermöglicht, besonders zu sichern, z.B. durch entsprechende Verschlüsselungsmechanismen.

VII. Weitervermittlung an andere Diensteanbieter (Abs. 5)

39 Der Diensteanbieter muss dem Nutzer anzeigen, wenn er ihn an einen anderen Diensteanbieter „weitervermittelt". Darunter ist das Weiterleiten des Nutzers auf das Angebot eines anderen Diensteanbieters zu verstehen, z.B. wenn durch Klick auf einen Link beim Angebot www.abc.de ein Telemedium des Anbieters der Webseite www.xyz.de aufgerufen wird. Als ausreichend wird hierbei angesehen, dass in der Adresszeile des Browsers angezeigt wird, dass und auf welcher neuen Webpräsenz sich der Nutzer nunmehr befindet[70]. Erfolgt eine solche Anzeige nicht, z.B. weil das Angebot des anderen Diensteanbieters im eigentlichen Dienst integriert ist, so hat ein gesonderter Hinweis zu erfolgen[71].

---

68 Heckmann/*Heckmann*, 4. Aufl., Kap. 9 Rz. 270; Hoeren/Sieber/Holznagel/*Schmitz*, Teil 16.2 Rz. 200.
69 So auch Spindler/Schuster/*Spindler/Nink*, § 13 TMG Rz. 29.
70 Hoeren/Sieber/Holznagel/*Schmitz*, Teil 16.2 Rz. 201.
71 Z.B. im Rahmen des Framing, soweit die Erbringung durch einen anderen Diensteanbieter nicht schon offensichtlich ist, s. auch Auernhammer/*Schreibauer*, § 13 TMG Rz. 52; Hoeren/Sieber/Holznagel/*Schmitz*, Teil 16.2 Rz. 201.

VIII. Anonyme und pseudonyme Nutzungsmöglichkeit (Abs. 6)

Nach § 13 Abs. 6 ist der Diensteanbieter verpflichtet, die Nutzung von Telemedien sowie ihre Bezahlung anonym (vgl. § 3 Abs. 6 BDSG-alt) oder unter Pseudonym (vgl. § 3 Abs. 6a BDSG-alt) zu ermöglichen, soweit dies technisch möglich und zumutbar ist. Der Nutzer ist über diese Möglichkeit zu unterrichten. Diese Verpflichtung ist mehr als nur ein „praktisch inhaltsloser ‚Datenschutz-Programmsatz'"[72]. Zwar ist es technisch für den Diensteanbieter stets notwendig, den Nutzer für den Nutzungszeitraum über die IP-Adresse zu „identifizieren". Die Verpflichtung betrifft die Möglichkeit, gegenüber anderen Nutzern unerkannt zu bleiben, aber auch das Verhältnis zwischen Anbieter und Nutzer[73]. Hier ist für jeden Einzelfall zu prüfen, ob eine pseudonyme oder gar anonyme Nutzung möglich und zumutbar ist.   40

Die Zumutbarkeit der Ermöglichung der pseudonymen bzw. anonymen Nutzung[74] ist im Rahmen einer auf den konkreten Fall bezogenen **Verhältnismäßigkeitsprüfung** zu ermitteln, bei der das Interesse des Anbieters mit dem Recht des Nutzers auf informationelle Selbstbestimmung abzuwägen ist[75]. Soweit es um Bestandsdaten geht, die im Rahmen des Vertragsschlusses über die (entgeltliche) Nutzung von Telemedien erhoben werden und die lediglich dem Diensteanbieter bekannt sind, fällt die Verhältnismäßigkeitsprüfung regelmäßig zu Lasten der Möglichkeit einer anonymen oder pseudonymen Inanspruchnahme des Dienstes aus (s. Rz. 43)[76].   41

Problemfälle sind z.B. die Notwendigkeit, unter einem „Klarnamen", also dem bürgerlichen Namen zu agieren (sog. **Klarnamenzwang**). Gerade im sog. Social Web besteht mitunter das legitime Bedürfnis[77], Äußerungen zumindest unter einem Pseudonym zu veröffentlichen. Regelmäßig hat der Diensteanbieter dem Nutzer die Möglichkeit einzuräumen, gegenüber anderen Nutzern unter einem beliebigen „Nutzernamen" zu agieren. Eine Verpflichtung zur Verwendung des Klarnamens auf der Nutzer-Nutzer-Ebene ist bei sozialen Netzwerkdiensten mit vornehmlich privatem Charakter (z.B. Twitter, Facebook, Google+), nicht ohne weitere Begründung mit vermeintlicher „Unzumutbarkeit" einer anonymen   42

---

72 So Hoeren/Sieber/*Holznagel/Schmitz*, Teil 16.2 Rz. 205.
73 S. Spindler/Schuster/*Spindler/Nink*, § 13 TMG Rz. 22.
74 Hierzu allgemein *Roßnagel/Scholz*, MMR 2000, 721.
75 Heckmann/*Heckmann*, 4. Aufl., Kap. 9 Rz. 282; Spindler/Schuster/*Spindler/Nink*, § 13 TMG Rz. 21.
76 Zur Übersicht über die unterschiedlichen Auffassungen zum Anwendungsbereich s. Auernhammer/*Schreibauer*, § 13 TMG Rz. 54, der über § 14 Abs. 1 jedoch letztendlich zu einem ähnlichen Ergebnis wie hier vertreten kommt.
77 So BGH v. 23.9.2014 – VI ZR 358/13, CR 2015, 116 = MDR 2014, 1388 = MMR 2015, 106, Rz. 41 – *Ärztebewertungsportal*; vgl. auch BGH v. 23.6.2009 – VI ZR 196/08, CR 2009, 593 = MDR 2009, 1038 = ITRB 2009, 195 = NJW 2009, 2888 – *spickmich.de* – Rz. 38; *Ballhausen/Roggenkamp*, K&R 2008, 403 (406).

oder pseudonymen Nutzung zu rechtfertigen[78]. Die Offenlegung des bürgerlichen Namens ist auch für die Finanzierung durch Werbung nicht erforderlich. Diese wird auf den jeweiligen Aktionskontext bzw. freiwillige Angaben des Nutzers (z.b. zu „Interessen und Hobbys") abgestimmt. Ob der Dienst ohne Angabe der Klarnamens für den Nutzer tatsächlich „nützlich" sein kann, steht grundsätzlich im nicht abdingbaren Ermessen des Nutzers[79]. Eine Verpflichtung im Nutzungsvertrag, den bürgerlichen Namen auch als Nutzernamen zu verwenden, dürfte mit § 307 Abs. 2 Nr. 1 BGB nicht vereinbar sein[80]. Nur wenn das gesamte Geschäftsmodell des sozialen Netzwerks evident auf der Offenlegung der Identität beruht, z.b. im Fall von sozialen Netzwerken mit (fast) ausschließlich berufsbezogener Prägung (z.b. Xing, LinkedIn), kommt eine Unzumutbarkeit der Zulassung von Pseudonymen in Betracht[81].

43 Von der Frage der Zumutbarkeit der Verwendung von Klarnamen ist die Notwendigkeit der **Identifikation gegenüber dem Diensteanbieter** selbst zu unterscheiden[82]. Schon aufgrund etwaiger Haftungsrisiken unter dem Aspekt der Störerhaftung für Diensteanbieter und dem legitimen Bedürfnis, im Falle von Rechtsverletzungen durch Nutzer bei diesen Regress nehmen zu können, ist es in der Regel zulässig, zu verlangen, dass sich Nutzer auch bei „kostenlosen" Diensten gegenüber dem Diensteanbieter identifizieren[83].

43a Die **DSGVO** bestimmt in Art. 5 Abs. 1 Buchst. c, dass die Verarbeitung personenbezogener Daten auf das „für die Zwecke der Verarbeitung notwendige Maß beschränkt sein" muss. Zudem müssen nach Art. 5 Abs. 1 Buchst. e DSGVO die personenbezogenen Daten „in einer Form gespeichert werden, die die Identifizierung der betroffenen Personen nur so lange ermöglicht, wie es für die Zwecke, für die sie verarbeitet werden, erforderlich ist". Daraus folgt – auch im Lichte des Art. 6 Abs. 1 Buchst. f DSGVO – nach hier vertretener Auffassung, dass eine Nutzung (und Bezahlung) von „Telemedien" auch nach der DSGVO anonym bzw. zumindest pseudonym möglich sein muss, wenn dies „zumutbar" ist[84].

---

78 Vgl. *Ballhausen/Roggenkamp*, K&R 2008, 403 (406); *Stadler*, ZD 2011, 57 (58); vgl. bzgl. Klarnamenpflicht in den Nutzerbedingungen von Facebook LG Berlin v. 16.1.2018 – 16 O 341/15.
79 A.A. Heckmann/*Heckmann*, 4. Aufl., Kap. 9 Rz. 294, der auf eventuell vorhandene Privatsphäreneinstellungen verweist.
80 So auch Heckmann/*Heckmann*, 4. Aufl., Kap. 9 Rz. 486.
81 Vgl. *Schnabel/Freund*, CR 2010, 718 (719); *Krieg*, AnwZert ITR 24/2008 Anm. 3; sehr weit Heckmann/*Heckmann*, 4. Aufl., Kap. 9 Rz. 294; zu eng *Albrecht*, AnwZert ITR 1/2011, Anm. 2.
82 Vgl. auch *Stadler*, ZD 2011, 57 (58).
83 S. auch Heckmann/*Heckmann*, 4. Aufl., Kap. 9 Rz. 293.
84 Vgl. Auernhammer/*Kramer*, Art. 5 DSGVO Rz. 20 a.E.

IX. IT-Sicherheit (Abs. 7)

Vor dem Hintergrund einer zunehmenden Verbreitung von Schadsoftware über Telemediendienste wurden durch Abs. 7[85] **Pflichten zur Ergreifung technischer und organisatorischer Maßnahmen** zum Schutz vor unerlaubten Zugriffen (Satz 1 Nr. 1), von personenbezogenen Daten (Satz 1 Nr. 2 Buchst. a) und vor Störungen (Satz 1 Nr. 2 Buchst. b) festgeschrieben. Hierdurch bezweckt der Gesetzgeber, einen der Hauptverbreitungswege von Schadsoftware einzudämmen, die sog. Drive-by-Downloads.[86] Hierbei kann Schadsoftware bereits schon durch das bloße Aufrufen einer infizierten Webseite unbemerkt heruntergeladen werden[87]. Abs. 7 wurde durch das **IT-Sicherheitsgesetz** vom 17.7.2015[88] eingefügt und trat zum 25.7.2015 in Kraft. Die bisher in Abs. 7 geregelten Vorgaben zur Auskunftspflicht finden sich nun inhaltlich unverändert in Abs. 8 wieder (s. Rz. 44). Die Vorgaben gelten nur für ein geschäftsmäßiges Angebot von Telemedien und soweit die Umsetzung technisch möglich und wirtschaftlich zumutbar ist (s. Rz. 43c f.).

43b

Die **DSGVO** hält mit Art. 32 zwar Regelungen zur „Sicherheit der Verarbeitung" bereit. Der Hauptzweck des § 13 Abs. 7 Satz 1 Nr. 1 sowie Satz 1 Nr. 2 lit b (nicht aber der Nr. 2 Buchst. a) ist jedoch die Erhöhung der allgemeinen IT-Sicherheit[89]. Dementsprechend bestehen die dort niedergelegten Verpflichtungen auch nach Geltungsbeginn der DSGVO fort.

1. Anwendbarkeit

Die Pflicht zur Ergreifung technischer und organisatorischer Maßnahmen gilt für alle **geschäftsmäßig angebotenen Telemedien**[90]. Ein geschäftsmäßiges Angebot liegt vor, wenn es auf einer planmäßigen und dauerhaften, d.h. auf einer nachhaltigen Tätigkeit beruht[91]. Im Gegensatz zu einer erwerbsmäßigen Erbringung kommt es hier auf die Entgeltlichkeit der Erbringung nicht zwingend an[92]. Entgeltliche, aber auch für den Nutzer kostenlos in Anspruch zu nehmende werbefinanzierte Dienste gelten als geschäftsmäßig angebotene[93]. Nicht-kommerzielle Dienste, die von Privaten oder Idealvereinen angeboten werden, fallen

43c

---

85 Ausführlich *Gerlach*, CR 2015, 581.
86 BT-Drucks. 18/4096, S. 34.
87 Ausführlich *Djeffal*, MMR 2015, 716 (716).
88 Gesetz zur Erhöhung der Sicherheit informationstechnischer Systeme (IT-Sicherheitsgesetz) v. 17.7.2015, BGBl. I S. 1324.
89 Vgl. BT-Drucks. 18/4096, S. 34.
90 Ob der Dienst eine „kritische Infrastruktur" i.S.d. § 2 Abs. 10 BSIG darstellt, ist irrelevant; vgl. näher zum IT-Sicherheitsgesetz *Hornung*, NJW 2015, 3334.
91 BT-Drucks. 18/4096, S. 34.
92 *Djeffal*, MMR 2015, 716 (717).
93 BT-Drucks. 18/4096, S. 34.

nicht unter die Regelung[94]. Die in § 13 Abs. 7 gewählte Formulierung weicht hier – ohne ersichtlichen Grund und wohl unbeabsichtigt – von § 5 ab, der die Impressumspflicht für „geschäftsmäßige, *in der Regel gegen Entgelt*" angebotene Telemedien regelt[95].

Diensteanbieter sind jedoch nur im Rahmen ihrer jeweiligen **Verantwortlichkeit** verpflichtet, Sicherungsmaßnahmen nach § 13 Abs. 7 Satz 1 Nr. 1 und 2 zu treffen. Die Verantwortlichkeit für Informationen richtet sich allgemein nach den § 7 ff.[96]. Wo die jeweils eigene Verantwortung i.S.d. § 13 Abs. 7 endet, ist jedoch nicht scharf abgrenzbar. Wo Anbieter keinen unmittelbar technischen Einfluss haben, bspw. auf Werbebanner Dritter, die in eigene Webseiten eingebunden sind, soll sich die Verantwortung zumindest auf organisatorische Vorkehrungen wie die vertragliche Verpflichtung Dritter zur Ergreifung entsprechender Schutzmaßnahmen erstrecken[97].

2. Sicherheitsvorkehrungen

43d Diensteanbieter, die in den Anwendungsbereich fallen, haben **technische und organisatorische Maßnahmen** zu treffen, um unerlaubten Zugriff auf technische Einrichtungen (§ 13 Abs. 7 Satz 1 Nr. 1), die Verletzung des Schutzes personenbezogener Daten (§ 13 Abs. 7 Satz 1 Nr. 2 Buchst. a) und Störungen (§ 13 Abs. 7 Satz 1 Nr. 2 Buchst. b) zu verhindern. Dies gilt jedoch nur, soweit die Ergreifung der Maßnahmen für den Diensteanbieter technisch möglich und wirtschaftlich zumutbar ist (s. Rz. 43b f.).

Der Schutz gegen unerlaubten Zugriff (§ 13 Abs. 7 Satz 1 Nr. 1) umfasst sowohl den unmittelbaren, als auch den Fernzugriff (s. hierzu auch Anlage zu § 9 Satz 1 BDSG-alt, Satz 1 Nr. 3 – Zugriffskontrolle). Der Schutz personenbezogener Daten (§ 13 Abs. 7 Satz 1 Nr. 2 Buchst. a) ist zumindest dann verletzt, wenn diese ohne Einwilligung oder gesetzliche Erlaubnis erhoben, verarbeitet oder genutzt werden. Die Maßnahmen gegen allgemeine Störungen, auch durch äußere Angriffe (§ 13 Abs. 7 Satz 1 Nr. 2 Buchst. b), dienen daneben allenfalls mittelbar dem Datenschutz und unterfallen – im Gegensatz zur Zugriffsverhinderung und dem Schutz personenbezogener Daten – nicht der Bußgeldnorm des § 16 Abs. 2 Nr. 3.

43e Maßnahmen i.S.v. § 13 Abs. 7 Satz 1 sind z.B. das regelmäßige **Aktualisieren der Software** (Sicherheitsupdates), die für das Telemedienangebot eingesetzt wird, der Einsatz von Authentifizierungsverfahren und die vertragliche Verpflichtung auf hohe Sicherheitsstandards von Dritten, die zum Telemediendienst – z.B. durch Werbung – beitragen[98]. Ausdrücklich werden in Satz 3 Verschlüsselungs-

---

94 BT-Drucks. 18/4096, S. 34.
95 *Schütze*, ZD-Aktuell, 2015, 04755.
96 *Djeffal*, MMR 2015, 716 (717).
97 BT-Drucks. 18/4096, S. 34.
98 So BT-Drucks. 18/4096, S. 34; s. auch *Schütze*, ZD-Aktuell 2015, 04755.

maßnahmen als Mittel benannt, um den Zielvorgaben des Satz 1 nachzukommen. Denkbar sind auch viele andere Maßnahmen, wie der Einsatz von Analysetools und Firewalls oder die Beschränkung derjenigen, die Zugriff auf personenbezogene Daten haben[99]. Die Wahl der Maßnahmen hat sich dabei u.a. an Sensibilität und Umfang der verarbeitenden Daten zu orientieren. Die ergriffenen Maßnahmen müssen gemäß Satz 2 den Stand der Technik berücksichtigen[100].

Technische und organisatorische Vorkehrungen müssen nach Satz 1 nur getroffen werden, soweit dies für den konkreten Diensteanbieter **technisch möglich und wirtschaftlich zumutbar** ist[101]. Hierbei steht der Diensteanbieter vor einer u.U. schwierigen Einzelfallabwägung in Hinblick auf die von ihm zu ergreifenden Maßnahmen. Dies gilt insbesondere auch hinsichtlich der Bußgeldbewehrung durch § 13 Abs. 2 Nr. 3 und möglichen Versuchen von Wettbewerbern, vermeintlichen Mängeln durch Abmahnungen zu begegnen[102].

43f

X. Auskunftspflicht (Abs. 8)

Ein besonders wichtiges Recht des Nutzers ist das Recht auf Erteilung von Auskünften über die personenbezogenen Daten und pseudonymisierten Profile nach § 15 Abs. 3 (s. Kommentierung zu § 15 TMG Rz. 18), die der Diensteanbieter über ihn gespeichert hat. Zum einen sorgt die Auskunft für **Transparenz**, da der Nutzer erst beurteilen kann, ob sich der Diensteanbieter im Rahmen seiner rechtlichen Vorgaben bewegt, wenn ihm bekannt ist, ob und welche Daten gespeichert wurden. Daneben dient der Auskunftsanspruch der etwaigen **Vorbereitung und Geltendmachung von weiteren Ansprüchen**, bspw. auf Löschung, Berichtigung und Schadensersatz[103]. Das in § 13 Abs. 8 Satz 1 verankerte Auskunftsrecht über personenbezogene Daten, die dem Anwendungsbereich des TMG unterfallen, verweist dabei im Detail auf die Regelungen in § 34 BDSG-alt[104]. § 13 Abs. 8 greift außerhalb des Verhältnisses zwischen Nutzer und Diensteanbieter, also für Fälle, in denen Dritte Auskünfte über Nutzerdaten begehren, nicht[105].

44

Die **DSGVO** enthält in Art. 15 Regelungen zu den Auskunftsrechten der Betroffenen (s. Kommentierung dort).

44a

---

99 *Djeffal*, MMR 2015, 716 (718).
100 Anders der Wortlaut von § 8a Abs. 1 Satz 2 BSIG, der die Einhaltung des Stands der Technik fordert.
101 Zu möglichen dabei in Erwägung zu ziehenden Gesichtspunkten s. *Djeffal*, MMR 2015, 716 (718 f.).
102 *Schütze*, ZD-Aktuell 2015, 04755.
103 Spindler/Schuster/*Spindler*/*Nink*, § 13 TMG Rz. 28.
104 Ausführlich Taeger/Gabel/*Moos*, § 13 TMG Rz. 57.
105 OLG Hamm v. 12.9.2011 – I-3 U 196/10, K&R 2011, 733.

45 Die **Geltendmachung** des Auskunftsanspruchs ist weder förmlich noch inhaltlich an das Vorliegen bestimmter Voraussetzungen geknüpft. Es muss lediglich auf Grund konkreter Umstände in Betracht kommen, dass einschlägige Daten beim Diensteanbieter vorhanden sind[106]. Der Auskunftsanspruch kann mündlich, schriftlich oder durch elektronische Kommunikation geltend gemacht werden. Es muss weder ein besonderes Interesse noch ein sonstiger Grund vorliegen oder geltend gemacht werden. Gemäß § 34 Abs. 5 Satz 1 BDSG-alt ist die Auskunft vom Diensteanbieter für den Nutzer grundsätzlich kostenfrei. Die Auskünfte sind umfangreich und vollständig zu erteilen. Für den Fall, dass keine personenbezogenen Daten gespeichert sind, muss der Nutzer hierüber ebenfalls informiert werden. Begehrt der Nutzer eine Auskunft über den Inhalt seines pseudonymisierten Profils, so ist er vor der Zusammenführung von Nutzername und Pseudonym darüber zu informieren, dass eine Re-Identifizierung stattfindet. Erst wenn der Nutzer weiterhin entsprechende Auskünfte verlangt, sind diese zu erteilen[107].

46 Gemäß § 13 Abs. 8 Satz 2 kann die Auskunft auf Verlangen des Nutzers auch elektronisch, in der Regel also per E-Mail, bei großen Datenbeständen aber auch auf Datenträgern, sofern von deren Lesbarkeit durch den Nutzer auszugehen ist, erteilt werden.

XI. Sanktionen

47 Diensteanbieter, die gegen ihre Informationspflichten nach § 13 Abs. 1 Satz 1 oder 2 verstoßen, handeln gemäß § 16 Abs. 2 ordnungswidrig. Gleiches gilt für Verstöße gegen die Regelungen in § 13 Abs. 4 Satz 1 Nr. 1–5 oder § 13 Abs. 7, die ebenfalls nach § 16 Abs. 3 als Ordnungswidrigkeit mit einer Geldbuße von bis zu 50.000 Euro geahndet werden können. Im Rahmen des § 13 Abs. 7 werden gemäß § 16 Abs. 3 lediglich Verstöße gegen Satz 1 Nr. 1 oder Nr. 2 Buchst. a sanktioniert. Ein Verstoß gegen Abs. 7 Satz 1 Nr. 2 Buchst. b ist nicht bußgeldbewehrt.

§ 14 Bestandsdaten

(1) Der Diensteanbieter darf personenbezogene Daten eines Nutzers nur erheben und verwenden, soweit sie für die Begründung, inhaltliche Ausgestaltung oder Änderung eines Vertragsverhältnisses zwischen dem Diensteanbieter und dem Nutzer über die Nutzung von Telemedien erforderlich sind (Bestandsdaten).

---

106 LG Ulm v. 1.12.2004 – 1 S 89/04, MMR 2005, 265 (266).
107 So auch Heckmann/*Heckmann*, 4. Aufl., § 13 TMG Rz. 309; Spindler/Schuster/*Spindler/Nink*, § 13 TMG Rz. 29.

(2) Auf Anordnung der zuständigen Stellen darf der Diensteanbieter im Einzelfall Auskunft über Bestandsdaten erteilen, soweit dies für Zwecke der Strafverfolgung, zur Gefahrenabwehr durch die Polizeibehörden der Länder, zur Erfüllung der gesetzlichen Aufgaben der Verfassungsschutzbehörden des Bundes und der Länder, des Bundesnachrichtendienstes oder des Militärischen Abschirmdienstes oder des Bundeskriminalamtes im Rahmen seiner Aufgabe zur Abwehr von Gefahren des internationalen Terrorismus oder zur Durchsetzung der Rechte am geistigen Eigentum erforderlich ist.

(3) Der Diensteanbieter darf darüber hinaus im Einzelfall Auskunft über bei ihm vorhandene Bestandsdaten erteilen, soweit dies zur Durchsetzung zivilrechtlicher Ansprüche wegen der Verletzung absolut geschützter Rechte aufgrund rechtswidriger Inhalte, die von § 1 Absatz 3 des Netzwerkdurchsetzungsgesetzes erfasst werden, erforderlich ist.

(4) Für die Erteilung der Auskunft nach Absatz 3 ist eine vorherige gerichtliche Anordnung über die Zulässigkeit der Auskunftserteilung erforderlich, die vom Verletzten zu beantragen ist. Für den Erlass dieser Anordnung ist das Landgericht ohne Rücksicht auf den Streitwert zuständig. Örtlich zuständig ist das Gericht, in dessen Bezirk der Verletzte seinen Wohnsitz, seinen Sitz oder eine Niederlassung hat. Die Entscheidung trifft die Zivilkammer. Für das Verfahren gelten die Vorschriften des Gesetzes über das Verfahren in Familiensachen und in den Angelegenheiten der freiwilligen Gerichtsbarkeit entsprechend. Die Kosten der richterlichen Anordnung trägt der Verletzte. Gegen die Entscheidung des Landgerichts ist die Beschwerde statthaft.

(5) Der Diensteanbieter ist als Beteiligter zu dem Verfahren nach Absatz 4 hinzuzuziehen. Er darf den Nutzer über die Einleitung des Verfahrens unterrichten.

I. Einführung	1	2. Erforderlichkeit	12
II. Verhältnis zur DSGVO	2	3. Löschungspflicht	15
III. Erhebung und Verwendung von Bestandsdaten (Abs. 1)	3	V. Auskunftserteilung (Abs. 2)	16
1. Anwendungsbereich	3	1. Auskunftserlaubnis	16
2. Inhalts- und Telekommunikationsdaten	5	2. Zur Auskunft Berechtigte	18
		3. Auskunftszwecke	20
IV. Erhebung und Verwendung von Bestandsdaten (Abs. 1)	8	4. Anordnung der zuständigen Stellen	23
1. Bestandsdaten	9	5. Rechtmäßigkeit der Anordnung	25
		VI. Rechtsfolgen/Sanktionen	28

Schrifttum: *Bäcker*, Starkes Recht und schwache Durchsetzung, ZUM 2008, 381; *Dörnfelder*, Neuerungen für die zivilrechtliche Rechtsdurchsetzung im Internet durch das NetzDG, AnwZert ITR 18/2017 Anm. 3; *Jandt*, Location Based Services im Fokus des Datenschutzes, K&R 2008, 723; *Karg*, Rechtsgrundlagen für den Datenschutz in sozialen Netzwerken, K&R 2011, 453; *Kalscheuer/Hornung*, Das Netzwerkdurchsetzungsgesetz –

§ 14 TMG | Bestandsdaten

Ein verfassungswidriger Schnellschuss, NVwZ 2017, 1721; *Krohm/Müller-Peltzer*, Wunsch nach Identifizierung anonymer Internetnutzer, ZD 2015, 409; *Lauber-Rönsberg*, Rechtsdurchsetzung bei Persönlichkeitsrechtsverletzungen im Internet – Verantwortlichkeit von Intermediären und Nutzern in Meinungsforen und Personenbewertungsportalen, MMR 2014, 10; *Rammos*, Datenschutzrechtliche Aspekte verschiedener Arten „verhaltensbezogener" Onlinewerbung, K&R 2011, 692; *Roßnagel*, Das Telemediengesetz – Neuordnung für Informations- und Kommunikationsdienste, NVwZ 2007, 743; *Schätzle*, Facebook-Connect – Verknüpfung mit (un)überschaubaren Folgen, PinG 2014, 167; *Spindler*, „Die Tür ist auf" – Europarechtliche Zulässigkeit von Auskunftsansprüchen gegenüber Providern, GRUR 2008, 574; *Voigt*, Datenschutz bei Google, MMR 2009, 377; *Voigt/Alich*, Facebook-Like-Button und Co. – Datenschutzrechtliche Verantwortlichkeit der Webseitenbetreiber, NJW 2011, 3541.

I. Einführung

1   Die Regelung des § 14 Abs. 1 erlaubt es Diensteanbietern i.S.v. § 2 Satz 1 Nr. 1, personenbezogene Daten ohne Einwilligung des Nutzers zu erheben und zu verwenden, soweit dies im Zusammenhang mit Verträgen über die Nutzung von Telemedien erforderlich ist (zur Anwendbarkeit neben der DSGVO sogleich unter Rz. 2). Die Norm ist somit ein **Erlaubnistatbestand** gemäß § 12 Abs. 1 für die Erhebung und Verwendung sog. Bestandsdaten[1]. Darüber hinaus stellt die Vorschrift in § 14 Abs. 2 klar, dass u.a. im Rahmen der Strafverfolgung und Gefahrenabwehr bestehende **Auskunftsansprüche** nicht aufgrund datenschutzrechtlicher Bestimmungen vom Diensteanbieter zurückgewiesen werden können[2]. Die Norm übernimmt den Regelungsgehalt der Vorgängervorschriften des § 5 TDDSG bzw. § 19 Abs. 1 MDStV. § 14 Abs. 1 entspricht inhaltlich § 28 Abs. 1 Satz 1 Nr. 1 BDSG-alt, der u.a. die Zulässigkeit der Verarbeitung personenbezogener Inhaltsdaten zum Zwecke der Vertragsbegründung und -abwicklung regelt. § 14 beruht nicht unmittelbar auf europarechtlichen Vorgaben, jedoch sind die Grundgedanken der Regelung in der EG-Datenschutzrichtlinie enthalten[3].

1a Die Abs. 3 bis 5 enthalten Regelungen für Fälle, in denen Auskünfte über Bestandsdaten „*zur Durchsetzung zivilrechtlicher Ansprüche wegen der Verletzung absolut geschützter Rechte aufgrund rechtswidriger Inhalte, die von § 1 Absatz 3 des Netzwerkdurchsetzungsgesetzes erfasst werden*" verlangt werden[4].

---

1   Die auch als Vertrags- oder Grunddaten bezeichnet werden könnten, vgl. Taeger/Gabel/*Zscherpe*, § 14 TMG Rz. 12.
2   BT-Drucks. 16/3078, S. 16.
3   Taeger/Gabel/*Zscherpe*, § 14 TMG Rz. 5.
4   Hierzu *Dörnfelder*, AnwZert ITR 18/2017 Anm. 3; zur verfassungsrechtlichen Problematik *Kalscheuer/Hornung*, NVwZ 2017, 1721.

II. Verhältnis zur DSGVO

Die Regelungen des § 14 sind mit Geltung der DSGVO fast vollständig obsolet. Lediglich die Regelung zur **Auskunftserteilung** über Bestandsdaten nach § 14 Abs. 2 (vgl. auch Rz. 16 ff.) bleibt anwendbar, da sie als Regelung i.S.d. Art. 23 Abs. 1 DSGVO angesehen werden kann. 2

Die Zulässigkeit der Erhebung und Verwendung von sog. Bestandsdaten (zur Definition und zu Beispielen sogleich) – die im TMG übliche **Trennung zwischen Bestands-, Inhalts- und Nutzungsdaten wird aufgegeben** – richtet sich (insb.) nach Art. 6 Abs. 1 Buchst. b DSGVO[5] (hierzu Kommentierung zu Art. 6 DSGVO Rz. 10 ff.).

III. Erhebung und Verwendung von Bestandsdaten (Abs. 1)

1. Anwendungsbereich

§ 14 Abs. 1 ist in sachlicher Hinsicht nur auf solche personenbezogenen Daten anwendbar, die im Rahmen der **Anbahnung und Abwicklung von Verträgen, die die Nutzung von Telemedien zum Gegenstand haben**, erforderlich sind (Bestandsdaten). Werden Telemedien lediglich zur Interaktion zwischen Diensteanbieter und Nutzer eingesetzt, ohne dass es inhaltlich um die Nutzung von Telemedien geht, fallen die dabei ausgetauschten (Inhalts-)Daten (z.B. über in einem Internet-Shop gekaufte Waren) nicht in den Anwendungsbereich der Regelung (s. Rz. 5). 3

Beispiele: Um die Nutzung von Telemedien geht es u.a. bei Verträgen zwischen Nutzern und Plattformbetreibern, z.B. bei Verkaufs- und Auktionsplattformen, die vom Nutzer eine Verkaufsgebühr o.ä. verlangen, bei der kostenpflichtigen Nutzung von Datenbanken sowie bei Verträgen über Online-Spiele, Download-Inhalte und On-Demand-Streamingangebote. Lineare Streaming-Dienste, bei denen der Nutzer den Zeitpunkt des Beginns der Übertragung von einzelnen Ton- oder Videobeiträgen nicht individuell bestimmen, sondern nur in eine bereits laufende Sendung einsteigen kann, können als Rundfunk in den Anwendungsbereich des RStV fallen[6]. Auch dann gilt § 14 Abs. 1 über die Verweisung in § 47 Abs. 1 RStV entsprechend. Auch Gratisangebote (z.B. Foren, Newsdienste und Soziale Netzwerke) fallen in den Anwendungsbereich, wenn zwischen Anbieter und Nutzer ein entsprechender Nutzungsvertrag, z.B. über die Einhaltung bestimmter Verhaltensregeln im Rahmen der Telemediennutzung, abgeschlossen wurde. 3a

§ 14 Abs. 1 gilt für Diensteanbieter, die in einem **Vertragsverhältnis mit dem Nutzer** stehen bzw. die einen Abschluss eines Vertrages über die Inanspruchnahme von Telemedien beabsichtigen. Abs. 1 unterfallen dabei nur Diensteanbieter, deren Angebot einen Vertragsschluss überhaupt voraussetzt. Die Nut- 4

---

5 Gola/*Schulz*, Art. 6 DSGVO Rz. 31.
6 Spindler/Schuster/*Holznagel*, § 2 RStV Rz. 35.

§ 14 TMG | Bestandsdaten

zung von Diensten wie Nachrichtenportalen, die ohne Ansehen der individuellen Person einer breiten Masse von Nutzern kostenlos zur Verfügung gestellt werden, setzt regelmäßig keine vertragliche Beziehung zwischen Anbieter und Nutzer voraus. Jedoch können auch Anbieter von kostenlos abrufbaren Telemediendiensten ein legitimes Interesse an einem Vertragsschluss haben[7]. Dies gilt insbesondere dann, wenn zwischen den Parteien bestimmte Verhaltensregeln, z.B. im Rahmen von Nutzungsbedingungen, rechtsverbindlich vereinbart werden sollen. Regelmäßig ist dies der Fall, wenn durch die Inanspruchnahme des Dienstes Rechte Dritter beeinträchtigt werden können, wie typischerweise bei der Nutzung von Foren, Videoplattformen oder Sozialen Netzwerken. Auch bei der Festlegung des Leistungsgegenstandes eines kostenlos zur Verfügung gestellten Angebots liegt ein Interesse an der Herbeiführung einer rechtsverbindlichen Regelung zumindest auch vor, wenn neben dem kostenlosen ein entgeltpflichtiger Premiumdienst zur Verfügung gestellt wird. „Scheinverträge", die der Abfischung personenbezogener Nutzerdaten und offensichtlich nicht der Nutzung von Telemedien dienen, unterfallen hingegen nicht dem Anwendungsbereich des Abs. 1.

2. Inhalts- und Telekommunikationsdaten

5   Werden **Telemedien** lediglich **als Kommunikationsmittel** der Vertragsparteien genutzt, ohne dass es dabei um eine vertragsgegenständliche Nutzung der Telemedien selbst geht, so fallen keine Bestandsdaten i.S.d. § 14 an. § 14 Abs. 1 legitimiert lediglich die Erhebung und Verwendung von personenbezogenen Daten in Verträgen „über die Nutzung von Telemedien", nicht die Verarbeitung aller im Rahmen der Nutzung von Telemedien anfallenden Vertragsdaten per se. Letztere werden auch als (vertragsbezogene) **Inhaltsdaten** bezeichnet. Hierzu zählen z.B. personenbezogene Daten in Verträgen über Waren, die in Internet-Shops und Online-Auktionen geschlossen werden[8], Verträge über Reiseleistungen (Online-Buchung von Flug- und Bahntickets, Hotelübernachtungen etc.) sowie sonstige, nicht telemedienbezogene Dienstleistungen[9]. Inhaltsdaten unterfallen den allgemeinen Regelungen des BDSG, wobei aufgrund des nahezu identischen Regelungsgehalts des § 28 Abs. 1 Satz 1 Nr. 1 BDSG-alt die Erhebung und Verwendung dieser Vertragsdaten regelmäßig unproblematisch sein wird[10]. Gleiches gilt für kommunikationsbezogene Inhaltsdaten wie etwa Produktbewertungen oder Nutzerbeiträge in Sozialen Netzwerken (s. Kommentierung zu § 15 TMG Rz. 13).

---

7 Heckmann/*Heckmann*, 4. Aufl., Kap. 9 Rz. 319.
8 Spindler/Schuster/*Spindler/Nink*, § 14 TMG Rz. 5.
9 S. Heckmann/*Heckmann*, 4. Aufl., Kap. 9 Rz. 321 mit weiteren Beispielen.
10 Taeger/Gabel/*Zscherpe*, § 14 Rz. 25.

Bestandsdaten | § 14 TMG

Bestandsdaten sind weiterhin von solchen abzugrenzen, die die **Telekommuni-** 6
kations- bzw. Transportebene[11] betreffen (s. hierzu auch Kommentierung zu
§ 11 TMG Rz. 12). Dies sind solche personenbezogenen Daten, die für die vertragliche Inanspruchnahme eines Telekommunikationsdienstes i.S.v. § 3 Nr. 24
TKG, z.B. im Rahmen eines Vertrags mit einem Internet-Access-Provider, erforderlich sind. Für personenbezogene Daten dieser Art gelten die besonderen Regelungen des TKG, insbesondere § 95 TKG. Auf Verträge über gleichzeitig erbrachte Telemedien- und Telekommunikationsdienste sind die in § 11 Abs. 3
genannten Regelungen des TMG anwendbar, wenn die Leistung überwiegend in
der Übertragung von Signalen über Telekommunikationsnetze besteht. Für die
Veranstaltung und Verbreitung von Rundfunk gilt Abs. 1 über die Verweisung
in § 47 RStV entsprechend.

Die klarstellende Regelung des § 14 Abs. 2 bezieht sich dem Wortlaut nach nur 7
auf Bestandsdaten, aufgrund der Verweisung in § 15 Abs. 4 Satz 4 sind jedoch
auch Nutzungs- und Abrechnungsdaten mit umfasst.

IV. Erhebung und Verwendung von Bestandsdaten (Abs. 1)

§ 14 Abs. 1 erlaubt es dem Diensteanbieter, Bestandsdaten des Nutzers auch 8
ohne dessen Einwilligung zu erheben und zu verwenden (s. Rz. 2). Der Gesetzgeber hat dabei in Abs. 1 definiert, was unter dem Begriff der Bestandsdaten zu
verstehen ist, ohne diese abschließend aufzuzählen. Die Erhebung und Verwendung dieser Daten für andere als die in Abs. 1 genannten Zwecke kommt dabei
nur in Betracht, wenn der Nutzer hierin eingewilligt hat oder ein Auskunftsverlangen i.S.v. § 13 Abs. 8 vorliegt (**Zweckbindungsgrundsatz**). Andere datenschutzrechtliche Normen können die Erhebung und Verwendung von Bestandsdaten zu anderen Zwecken nicht legitimieren[12], da Erlaubnistatbestände grundsätzlich abschließende Regelungen enthalten und andere Vorschriften, die sich
ausdrücklich auf die (zweckfremde) Verwendung von Bestandsdaten beziehen,
nicht existieren (**Zitiergebot**, s. Kommentierung zu § 12 TMG Rz. 20)[13].

1. Bestandsdaten

Bestandsdaten sind gemäß der **Legaldefinition** in § 14 Abs. 1 personenbezogene 9
Daten eines Nutzers, die für die Begründung, inhaltliche Ausgestaltung oder
Änderung eines Vertragsverhältnisses zwischen dem Diensteanbieter und dem
Nutzer über die Nutzung von Telemedien erforderlich sind. Diese Daten könn-

---

11 Hierzu Spindler/Schuster/*Eckhardt*, § 91 TKG Rz. 6.
12 Taeger/Gabel/*Zscherpe*, § 14 TMG Rz. 2.
13 Hoeren/Sieber/Holznagel/*Schmitz*, Teil 16.2 Rz. 210.

ten folglich auch als **Grund- oder Vertragsdaten** bezeichnet werden[14]. Abs. 1 beinhaltet sowohl die Voraussetzungen für die rechtmäßige Erhebung bzw. Nutzung von Bestandsdaten, als auch deren Begriffsbestimmung[15]. Dies ist an sich unproblematisch, jedoch stellen Erlaubnistatbestand und Definition auf die Erforderlichkeit der Datenerhebung bzw. -verwendung im Zusammenhang mit dem Vertragsschluss ab. Unklar bleibt hierbei, nach welchen Kriterien eine solche Erforderlichkeit zu beurteilen ist (s. hierzu Rz. 12).

10 Die Vorschrift lässt offen, welche personenbezogenen Daten als Bestandsdaten zu klassifizieren sind. Der Gesetzgeber hat auf eine abschließende Aufzählung verzichtet[16], da sich die Frage, ob personenbezogene Daten des Nutzers in den Anwendungsbereich des Abs. 1 fallen, aufgrund der großen Vielfalt der Telemedienangebote nur im Einzelfall anhand des jeweiligen Vertragszwecks beantworten lässt.

11 **Typische Bestandsdaten** sind z.B. Name, Anschrift, Telefonnummer und E-Mail-Adresse des Nutzers, Login-In Daten wie Nutzername und Passwort, Abrechnungsmodalitäten wie Einzelabrechnung oder Nutzungspauschale (Flatrate) sowie Zahlungsart (Vorausüberweisung, Kreditkartenzahlung, Rechnung etc.) und -zeitraum sowie weitere vertragsabhängige Leistungsmerkmale. IP-Adressen werden, soweit sie als personenbezogene Daten zu qualifizieren sind (hierzu ausführlich Kommentierung zu § 12 TMG Rz. 5 ff.), zumeist als Nutzungsdaten i.S.v. § 15 Abs. 1 zu qualifizieren sein (s. Kommentierung zu § 15 TMG Rz. 3). Jedoch kommt auch eine Einordnung als Bestandsdatum in Betracht, z.B. wenn die Nutzung eines Telemediums vertraglich an eine bestimmte (statische) IP-Adresse gekoppelt wird[17].

2. Erforderlichkeit

12 Die Datenerhebung und -verwendung muss für die Begründung, inhaltliche Ausgestaltung oder Änderung des Nutzungsvertrags erforderlich sein. Dem Wortlaut nach verfügt der Diensteanbieter über die Möglichkeit, durch eine entsprechende Vertragsgestaltung festzulegen, welche Daten der Nutzer angeben muss, damit ein Vertragsschluss überhaupt zustande kommt. In der Literatur besteht jedoch weitgehend Einigkeit darüber, dass eine rein subjektive, aus Sicht des Diensteanbieters erfolgende Festlegung des Maßstabs der Erforderlichkeit ausscheidet[18]. Eine in das Belieben des Diensteanbieters gestellte Datenerhebung

---

14 So Taeger/Gabel/*Zscherpe*, § 14 TMG Rz. 12.
15 Spindler/Schuster/*Spindler/Nink*, § 14 TMG Rz. 2.
16 BT-Drucks. 16/3078, S. 24.
17 Vgl. wenn auch in anderem Kontext LG München I v. 24.5.2011 – 21 O 9065/11, NJOZ 2012, 147.
18 Roßnagel/*Dix*, Recht der Multimedia-Dienste, § 5 TDDSG Rz. 36; Spindler/Schuster/ *Spindler/Nink*, § 14 TMG Rz. 4.

wird durch § 14 Abs. 1 nicht gestattet. Umstritten ist hingegen, ob Abs. 1 nur in den Fällen, in denen deren Erhebung und Verwendung im Rahmen des Vertragsschlusses unerlässlich ist, greift[19] oder ob den Diensteanbietern ein gewisser **Spielraum** bei der Vertragsgestaltung und somit bei der Festlegung, welche Daten erforderlich i.S.d. Abs. 1 sind, verbleibt[20]. Legt man den Begriff der Erforderlichkeit eng aus, so sind viele Angaben des Nutzers wie die einer Telefonnummer oder auch der E-Mail-Adresse nicht von Abs. 1 gedeckt, da deren Erhebung regelmäßig nicht zwingend zur Begründung, Ausgestaltung oder Änderung des Vertragsverhältnisses notwendig ist.

Dem Wortlaut des § 14 Abs. 1 zufolge muss die Erhebung der personenbezogenen Daten des Nutzers zur Vertragsabwicklung erforderlich, nicht jedoch **unerlässlich sein**[21]. Der Begriff der Erforderlichkeit überlässt den Vertragsparteien einen gewissen Gestaltungsspielraum, der über den Bereich des zwingend Notwendigen hinausgeht. Dadurch wird dem Grundsatz der Privatautonomie entsprochen und ein übermäßiger Eingriff in das in Recht auf informationelle Selbstbestimmung des Nutzers vermieden[22]. Erforderlich sind also nicht nur zwingend notwendige Daten des Nutzers, sondern auch solche, die der **Sicherung der ordnungsgemäßen Vertragsdurchführung** vernünftigerweise dienen können (vgl. hierzu auch die Auslegung des Begriffs in § 28 Abs. 1 Satz 1 Nr. 1 BDSG-alt)[23]. Eine entsprechende Beurteilung hat sich im Einzelfall am jeweiligen Vertragszweck zu orientieren.

So ist bspw. die Abfrage der Prüfnummer (Card Validation Code) einer Kreditkarte bei entsprechender Zahlungsart im Rahmen der Abwicklung eines Kaufvertrags nicht zwingend notwendig, zur Verhinderung von Missbrauchsfällen ist sie aber regelmäßig erforderlich[24]. Schließen Nutzer und Diensteanbieter hingegen einen Vertrag über ein unentgeltlich zur Verfügung gestellten Dienst ab, so wäre die Erhebung der Zahlungsdaten nicht erforderlich. Das Verlangen nach Angabe des Vor- und Zunamens des Nutzers sowie ggf. einer Adresse kann jedoch bei Diensten wie Sozialen Netzwerken oder Internetforen als erforderlich angesehen werden, um im Falle von Rechtsverletzungen des Nutzers bei diesem Rückgriff nehmen zu können. Im Rahmen kostenloser Informationsangebote wie z.B. Nachrichtenportalen scheidet § 14 Abs. 1 als Erlaubnistatbestand für die Erhebung und Verwendung personenbezogener Daten bei man-

---

19 S. hierzu Taeger/Gabel/*Zscherpe*, § 14 TMG Rz. 29.
20 So Hoeren/Sieber/Holznagel/*Schmitz*, Teil 16.2 Rz. 214; Taeger/Gabel/*Zscherpe*, § 14 TMG Rz. 36.
21 Widersprüchlich sind hingegen Wortlaut von Gesetzestext („erforderlich") und Begründung des Gesetzesentwurfs des TDDSG („unerlässlich"), vgl. BT-Drucks. 13/7385, S. 24.
22 Hoeren/Sieber/Holznagel/*Schmitz*, Teil 16.2 Rz. 215.
23 Im Ergebnis so auch Auernhammer/*Schreibauer*, § 14 TMG Rz. 15.
24 So Taeger/Gabel/*Zscherpe*, § 14 TMG Rz. 31.

§ 14 TMG | Bestandsdaten

geltendem Rechtsbindungswillen der Parteien und Fehlen eines entsprechenden Vertragsverhältnisses aus. Jedoch können auch kostenlose Angebote von Abs. 1 erfasst sein, z.b. wenn der Diensteanbieter im Rahmen einer Forennutzung vertragliche Verhaltensregeln vereinbart (s. Rz. 3a f.)[25].

3. Löschungspflicht

15 Bestandsdaten sind zu löschen, sobald diese nicht mehr zur Abwicklung des Vertragsverhältnisses benötigt werden. Das ergibt sich aus dem in § 14 Abs. 1 festgeschriebenen Grundsatz der Erforderlichkeit und der Zweckbindung (s. Rz. 8). Dem Nutzer steht ein entsprechender **Löschungsanspruch** zu[26]. Die Abwicklung des Vertragsverhältnisses umfasst auch die Regelung aller denkbaren nachvertraglichen Ansprüche[27]. Aufbewahrungspflichten, z.b. aus der AO, können der Löschung der Bestandsdaten entgegenstehen. In diesem Fall sind die Daten jedoch zu sperren.

V. Auskunftserteilung (Abs. 2)

1. Auskunftserlaubnis

16 In § 14 Abs. 2 wird klargestellt, dass Diensteanbieter befugt sind, Auskünfte über Bestandsdaten gegenüber den in Abs. 2 benannten Empfängern zu erteilen. Ausweislich § 15 Abs. 5 Satz 4 findet die Norm für den Bereich der Nutzungs- und Abrechnungsdaten entsprechende Anwendung.

17 Es handelt sich nicht etwa um einen Auskunftsanspruch, sondern vielmehr um eine datenschutzrechtliche **Auskunftserlaubnis**, die gerade das Gegenstück zum Auskunftsanspruch ist[28]. Ein Anbieter von Telemediendiensten darf Auskünfte nur dann erteilen, wenn eine Anordnung der zuständigen Stelle diese von ihm fordert[29]. Aus dem Wort „darf" kann nicht gefolgert werden, dass die Erteilung der Auskunft in einem solchen Fall noch im Ermessen des Diensteanbieters steht. Die vom Bundesrat geforderte Klarstellung[30] durch eine imperative For-

---

25 Taeger/Gabel/*Zscherpe*, § 14 TMG Rz. 36.
26 Ein solcher Anspruch wird tlw. aus dem Erforderlichkeitsprinzip des § 14 Abs. 1, teilweise auch aus § 35 BDSG-alt hergeleitet, vgl. Heckmann/*Heckmann*, 4. Aufl, Kap. 9 Rz. 326; offengelassen durch OLG Bamberg v. 14.10.2009 – 13 KHO 43/04, OLG Bamberg v. 12.5.2005 – 1 U 143/04, CR 2006, 274.
27 Taeger/Gabel/*Zscherpe*, § 14 TMG Rz. 38.
28 *Spindler*, CR 2007, 239 (243); *Moos*, K&R 2008, 137 (141).
29 *Roßnagel*, NVwZ 2007, 743 (748).
30 Stellungnahme des Bundesrates v. 22.9.2006 in BT-Drucks. 16/3078, S. 18 f.

mulierung („hat ... Auskunft zu erteilen") wurde versäumt. Der rechtmäßig an den Diensteanbieter herangetragene Auskunftsanspruch darf nicht aus datenschutzrechtlichen Erwägungen zurückgewiesen werden[31].

2. Zur Auskunft Berechtigte

Zum Kreis der zur Auskunft Berechtigten zählen grundsätzlich alle Diensteanbieter, die dem Datenschutzrecht des TMG vollumfänglich unterliegen. In der Praxis betrifft der § 14 Abs. 2 vorrangig die sog. Hostprovider, also Diensteanbieter, die „für einen Nutzer" Inhalte speichern (vgl. § 10)[32]. Zu den Hostprovidern zählen nicht nur die Diensteanbieter, die Speicherplatz für Webseiten oder andere Inhalte (auch im Rahmen des sog. Cloud Computing) vermieten. Auch User-Generated-Content-Plattformen sind – mit Blick auf die Speicherung der nutzergenerierten Inhalte – als Hostprovider einzustufen[33]. Zu den zur Auskunft Berechtigten gehören damit z.b. auch Betreiber von Internetforen[34], Foto- und Videoplattformbetreiber, Betreiber sozialer Netzwerke, Anbieter von Blogplattformen[35], Betreiber nutzergenerierter Online-Nachschlagewerke[36] und Betreiber von Bewertungsplattformen (auch wenn diese in ein E-Commerce-Angebot eingebunden sind). Ebenfalls umfasst sind Plattformen, über welche Nutzer mit anderen Nutzern Verträge schließen können (z.B. Auktionsplattformen wie eBay oder Online-Kleinanzeigen-Diensteanbieter), da diese ebenfalls Inhalte „für einen Nutzer" speichern. 18

Die praktisch ebenfalls hochrelevanten Auskunftsersuchen gegenüber Internet-Access-Providern richten sich hingegen (nur) nach dem TKG[37]. Das folgt aus § 11 Abs. 3, nach dem der Geltungsbereich der TMG-Datenschutzbestimmungen bei Telemediendiensten, die zugleich dem Telekommunikationsdatenschutz unterliegen, zugunsten der speziellen TKG-Regelungen (§ 113 TKG) beschränkt ist (s. auch die Kommentierung zu § 11 TMG Rz. 19). § 14 gilt für diese Diensteanbieter nicht[38]. 19

---

31 BT-Drucks. 16/3078, S. 16.
32 Taeger/Gabel/*Zscherpe*, § 14 TMG Rz. 47.
33 Taeger/Gabel/*Zscherpe*, § 14 TMG Rz. 47; *Spindler*, CR 2007, 239 (243); *Moos*, K&R 2008, 137 (141).
34 *Spindler*, CR 2007, 239 (243).
35 Blogbetreiber sind nur mit Blick auf die Kommentarfunktion als Hostprovider einzustufen.
36 Bekanntestes Beispiel ist die Wikipedia.
37 Vgl. Taeger/Gabel/*Zscherpe*, § 14 TMG Rz. 49.
38 Taeger/Gabel/*Zscherpe*, § 14 TMG Rz. 48 f.

3. Auskunftszwecke

20 In § 14 Abs. 2 findet sich eine Aufzählung der Zwecke, für die – soweit erforderlich – eine Auskunft erteilt werden darf, namentlich: Strafverfolgung, Gefahrenabwehr durch die Polizeibehörden der Länder, Erfüllung der gesetzlichen Aufgaben der Verfassungsschutzbehörden des Bundes und der Länder, des Bundesnachrichtendienstes oder des Militärischen Abschirmdienstes oder des Bundeskriminalamtes im Rahmen seiner Aufgabe zur Abwehr von Gefahren des internationalen Terrorismus sowie Durchsetzung der Rechte am geistigen Eigentum.

21 Diese Aufzählung ist abschließend. Eine **analoge Anwendung** des Abs. 2 soll ausscheiden, da es sich um eine Ausnahmeregelung handelt, die keine Erweiterung über den ausdrücklich genannten Anwendungsbereich hinaus finden soll[39]. Die Regelung des § 14 Abs. 2 TMG kann ab Geltung der **DSGVO** als Regelung i.S.d. Art. 23 Abs. 1 DSGVO verstanden werden, die der allgemeineren Regelung in § 24 Abs. 1 Nr. 1 BDSG vorgeht, vgl. § 1 Abs. 2 Satz 1 BDSG.

22 Seit dem 1.10.2017 ist nach Abs. 3–5 eine Auskunftserteilung auch bei einer **Verletzung „absolut geschützter Rechte** aufgrund rechtswidriger Inhalte, die von § 1 Absatz 3 des Netzwerkdurchsetzungsgesetzes erfasst werden" (also sog. Hass-Postings, die die Grenze zur Strafbarkeit überschreiten[40]) möglich. Diese Regelung war ursprünglich nur als Übergangslösung bis zum 25.5.2018 – also dem Geltungsbeginn der DSGVO sowie dem BDSG gedacht[41]. Ab diesem Tag regelt der § 24 Abs. 1 Nr. 2 BDSG die Berechtigung zur Auskunftserteilung „zur Geltendmachung, Ausübung oder Verteidigung zivilrechtlicher Ansprüche" (s. Kommentierung zu § 24 BDSG Rz. 8f.). Da § 14 Abs. 3–5 TMG jedoch nicht (wie offenbar ursprünglich geplant) zum 25.5.2018 aufgehoben wurde, kann von einer Fortgeltung als Regelung i.S.d. Art. 23 Abs. 1 Buchst. j DSGVO ausgegangen werden. Die Regelung ist gegenüber § 24 Abs. 1 Nr. 2 BDSG die speziellere Regelung (vgl. § 1 Abs. 2 Satz 1 BDSG).

4. Anordnung der zuständigen Stellen

23 Voraussetzung für die Auskunftserteilung ist eine „Anordnung" der „zuständigen Stellen". Sie erfolgt nach Maßgabe der hierfür geltenden Bestimmungen (StPO, Polizeigesetze, Bundes- und Landesverfassungsschutzgesetze, Bundesnachrichtendienstgesetz, Gesetz über den Militärischen Abschirmdienst)[42].

24 Bezüglich **Auskunftsersuchen von Privaten**, die zur Durchsetzung ihrer Rechte Auskunft verlangen, ist der Gesetzeswortlaut unpassend, da eine „Anordnung"

---

39 AG München v. 3.2.2011 – 161 C 24062/10; ausführlich zum Streit vgl. die Vorauflage.
40 Spindler/*Schmitz*, § 14 TMG Rz. 52.
41 BT-Drucks. 18/12356, S. 28.
42 BT-Drucks. 16/3078, S. 16.

bzw. die „zuständigen Stellen" mit öffentlichen Stellen i.S.d. § 2 Abs. 1 BDSG-alt in Verbindung gebracht wird[43]. Eine „Anordnung" durch eine öffentliche Stelle erfolgt jedoch regelmäßig nur in Fällen, in denen ein Rückgriff auf Verkehrsdaten notwendig ist (z.b. Auskunft über die Identität des Anschlussinhabers hinter einer bestimmten IP-Adresse, die einem bestimmten Anschluss zu einem bestimmten Zeitpunkt zugeordnet war). Mit Blick auf den besonderen Schutz dieser Daten, sowohl durch Art. 10 GG als auch durch § 88 TKG, darf eine Auskunft nur erteilt werden, wenn eine vorherige richterliche Anordnung über die Zulässigkeit der Verwendung der Verkehrsdaten erteilt wurde, die der Verletzte zuvor bei dem jeweils zuständigen Landgericht beantragen muss[44]. Eine solche richterliche Anordnung (besser: Auskunftsgestattung) ist jedoch in Fällen, in denen ein solcher Rückgriff auf Verkehrsdaten nicht notwendig ist (z.B. Auskunft über Identität des unter dem Pseudonym XY handelnden Plattformnutzers), nicht vorgesehen und auch nicht erforderlich (vgl. z.B. § 101 Abs. 2 Nr. 3, Abs. 3 UrhG). Aus dem Wortlaut des § 14 Abs. 2 wurde allerdings mitunter geschlossen, dass direkte Auskunftsansprüche des Privaten gegenüber dem Diensteanbieter ausgeschlossen sein sollen[45]. Das würde aber zu der absurden Situation führen, dass derjenige, der Auskunft in einem Fall verlangt, in dem ein Rückgriff auf Verkehrsdaten notwendig ist, besser gestellt ist als derjenige, der „nur" Auskunft über Bestandsdaten begehrt. Letzterer müsste die Strafverfolgungsbehörden bemühen, um die gewünschte Auskunft über die Akteneinsicht des Verletzten zu erhalten. Zudem ist zu berücksichtigen, dass ein Richtervorbehalt für Auskunftsansprüche zur Durchsetzung der Ansprüche wegen Verletzung geistigen Eigentums, in denen die Auskunftserteilung nicht unter Verwendung von Verkehrsdaten erfolgt, vom Gesetzgeber bewusst nicht vorgesehen wurde[46]. Dementsprechend kann auch eine Privatperson eine Auskunftserteilung gegenüber dem Diensteanbieter „anordnen". Sie ist „zuständige Stelle", wenn sie in ihren Rechten am geistigen Eigentum betroffen ist[47].

5. Rechtmäßigkeit der Anordnung

Die **datenschutzrechtliche Verantwortung** für die Zulässigkeit der zu Auskunftszwecken erfolgenden Datenübermittlung liegt bei der **öffentlichen Stelle**, die die Übermittlung angeordnet hat[48]. Die Rechtmäßigkeit der Anordnung

---

43 Heckmann/*Heckmann*, 4. Aufl., Kap. 9 Rz. 336.
44 Vgl. § 101 Abs. 9 UrhG, § 140b Abs. 9 PatG, § 24b Abs. 9 GebrMG, § 19 Abs. 9 MarkenG, § 46 Abs. 9 GeschmMG sowie § 37b Abs. 9 SortSchG – geschaffen im Rahmen der Umsetzung der Enforcement-Richtlinie 2004/48/EG.
45 Heckmann/*Heckmann*, 4. Aufl., Kap. 9 Rz. 336.
46 Vgl. die überzeugende Begründung in BT-Drucks. 16/5048, S. 38.
47 Taeger/Gabel/*Zscherpe*, § 14 TMG Rz. 55; Spindler/Schuster/*Spindler/Nink*, § 14 TMG Rz. 6.
48 BT-Drucks. 16/3078, S. 16.

selbst ergibt sich nicht aus § 14 Abs. 2, der selbst keine Anspruchsgrundlage darstellt (s.o.), sondern aus den jeweils anwendbaren materiell-rechtlichen Ermächtigungs- bzw. Anspruchsgrundlagen. Der Diensteanbieter muss die Rechtmäßigkeit des Auskunftsverlangens einer öffentlichen Stelle nicht überprüfen. Zur Vermeidung von Missbrauch muss der Diensteanbieter jedoch die Glaubhaftigkeit der Identität der Auskunft verlangenden Stelle sowie das Vorliegen einer zur Datenerhebung ermächtigenden Rechtsgrundlage prüfen. Nach der Rechtsprechung des BVerfG[49] bedürfen sowohl Abfrage als auch Übermittlung von Daten einer eigenen Rechtsgrundlage. Es gilt das Doppeltürprinzip: „Der Gesetzgeber muss, bildlich gesprochen, nicht nur die Tür zur Übermittlung von Daten öffnen, sondern auch die Tür zu deren Abfrage. Erst beide Rechtsgrundlagen gemeinsam, die wie eine Doppeltür zusammenwirken müssen, berechtigen zu einem Austausch personenbezogener Daten."[50]. Ob Generalklauseln wie z.B. § 163 Abs. 1 StPO als Ermächtigungsgrundlage für die Erhebung von Bestandsdaten im Sinne des TMG[51] ausreichend sind, ist zweifelhaft. Regelungen, die explizit die Abfrage dieser Daten gestatten[52], sind jedoch (bislang) rar.

26 „Entsprechendes" soll nach der Gesetzesbegründung für den Fall gelten, dass keine Anordnung einer öffentlichen Stelle vorliegt, sondern eine **Privatperson** Auskunft begehrt[53]. Diese Feststellung ist zu pauschal. Eine private bzw. nichtöffentliche Stelle unterliegt im Gegensatz zu öffentlichen Stellen nicht den Bindungen des Art. 20 Abs. 3 GG. Jedem noch so kruden Datenbegehren müsste entsprochen werden. Richtigerweise darf ein Diensteanbieter die von einer privaten Stelle angeforderten Daten nur dann übermitteln, wenn entweder eine richterliche Gestattung vorliegt oder der Anfordernde die dem Auskunftsanspruch zugrunde liegenden Tatsachen hinreichend substantiiert vorträgt.

27 In Anlehnung an die Rechtsprechung des BGH zur Haftung der Internetdiensteanbieter für Fehlverhalten Dritter ist die Rechtsverletzung, zu deren Verfolgung die Daten benötigt werden, so weit wie möglich zu **substantiieren**. Ein Tätigwerden des Diensteanbieters ist nur veranlasst, wenn die Geltendmachung des Auskunftsanspruchs so konkret gefasst ist, dass der Rechtsverstoß auf der Grundlage der Behauptungen des Betroffenen unschwer – das heißt ohne eingehende rechtliche und tatsächliche Überprüfung – bejaht werden kann[54]. Das bedeutet, dass z.B. bei einer behaupteten Markenrechtsverletzung sowohl die Nachweise über

---

49 BVerfG v. 24.1.2012 – 1 BvR 1299/05, CR 2012, 245 m. Anm. *Schnabel* = NJW 2012, 1419.
50 BVerfG v. 24.1.2012 – 1 BvR 1299/05, CR 2012, 245 m. Anm. *Schnabel* = Rz. 123. Beide Rechtsgrundlagen können allerdings auch in einer Norm zusammengefasst werden.
51 Der § 100j StPO gilt explizit nur für TK-Bestandsdaten und somit insb. – entgegen der Intention des Gesetzgebers – nicht für Cloud Computing (Speicher-)Dienste. Vgl. hierzu *Wicker*, MMR 2014, 298.
52 So z.B. § 17a Abs. 1 SOG Sachsen-Anhalt.
53 BT-Drucks. 16/3078, S. 16.
54 BGH v. 25.10.2011 – VI ZR 93/10, MDR 2012, 92 = ITRB 2012, 28 = CR 2012, 103.

die Markenrechte vor- als auch die vermeintlich rechtsverletzende Handlung darzulegen ist. Nur wenn auf Basis dieser Angaben eine Rechtsverletzung „klar" erkennbar ist, ist der Diensteanbieter gegenüber der privaten Stelle zur Herausgabe befugt.

VI. Rechtsfolgen/Sanktionen

Verstöße gegen § 14 Abs. 1 stellen gemäß § 16 Abs. 2 Nr. 4 eine Ordnungswidrigkeit dar und können mit einer Geldbuße von bis zu EUR 50.000 geahndet werden. 28

§ 15 Nutzungsdaten

(1) Der Diensteanbieter darf personenbezogene Daten eines Nutzers nur erheben und verwenden, soweit dies erforderlich ist, um die Inanspruchnahme von Telemedien zu ermöglichen und abzurechnen (Nutzungsdaten). Nutzungsdaten sind insbesondere

1. Merkmale zur Identifikation des Nutzers,

2. Angaben über Beginn und Ende sowie des Umfangs der jeweiligen Nutzung und

3. Angaben über die vom Nutzer in Anspruch genommenen Telemedien.

(2) Der Diensteanbieter darf Nutzungsdaten eines Nutzers über die Inanspruchnahme verschiedener Telemedien zusammenführen, soweit dies für Abrechnungszwecke mit dem Nutzer erforderlich ist.

(3) Der Diensteanbieter darf für Zwecke der Werbung, der Marktforschung oder zur bedarfsgerechten Gestaltung der Telemedien Nutzungsprofile bei Verwendung von Pseudonymen erstellen, sofern der Nutzer dem nicht widerspricht. Der Diensteanbieter hat den Nutzer auf sein Widerspruchsrecht im Rahmen der Unterrichtung nach § 13 Abs. 1 hinzuweisen. Diese Nutzungsprofile dürfen nicht mit Daten über den Träger des Pseudonyms zusammengeführt werden.

(4) Der Diensteanbieter darf Nutzungsdaten über das Ende des Nutzungsvorgangs hinaus verwenden, soweit sie für Zwecke der Abrechnung mit dem Nutzer erforderlich sind (Abrechnungsdaten). Zur Erfüllung bestehender gesetzlicher, satzungsmäßiger oder vertraglicher Aufbewahrungsfristen darf der Diensteanbieter die Daten sperren.

(5) Der Diensteanbieter darf an andere Diensteanbieter oder Dritte Abrechnungsdaten übermitteln, soweit dies zur Ermittlung des Entgelts und zur Abrechnung mit dem Nutzer erforderlich ist. Hat der Diensteanbieter mit einem Dritten einen Vertrag über den Einzug des Entgelts geschlossen, so darf er diesem Dritten Abrechnungsdaten übermitteln, soweit es für diesen Zweck

erforderlich ist. Zum Zwecke der Marktforschung anderer Diensteanbieter dürfen anonymisierte Nutzungsdaten übermittelt werden. ⁴§ 14 Abs. 2 bis 5 findet entsprechende Anwendung.

(6) Die Abrechnung über die Inanspruchnahme von Telemedien darf Anbieter, Zeitpunkt, Dauer, Art, Inhalt und Häufigkeit bestimmter von einem Nutzer in Anspruch genommener Telemedien nicht erkennen lassen, es sei denn, der Nutzer verlangt einen Einzelnachweis.

(7) Der Diensteanbieter darf Abrechnungsdaten, die für die Erstellung von Einzelnachweisen über die Inanspruchnahme bestimmter Angebote auf Verlangen des Nutzers verarbeitet werden, höchstens bis zum Ablauf des sechsten Monats nach Versendung der Rechnung speichern. Werden gegen die Entgeltforderung innerhalb dieser Frist Einwendungen erhoben oder diese trotz Zahlungsaufforderung nicht beglichen, dürfen die Abrechnungsdaten weiter gespeichert werden, bis die Einwendungen abschließend geklärt sind oder die Entgeltforderung beglichen ist.

(8) Liegen dem Diensteanbieter zu dokumentierende tatsächliche Anhaltspunkte vor, dass seine Dienste von bestimmten Nutzern in der Absicht in Anspruch genommen werden, das Entgelt nicht oder nicht vollständig zu entrichten, darf er die personenbezogenen Daten dieser Nutzer über das Ende des Nutzungsvorgangs sowie die in Absatz 7 genannte Speicherfrist hinaus nur verwenden, soweit dies für Zwecke der Rechtsverfolgung erforderlich ist. Der Diensteanbieter hat die Daten unverzüglich zu löschen, wenn die Voraussetzungen nach Satz 1 nicht mehr vorliegen oder die Daten für die Rechtsverfolgung nicht mehr benötigt werden. Der betroffene Nutzer ist zu unterrichten, sobald dies ohne Gefährdung des mit der Maßnahme verfolgten Zweckes möglich ist.

I. Einführung 1	V. Verwendung von Abrechnungsdaten (Abs. 2, 4–7) 31
II. Verhältnis zur DSGVO 2	1. Abrechnungsdaten 31
III. Nutzungsdaten (Abs. 1) 3	2. Zusammenführung von Nutzungsdaten 32
1. Allgemeines 3	3. Erforderlichkeit 33
2. Nutzungsdaten 4	4. Übermittlung zu Abrechnungszwecken (Abs. 5 Satz 1 und 2) .. 37
3. Exkurs: Nutzung von Tracking-Tools 10	5. Übermittlung zu Zwecken der Marktforschung (Abs. 5 Satz 3) . 41
a) Verhältnis zu Inhaltsdaten .. 12	
b) Verhältnis zu Verkehrsdaten 14	6. Weitergabe von Nutzungsdaten bei Auskunftsansprüchen (Abs. 5 Satz 4) 43
4. Erforderlichkeit 15	
IV. Nutzungsprofile (Abs. 3) 18	VI. Missbrauchsverfolgung (Abs. 8) 44
1. Pseudonymisierung 24	
2. Zweckbindung 28	
3. Widerspruchsrecht 30	VII. Sanktionen 48

Schrifttum: *Alich/Voigt*, Mitteilsame Browser – Datenschutzrechtliche Bewertung des Trackings mittels Browser-Fingerprints, CR 2012, 344; *Arning/Moos*, Big Data bei verhaltensbezogener Online-Werbung, ZD 2014, 242; *Bauer*, Personalisierte Werbung auf Social Community-Websites, MMR 2008, 435; *Hanloser*, Geräte-Identifier im Spannungsfeld von DS-GVO, TMG und ePrivacy-VO – Mögliche Schranken bei zielgruppenspezifischer Online-Werbung, ZD 2018, 213; *Krohm/Müller-Peltzer*, Wunsch nach Identifizierung anonymer Internetnutzer, ZD 2015, 409; *Lange*, Neue Marketingstrategien im Internet- ökonomische und rechtliche Analyse, BB 2002, 561; *Lerch/Krause/Hotho/Roßnagel/Stumme*, Social Bookmarking-Systeme – die unerkannten Datensammler – Ungewollte personenbezogene Datenverarbeitung?, MMR 2010, 454; *Härting*, Datenschutz im Internet – Gesetzgeberischer Handlungsbedarf, BB 2010, 839; *Härting*, Anonymität und Pseudonymität im Datenschutzrecht, NJW 2013, 2065; *Rammos*, Datenschutzrechtliche Aspekte verschiedener Arten „verhaltensbezogener" Onlinewerbung, 692; *Roßnagel/Scholz*, Datenschutz durch Anonymität und Pseudonymität – Rechtsfolgen der Verwendung anonymer und pseudonymer Daten, MMR 2000, 721; *Schirmbacher*, Onlinemarketing nach der DSGVO – ein Annäherungsversuch, ITRB 2016, 274; *Schleipfer*, Datenschutzkonformer Umgang mit Nutzungsprofilen, ZD 2015, 319; *Spindler*, Das neue Telemediengesetz – Konvergenz in sachten Schritten, CR 2007, 239; *Venzke*, Social Media Marketing – Eine datenschutzrechtliche Orientierungshilfe, DuD 2011, 387; *Venzke-Caprarese*, Haftungsrisiko Webtracking, DuD 2018, 156.

I. Einführung

In § 15 ist der Umgang mit sog. **Nutzungs- und Abrechnungsdaten** geregelt (zur Anwendbarkeit neben der DSGVO vgl. sogleich Rz. 2). § 15 Abs. 1 legt als Erlaubnisnorm fest, wann der Diensteanbieter zur Erhebung und Verwendung von Nutzungsdaten befugt ist. Die Voraussetzungen zur Erstellung anonymisierter Nutzungsprofile gibt § 15 Abs. 3 vor. Gleichzeitig enthält der Absatz ein Zusammenführungsverbot. Daten, die der Diensteanbieter zu Abrechnungszwecken benötigt, werden von § 15 Abs. 2, 4, 5 6 und 7 adressiert. Ein Schutzinstrument gegen Missbrauch des Telemedienangebots durch Nutzer wird dem Diensteanbieter mit der Regelung in § 15 Abs. 8 an die Hand gegeben.

1

II. Verhältnis zur DSGVO

§ 15 wird durch die Regelungen der DSGVO fast vollständig obsolet. Lediglich die Regelung zur **Auskunftserteilung** über Nutzungsdaten nach § 15 Abs. 5 Satz 4 i.V.m. § 14 Abs. 2 (vgl. auch Kommentierung zu § 14 TMG Rz. 16 ff.) bleibt anwendbar, da sie als Regelung i.S.d. Art. 23 Abs. 1 DSGVO angesehen werden kann (vgl. auch Kommentierung zu § 14 TMG Rz. 21 f.).

2

Die bisweilen vertretene Auffassung, dass die in § 15 Abs. 3 enthaltenen Regelungen zu Nutzungsprofilen (zur alten Rechtslage unten Rz. 18) neben der DSGVO Bestand haben könnten, da sie unter den „Bestandsschutz des Art. 95 DSGVO" (hierzu auch Kommentierung zu Art. 95 DSGVO) fallen[1], vermag nicht zu überzeugen. Sie werden durch die Regelungen der DSGVO verdrängt (vgl. Einleitung TMG Rz. 2).

§ 15 stellt nach umstrittener Auffassung bereits keine Umsetzung der ePrivacy-Richtlinie (Richtlinie 2002/58/EG) in nationales Recht dar.[2] Es wird jedoch behauptet, dass die Europäische Kommission bestätigt habe, *„dass die derzeitigen deutschen Datenschutzstandards der von der Europäischen Union verabschiedeten E-Privacy-Richtlinie entsprechen"*[3] (vgl. auch Kommentierung zu § 13 TMG Rz. 16).

Wenn man § 15 als mit der ePrivacy-Richtlinie (insb. der 2009 eingefügten „Cookie-Regelung" des Art. 5 Abs. 3) in Einklang stehend ansieht[4], würde Art. 95 DSGVO nicht greifen, da er die Regelung des Art. 5 Abs. 3 ePrivacy-Richtlinie nicht erfasst[5]. Es handelt es sich bei Art. 5 Abs. 3 ePrivacy-Richtlinie weitgehend[6] nicht um eine Regelung, die *„natürliche[n] oder juristische[n] Personen in Bezug auf die Verarbeitung in Verbindung mit der Bereitstellung öffentlich zugänglicher elektronischer Kommunikationsdienste"* betrifft[7]. Art. 5 Abs. 3 ePrivacy-Richtlinie enthält Vorgaben bezüglich der *„Speicherung von Informationen oder de[s] Zugriff[s] auf Informationen, die bereits im Endgerät eines Teilnehmers oder Nutzers gespeichert sind"*, wie sie bzw. er typischerweise beim Setzen und Abrufen sog. **Cookies** (hierzu allgemein Kommentierung zu § 13 TMG

---

1 *Hanloser*, „25. Mai 2018 und keine ePrivacy-Verordnung: Füllt das TMG die Lücke?", Beck-Community v. 10.7.2017 – abrufbar unter https://tinyurl.com/yd5up99c (zuletzt abgerufen am 19.1.2018); Unentschieden Gola/*Piltz*, Art. 95 DSGVO Rz. 18; an anderer Stelle (*Hanloser*, ZD 2018, 213, 216) weist *Hanloser* darauf hin, dass eine Qualifizierung durch den EuGH in der Rs. C-673/17 – Planet49 zu erwarten ist.
2 Zur Diskussion ausführlich Auer-Reinsdorff/Conrad/*Conrad*/*Hausen*, Hdb. IT- und Datenschutzrecht, § 36 Rz. 12 m.w.N.
3 BVDW e.V., „EU-Kommission bestätigt: ePrivacy-Richtlinie in Deutschland durch Telemediengesetz umgesetzt", PM v. 11.2.2014 – abrufbar unter https://tinyurl.com/y8lsptm2 (zuletzt abgerufen am 19.1.2018).
4 Zur Debatte m.w.N. *Spies*/*Vinke*, ZD-Aktuell 2012, 02861 (a.E.); ferner *Hanloser*, ZD 2018, 213 (216); *Venzke-Caprarese*, DuD 2018, 156 (157). Ablehnend Spindler/Schuster/*Spindler*/*Nink*, § 15 TMG Rz. 9; vgl. auch die ausführliche Darstellung bei *Schneider*, „EU-Kommission: Cookie-Richtlinie ist in Deutschland umgesetzt", Telemedicus v. 5.2. 2014 – https://www.telemedicus.info/article/2716-EU-Kommission-Cookie-Richtlinie-ist-in-Deutschland-umgesetzt.html.
5 A.A. *Bitkom*, Stellungnahme zur Positionsbestimmung der DSK zur Anwendbarkeit des TMG ab dem 25. Mai 2018, v. 9.5.2018 (Punkt 1).
6 Lediglich in Art. 5 Abs. 3 Satz 2 ePrivacy-Richtlinie findet sich eine Regelung, die TK-Anbieter betrifft: „Dies steht einer technischen Speicherung oder dem Zugang nicht entgegen, wenn der alleinige Zweck die Durchführung der Übertragung einer Nachricht über ein elektronisches Kommunikationsnetz ist […]"
7 Vgl. auch *Hanloser*, ZD 2018, 213 (216) – ePrivacy-Richtlinie trifft mit Cookie-Opt-in *„Regelungen für reine Inhaltsdienste bzw. Dienste der Informationsgesellschaft"*.

Rz. 14) geschieht. Cookies aber werden von den Anbietern von Telemediendiensten gesetzt und ausgelesen[8]. Diese werden durch Art. 95 DSGVO nicht adressiert (vgl. auch Einleitung TMG Rz. 2). Bereits aus diesem Grund[9] ist der Art. 5 Abs. 3 ePrivacy-Richtlinie auch nicht unmittelbar anwendbar.[10]

Die namentlich von der Datenschutzkonferenz geäußerte Auffassung, dass es nunmehr *„beim Einsatz von Tracking-Mechanismen, die das Verhalten von betroffenen Personen im Internet nachvollziehbar machen und bei der Erstellung von Nutzerprofilen"* *„jedenfalls"* einer vorherigen *„informierten Einwilligung i.S.d. DSGVO"* bedürfe[11], wird hier nicht geteilt. Es ist nicht ersichtlich, wieso die (selbst von der Datenschutzkonferenz angeführten) Erlaubnistatbestände des Art. 6 Abs. 1 DSGVO, insbesondere Buchst. b und f, in diesen Fällen keine Anwendung finden sollten[12]. 2a

Auch ohne Einwilligung des Nutzers ist eine Profilbildung (und der Einsatz von „Tracking-Mechanismen" – hierzu auch Rz. 10) in dem Umfang möglich, in dem die Verarbeitung der Daten für die **Erfüllung eines Vertrags** erforderlich ist, oder ein **„berechtigtes Interesse"** des Diensteanbieters zu bejahen ist und dieses bei einer Abwägung gegenüber den „Grundrechten und Grundfreiheiten" der betroffenen Person überwiegt[13] (hierzu allgemein Kommentierung zu Art. 6 DSGVO Rz. 47). Es bedarf freilich auch hier stets einer Prüfung und Abwägung im **Einzelfall**[14] (EG 47 Satz 3 DSGVO – vgl. auch das „Prüfungsschema" in der Kommentierung zu Art. 6 DSGVO Rz. 48).

Zutreffend wird ein **Webtracking zur Besuchermessung** – wenn also der Fokus auf der Messung der Reichweite der eigenen Seite liegt – weiterhin[15] ohne Einwilligung auf Grundlage des Art. 6 Abs. 1 lit. f DSGVO für zulässig gehalten, wenn der Grundsatz der Datenminimierung (Art. 5 Abs. 1 lit. c DSGVO) eingehalten wird, wenn die personenbezogenen Daten der Besucher pseudonymisiert werden (vgl. Art. 31 Buchst. a Alt. 1 DSGVO), das Widerspruchsrecht nach

---

8 Vgl. *Brosch*, AnwZert ITR 16/2011, Anm. 2.
9 Schwartmann/Jaspers/Thüsing/Kugelmann/*Schwartmann/Klein*, DS-GVO/BDSG, Art. 6 DSGVO Rz. 141 halten den Art. 6 Abs. 1 Buchst. f DSGVO gegenüber Art. 5 Abs. 3 ePrivacy-Richtlinie (für den Fall des Setzens von Cookies zu Werbezwecken) für die speziellere Regelung.
10 A.A. Schantz/Wolff/*Wolff*, Teil D Rz. 666 – der Art. 5 Abs. 3 ePrivacy-Richtlinie für das Setzen von Cookies für maßgeblich hält.
11 Datenschutzkonferenz, „Positionsbestimmung" v. 26.4.2018, S. 3 Punkt 9 – abrufbar unter https://tinyurl.com/ydf8sry7 (zuletzt abgerufen am 15.5.2018).
12 S. auch *Bitkom*, Stellungnahme zur Positionsbestimmung der DSK zur Anwendbarkeit des TMG ab dem 25. Mai 2018, v. 9.5.2018 (Punkt 2).
13 *Keppeler*, MMR 2015, 779 (782).
14 Vgl. zu den verschiedenen Formen des Online-Marketings *Schirmbacher*, ITRB 2016, 274.
15 Nach § 15 Abs. 3 war pseudonymisierte Nutzerprofilbildung zu Zwecken der „bedarfsgerechten Gestaltung" sowie zu Zwecken der „Marktforschung" zulässig.

Art. 21 Abs. 1 DSGVO auch mittels automatisierter Verfahren ausgeübt werden kann (Art. 21 Abs. 5 DSGVO) und die Informationspflichten nach Art. 13 DSGVO erfüllt werden.[16]

In Erwägungsgrund 47 Satz 7 DSGVO wird klargestellt, dass *„[d]ie Verarbeitung personenbezogener Daten zum Zwecke der Direktwerbung [...] als eine einem berechtigten Interesse dienende Verarbeitung betrachtet werden"* könne. Daraus kann verallgemeinernd gefolgert werden, dass die „Zwecke der Werbung", die bereits in § 15 Abs. 3 explizit als zulässiger Zweck einer (pseudonymisierten) Nutzerprofilbildung genannt waren, auch unter der DSGVO grundsätzlich ein „berechtigtes Interesse" des Telemedienanbieters darstellen und eine Datenverarbeitung auf Grundlage des Art. 6 Abs. 1 Buchst. f DSGVO (hierzu allgemein Kommentierung zu Art. 6 DSGVO Rz. 68 ff.) rechtfertigen können, wenn sie auch nicht die gleiche „Privilegierung" wie die Direktwerbung genießen.[17] Dies gilt insbesondere dann, wenn die soeben genannten Grundsätze beachtet werden (vgl. auch Kommentierung zu Art. 6 DSGVO Rz. 78).

2b Bei der Prüfung, ob eine (pseudonymisierte) Profilbildung zu Zwecken des **Behavioral Targeting** (s. auch Rz. 29) oder des **Retargeting** im Einzelfall als zulässig angesehen werden kann[18], kommt, neben der konkreten Ausgestaltung der Datenverarbeitung, der Frage, ob eine betroffene Person *„zum Zeitpunkt der Erhebung der personenbezogenen Daten und angesichts der Umstände, unter denen sie erfolgt, vernünftigerweise absehen kann, dass möglicherweise eine Verarbeitung für diesen Zweck erfolgen wird"* (Erwägungsgrund 47 Satz 3 DSGVO – hierzu Kommentierung zu Art. 6 DSGVO Rz. 72) Bedeutung zu. Auch wenn dem durchschnittlichen Nutzer von Online-Diensten eine Erhebung und Nutzung seiner Daten zu werblichen Zwecken bewusst sein mag[19], ist die Datenverarbeitung für die betroffene Person i.S.d. Art. 5 Abs. 1 DSGVO proaktiv transparent zu machen.[20]

III. Nutzungsdaten (Abs. 1)

1. Allgemeines

3 § 15 Abs. 1 regelt, wann sog. **Nutzungsdaten** durch einen Diensteanbieter ohne vorhergehende Einwilligung des Nutzers erhoben und verwendet werden dür-

---

16 *Venske-Caprarese*, DuD 2018, 156 (157 f.).
17 Schantz/Wolff/*Wolff*, Teil D Rz. 666.
18 Zurückhaltend *Venske-Caprarese*, DuD 2018, 156 (158), der für die Nutzung von Retargetingtechnologien „zur Vermeidung von Haftungsrisiken" die Einholung von Nutzereinwilligungen anrät.
19 Schwartmann/Jaspers/Thüsing/Kugelmann/*Schwartmann/Klein*, DS-GVO/BDSG, Art. 6 DSGVO Rz. 138 unter Hinweis auf *Schirmbacher*, ITRB 2016, 274 (279).
20 Vgl. Schwartmann/Jaspers/Thüsing/Kugelmann/*Schwartmann/Klein*, DS-GVO/BDSG, Art. 6 DSGVO Rz. 139.

fen. Zudem enthält § 15 Abs. 1 eine Legaldefinition der Nutzungsdaten (hierzu sogleich) sowie eine nicht abschließende Auflistung von Beispielen für Nutzungsdaten.

In der Rechtssache Breyer gegen Bundesrepublik Deutschland hat der BGH[21] nach Vorlage an den EuGH[22] die Auffassung vertreten, dass § 15 Abs. 1 entsprechend Art. 7 Buchst. f der Richtlinie 95/46/EG dahingehend auszulegen sei, dass *„ein Anbieter von Online-Mediendiensten personenbezogene Daten eines Nutzers dieser Dienste ohne dessen Einwilligung auch über das Ende eines Nutzungsvorgangs hinaus dann erheben und verwenden darf, soweit ihre Erhebung und ihre Verwendung erforderlich sind, um die generelle Funktionsfähigkeit der Dienste zu gewährleisten, wobei es allerdings einer Abwägung mit dem Interesse und den Grundrechten und -freiheiten der Nutzer bedarf"*[23]. 3a

Adressat der Norm sind alle Diensteanbieter i.S.d. § 2 Satz 1 Nr. 1, also *„jede natürliche oder juristische Person, die eigene oder fremde Telemedien zur Nutzung bereithält oder den Zugang zur Nutzung vermittelt"* sowie bei audiovisuellen Mediendiensten auf Abruf *„jede natürliche oder juristische Person, die die Auswahl und Gestaltung der angebotenen Inhalte wirksam kontrolliert"* (vgl. Kommentierung zu § 11 TMG Rz. 2 ff.). Ob zwischen Nutzer und Diensteanbieter ein Vertragsverhältnis besteht, ist im Gegensatz zu § 14 irrelevant[24]. 3b

2. Nutzungsdaten

Was Nutzungsdaten i.S.d. TMG sind, ist aufgrund der unglücklichen Fassung der **„Legaldefinition"**, in welcher die Zulässigkeitsvoraussetzungen der Erhebung und Verwendung mit einer Begriffsbestimmung vermengt wurden, nicht offensichtlich. Aus der gesonderten (ebenfalls verunglückten) „Legaldefinition" der Abrechnungsdaten in § 15 Abs. 4 folgt zunächst, dass es sich bei Nutzungsdaten um alle Daten handelt, die entweder zur Ermöglichung der Inanspruchnahme des jeweiligen Telemediendienstes oder zu Abrechnungszwecken genutzt werden könnten. Es kommt also hier, wie auch bei den Bestandsdaten (§ 14 Abs. 1), allein auf die abstrakte Eignung an. Die **Erforderlichkeit** der Erhebung oder Verwendung dieser Daten, die individuell und auf den konkreten Fall bezogen zu prüfen ist, ist für die Frage der Zulässigkeit der Erhebung und Verwendung, nicht aber für die grundsätzliche datenschutzrechtliche Einordnung relevant[25]. 4

---

21 BGH v. 16.5.2017 – VI ZR 135/13, CR 2017, 662.
22 EuGH v. 19.10.2016 – C-582/14, CR 2016, 791 m. Anm. *Nink* = ITRB 2016, 267 = NJW 2016, 3579.
23 BGH v. 16.5.2017 – VI ZR 135/13, CR 2017, 662 – Leitsatz 2.
24 Spindler/Schuster/*Spindler/Nink*, § 15 TMG Rz. 2.
25 Taeger/Gabel/*Zscherpe*, § 15 TMG Rz. 13.

5 Die Nutzbarkeit personenbezogener Daten zu beiden vorgenannten Zwecken wird regelmäßig gegeben sein, ist aber nicht zwingend[26]. Es ist möglich, dass Nutzungsdaten gleichzeitig auch als Bestandsdaten (§ 14 Abs. 1) eingestuft werden, wenn sie (auch) im Kontext der Begründung und inhaltlichen Ausgestaltung des Vertragsverhältnisses stehen[27].

6 Eine – nicht abschließende[28] – Auflistung typischer Nutzungsdaten enthält § 15 Abs. 1 Satz 2. Genannt werden Merkmale zur Identifikation des Nutzers (Nr. 1), Angaben über Beginn, Ende und Umfang der jeweiligen Nutzung (Nr. 2) sowie Angaben über die vom Nutzer in Anspruch genommenen Telemedien (Nr. 3).

7 Als **Merkmale zur Identifikation des Nutzers** kommen zunächst Benutzername und Passwort, E-Mail-Adressen oder IP-Adressen (ggf. in Verbindung mit Zeitangabe) in Betracht[29]. Je nach Ausgestaltung des Dienstes können auch andere personenbezogene Daten zur Identifikation des Nutzers (z.b. Geburtsdatum, Adresse, Kundennummer etc.) genutzt werden. Insbesondere bei Telemediendiensten, die nur nach Altersverifikation[30] nutzbar sind, fällt auch die Abfrage von Daten, die auf dem „neuen Personalausweis" gespeichert sind (z.B. Angabe ob ein bestimmtes Alter über- oder unterschritten wird, § 18 Abs. 3 Satz 2 Nr. 10 PAuswG), unter § 15 Abs. 1. Auch vom Diensteanbieter selbst generierte Daten, z.B. eine Session-ID oder sonstige, in einem persistenten Cookie (s. hierzu Kommentierung zu § 13 TMG Rz. 14) abgelegte nutzerindividualisierende Informationen, die zur Identifikation des Nutzers während des Nutzungsvorgangs dienen, sind als Nutzungsdatum einzuordnen[31].

8 **Beginn, Ende und Umfang der Nutzung** des oder der Telemediendienste (Nr. 2) als auch **Angaben über die vom Nutzer in Anspruch genommenen Dienste** (Nr. 3) sind ebenfalls Nutzungsdaten. Daneben können in Cookies gespeicherte Daten, z.B. über die vom Nutzer aufgerufenen Artikel in einem Online-Shop, Nutzungsdaten sein. Auch ein sog. Clickstream, also der aufgezeichnete Verlauf des Besuchs einer Webseite, ist als Nutzungsdatum einzustufen, wenn er zur Ermöglichung der Inanspruchnahme oder Abrechnung des Dienstes geeignet ist.

9 Eine datenschutzrechtliche Relevanz entfalten all diese Daten (und ihre Erhebung bzw. Verwendung) jedoch nur, wenn sie zusätzlich das Merkmal der Personenbeziehbarkeit erfüllen. Wird diese durch technische Maßnahmen von vornherein ausgeschlossen, findet § 15 keine Anwendung (zu lediglich pseudonymisierten Nutzungsprofilen s. Rz. 18). So ist bspw. die Aufzeichnung eines

---

[26] Vgl. Spindler/Schuster/*Spindler/Nink*, § 15 TMG Rz. 2.
[27] Heckmann/*Heckmann*, 4. Aufl., Kap. 9 Rz. 357; Spindler/Schuster/*Spindler/Nink*, § 15 TMG Rz. 2; Taeger/Gabel/*Zscherpe*, § 15 TMG Rz. 16; *Karg/Fahl*, K&R 2011, 453 (458).
[28] BT-Drucks. 14/6098, S. 29.
[29] Heckmann/*Heckmann*, 4. Aufl., Kap. 9 Rz. 357; Spindler/Schuster/*Spindler/Nink*, § 15 TMG Rz. 2.
[30] Hierzu *Altenhain/Heitkamp*, K&R 2009, 619.
[31] *Karg/Fahl*, K&R 2011, 453 (458).

Clickstreams datenschutzrechtlich irrelevant, wenn von Anfang an, z.B. durch entsprechende technische Maßnahmen, ausgeschlossen ist, dass dieser einem bestimmten Nutzer zugeordnet werden kann. Es handelt sich in diesem Fall um anonyme, nicht aber um personenbezogene Daten. Dementsprechend ist es datenschutzrechtlich z.b. zulässig, die Suchanfragen von Nutzern zu erheben, zu speichern und auszuwerten, wenn dies getrennt von den konkreten Nutzerkonten oder sonstigen „personenbeziehbaren" Nutzermerkmalen (z.b. IP-Adresse) erfolgt. Auch hierbei muss ausgeschlossen sein, dass ein Personenbezug nachträglich hergestellt werden kann[32].

3. Exkurs: Nutzung von Tracking-Tools

Zur besseren Analyse des Nutzerverhaltens setzen Diensteanbieter häufig **Webtracking-Tools** (zur datenschutzrechtlichen **Einordnung nach der DSGVO** s. oben Rz. 2) ein (z.B. Google Analytics)[33]. Diese erheben in der Grundeinstellung eine Vielzahl von Nutzungsdaten und leiten sie zur Auswertung automatisiert an einen Server des Tool-Anbieters weiter, bei dem häufig unklar ist, ob er sich ggf. im (nichteuropäischen) Ausland befindet. Zu den erhobenen Daten gehört regelmäßig auch die **IP-Adresse** des jeweiligen Nutzers. Sollte keine Einwilligung vorliegen, ist nach Auffassung der deutschen Datenschutzbehörden die IP-Adresse vor jeglicher Auswertung so zu **kürzen**, dass eine Personenbeziehbarkeit ausgeschlossen ist[34]. Letzteres ist – je nach Ausgestaltung des jeweiligen Tracking-Tools – möglich, falls z.B. die letzten Ziffern der auszuwertenden IP-Adressen gelöscht werden können.

10

Nach Auffassung u.a. des Hamburgischen Beauftragten für den Datenschutz[35] soll die Nutzung dieser Funktion allein nicht ausreichend sein, um eine Datenschutzkonformität der Datenerhebung sicherzustellen. Zusätzlich müsste mit dem Trackinganbieter ein Vertrag zur **Auftragsdatenverarbeitung** geschlossen werden. Des Weiteren müssten die Nutzer der Webseite im Rahmen der Datenschutzerklärung über die Erhebung und Verwendung seiner Daten durch den Tracking-Dienstleister aufgeklärt und auf ihr Widerspruchsrecht hingewiesen

11

---

32 Im Gegensatz hierzu kommt es beim Setzen sog. Cookies nicht darauf an, ob diese einen Personenbezug aufweisen oder nicht, da Art. 5 Abs. 3 ePrivacy-Richtlinie (Richtlinie 2002/58/EG des Europäischen Parlaments und des Rates v. 12.7.2002) nur von der „Speicherung von Informationen" spricht.
33 Zu den technischen Grundlagen vgl. *Ott*, K&R 2009, 308 (308 f.) sowie *Hoeren*, ZD 2011, 3 (3).
34 Beschluss der obersten Aufsichtsbehörden für den Datenschutz im nicht-öffentlichen Bereich am 26./27.11.2009.
35 Der Hamburgische Beauftragte für Datenschutz und Informationsfreiheit, „Hinweise für Webseitenbetreiber mit Sitz in Hamburg, die Google Analytics einsetzen", vom September 2011.

werden. Diese Auffassung geht über die Anforderungen des Datenschutzrechts und die oben zitierten Vorgaben des Düsseldorfer Kreises bzgl. der Erhebung von Nutzungsdaten hinaus. Wird die IP-Adresse spätestens vor der Speicherung (idealerweise schon vor bzw. im Rahmen der Erhebung) technisch dergestalt verkürzt, dass ein Personenbezug dauerhaft für niemanden mehr herstellbar ist, ist der Anwendungsbereich des Datenschutzrechts nicht eröffnet, da keine personenbezogenen Daten (mehr) vorliegen. Im Falle der Anonymisierung von Tracking-Daten sind sowohl Hinweise in der Datenschutzerklärung als auch ein Vertrag über die Auftragsdatenverarbeitung i.S.d. § 11 BDSG-alt entbehrlich[36].

a) Verhältnis zu Inhaltsdaten

12 Von den Nutzungsdaten sind die sog. **Inhaltsdaten** zu trennen[37]. Hierzu zählen alle personenbezogenen Daten, die der Nutzer und der Diensteanbieter zwar online austauschen, die aber gerade nicht die Inanspruchnahme des Telemediendienstes ermöglichen oder für die Abrechnung des Telemediendienstes erforderlich sind[38]. Darunter fallen zunächst alle Daten, die sich auf den Erwerb von Waren oder Dienstleistungen beziehen, der über bloße Nutzung des Telemediums hinausgeht[39]. Bspw. sind die im Rahmen eines Online-Kaufs erhobenen Daten wie Anschrift des Kunden, bestellte Ware, Zahlungsweise für die Abwicklung des Kaufs, nicht aber für die Nutzung des Online-Shops erforderlich und daher als Inhaltsdaten einzustufen[40]. Die Zulässigkeit des Umgangs mit Inhaltsdaten ist mangels Spezialregelung im TMG stets nach dem BDSG-alt zu beurteilen[41].

13 **Nutzergenerierte Inhalte** im **Social Media Bereich** (z.B. Nutzerangaben zu Hobbys, Lieblingsfilmen, Religion etc. und Postings in sozialen Netzwerke, Bewertungen in Bewertungsplattformen, Videos auf Videoplattformen usw.) ermöglichen nicht die Inanspruchnahme des Dienstes, sondern stellen die Inanspruchnahme selbst dar. Es handelt sich nicht um Nutzungs-, sondern um Inhaltsdaten[42]. Der Umgang mit ihnen ist nach zutreffender Auffassung[43] ebenfalls

---

36 So auch Heckmann/*Heckmann*, 4. Aufl., Kap. 9 Rz. 567; *Kirsch*, MMR-Aktuell 2011, 313724.
37 Taeger/Gabel/*Zscherpe*, § 15 TMG Rz. 25; Spindler/Schuster/*Spindler/Nink*, § 15 TMG Rz. 3; *Jandt/Laue*, K&R 2006, 320.
38 Vgl. Taeger/Gabel/*Zscherpe*, § 14 TMG Rz. 19 f.
39 Taeger/Gabel/*Zscherpe*, § 15 TMG Rz. 25.
40 Vgl. Heckmann/*Heckmann*, 4. Aufl., Kap. 9 Rz. 165.
41 *Jandt/Roßnagel*, MMR 2011, 637 (639); Heckmann/*Heckmann*, Kap. 9 Rz. 164; *Schaar*, Datenschutz im Internet, Rz. 246; *Ernst*, NJOZ 2010, 1917 (1918).
42 *Karg/Fahl*, K&R 2011, 453 (458).
43 *Jandt/Roßnagel*, MMR 2011, 637 (639); *Karg/Fahl*, K&R 2011, 453 (458); im Ergebnis ebenso *Schüßler* in Taeger (Hrsg.), Digitale Evolution, OLWIR 2010, 233 (244); a.A. Spindler/Schuster/*Spindler/Nink*, § 15 TMG Rz. 5a; *Bauer*, MMR 2008, 435 (436), der die Anwendung des TMG für interessengerechter hält, da die gesamte Datenerhebung und -verwendung sich im Rahmen von Telemediendiensten abspiele.

nach dem BDSG-alt, hier kommen insbesondere § 28 und § 29 BDSG-alt[44] in Betracht, zu beurteilen[45].

b) Verhältnis zu Verkehrsdaten

Ebenfalls von den Nutzungsdaten abzugrenzen sind die sog. Verkehrsdaten. Hierbei handelt es sich um Daten, die bei der Erbringung eines Telekommunikationsdienstes erhoben, verarbeitet oder genutzt werden (§ 3 Nr. 30 TKG). Verkehrsdaten betreffen den Telekommunikationsvorgang selbst und berühren das Fernmeldegeheimnis (Art. 10 Abs. 1 GG, § 88 TKG). Die Zulässigkeit ihrer Erhebung und Nutzung richtet sich nicht nach dem TMG, sondern vornehmlich nach dem TKG. Verkehrsdaten dürfen nur zu eingeschränkten Zwecken erhoben und genutzt werden (§§ 96 f., 100 TKG). Im Rahmen der Strafverfolgung dürfen sie nur auf richterliche Anordnung (vgl. §§ 100g, 101a StPO) ermittelt werden[46]. 14

4. Erforderlichkeit

Die Erhebung und Verwendung der Nutzungsdaten ohne Einwilligung der Nutzer muss entweder **zur Ermöglichung der Inanspruchnahme** oder **zur Abrechnung** von Telemedien erforderlich sein, damit sie datenschutzrechtlich zulässig ist. Ob eine Erhebung oder Verwendung der Nutzungsdaten erforderlich ist, ist anhand des **konkreten Einzelfalles** und der einzelnen Nutzungshandlung zu beurteilen, wobei der gesamte Vorgang der Datenverwendung zu betrachten ist[47]. Sie soll darüber hinaus zulässig sein, „soweit ihre Erhebung und ihre Verwendung erforderlich sind, um die generelle Funktionsfähigkeit der Dienste zu gewährleisten, wobei es allerdings einer Abwägung mit dem Interesse und den Grundrechten und -freiheiten der Nutzer bedarf"[48]. 15

In Fällen, in denen die Erhebung und Verwendung von Nutzungsdaten lediglich für den Zugang zum Dienst notwendig ist, ist eine dauerhafte Speicherung unzulässig, da sie für die weitere Inanspruchnahme des Dienstes gerade nicht er- 16

---

44 Der BGH hat im Fall der Bewertungsplattform spickmich.de (BGH v. 23.6.2009 – VI ZR 196/08, CR 2009, 593 = MDR 2009, 1038 = ITRB 2009, 195 = NJW 2009, 2888 – *spickmich.de*) die Frage nicht aufgeworfen und ohne Begründung das BDSG herangezogen.
45 S. *Jandt/Roßnagel*, MMR 2011, 637 (639) zu Social Networks; *Ballhausen/Roggenkamp*, K&R 2008, 403 (407) zu Bewertungsplattformen.
46 Vgl. BGH v. 23.9.2014 – 1 BGs 210/14; zur Thematik auch *Lorenz*, jurisPR-ITR 15/2011, Anm. 2 (zu BGH v. 13.1.2011 – III ZR 146/10, MDR 2011, 343 = ITRB 2011, 122 = CR 2011, 178).
47 Taeger/Gabel/*Zscherpe*, § 15 TMG Rz. 33; Spindler/Schuster/*Spindler*/*Nink*, § 15 TMG Rz. 6.
48 BGH v. 16.5.2017 – VI ZR 135/13, CR 2017, 662 – Leitsatz 2.

forderlich ist. So ist etwa für das Aufrufen einer Webseite die Erhebung der IP-Adresse des Aufrufenden (also des Nutzers) bereits aus technischen Gründen zwingend notwendig[49]. Eine dauerhafte Speicherung über den Nutzungsvorgang hinaus ist hingegen regelmäßig nicht erforderlich.

17 Alle Nutzungsdaten, die zur Ermöglichung der Inanspruchnahme erhoben und verwendet, für die Abrechnung desselben aber nicht benötigt werden, sind spätestens nach Ende des Nutzungsvorgangs zu **löschen** oder zu **sperren** (vgl. auch § 13 Abs. 4 Nr. 2, § 15 Abs. 4 e contrario), falls keine anderweitige Berechtigung vorliegt[50]. Das betrifft insbesondere sog. **Clickstreams** und **Cookies** mit Personenbezug, deren Verwendung eine Einwilligung der Nutzer nach § 12 Abs. 1 voraussetzt. Mit Blick auf Art. 7 Buchst. f der EG-Datenschutzrichtlinie[51] kann auch der Zweck, die **Funktionsfähigkeit des Dienstes** aufrechtzuerhalten, eine Erhebung und Verwendung bestimmter Nutzungsdaten (z.B. IP-Adressen der Zugriffsrechner zur Erkennung von Denial-of-Service-Attacken) rechtfertigen[52]. § 15 Abs. 1 ist dementsprechend europarechtskonform auszulegen.

IV. Nutzungsprofile (Abs. 3)

18 § 15 Abs. 3 regelt die Zulässigkeit der Erstellung pseudonymisierter Nutzungsprofile durch den Diensteanbieter. Nutzungsprofile ermöglichen es dem Diensteanbieter, das Nutzungsverhalten der Nutzer zu analysieren. Hierdurch lässt sich z.B. in Erfahrung bringen, welche (Unter-)Seiten wann und wie lange besucht, welche Links angeklickt und welche andere Internetseiten zuvor genutzt wurden. Der Diensteanbieter kann etwa in Erfahrung bringen, welche Inhalte und Produkte den Nutzer besonders interessieren, welche Werbebanner beachtet werden und ob sein Angebot benutzergerecht gestaltet ist. Durch die **systematische Erfassung des Nutzerverhaltens**[53] in Profilen können Produktvorschläge, basierend auf den zuvor ermittelten und gespeicherten Seitenaufrufen, aber auch auf den jeweiligen Nutzer zugeschnittene Werbung und sonstige Inhalte, z.B. Nachrichtenbeiträge, angezeigt werden.

---

49 Vgl. Heckmann/*Heckmann*, 4. Aufl., Kap. 9 Rz. 362.
50 Vgl. Taeger/Gabel/*Zscherpe*, § 15 TMG Rz. 32 und 36.
51 Art. 7 Buchst. f EG-Datenschutzrichtlnie erklärt eine Verarbeitung personenbezogener Daten für zulässig, „wenn sie erforderlich ist zur Verwirklichung des berechtigten Interesses, das von dem für die Verarbeitung Verantwortlichen oder von dem bzw. den Dritten wahrgenommen wird, denen die Daten übermittelt werden, sofern nicht das Interesse oder die Grundrechte und Grundfreiheiten der betroffenen Person, die gemäß Art. 1 Abs. 1 der Richtlinie geschützt sind, überwiegen".
52 BGH v. 16.5.2017 – VI ZR 135/13, CR 2017, 662 – Leitsatz 2.
53 So auch *Bauer*, MMR 2008, 435 (437); Taeger/Gabel/*Zscherpe*, § 15 TMG Rz. 61; ähnlich Spindler/Schuster/*Spindler/Nink*, § 15 TMG Rz. 9, die dabei auf die Wiedergabe eines Teilbilds der Persönlichkeit abstellen.

Die Erstellung von Nutzungsprofilen liegt oftmals **im Interesse des Nutzers**, sei 19
es, dass diese Grundlage des in Anspruch genommenen Angebots bilden (z.b.
bei Sozialen Netzwerken) oder dass diese personalisierte Hinweise auf einschlägige Waren oder Produkte, die bspw. den Kunden eines Internetshops interessieren könnten, ermöglichen.

Durch **extensive Profile** können Diensteanbieter, insbesondere solche, die unter- 20
schiedliche Telemedien wie Social-Media-Dienste, Internetshops, Informationsportale, Suchmaschinen oder Software-as-a-Service aus einer Hand betreiben, tiefe Einblicke in die Privatsphäre der Nutzer gewinnen. Dies gilt umso mehr, falls Nutzungsprofile um Standortdaten, durch die der Aufenthaltsort des Nutzers festgestellt werden kann, erweitert werden. Im Extremfall kann hierdurch gewissermaßen ein „gläserner Nutzer" geschaffen werden[54], dessen Verhalten durch ein „virtuelles Schlüsselloch"[55] vom Diensteanbieter überwacht werden kann. Falls angebotene Inhalte, wie z.B. Nachrichten auf entsprechenden Online-Plattformen, auf das zuvor erfasste Nutzerverhalten abgestimmt werden, birgt dies die Gefahr eines monothematischen, selektiven Informationsangebots, falls der zugrundeliegende Mechanismus nicht transparent ausgestaltet ist. Dies ist bspw. dann der Fall, wenn Newsportale oder soziale Netzwerke Inhalte aufgrund der vom Nutzer zuvor besuchten Seiten auswählen und somit eine Vorauswahl der übermittelten Inhalte stattfindet, von der der Nutzer keine Kenntnis erlangt.

Der Gesetzgeber hat die Erstellung von Nutzungsprofilen ohne Einwilligung des 21
Nutzers daher **engen Grenzen** unterworfen, die das Recht auf informationelle Selbstbestimmung der Nutzer und das berechtigte wirtschaftliche Interesse der Diensteanbieter an der Auswertung der Inanspruchnahme der Telemedien in Einklang bringen sollen[56]. Nutzungsprofile dürfen nur zu bestimmten Zwecken, unter Verwendung von Pseudonymen und nur dann erstellt werden, wenn der Nutzer nach entsprechendem Hinweis der Profilbildung nicht widersprochen hat.

Vom Erlaubnistatbestand des § 15 Abs. 3 werden **lediglich Nutzungsdaten** i.S.d. 22
Abs. 1 erfasst. Für die Erstellung und Verwendung von Profilen, die Inhaltsdaten umfassen, muss die Einwilligung des Nutzers vorliegen[57] oder ein Erlaubnistatbestand des BDSG, hier kommt insbesondere § 28 Abs. 1 Nr. 1 BDSG-alt in Betracht, einschlägig sein.

Wird hingegen ein **anonymes Nutzungsprofil** erstellt, so findet das TMG (oder 23
anderes Datenschutzrecht) schon keine Anwendung[58] (s. dazu auch die Ausführungen zum Targeting unter Rz. 29).

---

54 Vgl. *Lange*, BB 2002, 561 (562).
55 S. *Härting*, BB 2010, 839 (840).
56 S. BT-Drucks. 13/7385, S. 24.
57 Heckmann/*Heckmann*, 4. Aufl., Kap. 9 Rz. 358.
58 Hoeren/Sieber/Holznagel/*Schmitz*, Teil 16.2 Rz. 280.

23a Eine dem § 15 Abs. 3 vergleichbare Regelung ist in der **DSGVO** nicht vorhanden. Die Rechtmäßigkeit der Erstellung von Nutzerprofilen ist anhand der allgemeinen Regelungen des (Art. 5 Abs. 1 Buchst. a i.V.m.) Art. 6 Abs. 1 Buchst. f DSGVO zu prüfen (ausführlich bereits oben Rz. 2).

1. Pseudonymisierung

24 Nutzungsprofile dürfen ausschließlich bei Verwendung von **Pseudonymen**[59] erstellt werden (§ 15 Abs. 3 Satz 1). Hiermit ist nach § 3 Abs. 6a BDSG-alt das „Ersetzen des Namens und anderer Identifikationsmerkmale durch ein Kennzeichen zu dem Zweck, die Bestimmung des Betroffenen auszuschließen oder wesentlich zu erschweren" gemeint. Pseudonyme können durch Kenntnis der entsprechenden Verknüpfungsregel wieder einer bestimmten Person zugeordnet werden. Im Gegensatz dazu ist es bei anonymisierten Daten nicht bzw. nur unter unverhältnismäßig großem Aufwand an Zeit, Kosten und Arbeitskraft möglich, diese einer individualisierbaren Person zuzuordnen. Durch die Verwendung von Pseudonymen wird es dem Diensteanbieter ermöglicht, einzelne Nutzungsdaten einem bereits bestehenden Profil hinzuzufügen[60]. Als Alternative zur pseudonymisierten Profilbildung bieten sich anonymisierte Profile an, deren Datensätze bestenfalls schon bei der Erhebung keinerlei Personenbezug aufweisen und daher nicht in den Anwendungsbereich des TMG fallen. Hierdurch kann sowohl die Zweckbindung als auch die Beschränkung auf Nutzungsdaten i.S.v. § 15 Abs. 1 überwunden werden (s. hierzu auch Rz. 3a)[61].

25 Da der Diensteanbieter in der Regel selbst die Zuordnungsregeln kennt, besteht die Möglichkeit, Pseudonyme und dazugehörige Profildaten einer bestimmten Person zuzuordnen und somit eine **Re-Identifizierung** vorzunehmen. Dieses Vorgehen wird ausdrücklich durch § 15 Abs. 3 Satz 3 untersagt (**Zusammenführungsverbot**).

26 Flankiert wird das Zusammenführungsverbot des § 15 Abs. 3 Satz 3 durch die Vorgabe, mittels technischer und organisatorischer Vorkehrungen sicherzustellen, dass Nutzungsprofile nicht mit Angaben zur Identifikation des Trägers des Pseudonyms zusammen geführt werden können (§ 13 Abs. 4 Satz 1 Nr. 6). Der Gesetzgeber folgt hier dem Grundsatz des Systemdatenschutzes[62], d.h. des Konzepts des „Datenschutzes durch Technik"[63] bzw. des **Privacy-by-Design**. Wie diese technischorganisatorische Zielvorgabe konkret umzusetzen ist, wird nicht vorgegeben[64].

---

[59] Zum Konzept der Pseudonymisierung von Daten allgemein, *Roßnagel/Scholz*, MMR 2000, 721 (724).
[60] Taeger/Gabel/*Zscherpe*, § 15 TMG Abs. 68.
[61] Ausführlich Hoeren/*Sieber*/Holznagel/*Schmitz*, Teil 16.2 Rz. 279.
[62] S. BT-Drucks. 14/6098, S. 28.
[63] Roßnagel/*Federrath*/*Pfitzmann*, Hdb. Datenschutzrecht, Kap. 2.2 Rz. 7.
[64] Hierzu näher *Schulz*, CR 2012, 204.

Das Zusammenführungsverbot des § 15 Abs. 3 Satz 3 steht in **Konflikt mit dem Auskunftsrecht** des Nutzers nach § 13 Abs. 8. Eine Auskunftserteilung ist nur durch Zusammenführung der Profildaten mit den Daten, die die Identifizierung des Nutzers ermöglichen, durchführbar. Dieser Konflikt wird durch eine **Pflicht des Diensteanbieters zur Aufklärung** des Nutzers über die Folgen des Auskunftsverlangens gelöst[65]. Begehrt der Nutzer trotz Hinweises auf die Zusammenführung erneut Auskunft, so dürfen die Profildaten ausnahmsweise mit der dazugehörigen Person zum Zwecke der Auskunftserteilung verknüpft werden. 27

2. Zweckbindung

Nutzungsprofile i.S.d. § 15 Abs. 3 dürfen nur zu den abschließend im Gesetz definierten Zwecken erstellt werden. Der strenge **Zweckbindungsgrundsatz** fand sich noch nicht im TDDSG 1997. Nach Auffassung des Gesetzgebers ergab sich die Zweckbindung aus den Vorgaben der EG-Datenschutzrichtlinie und wurde im Zuge der Umsetzung der Richtlinie in nationales Recht im TDDSG 2001 festgeschrieben[66]. 28

§ 15 Abs. 3 Satz 1 enthält eine **abschließende Aufzählung** der Zwecke, zu denen Nutzungsprofile angelegt und verwendet[67] werden dürfen, nämlich zu solchen der Werbung, Marktforschung und bedarfsgerechten Gestaltung der Telemedien. Die Verwendung von Profildaten zur **Werbung** dient dazu, den Nutzer aufgrund seines Surfverhaltens möglichst zielgenau ansprechen und bewerben zu können (**Behavioral Targeting**)[68]. Durch eine nutzerspezifische Abstimmung kommt diesen Werbemaßnahmen eine potentiell effektivere Wirkung zu als zufällig eingeblendeten oder kontextbezogenen Anzeigen. Diensteanbieter können daher entsprechend höhere Einnahmen erzielen. **Marktforschung** kann als Beobachtung des Nutzerverhaltens für Zwecke, die übergreifend einer Gruppe von Anbietern zugutekommen sollen (Bonus- oder Kundenbindungsprogramme), beschrieben werden[69]. Denkbar ist jedoch auch eine Verwendung der Marktforschungsergebnisse zu eigenen Zwecken des Diensteanbieters, z.B. zur Weiterentwicklung der eigenen Produktpalette, zur Abschätzung des Bedarfs oder zur Beobachtung eines Trends. Die **bedarfsgerechte Gestaltung** eines Telemediums erlaubt es generell, die angebotenen Telemedien zu optimieren und u.a. personalisierte Inhalte anzubieten (z.B. thematisch auf das Surfverhalten abgestimmte Artikel in einem Nachrichtenportal). 29

---

65 Spindler/Schuster/*Spindler*/*Nink*, § 15 TMG Rz. 10.
66 S. BT-Drucks. 14/6098, S. 30.
67 Zutreffend Taeger/Gabel/*Zscherpe*, § 15 TMG Abs. 70.
68 Ausführlich hierzu *Rammos*, K&R 2011, 692.
69 So *Bauer*, MMR 2008, 435 (437).

3. Widerspruchsrecht

30 Der Profilerstellung kann der Nutzer jederzeit widersprechen (§ 15 Abs. 3 Satz 1). Auch diese (Opt-Out-)Regelung wurde erst im Rahmen der Umsetzung der EG-Datenschutzrichtlinie eingeführt. Der Nutzer kann dieses Recht nur wahrnehmen, wenn er zu Beginn des Nutzungsvorgangs auf die Möglichkeit des Widerspruchs hingewiesen wurde (s. hierzu Kommentierung zu § 13 TMG Rz. 27). Eine entsprechende Hinweispflicht des Diensteanbieters ist in § 15 Abs. 3 Satz 2 festgeschrieben. Nach **Widerspruch** ist es dem Diensteanbieter untersagt, weitere Profile zu erstellen bzw. bestehende fortzuführen und zu nutzen. Der Widerspruch des Nutzers wirkt jedoch ex-nunc, so dass die Rechtmäßigkeit der zuvor erstellten und verwendeten Profile nicht rückwirkend entfällt[70].

V. Verwendung von Abrechnungsdaten (Abs. 2, 4–7)

1. Abrechnungsdaten

31 Ein Unterfall der Nutzungsdaten nach § 15 Abs. 1 sind die sog. Abrechnungsdaten. Nach der – ebenfalls verunglückten – Legaldefinition in § 15 Abs. 4 handelt es sich hierbei um Nutzungsdaten, die „für Zwecke der Abrechnung mit dem Nutzer erforderlich sind". Da die Erforderlichkeit der Nutzung zur Abrechnung jedoch kein Tatbestandsmerkmal ist, sondern die Zulässigkeit der Verwendung bedingt, sind hierunter alle Nutzungsdaten zu verstehen, die für Zwecke der Abrechnung mit dem Nutzer dienen *können*.

2. Zusammenführung von Nutzungsdaten

32 Nach § 15 Abs. 2 ist die Zusammenführung von Nutzungsdaten verschiedener Telemediendienste zulässig, wenn und soweit dies zu Abrechnungszwecken erforderlich ist. Das betrifft insbesondere die Fälle, in denen ein Diensteanbieter mehrere unterschiedliche Dienste (z.B. Auktionsplattform, Meinungsforum, Pay-Per-View-Plattform) betreibt und eine einheitliche Rechnung erstellen will. Im Umkehrschluss ist die Zusammenführung für andere Zwecke unzulässig.

3. Erforderlichkeit

33 Ob der Diensteanbieter Abrechnungsdaten „über das Ende des Nutzungsvorgangs hinaus" verwenden darf, hängt davon ab, ob sie **für die Abrechnung des konkreten Vertragsverhältnisses** erforderlich sind (s. auch Rz. 3a)[71]. Gleiches

---

70 Heckmann/*Heckmann*, 4. Aufl., Kap. 9 Rz. 381; Taeger/Gabel/*Zscherpe*, § 15 TMG Abs. 59.
71 Spindler/Schuster/*Spindler/Nink*, § 15 TMG Rz. 15.

gilt für die Zulässigkeit der Zusammenführung von Nutzungsdaten verschiedener Telemediendienste zu Abrechnungszwecken. Bei der Frage nach der Erforderlichkeit ist, auf Grund der Sensibilität der Daten, ein strenger Maßstab anzulegen.

So ist es bspw. bei **Flatrate-Diensten** (z.B. Videostreaming, Software-as-a-Service, Sharehoster) regelmäßig nicht erforderlich (und dementsprechend grundsätzlich unzulässig), den Zeitpunkt, die Dauer und das Volumen von Zugriffen zu speichern, wenn der Nutzer nicht ausnahmsweise einen **Einzelnachweis** i.S.d. § 15 Abs. 6 verlangt[72]. Ist dies der Fall, dann dürfen Anbieter, Zeitpunkt, Dauer, Art, Inhalt und Häufigkeit bestimmter von einem Nutzer in Anspruch genommener Telemedien zum Zwecke der Erstellung dieses Nachweises gespeichert werden. Ist der Einzelnachweis erstellt und versandt, sind die Daten bei Bestehen einer Flatrate zu löschen. Ein Bedürfnis zur weiteren Speicherung besteht nicht. 34

Lediglich in Fällen, in denen die o.g. Daten als Grundlage für die Abrechnung des Dienstes dienen, dürfen sie bis zum Ablauf des sechsten Monats nach Versendung der Rechnung **gespeichert** werden (§ 15 Abs. 7 Satz 1). Werden gegen die Forderung des Diensteanbieters innerhalb dieser sechs Monate Einwendungen erhoben oder begleicht der Nutzer trotz Zahlungsaufforderung die Abrechnung nicht, dürfen die Abrechnungsdaten nach § 15 Abs. 7 Satz 2 gespeichert werden, bis die Einwendungen abschließend geklärt sind oder die Entgeltforderung beglichen ist. Die Abrechnung selbst (ohne Nachweis der Einzelverbindungen) muss nicht gelöscht werden, die Sperrung der relevanten Dateien reicht aus (§ 15 Abs. 7 TMG i.V.m. § 257 HGB sowie § 147 AO)[73]. 35

Die Frage, ob die Speicherung der einem Nutzer zugewiesenen dynamischen IP-Adressen sowie Zugangszeiten im Falle eines **Internetaccess-Providing-Vertrags** mit einer nutzungsunabhängigen Flatrate zulässig ist, bemisst sich nicht nach § 15 Abs. 4, sondern nach den datenschutzrechtlichen Regelungen des TKG (§ 11 Abs. 3 i.V.m. §§ 91 ff. TKG)[74]. 36

4. Übermittlung zu Abrechnungszwecken (Abs. 5 Satz 1 und 2)

§ 15 Abs. 5 regelt die ausnahmsweise Zulässigkeit der Übermittlung von Abrechnungsdaten an Dritte zu Zwecken der Abrechnung der Diensterbringung (Satz 1 und 2) sowie zu Marktforschungszwecken in anonymisierter Form (Satz 3). Gemäß § 15 Abs. 5 Satz 4 ist § 14 Abs. 2 entsprechend anwendbar, wo- 37

---

72 Spindler/Schuster/*Spindler/Nink*, § 15 TMG Rz. 15.
73 Spindler/Schuster/*Spindler/Nink*, § 15 TMG Rz. 17.
74 S. hierzu auch BGH v. 13.1.2011 – III ZR 146/10, CR 2011, 254 m. Anm. *Wüstenberg* = MDR 2011, 343 = CR 2011, 178 = ITRB 2011, 122 = MMR 2011, 341 m. Anm. *Karg*.

durch klargestellt wird, dass Diensteanbieter die dort genannten Auskunftsansprüche zu erfüllen haben.

38 Gemäß § 15 Abs. 5 Satz 1 dürfen Abrechungsdaten an andere Diensteanbieter oder Dritte übermittelt werden, soweit dies zur **Ermittlung des Entgelts und zur Abrechnung** mit dem Nutzer erforderlich ist. Ein solcher Fall liegt z.b. dann vor, wenn der Nutzer die vom Content-Provider bereitgestellten Telemedien bei seinem Access-Provider bezahlt[75]. Gleiches gilt nach § 15 Abs. 5 Satz 2 für den Fall, dass der Diensteanbieter einen Dritten mit der Einziehung der Forderungen gegenüber dem Nutzer betraut, wie dies z.b. im Wege der Rechnungsstellung (Fakturierung) oder des Inkassos erfolgt[76]. Erfasst ist dabei lediglich die Abrechnung der Inanspruchnahme des Telemediums selbst, nicht hingegen die Entgeltzahlungen für Waren oder Dienstleistungen, die mittels des Telemediums, z.b. über einen Internetshop, vom Nutzer bezogen wurden[77]. Für die Abrechnung von Waren und Dienstleistungen, die nicht die Bereitstellung bzw. Nutzung von Telemedien umfassen, sind die Regelungen des BDSG einschlägig.

39 § 15 Abs. 5 gilt nicht für die **Auftragsdatenverarbeitung** bei der Abwicklung des Zahlungsverkehrs, da hier regelmäßig keine „Dritten" involviert sind, vgl. § 3 Abs. 8 Satz 3 BDSG-alt[78]. Die Weitergabe von Daten an den Auftragsdatenverarbeiter stellt keine Übermittlung i.S.v. Abs. 5 dar, da der Auftragsdatenverarbeiter der Sphäre des Auftraggebers zugerechnet wird.

40 Zulässig ist die Übermittlung, soweit sie zu Abrechnungszwecken erforderlich ist. Die **Erforderlichkeit** bestimmt sich nach den gleichen Maßstäben, die auch für den Diensteanbieter gemäß § 15 Abs. 1 und 4 selbst gelten (s. Rz. 15, 33). Hierbei ist der Grundsatz des § 15 Abs. 6 zu beachten, wonach Einzelnachweise (bspw. über Zeitpunkt, Dauer oder Inhalt der in Anspruch genommenen Telemedien) nur an den Dritten übermittelt werden dürfen, soweit der Nutzer dies verlangt hat (s. Rz. 34)[79].

5. Übermittlung zu Zwecken der Marktforschung (Abs. 5 Satz 3)

41 § 15 Abs. 5 Satz 3 gestattet die **Übermittlung anonymisierter Abrechnungsdaten** zu Zwecken der Marktforschung an andere Diensteanbieter. Als Marktforschung kann dabei „die Erkundung des Marktes einschließlich seiner Trends,

---

75 Taeger/Gabel/*Zscherpe*, § 15 TMG Rz. 85.
76 Hoeren/Sieber/Holznagel/*Schmitz*, Teil 16.2 Rz. 291; Spindler/Schuster/*Spindler/Nink*, § 15 TMG Rz. 18.
77 *Scholz*, S. 250.
78 Anders allerdings dann, wenn ein Dienstleister außerhalb der EU/EWR in Anspruch genommen wird.
79 Taeger/Gabel/*Zscherpe*, § 15 TMG Rz. 83.

Entwicklungsmöglichkeiten und ihrer Grenzen als auch die Abschätzung der Chancen bestimmter Angebote"[80] verstanden werden. Vor Übermittlung der Abrechnungsdaten müssen diese anonymisiert, d.h. der Personenbezug nach der in § 3 Abs. 6 BDSG-alt benannten Art und Weise aufgehoben werden.

Anonymisierte Daten unterfallen wegen des fehlenden Personenbezugs grundsätzlich nicht dem Datenschutzrecht, weshalb die Notwendigkeit der Regelung des Satz 3 auf den ersten Blick nicht ersichtlich ist. Die Erforderlichkeit erklärt sich aus dem Umstand, dass der Diensteanbieter, der die Daten übermittelt, u.U. auch nach der Übermittlung die Möglichkeit hat, die für den Übermittlungsempfänger anonymen Daten wieder einem bestimmten Nutzer zuzuordnen. Nach dem absoluten Verständnis der Bestimmbarkeit einer Person (s. Kommentierung zu § 12 TMG Rz. 5 ff.) lägen in diesem Fall auch nach der Anonymisierung durch den Diensteanbieter personenbezogene Daten beim Übermittlungsempfänger vor, was durch Satz 3 gestattet wird[81]. 42

6. Weitergabe von Nutzungsdaten bei Auskunftsansprüchen (Abs. 5 Satz 4)

§ 15 Abs. 5 Satz 4 erklärt die Regelung des § 14 Abs. 2 auf Abrechnungsdaten entsprechend anwendbar. Hierdurch wird klargestellt, dass Diensteanbieter berechtigte Auskunftsansprüche erfüllen müssen, die sich aus allgemeinen zivilrechtlichen oder Sondervorschriften ergeben können (s. Kommentierung zu § 14 TMG Rz. 16 ff.). 43

VI. Missbrauchsverfolgung (Abs. 8)

§ 15 Abs. 8 erlaubt es Diensteanbietern, bei einem Verdacht auf Inanspruchnahme der Telemedien durch Nutzer, die sich der Entgeltpflicht entziehen wollen, Nutzerdaten – soweit erforderlich – für Zwecke der Rechtsverfolgung zu speichern und zu nutzen. Die praktische Relevanz ist, auch im Hinblick auf die Nähe zur Regelung des § 15 Abs. 7 Satz 2, als eher gering einzustufen[82]. 44

Voraussetzung einer Speicherberechtigung nach § 15 Abs. 8 sind **tatsächliche Anhaltspunkte** dafür, dass ein Nutzer einen Dienst in der Absicht in Anspruch nimmt, das hierfür vorgesehene Entgelt nicht (oder nicht vollständig) zu zahlen. Die tatsächlichen Anhaltspunkte müssen bereits vor der Speicherung und Nutzung i.S.v. Abs. 8 vorliegen, eine verdachtsunabhängige (Vorrats-)Datenspeiche- 45

---

80 Roßnagel/*Dix*/*Schaar*, § 6 TDDSG Rz. 193.
81 Taeger/Gabel/*Zscherpe*, § 15 TMG Rz. 89.
82 Vgl. ausführlich Hoeren/Sieber/Holznagel/*Schmitz*, Teil 16.2 Rz. 303; zustimmend Taeger/Gabel/*Zscherpe*, § 15 TMG Rz. 94.

§ 15 TMG | Nutzungsdaten

rung wird durch die Regelung nicht legitimiert. Ab welchem Wahrscheinlichkeitsgrad ein entsprechender Tatverdacht zu bejahen ist, ist weder vom Gesetzgeber noch gerichtlich entschieden worden[83]. Aufgrund des Wortlauts ist mehr als ein bloßer Verdacht zu fordern. Die tatsächlichen Anhaltpunkte sind vom Diensteanbieter auf geeignete Weise, bspw. durch Ausdrucke, zu **dokumentieren**.

46 Soweit die Speicherung und Verwendung der Nutzungs- bzw. Abrechnungsdaten zur **Durchsetzung der Ansprüche des Diensteanbieters** gegenüber dem Nutzer erforderlich ist, darf er diese verarbeiten, insbesondere an Strafverfolgungsbehörden übermitteln und in sonstiger Weise zu diesem Zwecke über das Ende des Nutzungsvorgangs sowie über die in Abs. 7 festgelegte Speicherdauer hinaus nutzen[84]. Bestätigt sich der Tatverdacht nicht oder werden die Daten nicht mehr zur Rechtsverfolgung benötigt, sind sie unverzüglich, d.h. ohne schuldhaftes Zögern (vgl. § 121 Abs. 1 BGB), zu löschen.

47 Der Nutzer ist von der anlassbezogenen Verwendung seiner Daten zu unterrichten, sobald der von § 15 Abs. 8 legitimierte Zweck der Rechtsverfolgung nicht (mehr) gefährdet ist. Sollte eine Benachrichtigung nicht oder nur unter weitergehenden Eingriffen in das allgemeine Persönlichkeitsrecht des Nutzers möglich und unverhältnismäßig sein, so kann von einer Information abgesehen werden[85]. Das ist z.B. in Fällen denkbar, in denen zu Rechtsverfolgungszwecken gespeicherte Daten, deren Personenbezug bis zum Wegfall des Tatverdachts noch nicht hergestellt wurde, mit dem Klarnamen des Nutzers ausschließlich zu Benachrichtigungszwecken zusammengeführt werden müssten.

VII. Sanktionen

48 Eine von § 15 Abs. 1 Satz 1 oder Abs. 8 Satz 1 oder 2 nicht gedeckte Erhebung und Verwendung personenbezogener Daten sowie das nicht (rechtzeitige) Löschen kann als **Ordnungswidrigkeit** mit einer Geldbuße bis zu EUR 50.000 geahndet werden, § 16 Abs. 2 Nr. 4, Abs. 3. Gleiches gilt gemäß § 16 Abs. 2 Nr. 5, Abs. 3 für das Zusammenführen von pseudonymisierten Profildaten mit individualisierbaren Personen, was durch § 15 Abs. 3 Satz 3 untersagt ist.

---

83 Taeger/Gabel/*Zscherpe*, § 15 TMG Rz. 97.
84 Roßnagel/*Dix*/*Schaar*, § 6 TDDSG Rz. 244.
85 So auch Roßnagel/*Dix*/*Schaar*, § 6 TDDSG Rz. 248.

§ 15a Informationspflicht bei unrechtmäßiger Kenntniserlangung von Daten

Stellt der Diensteanbieter fest, dass bei ihm gespeicherte Bestands- oder Nutzungsdaten unrechtmäßig übermittelt worden oder auf sonstige Weise Dritten unrechtmäßig zur Kenntnis gelangt sind, und drohen schwerwiegende Beeinträchtigungen für die Rechte oder schutzwürdigen Interessen des betroffenen Nutzers, gilt § 42a des Bundesdatenschutzgesetzes entsprechend.

I. Einführung	1
II. Verhältnis zur DSGVO	3
III. Telemedienspezifische Voraussetzungen der Informationspflicht	4

1. Unrechtmäßige Kenntniserlangung von Bestands- oder Nutzungsdaten	5
2. Schwerwiegende Rechts- oder Interessenbeeinträchtigung	8
IV. Rechtsfolgen	9
V. Sanktionen	10

Schrifttum: S. Schrifttum zu Art. 33 und 34 DSGVO.

I. Einführung

§ 15a statuiert eine **Informationspflicht** des Diensteanbieters im Falle von Datenpannen („Security Breaches"), die eine unrechtmäßige Übermittlung bzw. sonstige unrechtmäßige Kenntniserlangung von Nutzer- oder Bestandsdaten umfasst. Drohen hierdurch schwerwiegende Beeinträchtigungen von Rechten oder schutzwürdigen Interessen des Nutzers, ist dieser sowie die zuständige Aufsichtsbehörde nach § 42a BDSG-alt, der die Benachrichtigungspflicht im allgemeinen Datenschutzrecht vorschreibt, zu informieren. Durch die Regelung soll auch präventiv der Datenschutz durch die Diensteanbieter gestärkt und Nutzer sowie Aufsichtsbehörden nach einer Datenpanne in die Lage versetzt werden, eine Schadensvertiefung zu vermeiden[1]. Die Informationspflichten des § 15a TMG und § 42a BDSG-alt sind in den **Art. 33 und 34 DSGVO** aufgegangen (s. auch unten Rz. 3). 1

Durch den Verweis findet die Regelung des § 42a BDSG-alt auch im bereichsspezifischen Telemediendatenschutz Anwendung. Regelungstechnisch hat sich der Gesetzgeber hierbei für eine **Rechtsfolgenverweisung** entschieden, wobei der auf Bestands- und Nutzungsdaten zugeschnittene Tatbestand in § 15a die umfangreichen Rechtsfolgen in § 42a Satz 2–5 BDSG-alt auslöst[2]. 2

---

1 So auch zu § 42a BDSG *Gola/Schomerus*, § 42a BDSG Rz. 1.
2 Heckmann/*Heckmann*, Kap. 9 Rz. 435 (Stand: 30.6.2015).

II. Verhältnis zur DSGVO

3   Die Regelung des § 15a wird durch die Geltung der DSGVO hinfällig (s. TMG Einleitung Rz. 5). Meldungen an die Aufsichtsbehörden über Verletzungen des Schutzes personenbezogener Daten richten sich ab dem 25.5.2018 nach Art. 33 DSGVO. Die Benachrichtigungspflicht der Betroffenen regelt Art. 34 DSGVO.

III. Telemedienspezifische Voraussetzungen der Informationspflicht

4   Die Informationspflicht des § 15a wird ausgelöst, wenn Bestands- oder Nutzungsdaten unrechtmäßig übermittelt worden oder auf sonstige Weise Dritten unrechtmäßig zur Kenntnis gelangt sind. Zudem muss die **(konkrete) Gefahr** bestehen, dass der Nutzer hierdurch in schwerer Weise in seinen Rechten oder schutzwürdigen Interessen beeinträchtigt wird. Die Informationspflicht des Diensteanbieters wird dabei erst dann ausgelöst, wenn dieser die Datenschutzverletzung anhand tatsächlicher Anhaltspunkte, z.B. aufgrund von Hinweisen aus der IT-Abteilung oder von Strafverfolgungsbehörden, feststellt[3]. Eine (auch fahrlässige) Unkenntnis der Datenpanne löst keine Informationspflicht aus[4].

1. Unrechtmäßige Kenntniserlangung von Bestands- oder Nutzungsdaten

5   **Voraussetzung** einer Informationspflicht des Diensteanbieters (vgl. Kommentierung zu § 11 TMG Rz. 10) ist die unrechtmäßige Übermittlung von bei diesem gespeicherten Bestands- oder Nutzungsdaten oder eine unrechtmäßige Kenntniserlangung dieser Daten auf sonstige Weise.

6   Der **Anwendungsbereich** ist weiter gefasst als der des § 42a BDSG-alt, da der Begriff des Diensteanbieters i.S.v. § 2 Nr. 1 nicht nur öffentlich-rechtliche Wettbewerbsunternehmen, sondern sämtliche öffentlichen Stellen umfasst[5]. Die Norm bezieht sich auf die unrechtmäßige Übermittlung oder Kenntniserlangung von Bestands- oder Nutzungsdaten. Hiermit sind die in den jeweiligen Erlaubnisnormen (§ 14 Abs. 1 bzw. § 15 Abs. 1 Satz 1) definierten Datenarten gemeint[6]. Auch Abrechnungsdaten werden als Unterfall der Nutzungsdaten mit

---

3   S. BT-Drucks. 16/12011, S. 34 und Hoeren/Sieber/Holznagel/*Schmitz*, Kap. 16.2 Rz. 314.
4   Heckmann/*Heckmann*, Kap. 9 Rz. 441 (Stand: 30.6.2015).
5   Taeger/Gabel/*Moos*, § 15a TMG Rz. 4.
6   Heckmann/*Heckmann*, Kap. 9 Rz. 438 (Stand: 30.6.2015); Taeger/Gabel/*Moos*, § 15a TMG Rz. 5; *Höhne*, jurisPR-ITR 20/2009 Anm. 3.

erfasst[7]. § 15a hat auch in dieser Hinsicht einen weiteren Anwendungsbereich[8]. Der § 42a BDSG-alt ist auf die dort in Satz 1 abschließend aufgezählten Arten besonders sensibler Daten beschränkt.

Bestands- oder Nutzungsdaten, die der Diensteanbieter bei sich, also in seinem Herrschaftsbereich gespeichert hat, müssen **unrechtmäßig übermittelt**, d.h. an Dritte weiter gegeben oder durch Dritte eingesehen oder abgerufen (vgl. § 3 Abs. 4 Satz 2 Nr. 3 BDSG-alt) worden sein. Die tatbestandliche Alternative, die **unrechtmäßige Kenntniserlangung auf sonstige Weise**, umfasst hingegen auch „verloren gegangene" oder „gestohlene" Daten (bspw. solche auf portablen Datenträgern), wobei es auf die tatsächliche Kenntniserlangung durch den Dritten – gleich auf welche Weise diese herbeigeführt wird – ankommt[9].

7

2. Schwerwiegende Rechts- oder Interessenbeeinträchtigung

Voraussetzung für die Annahme des Bestehens einer Informationspflicht ist des Weiteren eine drohende schwerwiegende Beeinträchtigung für Rechte oder schutzwürdige Interessen des betroffenen Nutzers. Erforderlich ist eine konkrete Gefahr für die Rechte bzw. Interessen des Nutzers[10]. Eine solche ist dann gegeben, wenn im konkreten Fall die **hinreichende Wahrscheinlichkeit** besteht, dass in absehbarer Zeit die Rechte oder Interessen des Nutzers beeinträchtigt werden. Bei der Beurteilung der Frage, ob die drohende Beeinträchtigung schwerwiegend ist, besteht ein größerer Beurteilungsspielraum als im Rahmen des Anwendungsbereichs des § 42a BDSG-alt. Im Falle einer „Datenpanne" ist aufgrund der dort genannten besonders sensiblen Datenarten eine schwerwiegende Bedrohung von Rechten und Interessen regelmäßig eher anzunehmen als bei reinen Bestandsdaten (wie bspw. dem Namen des Nutzers)[11].

8

IV. Rechtsfolgen

Sind die Voraussetzungen des § 15a erfüllt, so ist der betroffene Nutzer sowie die zuständige Aufsichtsbehörde für den Datenschutz von der Datenpanne **unverzüglich**, d.h. ohne schuldhaftes Zögern (§ 121 Abs. 1 BGB), zu unterrichten. Hierbei sind die Maßgaben des § 42a Satz 2-5 BDSG-alt einzuhalten (s. Rz. 2). Welche Datenschutzbehörde zuständig ist, regeln die §§ 24 und 38 BDSG-alt. Eine Pflicht zur Benachrichtigung des betroffenen Nutzers besteht einschrän-

9

---

7 Taeger/Gabel/*Moos*, § 15a TMG Rz. 5.
8 Taeger/Gabel/*Moos*, § 15a TMG Rz. 5.
9 Heckmann/*Heckmann*, Kap. 9 Rz. 439 (Stand: 30.6.2015).
10 Vgl. Heckmann/*Heckmann*, Kap. 9 Rz. 440 (Stand: 30.6.2015).
11 Ausführlich Auernhammer/*Schreibauer*, § 15a TMG Rz. 11; Taeger/Gabel/*Moos*, § 15a TMG Rz. 6.

kend erst dann, wenn der Diensteanbieter angemessene Maßnahmen zum Datenschutz treffen konnte und die Information des Nutzers eine etwaige Strafverfolgung nicht (mehr) beeinträchtigt. Als Mittel zur Benachrichtigung der Nutzer wird im Bereich des Telemediendatenschutzes eine Veröffentlichung auf einschlägigen Internetseiten bzw. solcher mit hoher Breitenwirkung dann in Betracht kommen, wenn eine individuelle Benachrichtigung der betroffenen Nutzer einen unverhältnismäßig hohen Aufwand bedeuten würde[12].

V. Sanktionen

10 Eine Verletzung der telemedienspezifischen Informationspflichten des § 15a ist im Gegensatz zu einem **Verstoß** gegen die Pflichten aus § 42a BDSG-alt **nicht bußgeldbewehrt**. Die unterlassene Aufnahme von § 15a in den Bußgeldkatalog des § 16 kann nur als gesetzgeberisches Versehen angesehen werden, da nicht ersichtlich ist, warum ein Verstoß im Bereich des herkömmlichen Datenschutzes sanktionswürdig ist, entsprechende Versäumnisse bei Datenpannen mit Telemedienbezug hingegen nicht[13]. Eine **zivilrechtliche Haftung** kann sich aus § 823 Abs. 2 BGB i.V.m. § 15a ergeben[14].

---

12 S. Taeger/Gabel/*Moos*, § 15a TMG Rz. 8.
13 So auch Heckmann/*Heckmann*, Kap. 9 Rz. 449 (Stand: 30.6.2015) und Taeger/Gabel/*Moos*, § 15a TMG Rz. 9.
14 S. Heckmann/*Heckmann*, Kap. 9 Rz. 448 (Stand: 30.6.2015).

Telekommunikationsgesetz (TKG)
vom 22. Juni 2004 (BGBl. I, S. 1190), zuletzt geändert durch
Gesetz vom 30. Oktober 2017 (BGBl. I, S. 3618)
(Auszug)

Teil 7
Fernmeldegeheimnis, Datenschutz, Öffentliche Sicherheit

Abschnitt 1
Fernmeldegeheimnis

§ 88 Fernmeldegeheimnis

(1) Dem Fernmeldegeheimnis unterliegen der Inhalt der Telekommunikation und ihre näheren Umstände, insbesondere die Tatsache, ob jemand an einem Telekommunikationsvorgang beteiligt ist oder war. Das Fernmeldegeheimnis erstreckt sich auch auf die näheren Umstände erfolgloser Verbindungsversuche.

(2) Zur Wahrung des Fernmeldegeheimnisses ist jeder Diensteanbieter verpflichtet. Die Pflicht zur Geheimhaltung besteht auch nach dem Ende der Tätigkeit fort, durch die sie begründet worden ist.

(3) Den nach Absatz 2 Verpflichteten ist es untersagt, sich oder anderen über das für die geschäftsmäßige Erbringung der Telekommunikationsdienste einschließlich des Schutzes ihrer technischen Systeme erforderliche Maß hinaus Kenntnis vom Inhalt oder den näheren Umständen der Telekommunikation zu verschaffen. Sie dürfen Kenntnisse über Tatsachen, die dem Fernmeldegeheimnis unterliegen, nur für den in Satz 1 genannten Zweck verwenden. Eine Verwendung dieser Kenntnisse für andere Zwecke, insbesondere die Weitergabe an andere, ist nur zulässig, soweit dieses Gesetz oder eine andere gesetzliche Vorschrift dies vorsieht und sich dabei ausdrücklich auf Telekommunikationsvorgänge bezieht. Die Anzeigepflicht nach § 138 des Strafgesetzbuches hat Vorrang.

(4) Befindet sich die Telekommunikationsanlage an Bord eines Wasser- oder Luftfahrzeugs, so besteht die Pflicht zur Wahrung des Geheimnisses nicht gegenüber der Person, die das Fahrzeug führt, oder gegenüber ihrer Stellvertretung.

§ 88 TKG | Fernmeldegeheimnis

I. Einführung	1	2. Anforderungen an sonstige Eingriffsnormen (§ 88 Abs. 3 Satz 3)	20
II. Geschützte Sachverhalte (Abs. 1)	4	VII. Sonderproblem: Archivierung von und Zugriff auf E-Mails von Beschäftigten	21
III. Geschützte Personen	9		
IV. Verpflichtete Personen (Abs. 2)	13	VIII. Sonderregelung für Luft- und Seeverkehr (Abs. 4)	24
V. Verhaltenspflichten (Abs. 3)	18		
VI. Eingriffsbefugnisse	19	IX. Rechtsfolgen/Sanktionen	25
1. Im Rahmen des TKG	19	X. Verweise/Kontext	27

Schrifttum: *Barton*, E-Mail-Kontrolle durch Arbeitgeber, CR 2003, 839; *Deusch/Eggendorfer*, Das Fernmeldegeheimnis im Spannungsfeld aktueller Kommunikationstechnologien, K&R 2017, 93; *Durner*, Fernmeldegeheimnis und informationelle Selbstbestimmung als Schranken urheberrechtlicher Sperrverfügungen im Internet?, ZUM 2010, 833; *Fischer*, Arbeitnehmerschutz beim E-Mail-Verkehr, ZD 2012, 265; *Fülbier/Splittgerber*, Keine (Fernmelde-)Geheimnisse vor dem Arbeitgeber, NJW 2012, 1995; *Grünwald/Nüßing*: Kommunikation over the Top – Regulierung für Skype, WhatsApp oder Gmail?, MMR 2016, 91; *Härting*, E-Mail und Telekommunikationsgeheimnis, CR 2007, 311; *Härting*, Beschlagnahme und Archivierung von E-Mail, CR 2009, 581; *Konferenz der unabhängigen Datenschutzbehörden des Bundes und der Länder*, Orientierungshilfe der Datenschutzaufsichtsbehörden zur datenschutzgerechten Nutzung von E-Mail und anderen Internetdiensten am Arbeitsplatz, Stand Januar 2016 (zitiert als Orientierungshilfe Datenschutzkonferenz); *Krügel*, Der Einsatz von Angriffserkennungssystemen im Unternehmen, MMR 2017, 795; *Krüger*, Anmerkung zu BVerfG, Beschluss vom 16.6.2009 – 2 BvR 902/06, MMR 2009, 680; *Lensdorf*, E-Mail Archivierung: Zwingend oder „nice to have"?, CR 2008, 332; *Neumann*, Zur Anwendbarkeit des Fernmeldegeheimnisses nach § 88 TKG bei gestatteter Privatnutzung betrieblicher Telekommunikationsmöglichkeiten, IRNIK-Diskussionspapier Nr. 3, 2014; *Schuster*, Der Arbeitgeber und das Telekommunikationsgesetz, CR 2014, 21; *Störing*, Anmerkung zu LAG Berlin-Brandenburg 4 Sa 2132/10, CR 2011, 614; *Wybitul*, Interne Ermittlungen auf Aufforderung von US-Behörden – ein Erfahrungsbericht, BB 2009, 606; *Wybitul*, Neue Spielregeln bei E-Mail-Kontrollen durch den Arbeitgeber, ZD 2011, 69.

I. Einführung

1 Die Vorschrift verschafft dem Fernmeldegeheimnis aus Art. 10 GG im Verhältnis zwischen den Telekommunikationsunternehmen und deren Mitarbeitern einerseits und den Nutzern von Telekommunikationsdiensten andererseits Geltung. Die Regelung war mit weitgehend gleichem Wortlaut auch schon als § 85 im TKG-1996 und zuvor als § 10 im Gesetz über Fernmeldeanlagen enthalten. Flankiert wird die Norm durch § 206 StGB, der die Verletzung des Fernmeldegeheimnisses durch Inhaber und Beschäftigte von Unternehmen, die geschäftsmäßig Telekommunikationsdienste erbringen, sowie auch durch Mitarbeiter von Aufsichtsbehörden (etwa der Bundesnetzagentur) strafrechtlich als Vergehen sanktionierbar macht. Zusammen sollen § 88 TKG und § 206 StGB

den **Schutzauftrag des Staates umsetzen**, der sich aus Art. 10 GG ergibt. Anders als zu Zeiten, in denen Telekommunikationsdienste durch staatliche Monopolisten erbracht wurden, gilt der Art. 10 GG heute nicht mehr unmittelbar im Verhältnis zwischen Telekommunikationskunden und Dienstleistern[1]. Die Vorschrift des § 88 beschreibt die vom Fernmeldegeheimnis geschützten **Sachverhalte**, konkretisiert unter Rückgriff auf Definitionen in § 3 den **verpflichteten Personenkreis** und enthält **einzelne Erlaubnistatbestände und Verhaltensregeln** für die Verpflichteten. Die Wahrung des Fernmeldegeheimnisses gehört nach § 2 Abs. 2 Nr. 1 zu den Regulierungszielen des Gesetzes, wobei aber auch die Wahrung der Interessen der öffentlichen Sicherheit ein gleichrangiges weiteres Regulierungsziel ist (§ 2 Abs. 2 Nr. 9).

Das Fernmeldegeheimnis aus Art. 10 GG schützt im Verhältnis **zwischen Staat und Bürgern** die unkörperliche Übermittlung von Informationen an individuelle Empfänger mit Hilfe des Telekommunikationsverkehrs vor einer Kenntnisnahme durch die öffentliche Gewalt[2]. Dies soll verhindern, dass der Meinungs- und Informationsaustausch über Telekommunikationsmittel deswegen unterbleibt oder nach Form und Inhalt verändert verläuft, weil die Beteiligten befürchten müssen, dass staatliche Stellen sich in die Kommunikation einschalten und Kenntnisse über die Kommunikationsbeziehungen und Kommunikationsinhalte gewinnen[3]. Vom grundrechtlichen Schutz des Art. 10 Abs. 1 GG erfasst sind dabei nicht nur die Kommunikationsinhalte, sondern auch die Vertraulichkeit der näheren Umstände des Kommunikationsvorgangs. Dazu gehört insbesondere auch, ob, wann und wie oft zwischen welchen Personen oder Telekommunikationseinrichtungen Telekommunikationsverkehr stattgefunden hat oder versucht worden ist[4]. Diese Elemente lassen sich in § 88 für das Verhältnis zwischen Teilnehmern und Diensteanbieter wiederfinden. In der verfassungsrechtlichen Literatur wird angesichts der kontinuierlich steigenden Anzahl an Eingriffen inzwischen thematisiert, ob das Fernmeldegeheimnis als Grundrecht entwertet sein könnte[5]. Angesichts dessen und der Ausführungen bei Rz. 15, 21 ff. könnte man auf den Gedanken kommen, die hauptsächliche Bedeutung des Fernmeldegeheimnisses liege heute nicht mehr im Verhältnis zwischen Staat und Bürger, sondern zwischen Arbeitgebern und Beschäftigten. 2

---

1 S. Auernhammer/*Heun*, § 88 TKG Rz. 1; Spindler/Schuster/*Eckhardt*, § 88 TKG Rz. 2 sowie Säcker/*Klesczewski*, § 88 TKG Rz. 9.
2 Vgl. BVerfGE 125, 260 (309) m.w.N.
3 Vgl. BVerfG v. 14.7.1999 – 1 BvR 2226/94, 1 BvR 2420/95, 1 BvR 2437/95, BVerfGE 100, 313 = CR 2001, 29 (359); 107, 299 (313).
4 St. Rspr. des BVerfG, s. z.B. BVerfG v. 20.6.1984 – 1 BvR 1494/78, BVerfGE 67, 157 (172); 100, 313 (358); 107, 299 (312 f.); 125, 260 (309) und Beschl. v. 24.1.2012 – 1 BvR 1299/05, NJW 2012, 1419 = CR 2012, 245.
5 S. Maunz/Dürig/*Durner*, Art. 10 GG Rz. 6 m.w.N. Die dort zitierten Äußerungen stammen übrigens noch aus der Zeit vor den Enthüllungen durch *Edward Snowden* und dem dadurch veranlassten Untersuchungsausschuss des Bundestags.

§ 88 TKG | Fernmeldegeheimnis

3   Neben Art. 10 GG beruht der gesetzliche Schutz des Fernmeldegeheimnisses auch auf **völker- und unionsrechtlichen Vorgaben**[6]. Zu nennen sind hier Art. 8 der Allgemeinen Erklärung der Menschenrechte vom 10.12.1948, Art. 17 des Internationalen Pakts über bürgerliche und politische Rechte und Art. 8 EMRK auf völkerrechtlicher Ebene sowie auf unionsrechtlicher Ebene Art. 7 GRCh und schließlich Art. 5 Abs. 1 der ePrivacy-RL[7], deren Regelungen gemäß Art. 95 DSGVO weiterhin Anwendung finden. Danach haben die Mitgliedstaaten die Vertraulichkeit der mit öffentlichen Kommunikationsnetzen und öffentlich zugänglichen Kommunikationsdiensten übertragenen Nachrichten und der damit verbundenen Verkehrsdaten durch innerstaatliche Vorschriften sicherzustellen und das Mithören, Abhören und Speichern sowie andere Arten des Abfangens oder Überwachens von Nachrichten und der damit verbundenen Verkehrsdaten ohne Einwilligung der betroffenen Nutzer zu untersagen. Eingriffe in das Fernmeldegeheimnis sollen aber auf gesetzlicher Grundlage nach Maßgabe des Art. 15 der ePrivacy-RL namentlich aus Gründen der öffentlichen Sicherheit und der Strafverfolgung möglich sein. Da die ePrivacy-RL für den Schutz des Fernmeldegeheimnisses keine Vollharmonisierung vornimmt, haben die Mitgliedstaaten auch unter der DSGVO weiter gesetzliche Ausgestaltungsspielräume, soweit es um den Umgang mit Daten geht, die dem Fernmeldegeheimnis unterliegen (s. Kommentierung zu Art. 95 DSGVO Rz. 7).

II. Geschützte Sachverhalte (Abs. 1)

4   Abs. 1 des § 88 beschreibt die vom Fernmeldegeheimnis geschützten Informationen und Sachverhalte. Das ist zunächst der **Inhalt** einzelner Telekommunikationsvorgänge, also etwa der Inhalt von Telefongesprächen, Telefaxen oder von E-Mails. Geschützt sind weiter die **näheren Umstände von konkreten**[8] **Telekommunikationsvorgängen**, wozu insbesondere die Tatsache gehört, ob jemand an einem solchen Vorgang beteiligt ist oder war, bzw. Verbindungsversuche unternommen hat. Die geschützten näheren Umstände von Telekommunikationsvorgängen lassen sich damit in der Formel zusammenfassen, wer wann mit wem wie fernmeldetechnisch kommuniziert oder dies versucht hat.

5   Im Rahmen des TKG sind insbesondere die **Verkehrsdaten** („Daten, die bei der Erbringung eines Telekommunikationsdienstes erhoben, verarbeitet oder ge-

---

6   S. zu den völker- und unionsrechtlichen Vorgaben Maunz/Dürig/*Durner*, Art. 10 GG Rz. 24–40 sowie Heun/*Eckhardt*, Teil L Rz. 5.
7   Richtlinie 2002/58/EG des Europäischen Parlaments und des Rates v. 12.7.2002 über die Verarbeitung personenbezogener Daten und den Schutz der Privatsphäre in der elektronischen Kommunikation (Datenschutzrichtlinie für elektronische Kommunikation), ABl. Nr. L 201, S. 37, zuletzt geändert durch Art. 2 ÄndRL 2009/136/EG v. 25.11.2009 (ABl. Nr. L 337, S. 11).
8   S. BVerfG v. 24.1.2012 – 1 BvR 1299/05, Rz. 113, NJW 2012, 1419 (1421) = CR 2012, 245 (Verfassungsbeschwerde zu §§ 111–113 TKG).

nutzt werden", § 3 Nr. 30) sowie auch die aus diesen zur Rechnungsstellung extrahierten **Abrechnungsdaten** (vgl. § 97) bedeutsam, die jeweils Informationen über nähere Umstände einzelner Telekommunikationsvorgänge enthalten. Das TKG enthält insoweit eigene Erlaubnistatbestände in §§ 96 ff., nach denen die Diensteanbieter diese Daten zu bestimmten Zwecken verwenden dürfen, etwa zur Entgeltermittlung und -abrechnung, für das Angebot von sog. Diensten mit Zusatznutzen (Dienste, die mithilfe von Verkehrs- und vor allem von Standortdaten erbracht werden, s. § 3 Nr. 5 sowie § 98), für die Erstellung von Einzelverbindungsnachweisen (§ 99), die Bekämpfung von Störungen und Missbräuchen (§ 100) und die Mitteilung ankommender Verbindungen (umgangssprachlich: „Fangschaltung", § 101). Nicht dem Fernmeldegeheimnis unterfallen demgegenüber die **Bestandsdaten**[9], solange nicht auf Verkehrsdaten zurückgegriffen wird, um sie zu ermitteln und beauskunften[10]. Bestandsdaten sind nach § 3 Nr. 3 die „Daten eines Teilnehmers, die für die Begründung, inhaltliche Ausgestaltung, Änderung oder Beendigung eines Vertragsverhältnisses über Telekommunikationsdienste erhoben werden".

Unter **Telekommunikation** ist in diesem Zusammenhang gemäß der Definition in § 3 Nr. 22 der „technische Vorgang des Aussendens, Übermittelns und Empfangens von Signalen mittels Telekommunikationsanlagen" zu verstehen. „Telekommunikationsanlagen" sind ihrerseits nach § 3 Nr. 23 „technische Einrichtungen oder Systeme, die als Nachrichten identifizierbare elektromagnetische oder optische Signale senden, übertragen, vermitteln, empfangen, steuern oder kontrollieren können." Der Schutz des Fernmeldegeheimnisses greift damit, wenn Nachrichten von Diensteanbietern (dazu Rz. 13) über Telekommunikationsanlagen transportiert werden. 6

Geschützt wird dabei nach wohl herrschender Ansicht[11] grundsätzlich nur **Individualkommunikation**, nicht jedoch Massenkommunikation. Allerdings ist in Zeiten einer Konvergenz der Netze und Inhalte eine Abgrenzung nicht immer einfach[12]. Nach der jüngeren Rechtsprechung des BVerfG ist das Fernmeldegeheimnis immer dann betroffen, wenn auf Informationen zu konkreten Telekommunikationsvorgängen zugegriffen wird[13]. Der Inhalt von Massenmedien als solcher ist damit nicht geschützt, aber wenn auf Verkehrsdaten zugegriffen wird, 7

---

9 BVerfG v. 24.1.2012 – 1 BvR 1299/05, Rz. 113, NJW 2012, 1419 (1421) = CR 2012, 245.
10 BVerfG v. 24.1.2012 – 1 BvR 1299/05, Rz. 116, NJW 2012, 1419 (1422) = CR 2012, 245.
11 S. Maunz/Dürig/*Durner*, Art. 10 GG Rz. 92; Auernhammer/*Heun*, § 88 TKG Rz. 9; Säcker/*Kleszewski*, § 88 TKG Rz. 12; BeckTKGKomm/*Bock*, § 88 TKG Rz. 13. Anscheinend abweichend allerdings Heun/*Eckhardt*, Teil L Rz. 15, der auch Tele- und Mediendienste als geschützte Inhalte versteht.
12 S. Säcker/*Kleszewski*, § 88 TKG Rz. 12; Auernhammer/*Heun*, § 88 TKG Rz. 9.
13 BVerfG v. 27.2.2008 – 1 BvR 370/07, 1 BvR 595/07, CR 2008, 306 = ITRB 2008, 75 = Rz. 183, NJW 2008, 822 (825) (zur sog. Online-Durchsuchung) sowie v. 24.1.2012 – 1 BvR 1299/05, CR 2012, 245 m. Anm. *Schnabel* = Rz. 116, NJW 2012, 1419 (1422) (Verfassungsbeschwerde zu §§ 111–113 TKG).

um festzustellen, ob ein bestimmter Nutzer bestimmte Massenmedien in Anspruch genommen hat, ist das Fernmeldegeheimnis betroffen. Dasselbe gilt bei der Beauskunftung von Bestandsdaten, wenn zur Ermittlung des Teilnehmers auf dessen Verkehrsdaten (konkret auf Aufzeichnungen zur Zuordnung dynamischer IP-Nummern) zugegriffen wird[14].

8   Die **zeitliche Reichweite** des Fernmeldegeheimnisses wurde in der Vergangenheit auf die Dauer des Telekommunikationsvorgangs beschränkt[15]. Mit anderen Worten, nach Abschluss des Kommunikationsvorgangs bei den Beteiligten vorhandene Daten und Unterlagen zu Kommunikationsvorgängen (wie ausgedruckte Faxe, auf PCs gespeicherte E-Mails oder auch auf Endgeräten noch vorhandene Daten zu eingegangenen Anrufen und gewählten Nummern) sollten nicht dem Fernmeldegeheimnis unterliegen. Hiervon ist das BVerfG jedoch in der jüngeren Rechtsprechung tendenziell abgekommen. So hat das BVerfG in einem Kammerbeschluss vom 4.2.2005 angenommen, dass das Auslesen von Verbindungsdaten eines beschlagnahmten Mobiltelefons in den Schutzbereich von Art. 10 GG eingreifen soll[16]. Dies wurde jedoch im Urteil vom 2.3.2006 wieder revidiert[17]. Hiernach endet der Schutz des Fernmeldegeheimnisses, wenn die von ihm geschützten Informationen beim Kommunikationsteilnehmer angekommen und der Übertragungsvorgang beendet ist. Denn dann bestehen die spezifischen Gefahren der räumlich distanzierten Kommunikation, vor denen das Fernmeldegeheimnis schützen soll, nicht mehr. Die Beteiligten haben es dann selbst in der Hand, die Informationen in geeigneter Weise vor dem Zugriff Dritter zu schützen. Diese Überlegung kann allerdings für beim Diensteanbieter verbleibende Verkehrsdaten nicht gelten, denn diese gelangen nie abschließend in den Herrschaftsbereich des Teilnehmers. Bei E-Mails, die beim E-Mail-Anbieter gespeichert sind, ist das Gericht dann aber in dem Urteil vom 6.6.2009 einen abweichenden Weg gegangen und hat den Zugriff durch die Strafverfolgungsbehörden beim E-Mail-Provider als Eingriff in Art. 10 GG bewertet[18]. Die E-Mails seien nicht im Herrschaftsbereich des Teilnehmers angekommen und damit dem Zugriff beim und durch den Provider offen. Die spezifische Gefährdungslage und der Zweck der Freiheitsverbürgung von Art. 10 Abs. 1 GG bestünden demnach weiter. Dies überzeugt nicht so ganz. Denn dem Nutzer eines E-Mail-Dienstes mit Speicherung beim Provider steht frei, jede E-Mail nach Lektüre zu löschen. Und die Entscheidung für einen E-Mail-Dienst, bei dem die Nachrichten beim Provider ge-

---

14 BVerfG v. 24.1.2012 – 1 BvR 1299/05, CR 2012, 245 m. Anm. *Schnabel* = Rz. 116, NJW 2012, 1419 (1422) (Verfassungsbeschwerde zu §§ 111–113 TKG).
15 Maunz/Dürig/*Durner*, Art. 10 GG Rz. 96 m.w.N.
16 BVerfG (3. Kammer des Zweiten Senats) v. 4.2.2005 – 2 BvR 308/04, NJW 2005, 1637 (1639) = CR 2005, 799.
17 BVerfG v. 2.3.2006 – 2 BvR 2099/04, ITRB 2006, 105 = NJW 2006, 976 (978) = CR 2006, 383.
18 BVerfG v. 16.6.2009 – 2 BvR 902/06, ITRB 2007, 102 = NJW 2009, 2431 (2432 f.) = CR 2009, 584.

speichert werden, ist bereits Ausdruck einer entsprechenden autonomen Disposition des Teilnehmers[19]. Schließlich differenziert das BVerfG in seiner Betrachtung nicht zwischen den zwei unterscheidbaren Dienstleistungen der Übermittlung von Nachrichten einerseits und deren dauerhafter Aufbewahrung andererseits. Die Archivierung von Daten in der Cloud ist als solche kein Telekommunikationsdienst, sondern ein davon zu unterscheidender IT-Dienst. Die Speicherung von empfangenen und versendeten E-Mails beim Diensteanbieter ist damit vergleichbar[20]. Die erwähnte Judikatur des BVerfG wird von den Aufsichtsbehörden als Begründung dafür angeführt, auch auf Unternehmensservern ruhende E-Mails von Beschäftigten dem Fernmeldegeheimnis zu unterwerfen[21].

III. Geschützte Personen

Der **geschützte Personenkreis** wird in § 88 nicht definiert. Die Auslegung ergibt, dass neben natürlichen auch juristische Personen und rechtsfähige Personengesellschaften als Anwender von Telekommunikation geschützt sind[22]. Dies ergibt sich zum einen aus § 91 Abs. 1 Satz 2, wonach die Regelungen zum Telekommunikationsdatenschutz auch für juristische Personen und rechtsfähige Personengesellschaften gelten, soweit Einzelangaben dem Fernmeldegeheimnis unterliegen. Zum zweiten folgt dies daraus, dass Art. 10 GG i.V.m. Art. 19 Abs. 3 GG auch juristische Personen schützt[23].

9

Geschützt werden durch das Fernmeldegeheimnis **alle am Telekommunikationsvorgang Beteiligten**, also bei einem einfachen Telefonat Anrufer und Angerufener, bei Telefonaten mit mehreren Beteiligten (etwa Konferenzschaltungen) alle davon oder bei E-Mails mit mehreren Adressaten neben dem Absender alle Empfänger[24]. Hieraus leitet die wohl herrschende Meinung ab, dass Eingriffe nur dann auf eine **Einwilligung** oder einen **Verzicht** gestützt werden können,

10

---

19 Auf gleicher Linie wie hier *Krüger*, MMR 2009, 680 ff., der darüber auch die Aussagen des Gerichts zu den strafprozessualen Eingriffsmöglichkeiten kritisch würdigt. Kritisch auch *Härting*, CR 2009, 581 (583), der vom „Fernmeldegeheimnis light" spricht. S. weiter ausführlich zur Fragestellung Auernhammer/*Heun*, § 88 TKG Rz. 15 ff., der jedenfalls für § 88 TKG dafür plädiert, das Fernmeldegeheimnis zeitlich mit dem Empfang der E-Mail enden zu lassen.
20 Skepsis zur Begründung des Gerichts äußert auch Maunz/Dürig/*Durner*, Art. 10 GG Rz. 99.
21 S. Orientierungshilfe Datenschutzkonferenz S. 4 und S. 8.
22 So auch Säcker/*Kleszewski* § 88 TKG Rz. 10; BeckTKGKomm/*Bock*, § 88 TKG Rz. 19; Auernhammer/*Heun*, § 88 TKG Rz. 21 ff. sowie Heun/*Eckardt*, Teil L Rz. 47.
23 Maunz/Dürig/*Durner*, Art. 10 GG Rz. 102.
24 So Spindler/Schuster/*Eckhardt*, § 88 TKG Rz. 23. Auf gleicher Linie vermutlich auch Scheurle/Mayen/*Zerres*, § 88 TKG Rz. 15; Säcker/*Kleszewski*, § 88 TKG Rz. 10 und BeckTKGKomm/*Bock*, § 88 TKG Rz. 19, die jeweils nur Konstellationen mit zwei am Kommunikationsvorgang Beteiligten ansprechen.

wenn alle Beteiligten einwilligen[25]. Auch das BVerfG hat in der sog. Fangschaltungsentscheidung den Standpunkt eingenommen, dass ein Gesprächsteilnehmer nicht mit Wirkung für den anderen auf das Fernmeldegeheimnis verzichten könne[26]. Mit dieser Entscheidung wandte sich das BVerfG gegen die seinerzeit noch vorherrschende Auffassung im Schrifttum, die mit der Erwägung begründet war, dass die am Kommunikationsvorgang Beteiligten im Verhältnis zueinander nicht an das Fernmeldegeheimnis gebunden sind[27]. Wenn der Zweck des Fernmeldegeheimnisses darin liege, Kommunikationsvorgänge und -inhalte gegen staatliche Zugriffe abzuschirmen, sei jede staatliche Einschaltung, die nicht im Einverständnis mit allen Kommunikationspartnern erfolge, ein Grundrechtseingriff. Die gegenteilige Auffassung verkenne Bedeutung und Tragweite von Art. 10 GG, weil sie ihren Blick allein auf den Diensteanbieter in der Rolle des an dem Kommunikationsvorgang oder -inhalt nicht interessierten technischen Helfers für den belästigten Fernsprechteilnehmer richte und dabei die in der Gesprächsbeobachtung liegende Gefahr einer Grundrechtsverletzung der anderen Gesprächsteilnehmer wie auch die Gefahr der Sammlung, Verwertung und Weitergabe der Informationen zu anderen Zwecken als dem Schutz belästigter Fernsprechteilnehmer aus den Augen verliere[28].

11   Abweichend von der wohl herrschenden Meinung wird hier der Standpunkt vertreten, dass die **Einwilligung eines Beteiligten ausreichend** ist, um einen Eingriff in das Fernmeldegeheimnis auszuschließen[29]. Denn es will nicht so recht einleuchten, worin der Unterschied liegt, wenn einerseits ein Kommunikationsbeteiligter Inhalt oder nähere Umstände der Kommunikation weitergibt und andererseits ein Kommunikationsbeteiligter einem Dritten gestattet, hiervon selbst Kenntnis zu nehmen. Im ersten Fall soll kein Eingriff in das Fernmeldegeheimnis vorliegen, weil die Beteiligten einander nicht auf Wahrung des Fernmeldegeheimnisses verpflichtet sind[30], im zweiten Fall hingegen schon. „Geben" ist vielleicht seliger als „nehmen", aber kann dieser Unterschied für die Frage, ob ein Eingriff in das Fernmeldegeheimnis vorliegt, wirklich entscheidend

---

25 So Maunz/Dürig/*Durner*, Art. 10 GG Rz. 127; Spindler/Schuster/*Eckhardt*, § 88 TKG Rz. 24; Scheurle/Mayen/*Zerres*, § 88 TKG Rz. 15; Säcker/*Klesczewski*, § 88 TKG Rz. 10; BeckTKGKomm/*Bock*, § 88 TKG Rz. 19 sowie Auernhammer/*Heun*, § 88 TKG Rz. 40 f. mit Einschränkungen bei Rz. 43 f.
26 BVerfG v. 25.3.1992 – 1 BvR 1430/88, BVerfGE 85, 386 = CR 1992, 431 = NJW 1992, 1875 (1876).
27 S. die Nachweise des BVerfG v. 25.3.1992 – 1 BvR 1430/88, BVerfGE 85, 386 = CR 1992, 431 = NJW 1992, 1875 (1876) sowie bei Maunz/Dürig/*Durner*, Art. 10 GG Rz. 127.
28 BVerfG v. 25.3.1992 – 1 BvR 1430/88, BVerfGE 85, 386 = CR 1992, 431 = NJW 1992, 1875 (1876).
29 So auch *Neumann*, IRNIK-Diskussionspapier Nr. 3, S. 35 f. mit zahlreichen Nachweisen zum Meinungsstand.
30 Dass die Beteiligten nicht das Fernmeldegeheimnis zu wahren haben, ist herrschende Meinung, s. nur Maunz/Dürig/*Durner*, Art. 10 GG Rz. 127 und Heun/*Eckhardt*, Teil L Rz. 18.

sein? Hinzu kommt, dass die Sichtweise der herrschenden Meinung, wonach nur die Einwilligung aller Beteiligten einen Eingriff in das Fernmeldegeheimnis ausschließen könne, zu Abgrenzungsproblemen und zu unangemessenen Ergebnissen führen kann. Eine trennscharfe Abgrenzung zwischen Eingriff in das Fernmeldegeheimnis einerseits und erlaubter Offenlegung von dem Fernmeldegeheimnis unterliegenden Sachverhalten durch einen Beteiligten andererseits ist nicht möglich[31]. Und wenn man ernsthaft darüber diskutieren muss, ob das Herausfiltern von Spam-E-Mail das Fernmeldegeheimnis zu Lasten des Absenders verletzen kann[32], ist dies ein starkes Indiz, dass der dogmatische Ansatzpunkt nicht stimmt. Im entschiedenen Fall zur sog. Fangschaltung, also nach heutigem Recht dem Mitteilen ankommender Verbindungen nach § 101 TKG, verdient das BVerfG trotzdem Zustimmung. Denn jeder Beteiligte kann nur soweit über das Fernmeldegeheimnis disponieren, wie seine Kenntnis reicht. Und die Fangschaltung dient gerade dazu, dem Angerufenen Kenntnis über die Rufnummer und damit die Identität des Anrufers zu verschaffen.

Schutzlos gestellt werden die übrigen Teilnehmer eines Kommunikationsvorgangs durch die Einwilligung eines Beteiligten auch sonst nicht. Vielmehr können sie sich dann auf das **allgemeine Persönlichkeitsrecht** und insbesondere das **Recht auf informationelle Selbstbestimmung** berufen[33]. 12

IV. Verpflichtete Personen (Abs. 2)

Das Fernmeldegeheimnis zu wahren haben nach § 88 Abs. 2 alle **Diensteanbieter**. 13
Dies ist nach § 3 Nr. 6 „jeder, der ganz oder teilweise geschäftsmäßig a) Telekommunikationsdienste erbringt oder b) an der Erbringung solcher Dienste mitwirkt." Indem § 88 Abs. 2 den verpflichteten Personenkreis über die Erbringer öffentlich zugänglicher Telekommunikationsdienste und Betreiber öffentlicher Telekommunikationsnetze hinaus erstreckt, geht die Vorschrift zulässigerweise (s. Kommentierung zu Art. 95 DSGVO Rz. 7) über die Vorgaben der ePrivacy-RL hinaus. „Geschäftsmäßiges Erbringen von Telekommunikationsdiensten" ist nach § 3 Nr. 10 bereits beim „nachhaltige(n) Angebot von Telekommunikation für Dritte mit oder ohne Gewinnerzielungsabsicht" gegeben. Es läge nahe, weiter für die Auslegung die Definition von „Telekommunikationsdiensten" in § 3 Nr. 24[34] heranzuziehen[35]. Dies würde jedoch nicht berücksichtigen, dass diese Definition Entgeltlichkeit als Regelfall für das Vorliegen eines

---

31 Maunz/Dürig/*Durner*, Art. 10 GG Rz. 128 f.
32 S. nur *Härting*, CR 2007, 311 (316) sowie *Deusch/Eggendorfer*, K&R 2017, 93 (96).
33 Maunz/Dürig/*Durner*, Art. 10 GG Rz. 130.
34 „In der Regel gegen Entgelt erbrachte Dienste, die ganz oder überwiegend in der Übertragung von Signalen über Telekommunikationsnetze bestehen, einschließlich Übertragungsdienste in Rundfunknetzen".
35 So z.B. *Wybitul*, ZD 2011, 69 (71).

§ 88 TKG | Fernmeldegeheimnis

„Telekommunikationsdienstes" voraussetzt, während „geschäftsmäßiges Erbringen von Telekommunikationsdiensten" gerade auch ohne Gewinnerzielungsabsicht erfolgen kann[36]. Alles in Allem sind die Definitionen des Gesetzes an dieser entscheidenden Stelle leider widersprüchlich und verwirrend, was auch darauf zurückzuführen ist, dass im aktuellen TKG-2004 der Begriff „Telekommunikationsdienste" als legaldefinierter Begriff eingeführt wurde, ohne zu beachten, dass das Wort auch in der Definition des „Diensteanbieters" auftaucht, die ihrerseits schon auf das TKG-1996 zurückgeht[37].

14 In der Praxis ist daneben die Definition der Verpflichteten in § 206 StGB bedeutsam; nicht zuletzt deshalb, weil die wirklich kniffligen Probleme zum Fernmeldegeheimnis in aller Regel bei der Beantwortung der Frage auftreten, ob ein bestimmter Sachverhalt nach § 206 StGB strafbar sein könnte. Nach jener Norm hat das Fernmeldegeheimnis zu wahren, wer „**Inhaber oder Beschäftiger eines Unternehmens** [ist], **das geschäftsmäßig** [...] **Telekommunikationsdienste erbringt**". Ob sich aus der abweichenden Formulierung im StGB ein engerer Kreis an Verpflichteten ergibt als nach den Definitionen des TKG[38], ist unklar, aber offenbar noch nie praktisch relevant geworden. Verstanden werden sowohl die Definitionen nach TKG als auch die nach StGB übereinstimmend dahingehend, dass nicht nur „klassische" Telekommunikationsanbieter das Fernmeldegeheimnis wahren müssen, sondern auch alle, die dauerhaft anderen Telekommunikation ermöglichen, also etwa Hotels, Krankenhäuser, sonstige Betreiber von Nebenstellenanlagen[39] und unter bestimmten Voraussetzungen nach wohl h.M., wenn auch zunehmend bestrittener Ansicht, auch Arbeitgeber bzw. Dienstherren.

15 Wer als **Arbeitgeber** bzw. **öffentlich-rechtlicher Dienstherr** seinen Beschäftigten die Nutzung von Telekommunikation für private Zwecke gestattet, bietet damit Dritten nachhaltig (d.h. auf Dauer[40]) Telekommunikation an. Ein Arbeitgeber ist dann als Diensteanbieter i.S.v. § 88 bzw. als geschäftsmäßig Telekommunikationsdienste erbringendes Unternehmen i.S.d. § 206 StGB anzusehen und an das Fernmeldegeheimnis gebunden[41]. Dies ist auch die Auffassung der

---

36 S. mit ausführlicher Herleitung Heun/*Eckhardt*, Teil B Rz. 10 ff.
37 S. zur Historie ausführlich *Neumann*, IRNIK-Diskussionsbeitrag Nr. 3, 12 ff.
38 Für denkbar hält dies Arndt/Fetzer/Scherer/*Graulich*, § 88 TKG Rz. 89.
39 Aufzählung von in Arndt/Fetzer/Scherer/*Graulich*, § 88 TKG Rz. 75.
40 S. nur BeckTKGKomm/*Bock*, § 88 TKG Rz. 23; Spindler/Schuster/*Eckhardt*, § 88 TKG Rz. 26.
41 S. nur Auernhammer/*Heun*, § 88 TKG Rz. 25 sowie vor § 88 TKG Rz. 62 ff.; BeckTKGKomm/*Bock*, § 88 TKG Rz. 24; Spindler/Schuster/*Eckhardt*, § 88 TKG Rz. 27; *Barton*, CR 2003, 839 (840); *Härting*, CR 2007, 311 (312); *Neumann*, IRNIK-Diskussionsbeitrag Nr. 3, VII f. und 37 ff. sowie OLG Karlsruhe v. 10.1.2005 – 1 Ws 152/04, CR 2005, 288 m. Anm. *Lejeune* = MMR 2005, 178 (180). A.A. demgegenüber VG Karlsruhe v. 27.5.2013 – 2 K 3249/12, CR 2013, 428 = NVwZ-RR 2013, 797; LAG Berlin-Brandenburg v. 14.1.2016 – 5 Sa 657/15, Rz. 81 sowie v. 16.2.2011 – 4 Sa 2132/10, NZA-RR 2011, 342 = CR 2011, 611 mit der nicht näher begründeten Behauptung, das Gegenteil sei h.M. Der

Datenschutzaufsichtsbehörden[42]. Diese Ansicht kann sich auf die Entstehungsgeschichte der Norm stützen. In den Gesetzesmaterialien zu der Vorläufervorschrift (§ 85 TKG-1996) heißt es wörtlich: „Dem Fernmeldegeheimnis unterliegen damit [...] Nebenstellenanlagen in Betrieben und Behörden, soweit sie den Beschäftigten zur privaten Nutzung zur Verfügung gestellt sind."[43]. Neuere Stimmen in der Literatur[44], die in diesen Konstellationen die Geltung des Fernmeldegeheimnisses anzweifeln, sind daher nicht mit einer historischen Auslegung des Gesetzes in Einklang zu bringen. Soweit sich diese Stellungnahmen[45] auf eine teleologische Auslegung und den Gesetzeszweck[46] des TKG berufen, ist dem zu entgegnen, dass erstens das TKG in § 2 weitere Ziel- und Zweckbestimmungen enthält, zu denen gerade auch die Wahrung des Fernmeldegeheimnisses gehört und zweitens der gesamte siebte Teil des Gesetzes sich nicht mit Wettbewerbsaspekten befasst, sondern mit öffentlicher Sicherheit, Datenschutz und dem Fernmeldegeheimnis. Die Anwendung und Auslegung dieser Bestimmungen wirkt sich auf die übergeordneten Gesetzesziele der Wettbewerbsförderung und der Gewährleistung flächendeckender angemessener und ausreichender Telekommunikationsdienstleistungen allenfalls indirekt aus. Auf die Erreichung dieser Gesetzesziele dürfte es keinen spürbaren Einfluss haben, ob und inwieweit Arbeitgeber das Fernmeldegeheimnis beachten müssen[47].

Nach verbreiteter Ansicht genügt es, um sich der Geltung des Fernmeldegeheimnisses zu entziehen, nicht, wenn ein Arbeitgeber die private Nutzung verbietet. Erforderlich soll vielmehr sein, dass das Verbot auch überwacht bzw. durchgesetzt wird[48]. Dies läuft allerdings darauf hinaus, Arbeitgebern Anreize zur Überwachung von Mitarbeitern und deren Nutzung von dienstlicher Telekommunikation zu schaffen. Das kann schwerlich i.S.d. Schutzgüter des Fernmeldegeheimnisses sein. Die Ansicht, Arbeitgeber müssten die private Nutzung

15a

Verweis auf LAG Niedersachsen, NZA-RR 2010, 406 trägt nicht, da die Aussagen dort sich auf abgespeicherte E-Mails beziehen, nicht jedoch auf die Stellung als Diensteanbieter an sich.

42 S. Orientierungshilfe Datenschutzkonferenz, u.a. auf S. 4.
43 S. BT-Drucks. 13/3609, S. 53 (dort zu § 82 des Gesetzentwurfs).
44 So z.B. *Wybitul*, ZD 2011, 69 (71); *Fülbier/Splittgerber*, NJW 2012, 1995 (1999); *Schuster*, CR 2014, 21 sowie Kommentierung zu § 26 BDSG Rz. 95 ff.
45 So insbesondere *Schuster*, CR 2014, 12 (26 f.) sowie VG Karlsruhe v. 27.5.2013 – 2 K 3249/12, CR 2013, 428 = NVwZ-RR 2013, 797 (801).
46 Vgl. § 1 TKG: Zweck dieses Gesetzes ist es, durch technologieneutrale Regulierung den Wettbewerb im Bereich der Telekommunikation und leistungsfähige Telekommunikationsinfrastrukturen zu fördern und flächendeckend angemessene und ausreichende Dienstleistungen zu gewährleisten.
47 Der Argumentationsansatz von *Neumann*, IRNIK-Diskussionspapier Nr. 3, 29 f., wonach die Anwendung des Fernmeldegeheimnisses auf Arbeitgeber gleiche Wettbewerbsbedingungen zwischen diesen und anderen Diensteanbieter schafft, wirkt etwas konstruiert.
48 In diese Richtung tendiert z.B. *Heun/Eckhardt*, Teil L Rz. 77.

dienstlicher Telekommunikationsmittel nicht nur verbieten, sondern dies auch kontrollieren, um sich dem Fernmeldegeheimnis zu entziehen, ist deshalb abzulehnen.

16 Nicht an das Fernmeldegeheimnis gebunden sind demgegenüber die **an Fernmeldevorgängen Beteiligten**, denn geschützt werden soll nicht das Vertrauen der Beteiligten zueinander, sondern das Vertrauen in die Vertraulichkeit gegenüber Dritten, namentlich den Diensteanbietern[49]. Zu diesen Beteiligten gehören in der Regel auch die Anbieter von Telemedien- und Rundfunkdiensten, denn sie sind insoweit Teilnehmer bzw. Nutzer von Telekommunikation, nicht aber Diensteanbieter. Anders zu beurteilen sind aber die Erbringer sog. OTT-Dienste[50]. Sofern diese Dienste als Telekommunikationsdienste eingestuft werden, sind die Erbringer an das Fernmeldegeheimnis gebunden.

17 Abschließend sei noch angemerkt, dass über die Formulierung des Mitwirkens an der Erbringung der Dienste in § 3 Nr. 6 bzw. den Verweis auf Beschäftigte eines verpflichteten Unternehmens in § 206 StGB auch alle **Beschäftigten und sonstigen Erfüllungsgehilfen** das Fernmeldegeheimnis wahren müssen. Ferner ist über § 88 Abs. 2 Satz 2 klargestellt, dass die Verpflichtung auch nach Ende der Stellung als Diensteanbieter bzw. Mitwirkender fortdauert.

V. Verhaltenspflichten (Abs. 3)

18 Nach § 88 Abs. 3 dürfen die auf das Fernmeldegeheimnis Verpflichteten sich oder anderen nur insoweit Kenntnis von dem Fernmeldegeheimnis unterliegenden Inhalten und Umständen verschaffen, wie es zur Erbringung von Telekommunikationsdiensten erforderlich ist. Dazu gehört auch der Schutz der Telekommunikationsanlagen und Netze des Diensteanbieters gegen „gefährliche" Telekommunikationsinhalte. Das Motiv, die eigenen Systeme vor Viren und sonstiger Schadsoftware zu schützen, kann es damit auch rechtfertigen, die übermittelten Kommunikationsinhalte auf entsprechende Inhalte zu untersuchen[51]. Besondere Bedeutung hat dies dort, wo die Nachrichten auf Endgeräten des Diensteanbieters angezeigt werden, namentlich im Beschäftigungsverhältnis[52]. Allerdings enthalten die §§ 96 ff. eine ganze Reihe von Erlaubnistatbeständen für den Umgang mit Daten, die dem Fernmeldegeheimnis unterliegend, so dass von manchen bezweifelt wird, ob § 88 Abs. 3 Satz 1 daneben noch einen eigenen An-

---

49 S. BVerfG v. 25.3.1992 – 1 BvR 1430/88, BVerfGE 85, 386 = CR 1992, 431 = NJW 1992, 1875 (1876) sowie Maunz/Dürig/*Durner*, Art. 10 GG Rz. 127, jeweils m.w.N.
50 S. dazu *Grünwald/Nüßing*, MMR 2016, 91 sowie *Deusch/Eggendorfer*, K&R 2017, 93 (96 f.).
51 So auch *Deusch/Eggendorfer*, K&R 2017, 93 (95) m.w.N. Zweifelnd allerdings *Krügel*, MMR 2017, 795 (797), die sich dabei allerdings einer eigenen Stellungnahme enthält.
52 S. näher Auernhammer/*Heun*, § 88 TKG Rz. 33 f., 44 und 47 ff.

wendungsbereich haben kann[53]. Allerdings lässt sich nicht kategorisch ausschließen, dass in Zukunft noch Dienste erfunden werden, die in den §§ 96 ff. nicht abgebildet sind und deren Erbringung einen Umgang mit dem Fernmeldegeheimnis unterliegenden Daten oder Inhalten voraussetzt. Erlangte Kenntnisse unterliegen einer strikten Zweckbindung (Satz 2). Ihre Verwendung bzw. Weitergabe an andere ist nur zulässig, soweit das TKG oder eine andere Norm dies vorsehen und dabei ausdrücklich auf Telekommunikationsvorgänge Bezug nehmen (sog. „kleines Zitiergebot"). Gerade wenn es um die Kenntnisnahme von Inhalten zum Schutz vor Viren oder Schadsoftware geht, wären allerdings flankierende Verfahrensabsicherungen zum Schutz der betroffenen Nutzer wünschenswert, wie sie etwa in § 100 Abs. 1 Sätze 4 bis 10 und Abs. 2 Sätze 4 und 5 vorgesehen sind.

VI. Eingriffsbefugnisse

1. Im Rahmen des TKG

Erlaubnisse zu Eingriffen in das Fernmeldegeheimnis finden sich im TKG in 19
§ **88 Abs. 3 Satz 4, Abs. 4** und außerdem in § **64** und den §§ **96 ff.** § 64 Abs. 1 erlaubt es Bediensteten der Bundesnetzagentur bei Aktivitäten, die der Sicherstellung der Frequenzordnung dienen, sich Kenntnisse von den näheren Umständen von Telekommunikationsvorgängen zu verschaffen und in besonderen Fällen in Aussendungen hineinzuhören. In der Sache geht es dort um die Überwachung des Funkverkehrs, um ungenehmigte Funkaussendungen ausfindig zu machen und zu unterbinden. § 88 Abs. 3 Satz 4 verweist auf die Anzeigepflicht für Straftaten nach § 138 StGB und verpflichtet dazu, etwa erlangte Kenntnisse zur Planung von durch jene Vorschrift erfasste Straftaten zur Anzeige zu bringen. Die Datenschutzbestimmungen des TKG in §§ 96 ff. enthalten eine Reihe von Erlaubnissen zum Umgang mit dem Fernmeldegeheimnis unterliegenden Daten für Zwecke wie Erbringung von Telekommunikationsdiensten, Rechnungsstellung, Missbrauchsbekämpfung usw. Auf die Kommentierungen dort sei an dieser Stelle verwiesen.

2. Anforderungen an sonstige Eingriffsnormen (§ 88 Abs. 3 Satz 3)

§ 88 Abs. 3 Satz 3 verbietet den auf das Fernmeldegeheimnis Verpflichteten, 20
Kenntnisse über geschützte Sachverhalte zu anderen Zwecken als der Erbringung von Telekommunikationsdiensten im weiteren Sinne (also einschließlich des Schutzes der technischen Systeme) zu verwenden oder Dritten zu offenbaren, es sei denn, das TKG oder andere Rechtsvorschriften sehen dies vor und

---

53 Dies verneint Säcker/*Klesczewski*, § 88 TKG Rz. 25.

beziehen sich dabei ausdrücklich auf Telekommunikationsvorgänge. Mit diesem sog. „kleinen Zitiergebot" sollte nach den Gesetzesmaterialien erreicht werden, dass staatliche Stellen nur dann auf dem Fernmeldegeheimnis unterliegende Informationen zugreifen können, wenn sie dafür eine Ermächtigungsgrundlage haben, die konkret auf Telekommunikationsvorgänge Bezug nimmt[54]. Laut *Durner* soll das kleine Zitiergebot deshalb auch nur für staatliche Eingriffe gelten, nicht aber etwa für zivilrechtliche Auskunftsansprüche[55]. Mit dem kleinen Zitiergebot wird Art. 19 Abs. 2 Satz 1 GG auf einfachgesetzlicher Ebene wiederholt. Bemerkenswert ist in diesem Zusammenhang allerdings, dass das BVerfG in seinem Urteil vom 16.6.2009 zur Beschlagnahme von E-Mails die Vorschriften zur Beschlagnahme in §§ 94 ff. StPO, welche nicht auf Telekommunikationsvorgänge Bezug nehmen, als Rechtsgrundlage gebilligt hat. Diese Vorschriften unterlägen als vorkonstitutionelles Recht nicht dem Zitiergebot nach Art. 19 GG[56]. Allerdings muss man dem BVerfG zugutehalten, dass es keine Superrevisionsinstanz ist, und deshalb die Verfassungsbeschwerde nicht wegen eines Verstoßes gegen § 88 Abs. 3 Satz 3 Erfolg haben konnte.

VII. Sonderproblem: Archivierung von und Zugriff auf E-Mails von Beschäftigten

21 Mit dem Aufkommen von E-Mails als massenhaft eingesetztes Kommunikationsmittel entstand als neues Thema die **Archivierung und** der **Zugriff** auf die Archive. Anders als das flüchtige am Telefon gesprochene Wort sind E-Mail-Nachrichten geeignet, in Papierform oder auf Datenträgern dauerhaft aufbewahrt zu werden. Im geschäftlichen Kontext bestehen sogar oft **Aufbewahrungspflichten**. Diese folgen etwa aus § 238 Abs. 2 und § 257 Abs. 1 Nr. 2 und Nr. 3 HGB, wonach kaufmännische Unternehmen empfangene und versendete Handelsbriefe aufzubewahren haben. Ferner verlangt § 147 Abs. 1 Nr. 2 und 3 AO die Aufbewahrung aller Geschäftsbriefe sowie Nr. 5 die Aufbewahrung aller sonstigen steuerlich bedeutsamen Unterlagen. Hierzu gehören in Zeiten, in denen viele geschäftliche Beziehungen per E-Mail gepflegt werden, auch E-Mails[57]. Gleichzeitig können nach dem in Rz. 15 Gesagten die Inhalte von E-Mails als Inhalte von Telekommunikation dem Fernmeldegeheimnis unterliegen, wenn sie über dienstliche E-Mail-Konten versendet oder empfangen werden, deren private Nutzung gestattet ist. Mit der bloßen Archivierung von E-Mails ist es dabei noch nicht getan. In bestimmten Konstellationen müssen die gespeicherten

---

54 S. BT-Drucks. 13/3609, S. 53.
55 *Durner*, ZUM 2010, 833 (837).
56 BVerfG v. 16.6.2009 – 2 BvR 902/06, ITRB 2007, 102 = NJW 2009, 2431 (2435) = CR 2009, 584.
57 S. *Lensdorf*, CR 2008, 332; *Pahlke/König*, Abgabenordnung, § 147 Rz. 11; Ebenroth/Boujong/Joost/Strohn/*Wiedmann*, Handelsgesetzbuch, § 257 Rz. 15.

E-Mails auch Dritten zugänglich gemacht werden, etwa bei Steuerprüfungen oder im Rahmen gerichtlicher Auseinandersetzungen. Als besonders brisant haben sich dabei Anfragen US-amerikanischer Behörden erwiesen, etwa der Börsenaufsicht (Securities and Exchange Commission, SEC) bei der Untersuchung von Verdachtsfällen auf Insiderhandel oder internationale Korruption. Von Letzterem betroffen sind typischerweise in den Vereinigten Staaten börsennotierte Unternehmen. Die SEC verlangt im Rahmen solcher Untersuchungen immer wieder die Vorlage und/oder Auswertung aller E-Mails bestimmter Personen[58]. Der Arbeitgeber kann sich hier dem Risiko aussetzen, entweder einen nach § 206 StGB strafbewehrten Bruch des Fernmeldegeheimnisses zu begehen, oder Anordnungen der SEC zu missachten.

Im Ergebnis besteht in diesen Konstellationen weitgehend Einigkeit darüber, dass Arbeitgeber – soweit für betriebliche Zwecke erforderlich und angemessen – den E-Mail-Verkehr von Arbeitnehmern archivieren und auch zur Kenntnis nehmen und an Dritte weitergeben dürfen. Es sind jedenfalls noch keine Fälle bekannt geworden, in denen ein Arbeitgeber dafür strafrechtlich oder durch Aufsichtsbehörden belangt worden wäre[59]. Die Frage ist jedoch, wie dieses Ergebnis tragfähig begründet werden kann.

22

- Das **LAG Berlin-Brandenburg** stellt sich in seinem Urteil vom 16.2.2011 auf den Standpunkt, Arbeitgeber seien auch bei erlaubter Privatnutzung nicht an das Fernmeldegeheimnis gebunden[60]. Diese Ansicht ist indessen vom LAG nicht tragfähig begründet[61] und den bei Rz. 15 genannten Zweifeln ausgesetzt.
- Mehrere Urteile stellen darauf ab, dass der Schutz des Fernmeldegeheimnisses mit dem Zugang ende, da die Nachrichten dann in den **Herrschaftsbereich des Empfängers** gelangt seien[62]. Diese Argumentation sieht sich aber dem Einwand ausgesetzt, dass auf Systemen des Arbeitgebers gespeicherte E-Mails sich tatsächlich nicht vollständig im Herrschaftsbereich des

---

58 S. *Wybitul*, BB 2009, 606 sowie den Sachverhalt, dem Beschluss des VGH Kassel v. 19.5.2009 – 6 A 2672/08.Z, NJW 2009, 2470 = ITRB 2009, 218 = CR 2009, 605, zugrunde lag.
59 Der Beschluss des OLG Karlsruhe v. 10.1.2005 – 1 Ws 152/04, MMR 2005, 179 = CR 2005, 288 betraf nicht die Einsichtnahme oder Weitergabe, sondern das Filtern unerwünschter E-Mails.
60 LAG Berlin-Brandenburg v. 16.2.2011 – 4 Sa 2132/10, NZA-RR 2011, 342 = CR 2011, 611. Auf gleicher Linie z.B. *Wybitul*, ZD 2011, 69 (71).
61 S. nur *Fülbier/Splittgerber*, NJW 2012, 1995 (1999), *Fischer*, ZD 2012, 265 (268) sowie *Störing*, Urteilsanmerkung, CR 2011, 614.
62 So das LAG Berlin-Brandenburg als Alternativbegründung im Urt. v. 16.2.2011 – 4 Sa 2132/10, NZA-RR 2011, 342 (343 f.) sowie LAG Niedersachsen v. 31.5.2010 – 12 Sa 875/10, NZA-RR 2010, 406 (408) unter Berufung auf VGH Kassel v. 19.5.2009 – 6 A 2672/08, NRW 2009, 2470 (2471) und aus der Literatur etwa *Fischer*, ZD 2012, 265 (269) sowie Kommentierung zu § 26 BDSG Rz. 104 ff.

Arbeitnehmers befinden[63]. Die entschiedenen Fälle zeichneten sich gerade dadurch aus, dass Arbeitgeber sich ohne Mitwirkung der Beschäftigten Zugriff auf deren E-Mails verschafft hatten. Deshalb wirken die diesbezüglichen Passagen in den zitierten Urteilen gekünstelt, wenn argumentiert wird, dass die E-Mails aufgrund der Sicherung der Mailbox mit Passwort im Herrschaftsbereich des Empfängers angekommen seien. Tragfähig kann diese Argumentation deshalb allenfalls dann sein, wenn der Arbeitgeber auf Dateien zugreift, welche die Mitarbeiter tatsächlich kontrollieren und z.b. um private Nachrichten bereinigen konnten[64]. Umgekehrt kann diese Argumentation nicht verlässlich helfen, wenn Nachrichten von einem zentralen E-Mail-Server, der nicht von den betroffenen Mitarbeitern kontrolliert wird, abgerufen werden. Auch die Aufsichtsbehörden halten auf zentralen E-Mail-Servern gespeicherte Nachrichten für vom Fernmeldegeheimnis geschützt[65].

– *Härting* argumentiert, Arbeitnehmer und Kommunikationspartner würden bei E-Mail-Verkehr über dienstliche E-Mail-Postfächer (also etwa Max.Muster@Firma.de) eine **konkludente Einwilligung** in die Kenntnisnahme durch den Arbeitgeber erteilen. Denn beide rechneten damit, dass auch der Arbeitgeber vom Inhalt der Nachrichten erfährt[66]. Richtig ist daran, dass dienstliche Nachrichten von beiden Seiten auch für den Arbeitgeber gedacht sind. Deshalb dürfte es auch zu den arbeitsvertraglichen Pflichten gehören, dem Arbeitgeber den dienstlichen E-Mail-Verkehr nicht vorzuenthalten. Allerdings geht mit dieser Argumentation einher, dass das Fernmeldegeheimnis im Arbeitsverhältnis zu einem „Fernmeldegeheimnis light"[67] reduziert wird. Das Fernmeldegeheimnis gilt zwar, aber hindert den Arbeitgeber nicht, Nachrichten zur Kenntnis zu nehmen, soweit es für betriebliche Zwecke erforderlich ist. Im Ergebnis gelten dann die Maßstäbe des § 32 Abs. 1 BDSG-alt bzw. § 26 BDSG, die aber nicht dem „kleinen Zitiergebot" des § 88 Abs. 3 Satz 3 genügen. Dennoch erscheint dieser Argumentationsansatz als der Beste. Er hat sich allerdings bislang noch nicht durchgesetzt und wurde leider auch von der Rechtsprechung in den einschlägigen Fällen noch nicht aufgegriffen.

23 Als Fazit bleibt festzuhalten, dass eine vollends überzeugende Lösung der Problematik bislang nicht existiert und wohl angesichts der Gesetzeslage, die zwar einerseits anscheinend die Geltung des Fernmeldegeheimnisses anordnet, aber

---

63 So Heun/*Eckhardt*, Teil L Rz. 89 und *Störing*, CR 2011, 616.
64 Das VG Frankfurt (Vorinstanz des VGH Kassel in o.g. Fall) ging ersichtlich von einer derartigen Konstellation aus, s. VG Frankfurt v. 6.11.2008 – 1 K 628/08, CR 2009, 125 m. Anm. *Nolte/Becker* = ITRB 2009, 74 = WM 2009, 948 (950) unter Rz. 31.
65 S. Orientierungshilfe Datenschutzkonferenz, S. 8.
66 *Härting*, BGH v. 1.2.2007 – III ZR 159/06, MDR 2007, 826 = CR 2007, 311 (312, 313).
67 Diesen Ausdruck prägt *Härting* im Zusammenhang mit der Entscheidung des BVerfG zum Zugriff auf E-Mail beim Diensteanbieter (BVerfG v. 16.6.2009 – 2 BvR 902/06, ITRB 2007, 102 = NJW 2009, 2431 = CR 2009, 584) in CR 2009, 581 (583).

andererseits keine ausdrückliche Regelung für die vorliegende Konstellation trifft[68], auch nicht entwickelt werden kann. Als **praktische Lösung** scheint es ratsam, entweder vorsichtshalber die private E-Mail-Nutzung dienstlicher E-Mail-Konten als Arbeitgeber zu verbieten[69] oder sie von einer Einwilligung abhängig zu machen, wonach der Arbeitgeber in berechtigten Fällen auf dienstliche E-Mails zugreifen kann. Eine derartige Einwilligung wird seitens der Aufsichtsbehörden als wirksam erachtet[70]. Jedenfalls sollte man Arbeitnehmer auffordern, private Nachrichten nach Versand bzw. Kenntnisnahme unverzüglich aus ihren Postfächern zu entfernen. Wenn ohne Mitwirkung oder gegen den Willen von Arbeitnehmern auf ihre Nachrichten zugegriffen wird, sollte der Zugriff nicht über einen zentralen E-Mail-Server erfolgen, sondern über die Postfächer der Mitarbeiter. Denn dann kann man sich auf die oben referierten Entscheidungen berufen und argumentieren, dass die Nachrichten im Herrschaftsbereich der Mitarbeiter angekommen sind und somit nicht mehr dem Fernmeldegeheimnis unterliegen.

VIII. Sonderregelung für Luft- und Seeverkehr (Abs. 4)

Diese Regelung erlaubt es dem Bordfunker, den Flug- oder Schiffskapitän über den Inhalt des Funkverkehrs zu informieren. Die Regelung ist Ausdruck der Einschätzung des Gesetzgebers, der Kapitän müsse allen sicherheitsrelevanten Funkverkehr kennen[71]. Da allerdings der Bordfunk selbst mangels Drittbezug kein Telekommunikationsdienst ist, kann man an der Erforderlichkeit der Regelung zweifeln[72].

24

IX. Rechtsfolgen/Sanktionen

§ 206 StGB stellt die Verletzung des Fernmeldegeheimnisses unter Strafe. Allerdings ist die Vorschrift insoweit enger als § 88, als sie die bloße unerlaubte Kenntnisnahme nicht erfasst, sondern erst die Weitergabe geschützter Informationen an Dritte. Weiter als § 88 ist dafür § 206 Abs. 2 Nr. 2 StGB, der auch das Unterdrücken von Sendungen unter Strafe stellt, während § 88 und auch Art. 10 GG dies nicht regeln. Je nach Sachverhalt würde eine Unterdrückung von Nach-

25

---

68 Zu Recht kritisiert dies z.B. *Störing*, CR 2011, 614.
69 Dies empfehlen im Ergebnis auch die Aufsichtsbehörden, s. Orientierungshilfe Datenschutzkonferenz, S. 10.
70 So die Orientierungshilfe der Datenschutzkonferenz, S. 8 f. Formulierungsvorschläge für die Einwilligungserklärung und eine flankierende Betriebsvereinbarung sind im Anhang der Orientierungshilfe enthalten.
71 S. zuletzt BT-Drucks. 17/7521, S. 118 auch bezüglich der Ausweitung auf Binnenschiffe mit dem Gesetz v. 3.5.2012.
72 So Scheurle/Mayen/*Zerres*, § 88 TKG Rz. 33.

richten durch Diensteanbieter sich telekommunikationsrechtlich als Vertragsverstoß darstellen, der nach § 206 Abs. 2 Nr. 2 StGB sanktioniert werden kann.

26 Die Straf- und Bußgeldvorschriften des TKG enthalten darüber hinaus keine Sanktionstatbestände für Verstöße gegen § 88. Einzelne datenschutzrechtliche Verhaltenspflichten im Zusammenhang mit Verkehrsdaten sind aber bußgeldbewehrt. Dazu sei auf die Einzelkommentierung der §§ 90 ff. verwiesen. Außerdem enthält § 115 eine umfassende Rechtsgrundlage für Anordnungen zur Durchsetzung von Pflichten nach dem 7. Teil des Gesetzes (Fernmeldegeheimnis, Datenschutz, Öffentliche Sicherheit). Schließlich verschafft § 44 dem Betroffenen bei Verstößen gegen § 88 Ansprüche auf Unterlassung und Schadensersatz, wobei in schweren Fällen auch an Schmerzensgeld zu denken wäre[73].

X. Verweise/Kontext

27 Weitere Verhaltensregeln und **Einschränkungen des Fernmeldegeheimnisses** finden sich **im TKG** außer im 7. Teil noch punktuell in der Vorschrift des § 64. Danach dürfen sich Bedienstete der Bundesnetzagentur bei der Überwachung von Frequenznutzungen Kenntnisse von den näheren Umständen eines Telekommunikationsvorgangs verschaffen und in besonderen Fällen auch Aussendungen abhören.

28 Daneben existieren weitere Ermächtigungsnormen für **Eingriffe in das Fernmeldegeheimnis zu Zwecken der öffentlichen Sicherheit, Strafverfolgung und für die Nachrichtendienste**. Zu nennen sind insoweit als praktisch wichtigste Vorschriften die Strafprozessordnung (§§ 98, 100a ff. StPO) und das Gesetz zur Beschränkung des Brief-, Post- und Fernmeldegeheimnisses (sog. Artikel 10-Gesetz – G 10). Für Näheres dazu sei hier auf die Fachliteratur zu diesen Rechtsgebieten verwiesen.

29 In der **DSGVO** ist die vorliegende Thematik nicht geregelt. Insoweit gelten gemäß Art. 95 DSGVO weiter die ePrivacy-RL sowie deren nationale Umsetzungsgesetze (s. Kommentierung zu Art. 95 DSGVO).

§ 89 Abhörverbot, Geheimhaltungspflicht der Betreiber von Empfangsanlagen

[nicht kommentiert]

---

73 BeckTKGKomm/*Bock*, § 88 TKG Rz. 50.

§ 90 Missbrauch von Sende- oder sonstigen Telekommunikationsanlagen

[nicht kommentiert]

Abschnitt 2
Datenschutz

§ 91 Anwendungsbereich

(1) Dieser Abschnitt regelt den Schutz personenbezogener Daten der Teilnehmer und Nutzer von Telekommunikation bei der Erhebung und Verwendung dieser Daten durch Unternehmen und Personen, die geschäftsmäßig Telekommunikationsdienste in Telekommunikationsnetzen, einschließlich Telekommunikationsnetzen, die Datenerfassungs- und Identifizierungsgeräte unterstützen, erbringen oder an deren Erbringung mitwirken. Dem Fernmeldegeheimnis unterliegende Einzelangaben über Verhältnisse einer bestimmten oder bestimmbaren juristischen Person oder Personengesellschaft, sofern sie mit der Fähigkeit ausgestattet ist, Rechte zu erwerben oder Verbindlichkeiten einzugehen, stehen den personenbezogenen Daten gleich.

(2) Für geschlossene Benutzergruppen öffentlicher Stellen der Länder gilt dieser Abschnitt mit der Maßgabe, dass an die Stelle des Bundesdatenschutzgesetzes die jeweiligen Landesdatenschutzgesetze treten.

I. Einführung 1	VI. Datenverarbeitung im Auftrag durch und für Diensteanbieter . 14
II. Verpflichtete Personen 4	1. Telekommunikationsunternehmen als Auftragsdatenverarbeiter 14
III. Geschützter Personenkreis 7	
IV. Geregelte Sachverhalte/Abgrenzung zum Telemedien-Datenschutz 9	2. Auftragsdatenverarbeitung für Telekommunikationsunternehmen 18
V. Rückgriff auf allgemeines Datenschutzrecht 12	

Schrifttum: *Deusch/Eggendorfer,* Das Fernmeldegeheimnis im Spannungsfeld aktueller Kommunikationstechnologien, K&R 2017, 93; *Eckhardt/Schmitz,* Datenschutz in der TKG-Novelle, CR 2012, 436; *Grünwald/Nüßing:* Kommunikation over the Top – Regulierung für Skype, WhatsApp oder Gmail?, MMR 2016, 91; *Kiparski/Sassenberg:* DSGVO und TK-Datenschutz – Ein komplexes europarechtliches Geflecht, CR 2018, 324; *Nebel/Richter,* Datenschutz bei Internetdiensten nach der DS-GVO – Vergleich der deutschen Rechtslage mit dem Kommissionsentwurf, ZD 2012, 407; *Ohlenburg,* Der neue Telekommunikationsdatenschutz – Eine Darstellung von Teil 7 Abschnitt 2 TKG, MMR 2004, 431; *Pokutnev/Schmid,* Die TKG-Novelle 2012 aus datenschutzrechtlicher Sicht, CR 2012, 360; *Schmitz,*

§ 91 TKG | Anwendungsbereich

Telefonanlagenfunktionen „im Netz" des TK-Providers – Vertragsgestaltung unter einer datenschutzrechtlichen Gemengelage nach TKG, TMG und BDSG, ZD 2011, 104.

I. Einführung

1 Die Norm legt den **Anwendungsbereich der bereichsspezifischen Datenschutzvorschriften** des TKG fest. Sie definiert die insoweit verpflichteten und betroffenen Personen und erweitert dabei für Angaben, die dem Fernmeldegeheimnis unterliegen, den Schutz auf juristische Personen und Personengesellschaften, für die ansonsten das Datenschutzrecht nicht gilt (vgl. § 3 Abs. 1 BDSG-alt bzw. Art. 4 Nr. 1 DSGVO).

2 Ihren heutigen Wortlaut hat die Norm durch das Gesetz zur Änderung telekommunikationsrechtlicher Vorschriften vom 3.5.2012 erhalten. In das TKG selbst übernommen wurden die bereichsspezifischen Datenschutzvorschriften mit dem TKG vom 22.6.2004. Unter dem vorigen TKG[1] waren die bereichsspezifischen Datenschutzvorschriften noch auf die Verordnungsebene delegiert und nacheinander in mehreren Verordnungen[2] geregelt, wobei sich die Grundzüge bereits auf die erste TDSV aus 1991 zurückführen lassen.

3 In unionsrechtlicher Hinsicht wird der bereichsspezifische Telekommunikations-Datenschutz maßgeblich durch die **ePrivacy-RL**[3] geprägt, die auch einzelne Begriffsbestimmungen vorgibt. Darauf wird nachfolgend am jeweils einschlägigen Ort eingegangen. Gemäß Art. 95 DSGVO gelten die ePrivacy-RL sowie die zu ihrer Umsetzung erlassenen nationalen Vorschriften weiter; die DSGVO erlegt Erbringern öffentlich zugänglicher Telekommunikationsdienste keine zusätzlichen Anforderungen auf.

II. Verpflichtete Personen

4 Die bereichsspezifischen Datenschutzregeln des Telekommunikationsrechts gelten nach § 91 Abs. 1 Satz 2 für „**Unternehmen und Personen, die geschäftsmäßig**

---

1 Telekommunikationsgesetz v. 25.7.1996 (BGBl. I, S. 1120), nachfolgend als „TKG-1996" bezeichnet.
2 Erst in der Verordnung über den Datenschutz bei Dienstleistungen der Deutschen Bundespost TELEKOM (TELEKOM-Datenschutzverordnung – TDSV) aus 1991 (BGBl. I, S. 1390), dann durch die Telekommunikationsdienstunternehmen-Datenschutzverordnung – TDSV v. 12.7.1996 (BGBl. I, S. 982) und schließlich durch die Telekommunikations-Datenschutzverordung – TDSV v. 18.12.2000 (BGBl. I, S. 1740).
3 Richtlinie 2002/58/EG des Europäischen Parlaments und des Rates v. 12.7.2002 über die Verarbeitung personenbezogener Daten und den Schutz der Privatsphäre in der elektronischen Kommunikation (Datenschutzrichtlinie für elektronische Kommunikation), ABl. Nr. L 201 v. 31.7.2002 S. 37–47, zuletzt geändert durch Art. 2 ÄndRL 2009/136/EG v. 25.11.2009 (ABl. Nr. L 337, S. 11).

Telekommunikationsdienste in Telekommunikationsnetzen, einschließlich Telekommunikationsnetzen, die Datenerfassungs- und Identifizierungsgeräte unterstützen, erbringen oder an deren Erbringung mitwirken." „Geschäftsmäßiges Erbringen von Telekommunikationsdiensten" ist in § 3 Nr. 10 als das „nachhaltige Angebot von Telekommunikation für Dritte mit oder ohne Gewinnerzielungsabsicht" definiert. Wer dies tut oder daran mitwirkt, wird in § 3 Nr. 6 als „Diensteanbieter" bezeichnet. Im Ergebnis gilt der Telekommunikationsdatenschutz damit für alle Diensteanbieter i.S.d. Gesetzes[4]. Der Anwendungsbereich deckt sich damit mit dem des Fernmeldegeheimnisses in § 88, so dass auf die Erläuterungen dazu (Kommentierung zu § 88 TKG Rz. 13 ff.) verwiesen werden kann. Dies gilt nach wohl h.M. auch für die Einbeziehung von Arbeitgebern bzw. Dienstherren in den Kreis der Verpflichteten, wenn sie ihren Beschäftigten die private Nutzung gestatten[5]. Indem das TKG in seinen Datenschutzvorschriften auf Diensteanbieter abstellt, geht es regelmäßig über den Anwendungsbereich der ePrivacy-RL hinaus. Soweit die Vorschriften dabei den Schutz des Fernmeldegeheimnisses und nicht nur den personenbezogener Daten bezwecken, bewegt sich der deutsche Gesetzgeber damit innerhalb des ihm zukommenden Ausgestaltungsspielraums (s. näher Kommentierung zu Art. 95 DSGVO Rz. 7)[6].

Der **Satzteil** „in Telekommunikationsnetzen, einschließlich Telekommunikationsnetzen, die Datenerfassungs- und Identifizierungsgeräte unterstützen" wurde durch das Gesetz vom 3.5.2012 in die Norm eingefügt. Er könnte dahingehend missverstanden werden, dass nur solche Diensteanbieter, die ihre Dienste in selbst kontrollierten Netzen erbringen, von der Vorschrift erfasst wären. Diese Möglichkeit zur Fehlinterpretation entsteht durch die nachträgliche Einfügung des Satzteils. Die Einfügung soll jedoch klarstellen, dass die Datenschutzvorschriften des TKG auch für solche Netze gelten, die „Datenerfassungs- und Identifizierungsgeräte unterstützen"[7]. Gemeint ist hier unter anderem die RFID-Technologie[8], die in der Gesetzesbegründung genannt wird[9]. Dies geht zurück auf den geänderten Art. 3 der ePrivacy-RL, wobei in Erwägungsgrund Nr. 56 der Änderungsrichtlinie[10] ebenfalls auf RFID abgestellt wird. Eine Ver- 5

---

4 Vgl. nur Heun/*Eckardt*, Teil L Rz. 154; Auernhammer/*Heun*, § 91 TKG Rz. 13.
5 S. Heun/*Eckhardt*, Teil L Rz. 156.
6 Anders *Nebel/Richter*, ZD 2012, 407 (408).
7 S. *Pokutnev/Schmid*, CR 2012, 360 (362).
8 Definition nach der vom Bundeswirtschaftsministerium geförderten Website www.rfdiatlas.de: „RFID ist eine Technologie für die berührungslose Datenübertragung auf der physikalischen Basis elektromagnetischer Wechselfelder, also Radiowellen. Herzstück der RFID-Technologie ist ein RFID-Transponder. Dieser winzige Computerchip mit Antenne wird auf verschiedenen Objekten angebracht und enthält einen Nummerncode, z.B. den Elektronischen Produktcode. Gelesen wird der Zahlencode mit einem Lesegerät."
9 BT-Drucks. 17/5707, S. 79.
10 Richtlinie 2009/136/EG v. 25.11.2009 zur Änderung der Richtlinie 2002/22/EG über den Universaldienst und Nutzerrechte bei elektronischen Kommunikationsnetzen

engung des Anwendungsbereichs von § 91 Abs. 1 Satz 1 mit einem Ausschluss von Resellern aus dem Anwendungsbereich war demnach also nicht beabsichtigt[11]. Ob die Einfügung den Anwendungsbereich tatsächlich erweitert, ist ebenfalls anzuzweifeln. Denn es bleibt dabei, dass nur wer nachhaltig Telekommunikation für Dritte anbietet, dem Anwendungsbereich unterliegt, was etwa bei einem selbst betriebenen RFID-System nicht der Fall wäre. Und wer einen Dritten das dazugehörige Funknetz betreiben ließe, wäre selbst geschützter Nutzer und nicht an den TKG-Datenschutz gebunden[12].

6 Hinzuweisen ist darauf, dass einzelne Vorschriften des Abschnitts 2 von Teil 7 des TKG auch **Dienste** regeln, **die keine Telekommunikationsdienste im engeren Sinne** sind. Dies gilt etwa für das Erteilen von Auskünften nach § 105 oder auch für mithilfe von Standortdaten nach § 98 bereitgestellte Dienste mit Zusatznutzen. Auskunftsdienste[13] werden in § 3 Nr. 2a des Gesetzes definiert, Dienste mit Zusatznutzen[14] in § 3 Nr. 5. Beides sind sog. telekommunikationsgestützte Dienste[15] i.S.d. § 3 Nr. 25[16] oder Telemediendienste[17], jedoch keine Telekommunikationsdienste, weil ihr Schwerpunkt nicht in der Signalübermittlung liegt. Näheres dazu bei § 98 und § 105.

III. Geschützter Personenkreis

7 Die Datenschutzvorschriften des TKG schützen **Teilnehmer und Nutzer**. Beides sind im TKG in § 3 Nr. 14 und Nr. 20 legaldefinierte Begriffe[18], wobei die De-

---

und -diensten, der Richtlinie 2002/58/EG über die Verarbeitung personenbezogener Daten und den Schutz der Privatsphäre in der elektronischen Kommunikation und der Verordnung (EG) Nr. 2006/2004 über die Zusammenarbeit im Verbraucherschutz, ABl. EG NR. L 337 v. 18.12.2009, S. 11 (29).
11 So auch *Eckhardt/Schmitz*, CR 2011, 436 (438); Auernhammer/*Heun*, § 91 TKG Rz. 16.
12 *Eckhardt/Schmitz*, CR 2011, 436 (437).
13 „Bundesweit jederzeit telefonisch erreichbare Dienste, insbesondere des Rufnummernbereichs 118, die ausschließlich der neutralen Weitergabe von Rufnummer, Name, Anschrift sowie zusätzlichen Angaben von Telekommunikationsnutzern dienen. Die Weitervermittlung zu einem erfragten Teilnehmer oder Dienst kann Bestandteil des Auskunftsdienstes sein."
14 „Jeder Dienst, der die Erhebung und Verwendung von Verkehrsdaten oder Standortdaten in einem Maße erfordert, das über das für die Übermittlung einer Nachricht oder die Entgeltabrechnung dieses Vorganges erforderliche Maß hinausgeht."
15 Spindler/Schuster/*Holznagel/Ricke*, § 3 TKG Rz. 36.
16 „Dienste, die keinen räumlich und zeitlich trennbaren Leistungsfluss auslösen, sondern bei denen die Inhaltsleistung noch während der Telekommunikationsverbindung erfüllt wird."
17 So für Location Based Services Heun/*Eckhardt*, Teil L Rz. 152.
18 § 3 Nr. 14: „Nutzer" [ist] jede natürliche oder juristische Person, die einen öffentlich zugänglichen Telekommunikationsdienst für private oder geschäftliche Zwecke in Anspruch nimmt oder beantragt, ohne notwendigerweise Teilnehmer zu sein.

finitionen aus Art. 2 der Rahmenrichtlinie[19] stammen. Teilnehmer ist, wer Telekommunikation aufgrund Vertrags mit einem Dienstanbieter verwendet, d.h. der Kunde, Nutzer ist jeder sonstige Benutzer von Telekommunikation[20]. Ähnlich wie bei dem in Rz. 5 angesprochen Satzteil zu Telekommunikationsnetzen hat das Gesetz vom 3.5.2012 beide Legaldefinitionen ergänzt und damit Unklarheiten verursacht. Hinzugekommen ist bei beiden Definitionen die Bezugnahme auf „öffentlich zugängliche Telekommunikationsdienste" i.S.d. neuen § 3 Nr. 17a[21] anstelle von Telekommunikationsdiensten. Dies lässt sich so verstehen, dass nur noch Teilnehmer und Nutzer öffentlich zugänglicher Dienste dem TKG-Datenschutz unterfallen sollen. Dies ist jedoch aus teleologischen Erwägungen abzulehnen; auch Teilnehmer und Nutzer von Diensten, die nicht öffentlich angeboten werden (insbesondere Firmennetzwerke usw.) bleiben vom bereichsspezifischen Datenschutz des TKG geschützt[22]. Wenn man allerdings auf dem Standpunkt steht, dass der Anwendungsvorrang der ePrivacy-RL nach Art. 95 DSGVO nur für öffentlich zugängliche Dienste und Netze gilt[23], dann wäre die genannte Bezugnahme auf öffentliche Dienste in diesen Definitionen der Ansatzpunkt, die TKG-Vorschriften in diesem Sinne DSGVO-konform zu interpretieren.

Die Legaldefinitionen von Teilnehmer und Nutzer umfassen auch **juristische Personen**, wobei dies bei der Definition von Nutzer als weitere Änderung mit dem Gesetz vom 3.5.2012 eingeführt wurde. Auch dies beruht auf der Rahmenrichtlinie[24]. Dies könnte zu der Fehlannahme verleiten, dass der Telekommunikationsdatenschutz umfassend auch für juristische Personen gelten soll. Indessen sind nach § 91 Abs. 1 Satz 1 nur personenbezogene Daten geschützt, was i.S.v. § 3 Abs. 1 BDSG-alt bzw. Art. 4 Nr. 1 DSGVO zu verstehen ist, so dass von

8

---

§ 3 Nr. 20: „Teilnehmer" [ist] jede natürliche oder juristische Person, die mit einem Anbieter von öffentlich zugänglichen Telekommunikationsdiensten einen Vertrag über die Erbringung derartiger Dienste geschlossen hat.

19 Richtlinie 2002/21/EG des Europäischen Parlaments und des Rates v. 7.3.2002 über einen gemeinsamen Rechtsrahmen für elektronische Kommunikationsnetze und -dienste (ABl. Nr. L 108 S. 33), zuletzt geändert durch Art. 1 ÄndRL 2009/140/EG v. 25.11.2009 (ABl. Nr. L 337 S. 37).

20 Heun/Eckhardt, Teil L Rz. 111.

21 § 3 Nr. 17a: „öffentlich zugängliche Telekommunikationsdienste' der Öffentlichkeit zur Verfügung stehende Telekommunikationsdienste."

22 Wie hier Pokutnev/Schmid, CR 2012, 360 (361). Zweifelnd bezüglich des Schutzes von Teilnehmern nicht-öffentlicher Netze allerdings Eckhardt/Schmitz, CR 2011, 436 (437), die im Übrigen absolut zu Recht die Verworrenheit der Definitionen kritisieren.

23 So z.B. Kiparski/Sassenberg, CR 2018, 324 (326).

24 Als besondere Pointe enthält die ePrivacy-RL in Art. 1 eine eigenständige Definition von „Nutzer", von der nur natürliche Personen erfasst werden. Der deutsche Gesetzgeber musste jedoch die Definition aus der Rahmenrichtlinie umsetzen, da der Begriff „Nutzer" wie auch der Begriff „Teilnehmer" im TKG noch mehrmals in anderen Zusammenhängen verwendet wird. Vielleicht wäre es besser gewesen, in einem der zwei Anwendungsfälle den Begriff „Nutzer" bspw. durch „Anwender" oder „Benutzer" zu ersetzen.

Satz 1 nur natürliche Personen erfasst werden[25]. Der Schutz juristischer Personen und rechtsfähiger Personengesellschaften ergibt sich vielmehr weiterhin aus § 91 Abs. 1 Satz 2. Danach stehen dem Fernmeldegeheimnis unterfallende Einzelangaben bestimmter oder bestimmbarer juristischer Personen und Personengesellschaften den personenbezogenen Daten gleich. Damit fallen die Bestandsdaten von juristischen Personen und Personengesellschaften aus dem Schutz der datenschutzrechtlichen Vorschriften heraus[26], während alle Daten zu konkreten Kommunikationsvorgängen als nähere Umstände der Telekommunikation geschützt sind.

IV. Geregelte Sachverhalte/Abgrenzung zum Telemedien-Datenschutz

9 **Diensteanbieter** und damit nach dem in Rz. 4 ff. Gesagten dem Telekommunikations-Datenschutz unterworfen ist, wer ganz oder teilweise geschäftsmäßig Telekommunikationsdienste erbringt oder daran mitwirkt (§ 3 Nr. 6). Geschäftsmäßiges Erbringen von Telekommunikationsdiensten ist das nachhaltige Angebot von Telekommunikation für Dritte mit oder ohne Gewinnerzielungsabsicht (§ 3 Nr. 10). Telekommunikation ist gemäß § 3 Nr. 22 der technische Vorgang des Aussendens, Übermittelns und Empfangens von Signalen mittels Telekommunikationsanlagen, also technischen Einrichtungen oder Systemen, die als Nachrichten identifizierbare elektromagnetische oder optische Signale senden, übertragen, vermitteln, empfangen, steuern oder kontrollieren können (§ 3 Nr. 23). Zusammengefasst lässt sich sagen, dass Erbringer von TK-Diensten anderen das Senden und Empfangen von Nachrichten mittels fernmeldetechnischer Mittel anbieten. Mitwirkende sind Beschäftigte und sonstige (externe) Erfüllungsgehilfen von Erbringern von TK-Diensten[27]. Daraus lässt sich ableiten, dass der Telekommunikations-Datenschutz dann und soweit gilt, wie Nachrichten Dritter fernmeldetechnisch transportiert werden, wenn dies nicht nur vorübergehend angeboten wird. Indem das deutsche Recht auch die Mitwirkenden als direkt Verpflichtete bezeichnet, geht es allerdings über die ePrivacy-RL hinaus. Allerdings handelt es sich bei den Mitwirkenden stets um Personen, die im Verantwortungsbereich von Erbringern von TK-Diensten tätig werden, und die deshalb mit Telekommunikationsdaten nur zum Teil oder im Auftrag der Erbringer als datenschutzrechtlich Verantwortliche umgehen dürfen. Deshalb ist darin keine überschießende Umsetzung der ePrivacy-RL durch den deutschen Gesetzgeber zu sehen[28].

---

25 S. *Pokutnev/Schmid*, CR 2012, 360 (361) und *Eckhardt/Schmitz*, CR 2011, 436 sowie zum alten Recht Heun/*Eckhardt*, Teil L Rz. 113.
26 So Heun/*Eckhardt*, Teil L Rz. 116; Auernhammer/*Heun*, § 91 TKG Rz. 23.
27 S. nur Taeger/Gabel/*Munz*, § 91 TKG Rz. 10.
28 A.A. *Kiparski/Sassenberg*, CR 2018, 324 (326).

Da aber **Telemedien** und auch Rundfunk auf der telekommunikativen Über- 10
mittlung von Nachrichten beruhen, ist eine **Abgrenzung** vorzunehmen. Reine
Telekommunikationsdienste, d.h. Dienste, die ausschließlich Signalübertragung
umfassen, und telekommunikationsgestützte Dienste unterfallen dabei von
vornherein nicht dem TMG, sondern nur dem TKG (§ 1 Abs. 1 TMG). Telemediendienste, die überwiegend in der Signalübertragung über Telekommunikationsnetze bestehen, unterliegen nur stark eingeschränkt den Datenschutzvorschriften des TMG (§ 11 Abs. 3 TMG), ansonsten vollumfänglich dem TKG. Die
Differenzierung kann damit vorgenommen werden zwischen *erstens* der fernmeldetechnischen Nachrichtenübermittlung (TKG), *zweitens* den mithilfe von
Telekommunikation angebotenen Diensten (TMG) und *drittens* den zur Verfügung gestellten Inhalten (BDSG/DSGVO)[29]. TMG-Dienste und Inhalte unterliegen außerdem aus Sicht des TKG-Diensteanbieters als Inhalte von Telekommunikation dem Fernmeldegeheimnis, was aber nicht bedeutet, dass Anbieter
der Inhalte das Fernmeldegeheimnis zu wahren hätten; das Gegenteil ist der Fall
(s. Kommentierung zu § 88 TKG Rz. 16).

Gängige Einzelfälle und Dienste sind danach wie folgt zu würdigen[30]: 11

– Telekommunikation sind Telefon und Telefaxdienste, Datendienste wie (reiner) Internet-Zugang, IP-Nummern[31], Voice-over-IP-Telefonie über das Internet und die Transport-Funktionalität von E-Mail. Umstritten ist allerdings die Bewertung sog. OTT-Dienste wie beispielsweise Google Mail[32].

– Standortbezogene Dienste i.S.v. § 3 Nr. 5 (im Gesetz farblos als „Dienste mit Zusatznutzen" bezeichnet, auch Location Based Services genannt) sollen nach *Eckhardt* dem TMG unterfallen, wobei je nach Gestaltung aber auch eine Betrachtung als telekommunikationsgestützter Dienst denkbar ist.

– Die Anwendungsebene von E-Mails, d.h. die Benutzeroberfläche zur inhaltlichen Aufbereitung, ist dem TMG zuzuweisen.

V. Rückgriff auf allgemeines Datenschutzrecht

Soweit nicht durch die bereichsspezifischen Regelungen verdrängt, bleibt all- 12
gemeines Datenschutzrecht anwendbar. Das folgte unter Geltung des BDSG-alt

---

29 S. Taeger/Gabel/*Munz*, § 91 TKG Rz. 7 und Heun/*Eckhardt*, Teil L Rz. 126.
30 S. Taeger/Gabel/*Moos*, § 11 TMG Rz. 33 ff.; Taeger/Gabel/*Munz*, § 91 TKG Rz. 7; Auernhammer/*Heun*, vor § 88 TKG Rz. 37 ff. und § 91 TKG Rz. 4 f. und Heun/*Eckhardt*, Teil L Rz. 147 ff. jeweils m.w.N.
31 IP-Nummern sind übrigens auch Nummern i.S.v. §§ 3 Nr. 13, 66 ff. TGK, s. Heun/*Jenny*, Teil E Rz. 4.
32 S. dazu VG Köln v. 11.11.2015 – 21 K 450/15, MMR 2016, 141 = CR 2016, 131 = K&R 2016, 141 (nicht rechtskräftig) sowie *Grünwald/Nüßing*, MMR 2016, 91 und *Deusch/Eggendorfer*, K&R 2017, 93 (96 f.).

§ 91 TKG | Anwendungsbereich

aus dessen § 1 Abs. 3[33]. Mit Geltungsbeginn der DSGVO folgt es im Ergebnis aus den Verweisen auf die EG-Datenschutzrichtlinie in der ePrivacy-RL, die dann gemäß Art. 94 DSGVO als Verweise auf diese zu lesen sind (s. Kommentierung zu Art. 95 DSGVO). Damit verdrängen in ihrem spezifischen Anwendungsbereich die Erlaubnistatbestände des TKG die allgemeineren Tatbestände des BDSG bzw. zukünftig der DSGVO. Aus dem BDSG-alt anwendbar sind die §§ 1–11 sowie 19–21 bzw. 33–35[34] bzw. zukünftig aus der DSGVO die Begriffsbestimmungen sowie die in Art. 15 der ePrivacy-RL in Bezug genommenen Regeln zu Rechtsbehelfen, Haftung und Sanktionen sowie zur Zuständigkeit des Europäischen Datenschutzausschusses. Demgegenüber werden die Rechtsgrundlagen der Datenverarbeitung nach §§ 12–18 bzw. 27–32 BDSG-alt bzw. zukünftig Art. 6 DSGVO für die nach TKG geschützten Daten durch die dafür geltenden Sondervorschriften verdrängt. Dies dürfte auch für § 32 BDSG-alt bzw. zukünftig § 26 BDSG gelten, soweit im Beschäftigungsverhältnis die private Nutzung betrieblicher Telekommunikationsanlagen gestattet ist (vgl. Rz. 4)[35]. Denn dann sind die Beschäftigten Nutzer von geschäftsmäßig erbrachten Telekommunikationsdiensten, so dass für ihre Bestands- und Verkehrsdaten die Bestimmungen des TKG gelten. Das soll allerdings nicht heißen, dass dann für die ganze Personalakte § 95 gelten würde; das wäre abwegig, denn die Personalakte wird nicht geführt, um den Beschäftigten Telekommunikationsdienste zur Verfügung zu stellen.

13 Für **geschlossene Benutzergruppen öffentlicher Stellen der Länder** gilt eine Sonderregel nach § 91 Abs. 2, wonach bei ihnen nicht das BDSG, sondern das jeweilige Landesdatenschutzgesetz zur Anwendung kommt. Grund dieser Regelung ist, dass für öffentliche Stellen der Länder generell nicht das BDSG gilt, sondern die Landesdatenschutzgesetze (s. § 1 Abs. 2 Nr. 2 BDSG-alt bzw. § 1 Abs. 1 Nr. 2 BDSG). Die Regelung ist allerdings ab 25.5.2018 überholt. Mit dem Begriff der geschlossenen Benutzergruppe werden Dienste und Netze bezeichnet, die sich nicht an beliebige Teilnehmer richten, sondern nur einer vordeterminierten Gruppe potentieller Kunden angeboten werden. Beispiele wären der Betrieb eines Konzernnetzes durch eine KonzernIT GmbH, die allen Konzerngesellschaften ihre Dienste anbietet oder auch ein Netz ausschließlich für alle Schulen in einem Bundesland. Solche Netze bzw. Dienste können auch Übergänge in öffentliche Netze haben, sind aber dann öffentlich[36]. Die vorliegende

---

[33] S. *Ohlenburg*, MMR 2004, 431 (432); Heun/*Eckhardt*, Teil L Rz. 160; Taeger/Gabel/*Munz*, § 91 TKG Rz. 4.
[34] S. nur Taeger/Gabel/*Munz*, § 91 TKG Rz. 4; Auernhammer/*Heun*, § 91 TKG Rz. 3 ff.
[35] Anders jedoch Taeger/Gabel/*Munz*, § 91 TKG Rz. 5.
[36] S. zum Begriff Heun/*Heun*, Teil A Rz. 57 und Heun/*Eckhardt*, Teil B Rz. 22 ff. Wenn beide sich gegen die Möglichkeit von Übergängen in öffentliche Netze aussprechen, ist das wohl so zu verstehen, dass ein Übergang das Netz bzw. den Dienst zu einem öffentlichen macht. Anders als nach dem TKG-1996 ist jedoch nach dem TKG-2004 ein Gegensatz zwischen öffentlichen Netzen und Diensten einerseits und solchen für ge-

Ausnahmebestimmung war schon in § 1 Abs. 2 der TDSV[37] enthalten und es ist nicht ersichtlich, dass der Gesetzgeber den damaligen Rechtszustand[38], der den Übergang zu öffentlichen Netzen und Diensten erlaubte, ändern wollte. Zudem sind manche Regeln zu geschlossenen Benutzergruppen im 2. Abschnitt von Teil 7 des TKG nur plausibel, wenn die diesbezüglichen Netze einen Übergang in öffentliche Netze aufweisen[39].

VI. Datenverarbeitung im Auftrag durch und für Diensteanbieter

1. Telekommunikationsunternehmen als Auftragsdatenverarbeiter

Seit einiger Zeit ist in der Beratungspraxis eine Zunahme von Anfragen zum Thema **Auftragsdatenverarbeitung durch Telekommunikationsunternehmen** zu beobachten. Typischer Fall ist die Forderung großer Kunden (etwa Unternehmen für deren Firmennetzwerk oder auch Anbieter von Telemediendiensten) an ihre Telekommunikationsdienstleister, einen Vertrag nach § 11 BDSG-alt bzw. zukünftig Art. 28 DSGVO abzuschließen. In manchen Fällen geschieht dies zwar unreflektiert, etwa wenn wie bei allen IT-Beschaffungsvorgängen ein Mustervertrag zur Auftragsdatenverarbeitung Teil der Ausschreibungsunterlagen ist, aber in anderen Fällen fällt es den Telekommunikationsunternehmen schwerer, sich diesem Ansinnen zu verschließen. Allerdings ist die Einordnung mancher Grenzfälle in der Praxis noch ungeklärt und Stellungnahmen in der Fachliteratur sind noch dünn gesät[40]. Zugleich handelt es sich hierbei um eine den TK-Datenschutz übergreifende Thematik, die auch mit dem Anwendungsbereich der bereichsspezifischen Vorschriften zusammenhängt, so dass eine Darstellung an dieser Stelle angezeigt ist.

14

Ausgelöst wird die **zunehmende Bedeutung des Themas** zum einen durch die im Lichte der öffentlichen Diskussion um die DSGVO weiter steigende Sensibilität der Kunden, zum anderen durch eine Ausdehnung der Angebotsportfolien seitens der Telekommunikationsunternehmen. So werden inzwischen von diesen neben klassischen Telekommunikationsangeboten auch Dienste wie der Be-

15

---
schlossene Benutzergruppen andererseits nicht mehr vorhanden. Der Begriff taucht nur noch beim TK-Datenschutz auf.
37 Telekommunikations-Datenschutzverordung – TDSV v. 18.12.2000 (BGBl. I, S. 1740).
38 Dazu Heun/*Heun*, Teil A Rz. 56.
39 Beispiel § 102 Abs. 3, der geschlossene Benutzergruppen von Pflichten im Zusammenhang mit Werbeanrufen ausnimmt. Es erscheint wenig plausibel, dass gerade für den seltenen Fall unerwünschter konzerninterner Belästigung mit Werbeanrufen eine Regelung getroffen werden sollte.
40 Zu erwähnen ist insoweit *Schmitz*, ZD 2011, 104 sowie Auernhammer/*Heun*, § 91 TKG Rz. 5 ff.

trieb von Helpdesks, Leistungen im Bereich IT-Sicherheit oder auch die technische Betreuung von Endgeräten angeboten.

16 Die **Abgrenzung**, ob eine Auftragsdatenverarbeitung vorliegt oder das Telekommunikationsunternehmen mit Daten als verantwortliche Stelle umgeht, hat dabei an zwei **Grundlinien** zu erfolgen. Wo *erstens* ein Diensteanbieter mit Bestands- und Verkehrsdaten wie von den §§ 91 ff. TKG vorgesehen umgeht, ist er verantwortliche Stelle und nicht Auftragsdatenverarbeiter. Wo umgekehrt die telekommunikationsspezifischen Datenschutzvorschriften Grenzen setzen, etwa bei der Übermittlung von Protokolldaten[41], kommt nur eine Lösung als Auftragsdatenverarbeitung in Betracht, wobei auf Seiten des Kunden auch immer zu fragen wäre, ob und wie dessen Datenerhebung gerechtfertigt werden kann. Und wo *zweitens* die Leistung des Telekommunikationsunternehmens in der Übermittlung von Nachrichten bzw. Inhalten besteht, erbringt es Telekommunikationsdienste, nicht jedoch eine Datenverarbeitung im Auftrag des Kunden[42]. Die übermittelten Nachrichten bzw. Inhalte unterliegen dem Fernmeldegeheimnis, was bei einer Tätigkeit als Auftragsdatenverarbeiter nicht der Fall wäre, da der Auftragsdatenverarbeiter eines Telekommunikationsteilnehmers insoweit kein Diensteanbieter i.S.d. TKG ist. Diese Sichtweise ist auch in der ePrivacy-RL klar angelegt, die zwischen „Nachrichten", also Kommunikationsinhalten einerseits und „Daten" andererseits unterscheidet.

17 Auf dieser Basis lassen sich einige in der Beratungspraxis oder Literatur thematisierte Fälle wie folgt einordnen:

- **Helpdesk:** Mitarbeiter von Kunden melden Störungen und Probleme im Firmennetz. Die Verarbeitung ihrer Daten (etwa Name und Rufnummer) ist dem Diensteanbieter nach § 100 gestattet. Keine Auftragsdatenverarbeitung.
- **Sprachboxen:** Netzseitige Anrufbeantworter und dergleichen. Es handelt sich um einen Telekommunikationsdienst nach § 107[43].
- **Content Delivery Networks:** Hier handelt es sich um Netzwerke, welche die Verteilung von Inhalten in möglichst großer netztopologischer Nähe zum Nutzer ermöglichen sollen, um damit die Ladezeiten von Internet-Inhalten zu verringern. Das Unabhängige Landeszentrum für Datenschutz Schleswig-Holstein (ULD) hat in seiner Bewertung der Reichweitenanalyse von Facebook den Standpunkt eingenommen, insoweit handele es sich um eine Auftragsdatenverarbeitung für Facebook, leider jedoch ohne genaue Begründung[44]. Indessen dient ein Content Delivery Network der Übermittlung von

---

41 S. *Schmitz*, ZD 2011, 104 (106f.).
42 So auch Informationsblatt Auftragsdatenverarbeitung nach § 11 BDSG, herausgegeben vom Bayerischen Landesamt für Datenschutzaufsicht, S. 4, abzurufen auf dessen Website www.lda.bayern.de in der Rubrik Infothek/Infoblätter&Flyer.
43 BeckTKGKomm/*Wittern*, § 107 TKG Rz. 2; *Schmitz*; ZD 2011, 104 (105).
44 ULD, Reichweitenanalyse, S. 17.

Inhalten und damit der Telekommunikation. Der Auftraggeber, typischerweise ein Mediendiensteanbieter wie z.b. Facebook, ist Teilnehmer des Telekommunikationsvorgangs, die Nutzer des Telemedienangebots sind zugleich Nutzer von Telekommunikation. Zudem lassen sich solche Netze als Nachrichtenübermittlungssysteme mit Zwischenspeicherung i.S.v. § 107 verstehen. Es liegt damit für den Austausch von Inhalten zwischen dem Kunden (also z.b. Facebook) und dessen Nutzern keine Auftragsdatenverarbeitung vor, sondern ein Telekommunikationsdienst.

- **Betrieb von Routern und sonstigen Endgeräten:** In der Praxis tauchen Konstellationen auf, bei denen der Telekommunikationsanbieter den Betrieb von kundenseitig installierten Geräten, wie etwa Routern, übernimmt. Hier liegt es nahe, an Auftragsdatenverarbeitung bzw. Prüfung oder Wartung von Datenverarbeitungsanlagen nach § 11 Abs. 5 BDSG-alt zu denken. In bestimmten Ausgestaltungen lässt sich diese Aktivität aber auch als Teil des Netzbetriebes verstehen. Wenn der Netzbetreiber den Router bzw. das Gerät vollständig kontrolliert und für die Signalübermittlung steuert, dann übt er damit die Funktionsherrschaft[45] über sein Netz aus. In solchen Fällen ist vertraglich auch regelmäßig vorgesehen, dass die Kunden jegliche Einwirkung auf die Geräte zu unterlassen haben. Aus Sicht des Diensteanbieters befinden sich die Geräte dann diesseits der Demarkationslinie zwischen Netz und Kunde. Dann liegt keine Auftragsdatenverarbeitung bzw. keine Prüfung oder Wartung von DV-Anlagen vor, sondern die fraglichen Tätigkeiten gehören zum Netzbetrieb des Diensteanbieters. Daran dürfte sich auch durch den am 1.8.2016 in Kraft tretenden § 45d Abs. 1 Satz 2, wonach das öffentliche Telekommunikationsnetz an einem passiven Netzabschlusspunkt endet, nichts ändern. Denn laut der Begründung des Gesetzesentwurfs ist möglich, dass an den Netzabschlusspunkt angeschlossene Geräte noch in der Hoheit des Netzbetreibers liegen[46]. Die hier interessierenden Konstellationen spielen sich auch regelmäßig bei Anschlüssen und Netzen von Geschäftskunden ab, wo ein Konflikt mit dem Zweck der gesetzlichen Regelung, Konsumenten vom sog. „Routerzwang" zu befreien, nicht zu erwarten ist.

- **Betreuung von Geräten bei Kollokation:** Bei Kollokations- und Telehousingdiensten wird teilweise auch eine Betreuung der Geräte durch den Dienstleister angeboten. Das Spektrum reicht von einfachen mechanischen Tätigkeiten in Einzelfällen bis zum Systemzugriff. Kollokation als Unterbringung von Geräten in Rechenzentren der Netzbetreiber ist allerdings schon

---

45 Funktionsherrschaft ist ein rechtshistorischer Begriff, der umschreibt, was einen Netzbetreiber ausmacht, nämlich das „Ausüben der rechtlichen und tatsächlichen Kontrolle [...] über die Gesamtheit der Funktionen, die zur Erbringung von Telekommunikationsdienstleistungen [...] über Telekommunikationsnetze unabdingbar zur Verfügung gestellt werden müssen." (§ 3 Nr. 2 TKG-1996).
46 BT-Drucks. 18/6280, S. 10.

per se keine Telekommunikation. Wo die Gerätebetreuung die Kriterien des § 11 Abs. 5 BDSG-alt erfüllt, also ein Zugriff auf personenbezogene Daten nicht ausgeschlossen werden kann, muss die Vertragsbeziehung als Auftragsverarbeitung ausgestaltet werden.

- **Sicherheitsdienstleistungen:** In Erweiterung ihrer Produktportfolien erbringen Telekommunikationsunternehmen zunehmend auch Dienstleistungen auf dem Feld der IT-Sicherheit. Beispiele wären der Betrieb von Firewalls oder auch die Aktualisierung von Virenschutzsoftware auf Kundengeräten. Wenn dabei mit personenbezogenen Daten umgegangen wird bzw. dies nicht ausgeschlossen werden kann, liegt die Bewertung als Auftragsverarbeitung nahe. Bei einem Bezug zum Netzbetrieb kann indessen auch § 109 Abs. 2 eingreifen, wonach Anbieter öffentlicher Dienste bzw. Betreiber öffentlicher Netze technische Schutzmaßnahmen gegen Störungen von Telekommunikationsnetzen und -diensten treffen müssen. Die Abgrenzung, ob hier noch eine Tätigkeit als Diensteanbieter/Netzbetreiber oder eine IT-Dienstleistung für Kunden vorliegt, lässt sich vornehmen über die vertragliche Ausgestaltung – was extra berechnet wird, ist wohl eher nicht bloßer Netzbetrieb – sowie auch über das Sicherheitskonzept nach § 109 Abs. 4. Maßnahmen, die dort aufgeführt sind, wären dem Netzbetrieb zuzuordnen.

- **Protokolldaten:** Seitens der Kunden wird gelegentlich der Wunsch nach umfassenden Protokolldaten über ab- und eingehenden Verkehr geäußert. Hier stoßen die Diensteanbieter aus Sicht des TK-Datenschutzes auf das Problem, dass die Verwendung von Verkehrsdaten in § 96 Abs. 2 zum Schutz der Nutzer streng limitiert ist, weil die Daten dem Fernmeldegeheimnis unterliegen. So darf selbst ein Teilnehmer, der für eingehende Anrufe zu zahlen hat, vom Diensteanbieter keinen vollständigen Einzelverbindungsnachweis der eingehenden Anrufe erhalten; die Nummern der Anrufer sind gemäß § 97 Abs. 1 Satz 7 um die letzten drei Stellen zu kürzen. In solcherlei Konstellationen mag eine Ausgestaltung als Auftragsdatenverarbeitung für den Kunden eine Lösung bieten, etwa wenn der Kunde bei abweichender Gestaltung selbst imstande wäre, die betreffenden Daten zu erhalten[47].

2. Auftragsdatenverarbeitung für Telekommunikationsunternehmen

18   Bei Berufsgeheimnisträgern wie Ärzten und Anwälten sowie auch bei Banken und Versicherungen hat sich nach der früheren Fassung von § 203 StGB die Frage gestellt, ob und wie diese Datenverarbeitungsaufträge erteilen dürfen[48].

---

47   S. *Schmitz*, ZD 2011 104 (107), mit dem Beispiel einer Telefonanlage, die eingehende Anrufe protokolliert, soweit die Rufnummer des Anrufers nicht unterdrückt wird.
48   S. zum Meinungsstand nach altem Recht Plath/*Plath*, 2. Aufl. 2016, § 11 BDSG Rz. 78 ff.

Mit der Änderung des § 203 StGB durch Gesetz vom 30.10.2017 scheint sich die Frage allerdings weitgehend erledigt zu haben. Für die Telekommunikationsbranche wird dies demgegenüber soweit ersichtlich nicht thematisiert, obwohl auch für sie mit dem Fernmeldegeheimnis eine Art strafbewehrtes Berufsgeheimnis besteht. Auch das TKG hilft hier nur begrenzt weiter. Stellenweise (etwa in § 97 Abs. 1 Satz 5) wird § 11 BDSG-alt erwähnt, ohne dass klar würde, ob dies ein Sonderfall oder **Ausdruck eines allgemeinen Prinzips** wäre.

Letzteres ist der Fall. Ableiten lässt sich dies daraus, dass Fernmeldegeheimnis und telekommunikationsspezifischer Datenschutz nicht nur für den gelten, der Telekommunikationsdienste erbringt, sondern auch für daran Mitwirkende. Dies umfasst nicht nur Beschäftigte, sondern auch externe Dienstleister. Der Gesetzgeber akzeptiert damit implizit, dass die Erbringung von Telekommunikation eine hochspezialisierte Tätigkeit ist, bei der auch auf externen Sachverstand zurückgegriffen werden muss, etwa bei der Wartung von Netztechnik und IT-Systemen. Im Gegenzug werden die externen Dienstleister wie Erbringer und deren Beschäftigte gesetzlich auf die Wahrung von Fernmeldegeheimnis und Datenschutz verpflichtet. Man kann anzweifeln, ob in diesen Fällen eine Auftragsverarbeitung vorliegt, oder auch insoweit die Vorschriften des TKG vorgehen, so dass an der Erbringung von Telekommunikation mitwirkende Auftragnehmer etwa mit Bestands- und Verkehrsdaten als verantwortliche Stelle umgehen[49], jedenfalls aber ist die Hinzuziehung von Auftragnehmern bei der Erbringung von Telekommunikationsdiensten gestattet.

19

§ 92 *(weggefallen)*

Aufgehoben durch Gesetz vom 3.5.2012 (BGBl. I, S. 958).

Nach dieser Vorschrift[1] galt bei der Übermittlung personenbezogener Daten ins Ausland eine **strenge Zweckbindung**. Zulässige Zwecke waren lediglich Diensteerbringung, Rechnungsstellung und -versendung sowie Missbrauchsbekämpfung. Die Norm wurde durch das Gesetz vom 3.5.2012 aufgehoben. Motiviert war dies von dem Bestreben, den Telekommunikationssektor mit anderen Branchen gleich zu behandeln[2]. Insoweit gelten seitdem uneingeschränkt die Anforderungen bzw. Möglichkeiten nach §§ 4b und 4c BDSG-alt bzw. zukünftig nach Art. 44 ff. DSGVO. Praktisch relevant wird hier insbesondere bei internationaler Telekommunikation § 4c Abs. 1 Nr. 2 BDSG-alt bzw. zukünftig Art. 49 Abs. 1

1

---

49 So Auernhammer/*Heun*, § 91 TKG Rz. 9 ff.
1 Die Norm lautete: „An ausländische nicht öffentliche Stellen dürfen Diensteanbieter personenbezogene Daten nach Maßgabe des Bundesdatenschutzgesetzes nur übermitteln, soweit es für die Erbringung von Telekommunikationsdiensten, für die Erstellung oder Versendung von Rechnungen oder für die Missbrauchsbekämpfung erforderlich ist."
2 BT-Drucks. 17/5707, S. 79.

§ 93 TKG | Informationspflichten

Buchst. b DSGVO. Um internationale Telekommunikationsverbindungen herzustellen und abzurechnen, ist regelmäßig auch eine Übermittlung von Rufnummern bzw. IP-Nummern und ein Austausch von Verkehrsdaten erforderlich. Der Diensteanbieter darf diese Daten an den ausländischen Zusammenschaltungspartner übermitteln, um die Verbindung herzustellen und abzurechnen. Dies war allerdings schon unter Geltung des § 92 möglich, da diese Datenübermittlung zur Erbringung des Telekommunikationsdienstes gehörte.

§ 93 Informationspflichten

(1) Diensteanbieter haben ihre Teilnehmer bei Vertragsabschluss über Art, Umfang, Ort und Zweck der Erhebung und Verwendung personenbezogener Daten so zu unterrichten, dass die Teilnehmer in allgemein verständlicher Form Kenntnis von den grundlegenden Verarbeitungstatbeständen der Daten erhalten. Dabei sind die Teilnehmer auch auf die zulässigen Wahl- und Gestaltungsmöglichkeiten hinzuweisen. Die Nutzer sind vom Diensteanbieter durch allgemein zugängliche Informationen über die Erhebung und Verwendung personenbezogener Daten zu unterrichten.

(2) Unbeschadet des Absatzes 1 hat der Diensteanbieter in den Fällen, in denen ein besonderes Risiko der Verletzung der Netzsicherheit besteht, die Teilnehmer über dieses Risiko und, wenn das Risiko außerhalb des Anwendungsbereichs der vom Diensteanbieter zu treffenden Maßnahme liegt, über mögliche Abhilfen, einschließlich der für sie voraussichtlich entstehenden Kosten, zu unterrichten. Das Auskunftsrecht nach dem Bundesdatenschutzgesetz bleibt davon unberührt.

(3) Im Fall einer Verletzung des Schutzes personenbezogener Daten haben die betroffenen Teilnehmer oder Personen die Rechte aus § 109a Absatz 1 Satz 2 in Verbindung mit Absatz 2.

I. Einführung 1	IV. Verletzung des Schutzes personenbezogener Daten (Abs. 3) ... 9
II. Allgemeine Informationspflichten nach Abs. 1 2	V. Rechtsfolgen/Sanktionen 10
III. Informationspflicht bei Risiken der Netzsicherheit (Abs. 2) 8	VI. Verweise/Kontext 11

Schrifttum: *Bäcker*, Die Betroffenenauskunft im Telekommunikationsrecht, MMR 2009, 803; *Eckhardt/Schmitz*, Datenschutz in der TKG-Novelle, CR 2011, 436; *Kiparski/Sassenberg*, DSGVO und TK-Datenschutz – Ein komplexes europarechtliches Geflecht, CR 2018, 324; *Nebel/Richter*, Datenschutz bei Internetdiensten nach der DS-GVO – Vergleich der deutschen Rechtslage mit dem Kommissionsentwurf, ZD 2012, 407; *Ohlenburg*, Der neue Telekommunikationsdatenschutz, MMR 2004, 431; *Pokutnev/Schmid*, Die TKG-Novelle 2012 aus datenschutzrechtlicher Sicht, CR 2012, 360.

Informationspflichten | § 93 TKG

I. Einführung

Die Vorschrift regelt **allgemeine Informationspflichten der Diensteanbieter** 1
gegenüber ihren Teilnehmern und Nutzern (zu den Begrifflichkeiten „Diensteanbieter", „Teilnehmer" und „Nutzer" s. die Kommentierung zu § 91 TKG Rz. 4 und § 91 TKG Rz. 7f.). § 93 Abs. 1 enthält generelle Informationspflichten, § 93 Abs. 2 spezielle Pflichten im Falle besonderer Risiken einer Verletzung der Netzsicherheit, § 93 Abs. 3 mit dem Verweis auf § 109a eine Rechtsgrundverweisung[1] darauf. Abs. 1 der Norm beruht weitgehend auf der Vorläufervorschrift des § 3 Abs. 5 TDSV[2]. Abs. 2 ist eine fast wörtliche Übernahme von Art. 4 Abs. 2 der ePrivacy-RL[3]. Die Informationspflichten des § 93 Abs. 1 Sätze 1 bis 3 gehen demgegenüber über die ePrivacy-RL hinaus, die eine § 93 Abs. 1 Sätze 1 und 3 entsprechende Informationspflicht nur für Verkehrsdaten kennt (s. Art. 6 Abs. 3 ePrivacy-RL). Für den weitergehenden Teil ist fraglich, ob die Regelung unter der DSGVO noch weiter gelten kann[4] (s. näher unten Rz. 4 und Rz. 5). § 93 Abs. 3 wurde mit dem Gesetz vom 3.5.2012 geändert und verweist nunmehr auf § 109a, der einen einheitlichen Pflichtenkatalog für die Fälle einer Verletzung des Schutzes personenbezogener Daten schaffen soll[5].

II. Allgemeine Informationspflichten nach Abs. 1

Diensteanbieter gehen beim Erbringen ihrer Dienstleistungen mit Daten ihrer 2
Kunden (Teilnehmer, § 3 Nr. 20) wie auch mit Daten sonstiger am Telekommunikationsverkehr Beteiligter (Nutzer, § 3 Nr. 14) um. Demgemäß bedarf es einer **Abstufung der Informationspflichten**[6]. Sätze 1 und 2 des § 93 Abs. 1 betreffen die Informationspflichten gegenüber Teilnehmern, Satz 3 die Pflichten gegenüber Nutzern. Satz 4 verweist ergänzend auf das Auskunftsrecht nach dem alten BDSG. Dieser Verweis ist ab 25.5.2018 auf Art. 15 DSGVO zu beziehen.

Satz 1 der Vorschrift ist wohl weitgehend selbsterklärend. Teilnehmer sind (spä- 3
testens) bei Vertragsschluss über **Art, Umfang, Ort und Zweck** der Erhebung und Verwendung ihrer personenbezogenen Daten zu unterrichten. Aufgrund der Regelung in § 91 Abs. 1 Satz 2 gilt dies auch für Teilnehmer, die keine natür-

---

[1] *Eckhardt/Schmitz*, CR 2011, 436 (438).
[2] BT-Drucks. 15/2316, S. 88.
[3] Richtlinie 2002/58/EG des Europäischen Parlaments und des Rates v. 12.7.2002 über die Verarbeitung personenbezogener Daten und den Schutz der Privatsphäre in der elektronischen Kommunikation (Datenschutzrichtlinie für elektronische Kommunikation), ABl. Nr. L 201 v. 31.7.2002, S. 37–47, zuletzt geändert durch Art. 2 ÄndRL 2009/136/EG v. 25.11.2009 (ABl. Nr. L 337, S. 11).
[4] Dies verneinend *Nebel/Richter*, ZD 2012, 407 (408).
[5] S. BT-Drucks. 17/5707, S. 79.
[6] *Ohlenburg*, MMR 2004, 431 (432); Heun/*Eckhardt*, Teil L Rz. 169.

§ 93 TKG | Informationspflichten

lichen Personen sind. Die Information erfolgt in der Praxis regelmäßig über einen entsprechenden Abschnitt in oder eine Anlage zu den Vertragsformularen bzw. beim Online-Vertragsschluss über ein Hinweisfenster, dessen Kenntnisnahme der Neu-Teilnehmer zu bestätigen hat. Schwierig ist allerdings die Erteilung der Informationen bei Call-by-Call-Angeboten. Hier bleibt wohl nur eine Veröffentlichung der Informationen zusammen mit den geltenden AGB im Amtsblatt der BNetzA nach § 305a Nr. 2b BGB als Lösung[7]. Sofern der Diensteanbieter **Standortdaten**[8] erhebt und verwendet, hat er darüber zu informieren, welche Arten von Standortdaten für welche Zwecke verarbeitet werden (können) und wie lange diese gespeichert bleiben[9]. Weiter ist über eine allfällige Übermittlung der Daten an Dritte zur Bereitstellung von Diensten mit Zusatznutzen[10] durch diese zu informieren[11].

4   **Die Regelungen der § 93 Abs. 1 Sätze 1 und 3 TKG gehen über die Vorgaben der ePrivacy-RL hinaus.** Diese kennt in Art. 6 Abs. 4 lediglich eine enger gefasste Informationspflicht, wonach Teilnehmer und Nutzer informiert werden müssen, welche Arten von Verkehrsdaten wie lange für bestimmte Zwecke (Rechnungsstellung, Vermarktung elektronischer Kommunikationsdienste, Bereitstellung von Diensten mit Zusatznutzen) verarbeitet werden. Für den Umgang mit Bestandsdaten dürften § 93 Abs. 1 Sätze 1 und 3 ab 25.5.2018 durch Art. 13 und 14 DSGVO ersetzt bzw. verdrängt werden[12]. Auch dann wird aber der Vertragsschluss der Zeitpunkt sein, bis zu dem die Informationspflichten gegenüber Teilnehmern spätestens zu erfüllen sind.

5   Die in § 93 Abs. 1 Satz 2 angesprochenen **Wahl- und Gestaltungsmöglichkeiten** beziehen sich im Wesentlichen auf die Gestaltung von Einzelverbindungsnachweisen (§ 99 Abs. 1 Sätze 1 und 2) sowie die Aufnahme in Teilnehmerverzeichnisse (§ 104) und die Modalitäten der Auskunftserteilung über den Teilnehmer (§ 105). Die Anforderung zu Hinweisen auf diese Wahl- und Gestal-

---

7   So auch BeckTKGKomm/*Büttgen*, § 93 TKG Rz. 53.
8   Dies sind „Daten, die in einem Telekommunikationsnetz oder von einem Telekommunikationsdienst erhoben oder verwendet werden und die den Standort des Endgeräts eines Endnutzers eines öffentlich zugänglichen Telekommunikationsdienstes angeben" (§ 3 Nr. 19).
9   So BT-Drucks. 15/2316, S. 88 (dort zu § 91 des Gesetzentwurfs).
10 Das ist „jeder Dienst, der die Erhebung und Verwendung von Verkehrsdaten oder Standortdaten in einem Maße erfordert, das über das für die Übermittlung einer Nachricht oder die Entgeltabrechnung dieses Vorgangs erforderliche Maß hinausgeht" (§ 3 Nr. 5).
11 BT-Drucks. 15/2316, S. 88. Nach Art. 9 Abs. 1 Satz 2 der ePrivacy-RL soll dies allerdings nur für Standortdaten gelten, die keine Verkehrsdaten sind („andere Standortdaten als Verkehrsdaten"), also laut Erwägungsgrund 35 der Richtlinie Standortdaten, die genauer sind, als es für die Nachrichtenübermittlung erforderlich wäre. Ob die Gesetzesbegründung des TKG hier bewusst oder unbewusst weitergehende Anforderungen formuliert, ist nicht klar.
12 So auch *Kiparski/Sassenberg*, CR 2018, 324 (328).

tungsrechte ist allerdings in der ePrivacy-RL nicht in der konkreten Form vorgesehen, in der sie § 93 Abs. 1 Satz 2 formuliert. Die Art. 7 und 12 der ePrivacy-RL räumen aber den nationalen Gesetzgebern für die Ausgestaltung der Regelungen zu Teilnehmerverzeichnissen und Einzelverbindungsnachweisen Spielräume ein, die auch die Hinweispflicht von § 93 Abs. 1 Satz 2 umfassen dürfte. Insbesondere verlangt Art. 12 Abs. 1 der ePrivacy-RL für die Aufnahme in Teilnehmerverzeichnisse entsprechende Hinweise.

Die **Nutzerinformation nach § 93 Abs. 1 Satz 3** soll an allgemein zugänglicher Stelle publiziert werden. Hier würde sich wohl eine Veröffentlichung auf der Website des Diensteanbieters anbieten[13]. Die in den Gesetzesmaterialien[14] vorgeschlagene Veröffentlichung in Teilnehmerverzeichnissen dürfte demgegenüber häufig daran scheitern, dass viele Diensteanbieter keine solchen Verzeichnisse herausgeben. Adressat der Hinweise ist nicht der einzelne Nutzer, sondern die Nutzerschaft im Allgemeinen. Dementsprechend können die Hinweise auch abstrakter gefasst werden als die nach Satz 1[15]. In der Praxis ist zu beobachten, dass die meisten Telekommunikationsunternehmen keine eigenständigen Datenschutzhinweise für Nutzer publizieren, sondern auf die Hinweise für ihre Teilnehmer verweisen.

6

Satz 4 des § 93 Abs. 1 verweist ergänzend auf das **Auskunftsrecht gemäß § 34 BDSG-alt**. Dieser Verweis ist ab 25.5.2018 auf Art. 15 DSGVO zu beziehen. Bei genauerer Analyse spricht allerdings viel dafür, dass bei der **Beauskunftung von Verkehrsdaten** Einschränkungen zu machen sind[16]. Das TKG enthält eine Reihe von Vorschriften, wonach Teilnehmer von Diensteanbietern Informationen zu sie betreffenden Verkehrsdaten verlangen können. Dabei sind in mehrfacher Hinsicht Beschränkungen vorgesehen, um Interessen der Diensteanbieter wie auch der Kommunikationspartner zu wahren. So können Einzelverbindungsnachweise gemäß § 45e nur mit Wirkung für die Zukunft verlangt werden. Es sind nur Verbindungen aufzunehmen, für die der Teilnehmer entgeltpflichtig ist. Weiter darf der Einzelverbindungsnachweis nach § 99 Verbindungen zu bestimmten Beratungsstellen nicht ausweisen; dies zum Schutze von Mitbenutzern des Anschlusses. Nur wo eingehende Anrufe vom Teilnehmer zu bezahlen sind, dürfen ihm die Daten der Anrufer zur Verfügung gestellt werden, und auch dann nur in anonymisierter Form mit Kürzung der letzten drei Ziffern der Rufnummern (§ 99 Abs. 1 Satz 7). Weiter gelten für eine sog. Fangschaltung nach § 101 strenge Anforderungen. Und schließlich haben Nutzer im Gegensatz zu Teilnehmern keine Ansprüche nach dem TKG auf Beauskunftung ihrer Verkehrsdaten. All diese Beschränkungen würden ausgehebelt, wenn man Teilneh-

7

---

13 BeckTKGKomm/*Büttgen*, § 93 TKG Rz. 54.
14 BT-Drucks. 15/2316, S. 88.
15 Spindler/Schuster/*Eckhardt*, § 93 TKG Rz. 9.
16 S. umfassend zum Thema *Bäcker*, MMR 2009, 803, auf dessen Überlegungen die vorliegenden Ausführungen beruhen.

mern und Nutzern auf Grundlage allgemeiner datenschutzrechtlicher Bestimmungen ein Auskunftsrecht bezüglich ihrer Verkehrsdaten zuerkennen würde. Deshalb muss man davon ausgehen, dass bei Verkehrsdaten die allgemeinen Auskunftsvorschriften von den genannten spezielleren Vorschriften des TKG verdrängt werden. Dies kann auch auf die ePrivacy-RL gestützt werden, die in ihrem Art. 7 den Mitgliedstaaten auferlegt, den Schutz personenbezogener Daten im Zusammenhang mit Einzelverbindungsnachweisen näher auszugestalten. Da Verkehrsdaten zugleich Informationen preisgeben, die dem Fernmeldegeheimnis unterliegen, folgt auch daraus eine Befugnis der Mitgliedstaaten zu entsprechenden Regelungen (s. näher Kommentierung zu Art. 95 DSGVO Rz. 7). Bei erneuter Einführung einer Vorratsdatenspeicherung stellt sich allerdings die Frage, ob eine derartige Beschränkung von Auskunftsansprüchen mit den Grundrechten der Betroffenen vereinbar ist. Dies ist zweifelhaft[17].

III. Informationspflicht bei Risiken der Netzsicherheit (Abs. 2)

8 Die Regelung in § 93 Abs. 2 soll **Art. 4 Abs. 2 der ePrivacy-RL** umsetzen, und übernimmt deren Wortlaut fast wörtlich. Angesichts der Vagheit der Tatbestandsmerkmale[18], die auch nicht legaldefiniert sind, ist nicht recht zu erkennen, wie und wann die Norm angewendet werden soll. Erwägungsgrund 20 der Richtlinie verweist dazu beispielhaft auf „offene Netz[e] wie das Internet oder den analogen Mobilfunk" als Fälle, wo der Richtliniengeber solche Risiken sieht. Da nach dem Wortlaut die Risiken „besonders", also vom Normalfall abweichend sein müssen, besteht nur in Ausnahmefällen eine Hinweispflicht und auch dann nur dann, wenn die besonderen Risiken für den Diensteanbieter bei gebotener Sorgfalt erkennbar sind[19].

IV. Verletzung des Schutzes personenbezogener Daten (Abs. 3)

9 Der mit Gesetz vom 3.5.2012 neu gefasste § 93 Abs. 3 für Fälle einer **Verletzung des Schutzes personenbezogener Daten** verweist auf den neu gefassten § 109a. Als „Verletzung des Schutzes personenbezogener Daten" ist gemäß § 3 Nr. 30a „eine Verletzung der Datensicherheit, die zum Verlust, zur unrechtmäßigen Löschung, Veränderung, Speicherung, Weitergabe oder sonstigen unrechtmäßigen

---

17 S. ausführlich dazu *Bäcker*, MMR 2009, 803 (805 ff.). Nach Presseberichten ist es dem Politiker Malte Spitz während Geltung der ersten Vorratsdatenspeicherung auf dem Klagewege gelungen, von seinem Mobilfunkprovider die gespeicherten Verkehrsdaten zu erhalten (s. den Beitrag von *Kai Biermann* auf Zeit-Online „Grüne wollen Schweigen der Telekom brechen" v. 25.08.2009, www.zeit.de/online/2009/35/vorratsdaten-spitz-telekom). Die dazu ergangenen Entscheidungen sind anscheinend jedoch nicht veröffentlicht.
18 Zu Recht kritisch dazu auch Heun/*Eckhardt*, Teil L Rz. 173.
19 Auf gleicher Linie Heun/*Eckhardt*, Teil L Rz. 174.

Verwendung personenbezogener Daten führt, die übertragen, gespeichert oder auf andere Weise im Zusammenhang mit der Bereitstellung öffentlich zugänglicher Telekommunikationsdienste verarbeitet werden sowie der unrechtmäßige Zugang zu diesen" zu verstehen. Aufgrund der Gleichstellung in § 91 Abs. 1 Satz 2 gilt die Vorschrift auch für dem Fernmeldegeheimnis unterliegende Informationen juristischer Personen. Zu beachten ist, dass § 93 Abs. 3 für alle Diensteanbieter gilt, § 109a hingegen nur für Anbieter öffentlich zugänglicher Telekommunikationsdienste[20]. Damit gelten für alle Diensteanbieter die in § 93 Abs. 3 genannten Teile von § 109a, der Rest hingegen nur für solche Diensteanbieter, die öffentlich zugängliche Dienste anbieten[21].

V. Rechtsfolgen/Sanktionen

Die **Missachtung der Informationspflichten** nach § 93 Abs. 1 und Abs. 2 ist nicht bußgeldbewehrt. Die BNetzA kann jedoch nach § 115 Anordnungen zur Einhaltung der Vorschrift treffen und mit Zwangsmitteln durchsetzen. Bußgeldbewehrt ist allerdings gemäß § 149 Abs. 1 Nr. 21b und 21c die Missachtung einzelner Pflichten nach § 109a, auf den § 93 Abs. 3 verweist.   10

VI. Verweise/Kontext

Ergänzende **Informationspflichten für bestimmte Konstellationen** sind in §§ 96 Abs. 4, 98 Abs. 1 Satz 2, 99 Abs. 3, 100 Abs. 2 Satz 3 und Abs. 4 Satz 4, 101 Abs. 4 sowie 105 Abs. 2 enthalten.   11

§ 94 Einwilligung im elektronischen Verfahren

Die Einwilligung kann auch elektronisch erklärt werden, wenn der Diensteanbieter sicherstellt, dass

1. der Teilnehmer oder Nutzer seine Einwilligung bewusst und eindeutig erteilt hat,
2. die Einwilligung protokolliert wird,

---

20 „Öffentlich zugängliche Telekommunikationsdienste" sind laut der nichtssagenden Definition in § 3 Nr. 17a TKG „der Öffentlichkeit zur Verfügung stehende Telekommunikationsdienste". In der Praxis werden Dienste dann als öffentlich angesehen, wenn der Teilnehmerkreis unbestimmt ist, was im Ergebnis jedes Angebot erfasst, dessen Kundenkreis nicht vorbestimmt ist. S. zum Ganzen näher Heun/*Heun*, Teil A Rz. 53.
21 *Pokutnev/Schmid*, CR 2012, 360 (364). Enger allerdings *Eckhardt/Schmitz*, CR 2011, 436 (441), die nur Anbieter öffentlich zugänglicher Telekommunikationsdienste als verpflichtet ansehen.

3. der Teilnehmer oder Nutzer den Inhalt der Einwilligung jederzeit abrufen kann und
4. der Teilnehmer oder Nutzer die Einwilligung jederzeit mit Wirkung für die Zukunft widerrufen kann.

I. Einführung 1
II. Kommentierung 2
III. Verhältnis zur DSGVO 4

Schrifttum: *Nebel/Richter*, Datenschutz bei Internetdiensten nach der DS-GVO – Vergleich der deutschen Rechtslage mit dem Kommissionsentwurf, ZD 2012, 407.

I. Einführung

1 Die Vorschrift regelt die **elektronische Einwilligung** in die Verarbeitung geschützter Daten. Vorläuferbestimmungen[1] fanden sich in § 4 TDSV[2] sowie § 4 Abs. 2 und 3 TDDSG[3].

II. Kommentierung

2 Die **Vorschrift** ist im Wortlaut bis auf das Wort „auch" **identisch mit § 13 Abs. 2 TMG**. Es ergeben sich für die Einholung der elektronischen Einwilligungserklärung damit keine inhaltlichen Besonderheiten gegenüber jener Norm, so dass auf die Kommentierung dazu verwiesen werden kann. Es fehlt allerdings die Hinweispflicht auf das Widerrufsrecht, wie sie in § 13 Abs. 3 TMG enthalten ist, woraus gefolgert werden kann, dass im Anwendungsbereich der Norm eine derartige Hinweispflicht nicht besteht[4]. Ergänzend gelten die allgemeinen datenschutzrechtlichen Anforderungen an die Einwilligung aus § 4a BDSG-alt.

3 Fraglich könnte allerdings sein, ob die Norm neben § 13 Abs. 2 TMG überhaupt einen eigenen **Anwendungsbereich** haben kann. Es ist nicht recht zu sehen, wie eine elektronische Einwilligung eingeholt werden soll, ohne dabei einen Telemediendienst anzubieten[5]. Immerhin eliminiert die Regelung allfällige Zweifel daran, ob bezüglich der Verarbeitung von Telekommunikationsdaten eine elek-

---

1 Ausführlich zur Entstehungsgeschichte und Vorläufernormen BeckTKGKomm/*Büttgen*, § 94 TKG Rz. 1–3.
2 Telekommunikations-Datenschutzverordung – TDSV v. 18.12.2000 (BGBl. I, S. 1740).
3 Gesetz über den Datenschutz bei Telediensten v. 22.7.1997 (BGBl. I, S. 1870, 1871 f.).
4 So Heun/*Eckardt*, Teil L Rz. 186.
5 Arndt/Fetzer/Scherer/Graulich/*Lutz*, § 94 TKG Rz. 9 schlägt insoweit den Versand der Einwilligungserklärung auf physischem Datenträger (CD-ROM, USB-Stick) vor. Dann kann man allerdings auch gleich eine schriftliche Einwilligungserklärung schicken.

tronische Einwilligung in Betracht kommt. Eine Ausnahme von § 94 enthält § 98 Abs. 1 Satz 4 für bestimmte Standortdaten. Dort muss die Einwilligung „ausdrücklich, gesondert und schriftlich" erteilt werden. Näheres dazu bei der Kommentierung zu § 98 TKG Rz. 9.

III. Verhältnis zur DSGVO

Mit Beginn der Anwendbarkeit der DSGVO wird die Vorschrift des § 94 durch die dortigen Regelungen zur Einwilligung in Art. 7 DSGVO verdrängt, da sie nicht auf der ePrivacy-RL (Richtlinie 2002/58/EG) beruht und folglich nicht von der Vorrangregelung des Art. 95 DSGVO erfasst wird[6]. 4

§ 95 Vertragsverhältnisse

(1) Der Diensteanbieter darf Bestandsdaten erheben und verwenden, soweit dieses zur Erreichung des in § 3 Nr. 3 genannten Zweckes erforderlich ist. Im Rahmen eines Vertragsverhältnisses mit einem anderen Diensteanbieter darf der Diensteanbieter Bestandsdaten seiner Teilnehmer und der Teilnehmer des anderen Diensteanbieters erheben und verwenden, soweit dies zur Erfüllung des Vertrages zwischen den Diensteanbietern erforderlich ist. Eine Übermittlung der Bestandsdaten an Dritte erfolgt, soweit nicht dieser Teil oder ein anderes Gesetz sie zulässt, nur mit Einwilligung des Teilnehmers.

(2) Der Diensteanbieter darf die Bestandsdaten der in Absatz 1 Satz 2 genannten Teilnehmer zur Beratung der Teilnehmer, zur Werbung für eigene Angebote, zur Marktforschung und zur Unterrichtung über einen individuellen Gesprächswunsch eines anderen Nutzers nur verwenden, soweit dies für diese Zwecke erforderlich ist und der Teilnehmer eingewilligt hat. Ein Diensteanbieter, der im Rahmen einer bestehenden Kundenbeziehung rechtmäßig Kenntnis von der Rufnummer oder der Postadresse, auch der elektronischen, eines Teilnehmers erhalten hat, darf diese für die Versendung von Text- oder Bildmitteilungen an ein Telefon oder an eine Postadresse zu den in Satz 1 genannten Zwecken verwenden, es sei denn, dass der Teilnehmer einer solchen Verwendung widersprochen hat. Die Verwendung der Rufnummer oder Adresse nach Satz 2 ist nur zulässig, wenn der Teilnehmer bei der Erhebung oder der erstmaligen Speicherung der Rufnummer oder Adresse und bei jeder Versendung einer Nachricht an diese Rufnummer oder Adresse zu einem der in Satz 1 genannten Zwecke deutlich sichtbar und gut lesbar darauf hingewiesen wird, dass er der Versendung weiterer Nachrichten jederzeit schriftlich oder elektronisch widersprechen kann.

---

6 So auch *Nebel/Richter*, ZD 2012, 407 (408).

(3) Endet das Vertragsverhältnis, sind die Bestandsdaten vom Diensteanbieter mit Ablauf des auf die Beendigung folgenden Kalenderjahres zu löschen. § 35 Abs. 3 des Bundesdatenschutzgesetzes gilt entsprechend.

(4) Der Diensteanbieter kann im Zusammenhang mit dem Begründen und dem Ändern des Vertragsverhältnisses sowie dem Erbringen von Telekommunikationsdiensten die Vorlage eines amtlichen Ausweises verlangen, wenn dies zur Überprüfung der Angaben des Teilnehmers erforderlich ist. Die Pflicht nach § 111 Absatz 1 Satz 3 bleibt unberührt. Er kann von dem Ausweis eine Kopie erstellen. Die Kopie ist vom Diensteanbieter unverzüglich nach Feststellung der für den Vertragsabschluss erforderlichen Angaben des Teilnehmers zu vernichten. Andere als die nach Absatz 1 zulässigen Daten darf der Diensteanbieter dabei nicht verwenden.

(5) Die Erbringung von Telekommunikationsdiensten darf nicht von einer Einwilligung des Teilnehmers in eine Verwendung seiner Daten für andere Zwecke abhängig gemacht werden, wenn dem Teilnehmer ein anderer Zugang zu diesen Telekommunikationsdiensten ohne die Einwilligung nicht oder in nicht zumutbarer Weise möglich ist. Eine unter solchen Umständen erteilte Einwilligung ist unwirksam.

I. Einführung	1	4. Recht zur Ausweiskontrolle (Abs. 4)	12
II. Anwendungsbereich	2	5. Koppelungsverbot (Abs. 5)	14
1. Grundregeln zum Umgang mit Bestandsdaten (Abs. 1)	2	6. Einschränkung für juristische Personen und Personengesellschaften	15
2. Umgang mit Bestandsdaten für Werbung usw. (Abs. 2)	5	III. Rechtsfolgen/Sanktionen	16
3. Löschungspflicht und -frist nach Ende der Kundenbeziehung (Abs. 3)	11	IV. Verweise/Kontext	17

Schrifttum: *Eckhardt*, Datenschutzrichtlinie für elektronische Kommunikation – Auswirkungen auf Werbung mittels elektronischer Post, MMR 2003, 557; *Kessel/Jüttner*, Pflicht zur Erhebung wahrer Kundendaten bei Prepaid-Produkten?, K&R 2008, 413; *Nebel/Richter*, Datenschutz bei Internetdiensten nach der DS-GVO – Vergleich der deutschen Rechtslage mit dem Kommissionsentwurf, ZD 2012, 407; *Ohlenburg*, Der neue Telekommunikationsdatenschutz – Eine Darstellung von Teil 7 Abschnitt 2 TKG, MMR 2004, 431; *Ufer*, Die Verifikation von Kundendaten über den neuen § 111 TKG – Was Prepaid-Mobilfunknutzer mit der Bekämpfung des internationalen Terrorismus zu tun haben, MMR 2017, 83.

I. Einführung

1   Die Vorschrift regelt den Umgang der Diensteanbieter mit **Bestandsdaten** der Teilnehmer (zu den Begrifflichkeiten „Diensteanbieter" und „Teilnehmer" s. Kommentierung zu § 91 TKG Rz. 4 und 7 f.). Ihr Abs. 2 setzt dabei Art. 13 der

ePrivacy-RL[1] um. Die übrigen Absätze der Vorschrift haben demgegenüber keine unionsrechtliche Grundlage, so dass sie grundsätzlich ab Beginn der Anwendbarkeit der DSGVO von dieser verdrängt werden dürften[2].

II. Anwendungsbereich

1. Grundregeln zum Umgang mit Bestandsdaten (Abs. 1)

§ 95 Abs. 1 enthält die **Grundregeln für den Umgang mit Bestandsdaten**. Dies sind Daten von Teilnehmern, die für die Begründung, inhaltliche Ausgestaltung, Änderung oder Beendigung von Vertragsverhältnissen über Telekommunikationsdienste erhoben werden (§ 3 Nr. 3). Solche Daten dürfen laut § 95 Abs. 1 Satz 1 für die in § 3 Nr. 3 genannten Zwecke erhoben und verarbeitet werden. Es ist unschwer erkennbar, dass die Begriffsbestimmung in § 3 Nr. 3 einerseits und die Regelung des § 95 Abs. 1 Satz 1 andererseits zirkulär sind. Angesichts der Unbestimmtheit von Geschäfts- und Vertriebsmodellen sowie Diensteangeboten ist allerdings eine abschließende Festlegung, welche Daten für die Vertragsbegründung und -abwicklung erforderlich sein könnten, schwerlich möglich[3]. Oft werden zu den Bestandsdaten die nach § 111 Abs. 1 zu erhebenden Angaben[4] gehören, wobei allerdings bei Prepaid-Geschäftsmodellen selbst diese Angaben für den Diensteanbieter nur von geringem Interesse sind. Weiter gehören bei allen entgeltlichen Diensten Angaben zur Rechnungsstellung und Zahlungsabwicklung zu den Bestandsdaten. Zusammenfassend sind zu den erlaubterweise erhobenen und verwendeten Bestandsdaten alle Angaben zu rechnen, die nach dem jeweils erbrachten Dienst und einschlägigen Geschäftsmodell **für die Begründung und Durchführung des Vertragsverhältnisses förderlich** sind[5]. Keine Bestandsdaten sind jedoch dynamisch (d.h. für den einzelnen Kommunikationsvorgang) vergebene IP-Nummern, weil zu deren Ermittlung auf dem Fernmeldegeheimnis unterliegende Verkehrsdaten zugegriffen werden muss[6].

2

---

1 Richtlinie 2002/58/EG des Europäischen Parlaments und des Rates v. 12.7.2002 über die Verarbeitung personenbezogener Daten und den Schutz der Privatsphäre in der elektronischen Kommunikation (Datenschutzrichtlinie für elektronische Kommunikation), ABl. Nr. L 201, S. 37, zuletzt geändert durch Art. 2 ÄndRL 2009/136/EG v. 25.11.2009, ABl. Nr. L 337, S. 11.
2 So auch *Nebel/Richter*, ZD 2012, 407 (408).
3 So auch Heun/*Eckhardt*, Teil L Rz. 199.
4 Dies sind: 1. die Rufnummern und anderen Anschlusskennungen, 2. Namen und Anschrift des Anschlussinhabers, 3. bei natürlichen Personen deren Geburtsdatum, 4. bei Festnetzanschlüssen auch die Anschrift des Anschlusses, 5. [falls] auch ein Mobilfunkendgerät überlassen wird, die Gerätenummer dieses Gerätes sowie 6. das Datum des Vertragsbeginns.
5 Spindler/Schuster/*Eckhardt*, § 95 TKG Rz. 3.
6 Säcker/*Klesczewski*, § 95 TKG Rz. 3 und § 113 TKG Rz. 6 m.w.N. auch zu gegenteiligen Auffassungen, die durch die Entscheidungen des BVerfG v. 24.1.2012 – 1 BvR 1299/05,

3 § 95 Abs. 1 Satz 2 erlaubt mehreren Diensteanbietern den **Austausch von Bestandsdaten** ihrer Teilnehmer, soweit dies zur Vertragsabwicklung zwischen den Diensteanbietern erforderlich ist. Hier geht es vor allem um offene (d.h. ohne vorherigen Vertragsschluss erbrachte) call-by-call-Dienste, die normalerweise durch den Teilnehmernetzbetreiber in Rechnung gestellt werden, also den Diensteanbieter, bei dem der Teilnehmer seinen Anschluss hat. Der Teilnehmer ist bei solchen Gestaltungen Kunde, also Teilnehmer, beider Dienstanbieter. Für den Austausch von Abrechnungsdaten zwischen Diensteanbietern enthalten § 97 Abs. 1 Satz 2 und Abs. 5 flankierende Regelungen[7]. Bei der Aussage von § 95 Abs. 1 Satz 3 zur Übermittlung von Bestandsdaten ist nicht ganz klar, ob die Vorschrift nur das allgemeine datenschutzrechtliche **Verbot mit Erlaubnisvorbehalt** wiederholt[8], oder aber klarstellt, dass hier ein Vorbehalt des formellen Gesetzes gilt und also z.B. Rechtsverordnungen nicht als Erlaubnistatbestände in Betracht kommen[9].

4 Die Regeln des § 95 Abs. 1 haben keine unionsrechtliche Grundlage und werden damit ab 25.5.2018 **von der DSGVO verdrängt**. Auf Grundlage von Art. 6 Abs. 1 Buchst. b und/oder Buchst. f DSGVO dürfte sich in der Sache aber am Umgang der TK-Unternehmen mit Bestandsdaten wenig bis nichts ändern.

2. Umgang mit Bestandsdaten für Werbung usw. (Abs. 2)

5 § 95 Abs. 2 regelt den Umgang mit Bestandsdaten zur **Werbung für eigene Angebote, Beratung, Marktforschung und das Mitteilen von Gesprächswünschen** anderer Nutzer. Die Regelung soll mit ihren Sätzen 2 und 3 Art. 13 Abs. 2 der ePrivacy-RL umsetzen[10]. Insoweit steht die Vorschrift neben § 7 Abs. 2 und 3 UWG sowie § 28 Abs. 3–4 BDSG-alt bzw. zukünftig Art. 21 DSGVO. Es ist allerdings anzuzweifeln, ob es sinnvoll oder gar geboten ist, für den Telekommunikationssektor Sonderregeln zu dieser Thematik vorzusehen. Strenger als diese allgemeinen Regelungen ist § 95 Abs. 2 bspw. im Hinblick auf Postwerbung, für die nach § 7 Abs. 2 und 3 UWG keine Restriktionen gelten.

6 Satz 1 von § 95 Abs. 2 enthält die Grundregel, wonach die Verwendung von Bestandsdaten für die genannten Zwecke nur mit Einwilligung der Teilnehmer gestattet ist (sog. **Opt-in**). Für Mitteilungen anderer Art, etwa nach dem TKG vor-

---

MMR 2012, 410 = CR 2012, 245 sowie des BGH v. 19.4.2012 – I ZB 80/11, MDR 2012, 1112 = ITRB 2012, 197 = NJW 2012, 2958 = CR 2012, 600, überholt sein dürften.
7 S. zum Ganzen Auernhammer/*Heun*, § 95 TKG Rz. 5 m.w.N.
8 So Spindler/Schuster/*Eckhardt*, § 95 TKG Rz. 6.
9 So BeckTKGKomm/*Büttgen*, § 95 TKG Rz. 11; Auernhammer/*Heun*, § 95 TKG Rz. 7; Säcker/*Klesczewski*, § 95 TKG Rz. 6; Taeger/Gabel/*Munz*, § 95 TKG Rz. 10.
10 BT-Drucks. 15/2679, S. 17.

gesehene Kundeninformationen, gilt die Regelung nicht[11]. Mit dem Einwilligungserfordernis ist der Rückgriff auf andere Erlaubnisnormen (namentlich § 28 Abs. 3–4 BDSG-alt) abgeschnitten[12].

§ 95 Abs. 2 Sätze 2 und 3 regeln eine Ausnahme zu Satz 1, wonach die Verwendung von Bestandsdaten für Zwecke der Werbung usw. ohne Einwilligung des Teilnehmers erlaubt ist (sog. **Opt-out**). Erlaubt ist hiernach die Versendung von Text- und Bildmitteilungen, nicht jedoch von Sprachnachrichten oder Anrufen[13], an die Rufnummer oder „Postadresse" des Kunden. Die Rufnummer ist in § 3 Nr. 18 definiert als „Nummer, durch deren Wahl im öffentlich zugänglichen Telefondienst eine Verbindung zu einem bestimmten Ziel aufgebaut werden kann". Postadresse meint die Postanschrift sowie auch die Adresse für elektronische Post. Die Kenntnis von Telefonnummer und Postadresse muss der Diensteanbieter rechtmäßig erlangt haben, d.h. in datenschutzrechtlich zulässiger Weise. In aller Regel verfügen Diensteanbieter über diese Kenntnisse rechtmäßigerweise nach § 95 Abs. 1, zumal sie in den meisten Fällen nach § 111 Abs. 1 zur Erhebung dieser Daten verpflichtet sind. 7

Fraglich ist in der Auslegung von § 95 Abs. 2 Satz 2 und 3, ob für die Verwendung der Daten eine **Kundenbeziehung** überhaupt zustande gekommen sein muss und ob sie noch andauern muss. Dabei legt das Wort „bestehenden" im Normtext eine enge Auslegung nahe, wonach die Kundenbeziehung zum Zeitpunkt der Sendung von Nachrichten mit Werbung usw. noch bestehen muss[14], was einen vorherigen Vertragsschluss voraussetzt. Wenn man jedoch annimmt, dass die Richtlinie eine Vollharmonisierung anstrebt[15], dann könnte bereits die Erlangung von Anschrift und Rufnummer bei der Anbahnung einer letztlich (noch) nicht zustande gekommenen Geschäftsbeziehung ausreichen[16]. Jedoch spricht die Richtlinie auch von „Kunden", was auch so verstanden werden kann, dass eine aktive Kundenbeziehung zumindest in der Vergangenheit bestanden haben muss. 8

Zulässig sind Sendungen nach § 95 Abs. 2 Satz 3 jedoch nur, wenn der Teilnehmer bei der Datenerhebung sowie bei jeder Sendung auf seine **Widerspruchsmöglichkeit** hingewiesen wird. Der Hinweis muss „deutlich sichtbar und gut lesbar" erfolgen und die Aussage enthalten, dass der Teilnehmer jederzeit schriftlich oder elektronisch der Zusendung weiterer Nachrichten widersprechen kann. *Eckhardt* will aus dem Wortlaut folgern, dass es genügen soll, auf eine der zwei Widerspruchsmöglichkeiten (schriftlich oder elektronisch) hinzu- 9

---

11 Spindler/Schuster/*Eckhardt*, § 95 TKG Rz. 10.
12 Spindler/Schuster/*Eckhardt*, § 95 TKG Rz. 11.
13 Heun/*Eckhardt*, Teil L Rz. 281.
14 So BeckTKGKomm/*Büttgen*, § 95 TKG Rz. 22; Scheurle/Mayen/*Kannenberg*, § 95 TKG Rz. 33.
15 *Eckhardt*, MMR 2003, 557 (560).
16 So Heun/*Eckhardt*, Teil L Rz. 286.

weisen[17]. Das erscheint als gewagt. Zuzustimmen ist ihm aber darin, dass auch ein Widerspruch des Empfängers in anderer Form, z.B. fernmündlich, zu beachten ist[18], und zwar in der Praxis schon deshalb, weil § 7 UWG für den Widerspruch keine Formerfordernisse aufstellt. Der Wortlaut von § 95 Abs. 2 Satz 3 wird von manchen[19] als Formerfordernis für den Widerspruch verstanden, doch bezieht sich die Formulierung auf den Inhalt des Hinweises, nicht auf die eigentliche Form des Widerspruchs. Der Hinweis sollte auch angeben, an welche Anschrift Widersprüche zu richten sind, denn sonst wäre er für den Teilnehmer wenig hilfreich. Aufgrund der Limitierung von SMS auf 160 Zeichen entsteht weiter das Problem, wie man die eigentliche Nachricht und den Hinweis sinnvoll in einer Sendung unterbringen kann[20]. Der Normgeber hatte indessen wohl nicht die Absicht, den Versand von SMS nach § 95 Abs. 2 Satz 2 generell zu unterbinden. Daher muss es zulässig sein, den Hinweis zum Widerspruch in einer weiteren SMS unterzubringen, die der Nachricht mit Werbung, Marktforschung etc. unmittelbar folgt.

10 **§ 95 Abs. 2 verdrängt die Regeln des allgemeinen Datenschutzrechts** für die Verwendung von Kundendaten für Zwecke der Werbung, Marktforschung usw. Anwendbar bleiben jedoch die lauterkeitsrechtlichen Bestimmungen des § 7 UWG[21]. Da die Vorschrift auf Art. 13 ePrivacy-RL beruht, gilt sie auch nach Geltungsbeginn der DSGVO weiter (s. Art. 95 DSGVO).

3. Löschungspflicht und -frist nach Ende der Kundenbeziehung (Abs. 3)

11 § 95 Abs. 3 enthält eine eigene **Löschungsfrist** für Bestandsdaten. Sie hat keine Grundlage in der ePrivacy-RL, so dass sie ab Geltungsbeginn der DSGVO von den dortigen Vorgaben in Art. 17 zur Aufbewahrung bzw. Löschung von Kundendaten nach Vertragsende verdrängt wird (s. Kommentierung zu Art. 95 DSGVO). Gemäß § 95 Abs. 3 sind Bestandsdaten mit Ablauf des Jahres zu löschen, das auf die Beendigung der Kundenbeziehung folgt. D.h., unverzüglich nach dem 31.12.2017 waren beispielsweise die Bestandsdaten aller Kunden zu löschen, deren Kundenbeziehungen zwischen dem 1.1.2016 und dem 31.12.2016 beendet worden sind. § 95 Abs. 3 Satz 2 enthält allerdings einen Vorbehalt für § 35 Abs. 3 BDSG-alt, wonach wegen der längeren Aufbewahrungsfristen nach dem Abgaben- und Steuerrecht in aller Regel zunächst für die Dauer dieser Auf-

---

[17] Heun/*Eckhardt*, Teil L Rz. 288 und Spindler/Schuster/*Eckhardt*, § 95 TKG Rz. 17.
[18] Heun/*Eckhardt*, Teil L Rz. 288.
[19] Etwa BeckTKGKomm/*Büttgen*, § 95 TKG Rz. 23.
[20] *Ohlenburg*, MMR 2004, 431 Fn. 36 bezweifelt deshalb die generelle Einsetzbarkeit von SMS für solche Nachrichten.
[21] Heun/*Eckhardt*, Teil L Rz. 289.

bewahrungsfristen eine Sperrung der Bestandsdaten statt einer Löschung zu erfolgen hat. Immerhin sind die gesperrten Daten dann allen weiteren Zugriffsmöglichkeiten entzogen, so etwa auch Auskunftsersuchen an Sicherheitsbehörden nach §§ 112, 113[22]. § 111 Abs. 5, der die Vorhaltung von Daten für solche Auskünfte betrifft, sorgt insoweit für einen Gleichlauf der Speicherfristen.

4. Recht zur Ausweiskontrolle (Abs. 4)

Telekommunikationsunternehmen treten gegenüber ihren Kunden häufig in Vorleistung und haben deshalb ein Interesse, die **Identität der Kunden** zu verifizieren. Dies ist auch für die Durchführung von Bonitätsprüfungen wichtig[23]. Deshalb gestattet § 95 Abs. 4 den Diensteanbietern, sich zur Identitätsprüfung amtliche Ausweise vorlegen zu lassen. Dies sind Personalausweise und Reisepässe. Von solchen Dokumenten dürfen auch Kopien erstellt werden, die dann unverzüglich, also ohne schuldhaftes Zögern i.S.v. § 121 BGB[24], nach Abschluss der Identitätsprüfung zu vernichten sind. Nach Satz 5 dürfen aus Ausweisdokumenten jedoch nur die nach Abs. 1 zulässigen Daten erhoben werden, d.h. nicht etwa die Körpergröße oder Augenfarbe, die beide für einen Vertragsschluss über Telekommunikationsdienstleistungen irrelevant sind[25]. Die Regelung des § 95 Abs. 4 hat keine unionsrechtliche Grundlage, so dass ab 25.5.2018 grundsätzlich die allgemeinen datenschutzrechtlichen Regeln für diesen Komplex gelten. 12

Von weit geringerem Interesse ist die Identität des Teilnehmers bei **Prepaid-Produkten**, die vor allem im Mobilfunkbereich gängig sind. Deshalb waren in der Praxis bei diesen Angeboten die Bemühungen der Diensteanbieter um eine Identitätsfeststellung auch zuweilen eher nachlässig[26], zumal es offenbar Nachfrage nach anonymen bzw. unter Pseudonym nutzbaren Angeboten gibt. Aus Sicht des Datenschutzes kann man sich fragen, ob eine Ausweiskontrolle bei Prepaid-Produkten überhaupt zulässig wäre. Denn wenn der Diensteanbieter kein Vorleistungsrisiko eingeht, dann ist für ihn die Identität des Kunden letztlich uninteressant und deren Überprüfung mithin für die Vertragsbegründung und -abwicklung nicht erforderlich[27]. Die deshalb oft eher gering ausgeprägten 13

---

22 Nach diesen Vorschriften können Sicherheitsbehörden Auskunft zu Bestandsdaten von Teilnehmern erhalten.
23 BeckTKGKomm/*Büttgen*, § 95 TKG Rz. 28.
24 BeckTKGKomm/*Büttgen*, § 95 TKG Rz. 30.
25 S. nur Spindler/Schuster/*Eckhardt*, § 95 TKG Rz. 24 und BeckTKGKomm/*Büttgen*, § 95 TKG Rz. 32.
26 Dem Verfasser sind aus eigener Anschauung diverse Beispielsfälle bekannt, in denen Kunden offensichtlich unzutreffende Personalien (etwa: Donald Duck aus Entenhausen) angegeben hatten, die sodann von Diensteanbietern gespeichert wurden.
27 Auf gleicher Linie BVerwG v. 22.10.2003 – 6 C 23/02, BVerwGE 119, 123 = CR 2004, 103.

Bemühungen zur Identitätsfeststellung bei Prepaid-Produkten haben zu Konflikten zwischen der BNetzA und diversen Mobilfunkanbietern geführt, da die BNetzA aus § 111 eine Pflicht der Anbieter zur Identitätsfeststellung ableitet[28], dabei die Ausweiskontrolle als das am besten geeignete Mittel erachtet[29] und auch mit Bußgeldverfahren gegen Diensteanbieter vorgegangen ist, wenn sie bei diesen unzutreffende Kundendaten festgestellt hat. Unter dem TKG 1996 war der Versuch der Behörde, über eine Allgemeinverfügung eine Pflicht zur Ausweiskontrolle festzulegen, noch vom Bundesverwaltungsgericht gestoppt worden[30]. Seitens der Sicherheitsbehörden wird aber offenbar die Identitätsfeststellung für so wichtig erachtet, dass mit Gesetz v. 26.7.2016 in § 111 TKG eine ausdrückliche Pflicht zur Identitätsfeststellung bei Prepaid-Diensten eingeführt worden ist[31]. Aus Sicht der DSGVO dürfte dagegen wenig einzuwenden sein; es handelt sich um eine Datenerhebung, die den Telekommunikationsunternehmen gemäß Art. 6 Abs. 1 Buchst. c, Abs. 3 DSGVO auferlegt ist.

5. Koppelungsverbot (Abs. 5)

14 § 95 Abs. 5 enthält ein **eingeschränktes Koppelungsverbot**, wonach der Vertragsschluss über Telekommunikationsdienste unter bestimmten Voraussetzungen nicht von der Einwilligung in die Verwendung von Bestandsdaten über die in § 95 Abs. 1 genannten Zwecke hinaus abhängig gemacht werden darf. Dies gilt dann, wenn die fraglichen Telekommunikationsdienste nicht in zumutbarer Weise ohne eine solche Einwilligung verfügbar sind. Die Vorschrift wurde mit dem Gesetz vom 14.8.2009[32] geändert, um klarzustellen, dass es für die Alternativen auf den Gesamtmarkt ankommt. Wenn also auf dem Gesamtmarkt kein zumutbares Angebot des fraglichen Dienstes ohne Einwilligung gibt, dann ist das Einwilligungsverlangen des Anbieters unzulässig und eine gleichwohl erteilte Einwilligung nach § 95 Abs. 5 Satz 2 unwirksam, was bedeutet, dass einzelne Diensteanbieter ihre Kunden auch auf Angebote ihrer Konkurrenz verweisen können, solange es solche gibt[33]. Die Vorschrift geht § 28 Abs. 3b BDSG-alt als Lex Specialis vor[34], wird aber nach Geltungsbeginn der DSGVO von deren Art. 7 Abs. 4 verdrängt.

---

28 S. dazu kritisch *Kessel/Jüttner*, K&R 2008, 413.
29 Mitteilung 152/2008, ABl. BNetzA 2008, S. 238.
30 BVerwG v. 22.10.2003 – 6 C 23/02, BVerwGE 119, 123 = CR 2004, 103.
31 S. dazu *Ufer*, MMR 2017, 83.
32 Gesetz zur Änderung datenschutzrechtlicher Vorschriften, BGBl. I 2009, S. 2814.
33 Spindler/Schuster/*Eckhardt*, § 95 TKG Rz. 26 ff., der dies mit beachtlichen Gründen für rechtspolitisch fragwürdig hält.
34 Auernhammer/*Heun*, § 95 TKG Rz. 21.

6. Einschränkung für juristische Personen und Personengesellschaften

Zu beachten ist, dass bei Teilnehmern, die keine natürlichen Personen sind, der bereichsspezifische Telekommunikationsdatenschutz nur für dem Fernmeldegeheimnis unterliegende Sachverhalte gilt (s. Kommentierung zu § 91 TKG Rz. 8). Bestandsdaten unterliegen in aller Regel nicht dem Fernmeldegeheimnis, so dass die Vorschrift insoweit nur für Teilnehmer gilt, die natürliche Personen sind (s. Kommentierung zu § 91 TKG Rz. 8).

III. Rechtsfolgen/Sanktionen

Die Missachtung der Regelungen des § 95 Abs. 2 ist gemäß § 149 Abs. 1 Nr. 16 i.V.m. § 149 Abs. 2 mit Bußgeld bis zu 300.000 Euro bedroht.

IV. Verweise/Kontext

Die Anforderungen von § 7 UWG gelten bei Werbemaßnahmen ergänzend zu § 95 Abs. 2. § 96 Abs. 3 und 4 erlauben mit Einwilligung auch die Verwendung von Verkehrsdaten für Werbezwecke. Die Verwendung von Bestandsdaten für Teilnehmerverzeichnisse und Auskunftsdienste wird durch §§ 104 und 105 geregelt. Auskünfte zu Bestandsdaten für die Strafverfolgung und geheimdienstliche Zwecke sind nach §§ 111 ff. zusammen mit einschlägigen Befugnisnormen in der StPO bzw. den Rechtsgrundlagen nachrichtendienstlicher Tätigkeit vorgesehen.

§ 96 Verkehrsdaten

(1) Der Diensteanbieter darf folgende Verkehrsdaten erheben, soweit dies für die in diesem Abschnitt genannten Zwecke erforderlich ist:
1. die Nummer oder Kennung der beteiligten Anschlüsse oder der Endeinrichtung, personenbezogene Berechtigungskennungen, bei Verwendung von Kundenkarten auch die Kartennummer, bei mobilen Anschlüssen auch die Standortdaten,
2. den Beginn und das Ende der jeweiligen Verbindung nach Datum und Uhrzeit und, soweit die Entgelte davon abhängen, die übermittelten Datenmengen,
3. den vom Nutzer in Anspruch genommenen Telekommunikationsdienst,
4. die Endpunkte von festgeschalteten Verbindungen, ihren Beginn und ihr Ende nach Datum und Uhrzeit und, soweit die Entgelte davon abhängen, die übermittelten Datenmengen,

5. sonstige zum Aufbau und zur Aufrechterhaltung der Telekommunikation sowie zur Entgeltabrechnung notwendige Verkehrsdaten.
Diese Verkehrsdaten dürfen nur verwendet werden, soweit dies für die in Satz 1 genannten oder durch andere gesetzliche Vorschriften begründeten Zwecke oder zum Aufbau weiterer Verbindungen erforderlich ist. Im Übrigen sind Verkehrsdaten vom Diensteanbieter nach Beendigung der Verbindung unverzüglich zu löschen.

(2) Eine über Absatz 1 hinausgehende Erhebung oder Verwendung der Verkehrsdaten ist unzulässig.

(3) Der Diensteanbieter darf teilnehmerbezogene Verkehrsdaten, die vom Anbieter eines öffentlich zugänglichen Telekommunikationsdienstes verwendet werden, zum Zwecke der Vermarktung von Telekommunikationsdiensten, zur bedarfsgerechten Gestaltung von Telekommunikationsdiensten oder zur Bereitstellung von Diensten mit Zusatznutzen im dazu erforderlichen Maß und im dazu erforderlichen Zeitraum nur verwenden, sofern der Betroffene in diese Verwendung eingewilligt hat. Die Daten der Angerufenen sind unverzüglich zu anonymisieren. Eine zielnummernbezogene Verwendung der Verkehrsdaten durch den Diensteanbieter zu den in Satz 1 genannten Zwecken ist nur mit Einwilligung der Angerufenen zulässig. Hierbei sind die Daten der Anrufenden unverzüglich zu anonymisieren.

(4) Bei der Einholung der Einwilligung ist dem Teilnehmer mitzuteilen, welche Datenarten für die in Absatz 3 Satz 1 genannten Zwecke verarbeitet werden sollen und wie lange sie gespeichert werden sollen. Außerdem ist der Teilnehmer darauf hinzuweisen, dass er die Einwilligung jederzeit widerrufen kann.

I. Einführung 1	4. Pflicht zur Löschung
II. Anwendungsbereich 2	(Abs. 1 Satz 3) 5
1. Begriff und Arten von Verkehrsdaten 2	5. Teilnehmer- und zielnummernbezogene Verkehrsdaten
2. Verpflichtete und geschützte Personen 3	(Abs. 3 und 4) 9
	III. Rechtsfolgen/Sanktionen 11
3. Beschränkung der Verwendungszwecke (Abs. 1 Satz 1 und 2, Abs. 2) 4	IV. Verweise/Kontext 12

Schrifttum: *Breyer*, (Un-)Zulässigkeit einer anlasslosen, siebentägigen Vorratsdatenspeicherung – Grenzen des Rechts auf Anonymität, MMR 2011, 573; *Gola/Klug/Reif*, Datenschutz- und presserechtliche Bewertung der Vorratsdatenspeicherung, NJW 2007, 2599; *Ladeur*, Der Auskunftsanspruch aus § 101 UrhG und seine Durchsetzung – Zivilrechtsanwendung ohne Methode und jenseits der Drittwirkung der Grundrechte, NJOZ 2010, 1606; *Ohlenburg*, Der neue Telekommunikationsdatenschutz – Eine Darstellung von Teil 7 Abschnitt 2 TKG, MMR 2004, 431.

I. Einführung

Die Vorschrift enthält **Grundregeln** für den Umgang der Diensteanbieter mit Verkehrsdaten. Sie setzt Art. 6 der ePrivacy-RL[1] um. Ergänzt wird die Vorschrift durch weitere Normen in den §§ 97–101, die jeweils Sonderregeln für bestimmte Verwendungszwecke enthalten.

II. Anwendungsbereich

1. Begriff und Arten von Verkehrsdaten

§ 3 Nr. 30 definiert Verkehrsdaten als „**Daten, die bei der Erbringung eines Telekommunikationsdienstes erhoben, verarbeitet oder genutzt werden**". Sprachlich, aber wohl nicht inhaltlich abweichend definiert die ePrivacy-RL in Art. 2b Verkehrsdaten als „**Daten, die zum Zwecke der Weiterleitung einer Nachricht an ein elektronisches Kommunikationsnetz oder zum Zwecke der Fakturierung dieses Vorgangs verarbeitet werden**". § 96 Abs. 1 enthält eine Aufzählung von Verkehrsdaten, die für die Zwecke des Teil 7, Abschnitt 2 TKG erhoben und verwendet werden dürfen. Die Aufzählung ist nicht abschließend (vgl. § 96 Abs. 1 Nr. 5), kann dies aber angesichts der nicht abzusehenden technischen Entwicklung von Telekommunikationsdiensten und -netzen auch nicht sein. § 96 Abs. 1 Nr. 5 schafft deshalb die nötige Flexibilität[2], um etwa bei neuartigen Diensten dort erforderliche Verkehrsdaten zu erheben und zu speichern. Verkehrsdaten enthalten Informationen zu konkreten Telekommunikationsvorgängen und unterliegen daher dem **Fernmeldegeheimnis** (s. dazu näher Kommentierung zu § 88 TKG Rz. 5).

2. Verpflichtete und geschützte Personen

Die Vorschrift verpflichtet **Diensteanbieter**, also nach § 3 Nr. 6 jeden, der geschäftsmäßig Telekommunikationsdienste erbringt oder daran mitwirkt (s. dazu näher Kommentierung zu § 91 TKG Rz. 4f.). Zu diesen Mitwirkenden gehören insbesondere auch die Netzbetreiber, die Netze für (andere) Diensteanbieter betreiben und insoweit Vorleistungen für diese erbringen. Das deutsche Recht zieht hier zulässigerweise (s. Kommentierung zu Art. 95 DSGVO Rz. 7) den Kreis der Verpflichteten weiter, als es die ePrivacy-RL tut, die sich regelmäßig auf Be-

---

1 Richtlinie 2002/58/EG des Europäischen Parlaments und des Rates v. 12.7.2002 über die Verarbeitung personenbezogener Daten und den Schutz der Privatsphäre in der elektronischen Kommunikation (Datenschutzrichtlinie für elektronische Kommunikation), ABl. Nr. L 201, S. 37, zuletzt geändert durch Art. 2 ÄndRL 2009/136/EG v. 25.11.2009 (ABl. Nr. L 337, S. 11).
2 *Ohlenburg*, MMR 2004, 431 (433).

treiber öffentlich zugänglicher Kommunikationsdienste bzw. -netze beschränkt. Die Vorschrift schützt alle am Telekommunikationsverkehr Beteiligten, also in der Terminologie des TKG die **Teilnehmer** und die **Nutzer**. Da die Verkehrsdaten sich auf Sachverhalte beziehen, die dem Fernmeldegeheimnis unterliegen, werden auch Teilnehmer und Nutzer geschützt, die keine natürlichen Personen sind (s. dazu näher Kommentierung zu § 91 TKG Rz. 8).

3. Beschränkung der Verwendungszwecke (Abs. 1 Satz 1 und 2, Abs. 2)

4   Angesichts der Sensibilität der dem Fernmeldegeheimnis unterliegenden Verkehrsdaten ist der Umgang mit ihnen streng limitiert. Regelungstechnisch wird dabei nach den Phasen des Umgangs mit Daten unterschieden. Erhoben werden dürfen Verkehrsdaten gemäß der Einleitung von § 96 Abs. 1 Satz 1 nur zu den **in Abschnitt 2 von Teil 7 des Gesetzes genannten Zwecken**. Tatsächlich geschieht dies bei der Erbringung von Telekommunikationsdiensten, denn dabei entstehen die Verkehrsdaten, indem sie in den Telekommunikationsanlagen der beteiligten Diensteanbieter und Netzbetreiber erzeugt werden. § 96 Abs. 1 Satz 2 und Abs. 2 limitieren sodann die Verwendung der bei der Erbringung von Diensten generierten Verkehrsdaten, die hiernach nur für die Zwecke des Abschnitts Datenschutz, den Aufbau weiterer Verbindungen oder für **sonstige gesetzlich begründete Zwecke** benutzt werden dürfen. Hinsichtlich des Verweises auf solche sonstigen gesetzlich begründeten Zwecke ist die fehlende Konkretheit der Norm kritisch zu sehen[3]. Allerdings stellt die Vorschrift klar, dass ein Rückgriff auf allgemeine datenschutzrechtliche Erlaubnistatbestände nicht in Betracht kommt, um die Verwendung von Verkehrsdaten zu rechtfertigen. Und es gilt zumindest hinsichtlich staatlicher Zugriffe das sog. **kleine Zitiergebot** des § 88 Abs. 3 Satz 3 (dazu s. Kommentierung zu § 88 TKG Rz. 21), was der Gefahr einer schleichenden Ausweitung von Zugriffsnormen vorbeugen mag. Zu den gesetzlich vorgesehenen Zwecken gehört neben der Strafverfolgung und Gefahrenabwehr insbesondere die Auskunftserteilung nach § 101 Abs. 2, 9 UrhG (dazu näher Rz. 7 f.), wobei jene Vorschrift in ihrem Abs. 10 sogar das Zitiergebot des Art. 19 Abs. 1 Satz 2 GG erfüllt.

4. Pflicht zur Löschung (Abs. 1 Satz 3)

5   Wenn Verkehrsdaten nicht nach Ende der Verbindung erlaubterweise weiterverwendet werden, so sind sie nach § 96 Abs. 1 Satz 3[4] **unverzüglich nach Been-**

---

[3] So Gola/Klug/Reif, NJW 2007, 2599 (2601) und Breyer, MMR 2011, 573 (574), der die Norm aufgrund ihrer Unbestimmtheit für verfassungswidrig hält.
[4] Bis Februar 2010 war die Regelung des § 96 Abs. 1 Satz 3 in Abs. 2 enthalten; dies als Hinweis zum Verständnis älterer Urteile und Aufsätze.

digung der Verbindung zu löschen. Dies ist auch in Art. 6 Abs. 1 der ePrivacy-RL vorgesehen. „Unverzüglich" ist dabei i.S.d. § 121 BGB als ohne schuldhaftes Zögern verstehen. Wie schnell die Löschung im konkreten Falle erfolgen muss ist dabei von technischen und organisatorischen Gegebenheiten beim Diensteanbieter abhängig[5], so dass eine allgemeingültige Löschungsfrist nicht genannt werden kann. Für die sog. Rohdaten, also noch nicht für bestimmte Zwecke wie z.B. Rechnungsstellung bearbeitete Datensätze, erwarten die Aufsichtsbehörden eine Löschung binnen sieben Tagen[6]. Im Hinblick auf Art. 6 Abs. 1 der ePrivacy-RL ist der Löschungspflicht mit einer Anonymisierung der Verkehrsdaten genügt, da damit deren Personenbezug beseitigt wird[7]. Die harmlos klingende Pflicht zur unverzüglichen Löschung von Verkehrsdaten hat die Justiz in den letzten Jahren in erheblichem Ausmaß beschäftigt. Hierfür gab es zwei Auslöser. Zum einen verlangten Kunden von ihren Internet-Diensteanbietern die Löschung von Aufzeichnungen zur laufenden Zuweisung dynamisch vergebener IP-Nummern bei Flatrate-Tarifen unmittelbar nach Ende der Verbindung. Zum anderen gab es eine Reihe von Entscheidungen dazu, wie sich die Pflicht zur kurzfristigen Löschung dieser Informationen mit dem Auskunftsanspruch nach § 101 UrhG in Einklang bringen lässt.

In der genannten Auseinandersetzung zwischen Kunden und Diensteanbietern verlangen die Kunden unter Berufung auf § 96 Abs. 1 Satz 3 eine **„sofortige" Löschung** der Aufzeichnungen zu dynamisch zugeteilten IP-Nummern nach Beendigung der Verbindung. Die Rechtsprechung hat sich dazu inzwischen auf den Standpunkt gestellt, dass eine siebentägige Speicherung dieser Informationen nach § 100 Abs. 1 gerechtfertigt werden kann[8]. Jene Vorschrift erlaubt es Diensteanbietern, Bestands- und Verkehrsdaten von Teilnehmern und Nutzern soweit erforderlich zum Erkennen, Eingrenzen und Beseitigen von Störungen oder Fehlern an Telekommunikationsanlagen zu erheben und zu verwenden. Die Rechtsprechung hält dabei abstrakte Gefahren für die Funktionsfähigkeit des Telekommunikationsbetriebs prinzipiell für einen ausreichenden Anlass für die Aufbewahrung von IP-Nummern, soweit dies geeignet, erforderlich und im

6

---

5 Spindler/Schuster/*Eckhardt*, § 96 TKG Rz. 6.
6 S. den Leitfaden des BfDI und der BNetzA für eine datenschutzgerechte Speicherung von Verkehrsdaten, Stand 19.12.2012, Abschnitt A.II.6.
7 So auch Säcker/*Klesczewski*, § 96 TKG Rz. 12.
8 So BGH v. 13.1.2011 – III ZR 146/10, MDR 2011, 343 = ITRB 2011, 122 = CR 2011, 178 sowie als Vorinstanz OLG Frankfurt v. 16.6.2010 – 13 U 105/07, CR 2011, 96 und nachfolgend OLG Frankfurt v. 28.8.2013 – 13 U 105/07, CR 2013, 710 sowie die Revisionsentscheidung dazu BGH v. 3.7.2014 – III ZR 391/13, NJW 2015, 2500 = CR 2015, 444 = ZD 2014, 461 m. zustimmender Anmerkung *Eckhardt*. Auch auf dieser Linie bspw. AG Bonn v. 5.7.2007 – 9 C 177/07, CR 2007, 46. Anders jedoch LG Darmstadt v. 25.1.2006 – 25 S 118/05, CR 2006, 249, wonach die Löschung unmittelbar nach Ende der Verbindungen zu erfolgen hat.

engeren Sinne verhältnismäßig ist[9]. Wenn allerdings zutreffen sollte, dass mehrere große Internetzugangsanbieter ohne die beschriebene Speicherung von dynamischen IP-Nummern auskommen[10], dann ließe sich an der Erforderlichkeit dieser Maßnahme zweifeln. Aber auch inhaltlich ist die genannte Auslegung des § 100 Abs. 1 durch den BGH fragwürdig[11]. Denn im Schwerpunkt stellt der BGH in seiner Argumentation auf die Gefahr ab, dass andere Netzbetreiber IP-Nummern der Beklagten für den Kommunikationsverkehr sperren könnten, um von diesen ausgehende Nachrichten mit unerwünschten Inhalten (Spam, Viren, Denial-of-Service-Attacken) zu blockieren[12]. Solche Sperren durch andere Netzbetreiber als „Störung" bzw. „Fehler" der Telekommunikationsanlagen der Beklagten zu verstehen, wie es der BGH tut, erfordert eine recht weitherzige Auslegung des Normwortlauts von § 100. Allerdings hat in der Folge nach Zurückverweisung des Rechtsstreits an das OLG ein zur Beweisaufnahme gehörter Sachverständiger das Gericht von der Erforderlichkeit der siebentägigen Speicherung überzeugt, was für den BGH Grund war, auf der eingeschlagenen Linie zu bleiben[13]. Auch die Aufsichtsbehörden legen inzwischen diese Sichtweise zugrunde[14].

7   Im Zusammenhang mit dem **Auskunftsanspruch nach § 101 Abs. 2, 9 UrhG**[15] entstanden Probleme demgegenüber nicht aus der zu langsamen, sondern der

---

9 So grundlegend BGH v. 13.1.2011 – III ZR 146/10, MDR 2011, 343 = ITRB 2011, 122 = CR 2011, 178, Rz. 25 ff.

10 Laut *Breyer*, MMR 2011, 573 (577) löschten seinerzeit u.a. Arcor, Freenet und Hansenet IP-Nummern ganz kurzfristig. Er verweist zum Beleg auf eine Stellungnahme des Bundesbeauftragten für Datenschutz und Informationsfreiheit vom 10.6.2009, die jedoch unter der von *Breyer* angegebenen URL nicht mehr auffindbar ist.

11 S. ausführlich *Breyer*, MMR 2011, 573 (575) sowie BeckTKGKomm/*Braun*, § 100 TKG Rz. 11 ff. m.w.N.

12 BGH v. 13.1.2011 – III ZR 146/10, MDR 2011, 343 = ITRB 2011, 122 = CR 2011, 178, Rz. 24.

13 S. OLG Frankfurt v. 28.8.2013 – 13 U 105/07, CR 2013, 710 und im Nachgang BGH v. 3.7.2014 – III ZR 391/13, NJW 2015, 2500 = CR 2015, 444 = ZD 2014, 461 mit zustimmender Anmerkung *Eckhardt*.

14 S. den Leitfaden des BfDI und der BNetzA für eine datenschutzgerechte Speicherung von Verkehrsdaten, Stand 19.12.2012, Abschnitt B.I.6.

15 Die Norm lautet auszugsweise: **§ 101 Anspruch auf Auskunft** (2) In Fällen offensichtlicher Rechtsverletzung oder in Fällen, in denen der Verletzte gegen den Verletzer Klage erhoben hat, besteht der Anspruch unbeschadet von Absatz 1 auch gegen eine Person, die in gewerblichem Ausmaß [...] 3. für rechtsverletzende Tätigkeiten genutzte Dienstleistungen erbrachte oder [...] es sei denn, die Person wäre nach den §§ 383 bis 385 der Zivilprozessordnung im Prozess gegen den Verletzer zur Zeugnisverweigerung berechtigt. [...] Der zur Auskunft Verpflichtete kann von dem Verletzten den Ersatz der für die Auskunftserteilung erforderlichen Aufwendungen verlangen. (3) Der zur Auskunft Verpflichtete hat Angaben zu machen über 1. Namen und Anschrift [...] der Nutzer der Dienstleistungen [...] (9) Kann die Auskunft nur unter Verwendung von Verkehrs-

zu schnellen Löschung von Daten zur Vergabe dynamischer IP-Nummern durch einzelne Netzbetreiber. Jene Vorschrift gibt in Urheberrechten Verletzten einen gesetzlichen Auskunftsanspruch gegen Erbringer von zur Verletzung von Urheberrechten genutzten Dienstleistungen. Praktisch geht es hier typischerweise um die unberechtigte Verbreitung von Musik- und Filmwerken in **Tauschbörsen und ähnlichen Internet-Angeboten**. Urheber bzw. deren Beauftragte können danach von Diensteanbietern Auskunft darüber verlangen, welche Teilnehmer Rechtsverletzungen begangen haben. Soweit für die Auskunftserteilung Verkehrsdaten verwendet werden müssen – typischerweise um festzustellen, an welchen Teilnehmer zur Tatzeit welche IP-Nummer vergeben war – bedarf es nach § 101 Abs. 9 einer richterlichen Anordnung über die Zulässigkeit dieser Verwendung. Wenn allerdings ein Diensteanbieter seine Aufzeichnungen über die Vergabe von IP-Nummern kurzfristig löscht, kommt eine derartige Anordnung unter Umständen zu spät und geht damit ins Leere.

Aus datenschutzrechtlicher Sicht stellt sich in diesen Fällen die Frage, **ob Diensteanbieter** Informationen zur Zuteilung von IP-Nummern an ihre Teilnehmer **speichern dürfen**, bis die richterliche Anordnung nach § 101 Abs. 9 UrhG vorliegt[16]. Wenn man den Text jener Norm wörtlich interpretiert, könnte man diese Frage verneinen. Denn die Anordnung betrifft dem Wortlaut nach die Zulässigkeit der „Verwendung" von Verkehrsdaten, wozu man auch deren vorübergehende Speicherung zählen kann (vgl. § 3 Abs. 4 und 5 BDSG-alt). Es lässt sich also argumentieren, die zwischenzeitliche Speicherung sei unzulässig, da erst mit der gerichtlichen Entscheidung die Grundlage dafür entstehe. Solange die Anordnung nicht vorliege, dürften die Daten nicht verwendet werden, also auch nicht gespeichert. Indessen ist es wohl nicht die Funktion des Richtervorbehalts in § 101 Abs. 9 UrhG, über die Zulässigkeit der Speicherung der Daten zu entschei-

8

---

daten (§ 3 Nr. 30 des Telekommunikationsgesetzes) erteilt werden, ist für ihre Erteilung eine vorherige richterliche Anordnung über die Zulässigkeit der Verwendung der Verkehrsdaten erforderlich, die von dem Verletzten zu beantragen ist. Für den Erlass dieser Anordnung ist das Landgericht, in dessen Bezirk der zur Auskunft Verpflichtete seinen Wohnsitz, seinen Sitz oder eine Niederlassung hat, ohne Rücksicht auf den Streitwert ausschließlich zuständig. Die Entscheidung trifft die Zivilkammer. Für das Verfahren gelten die Vorschriften des Gesetzes über das Verfahren in Familiensachen und in den Angelegenheiten der freiwilligen Gerichtsbarkeit entsprechend. Die Kosten der richterlichen Anordnung trägt der Verletzte. Gegen die Entscheidung des Landgerichts ist die Beschwerde statthaft. Die Beschwerde ist binnen einer Frist von zwei Wochen einzulegen. Die Vorschriften zum Schutz personenbezogener Daten bleiben im Übrigen unberührt. (10) Durch Absatz 2 in Verbindung mit Absatz 9 wird das Grundrecht des Fernmeldegeheimnisses (Artikel 10 des Grundgesetzes) eingeschränkt.

16 Hierzu gibt es eine Vielzahl von Entscheidungen, genannt seien ohne Anspruch auf Vollständigkeit OLG Hamm v. 2.11.2010 – I-4 W 119/10, CR 2011, 516 = MMR 2011, 193; LG Hamburg v. 20.10.2010 – 308 O 320/10, CR 2011, 448; OLG Hamburg v. 17.2. 2010 – 5 U 60/09, CR 2010, 363; OLG Frankfurt a.M. v. 12.5.2009 – 11 W 21/09, ITRB 2009, 173 = CR 2010, 99.

den, sondern über die Zulässigkeit einer Auswertung von Verkehrsdaten für die Auskunftserteilung. Vor allem aber würden § 101 Abs. 2 Nr. 3, Abs. 9 UrhG weitgehend wirkungslos gemacht, wenn man die Vorschrift derart streng interpretierte. Das wäre methodisch nicht überzeugend[17]. Richtiger ist daher, diese Normen so zu verstehen, dass sie dem Diensteanbieter, der hinreichend konkret und glaubhaft über bereits erfolgte oder aktuell andauernde Urheberrechtsverstöße seiner Teilnehmer informiert wird, eine Speicherung von zur Auskunftserteilung erforderlichen Verkehrsdaten (konkret von Aufzeichnungen darüber, wem bestimmte IP-Nummern zur Tatzeit zugeteilt waren) erlauben[18]. Die Auskunftserteilung nach § 101 Abs. 2, 9 UrhG wird dabei als gesetzlicher Zweck i.S.v. § 96 Abs. 1 Satz 3 verstanden, der die Verwendung von Verkehrsdaten legitimiert und den Diensteanbieter von seiner sonst gegebenen Löschungspflicht dispensiert. Dies kann allerdings nur gelten, soweit es um vollendete Urheberrechtsverstöße geht, nicht jedoch für künftig zu besorgende Verletzungshandlungen[19].

5. Teilnehmer- und zielnummernbezogene Verkehrsdaten (Abs. 3 und 4)

9   § 96 Abs. 3 enthält eine auf Art. 6 Abs. 3 der ePrivacy-RL beruhende Regelung zur Verwendung von Verkehrsdaten für die **Vermarktung von Telekommunikationsdiensten, zur bedarfsgerechten Gestaltung von Telekommunikationsdiensten und zur Bereitstellung von Diensten mit Zusatznutzen**. Die Vorschrift erlaubt es Diensteanbietern, den Telekommunikationsverkehr ihrer Kunden auszuwerten, etwa durch Analyse von Verkehrsströmen oder Ermittlung von Kommunikationsprofilen[20], und daraus etwa Verbesserungen ihrer Angebote (bedarfsgerechte Gestaltung) oder Werbeaktivitäten (Vermarktung) abzuleiten[21]. Dienste mit Zusatznutzen sind dabei gemäß der Definition in § 3 Nr. 5 Dienste, welche die Erhebung und Verwendung von Verkehrs- oder Standortdaten in einer Art und Weise erfordern, die über das für Nachrichtentransport oder Entgeltabrechnung erforderliche Maß hinausgehen. Näheres dazu in der Kommentierung zu § 98 TKG. Verwendet werden dürfen dabei entweder teilnehmerbezogene (Sätze 1 und 2) oder zielnummernbezogene (Sätze 3 und 4) Verkehrsdaten. Teilnehmerbezogen sind Daten zu abgehendem[22], ziel-

---

17 Dazu pointiert *Ladeur*, NJOZ 2010, 1606; a.A. allerdings BeckTKGKomm/*Braun*, § 96 TKG Rz. 17; Taeger/Gabel/*Munz*, § 96 TKG Rz. 15; Auernhammer/*Heun*, § 96 TKG Rz. 16 unter Verweis auf OLG Düsseldorf v. 7.3.2013 – I-20 W 118/12.
18 So OLG Hamburg v. 17.2.2010 – 5 U 60/09, ZUM 2010, 893 (899) = CR 2010, 363.
19 OLG Hamm v. 2.11.2010 – I-4 W 119/10, CR 2011, 516 = MMR 2011, 193; LG Hamburg v. 20.10.2010 – 308 O 320/10, MMR 2011, 475 (476) = CR 2011, 448.
20 Scheurle/Mayen/*Büttgen*, § 96 TKG Rz. 14.
21 Scheurle/Mayen/*Büttgen*, § 96 TKG Rz. 14.
22 Scheurle/Mayen/*Büttgen*, § 96 TKG Rz. 14; Säcker/*Kleszewski*, § 96 TKG Rz. 17.

nummernbezogen Daten zu eingehendem[23] Telekommunikationsverkehr, was sich aus den Sätzen 2 und 4 ergibt, wonach die Daten des jeweils anderen am Kommunikationsvorgang beteiligten Nutzers unverzüglich zu anonymisieren sind. Dabei kommt der Fall einer zielnummernbezogenen Auswertung dann zur Anwendung, wenn der Kunde für eingehende Anrufe entgeltpflichtig ist, wie etwa bei Anrufen zu 0800er-Nummern[24]. Auffallend ist, dass der Normwortlaut zwischen dem Diensteanbieter, der Daten verwenden darf, einerseits und dem Anbieter eines öffentlich zugänglichen Telekommunikationsdienstes, von dem die Daten stammen, andererseits unterscheidet. Die Norm deckt damit auch Konstellationen ab, wo Diensteanbieter und Anbieter des öffentlich zugänglichen Telekommunikationsdienstes personenverschieden sind.

Erforderlich ist dabei jeweils die **Einwilligung** des „Betroffenen" (§ 96 Abs. 3 Satz 1) bzw. Angerufenen (§ 96 Abs. 3 Satz 3), so dass die Maßnahmen nach § 96 Abs. 3 nicht anderweitig gerechtfertigt werden können[25]. Gemeint ist in beiden Fällen (Satz 1 und Satz 3) der Teilnehmer. Der „Angerufene", dessen Verkehrsdaten zu ankommendem Telekommunikationsverkehr im Falle des § 96 Abs. 3 Satz 3 ausgewertet werden, ist typischerweise der Vertragspartner des handelnden Diensteanbieters und damit „Teilnehmer" i.S.d. Legaldefinition von § 3 Nr. 20. Ohne Vertragsbeziehung wäre es dem Diensteanbieter, der die Daten verwenden will, wohl praktisch unmöglich, die nach § 96 Abs. 3 Satz 3 erforderliche Einwilligung des Angerufenen einzuholen. 10

Nach **Ansicht des VG Köln** kann auch eine Einwilligung die Verwendung und Speicherung von Verkehrsdaten nach § 96 Abs. 3 nur insoweit rechtfertigen, als die Daten anderweitig zulässigerweise vorgehalten werden. D.h., dass Verkehrsdaten, die anderweitig nicht mehr benötigt werden, weil sie etwa wegen eines Flatrate-Tarifs nicht abrechnungsrelevant sind, auch mit Einwilligung der Teilnehmer nicht für Zwecke des § 96 Abs. 3 gespeichert bleiben dürfen. Das TKG geht nach Ansicht des Verwaltungsgerichts insoweit dem allgemeinen Datenschutzrecht vor, so dass eine Einwilligung die weitere Aufbewahrung von Verkehrsdaten nicht rechtfertigen könne[26]. Diese Sichtweise ist fragwürdig, weil sie außer Acht lässt, dass es beim Datenschutz immer um die informationelle **Selbst**bestimmung des Betroffenen geht. Zur Selbstbestimmung gehört auch, in eine gesetzlich nicht vorgesehene Datenspeicherung einzuwilligen. 10a

§ 96 Abs. 4 enthält besondere **Anforderungen an die Information**, die dem Teilnehmer zur Verfügung gestellt werden muss, wenn der Diensteanbieter die Einwilligung einholt. Die Anforderungen gehen auf Art. 6 Abs. 4 der ePrivacy-RL zurück. In § 96 Abs. 4 wird, wie auch in den Bußgeldtatbeständen (dazu Rz. 11), 10b

---

23 Scheurle/Mayen/*Büttgen*, § 96 TKG Rz. 15; Säcker/*Kleszcewski*, § 96 TKG Rz. 18.
24 Scheurle/Mayen/*Büttgen*, § 96 TKG Rz. 15; Säcker/*Kleszcewski*, § 96 TKG Rz. 18.
25 Spindler/Schuster/*Eckhardt*, § 96 TKG Rz. 8.
26 VG Köln v. 25.2.2015 – 21 K 2214/14, ZD 2016, 43 (46).

§ 96 TKG | Verkehrsdaten

der Angerufene für die zielnummernbezogene Verwendung von Verkehrsdaten (§ 96 Abs. 3 Satz 3) nicht genannt. Vermutlich ist dies ein Redaktionsversehen, denn es ist kein Grund ersichtlich, warum hier unterschiedliche Standards gelten sollen. Informiert werden muss über die verwendeten Datenarten und die Speicherdauer. Unter Datenarten sind in diesem Zusammenhang die unterschiedlichen Kategorien von Verkehrsdaten nach § 96 Abs. 1 zu verstehen[27].

III. Rechtsfolgen/Sanktionen

11 Einzelne Verstöße gegen § 96 sind nach § 149 Abs. 1 Nr. 16 und 17 bußgeldbewehrt. Nach Nr. 16 kann die Erhebung und Verwendung von Verkehrsdaten entgegen § 96 Abs. 2 oder Abs. 3 Satz 1 geahndet werden, nach Nr. 17 die nicht rechtzeitige Löschung von Verkehrsdaten entgegen § 96 Abs. 1 Satz 3. Nicht ausdrücklich bußgeldbewehrt ist demgegenüber eine Verwendung von zielnummernbezogenen Verkehrsdaten entgegen § 96 Abs. 3 Satz 3 oder eine unterbliebene Anonymisierung entgegen Abs. 3 Sätze 2 und 4. Die genannten Bußgeldtatbestände sehen einen Bußgeldrahmen bis 300.000 Euro vor, § 149 Abs. 2.

IV. Verweise/Kontext

12 Das TKG enthält spezielle Erlaubnistatbestände für den Umgang mit Verkehrsdaten in §§ 97 (Entgeltermittlung und -abrechnung), 99 (Einzelverbindungsnachweis), 100 (Störungen und Missbrauchsbekämpfung) und 101 (Mitteilung ankommender Verbindungen).

§ 97 Entgeltermittlung und Entgeltabrechnung

(1) Diensteanbieter dürfen die in § 96 Abs. 1 aufgeführten Verkehrsdaten verwenden, soweit die Daten zur Ermittlung des Entgelts und zur Abrechnung mit ihren Teilnehmern benötigt werden. Erbringt ein Diensteanbieter seine Dienste über ein öffentliches Telekommunikationsnetz eines fremden Betreibers, darf der Betreiber des öffentlichen Telekommunikationsnetzes dem Diensteanbieter die für die Erbringung von dessen Diensten erhobenen Verkehrsdaten übermitteln. Hat der Diensteanbieter mit einem Dritten einen Vertrag über den Einzug des Entgelts geschlossen, so darf er dem Dritten die in Absatz 2 genannten Daten übermitteln, soweit es zum Einzug des Entgelts und der Erstellung einer detaillierten Rechnung erforderlich ist. Der Dritte ist vertraglich zur Wahrung des Fernmeldegeheimnisses nach § 88

---

27 Scheurle/Mayen/*Büttgen*, § 96 TKG Rz. 16.

und des Datenschutzes nach den §§ 93 und 95 bis 97, 99 und 100 zu verpflichten. § 11 des Bundesdatenschutzgesetzes bleibt unberührt.

(2) Der Diensteanbieter darf zur ordnungsgemäßen Ermittlung und Abrechnung der Entgelte für Telekommunikationsdienste und zum Nachweis der Richtigkeit derselben folgende personenbezogene Daten nach Maßgabe der Absätze 3 bis 6 erheben und verwenden:

1. die Verkehrsdaten nach § 96 Abs. 1,
2. die Anschrift des Teilnehmers oder Rechnungsempfängers, die Art des Anschlusses, die Zahl der im Abrechnungszeitraum einer planmäßigen Entgeltabrechnung insgesamt aufgekommenen Entgelteinheiten, die übermittelten Datenmengen, das insgesamt zu entrichtende Entgelt,
3. sonstige für die Entgeltabrechnung erhebliche Umstände wie Vorschusszahlungen, Zahlungen mit Buchungsdatum, Zahlungsrückstände, Mahnungen, durchgeführte und aufgehobene Anschlusssperren, eingereichte und bearbeitete Reklamationen, beantragte und genehmigte Stundungen, Ratenzahlungen und Sicherheitsleistungen.

(3) Der Diensteanbieter hat nach Beendigung der Verbindung aus den Verkehrsdaten nach § 96 Abs. 1 Nr. 1 bis 3 und 5 unverzüglich die für die Berechnung des Entgelts erforderlichen Daten zu ermitteln. Diese Daten dürfen bis zu sechs Monate nach Versendung der Rechnung gespeichert werden. Für die Abrechnung nicht erforderliche Daten sind unverzüglich zu löschen. Hat der Teilnehmer gegen die Höhe der in Rechnung gestellten Verbindungsentgelte vor Ablauf der Frist nach Satz 2 Einwendungen erhoben, dürfen die Daten gespeichert werden, bis die Einwendungen abschließend geklärt sind.

(4) Soweit es für die Abrechnung des Diensteanbieters mit anderen Diensteanbietern oder mit deren Teilnehmern sowie anderer Diensteanbieter mit ihren Teilnehmern erforderlich ist, darf der Diensteanbieter Verkehrsdaten verwenden.

(5) Zieht der Diensteanbieter mit der Rechnung Entgelte für Leistungen eines Dritten ein, die dieser im Zusammenhang mit der Erbringung von Telekommunikationsdiensten erbracht hat, so darf er dem Dritten Bestands- und Verkehrsdaten übermitteln, soweit diese im Einzelfall für die Durchsetzung der Forderungen des Dritten gegenüber seinem Teilnehmer erforderlich sind.

I. Einführung 1	3. Auftragsverhältnisse über Entgelteinziehung (Abs. 1 Sätze 3–5) 7
II. Anwendungsbereich 2	4. Einzug von Entgelten Dritter (Abs. 5) 12
1. Umgang mit Bestands- und Verkehrsdaten durch Diensteanbieter (Abs. 1 Satz 1, Abs. 2, Abs. 3) 2	III. Sanktionen 16
2. Datenaustausch zwischen Diensteanbietern und mit Netzbetreibern (Abs. 1 Satz 2, Abs. 4) 6	IV. Zusammenhang mit anderen Vorschriften 17

§ 97 TKG | Entgeltermittlung und Entgeltabrechnung

Schrifttum: *Neumann*, Abtretung von Telekommunikationsentgeltforderungen an Inkassounternehmen, CR 2012, 235; *Sassenberg*, Anzeige und Übermittlung der A-Rufnummer, CR 2011, 502; *Schmitz*, Abrechnung von tk-gestützten Diensten nach § 97 TKG, CR 2012, 577; *Schmitz*, Der Vertragspartner ohne Daten – Datenweitergabe an die Erbringer von telekommunikationsgestützten Diensten, ZD 2012, 8; *Vander*, Verwendung von Verkehrsdaten und mehrstufiges Forderungsinkasso bei Mehrwertdiensten, K&R 2012, 577.

I. Einführung

1   Die Vorschrift regelt den Umgang mit Verkehrs- und Bestandsdaten für die Entgeltermittlung und -abrechnung (Rechnungsstellung). Sie betrifft dabei zusammen mit § 98 die datenschutzrechtliche Seite der Thematik. Die Aspekte des Kundenschutzes werden durch die §§ 45f–45j geregelt. Die Norm setzt zugleich Art. 6 Abs. 2 und 6 der ePrivacy-RL[1] um; geht dabei aber zulässigerweise (s. Kommentierung zu Art. 95 DSGVO Rz. 7) deutlich tiefer ins Detail. Als wesentliche Änderung seit dem Inkrafttreten des TKG ist die Streichung des Abs. 4 durch das Gesetz zur Neuregelung der Telekommunikationsüberwachung und anderer verdeckter Ermittlungsmaßnahmen sowie zur Umsetzung der Richtlinie 2006/24/EG[2] zu nennen. Dieser frühere Abs. 4 gab zuvor Teilnehmern die Option, eine vollständige oder teilweise Löschung der Verkehrsdaten zu angewählten Zielnummern unmittelbar nach Rechnungsstellung zu verlangen. Durch die mit jenem Gesetz eingeführte Vorratsdatenspeicherung wurde diese Option allerdings uninteressant, lebt jedoch durch die Feststellung der Nichtigkeit von §§ 113a, 113b in der Fassung des Gesetzes vom 21.12.2007 nicht automatisch wieder auf. Dazu bräuchte es vielmehr eine entsprechende gesetzliche Regelung. Nachdem mit Gesetz vom 10.12.2015 erneut eine Vorratsdatenspeicherung für Verkehrsdaten eingeführt wurde, ist wohl einstweilen nicht damit zu rechnen, dass diese Option in absehbarer Zeit wiederkommt, auch wenn diese zweite Vorratsdatenspeicherung einstweilen aufgrund gerichtlicher Entscheidung nicht umgesetzt wird.

---

1   Richtlinie 2002/58/EG des Europäischen Parlaments und des Rates v. 12.7.2002 über die Verarbeitung personenbezogener Daten und den Schutz der Privatsphäre in der elektronischen Kommunikation (Datenschutzrichtlinie für elektronische Kommunikation), ABl. Nr. L 201, S. 37, zuletzt geändert durch Art. 2 ÄndRL 2009/136/EG v. 25.11.2009 (ABl. Nr. L 337, S. 11).
2   Gesetz v. 21.12.2007 (BGBl. I, S. 3198).

II. Anwendungsbereich

1. Umgang mit Bestands- und Verkehrsdaten durch Diensteanbieter (Abs. 1 Satz 1, Abs. 2, Abs. 3)

§ 97 Abs. 1 Satz 1 enthält die allgemeine Erlaubnis zur Verwendung von Bestands- und Verkehrsdaten für die Rechnungsstellung. § 97 Abs. 2 konkretisiert, welche Daten hierfür erhoben und verwendet werden dürfen. § 97 Abs. 3 macht Vorgaben für den Abrechnungsprozess. 2

Verwendet werden dürfen demnach gemäß § 96 Abs. 1 erhobene Verkehrsdaten (§ 97 Abs. 2 Nr. 1), für die Rechnungserstellung erforderliche Bestandsdaten (vgl. § 95) und rechnungsrelevante Angaben (Entgelteinheiten, Datenmengen, Entgelte) (§ 97 Abs. 2 Nr. 2) sowie sonstige für die Entgeltabrechnung relevante Umstände, wozu insbesondere Informationen zur Zahlungsabwicklung gehören (§ 97 Abs. 2 Nr. 3). Die Aufzählung in § 97 Abs. 2 Nr. 3 ist dabei nicht abschließend[3], und schafft damit Flexibilität für unterschiedliche Geschäfts- und Abrechnungsmodelle. Aus den Vorgaben für die Verbindungspreisberechnung in § 45g Abs. 1[4] lässt sich ableiten, welche Daten der Gesetzgeber im Regelfall für entgelt- und abrechnungsrelevant erachtet. 3

Vorgaben für den Prozess der Rechnungsstellung enthält § 97 Abs. 3. Danach hat der Diensteanbieter unverzüglich nach Beendigung einer jeden Verbindung aus den Verkehrsdaten nach § 96 Abs. 1 Nr. 1–3 und Nr. 5 die für die Rechnungsstellung benötigten Angaben zu ermitteln. § 96 Abs. 1 Nr. 4 (Endpunkte festgeschalteter Verbindungen, deren Beginn und Ende nach Datum und Uhrzeit und, soweit entgeltrelevant, übermittelte Datenmengen) fehlt in dieser Aufzählung, vermutlich weil der Gesetzgeber annimmt, dass diese Angaben stets für die Abrechnung erforderlich sind[5]. Abrechnungsrelevante Verkehrsdaten dürfen sechs Monate gespeichert bleiben (§ 97 Abs. 3 Satz 2), im Falle von Beanstandungen auch länger bis zur abschließenden Klärung (§ 97 Abs. 3 Satz 4). Die Beanstandungsfrist für Rechnungen gemäß § 45i beträgt acht Wochen ab Erhalt 4

---

3 Heun/*Eckhardt*, Teil L Rz. 224; Auernhammer/*Heun*, § 97 TKG Rz. 11.
4 § 45g Abs. 1 lautet:
„Bei der Abrechnung ist der Anbieter von öffentlich zugänglichen Telekommunikationsdiensten verpflichtet,
1. die Dauer und den Zeitpunkt zeitabhängig tarifierter Verbindungen von öffentlich zugänglichen Telekommunikationsdiensten unter regelmäßiger Abgleichung mit einem amtlichen Zeitnormal zu ermitteln,
2. die für die Tarifierung relevanten Entfernungszonen zu ermitteln,
3. die übertragene Datenmenge bei volumenabhängig tarifierten Verbindungen von öffentlich zugänglichen Telekommunikationsdiensten nach einem nach Absatz 3 vorgegebenen Verfahren zu ermitteln [...]".
5 Die Gesetzesmaterialien in BT-Drucks. 15/2316, S. 89 sind zu diesem Punkt unergiebig.

der Rechnung. Vor diesem Hintergrund sind sechs Monate ein langer Zeitraum für die Speicherung, zumal die ePrivacy-RL in Art. 6 Abs. 2 Satz 2 eine derart lange Speicherung nicht vorsieht, sondern diese nur erlaubt, solange die Rechnung noch anfechtbar oder unbeglichen ist. BfDI und BNetzA haben den Diensteanbietern in ihren Leitlinien für den Umgang mit Verkehrsdaten deshalb richtigerweise nahegelegt, bei ausbleibenden Beanstandungen die abrechnungsrelevanten Verkehrsdaten nach drei Monaten zu löschen[6]. Nicht abrechnungsrelevante Verkehrsdaten sind unverzüglich zu löschen, was i.S.v. § 121 BGB als ohne schuldhaftes Zögern zu verstehen ist[7]. Die Aufsichtsbehörden stehen auf dem Standpunkt, dass die ungefilterten Rohdaten bis zu sieben Tagen vorgehalten werden dürfen[8]. Auch wenn Abrechnungssysteme, organisatorische Gegebenheiten, Tarife und Geschäftsmodelle der Diensteanbieter unterschiedlich sind, sollte dieser Zeitraum in jedem Fall für die Ermittlung der abrechnungsrelevanten Daten genügen. Insoweit ist den Diensteanbietern zuzumuten, dem Stand der Technik entsprechende Systeme einzusetzen, die diese Auswertungen in dieser Frist durchführen können[9]. Die Löschungspflicht schließt freilich nicht aus, Verkehrsdaten für andere Zwecke vorzuhalten, etwa für Zwecke nach § 100 (dazu Kommentierung zu § 96 TKG Rz. 6).

5   Die Erlaubnis zum Umgang mit Daten nach § 97 gilt stets nur für abrechnungsrelevante Daten, also Bestands- und Verkehrsdaten, die der Diensteanbieter auf Grundlage der vertraglichen Vereinbarungen mit dem Teilnehmer benötigt, um die Entgelte berechnen, in Rechnung stellen und einziehen zu können. Benötigt werden dabei nur solche Daten, die für die Entgeltabrechnung unverzichtbar sind[10]. So sind bei Flatrate-Angeboten weder Verkehrsvolumina noch Informationen zur dynamischen Vergabe von IP-Nummern abrechnungsrelevant, so dass die Speicherung dieser Angaben nach Verbindungsende nicht über § 97 gerechtfertigt werden kann[11].

---

6 Leitfaden des BfDI und der BNetzA für eine datenschutzgerechte Speicherung von Verkehrsdaten, Stand 19.12.2012, abzurufen auf der Website des BfDI, www.bdfdi.bund.de, in der Rubrik Infothek/Informationsmaterial/Leitfaden zur Speicherung von Verkehrsdaten.
7 Heun/*Eckhardt*, Teil L Rz. 226.
8 S. den Leitfaden des BfDI und der BNetzA für eine datenschutzgerechte Speicherung von Verkehrsdaten, Stand 19.12.2012, abzurufen auf der Website des BfDI, www.bdfdi.bund.de, in der Rubrik Infothek/Informationsmaterial/Leitfaden zur Speicherung von Verkehrsdaten.
9 So in der Tendenz auch Scheurle/Mayen/*Büttgen*, § 97 TKG Rz. 7.
10 So sinngemäß BGH v. 13.1.2011 – III ZR 146/10, MDR 2011, 343 = ITRB 2011, 122 = CR 2011, 96, Rz. 13 mit der Aussage, dass Daten nur dann benötigt werden, wenn es kein milderes Mittel als ihre Verwendung gibt. Auf gleicher Linie VG Köln v. 25.2.2015 – 21 K 2214/14, ZD 2016, 43 (45).
11 So LG Darmstadt v. 25.1.2006 – 25 S 118/05, CR 2006, 249.

2. Datenaustausch zwischen Diensteanbietern und mit Netzbetreibern (Abs. 1 Satz 2, Abs. 4)

Im für den Wettbewerb geöffneten Telekommunikationsmarkt werden Telekommunikationsverbindungen häufig netz- und diensteanbieterübergreifend bereitgestellt. Damit die beteiligten Diensteanbieter und Netzbetreiber sowohl untereinander als auch mit ihren Teilnehmern ordnungsgemäß abrechnen können, müssen sie auch entgeltrelevante Verkehrsdaten untereinander austauschen können. Diesen Datenaustausch erlauben im Einklang mit Art. 6 Abs. 6 der ePrivacy-RL die Regelungen in § 97 Abs. 1 Satz 2 zwischen Netzbetreibern und Diensteanbietern sowie § 97 Abs. 4 zwischen Diensteanbietern. Während die Verwendung und Übermittlung von Verkehrsdaten nach Abs. 4 auf die abrechnungsrelevanten Daten beschränkt ist, erlaubt Abs. 1 Satz 2 es dem Netzbetreiber, dem jeweiligen Diensteanbieter alle erhobenen Verkehrsdaten zu übermitteln[12]. Denn der Netzbetreiber weiß in aller Regel nicht, welche Verkehrsdaten der Diensteanbieter für die Abrechnung mit seinen Teilnehmern benötigt – dies hängt von den verabredeten Tarifen (etwa Flatrate oder volumenabhängig) ab – so dass er zu einer Filterung der nicht entgeltrelevanten Verkehrsdaten nicht imstande wäre.

6

3. Auftragsverhältnisse über Entgelteinziehung (Abs. 1 Sätze 3–5)

Die Sätze 3–5 des § 97 Abs. 1 enthalten Regelungen dazu, dass ein Dritter für den Diensteanbieter Rechnungen erstellt und/oder Entgelte einzieht. Dies ist zulässig (Satz 3), wenn der Dritte vertraglich zur Wahrung des Fernmeldegeheimnisses sowie der Bestimmungen der §§ 93, 95–97, 99 und 100 verpflichtet wird (Satz 4). § 11 BDSG-alt soll hiervon unberührt bleiben (Satz 5), wodurch laut den Gesetzesmaterialien[13] klargestellt werden soll, dass die Sätze 3 und 4 jene Vorschrift ergänzen, aber nicht ersetzen. Dies ist allerdings schief, weil bei einer Auftragsverarbeitung keine Übermittlung von Daten im Rechtssinne erfolgt und der Beauftragte deshalb nicht als Dritter anzusehen ist (vgl. § 3 Abs. 8 Satz 3 BDSG-alt; zum Meinungsstand nach DSGVO s. Kommentierung zu Art. 28 DSGVO Rz. 3 ff.)[14].

7

Problematisch an diesen Regelungen ist die Frage, ob sie auch eine Abtretung von Entgeltforderungen an Dritte erlauben, insbesondere für Zwecke des Inkasso. Mehrere Instanzgerichte hatten dies verneint[15], während die überwiegende

8

---

12 Heun/*Eckhardt*, Teil L Rz. 218.
13 BT-Drucks. 15/2316, S. 89.
14 Heun/*Eckhardt*, Teil L Rz. 220.
15 Neben weiteren AG Hamburg-Altona v. 8.8.2006 – 316 C 59/06, CR 2007, 238; AG Meldorf v. 21.7.2011 – 81 C 241/11, CR 2012, 258; AG Bremen v. 20.10.2011 – 9 C 0430/11, CR 2012, 317 = ZD 2012, 42.

Auffassung in der Literatur[16] es bejahte. Problematisch an der Abtretung wäre, dass nach § 402 BGB der Zedent dem Zessionar alle für die Durchsetzung der Forderungen nötigen Auskünfte und Unterlagen zur Verfügung stellen müsste. Forderungen für Telekommunikationsentgelte sind oft nur mithilfe von Verkehrsdaten durchsetzbar, so dass der Diensteanbieter diese einem Zessionar übermitteln müsste, wofür datenschutzrechtlich ein Erlaubnistatbestand nötig wäre.

9 Der BGH hält nach nationalem Recht eine Abtretung für zulässig und hat die Frage dem EuGH zur Vorabentscheidung vorgelegt[17]. Er meint, der Normwortlaut von § 97 Abs. 1 Satz 3 („Einzug des Entgelts") sei nicht zwingend dahingehend auszulegen, dass der Dritte lediglich mit Einzugsermächtigung des Diensteanbieters die Forderung einziehen dürfe[18]. Die Vorschrift solle insbesondere kleinen Anbietern helfen, indem sie von dem Aufwand des Entgelteinzugs entlastet würden. Datenschutzrechtliche Belange des betroffenen Teilnehmers würden bei einer Abtretung nicht stärker beeinträchtigt als bei einer bloßen Einziehungsermächtigung, da der Dritte letztlich dieselben Daten erhalte. Dem Einwand, ein Zessionar könnte die Forderung weiter abtreten und damit den Kreis der Empfänger der entgeltrelevanten Daten erweitern, tritt der BGH mit dem Argument entgegen, dem Zessionar sei eine Abtretung nicht möglich, da ihm § 97 Abs. 1 Satz 3 die Weitergabe der relevanten Daten nicht erlaube[19]. Auch die Gesetzesmaterialien sprächen schließlich für die Abtretbarkeit, da der Verordnungsgeber der TDSV-2000 (dazu Kommentierung zu § 91 TKG Rz. 2), aus welcher die Regelung ursprünglich stammt, anscheinend hiervon ausging[20]. Allerdings unterläuft dem BGH in seinen Überlegungen zur Weiterabtretung durch den Dritten wohl ein Denkfehler, denn für diesen gilt § 97 Abs. 1 Satz 3 jedenfalls nicht unmittelbar. Begründen lässt sich dieses Ergebnis aber wohl auch nach allgemeinem Datenschutzrecht unter Verweis auf den generell geltenden Schutz von Verkehrsdaten[21]. Mit Urteil v. 14.6.2012[22] hat der BGH inzwischen seine Auffassung bekräftigt, wonach dem Dritten eine Weiterabtretung bzw.

---

16 Etwa Säcker/Klesczewski § 97 TKG Rz. 6; Neumann, CR 2012, 235 (236) m.w.N.
17 BGH v. 16.2.2012 – III ZR 200/11, MDR 2013, 391 = CR 2012, 255 = K&R 2012, 280 = ZD 2012, 229.
18 BGH v. 16.2.2012 – III ZR 200/11, MDR 2013, 391 = CR 2012, 255 = K&R 2012, 280 = ZD 2012, 229, Rz. 17.
19 BGH v. 16.2.2012 – III ZR 200/11, MDR 2013, 391 = CR 2012, 255 = K&R 2012, 280 = ZD 2012, 229, Rz. 18.
20 BGH v. 16.2.2012 – III ZR 200/11, MDR 2013, 391 = CR 2012, 255 = K&R 2012, 280 = ZD 2012, 229, Rz. 19.
21 Neumann, CR 2012, 235 (241).
22 BGH v. 14.6.2012 – III ZR 227/11, MDR 2012, 1018 = NJW 2012, 2582 (2583) = CR 2012, 584. Dazu Schmitz, CR 2012, 577.

Weitergabe von Verkehrsdaten[23] nicht erlaubt sei, und dabei erneut zur Begründung auf § 97 Abs. 1 Satz 3 abgestellt.

Zur Vorlage an den EuGH sah sich der BGH durch Art. 6 Abs. 2 und 5 der ePrivacy-RL veranlasst. Kritisch ist hier vor allem Abs. 5, wonach die Verarbeitung von Verkehrsdaten nur durch Personen erfolgen darf, die auf Weisung des Netzbetreibers und Diensteanbieters handeln und dabei „für Gebührenabrechnungen oder Verkehrsabwicklung, Kundenanfragen, Betrugsermittlung, die Vermarktung der elektronischen Kommunikationsdienste oder für die Bereitstellung eines Dienstes mit Zusatznutzen zuständig sind". Insbesondere in dem Weisungserfordernis sieht der BGH ein mögliches Hindernis für die von ihm vertretene Auslegung, denn jedenfalls bei einer nicht auf Inkasso beschränkten Zession wäre eine Bindung an Weisungen des Zedenten nicht gegeben[24]. 10

Mit Urteil v. 22.11.2012 hat der EuGH die Vorlagefragen dahingehend beantwortet, dass Diensteanbieter für die Einziehung von Forderungen für Telekommunikationsleistungen Verkehrsdaten an Zessionare übermitteln und diese die Daten verarbeiten dürfen, wenn der Zessionar bei der Datenverarbeitung an die Weisungen des Diensteanbieters gebunden ist und die Übermittlung und Verarbeitung auf die für den Einzug der Forderung erforderlichen Verkehrsdaten beschränkt wird[25]. Der dieser Abtretung zugrundeliegende Vertrag muss aber Regelungen enthalten, die die rechtmäßige Verarbeitung der Verkehrsdaten durch den Zessionar gewährleisten und es dem Diensteanbieter ermöglichen, sich jederzeit von der Einhaltung dieser Bestimmungen durch den Zessionar zu überzeugen[26]. 11

4. Einzug von Entgelten Dritter (Abs. 5)

Diensteanbieter ziehen mit ihren Rechnungen gelegentlich auch Entgelte für Leistungen Dritter ein. Typische Fälle sind etwa call-by-call, Auskunftsdienste[27] 12

---

23 Im entschiedenen Fall hatte der Zessionar die Forderung nicht etwa weiter abgetreten, sondern der Klägerin eine Einzugsermächtigung erteilt.
24 BGH v. 16.2.2012 – III ZR 200/11, MDR 2013, 391 = CR 2012, 255 = K&R 2012, 280 = ZD 2012, 229, Rz. 27 f.
25 EuGH v. 22.11.2012 – C-119/12, ITRB 2013, 2 = CR 2013, 25 = K&R 2013, 31 = ZD 2013, 77.
26 BGH v. 7.2.2013 – III ZR 200/11, MDR 2013, 391 = Leitsatz 2, CR 2013, 160 = K&R 2013, 264 = NJW 2013, 1092 = ZD 2013, 229.
27 § 3 Nr. 2a TKG definiert Auskunftsdienste als „bundesweit jederzeit telefonisch erreichbare Dienste, insbesondere des Rufnummernbereichs 118, die ausschließlich der neutralen Weitergabe von Rufnummer, Name, Anschrift sowie zusätzlichen Angaben von Telekommunikationsnutzern dienen. Die Weitervermittlung zu einem erfragten Teilnehmer oder Dienst kann Bestandteil des Auskunftsdienstes sein."

oder Premium-Dienste[28]. Grundlage hierfür ist § 45h[29]. Beteiligt sind an solchen Beziehungen typischerweise der Teilnehmer (Rechnungsempfänger), sein Teilnehmernetzbetreiber (Diensteanbieter, bei dem der Teilnehmer seinen Teilnehmeranschluss unterhält, dieser stellt die Rechnung nach § 45h), der Dritte (Erbringer der abzurechnenden Leistungen) und schließlich dessen Diensteanbieter[30]. Der Teilnehmer kann dann mit befreiender Wirkung die Entgelte für derartige Leistungen an seinen Teilnehmernetzbetreiber bezahlen (§ 45h Abs. 1 Satz 3), der diese dann an die anderen Beteiligten auskehrt.

13 Der Teilnehmernetzbetreiber ist dabei nicht etwa Vertragspartner des Teilnehmers für die Erbringung dieser Leistungen. Dies ist vielmehr deren Anbieter[31], in der Terminologie des § 97 Abs. 5 der Dritte. Wenn der Teilnehmer für den abgerechneten Dienst nicht bezahlt, ist es deshalb Sache des Dritten, das Entgelt einzuziehen und nötigenfalls einzuklagen. Für den Nachweis seiner Forderung benötigt der Dritte Bestands- und Verkehrsdaten. § 97 Abs. 5 verschafft dem Teilnehmernetzbetreiber datenschutzrechtlich die Erlaubnis, in diesen Einzelfällen dem Dritten die insoweit nötigen Daten zu übermitteln.

14 Offen lässt die Vorschrift aber, auf welcher datenschutzrechtlichen Grundlage der Dritte die ihm überlassenen Bestands- und Verkehrsdaten verwendet. Mit Urteil v. 14.6.2012 hat der BGH entschieden, dass für ihn § 97 „entsprechend" gelten soll[32]. Der BGH leitet daraus weiter ab, dass die oben (Rz. 9) beschriebenen Einschränkungen für die Abtretung und insbesondere das Verbot der Kettenabtretung auch für solche Forderungen anwendbar sein sollen. Der Dritte (im entschiedenen Fall Anbieter eines Premium-Dienstes i.S.d. § 3 Nr. 17a) sei

---

28 Laut § 3 Nr. 17b TKG „Dienste, insbesondere der Rufnummernbereiche (0)190 und (0)900, bei denen über die Telekommunikationsdienstleistung hinaus eine weitere Dienstleistung erbracht wird, die gegenüber dem Anrufer gemeinsam mit der Telekommunikationsdienstleistung abgerechnet wird und die nicht einer anderen Nummernart zuzurechnen ist".
29 S. hierzu Heun/Sörup, Teil K Rz. 102 ff. § 45h Abs. 1 lautet im hier relevanten Teil: „Soweit ein Anbieter von öffentlich zugänglichen Telekommunikationsdiensten dem Teilnehmer eine Rechnung stellt, die auch Entgelte für Leistungen Dritter ausweist, muss die Rechnung des Anbieters in einer hervorgehobenen und deutlich gestalteten Form Folgendes enthalten: 1. die konkrete Bezeichnung der in Rechnung gestellten Leistungen, 2. die Namen und ladungsfähigen Anschriften beteiligter Anbieter von Netzdienstleistungen, 3. einen Hinweis auf den Informationsanspruch des Teilnehmers nach § 45p, 4. die kostenfreien Kundendiensttelefonnummern der Anbieter von Netzdienstleistungen und des rechnungsstellenden Anbieters, unter denen der Teilnehmer die Informationen nach § 45p erlangen kann, 5. die Gesamthöhe der auf jeden Anbieter entfallenden Entgelte."
30 Vgl. Schmitz, CR 2012, 577 (578).
31 BGH v. 28.7.2005 – III ZR 3/05, ITRB 2005, 246 = NJW 2005, 3636 = CR 2005, 864. In diesem Punkt zustimmend Schmitz, CR 2012, 577 (578) sowie Vander, K&R 2012, 577 (578).
32 BGH v. 14.6.2012 – III ZR 227/11, MDR 2012, 1018 = NJW 2012, 2582 = CR 2012, 584.

zwar kein Diensteanbieter i.s.d. datenschutzrechtlichen Vorschriften des TKG, sondern Anbieter eines telekommunikationsgestützten Dienstes gemäß § 3 Nr. 25[33], weil der Schwerpunkt der erbrachten Leistung nicht in der Nachrichtenübermittlung liege[34]. § 97 soll gleichwohl auf Grundlage einer an Sinn und Zweck der Vorschrift orientierten Auslegung anwendbar sein, weil der Dritte für seine Abrechnung und den Einzug der Forderung auf Bestands- und Verkehrsdaten angewiesen sei[35]. Die Ansicht des BGH hat in mehreren Aufsätzen Zustimmung gefunden[36].

Die Ansicht des BGH ist jedoch problembehaftet. Um eine Vorschrift analog anwenden zu können[37], müsste eine planwidrige Regelungslücke aufgezeigt werden, was der BGH unterlässt. Dazu wäre darzulegen, warum nicht andere Rechtsgrundlagen und hier insbesondere die zum Entscheidungszeitpunkt geltenden §§ 28 ff. BDSG-alt[38] für den Umgang des Dritten mit den ihm zulässigerweise nach § 97 Abs. 5 vom Teilnehmernetzbetreiber überlassenen Daten gelten können. Wenn das TKG den Dritten des § 97 Abs. 5 auch als Diensteanbieter verstünde, wäre die Datenübermittlung an ihn für Abrechnungszwecke bereits ein Fall des § 97 Abs. 4. Abs. 5 von § 97 würde dann lediglich zusätzlich die Weitergabe von Bestandsdaten an den Dritten erlauben. Die Behandlung des Dritten als Diensteanbieter i.s.v. § 97 kann außerdem für den Teilnehmer Konsequenzen haben, die seinen durch die Datenschutzregeln des TKG geschützten Interessen abträglich sind. Denn einem Diensteanbieter i.s.d. Datenschutzvorschriften des TKG darf bspw. auch bei vom Teilnehmer aktivierter Rufnummernunterdrückung dessen Rufnummer übermittelt werden[39]. Während ein Dritter i.s.v. § 97 Abs. 5, der kein Diensteanbieter ist, die Daten des Teilnehmers nur im Einzelfall erhält, wenn die Entgelteinziehung nach § 45h nicht gelingt, ist der Datenaustausch zwischen Diensteanbietern nach § 97 Abs. 4 jedenfalls in der Grundtendenz weniger restriktiv. Weiter sieht § 99 Abs. 1 Satz 7 für Fälle, in denen ein Teilnehmer die Entgelte für ankommende Anrufe trägt, einen anonymisierten Einzelverbindungsnachweis vor. Auch dies lässt sich bei einer Behandlung des Dritten als Diensteanbieter möglicherweise umgehen[40]. Für Massenver- 15

---

33 Telekommunikationsgestützte Dienste sind hiernach „Dienste, die keinen räumlich und zeitlich trennbaren Leistungsfluss auslösen, sondern bei denen die Inhaltsleistung noch während der Telekommunikationsverbindung erfüllt wird".
34 BGH v. 14.6.2012 – III ZR 227/11 Rz. 13, MDR 2012, 1018 = NJW 2012, 2582 = CR 2012, 584.
35 BGH v. 14.6.2012 – III ZR 227/11 Rz. 14, MDR 2012, 1018 = NJW 2012, 2582 = CR 2012, 584.
36 *Vander*, K&R 2012, 577 (578); *Schmitz*, CR 2012, 577; schon vor der BGH-Entscheidung hat *Schmitz* diese Ansicht in ZD 2012, 8 (10) vertreten.
37 Der BGH spricht in der Begründung von einer „entsprechenden" Anwendung des § 97.
38 Das TMG gilt für telekommunikationsgestützte Dienste nicht, s. § 1 Abs. 1 Satz 1 TMG.
39 *Sassenberg*, CR 2011, 502 (505).
40 *Schmitz*, ZD 2012, 8 (11).

kehrsdienste hat das VG Köln den angerufenen Teilnehmer nicht als Diensteanbieter in diesem Sinne erachtet und deshalb eine Verfügung der BNetzA bestätigt, welche die ungekürzte Mitteilung der Nummern von Anrufern an den Angerufenen untersagte[41]. Dabei blieb allerdings offen, ob diese Aussagen nur für im sog. Online Billing abgerechnete telekommunikationsgestützte Dienste wie Massenverkehrsdienste gelten sollen oder sie auch auf Dienste mit anderen Abrechnungsmodalitäten übertragbar sind[42].

III. Sanktionen

16 Verstöße gegen die Löschungspflicht nach § 97 Abs. 3 Satz 2 sind gemäß § 149 Abs. 1 Nr. 17, Abs. 2 mit Bußgeld bis zu 300.000 Euro bedroht. Die unerlaubte Offenbarung von dem Fernmeldegeheimnis unterliegenden Verkehrsdaten kann außerdem nach § 206 Abs. 1 StGB strafbar sein.

IV. Zusammenhang mit anderen Vorschriften

17 Die kundenschutzrechtlichen Aspekte der Entgeltermittlung und -abrechnung sind in den §§ 45f–45j geregelt. § 99 enthält datenschutzrechtliche Vorgaben für die Erstellung von Einzelverbindungsnachweisen, die dem Kunden ermöglichen sollen, die Korrektheit der Abrechnung zu überprüfen.

§ 98 Standortdaten

(1) Standortdaten, die in Bezug auf die Nutzer von öffentlichen Telekommunikationsnetzen oder öffentlich zugänglichen Telekommunikationsdiensten verwendet werden, dürfen nur im zur Bereitstellung von Diensten mit Zusatznutzen erforderlichen Umfang und innerhalb des dafür erforderlichen Zeitraums verarbeitet werden, wenn sie anonymisiert wurden oder wenn der Teilnehmer dem Anbieter des Dienstes mit Zusatznutzen seine Einwilligung erteilt hat. In diesen Fällen hat der Anbieter des Dienstes mit Zusatznutzen bei jeder Feststellung des Standortes des Mobilfunkendgerätes den Nutzer durch eine Textmitteilung an das Endgerät, dessen Standortdaten ermittelt

---

41 S. VG Köln v. 28.11.2013 – 1 K 6230/11, ZD 2014, 210 (212).
42 Beim sog. Online-Billing hat der Teilnehmernetzbetreiber des Anrufers die Tarifhoheit und ist für die Verbindungsleistung Vertragspartner des Anrufers. Dieses Verfahren wird u.a. für Massenverkehrsnummern eingesetzt. Beim Offline-Billing liegt die Tarifhoheit beim Teilnehmernetzbetreiber des Angerufenen. Es wird etwa für Premium-Dienste eingesetzt. S. näher zu diesen Abrechnungsthemen Säcker/Schmitz, vor § 66a TKG Rz. 9 ff.

wurden, zu informieren. Dies gilt nicht, wenn der Standort nur auf dem Endgerät angezeigt wird, dessen Standortdaten ermittelt wurden. Werden die Standortdaten für einen Dienst mit Zusatznutzen verarbeitet, der die Übermittlung von Standortdaten eines Mobilfunkendgerätes an einen anderen Teilnehmer oder Dritte, die nicht Anbieter des Dienstes mit Zusatznutzen sind, zum Gegenstand hat, muss der Teilnehmer abweichend von § 94 seine Einwilligung ausdrücklich, gesondert und schriftlich gegenüber dem Anbieter des Dienstes mit Zusatznutzen erteilen. In diesem Fall gilt die Verpflichtung nach Satz 2 entsprechend für den Anbieter des Dienstes mit Zusatznutzen. Der Anbieter des Dienstes mit Zusatznutzen darf die erforderlichen Bestandsdaten zur Erfüllung seiner Verpflichtung aus Satz 2 nutzen. Der Teilnehmer muss Mitbenutzer über eine erteilte Einwilligung unterrichten. Eine Einwilligung kann jederzeit widerrufen werden.

(2) Haben die Teilnehmer ihre Einwilligung zur Verarbeitung von Standortdaten gegeben, müssen sie auch weiterhin die Möglichkeit haben, die Verarbeitung solcher Daten für jede Verbindung zum Netz oder für jede Übertragung einer Nachricht auf einfache Weise und unentgeltlich zeitweise zu untersagen.

(3) Bei Verbindungen zu Anschlüssen, die unter den Notrufnummern 112 oder 110 oder der Rufnummer 124 124 oder 116 117 erreicht werden, hat der Diensteanbieter sicherzustellen, dass nicht im Einzelfall oder dauernd die Übermittlung von Standortdaten ausgeschlossen wird.

(4) Die Verarbeitung von Standortdaten nach den Absätzen 1 und 2 muss auf das für die Bereitstellung des Dienstes mit Zusatznutzen erforderliche Maß sowie auf Personen beschränkt werden, die im Auftrag des Betreibers des öffentlichen Telekommunikationsnetzes oder öffentlich zugänglichen Telekommunikationsdienstes oder des Dritten, der den Dienst mit Zusatznutzen anbietet, handeln.

I. Einführung	1	4. Verhältnis zu § 96 Abs. 3	6
II. Anwendungsbereich	2	5. Materielle Anforderungen für den Umgang mit Standortdaten	7
1. Standortdaten	2	6. Notrufe	12
2. Dienste mit Zusatznutzen	4	III. Sanktionen	13
3. Anbieter von Diensten mit Zusatznutzen	5		

Schrifttum: *Artikel-29-Datenschutzgruppe*, Stellungnahme 13/2011 zu den Geolokalisierungsdiensten von intelligenten mobilen Endgeräten, WP 185, angenommen am 16.5. 2011; *Heun*, Der Referentenentwurf zur TKG-Novelle 2011, CR 2011, 152; *Jandt*, Datenschutz bei Location Based services – Voraussetzungen und Grenzen der rechtmäßigen Verwendung von Postionsdaten; MMR 2007, 74; *Kiparski/Sassenberg*: DSGVO und TK-Datenschutz – En komplexes europarechtliches Geflecht, CR 2018, 324; *Maier/Ossoinig*, Rechtsfragen und praktische Tipps bei der Ortung durch Smartphone-Apps, VuR 2015, 330; *Pokutnev/Schmid*, Die TKG-Novelle 2012 aus datenschutzrechtlicher Sicht, CR 2012,

360; *Steidle*, Datenschutz bei Nutzung von Location Based Services im Unternehmen, MMR 2009, 167.

I. Einführung

1   Die Vorschrift regelt den **Umgang mit Standortdaten** für die Erbringung sog. **Dienste mit Zusatznutzen.** Sie setzt Art. 9 der ePrivacy-RL[1] um. Allerdings gehen die Inhalte von § 98 Abs. 1 Sätze 2 bis 7 dabei über die Vorgaben der ePrivacy-RL hinaus. Da es in der Sache nicht um den Umgang mit Verkehrsdaten geht (vgl. unten Rz. 6), kann diese Abweichung von der ePrivacy-RL auch nicht auf die Befugnis des nationalen Gesetzgebers gestützt werden, den Umgang mit Daten zu regeln, die dem Fernmeldegeheimnis unterliegen (s. dazu Kommentierung zu Art. 95 DSGVO Rz. 7). Das dürfte dazu führen, dass diese Regelungen ab Geltungsbeginn der DSGVO nicht mehr anwendbar sind[2]. An ihre Stelle sollte die sehr viel allgemeiner gehaltene Anforderung aus Art. 9 Abs. 1 ePrivacy-RL treten, wonach der Umgang mit personalisierten Standortdaten eine informierte Einwilligung der betroffenen Teilnehmer und Nutzer voraussetzt.

II. Anwendungsbereich

1. Standortdaten

2   Der Begriff der Standortdaten wird in § 3 Nr. 19 definiert. Es handelt sich hiernach um „**Daten, die in einem Telekommunikationsnetz oder von einem Telekommunikationsdienst erhoben oder verwendet werden und die den Standort des Endgeräts eines Endnutzers eines öffentlich zugänglichen Telekommunikationsdienstes angeben**". Neu eingeführt wurde mit dem Gesetz vom 3.5.2012 die Wendung, wonach auch „von einem Telekommunikationsdienst" erhobene und verwendete Daten erfasst sind. Dies geht auf die gleichlautende Änderung des Art. 2c der ePrivacy-RL durch die Änderungsrichtlinie 2009/136/EG zurück. Leider sprechen die Erwägungsgründe der Änderungsrichtlinie die Motivation für diese Änderung nicht an. Die Erweiterung kann jedenfalls so verstanden werden, dass davon auch Telekommunikationsinhalte, die sich auf den Standort beziehen, erfasst werden. Wenn danach ein Smart-

---

1   Richtlinie 2002/58/EG des Europäischen Parlaments und des Rates v. 12.7.2002 über die Verarbeitung personenbezogener Daten und den Schutz der Privatsphäre in der elektronischen Kommunikation (Datenschutzrichtlinie für elektronische Kommunikation), ABl. Nr. L 201, S. 37, zuletzt geändert durch Art. 2 ÄndRL 2009/136/EG v. 25.11.2009 (ABl. Nr. L 337, S. 11).
2   A.A. *Kiparski/Sassenberg*, CR 2018, 324 (328), die in § 98 Abs. 1 Satz 2 TKG eine erlaubte erweiternde Umsetzung sehen. Unklar bleibt dabei, ob diese Ansicht auch für die Sätze 3 bis 7 vertreten wird.

phone mittels des eingebauten GPS-Empfängers seinen Standort ermittelt und diese Angaben dann übermittelt, wäre dies ein Standortdatum[3]. Denn vom Endgerät ausgehende Nachrichten an einen Dritten sind als Inhalt der Telekommunikation zu verstehen. Auch der am Telefon gesprochene Satz „ich bin in der Marienstraße in Frankfurt am Main" wäre dann ein Standortdatum.

Ein engeres und genau am Wortlaut *„von einem Telekommunikationsdienst"* orientiertes Verständnis würde demgegenüber darauf abstellen, dass gerade **der Telekommunikationsdienst als solcher Angaben zum Standort des Endgerätes erhebt oder verwendet**. Die Übermittlung des Standorts des Nutzers als Nachrichteninhalt ist keine Verwendung dieses Datums durch den Telekommunikationsdienst (s. auch Kommentierung zu § 91 TKG Rz. 16). Mobilfunkdienste verwenden zur Herstellung der Verbindung stets auch Angaben zur Funkzelle, in die Mobiltelefone eingebucht sind. Allerdings werden diese Daten auch im Mobilfunknetz, also in einem Telekommunikationsnetz verwendet, so dass die Ergänzung des Normtextes dann weitgehend bedeutungslos wäre. Da jedoch die Missachtung von § 98 nach § 149 Nr. 17a und 17b bußgeldbewehrt ist, muss man den Wortlaut der Norm und also auch die zugrunde liegende Begriffsbestimmung eng auslegen. Deshalb kann man nur solche Angaben, die vom Anbieter eines Telekommunikationsdienstes erhoben und dann von diesem oder einem Anbieter von Diensten mit Zusatznutzen verwendet werden, als Standortdaten i.S.d. § 3 Nr. 19 verstehen. Dadurch wird der Anwendungsbereich von § 98 zwar weiter eingeschränkt, als es dem Gesetzgeber womöglich vorschwebte[4], aber immerhin die Dienste erfasst, die auf den Angaben der Funkzelle und nicht auf GPS beruhen[5]. Die Aufsichtsbehörden teilen diese Ansicht[6]. 3

2. Dienste mit Zusatznutzen

Die von § 98 geregelten Angebote sind „Dienste mit Zusatznutzen", also Dienste, welche „die Erhebung und Verwendung von Verkehrsdaten oder Standortdaten in einem Maße erforder[n], das über das für die Übermittlung einer Nachricht oder die Entgeltabrechnung dieses Vorganges erforderliche Maß hinausgeht". In der Praxis geht es hier um **Angebote, die entweder den Standort von Endgeräten ermitteln oder in Bezug auf den Standort Informationen zur Verfügung stellen**, etwa Hinweise zu in der Nähe befindlichen Gaststätten oder sonstigen Lokalitäten von Interesse. Derartige Dienste sind keine Telekommuni- 4

---

3 So anscheinend *Pokutnev/Schmid*, CR 2012, 360 (365) und *Heun*, CR 2011, 152 (160). Wenn das Endgerät seinen Standort übermittelt, ist das ein Telekommunikationsinhalt.
4 S. die Begründung zum Regierungsentwurf, BT-Drucks. 17/5707, S. 79.
5 Solche gibt es durchaus, etwa www.trackyourkid.de.
6 S. die Website des BfDI, www.bfdi.bund.de, unter Datenschutz/Themen/Telefon und Internet/Ortung und Standortdaten bei Mobiltelefonen (Location based Services). Zur Gegenansicht in der Literatur s. unten Rz. 10.

kationsdienste, sondern je nach Ausgestaltung telekommunikationsgestützte Dienste i.S.v. § 3 Nr. 25 oder Telemediendienste i.S.d. TMG. Im allgemeinen Sprachgebrauch werden solche Angebote auch neudeutsch als „location based services" bezeichnet, wobei angesichts der Sperrigkeit und Vagheit der Wendung „Dienst mit Zusatznutzen" kaum erwartet werden kann, dass diese Bezeichnung in den allgemeinen Sprachgebrauch übergeht. Der Gesetzgeber ist hier dem Wortlaut von Art. 2 Buchst. g der ePrivacy-RL gefolgt.

3. Anbieter von Diensten mit Zusatznutzen

5   § 98 bezeichnet als **Verpflichteten** nicht den Diensteanbieter i.S.d. TKG[7], sondern den Anbieter des Dienstes mit Zusatznutzen. Da bei solchen Diensten nicht der Transport von Nachrichten im Vordergrund steht, sondern die Leistung in der Nachricht selbst besteht, handelt es sich nicht um Telekommunikationsdienste (s. oben Rz. 4). Insofern wird von § 98 ein Personenkreis erfasst, für den die Datenschutzvorschriften des TKG sonst nicht gelten.

4. Verhältnis zu § 96 Abs. 3

6   Neben § 98 enthält auch § 96 Abs. 3 Regelungen für das Angebot von Diensten mit Zusatznutzen. Jene Vorschrift erlaubt dem Diensteanbieter, **Verkehrsdaten** mit Einwilligung des Teilnehmers für das Erbringen solcher Dienste zu verwenden. Verkehrsdaten sind mit **Standortdaten** nicht deckungsgleich, denn nicht alle Daten mit Standortbezug, die in Mobilfunknetzen ermittelt werden können[8], sind für das Aufbauen von Verbindungen erforderlich. Verwendet der Diensteanbieter für einen Dienst mit Zusatznutzen lediglich Verkehrsdaten, so kann dies auf § 96 Abs. 3 gestützt werden. Wenn hingegen Standortdaten verwendet werden, die keine Verkehrsdaten sind, oder gar ein Dritter Anbieter des Dienstes mit Zusatznutzen ist, gilt § 98. Dies lässt sich auch auf die ePrivacy-RL zurückführen, die in Art. 6 Abs. 3 Dienste des Diensteanbieters mit Zusatznutzen auf Grundlage von Verkehrsdaten und in Art. 9 Dienste mit Zusatznutzen auf Grundlage von Standortdaten, die keine Verkehrsdaten sind („andere Standortdaten als Verkehrsdaten"), regelt[9]. Wie ihrem Erwägungsgrund Nr. 35 entnommen werden kann, hat die ePrivacy-RL mit ihrer Differenzierung vor allem solche Standortinformationen im Auge, die genauer sind, als zur Erbringung von Telekommunikationsdiensten erforderlich[10]. Da jedoch sowohl bei § 96

---

7   Dies ist, wer geschäftsmäßig Telekommunikationsdienste erbringt oder daran mitwirkt, § 3 Nr. 6 TKG. S. dazu die Kommentierung zu § 88 TKG Rz. 13 ff. und § 91 TKG Rz. 4 ff.
8   S. zu den Methoden der GSM-Ortung den entsprechenden Beitrag auf Wikipedia.
9   *Jandt*, MMR 2007, 74 (75).
10 Heun/*Eckhardt*, Teil L Rz. 262.

Abs. 3 als auch bei § 98 bei Personenbezug der verwendeten Informationen die Einwilligung des Teilnehmers erforderlich ist, besteht in der Sache kein materieller Unterschied zwischen den Vorschriften.

5. Materielle Anforderungen für den Umgang mit Standortdaten

§ 98 Abs. 1 Satz 1 erlaubt den Umgang mit Standortdaten für das Erbringen von 7
Diensten mit Zusatznutzen entweder mit **Einwilligung des Teilnehmers oder in anonymisierter Form**. Wenn das Gesetz hier von „Verarbeiten" spricht, umfasst dies das Erheben, Verarbeiten und Nutzen der Daten und ist weiter zu verstehen als nach § 3 Abs. 4 BDSG-alt, da die Norm hier den Wortlaut von Art. 9 Abs. 1 der ePrivacy-RL übernimmt[11]. Nach den Sätzen 2 und 3 ist der Nutzer des Endgeräts, dessen Standort für den Dienst festgestellt wird, per Textnachricht über jede Positionsbestimmung zu informieren, es sei denn, der Standort wird lediglich auf dem Endgerät angezeigt. Nutzer ist hier die Person, die das Gerät mit sich führt und nicht notwendigerweise der Teilnehmer (zu den Begrifflichkeiten s. Kommentierung zu § 91 TKG Rz. 7). Diese Vorgabe soll Transparenz für den Nutzer schaffen.

Für die Einwilligung zuständig ist in allen Fällen der Teilnehmer als Vertrags- 8
partner des Anbieters. Der Anbieter kann in der Praxis nicht wissen, ob der Teilnehmer das Endgerät selbst mit sich führt oder es jemand anderem überlässt und hat auch sonst keine Beziehungen zu anderen Nutzern, weshalb dem Anbieter nicht zugemutet werden kann, die Einwilligung jedes Nutzers einzuholen. Ähnlich wie beim Einzelverbindungsnachweis (§ 99 Abs. 3 Satz 3) lässt das Gesetz deshalb die Einwilligung des Teilnehmers genügen, der dafür aber verpflichtet ist, etwaige Mitbenutzer zu informieren (§ 98 Abs. 1 Satz 7). Die Einwilligung ist jederzeit widerruflich (§ 98 Abs. 1 Satz 8) und daneben sollen Teilnehmer nach § 98 Abs. 2 auch die Option haben, den Umgang mit Standortdaten temporär zu unterbinden.

In jüngerer Zeit sind Dienste aufgekommen, deren Gegenstand die **Ermittlung** 9
des Standortes Anderer ist[12]. Der Anbieter des Dienstes verwendet Standortdaten, um die Position des von dem Anderen mitgeführten Endgerätes zu ermitteln und sie seinem Kunden mitzuteilen. Dies hat zu den Regelungen in den Sätzen 4 und 5 des § 98 Abs. 1 geführt, die zunächst im TKG nicht enthalten waren[13], und die so auch nicht in der ePrivacy-RL vorgesehen sind (s. schon oben Rz. 1). Danach muss die Einwilligung des Teilnehmers in den Umgang mit

---
11 *Jandt*, MMR 2007, 74 (75); Heun/*Eckhardt*, Teil L Rz. 270.
12 Solche Angebote sind z.B. zu finden unter www.handyorten-kostenlos.de, http://mobilspionage.de, www.handyorten.de, www.trackyourfriend.de und www.handylocation.com.
13 Erste Regelungen hierzu wurden durch das erste Gesetz zur Änderung des Telekommunikationsgesetzes und des Gesetzes über die elektromagnetische Verträglichkeit von Betriebsmitteln v. 29.7.2009 (BGBl. I, S. 2409) eingeführt.

Standortdaten für solche Dienste „ausdrücklich, gesondert und schriftlich" erfolgen. Das Erfordernis einer schriftlichen Einwilligung setzt Vertriebsmodellen im E-Commerce und damit einer spontanen Bestellung Grenzen, dürfte aber ab 25.5.2018 nicht mehr gelten. Der Nutzer ist auch hier über jede durchgeführte Positionsbestimmung per Textnachricht zu informieren. Nach dem bis zum 10.5.2012 geltenden Rechtszustand war demgegenüber nur bei jeder fünften Positionsbestimmung eine entsprechende Nachricht vonnöten, so dass die Rechtslage hier zum Schutz der Nutzer nunmehr deutlich strenger ist.

10 Angemerkt sei allerdings, dass manche dieser Angebote nicht auf Standortdaten i.S.d. TKG beruhen, sondern auf Apps, die in Smartphones eingebaute **GPS-Empfänger** aktivieren. GPS ist kein Telekommunikationsdienst und es werden auch keine Daten in einem Telekommunikationsnetz oder von einem Telekommunikationsdienst verwendet. Denn GPS übermittelt keine Nachrichten für den Nutzer, sondern teilt dem Empfangsgerät lediglich die Standorte von Satelliten zu bestimmten Zeiten mit. Die Positionsbestimmung erfolgt dann auf dieser Grundlage im Empfangsgerät[14]. Selbst wenn man das GPS-Satellitennetz als Telekommunikationsnetz ansieht[15], sind die von den Satelliten gesendeten Daten nicht in diesem Netz verwendete Daten, sondern von ihm übermittelte Nachrichten, die ihrerseits nicht den Standort des Endgeräts angeben, sondern dem Gerät die Standortbestimmung ermöglichen. Für die Standortbestimmung auf Grundlage von GPS ohne Verwendung von Daten aus Telekommunikationsnetzen gilt § 98 deshalb nicht, was auch die Aufsichtsbehörden so sehen[16]. Das bedeutet nicht, dass solche Dienste sich im datenschutzrechtsfreien Raum bewegen. Sie sind nach allgemeinen datenschutzrechtlichen Maßstäben zu beurteilen.

11 § 98 Abs. 2 und 4 setzen Vorgaben der ePrivacy-RL in deren Art. 9 Abs. 2 und 3 um. § 98 Abs. 4 wiederholt für den Umgang mit Standortdaten die auch schon in § 98 Abs. 1 Satz 1 enthaltene Beschränkung auf das erforderliche Maß. Außerdem wird der Kreis der Personen, die auf Seiten der Netzbetreiber, Diensteanbieter und Anbieter der Dienste mit Zusatznutzen Zugang zu Standortdaten haben, limitiert.

---

14 S. die Beschreibung der Funktionsweise der Artikel 29-Datenschutzgruppe, WP 185, S. 5.
15 So *Steidle*, MMR 2009, 167 (168).
16 S. die Website des BfDI, www.bfdi.bund.de, unter Datenschutz/Themen/Telefon und Internet/Ortung und Standortdaten bei Mobiltelefonen (Location based Services) sowie Artikel 29-Datenschutzruppe, WP 185 S. 9, 22. Wie hier Auernhammer/*Heun*, § 98 TKG Rz. 8f. sowie mit ausführlicher Begründung *Maier/Ossoinig*, VuR 2015, 330 (334). A.A. demgegenüber Spindler/Schuster/*Eckhardt*, § 98 TKG Rz. 9; Taeger/Gabel/*Munz*, § 98 TKG Rz. 3 und *Pokutnev/Schmid*, CR 2012, 360 (365), die dabei jedoch m.E. die vom Endgerät mittels GPS festgestellten und sodann über einen TK-Dienst an einen Empfänger übermittelten Positionsangaben zu Unrecht mit vom TK-Dienst selbst verarbeiteten Daten gleichsetzen.

6. Notrufe

Die Regelung des § 98 Abs. 3 gehört eigentlich nicht in den Bereich des Datenschutzes, sondern den der **öffentlichen Sicherheit** in § 108. Die Vorschrift ist in Art. 10 Buchst. b der ePrivacy-RL angelegt. Beim Anruf von Notrufnummern werden gemäß § 108 Abs. 1 Satz 3 Nr. 2 regelmäßig Angaben zum Standort des Anrufers übermittelt. Einzelheiten werden in der nach § 108 Abs. 3 erlassenen Verordnung über Notrufverbindungen sowie Richtlinien der BNetzA nach § 108 Abs. 4 festgelegt. 12

III. Sanktionen

Die Pflichten nach § 98 sind nach § 149 Abs. 1 Nr. 17a und 17b bußgeldbewehrt. Hiernach begeht eine **Ordnungswidrigkeit**, wer „ohne Einwilligung nach § 98 Abs. 1 Satz 2 in Verbindung mit Satz 1 Daten verarbeitet" (Nr. 17a) oder „entgegen § 98 Absatz 1 Satz 2, auch in Verbindung mit Satz 5, eine Information nicht, nicht richtig, nicht vollständig oder nicht rechtzeitig gibt" (§ 149 Abs. 1 Nr. 17b). Der Bußgeldrahmen beträgt für Ordnungswidrigkeiten nach § 149 Abs. 1 Nr. 17a bis zu 300.000 Euro, bei Taten nach § 149 Abs. 1 Nr. 17b bis zu 50.000 Euro (§ 149 Abs. 2). In § 149 Abs. 1 Nr. 17a hat sich jedoch ein **Redaktionsfehler** eingeschlichen, weil § 98 Abs. 1 Satz 2 kein Einwilligungserfordernis enthält. Die dort gemeinte Einwilligung ist nunmehr in Satz 4 vorgesehen, aber § 149 Abs. 1 Nr. 17a wurde nicht an die letzten Änderungen in § 98 Abs. 1 angepasst. Es bleibt abzuwarten, ob dies noch in Bußgeldverfahren zu Schwierigkeiten führt. Im Moment dürfte eine Ahndung von Verstößen gegen § 98 Abs. 1 Satz 4 nach dem Grundsatz *nulla poena sine lege* (§ 3 OWiG) nicht in Betracht kommen. 13

§ 99 Einzelverbindungsnachweis

(1) Dem Teilnehmer sind die gespeicherten Daten derjenigen Verbindungen, für die er entgeltpflichtig ist, nur dann mitzuteilen, wenn er vor dem maßgeblichen Abrechnungszeitraum in Textform einen Einzelverbindungsnachweis verlangt hat; auf Wunsch dürfen ihm auch die Daten pauschal abgegoltener Verbindungen mitgeteilt werden. Dabei entscheidet der Teilnehmer, ob ihm die von ihm gewählten Rufnummern ungekürzt oder unter Kürzung um die letzten drei Ziffern mitgeteilt werden. Bei Anschlüssen im Haushalt ist die Mitteilung nur zulässig, wenn der Teilnehmer in Textform erklärt hat, dass er alle zum Haushalt gehörenden Mitbenutzer des Anschlusses darüber informiert hat und künftige Mitbenutzer unverzüglich darüber informieren wird, dass ihm die Verkehrsdaten zur Erteilung des Nachweises bekannt ge-

geben werden. Bei Anschlüssen in Betrieben und Behörden ist die Mitteilung nur zulässig, wenn der Teilnehmer in Textform erklärt hat, dass die Mitarbeiter informiert worden sind und künftige Mitarbeiter unverzüglich informiert werden und dass der Betriebsrat oder die Personalvertretung entsprechend den gesetzlichen Vorschriften beteiligt worden ist oder eine solche Beteiligung nicht erforderlich ist. Soweit die öffentlich-rechtlichen Religionsgesellschaften für ihren Bereich eigene Mitarbeitervertreterregelungen erlassen haben, findet Satz 4 mit der Maßgabe Anwendung, dass an die Stelle des Betriebsrates oder der Personalvertretung die jeweilige Mitarbeitervertretung tritt. Dem Teilnehmer dürfen darüber hinaus die gespeicherten Daten mitgeteilt werden, wenn er Einwendungen gegen die Höhe der Verbindungsentgelte erhoben hat. Soweit ein Teilnehmer zur vollständigen oder teilweisen Übernahme der Entgelte für Verbindungen verpflichtet ist, die bei seinem Anschluss ankommen, dürfen ihm in dem für ihn bestimmten Einzelverbindungsnachweis die Nummern der Anschlüsse, von denen die Anrufe ausgehen, nur unter Kürzung um die letzten drei Ziffern mitgeteilt werden. Die Sätze 2 und 7 gelten nicht für Diensteanbieter, die als Anbieter für geschlossene Benutzergruppen ihre Dienste nur ihren Teilnehmern anbieten.

(2) Der Einzelverbindungsnachweis nach Absatz 1 Satz 1 darf nicht Verbindungen zu Anschlüssen von Personen, Behörden und Organisationen in sozialen oder kirchlichen Bereichen erkennen lassen, die grundsätzlich anonym bleibenden Anrufern ganz oder überwiegend telefonische Beratung in seelischen oder sozialen Notlagen anbieten und die selbst oder deren Mitarbeiter insoweit besonderen Verschwiegenheitsverpflichtungen unterliegen. Dies gilt nur, soweit die Bundesnetzagentur die angerufenen Anschlüsse in eine Liste aufgenommen hat. Der Beratung im Sinne des Satzes 1 dienen neben den in § 203 Absatz 1 Nummer 4 und 5 des Strafgesetzbuches genannten Personengruppen insbesondere die Telefonseelsorge und die Gesundheitsberatung. Die Bundesnetzagentur nimmt die Inhaber der Anschlüsse auf Antrag in die Liste auf, wenn sie ihre Aufgabenbestimmung nach Satz 1 durch Bescheinigung einer Behörde oder Körperschaft, Anstalt oder Stiftung des öffentlichen Rechts nachgewiesen haben. Die Liste wird zum Abruf im automatisierten Verfahren bereitgestellt. Der Diensteanbieter hat die Liste quartalsweise abzufragen und Änderungen unverzüglich in seinen Abrechnungsverfahren anzuwenden. Die Sätze 1 bis 6 gelten nicht für Diensteanbieter, die als Anbieter für geschlossene Benutzergruppen ihre Dienste nur ihren Teilnehmern anbieten.

(3) Bei Verwendung einer Kundenkarte muss auch auf der Karte ein deutlicher Hinweis auf die mögliche Mitteilung der gespeicherten Verkehrsdaten ersichtlich sein. Sofern ein solcher Hinweis auf der Karte aus technischen Gründen nicht möglich oder für den Kartenemittenten unzumutbar ist, muss der Teilnehmer eine Erklärung nach Absatz 1 Satz 3 oder Satz 4 abgegeben haben.

I. Einführung	1	4. Beratungsstellen (Abs. 2)	6
II. Anwendungsbereich	2	5. Ausnahmen für geschlossene Benutzergruppen (Abs. 1 Satz 8, Abs. 2 Satz 7)	7
1. Begriffsbestimmung und Anforderungen (Abs. 1 Sätze 1, 2 und § 45e)	2	III. Sanktionen	8
2. Schutz von Mitbenutzern und Beschäftigten (Abs. 1 Sätze 3–6, Abs. 3)	3	IV. Zusammenhang mit anderen Vorschriften	9
3. Einzelverbindungsnachweis für eingehende Anrufe (Abs. 1 Satz 7)	5		

Schrifttum: *Bäcker*, Die Betroffenenauskunft im Telekommunikationsrecht, MMR 2009, 803; *Schmitz*, Telefonanlagenfunktionen im Netz des TK-Providers – Vertragsgestaltung unter einer datenschutzrechtlichen Gemengelage nach TKG, TMG und BDSG, ZD 2011, 104; *Schmitz*, Abrechnung von tk-gestützten Diensten nach § 97 TKG, CR 2012, 577.

I. Einführung

Die Vorschrift regelt die **datenschutzrechtlichen Aspekte der Erstellung von** 1
Einzelverbindungsnachweisen. Sie setzt den Regelungsauftrag aus Art. 7 der ePrivacy-RL[1] um. Jene Vorschrift enthält allerdings nur wenige grobe Vorgaben, was nur so verstanden werden kann, dass die nationalen Gesetzgeber insoweit einen weiten Ausgestaltungsspielraum haben sollen. Deshalb dürften die nationalen Regelungen auch nach Geltungsbeginn der DSGVO gemäß Art. 95 DSGVO einstweilen fortgelten (s. Kommentierung zu Art. 95 DSGVO Rz. 6). Die Erstellung von Einzelverbindungsnachweisen ist daneben in kundenschutzrechtlicher Hinsicht in der Vorschrift des § 45e geregelt, die ihrerseits auf Art. 10 Abs. 2 und Anhang I Teil A Buchst. a der Universaldienstrichtlinie[2] beruht.

---

1 Richtlinie 2002/58/EG des Europäischen Parlaments und des Rates v. 12.7.2002 über die Verarbeitung personenbezogener Daten und den Schutz der Privatsphäre in der elektronischen Kommunikation (Datenschutzrichtlinie für elektronische Kommunikation), ABl. Nr. L 201, S. 37, zuletzt geändert durch Art. 2 ÄndRL 2009/136/EG v. 25.11.2009 (ABl. Nr. L 337, S. 11).

2 Richtlinie 2002/22/EG des Europäischen Parlaments und des Rates v. 7. März 2002 über den Universaldienst und Nutzerrechte bei elektronischen Kommunikationsnetzen und -diensten (Universaldienstrichtlinie), ABl. Nr. L 108 S. 51, zuletzt geändert durch Richtlinie 2009/136/EG des Europäischen Parlaments und des Rates v. 25. November 2009 (ABl. Nr. L 337, S. 11).

II. Anwendungsbereich

1. Begriffsbestimmung und Anforderungen (Abs. 1 Sätze 1, 2 und § 45e)

2   Die Kunden von Telekommunikationsdiensten haben häufig Interesse, die Richtigkeit ihrer Rechnungen nachzuprüfen. Dieses Interesse wird durch § 45e geschützt, der ihnen Anspruch auf die Erteilung von Einzelverbindungsnachweisen gibt. Dabei handelt es sich um „**eine nach Einzelverbindungen aufgeschlüsselte Rechnung**" (§ 45e Abs. 1 Satz 1). Der Einzelverbindungsnachweis hat zumindest die Angaben zu enthalten, die für eine Nachprüfung der Teilbeträge der Rechnung erforderlich sind. Die BNetzA hat nach § 45e Abs. 2 Satz 1 die Möglichkeit, die Angaben und die Form von Einzelverbindungsnachweisen festzulegen. Hiervon hat sie mit der Verfügung Nr. 35/2008 v. 23.4.2008 Gebrauch gemacht[3]. Für diesen Vorgaben entsprechende Einzelverbindungsnachweise (sog. Standardnachweise) dürfen **keine Entgelte** erhoben werden (§ 45e Abs. 2 Satz 2). Der Einzelverbindungsnachweis kann vom Teilnehmer nur für die Zukunft verlangt werden, womit dem Diensteanbieter die Belastung erspart werden soll, auch für die Vergangenheit entsprechende Nachweise vorlegen zu müssen. Für Verbindungen in der Vergangenheit hat der Teilnehmer aber nach § 45i Abs. 1 die Möglichkeit, entsprechende Nachweise zu erhalten, muss dazu aber binnen acht Wochen nach Zugang die Rechnung beanstanden. Der Teilnehmer hat die Wahl, ob er angerufene Nummern um die letzten drei Ziffern verkürzt oder vollständig mitgeteilt erhält (§ 99 Abs. 1 Satz 2). Um kontrollieren zu können, ob Flatrate-Angebote sich lohnen, kann der Einzelverbindungsnachweis auf Wunsch des Teilnehmers auch Daten zu pauschal abgegoltenen Verbindungen enthalten (§ 99 Abs. 1 Satz 1 letzter Halbs.), was jedoch nicht Teil der unentgeltlichen Standardnachweise ist und folglich vom Diensteanbieter nicht unentgeltlich bereitgestellt werden muss[4].

2. Schutz von Mitbenutzern und Beschäftigten (Abs. 1 Sätze 3–6, Abs. 3)

3   Einzelverbindungsnachweise enthalten Informationen zum Kommunikationsverhalten aller Nutzer, also auch über **Mitbewohner und Beschäftigte**. Sätze 3, 4 und 5 des § 99 Abs. 1 sollen deshalb sicherstellen, dass diese Personen darüber informiert sind, dass Einzelverbindungsnachweise erstellt werden. Außerdem sollen insoweit betriebliche Mitbestimmungsrechte abgesichert werden. Ob diesen Anforderungen in der Praxis durchgängig genügt wird, kann man bezweifeln. Anders als bei Einzelverbindungsnachweisen gelten nach § 99 Abs. 1 Satz 6

---

3   ABl. BNetzA Nr. 7/2008, S. 646.
4   S. Ziffer A letzter Absatz der Vfg Nr. 35/2008, ABl. BNetzA 7/2008, S. 646.

die Anforderungen der Sätze 3–5 nicht, wenn der Teilnehmer Rechnungen beanstandet und deshalb gemäß § 45i Abs. 1 nachträglich eine Aufschlüsselung der Rechnung verlangt. Dies wird von manchen kritisiert[5], die deshalb vertreten, dass in diesen Fällen die Aufschlüsselung nur in verkürzter Form der angerufenen Nummern erfolgen dürfe. Dies war anscheinend auch die Ansicht des Gesetzgebers[6], die allerdings im heutigen Gesetzestext nicht (mehr) reflektiert ist. Indessen macht es einen beachtlichen qualitativen Unterschied, ob man von vornherein das Kommunikationsverhalten aller Mitbewohner und/oder Beschäftigten mit jeder Rechnung auswerten kann oder nur im Einzelfall wegen einer Beanstandung, weshalb die Kritik nicht überzeugt.

Beim Einsatz von **Kundenkarten**, also nach § 3 Nr. 11 „Karten, mit deren Hilfe Telekommunikationsverbindungen hergestellt und personenbezogene Daten erhoben werden können", sieht § 99 Abs. 3 eine Hinweispflicht vor. Solche Kundenkarten sind in der heutigen Praxis wohl ganz **überwiegend SIM-Karten** von Mobiltelefonen, die von Teilnehmern an deren Beschäftigte oder Angehörige ausgegeben werden[7]. Wenn wie bei SIM-Karten ein Hinweis praktisch unmöglich oder unzumutbar ist, muss stattdessen nach § 99 Abs. 1 Satz 3 und 4 verfahren werden. 4

3. Einzelverbindungsnachweis für eingehende Anrufe (Abs. 1 Satz 7)

Wenn der Teilnehmer für ankommende Anrufe entgeltpflichtig ist, kann er lediglich einen **gekürzten Einzelverbindungsnachweis** für diese Anrufe erhalten. Dies ist Ausdruck des Rechtsgedankens des § 102, wonach der Anrufer darüber entscheiden können soll, ob seine Rufnummer dem Gesprächspartner mitgeteilt wird[8]. Nach Ansicht von Anbietern telekommunikationsgestützer Dienste trägt die Vorschrift ihrem Interesse an der Kenntnis ihrer Kunden nicht hinreichend Rechnung, weshalb *Schmitz* dafür plädiert, sie als Diensteanbieter i.S.v. § 97 zu behandeln[9]. Durch die neuere BGH-Rechtsprechung zu § 97 hat diese Sichtweise Rückenwind erhalten (s. dazu und zu den Einwänden dagegen die Kommentierung zu § 97 TKG Rz. 14f.), durch eine Entscheidung des VG Köln für Massenverkehrsnummern[10] Gegenwind. Bei netzseitig implementierten Funktionalitäten von Telefonanlagen muss wegen § 99 Abs. 1 Satz 7 die volle Proto- 5

---

5 Arndt/Fetzer/Scherer/Graulich/*Lutz*, § 99 TKG Rz. 12.
6 BT-Drucks. 15/2316, S. 90, wobei die Ausführungen dort nicht eindeutig sind und sich auf inzwischen aufgehobene Vorschriften (§ 97 Abs. 4) beziehen.
7 So auch Auernhammer/*Heun*, § 97 TKG Rz. 18; Taeger/Gabel/*Munz*, § 99 TKG Rz. 6.
8 BeckTKGKomm/*Wittern*, § 99 TKG Rz. 14.
9 *Schmitz*, ZD 2012, 8 (9f.).
10 VG Köln v. 28.11.2013 – 1 K 6230/11, ZD 2014, 210 (212).

kollierung anrufender Rufnummern als Auftragsdatenverarbeitung des Diensteanbieters für den Teilnehmer ausgestaltet werden, wobei aber § 102 zu beachten ist (s. Kommentierung zu § 91 TKG Rz. 17)[11].

4. Beratungsstellen (Abs. 2)

6 Zum Schutz der **Vertraulichkeitsinteressen** für Anrufe bei den in § 99 Abs. 2 genannten Organisationen sind diesbezügliche Informationen in Einzelverbindungsnachweisen nicht aufzuführen. Abs. 2 enthält Vorgaben, um dieses Ziel praktisch zu erreichen.

5. Ausnahmen für geschlossene Benutzergruppen (Abs. 1 Satz 8, Abs. 2 Satz 7)

7 Anbieter, die lediglich geschlossene Benutzergruppen bedienen (s. näher Kommentierung zu § 91 TKG Rz. 13), werden von einzelnen Anforderungen des § 99 Abs. 1 und von § 99 Abs. 2 entlastet, da es sich hier in der Regel um kleine Anbieter handelt, die nicht überfordert werden sollen.

III. Sanktionen

8 § 99 ist nicht bußgeldbewehrt. Gibt der Diensteanbieter in einem Einzelverbindungsnachweis Daten preis, die dort nicht genannt werden dürfen (etwa Anrufe zu Beratungsstellen nach Abs. 2), steht ein strafbarer Verstoß gegen das Fernmeldegeheimnis nach § 206 StGB im Raum. Dasselbe gilt, wenn ein Einzelverbindungsnachweis ohne Beachtung der dafür geltenden Voraussetzungen erteilt wird (Unbefugte Mitteilung von Tatsachen, die dem Fernmeldegeheimnis unterliegen, § 206 Abs. 1 StGB).

IV. Zusammenhang mit anderen Vorschriften

9 Die kundenschutzrechtlichen Aspekte zum Einzelverbindungsnachweis sind in § 45e geregelt. Aus § 99 folgen Einschränkungen des Rechts des Betroffenen auf Auskunft über seine Verkehrsdaten, weil sonst die von dieser Vorschrift zugunsten der Diensteanbieter und auch anderer Nutzer vorgesehenen Grenzen unterlaufen werden könnten (s. Kommentierung zu § 93 TKG Rz. 7).

---

11 *Schmitz*, ZD 2011, 104 (107).

§ 100 Störungen von Telekommunikationsanlagen und Missbrauch von Telekommunikationsdiensten

(1) Soweit erforderlich, darf der Diensteanbieter die Bestandsdaten und Verkehrsdaten der Teilnehmer und Nutzer sowie die Steuerdaten eines informationstechnischen Protokolls zur Datenübertragung, die unabhängig vom Inhalt eines Kommunikationsvorgangs übertragen oder auf den am Kommunikationsvorgang beteiligten Servern gespeichert werden und zur Gewährleistung der Kommunikation zwischen Empfänger und Sender notwendig sind, erheben und verwenden, um Störungen oder Fehler an Telekommunikationsanlagen zu erkennen, einzugrenzen oder zu beseitigen. Die Kommunikationsinhalte sind nicht Bestandteil der Steuerdaten eines informationstechnischen Protokolls zur Datenübertragung. Dies gilt auch für Störungen, die zu einer Einschränkung der Verfügbarkeit von Informations- und Kommunikationsdiensten oder zu einem unerlaubten Zugriff auf Telekommunikations- und Datenverarbeitungssysteme der Nutzer führen können. Die Daten sind unverzüglich zu löschen, sobald sie für die Beseitigung der Störung nicht mehr erforderlich sind. Eine Nutzung der Daten zu anderen Zwecken ist unzulässig. Soweit die Daten nicht automatisiert erhoben und verwendet werden, muss der betriebliche Datenschutzbeauftragte unverzüglich über die Verfahren und Umstände der Maßnahme informiert werden. Der Diensteanbieter muss dem betrieblichen Datenschutzbeauftragten, der Bundesnetzagentur und der Bundesbeauftragten für den Datenschutz und die Informationsfreiheit am Ende eines Quartals detailliert über die Verfahren und Umstände von Maßnahmen nach Satz 6 in diesem Zeitraum schriftlich berichten. Die Bundesnetzagentur leitet diese Informationen unverzüglich an das Bundesamt für Sicherheit in der Informationstechnik weiter. Der Betroffene ist von dem Diensteanbieter zu benachrichtigen, sofern dieser ermittelt werden kann. Wurden im Rahmen einer Maßnahme nach Satz 1 auch Steuerdaten eines informationstechnischen Protokolls zur Datenübertragung erhoben und verwendet, müssen die Berichte mindestens auch Angaben zum Umfang und zur Erforderlichkeit der Erhebung und Verwendung der Steuerdaten eines informationstechnischen Protokolls zur Datenübertragung enthalten.

(2) Zur Durchführung von Umschaltungen sowie zum Erkennen und Eingrenzen von Störungen im Netz ist dem Betreiber der Telekommunikationsanlage oder seinem Beauftragten das Aufschalten auf bestehende Verbindungen erlaubt, soweit dies betrieblich erforderlich ist. Eventuelle bei der Aufschaltung erstellte Aufzeichnungen sind unverzüglich zu löschen. Das Aufschalten muss den betroffenen Kommunikationsteilnehmern durch ein akustisches oder sonstiges Signal zeitgleich angezeigt und ausdrücklich mitgeteilt werden. Sofern dies technisch nicht möglich ist, muss der betriebliche Datenschutzbeauftragte unverzüglich detailliert über die Verfahren und Umstände jeder

einzelnen Maßnahme informiert werden. Diese Informationen sind beim betrieblichen Datenschutzbeauftragten für zwei Jahre aufzubewahren.

(3) Wenn zu dokumentierende tatsächliche Anhaltspunkte für die rechtswidrige Inanspruchnahme eines Telekommunikationsnetzes oder -dienstes vorliegen, insbesondere für eine Leistungserschleichung oder einen Betrug, darf der Diensteanbieter zur Sicherung seines Entgeltanspruchs die Bestandsdaten und Verkehrsdaten verwenden, die erforderlich sind, um die rechtswidrige Inanspruchnahme des Telekommunikationsnetzes oder -dienstes aufzudecken und zu unterbinden. Der Diensteanbieter darf die nach § 96 erhobenen Verkehrsdaten in der Weise verwenden, dass aus dem Gesamtbestand aller Verkehrsdaten, die nicht älter als sechs Monate sind, die Daten derjenigen Verbindungen des Netzes ermittelt werden, für die tatsächliche Anhaltspunkte den Verdacht der rechtswidrigen Inanspruchnahme von Telekommunikationsnetzen und -diensten begründen. Der Diensteanbieter darf aus den Verkehrsdaten und Bestandsdaten nach Satz 1 einen pseudonymisierten Gesamtdatenbestand bilden, der Aufschluss über die von einzelnen Teilnehmern erzielten Umsätze gibt und unter Zugrundelegung geeigneter Kriterien das Auffinden solcher Verbindungen des Netzes ermöglicht, bei denen der Verdacht einer rechtswidrigen Inanspruchnahme besteht. Die Daten anderer Verbindungen sind unverzüglich zu löschen. Die Bundesnetzagentur und der Bundesbeauftragte für den Datenschutz sind über Einführung und Änderung eines Verfahrens nach Satz 1 unverzüglich in Kenntnis zu setzen.

(4) Unter den Voraussetzungen des Absatzes 3 Satz 1 darf der Diensteanbieter im Einzelfall Steuersignale erheben und verwenden, soweit dies zum Aufklären und Unterbinden der dort genannten Handlungen unerlässlich ist. Die Erhebung und Verwendung von anderen Nachrichteninhalten ist unzulässig. Über Einzelmaßnahmen nach Satz 1 ist die Bundesnetzagentur in Kenntnis zu setzen. Die Betroffenen sind zu benachrichtigen, sobald dies ohne Gefährdung des Zwecks der Maßnahmen möglich ist.

I. Einführung	1	2. Aufschalten auf Verbindungen (Abs. 2)	8
II. Anwendungsbereich	2	3. Bekämpfung von Missbräuchen (Abs. 3, 4)	9
1. Verwendung von Bestands- und Verkehrsdaten sowie Steuerdaten bei Störungen und Fehlern (Abs. 1)	3	III. Sanktionen	12

Schrifttum: *Breyer*, (Un-)Zulässigkeit einer anlasslosen, siebentägigen Vorratsdatenspeicherung – Grenzen des Rechts auf Anonymität, MMR 2011, 573; *Eckhardt/Schmitz*, Datenschutz in der TKG-Novelle, CR 2011, 436; *Gitter/Meißner/Spauschus*, Das neue IT-Sicherheitsgesetz – IT-Sicherheit zwischen Digitalisierung und digitaler Abhängigkeit, ZD 2015, 512; *Ivanov*, Rechtliche Rahmenbedingungen für Provider beim Filtern, Scannen und Löschen von Spam, Späh- und Schadsoftware, Gutachten für den eco-Verband der deutschen Internetwirktschaft e.V., Dezember 2007; *Ohlenburg*, Der neue Telekommunikationsdatenschutz – Eine Darstellung von Teil 7 Abschnitt 2 TKG, MMR 2004, 431; *Pokutnev/Schmid*, Die TKG-Novelle 2012 aus datenschutzrechtlicher Sicht, CR 2012, 360; *Schallbruch*, IT-Sicherheit: Bundestag verabschiedet NIS-Umsetzungsgesetz, CR-online.de Blog vom 14.5.2017; *Schuster/Sassenberg*, Monitoring und Fraud Detection durch Telekommunikationsanbieter, CR 2011, 15.

I. Einführung

Die Vorschrift erlaubt den Diensteanbietern und Betreibern von Telekommunikationsanlagen, Bestands- und Verkehrsdaten zu erheben und zu verwenden, um gegen **Störungen und Missbräuche** vorzugehen. Die Norm beruht nicht unmittelbar auf unionsrechtlichen Vorgaben, doch geht die ePrivacy-RL[1] in Art. 6 Abs. 5 und vor allem in Erwägungsgrund 29 eindeutig davon aus, dass Diensteanbieter Verkehrsdaten für die Zwecke des § 100 verwenden dürfen[2]. § 100 wurde mit dem Gesetz v. 3.5.2012 in Abs. 2 und vor allem Abs. 3 umfassend geändert. Durch Art. 5 des Gesetzes v. 17.7.2015 (sogenanntes „IT-Sicherheitsgesetz") wurde § 100 Abs. 1 neu gefasst. Satz 1 der Vorschrift wurde etwas umformuliert, und der jetzige Satz 3 (damals Satz 2) hinzugefügt (dazu Rz. 4). Durch Gesetz v. 23.6.2017[3] wurden sodann in § 100 Abs. 1 umfangreiche Ergänzungen vorgenommen. 1

Fraglich ist allerdings, ob und inwieweit der deutsche Gesetzgeber nach Geltungsbeginn der DSGVO noch zu den in § 100 enthaltenen Regelungen berechtigt ist. Der Umgang mit Bestandsdaten kann freilich ab diesem Zeitpunkt nicht mehr national geregelt werden, da die ePrivacy-RL dazu schweigt. Anders ist es bei Verkehrsdaten und sonstigen dem Fernmeldegeheimnis unterfallenden Sachverhalten, bei denen das Unionsrecht bislang keine Vollharmonisierung vornimmt. Hier hat der nationale Gesetzgeber also noch Gestaltungsspielraum (s. Kommentierung zu Art. 95 DSGVO Rz. 7). In diesem Rahmen bewegt sich § 100. 1a

---

1 Richtlinie 2002/58/EG des Europäischen Parlaments und des Rates v. 12.7.2002 über die Verarbeitung personenbezogener Daten und den Schutz der Privatsphäre in der elektronischen Kommunikation (Datenschutzrichtlinie für elektronische Kommunikation), ABl. Nr. L 201, S. 37, zuletzt geändert durch Art. 2 ÄndRL 2009/136/EG v. 25.11.2009 (ABl. Nr. L 337, S. 11).
2 Der Erwägungsgrund lautet wörtlich: „Der Diensteanbieter kann Verkehrsdaten in Bezug auf Teilnehmer und Nutzer in Einzelfällen verarbeiten, um technische Versehen oder Fehler bei der Übertragung von Nachrichten zu ermitteln. Für Fakturierungszwecke notwendige Verkehrsdaten dürfen ebenfalls vom Diensteanbieter verarbeitet werden, um Fälle von Betrug, die darin bestehen, die elektronischen Kommunikationsdienste ohne entsprechende Bezahlung nutzen, ermitteln und abstellen zu können."
3 Gesetz v. 23.6.2017 zur Umsetzung der Richtlinie (EU) 2016/1148 des Europäischen Parlaments und des Rates v. 6. Juli 2016 über Maßnahmen zur Gewährleistung eines hohen gemeinsamen Sicherheitsniveaus von Netz- und Informationssystemen in der Union, BGBl. I S. 1885.

II. Anwendungsbereich

2 § 100 Abs. 1 regelt in allgemeiner Form den **Umgang mit Bestands- und Verkehrsdaten** zur Bekämpfung von Störungen oder Fehlern an Telekommunikationsanlagen. § 100 Abs. 2 erlaubt hierfür das **Aufschalten auf bestehende Verbindungen**. § 100 Abs. 3 regelt die **Bekämpfung von Missbräuchen** unter Verwendung von Bestands- und Verkehrsdaten, § 100 Abs. 4 für den gleichen Zweck die **Auswertung von Steuersignalen**.

1. Verwendung von Bestands- und Verkehrsdaten sowie Steuerdaten bei Störungen und Fehlern (Abs. 1)

3 § 100 Abs. 1 erlaubt den **Umgang mit Bestands- und Verkehrsdaten sowie neuerdings mit Steuerdaten** zum Erkennen, Eingrenzen oder Beseitigen von Fehlern oder Störungen an Telekommunikationsanlagen. Die bis 2015 nur einen Satz[4] umfassende Vorschrift ist durch die oben in Rz. 1 erwähnten zwei Gesetze ganz erheblich auf jetzt 10 Sätze erweitert worden. Bestandsdaten, Verkehrsdaten[5] und Telekommunikationsanlagen sind im TKG legaldefinierte Begriffe (§ 3 Nr. 3, Nr. 30 bzw. Nr. 23). Telekommunikationsanlagen sind nach der Definition in § 3 Nr. 23 „technische Einrichtungen oder Systeme, die als Nachrichten identifizierbare elektromagnetische oder optische Signale senden, übertragen, vermitteln, empfangen, steuern oder kontrollieren können". Demgegenüber sind „Steuerdaten eines informationstechnischen Protokolls zur Datenübertragung" kein gesetzlich definierter Begriff. Aufgrund des Sachzusammenhangs wird die diesbezügliche Regelung (§ 100 Abs. 1 Satz 1, Satzteil zu „Steuerdaten", sowie Sätze 2 und 4-10) unten bei Rz. 7a ff. gemeinsam erläutert.

3a **Fehler und Störungen** sind als ungewollte Beeinträchtigungen des bestimmungsgemäßen Gebrauchs der Telekommunikationsanlagen zu verstehen[6]. Eine Störung kann nach Ansicht des BGH auch vorliegen, wenn bestimmte einem Netzbetreiber zugeordnete IP-Nummern durch andere Netzbetreiber blockiert werden, weil die betroffenen Kunden dann mit Einschränkungen ihrer Kom-

---

4 Der § 100 Abs. 1 lautete bis 25.7.2015 schlicht: „Soweit erforderlich, darf der Diensteanbieter zum Erkennen, Eingrenzen oder Beseitigen von Störungen oder Fehlern an Telekommunikationsanlagen die Bestandsdaten und Verkehrsdaten der Teilnehmer und Nutzer erheben und verwenden."

5 S. zu Bestands- und Verkehrsdaten die Kommentierung zu § 95 bzw. § 96 TKG.

6 So z.B. Arndt/Fetzer/Scherer/Graulich/*Lutz*, § 100 TKG Rz. 5. Enger anscheinend *Breyer*, MMR 2011, 575 (575) unter Verweis auf Erwägungsgrund 29 der Datenschutzrichtlinie für elektronische Kommunikation. Jener Wortlaut ist aber auch nicht eindeutig und lässt „technische Versehen" als Grund ausreichen, ohne dass zwingend ein Übertragungsfehler eintreten muss.

munikationsmöglichkeiten konfrontiert werden[7]. Dies ist jedoch nicht ganz überzeugend: Wenn ein Teilnehmer bspw. seine Telefonanlage so konfiguriert, dass alle eingehenden Anrufe von bestimmten Nummern oder mit unterdrückter Rufnummer abgewiesen werden, liegt darin schwerlich eine Störung der Telefonanlagen, deren Anrufe abgewiesen werden. Die Sperrung von bestimmten IP-Nummernräumen durch Netzbetreiber ist eine ähnliche Konstellation. Kein Fehler und keine Störung in diesem Sinne ist jedenfalls die Nutzung von Telekommunikation für unerlaubte Zwecke, wie etwa für Raubkopien[8]. Der Umgang mit Bestands- und Verkehrsdaten ist für das Erkennen, Eingrenzen und Beseitigen gestattet, was auch Maßnahmen und Überprüfungen erlaubt, bevor Fehler oder Störungen festgestellt werden. Dies folgt auch daraus, dass das Gesetz anders als vor 2004 nicht mehr auf bereits konkret festgestellte Einzelfälle abstellt. Durch den neu hinzugekommen Abs. 1 Satz 3 des § 100 soll klargestellt werden, dass auch eine Beeinträchtigung der Verfügbarkeit von Diensten, Systemen und Netzen sowie das Risiko unerlaubten Zugriffs auf Endgeräte von Nutzern als „Fehler und Störungen" zu verstehen sind. Eine inhaltliche Ausweitung der Vorschrift gegenüber dem vorigen Rechtszustand dürfte dies nur insoweit darstellen, als klargestellt wird, dass auch der Schutz von Endgeräten der Nutzer zu den Zwecken von § 100 Abs. 1 gehört[9]. Laut Gesetzesbegründung soll die Ergänzung durch Satz 3 im Übrigen Maßnahmen wie etwa „Prüfungen des Netzwerkverkehrs, die Verwendung von sog. Honeypots (Fallen für Schadprogramme im Netz) oder Spamtraps (Blockieren der Versendung von Schadprogrammen)"[10] ermöglichen.

§ 100 Abs. 1 erlaubt Dienstanbietern (zum Begriff s. Kommentierung zu § 88 TKG Rz. 13 ff.) den Umgang mit Bestands- und Verkehrsdaten, aber grundsätzlich (zur Ausnahme „Steuerdaten" s. unten Rz. 7c) **keinen Zugriff auf Telekommunikationsinhalte**, wie jedoch in der Rspr. teilweise angenommen wird[11]. Dies ergibt sich klar aus dem Wortlaut und auch der Systematik – ein Zugriff auf Inhaltsdaten („Aufschalten") ist in § 100 Abs. 2 geregelt. 3b

---

7 So BGH v. 3.7.2014 – III ZR 391/13 Rz. 14 f., ITRB 2014, 222 = NJW 2014, 2500 = CR 2015, 444.
8 So zu Recht OLG Köln v. 14.12.2015 – 12 U 16/13, ITRB 2016, 77 = CR 2016, 369 = GRUR-Prax 2016, 85 = K&R 2016, 194 = ZD 2016, 175 Rz. 24 ff. Anders die Ansicht der Vorinstanz.
9 Ähnlich *Gitter/Meißner/Spauschus*, ZD 2015, 512 (515). Die Verfasser sind sämtlich Referenten beim BMI, was nahelegt, dass sich in den Beitrag die Verfasser des Gesetzentwurfs zu Wort melden. Vgl. auch Auernhammer/*Heun*, § 100 TKG Rz. 6, wo noch zur alten Gesetzesfassung die genannten Gefahren ohne Bedenken unter den Begriff der Störung subsumiert werden.
10 So BT-Drucks. 18/4096, S. 35.
11 So z.B. anscheinend OLG Köln v. 14.12.2015 – 12 U 16/13, ITRB 2016, 77 = CR 2016, 369 = GRUR-Prax 2016, 85 = K&R 2016, 194 = ZD 2016, 175, Rz. 30, aber möglicherweise missverständlich formuliert.

4 Die Norm erlaubt aber **keine Vorratsspeicherung** von Daten für einen längeren Zeitraum[12]. Der BGH ist in seinem Urteil zur Speicherung von IP-Nummern[13] davon ausgegangen, dass § 100 Abs. 1 die siebentägige Speicherung dieser Angaben rechtfertigen kann. Dies erscheint angesichts des in Abs. 1 enthaltenen Erforderlichkeitskriteriums zweifelhaft (s. näher dazu Kommentierung zu § 96 TKG Rz. 6), ist aber inzwischen von den Aufsichtsbehörden so übernommen worden[14] und kann trotz der hier vorgebrachten Einwände (s. Kommentierung zu § 96 TKG Rz. 6) als ein alles in allem angemessener Kompromiss akzeptiert werden[15]. Zweifelhaft bleibt aber die vom BGH getroffene Annahme, wonach das Erkennen von Spam, Viren oder Phishing zu den Zwecken nach § 100 Abs. 1 gehören soll[16]. Diese Phänomene und die mit ihnen einhergehenden Beeinträchtigungen und Schäden beeinträchtigen in der Regel nicht die Telekommunikationsanlagen des Diensteanbieters, sondern seine Dienste (bei Spam-E-Mail) und/oder (bei Phishing bzw. Viren) (End)Geräte der Teilnehmer und Nutzer. Durch die zwischenzeitliche Ergänzung des § 100 Abs. 1 um Satz 3 wird allerdings klargestellt, dass auch der Schutz von Endgeräten zu den Zwecken der Vorschrift gehört. Es bleibt aber fraglich, wie die genannten Vorgänge mittels Bestands- und Verkehrsdaten erkannt, eingegrenzt und beseitigt werden sollen. Es handelt sich bei Spam und Viren um unerwünschte Kommunikationsinhalte, die oft nicht bereits anhand ihrer Metadaten erkennbar sind. Allenfalls lassen sich mit Bestands- und Verkehrsdaten der Verkehr bekannter Schadquellen aussondern oder nachträglich die betroffenen Teilnehmer identifizieren. Im Anschluss können sie informiert (vgl. nunmehr auch § 109a Abs. 4 Satz 1, wonach der Diensteanbieter zu dieser Information verpflichtet sein kann) und bei Fortdauer der Störung für weitere Kommunikation gesperrt werden[17], was der zeitgleich mit den Ergänzungen des § 100 Abs. 1 eingeführte § 109a Abs. 5 nunmehr ausdrücklich erlaubt. In Echtzeit anhand von Verkehrsdaten bzw. dem Verkehrsaufkommen erkennbar sind immerhin sog. Distributed Denial of Service Angriffe.

---

12 S. nur Arndt/Fetzer/Scherer/Graulich/*Lutz*, § 100 TKG Rz. 4.
13 BGH v. 13.1.2011 – III ZR 146/10 Rz. 25 ff., MDR 2011, 343 = ITRB 2011, 122 = CR 2011, 96.
14 Ziffer B.I.2. des Leitfadens des BfDI und der BNetzA für eine datenschutzgerechte Speicherung von Verkehrsdaten, Stand 19.12.2012, abzurufen auf der Website der BfDI.
15 Zustimmend zur 7-Tages-Frist Auernhammer/*Heun*, § 100 TKG Rz. 7 mit dem richtigen Hinweis, dass angesichts der heutigen Komplexität von TK-Vorgängen und Netzen, der Anzahl an Diensteanbietern, dem Umfang der Systeme sowie der übertragenen Datenvolumina eine zu restriktivere Speicherfrist die nachgelagerte Störungsbekämpfung in Gefahr bringen könnte. Dezidiert ablehnend mit ausführlicher Begründung demgegenüber BeckTKGKomm/*Braun*, § 100 TKG Rz. 11 ff.
16 Diese Ansicht wird auch im Schrifttum vertreten, s. etwa *Ivanov*, eco-Gutachten S. 36.
17 Vgl. die Darstellung eines entsprechenden Systems in den Urteilsgründen der Entscheidung OLG Frankfurt a.M. v. 28.8.2013 – 13 U 105/07, CR 2013, 710. Die Entscheidung war die Vorinstanz für das Urteil des BGH v. 3.7.2014 – III ZR 391/13, ITRB 2014, 222 = NJW 2014, 2500 = CR 2015, 444.

Fraglich war bei der Anwendung von § 100 Abs. 1 weiter, ob hierbei nur **eigene** **Anlagen des Diensteanbieters** erfasst sind oder auch **Geräte Dritter**, insbesondere (End)Geräte von Teilnehmern bzw. Nutzern. Für Ersteres sprach, dass § 88 Abs. 3 Satz 1 auf den Schutz der technischen Systeme der Diensteanbieter verweist[18]. Auch die Normhistorie sprach für eine Beschränkung auf Anlagen der Diensteanbieter[19]. Allerdings verlangt die Rechtsprechung in anderem Zusammenhang von Diensteanbietern, die Kostenentwicklung ihrer Teilnehmer im Auge zu behalten und sie auf eine atypische Nutzung aufmerksam zu machen[20]. In den entschiedenen Fällen waren jeweils Fehlkonfigurationen von Routern oder Endgeräten der Teilnehmer Auslöser einer extremen Entgeltsteigerung. Diensteanbieter müssen mit anderen Worten die Entwicklung ihrer Entgeltforderungen beobachten und bei gegebenem Anlass die Teilnehmer warnen. Die Entscheidungen lassen jedoch offen, wie die dazu nötige Auswertung von Verkehrs- und Bestandsdaten (Verkehrsvolumina, Verbindungsdauer, Tarifmerkmale) vom Diensteanbieter datenschutzrechtlich gerechtfertigt werden kann. Der Bundesbeauftragte für den Datenschutz und die Informationsfreiheit (BfDI) soll die Ansicht vertreten haben, dass eine Überwachung von Verkehrsdaten zum Erkennen eines atypischen Nutzerverhaltens unzulässig wäre[21]. § 100 Abs. 3 kommt als Rechtsgrundlage nicht in Betracht, da er sich auf Missbrauchsfälle bezieht, die bei einer schlichten Fehlkonfiguration von Endgeräten nicht vorliegen[22]. Es kommt daher in diesen Fällen nur § 100 Abs. 1 als Rechtsgrundlage in Betracht, was jedoch voraussetzt, den Anwendungsbereich auch auf Störungen und Fehler von Geräten des Teilnehmers zu erstrecken. Durch die Ergänzung des § 100 Abs. 1 um den (jetzigen) Satz 3, der auch auf Endgeräte der Nutzer verweist, dürfte die Frage nunmehr geklärt sein.

Der Umgang mit Bestands- und Verkehrsdaten nach § 100 Abs. 1 ist stets auf das für die Zweckerreichung **erforderliche und verhältnismäßige Maß zu beschränken**[23]. Dies setzt voraus, dass es keine zumutbaren und den Datenschutz weniger belastenden Alternativen gibt, um den Zweck zu erreichen[24]. Aus dem Erforderlichkeitskriterium folgt auch, dass für die Zwecke des Abs. 1 erhobene

---

18 *Breyer*, MMR 2011, 573 (575) unter Verweis auf BGH v. 13.1.2011 – III ZR 146/10 Rz. 29, MDR 2011, 343 = ITRB 2011, 122 = CR 2011, 178.
19 S. Auernhammer/*Heun*, § 100 TKG Rz. 4.
20 BGH v. 19.7.2012 – III ZR 71/12, MDR 2012, 1273 = ITRB 2012, 243 = CR 2012, 586; LG Bonn v. 1.6.2010 – 7 O 470/09, ITRB 2011, 8 = CR 2011, 21. Zum LG-Urteil und den aufgeworfenen datenschutzrechtlichen Fragen s. *Schuster/Sassenberg*, CR 2011, 15.
21 *Schuster/Sassenberg*, CR 2011, 15 (17) verweisen auf eine unveröffentlichte Stellungnahme vom 29.11.2010.
22 *Schuster/Sassenberg*, CR 2011, 15 (18).
23 BGH v. 13.1.2011 – III ZR 146/10 Rz. 25, MDR 2011, 343 = ITRB 2011, 122 = CR 2011, 96.
24 BGH v. 13.1.2011 – III ZR 146/10 Rz. 19, MDR 2011, 343 = ITRB 2011, 122 = CR 2011, 96.

und verwendete Daten nach Zweckerreichung zu löschen sind[25], was der neu eingeführte Satz 4 des Abs. 1 klarstellt.

7 *Breyer* bezweifelt die **Verfassungsmäßigkeit** von § 100 Abs. 1, sofern man die Norm dahingehend auslegt, dass sie eine siebentägige Vorratsspeicherung aller Internet-Verbindungsdaten erlaubt. Denn dann hätte der Gesetzgeber nach seiner Ansicht versäumt, Anlass und Grenzen der Befugnisse nach § 100 Abs. 1 normenklar festzulegen[26]. Zuzustimmen ist ihm jedenfalls insoweit, als die Auslegung der Vorschrift durch den BGH im Urteil zu IP-Nummern bedenklich weit ist (s. näher dazu Kommentierung zu § 96 TKG Rz. 6)[27]. Wenn man demgegenüber in der praktischen Rechtsanwendung das Erforderlichkeitskriterium ernst nimmt und zugleich anerkennt, dass der Gesetzgeber nicht alle Einzelheiten regeln kann, bestehen keine verfassungsrechtlichen Bedenken gegen die Vorschrift.

7a Die umfangreiche **Ergänzung des Abs. 1** durch das Gesetz vom 23.6.2017 ist Ergebnis einer in der parlamentarischen Ausschussberatung[28] offenbar im Hau-Ruck-Verfahren vorgenommenen Änderung des Regierungsentwurfs[29] zur Umsetzung der NIS-Richtlinie (EU) 2016/1148[30]. Dies ist dem Gesetz gewordenen Vorschlag auch anzumerken. Als Kollateralschaden des schnellen Verfahrens wurde beispielsweise der Bußgeldrahmen für Verstöße gegen § 102 Abs. 2 um den Faktor 10 reduziert (s. Kommentierung zu § 102 TKG Rz. 5; zu weiteren Pannen beim Thema Bußgeldtatbestände s. unten Rz. 12). Und über die Frage, ob der deutsche Gesetzgeber nach Inkrafttreten der DSGVO noch Regelungen der vorliegenden Art treffen sollte, hat man sich (allerdings unschädlicherweise, s. oben Rz. 1a) ausweislich der Gesetzesbegründung keine Gedanken gemacht.

7b **Im Einzelnen** wurden folgende Ergänzungen des Abs. 1 vorgenommen:
– Ergänzung des Satz 1 um den Satzteil: „sowie die Steuerdaten ... notwendig sind";
– Hinzufügung des Satzes 2 sowie der Sätze 4-10.

---

25 *Ohlenburg*, MMR 2004, 431 (437).
26 *Breyer*, MMR 2011, 573 (575).
27 Im Übrigen liegen *Breyer* und der BGH am weitesten bei der Bewertung des Gewichts des in Rede stehenden Eingriffs einer siebentägigen Speicherung von IP-Nummern auseinander. Der BGH hält den darin liegenden Eingriff für deutlich weniger gravierend, als *Breyer* es tut. Die abstrakten Ausführungen des BGH zum Erforderlichkeitskriterium und zum Angemessenheitsmaßstab geben keinen Anlass zu Kritik.
28 S. die BT-Drucks. 18/11808 v. 30.3.2017, Beschussempfehlung und Bericht des Innenausschusses, S. 12. Der Änderungsantrag der Mitglieder der Regierungskoalition wurde den übrigen Ausschussmitgliedern am Vorabend der Beratung übermittelt.
29 Gesetzesentwurf der Bundesregierung: BT-Drucks 18/11242 v. 20.2.2017.
30 Richtlinie (EU) 2016/1148 v. 6.7.2016 über Maßnahmen zur Gewährleistung eines hohen gemeinsamen Sicherheitsniveaus von Netz- und Informationssystemen in der Union, ABl. L 194, 1.

Auslöser dieser Ergänzung sowie auch der weiteren Änderungen in § 109a durch dasselbe Gesetz war offenbar ein Störfall bei der Deutschen Telekom im November 2016, bei dem etwa 900.000 Router von Endkunden Ziel eines Hackerangriffs (Mirai-Botnetz) waren[31]. In der Folge wurde seitens der Netzbetreiber offenbar gegenüber der Politik mit Nachdruck die Ansicht vertreten, dass die Änderungen in § 100 sowie § 109a erforderlich wären, um Botnetze bekämpfen zu können. Die Ergänzung in § 100 Abs. 1 erlaubt dazu den Netzbetreibern eine Art **„Deep Packet Inspection Light"**[32]. Sie sollen dazu „Steuerdaten eines informationstechnischen Protokolls zur Datenübertragung" auswerten dürfen, anhand derer sich offenbar Botnetze erkennen lassen. Gemeint sind damit laut Gesetzesbegründung Informationen, „die sich aus den verschiedenen Layern des sogenannten OSI-Schichtenmodells der ITU ergeben" und die Informationen zu technischen Übertragungsprotokollen sind, aber nicht Inhalte eines Kommunikationsvorgangs[33]. Gemeint ist wohl, dass es sich nicht um Kommunikationsinhalte zwischen den am Kommunikationsvorgang beteiligten Nutzern handelt. In technischer Hinsicht sind die genannten Steuerdaten aber doch als Kommunikationsinhalte zu verstehen. Hintergrund ist technisch, dass die Kommunikation in IP-Netzen auf mehreren Ebenen stattfindet: Mehrere Netzbetreiber und Diensteanbieter übermitteln einander IP-Datenpakete. Die Steuerdaten sind Inhalte dieser Pakete. Die Diensteanbieter der am Kommunikationsvorgang beteiligten Nutzer übermitteln diesen die Kommunikationsinhalte, so dass aus Sicht der Nutzer die Steuerdaten keine Kommunikationsinhalte sind. Um aber die Steuerdaten für das Erkennen von Bot-Netzen auszuwerten, erlaubt die Vorschrift den Netzbetreibern einen Blick in die von ihnen übermittelten IP-Pakete und damit aus ihrer Sicht in den Inhalt der Nachrichten[34].

7c

Dass diese Einsichtnahme in IP-Pakete doch etwas heikel ist, war dem Gesetzgeber offenbar bewusst, weswegen in den Sätzen 4–10 umfassende **verfahrensmäßige Absicherungen** eingebaut und eine Pflicht zur Information der betroffenen Teilnehmer sowie zu quartalsmäßigen Berichten an die BNetzA[35] vorgesehen wurde. Gleichwohl wirkt die Vorschrift mit der heißen Nadel gestrickt. So fragt man sich, wie sie sich zu § 88 Abs. 3 Satz 1 verhält, wonach Diensteanbieter zum Schutz ihrer Systeme Nachrichteninhalte zur Kenntnis nehmen dürfen. Offenbar half jene Vorschrift bei dem Vorfall nicht weiter, der Anlass für die Änderung war, weil dort Endgeräte von Kunden betroffen waren und nicht eigene Systeme der Netzbetreiber. Und inhaltlich hätte die Regelung besser zu § 100 Abs. 2 oder 4 gepasst, die das Aufschalten auf Verbindungen zur Störungs-

7d

---

31 S. *Schallbruch*, CR-online.de Blog v. 14.5.2017.
32 So die Bezeichnung von *Schallbruch*, CR-online.de Blog v. 14.5.2017. Sprachlich richtiger wäre allerdings, von „Shallow Packet Inspection" zu sprechen.
33 So BT-Drucks. 18/11808, S. 9.
34 S. zum Ganzen *Schallbruch*, CR-online.de Blog v. 14.5.2017.
35 S. dazu Mitteilung Nr. 548/2017, ABl. BNetzA 19/2017, S. 3203.

bekämpfung und damit die Kenntnisnahme von Kommunikationsinhalten bzw. den Umgang mit Steuersignalen erlauben[36]. Schließlich erscheint es auch als wenig sinnvoll, konkrete Regelungen für einzelne Maßnahmen gegen Hacking zu erlassen, statt auf allgemeinere Regelungen zu vertrauen. Einen Wettlauf mit der Hacker-Szene, bei dem jede mögliche Abwehrmaßnahme nach dem ersten Angriff einzeln geregelt wird, kann der Gesetzgeber nicht gewinnen.

2. Aufschalten auf Verbindungen (Abs. 2)

8   § 100 Abs. 2 erlaubt es Betreibern von Telekommunikationsanlagen und deren Beauftragten, sich erforderlichenfalls für die Durchführung von Umschaltungen sowie zum Erkennen und Eingrenzen von Störungen im Netz auf bestehende Verbindungen aufzuschalten. Aufschalten bedeutet, dass die jeweils handelnden Personen sich wie Beteiligte der Verbindung zuschalten und dabei die Kommunikationsinhalte zur Kenntnis nehmen können[37]. Da dabei **Telekommunikationsinhalte** zur Kenntnis genommen werden können, enthält das Gesetz eine Reihe von Vorkehrungen zum **Schutz des Fernmeldegeheimnisses**. Dies sind die Löschungspflicht für Aufzeichnungen, die zeitgleiche akustische oder sonstige Information der betroffenen Kommunikationsteilnehmer und, wenn diese Information nicht möglich ist, die Information des betrieblichen Datenschutzbeauftragten. Manche dieser Vorkehrungen sind erst mit dem Gesetz v. 3.5.2012 in die Vorschrift aufgenommen worden, um die Regelungen an die Gegebenheiten des Datenverkehrs anzupassen[38], auch wenn der Norm immer noch anzumerken ist, dass sie auf Sprachverkehr zugeschnitten ist. Diese Vorkehrungen sichern die Inhalte zwar nicht vor Kenntnisnahme, aber mildern den Eingriff.

3. Bekämpfung von Missbräuchen (Abs. 3, 4)

9   § 100 Abs. 3 enthält Regelungen zur Missbrauchsbekämpfung und zum Umgang mit Verkehrs- und Bestandsdaten für diesen Zweck. Die Vorschrift ist durch das Gesetz v. 3.5.2012 erheblich geändert worden[39]. Insbesondere ist nunmehr ausdrücklich klargestellt, dass es um die **Sicherung der Entgeltansprüche** des Diensteanbieters geht und damit Missbräuche ohne Zusammenhang mit einer Leistungserschleichung (Spam, Viren etc.), bei denen bislang eine Anwendung

---

36 *Schallbruch*, CR-online.de Blog v. 14.5.2017 hält Abs. 2 für den passenderen Regelungsort.
37 *Auernhammer/Heun*, § 100 TKG Rz. 11.
38 BT-Drucks. 17/5707, S. 80. S. dazu auch *Eckhardt/Schmitz*, CR 2011, 436 (439) und *Pokutnev/Schmid*, CR 2012, 360 (366).
39 S. zu den Änderungen *Eckhardt/Schmitz*, CR 2011, 436 (439) und *Pokutnev/Schmid*, CR 2012, 360 (366).

des Abs. 3 von manchen erwogen worden war[40], kein Anwendungsfall dieser Regelung sind. In der bis 2012 geltenden Fassung des Abs. 3 waren auch „sonstige[n] rechtswidrige[n] Inanspruchnahmen der Telekommunikationsnetze und -dienste" als Anwendungsfall genannt.

§ 100 Abs. 3 Satz 1 erlaubt den Umgang mit Bestands- und Verkehrsdaten für die Missbrauchsbekämpfung, wenn **konkrete, zu dokumentierende Anhaltspunkte** für einen Missbrauch vorliegen. Die Sätze 2 und 3 enthalten zwei verschiedene Verfahren, anhand derer verdächtige Kommunikationsvorgänge und Teilnehmer ermittelt werden können. Grundlage solcher „Rasterauswertungen" ist die Erfahrung, dass es Missbrauchsindizien im Verkehrsaufkommen gibt, wie die Dauerschaltung von Verbindungen zu Premiumdiensten oder die stark erhöhte Nutzung neuer Anschlüsse für Telefonate ins Ausland[41]. § 100 Abs. 3 Satz 2 sieht dazu eine Auswertung des nach § 96 erhobenen Verkehrsdatenbestands vor, wobei die auszuwertenden Verkehrsdaten nicht älter als sechs Monate sein dürfen. Zur Fristberechnung ist nicht auf den Rechnungsversand, sondern den Zeitpunkt der Datenerhebung abzustellen, was aus dem Normwortlaut folgt[42]. Die Vorschrift ist aber keine Ermächtigung dafür, Verkehrsdaten sechs Monate zu speichern, sondern es ist auf anderweitig rechtmäßig gespeicherte Daten zurückzugreifen[43]. § 100 Abs. 3 Satz 3 sieht demgegenüber die Bildung eines pseudonymisierten (§ 3 Abs. 6a BDSG-alt) Gesamtdatenbestands aus nach Satz 1 ermittelten Bestands- und Verkehrsdaten vor, der dann das Identifizieren von verdächtigen Kommunikationsvorgängen ermöglicht. Daten zu nach erfolgter Prüfung unverdächtigen Kommunikationsvorgängen sind unverzüglich[44] zu löschen. Die Information der BNetzA und des BfDI soll kompensieren, dass die Verwendung von Daten nach § 100 Abs. 3 ansonsten ohne externe Kontrolle stattfindet[45]. Die Informationspflicht bezieht sich auf Verfahren nach Satz 1, womit ein planmäßiges, systematisches Vorgehen gemeint ist[46]. Wenn man berücksichtigt, dass Satz 1 ein Vorgehen bei konkreten Anhaltspunkten erlaubt, hätte diese Informationspflicht besser zu Maßnahmen nach den Sätzen 2 und 3 gepasst, die im Grundansatz eher Züge eines systematischen Vorgehens haben.

10

Soweit es für die Missbrauchsbekämpfung unerlässlich ist, dürfen nach § 100 Abs. 4 **im Einzelfall auch Steuersignale** ausgewertet werden. Hierbei handelt es

11

---

40 So etwa *Ivanov*, eco-Gutachten S. 37, allerdings vor der Einschränkung des § 100 Abs. 3 auf Fälle der Leistungserschleichung.
41 Säcker/*Mozek*, § 100 TKG Rz. 28.
42 So auch Arndt/Fetzer/Scherer/Graulich/*Lutz*, § 100 TKG Rz. 19. Anders Säcker/*Mozek*, § 100 TKG Rz. 30, der aufgrund der Gesetzesmaterialien auf den Rechnungsversand abstellen will, was jedoch am Wortlaut scheitert.
43 Arndt/Fetzer/Scherer/Graulich/*Lutz*, § 100 TKG Rz. 16 und 20.
44 D.h. ohne schuldhaftes Zögern, vgl. Arndt/Fetzer/Scherer/Graulich/*Fetzer*, § 100 TKG Rz. 21.
45 Scheurle/Mayen/*Kannenberg*, § 100 TKG Rz. 40.
46 Scheurle/Mayen/*Kannenberg*, § 100 TKG Rz. 42.

sich um eine Ultima-ratio-Maßnahme, da Steuersignale den Telekommunikationsinhalten zugerechnet werden (s. Abs. 4 Satz 2), die im Übrigen nach bislang geltendem Recht keinesfalls für die Zwecke des § 100 erfasst werden durften (zur Neuregelung in Abs. 1 s. oben Rz. 7a). In der Sache geht es hier um Manipulationsversuche von „Hackern" an Telekommunikationsanlagen[47]. Über Maßnahmen nach § 100 Abs. 4 ist die BNetzA und nach Zweckerreichung der Betroffene zu informieren.

III. Sanktionen

12 Die Missachtung der Voraussetzungen von § 100 durch Diensteanbieter ist nur punktuell eigenständig von Ordnungswidrigkeitstatbeständen erfasst. Ansonsten dürfte ein Verstoß gegen § 100 aber auch einen Verstoß gegen § 96 Abs. 2 darstellen, der nach § 149 Abs. 1 Nr. 16 mit Bußgeld bis zu 300.000 Euro sanktioniert werden kann. Mit dem Gesetz v. 23.6.2017 wurden einzelne neu eingeführte Regelungen des § 100 Abs. 1 mit Bußgeldandrohung versehen: Nach § 149 Abs. 1 Nr. 17c und 17d sind Verstöße gegen eine Löschpflicht aus § 100 Abs. 1 Satz 3 und sowie ein Datenzweckentfremdungsverbot aus § 100 Abs. 1 Satz 4 mit Bußgeldern bedroht, die im ersten Fall bis zu 100.000 Euro, im zweiten Fall bis zu 10.000 Euro betragen können (vgl. § 149 Abs. 2 Nr. 3 und 5). Dass hier richtigerweise statt auf die Sätze 3 und 4 auf die Sätze 4 und 5 verwiesen werden hätte müssen, ist ein weiterer Beleg gesetzgeberischer Nachlässigkeit – Satz 3 enthält keine Löschpflicht und Satz 4 zwar eine Löschpflicht, dafür aber kein Verbot einer Zweckentfremdung von Daten. Damit scheidet eine Ahndung der Verstöße aus (nulla poena sine lege, § 3 OWiG).

§ 101 Mitteilen ankommender Verbindungen

(1) Trägt ein Teilnehmer in einem zu dokumentierenden Verfahren schlüssig vor, dass bei seinem Anschluss bedrohende oder belästigende Anrufe ankommen, hat der Diensteanbieter auf schriftlichen Antrag auch netzübergreifend Auskunft über die Inhaber der Anschlüsse zu erteilen, von denen die Anrufe ausgehen. Die Auskunft darf sich nur auf Anrufe beziehen, die nach Stellung des Antrags durchgeführt werden. Der Diensteanbieter darf die Rufnummern, Namen und Anschriften der Inhaber dieser Anschlüsse sowie Datum und Uhrzeit des Beginns der Verbindungen und der Verbindungsversuche erheben und verwenden sowie diese Daten seinem Teilnehmer mitteilen. Die Sätze 1 und 2 gelten nicht für Diensteanbieter, die ihre Dienste nur den Teilnehmern geschlossener Benutzergruppen anbieten.

---

47 Säcker/*Mozek*, § 100 TKG Rz. 34.

(2) Die Bekanntgabe nach Absatz 1 Satz 3 darf nur erfolgen, wenn der Teilnehmer zuvor die Verbindungen nach Datum, Uhrzeit oder anderen geeigneten Kriterien eingrenzt, soweit ein Missbrauch dieses Verfahrens nicht auf andere Weise ausgeschlossen werden kann.

(3) Im Falle einer netzübergreifenden Auskunft sind die an der Verbindung mitwirkenden anderen Diensteanbieter verpflichtet, dem Diensteanbieter des bedrohten oder belästigten Teilnehmers die erforderlichen Auskünfte zu erteilen, sofern sie über diese Daten verfügen.

(4) Der Inhaber des Anschlusses, von dem die festgestellten Verbindungen ausgegangen sind, ist zu unterrichten, dass über diese Auskunft erteilt wurde. Davon kann abgesehen werden, wenn der Antragsteller schriftlich schlüssig vorgetragen hat, dass ihm aus dieser Mitteilung wesentliche Nachteile entstehen können, und diese Nachteile bei Abwägung mit den schutzwürdigen Interessen der Anrufenden als wesentlich schwerwiegender erscheinen. Erhält der Teilnehmer, von dessen Anschluss die als bedrohend oder belästigend bezeichneten Anrufe ausgegangen sind, auf andere Weise Kenntnis von der Auskunftserteilung, so ist er auf Verlangen über die Auskunftserteilung zu unterrichten.

(5) Die Bundesnetzagentur sowie der oder die Bundesbeauftragte für den Datenschutz sind über die Einführung und Änderung des Verfahrens zur Sicherstellung der Absätze 1 bis 4 unverzüglich in Kenntnis zu setzen.

I. Einführung	1	III. Sanktionen	4
II. Voraussetzungen der Mitteilung	2		

I. Einführung

Die Vorschrift regelt die Durchführung der umgangssprachlich sog. **Fangschaltung**[1]. Sie setzt Art. 10 Buchst. a der ePrivacy-RL[2] um, wonach die Mitgliedstaaten dafür zu sorgen haben, dass belästigende Anrufe zurückverfolgt werden können. Die ePrivacy-RL macht dafür nur wenig Vorgaben, was dahingehend zu verstehen ist, dass insoweit die Mitgliedstaaten einen Ausgestaltungsspielraum haben. Das bedeutet, dass auch unter Geltung der DSGVO die Regelung des § 101 TKG einstweilen anwendbar bleibt (s. Kommentierung zu Art. 95 DSGVO Rz. 7).

1

---

1 Der Ausdruck ist zwar technisch überholt, wird aber wegen seiner Prägnanz trotzdem im Folgenden verwendet. Die frühere und heutige Umsetzung ist im Wikipedia-Beitrag zur Fangschaltung gut beschrieben.
2 Richtlinie 2002/58/EG des Europäischen Parlaments und des Rates v. 12.7.2002 über die Verarbeitung personenbezogener Daten und den Schutz der Privatsphäre in der elektronischen Kommunikation (Datenschutzrichtlinie für elektronische Kommunikation), ABl. Nr. L 201, S. 37, zuletzt geändert durch Art. 2 ÄndRL 2009/136/EG v. 25.11.2009 (ABl. Nr. L 337, S. 11).

II. Voraussetzungen der Mitteilung

2 Für Fangschaltungen ist eine **gesetzliche Grundlage** erforderlich, da hierdurch zu Lasten des Anrufers in das Fernmeldegeheimnis eingegriffen wird[3]. Diese Rechtsgrundlage schafft § 101. Die Vorschrift zielt darauf ab, einen angemessenen Interessenausgleich zwischen Antragsteller und Betroffenen zu schaffen. Dabei ist bemerkenswert, dass staatliche Stellen an der Umsetzung einzelner Fangschaltungen nicht mitwirken oder diese gar kontrollieren[4]. Demgegenüber benötigen Strafverfolgungsbehörden für den Zugriff auf Verkehrsdaten regelmäßig eine richterliche Anordnung[5]. Allerdings schafft die nach § 101 Abs. 5 vorgesehene Kontrolle durch BNetzA und den Bundesbeauftragten für den Datenschutz und die Informationsfreiheit (BfDI) einen Ausgleich und anders als bei staatlichen Zugriffen auf Verkehrsdaten sind seit dem Fangschaltungs-Beschluss des BVerfG 1992[6] keine Kontroversen oder Gerichtsentscheidungen zu Maßnahmen nach § 101 bekannt geworden.

3 Gegenstand von Fangschaltungen können nur **Anrufe**[7] sein. Dies sind Sprachtelefonate, nicht jedoch Telefaxe[8], SMS oder E-Mail[9]. Bloße Anrufversuche genügen nicht[10]. Weiter kann die Einrichtung einer Fangschaltung stets **nur für die Zukunft** erfolgen (§ 101 Abs. 1 Satz 2). Das Prozedere hat zwei Schritte: Der Teilnehmer beantragt die Fangschaltung (§ 101 Abs. 1 Satz 1). Sodann teilt er unter Eingrenzung nach den in § 101 Abs. 2 genannten Kriterien mit, zu welchen danach eingegangen Anrufen er die Mitteilung der Angaben nach § 101 Abs. 1 Satz 3 wünscht[11]. Dabei müssen die Darlegungen im Antrag lediglich schlüssig sein, aber ergeben, dass mindestens eine Belästigung mit Anrufen erfolgt. Beweise oder Glaubhaftmachungen sind nicht erforderlich[12]. Mit Blick auf das Fernmeldegeheimnis darf die **Belästigungsschwelle** nicht zu tief angesetzt

---

3 S. den Beschluss des BVerfG v. 25.3.1992 – 1 BvR 1430/88, CR 1992, 431 = NJW 1992, 1875 sowie Kommentierung zu § 88 TKG Rz. 10 f.
4 Scheurle/Mayen/*Kannenberg*, § 101 TKG Rz. 11.
5 § 100g Abs. 2 i.V.m. § 100b Abs. 1–4 StPO.
6 BVerfG v. 25.3.1992 – 1 BvR 1430/88, CR 1992, 431 = NJW 1992, 1875.
7 § 3 Nr. 1 TKG: „über einen öffentlich zugänglichen Telekommunikationsdienst aufgebaute Verbindung, die eine zweiseitige Sprachkommunikation ermöglicht".
8 Anders der Rechtszustand bis 10.5.2012, vgl. Arndt/Fetzer/Scherer/Graulich/*Lutz*, § 101 TKG Rz. 5. Die Definition von Anruf in § 3 Nr. 1 wurde mit Gesetz v. 3.5.2012 geändert und stellt jetzt auf Sprachkommunikation statt auf Echtzeitverbindungen ab, was von Taeger/Gabel/*Martin Braun*, § 101 TKG Rz. 3 übersehen wird.
9 So auch Auernhammer/*Heun*, § 101 TKG Rz. 6; Säcker/*Klesczewski*, § 101 TKG Rz. 3; BeckTKGKomm/*Braun*, § 101 TKG Rz. 11 ff.
10 So auch Auernhammer/*Heun*, § 101 TKG Rz. 7; BeckTKGKomm/*Braun*, § 101 TKG Rz. 11 ff.
11 Heun/*Eckhardt*, Teil L Rz. 298.
12 Arndt/Fetzer/Scherer/Gralich//*Lutz*, § 101 TKG Rz. 4.

werden, doch sollen nach Verlautbarungen der BNetzA[13] und in Kommentierungen[14] bereits Werbeanrufe ausreichen. Einrichtung der Fangschaltung und Auskunftserteilung müssen für den Antragsteller nicht kostenlos erfolgen, doch hat er die Möglichkeit, den Anrufer für die entstandenen Auslagen in Regress zu nehmen[15]. In der Regel wird der Teilnehmer, von dessen Anschluss beauskunftete Anrufe ausgingen, über die Auskunftserteilung nachträglich informiert. Dies obliegt dem Diensteanbieter, dessen Teilnehmer die Fangschaltung beantragt hat, weil in der Praxis nur dieser alle relevanten Informationen hat[16]. Von der Information kann aus den in § 101 Abs. 4 Satz 2 genannten Gründen abgesehen werden, wobei als überwiegende Nachteile des Antragstellers auch die schlüssig dargestellte Gefahr einer Beweisvereitelung in Betracht kommt[17]. Es bietet sich an, den Betroffenen mit zeitlicher Verzögerung zu informieren, wenn durch Zeitablauf die entgegenstehenden Gründe wegfallen sind[18].

III. Sanktionen

Die Missachtung der Voraussetzungen von § 101 durch Diensteanbieter ist nicht als Ordnungswidrigkeit sanktionierbar, doch kann in Fällen einer vorsätzlich nicht den Anforderungen genügenden Auskunft eine Straftat nach § 206 Abs. 1 StGB vorliegen. Antragsteller, die Fangschaltungen veranlassen, ohne dass die Voraussetzungen dafür vorliegen, können je nach Fallkonstellation Anstifter zu einer solchen Straftat sein. Eine Verletzung des Fernmeldegeheimnisses in mittelbarer Täterschaft durch Antragsteller wird in aller Regel ausscheiden, da sie keine tauglichen Täter für ein Delikt nach § 206 Abs. 1 StGB (Inhaber oder Beschäftigter eines Unternehmens, das geschäftsmäßig oder Telekommunikationsdienste erbringt) sind.

4

§ 102 Rufnummernanzeige und -unterdrückung

(1) Bietet der Diensteanbieter die Anzeige der Rufnummer der Anrufenden an, so müssen Anrufende und Angerufene die Möglichkeit haben, die Rufnummernanzeige dauernd oder für jeden Anruf einzeln auf einfache Weise

---

13 BNetzA, Themenblatt Rufnummernmissbrauch vom Juli 2012, abzurufen über die Rubrik „Verbraucherservice Telekommunikation" auf der Website der Behörde.
14 Arndt/Fetzer/Scherer/Graulich/*Lutz*, § 101 TKG Rz. 3; Auernhammer/*Heun*, § 101 TKG Rz. 7; BeckTKGKomm/*Braun*, § 101 TKG Rz. 16.
15 Arndt/Fetzer/Scherer/Graulich/*Lutz*, § 101 TKG Rz. 11. Ein solcher Regress war mit Anlass für den Beschluss des BVerfG v. 25.3.1992.
16 Scheurle/Mayen/*Kannenberg*, § 101 TKG Rz. 36.
17 Scheurle/Mayen/*Kannenberg*, § 101 TKG Rz. 44.
18 Scheurle/Mayen/*Kannenberg*, § 101 TKG Rz. 48.

und unentgeltlich zu unterdrücken. Angerufene müssen die Möglichkeit haben, eingehende Anrufe, bei denen die Rufnummernanzeige durch den Anrufenden unterdrückt wurde, auf einfache Weise und unentgeltlich abzuweisen.

(2) Abweichend von Absatz 1 Satz 1 dürfen Anrufende bei Werbung mit einem Telefonanruf ihre Rufnummernanzeige nicht unterdrücken oder bei dem Diensteanbieter veranlassen, dass diese unterdrückt wird; der Anrufer hat sicherzustellen, dass dem Angerufenen die dem Anrufer zugeteilte Rufnummer übermittelt wird.

(3) Die Absätze 1 und 2 gelten nicht für Diensteanbieter, die ihre Dienste nur den Teilnehmern geschlossener Benutzergruppen anbieten.

(4) Auf Antrag des Teilnehmers muss der Diensteanbieter Anschlüsse bereitstellen, bei denen die Übermittlung der Rufnummer des Anschlusses, von dem der Anruf ausgeht, an den angerufenen Anschluss unentgeltlich ausgeschlossen ist. Die Anschlüsse sind auf Antrag des Teilnehmers in dem öffentlichen Teilnehmerverzeichnis (§ 104) seines Diensteanbieters zu kennzeichnen. Ist eine Kennzeichnung nach Satz 2 erfolgt, so darf an den so gekennzeichneten Anschluss eine Übermittlung der Rufnummer des Anschlusses, von dem der Anruf ausgeht, erst dann erfolgen, wenn zuvor die Kennzeichnung in der aktualisierten Fassung des Teilnehmerverzeichnisses nicht mehr enthalten ist.

(5) Hat der Teilnehmer die Eintragung in das Teilnehmerverzeichnis nicht nach § 104 beantragt, unterbleibt die Anzeige seiner Rufnummer bei dem angerufenen Anschluss, es sei denn, dass der Teilnehmer die Übermittlung seiner Rufnummer ausdrücklich wünscht.

(6) Wird die Anzeige der Rufnummer von Angerufenen angeboten, so müssen Angerufene die Möglichkeit haben, die Anzeige ihrer Rufnummer beim Anrufenden auf einfache Weise und unentgeltlich zu unterdrücken. Absatz 3 gilt entsprechend.

(7) Die Absätze 1 bis 3 und 6 gelten auch für Anrufe in das Ausland und für aus dem Ausland kommende Anrufe, soweit sie Anrufende oder Angerufene im Inland betreffen.

(8) Bei Verbindungen zu Anschlüssen, die unter den Notrufnummern 112 oder 110 oder der Rufnummer 124124 oder 116117 erreicht werden, hat der Diensteanbieter sicherzustellen, dass nicht im Einzelfall oder dauernd die Anzeige von Nummern der Anrufenden ausgeschlossen wird.

I. Einführung	1	III. Einzelheiten	3
II. Überblick zur gesetzlichen Regelung	2		

Schrifttum: *Köhler*, Neue Regelungen zum Verbraucherschutz bei Telefonwerbung und Fernabsatzverträgen, NJW 2009, 2567; *Sassenberg*, Anzeige und Übermittlung der A-Rufnummer, CR 2011, 502.

I. Einführung

Die Vorschrift regelt die Rufnummernanzeige bzw. -unterdrückung. Dies ist ein **Leistungsmerkmal** in digitalen Telefonnetzen[1]. Die Norm setzt Art. 8 der ePrivacy-RL[2] um und gilt damit gemäß Art. 95 DSGVO einstweilen weiter.

1

II. Überblick zur gesetzlichen Regelung

Rufnummernanzeige bzw. -unterdrückung werden in **zwei Varianten** angeboten, die in § 102 Abs. 1 und § 102 Abs. 6 geregelt sind: **Abs. 1** regelt die Anzeige der Rufnummer des Anrufers (auch A-Teilnehmer genannt), **Abs. 6** die Anzeige der Rufnummer des Angerufenen (auch B-Teilnehmer genannt). § 102 Abs. 2 enthält eine nachträglich eingefügte Sonderregel für Werbeanrufe. § 102 Abs. 4 trägt dem Umstand Rechnung, dass Institutionen, die anonyme Beratung und Lebenshilfe per Telefon anbieten, die Rufnummer von Anrufern nicht angezeigt erhalten wollen und dies auch ihren potentiellen Gesprächspartnern mitteilen möchten. Hier besteht eine Parallele zur Regelung des § 99 Abs. 2 für den Einzelverbindungsnachweis (s. dazu Kommentierung zu § 99 TKG Rz. 6). § 102 Abs. 5 koppelt die Grundeinstellung für die Rufnummernanzeige bzw. -unterdrückung an den Telefonbucheintrag des Teilnehmers. § 102 Abs. 7 will der Regelung auch bei internationalem Telefonverkehr Geltung verschaffen. § 102 Abs. 8 soll bei Notrufen sicherstellen, dass deren Empfänger die Rufnummer des Teilnehmers auf jeden Fall übermittelt erhalten.

2

III. Einzelheiten

Diensteanbieter sind nicht gezwungen, ihren Teilnehmern eine Rufnummernanzeige anzubieten. § 102 Abs. 1 und § 102 Abs. 6 knüpfen insoweit an die **unternehmerische Disposition** des Diensteanbieters an. Soweit ersichtlich bieten jedoch die meisten Diensteanbieter dieses Leistungsmerkmal an. Da die Einrichtung der Rufnummernanzeige freiwillig ist, verwundert es ein wenig, dass nach §102 Abs. 3 bzw. Abs. 6 Diensteanbieter für geschlossene Benutzergruppen (s. dazu Kommentierung zu § 91 TKG Rz. 13) zusätzlich die Option erhalten, dieses Merkmal ohne die sonst in § 102 Abs. 1, 2 und 6 vorgesehenen Auflagen zu implementieren.

3

---

1 *Sassenberg*, CR 2011, 502.
2 Richtlinie 2002/58/EG des Europäischen Parlaments und des Rates v. 12.7.2002 über die Verarbeitung personenbezogener Daten und den Schutz der Privatsphäre in der elektronischen Kommunikation (Datenschutzrichtlinie für elektronische Kommunikation), ABl. Nr. L 201, S. 37, zuletzt geändert durch Art. 2 ÄndRL 2009/136/EG v. 25.11.2009 (ABl. Nr. L 337, S. 11).

§ 102 TKG | Rufnummernanzeige und -unterdrückung

4   § 102 bezieht sich auf Anrufe[3]. Dies sind nach neuem Recht **Sprachtelefonate**, nicht jedoch Telefaxe[4] oder SMS. § 102 Abs. 2 gilt daher nach der Änderung der Legaldefinition in § 3 Nr. 1 TKG nicht mehr für Werbefaxe oder SMS[5].

5   § 102 Abs. 2 wurde mit dem Gesetz zur Bekämpfung unerlaubter **Telefonwerbung** und zur Verbesserung des Verbraucherschutzes vom 29.7.2009[6] eingefügt und dann durch Gesetz vom 3.5.2012 redaktionell angepasst. Danach ist bei Werbeanrufen dem Anrufenden unter Bußgeldandrohung (§ 149 Abs. 1 Nr. 17e) untersagt, die Anzeige der Rufnummer zu unterdrücken. Die Durchsetzbarkeit in der Praxis wird allerdings nicht leicht fallen[7], denn wenn die Rufnummer unterdrückt wird, hat der Angerufene zunächst keinen Ansatzpunkt, den Anrufer zu identifizieren. Vielleicht verrät sich mancher Anrufer im Verkaufsgespräch. Ansonsten mag in hartnäckigen Fällen eine Fangschaltung helfen (s. Kommentierung zu § 101 TKG Rz. 3). Verstöße gegen § 102 Abs. 2 sind nach § 149 Abs. 1 Nr. 17e i.V.m. Abs. 2 mit Bußgeldern bis neuerdings nur noch 10.000 Euro bedroht. Bis zur Änderung der Bußgeldvorschrift des § 149 Abs. 1 durch Gesetz v. 23.6.2017[8] betrug das Bußgeld noch 100.000 Euro. Mit jener Änderung, die Ergebnis einer im Innenausschuss mit heißer Nadel gestrickten Gesetzesänderung von § 100 war (s. Kommentierung zu § 100 TKG Rz. 7a ff.), wurden die neuen Bußgeldtatbestände des §149 Abs. 1 Nr. 17c (neu) und d eingeführt und die bisherige Nr. 17c zu Nr. 17e, aber der Abs. 2 des § 149, der die Bußgeldrahmen enthält, nicht geändert. Dies hat zur Folge, dass Verstöße gegen § 102 Abs. 2 nunmehr unter den Bußgeldrahmen des Auffangtatbestands von § 149 Abs. 2 Nr. 5 fallen, statt unter den von § 149 Abs. 2 Nr. 3. Umso schöner ist dabei, dass aufgrund eines weiteren Redaktionsversehens die neu eingeführten Bußgeldtatbestände praktisch nicht anwendbar sind, weil sie auf die falschen Sätze von § 100 Abs. 1 verweisen.

---

3   § 3 Nr. 1 TKG: „über einen öffentlich zugänglichen Telekommunikationsdienst aufgebaute Verbindung, die eine zweiseitige Sprachkommunikation ermöglicht".
4   Die Definition von „Anruf" in § 3 Nr. 1 wurde mit Gesetz v. 2.5.2012 geändert und stellt nunmehr auf Sprachkommunikation statt auf Echtzeitverbindungen ab.
5   Wie hier Auerhammer/*Heun*, § 102 TKG Rz. 11; BeckTKGKomm/*Bünning*, § 102 TKG Rz. 11.
6   BGBl. I, S. 2413.
7   *Köhler*, NJW 2009, 2567 (2569).
8   Gesetz v. 23.6.2017 zur Umsetzung der Richtlinie (EU) 2016/1148 des Europäischen Parlaments und des Rates v. 6. Juli 2016 über Maßnahmen zur Gewährleistung eines hohen gemeinsamen Sicherheitsniveaus von Netz- und Informationssystemen in der Union, BGBl. I S. 1885.

§ 103 Automatische Anrufweiterschaltung

Der Diensteanbieter ist verpflichtet, seinen Teilnehmern die Möglichkeit einzuräumen, eine von einem Dritten veranlasste automatische Weiterschaltung auf sein Endgerät auf einfache Weise und unentgeltlich abzustellen, soweit dies technisch möglich ist. Satz 1 gilt nicht für Diensteanbieter, die als Anbieter für geschlossene Benutzergruppen ihre Dienste nur ihren Teilnehmern anbieten.

Die Regelung setzt Art. 11 der ePrivacy-RL[1] um und gilt daher gemäß Art. 95 DSGVO weiter. Art. 11 ePrivacy-RL enthält allerdings keinen Vorbehalt für die technische Realisierbarkeit, so dass man an der korrekten Umsetzung der Richtlinie zweifeln kann[2]. Die Norm bezweckt den Schutz der Teilnehmer vor von Dritten veranlassten Anrufweiterleitungen auf ihre Endgeräte. Es gibt indessen noch keinen allgemein anerkannten Standard für die Signalisierung von Anrufweiterleitungen[3], so dass es für Diensteanbieter schwierig ist, den Anforderungen nach § 103 zu genügen. Dementsprechend findet sich in Erwägungsgrund 19 der ePrivacy-RL ein Möglichkeitsvorbehalt, der allerdings nur für Anschlüsse gilt, die noch über analoge Vermittlungsstellen angeschlossen sind. Zu der Vorschrift sind bislang keine Urteile, Aufsätze oder Kontroversen bekannt geworden, was ihre geringe praktische Bedeutung belegt.

1

§ 104 Teilnehmerverzeichnisse

Teilnehmer können mit ihrem Namen, ihrer Anschrift und zusätzlichen Angaben wie Beruf, Branche und Art des Anschlusses in öffentliche gedruckte oder elektronische Verzeichnisse eingetragen werden, soweit sie dies beantragen. Dabei können die Teilnehmer bestimmen, welche Angaben in den Verzeichnissen veröffentlicht werden sollen. Auf Verlangen des Teilnehmers dürfen Mitbenutzer eingetragen werden, soweit diese damit einverstanden sind.

§ 105 Auskunftserteilung

(1) Über die in Teilnehmerverzeichnissen enthaltenen Rufnummern dürfen Auskünfte unter Beachtung der Beschränkungen des § 104 und der Absätze 2 und 3 erteilt werden.

---

1 Richtlinie 2002/58/EG des Europäischen Parlaments und des Rates v. 12.7.2002 über die Verarbeitung personenbezogener Daten und den Schutz der Privatsphäre in der elektronischen Kommunikation (Datenschutzrichtlinie für elektronische Kommunikation), ABl. Nr. L 201, S. 37, zuletzt geändert durch Art. 2 ÄndRL 2009/136/EG v. 25.11.2009 (ABl. Nr. L 337, S. 11).
2 So Arndt/Fetzer/Scherer/Graulich/*Lutz*, § 103 TKG Rz. 2.
3 Arndt/Fetzer/Scherer/Graulich/*Lutz*, § 103 TKG Rz. 5.

(2) Die Telefonauskunft über Rufnummern von Teilnehmern darf nur erteilt werden, wenn diese in angemessener Weise darüber informiert worden sind, dass sie der Weitergabe ihrer Rufnummer widersprechen können und von ihrem Widerspruchsrecht keinen Gebrauch gemacht haben. Über Rufnummern hinausgehende Auskünfte über nach § 104 veröffentlichte Daten dürfen nur erteilt werden, wenn der Teilnehmer in eine weitergehende Auskunftserteilung eingewilligt hat.

(3) Die Telefonauskunft von Namen oder Namen und Anschrift eines Teilnehmers, von dem nur die Rufnummer bekannt ist, ist zulässig, wenn der Teilnehmer, der in ein Teilnehmerverzeichnis eingetragen ist, nach einem Hinweis seines Diensteanbieters auf seine Widerspruchsmöglichkeit nicht widersprochen hat.

(4) Ein Widerspruch nach Absatz 2 Satz 1 oder Absatz 3 oder eine Einwilligung nach Absatz 2 Satz 2 sind in den Kundendateien des Diensteanbieters und des Anbieters nach Absatz 1, die den Verzeichnissen zugrunde liegen, unverzüglich zu vermerken. Sie sind auch von den anderen Diensteanbietern zu beachten, sobald diese in zumutbarer Weise Kenntnis darüber erlangen konnten, dass der Widerspruch oder die Einwilligung in den Verzeichnissen des Diensteanbieters und des Anbieters nach Absatz 1 vermerkt ist.

I. Einführung	1	IV. Informationsaustausch zwischen Anbietern	10
II. Grundlagen	5		
III. Wahlrechte der Teilnehmer	7		

I. Einführung

1　Die §§ 104 und 105 regeln die **datenschutzrechtlichen Aspekte der Herausgabe von Teilnehmerverzeichnissen sowie der Telefonauskunft.** Sie setzen Art. 12 der ePrivacy-RL[1] um. Bemerkenswert ist an diesen Vorschriften, dass sie Vorgänge bzw. Dienste betreffen, die keine Telekommunikationsdienste im engeren Sinne sind, sondern Dienste bzw. Leistungen, die im Zusammenhang mit Telekommunikationsdiensten erbracht werden, und dafür Bestandsdaten von Telekommunikationsteilnehmern verwenden[2]. Der verpflichtete Personenkreis ist also einer, der sonst nicht dem TKG unterliegt.

2　Die Teilnehmerverzeichnisse und Auskunftsdienste sind **Universaldienstleistungen** i.S.d. § 78. Sie gehören zum Mindestangebot an Diensten mit festgeleg-

---

[1] Richtlinie 2002/58/EG des Europäischen Parlaments und des Rates v. 12.7.2002 über die Verarbeitung personenbezogener Daten und den Schutz der Privatsphäre in der elektronischen Kommunikation (Datenschutzrichtlinie für elektronische Kommunikation), ABl. Nr. L 201, S. 37, zuletzt geändert durch Art. 2 ÄndRL 2009/136/EG v. 25.11.2009 (ABl. Nr. L 337, S. 11).

[2] Wie hier Auernhammer/*Heun*, § 104, 105 TKG Rz. 2.

ter Mindestqualität, zu denen alle Endnutzer zu erschwinglichen Preisen Zugang haben müssen und die zur unabdingbaren Grundversorgung der Öffentlichkeit gehören (§ 78 Abs. 1). Auch dies beruht auf unionsrechtlichen Vorgaben, nämlich Art. 5 der Universaldienstrichtlinie[3].

Die §§ 104 und 105 regeln nicht den **Anspruch des Teilnehmers darauf, in Teilnehmerverzeichnisse aufgenommen zu werden**. Dieser Anspruch ergibt sich aus § 45m, wonach jeder Teilnehmer vom Anbieter seines öffentlichen Telefondienstes verlangen kann, in ein allgemein zugängliches, nicht notwendig anbietereigenes Teilnehmerverzeichnis unentgeltlich eingetragen und auf Wunsch daraus wieder gelöscht zu werden. 3

Eine weitere für den Gesamtkomplex relevante Vorschrift ist schließlich § 47, der festlegt, **zu welchen Konditionen Anbieter von Auskunftsdiensten und Herausgeber von Teilnehmerverzeichnissen die Teilnehmerdaten erhalten können**. Ihr Anspruchsgegner ist jeweils der Diensteanbieter, der einem Teilnehmer eine Rufnummer zuteilt. Für die zahlbaren Entgelte ist eine nachträgliche Entgeltregulierung vorgesehen. Es handelt sich dabei um ein hochgradig konfliktträchtiges Thema, zu dem eine Reihe obergerichtlicher Entscheidungen ergangen sind[4]. 4

II. Grundlagen

Die Begriffsbestimmungen des TKG definieren **Auskunftsdienste** in § 3 Nr. 2a als „bundesweit jederzeit telefonisch erreichbare Dienste [...] die ausschließlich der neutralen Weitergabe von Rufnummer, Name, Anschrift sowie zusätzlichen Angaben von Telekommunikationsnutzern dienen". Solche Dienste werden üblicherweise über eine mit den Ziffern 118 beginnende Rufnummer erreicht und können die Weitervermittlung zu dem erfragten Teilnehmer beinhalten. Beides ist aber nicht zwingend. Die Weitergabe der erfragten Angaben muss neutral erfolgen, so dass nicht etwa bestimmte Teilnehmer bevorzugt werden dürfen, wenn eine Anfrage etwa nach einer Dienstleistung mehrere Möglichkeiten zur Auskunftserteilung bietet. 5

---

3 Richtlinie 2002/22/EG des Europäischen Parlaments und des Rates über den Universaldienst und Nutzerrechte bei elektronischen Kommunikationsnetzen und -diensten (Universaldienstrichtlinie), ABl. Nr. L 108, S. 51, zuletzt geändert durch Art. 1 ÄndRL 2009/136/EG v. 25.11.2009 (ABl. Nr. L 337, S. 11).
4 Zu nennen sind EuGH v. 5.5.2011 – C-543/09, ZD 2011, 79; BVerwG v. 25.7.2012 – 6 C 14/11, BVerwG v. 25.7.2012 – 6 C 14.11, CR 2012, 712; BVerwG v. 28.10.2009 – 6 C 20.08, NVwZ 2010, 646; BVerwG v. 16.7.2008 – 6 C 2.07, K&R 2008, 700; BGH v. 29.6.2010 – KZR 9/08, ITRB 2010, 247, CR 2010, 640 = „Teilnehmerdaten IV"; BGH v. 20.4.2010 – KZR 53/07, CR 2010, 444 = „Teilnehmerdaten III"; BGH v. 13.10.2009 – KZR 41/07, CR 2010, 451 = MMR 2010, 429 = „Teilnehmerdaten II"; BGH v. 13.10.2009 – KZR 34/06, CR 2010, 451 = MMR 2010, 427 = „Teilnehmerdaten I".

6 **Teilnehmerverzeichnisse** sind Verzeichnisse mit den in § 104 Abs. 1 Satz 1 genannten Angaben. Sie können in gedruckter oder elektronischer Form herausgegeben werden. Elektronische Form umfasst Datenträger wie CD-ROM und auch Datenbanken zum Abruf[5], etwa über das Internet. Dass in ihnen auch Rufnummern der Teilnehmer aufgeführt werden, folgt aus der Natur der Sache[6].

III. Wahlrechte der Teilnehmer

7 Sowohl bei der Aufnahme in Teilnehmerverzeichnisse als auch bei der Auskunftserteilung haben Teilnehmer eine Reihe von **Optionen**. Zur Vereinfachung für die Diensteanbieter und die Anbieter von Auskunftsdiensten wird dabei teilweise mit Opt-out-Lösungen gearbeitet.

8 In Teilnehmerverzeichnisse werden Teilnehmer **nur auf Antrag** eingetragen. Der Umfang der Eintragung unterliegt ihrer Disposition. Mit deren Einverständnis können **auch Mitbenutzer** eingetragen werden, wenn die Teilnehmer dies wünschen. § 104 sieht für die relevanten Erklärungen keine Form vor, doch sind Diensteanbieter aus Beweisgründen gut beraten, wenn sie die Dispositionen der Teilnehmer und etwaiger Mitbenutzer dokumentieren[7].

9 **Die Aufnahme in Teilnehmerverzeichnisse ist eine Weichenstellung für die Auskunftserteilung.** Wenn jemand in Teilnehmerverzeichnisse eingetragen ist und nach Hinweis auf sein Widerspruchsrecht nicht widerspricht, geht das Gesetz in § 105 Abs. 2 Satz 2 davon aus, dass über seine Rufnummer Auskunft erteilt werden kann. Eine Form für den Hinweis schreibt das Gesetz nicht vor[8], doch ist es ratsam, die Hinweiserteilung zu dokumentieren. Für die Auskunftserteilung über weitergehende Angaben (Anschrift, Beruf usw.) bedarf es demgegenüber einer Einwilligung. Diese kann schriftlich (§ 4a BDSG-alt), elektronisch (§ 94) oder bei besonderen Umständen i.S.d. § 4a Abs. 1 Satz 3 BDSG-alt auch mündlich abgegeben werden[9], wobei ab 25.5.2018 die Anforderungen an die Form der Einwilligungserklärung nach der DSGVO zu bestimmen sind. Für die im Gesetzgebungsverfahren kontroverse[10] **Inverssuche**, bei der Auskunft über den Inhaber einer dem Anfragenden bekannten Rufnummer erteilt wird, gilt dann wieder eine Opt-out-Lösung, wie für die Beauskunftung selbst. Nach einem Urteil des BGH zur Invers-

---

5 Die Gegenansicht bei Säcker/*Klesczewski*, § 104 TKG Rz. 4, wonach online abrufbare Angaben zu Teilnehmern keine Teilnehmerverzeichnisse seien, weil sie nicht „in ihrer Gesamtheit herausgegeben" würden, überzeugt nicht, weil dies nicht zu den Tatbestandsmerkmalen von § 104 gehört.
6 So treffend Arndt/Fetzer/Scherer/Graulich/*Lutz*, § 104 TKG Rz. 8.
7 Ähnlich Arndt/Fetzer/Scherer/Graulich/*Lutz*, § 104 TKG Rz. 12, der deshalb Textform vorschlägt.
8 Arndt/Fetzer/Scherer/Graulich/*Lutz*, § 105 TKG Rz. 9.
9 Arndt/Fetzer/Scherer/Graulich/*Lutz*, § 105 TKG Rz. 10.
10 Arndt/Fetzer/Scherer/Graulich/*Lutz*, § 105 TKG Rz. 3, 11.

suche[11] haben Diensteanbieter die Pflicht, ihren Teilnehmern die Hinweise auf Widerspruchsrechte zu geben, damit durch deren Schweigen die Voraussetzungen für diese Inverssuche geschaffen werden. Dem ist zuzustimmen, weil sonst die Diensteanbieter nicht nur die Inverssuche, sondern die Auskunftserteilung insgesamt verhindern könnten, indem sie keine Hinweise auf Widerspruchsrechte erteilen.

IV. Informationsaustausch zwischen Anbietern

Widersprüche und Einwilligungen sind nach § 105 Abs. 4 Satz 1 in den Datenbanken der Diensteanbieter sowie der Auskunftsdiensteanbieter zu vermerken. Da praktisch alle Auskunftsdiensteanbieter und Herausgeber von Teilnehmerverzeichnissen mit der Telekom-Konzerngesellschaft, die deren Teilnehmerverzeichnisse herausgibt, nach § 47 Teilnehmerdaten austauschen, erfahren alle Anbieter von diesen Dispositionen der Teilnehmer. Spätestens wenn die Telekom ihre Verzeichnisse gemäß § 78 Abs. 2 Nr. 3 im Jahresturnus aktualisiert hat, haben alle anderen Anbieter die zumutbare Möglichkeit zur Kenntnisnahme und müssen diese Dispositionen beachten (§ 105 Abs. 4 Satz 2). Flankiert wird diese Regelung durch § 29 Abs. 3 BDSG-alt, wonach diesbezügliche Informationen auch von Herausgebern von Adress-, Rufnummern-, Branchen- oder vergleichbaren Verzeichnissen zu beachten sind, die auf Teilnehmerverzeichnissen beruhen. Diese Regel entfällt allerdings zum 25.5.2018 ersatzlos.

10

§ 106 Telegrammdienst

(1) Daten und Belege über die betriebliche Bearbeitung und Zustellung von Telegrammen dürfen gespeichert werden, soweit es zum Nachweis einer ordnungsgemäßen Erbringung der Telegrammdienstleistung nach Maßgabe des mit dem Teilnehmer geschlossenen Vertrags erforderlich ist. Die Daten und Belege sind spätestens nach sechs Monaten vom Diensteanbieter zu löschen.

(2) Daten und Belege über den Inhalt von Telegrammen dürfen über den Zeitpunkt der Zustellung hinaus nur gespeichert werden, soweit der Diensteanbieter nach Maßgabe des mit dem Teilnehmer geschlossenen Vertrags für Übermittlungsfehler einzustehen hat. Bei Inlandstelegrammen sind die Daten und Belege spätestens nach drei Monaten, bei Auslandstelegrammen spätestens nach sechs Monaten vom Diensteanbieter zu löschen.

(3) Die Löschungsfristen beginnen mit dem ersten Tag des Monats, der auf den Monat der Telegrammaufgabe folgt. Die Löschung darf unterbleiben, solange die Verfolgung von Ansprüchen oder eine internationale Vereinbarung eine längere Speicherung erfordert.

---

11 BGH v. 5.7.2007 – III ZR 316/06, CR 2007, 567.

§ 106 TKG | Telegrammdienst

1 § 106 ist die einzige Vorschrift des TKG, die sich dem Telegrammdienst widmet. Selbst eine Begriffsbestimmung wird ihm in § 3 nicht gegönnt. Dieser Sachverhalt entspricht der geringen tatsächlichen Bedeutung des Dienstes in der heutigen Zeit[1]. Dementsprechend enthält auch die ePrivacy-RL[2] keine Regelungen zum Telegrammdienst. Allerdings betrifft die Vorschrift des § 106 den Inhalt von Telegrammen sowie die näheren Umstände des Telegrammverkehrs, also Umstände, die dem Fernmeldegeheimnis zuzurechnen sind, so dass der nationale Gesetzgeber auch nach Geltungsbeginn der DSGVO zur Regelung des § 106 befugt bleibt (s. Kommentierung zu Art. 95 DSGVO Rz. 7). Angesichts der geringen Bedeutung des Dienstes wird hier von einer weitergehenden Kommentierung abgesehen.

§ 107 Nachrichtenübermittlungssysteme mit Zwischenspeicherung

(1) Der Diensteanbieter darf bei Diensten, für deren Durchführung eine Zwischenspeicherung erforderlich ist, Nachrichteninhalte, insbesondere Sprach-, Ton-, Text- und Grafikmitteilungen von Teilnehmern, im Rahmen eines hierauf gerichteten Diensteangebots unter folgenden Voraussetzungen verarbeiten:

1. Die Verarbeitung erfolgt ausschließlich in Telekommunikationsanlagen des zwischenspeichernden Diensteanbieters, es sei denn, die Nachrichteninhalte werden im Auftrag des Teilnehmers oder durch Eingabe des Teilnehmers in Telekommunikationsanlagen anderer Diensteanbieter weitergeleitet.

2. Ausschließlich der Teilnehmer bestimmt durch seine Eingabe Inhalt, Umfang und Art der Verarbeitung.

3. Ausschließlich der Teilnehmer bestimmt, wer Nachrichteninhalte eingeben und darauf zugreifen darf (Zugriffsberechtigter).

4. Der Diensteanbieter darf dem Teilnehmer mitteilen, dass der Empfänger auf die Nachricht zugegriffen hat.

5. Der Diensteanbieter darf Nachrichteninhalte nur entsprechend dem mit dem Teilnehmer geschlossenen Vertrag löschen.

---

1 S. dazu Scheurle/Mayen/*Kannenberg*, § 106 TKG Rz. 2 sowie den Beitrag „Telegramm" bei Wikipedia.
2 Richtlinie 2002/58/EG des Europäischen Parlaments und des Rates v. 12.7.2002 über die Verarbeitung personenbezogener Daten und den Schutz der Privatsphäre in der elektronischen Kommunikation (Datenschutzrichtlinie für elektronische Kommunikation), ABl. Nr. L 201 v. 31.7.2002, S. 37–47, zuletzt geändert durch Art. 2 ÄndRL 2009/136/EG v. 25.11.2009 (ABl. Nr. L 337, S. 11).

(2) Der Diensteanbieter hat die erforderlichen technischen und organisatorischen Maßnahmen zu treffen, um Fehlübermittlungen und das unbefugte Offenbaren von Nachrichteninhalten innerhalb seines Unternehmens oder an Dritte auszuschließen. Erforderlich sind Maßnahmen nur, wenn ihr Aufwand in einem angemessenen Verhältnis zu dem angestrebten Schutzzweck steht. Soweit es im Hinblick auf den angestrebten Schutzzweck erforderlich ist, sind die Maßnahmen dem jeweiligen Stand der Technik anzupassen.

I. Einführung 1
II. Anwendungsbereich 3
III. Rechtsfolgen 4

I. Einführung

Die Vorschrift regelt den Betrieb von **Nachrichtenübermittlungssystemen mit** 1 **Zwischenspeicherung**. Bei Diensten dieser Art werden Kommunikationsinhalte vom Diensteanbieter (zum Begriff s. Kommentierung zu § 88 TKG Rz. 13) als Teil der Nachrichtenübermittlung für den Teilnehmer (zum Begriff s. Kommentierung zu § 91 TKG Rz. 7) zwischengespeichert. Die Inhalte verbleiben also zumindest temporär in der Herrschaftssphäre des Diensteanbieters. Der Teilnehmer erhält durch § 107 das Recht, auf die Verarbeitung seiner Inhalte einzuwirken und dem Diensteanbieter werden Pflichten nach § 107 Abs. 2 auferlegt, um die Nachrichteninhalte zu schützen. Die Inhalte unterliegen dem Fernmeldegeheimnis, und zwar nach der Rechtsprechung des BVerfG so lange, bis sie vollständig in den Herrschaftsbereich des Teilnehmers gelangt sind[1].

Die Vorschrift beruht nicht unmittelbar auf unionsrechtlicher Grundlage. In 2 der ePrivacy-RL[2] werden Dienste, bei denen eine Zwischenspeicherung von Nachrichten durch den Diensteanbieter erfolgt, zwar erwähnt und damit ihre Existenz vorausgesetzt; so in Erwägungsgrund 22, in Art. 2 Buchst. h (Definition der „elektronischen Post") und in Art. 5 Abs. 1 Satz 3, wonach eine technisch bedingte Speicherung von Nachrichten zu deren Weiterleitung gestattet ist. Daneben zeigen auch die Art. 12 bis 15 der e-commerce-RL[3], dass dem Unionsrecht solche Dienste wohl bekannt sind. Aber eine nähere Gestaltung der Rahmen-

---

1 BVerfG v. 16.6.2009 – 2 BvR 902/06, ITRB 2007, 102 = NJW 2009, 2431 (2432 f.) = CR 2009, 584.
2 Richtlinie 2002/58/EG des Europäischen Parlaments und des Rates v. 12.7.2002 über die Verarbeitung personenbezogener Daten und den Schutz der Privatsphäre in der elektronischen Kommunikation (Datenschutzrichtlinie für elektronische Kommunikation), ABl. Nr. L 201, S. 37, zuletzt geändert durch Art. 2 ÄndRL 2009/136/EG v. 25.11.2009 (ABl. Nr. L 337, S. 11).
3 Richtlinie 2000/31/EG des Europäischen Parlaments und des Rates v. 8.6.2000 über bestimmte rechtliche Aspekte der Dienste der Informationsgesellschaft, insbesondere des elektronischen Geschäftsverkehrs, im Binnenmarkt („Richtlinie über den elektronischen Geschäftsverkehr"), ABl. Nr. L 178, S. 1.

bedingungen nimmt die ePrivacy-RL nicht vor. Von daher ist fraglich, ob die Regelung des § 107 nach Geltungsbeginn der DSGVO noch weiter Anwendung finden kann. Dies ist jedoch aus folgender Überlegung zu bejahen: Die Vorschrift regelt den Umgang mit zu übermittelnden Nachrichten durch den Diensteanbieter. Damit gestaltet sie Pflichten der Diensteanbieter aus, die auf dem Fernmeldegeheimnis beruhen. In diesem Bereich nimmt weder die DSGVO noch die ePrivacy-RL eine Vollharmonisierung vor, so dass den nationalen Gesetzgebern ein Gestaltungsspielraum verbleibt (s. Kommentierung zu Art. 95 DSGVO Rz. 7).

II. Anwendungsbereich

3 Die Vorschrift gilt für Dienste, für deren Durchführung eine Zwischenspeicherung erforderlich ist. „Teilnehmer" ist dabei in der Regel der jeweilige „Absender" einer Nachricht, da nur so die Regelung in § 107 Abs. 1 Nr. 4 sinnvoll sein kann[4]. Zu den von dieser Norm erfassten Diensten gehören etwa **Mailbox-Systeme, SMS-Angebote, Unified Messaging** oder **E-Mail-Dienste**[5], aber auch sog. **Content Delivery Networks**[6]. Dies sind Netzwerke, welche die Verteilung von Inhalten in möglichst hoher netztopologischer Nähe zum Nutzer ermöglichen. Zweck ist, die Ladezeiten von Internet-Inhalten zu verringern. Dazu betreiben die Diensteanbieter geographisch verteilte Rechenzentren, so dass die Inhalte in nicht zu großer Entfernung vom Zugriffsberechtigten vorgehalten werden können[7]. Denn die Übermittlung großer Datenmengen zwischen Kontinenten dauert naturgemäß länger als über kleinere räumliche Entfernungen und belastet auch die Netzkapazitäten stärker. Für die von Content Delivery Networks erbrachten Dienste ist daher die Zwischenspeicherung in den regionalen Rechenzentren vonnöten.

III. Rechtsfolgen

4 Die Rechtsfolgen ergeben sich aus § 107 Abs. 1 Nr. 1–5 und § 107 Abs. 2. Dem Teilnehmer wird ein hohes Maß an **Einwirkungs- und Weisungsbefugnissen** gegenüber dem Diensteanbieter eingeräumt, wie es sonst im Verhältnis Teilnehmer – Diensteanbieter nicht üblich ist. Dies deshalb, weil es um die Verarbeitung von Nachrichteninhalten geht, die dem Teilnehmer zuzurechnen sind. Der Diensteanbieter darf den Teilnehmer nach § 107 Abs. 1 Nr. 4 auch über den Zugriff auf Nachrichten informieren. Den Zugreifenden bzw. Empfänger über

---

4 Auernhammer/*Heun*, § 107 TKG Rz. 5.
5 BeckTKGKomm/*Braun*, § 107 TKG Rz. 4; Auernhammer/*Heun*, § 107 TKG Rz. 7.
6 Zustimmend Auernhammer/*Heun*, § 107 TKG Rz. 6.
7 S. die Beschreibung der ULD, Datenschutzrechtliche Bewertung der Reichweitenanalyse durch Facebook, 19.8.2011, S. 16 f.

diese Information des Teilnehmers nach § 107 Abs. 1 Nr. 4 zu benachrichtigen, ist gesetzlich nicht vorgesehen[8]. Ob der Teilnehmer dies auch vom Diensteanbieter verlangen kann, ist eine Frage der getroffenen vertraglichen Vereinbarungen. Und ob der Teilnehmer diese Informationen erheben darf, bestimmt sich nach den für ihn einschlägigen datenschutzrechtlichen Regelungen, die auch sonst für alle Dispositionen des Teilnehmers nach den Nr. 1–5 gelten.

Die nach § 107 Abs. 2 zu treffenden Maßnahmen gelten in **Ergänzung zu § 109** und gehen insoweit über diesen hinaus, als der Stand der Technik als Maßstab für die zu ergreifenden Schutzmaßnahmen ausdrücklich benannt wird. 5

Da die hier fraglichen Dienste als Telekommunikationsdienste in eigener Verantwortung vom Diensteanbieter erbracht werden, ist er selbst verantwortliche Stelle i.S.v. § 3 Abs. 7 BDSG-alt bzw. Art. 4 Nr. 7 DSGVO. Deshalb sind Dienste der hier beschriebenen Art **keine Auftragsdatenverarbeitung** des Diensteanbieters für den Teilnehmer[9]. 6

Abschnitt 3
Öffentliche Sicherheit

§ 108 Notruf

[nicht kommentiert]

§ 109 Technische Schutzmaßnahmen

[nicht kommentiert]

§ 109a Daten- und Informationssicherheit

(1) Wer öffentlich zugängliche Telekommunikationsdienste erbringt, hat im Fall einer Verletzung des Schutzes personenbezogener Daten unverzüglich die Bundesnetzagentur und den Bundesbeauftragten für den Datenschutz und die Informationsfreiheit von der Verletzung zu benachrichtigen. Ist an-

---

8 So BeckTKGKomm/*Braun*, § 107 TKG Rz. 9; a.A. ohne Berücksichtigung von § 107 TKG (bzw. dessen Vorläufervorschriften) BfDI, 20. Tätigkeitsbericht, S. 147.
9 So jedoch ULD, Datenschutzrechtliche Bewertung der Reichweitenanalyse durch Facebook, 19.8.2011, S. 16 f. S. zur Thematik der Auftragsverarbeitung bei Telekommunikationsdiensten die Kommentierung zu § 91 TKG Rz. 14 ff.

§ 109a TKG | Daten- und Informationssicherheit

zunehmen, dass durch die Verletzung des Schutzes personenbezogener Daten Teilnehmer oder andere Personen schwerwiegend in ihren Rechten oder schutzwürdigen Interessen beeinträchtigt werden, hat der Anbieter des Telekommunikationsdienstes zusätzlich die Betroffenen unverzüglich von dieser Verletzung zu benachrichtigen. In Fällen, in denen in dem Sicherheitskonzept nachgewiesen wurde, dass die von der Verletzung betroffenen personenbezogenen Daten durch geeignete technische Vorkehrungen gesichert, insbesondere unter Anwendung eines als sicher anerkannten Verschlüsselungsverfahrens gespeichert wurden, ist eine Benachrichtigung nicht erforderlich. Unabhängig von Satz 3 kann die Bundesnetzagentur den Anbieter des Telekommunikationsdienstes unter Berücksichtigung der wahrscheinlichen nachteiligen Auswirkungen der Verletzung des Schutzes personenbezogener Daten zu einer Benachrichtigung der Betroffenen verpflichten. Im Übrigen gilt § 42a Satz 6 des Bundesdatenschutzgesetzes entsprechend.

(2) Die Benachrichtigung an die Betroffenen muss mindestens enthalten:

1. die Art der Verletzung des Schutzes personenbezogener Daten,
2. Angaben zu den Kontaktstellen, bei denen weitere Informationen erhältlich sind, und
3. Empfehlungen zu Maßnahmen, die mögliche nachteilige Auswirkungen der Verletzung des Schutzes personenbezogener Daten begrenzen.

In der Benachrichtigung an die Bundesnetzagentur und den Bundesbeauftragten für den Datenschutz und die Informationsfreiheit hat der Anbieter des Telekommunikationsdienstes zusätzlich zu den Angaben nach Satz 1 die Folgen der Verletzung des Schutzes personenbezogener Daten und die beabsichtigten oder ergriffenen Maßnahmen darzulegen.

(3) Die Anbieter der Telekommunikationsdienste haben ein Verzeichnis der Verletzungen des Schutzes personenbezogener Daten zu führen, das Angaben zu Folgendem enthält:

1. zu den Umständen der Verletzungen,
2. zu den Auswirkungen der Verletzungen und
3. zu den ergriffenen Abhilfemaßnahmen.

Diese Angaben müssen ausreichend sein, um der Bundesnetzagentur und dem Bundesbeauftragten für den Datenschutz und die Informationsfreiheit die Prüfung zu ermöglichen, ob die Bestimmungen der Absätze 1 und 2 eingehalten wurden. Das Verzeichnis enthält nur die zu diesem Zweck erforderlichen Informationen und muss nicht Verletzungen berücksichtigen, die mehr als fünf Jahre zurückliegen.

(4) Werden dem Diensteanbieter nach Absatz 1 Störungen bekannt, die von Datenverarbeitungssystemen der Nutzer ausgehen, so hat er die Nutzer, soweit ihm diese bereits bekannt sind, unverzüglich darüber zu benachrichtigen. Soweit technisch möglich und zumutbar, hat er die Nutzer auf angemes-

sene, wirksame und zugängliche technische Mittel hinzuweisen, mit denen sie diese Störungen erkennen und beseitigen können. Der Diensteanbieter darf die Teile des Datenverkehrs von und zu einem Nutzer, von denen eine Störung ausgeht, umleiten, soweit dies erforderlich ist, um den Nutzer über die Störungen benachrichtigen zu können.

(5) Der Diensteanbieter darf im Falle einer Störung die Nutzung des Telekommunikationsdienstes bis zur Beendigung der Störung einschränken, umleiten oder unterbinden, soweit dies erforderlich ist, um die Beeinträchtigung der Telekommunikations- und Datenverarbeitungssysteme des Diensteanbieters, eines Nutzers im Sinne des Absatzes 4 oder anderer Nutzer zu beseitigen oder zu verhindern und der Nutzer die Störung nicht unverzüglich selbst beseitigt oder zu erwarten ist, dass der Nutzer die Störung selbst nicht unverzüglich beseitigt.

(6) Der Diensteanbieter darf den Datenverkehr zu Störungsquellen einschränken oder unterbinden, soweit dies zur Vermeidung von Störungen in den Telekommunikations- und Datenverarbeitungssystemen der Nutzer erforderlich ist.

(7) Vorbehaltlich technischer Durchführungsmaßnahmen der Europäischen Kommission nach Artikel 4 Absatz 5 der Richtlinie 2002/58/EG kann die Bundesnetzagentur Leitlinien vorgeben bezüglich des Formats, der Verfahrensweise und der Umstände, unter denen eine Benachrichtigung über eine Verletzung des Schutzes personenbezogener Daten erforderlich ist.

I. Einführung 1	3. Form und Inhalt der Benachrichtigung (Abs. 2) 13
II. Verletzung des Schutzes personenbezogener Daten 3	4. Benachrichtigung bei Störungen von Datenverarbeitungssystemen der Nutzer (Abs. 4) 14
III. Verpflichtete 5	
IV. Benachrichtigungspflichten (Abs. 1, Abs. 2 und Abs. 4) ... 6	V. Einschränkung des Telekommunikationsverkehrs (Abs. 5 und Abs. 6) 15
1. Information der BNetzA und des BfDI (Abs. 1 Satz 1) 7	
2. Information des Betroffenen (Abs. 1 Sätze 2, 3 und 4) 8	VI. Sanktionen 16

Schrifttum: *Eckhardt/Schmitz*, Datenschutz in der TKG-Novelle, CR 2011, 436; *Gitter/Meißner/Spauschus*, Das neue IT-Sicherheitsgesetz – IT-Sicherheit zwischen Digitalisierung und digitaler Abhängigkeit, ZD 2015, 512; *Hanloser*, Europäische Security Breach Notification, MMR 2010, 300; *Pokutnev/Schmid*, Die TKG-Novelle 2012 aus datenschutzrechtlicher Sicht, CR 2012, 360; *Schallbruch*, IT-Sicherheit: Bundestag verabschiedet NIS-Umsetzungsgesetz, CR-online.de Blog vom 14.5.2017; *Werkmeister/Görlich*, Die neue EU-Verordnung zu Benachrichtigungspflichten bei Datenpannen, K&R 2014, 632.

I. Einführung

1 **Die Norm tritt für den Telekommunikationssektor an die Stelle von § 42a BDSG-alt bzw. von Art. 33 und 34 DSGVO.** Sie wurde durch das Gesetz v. 3.5. 2012 in das TKG eingefügt und ersetzt zusammen mit der gleichzeitigen Änderung des § 93 Abs. 3 den zuvor dort enthaltenen Verweis auf jene Vorschrift. Sie setzt in erster Linie Art. 4 Abs. 3 und 4 der ePrivacy-RL[1] um. Die Überschrift der Vorschrift war in ihrer ursprünglichen Fassung allerdings irreführend: Es ging in der Vorschrift nicht um Maßnahmen der Diensteanbieter zur Daten- und Informationssicherheit, sondern um Benachrichtigungspflichten, wenn diese Maßnahmen fehlgeschlagen sind. Durch das IT-Sicherheitsgesetz wurden diese in dem damit eingeführten § 109a Abs. 4 Satz 1 um Benachrichtigungspflichten des Diensteanbieters ergänzt, wenn ihm Störungen an den (End)Einrichtungen seiner Kunden bekannt werden. Mit dem Gesetz zur Umsetzung der NIS-Richtlinie v. 23.6.2017[2] wurden sodann § 109a Abs. 4 Satz 3 sowie die Absätze 5 und 6 dem § 109a hinzugefügt (zu den Hintergründen s. Kommentierung zu § 100 TKG Rz. 7a ff.). Danach sind Diensteanbieter nun ausdrücklich zu Eingriffen in den Telekommunikationsverkehr berechtigt, um Störungen zu bekämpfen. Vom Sachzusammenhang her hätten diese Regelungen wohl besser zu § 100 oder § 109 gepasst.

2 Die Vorschrift enthält die nachfolgend näher erläuterten Benachrichtigungspflichten bei sog. „**Datenschutzpannen**". Die Verpflichteten (s. Rz. 5 ff.) müssen außerdem nach § 109a Abs. 3 zu Kontrollzwecken für die Aufsichtsbehörden ein Verzeichnis führen, in dem die einschlägigen Vorfälle der letzten fünf Jahre zu dokumentieren sind. Inhalt und Zweck des Verzeichnisses ergeben sich ohne weiteres aus dem Gesetz. Die nachträglich eingefügten Regelungen der Abs. 4, 5 und 6 des § 109a betreffen demgegenüber Pflichten (Abs. 4 Satz 1) bzw. Befugnisse der Diensteanbieter bei der Bekämpfung von Störungen. Schließlich ermächtigt § 109a Abs. 7 die BNetzA, in sog. Leitlinien nähere Vorgaben zu Format, Verfahrensweise und den Umstände zu machen, die eine Benachrichtigung erfordern[3]. Daneben kann nach Art. 4 Abs. 5 der ePrivacy-RL auch die EU-Kommission sog. technische Durchführungsmaßnahmen erlassen, welche diese

---

1 Richtlinie 2002/58/EG des Europäischen Parlaments und des Rates v. 12.7.2002 über die Verarbeitung personenbezogener Daten und den Schutz der Privatsphäre in der elektronischen Kommunikation (Datenschutzrichtlinie für elektronische Kommunikation), ABl. Nr. L 201, S. 37, zuletzt geändert durch Art. 2 ÄndRL 2009/136/EG v. 25.11.2009 (ABl. Nr. L 337, S. 11).
2 Gesetz v. 23.6.2017 zur Umsetzung der Richtlinie (EU) 2016/1148 des Europäischen Parlaments und des Rates v. 6.7.2016 über Maßnahmen zur Gewährleistung eines hohen gemeinsamen Sicherheitsniveaus von Netz- und Informationssystemen in der Union, BGBl. I S. 1885.
3 Diese Leitlinien sind wie auch das Meldeformular auf der Website der BNetzA abrufbar in der Rubrik Telekommunikation/Anbieterpflichten/Datenschutz/Datenschutzverletzungen melden.

Punkte abdecken. Dazu liegt die Verordnung (EU) Nr. 611/2013 der Kommission v. 24.6.2013 über die Maßnahmen für die Benachrichtigung von Verletzungen des Schutzes personenbezogener Daten gemäß der Richtlinie 2002/58/EG vor[4]. Die Verordnung gilt unmittelbar in allen Mitgliedstaaten und hat gegenüber dem TKG sowie den Leitlinien der BNetzA Vorrang. Gleichwohl erscheint es als ratsam, im Umgang mit den inländischen Behörden deren Vorgaben zu beachten, und also etwa deren Formulare für Meldungen von Vorfällen zu verwenden, da eine Diskussion über den Geltungsvorrang der Verordnung im Fall einer zu meldenden Datenschutzverletzung inopportun wäre.

II. Verletzung des Schutzes personenbezogener Daten

§ 3 Nr. 30a enthält die **Legaldefinition** der Verletzung des Schutzes personenbezogener Daten, woran die diesbezüglichen Pflichten nach § 109a anknüpfen. Danach handelt es sich um „eine Verletzung der Datensicherheit, die zum Verlust, zur unrechtmäßigen Löschung, Veränderung, Speicherung, Weitergabe oder sonstigen unrechtmäßigen Verwendung personenbezogener Daten führt, die übertragen, gespeichert oder auf andere Weise im Zusammenhang mit der Bereitstellung öffentlich zugänglicher Telekommunikationsdienste verarbeitet werden sowie der unrechtmäßige Zugang zu diesen". Die Legaldefinition greift Art. 2 Buchst. h der ePrivacy-RL[5] auf, weicht aber teilweise im Wortlaut ab. Anders als in der alten Fassung von § 93 Abs. 3 werden nun alle personenbezogenen Daten erfasst und nicht nur Bestands- und Verkehrsdaten[6]. Erfasst werden damit auch jene Standortdaten, die keine Verkehrsdaten sind (also Standortdaten, die genauer sind, als zur Verkehrsabwicklung nötig, vgl. Kommentierung zu § 98 TKG Rz. 6), wie auch Telekommunikationsinhalte[7].

3

Was eine „**Verletzung der Datensicherheit**" sein soll, definiert das Gesetz demgegenüber nicht. Es wäre naheliegend, eine Verletzung der Datensicherheit nur bei einem unerlaubten Zugriff unter Umgehung von Sicherheitsvorkehrungen anzunehmen. Allerdings kann eine Verletzung der Datensicherheit gerade auch darin liegen, dass eigentlich gebotene Sicherheitsvorkehrungen unterlassen wurden. Und wenn etwa versehentlich ein Einzelverbindungsnachweis und damit dem

4

---

4 Veröffentlicht in ABl. EU Nr. L 173/2 v. 26.6.2013. S. zur Verordnung ausführlich *Werkmeister/Görlich*, K&R 2014, 632.
5 Dieser definiert die Verletzung des Schutzes personenbezogener Daten als „eine Verletzung der Sicherheit, die auf unbeabsichtigte oder unrechtmäßige Weise zur Vernichtung, zum Verlust, zur Veränderung und zur unbefugten Weitergabe von bzw. zum unbefugten Zugang zu personenbezogenen Daten führt, die übertragen, gespeichert oder auf andere Weise im Zusammenhang mit der Bereitstellung öffentlich zugänglicher elektronischer Kommunikationsdienste in der Gemeinschaft verarbeitet werden".
6 *Eckhardt/Schmitz*, CR 2011, 436 (441).
7 Säcker/*Mozek*, § 109a TKG Rz. 2.

Fernmeldegeheimnis unterliegende Informationen an den falschen Kunden geschickt werden, dann ist das zwar bei unbefangener Betrachtung keine Verletzung der Datensicherheit, aber gleichwohl ein Vorfall, für den § 109a gelten muss. Letztlich wird man deshalb jeden ungewollten Datenverlust oder rechtswidrigen Umgang mit geschützten Daten als Verletzung der Datensicherheit zu verstehen haben, da sonst ungewollte Schutzlücken drohen. Die von einer Datenschutzverletzung betroffenen Daten müssen aber personenbezogen sein, woraus sich Einschränkungen des Anwendungsbereichs von § 109a ergeben, wenn lediglich nicht dem Fernmeldegeheimnis unterliegende Angaben zu juristischen Personen betroffen sind (bloße Bestandsdaten juristischer Personen sind weder personenbezogene Daten noch vom Fernmeldegeheimnis erfasst und damit nicht wie personenbezogene Daten zu behandeln, s. Kommentierung zu § 91 TKG Rz. 8).

III. Verpflichtete

5 § 109a gilt unmittelbar nur für **Anbieter öffentlich zugänglicher Telekommunikationsdienste**. Ferner erfasst die Definition der Verletzung des Schutzes personenbezogener Daten ihrem Wortlaut nach nur solche Daten, die „im Zusammenhang mit der Bereitstellung öffentlich zugänglicher Telekommunikationsdienste" verarbeitet werden. Dies sind zwei Indizien, die nahe legen, dass § 109a nur für Anbieter öffentlich zugänglicher Dienste, also nach § 3 Nr. 17a Dienste, die der Öffentlichkeit angeboten werden, gelten soll[8]. Indessen verweist der § 93 Abs. 3, wonach bei einer Datenschutzverletzung die Betroffenen die Rechte aus § 109a Abs. 1 Satz 2 und § 109a Abs. 2 haben, anscheinend für **alle Diensteanbieter** auf § 109a. Weiter sind gemäß § 109a Abs. 1 Nr. 2 alle Diensteanbieter zu Vorkehrungen gegen die Verletzung des Schutzes personenbezogener Daten verpflichtet, also auch Diensteanbieter, die lediglich nicht-öffentliche Dienste anbieten. Der Verweis auf öffentlich zugängliche Dienste ist womöglich nicht nur in § 3 Nr. 30a einer (zu) genauen Übernahme des Wortlautes der ePrivacy-RL geschuldet[9] (s. zum gleich gelagerten Problem bei den Begriffsbestimmungen „Teilnehmer" und „Nutzer" Kommentierung zu § 91 TKG Rz. 7). Jedenfalls sind der Wortlaut und wohl auch die Konzeption der Datenschutzpflichten nach dem TKG verwirrend und nicht hinreichend durchdacht. Aus dem Zusammenspiel von § 3 Nr. 30a, § 93 Abs. 3 und § 109a wird demnach von manchen folgende Systematik abgeleitet: § 109a Abs. 1 Sätze 2–4 und § 109a Abs. 2 gelten für alle Diensteanbieter, der Rest von § 109a demgegenüber nur für solche, die öffentlich zugängliche Dienste anbieten[10].

---

8 So *Eckhardt/Schmitz*, CR 2011, 436 (441); auf gleicher Linie BeckTKGKomm/*Eckhardt*, § 109a TKG Rz. 12 f.
9 *Pokutnev/Schmid*, CR 2012, 360 (364).
10 So *Pokutnev/Schmid*, CR 2012, 360 (364) sowie ihnen folgend Auernhammer/*Heun*, § 109a TKG Rz. 6; Taeger/Gabel/*Munz*, § 109a TKG Rz. 3 und auch die Vorauflage dieses Kommentars.

Allerdings gehen die Verordnung Nr. 611/2013 wie auch die Leitlinien der BNetzA nur von einer Anwendung auf Erbringer öffentlich zugänglicher Telekommunikationsdienste aus. Und man kann sich gerade angesichts des Wortlauts von § 109a Abs. 1 Satz 1 fragen, ob wirklich ein Bedürfnis für eine extensive Anwendung auf bloße Diensteanbieter besteht. Wenn auf diese § 109a nicht anwendbar ist, gelten § 42a BDSG-alt bzw. nunmehr Art. 33 und 34 DSGVO, so dass keine große Schutzlücke droht. Jedenfalls aber dürfte bei einem Verstoß gegen § 109a Abs. 1 Satz 2 durch einen Diensteanbieter, der keine öffentlich zugänglichen Dienste erbringt, einer Ahndung als Ordnungswidrigkeit nach § 149 Abs. 1 Nr. 21b, Abs. 2 das Analogieverbot entgegenstehen.

IV. Benachrichtigungspflichten (Abs. 1, Abs. 2 und Abs. 4)

§ 109a schafft in seinem Abs. 1 ein zweistufiges System an Benachrichtigungspflichten und definiert in Abs. 2 die Inhalte der dabei zu gebenden Informationen.

1. Information der BNetzA und des BfDI (Abs. 1 Satz 1)

§ 109a Abs. 1 Satz 1 verlangt **in allen Fällen** einer Verletzung des Schutzes personenbezogener Daten die unverzügliche Benachrichtigung der BNetzA und des Bundesbeauftragten für Datenschutz und Informationsfreiheit (BfDI). Es besteht **keine Bagatellgrenze** für absolut unsensible Daten[11], so dass genau genommen selbst der Verlust eines Datenträgers mit Telefonbucheinträgen, also offenkundigen Daten, zu melden wäre. Die Meldung hat nach dem Normwortlaut von § 109a und den Leitlinien der BNetzA an beide Behörden zu erfolgen, wobei nicht recht ersichtlich ist, warum das Gesetz eine Meldung an eine der beiden Behörden nicht als ausreichend erachtet – die Gesetzesmaterialien[12] schweigen dazu.

Die Meldung hat unverzüglich zu erfolgen, was eigentlich i.S.d. § 121 BGB als ohne schuldhaftes Zögern zu verstehen sein sollte[13]. Die BNetzA geht allerdings in ihren Leitlinien davon aus, dass die Meldung stets binnen 24 Stunden nach Feststellung zu erfolgen hat. Sie beruft sich dabei auf die Verordnung (EU) Nr. 611/13, deren Art. 2 Abs. 2 die Meldung aber nur dann binnen 24 Stunden verlangt, „soweit dies möglich ist". Gemäß der Leitlinie Nr. 2 der BNetzA gilt eine Datenschutzverletzung als festgestellt, sobald der Verpflichtete vom Eintreten der Datenschutzverletzung hinreichend Kenntnis erlangt hat. Das ist eine wenig hilfreiche Verkürzung von Art. 2 Abs. 2 Unterabs. 3 der Verordnung

---

11 S. Auernhammer/*Heun*, § 109a TKG Rz. 11 sowie Erwägungsgrund (6) der Verordnung (EU) Nr. 611/2013.
12 S. BT-Drucks. 17/5707, S. 83.
13 So *Hanloser*, MMR 2010, 300 (302).

(EU) 611/13, die hinzufügt, dass eine hinreichende Kenntnis erst vorliegt, wenn der Verpflichtete eine sinnvolle Meldung machen kann.

7b Der **Inhalt der Meldung** ist durch den mit den Leitlinien von der BNetzA herausgegebenen Meldebogen vorgegeben. Der Inhalt des Meldebogens ist Anhang 1 der Verordnung (EU) Nr. 611/13 nachempfunden, teilweise unter Konkretisierung. Da allerdings die Vorrang genießende Verordnung keinen Meldebogen vorsieht, ist es ausreichend, in die Meldung die Angaben laut Anhang 1 der Verordnung aufzunehmen. Ob dies opportun ist, steht auf einem anderen Blatt (s. schon Rz. 2 a.E.). Sind zum Zeitpunkt der (Erst-)Meldung noch nicht alle Umstände des Datenschutzvorfalls bekannt, so können diese Punkte zunächst offen bleiben. Nach den Leitlinien der BNetzA hat dann binnen dreier Tage ab der Erstmeldung[14] eine Nachmeldung mit den weiteren Informationen zu erfolgen, wieder an beide Behörden BNetzA und BfDI. Falls auch nach diesen drei Tagen nicht alle zu meldenden Angaben gemacht werden können, ist eine (Zwischen-)Meldung vorzulegen, in der auch begründet wird, warum noch Angaben fehlen, s. Art. 2 Abs. 3 Unterabs. 2 der Verordnung (EU) 611/2013. In diesem Fall sind die noch offenen Angaben schnellstmöglich nachzuliefern.

2. Information des Betroffenen (Abs. 1 Sätze 2, 3 und 4)

8 Ist anzunehmen, dass durch die Sicherheitsverletzung Teilnehmer oder andere Personen schwerwiegend beeinträchtigt werden, so hat der Verpflichtete die Betroffenen zu benachrichtigen. **Praktisch** kann der Verpflichtete allerdings **nur die Teilnehmer**, also seine Vertragspartner benachrichtigen, da er andere etwa Betroffene regelmäßig nicht kennt. Selbst wenn Mitbenutzer nach § 104 Satz 3 in Teilnehmerverzeichnissen eingetragen sind, weiß der Diensteanbieter bei einer Sicherheitsverletzung womöglich nicht, ob sie oder der Teilnehmer betroffen sind. Dies gilt z.B. bei einem unerlaubten Zugriff auf Verkehrsdaten eines von mehreren genutzten Anschlusses. In diesem Falle wäre daran zu denken, alle bekannten Nutzer des Anschlusses zu benachrichtigen. Wenn auch so nicht alle Betroffenen erreicht werden können, bleibt nur die Möglichkeit einer öffentlichen Bekanntgabe per Inserat in Massenmedien, Art. 3 Abs. 7 der Verordnung (EU) 611/13. Erwägungsgrund 14 der Verordnung (EU) 611/13 legt zwar nahe, dass eine Pflicht zur öffentlichen Bekanntgabe in Massenmedien bei fehlender Kenntnis aller Betroffener nicht besteht[15]. Indessen verlangt § 109a die Benachrichtigung aller Betroffenen, was sich bei Unkenntnis von deren Kontaktdaten wohl nicht anders als mit einer Bekanntmachung in den Medien bewerkstelligen lässt.

---

14 So Art. 2 Abs. 3 Unterabs. 2 der Verordnung (EU) 611/2013; die Leitlinien der BNetzA sagen nicht klar, ob die drei Tage ab der Erstmeldung laufen oder ab Feststellung des Vorfalls.

15 So *Werkmeister/Görlich*, K&R 2014, 632 (636).

Die Benachrichtigungspflicht greift, wenn **schwerwiegende Beeinträchtigungen** 9
zu befürchten sind (§ 109a Abs. 1 Satz 2). Dies scheint strenger zu sein als der
Wortlaut von Art. 4 Abs. 3 der ePrivacy-RL, der nur von Beeinträchtigungen
spricht. Die Erwägungsgründe der Richtlinie 2009/136/EG zeigen aber, dass auch
das Unionsrecht nicht von abweichenden Vorstellungen ausgeht. Nach deren Erwägungsgrund 61 geht es um „Identitätsdiebstahl oder -betrug, physische Schädigung, erhebliche Demütigung oder Rufschaden", wenn im Richtlinientext von
Beeinträchtigung gesprochen wird, womit eine Bagatellgrenze gezogen wird[16].
Art. 3 Abs. 2 der Verordnung 611/2013 konkretisiert dies. Kriterien sind danach
Art und Inhalt der Daten (als kritisch eingeschätzt werden finanzielle Informationen, besondere Kategorien von Daten i.S.v. Art. 9 DSGVO, Standortdaten, Internet-Protokolldateien, Browserverläufe, E-Mail-Daten und Einzelverbindungsaufstellungen), wahrscheinliche Folgen für die Betroffenen (etwa Identitätsdiebstahl,
Betrug, physisches oder psychisches Leid, Demütigung oder Rufschädigung) sowie die Umstände der Datenschutzverletzung, etwa ob die Daten entwendet
wurden oder sich sonst in den Händen Unbefugter befinden. Tatsächlich drohen
Beeinträchtigungen vor allem dann, wenn Unbefugte Kenntnis vom Inhalt der
Daten erhalten können, nicht jedoch bei bloßem Datenverlust, etwa durch versehentliches Löschen[17]. Wenn allerdings versehentlich gelöschte Daten noch benötigt werden, wird man sie wohl beim Betroffenen erneut erheben müssen.

Von der **Benachrichtigung** kann **abgesehen** werden, wenn in dem Sicherheits- 10
konzept, das Anbieter öffentlich zugänglicher Telekommunikationsdienste nach
§ 109 Abs. 4 zu erstellen haben, eine **Sicherung der betroffenen Daten nachgewiesen** wird. Dies gilt insbesondere, wenn der Nachweis geführt wird, dass
die Daten gemäß einem als sicher anerkannten Verschlüsselungsverfahren gespeichert worden sind. Der Wortlaut von Art. 4 Abs. 3 der ePrivacy-RL zeigt,
dass damit Fälle gemeint sind, in denen zwar unbefugte Dritte auf die Daten Zugriff hatten, aber anzunehmen ist, dass sie die Sicherungen nicht überwinden
konnten[18]. Beispiel wäre das Abhandenkommen eines hinreichend sicher verschlüsselten Datenträgers, wobei Art. 4 Abs. 2 der Verordnung 611/2013 nähere
Anforderungen an die Verschlüsselung formuliert. Jedenfalls müssen aber die
Sicherungsmaßnahmen auf die von der Sicherheitsverletzung betroffenen Daten
angewendet worden sein[19], was daraus folgt, dass mittels des Sicherheitskonzepts ihre Sicherung nachgewiesen werden muss. Art. 4 Abs. 1 der Verordnung
611/2013 bestätigt diese Sicht („... dass diese Maßnahmen auf die von der Sicherheitsverletzung betroffenen Daten angewendet wurden."). Da Diensteanbieter, die keine Dienste für die Öffentlichkeit anbieten, nach § 109 Abs. 4 kein Sicherheitskonzept zu erstellen haben, gilt für sie die Regelung des § 109a Abs. 1

---

16 *Hanloser*, MMR 2010, 300 (301).
17 So auch *Hanloser*, MMR 2010, 300 (302).
18 Auf dieser Linie nunmehr auch Art. 4 Abs. 1 Satz 2 der Verordnung 611/2013.
19 Anders anscheinend *Eckhardt/Schmitz*, CR 2011, 436 (442).

Satz 3 nicht. Allerdings eröffnet Art. 4 Abs. 1 der Verordnung 611/2013 auch solchen Diensteanbietern die Möglichkeit eines entsprechenden Nachweises.

11 In den genannten Fällen hat nach § 109a Abs. 1 Satz 4 die **BNetzA** die Möglichkeit, eine **Benachrichtigung** der Betroffenen trotz Sicherung der betroffenen Daten **anzuordnen**. Entscheidungsmaßstab soll nach dem Wortlaut die Wahrscheinlichkeit nachteiliger Auswirkungen der Sicherheitsverletzung für die Betroffenen sein. Dies passt nicht recht zusammen: Wenn die Daten wirksam gesichert sind, sollte eigentlich keine Gefahr für die Belange der Betroffenen drohen. Letztlich geht es hier darum, die Entscheidung des Verpflichteten einer Kontrolle durch die Behörde zu unterziehen[20].

12 Die Benachrichtigung der Betroffenen soll unverzüglich erfolgen. Anders als § 42a Satz 2 BDSG-alt enthält § 109a keine ausdrückliche Erlaubnis, mit der Benachrichtigung zu warten, bis Maßnahmen der Datensicherung oder Strafverfolgungsmaßnahmen erfolgt sind. Wenn allerdings ein die Informationsinteressen **überwiegendes Bedürfnis** nach Schließung von Datenlecks und/oder Durchführung von Strafverfolgungsmaßnahmen ohne Kenntnis der Allgemeinheit besteht, ist es wohl kein schuldhaftes Zögern, einstweilen mit der Benachrichtigung der Betroffenen zu warten. Dementsprechend enthält Art. 3 Abs. 5 der Verordnung 611/2013 die Möglichkeit, nach Zustimmung der zuständigen Behörde (hierzulande also von BNetzA und BfDI) die Benachrichtigung der Betroffenen aufzuschieben, wenn eine verfrühte Information die Aufklärung des Vorfalls gefährden würde.

3. Form und Inhalt der Benachrichtigung (Abs. 2)

13 Die **Form** der Benachrichtigung ist im TKG nicht vorgesehen, doch dürfte auch aus Dokumentationsgründen die Textform ratsam sein. Anders als bei § 42a BDSG-alt haben Verpflichtete nicht die Möglichkeit, bei unverhältnismäßigem Aufwand einer individuellen Benachrichtigung aller bekannten Betroffenen auf Anzeigen in der Tagespresse auszuweichen. Den **Inhalt der Benachrichtigung** an die Betroffenen legt § 109a Abs. 2 fest. Welche Kontaktstellen danach konkret zu nennen sind, sagt die Vorschrift nicht und sie begründet auch keine Pflicht des Diensteanbieters, solche Kontaktstellen einzurichten. Wenn Informationen zu Bankkonten oder Kreditkarten in die Hände Dritter gelangen, sollten die Betroffenen an ihre Finanzdienstleister verwiesen werden, aber in anderen Fällen ist nicht recht erkennbar, welche Kontaktstellen hier benannt werden sollen.

13a Hinsichtlich der Information des Betroffenen wird § 109a Abs. 2 durch **Art. 3 der Verordnung 611/2013** erheblich konkretisiert und ergänzt. Die **Inhalte der Benachrichtigung** sind durch Anhang II der Verordnung vorgegeben. Anzuge-

---

20 So auch *Eckhardt/Schmitz*, CR 2011, 436 (442).

ben sind danach insbesondere Art und Inhalt der betroffenen Daten, wahrscheinliche Folgen sowie die Umstände der Datenschutzverletzung, jeweils unter Verweis auf die Kriterien in Art. 3 Abs. 2 der Verordnung, nach denen sich bestimmt, ob die Betroffenen zu informieren sind (s. Rz. 12). Dies ist in § 109a Abs. 2 so nicht ausdrücklich vorgesehen. Auch verlangt die Verordnung, dass Betroffene über die vom Verpflichteten ergriffenen Abhilfemaßnahmen informiert werden, was das TKG nur gegenüber den Aufsichtsbehörden verlangt (§ 109a Abs. 2 Satz 2). Auch für die **Form der Betroffeneninformation** enthält die Verordnung 611/2013 in Art. 3 Vorgaben. Diese soll mit Hilfe von Kommunikationsmitteln erfolgen, die einen zügigen Empfang gewährleisten und nach dem Stand der Technik angemessen gesichert sind (Art. 3 Abs. 6 Satz 1). Unverschlüsselte und unsignierte E-Mails dürften dem Erfordernis einer angemessenen Sicherung wohl nicht genügen, so dass wohl nur der Weg über Post oder Fax bleibt, wenn eine verschlüsselte E-Mail-Kommunikation mit den Betroffenen nicht möglich ist. Hervorzuheben und gegenüber § 109a neu ist ferner die Vorgabe, die Benachrichtigung nicht mit Informationen zu anderen Themen zu verbinden sowie sie nicht als Anlass für Verkaufsförderung oder Werbung zu gebrauchen (Art. 3 Abs. 4 Satz 3 sowie Abs. 6 Satz 2 der Verordnung 611/2013).

4. Benachrichtigung bei Störungen von Datenverarbeitungssystemen der Nutzer (Abs. 4)

Mit dem neu eingefügten Abs. 4 des § 109a soll erreicht werden, dass Teilnehmer und Nutzer über Störungen der von Ihnen eingesetzten Datenverarbeitungssysteme und Abhilfemöglichkeiten informiert werden. Dazu wird Diensteanbietern (zum Kreis der Verpflichteten s. Rz. 5) in § 109a Abs. 4 Satz 1 auferlegt, Nutzer über bekannt gewordene Störungen von deren DV-Systemen zu informieren. Als Störungen anzusehen sind hier etwa Schadprogramme sowie die Einbindung in kriminelle Netze (sog. Botnetze)[21]. Die Pflicht greift jedoch nur, soweit den Verpflichteten die betroffenen Nutzer bekannt sind, was in der Praxis die Anwendung auf Teilnehmer beschränken dürfte (zu den Begrifflichkeiten s. Kommentierung zu § 91 TKG Rz. 8), da in der Regel Diensteanbieter nur ihre Kunden (= Teilnehmer i.S.d. TKG) kennen werden. Diensteanbieter sind auch nicht gehalten, die Identität oder Kontaktdaten von Nutzern für Zwecke der Benachrichtigung zu ermitteln; im Gegenteil soll dies laut der Begründung des Gesetzesentwurfs unzulässig sein[22]. Aus § 109a Abs. 4 ergibt sich auch keine Pflicht, aktiv nach Störungen in Nutzergeräten zu suchen[23], so dass hiervon nur Störungen erfasst werden, die den Diensteanbietern sonst zur Kenntnis gelangen. Außerdem wird den Diensteanbietern mit Satz 2 des § 109a Abs. 4

14

---

21 S. *Gitter/Meißner/Spauschus*, ZD 2015, 512 (515).
22 So BT-Drucks. 17/4096, S. 37.
23 So auch *Gitter/Meißner/Spauschus*, ZD 2015, 512 (515).

auferlegt, in diesen Fällen auch über Abhilfemöglichkeiten zu informieren. Aus der Beschränkung auf das technisch Mögliche und Zumutbare folgt aber, dass hier keine individuelle Beratung geschuldet ist[24], sondern lediglich generelle Hinweise zu Informationsquellen, wie etwa auf das Angebot www.botfrei.de oder die Informationsangebote des Bundesamts für Sicherheit in der Informationstechnik (www.bsi-fuer-buerger.de). Wenn es sich um eine massenhaft auftretende Störung eines bekannten Endgerätetyps handelt, dann sind aber auch Instruktionen zur Behebung dieser konkreten Störung zu erwarten. Der neu eingefügte § 109a Abs. 4 Satz 3 erlaubt es, Datenverkehre, von denen eine Störung ausgeht, umzuleiten. Sie erreichen dann nicht ihr Ziel. Dieses sog. „Sinkholing" ist offenbar bereits gelebte Praxis und bedeutet, dass Internetverkehr zu einem anderen als dem gemeinten Server geleitet wird. Damit kann in Botnetzen die Kommunikation zwischen Bots und Command-and-Control-Server gestoppt werden. Das erlaubt dann auch die Feststellung, welche Teilnehmer von der entsprechenden Schadsoftware betroffen sind, so dass sie informiert werden können[25]. Ob dieses Vorgehen wirklich einer ausdrücklichen gesetzlichen Erlaubnis bedurfte, ist allerdings fraglich. Gegenüber den Kunden könnten die Maßnahmen eine Leistungsstörung sein, die dann allerdings durch Notwehr (§ 227 BGB) gerechtfertigt werden kann. Die Regelung schafft immerhin für diese Maßnahmen Rechtssicherheit.

V. Einschränkung des Telekommunikationsverkehrs (Abs. 5 und Abs. 6)

15   Die neu eingefügten Abs. 5 und 6 des § 109a erlauben in verschiedenen Varianten Eingriffe in den Telekommunikationsverkehr. § 109a Abs. 5 erlaubt, die Nutzung von Telekommunikationsdiensten im Falle von Störungen bis zu deren Beseitigung einzuschränken, umzuleiten oder zu unterbinden. Mit § 109a Abs. 5 dürften Maßnahmen von Diensteanbietern gegenüber ihren eigenen Teilnehmern (Kunden) gemeint sein, von denen eine Störung ausgeht, weil sie z.B. Viren verbreiten oder an Botnetzen mitwirken. Dafür spricht das Nebeneinander mit § 109a Abs. 6, der den Datenverkehr zu Störquellen betrifft. Ziel der Maßnahmen kann der Schutz des betroffenen Nutzers selbst wie auch der des Netzes bzw. seiner Systeme sowie der anderer Nutzer sein. Voraussetzung der Einschränkungen nach § 109a Abs. 5 soll nach den Gesetzesmaterialien im Regelfall eine vorherige Information des Teilnehmers nach § 109a Abs. 4 sein, es sei denn, dies ist von vornherein nicht möglich, wie etwa bei Internet-of-Things-Geräten, die eine Information nach § 109a Abs. 4 typischerweise nicht empfangen können[26]. § 109a Abs. 6 betrifft demgegenüber den Datenverkehr zu bestimmten

---

24   S. BT-Drucks. 17/4096, S. 37 und *Gitter/Meißner/Spauschus*, ZD 2015, 512 (515).
25   S. zum Ganzen *Schallbruch*, CR-online.de Blog v. 14.5.2017.
26   S. BT-Drucks 18/11808, S. 10.

Störungsquellen. Dieser kann zum Schutz anderer Nutzer eingeschränkt oder unterbunden werden. Es geht hier offenbar um den Verkehr zu Zielen, die nicht im eigenen Netz des Diensteanbieters geschaltet sind, denn sonst könnte der Datenverkehr dorthin bereits nach § 109a Abs. 5 unterbunden werden. Auch bei den Abs. 5 und 6 stellt sich wieder die Frage nach der Erforderlichkeit der ausdrücklichen gesetzlichen Erlaubnis von Maßnahmen, die eigentlich Fälle von Notwehr sind (s. schon Rz. 14).

VI. Sanktionen

Verstöße gegen die Benachrichtigungspflicht in 109a Abs. 1 Satz 1 und Satz 2 sind nach § 149 Abs. 1 Nr. 21b, Abs. 2 Satz 1 Nr. 3 mit Bußgeld bis 100.000 Euro bedroht. Weiter ist die Pflicht zum Führen des Verzeichnisses nach § 149 Abs. 1 Nr. 21c, Abs. 2 Satz 1 Nr. 4 mit Bußgeld bis 50.000 Euro bewehrt. Die Nichtbenachrichtigung von Betroffenen über Störungen ihrer Datenverarbeitungssysteme nach dem neuen § 109a Abs. 4 ist nicht mit Bußgeld sanktioniert. Zu beachten ist, dass die Bußgeldnormen nicht die Verordnung 611/2013 aufgreifen. Es ist deshalb fraglich, ob Verstöße gegen deren Vorgaben (z.B. das Verbot, die Benachrichtigung an Betroffene mit Werbung zu verbinden) mit Bußgeld geahndet werden können. In Betracht käme dies wohl nur aus dem Gesichtspunkt einer „nicht richtigen" Benachrichtigung. Jedenfalls aber ist wegen des Vorrangs der Verordnung eine Meldung, die ihren Anforderungen genügt, im bußgeldrechtlichen Sinne ausreichend, auch wenn etwa nicht das Meldeformular der BNetzA verwendet wird – ein Sachverhalt, der etwa dann vorkommen kann, wenn ein Vorfall in einer Vielzahl von Jurisdiktionen zu melden ist. 16

§ 109a Abs. 1 Satz 5 soll über den Verweis auf § 42a BDSG-alt den sog. **Nemo-Tenetur-Grundsatz** sicherstellen, wonach niemand zu Selbstbelastung gezwungen ist. Die Regelung wurde erst im Gesetzgebungsverfahren eingefügt. Sie ist aber insoweit lückenhaft, als sie dem Wortlaut nach nicht für Beschäftigte des Diensteanbieters gilt und damit das Führungspersonal vor Konflikte stellen kann[27]. Seit 25.5.2018 führt der Verweis ins Leere und müsste auf § 42 Abs. 4 BDSG-neu berichtigt werden. 17

§ 110 bis § 114

[nicht kommentiert]

---

27 *Eckhardt/Schmitz*, CR 2011, 436 (442).

§ 115 Kontrolle und Durchsetzung von Verpflichtungen

(1) Die Bundesnetzagentur kann Anordnungen und andere Maßnahmen treffen, um die Einhaltung der Vorschriften des Teils 7 und der auf Grund dieses Teils ergangenen Rechtsverordnungen sowie der jeweils anzuwendenden Technischen Richtlinien sicherzustellen. Der Verpflichtete muss auf Anforderung der Bundesnetzagentur die hierzu erforderlichen Auskünfte erteilen. Die Bundesnetzagentur ist zur Überprüfung der Einhaltung der Verpflichtungen befugt, die Geschäfts- und Betriebsräume während der üblichen Betriebs- oder Geschäftszeiten zu betreten und zu besichtigen.

(2) Die Bundesnetzagentur kann nach Maßgabe des Verwaltungsvollstreckungsgesetzes Zwangsgelder wie folgt festsetzen:

1. bis zu 500.000 Euro zur Durchsetzung der Verpflichtungen nach § 108 Abs. 1, § 110 Abs. 1, 5 oder Abs. 6, einer Rechtsverordnung nach § 108 Absatz 3, einer Rechtsverordnung nach § 110 Abs. 2, einer Rechtsverordnung nach § 112 Abs. 3 Satz 1, der Technischen Richtlinie nach § 108 Absatz 4, der Technischen Richtlinie nach § 110 Abs. 3 oder der Technischen Richtlinie nach § 112 Abs. 3 Satz 3,

2. bis zu 100.000 Euro zur Durchsetzung der Verpflichtungen nach den §§ 109, 109a, 112 Absatz 1, 3 Satz 4, Absatz 5 Satz 1 und 2, § 113 Absatz 5 Satz 2 und 3 oder § 114 Absatz 1 und

3. bis zu 20.000 Euro zur Durchsetzung der Verpflichtungen nach § 111 Absatz 1, 4 und 5 oder § 113 Absatz 4 und 5 Satz 1.

Bei wiederholten Verstößen gegen § 111 Absatz 1 bis 5, § 112 Abs. 1, 3 Satz 4, Abs. 5 Satz 1 und 2 oder § 113 Absatz 4 und 5 Satz 1 kann die Tätigkeit des Verpflichteten durch Anordnung der Bundesnetzagentur dahin gehend eingeschränkt werden, dass der Kundenstamm bis zur Erfüllung der sich aus diesen Vorschriften ergebenden Verpflichtungen außer durch Vertragsablauf oder Kündigung nicht verändert werden darf.

(3) Darüber hinaus kann die Bundesnetzagentur bei Nichterfüllung von Verpflichtungen des Teils 7 den Betrieb der betreffenden Telekommunikationsanlage oder das geschäftsmäßige Erbringen des betreffenden Telekommunikationsdienstes ganz oder teilweise untersagen, wenn mildere Eingriffe zur Durchsetzung rechtmäßigen Verhaltens nicht ausreichen.

(4) Soweit für die geschäftsmäßige Erbringung von Telekommunikationsdiensten Daten von natürlichen oder juristischen Personen erhoben, verarbeitet oder genutzt werden, tritt bei den Unternehmen an die Stelle der Kontrolle nach § 38 des Bundesdatenschutzgesetzes eine Kontrolle durch den Bundesbeauftragten für den Datenschutz entsprechend den §§ 21 und 24 bis 26 Abs. 1 bis 4 des Bundesdatenschutzgesetzes. Der Bundesbeauftragte für den Datenschutz richtet seine Beanstandungen an die Bundesnetzagentur

und übermittelt dieser nach pflichtgemäßem Ermessen weitere Ergebnisse seiner Kontrolle.

(5) Das Fernmeldegeheimnis des Artikels 10 des Grundgesetzes wird eingeschränkt, soweit dies die Kontrollen nach Absatz 1 oder 4 erfordern.

I. Einführung	1	III. Kontrolle durch die/den BfDI (Abs. 4)	8
II. Aufsicht durch die BNetzA (Abs. 1 und 3)	2	IV. Eingriffe in das Fernmeldegeheimnis (Abs. 5)	13

I. Einführung

Die Vorschrift regelt die Kontrolle und Durchsetzung von Pflichten nach dem Teil 7 des TKG, der neben dem Datenschutz auch den Bereich der öffentlichen Sicherheit umfasst. Der § 115 Abs. 2 betrifft dabei ausschließlich explizit benannte Pflichten aus dem Bereich der öffentlichen Sicherheit und ist deshalb für den hier interessierenden Bereich des Datenschutzes nicht relevant. Für den Bereich Datenschutz und Fernmeldegeheimnis setzt § 115 den Art. 15a Abs. 2 und 3 der ePrivacy-RL um. Danach haben die Mitgliedstaaten sicherzustellen, dass die zuständigen nationalen Behörden bzw. Stellen in der Lage sind, gegen Verstöße gegen die Richtlinie einzuschreiten, und dass sie über die erforderlichen Ermittlungsbefugnisse zu deren Aufklärung verfügen. Die Vorschrift schafft im Bereich der Datenschutzaufsicht ein Nebeneinander von BNetzA und Bundesbeauftragter/m für Datenschutz und Informationsfreiheit (BfDI)[1]. 1

II. Aufsicht durch die BNetzA (Abs. 1 und 3)

Die Aufsicht durch die BNetzA ist in § 115 Abs. 1 und Abs. 3 geregelt. Dabei verschafft ihr § 115 Abs. 1 Satz 2 **Auskunftsrechte**. Verpflichtete sind alle Personen, die Pflichten nach dem Teil 7 des TKG haben. Hierzu gehören auch Beschäftigte der Telekommunikationsunternehmen, da die Begriffsbestimmung des Diensteanbieters in § 3 Nr. 6b auch auf Personen verweist, die an der Erbringung von Telekommunikationsdiensten mitwirken. Anders als § 127, der Auskunftsverlangen der BNetzA in anderen Zusammenhängen regelt, enthält § 115 Abs. 1 kein **Auskunftsverweigerungsrecht** für den Fall, dass die Auskunftserteilung auf eine Selbstbezichtigung hinausliefe. Insoweit sollte § 127 Abs. 8 entsprechend herangezogen werden[2], wonach Auskunftspflichtige die Beantwortung von Fragen verweigern dürfen, deren Beantwortung sie oder Ange- 2

---

1 Im TKG ist die seit 2006 geltende Bezeichnung „Bundesbeauftragter für Datenschutz **und Informationsfreiheit**" noch nicht konsequent umgesetzt worden. So auch hier.
2 Säcker/*Mozek*, § 115 TKG Rz. 14.

hörige der Gefahr straf- oder bußgeldrechtlicher Verfolgung aussetzen würden. Jedenfalls aber wäre die Erzwingung von Auskünften, die eine Selbstbezichtigung bewirken, unverhältnismäßig[3].

3 Zur Durchführung von Kontrollbesuchen erhält die BNetzA in § 115 Abs. 1 Satz 3 ein **Betretungsrecht für Geschäfts- und Betriebsräume**. Durchsuchungen und Beschlagnahmen sind dabei jedoch nicht zulässig, desgleichen die Einsichtnahme und Prüfung geschäftlicher Unterlagen, was aus dem Fehlen von Regelungen wie in § 127 Abs. 4 und Abs. 6 folgt[4].

4 Neben § 115 enthält das TKG auch in §§ 126 ff. **weitere Aufsichts- und Ermittlungsbefugnisse**, die dort um einiges ausführlicher ausformuliert sind. Das Konkurrenzverhältnis der Befugnisse zueinander ist ungeklärt[5]. Gesetzessystematisch am überzeugendsten wirkt die Sicht, wonach § 115 abschließend ist, soweit er Eingriffsbefugnisse der BNetzA regelt, die auch in §§ 126 ff. enthalten sind[6]. Jedenfalls ist aber der Anwendungsbereich von § 126 (Unternehmen) und § 127 (Betreiber von öffentlichen Telekommunikationsnetzen und Anbieter öffentlich zugänglicher Telekommunikationsdienste) enger als der von § 115 (Diensteanbieter).

5 § 115 Abs. 1 Satz 1 verschafft der BNetzA generalklauselhaft die Möglichkeit zu **Anordnungen und Maßnahmen** zur Einhaltung der Vorschriften des Teils 7. Die im Gesetzestext erwähnten Rechtsverordnungen und technischen Richtlinien sind nur im Bereich der öffentlichen Sicherheit relevant, nicht jedoch für die datenschutzrechtlichen Bestimmungen. Inhalt und Umfang der Anordnungen und Maßnahmen regelt das Gesetz in § 115 Abs. 1 nicht näher, was man dahingehend verstehen kann, dass alle Verwaltungsakte und sonstigen hoheitlichen Maßnahmen, die der Verhältnismäßigkeit im weiteren Sinne genügen, in Betracht kommen. Sowohl beim „Ob" als auch beim „Wie" des Einschreitens hat die Behörde ein Ermessen, das sie pflichtgemäß ausüben muss[7]. Die Vorschrift ermächtigt die BNetzA aber nicht generell zur Überwachung der Aktivitäten von Telekommunikationsunternehmen, sondern lediglich zum Einschreiten bei Verstößen gegen Pflichten nach dem 7. Teil des TKG[8].

---

3 So Auernhammer/*Heun*, § 115 TKG Rz. 5, der deshalb eine entsprechende Anwendung von § 127 Abs. 8 TKG nicht für notwendig hält.
4 So Säcker/*Mozek*, § 115 TKG Rz. 15; BeckTKGKomm/*Eckhardt*, § 115 TKG Rz. 5. A.A. bezüglich der Einsichtnahme in Unterlagen Scheurle/Mayen/*Büttgen*, § 115 TKG Rz. 7; Auernhammer/*Heun*, § 115 TKG Rz. 6.
5 S. BeckTKGKomm/*Eckhardt*, § 115 TKG Rz. 6 ff.
6 BeckTKGKomm/*Eckhardt*, § 115 TKG Rz. 7.
7 S. nur Scheurle/Mayen/*Büttgen*, § 115 TKG Rz. 6; Auernhammer/*Heun*, § 115 TKG Rz. 7 f. Zur Kontrolle der Ermessensausübung im Einzelfall s. OVG Münster v. 10.11. 2014 – 13 A 1973/13, DVBl. 2015, 241 = MMR 2015, 209 = CR 2015, 223 = NVwZ-RR 2015, 379 sowie VG Köln v. 25.2.2015 – 21 K 2214/14, ZD 2016, 43 (47).
8 OVG Münster v. 10.11.2014 – 13 A 1973/13, DVBl. 2015, 241 = MMR 2015, 209 = CR 2015, 223 = NVwZ-RR 2015, 379.

§ 115 Abs. 3 enthält als ultima ratio zur Durchsetzung von Pflichten nach dem 7. Teil des TKG die Möglichkeit der **Untersagung** des Betriebs von Telekommunikationsanlagen oder des geschäftsmäßigen Erbringens von Telekommunikationsdiensten. Aus Verhältnismäßigkeitsgründen hat die BNetzA gemäß dem Wortlaut der Norm vorher alle sonstigen möglichen Maßnahmen auszuschöpfen, bevor sie zu diesem Mittel greift[9].

Da für den Bereich des Datenschutzes § 115 Abs. 2 nicht gilt, ist für die **zwangsweise Durchsetzung** von Anordnungen auf das Verwaltungsvollstreckungsgesetz des Bundes zurückzugreifen[10]. Danach ist das mögliche Zwangsgeld auf den Betrag von 25.000 Euro begrenzt (§ 11 Abs. 3 VwVG)[11].

III. Kontrolle durch die/den BfDI (Abs. 4)

Die datenschutzrechtliche Aufsicht über Unternehmen, die geschäftsmäßig Telekommunikationsdienste erbringen, liegt für dabei erhobene und verwendete Daten nach § 115 Abs. 4 bei der/dem BfDI. Die Kontrolle richtet sich nicht nach den Vorschriften für die Aufsicht über den privaten Sektor (§ 38 ff. BDSG-alt), sondern nach §§ 21 und 24–26 BDSG-alt, die eigentlich nur für öffentliche Stellen des Bundes gelten. Damit soll der/dem BfDI die Möglichkeit zu **vorbeugenden Initiativkontrollen** ohne konkrete Anhaltspunkte für Rechtsverstöße eingeräumt werden[12]. Die Verweise auf das BDSG-alt im Gesetzestext des § 115 Abs. 4 hätten bis 25.5.2018 noch an die ab dann geltende Rechtslage angepasst werden müssen, dies ist jedoch nicht rechtzeitig erfolgt.

Die **Zuständigkeit** der/des BfDI war im Gesetzgebungsverfahren **umstritten**[13]. Die Aufsicht bei der/dem BfDI anzusiedeln sollte zum einen die vorher im Zuge der Aufsicht über Post und Telekom als Staatsunternehmen bei der Dienststelle entstandene Sachkunde weiter nutzbar machen, zugleich eine zentrale Anlaufstelle für die Betroffenen schaffen und dabei eine Zersplitterung der Aufsicht vermeiden[14]. Für Postunternehmen ist in § 42 Abs. 3 des Postgesetzes eine inhaltlich gleichlautende Regelung getroffen worden. Für den Beschäftigtendatenschutz bei Telekommunikationsunternehmen gilt diese Zuständigkeit nicht, da

---

9 Auernhammer/*Heun*, § 115 TKG Rz. 9.
10 Auernhammer/*Heun*, § 115 TKG Rz. 16.
11 Bemerkenswert ist, dass damit für die Erzwingung von Pflichten aus dem Bereich Datenschutz deutlich niedrigere Zwangsgelder möglich sind, als für sonstige Pflichten nach dem TKG. § 115 Abs. 2 sowie § 126 Abs. 5 ermöglichen für Pflichten aus dem Bereich der öffentlichen Sicherheit sowie für sonstige Pflichten nach dem TKG deutlich höhere Zwangsgelder.
12 BT-Drucks. 13/3609, S. 57.
13 Arndt/Fetzer/Scherer/Graulich/*Graulich*, § 115 TKG Rz. 24.
14 Arndt/Fetzer/Scherer/Graulich/*Graulich*, § 115 TKG Rz. 24.

mit deren Daten – vom Fall der erlaubten Privatnutzung dienstlicher Telekommunikationsmittel einmal abgesehen, die als geschäftsmäßige Erbringung von Telekommunikationsdiensten i.S.v. § 3 Nr. 10 der Aufsicht des/der BfDI unterliegt[15] – nicht für das Erbringen von Telekommunikationsdiensten umgegangen wird[16]. Weiter soll eine Ausnahme für öffentliche Stellen der Länder gelten, die TK-Dienste erbringen, da diese keine Unternehmen seien[17]. Allerdings wird dabei anscheinend übersehen, dass der Begriff „Unternehmen" im TKG in Anlehnung an das Kartellrecht verstanden wird und also auch wirtschaftlich tätige „Unternehmen der öffentlichen Hand" erfasst[18].

10 Auch wenn in § 115 Abs. 4 auf Daten „**juristischer Personen**" Bezug genommen wird, beschränkt sich die Aufsicht auf die Reichweite des Schutzes von Angaben zu juristischen Personen nach dem TKG. Dieser Schutz reicht nur so weit, wie die Angaben dem Fernmeldegeheimnis unterliegen[19].

11 Inhaltlich richtet sich die Kontrolle nach den **§§ 21, 24–26 BDSG**-alt bzw. ab 25.5.2018 (vorbehaltlich einer rechtzeitigen entsprechenden Änderung des TKG) nach §§ 14-16 BDSG sowie Art. 58 DSGVO. Eine Besonderheit ergibt sich aber daraus, dass die/der BfDI bei ihrer/seiner Tätigkeit nach § 115 Abs. 4 grundrechtsfähigen Privatrechtssubjekten gegenüber tritt und nicht etwa öffentlichen Stellen. Namentlich folgt daraus, dass das Betretungsrecht aus § 24 Abs. 4 Satz 2 Nr. 2 BDSG-alt (ab 25.5.2018: § 16 Abs. 4 Nr. 1 BDSG) auf die üblichen Betriebs- und Geschäftszeiten beschränkt ist[20]. Für Einzelheiten sei auf die Erläuterungen zu den genannten Vorschriften des BDSG verwiesen.

12 Stellt die/der BfDI Verstöße fest, so kann sie/er diese nach § 25 BDSG-alt bzw. zukünftig § 16 Abs. 2 BDSG **beanstanden**. Eigene **Anordnungsbefugnisse** gegenüber den der Aufsicht nach § 115 unterliegenden Unternehmen hat sie/er nicht. Auch Bußgeldverfahren nach § 149 kann nur die BNetzA einleiten (§ 149 Abs. 3). Deshalb richtet die/der BfDI allfällige Beanstandungen an die BNetzA, welche dann gehalten ist, nach pflichtgemäßem Ermessen über Schritte nach Abs. 1 und/oder Abs. 3 des § 115 oder auch die Einleitung von Bußgeldverfahren zu befinden[21].

---

15 Bei strenger Betrachtung gilt dies für alle Unternehmen, die ihren Arbeitnehmern die private Nutzung von Telekommunikation gestatten, da sie insoweit geschäftsmäßig Telekommunikationsdienste erbringen, vgl. Kommentierung zu § 88 TKG Rz. 13, 15.
16 Säcker/*Mozek*, § 115 TKG Rz. 33.
17 Scheurle/Mayen/*Büttgen*, § 115 TKG Rz. 33.
18 Vgl. Auernhammer/*Heun*, § 115 TKG Rz. 11 m.w.N.
19 Scheurle/Mayen/*Büttgen*, § 115 TKG Rz. 22; Auernhammer/*Heun*, § 115 TKG Rz. 12 sowie Kommentierung zu § 91 TKG Rz. 8.
20 Säcker/*Mozek*, § 115 TKG Rz. 34.
21 Säcker/*Mozek*, § 115 TKG Rz. 36.

IV. Eingriffe in das Fernmeldegeheimnis (Abs. 5)

Der Gesetzgeber hielt es für denkbar, dass BNetzA oder BfDI in Ausübung ihrer Aufgaben nach § 115 mit Informationen in Berührung kommen, die dem Fernmeldegeheimnis unterliegen. Dies könnte etwa bei einer Prüfung der Abrechnungspraxis von Diensteanbietern geschehen – die der Entgeltberechnung einzelner Kunden zugrunde liegenden Verkehrsdaten werden vom Fernmeldegeheimnis geschützt. Deshalb wird mit § 115 Abs. 5 das Zitiergebot des Art. 19 Abs. 1 Satz 2 GG erfüllt. 13

Stichwortverzeichnis

Bearbeiterin: Heike Tillenburg, Ass. iur.

Abberufung des Datenschutzbeauftragten § 6 BDSG 12;
Art. 38 DSGVO 15 ff.
- nicht-öffentlicher Stellen § 38
  BDSG 10 f.

**Abkommen justizieller und polizei-
licher Zusammenarbeit** § 81
BDSG 12

Abrechnungsdaten (TKG)
- Fernmeldegeheimnis § 88 TKG 5

Abrechnungsdaten (TMG) § 15
TMG 1
- Auskunftserlaubnis § 15 TMG 43
- Begriff § 15 TMG 31
- Erforderlichkeit § 15 TMG 33 ff.
- Flatrate-Dienste § 15 TMG 34
- Speicherung für sechs Monate § 15
  TMG 35
- Übermittlung zu Abrechnungs-
  zwecken § 15 TMG 37 ff.
- Übermittlung zu Marktforschungs-
  zwecken § 15 TMG 41 f.
- Zusammenführen von ~ § 15
  TMG 32

Abtretung
- Entgeltforderung an Dritte (TKG)
  § 97 TKG 8 ff.

Akkreditierung
- Zertifizierungsstelle § 39
  BDSG 1 ff.

Akkreditierungsverfahren Art. 41
DSGVO 3 ff.; Art. 43 DSGVO 2 ff.

Amtsenthebung
- Bundesbeauftragte (BfDI) § 12
  BDSG 6

Amtshaftung
- Bundesbeauftragte (BfDI) § 12
  BDSG 3

Amtshilfe
- Begriff des Amtshilfeersuchens
  § 82 BDSG 2
- Bundesbeauftragte (BfDI) § 14
  BDSG 3
- Formate Art. 61 DSGVO 7
- gegenseitige Art. 61 DSGVO 1 ff.
- Kostentragung Art. 61 DSGVO 8
- Maßnahmen Art. 61 DSGVO 3 ff.
- Untätigkeit Art. 61 DSGVO 9
- Verfahren Art. 61 DSGVO 4 ff.

Analog gespeicherte Daten
- Informationspflichten § 32
  BDSG 9

Angemessenheit
- Eingriff in das Persönlichkeitsrecht
  des Beschäftigten § 26 BDSG 18

Angemessenheitsbeschluss Art. 46
DSGVO 1 ff.
- Drittstaatenübermittlung § 78
  BDSG 5
- föderale Staaten Art. 45 DSGVO 1
- Rechtsbehelf der Aufsichtsbehör-
  den § 21 BDSG 1 ff.
- Rechtsschutz, Haftung, Sanktio-
  nen Art. 45 DSGVO 33 ff.
- Safe Harbor/Privacy Shield Art. 45
  DSGVO 17 ff.
- Übergangsregelung Art. 45
  DSGVO 14 ff.
- Überprüfung/Überwachung
  Art. 45 DSGVO 10 ff.
- Verfahren Art. 45 DSGVO 8 f.

1435

- Voraussetzungen **Art. 45 DSGVO** 4 ff.

Anhörung
- Bußgeldverfahren **§ 41 BDSG** 11

Anhörung, Bundesbeauftragte (BfDI)
- besondere Dringlichkeit **§ 69 BDSG** 10 f.
- Blacklist **§ 69 BDSG** 7
- Datenschutz-Folgenabschätzung **§ 69 BDSG** 5
- datenschutzrechtliche Absicherung **§ 69 BDSG** 1
- Empfehlungen **§ 69 BDSG** 7 ff.
- erhebliche Gefahr für Rechtsgüter des Betroffenen **§ 69 BDSG** 6
- Förderung des Dialogs **§ 69 BDSG** 2
- Inbetriebnahme eines neuen Dateisystems **§ 69 BDSG** 3
- Prüfung einer Gefährdungsminimierung **§ 69 BDSG** 4
- Vorlagepflicht **§ 69 BDSG** 8 f.

Anonymisierung
- Begriff **Art. 4 DSGVO** 21
- Datenverarbeitung zu Forschungs-/Statistikzwecken **§ 27 BDSG** 17 ff.
- Telemediendatenschutz **§ 13 TMG** 40 ff.
- Übermittlung von Abrechnungsdaten zu Zwecken der Marktforschung (Telemedien) **§ 15 TMG** 41 f.

Anrufweiterleitung § 103 TKG 1

Anschriftendaten
- Berechnung des Wahrscheinlichkeitswertes **§ 31 BDSG** 38 ff.
- Dokumentation der Unterrichtung **§ 31 BDSG** 46
- eigenes Verhalten **§ 31 BDSG** 40
- georeferenzierte Daten **§ 31 BDSG** 39

- Unterrichtungspflicht **§ 31 BDSG** 42

Anspruch, zivilrechtlicher
- Zweckänderung bei Verarbeitung personenbezogener Daten **§ 24 BDSG** 8 f.

Anwendungsbereich der DSGVO, räumlich
- Angebot von Waren und Dienstleistungen **Art. 3 DSGVO** 18 ff.
- Verarbeitung durch EU-Niederlassung **Art. 3 DSGVO** 5 ff.
- Verarbeitung in diplomatischen/konsularischen Vertretungen **Art. 3 DSGVO** 29
- Verhaltensbeobachtung **Art. 3 DSGVO** 22 ff.

Anwendungsbereich der DSGVO, sachlich
- Ausnahmetatbestände **Art. 2 DSGVO** 30 ff.
- automatisierte Verarbeitung **Art. 2 DSGVO** 6 ff.
- Dauer der automatisierten Verarbeitung **Art. 2 DSGVO** 10
- Ende der automatisierten Verarbeitung **Art. 2 DSGVO** 11
- nicht-automatisierte Verarbeitung mit Dateibezug **Art. 2 DSGVO** 12 ff.
- Richtlinie über den elektronischen Geschäftsverkehr **Art. 2 DSGVO** 31
- Sonderregelungen: Beschäftigtenverhältnis **Art. 2 DSGVO** 16
- teil-automatisierte Verarbeitung **Art. 2 DSGVO** 9
- Verarbeitung durch natürliche Personen **Art. 2 DSGVO** 21
- Verarbeitung durch Organe, Einrichtungen, Agenturen der Union **Art. 2 DSGVO** 20

- Verarbeitung personenbezogener Daten **Art. 2 DSGVO** 5
- Videoüberwachung **Art. 2 DSGVO** 8
- Vorrang der ePrivacy Richtlinie **Art. 2 DSGVO** 32

Arbeitgeber
- Datenminimierung der Beschäftigten **§ 26 BDSG** 19
- Diensteanbieter (TKG) **§ 26 BDSG** 95 f.
- Direkterhebung der Beschäftigtendaten **§ 26 BDSG** 19a
- erfolglose Bewerbung **§ 26 BDSG** 31
- Fragerecht **§ 26 BDSG** 16, 23 f.; s.a. Begründung eines Beschäftigungsverhältnisses
- Interesse an Informationen **§ 26 BDSG** 17
- Quellen der Datenerhebung **§ 26 BDSG** 27 ff.
- Rechenschaftspflicht beim Beschäftigtendatenschutz **§ 26 BDSG** 19
- Speicherbegrenzung bei Beschäftigtendaten **§ 26 BDSG** 19
- Strafbarkeit als Diensteanbieter (TKG) **§ 26 BDSG** 110
- technische und organisatorische Maßnahmen **§ 26 BDSG** 19
- Zweckbindung bei Datenverarbeitung der Beschäftigten **§ 26 BDSG** 19

Arbeitnehmerähnliche Personen
- Beschäftigtendatenschutz **§ 26 BDSG** 7b

Arbeitsplatz
- Videoüberwachung **§ 4 BDSG** 10, 26

Arbeitsunfähigkeit
- Beschäftigtendatenschutz **§ 26 BDSG** 61

Arbeitsverträge
- Angebot von Waren und Dienstleistungen **Art. 3 DSGVO** 18 ff.

Archivierung
- Ausnahmen bei Datenverarbeitung **Art. 89 DSGVO** 9 ff.
- Nebenzweck **Art. 89 DSGVO** 12 f.
- Vorgaben bei Datenverarbeitung **Art. 89 DSGVO** 1 ff.

Archivzwecke
- Auskunftsanspruch **§ 28 BDSG** 8 f.
- Berechtigung zur Nutzung sensibler Daten **§ 28 BDSG** 5 f.
- Berichtigungsanspruch **§ 28 BDSG** 10
- Datenübertragbarkeit **§ 28 BDSG** 11
- Einschränkung der Betroffenenrechte **§ 28 BDSG** 7 ff.
- Gefahrenabwehr/Strafverfolgung **§ 50 BDSG** 1
- keine Löschungspflicht bei Papierform **§ 35 BDSG** 4
- öffentliche/nicht-öffentliche Stellen **§ 28 BDSG** 2
- Verhältnis zur DSGVO **§ 28 BDSG** 4
- Widerspruch **§ 28 BDSG** 11
- Widerspruch zur zeitnahen Datenlöschung **§ 28 BDSG** 1

Asset-Deal
- Übermittlung von Beschäftigtendaten **§ 26 BDSG** 146

Aufbewahrungspflichten
- Ausnahmen bei Löschungspflichten **§ 35 BDSG** 9

Aufgaben
- Bundesbeauftragte (BfDI) **§ 14 BDSG** 1 ff.
- Datenschutzbeauftragte **§ 7 BDSG** 1 ff.

1437

Aufsicht
- Bundesbeauftragte (BfDI) § 10 BDSG 1 ff.

Aufsichtsbefugnisse
- Zweckänderung bei Verarbeitung personenbezogener Daten § 23 BDSG 10

Aufsichtsbehörde *s.a. Datenschutzbehörden*
- Abberufung des betrieblichen Datenschutzbeauftragten § 40 BDSG 32 ff.
- Abgabe der Beschwerde § 19 BDSG 8 ff.
- Abhilfebefugnisse Art. 58 DSGVO 12 ff.
- Akkreditierung von Zertifizierungsstellen § 39 BDSG 1 ff.
- Amtshilfe § 82 BDSG 1 ff.
- Amtsinhaber Art. 53 DSGVO 1 ff.
- Anlaufstelle für Datenschutzbeauftragten Art. 39 DSGVO 5
- Aufgaben Art. 57 DSGVO 1 ff.; Art. 58 DSGVO 2 ff.
- Auskunftsverlangen § 40 BDSG 18
- Ausübung/Übertragung von Befugnissen Art. 62 DSGVO 4 f.
- Bedingungen für Mitglieder Art. 53 DSGVO 1 ff.
- Befugnisse bei Berufsgeheimnisträgern § 29 BDSG 13 ff.
- Begriff Art. 4 DSGVO 86
- Belehrungspflicht bei Auskunftsverlangen § 40 BDSG 23
- Beschlussfassungsverfahren Art. 60 DSGVO 8 ff.
- Beschwerde gegenüber der ~ Art. 77 DSGVO 1 ff.
- Beteiligungsfähigkeit/Verfahrensbeteiligung § 20 BDSG 6
- betroffene ~, Begriff Art. 4 DSGVO 87 ff.
- Datenschutzbeauftragter, Rechtsschutz Art. 39 DSGVO 15 ff.
- Datenverarbeitung durch nichtöffentliche Stellen § 40 BDSG 1 ff.
- Datenverarbeitung zum Zweck der Aufsicht § 40 BDSG 12
- Dringlichkeitsverfahren Art. 60 DSGVO 19; Art. 66 DSGVO 1 ff.
- einheitliche Anwendung der DSGVO Art. 51 DSGVO 5 f.
- Einrichtungspflicht Art. 51 DSGVO 1 f.
- Einschränkung der Befugnisse bei Geheimhaltungsinteressen § 29 BDSG 1
- Einschränkung der Untersuchungsbefugnisse Art. 90 DSGVO 1 ff.
- Einsichtsrecht § 40 BDSG 28
- Entscheidung über die Benachrichtigung Art. 34 DSGVO 12
- Errichtung Art. 54 DSGVO 1 f.
- federführende ~ *siehe auch dort*; § 19 BDSG 5 ff.
- fehlendes Einvernehmen § 18 BDSG 10 ff.
- Finanzen/Finanzkontrolle Art. 52 DSGVO 9 f.
- Finanzkontrolle § 10 BDSG 6
- Frist zur Stellungnahme § 16 BDSG 8
- Gefahrenabwehr/Strafverfolgung § 46 BDSG 5
- gegenseitige Amtshilfe Art. 61 DSGVO 1 ff.
- gemeinsame Maßnahmen Art. 62 DSGVO 1 ff.
- gemeinsamer Standpunkt § 18 BDSG 6 ff.
- Genehmigungsbefugnisse Art. 58 DSGVO 16 ff.
- Gewerbeordnung, Anwendbarkeit § 40 BDSG 35

Stichwortverzeichnis

- grenzüberschreitende Betroffenheit **Art. 62 DSGVO** 2 ff.
- Haftung bei gemeinsamen Maßnahmen **Art. 62 DSGVO** 7 ff.
- Informationsaustausch **Art. 60 DSGVO** 20
- Inkompatibilität **Art. 52 DSGVO** 7 f.
- innerstaatliche Zuständigkeit **§ 19 BDSG** 1 ff.
- Kommunikation mit Datenschutzbeauftragtem **§ 7 BDSG** 9
- Konsultation bei Datenschutz-Folgenabschätzung **Art. 36 DSGVO** 1 ff.
- Kontrollbefugnisse **§ 40 BDSG** 24 ff.
- Kontrolle der Gerichte **Art. 55 DSGVO** 4
- Kosten/Gebühren **Art. 57 DSGVO** 5 f.
- Normenkontrollverfahren bei unionsrechtskonformer Auslegung **§ 21 BDSG** 3
- One-Stop-Shop-Prinzip **§ 40 BDSG** 6 ff.
- personelle Ausstattung **Art. 52 DSGVO** 11 f.
- Rechtsbehelf gegen Angemessenheitsbeschluss **§ 21 BDSG** 1 ff.
- Rechtsschutz gegenüber verbindlichen Beschlüssen der ~ **Art. 78 DSGVO** 1 ff.
- Rechtswegzuweisung **§ 20 BDSG** 4 f.
- Rollenkonzept **§ 19 BDSG** 3
- Tätigkeitsberichte **Art. 59 DSGVO** 1
- Übermittlung von Beschwerden/Kommunikationsmittel **Art. 57 DSGVO** 4
- Überprüfung bei Informationspflichten **§ 32 BDSG** 14
- Überprüfung kirchlicher Datenschutzregelungen **Art. 91 DSGVO** 5 f.
- Unabhängigkeit **Art. 51 DSGVO** 3 f.; **Art. 52 DSGVO** 1 ff.; **Art. 58 DSGVO** 1 ff.
- Unterrichtung über nationale Rechtsvorschriften **Art. 51 DSGVO** 7 f.
- Unterstützung des betrieblichen Datenschutzbeauftragten **§ 40 BDSG** 30 ff.
- Untersuchungsbefugnisse **Art. 58 DSGVO** 8 ff.
- Verschwiegenheitspflicht der Mitarbeiter **Art. 54 DSGVO** 3 ff.
- Vor-Ort-Prüfung **§ 40 BDSG** 25 ff.
- Zurverfügungstellung der Verarbeitungsverzeichnisse **§ 70 BDSG** 15
- Zusammenarbeit bei Auftragsverarbeitung **Art. 31 DSGVO** 1 ff.
- Zusammenarbeit mit Bundesbeauftragtem (BfDI) **§ 18 BDSG** 4 ff.
- Zusammenarbeit zwischen zwei/mehreren Aufsichtsbehörden **Art. 60 DSGVO** 1 ff.
- Zuständigkeit bei grenzüberschreitenden Angelegenheiten **Art. 56 DSGVO** 1 ff.
- Zuständigkeit bei mehreren ~n **Art. 56 DSGVO** 3 f.
- Zuständigkeit bei mehreren Niederlassungen **Art. 56 DSGVO** 6 ff.
- Zuständigkeit bei nicht-öffentlichen Stellen **§ 40 BDSG** 4 f.
- Zuständigkeit bei rein nationalem Bezug **Art. 56 DSGVO** 10 ff.
- Zuständigkeit der Bescheidung **§ 19 BDSG** 4
- Zuständigkeit im Bußgeldverfahren **§ 41 BDSG** 10

- Zuständigkeit, territoriale **Art. 55 DSGVO** 1 ff.
- Zweckänderung bei Datenverarbeitung durch die ~ **§ 40 BDSG** 13

Auftragsdatenverarbeitung
- Abgrenzung zur verantwortlichen Stelle **Art. 26 DSGVO** 10 f.
- Altverträge **Art. 28 DSGVO** 25
- Anforderungen an den Hauptauftrag **Art. 28 DSGVO** 19 ff.
- Auswahl des Verarbeiters **Art. 28 DSGVO** 12
- Begriff des Auftragsverarbeiters **Art. 28 DSGVO** 1 ff.
- Beschränkungen von Rechten und Pflichten **Art. 23 DSGVO** 1 ff.
- Beurteilung des angemessenen Schutzniveaus **Art. 32 DSGVO** 9 ff.
- Datenschutzbeauftragter **Art. 37 DSGVO** 4
- Datenschutz-Folgenabschätzung **Art. 35 DSGVO** 11 ff.
- durchzuführende Schutzmaßnahmen **Art. 24 DSGVO** 8 ff.
- Einhaltung anerkannter Prozesse **Art. 32 DSGVO** 11
- Exkulpationsmöglichkeit des Verarbeiters **Art. 82 DSGVO** 5
- fehlender Angemessenheitsbeschluss **Art. 46 DSGVO** 1 ff.
- Führung eines Verzeichnisses **Art. 30 DSGVO** 5
- Gewährleistung eines angemessenen Schutzniveaus **Art. 32 DSGVO** 1 ff.
- Grenzen **Art. 28 DSGVO** 33 ff.
- Haftung des Verarbeiters **Art. 82 DSGVO** 6 ff.
- Meldepflicht bei Datenschutzpannen **Art. 33 DSGVO** 10 ff.
- Nachweis der Einhaltung der Garantien der DSGVO **Art. 28 DSGVO** 29
- personenbezogene Daten **Art. 6 DSGVO** 1 ff.
- Rechtsbehelf gegen Auftragsverarbeiter **Art. 79 DSGVO** 1 ff.
- Rechtsfolgen bei rechtswidrigen Weisungen **Art. 29 DSGVO** 13 ff.
- rechtswidrige Weisungen **Art. 29 DSGVO** 11
- Schriftform **Art. 28 DSGVO** 31
- Standardvertragsklauseln **Art. 28 DSGVO** 30
- zu treffende Datenschutzvorkehrungen **Art. 24 DSGVO** 22 f.
- Übermittlung von Abrechnungsdaten zu Abrechnungszwecken (Telemedien) **§ 15 TMG** 39
- Übermittlung von Beschäftigtendaten an Dritte, Abgrenzung **§ 26 BDSG** 144
- Unterauftragsverhältnisse **Art. 28 DSGVO** 14 ff.
- Unwirksamkeit **Art. 28 DSGVO** 24
- verantwortliche Stelle **Art. 28 DSGVO** 1 ff.
- Verantwortlichkeit **Art. 28 DSGVO** 32
- Verarbeitung durch unterstellte Personen **Art. 32 DSGVO** 12 f.
- Weisungsrecht des Verantwortlichen **Art. 28 DSGVO** 8 f.; **Art. 29 DSGVO** 1 ff.
- Zertifizierungsverfahren, Schutzniveau **Art. 32 DSGVO** 11
- Zusammenarbeit mit der Aufsichtsbehörde **Art. 31 DSGVO** 1 ff.
- Zusammenarbeit zwischen mehreren Aufsichtsbehörden **Art. 60 DSGVO** 3

Stichwortverzeichnis

Auftragsdatenverarbeitung (TKG)
- Content Delivery Networks § 91 TKG 17
- Helpdesk § 91 TKG 17
- Kollokations- und Telehousingdienste § 91 TKG 17
- oder Telekommunikationsunternehmen als verantwortliche Stelle § 91 TKG 16 f.
- Protokolldaten § 91 TKG 17
- Router oder sonstige Endgeräte, Betrieb § 91 TKG 17
- Sicherheitsdienstleistungen § 91 TKG 17
- Sprachboxen § 91 TKG 17
- durch Telekommunikationsunternehmen § 91 TKG 14 ff.
- für Telekommunikationsunternehmen § 91 TKG 18

Auftragsverarbeiter Art. 4 DSGVO 32
- Gefahrenabwehr § 45 BDSG 32
- Klagen gegen ~ § 44 BDSG 1
- Strafverfolgung § 45 BDSG 32
- Weisungsgebundenheit § 52 BDSG 1 f.

Auftragsverarbeitung, Polizei und Justiz
- Anforderungen an die Wirksamkeit § 62 BDSG 3 ff.
- Aufgabenexzess § 62 BDSG 9
- geeignete technische/organisatorische Maßnahmen § 62 BDSG 4
- Meldepflicht des Auftragsverarbeiters § 65 BDSG 5
- Protokollierung automatisierter Datenverarbeitungsvorgänge § 76 BDSG 3
- Verantwortliche § 62 BDSG 3
- Vertragsabfassung § 62 BDSG 8
- Verzeichnis von Verarbeitungstätigkeiten § 70 BDSG 12 f.
- weiterer Auftragsverarbeiter § 62 BDSG 5 ff.

Ausgemahnte Forderungen § 31 BDSG 66 ff.

Auskunft (TMG)
- Abrechnungsdaten § 15 TMG 43
- Bestandsdaten § 14 TMG 16 ff.
- Pflicht des Diensteanbieters § 13 TMG 40 ff.

Auskunftei
- anerkannte Forderungen § 31 BDSG 64 f.
- Begriff § 31 BDSG 51
- Berücksichtigung einer Kündigung § 31 BDSG 77 f.
- Beschränkung der Übermittlungsbefugnis an ~ § 31 BDSG 61
- ermittelter Wahrscheinlichkeitswert § 31 BDSG 51
- Feststellung der Forderung im Insolvenzverfahren § 31 BDSG 63
- forderungsbezogene Daten *siehe auch dort*; § 31 BDSG 53 ff.
- Hinweissystem, Abgrenzung § 31 BDSG 52
- Interessenabwägung § 31 BDSG 59 f.
- Konzernprivileg § 31 BDSG 51
- Kreditwürdigkeitsprüfung § 31 BDSG 52
- Übermittlungsbefugnis an ~ § 31 BDSG 61
- Verstoß gegen Auskunftspflichten § 43 BDSG
- Verwendung von „ausgemahnten" Forderungen § 31 BDSG 66 ff.
- Vorliegen eines Urteils/Titels § 31 BDSG 62
- Warndatei, Abgrenzung § 31 BDSG 52

Stichwortverzeichnis

Auskunftei, Datenübermittlung an
- Sondervorschrift § 31 BDSG 48

Auskunftspflicht des Verantwortlichen
- Adressat der Norm § 40 BDSG 17 ff.
- Auskunftsverlangen der Aufsichtsbehörde § 40 BDSG 18 ff.
- Grenzen § 40 BDSG 21 ff.
- Verstoß gegen Auskunftspflichten § 43 BDSG
- zeitlicher Rahmen § 40 BDSG 19

Auskunftsrecht des Betroffenen
- Abgrenzung zur Informationspflicht Art. 13 DSGVO 3
- Drittlandverkehr Art. 15 DSGVO 10
- Herkunftsangabe Art. 15 DSGVO 13
- Kosten Art. 15 DSGVO 17

Auskunftsrecht, Polizei und Justiz
- Angabe der angewandten Rechtsgrundlage § 57 BDSG 8
- Angemessenheit bei wiederholter Ausübung § 57 BDSG 6
- Antragspflicht § 57 BDSG 3
- Ausnahme von der Auskunftserteilungspflicht § 57 BDSG 13 ff.
- Bundesbeauftragte § 57 BDSG 18
- Darreichungsform § 57 BDSG 4
- Dokumentation durch den Verantwortlichen § 57 BDSG 19
- Gefährdung der Schutzgüter § 57 BDSG 15
- Herkunft der Daten § 57 BDSG 7
- Inhalt der Auskunft § 57 BDSG 4
- Rechtsbehelf bei Verweigerung/Einschränkung § 57 BDSG 17
- verfahrensrechtliche Absicherung bei Ablehnung § 57 BDSG 16

Auskunftsrechte
- Betroffenenrechte bei Archivierung § 28 BDSG 8 f.
- Datenverarbeitung außerhalb des Anwendungsbereichs der DSGVO § 85 BDSG 10
- Datenverarbeitung zu Forschungszwecken § 27 BDSG 15
- Geheimhaltungspflichten § 29 BDSG 7

Auskunftsrechte, Ausnahmen
- Akten/Aktensammlungen und ihre Deckblätter § 34 BDSG 9
- Begründung der Ablehnungsentscheidung § 34 BDSG 11
- Daten mit besonderer Zweckbindung § 34 BDSG 10
- Dispensierung von der Informationspflicht § 34 BDSG 4
- Dokumentationspflicht § 34 BDSG 11
- Einschränkung der Verarbeitung § 34 BDSG 13
- Entwicklung der Norm § 34 BDSG 2
- Erteilung an Bundesbeauftragten § 34 BDSG 14
- geeignete technische/organisatorische Maßnahmen § 34 BDSG 7
- Interessenlage Informationspflichten/Auskunftsrechte § 34 BDSG 4
- Maßnahmen zum Schutz der betroffenen Person § 34 BDSG 11 ff.
- Reduzierung der Ausnahmetatbestände § 34 BDSG 15
- Tatbestände im Einzelnen § 34 BDSG 3 ff.
- umfangreiche Speicherungen § 34 BDSG 12
- unverhältnismäßiger Aufwand § 34 BDSG 6

- vertragliche Aufbewahrungspflicht § 34 BDSG 5

Auskunftsverweigerungsrecht
- verantwortliche Stelle § 40 BDSG 21 ff.

Ausland
- Telemediendatenschutz § 11 TMG 20 ff.

Auslandsbezug
- Aufgaben des Vertreters Art. 27 DSGVO 6
- Auskunftsrecht des Betroffenen Art. 15 DSGVO 10
- Cookies (Telemedien) § 11 TMG 24
- Ernennung eines Vertreters Art. 27 DSGVO 1 ff.
- Haftung und Verantwortung/Vertreter/Vertretener Art. 27 DSGVO 7 f.
- Herkunftslandprinzip (Telemedien) § 11 TMG 20
- Java-Skripte (Telemedien) § 11 TMG 24
- Niederlassung in Deutschland § 11 TMG 22 ff.
- Sitz der Dienstanbieters in EU/EWR-Staat (Telemedien) § 11 TMG 22
- Staaten außerhalb EU/EWR (Telemedien) § 11 TMG 23
- Telemediendatenschutz § 11 TMG 20 ff.
- Unterrichtungspflicht des Diensteanbieters (Telemedien) § 13 TMG 7

Ausnahmen
- Auskunftsrechte § 34 BDSG 3 ff.
- Informationspflichten § 32 BDSG 5 ff.; § 33 BDSG 6 ff.
- Recht auf Löschung § 35 BDSG 4 ff.

- Versicherungswirtschaft § 37 BDSG 4 ff.
- Widerspruchsrecht § 36 BDSG 4 ff.

Aussagerecht
- Bundesbeauftragte (BfDI) § 13 BDSG 13 ff.

Ausschuss
- Durchführungsrechtsakte Art. 93 DSGVO 1 ff.

Außenverhältnis
- gemeinsam Verantwortliche § 63 BDSG 5

Aussetzung des Verfahrens Art. 81 DSGVO 1 ff.

Automatisierte Einzelentscheidungen
- Ausnahmen vom Verbot Art. 22 DSGVO 8 ff.
- Betroffenenrechte Art. 22 DSGVO 4 ff.
- Einwilligung Art. 22 DSGVO 12
- Profiling Art. 22 DSGVO 2
- Wahrung der berechtigten Interessen Art. 22 DSGVO 14 ff.

Automatisierte Verarbeitung
- Profiling Art. 4 DSGVO 16

Automatisiertes Verfahren
- Recht auf Datenübertragbarkeit Art. 20 DSGVO 1

Background Checks
- Stellenbewerber § 26 BDSG 30

Beanstandungsverfahren
- Bundesbeauftragte (BfDI), außerhalb des Geltungsbereichs der DSGVO § 16 BDSG 15 ff.
- Bundesbeauftragte (BfDI), innerhalb des Geltungsbereichs der DSGVO § 16 BDSG 5 ff.

Beendigung eines Beschäftigungsverhältnisses
- Datenverwendung § 26 BDSG 148 ff.
- Sozialauswahl § 26 BDSG 149

Begründung eines Beschäftigungsverhältnisses
- § 32 BDSG-E 2010 § 26 BDSG 21 f.
- AGG-Merkmale § 26 BDSG 41 ff.
- Alkohol- und Drogensucht § 26 BDSG 44
- Alkohol- und Drogentests § 26 BDSG 50
- allgemeine Kontaktdaten § 26 BDSG 32
- Alter § 26 BDSG 42
- Background Checks § 26 BDSG 30
- Befragung des früheren Arbeitgebers § 26 BDSG 29
- Beweishürden bei Informationsbeschaffung § 26 BDSG 28
- Dokumente § 26 BDSG 45 ff.
- erfolglose Bewerbung § 26 BDSG 31
- erfolgloser Bewerber § 26 BDSG 16
- Erhebung, Verarbeitung, Nutzung von Beschäftigtendaten § 26 BDSG 20
- Fallgruppen § 26 BDSG 32 ff.
- Fragerecht des Arbeitgebers § 26 BDSG 16, 23 f.
- Freiheitsstrafe § 26 BDSG 39
- Gehaltsnachfragen § 26 BDSG 33
- Gesundheitszustand § 26 BDSG 44
- Gewerkschaftszugehörigkeit § 26 BDSG 36
- Internetrecherche § 26 BDSG 27 f.
- medizinische Untersuchungen § 26 BDSG 49
- Mitteilungspflichten des Bewerbers § 26 BDSG 26
- nachvertragliches Wettbewerbsverbot § 26 BDSG 33
- polizeiliches Führungszeugnis § 26 BDSG 47
- private Vermögensverhältnisse § 26 BDSG 37
- Privatleben § 26 BDSG 35
- psychologische Eignungstests § 26 BDSG 51
- psychologische Tests § 26 BDSG 49
- Qualifikation und beruflicher Werdegang § 26 BDSG 33
- Quellen der Datenerhebung § 26 BDSG 27 ff.
- Rasse und ethnische Herkunft § 26 BDSG 42
- Recherche in sozialen Netzwerken § 26 BDSG 27
- Religionszugehörigkeit § 26 BDSG 43
- SCHUFA-Auskunft § 26 BDSG 48
- Schwangerschaft § 26 BDSG 42
- sexuelle Identität § 26 BDSG 42
- Stasi-Vergangenheit § 26 BDSG 40
- ungefragte Datenübermittlung § 26 BDSG 25
- Vorstrafen und laufende Ermittlungsverfahren § 26 BDSG 38
- Wehr- oder Ersatzdienst § 26 BDSG 34
- Zeugnisse § 26 BDSG 46

Begründungspflicht
- Ablehnung eines Auskunftsanspruchs § 34 BDSG 11

Behörden
- des Bundes § 2 BDSG 6 ff.

Belehrungspflicht
- Aufsichtsbehörde § 40 BDSG 23

Stichwortverzeichnis

Benachrichtigungspflicht Art. 13 DSGVO 2
- Ausnahmen bei Löschungspflichten § 35 BDSG 8
- Geheimhaltungspflichten § 29 BDSG 8 f.
- öffentliche Stellen – Tatbestandsvoraussetzungen **Art. 16 DSGVO** 5 ff.
- Videoüberwachung § 4 BDSG 29

Benachrichtigungspflicht bei Datenschutzpannen (DSGVO)
- Entbehrlichkeit der Benachrichtigung **Art. 34 DSGVO** 10 f.
- Entscheidung durch die Aufsichtsbehörde **Art. 34 DSGVO** 12
- Form **Art. 34 DSGVO** 9 ff.
- inhaltliche Vorgaben **Art. 16 DSGVO** 7 ff.
- verantwortliche Stelle **Art. 34 DSGVO** 1

Benachrichtigungspflicht bei Datenschutzpannen (TKG) § 109a TKG 1 ff.
- Anbieter öffentlich zugänglicher Telekommunikationsdienste § 109a TKG 5
- Benachrichtigungspflichten § 109a TKG 6
- Bundesdatenschutzbeauftragter § 109a TKG 7
- Bundesnetzagentur § 109a TKG 7
- Einschränkungen des Telekommunikationsverkehrs § 109a TKG 15
- Information des Betroffenen § 109a TKG 8 ff.
- Inhalt der Meldung § 109a TKG 7b
- Inhalt und Form der Benachrichtigung § 109a TKG 13 f.
- Sanktionen § 109a TKG 16 f.
- schwerwiegende Beeinträchtigungen, zu befürchtende § 109a TKG 9
- Sicherung der betroffenen Daten § 109a TKG 10 f.
- Störung von Datenverarbeitungssystemen der Nutzer § 109a TKG 14
- Verletzung der Datensicherheit § 109a TKG 4
- Verletzung des Schutzes personenbezogener Daten § 109a TKG 3 f.
- Verpflichtete § 109a TKG 5

Benachrichtigungspflicht, Polizei und Justiz
- Ausnahmen § 56 BDSG 2; § 66 BDSG 5
- Einschränkung § 56 BDSG 11 f.
- Einschränkung aus gegebenem Anlass § 66 BDSG 8
- erhebliche Gefahr für Rechtsgüter § 66 BDSG 2 f.
- Fachrecht § 56 BDSG 1 ff.
- Form § 66 BDSG 4
- Informationsbestandteile § 56 BDSG 6 ff.
- Inhalt § 66 BDSG 4
- Meldepflichten bei Datenpannen § 65 BDSG 4 ff.
- nationale Sicherheit § 56 BDSG 15
- Nemo-tenetur-Grundsatz § 66 BDSG 9
- Schutzziele § 56 BDSG 13
- Unterlassungsmöglichkeit § 56 BDSG 11 f.
- unverzügliche Nachholung § 66 BDSG 6

Benachteiligungsverbot
- Datenschutzbeauftragte § 6 BDSG 11
- Datenschutzbeauftragter **Art. 38 DSGVO** 26 f.

Beobachtung
- Videoüberwachung § 4 BDSG 11, 13

Beratungsfunktion
- Bundesbeauftragte (BfDI) § 14 BDSG 8 f.

Bereicherungsabsicht
- Strafvorschriften § 42 BDSG 4 ff.

Berichtigungsanspruch
- Betroffenenrechte bei Archivierung § 28 BDSG 10

Berichtigungsanspruch, Polizei und Justiz
- Vervollständigungsanspruch § 58 BDSG 6
- Zeugenaussagen § 58 BDSG 5

Berichtigungspflicht
- Strafverfolgung/Gefahrenabwehr § 75 BDSG 3 ff.

Berichtigungspflicht (nicht-öffentliche Stellen/öffentlich-rechtliche Wettbewerbsunternehmen)
- Tatbestandsvoraussetzungen Art. 16 DSGVO 5 ff.

Berufs- und Amtsgeheimnis
- Anwendbarkeit des BDSG § 1 BDSG 13 ff.

Berufsgeheimnisträger
- Datenübermittlung § 29 BDSG 10
- Einschränkung der Aufsichtsbefugnisse § 29 BDSG 13 ff.

Beschäftigte
- Begriff § 26 BDSG 4, 7

Beschäftigtendatenschutz
- Alkohol- und Drogentests § 26 BDSG 64
- allgemeine Daten § 26 BDSG 55 ff.
- Angemessenheit § 26 BDSG 18
- Arbeitgeber, Begriff § 26 BDSG 8
- Arbeitszeiterfassung § 26 BDSG 58

- Archivierung von und Zugriff auf E-Mails § 88 TKG 21 ff.
- BDSG als Auffanggesetz § 26 BDSG 12
- bei und nach Beendigung des Beschäftigungsverhältnisses § 26 BDSG 148 ff.
- Begründung eines Beschäftigungsverhältnisses § 26 BDSG 20 ff.
- Beschäftigte § 26 BDSG 4
- beschäftigungsfremde Zwecke § 26 BDSG 12
- besondere Kategorien personenbezogener Daten Art. 88 DSGVO 19
- Beteiligungsrechte der Interessenvertretungen § 26 BDSG 15, 152 ff.
- Betriebsrat, eigener Umgang mit Beschäftigtendaten § 26 BDSG 157 ff.
- Compliance § 26 BDSG 75 f.
- Datenminimierung § 26 BDSG 19
- Datenschutz-Anpassungs-/Umsetzungsgesetz Art. 88 DSGVO 5 ff.
- Datenverarbeitung im Konzern Art. 88 DSGVO 20
- Dienlichkeit § 26 BDSG 16
- DSGVO § 26 BDSG 3 f.
- bei Durchführung des Beschäftigungsverhältnisses § 26 BDSG 53 ff.
- Durchführung/Beendigung eines Arbeitsverhältnisses Art. 88 DSGVO 21
- EG-Datenschutzrichtlinie § 26 BDSG 2
- EG-Recht § 26 BDSG 2 f.
- Einhaltung der Grundsätze der DSGVO § 26 BDSG 19
- Einwilligung § 26 BDSG 11; Art. 88 DSGVO 12 f.
- Einzelverbindungsnachweise § 99 TKG 3

Stichwortverzeichnis

- Entwicklung der Norm § 26 BDSG 1 ff.
- Erforderlichkeit § 26 BDSG 16 ff.
- Erlaubnisgrundlage zur Verarbeitung § 26 BDSG 4
- Erlaubnistatbestände zur Verarbeitung § 26 BDSG 11 ff.
- EU-Kompetenz **Art. 88 DSGVO** 2
- Fernmeldegeheimnis **§ 88 TKG** 15
- Fragerecht des Arbeitgebers § 26 BDSG 16
- genetische Untersuchungen und Analysen **§ 26 BDSG** 63
- Gesundheitsdaten § 26 BDSG 59 ff.
- Gewerkschaftszugehörigkeit § 26 BDSG 57
- Grundsatz der Datenverarbeitung **Art. 88 DSGVO** 14 ff.
- Grundsatz der Direkterhebung § 26 BDSG 19a
- Grundsatz der Zweckbindung § 26 BDSG 19
- HIV-Test § 26 BDSG 67
- Internetnutzung § 26 BDSG 113 ff.
- Kollektivvereinbarungen § 26 BDSG 11c ff.
- Krankheit § 26 BDSG 66 ff.
- krankheitsbedingte Fehlzeiten § 26 BDSG 59
- krankheitsbedingte Fehlzeiten, Speicherung § 26 BDSG 72
- legitimer Zweck § 26 BDSG 18
- Leiharbeitnehmer § 26 BDSG 7a
- Ortungssysteme § 26 BDSG 129 ff.
- Personalakte § 26 BDSG 10
- persönlicher Anwendungsbereich § 26 BDSG 7 ff.
- Privatsphäre § 26 BDSG 56
- Prüfung der Verhältnismäßigkeit § 26 BDSG 18
- Rechenschaftspflicht § 26 BDSG 19
- Rechtsfolgen bei Verstößen § 26 BDSG 151
- Rückgriff auf Art. 6 DSGVO § 26 BDSG 13
- sachlicher Anwendungsbereich § 26 BDSG 9 f.
- scoring-gestützte Auswahlentscheidungen **§ 31 BDSG** 26
- sensible Daten § 26 BDSG 11b
- Speicherbegrenzung § 26 BDSG 19
- Stammdaten § 26 BDSG 55
- Tarifverträge/Dienst-/Betriebsvereinbarungen § 26 BDSG 11c; **Art. 88 DSGVO** 8 ff.
- technische und organisatorische Maßnahmen § 26 BDSG 19
- Übermittlung von Beschäftigtendaten an Dritte § 26 BDSG 143 ff.
- Überwachung im Beschäftigungsverhältnis § 26 BDSG 75 ff.
- Verhältnis zu anderen Vorschriften § 26 BDSG 12 ff.
- Verhältnis zur DSGVO § 26 BDSG 5
- Verhältnismäßigkeit § 26 BDSG 16 ff.
- Veröffentlichung von Daten § 26 BDSG 147
- Verzicht auf Dateierfordernis § 26 BDSG 10
- Vorsorgeuntersuchungen § 26 BDSG 62
- Zweifel an Arbeitsunfähigkeit § 26 BDSG 61

Beschlagnahmeverbot
- Datenschutzbeauftragte § 6 BDSG 24 f.

Beschluss der Aufsichtsbehörde, Rechtsbehelf Art. 78 DSGVO 1 ff.
– allgemeine Klagebefugnis Art. 78 DSGVO 2
– Einbeziehung von Kohärenzbeschlüssen Art. 78 DSGVO 5
– Klagebefugnis bei Nichtbefassen mit der Beschwerde Art. 78 DSGVO 3
– zuständige Gerichte Art. 78 DSGVO 4

Beschlussfassungsverfahren
– Einspruch Art. 60 DSGVO 10 ff.
– Erlass/Bekanntgabe des Beschlusses Art. 60 DSGVO 14 ff.
– Tätigkeit/Tätigkeitsbericht Art. 60 DSGVO 18
– Verfahren Art. 60 DSGVO 9 ff.

Beschränkungen (DSGVO)
– Achtung der Grundrechte und Grundfreiheiten Art. 23 DSGVO 4
– Betroffenenrechte Art. 23 DSGVO 2
– Führen öffentlicher Register Art. 23 DSGVO 7
– nationale/öffentliche Sicherheit Art. 23 DSGVO 5
– Notwendigkeit Art. 23 DSGVO 4
– von Rechten und Pflichten Art. 23 DSGVO 1 ff.
– spezifische Vorschriften Art. 23 DSGVO 8 ff.
– Transparenzpflichten Art. 23 DSGVO 2
– Verhältnismäßigkeit Art. 23 DSGVO 4
– wichtiges Ziel des allgemeinen öffentlichen Interesses Art. 23 DSGVO 6

Beschwerde
– Auskunftsverweigerung/-einschränkung, Polizei und Justiz § 57 BDSG 17
– Rechtsverletzung bei Gefahrenabwehr/Strafverfolgung § 60 BDSG 5
– Weiterleitung bei Unzuständigkeit § 60 BDSG 12
– Zuständigkeit § 19 BDSG 8 ff.

Beschwerde gegenüber der Aufsichtsbehörde Art. 77 DSGVO 1 ff.
– Befassung mit der Beschwerde Art. 77 DSGVO 8 f.
– Einlegung Art. 77 DSGVO 2
– Frist Art. 77 DSGVO 4
– Kosten Art. 77 DSGVO 6 f.
– Rechtsbehelfsbelehrung Art. 77 DSGVO 12
– Unterrichtungspflichten Art. 77 DSGVO 10 f.

Beschwerdeverfahren
– Bundesbeauftragte (BfDI) § 14 BDSG 10 f.
– Rechtswegzuweisung § 20 BDSG 4 f.
– Zuständigkeit der Bescheidung § 19 BDSG 4

Besoldung
– Bundesbeauftragte (BfDI) § 12 BDSG 12 f.

Bestandsdaten (TKG) § 95 TKG 1 ff.
– Austausch § 95 TKG 3
– für eigene Werbung, Beratung usw. § 95 TKG 5 ff.
– ePrivacy Richtlinie § 95 TKG 1
– Fernmeldegeheimnis § 88 TKG 5
– Grundregeln zum Umgang § 95 TKG 2 ff.

- juristische Personen und Personengesellschaften § 95 TKG 15
- Koppelungsverbot § 95 TKG 14
- Kundenbeziehung bei eigener Werbung, Beratung usw. § 95 TKG 8
- Löschungspflicht § 95 TKG 11
- Missbrauchsbekämpfung § 100 TKG 9 ff.
- Opt-in bei eigener Werbung, Beratung usw. § 95 TKG 6
- Opt-out bei eigener Werbung, Beratung usw. § 95 TKG 7
- Vorrang der DGVO § 95 TKG 4
- Widerspruchsmöglichkeit hinsichtlich eigener Werbung, Beratung usw., Hinweis § 95 TKG 9

Bestandsdaten (TMG) § 14 TMG 1 ff.
- Anordnung der zuständigen Stelle zur Auskunftserteilung § 14 TMG 23 ff.
- Anwendungsbereich § 14 TMG 3 ff.
- zur Auskunft Berechtigte § 14 TMG 18 f.
- Auskunftserlaubnis § 14 TMG 16 f.
- Auskunftszwecke § 14 TMG 20 ff.
- Begriff § 14 TMG 9 ff.
- Erforderlichkeit § 14 TMG 12 ff.
- Erhebung und Verwendung § 14 TMG 8 ff.
- Informationspflicht bei unrechtmäßiger Kenntniserlangung § 15a TMG 5
- Inhalts- und Telekommunikationsdaten § 14 TMG 5 ff.
- Löschungspflicht § 14 TMG 15
- Netzwerkdurchsetzungsgesetz § 14 TMG 1a
- Rechtsfolgen/Sanktionen § 14 TMG 28

- Verhältnis zur Datenschutzgrundverordnung § 14 TMG 2
- Vertragsverhältnis § 14 TMG 4

Beteiligungsfähigkeit
- Streitigkeit mit Aufsichtsbehörde § 20 BDSG 6

Betriebsrat *s.a. Mitbestimmung des Betriebsrats*
- Datenerhebung § 26 BDSG 157
- datenschutzrechtliche Stellung § 26 BDSG 154
- eigener Umgang mit Beschäftigtendaten § 26 BDSG 157 ff.
- Gesamtbetriebsrat/Konzernbetriebsrat § 26 BDSG 162 f.
- Kontrolle des Datenschutzbeauftragten § 26 BDSG 155
- Weitergabe von personenbezogenen Daten § 26 BDSG 156
- Zuständigkeit § 26 BDSG 163

Betriebsvereinbarung
- Abweichung vom Datenschutzniveau § 26 BDSG 11e
- Beschäftigtendatenschutz § 26 BDSG 6
- E-Mail-Verkehr bei Beschäftigten § 26 BDSG 85
- Erlaubnisvorschrift für Datenverarbeitung § 26 BDSG 11c ff.
- Klarstellung als Erlaubnistatbestand § 26 BDSG 11f
- Wahrung von Mitbestimmungsrechten § 26 BDSG 11f

Betroffeneninteresse
- Zweckänderung bei Verarbeitung personenbezogener Daten § 23 BDSG 5 ff.

Betroffenenrechte
- Ausnahmen beim Auskunftsrecht § 34 BDSG 3 ff.

1449

- automatisierte Einzelentscheidung § **37 BDSG** 1 ff.
- gegenüber Datenschutzbeauftragten § **6 BDSG** 21
- Einschränkung bei Geheimhaltungspflichten § **29 BDSG** 5 f.
- Einschränkung zu Archivzwecken § **28 BDSG** 7 ff.
- Informationspflicht bei Erhebung von personenbezogenen Daten bei der betroffenen Person § **32 BDSG** 1 ff.
- Leistungserbringung nach einem Versicherungsvertrag § **37 BDSG** 1 ff.
- Öffnungsklauseln § **1 BDSG** 46
- Videoüberwachung § **4 BDSG** 24
- Wahrung bei sensiblen Daten § **22 BDSG** 11
- Wahrung des Mandatsgeheimnisses § **29 BDSG** 10 ff.

Betroffenenrechte, Polizei und Justiz
- allgemeine Informationen zu Datenverarbeitungen § **55 BDSG** 1 ff.
- Angabe der Kontaktdaten des Datenschutzbeauftragten § **55 BDSG** 6
- Angabe der Kontaktdaten des Verantwortlichen § **55 BDSG** 5
- Aufzählung der einzelnen Rechte § **55 BDSG** 4
- Ausübungsverfahren § **59 BDSG** 1 ff.
- Benachrichtigung der Betroffenen § **56 BDSG** 1 ff.
- Berichtigung unrichtiger Daten § **58 BDSG** 4
- Berichtigungspflicht § **75 BDSG** 3 ff.
- Beurteilungsspielraum des Verantwortlichen § **59 BDSG** 5

- Drittstaatenübermittlung § **78 BDSG** 4 ff.
- Drittstaatenübermittlung ohne geeignete Garantien § **80 BDSG** 9 f.
- Hinweis auf Zuständigkeit des Bundesbeauftragten § **55 BDSG** 7
- Identitätsnachweis § **59 BDSG** 8
- Kommunikation des Verantwortlichen § **59 BDSG** 4
- Löschungsverlangen § **58 BDSG** 7 ff.
- Verarbeitungszwecke § **55 BDSG** 3

Betrugspräventionssystem § **33 BDSG** 8, 13

Beweislastverteilung
- Schadensersatz **Art. 82 DSGVO** 4c

Beweissicherung
- Videoüberwachung § **4 BDSG** 21

Beweisverwertungsverbot
- fehlende Beteiligung des Betriebsrats § **26 BDSG** 139
- Überwachung im Beschäftigungsverhältnis § **26 BDSG** 137 ff.
- Videoüberwachung § **4 BDSG** 25a

Bewerbungsgespräch
- Beschäftigtendatenschutz § **26 BDSG** 10
- Fragerecht des Arbeitgebers § **26 BDSG** 23 f.
- Mitteilungspflichten des Bewerbers § **26 BDSG** 26

Binding Corporate Rules
- Legaldefinition **Art. 47 DSGVO** 4

Bindungswirkung
- Zusammenarbeit der Aufsichtsbehörden § **18 BDSG** 13 f.

Biometrische Daten
- Begriff, DSGVO **Art. 4 DSGVO** 50 ff.
- Beschäftigte § **26 BDSG** 132

Stichwortverzeichnis

- Datenverarbeitung **Art. 9 DSGVO** 7 f.

Blacklist
- Datenschutz-Folgenabschätzung **Art. 35 DSGVO** 25 ff.

Bonitätsauskünfte
- juristische Person **§ 31 BDSG** 50
- Schutz des Wirtschaftsverkehrs **§ 31 BDSG** 6
- Wahrscheinlichkeitswert *siehe auch dort*; **§ 31 BDSG** 9 ff.

Bonitätsindizes § 31 BDSG 16

Bundesbeauftragte (BfDI)
- Abhilfebefugnisse **§ 16 BDSG** 3 ff.
- Amtshaftung **§ 12 BDSG** 3
- Amtshilfeersuchen europäischer Datenschutzbehörden **§ 82 BDSG** 1
- Amtsstellung **§ 12 BDSG** 3 f.
- Amtsverhältnis **§ 12 BDSG** 1
- Amtszeit **§ 11 BDSG** 9
- Anhörung bei Gefahrenabwehr/Strafverfolgung **§ 69 BDSG** 3 ff.
- Anrufung, Rechtsverletzung bei Strafverfolgung/Gefahrenabwehr **§ 60 BDSG** 6 ff.
- Aufgaben **§ 14 BDSG** 1 ff.
- Aufgabenübertragung **§ 8 BDSG** 7 f.
- Auskunftsablehnung der betroffenen Person **§ 34 BDSG** 14
- Auskunftsrecht, Polizei und Justiz **§ 57 BDSG** 18
- Beanstandungsverfahren **§ 16 BDSG** 5 ff.
- Beanstandungsverfahren außerhalb des Geltungsbereichs der DSGVO **§ 16 BDSG** 15 ff.
- Beendigung des Amtsverhältnisses **§ 12 BDSG** 6
- Befugnisse außerhalb des Geltungsbereichs der DSGVO **§ 16 BDSG** 12 ff.
- Befugnisse im Geltungsbereich der DSGVO **§ 16 BDSG** 3 ff.
- Beginn des Amtsverhältnisses **§ 12 BDSG** 5 ff.
- Beratungsbefugnisse **§ 14 BDSG** 8 f.
- Beschwerden **§ 14 BDSG** 3
- Beschwerdeverfahren **§ 14 BDSG** 10 f.
- Besoldung **§ 12 BDSG** 12 f.
- Beteiligungsrechte bei Länderangelegenheiten **§ 17 BDSG** 7
- Erfahrung/Sachkunde **§ 11 BDSG** 8
- Ernennung **§ 11 BDSG** 1 ff.
- Genehmigungsbefugnisse **§ 16 BDSG** 3 ff.
- Geschäftsbereich des Bundesverteidigungsministeriums **§ 85 BDSG** 7 f.
- Geschenke **§ 13 BDSG** 5 f.
- Grundlage der generellen Unabhängigkeit **§ 10 BDSG** 2 ff.
- Hinweis auf Zuständigkeit, Polizei und Justiz **§ 55 BDSG** 7
- Inkompatibilität **§ 13 BDSG** 3 f.
- Kontrollbefugnisse bei sensiblen Daten **§ 16 BDSG** 21
- Kontrolle der justiziellen Tätigkeit der Bundesgerichte **§ 9 BDSG** 6 f.
- Nachholung der Benachrichtigung bei Datenpannen **§ 66 BDSG** 6
- oberste Bundesbehörde **§ 8 BDSG** 3 ff.
- Qualifikation **§ 11 BDSG** 7 f.
- Rechnungsprüfung **§ 10 BDSG** 6 ff.
- Recht auf informationelle Selbstbestimmung **§ 8 BDSG** 1

1451

Stichwortverzeichnis

- Rechte und Pflichten § 13 BDSG 1 ff.
- Rechtsschutz gegen Entscheidungen § 61 BDSG 3 ff.
- sachliche Zuständigkeit § 9 BDSG 1 ff.
- Stellvertreterregelung § 17 BDSG 6
- Tätigkeitsbericht § 15 BDSG 1 ff.
- Unabhängigkeit § 10 BDSG 1 ff.
- Unentgeltlichkeit der Aufgabenerfüllung § 14 BDSG 12 f.
- Untätigkeit § 61 BDSG 5
- Unterrichtung bei Drittstaatenübermittlung § 79 BDSG 7
- Untersuchungsbefugnisse § 16 BDSG 3 ff.
- Verschwiegenheitspflicht § 13 BDSG 11 ff.
- Versorgung § 12 BDSG 12 f.
- Vertretung § 12 BDSG 10 f.
- Vertretung im Europäischen Datenschutzausschuss § 17 BDSG 5 ff.
- Wahl § 11 BDSG 4 ff.
- Weiterführung der Geschäfte § 12 BDSG 9
- Wiederwahl § 11 BDSG 9
- Wirkung der Beanstandung § 16 BDSG 19
- zentrale Anlaufstelle § 17 BDSG 8 ff.
- Zeugnisverweigerungsrecht § 13 BDSG 7 ff.
- Zugangs- und Informationsrechte § 16 BDSG 24 ff.
- Zusammenarbeit § 14 BDSG 3
- Zusammenarbeit mit Aufsichtsbehörde § 68 BDSG 3 f.
- Zusammenarbeit mit Landesaufsichtsbehörde § 16 BDSG 27

Bundesbehörden § 2 BDSG 6 ff.
- Bundesbeauftragte (BfDI) § 8 BDSG 3 ff.

Bundesdatenschutzbeauftragte
 s. *Bundesbeauftragte (BfDI)*

Bundesdatenschutzgesetz
- Abgrenzung zum TKG § 11 TMG 12
- Abgrenzung zum TMG § 11 TMG 12
- Änderungen § 2 BDSG 4
- Anwendbarkeit auf nicht-öffentliche Stellen § 1 BDSG 8 ff.
- Anwendbarkeit auf öffentliche Stellen der Länder § 1 BDSG 6 f.
- Anwendbarkeit auf öffentliche Stellen des Bundes § 1 BDSG 5
- Anwendbarkeit auf Polizei und Justiz § 1 BDSG 12
- Auffanggesetz § 26 BDSG 12
- Berufs- und Amtsgeheimnis § 1 BDSG 13 ff.
- Drittstaatenregelung § 1 BDSG 31
- Öffnungsklauseln § 1 BDSG 34 ff.
- örtlicher Anwendungsbereich § 1 BDSG 2
- räumlicher Anwendungsbereich § 1 BDSG 19 ff.; *s.a. Geltungsbereich des BDSG*
- sachlicher Anwendungsbereich § 1 BDSG 2
- Sanktionen § 41 BDSG 1 ff.
- Schengen-Staaten § 1 BDSG 32
- Systematik öffentliche/nicht-öffentliche Stellen § 2 BDSG 1 f.
- Vereinbarkeit mit der DSGVO § 2 BDSG 5
- Verhältnis zu anderen Vorschriften § 1 BDSG 13 ff.
- Verhältnis zum Verwaltungsverfahrensgesetz § 1 BDSG 18

- Verhältnis zur DSGVO § 1 BDSG 3, 34 ff.; § 2 BDSG 3
- Vorrang des EU-Rechts § 1 BDSG 30
- Zweck § 1 BDSG 1

Bundesgerichte
- Kontrolle durch Bundesbeauftragte (BfDI) § 9 BDSG 6 f.

Bundesnetzagentur
- Anordnungen und Maßnahmen § 115 TKG 5 ff.
- Aufsicht § 115 TKG 1 ff.
- Auskunftsrechte § 115 TKG 2
- Betretungsrecht § 115 TKG 3
- Untersagung § 115 TKG 6
- zwangsweise Durchsetzung von Anordnungen § 115 TKG 7

Bußgeldverfahren
- Anhörung § 41 BDSG 11
- Anwendbarkeit des OWiG § 41 BDSG 1
- Höhe der Geldbuße § 41 BDSG 2, 12
- Opportunitätsprinzip § 41 BDSG 4 f.
- Rechtswegzuweisung § 20 BDSG 5
- Täterbegriff § 41 BDSG 6
- Verfolgungsverjährung § 41 BDSG 14
- Verstoß gegen Auskunftspflichten § 43 BDSG
- Vorsatz/Fahrlässigkeit § 41 BDSG 9
- Zahlungserleichterung § 41 BDSG 13
- Zuständigkeit für die Verhängung § 41 BDSG 10

Bußgeldvorschriften Art. 40 DSGVO 1 ff.; Art. 83 DSGVO 1 ff.
- Adressat der Geldbuße Art. 83 DSGVO 5
- Berücksichtigung von Verhaltensregeln Art. 40 DSGVO 21
- Bestimmung der Geldbuße, Abwägungskriterien Art. 83 DSGVO 7 ff.
- Bußgelder gegen Behörden Art. 83 DSGVO 24
- Dänemark/Estland, Besonderheiten Art. 83 DSGVO 26
- Gesamtgeldbuße Art. 83 DSGVO 21
- Rechtsschutz gegenüber Geldbußen Art. 83 DSGVO 25
- Verfahrensverstöße Art. 83 DSGVO 22
- Verhältnis zur Schadensersatzregelung Art. 83 DSGVO 4
- Verhängung von Bußgeldern Art. 83 DSGVO 1 ff.
- Wirkung der Buße Art. 83 DSGVO 6

By Default, Datenschutz Art. 25 DSGVO 15 ff.

By Design, Datenschutz Art. 25 DSGVO 6 ff.

Cloud Computing
- Telemediendienste § 11 TMG 9

Compliance-Beauftragter
- Datenschutzbeauftragter Art. 38 DSGVO 36 ff.

Cookies
- Auslandsbezug § 11 TMG 24
- Opt-in-Lösung § 13 TMG 16
- Unterrichtungspflicht des Diensteanbieters § 13 TMG 13 ff.

Darlegungs- und Beweislast
- Entlastungsbeweis, Polizei und Justiz § 83 BDSG 2

1453

Dashcam § 4 BDSG 25a

Dateisystem
- Begriff, DSGVO **Art. 4 DSGVO** 23 ff.

Daten
- biometrische ~ **Art. 4 DSGVO** 50 ff.
- genetische ~ **Art. 4 DSGVO** 47 ff.

Datenaustausch
- Behörden **§ 25 BDSG** 5 ff.

Datenexport
- allgemeine Grundsätze der Datenübermittlung **Art. 44 DSGVO** 1 ff.
- Angemessenheitsbeschluss **Art. 45 DSGVO** 1 ff.
- Auskunftspflichten **Art. 15 DSGVO** 15
- Drittländer **Art. 44 DSGVO** 10
- Rechtsschutz, Haftung, Sanktionen **Art. 44 DSGVO** 14 f.
- Übergangsregelungen **Art. 94 DSGVO** 3
- Zweckbindung bei Übermittlung (aufgehobene Vorschrift) **§ 92 TKG** 1
- zweistufiges Prüfungsverfahren **Art. 44 DSGVO** 1

Datenexport bei fehlendem Schutzniveau
- Anwendungsbereich **Art. 48 DSGVO** 4
- Ausnahmen **Art. 49 DSGVO** 1 ff.
- ausreichende Garantien **Art. 46 DSGVO** 1 ff.
- Behörden als Verantwortliche **Art. 49 DSGVO** 39
- Binding Corporate Rules, Umsetzung **Art. 47 DSGVO** 1 ff.
- Binding Corporate Rules, Verhaltensregelungen **Art. 46 DSGVO** 1 ff.
- Daten aus öffentlichen Registern **Art. 49 DSGVO** 29 ff.
- Einwilligung des Betroffenen **Art. 49 DSGVO** 5 ff.
- EU-Standardvertragsklauseln **Art. 46 DSGVO** 14 ff.
- genehmigungsbedürftige Garantien **Art. 46 DSGVO** 24 ff.
- genehmigungsfreie Garantien **Art. 46 DSGVO** 8 ff.
- gerichtliche oder verwaltungsbehördliche Entscheidung in einem Drittland **Art. 48 DSGVO** 1
- Großbritannien **Art. 48 DSGVO** 6
- Gültigkeit von Genehmigungen **Art. 46 DSGVO** 29 ff.
- internationale Zusammenarbeit, Absichtserklärung **Art. 50 DSGVO** 1 ff.
- lebenswichtige Interessen **Art. 49 DSGVO** 27 f.
- Öffnungsklausel **Art. 49 DSGVO** 40
- private Verantwortliche **Art. 49 DSGVO** 5 ff.
- Rechtshilfeabkommen **Art. 48 DSGVO** 1
- Rechtsverteidigung **Art. 49 DSGVO** 23 ff.
- überwiegende Interessen **Art. 49 DSGVO** 33 ff.
- verbindliche interne Datenschutzvorschriften **Art. 47 DSGVO** 1 ff.
- Vertragsanbahnung/-erfüllung **Art. 49 DSGVO** 10 f.
- wichtige öffentliche Interessen **Art. 49 DSGVO** 20 ff.

Datengeheimnis
- Verpflichtung auf das ~ **§ 53 BDSG** 1 ff.

Stichwortverzeichnis

Datenminimierung
- Beschäftigtendatenschutz § 26 BDSG 19
- Gefahrenabwehr/Strafverfolgung § 47 BDSG 5

Datenpanne
- Benachrichtigung bei Geheimhaltungspflichten § 29 BDSG 8
- Benachrichtigungspflichten bei Polizei und Justiz § 66 BDSG 3 ff.
- Meldepflichten bei Gefahrenabwehr/Strafverfolgung § 65 BDSG 4 ff.
- vertrauliche Meldung, Polizei und Justiz § 77 BDSG 1 ff.

Datenschutz Art. 25 DSGVO 1 ff.
- durch Technikgestaltung, by Design Art. 25 DSGVO 6 ff.
- durch Voreinstellung, by Default Art. 25 DSGVO 15 ff.
- Zertifizierungsverfahren Art. 25 DSGVO 24

Datenschutzbeauftragte Art. 37 DSGVO 1 ff.
- Abberufung § 6 BDSG 7
- Abberufung und Kündigung Art. 38 DSGVO 15 ff.
- Änderungen gegenüber dem BDSG-alt § 6 BDSG 7; § 5 BDSG 5 ff.
- Angabe der Kontaktdaten, Polizei und Justiz § 55 BDSG 6
- Aufgaben § 7 BDSG 1 ff.
- Aufgaben, Änderungen gegenüber dem BDSG-alt § 7 BDSG 6 ff.
- Aufgaben und Pflichten § 7 BDSG 14 f.; Art. 38 DSGVO 28 ff.
- Aufgaben, Verhältnis zu Art. 39 DSGVO § 7 BDSG 3 ff.
- Beendigung der Tätigkeit § 6 BDSG 12 ff.
- Befähigung § 5 BDSG 16
- Benachteiligungsverbot § 6 BDSG 11; Art. 38 DSGVO 26 f.
- Beratungs- und Unterrichtungspflicht § 7 BDSG 6 ff.
- Berichterstattung Art. 38 DSGVO 13 f.
- Berichterstattungspflicht § 6 BDSG 10
- Berücksichtigung des Risikos der Verarbeitungsvorgänge § 7 BDSG 16
- Berufsgeheimnisse § 29 BDSG 13
- Beschlagnahmeverbot § 6 BDSG 24 f.
- Bestellungspflicht § 5 BDSG 11 ff.; Art. 37 DSGVO 2
- Compliance-Beauftragter Art. 38 DSGVO 36 ff.
- Datenschutz-Folgenabschätzung § 7 BDSG 8
- Einbindungs- und Unterstützungspflicht der öffentlichen Stelle § 6 BDSG 8
- Ernennungsvoraussetzungen Art. 37 DSGVO 10 ff.
- europäischer Datenschutzausschuss Art. 68–76 DSGVO 6
- gemeinsamer Datenschutzbeauftragter § 5 BDSG 15
- Größe/Struktur der öffentlichen Stelle § 5 BDSG 15
- interne/externe Lösung Art. 37 DSGVO 12
- Kontakt zur Aufsichtsbehörde § 7 BDSG 9
- Kontrolle des Betriebsrats § 26 BDSG 154
- Konzernprivileg Art. 37 DSGVO 8
- Kündigung des Arbeitsverhältnisses Art. 38 DSGVO 15 ff.
- Kündigungsschutz § 6 BDSG 7
- Normaufbau § 5 BDSG 2 f.

- öffentliche Stellen § 5 BDSG 1 ff.
- Pflichten der beauftragenden Stelle § 6 BDSG 5; Art. 38 DSGVO 3 ff.
- Privilegierung öffentlicher Stellen Art. 37 DSGVO 9
- Qualifikation § 5 BDSG 16
- Rechte betroffener Personen § 6 BDSG 12; Art. 38 DSGVO 42 f.
- rechtliche Stellung § 5 BDSG 17
- Rechtsschutz, Haftung und Sanktionen Art. 38 DSGVO 48 f.
- Sanktionen § 41 BDSG 7
- Stellung § 6 BDSG 1 ff.; Art. 38 DSGVO 2
- Unterlassungsverantwortlichkeit § 41 BDSG 7
- Verhältnis zu Art. 37 DSGVO § 5 BDSG 2 f.
- Verhältnis zu Art. 38 DSGVO § 6 BDSG 6
- Veröffentlichung der Kontaktdaten § 5 BDSG 18
- Verschwiegenheitspflicht § 6 BDSG 22 f.; Art. 38 DSGVO 44 ff.
- Weisungsfreiheit § 6 BDSG 9; Art. 38 DSGVO 9 ff.
- weitere Aufgaben § 7 BDSG 11
- Wortlautwiederholungsverbot § 5 BDSG 13
- Zeugnisverweigerungsrecht § 6 BDSG 24 f.; Art. 38 DSGVO 47

Datenschutzbeauftragte, Aufgaben
- Datenschutz-Folgenabschätzung Art. 39 DSGVO 9
- Haftung Art. 39 DSGVO 17 ff.
- Informations- und Beratungspflichten Art. 39 DSGVO 2 ff.
- Kooperations- und Kontaktpflichten Art. 39 DSGVO 10 f.
- risikobasierter Ansatz Art. 39 DSGVO 14
- weitere Pflichten Art. 39 DSGVO 12 f.

Datenschutzbeauftragte, betriebliche
- Abberufung § 40 BDSG 32 ff.
- Fachkunde § 40 BDSG 32
- Interessenkonflikt § 40 BDSG 32
- Unterstützung durch Aufsichtsbehörde § 40 BDSG 30 ff.

Datenschutzbeauftragte nichtöffentlicher Stellen
- Abberufung § 38 BDSG 10 f.
- Aufsichtsbehörden § 40 BDSG 1 ff.
- Bestellungspflicht § 38 BDSG 3 ff.
- Datenschutz-Folgenabschätzung § 38 BDSG 8
- Geschäftsmäßigkeit § 38 BDSG 9
- Verhältnis zur DSGVO § 38 BDSG 1
- Verschwiegenheit § 38 BDSG 10 f.
- Zeugnisverweigerung § 38 BDSG 10 f.

Datenschutzbehörden
- aufsichtsbehördliche Unterrichtungsbefugnisse bei Verstößen § 40 BDSG 14 ff.
- Datenverarbeitung durch nichtöffentliche Stellen § 40 BDSG 4 f.
- Konfliktbewältigung § 40 BDSG 9 ff.
- Kontrollbefugnisse § 40 BDSG 24 ff.
- One-Stop-Shop-Prinzip § 40 BDSG 6 ff.
- Vorgaben für Videoüberwachung § 4 BDSG 25a
- Zuständigkeit der Hauptniederlassung § 40 BDSG 7 f.

Stichwortverzeichnis

Datenschutzerklärung
- Diensteanbieter (Telemedien) § 13 TMG 5 ff.

Datenschutz-Folgenabschätzung Art. 35 DSGVO 1 ff.
- Anforderung an die Durchführung, Polizei und Justiz § 67 BDSG 3 ff.
- Anhörung, Bundesbeauftragte § 69 BDSG 5
- Aufgaben des Datenschutzbeauftragten § 7 BDSG 8
- Ausnahmen Art. 35 DSGVO 32
- besondere personenbezogene Daten Art. 35 DSGVO 23
- Bestellungspflicht eines Datenschutzbeauftragten, nicht-öffentliche Stellen § 38 BDSG 8
- Betreiber systematischer Überwachungstechnik Art. 35 DSGVO 24
- Datenschutz by Design/by Default Art. 25 DSGVO 2
- Datenschutzbeauftragter, Aufgaben Art. 39 DSGVO 12 f.
- Durchführungsverpflichtung Art. 35 DSGVO 10 ff.
- Gefahrbegriff § 67 BDSG 5
- Haftung/Sanktionen Art. 35 DSGVO 57 ff.
- inhaltliche Anforderungen Art. 35 DSGVO 33 ff.
- Kohärenzverfahren Art. 35 DSGVO 28 ff.
- Konsultation der Aufsichtsbehörde Art. 35 DSGVO 1 ff.
- Meldepflicht Art. 35 DSGVO 1 ff.
- Pflicht bei systematischer und umfassender Auswertung Art. 35 DSGVO 21
- Sanktionen Art. 36 DSGVO 5
- Überprüfung Art. 35 DSGVO 56 ff.
- Verfahren Art. 35 DSGVO 49 ff.
- Vorabkontrolle Art. 35 DSGVO 1 ff.
- White-/Blacklist Art. 35 DSGVO 25 ff.

Datenschutz-Grundverordnung
- Aufhebung der Richtlinie 95/46 EG Art. 94 DSGVO 1 ff.
- Beschäftigtendatenschutz § 26 BDSG 3 f.
- Gegenstand und Ziele Art. 1 DSGVO 1 ff.
- Grenze: freier Datenverkehr in der EU Art. 1 DSGVO 6 ff.
- Grundsätze im Beschäftigtendatenschutz § 26 BDSG 19 f.
- Inkrafttreten Art. 99 DSGVO 1
- Kohärenz Art. 63 DSGVO 1 f.
- Öffnungsklauseln § 1 BDSG 34 ff.
- räumlicher Anwendungsbereich Art. 3 DSGVO 1 ff.
- sachlicher Anwendungsbereich Art. 2 DSGVO 1 ff.
- Schutz natürlicher Personen Art. 1 DSGVO 3
- Schutzgut: Grundrechte und Grundfreiheiten Art. 1 DSGVO 4 f.
- Übergangsregelung für internationale Übereinkünfte Art. 96 DSGVO 1
- Übergangsregelungen Art. 94 DSGVO 1 ff.
- Überprüfung anderer Rechtsakte Art. 98 DSGVO 1 ff.
- Verhältnis zu anderen Vorschriften Art. 4 DSGVO 2
- Verhältnis zur ePrivacy-Richtlinie Art. 95 DSGVO 1 ff.

Datenschutzrichtlinie für elektronische Kommunikation
- ePrivacy Richtlinie *siehe auch dort*; **Art. 95 DSGVO** 1 ff.

Datenschutzrichtlinie für Polizei und Justiz *s. Polizei-RL*

Datenschutzsiegel/-prüfzeichen § 39 BDSG 2

Datentransit
- Anwendbarkeit des BDSG § 1 BDSG 29

Datenübermittlung
- Ausnahmen zu Informationspflichten § 32 BDSG 5 ff.; § 33 BDSG 6 ff.
- besondere Bedingungen für Empfänger § 74 BDSG 10 f.
- an Drittstaaten, Polizei und Justiz § 78 BDSG 1 ff.
- an internationale Organisationen § 85 BDSG 2 ff.
- an internationale Organisationen, Polizei und Justiz § 78 BDSG 1 ff.
- an nicht-öffentliche Stellen § 25 BDSG 8 ff.
- an öffentliche Stellen § 25 BDSG 5 ff.
- durch öffentliche Stellen § 25 BDSG 1 ff.
- Qualität bei Polizei und Justiz § 74 BDSG 4 ff.
- sensible Daten § 25 BDSG 11
- an über- und zwischenstaatliche Stellen § 85 BDSG 2 ff.
- Verbraucherkredite § 30 BDSG 1 ff.
- Verhältnis zur DSGVO § 25 BDSG 3
- Weitergabe von personenbezogenen Daten an Betriebsrat § 26 BDSG 156

Datenübermittlung, Drittstaaten
- humanitäre Maßnahmen § 85 BDSG 5 f.
- Krisenbewältigung/Konfliktverhinderung § 85 BDSG 5 f.
- Verhältnis zur DSGVO § 85 BDSG 3
- Verteidigungszwecke § 85 BDSG 5 f.

Datenverarbeitung
- Aufsichtsbehörde für nicht-öffentliche Stellen § 40 BDSG 1 ff.
- außerhalb des Anwendungsbereichs der DSGVO § 85 BDSG 9
- Berücksichtigung des Risikos durch Datenschutzbeauftragten § 7 BDSG 16
- Beschäftigungsverhältnis § 26 BDSG 1 ff.
- Bundesbeauftragter, Bundesverteidigungsministerium § 85 BDSG 7 f.
- Drittstaatenregelung § 1 BDSG 31
- durch die Aufsichtsbehörde § 40 BDSG 12 ff.
- nationale Kennziffern **Art. 87 DSGVO** 1 f.
- personenbezogener Daten § 22 BDSG 1 ff.
- Sicherheitsanforderungen bei Polizei und Justiz § 64 BDSG 3 ff.
- Vorgaben bei Archiv-, Forschungs- und Statistikzwecken **Art. 89 DSGVO** 1 ff.
- Zweckänderung *siehe dort*

Datenverarbeitung, automatisierte
- Drittbegünstigung § 37 BDSG 6
- Einschränkung des Löschungsverlangens bei Polizei und Justiz § 58 BDSG 17 f.

- Entscheidungen mit nachteiliger Rechtsfolge **§ 54 BDSG** 5
- Gesetzesvorbehalt für Polizei und Justiz **§ 54 BDSG** 1
- Maßnahmen zum Schutz des Betroffenen **§ 37 BDSG** 10 ff.
- Profiling **§ 54 BDSG** 3
- Protokollierung, Polizei und Justiz **§ 76 BDSG** 3
- Rechtsakt mit Außenwirkung **§ 54 BDSG** 4
- Schadensersatz bei Polizei und Justiz **§ 83 BDSG** 5
- Schutzmaßnahmen **§ 54 BDSG** 7
- Sicherheitsanforderungen bei Polizei und Justiz **§ 64 BDSG** 5
- Versicherungsvertrag **§ 37 BDSG** 1 ff.
- Zwischenfestlegungen/-auswertungen **§ 54 BDSG** 6

Datenverarbeitung, grenzüberschreitende
- Datenschutzbehörde **§ 40 BDSG** 7

Datenvermeidung und Datensparsamkeit
- Archive und Statistiken **Art. 89 DSGVO** 2 f.
- Minimierung bei Personenbezug **Art. 5 DSGVO** 10 f.
- Speicherbegrenzung bei Personenbezug **Art. 5 DSGVO** 14 ff.

Deutsche Akkreditierungsstelle § 39 BDSG 5

Dienst der Informationsgesellschaft Art. 4 DSGVO 100 ff.

Diensteanbieter (TKG) § 91 TKG 9 ff.
- Arbeitgeber **§ 88 TKG** 15
- Ausweiskontrolle, Recht **§ 95 TKG** 12 f.
- Begriff **§ 26 BDSG** 95; **§ 88 TKG** 13; **§ 91 TKG** 9
- Fernmeldegeheimnis **§ 88 TKG** 13 ff.
- öffentlich-rechtlicher Dienstherr **§ 88 TKG** 15
- Privatnutzung dienstlicher E-Mail-Accounts **§ 26 BDSG** 81, 95 ff.
- Telemedien, Abgrenzung **§ 91 TKG** 10 f.

Dienstvereinbarung
- Beschäftigtendatenschutz **§ 26 BDSG** 6
- Erlaubnisvorschrift für Datenverarbeitung **§ 26 BDSG** 11c ff.

Direkterhebung, Grundsatz
- Begründung eines Beschäftigungsverhältnisses **§ 26 BDSG** 27
- Beschäftigtendatenschutz **§ 26 BDSG** 19a

Dokumentationspflicht
- Drittstaatenübermittlung, keine Strafrechtspflege des Empfängers **§ 81 BDSG** 10
- Garantien bei Drittstaatenübermittlung **§ 79 BDSG** 6
- Zulässigkeitsgründe bei Drittstaatenübermittlung **§ 80 BDSG** 11

Dokumente, amtliche
- Weiterverwendung **Art. 86 DSGVO** 7
- Zugangsgewährung **Art. 86 DSGVO** 1 ff.

Dringlichkeitsverfahren Art. 60 DSGVO 19; **Art. 66 DSGVO** 1 ff.
- beschleunigte Stellungnahme und Beschlussfassung **Art. 66 DSGVO** 3
- einfache Mehrheit **Art. 66 DSGVO** 6

- einstweilige Maßnahme **Art. 66 DSGVO** 1 f.
- Ersuchen anderer Behörden **Art. 66 DSGVO** 5
- Ersuchen der betroffenen Behörde **Art. 66 DSGVO** 4
- Fristen **Art. 66 DSGVO** 6

Dritter
- Abwehr schwerwiegender Beeinträchtigungen ~ (öffentliche Stellen) **§ 23 BDSG** 9
- Auftragsdatenverarbeitung **§ 26 BDSG** 144
- Begriff, DSGVO **Art. 4 DSGVO** 36 ff.
- Einzug von Entgelten ~ (Telekommunikation) **§ 97 TKG** 12 ff.
- Störungen und Fehler von Geräten ~ (Telekommunikation) **§ 100 TKG** 3a

Drittstaaten
- Anwendbarkeit des BDSG **§ 1 BDSG** 31
- Verarbeitung durch nicht-öffentliche Stellen **§ 1 BDSG** 27

Drittstaatenübermittlungen, Polizei und Justiz
- Abkommen justizieller und polizeilicher Zusammenarbeit **§ 81 BDSG** 12
- Angemessenheitsbeschluss der Kommission **§ 78 BDSG** 2 f.
- Betroffenenrechte **§ 80 BDSG** 9
- Dokumentationspflicht **§ 79 BDSG** 6
- Fehlen geeigneter Garantien **§ 80 BDSG** 3 ff.
- Finanzinstitute **§ 81 BDSG** 1
- Genehmigungspflicht für Weiterübermittlungen **§ 78 BDSG** 7 ff.
- keine Strafrechtspflege des Empfängers **§ 81 BDSG** 1 ff.
- Rückausnahme **§ 78 BDSG** 4 ff.
- Telekommunikationsdienstleister **§ 81 BDSG** 1
- Unterrichtung des Bundesbeauftragten **§ 79 BDSG** 7
- Verhinderung ungenehmigter Weiterübermittlungen **§ 78 BDSG** 10 ff.
- Vorliegen geeigneter Garantien **§ 79 BDSG** 3 ff.
- weitere Zulässigkeitsgründe **§ 80 BDSG** 3 ff.
- Zuständigkeit der empfangenden Stelle **§ 78 BDSG** 3

Due Diligence
- Bereitstellung von Beschäftigtendaten **§ 26 BDSG** 12
- Übermittlung von Beschäftigtendaten an Dritte **§ 26 BDSG** 146

Durchführungsrechtsakt Art. 93 DSGVO 1 ff.
- Abgrenzung zum delegierten Rechtsakt **Art. 92 DSGVO** 2
- Anwendungsbereich **Art. 93 DSGVO** 4
- Ausschuss **Art. 93 DSGVO** 3
- Beratungs-/Prüfverfahren **Art. 93 DSGVO** 6 ff.
- eilbedürftige Maßnahmen **Art. 93 DSGVO** 9
- Standardvertragsklauseln **Art. 93 DSGVO** 4

EG-Datenschutzrichtlinie **§ 26 BDSG** 2
- Pflichten des Diensteanbieters **§ 13 TMG** 2

Eingliederung § 26 BDSG 69 ff.
Einschränkung der Verarbeitung Art. 4 DSGVO 11 f.
Einspruch Art. 4 DSGVO 97 ff.
Einvernehmen
- Aufsichtsbehörde und Deutsche Akkreditierungsstelle § 39 BDSG 6
- Aufsichtsbehörden § 18 BDSG 6 ff.
- Verfahren bei fehlendem ~ § 18 BDSG 10 ff.

Einwilligung
- Anforderungen Art. 6 DSGVO 8 f.
- automatisierte Einzelentscheidung Art. 22 DSGVO 12
- Bedingungen Art. 7 DSGVO 1 ff.
- Begriff Art. 4 DSGVO 39 ff.; Art. 7 DSGVO 1
- Beschäftigtendatenschutz § 26 BDSG 11; Art. 88 DSGVO 12 f.
- Datenverarbeitung besonderer Kategorien Art. 9 DSGVO 13 f.
- E-Mail-Verkehr bei Beschäftigten § 26 BDSG 87, 111 f.
- Forschungszwecke § 27 BDSG 6
- freie Entscheidung Art. 7 DSGVO 18 f.
- Gefahrenabwehr § 51 BDSG 1 ff.
- Informationspflicht: Widerrufbarkeit Art. 13 DSGVO 20
- eines Kindes gegenüber dem Anbieter eines Dienstes der Informationsgesellschaft Art. 8 DSGVO 1 ff.
- Minderjährige Art. 8 DSGVO 1 ff.
- Nachweispflicht Art. 7 DSGVO 3 f.
- Schriftform § 26 BDSG 11a
- Scoringverfahren im Vertragsverhältnis § 31 BDSG 32
- Strafverfolgung § 51 BDSG 1 ff.
- Trennungs- und Transparenzgebot Art. 7 DSGVO 10 ff.

- Zwang/ Koppelung Art. 7 DSGVO 18 ff.

Einwilligung (TKG)
- aller oder eines Beteiligten § 88 TKG 10 ff.
- im elektronischen Verfahren § 94 TKG 1 ff.
- Standortdaten für das Erbringen von Diensten mit Zusatznutzen § 98 TKG 7 ff.

Einwilligung (TMG) § 12 TMG 21 ff.; § 13 TMG 17 ff.
- Beweislast § 13 TMG 28 f.
- Double-Opt-in-Verfahren § 13 TMG 28 f.
- eindeutige und bewusste ~ § 13 TMG 18 ff.
- elektronische § 13 TMG 17
- Hinweis auf Widerrufsmöglichkeit § 13 TMG 30
- jederzeitige Abrufmöglichkeit § 13 TMG 26
- Opt-out § 13 TMG 23 f.
- Protokollierung § 13 TMG 25
- Widerrufsmöglichkeit § 13 TMG 27

Einzelverbindungsnachweis § 99 TKG 1 ff.
- Begriff § 99 TKG 2
- Beratungsstellen § 99 TKG 6
- Beschäftigte § 99 TKG 3
- eingehende Anrufe § 99 TKG 5
- geschlossene Benutzergruppen § 99 TKG 7
- Kundenschutz § 99 TKG 9
- Mitbewohner § 99 TKG 3
- Sanktionen § 99 TKG 8
- SIM-Karten § 99 TKG 4

Elektronische Informations- und Kommunikationsdienste § 11 TMG 5

E-Mail-Verkehr bei Beschäftigten § 26 BDSG 78 ff.
- „Anbieter" und Privatnutzung § 26 BDSG 81, 95 ff.
- Angemessenheit § 26 BDSG 84
- Archivierung von und Zugriff auf E-Mails und Fernmeldegeheimnis § 88 TKG 21 ff.
- betriebliche Übung hinsichtlich Privatnutzung § 26 BDSG 90 ff.
- Duldung einer Privatnutzung § 26 BDSG 89 ff.
- Einwilligung § 26 BDSG 87, 111 f.
- Erlaubnis aufgrund Betriebsvereinbarung/Tarifvertrag § 26 BDSG 85 f.
- Erlaubnis nach BDSG § 26 BDSG 83
- erlaubte Privatnutzung § 26 BDSG 88 ff.
- Fernmeldegeheimnis bei erlaubter Privatnutzung § 26 BDSG 102 ff.
- Folgen der erlaubten Privatnutzung § 26 BDSG 95 ff.
- legitimer Zweck § 26 BDSG 83
- personenbezogene Daten § 26 BDSG 82
- Rechtfertigung eines Eingriffs in das Fernmeldegeheimnis bei erlaubter Privatnutzung § 26 BDSG 108 ff.
- Strafbarkeit des Arbeitgebers § 26 BDSG 110
- unübersichtliche Rechtslage § 26 BDSG 79
- verbotene Privatnutzung § 26 BDSG 80 ff.
- Verdacht des Geheimnisverrats § 26 BDSG 111

- Verdacht einer Straftat § 26 BDSG 111

Empfänger
- Begriff und Abgrenzung zu Dritter Art. 4 DSGVO 34 ff.

Entgeltermittlung- und -abrechnung (TKG) § 97 TKG 1 ff.
- Abtretung der Entgeltforderung an Dritten § 97 TKG 8 ff.
- Auftragsverhältnisse über Entgelteinziehung § 97 TKG 7 ff.
- Bestands- und Verkehrsdaten § 97 TKG 2 ff.
- Datenaustausch zwischen Diensteanbietern und mit Netzbetreibern § 97 TKG 6
- Einzug von Entgelten Dritter § 97 TKG 12 ff.
- Sanktionen § 97 TKG 16

ePrivacy Richtlinie Art. 2 DSGVO 32
- Datenschutzrichtlinie für elektronische Kommunikation Art. 95 DSGVO 1
- Fernmeldegeheimnis § 88 TKG 3
- Konkretisierung des Datenschutzrechts Art. 95 DSGVO 3
- Rückausnahme vom Vorrang Art. 95 DSGVO 8
- Verhältnis zur Datenschutzgrundverordnung Art. 95 DSGVO 1 ff.
- Verweis auf Altregelung Art. 95 DSGVO 5
- Vorrang im Einzelnen Art. 95 DSGVO 6 f.

Erfolgloser Bewerber
- Beschäftigtendaten § 26 BDSG 31
- Personalfragebogen § 26 BDSG 16

Stichwortverzeichnis

Ermittlungsverfahren
– Fragerecht des Arbeitgebers § 26 BDSG 38

EU-Recht
– Vorrang gegenüber BDSG § 1 BDSG 30

Europäische Kommission
– Rechtsbehelf der Aufsichtsbehörden § 21 BDSG 1 ff.

Europäischer Datenschutzausschuss, EDSA Art. 68–76 DSGVO 1 ff.
– Anlass zur Stellungnahme Art. 64 DSGVO 3 f.
– Aufgaben Art. 68–76 DSGVO 12 f.
– Beschlussfassung Art. 68–76 DSGVO 22
– Dringlichkeitsverfahren Art. 66 DSGVO 1 ff.
– Empfehlungs-/Beratungstätigkeit Art. 68–76 DSGVO 14 f.
– Ergebnis/Zwischenergebnis Art. 68–76 DSGVO 23 ff.
– Ersuchen der Kommission Art. 68–76 DSGVO 19 f.
– europäischer Datenschutzbeauftragter Art. 68–76 DSGVO 6
– Fördertätigkeit Art. 68–76 DSGVO 17
– Geschäftsordnung Art. 68–76 DSGVO 21
– Jahresbericht Art. 68–76 DSGVO 27 f.
– Kohärenzverfahren Art. 63 DSGVO 1 f.
– Mitglieder Art. 68–76 DSGVO 4
– Prüf-/Überwachungstätigkeit Art. 68–76 DSGVO 16
– Rechtspersönlichkeit Art. 68–76 DSGVO 2
– Sekretariat Art. 68–76 DSGVO 10 f.
– Stellungnahme Art. 64 DSGVO 1 f.; Art. 68–76 DSGVO 13
– Streitbeilegungsverfahren Art. 65 DSGVO 1 ff.
– Verfahren Art. 64 DSGVO 5 f.
– Verhaltensregeln für mehrere Mitgliedstaaten Art. 40 DSGVO 15 ff.
– Vertreter der Kommission Art. 68–76 DSGVO 5
– Vertretung durch Bundesbeauftragte (BfDI) § 17 BDSG 5 ff.
– Vorsitz Art. 68–76 DSGVO 7 ff.
– weiteres Vorgehen nach Stellungnahme Art. 64 DSGVO 7 ff.
– Zielsetzung Art. 68–76 DSGVO 3

EU-Standardvertragsklauseln
– Auftragsdatenverarbeitung Art. 28 DSGVO 30; Art. 46 DSGVO 35 ff.
– Durchführungsrechtsakte Art. 93 DSGVO 4
– Ersetzung Art. 46 DSGVO 14 ff.
– Rechtsbehelf gegen Genehmigungen § 21 BDSG 1 ff.
– Set I und II Art. 46 DSGVO 34

EU-US Privacy-Shield § 26 BDSG 3b

Fachrecht
– Benachrichtigungspflicht, Polizei und Justiz § 56 BDSG 1 ff.

Fahrassistent § 4 BDSG 25a

Fangschaltung § 101 TKG 1 ff.
– Antrag § 101 TKG 3
– ePrivacy Richtlinie § 101 TKG 1
– Sanktionen § 101 TKG 4
– Voraussetzungen § 101 TKG 2 f.

Federführende Aufsichtsbehörde
– Begriff § 19 BDSG 5 ff.
– Zuständigkeit für Beschwerden § 19 BDSG 8 ff.

Fernmeldegeheimnis § 88 TKG 1 ff.
- Abrechnungsdaten § 88 TKG 5
- Bestandsdaten § 88 TKG 5
- Diensteanbieter, Verpflichtung § 88 TKG 13 ff.
- Eingriffsbefugnisse § 88 TKG 19 f.
- ePrivacy Richtlinie § 88 TKG 3
- an Fernmeldevorgängen Beteiligte § 88 TKG 16
- geschützte Sachverhalte § 88 TKG 4 ff.
- geschützter Personenkreis § 88 TKG 9 ff.
- Grundrecht § 88 TKG 2
- Individualkommunikation § 88 TKG 7
- „kleines Zitiergebot" § 88 TKG 20
- Luft- und Seeverkehr § 88 TKG 24
- Nachrichtenübermittlungssysteme mit Zwischenspeicherung § 107 TKG 1
- Rechtsfolgen/Sanktionen § 88 TKG 25
- staatlicher Schutzauftrag § 88 TKG 1
- Telekommunikation, Begriff § 88 TKG 6
- Unionsrecht § 88 TKG 3
- Verhaltenspflichten § 88 TKG 18
- Verkehrsdaten § 88 TKG 5
- verpflichtete Personen § 88 TKG 13 ff.
- Verpflichteter nach § 206 StGB § 88 TKG 14
- Völkerrecht § 88 TKG 3
- weitere Vorschriften § 88 TKG 27 f.
- zeitliche Reichweite § 88 TKG 8

Fernmeldegeheimnis (Beschäftigte)
- Arbeitgeber § 88 TKG 15
- Archivierung von und Zugriff auf E-Mails von Beschäftigten § 88 TKG 21 ff.
- Beherrschbarkeit des TK-Vorgangs § 26 BDSG 105
- Dauer des Schutzes § 26 BDSG 104 ff.
- E-Mail-Verkehr bei Beschäftigten § 26 BDSG 79
- IMAP-Verfahren § 26 BDSG 107
- keine Kontrolle privater E-Mails § 26 BDSG 103
- öffentlich-rechtlicher Dienstherr § 88 TKG 15
- POP3-Verfahren § 26 BDSG 106
- privater E-Mail-Verkehr § 26 BDSG 102 ff.
- Rechtfertigung eines Eingriffs § 26 BDSG 108 ff.

Finanzierungshilfeverträge § 30 BDSG 5 ff.

Finanzkontrolle
- Bundesbeauftragte (BfDI) § 10 BDSG 6 ff.

Folgeinformationspflicht § 32 BDSG 16

Forderungsbezogene Daten
- anerkannte Forderungen § 31 BDSG 64 f.
- ausgemahnte Forderungen § 31 BDSG 66 ff.
- Berücksichtigung einer Kündigung § 31 BDSG 77 f.
- Feststellung der Forderung im Insolvenzverfahren § 31 BDSG 63
- Interessenabwägung § 31 BDSG 59 f.
- Nichterbringen der Leistung trotz Fälligkeit § 31 BDSG 57 f.
- Rechtsgrund § 31 BDSG 54
- sonstige bonitätsrelevante Daten § 31 BDSG 79 f.

- Vorliegen eines Urteils/Titels § 31 **BDSG** 62
- Wahrscheinlichkeitswert § 31 **BDSG** 53 ff.
- Zahlungsverhaltensdaten § 31 **BDSG** 54

Forschungszwecke
- Anforderungen an Sicherheitsmaßnahmen § 27 **BDSG** 12
- Anonymisierungsvorgaben § 27 **BDSG** 17 ff.
- Auskunftsrecht § 27 **BDSG** 15
- Auswertung von Daten § 27 **BDSG** 1 ff.
- Berechtigung zur Nutzung sensibler Daten § 27 **BDSG** 8 ff.
- Einschränkung der Betroffenenrechte § 27 **BDSG** 3, 13 ff.
- Einwilligung § 27 **BDSG** 6
- Einwilligung zur Nutzung sensibler Daten § 27 **BDSG** 8 f.
- Forschungsergebnisse § 27 **BDSG** 20 ff.
- öffentliche/privatrechtliche Forschung § 27 **BDSG** 2
- Öffnungsklausel § 27 **BDSG** 4
- Verarbeitung besonderer Kategorien personenbezogener Daten § 27 **BDSG** 3
- Veröffentlichungsvorgaben § 27 **BDSG** 20 ff.
- Wissenschaftsfreiheit § 27 **BDSG** 9
- Zeitgeschichte § 27 **BDSG** 22 ff.

Fragerecht des Arbeitgebers § 26 **BDSG** 16, 23 f.; *s.a. Begründung eines Beschäftigungsverhältnisses*

Freiheitsstrafe
- Fragerecht des Arbeitgebers § 26 **BDSG** 39

Funktionsübertragung
- Abgrenzung zur Auftragsdatenverarbeitung **Art.** 28 **DSGVO** 33 ff.
- Auftragsdatenverarbeiter **Art.** 4 **DSGVO** 32

Garantien, geeignete
- Drittstaatenübermittlung, Polizei und Justiz § 79 **BDSG** 3 ff.

Gefahrenabwehr
- abweichende Begriffsdefinitionen zur DSGVO § 46 **BDSG** 3 ff.
- allgemeine Grundsätze für die Verarbeitung personenbezogener Daten § 47 **BDSG** 1 ff.
- Amtshilfeersuchen § 82 **BDSG** 1 ff.
- Angabe der Kontaktdaten des Verantwortlichen § 55 **BDSG** 5
- Anhörung, Bundesbeauftragte § 69 **BDSG** 3 ff.
- Anrufung des Bundesbeauftragten § 60 **BDSG** 6 ff.
- Aufsichtsbehörde § 46 **BDSG** 5
- Auftragsverarbeiter § 45 **BDSG** 32
- Auftragsverarbeitung § 62 **BDSG** 3 ff.
- Auskunftspflicht, Einschränkungen § 57 **BDSG** 16 f.
- Auskunftsrecht des Betroffenen § 57 **BDSG** 3 ff.
- automatisierte Datenverarbeitung § 54 **BDSG** 3 ff.; § 58 **BDSG** 17 f.
- Bedingungen für Übermittlungsempfänger § 74 **BDSG** 10 f.
- Begriffsdefinitionen der DSGVO § 46 **BDSG** 2
- Benachrichtigungspflicht des Betroffenen bei Datenpannen § 66 **BDSG** 3 ff.
- Berichtigung unrichtiger Daten § 58 **BDSG** 4
- Berichtigungspflicht § 75 **BDSG** 3 ff.

1465

Stichwortverzeichnis

- Beschwerde bei Rechtsverletzung § 60 BDSG 5 ff.
- Datengeheimnis, Verpflichtung auf das § 53 BDSG 1 ff.
- Datenminimierung § 47 BDSG 5
- Datenschutz durch Technikgestaltung § 71 BDSG 1 ff.
- Datenschutz-Folgenabschätzung § 67 BDSG 3 ff.
- Differenzierung verschiedener Kategorien personenbezogener Daten § 72 BDSG 2 ff.
- Drittstaatenübermittlung § 78 BDSG 3 ff.
- Drittstaatenübermittlung ohne geeignete Garantien § 80 BDSG 3 ff.
- Drittstaatenübermittlung, Vorliegen geeigneter Garantien § 79 BDSG 3 ff.
- Einschränkung des Löschungsverlangens § 58 BDSG 17 ff.
- Einschränkung/Unterlassen der Benachrichtigung § 56 BDSG 11 f.
- Einwilligung in Datenverarbeitung § 51 BDSG 1 ff.
- Gefahr § 45 BDSG 24
- gemeinsame Verantwortlichkeit § 63 BDSG 3 ff.
- genetische Daten § 46 BDSG 3
- Gesundheitsdaten § 46 BDSG 3
- Haftungsumfang § 83 BDSG 6 ff.
- Hinweispflichten bei Datenübermittlung § 74 BDSG 8 f.
- Informationen zu Datenverarbeitungen § 55 BDSG 3 ff.
- Informationsbestandteile § 56 BDSG 6 ff.
- Kommunikation bei Betroffenenrechten § 59 BDSG 4 ff.
- Löschungsverlangen § 58 BDSG 7 ff.
- Meldepflichten bei Datenpannen § 65 BDSG 4 ff.
- Normadressaten § 45 BDSG 14
- Polizei-RL § 45 BDSG 2
- Protokollierung automatisierter Datenverarbeitungsvorgänge § 76 BDSG 3
- Pseudonymisierung/Verschlüsselung personenbezogener Daten § 64 BDSG 4
- Qualität von übermittelten Daten § 74 BDSG 4 ff.
- Rechtsschutz gegen Entscheidungen des Bundesbeauftragten § 61 BDSG 3 ff.
- Richtigkeitsgebot der Daten § 47 BDSG 6
- sachlicher Anwendungsbereich § 45 BDSG 7
- Schadensersatz § 83 BDSG 1 ff.
- Schutz vor und Abwehr von Gefahren für die öffentliche Sicherheit § 45 BDSG 22 ff.
- Schutzmaßnahmen bei automatisierter Datenverarbeitung § 54 BDSG 7
- Sicherheitsanforderungen bei Datenverarbeitung § 64 BDSG 3 ff.
- Speicherbegrenzung § 47 BDSG 7
- Strafvorschriften § 84 BDSG 1
- Verantwortliche § 45 BDSG 31
- Verarbeitung personenbezogener Daten § 45 BDSG 13
- Verarbeitung zu wissenschaftlichen Zwecken § 50 BDSG 2 f.
- Verarbeitungsanforderungen, sensible Daten § 48 BDSG 3 f.
- Verarbeitungszwecke § 45 BDSG 15 ff.
- Verhältnis zur DSGVO § 45 BDSG 8 f.

- vertrauliche Meldung von Datenschutzverstößen § 77 BDSG 2 ff.
- Vervollständigungsanspruch § 58 BDSG 6
- Verzeichnis von Verarbeitungstätigkeiten § 70 BDSG 3 ff.
- Videoüberwachung § 4 BDSG 4, 21
- Weisungsgebundenheit des Auftragsverarbeiters § 52 BDSG 1 f.
- zuständige Stelle § 45 BDSG 28 f.
- Zweckänderung bei Verarbeitung personenbezogener Daten § 24 BDSG 5 ff.
- Zweckänderung der Datenverarbeitung § 49 BDSG 4 ff.

Gegendarstellungsanspruch
- Verstoß gegen Beschäftigtendatenschutz § 26 BDSG 151

Gehalt
- Fragerecht des Arbeitgebers § 26 BDSG 33

Geheimhaltungspflichten
- Anwendbarkeit des BDSG § 1 BDSG 15
- Aufsichtsbefugnisse Art. 90 DSGVO 1 ff.
- Aufsichtsbehörde Art. 90 DSGVO 1 ff.
- Auskunftsrecht § 29 BDSG 7
- Benachrichtigung bei Datenverstößen § 29 BDSG 8 f.
- Berufsgeheimnisträger Art. 90 DSGVO 2 ff.
- Datenschutzbeauftragte § 29 BDSG 13
- Einschränkung der Befugnisse der Aufsichtsbehörden § 29 BDSG 1
- Einschränkung der Betroffenenrechte § 29 BDSG 5 f.
- Informationsrecht § 29 BDSG 5

- Mitteilung an Kommission Art. 90 DSGVO 7
- Rückausnahme § 29 BDSG 9
- Verhältnis zur DSGVO § 29 BDSG 3

Geldwäschepräventionssysteme § 31 BDSG 25

Geltungsbereich des BDSG § 1 BDSG 19 ff.
- nicht-öffentliche Stellen § 1 BDSG 28
- öffentliche Stellen des Bundes § 1 BDSG 20 f.

Gemeinsam Verantwortliche § 63 BDSG 1 ff.; Art. 26 DSGVO 1 ff.

Gemeinsamer Standpunkt
- Aufsichtsbehörden § 18 BDSG 6 ff.
- fehlendes Einvernehmen § 18 BDSG 10 ff.

Gemeinsamer Vertreter
- Europäischer Datenschutzausschuss § 17 BDSG 5 ff.
- Vorschlagsrecht § 18 BDSG 10

Genehmigte Verhaltensregeln
- Rechtsbehelf § 21 BDSG 1 ff.

Genetische Daten Art. 4 DSGVO 47 ff.
- Gefahrenabwehr/Strafverfolgung § 46 BDSG 3

Geo-Scoring § 31 BDSG 39

Geschäftsführer
- Auskunftspflicht gegenüber Aufsichtsbehörde § 40 BDSG 17 ff.

Geschenke
- Bundesbeauftragte (BfDI) § 13 BDSG 5 f.

Gesundheitsdaten Art. 4 DSGVO 54 ff.; Art. 9 DSGVO 23 ff.
- Gefahrenabwehr/Strafverfolgung § 46 BDSG 3

1467

Gesundheitsvorsorge
- Verarbeitung sensibler Daten § 22 BDSG 8

Gewerbsmäßigkeit
- Strafvorschriften § 42 BDSG 4 ff.

Gewerkschaften § 26 BDSG 167

Gewerkschaftszugehörigkeit
- Begründung eines Beschäftigungsverhältnisses § 26 BDSG 36
- bestehendes Beschäftigungsverhältnis § 26 BDSG 57

GPS
- kein Telekommunikationsdienst § 98 TKG 10

Grenzüberschreitende Verarbeitung
- Begriff, DSGVO Art. 4 DSGVO 93 ff.

Haftung
- Datenschutzbeauftragter Art. 38 DSGVO 48 f.

Hauptniederlassung
- Begriff, DSGVO Art. 4 DSGVO 59 ff.
- Zuständigkeit der Datenschutzbehörde § 40 BDSG 7

Hausrecht
- Videoüberwachung § 4 BDSG 16

Hinweispflichten
- Datenübermittlung bei Polizei und Justiz § 74 BDSG 8 f.

Identifizierbarkeit
- Anonymisierung Art. 4 DSGVO 21
- fehlende ~ Art. 11 DSGVO 1 ff.
- personenbezogene Daten Art. 4 DSGVO 7 ff.

Identität
- Nachweis bei Betroffenenrechten, Polizei und Justiz § 59 BDSG 8

Individualkommunikationsdienste
- Fernmeldegeheimnis § 88 TKG 7
- keine Telemedien § 11 TMG 8

Information des Betroffenen
- Geheimhaltungsinteressen eines Dritten § 29 BDSG 1

Informationsanspruch
- Zugangsgewährung zu amtlichen Dokumenten Art. 86 DSGVO 1 ff.

Informationsaustausch Art. 67 DSGVO 1 f.

Informationsfreiheit
- Datenverarbeitung mit Personenbezug Art. 85 DSGVO 1 ff.

Informationsfreiheitsgesetz (IFG)
- Zugangsgewährung zu amtlichen Dokumenten Art. 86 DSGVO 6

Informationspflicht, Ausnahme
- analog gespeicherte Daten § 32 BDSG 9
- Betrugspräventionssysteme § 33 BDSG 8
- Datenverarbeitung außerhalb des Anwendungsbereichs der DSGVO § 85 BDSG 9
- direkte Kontaktaufnahme § 32 BDSG 8
- Durchsetzung zivilrechtlicher Ansprüche § 33 BDSG 8
- Folgeinformationspflicht § 32 BDSG 16
- Geltendmachung rechtlicher Ansprüche § 32 BDSG 12
- Informationen für die Öffentlichkeit § 32 BDSG 14
- Informationserteilungsinteresse der betroffenen Personen § 32 BDSG 10

- Maßnahmen zum Schutz der betroffenen Personen § 32 BDSG 14 ff.; § 33 BDSG 11 ff.
- nachträgliche Zweckänderung § 32 BDSG 2
- nationale Sicherheit § 33 BDSG 10
- nicht-öffentliche Stellen § 32 BDSG 13; § 33 BDSG 3, 8
- öffentliche Stellen § 32 BDSG 11; § 33 BDSG 3
- Strafverfolgung § 33 BDSG 9
- Tatbestände im Einzelnen § 32 BDSG 5 ff.; § 33 BDSG 6 ff.
- Überprüfbarkeit der Aufsichtsbehörde § 32 BDSG 14
- unverhältnismäßiger Aufwand § 32 BDSG 5
- Vereinbarkeit mit dem ursprünglichen Erhebungszweck § 32 BDSG 7
- Verhütung von Schäden durch Straftaten § 33 BDSG 8
- vorübergehendes Vorliegen § 32 BDSG 15
- Wegfall des Hinderungsgrundes § 32 BDSG 15
- zulässige Weiterverarbeitung § 32 BDSG 6

Informationspflicht bei unrechtmäßiger Kenntniserlangung (TMG) § 15a TMG 1 ff.
- Anwendungsbereich § 15a TMG 6
- Bestands- und Nutzungsdaten § 15a TMG 5
- Rechtsfolgen § 15a TMG 9
- Rechtsfolgenverweisung § 15a TMG 2
- Sanktionen § 15a TMG 10
- schwerwiegende Rechts- oder Interessenbeeinträchtigung § 15a TMG 8
- Unrechtmäßigkeit § 15a TMG 7
- Verhältnis zur Datenschutzgrundverordnung § 15a TMG 3
- Voraussetzungen § 15a TMG 4 ff.

Informationspflichten des Diensteanbieters (TKG) § 93 TKG 1 ff.
- allgemeine Informationspflicht § 93 TKG 2 ff.
- Rechtsfolgen/Sanktionen § 93 TKG 10
- Risiken der Netzsicherheiten § 93 TKG 8
- Standortdaten § 93 TKG 4
- Teilnehmer bei Vertragsschluss § 93 TKG 3
- Verkehrsdaten § 93 TKG 7
- Verletzung des Schutzes personenbezogener Daten § 93 TKG 9
- Wahl- und Gestaltungsmöglichkeiten § 93 TKG 5

Informationspflichten gegenüber dem Betroffenen
- Abgrenzung zur Auskunft Art. 13 DSGVO 3
- Aufhebung der Verarbeitungseinschränkung Art. 18 DSGVO 20 ff.
- Ausnahmen Art. 13 DSGVO 31
- Beschwerderecht Art. 13 DSGVO 21
- Datenlöschung Art. 17 DSGVO 15
- Drittlandverkehr Art. 13 DSGVO 14 f.
- Einschränkung Art. 13 DSGVO 33
- keine Informationspflicht über Kategorien von Daten Art. 13 DSGVO 32
- nachträgliche Zweckänderung Art. 13 DSGVO 30
- Reichweite des Auskunftsanspruchs Art. 13 DSGVO 28a
- Widerrufbarkeit der Einwilligung Art. 13 DSGVO 20

- zusätzliche Informationsbestandteile **Art. 13 DSGVO** 16 ff.
- zwingende Informationsbestandteile **Art. 13 DSGVO** 7 ff.

Informationspflichten gegenüber dem Betroffenen, Datenerhebung nicht bei der betroffenen Person
- Ausnahmen **Art. 14 DSGVO** 13 ff.
- Einschränkungen **Art. 14 DSGVO** 21
- Fristen **Art. 14 DSGVO** 7 ff.
- nachträgliche Zweckänderung **Art. 14 DSGVO** 12
- zusätzliche Informationsbestandteile **Art. 14 DSGVO** 4 ff.
- zwingende Informationsbestandteile **Art. 14 DSGVO** 2 f.

Informationsrechte
- Bundesbeauftragte (BfDI) **§ 16 BDSG** 24 ff.
- Einschränkung zur Wahrung des Mandatsgeheimnisses **§ 29 BDSG** 10 ff.
- Geheimhaltungspflichten **§ 29 BDSG** 5 f.
- negative Auskunft bei Kreditvergabe **§ 30 BDSG** 5 ff.

Inkompatibilität
- Bundesbeauftragte (BfDI) **§ 13 BDSG** 3 f.

Inlandsbezug
- Verarbeitung durch nicht-öffentliche Stellen **§ 1 BDSG** 22 f.

Innenverhältnis
- gemeinsam Verantwortliche **§ 63 BDSG** 4; **Art. 26 DSGVO** 1 ff.

Insolvenzverfahren
- Fragerecht des Arbeitgebers **§ 26 BDSG** 37

Interessenvertretung
- Begriff **§ 26 BDSG** 152
- Beschäftigtendatenschutz **§ 26 BDSG** 15
- Beteiligungsrechte **§ 26 BDSG** 152
- Personalrat **§ 26 BDSG** 164
- Sprecherausschuss, leitende Angestellte **§ 26 BDSG** 165

Internationale Organisationen Art. 4 DSGVO 103 ff.
- Datenübermittlung bei Polizei und Justiz **§ 78 BDSG** 3 ff.
- Datenübermittlung ohne geeignete Garantien **§ 80 BDSG** 3 ff.
- Vorliegen geeigneter Garantien **§ 79 BDSG** 3 ff.

Internationale Zusammenarbeit
- Schutz personenbezogener Daten **Art. 50 DSGVO** 1 ff.

Internetnutzung
- Überwachung im Beschäftigungsverhältnis **§ 26 BDSG** 113 ff.

Internetrecherche
- Stellenbewerber **§ 26 BDSG** 27 f.

IP-Adressen
- Auskunftsanspruch im Zusammenhang mit Urheberrechtsverletzungen **§ 96 TKG** 7 f.
- dynamische ~ **§ 12 TMG** 10
- Löschung **§ 96 TKG** 6 ff.
- Personenbezug **§ 12 TMG** 10 ff.

IT-Sicherheitsgesetz
- Pflichten des Diensteanbieters **§ 13 TMG** 35
- Sicherheitsvorkehrungen **§ 13 TMG** 43 d ff.

Java-Skripte
- Auslandsbezug (Telemedien) **§ 11 TMG** 24

Juristische Personen
- Bestandsdaten (Telekommunikation) § 95 TKG 15
- Telekommunikationsdatenschutz § 91 TKG 8
- Zahlungserfahrungen § 31 BDSG 50

Kennziffer, nationale Art. 87 DSGVO 1 f.
Kfz-Versicherung § 37 BDSG 4
Kohärenz
- Datenschutz-Folgenabschätzung Art. 35 DSGVO 28 ff.
- Dringlichkeitsverfahren Art. 66 DSGVO 1 f.
- europäischer Datenschutzausschuss Art. 63 DSGVO 1 f.; Art. 64 DSGVO 1 ff.
- innerstaatliche Zuständigkeit der Aufsichtsbehörden § 19 BDSG 1 ff.
- Sicherung der einheitlichen Anwendung der DSGVO Art. 63 DSGVO 1 f.
- Verhaltensregeln für mehrere Mitgliedstaaten Art. 40 DSGVO 15 ff.

Kollektivvereinbarung
- Abweichung vom Datenschutzniveau § 26 BDSG 11e
- Beschäftigtendatenschutz § 26 BDSG 11c ff.

Kommission
- Berichte Art. 97 DSGVO 1
- Durchführungsrechtsakte Art. 93 DSGVO 1 ff.
- Erlass delegierter Rechtsakte Art. 92 DSGVO 1 ff.
- Informationsaustausch Art. 67 DSGVO 1 f.
- Überprüfung anderer Rechtsakte Art. 98 DSGVO 1 ff.

Konsultation der Aufsichtsbehörde
- Normsetzungsverfahren Art. 36 DSGVO 14
- Verfahren Art. 36 DSGVO 10 f.
- Verpflichteter Art. 36 DSGVO 6

Kontaktdaten
- Begründung eines Beschäftigungsverhältnisses § 26 BDSG 32

Kontrolle
- Bundesbeauftragte (BfDI) § 10 BDSG 1 ff.
- Zweckänderung bei Verarbeitung personenbezogener Daten § 23 BDSG 10

Kontrolle durch den Bundesdatenschutzbeauftragten
- Telekommunikationsdienste § 115 TKG 1

Konzern
- Betriebsvereinbarung zur Übermittlung von Beschäftigtendaten § 26 BDSG 145
- interne Auskunfteien § 31 BDSG 51
- Mitbestimmung des ~betriebsrats § 26 BDSG 162 f.
- Übermittlung von Beschäftigtendaten an Dritte § 26 BDSG 143

Kooperationspflicht
- Aufsichtsbehörde und Bundesbeauftragte § 68 BDSG 1
- Zusammenarbeit bei Auftragsverarbeitung Art. 31 DSGVO 1 ff.

Koppelung
- Einwilligung Art. 7 DSGVO 18 f.

Koppelungsverbot
- Telekommunikationsdienste § 95 TKG 14

Kosten
- Aufgabenerfüllung durch Bundesbeauftragte (BfDI) § 14 BDSG 12 f.

Krankenversicherungsbereich § 37 BDSG 4 ff.
Krankheit
- Beschäftigtendatenschutz § 26 BDSG 66 ff.

Kreditauskunftssystem s.a. *Auskunftei*
- Ablehnung des Auskunftsanspruchs § 30 BDSG 6
- Datenübermittlung § 30 BDSG 1 ff.
- Gleichbehandlung von Kreditgebern aus EU- und EWR-Staaten § 30 BDSG 2
- Information des betroffenen Verbrauchers § 30 BDSG 5 ff.
- Interessenabwägung § 31 BDSG 59 f.
- Zahlungsverhaltensdaten § 31 BDSG 54

Kreditgeber
- Verstoß gegen Auskunftspflichten § 43 BDSG

Kreditwesengesetz
- Schutz des Wirtschaftsverkehrs § 31 BDSG 82
- Wahrscheinlichkeitswert § 31 BDSG 33

Kündigung
- Arbeitsverhältnis des Datenschutzbeauftragten Art. 38 DSGVO 15 ff.
- Datenverwendung § 26 BDSG 148 ff.

Kündigungsschutz
- Datenschutzbeauftragte § 6 BDSG 7, 12 ff.

Landesbehörden § 2 BDSG 13
- Beteiligungsrechte der Bundesbeauftragten (BfDI) § 17 BDSG 7

Leiharbeitnehmer
- Beschäftigtendatenschutz § 26 BDSG 7a

Location based services § 98 TKG 4 ff.
- Einwilligung für das Erbringen von Diensten mit Zusatznutzen § 98 TKG 7 ff.
- GPS kein Telekommunikationsdienst § 98 TKG 10
- Verkehrsdaten – Standortdaten § 98 TKG 6

Löschen von Daten
- Ausnahmen vom Löschungsanspruch Art. 17 DSGVO 16 ff.
- Bestandsdaten (Telekommunikation) § 95 TKG 11
- Bestandsdaten (Telemedien) § 14 TMG 15
- Informationspflicht nach Löschung Art. 17 DSGVO 15
- Löschungsgründe Art. 17 DSGVO 8 ff.
- Mitteilungspflichten Art. 19 DSGVO 1 ff.
- Telemedien § 13 TMG 34
- Verkehrsdaten (Telekommunikation) § 96 TKG 5 ff.
- auf Verlangen Art. 17 DSGVO 3 ff.
- Werbewiderspruch Art. 17 DSGVO 11a

Löschungspflicht
- Beschäftigtendatenschutz § 26 BDSG 19
- Verstoß gegen Beschäftigtendatenschutz § 26 BDSG 151
- Videoüberwachung § 4 BDSG 30

Löschungspflicht, Ausnahmen
- analoge Speichermedien § 35 BDSG 4

- Anknüpfung an Art. 17 Abs. 1 Buchst. a, d DSGVO § **35 BDSG** 6
- Archiv-Daten § **35 BDSG** 10
- Archivierung in Papierform § **35 BDSG** 4
- Aufbewahrungspflichten laut Satzung/Vertrag § **35 BDSG** 9
- Einschränkung der Verarbeitung § **35 BDSG** 1
- Erfüllung ohne entsprechendes Verlangen § **35 BDSG** 7
- europarechtliche Ermächtigungsgrundlage § **35 BDSG** 2
- Maßnahmen zum Schutz der betroffenen Person § **35 BDSG** 11 ff.
- nationale Rechtsgrundlage § **35 BDSG** 2
- nicht-automatisierter Datenverarbeitung § **35 BDSG** 4
- Normaufbau § **35 BDSG** 3
- Rückausnahme § **35 BDSG** 5
- Sicherungsdatenbestände § **35 BDSG** 10
- Speicherung in Dateisystem § **35 BDSG** 10
- Tatbestände im Einzelnen § **35 BDSG** 4 ff.
- Unmöglichkeit der Unterrichtung § **35 BDSG** 11
- unrechtmäßige Datenverarbeitung § **35 BDSG** 5, 6
- Unterrichtungspflicht § **35 BDSG** 8
- unverhältnismäßiger Aufwand der Unterrichtung § **35 BDSG** 11
- unzulässig lange Verarbeitungsdauer § **35 BDSG** 6
- Verhältnis zur DSGVO § **35 BDSG** 13

Löschungsrechte, Polizei und Justiz
- Einschränkung § **58 BDSG** 12 ff.
- Erforderlichkeit der Datenverarbeitung § **58 BDSG** 10
- Erfüllung einer rechtlichen Verpflichtung § **58 BDSG** 11
- fehlende Ermächtigungsgrundlage § **58 BDSG** 9
- Gründe § **58 BDSG** 8
- hinreichende Begründung § **58 BDSG** 8
- Rechtsfolgen bei Einschränkung der ~ § **58 BDSG** 17 ff.

Mailbox-Systeme
- Nachrichtenübermittlungssysteme mit Zwischenspeicherung § **107 TKG** 1 ff.

Mandatsgeheimnis
- Einschränkung der Betroffenenrechte § **29 BDSG** 10 ff.
- Rückausnahme § **29 BDSG** 11

Mangel bei der Datenverarbeitung
- Beanstandung durch Bundesbeauftragte (BfDI) § **16 BDSG** 5 ff.

Markt- und Meinungsforschung
- Ausnahmen bei Datenverarbeitung **Art. 89 DSGVO** 5 ff.
- Datenschutzbeauftragte nichtöffentlicher Stellen § **38 BDSG** 9
- Gestaltungsspielraum der Mitgliedstaaten **Art. 85 DSGVO** 2 f.
- Nebenzweck **Art. 89 DSGVO** 12 f.
- personenbezogene Daten **Art. 9 DSGVO** 28
- Übermittlung von Abrechnungsdaten zu Zwecken der Marktforschung (Telemedien) § **15 TMG** 41 f.
- Vorgaben bei Datenverarbeitung **Art. 89 DSGVO** 1 ff.

- Widerspruchsrecht, Entziehung der Rechtsverfolgung **Art. 21 DSGVO** 8 f.
- Widerspruchsrecht, Form **Art. 21 DSGVO** 14 f.
- Widerspruchsrecht gegen Werbung/Markt-/Meinungsforschung **Art. 21 DSGVO** 10
- Widerspruchsrecht, Hinweispflicht des Verantwortlichen **Art. 21 DSGVO** 11 ff.
- Widerspruchsrecht, Interessenabwägung **Art. 21 DSGVO** 4 f.
- Widerspruchsrecht, Voraussetzungen **Art. 21 DSGVO** 2 ff.
- Widerspruchsrecht, Werbung **Art. 21 DSGVO** 10

Marktortprinzip
- Anwendbarkeit der DSGVO **§ 1 BDSG** 27

Maßgeblichkeit
- Einspruch **Art. 4 DSGVO** 98

Medien
- Datenschutz und Medienfreiheit **Art. 85 DSGVO** 3 ff.

Meinungsforschung s. *Markt- und Meinungsforschung*

Meinungsfreiheit
- Datenverarbeitung mit Personenbezug **Art. 85 DSGVO** 1 ff.

Meldepflicht Art. 35 DSGVO 1 ff.
- Datenschutz-Folgenabschätzung **Art. 35 DSGVO** 1 ff.
- Datenschutzpannen **Art. 33 DSGVO** 1 ff.
- Dokumentationspflicht **Art. 33 DSGVO** 17 ff.
- Inhalt **Art. 33 DSGVO** 13 ff.
- Prognoseeinschätzung **Art. 33 DSGVO** 6 f.
- unverzügliche ~ **Art. 33 DSGVO** 3 f.

Meldepflicht bei Datenpannen
- Auftragsverarbeitung **§ 65 BDSG** 5
- Benachrichtigung anderer Verantwortlicher **§ 65 BDSG** 8
- Dokumentation **§ 65 BDSG** 6
- Form **§ 65 BDSG** 6
- Meldestelle des Bundes für IT-Sicherheitsvorfälle **§ 65 BDSG** 10
- Nemo-tenetur-Grundsatz **§ 65 BDSG** 9
- Verantwortlicher **§ 65 BDSG** 4

Mitarbeitergewinnung
- Scoreverfahren **§ 31 BDSG** 18

Mitbestimmung des Betriebsrats
- allgemeine Beurteilungsgrundsätze **§ 26 BDSG** 160
- Angaben in Arbeitsverträgen **§ 26 BDSG** 160
- Auswahlrichtlinien **§ 26 BDSG** 161
- Beschäftigtendatenschutz **§ 26 BDSG** 152 ff.
- Beweisverwertungsverbot bei fehlender ~ **§ 26 BDSG** 139
- Gesamtbetriebsrat **§ 26 BDSG** 162 f.
- Konzernbetriebsrat **§ 26 BDSG** 162 f.
- örtlicher Betriebsrat **§ 26 BDSG** 162
- Ortungssysteme **§ 26 BDSG** 130
- Personalfragebögen **§ 26 BDSG** 160
- Überwachung mittels technischer Einrichtung **§ 26 BDSG** 159 f.
- Überwachung von Arbeitnehmerleistung und -verhalten **§ 26 BDSG** 159

Stichwortverzeichnis

- Videoüberwachung von Beschäftigten § 26 BDSG 121

Mitgliedstaaten
- Erlass spezifischer Bestimmungen bei Verarbeitung personenbezogener Daten Art. 6 DSGVO 124 ff.
- Gestaltungsspielraum bei journalistischen, wissenschaftlichen, künstlerischen Zwecken Art. 85 DSGVO 1 ff.
- Mitteilung an Kommission, Verarbeitungsbestimmungen (journalistische, wissenschaftliche oder künstlerische Zwecke) Art. 85 DSGVO 10 f.
- sachliche Zuständigkeit der Bundesbeauftragten (BfDI) § 9 BDSG 2

Mitverschulden
- Schadensersatz bei Polizei und Justiz § 83 BDSG 9

Nachrichtenübermittlungssysteme mit Zwischenspeicherung § 107 TKG 1 ff.
- Einwirkungs- und Weisungsbefugnisse § 107 TKG 4
- ePrivacy Richtlinie § 107 TKG 2
- Zwischenspeicherung § 107 TKG 3

Nationale Sicherheit
- Ausnahmen zu Informationspflichten § 33 BDSG 10
- Benachrichtigungspflicht, Polizei und Justiz § 56 BDSG 15

Nemo-tenetur-Grundsatz
- Benachrichtigungspflicht bei Datenpannen § 66 BDSG 9
- Meldepflichten bei Datenpannen § 65 BDSG 9

Nicht-öffentliche Stellen
- Anwendbarkeit des BDSG § 1 BDSG 8 ff.
- Anwendbarkeit des BDSG beim Datentransit § 1 BDSG 29
- Ausnahmen bei Informationspflichten § 32 BDSG 13
- Begriff § 2 BDSG 15
- Datenschutzbehörden § 40 BDSG 1 ff.
- Datenübermittlung an ~ § 25 BDSG 8 ff.
- Datenverarbeitung zu Archivzwecken § 28 BDSG 2
- Geltungsbereich des BDSG § 1 BDSG 28
- Informationen über die Website § 32 BDSG 14
- inländische Niederlassung § 1 BDSG 25 f.
- Verarbeitung im Inland § 1 BDSG 22 f.
- Wettbewerbsunternehmen § 2 BDSG 17 f.

Niederlassung
- anwendbares Datenschutzrecht § 11 TMG 22
- Begriff Art. 4 DSGVO 60
- Drittstaaten § 1 BDSG 27
- EU-Niederlassung, räumlicher Anwendungsbereich Art. 3 DSGVO 5 ff.
- Klagen gegen den Verantwortlichen oder Auftragsverarbeiter § 44 BDSG 1
- Nicht-EU-Niederlassung, räumlicher Anwendungsbereich Art. 3 DSGVO 11 ff.
- Verarbeitung durch nicht-öffentliche Stellen § 1 BDSG 25 f.

1475

Normenkontrollverfahren
- Rechtsbehelf der Aufsichtsbehörden § **21 BDSG** 3

Nutzer
- Telekommunikation § **91 TKG** 7 f.
- Telemedien § **11 TMG** 14 f.

Nutzung
- jederzeitiger Abbruch (Telemedien) § **13 TMG** 33
- Zweckänderung *siehe dort*

Nutzungsdaten (TMG) § **15 TMG** 1 ff.
- Adressaten § **15 TMG** 3
- Beginn, Ende, Umfang der Nutzung § **15 TMG** 8
- Begriff § **15 TMG** 4 ff.
- Erforderlichkeit § **15 TMG** 15 ff.
- Identifikationsmerkmale § **15 TMG** 6 f.
- Informationspflicht bei unrechtmäßiger Kenntniserlangung § **15a TMG** 5
- Inhaltsdaten, Abgrenzung § **15 TMG** 12 f.
- Missbrauchsverfolgung § **15 TMG** 44 ff.
- Personenbeziehbarkeit § **15 TMG** 9
- Sanktionen § **15 TMG** 48
- Tracking-Tools § **15 TMG** 10 f.
- Verkehrsdaten, Abgrenzung § **15 TMG** 14

Nutzungsprofile (TMG) § **15 TMG** 18 ff.
- anonymes Profil § **15 TMG** 23
- enge Grenzen § **15 TMG** 21
- extensive Profile § **15 TMG** 20
- Inhaltsdaten § **15 TMG** 22
- Interesse des Nutzers § **15 TMG** 19
- Pseudonymisierung § **15 TMG** 24 ff.

- Widerspruchsrecht § **15 TMG** 30
- Zusammenführungsverbot § **15 TMG** 25 ff.
- Zweckbindung § **15 TMG** 28 f.

Oberste Bundesbehörde
- Bundesbeauftragte (BfDI) § **8 BDSG** 3 ff.

Offenlegung
- Zugangsgewährung zu amtlichen Dokumenten **Art. 86 DSGVO** 1 ff.

Öffentlich zugängliche Räume
- Überwachung im Beschäftigungsverhältnis § **26 BDSG** 122 f.
- verdeckte Überwachung im Beschäftigungsverhältnis § **26 BDSG** 127 f.
- Videoüberwachung § **4 BDSG** 9 ff.

Öffentliche Gesundheit
- Verarbeitung sensibler Daten § **22 BDSG** 9

Öffentliche Sicherheit
- Drittstaatenübermittlungen § **80 BDSG** 6
- Gefahrenabwehr § **45 BDSG** 23

Öffentliche Stellen
- andere öffentlich-rechtliche organisierte Einrichtungen des Bundes § **2 BDSG** 11
- Anwendbarkeit des BDSG § **1 BDSG** 5 ff.
- Ausnahmen bei Informationspflichten § **32 BDSG** 11
- Behörden des Bundes § **2 BDSG** 6 ff.
- Bestellungspflicht bzgl. Datenschutzbeauftragten § **5 BDSG** 11 f.
- des Bundes § **2 BDSG** 6 ff.
- Datenschutzbeauftragte § **5 BDSG** 1 ff.

- Datenübermittlung an andere ~ § **25 BDSG** 5 ff.
- Datenverarbeitung zu Archivzwecken § **28 BDSG** 2
- entsprechende Anwendbarkeit der DSGVO § **1 BDSG** 33 ff.
- Geltungsbereich des BDSG für ~ des Bundes § **1 BDSG** 20 f.
- Informationen über die Website § **32 BDSG** 14
- der Länder § **2 BDSG** 13
- Organe der Rechtspflege des Bundes § **2 BDSG** 10
- Pflichten gegenüber dem Datenschutzbeauftragten § **6 BDSG** 5
- Religionsgemeinschaften § **2 BDSG** 12
- Schadensersatz bei Polizei und Justiz § **83 BDSG** 2
- Verarbeitung personenbezogener Daten § **3 BDSG** 2 ff.
- Vereinigungen des privaten Rechts § **2 BDSG** 14
- Videoüberwachung § **4 BDSG** 4
- Wahrung der Betroffenenrecht § **22 BDSG** 11
- Zweckänderung bei Verarbeitung personenbezogener Daten § **23 BDSG** 1 ff.

Öffentlicher Personennahverkehr
- Videoüberwachung § **4 BDSG** 25a

Öffnungsklauseln
- Abgrenzung echte/unechte ~ § **1 BDSG** 40 ff.
- allgemeine/spezifische Klauseln § **1 BDSG** 38 ff.
- Auswirkungen auf die Praxis § **1 BDSG** 43 ff.
- Betroffenenrechte § **1 BDSG** 46 ff.
- Datenschutzbeauftragte § **5 BDSG** 1

- Datenverarbeitung zu Archivzwecken § **28 BDSG** 4
- DSGVO § **1 BDSG** 34
- fakultative ~ § **1 BDSG** 36 f.
- Forschungs- und Statistikzwecke § **27 BDSG** 4
- Kategorisierung § **1 BDSG** 35 ff.
- nationale Ausgestaltung § **1 BDSG** 36 ff.
- obligatorische ~ § **1 BDSG** 36
- Rechtsfolgen bei Verstößen § **1 BDSG** 47 ff.

One-Stop-Shop-Prinzip § **40 BDSG** 6 ff.

Opportunitätsprinzip
- Sanktionen § **41 BDSG** 4 f.

Optisch-elektronische Geräte § **4 BDSG** 12

Ordnungswidrigkeiten
- Verhütung, Ermittlung, Verfolgung § **45 BDSG** 16 ff.
- Zweckänderung bei Verarbeitung personenbezogener Daten § **23 BDSG** 8
- Zweckänderung der Datenverarbeitung § **49 BDSG** 5

Organisationen, internationale
- Datenübermittlung § **85 BDSG** 2 f.
- Datenübermittlung bei Polizei und Justiz § **78 BDSG** 3 ff.
- Datenübermittlung ohne geeignete Garantien § **80 BDSG** 3 ff.
- Vorliegen geeigneter Garantien § **79 BDSG** 3 ff.

Ortungssysteme § **26 BDSG** 129 ff.

Personalakte
- Beschäftigtendatenschutz § **26 BDSG** 10

Stichwortverzeichnis

Personalausweis
- Prepaid-Produkte § 95 TKG 13
- Recht zur Kontrolle (Telekommunikation) § 95 TKG 12 f.

Personalfragebogen
- erfolgloser Bewerber § 26 BDSG 16

Personalrat
- Mitbestimmung bei Beschäftigtendatenschutz § 26 BDSG 164

Personenbezogene Daten *s.a. sensible Daten*
- Änderungen § 22 BDSG 5
- Angemessenheitsbeschluss bei Datenexport Art. 45 DSGVO 1 ff.
- Arbeits- und Sozialschutz Art. 9 DSGVO 15
- Archivzwecke § 28 BDSG 1 ff.
- Auftragsverarbeiter Art. 4 DSGVO 32
- Ausnahme zu Informationspflichten § 32 BDSG 6
- Begriff Art. 4 DSGVO 3 ff.
- Beschäftigtendatenschutz § 26 BDSG 4 ff.
- Bestimmbarkeit der Person (Telemediendatenschutz) § 12 TMG 5 ff.
- Beurteilung des angemessenen Schutzniveaus Art. 32 DSGVO 9 ff.
- biometrische Daten Art. 4 DSGVO 24 ff.; Art. 9 DSGVO 7 f.
- Dateisystem Art. 4 DSGVO 24 ff.
- Datenminimierung Art. 5 DSGVO 10 ff.
- Datenschutz-Folgenabschätzung Art. 35 DSGVO 23
- Datenschutzpannen Art. 33 DSGVO 1 ff.
- Datenübertragbarkeit Art. 20 DSGVO 1 ff.
- Datum Art. 4 DSGVO 6
- Differenzierung bei Polizei und Justiz § 72 BDSG 2 ff.
- Durchsetzung von Ansprüchen Art. 9 DSGVO 20 f.
- Einhaltung anerkannter Prozesse Art. 32 DSGVO 11
- Einschränkung der Verarbeitung auf Verlangen Art. 18 DSGVO 2 ff.
- Einwilligung Art. 9 DSGVO 13 f.
- Einwilligung bei Verarbeitung Art. 6 DSGVO 8 f.
- Empfänger Art. 4 DSGVO 34 ff.
- Ermächtigung der Mitgliedstaaten zum Erlass spezifischer Bestimmungen Art. 6 DSGVO 124 ff.
- fehlende Identifizierung Art. 11 DSGVO 1 ff.
- Forschungszwecke § 27 BDSG 1 ff.; Art. 9 DSGVO 28
- Geheimhaltungspflichten § 29 BDSG 5 ff.
- genetische Daten Art. 4 DSGVO 47 f.; Art. 9 DSGVO 7 f.
- Gesundheitsdaten Art. 4 DSGVO 54 ff.; Art. 9 DSGVO 9, 23 ff.
- Gesundheitsdaten, Vorbehalt Art. 9 DSGVO 30
- Gewährleistung eines angemessenen Schutzniveaus Art. 32 DSGVO 1 ff.
- Gewerkschaftszugehörigkeit Art. 9 DSGVO 6
- Informationspflicht bei Aufhebung der Verarbeitungseinschränkung Art. 18 DSGVO 20 ff.
- Integrität/Vertraulichkeit Art. 5 DSGVO 19 ff.
- internationale Zusammenarbeit, Absichtserklärung Art. 50 DSGVO 1 ff.

- IP-Adressen (Telemediendatenschutz) **§ 12 TMG** 10 ff.
- Mitteilungspflichten des Verantwortlichen bei Berichtigung/Löschung **Art. 19 DSGVO** 1 ff.
- offenkundig öffentliche Daten **Art. 9 DSGVO** 19
- öffentliche Sicherheit/hoheitliche Gewalt **Art. 6 DSGVO** 44 f.
- politische Meinung **Art. 9 DSGVO** 6
- Pseudonymisierung **Art. 4 DSGVO** 17 ff.
- Rasse und ethnische Herkunft **Art. 9 DSGVO** 5
- Rechenschaftspflicht **Art. 5 DSGVO** 22 ff.
- rechtliche Verpflichtung **Art. 6 DSGVO** 37
- Rechtmäßigkeit der Verarbeitung **Art. 5 DSGVO** 3 ff.
- Rechtmäßigkeit einer Zweckänderung **Art. 6 DSGVO** 130 ff.
- Rechtmäßigkeitsvoraussetzungen bei Verarbeitung **Art. 6 DSGVO** 1 ff.
- religiöse/weltanschauliche Überzeugung **Art. 9 DSGVO** 6
- Richtigkeit **Art. 5 DSGVO** 12 f.
- sachlicher Anwendungsbereich der DSGVO **Art. 2 DSGVO** 5
- Schutz lebenswichtiger Interessen **Art. 6 DSGVO** 40; **Art. 9 DSGVO** 16
- Sexualleben/sexuelle Orientierung **Art. 9 DSGVO** 10
- Speicherbegrenzung **Art. 5 DSGVO** 14 ff.
- statistische Zwecke **§ 27 BDSG** 1 ff.
- Telemediendatenschutz **§ 11 TMG** 13; **§ 12 TMG** 5 ff.
- Transparenz bei Verarbeitung **Art. 5 DSGVO** 5 ff.
- Überprüfung anderer Rechtsakte zum Schutz ~ durch die Kommission **Art. 98 DSGVO** 1 ff.
- unions-/mitgliedstaatliche Ausnahmen **Art. 9 DSGVO** 22
- Verarbeitung **Art. 4 DSGVO** 9
- Verarbeitung bei Straftat, strafrechtlicher Verurteilung **Art. 10 DSGVO** 1 ff.
- Verarbeitung besonderer Kategorien **Art. 9 DSGVO** 1 ff.
- Verarbeitung durch Geheimnisträger **Art. 9 DSGVO** 29 f.
- Verarbeitung nach Treu und Glauben **Art. 5 DSGVO** 4 ff.
- Verarbeitung trotz Einschränkung **Art. 18 DSGVO** 14 ff.
- Verarbeitung und Freiheit der Meinungsäußerung/Informationsfreiheit **Art. 85 DSGVO** 1 ff.
- Verarbeitungsgrundsätze **Art. 5 DSGVO** 1 ff.
- Verarbeitungsverbot **Art. 9 DSGVO** 3 ff.
- Verarbeitungsverbot, Ausnahmen **Art. 9 DSGVO** 12 ff.
- verbindliche interne Datenschutzvorschriften **Art. 4 DSGVO** 42 ff.
- Verletzung des Schutzes **Art. 4 DSGVO** 82 ff.
- vertragliche Verpflichtung **Art. 6 DSGVO** 10 ff.
- Wahrung berechtigter Interessen **Art. 6 DSGVO** 47 ff.
- Weitergabe an Betriebsrat **§ 26 BDSG** 156
- Zertifizierungsverfahren, Schutzniveau **Art. 32 DSGVO** 11
- Zweckbindung **Art. 5 DSGVO** 6 ff.

Personenbezogene Daten, Verarbeitung
- Adressat der Erlaubnistatbestände § 22 BDSG 6
- anlasslose Erhebung § 3 BDSG 8
- Begriff der Verarbeitung § 3 BDSG 6
- besondere Kategorien § 22 BDSG 1 ff.
- Erforderlichkeit für die Zweckerreichung § 3 BDSG 7
- Erlaubnisnorm § 22 BDSG 1
- Erlaubnistatbestände § 22 BDSG 7 ff.
- öffentliche Stellen § 3 BDSG 6 ff.
- öffentliches Interesse bei Datenverarbeitung § 22 BDSG 10
- Rechtfertigungstatbestand § 3 BDSG 2
- Rechtsgrundlage § 3 BDSG 1
- Speicherung „auf Vorrat" § 3 BDSG 8
- Vereinbarkeit des BDSG mit der DSGVO § 3 BDSG 5
- Verhältnis zur DSGVO § 3 BDSG 3
- Zweckänderung bei offensichtlichem Betroffeneninteresse § 23 BDSG 5
- Zweckänderung (nicht-öffentliche Stellen) § 24 BDSG 1 ff.
- Zweckänderung (öffentliche Stellen) § 23 BDSG 1 ff.
- Zweckänderung zur Abwehr erheblicher Nacheile § 23 BDSG 7

Pflichten des Diensteanbieters (TMG) § 13 TMG 1 ff.
- anonyme und pseudonyme Nutzungsmöglichkeit § 13 TMG 40 ff.
- Auskunftspflicht § 13 TMG 44 ff.
- getrennte Datenverwendung § 13 TMG 36
- IT-Sicherheitsgesetz vom 17.7.2015 § 13 TMG 2a
- jederzeitiger Nutzungsabbruch § 13 TMG 33
- Löschung § 13 TMG 34
- Re-Identifizierung bei Nutzerprofilen § 13 TMG 38
- Sanktionen § 13 TMG 47
- technische und organisatorische Vorkehrungen § 13 TMG 31 ff.
- Verhältnis zur Datenschutzgrundverordnung § 13 TMG 3
- Vertraulichkeitsschutz § 13 TMG 35
- Weitervermittlung an andere Diensteanbieter § 13 TMG 39
- Zusammenführung von Abrechnungsdaten § 13 TMG 37

Polizeirecht *s. Gefahrenabwehr*

Polizei-RL
- allgemeine Grundsätze für die Verarbeitung personenbezogener Daten § 47 BDSG 1 ff.
- Anrufung des Bundesbeauftragten § 60 BDSG 1 ff.
- archivarische, wissenschaftlich, statistische Zwecke § 50 BDSG 1 ff.
- Auftragsdatenverarbeitung § 62 BDSG 1
- Begriffsbestimmungen § 46 BDSG 1 ff.
- Behinderungsverbot § 59 BDSG 1
- Benachrichtigung des Betroffenen § 66 BDSG 1
- Berichtigungsrechte § 58 BDSG 1 ff.
- Datengeheimnis, Verpflichtung auf das § 53 BDSG 1 ff.
- Datenschutz-Folgenabschätzung § 67 BDSG 1
- datenschutzfreundliche Voreinstellungen § 71 BDSG 1

- Einschränkung der Verarbeitung § 58 BDSG 1 ff.
- Einwilligung in Datenverarbeitung § 51 BDSG 1 ff.
- gemeinsam Verantwortliche § 63 BDSG 1
- innerstaatliche Datenverarbeitung § 45 BDSG 4 f.
- Löschungsrechte § 58 BDSG 1 ff.
- Meldepflichten bei Datenpannen § 65 BDSG 1
- Protokollierung automatisierter Datenverarbeitungsvorgänge § 76 BDSG 1
- Sicherheit der Datenverarbeitung § 64 BDSG 1
- Strafverfolgung/Gefahrenabwehr § 45 BDSG 2
- Technikgestaltung § 71 BDSG 1
- Umsetzung § 45 BDSG 1 ff.
- Verarbeitung sensibler Daten § 48 BDSG 1 ff.
- Verzeichnis von Verarbeitungstätigkeiten § 70 BDSG 3 ff.
- Zusammenarbeit der Aufsichtsbehörden § 82 BDSG 1 ff.
- Zweckänderung der Datenverarbeitung § 49 BDSG 1 ff.

Potenzialanalysen § 31 BDSG 20

Prepaid-Produkte
- Personalausweiskontrolle § 95 TKG 13

Privacy by Design
- Datenschutz durch Technikgestaltung Art. 25 DSGVO 6 ff.
- Datenschutz, Polizei und Justiz § 71 BDSG 1 ff.

Private Zwecke
- Videoüberwachung § 4 BDSG 7

Privatnutzung, E-Mail-Account
- dienstlicher E-Mail-Account § 26 BDSG 88 ff.

- Folgen der erlaubten Privatnutzung § 26 BDSG 95 ff.

Profiling Art. 22 DSGVO 2 f.
- automatisierte Datenverarbeitung, Polizei und Justiz § 54 BDSG 3
- Begriff, DSGVO Art. 4 DSGVO 15 f.
- Wissenschaftsanforderungen § 31 BDSG 3

Protokollierung
- automatisierte Datenverarbeitung, Polizei und Justiz § 76 BDSG 3
- Zweckbindung, Rechtmäßigkeitsüberprüfung § 76 BDSG 3

Pseudonymisierung
- Begriff Art. 4 DSGVO 17 ff.
- Gefahrenabwehr/Strafverfolgung § 64 BDSG 4
- Nutzungsprofile (Telemedien) § 15 TMG 24 ff.
- Re-Identifizierung bei Nutzerprofilen (Telemedien) § 13 TMG 38; § 15 TMG 25
- Telemedien § 13 TMG 40 ff.

Publikumsverkehr
- Videoüberwachung § 4 BDSG 10

Qualitätskontrolle
- Datenübermittlung bei Polizei und Justiz § 74 BDSG 4 ff.

Rechenschaftspflicht
- Beschäftigtendatenschutz § 26 BDSG 19

Rechnungsprüfung
- Bundesbeauftragte (BfDI) § 10 BDSG 6 ff.

Recht auf informationelle Selbstbestimmung
- Bundesbeauftragte (BfDI) § 8 BDSG 1

Rechte des Betroffenen s.a. *Betroffenenrechte*
- angemessenes Entgelt Art. 12 DSGVO 20 ff.
- Auskunftspflichten Art. 15 DSGVO 3 ff.
- automatisierte Einzelentscheidung Art. 22 DSGVO 1 ff.
- Bearbeitungsfrist Art. 12 DSGVO 13 ff.
- Berichtigung von personenbezogenen Daten Art. 16 DSGVO 1 ff.
- Datenübertragbarkeit Art. 20 DSGVO 1 ff.
- Einschränkung der Verarbeitung Art. 18 DSGVO 1 ff.
- Grundprinzipien der Transparenz und der Modalitäten Art. 12 DSGVO 2 ff.
- Identitätsprüfung Art. 12 DSGVO 23 f.
- Löschung/Recht auf Vergessenwerden Art. 17 DSGVO 1 ff.
- Mitteilungspflichten der verantwortlichen Stelle Art. 19 DSGVO 1 ff.
- Profiling Art. 22 DSGVO 1 ff.
- Remonstrationsrecht Art. 22 DSGVO 14
- Verarbeitungsbestätigung Art. 15 DSGVO 3
- Weigerungsrecht Art. 12 DSGVO 12
- Widerspruchsrecht Art. 21 DSGVO 1 ff.

Rechtsakt, delegierter Art. 92 DSGVO 1 ff.
- Abgrenzung zum Durchführungsrechtsakt Art. 92 DSGVO 2
- Anwendungsbereich Art. 92 DSGVO 3 f.
- Erlass durch die Kommission Art. 92 DSGVO 1
- Erlassverfahren Art. 92 DSGVO 5

Rechtsbehelf
- gegen Angemessenheitsbeschluss § 21 BDSG 1 ff.
- Auskunftsverweigerung/-einschränkung, Polizei und Justiz § 57 BDSG 17
- gegen Entscheidungen der Aufsichtsbehörde § 20 BDSG 1 ff.
- genehmigte Verhaltensregeln § 21 BDSG 1 ff.
- gegen Genehmigung von Standarddatenschutzklauseln § 21 BDSG 1 ff.
- Klagen gegen den Verantwortlichen oder Auftragsverarbeiter § 44 BDSG 1
- Rechtsverletzung bei Gefahrenabwehr/Strafverfolgung § 60 BDSG 5
- Rechtswegzuweisung § 20 BDSG 4 f.
- Verhältnis zur DSGVO § 20 BDSG 3

Rechtsbehelf gegen Verantwortliche oder Auftragsverarbeiter Art. 79 DSGVO 1 ff.

Rechtsfolgen
- Verstoß gegen Beschäftigtendatenschutz § 26 BDSG 151
- Verstöße bei Öffnungsklauseln § 1 BDSG 47 ff.
- Videoüberwachung § 4 BDSG 31

Rechtshilfeabkommen Art. 48 DSGVO 1

Rechtspflegeorgane
- des Bundes § 2 BDSG 10

Stichwortverzeichnis

Rechtsschutz
- Aussetzung des Verfahrens **Art. 81 DSGVO** 1 ff.
- doppelte Anhängigkeit **Art. 81 DSGVO** 1 ff.
- gegen Entscheidungen des Bundesbeauftragten **§ 61 BDSG** 3 ff.
- gegenüber Geldbußen **Art. 83 DSGVO** 25
- gerichtlicher Rechtsbehelf gegen eine Aufsichtsbehörde **Art. 78 DSGVO** 1 ff.
- gerichtlicher Rechtsbehelf gegen Verantwortliche oder Auftragsverarbeiter **Art. 79 DSGVO** 1 ff.
- Recht auf Beschwerde bei einer Aufsichtsbehörde **Art. 77 DSGVO** 1 ff.
- Streitbeilegungsverfahren **Art. 65 DSGVO** 14 f.
- Verbandsklage **Art. 80 DSGVO** 4 ff.
- Vertretung von betroffenen Personen **Art. 80 DSGVO** 1 ff.

Rechtswidrigkeit
- Sanktionen **§ 41 BDSG** 8

Religionsgemeinschaften § 2 BDSG 12

Religionsgesellschaften, öffentlich-rechtliche
- unabhängige Aufsichtsbehörde **Art. 91 DSGVO** 5 f.
- Weitergeltung bisheriger Regelungen **Art. 91 DSGVO** 1 ff.

Religionszugehörigkeit
- Fragerecht des Arbeitgebers **§ 26 BDSG** 43

Richtlinie Polizei und Justiz
- Anwendbarkeit des BDSG **§ 1 BDSG** 12; *s.a.* Polizei-RL

Rufnummernanzeige § 102 TKG 1 ff.
- Telefonwerbung **§ 102 TKG** 5

Rufnummernunterdrückung § 102 TKG 1 f.
- Telefonwerbung **§ 102 TKG** 5

Safe Harbor
- EG-Datenschutzrichtlinie **§ 26 BDSG** 3b

Sanktionen
- Anwendbarkeit des OWiG/StPO **§ 41 BDSG** 1
- Datenschutzbeauftragter **Art. 38 DSGVO** 48 f.
- Fehlverhalten des Datenschutzbeauftragten **§ 41 BDSG** 7
- Höhe der Geldbuße **§ 41 BDSG** 2
- Rechtswidrigkeit **§ 41 BDSG** 8
- Strafvorschriften **§ 42 BDSG** 1 ff.
- Täterbegriff **§ 41 BDSG** 6
- Videoüberwachung **§ 4 BDSG** 31

Schadensersatz Art. 82 DSGVO 1 ff.
- Anspruchsgrundlage **Art. 82 DSGVO** 1 f.
- Ausgleich unter den Beteiligten **Art. 82 DSGVO** 7
- Entlastungsbeweisanforderungen **Art. 82 DSGVO** 5a
- Exkulpationsmöglichkeit **Art. 82 DSGVO** 5
- Geltendmachung **Art. 82 DSGVO** 8 f.
- gemeinsame Maßnahmen von Aufsichtsbehörden **Art. 62 DSGVO** 7 ff.
- immaterieller Schaden **Art. 82 DSGVO** 4
- Übertragbarkeit/Konkurrenz/Sonstiges **Art. 82 DSGVO** 10 ff.
- Umfang **Art. 82 DSGVO** 4a

- Verstoß gegen Beschäftigtendatenschutz § 26 BDSG 151
- Vertretungsrecht Art. 80 DSGVO 3

Schadensersatz, Polizei und Justiz
- Anspruchsberechtigung § 83 BDSG 4
- automatisierte Verarbeitung § 83 BDSG 5
- Datenschutzverstöße § 83 BDSG 1
- Entlastungsbeweis § 83 BDSG 2
- Gesamtschuldner § 83 BDSG 8
- Haftungsumfang § 83 BDSG 6 ff.
- materieller/immaterieller Schaden § 83 BDSG 3, 6 f.
- Mitverschulden § 83 BDSG 9
- Verjährung § 83 BDSG 9
- verschuldensabhängige Haftung § 83 BDSG 2

Schädigungsabsicht
- Strafvorschriften § 42 BDSG 4 ff.

Schengen-Staaten
- Anwendbarkeit des BDSG § 1 BDSG 32

Schutz des Wirtschaftsverkehrs § 31 BDSG 1 ff.

Schutzgesetz
- Videoüberwachung § 4 BDSG 31

Schutzmaßnahmen
- automatisierte Datenverarbeitung, Polizei und Justiz § 54 BDSG 7

Schwerbehinderung
- Fragerecht des Arbeitgebers § 26 BDSG 44

Scoring
- Auskunftei *siehe auch dort*; § 31 BDSG 48
- Gesetzesbegründung zum BDSG 2010 § 31 BDSG 15
- Mitarbeitergewinnung § 31 BDSG 18

- Schutz des Wirtschaftsverkehrs § 31 BDSG 6
- Werbung § 31 BDSG 18
- Wissenschaftsanforderungen § 31 BDSG 3

Scoring, Vertragsverhältnis
- AGG-Daten § 31 BDSG 30
- allgemeine Zulässigkeitsvoraussetzungen § 31 BDSG 28 ff.
- Änderung der Vertragskonditionen § 31 BDSG 20
- Beendigung § 31 BDSG 18
- Begründung § 31 BDSG 18
- Beschränkung/Konkretisierung bei Verwendung forderungsbezogener Daten § 31 BDSG 48 ff.
- Durchführung § 31 BDSG 19
- Einwilligung des Betroffenen § 31 BDSG 32
- Entscheidung im Rahmen eines Vertragsverhältnisses § 31 BDSG 17 ff.
- Legaldefinition § 31 BDSG 14
- Positivdaten § 31 BDSG 80
- Potenzialanalysen § 31 BDSG 20
- Prognose zukünftigen Verhaltens § 31 BDSG 24 ff.
- Rechtsverfolgung § 31 BDSG 21
- Verhältnis zu anderen Normen § 31 BDSG 81 f.
- Vertragsverhältnis mit der natürlichen Person § 31 BDSG 23
- Wahrscheinlichkeitswert *siehe auch dort*; § 31 BDSG 9 ff.
- Wissenschaftlichkeit des Verfahrens § 31 BDSG 34 ff.
- Zahlungserfahrungen, juristische Personen § 31 BDSG 50
- Zulässigkeit der verarbeiteten und genutzten Daten § 31 BDSG 29 ff.

Stichwortverzeichnis

Sensible Daten
- Beschäftigtendatenschutz § 26 BDSG 11b
- Datenübermittlung § 25 BDSG 11
- Einwilligung zu Forschungszwecken § 27 BDSG 8
- Erlaubnisnorm § 22 BDSG 1
- Gesundheitsvorsorge § 22 BDSG 8
- Interessen der betroffenen Personen § 22 BDSG 11
- Nutzungsberechtigung zu Archivzwecken § 28 BDSG 5 f.
- Nutzungsberechtigung zu Forschungszwecken § 27 BDSG 8 ff.
- öffentliche Gesundheit § 22 BDSG 9
- öffentliches Interesse § 22 BDSG 10
- soziale Sicherheit/Sozialschutz § 22 BDSG 7
- Verarbeitung § 22 BDSG 1 ff.
- Verarbeitungsanforderungen, sensible Daten § 48 BDSG 3 f.
- Zweckänderung bei Verarbeitung (nicht-öffentliche Stellen) § 24 BDSG 10
- Zweckänderung bei Verarbeitung (öffentliche Stellen) § 23 BDSG 11
- Zweckänderung der Verarbeitung § 22 BDSG 12

Share-Deal
- Übermittlung von Beschäftigtendaten § 26 BDSG 146

Sicherheitsbehörden
- Auskunft an ~ bei Bestandsdaten (Telemedien) § 14 TMG 20

Smartphone § 4 BDSG 12

SMS
- Nachrichtenübermittlungssysteme mit Zwischenspeicherung § 107 TKG 1 ff.

Sofortige Vollziehung
- Streitigkeit mit Aufsichtsbehörde § 20 BDSG 6

Soziale Netzwerke
- Nutzungsdaten (Telemedien) § 15 TMG 13
- Recherche bei Begründung eines Beschäftigungsverhältnisses § 26 BDSG 27
- Recht auf Datenübertragbarkeit Art. 20 DSGVO 1 ff.

Sozialschutz
- Beschäftigtendatenschutz § 26 BDSG 11b
- Verarbeitung sensibler Daten § 22 BDSG 7

Späh-Software
- Überwachung im Beschäftigungsverhältnis § 26 BDSG 134b

Speicherbegrenzung
- Beschäftigtendatenschutz § 26 BDSG 19
- Gefahrenabwehr/Strafverfolgung § 47 BDSG 7

Sprecherausschuss § 26 BDSG 165

Standortdaten § 98 TKG 1 ff.
- Begriff § 98 TKG 2 f.
- Dienste mit Zusatznutzen § 98 TKG 4 ff.
- Einwilligung für das Erbringen von Diensten mit Zusatznutzen § 98 TKG 7 ff.
- materielle Anforderungen § 98 TKG 7 ff.
- Notrufe § 98 TKG 12
- Sanktionen § 98 TKG 13

Statistik Art. 89 DSGVO 1 ff.
- Anonymisierungsvorgaben § 27 BDSG 17 f.
- Ausnahmen bei Datenverarbeitung Art. 89 DSGVO 5 ff.

1485

Stichwortverzeichnis

- Auswertung von Daten § 27 BDSG 1 ff.; s.a. *Forschungszwecke*
- Einschränkung der Betroffenenrechte § 27 BDSG 3, 13 ff.
- Gefahrenabwehr/Strafverfolgung § 50 BDSG 1
- Nebenzweck Art. 89 DSGVO 12 f.
- Vorgaben bei Datenverarbeitung Art. 89 DSGVO 1 ff.

Stellung
- Bundesbeauftragte (BfDI) § 12 BDSG 3 f.

Stellvertreter
- Bundesbeauftragte (BfDI) § 17 BDSG 6

Steuernummer Art. 87 DSGVO 1

Störungen und Fehler (TKG)
- Aufschalten auf Verbindungen § 100 TKG 8
- eigene Anlagen/Geräte Dritter § 100 TKG 5
- Erforderlichkeit § 100 TKG 6 f.
- Telekommunikationsanlagen § 100 TKG 3
- Umgang mit Bestands- und Verkehrsdaten § 100 TKG 1 ff.
- Verhältnismäßigkeit § 100 TKG 6 f.
- Vorratsdatenspeicherung § 100 TKG 4

Strafverfolgung
- abweichende Begriffsdefinitionen zur DSGVO § 46 BDSG 3 ff.
- allgemeine Grundsätze für die Verarbeitung personenbezogener Daten § 47 BDSG 1 ff.
- Amtshilfeersuchen § 82 BDSG 1 ff.
- Angabe der Kontaktdaten des Verantwortlichen § 55 BDSG 5
- Anhörung, Bundesbeauftragte § 69 BDSG 3 ff.

- Anrufung des Bundesbeauftragten § 60 BDSG 6 ff.
- Aufsichtsbehörde § 46 BDSG 5
- Auftragsverarbeiter § 45 BDSG 32
- Auftragsverarbeitung § 62 BDSG 3 ff.
- Auskunftspflicht, Einschränkungen § 57 BDSG 16 f.
- Auskunftsrecht des Betroffenen § 57 BDSG 3 ff.
- automatisierte Datenverarbeitung § 54 BDSG 3 ff.; § 58 BDSG 17 f.
- Bedingungen für Übermittlungsempfänger § 74 BDSG 10 f.
- Begriffsdefinitionen der DSGVO § 46 BDSG 2
- Benachrichtigungspflicht des Betroffenen bei Datenpannen § 66 BDSG 3 ff.
- Berichtigung unrichtiger Daten § 58 BDSG 4
- Berichtigungspflicht § 75 BDSG 3 ff.
- Beschwerde bei Rechtsverletzung § 60 BDSG 5 ff.
- Datengeheimnis, Verpflichtung auf das § 53 BDSG 1 ff.
- Datenminimierung § 47 BDSG 5
- Datenschutz durch Technikgestaltung § 71 BDSG 1 ff.
- Datenschutz-Folgenabschätzung § 67 BDSG 3 ff.
- datenschutzfreundliche Voreinstellungen § 71 BDSG 1 ff.
- Differenzierung verschiedener Kategorien personenbezogener Daten § 72 BDSG 2 ff.
- Drittstaatenübermittlung § 78 BDSG 3 ff.
- Drittstaatenübermittlung ohne geeignete Garantien § 80 BDSG 3 ff.

- Drittstaatenübermittlung, Vorliegen geeigneter Garantien § 79 BDSG 3 ff.
- Einschränkung des Löschungsverlangens § 58 BDSG 17 ff.
- Einschränkung/Unterlassen der Benachrichtigung § 56 BDSG 11 f.
- Einwilligung in Datenverarbeitung § 51 BDSG 1 ff.
- Ermittlung/Aufdeckung von Straftaten § 45 BDSG 18 ff.
- gemeinsame Verantwortlichkeit § 63 BDSG 3 ff.
- genetische Daten § 46 BDSG 3
- Gesundheitsdaten § 46 BDSG 3
- Haftungsumfang § 83 BDSG 6 ff.
- Hinweispflichten bei Datenübermittlung § 74 BDSG 8 f.
- Informationen zu Datenverarbeitungen § 55 BDSG 3 ff.
- Informationsbestandteile § 56 BDSG 6 ff.
- Kommunikation bei Betroffenenrechten § 59 BDSG 4 ff.
- Löschungspflicht § 75 BDSG 5
- Löschungsverlangen § 58 BDSG 7 ff.
- Meldepflichten bei Datenpannen § 65 BDSG 4 ff.
- Normadressaten § 45 BDSG 14
- Ordnungswidrigkeiten § 45 BDSG 16 ff.
- Polizei-RL § 45 BDSG 2
- Protokollierung automatisierter Datenverarbeitungsvorgänge § 76 BDSG 3
- Pseudonymisierung/Verschlüsselung personenbezogener Daten § 64 BDSG 4
- Qualität von übermittelten Daten § 74 BDSG 4 ff.
- Rechtsschutz gegen Entscheidungen des Bundesbeauftragten § 61 BDSG 3 ff.
- Richtigkeitsgebot der Daten § 47 BDSG 6
- sachlicher Anwendungsbereich § 45 BDSG 7
- Schadensersatz § 83 BDSG 1 ff.
- Schutzmaßnahmen bei automatisierter Datenverarbeitung § 54 BDSG 7
- Sicherheitsanforderungen bei Datenverarbeitung § 64 BDSG 3 ff.
- Speicherbegrenzung § 47 BDSG 7
- Strafvorschriften § 84 BDSG 1
- Verantwortliche § 45 BDSG 31
- Verarbeitung personenbezogener Daten § 45 BDSG 13
- Verarbeitung zu wissenschaftlichen Zwecken § 50 BDSG 2 f.
- Verarbeitungsanforderungen, sensible Daten § 48 BDSG 3 f.
- Verarbeitungszwecke § 45 BDSG 15 ff.
- verdeckte Ermittlung § 47 BDSG 3
- Verfolgung/Ahndung § 45 BDSG 19 ff.
- Verhältnis zur DSGVO § 45 BDSG 8 f.
- Verhütung von Straftaten § 45 BDSG 17
- vertrauliche Meldung von Datenschutzverstößen § 77 BDSG 2 ff.
- Vervollständigungsanspruch § 58 BDSG 6
- Verzeichnis von Verarbeitungstätigkeiten § 70 BDSG 3 ff.
- Videoüberwachung § 4 BDSG 4; § 47 BDSG 3
- Weisungsgebundenheit des Auftragsverarbeiters § 52 BDSG 1 f.
- zuständige Stelle § 45 BDSG 28 ff.

1487

- Zweckänderung bei Verarbeitung personenbezogener Daten § 23 BDSG 8; § 24 BDSG 5 ff.
- Zweckänderung der Datenverarbeitung § 49 BDSG 4 ff.
- Zweckbindungsgrundsatz § 47 BDSG 4

Strafvollstreckung § 45 BDSG 27

Strafvorschriften
- Anwendbarkeit der StPO § 41 BDSG 1
- Gewerbsmäßigkeit § 42 BDSG 4
- nicht allgemein zugänglich § 42 BDSG 3
- Polizei und Justiz § 84 BDSG 1
- Sanktionen Art. 84 DSGVO 1 f.
- Strafantrag § 42 BDSG 7
- Überlassung von Daten § 42 BDSG 2
- Übermittlung von Daten § 42 BDSG 2
- Verarbeitung personenbezogener Daten Art. 10 DSGVO 1 ff.
- Verjährung § 42 BDSG 7
- Versuch § 42 BDSG 2
- Vorsatztat § 42 BDSG 6
- Zuständigkeit § 42 BDSG 8

Streitbeilegungsverfahren Art. 65 DSGVO 1 ff.
- Anlass zur Beschlussfassung Art. 65 DSGVO 4
- Rechtsschutz Art. 65 DSGVO 14 f.
- Streitigkeiten zwischen Datenschutzbehörden mehrerer Mitgliedstaaten Art. 65 DSGVO 1 f.
- Verfahren Art. 65 DSGVO 5 ff.
- Vorgehen nach Beschlussfassung Art. 65 DSGVO 12 f.

Subsidiarität des BDSG
- Vorrang des EU-Rechts § 1 BDSG 30

Tarifvertrag
- Beschäftigtendatenschutz § 26 BDSG 6
- E-Mail-Verkehr bei Beschäftigten § 26 BDSG 85
- Erlaubnisvorschrift für Datenverarbeitung § 26 BDSG 11c ff.

Tätigkeitsberichte
- Bundesbeauftragte (BfDI) § 15 BDSG 1 ff.
- Empfänger § 15 BDSG 6

Technikgestaltung
- Datenschutz durch ~ Art. 25 DSGVO 1 ff.
- Datenschutz, Polizei und Justiz § 71 BDSG 1 ff.

Teilnehmer
- Telekommunikation § 91 TKG 7 f.

Teilnehmerverzeichnis und Telefonauskunft §§ 104, 105 TKG 1 ff.
- Aufnahmeanspruch §§ 104, 105 TKG 3
- Auskunftsdienste, Begriff §§ 104, 105 TKG 5
- Informationsaustausch zwischen Anbietern §§ 104, 105 TKG 10
- Inverssuche §§ 104, 105 TKG 9
- Teilnehmerverzeichnisse, Begriff §§ 104, 105 TKG 6
- Wahlrechte der Teilnehmer §§ 104, 105 TKG 7 ff.

Telefonüberwachung
- Gesprächsinhalt § 26 BDSG 118
- Verbindungsdaten § 26 BDSG 116 ff.

Telegrammdienst § 106 TKG 1

Telekommunikation
- Begriff § 88 TKG 6

Telekommunikation, Datenschutz § 91 TKG 1 ff.
- Aufsicht durch die Bundesnetzagentur § 115 TKG 1 ff.

Stichwortverzeichnis

- Auskunftsanspruch im Zusammenhang mit Urheberrechtsverletzungen § 96 TKG 7 f.
- Ausweiskontrolle, Recht § 95 TKG 12 f.
- automatische Anrufweiterschaltung § 103 TKG 1
- Content Delivery Networks § 91 TKG 17
- Dienste mit Zusatznutzen § 98 TKG 4 ff.
- geschlossene Benutzergruppen öffentlicher Stellen der Länder § 91 TKG 13
- geschützter Personenkreis § 91 TKG 7 f.
- Helpdesk § 91 TKG 17
- juristische Personen § 91 TKG 8
- keine Telekommunikationsdienste im engeren Sinne § 91 TKG 6
- Kollokations- und Telehousingdienste § 91 TKG 17
- Kontrolle durch den Bundesdatenschutzbeauftragten § 115 TKG 1
- Koppelungsverbot § 95 TKG 14
- „location based services" § 98 TKG 4 ff.
- Missbrauch von Telekommunikationsdiensten § 100 TKG 9 ff.
- Nachrichtenübermittlungssysteme mit Zwischenspeicherung § 107 TKG 1 ff.
- Nutzer § 91 TKG 7 f.
- Protokolldaten § 91 TKG 17
- Router oder sonstige Endgeräte, Betrieb § 91 TKG 17
- Rückgriff auf das BDSG § 91 TKG 12 f.
- Rufnummernanzeige § 102 TKG 1 ff.
- Rufnummernunterdrückung § 102 TKG 1 f.
- Sicherheitsdienstleistungen § 91 TKG 17
- Sprachboxen § 91 TKG 17
- Teilnehmer § 91 TKG 7 f.
- Teilnehmerverzeichnis und Telefonauskunft §§ 104, 105 TKG 1 ff.
- verpflichtete Personen § 91 TKG 4 ff.

Telekommunikationsdienste
- Aufsicht durch die BNetzA § 115 TKG 1 ff.
- geschäftsmäßiges Erbringen von ~n § 91 TKG 5
- GPS keine ~ § 98 TKG 10
- Telemedien, Abgrenzung § 91 TKG 10 f.
- ~ und Telemediendatenschutz § 11 TMG 19

Telemediendatenschutz § 11 TMG 1 ff.
- Abgrenzung zum BDSG § 11 TMG 12
- Anbieter-Nutzer-Verhältnis § 11 TMG 10 ff.
- anonyme und pseudonyme Nutzungsmöglichkeit § 13 TMG 40 ff.
- ausgenommene Dienste § 11 TMG 16 ff.
- Auskunftspflicht § 13 TMG 44 ff.
- Bereitstellen von Telemedien § 12 TMG 18
- berufliche oder dienstliche Zwecke § 11 TMG 17
- Erheben § 12 TMG 3a
- Erlaubnistatbestände § 12 TMG 19 f.
- getrennte Datenverwendung § 13 TMG 36
- grenzüberschreitende Sachverhalte § 11 TMG 20 ff.
- Inhaltsebene § 11 TMG 12
- Interaktionsebene § 11 TMG 12

1489

- IP-Adressen, Personenbezug (Telemediendatenschutz) § 12 TMG 10 ff.
- IT-Sicherheit § 13 TMG 43b ff.
- jederzeitiger Nutzungsabbruch § 13 TMG 33
- Klarnamenzwang § 13 TMG 42
- Löschung § 13 TMG 34
- nicht-automatisierte Datenverarbeitung § 12 TMG 32 f.
- Niederlassung in Deutschland § 11 TMG 22 ff.
- Nutzer § 11 TMG 14 f.
- personenbezogene Daten § 11 TMG 13; § 12 TMG 5 ff.
- Re-Identifizierung bei Nutzerprofilen § 13 TMG 38
- Schichtenmodell § 11 TMG 12
- Steuerung von Arbeits- oder Geschäftsprozessen § 11 TMG 18
- technische und organisatorische Vorkehrungen § 13 TMG 31 ff.
- Telekommunikationsdienste § 11 TMG 19
- Telekommunikationsebene § 11 TMG 12
- Verbot mit Erlaubnisvorbehalt § 12 TMG 1 ff.
- Verbotsprinzip § 12 TMG 4
- Verhältnis zur DSGVO § 11 TMG 1; § 12 TMG 1
- Vertraulichkeitsschutz § 13 TMG 35
- Verwendung § 12 TMG 3a
- Weitervermittlung an andere Diensteanbieter § 13 TMG 39
- Zusammenführung von Abrechnungsdaten § 13 TMG 37
- Zweckbindungsgrundsatz § 12 TMG 24 ff.

Telemediendienste § 11 TMG 2 ff.
- Cloud Computing § 11 TMG 9
- Cookies bei grenzüberschreitenden Sachverhalten § 11 TMG 24
- elektronische Informations- und Kommunikationsdienste § 11 TMG 5
- grenzüberschreitende Sachverhalte § 11 TMG 20 ff.
- Herkunftslandprinzip § 11 TMG 20 ff.
- Individualkommunikationsdienste § 11 TMG 8
- im Internet erhältliche Inhaltsangebote § 11 TMG 6
- Java-Skripte bei grenzüberschreitenden Sachverhalten § 11 TMG 24
- Messenger Dienste § 11 TMG 8
- private und öffentliche Stellen § 11 TMG 3
- Sitz außerhalb EU/EWR-Staat (Telemedien) § 11 TMG 23
- Sitz in EU/EWR-Staat (Telemedien) § 11 TMG 22
- technische Umsetzung § 11 TMG 7
- Telemedien, Begriff § 11 TMG 4 ff.
- Webseiten § 11 TMG 6

Territorialitätsprinzip
- Telemediendienste § 11 TMG 23

Tracking-Tools
- Telemediendatenschutz § 15 TMG 10 f.

Transparenz
- Videoüberwachung § 4 BDSG 27 f.

Übermittlung von Daten
- Abrechnungsdaten zu Abrechnungszwecken (Telemedien) § 15 TMG 37 ff.

Stichwortverzeichnis

- Einschränkungen **Art. 20 DSGVO** 14 f.
- soziale Netzwerke **Art. 20 DSGVO** 1 ff.
- Verhältnis zu anderen Normen **Art. 20 DSGVO** 13
- Voraussetzungen **Art. 20 DSGVO** 5 ff.

Übermittlung an nicht-öffentliche Stellen § 25 BDSG 8 ff.

Übermittlung an öffentliche Stellen § 25 BDSG 5 ff.

Übermittlung von Beschäftigtendaten an Dritte § 26 BDSG 143 ff.
- Asset-Deal § 26 BDSG 146
- Auftragsdatenverarbeitung, Abgrenzung § 26 BDSG 144
- Due Diligence § 26 BDSG 146
- Erlaubnis § 26 BDSG 145
- Konzern § 26 BDSG 143
- Länder außerhalb der EU § 26 BDSG 143
- Share-Deal § 26 BDSG 146
- Veröffentlichung von Daten § 26 BDSG 147

Überwachung im Beschäftigungsverhältnis § 26 BDSG 75 ff.
- Beendigung des Arbeitsverhältnisses § 26 BDSG 77b
- Beweisverwertungsverbote § 26 BDSG 137 ff.
- biometrische Daten § 26 BDSG 132
- Detektiv § 26 BDSG 134a
- E-Mail-Verkehr § 26 BDSG 78 ff.
- Gesprächsinhalt bei Telefonüberwachung § 26 BDSG 118
- Internetnutzung § 26 BDSG 113 ff.
- Key-Logger/Späh-Software § 26 BDSG 134b
- Massenscreening Straftaten § 26 BDSG 133 f.
- Mitbestimmungsrechte des Betriebsrats § 26 BDSG 159 f.
- Ortungssysteme § 26 BDSG 129 ff.
- Prävention von Straftaten § 26 BDSG 136
- Straftaten § 26 BDSG 77a
- Telefonüberwachung § 26 BDSG 116 ff.
- Überwachungsformen § 26 BDSG 135
- Verbindungsdaten bei Telefonüberwachung § 26 BDSG 116 f.
- Verdacht von Pflichtverletzungen § 26 BDSG 77c
- verdeckte Überwachungsmaßnahmen § 26 BDSG 77d
- verdeckte Videoüberwachung von Räumen mit Publikumsverkehr § 26 BDSG 127 ff.
- Videoüberwachung § 26 BDSG 119 ff.
- Videoüberwachung von Räumen mit Publikumsverkehr § 26 BDSG 122 ff.
- Zulässigkeitsgrundsätze § 26 BDSG 77a ff.

Umfelddaten § 31 BDSG 39

Unabhängigkeit
- Verhaltensregeln **Art. 41 DSGVO** 4

Untätigkeit
- Bundesbeauftragte (BfDI) § 61 BDSG 5

Untätigkeitsklage Art. 78 DSGVO 3

Unterlassungsverantwortlichkeit § 41 BDSG 7

Unternehmen
- Begriff, DSGVO **Art. 4 DSGVO** 70 ff.

Unternehmensverkauf
- Übermittlung von Beschäftigtendaten an Dritte § 26 BDSG 146

Unternehmensgruppe Art. 4 DSGVO 75 ff.

Unterrichtungsbefugnis
- Datenschutzbehörde bei Verstößen **§ 40 BDSG** 14 f.

Unterrichtungspflicht
- Drittstaatenübermittlung, keine Strafrechtspflege des Empfängers **§ 81 BDSG** 10

Unterrichtungspflicht des Diensteanbieters (TMG) § 13 TMG 4 ff.
- allgemeine Informationspflicht **§ 13 TMG** 5 ff.
- Cookies **§ 13 TMG** 13 ff.
- Datenarten **§ 13 TMG** 6
- Datenschutzerklärung **§ 13 TMG** 5 ff.
- Gestaltung **§ 13 TMG** 8 f.
- grenzüberschreitende Sachverhalte **§ 13 TMG** 7
- Inhalt der Datenschutzerklärung **§ 13 TMG** 5a
- jederzeitige Abrufbarkeit der Informationen **§ 13 TMG** 11
- bei Möglichkeit nachträglicher Nutzeridentifizierung **§ 13 TMG** 13 ff.
- Opt-in-Lösung bei Cookies **§ 13 TMG** 16
- sprachliche Gestaltung **§ 13 TMG** 9
- zeitlich vor Beginn des Nutzungsvorgangs **§ 13 TMG** 10

Unzuständigkeit
- Weiterleitung der Beschwerde **§ 60 BDSG** 12

Urheberrechtsverletzungen
- Auskunftsanspruch hinsichtlich IP-Nummern im Zusammenhang mit ~ **§ 96 TKG** 7 f.

Veränderung, Zweckänderung
- Abwehr erheblicher Nachteile **§ 23 BDSG** 7
- Abwehr schwerwiegender Beeinträchtigung Dritter **§ 23 BDSG** 9
- allgemeine Erlaubnistatbestände **§ 23 BDSG** 5 ff.
- Gefahrenabwehr für öffentliche Sicherheit **§ 24 BDSG** 5 ff.
- offensichtliches Betroffeneninteresse **§ 23 BDSG** 5
- sensible Daten **§ 23 BDSG** 11
- Strafverfolgung **§ 24 BDSG** 5 ff.
- Verarbeitung durch nicht-öffentliche Stellen **§ 24 BDSG** 5 ff.
- Verfolgung von Straftaten/Ordnungswidrigkeiten **§ 23 BDSG** 8

Verantwortliche Stelle
- Abgrenzung zum Auftragsverarbeiter **Art. 26 DSGVO** 10 f.
- Auftragsdatenverarbeitung **Art. 28 DSGVO** 1 ff.
- Aufzeichnungen an Aufsichtsbehörde **Art. 30 DSGVO** 11
- Auskunftspflicht gegenüber Aufsichtsbehörde **§ 40 BDSG** 17 ff.
- Außenverhältnis bei gemeinsam Verantwortlichen **Art. 26 DSGVO** 18
- Benachrichtigungspflicht bei Datenschutzpannen **Art. 34 DSGVO** 1 ff.
- zu berücksichtigende Faktoren **Art. 24 DSGVO** 9 ff.
- Beschränkungen von Rechten und Pflichten **Art. 23 DSGVO** 1 ff.
- betrieblicher Datenschutzbeauftragter **§ 40 BDSG** 30 ff.
- Datenschutzbeauftragter bei Wegfall **Art. 38 DSGVO** 2 ff.
- Duldungspflicht **§ 40 BDSG** 29

- durchzuführende Maßnahmen Art. **24 DSGVO** 8 ff.
- Ernennung eines Vertreters bei Drittstaatenbezug **Art. 27 DSGVO** 1 ff.
- Exkulpationsmöglichkeit bei Schadensersatz Art. **82 DSGVO** 5
- geeignete Datenschutzvorkehrungen Art. **24 DSGVO** 4
- Gefahrenabwehr **§ 45 BDSG** 31
- Haftung Art. **82 DSGVO** 6 ff.
- Hinweispflicht auf Widerspruchsrecht Art. **21 DSGVO** 11 ff.
- Informationspflichten gegenüber dem Betroffenen **Art. 13 DSGVO** 1 ff.
- Innenverhältnis zwischen gemeinsam Verantwortlichen **Art. 26 DSGVO** 2 ff.
- Interessenabwägung Art. **24 DSGVO** 3
- Klagen gegen ~ **§ 44 BDSG** 1
- Kontrollbefugnisse der Aufsichtsbehörden **§ 40 BDSG** 24 ff.
- Meldepflicht bei Datenschutzpannen **Art. 33 DSGVO** 1 ff.
- Mitteilungspflichten bei Berichtigung/Löschung/Einschränkung der Verarbeitung Art. **19 DSGVO** 1 ff.
- Nachweis durch Zertifizierung **Art. 24 DSGVO** 24
- Pflichten bei fehlender Identifizierung **Art. 11 DSGVO** 7 ff.
- Pflichten des Auftragsverarbeiters Art. **30 DSGVO** 9
- Pflichten des Verantwortlichen Art. **30 DSGVO** 5
- Pflichtenkatalog Art. **24 DSGVO** 9
- Rechtsbehelf gegen Verantwortliche **Art. 79 DSGVO** 1 ff.
- Sicherheit der Verarbeitung **Art. 32 DSGVO** 1 ff.
- Strafverfolgung **§ 45 BDSG** 31
- zu treffende Datenschutzvorkehrungen Art. **24 DSGVO** 22 ff.
- Unterrichtung des Betroffenen über nachinformierte Empfänger **Art. 19 DSGVO** 7
- Verarbeitung durch unterstellte Personen Art. **32 DSGVO** 12 f.
- Verhaltensregeln Art. **24 DSGVO** 24 f.
- Verzeichnis aller Verarbeitungstätigkeiten Art. **30 DSGVO** 1 ff.
- Verzeichnis aller Verarbeitungstätigkeiten, Ausnahmen für KMUs Art. **30 DSGVO** 12 ff.
- Weisungsrecht bei Auftragsverarbeitung Art. **29 DSGVO** 1 ff.
- Zurverfügungstellung der internen Vereinbarung **Art. 26 DSGVO** 14 f.
- Zusammenarbeit bei Auftragsverarbeitung Art. **31 DSGVO** 1 ff.
- Zuteilung der Verantwortlichkeiten Art. **26 DSGVO** 1 ff.

Verantwortliche Stelle, Polizei und Justiz
- Anforderungen an Auftragsverarbeitung **§ 62 BDSG** 3 ff.
- Angabe der Kontaktdaten **§ 55 BDSG** 5
- Anhörung, Bundesbeauftragte **§ 69 BDSG** 3 ff.
- anlassunabhängige Berichtigung/Löschung **§ 75 BDSG** 1
- Auskunft bei Gefahrenabwehr **§ 57 BDSG** 3 ff.
- Auskunft bei Strafverfolgung **§ 57 BDSG** 3 ff.
- Benachrichtigungspflicht des Betroffenen bei Datenpannen **§ 66 BDSG** 3 ff.

- Berichtigungspflicht § 75 BDSG 3 ff.
- Beurteilungsspielraum, Betroffenenrechte § 59 BDSG 5
- Datenschutz durch Technikgestaltung § 71 BDSG 3 f.
- datenschutzfreundliche Voreinstellungen § 71 BDSG 3 f.
- Dokumentation der Auskunftsentscheidung § 57 BDSG 19
- Dringlichkeit bei Anhörung des Bundesbeauftragten § 69 BDSG 10 f.
- Entlastungsbeweis § 83 BDSG 2
- gemeinsame Verantwortlichkeit § 63 BDSG 3 ff.
- Hinweispflichten bei Datenübermittlung § 74 BDSG 8 f.
- Kategorien betroffener Personen § 72 BDSG 2 ff.
- Kommunikation bei Betroffenenrechten § 59 BDSG 4 ff.
- Löschungspflicht § 75 BDSG 5
- Meldepflicht von Datenpannen § 65 BDSG 4
- Protokollierung automatisierter Datenverarbeitungsvorgänge § 76 BDSG 3
- Qualität von übermittelten Daten § 74 BDSG 4 ff.
- Sicherheitsanforderungen bei Datenverarbeitung § 64 BDSG 3 ff.
- Übermittlung unrichtiger personenbezogener Daten § 75 BDSG 6
- unrechtmäßige Datenübermittlung § 75 BDSG 6
- Unterscheidung zwischen Tatsachen/Bewertungen § 73 BDSG 1 ff.
- vertrauliche Meldung von Verstößen § 77 BDSG 2
- Verzeichnis von Verarbeitungstätigkeiten § 70 BDSG 3 ff.
- Vorlagepflicht § 69 BDSG 8 f.
- Zusammenarbeit mit Bundesbeauftragten § 68 BDSG 1 ff.

Verantwortlicher
- Begriff, DSGVO Art. 4 DSGVO 27 f.; s.a. Verantwortliche Stelle

Verarbeitung
- Begriff Art. 4 DSGVO 9 f.
- Einschränkung, DSGVO Art. 4 DSGVO 11 f.
- grenzüberschreitende ~ Art. 4 DSGVO 93 ff.
- Pseudonymisierung Art. 4 DSGVO 17 ff.
- Rechtmäßigkeit bei Personenbezug Art. 6 DSGVO 1 ff.
- Sicherheit, Schutzniveau Art. 32 DSGVO 1 ff.
- Verletzung des Schutzes personenbezogener Daten Art. 4 DSGVO 44

Verarbeitungsverbot
- Ausnahmetatbestand § 22 BDSG 4

Verbandsklage
- Verhältnis zum UKlaG Art. 80 DSGVO 6

Verbindliche interne Datenschutzvorschriften Art. 4 DSGVO 82 ff.
- Datenexport bei fehlendem Schutzniveau Art. 46 DSGVO 3
- Durchführungsrechtsakte Art. 47 DSGVO 14
- Genehmigung Art. 47 DSGVO 8 ff.
- Inhaltliche Anforderungen Art. 47 DSGVO 11 ff.
- Rechtsschutz, Haftung Art. 47 DSGVO 16 ff.

Stichwortverzeichnis

- Übergangsregelung **Art. 47 DSGVO** 15

Verbot mit Erlaubnisvorbehalt
- Telemediendatenschutz **§ 12 TMG** 1 ff.

Verbraucherkredite
- Datenübermittlung zur Kreditwürdigkeit **§ 30 BDSG** 1
- Information des betroffenen Verbrauchers **§ 30 BDSG** 5 ff.
- Verstoß gegen Auskunftspflichten **§ 43 BDSG**
- Zugang zu Auskunfteien bei grenzüberschreitenden Kreditvergaben **§ 30 BDSG** 2 ff.

Verhaltensregeln Art. 40 DSGVO 1 ff.
- Akkreditierungsverfahren für private Kontrolleinrichtung **Art. 41 DSGVO** 3 ff.
- Anwendung **Art. 40 DSGVO** 9 ff.
- Berücksichtigung bei der Strafzumessung **Art. 40 DSGVO** 21
- Datenübertragung in Drittstaaten **Art. 40 DSGVO** 20
- Entstehungsgeschichte **Art. 40 DSGVO** 3 ff.
- für einen Mitgliedstaat **Art. 40 DSGVO** 12 ff.
- für mehrere Mitgliedstaaten **Art. 40 DSGVO** 15 ff.
- Rechtsfolgen der Allgemeingültigkeitserklärung **Art. 40 DSGVO** 23 f.
- Rechtsfolgen der Genehmigung **Art. 40 DSGVO** 18 f.
- territoriale Wirkung **Art. 40 DSGVO** 22
- Überwachung der Einhaltung **Art. 41 DSGVO** 1 ff.
- Verhältnis zwischen Art. 40 und 42 **Art. 40 DSGVO** 8

Verhältnismäßigkeitsprüfung
- Beschäftigtendatenschutz **§ 26 BDSG** 18
- Störungen und Fehler (TKG) **§ 100 TKG** 6 f.

Verjährung
- Schadensersatz bei Polizei und Justiz **§ 83 BDSG** 9
- Strafvorschriften **§ 42 BDSG** 7
- Verfolgungsverjährung im Bußgeldverfahren **§ 41 BDSG** 14

Verkehrsdaten (TKG) § 96 TKG 1 ff.
- Arten **§ 96 TKG** 2
- Auskunftsanspruch im Zusammenhang mit Urheberrechtsverletzungen **§ 96 TKG** 7 f.
- Auskunftsrecht **§ 93 TKG** 7
- Begriff **§ 96 TKG** 2
- Beschränkung des Verwendungszwecks **§ 96 TKG** 4
- Dienste mit Zusatznutzen **§ 98 TKG** 6
- ePrivacy Richtlinie **§ 96 TKG** 2
- Fernmeldegeheimnis **§ 88 TKG** 5
- geschützte Personen **§ 96 TKG** 3
- IP-Nummern, Löschung **§ 96 TKG** 6 ff.
- Löschungspflicht **§ 96 TKG** 5 ff.
- Missbrauchsbekämpfung **§ 100 TKG** 9 ff.
- Rechtsfolgen/Sanktionen **§ 96 TKG** 11
- teilnehmer- und zielnummerbezogene ~ zur Vermarktung von Telekommunikationsdiensten **§ 96 TKG** 9 f.
- Verpflichtete **§ 96 TKG** 3

Verletzung des Schutzes personenbezogener Daten Art. 4 DSGVO 42 ff.

Vermieterschutzportale § 31 BDSG 52

1495

Vermögensverhältnisse
- Fragerecht des Arbeitgebers § 26 BDSG 37

Veröffentlichung
- sensible Daten zu Forschungs-/Statistikzwecken § 27 BDSG 20 ff.

Verschlüsselung
- Gefahrenabwehr/Strafverfolgung § 64 BDSG 4

Verschulden
- Strafvorschriften § 42 BDSG 6

Verschwiegenheitspflicht
- Bundesbeauftragte (BfDI) § 13 BDSG 11 ff.
- Datengeheimnis, Gefahrenabwehr § 53 BDSG 2
- Datengeheimnis, Strafverfolgung § 53 BDSG 2
- Datenschutzbeauftragte § 6 BDSG 22 f.
- Datenschutzbeauftragte nicht-öffentlicher Stellen § 38 BDSG 10 f.
- Datenschutzbeauftragter Art. 38 DSGVO 44 ff.
- Mitarbeiter der Aufsichtsbehörde Art. 54 DSGVO 3 ff.

Versicherungen
- Datenverarbeitung Art. 87 DSGVO 1 f.

Versicherungsvertrag
- Ausnahmetatbestände im Einzelnen § 37 BDSG 5 ff.
- automatisierte Einzelentscheidung § 37 BDSG 1 ff.
- Maßnahmen zum Schutz der betroffenen Person § 37 BDSG 10 ff.

Verstoß gegen Datenschutzvorschriften
- Beanstandung durch Bundesbeauftragte (BfDI) § 16 BDSG 5 ff.

Vertraulichkeit
- Datengeheimnis, Gefahrenabwehr § 53 BDSG 2
- Datengeheimnis, Strafverfolgung § 53 BDSG 2
- Meldung von Verstößen, Polizei und Justiz § 77 BDSG 4

Vertreter
- Aufgaben Art. 27 DSGVO 6
- Begriff, DSGVO Art. 4 DSGVO 67 ff.
- Bundesbeauftragte (BfDI) § 12 BDSG 10 f.
- eigenständige Verbandsklage Art. 80 DSGVO 4 ff.
- Haftung und Verantwortung Art. 27 DSGVO 8
- Haftung und Verantwortung des Vertretenen Art. 27 DSGVO 7
- keine Benennungspflicht Art. 27 DSGVO 4
- Niederlassung in einem Mitgliedstaat Art. 27 DSGVO 5
- Unternehmen in Drittstaaten Art. 27 DSGVO 1 ff.
- Vertretung von betroffenen Personen Art. 80 DSGVO 2 ff.

Verwaltungsrechtsweg
- Anwendung der VwGO § 20 BDSG 6
- örtliche Zuständigkeit § 20 BDSG 6
- Streitigkeit mit Aufsichtsbehörde § 20 BDSG 4

Verwaltungsverfahrensgesetz
- Verhältnis zum BDSG § 1 BDSG 18

Verwendung
- amtliche Dokumente Art. 86 DSGVO 7
- Begriff (Telemedien) § 12 TMG 3a

Stichwortverzeichnis

Verzeichnis der Verarbeitungsvorgänge
- Auftragsverarbeitung, Polizei und Justiz § **70 BDSG** 12 f.
- Formerfordernis § **70 BDSG** 14
- Verantwortlicher, Polizei und Justiz § **70 BDSG** 3 ff.
- Zurverfügungstellung gegenüber der Aufsichtsbehörde § **70 BDSG** 15

Videoüberwachung
- Anwendungsbereich § **4 BDSG** 3 ff.
- Arbeitsplatz § **4 BDSG** 10, 26
- Aufgabenerfüllung öffentlicher Stellen § **4 BDSG** 15
- autonomes Fahren § **4 BDSG** 25a
- Benachrichtigungspflicht § **4 BDSG** 29
- Beobachtungsmerkmal § **4 BDSG** 11
- berechtigte Interessen § **4 BDSG** 17
- Doppelnatur der Norm § **4 BDSG** 1
- Erforderlichkeit § **4 BDSG** 20
- Erkennbarkeit der Beobachtung § **4 BDSG** 27 f.
- Ermessen § **4 BDSG** 25 ff.
- Gefahrenabwehr § **4 BDSG** 4, 23
- Hausrecht § **4 BDSG** 16
- Intensität der Überwachung § **4 BDSG** 24
- Interessenabwägung § **4 BDSG** 22 ff.
- konkrete Festlegung § **4 BDSG** 18
- Löschungspflicht § **4 BDSG** 30
- Nennung des Verantwortlichen § **4 BDSG** 28
- öffentlich zugängliche Räume § **4 BDSG** 9 ff.
- öffentlicher Personennahverkehr § **4 BDSG** 25a
- Öffnungsklauseln § **1 BDSG** 45
- optisch-elektronische Geräte § **4 BDSG** 12
- persönliche und familiäre Tätigkeiten § **4 BDSG** 7
- Rechtsfolge § **4 BDSG** 31
- Rechtsweg § **4 BDSG** 31
- Sanktionen § **4 BDSG** 31
- Schutzgesetz § **4 BDSG** 31
- Sicherungszwecke § **4 BDSG** 23
- Strafverfolgung § **47 BDSG** 3
- Verhältnis zu bereichsspezifischen Normen § **4 BDSG** 2
- Verkehrsregelung § **4 BDSG** 6
- Videoüberwachungsverbesserungsgesetz § **4 BDSG** 18a
- Zweckbestimmung/Zweckbindung § **4 BDSG** 14 ff.

Videoüberwachung, Beschäftigte
- Einsatzort/Anlass § **26 BDSG** 119 ff.
- Mitbestimmung des Betriebsrats § **26 BDSG** 121
- nicht öffentlich zugängliche Arbeitsplätze § **26 BDSG** 125 f.
- Räume mit Publikumsverkehr § **26 BDSG** 122 ff.
- schutzwürdige Interessen bei Publikumsverkehr § **26 BDSG** 123 f.
- verdeckte Überwachung, nicht öffentlich zugängliche Räume § **26 BDSG** 127 f.
- verdeckte Überwachung von Räumen mit Publikumsverkehr § **26 BDSG** 127 f.

Vollstreckung von Strafen § **45 BDSG** 27

Vorlagepflicht
- Rechtsbehelf der Aufsichtsbehörden § **21 BDSG** 3

Vorschlagsrecht
- Zusammenarbeit der Aufsichtsbehörden § 18 BDSG 10

Vorstand
- Auskunftspflicht gegenüber Aufsichtsbehörde § 40 BDSG 17 ff.

Vorverfahren
- Streitigkeit mit Aufsichtsbehörde § 20 BDSG 6

Wahlalter
- Bundesbeauftragte (BfDI) § 11 BDSG 7

Wahrscheinlichkeitswert
- Adressat der Norm § 31 BDSG 8
- Anschriftendaten *siehe auch dort*; § 31 BDSG 38 ff.
- Ausfall- oder Erfüllungswahrscheinlichkeit § 31 BDSG 11
- Berechnung § 31 BDSG 34
- Bonitätsindizes § 31 BDSG 16
- Ermittlung durch Auskunfteien § 31 BDSG 51
- forderungsbezogene Daten *siehe auch dort*; § 31 BDSG 10, 53 ff.
- Interessenabwägung § 31 BDSG 59 f.
- Kreditwesengesetz § 31 BDSG 33
- Nachweisbarkeit der Erheblichkeit der Daten § 31 BDSG 35
- Positivdaten § 31 BDSG 80
- Regelbeispiele § 31 BDSG 62 ff.
- Scoring § 31 BDSG 14
- sonstige bonitätsrelevante Daten § 31 BDSG 79 f.
- Überprüfung § 31 BDSG 36
- Umfelddaten § 31 BDSG 39
- Verwendung von ~ § 31 BDSG 9, 13
- Verwendung von „ausgemahnten" Forderungen § 31 BDSG 66 ff.

- Wissenschaftlichkeit des Verfahrens § 31 BDSG 34 ff.

Webcam § 4 BDSG 12

Webseiten
- Telemediendienste § 11 TMG 6

Wehr- oder Ersatzdienst § 26 BDSG 34

Weisungsgebundenheit
- Auftragsverarbeiter § 52 BDSG 1 f.

Weisungsrecht
- Bundesbeauftragte (BfDI) § 10 BDSG 4
- Datenschutzbeauftragte § 6 BDSG 9

Weitergabekontrolle
- amtliche Dokumente Art. 86 DSGVO 7

Weiterverarbeitung
- analog gespeicherte Daten § 32 BDSG 9
- Ausnahme zu Informationspflichten § 32 BDSG 5 ff.; § 33 BDSG 6 ff.

Werbung
- Scoreverfahren § 31 BDSG 18

Wettbewerbsunternehmen
- nicht-öffentliche Stellen § 2 BDSG 17 f.

Whitelist
- Datenschutz-Folgenabschätzung Art. 35 DSGVO 25 ff.

Widerruf der Einwilligung Art. 7 DSGVO 14 ff.
- Telemedien § 13 TMG 27

Widerspruchsrecht
- Archivzwecke § 28 BDSG 11

Widerspruchsrecht (TMG)
- Nutzungsprofile § 15 TMG 30

Widerspruchsrecht, Einschränkung
- Ausnahmetatbestand § 36 BDSG 4 ff.
- Ausnahmetatbestand zugunsten öffentlicher Stellen § 36 BDSG 1
- Interessenabwägung § 36 BDSG 1
- Maßnahmen zum Schutz der betroffenen Person § 36 BDSG 7
- öffentliche Stelle, zwingendes öffentliches Interesse § 36 BDSG 5
- Verpflichtung der öffentlichen Stelle zur Datenverarbeitung § 36 BDSG 6
- zwingendes öffentliches Interesse an der Verarbeitung § 36 BDSG 4

Wiederwahl
- Bundesbeauftragte (BfDI) § 11 BDSG 9

Wirtschaftsverkehr, Schutz
- 5er Katalog des Abs. 2 § 31 BDSG 12
- Adressat der Norm § 31 BDSG 8
- Anwendungsbereich § 31 BDSG 13 ff.
- Bonitätsauskünfte § 31 BDSG 1 ff.
- Kreditwesengesetz § 31 BDSG 82
- Scoring § 31 BDSG 1 ff.
- Verhältnis zu anderen Normen § 31 BDSG 81 f.
- Verwendung von Wahrscheinlichkeitswerten § 31 BDSG 8

Wissenschaftliche Zwecke
- Gefahrenabwehr/Strafverfolgung § 50 BDSG 2 f.
- Vorkehrungen gegen unbefugte Kenntnisnahme § 50 BDSG 2

Zahlungsrückstand
- Mietrecht, Auskunftei § 31 BDSG 77 f.

Zeitgeschichte
- Forschungsergebnisse § 27 BDSG 22 ff.

Zentrale Anlaufstelle
- Bundesbeauftragte (BfDI) § 17 BDSG 8 ff.

Zertifizierung Art. 42 DSGVO 1 ff.
- Anwendung Art. 42 DSGVO 6 ff.
- Gegenstand Art. 42 DSGVO 7
- Sinn und Zweck Art. 42 DSGVO 1 ff.
- Verhältnis zwischen Art. 40 und 42 DSGVO Art. 40 DSGVO 8
- Veröffentlichung der Anforderungen Art. 42 DSGVO 10
- Zertifizierungsfolgen Art. 42 DSGVO 13 ff.
- Zertifizierungsverfahren, Datenschutz by Design/by Default Art. 25 DSGVO 24

Zertifizierungsstellen
- Akkreditierung § 39 BDSG 1 ff.
- Akkreditierungsverfahren Art. 43 DSGVO 1 ff.
- Aufsichtsbehörde Art. 43 DSGVO 1
- Verhältnis zur DSGVO § 39 BDSG 2

Zeugenaussagen
- Berichtigungsanspruch § 58 BDSG 5

Zeugnisverweigerungsrecht
- Behördenmitarbeiter § 13 BDSG 9
- Bundesbeauftragte (BfDI) § 13 BDSG 7 ff.
- Datenschutzbeauftragte nicht-öffentlicher Stellen § 38 BDSG 10 f.
- Datenschutzbeauftragter § 6 BDSG 24 f.; Art. 38 DSGVO 47
- Vorlage von Akten § 13 BDSG 10

Zugangskontrollen
- Überwachung im Beschäftigungsverhältnis § 26 BDSG 132

1499

Stichwortverzeichnis

Zugangsrechte
- Bundesbeauftragte (BfDI) § 16 BDSG 24 ff.

Zusammenarbeit
- Aufsichtsbehörden des Bundes und der Länder § 18 BDSG 1 ff.
- Bindungswirkung § 18 BDSG 13 f.
- Bundesbeauftragte (BfDI) und Landesaufsichtsbehörde § 16 BDSG 27; § 18 BDSG 4 ff.
- innerstaatliche Zuständigkeit der Aufsichtsbehörden § 19 BDSG 1 ff.

Zusammenarbeit, Polizei und Justiz
- Abkommen bei Drittstaatenübermittlungen § 81 BDSG 12
- Aufsichtsbehörde und Bundesbeauftragte § 68 BDSG 3 ff.
- Aufsichtsbehörden § 82 BDSG 1 ff.
- Benachrichtigung anderer Verantwortlicher § 65 BDSG 8
- Mitarbeiter des Verantwortlichen § 68 BDSG 5

Zweckänderung
- Gefahrenabwehr/Strafverfolgung § 49 BDSG 1 ff.

Zweckänderung, nicht-öffentliche Stellen
- Erlaubnistatbestände § 24 BDSG 5 ff.
- Gefahrenabwehr für öffentliche Sicherheit § 24 BDSG 5 ff.
- personenbezogene Daten § 24 BDSG 1 ff.
- sensible Daten § 24 BDSG 10
- Verfolgung von Straftaten § 24 BDSG 5 ff.
- Verhältnis zur DSGVO § 24 BDSG 3
- zivilrechtliche Ansprüche § 24 BDSG 8 f.

Zweckänderung, öffentliche Stellen
- Abwehr erheblicher Nachteile § 23 BDSG 7
- Abwehr schwerwiegender Beeinträchtigung Dritter § 23 BDSG 9
- allgemeine Erlaubnistatbestände § 23 BDSG 5 ff.
- Angabenüberprüfung § 23 BDSG 6
- offensichtliches Betroffeneninteresse § 23 BDSG 5
- personenbezogene Daten § 23 BDSG 1 ff.
- sensible Daten § 22 BDSG 12; § 23 BDSG 11
- Verfolgung von Straftaten/Ordnungswidrigkeiten § 23 BDSG 8
- Verhältnis zur DSGVO § 23 BDSG 3
- Wahrnehmung von Aufsichts- und Kontrollbefugnissen § 23 BDSG 10

Zweckbindung
- Beschäftigtendatenschutz § 26 BDSG 19

Zweckbindung (nicht-öffentliche Stellen/öffentlich-rechtliche Wettbewerbsunternehmen)
- Nutzungsprofile (Telemedien) § 15 TMG 28 f.
- Telemediendatenschutz § 12 TMG 24 ff.

Zweckbindung (öffentliche Stellen)
- Nutzungsprofile (Telemedien) § 15 TMG 28 f.
- Telemediendatenschutz § 12 TMG 24 ff.

Zwischenauswertung
- automatisierte Datenverarbeitung, Polizei und Justiz § 54 BDSG 6

Zwischenstaatliche Stellen
- Datenübermittlung § 85 BDSG 2 ff.